AF646875

Save Money Study Smarter

Read Any where Any time

BUY e-Textbook on

समष्टि अर्थशास्त्र

at the Price of

Rs.99/- Onwards

BUY NOW !
at
www.vrindaindia.com

e-Textbook can be read on PC,TAB,MAC and Android

M.L. Jhingan is an alumnus of the University of Delhi who after his M.A., worked as Research Assistant on a project of Dr.V.K.R.V. Rao, the then Director, Delhi School of Economics. Dr. Jhingan taught economics to postgraduate classes for over three decades and had been contributing to academic journals.

He is the author and co-author of a number of widely acclaimed textbooks on Economics and Management that sell in India and abroad. His books combine theoretical rigour and lucid exposition of the various concepts and theories of economics.

His most popular and the best selling text, The Economics of Development and Planning, was published 50 years ago in 1966 . Dr.Jhingan also guided Ph.Ds in India and abroad. Prof. Jhingan was Head of Economics Department and Principal, Government Post Graduate Evening College, Bhiwani and retired as Deputy Director, Higher Education, Haryana.

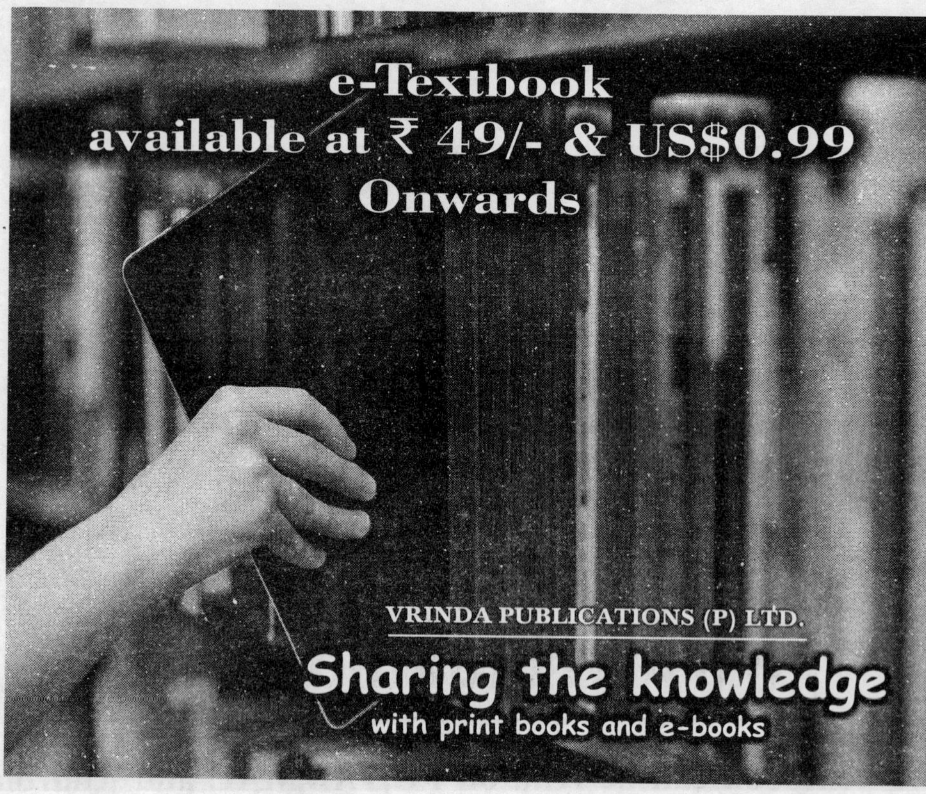

समष्टि अर्थशास्त्र
(MACRO ECONOMICS)

अष्टम संस्करण

डॉ. एम. एल. झिंगन
सेवानिवृत्त उप-निदेशक, उच्चतर शिक्षा, हरियाणा

बी.के. झिंगन
बी.ए. (आनर्स) इकोनोमिक्स, एम.ए. (इकोनोमिक्स)
सहसंपादक

SIMPLY THE TEXT !

वृंदा पब्लिकेशन्स प्रा. लि.

वृंदा पब्लिकेशन्स प्रा. लि.
बी-5 आशीष कॉम्पलैक्स, (अल्कॉन पब्लिक स्कूल के सामने),
मयूर विहार, फेज़-I, दिल्ली-91
फोन : +91(11) 22755315, 22755316
व्हाट्सएप्प: (+91) 9953003795
ई-मेल : info@vrindaindia.com
इंटरनैट : www.vrindaindia.com

© बी.के. झिंगन , 2019

प्रथम संस्करण : 1988
षष्टम संस्करण : 2000/ पुनर्मुद्रित : तीन बार
सप्तम संस्करण : 2004/ पुनर्मुद्रित : छः बार
अष्टम संस्करण : 2011/ पुनर्मुद्रित : ग्यारह बार
पुनर्मुद्रित : 2022 **2023** 2024

e Textbook Available

No part of this publication may be reproduced or transmitted in any form or by any means, electronic or mechanical, including photocoping, recording, or any information storage and retrieval system, without permission in writing from the publisher

The English version of this book is Macro Economics
The Punjabi Version of this book is also available

ISBN: 978-81-8281-377-9
(समष्टि अर्थशास्त्र-अष्टम संस्करण)

अक्षर संयोजन : कुमुद प्रिंटोग्राफिक्स, दिल्ली
मुद्रक : बी. के. ऑफसैट, शाहदरा, दिल्ली

अष्टम संस्करण की भूमिका

नये परिवेश में पुस्तक के प्रस्तुत संस्करण में विभिन्न विश्वविद्यालयों के पाठ्यक्रमों के अनुसार कुछ अध्याय पुनः लिखे गये हैं और तीन निम्न अध्यायों का समावेश किया गया है :

- *भाग चार* में, **IS-LM मॉडल के विस्तार**
- *भाग छः* में, **वास्तविक व्यापार चक्र सिद्धांत**

  नव-केन्ज़ीय अर्थशास्त्र

आशा है प्रस्तुत संशोधित एवं परिवर्द्धित संस्करण एम.ए. तथा राज्य और केन्द्रीय सेवाओं के विद्यार्थियों के लिए अधिक उपयोगी होगा।

मैं उन सभी विद्यार्थियों एवं प्राध्यापकों के प्रति आभार प्रकट करता हूँ जो अपने अमूल्य सुझाव प्रेषित करते रहे हैं। आशा है कि वे भविष्य में भी अपने रचनात्मक सुझावों से अवगत कराते रहेंगे, जिनका हार्दिक स्वागत किया जाएगा।

एम. एल. झिंगन

विषय-सूची

भाग एक

मूल धारणाएं
(Basic Concepts)

भाग दो

राष्ट्रीय आय लेखांकन
(National Income Accounting)

भाग तीन

समष्टि आर्थिक सिद्धान्त
(Macro-Economic Theory)

भाग चार

मुद्रा एवं बैंकिंग
(Money and Banking)

भाग पांच

व्यापार चक्र तथा आर्थिक वृद्धि के सिद्धान्त
(Theories of Trade Cycles and Economic Growth)

भाग छः

समष्टि अर्थनीति
(Macroeconomic Policy)

भाग सात

खुली अर्थव्यवस्था में समष्टि अर्थशास्त्र
(MACROECONOMICS IN OPEN ECONOMY)

भाग एक

मूल धारणाएं
(Basic Concepts)

अध्याय 1

समष्टि अर्थशास्त्र की प्रकृति तथा क्षेत्र
(Nature and Scope of Macro-Economics)

1. समष्टि अर्थशास्त्र
(MACRO-ECONOMICS)

अर्थ (Meaning)

समष्टि अर्थशास्त्र[1] समूहों (aggregates) अथवा समस्त अर्थव्यवस्था से संबंध रखने वाले औसतों का अध्ययन है जैसे कुल रोजगार, बेरोज़गारी, राष्ट्रीय आय, राष्ट्रीय उत्पादन, कुल निवेश, कुल उपभोग, कुल बचत, कुल आपूर्ति, कुल मांग और सामान्य कीमत स्तर, मजदूरी स्तर, ब्याज दरें, तथा लागत ढांचा। दूसरे शब्दों में यह सामूहिक अर्थशास्त्र है, जो विभिन्न समूहों के आपसी सम्बन्धों, उनके निर्धारण और उनमें होने वाले उतार-चढ़ावों की जाँच करता है। इस प्रकार **एक्ले** के अनुसार ''समष्टि अर्थशास्त्र आर्थिक घटनाओं से वृहद् रूप से व्यवहार करता है। यह आर्थिक जीवन के कुल आयामों से संबंध रखता है। यह आर्थिक अनुभव के 'हाथी' के व्यक्तिगत अंगों के कार्यकरण, हड्डियों के जोड़ों और आयामों को देखने की बजाय, उसके कुल परिमाण और आकार तथा कार्यकरण को देखता है। यह, उन वृक्षों से स्वतंत्र रहकर, जंगल की प्रकृति का अध्ययन करता है, जिनसे वह (जंगल) बना है।''[2]

समष्टि अर्थशास्त्र को 'आय और रोजगार का सिद्धान्त' या केवल 'आय विश्लेषण' भी कहते हैं। बेरोजगारी, आर्थिक उतार-चढ़ाव, मुद्रास्फीति, अपस्फीति, अस्थिरता, गतिहीनता, अन्तर्राष्ट्रीय व्यापार तथा आर्थिक विकास की समस्याओं से इसका संबंध है। यह बेरोजगारी के कारणों तथा रोजगार के विभिन्न निर्धारकों का अध्ययन करता है। व्यापार चक्रों के क्षेत्र में, यह कुल उत्पादन, कुल आय, तथा कुल रोजगार पर पड़ने वाले निवेशों के प्रभावों से अपना संबंध रखता है। मौद्रिक क्षेत्र में यह सामान्य कीमत स्तर पर मुद्रा की कुल मात्रा के प्रभाव का अध्ययन करता है। अन्तर्राष्ट्रीय व्यापार के भुगतान-शेष तथा विदेशी सहायता की समस्याएं

---

1. ग्रीक भाषा के शब्द Macro से व्युत्पन्न जिसका अर्थ है 'बड़ा'। (Macro-ecconomics is the study of aggregates or averages covering the entire economy, such as total employment, national income, national output, total investment, total consumption, total savings, aggregate supply, aggregate demand, general price level, general wage level and general cost structure.)
2. Macro-economics deals with economic affairs 'in the large'. It concerns the overall dimensions of economic life. It looks at the total size and shape and functioning of the 'elephant' of economic experience, rather than working or articulation or dimensions of the individual parts. It studies the character or dimensions of the individual parts. It studies the character of the forest, independently of the trees which compose it." G. Ackley, *Macroeconomic Theory*, p. 4.

समष्टि आर्थिक विश्लेषण के क्षेत्र में आती हैं। इन सब से बढ़कर, समाष्ट आर्थिक सिद्धान्त एक देश की कुल आय के निर्धारण की समस्याओं और उसके उतार-चढ़ाव के कारणों पर विचार करता है। अन्तिम, यह उन कारणों का अध्ययन करता है जो विकास में रुकावट डालते हैं और उनका, जो अर्थव्यवस्था को आर्थिक विकास के मार्ग पर लाते हैं।

समष्टि अर्थशास्त्र का क्षेत्र और महत्व
(Scope and Importance of Macro-economics)

आर्थिक विश्लेषण की विधि के रूप में समष्टि अर्थशास्त्र का सैद्धान्तिक तथा व्यावहारिक महत्त्व बहुत है।

(1) अर्थव्यवस्था के कार्यकरण को समझना (To Understand the Working of the Economy)—अर्थव्यवस्था के कार्यकरण को समझने के लिए समष्टि आर्थिक चरों (variables) का अध्ययन अनिवार्य है। हमारी प्रमुख आर्थिक समस्याएँ अर्थव्यवस्था के अन्तर्गत कुल आय उत्पादन, रोजगार, और सामान्य कीमत स्तर से संबंधित रहती हैं। ये चर आंकड़ों से मापे जा सकते हैं और इस प्रकार, अर्थव्यवस्था के कार्यकरण पर पड़ने वाले प्रभावों के विश्लेषण की संभावनाएँ आसान बन जाती हैं। जैसा कि **टिन्बर्गन** का कथन है: समष्टि आर्थिक सिद्धान्त 'निरसन प्रक्रिया को समझने योग्य तथा पारदर्शी बनाने में' सहायक है।[3] संभव है कि कोई इस बात पर सहमत न हो कि भिन्न-भिन्न कीमतों को मापने का कौन-सा तरीका सबसे अच्छा है, परन्तु अर्थव्यवस्था की प्रकृति को समझने में सामान्य कीमत स्तर सहायक होता है।

(2) आर्थिक नीति में (In Economic Policy)—आर्थिक नीति के दृष्टिकोण से **समष्टि अर्थशास्त्र** अत्यन्त उपयोगी है। आधुनिक, विशेष रूप से अल्पविकसित अर्थव्यवस्थाओं की, सरकारों को अनगिनत राष्ट्रीय समस्याओं का सामना करना पड़ता है। वे अति-जनसंख्या, मुद्रास्फीति, भुगतान-शेष, तथा सामान्य अल्प-उत्पादन की समस्याएँ हैं। इन सरकारों का प्रमुख दायित्व यह है कि अति-जनसंख्या, सामान्य कीमतों, व्यापार की सामान्य मात्रा, सामान्य उत्पादन आदि का नियमन और नियंत्रण करें। **टिन्बर्गन** का कथन है : "अपने समय की बड़ी समस्याओं के हलों में योगदान देने के लिए समष्टि आर्थिक सिद्धान्तों से कार्यकरण नितान्त आवश्यक है।" व्यक्तिगत व्यवहार के आधार पर कोई भी सरकार इन समस्याओं को हल नहीं कर सकती है। हम कुछ जटिल आर्थिक समस्याओं को हल करने में समष्टि आर्थिक अध्ययन के उपयोग का विश्लेषण करते हैं।

(i) सामान्य बेरोजगारी में (In General Unemployment)—केन्ज़ का रोज़गार का सिद्धान्त समष्टि अर्थशास्त्र का एक प्रयोग है। अर्थव्यवस्था में रोजगार का सामान्य स्तर प्रभावी माँग पर निर्भर करता है, जो कुल मांग और कुल पूर्ति फलनों पर निर्भर करती है। इस प्रकार, बेरोज़गारी का कारण प्रभावी मांग की कमी है। इसको दूर करने के लिए कुल निवेश, कुल उत्पादन, कुल आय और कुल उपभोग को बढ़ाकर प्रभावी मांग बढ़ानी चाहिए। इस प्रकार, समष्टि अर्थशास्त्र का विशेष महत्त्व इस बात में है कि वह सामान्य बेरोजगारी के कारणों, प्रभावों तथा उपचार का अध्ययन करता है।

(ii) राष्ट्रीय आय में (In National Income)—राष्ट्रीय आय के रूप में अर्थव्यवस्था के समस्त कार्य का मूल्यांकन करने के लिए समष्टि अर्थशास्त्र का अध्ययन बहुत आवश्यक है। 1930 के बाद की विश्वव्यापी मन्दी के आगमन के साथ यह जरूरी हो गया कि सामान्य अति-उत्पादन तथा सामान्य रोज़गारी के कारणों का विश्लेषण किया जाए। इसके परिणामस्वरूप, राष्ट्रीय्र आय के आंकड़ों का निर्माण हुआ। राष्ट्रीय आय के आंकड़ों से आर्थिक क्रिया के स्तर का पूर्वानुमान लगाने और अर्थव्यवस्था में लोगों के भिन्न-भिन्न वर्गों में आय के वितरण को समझने में सहायता मिलती है।

(iii) आर्थिक विकास में (In Economic Development)—विकास का अर्थशास्त्र भी समष्टि अर्थशास्त्र के अध्ययन का विषय है। समष्टि अर्थशास्त्र के आधार पर ही एक अर्थव्यवस्था के संसाधनों और क्षमताओं का मूल्यांकन किया जाता है। राष्ट्रीय आय, उत्पादन और रोजगार में कुल वृद्धि की योजनाएँ बनाई और लागू की जाती हैं ताकि समस्त अर्थव्यवस्था के आर्थिक विकास का स्तर बढ़े।

(iv) मौद्रिक समस्याओं में (In Monetary Problems)—समष्टि अर्थशास्त्र की सहायता से ही मौद्रिक समस्याओं का विश्लेषण किया जा सकता है और उन्हें ठीक से समझा जा सकता है। मुद्रा के मूल्य में जल्दी-जल्दी होने वाले परिवर्तन—मुद्रास्फीति या

---

3. It helps in making the elimination process understandable and transparent, *J. Tinbergen.*

अपस्फीति—अर्थव्यवस्था पर प्रतिकूल प्रभाव डालते हैं। समस्त अर्थव्यवस्था के लिए मौद्रिक, राजकोषीय और सीधे नियंत्रण उपाय अपनाकर उनकी रोक-थाम की जा सकती है।

(v) व्यापार चक्रों में (In Business Cycles)—आर्थिक समस्याओं की मांग के रूप में समष्टि अर्थशास्त्र विश्वव्यापी मन्दी के बाद शुरू हुआ। इस प्रकार इसका महत्त्व इस बात में है कि वह आर्थिक उतार-चढ़ावों के कारणों का विश्लेषण और उनका उपचार करता है।

(3) व्यक्तिगत इकाइयों के व्यवहार को समझने के लिए (For Understanding the Behaviour of Individual Units)—अन्तिम व्यक्तिगत इकाइयों के व्यवहार को समझने के लिए समष्टि अर्थशास्त्र का अध्ययन नितान्त आवश्यक है। व्यक्तिगत वस्तुओं के लिए मांग अर्थव्यवस्था में कुल मांग पर निर्भर करती है। जब तक कुल मांग में कमी के कारणों का विश्लेषण न किया जाए तब तक व्यक्तिगत वस्तुओं की मांग में कमी होने के कारणों को पूरी तरह नहीं समझा जा सकता। समस्त अर्थव्यवस्था की औसत लागत स्थितियों के जाने बिना एक विशेष फर्म या उद्योग की लागतों में वृद्धि के कारणों का विश्लेषण नहीं हो सकता। अत: समष्टि अर्थशास्त्र के बिना व्यक्तिगत इकाइयों का अध्ययन संभव नहीं।

निष्कर्ष (Conclusion)—इस प्रकार राष्ट्रीय आय, उत्पादन, निवेश, बचत तथा उपभोग के व्यवहार का अध्ययन करके, समष्टि अर्थशास्त्र एक अर्थव्यवस्था के कार्यकरण के संबंध में हमारा ज्ञान बढ़ाता है। वह बेरोज़गारी, मुद्रास्फीति, आर्थिक अस्थिरता तथा आर्थिक विकास की समस्याओं के हल करने में बहुत प्रकाश डालता है। **एक्ले** के अनुसार, यह विश्लेषण की वैज्ञानिक विधि से अधिक है; यह आनुभविक आर्थिक ज्ञान का समूह भी है।

समष्टि अर्थशास्त्र की सीमाएँ (Limitations of Macro-economics)

समष्टि आर्थिक विश्लेषण की कुछ सीमाएँ भी हैं। वे अधिकतर व्यक्तिगत अनुभवों के आधार पर समष्टि आर्थिक सामान्य सिद्धान्तों को बनाने के प्रयत्नों से उत्पन्न होती हैं।

(1) संरचना की भ्रांति (Fallacy of Composition)—समष्टि आर्थिक विश्लेषण में 'संरचना की भ्रांति' रहती है अर्थात् कुल आर्थिक व्यवहार व्यक्तिगत क्रियाओं का कुल जोड़ होता है। परन्तु यह आवश्यक नहीं कि जो बात व्यक्तियों के लिए सत्य है, वह समस्त अर्थव्यवस्था के लिए भी सत्य होगी। उदाहरण के लिए, बचतें एक व्यक्ति का गुण हैं पर सार्वजनिक दोष। यदि अर्थव्यवस्था में कुल बचतें बढ़ जाएँ तो वे मंदी को शुरू कर सकती हैं, जब तक कि उनका निवेश न किया जाए। फिर, यदि एक व्यक्ति बैंक से अपना पैसा निकलवा लेता है, तो इससे कोई हानि नहीं होती, परन्तु यदि सभी व्यक्ति एक साथ ऐसा करना शुरू कर दें, तो बैंकिंग व्यवस्था समाप्त हो जाएगी।

(2) समूहों को समरूप मानना (To Regard the Aggregates as Homogeneous)—समष्टि विश्लेषण में एक प्रमुख दोष यह है कि वह समूहों की आन्तरिक संरचना तथा ढाँचे की परवाह किए बिना उन्हें समरूप मान लेता है। एक देश में औसत मज़दूरी सब व्यवसायों की मज़दूरी का कुल जोड़ होती है अर्थात क्लर्कों, टाइपिस्टों, अध्यापकों, नर्सों आदि की मज़दूरी। परन्तु कुल रोजगार की मात्रा औसत मजदूरी की बजाय मजदूरी के सापेक्ष ढाँचे पर निर्भर करती है। उदाहरण के लिए, यदि नर्सों की मजदूरी बढ़ जाए पर क्लर्कों की मजदूरी कम हो जाए, तो हो सकता है कि औसत मजदूरी में परिवर्तन न हो। परन्तु यदि नर्सों के रोजगार में थोड़ी कमी हो जाए और क्लर्कों का रोजगार अधिक मात्रा में बढ़ जाए तो कुल रोजगार बढ़ जाएगा।

(3) सामूहिक चरों का महत्त्वपूर्ण होना आवश्यक नहीं (Aggregate Variables may not be Important Necessarily)— हो सकता है कि सामूहिक चर, जो अर्थव्यवस्था को बनाते हैं, अधिक महत्त्वपूर्ण न हों। उदाहरण के लिए एक देश की राष्ट्रीय आय सब व्यक्तिगत आयों का जोड़ है। राष्ट्रीय आय में वृद्धि का यह अर्थ नहीं कि सभी की व्यक्तिगत आय भी बढ़ गई है। हो सकता है कि देश में कुछ धनी व्यक्तियों की आय में वृद्धि के परिणामस्वरूप राष्ट्रीय आय में वृद्धि हुई हो। इस प्रकार, राष्ट्रीय आय में ऐसी वृद्धि का समाज के दृष्टिकोण से कोई महत्त्व नहीं।

प्रो. बोल्डिंग (Boulding) इन कठिनाइयों को 'समष्टि आर्थिक विरोधाभास' (macro-economic paradoxes) कहता है जो

एक अकेले व्यक्ति पर लागू किए जाएं, तो सत्य होते हैं परन्तु जब समस्त अर्थव्यवस्था पर लागू किए जाते हैं, तो असत्य होते हैं।[4]

(4) समष्टि अर्थशास्त्र का विवेकहीन प्रयोग भ्रान्तिजनक (Indiscriminate Use of Macro-Economics Misleading)—फिर, वास्तविक जगत की समस्याओं के विश्लेषण में समष्टि अर्थशास्त्र का विवेकहीन प्रयोग प्रायः भ्रांतिजनक भी हो सकता है। उदाहरण के लिए, यदि अर्थव्यवस्था में पूर्ण रोजगार लाने तथा बनाये रखने के लिए नीति के रूप में अपनाए गए तरीके व्यक्तिगत फर्मों और उद्योगों की संरचनात्मक बेरोजगारी पर लागू किए जाएँ तो वे असंगत बन जाएँगे। इसी प्रकार, सामान्य कीमतों पर नियंत्रण करने के उद्देश्य से अपनाए गए तरीकों को व्यक्तिगत वस्तुओं की कीमतों के नियंत्रण के लिए लागू करने से अधिक लाभ नहीं होगा।

(5) आँकड़ों तथा संकल्पना संबंधी कठिनाइयाँ (Statistical and Conceptual Difficulties)—अन्तिम, समष्टि आर्थिक धारणाओं की माप में आँकड़ों तथा संकल्पना संबंधी कई कठिनाइयाँ रहती हैं। ये समस्याएं समष्टि आर्थिक चरों के जोड़ से संबंधित हैं। यदि व्यक्तिगत इकाइयाँ लगभग समान हों, तब तो जोड़ में अधिक कठिनाई नहीं होती। परन्तु यदि समष्टि आर्थिक चरों का संबंध समरूप व्यक्तिगत इकाइयों से हो तो उनका एक समष्टि आर्थिक चर में इकट्ठा करना हानिकर और गलत हो सकता है।

2. व्यष्टि अर्थशास्त्र और समष्टि अर्थशास्त्र में भेद (DISTINCTION BETWEEN MICROECONOMICS AND MACROECONOMICS)

व्यष्टि अर्थशास्त्र और समष्टि अर्थशास्त्र में निम्न भेद किए जा सकते हैं :

'व्यष्टि' शब्द ग्रीक शब्द 'micros' से व्युत्पन्न किया गया है जिसका अर्थ है 'छोटा'। व्यष्टि अर्थशास्त्र व्यक्तियों और व्यक्तियों के छोटे समूहों का अध्ययन है। यह विशेष परिवारों, विशेष फर्मों, विशेष उद्योगों, विशेष वस्तुओं और व्यक्तिगत कीमतों का अध्ययन है। 'समष्टि' शब्द भी एक ग्रीक शब्द 'macro' से व्युत्पन्न किया गया है, जिसका अर्थ है 'बड़ा'। यह ''इन मात्राओं के समूहों से संबंधित है न कि व्यक्तिगत आय बल्कि राष्ट्रीय आय से; व्यक्तिगत कीमतों से नहीं, परन्तु सामान्य कीमत स्तरों से; व्यक्ति उत्पादन से नहीं बल्कि राष्ट्रीय उत्पादन से।''[5]

व्यष्टि अर्थशास्त्र का मांग की ओर उद्देश्य उपयोगिता को अधिकतम करना है जबकि पूर्ति की ओर न्यूनतम लागत पर लाभों को अधिकतम करना है। दूसरी ओर, समष्टि अर्थशास्त्र के मुख्य उद्देश्य—पूर्ण रोजगार, कीमत स्थिरता, आर्थिक वृद्धि और अनुकूल भुगतान संतुलन हैं।

व्यष्टि अर्थशास्त्र का आधार कीमत तंत्र है जो मांग और पूर्ति की शक्तियों की सहायता से कार्य करता है। ये शक्तियां मार्किट में संतुलन कीमत निर्धारित करने में सहायक होती हैं। दूसरी ओर, समष्टि अर्थशास्त्र के आधार राष्ट्रीय आय, उत्पादन, रोजगार और सामान्य कीमत स्तर हैं जो कुल मांग और कुल पूर्ति द्वारा निर्धारित होते हैं।

व्यष्टि अर्थशास्त्र उन मान्यताओं पर आधारित है जिनका संबंध व्यक्तियों के विवेकी व्यवहार से है। फिर इसमें 'अन्य बातें समान रहें' का प्रयोग विभिन्न आर्थिक नियमों की व्याख्या करने के लिए किया जाता है। दूसरी ओर, समष्टि अर्थशास्त्र की मान्यताएँ अर्थव्यवस्था के उत्पादन की कुल मात्रा, किस सीमा तक इसके संसाधन नियोजित हैं; राष्ट्रीय आय का आकार और सामान्य कीमत स्तर, जैसे चरों पर आधारित हैं।

व्यष्टि अर्थशास्त्र आंशिक संतुलन विश्लेषण पर आधारित है जो एक व्यक्ति, एक फर्म, एक उद्योग और एक साधन की संतुलन शर्तों की व्याख्या करने में सहायक होता है। दूसरी ओर, समष्टि अर्थशास्त्र सामान्य संतुलन विश्लेषण पर आधारित है जो एक आर्थिक प्रणाली के कार्यकरण को समझने के लिए अनेक आर्थिक चरों और उनके परस्पर संबंधों और परस्पर निर्भरताओं का विस्तृत अध्ययन है।

व्यष्टि अर्थशास्त्र में, संतुलन शर्तों का अध्ययन एक विशेष अवधि में किया जाता है। यह समय तत्त्व की व्याख्या नहीं करता है। इसलिए व्यष्टि अर्थशास्त्र स्थैतिक विश्लेषण है। दूसरी ओर, समष्टि अर्थशास्त्र समय पश्चताओं (time lags), परिवर्तन की दरों और चरों के विगत एवं प्रत्याशित मूल्यों पर आधारित है। इस प्रकार यह गत्यात्मक विश्लेषण से संबंधित है।

---

4. K. Boulding, *A Reconstruction of Economics*, p. 173.
5. K. E. Boulding, *Economic Analysis, 3/e, p. 237.*

व्यष्टि अर्थशास्त्र विस्तृत रेंज की स्थितियों, समस्याओं, वस्तुओं, मार्किटों और संगठन की किस्मों पर अधिकतम सामान्यता और व्यवहार्यता से युक्त है। यह धारणाओं और प्रणाली-विज्ञान (methodology) पर बल देता है जिनका समस्या हल करने के लिए प्रयोग किया जाता है। इसकी तुलना में, समष्टि अर्थशास्त्र एक अर्थव्यवस्था के व्यावहारिक ज्ञान का पता लगता है जिसमें समष्टि आर्थिक समस्याएं अपेक्षतया कम हैं और इस प्रकार उनके विशेष हल भी।

व्यष्टि अर्थशास्त्र और समष्टि अर्थशास्त्र दोनों में समूहों (aggregates) का अध्ययन शामिल है। परन्तु व्यष्टि अर्थशास्त्र में समूह समष्टि अर्थशास्त्र में समूहों से भिन्न है। व्यष्टि अर्थशास्त्र में, व्यक्तिगत परिवारों, व्यक्तिगत फर्मों और व्यक्तिगत उद्योगों के एक दूसरे के साथ परस्पर-संबंध समूहन (aggregation) के साथ संबंध रखते हैं। ''उदाहरण के तौर पर, 'उद्योग' की धारणा अनेक फर्मों या वस्तुओं का जोड़ करती है। जूतों के लिए उपभोक्ता माँग कई परिवारों की माँगों का जोड़ होती है, तथा जूतों की पूर्ति कई फर्मों के उत्पादन का जोड़ है। किसी एक इलाके या उद्योग में श्रम की माँग व पूर्ति स्पष्टतया सामूहिक धारणाएँ हैं।'' 'परन्तु व्यष्टि अर्थशास्त्र में समूहों का अध्ययन समष्टि अर्थशास्त्र से भिन्न होता है। समष्टि अर्थशास्त्र में समूहों के प्रयोगों का सम्बन्ध 'समस्त अर्थव्यवस्था के जोड़' से होता है। जबकि व्यष्टि अर्थशास्त्र में ये अर्थव्यवस्था के साथ सम्बन्धित नहीं होते परन्तु व्यक्तिगत परिवारों, फर्मों एवं उद्योगों से होते हैं।

3. दोनों मार्गों के परस्पर सम्बन्ध तथा एकीकरण की समस्याएँ (PROBLEMS OF INTER-RELATION AND INTEGRATION OF THE TWO APPROACHES)

व्यष्टि तथा समष्टि अर्थशास्त्र का यह सामान्य विभाजन दृढ़ नहीं है क्योंकि अंश समस्त और समस्त अंशों को प्रभावित करते हैं।

व्यष्टि अर्थशास्त्र की समष्टि अर्थशास्त्र पर निर्भरता (Dependence of Micro-economics on Macro-economics)—उदाहरण के लिए समष्टि अर्थशास्त्र पर व्यष्टि अर्थशास्त्र की निर्भरता को लीजिए। जब समृद्धि (prosperity) की अवधि में कुल माँग बढ़ती है, तो व्यक्तिगत वस्तुओं की माँग भी बढ़ जाती है। यदि ब्याज की दर में कमी होने से माँग में यह वृद्धि हुई है तो विभिन्न प्रकार की पूँजीगत वस्तुओं की माँग बढ़ जाएगी। इसका परिणाम यह होगा कि पूँजीगत-वस्तु उद्योग के लिए आवश्यक विशेष प्रकार के श्रम के लिए माँग में वृद्धि हो जाएगी। यदि ऐसे श्रम की पूर्ति कम लोचदार हो, तो उसकी मजदूरी की दरें बढ़ जाएँगी। पूँजी-वस्तुओं की बढ़ी हुई माँग के परिणामस्वरूप व्यष्टि आर्थिक चरों के मूल्यों में परिवर्तन कर देती है अर्थात विशेष वस्तुओं के लिए माँग में, विशेष उद्योगों की मजदूरी दरों में, विशेष फर्मों और उद्योगों के लाभों में, और वर्करों के भिन्न-भिन्न वर्गों की रोजगार की स्थिति में परिवर्तन हो जाता है। इसी प्रकार, अर्थव्यवस्था में, आय, उत्पादन, रोजगार, लागतों आदि का कुल आकार व्यक्तिगत उद्योगों तथा फर्मों की व्यक्तिगत आय, उत्पादन, रोजगार, लागतों की संरचना को प्रभावित करता है। एक और उदाहरण लीजिए, जब मंदी की अवधि में कुल उत्पादन गिर जाता है, तो उपभोक्ता वस्तुओं की अपेक्षा पूँजीगत वस्तुओं का उत्पादन अधिक गिरता है। इसलिए, उपभोक्ता वस्तु-उद्योगों की अपेक्षा पूँजीगत-वस्तु उद्योगों में लाभ, मजदूरी तथा रोजगार अधिक तेजी से गिरता है।

समष्टि अर्थशास्त्र की व्यष्टि अर्थशास्त्र पर निर्भरता (Dependence of Macro-economics on Mmicro-economics)—दूसरी ओर, समष्टि आर्थिक सिद्धान्त भी व्यष्टि आर्थिक विश्लेषण पर निर्भर रहता है। समस्त का निर्माण अंशों से होता है। राष्ट्रीय आय व्यक्तियों, परिवारों, फर्मों और उद्योगों की आय का जोड़ है। कुल बचतें, कुल निवेश और कुल उपभोग व्यक्तिगत उद्योगों, फर्मों, परिवारों और व्यक्तियों के बचत, निवेश तथा उपभोग संबंधी निर्णयों का परिणाम होते हैं। सामान्य कीमत स्तर व्यक्तिगत वस्तुओं और सेवाओं की सब कीमतों का औसत है। इसी प्रकार अर्थव्यवस्था का कुल उत्पादन सब व्यक्तिगत उत्पादक इकाइयों की निर्गतों का जोड़ है।

हम व्यष्टि अर्थशास्त्र पर इस समष्टि निर्भरता के कुछ ठोस उदाहरण लेते हैं। यदि अर्थव्यवस्था अपने स्रोतों को कृषि वस्तुओं के उत्पादन में केन्द्रित कर दे, तो अर्थव्यवस्था का कुल उत्पादन घट जाएगा क्योंकि अर्थव्यवस्था के अन्य क्षेत्र उपेक्षित रह जाएँगे। अर्थव्यवस्था में उत्पादन, आय तथा रोजगार का कुल स्तर भी आय के वितरण पर निर्भर करता है। यदि आय का असमान वितरण

6. G. Ackley, *op. cit.*, pp. 4-5.

हो जिससे थोड़े से अमीर आदमियों के हाथों में आय एकत्रित हो जाये, तो उससे उपभोक्ता वस्तुओं की माँग घट जायेगी। लाभ, निवेश और उत्पादन में कमी हो जाएगी, बेरोजगारी बढ़ेगी और अन्त में अर्थव्यवस्था को मंदी का सामना करना पड़ेगा। इस प्रकार, आर्थिक समस्याओं को हल करने के समष्टि तथा व्यष्टि दोनों ही मार्ग परस्पर संबंद्ध तथा परस्पर निर्भर हैं।

दोनों में परस्पर निर्भरता न पाया जाना (Non-interdependence between the Two)—इन परस्पर संबंधों के बावजूद, बहुत सी समष्टि आर्थिक समस्यायें होती हैं जो व्यक्तियों पर लागू नहीं होतीं और बहुत सी व्यक्तिगत समस्यायें होती हैं जो सारी अर्थव्यवस्था पर लागू नहीं होतीं। उदाहरण के लिए, एक व्यक्ति की आय और उसके व्यय में प्रायः अन्तर होता है और हो भी सकता है, परन्तु समस्त अर्थव्यवस्था के लिए कुल आय तथा कुल व्यय सदैव एक दूसरे के बराबर होते हैं। एक व्यक्ति बिना बचत किए निवेश कर सकता है, परन्तु अर्थव्यवस्था के लिए बचत और निवेश अवश्य बराबर होने चाहिएं। अर्थव्यवस्था में जब पूर्ण रोजगार होता है तो एक फर्म उद्योग में दूसरी फर्मों के साधन आकर्षित करके अपने उत्पादन को बढ़ा सकती है, परन्तु सारा उद्योग इस प्रकार अपने साधनों में वृद्धि नहीं कर सकता। एक देश के निर्यात, आयात से अधिक हो सकते हैं, या आयात निर्यात से,परन्तु सारे संसार के लिए कुल आयात, कुल निर्यात के बराबर होना चाहिए।

दोनों मार्गों का उचित एकीकरण (Proper Integration of the two Approaches)—वास्तव में, व्यष्टि तथा समष्टि विश्लेषण के बीच कोई अति कठोर रेखा नहीं खींची जा सकती। अर्थव्यवस्था के एक सामान्य सिद्धान्त के अन्तर्गत दोनों आने चाहिएं। वह ऐसा सिद्धान्त होना चाहिए जो कीमतों, उत्पादनों, आय, व्यक्तियों, व्यक्तिगत फर्मों एवं उद्योगों के व्यवहार और व्यक्तिगत चरों के समूहों की व्याख्या करे। ''वास्तव में समष्टि अर्थशास्त्र और व्यष्टि अर्थशास्त्र में ठीक प्रकार से रेखा नहीं खींची जा सकती। अर्थव्यवस्था का एक 'सामान्य' सिद्धान्त स्पष्टतया दोनों का आलिंगन करेगा; वह व्यक्तिगत व्यवहार, व्यक्तिगत उत्पादन, आय और कीमतों की व्याख्या करेगा, और व्यक्तिगत परिणामों के जोड़ या औसतें समूहों को बनायेंगे जिनसे समष्टि अर्थशास्त्र का संबंध है। ऐसा सामान्य सिद्धान्त विद्यमान है, परन्तु इसकी व्यापकता ही इसके पास बहुत कम मौलिक तत्त्व छोड़ती है। वस्तुतः, यथार्थ परिणामों को पहुँचने के लिए, हम यह पाते हैं कि हमें समष्टि आर्थिक समस्याओं को समष्टि आर्थिक उपकरणों तथा व्यष्टि आर्थिक समस्याओं को व्यष्टि आर्थिक उपकरणों द्वारा पहुंचाना चाहिए। इन प्रकार, आवश्यकता इसं बात की है कि दोनों मार्गों का उचित समाकलन किया जाए।''[7] **प्रो. ऐक्ले** (Ackley) ने सुझाव दिया है कि व्यष्टि आर्थिक सिद्धांत को चाहिए कि वह हमारे समष्टि सिद्धांतों के निर्माण खण्ड (बिल्डिंग ब्लाक) प्रदान करे। पर व्यष्टि अर्थशास्त्र को समझने में समष्टि अर्थशास्त्र भी योग दे सकता है। उदाहरण के लिए, यदि अनुभव के आधार पर हम कुछ ऐसे स्थिर समष्टि आर्थिक सामान्य सिद्धान्त खोज लें जो व्यष्टि आर्थिक सिद्धान्तों से मेल खाते हुए प्रतीत न होते हों या जो व्यवहार के ऐसे पक्षों से संबंध रखते हों जिन्हें व्यष्टि अर्थशास्त्र ने उपेक्षित कर दिया है, तो व्यष्टि अर्थशास्त्र को चाहिए कि हमें इस बात की इजाज़त दे कि हम व्यक्तिगत व्यवहार के अपने ज्ञान में सुधार कर लें। परन्तु दोनों में से किसी भी दिशा में चलने के लिए हमें समूहन की कुछ अपेक्षाकृत अधिक तकनीकी समस्याओं के संबंध में जागरूक होने की जरूरत नहीं है जो यह बताती है कि ''समष्टि अर्थशास्त्र की प्रगति कीमतों और आय के वितरण के व्यष्टि सिद्धान्त की और अधिक प्रगति पर निर्भर करती है।''

4. समष्टि स्थैतिकी
(MACRO-STATICS)

'Statics' ग्रीक भाषा के *Statike* शब्द से बना है जिसका अर्थ है स्थिर करना। भौतिकी (Physics) में इसका अर्थ है स्थिरता की वह स्थिति जहाँ किसी प्रकार की गति न हो। अर्थशास्त्र में इसका अर्थ है एक विशेष स्तर पर गति की वह विशिष्ट स्थिति जिसमें कोई परिवर्तन न हो। **क्लार्क** (Clark) के अनुसार यह वह स्थिति है जहाँ अपनी अनुपस्थिति में पाँच प्रकार के परिवर्तन प्रमुख रहते हैं: (*i*) जनसंख्या का परिमाण, (*ii*) पूँजी की पूर्ति, (*iii*) उत्पादन के तरीके, (*iv*) व्यापार संगठन के रूप, और (*v*) लोगों की आवश्यकताएँ स्थिर रहती हैं, परन्तु अर्थव्यवस्था समान गति से काम करती रहती है। **प्रो. मार्शल** का कहना है, ''इस सक्रिय परन्तु अपरिवर्तनशील

7. G. Ackley, *op.cit.*, p. 5.

प्रक्रिया के लिए 'स्थैतिक अर्थशास्त्र' शब्दावली का व्यवहार होना चाहिए।''[8] इस प्रकार स्थैतिक अवस्था वह काल-रहित (timeless) अर्थव्यवस्था है जहाँ कोई परिवर्तन नहीं होता और जो निश्चय से संतुलन में होती है। सूचकांकों (indices), चालू माँग उत्पादन, और वस्तुओं तथा सेवाओं की कीमतों का अपने आप समायोजन (adjustment) होता है। स्थैतिक अवस्था में न तो अतीत होता है और न ही भविष्य, इसलिए इसमें अनिश्चितता का तत्त्व बिल्कुल नहीं होता। इस प्रकार प्रो. **कुज़नेट्स** (Kuznets) का विश्वास है, ''यह मान लेने पर कि निरपेक्ष अथवा सापेक्ष तौर से शामिल आर्थिक मात्राओं में समरूपता और स्थिरता होती है, स्थैतिक अर्थशास्त्र संबंधों और प्रक्रियाओं पर विचार करता है।''

समष्टि-स्थैतिकी विश्लेषण अर्थव्यवस्था की स्थैतिक सन्तुलन अवस्था की व्याख्या करता है। इसे प्रो. कुरीहारा द्वारा बहुत अच्छे ढंग से इन शब्दों में समझाया गया है, ''यदि उद्देश्य समस्त अर्थव्यवस्था की 'स्थिर तस्वीर' दिखाना हो, तो समष्टि स्थैतिक तरीका सही तकनीक है। क्योंकि यह तकनीक संतुलन की अन्तिम अवस्था में निहित समायोजन की प्रक्रिया के निर्देश के बिना समष्टि चरों में सम्बन्धों की खोज की है।'' ऐसी सन्तुलन की अन्तिम अवस्था को इस समीकरण द्वारा व्यक्त किया जा सकता है, $Y = C + I$ यहाँ Y कुल आय है, C कुल उपभोग व्यय और I कुल निवेश व्यय है। यह बिना किसी समायोजन प्रक्रिया के एक काल-रहित समानता समीकरण दिखाती है। यह समष्टि-स्थैतिकी मॉडल प्रो. **कुरीहारा** के रेखाचित्र की सहायता से नीचे दिखाया गया है।

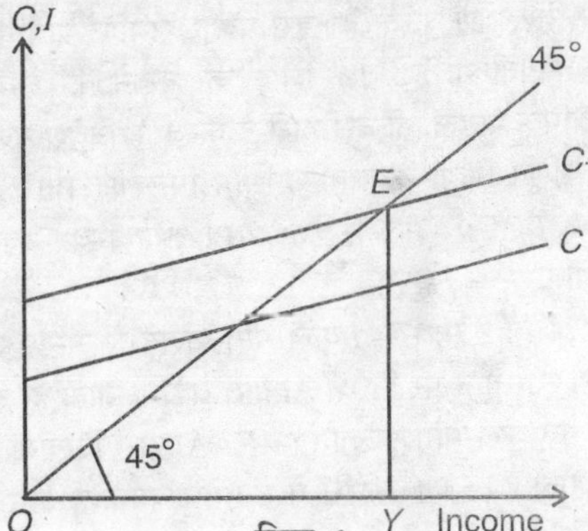

चित्र 1

केन्ज के इस स्थैतिक मॉडल के अनुसार, राष्ट्रीय आय का स्तर उस बिन्दु पर निर्धारित होता है जहाँ कुल पूर्ति फलन (aggregate supply function) कुल माँग फलन (aggregate demand function) को काटता है। चित्र 1.1 में 45° रेखा कुल पूर्ति फलन को दर्शाती है और $C + I$ रेखा कुल मांग फलन को। 45° रेखा और $C + I$ वक्र प्रभावी माँग के बिन्दु E पर काटते हैं और आय का OY स्तर निर्धारित करता है।

इस प्रकार, आर्थिक स्थैतिकी कालरहित अर्थव्यवस्था से संबंधित होती है। इसका न तो विकास होता है और न ही क्षय। यह 'स्थिर' कैमरे से खींचे गये तात्कालिक चित्र (snap-shot) की भाँति है जो वैसे ही रहेगा, चाहे अर्थव्यवस्था की पहले या बाद की स्थितियों में परिवर्तन हो या न हो।

5. समष्टि प्रावैगिकी
(MACRO-DYNAMICS)

आर्थिक प्रावैगिकी परिवर्तन का त्वरण (acceleration) या परिमन्दन (deceleration) का अध्ययन है। जैसा कि **ऐक्ले** ने कहा है, ''प्रावैगिकी का संबंध आवश्यक तौर से परिवर्तन और असंतुलन की स्थितियों से है''। यह परिवर्तन की प्रक्रिया का विश्लेषण है जो काल-पर्यन्त चलता रहता है। समय के साथ अर्थव्यवस्था में दो तरह से परिवर्तन हो सकता है: एक तो उसके ढाँचे में परिवर्तन किए बिना और दूसरे उसके ढाँचे को बदल कर। आर्थिक प्रावैगिकी दूसरे प्रकार के परिवर्तन से संबंध रखती है। यदि जनसंख्या, पूँजी, उत्पादन की तकनीकों, व्यापार संगठन के रूपों और लोगों की रुचियों में से किसी एक या सब में परिवर्तन हो जाए, तो अर्थव्यवस्था भिन्न ढाँचा धारण कर लेगी और आर्थिक प्रणाली अपनी दिशा बदल लेगी। नीचे के चित्र में, अर्थव्यवस्था के प्रारम्भिक मूल्य दिए हुए होने पर, वह AB मार्ग पर चलती है, परन्तु A पर सूचकांक (indices) अचानक ढाँचे को बदल देते हैं और संतुलन की दिशा C की ओर बदल जाती है। फिर, यह D की ओर जाती है परन्तु C पर ढाँचा और दिशा E की ओर बदल जाते हैं। इस प्रकार आर्थिक प्रावैगिकी एक संतुलन स्थिति से दूसरी की ओर के 'मार्ग' का अध्ययन करती है जैसे A से C की ओर के मार्ग का और C से E की ओर के मार्ग का।

$$\begin{array}{l} D \\ \uparrow \\ C \rightarrow E \\ \uparrow \\ \rightarrow A \rightarrow B \end{array}$$

---

8. "It is to this active but unchanging process that the expression 'static economics' should be applied."—*Marshall*

वास्तव में, आर्थिक प्रावैगिकी समय-पश्चताओं (time-lags), परिवर्तनों की दरों तथा चरों और प्रत्याशित (expected) मूल्यों से संबंध रखती है। प्रावैगिकी अर्थशास्त्र में स्वीकृत तत्वों में परिवर्तन होते हैं।

प्रो. कुरीहारा के अनुसार, ''समष्टि-प्रावैगिकी समष्टि-चरों की निरंतर गतियों या परिवर्तन की दरों का विवेचन करती है।'' वह आगे लिखता है कि ''यह तरीका भूल-चूक की प्रक्रिया को, लगातार, बदल रही प्रतिक्रियाओं की श्रृंखलाओं में पृथक करता है; और क्रमशः यह संकेत करता है कि क्या कारण है और क्या प्रभाव है ? यह एक बदल रहे संसार को वर्णित करता है क्योंकि यह पहले और बाद में आने वाले समायोजनों से सम्बन्धित होता है, यह समूहों के अनिरन्तर और निरन्तर परिवर्तनों, किसी प्रारम्भिक हलचल से उत्पन्न होने वाले कारण और प्रभाव—घटनाओं के अनुक्रम, समष्टि चरों के अवधि-मार्ग एवं सामूहिक सम्बन्धों का विश्लेषण करता है। इस प्रकार समष्टि प्रावैगिक ढंग प्रगतिशील अर्थव्यवस्था के कार्यकरण के 'चल-चित्र' को देखने की क्षमता प्रदान करता है।'' समष्टि-प्रावैगिक मॉडल को **कुरीहारा** ने केन्ज के निवेश गुणक (investment multiplier) से वर्णित किया है, जहाँ उपभोग पिछली अवधि की आय का फलन है, अर्थात $C_t = f(Y_{t-1})$, और निवेश समय तथा स्थिर स्वायत्त निवेश ΔI का फलन है, अर्थात्, $I_t = f(\Delta I)$.

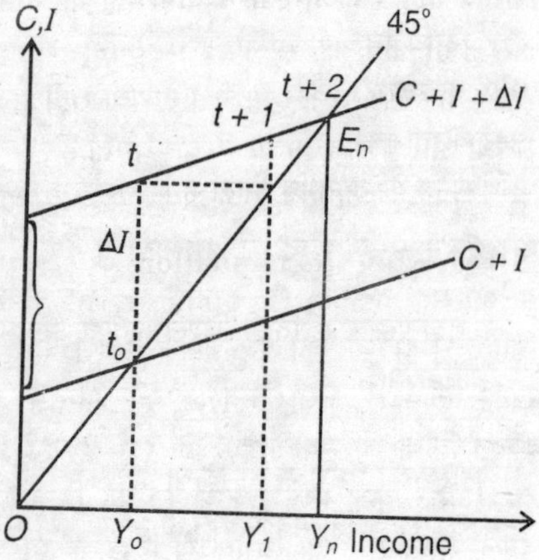

चित्र 2

चित्र 2 में, $C + I$ कुल माँग फलन है और 45° रेखा कुल पूर्ति फलन है। यदि हम अवधि t_0 में प्रारम्भ करें जहाँ OY सन्तुलन आय स्तर होने पर निवेश ΔI द्वारा बढ़ाया जाता है, तो अवधि t में आय बढ़े हुए निवेश के बराबर बढ़ती है, (t_0 से t)। बढ़ी हुई आय को नए कुल माँग फलन $C + I + \Delta I$ द्वारा दिखाया गया है परन्तु अवधि t में उपभोग पीछे रह जाता है और E_0 पर आय के बराबर ही होता है। $t + 1$ अवधि में उपभोग बढ़ता है और नये निवेश के साथ यह आय को और ऊंचे OY_1 बढ़ा देता है। आय प्रजनन की यह प्रक्रिया चलती रहेगी जब तक कि कुल माँग फलन, $C + I + \Delta I$, कुल पूर्ति फलन 45° रेखा को nth अवधि में E_n पर नहीं काटता। नया सन्तुलन स्तर OY_n पर निर्धारित होता है। t_0 से E_n तक का टेढ़ा-मेढ़ा रास्ता समष्टि-प्रावैगिक सन्तुलन मार्ग है।

6. तुलनात्मक स्थैतिकी
(COMPARATIVE STATICS)

तुलनात्मक स्थैतिकी सर्वप्रथम एक जर्मन अर्थशास्त्री **ओपन हीमर** (F. Oppenheimer) ने 1916 में प्रयोग की थी। **शूम्पीटर** ने इसे ''स्थैतिक मॉडलों के एक अनुक्रम द्वारा एक विकासवादी प्रक्रिया'' बताया है।''[9] उसके अनुसार तुलनात्मक स्थैतिकी विश्लेषण की एक विधि है जिसमें विभिन्न संतुलन अवस्थाओं की तुलना की जाती है। इसमें कई प्राचल जैसे जनसंख्या, पूंजी स्टॉक, प्रौद्योगिकी, उत्पादन की तकनीकें, आय स्तर, रुचियां, आदतें आदि स्थिर मान लिए जाते हैं।

स्थैतिक, तुलनात्मक स्थैतिक और प्रावैगिक स्थितियों का भेद साथ वाले चित्र द्वारा समझाया गया है। जब अर्थव्यवस्था A स्थिति पर कार्यशील है जहां यह बिना चरों में कोई परिवर्तन से एक **स्थिर दर** से उत्पादन कर रही है, तो **स्थैतिक** अवस्था है जो **समय के एक बिन्दु** पर कार्यरत है। जब अर्थव्यवस्था संतुलन बिन्दु A से B पर काल पर्यन्त (through time) गति करती है तो यह आर्थिक **प्रावैगिकी** है जो दो संतुलन बिन्दुओं के बीच गति के पथ को ट्रेस करती है। दूसरी ओर, **तुलनात्मक स्थैतिकी** का संबंध A से B बिन्दु तक **एक बार परिवर्तन** से है जिसमें अर्थव्यवस्था की पहली अवस्था A और दूसरी अवस्था B की तुलना होती है। इसमें A से B तक पहुंचने के मार्ग के पीछे शक्तियों का अध्ययन नहीं किया जाता है।

केन्ज की General Theory परिवर्ती (shifting) सन्तुलन के सिद्धांत पर आधारित है जिसमें वह आय के विभिन्न स्तरों की तुलना करता है। प्रो. **कुरीहारा** के अनुसार, केन्ज ने संतुलन की एक स्थिति से दूसरी स्थिति के परिवर्तन की प्रक्रिया को दिखाने का कोई प्रयत्न नहीं किया था। उसने केवल तुलनात्मक स्थैतिक विश्लेषण का प्रयोग किया। चित्र 1.3 आय के दो विभिन्न स्तरों OY_1

9. "An evolutionary process by a succession of static models."—*J. Schumpeter.*

समय OT_1 पर तथा OY_2 समय OT_2 पर की व्याख्या करता है। एक दूसरी से स्वतंत्र होने की अवस्था में दोनों आय स्तर आर्थिक स्थैतिकी से संबद्ध हैं। परन्तु OY_2 आय स्तर OY_1 स्तर से ऊंचा है। यह तुलनात्मक स्थैतिकी है जो आय के दो स्थैतिक स्तरों A और B की तुलना करती है। यह विश्लेषण इस बात की व्याख्या नहीं करता कि आय का A से B पर बढ़ने का मार्ग कैसे प्राप्त हुआ जो प्रावैगिक अर्थशास्त्र के अन्तर्गत आता है।

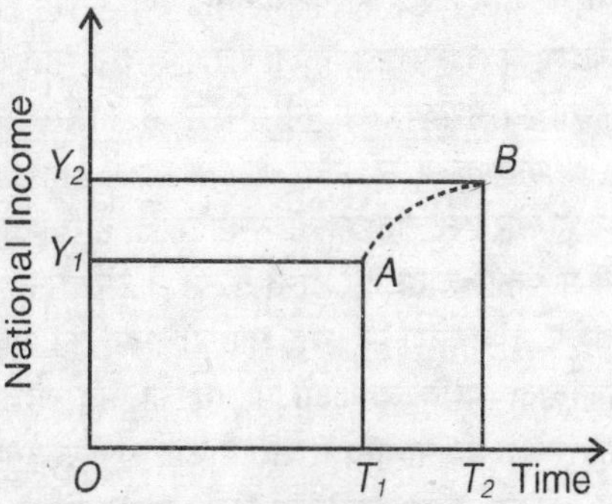

चित्र 3

इसकी सीमाएं (Its Limitations)

तुलनात्मक स्थैतिकी विश्लेषण की अनेक सीमाएं हैं। **प्रथम,** इसका क्षेत्र सीमित है क्योंकि यह बहुत-सी महत्त्वपूर्ण आर्थिक समस्याओं को शामिल नहीं करता। ये आर्थिक उतार-चढ़ाव तथा विकास की समस्याएं हैं जिनका अध्ययन केवल प्रौद्योगिक अर्थशास्त्र की विधि से ही किया जा सकता है।

दूसरे, तुलनात्मक स्थैतिकी विश्लेषण सन्तुलन की एक स्थिति से दूसरी स्थिति पर परिवर्तन की प्रक्रिया को समझाने में असमर्थ है। यह केवल गतियों की आंशिक झलक ही देता है क्योंकि हमें केवल दो 'स्थिर तस्वीरों' की तुलना करनी होती है, जबकि प्रौद्योगिकी हमें एक चलचित्र (movie) देगा।

तीसरे, हमें इस बात का निश्चय नहीं कि नया संतुलन कब स्थापित होगा क्योंकि यह विधि संक्रमण (transitional) अवधि की अवहेलना करता है। यह तुलनात्मक स्थैतिकी को आर्थिक विश्लेषण की अपूर्ण और अवास्तविक विधि बनाता है।

इसका महत्त्व (Its Importance)

बावजूद इन कमियों के हिक्स (Hicks) ने इस विधि की प्रशंसा की है। उसके अनुसार यह विधि गड़बड़ी करने वाले कारणों के प्रभाव का विश्लेषण करने के लिए सराहनीय है। यह परिवर्तन की प्रक्रिया में स्थिरता पुनः स्थापित करती है। यदि आर्थिक चरों में कुछ परिवर्तन होते हैं जो सतत् परिवर्तनों की प्रक्रिया को चालू करते हैं तो यह बताना संभव नहीं कि यह प्रक्रिया कब समाप्त होगी। इसी प्रकार यदि संतुलन में एक बार गड़बड़ हो जाती है जिससे असंतुलन की निरन्तर प्रक्रिया प्रारम्भ हो जाती है तो उसके पुनः सन्तुलन की स्थिति में जाने को निश्चित तौर से बताना संभव नहीं होता। ऐसी स्थितियों में तुलनात्मक स्थैतिकी सन्तुलन के कुछ निश्चित बिन्दुओं को दर्शाकर परिवर्तन की दिशा को बता सकती है। इस प्रकार यह विश्लेषण अनिश्चित स्थिति में निश्चितता प्रदान करता है।

7. व्यष्टि अर्थशास्त्र से समष्टि अर्थशास्त्र की ओर संक्रमण (TRANSITION FROM MICRO-ECONOMICS TO MACRO-ECONOMICS)

क्लासिकी तथा नवक्लासिकी अर्थशास्त्रियों ने अपनी रचनाओं में व्यष्टि अर्थशास्त्र तथा समष्टि अर्थशास्त्र, दोनों को प्रणालीतंत्रीय दृष्टिकोण के रूप में अपनाया है। परन्तु व्यष्टि अर्थशास्त्र को आर्थिक विश्लेषण की प्रणाली के रूप में विकसित और सम्पन्न करने का श्रेय **मार्शल** को जाता है। इसी प्रकार आर्थिक सिद्धान्त में केन्ज़ ने समष्टि अर्थशास्त्र को विशिष्ट प्रणाली के रूप में विकसित किया। इसलिए, व्यष्टि अर्थशास्त्र से समष्टि अर्थशास्त्र की ओर परिवर्तन की वास्तविक प्रक्रिया तब शुरू हुई जब केन्ज़ की *General Theory* का प्रकाशन हुआ। यह संक्रमण अर्थशास्त्र की निम्नलिखित शाखाओं में हुआ है:

व्यष्टि अर्थशास्त्र के अन्तर्गत व्यक्तियों के तथा कुछ व्यक्तियों के छोटे ग्रुपों के आर्थिक कार्यों का अध्ययन किया जाता है। इसके अन्तर्गत विशेष परिवारों, विशेष फर्मों, विशेष उद्योगों, विशेष वस्तुओं, व्यक्तिगत कीमतों, मजदूरी एवं आय का अध्ययन किया जाता है। इस प्रकार व्यष्टि अर्थशास्त्र इस बात का अध्ययन करता है कि विशेष वस्तुओं एवं सेवाओं के उत्पादन में संसाधनों का आवंटन किस प्रकार और उनका वितरण कितनी कुशलता से किया जाता है। परन्तु व्यष्टि अर्थशास्त्र अपने आप में इस समस्या का अध्ययन नहीं करता कि समस्त अर्थव्यवस्था में संसाधन-बंटवारा किस प्रकार किया जाए। जैसा कि **बोल्डिंग** (Boulding) ने लक्ष्य किया है, ''व्यक्तिगत मदों के रूप में आर्थिक प्रणाली जैसे विशाल एवं जटिल तथ्यों के समूह का विवरण प्रस्तुत करना असम्भव है।'' इस प्रकार व्यष्टि अर्थशास्त्र द्वारा किया गया अध्ययन अर्थव्यवस्था का अधूरा चित्र ही प्रस्तुत करता है। परन्तु **पीगू** (Pigou) जैसे परम्परावादी अर्थशास्त्रियों

ने व्यष्टि अर्थशास्त्रीय विश्लेषण को अर्थव्यवस्था की समस्याओं पर लागू करने का प्रयत्न किया। केन्ज़ का विचार उनसे भिन्न था। उसने समष्टि अर्थशास्त्र का पक्ष लिया, क्योंकि यह सम्पूर्ण अर्थव्यवस्था के समूहों का—जैसे कुल रोजगार, कुल आय, कुल उत्पादन, कुल निवेश, कुल उपभोग, कुल बचत, समस्त पूर्ति, समस्त मांग और सामान्य कीमत स्तर, मजदूरी स्तर तथा लागत संरचना का—अध्ययन करता है। अर्थव्यवस्था की समस्याओं को समझने के लिए केन्ज़ ने समष्टि दृष्टिकोण अपनाया और व्यष्टि से समष्टि में परिवर्तन किया।

मान्यताओं में अन्तर (Differences in Assumptions)—व्यष्टि अर्थशास्त्र यह मानकर चलता है कि कुल रोजगार की मात्रा दी हुई है और इस बात का अध्ययन करता है कि अर्थव्यवस्था के व्यक्तिगत क्षेत्रों (सेक्टरों) में रोजगार-परिमाण का आवंटन (allocation) किस प्रकार होता है। परन्तु केन्ज़ ने संसाधनों के—विशेष रूप से श्रम के—पूर्ण रोजगार की धारणा अस्वीकार कर दी। समष्टि के विशेष दृष्टिकोण से, वह पूर्ण रोजगार को एक विशेष स्थिति मानता है। सामान्य स्थिति तो अल्प रोजगार की स्थिति होती है। पूंजीवादी अर्थव्यवस्थाओं में श्रम का अनैच्छिक (involuntary) बेरोजगार विद्यमान होना सिद्ध करता है कि अल्प रोजगार संतुलन की स्थिति तो सामान्य स्थिति है और पूर्ण रोजगार की स्थिति असामान्य और आकस्मिक अथवा सामयिक।

केन्ज ने पीगू के इस मत का खंडन किया कि मंदी के दौरान नकद मजदूरी में कटौती बेरोजगारी को समाप्त कर सकती है और अर्थव्यवस्था में पूर्ण रोजगार की स्थिति ला सकती है। पीगू के तर्कों में गलती यह थी कि उसने वह तर्क सम्पूर्ण अर्थव्यवस्था पर लागू कर दिया जो मात्र एक विशेष उद्योग पर ही लागू होता था। नकद मजदूरी दर घटाने से किसी उद्योग में रोजगार बढ़ सकता है क्योंकि नकद मजदूरी में कटौती उसकी उत्पादन-लागत और उत्पादन की कीमत घटा देगी जिनके परिणामस्वरूप उसकी मांग बढ़ जाएगी। परन्तु अर्थव्यवस्था के लिए इस तरह की नीति अपनाने से रोजगार गिरेगा। जब अर्थव्यवस्था में सभी वर्करों की नकद मजदूरी घटा दी जाती है, तो उनकी आय भी उतनी घट जाती है। परिणामतः समस्त मांग गिर जाती है जिससे अर्थव्यवस्था में कुल मिलाकर रोजगार गिर जाता है।

कीमत स्तर (Price Level)—व्यष्टि अर्थशास्त्र 'निरपेक्ष कीमत स्तर को दिया हुआ' मानकर चलता है और वस्तुओं तथा सेवाओं की सापेक्ष कीमतों से ही संबंध रखता है। वह इन प्रश्नों पर विचार करता है—किसी विशिष्ट पदार्थ की, जैसे चावल, चाय, दूध, पंखा, स्कूटर आदि की, कीमत कैसे निर्धारित होती है? विशेष प्रकार के श्रम की मजदूरी, विशेष प्रकार की परिसंपत्ति पर ब्याज, विशेष भूमि पर लगान और व्यक्तिगत उद्यमी के लाभ का निर्धारण किस प्रकार होता है? परन्तु अर्थव्यवस्था सापेक्ष कीमतों से मतलब नहीं रखती अपितु कीमतों के सामान्य स्तर से मतलब रखती है। सामान्य कीमत-स्तर के बढ़ने या गिरने से स्फीति अथवा अवस्फीति और समृद्धि अथवा मंदी आती है। केन्ज के और कीमतों के सामान्य स्तर का अध्ययन समष्टि अर्थशास्त्र के क्षेत्र में आता है। सामान्य कीमत स्तर के बढ़ने या घटने से स्फीति अथवा अवस्फीति और समृद्धि अथवा मंदी आती है। केन्ज़ के *General Theory* के प्रकाशित होने के पहले अर्थशास्त्री सापेक्ष कीमतों के निर्धारण से ही संबंध रखते थे और स्फीति तथा अवस्फीति अथवा समृद्धि तथा मंदी के कारणों की व्याख्या करने में असफल रहते थे। वे मुद्रा की मात्रा में वृद्धि या कमी को कीमत-स्तर के बढ़ने या गिरने का कारण मानते थे। दूसरी ओर, केन्ज़ ने बताया कि समस्त मांग की कमी के कारण अवस्फीति तथा मंदी आती है और समस्त मांग बढ़ने से स्फीति तथा समृद्धि आती है। इस प्रकार समस्त मांग का बढ़ना या गिरना ही सामान्य कीमत-स्तर को प्रभावित करता है, न कि मुद्रा की मात्रा।

व्यापार चक्र (Trade Cycles)—फिर, क्योंकि व्यष्टि अर्थशास्त्र पूर्ण रोजगार की पूर्वधारणा पर आधारित है, इसलिए वह व्यापार-चक्रों के घटित होने की समुचित व्याख्या प्रस्तुत करने में असमर्थ है। वह व्यापार-चक्रों के मोड़-बिन्दुओं की व्याख्या नहीं कर पाता था। पूर्ण रोजगार की अयथार्थ पूर्णधारणा को रद्द करके, केन्ज़ तथा उसके अनुयाईयों ने ऐसे मॉडल निर्मित किए जो चक्रीय उतार-चढ़ावों के मूल में निहित समष्टि अर्थशास्त्रीय शक्तियों की ही नहीं अपितु चक्र के मोड़-बिन्दुओं की भी व्याख्या करते हैं।

आर्थिक वृद्धि (Economic Growth)—व्यष्टि अर्थशास्त्र से समष्टि अर्थशास्त्र में परिवर्तन का एक अन्य कारण यह भी था कि व्यष्टि अर्थशास्त्र अर्थव्यवस्था की वृद्धि से संबंधित समस्याओं को सुलझाने में असमर्थ है। व्यष्टि अर्थशास्त्र केवल व्यक्तिगत परिवार, फर्म अथवा उद्योग के अध्ययन से ही मतलब रखता है। परन्तु हो सकता है कि जो नियम विशिष्ट परिवार, फर्म अथवा उद्योग पर लागू होते हैं, वे सम्पूर्ण अर्थव्यवस्था पर लागू न हों। इसका कारण यह है कि व्यष्टि सिद्धान्त में समूहन (aggregation) का स्तर समष्टि सिद्धान्त से भिन्न होता है। जैसा कि **बोल्डिंग** ने लक्ष्य किया है, ''केवल व्यक्तिगत उपादानों के आचरण एवं व्यवहार से सामान्य नियम बनाकर ही समूहन के आचरण एवं व्यवहार की उपलब्धि नहीं हो संकती।'' क्लासिकी अर्थशास्त्रियों ने यह मूर्खता की कि आर्थिक वृद्धि की व्याख्या करते समय उन्होंने व्यष्टि सिद्धान्त को समस्त अर्थव्यवस्था पर लागू कर दिया। उन्होंने आर्थिक वृद्धि के लिए पूंजी-निर्माण में बचत या किफायत पर जोर दिया। परन्तु समष्टि सिद्धान्त में बचत एक निजी गुण और सार्वजनिक

दोष है। इसका कारण यह है कि समस्त बचत के बढ़ने पर समस्त उपभोग और मांग गिर जाते हैं जिसके परिणामस्वरूप अर्थव्यवस्था में रोजगार का स्तर गिर जाता है। इसलिए, बेरोजगारी दूर करने के लिए और आर्थिक वृद्धि लाने के लिए बचत की बजाय समस्त निवेश बढ़ाने की जरूरत होती है। आर्थिक वृद्धि के लिए, **हैरड** (Harrod) तथा **डोमर** (Domar) ने निवेश की दोहरी भूमिका पर बल दिया है। एक तो यह कि निवेश से समस्त आय बढ़ती है और दूसरे, यह अर्थव्यवस्था की उत्पादक क्षमता बढ़ाता है।

नीति उपाय (Policy Measures)—व्यष्टि अर्थशास्त्र आर्थिक प्रणाली की अहस्तक्षेप नीति पर आधारित है जिसमें सरकार किसी प्रकार का हस्तक्षेप नहीं करती। क्लासिकी अर्थशास्त्री अहस्तक्षेप नीति के भक्त थे। उनका विश्वास था कि जब अर्थव्यवस्था के कार्यकरण में गड़बड़ होती है, तो समायोजन (adjustment) भी अपने आप हो जाता है। इसलिए, अर्थव्यवस्था की गड़बड़ी दूर करने के लिए वे न तो मौद्रिक नीति में विश्वास रखते थे और न ही राजकोषीय नीति में। संतुलित बजटों की नीति में भी उनका विश्वास था। केन्ज़ ने व्यष्टि से समष्टि चिन्तन की ओर प्रवृत्त किया था और उसने अहस्तक्षेप की नीति को रद्द कर दिया था। वह मानता था कि इस प्रकार की नीति सार्वजनिक हितों के अनुकूल नहीं है और इसी नीति के परिणामस्वरूप 1930 के दशक की विश्वव्यापी मंदी आई थी। इसलिए वह राज्य द्वारा हस्तक्षेप के पक्ष में था और उसने इस बात पर बल दिया कि अवस्फीति के दौरान घाटे के बजट बनाए जाएं और सस्ती मुद्रा उपलब्ध कराई जाए तथा स्फीति के दौरान आधिक्य बजट बनाए जाएं और महंगी मुद्रा उपलब्ध कराई जाए। विश्व के पूंजीवादी देशों ने प्रत्यक्ष नियंत्रणों के साथ-साथ केन्जीय नीति-उपाय भी अपना लिये हैं।

प्रश्न

1. समष्टि स्थैतिकी और समष्टि प्रौद्योगिकी में भेद कीजिए और यह साबित कीजिए कि समष्टि प्रौद्योगिकी का अध्ययन अधिक महत्वपूर्ण है।
2. समष्टि एवं व्यष्टि अर्थशास्त्र में जो संबंध पाए जाते हैं उनका वर्णन कीजिए। समष्टि स्थैतिकी और समष्टि प्रौद्योगिकी में भेद कीजिए।
3. आप समष्टि अर्थशास्त्र से क्या समझते हैं? उसका अर्थशास्त्र में क्या महत्त्व है?
4. समष्टि अर्थशास्त्र का विषय क्षेत्र, महत्व और सीमाओं की व्याख्या कीजिए।
5. व्यष्टि और समष्टि अर्थशास्त्र में भेद कीजिए। व्यष्टि अर्थशास्त्र से समष्टि अर्थशास्त्र में संक्रमण की व्याख्या कीजिए।

अध्याय 2

मूल धारणाएं
(Basic Concepts)

समष्टि अर्थशास्त्र को समझने के लिए कुछ आधारभूत धारणाओं की जानकारी आवश्यक है। यद्यपि इनकी शब्दावली का आगे अध्यायों में यथास्थान अर्थ दिया गया है फिर भी इनकी संक्षिप्त व्याख्या प्रस्तुत की जा रही है।

1. स्टॉक और प्रवाह
(STOCK AND FLOW)

अर्थशास्त्र में स्टॉक एवं प्रवाह चरों (variables) को आर्थिक मॉडलों की व्याख्या करने में प्रयोग किया जाता है। स्टॉक से अभिप्राय एक निर्दिष्ट समय (point of time) पर एक वस्तु की संचय की गई मात्रा से है। दूसरी ओर, एक वस्तु के चालू उत्पादन की मात्रा से एक मार्केट में से गति करती है उसे प्रवाह कहते हैं। **शपीरो** (Shapiro) के अनुसार, ''एक स्टॉक समय के एक निर्दिष्ट बिन्दु में माप्य मात्रा है और प्रवाह एक मात्रा है जो केवल समय के एक निर्दिष्टकाल में मापी जा सकती है।''[1] दूसरे शब्दों में, एक स्टॉक चर का कोई समय आयाम (time dimension) नहीं होता है। दूसरी ओर, एक प्रवाह चर का एक निर्दिष्ट समय काल (specified period of time) होता है।

उदाहरणार्थ, कोयला, इस्पात, गेहूं आदि की चालू पूर्ति या उत्पादन जो प्रतिदिन, साप्ताहिक, मासिक या वार्षिक मण्डी में बेचा या खरीदा जाता है, प्रवाह को व्यक्त करता है। इसके विपरीत, इन वस्तुओं की मात्रा जो किसी एक विशेष दिन या समय पर पाई जाती है, इसे स्टॉक कहते हैं।

स्टॉक और प्रवाह की धारणाएं व्यष्टि एवं समष्टि दोनों अर्थशास्त्रों के विश्लेषण में प्रयोग होती हैं।

कीमत सिद्धान्त या व्यष्टि अर्थशास्त्र में स्टॉक एवं प्रवाह धारणाओं का संबंध वस्तुओं की मांग और पूर्ति से होता है। किसी निर्दिष्ट समय पर मार्केट मांग और पूर्ति को स्टॉक में व्यक्त किया जाता है। किसी वस्तु का स्टॉक मांग वक्र बाएं से दाएं नीचे की ओर ढालू होता है जैसे कि एक सामान्य मांग वक्र, जो कीमत पर निर्भर करता है। जबकि स्टॉक पूर्ति वक्र Y- अक्ष के समानान्तर होता है क्योंकि वस्तु की कुल मात्रा या स्टॉक एक निर्दिष्ट समय पर स्थिर होता है। दूसरी ओर, प्रवाह मांग और पूर्ति वक्र सामान्य मांग और पूर्ति वक्रों की तरह होते हैं जो चालू कीमतों द्वारा प्रभावित होते हैं। परन्तु कीमत न तो स्टॉक और न ही प्रवाह चर है क्योंकि इसको एक समय आयाम की आवश्यकता नहीं होती और न ही यह स्टॉक परिमाण है। वास्तव में यह नकदी के प्रवाह और वस्तुओं के प्रवाह के बीच अनुपात है।

स्टॉक और प्रवाह धारणाओं का प्रयोग समष्टि अर्थशास्त्र या आय, उत्पादन तथा रोजगार सिद्धान्त में अधिक किया जाता है। मुद्रा एक स्टॉक है जबकि मुद्रा का व्यय प्रवाह है। धन एक स्टॉक है और आय एक प्रवाह। किसी व्यक्ति द्वारा एक मास में की गई बचत एक प्रवाह है जबकि किसी दिन उनकी कुल बचतें एक स्टॉक हैं। सरकारी ऋण एक स्टॉक है परन्तु सरकारी घाटा एक प्रवाह है। बैंक का उधार देना एक प्रवाह है और बैंक का बकाया कर्जा एक स्टॉक है।

---

1. "A stock is a quantity measurable at a specified period in time while flow is a quantity that can be measured only in terms of a specified period of time." E. Shapiro.

कुछ समष्टि चर जैसे आयात, निर्यात, मजदूरी, आय, कर भुगतान, सामाजिक सुरक्षा लाभ और लाभांश केवल प्रवाह ही होते हैं तथा इनके स्टॉक के बारे में सोचा ही नहीं जा सकता। यद्यपि ऐसे प्रवाहों के प्रत्यक्ष स्टॉक नहीं होते लेकिन वे अप्रत्यक्ष तौर से अन्य स्टॉकों को प्रभावित करते हैं जैसे आयात, पूंजी पदार्थों के स्टॉक को प्रभावित कर सकते हैं।

एक स्टॉक प्रवाहों के कारण ही परिवर्तित हो सकता है परन्तु प्रवाहों का आकार अपने-आप स्टॉक में परिवर्तनों द्वारा स्वंय भी निर्धारित हो सकता है। उदाहरणार्थ पूंजी के स्टॉक और निवेश के प्रवाह में संबंध है। पूंजी-स्टॉक केवल निवेश-प्रवाह के अधिक होने से ही बढ़ सकता है या नये पूंजी पदार्थों के उत्पादन और पूंजी पदार्थों के उपभोग के प्रवाह के अन्तर द्वारा। दूसरी ओर, स्वयं निवेश का प्रवाह पूंजी स्टॉक के आकार पर निर्भर करता है। परन्तु स्टॉक प्रवाहों पर प्रभाव तभी डाल सकते हैं यदि समय अवधि इतनी लम्बी हो कि स्टॉक में इच्छित परिवर्तन लाया जा सके। अत: प्रवाह अल्पकाल में स्टॉक में परिवर्तन द्वारा प्रभावित नहीं हो सकते हैं।

स्टॉक और प्रवाह के संबंध में एक बात ध्यान देने योग्य यह है कि चाहे आय को हम प्रति सेकिंड, प्रति दिन, प्रति मास या प्रति वर्ष व्यक्त करें, इसका प्रवाह या तो समय के बिन्दु पर (point of time) तात्कालिक दर है या यह **समयान्तर** (over a period of time) ऐसे तात्कालिक दरों की औसत है।

अन्तिम, स्टॉक और प्रवाह चरों की दोनों धारणाओं का आय, उत्पादन, रोजगार, ब्याज दर, व्यापार चक्र आदि आधुनिक सिद्धांतों में बहुत महत्त्व है।

2. समष्टि आर्थिक मॉडल (MACROECONOMIC MODEL)

एक समष्टि आर्थिक मॉडल वास्तविक जगत् का जानबूझकर सरलोकृत चित्रण करता है। इसमें एक समूह या आर्थिक संबंधों के समूह सम्मिलित होते हैं जिनमें एक चर शामिल होता है जो मॉडल के किसी अन्य संबंध में भी पाया जाता है। एक समष्टि आर्थिक मॉडल वास्तविक जगत् की समस्या की शब्दों अथवा समीकरणों और चित्रों द्वारा व्याख्या करता है।[2]

जब एक अर्थशास्त्री एक समस्या पर कार्य करने बैठता है, तो वह सर्वप्रथम एक गणितीय मॉडल निर्मित करता है जो उस घटना का वर्णन करता है जिसकी वह व्याख्या करना चाहता है और उन मान्यताओं की जो समस्या के साथ संबद्ध होती हैं। एक गणितीय मॉडल में तीन अंश शामिल होते हैं: (*i*) एक निर्भर चर, अर्थात् व्याख्या की जाने वाली घटना; (*ii*) एक या अधिक स्वतंत्र चर, अर्थात् तथ्य जो निर्भर चर के व्यवहार को निर्धारित करते हैं; और (*iii*) व्यावहारिक मान्यताएं जो व्याख्यात्मक और निर्भर चरों के बीच कारणात्मक (causal) संबंधों की प्रकृति की व्याख्या करती हैं।

एक मॉडल जिसका अर्थशास्त्री निर्माण करता है उसमें सामान्यत: व्यावहारिक संबंधों का एक सैट और संतुलन शर्तों का एक सैट शामिल होता है। वह पहले चरों और प्राचलों (parameters) जिन्हें वह सम्मिलित करना चाहता है, उनका अलग-अलग उल्लेख करता है। अगला पग मॉडल के परिचालन (operation) के लिए शर्तों का सूत्रबद्ध करना है। वे हैं : परिभाषाएं या समानिकाएं (identities), फलनात्मक संबंध और संतुलन एवं असंतुलन शर्तें, जो आगे प्रवाह और स्टॉक शर्तों में विभाजित होती हैं।

मॉडल निर्माण में विभिन्न धारणाएं जो प्रयोग की जाती हैं, निम्न हैं:

1. चर (Variables)—एक चर वह है जिसका आकार या मात्रा एक विचाराधीन निश्चित समय अवधि में परिवर्तित हो सकता है। इसके भिन्न मूल्य माने जा सकते हैं, जो प्राय: निश्चित होते हैं। प्रत्येक चर एक निश्चित चिह्न द्वारा व्यक्त किया जाता है। उदारणार्थ, हम आय को Y से, बचत को S से और उपभोग को C से व्यक्त कर सकते हैं।

एक मॉडल के निर्भर (dependent) और स्वतंत्र (independent) चर हो सकते हैं। एक निर्भर चर वह होता है जिसका आकार या मात्रा किसी अन्य चर की मात्रा में परिवर्तनों से संबद्ध होता है। उदाहरणार्थ, जब हम कहते हैं कि निवेश (I) ब्याज दर (r) का फलन है : $I = f(r)$. इसमें I निर्भर चर है और r स्वतंत्र चर है क्योंकि निवेश में परिवर्तन ब्याज दर पर निर्भर करते हैं।

2. समष्टि आर्थिक मॉडल की व्याख्या अध्याय में Macro-Static या Macro-Dynamic मॉडल द्वारा की जा सकती है।

फिर, एक मॉडल के अन्तर्जात (endogenous) चर और बहिर्जात (exogenous) चर होते हैं। अन्तर्जात चर वे होते हैं जिनके मूल्य मॉडल के भीतर से निर्धारित होते हैं। दूसरी ओर, मॉडल में कुछ ऐसे भी चर हो सकते हैं जिनके मूल्य बाहरी शक्तियों द्वारा निर्धारित होते हैं। ऐसे बहिर्जात चर होते हैं। मॉडल निर्माण में प्राय: प्रयोग किए जाने वाले अन्तर्जात चर हैं : राष्ट्रीय आय, उपभोग, बचत, निवेश आदि। जबकि बर्हिजात चर हैं : कीमत, आयात, निर्यात, अविष्कार, तकनीकी परिवर्तन, आदि। समीकरण $I = \bar{I} + ay$ में, $\bar{I}$ अन्य चरों को व्यक्त करता है जो निवेश को प्रभावित करते हैं इसलिए यह बहिर्जात चर है। a आय में परिवर्तन को मापता है जबकि y अन्तर्जात चर है।

आगे, प्रवाह (flow) चर और स्टॉक चर होते हैं। प्रवाह चर वह मात्रा है जिसे एक विशेष समय अवधि में मापा जा सकता है, जबकि स्टॉक चर वह मात्रा है, जिसे एक विशेष समय पर मापा जा सकता है। बैंक द्वारा दिया गया ऋण एक प्रवाह चर है, जबकि किसी विशेष समय पर बैंक का बकाया कर्जा एक स्टॉक चर है। परन्तु एक विशेष चर प्रवाह और स्टॉक दोनों ही हो सकता है। उदाहरणार्थ, $I_t = K_t - K_{t-1}$ जहां निवेश (I) अवधि t में, अवधि में पूंजी स्टॉक (K) और पिछली अवधि (t–1) में K के अंतर के बराबर है।

2. स्थिरांक (Constants)—एक स्थिरांक वह होता है जिसका आकार या मात्रा परिवर्तित नहीं होता। इस प्रकार, यह एक चर का विपरीत है। जब एक चर को स्थिरांक के साथ जोड़ा जाता है, तो उसे चर का गुणांक (coefficient) कहते हैं।

3. प्राचल (Parameters)—प्राचल एक चिह्न है जो किसी एक विशेष समस्या के लिए स्थिरांक होता है, परन्तु विभिन्न समस्याओं में भिन्न मूल्य मान सकता है। यद्यपि एक चर को भिन्न मूल्य दिए जा सकते हैं, फिर भी यह मॉडल में एक स्थिरांक ही माना जाता है। इसलिए, इसे प्राचलिक (parametric) स्थिरांक कहा जाता है। प्राचलों को सामान्यतौर से ऐसे चिह्नों द्वारा व्यक्त किया जाता है, जैसे a, b और c या α, β और γ।

4. मान्यताओं का एक समूह (A Set of Assumptions)—प्रत्येक मॉडल का निर्माण मान्यताओं के समूह पर आधारित होता है। जितनी मान्यताएं सरल और थोड़ी होंगी, उतना ही मॉडल निर्मित करना आसान होगा।

5. फलनात्मक संबंध (Functional Relationships)—दो चरों के बीच एक फलनात्मक संबंध तब पाया जाता है, जब एक चर के मूल्य में परिवर्तन अकेला ही अन्य चर के मूल्य में परिवर्तन को निर्धारित करता है। यदि, उदाहरणार्थ, हम प्रत्येक x–मूल्य को एक अकेला निश्चित y–मूल्य नियत करते हैं, तब y एक फलन है x का जिसे इस प्रकार लिखा जा सकता है : $y = f(x)$। जब एक बार हम प्रत्येक x फलन के लिए इस अकेले y को स्थापित कर लेते हैं, तो हम विपरीत संबंध नहीं ले सकते हैं कि x एक फलन है y का, जैसे $I = f(y)$.

f के अलावा, फलनों को अन्य चिह्नों द्वारा भी व्यक्त किया जाता है, जैसे g, F, G या ग्रीक शब्द ϕ और ψ। अर्थशास्त्र में, बाएं हाथ के शब्द को फलन के लिए पुन: संकेत-चिह्न के रूप में लिखना प्रचलित है।

आर्थिक मॉडलों में, फलनात्मक संबंध एक अकेले स्वतंत्र चर तक ही सीमित नहीं हैं, जैसे $I = f(y)$, बल्कि दो या अधिक स्वतंत्र चरों तक भी जैसे $I = f(r, y)$.

6. समीकरण (Equations)—आर्थिक मॉडलों में तीन प्रकार के समीकरणों का प्रयोग किया जाता है: पारिभाषिक, व्यावहारिक और संतुलन।

पारिभाषिक समीकरण (Definitional Equation)—एक पारिभाषिक समीकरण एक–ही अर्थ वाले दो वैकल्पिक व्यंजकों (expressions) के बीच एक संबंध का उल्लेख करता है। ऐसे समीकरण के लिए ≡ (समानरूप से बराबर) चिह्न का प्रयोग किया जाता है। उदाहरणार्थ, इसे समानिका (identity) या लेखा संबंध भी कहा जाता है, जो एक स्वयंसिद्धि (truism) को व्यक्त करता है।

व्यावहारिक समीकरण (Behavioural Equations)—एक व्यावहारिक समीकरण स्पष्ट करता है कि एक चर अन्य चरों में परिवर्तनों के परिणामस्वरूप कैसे व्यवहार करता है। एक व्यावहारिक समीकरण सदैव कुछ निश्चित मान्यताओं पर आधारित होता है जिस पर विचाराधीन चर का विशेष व्यवहार आधारित है। उदाहरणार्थ, यदि हमें चाय की मांग का विश्लेषण करने के लिए एक मॉडल निर्मित करना है, तो व्यावहारिक मान्यता यह परिकल्पना है कि मार्किट में कितनी चाय खरीदनी है का निर्णय कीमत पर निर्भर करेगा। निम्न मांग फलनों पर विचार कीजिए :

$$Qd = 800 - 16P \quad ....(1)$$
$$Qd = 800 - 8P \quad .....(2)$$

समीकरण (1) में ऊंची कीमत (रु. 16) पर मांगी गई मात्रा कम होगी (50 टन), जबकि समीकरण (2) में, कम कीमत (रु. 8) पर मांगी गई मात्रा अधिक होगी (100 टन)। ये समीकरण इस मान्यता के आधार पर उपभोक्ताओं के व्यवहार को दर्शाते हैं कि जब कम कीमत होती है तो वे चाय की अधिक मात्रा खरीदते हैं और अधिक कीमत होने पर कम मात्रा खरीदते हैं।

एक व्यावहारिक समीकरण या तो मानव व्यवहार या गैर-मानव व्यवहार को व्यक्त कर सकता है। ऊपर का समीकरण जो चाय की मांग से संबंधित है, मानव व्यवहार को शामिल करता है।

संतुलन शर्त (Equilibrium Condition)—जब एक मॉडल संतुलन के अध्ययन से संबद्ध होता है, तो समीकरण संतुलन को प्राप्त करने की व्याख्या करता है उसे संतुलन स्थिति या शर्त कहते हैं। मार्किट मॉडल के लिए संतुलन स्थिति है: $Qd = Qs$।

व्यावहारिक समीकरणों के आधार पर संतुलन स्थिति को प्राप्त किया जा सकता है। मान लीजिए मार्किट मॉडल के लिए व्यावहारिक समीकरण हैं :

$$Qd = 36 - 4P \quad .....(1)$$
$$Qs = -12 + 12P \quad ......(2)$$
$$Qd = Qs \quad ......(3)$$

समीकरण (1) और (2) को (3) में स्थानापन्न करने से,

$$36 - 4P = -12 + 12P$$
$$-4P - 12P = -12 - 36$$
$$-16P = -48$$
$$P = \frac{48}{16} = 3$$

P के मूल्य को (1) और (2) समीकरणों में लगाने से, हमें संतुलन स्थिति प्राप्त होती है,

$$Qd = 36 - 4 \times 3 = 24$$
$$Qs = -12 + 12 \times 3 = 24$$
$$Qd = Qs = 24$$

3. प्रत्याशित तथा यथार्थ चर
(EX-ANTE AND EX-POST VARIABLES)

प्रत्याशित और यथार्थ शब्दों का अर्थशास्त्र में प्रयोग स्वीडिश अर्थशास्त्रियों ने किया। ये शब्द लेटिन भाषा से लिए गए हैं जिनका क्रमश: अर्थ 'पहले से' (from before) और 'बाद में' (from after) है। प्रत्याशित चर वे हैं जो पूर्वानुमानित (anticipated), इच्छित (desired), आयोजित (planned) संभावी (expected) हों। इनका एक ही अर्थ है। दूसरी ओर, यथार्थ चर वे होते हैं जो वास्तविक (actual) अथवा प्राप्त किए गए (realised) हों। इनके भी अर्थ समाज हैं। स्वीडिश अर्थशास्त्रियों ने इन शब्दों का प्रयोग बचत निवेश में समानता एवं असमानता समझाने के लिए किया। इस प्रकार, प्रत्याशित बचत एवं निवेश वे हैं, जो योजनाबद्ध हों या जिन्हें लोग करना चाहते हैं। दूसरी ओर, यथार्थ बचत एवं निवेश वे हैं, जो वास्तव में किए जाते हैं।

सामान्य तौर से, अपनी प्रत्याशित आय से बचत करने की जो योजना हम बनाते हैं, वह सदैव वास्तविक बचत के बराबर नहीं होती। यदि आय बढ़ जाती है तो हम अधिक बचत करते हैं और यदि आय कम हो तो कम बचत करते हैं। इसी प्रकार, एक व्यवसायी निवेश करने की जितनी प्रत्याशा रखता है। वह वास्तविक निवेश से अधिक या कम हो सकती है। एक निश्चित समयावधि के *प्रारंभ* में इन चरों में होने वाले अनुमानों को प्रत्याशित अर्थ में लिया जाता है। दूसरी.ओर, एक निश्चित समयावधि के बाद में इन चरों में हुए परिवर्तनों को यथार्थ अर्थ में लिया जाता है।

स्वीडन के अर्थशास्त्रियों का कहना है कि यथार्थ बचत तथा यथार्थ निवेश हमेशा बराबर होते हैं। परन्तु यह जरूरी नहीं कि प्रत्याशित बचत और प्रत्याशित निवेश भी बराबर हों क्योंकि जो लोग बचत की योजना बनाते हैं और जो लोग निवेश की योजना बनाते

हैं, वे अलग-अलग होते हैं। जब तक बचतकर्ता और निवेशकर्त्ता विभिन्न उद्देश्यों से प्रभावित रहते हैं और विभिन्न वर्गों से सम्बन्ध रखते हैं तब तक यह जरूरी नहीं कि प्रत्याशित बचत और प्रत्याशित निवेश बराबर ही हों। यदि प्रत्याशित बचत से प्रत्याशित निवेश बढ़ जाए, तो व्यावसायिक क्रिया का प्रसार होगा और आय बढ़ेगी। बढ़ी हुई आय में से जो बचत होगी वह यथार्थ बचत को बढ़ाकर यथार्थ निवेश के स्तर तक पहुंचा देगी जिससे आय के उच्चतर स्तर पर दोनों बराबर हो जाते हैं। विपरीततः, जब यथार्थ निवेश से यथार्थ बचत बढ़ जाएगी तो व्यावसायिक क्रिया कम हो जाएगी और आय घट जायेगी। घटी हुई आय में से जो बचत होगी वह यथार्थ बचत को घटा कर यथार्थ निवेश के स्तर पर ले जाएगी जिससे आय के निम्न स्तर पर दोनों बराबर हो जाएंगे। यथार्थ बचत केवल उस अवस्था में यथार्थ निवेश के बराबर होगी जब आय स्थिर होगी। और ये तभी बराबर होते हैं जब अर्थव्यवस्था संतुलन में होती है।

असंतुलन में एक चर का यथार्थ मूल्य उसके प्रत्याशित मूल्य से भिन्न होगा। जब बचत आयोजित (planned) निवेश से अधिक होती है तो प्रत्याशित निवेश वास्तविक निवेश से कम होता है। ऐसी स्थिति में, फर्में संतुलन में नहीं होंगी और अपनी उत्पादन योजनाओं को अगली समयावधि में परिवर्तित करेंगी जिससे संतुलन नहीं हो सकेगा। चरों के आयोजित या इच्छित मूल्य मूल्यों को सीधे प्रभावित करते हैं। फर्मों के आयोजित निवेश न कि वास्तविक निवेश, पूंजी वस्तुओं की मांग को निर्धारित करते हैं। संतुलन के लिए यह आवश्यक है कि प्रत्येक चर की प्रत्याशित और वास्तविक मात्राओं के बीच समानता हो। ऐसा तभी संभव हो सकता है जब सभी प्रत्याशाएं सभी आयोजनों के साथ मेल खाती हों। तब प्रत्याशित आय बराबर होगी वास्तविक आय के और फर्मों के प्रत्याशित विक्रय बारबर होंगे वास्तविक विक्रय के।

प्रश्न

1. स्टॉक और प्रवाह धारणाओं की व्याख्या कीजिए।
2. एक समष्टि आर्थिक मॉडल क्या है ? निम्नलिखित को समझाइए : (i) निर्भर और स्वतंत्र चर, (ii) अन्तर्जात और बहिर्जात चर, (iii) फलनात्मक संबंध; (iv) व्यावहारिक समीकरण; (v) संतुलन शर्त।
3. प्रत्याशित (ex-ante) और वास्तविक (ex-post) चरों में भेद कीजिए।

भाग दो

राष्ट्रीय आय लेखांकन
(National Income Accounting)

अध्याय 3

राष्ट्रीय आय की धारणाएं एवं माप
(Concepts and Measurement of National Income)

1. प्रस्तावना
(INTRODUCTION)

'राष्ट्रीय आय' एक अनिश्चित शब्द है जिसे राष्ट्रीय लाभांश, राष्ट्रीय उत्पाद और राष्ट्रीय व्यय के साथ पर्यायवाची रूप में प्रयोग किया जाता है। इसी आधार पर राष्ट्रीय आय की भिन्न-भिन्न परिभाषाएं दी जाती हैं। साधारण भाषा में राष्ट्रीय आय से अभिप्राय किसी देश में एक वर्ष में उत्पादित वस्तुओं और सेवाओं के कूल मूल्य से है। दूसरे शब्दों में, एक देश में वर्ष भर में आर्थिक क्रियाओं से अर्जित आय की कुल मात्रा को राष्ट्रीय आय कहा जाता है। इसमें सभी साधनों को दी गई मज़दूरी, ब्याज, लगान एवं लाभ सम्मिलित किए जाते हैं।

2. राष्ट्रीय आय की परिभाषाएं
(DEFINITIONS OF NATIONAL INCOME)

राष्ट्रीय आय की परिभाषाओं को दो श्रेणियों में बांटा जा सकता है। **प्रथम,** मार्शल, पीगू तथा फिशर की परम्परागत परिभाषाएं और **दूसरी,** आधुनिक परिभाषाएं।

मार्शल की परिभाषा (Marshall's Definition)—मार्शल के अनुसार, "किसी एक देश का श्रम तथा पूंजी उसके प्राकृतिक साधनों पर क्रियाशील होकर प्रति वर्ष भौतिक और अभौतिक वस्तुओं का एक शुद्ध योगफल पैदा करता है, जिसमें सभी प्रकार की सेवाएं सम्मिलित होती हैं। यही उस देश की वास्तविक शुद्ध वार्षिक आय या देश का राजस्व या राष्ट्रीय लाभांश है।"[1] इस परिभाषा में 'शुद्ध' शब्द का प्रयोग इसलिए किया गया है कि उत्पादन करते समय मशीनों की टूट-फूट, मूल्य-ह्रास तथा कच्चे माल और अर्धनिर्मित वस्तुओं के क्षय को कुल राष्ट्रीय आय में से घटाना पड़ता है, तभी शुद्ध राष्ट्रीय आय प्राप्त होती है और इसमें विदेशी निवेश से होने वाली आय को जोड़ा जाता है।

इसकी त्रुटियां (Its Defects)—यद्यपि मार्शल की परिभाषा सरल और विस्तृत है, फिर भी इसमें कई त्रुटियां पाई जाती हैं।

प्रथम, आधुनिक युग में उत्पादित वस्तुएं और सेवाएं इतनी अधिक और भिन्न-भिन्न प्रकार की होती हैं कि उनका मूल्यांकन करना बहुत कठिन होता है जिससे राष्ट्रीय आय का आगणन सही नहीं हो सकता।

दूसरे, राष्ट्रीय आय के अनुमान में दोहरी गणना की त्रुटि का भय भी बना रहता है। दोहरी गणना से अभिप्राय किसी वस्तु या सेवा, जैसे कच्चा माल या श्रम आदि का राष्ट्रीय आय में दो या अधिक बार गिने जाने की सम्भावना से है। उदाहरणार्थ, एक किसान 20,000

1. "The labour and capital of a country acting on its natural resources produce annually a certain net aggregate of commodities, material and immaterial including services of all kinds....This is the true net annual income of revenue of the country or national dividend."—*Marshall*

रु. का गेहूं एक आटा-मिल को बेचता है, जो आगे गेहूं का आटा थोक व्यापारी को और थोक व्यापारी परचून व्यापारियों को, जो आगे ग्राहकों को आटा बेचते हैं। यदि हर बार गेहूं या आटे की कीमत की गणना कर ली जाए तो यह 80,000 रु. होगी। वास्तव में 20,000 रु. की ही वृद्धि हुई। परन्तु ऐसी गलती की सम्भावना सदैव पाई जाती है।

तीसरे, राष्ट्रीय आय का अनुमान इस कारण भी सही नहीं होता क्योंकि बहुत-सी उत्पादित वस्तुएं बाजार में बिकने नहीं आतीं और उनको उत्पादक ही सीधे उपभोग में प्रयोग कर लेता है या अन्य वस्तुओं के बदले में विनिमय कर लेता है। ऐसा भारत जैसे कृषि-प्रधान देशों में होता है। इस प्रकार, अगणित राष्ट्रीय आय का परिमाण यथार्थ से कम रह जाता है।

पीगू की परिभाषा (Pigou's Definition)—पीगू ने राष्ट्रीय आय की परिभाषा में उस आय को सम्मिलित किया है जो मुद्रा में मापी जा सके। पीगू के शब्दों में, ''राष्ट्रीय आय समाज की वस्तुपरक आय का वह भाग है जो मुद्रा में मापा जा सकता है और इसमें विदेशों से प्राप्त आय भी सम्मिलित होती है।''[2] यह परिभाषा मार्शल की परिभाषा से अधिक अच्छी है, क्योंकि इसमें मार्शल की परिभाषा में निहित कठिनाइयां नहीं पाई जातीं। यह व्यावहारिक भी सिद्ध हुई है। राष्ट्रीय आय की गणना करते समय इस परिभाषा में बताई गई दो बातों के अनुसार ही आज-कल आगणन होता है। **प्रथम,** दोहरी गणना से बचते हुए, उन वस्तुओं और सेवाओं को राष्ट्रीय आय में शामिल किया जाता है जो मुद्रा में मापी जा सकती हैं। **दूसरे,** विदेशों से प्राप्त आय को राष्ट्रीय आय में सम्मिलित किया जाता है।

इसकी त्रुटियां (Its Defects)— पीगू की परिभाषा परिशुद्ध, सरल और व्यावहारिक होने पर भी आलोचनारहित नहीं है।

प्रथम, पीगू की परिभाषा के अनुसार हमें व्यर्थ ही उन पदार्थों का, जिनका मुद्रा द्वारा विनिमय हो सके और उन पदार्थों का जिनका मुद्रा द्वारा विनिमय न हो सके, भेद करना पड़ता है। परन्तु वास्तव में ऐसे पदार्थों के मूल रूप में कोई अन्तर नहीं होता, चाहे उनका मुद्रा से विनिमय हो सके या न हो सके।

दूसरे, इस परिभाषा के अनुसार जब केवल वही वस्तुएं और सेवाएं राष्ट्रीय आय के आगणन में शामिल की जाती हैं जिनका मुद्रा-विनिमय होता है, तब राष्ट्रीय आय का माप सही नहीं होता। पीगू के अनुसार किसी स्त्री का नर्स के रूप में कार्य करना तो राष्ट्रीय आय में शामिल होगा लेकिन उसी स्त्री का घर में बच्चों का पालन-पोषण करने का काम राष्ट्रीय आय में सम्मिलित नहीं होता क्योंकि वह इससे कुछ वेतन प्राप्त नहीं करती। इसी प्रकार पीगू का यह भी विचार है कि जब कोई व्यक्ति अपनी महिला सेक्रेटरी से विवाह कर लेता है तो वह कोई वेतन प्राप्त नहीं करती, जिससे राष्ट्रीय आय कम हो जाती है। इस प्रकार पीगू की परिभाषा से कई विरोधाभास उत्पन्न होते हैं।

तीसरे, पीगू की परिभाषा केवल विकसित देशों में ही क्रियाशील हो सकती है, जहां वस्तुओं और सेवाओं का मुद्रा-विनिमय होता है। इसके अनुसार संसार के पिछड़े और अविकसित देशों में जहां वस्तु-विनिमय अधिक होता है, राष्ट्रीय आय का ठीक-ठीक आगणन सम्भव नहीं क्योंकि यह सदैव वास्तविक स्तर से कम ही निकलेगी। अतः पीगू की परिभाषा का क्षेत्र सीमित है।

फिशर की परिभाषा (Fisher's Definition)—फिशर 'उपभोग' को राष्ट्रीय आय का आधार मानते हैं, जबकि मार्शल और पीगू उत्पादन को, फिशर के अनुसार, ''राष्ट्रीय लाभांश अथवा आय में केवल अन्तिम उपभोक्ताओं द्वारा प्राप्त सेवाएं सम्मिलित होती हैं, चाहे वे भौतिक या मानवीय वातावरण से प्राप्त हों। इस प्रकार एक पियानो या ओवरकोट जो मेरे लिए इस वर्ष बनाया गया है, इस वर्ष की आय का भाग नहीं है, वरन् पूंजी में वृद्धि है। केवल इन वस्तुओं द्वारा मेरे लिए इस वर्ष की गई सेवाएं ही आय हैं।''[3] फिशर की परिभाषा को मार्शल तथा पीगू की परिभाषाओं से उत्तम माना जाता है। क्योंकि फिशर की परिभाषा से उचित आर्थिक कल्याण का बोध होता है। आर्थिक कल्याण उपभोग पर निर्भर करता है और हमारे जीवन-स्तर का द्योतक उपभोग ही है।

इसकी त्रुटियां (Its Defects)— परन्तु इस परिभाषा में **क्रम** व्यावहारिकता पाई जाती है क्योंकि वस्तुओं और सेवाओं को मुद्रा में मापने की बहुत-सी कठिनाइयां हैं।

---

2. "National income is that part of objective income of the community, including of course income derived from abroad which can be measured in money."—A.C. Pigou.
3. "The national dividend or income consists solely of services as received by ultimate consumers, whether from their material or from their human environments. Thus, a piano, or an overcoat made for me this year is not a part of this year's income, but an addition to the capital. Only the services rendered to me during this year by these things are income." —Fisher.

प्रथम, शुद्ध उत्पादन की अपेक्षा शुद्ध उपभोग के मुद्रा मूल्य का अनुमान लगाना आसान नहीं। एक ही देश में एक वस्तु के उपभोक्ता अनेक व्यक्ति होते हैं और वे भी भिन्न-भिन्न स्थानों पर, जिनके कुल उपभोग का मुद्रा में मूल्यांकन करना कठिन होता है।

दूसरे, उपभोग की बहुत-सी वस्तुएं टिकाऊ होती हैं जिनका प्रयोग कई वर्षों तक चलता रहता है। यदि फिशर के पियानो या ओवरकोट के उदाहरण को लें तो उसके अनुसार वर्ष भर में जितनी सेवा उनके द्वारा हुई उसका मूल्य ही राष्ट्रीय आय में सम्मिलित किया जायेगा। यदि एक ओवरकोट की कीमत 100 रु. है और यह 10 वर्ष चलेगा तो फिशर केवल 10 रु. ही एक त्र्वर्ष की राष्ट्रीय आय में शामिल करेगा जबकि मार्शल तथा पीगू 100 रु. को उस वर्ष की राष्ट्रीय आय में शामिल करेंगे, जिस वर्ष यह बनाया गया। इसके बावजूद यह निश्चित तौर से नहीं कहा जा सकता कि ओवरकोट 10 वर्ष ही चलेगा। इसके अधिक समय भी चल सकता है और कम भी। इस प्रकार राष्ट्रीय आय का अनुमान सही नहीं होगा।

तीसरे, टिकाऊ वस्तुओं का अक्सर हस्तांतरण होता रहता है जिससे उनके स्वामित्व और मूल्य में भी परिवर्तन होता जाता है। इससे ऐसी वस्तुओं के सेवा मूल्य को उपभोग के दृष्टिकोण से मापना कठिन हो जाता है। जैसे एक स्कूटर का मालिक उसे अधिक कीमत पर बेचता है और जो व्यक्ति खरीदता है वह कुछ वर्ष उसका उपयोग करके लगभग स्कूटर की वास्तविक कीमत पर ही आगे बेच देता है। ऐसी अवस्था में स्कूटर का असली मूल्य राष्ट्रीय आय में लिया जाये या ब्लैक मूल्य और उसके बाद ज्यों-ज्यों हस्तांतरण होता जाता है तो कौन-सी कीमत स्कूटर की औसत आय के अनुसार एक वर्ष में राष्ट्रीय आय में सम्मिलित की जाये।

इस प्रकार मार्शल, पीगू व फिशर की परिभाषाएं नितान्त त्रुटिहीन नहीं हैं। फिर भी, मार्शल तथा पीगू की परिभाषाएं हमें आर्थिक कल्याण को प्रभावित करने वाले कारणों को बताती हैं, जबकि फिशर की परिभाषा भिन्न-भिन्न वर्षों के आर्थिक कल्याण की तुलना करने में सहायक सिद्ध होती हैं।

आधुनिक दृष्टिकोण से राष्ट्रीय आय की परिभाषा **साईमन कुज़नेट्स** ने इन शब्दों में की है : ''राष्ट्रीय आय वस्तुओं और सेवाओं का वह शुद्ध उत्पादन है जो एक वर्ष की अवधि में देश की उत्पादन प्रणाली में अन्तिम उपभोक्ताओं के हाथों में पहुंचता है।''[4] जबकि **संयुक्त राष्ट्र संघ** की एक रिपोर्ट में राष्ट्रीय आय की परिभाषा आगणन की प्रणाली के आधार पर की गई है। एक देश में, एक वर्ष में शुद्ध राष्ट्रीय व्यय के दृष्टिकोण से, विभिन्न साधनों के भागों के योग के दृष्टिकोण से तथा शुद्ध राष्ट्रीय व्यय के दृष्टिकोण से।[5] व्यावहारिक तौर पर राष्ट्रीय आय की गणना करते समय इन तीनों में से किसी भी परिभाषा को अपनाया जा सकता है क्योंकि यदि विभिन्न मदों को ठीक प्रकार से, आगणन में लिया जाए तो इनसे समान राष्ट्रीय आय प्राप्त होती है।

3. राष्ट्रीय आय की धारणाएं एवं माप की विधियां (CONCEPTS OF NATIONAL INCOME AND METHODS OF MEASUREMENT)

राष्ट्रीय आय की अनेक धारणाएं और उनसे संबंधित मापने की विधियां हैं जिनकी विवेचना नीचे की गई है—

1. सकल घरेलू उत्पाद (Gross Domestic Product)— सकल घरेलू उत्पाद (GDP) एक वर्ष में देश की सीमा के भीतर उत्पादित वस्तुओं और सेवाओं का कुल मूल्य होता है। इसकी गणना बाजार कीमतों पर की जाती है जिसे बाजार कीमतों पर GDP कहा जाता है। डर्नबर्श के शब्दों में, ''बाजार कीमत पर सकल घरेलू उत्पाद एक लेखा वर्ष के दौरान एक देश के घरेलू क्षेत्र में अन्तिम वस्तुओं और सेवाओं के उत्पादन का बाजार मूल्य परिभाषित किया जाता है।''[6]

(क) GDP मापने की विधियां (Methods of Measuring GDP)—GDP मापने के तीन भिन्न विधियां हैं : उत्पाद विधि, आय विधि और व्यय विधि। GDP मापने के इन तीनों तरीकों से समान परिणाम प्राप्त होते हैं।* क्योंकि राष्ट्रीय उत्पाद = राष्ट्रीय आय =

4. "National Income is the net output of commodities and services flowing during a year from the country's productive system in the hands of the ultimate consumers." Simon Kuznets.
5. इनकी विस्तृत व्याख्या नीचे दी गई है।
6. "Gross domestic product at market price is defined as the market value of the output of final goods and services produced in the domestic territory of a country during an accounting year." T.F. Dernberg.

* इन विधियों की कठिनाइयों के लिए GNP के अन्तर्गत देखिए।

राष्ट्रीय व्यय।

1. उत्पाद विधि (Product Method)—इस विधि के अन्तर्गत वर्ष भर में विभिन्न उद्योगों में उत्पादित सभी वस्तुओं और सेवाओं का मूल्य जोड़ा जाता है। इसे GDP का मूल्य बढ़ाव विधि (value added method), या मूल उद्योग द्वारा साधन लागत (factor cost by industry of origin) पर GDP के रूप में भी जाना जाता है। यह देश में उत्पादन कर रही प्रत्येक इकाई (उद्योग) का वस्तुओं और सेवाओं के वर्तमान प्रवाह में अन्तिम योगदान है। दूसरे शब्दों में सकल मूल्य बढ़ाव समस्त अर्थव्यवस्था का मूल्य बढ़ाव है जिसमें मूल्यह्रास शामिल है।[7]

2. आय विधि (Income Method)— देश के वे लोग जो एक वर्ष में GDP उत्पादित करते हैं वे अपने कार्यों के बदले आय प्राप्त करते हैं। इस प्रकार GDP सभी साधनों की आय का जोड़ है: मजदूरी और वेतन + किराया + ब्याज + लाभ।

3. व्यय विधि (Expenditure Method)— यह विधि एक वर्ष के दौरान देश के भीतर उत्पादित वस्तुओं और सेवाओं पर प्रकाश डालती है। व्यय विधि के द्वारा GDP के अन्तर्गत निम्न मदें शामिल होती हैं :

(1) सेवाओं और टिकाऊ एवं गैर-टिकाऊ वस्तुओं पर उपभोक्ता व्यय (C); (2) अचल पूंजी में निवेश; जैसे आवासीय और गैर-आवासीय भवन, मशीनरी एवं मालसूचियां (I); (3) अंतिम वस्तुओं और सेवाओं पर सरकारी व्यय (G); (4) देश के लोगों द्वारा उत्पादित वस्तुओं और सेवाओं का निर्यात (X); (5) **घटा** आयात (M), उपभोग, निवेश और सरकारी व्यय का वह भाग जो आयात पर व्यय किया जाता है, उसे GDP से घटा दिया जाता है। इसी प्रकार कोई आयातित अवयव (component), जैसे कच्चा माल, जो निर्यात वस्तुओं के विनिर्माण में उपयोग किया जाता है, वह भी शामिल नहीं किया जाता है।

इस प्रकार व्यय विधि द्वारा अथवा बाजार की कीमतों पर $GDP = C + I + G + (X - M)$ जहां $(X-M)$ से अभिप्राय शुद्ध निर्यात से है जो जमा या घटा भी हो सकता है।

(ख) साधन लागत पर GDP (GDP at Factor Cost)—साधन लागत पर GDP देश के भीतर सभी उत्पादकों द्वारा शुद्ध मूल्य बढ़ाव (net value added) का जोड़ होती है। क्योंकि शुद्ध मूल्य बढ़ाव उत्पादन साधनों के स्वामियों में आय के रूप में वितरित होता है, इसलिए GDP घरेलू साधन आमदनियों और स्थिर पूंजी उपभोग (अथवा मूल्यह्रास) का जोड़ है। अत: साधन लागत पर GDP = शुद्ध मूल्य बढ़ाव (net value added) + मूल्यह्रास (depreciation)।

साधन लागत पर GDP में निम्न घरेलू साधन आय शामिल होती है: (i) कर्मचारियों की क्षतिपूर्ति (compensation of employees) अर्थात् मजदूरी आदि। (ii) परिचालन अधिशेष (operating surplus) जो निगमित और अनिगमित (incorporated and unincorporated) दोनों प्रकार की फर्मों के व्यवसायी लाभ होते हैं। परिचालन अधिशेष (operating surplus) = साधन लागत पर सकल मूल्य बढ़ाव (gross value added at factor cost)–कर्मचारियों की क्षतिपूर्ति (compensation of employees)–मूल्यह्रास (depreciation); (iii) स्वयं रोजगार में नियुक्त की मिश्रित आय (mixed income of self-employed)।

सैद्धान्तिक तौर से, साधन लागत पर GDP और बाजार कीमत पर GDP दोनों अवश्य समरूप (identical) होने चाहिएं। ऐसा इसलिए कि वस्तुओं के उत्पादन की साधन लागत (साधन के भुगतान) बाजार कीमत पर वस्तुओं और सेवाओं के अन्तिम मूल्य के बराबर होने चाहिएं। परन्तु वस्तुओं और सेवाओं का बाजार मूल्य उत्पादन के साधनों की आमदनियों से भिन्न होता है। बाजार कीमत पर GDP में अप्रत्यक्ष कर शामिल होते हैं और सरकारी सब्सिडियां शामिल नहीं होती हैं। इसलिए साधन लागत पर GDP प्राप्त करने के लिए अप्रत्यक्ष कर बाजार कीमत पर GDP में से घटाए जाते हैं और सब्सिडियां जमा की जाती हैं। अत: साधन लागत पर GDP = बाजार कीमत पर GDP – अप्रत्यक्ष कर + सब्सिडियां।*

(ग) शुद्ध घरेलू उत्पाद (Net Domestic Product—NDP)—NDP एक वर्ष के दौरान अर्थव्यवस्था के शुद्ध उत्पादन का मूल्य होता है। देश का कुछ पूंजी उपकरण प्रत्येक वर्ष घिस जाता है या अप्रचलित हो जाता है। अर्थात् उत्पादन प्रक्रिया के दौरान मशीनें,

---

7. इस विधि के विस्तृत अध्ययन के लिए GNP की मूल्य बढ़ाव धारणा देखें।

* साधन लागत पर GDP वह आय है जो उत्पादन के साधनों को प्राप्त होती है। यह उत्पादन लागत है। बाजार में वस्तु की कीमत इससे अधिक होती है क्योंकि इसमें अप्रत्यक्ष कर शामिल होते हैं। अक्सर कई वस्तुओं की उत्पादन लागत वैसी ही वस्तुओं की बाजार कीमतों से अधिक होती है। यदि इन कीमतों पर बेचने से उत्पादकों को हानि होती है। ऐसी वस्तुओं को सरकार सब्सिडी के रूप में मुद्रा सहायता देती है ताकि इनको बाजार कीमतों पर बेचा जा सके।

उपकरण औजार, बिल्डिंग, ट्रैक्टर आदि पूंजी पदार्थों का मूल्यह्रास होता है। जब वे प्रयोग करने से टूट–फूट और घिस जाते है। इस पूंजी उपभोग का मूल्य, जो सकल निवेश का कुछ प्रतिशत होता है, GDP से घटा दिया जाता है।** इस प्रकार शुद्ध घरेलु उत्पाद (NDP) = साधन लागत पर GDP–मूल्यह्रास।

(घ) मुद्रारूप और वास्तविक GDP (Nominal and Real GDP)—जब GDP की वर्तमान (current) कीमतों के आधार पर गणना की जाती है तो उसे वर्तमान कीमतें या मुद्रारूप GDP कहते हैं। दूसरी ओर जब GDP की गणना एक दिए हुए वर्ष में स्थिर कीमतों के आधार पर की जाए तो उसे स्थिर कीमतों पर GDP अथवा वास्तविक GDP कहते हैं।

मुद्रारूप GDP एक वर्ष में उत्पादित वस्तुओं और सेवाओं का मूल्य होता है और वर्तमान (बाजार) कीमतों पर रुपये (मुद्रा) के रूप में मापा जाता है। पहले वर्ष की तुलना दूसरे वर्ष से करने पर, हमारे सामने यह समस्या आती है कि रुपया क्रय–शक्ति का स्थिर माप नहीं है। GDP एक वर्ष में बहुत अधिक बढ़ सकती है—इसलिए नहीं कि अर्थव्यवस्था में तेजी से वृद्धि हो रही हैं, बल्कि इसलिए कि कीमतों (या स्फीति) में वृद्धि हो रही है। इसके विपरीत, GDP एक वर्ष में कीमतों में गिरावट के परिणामस्वरूप बढ़ सकती है परन्तु वास्तव में, यह गत वर्ष की तुलना में कम हो सकती है। दोनों स्थितियों में, GDP अर्थव्यवस्था की वास्तविक दशा को नहीं दर्शाती। GDP के कम पूर्वानुमान और अधिक पूर्वानुमान को ठीक करने के लिए, हमें एक ऐसे माप की आवश्यकता है जो बढ़ती और घटती कीमतों को समायोजित कर सके। ऐसा GDP को स्थिर कीमतों पर मापकर किया जा सकता है, जिसे वास्तविक GDP कहते हैं। वास्तविक GDP निकालने के लिए, जब सामान्य कीमत–स्तर नॉर्मल होता है अर्थात् यह न तो बहुत अधिक और न ही बहुत कम है, तब एक आधार वर्ष चुन लिया जाता है। कीमतों को आधार वर्ष में 100 (या 1) निर्धारित कर दिया जाता है। अब उस वर्ष का सामान्य कीमत स्तर जिसके लिए वास्तविक GDP की गणना करनी है, वह आधार वर्ष से संबंधित अवस्फितिक सूचक (deflator index) कहलाता है जो निम्न सूत्र होता है:

$$\text{वास्तविक GDP} = \text{वर्तमान वर्ष के लिए GDP} \times \frac{\text{आधार वर्ष } (=100)}{\text{वर्तमान वर्ष सूचक}}$$

मानलीजिए कि 1990–91 आधार वर्ष है और 1999–2000 के लिए GDP 6,00,000 करोड़ रु. है और इस वर्ष के लिए कीमत सूचक 300 है। इस प्रकार,

$$\text{1999–2000 के लिए वास्तविक GDP} = 6{,}00{,}000 \times \frac{100}{300} = 2{,}00{,}000 \text{ करोड़ रु.।}$$

(च) GDP अवस्फीतक (GDP Deflator)—GDP अवस्फीतक सकल घरेलू उत्पाद में सम्मिलित वस्तुओं और सेवाओं के कीमत परिवर्तनों का एक सूचक है। अत: यह एक कीमत सूचक है जिसे एक दिए वर्ष में मुद्रावत (nominal) GDP को वास्तविक GDP से विभाजित करके और फिर 100 द्वारा गुणा करके आगणित किया जाता है अर्थात्

$$\text{GDP Deflator for 1997-98} = \frac{\text{Nominal(or Current Prices) GDP}}{\text{Real(orConstant Prices)GDP}} \times 100$$

$$\text{भारत के संदर्भ में, 1997–98 में GDP Deflator} = \frac{1426.7 \text{ thcrore}}{1049.2 \text{thcrore}} \times 100 = 135.9$$

$$\text{at1993-94prices}$$

इससे यह मालूम पड़ता है कि 1997–98 में 1993–94 की स्थिर कीमतों पर GDP में 135.9 प्रतिशत की वृद्धि स्फीति (कीमतों में वृद्धि) के कारण हुई।

** मूल्यह्रास को पूंजी उपभोग (capital consumption) कहा जाता है।

2. सकल राष्ट्रीय उत्पाद (Gross National Product)

सकल राष्ट्रीय उत्पाद (GNP) एक वर्ष में चालू उत्पादन से अन्तिम वस्तुओं और सेवाओं के प्रवाह का बाजार मूल्य पर कुल माप है जिसमें विदेशों से प्राप्त शुद्ध आय शामिल होती है।[8] GNP में चार प्रकार की अन्तिम वस्तुएं और सेवाएं सम्मिलित होती हैं: (1) लोगों की तुरन्त आवश्यकताओं को संतुष्ट करने के लिए उपभोक्ता वस्तुएं और सेवाएं, (2) पूंजी पदार्थों में सकल निजी घरेलू निवेश (gross domestic private investment) जिसमें स्थिर पूंजी निर्माण (fixed capital formation), आवास निर्माण (residential construction) और निर्मित एवं अर्द्धनिर्मित वस्तुओं की मालसूचियों (inventories), (3) सरकार द्वारा उत्पादित वस्तुएं और सेवाएं, और (4) वस्तुओं और सेवाओं का शुद्ध निर्यात, अर्थात वस्तुओं और सेवाओं के निर्यात और आयात के मूल्य में अन्तर, जिसे विदेशों से शुद्ध आय (net income from abroad) कहा जाता है।

कुल राष्ट्रीय उत्पाद की इस धारणा में कुछ विशेष बातों* पर ध्यान देना आवश्यक है।

प्रथम, GNP में अप्रवासी उत्पादकों और वर्करों द्वारा प्राप्त आय और देश के भीतर विदेशों के अप्रवासियों द्वारा प्राप्त साधन आय सम्मिलित होती है। इस प्रकार,

$$GNP = GDP + \text{Net Factor Income from abroad.}$$

दूसरे, दोहरी गणना से बचने के लिए, अर्थव्यवस्था के सकल उत्पादन की गणना करते समय केवल अन्तिम पदार्थों की बाजार कीमत ही लेनी चाहिए। बहुत से पदार्थ उपभोक्ताओं तक पहुंचते हुए कई स्टेजो से गुजरते हैं। यदि उनकी हर स्टेज पर गिनती कर ली जाये तो वे कई बार राष्ट्रीय उत्पाद में सम्मिलित हो जायेंगे, जिससे सकल राष्ट्रीय उत्पाद बहुत बढ़ जायेगा। अत: दोहरी गणना से बचने के लिए मध्यवर्ती पदार्थों को न लेकर केवल अन्तिम पदार्थों को ही लेना चाहिए।

तीसरे, सकल राष्ट्रीय उत्पाद में मुफ्त वस्तुओं और सेवाओं को शामिल नहीं किया जाता क्योंकि उनकी बाजार कीमत का ठीक अनुपात नहीं होता। जैसे मां का बच्चे को पालना, प्राध्यापक का अपने पुत्र को पढ़ाना, संगीत शास्त्री का मित्रों को संगीत सुनाना, शिल्पी का अपने शौक के लिए मूर्ति निर्माण करना आदि।

चौथे, सकल राष्ट्रीय उत्पाद में ऐसे सौदे नहीं लिए जाते जो चालू वर्ष के उत्पादन से प्राप्त नहीं होते व जिनका उत्पादन में कोई योग नहीं होता। पुरानी वस्तुओं, पुरानी कम्पनियों के शेयर व ऋण-पत्रों तथा परिसम्पत्तियों का क्रय-विक्रय सकल राष्ट्रीय उत्पाद में सम्मिलित नहीं किया जाता क्योंकि इनसे राष्ट्रीय उत्पादन में कोई वृद्धि नहीं होती। केवल वस्तुओं का हस्तांतरण ही होता है। इसी प्रकार सामाजिक सुरक्षा के अधीन प्राप्त होने वाला भुगतान जैसे बेरोजगारी, बीमा भत्ता, बुढ़ापे में प्राप्त होने वाली पेंशन तथा सार्वजनिक ऋण पर ब्याज भी सकल राष्ट्रीय उत्पाद में शामिल नहीं किए जाते क्योंकि प्राप्तकर्ता उनके बदले में कोई सेवा प्रदान नहीं करते। परन्तु मशीनों, संयन्त्रों तथा अन्य पूंजीगत पदार्थों में होने वाले मूल्यह्रास को सकल राष्ट्रीय उत्पाद से घटाया नहीं जाता।

पांचवें, पूंजी परिसम्पत्तियों में बाजार-मूल्य के उतार-चढ़ाव से होने वाले परिवर्तनों के कारण जो लाभ व हानियां होती हैं, उन्हें सकल राष्ट्रीय उत्पाद में शामिल नहीं किया जाता, बशर्ते कि ये चालू उत्पादन या आर्थिक क्रिया के कारण न हों। उदाहरणार्थ, यदि किसी मकान या भूमि का मूल्य स्फीति के कारण बढ़ जाता है तो उसे बेचने से जो लाभ प्राप्त होता है, सकल राष्ट्रीय आय का भाग नहीं होगा। परन्तु यदि चालू वर्ष में मकान का एक भाग नया बनाया जाता है तो इससे मकान के मूल्य में जो वृद्धि (बनाये गये भाग की लागत को कम करके) होती है, वह सकल राष्ट्रीय उत्पाद का भाग होगी। इसी प्रकार जिन परिसम्पत्तियों में होने वाले मूल्य परिवर्तनों का पहले से ही अनुमान लगाया जा सकता है और बाढ़ व आग के विरुद्ध बीमा हो जाता है, उन्हें भी सकल राष्ट्रीय उत्पाद में सम्मिलित नहीं किया जाता।

अन्तिम, सकल राष्ट्रीय उत्पाद में अवैध क्रियाओं से प्राप्त आय को शामिल नहीं किया जाता। यद्धपि जिन वस्तुओं का काला बाजार होता है, उनकी कीमत भी होती है और वे लोगों की आवश्यकताएं पूरी करती हैं, परन्तु सामाजिक दृष्टिकोण से लाभदायक न होने के कारण उनके क्रय-विक्रय से प्राप्त आय को राष्ट्रीय आय से बाहर ही रखा जाता है। परन्तु ऐसा करने के मुख्य दो कारण हैं। **प्रथम,** यह मालूम नहीं

8. GNP is the total measure of the flow of goods and services at market value resulting from current production during a year in a country, including *net* income from abroad.

* ये केवल धारणा को समझने के लिए हैं।

होता कि ये वस्तुएं चालू वर्ष में उत्पादित हुईं या पिछले वर्षों में। **दूसरा,** इनमें से बहुत-सी वस्तुएं विदेशों में बनी होती हैं जो तस्करी से प्राप्त होती हैं। इनको राष्ट्रीय आय में सम्मिलित नहीं किया जा सकता।

सकल राष्ट्रीय उत्पाद की मापने की तीन विधियां (Three Methods of Measuring GNP)— सकल राष्ट्रीय उत्पाद के बारे में आधारभूत तत्त्वों का अध्ययन करने के बाद, यह जानना आवश्यक हो जाता है कि इसका आगणन कैसे किया जाता है। इसके लिए तीन विधियों का प्रयोग किया जाता है। **एक,** व्यय विधि, **दूसरी,** आय विधि, और **तीसरी,** मूल्य बढ़ाव विधि।

(1) सकल राष्ट्रीय उत्पाद की आय विधि (Income Method to GNP)—आय विधि द्वारा सकल राष्ट्रीय उत्पाद मापने के लिए वर्ष भर में उत्पादन-साधनों को मुद्रा में दिए गए पुरस्कार शामिल किए जाते हैं। इस विधि में सकल राष्ट्रीय उत्पाद निम्नलिखित मदों का जोड़ होता है :

(i) मजदूरी तथा वेतन (Wages and Salaries)— श्रमिकों और प्रबन्धकर्ताओं द्वारा सब प्रकार की मजदूरी और वेतन जो वे उत्पादन क्रिया करके कमाते हैं, इसके अन्तर्गत आते हैं। इसमें सभी प्रकार के अंशदान जैसे ओवरटाइम, कमीशन, भविष्य निधियां, बीमा आदि में वर्ष में प्राप्त या जमा की गई राशियां सम्मिलित होती हैं। इस मद को कर्मचारियों की क्षतिपूर्ति (compensation of employees) भी कहते हैं।

(ii) किराया (Rents)—भूमि, दुकान, मकान, फैक्टरी आदि का किराया तथा ऐसी सभी परिसम्पत्तियों का अनुमानित किराया, जिन्हें मालिक स्वयं इस्तेमाल करते हैं, कुल किराए में शामिल किया जाता है।

(iii) ब्याज (Interest)—इसमें देश के व्यक्तियों द्वारा भिन्न स्रोतों से प्राप्त ब्याज शामिल किया जाता है। इसमें किसी व्यापारी द्वारा अपने कार्य में जो निजी पूंजी लगाई जाती है जिसे वह उधार नहीं लेता, उसका अनुमानित ब्याज भी जोड़ा जाता है। परन्तु सरकारी कर्जों से प्राप्त ब्याज सम्मिलित नहीं किया जाता क्योंकि वह केवल राष्ट्रीय आय का हस्तान्तरण ही होता है।

(iv) लाभांश (Dividends)—GNP में कंपनियों से शेयरहोल्डरों द्वारा अर्जित लाभांश भी शामिल होते हैं।

(v) अवितरित निगम लाभ (Undistributed Corporate Profits)—लाभ जो कंपनियों द्वारा अपने पास रखे जाते हैं और बांटे नहीं जाते GNP में शामिल होते हैं।*

(vi) मिश्रित आय (Mixed Income)—इसमें छोटे उद्योग धंधों, साझेदारियों और स्वरोजगार में लगे व्यक्तियों की आय सम्मिलित होती है। ये सभी GNP का भाग होते हैं।

(vii) प्रत्यक्ष कर (Direct Taxes)—व्यक्तियों, निगमों और अन्य व्यवसायों पर लगाए गए कर GNP में शामिल होते हैं।

(viii) परोक्ष कर (Indirect Taxes)—सरकार कई प्रकार के परोक्ष कर लगाती है जैसे उत्पादन शुल्क (excise duties) एवं बिक्री कर। इन करों को वस्तुओं की कीमतों में ही सम्मिलित कर लिया जाता है। परन्तु इनसे प्राप्त राजस्व सरकारी खजाने में जाता है, उत्पादन साधनों को प्राप्त नहीं होता। इसलिए इनसे प्राप्त आय सकल राष्ट्रीय उत्पाद GNP में जमा कर दी जाती है।

(ix) मूल्यह्रास (Depreciation)—हर कंपनी मशीनों, संयन्त्रों तथा अन्य पूंजीगत पदार्थों की टूट-फूट, घिसाई आदि के कारण होने वाले खर्चों को मूल्यह्रास के रूप में रखती है। यह राशि भी उत्पादन साधनों की आय का भाग न होने के कारण सकल राष्ट्रीय उत्पाद में सम्मिलित की जाती है। इसे पूँजी उपभोग (capital consumption) भी कहते हैं।

(x) विदेशों से अर्जित शुद्ध आय (Net income Earned from Abroad)—यह वस्तुओं और सेवाओं के निर्यात और आयात के मूल्य का अन्तर होती है। यदि यह अन्तर धनात्मक हो तो इसे GNP में जमा कर लिया जाता है और यदि यह ऋणात्मक हो तो इसे GNP से घटा दिया जाता है। इस प्रकार GNP according to Income Method = Wages and Salaries + Rents + Interest + Dividends + Undistributed Corporate Profits + Mixed Incomes + Direct Taxes + Indirect Taxes + Depreciation + Net Income from Abroad.

2. सकल राष्ट्रीय उत्पाद की व्यय विधि (Expenditure Method of GNP)—व्यय के दृष्टिकोण से सकल राष्ट्रीय उत्पाद वर्ष भर में वस्तुओं और सेवाओं पर किए गए व्यय का कुल जोड़ होता है, जिसमें निम्नलिखित मदें शामिल होती हैं :

(i) निजी उपभोग व्यय (Private Consumption Expenditure)— देश के लोगों द्वारा अपने व्यक्तिगत उपभोग पर सब प्रकार का

---

* (ii), (iii), (iv) और (v) मदों को सामूहिक तौर से परिचालन अधिशेष (operating surplus) कहते हैं जो सम्पत्ति (property) और उद्यमता से प्राप्त आय होती है।

व्यय इसमें सम्मिलित होता है। इसके अन्तर्गत टिकाऊ वस्तुओं जैसे घड़ी, साईकिल, रेडियो आदि पर खर्चे, उपभोग योग्य वस्तुओं जैसे दूध, रोटी, घी, कपड़े आदि पर खर्चे व सब प्रकार की सेवाओं जैसे स्कूल, डाक्टर, वकील की फीस तथा यातायात आदि पर किए गए खर्चे सम्मिलित होते हैं। ये सब **अन्तिम** वस्तुएं ली जाती हैं।

(ii) सकल घरेलू निजी निवेश (Gross Domestic Private Investment)—इसके अन्तर्गत निजी उद्यमों द्वारा नये निवेश पर और पुरानी पूंजी का प्रतिस्थापन करने के लिए व्यय आता है। इसमें आवास निर्माण, फैक्ट्रियों की बिल्डिगें, हर प्रकार की मशीनरी, संयन्त्रों, व पूंजी पदार्थों पर किए गए खर्च शामिल होते हैं। विशेषकर, इसमें माल सूची में हुई वृद्धि या कमी को भी जमा किया जाता है या घटा दिया जाता है। मालसूची में वर्ष भर में उत्पादित परन्तु न बेची गई, निर्मित व अर्धनिर्मित वस्तुएं तथा कच्चे माल के भण्डार शामिल होते हैं जिनका लेखा सकल राष्ट्रीय उत्पाद में करना जरूरी होता है। इसमें शेयर तथा स्टॉक के वित्तीय विनिमय को नहीं लिया जाता क्योंकि इनका क्रय-विक्रय वास्तविक निवेश नहीं होता, परन्तु मूल्यह्रास को जोड़ा जाता है।

(iii) विदेशी निवेश (Net Foreign Investment)—शुद्ध विदेशी निवेश से अभिप्राय निर्यात और आयात का अन्तर या निर्यात अधिशेष (surplus) है। प्रत्येक देश कुछ वस्तुएं विदेशों को निर्यात करता है और कुछ विदेशों से आयात करता है। आयात की गई वस्तुएं देश में उत्पादित न होने के कारण राष्ट्रीय आय में सम्मिलित नहीं की जा सकतीं परन्तु निर्यात की गई वस्तुएं देश में ही निर्मित होती हैं। इसलिए निर्यात और आयात वस्तुओं के अन्तर-मूल्य को सकल राष्ट्रीय उत्पाद में सम्मिलित किया जाता है चाहे, यह धनात्मक हो या ऋणात्मक।

(iv) वस्तुओं व सेवाओं पर सरकारी व्यय (Government Expenditure on Goods and Services)—देश की सरकार द्वारा वस्तुओं और सेवाओं पर किया गया व्यय भी सकल राष्ट्रीय उत्पाद का भाग होता है। केन्द्रीय, प्रान्तीय व स्थानीय सरकारें अपने कर्मचारियों, पुलिस तथा सेना पर बहुत व्यय करती हैं। सरकारों को दफ्तरों का काम चलाने के लिए उपभोग वस्तुओं पर भी व्यय करना पड़ता है जिसमें कागज, पैन, पैन्सिल और कई प्रकार की स्टेशनरी; कपड़ा, फर्नीचर, कार, आदि शामिल होते हैं। इसमें सरकारी उद्यमों पर किया जा रहा खर्च भी आता है। परन्तु **अन्तरण भुगतानों** पर व्यय नहीं जोड़ा जाता क्योंकि ये चालू वर्ष में उत्पादित सेवाओं और वस्तुओं के बदले में नहीं किए जाते। इस प्रकार GNP according to Expenditure Method = Private Consumption Expenditure (C) + Gross Domestic Private Investment (I) + Net Foreign Investment ($X - M$) + Government Expenditure on Goods and Services (G) अर्थात् $GNP = C + I + (X - M) + G$, जहां X निर्यात है और M आयात।

3. मूल्य बढ़ाव द्वारा GNP (Value Added by GNP)—GNP को मापने का अन्य तरीका मूल्य बढ़ाव द्वारा होता है। GNP का आगणन करते समय चालू कीमतों पर एक वर्ष में उत्पादित की गई अन्तिम वस्तुओं एवं सेवाओं के मुद्रा मूल्य को लिया जाता है। दोहरी गणना से बचने का यह एक उपाय है। परन्तु एक मध्यवर्ती (intermediate) और अन्तिम वस्तु में सही भेद करना कठिन होता है। उदाहरणार्थ कच्चे माल, अर्धनिर्मित वस्तुएं, ईंधन, सेवाएं आदि एक उद्योग द्वारा अन्य उद्योगों को आगतों (inputs) के रूप में बेची जाती हैं। वे एक उद्योग के लिए अन्तिम वस्तुएं और अन्य उद्योगों के लिये मध्यवर्ती वस्तुऐं हो सकती हैं। इसलिये, दोहरेपन से बचने के लिये अन्तिम वस्तुओं के निर्माण में प्रयोग की गई **मध्यवर्ती वस्तुओं** के मूल्य को अर्थव्यवस्था के प्रत्येक उद्योग के कुल उत्पादन के मूल्य में से **घटा** देना चाहिए। अत: उत्पादन की प्रत्येक स्टेज में भौतिक निर्गतों (outputs) के तथा आगतों के मूल्य में अन्तर को मूल्य बढ़ाव कहते हैं।[9] यदि अर्थव्यवस्था में सभी उद्योगों के ऐसे अन्तर को जोड़ दिया जाए तो मूल्य बढ़ाव द्वारा GDP प्राप्त हो जाती है जिसमें विदेशी प्राप्त शुद्ध आय जोड़ने पर मूल्य बढ़ाव द्वारा GNP प्राप्त होता है : GNI by value added = Gross value added + net income from abroad. इसकी गणना नीचे तालिका I, II और III में दिखाई गई है।

9. The difference between the value of material outputs and inputs at each stage of production is called the value added.

तालिका I : मूल्य बढ़ाव द्वारा GDP (रु० करोड़)

उद्योग *(1)*	*कुल निर्गत (उत्पादन)* *(2)*	*मध्यवर्तीक्रम* *(3)*	*मूल्य बढ़ाव* *(4) = (2 – 3)*
1. कृषि	30	10	20
2. विनिर्माण	70	45	25
3. अन्य	55	25	30
कुल	155	80	75

तालिका इस मान्यता पर बनाई गई है कि अर्थव्यवस्था में कुल उत्पादन केवल तीन क्षेत्रों में ही होता है। कृषि, विनिर्माण तथा अन्य क्षेत्र। प्रत्येक क्षेत्र के कुल उत्पादन के मूल्य में से उसकी मध्यवर्ती वस्तुओं के मूल्य को घटा दिया गया है जिससे समस्त अर्थ-व्यवस्था का मूल्य बढ़ाव प्राप्त हो जाता है। इस प्रकार, अर्थव्यवस्था के कुल उत्पादन का मूल्य जो 155 करोड़ रु० है उसमें से मध्यवर्ती वस्तुओं का मूल्य 80 करोड़ रु० घटाने से 75 करोड़ रु० मूल्य बढ़ाव द्वारा GDP प्राप्त होता है।

कुल मूल्य बढ़ाव, अर्थव्यवस्था के सकल घरेलू उत्पाद (GDP) के मूल्य के बराबर होता है। इस मूल्य बढ़ाव में से मुख्य भाग मजदूरी और वेतन, किराया, ब्याज और लाभ के रूप में जाता है, एक छोटा भाग अप्रत्यक्ष कर के रूप में सरकार को जाता है और शेष रकम मूल्यह्रास के लिए होती है। इसे तालिक II में दिखाया गया है।

इस प्रकार तालिका I और II से ज्ञात होता है कि अर्थव्यवस्था का कुल सकल मूल्य बढ़ाव उसके सकल घरेलू उत्पाद के मूल्य के बराबर होता है। यदि सकल मूल्य बढ़ाव में से मूल्यह्रास घटा दिया जाए तो, शुद्ध (net) मूल्य बढ़ाव प्राप्त होता है जो 67 करोड़ रु० (75–8) है। जो बाजार कीमतों पर शुद्ध घरेलू उत्पाद (NDP) या शुद्ध मूल्य बढ़ाव है। फिर, यदि 7 करोड़ रु० के अप्रत्यक्ष करों को 67 करोड़ रु० के शुद्ध घरेलू उत्पाद में से घटा दिया जाता है तो 60 करोड़ रु० की साधन लागत पर शुद्ध मूल्य बढ़ाव (net value added at factor cost) जो साधन लागत पर शुद्ध घरेलू उत्पाद के बराबर है। इसे तालिका III में दर्शाया गया है।

तालिका II : सकल घरेलू उत्पाद (GDP)

(रु० करोड़)

1. मजदूरी और वेतन	45
2. किराये से आय	3
3. शुद्ध ब्याज	4
4. कंपनियों के लाभ	8
5. अप्रत्यक्ष कर	7
6. मूल्यह्रास	8
सकल घरेलू उत्पाद या सकल मूल्य बढ़ाव	75

तालिका III : साधन लागत पर मूल्य बढ़ाव

रु० करोड़

1. उत्पादन का बाजार मूल्य	155
2. घटाएं मध्यवर्ती वस्तुओं की लागत	80
3. सकल मूल्य बढ़ाव या सकल घरेलू उत्पाद	75
4. घटाएं मूल्यह्रास	8
5. शुद्ध मूल्य बढ़ाव या बाजार कीमतों पर शुद्ध घरेलू उत्पाद	67
6. घटाएं अप्रत्यक्ष कर	7
7. साधन लागत पर शुद्ध मूल्य बढ़ाव या शुद्ध NDP	60

60 करोड़ रु० की साधन लागत पर शुद्ध मूल्य बढ़ाव साधन लागत पर शुद्ध घरेलू उत्पाद के बराबर होता है जैसा कि तालिका II में 1 से 4 मदों को जमा करने से स्पष्ट होता है: 45 + 3 + 4 + 8 = 60 करोड़ रु०।

यदि सकल मूल्य बढ़ाव में विदेशों से प्राप्त शुद्ध आय जमा कर दी जाए तो मूल्य बढ़ाव द्वारा सकल राष्ट्रीय आय (GNI) प्राप्त होती है। मान लीजिए कि विदशों से शुद्ध आय 5 करोड़ रु० है। अत: सकल राष्ट्रीय आय, GNI = Gross value added + net income from abroad = 75 + 5 = 80 करोड़ रु०।

इसका महत्त्व (Its Importance)— राष्ट्रीय आय को मापने की मूल्य बढ़ाव विधि उत्पाद और आय विधियों से अधिक वास्तविक है क्योंकि यह मध्यवर्ती वस्तुओं के मूल्य को घटा कर दोहरी गणना की समस्या को दूर करती है। अत: यह विधि राष्ट्रीय अर्थव्यवस्था में मध्यवर्ती वस्तुओं के महत्त्व को स्थापित करती है। **दूसरे,** मूल्य बढ़ाव से संबद्ध राष्ट्रीय आय लेखों का अध्ययन करने से प्रत्येक उत्पादन क्षेत्र का GNP के मूल्य को योगदान जाना जा सकता है। उदाहरणार्थ, यह बता सकता है कि क्या पिछले वर्ष की तुलना में चालू वर्ष में कृषि अधिक योगदान दे रही है या विनिर्माण का भाग कम हो रहा है या तृतीयक (टर्शियरी) क्षेत्र का बढ़ रहा है। **तीसरे,** यह विधि बहुत ही लाभदायक है क्योंकि यह विभिन्न प्रकार के वस्तु क्रयों को जोड़ कर प्राप्त किए गए GNP अनुमानों की पड़ताल करने का साधन प्रदान करती है।

इसकी कठिनाइयां (Its Difficulties)— फिर भी, कुछ सार्वजनिक सेवाओं जैसे पुलिस, सेना, स्वास्थ्य, शिक्षा, आदि के बारे में मूल्य बढ़ाव के आगणन में कठिनाइयां उत्पन्न होती हैं जिनका मुद्रा में सही अनुमान नहीं लगाया जा सकता। इसी प्रकार, सिंचाई और विद्युत परियोजनाओं द्वारा अर्जित किए गए लाभों का मूल्य बढ़ाव में योगदान का अनुमान लगाना कठिन होता है।

3. बाजार कीमतों पर सकल राष्ट्रीय उत्पाद (GNP at Market Prices) —जब एक देश में एक वर्ष में उत्पादित कुल उत्पादन को उसी वर्ष की प्रचलित बाजार कीमतों से गुणा कर दिया जाए तो बाजार कीमतों पर GNP प्राप्त होती है। अत: बाजार कीमतों पर GNP से अभिप्राय एक देश में वर्ष भर में उत्पादित अन्तिम वस्तुओं और सेवाओं के सकल मूल्य **जमा** विदेशों से प्राप्त शुद्ध आय से है। इसमें ऊपर सकल राष्ट्रीय उत्पाद के अन्तर्गत वर्णित (1) से (4) मदें बाजार कीमतों पर सम्मिलित होती हैं। GNP at Market Prices = GDP at Market Prices + Net Income from Abroad

4. साधन लागत पर सकल राष्ट्रीय उत्पाद (GNP at Factor Cost) —साधन लागत पर GNP एक देश में एक वर्ष में विभिन्न उत्पादन के साधनों द्वारा उत्पादित और प्राप्त होने वाली आय के मुद्रा मूल्य का जोड़ है। इसमें वे सभी मदें शामिल होती हैं जो ऊपर GNP की आय विधि **घटा** अप्रत्यक्ष कर में दी गई है। बाजार कीमतों पर GNP में सरकार द्वारा वस्तुओं पर लगाये गये अप्रत्यक्ष कर सदैव सम्मिलित होते हैं जिनसे उनकी कीमतें बढ़ जाती हैं। परन्तु साधन लागत पर GNP वह आय है जो उत्पादन के साधन केवल अपनी सेवाओं के बदले प्राप्त करते हैं। यह उत्पादन लागत है। इसलिए, साधन लागत पर GNP प्राप्त करने के लिए बाजार कीमतों पर GNP में से अप्रत्यक्ष कर घटा दिए जाते हैं। फिर, ऐसा अक्सर होता है कि उत्पादक के लिए एक वस्तु की उत्पादन लागत, बाजार में वैसी ही वस्तु की कीमत से अधिक होती है। ऐसे उत्पादकों को संरक्षण देने के लिए, सरकार उनको सब्सिडी (subsidy) के रूप में मुद्रा सहायता प्रदान करती है जो वस्तु की उत्पादन लागत और बाजार कीमत का अन्तर होती है। इसके परिणामस्वरूप, उत्पादक के लिए वस्तु की कीमत कम हो जाती है और उसी प्रकार की वस्तु की बाजार कीमत के बराबर हो जाती है। उदाहरणार्थ, यदि चावल की बाजार कीमत 13 रु० प्रति कि०ग्रा० है लेकिन कुछ क्षेत्रों में चावल उत्पादकों की उत्पादन-लागत 16 रु० 50 पै० प्रति कि०ग्रा० है तो सरकार उन्हें 3 रु० 50 पैसे प्रति कि०ग्रा० के हिसाब से सब्सिडी देती है ताकि वे अपनी उत्पादन लागत पूरी कर सकें। अत: साधन लागत पर GNP प्राप्त करने के लिए बाजार कीमतों पर GNP में सब्सिडी जमा कर दी जाती है। अत: GNP at Factor Cost = GNP at Market Prices – Indirect Taxes + Subsidies.

5. शुद्ध राष्ट्रीय उत्पाद (Net National Product—NNP)—GNP में उपभोग वस्तुओं और निवेश वस्तुओं के कुल उत्पादन का मूल्य शामिल होता है। परन्तु उत्पादन की प्रक्रिया में स्थिर पूंजी की कुछ राशि प्रयोग हो जाती है। कुछ स्थिर संयंत्र घिस जाते हैं, कुछ मशीनें टूट जाती हैं या खराब हो जाती हैं और अन्य प्रौद्योगिकी परिवर्तनों के कारण अप्रचलित हो जाती हैं। इनकी मरम्मत और प्रतिस्थापन के लिए जो राशि रखी जाती है उसे मूल्यह्रास (depreciation) या पूंजी उपभोग भत्ता (capital consumption allowance) कहते हैं। शुद्ध राष्ट्रीय उत्पाद प्राप्त करने के लिए GNP में से मूल्यह्रास घटा दिया जाता है। अत: NNP = GNP—

Depreciation.

6. बाजार कीमतों पर शुद्ध राष्ट्रीय उत्पाद (NNP at Market Prices)—बाजार कीमतों पर शुद्ध राष्ट्रीय उत्पाद एक देश में एक वर्ष में अन्तिम वस्तुओं और सेवाओं का बाजार कीमतों पर शुद्ध मूल्य होता है। यदि बाजार कीमतों पर GNP में से मूल्यह्रास घटा दिया जाए तो बाजार कीमतों पर NNP प्राप्त होती है। अत: NNP at Market Prices = GNP at Market Prices—Depreciation.

7. साधन लागत पर शुद्ध राष्ट्रीय उत्पाद (NNP at Factor Cost)—किसी देश में एक वर्ष में उत्पादन के साधनों के सहयोग से जो वस्तुओं का शुद्ध उत्पादन साधन कीमतों पर प्राप्त होता है, उसे साधन लागत पर राष्ट्रीय उत्पाद कहते हैं। इसमें उत्पादन के साधनों को मजदूरी व वेतन, लगान, ब्याज तथा लाभ के रूप में प्राप्त आय तथा विदेश से शुद्ध साधन आय सम्मिलित होती है। इसीलिए साधन लागत पर शुद्ध राष्ट्रीय आय को साधनों के भागों के अनुसार राष्ट्रीय आय (National Income by distributive shares) कहते हैं। अत : NNP at Factor Cost = Compensation of Employees + Operating Surplus + Mixed Income (NDP at Factor Cost) + Net Factor Income from Abroad.

बाजार मूल्यों पर शुद्ध राष्ट्रीय उत्पाद और साधन लागत पर शुद्ध राष्ट्रीय उत्पाद में सम्बन्ध (Relation between NNP at Market Price and NNP at Factor Cost)

बाजार मूल्यों पर शुद्ध राष्ट्रीय उत्पाद व साधन लागतों पर शुद्ध राष्ट्रीय उत्पाद में बहुत घनिष्ट सम्बन्ध पाया जाता है। बाजार मूल्यों पर शुद्ध राष्ट्रीय उत्पाद सदैव लागत पर शुद्ध राष्ट्रीय उत्पाद से अधिक होता है, क्योंकि वस्तुओं के बाजार मूल्य में अप्रत्यक्ष कर शामिल होते हैं। अतः बाजार मूल्यों पर शुद्ध राष्ट्रीय उत्पाद में से यदि अप्रत्यक्ष कर निकाल दिये जाएं तो साधन लागत पर शुद्ध राष्ट्रीय उत्पाद प्राप्त होता है। (NNP at Factor cost = NNP at Market Prices – Indirect Taxes).

कई बार ऐसा भी होता है कि कई उत्पादकों की वस्तु की लागत अधिक होती है परन्तु प्रतियोगिता के कारण वे अधिक कीमत पर अपनी वस्तु को बेच नहीं पाते। ऐसी अवस्था में सरकार उनको सब्सिडी द्वारा सहायता प्रदान करती है। इससे ये उद्योग कम कीमत पर वस्तु बेचने में समर्थ हो जाते हैं और घाटे को सरकार मुद्रा के रूप में पूरा कर देती है। जैसे खादी का हथकरघे का बना कपड़ा उत्पादक को लागत के अनुसार पांच रुपये प्रति मीटर पड़ता है परन्तु वह उसे 4 रुपये प्रति मीटर बेचता है और एक रुपया प्रति मीटर का घाटा सरकार पूरा करती है। इस प्रकार उत्पादन लागत को जानने के लिए कपड़े की बाजार कीमत में उत्पादन की राशि को जमा कर दिया जाता है। अत: NNP at Factor Cost = NNP at Market Prices — Indirect taxes + Subsidies.

आजकल सरकारें भी कई प्रकार के सार्वजनिक कारखाने खोलकर लाभ कमाती हैं जो साधनों के मालिकों को प्राप्त न होकर सरकारी खजाने में जमा होता है। इसलिए साधन लागत पर राष्ट्रीय उत्पाद प्राप्त करने के लिए सरकारी लाभ को बाजार मूल्य पर राष्ट्रीय आय मे से घटा दिया जाता है। इस प्रकार NNP at Factor Cost = NNP at Market Prices – Indirect Taxes + Subsidies – Government Surpluses = National Income.

8. घरेलू आय या उत्पाद (Domestic Income or Product)—उत्पादन के साधनों द्वारा देश के अन्दर देश के ही स्रोतों (resources) से अर्जित या उत्पादित आय को घरेलू आय या उत्पाद कहते हैं। घरेलू आय में निम्नलिखित मदें शामिल होती हैं: (i) मजदूरी और वेतन, (ii) किराया जिसमें मकान किराया भी शामिल है, (iii) ब्याज, (iv) लाभांश, (v) मिश्रित आय जिसमें अनिगमित व्यवसायों, साझेदारियों और स्वरोजगार में लगे व्यक्तियों के लाभ शामिल हैं, (vii) प्रत्यक्ष कर।

क्योंकि घरेलू आय में विदेशों से अर्जित आय सम्मिलित नहीं होती, इसलिए घरेलू आय (Domestic Income) = राष्ट्रीय आय (National Income) ङ्क विदेशों से अर्जित शुद्ध आय (Net Income from Abroad) शामिल होते हैं।

यदि घरेलू आय में विदेशों से अर्जित शुद्ध आय जमा कर दी जाए, जो राष्ट्रीय आय प्राप्त होती है: राष्ट्रीय आय (NI) = घरेलू आय (DI) — विदेशों से अर्जित शुद्ध आय (Net Income from Abroad)। परन्तु विदेशों से अर्जित शुद्ध आय धनात्मक या ऋणात्मक हो सकती है। यदि निर्यात आयात से अधिक हों तो विदेशों से अर्जित शुद्ध आय धनात्मक होगी। ऐसी अवस्था में राष्ट्रीय आय घरेलू आय से अधिक होती है। दूसरी ओर, जब आयात, निर्यात से अधिक होते हैं तो विदेशों से अर्जित शुद्ध आय ऋणात्मक होगी और घरेलू आय राष्ट्रीय आय से अधिक होती है।

घरेलू आय **शुद्ध** या **सकल** हो सकती है। यदि विशेषतौर से न कहा जाए तो इसका सम्बन्ध साधन लागत पर शुद्ध घरेलू आय से होता है और इसे बाजार कीमतों पर शुद्ध घरेलू आय से भेद किया जा सकता है जैसा कि ऊपर (6) के अन्तर्गत।

9. निजी आय (Private Income)—निजी आय से अभिप्राय निजी व्यक्तियों द्वारा उत्पादकीय या अन्य स्रोतों से प्राप्त तथा निगमों द्वारा रखी गई आय से है। इसे साधन लागत पर NNP से कुछ मदें घटाकर और कुछ जोड़कर निकाला जा सकता है। जोड़ में अन्तरण भुगतान जैसे पेंशनें, बेरोजगारी भत्ता, बीमारी और अन्य सामाजिक सुरक्षा लाभ, उपहार और विदशों से भेजी गई धनराशि, लाटरियों और घुड़दौड़ों से अप्रत्याशित (windfall) लाभ और सार्वजनिक ऋण पर ब्याज शामिल होते हैं। कटौतियों में सरकारी विभागों से आय, सार्वजनिक उद्यमों से अधिशेष (surplus), कर्मचारियों का सामाजिक सुरक्षा स्कीमों जैसे भविष्य निधियों, जीवन बीमा आदि में अंशदान सम्मिलित होते हैं। अत: Private Income = National Income or NNP at Factor Cost + Transfer Payments + Interest on Public Debt – Social security – Profits and Surpluses of Public Undertakings.

10. वैयक्तिक आय (Personal Income)—वैयक्तिक आय किसी देश में एक वर्ष में निजी व्यक्तियों द्वारा प्रत्यक्ष करों को देने से पहले सभी स्रोतों से प्राप्त आय होती है। वैयक्तिक आय राष्ट्रीय आय के बराबर कभी नहीं होती क्योंकि इसमें अन्तरण भुगतान शामिल किये जाते हैं जबकि राष्ट्रीय आय में वे शामिल नहीं होते। राष्ट्रीय आय में से अवितरित निगम लाभ, लाभ कर और कर्मचारियों का सामाजिक सुरक्षा स्कीमों को अंशदान घटा कर वैयक्तिक आय निकाली जाती है। ये तीनों अंग राष्ट्रीय आय से इसलिए घटा दिए जाते हैं क्योंकि वे व्यक्तियों को प्राप्त नहीं होते। परन्तु व्यावसायिक और सरकारी अन्तरण भुगतान, उपहार और विदेशों से भेजी गई धनराशि, अप्रत्याशित लाभ और सार्वजनिक ऋण पर ब्याज, जो व्यक्तियों के लिए आय के स्रोत हैं राष्ट्रीय आय में सम्मिलित किये जाते हैं। अत: Personal Income = National Income – Undistributed Corporate Profits – Profit Taxes – Social Security Contributions + Transfer Payments + Interest on Public Debt.

वैयक्तिक आय, **निजी** आय से इस बात में भिन्न है कि यह निजी आय से कम होती है। क्योंकि इसमें अवितरित निगम लाभ और लाभ-कर शामिल नहीं होते। अत: Personal Income = Private Income – Undistributed Corporate Profits – Profit Taxes.

11. प्रयोज्य आय (Disposable Income)—प्रयोज्य आय से अभिप्राय उस वास्तविक आय से है जो व्यक्तियों व परिवारों द्वारा उपभोग पर व्यय की जा सकती है। वैयक्तिक आय पूरे तौर पर उपभोग पर खर्च नहीं की जा सकती क्योंकि वह आय-कर देने से पहले की आय होती है। इसलिए प्रयोज्य आय को जानने के लिए वैयक्तिक आय में से प्रत्यक्ष कर घटा दिये जाते हैं। अत: Disposable Income = Personal Income – Direct Taxes। परन्तु सारी प्रयोज्य आय उपभोग पर व्यय नहीं हो जाती बल्कि इसका कुछ भाग बचा लिया जाता है। इसलिए प्रयोज्य आय, उपभोग व्यय और बचत में बंट जाती है। Disposable Income = Consumption Expenditure + Savings।

12. वास्तविक आय (Real Income)—जब राष्ट्रीय आय को एक आधार वर्ष की कीमतों के सामान्य स्तर पर व्यक्त किया जाए तो उसे वास्तविक आय कहते हैं। राष्ट्रीय आय चालू कीमतों पर उत्पादित वस्तुओं एवं सेवाओं का मुद्रा मूल्य होता है। परन्तु यह अर्थव्यवस्था की वास्तविक स्थिति को नहीं बताती। सम्भव है कि इस वर्ष पिछले वर्ष की अपेक्षा वस्तुओं और सेवाओं का शुद्ध राष्ट्रीय उत्पादन कम हुआ हो, परन्तु इस वर्ष कीमतों के बढ़ने के कारण राष्ट्रीय आय में वृद्धि हुई हो। इसके विपरीत, यह भी सम्भव है कि शुद्ध राष्ट्रीय उत्पादन तो बढ़ा हो परन्तु कीमत स्तर गिर गया हो, इससे राष्ट्रीय आय में पिछले वर्ष की अपेक्षा कमी प्रतीत होगी। इन दोनों हालातों में राष्ट्रीय आय देश की वास्तविक स्थिति नहीं बताती। इसी त्रुटि को दूर करने के लिए वास्तविक आय की धारणा प्रचलित हुई है।

देश की किसी वर्ष की वास्तविक आय जानने के लिए एक ऐसा वर्ष, आधार वर्ष (base year) लिया जाता है, जब सामान्य कीमत स्तर न तो अधिक और न कम हो तथा उसको 100 के बराबर मान लिया जाता है। अब जिस वर्ष की वास्तविक राष्ट्रीय आय जाननी हो, उस वर्ष की कीमतों के सामान्य स्तर को आधार वर्ष की कीमतों पर मूल्यांकन किया जाता है। इसके लिए निम्नलिखित फार्मूले का प्रयोग किया जाता है—

$$\text{NNP for the current year} = \frac{\text{Base year index } (= 100)}{\text{Current year index}}$$

मान लो कि 1990 आधार वर्ष है और 2000 की राष्ट्रीय आय 20,000 करोड़ रु० है एवं इस वर्ष का सूचकांक 250 है। अत:

$$2000 \text{ में वास्तविक राष्ट्रीय आय} = \frac{20{,}000}{250} \times 100 = 8{,}000 \text{ करोड़ रु०}$$

इसे स्थिर कीमतों पर राष्ट्रीय आय भी कहते हैं।

13. प्रति व्यक्ति आय (Per Capita Income)—किसी देश से एक वर्ष में व्यक्तियों की औसत आय को उस देश की उस वर्ष की प्रति व्यक्ति आय कहते हैं। यह धारणा भी चालू कीमतों और स्थिर कीमतों पर आय की माप से सम्बन्ध रखती है। जैसे यदि चालू कीमतों पर 1981 की प्रति व्यक्ति आय मालूम करनी हो तो उस वर्ष की राष्ट्रीय आय को उसी वर्ष की जनसंख्या पर विभाजित कर दिया जाता है।

$$\text{1991 की प्रति व्यक्ति आय} = \frac{\text{1991 की राष्ट्रीय आय}}{\text{1991 की जनसंख्या}}$$

इसी प्रकार देश की प्रति व्यक्ति वास्तविक आय जानने के लिए भी इसी सूत्र का प्रयोग किया जाता है:

$$\text{1991 को प्रति व्यक्ति वास्तविक आय} = \frac{\text{1991 की वास्तविक राष्ट्रीय आय}}{\text{1991 की जनसंख्या}}$$

इस धारणा से देश के लोगों की औसत आय व रहन–सहन के स्तर का पता लगता है। परन्तु यह विश्वसनीय नहीं होती क्योंकि हर देश में राष्ट्रीय आय का असमान वितरण होने के कारण इसका अधिक भाग धनी वर्ग को जाता है, जिससे साधारण व्यक्ति को जो आय प्राप्त होती है, वह प्रति व्यक्ति आय की राशि से कम है।

4. राष्ट्रीय आय मापने की विधियां (METHODS OF MEASURING NATIONAL INCOME)

राष्ट्रीय आय के माप की चार विधियां पाई जाती हैं। किसी भी विधि का अपनाया जाना उस देश में आंकड़ों की उपलब्धि एवं उद्देश्य पर निर्भर करता है।

1. उत्पादन विधि (Product Method)— इसी विधि के अनुसार देश में वर्ष भर में उत्पादित सभी अन्तिम वस्तुओं और सेवाओं के कुल मूल्य को बाजार कीमतों पर जोड़ा जाता है। कुल उत्पादन को जानने के लिए सभी आर्थिक क्रियाओं से प्राप्त उत्पादन के आंकड़े लिये जाते हैं जिनका बाजार कीमतों पर मूल्यांकन किया जाता है जैसे कृषि उत्पादन, वनों से प्राप्त लकड़ी, खानों से प्राप्त खनिज पदार्थ, छोटे–बड़े उद्योगों में उत्पादित पदार्थ; यातायात, संचार, बैंक, बीमा कम्पनियां, वकील, डाक्टर, अध्यापक द्वारा उत्पादन में किया गया योगदान इत्यादि। इसमें अन्तिम वस्तुओं एवं सेवाओं को ही सम्मिलित किया जाता है तथा मध्यवर्ती वस्तु और सेवाओं को छोड़ दिया जाता है।[10]

2. आय विधि (Income Method)— इस विधि के अनुसार एक वर्ष में देश के सभी नागरिकों द्वारा प्राप्त शुद्ध आय को जोड़ा जाता है अर्थात् सभी उत्पादन साधनों द्वारा प्राप्त शुद्ध किराया, शुद्ध मजदूरी, शुद्ध ब्याज तथा शुद्ध लाभ को जोड़ लिया जाता है। परन्तु आय के रूप में प्राप्त अन्तरण भुगतानों को इसमें सम्मिलित नहीं किया जाता। आय के आंकड़े भिन्न–भिन्न स्रोतों से प्राप्त किए जाते हैं, जैसे ऊंची आय वालों के आयकर विभाग से, श्रमिकों के उनके मजदूरी बिलों से।[11]

3. व्यय विधि (Expenditure Method)—इस विधि के अनुसार वर्ष भर में समाज द्वारा किए गए कुल खर्च को जोड़ा जाता है, जिसमें वैयक्तिक उपभोग व्यय, शुद्ध घरेलू निवेश, वस्तुओं और सेवाओं पर सरकारी व्यय तथा शुद्ध विदेशी निवेश शामिल होते हैं। यह धारणा इस मान्यता पर आधारित है कि राष्ट्रीय आय सदैव राष्ट्रीय व्यय के बराबर होती है।[12]

4. मूल्य बढ़ाव विधि (Value Added Method)— एक अन्य विधि उद्योगों द्वारा मूल्य बढ़ाव की है। उत्पादन की प्रत्येक स्टेज में भौतिक आगतों (outputs) और निर्गतों (inputs) का अन्तर मूल्य बढ़ाव होता है। यदि अर्थव्यवस्था में सभी उद्योगों के ऐसे अन्तर जोड़ लिए जाएं तो सकल घरेलू उत्पाद प्राप्त हो जाता है जिसमें विदेशों से शुद्ध आय जमा करने से सकल राष्ट्रीय उत्पाद प्राप्त होता है।[13]

---

10. विस्तार के लिए 'सकल राष्ट्रीय उत्पाद' के अन्तर्गत प्रथम पैरा दें।
11. विस्तार के लिए GNP की आय-विधि देखें।
12. विस्तार के लिये GNP की आय-विधि देखें।
13. विस्तार के लिए मूल्य बढ़ाव द्वारा GNP देखें।

5. राष्ट्रीय आय के माप में कठिनाइयां या सीमाएं (DIFFICULTIES OR LIMITATIONS IN MEASURING NATIONAL INCOME)

आय विधि, उत्पाद विधि और व्यय विधि द्वारा राष्ट्रीय आय के माप में कई अवधारणात्मक और सांख्यिकीय समस्याएं आती हैं। हम तीनों विधियों में इन समस्याओं की चर्चा पृथक्-पृथक् करेंगे।

(क) आय विधि में समस्याएं (Problems in Income Method)

आय विधि द्वारा राष्ट्रीय आय की गणना में निम्न समस्याएं उत्पन्न होती हैं :

1. स्वामी-अधिकृत घर (Owner-occupied Houses)— कोई व्यक्ति जो दूसरे को घर किराये पर देता है, किराया रूप में आय प्राप्त करता है। परन्तु यदि वह घर स्वयं अपने अधिकार में रखता है तो क्या घर की सेवाएं राष्ट्रीय आय में शामिल होंगी ? स्वामी-अधिकृत घर की सेवाएं राष्ट्रीय आय में शामिल होती है क्योंकि यह मान लिया जाता है कि स्वामी इसकी सेवाएं किरायेदार के रूप में बेचता है। राष्ट्रीय आय लेखा के उद्देश्य के लिए आरोपित किराया (inputed rent) की रकम का अनुमान उस राशि के रूप में किया जाता है जिसके लिए स्वामी द्वारा रखा घर किराये पर दिया जा सकेगा। आरोपित शुद्ध किराए की गणना, रकम के उस भाग के रूप में की जाती है जो गृह-स्वामी को सभी व्यय घटाने के बाद प्राप्त होती है।

2. स्व-नियोजित व्यक्ति (Self-employed Persons)—दूसरी समस्या स्व-नियोजित व्यक्तियों की आय से संबंधित है। उनकी स्थिति में स्वामी द्वारा स्वयं को उपलब्ध कराया गया विभिन्न आगतों (inputs) का पता लगाना अति कठिन होता है। वह व्यवसाय में अपनी पूंजी, भूमि, श्रम और योग्यता लगा सकता है। परन्तु उत्पादन में प्रत्येक साधन आगत के मूल्य का अनुमान करना संभव नहीं है। इसलिए वह अपनी साधन सेवाओं के लिए मिश्रित आय प्राप्त करता है, जिसमें ब्याज, लगान, मजदूरी और लाभ शामिल होते हैं। यह राष्ट्रीय आय में शामिल होती है।

3. निजी उपभोग की वस्तुएं (Goods meant for Self-consumption)—भारत जैसे अल्प- विकसित देशों में किसान खेतों में उत्पादित खाद्यान्न और अन्य वस्तुओं का एक बड़ा भाग निजी उपभोग के लिए रखता है। समस्या यह है कि उत्पाद का वह भाग जो बाजार में नहीं बेचा गया है, राष्ट्रीय आय में शामिल हो सकता है या नहीं। यदि किसान अपना संपूर्ण उत्पाद बाजार में बेच देगा तो उसे अपनी मुद्रा आय से निजी उपभोग के लिए आवश्यक वस्तुएं खरीदनी पड़ेंगी। यदि इसके बदले में, वह कुछ उत्पाद अपने निजी उपभोग के लिए रखता है जिनका मुद्रा-मूल्य होता है, उसे राष्ट्रीय आय में अवश्य शामिल किया जाना चाहिए।

4. मजदूरी और वेतन का माल में भुगतान (Wages and Salaries paid in Kind)— एक अन्य समस्या कर्मचारियों को मुफ्त भोजन, आवास, पोशाक और अन्य सुविधाओं के रूप में भुगतान होने वाले मजदूरी और वेतन से संबंधित है। नियोजकों (employers) द्वारा माल में किए गए भुगतान राष्ट्रीय आय में शामिल किए जाते हैं। ऐसा इसलिए कि कर्मचारी नियोजक से मुफ्त भोजन, आवास आदि के मूल्य के बराबर अप्रत्यक्ष रूप से मुद्रा आय प्राप्त करता है और उसे भोजन, आवास आदि के लिए भुगतान में व्यय करता है।

(ख) उत्पादन विधि में समस्याएं (Problems in Product Method)

उत्पाद विधि द्वारा राष्ट्रीय आय की गणना में निम्न समस्याएं उत्पन्न होती हैं :

1. गृहस्वामिनी की सेवाएं (Services of Housewives)— राष्ट्रीय आय में गृहस्वामिनी की अवैतनिक (मुफ्त) सेवाओं का अनुमान एक गंभीर समस्या उपस्थित करता है। गृहस्वामिनी कई प्रकार की उपयोगी सेवाएं प्रदान करती है, जैसे भोजन बनाना, परोसना, सिलाई करना, मरम्मत करना, कपड़े धोना, सफाई करना, बच्चों को पालना आदि। इनके लिए उसे कोई भुगतान नहीं किया जाता है और उसकी सेवाएं राष्ट्रीय आय में शामिल नहीं होतीं। परन्तु वैतनिक (paid) नौकरों द्वारा की गई ऐसी सेवाएं राष्ट्रीय आय में शामिल की जाती हैं। इस प्रकार, गृहस्वामिनी की सेवाओं को छोड़ने से राष्ट्रीय आय का अनुमान कम हो जाता है। राष्ट्रीय आय से उसकी सेवाओं को निकालने का कारण है कि अपने घरेलू काम करने में गृहस्वामिनी का प्यार मौद्रिक रूप में नहीं मापा जा सकता। इसी प्रकार, जब किसी फर्म का मालिक अपनी महिला सेक्रेटरी से विवाह कर लेता है, तो वह सेक्रेटरी के रूप में काम करना बंद कर देती है और गृहस्वामिनी हो जाती है। तो उसकी सेवाएं राष्ट्रीय आय में शामिल नहीं होती हैं। जब कोई शिक्षक अपने बच्चे को पढ़ाता है तो उसका काम भी राष्ट्रीय आय में शामिल नहीं होता। इसी तरह अन्य कई वस्तुएं और सेवाएं होती हैं जैसे शौक के रूप में चित्रकला, नाच, गाना आदि,

जिनका उपयुक्त कारण से मुद्रा के रूप में मूल्यांकन करना कठिन होता है।

2. मध्यवर्ती और अंतिम वस्तुएं (Intermediate and Final Goods)— उत्पाद विधि द्वारा राष्ट्रीय आय के अनुमान में सबसे बड़ी कठिनाई मध्यवर्ती और अंतिम वस्तुओं के बीच उचित रूप से भेद नहीं कर पाना है। किसी वस्तु या सेवा का एक से अधिक बार शामिल होने की संभावना सदैव होती है जबकि सिर्फ अंतिम वस्तुएं राष्ट्रीय आय में शामिल होती हैं। परिणामस्वरूप दोहरी गणना की समस्या उत्पन्न होती है जिससे राष्ट्रीय आय का अधिक अनुमान होता है।

3. पुरानी वस्तुएं और परिसंपत्तियां (Second-hand Goods and Assets)— एक अन्य समस्या पुरानी वस्तुओं और परिसंपत्तियों की खरीद और बिक्री से सम्बन्धित होती है। हम जानते हैं कि देश में प्रतिदिन पुराने स्कूटर, कार, घर, मशीनरी आदि का लेन-देन किया जाता है। परन्तु वे राष्ट्रीय आय में शामिल नहीं किए जाते हैं क्योंकि वे अपने विनिर्माण वाले वर्ष में राष्ट्रीय उत्पाद में गिने गए थे। यदि वे अपनी प्रत्येक खरीद या विक्रय के समय शामिल किए जाते हैं तो राष्ट्रीय आय कई गुणा बढ़ जाएगी। इसी तरह कंपनियों के बांड, शेयर और पुराने स्टाकों की खरीद और बिक्री राष्ट्रीय आय में शामिल नहीं किये जाते हैं क्योंकि वे उस समय राष्ट्रीय आय में शामिल किये गए थे जब कंपनियां पहली बार प्रारंभ की गई थीं। अब वे सिर्फ वित्तीय आदान-प्रदान हैं और दावा प्रस्तुत करते हैं। परन्तु पुराने शेयरों, स्टॉकों, बांडों, घरों, कारों अथवा स्कूटरों आदि की पुनः खरीद और पुनर्विक्रय में दलालों द्वारा चार्ज की गई शुल्क या कमीशन राष्ट्रीय आय में शामिल की जाती है। क्योंकि ये भुगतान हैं जो दलाल द्वारा वर्ष-भर की अपनी उत्पादक सेवाओं के लिए प्राप्त किया जाता है।

4. गैर-कानूनी क्रियाएं (Illegal Activities)—गैर-कानूनी क्रियाएं जैसे जुआ, तस्करी, शराब की अवैध निकासी आदि से अर्जित आय राष्ट्रीय आय में शामिल नहीं होती है। ऐसी क्रियाओं का मूल्य होता है और ये लोगों की आवश्यकताएं पूरी करती हैं। परन्तु वे समाज के दृष्टिकोण से उत्पादक नहीं समझी जाती। परन्तु नेपाल और मोनैको जैसे देशों में, जहां जुआ वैध है, यह राष्ट्रीय आय में शामिल होती हैं। इसी प्रकार, घुड़दौड़ इंग्लैंड में एक वैध क्रिया है और राष्ट्रीय आय में शामिल की जाती है।

5. उपभोक्ता की सेवाएं (Consumer's Services)— समाज में कई ऐसे व्यक्ति होते हैं जो उपभोक्ताओं को सेवाएं प्रदान करते हैं, पन्तु वे कोई मूर्त (tangible) वस्तु नहीं उत्पादित करते हैं। ये हैं : अभिनेता, नर्तक, चिकित्सक, गायक, शिक्षक, संगीतकार, वकील, नाई आदि। समस्या राष्ट्रीय आय में उनकी सेवाओं को शामिल करने से संबंधित है क्योंकि वे मूर्त्त वस्तुएं उत्पादित नहीं करते हैं। परन्तु वे मानवीय आवश्यकताओं को संतुष्ट करते हैं और अपनी सेवाओं के लिए भुगतान प्राप्त करते हैं इसलिए उनकी सेवाएं राष्ट्रीय आय के आकलन में अंतिम वस्तुओं के रूप में शामिल की जाती हैं।

6. पूंजी लाभ (Capital Gains)— पूंजी लाभ से संबंधित समस्या भी है। पूंजी लाभ तब उत्पन्न होता है जब कोई पूंजी परिसंपत्ति जैसे घर, कुछ अन्य संपत्ति, स्टॉक या शेयर खरीदने के समय में चुकायी गयी कीमत से अधिक कीमत पर बेची जाती है। पूंजी लाभ राष्ट्रीय आय में शामिल नहीं किए जाते क्योंकि ये चालू आर्थिक क्रियाओं से उत्पन्न नहीं होते हैं। उसी तरह राष्ट्रीय आय का अनुमान करते समय पूंजी हानि पर भी विचार नहीं किया जाता है।

7. मालसूची परिवर्तन (Inventory Changes)— सभी मालसूची परिवर्तन (अथवा स्टॉकों में परिवर्तन), चाहे धनात्मक या ऋणात्मक हो, राष्ट्रीय आय में शामिल किए जाते हैं। तरीका यह है कि मालसूचियों में परिवर्तनों का धनात्मक या ऋणात्मक मूल्य फर्म के चालू उत्पादन में जोड़ा या घटाया जाता है। ध्यान रहे कि राष्ट्रीय आय के अनुमानों में मालसूचियों में परिवर्तनों को लिया जाता है न कि वर्ष के लिए कुल मालसूवियों को।

8. मूल्यह्रास (Depreciation)—NNP प्राप्त करने के लिए मूल्यह्रास को GNP से घटाया जाता है। इस प्रकार, मूल्यह्रास राष्ट्रीय आय को कम करता है। परन्तु समस्या चालू मूल्यह्रासित मूल्य (depreciated value) के अनुमान की है, जैसे एक मशीन की जिसकी प्रत्याशित आयु 30 वर्ष मानी गई है। फर्में मशीनों की प्रत्याशित आयु के लिए उनकी मूल लागत पर मूल्यह्रास की गणना करती हैं। इससे समस्या का समाधान नहीं होता है क्योंकि मशीनों की कीमतें लगभग प्रत्येक वर्ष परिवर्तित होती हैं।

9. कीमत परिवर्तन (Price Changes)— उत्पाद विधि द्वारा राष्ट्रीय आय का माप चालू बाजार कीमतों पर अंतिम वस्तुओं और सेवाओं के मूल्य द्वारा किया जाता है। परन्तु कीमतें स्थिर नहीं रहतीं, वे बढ़ती या घटती रहती हैं। जब कीमत स्तर बढ़ता है, तो राष्ट्रीय आय भी बढ़ती है, चाहे राष्ट्रीय उत्पादन कम हुआ हो। इसके विपरीत, कीमत स्तर में गिरावट के साथ राष्ट्रीय आय भी गिरती है, यद्यपि राष्ट्रीय उत्पादन बढ़ा हो। अत: कीमत परिवर्तन राष्ट्रीय आय का उचित माप नहीं करता है। इस समस्या के समाधान के लिए अर्थशास्त्री उपभोक्ता कीमत सूचक द्वारा स्थिर कीमत स्तर पर वास्तविक राष्ट्रीय आय की गणना करते हैं।

(ग) व्यय विधि में समस्याएं (Problems in Expenditure Method)

व्यय विधि द्वारा राष्ट्रीय आय की गणना में निम्न समस्याएं उत्पन्न होती हैं :

1. सरकारी सेवाएं (Government Services)— व्यय विधि द्वारा राष्ट्रीय आय की गणना में सरकारी सेवाओं के आकलन की समस्या उत्पन्न होती है। सरकार कई सेवाएं प्रदान करती है जैसे पुलिस और मिलिट्री सेवाएं, प्रशासनिक और कानूनी सेवाएं। क्या सरकारी सेवाओं पर व्यय राष्ट्रीय आय में शामिल किया जाना चाहिए ? यदि वे अंतिम वस्तुएं हैं, सिर्फ तब ही वे राष्ट्रीय आय में शामिल होंगी। दूसरी ओर, यदि वे आगे के उत्पादन के उद्देश्य से मध्यवर्ती वस्तुओं के रूप में प्रयोग की जाती हैं तो वे राष्ट्रीय आय में शामिल नहीं होगीं। इस मुद्दे पर भिन्न मत हैं। एक मत है कि यदि पुलिस, मिलिट्री, कानूनी और प्रशासनिक सेवाएं लोगों के जीवन, संपत्ति और स्वतंत्रता का संरक्षण करती हैं तो वे अंतिम वस्तुएं समझी जानी चाहिएं और इसीलिए वे राष्ट्रीय आय का एक हिस्सा हैं। यदि वे शांति और सुरक्षा कायम रखकर उत्पाद प्रक्रिया के निर्विरोध संचालन में मदद करती हैं तो वे मध्यवर्ती वस्तुओं के समान हैं जो राष्ट्रीय आय में शामिल नहीं होती हैं। वस्तुत: यह स्पष्ट विभेद करना संभव नहीं है कि कौन–सी सेवा लोगों का और कौन–सी सेवा उत्पादन प्रक्रिया का संरक्षण करती है। इसलिए, ऐसी सभी सेवाएं अंतिम वस्तुएं मानी जाती हैं और राष्ट्रीय आय में शामिल होती हैं।

2. हस्तांतरण (अंतरण) भुगतान (Tranfer Payments)— समस्या राष्ट्रीय आय में हस्तांतरण भुगतान शामिल करने को लेकर भी है। सरकार पेंशन, बेरोजगारी भत्ता, सब्सिडी, राष्ट्रीय ऋण पर ब्याज आदि के रूप में भुगतान करती है। ये सरकारी व्यय हैं परन्तु वे राष्ट्रीय आय में शामिल नहीं होते क्योंकि वे चालू वर्ष के दौरान उत्पादन प्रक्रिया में बिना कुछ जोड़े भुगतान किए जाते हैं। उदाहरणार्थ, पेंशन और बेरोजगारी भत्ता सरकार द्वारा व्यक्तियों को वर्ष–भर में बिना कोई उत्पादन कार्य किए ही दिए जाते हैं। सब्सिडी से वस्तुओं की बाजार कीमत कम रहती है। राष्ट्रीय और सार्वजनिक ऋण पर ब्याज भी हस्तान्तरण भुगतान माना जाता है क्योंकि यह सरकार द्वारा व्यक्तियों और फर्मों को बिना कोई उत्पादन कार्य के उनकी पिछली बचतों पर भुगतान किया जाता है। एक ओर तो ये भुगतान व्यक्तिगत आय का भाग हैं और दूसरी ओर ये सराकारी व्यय है।

3. टिकाऊ–उपयोग उपभोक्ता वस्तुएं (Durable-use Consumer's Goods)— टिकाऊ उपयोग उपभोक्ता वस्तुएं भी समस्या पैदा करती हैं। ऐसी टिकाऊ उपयोग उपभोक्ता वस्तुएं जैसे स्कूटर, कार, पंखा, टी.वी., फर्नीचर आदि एक वर्ष में खरीदे जाते हैं। परन्तु वे कई वर्षों तक उपयोग किए जाते हैं। क्या उन्हें राष्ट्रीय आय के अनुमान में निवेश व्यय या उपभोग व्यय के अन्तर्गत शामिल किया जाना चाहिए ? उन पर व्यय अंतिम उपभोग व्यय के रूप में माना जाता है। क्योंकि बाद के वर्षों के लिए उनके प्रयोग मूल्य (used-up value) को मापना संभव नहीं है।

परन्तु एक अपवाद है। नये घर पर व्यय उपभोग व्यय नहीं बल्कि निवेश व्यय माना जाता है। इसका कारण है कि किराया आय या आरोपित किराया जो गृहस्वामी प्राप्त करता है, नये घर पर निवेश करने के लिए होता है। किन्तु किसी परिवार द्वारा कार पर व्यय उपभोग व्यय है। परन्तु यदि वह उस कार को टैक्सी के रूप में उपयोग करने के लिए व्यय करता है, तो यह निवेश व्यय है।

4. सार्वजनिक व्यय (Public Expenditure)—सरकार पुलिस, मिलिट्री, प्रशासनिक और कानूनी सेवाओं, पार्कों, पथ प्रकाश व्यवस्था, सिंचाई, संग्रहालय, शिक्षा, जन–स्वास्थ्य, सड़कों, नहरों, मकानों आदि पर व्यय करती है। समस्या यह पता लगाने की है कि कौन–सा व्यय उपभोग व्यय है और कौन–सा निवेश व्यय। शिक्षा, संग्रहालय, जन–स्वास्थ्य, पुलिस, पार्क, पथ–प्रकाश व्यवस्था, नागरिक और न्यायिक प्रशासन उपभोग व्यय हैं। सड़कों, नहरों, मकानों आदि पर व्यय निवेश व्यय हैं। परन्तु रक्षा उपकरणों पर व्यय उपभोग व्यय माने जाते हैं और बाद में वे युद्ध के दौरान उपभोग किए जाते हैं क्योंकि कि वे नष्ट कर दिए जाते हैं या अप्रयुक्त हो जाते हैं। परन्तु सैनिक कर्मचारियों के वेतन सहित ऐसे सभी व्यय राष्ट्रीय आय में शामिल किए जाते हैं।

6. विकासशील अर्थव्यवस्था में राष्ट्रीय आय मापने की समस्याएं (PROBLEMS OF MEASUREMENT OF NATIONAL INCOME IN A DEVELOPING ECONOMY)

एक विकासशील अर्थव्यवस्था में राष्ट्रीय आय को विभिन्न विधियों द्वारा मापने के विश्वसनीय और पूर्ण आंकड़े निम्नलिखित समस्याओं के कारण प्राप्त नहीं होते हैं :

1. अमौद्रिक क्षेत्र (Non-monetised sector)—अल्पविकसित देशों में एक महत्त्वपूर्ण अमौद्रिक क्षेत्र होता है जिसके कारण राष्ट्रीय आय का हिसाब लगाना कठिन है। कृषि क्षेत्र में जो उत्पादन होता है, उसका बहुत-सा भाग या तो वस्तुओं से विनिमय कर लिया जाता है या फिर व्यक्तिगत उपभोग के लिए रख लिया जाता है। इसके परिणामस्वरूप राष्ट्रीय आय कम बताई जाती है।

2. व्यावसायिक विशिष्टीकरण का अभाव (Lack of Occupational Specialisation)— ऐसे देशों में व्यावसायिक विशिष्टीकरण का अभाव होता है जिससे वितरणात्मक हिस्सों (distributive shares) या औद्योगिक उद्गम (industrial origin) के द्वारा राष्ट्रीय आय की गणना करना कठिन हो जाता है। उपज के अतिरिक्त किसान ऐसी अनेक वस्तुओं का उत्पादन करते हैं, जैसे अंडा, दूध, वस्त्र आदि जिन्हें राष्ट्रीय आय के अनुमान में कभी शामिल नहीं किया जाता।

3. अशिक्षितता (Illiteracy)— अल्पविकसित देशों में लोग अधिकतर अशिक्षित होते हैं अतः हिसाब-किताब नहीं रखते। यदि हिसाब-किताब रखें भी तो अपनी सही आय बताने को तैयार नहीं नही होते। ऐसी स्थिति में मौटे तौर पर ही अनुमान लगाया जा सकता है।

4. बाजरेतर लेन-देन (Non-market Transactions)—राष्ट्रीय आय के आगणन में केवल उन वस्तुओं और सेवाओं को सम्मिलित किया जाता है जिनका वाणिज्य में प्रयोग होता है। परन्तु अल्पविकसित देशों में गांवों में रहने वाले लोग प्राथमिक वस्तुओं सं उपभोग-वस्तुओं का निर्माण करते हैं और बहुत से खर्चों से बच जाते हैं। वे अपनी झोंपड़ियां, वस्त्र, औजार तथा अन्य आवश्यक वस्तुएं स्वयं बना लेते हैं। इसी प्रकार शहरी क्षेत्र में कई लोग अपने बगीचों में ही सब्जियां उगाते हैं जो वे स्वयं उपभोग करते हैं। इस प्रकार, अल्पविकसित देशों में अपेक्षाकृत कम वस्तुओं का मार्केट के मार्ग से प्रयोग होता है, इसलिए वे राष्ट्रीय आय के आगणन में शामिल नहीं होतीं।

5. आंकड़ों का न मिलना (Non-availability of Data)— एक विकासशील अर्थ-व्यवस्था में पर्याप्त और सही उत्पादन और लागतों संबंधी आंकड़े उपलब्ध नहीं होते हैं। ऐसे आंकड़े फसलों, वन, मछली पालन, पशु पालन, और छोटे दुकानदारों, छोटे व्यवसायियों, निर्माण मजदूरों की क्रियाओं से संबद्ध होते हैं। आय विधि से राष्ट्रीय आय की गणना करने के लिए न कमाई गई आमदनियों और सेवा क्षेत्र में लगे लोगों की आमदनियों के बारे में आंकड़े प्राप्त नहीं होते हैं। ग्रामीण और शहरी जनसंख्या के उपभोग और निवेश खर्चों के आंकड़े व्यय विधि द्वारा राष्ट्रीय आय मापने के लिए उपलब्ध नहीं होते हैं। फिर ऐसे देशों में विभिन्न प्रकार के आंकड़े इकट्ठे करने के लिए कोई संस्था भी नहीं होती है।

7. राष्ट्रीय आय विश्लेषण का महत्व
(IMPORTANCE OF NATIONAL INCOME ANALYSIS)

राष्ट्रीय आय के आंकड़ों का किसी भी देश की अर्थव्यवस्था के लिए बहुत महत्त्व होता है। आजकल राष्ट्रीय आय के आंकड़ों को अर्थव्यवस्था के लेखे समझा जाता है जिन्हें सामाजिक लेखे (social accounts) कहते हैं। इनमें शुद्ध राष्ट्रीय आय तथा शुद्ध राष्ट्रीय व्यय का लेखा होता है जो अन्ततः बराबर होता है। सामाजिक लेखे हमें यह बताते हैं कि विभिन्न व्यक्तियों की आय, उद्योगों की वस्तुओं तथा अन्तर्राष्ट्रीय व्यापार के क्रय-विक्रय से किस प्रकार राष्ट्र की आय, उत्पाद व व्यय के कुल जोड़ बनते हैं। इनके मुख्य तत्त्व एक-दूसरे से सम्बन्धित होते हैं और हर विशेष लेखा दूसरे किसी लेखे की शुद्धता की जांच-पड़ताल करने में प्रयोग किया जा सकता है। सामाजिक लेखे के आधार पर ही राष्ट्रीय आय के आंकड़ों का निम्नलिखित महत्त्व पाया जाता है—

1. राष्ट्रीय नीतियों में (In National Policies)— राष्ट्रीय आय के आंकड़े राष्ट्रीय नीतियों का आधार होते हैं जैसे रोजगार सम्बन्धी नीति। क्योंकि इसके द्वारा ही इस बात का पता चलता है कि औद्योगिक उत्पादन, निवेश, बचत आदि किस दिशा की ओर बदल रहे हैं और अर्थव्यवस्था को सही पथ पर लाने के लिए उपयुक्त पग उठाये जा सकते हैं।

2. आर्थिक नियोजन में (In Economic Planning)—इस आर्थिक नियोजन युग में राष्ट्रीय आय के आंकड़ों का बहुत अधिक महत्त्व है। आर्थिक नियोजन के लिए देश की कुल आय, उत्पाद, बचत, उपभोग तथा विभिन्न स्रोतों से सम्बन्धित आंकड़ों का उपलब्ध होना बहुत आवश्यक है। इसके बिना नियोजन सम्भव नहीं। इसी प्रकार अर्थशास्त्री अल्पकालीन व दीर्घकालीन आर्थिक मॉडल या दीर्घकालीन नियोजन मॉडल बनाते हैं जिनमें राष्ट्रीय आय के आंकड़ों का विस्तृत रूप से प्रयोग किया जाता है।

3. अन्वेषण में (In Research)—राष्ट्रीय आय के आंकड़ों का प्रयोग अन्वेषण करने वाले अर्थशास्त्र के विद्यार्थियों द्वारा भी किया जाता है। ये देश के आगत-निर्गत, आय, बचत, उपभोग, निवेश, रोजगार आदि के विभिन्न आंकड़ों का प्रयोग करते हैं जो कि सामाजिक

लेखा से प्राप्त होते हैं।

4. प्रति व्यक्ति आय का आधार (Basis of Per Capita Income)—राष्ट्रीय आय के आंकड़े ही देश की प्रति व्यक्ति आय का आधार होते हैं। प्रति व्यक्ति आय देश के आर्थिक कल्याण का द्योतक है। इसके अधिक होने पर आर्थिक कल्याण अधिक समझा जाता है और प्रति व्यक्ति आय के कम होने पर कम।

5. आय वितरण में (In Income Distribution)—राष्ट्रीय आय के आंकड़ों से देश में आय के वितरण का पता चलता है। मजदूरी, किराया, ब्याज तथा लाभ के आंकड़ों से विभिन्न श्रेणियों में आय की असमानता के बारे में ज्ञान होता है। इसी प्रकार आय के प्रादेशिक वितरण का भी पता चलता है। सरकार इनके आधार पर ही आय के असमान वितरण तथा प्रादेशिक असन्तुलनों को दूर करने के लिए पग उठा सकती है। इन वैयक्तिक तथा प्रादेशिक असन्तुलनों को दूर करने के लिए सरकार द्वारा अधिक कर लगाया जाएं और सार्वजनिक व्यय बढ़ाया जाये, इस बात का निर्माण भी राष्ट्रीय आय के आंकड़ों के आधार पर ही सम्भव होता है।

8. राष्ट्रीय आय की धारणाओं में परस्पर सम्बन्ध (INTER-RELATIONSHIP AMONG DIFFERENT CONCEPTS OF NATION INCOME)

राष्ट्रीय आय की विभिन्न धारणाओं में परस्पर सम्बन्ध समीकरणों के रूप में निम्नलिखित ढंग से दिखाए जा सकते हैं :

(1) कुल राष्ट्रीय उत्पाद (GNP) = कुल राष्ट्रीय व्यय (GNE) = कुल राष्ट्रीय आय (GNI)।

(2) बाजार कीमतों पर GNP = साधन लागत पर GNP + अप्रत्यक्ष कर – सब्सिडियां।

(3) बाजार कीमतों पर NNP = बाजार कीमतों पर GNP – मूल्यह्रास या पूंजी उपभोग भत्ता।

(4) बाजार कीमतों पर शुद्ध घरेलू उत्पाद (NDP) = बाजार कीमतों पर NNP – विदेश से शुद्ध साधन आय।

(5) साधन लागत पर NNP या राष्ट्रीय आय या राष्ट्रीय उत्पाद = बाजार कीमतों पर NNP – अप्रत्यक्ष कर + सब्सिडी।

(6) साधन लागत पर NDP या घरेलू आय या घरेलू उत्पाद = राष्ट्रीय आय – विदेश से शुद्ध साधन आय।

(7) निजी आय = साधन लागत पर NNP + सरकारी और व्यवसाय अंतरण भुगतान + उपहार और धन राशि के रूप में विदेश से चालू हस्तांतरण + अप्रत्याशित लाभ + विदेश से शुद्ध साधन आय + सार्वजनिक ऋण पर ब्याज एवं उपभोक्ता ब्याज – सामाजिक सुरक्षा अंशदान – सरकारी विभागों और सम्पत्ति से आय – सार्वजनिक निगमों के लाभ और आधिक्य।

या

निजी आय = निजी क्षेत्र को घरेलू उत्पाद से प्राप्त आय + सार्वजनिक ऋण पर ब्याज + विदेश से शुद्ध साधन आय + अंतरण भुगतान + शेष विश्व से चालू हस्तांतरण।

(8) निजी क्षेत्र को घरेलू उत्पाद से प्राप्त आय = साधन लागत पर NDP – सरकारी विभागों को घरेलू उत्पाद से प्राप्त आय – अविभागीय उपक्रमों की बचतें।

(9) वैयक्तिक आय = निजी आय – निजी निगम क्षेत्र की बचत (या अवितरित निगम लाभ) – निगम कर (या लाभ कर)।

(10) प्रयोज्य आय या वैयक्तिक प्रयोज्य आय = वैयक्तिक आय – परिवारों द्वारा दिए गए प्रत्यक्ष कर (या प्रत्यक्ष वैयक्तिक कर) एवं विविध फी, जुर्माने, आदि।

या

प्रयोज्य आय = साधन लागत पर NDP + अंतरण भुगतान + विदेश से शुद्ध आय – निगम कर – अवितरित निगम लाभ – सामाजिक सुरक्षा भुगतान – प्रत्यक्ष वैयक्तिक कर।

या

प्रयोज्य आय = राष्ट्रीय आय + अंतरण भुगतान + विदेश से शुद्ध आय – निगम कर – अवितरित निगम लाभ – सामाजिक सुरक्षा भुगतान – प्रत्यक्ष वैयक्तिक कर – अप्रत्यक्ष कर + सहायिकियां।

9. कुछ समस्याओं के हल
(SOME SOLVED PROBLEMS)

(1) भारतीय अर्थव्यवस्था से सम्बन्धित नीचे दिए गए आंकड़ों से गणना करें—(क) साधन लागत पर GNP, (ख) साधन लागत पर NNP, (ग) साधन लागत पर NDP, और (घ) बाजार कीमतों पर NDP।

		करोड़ रु०
(i)	बाजार कीमतों पर GNP	97,503
(ii)	विदेश से शुद्ध साधन आय	(–) 201
(iii)	पूंजी उपभोग भत्ता	5,699
(iv)	शुद्ध अप्रत्यक्ष कर	10,576

हल (Solution)

(क) बाजार कीमतों पर GNP = 97,503

साधन लागत पर GNP = बाजार कीमतों पर GNP – अप्रत्यक्ष कर

= 97,503 – 10,576 = 86, 927

(ख) साधन लागत पर NNP = साधन लागत पर GNP – मूल्यह्रास

= 86,927 – 5,699 = 81,228

(ग) साधन लागत पर NDP = साधन लागत पर NNP – विदेश से शुद्ध साधन लागत

= 81,228 – (– 201) = 81, 429

(घ) बाजार कीमतों पर NDP = साधन लागत पर NDP + अप्रत्यक्ष कर

= 81, 429 + 10,576 = 92,005

(2) भारतीय अर्थव्यवस्था से सम्बन्धित निम्नलिखित आंकड़ों से अनुमानित करों (क) बाजार कीमतों पर GNP, (ख) निजी आय, (ग) वैयक्तिक आय, और (घ) वैयक्तिक प्रयोज्य आय।

		करोड़ रु०
(i)	साधन लागत पर शुद्ध घरेलू उत्पाद (NDP)	81, 429
(ii)	सरकारी क्षेत्र को घरेलू उत्पाद से प्राप्त आय	2,333
(iii)	बाहर (विदेश) से शुद्ध साधन आय	(–) 201
(iv)	परोक्ष कर	12, 876
(v)	सहायिकियां (subsidies)	2,300
(vi)	राष्ट्रीय ऋण पर ब्याज	964
(vii)	सरकारी प्रशासकीय विभागों से हस्तांतरण	1,981
(viii)	शेष विश्व से अन्य चालू हस्तांतरण	1,271
(ix)	नियम कर	1,251
(x)	अवितरित निगम लाभ	464
(xi)	परिवारों द्वारा दिए गये प्रत्यक्ष कर	2,100
(xii)	स्थिर पूंजी का उपभोग	5,699

हल (Solution)

(क) बाजार कीमतों पर GNP = साधन लागत पर NDP + बाहर से शुद्ध साधन आय +

मूल्यह्रास या स्थिर पूंजी उपभोग + परोक्ष कर – सहायिकियां

= 81,429 + (–201) + 5,699 + 12,876 – 2,300 = 97,503

(ख) निजी आय = साधन लागत पर NNP + अंतरण भुगतान + सार्वजनिक ऋण पर ब्याज – सरकारी विभागों से आय – सार्वजनिक निगमों से लाभ और आधिक्य।

प्रथम, साधन लागत पर NNP की गणना करो क्योंकि साधन लागत पर NDP दिया हुआ है। अत: साधन लागत पर NNP = साधन लागत पर NDP + विदेश से शुद्ध साधन आय

= 81,429 + (–201) = 81,228

अब ऊपर दिए गए समीकरण के अनुसार निजी आय = 81,228 + 1,981 + 1,271 + 964 – 2,333 = 83,111, जहां 1,981 + 1,271 कुल अंतरण भुगतान है। समीकरण की अन्य मदें हमारे उदाहरण में नही दी गईं।

(ग) वैयक्तिक आय = निजी आय – अवितरित निगम लाभ – निगम कर

= 83,111 – 464 – 1,251 = 81,396

(घ) वैयक्तिक प्रयोज्य आय = वैयक्तिक आय – प्रत्यक्ष कर परिवारों के द्वारा

= 81,396 – 2,100 = 79,296

(ङ) निम्नलिखित आंकड़ों के आधार पर, बाजार कीमतों पर शुद्ध राष्ट्रीय उत्पाद (NNP) और प्रयोज्य वैयक्तिक आय की गणना करो—

		करोड़ रु०
(i)	साधन लागत पर शुद्ध घरेलू उत्पाद	15,480
(ii)	सरकार को घरेलू उत्पाद से प्राप्त आय	140
(iii)	राष्ट्रीय ऋण पर ब्याज	170
(iv)	सरकार द्वारा अंतरण भुगतान	240
(v)	बाहर से शुद्ध निजी दान	30
(vi)	बाहर से अर्जित शुद्ध आय	80
(vii)	परोक्ष कर	1,330
(viii)	व्यक्तियों पर प्रत्यक्ष कर	335
(ix)	सहायिकियां	100
(x)	निगम लाभों पर कर	222
(xi)	निगमों के अवितरित लाभ	105

हल (Solution)

प्रथम, साधन लागत पर NNP की गणना करो क्योंकि उदाहरण में साधन लागत पर NDP दिया हुआ है। अत:

साधन लागत पर NDP	=	15,480
+ बाहर से अर्जित शुद्ध आय	=	80
∴ साधन लागत पर NNP	=	15,560

बाजार कीमतों पर NNP

साधन लागत पर NNP	=	15,560
+ परोक्ष कर	=	1,330
—सहायिकियाँ	=	– 100
∴ बाजार कीमतों पर NNP	=	16,790

अब, प्रयोज्य वैयक्तिक आय प्राप्त करने के लिए निजी आय और वैयक्तिक आय की गणना करो।

निजी आय

साधन लागत पर NNP	=	15,560
+ सरकार द्वारा अंतरण भुगतान	=	240
+ बाहर के शुद्ध निजी दान	=	30
+ राष्ट्रीय ऋण पर ब्याज	=	170
– सरकार को घरेलू उत्पाद से प्राप्त आय	=	–140
∴ निजी आय	=	15,860

वैयक्तिक आय

निजी आय	=	15,860
–निगम लाभों पर कर	=	–222
–निगमों के अवितरित लाभ	=	–105
∴ वैयक्तिक आय	=	15,533

प्रयोज्य वैयक्तिक आय

वैयक्तिक आय	=	15,533
—व्यक्तियों पर प्रत्यक्ष कर	=	–335
∴ प्रयोज्य वैयक्तिक आय	=	15,198

प्रश्न

1. राष्ट्रीय आय की निम्नलिखित धारणाओं में अन्तर कीजिए और उनमें एक दूसरे के साथ सम्बन्ध बतलाइए : (क) GNP व NNP; (ख) बाजार कीमतों पर राष्ट्रीय आय तथा साधन लागतों पर राष्ट्रीय आय; (ग) शुद्ध राष्ट्रीय उत्पाद और शुद्ध घरेलू उत्पाद; (घ) प्रयोज्य आय एवं निजी आय।
2. राष्ट्रीय आय को मापने की उत्पाद और व्यय निधियों की व्याख्या करिए। किस आधार पर वे समान परिणाम देते हैं।
3. GNP का अनुमान लगाने में कौन-सी मुख्य सैद्धान्तिक समस्याएं आती हैं? उनको कैसे दूर किया जा सकता है?
4. GDP व NNP के लिए मूल्य बढ़ाव विधि की व्याख्या कीजिए।
5. राष्ट्रीय आय का अर्थव्यवस्था में क्या महत्त्व है और उसके मापने के लिए कौन-सी विधियां अपनाई जाती हैं।
6. निम्नलिखित पर टिप्पणी दीजिए : *(i)* मुद्रारूप और वास्तविक GDP; *(ii)* GDP अवस्फीतक; *(iii)* विकासशील अर्थव्यवस्था में राष्ट्रीय आय मापने की कठिनाईयां।

अध्याय 4

आर्थिक कल्याण और राष्ट्रीय आय
(Economic Welfare And National Income)

1. आर्थिक कल्याण क्या है ?
(WHAT IS ECONOMIC WELFARE?)

आर्थिक कल्याण तथा राष्ट्रीय आय में सम्बन्ध जानने से पहले आर्थिक कल्याण को परिभाषित करना आवश्यक है। 'कल्याण' एक मानसिक स्थिति है जो मानवीय प्रसन्नता एवं सन्तुष्टि की द्योतक है। वास्तव में, कल्याण मानवीय मानसिक स्थिति की एक प्रसन्न अवस्था है। पीगू व्यक्तिगत कल्याण को व्यक्ति द्वारा अनुभव की गई सभी संतुष्टियों का कुल जोड़ मानता है और सामाजिक कल्याण को व्यक्तिगत कल्याणों का कुल जोड़। वह कल्याण को **आर्थिक कल्याण** और **आर्थिकेतर कल्याण** (non-economic welfare) में बांटता है। आर्थिक कल्याण सामाजिक कल्याण का वह भाग है जिसे प्रत्यक्ष या अप्रत्यक्ष रूप से मुद्रा में मापा जा सकता है। क्योंकि कल्याण शब्द बहुत विस्तृत है, इसलिए पीगू आर्थिक कल्याण को ही महत्त्व प्रदान करता है। उसके शब्दों में, ''हमारी जांच की सीमा सामाजिक (सामान्य) कल्याण के उस भाग तक सीमित हो जाती है जिसे प्रत्यक्ष या अप्रत्यक्ष तौर से मुद्रा के माप-दण्ड के साथ लाया जा सकता है।'' इसके विपरीत, आर्थिकेतर कल्याण सामाजिक कल्याण का वह भाग है जिसे मुद्रा में मापा नहीं जा सकता है, जैसे नैतिक कल्याण।

परन्तु आर्थिक व आर्थिकेतर कल्याण में मुद्रा के आधार पर भेद करना ठीक नहीं। पीगू भी इस बात को स्वीकार करता है। इसके अनुसार आर्थिकेतर कल्याण को दो प्रकार से संशोधित किया जा सकता है। **प्रथम,** आय के अर्जित करने के तरीके से। काम करने के अधिक घण्टे व खराब हालात आर्थिकेत्तर कल्याण को कम कर देंगे। **दूसरे,** आय के व्यय करने के ढंग से। आर्थिक कल्याण में यह मान लिया जाता है कि भिन्न-भिन्न उपभोग वस्तुओं पर किए गए खर्चे समान सन्तुष्टि प्रदान करते हैं, परन्तु वास्तव में ऐसा नहीं होता क्योंकि जब खरीदी गई वस्तुओं से सन्तुष्टि कम होती है तो आर्थिकेतर कल्याण कम होता है जिससे कुल कल्याण में भी कमी आती है परन्तु **पीगू** का यह विचार है कि ऐसे प्रभावों की गणना करना सम्भव नहीं होता। क्योंकि आर्थिकेतर कल्याण को मुद्रा द्वारा मापा नहीं जा सकता, इसलिए अर्थशास्त्री को इस मान्यता पर चलना चाहिए कि आर्थिक कारणों का प्रभाव जो आर्थिक कल्याण पर पड़ता है वह कुल कल्याण पर भी लागू होगा। अत: पीगू इस निष्कर्ष पर पहुंचते हैं कि आर्थिक कल्याण बढ़ने से कुल कल्याण में भी वृद्धि होती है और उसकी कमी से कुल कल्याण में कमी होती है।

परन्तु ऐसा सदैव सम्भव नहीं क्योंकि जो कारण आर्थिक कल्याण में वृद्धि करते हैं वे आर्थिकेतर कल्याण को कम भी कर सकते हैं। इसलिए कुल कल्याण में वृद्धि अनुमान से कम हो सकती है। जैसे, आय के बढ़ने से आर्थिक कल्याण एवं कुल कल्याण दोनों बढ़ते हैं और आय के कम होने से वे कम होते हैं। परन्तु आर्थिक कल्याण केवल आय की मात्रा पर ही निर्भर नहीं करता बल्कि आय के अर्जित करने और उसके व्यय करने के ढंगों पर भी निर्भर करता है। जब श्रमिक कारखानों में काम करके अधिक आय कमाते हैं, पर गन्दी बस्तियों और दूषित वातावरण में रहते हैं तो उनका आर्थिक कल्याण चाहे बढ़ा हो लेकिन कुल कल्याण में वृद्धि नहीं मानी जा सकती। इसी प्रकार उनका व्यय भी आय के अनुरूप बढ़ने से कुल कल्याण में वृद्धि नहीं मानी जा सकती, यदि वे शराब, सिगरेट आदि

हानिकारक वस्तुओं पर बढ़ी हुई आय व्यय करते हैं। अत: आर्थिक कल्याण कुल कल्याण का निर्देशक नहीं हो सकता।

2. आर्थिक कल्याण व राष्ट्रीय आय में सम्बन्ध (RELATION BETWEEN ECONOMIC WELFARE AND NATIONAL INCOME)

आर्थिक कल्याण तथा राष्ट्रीय आय दोनों ही मुद्रा में मापे जाने के कारण पीगू इनमें घनिष्ठ सम्बन्ध स्थापित करता है। जब राष्ट्रीय आय बढ़ती है तो आर्थिक कल्याण में वृद्धि होती है और राष्ट्रीय आय में कमी होने से आर्थिक कल्याण में भी कमी होती है। आर्थिक कल्याण पर राष्ट्रीय आय के प्रभाव का दो प्रकार से अध्ययन किया जा सकता है: एक, राष्ट्रीय आय के आकार में परिवर्तन होने से; **दो,** राष्ट्रीय आय के वितरण में परिवर्तन होने से।

1. राष्ट्रीय आय के आकार में परिवर्तन धनात्मक या ऋणात्मक हो सकता है। राष्ट्रीय आय में धनात्मक परिवर्तन होने से आकार में वृद्धि होती है जिससे लोग अधिक वस्तुओं व सेवाओं का उपभोग करते हैं। इससे आर्थिक कल्याण में वृद्धि होती है। जबकि राष्ट्रीय आय में ऋणत्मक परिवर्तन होने से इसका आकार जब कम होता है तो लोगों को कम वस्तुएं व सेवाएं उपभोग के लिए प्राप्त होती हैं जिससे आर्थिक कल्याण कम हो जाता है। परन्तु यह सम्बन्ध कई एक बातों पर निर्भर करता है।

क्या राष्ट्रीय आय में परिवर्तन वास्तविक है या मौद्रिक ? यदि राष्ट्रीय आय में परिवर्तन कीमतों में परिवर्तन के कारण होता है तो आर्थिक कल्याण में वास्तविक परिवर्तन को मापना कठिन हो जाता है। उदाहरणार्थ, कीमतों में वृद्धि से जब राष्ट्रीय आय में वृद्धि होती है तो आर्थिक कल्याण में वृद्धि सम्भव नहीं, क्योंकि संभव है कि अर्थ-व्यवस्था में वस्तुओं एवं सेवाओं के उत्पादन में वृद्धि न हुई हो। कीमतें बढ़ने से आर्थिक कल्याण में कमी होने की सम्भावना अधिक पाई जा सकती है। राष्ट्रीय आय में वास्तविक वृद्धि होने पर ही आर्थिक कल्याण में वृद्धि होती है।

दूसरे, राष्ट्रीय आय में वृद्धि किस प्रकार हुई है। यदि राष्ट्रीय आय में वृद्धि श्रमिकों का शोषण करके हुई हो तो आर्थिक कल्याण में वृद्धि नहीं कही जा सकती। जैसे, मजदूरों द्वारा अधिक घण्टे काम करके उत्पादन बढ़ाना, उन्हें न्यूनतम मजदूरी से कम वेतन देना, जिससे उन्हें अपने बच्चों तथा स्त्रियों को भी काम करने पर विवश करना पड़े, उन्हें कारखाने तक आने-जाने व रहने की सुविधाएँ न देना तथा उनका गन्दी बस्तियों में रहना आदि। यदि ऐसी परिस्थितियों में राष्ट्रीय आय बढ़ती है तो आर्थिक कल्याण में वृद्धि नहीं होगी।

तीसरे, यदि प्रति व्यक्ति आय को भी दृष्टिगोचर न रखा जाय तो राष्ट्रीय आय आर्थिक कल्याण का विश्वसनीय सूचकांक नहीं हो सकता। सम्भव है कि राष्ट्रीय आय के बढ़ने के साथ जनसंख्या भी उसी गति से बढ़े और प्रति व्यक्ति आय में कोई वृद्धि न हो। ऐसी स्थिति में राष्ट्रीय आय में वृद्धि से आर्थिक कल्याण में वृद्धि नहीं होगी। परन्तु इससे यह निष्कर्ष नहीं निकालना चाहिए कि प्रति व्यक्ति आय के बढ़ने से आर्थिक कल्याण बढ़ता है और प्रति व्यक्ति आय कम होने से आर्थिक कल्याण कम होता है।

सम्भव है कि राष्ट्रीय आय में वृद्धि होने से प्रति व्यक्ति आय में भी वृद्धि हुई हो परन्तु यदि राष्ट्रीय आय में वृद्धि पूंजीगत पदार्थो के उत्पादन के कारण हुई हो तथा देश में उपभोग वस्तुओं का उत्पादन कम होने से उनकी कमी पाई जाती है तो राष्ट्रीय आय एवं प्रति व्यक्ति आय में वृद्धि होने पर भी आर्थिक कल्याण में वृद्धि नहीं होगी क्योंकि लोगों का आर्थिक कल्याण उनके द्वारा प्रयोग की गई उपभोग की वस्तुओं पर निर्भर करता है, न कि पूंजीगत पदार्थों पर। इसी प्रकार युद्धकाल में जब राष्ट्रीय आय तथा प्रति व्यक्ति आय में अत्यधिक वृद्धि होती है तो भी आर्थिक कल्याण में वृद्धि नहीं होती क्योंकि युद्ध के दिनों में देश की सारी उत्पादन क्षमता युद्ध-सामग्री बनाने में व्यस्त होती है तथा उपभोग वस्तुओं की कमी पाई जाती है जिससे लोगों का रहन-सहन का स्तर गिर जाता है और आर्थिक कल्याण कम हो जाता है।

प्राय: राष्ट्रीय आय एवं प्रति व्यक्ति आय बढ़ने पर भी आर्थिक कल्याण पहले से कम हो जाता है। ऐसा तब होता है जब राष्ट्रीय आय की वृद्धि से धनी वर्गों की आय में वृद्धि होती है और गरीबों को उसका कोई लाभ प्राप्त नहीं होता। अर्थात् राष्ट्रीय आय बढ़ने से अमीर अधिक अमीर होते हैं तथा गरीब और गरीब। इस प्रकार ज़ब धनिकों का कल्याण बढ़ता है तो गरीब का कल्याण कम होता है क्योंकि अमीरों की अपेक्षा गरीबों की संख्या अधिक होती है, इसलिए कुल आर्थिक कल्याण में कमी होती है।

अन्तिम, राष्ट्रीय आय के बढ़ने से आर्थिक कल्याण पर जो प्रभाव पड़ता है वह इस बात पर भी निर्भर करता है कि लोगों का व्यय करने का ढंग कैसा है ? यदि आय बढ़ने पर लोग कार्यकुशलता बढ़ाने वाली आवश्यकताओं एवं सुविधाओं जैसे दूध, घी, अण्डे, पंखे आदि पर व्यय करते हैं तो आर्थिक कल्याण में वृद्धि होगी। परन्तु इसके विपरीत शराब, जुए आदि हानिकारक वस्तुओं पर व्यय करने में

आर्थिक कल्याण में कमी होती है। वास्तव में, राष्ट्रीय आय में वृद्धि से आर्थिक कल्याण में होने वाली वृद्धि या कमी लोगों की रुचियों में होने वाले परिवर्तनों पर निर्भर करती है। यदि फैशन व रुचियों में परिवर्तन अच्छी वस्तुओं के उपभोग की ओर होता है तो आर्थिक कल्याण बढ़ता है अन्यथा बुरी वस्तुओं के उपभोग से कम होता है।

ऊपर के विश्लेषण से यह स्पष्ट हो जाता है कि यद्यपि राष्ट्रीय आय तथा आर्थिक कल्याण में घनिष्ठ सम्बन्ध है, फिर भी, यह निश्चयात्मक तौर से नहीं कहा जा सकता कि राष्ट्रीय आय अथवा प्रति व्यक्ति आय के बढ़ने से आर्थिक कल्याण में भी वृद्धि होगी। राष्ट्रीय आय की वृद्धि से आर्थिक कल्याण में वृद्धि या कमी होना कई एक तत्वों पर निर्भर करता है जैसे जनसंख्या की वृद्धि की दर, आय के अर्जित करने के ढंग, काम की अवस्थाएं, व्यय करने का तरीका, फैशन व रुचियां आदि।

2. राष्ट्रीय आय के वितरण में परिवर्तन दो प्रकार से होता है। **प्रथम,** धन का हस्तांतरण गरीबों से अमीरों की ओर। **दूसरा,** अमीरों से गरीबों की ओर। जब राष्ट्रीय आय बढ़ने से धन का हस्तांतरण पहली किस्म से होता है तो आर्थिक कल्याण में कमी होती है। ऐसा तब होता है जब सरकार धनी वर्गों को अधिक लाभ पहुंचाती है और गरीबों पर अवरोही (regressive) कर लगाए जाते हैं।

राष्ट्रीय आय के वितरण तथा आर्थिक कल्याण का वास्तविक सम्बन्ध दूसरे प्रकार के हस्तांतरण से है, जब धन अमीरों से गरीबों की ओर जाता है। राष्ट्रीय आय का गरीबों के पक्ष में पुनर्वितरण अमीरों के धन को कम करके और गरीबों की आय को बढ़ाकर किया जा सकता है। धनी वर्गों की आय को कई प्रकार के तरीके अपनाकर कम किया जा सकता है जैसे, आय, सम्पत्ति आदि पर आरोही (progressive) कर लगाना, एकाधिकार का नियन्त्रण करना, सामाजिक सेवाओं का राष्ट्रीयकरण करना तथा अमीरों द्वारा प्रयोग की जाने वाली महंगी और विलासिता की वस्तुओं पर कर लगाना इत्यादि। इसके विपरीत गरीबों की आय को भी कई प्रकार से बढ़ाया जा सकता है जैसे, न्यूनतम मजदूरी दर निश्चित करके, गरीबों द्वारा प्रयोग की जाने वाली वस्तुओं का उत्पादन बढ़ाकर, ऐसी वस्तुओं की कीमतें निश्चित करके, वस्तुओं के उत्पादकों को वित्तीय सहायता देकर, वस्तुओं का वितरण सहकारी स्टोरों द्वारा करके तथा गरीबों को नि:शुल्क शिक्षा, सामाजिक सुरक्षा व कम किराये पर मकान प्रदान करके। उपर्युक्त उपायों से जब राष्ट्रीय आय का वितरण गरीबों के पक्ष में होता है तो आर्थिक कल्याण में वृद्धि होती है। पीगू ने इस विचार को इन शब्दों में व्यक्त किया है, ''कोई भी कारण, जो वास्तविक आय के बहुत अधिक भाग की गरीबों के हक में वृद्धि करता है, यदि वह किसी भी दृष्टिकोण से राष्ट्रीय लाभांश के आकार में कमी नहीं लाता तो सामान्यत: आर्थिक कल्याण को बढ़ाएगा।

परन्तु यह आवश्यक नहीं कि राष्ट्रीय आय के समान वितरण से आर्थिक कल्याण में वृद्धि हो। इसके विपरीत यदि अमीरों के प्रति अपनाई जाने वाली नीति विवेकपूर्ण न हो तो आर्थिक कल्याण में कमी की अधिक सम्भावना पाई जाती है। बहुत अधिक ऊंची दर पर लगाए गए आरोही कर उत्पादन क्षमता तथा पूंजी निवेश व निर्माण पर बुरा प्रभाव डालते हैं जिससे राष्ट्रीय आय कम हो जाती है। इसी प्रकार सरकारी प्रयत्नों द्वारा जब गरीबों की आय में वृद्धि होने पर यदि वे उसका प्रयोग शराब, जुए आदि बुरी वस्तुओं पर व्यय करते हैं, या उनकी जनसंख्या में वृद्धि हो जाती है तो आर्थिक कल्याण में कमी होती है परन्तु ये दोनों बातें वास्तविक नही, केवल भय मात्र है क्योंकि जब सरकार अमीरों पर कई प्रकार के आरोही कर लगाती है तो इस बात का विशेष ध्यान रखती है कि उनका उत्पादन तथा निवेश पर बुरा प्रभाव न पड़े। दूसरी ओर जब किसी गरीब व्यक्ति की आय बढ़ती है तो उसका यह प्रयत्न होता है कि वह अपने बच्चों को अच्छी शिक्षा दे और अपना रहन-सहन का स्तर ऊंचा करे। अत: हम इस निष्कर्ष पर पहुंचते हैं कि राष्ट्रीय आय में वृद्धि से आर्थिक कल्याण में भी वृद्धि होती है बशर्ते कि गरीबों की आय कम न होकर बढ़े और वे अपने रहन-सहन के स्तर को सुधारें तथा अमीरों की आय इस प्रकार कम हो कि उत्पादन क्षमता, निवेश व पूंजी-संचय में कमी न आने पावे।

3. राष्ट्रीय आय आर्थिक कल्याण के माप के रूप में (NATIONAL INCOME AS A MEASURE OF ECONOMIC WELFARE)

GNP आर्थिक कल्याण का संतोषजनक माप नहीं है क्योंकि राष्ट्रीय आय के अनुमानों में कुछ सेवाएं तथा उत्पादन क्रियाएं सम्मिलित नहीं होती हैं जो कल्याण को प्रभावित करती हैं। नीचे कुछ ऐसे घटकों की व्याख्या की जा रही है जो मानव कल्याण को प्रभावित करते हैं लेकिन GNP अनुमानों में शामिल नहीं किए जाते हैं।

विश्राम (Leisure)— समाज के कल्याण को प्रभावित करने वाला एक महत्त्वपूर्ण तत्त्व विश्राम है परन्तु इसे GNP में सम्मिलित नहीं किया जाता है। उदाहरणार्थ, काम करने के अधिक घण्टे लोगों की प्रसन्नता को कम कर सकते हैं क्योंकि उनका विश्राम कम हो जाता है। इसके विपरीत, प्रति सप्ताह काम करने के कम घण्टे विश्राम को बढ़ा देते हैं और लोगों को प्रसन्न रखते हैं। समाज द्वारा अधिक

या कम विश्राम लेने से अर्थव्यवस्था का कुल उत्पादन प्रभावित होता है। परन्तु राष्ट्रीय आय के अनुमानों में विश्राम का मूल्य नहीं लिया जाता है।

जीवन की गुणवत्ता (Quality of life)—GNP के अनुमानों में जीवन की गुणवत्ता सम्मिलित नहीं होती है जो समाज के कल्याण को प्रतिबिम्बित करती है। अति भीड़ वाले शहरों में जीवन तनावों से भरा होता है। सड़कों पर बहुत भीड़ होती है जिससे समय का नाश होता है। रोज दुर्घटनाएं होती हैं जो लोगों को अपंग कर देती हैं या मार देती हैं। वातावरण दूषित हो जाता है। परिवहन, निवास, विद्युत, जल आदि की समस्याएं उत्पन्न होती हैं। अपराध बढ़ते हैं। जीवन जटिल बन जाता है और जीवन की कोटि में गिरावट आती है। परिणामत:, सामाजिक कल्याण कम होता है। परन्तु शहरी जीवन के ये सभी तनाव राष्ट्रीय आय के अनुमानों में शामिल नहीं किए जाते हैं। दूसरी ओर, ऐसे स्थानों पर जहाँ भीड़ नहीं होती और लोग स्वच्छ वायु तथा प्रकृति की सुन्दरता का सेवन करते हैं वहा जीवन की कोटि में वृद्धि होती है। परन्तु यह भी GNP में प्रतिबिम्बित नहीं होती है।

गैर मार्किट लेनदेन (Non-market Transactions)—कुछ गैर-मार्किट लेनदेन कल्याण में वृद्धि करते हैं परन्तु वे राष्ट्रीय आय के अनुमानों में शामिल नहीं किए जाते हैं। गृहिणी की घर में सेवाएं और सामाजिक क्रियाएं जैसे धार्मिक उत्सव लोगों के कल्याण को प्रभावित करते हैं परन्तु वे GNP के अनुमानों में सम्मिलित नहीं की जाती क्योंकि ऐसी सेवाएँ प्रदान करने में कोई मार्किट लेनदेन नहीं आते हैं।

बहिर्भाव (Externalities)—इस प्रकार, बहिर्भाव भी कल्याण को बढ़ाने या कम करने की प्रवृत्ति रखते हैं परन्तु वे भी GNP अनुमानों में सम्मिलित नहीं किए जाते हैं। एक बहिर्भाव व्यक्तिगत उत्पादन तथा उपभोग के परिणामस्वरूप किन्हीं अन्य व्यक्तियों पर लागत या लाभ होता है। परन्तु एक बहिर्भाव की लागत या लाभ मुद्रा द्वारा नहीं मापी जा सकती क्योंकि यह मार्किट क्रियाओं में शामिल नहीं होती है। बाह्य लाभ का एक उदाहरण एक व्यक्ति को अपने पड़ोसी के उत्तम बगीचे को देखने से प्राप्त प्रसन्नता है। बाह्य लागत का एक उदाहरण औद्योगिक प्लांटों द्वारा दूषित वातावरण है। पहला कल्याण में वृद्धि करने की और दूसरा कल्याण को कम करने की प्रवृत्ति रखता है। क्योंकि बहिर्भाव बिना लेनदेन की परस्पर निर्भरताएं होती हैं इसलिए वे राष्ट्रीय आय के अनुमानों में सम्मिलित नहीं की जाती है।

उत्पादन की प्रकृति (Nature of Production)—GNP के अनुमानों में विभिन्न वस्तुओं द्वारा समाज को भिन्न-भिन्न संतुष्टि का स्तर प्रदान करने की क्षमता प्रतिबिम्बित नहीं होती है। एक अणु बम या एक नदी के ऊपर बांध बनाने पर किया गया समान व्यय राष्ट्रीय आय में समान वृद्धि करता है परन्तु ये समाज को संतुष्टि के भिन्न-भिन्न स्तर प्रदान करते हैं। एक बम कल्याण में वृद्धि नहीं करता जबकि एक बांध वृद्धि करता है।

रहन-सहन का स्तर (Standard of Living)—GNP के अनुमान समाज के रहन-सहन के स्तर को भी व्यक्त नहीं करते हैं। यदि राष्ट्रीय व्यय का अधिक भाग युद्ध का सामान बनाने और पूंजी पदार्थों पर खर्च किया जाता है, तथा कम भाग उपभोक्ता वस्तुओं के निर्माण पर तो यह अन्तरराष्ट्रीय आय के अनुमानों में दिखाई नहीं देता है। परन्तु उपभोक्ता वस्तुओं के उत्पादन में कमी लोगों के कल्याण को कम करने की प्रवृत्ति रखती है, जबकि युद्ध के सामान और पूंजी पदार्थों पर किया गया व्यय वर्तमान में कल्याण को नहीं बढ़ाता है।

ऊपर वर्णित सीमाओं के दृष्टिकोण से, GNP कल्याण के माप के रूप में प्रयुक्त नहीं किया जा सकता है। फिर भी, कुछ अर्थशास्त्रियों ने GNP की परिभाषा को विस्तृत करने का प्रयत्न किया है ताकि यह आर्थिक कल्याण का माप हो सके। इस ओर प्रथम प्रयास प्रो. **नोरधोस** (Nordhaus) और **टोबिन** ने 1972 में किया। इन्होंने आर्थिक कल्याण का माप (Measure of Economic Welfare—*MEW*) निर्मित किया है जिसे सैम्युल्सन शुद्ध आर्थिक कल्याण (Net Economic Welfare—*NEW*) कहते हैं।

नोरधोस और टोबिन के अनुसार, उन्होंने *MEW* में सभी उपभोग जिससे मानव कल्याण होता है, उसे मापने का यत्न किया है। *MEW* के मूल्य का अनुमान लगाने के लिए वे उपभोग में से कुछ मदें **घटा** देते हैं जो कल्याण प्रदान नहीं करती हैं। जैसे, **शोचनीय आवश्यकताएं** (regrettable necessities) जिनमें सुरक्षा, पुलिस, सफाई आदि पर सरकारी व्यय और प्रतिदिन स्कूटर, बस या गाड़ी द्वारा घर से कार्य-स्थान जाने का निजी व्यक्तियों का व्यय शामिल है; दूसरे सभी घरेलू टिकाऊ वस्तुओं पर उपभोक्ता व्यय जिनमें स्कूटर, कार, टी.वी., रेडियो, कपड़े धोने की मशीन, फ्रिज आदि शामिल हैं; और तीसरे ऋणात्मक बहिर्भावों (negative externalities) से उत्पन्न अनुमानित लागतें जो शहरीकरण, भीड़-भाड़ और दूषण के कारण पाई जाती हैं।

इन मदों को घटाने के बाद, नोरधोस और टोबिन निम्न तीन मदें उपभोग में जमा कर देते हैं। ये हैं : (1) मार्किटेतर क्रियाओं के मूल्य (value of non-market activities); (2) वास्तविक तौर से उपभोग की गई टिकाऊ उपभोक्ता वस्तुओं के मूल्य के अनुमान;

और (3) विश्राम के मूल्य के अनुमान।

MEW के अनुमान लगाने में नोरधोस और टोबिन विश्राम के मूल्यांकन पर अधिक बल देते हैं। इसके लिए वे दो विधियां अपनाते हैं : बैकल्पिक लागत विधि तथा यथार्थ मूल्य विधि। प्रथम विधि इस सिद्धांत पर आधारित है कि जब कोई व्यक्ति अधिक विश्राम लेने का चुनाव करता है तो ऐसा सदैव अधिक आय त्यागने की लागत पर होता है। एक घण्टे के विश्राम का अर्थ है एक घण्टे की मजदूरी त्यागना। उनके अनुमानों के अनुसार, वैकल्पिक लागत द्वारा मापे गए विश्राम का मूल्य कई वर्षों से निरन्तर बढ़ रहा है क्योंकि समय के साथ प्रति घण्टा वास्तविक मजदूरी दर निरन्तर बढ़ रही है। यथार्थ मूल्य विधि विश्राम के मूल्य को एक घण्टे के विश्राम द्वारा प्रदान किए गए वास्तविक आनन्द (उपयोगिता) द्वारा मापती है।

ऐसी मूल्यांकन विधियां प्रयोग करके, नोरधोस और टोबिन ने संयुक्त राज्य अमरीका में *MEW* का जो 1965 का अनुमान लगाया वह 1200 बिलियन डॉलर था जो उसी वर्ष की GNP से दुगुना था। 1929-65 की अवधि में प्रति व्यक्ति *MEW* का अनुमान 1.1 प्रतिशत प्रतिवर्ष था जबकि प्रतिव्यक्ति GNP का अनुमान 1.7 प्रतिशत था। ये अनुमान स्पष्ट करते हैं कि इस अवधि में अमरीका के आर्थिक कल्याण में अभूतपूर्व वृद्धि हुई।

परन्तु ऊपर के विवेचन से यह निष्कर्ष नहीं निकालना चाहिए कि *MEW* की धारणा GNP को प्रतिस्थापित करती है। अधिकतर यह GNP की पूरक है जिसमें आर्थिक कल्याण को GNP में साथ संबंधित करने के लिए इसमें मार्किटेतर क्रियाएं भी सम्मिलित की गई हैं।

प्रश्न

1. राष्ट्रीय आय के आकार तथा वितरण की प्रणाली में परिवर्तन आर्थिक कल्याण की प्रणाली को किस प्रकार प्रभावित करते हैं, समझाइए। उदाहरण दीजिए।
2. राष्ट्रीय लाभांश के आकार और वितरण में परिवर्तन का कल्याण पर प्रभाव की विवेचना कीजिए।
3. आर्थिक कल्याण के विचारों का मूल्यांकन कीजिए। इसका किसी देश की राष्ट्रीय आय से संबंध स्पष्ट कीजिए।
4. गरीबों के हित में, राष्ट्रीय लाभांश के वितरण में हुए परिवर्तन के, आर्थिक कल्याण पर जो प्रभाव होते हों, उनकी पूर्ण रूप से व्याख्या कीजिए।

अध्याय 5

सामाजिक लेखांकन
(Social Accounting)

1. अर्थ
(MEANING)

अर्थशास्त्र में 'सामाजिक लेखांकन' शब्द का समावेश सबसे पहले जे० आर० हिक्स (J.R. Hicks) ने 1942 में किया था। उसके अनुसार, इसका अर्थ समस्त समाज अथवा राष्ट्र के लेखांकन के अतिरिक्त कुछ नहीं है—ठीक उसी प्रकार जिस प्रकार निजी लेखांकन किसी व्यक्तिगत फर्म का लेखांकन होता है। सामाजिक लेखांकन जिसे राष्ट्रीय आय लेखांकन भी कहते हैं, वह प्रणाली है जिसके द्वारा अर्थव्यवस्था के विभिन्न क्षेत्रों के पारस्परिक सम्बन्धों को सांख्यिकीय रूप में प्रस्तुत किया जाता है ताकि समस्त अर्थव्यवस्था की आर्थिक स्थितियों को पूरी तरह समझा जा सके। यह आर्थिक ढांचे के अध्ययन की पद्धति है। यह किसी समाज की अर्थव्यवस्था की प्रकृति के बारे में सूचना प्रस्तुत करने की तकनीक है; इसका उद्देश्य केवल यह नहीं होता कि उस समाज की अतीत या वर्तमान समृद्धि के बारे में जाना जाए, अपितु यह भी होता है कि अर्थव्यवस्था को प्रभावित (या नियमित) करने वाली सामूहिक (या राज्य की) नीति के लिए निर्देशक रेखाएं प्राप्त की जाएं। **एडी** (Edey), **पीकॉक** (Peacock), **कूपर** (Cooper) के शब्दों में, ''सामाजिक लेखांकन का संबंध मनुष्यों तथा मानव-संस्थाओं की क्रियाओं का ऐसे तरीकों से सांख्यिकीय वर्गीकरण करने से है जिनसे समस्त अर्थव्यवस्था के कार्यकरण को समझने में सहायता मिलती है। पर, 'आर्थिक लेखांकन' शब्द में अध्ययनों के क्षेत्र के अन्तर्गत आर्थिक क्रिया का केवल वर्गीकरण ही नहीं आता, अपितु इस प्रकार से एकत्रित की गई सूचना को आर्थिक प्रणाली के कार्यकरण की जांच-पड़ताल पर लागू करना भी आता है।'' दूसरे शब्दों में, सामाजिक लेखांकन समस्त अर्थव्यवस्था के विभिन्न क्षेत्रों की आर्थिक क्रियाओं का सांख्यिकीय विवरण प्रस्तुत करता है और उनके आपसी संबंध को सूचित करता है तथा विश्लेषण के लिए ढांचा प्रदान करता है।

2. सामाजिक लेखांकन के घटक
(COMPONENTS OF SOCIAL ACCOUNTING)

आर्थिक क्रियाओं के प्रमुख प्रकार ये हैं : उत्पादन, उपभोग, पूंजी-संचय, सरकार द्वारा किए गए लेन-देन तथा शेष विश्व के साथ किए गए लेन-देन। ये सामाजिक लेखांकन के घटक हैं। यदि किसी देश के इन पांच क्रियाओं से सम्बद्ध आय तथा व्यय लेखा-रूप में प्रस्तुत कर दिए जाएं, तो वे अर्थव्यवस्था के मूल ढांचे को प्रकट करने वाले प्रवाहों के बन्द नेटवर्क को प्रदर्शित करेंगे। ये प्रवाह सदैव मौद्रिक रूप में ही प्रस्तुत किए जाते हैं। इन प्रवाहों का वर्गीकरण निम्नलिखित ढंग से किया जाता है—

(1) उत्पादन लेखा (Production Account)— उत्पादन-लेखा, अर्थव्यवस्था के व्यवसाय क्षेत्र से संबंध रखता है। इसमें सब प्रकार की उत्पादक क्रियाएं अर्थात् विनिर्माण, व्यापार आदि सम्मिलित हैं। इसके अन्तर्गत सार्वजनिक एवं निजी कम्पनियां, स्वत्वाधिकारी फर्में तथा एकल साझेदारियां और सरकारी स्वामित्व वाले व्यवसाय आते हैं। क्योंकि समस्त उत्पादक क्रियाएं इसी क्षेत्र के भीतर होती हैं, इसलिए सभी भुगतान इस क्षेत्र से अन्य क्षेत्रों की ओर प्रवाहित होते हैं। व्यवसाय क्षेत्र का उत्पादन-लेखा तालिका 1 में दिखाया गया है।

तालिका 1 : उत्पादन लेखा

(करोड़ रु० में)

भुगतान	*रु०*	*प्राप्तियां*	*रु०*
1. वैयक्तिक क्षेत्र को—अर्थात् मजदूरी आदि के भुगतान (II-5)	279	5. उपभोग व्यय (II-1)	219
		6. सरकारी क्रय (III-1)	30
2. सरकार को भुगतान (III-5)	12	7. सकल निजी घरेलू निवेश (IV-1)	36
3. व्यवसाय बचत (IV-3)	9	8. वस्तुओं तथा सेवाओं के निर्यात (V-1)	24
4. वस्तुओं तथा सेवाओं के आयात (V-2)	9		
सकल राष्ट्रीय आय (GNI)	309	सकल राष्ट्रीय व्यय (GNP)	309

टिप्पणी : कोष्ठकों में दिए गए अंक तदनुरूपी तालिका तथा मद संख्या से सम्बन्ध रखते हैं।

वैयक्तिक (personal) क्षेत्र के भुगतानों में किराया, ब्याज, लाभांश, मजदूरी, वेतन, कर्मचारियों को दिया जाने वाला मुआवजा और मालिकों की आय शामिल होती है। 'सरकार को भुगतान' मद के अन्तर्गत उत्पादकों के वे शुद्ध भुगतान आते हैं जो वे करों तथा सामाजिक सुरक्षा भुगतानों के रूप में सरकार को करते हैं। व्यवसाय बचत उत्पादकों की रखी हुई (retained) आय या कम्पनी बचत को दर्शाती है। अन्तिम मद उन भुगतानों से सम्बन्ध रखती है जो वस्तुओं और सेवाओं के आयात के बदले विदेशी क्षेत्र को किए जाते हैं। उक्त सभी अंकों का जोड़ सकल राष्ट्रीय आय (GNI) बनती है।

उत्पादन-लेखे के आय पक्ष में वे प्राप्तियां आती हैं जो घरेलू या वैयक्तिक क्षेत्र में वस्तुओं एवं सेवाओं के विक्रय से व्यवसाय क्षेत्र को उपलब्ध होती हैं। सरकारी क्रय से तात्पर्य उन वस्तुओं तथा सेवाओं से है जो व्यवसाय क्षेत्र द्वारा सरकार को बेची जाती हैं। सकल पूँजी घरेलू निवेश के अन्तर्गत पूंजीगत वस्तुओं का सकल प्रवाह (स्थायी पूंजी निर्माण) तथा स्टॉक में होने वाले शुद्ध परिवर्तन आते हैं। शुद्ध निर्यात उस आय को निर्दिष्ट करते हैं जो व्यवसाय क्षेत्र बाकी विश्व को वस्तुएं तथा सेवाएं बेचकर अर्जित करता है। इन सब मदों का जोड़ व्यय के माध्यम से सकल राष्ट्रीय उत्पाद (GNP) बनता है।

(2) उपभोग लेखा (Consumption Account)— उपभोग लेखा घरेलू अथवा वैयक्तिक क्षेत्र के आय तथा व्यय का लेखा प्रस्तुत करता है। घरेलू क्षेत्र के अन्तर्गत सभी उपभोक्ता और लाभ न कमाने वाली संस्थाएं आती हैं, जैसे क्लब तथा संघ। उपभोग लेखा तालिका 2 में दिखाया गया है।

तालिका 2 : उपभोग लेखा

(करोड़ रु० में)

भुगतान	*रु०*	*प्राप्तियां*	*रु०*
1. उपभोग व्यय (I-5)	219	5. कारोबार, मजदूरी, वेतन आदि से प्राप्तियां (I-1)	279
2. सरकार को किये गये भुगतान (III-6)	45		
3. वैयक्तिक बचत (IV-6)	15	6. सरकार से प्राप्तियां (III-2)	6
4. विदेशियों को अन्तरण भुगतान (V-2)	6		
वैयक्तिक परिव्यय एवं बचत	285	वैयक्तिक आय	285

टिप्पणी : कोष्ठकों में दिए गए अंक तदनुरूप तालिका तथा मद संख्या से सम्बन्ध रखते हैं।

उपभोग लेखा में बाईं ओर दिखाई गई प्रमुख मद घरेलू उपभोक्ताओं का वह व्यय है जो वे अपनी ज़रूरतों को पूरा करने के लिए व्यवसाय क्षेत्र से वस्तुएं तथा सेवाएं खरीदने में करते हैं। सरकार को किए जाने वाले भुगतानों के अन्तर्गत करों की तथा विशेष बीमा अदायगियां सम्मिलित हैं। अगली मद घरेलू क्षेत्र द्वारा निवेश के लिए प्रयोग में आने वाली वैयक्तिक बचत को दिखाती है। 'विदेशियों को

अन्तरण' मद के अन्तर्गत विदेशी प्रतिभूतियों में निवेश अथवा आवासियों द्वारा शिक्षा या विदेश-यात्रा पर किया गया व्यय आता है। लेखा में दाईं ओर प्रमुख मद के अन्तर्गत व्यवसाय एवं घरेलू उपभोक्ताओं की वह आय दिखाई गई है, जो उन्हें मजदूरी तथा वेतन, लाभ, ब्याज, लाभांश, किराए, चालू अन्तरणों से प्राप्तियों आदि के रूप में होती है। सरकार से मिलने वाली आय के अन्तर्गत अन्तरण भुगतान (transfer payments) तथा सार्वजनिक ऋण पर ब्याज के भुगतान शामिल हैं।

(3) *सरकारी लेखा (Government Account)*— सरकारी लेखा का सम्बन्ध सरकारी क्षेत्र के व्यय तथा आय से है। किसी देश के केन्द्रीय राज्य एवं स्थानीय प्राधिकरण सरकारी क्षेत्र के अन्तर्गत आते हैं। सरकारी लेखा तालिका 3 में दिखाया गया है।

तालिका 3 : सरकारी लेखा

(करोड़ रु० में)

भुगतान	*रु०*	*प्राप्तियां*	*रु०*
1. व्यवसाय को भुगतान (I-6)	30	5. व्यवसाय से प्राप्तियां (I-2)	12
2. व्यक्तियों को भुगतान (II-6)	6	6. व्यक्तियों से प्राप्तियां (II-2)	45
3. सरकारी आधिक्य (IV-5)	15		
4. विदेशियों को भुगतान (V-4)	6		
सरकारी परिव्यय और आधिक्य	57	सरकारी प्राप्तियां	57

टिप्पणी: कोष्ठकों में दिए गए अंक तदनुरूप तालिका तथा मद संख्या से सम्बन्ध रखते हैं।

केवल मद संख्या 3 को छोड़कर इस तालिका की सभी मदों की व्याख्या तालिका 1 तथा 2 में दिए गए लेखों के अन्तर्गत की जा चुकी है। इस मद से तात्पर्य वह निवेश है जो सरकार अपने आधिक्य (surplus) या बचत में से करती है। परन्तु, लक्ष्य करने की महत्त्वपूर्ण बात यह है कि राजकीय स्वामित्व के उद्यमों को सरकारी क्षेत्र में नहीं रखा गया है क्योंकि उन्हें व्यवसाय क्षेत्र के अन्तर्गत इसलिए रख लिया गया है कि निजी उद्यमों की भांति सार्वजनिक उपक्रम भी विक्रय के लिए वस्तुओं और सेवाओं का उत्पादन करते हैं।

(4) *पूंजीलेखा (Capital Account)*—पूंजी-लेखा से पता चलता है कि बचत, घरेलू एवं विदेशी निवेश के बराबर होती है। बचत का देश के भीतर स्थायी पूंजी एवं मालसूचियों में तथा/अथवा अन्तर्राष्ट्रीय परिसम्पत्तियों में निवेश किया जाता है। पूंजी-लेखा तालिका 4 में दिखाया गया है। सकल निजी निवेश के अन्तर्गत पूंजी वस्तुओं का सकल प्रवाह एव स्टाकों में होने वाला शुद्ध परिवर्तन शामिल है। शुद्ध विदेशी निवेश से तात्पर्य चालू लेखा पर होने वाला विदेशी आधिक्य हैं। दाईं ओर सकल बचत है जिसमें व्यवसाय एवं निजी बचतें तथा सरकारी आधिक्य सम्मिलित हैं।

तालिका 4 : पूंजी लेखा

(करोड़ रु० में)

भुगतान	*रु०*	*प्राप्तियां*	*रु०*
1. सकल घरेलू निवेश (I-7)	36	3. व्यवसाय बचत (I-3)	9
2. शुद्ध विदेशी निवेश (V-5)	3	4. वैयक्तिक बचत (II-3)	15
		5. सरकारी आधिक्य (III-3)	15
सकल निवेश	39	सकल बचत	39

टिप्पणी : कोष्ठक में दिए गए अंक तदनुरूप तालिका तथा मद संख्या से सम्बन्ध रखते हैं।

(5) विदेशी लेखा (Foreign Account)—विदेशी लेखा किसी देश के शेष विश्व के साथ किए गए लेन-देनों को दिखाता है। इस लेखे के अन्तर्गत वस्तुओं तथा सेवाओं का अन्तर्राष्ट्रीय व्यापार एवं अन्तरण भुगतान आते हैं और यह लेखा एक प्रकार से अन्तर्राष्ट्रीय भुगतान-शेष का चालू खाता होता है। विदेशी लेखा अथवा शेष-विश्व तालिका 5 में दिखाया गया है। सरलता की दृष्टि से, माल भाड़ा एवं बीमा जैसी सेवाएं अलग से नहीं दिखाई गई हैं। पूर्ववर्ती लेखों के अन्तर्गत सभी मदों की व्याख्या की जा चुकी है। यह ध्यान में रखने की बात है कि विदेशी लेखा में 'निर्यातों' को (बाईं ओर) भुगतानों के अन्तर्गत दिखाया गया है और आयातों को (दाईं ओर) प्राप्तियों के अन्तर्गत दिखाया गया है। इसका कारण यह है कि किसी देश के नागरिक

निर्यातों के बदले जो राशि प्राप्त करते हैं, उसको ये आयातों तथा अन्तरण भुगतानों के बदले बाहर के देशों को दे देते हैं। यहां भुगतानों तथा प्राप्तियों का संबंध शेष विश्व के साथ होता है, न कि स्वयं देश के साथ।

तालिका 5 : विदेशी लेखा

(करोड़ रु० में)

भुगतान	*रु०*	*प्राप्तियां*	*रु०*
1. वस्तुओं और सेवाओं का निर्यात (I-8)	24	2. वस्तुओं और सेवाओं का आयात (I-4)	9
		3. व्यक्तियों द्वारा विदेशियों को अन्तरण भुगतान (II-4)	6
		4. सरकार द्वारा विदेशियों को अन्तरण भुगतान (III-4)	6
		5. शुद्ध विदेशी निवेश (IV-2)	3
विदेशियों से शुद्ध प्राप्तियां	24	विदेशियों को शुद्ध भुगतान	24

टिप्पणी : कोष्ठक में दिए गए अंक तदनुरूप तालिका तथा मद संख्या से सम्बन्ध रखते हैं।

ऊपर जिस पंच-लेखा प्रणाली का विवरण दिया गया है, वह उत्पादन, उपभोग, सरकारी लेन-देन, पूंजी संचय तथा शेष विश्व से लेन-देन के रूप में अर्थव्यवस्था के प्रवाहों से संबंध रखती है। इन पर आधारित लेखे कार्यात्मक लेखे (functional accounts) कहलाते हैं क्योंकि वे लेन-देन के कार्यों के अनुसार उनके वर्गीकरण पर आधारित हैं।

3. सामाजिक लेखों का प्रस्तुतीकरण
(PRESENTATION OF SOCIAL ACCOUNTS)

निजी लेखों की भांति सामाजिक लेखा भी दोहरो प्रविष्टि पद्धति पर प्रस्तुत किए जाते हैं। आजकल इस बात पर एकमत है कि सामाजिक लेखों को, संयुक्त राष्ट्र की सिफारिशों के अनुसार, सामाजिक लेखांकन तालिका के रूप में प्रस्तुत किया जाए। सामाजिक लेखांकन तालिका को सामाजिक लेखा आधारक (matrix) कहते हैं। लेन-देन आधारक को उन सामाजिक खातों के लिए काम में लाया जाता है जिनमें प्रत्येक पंक्ति में अन्य क्षेत्रों को किए गए भुगतान रहते हैं और प्रत्येक स्तम्भ में अन्य क्षेत्रों से प्राप्त आय दर्ज की जाती है। प्रत्येक प्रविष्टि एक विशेष पंक्ति में भी की जाती है और एक विशेष खाने में भी। संतुलन के लिए आवश्यक है कि सामाजिक खातों की प्रत्येक पंक्ति का कुल जोड़ सामने के खाने के कुल जोड़ के बराबर हो। सामाजिक खातों का आधारक तालिका 6 में दिखाया है जो तालिका 1 से 5 तक दिए गए खातों में भुगतानों और प्राप्तियों के प्रवाहों में संबंध को व्यक्त करता है। तालिका 6 में प्रत्येक खाते की एक पंक्ति है जो किए गए भुगतान दर्शाती है और प्रत्येक खाते का एक खाना है जिसमें प्राप्तियां दिखाई गई हैं। इनकी व्याख्या आगे की जा रही है।

पंक्ति 1 में व्यवसाय क्षेत्र द्वारा किए गए भुगतान दिखाए गए हैं, जिनमें 279 करोड़ रु० की राशि का भुगतान, जो उपभोग क्षेत्र को मजदूरी तथा वेतन आदि के रूप में किया गया है और 12 करोड़ रु० का करों के रूप में, सरकार को किया गया भुगतान है, 9 करोड़ रु० फर्मों के पूंजी लेखा में कम्पनी बचत (अवितरित लाभ) तथा 9 करोड़ रु० विदेशों से वस्तुओं तथा सेवाओं के आयात के लिए हैं।

पंक्ति 2 में घरेलू क्षेत्र द्वारा किए गए भुगतान दिखाए गए हैं, जिनमें 219 करोड़ रु० व्यवसाय क्षेत्र से खरीदी गई वस्तुओं तथा सेवाओं का भुगतान है, 45 करोड़ रु० सरकार को करों के रूप में एवं बीमा किस्तों के रूप में चुकाए गए हैं, 15 करोड़ रु० घरेलू उपभोक्ताओं द्वारा बचत के रूप में निवेश (पूंजी) क्षेत्र में और 6 करोड़ रु० विदेशी प्रतिभूतियों में तथा विदेशों में शिक्षा, यात्रा आदि पर व्यय में लगाए गए हैं।

पंक्ति 3 सरकारी क्षेत्र के बाह्य प्रवाहों से सम्बन्ध रखती है। सरकार वस्तुओं तथा सेवाओं को खरीदने के लिए व्यवसाय क्षेत्र को 30 करोड़ रु० का भुगतान करती है, सार्वजनिक ऋण पर शुद्ध ब्याज, भुगतानों के रूप में तथा पेन्शन, ग्रैच्युटी आदि के लिए अन्तरण भुगतान

के रूप में 6 करोड़ रु० चुकाती है, सरकारी आधिक्य में से 15 करोड़ रु० निवेश के लिए खर्च किए जाते हैं और 6 करोड़ रु० विदेशों को उनसे प्राप्त वस्तुओं तथा सेवाओं के बदले चुकाए जाते हैं। इस अन्तिम मद के अन्तर्गत वह व्यय भी शामिल है जो विदेशों में दूतावासों के रख-रखाव पर और विदेशों को भेजे जाने वाले शिष्ट-मंडलों पर किया जाता है।

तालिका 6 : सामाजिक लेखों का प्रवाह आधारक
(FLOW MATRIX OF SOCIAL ACCOUNTS)

प्राप्तियाँ ↓ / *भुगतान →*	*लेखे*					*रु० (करोड़ में)*
	1	*2*	*3*	*4*	*5*	
	व्यवसाय	*घरेलू*	*सरकार*	*पूंजी*	*विदेश*	*कुल*
उत्पादन या व्यवसाय	—	279	12	9	9	309
घरेलू या उपभोग	219	—	45	15	6	285
सरकार	30	6	—	15	6	57
पूंजी	36	—	—	—	3	39
विदेश	24	—	—	—	—	24
कुल	309	285	57	39	24	714

पंक्ति 4 अर्थव्यवस्था के पूंजी लेखा से सम्बन्ध रखती है जिसमें पूंजी-वस्तुओं तथा मालसूचियों (inventories) में शुद्ध परिवर्तन के लिए व्यवसाय क्षेत्र को 36 करोड़ रु० का भुगतान किया गया है और 3 करोड़ रु० के विदेशों में किए गए शुद्ध निवेश हैं।

पंक्ति 5 का सम्बन्ध शेष विश्व लेखा अथवा विदेशी लेखा से है जिसमें विदेशियों को वस्तुओं तथा सेवाओं के विक्रय अथवा निर्यात से प्राप्त 24 करोड़ रु० का भुगतान है। इसी प्रकार तालिका 6 के आधार पर प्रत्येक स्तम्भ के अनुसार प्रत्येक क्षेत्र की प्राप्तियों की व्याख्या की जा सकती है।

तालिका 6 में प्रस्तुत की गई सामाजिक लेखा आधारक से तीन बातें और प्रकट होती हैं। *प्रथम,* प्रत्येक आयताकार खाने से पता चलता है कि एक क्षेत्र के लेखा को किए गए भुगतान दूसरे क्षेत्र के लेखा से प्राप्त आय के बराबर हैं। उदाहरणार्थ, तालिका में पंक्ति के अनुसार जो उत्पादन क्षेत्र द्वारा घरेलू क्षेत्र को किया गया 279 करोड़ रु० का भुगतान है, उसे स्तम्भ के अनुसार घरेलू क्षेत्र की प्राप्ति के रूप में दिखाया गया है। *दूसरे,* पंक्ति के अनुसार जो उत्पादन क्षेत्र द्वारा किया गया 309 करोड़ रु० का कुल भुगतान है वह स्तम्भ-अनुसार इस क्षेत्र की कुल आय के बराबर है। *तीसरे,* सामाजिक लेखांकन आधारक में सभी क्षेत्रों के कुल भुगतान सभी क्षेत्रों की कुल आय (प्राप्तियों) के बराबर हैं। तालिका में पंक्ति-अनुसार और स्तम्भों के अनुसार उनकी राशि 714 करोड़ रु० है।

4. सामाजिक लेखांकन का महत्त्व
(IMPORTANCE OF SOCIAL ACCOUNTING)

सामाजिक लेखांकन किसी अर्थव्यवस्था के ढांचे और विभिन्न क्षेत्रों के सापेक्ष महत्त्व तथा प्रवाहों को समझने में सहायक है। यह वर्तमान और भविष्य--दोनों में—सरकारी नीतियों के मूल्यांकन एवं निर्माण का साधन है।

सामाजिक लेखांकन के उपयोग निम्नलिखित हैं—

(1) लेन-देनों के वर्गीकरण में (In Classifying Transactions)—किसी देश की आर्थिक क्रिया में असंख्य लेन-देन पाए जाते हैं जो ''क्रय-विक्रय से, आय के भुगतान तथा प्राप्ति से, निर्यात-आयात से करों के भुगतान आदि'' से सम्बन्ध रखते हैं। सामाजिक लेखांकन का विशेष गुण यह है कि वह इन विभिन्न प्रकार के लेन-देनों का उचित वर्गीकरण कर इन्हें साररूप में प्रस्तुत करता है और इनसे राष्ट्रीय आय, व्यय, बचत, निवेश, उपभोग व्यय, उत्पादन व्यय, सरकारी व्यय, विदेशों के भुगतान एवं प्राप्तियों आदि के समूह निकालता है।

(2) आर्थिक ढांचे को समझने में (In Understanding Economic Structure)—सामाजिक लेखांकन हमें आर्थिक ढांचा समझने में सहायता देता है। यह हमें न केवल राष्ट्रीय आय का ज्ञान कराता है अपितु उत्पादन एवं उपभोग के आकार, करांधान एवं बचत के स्तर तथा विदेशी व्यापार पर अर्थव्यवस्था की निर्भरता के बारे में भी जानकारी देता है।

(3) विभिन्न क्षेत्रों और प्रवाहों को समझने में (In Understanding Different Sectors and Flows)—सामाजिक लेखे विभिन्न क्षेत्रों के सापेक्ष महत्त्व और अर्थव्यवस्था में प्रवाहों पर भी प्रकाश डालते हैं। उनमें हमें पता चलता है कि राष्ट्रीय लेखों में अन्य क्षेत्रों की अपेक्षा उत्पादन क्षेत्र, उपभोग क्षेत्र, निवेश क्षेत्र अथवा शेष विश्व क्षेत्र का योगदान् अधिक है या नहीं।

(4) विभिन्न धारणाओं में सम्बन्धों को स्पष्ट करने हेतु (In Clarifying Relations between Different Concepts)—सामाजिक लेखे ऐसी सम्बद्ध धारणाओं के बीच सम्बन्धों को स्पष्ट करने में भी सहायक होते हैं जैसे कि साधन लागत पर शुद्ध राष्ट्रीय उत्पादन तथा बाजार कीमतों पर सकल राष्ट्रीय उत्पाद।

(5) अन्वेषक का मार्गदर्शन करने में (In Guiding the Investigator)—सामाजिक लेखे आर्थिक अन्वेषक का मार्गदर्शन भी करते हैं क्योंकि वे यह बताते हैं कि अर्थव्यवस्था के व्यवहार का विश्लेषण करने के लिंए किस प्रकार के आंकड़े संग्रह किए जाएं। इस तरह के आंकड़ों का संबंध सकल राष्ट्रीय उत्पाद, वस्तुओं तथा सेवाओं पर सरकारी व्यय, निजी उपभोग व्यय, सकल निजी निवेश आदि से हो सकता है।

(6) आय-वितरण प्रवृत्तियों को समझाने में (In Explaining trends in Income Distribution)—सामाजिक लेखों के घटकों में होने वाले परिवर्तन अर्थव्यवस्था के भीतर आय वितरण की प्रवृत्तियों का मार्गदर्शन करते हैं।

(7) स्थिर कीमतों पर परिवर्तनों को समझाने में (In Explaining Movements at Constant Prices)—सकल राष्ट्रीय उत्पाद में होने वाले परिवर्तन, जो स्थिर कीमतों पर आंके और जनसंख्या की प्रति व्यक्ति आय में व्यक्त किए जाते हैं उनको दर्शाते हैं जो जीवन-स्तर में होते हैं। इसी प्रकार, स्थिर कीमतों पर मूल्यांकित सकल राष्ट्रीय उत्पाद को प्रति व्यक्ति कार्यकारी जनसंख्या से सम्बद्ध करके उत्पादकता के स्तर में होने वाले परिवर्तनों को मापा जा सकता है।

(8) अर्थव्यवस्था के कार्यकरण का चित्र (A Picture of the Workings of Economy)— सामाजिक लेखे अर्थव्यवस्था के कार्यकरण का वास्तविक चित्र प्रदान करते हैं। "भविष्य में अर्थव्यवस्था के सम्भावित परिणामों के **प्रत्याशित** पूर्वानुमान तैयार करने के लिए भी ढांचे के रूप में इनका प्रयोग किया जा सकता है। इस प्रकार सामाजिक लेखे आन्तरिक रूप से तथा अन्य ज्ञात तथ्यों के संबंध में पूर्वानुमानों की स्थिरता को सुनिश्चित करते हैं।"

(9) विभिन्न क्षेत्रों के परस्पर सम्बन्धों को समझाने में (In Explaining Inter-relations among Different Sectors)—सामाजिक लेखे अर्थव्यवस्था के विभिन्न क्षेत्रों की परस्पर-निर्भरता को समझने की भी क्षमता प्रदान करते हैं। सामाजिक लेखों के आधारक (matrix) का अध्ययन करने से इस बात का ज्ञान होता है।

(10) सरकारी नीतियों के प्रभावों का अनुमान लगाने में (In Estimating the Effects of Government Policies)—सामाजिक लेखों का सबसे अधिक महत्त्व यह है कि वे अर्थव्यवस्था के विभिन्न क्षेत्रों पर सरकारी नीतियों के प्रभावों का अनुमान लगाते हैं और राष्ट्रीय आय लेखे अर्थव्यवस्था में होने वाले जिन परिवर्तनों को प्रकट करते हैं, उन परिवर्तनों के अनुरूप नई नीतियां निर्धारित करने में सहायक होते हैं। इनका प्रमुख कार्य इस बात में सरकार की सहायता करना है कि वह आर्थिक स्थितियों को आंके, उनकी दिशा निर्धारित करे अथवा उन्हें नियंत्रित करे और ऐसी नई नीतियां निर्धारित करे जिनका उद्देश्य राष्ट्रीय आय को अधिकतम बनाना हो, पर जो साथ ही रोजगार को ऊंचे स्तर पर बनाए रखें, आय एवं धन की असमानताओं को घटाएं, कीमतों को अनुचित रूप से न बढ़ने दें, विदेशी विनिमय को सुरक्षित रखें, इत्यादि।

(11) बड़े व्यापारी संगठनों में सहायक (Helpful in Big Business Organisations)—बड़े-बड़े व्यापार संगठन सामाजिक लेखों का इसलिए भी उपयोग करते हैं कि अपने कार्य को आंकें और अर्थव्यवस्था के विविध क्षेत्रों के बारे में प्राप्त सांख्यिकीय सूचना के आधार पर अपनी प्रत्याशाओं में सुधार करें।

(12) अन्तर्राष्ट्रीय उद्देश्यों में लाभदायक (Useful for International Purposes)—सामाजिक लेखांकन अन्तर्राष्ट्रीय दृष्टि से भी उपयोगी है। विश्व के विभिन्न देशों के सामाजिक लेखों का तुलनात्मक अध्ययन करके हम उन देशों का अल्पविकसित, कम विकसित तथा विकसित शीर्षकों के अन्तर्गत वर्गीकरण कर सकते हैं। संयुक्त राष्ट्र की विविध एजेन्सियां सामाजिक लेखों के आधार पर ही संसार के गरीब देशों के लिए सहायता की व्यवस्था करती हैं।

(13) आर्थिक मॉडलों का आधार (Basis of Economic Models)—सामाजिक लेखे, ''सम्पूर्ण अर्थव्यवस्था के व्यवहार का विश्लेषण करने के लिए आर्थिक पूर्वानुमानों के लिए तथा आर्थिक नीति की समस्याओं को सुलझाने के लिए अपेक्षित मॉडलों का आधार हैं।''

5. सामाजिक लेखांकन की कठिनाइयां (DIFFICULTIES OF SOCIAL ACCOUNTING)

सामाजिक लेखे तैयार करने में निम्नलिखित कठिनाइयां आती हैं :

(1) आरोपण (Imputations)—जब सामाजिक लेखे तैयार किए जाते हैं, तो सब प्रकार की आय तथा भुगतानों को मुद्रा के रूप में मापा जाता है। परन्तु बहुत-सी ऐसी वस्तुएं तथा सेवाएं हैं जिन्हें मुद्रा के रूप में आरोपित करना कठिन है। उदाहरणार्थ, घर में गृहिणी द्वारा प्रदान की गई सेवाएं, किसी व्यक्ति द्वारा शौक के तौर पर की गई पेंटिंग, किसी अध्यापक द्वारा घर पर अपने बच्चों को पढ़ाना, इत्यादि, इसी प्रकार की सेवाएं हैं। इसी प्रकार कई ऐसे उत्पादन एवं सेवाएं हैं जिनका व्यापार या बाजार में क्रय-विक्रय नहीं होता। जैसे, वे सब्जियां जो घर की शाकवाटिका (kitchen garden) में उगाई जाती हैं और परिवार द्वारा उपभोग की जाती हैं, उस मकान का किराया-मूल्य जिसमें मालिक स्वयं रहता है, खेत की उपज का वह भाग जिसे किसान अपने उपभोग के लिए रख लेता है, इत्यादि। ऐसे सभी लेनदेन, जिनका क्रय-विक्रय नहीं होता और जिनका मूल्य मुद्रा में नहीं आंका जाता, सही-सही सामाजिक लेखे तैयार करने में समस्याएं प्रस्तुत करते हैं।

(2) दोहरी गणना (Double Counting)—सामाजिक लेखे तैयार करने में सबसे बड़ी कठिनाई दोहरी गणना की है जो इसलिए उत्पन्न होती है क्योंकि अन्तिम तथा मध्यवर्ती वस्तुओं में अन्तर नहीं किया जा सकता। उदाहरणार्थ, जिस आटे को बेकरी में उपयोग किया जाता है वह तो मध्यवर्ती वस्तु है और जिसे घर में प्रयोग किया जाता है वह अन्तिम वस्तु है। इसी प्रकार ''यदि किसी नवनिर्मित बिल्डिंग को सरकार खरीदती है, तो उसे अर्थव्यवस्था के उपभोग निर्गत के अन्तर्गत रखा जाता है। दूसरी ओर, यदि उसी बिल्डिंग को कोई निजी फर्म खरीदे, तो वह उस वर्ष का सकल निवेश होगा।'' इस प्रकार सामाजिक लेखों में एक ही वस्तु उपभोग तथा निवेश के रूप में दिखाई जाती है। इस तरह की समस्याएं सामाजिक लेखे तैयार करने में कठिनाइयां प्रस्तुत करती हैं।

(3) सार्वजनिक सेवाएं (Public Services)—सामाजिक लेखों में एक और समस्या अनेक सार्वजनिक सेवाओं के आगणन की रहती है। वे सेवाएं पुलिस, सेना, स्वास्थ्य, शिक्षा इत्यादि से सम्बन्ध रखती हैं। इसी प्रकार, बहु-उद्देशीय नदी-घाटी परियोजनाओं के योगदान सामाजिक लेखों में 'फिट' नहीं किए जा सकते क्योंकि उनके विविध लाभों का मौद्रिक रूप में हिसाब लगाना कठिन है।

(4) मालसूची समायोजन (Inventory Adjustments)—मालसूचियों में होने वाले सभी परिवर्तनों को, चाहे ऋणात्मक हों चाहे धनात्मक, उत्पादन लेखों में माल-सूची मूल्यांकन समायोजन द्वारा समायोजित किया जाता है। परन्तु इसमें कठिनाई यह है कि फर्में अपनी मालसूचियां उनकी मूल लागतों के हिसाब से दर्ज करती हैं, उनकी प्रतिस्थापन लागतों के हिसाब से नहीं। जब कीमतें बढ़ती हैं तो मालसूचियों के अंकित मूल्य में लाभ होता है। परंतु जब कीमतें गिरती हैं तो मालसूचियों के अंकित मूल्य पर हानि होती है। इसलिए सामाजिक लेखांकन के अन्तर्गत व्यवसाय लेखों में मालसूचियों का सही हिसाब लगाने के लिए मालसूची मूल्यांकन समायोजन की जरूरत होती है, जो एक बहुत ही कठिन काम है।

(5) मूल्य-ह्रास (Depreciation)—सामाजिक लेखांकन के अन्तर्गत व्यापार-लेखों में एक और समस्या मूल्यह्रास के आगणन की है। उदाहरणार्थ, यदि कोई ऐसी पूंजी परिसंपत्ति है जिसकी प्रत्याशित आयु बहुत अधिक, जैसे 50 वर्ष है, तो उसकी चालू मूल्य ह्रास-दर का हिसाब लगा सकना बहुत कठिन होगा। और यदि परिसंपत्तियों की कीमतों में प्रत्येक वर्ष परिवर्तन होता जाए तो यह कठिनाई और भी बढ़ जाती है। मालसूचियों के विपरीत सामाजिक लेखों में मूल्य-ह्रास मूल्यांकन समायोजन कर पाना बहुत ही कठिन है।

प्रश्न

1. सामाजिक लेखांकन मॉडल की आवश्यक विशेषताओं को बताइए तथा मुख्य कमियों को इंगित करिए जो इसके प्रयोग में हटानी चाहिएं।
2. सामाजिक लेखांकन की विशेषताओं को दीजिए और राष्ट्रीय आय प्रवाहों के अध्ययन में इसका प्रयोग दिखाइए।
3. आप सामाजिक लेखांकन से क्या समझते हैं? सामाजिक लेखे कैसे प्राप्त किए जाते हैं? आर्थिक विश्लेषण में सामाजिक लेखांकन के महत्त्व की विवेचना करिए।

अध्याय 6

आय का चक्रीय प्रवाह
(The Circular Flow of Income)

1. अर्थ
(MEANING)

आय के चक्रीय प्रवाह से अभिप्राय उस प्रक्रिया से है जिसमें अर्थव्यवस्था के आय और व्यय निरंतर सारा समय एक चक्रीय ढंग से प्रवाहित होते हैं। राष्ट्रीय आय और व्यय के विभिन्न घटकों में बचत, निवेश, कराधान, ऋण, सरकारी खरीद, निर्यात, आयात आदि हैं। इन्हें चित्रों में धाराओं और विपरीत धाराओं के रूप में इस तरीके से दर्शाया ज़ाता है कि अर्थव्यवस्था में राष्ट्रीय आय और राष्ट्रीय व्यय बराबर होते हैं।

2. घरेलू और व्यवसाय क्षेत्रों के बीच आय का चक्रीय प्रवाह
(CIRCULAR FLOW OF INCOME BETWEEN HOUSEHOLD AND BUSINESS SECTORS)

हम एक कल्पित साधारण अर्थव्यवस्था से प्रारंभ करते हैं जिसमें केवल दो क्षेत्र हैं—घरेलू और व्यवसाय। घरेलू क्षेत्र के पास उत्पादन के सभी साधन अर्थात् भूमि, श्रम, पूंजी और उद्यम उपलब्ध हैं। यह क्षेत्र व्यवसाय क्षेत्र को इन साधनों की सेवाएं बेचने के लिए किराया, मजदूरी, ब्याज और लाभ के रूप में आय प्राप्त कराता है। व्यवसाय क्षेत्र में उत्पादक वर्ग होता है, जो वस्तुओं का उत्पादन करके घरेलू क्षेत्र को बेचता है। घरेलू क्षेत्र में उपभोक्ता वर्ग होता है जो व्यवसाय क्षेत्र द्वारा उत्पादित वस्तुओं को खरीदता है।

इस प्रकार, जब व्यवसाय क्षेत्र वस्तुओं का उत्पादन करने के लिए घरेलू क्षेत्र से उत्पादन के विभिन्न साधनों की सेवाएं खरीदता है तो व्यवसाय क्षेत्र से किराया, मजदूरी, ब्याज और लाभ के रूप में घरेलू क्षेत्र को किए गये व्यय घरेलू क्षेत्र से व्यवसाय क्षेत्र को प्रवाहित होते हैं। घरेलू क्षेत्र द्वारा इस प्रकार प्राप्त की गई आय व्यवसाय क्षेत्र द्वारा व्यय की जाती है। इस प्रकार अर्थव्यवस्था में राष्ट्रीय आय चक्रीय तरीके से व्यवसाय क्षेत्र से घरेलू क्षेत्र और घरेलू क्षेत्र से व्यवसाय क्षेत्र को प्रवाहित होती रहती है।

द्वि-क्षेत्रीय अर्थव्यवस्था में चक्रीय प्रवाह को चित्र 1 में दर्शाया गया है जिसमें वस्तु बाजार (Product Market) ऊपरी भाग में और साधन बाजार (Factor Market) नीचे के भाग में प्रदर्शित किया गया है। वस्तु बाजार में, घरेलू क्षेत्र व्यवसाय क्षेत्र से वस्तुएं तथा सेवाएं खरीदता है जबकि साधन बाजार में, घरेलू क्षेत्र सेवाएं प्रदान करने के बदले व्यवसाय क्षेत्र से आय प्राप्त करता है। इस प्रकार घरेलू क्षेत्र, व्यवसाय क्षेत्र द्वारा प्रदान की गई सब वस्तुओं तथा सेवाओं को खरीदता है और इनके बदले उसे भुगतान करता है। चित्र के बाहरी भाग में व्यवसाय क्षेत्र से घरेलू क्षेत्र को आय भुगतानों के रूप में दी गई आय के प्रवाह को रेखाचित्र के सबसे निचले भाग में एक तीर द्वारा दर्शाया गया है। दूसरी ओर, घरेलू क्षेत्र द्वारा वस्तुओं और सेवाओं की खरीद पर उपभोग-व्यय के रूप में मुद्रा के प्रवाह को व्यवसाय क्षेत्र की ओर जाते हुए रेखाचित्र के ऊपरी भाग में एक अन्य तीर द्वारा दर्शाया गया है। आय तथा व्यय प्रवाह वस्तुओं और सेवाओं के प्रवाहों से विपरीत दिशा में होते हैं।

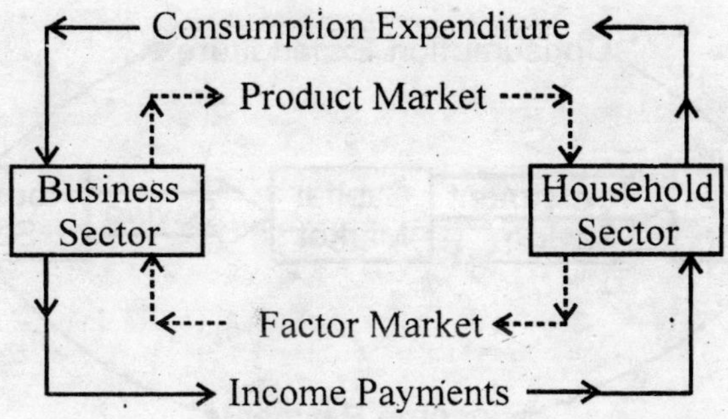

चित्र 1

जब तक व्यवसाय क्षेत्र द्वारा साधन सेवाओं के लिए आय भुगतान, घरेलू क्षेत्र द्वारा वस्तुओं की खरीद पर व्यय करके वापस नहीं कर दिए जाते, तब तक आय भुगतानों और उपभोग व्यय का चक्रीय प्रवाह अनिश्चितकाल तक चलता रहता है। उत्पादन के बराबर बिक्री या पूर्ति बराबर मांग के होती है। इस प्रकार अर्थव्यवस्था आय तथा व्यय के चक्रीय प्रवाह में चलती रहती है। उन दोनों प्रवाहों से स्पष्ट होता है कि GNP = GNI = GNE.

मान्यताएं (Assumptions)— आय के चक्रीय प्रवाह का उपरोक्त विश्लेषण अनेक मान्यताओं पर आधारित है—

(1) यह माना जाता है कि व्यवसाय क्षेत्र से प्राप्त अपनी समस्त आय को घरेलू क्षेत्र, व्यवसाय क्षेत्र द्वारा उत्पादित वस्तुओं पर व्यय कर देता है।

(2) व्यापारिक फर्में बिक्री के बराबर ही उत्पादन करती हैं तथा उनकी माल सूचियों में कोई परिवर्तन नहीं होता।

(3) व्यवसाय क्षेत्र अवितरित आय को रिजर्व नहीं रखता है। वस्तुओं और सेवाओं की घरेलू क्षेत्र को की गई बिक्री से प्राप्त समस्त आय किराया, मजदूरी, ब्याज और लाभ के रूप में घरेलू क्षेत्र पर ही व्यय कर दी जाती है।

यही मान्यताएं हैं जो अर्थव्यवस्था में आय प्रवाह को चक्रीय तरीके से चलाए रखती हैं। परन्तु ये मान्यताएं सही नहीं हैं और अर्थव्यवस्था की वास्तविक प्रक्रिया में ठीक नहीं बैठतीं।

3. बचत और निवेश युक्त आय का चक्रीय प्रवाह (CIRCULAR FLOW OF MONEY WITH SAVINGS AND INVESTMENT)

तथ्य यह है कि अर्थव्यवस्था में आय के चक्रीय प्रवाह से नियमित निकास और इन्जेक्शन होते हैं। निकास अथवा रिसाव वह आय होती है जो आय के चक्रीय प्रवाह में प्रवेश नहीं करती है तथा दूसरी ओर, इन्जेक्शन आय के चक्रीय प्रवाह में योग होता है। रिसाव आय प्रवाह में होता है और इन्जेक्शन व्यय प्रवाह में होता है।

आय के चक्रीय प्रवाह में, बचत एक रिसाव और निवेश एक इन्जेक्शन है। वास्तव में, घरेलू और व्यवसाय क्षेत्र अपनी सम्पूर्ण आय खर्च नहीं करते। वे उपभोक्ता जो घरेलू क्षेत्र का प्रतिनिधित्व करते हैं, अपनी सारी आय वस्तुओं और सेवाओं पर खर्च नहीं करते हैं। इसकी अपेक्षा अपनी आय का कुछ भाग विभिन्न उद्देश्यों की पूर्ति के लिए बचाते हैं। इसी प्रकार व्यापारिक फर्में भी वस्तुओं की बिक्री से प्राप्त अपनी सम्पूर्ण आय को खर्च नहीं करती हैं। इसकी अपेक्षा इसका कुछ भाग अवितरित लाभ के रूप में रख लेती हैं। उपभोक्ताओं और फर्मों की ऐसी बचतों को जमा नहीं किया जाता, बल्कि पूंजी बाजार में बाँडों, शेयरों और डिबेंचरों आदि में निवेश कर दिया जाता है। ये पूंजी बाजार में प्रवाहित होते हैं।

दूसरी ओर, व्यापारिक फर्में निवेश करने के लिए पूंजी बाजार से रुपया उधार लेती हैं। इस प्रकार पूंजी बाजार में प्रवाहित की जाने वाले बचतें व्यवसाय क्षेत्र द्वारा निवेश करने के उद्देश्य से ले ली जाती हैं तथा इस तरह अर्थव्यवस्था में आय का चक्रीय प्रवाह

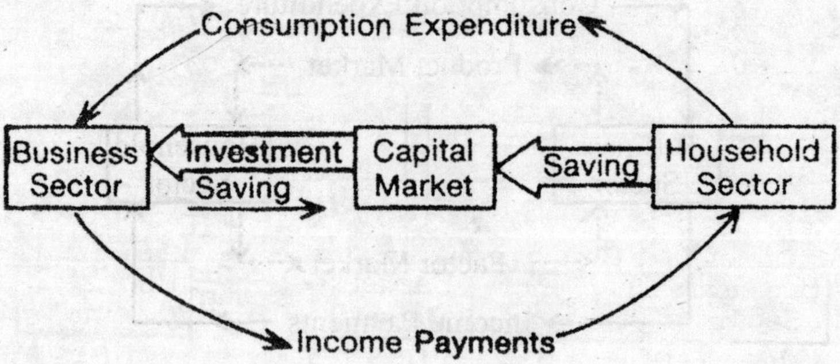

चित्र 2

बना रहता है।

चित्र 2 से मालूम होता है कि बचत और निवेश को शामिल करने से आय के चक्रीय प्रवाह में कैसे परिवर्तन हो जाता है। खर्च करने के दो रास्ते हैं—(i) प्रत्यक्ष रूप से उपभोग के जरिए घरेलू क्षेत्र से व्यवसाय क्षेत्र को, और (ii) अप्रत्यक्ष रूप से व्यवसाय क्षेत्र द्वारा निवेश व्यय के जरिए।

चित्र 2 के केन्द्र में पूंजी बाजार (अथवा साख या वित्तीय) है जिसमें घरेलू क्षेत्र और व्यवसाय क्षेत्र से पूंजी बाजार में बचतों के अंतर्वाह (inflow) को और पूंजी-बाजार से व्यापार क्षेत्र में निवेश के बहिर्वाह (outflow) को दर्शाया गया है। पूंजी-बाजार घरेलू क्षेत्र में निवेश और व्यवसाय क्षेत्र की बचत और निवेश गतिविधियों में समन्वय रखता है और अर्थव्यवस्था में आय के चक्रीय प्रवाह को बनाए रखता है।

4. त्रि-क्षेत्रीय अर्थव्यवस्था या सरकारी क्षेत्र युक्त आय का चक्रीय प्रवाह (CIRCULAR FLOW OF INCOME WITH GOVERNMENT SECTOR OR THREE SECTOR ECONOMY)

अभी तक हम आय के चक्रीय प्रवाह पर अर्थव्यवस्था के द्वि-क्षेत्रीय मॉडल की व्याख्या कर रहे थे। इसमें हम सरकारी क्षेत्र को जोड़ देते हैं ताकि इसे त्रि-क्षेत्रीय बंद मॉडल बनाया जा सके। इसके लिए हम प्रस्तुतिकरण में कराधान और सरकारी खरीदों (व्यय) को शामिल कर लेते हैं। कराधान चक्रीय प्रवाह से निकास है और सरकारी खरीद मुद्रा के चक्रीय प्रवाह में अन्त:प्रवेश (injection) है।

पहले हम घरेलू क्षेत्र और सरकारी क्षेत्र के बीच होने वाले चक्रीय प्रवाह को लेते हैं। घरेलू क्षेत्र द्वारा निजी आयकर और वस्तु कराधान के रूप में दिए गए कर चक्रीय प्रवाह से बहिर्वाह या निकास है। परन्तु सरकार द्वारा घरेलू क्षेत्र की जो सेवाएं खरीदी जाती हैं, इसके लिए सरकार उन्हें वृद्धा पेंशन, बेरोजगारी भत्ता, बीमारी आदि में आर्थिक मदद के रूप में अंतरण भुगतान (transfer payments) करती है तथा इसके अलावा कुछ सामाजिक सेवाओं जैसे शिक्षा, स्वास्थ्य, आवास, पानी, पार्क और अन्य सुविधाएं प्रदान करने के लिए भी खर्च करती है। सरकार द्वारा किए गए ये सभी व्यय आय के चक्रीय प्रवाह में अन्त: प्रवेश हैं।

हम सरकारी क्षेत्र और व्यवसाय क्षेत्र के बीच के चक्रीय प्रवाह को लेते हैं। व्यवसाय क्षेत्र द्वारा सरकारी क्षेत्र को कर के रूप में किया गया सभी प्रकार का भुगतान चक्रीय प्रवाह से निकास है। दूसरी ओर, सरकार अपनी आवश्यकता की सभी वस्तुओं को व्यवसाय क्षेत्र से खरीदती है और उत्पादन करने हेतु प्रोत्साहित करने के लिए फर्मों को सब्सिडी प्रदान करती है एवं अन्तरण भुगतान करती है। ऐसे सभी सरकारी व्यय आय के चक्रीय प्रवाह में अन्त: प्रवेश हैं।

अब हम घरेलू क्षेत्र, व्यवसाय क्षेत्र और सरकारी क्षेत्र को आय के चक्रीय प्रवाह में उनके अंतर्वाहों और बहिर्वाहों को देखने के लिए एक साथ लेते हैं। जैसाकि पहले बताया गया है कि आय के चक्रीय प्रवाह से कराधान एक निकास है। यह घरेलू क्षेत्र के

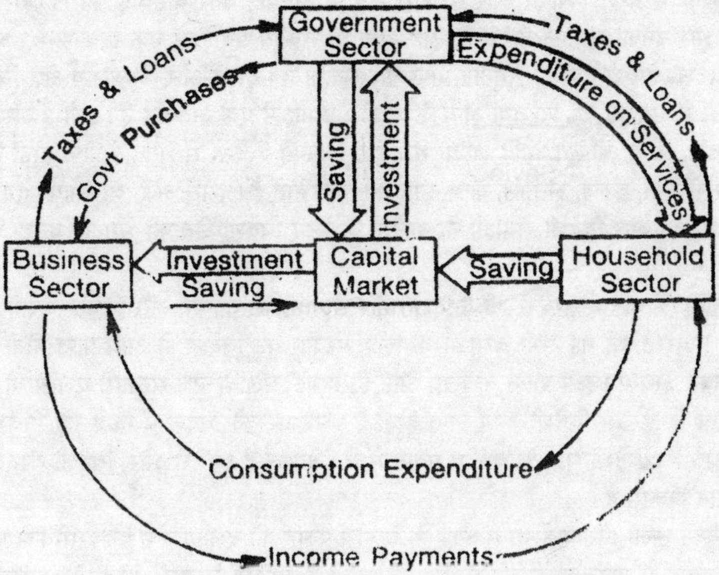

चित्र 3

उपभोग और बचत को कम करने की प्रवृत्ति रखता है। इसके फलस्वरूप कम हुआ उपभोग फर्मों की बिक्री और आय में भी कमी लाता है। दूसरी ओर, व्यापारिक फर्मों पर कर लगने से उनका निवेश और उत्पादन कम हो जाता है। सरकार व्यापार क्षेत्र से खरीदारी करके और कर-राशि के बराबर परिवार क्षेत्र की सेवाएं खरीद कर इन निकासों से हुई क्षतिपूर्ण करती है। इस प्रकार फर्मों की कुल बिक्री फिर उत्पादन के बराबर हो जाती है और आय एवं व्यय के चक्रीय प्रवाह में संतुलन बना रहता है। चित्र 3 से पता चलता है कि घरेलू क्षेत्र और व्यवसाय क्षेत्र से सरकार को कर प्राप्त होते हैं। अब सरकार निवेश करती है तथा इसके लिए व्यापार क्षेत्र से वस्तुएं और घरेलू क्षेत्र से उत्पादन के साधन खरीदती है। इस प्रकार वस्तुओं और सेवाओं की सरकारी खरीद आय के चक्रीय प्रवाह में अन्त:प्रवेश है और कर निकास है।

यदि सरकारी खरीदारी शुद्ध (net) कर से अधिक होगी तो सरकार को सरकारी व्यय और करों के अन्तर के बराबर घाटा होगा। सरकार अपने घाटे को पूंजी बाजार से ऋण लेकर पूरा करती है और पूंजी बाजार को यह राशि परिवार क्षेत्र द्वारा अपनी बचत के रूप में उपलब्ध कराई जाती है। दूसरी ओर, यदि निवल कर सरकारी खरीदारी से अधिक हो जाते हैं तो सरकारी बजट आधिक्य या बेशी (surplus) बजट होगा। ऐसी स्थिति में सरकार सार्वजनिक ऋण को कम कर देती है तथा पूंजी-बाजार को राशि उपलब्ध कराती है, जो व्यापार क्षेत्र को प्राप्त होती है।

5. विदेशी क्षेत्र युक्त आय या चार क्षेत्रीय चक्रीय प्रवाह (CIRCULAR FLOW OF INCOME WITH FOREIGN SECTOR OR FOUR SECTORS)

अभी तक बंद अर्थव्यवस्था में आय के चक्रीय प्रवाह को दिखाया गया है। परन्तु वास्तविक अर्थव्यवस्था तो वह खुली अर्थव्यवस्था है जिसमें विदेशी व्यापार एक महत्त्वपूर्ण भूमिका अदा करता है। निर्यात आय के चक्रीय प्रवाह में एक अंतर्वाह है। वे स्वदेशी फर्मों के लिए आय सृजित करते हैं। जब विदेशी, स्वदेशी फर्मों द्वारा तैयार की गई वस्तुएं और सेवाएं खरीदते है तो आय के चक्रीय प्रवाह में ये निर्यात हैं। दूसरी ओर, आयात चक्रीय प्रवाह से निकास हैं। ये घरेलू क्षेत्र द्वारा विदेशी वस्तुओं की खरीद पर किया गया व्यय हैं। चित्र 6.4 में इन निर्यातों और आयातों को चक्रीय प्रवाह में दिखाया गया है।

विदेशी क्षेत्र के सम्बन्ध में घरेलू, व्यापार और सरकारी क्षेत्र के अंतर्वाह और बहिर्वाह को लें। घरेलू क्षेत्र विदेश से आयातित वस्तुओं को खरीदता है और उनका भुगतान करता है। यह आय के चक्रीय प्रवाह से एक निकास है। घरेलू क्षेत्र विदेश में की गई नौकरी आदि के लिए विदेश–क्षेत्र से अंतरण भुगतान प्राप्त कर सकता है। दूसरी ओर, व्यवसाय क्षेत्र विदेश में वस्तुओं का निर्यात करता है और इसके बदले में भुगतान की प्राप्तियां आय के चक्रीय प्रवाह में एक अंतर्वाह हैं। इसी प्रकार व्यापारिक फर्मों द्वारा अन्य देशों के लिए की गई लदान, बीमा, बैंकिंग आदि अनेक सेवाएं हैं जिनको विदेशों से भुगतान प्राप्त होता है। इन फर्मों को विदेशों में किए गये निवेशों के लिए रॉयल्टी, ब्याज, लाभांश, लाभ आदि भी प्राप्त होते हैं। दूसरी ओर, व्यवसाय–क्षेत्र पूंजीगत वस्तुओं, मशीनरी, कच्चा माल, उपभोक्ता वस्तुओं और विदेशी सेवाओं के आयात के लिए विदेशी क्षेत्र को भुगतान करता है। ये सब आय के चक्रीय प्रवाह से निकास हैं।

व्यवसाय क्षेत्र की तरह आधुनिक सरकारें भी वस्तुओं और सेवाओं का आयात और निर्यात करती हैं और अन्य देशों से मुद्रा लेती हैं और खरीदती हैं। निर्यात की गई सभी वस्तुओं के लिए सरकार को विदेशों से आय प्राप्त होती है। इसी तरह जब विदेशी हमारे देश में पर्यटक बनकर अथवा शिक्षा प्राप्ति के लिए आते हैं, इसके अलावा जब सरकारी एजेन्सियों से पोत–लदान, बीमा और बैंकिंग सेवाएं प्रदान करती हैं तो उसे विदेशी आय प्राप्त होती है। सरकार को विदेश में किए गए निवेश के लिए रॉयल्टी, ब्याज, लाभांश आदि भी प्राप्त होते हैं। विदेशी मुद्रा के चक्रीय प्रवाह में ये इंजेक्शन हैं। दूसरी ओर, विदेशी वस्तुओं और सेवाओं की खरीद के लिए किया गया भुगतान निकास है।

चित्र 4 में चार क्षेत्रयुक्त खुली अर्थव्यवस्था में आय के चक्रीय प्रवाह को दर्शाया गया है। इसमें चित्र के दाहिनी ओर बचत, कर और आयात को चक्रीय प्रवाह से बहिर्वाह के रूप में दिखाया गया है तथा चित्र के बाईं ओर निवेश, सरकारी खरीद और निर्यात को चक्रीय प्रवाह में अंतर्वाह के रूप में दिखाया गया है। इसके अलावा, आयात, निर्यात और अन्तरण भुगतानों को क्रमशः घरेलू क्षेत्र, व्यापार क्षेत्र और सरकारी क्षेत्र से उत्पन्न हुआ दिखाया गया है। यह बहिर्वाह और अंतर्वाह विदेशी क्षेत्र से होकर गुजरते हैं जिसे 'भुगतान संतुलन क्षेत्र' भी कहा जाता है।

यदि आयात से निर्यात बढ़ जाएं तो अर्थव्यवस्था के भुगतान–शेष में बेशी होती है और यदि निर्यात से आयात अधिक हो, तो भुगतान–शेष में घाटा होता है। परन्तु यह आवश्यक है कि अन्त में किसी अर्थव्यवस्था के निर्यात उसके आयात के बराबर हों। यह कार्य अर्थव्यवस्था द्वारा अपनाई गई विदेश–व्यापार नीतियां करती हैं।

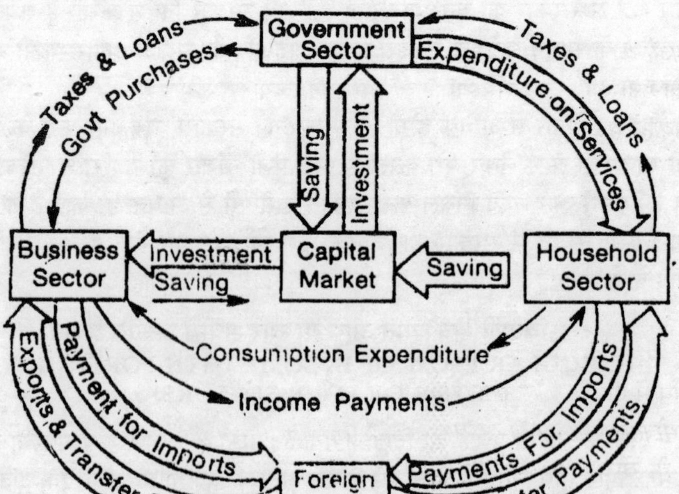

चित्र 4

सम्पूर्ण विश्लेषण सरल समीकरणों द्वारा स्पष्ट किया जा सकता है:

$$Y = C + I + G \quad ...(1)$$

जहां क्रमश: Y वस्तुओं तथा सेवाओं के उत्पादन को, C उपभोग व्यय को, I अर्थव्यवस्था में निवेश के स्तर को और G सरकारी व्यय को व्यक्त करते हैं।

अब सरकारी व्यय के समीकरण के लिए हम अपने मॉडल में कराधान को भी मिला लेते हैं।

इसलिए
$$Y = C + S + T \quad ...(2)$$

जहां S बचत है और T कराधान है।

(1) तथा (2) का समीकरण करने पर, हमें प्राप्त होता है :

$$C + I + G = C + S + T$$

अथवा
$$I + G = S + T$$

विदेशी क्षेत्र को सम्मिलित करने पर हम निवेश को घरेलू निवेश (I_d) तथा विदेशी निवेश (I_f) में विभक्त कर लेते हैं और हमें प्राप्त होता है:

$$I_d + I_f + G = S + T$$

परन्तु
$$I_f = X - M$$

जहां X निर्यात हैं और M आयात हैं।

$$\therefore \quad I_d + (X - M) + G = S + T$$

$$I_d + (X - M) = S + (T - G)$$

यह समीकरण आय तथा व्यय के सन्तुलन की अवस्था को प्रकट करती है।

6. चक्रीय प्रवाह का महत्त्व
(IMPORTANCE OF THE CIRCULAR FLOW)

चक्रीय प्रवाह के आर्थिक विश्लेषण में निम्नलिखित महत्त्व पाये जाते हैं:

1. *अर्थव्यवस्था का कार्यकरण (Working of the Economy)*— चक्रीय प्रवाह की धारणा अर्थव्यवस्था का बहुत स्पष्ट रूप प्रस्तुत करती है। हम जान सकते हैं कि अर्थव्यवस्था दक्षतापूर्वक कार्य कर रही है या नहीं और कि उसके सुचारु कार्यकरण में कोई गड़बड़ तो नहीं।

2. *असंतुलन की समस्याओं का अध्ययन (Study of Problems of Disequilibrium)*— चक्रीय प्रवाह की सहायता से ही असंतुलन की समस्याओं और संतुलन के पुनः स्थापन की समस्याओं का अध्ययन किया जा सकता है।

3. *रिसावों और अन्त:प्रवाहों का अर्थव्यवस्था पर प्रभाव (Effect of Leakages and Inflows on Economy)*— रिसावों के कार्य भाग से हम राष्ट्रीय अर्थव्यवस्था पर उनके प्रभावों का अध्ययन कर सकते हैं। उदाहरणार्थ, जितने आयात हैं वे आय के चक्रीय प्रवाह से रिसाव हैं क्योंकि वे बाहर के देश को किए गए भुगतान हैं। इस रिसाव की रोकथाम के लिए सरकार को ऐसे उचित कदम उठाने चाहिएं जिनसे निर्यात बढ़ें और आयात कम हों।

इसी प्रकार, बचत व्यय-धारा से होने वाला रिसाव है। इससे आय का चक्रीय प्रवाह दब जाता है। दूसरी ओर, उपभोग व्यय अन्त:प्रवाह होते हैं। यदि अन्त:प्रवाहों से रिसाव अधिक हों, तो उत्पादन की अपेक्षा कुल व्यय कम रह जाएगा। परिणामत: कुछ समय बाद आय तथा रोजगार गिर जाएंगे। दूसरी ओर, यदि रिसावों से अन्त:प्रवाह अधिक होंगे, तो चक्रीय प्रवाह व्ययधारा बड़ी हो जाएगी। इससे आने वाले समय में आय तथा रोजगार बढ़ेंगे।

4. *उत्पादकों और उपभोक्ताओं के बीच सम्बन्ध (Link between Producers and Consumers)*—मुद्रा का चक्रीय प्रवाह उत्पादकों और उपभोक्ताओं के बीच एक सम्बन्ध स्थापित करता है। मुद्रा ही वह साधन है जिसके जरिए उत्पादक उत्पादन के साधनों की सेवाएं खरीदता है और इसके बदले उत्पादन के साधन उत्पादकों से वस्तुएं खरीदते हैं।

5. *बाजारों के जाल का सृजन (Creates a Network of Markets)*— उपरोक्त के परिणामस्वरूप उत्पादक और उपभोक्ता के सम्बन्धों से मुद्रा के चक्रीय प्रवाह के जरिए विभिन्न वस्तुओं और सेवाओं के लिए बाजारों का जाल बिछ गया है जिससे उनकी बिक्री और खरीद की समस्याएं अपने-आप सुलझ जाती हैं।

6. *स्फीतिकर और अवस्फीतिकर प्रवृत्तियां (Inflationary and Deflationary Tendencies)*— मुद्रा के चक्रीय प्रवाह में निकास अथवा अंतर्वाह अर्थव्यवस्था के सुचारू कार्य में बाधा डालते हैं। उदाहरणार्थ बचत, व्यय-प्रवाह में से एक निकास है। यदि बचत में वृद्धि होती है तो इससे मुद्रा के चक्रीय प्रवाह में कमी आ जाती है। अर्थव्यवस्था में मुद्रा की आपूर्ति करने पर रोजगार, आय और कीमतों में कमी आती है इससे अर्थव्यवस्था में अवस्फीतिकर प्रक्रिया उत्पन्न हो जाती है। दूसरी ओर उपभोग, व्यय और निवेश आय के चक्रीय प्रवाह में अंतर्वाह है। और इससे रोजगार, आय, उत्पादन और कीमतों में वृद्धि होती है तथा स्फीतिकर प्रवृत्तियों को बढ़ावा मिलता है।

7. *गुणक का आधार (Basis of Multiplier)*—इसके अलावा यदि आय के चक्रीय-प्रवाह में निकास, अंतर्वाह से अधिक हो जाते हैं तो कुल मुद्रा आपूर्ति, कुल उत्पादन से कम हो जाती है। इससे रोजगार, आय, उत्पादन और कीमतों में एक बार में ही संचयी कमी हो जाती है। दूसरी ओर, यदि आय के चक्रीय प्रवाह में अंतर्वाह, निकास अधिक हो जाते हैं तो अर्थव्यवस्था में मुद्रा आपूर्ति बढ़ जाती है। इससे रोजगार, आय, उत्पादन, कीमतों में एक समयावधि में संचयी वृद्धि हो जाती है। वास्तव में केन्द्रीय गुणक का आधार आय के चक्रीय प्रवाह में संचयी गतियां हैं।

8. *मौद्रिक नीति का महत्त्व (Importance of Monetary Policy)*— आय के चक्रीय-प्रवाह का अध्ययन करने से बचत और निवेश की बराबरी लाने में मौद्रिक नीति के महत्त्व पर भी प्रकाश डाला गया है। रेखाचित्र 6.2 में दर्शाया गया है कि बचत और निवेश में बराबरी पूंजी-बाजार के जरिए आती है। सरकार द्वारा पूंजी-बाजार का नियंत्रण मौद्रिक नीति के जरिए किया जाता है। जब बचत, निवेश से अधिक हो जाती है या निवेश, बचत से अधिक है तो स्फीति अथवा अवस्फीति हो जाती है। यह मौद्रिक नीति ही है जिसके जरिए अवस्फीतिकर अथवा स्फीतिकर अवस्थाओं को नियन्त्रित करने के लिए निवेश को बढ़ाया अथवा समाप्त किया जाता है।

9. *राजस्व नीति का महत्त्व (Importance of Fiscal Policy)*— आय का चक्रीय-प्रवाह राजकोषीय नीति के महत्त्व के बारे में भी उल्लेख करता है। आय के चक्रीय-प्रवाह के संतुलन में होने के लिए बचत और कर (S + T) का योग, निवेश और सरकारी व्यय (I + G) के बराबर होना चाहिए। बचत और कर (S + T) आय प्रवाह के निकास को दर्शाते हैं जिन्हें आय प्रवाह में निवेश और सरकारी व्यय (I + G) के इन्जेक्शन से क्षतिपूर्ति कर देना चाहिए। इसलिए यदि बचत और कर (S + T) का योग निवेश और सरकारी व्यय (I + G) के योग से अधिक हो तो अर्थव्यवस्था में अवस्फीतिकर प्रवृत्तियां उत्पन्न हो जाती हैं जिन्हें करों में कमी और सरकारी व्यय में वृद्धि जैसे राजकोषीय उपायों को अपनाकर दूर किया जा सकता है। दूसरी ओर, यदि निवेश और सरकारी व्यय (I + G) का योग बचत और करों (S + T) के योग से अधिक हो जाता है तो अर्थव्यवस्था में स्फीतिकर प्रवृत्तियां उत्पन्न हो जाती हैं जिन्हें बचत को प्रोत्साहन देकर और कराधान के जरिए सरकारी राजस्व बढ़ाकर रोका जा सकता है। इस प्रकार आय का चक्रीय प्रवाह क्षतिपूर्ति (compensatory) राजकोषीय नीति को अपनाने के महत्त्व की जानकारी भी प्रदान करता है।

10. *व्यापार नीति का महत्त्व (Importance of Trade Policy)*— इसी प्रकार, आयात आय के चक्रीय-प्रवाह में निकास है, क्योंकि ये विदेशों को किए गये भुगतान हैं। इसे रोकने के लिए सरकार ऐसे उपाय अपनाती है जिनसे निर्यात बढ़े और आयात कम हो। इस प्रकार, आय का चक्रीय प्रवाह निर्यात प्रोत्साहन और आयात नियन्त्रण नीतियां अपनाने के महत्व पर प्रकाश डालता है।

11. *राष्ट्रीय लेखांकन का आधार (Basis of National Income Accounts)*— आय का चक्रीय-प्रवाह राष्ट्रीय आय के लेखांकन में सहायक है। राष्ट्रीय आय प्रवाह अर्थव्यवस्था में सभी प्रकार के लेन-देनों से सम्बन्धित है जिन्हें विभिन्न क्षेत्रों में प्राप्तियों और भुगतानों द्वारा दिखाया जाता है।

निष्कर्ष में, आय का चक्रीय प्रवाह अर्थव्यवस्था में पर्याप्त सैद्धांतिक और व्यावहारिक महत्त्व रखता है।

प्रश्न

1. आय के चक्रीय-प्रवाह से आप क्या समझते हैं? एक अर्थव्यवस्था में आय के चक्रीय-प्रवाह की व्याख्या करिए। चित्रों का प्रयोग कीजिए।
2. एक अर्थव्यवस्था में आय के चक्रीय-प्रवाह, जिसमें विदेशी क्षेत्र शामिल हो, की व्याख्या कीजिए। अपने उत्तर में चित्रों का प्रयोग करिए।
3. चक्रीय-प्रवाह से आप क्या समझते हैं? एक अर्थव्यवस्था में आय के चक्रीय प्रवाह के महत्त्व को समझाइए।

अध्याय 7

राष्ट्रीय आय लेखांकन

(National Income Accounting)

1. प्रस्तावना
(INTRODUCTION)

ऊपर अध्याय 3 एवं 5 में हमने राष्ट्रीय लेखांकन से संबंधित कुछ धारणाओं का अध्ययन किया। अब प्रस्तुत अध्याय में अन्य महत्वपूर्ण लेखांकन विधियों जैसे आगत-निर्गत लेखांकन, निधियों के प्रवाह लेखे तथा भुगतान शेष लेखे का विश्लेषण करते हैं।

2. आगत-निर्गत लेखांकन
(INPUT-OUTPUT ACCOUNTING)

आगत-निर्गत विश्लेषण[1] से हमें पता चलता है कि सम्पूर्ण आर्थिक व्यवस्था में औद्योगिक अन्त:संबंध (inter-industry relationships) तथा परस्पर-निर्भरताएं (inter-dependencies) रहती हैं। किसी एक उद्योग के आगत किसी दूसरे उद्योग के निर्गत होते हैं, और **विलोमशः भी,** जिनके परिणामस्वरूप उनके पारस्परिक संबंध संपूर्ण अर्थव्यवस्था में पूर्ति तथा मांग के बीच संतुलन स्थापित करते हैं। इस्पात उद्योग के लिए कोयला आगत है और कोयला उद्योग के लिए इस्पात आगत है, चाहे ये दोनों ही अपने-अपने उद्योग के निर्गत हैं। अधिकांश आर्थिक क्रियाएं उन मध्यवर्ती वस्तुओं (आगतों) के उत्पादन में संलग्न रहती हैं, जिन्हें आगे अन्तिम वस्तुओं (निर्गतों) के उत्पादन में प्रयोग किया जाता है। विभिन्न उद्योगों के बीच वस्तुओं के प्रवाह ''भंवर तथा विपरीत धाराओं'' की भांति होते हैं। पूर्ति पक्ष के अन्तर्गत मध्यवर्ती वस्तुओं के अन्त: उद्योगीय प्रवाह आते हैं, और मांग पक्ष में अन्तिम वस्तुओं के। अत: आगत-निर्गत विश्लेषण का अर्थ यह है कि संतुलन की स्थिति में सम्पूर्ण अर्थव्यवस्था के कुल उत्पादन (निर्गत) का मौद्रिक मूल्य निश्चय से अन्त:उद्योगीय आगतों के मौद्रिक मूल्यों के योग **जमा** अन्त:उद्योगीय निर्गतों के मौद्रिक मूल्यों के योग के बराबर होगा।

राष्ट्रीय आय लेखों का संबंध अर्थव्यवस्था के अन्तिम उत्पादन से होता है। वे निर्गतों के अन्त: उद्योगीय प्रवाहों तथा मांग की गई वस्तुओं एवं सेवाओं से उन प्रवाहों के संबंधों को स्पष्ट रूप से नहीं प्रकट करते। आगत-निर्गत विश्लेषण इन संबंधों का विश्लेषण करता है। इस प्रकार यह विश्लेषण राष्ट्रीय आय लेखांकन विधि के मुकाबले सुधार का सूचक है।

आगत-निर्गत तालिका (Input-Output table)

राष्ट्रीय आय का आगत-निर्गत विश्लेषण एक आगत-निर्गत तालिका के रूप में प्रस्तुत किया जाता है जो 'लेनदेन आधारक' (ह्लह्डुठ्ठह्यडुष्ह्लद्बशठ्ठ द्वडुह्लह्द्ब3) पर आधारित होती है। 'लेनदेन आधारक' यह बताता है कि एक उद्योग का कुल उत्पादन किस प्रकार अन्य सभी उद्योगों में आगतों के रूप में तथा अन्तिम मांग के लिए वितरित किया जाता है। द्बठ्ठ मात्राओं अथवा मूल्यों के समूह को द्ब पंक्तियों में तथा ठ्ठ स्तम्भों में आयताकार या वर्गाकार रूप में दर्शाना आधारक है। यही कारण है कि आगत-निर्गत तालिका को ही प्राय: आगत-निर्गत आधारक कहा जाता है। आगत-निर्गत तालिका के स्तंभ तथा पंक्तियां ''अन्तिम व्ययों तथा आय भुगतानों के उन

1. आगत-निर्गत विश्लेषण सबसे पहले W.W. Leontief ने अपनी पुस्तक *The Structure of the American Economy, 1919-1993* में 1951 में प्रस्तुत किया था।

औद्योगिक भागों को प्रस्तुत करती हैं जो राष्ट्रीय आय लेखों में सम्मिलित हो जाते हैं।''

तालिका 1 : आगत-निर्गत लेन-देन आधारक
(INPUT-OUTPUT TRANSACTION MATRIX)

(रु० करोड़)

क्रय क्षेत्र↓ विक्रय क्षेत्र	कृषि को आगत	उद्योग को आगत	अन्य	अन्तिम मांग $(X + K + G + C)$	कुल सकल निर्गत
	(1)	(2)	(3)	(4)	(5)
1. कृषि	—	15	5	22	42
2. उद्योग	12	—	17	16	45
3. अन्य	8	12	—	30	50
4. आयात	7	5	8	7	27
5. प्राथमिक आगतें	15	13	20	0	48
कुल सकल आगत	12	45	50	75	212

किसी अर्थव्यवस्था का सरल आगत-निर्गत लेन-देन आधारक (input-output transaction matrix) तालिका 1 में दिखाया गया है। इसकी *पंक्तियां प्रत्येक उद्योग के उत्पादन (निर्गत) की उस राशि को प्रकट करती हैं जो प्रत्येक अन्य उद्योग एवं अन्तिम क्रेता को बेची गई हैं। स्तंभों में हर उद्योग की आगतों की वह राशि दिखाई गई है जो प्रत्येक अन्य उद्योग से, और आयातों एवं साधन-सेवाओं से खरीदी गई है,* जिन्हें प्राथमिक आगतें (primary inputs) कहा जाता है क्योंकि देश में उद्योग उनका उत्पादन नहीं करते।

इस तालिका में अर्थव्यवस्था के कृषि क्षेत्र की कुल सकल निर्गत (total gross output) प्रथम पंक्ति में ली गई है। इसमें 15 करोड़ रु० औद्योगिक क्षेत्र को, 5 करोड़ रु० अन्य क्षेत्रों को, और 22 करोड़ रु० अन्तिम मांग को गये, जिसमें निर्यात *(X)*, पूंजी *(K)*, सरकारी *(G)* और वैयक्तिक उपभोग *(C)* सम्मिलित हैं। अत: कृषि क्षेत्र का कुल सकल निर्गत (उत्पादन) 42 करोड़ रु० = 20 करोड़ रु० मध्यवर्ती वस्तुएं (15 करोड़ रु० जमा 5 करोड़ रु०) जमा 22 करोड़ रु० अन्तिम मांग के लिए। इसी प्रकार, दूसरी पंक्ति 45 करोड़ रु० प्राप्ति वर्ष के मूल्य की अर्थव्यवस्था के औद्योगिक क्षेत्र के कुल उत्पादन का वितरण दिखाती है। इसी तरह अन्य पंक्तियां अन्य क्षेत्रों तथा आगत एवं प्राथमिक आगतों के उत्पादन के वितरण को दर्शाती हैं।

दूसरी ओर, प्रथम स्तम्भ (नीचे की ओर पढ़ें) कृषि क्षेत्र में अर्थव्यवस्था के अन्य क्षेत्रों से आने वाली आगतों को दिखाता है। उदाहरणार्थ, 12 करोड़ रु० की आगतें औद्योगिक क्षेत्र से, 8 करोड़ रु० की अन्य क्षेत्रों से, 7 करोड़ रु० की आयातों से और 15 करोड़ रु० की प्राथमिक आगतों से कृषि क्षेत्र में आती हैं। प्राथमिक आगतें मूल्यह्रास और मजदूरी लाभ, लगान आदि जोड़ की भुगतान हैं। उन्हें मूल्य बढ़ाव (value added) भी कहते हैं। अत: कृषि क्षेत्र की कुल सकल आगत 12 + 8 + 7 + 15 = 42 करोड़ रु० है। इसी प्रकार, अन्य स्तंभ औद्योगिक क्षेत्र, अन्य क्षेत्रों और अन्तिम मांग की आगतें दर्शाते हैं। प्राथमिक आगतों के सामने अन्तिम मांग के स्तंभ में शून्य दिखाया गया है। इसका मतलब है कि किसी देश के परिवार केवल उपभोग (या व्यय) ही करते हैं लेकिन अपने आपको कुछ नहीं बेचते। उदाहरणार्थ, श्रम प्रत्यक्ष तौर पर उपभोग नहीं होता है।

यह ध्यान देने योग्य है कि आगत-निर्गत तालिका में अर्थव्यवस्था के कुल पंक्ति जोड़ स्तंभ के कुल जोड़ के बराबर अवश्य होने चाहिएं। इसका अभिप्राय है कि अर्थव्यवस्था के कुल सकल निर्गत कुल सकल आगत के बराबर हों जैसा कि तालिका में 212 करोड़ रु० है।

आगत-निर्गत तालिका से GNP, GNE और GNI कैसे मालूम किया जाए ? (How to find out GNP, GNE and GNI in the Input and Output Tables)

राष्ट्रीय आय लेखांकन में अन्त:उद्योग लेन-देन शामिल नहीं किए जाते हैं। ऐसा बहुगणना (multiple counting) की त्रुटियों को दूर करने के लिए किया जाता है। वास्तव में, मध्यवर्ती वस्तुएं (आगतें और निर्गतें) पदार्थों के उत्पादन में सदैव शामिल होती हैं। अत: केवल अन्तिम मांग या साधनों के भुगतान ही **साधन कीमतों पर** GNP में सम्मिलित होते हैं। ऊपर तालिका में साधन कीमतों पर GNP 48 करोड़ रु० है। अर्थव्यवस्था को उपलब्ध कुल संसाधन (resources) प्राथमिक आगतें (GNP) जमा आयातें हैं : 48 करोड़ रु० + 27 करोड़ रु० = 75 करोड़ रु०। यह सकल राष्ट्रीय आय (GNI) है। 75 करोड़ रु० की GNI, कुल सकल निर्गत और मध्यवर्ती वस्तुओं के कुल मूल्य का अन्तर भी होता है : 212 करोड़ रु० –137 करोड़ रु० = 75 करोड़ रु०। सकल राष्ट्रीय व्यय, अन्तिम मांग को पूरा करने के लिए भुगतानों का जोड़ है जिसमें निर्यात, पूंजी व्यय, सरकारी व्यय और उपभोग व्यय शामिल होते हैं। अत: तालिका में अन्तिम मांग स्तम्भ का जोड़ जो 75 करोड़ रु० है (22 +16 + 30 + 7), यह अर्थव्यवस्था का सकल राष्ट्रीय व्यय (GNE) है जो सकल राष्ट्रीय आय (GNI) के बराबर है।

आगत गुणांक या तकनीकी गुणांक (Input Coefficient or Technical Coefficient)

दो प्रकार के संबंध होते हैं जो उस ढंग को बताते और निर्धारित करते हैं, जिसमें अर्थव्यवस्था व्यवहार करती है, जो स्रोतों के प्रवाह के एक विशेष ढांचे को धारण कर लेती है। वे हैं : (i) अर्थव्यवस्था के प्रत्येक क्षेत्र की आन्तरिक स्थिरता या संतुलन, तथा (ii) प्रत्येक क्षेत्र या अन्तर्क्षेत्रीय संबंधों की बाह्य स्थिरता। प्रो० **लियोनतिफ** इन्हें 'संतुलन और संरचना में आधारभूत संबंध' (fundamental relation of balance and structure) कहता है। इनकी गणितीय अभिव्यक्ति **संतुलन समीकरण** (balance equation) या **संरचनात्मक समीकरण** (structural equation) कहलाती है।

मानलीजिए, उद्योग नं० i की कुल निर्गत X_i को उद्योगों की विभिन्न संख्या 1, 2, 3, ... n तथा अन्तिम मांग Di में विभाजित करें, तो संतुलन समीकरण यह बनता हैं :

$$Xi = xi_1 + xi_2 + xi_3 \ldots\ldots xi_n + Di \qquad \ldots(1)$$

और मान लीजिए Yi मात्रा, जो 'बाहरी क्षेत्र' (outside sector) में खप जाती है, को भी ध्यान में रखा जाए तो उद्योग नं० i संतुलन समीकरण यह बन जाएगा :

$$Xi = xi_1 + xi_2 + xi_3 \ldots\ldots xi_n + Di + Yi \qquad \ldots(2)$$

यह ध्यान रहे कि उद्योग i की वस्तुओं के उपभोग, निवेश और निर्यात (आयात को निकालकर) आदि के प्रवाहों के कुल जोड़ को Yi प्रकट करता है। इसे **वस्तुओं का अन्तिम बिल** (final bill of goods) भी कहते हैं जिसे भरना निर्गत का काम है।

संतुलन समीकरण मांग और पूर्ति में संतुलन की शर्तों को बताता है। अर्थात् आगतों और निर्गतों के प्रवाह एक उद्योग से दूसरे उद्योग में जाते हैं और आते हैं।

क्योंकि xi_2 उद्योग नं० i के उद्योग 2 की खपत की मात्रा को प्रकट करता है, इसलिए यह निष्कर्ष निकलता है कि xij उद्योग नं० i के उद्योग j की खपत की मात्रा को प्रकट करता है। उद्योग j का 'प्रौद्योगिकी गुणांक' (technology coefficient) या 'आगत गुणांक' **यों प्रकट किया जाता है :**

$$aij = \frac{xij}{Xj}$$

प्रति-गुणन करने से प्राप्त होता है

$$xij = aij.\ Xj \qquad \ldots(3)$$

जहां xij उद्योग i से उद्योग j का प्रवाह है, Xj उद्योग j की कुल निर्गत है और aij, जैसा कि पहले ही ऊपर बताया जा चुका है, स्थिरांक

(constant) है जिसे उद्योग नं० i में तकनीकी गुणांक या प्रवाह गुणांक (flow coefficient) कहते हैं। समीकरण (3) को **संरचनात्मक समीकरण** (structural equation) कहते हैं।

संरचनात्मक समीकरण हमें बताता है कि एक उद्योग की निर्गत सब उद्योगों द्वारा खपा ली जाती है। जिससे समस्त अर्थव्यवस्था की प्रवाह संरचना प्रकट हो जाती है।

कई संरचनात्मक समीकरण $xij=aij. Xj$ अर्थव्यवस्था की वर्तमान प्रौद्योगिकी स्थितियों का सार रूप में विवरण देते हैं। आगत गुणांकों की तालिका प्रौद्योगिकी आधारक (technology matrix) कहलाती है।

तालिका 1 का तकनीकी आधारक तालिका 2 में दिया गया है। ये आगत गुणांक, पहले स्तंभ की प्रत्येक मात्रा को पहली पंक्ति के कुल जोड़ से विभक्त करके और दूसरे स्तंभ की प्रत्येक मात्रा को दूसरी पंक्ति के कुल जोड़ से विभक्त करके, और इसी तरह आगे भी, निकाले गए हैं। प्रौद्योगिकी आधारक का प्रत्येक स्तंभ यह दर्शाता है कि एक रुपये की निर्गत उत्पादित करने के लिए कृषि, औद्योगिक और अन्य क्षेत्रों से आगत की कितनी इकाइयां चाहिएं। उदाहरणार्थ, प्रथम स्तंभ बतलाता है कि कृषि की एक रुपये की निर्गत उत्पादित करने के लिए 29 पैसे की आगतें औद्योगिक क्षेत्र से, 19 पैसे की अन्य से तथा 52 पैसे की प्राथमिक आगतें चाहिएं। प्रौद्योगिक आधारक आगतों के सभी गुणांकों का जोड़ अवश्य एक के बराबर होना चाहिए।

तालिका 2 : प्रौद्योगिकी गुणांक आधारक (आगत गुणांक)
(TECHNOLOGY COEFFICIENT MATRIX)

क्षेत्र	कृषि को आगत	उद्योगों को आगत	अन्य क्षेत्रों को आगत
कृषि	—	(15/45) = .33	(5/50) =.10
उद्योग	(12/42) =.29	—	(17/50) =.34
अन्य	(8/42) =.19	(12/45) =.27	—
प्राथमिक आगत	(22/45) =.52	(18/45) =.40	(28/50) =.56
कुल	1.00	1.00	1.00

आगत गुणांक (input coefficient) का प्रयोग अंतिम मांग के कुल उत्पादन में किसी भी क्षेत्रीय परिवर्तन के समस्त अर्थव्यवस्था पर प्रत्यक्ष और अप्रत्यक्ष प्रभावों को मापने के लिए किया जा सकता है।

आगत-निर्गत लेखांकन विश्लेषण की सीमाएं
(Limitations of Input-Output Accounting Analysis)

आगत-निर्गत लेखांकन विश्लेषण की अपनी त्रुटियां हैं :

(1) स्थिर गुणांक मान्यता अवास्तविक (Constant Input Coefficient Assumption Unrealistic)—इसका ढांचा **लियोनतिफ** की इस मूल मान्यता पर स्थित है कि उत्पादन का आगत गुणांक स्थिर होता है। यह मॉडल हमें इस बारे में कुछ नहीं बताता कि स्थितियों में परिवर्तन होने पर तकनीकी गुणांक में कैसे परिवर्तन होगा। फिर, हो सकता है कि कुछ उद्योगों की एकरूप पूंजी संरचनाएं हों, कुछ की भारी पूंजी आवश्यकताएं हों, जबकि कुछ पूंजी का प्रयोग ही न करें। उत्पादन की तकनीकों के प्रयोग ऐसे परिवर्तन उत्पादन के स्थिर गुणांकों की मान्यता को अवास्तविक बना देते हैं।

(2) साधन स्थानापन्नता संभव (Factor Substitution Possible)—उत्पादन के स्थिर गुणांकों की यह मान्यता साधन स्थानापन्नता की संभाव्यताओं की उपेक्षा करती है। वास्तव में, अल्पकाल में भी कुछ स्थानापन्नताओं की सदैव संभाव्यताएं होती हैं, जबकि दीर्घकाल में स्थानापन्नता संभाव्यताएं सापेक्षतया अधिक होती हैं।

(3) दृढ़ मॉडल (Rigid Model)—आगत-निर्गत मॉडल की दृढ़ता ऐसे तत्वों जैसे अड़चनों, बढ़ती लागतों आदि पर विचार नहीं करता।

(4) सीमित मॉडल (Limited Model)—आगत-निर्गत मॉडल अत्यन्त सरलीकृत तथा सीमित है क्योंकि यह अर्थव्यवस्था के केवल **उत्पादन** पक्ष पर ही सारा बल देता है। यह हमें इस बारे में कुछ नहीं बताता कि अर्थव्यवस्था में केवल आगतें और निर्गतें एक विशेष ढांचे की ही क्यों होती हैं।

(5) अन्तिम मांग में कठिनाई (Difficulty in Final Demand)— 'अन्तिम मांग' या 'वस्तुओं के बिल' के संबंध में भी कठिनाई उत्पन्न होती है। इस मॉडल में सरकार तथा उपभोक्ताओं के क्रय दिए हुए मान लिये जाते हैं और उन्हें वस्तुओं का विशिष्ट बिल समझ लेते हैं। अन्तिम मांग को स्वतंत्र चर समझा जाता है। इसलिए, हो सकता है कि यह तो सब साधनों का आनुपातिक उपयोग न कर पाएं, या फिर इसे उनकी उपलब्ध पूर्ति से अधिक की जरूरत पड़ जाए। उत्पादन के गुणांक की स्थिरता मानकर यह विश्लेषण इस कठिनाई को हल नहीं कर पाता।

(6) आगत की मात्रा स्थिर नहीं (Quantity of Input not Constant)—यह विश्लेषण प्रति इकाई निर्गत के उत्पादन के लिए आगत की एक स्थिर मात्रा के आधार पर क्रियाशील होता है, जो यथार्थिक नहीं है। क्योंकि साधन अधिकतर अविभाज्य होते हैं इसलिए निर्गतों में वृद्धियां सदैव आगतों में आनुपातिक वृद्धियां अपेक्षित नहीं रखतीं।

(7) समीकरणों के हल कठिन (Difficult Solution of Equations)—आगत-निर्गत मॉडल समीकरणों पर पनपता है जिन पर आसानी से नहीं पहुंचा जा सकता। पहली बात तो यह है कि समीकरणों का नमूना तैयार करना पड़ता है, फिर आवश्यक भारी-भरकम आकड़े इकट्ठे करने पड़ते हैं। समीकरणों के लिए ऊंचे गणित का ज्ञान अपेक्षित है और ठीक आंकड़ों को निश्चित करना भी उतना आसान नहीं है। इससे आगत-निर्गत मॉडल अमूर्त और कठिन बन जाता है।

महत्त्व (Importance)

परन्तु इन सीमाओं के बावजूद, आगत-निर्गत की धारणा राष्ट्रीय लेखांकन में अत्यन्त व्यावहारिक मूल्य और महत्व रखती है।

(1) आगत-निर्गत तालिका से एक उत्पादक उन वस्तुओं की किस्में और मात्राएं जान सकता है जिन्हें वह स्वयं तथा अन्य फर्में क्रय-विक्रय करती हैं। इस तरीके से वह आवश्यक समायोजन कर सकता है और उत्पादकों की तुलना में अपनी स्थिति को सुधार सकता है।

(2) आगत-निर्गत तालिका से गुटबन्दी के प्रति संभव झुकावों के बारे में, फर्मों और उद्योगों के आपसी संबंधों का भी पता लगाया जा सकता है।

(3) आगत-निर्गत तालिका से लंबी हड़ताल, युद्ध और व्यापार चक्र की प्रतिक्रिया का आसानी से बोध हो सकता है।

(4) राष्ट्रीय आय लेखांकन के लिए आगत-निर्गत विश्लेषण का प्रयोग होने लगा है "क्योंकि यह समष्टि-समूहों और मुद्रा प्रवाहों का अधिक विस्तृत विश्लेषण प्रस्तुत करता है।"

(5) राष्ट्रीय आय लेखांकन के आधार पर भी आगत-निर्गत विश्लेषण का आर्थिक आयोजन में भी प्रयोग किया जाता है। आगत्-निर्गत मॉडल एक निश्चित समय अवधि या समय पर अर्थव्यवस्था के विभिन्न क्षेत्रों के संरचनात्मक गुणांकों के बारे में आवश्यक सूचना प्रदान करता है जिसे एक इच्छित उद्देश्य की ओर अर्थव्यवस्था के साधनों के इष्टतम आवंटन के लिए प्रयोग किया जा सकता है।

3. निधियों के प्रवाह लेखे
(FLOW OF FUNDS ACCOUNTS)

राष्ट्रीय आय लेखे मौद्रिक या वित्तीय लेन-देनों के बारे में कुछ नहीं बताते जिनसे कर्जे, पूंजी हस्तांतरणों आदि द्वारा एक क्षेत्र अपनी बचतें अर्थव्यवस्था के अन्य क्षेत्रों के सुपुर्द करता है। राष्ट्रीय आय लेखांकन की इस त्रुटि को दूर करने के लिए प्रो० **मोरिस कोपलैंड**[1] ने निधियों के प्रवाह लेखे 1952 में विकसित किए।

निधियों के प्रवाह लेखे अर्थव्यवस्था के विभिन्न क्षेत्रों में वित्तीय लेन-देनों और बचत तथा निवेश समूहों में संबंध के साथ-साथ उनके क्षेत्रों द्वारा उधार लेने और उधार देने को दर्शाते हैं। लेखों की यह प्रणाली अर्थव्यवस्था के विभिन्न क्षेत्रों द्वारा निधियों के स्रोतों तथा प्रयोगों से संबद्ध है। प्रत्येक क्षेत्र का लेखा निधियों के सभी स्रोतों (चाहे आय का उधार लेने में से हों) और सभी प्रयोगों में (चाहे व्यय या उधार देने के लिए हों) को व्यक्त करता है। लेन-देनों को इस प्रकार उनकी सम्पूर्णता में देखना निधियों की प्रवाह विधि या निधियों के स्रोत और प्रयोग कहलाता है।

निधियों के प्रवाह लेखांकन प्रणाली को एक आधारक (matrix) के रूप में प्रस्तुत किया जाता है जिसे घरेलू, निगम व्यवसाय, अनिगम व्यवसाय, कृषि व्यवसाय, अकृषि व्यवसाय, वाणिज्यिक बैंक, बचत संस्थाएं, बीमा कम्पनियां, अन्य निवेशक, स्थानीय, राज्य और केन्द्रीय सरकारें, और शेष विश्व आदि क्षेत्रों में विभाजित किया जाता है। आधारक के स्तम्भ संस्थानिक क्षेत्र वर्गीकरण के लिए और पंक्तियां विभिन्न प्रकार के लेन–देनों के लिए प्रयोग किए जाते हैं।

सुविधा के लिए, निधियों के प्रवाह लेखों का आधारक अर्थव्यवस्था के चार क्षेत्रों—घरेलू, अवित्तीय निगमों, वित्तीय संस्थाओं और सरकारी—में बांटा गया है। इन्हें तालिका 3 में प्रस्तुत किया गया है।

तालिका 3 : निधियों के प्रवाह लेखे आधारक
(FLOW OF FUNDS ACCOUNTS MATRIX)

(रु० करोड़)

क्षेत्र	घरेलू		अवित्तीय निगम		वित्तीय संस्थाएं		सरकार		बचत-निवेश
लेनदेन श्रेणी	*U*	*S*	*U*	*S*	*U*	*S*	*U*	*S*	
1. सकल बचतें	–	27	–	17	–	–	–	–4	40
2. सकल निवेश	12	–	28	–	–	–	–	–	40
3. शुद्ध वित्तीय निवेश (4–5)	15	–	–11	–	–	–	–4	–	0
4. शुद्ध वित्तीय प्रयोग (6+7+8+9+10)	25	–	3	–	6	–	–	–	34
5. शुद्ध वित्तीय स्रोत (6+7+8+9+10)	–	10	–	14	–	6	–	4	34
6. मांग जमा	7	–	–1	–	–	6	–	–	0
7. सरकारी प्रतिभूतियां	4	–	2	–	2	–	–	–	0
8. निगम प्रतिभूतियां	14	–	–	14	–	–	–	–	0
9. बंधक	–	10	–	–	8	–	2	–	0
10. विदेशी परिसंपत्तियों में शुद्ध वृद्धि	–	–	2	–	–	–	–2	–	0

नोट : U = निधियों का प्रयोग और S = निधियों का स्रोत।

पंक्ति 1 : सकल बचत (gross saving) से संबद्ध है जो घरेलू 27 करोड़ रु०, अवित्तीय निगमों 17 करोड़ रु० और ऋणात्मक 4 करोड़ रु० की सरकार के लिए निधियों का स्रोत है जो **बजट में घाटा** दर्शाता है।

पंक्ति 2 : सकल निवेश (gross investment) से संबद्ध है जो 12 करोड़ रु० घरेलू और 28 करोड़ रु० अवित्तीय निगमों द्वारा निधियों का प्रयोग है। तालिका का अन्तिम स्तंभ प्रत्येक बचत और निवेश को 40 करोड़ रु० के बराबर दिखाता है। बचत और निवेश के आंकड़े अर्थव्यवस्था के राष्ट्रीय आय लेखों से लिए गए हैं।

पंक्ति 3 : शुद्ध वित्तीय निवेश (net financial investment) को दर्शाती है जो निवेश के ऊपर बचत या स्रोतों के ऊपर प्रयोगों का आधिक्य है। उदाहरणार्थ, घरेलू क्षेत्र 15 करोड़ रु० (27 – 12) का धनात्मक शुद्ध निवेश करता है, जबकि अवित्तीय निगम क्षेत्र 11 करोड़ रु० का ऋणात्मक शुद्ध निवेश करता है क्योंकि यह बचत से अधिक निवेश करता है (17 – 28)। यही हालत सरकार की है जिसे ऋणात्मक 4 करोड़ रु० दिखाया गया है।

पंक्ति 4 : निधियों के शुद्ध वित्तीय प्रयोग (net financial uses) दिखाती है। यह प्रत्येक क्षेत्र की वित्तीय परिसम्पत्तियों के धारणों

1. Morris A. Copeland, *A Study of Money Flows in the United States*, 1952

(holdings) के जोड़ में परिवर्तन के बराबर होते हैं जिनमें मांग जमा, सरकारी प्रतिभूतियां, निगम प्रतिभूतियां, बंधक (mortgages) और शुद्ध विदेशी परिसम्पत्तियों में शुद्ध वृद्धि शामिल होती हैं। अतः घरेलू क्षेत्र के शुद्ध वित्तीय प्रयोग 25 करोड़ रु० हैं जिनमें (U के नीचे) 7 करोड़ रु० मांग जमा (deposits) + 4 करोड़ रु० सरकारी प्रतिभूतियां + 14 करोड़ रु० निगम प्रतिभूतियां शामिल हैं। दूसरे स्तम्भ के अन्तर्गत अवित्तीय निगमों के प्रयोग 3 करोड़ रु० हैं जो 2 करोड़ रु० सरकारी प्रतिभूतियों + 2 करोड़ रु० विदेशी परिसम्पत्तियों में शुद्ध वृद्धि–(घटा) 1 करोड़ रु० मांग जमा से बनते हैं। इसी प्रकार वित्तीय संस्थाओं के प्रयोग 6 करोड़ रु० हैं जो 8 करोड़ रु० के बंधकों घटा 2 करोड़ रु० की सरकारी प्रतिभूतियों से प्रयोग में लाए जाते हैं।

पंक्ति 5 : निधियों के शुद्ध वित्तीय स्रोत (net financial sources) प्रत्येक क्षेत्र की देनदारी को दिखाते हैं। घरेलू क्षेत्र को 10 करोड़ रु० बंधकों से, अवित्तीय निगमों को 14 करोड़ रु० निगम प्रतिभूतियों से, वित्तीय संस्थाओं को 6 करोड़ रु० मांग जमा से और सरकार को 4 करोड़ रु० सरकारी प्रतिभूतियों से प्राप्त होते हैं।

दो महत्त्वपूर्ण बातें ध्यान देने योग्य हैं : **प्रथम,** अर्थव्यवस्था के शुद्ध वित्तीय प्रयोग और शुद्ध वित्तीय स्रोत अवश्य बराबर हों। ऊपर तालिका में वे 34 करोड़ रु० हैं, देखें अन्तिम स्तम्भ में। **दूसरे,** प्रत्येक प्रकार की निधि की परिसम्पत्तियों (प्रयोगों) और देनदारियों (स्रोतों) में परिवर्तनों का जोड़ शून्य हो। यह तालिका के अन्तिम स्तंभ में 6, 7, 8, 9 और 10 संख्याओं की पंक्तियों से स्पष्ट हो जाता है। परन्तु विदेशी परिसम्पत्तियों में शुद्ध वृद्धि वाली अंतिम पंक्ति का शून्य होना केवल सुविधा के लिए ही दिखाया गया है। वास्तव में यह धनात्मक या ऋणात्मक होती है। यदि यह राशि धनात्मक हो तो राष्ट्रीय आय लेखे के अन्तर्राष्ट्रीय चालू खाते में आधिक्य (surplus) को व्यक्त करेगी और ऋणात्मक राशि घाटे को।

निधियों के प्रवाह लेखे एवं राष्ट्रीय आय लेखों के बीच अन्तर
(Difference Between flow of ffunds accounts and national income accounts)

निधियों के प्रवाह लेखे राष्ट्रीय आय लेखों से कई तरह से भिन्न हैं।

प्रथम, राष्ट्रीय आय लेखे सिर्फ गैर-वित्तीय लेन-देनों तक ही सीमित हैं। वे कुल बचत और निवेश का अर्थव्यवस्था के विभिन्न क्षेत्रों द्वारा ऋण देने एवं लेने के साथ संबंध की उपेक्षा करते हैं।

द्वितीय, राष्ट्रीय आय लेखे, भवन निर्माण क्षेत्र को छोड़कर, शेष व्यवसाय क्षेत्र में सभी वास्तविक निवेश तक सीमित होते हैं। उपभोक्ताओं एवं सरकारों को राष्ट्रीय आय लेखा में निवेश करने की अनुमति नहीं दी जाती है। निधियों के प्रवाह लेखे टिकाऊ वस्तुओं की उपभोक्ता खरीद को वास्तविक निवेश मानते हैं। सरकारी उद्यम राष्ट्रीय आय लेखों के उत्पादन क्षेत्र (producing sector) में शामिल किए जाते हैं, परन्तु निधियों के प्रवाह लेखों में ये सरकारी क्षेत्र के अन्तर्गत शामिल किए जाते हैं।

तृतीय, निधियों के प्रवाह लेखों में क्षेत्रों की संख्या राष्ट्रीय आय लेखों की तुलना में अधिक विस्तार से होती है। ये निधियों के प्रवाह लेखों में संस्थागत रूप से परिभाषित की जाती हैं, जबकि राष्ट्रीय आय लेखों में इनकी व्याख्या कार्यात्मक रूप से होती है।

चतुर्थ, निधियों के प्रवाह लेखों में राष्ट्रीय आय लेखों की अपेक्षा कम निहित मूल्य होते हैं। उदाहरणार्थ, निधियों के प्रवाह लेखों में कर नकद आधार पर जारी रखे जाते हैं, जबकि राष्ट्रीय आय लेखों में कुछ क्षेत्रों को अर्जित (accrual) आधार पर दर्शाया जाता है।

निधियों के प्रवाह लेखों का महत्त्व
(Importance of Flow of Funds Accounts)

निधियों के प्रवाह लेखों का निम्नलिखित महत्व है :

(1) निधियों के प्रवाह लेखे अर्थव्यवस्था के वित्तीय लेन-देनों का एक विस्तृत और सुव्यवस्थित विश्लेषण प्रस्तुत करते हैं। यद्यपि राष्ट्रीय आय लेखे काफी विस्तृत होते हैं, फिर भी वे अर्थव्यवस्था के वित्तीय लेन-देन को प्रकट नहीं करते, जैसा कि निधियों के प्रवाह लेखे करते हैं।

(2) प्रो० **गोल्डस्मिथ** के अनुसार, निधियों के प्रवाह लेखे एक अर्थव्यवस्था की विभिन्न वित्तीय क्रियाओं के स्पष्टतया सांख्यिकी संबंधों और अवित्तीय क्रियाओं के आंकड़ों को एक-दूसरे के पास लाते हैं जो आय और उत्पादन का सृजन करते हैं।

(3) निधियों के प्रवाह लेखे पूंजी बाजार व्यवहार के विस्तृत विश्लेषण के लिए आवश्यक कच्चे पदार्थ हैं, क्योंकि वे आय, बचतों और व्यय के सृजन में वित्त के कार्यभाग और आर्थिक क्रिया के वित्तीय बाजारों पर प्रभाव को समझने में सहायक होते हैं।

(4) निधियों के प्रवाह लेखे यह भी दर्शाते हैं कि किस प्रकार सरकार अपने घाटे या आधिक्य बजट की वित्तव्यवस्था करती है।

(5) वे अर्थव्यवस्था में सरकारी और निगम प्रतिभूतियां, जमा (deposits) और विदेशी परिसम्पत्तियों में शुद्ध वृद्धि के परिणाम भी दिखाते हैं।

(6) वे अर्थव्यवस्था की अलग-अलग वित्तीय संस्थाओं के व्यवहार का अध्ययन करने के लिए एक उपयोगी ढांचा प्रदान करते हैं।

(7) वे उन वित्तीय प्रवाहों की खोज करते हैं जो वास्तविक बचत-निवेश प्रक्रिया से जुड़े होते हैं एवं उस प्रक्रिया को प्रभावित करते हैं।

(8) निधियों के प्रवाह लेखे अर्थव्यवस्था पर मौद्रिक नीतियों के प्रभाव का विश्लेषण करने में सहायक होते हैं कि ये प्रभाव स्थिरता या अस्थिरता या आर्थिक उतार-चढ़ाव ला रहे हैं।

निधियों के प्रवाह लेखों की सीमाएं
(Limitations of Flow of Funds Accounts)

निधियों के प्रवाह लेखों की कई समस्याएं हैं जिनकी चर्चा नीचे की गई है :

(1) निधियों के प्रवाह लेखे राष्ट्रीय आय लेखों की अपेक्षा अधिक जटिल हैं क्योंकि वे कई क्षेत्रों के समूहन (aggregation) को उनके व्यापक वित्तीय लेन-देनों के साथ शामिल करते हैं।

(2) इनमें परिसंपत्तियों के मूल्यांकन की समस्या होती है। कई परिसंपत्तियों, दावों एवं उत्तरदायित्वों का कोई स्थिर मूल्य नहीं होता है, इसलिए उनका उचित मूल्यांकन करना कठिन होता है।

(3) निधियों के प्रवाह लेखों में गैर-पुन:उत्पादकीय (non-reproducible) वास्तविक परिसंपत्तियों के शामिल होने की समस्या उत्पन्न होती है। अर्थशास्त्री यह निर्णय नहीं कर पाते हैं कि पुन: उत्पादकीय परिसंपत्तियों का कौन-सा प्रकार निधियों के प्रवाह लेखों में शामिल किया जाए।

(4) इसी तरह अर्थशास्त्री निधियों के प्रवाह लेखों में मानवीय संपत्ति को शामिल करने से संबंधित निर्णय करने में असफल रहे हैं।

इन समस्याओं के बावजूद निधियों के प्रवाह लेखे राष्ट्रीय आय लेखों के पूरक होते हैं और अर्थव्यवस्था के सामाजिक लेखों को समझने में मदद करते हैं।

4. भुगतान शेष लेखे
(BALANCE OF PAYMENTS ACCOUNTS)

किसी देश का भुगतान शेष (या संतुलन) किसी दिए हुए वर्ष में बाहर के देशों से किए गए उसके आर्थिक लेन-देन का व्यवस्थित रिकार्ड है। यह देश के बाकी दुनिया के साथ आर्थिक संबंधों की प्रकृति तथा विस्तार का सांख्यिकीय रिकार्ड होता है। **बो. सोडर्स्टन** के अनुसार, ''भुगतान शेष एक देश के अन्तर्राष्ट्रीय लेन-देनों में प्राप्तियों और भुगतानों को दर्ज करने का तरीका मात्र है।'' प्रो० **किंडलबर्गर** के अनुसार, ''एक देश का भुगतान शेष उसके निवासियों और अन्य देशों के निवासियों के बीच सभी आर्थिक लेन-देन का एक सुव्यवस्थित लेखा है।''

संरचना और वर्गीकरण (Composition and Classification)

एक देश का भुगतान शेष लेखा दोहरी प्रविष्टि (double entry) बहीखाता के सिद्धांत पर बनाया जाता है। प्रत्येक सौदा तुलन-पत्र (Balance Sheet) के क्रेडिट और डेबिट पक्ष में दर्ज किया जाता है। परन्तु भुगतान शेष लेखांकन एक बात में व्यापार-लेखांकन से भिन्न होता है। बैलेन्स शीट में व्यापार लेखांकन डेबिट प्रविष्टियां (–) बाईं ओर तथा क्रेडिट प्रविष्टियां (+) दाईं ओर दिखाई जाती हैं। परन्तु भुगतान शेष लेखांकन में **क्रेडिट** प्रविष्टियां बैलेन्स शीट के **बाईं** तथा **डेबिट** प्रविष्टियां **दाईं** ओर दिखाने की प्रथा है। जब किसी बाहर के देश से भुगतान प्राप्त होता है तो यह क्रेडिट सौदा है और जब किसी बाहर के देश को भुगतान किया जाता है तो वह डेबिट सौदा होता है। इन क्रेडिट तथा डेबिट मदों को देश के भुगतान शेष लेखे में दोहरी प्रविष्टि बहीखाता के सिद्धांत के अनुसार अनुलंब रूप में दिखाया जाता है।

जब किसी देश से प्राप्ति होती है तो यह क्रेडिट सौदा होता है तथा किसी देश को भुगतान डेबिट सौदा होता है। **क्रेडिट** पक्ष में दिखाई गई मुख्य मदें, वस्तुओं और सेवाओं के निर्यात, विदेशियों से प्राप्त उपहार आदि के रूप में अंतरण (transfer) प्राप्तियां, विदेशों से ऋण, विदेशियों द्वारा देश में निवेश तथा रिजर्व परिसम्पत्तियों की सरकारी बिक्री जिसमें अन्तर्राष्ट्रीय एजेन्सियों और विदेशों को बेचा गया सोना, होते हैं। **डेबिट पक्ष** में मुख्य मदें वस्तुओं और सेवाओं के आयात, विदेशियों को अंतरण भुगतान, विदेशों को उधार, देशवासियों द्वारा विदेशों में निवेश, तथा रिजर्व परिसंपत्तियों की सरकारी खरीद और अंतर्राष्ट्रीय एजेंसियों एवं विदेशों से सोने की खरीद होते हैं।

बहीखाते के दोहरा लेखा नियम के अनुसार क्रेडिट और डेबिट की मदें भुगतान शेष खाते में अनुलंब दिखाई जाती हैं। क्षैतिज (horizonal) रूप में, वे चार श्रेणियों में बांटी जाती हैं : चालू खाता, पूंजी खाता, सरकारी व्यवस्थापन खाता तथा अशुद्धियां और भूलचूक।

1. **चालू खाता (Current Account)** —एक देश के चालू लेखे में वस्तुओं और सेवाओं में व्यापार संबंधी सभी लेनदेन और एकपक्षीय (न लौटाए जाने वाली) अंतरणें शामिल होते हैं। इनमें भौतिक वस्तुओं के निर्यात और आयात दृश्य मदें (visible items) कहलाती हैं तथा सेवाएं और अंतरण भुगतान और प्राप्तियां अदृश्य मदें (invisible items) होती हैं। सेवा लेन-देनों में यात्रा और यातायात, विदेशी निवेशों के भुगतान और आय आदि सम्मिलित होते हैं। अंतरण भुगतानों में विदेशियों और विदेशी सरकारों से प्राप्त और उनको दिए गए उपहार, विदेशी सहायता, पेन्शन, निजी तौर से भेजा गया धन, धर्मार्थ भेंटें आदि शामिल होते हैं।

2. **पूंजी खाता (Capital Account)**—एक देश के पूंजी लेखे में वित्तीय परिसंपत्तियों के लेनदेन अल्पकालीन और दीर्घकालीन उधार देने और लेने के रूप में, और निजी तथा सरकारी निवेश पाए जाते हैं। दूसरे शब्दों में, पूंजी लेखा अन्तर्राष्ट्रीय ऋणों और निवेशों के प्रवाह को दर्शाता है और देश की विदेशी परिसंपत्तियों और देनदारियों में परिवर्तन व्यक्त करता है। दीर्घकालीन पूंजी लेनदेनों का संबंध एक वर्ष और उससे अधिक समय की परिपक्वता (maturity) वाली अन्तर्राष्ट्रीय पूंजी गतिविधियों से होता है और इनमें सीधे निवेश, जैसे एक विदेशी प्लांट को बनाना, पोर्टफोलियो निवेश जैसे विदेशी बांड और स्टॉक की खरीद, और अन्तर्राष्ट्रीय ऋण शामिल होते हैं। दूसरी ओर, अल्पकालीन अन्तर्राष्ट्रीय पूंजी लेनदेन तीन मास से लेकर एक वर्ष से कम अवधि के होते हैं। चालू लेखे और पूंजी लेखे का जोड़ **बुनियादी शेष** (basic balance) कहलाता है।

3. **सरकारी व्यवस्थापन (Offical Settlements Accounts)**—सरकारी परिशोधन लेखा या सरकारी रिजर्व परिसंपत्तियां लेखा वास्तव में पूंजी लेखे का भाग होता है। परन्तु यू.के. और यू.एस.ए. के भुगतान शेष लेखे इसको अलग लेखा दिखाते हैं। एक देश के सरकारी रिजर्व परिसंपत्तियां लेखा में इसके सोने के भण्डार, परिवर्तनीय विदेशी करेंसियों के धारण एवं *SDRs* और इसकी *IMF* में निवल (net) स्थिति सम्मिलित होते हैं।

4. **अशुद्धियां और भूलचूक (Errors and Omissions)**—यह मद प्रत्येक देश के भुगतान संतुलन लेखा में होती है। अशुद्धियां और भूल-चूक संतुलन मद (balancing item) है ताकि दोहरी प्रविष्टि बहीखाता नियमों के अनुसार तीनों लेखों के कुल क्रेडिट और कुल डेबिट अवश्य एक दूसरे के बराबर हों क्योंकि लेखांकन की दृष्टि से किसी देश के भुगतान शेष हमेशा संतुलन में होते हैं।

देश *A* का भुगतान-शेष लेखा तालिका 4 में दिखाया गया है जहां क्रेडिट (+) और डेबिट (-) लेनदेन चारों लेखों में अलग-अलग दिखाए गए हैं।

तालिका 4 : देश A का भुगतान-शेष लेखा, 2003

(करोड़ रु०)

		क्रेडिट (+) (Credits)	डेबिट (−) (Debits)
1.	चालू खाता (Current Account)		
(क)	**वस्तुओं और सेवाओं का निर्यात**		
	वस्तु निर्यात	+ 30	
	सेवाएं	+ 7	
	अंतरण भुगतान	+ 2.4	
	कुल	+39.4	
(ख)	**वस्तुओं और सेवाओं का आयात**		
	वस्तु आयात		−25.5
	सेवाएं		−7.0
	अंतरण भुगतान		−4.8
	कुल		−37.3
	वस्तुओं और सेवाओं पर व्यापार-शेष	(क−ख) + 2.1	
	एक पक्षीय अंतरण (निवल)		−0.9
	चालू लेखा शेष	+ 1.2	
2.	**पूंजी लेखा** (Capital A/c)		
(क)	विदेशों से निजी उधार ग्रहण	+ 4.4	
	विदेशों से सरकारी ऋण	+ 1.2	
	कुल	+ 5.6	
(ख)	विदेशों को निजी उधार देना		−4.9
	विदेशों को सरकारी ऋण		−1.7
	कुल		−6.6
	पूंजी लेखा शेष (क-ख)		−1.0
3.	**सरकारी व्यवस्थापन लेखा** (Official Settlements A/c)		
(क)	सरकारी विदेशी धारणों में वृद्धि	+ 2.5	
(ख)	विदेशी सरकारी सोने और करेंसियों के रिजर्व में वृद्धि		−2.0
	सरकारी व्यवस्थापन लेखा शेष (क-ख)	+ 0.5	
4.	**भूल और चूक (निवल)** (Errors and Omissions)		−0.7
	भुगतान-शेष संतुलन	+ 47.5	−47.5

चालू लेखा में, वस्तु निर्यात और आयात सबसे महत्त्वपूर्ण मदें हैं। वस्तुओं के निर्यात और आयात का अन्तर एक देश का व्यापार-शेष होता है। यदि निर्यात की दृश्य मदों का मूल्य आयात से अधिक हो तो व्यापार-शेष अनुकूल होता है। इसके विपरीत प्रतिकूल होता है। तालिका के अनुसार, व्यापार-शेष रु० 4.5 करोड़ रु० (30 करोड़- रु० 25.5 करोड़) अनुकूल है।

परन्तु चालू लेखा की सेवाएं या अदृश्य मदें भुगतान-शेष खाते का वास्तविक चित्र दर्शाती हैं। वे दृश्य मदों के साथ वास्तविक चालू लेखा स्थिति को निर्धारित करती हैं। यदि वस्तुओं और सेवाओं के निर्यात उनके आयातों से अधिक हों तो भुगतान-शेष अनुकूल होता है। इसके विपरीत, यह प्रतिकूल होता है। ऊपर तालिका में भुगतान-शेष रु० 2.1 करोड़ (रु० 39.4–37.3 करोड़) अनुकूल है। इसमें से एकपक्षीय अंतरण (निबल) घटाने पर चालू लेखा शेष जमा रु० 1.2 करोड़ (रु० 2.1–रु० 0.9 करोड़) आता है।

पूंजी लेखा में दो प्रकार के लेन-देन दिखाए गए हैं, निजी और सरकारी पूंजी लेखा शेष का रु० 1 करोड़ घाटा दिखाया गया है, जिसमें विदेशों को निजी और सरकारी ऋण रु० 6.6 करोड़ डेबिट पक्ष में ओर विदेशों से प्राप्त ऋण रु० 5.6 करोड़ क्रेडिट पक्ष में लिए गए हैं।

सरकारी व्यवस्थापन लेखा से संबद्ध लेन-देन जमा रु० 0.5 करोड़ दिखाए गए हैं जो सरकारी विदेशी धारणों में वृद्धि रु० 2.5 करोड़ क्रेडिट पक्ष तथा विदेशी सरकारी सोना और करेंसियों के रिजर्व में वृद्धि रु० 2 करोड़ डेबिट पक्ष का अन्तर है।

रु० 0.7 करोड़ की अन्तिम मद का संबंध भूल और चूक (errors and omissions) से है जो संतुलन मद है ताकि तीनों लेखों के कुल क्रेडिट (brackets) और डेबिट बही खाते के दोहरा लेखा सिद्धांत के अनुसार अवश्य बराबर हों क्योंकि लेखांकन के रूप में एक देश का भुगतान-शेष अवश्य संतुलन में होता है।

अन्य राष्ट्रीय लेखों के साथ संबंध (Relationship to Other National Accounts)

लेखांकन के अर्थ में, भुगतान-शेष अवश्य संतुलित होता है। इसे राष्ट्रीय आय लेखांकन समीकरणों की सहायता से दिखाया जा सकता है। किसी देश के लिए,

$$C + S + T = C + I + G + (X - M)$$

जहां C उपभोग व्यय, S घरेलू बचतें, T कर प्राप्तियां, I निवेश व्यय, G सरकारी व्यय, X वस्तुओं और सेवाओं के निर्यात, और M वस्तुओं और सेवाओं के आयात हैं।

ऊपर के समीकरण में $C + S + T$ राष्ट्रीय आय (Y) या सकल राष्ट्रीय आय (GNI) है और $C + I + G = A$, जहां A अवशोषण (absorption) कहलाता है। लेखांकन के अर्थ में, घरेलू व्यय $(C + I + G)$ चालू राष्ट्रीय आय $(C + S + T)$ के अवश्य बराबर हो, अर्थात $A = Y$।

फिर, अर्थव्यवस्था के लिए संतुलित बजट होने पर, बंद अर्थव्यवस्था में घरेलू बचत (Sd) और घरेलू निवेश (Id) अवश्य बराबर हों, अर्थात् $Sd = Id$। इसे समीकरण के आधार पर दिखाया जा सकता है : $C + S + T = C + I + G$। क्योंकि एक संतुलित बजट में उपभोग आवंटन, उपभोग व्यय और सरकारी व्यय, करों द्वारा अवशोषित होते हैं, और घरेलू बचत और घरेलू निवेश अवश्य बराबर होने चाहिएं।

जब राष्ट्रीय आय लेखों में विदेशी व्यापार शामिल किया जाता है, तो घरेलू अवशोषण राष्ट्रीय आय से अधिक या कम हो सकता है। इसके अनुसार भुगतान शेष के चालू खाते में घाटा या आधिक्य हो सकता है।

$$A \gtrless Y = X \lesseqgtr M.$$

वैकल्पिक रूप में, $Sd \gtrless Id = X \lesseqgtr M = \pm If$, जहां If निवल (net) विदेशी निवेश है।

इसका अभिप्राय है कि घरेलू बचत से निवेश का आधिक्य निर्यात से आयात के आधिक्य द्वारा अवश्य प्रतिसंतुलित (counter balance) किया जाए, अर्थात् $Id > Sd = M > X$। इसी प्रकार चालू लेखे पर निर्यात बेशी (export surplus) की घरेलू निवेश से बचत के आधिक्य द्वारा अवश्य प्रतिसंतुलति किया जाना चाहिए, अर्थात् $X > M = Sd > Id$.

परन्तु राष्ट्रीय आय लेखा और भुगतान-शेष के पूंजी लेखे में संबंध भिन्न होता है। यदि घरेलू बचत से घरेलू निवेश अधिक होता है तो अतिरिक्त निवेश का वित्तीयन (financing) विदेश से निवल पूंजी **अंत:प्रवाह** (inflow) द्वारा अवश्य होना चाहिए। दूसरी ओर,

घरेलू बचत से घरेलू निवेश कम होता है तो अधिक बचत का अवश्य विदेश में निवेश होना चाहिए, जिसका अभिप्राय निवल पूंजी **बाह्य-प्रवाह** (outflow) है। अत: भुगतान-शेष के चालू लेखा में आधिक्य को अवश्य पूंजी के निवल बाह्य-प्रवाह से संतुलित करना चाहिए और घाटे को पूंजी के निवल अन्त:प्रवाह द्वारा संतुलित करना चाहिए।

पर, भुगतान-शेष के पूंजी लेखे में घाटा या आधिक्य का वास्तविक माप निवल तरलता स्थिति है, न कि देश की अंतर्राष्ट्रीय ऋणग्रस्तता का संतुलन। इस दृष्टिकोण से, कुल पूंजी लेखे के लेनदेनों को प्रो० **मीड** (Meade) ने स्वायत्त (autonomous) लेनदेनों और अनुकूलन (accommodation) लेनदेनों में विभाजित किया है।

स्वायत्त लेनदेनों में वस्तुओं और सेवाओं के निर्यात और आयात, लाभ के लिए किए गए अल्पकालीन और दीर्घकालीन पूंजी निवेश, और उपहार जैसे एकपक्षीय अंतरण आदि, शामिल होते हैं। ऐसे लेन-देन लाभ के उद्देश्य के लिए होते हैं और भुगतान-शेष के अन्य लेनदेनों से स्वतंत्र होते हैं। दूसरी ओर, **अनुकूलन लेनदेन** प्रेरित या क्षति (compensatory) लेनदेन होते हैं जो भुगतान-शेष में स्वायत्त प्रवाहों में अन्तरों के वित्तीयन के लिए होते हैं। अत: स्वायत्त प्रवाहों में घाटा या आधिक्य अनुकूलन लेनदेनों की ओर ले जाता है। अनुकूलन लेनदेनों में सरकारी रिजर्वों में गतियां, सरकारी कर्जे, अनुदान आदि सम्मिलित होते हैं। इस प्रकार, अनुकूलन लेनदेन भुगतान-शेष में अवशेष (residual) मुद्रा प्रवाह होते हैं और एक देश की तरलता में वृद्धि या कमी को व्यक्त करते हैं।

प्रश्न

1. राष्ट्रीय आय लेखांकन के आगत-निर्गत लेनदेनों के विश्लेषण को समझाइए।
2. निधियों के प्रवाह-लेखों की आवश्यकता तथा महत्त्व की विवेचना कीजिए।
3. भुगतान-शेष खातों की पूर्णतया व्याख्या करिए। वे राष्ट्रीय आय लेखों के साथ कैसे संबद्ध होते हैं ?

भाग तीन

समष्टि आर्थिक सिद्धान्त
(Macro-Economic Theory)

अध्याय 8

रोजगार का क्लासिकी सिद्धान्त
(The Classical Theory of Employment)

1. प्रस्तावना
(INTRODUCTION)

जॉन मेनर्ड केन्ज़ (John Maynard Keynes) ने अपनी पुस्तक *The General Theory of Employment, Interest and Money (1936)* में क्लासिकी के आधार तत्त्वों पर सीधा प्रहार किया। उसने एक नये अर्थशास्त्र का विकास किया, जिसने आर्थिक विचारधारा तथा नीति में क्रान्ति ला दी। क्लासिकी विचारधारा की पृष्ठभूमि में *General Theory* लिखी गई थी। 'परम्परावादियों' (classicists) से केन्ज़ का तात्पर्य रिकार्डो के अनुयायियों से था। इनमें विशेष रूप से जे. एस. **मिल, मार्शल** तथा **पीगू** शामिल हैं। केन्ज़ ने उस प्रथागत तथा संस्थापित अर्थशास्त्र का खण्डन किया, जो एक शताब्दी से अधिक समय तक निर्मित हुआ था और 'बड़ी मंदी' से पहले तक आर्थिक विचारधारा तथा नीति पर अपना प्रभुत्व जमाए था। क्योंकि केन्ज़वादी अर्थशास्त्र क्लासिकी अर्थशास्त्र की आलोचना पर आधारित है, इसलिए उपरोक्त के उस स्वरूप को समझ लेना आवश्यक है, जो रोजगार के सिद्धान्त में शामिल है।

2. रोजगार का क्लासिकी सिद्धान्त
(CLASSICAL THEORY OF EMPLOYMENT)

क्लासिकी सिद्धान्त यह मानता है कि पूँजीवादी अर्थव्यवस्था में बिना स्फीति के पूर्ण रोजगार पाया जाता है। मजदूरी-कीमत लोचशीलता (flexibility) दी होने पर, आर्थिक प्रणाली में स्वत: (automatic) शक्तियाँ पाई जाती हैं जो पूर्ण रोजगार कायम रखने की प्रवृत्ति रखती हैं और उसी स्तर पर उत्पादन करती हैं। अत: पूर्ण रोजगार एक सामान्य स्थिति मानी जाती है और इस स्तर से विचलन (deviation) कुछ असामान्य स्थिति होती है जो अपने आप पूर्ण रोजगार की ओर अग्रसर होती है।

मान्यताएँ (Assumptions)

रोजगार और उत्पादन का क्लासिकी सिद्धान्त निम्नलिखित मान्यताओं पर आधारित है :

1. बिना स्फीति के पूर्ण रोजगार पाया जाता है।
2. बिना विदेशी व्यापार के एक बंद अबंध नीति (laissez faire) वाली पूंजीवादी अर्थव्यवस्था पाई जाती है।
3. श्रम और वस्तु बाजारों में पूर्ण प्रतियोगिता पाई जाती है।
4. श्रम समरूप होता है।
5. अर्थव्यवस्था का कुल उत्पादन, उपभोग और निवेश खर्चों में विभाजित है।
6. मुद्रा की मात्रा दी हुई है।
7. मजदूरी और कीमतें लोचशील है।
8. मुद्रा मजदूरी और वास्तविक मजदूरी का सीधा और समानुपातिक (proportional) संबंध है।

9. पूँजी स्टॉक और प्रौद्योगिकी ज्ञान दिये हुए हैं।

से का बाजार नियम (Say's Law of Market)

से का बाजार नियम रोजगार के क्लासिकी सिद्धान्त का मर्म है। 19वीं शताब्दी के प्रारम्भ के फ्रांसीसी लेखक **जीन बैपिस्ते से** (Jean Bapiste Say) ने यह प्रस्थापना प्रस्तुत की कि ''पूर्ति स्वयं अपनी माँग पैदा कर लेती है'' (supply creates its own demand) । यही **से** का नियम कहलाता है। से के शब्दों में, ''उत्पादन ही वस्तुओं के लिए मार्किट पैदा करता है। ज्योंही किसी वस्तु का उत्पादन होता है, त्योंही, उसी क्षण से, वह अपने मूल्य की पूरी मात्रा में अन्य वस्तुओं के लिए मार्किट प्रदान करती है। दूसरी वस्तु की पूर्ति जितनी एक वस्तु की मांग के अनुकूल होती है, उतना कुछ और नहीं।'' अपने मूल रूप में यह नियम **वस्तु–विनिमय अर्थव्यवस्था** (barter economy) पर लागू होता है, जहाँ अन्ततः वस्तुओं के बदले वस्तुओं का विक्रय होता है। मार्किट में लाई गई प्रत्येक वस्तु किसी अन्य वस्तु के लिए मांग होती है। **से** के अनुसार, क्योंकि कार्य करना अरुचिकर है, इसलिए यदि कोई व्यक्ति किसी वस्तु को अपनी इच्छित वस्तु से विनिमय नहीं करना चाहता, तो वह उस वस्तु का उत्पादन करने के लिए काम नहीं करेगा। अतः वस्तुओं की पूर्ति के कार्य में ही उनकी माँग अन्तर्निहित है। ऐसी स्थिति में सामान्य से अधिक उत्पादन नहीं हो सकता, क्योंकि वस्तुओं की पूर्ति कुल मांग से अधिक नहीं होगी। परन्तु हो सकता है कि एक विशेष वस्तु का अधिक उत्पादन हो जाए, क्योंकि उत्पादक उस वस्तु की मात्रा का गलत आगणन कर लेता है जिसकी दूसरों को जरूरत है। परन्तु यह स्थिति अस्थायी होती है, क्योंकि समय पर ही उत्पादन घटाकर, उस वस्तु विशेष के अतिरिक्त उत्पादन को ठीक किया जा सकता है। इस प्रकार पूर्ति स्वयं अपनी मांग उत्पन्न करती है और सामान्य अधिक उत्पादन तथा इसीलिए सामान्य बेरोजगारी नहीं हो सकती।

मुद्रा के पाये जाने पर यह आधारभूत नियम बदल नहीं जाता। जैसा कि प्रो. **हैन्सन** (Hansen) ने कहा है, ''से का मार्किट नियम, अपने व्यापक रूप में, स्वतंत्र वस्तु–विनिमय अर्थव्यवस्था की ही व्याख्या है। इस दृष्टिकोण से, यह नियम इस सत्य को प्रकाशित करता है कि मांग का मुख्य स्रोत साधन–आय का वह प्रवाह है, जो स्वयं उत्पादन की प्रक्रिया से उत्पन्न होता है।'' जब उत्पादक उत्पादन–प्रक्रिया में प्रयोग होने वाली विविध आगतों (भूमि, श्रम और पूँजी) को उपलब्ध करते हैं, तो वे आवश्यक आय का सृजन करते हैं जो लगान, मजदूरी तथा ब्याज के रूप में साधन–स्वामियों को प्राप्त होती है। यही आगे, उत्पादित वस्तुओं के लिए मांग पैदा करती है। इस प्रकार पूर्ति स्वयं अपनी मांग उत्पन्न करती है। यह तर्क इस धारणा पर आधारित है कि साधन–स्वामियों द्वारा अर्जित समस्त आय उन वस्तुओं के क्रय में खर्च हो जाती है जिनके उत्पादन में वे सहायक होते हैं। आय का जो भाग खर्च नहीं होता, वह बच जाता है और उसका स्वतः निवेश हो जाता है। इस प्रकार बचत निश्चय से निवेश के बराबर होगी। यदि दोनों में कोई अन्तर रहता है, तो ब्याज की दर के माध्यम से समानता स्थापित हो जाती है। क्लासिकी अर्थशास्त्री ब्याज को बचत का पुरस्कार मानते हैं। ब्याज की दर जितनी ऊँची होगी, बचत भी उतनी ही अधिक होगी और विलोमशः भी। इसके विपरीत ब्याज की दर जितनी नीची होगी, निवेश के लिए निधियों की मांग भी उतनी ही अधिक होगी और विलोमशः भी। यदि किसी दिये हुए निश्चित समय पर निवेश से बचत बढ़ जाती है, तो ब्याज की दर गिर जाएगी। निवेश बढ़ेगा और बचत तब तक घटती जाएगी जब तक कि पूर्ण रोजगार के स्तर पर पहुँचकर दोनों समान नहीं हो जाते। ऐसा इसलिए कि बचत ब्याज दर का बढ़ता फलन (function) मानी जाती है और निवेश ब्याज दर का घटता फलन माना जाता है।

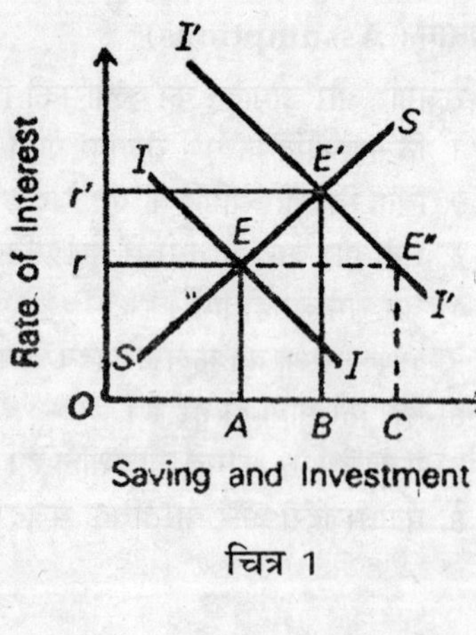

चित्र 1

बचत और निवेश में समानता का तंत्र चित्र 1 में दिखाया गया है जहां SS बचत वक्र है और II निवेश वक्र है। दोनों वक्र E बिन्दु पर एक–दूसरे को काटते हैं जहाँ Or ब्याज दर है और बचत तथा निवेश दोनों OA के बराबर हैं। यदि निवेश में वृद्धि होती है तो निवेश वक्र दाईं ओर सरक कर $I'I'$ हो जाता है और Or ब्याज दर पर OC निवेश बचत OA से अधिक है। क्लासिकी अर्थशास्त्रियों के अनुसार, बचत वक्र SS अपनी पहले वाली स्थिति में ही रहता है जब निवेश में वृद्धि होती है। बचत और निवेश में समानता कायम रखने के लिए ब्याज दर बढ़ेगी। यह चित्र में Or से बढ़कर Or'

दिखाई गई है। इस ब्याज दर पर, बचत वक्र निवेश SS निवेश वक्र $I'I'$ को E' पर काटता है। परिणामत: बचत और निवेश दोनों OB पर बराबर होते हैं।

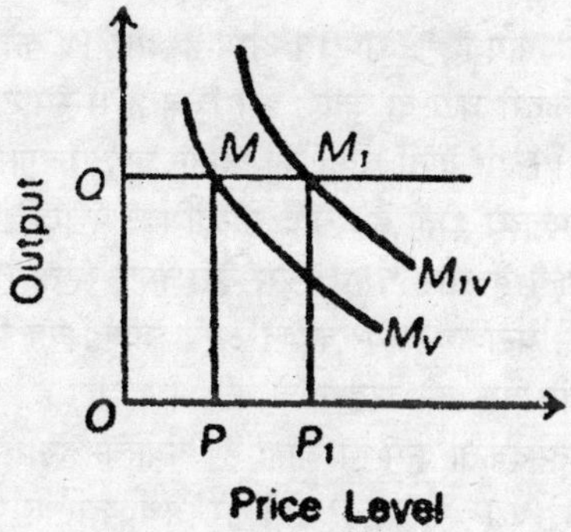

चित्र 2

मुद्रा अर्थव्यवस्था में से के नियम की वैधता मुद्रा के क्लासिकी परिमाण सिद्धान्त पर भी निर्भर करती है जो यह बताता है कि कीमत-स्तर मुद्रा की पूर्ति का फलन है। बीजगणितीय रूप में, $MV \equiv PT$ जहां M, V, P और T क्रमश: मुद्रा की पूर्ति, मुद्रा का संचलन वेग, कीमत-स्तर और मुद्रा द्वारा किया गया लेन-देन (या कुल उत्पादन) है। यह समीकरण बताता है कि अर्थव्यवस्था में कुल मुद्रा-स्फीति MV बराबर है उत्पादन का कुल मूल्य PT। यह मान कर कि V और T स्थिर हैं मुद्रा की पूर्ति (M) में परिवर्तन से कीमत स्तर (P) में समानुपातिक परिवर्तन होता है। यह इस मान्यता पर आधारित है कि मुद्रा विनियम का माध्यम है।

मुद्रा को मात्रा, कुल उत्पादन और कीमत-स्तर को चित्र 2 में दिखाया गया है जहां कीमत स्तर को क्षैतिज-अक्ष पर लिया गया है और कुल उत्पादन को अनुलम्ब अक्ष पर लिया गया है। MV मुद्रा पूर्ति वक्र है जो रेक्टेनगुलर हाइपरबोला (rectangular hyperbola) होता है। ऐसा इसलिए कि समीकरण $MV \equiv PT$ वक्र के सभी बिन्दुओं पर विद्यमान है। उत्पादन स्तर OQ दिया होने पर, मुद्रा की मात्रा के साथ मेल खाता हुआ केवल एक कीमत-स्तर OP होगा जैसा कि MV वक्र पर m बिन्दु है। यदि मुद्रा की मात्रा बढ़ती है, तो MV वक्र दाईं ओर सरक कर M_1V वक्र हो जाएगा। परिणामस्वरूप, कीमत स्तर OP बढ़कर OP_1 हो जाएगा, उत्पादन स्तर OQ दिया होने पर। कीमत स्तर में यह वृद्धि मुद्रा की मात्रा में वृद्धि के बिल्कुल रागानुगातिक है, अर्थात् $PP_1=MM_1$.

क्लासिकी अर्थशास्त्रियों के अनुसार, यदि मुद्रा की मात्रा को दोगुना किया जाता है तो कीमत स्तर भी दुगुना हो जाएगा। इसके विपरीत, यदि मुद्रा की मात्रा को आधा किया जाता है तो कीमत स्तर भी आधा हो जाएगा। इस प्रकार, मुद्रा केवल एक आवरण (veil) है जिसका मुख्य कार्य सामान्य कीमत स्तर निर्धारित करना है जिस पर वस्तुओं और सेवाओं का विनिमय होता है।

पीगु का मत (Pigou's Version)

रोजगार के क्लासिकी सिद्धान्त को अन्तम रूप प्रदान करने का श्रेय पीगू को है जिसने **से** के नियम को श्रम मार्किट के प्रसंग में सूत्रबद्ध किया। पीगू के अनुसार, स्वतन्त्र प्रतियोगिता के अन्तर्गत आर्थिक प्रणाली की प्रवृत्ति यह रहती है कि श्रम मार्किट में अपने-आप पूर्ण रोजगार प्रदान करे। मजदूरी के ढांचे में कठोरता तथा स्वतंत्र मार्किट-अर्थव्यवस्था के कार्यकरण में हस्तक्षेप से बेरोजगारी आती है। जब ट्रेड यूनियनों को मान्यता देकर और न्यूनतम मजदूरी नियम आदि बनाकर राज्य हस्तक्षेप करता है तथा श्रम एकाधिकारात्मक रवैया अपना लेता है, तो मजदूरी बढ़ जाती है और बेरोजगारी आती है। यदि सरकार के हस्तक्षेप हटा दिये जाएं और प्रतियोगिता की शक्तियों को स्वतंत्रता से कार्य करने दिया जाए, तो मजदूरी-दरों को घटाने-बढ़ाने से पूर्ण रोजगार हो जाएगा। जैसा पीगू ने लक्ष्य किया है, "पूर्ण रूप से स्वतंत्र प्रतियोगिता के रहते... सदैव एक ऐसी प्रवृत्ति प्रबल रूप से कार्यशाल रहेगी जिससे मजदूरी की दरें मांग के साथ इस तरह सम्बद्ध हों कि प्रत्येक व्यक्ति रोजगार में लगा रहें।"[1] पीगू द्वारा प्रस्तुत समीकरण $N=qY/W$ समस्त प्रस्थापना की व्याख्या कर देता हैं। इस समीकरण में N रोजगार में लगे श्रमिकों की संख्या है, q मजदूरी तथा वेतन के रूप में अर्जित राष्ट्रीय आय

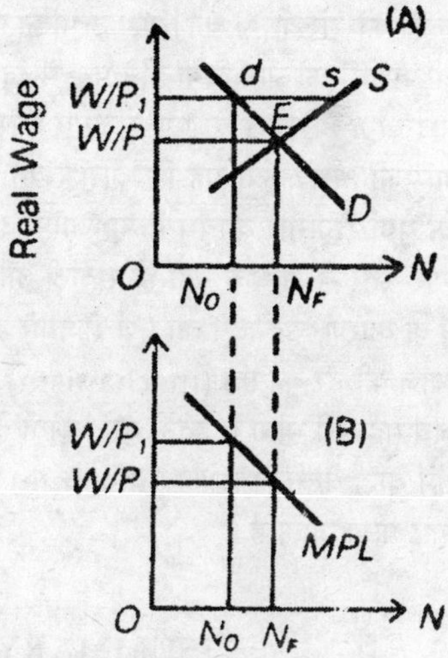

चित्र 3

1. A.C. Pigou, *Theory of Unemployment*, p 252.

का भाग है, Y राष्ट्रीय आय है और W को घटाकर N को बढ़ाया जा सकता है। इस प्रकार पूर्ण रोजगार की कुंजी यह है कि मुद्रा-मजदूरी घटा दी जाए। इसे चित्र 3 में स्पष्ट किया गया है। चित्र के भाग (A) में S श्रम का पूर्ति वक्र है और D श्रम का मांग वक्र है। E पर दोनों वक्रों का कटान पूर्ण रोजगार के बिन्दु N_o को तथा वास्तविक मजदूरी W/P को प्रकट करता है जिस पर पूर्ण रोजगार उपलब्ध होता है। यदि वास्तविक मजदूरी को अपेक्षाकृत अधिक ऊंचे स्तर W/P_1 पर रखा जाए, तो श्रम की मांग से पूर्ति sd बढ़ जाती है और N_oN_F श्रम बेरोजगार रहता है। बेरोजगारी तभी समाप्त होती है और पूर्ण रोजगार का स्तर प्राप्त होता है जब मजदूरी को घटाकर W/P पर ले आया जाए। यह चित्र के भाग (B) में दिखाया गया है। MPL श्रम की सीमान्त उत्पादकता का वक्र है, जो मांग वक्र की तरह नीचे की ओर ढालू है। इसका कारण यह है कि जब अधिक श्रम रोजगार पर लगाया जाता है तो उसकी सीमान्त उत्पादकता कम हो जाती है। क्योंकि हर श्रमिक को मजदूरी उसकी सीमान्त उत्पादकता के बराबर ही प्राप्त होती है इसलिए मजदूरी के W/P_1 से W/P होने पर अर्थव्यवस्था पूर्ण रोजगार के स्तर N_F को प्राप्त होती है।

रोजगार के क्लासिकी मॉडल में, मुद्रा-मजदूरी तथा वास्तविक मजदूरी में परिवर्तन प्रत्यक्षतः सम्बद्ध तथा समानुपाती होते हैं।* जब मुद्रा-मजदूरी में कटौती होती है तो वास्तविक मजदूरी भी उतनी ही मात्रा में घट जाती है, जो बेरोजगारी को कम कर देती है और अन्त में अर्थव्यवस्था में पूर्ण रोजगार ले आती है। यह सम्बन्ध इस धारणा पर आधारित है कि कीमतें मुद्रा की मात्रा के समानुपातिक होती है। तर्क यह दिया जाता है कि प्रतियोगितामूलक अर्थव्यवस्था में मुद्रा-मजदूरी में कमी, उत्पादन की लागत तथा वस्तुओं की कीमत घटा देती है जिससे उनकी मांग बढ़ जाती हैं। वस्तुओं की बढ़ी हुई मांग को पूरा करने के लिए, उनका उत्पादन करने को, अधिक श्रमिक रोजगार पर लगाए जाते हैं।

रोजगार जब बढ़ता जाता है तो कुल उत्पादन भी बढ़ता है जब तक पूर्ण रोजगार की स्थिति नहीं प्राप्त होती। परन्तु जब अर्थव्यवस्था पूर्ण रोजगार स्तर पर होती है तो कुल उत्पादन स्थिर हो जाता है। अतः पूँजी का स्टॉक, प्रौद्योगिकी ज्ञान और साधन दिये होने पर कुल उत्पादन और रोजगार की मात्रा में एक निश्चित सम्बन्ध पाया जाता है। कुल उत्पादन मजदूरी की संख्या का बढ़ता फलन है। इसे चित्र 4 में दिखाया गया है जहां $Q=f(K,T,N)$ जिसमें कुल उत्पादन Q फलन (f) है पूँजी स्टॉक K का, प्रौद्योगिकी ज्ञान T का और मजदूरों की संख्या N का। यह उत्पादन फलन दर्शाता है कि कुल उत्पादन, पूँजी स्टॉक तथा प्रौद्योगिकी ज्ञान दिया होने पर, मजदूरों की संख्या का बढ़ता फलन है। चित्र में कुल उत्पादन OQ चित्र 3 के पूर्ण रोजगार स्तर N_F के अनुरूप है।

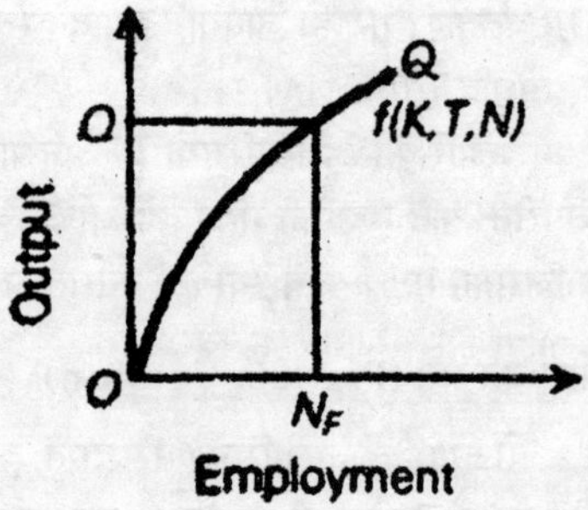

चित्र 4

क्लासिकी अर्थशास्त्री यह विश्वास रखते थे कि सामान्य प्रतियोगी हालात में **बिना स्फीति के पूर्ण रोजगार** कायम किया जाएगा। मालिकों में मजदूर काम पर लगाने के लिए आपस में प्रतियोगिता होने पर भी मजदूरी पूर्ण रोजगार-स्तर से अधिक नहीं हो सकती और अर्थव्यवस्था में लागत-जन्य स्फीति की कोई संभावना नहीं होगी। फिर, **से** का नियम लागू होने के कारण, उत्पादन का पूर्ण रोजगार स्तर इसी स्तर तक मांग पैदा करेगा। समस्त मांग में वृद्धि ही स्फीति का कारण होती है। लेकिन ब्याज की दर का तंत्र (mechanism) समस्त मांग को कुल उत्पादन से अधिक बढ़ने से रोकता है। पुनः स्फीति इस कारण भी होती है जब मुद्रा की मात्रा में इतनी वृद्धि होती है कि बढ़ रहा उत्पादन उसे खपा नहीं सकता। लेकिन यह भी संभव नहीं है, क्योंकि मुद्रा की मात्रा में वृद्धि केवल निरपेक्ष (absolute) कीमत स्तर बढ़ाती है न कि सापेक्ष कीमतें। अतः क्लासिकी प्रणाली में बिना स्फीति के पूर्ण रोजगार पाया जाता है।

3. पूर्ण क्लासिकी मॉडल का सारांश (SUMMARY OF COMPLETE CLASSICIAL MODEL)

रोजगार का क्लासिकी सिद्धान्त पूर्ण रोजगार की मान्यता पर आधारित है जिसके अनुसार अर्थव्यवस्था में पूर्ण रोजगार की सामान्य स्थिति पाई जाती है और बेरोजगारी की असामान्य स्थिति असामान्य होती है। क्लासिकी सिद्धान्त में उत्पादन और रोजगार का निर्धारण अर्थव्यवस्था के श्रम, वस्तु और मुद्रा बाजारों में होता है, जिन्हें चित्र 5 में दर्शाया गया है। इन बाजारों में मांग और पूर्ति की शक्तियां

* मुद्रा-मजदूरी को कीमत स्तर से विभाजित करने से वास्तविक मजदूरी प्राप्त होती है, अर्थात् W/P.

अन्तत: पूर्ण रोजगार ला देंगी। सरकार द्वारा किसी भी प्रकार के हस्तक्षेप से पूर्ण रोजगार नहीं होगा। पूर्ण रोजगार से उनका अभिप्राय अनैच्छिक बेरोजगारी का न पाया जाना है।

क्लासिकी विश्लेषण में उत्पादन और रोजगार स्तर समस्त उत्पादन फलन, श्रम की मांग और श्रम की पूर्ति द्वारा निर्धारित होता है। पूंजी का स्टॉक, प्रौद्योगिक ज्ञान और अन्य आगतें (inputs) दी होने पर कुल उत्पादन और रोजगार की मात्रा में एक निश्चित संबंध पाया जाता है जिसे $Q = f(K,T,N)$ द्वारा व्यक्त किया जाता है जैसा चित्र के पेनल (*B*) में दर्शाया गया है। दूसरे शब्दों में, कुल उत्पादन (*Q*) फलन (*f*) है, पूंजी स्टॉक (*K*), प्रौद्योगिकी (*T*) और श्रम संख्या (*N*) का। *K* और *T* दी होने पर कुल उत्पादन श्रम संख्या का (बढ़ता) फलन $Q = f(N)$ है। परन्तु एक सीमा के बाद जब अधिक श्रमिक लगाए जाते हैं तो घटते सीमांत प्रतिफल (diminishing marginal returns) प्राप्त होते हैं।

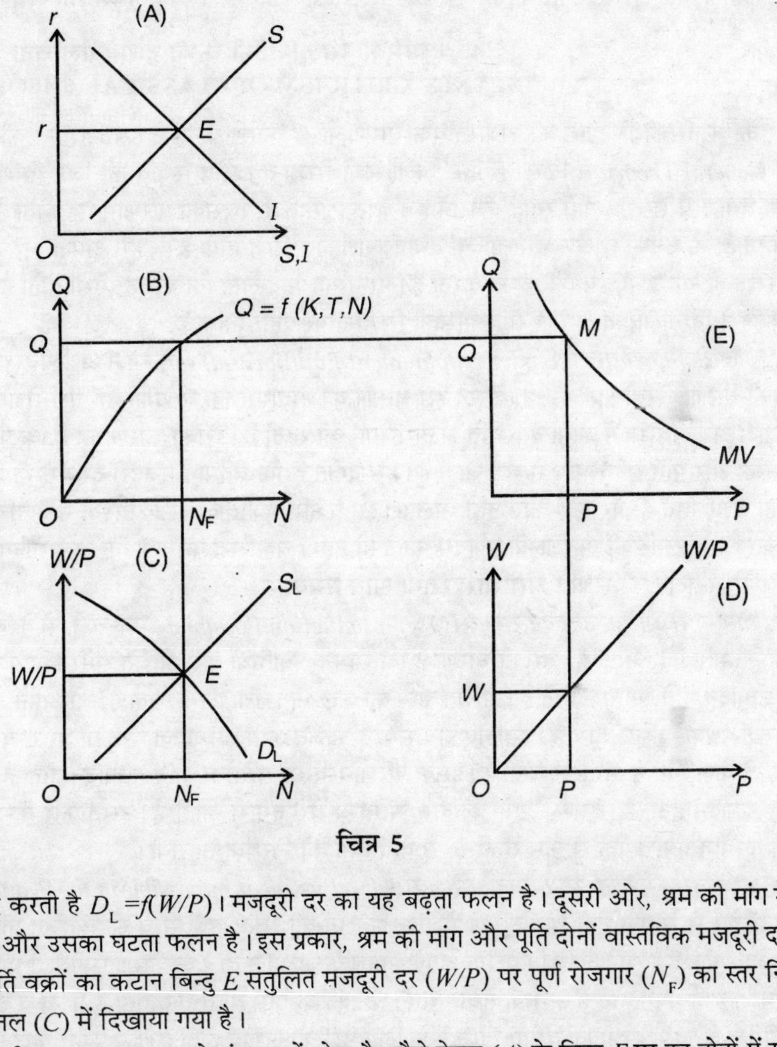

चित्र 5

श्रम बाजार में श्रम की मांग और श्रम की पूर्ति अर्थव्यवस्था में उत्पादन और रोजगार के स्तर को निर्धारित करती है। श्रम की मांग कुल उत्पादन पर निर्भर करती है। अधिक उत्पादन से श्रम की मांग बढ़ती है और श्रम की मांग उसकी सीमांत भौतिक उत्पादकता (*MPP*) पर निर्भर करती है जो अधिक श्रम लगाने से कम होती है। श्रम की पूर्ति मजदूरी दर पर निर्भर करती है $D_L = f(W/P)$। मजदूरी दर का यह बढ़ता फलन है। दूसरी ओर, श्रम की मांग मजदूरी दर पर निर्भर करती है $S_L = f(W/P)$। और उसका घटता फलन है। इस प्रकार, श्रम की मांग और पूर्ति दोनों वास्तविक मजदूरी दर (*W/P*) के फलन हैं। श्रम के मांग और पूर्ति वक्रों का कटान बिन्दु *E* संतुलित मजदूरी दर (*W/P*) पर पूर्ण रोजगार (N_F) का स्तर निर्धारित करता है, $D_L = S_L = N_F$, जैसे कि पेनल (*C*) में दिखाया गया है।

वस्तु बाजार, बचत और निवेश की समानता ($I = S$) से संतुलन में होता है। जैसे पेनल (*A*) के बिन्दु *E* पर इन दोनों में समानता ब्याज दर के तंत्र (mechanism) द्वारा होती है जिससे पूर्ण रोजगार स्तर पर वस्तुओं की मांगी गई मात्रा उनकी पूर्ति की मात्रा के बराबर होती है। बचत ब्याज दर का (सीधा) फलन है, $I = f(r)$ और निवेश ब्याज दर का (विपरीत) फलन होता है, $S = f(r)$

मुद्रा बाजार में संतुलन, मुद्रा की मांग और पूर्ति द्वारा होता है। इसे मुद्रा परिणाम सिद्धान्त द्वारा समझाया जाता है। इसके अनुसार, कीमत स्तर मुद्रा पूर्ति का फलन है, $P = f(MV)$। कीमतों में परिवर्तन मुद्रा की मात्रा के समानुपाती होते हैं। मुद्रा बाजार में संतुलन को $MV = PT$ समीकरण द्वारा व्यक्त किया जाता है जहां *MV* मुद्रा की पूर्ति है और *PT* मुद्रा की मांग। मुद्रा बाजार का संतुलन कीमत स्तर को उत्पादन के पूर्ण रोजगार स्तर के साथ समरूपता की व्याख्या करता है, जो पेनल (*E*) और (*B*) में रेखा *MQ* के साथ संबद्ध हैं।

कीमत स्तर *OP* को कुल उत्पादन (*Q*) और मुद्रा की मात्रा (*MV*) द्वारा निर्धारित किया जाता है जैसे कि पेनल (*B*) और (*E*) में दर्शाया गया है। फिर, मुद्रा मजदूरी के साथ मेल खाती वास्तविक मजदूरी निर्धारित की जाती है। जैसाकि पेनल (*D*) में *W/P* वक्र द्वारा दिखाया गया है। कीमत स्तर के बढ़ने से जब मुद्रा मजदूरी बढ़ती है तो वास्तविक मज़दूरी (*W/P*) कम होती है जिससे उत्पादन और रोजगार के स्तर पर कोई प्रभाव नहीं पड़ेगा। इससे यह निष्कर्ष निकलता है कि पूर्ण रोजगार के स्तर की प्राप्ति के लिए मुद्रा मजदूरी कम करनी चाहिए। अतः पूर्ण रोजगार की स्थिति कायम रखने के लिए क्लासिकी अर्थशास्त्री लचीली कीमत-मजदूरी नीति के पक्ष में थे।

4. क्लासिकी सिद्धान्त की केन्ज़ द्वारा आलोचना
(KEYNES' CRITICISM OF CLASSICAL THEORY)

रोजगार के क्लासिकी सिद्धान्त की अवास्तविक धारणाओं के कारण केन्ज़ ने इस सिद्धान्त की कड़ी आलोचना की है। उसने अपनी पुस्तक *General Theory* में लिखा है कि ''क्लासिकी सिद्धान्त विशेष स्थिति की जिन विशिष्टताओं को मानकर चलता है, वे उस आर्थिक समाज से सम्बन्ध नहीं रखतीं जिसमें हम वस्तुतः रहते हैं, जिसका परिणाम यह होता है कि जब हम उन्हें यथार्थ अनुभवों पर लागू करते हैं, तो उनका शिक्षण भ्रमोत्पादक तथा विनाशकारी सिद्ध होता है।... हम अपनी अर्थव्यवस्था से जिस प्रकार के व्यवहार की आशा रखते हैं, यह उसी ढंग को व्यक्त करता है। परन्तु यह मान लेना कि वस्तुतः ऐसा होता है, कठिनाइयों से आंख मूंद लेना है।''

केन्ज ने निम्नलिखित कारणों से क्लासिकी सिद्धान्त पर प्रहार किया है:

1. अल्परोजगार सन्तुलन (Under-employment Equilibrium)—केन्ज़ ने अर्थव्यवस्था में पूर्ण रोजगार संतुलन की आधारभूत क्लासिकी धारणा अस्वीकार कर दी। उसने इस धारणा को अवास्तविक बताया। वह पूर्ण रोजगार को एक विशिष्ट स्थिति मानता है। समाजवादी अर्थव्यवस्था में सामान्य स्थिति अल्परोजगार की रहती है। इसका कारण यह है कि पूँजीवादी समाज **से** के नियमानुसार नहीं काम करता और पूर्ति सदैव मांग से बढ़ जाती है। हम देखते हैं कि वर्तमान मजदूरी दर पर, या उससे भी कम पर, लाखों श्रमिक काम करने को तैयार रहते हैं, पर उन्हें काम नहीं मिलता। इस प्रकार, पूँजीवादी अर्थव्यवस्था में अनैच्छिक (involuntary) बेरोजगारी का अस्तित्व (जिसे क्लासिकी अर्थशास्त्री एकदम मानते ही नहीं) यह सिद्ध करता है कि अल्परोजगार संतुलन एक **सामान्य** स्थिति है और पूर्ण रोजगार सन्तुलन की स्थिति **असाधारण** तथा **आकस्मिक** है।

2. सामान्य से अधिक उत्पादन सम्भव (Over-production Possible)—केन्ज़ ने, **से** के बाजार नियम का खण्डन किया कि पूर्ति स्वयं अपनी मांग पैदा करती है। उसकी धारणा है कि साधन-स्वामियों द्वारा अर्जित समस्त आय उन वस्तुओं के क्रय में खर्च नहीं होती जिनके उत्पादन में वे सहायक होते हैं। अर्जित आय का कुछ भाग बचा लिया जाता है, जो अपने आप निवेश नहीं हो जाता क्योंकि बचत तथा निवेश पृथक-पृथक कार्य हैं। इसलिए जब समस्त अर्जित आय उपभोक्ता वस्तुओं पर खर्च नहीं होती और उसका कुछ भाग बच जाता है, तो कुल मांग में कमी हो जाती है। इसके परिणामस्वरूप **सामान्य** अति-उत्पादन होता है, क्योंकि वह सब विक्रय नहीं हो पाता जिसका उत्पादन हुआ है। इससे, आगे चलकर, **सामान्य बेरोजगारी** आती है। इस प्रकार केन्ज ने इस नियम का सहारा लेकर, कि सीमान्त उपभोग प्रवृत्ति एक से कम रहती है, **से** के नियम को निरर्थक ठहराया।

3. अर्थव्यवस्था में स्वतः समायोजन असम्भव (Self-adjustment Impossible in the Economy)—केन्ज़, क्लासिकी अर्थशास्त्रियों के इस विचार से सहमत नहीं था कि पूर्ण रोजगार संतुलन की स्वतः तथा स्वयं समायोजित प्रक्रिया के लिए अबन्ध नीति (laissez faire) आवश्यक है। उसने लक्ष्य किया कि अपने समाज के असमान ढांचे के कारण पूँजीवादी प्रणाली स्वतः तथा स्वयं समायोजित नहीं है। उसमें दो प्रधान वर्ग होते हैं— धनी तथा गरीब। धनिकों के पास बहुत धन होता है परन्तु वे उस सारे धन को उपभोग पर नहीं व्यय करते। गरीबों के पास उपभोक्ता वस्तुएं खरीदने के लिए मुद्रा का अभाव होता है। इस प्रकार कुल पूर्ति के मुकाबले कुल मांग की सामान्य न्यूनता रहती है जिसके परिणामस्वरूप अर्थव्यवस्था में अति-उत्पादन तथा बेरोजगारी आती है। वस्तुतः 'बड़ी मन्दी' इसी का परिणाम थी। यदि पूँजीवादी व्यवस्था स्वतः तथा स्वयं समायोजित होती, तो ऐसा कभी न होता। इसलिए केन्ज़ ने इस बात का समर्थन किया कि अर्थव्यवस्था के भीतर पूर्ति तथा मांग का समायोजन करने के लिए राजकोषीय तथा मौद्रिक विधियों के माध्यम से राज्य हस्तक्षेप करें।

4. आय परिवर्तनों द्वारा बचत और निवेश में समानता (Equality between Saving and Investment through Income Changes)—क्लासिकी अर्थशास्त्रियों का यह विश्वास था कि पूर्ण रोजगार के स्तर पर बचत तथा निवेश बराबर होते है तथा यदि उनमें किसी प्रकार का विचलन हो, तो ब्याज की दर का तंत्र उनमें समानता ला देता है। केन्ज़ के अनुसार, बचत का स्तर ब्याज की दर पर नहीं बल्कि आय के स्तर पर निर्भर करता हैं। इसी प्रकार, निवेश को ब्याज की दर ही नहीं बल्कि पूँजी की सीमान्त उत्पादकता भी

निर्धारित करती है। यदि व्यवसाय प्रत्याशाएँ कम हों, तो ब्याज की नीची दर से निवेश नहीं बढ़ेगा। यदि निवेश से बचत बढ़ जाए, तो इसका मतलब है कि लोग उपभोग पर अपेक्षाकृत कम व्यय करते हैं। परिणामतः मांग गिर जाती हैं, अति–उत्पादन होता है और निवेश आय, रोजगार तथा उत्पादन में कमी हो जाती है। इससे बचत घट जाएगी और अन्ततः आय के अपेक्षाकृत निम्नस्तर पर बचत तथा निवेश में समानता स्थापित हो जाएगी। इस प्रकार, ब्याज की दर की अपेक्षा आय में परिवर्तन से बचत तथा निवेश में समानता आती है।

5. मजबूरी कटौती का खण्डन (Refutation of Wage Cut)—केन्ज़ ने पीगू के इस सिद्धान्त का खंडन किया कि मुद्रा–मजदूरी में कटौती करने से अर्थव्यवस्था में पूर्ण रोजगार उपलब्ध किया जा सकता है। पीगू के विश्लेषण में सबसे बड़ी भ्रान्ति यह रही की उसने उस तर्क को, जो **विशिष्ट** उद्योग पर लागू होता है, समस्त अर्थव्यवस्था पर लागू कर दिया। मजदूरी की दर में कमी, लागतों तथा मांग को घटाकर एक उद्योग में तो रोजगार बढ़ा सकती है परन्तु समस्त अर्थव्यस्था के लिए इस प्रकार की नीति से रोजगार घट जाता है। जब मजदूरी में सामान्य कटौती होती है, तो श्रमिकों की आय **घट** जाती है। परिणामतः कुल मांग गिर जाती है जिससे रोजगार मे कमी आती है।

व्यावहारिक दृष्टि से भी केन्ज ने मजदूरी में कटौती करने की नीति का कभी समर्थन नहीं किया। आज के युग में श्रमिकों ने मजबूत ट्रेड यूनियनें बना ली हैं जो मजदूरी घटाने की नीति का विरोध करती हैं। वे इसके विरोध में हड़ताल करेंगे। परिणामस्वरूप अर्थव्यवस्था में जो अशान्ति उत्पन्न होगी, उससे उत्पादन तथा आय घटेगी। फिर, सामाजिक **न्याय** की मांग भी यही है कि यदि लाभ को न छेड़ा जाए तो मजदूरी भी नहीं घटनी चाहिए।

केन्ज़ ने इस क्लासिकी मत को भी नहीं स्वीकार किया कि मुद्रा–मजदूरी तथा वास्तविक–मजदूरी के बीच प्रत्यक्ष समानुपातिक सम्बन्ध होता है। उसके अनुसार, इन दोनों में उल्टा संबंध होता है। जब मुद्रा–मजदूरी गिरती है, तो वास्तविक मजदूरी बढ़ती है, और विलोमशः भी। इसलिए, जैसा कि परम्परावादियों का विश्वास था, वैसा नहीं होगा और मुद्रा–मजदूरी में कमी होने से वास्तविक मजदूरी घटेगी नहीं बल्कि बढ़ेगी ही, क्योंकि मुद्रा–मजदूरी में कटौती से उत्पादन की लागत तथा कीमतें पूर्वोक्त की अपेक्षा अधिक घटेंगी। इस प्रकार परम्परावादियों का यह मत टिक नहीं पाता कि वास्तविक मजदूरी में कमी होने से रोजगार बढ़ेगा। पर, केन्ज़ का यह विश्वास था कि मुद्रा–मजदूरी में कमी करने की बजाय मौद्रिक तथा राजकोषीय विधियों के माध्यम से रोजगार को अधिक बढ़ाया जा सकता है। फिर, मजदूरी तथा कीमतें घटाने के संस्थानिक विरोध इतने प्रबल होते हैं कि इस प्रकार की नीति को अमल में नहीं लाया जा सकता।

6. राज्य हस्तक्षेप का समर्थन (Support of State Intervention)—केन्ज़, पीगू के इस मत से भी सहमत नहीं है कि "हमारी उत्पादकीय शक्ति के पूर्णरूप से उपयोग कर सकने की असफलता के लिए केवल अस्थायी कुसमायोजन ही उत्तरदायी है।" पूँजीवादी व्यवस्था ऐसी है कि यदि उसे अकेले छोड़ दिया जाए, तो वह उत्पादकीय शक्तियों का पूर्ण प्रयोग करने में असमर्थ रहती है। इसलिए राज्य की ओर से हस्तक्षेप आवश्यक हो जाता है। आर्थिक क्रिया के स्तर को बढ़ाने के लिए राज्य सीधे निवेश कर सकता है, अथवा निजी निवेश को अनुपूरित कर सकता है। वह ट्रेड यूनियनों को मान्यता देने वाले, न्यूनतम मजदूरी नियत करने वाले और सामाजिक सुरक्षा उपायों के माध्यम से श्रमिकों को राहत देने वाले कानून बना सकता है। 'इसलिए' जैसा कि **डिल्लर्ड** का मत है, "श्रम यूनियनों तथा उदार श्रम विधान का विरोध करना अर्थशास्त्र की दृष्टि से भले ही अच्छा समझा जाए, परन्तु राजनीतिक दृष्टि से बुरा है।" अतः पूर्ण रोजगार उपलब्ध करने के लिए अर्थव्यवस्था के साधनों का पूरी तरह प्रयोग करने के लिए केन्ज राज्य–कार्रवाई का समर्थन करता है।

7. अल्पकालीन विश्लेषण (Short-run Analysis)—परम्परावादी स्वयं–समायोजित प्रक्रिया के माध्यम से दीर्घकाल में पूर्ण रोजगार में विश्वास करते थे। केन्ज़ में इतना धैर्य नहीं था कि दीर्घकाल तक प्रतीक्षा कर सकें, क्योंकि वह तो यह मानता था कि "दीर्घकाल में तो हम सब मर जाते हैं।" जैसाकि **शूम्पीटर** ने लक्ष्य किया है, "उसका जीवन–दर्शन मूलतः अल्पकालीन दर्शन था।" उसका विश्लेषण अल्पकालीन साधनों तक सीमित है। परम्परावादियों के विपरीत, वह यह मान लेता है कि रुचियाँ, स्वभाव, उत्पादन की तकनीकें, श्रम की पूर्ति इत्यादि अल्पावधि के दौरान स्थिर रहती हैं और इसलिए वह मांग पर दीर्घकालीन प्रभाव को छोड़ देता है। यह मानकर कि उपभोग मांग स्थिर रहती है, वह इस बात पर बल देता है कि बेरोजगारी दूर करने के लिए निवेश मांग बढ़ाई जाए। परन्तु इस प्रकार जो संतुलन–स्तर प्राप्त होता है, वह पूर्ण रोजगार की बजाय अल्परोजगार का स्तर होता है।

8. सट्टा मांग का महत्व (Importance of Speculative Demand)—क्लासिकी अर्थशास्त्री विश्वास रखते थे कि लेनदेन तथा सतर्कता उद्देश्यों के लिए मुद्रा की मांग की जाती है। वे मुद्रा की सट्टा मांग को नहीं मानते थे क्योंकि सट्टा उद्देश्य के लिए रखी गई मुद्रा निष्क्रिय शेषों से सम्बद्ध है। परन्तु केन्ज़ इस मत से सहमत नहीं हैं। उसने मुद्रा की सट्टा मांग के महत्त्व पर बल दिया। उसने यह बताया कि लेनदेन और सतर्कता उद्देश्यों के लिए रखी गई परिसम्पत्तियों से अर्जित ब्याज, नीची ब्याज दर पर बहुत कम हो सकता है। परन्तु

नीची ब्याज दर पर मुद्रा की सट्टा मांग बहुत अधिक होगी। इसलिए ब्याज की दर एक विशेष न्यूनतम स्तर से नहीं गिरेगी और मुद्रा की सट्टा मांग पूर्णतया ब्याज लोचदार होगी। यह केन्ज़ का तरलता जाल (liquidity trap) है जिसका क्लासिकी अर्थशास्त्री विश्लेषण करने में असमर्थ थे।

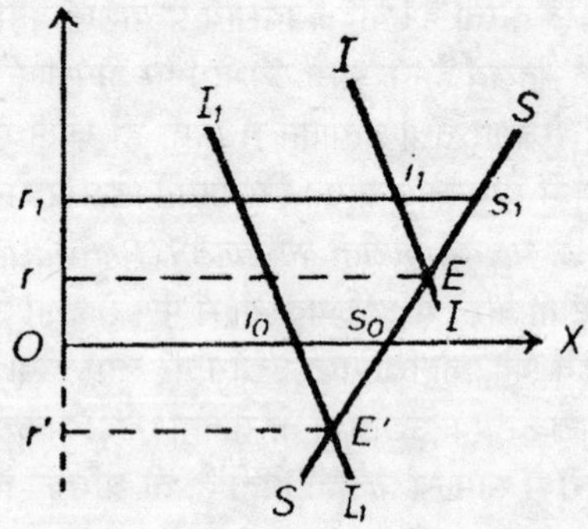

Saving and Investment
चित्र 6

इस संदर्भ में केन्ज़ ने यह भी स्पष्ट किया कि ब्याज दर धनात्मक होने पर, बचत के निवेश से अधिक होने की संभावना रहती है। तरलता जाल, ब्याज दर को एक निश्चित न्यूनतम दर से नीचे गिरने से रोकता हैं। यह चित्र 6 में दर्शाया गया है जहाँ *SS* बचत वक्र है और *II* निवेश वक्र। यदि तरलता जाल Or_1 ब्याज दर पर हो तो यह ब्याज दर को *Or* तक गिरने से रोकता हैं और बचत और निवेश की समानता *E* बिन्दु पर नहीं लाई जा सकती। Or_1 ब्याज दर पर तरलता जाल की अवस्था में निवेश से बचत i_1s_1 अधिक है। अत: अर्थव्यवस्था पूर्ण रोजगार के स्तर *E* पर स्थापित नहीं होगी जहां बचत और निवेश बराबर हैं बल्कि अल्परोजगार संतुलन स्तर जहां निवेश से बचत अधिक होती है।

केन्ज़ ने आगे बताया कि ब्याज दर शून्य पर गिर जाने से भी निवेश से बचत अधिक होगी। इसे भी चित्र 7.6 में दर्शाया गया है जहां *II* वक्र बाईं ओर सरक कर I_1I_1 हो जाता है और निवेश में गिरावट दिखाता है। ऐसी संभावना मंदी में पाई जाती है। शून्य ब्याज दर *(O)* पर निवेश से बचत i_os_o अधिक है। इस स्थिति में, क्लासिकी बचत और निवेश वक्र E_1 बिन्दु पर काटते हैं जब ब्याज दर *Or′* ऋणात्मक है। यह असंगत स्थिति है।

9. मुद्रा निष्प्रभावी नहीं (Money not Neutral)—क्लासिकी अर्थशास्त्री मुद्रा को निष्प्रभावी मानते थे। इसलिए उन्होंने मौद्रिक सिद्धान्त में उत्पादन, रोजगार और ब्याज दर को शामिल नहीं किया था। उनके अनुसार, उत्पादन और रोजगार का स्तर और ब्याज की संतुलन दर वास्तविक शक्तियों द्वारा निर्धारित होते हैं। केन्ज़ ने क्लासिकी मत की आलोचना की कि मौद्रिक सिद्धान्त मूल्य सिद्धान्त से भिन्न है। उसने मौद्रिक सिद्धान्त को मूल्य सिद्धान्त के साथ जोड़ दिया और ब्याज सिद्धान्त को मौद्रिक सिद्धान्त के क्षेत्र में ला दिया जो उसने ब्याज दर को मौद्रिक तत्त्व मानकर किया। उसने उत्पादन सिद्धान्त द्वारा मौद्रिक सिद्धान्त को मूल्य सिद्धान्त के साथ जोड़ा। ऐसा उसने ब्याज दर के माध्यम से मुद्रा की मात्रा और कीमत स्तर में संबंध स्थापित करके किया। उदाहरणार्थ,जब मुद्रा की मात्रा में वृद्धि होती है तो ब्याज दर गिरती है, निवेश बढ़ता है, आय और उत्पादन बढ़ते हैं, मांग बढ़ती है, साधन लागतें और मजदूरी बढ़ते हैं, सापेक्ष कीमतें बढ़ती हैं और आखिरकार सामान्य कीमत-स्तर में वृद्धि होती है। इस प्रकार, केन्ज ने अर्थव्यवस्था के मौद्रिक और वास्तविक क्षेत्रों को जोड़ दिया।

इस प्रकार, रोजगार का क्लासिकी सिद्धान्त अवास्तविक और पूंजीवादी विश्व की वर्तमान आर्थिक समस्याओं को सुलझाने में असमर्थ है।

प्रश्न

1. रोजगार के क्लासिकी सिद्धान्त का वर्णन करिए। किन कारणों से केन्ज ने इसकी आलोचना की ?
2. रोजगार के क्लासिकी सिद्धान्त की आलोचनात्मक व्याख्या कीजिए।

अध्याय 9

'से' का बाजार नियम

(Say's Law of Markets)

1. से का नियम
(SAY'S LAW)

'से' का बाजार नियम रोजगार सिद्धान्त का आधार है। 19वीं शताब्दी के प्रारम्भ में फ्रांसीसी अर्थशास्त्री **जे.बी. 'से'** ने यह धारणा व्यक्त की **''पूर्ति स्वयं अपनी मांग पैदा करती है''** (supply creates its own demand) जिसके कारण अर्थव्यवस्था में अत्यधिक उत्पादन और बेरोजगारी की समस्या पैदा नहीं होती। यदि किसी कारण अत्यधिक उत्पादन के कारण श्रमिकों को हटा दिया जाता है और अर्थव्यवस्था में बेरोजगारी की स्थिति उत्पन्न हो जाती है तो यह अल्पकालीन स्थिति है। दीर्घकाल में, वस्तुओं की मांग और पूर्ति एक-दूसरे के समान हो जाते हैं।

'से' के शब्दों में, ''उत्पादन ही वस्तुओं के लिए मार्किट पैदा करता है। ज्योंही किसी वस्तु का उत्पादन होता है, त्योंही उसी क्षण से, वह अपने मूल्य की पूरी मात्रा में अन्य वस्तुओं के लिए मार्किट पैदा करता है। दूसरी वस्तु की पूर्ति जितनी एक वस्तु की मांग के अनुकूल होती है, उतनी कुछ और नहीं।''[1]

इस परिभाषा से निम्नलिखित तथ्य स्पष्ट होते हैं:

(1) उत्पादन ही वस्तुओं की मार्किट (मांग) पैदा करता है (Production Creates Market for Goods)— उत्पादक वस्तुएं उत्पादित करता है। वह साधनों पर व्यय करता है और परिणामस्वरूप उपभोग प्रक्रिया वस्तुओं के लिए मांग पैदा करती है। इस तरह वस्तुओं की पूर्ति के साथ मांग भी बढ़ती रहती है। उदाहरणार्थ, जब उत्पादक वस्तुएं उत्पादित करता है वह श्रमिकों को इसके बदले पारिश्रमिक देता है। जबकि श्रमिक अपने जीवन-निर्वाह के लिए यही वस्तुएं बाजार से खरीदते हैं। इस प्रकार पूर्ति अपमी मांग स्वयं पैदा करती है।

(2) वस्तु-विनिमय का आधार (Basis of Barter)—अपने मूलरूप में यह नियम वस्तु-विनिमय अर्थव्यवस्था पर लागू होता है। उत्पादक जो वस्तुएं मार्किट में लाता है वह अन्य वस्तुओं से विनिमय के लिए होती हैं। **से** की यह धारणा थी कि लोगों का उत्पादन करने का एकमात्र उद्देश्य अपने उपभोग-स्तर को कायम रखना था। अत: अर्थव्यवस्था में जो वस्तुएँ उत्पादित होती हैं उनमें मांग अन्तर्निहित रहती है।

इस नियम का विश्लेषण वस्तु-विनिमय के आधार पर किया जाता है, परन्तु यह माना जाता है कि मुद्रा द्वारा क्रय-विक्रय करने से इस प्रक्रिया पर कोई प्रभाव नहीं पड़ता। दूसरे शब्दों में, मुद्रा वस्तु-विनिमय प्रणाली से अधिक कार्यशील है। जब कोई वस्तु उत्पादित की जाती है तो इसके उत्पादन में योगदान देने वाले व्यक्तियों को आय दी जाती है। उत्पादक को अपनी उत्पादित वस्तुओं की बिक्री से जो

---

1. "It is production which creates markets for goods. A product is no sooner created than it, from that instant, affords a market for other products to the full extent of its own value. Nothing is more favourable to the demand of one product than the supply of another." —J.B. Say.

आय प्राप्त होती है, वह अर्थव्यवस्था में रोजगार के सभी स्तरों पर उत्पादित की जाने वाली वस्तु की लागत के समान है। ऐसा तभी सम्भव है यदि साधनों में योगदान देने वाले व्यक्ति अपनी उत्पादकता के समान पारितोषिक लेने को तैयार हों। इसका अर्थ यह नहीं कि प्रत्येक अतिरिक्त श्रमिक अवश्य ठीक उसी वस्तु को खरीदे जिसे वह स्वयं बनाता है। इसका एकमात्र अर्थ यह है कि उसको रोजगार पर लगाने से प्राप्त होने वाली नवीन आय पर्याप्त मांग उत्पन्न करेगी और नई उत्पादित वस्तुओं की खपत शीघ्र हो जाएगी।

(3) सामान्य से अधिक उत्पादन असम्भव (General Over Production Impossible)— जब तक उत्पादन ठीक दिशाओं में होता रहेगा तब तक जो कुछ भी उत्पादित किया जायेगा, सारा बेचने में कोई कठिनाई नहीं होगी। **'से'** के अनुसार, क्योंकि कार्य करना अरुचिकर है, इसलिए यदि कोई व्यक्ति अपनी इच्छित वस्तु को किसी अन्य वस्तु से विनिमय नहीं करना चाहता तो वह अन्य वस्तुओं को उत्पादित करने में कम रुचि लेगा। अतः वस्तुओं की पूर्ति में ही उसकी मांग बना रहती है। ऐसी स्थिति में, सामान्य से अधिक उत्पादन नहीं हो सकता। यदि किसी कारण वस्तुओं का अधिक उत्पादन हो जाता है तो यह अस्थायी स्थिति है क्योंकि उत्पादक ऐसी वस्तुओं को कालान्तर में बनाना बंद कर देगा और ऐसी वस्तुएँ उत्पादित करना शुरू कर देगा जिनसे लाभ हो सकता हैं। संक्षेप में, बाजार नियम सामान्य से अधिक उत्पादन की सम्भावना को अस्वीकार करता है, और मांग में कमी की सम्भावना को नहीं मानता। अधिक से अधिक साधनों को रोजगार में लगाने से अधिकतम लाभप्रद स्थिति होगी, जब तक पूर्ण रोजगार की स्थिति नहीं आ जाती। लेकिन साधन जुटाने वाले अपनी भौतिक उत्पादकता से अधिक पारितोषिक न लेने पर सहमत हों। संक्षेप में, सामान्य बेरोजगारी नहीं हो सकती यदि श्रमिक काम के अनुसार मजदूरी स्वीकार करें।

(4) बचत-निवेश समानता (Saving-Investment Equality)—विनिमय-अर्थव्यवस्था में **'से'** के बाजार नियम का अर्थ है कि पूर्ण रोजगार को स्थापित करने के लिए आय अपने आप इस दर से व्यय की जाती है जिससे साधनों को काम पर लगाया जा सके। साधारणतः लोग अपनी आय को उपभोग पर खर्च कर डालते हैं परन्तु समाज में कुछ लोग अपनी आय में से बचाते हैं। लेकिन यह रोजगार की स्थिति में रुकावट नहीं होती। उत्पादक वस्तुओं में निवेश करना बचत है क्योंकि यह आय प्रजनन में बाधा नहीं, इसलिए पूर्ति स्वयं अपनी मांग पैदा करती है।

(5) ब्याज-दर निर्धारक तत्व (Rate of Interest as a Determinant Factor)—**'से'** ने समाज में बचत और निवेश में समानता स्थापित करने के लिए ब्याज की दर को निर्धारक तत्त्व माना। यह माना जाता है कि जब उत्पादक उत्पादन प्रक्रिया में प्रयोग होने वाले विभिन्न साधनों (जैसे भूमि, श्रम और पूँजी) को उपलब्ध करता है तो वे आवश्यक आय पैदा करते हैं जो साधन-स्वामियों को लगान, मजदूरी तथा ब्याज के रूप में प्राप्त होती है। यही आवश्यक आय उत्पादित वस्तुओं के लिए मांग पैदा करती है। इस प्रकार पूर्ति स्वयं अपनी मांग पैदा करने में सहायक होती है। यह तर्क इस धारणा पर आधारित है कि साधन-स्वामियों द्वारा अर्जित आय उन वस्तुओं को खरीदने में खर्च हो जाती है जिनके उत्पादन में वे सहायक होते हैं। उसका जो भाग खर्च नहीं होता, वह बच जाता है और निवेश में लगा दिया जाता है। इस प्रकार, बचत एवं निवेश निश्चय ही बराबर रहते हैं। यदि दोनों में अन्तर रहता है तो ब्याज दर द्वारा समानता लाई जाती है।

यदि किसी कारणवश बचत अधिक होने की स्थिति है जो ब्याज दर द्वारा बचत को घटाया जायेगा तथा निवेश में वृद्धि की जायेगी, जब तक बचत-निवेश में समानता स्थापित नहीं हो जाती। ऐसी स्थिति में, ब्याज की दर को घटाया जायेगा। ब्याज की दर को घटाने के परिणामस्वरूप लोगों में बचत अधिक करने की प्रवृत्ति कम होती जायेगी और निवेश अधिक करने की प्रवृत्ति हो जायेगी। बचत में वृद्धि करने से कम उपभोग करने की प्रवृत्ति होगी और उपभोग वस्तुओं की मांग पहले से कम हो जायेगी और कीमतें भी प्रभावित होंगी। कीमतों के कम होने से उत्पादक के लाभ भी कम हो जायेंगें। अन्य स्थिति में, यदि निवेश में वृद्धि से बचतें कम रह जाएं, तब ब्याज की दर बढ़ाकर निवेश की मात्रा को नियमित किया जायेगा।[1]

(6) श्रम बाजार में बेरोजगारी (Unemployment in Labour Market)—प्रो. पीगू ने **'से'** के बाजार नियम को श्रम बाजार पर लागू किया। पीगू के अनुसार, मजदूरी को कम करके बेरोजगारी को दूर किया जा सकता है। बेरोजगारी कुछ समय के लिए हो सकती है। कम मजदूरी देकर अधिक श्रमिकों को काम पर लगाया जा सकता है जिससे श्रम की मांग बढ़ेगी। लेकिन श्रमिक संघों द्वारा सामूहिक

---

1. यहां पिछले अध्याय से चित्र 1 द्वारा वर्णन करिए।

दबाव के कारण बेकारी की अवस्था होने पर न्यूनतम मजदूरी स्वीकार कर लेने से अस्थायी बेरोजगारी अवश्य दूर हो जायेगी। संक्षेप में, न्यूनतम मजदूरी के लिए श्रम संघ ही अन्तिम रूप से उत्तरदायी हैं क्योंकि ऐसा हो सकता है कि कुछ श्रमिक मजदूरी कटौती को स्वीकार कर लें परन्तु अन्य श्रमिक इसे स्वीकार न करें।[2]

2. 'से' नियम की प्रस्थापनाएं और उसमें निहितार्थ (PROPOSITIONS AND IMPLICATIONS OF SAY'S LAW)[3]

'से' नियम की धारणाएं और उसमें निहित तत्त्व उसके बाजार नियम का एक यथार्थ चित्रण प्रस्तुत करते हैं जो निम्नलिखित हैं:

1. अर्थव्यवस्था में पूर्ण रोजगार—यह नियम इस धारणा पर आधारित है कि अर्थव्यवस्था में पूर्ण रोजगार है और बेरोजगार के साधनों को उत्पादन में लगाने से उनको पारिश्रमिक मिलने लग जाता है जिससे उत्पादन की मात्रा में वृद्धि होती जाती है। उत्पादन में वृद्धि होने से और अधिक साधनों को रोजगार में लगाया जाता है। कुल उत्पादन तब तक बढ़ता जायेगा जब तक पूर्ण रोजगार का स्तर नहीं पहुंच जाता। पूर्ण रोजगार की स्थिति में उत्पादन अधिकतम हो जाता है। पूंजी संयंत्र, तकनीकी ज्ञान और स्रोत होने पर कुल उत्पादन और रोजगार में सीधा सम्बन्ध स्थापित हो जाता है।

2. साधनों का समुचित उपयोग—अर्थव्यवस्था में पूर्ण रोजगार की स्थिति में बेकार पड़े साधनों का भी समुचित उपयोग उत्पादन में वृद्धि में सहायक रहेगा। इस प्रकार, आय के प्रजनन से बेकार पड़े साधनों का समुचित उपयोग होगा।

3. पूर्ण प्रतियोगिता—**'से'** के नियम के अनुसार बाजार में पूर्ण प्रतियोगिता होनी चाहिए जिससे स्वतन्त्र रूप से मांग और पूर्ति द्वारा वस्तुओं का उत्पादन हो सके। पूर्ण प्रतियोगिता में अन्य स्थितियां निम्नलिखित हैं:

(क) बाजार में स्वयं समायोजन—पूर्ण प्रतियोगिता के अन्तर्गत जितनी पूर्ति होगी उतनी ही उसकी मांग बनी रहेगी। श्रम बाजार में मांग और पूर्ति में समायोजन मजदूरी द्वारा लाया जाता है। दूसरी तरफ, पूंजी बाजार में बचत-निवेश समानता ब्याज दर में उतार-चढ़ाव द्वारा लाई जाती है और किसी भी समय असन्तुलन की स्थिति आंशिक ही रहती है।

(ख) बाजार का आकार—पूर्ण प्रतियोगिता के अन्तर्गत बाजार का आकार विस्तृत माना गया है। इसी कारण पूर्ति के लिए मांग सदैव बनी रहती है।

(ग) मुद्रा की तटस्थता—**'से'** का बाजार नियम वस्तु-विनिमय अर्थव्यवस्था की धारणा पर आधारित है परन्तु मुद्रा को तटस्थ मानकर चलता है। मुद्रा का किसी भी प्रकार से उत्पादन पर प्रभाव नहीं पड़ता।

(घ) स्वतन्त्र अर्थव्यवस्था—**'से'** का बाजार नियम अर्थव्यवस्था को एक स्वतन्त्र अर्थव्यवस्था मानकर चलता है, जिसमें सरकारी हस्तक्षेप या सरकारी कानून लागू नहीं होते। स्वतःसमायोजन के कारण मांग और पूर्ति परस्पर बराबर रहते हैं।

4. संचय की अभाव— इस धारणा के अनुसार बचत और निवेश बराबर रहते हैं। जितनी आय प्रजनन होती है वह सारी की सारी उपभोग पर खर्च नहीं होती। कुछ बच जाती है जिसे पूंजीगत वस्तुओं में लगा दिया जाता है। अतः संचय की अर्थव्यवस्था में प्रवृत्ति नहीं पनपती। दूसरे शब्दों में, 'बचत' एक सामाजिक गुण है। जितना बचा लिया जाता है उसे निवेश में लगाने से उत्पादन में वृद्धि होती है।

3. से के नियम की आलोचनाएं (CRITICISMS OF SAY'S LAW)

'से' के बाजार नियम की प्रमुख धारणा कि 'पूर्ति स्वयं मांग पैदा करती है' व्यावहारिक रूप से आधुनिक अर्थव्यवस्थाओं पर लागू नहीं होती जिसके परिणामस्वरूप 'सामान्य से अधिक उत्पादन' एवं 'सामान्य बेरोजगारी' नहीं हो सकती और 1929-33 की विश्वव्यापी मन्दी के समय ये अवास्तविक सिद्ध हुईं। केन्ज ने अपनी पुस्तक *'General Theory'* में इन धारणाओं की कड़ी आलोचनाएं की जिनकी व्याख्या निम्न हैं।

1. पूर्ति स्वयं मांग पैदा नहीं करती (Supply does not Create its Demand)—**'से'** के बाजार नियम की धारणा कि **''उत्पादन**

---

2. पिछले अध्याय से पीगू द्वारा दिया गया समीकरण और चित्र 3 भी दीजिए।

3. यहीं **से** के नियम की मान्यताएँ हैं।

ही वस्तुओं की मांग है, और जितना भी अर्थव्यवस्था में उत्पादन होती है, सारा ही बिक जाता है, आधुनिक अर्थव्यवस्थाओं में लागू करना गलत है क्योंकि जिस दिशा में उत्पादन बढ़ता है मांग उतनी नहीं बढ़ पाती। यह आवश्यक नहीं कि अर्थव्यवस्था में कुछ ही वस्तुएं उत्पादित होती हैं और सिर्फ उन्हीं का ही उपभोग किया जाता है।

2. स्वयं-समायोजन असम्भव (Self-adjustment not Possible)—**से** का नियम एक 'स्वयं-समायोजित प्रक्रिया' के माध्यम से दीर्घकाल में पूर्ण रोजगार स्थापित करता है। केन्ज में इतना धैर्य नहीं था कि लम्बी अवधि की प्रतीक्षा कर सकें, क्योंकि उसके विचार में, ''दीर्घकाल में तो हम सब मर जाते हैं। अतः बेराजगारी तभी दूर की जा सकती है जब निवेश को बढ़ाया जाए और जिस स्तर पर निवेश बढ़ाया जाए, वह स्तर पूर्ण रोजगार का न होकर अल्परोजगार का हो।

3. मुद्रा तटस्थ नहीं (Money not Neutral)—'**से**' के अनुसार बाजार में वस्तु-विनिमय प्रणाली है अतः मुद्रा का उत्पादन-क्रियाओं पर कोई प्रभाव नहीं पड़ता। केन्ज ने मुद्रा को प्रमुखता देते हुए '**से**' की विचारधारा की आलोचना की है। उसके अनुसार, मुद्रा ही विनिमय का साधन है और धन का संचय भी करती है जिसके कारण मांग और पूर्ति में असन्तुलन रहता है।

4. अधिक उत्पादन सम्भव (Over-production Possible)—'**से**' ने अपना बाजार नियम इस धारणा पर आधारित किया कि 'पूर्ति अपनी मांग स्वयं पैदा करती है' जिसके कारण सामान्य से अधिक उत्पादन एवं सामान्य बेरोजगारी नहीं हो सकती। केन्ज के अनुसार समस्त आय उन वस्तुओं को खरीदने में खर्च नहीं होती जिनका साधन उपभोग करते हैं। कुछ भाग खर्च में से बच जाता है और स्वयं निवेशित नहीं होता क्योंकि बचत-निवेश हमेशा समान नहीं रहते। अतः सामान्य से अधिक उत्पादन सम्भव है।

5. अल्परोजगार की स्थिति (Under-employment Situation)—केन्ज पूर्ण रोजगार को एक विशेष स्थिति मानता है जबकि पूंजीवादी-अथर्व्यवस्था में अल्परोजगार की स्थिति बनी रहती है। क्योंकि इन अर्थव्यवस्थाओं में श्रमिकों को काम नहीं मिलता या वे न्यूनतम मजदूरी पर कार्य करना चाहते। इसलिए 'अल्परोजगार' एक सामान्य स्थिति है। केन्ज ने रोजगार उपलब्ध करने के लिए अर्थव्यवस्था के बेकार साधनों का उपयोग करने की बात कही।

6. राज्य हस्तक्षेप (State Intervention)—केन्ज का मत था कि पूर्ति के मुकाबले मांग सदैव कम रहती है, इसलिए अर्थव्यवस्था में सामान्य से अधिक उत्पादन और बेरोजगारी रहती है। ऐसी स्थितियां विश्वव्यापी मन्दी के दौरान उत्पन्न हुई। अतः अर्थव्यवस्था में पूर्ति और मांग में समायोजन के लिए राज्य राजकोषीय एवं मौद्रिक नीतियों द्वारा हस्तक्षेप करें।

7. आय द्वारा समानता (Equality through Income)—'**से**' के नियम के अनुसार बचत-निवेश सदैव बराबर रहते हैं और यदि किसी स्थिति में असमानता हो जाए तब ब्याज-दर द्वारा समानता लाई जाती है। केन्ज के अनुसार बचत-निवेश समानता आय में परिवर्तनों द्वारा लाई जाती है क्योंकि बचत ब्याज दर से नहीं आय के स्तर पर निर्भर करती है और निवेश भी ब्याज दर पर नहीं बल्कि पूंजी की सीमान्त उत्पादकता द्वारा निर्धारत होता है। यदि निवेश बढ़ जाता है तो लोग व्यय कम कर देंगे और वस्तुओं की मांग प्रभावित होगी। निवेश के कारण उत्पादन बढ़ेगा। परन्तु बचत और रोजगार कम हो जाएंगे। यह समानता आय के स्तर में परिवर्तनों द्वारा स्थापित होगी।

8. मजदूरी कटौती समाधान नहीं (Wage-cut no Solution)—केन्ज ने मजदूरी में कटौती करके पूर्ण रोजगार की धारणा की आलोचना की। क्योंकि यह धारणा एक उद्योग पर लागू की जा सकती है न कि समस्त अर्थव्यवस्था पर। केन्ज ने बेरोजगारी का कारण 'प्रभावी' मांग में कमी को माना और इसमें वृद्धि से रोजगार बढ़ाया जा सकता है। इसके अतिरिक्त, मजदूरी में कमी करने की अपेक्षा राजकोषीय एवं मौद्रिक नीतियों द्वारा भी रोजगार बढ़ाया जा सकता है।

9. मांग स्वयं अपनी पूर्ति पैदा करती है (Demand creates its own Supply)—'**से**' के बाजार नियम के अनुसार, 'पूर्ति स्वयं अपनी मांग पैदा करती हैं।' परन्तु केन्ज ने इसके विपरीत मत की स्थापना की और वह यह कि 'मांग स्वयं अपनी पूर्ति पैदा करती है।' प्रभावी मांग की कमी के परिणामस्वरूप बेरोजगारी आती है, क्योंकि लोग अपनी समस्त आय को उपभोग पर खर्च नहीं करते।

प्रश्न

1. जे.बी. से के बाजार नियम की ब्याख्या करिए। केन्ज ने किन आधारों पर इसकी आलोचना की?
2. ''मांग अपनी पूर्ति स्वयं पैदा करती है।'' इस कथन की विवेचना कीजिए।

अध्याय 10

प्रभावी मांग का नियम
(The Principle of Effective Demand)

1. प्रस्तावना
(INTRODUCTION)

तार्किक दृष्टि से देखा जाए तो प्रभावी मांग का नियम ही केन्ज के रोजगार सिद्धान्त का प्रारम्भिक बिन्दु है। किसी पूंजीवादी अर्थव्यवस्था में रोजगार का स्तर प्रभावी मांग पर निर्भर करता है। इस प्रभावी मांग में न्यूनता आने से बेरोजगारी आती है। अत: प्रभावी मांग के स्तर को बढ़ाकर रोजगार का स्तर बढ़ाया जा सकता है।

अर्थ (Meaning)

सामान्य बोलचाल की भाषा में मांग का अर्थ है— इच्छा। वह मांग तभी प्रभावी बनती है, जब उपभोग-वस्तुओं तथा निवेश वस्तुओं को क्रय करने में आय खर्च की जाती है। केन्ज ने 'प्रभावी मांग' शब्द का व्यवहार ''रोजगार के विविध स्तरों पर वस्तुओं तथा सेवाओं की समस्त मांग'' को व्यक्त करने के लिए किया है। रोजगार के विभिन्न स्तर समस्त मांग के विभिन्न स्तरों को प्रकट करते हैं। परन्तु रोजगार का एक स्तर ऐसा भी हो सकता है, जहां समस्त मांग, समस्त पूर्ति के बराबर हो। यही प्रभावी मांग का बिन्दु होता है। केन्ज के शब्दों में, ''समस्त मांग फलन के जिस बिन्दु पर समस्त पूर्ति फलन उसे काटता है, उस बिन्दु पर D (अर्थात् समस्त मांग) का मूल्य प्रभावी मांग कहलाएगा।'' इस प्रकार, केन्ज के अनुसार, प्रभावी मांग रोजगार के स्तर को निर्धारित करती है और आगे वह (प्रभावी मांग) समस्त मांग कीमत तथा समस्त पूर्ति कीमत से निर्धारित होती है।

समस्त मांग कीमत (Aggregate Demand Price)

समस्त मांग कीमत मुद्रा की वह मात्रा है, जिसे काम पर लगे व्यक्तियों द्वारा उत्पादित उत्पादन को बेचकर उद्यमी प्राप्त करने की **आशा करते हैं।** प्रो. डिल्लर्ड के शब्दों में, ''रोजगार के किसी दिए हुए स्तर पर मुद्रा अथवा आय की वह कुल राशि 'समस्त मांग कीमत' होती है, जो श्रम के उस मात्रा में लगाए जाने पर उत्पादित उत्पादन के विक्रय से प्राप्त हो सकती है।'' दूसरे शब्दों में, यह रोजगार के विशिष्ट स्तर पर उत्पादित उत्पादन के विक्रय द्वारा **प्रत्याशित आय** (expected revenue) से सम्बन्ध रखती है। अर्थव्यवस्था में विभिन्न समस्त मांग कीमतें रोजगार के विभिन्न स्तरों से सम्बन्धित रहती हैं।

रोजगार के विभिन्न स्तरों पर विविध समस्त मांग कीमतों को प्रकट करने वाला विवरण 'समस्त मांग कीमत अनुसूची' अथवा 'समस्त मांग फलन' कहलाता है। केन्ज के अनुसार, ''समस्त मांग फलन रोजगार के किसी दिए हुए स्तर को रोजगार के उस स्तर से **प्रत्याशित आय** (proceeds expected) के साथ सम्बद्ध करता है।'' तालिका I समस्त मांग अनुसूची को व्यक्त करती है।

इस तालिका से स्पष्ट है कि रोजगार के स्तर में वृद्धि होने पर प्रत्याशित आय (D) बढ़ती है और रोजगार के अपेक्षाकृत निम्न स्तरों पर वह घटती जाती है। जब 40 लाख व्यक्ति रोजगार पर लगाए जाते हैं, तो समस्त मांग कीमत 290 करोड़ रु. है और जब 25 लाख व्यक्तियों को काम पर लगाया जाता है, तो वह 250 करोड़ रु. होती है। केन्ज के अनुसार, समस्त मांग फलन रोजगार के स्तर का बढ़ता हुआ फलन है और उसे यों प्रकट किया जाता है: $D=f(N)$, जहां D वह आय है जिसे उद्यमी N व्यक्तियों को काम पर लगाकर प्राप्त

करने की **आशा** रखते हैं।

ऊपर दी गई अनुसूची के आधार पर समस्त मांग वक्र खींचा जा सकता है। यह बाएं से दाएं ऊपर की ओर ढालू होता है क्योंकि ज्यों-ज्यों रोजगार का स्तर बढ़ता है, त्यों-त्यों समस्त मांग कीमत भी बढ़ती है। (देखिए चित्र 27.1 में *AD* वक्र)।

तालिका I : समस्त मांग अनुसूची

रोजगार का स्तर (N) (लाख में)	*समस्त मांग कीमत (D) (रु. करोड़)*
0	0
25	250
30	260
35	270
40	280
40	290

समस्त पूर्ति कीमत (Aggregate Supply Price)

जब कोई उद्यमी श्रम की एक निश्चित मात्रा को रोजगार देता है, तो उसे कुछ निश्चित मात्रा में अन्य सहयोगशील साधनों की भी जरूरत पड़ती है जैसे भूमि, पूंजी, कच्चा माल इत्यादि, जिन्हें श्रम के साथ-साथ पारिश्रमिक देना पड़ता है। इस प्रकार, रोजगार के प्रत्येक स्तर पर उत्पादन की कुछ मुद्रा लागतें (जिनमें सामान्य लाभ भी शामिल है) होती हैं, जिन्हें पूरा करना उद्यमी के लिए आवश्यक हो जाता है। ''श्रम के रोजगार के किसी दिए हुए स्तर पर 'समस्त पूर्ति कीमत' मुद्रा की वह कुल राशि है जिसे अर्थव्यवस्था में, कुल मिलाकर सब उद्यमी, उन व्यक्तियों की दी हुई संख्या द्वारा उत्पादित उत्पादन के विक्रय से प्राप्त करने की आशा रखते हैं, उन्हें काम पर लगाना लाभप्रद हो।''

संक्षेप में, समस्त पूर्ति कीमत रोजगार के किसी विशेष स्तर पर उत्पादन के विक्रय से प्राप्त होने वाली **आवश्यक आय** (proceeds necessary) से सम्बन्ध रखती है। इस प्रकार, अर्थव्यवस्था में रोजगार का प्रत्येक स्तर किसी विशेष समस्त पूर्ति कीमत से संबद्ध रहता है और रोजगार के विभिन्न स्तरों पर विभिन्न समस्त पूर्ति कीमतें रहती हैं।

रोजगार के विभिन्न स्तरों पर विविध समस्त पूर्ति कीमतों को प्रकट करने वाला विवरण 'समस्त पूर्ति कीमत अनुसूची' अथवा 'समस्त पूर्ति फलन' कहलाता है। **प्रो. डिल्लर्ड** के शब्दों में, ''समस्त पूर्ति फलन उस आय की न्यूनतम मात्राओं की अनुसूची है जो रोजगार की विविध मात्राओं को प्रेरित करने के लिए आवश्यक हो।'' तालिका II समस्त पूर्ति अनुसूची को व्यक्त करती है।

इस तालिका से स्पष्ट है कि रोजगार के स्तर में वृद्धि के साथ-साथ समस्त पूर्ति कीमत बढ़ती है। यदि उद्यमी 25 लाख श्रमिकों को रोजगार प्रदान करते हैं, तो उन्हें उन श्रमिकों द्वारा उत्पादित उत्पादन के विक्रय से 240 करोड़ रु. **अवश्य प्राप्त होने चाहिए**। वे और अधिक श्रमिकों को (30 लाख, 35 लाख एवं 40 लाख श्रमिकों को) केवल तभी रोजगार प्रदान करेंगे, जब उन्हें (रु. 255 करोड़, रु. 270 करोड़ और रु. 285 करोड़) की बिक्री की न्यूनतम मात्रा की **प्राप्ति की आशा** होगी। परन्तु जब अर्थव्यवस्था पूर्ण रोजगार (40 लाख श्रमिकों) के स्तर पर पहुंच जाती है, तो समस्त पूर्ति कीमत (रु. 300 करोड़) रहती है पर रोजगार में और वृद्धि नहीं होती। केन्ज के अनुसार, समस्त पूर्ति फलन रोजगार के स्तर का बढ़ता हुआ फलन है और उसे यों व्यक्त किया जाता है: $S=f(N)$, जहां N व्यक्तियों को रोजगार पर लगाने से प्राप्त उत्पादन की समस्त पूर्ति कीमत को S प्रकट करता है।

तालिका II : समस्त पूर्ति अनुसूची

सेवानियुक्ति का स्तर (N) (लाख में)	*समस्त पूर्ति कीमत (S) (रु. करोड़)*
0	0
25	240
30	255
35	270
40	285
40	300

इस अनुसूची के आधार पर समस्त पूर्ति वक्र खींचा जा सकता है। यह बाएं से दाएं ऊपर की ओर ढालू होता है क्योंकि ज्यों-ज्यों **आवश्यक प्रत्याशित** आय बढ़ती है, त्यों-त्यों रोजगार का स्तर भी बढ़ता हैं। परन्तु जब अर्थव्यवस्था पूर्ण रोजगार के स्तर पर पहुंच जाती है, तो समस्त पूर्ति वक्र अनुलम्ब (vertical) हो जाता है। समस्त पूर्ति कीमत में वृद्धि होने पर भी और अधिक रोजगार प्रदान करना सम्भव नहीं, क्योंकि अर्थव्यवस्था पूर्ण रोजगार का स्तर (N_F) प्राप्त कर चुकी है, जैसे चित्र 27.1 में C_1 से ऊपर का *AS* वक्र का भाग है।

प्रभावी मांग का निर्धारण (Determination of Effective Demand)

हम प्रभावी मांग के दोनों निर्धारकों का अलग-अलग अध्ययन कर चुके हैं और अब इस स्थिति में हैं कि अर्थव्यवस्था में रोजगार के स्तर निर्धारण की प्रक्रिया का विश्लेषण कर सकें। रोजगार का स्तर उस बिन्दु पर निर्धारित होता है, जहां समस्त मांग कीमत बराबर

हो समस्त पूर्ति कीमत के। दूसरे शब्दों में, यह वह बिन्दु होता है जहां उद्यमियों की **प्रत्याशित आय** उस आय के बराबर होती है, जो उन्हें **अवश्य प्राप्त** होगी और जहां **उनके लाभ अधिकतम** होते हैं। इस बिन्दु को **प्रभावी मांग** कहते हैं और इस बिन्दु पर उद्यमी सामान्य लाभ प्राप्त करते हैं। जब तक समस्त पूर्ति कीमत की अपेक्षा समस्त मांग कीमत अधिक रहती है, तब तक अतिरिक्त लाभ की प्राप्ति की संभावना अधिक होती है। जब और अधिक श्रमिकों को रोजगार प्रदान किया जाता है, तो **आवश्यक आय** (लागतों) की अपेक्षा **प्रत्याशित आय** अधिक बढ़ती है। यह प्रक्रिया तब तक चलती रहेगी, जब तक समस्त मांग कीमत, समस्त पूर्ति कीमत के बराबर नहीं हो जाती और प्रभावी मांग का बिन्दु नहीं आ जाता। यह बिन्दु अर्थव्यवस्था में रोजगार तथा उत्पादन के स्तर को निर्धारित करता है। पर यह आवश्यक नहीं कि यह पूर्ण रोजगार का ही बिन्दु हो बल्कि यह अल्परोजगार का संतुलन का बिन्दु भी हो सकता है। यदि उद्यमी इस बिन्दु के बाद और रोजगार प्रदान करने का प्रयत्न करेंगे तो समस्त मांग कीमत से समस्त पूर्ति कीमत बढ़ जाएगी जिसका मतलब होगा कि कुल आय की अपेक्षा कुल लागतें अधिक हैं और हानि उठानी पड़ रही हैं। इसलिए उद्यमी प्रभावी मांग के बिन्दु के बाद तब तक श्रमिकों को काम पर नहीं लगायेंगे, जब तक कि नये संतुलन बिन्दु पर समस्त पूर्ति कीमत को पूरा करने के लिए समस्त मांग कीमत नहीं बढ़ जाती और यह पूर्ण रोजगार का बिन्दु हो सकता है। यदि समस्त मांग कीमत इससे भी और आगे बढ़ा दी जाए, तो स्फीति आ जाएगी क्योंकि पूर्ण रोजगार के स्तर से आगे रोजगार तथा उत्पादन में वृद्धि करना संभव नहीं। तालिका III प्रभावी मांग बिन्दु निर्धारण को स्पष्ट करती है।

तालिका III से स्पष्ट है कि जब तक समस्त पूर्ति कीमत की अपेक्षा समस्त मांग कीमत अधिक रहती है, तब तक उद्यमियों के लिए और अधिक श्रमिकों को रोजगार पर लगाना लाभप्रद है। परन्तु जब आवश्यक आय तथा प्रत्याशित आय, दोनों ही 270 करोड़ रु. हो जाती हैं, तो रोजगार का स्तर बढ़कर 35 लाख पर पहुंच जाता है। यही प्रभावी मांग का बिन्दु है। यदि हम यह मान लें कि अर्थव्यवस्था में पूर्ण **रोजगार का स्तर** 40 लाख श्रमिक हैं, तो यह आवश्यक हो जाएगा कि **नई** समस्त मांग अनुसूची तैयार की जाए, जैसा कि तालिका III के अन्तिम स्तंभ में दिखाया गया है। परिणामत: प्रभावी मांग का बिन्दु 40 लाख श्रमिक हैं, क्योंकि उस अवस्था में समस्त मांग कीमत तथा समस्त पूर्ति कीमत रु. 300 करोड़ हो जाती है। इस बिन्दु के उपरान्त रोजगार के स्तर में कोई परिवर्तन नहीं होता और वह 40 लाख श्रमिकों पर स्थिर रहता है।*

तालिका III : प्रभावी मांग तथा समस्त पूर्ति कीमत अनुसूची

रोजगार का स्तर *(N)* (लाख में)	**समस्त पूर्ति कीमत** *(S)* (रु. करोड़)	**समस्त मांग कीमत** *(D)* (रु. करोड़) पुरानी	नई
0	0	0	0
25	240	250	260
30	255	260	270
35	270	270	280
40	285	280	290
40	300	290	300

चित्र 1 प्रभावी मांग के निर्धारण को स्पष्ट करता है, जिसमें *AD* समस्त मांग वक्र है और *AS* समस्त पूर्ति वक्र। क्षैतिज अक्ष अर्थव्यवस्था में रोजगार के स्तर को और अनुलम्ब अक्ष पर प्रत्याशित आय तथा आवश्यक आय (लागतों) को मापता है। *AD* तथा *AS* ये दोनों वक्र बिन्दु *E* पर एक-दूसरे को काटते हैं। यह प्रभावी मांग है, जहां *ON'* श्रमिक रोजगार पर लगे हैं। इस बिन्दु पर उद्यमियों के लाभ की आशाएं अधिकतम हो जाती हैं। इसके अतिरिक्त किसी भी अन्य बिन्दु पर उद्यमियों को या तो हानि उठानी पड़ेगी या केवल असामान्य लाभ प्राप्त होंगे। रोजगार के *ON'* स्तर पर आवश्यक आय (लागतों) की अपेक्षा प्रत्याशित आय अधिक है अर्थात् $RN' > CN'$। इससे स्पष्ट होता है कि तब तक श्रमिकों को अधिक रोजगार प्रदान करना उद्यमियों के लिए लाभप्रद रहेगा, जब तक *ON*

* इसे चित्र 2 द्वारा समझाया गया है।

स्तर न आ जाए जहां बिन्दु E पर प्रत्याशित तथा आवश्यक आय बराबर हो जाती है। पर रोजगार के स्तर को इससे आगे बढ़ाकर N_F पर ले जाना उद्यमियों के लिए लाभप्रद नहीं रहेगा, क्योंकि प्रत्याशित आय से आवश्यक आय (लागत) बढ़ जाती है अर्थात् $C_1N_F > R_1N_F$ और उन्हें हानि उठानी पड़ेगी। इस प्रकार, प्रभावी मांग का बिन्दु E अर्थव्यवस्था में रोजगार के वास्तविक स्तर को निर्धारित करता हैं और यह **अल्परोजगार** संतुलन का स्तर होता है।

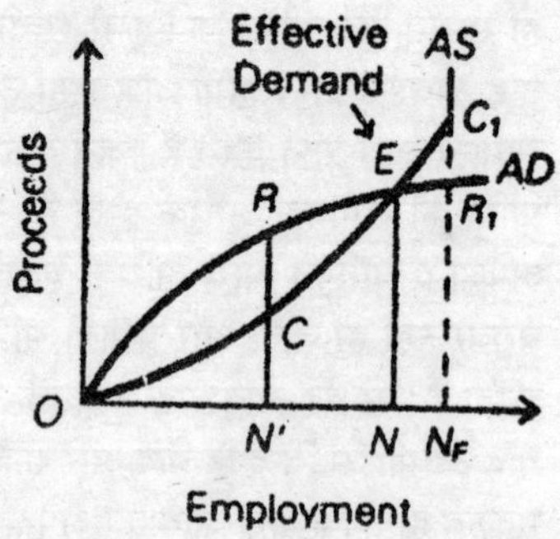

चित्र 1

केन्ज मानता है कि प्रभावी मांग के इन दो निर्धारकों में से समस्त पूर्ति फलन दिया हुआ होता है क्योंकि यह उत्पादन की तकनीकी स्थितियों, कच्चे माल, मशीनों इत्यादि की प्राप्यता पर निर्भर करता है जो अल्पकाल में परिवर्तित नहीं होते। इसलिए अर्थव्यवस्था में रोजगार का स्तर निर्धारित करने में समस्त मांग फलन ही अत्यन्त महत्त्वपूर्ण कार्य करता है। केन्ज के अनुसार, समस्त मांग फलन—उपभोग फलन तथा निवेश फलन पर निर्भर रहता है। हो सकता है कि या तो उपभोग व्यय या निवेश व्यय, या फिर दोनों में कमी होना बेरोजगारी का कारण हों। इस प्रकार, प्रभावी मांग के नियम में समस्त मांग फलन ही 'प्रभावी' तत्त्व ठहरता है। **प्रो. डिल्लर्ड** इसे मांग के नियम का मर्म मानता है।

निष्कर्ष यह है कि अर्थव्यवस्था को पूर्ण रोजगार के स्तर तक उठाने के लिए आवश्यक है कि समस्त मांग बढ़ाकर प्रभावी मांग का बिन्दु ऊंचा उठाया जाए। इसे चित्र 2 में स्पष्ट किया गया है, जहां E प्रभावी मांग का बिन्दु है जो रोजगार के ON स्तर को निर्धारित करता है। यदि अर्थव्यवस्था के लिए पूर्ण रोजगार का स्तर ON_F हो, तो इसके लिए आवश्यक है कि प्रभावी मांग का बिन्दु ऊंचा उठाया जाए। यह तभी संभव है जब समस्त मांग वक्र को उठाकर AD' पर ले जाया जाए, जहां वह समस्त पूर्ति वक्र AS को बिन्दु E' पर काटे। यह प्रभावी मांग का नया बिन्दु है जो अर्थव्यवस्था को रोजगार का **अनुकूलतम स्तर** (optimum level) ON_F प्रदान करता है। यदि समस्त मांग फलन को इस बिन्दु से ऊपर उठा दिया जाए, तो अर्थव्यवस्था को स्फीति का सामना करना पड़ेगा क्योंकि सब वर्तमान साधन पूर्णरूप से लगे हुए हैं और अल्पकाल के दौरान इस पूर्ति को नहीं बढ़ाया जा सकता जैसा कि चित्र में AS वक्र के E' से ऊपर अनुलम्ब भाग से स्पष्ट है।

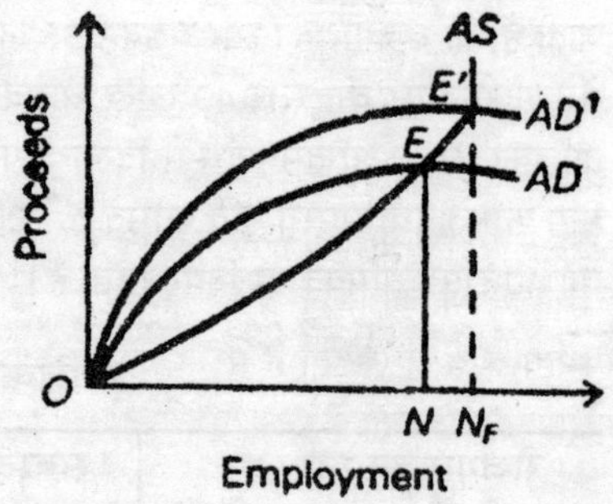

चित्र 2

2. प्रभावी मांग का महत्त्व
(IMPORTANCE OF EFFECTIVE DEMAND)

केन्ज का सबसे अधिक महत्त्वपूर्ण योगदान 'प्रभावी मांग का नियम' है। यह केन्ज के रोजगार सिद्धान्त का आधार है। डॉ. क्लेन (Klein) ने केन्जवादी क्रान्ति का प्रभावी श्रेय एकमात्र मांग के सिद्धान्त के विकास को दिया है।

1. रोजगार निर्धारक (Determinant of Employment)—अर्थव्यवस्था में रोजगार के स्तर को प्रभावी मांग निर्धारित करती है। जब प्रभावी मांग बढ़ती है तो रोजगार भी बढ़ता है और प्रभावी मांग के घटने पर रोजगार का स्तर भी गिर जाता हैं। इस प्रकार, प्रभावी मांग में कमी होने से बेरोजगारी आती है। प्रभावी मांग, रोजगार के संतुलन स्तर पर कुल उत्पादित उत्पादन पर किए गए कुल व्यय को व्यक्त करती है। यह कुल उत्पादन के मूल्य को प्रकट करती है, जो राष्ट्रीय आय के बराबर होता है। राष्ट्रीय आय, राष्ट्रीय व्यय के बराबर होती है। राष्ट्रीय व्यय में उपभोग–वस्तुओं तथा निवेश–वस्तुओं पर किया गया व्यय सम्मिलित होता है। इस प्रकार, प्रभावी मांग तथा रोजगार के स्तर के प्रमुख निर्धारक उपभोग एवं निवेश हैं। संक्षेप में, प्रभावी मांग (D)= राष्ट्रीय उत्पादन का मूल्य (O)= रोजगार की मात्रा (N)= राष्ट्रीय आय (Y)= राष्ट्रीय व्यय (E)= उपभोग वस्तुओं पर व्यय (C)+ निवेश वस्तुओं पर व्यय (I)।

प्रभावी मांग के केन्जवादी विश्लेषण में उपभोग तथा निवेश व्यय निजी क्षेत्र से संबद्ध रहता है क्योंकि केन्ज सरकारी व्यय को स्वायत्त (autonomous) मानता है। परन्तु केन्ज के बाद के अर्थशास्त्री सरकारी व्यय को भी प्रभावी मांग का अंग स्वीकार करते हैं। इस प्रकार, प्रभावी मांग *(D)*= निजी उपभोग व्यय *(C)*+ निजी निवेश व्यय *(I)*+ दोनों पर सरकारी व्यय *(G)*।

निष्कर्ष रूप में हम कह सकते हैं कि प्रभावी मांग के नियम का महत्त्व इस बात में निहित है कि वह बेरोजागारी के कारण तथा उपचार को व्यक्त करता है। प्रभावी मांग में कमी होने से बेरोजगारी आती है और इसे उपभोग व्यय अथवा/तथा निवेश व्यय को बढ़ाकर दूर किया जा सकता है। यदि रोजगार का अपेक्षित स्तर लाने से निजी व्यय अपर्याप्त तथा असमर्थ रहें, तो सरकारी व्यय द्वारा उसे उपलब्ध किया जा सकता है। इस प्रकार, प्रभावी मांग का नियम रोजगार–सिद्धान्त का आधार है।

2. 'से' के नियम तथा पूर्ण रोजगार सिद्धान्त का खण्डन (Repudiation of Say's Law and Full Employment Thesis)—प्रभावी मांग का नियम **'से'** के इस मार्किट–नियम का खण्डन करता है कि पूर्ति स्वयं अपनी मांग पैदा करती है और पूर्ण रोजगार का होना अर्थव्यवस्था में एक सामान्य स्थिति होती है। यह नियम लक्ष्य करता है कि सामान्य स्थिति अल्परोजगार संतुलन की रहती है और संयोगवश कभी–कभी पूर्ण रोजगार संतुलन की स्थिति आ जाती है। किसी पूंजीवादी अर्थव्यवस्था में पूर्ति स्वयं अपनी मांग पैदा करने में असमर्थ रहती है क्योंकि समस्त अर्जित आय वस्तुओं तथा सेवाओं के उपभोग पर खर्च नहीं की जाती। फिर, बचत तथा निवेश के संबंध में भिन्न–भिन्न व्यक्ति निर्णय करते हैं। परिणामत: पूर्ण रोजगार के पाए जाने की संभावना नहीं रहती और किसी एक समय पर प्रभावी मांग का बिन्दु अल्परोजगार संतुलन को ही व्यक्त करता है।

3. मजदूरी कटौती का खण्डन (Repudiation of Wage Cut)—यह नियम **पीगू** के **इस मत** का भी खण्डन करता है कि मुद्रा–मजदूरी में कटौती करने से पूर्ण रोजगार उपलब्ध किया जा सकता है। मुद्रा–मजदूरी कटौती वस्तुओं तथा सेवाओं पर व्यय घटा देगी जिसके परिणामस्वरूप प्रभावी मांग में और इसलिए रोजगार के स्तर में गिरावट आएगी। इस प्रकार, इस नियम का महत्त्व इस बात में निहित है कि यह **से** के नियम तथा पूर्ण रोजगार संतुलन के क्लासिकी सिद्धान्त का खण्डन करता है।

4. निवेश का कार्यभाग (Role of Investment)—प्रभावी मांग का नियम अर्थव्यवस्था में रोजगार के स्तर निर्धारण में निवेश के महत्त्वपूर्ण कार्य को प्रकट करता है। प्रभावी मांग के **दो** निर्धारक हैं: उपभोग व्यय तथा निवेश व्यय। जब आय बढ़ती है, तो उपभोग व्यय भी बढ़ता है परन्तु आय में वृद्धि की अपेक्षा कम। इस प्रकार, आय तथा उपभोग में अन्तर पड़ जाता है जिससे रोजगार की मात्रा घट जाती है। अर्थव्यवस्था में प्रभावी मांग का पूर्ण रोजगार स्तर उपलब्ध करने के लिए, उपभोग व्यय अथवा निवेश व्यय बढ़ाकर हम इस अन्तर को भर सकते हैं। क्योंकि अल्पकाल के दौरान उपभोग प्रवृत्ति स्थिर रहती है, अत: उपभोग व्यय में वृद्धि करना संभव नहीं। इसलिए निवेश बढ़ाकर प्रभावी मांग तथा निष्कर्षत: रोजगार का स्तर बढ़ाया जा सकता है। इसी में निवेश का महत्त्व निहित है।

5. संभाव्य प्रचुरता के बीच गरीबी का विरोधाभास (The Paradox of Poverty in the Midst of Potential Plenty)—प्रभावी मांग का महत्त्व इस बात में निहित है कि वह आधुनिक पूंजीवाद में 'संभाव्य प्रचुरता के बीच गरीबी' के विरोधाभास की व्याख्या करता है। प्रभावी मांग को प्रमुख रूप से समस्त मांग फलन निर्धारित करता है जो उपभोग व्यय तथा निवेश व्यय से निर्मित होता है। आधारभूत नियम यह है कि जब आय बढ़ती है, तो उपभोग भी बढ़ता है परन्तु अपेक्षाकृत कम अनुपात में (अर्थात् उपभोग की सीमान्त प्रवृत्ति एक से कम होती है) इससे आय तथा उपभोग के बीच अन्तर पड़ जाता है, जिसे निवेश व्यय द्वारा भरना आवश्यक है। यदि इस अन्तर को भरने के लिए समुचित निवेश नहीं हो पाता, तो इससे प्रभावी मांग की न्यूनता हो जाएगी जिसके परिणामस्वरूप बेरोगारी उत्पन्न होगी।

इससे यह निष्कर्ष निकलता है कि गरीब समाज में आय तथा उपभोग के बीच का अन्तर कम होता है क्योंकि वहां उपभोग की प्रवृत्ति अधिक होती है। इसलिए थोड़े निवेश व्यय के माध्यम से इस अन्तर को भरकर उस समाज को अपने सब साधनों को लगाने में कठिनाई नहीं होगी।

इसके विपरीत, धनी समाज में आय तथा उपभोग के बीच का अन्तर बहुत अधिक होता है क्योंकि वहां उपभोग की सीमान्त प्रवृत्ति कम होती है। इसलिए आय तथा रोजगार का स्तर ऊंचा रखने के उद्देश्य से आय तथा उपभोग का अन्तर भरने के लिए उस समाज को बड़े निवेश व्यय की आवश्यकता रहेगी। परन्तु धनी समाज में इस अन्तर को भरने के लिए निवेश मांग पर्याप्त नहीं होती, इसलिए वहां समस्त मांग की न्यूनता उत्पन्न हो जाती है जिसके परिणामस्वरूप व्यापक बेरोजगारी फैल जाती है। फिर, इस प्रकार के समाज में पूंजी–परिसम्पत्तियों का संचित स्टॉक होता है जो निवेश को हतोत्साहित करता है क्योंकि प्रत्येक नया निवेश पुरानी पूंजी–परिसम्पत्तियों की पड़ी

पूर्ति से मुकाबला करता है। निवेश मांग की यह अपर्याप्तता उपभोग के लिए मांग पर संचयी रूप से प्रतिक्रिया करती है और इसका आगे यह परिणाम होगा कि रोजगार, उत्पादन तथा आय और भी कम हो जाएगी। इस प्रकार, जैसा कि केन्ज ने कहा है, ''समाज जितना ही अधिक धनी होगा... आर्थिक व्यवस्था के दोष भी उतने ही स्पष्ट तथा प्रचण्ड होंगे, जो संभाव्र्य प्रचुरता के बीच प्रभावी मांग की न्यूनता के कारण बड़े पैमाने पर बेरोजगारी लाते हैं।''

प्रश्न

1. आप प्रभावी मांग से क्या समझते हैं ? यह कैसे निर्धारित होती है ?
2. ''तार्किक दृष्टि से प्रभावी मांग का नियम केन्ज के रोजगार सिद्धान्त का प्रारंभिक बिन्दु है।'' विवेचना कीजिए ?
3. समस्त मांग और समस्त पूर्ति आय, उत्पादन और रोजगार के स्तर को कैसे निर्धारित करती है ?
4. प्रभावी मांग का नियम प्रचुरता के बीच गरीबी के विरोधाभास की कैसे व्याख्या करता है ?

अध्याय 11

उपभोग फलन
(The Consumption Function)

1. प्रस्तावना
(INTRODUCTION)

उपभोग फलन केन्जवादी अर्थशास्त्र का एक महत्त्वपूर्ण औजार है। इस अध्याय में उपभोग फलन, उसकी तकनीकी विशेषताओं, उसके महत्त्व और उसके सापेक्ष तथा निरपेक्ष निर्धारकों के साथ-साथ केन्ज के उपभोग के मनोवैज्ञानिक नियम पर विचार किया गया है।

2. उपभोग फलन का अर्थ
(MEANING OF CONSUMPTION FUNCTION)

उपभोग फलन अथवा उपभोग प्रवृत्ति, आय-उपभोग सम्बन्ध को दर्शाता है। यह ''कुल उपभोग तथा समस्त राष्ट्रीय आय, इन दो समूहों के बीच फलनात्मक संबंध है।'' प्रतीकात्मक रूप से इस संबंध को यों प्रकट किया जाता है, $C=f(Y)$; यहां C उपभोग है, Y आय है तथा f फलनात्मक संबंध है। इस प्रकार उपभोग फलन C तथा Y के बीच फलनात्मक संबंध को प्रकट करता है, जहां C, f पर निर्भर है और Y एक स्वतन्त्र 'चर' है। अर्थात् C को Y निर्धारित करता है। यह संबंध इस धारणा पर आधारित है कि अन्य बातें समान रहती हैं, इसलिए केवल आय उपभोग संबंध पर ही विचार किया जाता है और उपभोग पर पड़ने वाले सभी प्रभावों को **स्थिर** मान लिया जाता है।

तालिका I : उपभोग अनुसूची

(रु. करोड़ में)

आय (Y)	*उपभोग* $C=f(Y)$
0	20
60	70
120	120
180	170
240	220
300	270
360	320

वास्तव में, उपभोग प्रवृत्ति अथवा उपभोग फलन आय के विभिन्न स्तरों के अनुरूप उपभोग व्यय की विविध मात्राओं की अनुसूची ली जा रही है।

इस तालिका से स्पष्ट है कि उपभोग, आय का बढ़ाता हुआ फलन है क्योंकि आय में वृद्धि के साथ-साथ उपभोग व्यय बढ़ता जाता हैं। यहां यह दिखाया गया है कि जब मंदी के दौरान आय शून्य होती है, तो लोग अपनी पहले की बचतों में से उपभोग पर व्यय करते हैं क्योंकि जीवित रहने के लिए उन्हें खाना तो पड़ेगा ही। जब अर्थव्यवस्था में 60 करोड़ रु. की मात्रा में आय प्रजनित होती है, तो वह समाज के उपभोग व्यय को पूरा करने के लिए पर्याप्त नहीं होती और परिणामत: उपभोग व्यय की रु. 70 करोड़ की राशि आय के रु. 60 करोड़ से बढ़ जाती है (रु. 10 करोड़ बचत में से खर्च करने पड़ते हैं)। जब उपभोग व्यय तथा आय दोनों ही रु. 120 करोड़ पर पहुंच कर समान हो जाते हैं, तो यह आधारभूत उपभोग स्तर (basic consumption level) बन जाता है। इसके बाद, आय को 60, 60 करोड़ रु. की मात्राओं में और उपभोग व्यय को 50, 50 करोड़ रु. की मात्राओं में बढ़ता हुआ दिखाया गया है। इसका मतलब है कि, जैसा कि केन्ज ने माना है, अल्पकाल के दौरान उपभोग फलन स्थिर होता है। चित्र 1 में आरेखीय ढंग से उपभोग फलन स्पष्ट किया गया है। इस चित्र में आय को क्षैतिज अक्ष पर और उपभोग को अनुलम्ब-अक्ष पर मापा गया है। 45^0 पर उठने वाली रेखा, एकता-रेखा (unity line) है, जहां सब स्तरों पर आय तथा

उपभोग बराबर है। वक्र *C* रेखीय उपभोग फलन है, जो इस धारणा पर आधारित है कि उपभोग में समान मात्राओं में (रु. 50 करोड़) परिवर्तन होता है। इसका ऊपर की ओर दाएं को ढालू होना प्रकट करता है कि उपभोग आय का बढ़ता हुआ फलन है। *B* सम-भेदन बिन्दु (break-even point) है, जहां $C=Y$ अथवा $OY_1=OC_1$। जब आय बढ़कर OY_2 हो जाती है, तो उपभोग भी बढ़कर OC_2 तक पहुंच जाता है, परन्तु आय में वृद्धि की अपेक्षा उपभोग में वृद्धि कम होती है अर्थात् $C_1C_2 < Y_1Y_2$। आय के जिस भाग का उपभोग नहीं किया जाता, वह बचत है जैसा 45^0 की रेखा तथा वक्र *C* के बीच अनुलम्ब दूरी *(SS')* द्वारा दिखाया गया है। ''इस प्रकार, उपभोग फलन केवल उपभोग पर व्यय की गई राशि को ही नहीं बल्कि बचत की मात्रा को भी मापता है। इसका कारण यह है कि उपभोग प्रवृत्ति वस्तुतः उपभोग न करने की प्रवृत्ति मात्र ही तो है। इसलिए 45^0 की रेखा को शून्य-बचत रेखा माना जा सकता है और वक्र *C* की आकृति तथा स्थिति उपभोग तथा बचतों में आय के विभाजन को व्यक्त करती है।''

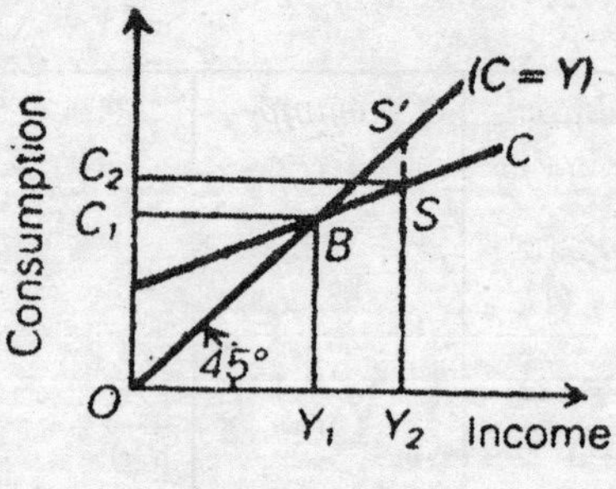

चित्र 1

3. उपभोग फलन के गुण अथवा तकनीकी विशेषताएं (PROPERTIES OR TECHNICAL ATTRIBUTES OF THE CONSUMPTION FUNCTION)

उपभोग फलन की दो तकनीकी विशेषताएं अथवा गुण है— औसत उपभोग प्रवृत्ति और सीमान्त उपभोग प्रवृत्ति।

1. औसत उपभोग प्रवृत्ति (The Average Propensity to Consume)—''औसत उपभोग प्रवृत्ति की परिभाषा यों दी जा सकती है कि यह आय के किसी विशेष स्तर से उपभोग व्यय का अनुपात है।'' उपभोग व्यय को आय से विभक्त करके निकाला जा सकता है अर्थात् $APC=C/Y$। यह उपभोग की गई आय के अनुपात अथवा प्रतिशतता के रूप में व्यक्त की जाती है। विविध आय स्तरों पर *APC* तालिका II के कॉलम 3 में दिखाई गई है। ज्यों-ज्यों आय बढ़ती है, त्यों-त्यों *APC* घटती जाती है **क्योंकि उपभोग** पर व्यय की गई आय का अनुपात **कम** होता जाता है। परन्तु *APS* (औसत बचत प्रवृत्ति) के सम्बन्ध में स्थिति इसके उलट रहती हैं और वह *(APS)* आय में वृद्धि के साथ-साथ बढ़ती है (देखिए, कालम 4)। इस प्रकार, *APC* भी हमें *APS* का ज्ञान कराती है, $APS=1-APC$.

आरेखीय रूप में, औसत उपभोग प्रवृत्ति वक्र *C* का कोई भी बिन्दु होता है। चित्र 2 (A) में, वक्र *C* पर *APC* को बिन्दु *R* मापता है और वह है OC'/OY'। वक्र *C* का दाईं ओर को चपटा हो जाना घटती *APC* को प्रकट करता है।

2. सीमान्त उपभोग प्रवृत्ति (The Marginal Propensity to Consume)—''सीमान्त उपभोग प्रवृत्ति की परिभाषा यों दी जा सकती है— ''यह उपभोग में परिवर्तन का आय में परिवर्तन से अनुपात होता है अथवा यों कि यह आय में परिवर्तन होने पर औसत उपभोग प्रवृत्ति में परिवर्तन की दर है।'' इसे उपभोग में परिवर्तन को आय में परिवर्तन से विभक्त करके निकाला जा सकता है, अथवा $MFC=\Delta C/\Delta Y$। *MPC* आय के सभी स्तरों पर स्थिर रहती है, जैसाकि तालिका II के कॉलम 5 में दिखाया गया है। यह 0.83 अर्थात् 83 प्रतिशत है क्योंकि उपभोग में परिवर्तन का आय में परिवर्तन से अनुपात $\Delta C/\Delta Y = 50/60$ है। फार्मूला 1ङ्क *MPS* के द्वारा *MPC* से सीमान्त बचत प्रवृत्ति *(MPC)* निकाली जा सकती है। हमारे उदाहरण में यह 0.17 हैं (देखिए कालम 6)।

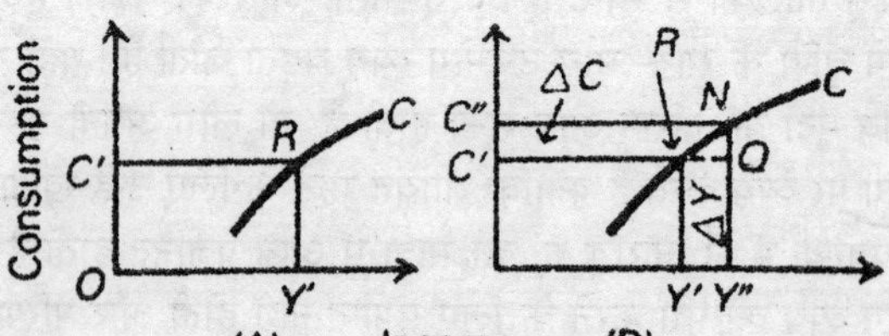

चित्र 2

आरेखीय रूप से, सीमान्त उपभोग प्रवृत्ति को वक्र *C* की ढलान (gradient or slope) द्वारा मापा जाता है। इसे चित्र 2 (B) में NQ/RQ द्वारा दिखाया गया है, जहां *NQ* तो उपभोग में परिवर्तन (ΔC) है और *RQ* आय में परिवर्तन (ΔY) है, अथवा $C'C''/Y'Y''$।

तालिका II

Income (Y) (1)	Consumption (C) (2)	APC= C/Y (3)	APS=S/Y= (1–APC) (4)	MPC= $\Delta C/\Delta Y$ (5)	MPS= $\Delta S/\Delta Y$= (1–MPC) (6)
120	120	$\frac{120}{120}$ = 1 or 100%	0	—	—
180	170	$\frac{170}{180}$ = 0.92 or 92%	0.08	$\frac{50}{60}$ =0.83	0.17
240	220	$\frac{220}{240}$ = 0.91 or 91%	0.09	$\frac{50}{60}$ =0.83	0.17

4. सीमांत उपभोग प्रवृत्ति और औसत उपभोग प्रवृत्ति में संबंध (RELATION BETWEEN MPC AND APC)

सीमांत उपभोग प्रवृत्ति *(MPC)*, औसत उपभोग प्रवृत्ति *(APC)* में परिवर्त्तन की दर है।[1] जब आय बढ़ती है तो *MPC* घटती है परन्तु *APC* से अधिक। इसके विपरीत, जब आय घटती है तो *MPC* और *APC* दोनों बढ़ती हैं परन्तु *APC*, *MPC* से धीमी दर पर बढ़ती है। ऐसे परिवर्तन सिर्फ चक्रीय उतार-चढ़ावों के दौरान ही संभव हैं जबकि अल्पकाल में *MPC* में कोई परिवर्त्तन नहीं होता है और *MPC*<*APC*। केन्जवादी विश्लेषण में *MPC* को अपेक्षाकृत अधिक महत्त्व दिया जाता है। *MPC* का आर्थिक महत्त्व इस बात में निहित है कि यह आय के अपेक्षित स्तर को बनाए रखने के लिए योजनाबद्ध निवेश के माध्यम से, आय तथा उपभोग के बीच के अन्तर को भरती है। फिर, इसका महत्त्व गुणक सिद्धान्त में स्थित है। *MPC* जितनी ही अधिक होगी, गुणक भी उतना ही अधिक होगा, और विलोमशः भी। इसकी निम्नलिखित विशेषताएं हैं:

(क) सीमान्त उपभोग प्रवृत्ति हमेशा धनात्मक होती है। इसका अर्थ यह हुआ कि जब आय बढ़ती है तो वह सारी-की-सारी उपभोग पर व्यय नहीं की जाती; इसके विपरीत, जब आय घटती है तो उपभोग-व्यय उसी अनुपात में नहीं घटता और वह कभी भी शून्य नहीं होता।

(ख) सीमान्त उपभोग प्रवृत्ति हमेशा इकाई से कम होती है। गणितीय तौर पर, सीमान्त उपभोग प्रवृत्ति का मूल्य, *O*<*MPC* रहता है। यह व्यावहारिक दृष्टि से भी बहुत अधिक महत्त्वपूर्ण है। यह धारणा हमें यह बताती है कि ''उपभोग आय का बढ़ता हुआ फलन है।'' उपभोग में वृद्धि है, आय में वृद्धि से अपेक्षाकृत कम रहती है। यह धारणा निम्नलिखित स्थितियों की व्याख्या करने में सहायक है: (i) सैद्धान्तिक तौर पर अल्परोजगार सन्तुलन की व्याख्या, (ii) अत्यधिक विकसित औद्योगिक अर्थव्यवस्था में सन्तुलन।

(ग) निर्धन वर्ग की **सीमान्त उपभोग प्रवृत्ति** *(MPC)* **अधिक** होती है। क्योंकि उनकी आय का स्तर कम होने के कारण वे सारी आय अपने उपभोग पर व्यय कर देते हैं जबकि धनिकों की *MPC* हमेशा कम होती है क्योंकि इस वर्ग के लोगों की आय का स्तर निर्धनों से बहुत अधिक होता है और वे सारी-की-सारी आय अपने उपभोग पर व्यय नहीं कर पाते। यही कारण हैं कि अल्पविकसित देशों में *MPC* **अधिक** होती है और विकसित दशों में कम।

5. केन्ज का उपभोग का मनोवैज्ञानिक नियम (KEYNES'S PSYCHOLOGICAL LAW OF CONSUMPTION)

केन्ज ने उपभोग के आधारभूत मनोवैज्ञानिक नियम की प्रस्थापना की है, जो उपभोग फलन का आधार है। उसने लिखा है, ''आधारभूत

1. गणितीय रूप में *APC=C/Y*, जब हम इसमें परिवर्तन (Δ) की दर दिखायेंगे तब, $\Delta C/\Delta Y$ सीमान्त उपभोग प्रवृत्ति को बताएगा।

मनोवैज्ञानिक नियम—जिस पर हम मानव स्वभाव के सम्बन्ध में अपने ज्ञान तथा अनुभव के विस्तृत तथ्यों के आधार पर बहुत अधिक विश्वास के साथ निर्भर रहने के अधिकारी हैं— यह है कि नियम के अनुसार तथा सामान्यतौर से लोग इस बात के इच्छुक होते हैं कि जब उनकी आय बढ़े, तो वे अपना उपभोग बढ़ाएं परन्तु उतनी नहीं जितनी कि उनकी आय में वृद्धि होती है।'' इस नियम का अभिप्राय है कि लोगों की प्रवृत्ति यह रहती है कि वे उपभोग पर आय में पूर्ण वृद्धि की अपेक्षा कम व्यय करें।

नियम की प्रस्थापनाएं (Propositions of the Law)

इस नियम से संबद्ध तीन प्रस्थापनाएं हैं:

1. जब आय बढ़ती है, तो उपभोग व्यय भी बढ़ता है परन्तु आय वृद्धि से अपेक्षाकृत थोड़ी मात्रा में। इसका कारण यह है कि ज्यों-ज्यों आय में वृद्धि होती है; त्यों-त्यों हमारी आवश्यकताएं पूरी होती जाती हैं जिससे उपभोक्ता वस्तुओं पर और अधिक व्यय करने की जरूरत नहीं रहती। इसका यह मतलब नहीं कि आय में वृद्धि होने पर उपभोग व्यय घट जाता है। वास्तव में, आय में वृद्धि होने पर उपभोग व्यय बढ़ता है परन्तु उपेक्षाकृत कम अनुपात में।

2. आय में हुई वृद्धि उपभोग व्यय तथा बचत के बीच किसी-न-किसी अनुपात में विभक्त हो जाती है। यह निष्कर्ष ऊपर दी गई प्रस्थापना से प्राप्त होता है, क्योंकि आय में हुई समस्त वृद्धि उपभोग पर नहीं व्यय होती और उसका शेष भाग बचत में चला जाता है। इस प्रकार, उपभोग तथा बचत साथ-साथ चलते हैं।

3. आय में वृद्धि होने से उपभोग तथा बचत दोनों में वृद्धि होती है। इसका मतलब यह है कि बढ़ी हुई आय से उपभोग अथवा बचत में पहले की अपेक्षा कमी होने की सम्भावना नहीं। यह ऊपर दी गई प्रस्थापनाओं पर आधारित है, क्योंकि जब आय बढ़ती है, तो उपभोग भी बढ़ता है परन्तु पहले की अपेक्षा कम मात्रा में, जिसके परिणामस्वरूप बचत में वृद्धि होती है। इस प्रकार आय में वृद्धि होने पर उपभोग तथा बचत दोनों बढ़ जाते हैं।

तालिका III की सहायता से इस नियम की तीनों प्रस्थापनाएं स्पष्ट की जा सकती हैं।

प्रस्थापना (1)—आय में 60 करोड़ रु. की वृद्धि होती है और उपभोग व्यय 50 करोड़ रु. बढ़ता है। हां, आय में वृद्धि के साथ उपभोग व्यय भी बढ़ता जा रहा है अर्थात् 180, 240, 300, 360 करोड़ रु. के मुकाबले क्रमशः रु. 170, 220, 270 तथा 320 करोड़ है।

प्रस्थापना (2)—प्रत्येक स्थिति में आय में हुई रु. 60 करोड़ की वृद्धि उपभोग तथा बचत के बीच किसी-न-किसी अनुपात में (रु. 50 करोड़ तथा रु. 10 करोड़ में) विभाजित हो जाती है।

तालिका III

(रु. करोड़ में)

आय (Y)	*उपभोग (C)*	*= बचत (S)*
0	20	—20
60	70	—10
120	120	0
180	170	10
240	220	20
300	270	30
360	320	40

प्रस्थापना (3)—ज्यों-ज्यों आय 120 करोड़ रु. से बढ़कर 180, 240, 300 तथा 360 करोड़ पहुंचती है, त्यों-त्यों उपभोग भी रु. 120 से बढ़कर 170, 220, 270, 320 करोड़ रु. हो जाता है और साथ ही साथ बचत शून्य से बढ़कर क्रमशः 10, 20, 30 तथा 40 करोड़ रु. हो जाती है। आय में वृद्धि होने पर न तो उपभोग घटा है और न ही बचत।

आरेखीय रूप से, इन तीनों प्रस्थापनाओं को चित्र 3 में स्पष्ट किया गया है। यहां आय को क्षैतिज माप की गई है और उपभोग तथा बचत को अनुलम्ब अक्ष पर मापा गया है। *C* उपभोग फलन वक्र है और 45° की रेखा आय को प्रकट करती है।

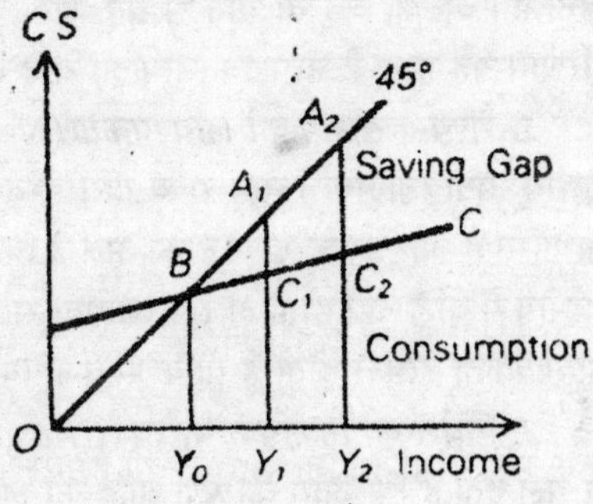

चित्र 3

प्रस्थापना (1)—जब आय OY_0 से बढ़कर OY_1 हो जाती है, तो उपभोग भी BY_0 से बढ़कर C_1Y_1 हो जाता है परन्तु आय में वृद्धि की अपेक्षा उपभोग में कम वृद्धि होती है, अर्थात् $C_1Y_1 < A_1Y_1 (=OY_1)$ और यह अन्तर A_1C_1 है।

प्रस्थापना (2)— जब आय बढ़कर OY_1 तथा OY_2 हो जाती है, तो वह वृद्धि उपभोग C_1Y_1 तथा C_2Y_2 और बचत A_1C_1 तथा A_2C_2 के बीच किसी-न-किसी अनुपात में विभाजित हो जाती है।

प्रस्थापना (3)—आय में वृद्धि OY_1 तथा OY_2 के परिणामस्वरूप उपभोग $C_2Y_2 > C_1Y_1$ बढ़ता है और बचत $A_2C_2 > A_1C_1$ बढ़ती है। वक्र C के नीचे बढ़ते हुए क्षेत्र और 45^0 की रेखा तथा C वक्र के बीच के बचत-अन्तर से यह बात स्पष्ट है।

इस की मान्यताएं (Its Assumptions)

केन्ज का नियम निम्नलिखित मान्यताओं पर आधारित है:

1. यह नियम मनोवैज्ञानिक तथा संस्थानिक अवस्थाओं को स्थिर मान लेता है (It assumes a Constant Psychological and Institutional Complex)—यह नियम इस धारणा पर आधारित है कि उपभोग व्यय को प्रभावित करने वाली मनोवैज्ञानिक तथा संस्थानिक अवस्थाएं स्थिर रहती हैं। ये अवस्थाएं हैं: आय वितरण, रुचियां, स्वभाव, सामाजिक प्रथाएं, कीमत-परिवर्तन, जनसंख्या वृद्धि, इत्यादि। अल्पकाल में इनमें परिवर्तन नहीं होता और उपभोग केवल आय पर निर्भर रहता है। इन अवस्थाओं की स्थिरता ही स्थिर उपभोग फलन का आधारभूत कारण हैं।

2. यह सामान्य परिस्थितियों का वर्तमान होना मानकर चलता है (It assumes the Existence of Normal Conditions)— यह नियम सामान्य परिस्थतियों में ही सही ठहरता है। परन्तु यदि अर्थव्यवस्था को युद्ध, क्रान्ति अथवा अति-स्फीति जैसी असामान्य तथा असाधारण परिस्थितियों का सामना करना पड़े, तो यह नियम लागू नहीं होता। ऐसी स्थिति में लोग समस्त बढ़ी हुई आय को उपभोग पर खर्च कर सकते हैं।

3. यह नियम अबंध पूंजीवादी अर्थव्यवस्था का वर्तमान होना मानकर चलता है (It assumes the Existence of a Laissez-faire Capitalist Economy)— यह नियम पूंजीवादी/धनी-अर्थव्यवस्था में लागू होता है जहां सरकार की ओर से कोई हस्तक्षेप नहीं होता। लोगों को बढ़ी हुई आय खर्च करने की स्वतंत्रता होनी चाहिए। जहां राज्य निजी उद्यम तथा उपभोग व्यय का नियमन करता है, वहां यह नियम समाप्त हो जाता है। इस प्रकार, यह नियम समाजवादी अथवा राज्य-नियंत्रित तथा नियमित अर्थव्यवस्थाओं में लागू नहीं होता।

प्रो. कुरिहारा का मत है, "इन धारणाओं पर आधारित केन्ज के नियम को मोटे-तौर पर सामान्य अल्प-अवधि में स्वतन्त्र उपभोक्ताओं का लगभग वास्तविक समष्टि व्यवहार माना जा सकता है।"

6. केन्ज के नियम के निहित तत्त्व अथवा उपभोग फलन का महत्त्व (IMPLICATIONS OF KEYNES' LAW OR IMPORTANCE OF CONSUMPTION FUNCTION)[1]

केन्ज का मनोवैज्ञानिक नियम कई महत्त्वपूर्ण संकेत करता है, जो वास्तव में उपभोग फलन के महत्त्व को लक्ष्य करते हैं क्योंकि उपभोग फलन उस नियम पर आधारित हैं। इसके निहित तत्त्व निम्नलिखित हैं:

1. से के नियम का खण्डन (Invalidates Say's Law)— से का नियम कहता है कि पूर्ति स्वयं अपनी मांग पैदा करती है, इसलिए सामान्य अत्युत्पादन अथवा सामान्य बोरोजगारी हो ही नहीं सकती। केन्ज का मनोवैज्ञानिक नियम से के नियम का खण्डन करता है क्योंकि जब आय बढ़ती है, तब उपभोग भी बढ़ता है परन्तु अपेक्षाकृत कम मात्रा में। दूसरे, जितना उत्पादन (आय) होता है, वह सब मार्किट से उठाया नहीं जाता (व्यय), क्योंकि आय (व्यय से) बढ़ जाती है। इस प्रकार, पूर्ति स्वयं अपनी मांग पैदा करने में असफल

1. उपभोग फलन के महत्त्व पर विचार करते समय विद्यार्थियों को चाहिए कि 'मनोवैज्ञानिक नियम' शब्द को छोड़कर उसकी बजाय 'उपभोग फलन' शब्द का प्रयोग करें।

रहती है। बल्कि, वह तो मांग से बढ़ जाती है जिससे सामान्य अत्युत्पादन होता है और मार्किट में वस्तुओं की भरमार हो जाती हैं। परिणाम यह होता है उत्पादक उत्पादन बन्द कर देते हैं और सामूहिक बेरोजगारी फैलती है।

2. राज्य–हस्तक्षेप की आवश्यकता (Need for State Intervention)— जो कुछ ऊपर कहा गया है उसका स्वाभाविक निष्कर्ष यह कि मनोवैज्ञानिक नियम राज्य द्वारा हस्तक्षेप करने की आवश्यकता पर बल देता है। से का नियम अबंध नीति के अस्तित्व पर आधारित है और इसके खण्डन का अर्थ है कि आर्थिक व्यवस्था स्वयं-समायोजित नहीं हैं। इसलिए जब आय की पूर्ण वृद्धि के बराबर उपभोग में वृद्धि नहीं होती और परिणामत: सामान्य अत्युत्पादन तथा सामूहिक बेरोजगारी आती है, तो अर्थव्यवस्था में राज्य-हस्तक्षेप की आवश्यकता उत्पन्न होती है ताकि सार्वजनिक नीति के माध्यम से सामान्य अत्युत्पादन तथा बेरोजगारी को रोका जा सके।

3. निवेश का निर्णायक महत्त्व (Crucial Importance of Investment)— केन्ज का मनोवैज्ञानिक नियम इस महत्त्वपूर्ण बात पर बल देता है कि आय की पूर्ण वृद्धि को लोग उपभोग पर व्यय नहीं कर पाते। यह प्रवृत्ति आय तथा उपभोग के बीच अन्तर उत्पन्न कर देती है जिसे या तो निवेश से या फिर उपभोग को बढ़ाकर ही भरा जा सकता है। यदि दोनों में से कोई भी न बढ़ पाए तो उत्पादन तथा रोजगार अनिवार्य रूप से गिर जाएंगे। क्योंकि अल्पकाल में उपभोग फलन स्थिर रहता है, इसलिए आय तथा उपभोग के बीच का अन्तर केवल निवेश बढ़ाकर ही भरा जा सकता है। इस प्रकार, केन्ज के सिद्धान्त में मनोवैज्ञानिक नियम निवेश के महत्त्वपूर्ण कार्य पर बल देता है। निवेश की अपर्याप्तता के परिणामस्वरूप बेरोजगारी आती है और बेरोजगारी पर काबू पाने का इलाज निवेश में वृद्धि करना है।

4. अल्प–रोजगार संतुलन पाया जाना (Existence of Under-employment Equilibrium)— केन्ज की अल्परोजगार संतुलन की धारणा भी उपभोग के मनोवैज्ञानिक नियम पर आधारित है। प्रभावी मांग का बिन्दु—जो रोजगार के स्तर को निर्धारित करता है—पूर्ण रोजगार का नहीं बल्कि अल्प-रोजगार का बिन्दु होता है क्योंकि लोग अपनी आय में हुई पूर्ण वृद्धि को उपभोग पर नहीं व्यय करते और समस्त मांग में न्यूनता बनी रहती है। पर, यदि राज्य निवेश में उतनी ही वृद्धि कर दे जितना कि आय तथा उपभोग के बीच अन्तर है, तो पूर्ण रोजगार संतुलन का स्तर उपलब्ध किया जा सकता है।

5. पूंजी की सीमान्त उत्पादकता की घटती प्रवृत्ति *(Declining Tendency of the Marginal Efficiency of Capital)*— मनोवैज्ञानिक नियम अबंध अर्थव्यवस्था में पूंजी की घटती सीमान्त उत्पादकता की प्रवृत्ति को भी लक्ष्य करता है। जब आय में वृद्धि होती है और उपभोग उतनी ही मात्रा में नहीं बढ़ता, तो उपभोक्ता वस्तुओं के लिए मांग गिर जाती है। इसके परिणामस्वरूप मार्किट में वस्तुओं की भरमार हो जाती है उत्पादक उत्पादन घटा देंगे, जिससे आगे पूंजीगत वस्तुओं की मांग घट जाएगी और परिणामत: लाभ की प्रत्याशित दर तथा व्यापार प्रत्याशाएं घट जाएंगी। इसका मतलब है पूंजी की सीमान्त उत्पादकता में कमी। यदि उपभोग प्रवृत्ति न बढ़े, तो पूंजी की सीमान्त उत्पादकता की घटती प्रवृत्ति की इस प्रक्रिया को रोकना संभव नहीं है। परन्तु ऐसी संभावना केवल दीर्घकाल में ही हो सकती है और तब उपभोग का मनोवैज्ञानिक नियम सही नहीं ठहरता।

6. स्थायी अति–बचत अथवा अल्प–निवेश अन्तर का खतरा (Danger of Permanent Over-saving or Under-investment Gap)— केन्ज का मनोवैज्ञानिक नियम लक्ष्य करता है कि पूंजीवादी अर्थव्यवस्था में सदा अति-बचत अथवा अल्प-निवेश अन्तर के प्रकट होने का खतरा बना रहता है, क्योंकि जब लोग धनी हो जाते हैं, तो आय तथा उपभोग के बीच का अन्तर बढ़ जाता है। बचत में वृद्धि तथा निवेश में कमी की इस दीर्घकालीन प्रवृत्ति को दीर्घकालीन गतिरोध *(secular stagnation)* की संज्ञा दी गई है। जब लोग अमीर होते हैं तो उनकी उपभोग प्रवृत्ति कम होती है और वे अधिक बचत करते हैं। इसका मतलब है कम मांग जिसके परिणामस्वरूप मिवेश घट जाता है। इस प्रकार, अर्थव्यवस्था में दीर्घकालीन गतिरोध की प्रवृत्ति रहती है।

7. आय प्रजनन की अद्वितीय प्रकृति (Unique Nature of Income Propagation)— यह तथ्य कि समस्त बढ़ी हुई आय उपभोग पर नहीं व्यय होती, गुणक सिद्धान्त की भी व्याख्या करता है। गुणक सिद्धान्त अथवा आय प्रजनन की प्रक्रिया इस बात का ज्ञान कराती है कि जब अर्थव्यस्था में निवेश की प्रारम्भिक मात्रा लगाई जाती है, तो इसके परिणामस्वरूप आय की क्रमिक अपेक्षाकृत छोटी वृद्धियां प्राप्त होती हैं। इसका कारण यह है कि लोग अपनी आय की पूर्ण वृद्धि को उपभोग पर नहीं व्यय करते। वास्तव में, गुणक का मूल्य उपभोग की सीमान्त प्रवृत्ति से निकाला जाता है, अर्थात् गुणक=1/1—*MPC*. सीमान्त उपभोग प्रवृत्ति *(MPC)* जितनी अधिक होगी गुणक का मूल्य भी उतना ही अधिक होगा और विलोमश: भी।

8. व्यापार–चक्रों के मोड़ बिन्दुओं की व्याख्या (Explanation of the Turning Points of the Business Cycles)— यह

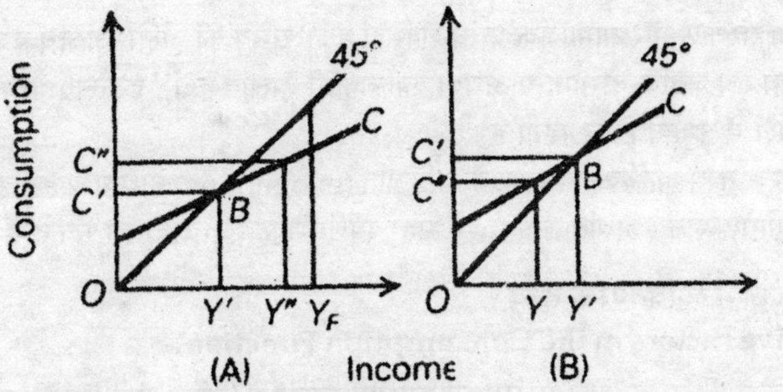

चित्र 4

नियम व्यापार-चक्र के मोड़ बिन्दुओं की व्याख्या करता है। पूर्ण रोजगार स्तर तक पहुंचने से पहले ही, अर्थव्यवस्था नीचे की ओर मुड़ना शुरू कर देती है क्योंकि लोग अपनी आय की पूर्ण वृद्धि को उपभोग पर नहीं व्यय कर पाते। इससे मांग गिर जाती है, अत्युत्पादन होता है, बेरोजगारी आती है और पूंजी की सीमान्त उत्पादकता घट जाती है। चित्र 4 (A) में इस निम्नवर्ती मोड़ की गति दिखाई गई है। जब आय संतुलन बिन्दु (break-even point) से $Y'Y''$ अधिक हो जाती है, तो उपभोग व्यय अपेक्षाकृत छोटी मात्रा $C'C''$ ($C'C''<Y'Y''$) में बढ़ता है। अर्थव्यवस्था में पूर्ण रोजगार स्तर Y_F तक पहुंचने से पहले निम्नवर्ती मोड़ (down turn) प्रारम्भ हो जाएगा, क्योंकि 45^0 की रेखा तथा वक्र C के बीच का अन्तर बढ़ता जाता है।

इसके विपरीत, अर्थव्यवस्था में पूर्ण मंदी की अवस्था तक पहुंचने से पहले ही अर्थव्यवस्था में ऊपर का मोड़ शुरू हो जाएगा, क्योंकि जब आय घटती है, तो उपभोग भी घटता है परन्तु आय में होने वाली कमी की अपेक्षा कम। अपनी आय घट जाने पर भी लोग उपभोक्ता वस्तुएं खरीदते रहते हैं। इसलिए जब मंदी के दौरान समाज में वस्तुओं का अतिरिक्त स्टॉक समाप्त हो जाता है, तो वस्तुओं पर उपभोक्ता व्यय होते रहने से पुन:प्रवर्तन (revival) होता है। इसे चित्र 4 (B) की सहायता से स्पष्ट किया गया है, जहां संतुलन स्तर बिन्दु B के नीचे वक्र C, 45^0 की आय रेखा से ऊपर स्थित है। यह तथ्य कि उपभोग फलन वक्र C, आय रेखा से ऊपर स्थित है, इस बात को स्पष्ट करता है कि आय के गिरकर शून्य पर पहुंचने से पहले ही पुन:प्रवर्तन प्रारम्भ हो जाएगा। इसका कारण है कि उपभोग में कमी $C'C''$ आय में गिरावट $Y'Y$ से कम है।

9. प्रेरित निवेश कार्यभाग (Role of Induced Investment)— अल्पविकसित देशों में जब राष्ट्रीय आय बढ़ती है तब उपभोग व्यय भी बढ़ता है परन्तु राष्ट्रीय आय और उपभोग व्यय का अन्तर बहुत कम रहता है। अत: इन देशों में सीमान्त उपभोग प्रवृत्ति अधिक रहती है। इन देशों में विकास कार्यों पर अधिक निवेश पर बल दिया जाता है जिससे आय का स्तर दीर्घकाल में बढ़े। प्रेरित निवेश द्वारा ही आय एवं रोजगार को बढ़ाया जा सकता है। ज्यों-ज्यों आय एवं रोजगार का स्तर बढ़ेगा त्यों-त्यों उपभोग स्तर भी बढ़ेगा और मनोवैज्ञानिक नियम लागू होना शुरू होगा।

10. मंदी की व्याख्या (Explanation of Depression)— दूसरी तरफ, विकसित देशों में सीमान्त उपभोग प्रवृत्ति कम रहती है क्योंकि ऐसे देशों की आय बहुत अधिक होती है और उनका उपभोग व्यय अपेक्षाकृत बहुत कम रहता है। अत: बचत का स्तर अधिक रहता है। बचत का स्तर अधिक होने से कुल पूर्ति, कुल मांग से बढ़ जाती है जिससे अर्थव्यवस्था में मन्दी और बेरोजगारी की स्थिति बनी रहती है।

10. मजदूरी-दरों का प्रभाव (Effect of Wage Rates)— मजदूरी की दरों में परिवर्तन का उपभोग पर सीधा प्रभाव पड़ता है और मनोवैज्ञानिक नियम लागू होने लग जाता है। जब मजदूरी दरों में वृद्धि होती है तो श्रमिक बढ़ी हुई आय में से अधिक खर्च करते हैं। लेकिन यदि कीमत स्तर में वृद्धि हो जाए तो वास्तविक मजदूरी कम हो जाती है। इसी प्रकार मजदूरी कटौती की अवस्था में भी उपभोग व्यय घट जाता है।

7. उपभोग फलन के निर्धारक
(DETERMINANTS OF THE CONSUMPTION FUNCTION)

केन्ज ने दो प्रमुख साधन बताए हैं जो उपभोग फलन को प्रभावित करते हैं और उसकी ढलान तथा स्थिति को निर्धारित करते हैं। वे हैं: व्यक्तिपरक तत्त्व (subjective factors), और वस्तुपरक तत्त्व (objective factors)।

व्यक्तिपरक तत्त्व आर्थिक व्यवस्था के आन्तरिक तत्त्व होते हैं। इनमें मानव प्रकृति की मनोवैज्ञानिक विशिष्टताएं, सामाजिक

व्यवहार तथा संस्थाएं और सामाजिक प्रबंध शामिल हैं।''समय की अल्प-अवधि पर्यन्त उनमें महत्त्वपूर्ण परिवर्तन होने की संभावना नहीं होती, सिवाय तब जबकि असामान्य अथवा क्रान्तिकारी हालात हों।'' इसलिए वे वक्र C की ढलान तथा स्थिति को निर्धारित करते हैं, जो अल्पकाल में पर्याप्त स्थिर रहता है।

वस्तुपरक तत्त्व आर्थिक व्यवस्था के बहिर्जात (exogenous) अथवा बाहरी होते हैं। इसलिए उनमें तेजी से परिवर्तन हो सकते हैं और वे उपभोग फलन (अर्थात् वक्र C) में महत्त्वपूर्ण शिफ्ट (shifts) ला सकते हैं।

उपभोग फलन में व्यक्तिपरक तत्त्व
(Subjective Factors in the Consumption Function)

केन्ज के व्यक्तिपरक तत्त्व मूलरूप से उपभोग फलन में निहित रहते हैं और उसके रूप अथवा **ढलान तथा स्थिति** को निर्धारित करते हैं। जैसा पहले ही ऊपर कहा जा चुका है, व्यक्तिपरक तत्त्व हैं—मानव प्रकृत्ति की मनोवैज्ञानिक विशिष्टताएं, सामाजिक व्यवहार तथा संस्थाएं, विशेष रूप से मजदूरी तथा लाभांश भुगतानों और अवितरित आमदनियों के सम्बन्ध में व्यापारिक फर्मों के व्यवहार ढांचे और आय के वितरण को प्रभावित करने वाले सामाजिक प्रबन्ध।

1. व्यक्तिगत प्रयोजन (Individual Motives)— सबसे पहले आठ प्रयोजन आते हैं, जो 'व्यक्तियों को अपनी आय में से व्यय करने से रोकते हैं।' वे इस प्रकार हैं:

(i) अदृष्टपूर्व (unforeseen) आकस्मिक व्यय के लिए आरक्षणों (reserve) के निर्माण की इच्छा;
(ii) प्रत्याशित भावी आवश्यकताओं अर्थात् वृद्धावस्था, बीमारी आदि के लिए व्यवस्था करने की इच्छा;
(iii) ब्याज तथा मूल्य वृद्धि के रूप में बढ़ी हुई भावी आय का उपभोग करने की इच्छा;
(iv) जीवन-स्तर बढ़ाने के उद्देश्य से धीरे-धीरे बढ़ते व्यय का आनन्द लेने की इच्छा;
(v) काम-काज करने के लिए स्वतन्त्रता तथा शक्ति की भावना का आनन्द लेने की इच्छा;
(vi) सट्टा अथवा अन्य व्यवसाय परियोजनाओं को चलाने के लिए सफल योजना-संचालन शक्ति प्राप्त करने की इच्छा;
(vii) सम्पत्ति छोड़ कर मरने की इच्छा;
(viii) कंजूसी की सहज प्रवृत्ति को संतुष्ट करने की इच्छा।

2. व्यवसाय प्रयोजन (Business Motives)— व्यक्तिपरक तत्त्वों पर व्यावसायिक निगमों तथा सरकार के व्यवहार का भी प्रभाव पड़ता है। केन्ज ने व्यावसायिक निगमों तथा सरकार के द्वारा किए जाने वाले संचय के लिए चार प्रयोजन गिनाए हैं:

(i) उद्यम (enterprise) अर्थात् बड़े-बड़े कार्य करने और विस्तार की लालसा।
(ii) तरलता (liquidity) अर्थात् आपातकालीन स्थितियों तथा कठिनाइयों का सफलतापूर्वक सामना करने की इच्छा।
(iii) आय-वृद्धि (income raise) अर्थात् अपेक्षाकृत अधिक आय प्राप्त करने तथा सफल प्रबंध प्रदर्शित करने की इच्छा।
(iv) वित्तीय दूरदर्शिता (financial prudence) अर्थात् मूल्यह्रास तथा अप्रचलन (obsolescence) को पाटने के लिए समुचित वित्तीय साधन प्रदान करने तथा ऋण चुकाने की इच्छा।

ये साधन अल्पकाल के दौरान **स्थिर** रहते हैं और **उपभोग फलन को स्थिर रखते हैं।**

वस्तुपरक तत्त्व (Objective Factors)

उन वस्तुपरक तत्त्वों पर नीचे विचार किया जा रहा है जो तेजी से **परिवर्तित** होते हैं और उपभोग में महत्त्वपूर्ण विचलन (shifts) लाते हैं। पहले हम उन तत्त्वों को लेते हैं, जो केन्ज ने दिए है :

1. मजदूरी स्तर पर परिवर्तन (Changes in the Wage Level)— यदि मजदूरी दर बढ़ जाए, तो उपभोग फलन स्तर ऊपर को सरक जाएगा। क्योंकि श्रमिकों की उपभोग की प्रवृत्ति ऊंची होती है, इसलिए वे अपनी बढ़ी हुई आय में से अधिक व्यय करते हैं, इससे वक्र C ऊपर को सरक जाता है। पर, यदि मजदूरी दर में वृद्धि के साथ-साथ कीमत-स्तर में समानुपातिक से **अधिक** वृद्धि हो जाए, तो वास्तविक मजदूरी दर घट जाएगी और इससे वक्र C नीचे को सरक जाएगा। मजदूरी दर में कटौती करने से भी समाज का उपभोग फलन कम हो जाएगा क्योंकि आय, रोजगार तथा उत्पादन गिर जाएगा। इससे वक्र नीचे को सरक जाएगा।

2. अप्रत्याशित लाभ अथवा हानि (Windfall Gains or Losses)— स्टॉक मार्किट में अप्रत्याशित परिवर्तनों के परिणामस्वरूप

होने वाले लाभ अथवा हानि से उपभोग फलन ऊपर को या नीचे को सरक जाता है। उदाहरणार्थ, 1925 के बाद, अमरीकी अर्थव्यवस्था में स्टॉक मार्किट में तेजी के कारण आश्चर्यजनक अप्रत्याशित लाभ का परिणाम यह हुआ कि स्टॉक होल्डरों का उपभोग व्यय लगभग बढ़ी हुई आय के अनुपात में बढ़ा और परिणामत: उपभोग फलन ऊपर को सरक गया। इसी प्रकार, स्टॉक मार्किट में अप्रत्याशित हानिया *C* वक्र को नीचे की ओर सरका देती है।

3. राजकोषीय नीति में परिवर्तन (Changes in Fiscal Policy)— राजकोषीय नीति में कराधान तथा सार्वजनिक व्यय के रूप में होने वाले परिवर्तन उपभोग फलन को प्रभावित करते हैं। भारी वस्तु–कराधान लोगों की प्रयोज्य आय (disposable income) को घटाकर उपभोग फलन पर प्रतिकूल प्रभाव डालता है। द्वितीय विश्वयुद्ध के दौरान वास्तव में यही हुआ था, जबकि भारी अप्रत्यक्ष कराधान, राशनिंग तथा कीमत–नियंत्रणों के कारण उपभोग फलन ऊपर की ओर सरक गया था। दूसरी ओर, कल्याणकारी प्रोग्रामों पर सार्वजनिक व्यय की नीति के साथ–साथ आरोही कराधान की नीति आय के वितरण में परिवर्तन करके उपभोग फलन को ऊपर की ओर सरका देती है।

4. प्रत्याशाओं में परिवर्तन (Changes in Expectations)— भावी प्रत्याशाओं में परिवर्तन भी उपभोग प्रवृत्ति पर प्रतिकूल प्रभाव डालते हैं। यदि निकट भविष्य में युद्ध शुरू होने का भय हो, तो भावी दुर्लभता तथा बढ़ती कीमतों की प्रत्याशा से लोग टिकाऊ तथा अर्द्ध–टिकाऊ वस्तुओं का संग्रह शुरू कर देते हैं। परिणामत: लोग अपनी चालू आवश्यकताओं से बहुत अधिक क्रय करते हैं और उपभोग फलन ऊपर को सरक जाता है। इसके विपरीत, यदि भविष्य में कीमतों के गिरने की संभावना हो, तो लोग केवल वही वस्तुएं खरीदेंगे जो बहुत आवश्यक होंगी। इसके परिणामस्वरूप उपभोग मांग गिर जाएगी और उपभोग फलन नीचे की ओर सरक जाएगा।

5. ब्याज दर में परिवर्तन (Changes in the Rate of Interest)— ब्याज की मार्किट दर में ठोस परिवर्तन उपभोग फलन को अप्रत्यक्ष रूप से प्रभावित करने का सहत्त्वपूर्ण साधन है। ब्याज की दर उपभोग फलन को कई तरह से प्रभावित कर सकती है। ब्याज की दर में वृद्धि के परिणामस्वरूप ऋण–पत्रों की कीमत गिर जाएगी, जो बॉड होल्डरों की उपभोग की प्रवृत्ति को हतोत्साहित करेगी। इसका यह प्रभाव भी हो सकता है कि एक प्रकार की परिसम्पत्ति किसी दूसरी के लिए स्थानापन्न कर दी जाए। ऋण–पत्रों में निवेश की बजाय लोगों को बचत करने का प्रोत्साहन मिले। यदि किराया खरीद (hire-purchase) पद्धति पर वे रेफ्रीजरेटर, स्कूटर इत्यादि टिकाऊ उपभोक्ता वस्तुओं का क्रय कर रहे हैं, तो ब्याज की दर बढ़ने पर वे अपना क्रय स्थगित कर देंगे। उन्हें किस्तों में अधिक भुगतान करना पड़ेगा, इस प्रकार उनका उपभोग फलन नीचे को सरक जाएगा। **केन्ज** ने लिखा है, ''दीर्घ अवधि पर्यन्त, ब्याज की दर में ठोस परिवर्तन संभवत: सामाजिक स्वभाव को पर्याप्त मात्रा में बदल देता है।''

इन पांच तत्त्वों के अतिरिक्त, हम केन्ज के अनुयायियों द्वारा सूचिबद्ध कुछ अन्य वस्तुपरक तत्त्वों को शामिल करेंगे।

6. निगमों की वित्तीय नीतियां (Financial Policies of Corporations)— आय प्रतिधारणा (income retention), लाभांश भुगतान तथा पुनर्निवेश के संबंध में निगमों की वित्तीय नीतियां उपभोग फलन को कई तरह से प्रभावित करती हैं। यदि निगम आरक्षण के रूप में अधिक मुद्रा रखेंगे, तो शेयर–होल्डरों को किए जाने वाले भुगतान कम होंगे। इससे शेयर–होल्डरों की आय घट जाएगी और उपभोग फलन नीचे की ओर सरक जाएगा.

7. तरल परिसम्पत्ति धारण (Holding of Liquid Assets)— उपभोक्ता के पास नकदी शेषों, बचत खातों तथा सरकारी ऋण–पत्रों के रूप में तरल परिसम्पत्ति की मात्रा भी उपभोग फलन को प्रभावित करती है। यदि लोगों के पास तरल–परिसम्पत्तियां होंगी तो उनकी प्रवृत्ति अपनी चालू आय में से अधिक व्यय करने की होगी और उपभोग की प्रवृत्ति बढ़ जाएगी, और विलोमश: भी।

8. आय का वितरण (Distribution of Income)— समाज में आय का वितरण भी उपभोग फलन का रूप निर्धारित करता है। यदि धनिकों तथा गरीबों के बीच आय वितरण में अधिक असमानता हो तो उपभोग फलन कम रहता है, क्योंकि धनिकों की उपभोग–प्रवृत्ति ही कम होती है और गरीब बहुत कम आय के कारण उपभोग पर अधिक व्यय नहीं कर पाता। यदि आरोही कराधान तथा अन्य राजकोषीय विधियों के माध्यम से आय तथा धन की असमानताओं को कम कर दिया जाए, तो उपभोग फलन ऊपर को सरक जाएगा क्योंकि गरीबों की आय में वृद्धि होने पर उनका उपभोग व्यय धनिकों के व्यय में होने वाली कमी की अपेक्षा अधिक बढ़ेगा।

9. बचत-विषयक मनोवृत्ति (Attitude towards Saving)— बचत के प्रति लोगों की मनोवृत्ति भी उपभोग फलन को प्रभावित करती है। यदि वे वर्तमान उपभोग की अपेक्षा भावी उपभोग को अधिक महत्त्व देते हैं, तो वे अधिक बचत करेंगे और उपभोग फलन नीचे को सरक जाएगा। उपभोग फलन को नीचा रखने के लिए अनिवार्य जीवन बीमा, भविष्यनिधि कोष तथा अन्य सामाजिक बीमा स्कीमों

के माध्यम से राज्य इस प्रवृत्ति को और सबल बना सकता है। अधिक बचतकारी अर्थव्यवस्था में उपभोग फलन कम रहता है।

10. ड्यूसनबरी सिद्धान्त (Duesenberry Hypothesis)— जेम्स ड्यूसनबरी ने उपभोग फलन को प्रभावित करने वाले सापेक्ष आय (relative income) सिद्धान्त की प्रस्थापना की है। इस सिद्धान्त का प्रथम भाग **प्रदर्शनकारी प्रभाव** से संबंध रखता है। मनुष्यो की यह प्रवृत्ति होती है कि वे न केवल 'अपने से अधिक धनी व्यक्तियों के स्तर पर' रहना चाहते हैं, बल्कि उनसे भी आगे बढ़ जाना चाहते हैं अर्थात् प्रवृत्ति यह रहती है कि निरन्तर अपेक्षाकृत अधिक ऊंचे उपभोग-स्तर की ओर बढ़ा जाए और न केवल अपने धनी पड़ोसियों के उपभोग आदर्शों का अनुकरण किया जाए, बल्कि उनसे भी आगे बढ़ा जाए। अत: उपभोग अधिमान परस्पर निर्भर रहते हैं। इस प्रकार प्रदर्शनकारी प्रभाव उपभोग फलन को **ऊपर** ले जाता है। दूसरा भाग 'पिछली उच्चतम आय की परिकल्पना' (past peak of income hypothesis) है, जो बचत में अल्पकालीन उतार-चढ़ाव की व्याख्या करता है। कोई समाज जब एक बार एक विशेष आय-स्तर तथा जीवन-स्तर पर पहुंच जाता है, तो वह मंदी के दौरान उपभोग अपेक्षाकृत नीचे स्तर पर नहीं उतरना चाहता। चालू बचत में कमी करके, और विलोमशः, उपभोग का स्तर कायम रखा जाता है। इसलिए अल्पकाल के दौरान उपभोग फलन में कोई शिफ्ट (shift) नहीं होता। जब अल्पकाल के दौरान आय बढ़ती या घटती है तो उसी उपभोग फलन पर केवल ऊपर या नीचे को गति होता है।

8. उपभोग प्रवृत्ति बढ़ाने के उपाय
(MEASURES TO RAISE THE PROPENSITY TO CONSUME)

क्योंकि समाज में कुछ मनोवैज्ञानिक तथा संस्थानिक कारण विद्यमान रहते हैं, इसलिए अल्पकाल के दौरान उपभोग की प्रवृत्ति स्थिर रहती है। परन्तु ''रोजगार, निवेश में वृद्धि के साथ-साथ ही बढ़ सकता है। बशर्ते कि निश्चय से उपभोग प्रवृत्ति में परिवर्तन न हो,'' यह बात केन्ज ने लक्ष्य की है। इसलिए आवश्यक है कि उन विधियों का अध्ययन किया जाए, जो उपभोग-प्रवृत्ति को बढ़ाती हैं।

1. आय का पुनर्वितरण (Income Redistribution)— गरीबों के हक में आय का पुनर्वितरण उपभोग प्रवृत्ति में वृद्धि करता है क्योंकि धनिकों की तुलना में निम्न-आय वर्ग का उपभोग अधिक होता है। इसलिए धनिकों से आय तथा धन गरीबों को हस्तांतरित करके उपभोग प्रवृत्ति बढ़ाई जा सकती है। अपनी कराधान तथा सार्वजनिक व्यय सम्बन्धी नीतियों के माध्यम से राज्य इस काम को कर सकता है। आय, व्यय, जागीरों, पूंजी-लाभों इत्यादि पर आरोही कर लगा कर, गरीबों को अधिक सुविधाएं प्रदान करने के लिए राज्य अपेक्षाकृत अधिक राजस्व जुटा सकता है। परन्तु यह ध्यान रखना चाहिए कि इस प्रकार के कराधान से निवेश पर प्रतिकूल प्रभाव न पड़े।

दूसरे, न्यायसंगत सार्वजनिक व्यय प्रोग्राम के माध्यम से राज्य गरीबों की आय बढ़ा सकता है। सार्वजनिक निर्माण कार्य शुरू करके बेरोजगारों को अधिक रोजगार के अवसर प्रदान कर राज्य आय को बढ़ा सकता है। मुफ्त शिक्षा, मुफ्त दोपहर का खाना, मुफ्त स्वास्थ्य सेवाओं, कम किराए के मकानों आदि की व्यवस्था श्रमिकों की आय बढ़ाने में अप्रत्यक्ष रूप से सहायक होती है और उनके उपभोग व्यय को बढ़ाती है। राज्य द्वारा किए गए इस प्रकार के सामाजिक व्यय भी श्रमिकों की दक्षता बढ़ाते हैं, जिसके परिणामस्वरूप आगे उनकी मजदूरी में वृद्धि होती है।

2. वर्द्धित मजदूरी (Increased Wages)— यदि मजदूरी बढ़ा दी जाए, तो उपभोग फलन को ऊपर की ओर सरकाने में उसका प्रत्यक्ष प्रभाव पड़ेगा। परन्तु ऊंची मजदूरी की नीति अर्थव्यवस्था में रोजगार के स्तर पर प्रतिकूल प्रभाव डालती है क्योंकि अल्पकाल में श्रम की सीमान्त आगम (revenue) उत्पादकता बढ़ाना सम्भव नहीं है। यदि ऐसी स्थिति में मजदूरी बढ़ा दी जाए, तो लागत बढ़ जाएंगी और संभावना यह है कि अर्थव्यवस्था को बेरोजगारी का सामना करना पड़ेगा क्योंकि श्रम की सीमान्त आगम उत्पादकता में तो वृद्धि होगी नहीं। इसलिए दीर्घकालीन मजदूरी नीति ऐसी होनी चाहिए कि श्रम उत्पादकता में वृद्धि के साथ-साथ मजदूरी भी बढ़े। इससे अर्थव्यवस्था में उपभोग का स्तर बढ़ने लगेगा।

3. सामाजिक सुरक्षा विधियां (Social Security Measures)— सामाजिक सुरक्षा विधियां दीर्घकाल में उपभोग फलन बढ़ाती हैं। बेरोजगारी सहायता, चिकित्सा सुविधाओं, वृद्धावस्था-पेन्शन इत्यादि के लिए की गई व्यवस्थाएं भावी अनिश्चितताओं को दूर करती हैं और लोगों की बचत करने की प्रवृत्ति कम हो जाती है। इसलिए राज्य को चाहिए कि लोगों की उपभोग प्रवृत्ति बढ़ाने के लिए अपेक्षाकृत अधिक सामाजिक सुरक्षा की सुविधाएं प्रदान करे। बेरोजगारी सहायता तथा वृद्धावस्था-पेन्शन, मन्दी के दौरान भी ऊंचा उपभोग व्यय बनाये रखती है और इस प्रकार अर्थव्यवस्था में पुनरुत्थान (revival) लाने में सहायक होती है। इसलिए सामाजिक सुरक्षा की विधियां समृद्धि तथा मन्दी—दोनों ही—की अवधियों में उपभोग फलन बढ़ाती हैं।

4. ऋण सुविधाएं (Credit Facilities)— सस्ती तथा सुगम ऋण सुविधाएं उपभोग फलन को ऊपर ले जाने में सहायक होती हैं। जब लोगों को ऋण आसानी से तथा सस्ते प्राप्त हो सकते हैं, तो वे स्कूटर, टेलीविजन, रेफ्रीजरेटर आदि टिकाऊ उपभोक्ता वस्तुएं अधिक खरीदते हैं। इससे उपभोग की प्रवृत्ति बढ़ती है। इन वस्तुओं को किस्तों पर अथवा किश्त-खरीद प्रणाली पर खरीदने का भी वही प्रभाव होता है। इस प्रकार, ऋण सुविधाएं टिकाऊ उपभोक्ता वस्तुओं की उपभोग प्रवृत्ति बढ़ाने में कई प्रकार से सहायक होती हैं।

5. विज्ञापन (Advertisement)— आजकल उपभोग प्रवृत्ति बढ़ाने में विज्ञापन एक अत्यंत महत्त्वपूर्ण उपाय है। रेडियो, टेलीविजन, सिनेमा, समाचार-पत्र इत्यादि विविध माध्यमों से विज्ञापन तथा प्रचार उपभोक्ताओं को वस्तुओं के प्रयोगों से परिचित कराते हैं। उपभोक्ता उनकी ओर आकर्षित होते हैं और उन्हें खरीदने लगते हैं। इससे उनकी उपभोग प्रवृत्ति बढ़ती है।

6. परिवहन के साधनों का विकास (Development of the Means of Transport)— परिवहन के सुविकसित साधन की उपभोग फलन को ऊपर ले जाते हैं। वस्तुओं को निर्माण केन्द्रों से देश के विभिन्न भागों में पहुंचाना आसान हो जाता है। मार्किट का परिमाण बढ़ता है। परिवहन लागतों के घटने से कीमतें भी गिर सकती हैं। लोगों को अपने-अपने शहरों में चीजें मिलने लगती हैं। इस सब की प्रवृत्ति उपभोग फलन को बढ़ाना है।

7. शहरीकरण (Urbanisation)— उपर्युक्त का स्वाभाविक परिणाम यह है कि शहरीकरण उपभोग प्रवृत्ति बढ़ाने में सहायक होता है। जब शहरीकरण होता है, तो लोग ग्रामीण क्षेत्रों से नगर-क्षेत्रों में चले जाते हैं। वे नई वस्तुओं से चकाचौंध होते हैं और प्रदर्शनकारी प्रभाव से प्रभावित होते हैं। यह उपभोग फलन को ऊपर ले जाता है। इसलिए राज्य को चाहिए कि उपभोग फलन को बढ़ाने के उद्देश्य से सुचिन्तित शहरीकरण की नीति अपनाए।

प्रश्न

1. आप उपभोग फलन से क्या समझते हैं ? अल्प-काल में उपभोग के विविध स्तरों के निर्धारकों की विवेचना कीजिए।
2. ''केन्ज का उपभोग फलन आर्थिक विश्लेषण में युग प्रवर्तक औजार है।'' विवेचना कीजिए।
3. उपभोग की औसत प्रवृत्ति और सीमान्त प्रवृत्ति में भेद कीजिए।

अध्याय 12

उपभोग फलन के सिद्धान्त
(Theories of the Consumption Function)

1. प्रस्तावना
(INTRODUCTION)

इससे पहले अध्याय में हमने केन्ज़ द्वारा प्रतिपादित आय और उपभोग के बीच संबंध की व्याख्या की जिसे उसने उपभोग फलन कहा। केन्ज़ के बाद के अर्थशास्त्रियों ने उपभोग फलन को प्रभावित करने वाले कुछ घटकों का अध्ययन करते हुए उससे संबंधित नये सिद्धातों की रचना की है। वे हैं : (1) टोबिन से संबंधित निरपेक्ष आय सिद्धांत; (2) डूसनबरी का सापेक्ष आय सिद्धांत; (3) फ्रीडमैन का स्थायी आय सिद्धांत; और (4) मोदिग्ल्यानी का जीवन-चक्र सिद्धांत। इन सिद्धांतों की विवेचना से पूर्व हम केन्ज़ के सिद्धांत की संक्षिप्त व्याख्या कर रहें हैं जिस पर ये सभी चारों सिद्धांत सुधार माने जाते हैं।

2. केन्ज़ का उपभोग फलन सिद्धांत
(KEYNES' CONSUMPTION FUNCTION THEORY)

केन्ज़ ने अपनी पुस्तक *General Theory.* में उपभोग फलन के सिद्धांत को प्रतिपादित किया। उसके अनुसार, समस्त उपभोग समस्त चालू प्रयोज्य आय का फलन है। इसे इस प्रकार व्यक्त किया जाता है—

$$C = a + c\,y_d$$

जहां a धनात्मक स्वायत्त उपभोग (positive autonomous consumption) है जो उपभोग पर गैर-आय घटकों द्वारा प्रभावित होता है अर्थात् यह आय में वृद्धि (या कमी) द्वारा प्रभावित नहीं होता। यह स्थिरांक (constant) है। c सीमांत उपभोग प्रवृत्ति (*MPC*) है और Y_d प्रयोज्य आय (disposable income) है जो कर देने के पश्चात उपभोक्ताओं के पास व्यय करने हेतु रहती है।

उपभोग तथा आय में यह संबंध केन्ज़ के 'उपभोग के मनोवैज्ञानिक नियम' पर आधारित है जो बताता है कि जब आय बढ़ती है तो उपभोग व्यय भी बढ़ता है परन्तु अपेक्षाकृत कम मात्रा में। दूसरे शब्दों में, आय में वृद्धि (या कमी) होने पर उपभोग व्यय भी बढ़ता (या घटता) तो है परन्तु आनुपातिक (proportional) रूप में नहीं। इस गैर-आनुपातिक (non-proportional) उपभोग फलन की धारणा का अर्थ है कि अल्पकालीन औसत प्रवृत्ति (*APC*) और सीमांत उपभोग प्रवृत्ति (*MPC*) दोनों मेल नहीं खाती हैं। बल्कि $APC > MPC$ और कि *MPC* धनात्मक (positive) होती है परन्तु इकाई से कम : $0 < MPC < 1$. **अन्तिम,** केन्ज़ीय उपभोग फलन को अल्पकाल और दीर्घकाल दोनों में **स्थिर** मान लिया गया है। केन्ज़ का यह सिद्धान्त असंतोषजनक सिद्ध हुआ क्योंकि यह उपभोग और आय में सांख्यिकीय दीर्घकालीन आनुपातिकता की व्याख्या नहीं कर सका।

इसे समझने के लिए हम आनुपातिक और गैर-आनुपातिक उपभोग फलन में भेद करते हैं। उपभोग फलन आनुपातिक होता है जब आय के प्रत्येक स्तर पर *APC* स्थिर हो और *MPC* के बराबर हो जैसा कि चित्र 1 में दर्शाया गया जहां उपभोग फलन *C* मूल *O* पर काटता है। जब आय में परिवर्तन क्रमशः OY_1 और OY_2 होता है तो इस *C* वक्र के साथ-साथ E_1 और E_2 बिन्दुओं पर $APC = MPC$। दूसरे शब्दों में, 45° रेखा के E_1 बिन्दु पर $APC = OC_1/OY_1 = 1$ और $MPC = \Delta C/\Delta Y = 1$. उपभोग फलन

गैर–आनुपातिक होता है जब आय के बढ़ने (या कम होने) के साथ APC कम होती (या बढ़ती) है। चित्र 2 में C उपभोग फलन है। OY_1 आय स्तर पर C वक्र के बिन्दु E पर $APC > MPC$, जहां $APC = OC_1/OY_1$ और $MPC = \Delta C/\Delta Y = ER/RE_0$ परन्तु आय के OY_0 स्तर पर जब C वक्र 45° रेखा को E_0 बिन्दु पर काटता है, वहां $APC = MPC$.[1]

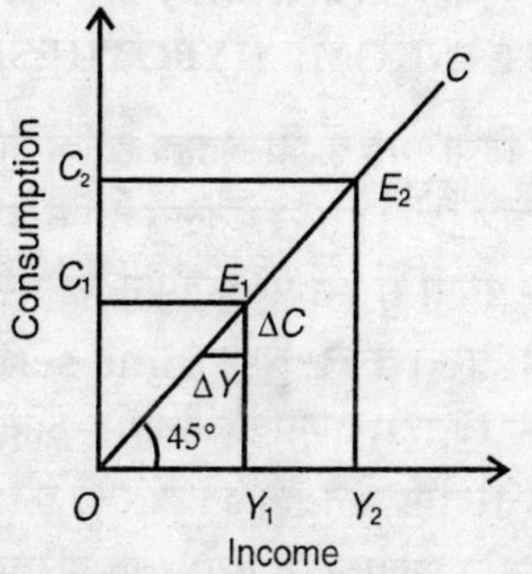

चित्र 1

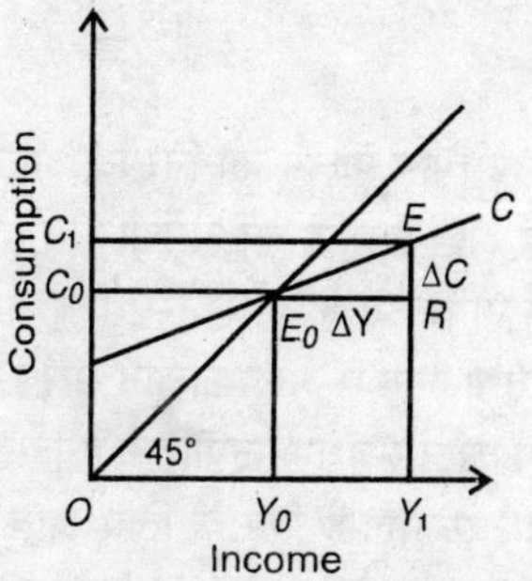

चित्र 2

1930 के दशक के अन्त में तथा 1940 के दशक के मध्य में अनेक ऐसे प्रत्यक्ष अध्ययन किये गये जो बजट अंकों के तिर्यक् छेद (cross-section) तथा काल श्रेणियों (time-series) पर आधारित थे। इन अध्ययनों से केन्ज़ का उपभोग फलन सिद्धांत प्रमाणित हुआ जो निरपेक्ष आय परिकल्पना (absolute income hypothesis) कहलाता है।[2]

1946 में कुज़नेट्स[3] (Kuznets) ने संयुक्त राज्य अमरीका के 1869-1938 की अवधि के उपभोग तथा आय के आंकड़ों का अध्ययन किया और इस अवधि का उपभोग फलन 0.9 आंका। फिर, वह इन निष्कर्षों पर पहुंचा कि दीर्घकालीन पर्यन्त, औसतन APC में नीचे की ओर जाने की कोई प्रवृत्ति दृष्टिगत नहीं हुई जिसके परिणामस्वरूप ज्यों–ज्यों दीर्घकालीन प्रवृत्ति के साथ आय बढ़ी, त्यों–त्यों MPC के बराबर APC होता गया। इसका मतलब है कि दीर्घकालीन उपभोग फलन ऐसी सरल रेखा है जो मूल बिन्दु में से गुजरती है, जैसा कि चित्र 3 में C_L रेखा द्वारा दिखाया गया है। गोल्डस्मिथ[4] ने 1955 में पुन: इन निष्कर्षों का परीक्षण किया और वह इस निष्कर्ष पर पहुंचा कि दीर्घकालीन उपभोग फलन 0.87 या 0.9 पर स्थिर रहा। इन दो अध्ययनों से पता चला कि अल्पकालीन उपभोग फलन गैर–आनुपातिक है क्योंकि $APC > MPC$ और **दीर्घकालीन** उपभोग फलन आनुपातिक है, $MPC = APC$. इस प्रकार, दोनों अध्ययन एक दूसरे का खण्डन करते हैं और अर्थशास्त्रियों के लिए एक पहेली (puzzle) बन गए। इसको सुलझाने हेतु, अनेक वर्षों से अर्थशास्त्री अल्पकालीन तथा दीर्घकालीन उपभोग फलनों में संगति (reconcile) बैठाने का प्रयत्न करते रहे हैं और ''जितने हल सुझाए गए हैं उनमें उपभोग फलन में स्वतंत्र चर की पुनर्व्याख्या करने का प्रयत्न किया गया है।''[5] हम आगे उपभोग फलन के ऐसे सिद्धांतों का अध्ययन कर रहे हैं।

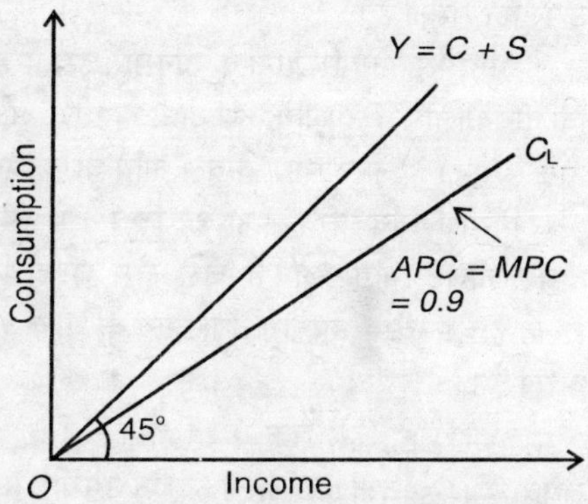

चित्र 3

1. इसको समझने के लिए पिछले अध्याय में तालिका 2 देखिए।
2. उपभोक्ता अपनी आय के निरपेक्ष स्तर के आधार पर ही उपभोग पर व्यय करता है। टोबिन तथा स्मिथीज़ ने इसे आगे विकसित किया है और उनका सिद्धांत भी निरपेक्ष आय परिकल्पना कहलाता है।
3. S. Kuznets, *National Product Since 1869, 1946.*
4. R. Goldsmith, *A Study of Saving in the United States,* Vol. 1, 1955.
5. H.S. Houthakker, "The Permanent Income Hypothesis" *A.E.R.,* June 1958.

3. निरपेक्ष आय परिकल्पना (ABSOLUTE INCOME HYPOTHESIS)

केन्ज़ के उपभोग फलन को निरपेक्ष आय परिकल्पना नाम दिया गया है जो बताता है कि जब आय बढ़ती है, तो उपभोग भी बढ़ता है परन्तु वह आय में वृद्धि की अपेक्षा कम बढ़ता है और विलोमशः भी। इसका मतलब है कि उपभोग तथा आय का संबंध गैर-आनुपातिक है। जेम्स टोबिन[6] तथा आर्थर स्मिथीज[7] ने अलग-अलग अध्ययनों में इस परिकल्पना का परीक्षण किया और इस निष्कर्ष पर पहुंचे कि उपभोग तथा आय में अल्पकालीन संबंध गैर-आनुपातिक है, परन्तु काल-श्रेणी (time-series) आंकड़ों से पता चलता है कि इन दोनों का दीर्घकालीन संबंध आनुपातिक है। यह उपभोग-आय का व्यवहार अल्पकालीन गैर-आनुपातिक उपभोग फलन के ऊपर को सरकने के माध्यम से होता है जिसके लिए आय से भिन्न कारण उत्तरदायी होते हैं। इन कारणों की चर्चा आगे की जा रही है।

प्रथम, प्रो. टोबिन ने इस परिकल्पना का परीक्षण करने के लिए नीग्रो तथा श्वेत परिवारों के बजट अध्ययनों में परिसम्पत्ति धारण शामिल किए। वह इस निष्कर्ष पर पहुंचा कि यदि परिवारों के परिसम्पत्ति धारणों (holdings) में वृद्धि होती है, तो उनकी उपभोग की प्रवृत्ति बढ़ने लगती है जिसके परिणामस्वरूप उनका उपभोग फलन ऊपर को सरक जाता है। **दूसरे,** द्वितीय विश्व-युद्ध के समाप्त होने के बाद से, कई प्रकार की नई घरेलू उपभोक्ता वस्तुएं बहुत तेजी से व्यवहार में आई हैं। इस तरह की आवश्यक वस्तुओं के प्रचलन से उपभोग फलन ऊपर को सरक जाता है। **तीसरे,** युद्ध के बाद की अवधि से, शहरीकरण की प्रवृत्ति बढ़ी है। ग्रामीण क्षेत्रों से शहरी क्षेत्रों की ओर जनसंख्या के पलायन की इस गति से उपभोग फलन ऊपर की ओर सरका है क्योंकि खेत पर काम करने वालों की अपेक्षा शहरी मजदूरों की उपभोग की प्रवृत्ति अधिक होती है। **चौथे,** दीर्घकालीन पर्यन्त, कुल जनसंख्या में बूढ़े लोगों की प्रतिशतता निरन्तर बढ़ रही है। यद्यपि बूढ़े लोग कमाई नहीं करते, फिर भी वे वस्तुओं का उपभोग तो करते ही हैं। परिणामतः उनकी संख्या बढ़ने से उपभोग फलन ऊपर को सरका है।

''निरपेक्ष आय सिद्धान्त के अनुसार, इस तरह के कारणों ने उपभोग फलन को ऊपर की ओर लगभग उतना ही सरकाया है जितना कि दीर्घकालीन में उपभोग तथा आय के बीच आनुपातिक सम्बन्ध स्थापित करने के लिंए आवश्यक है और इस प्रकार उसे ऐसा प्रतीत होने से रोका है जो अन्यथा केवल आय के आधार पर प्रत्याशित गैर-आनुपातिक संबंध प्रतीत होता है।''

निरपेक्ष आय परिकल्पना को चित्र 4 में स्पष्ट किया गया है जहां C_L दीर्घकालीन उपभोग फलन है, जैसे-जैसे हम दीर्घकालीन वक्र के साथ-साथ चलते हैं वैसे-वैसे, उपभोग तथा आय के बीच आनुपातिक संबंध को प्रकट करता है।

उदाहरणार्थ, इस वक्र के A तथा B बिन्दुओं पर APC तथा MPC बराबर हैं। Cs_1 तथा Cs_2 अल्पकालीन उपभोग फलन हैं। परन्तु जिन कारणों का ऊपर उल्लेख किया गया है, उनके कारण ये उपभोग फलन दीर्घकालीन उपभोग फलन C_L के साथ-साथ बिन्दु A से बिन्दु B की ओर ऊपर को सरकने लगते हैं। परन्तु Cs_1 तथा Cs_2 अल्पकालीन उपभोग फलनों के बिंदुकित भाग के साथ गति उपभोग को आय में वृद्धि के अनुपात में नहीं बढ़ाएगी। इसलिए ये भाग गैर-आनुपातिक संबंध को बतलाते हैं।

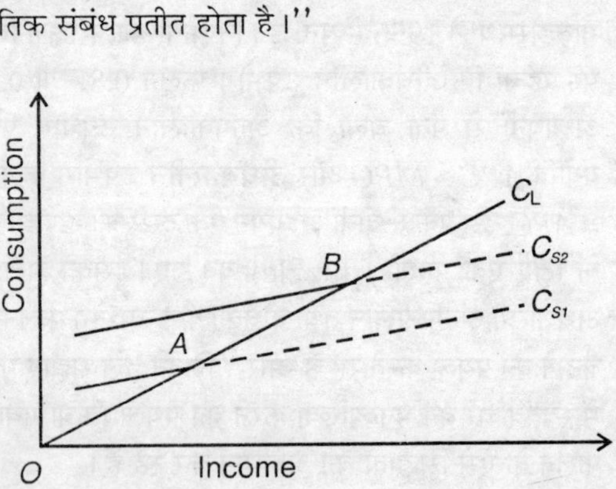

चित्र 4

इसका समीक्षात्मक मूल्यांकन (Its Critical Appraisal)—इस सिद्धांत का बड़ा गुण यह है कि यह आय को छोड़कर उन अन्य कारकों पर बल देता है जो उपभोक्ता-व्यवहार को प्रभावित करते हैं जिनकी केन्ज़ ने चर्चा नहीं की थी। परन्तु इसकी कमी यह है कि यह गैर-आनुपातिक उपभोग फलन की मान्यता लेकर चलता है। जैसा कि प्रो. शपीरो ने लक्ष्य किया है, ''अब अधिकाधिक अर्थशास्त्री

---

6. James Tobin, "Relative Income, Absolute Income and Saving" in *Money, Trade and Economic Growth;* Essay in Honour of J.H. Williams, 1951.
7. Arthur Smithies, 'Forcasting Behaviour Demand I', *Econometrica*, Jan. 1945.

यह महसूस करने लगे हैं कि आधारभूत उपभोग फलन आनुपातिक होता है जिसका मतलब निरपेक्ष आय परिकल्पना के प्रमुख सिद्धांत को नकारना है।"[8]

4. सापेक्ष आय परिकल्पना (RELATIVE INCOME HYPOTHESIS)

जेम्ज डूसनबरी (James Dussenberry) की सापेक्ष आय परिकल्पना केन्ज़ के उपभोग सिद्धांत की दो आधारभूत मान्यताओं के अस्वीकार पर आधारित है। डूसनबरी का कहना है कि (1) प्रत्येक व्यक्ति का उपभोग व्यवहार स्वतंत्र नहीं होता अपितु प्रत्येक अन्य व्यक्ति के व्यवहार पर निर्भर होता है, और (2) कि उपभोग संबंध समय में अपरिवर्तनीय होते हैं, और परिवर्तनीय नहीं होते।[9]

उपभोग फलन विषयक अपने सिद्धांत की व्याख्या करते हुए डूसनबरी लिखता है, "यदि हम उपभोक्ता व्यवहार की समस्या को वास्तव में समझना चाहते हैं, तो हमें प्रारम्भ में उपभोग ढांचों की सामाजिक प्रकृति को मान्यता देनी होगी।" 'उपभोग ढांचों की सामाजिक प्रकृति' से उसका तात्पर्य है कि मानवों की प्रवृत्ति केवल अपने धनी पड़ोसियों के स्तर तक पहुंचने की ही नहीं अपितु उनसे आगे भी बढ़ जाने की होती है। दूसरे शब्दों में, प्रवृत्ति यह होती है कि निरंतर ऊंचे उपभोग स्तर की ओर बढ़ा जाए और अपने धनी पड़ोसियों तथा साथियों के उपभोग ढांचों से स्पर्द्धा की जाए। इस प्रकार उपभोक्ताओं के अधिमान एक-दूसरे पर निर्भर होते हैं। इसे डूसनबरी प्रभाव (Dussenberry Effect) या प्रदर्शनकारी प्रभाव (Demonstration Effect) कहते हैं। परन्तु, किन्हीं समुदायों में, लोगों की सापेक्ष आय के अन्तर ही उपभोग खर्चों को निर्धारित करते हैं। किसी धनी व्यक्ति की *APC* अपेक्षाकृत कम होगी क्योंकि उसे अपने उपभोग ढांचे को बनाये रखने के लिए अपनी आय के थोड़े भाग की जरूरत पड़ेगी। दूसरी ओर, अपेक्षाकृत गरीब व्यक्ति की *APC* अधिक होगी क्योंकि वह अपने पड़ोसियों अथवा साथियों के उपभोग स्टैण्डर्ड तक पहुंचने का प्रयत्न करता है। इससे दीर्घकालीन *APC* की स्थिरता स्पष्ट हो जाती है, क्योंकि कुल मिलाकर कम और अधिक *APC* संतुलित हो जाएगी। इस प्रकार, यदि किसी देश में आयों का निरपेक्ष आकार बढ़ भी जाए, तो भी समस्त अर्थव्यवस्था की *APC* आय के उच्चतर निरपेक्ष स्तर पर स्थिर रहेगी।

डूसनबरी के सिद्धांत का दूसरा भाग है, 'आय की पिछली चोटी' (past peak of income) परिकल्पना जो उपभोग फलन में अल्पकालीन उतार-चढ़ावों की व्याख्या करती है और केन्ज़ की इस मान्यता का खण्डन करती है कि उपभोग संबंध परिवर्तनीय है। इस परिकल्पना की स्थापना है कि समृद्धि की अवधि के दौरान उपभोग बढ़ेगा और धीरे-धीरे अपने आपको अधिक ऊंचे स्तर पर समायोजित (adjust) कर लेगा। जब एक बार लोग आय के एक विशेष उच्चतम स्तर पर पहुंच जाते हैं और इस जीवन-स्तर के आदी हो जाते हैं तो मंदी के दौरान भी वे अपने उपभोग ढांचों को छोड़ने को तैयार नहीं होते। डूसनबरी के शब्दों में, "किसी परिवार के लिए शुरू में अधिक खर्चों को रोकने की अपेक्षा ऊंचे स्तर से खर्चे घटाना अधिक कठिन होता है। इस प्रकार ज्यों-ज्यों आय गिरती है त्यों-त्यों उपभोग भी गिरता तो है परन्तु आय में वृद्धि की अपेक्षा कम अनुपात में, क्योंकि उपभोग को बनाए रखने के लिए उपभोक्ता व्यय करता है। दूसरी ओर, जब समुत्थान (recovery) की अवधि के दौरान आय बढ़ती है, तो बचत में तेजी से वृद्धि के साथ उपभोग बढ़ता है।' इसे अर्थशास्त्री **रैचट प्रभाव** (Ratchet Effect) कहते हैं।

डूसनबरी ने अपनी दोनों सम्बद्ध परिकल्पनाएं मिलाकर इसे निम्नलिखित रूप में प्रस्तुत किया है:

$$\frac{C_t}{Y_t} = a - c\frac{Y_t}{Y_0}$$

जहां C तथा Y क्रमश: उपभोग तथा आय हैं, t चालू अवधि को बताता है, (o) पिछले अधिकतम स्तर को और a धनात्मक स्वायत्त उपभोग से संबंधित स्थिरांक है और c उपभोग फलन है। इस समीकरण में, चालू अवधि में उपभोग-आय अनुपात (C_t/Y_t) ($= APC$) को Y_t/Y_o का फलन माना गया है अर्थात् पिछली अधिकतम आय से चालू आय का अनुपात। यदि यह अनुपात स्थिर रहता है, जैसा कि स्थिरता से बढ़ती आय की अवधि में होता है, तो चालू उपभोग आय अनुपात स्थिर रहता है। मंदी के

---

8. E. Shapiro, *op cit, p.* 175.
9. James S. Dussenberry, *Income, Saving and the Theory of Consumption Behaviour* 1949.

दौरान, जब चालू आय (Y_t) पिछले अधिकतम आय स्तर (Y_o) से नीचे गिरती है, तो चालू उपभोग आय अनुपात (C_t / Y_t) बढ़ेगा।

सापेक्ष आय परिकल्पना को रेखाचित्रीय रूप से चित्र 5 में समझाया गया है जहां C_L दीर्घकालीन उपभोग फलन है ओर C_{S1} तथा C_{S2} अल्पकालीन उपभोग फलन हैं। मानलीजिए कि आय OY_1 के अधिकतम स्तर पर है जहां उपभोग $E_1 Y_1$ है। अब आय गिरकर OY_0 हो जाती है। क्योंकि लोग OY_1 स्तर पर जीवन-स्तर के आदी हैं, इसलिए वे अपने उपभोग को घटाकर $E_0 Y_0$ स्तर पर नहीं लाएंगे, बल्कि अपनी चालू बचतें घटाकर अपने उपभोग में यथासम्भव न्यूनतम कमी करेंगे। इस प्रकार, वे C_{S1} वक्र पर पीछे की ओर जाते हुए C_1 बिन्दु तक पहुंचेंगे और उपभोग के $C_1 Y_0$ स्तर पर रहेंगे। जब समुत्थान (recovery) की अवधि शुरू होती है, तो आय बढ़कर पिछले आय के अधिकतम स्तर OY_1 पर पहुंच जाती है। परंतु उपभोग C_{S1} वक्र के साथ-साथ धीरे-धीरे C_1 से E_1 पर पहुंचता है क्योंकि उपभोक्ता पुन: अपनी बचत का पिछला स्तर स्थापित करेंगे। यदि आय बढ़ती हुई OY_2 स्तर पर पहुंच जाती है, तो उपभोक्ता नये अल्पकालीन उपभोग फलन Cs_2 पर C_1 वक्र के साथ-साथ ऊपर की ओर E_1 से E_2 पर पहुंच जाएगा। यदि आय के OY_2 स्तर पर एक बार फिर मंदी आएगी, तो उपभोग गिर कर उपभोग फलन C_{S2} के साथ-साथ C_2 बिंदु की ओर जाएगा और आय गिरकर OY_1 स्तर पर आ जाएगी। परन्तु दीर्घकाल में समुत्थान के दौरान, उपभोग फिर दीर्घकालीन उपभोग फलन C_L के साथ-साथ तब तक बढ़ेगा जब तक वह अल्पकालीन उपभोग फलन C_{S2} पर नहीं पहुंच जाता। इसका कारण यह है कि जब आय अपने वर्तमान स्तर OY_1 से आगे **बढ़ती** है, तो दीर्घकाल में उपभोग-आय अनुपात (*APC*) स्थिर हो जाता है। अल्पकालीन उपभोग फलन ऊपर की ओर सरक कर C_{S1} से C_{S2} पर चला जाता है परन्तु उपभोक्ता दीर्घकालीन उपभोग फलन C_L पर E_1 से E_2 तक जाते हैं। परन्तु जब आय **गिरती** है तो उपभोक्ता C_{S2} वक्र पर पीछे की ओर E_2 से C_2 तक जाते हैं। यह 'रैचट प्रभाव' (Ratchet Effect) है। जब दीर्घकाल में आय बढ़ती है, तो अल्पकालीन उपभोग फलन किड़किड़ाता हुआ ऊपर को बढ़ता है, परन्तु जब आय गिरती है तो यह **नीचे की ओर सरक कर** पहले के स्तर तक नहीं आता।

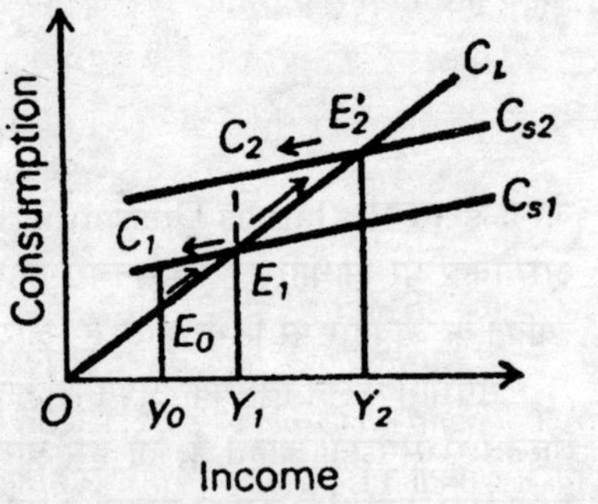

चित्र 5

इसकी आलोचनाएं (Its Criticisms)—यद्यपि डूसनबरी का सिद्धांत बजट अध्ययनों तथा अल्पकालीन एवं दीर्घकालीन काल श्रेणी अध्ययनों के बीच प्रत्यक्ष विरोधों का समाधान करता है, फिर भी यह बात नहीं कि इसमें कमियां नहीं हैं—

1. उपभोग में अनुपाती वृद्धि नहीं (No Proportional Increase in Consumption)—सापेक्ष आय सिद्धांत की मान्यता यह है कि आय तथा उपभोग में अनुपाती वृद्धि होती है। परन्तु पूर्ण रोजगार स्तर पर होने वाली आय की वृद्धि से उपभोग में हमेशा अनुपाती वृद्धियां नहीं होती।

2. उपभोग तथा आय में प्रत्यक्ष संबंध नहीं (No Direct Relation between Consumption and Income)—यह सिद्धांत यह मानकर चलता है कि उपभोग तथा आय में प्रत्यक्ष संबंध होता है परन्तु अनुभव के आधार पर इस बात का समर्थन नहीं होता। व्यापारिक मंदियों के परिणामस्वरूप उपभोग हमेशा नहीं धटता। उदाहरणार्थ, 1948-49 तथा 1974-75 की व्यापारिक मंदियों के दौरान उपभोग कम नहीं हुआ था।

3. आय का वितरण अपरिवर्तित नहीं (Distribution of Income not Unchanged)—प्रस्तुत सिद्धांत इस मान्यता पर आधारित है कि समस्त आय के स्तर में परिवर्तन होने पर भी आय का वितरण लगभग अपरिवर्तित रहता है। यदि आय में वृद्धियां होने के साथ-साथ आय का अधिक समानता की दिशा में पुनर्वितरण होता है, तो अपेक्षाकृत गरीब तथा अपेक्षाकृत धनी परिवारों के संबंधित सभी व्यक्तियों की *APC* घटेगी। इस प्रकार, जब आय बढ़ेगी, तो उपभोग फलन ऊपर की ओर सरककर Cs_1 से Cs_2 पर नहीं जाएगा।

4. उपभोक्ता व्यवहार परिवर्तनीय (Reversible Consumer Behaviour)—**माइकल ईवेन्ज़** के अनुसार, ''उपभोक्ता व्यवहार पूर्णरूप से अपरिवर्तनीय होने की बजाय कालपर्यन्त धीरे-धीरे परिवर्तनीय हैं। तब पिछले अधिकतम स्तर (चोटी) से जितना ही अधिक समय बीत जाएगा, पिछले अधिकतम आय स्तर का चालू उपभोग पर उतना ही कम प्रभाव पड़ेगा।''[10] यदि हम यह भी जानते हों कि

10. Micheal K. Evans, *Macro-economic Activity*, 1969.

किसी उपभोक्ता ने अपने पिछले उच्चतम आय स्तर (चोटी) पर कैसे व्यय किया था, तो भी यह जान सकना सम्भव नहीं कि वह अब किस ढंग से व्यय करेगा।

5. अन्य कारकों की उपेक्षा (Neglect of Other Factors)—प्रस्तुत सिद्धांत इस मान्यता पर आधारित है कि उपभोक्ता के व्यय में होने वाले परिवर्तन उसके पिछले उच्चतम आय स्तर (चोटी) से संबद्ध रहते हैं। यह सिद्धांत इस दृष्टि से दुर्बल है कि यह उपभोक्ता-व्यवहार को प्रभावित करने वाले अन्य कारकों जैसे परिसम्पत्ति धारणों, शहरीकरण, आयु-संरचना में परिवर्तनों, नई उपभोक्ता वस्तुओं के आगमन आदि की उपेक्षा करता है।

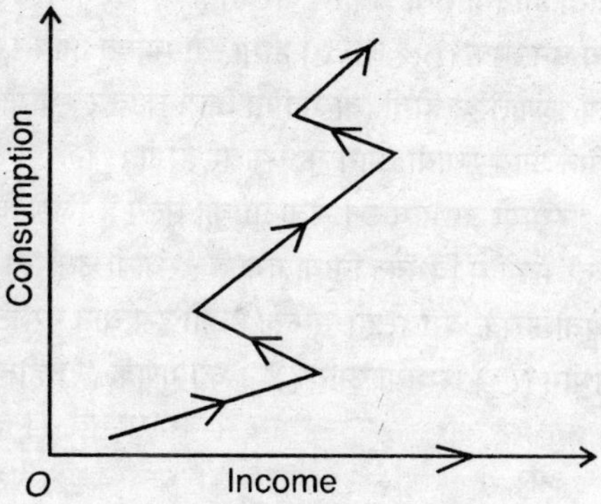

चित्र 6

6. उपभोक्ता अधिमान दूसरों पर निर्भर नहीं (Consumer Preferences do not depend on Others)— इस सिद्धांत की एक और अवास्तविक मान्यता यह है कि उपभोक्ता अधिमान दूसरों पर निर्भर होते हैं जिनके परिणामस्वरूप किसी उपभोक्ता का व्यय उसके धनी पड़ोसी के उपभोग ढांचों से संबंध रखता है। परन्तु हमेशा ऐसा नहीं होता। प्रो. **जार्ज कटोना** (Pro. George Katona) के प्रत्यक्ष अध्ययनों से पता चला है कि उपभोक्ता व्यय में प्रत्याशाओं और प्रवृत्तियों का बहुत बड़ा हाथ रहता है। उसका कहना है कि महत्त्वाकांक्षाओं के स्तरों पर आधारित आय-प्रत्याशाएं और परिसम्पत्ति धारणाओं के प्रति प्रवृत्तियां उपभोक्ता व्यय व्यवहार को प्रदर्शन प्रभाव की अपेक्षा अधिक प्रभावित करती हैं।

7. विपरीत बिजली चमक प्रभाव (Reverse Lightning Bolt Effect)—प्रो. स्मिथ और प्रो. जैकरान ने अपने आनुभविक प्रमाणों के आधार पर डूसनबरी की अलोचना की है कि मंदी के बाद से आय में जो समुत्थान (recovery) होता है वह रेचट प्रभाव के कारण नहीं बल्कि उपभोक्ताओं के उपभोग अनुभव 'विपरीत बिजली चमक प्रभाव' की तरह होते हैं। ऐसा इसलिए कि उपभोक्ता मंदी के बाद आय के बढ़ने पर अपने उपभोग को 'अनिरंतर आदत स्थिरता' के कारण धीरे-धीरे बढ़ाता है। इसे चित्र 6 में दर्शाया गया है जहां उपभोग स्तरों को तीरों द्वारा आय के बढ़ने के साथ दिखाया गया है जैसे विपरीत बिजली की चमक होती है।

5. स्थायी आय परिकल्पना (PERMANENT INCOME HYPOTHESIS)

आनुपातिक दीर्घकालीन तथा गैर-आनुपातिक अल्पकालीन उपभोग फलन के बीच प्रत्यक्ष विरोध का एक और समाधान **फ्रीडमैन** (Friedman)[11] ने अपनी स्थायी आय परिकल्पना के माध्यम में प्रस्तुत किया। फ्रीडमैन ने इस मत को अस्वीकार किया कि "चालू या मापित आय" (current or measured income) उपभोग व्यय को निर्धारित करती है और इसके स्थान पर उसने यह माना है कि उपभोग तथा व्यय, दोनों के ही दो-दो भाग होते हैं—स्थायी तथा अस्थायी (transitory), जैसे

$$Y_m \text{ or } Y = Y_p + Y_t \quad \text{..........(1)}$$

तथा,

$$C = C_p + C_t \quad \text{..........(2)}$$

जहां p स्थायी और t अस्थायी, आय Y एवं उपभोग C को व्यक्त करते हैं।

फ्रीडमैन स्थायी आय को इस प्रकार परिभाषित करता है, "अपने धन को ज्यों का त्यों सुरक्षित रखते हुए कोई उपभोक्ता-इकाई आय की जिस मात्रा का उपभोग कर सकती है (या समझती है कि उपभोग कर सकती है)।" यह आय किसी पारिवारिक इकाई की प्रमुख आय होती है जो आगे काल-क्षितिज (time-horizon) तथा दूरदर्शिता पर निर्भर करती है। इसके अन्तर्गत ये सब सम्मिलित रहते हैं जैसे परिवार का गैर-मानव (non-human) धन, अर्जकों (earners) के व्यक्तिगत गुण, अर्जकों की आर्थिक क्रिया के गुण जैसे कि उनका व्यवसाय, आर्थिक क्रिया का स्थान, आदि।

क्योंकि उपभोक्ता की मापित आय अथवा चालू आय Y है, इसलिए यह किसी भी अवधि में उसकी स्थायी आय से अधिक या कम हो सकती है। मापित आय तथा स्थायी आय में इस तरह के अन्तर आय के अस्थायी भाग (Y_t) के कारण होते हैं। आकस्मिक लाभों

11. M. Friedman, *A Theory of Consumption Function*, 1957

अथवा हानियों तथा चक्रीय परिवर्तनों के परिणामस्वरूप अस्थायी आय बढ़ या घट सकती है। यदि आकस्मिक लाभ के कारण अस्थायी आय धनात्मक (positive) होगी, तो मापित आय स्थायी आय से बढ़ जाएगी। यदि चोरी हो जाने से (अथवा हानि के कारण) अस्थायी आय ऋणात्मक होगी, तो मापित आय घटकर स्थायी आय से कम हो जाएगी। अस्थायी आय शून्य भी हो सकती है और उस स्थिति में मापित आय स्थायी आय के बराबर होगी।

स्थायी उपभोग उन सेवाओं का मूल्य है जिसे किसी विशेष अवधि में उपभोग करने की योजना बनाई जाती है। मापित उपभोग को भी दो भागों में विभक्त किया गया है : स्थायी उपभोग (Cp) तथा अस्थायी उपभोग (Ct)। मापित उपभोग स्थायी उपभोग से अधिक, कम अथवा उसके बराबर हो सकता है जो इस बात पर निर्भर करेगा कि क्या अस्थायी उपभोग धनात्मक, ऋणात्मक अथवा शून्य है। स्थायी उपभोग (C_p), स्थायी आय (Y_p) का गुणक (k) होता है।

$$C_p = kY_p$$

और, $$k = f(r, w, u)$$

इसलिए, $$C_p = k(r, w, u)\, Y_p \qquad ...(3)$$

जहां k (गुणक), ब्याज की दर (r), कुल धन अथवा राष्ट्रीय आय से सम्पत्ति एवं गैर–सम्पत्ति आय के अनुपात (w), और उपभोक्ता की उपभोग प्रवृत्ति (u) का फलन है। इसका कारण स्थिरांक $k\,(=C_p/Y_p)$ है जो स्थायी आय से स्वतंत्र है। इस प्रकार k उपभोग की स्थायी और सीमान्त प्रवृत्ति है तथा $APC = MPC$.

फ्रीडमैन ने उन प्रतिकारक (off-setting) शक्तियों का विश्लेषण किया है जिनसे यह परिणाम प्राप्त होता है। ब्याज की दर (r) को लें, तो 1920 के दशक से इसमें दीर्घकालिक (secular) पतन होता रहा है। इससे k का मूल्य बढ़ने लगता है। परन्तु राष्ट्रीय धन (w) से सम्पत्ति तथा गैर–सम्पत्ति आय के अनुपात में दीर्घकालीन पतन हुआ है जिससे k का मूल्य घटता है। उपभोग की प्रवृत्ति तीन कारणों से प्रभावित हुई है। **प्रथम,** फार्म (खेत) की जनसंख्या में तीव्र पतन हुआ है जिससे शहरीकरण के साथ उपभोग बढ़ा है। इससे k (का मूल्य) बढ़ा है। **दूसरे,** परिवारों का आकार बहुत घटा है। इससे बचत बढ़ी है और उपभोग घटा है जिसके परिणामस्वरूप k का मूल्य कम हुआ है। **तीसरे,** राज्य की ओर से सामाजिक सुरक्षा की अधिक व्यवस्था की गई है। इससे अधिक बचतें रखने की आवश्यकता कम हो गई है। इससे अधिक उपभोग की प्रवृत्ति बढ़ी है जिसके परिणामस्वरूप k का मूल्य बढ़ा है। इन प्रतिकारी शक्तियों का कुल प्रभाव यह है कि स्थायी आय भाग में परिवर्तन के अनुपात से उपभोग बढ़ जाता है।

इस प्रकार, फ्रीडमैन के अनुसार, स्थायी आय और उपभोग में आनुपातिक संबंध होता है,

$$C = k\,Y_p \qquad ....(4)$$

जहां k आनुपातिकता का गुणांक है जिसमें APC और MPC अंतर्निहित हैं और जो **ऊपर वर्णित कारकों पर निर्भर करता है**। दूसरे शब्दों में, यह स्थायी आय का वह अनुपात है जिसका उपभोग किया जाता है।

अब हम स्थायी आय को लेते हैं जिसे फ्रीडमैन काल श्रेणियों (time series) के आधार पर यह मानता है कि वह अंशतः चालू आय और अंशतः पिछली अवधियों की आय पर निर्भर करती है (Permanent income depends partly on current income and partly on previous periods' income)। यह इस प्रकार मापी जा सकती है :

$$Y_{pt} = a\,Y_t + (1-a)\,Y_{t-1} \qquad ...(5)$$

जहां Y_{pt} = वर्तमान अवधि में स्थायी आय, Y_t = वर्तमान अवधि में चालू आय; Y_{t-1} = पिछली अवधि की आय; a = पिछली अवधि ($t-1$) और वर्तमान अवधि के बीच आय में परिवर्तन का अनुपात। यह समीकरण बताता है कि स्थायी आय वर्तमान अवधि की आय (Y_t) और पिछली अवधि की आय (Y_{t-1}) और दोनों के बीच आय परिवर्तन के अनुपात (a) का जोड़ है। यदि वर्तमान आय एकदम बढ़ जाती है तो स्थायी आय में थोड़ी वृद्धि होगी। स्थायी आय के बढ़ने के लिए आय को निरंतर कई वर्षों तक बढ़ाना होगा। फिर लोग समझेंगे की वह बढ़ी है।

समीकरण (4) और (5) के समायोजन से अल्पकालीन और दीर्घकालीन उपभोग फलन को निम्न प्रकार से व्यक्त किया जा सकता है :

$$C_t = kY_{pt} = k\,aY_t + k\,(1-a)\,Y_{t-1} \qquad .....(6)$$

जहां C_t = वर्तमान अवधि का उपभोग, ka = अल्पकालीन MPC; k = दीर्घकालीन MPC; और $k(1-a)\ Y_{t-1}$ अल्पकालीन उपभोग फलन का विच्छिन्न (intercept) है।

फ्रीडमैन के अनुसार, k और ka एक दूसरे से भिन्न होते हैं और $k > ka$। फिर k लगभग 1 (एक) के बराबर होता है तथा ka शून्य (0) के।

समीकरण (6) बताता है कि उपभोग पिछली आय और वर्तमान आय दोनों पर निर्भर करता है। उपभोग के लिए पिछली आय इसलिए महत्त्वपूर्ण है क्योंकि यह लोगों को भविष्य की आय का पूर्वानुमान लगाने में सहायक होती है।

इसकी मान्यताएं (Its Assumptions)—फ्रीडमैन ने आय तथा उपभोग के स्थायी एवं अस्थायी भागों के बीच संबंधों के बारे में निम्न मान्यताएं प्रस्तुत की हैं :

(1) अस्थायी तथा स्थायी आय के बीच कोई सहसंबंध नहीं है।

(2) स्थायी तथा अस्थायी उपभोग के बीच कोई सहसंबंध नहीं है।

(3) अस्थायी उपभोग तथा अस्थायी आय के बीच कोई सहसंबंध नहीं है।

(4) केवल स्थायी आय में होने वाले परिवर्तन ही उपभोग को व्यवस्थित रूप से प्रभावित करते हैं।

ये मान्यताएं फ्रीडमैन के सिद्धांत के तिर्यक छेद (cross section) परिणामों को बताती हैं जिनके अनुसार अल्पकालीन उपभोग फलन रेखीय और गैर–आनुपातिक होता है अर्थात् $APC > MPC$ और दीर्घकालीन उपभोग फलन रेखीय और आनुपातिक होता है अर्थात $APC = MPC$. चित्र 7 फ्रीडमैन की स्थायी आय परिकल्पना की व्याख्या करता है जहां C_L दीर्घकालीन उपभोग फलन है जो एक व्यक्ति की आय और उपभोग के बीच दीर्घकालीन आनुपातिक संबंध व्यक्त करता है जिस पर $APC = MPC$. C_s गैर–आनुपातिक अल्पकालीन उपभोग फलन है जहां मापित या वर्तमान आय में स्थायी और अस्थायी दोनों भाग शामिल हैं, C_L और C_S। दोनों वक्र OY आय स्तर के बिंदु E पर बराबर हैं जहां स्थायी आय और मापित आय समान हैं और इसी प्रकार स्थायी और मापित उपभोग (YE) समान हैं। E बिंदु पर अस्थायी कारक नहीं पाए जाते। यदि उपभोक्ता की आय बढ़कर OY_1 हो जाती है तो वह अपने उपभोग को आय में वृद्धि के अनुरूप बढ़ाएगा। इसके लिए वह C_S वक्र पर E से E_2 की ओर गति करेगा जहां अल्पकाल में उसकी मापित आय OY_1 है और मापित उपभोग Y_1E_2 है। परन्तु यदि OY_1 आय स्तर स्थायी आय स्तर हो जाता है तो उपभोक्ता इसके अनुरूप अपने उपभोग में वृद्धि करेगा जिससे उसका अल्पकालीन उपभोग फलन C_S सरक कर ऊपर C_{S1} पर चला जाएगा और दीर्घकालीन उपभोग फलन C_L को E_1 बिंदु पर काटेगा। इस प्रकार, OY_1 स्थायी आय स्तर पर उपभोक्ता Y_1E_1 उपभोग करेगा।

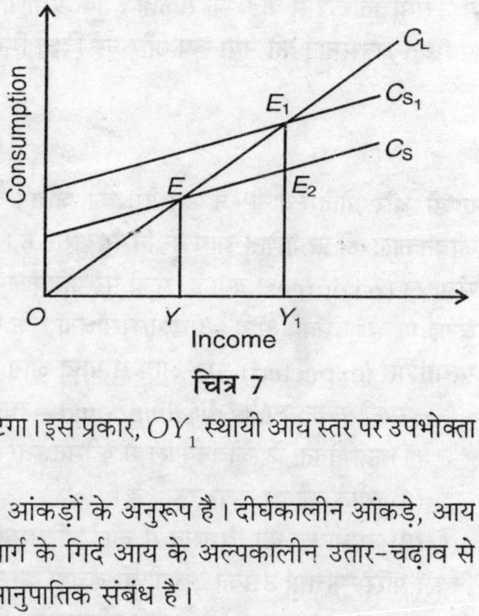

चित्र 7

निष्कर्ष (Conclusion)—फ्रीडमैन का स्थायी आय सिद्धांत तिर्यक छेद बजट आंकड़ों के अनुरूप है। दीर्घकालीन आंकड़े, आय तथा उपभोग के बीच समानुपाती संबंध को बताते हैं। परन्तु दीर्घकालीन संतुलन मार्ग के गिर्द आय के अल्पकालीन उतार–चढ़ाव से संबंधित अध्ययनों से पता चलता है कि मापित आय तथा मापित उपभोग में गैर–आनुपातिक संबंध है।

इसकी आलोचनाएं (Its Criticisms)—फिर भी, इस सिद्धांत में कुछ कमियां हैं :

1. अस्थायी आय और उपभोग में सहसंबंध (Correlation between Temporary Income and Consumption)—फ्रीडमैन की यह मान्यता अवास्तविक है कि उपभोग तथा आय के अस्थायी भागों में कोई सहसंबंध नहीं है। इस मान्यता का मतलब है कि जब परिवार की मापित आय बढ़ती या घटती है, तो उसका उपभोग न तो बढ़ता है, न ही घटता है, क्योंकि वह तदनुसार न तो बचत करता है और न ही व्यय करता है। परन्तु यह बात वास्तविक उपभोक्ता व्यवहार के उलट है। यदि किसी व्यक्ति को आकस्मिक लाभ प्राप्त हो जाता है तो वह समस्त राशि बैंक खाते में जमा नहीं करता अपितु उसे समस्त या आंशिक रूप से अपने चालू उपभोग पर व्यय करता है। इसी प्रकार, यदि किसी व्यक्ति का बटुआ गुम हो जाए, तो वह अपनी जरूरतों को पूरा करने के लिए उतनी ही राशि बैंक से निकलवाने नहीं भागेगा, अपितु अपने वर्तमान उपभोग में कटौती अथवा उसे स्थगित करेगा।

2. *सभी आय वर्गों की APC समान नहीं (APC of all Income Groups not Equal)*—फ्रीडमैन का सिद्धांत कहता है कि सब परिवारों की *APC*, चाहे वे गरीब हों या धनी, दीर्घकाल में एक समान होती है। परन्तु यह बात परिवारों के सामान्य-व्यवहार के विरुद्ध है। यह एक वास्तविकता है कि निम्न-आय वाले परिवार अपनी आय का उतना ही भाग बचाने की क्षमता नहीं रखते जितनी कि अधिक आय वाले परिवार। इसका एकमात्र कारण यह नहीं है कि उनकी आय थोड़ी है अपितु यह भी है कि अपनी अधूरी जरूरतों को पूरा करने के लिए वे भावी उपभोग की अपेक्षा वर्तमान उपभोग को अधिमान देंगे। इसलिए, निम्न आय परिवारों की बचत उनकी आय की सापेक्षता में अधिक होता है जबकि अधिक आय वाले परिवारों की बचत उनकी आय की सापेक्षता में अधिक होती हैं। समान स्थायी आय स्तर वाले लोगों तक में भी बचत का स्तर भिन्न होता है, और उपभोग का भी।

3. *आय और उपभोग से संबंधित अनेक शब्दों का प्रयोग भ्रमकारी (Use of Various Terms for Income and Consumption Confusing)*— फ्रीडमैड ने अपने सिद्धांत में जो 'स्थायी', 'अस्थायी' तथा 'मापित' शब्दों का प्रयोग किया है, उसने सिद्धांत को उलझा दिया है। मापित आय की धारणा एक ओर तो अनुचित ढंग से स्थायी तथा अस्थायी आय से और दूसरी ओर, स्थायी तथा अस्थायी उपभोग से अनुचित ढंग से मिल जाती है।

4. *मानव और गैर-मानव धन में भेद नहीं (No Distinction between Human and Non-human Wealth)*—स्थायी आय सिद्धांत की एक और कमी यह है कि फ्रीडमैन मानव तथा गैर-मानव धन में कोई भेद नहीं करता और अपने सिद्धांत के आनुभविक विश्लेषण में, दोनों से प्राप्त आय को एक ही शब्दावली में सम्मिलित कर लेता है। इन कमियों के बावजूद, **माइकल ईवेन्ज** के शब्दों में ''समुचित रूप से कहा जा सकता है कि प्रमाणों से इस सिद्धांत का समर्थन होता है कि फ्रीडमैन की प्रस्थापना से उपभोग फलन से संबंधित अनुसंधान को नया रूप और नई दिशा मिली है।''

6. जीवन चक्र उपकल्पना
(LIFE CYCLE HYPOTHESIS)

एण्डो और मोदिग्ल्यानी[12] ने उपभोग की जीवन चक्र उपकल्पना का निर्माण किया। इसके अनुसार, उपभोग किसी उपभोक्ता के जीवनकाल की प्रत्याशित आय पर निर्भर करता है। एक व्यक्तिगत उपभोक्ता का उपभोग इस बात पर निर्भर करता है कि उसके उपलब्ध संसाधन (resources) क्या हैं, पूंजी पर प्रतिफल की दर क्या है, उसकी व्यय करने की योजना क्या है, और वह योजना किस उम्र में बनाई गई है। उसकी आय (अथवा/संसाधनों) के वर्तमान मूल्य में परिसम्पत्तियों अथवा धन से प्राप्त आय तथा **चालू** (current) **एवं प्रत्याशित** (expected) श्रम-आय से प्राप्त आय सम्मिलित रहती हैं।

इसकी मान्यताएं (Its Assumptions)—जीवन चक्र सिद्धांत निम्न मान्यताओं पर आधारित है :

(1) उपभोक्ता के जीवनकाल में कीमत स्तर में कोई परिवर्तन नहीं होता।

(2) ब्याज की दर स्थिर रहती है।

(3) उपभोक्ता को विरासत में कोई परिसम्पत्तियां प्राप्त नहीं होतीं और उसकी निवल परिसम्पत्तियां उसकी अपनी ही बचतों का परिणाम होती हैं।

एक उपभोक्ता का उद्देश्य अपने जीवनकाल में अपनी उपयोगिता को अधिकतम बनाए रखना है जो, आगे, इस बात पर निर्भर करेगा कि उसके जीवनकाल में उपलब्ध कुल आय या संसाधन कितने हैं। एक व्यक्ति की जीवन अवधि दी होने पर उसका उपभोग उसके संसाधनों के अनुपात में होता है। परन्तु वह अपने संसाधनों (आय) को व्यय करने की जो योजना बनाता है उसका नियम यह है कि जीवन के प्रारंभिक वर्षों में उसकी व्यय बढ़ती, जीवन के मध्य वर्षों में ऊंची होती है और सेवानिवृत्ति पर एकदम कम हो जाती है। इस प्रकार, युवावस्था में

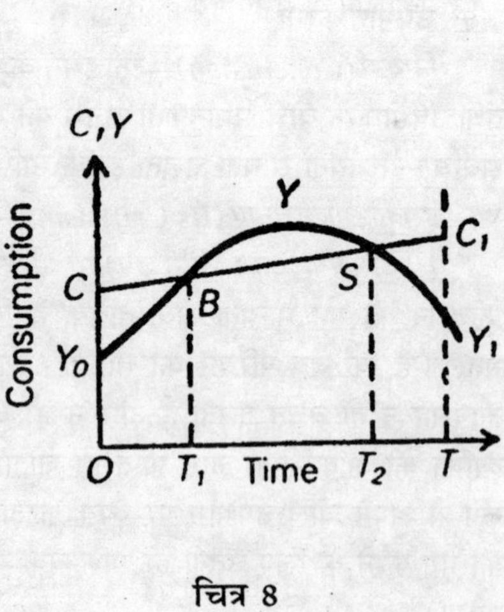

चित्र 8

12. A. Ando and F. Modigliani, "The Life Cycle Hypothesis of Saving", *E.R.*, March, 1963.

बनाए रखना है जो, आगे, इस बात पर निर्भर करेगा कि उसके जीवनकाल में उपलब्ध कुल आय या संसाधन कितने हैं। एक व्यक्ति की जीवन अवधि दी होने पर उसका उपभोग उसके संसाधनों के अनुपात में होता है। परन्तु वह अपने संसाधनों (आय) को व्यय करने की जो योजना बनाता है उसका नियम यह है कि जीवन के प्रारंभिक वर्षों में उसकी व्यय बढ़ती, जीवन के मध्य वर्षों में ऊंची होती है और सेवानिवृत्ति पर एकदम कम हो जाती है। इस प्रकार, युवावस्था में कम बचत या विसंचय (dissave) करेगा और उपभोग अधिक, मध्य आयु में अधिक बचत और कम उपभोग करेगा और बुढ़ापे में फिर विसंचय करके अपनी आय से अधिक उपभोग करेगा। परिणामस्वरूप, उसका उपभोग स्तर समस्त जीवनकाल में लगभग स्थिर अथवा थोड़ा बढ़ता हुआ रहता है, जिसे चित्र 8 में CC_1 वक्र द्वारा दिखाया गया है। $Y_0 Y Y_1$ वक्र व्यक्ति के जीवनकाल T में उस व्यक्तिगत उपभोक्ता की आय धारा को प्रकट करता है। अपने जीवन की प्रारम्भिक अवधि में, जिसे चित्र में T_1 द्वारा दिखाया गया है, वह अपने उपभोग स्तर CB को जो कि स्थिर है, बनाए रखने के लिए वह मुद्रा की CY_0B मात्रा उधार लेता है। अपने जीवन के मध्यवर्ती वर्षों में, जिसे T_1T_2 द्वारा दिखाया गया है, वह अपने ऋण को चुकाने के लिए तथा भविष्य के लिए मुद्रा की BYS मात्रा की बचत करता है। अपने जीवन के अन्तिम वर्षों में, जिसे T_2T द्वारा प्रकट किया गया है, वह SC_1Y_1 मात्रा व्यय करता है।

इस सिद्धांत के अनुसार, उपभोग किसी उपभोक्ता की जीवन काल में प्रत्याशित आय का फलन है जो उसके संसाधनों पर निर्भर करता है। कुछ संसाधनों में उसकी चालू आय (Y_t), भावी प्रत्याशित श्रम आय का वर्तमान मूल्य (Y^e_{Lt}) और परिसम्पत्तियों का वर्तमान मूल्य (A_t) शामिल हैं।

उपभोग फलन को इस प्रकार व्यक्त किया जा सकता है :

$$C_t + f(V_t) \qquad ....(1)$$

जहां V_t = कुल संसाधन समय t पर।

आगे,

$$V_t = f(Y_t + Y^e_{Lt} + A_t) \qquad .....(2)$$

जहां Y_t = चालू आय; Y^e_{Lt} = भावी प्रत्याशित श्रम आय का वर्तमान मूल्य (present value of future expected labour income in period t) ; और A_t = परिसम्पत्तियों का अवधि t पर मूल्य।

समीकरण (2) को (1) में प्रतिस्थापन करके और (2) को रेखीय बना कर, और विभिन्न आय वर्गों का भारित औसत (weighted average) करने पर, कुल उपभोग फलन है

$$C_t = a_1 Y_t + a_2 Y^e{}_L + a_3 A_t \qquad ....(3)$$

जहां a_1 = चालू आय की MPC; a_2 = प्रत्याशित श्रम आय की MPC; और a_3 = परिसम्पत्तियों की MPC, अब APC है,

$$\frac{C_t}{Y_t} a_1 + a_2 \frac{Y^e_L}{Y_t} + a_3 \frac{A_t}{Y_t}$$

दीर्घकालीन या समय पर्यन्त (over time), APC स्थिर होती है क्योंकि चालू आय में श्रम आय का भाग और कुल सम्पत्तियों का चालू आय के साथ अनुपात स्थिर रहते हैं, जब अर्थव्यवस्था वृद्धि करती है।

जीवन-चक्र सिद्धांत के आधार पर, एण्डो तथा मोदिग्ल्यानी ने अल्पकालीन तथा दीर्घकालीन उपभोग फलनों का निर्माण करने के लिए अनेक अध्ययन किए। एक तिर्यक् छेद अध्ययन से पता चला कि निम्न आय वर्गों में अपेक्षाकृत अधिक व्यक्ति निम्न आय स्तर पर थे क्योंकि वे अपने जीवन की अन्तिम अवधि में थे। इस प्रकार उनकी APC अधिक थी। दूसरी ओर, उच्च आय वर्ग से संबंध रखने वाले औसत से अधिक व्यक्ति उच्च आय स्तरों पर थे क्योंकि वे अपने जीवन के मध्यवर्ती वर्षों में थे। इस प्रकार, उनकी APC अपेक्षाकृत कम थी। कुल मिलाकर, ज्यों-ज्यों आय बढ़ रही थी, त्यों-त्यों APC घटती जा रही थी जो परिणामतः यह बताती थी कि $APC > MPC$। अमरीका से संबंधित आंकड़ों के निरीक्षण से पता चला कि दीर्घकाल में APC = 0.7 पर स्थिर थी।

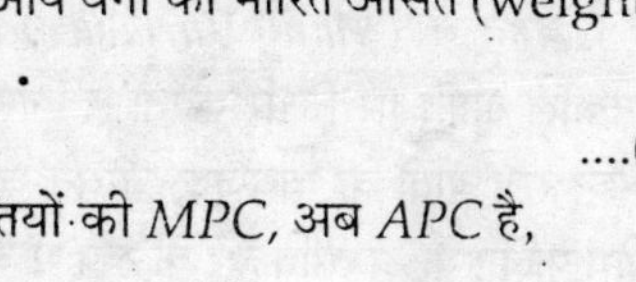

चित्र 9

एण्डो-मोदिग्ल्यानी अल्पकालीन उपभोग फलन को चित्र 9 में C_S वक्र द्वारा दिखाया गया है। समय के किसी भी दिए हुए बिंदु पर, C_S वक्र को स्थिरांक माना जा सकता

है, और अल्पकालीन उतार-चढ़ावों के दौरान, जब परिसम्पत्तियां काफी स्थिर रहती हैं, यह वक्र केन्द्रीय उपभोग फलन जैसा प्रतीत होता है। परन्तु बचतों के माध्यम से परिसम्पत्तियों के संचय के परिणामस्वरूप इसका अन्तःखण्ड (intercept) बदल जाएगा, और इससे समय के साथ C_S वक्र ऊपर की ओर सरक कर C_S' पर चला जाएगा। दीर्घकालीन उपभोग फलन C_L है जो प्रकट करता है कि जब आय बढ़ने लगती है तो APC स्थिर रहती है। यह सरल रेखा है जो मूल बिंदु में से गुजरती है। समय पर्यन्त APC स्थिर रहती है क्योंकि जब अर्थव्यवस्था वृद्धि की ओर अग्रसर होती है तो कुल आय में श्रम-आय का भाग और कुल आय से परिसम्पत्तियों का अनुपात स्थिर रहता है।

इसकी आलोचनाएं (Its Criticisms)—जीवन-चक्र सिद्धांत का कुछ सीमाएं भी हैं।

1. *जीवनकाल उपभोग की योजना अवास्तविक (Plan for Lifetime Consumption Un-realistic)*—एण्डो और मोदिग्ल्यानी का यह कथन है कि उपभोक्ता अपने जीवन भर के उपभोग की योजना बनाता है, अवास्तविक है क्योंकि उपभोक्ता भावी उपभोग की अपेक्षा, जो अनिश्चित है, वर्तमान उपभोग पर अधिक ध्यान देता है।

2. *उपभोग परिसम्पत्तियों के साथ प्रत्यक्षतौर से संबद्ध नहीं (Consumption not Directly Related to Assets)*—जीवन-चक्र सिद्धांत पहले से यह मान लेता है कि उपभोग व्यक्ति की परिसम्पत्तियों से प्रत्यक्ष तौर पर संबद्ध रहता है। ज्यों-ज्यों परिसम्पत्तियां बढ़ती हैं, त्यों-त्यों उसका उपभोग बढ़ता है और परिसम्पत्तियों के घटने पर उपभोग घटता है। यह भी अनावश्यक है क्योंकि हो सकता है कि व्यक्ति अपनी परिसम्पत्तियां बढ़ाने के लिए उपभोग घटा दे।

3. *उपभोग जीवन के दृष्टिकोण पर निर्भर (Consumption Dependent on Attitude towards Life)*—व्यक्ति के जीवन के प्रति दृष्टिकोण पर उपभोग निर्भर करता है। समान आय एवं परिसम्पत्तियों के दिए हुए होने पर, एक व्यक्ति दूसरे की अपेक्षा अधिक उपभोग कर सकता है।

4. *उपभोक्ता विवेकी और सुबुद्ध नहीं (Consumer not Rational and Knowledgeable)*—यह उपकल्पना इस मान्यता पर आधारित है कि उपभोक्ता पूर्ण विवेकी है और उसे भविष्य में अपनी आय और जीवनकाल का पूर्ण ज्ञान है। किसी भी उपभोक्ता का ऐसा विवेकी और सुबुद्ध होना अवास्तविक है।

5. *बहुत चर (Many Variables)*—यह सिद्धांत बहुत चरों जैसे चालू आय, भावी प्रत्याशित श्रम आय, परिसम्पत्तियों का मूल्य, जीवनकाल आदि पर निर्भर करता है जिनका सही अनुमान लगाना बहुत कठिन है। इसलिए यह अवास्तविक है।

इन सब बातों के बावजूद, जीवन-चक्र सिद्धांत उन सब सिद्धांतों से श्रेष्ठ है, जिनकी चर्चा ऊपर की जा चुकी है, क्योंकि इसमें उपभोग फलन के अन्तर्गत चर के रूप में केवल परिसम्पत्तियों को ही शामिल नहीं किया गया है, अपितु यह इस बात को भी स्पष्ट करता है कि क्यों अल्पकाल में $MPC < APC$ होती है और दीर्घकाल में APC स्थिर रहती है।

प्रश्न

1. सामान्यतः अल्पकालीन और दीर्घकालीन उपभोग फलन के व्यवहार में क्या अन्तर दृष्टिगोचर होते हैं? आप इन अन्तरों को कैसे समझाते हो?
2. अल्पकालीन और दीर्घकालीन उपभोग फलनों में सामंजस्य स्थापित करने (reconcile) में जो विभिन्न आनुभविक और सैद्धान्तिक प्रयत्न किए गए हैं, उनकी विवेचना करो।
3. केन्द्रीय उपभोग फलन का तात्पर्य समझाओ और इसके प्रयोग में हाल ही के वर्षों में जो सुधार किए गए हैं, उनकी व्याख्या करो।
4. समस्त उपभोग व्यवहार को समझाने के लिए सापेक्ष आय परिकल्पना क्या है? क्या यह निरपेक्ष आय परिकल्पना पर सुधार है?
5. फ्रीडमैन की उपभोग की स्थायी आय परिकल्पना की आलोचनात्मक विवेचना करिए।
6. जीवन-चक्र उपभोग परिकल्पना की आलोचनात्मक व्याख्या करो।
7. आनुपातिक और गैर-आनुपातिक उपभोग फलन में भेद कीजिए।

अध्याय 13

बचत फलन
(The Saving Function)

1. बचत फलन का अर्थ
(MEANING OF SAVING FUNCTION)

बचत व्यय-योग्य आय और उपभोग के बीच अन्तर के रूप में परिभाषित की जाती है: $S=Y-C$, जहां S बचत हैं, Y आय और C उपभोग है। इस प्रकार, बचत का स्तर आय के स्तर पर निर्भर करता है। तालिका I में इसकी व्याख्या की गई है।

तालिका I : आय और बचत के बीच संबंध

आय(Y) (1)	*उपभोग(C)* (2)	*बचत(S)* (3)	*APS=(S/Y)* 3/1=(4)	*MPS=(ΔS/ΔY)* (5)
0	20	—20	—	—
60	70	—10	—	—
120	120	0	0	—
180	170	10	0.06	0.17
240	220	20	0.08	0.17

तालिका का कॉलम (3) दर्शाता है कि जब आय शून्य या बहुत कम होती है तो लोग बचत नहीं करते है (घटा (minus) 20 करोड़ रु. या 10 करोड़ रु.)। यद्यपि लोग नहीं कमा रहें है या उनका उपभोग व्यय (70 करोड़ रु.) उनकी आय (60 करोड़ रु.) से अधिक है फिर भी उन्हें 70 करोड़ रु. का उपभोग करना पड़ता हैं। जब आय (120 करोड़ रु.), उपभोग व्यय (120 करोड़ रु.) के बराबर होती है तो बचत शून्य होती है। जब आय में 60 करोड़ रु. की वृद्धि होती है तो उनकी बचतों में 10 करोड़ रु. की वृद्धि होती है। यह दर्शाता है कि जब आय बढ़ती है तो बचतें भी बढ़ती हैं परन्तु आय के अनुपात से कम की दर से।

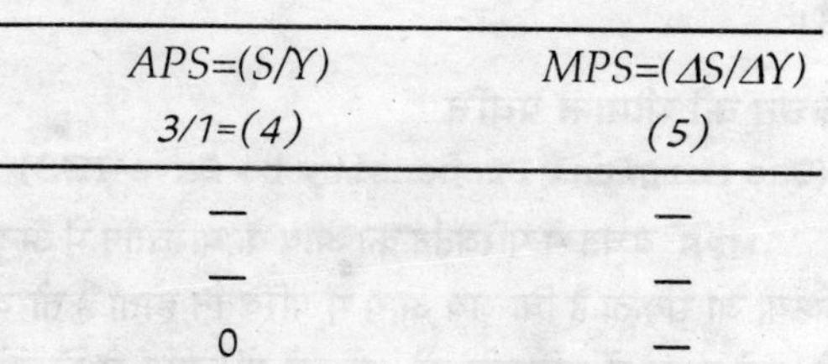

चित्र 1

बचत और आय के बीच के इस संबंध को बचत की प्रवृत्ति (propensity to save) या बचत फलन कहते हैं। इसे $S=f(Y)$ के रूप में व्यक्त किया जाता है। इस प्रकार बचत फलन S और Y के बीच फलनात्मक संबंध को व्यक्त करता है, जहां S निर्भर (dependent) और Y स्वतंत्र चर है, अर्थात् S चर Y चर, द्वारा निर्धारित होता है। यह संबंध 'यदि अन्य बातें समान हों', पर आधारित है, जिसका अर्थ है कि बचत पर सभी प्रभाव स्थिर माने जाते हैं और बचत और आय निश्चित राशि के साथ बढ़ती है, अर्थात्

आय में 60 करोड़ रु. की वृद्धि होती है, जैसा कि तालिका I में दर्शाया गया है।

चित्र 1 में बचत का प्रवृत्ति वक्र दर्शाया गया है जहां आय को क्षैतिज अक्ष पर और बचत को अनुलम्ब अक्ष पर लिया गया है। निश्चित स्तर और झुकाव के साथ संपूर्ण S वक्र बचत की प्रवृत्ति वक्र है। चित्र दर्शाते है कि Y बिन्दु के नीचे बचत ऋणात्मक है क्योंकि लोग बचत नहीं कर पाते। Y बिन्दु पर, बचत शून्य है। Y बिन्दु के ऊपर, बचत आय में वृद्धि के साथ बढ़ती है। S वक्र रेखीय (सीधी रेखा) है क्योंकि आय और बचत में वृद्धि निश्चित दरों पर है (क्रमश: 60 करोड़ रु. और 10 करोड़ रु.)।

बचत की प्रवृत्ति दो प्रकार की होती है: बचत की औसत प्रवृत्ति और बचत की सीमान्त प्रवृत्ति, जिनकी चर्चा हम नीचे करेंगे।

बचत की औसत प्रवृत्ति
(The Average Propensity to Save (APS)

APS बचत का आय में अनुपात है। यह बचत को आय से विभाजित कर प्राप्त की जाती है, या $APS=S/Y$। इसका अर्थ है, प्रत्येक आय-स्तर का अनुपात जो लोग बचाएंगे अर्थात वे इसे उपभोग पर व्यय नहीं करेंगे। उदाहरणार्थ, तालिका I में 180 करोड़ रु. के आय-स्तर पर, उपभोग व्यय 170 करोड़ रु. है और बचत 10 करोड़ रु. है। APS, 0.06 है जिसका अर्थ है कि लोग अपनी आय का लगभग 6% बचत करते हैं, जैसा कि तालिका के कॉलम (4) में दर्शाया गया है। यह ध्यान देना चाहिए कि जैसे-जैसे आय बढ़ती है, उपभोग की औसत प्रवृत्ति (APC) घटती जाती है: 0.94 से 0.92। परन्तु APS, 0.06 से 0.08 तक बढ़ती हैं।

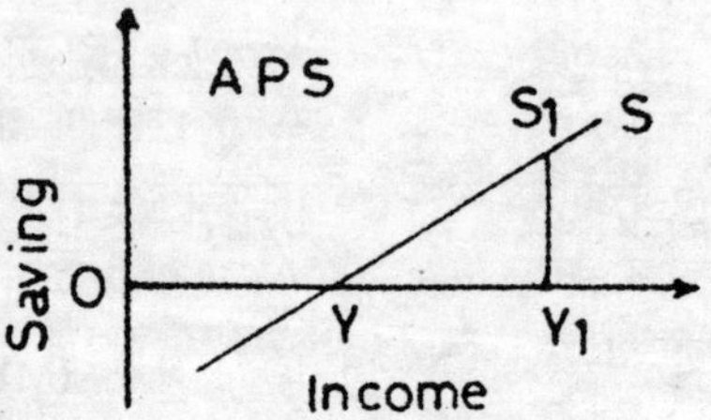

चित्र 2

आरेखीय रूप से, APS वक्र S पर कोई भी बिन्दु हो सकता है। चित्र 2 में S_1 बिन्दु S वक्र पर APS को मापता है जो S_1Y_1/OY_1 है।

बचत की सीमान्त प्रवृत्ति
(The Marginal Propensity to Save–MPS)

MPS बचत में परिवर्तन का आय के परिवर्तन में अनुपात है। इसे इस तरह भी परिभाषित किया जा सकता है कि जब आय में परिवर्तन होता है तो यह APS में परिवर्त्तन की दर होती है। इसे बचत में परिवर्तन को आय में परिवर्तन से विभाजित कर प्राप्त किया जा सकता है, अर्थात् $\Delta S/\Delta Y$. उदाहरणार्थ, तालिका I में जब आय 180 करोड़ रु. से 240 करोड़ रु. तक बढ़ती है तो बचत 10 करोड़ रु. से 20 करोड़ रु. तक बढ़ती है जिससे $\Delta Y=60$ (=240-180) करोड़ रु. और $\Delta S=10$ (=20-10) करोड़ रु. तथा $MPS=10/60=0.17$ इसका अर्थ है कि आय का 10% बचाया जाता हैं, जैसा कि तालिका के कॉलम (S) में दर्शाया गया है। यह 0.17 पर स्थिर है, क्योंकि $\Delta S/\Delta Y=10/60$ स्थिर है।

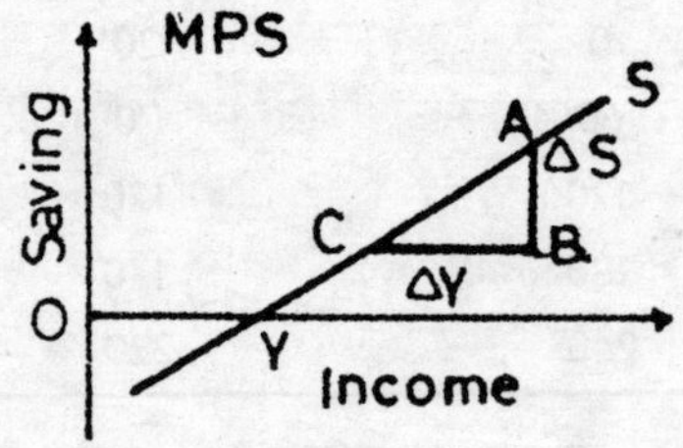

चित्र 3

आरेखीय रूप से, MPS वक्र S की ढलान के एक बिन्दु पर या एक छोटी रेंज द्वारा मापी जाती है। इसे चित्र 3 में AB/BC द्वारा दर्शाया गया है जहां AB बचत में परिवर्तन (ΔS) और BC आय में परिवर्त्तन (ΔY) है।

इस प्रकार, APS और MPS दो भिन्न धारणाएं है। APS कुल बचत का कुल आय से सम्बन्ध बतलाती है। दूसरी, ओर, MPS बचत में परिवर्तन और आय में परिवर्तन से संबंधित है।

2. बचत के निर्धारक
(DETERMINANTS OF SAVINGS)

बचत बचत करने की इच्छा, बचत करने की शक्ति और बचत करने की सुविधाओं पर निर्भर करती है। बचत के इन तीन निर्धारकों की चर्चा हम नीचे करते है—

(क) बचत करने की इच्छा (Will to Save)

यदि सिर्फ व्यक्ति में बचत करने की इच्छा है तो आय का एक भाग बचाया जा सकता है। यदि व्यक्ति बचत करना नहीं चाहता तो वह कुछ भी नहीं बचा सकता है। यह निम्न घटकों पर निर्भर करता है—

1. परिवार से प्रेम *(Family Affection)*— परिवार के प्रति स्नेह और प्यार स्वाभाविक है जो व्यक्ति से बचत करवाता है। प्रत्येक व्यक्ति को अपने बच्चों और पारिवारिक सदस्यों से कुछ स्नेह रहता है। उनके जीवन को सुखमय और भविष्य को बेहतर बनाने के लिए, वह अधिक कमाता है और अधिक बचत करता है। वह उनके लिए अधिक संपत्ति अर्जित करना चाहता है। इस सब के लिए, उसमें बचत करने की इच्छा अवश्य होनी चाहिए।

2. सावधानी (Precaution)— मुद्रा की आवश्यकता भविष्य में किसी भी समय पड़ सकती है। इसीलिए लोग उन आकस्मिकताओं के कारण मुद्रा या संपत्ति रखते हैं। लोग वृद्धावस्था, बीमारी, दुर्घटना और आकस्मिक प्रयोजनों एवं आपातस्थिति आदि से निपटने के लिए बचत करते हैं। इसलिए प्रत्येक व्यक्ति भविष्य की आकस्मिक आवश्यकताओं से सावधान रहने के लिए बचत करना चाहता है।

3. जीवन-स्तर (Standard of Living)— प्रत्येक व्यक्ति अपना जीवन-स्तर उठाना चाहता है जो सिर्फ अपनी वर्तमान आय से बचत करके ही प्राप्त किया जा सकता है।

4. दूरदृष्टि (Farsightedness)— भविष्य सदैव अनिश्चित होता है। एक दूरदर्शी ब्यक्ति अपने बच्चों की शिक्षा, विवाह आदि के लिए प्रबंध करना चाहता है। वह अपनी वृद्धावस्था को सुरक्षित करना चाहता है। ये सब वर्तमान समय में बचत करके ही पूरा किया जा सकता है।

5. सुविचारित दिमाग (Calculating Mind)— कुछ व्यक्ति सुविचारित दिमाग के होते हैं और वे अपने भविष्य की आय को बढ़ाना चाहते हैं। वे अपनी वर्तमान आय से इसलिए बचत करते हैं ताकि अपनी बचत की हुई रकम को निवेश कर भविष्य में और भी अधिक रकम कमा सकें।

6. उद्यम (Enterprises)— जो व्यक्ति व्यापार या व्यवसाय कर रहे हैं, वे ब्याज दर में उतार-चढ़ाव का लाभ उठाना चाहते हैं। यदि वे निकट भविष्य में ब्याज दर में वृद्धि की आशा करते हैं तो वे अधिक रकम बचाते हैं। कभी-कभी व्यवसाय शुरू करने के लिए या चल रहे व्यवसाय का विस्तार करने के लिए बचत की जाती है।

7. स्वतंत्र (Independent)— प्रत्येक व्यक्ति आत्म-निर्भर या आर्थिक रूप से स्वतंत्र होना चाहता है। वह किसी से मुद्रा उधार लेना नहीं चाहता, यदि भविष्य में उसे इसकी जरूरत पड़े। इसलिए वह अपनी वर्तमान आय से बचत करता है।

8. सामाजिक प्रतिष्ठा (Social Status)— वर्तमान समाज में सिर्फ धनी व्यक्तियों का ही आदर होता है। प्रत्येक व्यक्ति उच्च सामाजिक प्रतिष्ठा का आनन्द उठाना चाहता है। यह उसकी बचत करने की इच्छा को प्रबल करती है।

9. कृपणता (Miserliness)— कुछ ऐसे भी लोग होते हैं जो किसी विशेष प्रयोजन के बिना ही बचत करते हैं। कृपण व्यक्ति सिर्फ संपत्ति के लिए अपनी इच्छा को पूरा करने के लिए ही बचत करता है।

(ख) बचत करने की शक्ति (Power to Save)

बचत करने की शक्ति से आशय बचत करने की क्षमता से है। इसका अर्थ है कि वर्तमान आय में से उपभोग पर व्यय करने के बाद जो रकम शेष बचती है। बचत करने की उसकी इच्छा के बाबजूद, एक व्यक्ति बचत नहीं कर सकता यदि उसमें बचत करने की शक्ति नहीं है। अपना उपभोग व्यय पूरा करने के बाद, यदि उसके पास अतिरिक्त मुद्रा शेष रहती है तो उसकी बचत करने की शक्ति अधिक होगी। इस प्रकार, बचत करने की शक्ति आय, और उपभोग दोनों के स्तरों पर निर्भर करती है। कोई व्यक्ति तभी बचा सकता है जब उसकी आय उपभोग से अधिक हो। यदि आय और उपभोग के बीच का अन्तर अधिक है तो बचत करने की शक्ति बढ़ेगी। बचत करने की शक्ति को सिर्फ आय में वृद्धि करके ही बढ़ाया जा सकता है, क्योंकि उपभोग व्यय घटने की कम संभावना होती है। इसलिए किसी देश में लोगों की बचत करने की शक्ति उनकी आय या उनकी आय को प्रभावित करनेवाले घटकों पर निर्भर करती है। बचत करने की शक्ति को निम्न घटक निर्धारित करते हैं—

1. राष्ट्रीय आय की मात्रा (Size of National Income)— लोगों की बचत करने की शक्ति उस देश की राष्ट्रीय आय पर निर्भर करती है। यदि राष्ट्रीय आय अधिक होगी तो बचत करने की शक्ति भी अधिक होगी। भारत में, बचत करने की कम शक्ति का मुख्य

कारण राष्ट्रीय आय का कम होना ही है।

2. प्राकृतिक संसाधन (Natural Resources)— आर्थिक दशाएं एवं देश की आय उसके प्राकृतिक संसाधनों अर्थात् भूमि, जल, खनिज पदार्थों, आदि पर निर्भर करती है। इन प्राकृतिक संसाधनों का बेहतर उपयोग उत्पादन बढ़ाने में मदद करता है। यह आय बढ़ाता है जिससे बचत करने की शक्ति बढ़ती है। परन्तु यह ध्यान देने की बात है कि सिर्फ प्राकृतिक संसाधनों की उपलब्धता ही बचत करने की शक्ति को नहीं बढ़ा सकती, यदि संसाधनों का ठीक ढंग से उपयोग नहीं किया जाता है। भारत प्राकृतिक संसाधनों में धनी है, फिर भी इसकी बचत करने शक़्ति बहुत कम है क्योंकि हम इन संसाधनों का लाभप्रद ढंग से उपयोग नहीं करते हैं।

3. व्यापार (Trade)— घरेलू और विदेशी दोनों व्यापार आय और बचत करने की शक्ति को प्रभावित करते हैं। आय घरेलू और विदेशी व्यापार के विकास के साथ ही बढ़ती है जो बचत करने की शक्ति को बढ़ाती है।

4. औद्योगिक विकास (Industrial Development)— औद्योगिक विकास आय में वृद्धि कर बचत करने की शक्ति को बढ़ाता है।

5. कृषि विकास (Agricultural Development)— भारत जैसे देशों में, जहां कृषि मुख्य व्यवसाय हैं, बचत करने की शक्ति कृषि के विकास पर भी निर्भर करती है। कृषि-विकास आय बढ़ाता है जिसके परिणामस्वरूप बचत करने की शक्ति में वृद्धि होती है।

6. श्रम की कुशलता (Efficiency of Labour)— किसी देश में कुशल श्रम उसके उत्पादन को बढ़ाने में मदद पहुंचाता है जिसके फलस्वरूप आय में वृद्धि होती है। आगे, यह बचत करने की शक्ति को बढ़ाती है। कम कुशल श्रम बचत करने की शक्ति में बाधक होता है।

7. धन और आय का वितरण (Distribution of Wealth and Income)— बचत करने की शक्ति देश में धन और आय के वितरण पर निर्भर करती है। धन और आय का असमान वितरण बचत करने की शक्ति में वृद्धि करता है। असमान वितरण धन को कुछ एक हाथों में संकेन्द्रित करता है जो अपनी उपभोग आवश्यकताओं को पूरा करने के बाद अधिक बचत कर सकते हैं।

(ग) बचत करने की सुविधाएं (Facilities to Save)

बचत न केवल बचत करने की इच्छा और उनकी शक्ति पर निर्भर करती है बल्कि वह बचत करने की सुविधाओं पर भी निर्भर करती है। ये सुविधाएं निम्न हैं—

1. शांति और सुरक्षा (Peace and Security)— लोग तब बचत कर सकते हैं जब उनका जीवन और संपत्ति सुरक्षित हों। यदि व्यक्तियों की संपत्ति और जीवन में शांति और सुरक्षा नहीं है तो वे बचत नहीं कर पाएंगे।

2. बैंकिंग सुविधाएं (Banking Facilities)— कुशल और विकसित बैंकिंग-प्रणाली बचत करने की सुविधाएं प्रदान करती है। यदि बचत बैंकों में जमा की गई हो तो ये नकद रूप में सुरक्षित और लाभप्रद होता है। बैंकिंग सुविधाओं का अभाव बचत घटाता है क्योंकि मुद्रा लोगों के हाथों में रहती है जो व्यय करने के लिए तरल रूप में उपलब्ध होती है।

3. कर नीति (Taxation Policy)— कर-नीति भी देश में बचत को प्रभावित करती है। प्रगतिशील कर बचत को घटाते हैं क्योंकि करों की दरें आय में वृद्धि के साथ बढ़ती हैं। धन और उत्तराधिकार करों के मामलों में भी यही बात होती है। लोग प्राय: कम बचत करने की प्रवृत्ति दर्शाते हैं। वे महसूस करते हैं कि उनकी आय का अधिकांश भाग सरकार करों के रूप में ले जाएगी और इसलिए वे कम बचत करते हैं। इसके विपरीत, व्यय-कर बचत को प्रोत्साहित करता है क्योंकि इस कर से बचने के लिए लोग व्यय करने की बजाय अपनी आय का अधिकांश भाग बचा लेते हैं।

4. मुद्रा का मूल्य (Value of Money)— बचत करने की सुविधाओं के लिए मुद्रा के मूल्य में स्थिरता आवश्यक होती है। कीमतों में वृद्धि के साथ मुद्रा का मूल्य घटता है। लोग मुद्रा मूल्य में गिरावट के भय से कम बचत करते हैं। कीमत-स्तर में स्थिरता या मुद्रा का मूल्य बचत को प्रोत्साहित करता है।

5. निवेश के अवसर (Investment Opportunities)— निवेश के अवसर बचत को प्रोत्साहित करते हैं। यदि व्यवसाय और व्यापार में निवेश के पर्याप्त अवसर हों तो बचत बढ़ती है। स्टॉक और विनिमय बाजारों के विकास से भी बचत अधिक होती हैं। निवेश अवसरों के अभाव के कारण बचत कम होती है।

6. सरकार की आर्थिक नीति (Economic Policy of Government)— बचत करने की सुविधाएं सरकार की आर्थिक नीति द्वारा

भी प्रभावित होती हैं। यदि सरकार समाज की समाजवादी पद्धति अपनाना चाहती है तो वह विभिन्न उद्योगों को राष्ट्रीयकृत करना चाहेगी और लोगों में बचत करने की प्रवृत्ति कम होगी।

3. किफायत का विरोधाभास (THE PARADOX OF THRIFT)

''किफायत का विरोधाभास'' की धारणा का सर्वप्रथम प्रतिपादन 1714 में बर्नार्ड मैन्डेविली (Bernard Mandeville) द्वारा अपनी पुस्तक The Fable of the Bees में किया गया था। बाद में, कई क्लासिकी अर्थशास्त्रियों द्वारा इसको मान्यता दी गई और यह केन्जीय अर्थशास्त्र का अभिन्न अंग बना।

किफायत एक सामाजिक गुण है अथवा बुराई है—इस विषय पर अर्थशास्त्रियों में काफी भतभेद रहा है जिसका वर्णन विभिन्न विचारधाराओं के अंतर्गत किया जाता है।

1. क्लासिकी मत (Classical View)— इस मत को प्रचलित करने का श्रेय **एडम स्मिथ** तथा **जी. बी. 'से'** को जाता है। उनके अनुसार प्रत्येक व्यक्ति को भविष्य के लिए अपनी सीमित आय में से कुछ अवश्य बचाना चाहिए क्योंकि भविष्य अनिश्चित तथा जोखिमभरा है। प्रत्येक व्यक्ति का यह निजी गुण है कि वह खर्च कम और बचत अधिक करे। इस प्रकार, समाज में रहने वाले सभी लोगों द्वारा की गई किफायत सामाजिक बचत है। इस किफायत से उत्पन्न बचत को आगे उत्पादन कार्यों में लगाकर आय का सृजन किया जाता है। अत: क्लासिकी अर्थशास्त्री समाज में बचत को प्रोत्साहित करने की नीति के प्रबल समर्थक थे।

2. केन्जीय मत (Keynesion View)— समाज में विभिन्न लोगों द्वारा विभिन्न वस्तुओं और सेवाओं पर किया गया खर्च अन्य व्यक्तियों की आय है। कारण यह है कि वे अपनी वस्तुओं और सेवाओं को बेचकर मुद्रा प्राप्त करते हैं। यदि समाज में रहने वाले सभी लोग अधिक किफायती हैं और खर्च कम करते हैं तो ऐसी स्थिति में वस्तुओं और सेवाओं की मांग कम हो जाएगी जिसके परिणामस्वरूप वस्तुओं की कीमतों में गिरावट, लाभ में कमी तथा उत्पादन एवं रोजगार पर प्रतिकूल प्रभाव पड़ेगा। अत: किफायत एक सामाजिक बुराई है।

दूसरी ओर, किफायत प्राय: एक व्यक्तिगत गुण माना जाता है। एक व्यक्ति की ओर से किफायत में वृद्धि से बचत और धन अधिक होते हैं। यह एक सार्वजनिक गुण भी माना जाता है। चूंकि यदि लोग अधिक बचत करने पर कम उपभोग करेंगे तो पूंजीगत वस्तुओं का उत्पादन करने के लिए अधिक संसाधन लगाए जा सकते हैं जिससे आय, उत्पादन और रोजगार में वृद्धि होती है। केन्ज के अनुसार, यदि निवेश करने की प्रवृत्ति समानरूप से अधिक होती है तभी किफायत एक सामाजिक गुण है। अन्यथा, यदि बचत करने की प्रवृत्ति में वृद्धि के साथ (स्वायत्त) निवेश करने की प्रवृत्ति में वृद्धि नहीं होती है तो किफायत एक सामाजिक **बुराई** है।

मानलीजिए कि लोग किफायती हो जाते हैं और निवेश करने की प्रवृत्ति दी होने पर, आय के निश्चित स्तर से अधिक बचाने का निर्णय करते है। इससे आय का निम्न संतुलन स्तर आएगा। चित्र 4 में इस स्थिति का वर्णन किया गया है जहां S बचत वक्र है और I आय-बेलोच निवेश वक्र है। आय का संतुलन स्तर E है जहां दोनों वक्र समान है। मानलीजिए कि लोग अधिक किफायती हो जाते हैं। परिणामस्वरूप, निवेश वक्र I में बिना किसी परिवर्तन के ही बचत वक्र सरक कर ऊपर S_1 में परिवर्तित हो जाता है। नया संतुलन बिन्दु E_1 है जो आय-स्तर में Y से Y_1 तक कमी लाता है। ध्यान दीजिए कि नये संतुलन स्तर Y_1 पर बचत वहीं है जो पहले E बिन्दु पर थी। (इसका कारण है कि बचत और निवेश दोनों अनुलम्ब अक्ष पर लिए गए हैं।) इसलिए अधिक बचत करने की लोगों की इच्छा हतोत्साहित हुई है। इसे **किफायत का विरोधाभास** कहते हैं।

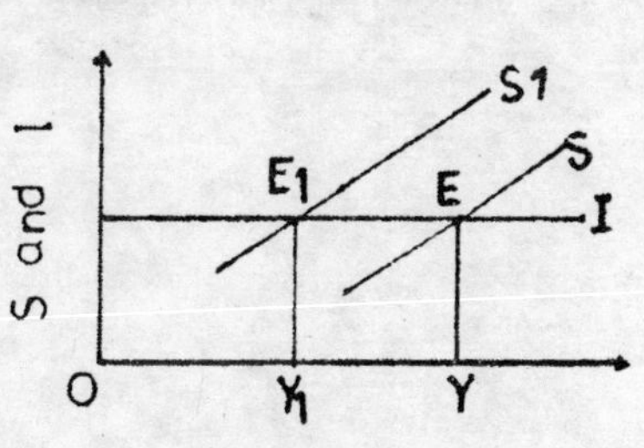

चित्र 4

यदि निवेश स्वायत्त न होकर प्रेरित होती है तो भी किफायत के विरोधाभास का विश्लेषण किया जा सकता है। इसका वर्णन चित्र 5 में किया गया है। निवेश वक्र I ऊपर दाईं ओर उठता है और S वक्र को E बिन्दु पर काटता है जहां आय का Y स्तर निर्धारित होता है। मानलीजिए कि लोग किफायत करने के कारण अपनी बचतें बढ़ा लेते हैं। परिणामस्वरूप S वक्र ऊपर की ओर S_1 वक्र पर सरक जाता

है। यह I वक्र को E_1 बिन्दु पर काटता है और आय का नया संतुलन स्तर Y_1 होता है। परिणाम यह होता है कि Y से Y_1 तक आय में गिरावट से न केवल समाज की बचत दर में बल्कि निवेश की दर में भी कमी होती है। लोगों ने अधिक बचत करने का प्रयत्न किया है, परन्तु वे कम बचत कर पाए हैं। यह किफायत **का विरोधाभास है।**

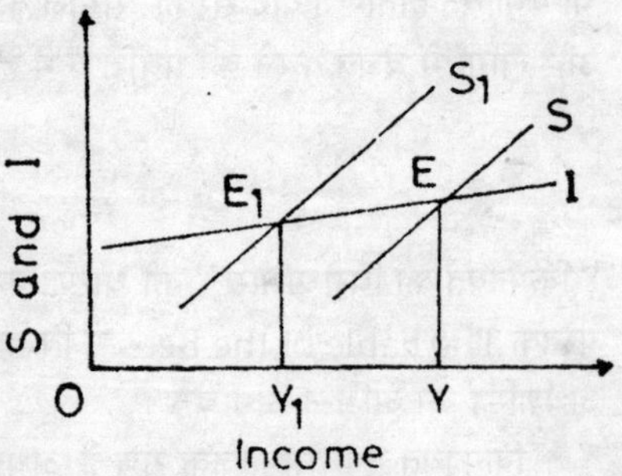

चित्र 5

विरोधाभास का समाधान (Paradox Resolved)

प्रो. सैम्यूल्सन का मत है कि बेरोजगारी की स्थिति में अधिक किफायत करने के प्रयासों से जब उपभोग व्यय कम होता है तो आय में कमी तब तक कामय रहेगी जब तक प्रत्येक व्यक्ति अपने आपको निर्धन अनुभव न करने लग जाए। किफायत के विरोधाभास से प्रेरित अधिक निवेश से आय तथा निवेश दोनों ही वास्तव में घट जायेंगे। मंदीकाल में अधिक बचत करने के प्रयत्न का परिणाम वास्तव में बचत का कम होना है।

अवस्फीति की स्थिति में सामान्य तर्क उलट हो जाते हैं। पूंजीगत वस्तु उद्योग को चलाने वाला यदि भलाई चाहता है तो उसे मंदी काल में बचत को कम करने का प्रयास करना चाहिए जिससे लोगों की क्रय-शक्ति बढ़े। स्पष्ट है कि लोगों द्वारा वस्तुओं पर खर्च करने से बाजार का विस्तार होगा और निवेश को प्रोत्साहन मिलेगा।

निष्कर्ष (Conclusion)

किफायत का विरोधाभास इस तथ्य को उजागर करता है कि यदि लोग अधिक बचत करने का निश्चय करते हैं तो वे कम बचत कर पाते हैं, जब तक बचत करने की प्रवृत्ति में वृद्धि को निवेश करने की अधिक प्रवृत्ति समाप्त नहीं कर देती है अर्थात् निवेश वक्र का ऊपर की ओर सरकना बचत वक्र के सरकने से अधिक हो। इसलिए बचत व्यक्ति या परिवार के लिए गुण है क्योंकि इससे बचत और संपत्ति में वृद्धि होती है। परन्तु यह संपूर्ण समाज के लिए बुराई है क्योंकि इससे आय उत्पादन और रोजगार में कमी होती है। इस प्रकार किफायत का विरोधाभास इस निष्कर्ष पर पहुंचता है कि बचत एक निजी गुण और सार्वजनिक बुराई है।

प्रश्न

1. बचत से आप क्या समझते हैं ? बचत के निर्धारकों की व्याख्या कीजिए।
2. बचत की औसत प्रवृत्ति और बचत की सीमान्त प्रवृत्ति में भेद कीजिए।
3. बचत फलन से आप क्या समझते हैं ? किफायत के विरोधाभास का विश्लेषण कीजिए।
4. ''बचत एक निजी गुण है, परन्तु सार्वजनिक बुराई।'' व्याख्या कीजिए।

अध्याय 14

निवेश फलन
(The Investment Function)

1. निवेश और पूंजी का अर्थ
(MEANING OF INVESTMENT AND CAPITAL)

साधारण बोलचाल की भाषा में निवेश का अर्थ है उन शेयरों, स्टॉक, ऋण-पत्रों तथा प्रतिभूतियों को खरीदना, जो पहले से स्टॉक-मार्किट में विद्यमान हों। परन्तु यह वास्तविक निवेश नहीं है क्योंकि यह तो वर्तमान परिसम्पत्तियों का हस्तांतरण मात्र है। केन्जवादी शब्दावली में, विनियोजन का संबंध उस वास्तविक विनियोजन से है, जो पूंजी-पदार्थों में वृद्धि करे। यह पूंजीगत वस्तुओं के उत्पादन तथा क्रय को बढ़ाकर आय तथा उत्पादन के स्तर में वृद्धि करता है। निवेश में, इस प्रकार, नए प्लांट, बांध, सड़कों, बिल्डिंगों इत्यादि जैसे सार्वजनिक निर्माण कार्य, शुद्ध विदेशी निवेश, मालसूचियां और नई कम्पनियों के स्टॉक तथा शेयर, शामिल रहते हैं। **जॉन रॉबिन्सन** के शब्दों में, ''पूंजी-निवेश से तात्पर्य है पूंजी में वृद्धि, जो तब होती है जबकि कोई नया मकान बनाया जाए. अथवा कोई नई फैक्टरी लगाई जाए। निवेश का अर्थ है वस्तुओं के वर्तमान स्टॉक में वृद्धि करना।''*

दूसरी ओर, पूंजी का सम्बन्ध वास्तविक परिसम्पत्तियों जैसे फैक्ट्रियों, प्लांटों, उपस्करों (equipments), और निर्मित तथा अर्द्धनिर्मित वस्तुओं की मालसूचियों से है। यह कोई पहले से उत्पादित आगत (input) होती है जो अन्य वस्तुएं उत्पादित करने के लिए उत्पादन प्रक्रिया में प्रयोग की जा सकती है। एक अर्थव्यवस्था में उपलब्ध पूंजी की मात्रा, पूंजी का स्टॉक होता है। अत: पूंजी एक **स्टॉक** धारणा है।

समय की एक अवधि के दौरान, वास्तविक पूंजी परिसम्पत्तियों का उत्पादन या प्राप्ति निवेश होता है। उदाहरणार्थ, मानलीजिए कि एक फर्म की पूंजी परिसम्पत्तियां 31 मार्च, 1987 को रु. 100 करोड़ हैं और यह 1987-88 वर्ष में 10 करोड़ रु. की दर से निवेश करती है। अगले वर्ष के अन्त में (31 मार्च, 1988) इसकी कुल पूंजी 110 करोड़ रु. होगी। प्रतीकात्मक रूप में, मानलीजिए कि I निवेश है और K वर्ष t में पूंजी है, तब $I_t = K_t - K_{t-1}$.

पूंजी और निवेश एक-दूसरे के साथ शुद्ध निवेश द्वारा सम्बद्ध होते हैं। एक वर्ष में नई पूंजी परिसम्पत्तियों पर किया गया कुल व्यय सफल निवेश होता है। परन्तु प्रत्येक वर्ष कुछ पूंजी गत स्टॉक टूट-फूट जाता है और मूल्यह्रास एवं अप्रचलन के लिए खप जाता है। शुद्ध (net) निवेश=सकल (gross) निवेश **घटा** मूल्यह्रास और अप्रचलन खर्चे या प्रतिस्थापन (replacement) निवेश। यह अर्थव्यवस्था के वर्तमान पूंजी स्टॉक में शुद्ध जमा होता है। यदि सकल निवेश बराबर है मूल्यह्रास के तो शुद्ध निवेश शून्य होता है तथा अर्थव्यवस्था के पूंजी स्टॉक में कोई वृद्धि नहीं होती है। यदि सकल निवेश मूल्यह्रास से कम है तो अर्थव्यवस्था में विनिवेश (disinvestment) होता है तथा पूंजी स्टॉक कम हो जाता है। अत: अर्थव्यवस्था के वास्तविक स्टॉक में वृद्धि के लिए, सकल निवेश अवश्य मूल्यह्रास से अधिक होना चाहिए, अर्थात् शुद्ध निवेश होना चाहिए।

---

* विद्यार्थी पूंजी का अर्थ और उसका निवेश के साथ संबंध प्रश्न में पूछे जाने पर ही दें।

2. निवेश के प्रकार
(TYPES OF INVESTMENT)

निवेश निम्न प्रकार का होता है :

(1) प्रेरित निवेश (Induced Investment)— वास्तविक निवेश प्रेरित हो सकता है। प्रेरित निवेश लाभ अथवा आय प्रयोजित होता है।[1] लाभ को प्रभावित करने वाले साधन—जैसे कीमतों, मजदूरी तथा ब्याज में परिवर्तन—'प्रेरित-निवेश' पर प्रभाव डालते हैं। इसी प्रकार, मांग भी इसे प्रभावित करती है। जब आय बढ़ती है तो उपभोग मांग भी बढ़ती है और इसे पूरा करने के लिए निवेश बढ़ता है। अन्तिम विश्लेषण में, प्रेरित-निवेश आय का फलन होता है, अर्थात् $I=f(Y)$। यह आय लोचात्मक होता है। यह आय में वृद्धि या पतन के साथ बढ़ता या घटता है, जैसाकि चित्र 1 में दिखाया गया है। I_1I_1 निवेश वक्र है, जो आय के विविध स्तरों पर प्रेरित-निवेश को व्यक्त करता है। OY_1 आय पर प्रेरित निवेश **शून्य** है। जब आय बढ़कर OY_3 हो जाती है तो प्रेरित निवेश I_3/Y_3 है। जब आय गिरकर Y_2O हो जाती है तो प्रेरित निवेश को भी घटाकर I_2Y_2 पर ले आती है।

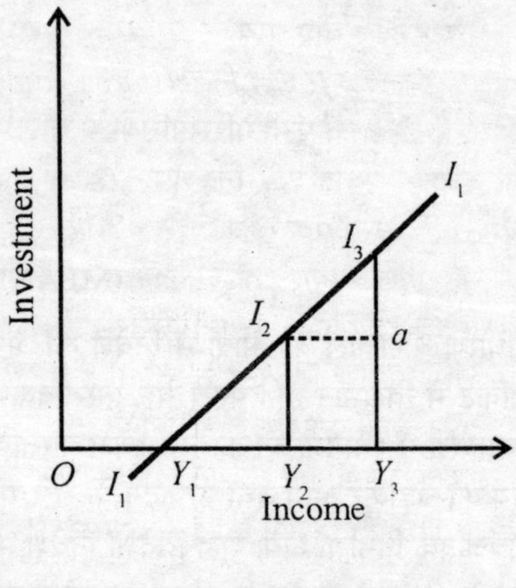

चित्र 1

प्रेरित-निवेश को आगे दो भागों में विभक्त किया जा सकता है : औसत निवेश प्रवृत्ति और सीमान्त निवेश प्रवृत्ति।

(i) औसत निवेश प्रवृत्ति (Average Propensity to invest)— निवेश का आय से अनुपात औसत निवेश प्रवृत्ति कहलाता है, अर्थात् I/Y है। यदि आय 40 करोड़ रु. और निवेश 4 करोड़ रु. है, तो $I/Y=4/40=0.1$.। चित्र 1 में, OY_3 आय स्तर पर औसत निवेश प्रवृत्ति I_3Y_3/OY_3 है।

(ii) सीमान्त निवेश प्रवृत्ति (Marginal Propensity to Invest)— निवेश में परिवर्तन का आय में परिवर्तन से अनुपात सीमान्त निवेश प्रवृत्ति कहलाता है, अर्थात् $\Delta I/\Delta Y$ है। यदि निवेश में परिवर्तन $(\Delta I)=2$ करोड़ रु. और आय में परिवर्तन $(\Delta Y)=10$ करोड़ रु. है तो $\Delta I/\Delta Y=2/10=0.2$. चित्र 1 में, $\Delta I/\Delta Y=I_3a/Y_2Y_3$।

2. स्वायत्त निवेश (Autonomous Investment)— स्वायत्त निवेश आय के स्तर से स्वतन्त्र होता है और इस प्रकार आय बेलोच होती है। इसे बहिर्जात (exogenous) घटक—जैसे नवप्रवर्तन, आविष्कार, जनसंख्या तथा श्रमशक्ति की वृद्धि, अनुसंधान, सामाजिक तथा कानूनी संस्थाएं, मौसम परिवर्तन, युद्ध, क्रान्ति इत्यादि **प्रभावित** करते हैं। आर्थिक तथा सामाजिक उपरिव्ययों में सरकार अथवा निजी उद्यम द्वारा किया गया निवेश स्वायत्त होता है। बिल्डिंग, बांध, सड़कों, नहरों, स्कूलों, हस्पतालों इत्यादि पर किया गया व्यय इस प्रकार के निवेश में शामिल रहता है। क्योंकि इन परियोजनाओं में निवेश सामान्य रूप से सार्वजनिक नीति से संबद्ध रहता है, इसलिए स्वायत्त निवेश को सार्वजनिक निवेश समझा जाता है। दीर्घकाल में, सब प्रकार का निजी निवेश स्वायत्त बन जाता है क्योंकि उसे बर्हिजात घटक प्रभावित करते हैं। आरेखीय रूप से, चित्र 2 में, स्वायत्त निवेश को क्षैतिज अक्ष के समानान्तर वक्र I_1I' के रूप में दिखाया गया है। यह प्रकट करता है कि आय के सब स्तरों पर निवेश की मात्रा OI_1 स्थिर रहती है। वक्र का ऊपर की ओर सरक कर I_2I'' पर चले जाना, आय के सब स्तरों पर OI_2 की स्थिर दर से, निवेश के निरन्तर प्रवाह को प्रकट करता है। पर आय निर्धारण के लिए 45° की रेखा वाले चित्र में, स्वायत्त वक्र को वक्र C पर अध्यारोपित (superimposed) किया जाता है।

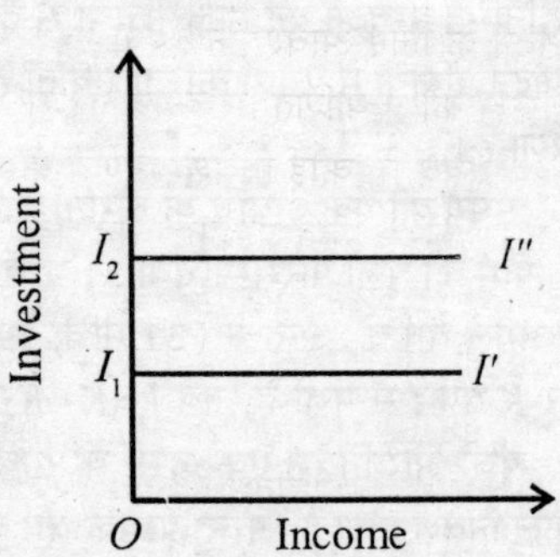

चित्र 2

3. निजी निवेश (Private Investment)— निजी निवेशकों जैसे फोर्ड, टाटा आदि द्वारा किए जाने वाले निवेश को निजी निवेश कहते हैं। यह लाभ प्रत्याशाओं द्वारा प्रभावित होता है और उसे लाभ लोचशील कहा जाता है। निजी निवेश दो घटकों पर निर्भर करता है :

---
1. Induced investment is income or profit motivated,

(i) ब्याज-दर, और *(ii)* पूंजी की सीमान्त उत्पादकता। जब पूंजी की सीमांत उत्पादकता अधिक होती है या ब्याज-दर कम तो यह प्रोत्साहित होता है। निजी निवेश प्रेरित निवेश होता है।

4. सार्वजनिक निवेश (Public Investment)— सरकार के विभिन्न स्तरों द्वारा किए गए निवेशों को सार्वजनिक निवेश कहते हैं। मकानों, फैक्ट्रियों, रेल लाइनों को बिछाने, संचार-साधनों, विद्युत परियोजनाओं आदि पर केन्द्र सरकार द्वारा किए गए निवेश सार्वजनिक निवेश के उदाहरण हैं। राज्य सरकार द्वारा अस्पतालों, स्कूलों, नहरों, सड़कों, आदि पर किए गए व्यय भी सार्वजनिक निवेश हैं। इसी तरह म्युनिसिपल कमेटी द्वारा नागरिक सुविधाएं जैसे सड़कों पर रोशनी, मल-जल निकासी आदि उपलब्ध कराने में किए गए निवेश इसी वर्ग में आते हैं। यह गलत धारणा है कि सार्वजनिक निवेश लाभ प्रेरित नहीं होता है। वर्तमान प्रवृत्ति यह है कि सामान्यत: निजी निवेश की तरह समस्त सार्वजनिक निवेश लाभ कमाने के लिए होते हैं। इसमें एक सीमा तक सार्वजनिक उपयोगिता निवेश ही केवल एक अपवाद है जैसा कि डाक सेवाएं, पेयजल सुविधाएं आदि। इस प्रकार, सभी सार्वजनिक निवेश स्वायत्त नहीं हैं। यह सामान्यत: प्रेरित होते हैं।

5. सकल और शुद्ध निवेश (Gross and Net Investment)— देश में किए जाने वाले सभी वास्तविक निवेश सकल निवेश हैं। ये एक वर्ष में कुल पूंजी परिसंपत्तियों में वृद्धि के बराबर होते हैं। सकल निवेश से मूल्यह्रास और अप्रचलन व्यय को घटाने के बाद जो शेष बचता है, वही शुद्ध निवेश है। (Net Investment = Gross Investment — Depreciation and Obsolescence Charges). इस प्रकार, यह देश के वर्त्तमान पूंजी स्टॉक में शुद्ध योग है।

6. ऐच्छिक और अनैच्छिक निवेश (Intended and Unintended Investment)— वास्तविक निवेश ऐच्छिक या अनैच्छिक हो सकता है। जब निवेश किसी विशिष्ट योजना के साथ नियोजित ढंग से किया जाता है तो इसे ऐच्छिक निवेश कहते हैं। उद्यमी अनुकूल मांग और कीमत परिवर्तनों के पुर्वानुमान में अपनी उत्पादक क्षमता बढ़ाने के लिए निवेश बढ़ाते हैं। वे मशीनरी स्थापित करने के लिए भी निवेश कर सकते हैं जो भविष्य में लागत को घटा सकता है और लाभ को बढ़ा सकता है। इस प्रकार, वर्तमान मालसूची पूंजी बढ़ाने की सुविचारित नीति नियोजित या ऐच्छिक निवेश है। जब मांग में अप्रत्याशित गिरावट के कारण स्टॉक संचित होते हैं तो उसे अनैच्छिक या अनियोजित निवेश कहते हैं।

3. पूंजी की सीमान्त उत्पादकता (THE MARGINAL EFFICIENCY OF CAPITAL)

नई पूंजी परिसंपत्ति में निवेश का निर्णय इस बात पर निर्भर करता है कि नए निवेश पर प्रतिफल की प्रत्याशित दर इस परिसंपत्ति को खरीदने के लिए आवश्यक कोषों पर भुगतान किए जाने वाली ब्याज दर के या तो बराबर या अधिक या कम है। यह तभी होता है जब प्रतिफल की प्रत्याशित दर ब्याज दर से अधिक है। ऐसा निवेश नई पूंजी परिसंपत्तियों को प्राप्त करने के लिए किया जाएगा।

वास्तव में, कोई निवेश-निर्णय करते समय तीन बातें ध्यान में रखी जाती हैं। ये हैं: पूंजी परिसंपत्ति की लागत, इसके जीवनकाल के दौरान इससे प्राप्त प्रतिफल की प्रत्याशित दर, और ब्याज की बाजार दर। केन्ज पूंजी की सीमान्त उत्पादकता *(MEC)* की अपनी धारणा में इन तीन घटकों को शामिल करता है।

पूंजी की सीमान्त उत्पादकता पूंजी परिसंपत्ति की एक अतिरिक्त इकाई से प्रत्याशित इसकी लागत के ऊपर प्रतिफल की उच्चतम दर है।[1] कुरिहारा (Kurihara) के शब्दों में, ''यह अतिरिक्त पूंजी वस्तुओं की संभावित प्राप्ति और उनकी पूर्ति कीमत के बीच का अनुपात है।''[2] संभावित प्राप्ति *(Y)* किसी परिसंपत्ति के जीवनकाल के दौरान इससे प्राप्त कुल समस्त शुद्ध प्रतिफल है, जबकि पूर्ति कीमत *(p)* इस परिसंपत्ति को उत्पादित करने की लागत है। यदि पूंजी परिसंपत्ति की पूर्ति कीमत 20,000 रु. है और इसकी वार्षिक प्राप्ति 2,000 रु. तो इस परिसंपत्ति की सीमांत उत्पादकता $\frac{2,000}{20,000} \times \frac{100}{1} = 10\%$ है। इस प्रकार, पूंजी की सीमांत उत्पादकता किसी पूंजी परिसंपत्ति पर किसी दिए हुए निवेश से प्रत्याशित लाभ का प्रतिशत होती है। (MEC is the percentage of profits expected from a given investment on a capital asset).

केन्ज पूंजी परिसंपत्ति की संभावित प्राप्ति को उसकी पूर्ति कीमत के साथ संबद्ध करता है और *MEC* को इस प्रकार परिभाषित

---

1. The Marginal Efficiency of Capital (MEC) is the highest rate of return expected from an additional unit of a capital asset over its cost.
2. It is the ratio between the prospective yield of additional capital goods and their supply price.—K. Kurihara.

करता है।'' ''पूंजी की सीमान्त उत्पादकता बट्टा दर के बराबर होगा, जो पूंजी परिसंपत्ति के जीवनकाल के दौरान उससे प्राप्त प्रत्याशित प्रतिफलों द्वारा दी गई वार्षिकियों (annuities) की श्रृंखलाओं के वर्तमान मूल्य को उसकी (पूंजी परिसंपत्ति की) पूर्ति कीमत के बिल्कुल बराबर करेगा।''[3] सांकेतिक रूप से इसे इस तरह व्यक्त किया जा सकता है:

$$Sp=\frac{R_1}{(1+i)}+\frac{R_2}{(1+i)^2}+\ldots\ldots\ldots+\frac{R_n}{(1+i)^n} \qquad \ldots (1)$$

जहां Sp आपूर्ति कीमत या पूंजी परिसंपत्ति की लागत है, $R_1, R_2\ldots$ और R_n संभावित प्राप्तियां या 1,2... एवं n वर्षों में पूंजी परिसंपत्ति से प्रत्याशित वार्षिक प्रतिफलों की श्रृंखलाएं हैं, तथा i बट्टा दर है जो पूंजी परिसंपत्ति को इसकी प्रत्याशित प्राप्ति के वर्तमान मूल्य के बिल्कुल बराबर करती है। इस प्रकार, i पूंजी की सीमांत उत्पादकता *(MEC)* या बट्टा दर है जो समीकरण के दोनों पक्षों को बराबर करती है। यदि नई पूंजी परिसंपत्ति की पूर्ति कीमत 1,000 रु. है और इसका जीवन काल दो वर्षों का है तो प्रथम वर्ष में 550 रु. एवं द्वितीय वर्ष में 605 रु. प्राप्ति होना प्रत्याशित है। इसकी *MEC* 10% है जो पूर्ति कीमत को इसकी पूंजी परिसंपत्ति की प्रत्याशित प्राप्तियों के बराबर करती है। इस प्रकार, *(Sp) 1,000* रु. = $\frac{550}{(1.10)}+\frac{605}{(1.10)^2}=500+500$

समीकरण (1) में $\frac{R_1}{(1+i)}$ पूंजी परिसंपत्ति का वर्तमान मूल्य (present value) है वर्त्तमान मूल्य ''भविष्य में प्राप्त किये जाने वाले भुगतानों का अभी का मूल्य'' है। यह ब्याज दर पर निर्भर करता है जिस पर यह बट्टा किया जाता है।

मानलीजिए कि एक मशीन से एक वर्ष में 100 रु. प्राप्त करने की आशा है और ब्याज दर 5% प्रति वर्ष है। इस मशीन का वर्त्तमान मूल्य है:

$$\frac{R_1}{(1+i)}=\frac{100}{1.05}=95.24 \text{ रु.।}$$

यदि मशीन से 100 रु. दो वर्ष बाद प्राप्त करने की आशा हो तो उसका वर्तमान मूल्य $100/(1.05)^2$ = 90.70 रु. है। एक पूंजी परिसंपत्ति का वर्तमान मूल्य ब्याज दर से विपरीत संबंध रखता हैं। ब्याज दर कम होने पर वर्तमान मूल्य अधिक होगा तथा ब्याज दर अधिक होने पर वर्तमान मूल्य कम होगा। उदाहरणार्थ, यदि ब्याज दर 5 प्रतिशत है तो एक परिसम्पत्ति का वर्तमान मूल्य रु. 100 एक वर्ष के लिए 95.24 रु. होगा; 7 प्रतिशत पर 93.45 रु. और 10 प्रतिशत पर 90.91 रु. होगा।

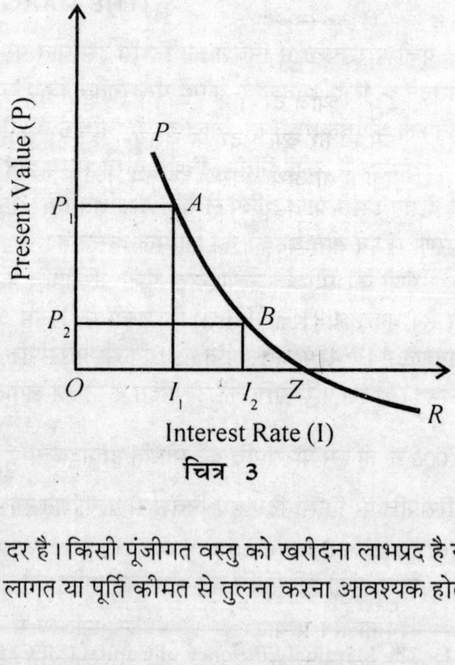

चित्र 3

वर्त्तमान मूल्य और ब्याज दर के बीच के संबंध को चित्र 3 में दर्शाया गया है जहां ब्याज की दर क्षैतिज अक्ष पर एवं प्रोजेक्ट का वर्तमान मूल्य अनुलंब अक्ष पर लिया गया है। *PR* वक्र वर्त्तमान मूल्य और ब्याज दर के बीच विपरीत संबंध को दर्शाता है। यदि ब्याज की वर्तमान दर i_1 है तो प्रोजेक्ट का वर्तमान मूल्य P_1 है। दूसरी ओर, ब्याज की ऊंची दर i_2 होने पर कम वर्तमान मूल्य P_2 आएगा। जब वर्तमान मूल्य वक्र *(PR)* क्षैतिज अक्ष को *Z* बिन्दु पर काटता है तो शुद्ध वर्तमान मूल्य शून्य हो जाता है।

वास्तव में, *MEC* नई पूंजी वस्तु की लागत के ऊपर प्रतिफल की प्रत्याशित दर है। किसी पूंजीगत वस्तु को खरीदना लाभप्रद है या नहीं, इसका पता लगाने के लिए पूंजीगत परिसंपत्ति के वर्तमान मूल्य की उसकी लागत या पूर्ति कीमत से तुलना करना आवश्यक होता

3. MEC "is equal to the rate of discount which would make the present value of the series of annuities given by the returns expected from the capital asset during its life just equal to its supply price." —J. M. Keynes.

है। यदि पूंजीगत वस्तु का वर्त्तमान मूल्य उसके खरीदने की लागत से अधिक है तो यह उस पूंजीगत वस्तु को खरीदने से लाभ होता है। इसके विपरीत, यदि इसका वर्तमान मूल्य इसकी लागत से कम है तो इस पूंजीगत वस्तु में निवेश करना लाभप्रद नहीं है।

जब *MEC* की ब्याज की बाजार दर से तुलना की जाए तो यही परिणाम प्राप्त हो सकते हैं। यदि किसी पूंजी परिसम्पत्ति की *MEC* ब्याज की बाजार दर से अधिक होती है तो उस पूंजी परिसम्पत्ति पर निवेश करना लाभदायक होता है, और विलोमशः। यदि ब्याज की बाजार दर पूंजी परिसम्पत्ति की *MEC* के बराबर होती है तो फर्म इष्टतम पूंजी स्टॉक रखती है। यदि *MEC* ब्याज दर से अधिक होती है तो फर्म की प्रवृत्ति निधियों को उधार लेने की होगी ताकि वह नई पूंजी परिसम्पत्तियों में निवेश कर सके। यदि *MEC* ब्याज दर से कम होती है तो कोई भी फर्म पूंजी परिसम्पत्तियों में निवेश करने के लिए उधार नहीं लेगी। अतः एक फर्म के लिए इष्टतम पूंजी स्टॉक रखने के लिए संतुलन अवस्था यह है जहां *MEC* ब्याज दर के बराबर हो। *MEC* और ब्याज दर में कोई असंतुलन पूंजी स्टॉक में परिवर्तन लाकर दूर किया जा सकता है या *MEC* में या ब्याज दर में या दोनों में। क्योंकि पूंजी स्टॉक धीरे–धीरे बदलता है। इसलिए संतुलन लाने के लिए ब्याज दर में परिवर्तन अधिक महत्त्वपूर्ण है। ऊपर के तर्क जो एक फर्म पर लागू किए गए हैं समान रूप से एक अर्थव्यवस्था पर भी लागू होते हैं।

चित्र 4 एक अर्थव्यवस्था का *MEC* वक्र दर्शाता है। इसकी ऋणात्मक ढलान (बाएं से दाएं नीचे की ओर) है जो यह व्यक्त करती है कि ऊंची *MEC* पर कम पूंजी स्टॉक होता है। या, जब पूंजी स्टॉक बढ़ता है तो *MEC* गिरती है। ऐसा उत्पादन में घटते प्रतिफल का नियम लागू होने से होता है जिससे पूंजी की सीमान्त उत्पादकता कम होती है। चित्र में जब पूंजी स्टॉक OK_1 होता है तो *MEC* है Or_1, जब पूंजी स्टॉक OK_1 से बढ़कर OK_2 होता है तो *MEC* कम होकर Or_1 से Or_2 हो जाती है। पूंजी स्टॉक में K_1K_2 की शुद्ध वृद्धि अर्थव्यवस्था में **शुद्ध निवेश** को व्यक्त करती है।

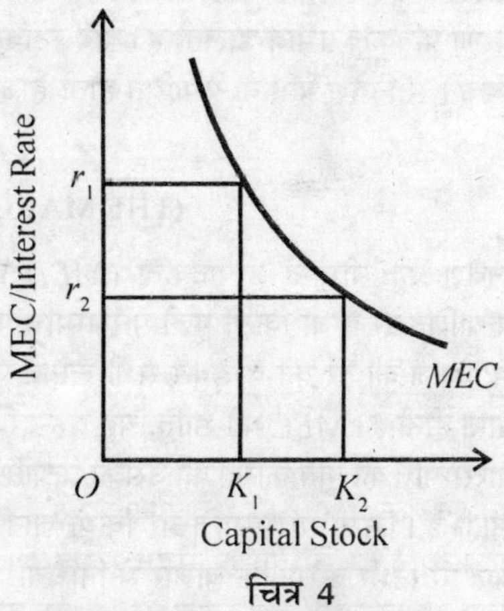

चित्र 4

फिर अर्थव्यवस्था में इष्टतम पूंजी स्टॉक प्राप्त करने के लिए, *MEC* को अवश्य ब्याज दर के बराबर होना चाहिए। यदि, जैसा कि चित्र में दिखाया गया है, वर्तमान पूंजी स्टॉक OK_1 हो तो *MEC* है Or_1 और ब्याज दर Or_2। अर्थव्यवस्था में हर कोई निधियां उधार लेगा और उन्हें पूंजी परिसम्पत्तियों में निवेश करेगा। ऐसा इस कारण कि *MEC* (Or_1) ब्याज दर (Or_2) से अधिक है। ऐसा तब तक होता रहेगा जब तब कि *MEC* कम होकर ब्याज दर के बराबर नहीं हो जाती है। जब *MEC* ब्याज दर के बराबर होती है तो अर्थव्यवस्था इष्टतम पूंजी स्टॉक के स्तर पर पहुंच जाती है। *MEC* में कमी वास्तविक पूंजी स्टॉक में OK_1 से OK_2 पर वृद्धि के कारण होती है। अर्थव्यवस्था के पूंजी स्टॉक में K_1K_2 की वृद्धि शुद्ध निवेश है। परन्तु अर्थव्यवस्था में इष्टतम पूंजी स्टॉक का आकार ब्याज दर निर्धारित करता है और *MEC* इच्छित पूंजी स्टॉक को ब्याज दर के साथ संबद्ध करता है। अतः *MEC* वक्र की ऋणात्मक ढलान यह बतलाती है कि ब्याज दर के गिरने के साथ पूंजी का इष्टतम स्टॉक बढ़ता हैं।

प्रत्याशाओं की भूमिका (Role of Expectations)

पूंजी की सीमान्त उत्पादकता को सबसे अधिक मांग पक्ष प्रभावित करता है। प्रत्याशित आय व्यापारिक प्रत्याशाओं द्वारा निर्धारित होती है। जिस प्रकार निवेश करते समय भावी प्रत्याशाओं का अनुमान लगा लिया जाता है कि इससे भविष्य में प्रत्याशित आय बढ़ेगी या घटेगी। इस प्रकार प्रत्याशित आय अल्पकालीन व दीर्घकालीन प्रत्याशाओं द्वारा प्रभावित होती है। भविष्य में प्राप्त होने वाली प्राप्तियां सदैव वर्तमान पर निर्भर करती हैं। वर्तमान प्रत्याशाएं भविष्य में उत्पादन के स्वरूप में परिवर्तन का आधार होती हैं। इनका समय कुछ दिन, सप्ताह, महीना हो सकता है। इस समय के दौरान कितना उत्पादन हुआ और बिका, का सम्बन्ध आने वाले महीनों में उत्पादन क्षेत्र में लाभ या हानि की ओर संकेत करता है।

दीर्घकालीन प्रत्याशाओं का सम्बन्ध भविष्य में उत्पादन प्रक्रिया को प्रभावित करने वाले तत्त्वों से है। दीर्घकाल में, उत्पादन के पैमाने को बदला जाता है। दीर्घकालीन प्रत्याशाओं को प्रभावित करने वाले तत्त्व जैसे बाजार प्रतियोगिता, श्रम बाजार में असन्तुलन, प्राकृतिक प्रकोप, युद्ध की संभावनाएं, निर्यात बाजार का कार्यक्षेत्र, प्रमुख हैं। दीर्घकालीन प्रत्याशाओं के बारे में सदैव अनिश्चितताएं बनी रहती हैं। उदाहरणार्थ, यदि कारखाना लगाना है तो उसकी भावी कार्य अवधि, कच्चा माल और मशीनों की टूट–फूट इत्यादि

स्थितियों के बारे में पूर्वानुमान लगाना भी एक कठिन कार्य होगा। क्योंकि हो सकता है कि अर्थव्यवस्था में मन्दी चल रही हो। ऐसी स्थिति में वर्तमान पूंजी परिसम्पत्तियों में निवेश दर को और अधिक बढ़ाना असम्भव हो जाता है। अत: निवेशकर्त्ता जानते हैं कि दीर्घकालीन भविष्य के सम्बन्ध में उनका व्यक्तिगत अनुमान व्यावसायिक दृष्टि से बेकार सिद्ध होगा। ऐसी अवस्था में वे बड़े उद्योगपतियों की नीतियों का अनुसरण करेंगे। अनिश्चितता के कारण जोखिम भी बना रहता है। जोखिम यही होता है कि भविष्य में वर्तमान कीमतें ठीक-ठीक प्रतिबिम्बित नहीं होतीं और आर्थिक अस्थिरता की स्थिति बनी रहती है।

दीर्घकालीन प्रत्याशाओं की प्रचलित स्थिति स्टॉक बाजार में प्रतिभूतियों और ऋण-पत्रों के क्रय-विक्रय में प्रतिबिम्बित होती है। यदि भविष्य में प्रत्याशित आय बढ़ने की सम्भावना है तो स्टॉक की कीमतें ऊंची होने लगती है अन्यथा प्रत्याशित आय में कमी की संभावना से स्टॉक की कीमतें गिरने लग जाती है। यह केवल वित्तीय लेन-देन है। नवीन पूंजी परिसम्पत्तियों का सम्बन्ध वास्तविक निवेश से है और स्टॉक बाजार इसे प्रभावित करता है। जब स्टॉक बाजार में प्रतिभूतियों के भाव कम हो जाते हैं तब नए बांडों में निवेश करना व्यर्थ है तब पूर्ति कीमत (नवीन पूंजी परिसम्पत्तियों की निर्माण-लागत), मांग कीमत (ब्याज की प्रचलित दर पर बढ़ती वर्तमान पूंजी परिसम्पत्तियों पर) से बढ़ जाती है। दूसरे शब्दों में, पूंजी की सीमान्त उत्पादकता ब्याज दर से कम हो जाती है। ऐसी अवस्था में निवेश-प्रेरणा प्रतिकूल प्रभाव डालती है। यदि स्टॉक बाजार में प्रतिभूतियों के भाव अधिक हो जाते हैं तब ऊंची कीमतों पर नई प्रतिभूतियों के बिकने से निवेश प्रक्रिया प्रभावित होती है और पूंजी की सीमान्त उत्पादकता ब्याज दर से बढ़ जाती है।

4. निवेश की सीमान्त उत्पादकता
(THE MARGINAL EFFICIENCY OF INVESTMENT —MEI)

निवेश की सीमान्त उत्पादकता (*MEI*) प्रतिफल की वह प्रत्याशित दर है जो किसी पूंजी परिसम्पत्ति पर दिए हुए निवेश से, ब्याज की दर को छोड़कर सभी लागतें पूरी करने के बाद, प्राप्त होनी है। *MEC* की भांति, यह वह दर है जो किसी पूंजी परिसम्पत्ति की पूर्ति कीमत को उसकी प्रत्याशित आय के बराबर लाती हैं। किसी परिसम्पत्ति पर किया जाने वाला निवेश इस बात पर निर्भर करेगा कि बाजार से निधियों की प्राप्ति के लिए ब्याज की दर कितनी है। यदि ब्याज की दर अधिक होगी, तो निवेश का स्तर कम रहेगा। ब्याज की दर कम होने से निवेश अधिक होगा। इस प्रकार *MEI* निवेश को ब्याज की दर से सम्बद्ध करता है। *MEI* वक्र यह दिखाता है कि ब्याज की विविध दरों पर निवेश की मांग की मात्रा कितनी होगी। यही कारण है कि इसे निवेश मांग अनुसूची या वक्र कहा जाता है जिसकी ढलान ऋणात्मक होती है, जैसा चित्र 5 के भाग (*A*) में दिखाया गया हैं। ब्याज की Or_1 दर पर निवेश की मात्रा OI' है। जब ब्याज की दर गिरकर Or_2 हो जाती है तो निवेश बढ़कर OI'' हो जाता है।

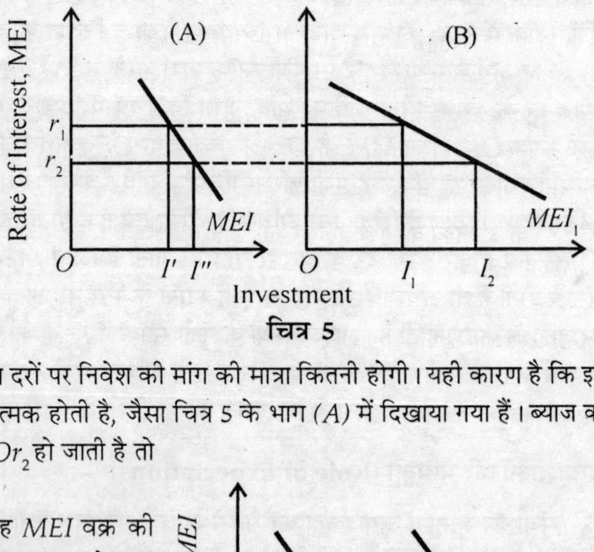

चित्र 5

ब्याज की दर गिरने से निवेश किस सीमा तक बढ़ेगा, यह *MEI* वक्र की निवेश मांग वक्र की लोच पर निर्भर करता है। *MEI* वक्र जितना कम लोचदार होगा, ब्याज की दर गिरने के परिणामस्वरूप निवेश में वृद्धि भी उतनी ही कम होगी और विलोमश: भी।

चित्र 5 में अनुलम्ब अक्ष ब्याज की दर तथा निवेश की सीमान्त उत्पादकता को मापता है, क्षैतिज अक्ष निवेश की मात्रा को मापता है, *MEI* तथा *MEI′* निवेश मांग वक्र हैं। चित्र के भाग (A) में *MEI* वक्र कम लोचदार है, इसलिए निवेश में $I'I''$ मात्रा की वृद्धि होती है जो भाग (B) में दिखाई गई निवेश की I_1I_2 वृद्धि से कम है जहां *MEI′* वक्र लोचदार है। इस प्रकार, *MEI* वक्र की आकृत्ति तथा स्थिति के दिए हुए होने पर ब्याज की दर गिरने पर निवेश का आकार बढ़ा जाएगा।

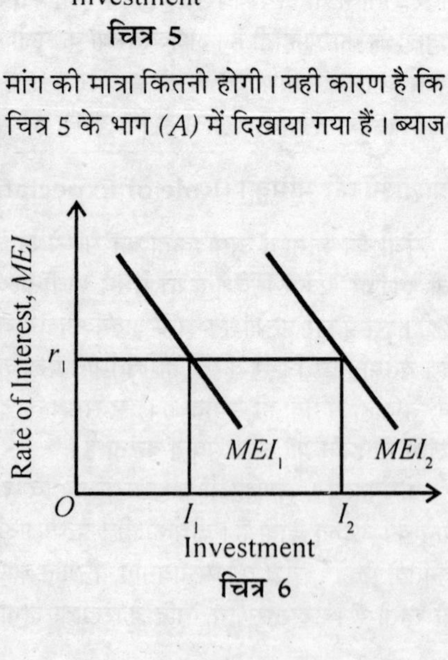

चित्र 6

दूसरी ओर, ब्याज की दर दी हुई होने पर, *MEI* जितना अधिक ऊंचा होगा, निवेश का आकार भी उतना ही अधिक होगा। निवेश की अपेक्षाकृत अधिक सीमान्त उत्पादकता का मतलब है *MEI* वक्र दाईं ओर को सरक जाएगा। जब वर्तमान परिसम्पत्तियां घिस जाती हैं, तो उनके स्थान पर नई परिसम्पत्तियां लगाई जाती हैं और निवेश का स्तर बढ़ जाता है। परन्तु प्रेरित निवेश कुल क्रय के वर्तमान स्तर पर निर्भर करता है। इसलिए जब कुल क्रय बढ़ता है, तो प्रेरित निवेश भी बढ़ जाता है। बढ़ा हुआ कुल क्रय *MEI* को दाईं ओर सरका देता है जिसका मतलब है कि ब्याज दर के किसी दिए हुए स्तर पर निवेश को अधिक प्रेरणा मिलती है। इसे चित्र 6 में स्पष्ट किया गया है जहां MEI_1 तथा MEI_2 वक्र अर्थव्यवस्था में कुल क्रय के दो विभिन्न स्तरों को दर्शाते हैं। हम मान लेते हैं कि जब कुल क्रय की मात्रा 200 करोड़ रु. है तो ब्याज की Or_1 दर पर OI, (अर्थात् 20 करोड़ रु. का) निवेश होता है। जिसे MEI_1 वक्र व्यक्त करता है। यदि कुल क्रय बढ़कर 500 करोड़ रु. हो जाता है तो MEI_1 वक्र दाईं ओर को सरककर MEI_2 पर चला जाता है और ब्याज की उसी Or_1 दर पर प्रेरित निवेश OI_2 (अर्थात् 50 करोड़ रु.) होता है।

5. MEC और MEI में भेद
(DISTINCTION BETWEEN MEC AND MEI)

प्रो. केन्ज पूंजी की सीमान्त उत्पादकता *(MEC)* तथा निवेश की सीमान्त उत्पादकता *(MEI)* में ठीक अन्तर नहीं कर सका था। परन्तु आधुनिक अर्थशास्त्रियों ने दोनों धारणाओं के बीच स्पष्ट भेद किया है, जो निम्न है।

MEC पूंजी की दी हुई पूर्ति कीमत पर आधारित है और *MEI* इस कीमत में प्रेरित परिवर्तनों पर आधारित है। *MEC* पूंजी की सभी क्रमिक इकाइयों पर प्रतिफल की दर को प्रकट करती है और उसका पूंजी के वर्तमान स्टॉक से कोई सम्बन्ध नहीं होता। दूसरी ओर, *MEI* पूंजी के वर्तमान स्टॉक के अतिरिक्त पूंजी की केवल इकाइयों पर प्रतिफल की दर है। *MEC* में, पूंजी का स्टॉक चित्र में क्षैतिज अक्ष पर लिया जाता है जबकि *MEI* में निवेश की मात्रा क्षैतिज अक्ष पर ली जाती है। *MEC* **'स्टॉक'** विषयक धारणा है और *MEI* 'प्रवाह' विषयक धारणा है। *MEC* ब्याज-दर के प्रत्येक स्तर पर अर्थव्यवस्था के इष्टतम पूंजी स्टॉक को निर्धारित करती है। पूंजी का स्टॉक दिया हुआ होने पर, *MEI* प्रत्येक ब्याज दर पर अर्थव्यवस्था के शुद्ध निवेश को निर्धारित करती है।

शुद्ध निवेश यह वृद्धि है जो वर्तमान पूंजी स्टॉक में होती है जिसके परिणामस्वरूप बास्तविक पूंजी स्टॉक बढ़ जाता है। इसलिए अर्थव्यवस्था में तब तक निवेश किया जाता रहेगा ज़ब तक कि पूंजी स्टॉक इष्टतम स्तर पर नहीं पहुंच जाता। अर्थव्यवस्था में इष्टतम पूंजी स्टॉक उपलब्ध करने के लिए किए जाने वाले निवेश की मात्रा उत्पादन के उस नियम पर निर्भर करेगी जिसके अन्तर्गत पूंजी वस्तु

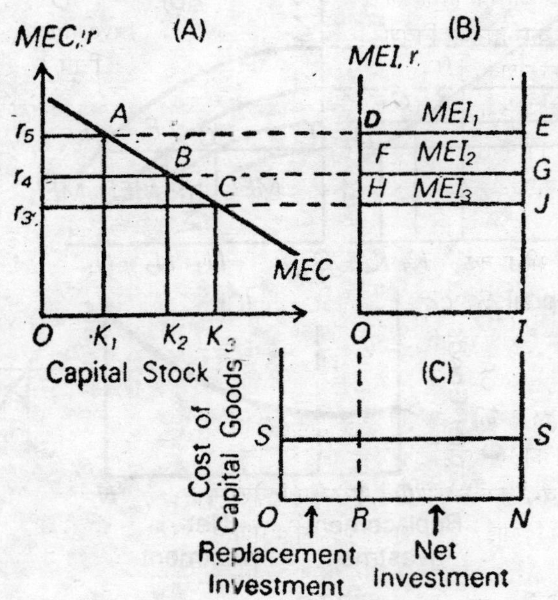

चित्र 7

उद्योग चल रहा है। स्थिर लागतों के नियम के अन्तर्गत पूंजी का पूर्ति वक्र पूर्ण लोचदार होगा और प्रति समय अवधि निवेश की दर उस तरह निर्धारित होगी जैसा चित्र 7 में दिखाया गया है।

चित्र के भाग (*A*) में *MEC* वक्र दिखाया गया है जो इष्टतम पूंजी स्टॉक को विभिन्न ब्याज दरों से सम्बद्ध करता है। चित्र के भाग (*C*) में, शुद्ध निवेश की *ON* मात्रा के दिए हुए होने पर, पूंजी वस्तु उद्योग का पूर्ण लोचदार पूर्ति वक्र *SS* दिखाया गया है। इस शुद्ध *ON* निवेश में से, प्रतिस्थापन निवेश *OR* है जो स्थिर मान लिया गया है जैसा कि *R* बिन्दु से ऊपर बिंदुकित रेखा द्वारा दिखाया गया है। इस प्रकार पूंजी वस्तु उद्योग के लिए उपलब्ध प्रति समय अवधि शुद्ध निवेश दर *RN* है। भाग (*B*) में *MEI* वक्र दिखाए गए हैं जो ब्याज की प्रत्येक बाजार दर से निवेश की दर को सम्बद्ध करते हैं। *MEI* वक्र क्षैतिज (अथवा पूर्ण लोचदार) हैं क्योंकि पूंजी का पूर्ति वक्र पूर्ण लोचदार है।

इनके दिए हुए होने पर, चित्र के भाग (*A*) में *MEC* वक्र पर बिन्दु *A* लीजिए जहां ब्याज की दर *MEC* के बराबर है। यह ऐसा संतुलन बिन्दु है जहां इष्टतम पूंजी स्टॉक OK_1 निर्धारित होता है। यदि ब्याज की दर गिरकर Or_3 आ जाती है और बिन्दु *C* पर *MEC* के बराबर हो जाती है तो इष्टतम या अभीष्ट पूंजी स्टॉक OK_3 हो जाएगा। अब, OK_1 वास्तविक पूंजी स्टॉक है। अत: वास्तविक तथा इच्छित पूंजी स्टॉक में अन्तर K_1K_3 के बराबर है। इसे पूंजी वस्तु उद्योग में शुद्ध निवेश बढ़ाकर पूरा किया जा सकता है। शुद्ध निवेश की उपलब्ध दर *OI* अथवा *RN* है जो पूंजी वस्तु उद्योग का क्षमता स्तर है।

पूंजी वस्तु उद्योग में निवेश को उद्योग की *MEI* के आधार पर बढ़ाया जा सकता है। जब पूंजी स्टॉक OK_1 हो तो भाग (*B*) में *MEI* वक्र *DEI* है। जब Or_5 से कम ब्याज दरों पर निवेश किया जाएगा, तो पूंजी स्टॉक प्रति समय अवधि बढ़ेगा। इस प्रकार अवधि 2 में जब *OI* दर पर शुद्ध निवेश किया जाता है, तो *MEI* वक्र *FGI* है और पूंजी स्टॉक OK_1 से बढ़कर OK_2 हो जाता है। अवधि 3 में, निवेश की उसी *OI* दर पर, जब *MEI* वक्र *HJI* है तो पूंजी स्टॉक बढ़कर OK_3 हो जाता है। इस प्रकार, जब भाग (*A*) में ब्याज की दर Or_3 है और *C* बिन्दु पर *MEC* के बराबर हो जाती है, तो अर्थव्यवस्था पूंजी स्टॉक का इष्टतम स्तर उपलब्ध कर लेती है जहां वास्तविक तथा इच्छित पूंजी स्टॉक बराबर हैं। जैसे ब्याज दर गिरने से तथा *MEC* वक्र के न सरकने पर पूंजी का इष्टतम स्टॉक अपने मूल स्तर से बढ़ जाता है, ठीक उसी प्रकार ब्याज की दर में परिवर्तन न होने पर *MEC* के ऊपर की ओर सरकने का भी वही परिणाम होगा अर्थात् पूंजी का इष्टतम स्टॉक बढ़ जाएगा।

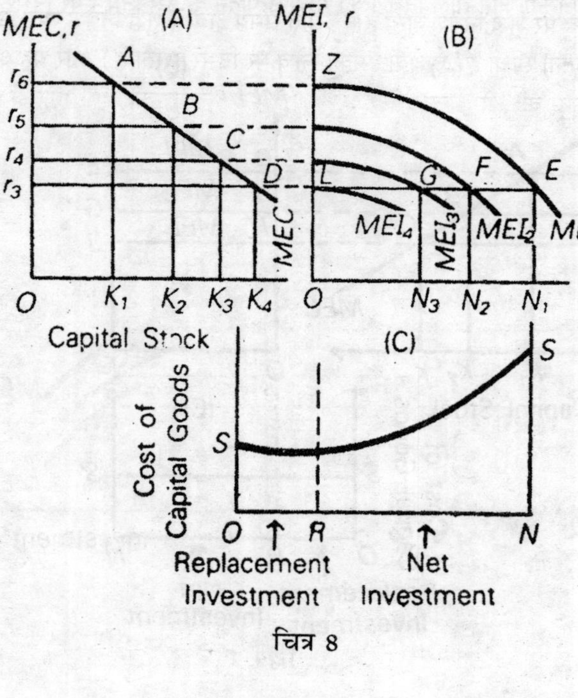

चित्र 8

यदि पूंजी वस्तु उद्योग बढ़ती लागतों के नियम के अन्तर्गत कार्य कर रहा है, तो इसके पूर्ति वक्र का ढलान ऊपर की ओर होगा जो *MEI* वक्र को नीचे की ओर ढालू बना देगा। इसका कारण यह है कि जैसे-जैसे शुद्ध निवेश की दर बढ़ती है, वैसे-वैसे पूंजी वस्तुओं की लागत बढ़ती जाती है। इस स्थिति में वास्तविक पूंजी स्टॉक का इच्छित पूंजी स्टॉक के साथ संतुलन स्थापित करने के लिए शुद्ध निवेश की दर क्या होगी ? इसे चित्र 8 (*A*), (*B*) तथा (*C*) की सहायता से स्पष्ट किया गया है जो क्रमश: *MEC* वक्र, *MEI* वक्र तथा पूंजी के बढ़ते पूर्ति वक्र को प्रदर्शित करते हैं।

भाग (*A*) में पूंजी वस्तु उद्योग का संतुलन बिन्दु *A* है जहां ब्याज की दर Or_6 और *MEC* बराबर हैं, तथा पूंजी का इष्टतम स्टॉक OK_1 निर्धारित होता है। यहां शुद्ध निवेश की मात्रा शून्य है क्योंकि वास्तविक पूंजी स्टॉक अर्थव्यवस्था के इच्छित पूंजी स्टॉक के बराबर है। इसे चित्र के भाग (*B*) में बिन्दु *Z* पर MEI_1 वक्र द्वारा दिखाया गया है। यदि ब्याज की दर गिरकर Or_3 हो जाती है, तो इच्छित पूंजी स्टॉक OK_4 होगा और वास्तविक पूंजी स्टॉक OK_1 हो जाएगा। इस प्रकार, वास्तविक पूंजी स्टॉक तथा इच्छित पूंजी स्टॉक में K_1K_4 का अन्तर रह जाता है। दोनों पूंजी स्टॉकों में संतुलन स्थापित करने के लिए शुद्ध निवेश करना पड़ेगा।

प्रत्येक अवधि में घटी हुई Or_3 ब्याज दर से *MEI* की समानता शुद्ध निवेश की दर को निर्धारित करेगी और परिणामत: पूंजी स्टॉक को बढ़ाएगी। यदि हम *MEI* वक्र पर *Z* बिन्दु से शुरू करें, जहां ब्याज की दर Or_6 है, तो निवेश की दर शून्य होगी। ज्यों-ज्यों शुद्ध निवेश की दर बढ़ती जाती है त्यों-त्यों पूंजीगत वस्तुओं की कीमतें बढ़ती जाती हैं और इन वस्तुओं पर निवेश के प्रतिफल की दर तब तक गिरती चलती है जब तक वह इच्छित पूंजी स्टॉक की ब्याज दर Or_3 के बराबर नहीं आ जाती। भाग (*B*) में MEI_1 वक्र *E* बिन्दु पर ब्याज की दर Or_3 के बराबर होता है। इस प्रकार भाग (*A*) में अवधि 1 में शुद्ध निवेश की ON_1 दर पूंजी स्टॉक को OK_1 से बढ़ाकर OK_2 पर ले जाती है।

पूंजी स्टॉक में हुई यह K_1K_2 वृद्धि *MEC* को घटाकर *MEC* वक्र के बिन्दु *B* पर ले जाती है। क्योंकि ब्याज की दर Or_3 है इसलिए पूंजी स्टॉक और बढ़ाया जा सकता है। यह शुद्ध निवेश की दर पर निर्भर करता है जिसे MEI_2 वक्र बिन्दु *F* पर निर्धारित करता है। इसलिए अवधि 2 में शुद्ध निवेश की दर ON_2 है जो पूंजी स्टॉक को OK_2 से बढ़ाकर OK_3 पर ले जाती है। पूंजी स्टॉक में हुई यह K_2K_3 वृद्धि *MEC* को और घटाकर बिन्दु *C* पर ले जाती है। अवधि 3 में निवेश की दर ON_3 है जो *C* बिन्दु पर *MEC* के स्तर के अनुरूप MEI_3 वक्र द्वारा निर्धारित की गई है और जो (Or_3 दर) पूंजी स्टॉक को बढ़ाकर इच्छित पूंजी स्टॉक के OK_4 स्तर पर पहुंचा देती है। जब पूंजी स्टॉक इष्टतम स्तर OK_4 पर पहुंचता है तो *MEC* ब्याज की दर Or_3 दर के बराबर हो जाती है और उसके अनुरूप *MEI* वक्र MEI_4 है जो बताता है कि *L* बिन्दु पर शुद्ध निवेश शून्य है।" प्रति समय अवधि शुद्ध निवेश व्यय इस बात पर निर्भर करता है कि *MEI* वक्र के नीचे की ओर ढलान कितना सीधा है (अथवा इसकी लोच पर निर्भर करता है) और यह आगे इस बात पर निर्भर करता है कि पूंजी वस्तुओं के पूर्ति वक्र का ऊपर की ओर ढलान कितना सीधा है (अर्थात् उसकी लोच कितनी है)। यदि पूर्ति वक्र का ढलान बहुत सीधा चढ़ता है, तो ब्याज की दर के अनुरूप निवेश व्यय की दर तेजी से नीचे की ओर गिरेगी। जो हो, पूंजी स्टॉक बढ़कर नए इष्टतम स्तर पर पहुंच जाएगा परन्तु इसकी वृद्धि दर उतनी ही धीमी होगी जितना कि *MEI* वक्र सीधा होगा।" हमने ऊपर यह देखा है कि पूंजी

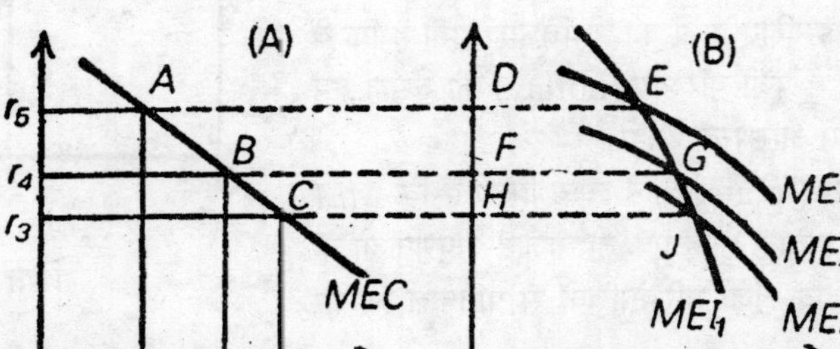

चित्र 9

स्टॉक की वृद्धि वास्तविक से इच्छित स्तर पर ही शुद्ध निवेश की दर को प्रभावित करती है। इसे *MEC* वक्र पर नीचे की गति द्वारा दिखाया गया है। दूसरी ओर, शुद्ध निवेश का प्रवाह ही वास्तविक पूंजी स्टॉक को प्रत्येक *MEI* वक्र पर ब्याज दर की प्रत्येक गिरावट के साथ स्टॉक के इष्टतम स्तर की ओर समायोजित करता है।

अब प्रश्न यह है कि अल्पकाल तथा दीर्घकाल में निवेश मांग क्या होगी ? प्रतिस्थापन निवेश दिया हुआ मान लेने पर प्रत्येक अवधि में ब्याज की दर में गिरावट से सम्बन्धित पूंजी के स्टॉक में वृद्धि तथा शुद्ध निवेश की दर में वृद्धि जिन्हें चित्र 9 (*A*) तथा (*B*) में *MEC* वक्र तथा *MEI* वक्रों द्वारा दिखाया गया है, दीर्घकाल से सम्बन्ध रखती हैं। यदि पूंजी स्टॉक में वृद्धि के साथ प्रतिस्थापन निवेश बढ़ता है तो ब्याज की दर के प्रत्येक स्तर से सम्बन्धित *MEI* वक्र अल्पकालीन वक्र है, और दीर्घकालीन MEI_L वक्र जैसा चित्र 9 में दिखाया गया है। चित्र के भाग (*A*) में *MEC* वक्र दीर्घकाल से सम्बन्ध रखता है। प्रत्येक अवधि में ज्यों-ज्यों ब्याज की दर गिरती है, त्यों-त्यों पूंजी स्टॉक धीरे-धीरे बढ़ता हुआ OK_1 से OK_2 तक और अन्त में OK_3 तक पहुंच जाता है। इसका कारण यह है कि प्रतिस्थापन निवेश की दर *DE* से बढ़ कर *FG* पर और अन्त में *HJ* पर पहुंच जाती है। बिन्दु *E,G* और *J* ऐसे बिन्दु हैं जहां ब्याज दर के प्रत्येक स्तर पर शुद्ध निवेश शून्य है और इन तीनों बिन्दुओं को मिलाने से दीर्घकालीन *MEI* वक्र उपलब्ध होता है जो MEI_L है। प्रति समय अवधि शुद्ध निवेश की दर *MEI* वक्र की लोच पर निर्भर करेगी जो आगे, पूंजी वस्तुओं के पूर्ति वक्र की लोच पर निर्भर करेगी।

6. प्रेरित निवेश को प्रभावित करने वाले अन्य (ब्जाय दर से भिन्न) कारक[4]
(FACTORS OTHER THAN THE INTEREST RATE AFFECTING INDUCEMENT TO INVEST)

ब्याज की दर के अतिरिक्त भी अनेक ऐसे कारक हैं जो प्रेरित निवेश को प्रभावित करते हैं। वे निम्नलिखित हैं:

1. अनिश्चितता-तत्त्व (Element of Uncertainty)— केन्ज के अनुसार ब्याज की दर की अपेक्षा *MEC* अधिक अस्थिर है। इसका कारण यह है कि पूंजी परिसम्पत्तियों की प्रत्याशित आय व्यापार-प्रत्याशाओं पर निर्भर करती है। ये व्यापार-प्रत्याशाएं बहुत अनिश्चित होती हैं। ''व्यापार-समुदाय के सामान्य मिजाज (मूड), अफंवाहों, तकनीकी विकास के समाचारों, राजनीतिक घटनाओं की प्रतिक्रियास्वरूप व्यापार-प्रत्याशाएं बहुत शीघ्र एवं प्रचण्ड रूप से बदल सकती हैं, यहां तक कि डायरेक्टरों के चरित्र-दोष भी आय की प्रत्याशित दर को अचानक बढ़ा या गिरा सकते हैं।''[5] परिणामत: किसी पूंजी परिसम्पत्ति के जीवन भर के प्रत्याशित वार्षिक प्रतिफलों का हिसाब लगाना कठिन है। जैसा कि स्वयं केन्ज ने लिखा, ''यदि हम स्पष्ट बात करें तो हमें यह मानना होगा कि किसी रेलवे, तांबे की खान, कपड़ा फैक्टरी, किसी पेटेण्ट औषधि, अटलान्टिक लाइनर, लन्दन की किसी बड़ी बिल्डिंग के दस वर्ष बाद के या केवल पांच ही वर्ष बाद के प्रतिफल को आंकने के हमारे ज्ञान का आधार बहुत कम या कभी-कभी नहीं के बराबर होता है।''[6] फिर अनिश्चितता के कारण, निवेश परियोजनाओं की चुकाई अवधि प्राय: कम होती है। तेजी से होने वाले औद्योगिक विकास के कारण पूंजी परिसंपत्तियों का अपनी प्रत्याशित आयु से पहले ही प्रयोग होना बन्द हो जाता है। मूल्य ह्रास की दर भी स्थिर नहीं रहती और बहुत बदलती रहती है। इसलिए फर्मों की प्रवृत्ति यह होती है कि वे निवेश तभी करें जब वे अल्पावधि में पूंजी परिव्यय (outlay) को वसूल कर सकें। इन कारकों से निवेश फलन में अस्थिरता आती है।

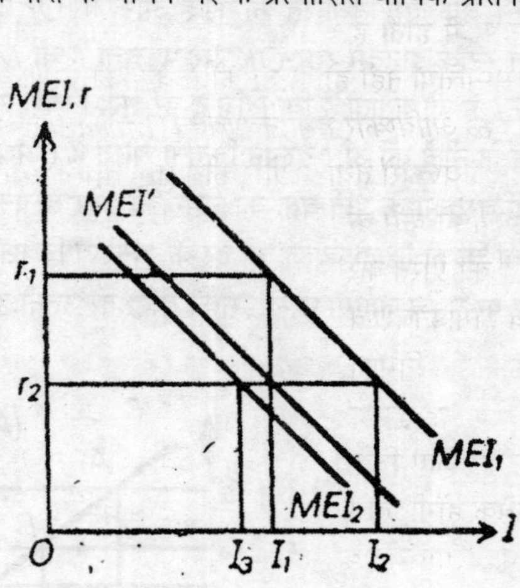

चित्र 10

हार्वे (Harvey) तथा जोनसन (Johnson) ने लक्ष्य किया है कि *MEI* वक्र के गिर्द अनिश्चितता का क्षेत्र होता है। यह एक तो बाज़ार-अपूर्णताओं के कारण और दूसरे इसलिए होता है कि पूंजी परिसंपत्तियों से प्रतिफल व्यापार

---

4. ये कारक *MEC* को भी प्रभावित करते हैं। इन्हें अन्तर्जात तथा बहिर्जात कारकों में विभक्त किया जा सकता है। कारक 1 से 5 तक अन्तर्जात हैं और शेष बहिर्जात हैं।
5. F. S. Brooman, *Macroeconomics,* 4/e, 1970.
6. J. M. Keynes *op. cit.* p. 150.

प्रत्याशाओं पर आधारित होते हैं। इसे चित्र 10 में स्पष्ट किया गया है जहां अनिश्चितता-क्षेत्र दो MEI वक्रों अर्थात् MEI_1 तथा MEI_2 के बीच स्थित है। MEI_1 वक्र के दिए हुए होने पर, यदि ब्याज की दर Or_1 से गिरकर Or_2 रह जाती है, तो निवेश OI_1 से बढ़कर OI_2 हो जाता है। यदि MEI_1 वक्र सरक कर MEI_2 पर पहुंच जाता है, तो निवेश वास्तव में गिर कर OI_3 हो जाता है। पर, यदि MEI वक्र MEI_1 से सरक कर MEI' पर चला जाता है जबकि ब्याज की दर Or_1 से गिरकर Or_2 हो जाती है, तो हो सकता है कि निवेश उसी OI_1 स्तर पर रहे। इसलिए व्यापारी MEI_1 वक्र के गिर्द तो अधिकतम आशावादी होते हैं और MEI_2 वक्र के गिर्द चित्र 10 अधिकतम निराशावादी। निष्कर्ष यह है कि MEI वक्र प्राय: इतना प्रबल होता है कि निवेश विषयक निर्णयों पर ब्याज की दर का मामूली प्रभाव पड़ता है।

2. पूंजीगत वस्तुओं का वर्तमान स्टॉक (Existing Stock of Capital Goods)— यदि पूंजीगत वस्तुओं का वर्तमान स्टॉक बढ़ा होगा, तो वह संभाव्य (potential) निवेशकों का वस्तुओं को निर्माण करने से हतोत्साहित करेगा। पुन: यदि पूंजी-परिसम्पत्ति के वर्तमान स्टॉक में अतिरिक्त अथवा निष्क्रिय क्षमता (excess or idle capacity) होगी, तो प्रेरित निवेश नहीं होगा। यदि मशीनों का वर्तमान स्टॉक अपनी पूर्ण क्षमता तक कार्य कर रहा है तो उनके द्वारा निर्मित वस्तुओं के लिए मांग में वृद्धि इस प्रकार की पूंजीगत वस्तुओं के लिए मांग को बढ़ा देगी और निवेश की प्रेरणा को बढ़ा देगी।

3. आय का स्तर (Level of Income)— यदि मुद्रा मजदूरी दर तथा अन्य साधन कीमतों में वृद्धि के माध्यम से अर्थव्यवस्था में आय-स्तर बढ़ जाता है, तो वस्तुओं के लिए मांग बढ़ जाएगी, जो आगे निवेश की प्रेरणा को बढ़ा देगी। इसके विपरीत, आय-स्तर के घटने पर निवेश की प्रेरणा घट जाएगी।

4. उपभोक्ता मांग (Consumer Demand)— वस्तुओं के लिए वर्तमान तथा भावी मांग अर्थव्यवस्था में पूंजी-निवेश के स्तर को बहुत ही प्रभावित करती है। यदि उपभोक्ता वस्तुओं के लिए चालू मांग बहुत तेजी से बढ़ रही है, तो अधिक निवेश होगा। यदि हम वस्तुओं के लिए भावी मांग को भी लें, तो वह भी उनकी चालू मांग से पर्याप्त सीमा तक प्रभावित होगी और दोनों निवेश के स्तर को भी प्रभावित करेंगी। यदि मांग कम होगी तो निवेश कम होगा, और विलोमश: भी।

5. तरल परिसम्पत्तियां (Liquid Assets)— निवेशकों के पास तरल परिसम्पत्तियों की मात्रा भी निवेश की प्रेरणा को प्रभावित करती है। यदि उनके पास बड़ी मात्रा में तरल परिसम्पत्तियां हैं तो निवेश की प्रेरणा अधिक होगी। यह स्थिति विशेष रूप से उन फर्मों के सम्बन्ध में होती है जो बड़ी मात्रा में आरक्षित निधियां तथा अवितरित लाभ रखती हैं। इसके विपरीत, जिन निवेशकों के पास तरल परिसम्पत्तियां नहीं होतीं, उनकी निवेश की प्रेरणा कम होती है।

6. आविष्कार तथा नवप्रवर्तन (Inventions and Innovations)— आविष्कार तथा नवप्रवर्तन निवेश की प्रेरणा को बढ़ाते हैं। यदि आविष्कारों तथा प्रौद्योगिकीय (technological) सुधारों के परिणामस्वरूप उत्पादन की अधिक कुशल विधियां प्राप्त होती हैं, जो लागतों को कम कर देती हैं तो नई पूंजी परिसम्पत्तियों की पूंजी की सीमान्त उत्पादकता बढ़ेगी। पूंजी की बढ़ी हुई सीमांत उत्पादकता फर्मों को प्रेरित करेगी कि वे नई पूंजी परिसम्पत्तियों तथा सम्बद्ध परिसम्पत्तियों में अधिक निवेश करें। नई प्रौद्योगिकियों के अभाव का अर्थ होगा निवेश को कम प्रेरणा। नवप्रवर्तन में नए क्षेत्रों का खुलना भी सम्मिलित रहता है। इसके लिए परिवहन के साधनों का विकास, मकानों का निर्माण आदि आवश्यक है जिनसे नई निवेश सुविधाएं उपलब्ध होती हैं। इस प्रकार निवेश प्रेरणा बढ़ती है।

7. नई वस्तुएं (New Products)— विक्रय तथा लागतों के रूप में नई वस्तुओं की प्रकृति भी उनकी पूंजी की सीमांत उत्पादकता और इसलिए निवेश को प्रभावित करती है। यदि किसी नई वस्तु की विक्रय प्रत्याशाएं ऊंची और प्रत्याशित आय लागतों की अपेक्षा अधिक होंगी, तो पूंजी की सीमांत उत्पादकता ऊंची होगी तो इस उद्योग तथा संबद्ध उद्योगों में निवेश को प्रोत्साहन देगी। उदाहरण के लिए, टेलीविजन के आविष्कार ने इलेक्ट्रॉनिकी उद्योग को इन पूंजी-परिसम्पत्तियों में अधिक निवेश को प्रोत्साहन दिया होगा, और यदि उन्हें यह आशा रही होगी कि लागतों की अपेक्षा लाभ अधिक होंगे तो टेलीविजन सेटों का उत्पादन करने में उनका प्रयोग किया होगा। इस प्रकार, नई वस्तुओं की अनुरक्षण तथा संचालन (maitenance and operating) लागतें निवेश की प्रेरणा बढ़ाने के लिए आवश्यक हैं।

8. जनसंख्या वृद्धि (Growth of Population)— तेजी से बढ़ती हुई जनसंख्या का अर्थ है अर्थव्यवस्था में सब प्रकार की वस्तुओं के लिए विस्तारशील मार्किट। बढ़ रही जनसंख्या की मांग को पूरा करने के लिए सब प्रकार के उपभोक्ता-वस्तु उद्योगों में विनियोजन बढ़ेगा। दूसरी ओर, घट रही जनसंख्या का परिणाम यह होता है कि वस्तुओं के लिए मार्किट छोटा हो जाता है जिससे निवेश की प्रेरणा कम हो जाती है।

9. नए क्षेत्रों का विकास (Development of New Territories)— अर्थव्यवस्था में यदि पिछड़े हुए क्षेत्रों का विकास किया जाता है तब ऐसी स्थिति में निवेश के नए स्रोत बन जाते हैं अर्थात् निवेश प्रेरित होता है। नए क्षेत्रों के विकास में व्यापारिक तथा औद्योगिक प्रक्रिया अधिक तीव्रता से पनपती है। जिससे निवेश और पूंजी की सीमान्त उत्पादकता प्रभावित होते हैं।

10. लागतें (Costs)— लागतों का निवेश की प्रेरणा और पूंजी की सीमान्त उत्पादकता पर प्रभाव पड़ता है। यदि भविष्य में यह आशंका होगी कि लागतें भी बढ़ेंगी तो उद्यमी पहले की अपेक्षा निवेश भी कम करेंगे जिसके परिणामस्वरूप पूंजी की सीमांत उत्पादकता कम हो जायेगी। यदि लागतों में कमी की सम्भावना पाई जाती है तो उद्यमी प्रत्याशित आय बढ़ने की आशा से अधिक निवेश करेंगे और पूंजी की सीमान्त उत्पादकता भी बढ़ेगी।

11. कीमतें और प्रतिफल (Prices and Returns)— कीमतें एवं प्रतिफल भी निवेश की प्रेरणा को प्रभावित करते हैं। यदि भविष्य में वस्तुओं की कीमतें बढ़ जाने की सम्भावना है तो उद्यमी निवेश अधिक करेंगे क्योंकि उनके प्रतिफल बढ़ेंगे जिससे पूंजी की सीमान्त उत्पादकता भी बढ़ेगी। दूसरी ओर यदि भविष्य में वस्तुओं की कीमतें कम होने की सम्भावना है तो उद्यमी निवेश कम करेंगे, क्योंकि प्रतिफल कम होने की सम्भावना बढ़ जायेगी।

12. उपभोग प्रवृत्ति (Propensity to Consume)— उपभोक्ता की उपभोग प्रवृत्ति में परिवर्तन का निवेश पर सीधा प्रभाव पड़ता है। यदि आय में वृद्धि होती है तो उपभोक्ता पहले से अधिक व्यय करेंगे, जिससे उपभोग वस्तुओं और पूंजीगत वस्तुओं की मांग बढ़ जायेगी। उत्पादक उन वस्तुओं का उत्पादन अधिक करेंगे जिनकी उपभोक्ता अधिक मांग करेंगे। इस प्रकार निवेश प्रेरित होगा।

13. राज्य नीति (State Policy)— सरकार की आर्थिक नीतियां भी देश में निवेश की प्रेरणा पर महत्त्वपूर्ण प्रभाव डालती हैं। यदि राज्य निगमों पर भारी आरोही कर लगा देता है, तो निवेश की प्रेरणा घट जाती है, और विलोमशः भी। भारी अप्रत्यक्ष कराधान से वस्तुओं की कीमतें बढ़ जाती है और उनकी मांग पर प्रतिकूल प्रभाव पड़ता है जिसके परिणामस्वरूप निवेश की प्रेरणा घट जाती है और विलोमशः भी। यदि राज्य उद्योगों के राष्ट्रीयकरण की नीति अपनाता है तो निजी उद्यम निवेश करने को हतोत्साहित होगा। दूसरी ओर, राज्य यदि ऋण, विद्युत तथा अन्य सुविधाएं प्रदान करके निजी उद्यम को प्रोत्साहन देता है, तो निवेश की प्रेरणा बढ़ेगी।

14. राजनीतिक वातावरण (Political Environment)— राजनीतिक परिस्थितियां भी निवेश की प्रेरणा को प्रभावित करती हैं, यदि देश में राजनीतिक अस्थिरता रहती है, तो निवेश की प्रेरणा पर प्रतिकूल प्रभाव पड़ सकता है। सत्ता हथियाने के संघर्ष में, विरोधी दल प्रतिकूल ट्रेड यूनियन क्रियाओं के माध्यम से अशान्ति उत्पन्न कर सकते हैं, जिससे व्यापार में अनिश्चितता उत्पन्न हो जाती है। दूसरी ओर, स्थिर सरकार व्यापारी वर्ग में विश्वास उत्पन्न करती है जिससे निवेश की प्रेरणा बढ़ जाती है। इसी प्रकार, क्रान्ति अथवा किसी अन्य देश से युद्ध का खतरा निवेश की प्रेरणा पर **प्रतिकूल** प्रभाव डालते हैं, जबकि शान्ति तथा समृद्धि उसे बढ़ाते हैं।

प्रश्न

1. आप प्रेरित निवेश से क्या समझते हैं? प्रेरित निवेश के निर्धारकों की धिवेचना कीजिए।
2. इनमें भेद कीजिए— (*i*) पूंजी और निवेश; (*ii*) प्रेरित और स्वायत्त निवेश; (*iii*) सकल और शुद्ध निवेश।
3. निवेश से आप क्या समझते हैं? निवेश स्तर के निर्धारकों की विवेचना कीजिए।
4. पूंजी की सीमान्त उत्पादकता से आप क्या समझते हैं? निवेश स्तर को यह कैसे निर्धारित करता है?
5. पूंजी की सीमान्त उत्पादकता और निवेश की सीमान्त उत्पादकता में भेद कीजिए।
6. बहिर्जात और अंतर्गत कारकों का वर्णन करो जो निवेश फलन को सरकाते हैं।

अध्याय 15

बचत तथा निवेश समानता
(Saving and Investment Equality)

1. प्रस्तावना
(INTRODUCTION)

सब अर्थशास्त्री यह मानते हैं कि बचत तथा निवेश में सामनता पाई जाती है, परन्तु उनमें इस बात पर मतभेद है कि यह समानता किस प्रकार स्थापित होती है। हम इस समस्या के सम्बन्ध में निम्न विचारधाराओं का अध्ययन करेंगे।

2. क्लासिकी विचारधारा
(CLASSICAL VIEW)

परम्परावादियों का विश्वास था कि अर्थव्यवस्था में पूर्ण रोजगार पाया जाता है, जहां बचत और निवेश हमेशा समान होते हैं। उनके अनुसार, बचत और निवेश ब्याज की दर के फलन है। बीजगणितीय रूप में, $S=f(r)$ और $I=f(r)$। जहां r ब्याज दर है, S बचत और I निवेश है। अत: $S=I$। यदि किसी अवधि में पूर्ण रोजगर नहीं है, तो इन दोनों के बीच असमानता साफ झलकेगी और इसे ब्याज दर के तंत्र (mechanism) से दूर किया जा सकता है। जब ब्याज की दर बढ़ती है, तो बचत बढ़ती है और निवेश घट जाता है। दूसरी ओर ब्याज की दर गिरने पर बचत घटती है और निवेश बढ़ जाता है। यदि किसी भी समय निवेश की अपेक्षा बचत कम होती है, तो ब्याज की दर बढ़ती है, निवेश घट जाता है और बचत तब तक बढ़ती जाती है जब तक बचत और निवेश बराबर नहीं हो जाते। इसके विपरीत, जब निवेश की अपेक्षा बचत अधिक होती है, तो ब्याज की दर घटती है और बचत तब तक घटती जाती है, जब तक नई ब्याज दर पर दोनों **बराबर** नहीं हो जाते। बचत और निवेश में समानता तंत्र को चित्र 1 में दर्शाया गया हैं। जहां SS_1 बचत वक्र है, जो ब्याज की दर में वृद्धि के साथ ऊपर की ओर दाएं को चलता है। II निवेश वक्र है। जब ब्याज की दर OR होती है तो दोनों एक-दूसरे को बिन्दु E पर काटते हैं और बचत तथा निवेश दोनों OA के बराबर होते हैं। यदि निवेश में वृद्धि होती है तो निवेश वक्र दाईं ओर I_1I_1 में परिवर्तित होता है और OR ब्याज दर पर, OC निवेश OA बचत से अधिक होता है। कलासिकी अर्थशास्त्रियों के अनुसार, जब निवेश में कोई वृद्धि होती है तो बचत वक्र SS अपने मूल-स्तर पर होता है। बचत और निवेश में समानता कामय रखने के लिए, ब्याज दर बढ़ेगी। चित्र में, OR_1 तक ब्याज दर की वृद्धि को दर्शाया गया है। इस ब्याज दर पर, बचत वक्र SS_1 निवेश वक्र I_1I_1 को E_1 काटता है। परिणामस्वरूप, बचत और निवेश दोनों OB बिन्दु पर समान होते हैं।

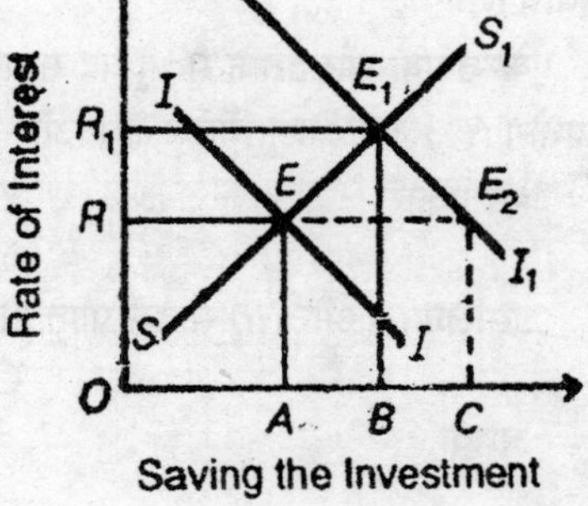

चित्र 1

क्लासिकी विचारधारा की केन्ज द्वारा आलोचना
(Keynes' Criticism of the Classical View)

बचत तथा निवेश समानता सम्बन्धी क्लासिकी विचारधारा की केन्ज़ ने निम्नलिखित आलोचनाएं की हैं:

(i) केन्ज़ इस कलासिकी विचारधारा से सहमत नहीं है कि बचत तथा निवेश के बीच समानता ब्याज दर के यान्त्र के माध्यम से स्थापित होती है। उसके अनुसार, ब्याज़ की दर नहीं बल्कि आय में परिवर्तन दोनों में समानता लाते हैं।

(ii) उसका इस बात पर भी परम्परावादियों से मतभेद है कि ब्याज की दर के मार्ग से लाइ गई यह समानता केवल निवेश वक्र को सरकाती है और बचत वक्र नहीं बदलती। केन्ज़ का मत है कि जब कभी निवेश वक्र परिवर्तित होता है तो बचत वक्र में भी परिवर्तन होता है। उदाहरणार्थ, निवेश में वृद्धि गुणक प्रभाव के माध्यम से आय वृद्धि लाती है, परिणामत: बचत भी बढ़ती है।

(iii) फिर, केन्ज़ इस परम्परावादी विचार का भी खण्डन करता है कि पूर्ण रोजगार स्तर पर बचत तथा निवेश समान होते हैं। उसका मत है क्योंकि पूर्ण रोजगार का होना एक असाधारण स्थिति है, इसलिए बचत-निवेश समानता अपूर्ण रोजगार स्तर पर पाई जाती है।

3. केन्ज़वादी विचारधारा
(THE KEYNESIAN VIEW)

बचत निवेश समानता के संबंध में केन्ज़ ने दो विचार प्रस्तुत किए हैं। पहला विचार है बचत तथा निवेश के बीच **लेखांकन** अथवा **परिभाषिक** समानता (accounting or definitional equality) जिसे राष्ट्रीय आय लेखांकन के लिए काम में लाया जाता है। यह हमें बताता है कि सब समयों में और आय के किसी भी स्तर पर वास्तविक बचत तथा वास्तविक निवेश हमेशा समान होते हैं। दूसरा विचार फलनात्मक समानता (functional equality) का है। इस रूप में, बचत तथा निवेश केवल आय के संतुलन स्तर पर समान होते हैं। दूसरे शब्दों में, फलनात्मक दृष्टि से, बचत तथा निवेश केवल बराबर ही नहीं बल्कि संतुलन में भी होते हैं। हम नीचे इन विचारधाराओं का विस्तृत अध्ययन कर रहे हैं।

1. लेखांकन अथवा परिभाषिक समानता (The Accounting or Definitional Equality)— केन्ज़ ने अपनी पुस्तक *General Theory* में लिखा है, ''बचत तथा निवेश, समस्त समुदाय के लिए, मात्रा में अनिवार्यत: समान होते हैं क्योंकि वे एक ही चीज के विभिन्न पक्ष हैं।''[1] इसे स्पष्ट करने के लिए उसने बचत और निवेश की परिभाषा ऐसे ढंग से दी कि उनकी समानता स्थापित हो जाए। चालू अवधि में, बचत और निवेश को चालू आय से, चालू उपभोग के आधिक्य (surplus) के रूप में परिभाषित किया गया है $(Y_t - C_t)$ ताकि वे अनिवार्यत: समान रहें।

सूत्र के रूप में,

$$S_t = Y_t - C_t \quad \ldots (i)$$
$$I_t = Y_t - C_t \quad \ldots (ii)$$

$\because Y_t - C_t$ समीकरण *(i)* तथा *(ii)* में समान है, इसलिए $S_t = I_t$, जहां S बचत है, I निवेश है, Y आय है, C उपभोग है और t चालू अवधि है।

केन्ज़ एक और तरीके से भी यह समानता स्थापित करता है। उसकी परिभाषा के अनुसार, चालू अवधि में आय (Y_t) बराबर है चालू उपभोग (C_t) जमा चालू निवेश (I_t); और चालू अवधि में बचत (S_t) जमा चालू उपभोग C_t।

इस प्रकार

$$Y_t = C_t + I_t \quad \ldots (i)$$
$$Y_t = S_t + C_t \quad \ldots (ii)$$

इसलिए *(i)* और *(ii)* से हमें प्राप्त होता है

$$C_t + I_t = S_t + C_t$$

अथवा

$$I_t = S_t.$$

---

1. Saving and investment are necessarily equal in amount for the community as a whole, being different aspects of the same thing."

इस प्रकार बचत और निवेश समरूप हैं। वे दोनों आय और उपभोग का अन्तर हैं। वे ऐसे परिभाषित की गई हैं कि वे सदैव बराबर हैं।

आलोचनाएं (Criticisms)

बचत और निवेश के बीच इस समानता की अथवा यों कहिए कि एकरूपता (indentity) की—जिसे केन्ज़ ने अपनी पुस्तक *General Theory* में स्थापित किया है—कड़ी आलोचना की गई है।

प्रथम, हैबर्लर (Haberler) के अनुसार, ''यदि हम इन परिभाषाओं को स्वीकार कर लें... तो समय की किसी भी अवधि पर्यन्त *S* तथा *I* अनिवार्यत: समान होंगे, क्योंकि उनकी समरूप परिभाषा दी गई है...तब यह निरर्थक है कि उनके बीच अन्तर की बात की जाए या वैसा मतलब निकाला जाए।'' **ओहलिन** (Ohlin) ने भी बचत तथा निवेश के बीच के संबंध को 'परिभाषिक समानता' बताया है। इस प्रकार, यह समरूपता-संबंध **स्वयंसिद्ध** (truism) है और समायोजनकारी तंत्र नहीं रह जाता।

दूसरे, बचत तथा निवेश के बीच लेखांकन समता समयपश्चता के बिना (lagless) का विश्लेषण है, जो बचत-निवेश संबंध की प्रक्रिया की व्याख्या करने में असमर्थ है। इस दृष्टि से बचत-निवेश समानता स्थैतिक विश्लेषणमात्र रह जाती है। बचत तथा निवेश के बीच समायोजन की यथार्थ प्रावैगिक (dynamic) प्रक्रिया समझाने में केन्ज़ असफल रहा है।

तीसरे, यह समझना कठिन है कि यह समानता वास्तव में कैसे लाई जा सकती है क्योंकि बचत और निवेश के निर्णय लोगों के विभिन्न वर्गों द्वारा लिए जाते हैं। निवेश निर्णय व्यवसायियों द्वारा इस आधार पर लिए जाते हैं कि उन्हें उधार ली गई पूंजी पर कितना ब्याज देना पड़ता है और वे उससे प्रतिफल की प्रत्याशा रखते हैं। दूसरी ओर, बचत करने का निर्णय असंख्य व्यक्तिगत परिवारों द्वारा बचत के लिए विभिन्न चालू और भावी आवश्यकताओं पर आधारित होता है। इसलिए अर्थव्यवस्था में कुल बचत और कुल निवेश का समान होना सम्भव नहीं है सिवाय संयोग से।

चौथे, लुट्ज (Lutz) के अनुसार, केन्ज़ीय बचत और निवेश की परिभाषाएं हमें स्फीतिकारी साख में से निवेश के वित्तीयन (finance) करने या ऐच्छिक बचतों की चालू पूर्ति को निवेश में से विसंग्रह (dishoarding) द्वारा वित्तीयन करने में भेद नहीं करने देतीं।

अन्तिम, जैसा कि ओलिन ने लक्ष्य किया है, बचत तथा निवेश में समानता प्रत्याशित समानता नहीं, बल्कि वास्तविक समानता है।

तालिका I : बचत-निवेश समानता

(रु. करोड़ में)

आय	*बचत*	*निवेश*	*आय गतिया*
100	—15	10	
200	0	20	
300	15	30	विस्तार
400	30	40	
500	45	50	
600	60	60	संतुलन
700	75	70	
800	90	80	संकुचन
900	105	90	

फलनात्मक समानता (The Functional Equality)

फलनात्मक अथवा अनुसूची (schedule) के अर्थ में बचत और निवेश में समानता लाने का कार्य आय का समायोजनकारी तंत्र

(adjusting mechanism) करता है, जो ब्याज की दर में परिवर्तन से सम्बन्धित क्लासिकी बिचारधारा से नितान्त भिन्न हैं। इस रूप में, केवल आय के संतुलन स्तर पर बचत तथा निवेश समान होते हैं। आय फलनात्मक रूप से बचत और निवेश के साथ संबद्ध रहती हैं। जब निवेश की अपेक्षा बचत बढ़ जाती है, तो आय घट जाती हैं और जब बचत की अपेक्षा निवेश बढ़ जाता है तो आय बढ़ जाती हैं। आय, बचत तथा निवेश में परिवर्तनों की यह प्रावैगिक प्रक्रिया तब तक चलती रहेगी, जब तक बचत तथा निवेश के बीच न केवल **समानता,** बल्कि संतुलन भी स्थापित नहीं हो जाता। इसे तालिका I में दिखाया गया है।

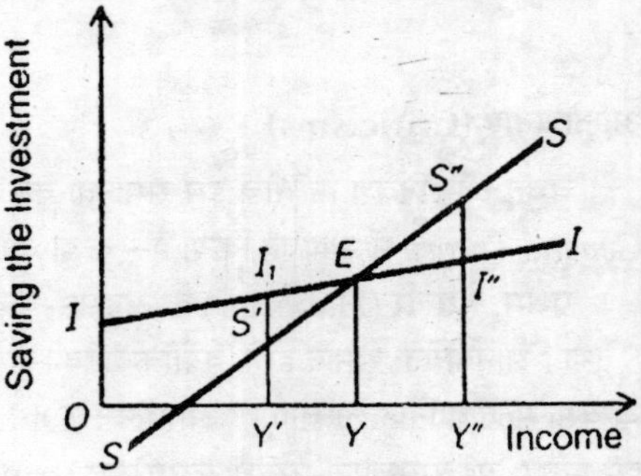

चित्र 2

यह तालिका प्रकट करती है कि जब तक बचत की अपेक्षा निवेश अधिक है, तब तक आय बढ़ती चलती है, जब तक कि वह 600 करोड़ रु. के संतुलन स्तर पर नहीं पहुंच जाती, जहां बचत और निवेश में से प्रत्येक 60 करोड़ रु. के बराबर हो जाता है। परन्तु इस बिन्दु के बाद बचत निवेश से बढ़ जाती है और पुन: संतुलन तभी स्थापित होता है, जब आय घट कर वापिस 600 करोड़ रु. पर आती है।

बचत-निवेश समानता की संतुलन प्रक्रिया चित्र 2 में दिखाई गई है। क्षैतिज अक्ष पर आय और अनुलम्ब अक्ष पर बचत तथा निवेश मापे गए हैं। SS बचत वक्र है और II निवेश वक्र। जब आय OY' है, तो बचत की अपेक्षा निवेश अधिक है, $I_1Y'>S'Y'$। अपेक्षाकृत अधिक निवेश का परिणामस्वरूप गुणक प्रक्रिया के मार्ग से आय तथा बचत में तब तक वृद्धि होती चलेगी, जब तक संतुलन आय स्तर OY पर बचत तथा निवेश समान नहीं हो जाते। संतुलन आय स्तर OY को II तथा SS वक्रों के आपस में काटने का बिन्दु E प्रकट करता है। जब आय OY'' हो जाती है, तो निवेश की अपेक्षा बचत बढ़ जाती है, $S''Y''>I''Y''$। इसके परिणामस्वरूप गुणक की विपरीत प्रक्रिया के मार्ग से आय तब तक घटती चलेगी, जब तक कि OY आय स्तर पर बचत और निवेश बराबर नहीं हो जाते। जब कभी बचत तथा निवेश के बीच का अन्तर उत्पन्न होता है, तो आय तब तक बढ़ती या घटती रहती है, जब तक संतुलन स्तर नहीं आता। इस प्रकार, केवल संतुलन की स्थिति में ही बचत और निवेश समान होते हैं।

इस दृष्टिकोण के संबंध में लिखते हुए प्रो. कुरिहारा (Kurihara) ने कहा है— ''सामान्य संतुलन विश्लेषण में केन्ज़वादी बचतों तथा निवेश अनुसूचियों का वही स्थान है, जो आंशिक संतुलन विश्लेषण में मार्शल के पूर्ति तथा मांग वक्रों का है...आधुनिक आय विश्लेषण बचत तथा निवेश के **फलनात्मक** या अनुसूची विषयक सिद्धान्तों को काम में लाता है, ताकि मृत आंकड़ों में जीवन का संचार कर सके, अर्थात् समस्त अर्थव्यवस्था के व्यवहार पर बल दे सके, बजाय इसके कि उस व्यवहार के सांख्यिकीय परिणाम पर बल दे।''

4. अन्य मत
(OTHER VIEWS)

केन्ज़ के कुछ आलोचक, विशेष रूप से प्रो. रॉबर्ट्सन और स्वीडन के ओलिन जैसे अर्थशास्त्री, केन्ज़ से इस बात पर सहमत नहीं थे कि बचत तथा निवेश अनिवार्यत: बराबर होते हैं।

रॉबर्ट्सन के दृष्टिकोण में अवधि विश्लेषण पाया जाता है। उसकी परिभाषा के अनुसार बीते हुए कल की आय और चालू उपभोग व्यय का अन्तर ही बचत है अर्थात् $S_t=Y_{t-1}-C_t$, जहां Y_{t-1} बीते हुए कल की आय है। चालू आय का मतलब है चालू उपभोग एवं चालू निवेश अर्थात् $Y_t=C_t+I_t$. इस प्रकार रॉबर्टसन की परिभाषा के अनुसार चालू अवधि में पूंजीगत-वस्तुओं पर व्यय ही केन्ज़ीय अर्थ में निवेश है। रॉबर्ट्सन द्वारा दी गई बचत तथा निवेश की परिभाषाओं से यह निष्कर्ष निकलता है कि वे अनिवार्यत: बराबर नहीं होते। इसे संकेत रूप से यों दिखाया जा सकता है:—

$$S_t=Y_{t-1}-C_t$$
$$Y_{t-1}=C_t+S_t$$

और $$Y_t = C_t + I_t$$

अथवा $$Y_t - Y_{t-1} = C_t + I_t - C_t + S_t$$
$$= I_t - S_t$$

इस प्रकार बीते हुए कल की आय से चालू आय बढ़ जाती है, बशर्ते कि चालू निवेश चालू बचत के बराबर न हो। केवल उस स्थिति में चालू आय बीते हुए कल की आय के बराबर होगी जब चालू निवेश चालू बचत के बराबर होगा। क्योंकि चालू आय बीते हुए कल की आय के बराबर नहीं होती, इसलिए बचत तथा निवेश का बराबर होना जरूरी नहीं।

डॉ. लुट्ज ने केन्ज़ के विश्लेषण की अपेक्षा राबर्ट्सन के विश्लेषण को अधिक वास्तविक माना है जिसका कारण आय तथा व्यय के बीच समयपश्चता है। राबर्ट्सन का दृष्टिकोण प्रावैगिक है क्योंकि यह अवधि विश्लेषण पर आधारित है जबकि केन्ज़ीय दृष्टिकोण स्थैतिक है। परन्तु प्रो. क्लेन (Klein) लुट्ज के इस मत से सहमत नहीं हैं कि राबर्ट्सन द्वारा प्रस्तुत बचत एवं निवेश का विश्लेषण सही अर्थों में प्रावैगिक है। उसके अपने शब्दों में राबर्ट्सन की परिभाषाएं केवल बहुत ही मामूली अर्थ में प्रावैगिक हैं। वे (परिभाषाएं) विभिन्न समयों पर अवलोकित समूह को परिभाषित करती हैं, परन्तु वे आर्थिक व्यवहार से कोई फलनात्मक सम्बन्ध नहीं बतातीं जिससे हम एकमात्र समय के फलन के रूप में प्रणाली के प्रत्येक चर के लिए हल कर सकते हैं। राबर्ट्सन ने उपभोग अनुसूची, बचत अनुसूची अथवा निवेश अनुसूची के अस्तित्व को समझा ही नहीं।''

स्वीडन के अर्थशास्त्रियों का दृष्टिकोण (The Swedish Approach)

स्वीडन के ओलिन (Ohlin), लुण्डबर्ग (Lundberg), लिंडाल (Lindahl), और मिर्डल (Myrdal) नामक अर्थशास्त्रियों के मतानुसार बचत एवं निवेश दो-दो प्रकार के हैं— प्रत्याशित (ex-ante) तथा यथार्थ (ex-post)। प्रत्याशित परिमाण तो वे हैं जो पूर्वानुमानित, अभीष्ट अथवा योजनाबद्ध हों और यथार्थ परिमाण वे हैं जो वास्तविक हों अथवा प्राप्त किए गए हों। इस प्रकार प्रत्याशित बचत एवं निवेश वे हैं जो या तो योजनाबद्ध हों, या फिर जिन्हें लोग करना चाहते हैं। दूसरी ओर यथार्थ बचत अथवा यथार्थ निवेश वे हैं जो वास्तव में किए जाते हैं।

स्वीडन के अर्थशास्त्रियों का कहना है कि यथार्थ बचत तथा यथार्थ निवेश हमेशा बराबर होते हैं। परन्तु यह जरूरी नहीं कि प्रत्याशित बचत और प्रत्याशित निवेश भी बराबर हों क्योंकि जो लोग बचत की योजना बनाते हैं और जो लोग निवेश की योजना बनाते हैं, वे अलग-अलग होते हैं। जब तक बचतकर्त्ता और निवेशकर्त्ता विभिन्न उद्देश्यों से प्रभावित रहते हैं और विभिन्न वर्गों से सम्बन्ध रखते हैं तब तक यह जरूरी नहीं कि प्रत्याशित बचत और प्रत्याशित निवेश बराबर ही हों। यदि प्रत्याशित बचत से प्रत्याशित निवेश बढ़ जाए, तो व्यवसायिक क्रिया का प्रसार होगा और आय बढ़ेगी। बढ़ी हुई आय में से जो बचत होगी वह यथार्थ बचत को बढ़ाकर यथार्थ निवेश के स्तर तक पहुंचा देगी जिससे आय के उच्चतर स्तर पर दोनों बराबर हो जाते हैं। इसके विपरीत जब यथार्थ निवेश से यथार्थ बचत बढ़ जाएगी तो व्यावसायिक क्रिया कम हो जाएगी और आय घट जाएगी। घटी हुई आय में से जो बचत होगी वह यथार्थ बचत को घटा कर यथार्थ निवेश के स्तर पर ले आएगी जिससे आय के निम्नस्तर पर दोनों बराबर हो जाएंगे। यथार्थ बचत केवल उस अवस्था में यथार्थ निवेश के बराबर होगी जब आय स्थिर होगी। ये तभी बराबर होते हैं जब अर्थव्यवस्था संतुलन में होता है। इसे चित्र 3 में दिखाया गया है।

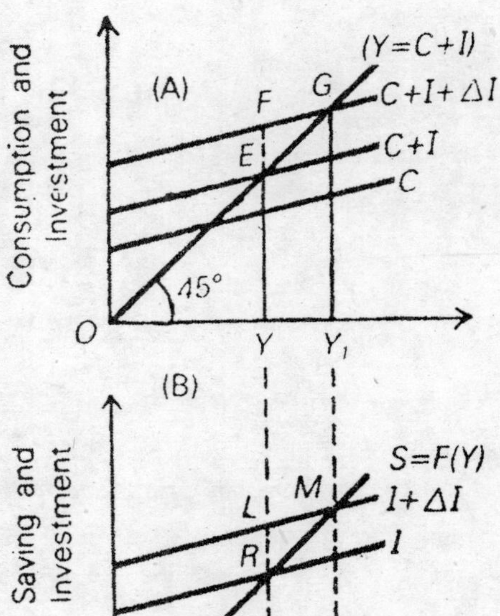

चित्र 3

अर्थव्यवस्था के संतुलन की स्थिति चित्र के भाग (A) में बिन्दु E पर दिखाई गई है जहां समस्त मांग वक्र $C+I$, समस्त पूर्ति वक्र $(Y=C+I)$ को काटता है और आय का स्तर OY निर्धारित होता है। इस आय स्तर के अनुरूप,

बचत वक्र $S=f(Y)$ और निवेश वक्र I चित्र के भाग (B) में R बिन्दु पर बराबर है। यहां यथार्थ बचत यथार्थ निवेश के बराबर है। मान लीजिए कि इस स्तर पर अर्थव्यवस्था में यथार्थ बचत से यथार्थ निवेश चित्र के भाग (A) में EF और भाग (B) में RL द्वारा बढ़ जाता है। इन्हें चित्र में क्रमश: $C+I+\Delta I$ तथा $I+\Delta I$ वक्रों द्वारा दिखाया गया है। बढ़े हुए यथार्थ निवेश के परिणामस्वरूप व्यावसायिक क्रिया भी बढ़ती है। उत्पादन, आय तथा रोजगार का स्तर भी बढ़कर OY_1 स्तर तक पहुंच जाता है जब 54° वाला समस्त पूर्ति वक्र नए समस्त मांग वक्र $C+I+\Delta I$ को G बिन्दु पर काटता है। आय के इस स्तर पर प्रत्याशित निवेश प्रत्याशित बचत के बराबर है और यथार्थ बचत यथार्थ निवेश के बराबर है। इसे चित्र के भाग (B) में M बिन्दु द्वारा दिखाया गया है, जहां बढ़ता हुआ बचत वक्र $S=f(Y)$ बढ़े हुए निवेश वक्र $I+\Delta I$ को काटता है।

निष्कर्ष रूप में हम प्रो. शपीरो के शब्दों में कह सकते हैं कि यथार्थ बचत और यथार्थ निवेश तो **हमेशा** बराबर ही हो सकते हैं और प्रत्याशित बचत तथा प्रत्याशित निवेश बराबर हो सकते हैं।

प्रश्न

1. बचत और निवेश के परस्पर सम्बन्धों के यथार्थ तथा प्रत्याशित दृष्टिकोणों की आलोचनात्मक व्याख्या कीजिए।
2. ''बचत और निवेश सदैव बराबर होते हैं।'' एवं ''बचत और निवेश संतुलन में बराबर होते हैं।'' इन कथनों की व्याख्या कीजिए।
3. निम्न कथनों की व्याख्या करिए और उनमें संगति कीजिए:

   (क) बचत निवेश के सदैव समरूप है।

   (ख) बचत निवेश के बराबर तभी होती है जब अर्थव्यवस्था संतुलन में हो।

अध्याय 16

गुणक की धारणा
(The Concept of Multiplier)

1. प्रस्तावना
(INTRODUCTION)

गुणक की धारणा का विकास पहले-पहले आर. एफ. काहन (R. F. Kahn) ने जून 1931 के *Economic Journal* में प्रकाशित अपने "The Relation of Home Investment to Unemployment" शीर्षक लेख में किया था। काहन का गुणक रोजगार गुणक है। केन्ज़ ने काहन से विचार ग्रहण किया और निवेश गुणक (investment multiplier) को व्यवस्थित किया।

2. निवेश गुणक
(INVESTMENT MULTIPLIER)

केन्ज़ अपने गुणक सिद्धान्त को अपने रोजगार सिद्धान्त का अभिन्न अंग मानता है। केन्ज़ के अनुसार, गुणक ''उपयोग प्रवृत्ति के दिए हुए होने पर समस्त रोजगार एवं आय और निवेश के बीच यथार्थ सम्बन्ध स्थापित करता है। यह हमें बताता है कि जब निवेश में कोई वृद्धि की जाएगी, तो आय में जो वृद्धि होगी वह निवेश में की गई वृद्धि की K गुणा होगी'', अर्थात् $\Delta Y=K\Delta I$। हैनसन के शब्दों में, ''केन्ज़ का निवेश-गुणक ऐसा गुणांक है, जो निवेश में हुई वृद्धि को आय की वृद्धि से संबद्ध करता है।'' अर्थात् $K=\Delta Y/\Delta I$, जहां Y आय है, I निवेश है, Δ परिवर्तन (वृद्धि या ह्रास—increment or decrement) है, और K गुणक है।

गुणक सिद्धान्त में, महत्त्वपूर्ण तत्त्व गुणक-गुणांक (multiplier coefficient) K है, जो उस शक्ति को संकेत करता है जिससे प्रारम्भिक निवेश व्यय को गुणा कर आय में अन्तिम वृद्धि प्राप्त की जाती है। गुणक के मूल्य को सीमान्त उपभोग प्रवृत्ति निर्धारित करती है। सीमान्त उपभोग प्रवृत्ति जितनी अधिक होगी, गुणक का मूल्य भी उतना ही अधिक होगा और विलोमश: भी। गुणक और सीमान्त उपभोग प्रवृत्ति के बीच सम्बन्ध यों प्रकट किया जा सकता है :

$$\Delta Y=\Delta C+\Delta I$$

अथवा $$\Delta Y=C\Delta Y+\Delta I \qquad (\because \Delta C=C\Delta Y)$$

$$\Delta Y-C\Delta Y=\Delta I$$

$$\Delta Y(1-C)=\Delta I$$

$$\Delta Y=\frac{\Delta I}{1-C}$$

$$\frac{\Delta Y}{\Delta I}=\frac{1}{1-C}$$

$$K=\frac{1}{1-C} \qquad (\because K=\frac{\Delta Y}{\Delta I})$$

क्योंकि C सीमान्त उपभोग प्रवृत्ति है, इसलिए परिभाषा के अनुसार गुणक K बराबर है, $1—1/C$। सीमान्त बचत प्रवृत्ति *(MPS)* से भी गुणक निकाला जा सकता है और यह *MPS* का व्युत्क्रम (reciprocal) होता है अर्थात् $K=1/MPS$।

तालिका I : MPC से गुणक का मूल्य निकालना
(Derivation of The Multiplier From MPC)

MPC (ΔC/ΔY) (1)	*K=1/1–MPC* (2)	*MPS(ΔS/ΔY)* (3)	*K=1/MPS* (4)
...	...		
0	$\frac{1}{1-0}=1$	1	1
1/2	$\frac{1}{1-\frac{1}{2}}=2$	$\frac{1}{2}$	2
2/3	$\frac{1}{1-\frac{2}{3}}=3$	$\frac{1}{3}$	3
1	$\frac{1}{1-1}=\infty$	0	∞ (Infinity)

यह तालिका स्पष्ट करती है कि गुणक का आकार *MPC* के साथ सीधे तौर से परिवर्तित होता है। क्योंकि *MPC* हमेशा **शून्य** से अधिक और एक से कम (अर्थात् $0<MPC<1$) होती है, इसलिए गुणक का मूल्य हमेशा एक और अनन्त के बीच (अर्थात् $1<K<\infty$) रहता है। यदि गुणक **एक** है, तो इसका अर्थ है कि आय में हुई समस्त वृद्धि की बचत की जा रही हैं और कुछ भी व्यय नहीं किया जाता क्योंकि *MPC* शून्य है। दूसरी ओर, अनन्त गुणक का मतलब है कि *MPC* बराबर है **एक** के और आय में हुई समस्त वृद्धि उपभोग पर व्यय की जाती है। यह अर्थव्यवस्था में शीघ्र ही पूर्णरोजगार ला देगी और फिर असीमित स्फीतिकारी उत्चक्र (spiral) उत्पन्न कर देगी। परन्तु ऐसा बहुत कम होता है, इसलिए गुणक गुणांक **एक** (1) तथा **अनन्त** (∞) के बीच विचरण करता है। सीमान्त बचत प्रवृत्ति *(MPS)* से भी गुणक निकाला जा सकता है और यह *MPS* का व्युत्क्रम होता है अर्थात् $K=1/MPS$, जैसा कि तालिका के कॉलम (3) और (4) में दर्शाया गया है।

गुणक का कार्यकरण (Working of the Multiplier)

गुणक आगे (forward) तथा पीछे (backward) दोनों ही क्रियाएं करता है। पहले हम इसकी आगे की क्रिया का अध्ययन करेंगे। गुणक सिद्धान्त निवेश में परिवर्तन के उस संचयी प्रभाव की व्याख्या करता है जो उसके उपभोग व्यय पर प्रभाव के माध्यम से आय पर पड़ता हैं।

आगे का कार्यकरण (Forward Operation)

हम पहले **क्रम-विश्लेषण** (sequence analysis) को लेते हैं, जो आय प्रजनन की प्रक्रिया का ''चलचित्र'' (motion picture) दिखाता है। निवेश में हुई वृद्धि से उत्पादन बढ़ता है, जो आय का निर्माण करता है और उपभोग व्यय का प्रजनन करता है। प्रक्रिया कम होती श्रृंखलाओं (dwindling series) में तब तक चलती रहती है, जब तक आय तथा व्यय में और वृद्धि असंभव न हो जाए। जैसा कि केन्ज़ ने स्पष्ट किया है, यह स्थैतिक ढांचे में पश्चता-रहित तात्कालिक प्रक्रिया (lagless instantaneous process) है।

मानलीजिए कि अर्थव्यवस्था में $MPC = 1/2$ है और निवेश में 100 करोड़ रु. की वृद्धि की जाती है, इससे उत्पादन तथा आय में तुरन्त 100 करोड़ रु. की वृद्धि हो जाएगी। इस नई आय का अ धा भाग उपभोग वस्तुओं पर तुरन्त खर्च हो जाएगा जिसके परिणामस्वरूप उत्पादन तथा आय में उतनी ही मात्रा में वृद्धि हो जाएगी और इसी प्रकार आगे भी। यह प्रक्रिया तालिका II में प्रदर्शित की गई है।

तालिका II : क्रम गुणक (Sequence Multiplier)

(रु. करोड़ में)

चक्र (Round)	निवेश में वृद्धि (Increment in Investment) ΔI	आय में वृद्धि (Increment in Income) ΔY	उपभोग में वृद्धि (Inrement in Consumption) $\Delta C = C\Delta Y = 0.5$	बचत में वृद्धि (Increment in Savings) $\Delta S = \Delta Y - \Delta S$
0				
1	100 →	100 →	50	50
2	—	50 →	25	25
3	—	25 →	12.50	12.50
4	—	12.50 →	6.25	6.25
5	—	6.25 →	3.12	3.12
0	—	0 →	0	0
अन्तत:	100	200	100	100

यह प्रकट करती है कि प्राथमिक चक्र में, निवेश की 100 करोड़ रु. की वृद्धि से आय में उतनी ही वृद्धि हो जाती है। इसमें से 50 करोड़ रु. की बचत की जाती है और 50 करोड़ रु. उपभोग पर व्यय किए जाते हैं, जो दूसरे चक्र में आय को उतनी ही मात्रा में बढ़ा देते हैं। आय प्रजनन की यह कम हो रही प्रक्रिया द्वितीयक चक्रों में तब तक चलती रहती है, जब तक निवेश 100 करोड़ रु. से बढ़कर 200 करोड़ रु. पर नहीं पहुंच जाता। गुणक फार्मूला से भी यह स्पष्ट है।

$\Delta Y = K\Delta I$, अथवा $200 = 2 \times 100$, जहां $K = 2 (\because MPC = 1/2)$ और $\Delta I = 100$ करोड़ रु.। निवेश में वृद्धि के परिणामस्वरूप आय प्रजनन की यह प्रक्रिया आरेखीय रूप में चित्र 1 में दिखाई गई है।

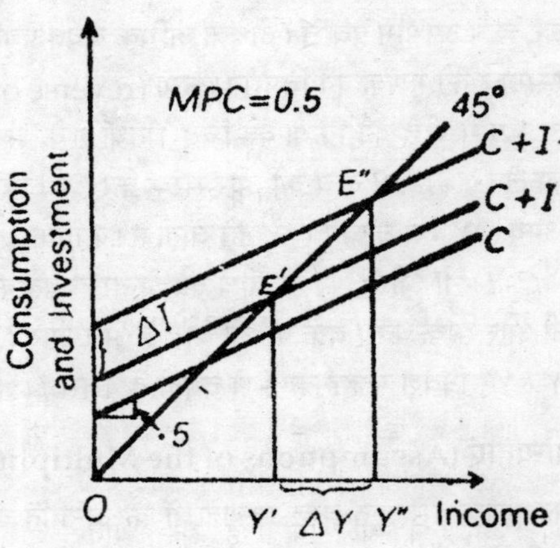

चित्र 1

C वक्र का ढलान 0.5 है जो यह प्रकट करता है कि MPC बराबर है, 1/2 (आधा)। $C+I$ निवेश वक्र है जो 45° की रेखा को E' बिन्दु इस प्रकार काटता है कि आय का पुराना संतुलन स्तर OY' है।

अब निवेश में ΔI की वृद्धि होती है जिसे $C+I$ तथा $C+I+\Delta I$ वक्रों के बीच का अंतर व्यक्त करता है। यह वक्र 45° की रेखा को E'' पर काटता है और नई आय OY'' देता है। इस प्रकार ΔY द्वारा प्रकट की गई आय में $Y'Y''$ वृद्धि उस अन्तर से दुगुनी है, जो $C+I$ और $C+I+\Delta I$ के बीच है, क्योंकि $MPC=1/2$ है।

यही परिणाम तब भी प्राप्त होता है जब MPS को लिया जाए, क्योंकि जब आय बढ़ती है तो आय के नए संतुलन स्तर पर नए निवेश के बराबर पहुंचने के लिए बचतें भी बढ़ती हैं। इसे चित्र 2 में दिखाया गया है। S बचत फलन है जिसका ढलान 0.5 प्रकट करता है कि $MPS=1/2$ है। I पुराना निवेश वक्र है, जो S को E' पर इस प्रकार काटता है कि आय का पुराना संतुलन स्तर OY' है। निवेश में वृद्धि ΔI, नये निवेश वक्र $I+\Delta I$ के रूप में वक्र I के ऊपर दिखाई गई है जिसे S वक्र E'' पर काटता है और आय का नया संतुलन स्तर OY'' देता है। आय में वृद्धि $Y'Y''$ निवेश में हुई वृद्धि ΔI से ठीक दुगुनी है, क्योंकि $MPS= 1/2$ है।

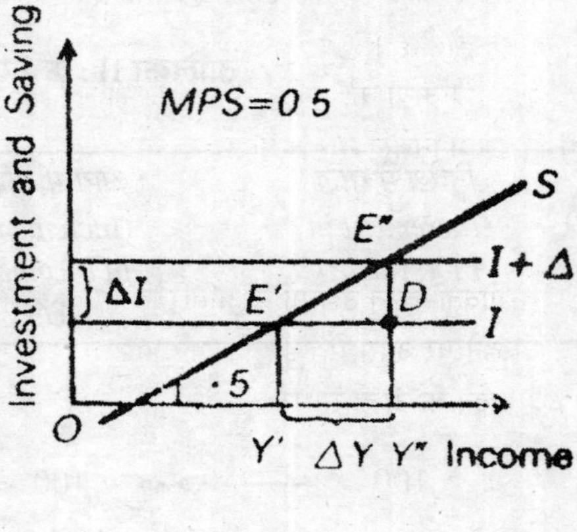

चित्र 2

पीछे की ओर कार्यकरण (Backward Operation)

उपर्युक्त विश्लेषण गुणक के आगे के कार्यकरण से सम्बन्धित है। पर, यदि निवेश बढ़ने की बजाय घट जाए तो गुणक पीछे की ओर क्रिया करता है। निवेश में कमी होने से आय तथा उपभोग घटेंगे, जो आगे, आय तथा उपभोग में तब तक संचयी कमी (cumulative decline) होती चलेगी, जब तक कि समस्त आय में कमी निवेश में प्रारम्भिक कमी का गुणज (multiple) नहीं रह जाता। मानलीजिए कि निवेश 100 रु. घट जाता है। $MPC=0.5$ और $K=2$ होने पर, उपभोग व्यय तब तक घटता जाएगा, जब तक समस्त आय में 200 करोड़ रु. की कमी नहीं हो जाती। गुणक फार्मूला के अनुसार, $-\Delta Y=K(-\Delta I)$, हमें प्राप्त होता है, ङ्क200=2(ङ्क 100)।

गुणक के पीछे की ओर कार्यकरण के कारण आय में कमी का आकार MPC के मूल्य पर निर्भर रहता है। MPC जितनी अधिक होगी, आय में संचयी कमी भी उतनी ही अधिक होगी और विलोमश: भी। इसके विपरीत MPS जितनी अधिक होगी, फार्मूला का मूल्य उतना ही कम होगा और आय में संचयी कमी भी उतनी ही थोड़ी होगी और विलोमश: भी।

इस प्रकार, कम उपभोग प्रवृत्ति (अथवा अधिक बचत प्रवृत्ति) वाले समाज की अपेक्षा अधिक उपभोग प्रवृत्ति (अथवा कम बचत प्रवृत्ति) वाले समाज को गुणक की विपरीत क्रिया (reverse operation) से अधिक हानि होगी।

आरेखीय रूप में पीछे की क्रिया को चित्र 1 तथा 2 के अनुसार स्पष्ट किया जा सकता है। चित्र 1 को लीजिए, जब निवेश घटता है, तो निवेश फलन $C+I+\Delta I$ नीचे की ओर सरक कर $C+I$ पर आ जाता है। परिणामत:, संतुलन स्तर भी E'' से सरक कर E'' पर आ जाता है और आय OY'' से घटकर OY' हो जाती है। क्योंकि $MPC=0.5$ है, इसलिए आय में कमी $Y''\,Y'$ निवेश में हुई कमी से ठीक दुगुनी है जिसे $C+I+\Delta I$ और $C+I$ के बीच का अन्तर व्यक्त करता है। इसी प्रकार, चित्र 2 में, जब निवेश घटता है, तो निवेश फलन $I+\Delta I$ नीचे की ओर सरक कर I वक्र पर आ जाता है और आय OY'' से घटकर OY' हो जाती है। क्योंकि $MPS=0.5$ है, इसलिए आय में हुई कमी $Y''\,Y'$, निवेश में हुई कमी से दुगुनी है, जिसे $I+\Delta I$ और I वक्रो के बीच का अंतर मापता है।

गुणक की मान्यताएं (Assumptions of the Multiplier)

केन्ज़ का गुणक-सिद्धान्त कुछ मान्यताओं के अन्तर्गत कार्य करता है, जो गुणक के कार्यकरण को परिसीमित करती हैं। वे मान्यताएं निम्नलिखित हैं:

(1) स्वायत्त निवेश में परिवर्तन होता है और प्रेरित निवेश का अभाव रहता है।

(2) सीमान्त उपभोग प्रवृत्ति स्थिर रहती है।

(3) उपभोग चालू आय का फलन होता है।

(4) गुणक प्रक्रिया में समय पश्चात (time lags) नहीं होतीं। निवेश में (वृद्धि या कमी) से तुरन्तु ही आय में गुणज (multiple) वृद्धि (या कमी) होती हैं।

(5) गुणक प्रक्रिया को पूर्ण होने देने के लिए निवेश के स्तर को धीरे-धीरे स्थिर रखा जाता है।

(6) निवेश में निवल (net) वृद्धि होती है।

(7) निवेश में वृद्धि के कारण आय में वृद्धि होने पर उपभोक्ता वस्तुओं के लिए प्रभावी मांग के अनुसार उनकी पूर्ति उपलब्ध रहती है।

(8) उपभोक्ता-वस्तु उद्योगों में अतिरिक्त क्षमत रहती है जिससे उपभोक्ता वस्तुओं की उस बढ़ी हुई मांग को पूरा किया जा सकता है जो निवेश बढ़ने पर आय में हुई वृद्धि का परिणाम होती है।

(9) उत्पादन के अन्य साधन भी अर्थव्यवस्था के भीतर ही आसानी से उपलब्ध होते हैं।

(10) जिस अर्थव्यवस्था में गुणक प्रक्रिया कार्यकरण करती है, वह औद्योगीकृत होती है।

(11) ऐसी बन्द अर्थव्यवस्था होती है जिस पर विदेशी प्रभावों का कोई अन्तर नहीं पड़ता।

(12) कीमतों में कोई परिवर्तन नहीं होता।

(13) निवेश पर उपभोग का त्वरक प्रभाव (acceleration effect) छोड़ दिया जाता है।

(14) अर्थव्यवस्था में पूर्ण रोजगार से अपेक्षाकृत कम स्तर होता है।

गुणक के रिसाव (Leakages of Multiplier)

रिसाव आय-सरिता के संभाव्य विचलन (potential diversions) हैं, जो नए निवेश के गुणक प्रवाह को दुर्बल बनाते हैं। सीमान्त उपभोग प्रवृत्ति के दिए हुए होने पर, आय-सरिता में रिसावों के कारण, प्रत्येक चक्र में आय में होने वाली वृद्धि घटती जाती है और अन्ततः आय प्रजनन समाप्त हो जाता है (देखिए तालिका II) महत्त्वपूर्ण रिसाव निम्नलिखित है:

1. बचत (Saving)— बचत गुणक-प्रक्रिया का सबसे अधिक महत्त्वपूर्ण रिसाव है। क्योंकि सीमान्त उपभोग प्रवृत्ति एक से कम होती है, इसलिए आय में हुई समस्त वृद्धि उपभोग पर नहीं व्यय होती। इसका कुछ भाग बचा लिया जाता है, जो आय-सरिता में से रिस जाता है और अगले चक्र में आय में होने वाली वृद्धि घट जाती है। इस प्रकार सीमान्त बचत प्रवृत्ति जितनी **अधिक** होगी, गुणक का आकार उतना ही **कम** और आय-सरिता में से रिसाव की मात्रा उतनी ही अधिक होगी, और विलोमशः भी। उदाहरणार्थ, यदि $MPS=1/6$, तो गुणक 6 होगा, फार्मूला $K=1/MPS$ के अनुसार और $1/3$ MPS से 3 का गुणक प्राप्त होगा।

2. प्रबल तरलता अधिमान *(Strong Liquidity Preference)*— यदि लेन-देन सतर्कता तथा सट्टा उद्देश्यों के लिए प्रबल तरलता अधिमान की संतुष्टि के लिऐ बढ़ी हुई आय को निष्क्रिय नकदी शेषों (idle cash balances) के रूप में संग्रह करने को अधिमान देते हैं, तो यह आय-सरिता में से रिसाव का कार्य करेगा। जब आय बढ़ती है तो लोग निष्क्रिय बैंक जमा (idle bank deposits) में संग्रह करेंगे और गुणक प्रक्रिया रुक जाएगी।

3. पुराने स्टॉक तथा प्रतिभूतियों का क्रय (Purchase of Old Stocks and Securities)— यदि बढ़ी हुई आय का कुछ भाग उपभोक्ता वस्तुओं को क्रय करने की बजाय पुराने स्टॉक तथा प्रतिभूतियों के क्रय में व्यय होगा, तो उपभोग व्यय गिर जाएगा और आय पर उसका संचयी (cumulative) प्रभाव पहले से कम रहेगा। दूसरे शब्दों में, जब लोग पुराने स्टॉक और शेयर खरीदेंगे, तो उपभोग व्यय में कमी होने से गुणक का आकार कम हो जाएगा।

4. ऋण-विलोपन (Debt Cancellation)— यदि बढ़ी हुई आय का कुछ भाग, आगे उपभोग पर व्यय होने की बजाय बैंकों का ऋण चुकाने के काम आता है, तो आय का उतना भाग आय-सरिता में से रिसाव कर जाता है। यदि बढ़ी हुई आय का वह भाग अन्य ऋणदाताओं को चुका दिया जाता है जो इसे बचत या संग्रह कर लेते हैं, तो गुणक प्रक्रिया रुक जाएगी।

5. कीमत-स्फीति (Price Inflation)— जब बढ़े हुए निवेश से कीमत-स्फीति बढ़ती है, तो बढ़ी हुई आय का गुणक प्रभाव अधिक ऊंची कीमतों में बिखर जाता है। उपभोक्ता वस्तुओं की कीमतों में वृद्धि का मतलब है कि उन पर व्यय की मात्रा बढ़ जाएगी।

परिणाम यह होगा कि ऊंची कीमतें बढ़ी हुई आय को सोख लेंगी और वास्तविक उपभोग तथा आय घट जाएगी। इस प्रकार कीमत-स्फीति एक महत्त्वपूर्ण रिसाव है, जो बढ़ी हुई आय तथा उपभोग में वृद्धि को उत्पादन तथा रोजगार बढ़ाने की बजाय ऊंची कीमतों पर बिखेर देता है।

6. शुद्ध आयात (Net Imports)— यदि राष्ट्र आयात पर खर्च करता है तो यह राष्ट्रीय आय में से रिसाव का कार्य करते हैं। दूसरे शब्दों में, आयात पर किया गया खर्च राष्ट्रीय हानि होती है। यह गुणक मूल्य को कम कर देता है। उदाहरणार्थ, यदि $MPC=8/10$ हो और आयात पर खर्च की जाने वाली राशि (आयात उपभोग प्रवृत्ति) $MPM=2/10$ है तो ऐसी अवस्था में गुणक कम हो जाएगा।

गुणक का मूल्य $=\frac{1}{1-\frac{8}{10}}=5$

आयात पर किया गया खर्च $=\frac{8}{10}-\frac{2}{10}=\frac{6}{10}$

इस अवस्था में गुणक का मूल्य $=\frac{1}{1-\frac{6}{10}}=\frac{10}{4}=2.5$

जो पहले की अपेक्षा आधा रह जाता है।

इसे चित्र 3 में दर्शाया गया है जहां समानान्तर अक्ष पर राष्ट्रीय आय और अनुलम्ब अक्ष पर आयात पर किया गया खर्च या रिसाव व अन्त:प्रवाह (इन्जेक्शन) को लिया गया है। $(I+X)$ अन्त:प्रवाह रेखा है और $(S+M)$ रिसाव रेखा है। स्पष्ट है कि $(I+X)$ रेखा स्थिर निवेश को बताती है। बिन्दु E आय के संतुलन को व्यक्त करता है जहां $(I+X) = (S+M)$। यदि आयात खर्च बढ़ जाता है तो रिसाव रेखा $(S+M)$ ऊपर की तरफ सरक कर $(S+M)_1$ हो जाती है। और रिसाव बढ़कर EE_1 हो जाता है। अब नया संतुलन E_1 पर होता है और आय स्तर OY से कम कर OY_1 हो जाता है।

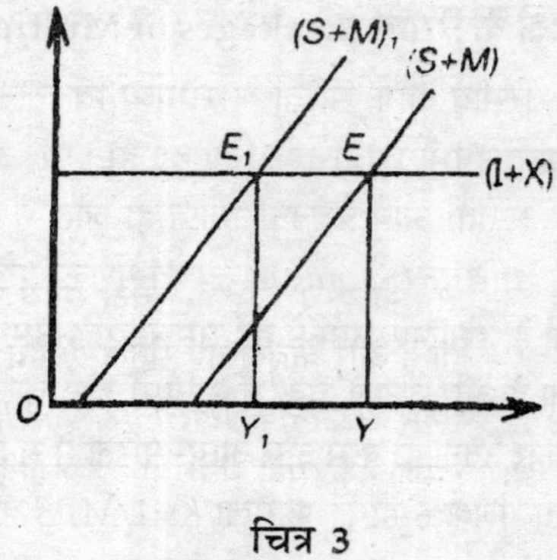

चित्र 3

7. अवितरित लाभ (Undistributed Profits)— यदि संयुक्त स्टॉक कम्पनियों को प्राप्त होने वाले लाभ हिस्सेदारों में लाभांश के रूप में नहीं वितरण किए जाते और आरक्षित कोष (reserve fund) के रूप में रख लिए जाते हैं तो यह आय-सरिता से रिसाव है। कम्पनियों के पास अवितरित लाभ का होना आय को, और इसलिए उपभोग को घटाता है, जिससे गुणक प्रक्रिया दुर्बल हो जाती है।

8. कराधान (Taxation)— कराधान नीति भी गुणक प्रक्रिया को दुर्बल बनाने में एक महत्त्वपूर्ण साधन है। आरोही करों के प्रभाव से करदाताओं की प्रयोज्य आय (disposable income) कम हो जाती है और उनका उपभोग व्यय घट जाता है। इस प्रकार वस्तु कराधान से वस्तुओं की कीमतें बढ़ने लगती हैं और बढ़ी हुई आय का कुछ भाग ऊंची कीमतों पर खर्च हो जाता है। इस प्रकार, बढ़ा हुआ कराधान आय-सरिता को कम करता है और गुणक के आकार को घटा देता है।

9. उपभोग वस्तुओं के अतिरिक्त स्टॉक (Excesss Stocks of Consumption Goods)— यदि उपभोग वस्तुओं के लिए बढ़ी हुई मांग को उपभोग वस्तुओं के वर्तमान अतिरिक्त स्टॉकों में से पूरा किया जाएगा, तो उत्पादन रोजगार तथा आय में और वृद्धि नहीं होगी और जब तक पुराने स्टॉक समाप्त नहीं होते, तब तक गुणक प्रक्रिया रुकी रहेगी।

10. सार्वजनिक निवेश प्रोग्राम (Public Investment Programmes)— यदि निवेश में वृद्धि के परिणामस्वरूप आय में हुई वृद्धि पर सार्वजनिक व्ययों का प्रभाव पड़ता है, तो निम्नलिखित कारणों से निजी उद्यम को वह आगे इस आय को निवेश करने की प्रेरणा देने में असमर्थ रहेगा।

(i) सार्वजनिक निवेश प्रोग्राम श्रम तथा माल के लिए मांग बढ़ा देंगे जिससे निर्माण की लागत बढ़ जाएगी और कुछ निजी परियोजनाएं चालू करना अलाभप्रद होगा।

(ii) सरकार द्वारा उधार-ग्रहण ब्याज की दर को बढ़ा सकता है और इस प्रकार निजी निवेश को हतोत्साहित कर सकता है, बशर्ते कि उसके साथ-साथ मुद्रा प्राधिकरण पर्याप्त रूप से उदार साख नीति न अपनाए।

(iii) सरकारी कार्यक्रम की शत्रुता अथवा राष्ट्रीयकरण का भय उत्पन्न करके निजी निवेशकों के विश्वास को आघात पहुंचा सकते हैं।

गुणक की आलोचनाएं (Criticisms of the Multiplier)

केन्ज़ोपरान्त अर्थशास्त्रियों ने गुणक सिद्धान्त की कड़ी आलोचना की है। प्रो० हार्ट (Hart) इसे पांचवां बेकार पहिया (a uselesss fifth wheel) मानता है। स्टिगलर (Stigler) के अनुसार, यह केन्ज के सिद्धान्त का अस्पष्टतम भाग (fuzziest part of Keynes' Theory) है, जबकि हैजलिट इसे ऐसा 'निरर्थक उपकरण' (rubbish apparatus) बताता है, जो पाठ्य-पुस्तकों से निकाल दिया जाना चाहिए।

अन्य अर्थशास्त्रियों ने इस धारणा की आलोचना निम्न आधारों पर की है।

1. सिर्फ पुनरुक्ति मात्र धारणा *(Merely Tautological Concept)*— प्रो. हैबर्लर ने केन्ज के गुणक को पुनरुक्ति-मात्र (tautological) बताकर उसकी आलोचना की है। यह स्वत:सिद्ध सत्य है, जो $K= 1/1–MPC$ के रूप में गुणक को निश्चित रूप से सत्य परिभाषित करता है। जैसाकि प्रो. हैनसन ने लक्ष्य किया है, ''इस प्रकार का गुणांक केवल **गणितीय** गुणक (अर्थात् स्वत:सिद्ध) है और सही **व्यवहार** गुणक नहीं है, जो उस **व्यवहार** आदर्श पर आधारित हो जो उपभोग तथा आय के बीच प्रमाण्य सम्बन्ध स्थापित करता है। मात्र **गणितीय** गुणक, $1/1–MPC$ पुनरुक्ति ही है।''

2. काल रहित विश्लेषण (Timeless Analysis)— केन्ज़ का गुणक सिद्धान्त तात्कालिक (instantaneous) प्रक्रिया है जिसमें समय-पश्चता (time -lag) नहीं है। यह कालरहित (timeless) स्थैतिक संतुलन विश्लेषण है जिसमें आय पर निवेश में परिवर्तन का कुल प्रभाव तात्कालिक होता है जिससे उपभोग वस्तुओं का उत्पादन उसी समय होता है और उपभोग व्यय भी तुरन्त कर दिया जाता है। परन्तु तथ्यों से इसकी पुष्टि नहीं होती। क्योंकि आय की प्राप्ति और आय का उपभोग वस्तुओं पर व्यय होने एवं उपभोग वस्तुओं के उत्पादन करने के बीच समय-पश्चता सदैव पाया जाता है। इस प्रकार, ''काल-रहित गुणक विश्लेषण'' संक्रमण (transition) की उपेक्षा करता है और केवल नए संतुलन आय स्तर की ही व्याख्या करता है।'' इसीलिए यह अयथार्थिक है।

3. बेकार सैद्धान्तिक खिलौना (Worthless Theoretical Toy)— हैजलिट् (Hazlitt) के अनुसार, केन्ज का गुणक ''एक विलक्षण धारणा है जिसके संबंध में केन्जवादी अर्थशास्त्रियों ने केन्ज़वादी पद्धति की अन्य सब बातों की अपेक्षा अधिकतम विवाद खड़ा किया है।'' यह एक कल्पना मात्र है क्योंकि निवेश तथा आय के बीच सही-सही, सम्बन्ध कभी हो ही नहीं सकता। इस प्रकार वह इसे ''बेकार सैद्धान्तिक खिलौना'' (worthless theoretical toy) समझता है।

4. त्वरण प्रभाव की उपेक्षा (Acceleration Effect Ignored)— गुणक सिद्धान्त की एक दुर्बलता यह भी है कि यह उपभोग व्यय में परिवर्तन के माध्यम से आय पर पर पड़ने वाले निवेश के प्रभावों का अध्ययन करता है। परन्तु यह निवेश पर उपभोग के प्रभाव की उपेक्षा कर जाता है, जिसे **त्वरण नियम** (acceleration principle) कहा गया है। हिक्स (Hicks), सैम्यूल्सन (Samuelson) तथा अन्य अर्थशास्त्रियों ने सिद्ध किया है कि गुणक तथा त्वर की परस्पर क्रिया ही ऐसी है जो व्यापार के उतार-चढ़ाव पर नियंत्रण करने में सहायक होती है।

5. MPC स्थिर नहीं *(MPC does not Remain Constant)*— गोर्डन (Gordon) ने लक्ष्य किया है इस गुणक-सिद्धान्त की सबसे बड़ी दुर्बलता यह है कि यह एकमात्र उपभोग पर बल देता है। इस धारणा को अधिक यथार्थिक बनाने के लिए वह इस पक्ष में है कि 'सीमान्त उपभोग प्रवृत्ति' के बजाय 'सीमान्त व्यय प्रवृत्ति' शब्द प्रयोग किया जाए। उसे सीमान्त व्यय (अथवा उपभोग) प्रवृत्ति की स्थिरता के संबंध में भी आपत्ति है क्योंकि गत्यात्मक अर्थव्यवस्था में इसके स्थिर रहने की सम्भावना नहीं होती। यदि इसे स्थिर मान लिया जाए, तो यह सम्भव नहीं कि ''निजी निवेश अथवा सार्वजनिक व्यय में दी हुई वृद्धि के सम्बन्ध में गुणक प्रभावों का बहुत ठीक पूर्वकथन किया किया जा सके।''

6. उपभोग और आय में संबंध (Relation between Consumption and Income)— इस परिकल्पना के आधार पर कि *MPC* एक से कम और शून्य से अधिक होती है, केन्ज का गुणक सिद्धान्त उपभोग तथा आय के बीच रेखीय संबंध स्थापित करता है। आय से सम्बन्धित उपभोग के व्यवहारों के आनुभविक अध्ययन बताते हैं कि दोनों के बीच का सम्बन्ध जटिल तथा अरेखीय है। जैसा कि गार्डनर एक्ले ने लक्ष्य किया है, ''यह सम्बन्ध केवल चालू आय से चालू उपभोग तक ही नहीं जाता बल्कि इसमें भूतकाल की तथा प्रत्याशित आय और उपभोग की कुछ जटिल औसत भी पाई जाती है। आय के अतिरिक्त अन्य साधन भी हैं जिन पर विचार करना चाहिए।''

परन्तु इतनी कटु आलोचना के बावजूद, गुणक सिद्धान्त की आर्थिक समस्याओं के सम्बन्ध में पर्याप्त व्यावहारिक उपयोगिता है जिसका उल्लेख नीचे किया जा रहा है।

गुणक का महत्त्व (Importance of Multiplier)

आय तथा रोजगार सिद्धान्त के सम्बन्ध में केन्ज का एक अत्यन्त महत्त्वपूर्ण योगदान गुणक की धारणा है। जैसा रिचर्ड गुडविन (Richard Goodwin) ने ठीक ही कहा है, ''लार्ड केन्ज़ ने गुणक को खोज निकालने का काम नहीं किया, यह श्रेय तो आर. एफ. काहन को ही जाता है। परन्तु केन्ज़ ने इसका सड़क-निर्माण के विश्लेषण के साधन से आय-निर्माण के विश्लेषण के साधन में रूपान्तरण करके वह कार्य सौंपा जो यह आज भी कर रहा है।... इसने आर्थिक विचार के ढांचे के माध्यम से स्वच्छ वायु का संचार प्रारम्भ कर दिया।''

इसका महत्त्व निम्नलिखित बातों में निहित है —

1. निवेश (Investment)— गुणक सिद्धान्त आय तथा रोजगार के सिद्धान्त में निवेश के महत्त्व को दर्शाता है। क्योंकि अल्पकाल के दौरान उपभोगफलन स्थिर रहता है, इसलिए निवेश दर में उतार-चढ़ाव के कारण ही आय तथा रोजगार में उतार-चढ़ाव आते हैं। निवेश में कमी के परिणामस्वरूप आय तथा रोजगार में गुणक प्रक्रिया से संचयी कमी आती है। इस प्रकार यह निवेश के महत्त्व को प्रकट करता है और आय प्रजनन की प्रक्रिया की व्याख्या करता है।

2. व्यापार चक्र (Trade Cycles)— जब ब्याज की दर में परिवर्तन के कारण आय तथा रोजगार के स्तर में उतार-चढ़ाव आते हैं, तो गुणक प्रक्रिया व्यापार-चक्र के विभिन्न स्टेजों पर प्रकाश डालती है। जब निवेश में कमी होती है, तो आय तथा रोजगार संचयी ढंग से घटने लगते हैं। जिसके परिणामस्वरूप सुस्ती (recession) और अन्ततः मन्दी आती है। इसके विपरीत निवेश में वृद्धि पुनरुत्थान (revival) करती है और यदि यह प्रक्रिया चलती रहे, तो तेजी (boom) लाती है। इस प्रकार, गुणक को व्यापार चक्रों में एक आवश्यक औजार समझा जाता है।

3. बचत निवेश समानता (Saving-Investment Equality)— यह बचत तथा निवेश के बीच समानता लाने में भी सहायक होता है। यदि बचत तथा निवेश के बीच अन्तर होता है, तो निवेश में वृद्धि गुणक प्रक्रिया के मार्ग से, प्रारम्भिक निवेश में वृद्धि की अपेक्षा अधिक मात्रा में, आय को बढ़ाती है। आय में वृद्धि के परिणामस्वरूप बचत भी बढ़ती है और निवेश के बराबर हो जाती है।

4. आर्थिक नीतियों का निर्माण (Formulation of Economic Policies)— गुणक आर्थिक नीतियों के निर्माण में, आधुनिक सरकारों के हाथों में, एक महत्त्वपूर्ण औजार है। इस प्रकार, यह नियम पहले से यह मान लेता है कि आर्थिक मामलों में राज्य-हस्तक्षेप हो।

5. पूर्ण रोजगार उपलब्ध करने के लिए (To Achieve Full Employment)— राज्य निर्णय करता है कि बेरोजगारी दूर करने और पूर्ण रोजगार उपलब्ध कराने के लिए अर्थव्यवस्था में निवेश की कितनी मात्रा बढ़ाई जाए। निवेश में प्रारम्भिक वृद्धि से आय तथा रोजगार में जो वृद्धि होती है, वह निवेश में हुई वृद्धि की *K* गुणा होती है। यदि निवेश की एक अकेली मात्रा पूर्ण रोजगार लाने को अपर्याप्त हो, तो इस मतलब के लिए राज्य निवेश की लगातार मात्राएं तब तक करता रह सकता है; जब तक पूर्ण रोजगार स्तर नहीं आ जाता।

6. व्यापार-चक्रों पर नियंत्रण करने के लिए (To Control Trade Cycles)— आय तथा रोजगार पर प्रभाव के आधार पर राज्य किसी व्यापार-चक्र में तेजियों तथा मन्दियों पर नियंत्रण कर सकता है। जब अर्थव्यवस्था को स्फीतिकारी दबावों का सामना करना पड़ता है, तो निवेश में कमी करके, राज्य उन पर काबू पा सकता है, जिसके (निवेश में कमी के) परिणामस्वरूप गुणक प्रक्रिया के मार्ग से आय तथा रोजगार में संचयी कमी आ जाती है। दूसरी ओर, अवस्फीतिकारी स्थिति में निवेश में वृद्धि गुणक प्रक्रिया के माध्यम से आय तथा रोजगार का

स्तर बढ़ाने में सहायक हो सकता है।

7. घाटे का वित्त-प्रबंधन (Deficit Financing)— गुणक सिद्धान्त घाटे के वित्त-प्रबन्धन के महत्त्व को स्पष्ट करता है। मंदी की अवस्था में, ब्याज की दर घटाने की सस्ती मुद्रा नीति नहीं सहायक होती क्योंकि पूंजी की सीमान्त उत्पादकता इतनी कम होती है कि ब्याज की नीची दर निजी निवेश को प्रोत्साहन देने में असमर्थ रहती है। ऐसी स्थिति में, घाटे के बजट द्वारा बढ़ा हुआ सार्वजनिक व्यय पूंजी निवेश में K गुणा वृद्धि करके आय तथा रोजगार बढ़ाने में सहायक होता है।

8. सार्वजनिक निवेश (Public Investment)— उपर्युक्त चर्चा सार्वजनिक निवेश नीति में गुणक के महत्त्व को प्रकट करती है। सार्वजनिक निवेश लोक-कल्याण में वृद्धि करने वाले सार्वजनिक निर्माण कार्य (public works) तथा अन्य निर्माण कार्यों पर, राज्य-व्यय से सम्बन्ध रखता है। यह स्वायत्त (autonomous) और लाभ उद्देश्य से मुक्त होता है। इसलिए अर्थव्यवस्था में स्फीतिकारी तथा अवस्फीतिकारी दबावों पर काबू पाने और पूर्ण रोजगार उपलब्ध कराने तथा बनाए रखने में यह अपेक्षाकृत अधिक शक्ति से लागू होता है। क्योंकि निजी निवेश लाभों के उद्देश्य से प्रेरित होता है, इसलिए वह तभी सहायक हो सकता है जब सार्वजनिक निवेश उसके अनुकूल स्थिति उत्पन्न कर दे। फिर, आर्थिक क्रिया को निर्जी उद्यम की सनक तथा अनिश्चितताओं पर नहीं छोड़ा जा सकता। अत: सार्वजनिक निवेश में गुणक का महत्त्व इस बात में निहित है कि वह आय तथा रोजगार का निर्माण अथवा नियंत्रण करता है। मंदी के दौरान जहाँ *MPC* अधिक होती है (अथवा *MPS* कम होता है), राज्य सार्वजनिक निवेश बढ़ाकर आय तथा रोजगार पर अधिकतम गुणक प्रभाव प्राप्त कर सकता है। इसके विपरीत, अति-पूर्ण रोजगार की अवधि में, जहां *MPS* अधिक होती है (अथवा *MPC* कम होती है), निवेश में कमी करने से आय तथा रोजगार के स्तर पर गम्भीर प्रभाव पड़ता है। श्रेष्ठतम नीति यह है कि जहां *MPC* कम हो (अथवा *MPS* अधिक हो), वहां आय तथा रोजगार में धीरे-धीरे कमी लाने के लिए निवेश घटाया जाए। पर महत्वपूर्ण बात यह है कि सार्वजनिक निवेश का समय ऐसा हो कि गुणक अपनी पूरी शक्ति से कार्य कर सकें और आय-सरिता के रिसने की गुंजाइश न रहे। फिर सार्वजनिक निवेश को चाहिए कि वह निजी निवेश को उखाड़कर न फेंके बल्कि उसकी अनुपूर्ति करे ताकि निजी निवेश को मंदी के दौरान बढ़ाया जा सके और स्फीति में घटाया जा सके। परिणामत: गुणक की आगे तथा पीछे की क्रिया, दोनों स्थितियों में सहायक होगी।

9. सरकारी हस्तक्षेप (Government Interference)— गुणक सिद्धान्त इस बात पर बल देता है कि आय के स्तर में सन्तुलन बनाए रखने के लिए सरकारी हस्तक्षेप आवश्यक है जबकि आय के स्तर में वृद्धि के लिए निवेश में वृद्धि आवश्यक है। मुद्रा-स्फीति या अवस्फीति की स्थिति में भी सरकारी हस्तक्षेप आवश्यक है।

2. प्रावैगिक या समयावधि गुणक (DYNAMIC OR PERIOD MULTIPLIER)

केन्ज़ का गुणक का ताकिक सिद्धान्त समय-पश्चता (time lag) के बिना तात्कालिक (instantaneous) प्रक्रिया है। यह समयरहित स्थैतिक संतुलन विश्लेषण है जिसमें आप पर निवेश में परिवर्तन का कुल प्रभाव तात्कालिक होता है जिससे उपभोग वस्तुओं का उत्पादन उसी समय होता है और उपभोग व्यय भी तुरन्त कर दिया जाता है। परन्तु तथ्यों से उसकी पुष्टि नहीं होती, क्योंकि आय की प्राप्ति और आय का उपभोग वस्तुओं पर व्यय होने तथा उपभोग वस्तुओं को उत्पादित करने के बीच समय-पश्चता हमेशा पाया जाता है। इस प्रकार, काल-रहित गुणक विश्लेषण संक्रमण (transtiton) की उपेक्षा करता है और केवल नए संतुलन आय-स्तर की ही व्याख्या करता है तथा इसलिए अवास्तविक है।

तालिका III : प्रावैगिक या कालावधि गुणक
(Dynamic or Period Multiplier)

(रु. करोड़ में)

समय महीनों में	ΔI (निवेश में वृद्धि)	$\Delta C = C\Delta Y = 0.5$ (उपभोग में वृद्धि)	ΔY (आय में वृद्धि)
0	0	0	0
$t+1$	100	0	100
$t+2$	100	50	100+50
$t+3$	100	25	150+25
:	:	:	:
$t+n$	100	100	200

प्रावैगिक गुणक आय प्रजनन की प्रक्रिया में समय-पश्चतों से संबंधित है। गुणक प्रक्रिया को पूरा करने के लिए आय और उपभोग में समायोजनों की श्रृंखला (series of adjustments) कई महीने या वर्ष भी ले सकती है, जो कालावधि की मान्यता पर निर्भर करती हैं। इसे तालिका III में वर्णित किया गया है जहां प्रत्येक चक्कर एक महीने का है और 100 करोड़ रु. के प्रारंभिक निवेश 200 करोड़ रु. की आय प्रजनन करने में सत्रह चक्कर लगते हैं, $MPC=0.5$ दी होने पर। इस प्रकार गुणक प्रक्रिया को पूरा होने में सत्रह महीने लगेंगे।

यह तालिका दर्शाती है कि यदि $MPC=0.5$ पर स्थिर रहती है तो निवेश में 100 करोड़ रु. की प्रारंभिक वृद्धि पहले महीने $(t+1)$ में आय को 100 करोड़ रु. बढ़ा देगी। इसमें से 50 करोड़ रु. उपभोग पर व्यय कर दिए जाएंगे। यह दूसरे महीने $(t+2)$ में आय में 50 करोड़ रु. की वृद्धि करेगी और इसमें से 25 करोड़ रु. उपभोग पर व्यय किए जाएंगे। यह तीसरे महीने $(t+3)$ में आय में 25 करोड़ रु. की वृद्धि करेगी और आय में क्रमिक वृद्धियां प्रत्येक महीने में छोटी होती जाएंगी जब तक कि 17 वें महीने में आय में 0.001 करोड़ रु. की वृद्धि होगी। इसे समीकरण के रूप में निम्नलिखित प्रकार से भी समझाया जा सकता है :

$$\Delta Y = \Delta I + \Delta IC + \Delta IC^2 + \Delta IC^3 + \ldots + \Delta IC^{n-1} \text{ (जहां } C=MPC)$$

$$\Delta Y = 100 + 100\,(0.5) + 100\,(0.5)^2 + 100\,(0.5)^3 + \ldots + 100\,(0.5)^{n-1}$$

$$\Delta Y = \frac{1-.5^2}{1-.5}100 = \frac{1}{1-.5} = 200 \text{ करोड़ रु.}$$

प्रावैगिक आय प्रजनन की यह प्रक्रिया मान लेती है कि उपभोग समय-पश्चता (time lag) से होता है पर निवेश समय-पश्चता से नहीं होता, जिससे उपभोग, पिछली अवधि की आय का फलन, अर्थात् $C_t=f(Y_{t-1})$ है और निवेश समय (t) तथा स्थिर स्वायत्त निवेश (ΔI) का फलन, अर्थात् $I_t=f(Y_t \Delta I)$ चित्र 4 में $C+I$ कुल मांग फलन है और 45° की रेखा कुल पूर्ति फलन हैं। यदि हम t_o अवधि में शुरू करें जबकि आय की OY_o मात्रा पर संतुलन स्तर है और निवेश में ΔI वृद्धि कर दी जाए, तो t अवधि में आय, बढ़ाए हुए निवेश की मात्रा के बराबर बढ़ जाती है (t_o से t तक पहुंच जाती है)। बढ़े हुए निवेश को नए कुल मांग फलन $C+I+\Delta I$ द्वारा दिखाया गया है। परन्तु t_o अवधि में उपभोग पीछे रह जाता है और अभी भी मूल आय E_o के बराबर है। परन्तु Y_o स्तर पर कुल मांग $Y_o t_o$ से बढ़कर $Y_o t$ पर पहुंच जाती है। अब पूर्ति की उपेक्षा $t_o t\ (=\Delta I)$ मात्रा के बराबर मांग बढ़ जाती है।

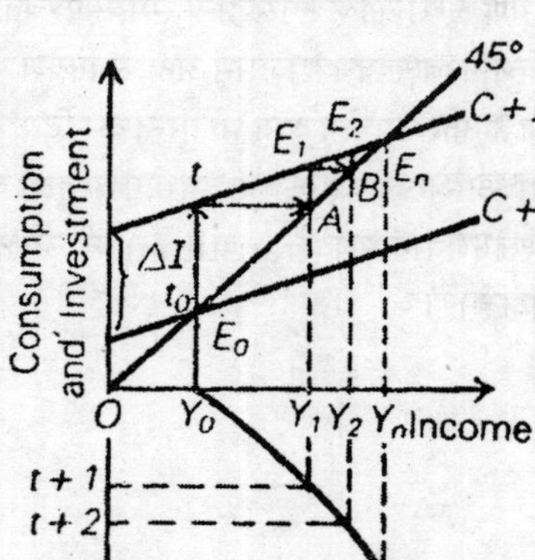

चित्र 4

$t+1$ अवधि में नया निवेश आय को बढ़ाकर OY_1 तक पहुंचा देता है और उपभोग को बढ़ाकर t से E_1 पर ले जाता है। परन्तु इस स्तर पर कुल मांग Y_1E_1 है

जिसकी मात्रा कुल पूर्ति से AE_1 अधिक है। यह $t+2$ अवधि में आय को आगे OY_2 तक बढ़ाएगी और उपभोग को E_1E_2 तक बढ़ा देगी। यह आगे मांग को बढ़ाकर Y_2E_2 तक ले जाएगी जिसके परिणामस्वरूप कुल पूर्ति की अपेक्षा कुल मांग BE_2 अधिक हो जाएगी। आय प्रजनन की यह प्रक्रिया तब तक चलती रहेगी, जब तक कि $C+I+\Delta I$ कुल मांग फलन E_n पर nth अवधि में कुल पूर्ति फलन 45° की रेखा के बराबर नहीं हो जाता और OY_n पर आय का नया स्तर नहीं निर्धारित हो जाता। E_o से E_n तक सीढ़ीनुमा पथ आय प्रजनन का प्रावैगिक मार्ग है, जो गुणक की प्रावैगिक प्रक्रिया को व्यक्त करता है। चित्र का नीचे का भाग गुणक प्रक्रिया के समय विस्तार को दर्शाता है जो Y_oE_n वक्र द्वारा $t+1$ से $t+n$ अवधि में आय की Y_o से Y_n वृद्धि को व्यक्त करता है। इससे यह अर्थ निकलता है कि उन्नत अर्थव्यवस्था में जहां सब प्रकार की अनिश्चितताएं तथा कठोरताएं विद्यमान रहती है, वहां प्राप्त आय से उपभोग काफी पीछे रह जाता है और यह प्रत्येक चक्कर को बढ़ा देता है और इस प्रकार आय प्रजनन की गति को धीमा कर देता है।

3. रोजगार गुणक (EMPLOYMENT MULTIPLIER)

सन् 1931 में आर. एफ. काहन (R. F. Kahn) ने पहले-पहल रोजगार गुणक की धारणा का प्रवर्तन किया। रोजगार गुणक वह अनुपात है जो रोजगार में कुल वृद्धि तथा प्राथमिक रोजगार में कुल वृद्धि के बीच होता है, अर्थात् $K^1=\Delta N/\Delta N_1$ जहां K^1 रोजगार गुणक है, ΔN कुल रोजगार में हुई वृद्धि है और ΔN_1 प्राथमिक रोजगार में वृद्धि है। इस प्रकार, ''रोजगार गुणक एक ऐसा गुणांक है जो सार्वजनिक निर्माण कार्यों पर प्राथमिक रोजगार की वृद्धि को कुल रोजगार प्राथमिक तथा द्वितीयक रोजगार मिलाकर, की परिणामी वृद्धि से सम्बद्ध करता है।'' इसे स्पष्ट करने के लिए, मानलीजिए कि सार्वजनिक निर्माग कार्यों में 2,00,000 अतिरिक्त व्यक्ति नियुक्त किये जाते हैं जिससे (द्वितीयक) रोजगार में 4,00,000 की वृद्धि होती है। कुल रोजगार 6,00,000 (=2,00,000 प्राथमिक + 4,00,000 द्वितीयक) बढ़ जाता है। रोजगार गुणक होगा=6,00,000/2,00,000=3।

बीजगणित से, केन्ज़ का गुणक $\Delta Y=K\Delta I$, काहन के $\Delta N=K^1\Delta N_1$ के समान है। परन्तु केन्ज बताता है कि कोई सामान्य कारण नहीं है कि $K=K^1$ मान लिया जाए क्योंकि यदि प्रक्रिया में मजदूरी न कमाने वालों की आय मजदूरी कमाने वालों की आय से अधिक अनुपात में बढ़ जाए, तो मजदूरी इकाइयों के रूप में आय रोजगार की अपेक्षा अधिक बढ़ जएगी। फिर घटते प्रतिफलों की स्थिति में रोजगार की अपेक्षा कुल उत्पादन कम अनुपात में बढ़ेगा। संक्षेप में, मजदूरी आय के रूप में सबसे अधिक बढ़ेगी, रोजगार उससे कम और उत्पादन सबसे कम। फिर भी, हैन्सन के अनुसार, जैसा कि केन्ज़ का आय तथा रोजगार सिद्धान्त बतलाता है, तीनों ही—आय, रोजगार और उत्पादन इकट्ठे बढ़ने और घटने लगेगें। हैन्सन इस निष्कर्ष पर पहुंचता है कि व्यावहारिक दृष्टि से यदि मान लिया जाए कि रोजगार गुणक K^1 निवेश गुणक K के बराबर है तो तथ्यों को कोई हानि नहीं पहुंचती।

पर यदि पूर्ण रोजगार की ओर उत्पादन बढ़ेगा, तो घटते प्रतिफलों के कारण श्रम का प्रति इकाई उत्पादन कम हो जाएगा। ऐसी स्थिति में जब उत्पादन और रोजगार बढ़ाने में गुणक कार्य कर रहा है तो K से K^1 बड़ा होगा। परन्तु यदि गुणक विपरीत दिशा में कार्य कर रहा है तो K से k^1 छोटा होगा।

डिल्लर्ड के अनुसार, सार्वजनिक निर्माण कार्यों से प्राथमिक तथा द्वितीयक रोजगार के बीच संबंध दिखाने के लिए रोजार गुणक उपयोगी है। परन्तु केन्ज़ की गुणक धारणा काहन की धारणा से अधिक श्रेष्ठ हैं क्योंकि गुडविन (Goodwin) के शब्दों में, ''केन्ज़ ने इसे सड़क निर्माण के विश्लेषण के औजार से आय निर्माण के विश्लेषण के औजार में बदलकर इसे वह कार्यभाग सौंपा, जो यह आज कर रहा है।''

4. गुणक सिद्धान्त की विकासशील देशों पर व्यवहार्यता (APPLICABILITY OF MULTIPLIER THEORY TO DEVELOPING COUNTRIES)

डॉ. वी. के. आर. वी. राव ने केन्ज़ के गुणक सिद्धान्त को भारत जैसे अल्पविकसित देश पर लागू करने की संभाव्यता का विश्लेषण किया है।[1] डॉ. राव के अनुसार, केन्ज़ ने अल्पविकसित देशों की समस्याओं को न तो कभी व्यवस्थित रूप में रखा और न ही उस उद्देश्य

1. V. K. R. V. Rao, *Essays in Economic Development*, Ch. 2, 1968.

की इन देशों से सम्बद्धता पर विचार किया, जो उसने अधिक विकसित देशों के लिए प्रस्तावित किए। परिणाम यह हुआ कि अल्पविकसित देशों की समस्याओं पर केन्ज़ के अर्थशास्त्र को कुछ-कुछ नासमझी से लागू किया गया। केन्ज़ का गुणक सिद्धान्त निम्नलिखित चार मान्यताओं पर आधारित है :

1. अनैच्छिक बेरोजगारी;
2. औद्योगीकृत अर्थव्यवस्था, जहां उत्पादन का पूर्ति वक्र ऊपर की ओर दाएं को ढालू होता है, परन्तु तब तक अनुलम्ब (vertical) नहीं बनता, जब तक कि बहुत काफी समय न बीत चुका हो;
3. उपभोग वस्तु उद्योगों में अतिरिक्त क्षमता; और
4. आवश्यक कार्यकारी (working) पूंजी अथवा बढ़ी हुई उत्पादन की अपेक्षा लोचदार पूर्ति।

इस मान्यताओं के दिए होने पर, यदि हम गुणक सिद्धान्त को अल्पविकसित देशों पर लागू करें, तो स्पष्ट रूप से गुणक का मूल्य किसी उन्नत देश के गुणक-मूल्य से भी बहुत अधिक होगा। हम जानते हैं कि गुणक सीमान्त उपभोग प्रवृत्ति पर निर्भर करता है। क्योंकि अल्पविकसित देश में सीमान्त उपभोग प्रवृत्ति काफी ऊंची हती है, इसलिए सम्भावना यह है निवेश की छोटी वृद्धियां, धनी देश की तुलना में, बहुत शीघ्र पूर्ण रोजगार को प्रेरित करेंगी, जहां सीमान्त उपभोग प्रवृत्ति कम होती है। यह बात विरोधाभासी तथा तथ्यों के विरुद्ध है क्योंकि अल्पविकसित देशों के सम्बन्ध में वे धारणाएं सत्य नहीं ठहरतीं, जिन पर गुणक सिद्धान्त आधारित है।

अब हम अल्पविकसित देश में पाई जाने वाली परिस्थितियों के प्रकाश में चारों मान्यताओं का परीक्षण करते हैं—

1. अनैच्छिक बेरोजगारी (Involuntary Unemployment)— केन्ज़ के विश्लेषण में, अनैच्छिक बेरोजगारी पूंजीवादी अर्थव्यवस्था से सम्बन्ध रखती है, जहां अधिकांश श्रमिक मजदूरी के लिए काम करते हैं और जहां उत्पादन अपने उपभोग के लिए होने की बजाय विनिमय के लिए अधिक होता है। प्रो. दासगुप्ता के अनुसार बड़े उद्योगों और काफी सुविकसित बैंकिंग व्यवस्था के साथ, अल्पविकसित अर्थव्यवस्था का संगठित क्षेत्र केन्ज़ के अर्थशास्त्र की सीमा में आता है क्योंकि वह पूंजीवादी अर्थव्यवस्था की विशिष्टताओं को प्रकट करता है। परन्तु जब देश की कुल कार्यकारी जनसंख्या के सम्बन्ध में विचार किया जाता है, तो इस क्षेत्र में अनैच्छिक बेरोजगारी महत्त्वहीन ठहरती है। प्रो. दासगुप्ता ने मोटे तौर पर हिसाब लगाया है कि "भारत में अनैच्छिक बेरोजगारी कुल कार्यकारी श्रम शक्ति का 0.2 प्रतिशत निकलती हैं। इस सम्बन्ध में धारणा यह है कि संगठित उद्योग में रोजगार पर लगे व्यक्तियों में से 10 प्रतिशत अनैच्छिक रूप में बेरोजगार हैं और संगठित उद्योग में कुल कार्यकारी जनसंख्या का मुश्किल से 2 प्रतिशत खप पाता है।"[2]

वास्तव में, अति जनसंख्या वाले अल्पविकसित देश में छिपी बेरोजगारी पाई जाती है। प्रत्यक्ष रूप से लोग कृषि में लगे होते हैं परन्तु यदि उनमें से कुछ को फार्म से हटा लिया जाए तो उत्पादन में कोई कमी नहीं होगी। अल्पविकसित अर्थव्यवस्था में अनैच्छिक बेरोजगारी की बजाय छिपी बेरोजगारी का अस्तित्व गुणक सिद्धान्त के कार्यकरण में बाधा प्रस्तुत करता है। निवेश की प्रारम्भिक वृद्धियों के द्वितीयक, तृतीयक तथा अन्य प्रभाव प्रमुख रूप से इसलिए नहीं होते कि चालू मजदूरी स्तर पर रोजगार स्वीकार करने को कोई भी श्रमिक तैयार नहीं होते। चालू मजदूरी स्तर पर छिपे बेरोजगार इसलिए नहीं मिलते क्योंकि एक तो उन्हें इस तथ्य का ज्ञान नहीं होता कि वे बेरोजगार हैं और दूसरे उन्हें पहले ही वह वास्तविक आय प्राप्त हो रही है जो उन्हें कम से कम उतनी संतुष्टि तो देती ही हैं जितनी कि चालू मजदूरी स्तर से उन्हें प्राप्त होगी। इस प्रकार अल्पविकसित देशों में अनैच्छिक बेरोजगारी का अभाव तथा छिपी बेरोजगारी की उपस्थिति उत्पादन और रोजगार को गुणक द्वारा बढ़ाने को अवरुद्ध करती है।

2. उत्पादन का बेलोच पूर्ति वक्र (Inelastic Supply Curve of Output)— अल्पविकसित देशों में उत्पादन का पूर्ति वक्र बेलोच होता है, जो गुणक के कार्यकरण को और भी कठिन बना देता है। कारण यह है कि उपभोग-वस्तु उद्योगों की प्रकृति ऐसी होती है कि वे उत्पादन का विस्तार करने तथा अधिक रोजगार प्रदान करने में असमर्थ हो होते हैं। अल्पविकसित देश में प्रमुख उपभोग-वस्तु उद्योग कृषि है, जो लगभग स्थिर होती है। इसका कारण यह है कि अल्पकाल में उत्पादन बढ़ाने के लिए कृषि-उत्पादकों को आवश्यक सुविधाएं नहीं प्राप्त होतीं। परिणाम यह होता है कि निवेश की प्रारम्भिक वृद्धि के साथ आय, उत्पादन तथा रोजगार में द्वितीयक, तृतीयक तथा अन्य वृद्धियां नहीं हो पातीं। आय में हुई प्राथमिक वृद्धि खाने-पीने पर खर्च हो जाती है और उसका गुणक प्रभाव समाप्त हो जाता है।

---

2. A. K. Das Gupta, *Planning and Economic Growth*, pp. 32-33.

3. उपभोग वस्तु उद्योगों में अतिरिक्त क्षमता (Excess Capacity of Consumer Industries)— क्योंकि अल्पविकसित देशों में सीमान्त उपभोग प्रवृत्ति अधिक होती हैं, इसलिए बढ़ी हुई आय को किसान अपने लिए खाद्य वस्तुओं के उपभोग पर खर्च कर देते हैं जिससे क्रय-योग्य अनाज के आधिक्य (surplus) में कमी हो जाती है। फिर, इसके परिणामस्वरूप अकृषि क्षेत्र में अनाज की कीमतें बढ़ जाती हैं। जबकि कुल वास्तविक आय नहीं बढ़ती। पर यह सम्भावना सीमित होती है कि कृषक अकृषि वस्तुओं पर अधिक खर्च करें, क्योंकि उद्योगों में अतिरिक्त क्षमता (excess capacity) नहीं होती।

4. संसाधनों की लोचदार पूर्ति (Elastic Supply of Resources)— उत्पादन को बढ़ाना कठिन होता है क्योंकि पर्याप्त कच्चा माल, पूंजी, उपकरण तथा कुशल श्रमिक नहीं मिलते। इस प्रकार, डॉ. राव यह निष्कर्ष देते हैं कि ''निवेश में प्राथमिक वृद्धि से, और इसलिए आय तथा रोजगार में वृद्धि से, आय में द्वितीयक तथा तृतीयक वृद्धि होती है किन्तु कृषि क्षेत्र या अकृषि क्षेत्र में, उत्पादन या रोजगार में कोई विशेष वृद्धि नहीं होती। इसलिए गुणक सिद्धान्त मुद्रा आय के सम्बन्ध में तो कार्य करता है परन्तु वास्तविक आय अथवा रोजगार के प्रसंग में नहीं।''

इसी प्रकार, अल्पविकसित देश में परिस्थिति (3) और (4) का अभाव गुणक के प्रचलन को कठिन बना देता है। उपभोग-वस्तु उद्योगों के अतिरिक्त क्षमता का अभाव तथा उत्पादन बढ़ाने के लिए कार्यकारी पूंजी की अपेक्षाकृत बेलोच पूर्ति, दोनों मिलकर उपभोग-वस्तु उद्योगों के उत्पादन में आवश्यक वृद्धि तथा उनमें परिणामी रोजगार को रोकते हैं।

इसलिए सीधा निष्कर्ष यह है कि दो प्रमुख कारणों से अल्पविकसित देश में केन्ज का गुणक सिद्धान्त नहीं चलता। पहला कारण तो यह है कि यहां केन्ज़ के ढंग की अनैच्छिक बेरोजगारी नहीं मिलती और दूसरा यह कि विशेष रूप से इस प्रकार की अर्थव्यवस्थाओं में पाए जाने वाले कुछ साधनों के कार्यकरण से कृषि तथा अकृषि उत्पादनों की पूर्ति बेलोच होती हैं।

प्रश्न

1. 'उपभोग प्रवृत्ति' से क्या अभिप्राय है? उपभोग प्रवृत्ति तथा निवेश गुणक में संबंध की व्याख्या कीजिए?
2. ''सीमान्त उपभोग प्रवृत्ति जितनी अधिक होगी, उतना ही अधिक गुणक का मूल्य होगा।'' इस कथन की विवेचना कीजिए?
3. ''गुणक केन्ज़ीय रोजगार तथा आय सिद्धान्त का आधारभूत भाग है।'' इस कथन की पूरी तरह से व्याख्या कीजिए?
4. किस विश्लेषणात्मक प्रयोजनों के लिए आय प्रजनन सिद्धान्त में 'रिसावों' और 'समय-पश्चता' (time-lag) की धारणाओं का प्रयोग किया जाता है?
5. गुणक को परिभाषित कीजिए और इसका अतिगुणक से भेद करिए। वह ढंग बताइए जिसके द्वारा गुणक केन्ज़ीय रोजगार सिद्धान्त में प्रयोग किया गया है।
6. केन्ज के गुणक सिद्धान्त की व्याख्या कीजिए और उसकी अल्पविकसित देशों पर व्यवहार्यता बताइए।

अध्याय 17

जटिल गुणक
(Complex Multipliers)

1. प्रस्तावना
(INTRODUCTION)

केन्ज़ का निवेश गुणक साधारण और स्थैतिक है जिसमें आय निर्भर करती है निवेश और उपभोग पर। इसे दो क्षेत्र मॉडल कहते हैं। केन्ज़ के पश्चात अर्थशास्त्रियों ने गुणक की धारणा को अधिक व्यावहारिक बनाने के लिए अनेक चरों का समावेश करते हुए कई प्रकार के गुणकों का निर्माण किया जिन्हें जटिल गुणक कहा जाता है। ये हैं : प्रावैगिक गुणक, सरकारी व्यय गुणक, कर गुणक, संतुलित बजट गुणक, और विदेश व्यापार गुणक। इनमें से प्रावैगिक गुणक की व्याख्या पिछले अध्याय में की गई है और विदेश व्यापार गुणक की अगले अध्याय में।

केन्ज़ का द्वि-क्षेत्र मॉडल निवेश और उपभोग पर निर्भर करता है जिसमें सरकारी व्यय और कर शामिल करने से त्रि-क्षेत्र गुणक मॉडल बन जाता है। इसी त्रि-क्षेत्र गुणक मॉडल में सरकारी व्यय गुणक, कर गुणक और संतुलित बजट गुणक शामिल होते हैं; जिनकी व्याख्या आगे की जा रही है।

2. सरकारी व्यय गुणक
(GOVERNMENT EXPENDITURE MULTPLIER)

जब निजी उपभोग और स्वायत्त निवेश में वस्तुओं और सेवाओं पर सरकारी निवेश जोड़ देने से आय में जो वृद्धि होती है, उसे सरकारी व्यय गुणक कहते हैं। दूसरे शब्दों में, स्वायत्त सरकारी व्यय परिवर्तन से आय में जो परिवर्तन होता है वह सरकारी व्यय गुणक है *(It is a change in income due to a change in autonomous government expenditure)*। इसे निम्न प्रकार से व्यक्त किया जा सकता है :

$$\Delta Y = \frac{1}{1-c}\Delta G$$

या व्यय गुणक $kg = \frac{\Delta Y}{\Delta G} = \frac{1}{1-c}$

जो यह बताता है कि आय में परिवर्तन (ΔY) बराबर है गुणक ($1/1-c$) गुणा स्वायत्त सरकारी व्यय में परिवर्तन (ΔG) के। यदि $c = 2/3$, तो $kg = \frac{1}{1\,2/3} = 3$.

सरकारी व्यय गुणक के चित्र 1 में दर्शाया गया है। केन्ज़ के द्वि-क्षेत्र मॉडल के अनुसार $C + I$ कुल व्यय रेखा है जो 45° रेखा को E बिन्दु पर काटती है और

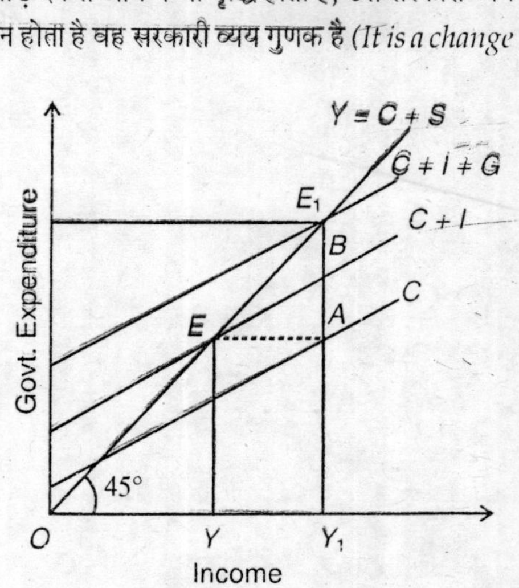

चित्र 1

OY प्रारंभिक संतुलन आय है। $C + I$ सरकारी व्यय शमिल करने से यह रेखा ऊपर को सरक कर $C + I + G$ बन जाती है जिससे E_1 बिन्दु पर नया संतुलन OY_1 आय स्तर पर होता है। सरकारी व्यय गुणक के प्रभाव से आय में $YY_1 (= AE_1)$ की वृद्धि सरकारी व्यय में वृद्धि BE_1 से अधिक होती है। इस प्रकार, सरकारी व्यय गुणक इकाई से अधिक होता है, जैसा कि ऊपर के उदाहरण में यह 3 है।

3. कर गुणक (TAX MULTIPLIERS)

जब सरकार कर की दरों में परिवर्तन करती है तो प्रयोज्य (disposal) आय और राष्ट्रीय आय के बीच संबंध भी परिवर्तित होता है। कर की दर (T) बढ़ने से प्रयोज्य आय कम हो जाती है और उससे सीमांत उपभोग प्रवृत्ति (c) में भी कमी होती है और राष्ट्रीय आय भी गुणक प्रक्रिया द्वारा कम होती है। दूसरी ओर, कर कम करने से इसके विपरीत गुणक प्रक्रिया द्वारा राष्ट्रीय आय में वृद्धि होती है। कर गुणक है :

$$\Delta Y = \frac{-c}{1-c} \times \Delta T$$

या कर गुणक $k_T = \dfrac{\Delta Y}{\Delta T} = \dfrac{-c}{1-c}$

यदि $c = 2/3$ हो तो

$$k_T = \frac{-2/3}{1/\frac{2}{3}} = -2$$

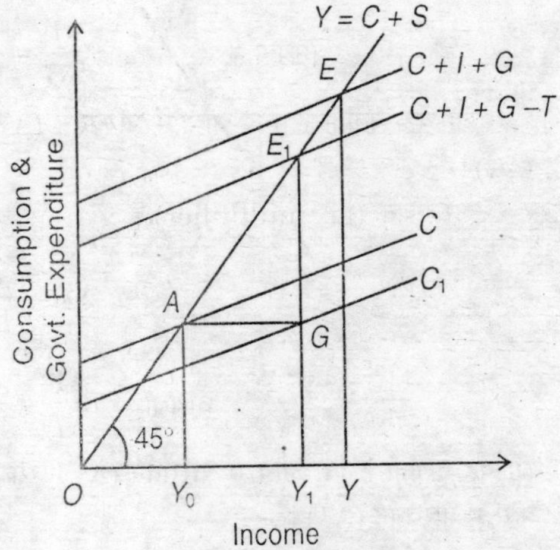

चित्र 2

कर गुणक को चित्र 2 में दर्शाया गया है। एकमुश्त (lumpsum) कर लगाने से पहले का उपभोग फलन C है और आय स्तर OY_0 है। अब AG मात्रा का कर लगाया जाता है जिससे प्रयोज्य आय कम होने पर उपभोग फलन C नीचे की ओर C_1 पर सरक जाता है। उपभोग फलन के कम होने से कुल व्यय वक्र (C + I + G) सरक कर नीचे $(C + I + G - T)$ पर आ जाता है जो 45° रेखा को E_1 पर काटता है जिससे आय OY से कम हो कर OY_1 हो जाती है।

यदि एकमुश्त कर की अपेक्षा आनुपातिक (proportional) आय कर लगाया जाता है तो इससे भी प्रयोज्य आय में कमी के कारण उपभोग फलन कम हो जाता है। इससे राष्ट्रीय आय में कर गुणक द्वारा गिरावट आती है। इसे चित्र 3 में दर्शाया गया है। कर लगाने से पहले का उपभोग फलन C है और आय स्तर OY_1 है। अब AT कर लगाया जाता है जिससे पुराना उपभोग फलन C घूमकर नीचे C_1 पर आ जाता है। उपभोग फलन के कम होने से कुल व्यय वक्र $(C + I + G)$ घूम कर नीचे $(C + I + G - T)$ पर आ जाता है जो 45° रेखा को E_1 पर काटता है। इससे आय OY_1 से कम हो कर OY पर आ जाती है।

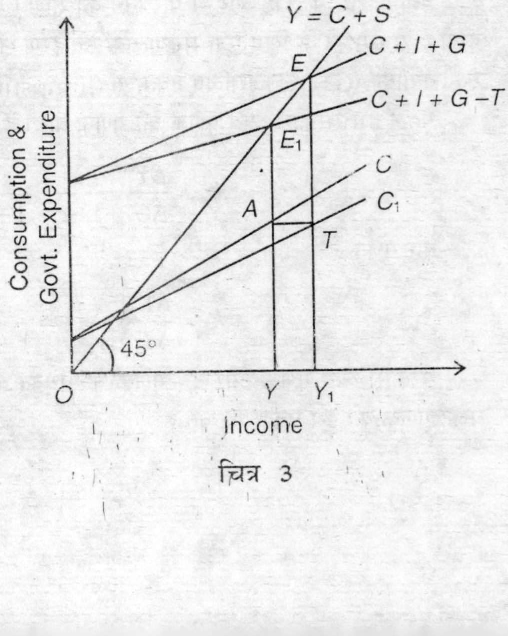

चित्र 3

4. संतुलित बजट गुणक (BALANCED BUDGET MULTIPLIER)

संतुलित बजट गुणक का एक विस्तारवादी राजकोषीय नीति दर्शाने के लिए प्रयोग किया जाता है। इसमें, करों में वृद्धि (ΔT) और सरकारी व्यय में वृद्धि (ΔG) की मात्रा बराबर होती है (ΔT = ΔG)। फिर भी आय में वृद्धि होती

है।"इस प्रकार के संतुलित बजट के विस्तारवादी प्रभाव का आधार यह है कि एक कर केवल प्रयोज्य आय (disposable income) का स्तर कम करने की प्रवृत्ति रखता है। इसलिए, जब एक अर्थव्यवस्था की प्रयोज्य आय का केवल एक भाग ही उपभोग उद्देश्यों के लिए प्रयोग किया जाता है तो अर्थव्यवस्था का उपभोग व्यय कर की पूरी राशि के बराबर कम नहीं होगा। दूसरी ओर, सरकारी व्यय, कर की पूरी राशि के बराबर बढ़ता है।" अत: उपभोग व्यय में कर के कारण कमी से सरकारी व्यय में अधिक वृद्धि होती है और राष्ट्रीय आय में शुद्ध वृद्धि होती है।

यह संतुलित बजट गुणक या प्रमेय (theorem) कर गुणक और सरकारी-व्यय गुणक के संयुक्त कार्यकरण पर आधारित है। संतुलित बजट गुणक में, सरकारी गुणक से कर गुणक छोटा होता है। सरकारी व्यय गुणक है:

$$\Delta Y = \frac{1}{1-c}\Delta G$$

अथवा $$\frac{\Delta Y}{\Delta G} = \frac{1}{1-c} \quad \text{....(1)}$$

जो यह बताता है कि आय में परिवर्तन (ΔY) बराबर होगा गुणक ($1/1-c$) **गुणा** स्वायत्त सरकारी व्यय में परिवर्तन के (ΔG)।

कर गुणक (tax multiplier) है :

$$\Delta Y = \frac{-c\Delta T}{1-c}$$

अथवा $$\frac{\Delta Y}{\Delta T} = \frac{-c}{1-c} \quad \text{....(2)}$$

जो यह दर्शाता है कि आय में परिवर्तन (ΔY) बराबर होगा गुणक ($1/1-c$) **गुणा** सीमान्त उपभोग प्रवृत्ति (c) का गुणनफल और करों में परिवर्तन (ΔT)।

सरकारी व्यय और करों में एक साथ परिवर्तन को समीकरण (1) और (2) के जोड़ के रूप में व्यक्त किया जा सकता है, जो संतुलित बजट गुणक,

$$k_b = \frac{\Delta Y}{\Delta G} + \frac{\Delta Y}{\Delta T} = \frac{1}{1-c} + \frac{-c}{1-c} = \frac{1-c}{1-c} = 1$$

या $$k_b = 1$$

क्योंकि $\Delta G + \Delta T$, आय में परिवर्तन की राशि (ΔY) सरकारी व्यय (ΔG) और करों में परिवर्तन की राशि (ΔT) के बराबर होगी। इसे समझने के लिए एक संख्यात्मक उदाहरण लेते हैं। मानलीजिए कि $c = 2/3$ और सरकारी व्यय में वृद्धि $\Delta G = 10$ करोड़ रु०। क्योंकि $\Delta G = \Delta T$, इसलिए एकमुश्त (lumpsum) करों में वृद्धि, $\Delta T = 10$ करोड़ रु०।

पहले हम सरकारी व्यय गुणक की गणना करते हैं:

$$k_g = \frac{\Delta Y}{\Delta G} = \frac{1}{1-c} = \frac{1}{1-2/3} = 3$$

कर गुणक है:

$$k_T = \frac{\Delta Y}{\Delta T} = \frac{-c}{1-c} = \frac{-2/3}{1-2/3} = -2$$

सरकारी व्यय गुणक और कर गुणक के संयुक्त कार्यकरण के परिणामस्वरूप आय में वृद्धि प्राप्त करने के लिए, हम संतुलित बजट गुणक को इस प्रकार लिखते हैं:

$$k_b = \Delta Y = \frac{1}{1-c}\Delta G + \frac{-c}{1-c}\Delta T$$

और c, ΔG एवं ΔT के ऊपर निकाले गए मूल्यों को इसमें लगाते हैं:

$$\begin{aligned} k_b = \Delta Y &= 3\,\Delta G - 2\,\Delta T \\ &= 3 \times 10 - (2 \times 10) \\ &= 10 \text{ करोड़ रु० ।} \end{aligned}$$

अत: आय में वृद्धि (ΔY), सरकारी व्यय में वृद्धि (ΔG) और एकमुश्त कर में वृद्धि (ΔT) के बिल्कुल बराबर होती है अर्थात् 10 करोड़ रु० । इस प्रकार, $k_b = 1$

इस संतुलित बजट गुणक या इकाई गुणक (unit multiplier) को चित्र 4 द्वारा समझाया गया है। कर लगाने से पहले का उपभोग फलन C है और आय स्तर OY_o है। AG मात्रा का कर लगाया जाता है जिसके परिणामस्वरूप उपभोग फलन नीचे की ओर सरक कर C_1 पर आ जाता है। अब अर्थव्यवस्था में GE मात्रा का सरकारी व्यय लगाया जाता है जो कर प्राप्ति AG के बराबर है। नई सरकारी व्यय रेखा $C_1 + G$ है जो E बिन्दु पर OY आय को निर्धारित करती है। आय में वृद्धि Y_oY बराबर है कर प्राप्ति AG के तथा सरकारी व्यय में वृद्धि GE के, अर्थात् $Y_oY = AG = GE$। इससे सिद्ध होता है कि आय में वृद्धि सरकारी व्यय में वृद्धि के एक (1) गुणा बढ़ गई है जो संतुलित बजट गुणक है।

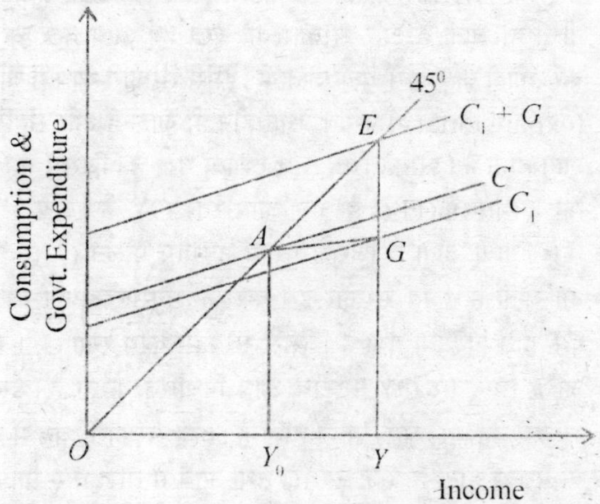

चित्र 4

ऊपर का विश्लेषण एकमुश्त कर लगाने से संबद्ध है। यदि एकमुश्त कर की अपेक्षा आनुपातिक (proportional) आय कर लगाया जाता है तो संतुलित बजट प्रमेय लागू नहीं होता। आय कर राष्ट्रीय आय की MPC को कम कर देता है और सरकारी व्यय गुणक का मूल्य भी कम हो जाता है। सरकारी व्यय में परिवर्तन (ΔG) और कर की दर (t) स्थिर होने पर, सरकारी व्यय गुणक समीकरण है:

$$\frac{\Delta Y}{\Delta G} = \frac{1}{1-c(1-t)}$$

जहां $c\,(1-t)$ राष्ट्रीय आय की कर लगाने के बाद MPC है। दूसरे शब्दों में, कर-योग्य राष्ट्रीय आय का उपभोग पर खर्च किया भाग $c\,(1-t)$ के बराबर होता है। ऐसी स्थिति में, सरकारी व्यय में वृद्धि, प्रयोज्य आय (disposable income) को केवल (1–t) गुणा आय में वृद्धि से बढ़ा देती है, क्योंकि लगाए गए कर (t) का एक भाग सरकारी खजाने में कर उगाही के रूप में चला जाता है। परिणामस्वरूप, राष्ट्रीय आय की MPC कम हो जाती है और ऊपर दिए गए समीकरण के अनुसार सरकारी व्यय गुणक का मूल्य भी कम हो जाता है।

इसे एक उदाहरण द्वारा समझाया जा सकता है।

मान लीजिए कि आय कर की दर (t) = 25 प्रतिशत है। अत: $(1-t) = 1 - 1/4$, और MPC या c का मूल्य 2/3 मान लेने पर सरकारी व्यय गुणक होता है:

$$\frac{\Delta Y}{\Delta G} = \frac{1}{1-c(1-t)} = \frac{1}{1-2/3(1-1/4)} = \frac{1}{1/2} = 2$$

जो एकमुश्त कर लगाने पर सरकारी व्यय गुणक की अपेक्षा कम है, अर्थात्

$$\frac{\Delta Y}{\Delta G} = \frac{1}{1-c} = \frac{1}{1-2/3} = \frac{1}{1/3} = 3$$

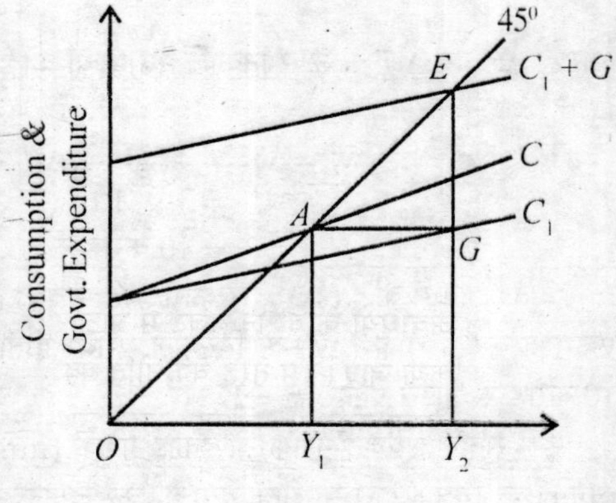

चित्र 5

यह विश्लेषण बताता है कि आय कर लगाने से, प्रयोज्य आय का स्तर नीचा हो जाता है और सरकार की बढ़ी हुई आय का एक भाग खजाने में कर उगाही के रूप में चला जाता है। इससे सरकारी व्यय में वृद्धि का विस्तारक (expansionary) प्रभाव प्रभावहीन हो जाता है और संतुलित बजट गुणक लागू होता है। इसको चित्र 5 में दर्शाया गया है। जिसमें कर लगाने से पहले का उपभोग फलन C है और आय स्तर OY_1 है। अब Y_1Y_2/OY_2 आय कर लगाया जाता है जिससे पुराना उपभोग फलन C घूम कर नीचे C_1 पर आ जाता है। अब सरकार इस कर के अनुसार अपना व्यय बढ़ाती है जो GE द्वारा दिखाया गया है जिससे सरकारी व्यय रेखा $C_1 + G$ प्राप्त होती है जो E बिन्दु पर OY_2 राष्ट्रीय आय निर्धारित करती है। इस आय स्तर पर सरकार को AG कर-प्राप्ति होती है। अब सरकारी व्यय में वृद्धि कर-प्राप्ति के बराबर होती है, $GE = AG$ तथा आय में वृद्धि कर-प्राप्ति के बराबर होती है, $Y_1Y_2 = AG$। इस प्रकार, आय में वृद्धि (Y_1Y_2) = कर राजस्व (AG) = सरकारी व्यय (GE)। इससे सिद्ध होता है कि संतुलित बजट प्रमेय अनुपातिक आय कर में भी लागू होती है। इस विश्लेषण से यह भी स्पष्ट होता है कि आय कर लगाने के बाद भी व्यक्तियों की सीमांत उपभोग प्रवृत्ति (c) में कमी नहीं होती है। यह अपरिवर्तित रहती है: $AY_1 = GY_2$

इसकी मान्यताएं (Its Assumptions)

संतुलित बजट गुणक की धारणा कुछ अवास्तविक मान्यताओं पर आधारित है। *प्रथम,* यह केवल वस्तुओं तथा सेवाओं पर सरकारी व्यय को लेती हैं और अन्तरण भुगतानों (transfer payments) को छोड़ देती है। वस्तुतः अन्तरण भुगतानों का गुणक, ऋणात्मक कर-गुणक को निष्प्रभावित करता है। *दूसरे,* कर देने वालों के लिए और सरकारों को अपनी वस्तुएं तथा सेवाएं बेचने वालों के लिए यह समान रूप MPC मान लेती है। *तीसरे,* यह निवेश पर सरकारी व्यय तथा करों के प्रभाव पर ध्यान नहीं देती। सरकारी व्यय तथा करों में वृद्धि व्यापार को विभिन्न रूप से प्रभावित कर सकती है। सरकारी व्यय व्यापारी समुदाय में विश्वास भी उत्पन्न कर सकता है और सन्देह भी जगा सकता है। जहां तक करों का सम्बन्ध है, वे या तो निवेश को या फिर उपभोग को प्रभावित करते हैं, जो इस बात पर निर्भर करता है कि करदाता किस किस्म के हैं अर्थात् कर, व्यापारी समुदाय पर लगाया गया है अथवा स्थिर आय वाले वर्गों पर। *चौथे,* यह पूर्ण रोजगार से कम की मान्यता पर आधारित है।

इसकी आलोचनाएं (Its Criticisms)

इस अवास्तविक मान्यताओं के अतिरिक्त विस्तारक उपाय के रूप में संतुलित बजट का प्रयोग अकुशल तथा अपर्याप्त पाया गया है। यह नीति बहुत अधिक सरकारी व्ययों को आवश्यक बना देती है, जो निजी से सरकारी क्षेत्र में साधनों के आवंटन में पर्याप्त परिवर्तन ला सकते हैं और इस प्रकार निजी क्षेत्र पर प्रतिकूल प्रभाव डालते हैं। फिर, इसके लिए करों में बड़ी, आत्म-निष्फलकारी (self-defeating) तथा अनावश्यक वृद्धियां चाहिएं, जो निवेश पर निरुत्साहित प्रभाव डाल सकती हैं।

इसके निहितार्थ (Its Implications)

जो हो, परम्परावादियों के संतुलित बजट नियम की दुर्बलताओं का यह परिणाम हुआ कि अर्थशास्त्रियों ने संतुलित बजट प्रमेय की स्थापना की। प्रति वर्ष बजट को संतुलित करने का परंपरावादियों का नियम आर्थिक स्थिरता की नीति का विरोधी है क्योंकि

उसका अर्थ है कि बजट को संतुलित करने के लिए सरकार या तो व्यय *बढ़ाए* या कर *घटाए,* जो स्फीति को शान्त करने की बजाए और तेज करेगा। क्योंकि मन्दी के दौरान सरकार का राजस्व घट जाता है, इसलिए या तो कर बढ़ाकर या सरकारी व्यय घटाकर ही घाटा पूरा किया जा सकता है। इस तरह की नीति अर्थव्यवस्था को मन्दी के तल तक पहुंचा देगी। इस प्रकार संतुलित बजट बनाने की नीति का अर्थव्यवस्था पर विनाशकारी प्रभाव पड़ेगा। इस दृष्टि से परम्परागत संतुलित बजट सिद्धांत की अपेक्षा संतुलित बजट प्रमेय श्रेष्ठ है।

पर कुछ अर्थशास्त्री ऐसे हैं जो 1930 के बाद के वर्षों की स्वीडन की बजट नीति के पक्ष में हैं, जिसका उद्देश्य व्यापार-चक्र के दौरान बजट को संतुलित करना है। इस तरह की नीति के लिए आवश्यक है कि स्फीतिकारी अवधियों के दौरान बजट में व्यय की अपेक्षा कर प्राप्तियां अधिक हों और उन्हें सार्वजनिक कर्जा चुकाने के काम में लाया जाए ताकि बजट संतुलित रहे। दूसरी ओर, अवस्फीतिकारी अवधियों के दौरान बजट में घाटा रहना चाहिए। कर प्राप्तियों की अपेक्षा व्यय अधिक हो और उसे सार्वजनिक कर्जा लेकर संतुलित किया जाए। इस तरह की नीति पहले से मान लेती है कि सरकार इतनी मजबूत है कि वह अपने व्यय, कर की दरों तथा सार्वजनिक कर्जा नीति में परिवर्तन करने की क्षमता रखती है, और फिर, प्रस्तुत नीति यह आशा रखती है कि राज्य के पास ऐसी मशीनरी है, जो चक्रीय उतार-चढ़ावों का सही-सही पूर्वानुमान करने की क्षमता रखती है। परन्तु किसी आधुनिक राज्य से, जिसके निर्णय राजनीति से प्रेरित होते हैं, इस तरह की आशा रखना बहुत ज्यादती है और चक्रीय उतार-चढ़ावों का पूर्वानुमान करने की सही मशीनरी के अभाव में बजट को उचित समय पर संतुलित करना असम्भव हो जाता है। इसलिए अर्थशास्त्री क्षतिपूरक राजकोषीय नीति कार्यक्रम के पक्ष में हैं।

प्रश्न

1. सरकारी व्यय गुणक और कर गुणक की व्याख्या कीजिए।
2. उन शर्तों की पड़ताल कीजिए जिनके अन्तर्गत गुणक का मूल्य एक के बराबर होता है।
3. सन्तुलित बजट का क्या अभिप्राय है? इसकी व्याख्या करिए।

अध्याय 18

विदेश व्यापार गुणक
(Foreign Trade Multiplier)

1. विदेश व्यापार गुणक का कार्यकरण (WORKING OF FOREIGN TRADE MULTIPLIER)

विदेश व्यापार गुणक, जो निर्यात गुणक भी कहलाता है, केन्ज़ के निवेश गुणक की तरह कार्यकरण करता है। जब निर्यात बढ़ते हैं तो निर्यात उद्योगों के साथ सम्बन्धित सभी व्यक्तियों की आमदनियों में वृद्धि होती है। जो आगे, वस्तुओं के लिए मांग उत्पन्न करती है। परन्तु यह उनकी सीमांत बचत प्रवृत्ति और सीमांत आयात प्रवृत्ति पर निर्भर करता है। यह दोनों सीमांत प्रवृत्तियां जितनी कम होंगी उतना ही अधिक गुणक का मूल्य होगा और विलोमशः भी। विदेश व्यापार गुणक की प्रक्रिया को इस प्रकार समझा जा सकता है। मानलीजिए कि देश के निर्यात में वृद्धि होती है। प्रारम्भ में, निर्यातक अपनी वस्तुएं दूसरे देशों को बेचेंगे और अधिक आय प्राप्त करेंगे। विदेशी मांग को पूरा करने के लिए, वे अधिक उत्पादन के साधन लगाएंगे ताकि उत्पादन कर सकें। इससे साधनों के मालिकों की आय बढ़ेगी। यह प्रक्रिया चालू रहेगी और राष्ट्रीय आय गुणक के मूल्य के अनुसार बढ़ेगी। गुणक का मूल्य सीमांत बचत प्रवृत्ति (*MPS*) और सीमांत आयात प्रवृत्ति (*MPM*) के मूल्यों पर निर्भर करता है, जबकि इन दोनों प्रवृत्तियों और निर्यात गुणक में विपरीत सम्बन्ध होता है।

बीजगणितीय रूप में विदेश व्यापार गुणक निम्न प्रकार से निकाला जा सकता है:

$$Y = C+I+X-M$$

जहां Y राष्ट्रीय आय है, C राष्ट्रीय उपभोग, I कुल निवेश, X निर्यात और M आयात है।

ऊपर दिया सम्बन्ध इस प्रकार हल किया जा सकता है:

$$Y-C = I+X-M$$

$$S = I+X-M \qquad (\because S = Y-C)$$

$$S+M = I+X$$

इस प्रकार, आय के सन्तुलन स्तर पर बचत और आयात का जोड़ ($S+M$) बराबर है निवेश और निर्यात के जोड़ के ($I+X$)। खुली अर्थव्यवस्था में निवेश (I) को घरेलू निवेश (I_d) और विदेशी निवेश (I_f) में विभक्त किया जाता है:

$$I = S$$

$$I_d+I_f = S \qquad ...(1)$$

विदेशी निवेश (I_f) वस्तुओं और सेवाओं के निर्यात और आयात का अन्तर होता है:

$$I_f = X-M \qquad ...(2)$$

समीकरण (2) को (1) में स्थानापन्न करने से,

$$I_d+X-M = S$$

या

$$I_d+X = S+M$$

जो एक खुली अर्थव्यवस्था में राष्ट्रीय आय के सन्तुलन की शर्त है। विदेश व्यापार गुणक गुणांक (K_f) बराबर है,

$$K_f = \frac{\Delta Y}{\Delta X}$$

और $\Delta X = \Delta S + \Delta M$ $[\because I_d = 0$ (शून्य)$]$

दोनों पक्षों को ΔY से भाग देने पर,

$$\frac{\Delta X}{\Delta Y} = \frac{\Delta S + \Delta M}{\Delta Y}$$

या

$$\frac{\Delta Y}{\Delta X} = \frac{\Delta Y}{\Delta S + \Delta M} \qquad (\because K_f = \frac{\Delta Y}{\Delta X})$$

$$\therefore \quad K_f = \frac{1}{\frac{\Delta S}{\Delta Y} + \frac{\Delta M}{\Delta Y}}$$ (ΔY से भाग देकर)

इसलिए

$$K_f = \frac{1}{MPS + MPM}$$

इसकी मान्यताएं (Its Assumptions)

विदेश व्यापार गुणक निम्नलिखित मान्यताओं पर आधारित है:

(i) अर्थव्यवस्था में पूर्ण रोजगार पाया जाता है, (ii) यह विश्लेषण केवल दो देशों पर ही लागू होता है। (iii) यह तात्कालिक प्रक्रिया पर आधारित है, (iv) दोनों देशों में टैरिफ या आयात नियन्त्रण या संरक्षण की नीति नहीं अपनाई जाती है, (v) घरेलू निवेश स्थिर रहता है; और (vi) सरकारी व्यय को भी स्थिर माना जाता है।

आरेखीय विवरण (Diagrammatic Explanation)

अर्थव्यवस्था में संतुलन आय स्तर चित्र 1 में दिखाया गया है जहां $S(Y)$ बचत फलन है और $(S+M)Y$ बचत जमा आयात फलन है।

I_d घरेलू निवेश को व्यक्त करता है और I_d+X घरेलू निवेश **जमा** निर्यात को। $(S+M)Y$ और I_d+X फलन राष्ट्रीय आय का सन्तुलन स्तर OY निर्धारित करते हैं जहां बचतें और घरेलू निवेश बराबर होते हैं और निर्यात और आयात बराबर होते हैं।

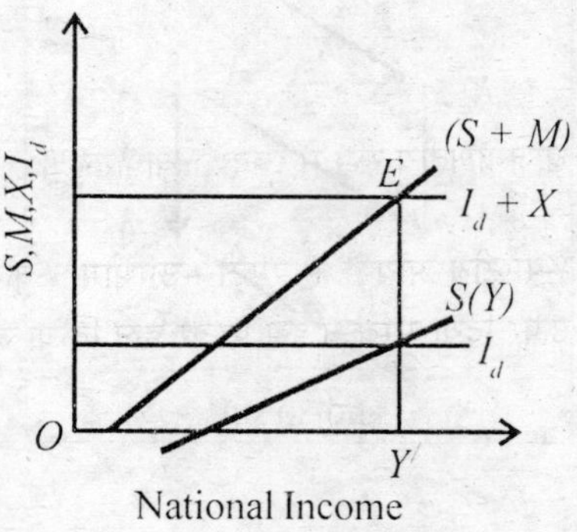

चित्र 1

यदि I_d+X फलन **निर्यात में वृद्धि** के कारण ऊपर I_d+X_1 सरक जाता है, तो राष्ट्रीय आय OY से बढ़ कर OY_1 हो जाएगी जैसा चित्र 2 में दिखाया गया है। आय में यह वृद्धि गुणक प्रभाव के कारण होती है, अर्थात् $\Delta Y = K_f \Delta X$। आयात से निर्यात sd मात्रा जितनी अधिक होंगें जो वह राशि है जितनी बचतें घरेलू निवेश से अधिक होंगी। आय का नया सन्तुलन स्तर OY_1 होगा। यह वह स्थिति है जिसमें विदेशी निवेश धनात्मक होता है।

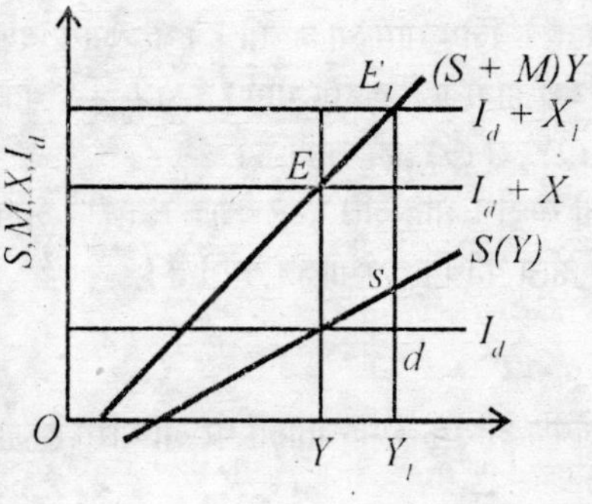

चित्र 2

यदि **निर्यात में कमी** हो जाती है तो निर्यात फलन नीचे सरक कर I_d+X_1 पर हो जाता है जैसा कि चित्र 3 में दिखाया गया है। ऐसी स्थिति में, निर्यात से आयात अधिक होंगे और बचतों से घरेलू निवेश ds मात्रा जितना अधिक होगा। राष्ट्रीय आय का स्तर OY से कम होकर OY_1 हो जाता है। यह विदेश व्यापार गुणक का **विपरीत** कार्यकरण है।

विदेश प्रति-प्रभाव या अतिनिर्यात प्रभाव (Foreign Repercussion or Backwash Effect)

ऊपर के विश्लेषण में, विदेश व्यापार गुणक का केवल एक देश के बारे में अध्ययन किया गया है। परन्तु वास्तव में व्यापार द्वारा एक देश दूसरे देश के साथ संबद्ध रहता है। एक देश के निर्यात या आयात दूसरे देश की राष्ट्रीय आय को प्रभावित करते हैं जो आगे पहले देश के विदेश व्यापार और राष्ट्रीय आय को प्रभावित करती है। इसे विदेश प्रति-प्रभाव या अतिनिर्यात प्रभाव कहते हैं। एक देश दूसरे देश की अपेक्षा जितना छोटा होगा, विदेश प्रति-प्रभाव उतना ही कम होगा। परन्तु एक बड़े देश के लिए यह अधिक होगा क्योंकि ऐसे देश की राष्ट्रीय आय में परिवर्तन होने से महत्वपूर्ण विदेश प्रति-प्रभाव या अतिनिर्यात प्रभाव होंगे।

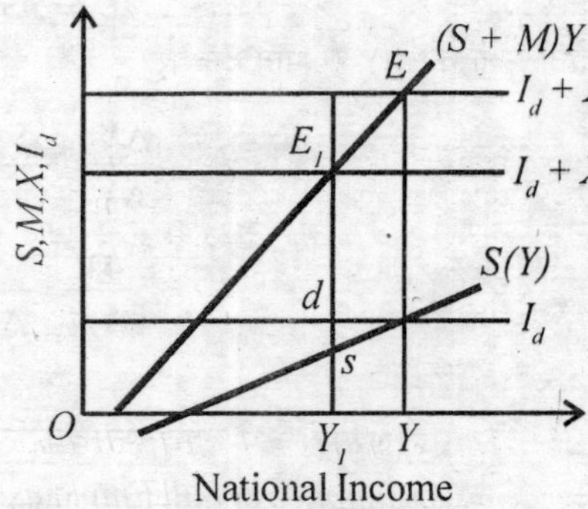

चित्र 3

यह मानकर कि दो देश A और B हैं, विदेश प्रति-प्रभावों को निम्न ढंग से समझाया जा सकता है।

Table 1

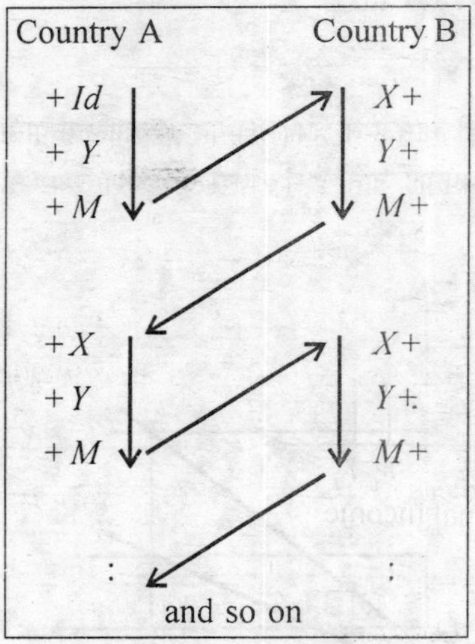

साथ दी गई तालिका में जब घरेलू निवेश (I_d) देश A में बढ़ता है, तो यह देश B को अपने निर्यात बढ़ा देता है। इस प्रकार देश A की राष्ट्रीय आय बढ़ती ($+Y$) है। यह स्थिति देश A को देश B से आयात अधिक करने को प्रेरित करती है। इससे देश B के निर्यात की मांग में वृद्धि ($X+$) होती है। परिणामस्वरूप, देश B की राष्ट्रीय आय में वृद्धि ($Y+$) होती है। अब यह देश आयात को देश A से बढ़ा ($M+$) देता है। जब देश A की निर्यात की मांग में वृद्धि ($+Y$) होती है, तो इसकी राष्ट्रीय आय में और वृद्धि ($+X$) होती हैं। जिससे यह देश और अधिक आयात ($+M$) देश B से करता है। यही देश A के लिए विदेश प्रति-प्रभाव या अतिनिर्यात प्रभाव है। इन प्रभावों की ये अवस्थाएं (stages) चित्र 4 द्वारा भी समझाई गई हैं।

स्टेज I में, देश A में घरेलू निवेश I_d से बढ़कर I_{d1} हो जाता है जैसा कि चित्र 4 के भाग I में दिखाया गया है। जिससे I_d+X वक्र ऊपर सरक कर $I_{d1}+X$ हो जाता है। परिणामस्वरूप, नया सन्तुलन बिन्दु E_1 होता है जो राष्ट्रीय आय में OY से OY_1 वृद्धि दर्शाता है। जब राष्ट्रीय आय में वृद्धि होती है, तो देश B से आयात की मांग बढ़ती है। इसका अभिप्राय यह है कि देश B के निर्यात में वृद्धि। इसे चित्र 4 के भाग II दिखाया गया है जब I_d+X वक्र ऊपर सरक कर I_d+X_1 हो जाता है। इस कारण, देश B में राष्ट्रीय आय OY_0 से बढ़कर OY' पर ऊंचे सन्तुलन स्तर E' पर हो जाती है। जब देश B की आय में वृद्धि होती है, तो इसकी देश A से आयात के लिए मांग भी बढ़ती है। यह आगे, देश A की निर्यात के मांग को बढ़ा देता है जो अतिनिर्यात प्रभाव है। इसे चित्र 4 के भाग III में दर्शाया गया हैं जहां (भाग I का) $I_{d1}+X$ वक्र और ऊपर सरक कर $I_{d1}+X_1$ हो जाता है और परिणामस्वरूप राष्ट्रीय आय और बढ़कर OY_1 से OY_2 हो जाती है।

ये तीनों चित्र यह स्पष्ट करते हैं कि कैसे एक देश में विदेशी प्रति-प्रभाव इसकी अपनी राष्ट्रीय आय और दूसरे देश की राष्ट्रीय आय को प्रभावित करते हैं, जो आगे, अतिनिर्यात प्रभाव की अधिक शक्ति द्वारा इसकी अपनी आय को फिर प्रभावित करते हैं।

आलोचनाएं (Criticisms)

विदेश व्यापार गुणक का मॉडल जो ऊपर प्रदर्शित किया गया है तुलनात्मक स्थैतिकी विश्लेषण और कुछ मान्यताओं पर आधारित है जो इसे अवास्तविक बना देता है।

1. निर्यात और निवेश स्वतन्त्र नहीं (Exports and Investment not Independent)— यह विश्लेषण इस मान्यता पर आधारित है कि घरेलू और विदेशी निर्यात और निवेश राष्ट्रीय आय के स्तर में परिवर्तन से स्वतन्त्र है। परन्तु वास्तव में, ऐसा नहीं है। निर्यात में वृद्धि

सदैव राष्ट्रीय आय में वृद्धि नहीं लाती है। इसके विपरीत, कुछ आयात जैसे पूंजीगत पदार्थों का प्रभाव, राष्ट्रीय आय को बढ़ाने पर पड़ता है।

2. विश्लेषण पश्चतारहित (Lagless Analysis)— विदेश व्यापार गुणक का विश्लेषण तात्कालिक (instantaneous) प्रक्रिया है जिसके द्वारा यह अन्तिम परिणामों की ओर ले जाता है। इस प्रकार यह पश्चतारहित विश्लेषण है जिससे यह अवास्तविक बन जाता है।

3. पूर्ण रोजगार की अवास्तविक मान्यता (Unrealistic Assumption of Full Employment)— यह विश्लेषण पूर्ण रोजगार की मान्यता पर आधारित है। परन्तु वास्तव में प्रत्येक अर्थव्यवस्था में अपूर्ण रोजगार की स्थिति पाई जाती है। इसलिए, विदेश व्यापार गुणक एक अपूर्ण रोजगार अर्थव्यवस्था में ठीक प्रकार से कार्यक्रम नहीं कर सकता है।

4. दो से अधिक देशों पर लागू नहीं (Not Applicable to more than Two Countries)— यह सारा विश्लेषण दो देशों के मॉडल पर लागू होता है। यदि दो से अधिक देश हों तो इस सिद्धान्त के विदेश अप्रत्यक्ष प्रभावों की व्याख्या और विश्लेषण करना जटिल बन जाता है।

इन कमियों के बावजूद, विदेश व्यापार गुणक आर्थिक विश्लेषण का एक शक्तिशाली औजार है जो नीति उपाय व्यवस्थित बनाने में सहायक होता है।

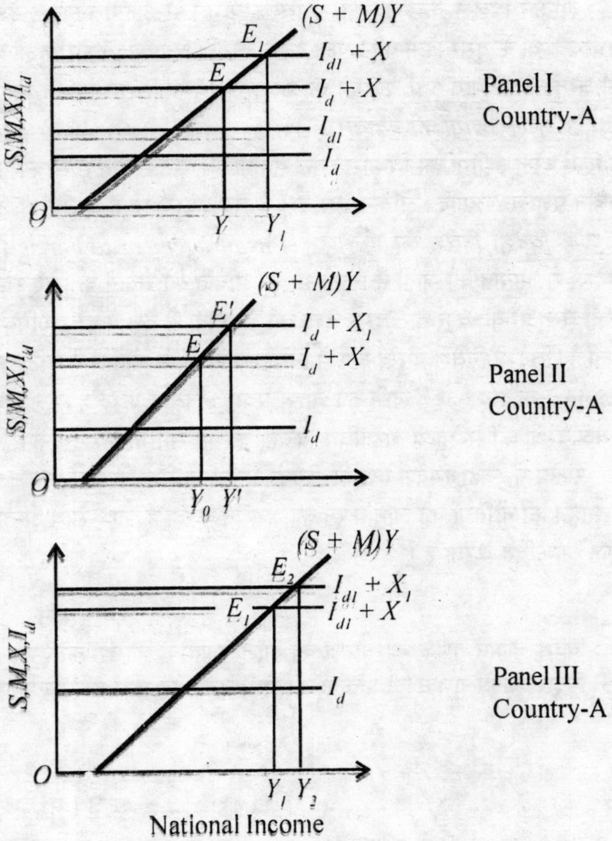

चित्र 4

2. विदेश व्यापार गुणक का अल्पविकसित देशों में महत्व अथवा व्यवहार्यता (APPLICATION OF FOREIGN TRADE MULTIPLIER TO UNDERDEVELOPED COUNTRIES)

विदेश व्यापार गुणक अल्पविकसित देशों में महत्वपूर्ण स्थान रखता है। गुणक गुणांक का मूल्य विभिन्न प्रकार की नीतियों को कार्यरूप देने में सहायक है। यह ऐसी अर्थव्यवस्था में महत्वपूर्ण है जहां विदेश व्यापार का राष्ट्रीय आय में अधिक योगदान रहता है।

1. निर्यात सम्बन्धी नीतियों का आधार (Basis for Export Promotion Policies)— विदेश व्यापार गुणक अल्पविकसित देशों में निर्यात सम्बन्धी नीतियों का समर्थन करता है। निर्यात को बढ़ावा देने के लिए आयात प्रशुल्क (duties) या आयात कोटा की विधियां व्यवहार में लानी चाहिएं। क्या इस प्रकार निर्यात क्षेत्र को विकसित करने के लिए आयात प्रवृत्तियों को घटाना आवश्यक है? इस सन्दर्भ में प्रो. लुईस इस सम्भावना से इनकार करते हुए कहते हैं कि निर्यात क्षेत्र को एक अग्रणी और विकसित क्षेत्र बनाने के लिए आयात स्थानापन्न की नीति को अपनाना भी आवश्यक है। इस प्रकार दोनों क्षेत्र एक दूसरे के पूरक हैं।[1]

2. भुगतान-शेष में सुधार (Improvement in Balance of Payments)— अल्पविकसित देशों में भुगतान-शेष की समस्या बनी

1. Arthur Lewis, *Tata Memorial Lecture*, Bombay, 1973.

रहती है। ऐसी स्थितियों में निर्यात को बढ़ाकर, अथवा आयात को सीमित करके भुगतान-शेष के चालू खातों में सुधार किया जा सकता हैं। विदेशी निवेश को बढ़ावा देकर भी भुगतान-शेष में असंतुलन को कम किया जा सकता है।

लेकिन पिछले कुछ दशकों से विश्व बाजार में अल्पविकसित देशों के आ जाने से उनके निर्यात में काफी वृद्धि हुई है। ऐसा अर्थव्यवस्था के दूसरे क्षेत्रों की उपेक्षा करके निर्यात क्षेत्र का विकास हुआ है। दूसरा, निर्यातों पर अत्यधिक निर्भरता ने उन अर्थव्यवस्थाओं की वस्तुओं की मांग और कीमतों को अन्तर्राष्ट्रीय उतार-चढ़ावों के खतरों में डाल दिया है।

3. घरेलू उद्योगों को बढ़ावा (Incentive for Domestic Industries)— अल्पविकसित देशों में सरकारें आयात को सीमित करने के लिए घरेलू उद्योगों को विकसित कर सकती हैं। ऐसी स्थिति में सरकारें विभिन्न प्रकार की रियायतें भी देती हैं। जैसे उत्पादन सहायिकी निर्यात प्रशुल्क इत्यादि। लेकिन ऐसे देश में सिर्फ परम्परागत वस्तुएं ही उत्पादित होती हैं जिनकी मांग भी कम होती जा रही है।

4. विदेशी निवेश को प्रोत्साहन (Encouragement to Foreign Investment)— अल्पविकसित देशों में अधिकतर वस्तुएं विदेशों से आयात की जाती हैं। वस्तुओं के आयात को रोकने के लिए सरकारें विदेशी निवेश को प्रोत्साहित करती हैं। आयात की जाने वाली वस्तुओं के कारखाने दूसरे देशों की सहायता से देश में ही स्थापित किये जाते हैं और उनका अर्थव्यवस्था में ही उत्पादन शुरू हो जाता है। विदेशी निवेश प्रमुख रूप से निर्यात वस्तुओं के व्यापार में वृद्धि करते हैं परन्तु अर्थव्यवस्था पर प्रतिकूल प्रभाव डालते हैं। मायर (Meier) के शब्दों में ''लाभ का बाह्य प्रवाह, निर्यात के रूप में न होकर, सीधे निकास (withdrawals) के रूप में निश्चय ही अर्थव्यवस्था की सम्भाव्य वास्तविक बचतों को भी सीमित कर देता है।''

संक्षेप में, जहां विदेश व्यापार गुणक अल्पविकसित देशों में निर्यात को बढ़ावा, घरेलू उद्योगों के विकास और विदेशी निवेश को प्रोत्साहन की नीतियों को लागू करने का समर्थन करता है साथ-साथ अन्तर्राष्ट्रीय शक्तियों के प्रति-प्रभावों की कार्यशीलता की ओर भी ध्यान आकर्षित करता है।

प्रश्न

1. विदेश व्यापार गुणक की धारणा की आलोचनात्मक व्याख्या कीजिए।
2. विदेश व्यापार गुणक की प्रक्रिया को समझाइये। यह कहां तक अल्पविकसित देशों पर लागू होता है?

अध्याय 19

त्वरण सिद्धान्त तथा अतिगुणक
(The Theory of Acceleration and Super-Multiplier)

1. प्रस्तावना
(INTRODUCTION)

टी. एन. कार्वर प्रथम अर्थशास्त्री था जिसने 1903 में उपभोग और शुद्ध निवेश में सम्बन्ध को समझा। परन्तु ऍफ्टेलियन (Aftalion) ने इस सिद्धान्त का 1909 में विस्तार से विश्लेषण किया 'त्वरण सिद्धान्त' नाम अर्थशास्त्र में पहली बार 1917 में जे. एम. क्लार्क ने प्रयोग किया। इसको आगे हिक्स, सैम्यूलसन, और गुडविन ने व्यापार चक्रों से सम्बद्ध विकसित किया।

2. त्वरण सिद्धान्त
(THE THEORY OF ACCELERATION)

त्वरण सिद्धान्त इस तथ्य पर आधारित है कि पूंजीगत वस्तुओं की मांग उन उपभोग वस्तुओं की मांग से व्युत्पन्न (derived) होती है जिनके उत्पादन में वे सहायक होती हैं। त्वरण सिद्धान्त उस प्रक्रिया को स्पष्ट करता है जिसके द्वारा उपभोग वस्तुओं की मांग में वृद्धि (या कमी) से पूंजीगत वस्तुओं के निवेश में वृद्धि (या कमी) होती है। कुरीहारा के अनुसार, ''त्वरक गुणांक प्रेरित निवेश और उपभोग व्यय में प्रारम्भिक परिवर्तन के बीच अनुपात है।''[1]

सूत्र रूप में, $\beta = \Delta I_t / \Delta C_t$ *or* $\Delta I_t = \beta \Delta C_t$ जहां β त्वरण गुणांक है, ΔI_t निवेश में शुद्ध परिवर्तन है और C_t उपभोग व्यय में शुद्ध परिवर्तन है। यदि 10 रु. करोड़ के उपभोग व्यय में वृद्धि से 30 करोड़ रु. की निवेश में वृद्धि होती है, तो त्वरक गुणांक 3 होता है।

त्वरण सिद्धान्त के इस विवरण को हिक्स ने अधिक विस्तार से इस प्रकार व्यक्त किया है कि यह प्रेरित निवेश द्वारा उत्पादन में जो परिवर्तन होता है उसका अनुपात है।[2] अत: त्वरक $\nu = \Delta I_t / \Delta Y_t$ या पूंजी-उत्पादन अनुपात। यह उत्पादन में संबद्ध परिवर्तन (ΔY_t) और निवेश में परिवर्तन (ΔI_t) पर निर्भर करता है। यह दर्शाता है कि पूंजीगत वस्तुओं के लिए मांग केवल उपभोग वस्तुओं से ही व्युत्पन्न नहीं होती है बल्कि राष्ट्रीय उत्पादन की किसी भी **प्रत्यक्ष** मांग से। इन दोनों विवरणों में β और ν समान हैं।

एक अर्थव्यवस्था में, पूंजी का इच्छित स्टॉक उत्पादन की मांग में परिवर्तन पर निर्भर करता है। उत्पादन में किसी परिवर्तन से पूंजी स्टॉक में परिवर्तन होगा। आगे यह परिवर्तन उत्पादन में परिवर्तन के v गुणा के बराबर होता है। अत: $\Delta I_t = v \Delta Y_t$ जहां v त्वरक है। यदि एक मशीन का मूल्य 4 लाख रु. होता है और यह 1 लाख रु. के मूल्य का उत्पादन करती है, तब v का मूल्य 4 होता है। एक उद्यमी जो अपने उत्पादन को प्रति वर्ष 1 लाख रु. बढ़ाना चाहता है उसे इस मशीन पर 4 लाख रु. अवश्य व्यय करने चाहिएं। यह समान रूप से एक अर्थव्यवस्था पर भी लागू होता है जहां यदि त्वरक का मूल्य एक से अधिक हो तो उत्पादन की प्रति इकाई को अधिक पूंजी चाहिए, ताकि शुद्ध निवेश में वृद्धि, जो उत्पादन में वृद्धि के कारण पाई जाती है, अधिक हो। अर्थव्यवस्था में सकल निवेश बराबर होता है प्रतिस्थापन निवेश + शुद्ध निवेश। प्रतिस्थापन (replacement) निवेश स्थिर होने पर, सकल (gross) निवेश उत्पादन के प्रत्येक स्तर

---

1. "The accelerator coefficient is the ratio between induced investment and an initial change in consumption expenditure".—K. Kurihara.
2. It is the ratio of induced investment to changes in output it calls forth.

के अनुरूप परिवर्तित होगा।

त्वरण सिद्धान्त को ब्रूमैन (Brooman) द्वारा दिए गए निम्न समीकरण से व्यक्त किया जा सकता है:

$$I_{gt} = \nu\ (Y_t - Y_{t-1}) + R$$
$$= \nu \Delta Y_t + R$$

जहां I_{gt} काल t में सकल निवेश है, v त्वरक है, Y_t काल t में राष्ट्रीय उत्पादन है, Y_{t-1} पिछली अवधि $(t-1)$ में राष्ट्रीय उत्पादन है, और R प्रतिस्थापन निवेश है।

समीकरण यह बताया है कि अवधि t के दौरान सकल निवेश निर्भर करता है उत्पादन में अवधि $t-1$ से t तक परिवर्तन पर **गुणा** त्वरक (v) **जमा** प्रतिस्थापन निवेश (R)।

शुद्ध निवेश (I_n) निकालने के लिए, समीकरण के दोनों ओर से R को घटा देना चाहिए ताकि t अवधि में शुद्ध निवेश होता है:

$$I_{nt} = \nu\ (Y_t - Y_{t-1})$$
$$= \nu \Delta Y_t$$

यह समीकरण $\Delta I = v \Delta Y$ के सिवाय और कुछ नहीं है क्योंकि $\Delta Y = Y_t - Y_{t-1}$. यदि $Y_t > Y_{t-1}$ हो तो t अवधि के दौरान शुद्ध निवेश धनात्मक होता है। दूसरी ओर, यदि $Y_t < Y_{t-1}$. हो तो शुद्ध निवेश ऋणात्मक होता है या t अवधि के दौरान विनिवेश (*disinvestment*) होता है

इसकी मान्यताएं (Its Assumptions)

त्वरण सिद्धान्त निम्नलिखित मान्यताओं पर आधारित है:

1. यह स्थिर पूंजी-उत्पादन अनुपात मानता है।
2. यह मानता है कि संसाधन आसानी से उपलब्ध हो जाते हैं।
3. प्लांटो में कोई अतिरिक्त या निष्क्रिय क्षमता नहीं पाई जाती है।
4. यह माना जाता है कि बढ़ी हुई मांग स्थायी होती है।
5. यह भी मान्यता है कि पूंजी और साख की पूर्ति लोचदार है।
6. उत्पादन में वृद्धि से शुद्ध निवेश में शीघ्र ही वृद्धि हो जाती है।
7. इच्छित पूंजी स्टॉक और वास्तविक पूंजी स्टॉक में कोई अन्तर नहीं पाया जाता है।

तालिका I : त्वरण सिद्धान्त का कार्यकरण v=4

अवधि वर्षों में (1)	कुल उत्पादन (Y) (2)	इच्छित पूंजी (3)	प्रतिस्थापन निवेश (R) (4)	शुद्ध निवेश (In) +(5)	सकल निवेश (Ig) =(6)
t	100	400	40	0	40
t+1	100	400	40	0	40
t+2	105	420	40	20	60
t+3	115	460	40	40	80
t+4	130	520	40	60	100
t+5	140	560	40	40	80
t+6	145	580	40	20	60
t+7	140	560	40	—20	20
t+8	130	520	40	—40	0
t+9	125	500	40	—20	20

त्वरण सिद्धान्त का कार्यकरण (Operation of the Acceleration Principle)

त्वरण सिद्धान्त का कार्यकरण तालिका में दिए गए उदाहरण की सहायता से समझाया गया है।

तालिका t से लेकर $t+9$ तक की समय अवधि में कुल उत्पादन, पूंजी स्टॉक, शुद्ध निवेश तथा सकल निवेश में परिवर्तन को दिखाती हैं। त्वरण का मूल्य $v=4$ मान कर, इच्छित (desired) पूंजी स्टॉक प्रत्येक समय में उत्पाद का 4 गुणा है जैसाकि स्तम्भ (3) में दिखाया गया है। प्रतिस्थापन निवेश समय t में पूंजी स्टॉक का 10 प्रतिशत माना गया है जो प्रत्येक अवधि में 40 करोड़ रु. दिखाया गया है। स्तम्भ (5) में शुद्ध निवेश एक अवधि और पिछली अवधि में उत्पादन में परिवर्तन का v गुणा है। उदाहरणार्थ, अवधि $t+3$ में शुद्ध निवेश $=v(Y_{t+3}-Y_{t+2})$ या 40=4 (115–105)। इसका अभिप्राय यह है कि त्वरक का मूल्य 4 दिया होने पर, अन्तिम उत्पादन में 10 करोड़ रु. की वृद्धि होने पर पूंजीगत वस्तुओं की मांग में 40 करोड़ रु. की वृद्धि होती है। परिणामस्वरूप पूंजीगत वस्तुओं की कुल मांग बढ़कर 80 करोड़ रु. हो जाती है (स्तम्भ 6) जो 40 करोड़ रु. प्रतिस्थापन निवेश (स्तम्भ 4) तथा 40 करोड़ रु. शुद्ध निवेश (स्तम्भ 5) के जोड़ से प्राप्त होती है। जब तक अन्तिम वस्तुओं (उत्पादन) की मांग में वृद्धि होती है तब तक शुद्ध निवेश धनात्मक होता है। परन्तु जब यह कम होनी प्रारम्भ हो जाती है तो शुद्ध निवेश ऋणात्मक होता है। ऊपर तालिका में कुल उत्पादन (स्तम्भ 2) में अवधि $t+1$ से $t+4$ तक बढ़ती दर से वृद्धि होती है, इसी प्रकार शुद्ध निवेश में। फिर अवधि $t+5$ से $t+6$ तक यह घटती दर से बढ़ता है और शुद्ध निवेश कम होता है। अवधि $t+7$ से $t+9$ तक कुल उत्पादन गिरता है और शुद्ध निवेश ऋणात्मक हो जाता है।

त्वरण सिद्धान्त को रेखाकृति द्वारा चित्र 1 में दर्शाया गया है जहां ऊपर के भाग में कुल उत्पादन वक्र $Yt+4$ अवधि तक बढ़ती दर से बढ़ता जाता है। फिर $t+6$ अवधि तक घटती दर से बढ़ता है। इसके बाद यह गिरना प्रारम्भ कर देता है। चित्र से नीचे के भाग में I_n वक्र दिखाता है कि अवधि $t+4$ तक उत्पाद बढ़ने से शुद्ध निवेश में वृद्धि होती है क्योंकि उत्पादन बढ़ती हुई दर से बढ़ रहा है। परन्तु

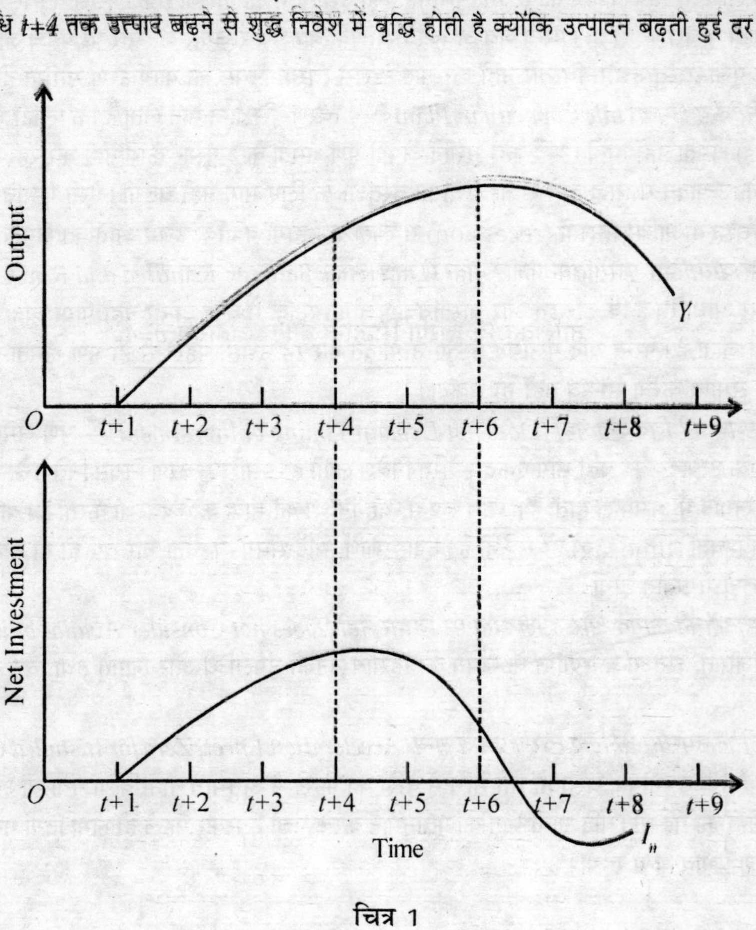

चित्र 1

जब अवधि *t+4* और *t+6* के बीच में उत्पादन घटती दर से बढ़ता है तो शुद्ध निवेश कम होता जाता है। जब *t+7* अवधि में उत्पादन कम होना प्रारम्भ करता है तो शुद्ध निवेश ऋणात्मक हो जाता है। वक्र I_g अर्थव्यवस्था के सकल निवेश को दर्शाता है। इसका व्यवहार शुद्ध निवेश वक्र से समान ही है। परन्तु दोनों में एक अन्तर है कि सकल निवेश ऋणात्मक नहीं है और जब अवधि *t+8* में यह शून्य हो जाता है तो I_g वक्र ऊपर की ओर बढ़ना प्रारम्भ कर देता है। ऐसा इस कारण कि शुद्ध निवेश ऋणात्मक होने पर भी प्रतिस्थापन निवेश *(R)* एक ही दर से अर्थव्यवस्था में हो रहा है।

आलोचनाएं (Its Criticisms)

त्वरण-नियम की कठोर मान्यताओं के कारण अर्थशास्त्रियों ने कड़ी आलोचना की है। इसकी सीमाएं निम्नलिखित हैं:

1. पूंजी- उत्पादन अनुपात स्थिर नहीं (Capital-output Ratio not Constant)— त्वरण-नियम स्थिर **पूंजी उत्पादन अनुपात** (capital-output ratio) पर आधारित है। परन्तु आधुनिक गतिशील जगत् में यह अनुपात स्थिर नहीं रहता। आविष्कार तथा उत्पादन की तकनीक में निरन्तर सुधार होते रहते हैं जिनसे पूंजी उपस्कर का प्रति इकाई उत्पादन बढ़ जाता है। अथवा, वर्तमान पूंजी-उपस्कर से अधिक गहनता से काम लिया जा सकता है। फिर, कीमतों, मजदूरी, ब्याज के सम्बन्ध में व्यापारियों की प्रत्याशाओं में परिवर्तनों से भावी मांग पर प्रभाव पड़ता है और पूंजी-उत्पादन अनुपात बदल जाता है। इस प्रकार, पूंजी-उत्पादन अनुपात स्थिर नहीं रहता बल्कि व्यापार-चक्र की विभिन्न अवस्थाओं में परिवर्तित हो जाता है।

2. संसाधन लोचदार नहीं (Resources not Elastic)— त्वरण-नियम मान लेता है कि **साधन उपलब्ध** रहते हैं *(resources are available)*। साधन लोचदार होने चाहिएं ताकि उन्हें पूंजीगत वस्तु उद्योगों में लागाय जा सके जिससे वे विस्तार कर सकें। यह तभी संभव है जबकि अर्थव्यवस्था में बेरोजगारी हो। परन्तु जब अर्थव्यवस्था एक बार पूर्ण रोजगार के स्तर पर पहुंच जाती है, तो पर्याप्त साधनों की अप्राप्यता के कारण पूंजी-वस्तु उद्योग विस्तार नहीं कर पाते। इससे त्वरक नियम का कार्यकरण सीमित हो जाता है।

3. प्लांटों में निष्क्रिय क्षमता (Idle Capacity in Plants)— त्वरण-सिद्धान्त मान लेता है कि प्लांटों में **अप्रयुक्त** (unused) या **अतिरिक्त** (excess) क्षमता नहीं होती। यदि कुछ मशीनें अपनी पूर्ण क्षमता के अनुसार कार्य नहीं कर रही हैं और निष्क्रिय पड़ी हैं, तो उपभोक्ता वस्तुओं के उत्पादन में वृद्धि होने से नई पूंजीगत वस्तुओं के लिए मांग नहीं बढ़ेगी। ऐसी स्थिति में त्वरण-नियम नहीं काम करेगा। फिर , यह सिद्धान्त आर्थिक सुस्ती (recession) में लागू नहीं होगा क्योंकि उसमें अतिक्ति क्षमता पाई जाती है।

4. इच्छित और वास्तविक पूंजीगत स्टॉक में अंतर (Difference Between Required and Real Capital Stock)— त्वरण-नियम इस मान्यता पर आधारित है कि इच्छित और वास्तविक पूंजीगत स्टॉक में कोई अन्तर नहीं पाया जाता और यदि हो भी तो एक ही अवधि में समाप्त हो जाता है। परन्तु यदि पूंजीगत वस्तुएं उत्पादित कर रहे उद्योग पहले से ही पूर्ण क्षमता पर काम कर रहे हैं तो एक अवधि में ही अन्तर समाप्त करना सम्भव नहीं हो सकता।

5. निवेश के समय की विवेचना नहीं (Does not Explain Timing of Investment)— पूर्ण क्षमता के पाए जाने की मान्यता का अभिप्राय यह है कि उत्पादन की बढ़ी मांग एकदम प्रेरित निवेश लाती है। इसलिए त्वरण नियम निवेश के समय का हिसाब (timing of investment) लगाने में असफल होता है। उत्तम रूप में, यह निवेश की मात्रा की व्यवस्था करता है। वास्तव में, नया निवेश प्रजनन करने से पहले समयपश्चता (time lag) हो सकती है। उदाहरणार्थ, यदि समय-पश्चता चार वर्ष हो तो नये निवेश का प्रभाव एक वर्ष में नहीं बल्कि चार वर्षों में प्रतीत होगा।

6. पूंजीगत वस्तुओं की लागत और उपलब्धता पर विचार नहीं (Does not Consider Availa- bility and Cost of Capital Goods)— फिर, पूंजीगत वस्तुओं की प्राप्ति के समय का हिसाब उनकी उपलब्धि और लागत तथा वित्त की प्राप्यता और लागत पर निर्भर करता है।

7. स्थापित पूंजीगत उपस्कर के लिए त्वरण प्रभाव शून्य (Acceleration Effect, Zero for Installed Capital Equipment)— यह मान लिया जाता है कि उपभोक्ता **वस्तुओं की मांग** में वृद्धि का पहले से **अनुमान** नहीं किया गया था और पिछले निवेशों में उनके लिए कोई व्यवस्था नहीं की गई थी। यदि भावी मांग का पूर्वानुमान करके पूंजी उपस्कर पहले ही लगा दिया गया है, तो इससे प्रेरित निवेश नहीं होगा औह त्वरण प्रभाव शून्य रहेगा।

8. अस्थायी मांग के लिए कार्य नहीं करता (Does not work for Temporary Demand)— यह सिद्धान्त आगे यह भी मान लेता हैं कि नई **उपभोग मांग स्थायी** होती है। यदि यह आशा हो कि उपभोक्ता वस्तुओं के लिए मांग अस्थायी है, तो उत्पादक नई पूंजीगत वस्तुओं में निवेश नहीं करेंगे। इसकी बजाय, वे वर्तमान पूंजीगत उपस्कर को और अधिक गहनता से चलाकर बढ़ी हुई मांग पूरी कर सकते हैं। इसलिए त्वरण नहीं सफल होगा।

9. साख की पूर्ति लोचदार नहीं (Supply of Credit not Elastic)— त्वरण नियम मान लेता है कि **साख की पूर्ति लोचदार** होती है, ताकि जब प्रेरित उपभोग के परिणामस्वरूप प्रेरित निवेश हो, तो पूंजीगत वस्तु उद्योगों में निवेश के लिए सस्ती साख आसानी से मिल सके। यदि सस्ती साख पर्याप्त मात्रा में नहीं उपलब्ध होगी, तो ब्याज की दर ऊंची होगी और पूंजी वस्तुओं में बहुत कम निवेश होगा। इस प्रकार, त्वरण पूर्णरूप से नहीं काम करेगा।

10. प्रत्याशाओं की भूमिका की उपेक्षा (Neglects the Role of Expectations)— त्वरण नियम की मुख्य त्रुटि यह है कि यह उद्यमियों द्वारा निर्णय लेने में **प्रत्याशाओं के कार्यभार** (role of expectations) की उपेक्षा करता है। निवेश निर्णय केवल मांग द्वारा ही प्रभावित नहीं होते हैं। वे भावी प्रत्याशाओं जैसे स्टॉक बाजार परिवर्तनों, राजनीतिक हलचलों, अन्तर्राष्ट्रीय घटनाओं, आर्थिक वातावरण, आदि द्वारा भी प्रभावित होते हैं।

11. तकनीकी कारकों की भूमिका की उपेक्षा (Neglects the Role of Technological Factors)— त्वरण नियम की एक कमी यह भी है कि यह निवेश में **प्रौद्योगिकीय कारकों** की अवहेलना करता है। प्रौद्योगिकीय परिवर्तन पूंजी-बचाऊ या श्रम-बचाऊ हो सकते हैं। इसलिए वे निवेश की मात्रा को कम या अधिक कर सकते हैं।

12. लाभ की वित्त के स्रोत के रूप में उपेक्षा (Neglects Profits as the Source of Finance)— इस मान्यता का यह अभिप्राय है कि फर्म निवेश उद्देश्यों के लिए वित्त के बाहरी स्रोतों का सहारा लेती है। परन्तु आनुभविक प्रमाण दर्शाता है कि फर्में वित्त के बाहरी स्रोतों की अपेक्षा आन्तरिक स्रोतों को चुनती हैं। त्वरण नियम इस अर्थ में कमजोर है कि यह आन्तरिक वित्त के स्रोतों के रूप में लाभ की उपेक्षा करता है। वास्तव में लाभ का स्तर निवेश का एक मुख्य निर्धारक है।

13. यथार्थ और संतोषजनक नहीं (Not Precise and Satisfactory)—प्रो. **नोक्स** (Knox) के अनुसार, निवेश के समय-निर्धारण की व्याख्या के रूप में त्वरण नियम यथार्थ नहीं और असंतोषजनक भी है। इस लिए यह निवेश सिद्धांत के रूप में अपर्याप्त है।

14. नीचे के मोड़ बिन्दु के लिए बेकार (Of no use for Lower Turning Point)—इसकी एक अन्य कमी व्यापार चक्र के नीचे के मोड़ बिन्दु की व्याख्या करने में विफलता है।

निष्कर्ष (Conclusion)—इन सीमाओं के बावजूद गुणक सिद्धान्त की अपेक्षा त्वरण का नियम आय-प्रजनन की प्रक्रिया को अधिक वास्तविक तथा स्पष्ट बनाता है। गुणक, उपभोग के मार्ग से आय पर निवेश में परिवर्तन का प्रभाव दिखाता है, जबकि त्वरण निवेश तथा आय पर उपभोग के प्रभाव को व्यक्त करता है। इस प्रकार, त्वरण पूंजी वस्तु उद्योगों में उतार-चढ़ावों के परिणामस्वरूप आय तथा रोजगार में होने वाले तीव्र उतार-चढ़ावों की व्याख्या करता है। परन्तु यह नीचे के मोड़ बिन्दुओं की अपेक्षा ऊपर के मोड़ बिन्दुओं की अधिक अच्छी व्याख्या कर सकता है। चक्रीय उतार-चढ़ावों को समझने के लिए आय प्रजनन की प्रक्रिया के पूर्ण विश्लेषण के लिए सैम्यूल्सन, हिक्स तथा गुडविन जैसे अर्थशास्त्रियों ने गुणक तथा त्वरक को मिला दिया है।

3. त्वरक का निवेश सिद्धान्त के रूप में कार्य (ROLE OF ACCELERATOR AS A THEORY OF INVESTMENT)

त्वरण सिद्धान्त के अनुसार, निवेश मांग उत्पादन की वृद्धि पर निर्भर करती है क्योंकि उत्पादन में वृद्धि से फर्मों को प्रेरणा मिलती है कि वे पूंजीगत वस्तुओं के स्टॉक में वृद्धि करें। उत्पादन में परिवर्तन और निवेश में स्पष्ट सम्बन्ध पूंजी-उत्पादन अनुपात ($\Delta I/\Delta Y$) पर निर्भर करता है अर्थात् $v=\Delta I/\Delta Y$ जहां v त्वरक है और ΔY उत्पादन में परिवर्तन तथा ΔI निवेश में परिवर्तन।

वास्तव में त्वरण नियम यह बताता है कि पूंजी स्टॉक में परिवर्तन, उत्पादन में परिवर्तन के v गुणा के बराबर होता है। अर्थात् $\Delta I=v\Delta Y$. इस सिद्धान्त में त्वरक का मूल्य सदैव एक से अधिक माना जाता है जिस कारण शुद्ध निवेश में वृद्धि सदैव उत्पादन में वृद्धि से अधिक होती है।

एक अर्थव्यवस्था में तीन प्रकार का निवेश पाया जाता है: सकल (Gross), प्रतिस्थापन (replacement) तथा शुद्ध (net) निवेश। सकल निवेश=प्रतिस्थापन निवेश+शुद्ध निवेश। यदि प्रतिस्थापन निवेश स्थिर मान लिया जाए तो सकल निवेश उत्पादन के प्रत्येक स्तर के साथ परिवर्तित होता है।

त्वरण सिद्धान्त में शुद्ध निवेश तथा सकल निवेश का उत्पादन के साथ सम्बन्ध लिया जाता हैं। शुद्ध निवेश का सूत्र है: $I_{nt}=v\Delta Y_t$, तथा सकल निवेश जानने के लिए शुद्ध निवेश के सूत्र के दोनों पक्षों में प्रतिस्थापन निवेश *(R)* जमा कर देते हैं। अत: सकल निवेश, $I_{gt}=v+\Delta Y_t R$।

त्वरक के निवेश सिद्धान्त के रूप में कार्य की ऊपर तालिका 1 और चित्र 18.1 की सहायता से व्याख्या की गई है।[3] इससे कुछ बातें स्पष्ट होती हैं।[4]

प्रथम, त्वरण नियम उत्पादन और निवेश में सम्बन्ध को व्यक्त करता है।

दूसरे, निवेश में जो परिवर्तन, उत्पादन में परिवर्तन के कारण होता है, वह उत्पादन में परिवर्तन से अधिक होता है।

तीसरे, अर्थव्यवस्था के पूर्ण क्षमता पर कार्य करने की मान्यता के आधार पर, सापेक्षतया उत्पादन में थोड़ी–सी भी वृद्धि होने पर निवेश में सापेक्षतया बहुत अधिक वृद्धि होगी। इसका अभिप्राय यह है कि निवेश में निरन्तर वृद्धि के लिए अर्थव्यवस्था को सदैव बढ़ती हुई दर से वृद्धि करनी होगी।

चौथे, तालिका 1 और चित्र 18.1 से यह भी स्पष्ट होता है कि त्वरक के कार्यकरण से निवेश और उत्पादन एक चक्रीय ढांचे में गति करते हैं। पहले दोनों में धीमी गति से वृद्धि होती है, फिर तीव्र गति से और अन्त में कमी चालू हो जाती है।

अन्तिम, त्वरण नियम को यदि *MEC* और *MEI* वक्रों में व्यक्त किया जाए तो उत्पादन के बढ़ने के साथ दोनों वक्र, जो क्रमश: पूंजी स्टॉक और निवेश से सम्बन्धित होते हैं, ऊपर को सरक जाएंगे।

4. अतिगुणक या गुणक–त्वरक परस्पर क्रिया
(THE SUPER-MULTIPLIER OR THE MULTIPLIER-ACCELERATOR INTERACTION)

हिक्स ने आय पर प्रारम्भिक निवेश का कुल प्रभाव मापने के लिए गुणक तथा त्वरक को गणितीय विधि से मिला दिया है और उसे **अतिगुणक** का नाम दिया है। गुणक और त्वरक का इकट्ठा प्रभाव **लीवर प्रभाव** (leverage effect) भी कहलाता है जो अर्थव्यवस्था को आय प्रजनन के बहुत ऊंचे या नीचे स्तर पर ले जा सकता है।

अतिगुणक को प्रेरित उपभोग (cY या $\Delta C/\Delta Y$ या *MPC*) और प्रेरित निवेश (νY या $\Delta I/\Delta Y$ या *MPI*) दोनों को जोड़कर निकाला जाता है। हिक्स निवेश को स्वायत्त निवेश और प्रेरित निवेश में बांटता है ताकि निवेश $I=Ia+\nu Y$, जहां Ia स्वायत्त निवेश और νY प्रेरित निवेश है।

क्योंकि $$Y=C+I$$

इसलिए
$$\Delta Y=c\Delta Y+\Delta Ia+\nu\Delta Y$$
$$\Delta Y-c\Delta Y-\nu\Delta Y=\Delta Ia$$
$$\Delta Y(1-c-\nu)=\Delta Ia$$
$$\frac{\Delta Y}{\Delta Ia}=\frac{1}{1-c-v}=\frac{1}{s-v}$$

या
$$Ks=\frac{1}{1-c-v}=\frac{1}{s-v}$$

जहां Ks अतिगुणक है, c सीमान्त उपभोग प्रवृत्ति है, ν सीमान्त निवेश प्रवृत्ति और s सीमान्त बचत प्रवृत्ति $(s=1-c)$ हैं।

---

3. यहां तालिका और चित्र द्वारा त्वरण सिद्धान्त की व्याख्या करिए।
4. J. R. Hicks, *A Contribution in the Theory of the Trade Cycle*, 1950,

अतिगुणक बताता है कि यदि स्वायत्त निवेश में कोई प्रारम्भिक वृद्धि होती हैं, तो आय में स्वायत्त निवेश की *Ks* गुणा वृद्धि हो जाएगी। इस प्रकार, सामान्य रूप में अतिगुणक होगा,

$$\Delta Y = \frac{1}{1-c-v} \Delta Ia$$

$$= Ks \Delta Ia$$

अब हम उपर्युक्त समीकरण के रूप में गुणक तथा त्वरक के मिश्रित कार्यकरण की व्याख्या करते हैं। मानलीजिए कि *c=0.5*, ν*=0.4* और स्वायत्त निवेश में रु. 100 करोड़ की वृद्धि होती है, तो समस्त आय में वृद्धि

$$\Delta Y = \frac{1}{1-0.5-0.4} \times 100$$

$$= \frac{1}{0.1} \times 100 = 10 \times 100 = 1000.$$

यह दर्शाता है कि स्वायत्त निवेश में 100 करोड़ रु. की वृद्धि ने आय को बढ़ाकर 1000 करोड़ रु. कर दिया है। साधारण गुणक ने आय को केवल बढ़ाकर 200 करोड़ रु. कर दिया होता, यह मानकर कि गुणक *K* का मूल्य 2 है, क्योंकि *MPC=0.5*। परन्तु गुणक ने त्वरक के साथ मिलकर *(Ks=10)* आय को 1000 करोड़ रु. पर बढ़ा दिया जो साधारण गुणक द्वारा वृद्धि से बहुत अधिक है।

तालिका II यह व्याख्या करती है कि किस प्रकार गुणक और त्वरक के मिश्रण द्वारा अतिगुणक का मूल्य *Ks=10* होने पर, आय प्रजनन की प्रक्रिया 100 करोड़ रु. प्रारम्भिक निवेश से 1000 करोड़ रु. तक आय में वृद्धि ला देती है।

तालिका II : गुणक–त्वरक परस्पर क्रिया

(रु. करोड़)

अवधि *(t)* *(1)*	*प्रारम्भिक निवेश* *(2)*	*प्रेरित उपभोग* *(c=0.5)* *(3)*	*प्रेरित निवेश* *(ν=0.4)* *(4)*	*आय में वृद्धि* *(ΔY=c+ν)* *(5)*	*आय में कुल वृद्धि* *(6)*
0	0	0	0	0	0
t+1	100	—	—	100	100
t+2	100	50	40	90	190
t+3	100	45	36	81	271
t+4	100	40.5	32.4	72.9	343.9
t+5	100	36.45	29.16	65.61	409.51
...	...	...	...	...	...
t+n	100	0	0	0	1,000

t+1 अवधि में अर्थव्यवस्था में 100 करोड़ रु. की मात्रा में स्थिर निवेश किया जाता है। परन्तु तात्कालिक प्रेरित उपभोग अथवा निवेश नहीं होता। *t+2* अवधि में, अवधि *t+1* की 100 आय में से 50 का प्रेरित उपभोग होता है, क्योंकि सीमान्त उपभोग प्रवृत्ति 0.5 है, जबकि आय 100 में से 40 का प्रेरित निवेश होता है क्योंकि *(v=0.4)*। अवधि *t+1* से *t+2* तक आय में वृद्धि है 90=(50+40)। विभिन्न अवधियों में आय में वृद्धि की इस प्रकार गणना की जा सकती है: $\Delta Y_{t+2} = c\Delta Y_{t+1} + t + \nu \Delta Y_{t+1} = 0.5 \times 100 + 0.4 \times 100 = 90$। इसी प्रकार, अवधि *t+3* में आय में वृद्धि होगी: $\Delta Y_{t+3} = c\Delta Y_{t+2} + \nu \Delta Y_{t+2} = 0.5 \times 90 + 0.4 \times 90 = 45 + 36 = 81$। आय में कुल वृद्धि (स्तम्भ 6) को जानने के लिए चालू अवधि में आय में वृद्धि (स्तम्भ 5) पिछली अवधि में कुल आय में वृद्धि (स्तम्भ 6) में जमा कर

दिया जाता है। उदाहरणार्थ, अवधि $t+2$ में कुल आय में वृद्धि जो 190 है (स्तम्भ 6) उसे इस अवधि में आय में वृद्धि 90 (स्तम्भ 5) को पिछली अवधि $t+1$ में कुल आय में वृद्धि 100 (स्तम्भ 6) में जमा करके प्राप्त किया गया है। इसी प्रकार, अवधि $t+3$ में कुल आय में वृद्धि 271= इस अवधि में आय में वृद्धि 81 जमा 190 अवधि $t+2$ (स्तम्भ 6) से। आय प्रजनन की यह संचयी प्रक्रिया तब तक चलती रहती है, जब तक $t+n$ अवधि में प्रेरित उपभोग, प्रेरित निवेश और आय में वृद्धि घटते-घटते शून्य पर नहीं पहुंच जाते। यदि $t+1$ अवधि से $t+n$ अवधि तक उपभोग, निवेश और आय में होने वाली वृद्धि को जोड़ें, तो कुल आय बढ़कर 1000 करोड़ रु. हो जाती हैं, कुल उपभोग बढ़कर 500 करोड़ रु. और कुल निवेश बढ़कर 400 करोड़, रु. 100 करोड़ का प्रारम्भिक निवेश होने पर।

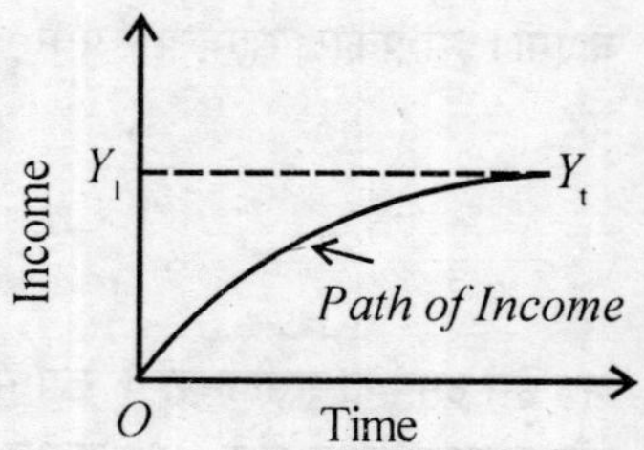

चित्र 2

चित्र 2 में आय का प्रावैगिक मार्ग दिखाया गया है। आय को अनुलम्ब अक्ष पर और समय को क्षैतिज अक्ष पर मापा गया है। OY_t वक्र अतिगुणक 10 होने पर आय का समय-पथ प्रकट करता है। समय के साथ यह वक्र बढ़ता है और आय के नये संतुलन स्तर OY_1 पर पहुंचता है और चपटा हो जाता है। यह दर्शाता है कि आय घटती दर से बढ़ती है।

5. व्यापार-चक्रों में गुणक-त्वरक परस्परक्रिया का उपयोग (USE OF MULTIPLIER-ACCELERATOR INTERACTION IN BUSINESS CYCLES)

MPC तथा त्वरक के विभिन्न मूल्यों के रहते हुए गुणक-त्वरक चक्रीय उतार-चढ़ाव के रूप में विभिन्न परिणाम दे सकता है। मानलीजिए कि $MPC=0.5$ है और त्वरक-गुणांक (accelerator coefficient) 2 है। पूर्ववत धारणाओं तथा प्रारम्भिक निवेश 100 करोड़ रु. दिया हुआ होने पर हम इस बात का अध्ययन करेंगे कि आय में किस तरह परिवर्तन होते हैं। तालिक III आय प्रजनन की इस प्रक्रिया को स्पष्ट करती है।

तालिका III : गुणक-त्वरक परस्परक्रिया

(रु. करोड़)

अवधि	*प्रारंभिक निवेश*	*प्रेरित उपभोग* (c=0.5)	*प्रेरित निवेश* (v=2)	*आय में वृद्धि* (2+3+4)
(1)	*(2)*	*(3)*	*(4)*	*(5)*
t+0	0	0	0	0
t+1	100	—	—	100
t+2	100	50	100	250
t+3	100	125	150	375.00
t+4	100	187.50	125	412.50
t+5	100	206.25	37.50	343.75
t+6	100	171.88	—68.74	203.14
t+7	100	101.57	—140.62	60.95
t+8	100	30.48	—142.18	—11.70
t+9	100	—5.48	—72.66	21.49
t+10	100	10.75	33.20	143.95

उपरोक्त तालिका यह प्रकट करती है कि अवधि *t+1* में आय में वृद्धि प्रारम्भिक निवेश की मात्रा के बराबर होती है। आय में यह वृद्धि अवधि *t+2* में 50 करोड़ रु. की उपभोग में वृद्धि (स्तम्भ 3) लाती है. क्योंकि *MPC=0.5* है। उपभोग में यह वृद्धि 100 करोड़ रु. का निवेश प्रेरित करती है, त्वरक गुणांक 2 होने पर 100 करोड़ रु. =50 × 2 (स्तम्भ 4), तथा आय रु. 250 करोड़ तक बढ़ जाती है (स्तम्भ 2+3+4 का जोड़ अर्थात् 100+50+100=250)। आय में यह वृद्धि पुन: उपभोग में 125 करोड़ रु. की वृद्धि लाती है (स्तम्भ 3) जो 250 करोड़ रु. का आधा है क्योंकि *MPC=0.5*। परन्तु अवधि *t* में उपभोग पिछली अवधि की आय का फलन है। इसलिए *t+3* अवधि में उपभोग में वास्तविक वृद्धि, *t+3* अवधि और *t+2* अवधि में उपभोग के बीच का अन्तर है, अर्थात् 125ङ्क50 =75। यदि उपभोग में इस वृद्धि (75 करोड़ रु.) को त्वरक के मूल्य 2 से गुणा कर दें, तो प्रेरित निवेश 150=75 × 2 (स्तम्भ 4) अवधि *t+3* में प्राप्त होता है। अत: अवधि *t+3* में स्तम्भों *2+3+4* का जोड़ 375 करोड़ रु. आय की वृद्धि प्रकट करता है। इसी प्रकार *t+4* अवधि में रु. 412.50 करोड़ की आय का प्रजनन होता है। इस अवधि में आय में वृद्धि अधिकतम है जो व्यापार चक्र के शिखर को दर्शाती है। इसके बाद आय गिरना शुरू कर देती है जब तक कि वह *t+8* अवधि में तल अथवा अपकर्ष (trough) अर्थात् (ङ्क) 11.70 करोड़ रु. पर नहीं पहुंच जाती है। अवधि *t+9* से वह फिर बढ़ने लगती है जो व्यापार चक्र की पुनरुत्थान (revival) अवस्था को प्रकट करती है। आय का यह व्यवहार पहले बढ़ना, फिर गिरना और फिर स्थिर विस्तार से बढ़ना, गुणक तथा त्वरक के मिश्रित कार्यकरण को दर्शाता है। पर, व्यापार चक्र का वास्तविक व्यवहार गुणक तथा त्वरक के मूल्यों पर निर्भर करता है, जैसा कि सैम्यूलसन ने अपने मॉडल में व्यक्त किया है।[5]

प्रो. कुरिहारा ने इस सम्बन्ध में लक्ष्य किया है कि इकाई से कम सीमान्त उपभोग प्रवृत्ति इस प्रश्न का उत्तर प्रदान करती है कि पूर्ण पतन (collapse) से पहले अथवा पूर्ण रोजगार की स्थिति से पहले संचयी प्रक्रिया क्यों समाप्त हो जाती है?[6] हैनसन के अनुसार इसका कारण यह तथ्य है कि प्रत्येक अवधि में होने वाली आय की वृद्धि का बड़ा भाग प्रत्येक अगली अवधि में उपभोग पर नहीं व्यय होता। इससे अन्त: प्रेरित निवेश की मात्रा में कमी होती है और जब इस तरह की कमी प्रेरित उपभोग में वृद्धि से बढ़ जाती है, तो आय में पतन शुरू हो जाता है। इस प्रकार, प्रो. हैनसन लिखता है, ''यह तो बचत की सीमान्त प्रवृत्ति ही है, जो तब भी विस्तार-प्रक्रिया को रोक देती है जब गुणक प्रक्रिया के शिखर पर त्वरक की प्रक्रिया द्वारा विस्तार को बढ़ाया जाता है।''[7]

प्रश्न

1. अतिगुणक की धारणा को परिभाषित कीजिए। एक मुक्त, खुली अर्थव्यवस्था में इसके कार्यकरण की व्याख्या कीजिए।
2. आय निर्धारण सिद्धान्त में गुणक तथा त्वरक की परस्पर क्रिया को समझाइए। इस आधार पर व्यापार चक्र की संतोषजनक व्याख्या कहां तक की जा सकती है?
3. त्वरक सिद्धान्त की व्याख्या कीजिए। इसकी मान्यताओं का आलोचनात्मक परीक्षण कीजिए।
4. त्वरक सिद्धान्त से आप क्या समझते हैं? उसके कार्यकरण की व्याख्या कीजिए। इसका निवेश सिद्धान्त में क्या महत्त्व है? बताइए।

---

5. ऊपर तालिका में लिये गए *c* और *v* के मूल्यों से सम्बन्धित चित्र 45.4 (C) सैम्यूलसन के मॉडल का है। *C* और *v* के अन्य मूल्यों से संबद्ध चित्र भी उसी मॉडल में दिए गए हैं।
6. K. K. Kurihara, *Monetary Theory and Public Policy*. pp. 233-34.
7. A.H. Hansen, *Business Cycles and National Income*, p. 170,

अध्याय 20

निवेश के कुछ नये सिद्धांत

(Some New Theories of Investment)

पूर्व अध्यायों, विशेषकर 13 और 18, में हमने निवेश के तीन सिद्धांतों की विवेचना की। प्रथम, क्लासिकी सिद्धांत कि निवेश ब्याज दर का फलन है। द्वितीय, केन्जीय सिद्धांत कि निवेश आय और ब्याज दर का फलन है। तृतीय, त्वरक सिद्धांत कि निवेश उत्पादन अथवा आय में परिवर्तन का फलन है।

इस अध्याय में हम निवेश के केन्जोपरान्त सिद्धान्तों तथा त्वरक सिद्धांत के शोधनों का विवेचन करेंगे। सर्वप्रथम, सरल सिद्धांत की व्याख्या करेंगे, जिसकी अध्याय 18 में विस्तृत विवेचना तालिका द्वारा की गई है। इसे सहज त्वरक (naive accelerator) भी कहते हैं।

1. निवेश का त्वरक सिद्धांत
(THE ACCELERATOR THEORY OF INVESTMENT)

त्वरक सिद्धांत यह बताता है कि एक फर्म के उत्पादन की दर में वृद्धि के लिए उसके पूंजी स्टॉक में आनुपातिक वृद्धि की आवश्यकता होती है। पूंजी स्टॉक से अभिप्राय इच्छित (desired) अथवा इष्टतम (optimum) पूंजी स्टॉक K^* से है। यह मानते हुए कि पूंजी उत्पादन अनुपात एक स्थिरांक v है, इष्टतम पूंजी स्टॉक उत्पादन का एक स्थिर अनुपात होता है। इस प्रकार t अवधि में

$$K_t^* = v\, Y_t$$

जहां K_t^* अवधि t में इष्टतम पूंजी स्टॉक है, v (त्वरक) धनात्मक स्थिर है, और Y_t अवधि t में उत्पादन है।

उत्पादन में कोई भी परिवर्तन से पूंजी स्टॉक में परिवर्तन होगा। अत:

$$K_t^* - K^*_{t-1} = v\,(Y_t - Y_{t-1})$$

और $$I_{nt} = v\,(Y_t - Y_{t-1}) \qquad [\because I_{nt} = K_t^* - K^*_{t-1}]$$

$$= v\,\Delta\, Y_t$$

जहां $\Delta Y_t = Y_t - Y_{t-1}$ और I_{nt} शुद्ध निवेश है।

ऊपर के समीकरण में शुद्ध निवेश का स्तर उत्पादन (या आय) में परिवर्तन के आनुपातिक है। यदि उत्पादन का स्तर स्थिर ($\Delta Y = 0$) रहता है, तो शुद्ध निवेश शून्य होगा। शुद्ध निवेश एक धनात्मक स्थिर होने के लिए, उत्पादन अवश्य बढ़ना चाहिए। इसे चित्र 1 में दर्शाया गया है जहां ऊपर के भाग में कुल उत्पादन वक्र Y अवधि $t + 4$ तक बढ़ती दर से बढ़ता जाता है। फिर $t + 6$ अवधि तक घटती दर से बढ़ता है। इसके बाद यह गिरना प्रारम्भ कर देता है। चित्र से नीचे के भाग में I_n वक्र दिखाता है कि अवधि $t + 4$ तक उत्पादन बढ़ने से शुद्ध निवेश में वृद्धि होती है क्योंकि उत्पादन बढ़ती हुई दर से बढ़ रहा है। परन्तु जब अवधि $t + 4$ और $t + 6$ के बीच में उत्पादन घटती दर से बढ़ता है तो शुद्ध निवेश कम होता जाता है। जब $t + 7$ अवधि में उत्पादन कम होना प्रारम्भ करता है तो शुद्ध निवेश ऋणात्मक हो जाता है। ऊपर की व्याख्या इस मान्यता पर आधारित है कि उत्पादन में वृद्धि और कमी की समान प्रतिक्रिया होती है।

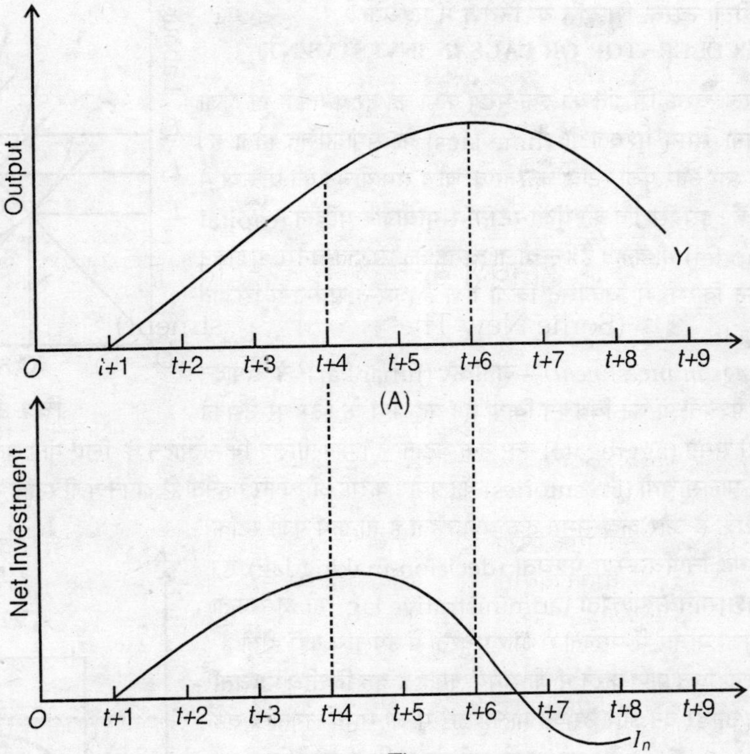

चित्र 1

सरल त्वरक सिद्धांत में, इष्टतम पूंजी स्टॉक की उत्पादन के साथ आनुपातिकता उत्पादन के स्थिर तकनीकी गुणांकों की मान्यता पर आधारित है। इसे चित्र 2 में समझाया गया है जहां Y और Y_1 दो सममात्रा वक्र हैं। फर्म K^* पूंजी स्टॉक द्वारा Y उत्पादन करती है। यदि वह Y_1 उत्पादन करना चाहती है तो उसे अपने इष्टतम पूंजी स्टॉक को $K_1{}^*$ पर बढ़ाना चाहिए। OR किरण पैमाने के स्थिर प्रतिफल दर्शाती है। इससे यह मालूम होता है कि यदि फर्म अपने उत्पादन को दुगुना करना चाहती है तो उसे अपने इष्टतम पूंजी स्टॉक को भी दुगुना बढ़ाना होगा।

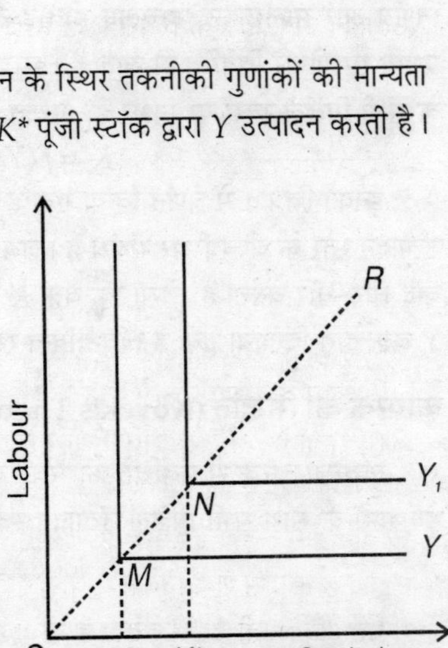

चित्र 2

एकास (Eckaus)[1] ने यह दर्शाया है कि पैमाने के स्थिर प्रतिफल की मान्यता के अन्तर्गत, सरल त्वरक स्थिर होगा। मानलीजिए फर्म के उत्पादन में दो साधनों, श्रम और पूंजी, का प्रयोग होता है जिनके साधन कीमत अनुपात स्थिर हैं। चित्र 3 में Y, Y_1 और Y_2 फर्म के सममात्रा वक्र हैं और C, C_1 और C_2 समलागत रेखाएं हैं जो एक दूसरे के समानांतर हैं जो स्थिर लागतें दर्शाती हैं। यदि फर्म अपने उत्पादन को Y से Y_1 बढ़ाने का निर्णय लेती है तो उसे श्रम की इकाइयां L से L_1 और पूंजी की इकाइयां K* से $K_1{}^*$ बढ़ानी होंगी इत्यादि। फर्म के सममात्रा वक्रों और समलागत रेखाओं के स्पर्श बिन्दुओं e, e_1 और e_2 को मिलाने वाली रेखा OR फर्म का प्रसार पथ है जो यह दर्शाता है कि निवेश उत्पादन में परिवर्तन के समानुपात है।

(आगे निवेश के त्वरक सिद्धांत की मान्यताओं और आलोचनाओं के लिए अध्याय 18 देखिए)

2. लचीला त्वरक सिद्धांत या निवेश में पश्चता (FLEXIBLE ACCELERATOR OR LAGS IN INVESTMENT)

लचीला त्वरक सिद्धांत सरल त्वरक सिद्धांत की एक मुख्य कमी को दूर करता है कि पूंजी स्टॉक इष्टतम तौर से **बिना** समय पश्चताओं (time lags) के समायोजित होता है। लचीला त्वरक में उत्पादन स्तर और पूंजी स्टॉक के स्तर के बीच समायोजन की प्रक्रिया में समय पश्चताएं पाई जाती हैं। इस सिद्धांत को **पूंजी स्टॉक समायोजन मॉडल** (capital stock adjustment model) भी कहते हैं। लचीला त्वरक का सिद्धांत चेनेरी, गुडविन और कोयस्क द्वारा विभिन्न किस्मों में विकसित किया गया है। परन्तु सर्वमान्य सिद्धांत **कोयस्क**,(Koyck) का है।

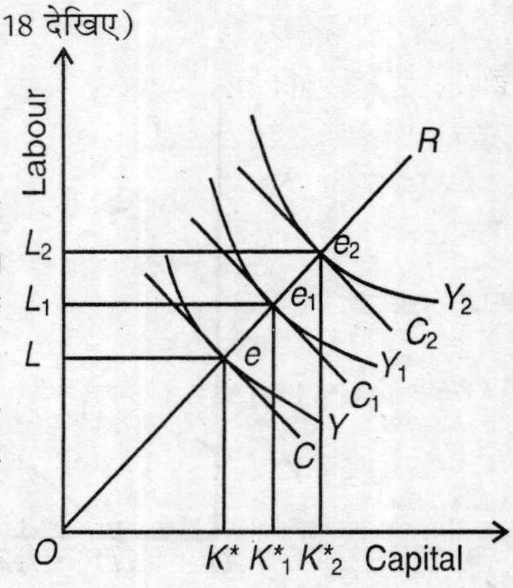

चित्र 3

निवेश में पश्चता (Lags in Investment)—**जुनांकर** (Junankar)[2] ने उत्पादन और पूंजी स्टॉक के बीच पश्चताओं का विवेचन किया है। वह फर्म के स्तर पर उसकी व्याख्या करता है और उसे समग्र (aggregate) स्तर तक बढ़ाता है। मानलीजिए कि उत्पादन के लिए मांग बढ़ती है। इसे पूरा करने के लिए, पहले फर्म अपनी मालसूचियों (inventories) का प्रयोग करेगी और फिर गहनता से अपने पूंजी स्टॉक का प्रयोग करेगी। यदि उत्पादन के लिए मांग अधिक है और कुछ समय तक बनी रहती है तो फर्म पूंजी स्टॉक के लिए मांग बढ़ा देगी। यह **निर्णयकरण पश्चता** (decision-making lag) है। पूंजी का आर्डर देने हेतु **प्रशासनिक पश्चता** (administrative lag) भी हो सकता है। क्योंकि पूंजी, वित्तीय पूंजी बाजार में सरलता से और प्रचुरता में उपलब्ध नहीं होती है, इसलिए पूंजी खरीदने के लिए वित्त प्राप्त करने में जो समय लगता है वह **वित्तीय पश्चता** होती है। अन्तिम, पूंजी का आर्डर देने और उसकी मालछुड़ाई में जो समय लगता है वह **मालछुड़ाई पश्चता** (delivery lag) है। यह मानते हुए कि विभिन्न फर्मों के भिन्न निर्णय और मालछुड़ाई पश्चताएं होते हैं तब समग्र में मांग में वृद्धि का पूंजी स्टॉक पर प्रभाव समयोपरि वितरित हो जाता है। इसका अभिप्राय कि समय t में पूंजी स्टॉक उत्पादन के सभी पिछले स्तरों पर निर्भर है, अर्थात्

$$K_t = f(Y_t, Y_{t-1} ......, Y_{t-n}).$$

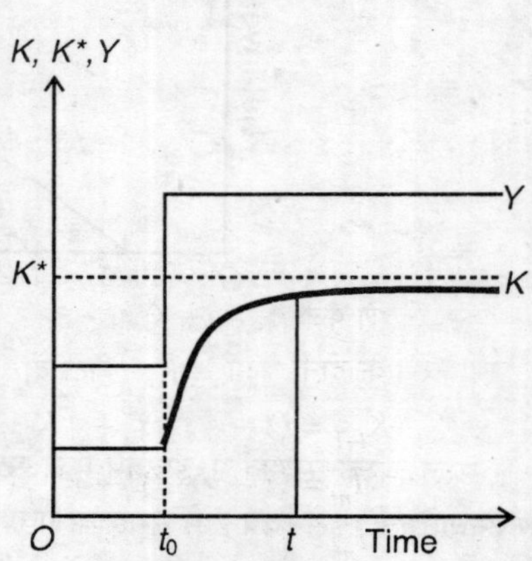

चित्र 4

इनका चित्र 4 में वर्णन किया गया है जहां प्रारंभिक अवधि t_0 में, पूंजी स्टॉक और उत्पादन स्तर के बीच स्थिर संबंध है। जब उत्पादन के लिए मांग बढ़ती है, तो पूंजी स्टॉक निर्णय करण और मालछुड़ाई पश्चताओं के बाद धीरे-धीरे बढ़ता है, जैसा कि वक्र K द्वारा दिखाया गया है, जो उत्पादन के पिछले स्तरों पर निर्भर करता है। उत्पादन में वृद्धि को Y वक्र द्वारा दिखाया गया है। बिन्दुकित रेखा K^* इष्टतम पूंजी स्टॉक है जो अवधि t में वास्तविक पूंजी स्टॉक K के बराबर है।

कोयस्क का सिद्धांत (Koyck's Theory)

लचीला त्वरक से संबंधित कोयस्क[3] का सिद्धांत इस मान्यता पर आधारित है कि वास्तविक पूंजी स्टॉक ज्यामितिक रूप में कम होते हुए भारों के साथ सभी पिछले उत्पादन स्तरों पर निर्भर करता है। इस प्रकार,

---

1. R.S. Eckaus, "The Acceleration Principle Reconsidered," *Q.J.E.*, May, 1953.
2. P.N. Junankar, *Investment : Theories and Investment,* 1972
3. L.M. Koyck, *Distributed Lags and Investment Analysis,* 1954.

$$K_t = v(1-\lambda)(Y_t + \lambda Y_{t-1} + \lambda^2 Y_{t-2} + \ldots.. \lambda^n Y_{t-n}) \quad \ldots..(1)$$

जहां $0 < \lambda < 1$. यदि आय में कोई परिवर्तन नहीं है और वह बराबर है $\overline{Y}$ के, तो उत्पादन की संभावित मात्रा भी अपरिवर्तित रहती है, तब

$$\overline{K} = v(1-\lambda)(\overline{Y} + \lambda\overline{Y} + \lambda^2\overline{Y} + \ldots.. \lambda^n\overline{Y})$$
$$= v(1-\lambda)\overline{Y}(1 + \lambda + \lambda^2 + \ldots.. + \lambda^n) \quad \ldots..(2)$$

जहां $(1 + \lambda + \lambda^2 + \ldots... + \lambda^n) = 1/(1-\lambda)$ ज्यामिति श्रेणियों में भार है और समीकरण (2) बन जाता है,

$$\overline{K} = v\overline{Y}(1-\lambda) \times \frac{1}{(1-\lambda)}$$

या $\overline{K} = v\overline{Y}$

यदि समीकरण (1) वैध है, तो K_{t-1} भी सत्य है। इसलिए हम समीकरण (1) को पुनः ऐसे लिख सकते हैं :

$$K_{t-1} = v(1-\lambda)(Y_{t-1} + \lambda^2 Y_{t-2} + \lambda^3 Y_{t-3} + \ldots.. + \lambda^n Y_{t-n-1}).$$

λ से गुणा करने पर,

$$\lambda K_{t-1} = v(1-\lambda)(\lambda Y_{t-1} + \lambda^2 Y_{t-2} + \lambda^3 Y_{t-3} + \ldots.. + \lambda^{n+1} Y_{t-n-1}). \quad \ldots..(3)$$

समीकरण (1) को (3) से घटाने पर

$$K_t - \lambda K_{t-1} = v(1-\lambda)(Y_t + \lambda^{n+1} Y_{t-n-1}).$$

क्योंकि पद λ^{n+1} की प्रवृत्ति शून्य होने की है, इसलिए ऊपर का समीकरण बन जाता है,

$$K_t - \lambda K_{t-1} = (1-\lambda) vY_t$$

या $$K_t = (1-\lambda) vY_t + \lambda K_{t-1} \quad \ldots..(4)$$

समीकरण (1) को समीकरण (4) पुनः लिखने की प्रक्रिया को **कोयस्क रूपान्तरण** (Koyck transformation) कहते हैं।

शुद्ध निवेश पूंजी के स्टॉक में परिवर्तन है $K_t - K_{t-1}$. इसलिए शुद्ध निवेश का व्यंजक (expression) प्राप्त करने के लिए ऊपर के समीकरण के दोनों पक्षों से K_{t-1} घटा दें,

$$K_t - K_{t-1} = (1-\lambda) vY_t + \lambda K_{t-1} - K_{t-1}$$
$$I_{nt} = (1-\lambda) vY_t + K_{t-1}(\lambda - 1)$$

या $$I_{nt} = (1-\lambda) vY_t - (1-\lambda) K_{t-1} \quad \ldots..(5)$$

शुद्ध निवेश $(K_t - K_{t-1})$ **वितरित पश्चता त्वरक** (distributed lag accelerator) कहलाता है, जो पिछली अवधि के पूंजी स्टॉक से उल्टा संबंधित है और उत्पादन स्तर के साथ धनात्मक रूप से संबद्ध है।

दूसरी ओर, सकल निवेश बराबर है शुद्ध निवेश **जमा** मूल्यह्रास। मूल्यह्रास पूंजी स्टॉक के आनुपातिक है और $I_{gt} = \delta K_{t-1}$ द्वारा अनुमानित किया जाता है। इसे शुद्ध निवेश में जमा करने से, सकल निवेश है,

$$I_{gt} = I_{nt} + \delta K_{t-1}$$

ऊपर के समीकरण में I_{nt} का मूल्य प्रस्थापित करने से,

$$I_{gt} = (1-\lambda) vY_t - (1-\lambda) K_{t-1} + \delta K_{t-1}$$

या $$I_{gt} = (1-\lambda) vY_t - K_{t-1}(\lambda - 1 + \delta) \quad \ldots.(6)$$

ऊपर का समीकरण यह दर्शाता है कि जब आय का स्तर बढ़ता है तो सकल निवेश बढ़ेगा क्योंकि ऐसी स्थिति में अधिक पूंजी की आवश्यकता होती है। यह भी दर्शाता है कि पूंजी का वर्तमान स्टॉक K_{t-1} दोहरी भूमिका निभाता है। क्योंकि पद $\lambda - 1$ शून्य है, इसलिए पूंजी के बड़े वर्तमान स्टॉक से अभिप्राय है अतिरिक्त क्षमता, अतः कम निवेश का होना। δ धनात्मक है, जिससे जितना बड़ा पूंजी का वर्तमान स्टॉक होगा, उतनी अधिक प्रतिस्थापन (replacement) निवेश की आवश्यक मात्रा होगी।

दीर्घकालीन संतुलन में पूंजी स्टॉक अपने इष्टतम में पहुंचता है जिससे

$$K_t^* = K_t = K_{t-1} \quad \text{.......(7)}$$

समीकरण (7) को समीकरण (4) में प्रतिस्थापित करने से,

$$K_t^* = vY_t \quad \text{......(8)}$$

समीकरण (8) को समीकरण (5) में प्रतिस्थापित करने से,

$$I_{nt} = (1-\lambda)\, K_t^* - (1-\lambda)\, K_{t-1}$$

या $$I_{nt} = (1-\lambda)\,(K_t^* - K_{t-1}) \quad \text{.....(9)}$$

यह समीकरण (9) **लचीला त्वरक** अथवा **स्टॉक समायोजन नियम** (stock adjustment principle) को व्यक्त करता है। यह सुझाव देता है कि शुद्ध निवेश **नियोजित** पूंजी स्टॉक और पिछली अवधि के **वास्तविक** पूंजी स्टॉक के बीच अन्तर का कोई भिन्न (fraction) है। गुणांक $(1-\lambda)$ हमें यह बताता है कि कितनी शीघ्रता से समायोजन होता है। यदि $\lambda = 0$ है, अर्थात् $(1-\lambda) = 1$, तब इकाई अवधि में समायोजन होता है।

निष्कर्ष में, लचीला त्वरक का निवेश सिद्धांत के लिए बहुत महत्त्वपूर्ण योगदान है, जो निवेश मांग में पश्चताओं की समस्या को हल करता है। यह न केवल पश्चताओं के प्रभावों को सम्मिलित करता है, बल्कि मूल्यह्रास और अतिरिक्त क्षमता के प्रभावों को भी पूंजी स्टॉक समायोजना में शामिल करता है।

3. निवेश के वित्तीय सिद्धांत
(FINANCIAL THEORIES OF INVESTMENT)

कुछ अर्थशास्त्रियों ने निवेश पर वित्तीय घटकों के प्रभाव पर बल दिया है। परन्तु हम केवल निवेश का लाभ सिद्धांत, और डुजनबरी[4] का नकदी प्रवाह सिद्धांत का ही अध्ययन करेंगे।

1. निवेश का लाभ सिद्धांत (The Profits Theory of Investment)

लाभ सिद्धांत, लाभों, विशेषकर अवितरित लाभों, को निवेश का वित्तप्रबंध करने के लिए आंतरिक निधियों का स्रोत मानता है। निवेश लाभों पर निर्भर करता है और लाभ आय पर निर्भर करते हैं। इस सिद्धांत में लाभ वर्तमान लाभों के स्तर और निकट पूर्व के लाभों से संबंधित हैं। यदि कुल आय और कुल लाभ ऊंचे हैं, तो फर्मों के रखे हुए अर्जन (earnings) भी ऊंचे होते हैं, और विलोमशः। रखे हुए अर्जन छोटी और बड़ी फर्मों के लिए बहुत महत्त्वपूर्ण होते हैं जब पूंजी बाजार अपूर्ण होता है क्योंकि उनका प्रयोग करना सस्ता है। इस प्रकार, यदि लाभ ऊंचे हैं, तो रखे हुए अर्जन भी ऊंचे होते हैं। पूंजी की लागत कम होती है और इष्टतम पूंजी स्टॉक अधिक होता है। यही कारण है कि फर्में अपने अतिरिक्त लाभों को बैंकों में रखने की बजाय प्रतिभूतियां खरीदने या शेयर-होल्डरों को लाभांश देने के लिए पुनर्निवेश करने पर अधिमान देती हैं। इसके विपरीत, जब उनके लाभ गिरते हैं, तो वे अपनी निवेश परियोजनाओं में कमी कर देती हैं। यह लाभ सिद्धांत की **तरलता व्याख्या** (liquidity version) है।

दूसरी व्याख्या यह है कि इष्टतम पूंजी स्टॉक संभावित लाभों का फलन है। यदि अर्थव्यवस्था में समग्र लाभ और व्यावसायिक लाभ बढ़ रहे हैं तो उनके भविष्य में निरंतर बढ़ने की संभावना होगी। इसलिए संभावित लाभ पिछले वास्तविक लाभों का कोई फलन हैं.

$$K_t^* = f(\pi_{t-1})$$

जहां K_t^* इष्टतम पूंजी स्टॉक है और $f(\pi_{t-1})$ पिछली अवधि के वास्तविक लाभों का कोई फलन है।

प्रो. शपीरो[5] ने निवेश के लाभ सिद्धांत का विकास किया जिसमें कुल लाभ आय स्तर के साथ सीधे परवर्तित होते हैं। लाभ के प्रत्येक स्तर के लिए एक इष्टतम पूंजी स्टॉक होता है। इष्टतम पूंजी स्टॉक लाभों के स्तर के साथ सीधे परिवर्तित होता है। ब्याज दर और लाभों का स्तर आगे इष्टतम पूंजी स्टॉक को निर्धारित करता है। लाभों के एक विशेष स्तर के लिए जितनी ऊंजी ब्याज दर होगी उतना ही कम

---

4. J.S. Duesenberry, *Business Cycles and Economic Growth*, 1958.
5. Edward Shapiro, *op.cit.*, Ch. 18.

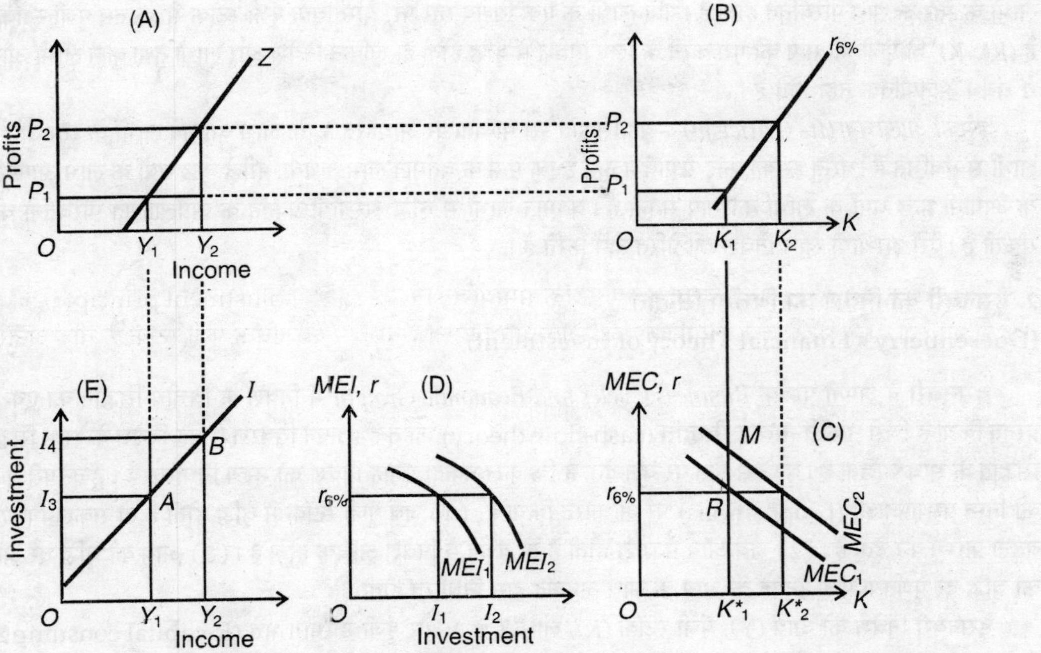

चित्र 5

इष्टतम पूंजी स्टॉक होगा, और विलोमश: । लाभ सिद्धांत की इस व्याख्या को चित्र 5 में व्यक्त किया गया है। चित्र के भाग (A) में वक्र Z यह दर्शाता है कि कुल लाभ आय के साथ सीधे परिवर्तित होते हैं। जब आय Y_1 है तो लाभ P_1 हैं तथा आय के Y_2 पर बढ़ने से लाभ बढ़कर P_2 हो जाते हैं। भाग (B) दिखाता है कि ब्याज दर और लाभ स्तर पूंजी स्टॉक को निर्धारित करते हैं। लाभ स्तर P_2 और ब्याज दर r 6% पर, वास्तविक पूंजी स्टॉक K_2 है और P_1 कम लाभ स्तर और r 6% ब्याज दर पर, वास्तविक पूंजी स्टॉक कम होकर K_1 हो जाता है।

भाग (C) में, वास्तविक पूंजी स्टॉक और ब्याज दर दिए होने पर, लाभों के प्रत्येक स्तर के लिए MEC वक्र खींचा गया है। इस प्रकार, जब ब्याज दर r 6% होती है, तो MEC_1 वक्र लाभ स्तर P_1 को इष्टतम स्टॉक K_1* के साथ संबद्ध करता है। ऊंचा MEC_2 वक्र, वही ब्याज दर r 6% दी होने पर, लाभ स्तर P_2 को ऊंचे इष्टतम पूंजी स्टॉक K_2* के साथ संबद्ध करता है।

मानलीजिए कि लाभों का स्तर P_1 है, बाजार ब्याज दर r 6% और और वास्तविक पूंजी स्टॉक K_1 चरों के इस संयोग से, भाग (C) में इष्टतम पूंजी स्टॉक K_2* है, ताकि वास्तविक पूंजी स्टॉक $K_1 = K_1$* इष्टतम पूंजी स्टॉक। परिणामस्वरूप, शुद्ध निवेश शून्य है। लेकिन फिर भी r 6% प्रतिस्थापन निवेश I_1, है, जैसा कि भाग (D) में MEI_1 वक्र द्वारा दिखाया गया है। निवेश I_1 और आय स्तर Y_1 का संयोग चित्र के भाग (E) में निवेश वक्र I पर बिन्दु A स्थापित करता है।

अब भाग (A) में P_2 लाभों के स्तर और Y_2 आय स्तर से प्रारंभ कीजिए ताकि चित्र के भाग *(C)* में r 6% ब्याज दर पर इष्टतम पूंजी स्टॉक K_2* है। फिर यह मान कर कि वास्तविक पूंजी स्टॉक K_1 है और इस लाभ-आय संयोग पर वास्तविक पूंजी स्टॉक से इष्टतम पूंजी स्टॉक अधिक है, $K_2^*>K_1$. यहां MEC_2 ब्याज दर r 6% से RM अधिक है। परिणामस्वरूप, भाग *(D)* में MEI_1 वक्र सरक कर ऊपर MEI_2 हो जाता है। क्योंकि $K_2^*>K_1$ इसलिए शुद्ध निवेश धनात्मक है। यह चित्र के भाग *(D)* में I_1I_2 द्वारा दिखाया गया है। इसलिए जब आय के Y_2 स्तर पर बढ़ने से लाभ P_2 पर बढ़ते हैं, तो r 6% ब्याज दर पर वास्तविक पूंजी स्टॉक से इष्टतम पूंजी स्टॉक अधिक ($K_2^*>K_1$) होने से भाग *(E)* में निवेश I_3 से बढ़कर I_4 हो जाता है, जो चित्र के भाग *(D)* में शुद्ध निवेश I_1I_2 के बराबर है। I_4 और Y_2 का संयोग ऊपर की ओर ढालू I वक्र पर B बिन्दु स्थापित करता है।

संक्षेप में, निवेश के लाभ सिद्धांत में, कुल लाभों का स्तर राष्ट्रीय आय के साथ परिवर्तित होता है, और इष्टतम पूंजी स्टॉक कुल

लाभों के स्तर के साथ परिवर्तित होता है। यदि लाभों के एक विशेष स्तर पर, वास्तविक पूंजी स्टॉक से इष्टतम पूंजी स्टॉक अधिक होता है *(K*>K)*, तो पूंजी की मांग को पूरा करने के लिए निवेश में वृद्धि होती है, लेकिन निवेश और लाभों तथा कुल लाभों और राष्ट्रीय आय में संबंध आनुपातिक नहीं होते हैं।

इसकी आलोचना (Its Criticism)—यह सिद्धांत इस मान्यता पर आधारित है कि लाभ वर्तमान लाभों के स्तर और निकट पूर्व के लाभों से संबंधित हैं। परन्तु इसकी कोई संभावना नहीं है कि फर्म के वर्तमान लाभ अथवा अगले कुछ वर्षों के लाभ आगामी वर्ष के लाभ या आगामी कुछ वर्षों के लाभों को माप सकते हैं। वर्तमान लाभों में वृद्धि अस्थायी प्रकृति के अप्रत्याशित परिवर्तनों का परिणाम हो सकती है। ऐसे अस्थायी लाभ निवेश को प्रेरित नहीं करते हैं।

2. डूसनबरी का निवेश का वित्तीय सिद्धांत (Duesenberry's Financial Theory of Investment)

डूसनबरी ने अपनी पुस्तक *Business Cycles and Economic Growth* में निवेश के वित्तीय सिद्धांत का एक अन्य विवरण प्रस्तुत किया है जिसे **नकदी-प्रवाह सिद्धांत** (cash-flow theory) कहते हैं। अपने विवरण में वह निवेश के लाभ सिद्धांत को त्वरक सिद्धांत के साथ जोड़ता है। वह इस बात पर बल देता है कि कुल नकदी प्रवाह निवेश का मुख्य निर्धारक है। डुज़नबरी ने अपने सिद्धांत को निम्न प्रस्थापनाओं (propositions) पर आधारित किया है: (1) जब पूंजी स्टॉक में वृद्धि होती है तो सकल निवेश मूल्यह्रास से बढ़ना प्रारम्भ कर देता है। (2) जब आय में वृद्धि होती है तो बचत में निवेश अधिक होता है। (3) आय की वृद्धि दर और पूंजी स्टॉक की वृद्धि दर पूर्णतया पूंजी स्टॉक के आय के साथ अनुपात द्वारा निर्धारित होती है।

डूसनबरी निवेश को आय *(Y)*, पूंजी स्टॉक *(K)*, लाभों (π) और पूंजी उपभोग भत्ते (R-capital consumption allowances) का फलन मानता है। ये सभी स्वतंत्र चर हैं और उन्हें इस प्रकार प्रस्तुत किया जा सकता है :

$$I = f(Y_{t-1}, K_{t-1}, \pi_{t-1}, R_t)$$

जहां t वर्तमान अवधि को व्यक्त करता है और $(t-1)$ पिछली अवधि को।

डूसनबरी के अनुसार, लाभ राष्ट्रीय आय पर धनात्मक तौर से और पूंजी स्टॉक पर ऋणात्मक तौर से निर्भर करते हैं,

$$\pi = aY - bK$$

पश्चताओं *(lags)* को लेते हुए यह समीकरण बन जाता है,

$$\pi_t = aY_{t-1} - bK_{t-1}$$

जहां π_t अवधि t में लाभों को व्यक्त करता है, Y_{t-1} और K_{t-1} क्रमश: पिछली अवधि के आय और पूंजी स्टॉक हैं तथा a एवं b स्थिरांक हैं। पूंजी उपभोग भत्तों को इस प्रकार व्यक्त किया गया है:

$$R_t = kK_{t-1}$$

ऊपर का समीकरण दर्शाता है कि पूंजी उपभोग भत्ते पूंजी स्टॉक (K_{t-1}) का एक भिन्न (k) है।

डूसनबरी का निवेश फलन त्वरक नियम का एक संशोधित विवरण है,

$$I_t = \alpha Y_{t-1} + \beta K_{t-1} \quad .....(1)$$

जहां अवधि t में निवेश पिछली अवधि $(t-1)$ की आय (Y) और पूंजी स्टॉक (K) का फलन है। पैरामीटर अर्थात् प्राचल (α) निवेश पर आय के परिवर्तनों के प्रभाव को व्यक्त करता है, जबकि प्राचल (β) लाभों और निवेश दोनों की सीमांत उत्पादकता के द्वारा कार्य करते हुए निवेश पर पूंजी स्टॉक के प्रभाव को व्यक्त करता है।

क्योंकि निवेश के निर्धारक उपभोग को भी प्रभावित करते हैं, इसलिए उपभोग फलन को इस प्रकार लिखा जा सकता है:

$$C_t = f(Y_{t-1} - \pi_{t-1} - R_{t-1} + d_t)$$

जहां d_t अवधि t में लाभांश भुगतानों के लिए है। क्योंकि $\pi = f(Y,K,)$, $R = kY$ और $d = f(\pi)$, इसलिए ये स्वतंत्र चर Y और K के अन्तर्गत शामिल किए जा सकते हैं। इस प्रकार,

$$C_t = aY_{t-1} + bK_{t-1} \quad ....(2)$$

समीकरण (2) में a प्राचल MPC है और यह लाभों में वृद्धि को भी व्यक्त करता है। यह वृद्धि लाभाशों पर लाभों के प्रभाव तथा उपभोग पर लाभाशों में परिवर्तनों के प्रभाव द्वारा कम होती है। उपभोग पर पूंजी स्टॉक में परिवर्तनों का प्रभाव प्राचल b द्वारा व्यक्त होता है। पूंजी स्टॉक निम्न समीकरण के रूप में व्यक्त किया जाता है जो एक समानिका (identity) है,

$$K_t = (1-k)\, K_{t-1} + I_t$$

इसे निम्न प्रकार से व्युत्पन्न किया गया है:

$$K_t = K_{t-1} + (I_t - R_t)$$
$$R_t = kK_{t-1}$$
$$K_t = K_{t-1} + I_t - kK_{t-1}$$
$$\therefore \quad K_t = (1-k)\, K_{t-1} + I_t$$
$$I_t = \alpha\, Y_{t-1} + \beta\, K_{t-1}$$

पूंजी स्टॉक समीकरण को इस प्रकार लिखा जा सकता है :

$$K_t = (1-k)\, K_{t-1} + \alpha\, Y_{t-1} + \beta\, K_{t-1}$$
$$= [(1-k)\, K_{t-1} + \beta\, K_{t-1}] + \alpha\, Y_{t-1}$$
$$= K_{t-1}\, [(1-k) + \beta\,] + \alpha\, Y_{t-1}$$

या $\quad K_{t-1} = K_{t-2}\, [(1-k) + \beta\,] + \alpha\, Y_{t-2}$ .....(3)

राष्ट्रीय आय समानिका इस प्रकार लिखी जा सकती है:

$$Y_t = I_t + C_t$$
$$= \alpha\, Y_{t-1} + \beta\, K_{t-1} + aY_{t-1} + bK_{t-1} \qquad \text{[समीकरणों (1) और (2) से]}$$
$$= [\alpha\, Y_{t-1} + aY_{t-1}] + [\beta\, K_{t-1} + bK_{t-1}]$$
$$= (\alpha + a)\, Y_{t-1} + (\beta + b)\, K_{t-1} \qquad .....(4)$$

K_{t-1} के मूल्य को समीकरण (4) में प्रतिस्थापित करके, हमें प्राप्त होता है,

$$Y_t = (\alpha + a)\, Y_{t-1} + (\beta + b)\, \{K_{t-2}\, [(1-k)\ \beta\,] + \alpha\, Y_{t-2}\}$$
$$= (\alpha + a)\, Y_{t-1} + (\beta + b)\, \{\alpha\, Y_{t-2} + [(1-k) + \beta\,]\, K_{t-2}\} \qquad .....(5)$$

फिर, राष्ट्रीय आय समीकरण (4) ऐसे भी लिखा जा सकता है,

$$Y_{t-1} = (\alpha + a)\, Y_{t-2} + (\beta + b)\, K_{t-2}$$

या $(\beta + b)\, K_{t-2} = Y_{t-1} - (\alpha + a)\, Y_{t-2}$

K_{t-2} का मूल्य प्राप्त करने के पश्चात इसे समीकरण (5) में प्रतिस्थापित करने से,

$$Y_t = (\alpha + a)\, Y_{t-1} + \alpha\, (\beta + b)\, Y_{t-2} + [(1-k) + \beta\,]\, \{Y_{t-1} - (\alpha + a)\, Y_{t-2}\}$$

समान गुणक (factors) लेने से,

$$Y_t = [(\alpha + a)\, Y_{t-1} + (1 - k + \beta\,)\, Y_{t-1}] + [\,\alpha\, (\beta + b)\, Y_{t-2} - (\alpha + a)\, (1 - k + \beta\,)\, Y_{t-2}$$
$$= [(\alpha + a) + (1 - k + \beta)]\, Y_{t-1} + [\,\alpha\, (\beta + b) - (\alpha + a)\, (1 - k + \beta\,)\, Y_{t-2} \qquad ....(6)$$

यह गुणक त्वरक प्रक्रिया का एक सामान्यकृत विवरण है।

इसके पश्चात डुज़नबरी अपने सूत्रीकरण की सरल गुणक-त्वरक प्रक्रिया के सांथ तुलना करता है। गुणक-त्वरक के एक सरल मॉडल में, निवेश समीकरण निम्न रूप का बन जात है,

$$I_t = \alpha\, Y_{t-1} - K_{t-1}$$

जबकि उसके मॉडल में, निवेश समीकरण इस रूप में है,

$$I_t = \alpha Y_{t-1} + \beta K_{t-1}$$

जहां प्राचल $\beta = -1$ और निवेश को शुद्ध निवेश माना जाता है, जिसमें $k = 0$, मूल्यह्रास नहीं लिया जाता है। उपभोग पर पूंजी स्टॉक में परिवर्तनों का प्रभाव भी छोड़ दिया गया है जिससे $b = 0$.

ये सभी मूल्य समीकरण (6) में प्रतिस्थापित करने से, हमें गुणक त्वरक प्रक्रिया के लिए समीकरण का सरल रूप इस प्रकार प्राप्त होता है :

$$\alpha(\beta + b) = \alpha(-1)$$

$$Y_t = [(\alpha + a) + (1 - 0 - 1)]\, Y_{t-1} + [\alpha(-1 + 0) - (\alpha + a)(1 - 0 - 1)\, Y_{t-2}$$

या $$Y_t = (\alpha + a)\, Y_{t-1} + \alpha(-1)\, Y_{t-2}$$

निष्कर्ष में, डूसनबरी का ''वित्तीय सिद्धांत का नकदी-प्रवाह विवरण और त्वरक सिद्धांत, अन्तिम व्युत्पत्ति में निश्चित रूप से इतने अलग नहीं जितने कि वे अक्सर दिखाए जाते हैं। यद्यपि सरल त्वरक नियम कीमत और लाभ व्यवस्था के बारे में कोई उल्लेख नहीं करता है, फिर भी यह एक सुगम मार्ग है। प्रौद्योगिकीय संबंध जो त्वरक का आधार हैं, कीमतों, लागतों, मात्रा, और अन्ततः लाभों पर अपने प्रभाव द्वारा वास्तविकता में व्यवहार का पथप्रदर्शन करते हैं और प्रत्यक्ष तौर से नकदी प्रवाह द्वारा और परोक्ष तौर से लाभदायक फर्मों की उधार लेने की क्षमता के सुधार द्वारा वित्त निवेश करने की फर्म की क्षमता लाभों को प्रभावित करती है।''

4. जोर्गनसन का निवेश का नवक्लासिकी सिद्धांत (JORGENSON'S NEO-CLASSICAL THEORY OF INVESTMENT)

जोर्गनसन[6] ने निवेश का नवक्लासिकी सिद्धांत विकसित किया है। उसका निवेश व्यवहार का सिद्धांत इष्टतम (या इच्छित) पूंजी स्टॉक के निर्धारण पर आधारित है। उसका निवेश समीकरण फर्म के लाभ अधिकतमकरण सिद्धांत से व्युत्पन्न किया गया है।

इसकी मान्यताएं (Its Assumptions)

जोर्गनसन का सिद्धांत निम्नलिखित मान्यताओं पर आधारित है :

1. फर्म पूर्ण प्रतियोगिता के अन्तर्गत कार्य करती है।
2. कोई अनिश्चितता नहीं है।
3. कोई समायोजन लागतें नहीं है।
4. अर्थव्यवस्था में पूर्ण रोजगार है जहां श्रम और पूंजी की कीमतें पूर्णतया लचीली हैं।
5. पूर्ण वित्तीय बाजार है। इसका अभिप्राय है कि फर्म एक दी हुई ब्याज दर पर उधार ले या दे सकती है।
6. उत्पादन फलन पूंजी और श्रम की लागतों को उत्पादन के साथ संबद्ध करता है।
7. श्रम और पूंजी समरूप आगतें हैं जो एक समरूप वस्तु उत्पादित करती है।
8. आगतें उस बिन्दु तक नियोजित की जाती हैं जिस पर उनकी *MPP* उनकी वास्तविक इकाई लागतों के बराबर होती हैं।
9. पैमाने के घटते प्रतिफल हैं।
10. पूंजी पुट्टी-पुट्टी पाई जाती है जिसका अभिप्राय है कि निवेश करने के बाद भी बिना किसी लागत के पूंजी भिन्न प्रौद्योगिकी में तत्काल रूपान्तरित हो जाती है।
11. पूंजी स्टॉक पूर्णरूप से प्रयोग किया जाता है।

---

6. D.W. Jorgenson, *"Capital Theory and Investment Behaviour"*, *A.E.R.* 53, May 1963; and *"The Theory of Investment Behaviour"*, in R. Ferber (ed). *The Determinants of Investment Behaviour*, 1967.

12. वर्तमान कीमतों में परिवर्तन सदैव भविष्य की कीमतों में आनुपातिक परिवर्तन लाते हैं।

13. पूंजीगत वस्तुओं की कीमत किराया प्रभारों के बट्टा काटे गए मूल्य के बराबर है।

14. सभी भविष्य के मूल्यों से संबंधित पूर्ण दूरदृष्टि के साथ फर्म अपने चालू और भविष्य के लाभों का वर्तमान मूल्य अधिकतम करती है।

मॉडल (The Model)

जोर्गनसन अपने निवेश सिद्धांत को इस मान्यता पर विकसित करता है कि फर्म वर्तमान मूल्य को अधिकतम करती है। फर्म के वर्तमान मूल्य की व्याख्या करने के लिए, वह एक अकेला वस्तु का उत्पादन (Q), एक अकेला चर श्रम आगत (L) और एक अकेला पूंजी आगत (I) जो स्थायी वस्तुओं में निवेश है, और p, w तथा q उनकी संगत (corresponding) कीमतों को व्यक्त करते हैं।

समय t पर शुद्ध प्राप्तियों (R) का प्रवाह है,

$$R(t) = p(t)\,Q(t) - w(t)\,L(t) - q(t)\,I(t) \qquad .....(1)$$

जहां Q वस्तु का उत्पादन है और p उसकी कीमत; L श्रम सेवाओं का प्रवाह है और w मजदूरी दर; I निवेश है और q पूंजी पदार्थों की कीमत है।

वर्तमान मूल्य को बट्टा–काटा शुद्ध प्राप्तियों का समाकल (integral of discounted net receipts) परिभाषित किया गया है जिसे इस प्रकार व्यक्त किया गया है:

$$W = \int^{\infty} e^{-rt} R(t)\,dt \qquad .....(2)$$

जहां W वर्तमान मूल्य (शुद्ध मूल्य) है; e निरंतर बट्टा काटने के लिए घातांकी (exponential) प्रयोग किया गया है; और r स्थिर ब्याज दर है।

वर्तमान मूल्य को दो प्रतिबंधों के अधीन अधिकतम किया गया है। प्रथम, पूंजी सेवाओं के प्रवाह के परिवर्तन की दर शुद्ध निवेश के प्रवाह के आनुपातिक है। आनुपातिकता के स्थिरांक को पूंजी स्टॉक की उपयोगिता की समय दर के अर्थ में लिया जा सकता है, अर्थात् पूंजी सेवा की इकाइयों की संख्या के रूप में पूंजी स्टॉक की प्रति इकाई है। शुद्ध निवेश के बराबर है कुल निवेश **घटा** प्रतिस्थापन निवेश। जहां प्रतिस्थापन निवेश पूंजी स्टॉक के आनुपातिक है। इस प्रतिबंध (constraint) का समीकरण है,

$$K^*(t) = I(t) - \delta K(t) \qquad .....(3)$$

जहां $K^*(t)$ समय (t) पर पूंजीगत सेवाओं के प्रवाह के परिवर्तन की समय दर है, जबकि δ पूंजी स्टॉक के साथ जुड़ी हुई मूल्यह्रास की दर है। यह प्रतिबंध प्रत्येक समय बिन्दु पर स्थित रहता है जिससे K^*, K और I समय के फलन हैं। विश्लेषण को सरल करने के लिए, जोर्गनसन $K(t)$ के स्थान पर K, और $I(t)$ के स्थान पर I, प्रयोग करता है।

दूसरा प्रतिबंध यह है कि उत्पादन के स्तर और श्रम और पूंजी सेवाओं के स्तर एक उत्पादन फलन द्वारा प्रतिबंधित हैं:

$$F(Q, L, K) = 0 \qquad .....(4)$$

श्रम की सीमांत उत्पादकता मजदूरी दर के बराबर है :

$$\frac{\partial Q}{\partial L} = \frac{w}{p} \qquad .....(5)$$

इसी प्रकार, पूंजी की सीमांत उत्पादकता बराबर है उसकी वास्तविक प्रयोक्ता (user) लागत,

$$\frac{\partial Q}{\partial K} = \frac{c}{p} \qquad .....(6)$$

जहां $c = q(r + \delta) -$ ह्न̇

ऊपर के समीकरण में q पूंजी परिसंपत्तियों की औसत कीमत है, r बट्टा की दर है, δ पूंजी परिसंपत्तियों की मूल्यह्रास की दर है, और $\dot{q}$ पूंजी परिसंपत्तियों की मूल्य वृद्धि की दर है। इसलिए इष्टतम पूंजी स्टॉक का महत्वपूर्ण निर्धारक पूंजी की प्रयोक्ता लागत c है। क्योंकि अधिक फर्में अपनी पूंजी परिसंपत्तियों को किराये पर देने की अपेक्षा स्वामित्व रखती हैं, इसलिए c मूलत: एक निर्मित अप्रत्यक्ष या छाया कीमत है, जो पूंजी और श्रम लागतों के समानांतर विश्लेषणात्मक व्यवहार की अनुमति देने के लिए है।

समीकरण (5) और (6) को 'निकटदृष्टि निर्णय कसौटियां' (myopic decision criteria) कहते हैं क्योंकि फर्म एक गत्यात्मक इष्टतमीकरण प्रक्रिया में संलग्न है, और केवल श्रम की सीमांत उत्पादकता को उसकी कीमत के अनुपात के साथ पूंजी की सीमांत उत्पादकता को पूंजी की प्रयोक्ता लागत के अनुपात के साथ बराबर करती है। पूंजी परिसंपत्तियों के बारे में निकटदृष्टि निर्णय लेने के दो कारण हैं। प्रथम, यह समायोजन लागतों के न होने की मान्यता के कारण है, जिससे फर्म को पूंजी की प्राप्ति में देर करने से लाभ नहीं होता है। द्वितीय, यह इस मान्यता के कारण है कि पूंजी समरूप है और यह एक पूर्ण प्रतियोगी बाजार में बेची और खरीदी जा सकती है या किराये पर दी जा सकती है। निकटदृष्टिक निर्णय को चित्र 6 में दर्शाया गया है जहां उसके ऊपरी भाग में उत्पाद कीमतों के दो वैकल्पिक समय पथ दिखाए गए हैं, और नीचे के भाग में इष्टतम पूंजी स्टॉक दिखाए गए हैं। चित्र के भाग (A) में, समय t_o तक उत्पाद कीमतें समान हैं, और उसके बाद जब p_2 से p_1 सदैव कम है तो उनके समय पथ भिन्न दिशाओं में जाते हैं। निकटदृष्टिक निर्णय के साथ, उत्पाद कीमतों के दोनों समय पथों के लिए, t_o तक इष्टतम पूंजी स्टॉक समान हैं। परन्तु उसके पश्चात, p_1 कीमत के समय पथ के लिए, इष्टतम पूंजी स्टॉक K^*_1 एक स्थिर दर से गति करता है, जबकि उत्पाद कीमत p_2 के समय पथ के लिए, इष्टतम पूंजी स्टॉक K^*_2 वृद्धि करता है जब उत्पाद कीमत बढ़ती है। इस प्रकार जोर्गनसन के मॉडल में कोई अन्तर–टेम्पोरल लेन–देन नहीं है।

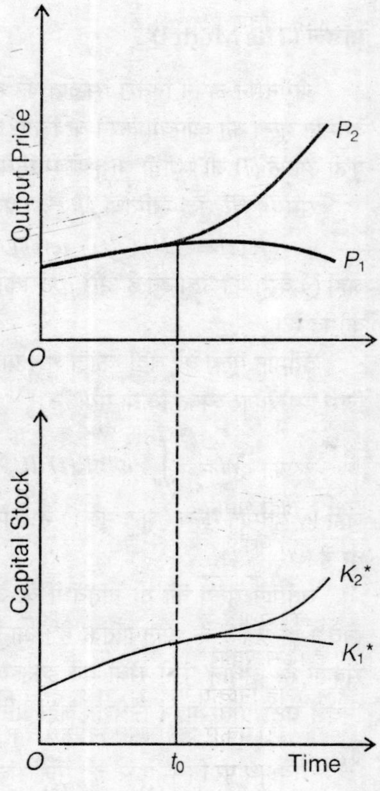

चित्र 6

यह मानते हुए कि कोई समायोजन लागतें नहीं हैं, अनिश्चितता नहीं है और पूर्ण प्रतियोगिता पाई जाती है, फर्म सदैव इष्टतम पूंजी स्टॉक के साथ समायोजित होगी जिससे $K = K^*$. इसलिए ब्याज दर में एक अलग परिवर्तन के समायोजन का प्रश्न नहीं उठता है। इसके लिए जोर्गनसन निवेश पदार्थों के लिए मांग को दी हुई मानता है जो निम्न समीकरण द्वारा दिखाई गई है,

$$I = \dot{K} + \delta K \qquad .....(8)$$

जहां I निवेश पदार्थों के लिए सकल मांग है, $\dot{K}$ पूंजी स्टॉक में परिवर्तन की दर है, δ मूल्यह्रास की दर है और K पूंजी संपत्तियों का स्थिर स्तर है जिसे इस प्रकार व्यक्त किया जाता है :

$$K = f(w, c, p) \qquad .....(9)$$

समीकरण (9) की शर्त से अभिप्राय है कि w और p स्थिर होने पर, c अवश्य अपरिवर्तित रहे। समीकरण (7) में c के लिए व्यंजक से, इसका आगे मतलब है कि निवेश पदार्थों की कीमत स्थिर रखते हुए, निवेश पदार्थों की कीमत में परिवर्तन की दर अवश्य बदलनी चाहिए जब ब्याज दर परिवर्तित होती है ताकि c को अपरिवर्तित छोड़ा जाए।

औपचारिक रूप से, इस शर्त को निम्न समीकरण द्वारा व्यक्त किया जा सकता है :

$\frac{\partial c}{\partial r} = 0$, जहां r ब्याज की दर है।

इस शर्त का अभिप्राय है कि निवेश पदार्थों पर निजी–ब्याज दर को ब्याज दर में परिवर्तनों द्वारा अपरिवर्तित छोड़ दिया जाए। जोर्गनसन यह मानता है कि ब्याज दर में सभी परिवर्तन निवेश पदार्थों की कीमत में परिवर्तनों द्वारा पूरी तरह से क्षतिपूरित किए जाते हैं ताकि निवेश पदार्थों पर निजी–ब्याज दर अपरिवर्तित छोड़ दी जाए। इस शर्त का मतलब है कि

$$\frac{\partial^2 q}{\partial t \, \partial r} = q$$

वह आगे मानता है कि ब्याज दर के समय पथ में परिवर्तन पूंजी पदार्थों की अग्रिम या बट्टा–काटा कीमतों के समय पथ को अपरिवर्तित छोड़ दें। इस शर्त का मतलब है कि

$$\frac{\partial^2 c}{\partial t \, \partial r} = c$$

इन दोनों शर्तों को इकट्ठा करने से हमें प्राप्त होती है,

$$\frac{\partial I}{\partial r} = \frac{\partial k}{\partial c} \times c < 0.$$

इसका मतलब है कि दो वैकल्पिक स्थितियों नें निवेश पदार्थों के लिए मांग ब्याज दर की घटती फलन है। इसे चित्र 7 में दर्शाया गया है जहां भाग (A) में, समय t_o पर ब्याज दर में वृद्धि से पहले c_1 पूंजी की प्रयोक्ता लागत का पथ है, और c_2 ब्याज दर में परिवर्तन के बाद का समय पथ है। परन्तु समय t_o पर c स्थिर है। यह मानते हुए कि अन्य कीमतें p और w दी हुई हैं, K^*_1 इष्टतम पूंजी स्टॉक का पथ है जब ब्याज दर अपरिवर्तित है, और K^*_2 ब्याज दर में वृद्धि के बाद का पथ है। इस प्रकार, t_o समय पर, ब्याज दर में वृद्धि निवेश पदार्थों की मांग को कम कर देती है। यह निष्कर्ष पूंजी संचय के दो वैकल्पिक और सतत पथों की तुलना करने से प्राप्त होता है। इस प्रकार जोर्गनसन निष्कर्ष देता है कि निवेश पदार्थों के लिए मांग ब्याज दर के एक समय पथ पर निर्भर करते हुए पूंजी संचय के दो वैकल्पिक और सतत पथों की तुलना द्वारा ब्याज दर पर निर्भर करती है।

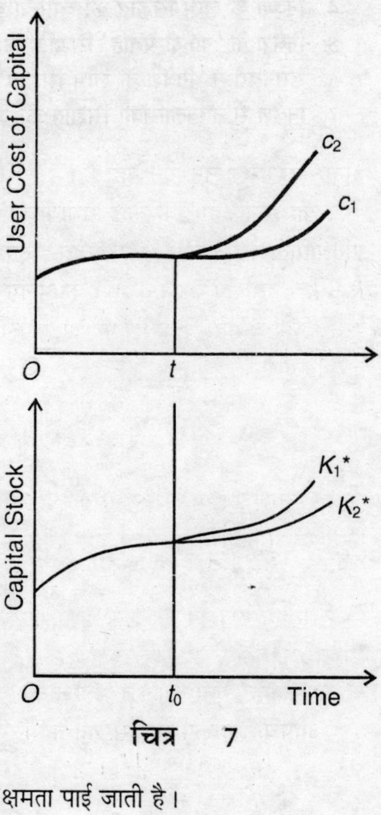

चित्र 7

इसकी आलोचनाएं (Its Criticisms)

जोर्गनसन के निवेश के नवक्लासिकी सिद्धांत की निम्न कारणों से आलोचना की गई है :

1. जोर्गनसन अपने निवेश फलन को ऐसी मान्यताओं से व्युत्पन्न करता है जो यह स्पष्ट नहीं करतीं कि वास्तविक पूंजी स्टॉक इष्टतम पूंजी स्टॉक के साथ कैसे समायोजित होता है।

2. जोर्गनसन का सिद्धांत अर्थव्यवस्था में पूर्ण रोज़गार की मान्यता पर आधारित है जहां पूंजी और श्रम की कीमतें पूर्णतया लचीली हैं जिससे उत्पादक और उपभोक्ता वस्तुओं की मांग, पूर्तियों और कीमतों में परिवर्तनों का पूर्वानुमान लगा सकते हैं। परन्तु यह वास्तविकता नहीं है क्योंकि पूंजी पदार्थों के लिए आर्डरों को कार्यान्वित करने हेतु लंबे समय पश्चताएं (lags) होते हैं जिनसे अक्सर निवेश मांग में कमी होती है और परिणामस्वरूप उपभोक्ता एवं पूंजीगत वस्तु उद्योगों दोनों में श्रम बेरोजगारी तथा निष्क्रिय क्षमता पाई जाती है।

3. जोर्गनसन का विश्लेषण प्रत्याशित मात्राओं और कीमतों पर आधारित है, जिनका पूरी तरह से पूर्वज्ञान होता है। परन्तु पूर्वदृष्टि कभी भी पूर्ण नहीं होती है। फिर, जोर्गनसन इन प्रत्याशाओं के निर्माण के लिए कोई तंत्र प्रदान नहीं करता है, सिवाय इस मान्यता के कि वर्तमान कीमतों में परिवर्तन भविष्य की कीमतों में आनुपातिक परिवर्तन उत्पन्न करते हैं। आगे, वह भविष्य में बेची जाने वाली संभावित मात्राओं के बारे में भी कुछ नहीं बताता है।

4. जोर्गनसन द्वारा माना गया क्लासिकी उत्पादन फलन वर्तमान निवेश को भविष्य के उत्पाद के साथ जोड़ता है, और पूर्ण पूर्वदृष्टि सही वर्तमान निवेश प्रदान करती है जो वस्तुओं की संभावित मात्राएं उत्पादित करती है। फिर, पूर्वदृष्टि कभी भी पूर्ण नहीं होती है और पूंजी का वर्तमान निवेश भविष्य में पूरी तरह से प्रयोग नहीं हो सकता है, बल्कि भविष्य में पूंजी की कमी हो सकती है।

5. जोर्गनसन की प्रयोक्ता लागत की परिभाषा अस्पष्ट है। इसका यह अर्थ नहीं है कि c के भावी मूल्य समान होंगे। परिणामस्वरूप, ब्याज दर में वृद्धि भावी प्रयोक्ता लागतों को बढ़ा देती है जिससे पूंजी संचय का इष्टतम पथ कम हो जाएगा।

6. जोर्गनसन अपने गणितीय परिणामों का बहुत स्पष्ट आर्थिक स्पष्टीकरण नहीं देता है।

7. जोर्गनसन अपने मॉडल को निवेश का नवक्लासिकी सिद्धांत का लेबल देता है। लेकिन इसका निवेश के क्लासिकी सिद्धांत के साथ नाममात्र संबंध दृष्टिगोचर होता है।

प्रश्न

1. निवेश के त्वरक सिद्धांत की संक्षिप्त व्याख्या कीजिए और ऐसी स्थितियों के उदाहरण दीजिए जब यह सिद्धांत कार्य नहीं करता है।
2. निवेश के लचीला सिद्धांत की व्याख्या कीजिए।
3. त्वरक सिद्धांत में जब पूंजी स्टॉक और उत्पादन के स्तरों के बीच पश्चताएं (lags) पाए जाते हैं तो समायोजन कैसे किया जाता है? इसकी व्याख्या कीजिए।
4. निवेश के लाभ सिद्धांत की व्याख्या कीजिए।
5. निवेश के 'नकदी प्रवाह' सिद्धांत की व्याख्या कीजिए।
6. डूसनबरी ने 'निवेश के लाभ सिद्धांत' का 'त्वरक नियम' के साथ कैसे एकीकरण किया है?
7. निवेश से नवक्लासिकी सिद्धांत की आलोचनात्मक विवेचना कीजिए।

अध्याय 21

केन्जीय आय निर्धारण मॉडल
(Keynesian Income Determination Model)

1. प्रस्तावना
(INTRODUCTION)

यह अध्याय एक पूंजीवादी अर्थव्यवस्था में राष्ट्रीय आय निर्धारण के एक साधारण केन्ज़ीय मॉडल की व्याख्या करता है। विश्लेषण को सरल करने हेतु, इसे दो-क्षेत्रीय मॉडल, त्रि-क्षेत्रीय मॉडल और चार-क्षेत्रीय मॉडल में विभाजित किया गया है। प्रथम दो क्षेत्र बंद अर्थव्यवस्था से संबद्ध हैं जिसमें विदेशी व्यापार नहीं होता और अन्तिम क्षेत्र खुली अर्थव्यवस्था से संबद्ध है।

2. दो-क्षेत्रीय मॉडल
(TWO-SECTOR MODEL)

अर्थव्यवस्था के आय निर्धारण के दो-क्षेत्रीय मॉडल में केवल घरेलू और व्यवसाय क्षेत्र होते हैं।

मान्यताएं (Assumptions)—एक बंद अर्थव्यवस्था में आय के संतुलन का निर्धारण निम्नलिखित मान्यताओं पर आधारित है—

1. एक दो-क्षेत्रीय अर्थव्यवस्था जहां उपभोग और निवेश व्यय होते हैं। इस प्रकार, कुल अन्तिम उत्पाद उपभोग और निवेश व्यय का जोड़ होता है।

2. निवेश से अभिप्राय शुद्ध (net) निवेश है जो मूल्यह्रास घटाकर प्राप्त होता है ताकि अर्थव्यवस्था का अन्तिम उत्पाद शुद्ध राष्ट्रीय आय के बराबर हो।

3. यह बन्द अर्थव्यवस्था है जिसमें विदेश व्यापार नहीं होता है।

4. अर्थव्यवस्था में कोई सरकार नहीं है इसलिए अन्तरण भुगतान (transfer payments) नहीं होते हैं।

5. अर्थव्यवस्था में निगम फर्में नहीं हैं ताकि अवितरित लाभ न हों। परिणामस्वरूप, वैयक्तिक आय (personal income) बराबर होती है राष्ट्रीय आय के।

6. क्योंकि कोई सरकार नहीं है इसलिए कोई सरकारी व्यय और कर नहीं होते हैं।

7. ब्याज की दर स्थिर है।

8. अर्थव्यवस्था में अपूर्ण रोजगार की स्थिति पाई जाती है।

9. सामान्य कीमत स्तर पूर्ण रोजगार स्तर तक स्थिर रहता है।

10. मुद्रा मजदूरी दर स्थिर है।

11. उपभोग फलन आय के सभी स्तरों पर स्थिर है।

12. निवेश स्वायत्त (autonomous) होता है।

13. यह विश्लेषण अल्पकालीन आय निर्धारण से संबद्ध है।

व्याख्या (Explanation)

ये मान्यताएं दी होने पर, राष्ट्रीय आय का संतुलन स्तर समस्त मांग और समस्त पूर्ति की समानता या बचत और निवेश की समानता द्वारा निर्धारित होता है।

समस्त मांग परिवारों (households) द्वारा नई उत्पादित उपभोक्ता वस्तुओं और उनकी सेवाओं पर उपभोग व्यय (C) और व्यवसायियों द्वारा नई उत्पादित पूंजी वस्तुओं और मालसूचियों (inventories) पर निवेश व्यय (I) का जोड़ होती है। इसे निम्न समानिकाओं (identities) द्वारा दिखाया जाता है :

शुद्ध राष्ट्रीय उत्पाद (NNP) $= Y \equiv C + I$

प्रयोज्य वैयक्तिक आय $Y_d \equiv C + S$

परन्तु $Y \equiv Y_d$

$\therefore C + I \equiv C + S$

या $I \equiv S$

ऊपर की समानिकाओं में, $C + I$ उपभोग और निवेश व्ययों से संबद्ध हैं जो अर्थव्यवस्था की समस्त मांग को व्यक्त करती हैं। C उपभोग फलन है जो आय और उपभोग व्यय में संबद्ध बताता है। उपभोग फलन को चित्र में C वक्र की ढलान द्वारा दर्शाया जाता है जो $\Delta C/\Delta Y$ या MPC (सीमांत उपभोग प्रवृत्ति) होती है। I निवेश मांग है जो स्वायत्त है। निवेश मांग (I) को उपभोग फलन (C) के साथ जोड़ने से, समस्त मांग फलन, $C + I$ प्राप्त होता है।

$C + S$ समानिका अर्थव्यवस्था की समस्त पूर्ति से संबद्ध है। ऐसा इस कारण कि कुल उपभोग व्यय (C) से उपभोक्ता वस्तुओं और सेवाओं का उत्पादन होता है और कुल बचतें (S) पूंजी वस्तुओं के उत्पादन में निवेश की जाती हैं।

अर्थव्यवस्था में, राष्ट्रीय आय का संतुलन स्तर समस्त मांग और समस्त पूर्ति की समानता ($C + I = C + S$) या बचत और निवेश की समानता ($S = I$) द्वारा निर्धारित होता है। हम इन दो मार्गों की क्रमशः चित्र 20.1 (A) और (B) द्वारा विवेचना करते हैं।

1. समस्त मांग और समस्त पूर्ति की समानता (Equality of Aggregate Demand and Aggregate Supply)

राष्ट्रीय आय का संतुलन स्तर ऐसे बिन्दु पर होता है जहां समस्त मांग-फलन समस्त पूर्ति-फलन को काटता है। समस्त मांग फलन को चित्र में $C + I$ द्वारा दर्शाया गया है। 45° रेखा समस्त पूर्ति फलन $Y = C + S$ को व्यक्त करती है। समस्त मांग फलन $C + I$ समस्त पूर्ति फलन $Y = C + S$ को चित्र 1 के भाग (A) के E बिन्दु पर काटता है। इस प्रकार, आय का संतुलन स्तर OY निर्धारित होता है। मान लो कि अर्थव्यवस्था की समस्त मांग और समस्त पूर्ति में असंतुलन होता है। असंतुलन दोनों में से किसी भी एक स्थिति में हो सकता है : या समस्त पूर्ति के समस्त मांग से अधिक होने पर या समस्त मांग का समस्त पूर्ति से अधिक होने पर। इन दो स्थितियों में आय का संतुलन स्तर कैसे पुनः स्थापित हो जाएगा?

प्रथम, वह स्थिति लीजिए जब समस्त पूर्ति समस्त मांग से अधिक होती है। इसे चित्र के भाग (A) में आय के OY'' स्तर द्वारा दिखाया गया है। यहां समस्त पूर्ति (या उत्पादन) $Y''E''$ है और समस्त मांग $Y''k$ है। OY'' ($= Y''E''$) है।

आय के इस OY'' स्तर पर, उपभोक्ता $Y''d$ उपभोग वस्तुओं पर व्यय करेंगे और dE'' बचत करेंगे। परन्तु व्यवसायी निवेश वस्तुएं खरीदने के लिए dk के बराबर निवेश करने की प्रवृत्ति रखते हैं। इस प्रकार, उपभोग और निवेश वस्तुओं के लिए समस्त मांग $Y''d + dk = Y''k$ है। परन्तु समस्त पूर्ति (या उत्पादन) $Y''E''$, समस्त मांग $Y''k$ से kE'' ($= Y''E'' - Y''k$) अधिक है। इसलिए kE'' राशि के बराबर वस्तुओं का आधिक्य उत्पादन व्यवसायियों के पास अनैच्छिक माल-सूचियों (unintended

1. ऊपर सभी धारणाओं को समझने के लिए विद्यार्थियों को पहले अध्याय 3 में 'राष्ट्रीय आय की धारणाओं' को पढ़ लेना चाहिए।

inventories) के रूप में जमा हो जाएगा और माल सूचियां जमा होने को रोकने के लिए, वे उत्पादन को कम कर देंगे। उत्पादन में कमी के परिणामस्वरूप, आय और रोजगार में कमी आएगी और आय का संतुलन स्तर OY पर पुनः स्थापित हो जाएगा जहां समस्त पूर्ति और समस्त मांग E बिन्दु पर बराबर होते हैं।

असंतुलन की **दूसरी** स्थिति, जब समस्त मांग समस्त पूर्ति से अधिक होती है, को चित्र के भाग (A) में आय स्तर OY' द्वारा दिखाया गया है। यहां समस्त मांग $Y'E'$ है और समस्त पूर्ति $Y'a$ है। आय OY' ($=Y'a$) है। इस आय स्तर पर, उपभोक्ता $Y'b$ उपभोग वस्तुओं पर व्यय करते हैं और ba बचाते हैं। परन्तु व्यवसायी निवेश वस्तुओं की खरीदने के लिए bE'. निवेश करने की प्रवृत्ति रखते हैं। इस प्रकार समस्त मांग $Y'E' = Y'b + b'E$, जो aE' द्वारा वस्तुओं की समस्त पूर्ति $Y'a$ से अधिक है। इस aE' राशि के बराबर अधिक मांग को पूरा करने के लिए व्यवसायियों को इतनी ही अपनी मालूसूचियों में कमी को रोकने के लिए, व्यवसायी उत्पादन बढ़ाएंगे। उत्पादन में वृद्धि के परिणामस्वररूप, अर्थव्यवस्था में आय और रोजगार बढ़ेंगे और संतुलन आय स्तर OY पुनः स्थापित हो जाएगा।

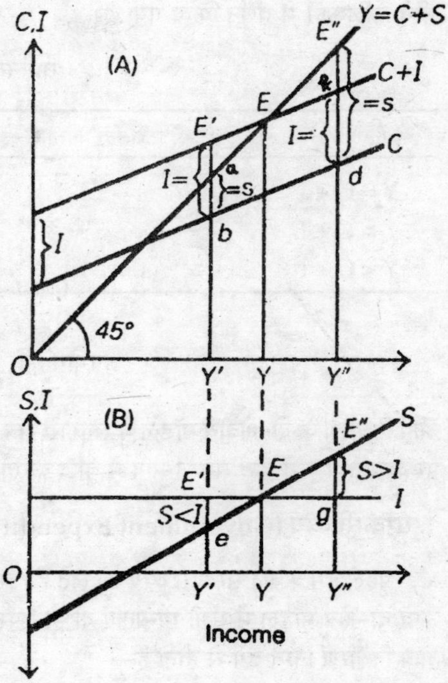

चित्र 1

2. बचत और निवेश की समानता (Saving and Investment Equality)

आय के संतुलन स्तर को बचत और निवेश फलनों द्वारा भी दर्शाया जा सकता है। क्योंकि आय का संतुलन स्तर तब निर्धारित होता है जब अर्थव्यवस्था में समस्त पूर्ति ($C + S$) समस्त मांग ($C + I$) के बराबर होती है और प्रत्याशित (intended) या आयोजित (planned) बचत भी प्रत्याशित निवेश के बराबर होती है। इसे बीजगणितीय विधि द्वारा दिखाया जा सकता है।

$$C + S = C + I$$

$$\therefore S = I$$

आय के संतुलन स्तर को बचत और निवेश की समानता के आधार पर चित्र 1 के भाग (B) में दिखाया गया है जहां I स्वायत्त निवेश फलन है और S बचत फलन है। ये दोनों फलन एक दूसरे को E बिन्दु पर काटते हैं जो आय का संतुलन स्तर OY निर्धारित करता है।

यदि बचत और निवेश में असंतुलन हो जाता है तो अर्थव्यवस्था में शक्तियां अपने आप कार्य करेंगी जिससे संतुलन स्थिति पुनः स्थापित हो जाएगी। मान लीजिए आय स्तर OY'' है जो संतुलन स्तर OY से ऊंचा है। इस स्तर OY'' पर, निवेश से बचत gE'' अधिक है। इसका अभिप्राय है कि लोग उपभोग और व्यय कम कर रहे हैं। अतः समस्त पूर्ति से समस्त मांग कम है। इससे व्यवसायियों के पास अनैच्छिक मालसूचियां जमा हो जायेंगी। मालसूचियों के और जमा होने को रोकने के लिए, व्यवसायी उत्पादन कम कर देंगे। परिणामस्वरूप, उत्पदान, आय और रोजगार कम होते जाएंगे जब तक कि आय का संतुलन स्तर OY पुनः स्थापित नहीं हो जाता, जहां $S = I$.

इसके विपरीत, यदि आय स्तर संतुलन स्तर से कम होता है तो बचत से निवेश अधिक है। इसे आय के OY'' स्तर पर दिखाया गया है जब निवेश $Y'E'$ बचत $Y'e$ से अधिक है। प्रत्याशित निवेश का प्रत्याशित बचत से अधिक होने का अभिप्राय है कि समस्त पूर्ति eE' राशि के बराबर समस्त मांग से अधिक है। क्योंकि समस्त पूर्ति (या उत्पादन) समस्त मांग से अधिक है, व्यवसायी अपनी मालसूचियों में कमी कर देंगे। अपनी मालसूचियों में और कमी को रोकने के लिए, वे उत्पादन बढ़ा देंगे। परिणामस्वरूप, अर्थव्यवस्था में उत्पादन,

आय और रोजगार बढ़ेंगे और आय का संतुलन स्तर OY पुनः स्थापित हो जाएगा।

आय के सुतंलन स्तर का समस्त मांग और समस्त पूर्ति की समानता तथा बचत एवं निवेश की समानता द्वारा एक–साथ निर्धारण नीचे तालिका I में वर्णन किया गया है।

तालिका I : राष्ट्रीय आय संतुलन निर्धारण

चित्र(A)		*चित्र(B)*
$Y = C + I$	संतुलन बिन्दु पर	E और $S = I$
$Y > C + I$	दाईं ओर	E और $S > I$
$Y < C + I$	बाईं ओर	E और $S < I$

3. तीन-क्षेत्रीय मॉडल (THREE SECTOR MODEL)

आय निर्धारण के दो–क्षेत्रीय मॉडल में सरकारी क्षेत्र को सम्मिलित करने से तीन–क्षेत्रीय मॉडल हो जाता है। सरकार वस्तुओं और सेवाओं पर व्यय तथा करों द्वारा समस्त मांग में वृद्धि करती है।

1. सरकारी व्यय (Government Expenditure)

पहले हम केवल सरकारी व्यय को लेते हैं। इसकी व्याख्या करने के लिए ऊपर दो–क्षेत्र मॉडल में सभी मान्यताएं दी होने पर, सिवाय सरकारी क्षेत्र के, आय निर्धारण निम्न ढंग से होता है—

दो–क्षेत्र मॉडल के समीकरण $Y = C + I$ में सरकारी व्यय (G) जोड़ने से

$$Y = C + I + G$$

इसी प्रकार, बचत और निवेश समीकरण में सरकारी व्यय जोड़ने से,

$$Y = C + I + G$$
$$Y = C + S$$
$$[\because S = Y - C]$$
$$\therefore I + G = S$$

इन दोनों की चित्र 2 (A) और (B) द्वारा व्याख्या की गई है। पेनल (A) में, $C + I + G$ नया समस्त मांग वक्र है जो समस्त पूर्ति वक्र 45° रेखा को E_1 बिन्दु पर काटता है जहां OY_1 आय का संतुलन स्तर है। यह आय–स्तर सरकारी व्यय के बिना आय–स्तर OY से अधिक है। इसी प्रकार बचत एवं निवेश की धारणा के अनुसार भी पेनल (B) में नया निवेश वक्र $I + G$ बचत वक्र S को E_1 बिन्दु पर काटता है जिससे OY_1 आय स्तर निर्धारित होता है जो सरकारी व्यय के बिना आय स्तर OY से अधिक है। ध्यान दें कि सरकारी व्यय (G) के उपभोग और निवेश व्यय ($C + I$) में जोड़ने से जो राष्ट्रीय आय में वृद्धि YY_1 होती है वह सरकारी व्यय से अधिक है : $\Delta Y > G$। ऐसा गुणक प्रभाव के कारण है जो MPC अथवा MPS के मूल्य पर निर्भर करता है, जहां MPC या $MPS < 1$ होते हैं।

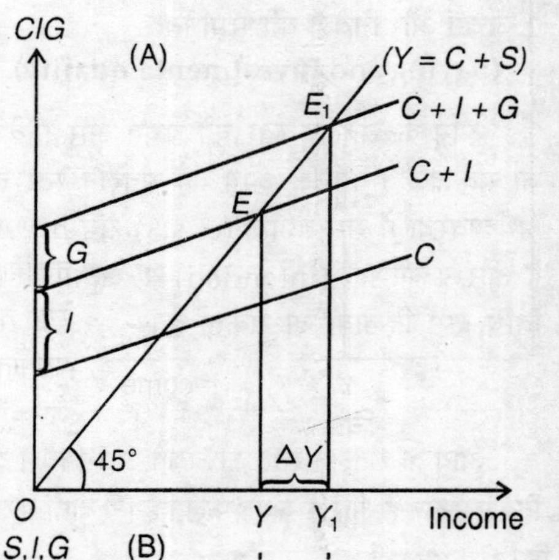

चित्र 2

2. कर (Taxation)

अब हम करों की राष्ट्रीय आय के स्तर पर प्रभाव की व्याख्या करते हैं। जब सरकार कर लगाती है तो कर की मात्रा राष्ट्रीय आय में से कम हो जाती है और बाकी प्रयोज्य आय रह जाती है, अर्थात्

$$Y - T = Y_d$$

जहां Y = राष्ट्रीय आय, T = कर और Y_d = प्रयोज्य आय। अब प्रयोज्य आय राष्ट्रीय आय से कर राशि के बराबर कम होगी, $Y_d < Y$. प्रयोज्य आय कम होने से व्यक्ति उपभोग पर कम व्यय करेंगे। इससे राष्ट्रीय आय में कमी आएगी जो इस बात पर निर्भर करेगी की कर की मात्रा या दर कितनी है और MPC का मूल्य क्या है।

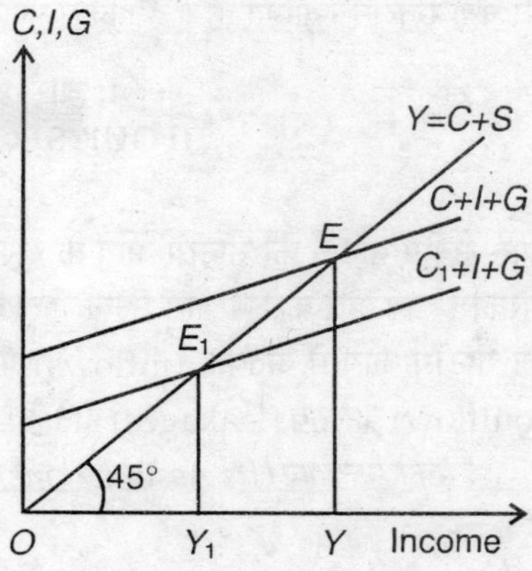

चित्र 3

ऊपर वर्णित सभी मान्यताएं दी होने पर, जिनमें सरकारी व्यय स्थिर है, कर के राष्ट्रीय भाग पर प्रभाव को, चित्रों द्वारा व्याख्या करते हैं।

पहले एकमुश्त **कर** (lumpsum tax) के आय पर प्रभाव को चित्र 3 में दर्शाते हैं। कर के बिना आय का संतुलन E बिन्दु पर है जहां समस्त मांग वक्र $(C + I + G)$ समस्त पूर्ति वक्र 45° रेखा को काटता है और OY आय स्तर निर्धारित होता है। एकमुश्त कर लगाने से उपभोग फलन कर की राशि के बराबर कम हो जाता है। इससे समस्त मांग वक्र $C + I + G$ सरक कर नीचे $C_1 + I + G$ पर आ जाता है। और पूर्ति वक्र 45° रेखा को E_1 बिन्दु पर काटता है। जिससे आय स्तर OY से कम होकर OY_1 हो जाता है। इस प्रकार, कर लगने से राष्ट्रीय आय में YY_1 की कमी होती है।

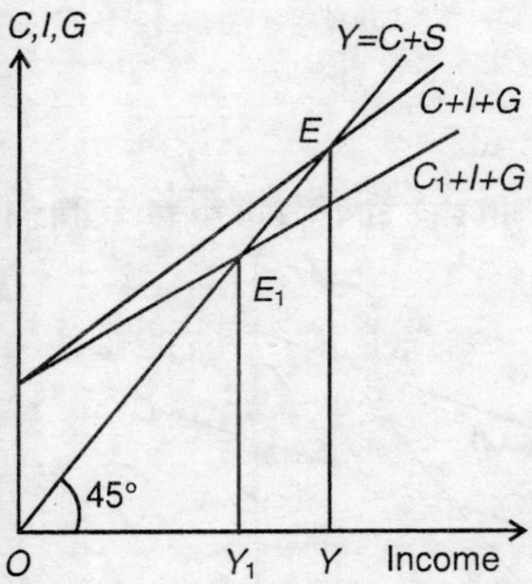

चित्र 4

अब **आनुपातिक कर** (proportional tax) को लेते है, जो स्थिर प्रतिशत के रूप में आय पर लगाया जाता है। इसमें कर की दर अधिक होने पर उपभोग और राष्ट्रीय आय में अधिक कमी होगी और विलोमशः। ऐसे कर के आय स्तर पर प्रभाव को चित्र 4 में दर्शाया गया है। कर लगाने से पहले का समस्त मांग वक्र $C + I + G$, समस्त पूर्ति वक्र 45° रेखा को E बिन्दु पर काटता है जिससे OY आय स्तर निर्धारित होता है। कर लगने के पश्चात $C + I + G$ वक्र उपभोग कम होने से नीचे की ओर घूम कर $C_1 + I + G$ पर आ जाता है और 45° रेखा को E_1 बिन्दु पर काटता है जिससे राष्ट्रीय आय का संतुलन स्तर OY से कम होकर OY_1 हो जाता है।

बचत और **निवेश** पर कर का प्रभाव भी राष्ट्रीय आय के संतुलन को निम्न प्रकार से निर्धारित करता है,

$$Y = C + I + G$$

और $Y = C + S + T$

$\therefore\ Y = C + I + G = C + S + T$

या, $Y = I + G = S + T$

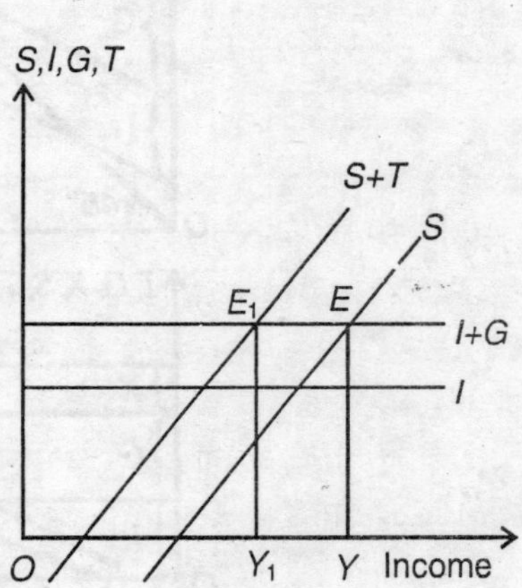

चित्र 5

इस समीकरण से स्पष्ट होता है कि जब नियोजित निवेश (I) जमा वस्तुओं और सेवाओं पर सरकारी व्यय (G) और नियोजित बचतें (S) **जमा** कर (T) बराबर होते हैं तो राष्ट्रीय आय (Y) का संतुलन स्थापित होता है। $I + G$ राष्ट्रीय आय में अंतर्वाह (inflow) या इंजेक्शन हैं और $S + T$ बहिर्वाह (outflow) हैं जिनके परस्पर बराबर होने पर राष्ट्रीय संतुलन में होती है। इसे चित्र 5 द्वारा दर्शाया गया है जहां कर से पूर्व का संतुलन बिन्दु E है जहां S और $I + G$ वक्र एक दूसरे को काटते हैं और OY आय स्तर निर्धारित होता है। कर लगाने से S वक्र बाईं ओर सरक कर $S + T$ पर चला जाता है और $I + G$ के साथ E बिन्दु

पर नया संतुलन स्थापित होता है। जिस पर राष्ट्रीय आय OY से कम हो कर OY_1 हो जाती है।

4. चार–क्षेत्रीय मॉडल : खुली अर्थव्यवस्था में आय निर्धारण (FOUR SECTOR MODEL : INCOME DETERMINATION IN OPEN ECONOMY)

चार–क्षेत्रीय मॉडल का राष्ट्रीय आय के खुली अर्थव्यवस्था में निर्धारण से संबंध है। इसके लिए विश्लेषण में निर्यात और आयात को सरकारी व्यय और करों में जोड़ लिया जाता है। ध्यान दें कि सरकारी व्यय और निर्यात वस्तुओं और सेवाओं पर निवेश की तरह होते हैं। जो राष्ट्रीय आय में अंतर्वाह (inflows) या इंजेक्शन हैं। दूसरी ओर, कर और आयात बचतों की तरह राष्ट्रीय आय में से बहिर्वाह (outflow) या स्राव (leakages) होते हैं।

इसकी मान्यताएं (Its Assumptions)—एक खुली अर्थव्यवस्था में राष्ट्रीय आय–निर्धारण निम्नलिखित मान्यताओं पर आधारित है :

(i) घरेलू अर्थव्यवस्था का अन्तर्राष्ट्रीय व्यापार कुल विश्व व्यापार की अपेक्षा थोड़ा है।
(ii) अर्थव्यवस्था में पूर्ण रोजगार से कम की स्थिति है।
(iii) पूर्ण रोजगार स्तर तक सामान्य कीमत स्तर स्थिर रहता है।
(iv) विनिमय दरें स्थिर हैं।
(v) टैरिफ (प्रशुल्क), व्यापार और विनिमय प्रतिबंध नहीं है।
(vi) सकल निर्यात बाह्य कारकों द्वारा निर्धारित होते हैं।
(vii) निर्यात (X), निवेश (I) और सरकारी व्यय (G) स्वायत्त हैं।
(viii) उपभोग (C), आयात (M), बचतें (S) और कर (T), आय (Y) का स्थिर अनुपात है और इनके आय के साथ सम्बन्ध रेखीय हैं।

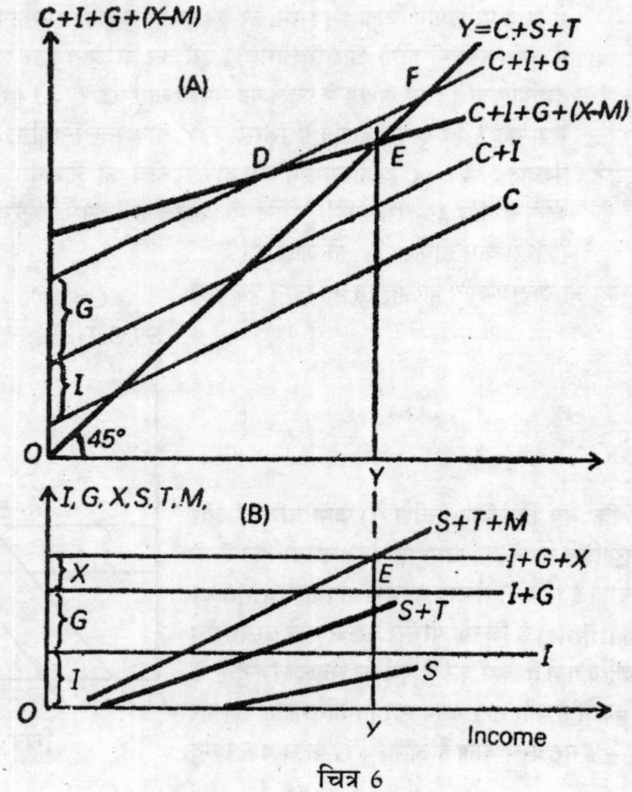

चित्र 6

व्याख्या (Explanation)

ये मान्यताएं दी होने पर, एक चार-क्षेत्रीय खुली अर्थव्यवस्था में आय का संतुलन स्तर निर्धारित होता है, जब राष्ट्रीय व्यय (E), राष्ट्रीय आय (Y) के बराबर हो। इसे निम्न समीकरणों द्वारा समझाया जा सकता है :

$$Y = E = C + I + G + (X - M)$$

परन्तु $Y = C + S + T$

$$\therefore C + S + T = C + I + G + (X - M)$$

ऊपर के समीकरण में, $C + S + T$ सकल राष्ट्रीय आय (GNI) है और $C + I + G + (X - M)$ सकल राष्ट्रीय व्यय (GNE) है। अत: एक अर्थव्यवस्था में आय का संतुलन स्तर तब होता है जब समस्त पूर्ति, $GNI = GNE$, समस्त मांग। या $C + S + T = C + I + G + (X - M)$ से इसे चित्र 6 (A) में दर्शाया गया है जहां C उपभोग फलन है। इन वक्र के ऊपर स्वायत्त निवेश I को रख दिया गया है जिससे $C + I$ वक्र बन जाता है और स्वायत्त सरकारी निवेश G को इसके ऊपर रखने से $C + I + G$ वक्र बन जाता है। जब शुद्ध निर्यात ($X–M$) को $C + I + G$ वक्र पर अध्यारोपित (super-impose) किया जाता है तो समस्त मांग फलन $C + I + G + (X - M)$ प्राप्त होता है। 45° रेखा समस्त पूर्ति फलन है जो $C + S + T$ को व्यक्त करता है।

यह ध्यान देने योग्य है कि जब तक $C + I + G + (X - M) > C + I + G$, आयात से निर्यात अधिक होते हैं और समस्त मांग में शुद्ध वृद्धि होती है, चित्र के भाग (A) में बिन्दु D पर $X - M = 0$। बिन्दु D के आगे, $C + I + G > C + I + G + (X - M)$ और निर्यात से आयात अधिक होते हैं और जैसे-जैसे आय बढ़ती है यह अन्तर बढ़ता चला जाता है। इससे समस्त मांग में शुद्ध कमी होती है तथा समस्त मांग फलन $C + I + G + (X - M)$, घरेलू समस्त मांग फलन $C + I + G$ से नीचे रहता है।

एक खुली अर्थव्यवस्था में आय का संतुलन स्तर OY बिन्दु E पर निर्धारित होता है जहां समस्त मांग फलन $C + I + G + (X - M)$, समस्त पूर्ति फलन $C + S + T$ को काटता है।

यह विश्लेषण दर्शाता है कि विदेश व्यापार न होने पर, आय का संतुलन स्तर ऊंची स्थिति पर होगा जैसा कि बिन्दु F पर $C + I + G = C + S + T$ की समानता द्वारा निर्धारित होता है जबकि विदेश व्यापार होने पर यह नीचे के बिन्दु E पर निर्धारित होता है।

खुली अर्थव्यवस्था में आय का संतुलन स्तर निर्धारित करने का एक वैकल्पिक तरीका भी है। इसके अनुसार समीकरण

$$C + S + T = C + I + G + (X - M)$$

या, $S + T = I + G + (X - M)$

या, $S + T + M = I + G + X$

जहां $S + T + M$ समस्त आय को व्यक्त करता है और $I + G + X$ समस्त व्यय को। जब $S + T + M$ बराबर होता है $I + G + X$ के, तो आय का संतुलन स्तर निर्धारित होता है। इसे चित्र के (B) भाग में दिखाया गया है जहां जब $S + T + M$ वक्र $I + G + X$ वक्र को E बिन्दु पर काटता है तो OY आय का संतुलन स्तर निर्धारित होता है।

प्रश्न

1. राष्ट्रीय आय के संतुलन से क्या अभिप्राय है ? यह दिखाइए कि यह स्तर केवल तभी प्राप्त होता है जब बचत निवेश के बराबर हो।
2. आय का संतुलन स्तर कैसे निर्धारित होता है ?
3. एक बंद अर्थव्यवस्था में आय-निर्धारण की व्याख्या करिए।
4. खुली अर्थव्यवस्था में आय कैसे निर्धारित होती है ?

अध्याय 22

मजदूरी–कीमत लोचशीलता और रोजगार
(Wages-Price Flexibility and Employment)

1. प्रस्तावना
(INTRODUCTION)

''रोजगार का क्लासिकी सिद्धान्त'' अध्याय में यह देखा गया कि अर्थव्यवस्था में रोजगार लाने के लिए क्लासिकी अर्थशास्त्री मजदूरी में कटौती करने का समर्थन करते हैं। केन्ज़ बेरोजगारी की समस्या का हल करने के लिए मजदूरी में कटौती करने का विरोध तथा प्रभावी मांग में वृद्धि करने का समर्थन करता है। प्रस्तुत अध्याय में मजदूरी तथा रोजगार के बीच संबंध के बारे में क्लासिकी तथा केन्ज़ीय मतों पर सविस्तार आलोचनात्मक विचार करेंगे।

2. क्लासिकी मत
(THE CLASSICAL VIEW)

क्लासिकी अर्थशास्त्रियों का विश्वास था कि अर्थव्यवस्था में सदैव पूर्ण-रोजगार की स्थिति रहती है। बेरोजारी होने पर, मुद्रा मजदूरी में सामान्य कटौती अर्थव्यवस्था को पूर्ण-रोजगार के स्तर पर ले आएगी। उनका तर्क इस प्रकार है:

स्वतंत्र प्रतियोगिता के अन्तर्गत आर्थिक प्रणाली की प्रवृत्ति यह रहती है कि श्रम मार्किट में अपने-आप पूर्ण रोजगार प्रदान करे। मजदूरी के ढांचे में कठोरता तथा स्वतंत्र मार्किट-अर्थव्यवस्था के कार्यकरण में हस्तक्षेप से बेरोजगारी आती है। जब ट्रेड यूनियनों को मान्यता देकर और न्यूनतम मजदूरी नियम आदि बनाकर राज्य हस्तक्षेप करता है तथा श्रम एकाधिकारात्मक रवैया अपना लेता है, तो मजदूरी बढ़ जाती है और बेरोजगारी आती है। यदि सरकार के हस्तक्षेप हटा दिये जाएं और प्रतियोगिता की शक्तियों को स्वतंत्रता से कार्य करने दिया जाए, तो मजदूरी-दरों को घटाने-बढ़ाने से पूर्ण रोजगार हो जाएगा। जैसा कि **पीगू** ने लक्ष्य किया है, ''पूर्णरूप से स्वतंत्र प्रतियोगिता के रहते...सदैव एक ऐसी प्रवृत्ति प्रबलरूप से कार्यशील रहेगी जिससे मजदूरी की दरें मांग के साथ इस तरह सम्बद्ध हों कि प्रत्येक व्यक्ति रोजगार में लगा रहे।'' पीगू द्वारा प्रस्तुत समीकरण $N=qY/W$ समस्त संबंध की व्याख्या कर देता है। इस समीकरण में N रोजगार में लगे श्रमिकों की संख्या है, q मजदूरी तथा वेतन के रूप में अर्जित राष्ट्रीय आय का भाग है, Y राष्ट्रीय आय है और W मजदूरी की दर है। W को घटाकर N को बढ़ाया जा सकता है। इस प्रकार, पूर्ण रोजगार की कुंजी यह है कि मुद्रा-मजदूरी घटा दी जाए।

प्रतियोगी अर्थव्यवस्था में, जब मुद्रा मजदूरी में कटौती की जाती है तो उससे उत्पादन की लागत कम हो जाती है और परिणामस्वरूप वस्तुओं की कीमतें गिर जाती है। जब कीमतें गिरती है तो वस्तुओं के लिए मांग बढ़ेगी और बिक्री में वृद्धि होगी। बढ़ी हुई बिक्री से अधिक श्रम को रोजगार पर लगाना आवश्यक हो जाएगा और अन्ततः पूर्ण-रोजगार प्राप्त हो जाएगा।

क्लासिकी मत इस मान्यता पर आधारित है कि मुद्रा मजदूरी **सीधे और समानुपातिक** तौर से वास्तविक मजदूरी से संबंधित है। इसलिए जब मुद्रा मजदूरी में कटौती की जाती है तो वास्तविक मजदूरी भी उसी अनुपात में घट जाती है। परिणामस्वरूप, बेरोजगारी कम हो जाती है और पूर्ण रोजगार पाया जाता है।

परन्तु एक विशेष मजदूरी दर पर श्रम की मांग वास्तविक मजदूरी दर का घटता हुआ फलन है। यदि W मुद्रा मजदूरी दर है, P वस्तु की कीमत, तथा MP श्रम का सीमांत उत्पाद, तो समीकरण होता है:

$W=P \times MP$ या $W/P= MP$

क्योंकि रोजगार बढ़ने से MP कम होता है। इससे निष्कर्ष निकलता है कि वास्तविक मजदूरी (W/P) के कम होने से रोजगार का स्तर बढ़ता है। नीचे की ओर ढालू श्रम का मांग वक्र D चित्र 1 (A) में दर्शाया गया है। श्रम का पूर्ति वक्र वास्तविक मजदूरी दर का बढ़ता हुआ फलन माना गया है। इसे ऊपर की ओर ढालू वक्र S द्वारा चित्र में दिखाया गया है। यह वक्र बताता है कि वास्तविक मजदूरी में वृद्धि होने पर अधिक श्रमिक अपने आपको रोजगार के लिए पेश करेंगे। S और D वक्रों का E बिन्दु पर काटना पूर्ण रोजगार स्तर N_F तथा वास्तविक मजदूरी W/P दर्शाता है। यदि वास्तविक मजदूरी ऊंचे स्तर W/P_1 पर कायम की जाती है तो श्रम की अति पूर्ति ds होती है और N_1N_F श्रम बेरोजगार होता है। जब मजदूरी दर कम करके W/P की जाती है तो बेरोजगारी दूर हो जाती है तथा पूर्ण रोजगार स्तर N_F प्राप्त हो जाता है।

पूंजी उपस्कर का स्टॉक, प्रौद्योगिकीय ज्ञान और प्राकृतिक संसाधनों की पूर्ति दी हुई होने पर, राष्ट्रीय आय (या उत्पाद) के स्तर और रोजगार में एक विशेष संबंध पाया जाता हैं। राष्ट्रीय आय श्रमिकों की संख्या का बढ़ता हुआ फलन है। राष्ट्रीय आय और रोजगार में संबंध को चित्र के भाग (B) में OP वक्र द्वारा दिखाया गया है। आय का स्तर Y_F चित्र के भाग (A) के पूर्ण रोजगार स्तर N_F के अनुरूप है। जब रोजगार बढ़ता है तो OP वक्र चपटा हो जाता है जिसका मतलब है कि घटते प्रतिफल के नियम के कारण राष्ट्रीय आय में वृद्धि रोजगार में वृद्धि के अनुपात में कम होती है।

चित्र के भाग (C) में अर्थव्यवस्था के वस्तु और मुद्रा बाजारों में संतुलन IS और LM वक्रों में दर्शाया गया है। भाग (B) का पूर्ण रोजगार आय स्तर Y_F लेते हुए, IS और $LM(P_o)$ वक्र E बिन्दु पर काटते हैं तथा ब्याज दर R_F होती है।

रोजगार के क्लासिकी सिद्धान्त में कीमत–स्तर परिवर्तनशील है। कीमत में परिवर्तन लेन–देन उद्देश्यों के लिए मुद्रा की मांग को प्रभावित करेगा। अत: यह LM वक्र की स्थिति को बदल देगा। मान लीजिए कि प्रारंभिक कीमत स्तर P_o पूर्ण रोजगार का है, जो संतुलन ब्याज दर R_F और आय Y_F दर्शाता है जैसाकि चित्र के भाग (C) में। अब कीमत–स्तर पूर्ण रोजगार स्तर P_o से बढ़कर P_1 हो जाता है। इससे वास्तविक मुद्रा पूर्ति कम हो जाती है और यह LM वक्र को बाईं ओर $LM(P_1)$ पर सरका देती है। नया संतुलन बिन्दु E_1 ब्याज दर और आय स्तर के R_1Y_1 संयोग के साथ पाया जाता है।

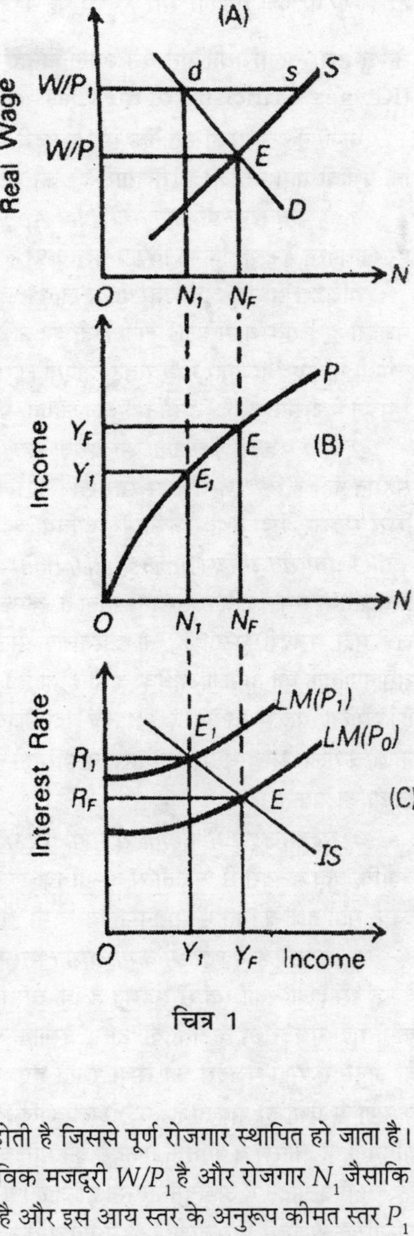

चित्र 1

लचीली कीमतों और मजदूरियों के साथ कीमत स्तर की P_o पर होने की प्रवृत्ति होती है जिससे पूर्ण रोजगार स्थापित हो जाता है। यह व्यक्त करने के लिए कि पूर्ण रोजगार कैसे स्थापित होता है, मान लीजिए कि वास्तविक मजदूरी W/P_1 है और रोजगार N_1 जैसाकि चित्र के भाग (A) में है। रोजगार के इस स्तर के अनुरूप आय का स्तर Y_1 भाग (B) में है और इस आय स्तर के अनुरूप कीमत स्तर P_1 भाग (C) में $LM(P_1)$ वक्र द्वारा दिखाया गया है। वास्तविक मजदूरी दर W/P_1 पर, श्रम की पूर्ति श्रम की मांग से ds अधिक है, भाग *(A)* में। इसका मतलब है कि N_1N_F श्रमिक बेरोजगार हैं जो रोजगार प्राप्त करने के लिए मुद्रा मजदूरी को बोली लगाकर कम कर देंगे। जब मुद्रा मजदूरी कम होती है तो उत्पादन लागत और वस्तुओं की कीमतें गिर जाती है। आगे, जब मजदूरी और कीमतें कम होती हैं, तो लेन–देन उद्देश्यों के लिए मुद्रा की मांग कम हो जाती हैं। अत: चालू ब्याज दर R_1 पर मुद्रा की पूर्ति मुद्रा की मांग से अधिक हो जाती है। मुद्रा की अति पूर्ति LM वक्र को $LM(P_1)$ से दाईं ओर $LM(P_o)$ पर सरका देती है। परिणामस्वरूप, E बिन्दु पर संतुलन स्थापित हो

जाता है जब अर्थव्यवस्था चित्र के भाग (C) में आय स्तर Y_F और ब्याज दर R_F प्राप्त कर लेती है, तथा भाग (A) में वास्तविक मजदूरी दर W/P पर पूर्ण रोजगार स्तर N_F पर पहुंच जाता है।

केन्ज़ द्वारा क्लासिकी मत की आलोचनाएं (Keynes' Criticisms of the Classical View)

केन्ज़ ने क्लासिकी मत, कि मुद्रा मजदूरी में कटौती से पूर्ण रोजगार प्राप्त होता है, स्वीकार नहीं किया। उसने इस बात पर बल दिया कि प्रभावी मांग बढ़ाकर बेरोजगारी दूर की जा सकती है। क्लासिकी मत पर उसकी प्रमुख आपत्तियां निम्नलिखित हैं।

1. अर्थव्यवस्था पर लागू नहीं (Not Applicable to Economy)— केन्ज़ के अनुसार क्लासिकी मत आंशिक संतुलन विश्लेषण पर आधारित है। यह किसी विशेष उद्योग पर लागू होता है लेकिन इसे समूची अर्थव्यवस्था पर लागू करने का प्रयत्न किया गया है।

यदि इसे सम्पूर्ण अर्थव्यवस्था पर लागू किया जाता है तो यह रोजगार को बढ़ाने की बजाय इसे घटाएगा। केन्ज़ के अनुसार जब मुद्रा मजदूरी अर्थव्यवस्था में घटाई जाती है तो वह वर्करों की मुद्रा आय घटाएगी जो वस्तुओं के लिए उनकी मांग घटाएगी। कुल व्यय गिरेगा और प्रभावी मांग एवं रोजगार में गिरावट आएगी। इस प्रकार क्लासिकी अर्थशास्त्री लागतो तथा आय के रूप में मजदूरी की दोहरी प्रकृति को समझने में असफल रहे। उन्होंने केवल लागत-पक्ष पर ध्यान दिया और आय-पक्ष छोड़ दिया।

2. मुद्रा मजदूरी में कटौती आवश्यक नहीं (Cut in Money Wages Not Essential)— केन्ज़ क्लासिकी मत की इस बात से भी सहमत नहीं है कि पूर्ण रोजगार स्तर लाने के लिए मुद्रा मजदूरी में कटौती करना आवश्यक है। उसके अनुसार, मुद्रा-मजदूरी दरों को स्थिर रखकर, मुद्रा तथा राजकोषीय नीतियों के माध्यम से पूर्ण रोजगार स्तर उपलब्ध किया जा सकता है।

3. विपरीत संबंध (Inverse Relation)— इस क्लासिकी मत के मुकाबले, कि मुद्रा मजदूरी तथा वास्तविक मजदूरी के बीच प्रत्यक्ष तथा समानुपातिक सम्बन्ध होता है, केन्ज़ लक्ष्य करता है कि दोनों के बीच उलटा (inverse) सम्बन्ध होता है। उसके अनुसार, जब मुद्रा मजदूरी घटती है, तो वास्तविक मजदूरी बढ़ती है। इसका कारण यह है कि मुद्रा मजदूरी में कमी होने से कीमतों में समानुपातिक की अपेक्षा अधिक कमी होती है। जब कीमतें गिरती है, तो मुद्रा के मूल्य में वृद्धि के कारण, वास्तविक मजदूरी बढ़ जाती है। इसलिए यह संभव नहीं है कि जब मुद्रा मजदूरी दर गिरे, तो वास्तविक मजदूरी घट जाए। अत: मुद्रा मजदूरी तथा वास्तविक मजदूरी के बीच गलत सम्बन्ध पर आधारित क्लासिकी तर्क नहीं टिक पाता और मुद्रा मजदूरी में कटौती करके पूर्ण रोजगार स्तर नहीं उपलब्ध किया जा सकता।

4. मुद्रा मजदूरी में कटौती से मांग और कीमतों में कमी (Decline in Demand and Prices with Money Wage Cut)— क्योंकि मुद्रा मजदूरी में कटौती से वास्तविक मजदूरी में कमी नहीं होगी, इसलिए केन्ज़ मानता है कि मुद्रा मजदूरी में कमी करने से कुल व्यय, मांग तथा कीमत में समानुपातिक कमी होगी और मजदूरी ज्यों-की-त्यों रहेगी।

5. वास्तविक मजदूरी में कमी कीमत स्तर में वृद्धि द्वारा (Reduction in Real Wages through Increase in Price Level)— केन्ज़ इस क्लासिकी मत से सहमत है कि वास्ततिक मजदूरी में कमी करके रोजगार बढ़ाया जा सकता है। परन्तु वास्तविक मजदूरी में कमी मुद्रा मजदूरी में कटौती के द्वारा, जैसाकि परम्परावादी मानते थे, न लाई जाए बल्कि कीमत स्तर में वृद्धि करके लाई जाए। केन्ज़ के अनुसार, मुद्रा मजदूरी को स्थिर रखते हुए, कुल मांग में वृद्धि कुछ समय बाद उत्पादन, लागतों तथा कीमतों को बढ़ाएगी। तीन कारणों से ऐसा हो सकता है : (i) अल्पकाल में घटते प्रतिफल का नियम कार्य करे; (ii) जब श्रमिकों की मांग बढ़े तो सशक्त ट्रेड यूनियनों के कारण वे अधिक मजदूरी की मांग करें; और (iii) मशीन, उपस्कर, कच्चे माल, यातायात की सुविधायों आदि की अप्राप्यता के रूप में उत्पादन में अड़चनें उत्पन्न हो जाएं। ये सभी कारण उत्पादन की लागत को और इसलिए कीमतों को बढ़ाते हैं। परिणामस्वरूप, वास्तविक मजदूरी गिर जाती है। इस प्रकार केन्ज़ मानता है कि वास्तविक मजदूरी में कटौती से रोजगार बढ़ता है परन्तु मुद्रा मजदूरी में कटौती के मार्ग से नहीं।

6. वर्कर मुद्रा मजदूरी कटौती का विरोध करते हैं (Workers resist Cut in Money Wages)— केन्ज़ ने आगे, व्यावहारिक आधार पर भी, मुद्रा मजदूरी में कटौती के विरुद्ध आपत्ति उठाई है। उसके अनुसार प्रजातांत्रिक देशों में, जहां कानून के अन्तर्गत सामूहिक सौदेबाजी की आज्ञा है वहां श्रमिक अपनी मुद्रा मजदूरी की दरों में की जाने वाली किसी भी कमी का प्रबल रूप से विरोध करते हैं। डिक्टेटरशिप सफल हो सकती हैं।

7. सामाजिक न्याय (Social Justice)— सामाजिक न्याय भी यह मांग करता है कि केवल श्रमिकों की मुद्रा मजदूरी न घटाई जाए। अन्य वर्गों की आय अपरिवर्तित रखते हुए श्रमिकों की मुद्रा मजदूरी में कटौती करने से श्रमिकों की तुलना में, अन्य आय वर्गों का जीवन-स्तर बढ़ जाएगा। इसलिए केन्ज़ समझता है कि 'मंदी के समय में मुद्रा की पूर्ति बढ़ाने की नीति को...मजदूरी में कटौती की अपेक्षा अधिक अधिमान दिया जा सकता है, क्योंकि यदि यह मान लिया जाए कि मुद्रा मजदूरी स्थिर रहती है, तो इसका अर्थ होगा कि कीमतें बढ़ने पर सभी वर्गों के व्यक्तियों को वास्तविक आय में लगभग समान परिवर्तन सहन करना पड़ता है।''

3. केन्ज़ीय मत
(KEYNESIAN VIEW)

मजदूरी तथा रोजगार के बीच संबंध के बारे में केन्ज़ ने अपने विचार इन क्लासिकी धारणाओं को स्वीकार करके शुरू किये थे कि घटते प्रतिफलों का नियम तथा सीमान्त उत्पादकता का सिद्धान्त, दोनों ही कार्यशील रहते हैं। क्योंकि प्रत्येक वर्कर को सीमान्त उत्पादन के बराबर मजदूरी दी जाती है और उद्योग में घटते प्रतिफलों का नियम चलता है, इसलिए यदि रोजगार बढ़ाना है तो मजदूरी अवश्य घटेगी। परन्तु इसका यह मतलब नहीं है कि बेरोजगारी इसलिए थी कि वर्कर अपने सीमान्त उत्पादन के बराबर मजदूरी लेने से इन्कार कर रहे थे। केन्ज़ के अनुसार, समस्त मांग की कमी के परिणामस्वरूप बेरोजगारी थी। मांग ही रोजगार को निधारित करती है और रोजगार वास्तविक मजदूरी दर को निर्धारित करता है।

इस बात को स्थापित करने के लिए केन्ज़ ने मुद्रा मजदूरी और वास्तविक मजदूरी में अन्तर स्पष्ट किया। केन्ज़ ने लक्ष्य किया कि इन दोनों में **उलट संबंध** होता है। जब मुद्रा मजदूरी घटाई जाती है, तो वास्तविक मजदूरी बढ़ती है। इसका कारण यह है कि मुद्रा मजदूरी गिरने से कीमतों में समानुपातिक से अधिक कमी होगी। जब कीमतें गिरती हैं, तो मुद्रा का मूल्य बढ़ जाने के कारण वास्तविक मजदूरी बढ़ जाती है। कीमतें गिरने से समस्त मांग, उत्पादन, आय, और रोजगार घट जाएंगे। इसलिए मुद्रा मजदूरी में कटौती कीमतों को घटा देगी और समस्त मांग को तथा परिणामस्वरूप रोजगार को कम कर देगी। क्लासिकी अर्थशास्त्रियों की भांति केन्ज़ मानता था कि रोजगार वास्तविक मजदूरी के विपरीत परिवर्तित होता है। जब वास्तविक मजदूरी गिरती है तो श्रम की मांग बढ़ जाती है। ''परन्तु केन्ज़ इस बात से इनकार करता है कि समस्त अर्थव्यवस्था के लिए मुद्रा मजदूरी में कटौती करने से अवश्य ही वास्तविक मजदूरी में कटौती हो जाएगी। वह मानता था कि मुद्रा मजदूरी में कटौती के परिणामस्वरूप कुल परिव्यय, मांग और कीमतों में समानुपातिक कमी होने लगेगी परन्तु मुद्रा मजदूरी में कटौती से वास्तविक मजदूरी दरें अप्रभावित ही रहेंगी। इस प्रकार, केन्ज़ इसे आवश्यक मानता था कि यदि रोज़गार बढ़ाना है तो मुद्रा मजदूरी दरों को काफी स्थिर रखते हुए समस्त मांग बढ़ानी होगी। समस्त मांग को मौद्रिक एवं राजकोषीय नीति के माध्यम से बढ़ाया जा सकता है और इसका विश्वास था कि आधुनिक सामूहिक सौदेबाजी की प्रथाओं के अन्तर्गत मुद्रा मजदूरी दरें पर्याप्त रूप से स्थिर रखी जा सकती हैं।''[1] इस प्रकार, मुद्रा मजदूरी के स्थिर रहते हुए जब समस्त मांग बढ़ती है तो उत्पादन, सीमान्त लागत बढ़ जाती है और इसलिए कीमतें बढ़ जाती हैं। परिणामस्वरूप, वास्तविक मजदूरी गिर जाती है।

केन्ज़ का तर्क यह था कि वर्कर चालू मुद्रा मजदूरी दर पर काम करने को तैयार होते हैं, भले ही कीमतें बढ़ने से उनकी वास्तविक मजदूरी दर घट जाए। ऐसा श्रम बाजार में **मुद्राभ्रान्ति** (money illusion) पाए जाने के कारण होता है। वे कीमतें बढ़ने से अपनी वास्तविक मजदूरी को कम हो लेने देते हैं परन्तु श्रम बाजार नहीं छोड़ते। इसे चित्र 2 में दिखाया गया है जो डर्नबर्ग (Dernberg) तथा मैक्डूगल (McDougall)[2] से लिया गया है। चित्र में रोजगार को क्षैतिज अक्ष पर मापा गया है और वास्तविक मजदूरी दर अनुलम्ब अक्ष पर। D_L श्रम का मांग वक्र है और S_L श्रम का पूर्ति वक्र है। श्रम पूर्ति वक्र का ढलान एक सीमा तक चपटा है और उसके बाद दाएं को ऊपर की ओर ढालू हो जाता है। इसका मतलब है कि चपटे खण्ड में N_F स्तर तक कितने ही वर्कर मुद्रा मजदूरी दर (W) पर काम करने को तैयार हैं, क्योंकि उन्हें इस (W) दर पर काम करने का आदत पड़ चुकी है। इसलिए यदि उनकी वास्तविक मजदूरी (W/P) भी हो जाएगी, तो भी वे मुद्रा-भ्रान्ति के अन्तर्गत काम करने को तैयार रहेगें अर्थात् उनकी मुद्रा मजदूरी उतनी ही रहती है जितनी पहले थी, भले ही कीमत स्तर बढ़ गया हो। इस प्रकार, पूर्ण रोजगार स्तर (N_F) तक उसी मुद्रा मजदूरी दर पर और अधिक वर्कर रोजगार में लगाए जा सकते हैं परन्तु N_F स्तर के बाद श्रम की पूर्ति के लिए वर्कर अधिक मजदूरी की मांग करेंगे। यही कारण है कि श्रम पूर्ति वक्र ऊपर को

1. A. H. Hansen, *Monetary Theory and Fiscal Policy,* p. 119.

मुड़ जाता है।

चित्र 2 में, W/P वास्तविक मजदूरी दर पर N_1 वर्कर रोजगार में लगे है, जब D_L तथा S_L वक्र A बिन्दु पर परस्पर काटते हैं। यह केन्ज़ीय अल्परोजगार संतुलन हैं। इस स्तर पर N_1 से N_F तक वर्कर अनिच्छापूर्वक बेरोजगार रहते हैं। जब कीमत स्तर बढ़कर P_1 स्तर तक पहुंच जाता है तो वास्तविक मजदूरी दर घट कर W/P_1 हो जाती है और श्रम का पूर्ति वक्र S_L नीचे को S'_L पर सरक जाता है जबकि मुद्रा भ्रान्ति के कारण वर्कर उसे देख नहीं पाते। इस मजदूरी दर पर, बिन्दु B पर नया संतुलन स्थापित हो जाता है जहां फर्मों की ओर से श्रम की मांग D_L, श्रम की पूर्ति S'_L के बराबर हो जाती है और वर्कर उसी मुद्रा मजदूरी दर (W) पर काम करने को तैयार हैं। इस प्रकार N_F स्तर पर श्रम पूर्ण रोजगार युक्त है।

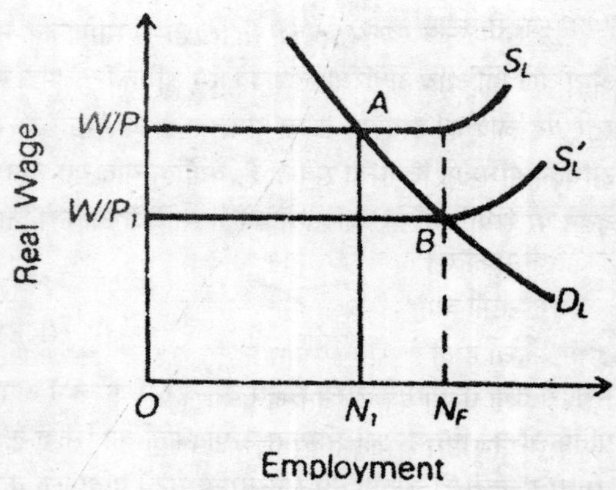

चित्र 2

वास्तविक मजदूरी में कटौती से संबंधित क्लासिकी तथा केन्ज़ीय दृष्टिकोणों में अन्तर इस बात में है कि क्लासिकी अर्थशास्त्री मुद्रा मजदूरी में कटौती के माध्यम से वास्तविक मजदूरी में कटौती करने के समर्थक थे। वे मुद्रा मजदूरी के **लचीलेपन** में विश्वास रखते थे। दूसरी ओर, केन्ज़ की धारणा है कि समस्त मांग और रोजगार में वृद्धि के द्वारा वास्तविक मजदूरी में कटौती होगी।

समस्त मांग और रोजगार को पहले बढ़ाकर ही, वास्तविक मजदूरी घटाई जा सकती है, इसके विपरीत नहीं, अर्थात् यह नहीं कि पहले वास्तविक मजदूरी घटाई जाए और बाद में समस्त मांग और रोजगार बढ़े। फिर केन्ज़ यह भी मानता था कि मुद्रा मजदूरी लचीली नहीं होती, बल्कि नीचे की ओर अलचीली (sticky) होती है।

मुद्रा मजदूरी की इस कठोरता के अनेक संस्थानिक तथा अन्य कारण हो सकते हैं जैसे

(क) शक्तिशाली ट्रेड यूनियनें, जो कम से कम अस्थायी तौर पर, मुद्रा मजदूरी को गिरने से रोक सकती हैं;

(ख) वैधानिक उपबंध (statutory provisions) जैसे न्यूनतम मजदूरी कानून;

(ग) वफादार तथा अनुभवी वर्करों को रखने और नैतिक मनोबल बनाए रखने की इच्छा से मालिक मजदूरी न घटा पाएं, और

(घ) बेरोजगार मजदूर कम मजदूरी पर काम करने को तैयार न हों, भले ही वे कीमतें बढ़ने के परिणामस्वरूप घटी हुई वास्तविक मजदूरी पर काम करने को तैयार हों।''[3] इसलिए केन्ज़ ने लचीली मुद्रा मजदूरी का सिद्धान्त रद्द कर दिया। उसका कहना है कि वह सिद्धान्त एक तो अवास्तविक है और दूसरे, वह कीमतों में बहुत अधिक अस्थिरता ला देगा, जो संभवतः इतनी तेज होगी कि जिस आर्थिक समाज में हम रहते हैं उसमें व्यापार संबंधी हिसाब-किताब करना व्यर्थ हो जाएगा।

बावजूद इस बात के कि केन्ज़ यह मानता था कि मजदूरी नीचे की ओर अलचीली है, उसने उपभोग फलन MEC तथा ब्याज की दर पर अर्थात् अपने आय तथा रोजगार के तीन प्रमुख निर्धारकों पर लचीली मुद्रा मजदूरी के प्रभाव का विश्लेषण किया है। हम आगे इन निर्धारकों के मार्ग से मुद्रा मजदूरी कटौतियों तथा रोजगार के संबंध में केन्ज़ के विचारों का अध्ययन करेंगे।

मुद्रा मजदूरी कटौतियां तथा रोजगार के संबंध में केन्ज़ का मत
(The Keynesian Views on Money Wage Reductions and Employment)*

केन्ज़ का मत है कि यदि मुद्रा मजदूरी में कटौतियों के साथ-साथ समस्त मांग में कमी नहीं होती, तो उनके परिणामस्वरूप रोजगार में वृद्धि होगी। केन्ज़ प्रश्न करता है कि ''क्या मुद्रा मजदूरी में कटौती की सीधी प्रवृत्ति रोजगार बढ़ाने की होती है, 'यदि स्थिति न बदले' जिस का अर्थ यह हो कि उपभोग प्रवृत्ति, पूंजी की सीमान्त उत्पादकता की अनुसूची तथा ब्याज की दर पहले जितनी ही रहे।'' परन्तु जब

2. *Macroeconomics*, 4/e, p. 230.
3. W. L. Smith, "A Graphic Exposition of the Complete Keynesian System", in W. L. Smith and R. L. Teigen *(eds.)*, *Readings in Monetary, National Income and Stabilisation Policy*, 2/e, 1970.

* नीचे के विश्लेषण में केन्ज़ के तर्क क्लासिकी अर्थशास्त्रियों की तरह इस मान्यता को लेकर दिए गए हैं कि यदि मुद्रा मजदूरी में कटौती की जाए।

मुद्रा मजदूरी घटाई जाती है, तो ये 'चर' (variables) निश्चय से समस्त मांग को परिवर्तित तथा प्रतिकूलता प्रभावित करते हैं। इसलिए केन्ज़ सामान्य मुद्रा मजदूरी कटौती के उन संभव प्रति-प्रभावों की चर्चा करता है, जो इन तीन 'चरों' के माध्यम से समस्त मांग तथा रोजगार पर पड़ते हैं।

1. मजदूरी कटौती तथा उपभोग प्रवृत्ति (Wage Cut and Propensity to Consume)— केन्ज़ के अनुसार, मुद्रा मजदूरी में सामान्य कटौती का उपभोग की प्रवृत्ति पर प्रतिकूल प्रभाव ही पड़ेगा। मजदूरी कटौती का परिणाम यह होगा कि मजदूरी न प्राप्त करने वालों के मुकाबले मजदूरी कमाने वाले वर्गों की आय घट जाएगी और पूर्वोक्त के हक में **आय का** कुछ पुनर्वितरण होगा। इससे कुल उपभोग घटेगा क्योंकि उपभोग की अधिक प्रवृत्ति रखने वाले मजदूरी प्राप्तकर्ताओं की आय गिर जाएगी। दूसरी ओर, धनिकों की बचत प्रवृत्ति **ऊंची** होती है और उपभोग प्रवृत्ति **कम।** इससे उपभोग प्रवृत्ति पर प्रतिकूल प्रमाव पड़ता है तथा समस्त मांग, आय एवं रोजगार घट जाते हैं। यह केन्ज़ का पुनर्वितरण प्रभाव (redistribution effect) कहलाता है।

पर **पीगू** उस संभावना पर विचार करता है, जब मुद्रा मजदूरी में कटौतियां उपभोग प्रवृत्ति को बढ़ा सकती है। वह तर्क देता है कि सामान्य मजदूरी-कटौती से कीमतें गिरेंगी और मुद्रा का मूल्य बढ़ जाएगा। मुद्रा के मूल्य में वृद्धि होने पर इस प्रकार की मुद्रा परिसम्पत्तियों का वास्तविक मूल्य बढ़ जाएगा, जैसाकि स्टॉक, शेयर, बैंक जमा, सरकारी बांड तथा प्रतिभूतियां आदि। इन स्थिर परिसम्पत्तियों के स्वामी अपने को पहले से अधिक धनी अनुभव करेंगे और उनकी उपभोग प्रवृत्ति मजबूत होगी तथा बचत की प्रवृत्ति कमजोर पड़ जाएगी। इसे **पीगू प्रभाव** (Pigou Effect) कहते हैं, जो समस्त मांग तथा रोजगार में वृद्धि करेगा।

पीगू प्रभाव उपभोग प्रवृत्ति को बढ़ाने में **तीन** कारणों से असमर्थ रहता है।

प्रथम, मुद्रा परिसम्पत्तियां बहुत कम लोगों के पास होती हैं। इसलिए उपभोग प्रवृत्ति पर, कुल मिलाकर, बहुत मामूली प्रभाव पड़ता है।

दूसरे, यह आवश्यक नहीं है कि अपनी मुद्रा परिसम्पत्तियों के वास्तविक मूल्य में वृद्धि होने पर, परिसम्पत्ति धारक अपनी उपभोग प्रवृत्ति को तुरन्त बढ़ा दें।

तीसरे, नीची कीमतों के कारण बढ़े हुए वास्तविक ऋण भार का जो निरुत्साहकारी प्रभाव उपभोग पर पड़ता है, उससे उपभोग पर पड़ा अधिक बड़े वास्तविक नकदी शेषों का प्रभाव समाप्त हो सकता है और इस प्रकार शुद्ध प्रभाव बहुत थोड़ा रह जाता है।

केन्ज़ के पुनर्वितरण प्रभाव तथा पीगू प्रभाव को इकट्ठा लिया जाए, तो हम देखते हैं कि पीगू प्रभाव की अपेक्षा केन्ज़ का पुनर्वितरण प्रभाव अधिक सशक्त है और इन दोनों का कुल प्रभाव यह होता है कि उपभोग प्रवृत्ति **घट** जाती है। इसका कारण यह है कि पुनर्वितरण प्रभाव सामूहिक उपभोग को घटाता है, जबकि पीगू प्रभाव केवल परिसम्पत्ति-धारकों के उपभोग में वृद्धि करता है जिनकी संख्या बहुत थोड़ी होती है। इस प्रकार, सामान्य मजदूरी कटौती का **शुद्ध** प्रभाव यह होता है कि उपभोग प्रवत्ति, आय तथा रोजगार घट जाते हैं।

2. मजदूरी कटौती तथा पूंजी की सीमान्त उत्पादकता *(Wage Cut and MEC)*— सामान्य मजदूरी कटौती, निश्चय से, पूंजी की सीमान्त उत्पादकता, निवेश रोजगार को व्यवसाय प्रत्याशाओं के माध्यम से प्रभावित करेगी। यदि मजदूरी कटौती करने पर मजदूरी के और घटने की आशा हो, तो पूंजी की सीमान्त उत्पादकता गिरेगी, क्योंकि उद्यमी अपनी निवेश योजनाओं को तब तक के लिए स्थगित कर देंगे, जब तक कि उन्हें यह विश्वास न हो जाए कि मजदूरी निम्नतम स्तर तक गिर चुकी है। परन्तु यदि उन्हें यह आशा हो कि मजदूरी और नहीं गिरेगी अथवा भविष्य में बढ़ेगी, तो पूंजी सीमान्त उत्पादकता पर अनुकुल प्रभाव पड़ेगा। उद्यमी अधिक निवेश करने की योजना बनाएंगे और इस प्रकार रोजगार बढ़ेगा।

परन्तु यदि **ट्रेड यूनियनें** मुद्रा मजदूरी में कटौती का विरोध करें तो मजदूरी कटौतियों से पूंजी की सीमान्त उत्पादकता पर प्रतिकूल प्रभाव भी पड़ सकता है। इससे अशान्ति बढ़ेगी और व्यवसाय प्रत्याशाएं तथा पूंजी की सीमान्त उत्पादकता घट जाएगी। ऐसी स्थिति में कोई उद्यमी निवेश करने को नहीं तैयार होगा। इस प्रकार, श्रम मनोविज्ञान का प्रत्याशाओं पर प्रतिकूल प्रभाव पड़ता है।

फिर, मजदूरी कटौतियों के कारण कीमतों में हुई कमी से **निजी ऋण** का वास्तविक भार बढ़ जाएगा और व्यवसाय प्रत्याशाओं, पूंजी की सीमान्त उत्पादकता तथा निवेश पर प्रतिकूल प्रभाव पड़ेगा। इसी प्रकार, कीमतों के घटने पर **सार्वजनिक ऋण** का भी वास्तविक भार बढ़ेगा और ऋण तथा सेवा प्रभारों (debt and service charges) को चुकाने के लिए सरकार नए कर लगा सकती

है। इससे निवेश तथा रोजगार पर फिर अवसादी प्रभाव पड़ेगा।

खुली व्यवस्था में जब मजदूरी में कटौती होने से **निर्यात वस्तुओं** की कीमतें गिरेंगी, तो निर्यात बढ़ेगें और उद्यमियों की प्रत्याशाओं में वृद्धि होने से निवेश बढ़ेगा। परन्तु यह तभी संभव है, जब अन्य देश मजदूरी में कटौती न करें।

निष्कर्ष (Conclusion)

यह है कि ''यदि आधुनिक जगत की वास्तविक प्रथाओं तथा संस्थाओं पर विचार किया जाए तो व्यवसाय प्रत्याशाओं पर एक लचीली नीति की अपेक्षा स्थिर मजदूरी नीति का अधिक अनुकूल प्रभाव पड़ने की आशा है, क्योंकि लचीली नीति के अन्तर्गत ज्यों-ज्यों बेरोज़गारी बढ़ेगी, त्यों-त्यों मजदूरी घटती जाएगी।''[4]

3. मजदूरी कटौती तथा ब्याज दर (Wage Cut and Interest Rate)— मुद्रा मजदूरी में कटौतियां ब्याज़ की दर को घटा कर निवेश तथा रोजगार पर **अनुकूल** प्रभाव डालेंगी। जब सामान्य मजदूरी कटौती के कारण कीमतें गिरेंगी, तो मुद्रा की मांग लेनदेन के लिए घटेगी और सट्टे के प्रयोजन के लिए बढ़ेगी। इस प्रकार, सट्टा उद्देश्य के लिए अधिक मुद्रा उपलब्ध होगी और ब्याज की दर गिर जाएगी। यदि निवेश मांग वक्र, ब्याज लोच (interest elastic) होगा, तो ब्याज की अपेक्षाकृत नीची दर निवेश तथा रोजगार के स्तर को बढ़ाएगी। मजदूरी तथा ब्याज की दर में कमी के मार्ग से निवेश तथा रोजगार में वृद्धि की यह प्रक्रिया **केन्ज़ प्रभाव** (Keynes Effect) कहलाती है।

यह बात मजदूरी कटौतियों की मात्रा पर निर्भर रहेगी कि मजदूरी कटौतियां ब्याज की दर को किस सीमा तक घटाएंगी और कहां तक निवेश तथा रोजगार पर अनुकूल प्रभाव डालेंगी। यदि मजदूरी में की गई कटौतियां मामूली हैं, तो वे ब्याज की दर उस सीमा तक घटाने में अपर्याप्त सिद्ध हो सकती हैं जिससे निवेश को प्रोत्हासन मिल सके। दूसरी ओर, मजदूरी में गैर-मामूली कटौती, ट्रेड यूनियनों के द्वारा विरोध के माध्यम से, राजनीतिक तथा सामाजिक अशान्ति उत्पन्न कर सकती है, प्रतिकूल व्यापार प्रत्याशाओं का कारण बन सकती है और निवेश में कमी तथा तरलता अधिमान में वृद्धि ला सकती है। जैसाकि केन्ज़ कहता है, ''मुद्रा मजदूरी में मामूली कटौती अपर्याप्त सिद्ध होती है, जबकि गैर-मामूली कटौती, व्यवहार्य होने पर भी, विश्वास को छिन्न-भिन्न कर सकती है।'' इस प्रकार, ब्याज दर के मार्ग से निवेश तथा रोजगार पर मजदूरी कटौती का प्रभाव हमें किसी निश्चित निष्कर्ष पर नहीं पहुंचाता।

इसलिए निवेश तथा रोजगार बढ़ाने के लिए, केन्ज़ ने लचीली मजदूरी नीति के मुकाबले में **लचीली** मुद्रा नीति का पक्ष लिया है। मुद्रा मजदूरी को ज्यों-का-त्यों बनाए रखकर, मुद्रा अधिकारी मुद्रा पूर्ति में विस्तार के द्वारा ब्याज की दर को घटा सकता है। सामान्य मजदूरी कटौती के रूप में लचीली मजदूरी नीति की कुछ व्यावहारिक कठिनाइयां हैं। ट्रेड यूनियनें इस प्रकार की नीति का प्रबल विरोध करेंगी और ''इससे कीमतों में बहुत अस्थिरता आ जाएगी, शायद इतनी प्रचण्ड कि व्यवसाय गणनाएं ही व्यर्थ हो जाएं।'' यह नीति निरन्तर पूर्ण रोजगार बनाए रखना असंभव कर देगी। फिर, निवेश पर अपने प्रतिकूल प्रभाव के साथ यह निजी तथा सार्वजनिक ऋण के वास्तविक भार में वृद्धि करेगी। पर लचीली मुद्रा नीति के द्वारा भी यह परिणाम उपलब्ध हो सकते हैं और लचीली मजदूरी नीति के प्रतिकूल प्रभावों से भी बचा जा सकता हैं। इस प्रकार केन्ज़ का यह कहना उचित ही हैं कि ''लचीली मुद्रा नीति के मुकाबले में लचीली मजदूरी नीति को केवल मूर्ख व्यक्ति ही अधिमान देगा।''

4. लचीली मजदूरी नीति बनाम लचीली मौद्रिक नीति (FLEXIBLE WAGE POLICY VS FLEXIBLE MONETARY POLICY)

केन्ज़ क्लासिकी अर्थशास्त्रियों की इस बात से सहमत नहीं था कि लचीली मजदूरी नीति से पूर्ण रोजगार उपलब्ध किया जा सकता है। वह लचीली मजदूरी नीति की अपेक्षा लचीली मौद्रिक नीति के पक्ष में था क्योंकि लचीली मजदूरी नीति में कुछ व्यावहारिक कठिनाइयां विद्यमान थीं। इस विषय में केन्ज़ के मत की परिचर्चा करने के लिए क्लासिकी दृष्टिकोण का संक्षेप में वर्णन करते हैं।

क्लासिकी अर्थशास्त्री मानते थे कि अर्थव्यवस्था में हमेशा पूर्ण रोजगार विद्यमान रहता है। बेरोजगारी का कारण मजदूरी का अलचीलापन (rigidity) है। इसलिए मुद्रा मजदूरी में सामान्य कटौती करने से अर्थव्यवस्था पूर्ण रोजगार स्तर पर पहुंच जाएगी। क्लासिकियों का तर्क यह है कि प्रतियोगी अर्थव्यवस्था में मुद्रा मजदूरी में कटौती करने से उत्पादन की लागत तथा कीमतें गिर जाएंगी।

---

4. A. H. Hansen, *A Guide to Keynes*, p. 177.

कीमतें गिरने से वस्तुओं की मांग और विक्रय बढ़ जाएंगे, जिससे आवश्यक हो जाएगा कि अधिक श्रम को रोजगार पर लगाया जाए। यह प्रक्रिया अर्थव्यवस्था को अन्ततः पूर्ण रोजगार स्तर पर पहुंचा देगी। क्लासिकी तर्क इस मान्यता पर आधारित है कि मुद्रा मजदूरी दर में होने वाला परिवर्तन वास्तविक मजदूरी से **प्रत्यक्ष** तौर एवं **समानुपातिक** रूप से सम्बद्ध रहता है। इसलिए जब मुद्रा मजदूरी घटती है तो वास्तविक मजदूरी भी उसी सीमा तक घट जाती है।

केन्ज़ क्लासिकियों के इस तर्क से सहमत नहीं था कि पूर्ण रोजगार उपलब्ध करने के लिए मुद्रा मजदूरी में कटौती करना जरूरी है। उसने मुद्रा मजदूरी की निम्नगामी लचीलापन (downward flexibility) की नीति का निम्नलिखित कारणों से विरोध किया—

1. केन्ज़ के मतानुसार, मुद्रा मजदूरी में सामान्य कटौती रोजगार को बढ़ाने की बजाय कम करती है। मुद्रा मजदूरी में कटौती होने से वर्करों की मुद्रा आय कम हो जाती है और वे अपनी वस्तुओं की मांग घटा देते हैं। इससे समस्त मांग, उत्पादन और रोजगार घट जाएंगे।

2. फिर, जब केवल वर्करों की मजदूरी घटाई जाती है तो गैर-मजदूरी अर्जकों (earners) की तुलना में उनकी आय कम हो जाती है। क्योंकि वर्करों की सीमान्त उपभोग प्रवृत्ति अधिक है और गैर-मजदूरी अर्जकों की कम, इसलिए समस्त उपभोग घट जाएगा। इससे समस्त मांग, उत्पादन और रोजगार घट जाएंगे।

3. फिर यह भी निश्चित है कि मुद्रा मजदूरी में सामान्य कटौती का अर्थव्यवस्था में पूंजी की सीमान्त उत्पादकता *(MEC)*, निवेश तथा रोजगार पर प्रतिकूल प्रभाव पड़ेगा। यदि व्यापारी यह आशा करते हैं कि मजदूरी कटौती से मजदूरी और गिरेगी तो *MEC* गिर जाएगी और व्यापारी अपनी निवेश योजनाओं को स्थगित कर देंगे। इससे रोजगार पर प्रतिकूल प्रभाव पड़ेगा। फिर, यदि ट्रेड यूनियनें हड़ताल करके मुद्रा मजदूरी दर में कटौती का विरोध करेंगी, तो फिर *MEC* गिरेगी। इसका कारण यह है कि श्रम असंतोष के परिणामस्वरूप व्यापार प्रत्याशाओं और *MEC* में गिरावट आएगी। इस तरह की परिस्थितियों में व्यापारी निवेश करने से झिझकेंगे, जिससे रोजगार पर प्रतिकूल प्रभाव पड़ेगा।

4. कुछ व्यावहारिक कारणों से भी केन्ज़ मुद्रा मजदूरी में कटौती के रूप में लचीली मजदूरी नीति के पक्ष में नहीं था। उसके मतानुसार, ट्रेड यूनियनें इस तरह की नीति का विरोध करेंगी। वे मुद्रा मजदूरी में सभी ओर कटौती स्वीकार नहीं करेंगी। प्रजातन्त्रात्मक देशों में, जहां सामूहिक सौदेबाजी करने की इजाजत होती है, मुद्रा मजदूरी में कटौती एक अव्यावहारिक संभावना है। इसलिए लचीली मजदूरी नीति की अपेक्षा लचीली मौद्रिक नीति का अनुसरण करना बहुत आसान है।

5. फिर सामाजिक न्याय की मांग है कि केवल वर्करों की मुद्रा मजदूरी न घटाई जाए। यदि वर्करों की मुद्रा मजदूरी में कटौती की जाएगी, जबकि समुदाय के अन्य वर्गों की आय अपरिवर्तित रहेगी, तो अन्य वर्गों की तुलना में वर्करों का जीवन-स्तर गिर जाएगा। सामाजिक न्याय की मांग है कि समाज के सब वर्गों के साथ समान व्यवहार किया जाए और मुद्रा मजदूरी में कटौती के कारण केवल वर्करों को कष्ट न भोगना पड़े। यही कारण है कि केन्ज़ मन्दी के दौरान मुद्रा मजदूरी में कटौती की नीति की अपेक्षा मुद्रा पूर्ति बढ़ाने की नीति को अधिमान देता है क्योंकि जब कीमतें बढ़ती हैं, तो इससे (मुद्रा पूर्ति बढ़ाने की नीति से) सब वर्गों की वास्तविक आय प्रभावित होगी।

6. अन्तिम बात, जो कम महत्त्वपूर्ण नहीं, यह है कि मुद्रा मजदूरी में कटौती करने के कारण कीमतें गिरती हैं तो कर्जदारों पर कर्जे का वास्तविक बोझ बढ़ जाता है। क्योंकि अधिकांश कर्जदार व्यापारी होते हैं इसलिए इस तरह की नीति का व्यापार प्रत्याशाओं, *MEC* निवेश, उत्पादन तथा रोजगार पर प्रतिकूल प्रभाव पड़ेगा। दूसरी ओर, मुद्रा की पूर्ति बढ़ाने की नीति कर्जे का बोझ कम करेगी, क्योंकि वह कीमत स्तर को बढ़ा देगी।

केन्ज़ ने जिसे मुद्रा मजदूरी कटौती की नीति के पक्ष में प्रस्तुत किया था, उस तथाकथित केन्ज़ीय प्रभाव का उद्देश्य केवल इतना था कि मजदूरी तथा ब्याज दर में कटौती के मार्ग से निवेश तथा रोजगार बढ़ाने की संभावना का विश्लेषण किया जा सके। परन्तु उसका यह विचार नहीं था कि मुद्रा पूर्ति के अपरिवर्तित रहते मुद्रा मजदूरी दरों में कटौती की नीति व्यावहारिक दृष्टि से बहुत उपयोगी होगी क्योंकि तरलता पाश के कारण वह पूर्ण रोजगार उपलब्ध करने में असमर्थ रहेगी। केन्ज़ के मतानुसार, ''इन तरीकों से अर्थव्यवस्था को स्वयं समायोज्य (self-adjusting) नहीं बनाया जा सकता। और फिर, लचीली मजदूरी नीति में ऊंची सामाजिक लागतें पाई जाती हैं और यह अव्यावहारिक है। इसलिए उसने लक्ष्य किया था कि मुद्रा पूर्ति बढ़ाकर और मुद्रा मजदूरी दरों को अपरिवर्तित रखकर भी वही परिणाम प्राप्त किया जा सकता है। दूसरे शब्दों में, मुद्रा की पूर्ति बढ़ाने की नीति से भी ब्याज दर

घटाकर वैसे ही रोजगार बढ़ाया जा सकता है, जैसे मुद्रा मजदूरी में कटौती की नीति से। इस तरह की नीति न केवल वास्तविक है, अपितु इसमें सामाजिक लागतें भी बहुत ही कम पाई जाती हैं। इस प्रकार, रोजगार बढ़ाने के लिए केन्ज़ मुद्रा मजदूरी को अपरिवर्तित रखते हुए, मुद्रा पूर्ति बढ़ाने की लचीली मौद्रिक नीति के पक्ष में था। इस संबंध में केन्ज़ ने लिखा है, ''मानव स्वभाव और हमारी संस्थाओं को ध्यान में रखते हुए, कोई मूर्ख व्यक्ति लचीली मुद्रा नीति की तुलना में लचीली मजदूरी नीति को अधिमान दे सकेगा जब तक कि वह यह न बता सके कि लचीली मजदूरी नीति से ऐसे लाभ उपलब्ध हो सकते हैं जो लचीली मुद्रा नीति से नहीं उपलब्ध हो सकते। फिर, अन्य सब बातों के रहते, उस तरीके को अधिमान देना चाहिए जो अधिक आसानी से लागू किया जा सके, अपेक्षाकृत उस तरीके के जिसे लागू करना संभवत: इतना कठिन है कि वह अव्यवहार्य बन जाए।''

5. केन्ज प्रभाव
(THE KEYNES EFFECT)

मुद्रा मजदूरी और ब्याज दरों में कटौती करके निवेश तथा रोजगार बढ़ाने की प्रक्रिया को 'केन्ज़ प्रभाव' कहते हैं। केन्ज़ का मत है कि जब मजदूरी और कीमतें गिरती हैं तो मुद्रा–आय भी गिर जाती है, जिसका मतलब है कि वास्तविक आय बढ़ जाती है। इसलिए, लेन–देन तथा सतर्कता उद्देश्यों के लिए लोगों को कम मुद्रा की जरूरत पड़ेगी। यदि यह मान लिया जाए कि मुद्रा की पूर्ति में कोई परिवर्तन नहीं होता, तो इसका मतलब होगा कि लोगों के पास आवश्यकता से अधिक मुद्रा तरल रूप में होगी। इससे सट्टा उद्देश्यों के लिए मुद्रा की मांग बढ़ जाएगी। इसलिए, लोग अतिरिक्त मुद्रा को प्रतिभूतियों तथा बांड खरीदने में निवेश करेंगे। ऐसी वित्तीय परिसम्पत्तियों की मांग बढ़ने से उनकी कीमतें बढ़ जाएंगी और परिणामस्वरूप ब्याज की दर गिर जाएगी। गिरती ब्याज दर, आगे निवेश, राष्ट्रीय आय तथा रोजगार को बढ़ाएगी।

परन्तु केन्ज़ यह नहीं मानता था कि लचीली मजदूरी एवं कीमतों की नीति से पूर्ण रोजगार की अवस्था आ सकती है। इससे केवल अल्प–रोजगार संतुलन की स्थिति आ सकती है। दो कारण हैं जो मजदूरी–कीमत लचीलेपन के मार्ग से अर्थव्यवस्था के पूर्ण रोजगार स्तर तक पहुंचने में बाधक हो सकते हैं। **प्रथम,** शुरू में जब मुद्रा–मजदूरी और कीमतों में कटौती होती है, तो मुद्रा की मांग गिर जाती है जिससे ब्याज की दर गिरने लगती है। परन्तु जब ब्याज की दर बहुत निम्नस्तर पर पहुंच जाती है, तो तरलता जाल (liquidity trap) कार्यशील हो जाता है। **दूसरे,** यदि निवेश ब्याज की दर में कमी के प्रति बिल्कुल असंवेदनशील है, तो लचीली मजदूरी–कीमत नीति से अर्थव्यवस्था पूर्ण रोजगार स्तर तक नहीं पहुंच सकेगी। दूसरे शब्दों में, यदि *MEI* की ढाल बहुत तिरछी है, तो ब्याज की दर में महत्त्वपूर्ण कमी होने पर भी निवेश पर कम प्रभाव पड़ेगा।

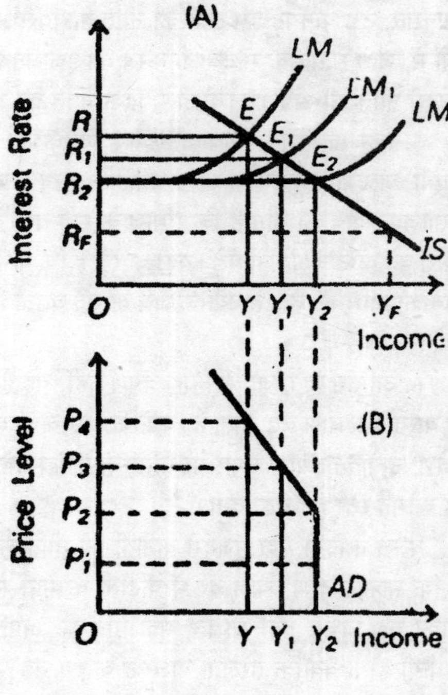

चित्र 3

फिर, यह बात मजदूरी में होने वाली कटौतियों की राशि पर निर्भर करेगी कि मजदूरी कटौतियां ब्याज दर को किस सीमा तक घटाएंगी और निवेश तथा रोजगार को किस सीमा तक बढ़ाएंगी। यदि मजदूरी में मामूली कटौती होती है, तो वह ब्याज की दर घटाने में असमर्थ रहेगी। दूसरी ओर, यदि मजदूरी असाधारण रूप से घटा दी जाएगी, तो हो सकता है कि ट्रेड यूनियनों के विरोध से सामाजिक असन्तोष फैल जाए और प्रतिकूल व्यापार प्रत्याशाएं उत्पन्न कर दे जिसका परिणाम यह हो कि निवेश घट जाए। केन्ज़ ने यह निष्कर्ष प्रस्तुत किया है: ''इसलिए, यह मानने का कोई आधार नहीं है कि लचीली मजदूरी नीति सतत पूर्ण रोजगार की स्थिति बनाए रखने में सक्षम है...। इस पद्धति का अनुसरण करके अर्थप्रणाली को स्वय–समायोज्य (self-adjusting) नहीं बनाया जा सकता।''

केन्ज़ प्रभाव को चित्र 3 (*A*) तथा (*B*) में दिखाया गया है। अर्थव्यवस्था में मूल संतुलन स्तर को *E* बिन्दु पर दिखाया गया है, जहां *IS* तथा *LM* वक्र परस्पर काटते हैं और ब्याज दर *OR* तथा आय स्तर *OY* है। अब उस स्थिति पर विचार कीजिए जब मजदूरी दर गिर जाती है और चित्र के भाग (*B*) में कीमत-स्तर गिर कर P_3 पर आ जाता है। इससे मुद्रा की वास्तविक पूर्ति बढ़ जाती है और भाग (*A*) में *LM* वक्र दाईं ओर सरक कर LM_1 पर पहुंच जाता है जहां यह *IS* वक्र को E_1 पर काटता है। यह बिन्दु अपेक्षाकृत नीची ब्याज दर OR_1 और ऊंचे आय स्तर OY_1 से सम्बद्ध है। जब कीमत स्तर और गिरकर P_2 पर पहुंचता है तो वह *LM* फलन को LM_1 से सरका कर LM_2 पर पहुंचा देता है। परिणामस्वरूप, *IS* वक्र के साथ E_2 बिन्दु पर नया संतुलन बिन्दु स्थापित कर देता है। इससे ब्याज दर गिर कर OR_2 हो जाती है और आय बढ़कर OY_2 हो जाती है। परन्तु यदि मुद्रा-मजदूरी दर तथा कीमत-स्तर में और अधिक गिरावट होगी, तो ब्याज दर OR_2 से नीचे नहीं जाएगी क्योंकि *IS* वक्र तरलता जाल भाग में LM_2 वक्र को काटता है। ''इसके आगे अवस्फीति मुद्रा को लेन-देन शेषों से मुक्त करती चलेगी परन्तु ब्याज दर को और अधिक गिराए बिना यह मुद्रा सट्टा शेषों में खपेगी।'' इस प्रकार, मजदूरी-कीमत में चाहे जितनी गिरावट हो, परन्तु वह ब्याज दर को R_F स्तर तक गिराकर आय को बढ़ाकर पूर्ण रोजगार स्तर OY_F तक नहीं पहुंचा सकेगा, जैसा चित्र के भाग (*A*) में दिखाया गया है। चित्र में निचले भाग (*B*) से पता चलता है कि कीमत स्तर में होने वाली प्रत्येक कमी के साथ मुद्रा पूर्ति का वास्तविक मूल्य बढ़ जाता है। इसलिए समस्त मांग वक्र *AD* की ढाल कीमत स्तर P_2 तक ऋणात्मक है। परन्तु तरलता जाल में, जब मुद्रा मजदूरी और गिरती है तो कीमत स्तर में आनुपातिक कमी होती है जिसके परिणामस्वरूप निवेश, आय तथा रोजगार में कोई परिवर्तन नहीं होता। इसे चित्र के भाग (*B*) में *AD* वक्र की खड़ी स्थिति द्वारा व्यक्त किया गया है जब कीमत स्तर P_2 से गिरकर P_1 पर जाता है और आय का स्तर OY_2 पर स्थिर रहता है।

इसकी आलोचना (Its Criticisms)—हैनसन, पेटिनकिन तथा अन्य अर्थशास्त्रियों ने निम्न आधारों पर केन्ज़ प्रभाव की आलोचना की है।

1. **पैटिनकिन**[5] ने केन्ज़ की आलोचना करते हुए कहा है कि केन्ज़ ने मुद्रा-मजदूरी कटौती के प्रभावों को केवल लेन-देन तथा सतर्कता नकदी शेषों तक सीमित कर दिया है और मुद्रा की सट्टा मांग को एकमात्र ब्याज की दर पर निर्भर बनाकर रख दिया है। इससे उसके मुद्रा-मजदूरी लचीलापन के विश्लेषण में तीन दोष आ गए हैं।

(क) वास्तविक शेष प्रभाव (Real Balance Effect)—केन्ज़ ने उपभोग पर तथा मुद्रा की मांग पर वास्तविक शेष प्रभाव की उपेक्षा कर दी। **हैनसन** का मत है, ''इस बात का कोई प्रमाण नहीं मिलता कि केन्ज़ ने पीगू प्रभाव के बारे में कभी सोचा भी हो। गिरती कीमतों के परिणाम के संबध में लम्बे विवाद में *General Theory* के प्रकाशन से पहले इसका अस्पष्ट-सा उल्लेख भरा हुआ था।''[6] इस संबंध में पेटिनकिन लिखता है कि ''संभावना यह प्रतीत होती है कि उसने (केन्ज़ ने) उपभोग पर (अथवा यों कहिए कि बचतों पर) धन के प्रभाव को समझा ही नहीं, बल्कि गैर-मौद्रिक परिसम्पत्तियों के रूप में ही इस प्रभाव के बारे में सोचा।''

(ख) मुद्रा भ्रान्ति (Money Illusion)—केन्ज़ की मान्यता है कि मुद्रा की सट्टा मांग में 'मुद्रा भ्रान्ति' विद्यमान रहती है। पेटिनकिन के मतानुसार, केन्ज़ीय मौद्रिक सिद्धान्त यह मानता ही नहीं कि ब्याज की नीची दर के सिवाय मुद्रा की सट्टा मांग मुद्रा की बढ़ी हुई पूर्ति को खपा लेती है। जब मजदूरी-कीमत अवस्फीति के परिणामस्वरूप मुद्रा की पूर्ति बढ़ती है, तो ब्याज दर गिर जाती है और मुद्रा की सट्टा मांग में मुद्रा भ्रान्ति उत्पन्न कर देती है।

(घ) कीमत स्तर प्रत्याशाएं (Price Level Expectations)—केन्ज़ ने मुद्रा की मांग पर कीमत-स्तर प्रत्याशाओं के प्रभाव की उपेक्षा की है। उसका विश्लेषण मुद्रा मजदूरी एवं कीमतों में एकबारगी तथा हमेशा के लिए कटौती पर आधारित है जो मजदूरी एवं कीमत में आगे और कटौती की किन्हीं भी प्रत्याशाओं को उत्पन्न नहीं होने देता। व्यवहार में प्राय: ऐसा होता है कि मजदूरी और कीमत में एक बार कटौती होती है तो उसके परिणामस्वरूप आगे और कटौतियां होती हैं और इस तरह की निराशावादी प्रत्याशाएं निवेश संबंधी निर्णयों पर प्रतिकूल प्रभाव डालेंगी।

2. जैसा कि **शेपीरो** ने कहा है, केन्ज़ की तरलता जाल विषयक धारणा एक चरम (extreme) स्थिति है क्योंकि वह तो गहरी मन्दी के दौरान ही घटित हो सकती है। क्योंकि महान् मन्दी जैसी मन्दी फिर कभी नहीं आई, इसलिए अर्थशास्त्री तरलता जाल के बारे में अब

---

5. Don Patinkin, *Monetary, Interest and Prices*, 2/e, 1965.
6. A.H. Hansen, *A Guide to Keynes*, p. 179.

बिल्कुल भी चिन्तित नहीं हैं और वे तो उसके अस्तित्व तक में सन्देह करने लगे हैं। पर, केन्ज़ के कुछ अनुयायी मानते हैं कि शून्य ब्याज दर पर तरलता जाल का अस्तित्व होता है क्योंकि कोई भी ऋणदाता ऋणात्मक ब्याज दर पर उधार नहीं देगा।

3. असंवेदनशील ब्याज दर (Insensitive Interest Rate)—**पेटिनकिन** केन्ज़ की इस बात से सहमत नहीं है कि यदि निवेश, ब्याज दर में कमी के प्रति पूर्णतया असंवेदनशील होगा, तो मजदूरी- कीमत लचीलापन पूर्ण रोजगार की स्थिति नहीं ला सकेगी। पेटिनकिन का मत है कै यदि बचत तथा निवेश फलन, ब्याज दर में परिवर्तनों के प्रति पूर्णरूप से असंवेदनशील हों, तो भी मजदूरी में होने वाली कटौती वास्तविक शेषों पर अपने प्रभाव के माध्यम से प्रोत्साहित होगी और पूर्ण रोजगार की स्थिति ले आएगी।

4. मजदूरी-कीमत अवस्फीति (Wage-Price Deflation)—यदि नीची मजदूरी और कीमतों के अनुरूप कर्जदारों की शर्तों में परिवर्तन नहीं किया जाता, तो संभावना यह है कि मजदूरी-कीमत अवस्फीति की नीति के कर्जदारों और कर्ज देने वालों पर गंभीर वितरणात्मक प्रभाव पड़ेंगे। जब मुद्रा मजदूरी और कीमतें गिरेंगी, तो मौद्रिक ऋण का वास्तविक मूल्य बढ़ जाएगा। परिणामत: कर्जा देने वाले तो कर्जे की सीमा तक अधिक धनी और कर्जदार कर्जे की सीमा तक अधिक गरीब हो जाएंगे। फिर, इस सम्बन्ध में पहले से कुछ कह सकना भी संभव नहीं है कि समस्त निवेश अथवा उपभोग व्यय पर इन पुनर्वितरण प्रभावों का शुद्ध (net) परिणाम क्या होगा ? हो सकता है कि कर्जदाता तो लाभों के कारण अपना खर्च बढ़ा दें और कर्जदार हानियों के कारण अपना खर्च घटा दें। अत: निवेश या उपभोग का समस्त व्यय पर शुद्ध प्रभाव की भविष्यवाणी नहीं की सकती है।

5. सैद्धांतिक संभावना (Theoretical Possibility)—केन्ज़ स्वयं यह मानता था कि रोजगार बढ़ाने के लिए कीमत-मजदूरी अवस्फीति की नीति एक सैद्धान्तिक सम्भावना है। क्योंकि मजदूरी कटौतियां करने में अनेक संस्थानिक बाधाएं हैं। वास्तव में, मजदूरी कटौतियां, मजदूरी अर्जित करने वालों की मुद्रा-आय तथा खर्चों को घटा देती हैं। उनसे उत्पादन, रोजगार और आय कम हो जाते हैं। यह नहीं कि उत्पादन, रोजगार और आय कम होने से मुद्रा आय एवं खर्च घट जाएं।

6. असमर्थ (Incapable)—**हैनसन** के मतानुसार, रोजगार बढ़ाने के लिए मजदूरी कीमत, अवस्फीति प्रक्रिया एकदम निरर्थक है। यदि आय की सापेक्षता में अधिक मुद्रा और अधिक तरल परिसम्पत्तियों की ही जरूरत है तो इसका सीधा तरीका है कि मौद्रिक नीति के माध्यम से यह लक्ष्य पूरा किया जाए।[7] केन्ज़ ने स्वयं कहा है कि निरंतर पूर्ण रोजगार को बनाए रखने में लचीली मजदूरी-कीमत नीति असमर्थ है। इसलिए वह लचीली मजदूरी नीति के मुकाबले लचीली मौद्रिक नीति के पक्ष में था।

प्रश्न

1. मुद्रा मजदूरी की कटौती के रोजगार पर प्रभावों का वर्णन कीजिए, अपने उत्तर में क्लासिकी अर्थशास्त्रियों एवं केन्ज़ीय मतों की व्याख्या कीजिए।
2. मजदूरी लचीलापन और पूर्ण रोजगार में संबंध से संबद्ध क्लासिकी और केन्ज़ीय मतों की तुलना कीजिए।
3. ''बेरोजगार संतुलन तभी हो सकता है यदि मुद्रा मजदूरी नीचे की ओर अलचीली हो।'' केन्ज़ के रोजगार के प्रति इस मूल्यांकन की आलोचनात्मक विवेचना कीजिए।
4. ''लचीली मुद्रा-नीति के मुकाबले में लचीली मजदूरी नीति को केवल मूर्ख व्यक्ति ही अधिमान देगा।'' इस कथन की विवेचना करिये।
5. मुद्रा मजदूरी और रोजगार के संबंध में केन्ज़ प्रभाव की आलोजनात्मक व्याख्या कीजिए।

---

7. A.H. Hansen, *Monetary Theory and Fiscal Policy*, p. 125

अध्याय 23

रोजगार का केन्जीय सिद्धान्त—पूर्ण मॉडल
(Keynesian Theory of Employment—Complete Model)

1. प्रस्तावना
(INTRODUCTION)

केन्ज ने अपनी पुस्तक *General Theory* के 18वें अध्याय में अपना रोजगार सिद्धान्त पुनः व्यक्त किया है। पिछले अध्यायों में हम केन्ज की पद्धति के निर्भर तथा स्वतंत्र चरों का विश्लेषण कर चुके हैं। अब, जैसा कि केन्ज ने किया था, हम भी उन्हें इकट्ठे मिलाकर आय, उत्पादन और रोजगार का सिद्धान्त संक्षेप में प्रस्तुत करते हैं।

2. आय, उत्पादन और रोजगार का केन्जीय सिद्धान्त
(THE KEYNESIAN THEORY OF INCOME, OUTPUT AND EMPLOYMENT)

केन्ज के सिद्धान्त में, रोजगार प्रभावी मांग (effective demand) पर निर्भर करता है। प्रभावी मांग का परिणाम है उत्पादन। उत्पादन आय का निर्माण करती है। आय से रोजगार प्रदान किया जाता है। क्योंकि केन्ज प्रभावी मांग *(ED)* उत्पादन *(O)*, आय *(Y)* तथा रोजगार *(N)* में परस्पर सम्बन्ध मानकर चलता है, इसलिए वह रोजगार को आय का फलन समझता है।

प्रभावी मांग दो कारकों द्वारा निर्धारित होती हैं। सनस्त पूर्ति फलन—उत्पादन की भौतिक अथवा तकनीकी परिस्थितियों पर निर्भर करता है, जो अल्पकाल में परिवर्तित नहीं होतीं। इसलिए केन्ज समस्त पूर्ति फलन को स्थिर मानता है और मंदी तथा बेरोजगारी को दूर करने के लिए अपना सारा ध्यान समस्त मांग फलन पर केन्द्रित करता है। इस प्रकार रोजगार समस्त मांग पर निर्भर करता है जो आगे, उपभोग मांग और निवेश मांग द्वारा निर्धारित होता है।

केन्ज के अनुसार, उपभोग और/या निवेश बढ़ाकर रोजगार बढ़ाया जा सकता है। उपभोग आय पर निर्भर करता है, *C(Y)*। जब आय बढ़ती है तो उपभोग भी बढ़ता है परन्तु उतना नही जितनी आय। दूसरे शब्दों में, जैसे-जैसे आय बढ़ती है, बचतें भी बढ़ती जाती हैं। आय और रोजगार बढ़ाने के लिए उपभोग करने की प्रवृत्ति बढ़ाकर उपभोग को बढ़ाया जा सकता है। परन्तु उपभोग की प्रवृत्ति लोगों की मनोवृत्ति, उनकी अभिरुचियों, आदतों, आवश्यकताओं और सामाजिक ढांचे पर निर्भर करती है जो आय के वितरण को निर्धारित करते हैं। अल्पकाल में ये सभी तत्त्व स्थिर रहते हैं। इसलिए, उपभोग की प्रवृत्ति स्थिर होती है। इस प्रकार, रोजगार निवेश पर निर्भर करता है और यह उसी दिशा में परिवर्तित होता जिस दिशा में निवेश की मात्रा।

आगे, निवेश, ब्याज-दर और पूंजी की सीमान्त उत्पादकता *(MEC)* पर निर्भर करता है, $I=f(r,e)$. निवेश ब्याज-दर में कमी द्वारा और/ या *MEC* में वृद्धि द्वारा बढ़ाया जा सकता है। *MEC* पूंजी परिसम्पत्तियों की पूर्ति कीमत और उनकी प्रत्याशित प्राप्तियों (prospective yields) पर निर्भर करती है। जब पूंजी परिसंपत्तियों की पूर्ति कीमत गिरती है या उनकी प्रत्याशित प्राप्ति बढ़ती है तो इसे बढ़ाया जा सकता है। चूंकि अल्पकाल में पूंजी परिसंपत्तियों की पूर्ति कीमत स्थिर होती है, इसलिए इसे कम करना कठिन होता है। *MEC* का दूसरा निर्धारक पूंजी परिसंपत्तियों की प्रत्याशित प्राप्ति होती है जो व्यवसायियों की ओर से प्राप्तियों की प्रत्याशाओं पर निर्भर करती है। यह फिर एक मनोवैज्ञानिक घटक है जिसे निवेश बढ़ाने के लिए *MEC* बढ़ाने पर निर्भर नहीं किया जा सकता। इस प्रकार, *MEC* बढ़ाकर निवेश बढ़ाने की बहुत कम संभावना है।

निवेश का दूसरा निर्धारक ब्याज-दर है। निवेश और रोजगार को ब्याज-दर कम करके बढ़ाया जा सकता है। ब्याज-दर मुद्रा की मांग और मुद्रा की पूर्ति द्वारा निर्धारित होती है। मांग पक्ष में तरलता अधिमान *(LP)* अनुसूची (वक्र) होती है। तरलता अधिमान जितना अधिक होगा, नकदी के धारकों को अपनी तरल परिसंपत्तियां छोड़ने को प्रेरित करने के लिए, उतनी ही अधिक ब्याज-दर देनी पड़ेगी। तरलता अधिमान जितना कम होगा, नकदी धारकों को उतनी ही कम ब्याज की दर दी जाएगी। लोगों के तरल नकदी *(M)* रखने के तीन उद्देश्य होते हैं: (क) लेनदेन उद्देश्य; (ख) सतर्कता उद्देश्य; (ग) सट्टा उद्देश्य।

लेनदेन और सट्टा उद्देश्य आय-लोच हैं। इन दोनों उद्देश्यों के लिए रखी गई मुद्रा की राशि (M_1) आय के स्तर *(Y)* का फलन (L_1) है, अर्थात् $M_1 = L_1(Y)$, परन्तु सट्टा उद्देश्य के लिए रखी गई मुद्रा (M_2) ब्याज की दर *(r)* का फलन है, अर्थात् $M_2 = L_2\,(r)$. ब्याज दर जितनी अधिक होगी, मुद्रा की मांग उतनी ही कम होगी और विलोमशः। चूंकि *LP* भविष्य की ब्याज दरों से संबंधित सट्टेबाजों की तरलता की मनोवैज्ञानिक प्रवृत्ति पर निर्भर करता है, इसलिए ब्याज दर को नीचे लाने के लिए तरलता अधिमान कम करना संभव नहीं है। ब्याज-दर का अन्य निर्धारक मुद्रा की पूर्ति है जिसे अल्पकाल में मौद्रिक अधिकारी द्वारा निश्चित मान लिया जाता है।

केन्ज का आय, उत्पादन एवं रोजगार का पूर्ण मॉडल अब चित्रों द्वारा व्यक्त किया जाता है। ब्याज दर, *MEC* और निवेश में सम्बन्ध चित्र 1 के भाग (A) और (B) में दर्शाया गया है। मुद्रा की कुल मांग क्षैतिज अक्ष पर *M* से आगे मापी गई है। चित्र के भाग (A) में लेनदेन और सतर्कता मांग OY_1 और OY_2 आय स्तरों पर L_1 वक्र द्वारा दिखाई गई है। अतः OY_1 आय स्तर पर, लेनदेन मांग OM_1 द्वारा और OY_2 आय स्तर पर OM_2 द्वारा दी गई है। भाग (B) में L_2 वक्र मुद्रा की सट्टा मांग को ब्याज-दर का फलन प्रकट करता है। जब ब्याज-दर OR_2 है, तो मुद्रा की सट्टा मांग MM_2 है। ब्याज दर के OR_1 पर गिरने से, मुद्रा की सट्टा मांग बढ़कर MM_1 हो जाती हैं। चित्र का भाग (C), निवेश को ब्याज दर एवं *MEC* का फलन दिखाता है। *MEC* दी होने पर, जब ब्याज दर MR_2 होती है निवेश का स्तर OI_1 है। परन्तु जब ब्याज दर गिरकर MR_1 होती है तो निवेश बढ़कर OI_2 हो जाता है।

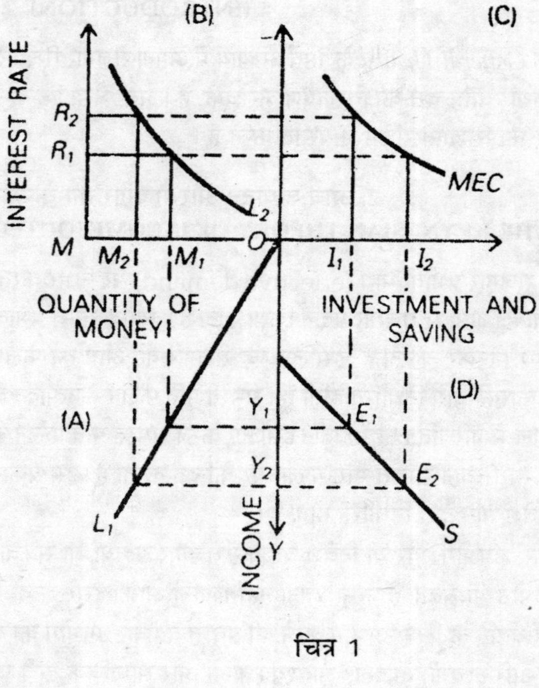

चित्र 1

केन्जीय विश्लेषण में, रोजगार तथा आय का संतुलन स्तर बचत और निवेश में समानता के बिन्दु पर निर्धारित होता है। बचत आय का फलन है, अर्थात् $S = f(Y)$। इसे आय का उपभोग पर आधिक्य परिभाषित किया जाता है, $S = Y - C$, और आय, उपभोग जमा निवेश के बराबर है :

$$Y = C + I$$

या $$Y - C = I$$

$\therefore$ $$Y - C = S$$

$\therefore$ $$I = S$$

इस प्रकार आय का संतुलन स्तर वहां स्थापित होता है जहां बचत और निवेश बराबर होते हैं। इसे ऊपर चित्र के भाग *(D)* में दर्शाया गया है; जहां *O* से दाईं ओर क्षैतिज अक्ष निवेश तथा बचत को और नीचे की ओर *OY* अक्ष आय को दिखाता है। *S* बचत वक्र है। रेखा I_1E_1

निवेश वक्र है। (ऐसा विचार करें कि यह E_1 के आगे बढ़ाई जा सकती है जैसा कि एक S और I चित्र पर।) जो S वक्र को E_1 पर छूती है।* अत: OY_1 रोजगार और आय का संतुलन स्तर है केन्ज के अनुसार, यह अल्परोजगार संतुलन है। यदि OY_2 आय का पूर्ण रोजगार स्तर मान लिया जाए तो बचत और निवेश में संतुलन E_2 पर होगा जहां I_2E_2 निवेश और बचत Y_2E_2 बराबर है।

केन्ज़ के रोजगार और आय सिद्धान्त का समस्त पूर्ति $(C+S)$ तथा समस्त मांग $(C+I)$ की समानता द्वारा भी वर्णन किया गया है। चूंकि रोजगार समस्त मांग की कमी का परिणाम होता है, इसलिए रोजगार और आय को समस्त मांग में वृद्धि द्वारा बढ़ाया जा सकता है। अल्पकाल में उपभोग करने की प्रवृत्ति को स्थिर मानते हुए, समस्त मांग को निवेश में वृद्धि करके बढ़ाया जा सकता है। जब एक बार निवेश बढ़ जाता है तो रोजगार और आय भी बढ़ती है। बढ़ी हुई आय उपभोक्ता वस्तुओं की मांग है जो रोजगार और आय में और अधिक वृद्धि लाती है। एक बार जब यह गति पकड़ लेती है तो रोजगार और आय गुणक प्रक्रिया द्वारा संचयी ढंग से तब तक बढ़ते जाते हैं जब तक कि वे संतुलन स्तर पर नहीं पहुंच जाते। केन्ज के अनुसार, रोजगार का संतुलन स्तर एक अल्प-रोजगार संतुलन होगा क्योंकि जब आय बढ़ती है तो उपभोग भी बढ़ता है किन्तु आय में वृद्धि से कम उपभोग फलन की यह प्रवृत्ति आय और उपभोग के बीच दूरी बढ़ाती है जिसे आवश्यक निवेश की कमी के कारण सामान्यतया नहीं पूरा किया जा सकता। यदि निवेश की मात्रा पूर्ण रोजगार से मेल खाते हुए आय-उपभोग के अन्तर को पूरा करने के लिए बढ़ा दी जाती है तो तभी पूर्ण रोजगार आय-स्तर स्थापित किया जा सकता है।

चित्र 2 में केन्ज के अल्प-रोजगार संतुलन मॉडल की व्याख्या की गई है। चित्र में आय और रोजगार क्षैतिज-अक्ष पर उपभोग एवं निवेश अनुलम्ब अक्ष पर लिए गए हैं। स्वायत्त निवेश लिया गया है। $C+I$ समस्त मांग वक्र है जिसको उपभोग फलन C पर आय के सभी स्तरों पर एक समान निवेश को जोड़कर खींचा गया है। 45Õ रेखा समस्त पूर्ति वक्र है जिसे $(Y = C+S)$ दिखाया गया है। अर्थव्यवस्था E बिन्दु पर संतुलन में है जहां $C+I$ समस्त मांग वक्र 45Õ रेखा को काटता है। यह **प्रभावी मांग** का बिन्दु है जहां आय और रोजगार का संतुलन स्तर OY_1 निर्धारित होता है। यह अल्परोजगार का स्तर है न कि पूर्ण रोजगार का। अर्थव्यवस्था में कोई स्वचालित शक्तियां नहीं पाई जातीं जो इन दो वक्रों को आय के पूर्ण रोजगार स्तर पर काटने दे सकतीं हैं। यदि यह पूर्ण रोजगार स्तर होता है तो यह आकस्मिक होगा। केन्ज **अल्परोजगार स्तर को एक सामान्य अवस्था** मानता था और **पूर्ण रोजगार को एक विशेष अवस्था।**

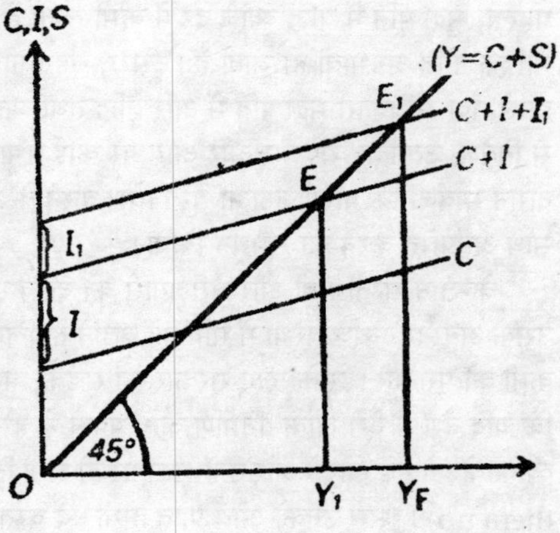

चित्र 2

मान लीजिए कि OY_F आय का पूर्ण रोजगार स्तर है। इस स्तर पर पहुंचने के लिए स्वायत्त निवेश I_1 के बराबर बढ़ा दिया जाता है ताकि $C+I$ वक्र ऊपर को सरक कर $C+I+I_1$ पर आ जाता है। यह नया समस्त मांग वक्र है जो समस्त पूर्ति वक्र $(Y = C+S)$ को E_1 पर काटता है, जो पूर्ण रोजगार आय स्तर OY_F के साथ मेल खाता प्रभावी मांग का ऊंचा बिन्दु है। यह स्पष्ट करता है कि आय और रोजगार में Y_1Y_F की इच्छित वृद्धि प्राप्त करने के लिए निवेश में I_1 वृद्धि का गुणक प्रभाव रोजगार और आय में Y_1Y_F की वृद्धि लाता है।

3. केन्ज़ीय सिद्धान्त के नीति निहितार्थ
(POLICY IMPLICATIONS OF KEYNESIAN THEORY)

केन्ज़ीय सिद्धान्त नीति उपायों संबंधी इस निष्कर्ष पर पहुंचता है कि मंदी अथवा सुस्ती (recession) और बेरोजगारी को दूर करने हेतु समस्त मांग प्रबंधन (management) नीतियों का प्रयोग करना चाहिए। इसके लिए केन्ज़ीय अर्थशास्त्री सक्रियात्मक (activist) मौद्रिक और राजकोषीय नीतियों का सुझाव देते हैं। केन्ज़ीय सिद्धान्त इस मान्यता पर आधारित है कि एक पूंजीवादी अर्थव्यवस्था है जिसमें बहुत बड़ा निजी क्षेत्र है जो मूलत: अस्थिर है जिसमें समस्त मांग में गड़बड़ी होती रहती है जो राष्ट्रीय उत्पादन, रोजगार और आय को पूर्ण रोजगार स्तर से **कम** रखती है। केन्ज़ीय नीति का आधार यह है कि मौद्रिक और राजकोषीय नीतियों द्वारा सरकार समस्त मांग को बढ़ाकर अर्थव्यवस्था में पूर्ण रोजगार स्तर प्राप्त कर सकती है।

---

* इसको समझने के लिए चित्र को ऐसे अपने सामने रखें कि शब्द INCOME आपकी ओर हो।

पहले मौद्रिक नीति को लेते हैं। बेरोजगारी की स्थिति में, केन्ज़ ने सस्ती मुद्रा नीति का समर्थन किया। जब मुद्रा की पूर्ति में वृद्धि की जाती है तो इसका प्रथम प्रभाव ब्याज दर पर पड़ता है जो कम हो जाती है। पूंजी की सीमांत उत्पादकता दी होने पर, ब्याज दर में कमी से निवेश में वृद्धि होगी। वढ़ा हुआ निवेश, गुणक प्रभात्र द्वारा प्रभावी मांग में वृद्धि करेगा। जिससे आय, उत्पादन और रोजगार बढ़ेंगे। क्योंकि बेरोजगारी की स्थिति में उत्पादन के साधनों का पूर्ति वक्र पूर्ण लोचदार होता है, इसलिए मजदूरी और गैस–मजदूरी साधन पारिश्रमिक की स्थिर दर पर उपलब्ध होते हैं। पैमाने के स्थिर प्रतिफल होने के कारण, उत्पादन के बढ़ने के साथ कीमतें उतनी देर तक नहीं बढ़तीं जितनी देर तक बेरोजगारी पाई जाती है। ऐसे हालात में, उत्पादन और रोजगार उस अनुपात में बढ़ेंगे जिस अनुपात में प्रभावी मांग बढ़ती है, तथा प्रभावी मांग उस अनुपात में बढ़ेगी जिस अनुपात में मुद्रा की पूर्ति। परन्तु जब एक बार पूर्ण रोजगार का स्तर प्राप्त हो जाता है, तो मुद्रा की पूर्ति में परिवर्तन तथा प्रभावी मांग में परिवर्तन द्वारा उत्पादन का प्रभावित होना बिल्कुल समाप्त हो जाता है। पूर्ण रोजगार स्तर के बाद मुद्रा की पूर्ति में वृद्धि कीमत–स्तर को बढ़ा देगी।

अपने अनुभव के आधार पर केन्ज़ का यह विश्वास था कि मौद्रिक नीति कुछ सीमाओं में कार्य करती है। उसने लिखा है, ''यदि हम यह दावा करने का लालच करते हैं कि मुद्रा एक पेय है जो आर्थिक क्रिया प्रणाली को प्रोत्साहित करता है, तो हमें अपने–आपको स्मरण कराना चाहिए कि कप और ओंठ के बीच अनेक फिसलन होते हैं।'' मौद्रिक नीति की प्रभाविता दो कारकों पर निर्भर करती है: **पहला,** मुद्रा पूर्ति में वृद्धि ब्याज दर में कमी लाती है बशर्ते कि मुद्रा की मांग अनन्त पूर्णतया लोचदार नहीं हो जाती है, और इस प्रकार मौद्रिक नीति अप्रभावी हो जाती है। **दूसरा,** बहुत नीची ब्याज दर पर मुद्रा की मांग पूर्णतया लोचदार (liquidity trap) हो जाती है। इससे मुद्रा अधिकारी मुद्रा पूर्ति में और वृद्धि तथा ब्याज दर को और कम नहीं कर सकता। दूसरे शब्दों में, मुद्रा पूर्ति में और वृद्धि करने से निवेश, उत्पादन, रोजगार और आय पर कोई प्रभाव नहीं होगा तथा मौद्रिक नीति अप्रभावी होगी। यही कारण है कि केन्ज़ मंदी के दौरान सार्वजनिक परियोजनाओं पर निवेश करने के पक्ष में था। वास्तव में, उसने मंदी के दौरान मौद्रिक नीति को राजकोषीय नीति के साथ अनुपूरित करने का समर्थन किया।

केन्ज़ ने सुस्ती/मंदी और बेरोजगारी को दूर करने तथा पूर्ण रोजगार प्राप्त करने के लिए राजकोषीय नीति पर अधिक बल दिया। उसके अनुसार अर्थव्यवस्था में मांग को बढ़ाने के लिए सबसे अच्छा तरीका यह है कि सरकार सार्वजनिक निवेश द्वारा निजी निवेश की कमी को पूरा करे। इसके लिए सरकार को सड़कें, भवन आदि जैसे लोक निर्माण कार्य प्रारंभ करने चाहिएं। केन्ज़ से जब यह पूछा गया कि यदि देश में ऐसे लोक–निर्माण कार्य पहले से ही विद्यमान हों तो सरकारी निवेश किस पर किया जाए? उसका उत्तर था, ''बेकार व्यक्तियों को गढ़े खोदने और उन्हें भरने पर ही लगा दिया जाए'' (Engage the unemployed in digging holes and filling them up)। इससे उनको आय प्राप्त होगी। वे वस्तुओं और सेवाओं की मांग करेंगे। उत्पादक उन वस्तुओं का निर्माण करने के लिए अधिक कच्चा माल आदि आगतों की मांग करेंगे जिनसे आगे उत्पादक उत्पादन बढ़ाएंगे। इस प्रक्रिया के लिए और वर्करों की आवश्यकता पड़ेगी जिन्हें रोजगार और आय प्राप्त होगी। इस प्रकार, गुणन प्रक्रिया द्वारा देश में समस्त मांग बढ़ने से पूर्ण रोजगार की स्थिति आ जाएगी।

राजकोषीय नीति में केन्ज़ ने करों में कटौती करके समस्त मांग बढ़ाने का सुझाव दिया। इनमें विशेषकर आय कर, कंपनी कर तथा उत्पादन शुल्क शामिल हैं। आय कर में कटौती से लोगों की प्रयोज्य (disposable) आय में वृद्धि होती है और वे वस्तुओं और सेवाओं की मांग बढ़ाती है। कंपनी करों में कमी करने से कंपनियों के पास पुनर्निवेश करने के लिए धन बचता है जिससे आगतों की मांग में वृद्धि होती है। उत्पादन शुल्क में कमी से वस्तुएं सस्ती होती हैं और उनकी मांग में भी वृद्धि होती है।

अन्तिम, केन्ज़ ने राजकोषीय नीति के अंतर्गत मंदी और बेराजगारी पर काबू पाने के लिए घाटे के बजट की नीति का सुझाव दिया। जब सरकारी व्यय सरकार की आय से अधिक होता है तो वह राष्ट्रीय आय को शुद्ध व्यय के गुणक गुणा (multiplier times) से बढ़ाता है। इसका समस्त मांग पर विस्तारक प्रभाव (expansionary effect) पड़ता है जिससे उत्पादन, रोजगार और आय में वृद्धि होती है। बजट घाटा करों में कमी और सरकारी व्यय में वृद्धि द्वारा प्राप्त किया जाता है।

प्रश्न

1. ''रोजगार का स्तर आय के स्तर द्वारा निर्धारित होता है जो आगे समस्त मांग पर निर्भर करता हैं।'' इस कथन की व्याख्या कीजिए।
2. केन्ज़ के अल्परोजगार संतुलन की व्याख्या करिए।
3. क्या पूर्ण रोजगार प्राप्त करने के बिना राष्ट्रीय आय में संतुलन सम्भव है?
4. केन्जीय सिद्धान्त में निर्धारित आय का संतुलन स्तर कैसा है?
5. केन्ज़ीय सिद्धान्त के नीति निहितार्थ की व्याख्या करिए।

अध्याय 24

अल्पविक्रसित देशों पर केन्ज़ के सिद्धान्त की व्यवहार्यता

(Applicability of Keynes's Theory on Underdeveloped Countries)

1. प्रस्तावना
(INTRODUCTION)

केन्ज़ का सिद्धान्त प्रत्येक सामाजार्थिक व्यवस्था पर नहीं लागू होता। यह केवल उन्नत प्रजातंत्रात्मक पूंजीवादी अर्थव्यवस्थाओं पर ही लागू होता है। जैसाकि शूम्पीटर ने लिखा है, ''व्यावहारिक केन्ज़वाद ऐसा नया बीज है जिसे विदेशी धरती में नहीं रोपित किया जा सकता; वहां यह मुरझा जाता है और मुरझाने से पहले जहरीला बन जाता है। परन्तु यदि इसे इंग्लैंड की धरती में छोड़ा जाए, तो यह नया बीज बहुत स्वस्थ रहता है और फल तथा छाया दोनों ही प्रदान करने का आश्वासन देता है। यह बात केन्ज़ द्वारा दी गई नसीहत के प्रत्येक अंश के सम्बन्ध में सत्य है।''[1]

दूसरी ओर के. एन. राज का यह मत है कि ''केन्ज़ीय सिद्धान्त को इसलिए त्याग देना कि यह अल्पविकसित देशों पर बिल्कुल लागू नहीं होता, वास्तव में बच्चे को स्नान-जल के साथ ही फेंक देना है।''[2]

अल्पविकसित देशों के सम्बन्ध में केन्ज़वादी अर्थशास्त्र की व्यवहार्यता का अध्ययन करने से पूर्व यह आवश्यक है कि अल्पविकसित अर्थव्यवस्थाओं में प्रवर्तमान परिस्थितियों की तुलना में केन्ज़वादी अर्थशास्त्र की धारणाओं का विश्लेषण कर लिया जाए।

2. केन्ज़वादी मान्यताएं तथा अल्पविकसित देश
(KEYNESIAN ASSUMPTIONS AND UNDERDEVELOPED COUNTRIES)

केन्ज़वादी अर्थशास्त्र निम्नलिखित मान्यताओं पर आधारित है, जो अल्पविकसित देशों के सम्बन्ध में उनकी व्यवहार्यता को सीमित करती हैं:

1. केन्ज़वादी अर्थशास्त्र चक्रीय बेरोजगारी की मान्यता पर आधारित है (Keynesian Economics is based on Assumption of Cyclical Unemployment)— केन्ज़वादी सिद्धान्त उस चक्रीय बेरोजगारी के अस्तित्व पर आधारित है जो मंदी के दौरान होती है। यह प्रभावी मांग की न्यूनता से उत्पन्न होती हैं। प्रभावी मांग के स्तर में वृद्धि करके बेरोजगारी को दूर किया जा सकता है। परन्तु विकसित अर्थव्यवस्था की अपेक्षा अल्पविकसित देशों में बेरोजगारी की प्रकृति बिल्कुल भिन्न होती है। इस प्रकार की अर्थव्यवस्थाओं में बेरोजगारी चक्रीय नहीं बल्कि **चिरकालिक** (chronic) होती है। यह प्रभावी मांग के अभाव के कारण नहीं बल्कि पूंजी-साधनों की न्यूनता का परिणाम होती है। चिरकालिक बेरोजगारी के अतिरिक्त अल्पविकसित देश छिपी बेरोजगारी (disguised unemployment) से भी ग्रस्त रहते हैं। केन्ज़ का अनैच्छिक (involuntary) बेरोजगारी दूर करने तथा आर्थिक अस्थिरता की समस्या से मतलब था। इसलिए

1. "Practical Keynesianism is a seedling which cannot be transplanted into foreign soil, it dies there and becomes poisonous before it dies. But left in English soil, this seedling is a healthy thing and promises both fruit and shade. All this applies to every bit of advice that Keynes ever offered."—Schumpeter, *Ten Great Economists, op. cit*, p. 275.
2. "Discarding the Keynesian thesis as altogether inoperative in underdeveloped countries is really throwing the baby away with the bath water."— K. N. Raj

छिपी बेरोजगारी तथा उसके समाधान पर केन्ज़ ने विचार नहीं किया। चिरकालिक तथा छिपी बेरोजगारी का इलाज है। आर्थिक विकास, जिस पर केन्ज़ ने कोई ध्यान नहीं दिया। इस प्रकार चक्रीय बेरोजगारी तथा आर्थिक अस्थिरता के सम्बन्ध में केन्ज़ की धारणाएं अल्पविकसित अर्थव्यवस्था में नहीं टिक पातीं।

2. केन्ज़ का अर्थशास्त्र अल्पकालीन विश्लेषण (Keynes's Economics is a Short Period Analysis)— ''केन्ज़वादी अर्थशास्त्र अल्पकाल सम्बन्धी विश्लेषण है जिसमें केन्ज़ वर्तमान कुशलता तथा उपलब्ध श्रम की मात्रा, उपलब्ध उपस्कर (equipment) की वर्तमान मात्रा तथा स्वरूप, वर्तमान तकनीक, प्रतियोगिता की कोटि, उपभोक्ता की रुचियां तथा स्वभाव, श्रम की विभिन्न गहनताएं एवं देख-रेख तथा संगठन क्रियाओं की अनुपयोगिता और सामाजिक ढांचा, इन सबको दिया हुआ मान लेता हैं।''[3] पर, विकास अर्थशास्त्र दीर्घकाल सम्बन्धी विश्लेषण है जिसमें उन सब मूल साधनों में कालपर्यन्त में परिवर्तन हो जाता है जिन्हें केन्ज़ दिया हुआ मान लेता है।

3. केन्ज़वादी अर्थशास्त्र बंद अर्थव्यवस्था की मान्यता पर आधारित है (Keynesian Economics is based on the Assumption of a Closed Economy)— परन्तु अल्पविकसित देश बन्द अर्थव्यवस्थाएं नहीं हैं। वे तो खुली अर्थव्यवस्थाएं होती हैं, जहां उनका विकास करने में विदेशी व्यापार महत्त्वपूर्ण कार्य करता है। इस प्रकार की अर्थव्यवस्थाएं प्राथमिक रूप से कृषि तथा औद्योगिक कच्चे माल के निर्यात तथा पूंजीगत वस्तुओं के आयात पर निर्भर करती हैं। अत: अल्पविकसित देशों से इस सम्बन्ध में केन्ज़वादी अर्थशास्त्र की कोई संगति नहीं है।

4. श्रम तथा अन्य पूरक साधनों की अति पूर्ति की मान्यता पर आधारित (Based on the Assumption of Excess Supply of Labour and Complementary Factors)— केन्ज़वादी अर्थशास्त्र की धारणा है कि अर्थव्यवस्था में श्रम तथा अन्य पूरक साधनों का आधिक्य रहता है। इस विश्लेषण का सम्बन्ध मंदी की अर्थव्यस्था से है, ''जहां उद्योग, मशीनें, प्रबन्धकर्ता तथा श्रमिक एवं उपभोग-आदतें, सबके सब केवल इस प्रतीक्षा में रहते हैं कि अस्थायी रूप से निलंबित अपने कार्य तथा कार्यभाग को संभाल लें।''[4] परन्तु अल्पविकसित अर्थव्यवस्थाओं में आर्थिक क्रियाएं अस्थायी तौर से निलंबित नहीं होती। वहां आर्थिक क्रियाएं स्थैतिक होती है। पूंजी, कुशलताओं, साधन पूर्तियों तथा आर्थिक उपरि पूंजी का अत्यन्त दु:खद अभाव होता है।

5. यह इस मान्यता पर आधारित है कि श्रम तथा पूंजी की बेकारी एक ही साथ होती (This is based on the Assumption that Labour and Capital are Simultaneously Unemployed)— उपर्युक्त मान्यता से यह परिणाम भी निकाला जा सकता है कि केन्ज़वादी विश्लेषण के अनुसार, श्रम तथा पूंजी एक ही साथ बेकार होते हैं। जब श्रम बोरोजगार होता है, तो पूंजी तथा उपस्कर का भी पूरा उपयोग नहीं हो पाता, अथवा उनमें अतिरिक्त क्षमता विद्यमान रहती है। परन्तु अल्पविकसित देशों में ऐसा नहीं होता। वहां जब श्रम बेरोजगार होता है, तो पूंजी के अनुपयुक्त रहने का प्रश्न ही नहीं उत्पन्न होता क्योंकि पूंजी तथा उपस्कर की अत्यन्त कमी रहती है।

3. केन्ज़वादी सिद्धान्त के औज़ार तथा अल्पविकसित देश (TOOLS OF KEYNESIAN THEORY AND UNDER-DEVELOPED COUNTRIES)

इस प्रकार, जिन मान्यताओं पर केन्ज़वादी अर्थशास्त्र आधारित है, वे अल्पविकसित देशों में प्रवर्तमान स्थितियों पर लागू नहीं होती। अब हम केन्ज़वादी सिद्धान्त के प्रमुख औजारों का अध्ययन करेंगे ताकि अल्पविकसित देशों के सम्बन्ध में उनकी सार्थकता की जांच हो सके।

1. प्रभावी मांग (Effective Demand)— बेरोजगारी का कारण है प्रभावी मांग की कमी और इसे पार करने के लिए केन्ज़ का सुझाव था कि उपभोग तथा गैर-उपभोग खर्चों को बढ़ाया जाए। परन्तु अल्पविकसित देशों में अनैच्छिक बेरोजगारी नहीं बल्कि छिपी बेरोजगारी होती है। बेरोजगारी प्रभावी मांग के अभाव के कारण नहीं बल्कि पूरक साधनों के कारण पैदा होती है। प्रभावी मांग का सिद्धान्त उन अर्थव्यवस्थाओं पर लागू होता है, जहां अति-बचतों के कारण बेरोजगारी है; और ऐसी स्थिति में विविध मुद्रा तथा

---

3. J. M. Keynes, *op. cit.*, p. 245, note 1.
4. A. O. Hirschman, *The Strategy of Economic Development*, p. 54

राजकोषीय तरीकों से उपभोग तथा निवेश के स्तरों का विस्तार करने से ही इसका इलाज हो सकता है। परन्तु अल्प--विकसित अर्थव्यवस्था में आय-स्तर बहुत ही नीचे होते हैं, उपभोग-प्रवृत्ति बहुत ऊंची होती है और बचतें लगभग नहीं के बराबर होती हैं। पूरक साधनों के अभाव में, मुद्रा तथा राजकोषीय तरीकों के माध्यम से मुद्रा आय को बढ़ाने के सब प्रयत्नों का परिणाम होगा स्फीति। यहां समस्या प्रभावी मांग बढ़ाने की नहीं है बल्कि आर्थिक विकास के प्रसंग में रोजगार तथा प्रतिव्यक्ति आय के स्तर को बढ़ाने की है। फिर भी, समस्त मांग की पर्याप्तता अल्प-विकसित देशों में गरीबी के दुष्चक्रों को तोड़ने के लिए एक आवश्यक पूर्वशर्त है।

2. गुणक (Multiplier)— डॉ. वी. के. आर. वी. राव ने केन्ज़ के गुणक सिद्धान्त तथा नीति संकेतों को भारत जैसे अल्पविकसित देश पर लागू करने की संभाव्यता का विश्लेषण किया है।[5] डॉ. राव के अनुसार, केन्ज़ ने अल्पविकसित देशों की समस्याओं को न तो कभी व्यवस्थित रूप में रखा और न ही उस उद्देश्य या नीति की इन देशों से सम्बद्धता पर विचार किया, जो उसने अधिक विकसित देशों के लिए प्रस्तावित किये। परिणाम यह हुआ कि अल्पविकसित देशों की समस्याओं पर केन्ज़ के अर्थशास्त्र को कुछ-कुछ नासमझी से लागू किया गया। केन्ज़ का गुणक सिद्धान्त निम्नलिखित चार धारणाओं पर आधारित है—

(i) अनैच्छिक बेरोजगारी;

(ii) औद्योगीकृत अर्थव्यवस्था, जहां उत्पादन का पूर्ति वक्र ऊपर की ओर दायें को ढालू होता है, परन्तु तब तक अनुलम्ब (vertical) नहीं बनता, जब तक कि बहुत काफी समय न बीत चुका हो;

(iii) उपभोग वस्तु उद्योगों में अतिरिक्त क्षमता; और

(iv) आवश्यक कार्यकारी (working) पूंजी अथवा बढ़े हुए उत्पादन की अपेक्षा लोचदार पूर्ति (elastic supply).

इन धारणाओं के दिये होने पर, यदि हम गुणक सिद्धान्त को अल्पविकसित देशों पर लागू करें, तो स्पष्ट रूप से गुणक का मूल्य किसी उन्नत देश के गुणक-मूल्य से भी बहुत अधिक होगा। हम जानते हैं कि गुणक सीमान्त उपभोग प्रवृत्ति पर निर्भर करता है। क्योंकि अल्पविकसित देशों में सीमान्त उपभोग प्रवृत्ति काफी ऊंची होती है, इसलिए सम्भावना यह है कि निवेश की छोटी वृद्धियां, धनी देश की तुलना में, बहुत शीघ्र पूर्ण रोजगार को प्रेरित करेंगी, जहां सीमान्त उपभोग प्रवृत्ति कम होती है। यह बात विरोधाभासी तथा तथ्यों के विरुद्ध है क्योंकि अल्पविकसित देशों के सम्बन्ध में वे धारणाएं सत्य नहीं ठहरतीं, जिन पर गुणक सिद्धान्त आधारित है।

अब हम भारत जैसे अल्पविकसित देश में प्रवर्तमान परिस्थितियों के प्रकाश में उनका परीक्षण करते हैं—

1. अनैच्छिक बेरोजगारी (Involuntary Unemployment)— केन्ज़ के विश्लेषण में, अनैच्छिक बेरोजगारी पूंजीवादी अर्थव्यवस्था से सम्बन्ध रखती हैं, जहां अधिकांश श्रमिक मजदूरी के लिए काम करते हैं और जहां उत्पादन अपने उपभोग के लिए होने की बजाय विनिमय के लिए अधिक होता है। प्रो. दासगुप्ता के अनुसार बड़े उद्योगों और काफी सुविकसित बैंकिंग व्यवस्था के साथ, अल्पविकसित अर्थव्यवस्था का संगठित क्षेत्र केन्ज़ के अर्थशास्त्र की सीमा में आता है क्योंकि वह पूंजीवादी अर्थव्यवस्था की विशिष्टताओं को प्रकट करता है। परन्तु जब देश की कुल कार्यकारी जनसंख्या के सम्बन्ध में विचार किया जाता हैं, तो इस क्षेत्र में अनैच्छिक बेरोजगारी महत्त्वहीन ठहरती है।

वास्तव में, अति जनसंख्या वाले अल्पविकसित देश में छिपी बेरोजगारी पाई जाती है। प्रत्यक्ष रूप से लोग कृषि में लगे होते हैं परन्तु यदि उनमें से कुछ को फार्म से हटा लिया जाए तो उत्पादन में कोई कमी नहीं होगी। अल्पविकसित अर्थव्यवस्था में अनैच्छिक बेरोजगारी की बजाय छिपी बेरोजगारी का अस्तित्व गुणक सिद्धान्त के कार्यकरण में बाधा प्रस्तुत करता है। निवेश की प्रारम्भिक वृद्धियों के द्वितीयक, तृतीयक तथा अन्य प्रभाव प्रमुख रूप से इसलिए नहीं होते क्योंकि चालू मजदूरी स्तर पर रोजगार स्वीकार करने को कोई भी श्रमिक तैयार नहीं होते। चालू मजदूरी स्तर पर छिपे बेरोजगार इसलिए नहीं मिलते कि एक तो उन्हें इस तथ्य का भी ज्ञान नहीं होता कि वे बेरोजगार हैं और दूसरे उन्हें पहले ही वह वास्तविक आय प्राप्त हो रही है जो उन्हें कम से कम उतनी संतुष्टि तो देती ही है जितनी कि चालू मजदूरी स्तर से उन्हें प्राप्त होगी। इस प्रकार अल्पविकसित देशों में अनैच्छिक बेरोजगारी का अभाव तथा छिपी बेरोजगारी की उपस्थिति उत्पादन या रोजगार को गुणक द्वारा बढ़ाने में बाधक होती है।

2. उत्पादन का बेलोच पूर्ति वक्र (Inelastic Supply Curve of Output)— अल्पविकसित देशों में उत्पादन का पूर्ति वक्र

---

5. V.K.R.V. Rao. *Essays on Economics Development, op. cit.*, ch. 2.

बेलोच होता है, जो गुणक के कार्यकरण को और भी कठिन बना देता है। कारण यह है कि उपभोग–वस्तु उद्योगों की प्रकृति ऐसी होती है कि वे उत्पादन का विस्तार करने तथा अधिक रोजगार प्रदान करने में असमर्थ होते हैं। अल्पविकसित देश में प्रमुख उपभोग–वस्तु उद्योग कृषि है, जो लगभग स्थिर होती है। इसका कारण यह है कि अल्पकाल में उत्पादन बढ़ाने के लिए कृषि–उत्पादकों को आवश्यक सुविधाएं नहीं प्राप्त होतीं। परिणाम यह होता है कि निवेश की प्रारम्भिक वृद्धि के साथ आय, उत्पादन तथा रोजगार में द्वितीयक, तृतीयक तथा अन्य वृद्धियां नहीं हो पातीं। आय में हुई प्राथमिक वृद्धि खाने–पीने पर खर्च हो जाती है और उसका गुणक प्रभाव समाप्त हो जाता है।

क्योंकि अल्पविकसित देशों में सीमान्त उपभोग प्रवृत्ति अधिक होती है, इसलिए बढ़ी हुई आय को किसान अपने लिए खाद्य वस्तुओं के उपभोग पर खर्च कर देते हैं जिससे क्रययोग्य अनाज के आधिक्य में कमी हो जाती है। फिर, इसके परिणामस्वरूप अकृषि क्षेत्र में अनाज की कीमतें बढ़ जाती हैं जबकि कुल वास्तविक आय नहीं बढ़ती। पर यह सम्भावना सीमित होती हैं कि कृषक अकृषि वस्तुओं पर अधिक खर्च करें, क्योंकि उद्योगों में अतिरिक्त क्षमता नहीं होती। उत्पादन को बढ़ाना कठिन होता है, क्योंकि पर्याप्त कच्चा माल, पूंजी, उपकरण तथा कुशल श्रमिक नहीं मिलते। इस प्रकार, डॉ. राव यह निष्कर्ष देते हैं कि ''निवेश में प्राथमिक वृद्धि से, और इसलिए आय तथा रोजगार में वृद्धि से, आय में द्वितीयक तथा तृतीयक वृद्धि होती है किन्तु कृषि क्षेत्र या अकृषि क्षेत्र में, उत्पादन या रोजगार में कोई विशेष वृद्धि नहीं होती। इसलिए गुणक सिद्धान्त मुद्रा आय के सम्बन्ध में तो कार्य करता है परन्तु वास्तविक आय अथवा रोजगार के प्रसंग में नहीं।''

इसी प्रकार अल्पविकसित देश में परिस्थिति (3) और (4) (आगे वर्णित) का अभाव गुणक के प्रचलन को कठिन बना देता है। उपभोग–वस्तु उद्योगों के अतिरिक्त क्षमता का अभाव तथा उत्पादन बढ़ाने के लिए कार्यकारी पूंजी की अपेक्षाकृत बेलोच पूर्ति, दोनों मिलकर उपभोग–वस्तु उद्योगों की उत्पादन में आवश्यक वृद्धि तथा उनमें परिणामी रोजगार को रोकते हैं।

इसलिए सीधा निष्कर्ष यह है कि दो प्रमुख कारणों से अल्पविकसित देश में केन्ज़ का गुणक सिद्धान्त नहीं चलता। पहला कारण तो यह है कि केन्ज़ के ढंग की अनैच्छिक बेरोजगारी नहीं मिलती, और दूसरा यह कि विशिष्ट रूप से इस प्रकार की अर्थव्यवस्थाओं में पाए जाने वाले कुछ साधनों के कार्यकरण से कृषि तथा अकृषि उत्पादनों की पूर्ति बेलोच होती है।

वास्तव में, गुणक सिद्धान्त की व्यवहार्यता सम्बन्धी दिये गये तर्क एक गतिहीन अल्पविकसित अर्थव्यवस्था पर ही लागू होते हैं। परन्तु एक विकासशील अर्थव्यवस्था जो गत्यात्मक संक्रमण स्टेज से गुजर रही है उसमें निवेश का गुणक प्रभाव उत्पादन, आय और रोजगार पर होना प्रारम्भ हो जाता है।

3. उपभोग प्रवृत्ति (Propensity to Consume)— उपभोग प्रवृत्ति केन्ज़वादी अर्थशास्त्र के महत्त्वपूर्ण औजारों में से एक है और यह उपभोग तथा आय के बीच सम्बन्ध को दर्शाता है। जब आय बढ़ती है, तो उपभोग भी बढ़ता है परन्तु आय में हुई वृद्धि की अपेक्षा कम मात्रा में। उपभोग फलन का यह व्यवहार इसे और भी स्पष्ट करता है कि जब आय बढ़ती है, तो बचत में वृद्धि होती है। अल्पविकसित देशों में आय, उपभोग तथा बचत के ये सम्बन्ध नहीं टिक पाते। लोग बहुत गरीब होते हैं और जब उनकी आय बढ़ती है तो वे उपभोक्ता वस्तुओं पर अधिक व्यय करते हैं क्योंकि उनकी प्रवृत्ति यह रहती है कि अपनी अपूर्ण आवश्यकताओं को पूरा करें। ऐसे देशों में सीमान्त उपभोग प्रवृत्ति बहुत अधिक होती है, जबकि सीमान्त बचत प्रवृत्ति बहुत कम होती है। केन्ज़वादी अर्थशास्त्र हमें बताता है कि जब सीमान्त उपभोग प्रवृत्ति ऊंची होती है, तो आय में वृद्धि होने पर उपभोक्ता मांग, उत्पादन तथा रोजगार अपेक्षाकृत अधिक तेजी से बढ़ते हैं। परन्तु अल्पविकसित देशों में जब आय में वृद्धि होने पर उपभोग बढ़ता है तो उपभोक्ता वस्तुओं का उत्पादन बढ़ाना सम्भव नहीं होता क्योंकि सहकारी साधनों की दुर्लभता रहती है। इसका परिणाम यह होता है कि रोजगार के स्तर में वृद्धि होने की बजाय कीमतें बढ़ जाती हैं।

4. बचत प्रवृत्ति (propensity to Save)— अब बचत पक्ष को लिया जाए। केन्ज़ ने बचत को एक सामाजिक दोष माना है क्योंकि बचत की अधिकता ही प्रभावी मांग में कमी लाती है। यह विचार भी अल्पविकसित देशों पर नहीं लागू होता क्योंकि आर्थिक पिछड़ेपन के लिए बचत तो रामबाण है। पूंजी–निर्माण ही आर्थिक विकास की कुंजी है और पूंजी–निर्माण तब सम्भव है, जब लोग अधिक बचत करें। उपभोग में कमी तथा बचतों में वृद्धि करके ही अल्पविकसित देश प्रगति कर सकते हैं और यह बात केन्ज़ के इस मत से उलट है कि उपभोग बढ़ाया जाए और बचतें घटाई जाएं। अल्पविकसित देशों के लिए बचत दोष नहीं बल्कि गुण है।

5. पूंजी की सीमान्त उत्पादकता (Marginal Efficiency of Capital)— केन्ज़ के अनुसार, पूंजी की सीमान्त उत्पादकता निवेश के आवश्यक निश्चायकों में से एक है। निवेश तथा पूंजी की सीमान्त उत्पादकता के बीच उलटा सम्बन्ध है। जब निवेश बढ़ता है, जो पूंजी की सीमान्त उत्पादकता घट जाती है और जब निवेश घटता है, तो पूंजी की सीमान्त उत्पादकता बढ़ जाती है। परन्तु यह सम्बन्ध अल्पविकसित देशों पर लागू नहीं होता। इस प्रकार की अर्थव्यवस्थाओं में निवेश का स्तर नीचा होता है और पूंजी की सीमान्त उत्पादकता भी कम होती है। इस विरोधाभास के कारण हैं पूंजी तथा अन्य साधनों का अभाव, मार्किट का छोटा आकार, कम आय, कम मांग, ऊंची लागतें, अविकसित पूंजी तथा मुद्रा मार्किट, अनिश्चितताएं इत्यादि। पूंजी की सीमान्त उत्पादकता तथा निवेश को ये सब साधन नीचे स्तर पर रखते हैं।

6. ब्याज की दर (Rate of Interest)— केन्ज़वादी पद्धति में निवेश का दूसरा निश्चायक ब्याज की दर है और इसे, आगे तरलता अधिमान तथा मुद्रा की पूर्ति निर्धारित करते हैं। तरलता अधिमान के उद्देश्यों में से लेन-देन तथा एहतियाती उद्देश्य तो आय-लोचदार हैं और वे ब्याज की दर को प्रभावित करते हैं। केवल सट्टा-प्रयोजन से मुद्रा के लिए मांग ही एक ऐसा उद्देश्य है जो ब्याज की दर को प्रभावित करता है। अल्पविकसित देशों में लेन-देन तथा एहतियाती उद्देश्यों के लिए तरलता अधिमान अधिक होता है और सट्टा सम्बन्धी उद्देश्यों के लिए कम। इसलिए तरलता अधिमान ब्याज की दर को प्रभावित करने में असमर्थ रहता है। ब्याज की दर का अन्य निश्चायक है मुद्रा की पूर्ति। केन्ज़ के अनुसार, मुद्रा की पूर्ति में वृद्धि ब्याज की दर को घटाती है तथा निवेश, आय और रोजगार के स्तर को बढ़ावा देती है। परन्तु अल्पविकसित देशों में, मुद्रा की पूर्ति में वृद्धि के परिणामस्वरूप ब्याज की दर में कमी होने की बजाय कीमतें बढ़ जाती हैं। जैसाकि भारत का उदाहरण देते हुए स्वयं केन्ज़ ने लक्ष्य किया है, ''भारत का इतिहास हर युग में इस बात का साक्षी रहा है कि भारत एक ऐसा देश है जिसकी दरिद्रता का कारण तरलता (नकदी) के लिए अधिमान है, जो इतनी प्रबल लालसा के रूप में स्थित रहा है कि कीमती धातुओं का चिरकालिक तथा भारी मात्रा में आगमन भी ब्याज की दर को घटाकर उस स्तर तक लाने में असमर्थ रहा है जो वास्तविक धन की वृद्धि के अनुकूल हो।'' इस प्रकर र अल्पविकसित देशों में ब्याज की दर को मुद्रा के लिए मांग तथा मुद्रा की पूर्ति इतना नहीं प्रभावित करती जितना कि परम्पराएं, रीति-रिवाज तथा संस्थागत साधन।

7. नीति उपाय (Policy Measures)— इनता ही नहीं, अल्पविकसित देशों में प्रवर्तमान परिस्थितियों के अन्तर्गत केन्ज़ की नीति के नुस्खे भी नहीं काम करते। डॉ. राव का कहना है कि घाटे की वित्त-व्यवस्था के माध्यम में निवेश बढ़ाने का प्रयत्न उत्पादन तथा रोजगार में वृद्धि लाने की बजाय कीमतों में स्फीतिकारी वृद्धि लाता है। परन्तु "Deficit Financing for Capital Formation and Price Behaviour in an Underdeveloped Economy" शीर्षक से एक अन्य निबन्ध में वे कहते हैं कि पूंजी-निर्माण के लिए घाटे की वित्त-व्यवस्था से स्फीति नहीं आती क्योंकि क्षमता बढ़ाने और परिणामतः उत्पादन के पूर्ति वक्र को लोच प्रदान करने के लिए इसका प्रयोग किया जाता है। पर, थोड़ी-बहुत कीमत-वृद्धि तो अनिवार्य हैं, लेकिन यह 'स्वयं परिशोधक प्रकृति' (self-liquidating character) की होती है।''प्रश्न केवल यह है कि घाटे की वित्त-व्यवस्था को किस सीमा तक अपनाना उचित है; और इसका स्पष्ट उत्तर यह है कि उस बिन्दु के बाद घाटे की वित्त-व्यवस्था को नहीं अपनाना चाहिए, जहां वह स्फीतिकारी हो जाए।''

अल्पविकसित देशों में जीवन का अपेक्षाकृत अधिक ऊंचा स्तर प्राप्त करने तथा बढ़ते हुए रोजगार के अवसर प्रदान करने के लिए, प्रो. दासगुप्ता केन्ज़ की सार्वजनिक निवेश की नीति का समर्थन करते हैं। परन्तु समुचित सार्वजनिक बचतों तथा विदेशी पूंजी के प्रवाह के अभाव के कारण, वे घाटे की वित्त-व्यवस्था का भी समर्थन करते हैं, जो कीमत तथा पूंजी निर्गम नियंत्रणों के साथ न होने पर संक्रमण काल (transitional period) में कीमतों में स्फीतिकारी वृद्धि ला देगा। अल्पविकसित देशों के लिए, केन्ज़ के इस सिद्धान्त की अपेक्षा कि उपभोग तथा निवेश में एक साथ वृद्धि होनी चाहिए, ''पुराने ढंग का यह नुस्खा कि 'अधिक परिश्रम करो तथा अधिक बचाओ' आर्थिक प्रगति के लिए औषधि के रूप में अब भी सही प्रतीत होता है।''[6] परन्तु इस बात से इन्कार नहीं किया जा सकता कि भले ही केन्ज़ के नीति-नुस्खे अल्पविकसित देशों की समस्याओं पर सम्पूर्ण रूप से लागू न हों, पर ऐसी अर्थव्यवस्थाओं की समस्याओं को समझने के लिए केन्ज़ के विश्लेषण के औजार आवश्यक है।

---

6. "The old fashioned prescription of 'work harder and more' still seems to hold as the medicine for economic progress." — Dr. V. K. R. V. Rao.

प्रो. दासगुप्ता के शब्दों में निष्कर्ष यह है कि *"General Theory"* की 'सामान्यता' कुछ भी हो शायद वही हो जिस अर्थ में केन्ज़ ने 'सामान्य' शब्द का प्रयोग किया है, पर बहुत करें तो अल्पविकसित अर्थव्यवस्था की परिस्थितियों पर *General Theory* की प्रस्थापनाओं की व्यवहार्यता सीमित है।"[7]

प्रश्न

1. केन्ज़ ने अपने सामान्य सिद्धान्त में कौन-सी मान्यताएं प्रतिस्थापित की हैं? आपके विचार में कहां तक एक अल्पविकसित परन्तु विकासशील अर्थव्यवस्था की दशाएं इन मान्यताओं को सही या गलत ठहराती हैं?
2. केन्ज़ के रोजगार के सिद्धान्त की तर्कपूर्ण विवेचना कीजिए और स्पष्ट कीजिए कि किस सीमा तक इसके निष्कर्ष अल्पविकसित देशों पर लागू होते हैं?
3. निवेश-आय गुणक की धारणा पर एक टिप्पणी लिखिए। कहां तक यह धारणा एक अल्पविकसित अर्थव्यवस्था में आय प्रजनन के विश्लेषण में लाभदायक हो सकती है?

7. "Whatever the generality of the *General Theory,* may be in the sense in which the term 'general' was used by Keynes, the applicability of the propositions of the *General Theory* to conditions of an underdeveloped economy is at best limited"

— Prof. A. K. Das Gupta.

अध्याय 25

क्लासिकी और केन्ज़ीय मॉडलों की तुलना
(Comparison of Classical and Keynesian Models)

1. जनरल थ्योरी : विकासी या क्रांतिकारी
(GENERAL THEORY : EVOLUTIONARY OR REVOLUTIONARY)

1930 का दशक बहुत खलबली वाला था जिसने 1936 में केन्ज़ की General Theory of Employment, Interest and Money के प्रकाशन से आर्थिक विचारधारा में बहुत तीव्र प्रगति प्रारंभ की। केन्ज़ ने क्लासिकी सिद्धान्त की आधुनिक विश्व की आर्थिक समस्याओं को सुलझाने की विफलता पर प्रहार किया। 20वीं शताब्दी के प्रारंभ में, विश्व ने एक के बाद एक आर्थिक संकटों का अनुभव किया जिन्होंने परंपरावादी अर्थशास्त्र की व्यावहारिक उपयोगिता पर संदेह प्रकट किया। लोगों को स्वचालित पूंजीवादी प्रणाली पर जो थोड़ा-सा विश्वास था परन्तु 1930 की महान मंदी ने उसे भी समाप्त कर दिया। इस प्रकार, केन्ज़ की *General Theory* एक अनुकूल वातावरण में पैदा हुई और **हैरिस** जैसे अर्थशास्त्रियों द्वारा **नया अर्थशास्त्र** कहलाई जबकि अन्य ने इसे **विकासी** या **क्रांतिकारी** कहा। परन्तु जैसा प्रो. **हैरिसन** ने लिखा, ''यह विचार करने की बात है कि क्या General Theory आगे विकसित या सजाया हुआ केवल क्लासिकी अर्थशास्त्र है, अथवा क्या केन्ज़ीय अर्थशास्त्र एक मौलिक मतभेद प्रकट करता है।''

General Theory के प्रकाशन के बाद से ही अर्थशास्त्रियों के बीच शैक्षिक पत्रिकाओं में निरंतर एक सार्वजनिक विवाद चलता रहा है कि क्या यह विकासी है अथवा क्रांतिकारी। ज्ञान की खोज में कोई भी व्यक्ति मौलिक नहीं होता है। वह पहले से विद्यमान सृजनात्मक विचारधाराओं से बहुत अधिक ग्रहण करता है और उनके कार्य और विचार पर आधारित नये विचारों का निर्माण करता है। केन्ज़ ने भी यही किया। उसने क्लासिकी सिद्धान्त को स्वीकार किया, आलोचना की और उसे आगे बढ़ाया और साथ ही इसके कुछ भागों को रद्द किया। *General Theory* के मूल तत्त्व अविकसित रूप में उसके पूर्वगामी (predecessors) अर्थशास्त्रियों के ग्रंथों में पाए जा सकते हैं, परन्तु केन्ज़ में नयापन इस बात में पाया जाता है कि उसने उन्हें एक नया रूप दिया। जैसा **हैरिस** ने ठीक ही कहा, '' अपने पूर्वगामियों के बिखरे हुए विचारों में, कुछ अपने जोड़ कर, उसने एक ढांचा बनाया जिसे न तो कोई अर्थशास्त्री या आर्थिक व्यवसायी प्रयोग अथवा निरीक्षण न कर सकने की क्षमता रख सकता है।'' इसमें कोई संशय नहीं कि केन्ज़ीय अर्थशास्त्र क्लासिकी अर्थशास्त्र पर ही निर्मित है परन्तु यह उससे मान्यताओं, विश्लेषण के औज़ारों की प्रस्तुति और नीति उपायों में महत्त्वपूर्ण तौर से भिन्न है। इस दृष्टिकोण से यह विकासी न होकर क्रांतिकारी है। केन्ज़ में बहुत अंतर्बोधीय शक्ति और विश्वास या क्योंकि उसने *General Theory* के प्रकाशन से पूर्व 1935 में **जार्ज बर्नाड शॉ** को लिखा, ''तुम्हें यह ज्ञात होना चाहिए कि मैं अपने आपमें विश्वास रखता हूँ और आर्थिक सिद्धान्त पर एक पुस्तक लिख रहा हूँ जो विस्तृत तौर से क्रांति लाएगी ऐसा मैं समझता हूँ। एक दम नहीं, परन्तु अगले दस वर्षों के दौरान, उस तरह नहीं जैसे आर्थिक समस्याओं के बारे में विश्व सोचता है।'' नि:संकोच, केन्ज़ीय विश्लेषण ने पूंजीवादी अर्थव्यवस्थाओं में महत्त्वपूर्ण तौर से नीति विषयक विचारों को प्रभावित किया है। नीचे वर्णित विवरण से स्पष्ट होता है कि केन्ज़ीय सिद्धान्त क्रांतिकारी है और यथार्थ रूप में क्लासिकी अर्थशास्त्र से भिन्न है।

2. क्लासिकी बनाम केन्ज़ीय सिद्धान्त
(CLASSICAL VS. KEYNESIAN THEORIES)

हम क्लासिकी और केन्ज़ीय आय और रोजगार के सिद्धान्तों की तुलना[1] निम्नलिखित तथ्यों के आधार पर करते हैं।

1. क्लासिकी और केन्ज़ीय सिद्धांतों की तुलना से संबद्ध जो तर्क दिए जा रहे हैं उनका यथास्थान क्रमश: अध्याय 8 और अध्याय 28 में दिए गए चित्रों द्वारा वर्णन करें।

(1) पूर्ण रोजगार (Full Employment)— परम्परावादी यह मानते थे कि अर्थव्यवस्था में पूर्ण रोजगार की स्थिति रहती है और पूर्ण रोजगार से कम की अवस्था असाधारण समझी जाती थी। इसलिए उन्होंने इसे आवश्यक समझा ही नहीं कि रोजगार का कोई विशेष सिद्धान्त अलग से बनाया जाए। दूसरी ओर, केन्ज़ यह मानता है कि अर्थव्यवस्था में पूर्ण रोजगार का होना एक **विशेष स्थिति है।** उसने रोजगार का एक **सामान्य** सिद्धान्त प्रस्तुत किया जो प्रत्येक पूंजीवादी अर्थव्यवस्था पर लागू होता है।

(2) से का नियम (Say's Law)—क्लासिकी विश्लेषण **से** के इस मार्किट-नियम पर आधारित था कि 'पूर्ति स्वयं अपनी मांग पैदा कर लेती है'। इस प्रकार, परम्परावादियों ने अति-उत्पादन की संभावना ही खत्म कर दी। प्रो. **स्वीजी** (Sweezy) के अनुसार, "केन्ज़ की सबसे बड़ी उपलब्धि यह थी कि उसने आंग्ल-अमरीकी अर्थशास्त्र को इस क्रूर सिद्धान्त से मुक्ति दिलाई।" केन्ज़ ने इसके विपरीत मत की स्थापना की कि **मांग स्वयं अपनी पूर्ति पैदा करती है।** प्रभावी मांग की न्यूनता के परिणामस्वरूप बेरोजगारी आती है क्योंकि लोग अपनी समस्त आय को उपभोग पर खर्च नहीं करते। इस प्रकार, आर्थिक सिद्धान्त में केन्ज़ का क्रान्तिकारी योगदान यह है कि उसने प्रभावी मांग तथा उपभोग फलन के नियमों का विकास किया।

(3) अबंध नीति (Laissez Faire)—क्लासिकी अर्थशास्त्र स्वयं समायोजित (adjusting) आर्थिक व्यवस्था की अबन्ध नीति पर आधारित था जिसमें सरकार का कोई दखल नहीं होता। केन्ज़ ने अबन्ध नीति को छोड़ दिया क्योंकि उसका विश्वास था कि प्रबुद्ध स्वार्थ (enlightened self-interest) सदैव सार्वजनिक हित को लेकर नहीं चलता और इसी नीति के परिणामस्वरूप 'बड़ी मन्दी' आई थी। इसीलिए वह राज्य द्वारा हस्तक्षेप के **पक्ष** में था और उसने निजी निवेश की कमी से उत्पन्न अन्तर को भरने के लिए सार्वजनिक निवेश के महत्त्व पर बल दिया। प्रो. **डिल्लर्ड** (Dillard) के अनुसार, केन्ज़ के सिद्धांत की क्रांतिकारी प्रकृति अबंध नीति की मान्यता को नकारना था।

(4) मजदूरी कटौती (Wage Cut)—प्रमुख क्लासिकी अर्थशास्त्रियों में से पीगू ने बेरोजगारी की समस्या को हल करने के लिए मजदूरी में कटौती की नीति का समर्थन किया था। परन्तु केन्ज ने सैद्धान्तिक तथा व्यावहारिक दोनों ही दृष्टि से इस प्रकार की नीति का विरोध किया। सैद्धान्तिक दृष्टि से, मजदूरी में कटौती की नीति बेरोजगारी को दूर करने की बजाय बढ़ाती है। व्यावहारिक दृष्टि से, श्रमिक मुद्रा-मजदूरी में कटौती स्वीकार करने को तैयार नहीं होते। इसलिए अर्थव्यवस्था में रोजगार का स्तर बढ़ाने के लिए केन्ज़ ने **लचीली** मजदूरी नीति की तुलना में लचीली मुद्रा-नीति का अनुमोदन किया। प्रो. **हैरिस** (Harris), केन्ज़ के मजदूरी और रोजगार के मतों को क्रांतिकारी मानता है।

(5) बचत (Saving)—परम्परावादी बचत तथा मितव्ययिता (thrift) पर बल देते थे क्योंकि वे मानते थे कि इससे आर्थिक वृद्धि के लिए पूंजी-निर्माण होता है। केन्ज़ की दृष्टि में बचत एक निजी गुण तथा सार्वजनिक दोष है। कुल बचत में वृद्धि होने से कुल उपभोग तथा मांग घट जाती हैं जिसके परिणामस्वरूप अर्थव्यवस्था में रोजगार का स्तर गिर जाता है। इस प्रकार, केन्ज़ ने बेरोजगारी दूर करने के लिए सार्वजनिक **बचत** की बजाय सार्वजनिक **व्यय** का अनुमोदन किया। उसने इस तरह इस 'बुर्जुआ तर्क के अन्तिम स्तंभ को भी खण्ड-खण्ड कर दिया' कि असमान आय के परिणामस्वरूप बचत बढ़ती है और वृद्धि के लिए पूंजी-निर्माण होता है। यह एक क्रांतिकारी विचार था।

(6) बचत-निवेश समानता (Saving-Investment Equality)—क्लासिकी अर्थशास्त्री यह मानते थे कि बचत व निवेश हमेशा समान रहते हैं। यदि किसी स्थिति में निवेश से बचत बढ़ जाती है तो यह समानता ब्याज दर द्वारा लाई जाती है। लेकिन केन्ज़ इस विचारधारा से सहमत नहीं था। उसके अनुसार, बचत-निवेश समानता ब्याज दर द्वारा नहीं बल्कि आय में परिवर्तन द्वारा लाई जा सकती है। वास्तव में, निवेश ब्याज दर द्वारा नहीं अपितु पूंजी की सीमान्त उत्पादकता द्वारा निर्धारित होता है।

(7) व्यापार चक्र (Trade Cycles)—क्लासिकी अर्थशास्त्री व्यापार चक्रों की कोई समुचित व्याख्या नहीं प्रस्तुत कर पाए। वे व्यापार चक्रों के मोड़ बिन्दुओं (turning points) का संतोषजनक स्पष्टीकरण नहीं कर सके और सामान्य रूप से तेजी तथा मंदी की बात करते रहे। व्यापार चक्र विश्लेषण में केन्ज़ का वास्तविक योगदान यह है कि उसने चक्रों के मोड़ बिन्दुओं के संबंध में अपनी व्याख्या दी और मनोवृत्ति में परिवर्तन किया कि चक्र पर नियंत्रण करने के लिए सरकार क्या करे और क्या न करे। **जोन राबिन्सन** (Joan Robinson) के अनुसार, इस क्षेत्र में केन्ज़ीय क्रांति आगे है (Keynesian Revolution commands the field)।

(8) मुद्रा सिद्धान्त (Monetary Theory)—परम्परावादियों ने कृत्रिम रूप से मुद्रा सिद्धान्त को मूल्य सिद्धान्त से पृथक कर दिया था। दूसरी ओर, केन्ज़ ने मुद्रा सिद्धान्त तथा मूल्य सिद्धान्त का एकीकरण किया। उसने ब्याज सिद्धान्त को भी मुद्रा सिद्धान्त के क्षेत्र में ला

दिया। वह ब्याज की दर को शुद्ध रूप से एक मौद्रिक तत्त्व मानता है। उसने मुद्रा के लिए मांग को परिसंपत्ति के रूप में ग्रहण किया और अल्पकाल में ब्याज की दर के निर्धारण की व्यवस्था करने के लिए उसे लेन–देन मांग, सतर्कता मांग तथा सट्टा मांग में विभक्त किया। केन्ज़ ने उत्पादन के सिद्धान्त के माध्यम से मूल्य सिद्धान्त तथा मुद्रा सिद्धान्त का एकीकरण करके मुद्रा को अतटस्थ बना दिया, जो मुद्रा के तटस्थता विषयक क्लासिकी विचार के विपरीत था। इसे प्रो. **जोनसन** (Johnsons) क्रांतिकारी मानता है।

(9) मुद्रा की तटस्थता (Neutrality of Money)—क्लासिकी अर्थशास्त्री मुद्रा की तटस्था की धारणा को मानते थे। वे मुद्रा को विनिमय का साधन मानते थे। सामान्य कीमत स्तर का निर्धारण उस स्तर पर होगा जहां वस्तुओं और सेवाओं का विनिमय होगा। लेकिन केन्ज़ ने इसे अलग स्थितियों में लिया। प्रथम स्थिति में. उसने पूर्ण रोजगार की स्थिति को लिया, जबकि मुद्रा की मात्रा में वृद्धि से कीमत स्तर में आनुपातिक वृद्धि हो परन्तु उत्पादन इस स्तर पर स्थिर रहे। दूसरी विशेष स्थिति में, अर्थव्यवस्था में तरलता अधिमान हो और अर्थव्यवस्था में ब्याज की दर और ज्यादा न घटे जबकि अर्थव्यवस्था में मुद्रा–पूर्ति को बढ़ाया जा रहा हो।

(10) समष्टि विश्लेषण (Macro Analysis)—क्लासिकी अर्थशास्त्र एक व्यष्टि विश्लेषण था जिसे उन्होंने सम्पूर्ण अर्थव्यवस्था पर लागू करने का प्रयत्न किया। दूसरी ओर, केन्ज़ ने आर्थिक समस्याओं के प्रति समष्टि मार्ग अपनाया। केन्ज़ीय क्रांति कुल आय, रोजगार, उत्पादन, उपभोग, मांग, पूर्ति, बचत तथा निवेश का समष्टिगत-प्रावैगिक (macro-dynamic) दृष्टिकोण अपनाने की है। जैसा प्रो. **हैनसन** ने कहा है, "**सामान्य सिद्धान्त** ने हमें अर्थशास्त्र को स्थैतिक की अपेक्षा प्रावैगिक रूप में ग्रहण करने में सहायता दी है"।

(11) पूंजीवाद को बचाना (Saving Capitalism)—केन्ज़ का सबसे महत्त्वपूर्ण योगदान पूंजीवाद को उस संकट से बचाना है जिसमें वह 1930 के दशक में फंसा था। केन्ज़ के अनुसार, "क्लासिकी विचारधारा का कुछ स्वच्छ पूंजीवाद इसलिए कार्य नहीं कर सका क्योंकि यह समझदार नहीं है, यह सुन्दर नहीं है, यह न्यायोचित नहीं है, यह उत्तम नहीं है और यह ठीक ढंग से कार्य नहीं करता है।" केन्ज़ ने राज्य हस्तक्षेप की आवश्यकता का समर्थन करके पूंजीवाद को सुधारा जिससे समस्त मांग और रोजगार को बढ़ाया जाए और इस प्रकार इसे साम्यवाद की ओर जाने से बचाया। प्रो. **गॉलब्रेथ** (Galbraith) के अनुसार, "इस दृष्टिकोण से केन्ज़ बहुत सफल था क्योंकि इससे मार्क्सवाद का विकसित देशों में बढ़ना रुक गया।"

(12) नीतियां (Policies)—क्योंकि क्लासिकी अर्थशास्त्री अबन्ध नीति के समर्थक थे, इसलिए उन्हें राजकोषीय नीति अथवा मौद्रिक नीति में कोई विश्वास नहीं था। वे संतुलित बजट नीति में विश्वास रखते थे। इसके विपरीत, केन्ज़ ने क्रमशः सस्ती मुद्रा तथा मंहगी मुद्रा के साथ–साथ अवस्फीति के दौरान घाटे के बजटों और स्फीति के दौरान बेशी (surplus) बजटों के महत्त्व पर बल दिया। इस प्रकार वह एक व्यावहारिक अर्थशास्त्री था जिसके "मॉडल स्फीतिकारी तथा अवस्फीतिकारी घटनाओं और समृद्ध तथा मंदी की अर्थव्यवस्थाओं को स्पष्ट करते हैं।" फिर, क्लासिकी अर्थशास्त्री सार्वजनिक वित्त को पूर्ण रोजगार के लिए बाधा मानते थे। अतः उन्होंने सार्वजनिक वित्त के कार्यक्षेत्र को सीमित रखा। उनके अनुसार, सार्वजनिक वित्त में सरकार का कार्य अधिक रहता है और अर्थव्यवस्था में प्रतियोगिता सीमित हो जाती है। पूर्ण प्रतियोगिता न रहने के कारण बेकारी बढ़ जाती है। लेकिन केन्ज़ ने क्लासिकी विचारधारा का विरोध किया। उसके अनुसार, आर्थिक क्रियाओं को नियन्त्रित करने के लिए और स्फीति या अवस्फीति एवं बेरोजगारी की स्थितियों में राजकोषीय नीतियों का विशेष महत्त्व है। विश्व की सभी पूंजीवादी अर्थव्यवस्थाओं ने केन्ज़ के नीति उपायों को अपना लिया।

निष्कर्ष रूप में, हम कह सकते हैं कि *General Theory* उद्‌विकासी नहीं है बल्कि आर्थिक विचार तथा नीति दोनों ही दृष्टियों से क्रान्तिकारी है और क्लासिकी विचारधारा से यथार्थतः भिन्न है।

केन्ज़ के सिद्धान्त की आलोचनाएं (Criticisms of Keynesian Theory)

केन्ज़ीय सिद्धान्त के सैद्धान्तिक तथा व्यावहारिक महत्त्व के बावजूद, उसके सही मूल्यांकन के लिए आवश्यक है कि उसकी सफलताओं तथा दुर्बलताओं की परीक्षा की जाए। प्रो. **कुरिहारा** (Kurihara) के अनुसार, "केन्ज़ ने विश्लेषण के आवश्यक औजार प्रदान करते समय····· उतनी समस्याएं सुलझाई नहीं जितनी खड़ी कर दी हैं।" बहुत कम अर्थशास्त्री यह कहेंगे कि "इस बात से कोई नहीं इन्कार करेगा कि केन्ज़ ने अर्थशास्त्रियों की एक पूरी पीढ़ी के लिए नई राहें खोल दीं।" परन्तु अब बहुत सारे अर्थशास्त्री यह समझते हैं कि "उसका विश्लेषण ऐसी विशेष समस्याओं को सुलझाने के लिए पर्याप्त नहीं है जैसे चक्रीय पूर्वानुमान (cyclical forecasts) तथा नियंत्रण, स्थायी स्फीति, पूर्ण रोजगार की तेजी बनाए रखना, दीर्घकालिक वृद्धि, अरेखीय संरचनात्मक सम्बन्ध (non-linear structural relations) तथा समष्टि–फलनात्मक वितरण (macro-functional distribution)। ये समस्याएं सामान्य रूप से *General Theory* की स्कीम के बाहर रहती हैं।'' इसके अतिरिक्त, केन्ज़ीय विश्लेषण के हर अंश की आलोचना की गई है, जैसे समस्त मांग, समस्त पूर्ति, उपभोग फलन, निवेश फलन, मौद्रिक सिद्धान्त आदि। हम कुछ बड़ी–बड़ी आलोचनाओं का यहां अध्ययन करेंगे।

(1) समस्त मांग (Aggregate Demand)—केन्ज़ ने स्थापना की है कि रोजगार का स्तर समस्त मांग के स्तर पर निर्भर रहता है जिसे आगे निष्क्रिय (inactive) उपभोग मांग सक्रिय निवेश मांग निर्धारित करती है और बेरोजगारी समस्त मांग की कमी से उत्पन्न होती है। प्रो. **शैलसिंजर** (Schlesinger) के अनुसार, समस्त मांग का केन्ज़ीय सिद्धान्त कुछ ऐसे स्वाभाविक दोषों से ग्रस्त है जो उसके रोजगार सिद्धान्त को अवास्तविक बना देते हैं। उसका मत है कि ''इसमें सन्देह नहीं कि कुल मांग कुछ हद तक पूर्ति के पक्ष के सम्बन्धों से प्रभावित होती है; इसलिए केन्ज़ द्वारा किया गया मांग का विश्लेषण इस दृष्टि से अत्यन्त सरल था कि उसमें इस संभावना को छोड़ दिया गया कि परिव्यय (outlays) की कुल मात्रा को, विभिन्न क्षेत्रों में चालू सापेक्ष–कीमतें, अंशतः निर्धारित करती हैं।''

(2) समस्त पूर्ति (Aggregate Supply)—प्रो. **पिटिंकिन** (Pitinkin) समझता है कि केन्ज़ द्वारा किया गया समस्य पूर्ति फलन का विश्लेषण अपर्याप्त है। समस्त पूर्ति को अल्पकाल में स्थिर मान लिया गया है। फिर **केन्ज़ीय क्रॉस रेखाचित्र** (Keynesian cross diagram) में समस्त पूर्ति फलन को 45° की रेखा से व्यक्त करना यह अर्थ देता है कि ''मांग स्वयं अपनी पूर्ति को उत्पन्न करती है।'' दूसरे शब्दों में, इसका मतलब है कि समस्त पूर्ति को समस्त मांग शासित करती है। पिटिंकिन के अनुसार, ''तर्क का यह ढंग भी केन्ज़ द्वारा वस्तु मार्किट के पूर्ति पक्ष की सामान्य से फोकट में प्राप्त होने वाली एक और भ्रान्ति है।''

(3) प्रभावी मांग (Effective Demand)— अर्थशास्त्रियों ने केन्ज़ के प्रभावी मांग के नियम की आलोचना दो कारणों से की है। **प्रथम,** जैसा कि ऊपर कहा जा चुका है, समस्त पूर्ति को स्थिर मान लेने के कारण। **दूसरे,** इसकी आलोचना इस कारण से की गई है कि यह प्रभावी मांग तथा रोजगार की मात्रा के बीच प्रत्यक्ष फलनात्मक सम्बन्ध मान लेता है। **हैजलिट** (Hazlitt) के अनुसार, रोजगार की मात्रा प्रभावी मांग का फलन नहीं है। बल्कि वह तो मजदूरी–दरों, कीमतों तथा मुद्रा की पूर्ति के पारस्परिक सम्बन्धों पर निर्भर करती है। उदाहरण के लिए, पूर्ण रोजगार तब भी उपलब्ध किया जा सकता है जब प्रभावी मांग कम हो, बशर्ते कि मजदूरी दरें इतनी लचीली हों कि कीमतों के साथ उन्हें जल्दी से समायोजन किया जा सके। इस प्रकार प्रभावी मांग तथा रोजगार के बीच प्रत्यक्ष सम्बन्ध की धारणा भ्रान्तिमय है। प्रो. **बर्न्स** (Burns) के अनुसार केन्ज़ के सिद्धान्त का निर्धारण ''मधुरं किन्तु भयप्रद भ्रांति को व्यक्त करता है।'' (It reflects a pleasant but dangerous illusion)।

(4) उपभोग फलन (Consumption Function)—यद्यपि केन्ज़ का उपभोग फलन ''आर्थिक विश्लेषण के औजारों में युगान्तरकारी योगदान'' समझा जाता है, फिर भी वह निर्दोष नहीं है। जैसा केन्ज़ ने कहा है, ''सम्बन्ध केवल **चालू** आय **चालू** उपभोग तक ही नहीं जाता,'' बल्कि, जैसाकि प्रो. **ऐक्ले** (Ackley) ने लक्ष्य किया है, ''इसमें भूत तथा प्रत्याशित आय और उपभोग की कुछ जटिल औसत पाई जाती है।'' **स्लिश्टर** (Slichter) के अनुसार, ''उपभोग के स्तर को वास्तविक आय के स्तर के अतिरिक्त अन्य स्थितियां काफी हद तक निर्धारण करती हैं'', जिन्हें केन्ज़ ने बिल्कुल छोड़ दिया है। वे हैं: सम्पत्ति प्रभाव, प्रौद्योगिकीय परिवर्तन, शिक्षा, प्रत्याशाएं, पूंजी परिसंपत्तियों के प्रति प्रवृत्तियां आदि। पर, हम इस बात पर **हैजलिट** से सहमत नहीं हैं कि यह ''एक बेकार तथा अवैध धारणा है।'' (It is a useless and illegitimate concept)

(5) निवेश फलन (Investment Function)—केन्ज़ की आलोचना इसलिए भी की गई है कि उसने निवेश तथा ब्याज की दर के बीच फलनात्मक सम्बन्ध स्थापित किया। निवेश की मात्रा के निर्धारण में ब्याज की दर का प्रभाव बहुत **अनिश्चित** होता है। यही कारण था कि निवेश के स्तर को निर्धारित करने के लिए केन्ज़ ने ब्याज की दर तथा पूंजी की सीमान्त उत्पादकता के बीच पस्पर सम्बन्ध का प्रचलन करके अपने विश्लेषण को अधिक जटिल बना दिया। केन्ज़ ने रोजगार की मात्रा के निर्धारण में एकमात्र निवेश फलन पर निर्भर रहकर और उपभोग फलन को स्थिर मानकर गलती की। यह पक्की तरह सिद्ध हो चुका है कि अल्पकाल के दौरान भी उपभोग प्रवृत्ति बढ़ाने का रोजगार की मात्रा पर अच्छा प्रभाव पड़ता है। फिर, केन्ज़ ने पूंजी–स्टॉक तथा निवेश के बीच संबंध की भी उपेक्षा की।

अन्तिम, उसका निवेश, सिद्धान्त निवेश के प्रौद्योगिकीय प्रगति पर पढ़ने वाले प्रभाव के सम्बन्ध में विचार करने में असमर्थ है। **स्लिश्टर** के अनुसार, ''उसका निवेश सिद्धान्त संग्रह करने की प्रवृत्ति को बढ़ा–चढ़ा कर प्रस्तुत करता है और अकारण यह मान लेता है कि निवेश के सुअवसर खोज निकालने या उत्पन्न करने की क्षमता अर्थव्यवस्था में थोड़ी ही होती है।'' इस प्रकार, केन्ज़ अर्थव्यवस्था

पर पड़ने वाले प्रौद्योगिकी के प्रभाव को नजर-अन्दाज कर जाता है।

(6) ब्याज की दर (Rate of Interest)—केन्ज़ के बाद के अर्थशास्त्रियों ने केन्ज़ के ब्याज-दर निर्धारण सिद्धान्त की कड़ी आलोचना की है। केन्ज़ ने मुद्रा की मांग तथा पूर्ति से ब्याज की दर निर्धारित कराई है। मुद्रा के लिए मांग लेन-देन उद्देश्य, सतर्कता उद्देश्य तथा सट्टा उद्देश्य से उत्पन्न होती है। मुद्रा के लिए केवल सट्टा माँग ब्याज **लोचदार** समझी जाती है, जबकि लेन-देन मांग ब्याज-बेलोच मानी जाती है। **हैनसन** के अनुसार, मुद्रा के मात्रा-सिद्धान्तियों की भांति केन्ज़ ने भी मुद्रा की लेन-देन मांग को ब्याज-बेलोच मान लिया। परन्तु वह गलत था क्योंकि यह भी ब्याज-लोचदार होती है, चाहे ब्याज की ऊंची दरों पर ही हो।

केन्ज़ के द्वारा किया गया सट्टा मांग का विश्लेषण बहुत **संकुचित है** क्योंकि उसने अपने को नकदी तथा बांडों तक सीमित रखा और वह अन्य प्रकार की परिसम्पत्तियों के सम्बन्ध में विचार करने में असमर्थ रहा। मुद्रा के लिए केन्ज़ीय सट्टा-मांग में **मुद्रा-भ्रम** (money illusion) है जिसका अर्थ है कि मुद्रा की बढ़ी हुई पूर्ति ब्याज की केवल नीची दरों पर ही खपाई जाती है।

फिर, केन्ज़ ने उसे भी छोड़ दिया जिसे **पिटिंकिन** समस्त मांग पर, ''वास्तविक शेष प्रभाव का प्रत्यक्ष प्रभाव'' (direct influence of real balance effect) कहता है। जब लोगों का धन बढ़ता है, तो यह उपभोग को और इसलिए मुद्रा के लिए मांग को, प्रभावित करता है।

इससे भी आगे, केन्ज़ मुद्रा के लिए मांग पर कीमत प्रत्याशाओं के प्रभाव के सम्बन्ध में नहीं विचार कर सका। उसने मजदूरी तथा कीमतों को दिया हुआ मान लिया। प्रो. **फ्रीडमैन** (Friedman) ने मुद्रा के लिए मांग को अन्य साधनों के बीच कीमतों के स्तर में परिवर्तन की दर पर निर्भर माना है। सामान्य परिस्थितियों के अन्तर्गत मुद्रा के लिए मांग स्थिर रहती है, परन्तु अति-स्फीति के दौरान कीमत-स्तर प्रत्याशाओं के प्रभावों से मुद्रा के लिए मांग गिर जाती है।

अन्तिम, हैरड (Harrod) ने भी केन्ज़ के सिद्धान्त की इस बात के लिए आलोचना की है कि उसने 'स्टॉक' की भाषा में अपने सिद्धान्त की स्थापना की और 'प्रवाह' चरों को छोड़ दिया। इस दुर्बलता के उत्पन्न होने का कारण यह है कि उसने ब्याज का विशुद्ध मौद्रिक सिद्धान्त स्थापित करने का प्रयत्न किया और विक्सिलवादी (Wicksillian) ब्याज की संतुलन दर (natural rate) को रद्द कर दिया। इस प्रकार, केन्ज़ ब्याज दर को निर्धारित करने वाली वास्तविक शक्तियों को शामिल करने में असफल रहा।

(7) प्रत्याशाएं (Expectations)—केन्ज़ की इसलिए भी आलोचना की गई है कि उसने प्रत्याशाओं पर अत्यधिक बल दिया है। प्रत्याशाएं अनिश्चितता को जन्म देती हैं। यद्यपि केन्ज़ ने पूंजी की सीमान्त उत्पादकता को प्रभावित करने में प्रत्याशाओं को प्रमुख कार्य सौंपा है, फिर भी, वह प्रत्याशाओं के सही सिद्धान्त की स्थापना करने में असमर्थ रहा। उसने व्यापार प्रत्याशाओं में परिवर्तनों का पूर्वानुमान करने के लिए परिपाटी (convention) पर भरोसा किया और जैसाकि प्रो. **हार्ट** (Hart) ने कहा है, वह इसे ''**प्रत्याशित** (ex-ante) तथा **वास्तविक** (ex-post) तर्क का सामना कराने में'' असफल रहा। केन्ज़ के अनुसार, इस परिपाटी का निचोड़ इस धारणा में निहित है कि वर्तमान परिस्थिति अनिश्चितकाल के लिए चलती रहेगी, जब तक कि हमारे पास परिवर्तन की आशा करने के विशेष कारण न हों। 'परिपाटी' की परिकल्पना पर भरोसा करने से केन्ज़ का प्रत्याशाओं का सिद्धान्त निरर्थक तथा अवास्तविक बन जाता है।

(8) बचत तथा निवेश (Saving and Investment)—केन्ज़ ने अपने विश्लेषण में बचत को उतना महत्त्व नहीं दिया जितना की निवेश को दिया है। इसका कारण है सापेक्ष बचत को चालू अवधि के सम्बन्ध में वास्तविक साधन मान लेने की उसकी दुर्बलता। रोजगार के स्तर को प्रभावित करने में प्रत्याशित बचत अधिक महत्त्वपूर्ण है। फिर, केन्ज़ यह भी नहीं समझ सका कि बचत संग्रह नहीं की जाती बल्कि उपभोग तथा पूंजी वस्तुओं दोनों पर व्यय कर दी जाती है। केन्ज़ीय विश्लेषण की एक और दुर्बलता बचत तथा निवेश के बीच सम्बन्ध से है। एक ओर तो केन्ज़ बचत तथा निवेश को 'एक ही वस्तु के विभिन्न पहलू मात्र' और इस प्रकार 'उन्हें आवश्यक रूप से समान' मानता है। दूसरी ओर, उन्हें 'ऐसी दो मूलत: विभिन्न क्रियाएं मान लेता है कि उनके बीच कोई सम्बन्ध भी नहीं है', ताकि वे केवल संतुलन में बराबर होती हैं। इस प्रकार, केन्ज़ बचत निवेश सम्बन्ध को बहुत उलझनमय बना देता है।

(9) मजदूरी (Wages)—अर्थशास्त्रियों ने मजदूरी तथा बेरोजगारी के केन्ज़ीय विश्लेषण की अलोचना की है। केन्ज़ का अल्परोजगार संतुलन मजदूरी दृढ़ता (rigidity) पर आधारित है। केन्ज़ ने यह भी सुझाया कि बेरोजगारी को दूर करने के लिए या तो मुद्रा मजदूरी बढ़ा दी जाए, या फिर, वास्तविक मजदूरी घटा दी जाए। **पिटिंकिन** ने स्पष्ट किया कि अल्प-रोजगार संतुलन तो ''पूर्ण प्रतियोगिता की व्यवस्था और मजदूरी तथा कीमत के लचीलेपन में भी रह सकता है।'' दूसरे, **हैज़िलट** का मत है कि मार्किट-तंत्र श्रम-मार्किट पर लागू होता है। जब मुद्रा

मजदूरी बहुत ऊंची होगी तो बेरोजगारी होगी क्योंकि नियम यह है कि जब किसी वस्तु की कीमत बहुत अधिक होगी, तो वह सारी की सारी नहीं बिक पाएगी। **पिटिंकिन** का यह तर्क अधिक जंचने वाला है, ''कि वस्तु मांग में न्यूनता वास्तविक मजदूरी दर में पहले से वृद्धि की अपेक्षा किए बिना ही श्रम आगत (input) में कमी ला सकती है।''

(10) व्यापार चक्र (Business Cycles)—केन्ज़ की आलोचना उसके व्यापार चक्रों के विश्लेषण के कारण भी की गई है, जो प्रमुख रूप से प्रत्याशाओं पर आधारित है। **सोल्नियर** (Saulnier) ने लक्ष्य किया है कि केन्ज़ के "Notes on the Trade Cycle" के प्रमाण में तथ्यों का अभाव है। उसके शब्दों में, ''केन्ज़ इस बात के लिए कोई प्रयत्न ही नहीं करता....कि अपने निष्कर्षों को तथ्यों की कसौटी पर कसे।'' दूसरे, केन्ज़ के व्यापार-चक्रों के कुछ महत्त्वपूर्ण चर (variables) जैसे कि प्रत्याशाएं, पूंजी की सीमान्त उत्पादकता तथा निवेश व्यापार-चक्र के मोड़ बिन्दुओं की व्याख्या नहीं कर सकते। केन्ज़ ने नीचे के मोड़ (down turn) को पूंजी की सीमान्त उत्पादकता में आकस्मिक पतन के माथे मढ़ दिया है। **हैज़लिट** के अनुसार, क्योंकि पूंजी की सीमान्त उत्पादकता एक स्पष्ट तथा संदिग्ध शब्दावली है, इसलिए ''केन्ज़ के द्वारा की गई पूंजी की सीमान्त उत्पादकता के संकट की व्याख्या या तो व्यर्थ घिसा-पिटा सत्य है या स्पष्ट ही एक भूल है।'' केन्ज़ के सिद्धान्त की एक गंभीर चूक **त्वरण नियम** (acceleration principle) है। इससे उसका व्यापार चक्रों का सिद्धान्त एकांगी (one-sided) बन गया है क्योंकि उसकी व्याख्या गुणक नियम के गिर्द केन्द्रित है। जैसाकि **हिक्स** ने लक्ष्य किया है, ''त्वरण सिद्धान्त तथा गुणक सिद्धान्त उतार-चढ़ावों के सिद्धान्त के ठीक उसी तरह दो पहलू हैं जैसे मांग का सिद्धान्त तथा पूर्ति का सिद्धान्त मूल्य सिद्धान्त के दो पहलू हैं।''

(11) प्रावैगिक सिद्धान्त (Dynamic Theory)—केन्ज़ ने अपने सिद्धान्त को प्रावैगिक समझता और उसे 'परिवर्ती (shifting) संतुलन का सिद्धान्त' कहा। यहां तक कि उसके प्रमुख शिष्य **हैरड** ने भी उसे 'प्रावैगिक अर्थशास्त्र का पिता कहा है'। केन्ज़ ने अपने सिद्धान्त में 'प्रत्याशाओं' के माध्यम से प्रावैगिकता के तत्त्व का समावेश किया। परन्तु उसका विश्लेषण **किसी एक समय पर** रोजगार के स्तर से संबंधित था। यह पश्चतारहित (lagless) विश्लेषण है। **कुरिहारा** के अनुसार, केन्ज के परिवर्ती संतुलन की 'प्रावैगिक' प्रकृति से अभास होता है कि वह प्रावैगिक ढंग से सोच रहा है क्योंकि समय के चलते (through time) चरों की पूर्व गतियों के बिना संतुलन की एक स्थिति से दूसरी स्थिति पर परिवर्तन हो ही नहीं सकता। केन्ज़ ने संतुलन की एक स्थिति से दूसरी पर संक्रमण की प्रक्रिया को स्पष्ट करने का कोई प्रयत्न ही नहीं किया। आय के विभिन्न संतुलन स्तरों की तुलना करने की केन्ज़ीय विधि को, 'तुलनात्मक स्थैतिकी' की संज्ञा दी गई है। प्रो. **ऍक्ले** ने केन्ज़ीय मॉडल को 'तुलनात्मक स्थैतिक कहा है'।

(12) अल्पकालीन अर्थशास्त्र (Short-run Economics)—केन्ज़ीय अर्थशास्त्र की एक अन्य आलोचना यह है कि यह अल्पकाल के संबंध में लागू होता है। केन्ज़ ने स्वयं कहा है, ''**दीर्घकाल में तो हम सब मर ही जाते हैं**'। इसलिए उसने पूंजी का स्टॉक, वर्तमान तकनीक, लोगों की रुचियां तथा स्वभाव, संगठन, जनसंख्या का आकार आदि को **दिया हुआ** मान लिया। परन्तु अल्पकाल के दौरान इन सब साधनों में परिवर्तन हो जाता है। फिर, अर्थव्यवस्था पर इन शक्तियों के प्रभाव पर ध्यान दिए बिना तो अर्थशास्त्र का अध्ययन ही अधूरा रहता है।

(13) अत्यधिक सामूहिक (Too Aggregative)—केन्ज़ के मॉडल की इसलिए भी आलोचना की गई है कि यह 'अत्यधिक सामूहिक' है। दूसरे शब्दों में, यह समष्टि पक्ष पर बहुत अधिक बल देता है और व्यष्टि पक्ष को छोड़ जाता है। **ऍक्ले** की राय में, सामूहिक धारणाओं का प्रयोग मॉडल को गलत या भ्रान्तिजनक सूचना देने वाला बना देता है। ''विश्लेषण की इकाई या तो व्यक्तिगत वस्तु होनी चाहिए, या फिर, वस्तुओं को किसी और ढंग से, जैसाकि पूर्ति की लोच की कोटि (degree) के आधार पर इकट्ठा किया जाए।'' समष्टि आर्थिक चरों जैसे आय, निवेश, उपभोग, रोजगार आदि के कारण को ठीक से समझने के लिए उनके व्यष्टि व्यवहार का अध्ययन करना आवश्यक है। इस प्रकार, केन्ज़ीय अर्थशास्त्र की सामूहिक प्रकृति उसकी आर्थिक समस्याओं के वास्तविक अध्ययन की उपयोगिता को **कम** कर देती है।

(14) बन्द अर्थव्यवस्था (Closed Economy)—केन्ज़ीय सिद्धान्त बन्द अर्थव्यवस्था की धारणा पर आधारित है, जो रोजगार तथा आय के स्तर पर पड़ने वाले विदेशी व्यापार के प्रभाव को छोड़ देती है। इससे केन्ज़ का सिद्धान्त अवास्तविक बन जाता है क्योंकि सभी अर्थव्यवस्थाएं खुली अर्थव्यवस्थाएं होती हैं और उनके रोजगार-स्तर पर विदेशी व्यापार गहरा प्रभाव डालता है। उदाहरण के लिए, प्रतिकूल व्यापार-शेष से आय का प्रवाह विदेश को ही जाता है जिसके परिणामस्वरूप गुणक के उल्टे कार्यकरण के माध्यम से घरेलू आय, निवेश और रोजगार की मात्रा में कमी हो जाती है। इसके विपरीत, अनुकूल व्यापार-शेष के प्रभाव से अर्थव्यवस्था में आय, निवेश

तथा रोजगार का स्तर बढ़ जाता है। इस प्रकार, केन्ज़ के द्वारा रोजगार की मात्रा पर विदेशी व्यापार के प्रतिप्रभावों को छोड़ दिया जाना उसके सिद्धान्त में एक गंभीर दोष है।

(15) पूर्ण प्रतियोगिता (Perfect Competition)—केन्ज़ के सिद्धान्त की एक और कमज़ोरी यह है कि पूर्ण प्रतियोगिता की अवास्तविक कल्पना पर आधारित है। इससे यह सिद्धान्त समाजवादी या साम्यवादी समाजों पर नहीं लागू होता क्योंकि वहां समस्त अर्थव्यवस्था को राज्य चलाता है। ऐसी अर्थव्यवस्थाओं में **चक्रीय** बेरोजगारी नहीं होती, अत: उनमें केन्ज़ीय सिद्धान्त के लागू होने का सवाल ही नहीं पैदा होता। जैसा कि **हैरिस** ने ठीक ही कहा है, ''यदि साम्यवाद आ आए, तो रिकार्डो की भांति केन्ज़ भी खत्म हो जाएगा।''

केन्ज़ का सिद्धान्त तो आधुनिक पूंजीवादी अर्थव्यवस्थाओं पर भी नहीं लागू होता क्योंकि वहां पूर्ण प्रतियोगिता की बजाय एकाधिकारात्मक प्रतियोगिता है। उदाहरणार्थ, प्रभावी मांग का नियम कहता है कि जब समस्त मांग फलन समस्त पूर्ति फलन से बढ़ जाता है, तो उद्यमी अधिक लाभ कमाने की प्रत्याशा में, समस्त मांग का बिन्दु आने तक, अधिक श्रम को लगाते रहते हैं। परन्तु यह आवश्यक नहीं कि रोजगार के संतुलन स्तर तक पहुंचने के लिए अधिक श्रमिकों को तब भी काम पर लगाएं ही, जब अपूर्ण प्रतियोगिता हो। इस प्रकार केन्ज़ का सिद्धान्त वास्तविकता से दूर है।

(16) सामान्य सिद्धान्त (General Theory)—केन्ज़ अपनी सिद्धान्त को एक ''सामान्य सिद्धान्त'' मानता है। परन्तु जैसा ऊपर कही गई बात से स्पष्ट है, यह सिद्धान्त एक सामान्य सिद्धान्त नहीं बल्कि एक **विशिष्ट** (special) **सिद्धान्त** है, जो पूर्ण प्रतियोगितात्मक बन्द अर्थव्यवस्था में स्थैतिक परिस्थितियों के अन्तर्गत ही लागू होता है। फिर, यह अल्प-विकसित देशों की समस्याएं सुलझाने में भी असमर्थ है। जिन औजारों और मान्यताओं पर केन्ज़ीय अर्थशास्त्र का निर्माण हुआ है, वे ऐसी अर्थव्यवस्थाओं का विकास करने की क्षमता नहीं रखतीं। इस प्रकार केन्ज़ीय अर्थशास्त्र को किसी भी तरह 'सामान्य सिद्धान्त' नहीं कहा जा सकता है। **हैरिस** अधिक यथार्थवादी है, जब वह कहता है कि ''जो लोग ऐसे सार्वभौमिक (universal) सत्य खोजना चाहते हैं जो सब स्थानों पर और सब समयों में लागू हो सकें, उनके लिए अच्छा है कि वे इस 'सामान्य सिद्धान्त' पर अपना समय न बबांद करें।''

(17) बेरोजगारी की समस्या (Problem of Unemployment)—केन्ज़ की आलोचना इसलिए भी की गई है कि उसने केवल चक्रीय बेरोजगारी को ही उठाया है और पूंजीवादी अर्थव्यवस्थाओं में पाई जाने वाली अन्य प्रकार की बेरोजगारी को छोड़ दिया है। उसने घर्षनात्मक (frictional) बेरोजगारी और प्रौद्योगिकीय (technological) बेरोजगारी का कोई हल नहीं दिया। प्रौद्योगिकीय बेरोजगारी की समस्या संभवत: इसलिए छोड़ दी गई कि केन्ज़ उन तेजी से होने वाली प्रौद्योगिकीय खोजों का पहले अनुमान नहीं कर पाया, जो उन्नत पूंजीवादी देशों में हुईं। इस प्रकार, केन्ज़ीय अर्थशास्त्र बेरोजगारी की समस्या हल करने में **अधूरा** है।

(18) नीति संबंधी निहितार्थ (Policy Implications)—केन्ज़ीय अर्थशास्त्र के नीति संबंधी निहितार्थों की भी निम्न आलोचना नीचे की गई है :

(i) बेरोजगारी का मुकाबला करने के लिए केन्ज़ ने **घाटे का व्यय** की नीति की सिफारिश की है। परन्तु इस नीति के गंभीर उलटे-प्रभाव होते हैं क्योंकि राज्य फिजूलखर्ची के ढंग से अपने साधनों की अपेक्षा अधिक व्यय कर सकता है। फिर, अमरीका में सरकार द्वारा किए गए घाटे के व्यय से रोजगार की मात्रा बढ़ने की बजाय स्फीति आई। केन्ज़ के सबसे बड़े आलोचक **हैज़लिट** का मत है, ''स्फीति बेरोजगारी के लिए एकदम अनिश्चित इलाज है, बेरोजगारी का अनावश्यक इलाज है।'' इसलिए बेरोजगारी का इलाज करने के लिए स्फीति या घाटे के व्यय पर भरोसा नहीं किया जा सकता।

(ii) मंदी पर काबू पाने और पूर्ण रोजगार उपलब्ध करने के लिए केन्ज़ ने **सार्वजनिक निवेश** का पक्ष लिया है। यद्यपि उसने यह कहा था कि सार्वजनिक निवेश का काम निजी निवेश को उखाड़ फेंकना नहीं बल्कि उसकी अनुपूर्ति करना है, फिर भी, सार्वजनिक निवेश को बहुत हद तक प्रतिस्थापित कर दिया है। सड़क, वायु तथा रेल परिवहन एवं कई अन्य उद्योगों के राष्ट्रीयकरण और राज्य-उद्यमों के शुरू होने से सार्वजनिक क्षेत्र का घेरा बहुत बढ़ गया है। इसने निजी उद्यम का क्षेत्र घटां दिया है।

(iii) अर्थव्यवस्था में स्फीतिकारी झुकावों पर नियंत्रण करने के लिए केन्ज़ ने **आरोही** (progressive) कराधान का समर्थन किया। परन्तु कंपनियों पर लगाए गए अधिक ऊंचे कर निजी निवेश को हतोत्साहित करते हैं और ऊंचे वस्तु-कर उपभोग को निरुत्साहित करते हैं। इससे निजी निवेश पर संचयी प्रतिकूल प्रभात्र पड़ सकता है और इसके कारण अर्थव्यवस्था सुस्त पड़ जाती है।

(iv) केन्ज़ ने मौद्रिक नीति की ओर ध्यान नहीं दिया। केन्ज़ीय व्यवस्था में, पूर्ण रोजगार तथा तरलता जाल (liquidity trap),

अर्थात जब मंदी के दौरान ब्याज की दर लोचरहित होती है, की स्थितियों में मुद्रा तटस्थ रहती है। केवल इन दो स्थितियों के बीच की माध्यमिक स्थिति में ही मुद्रा अतटस्थ होती है। केन्ज़ीय विश्लेषण में यह एक बड़ी कमी है क्योंकि जैसाकि फ्रीडमेन, मैट्ज्लर, पिटिंकिन तथा अन्य ने सिद्ध किया है, मौद्रिक नीति इन स्थितियों में भी महत्त्वपूर्ण कार्य करती है।

(*v*) केन्ज़ की नीति संबंधी विधियाँ पूंजी-निर्माण तथा आर्थिक वृद्धि की उन समस्याओं को नहीं सुलझा पातीं जोकि प्रौद्योगिकीय नवप्रवर्तनों का परिणाम होती हैं। वे अल्पविकसित देशों की समस्याएं हल करने में भी असमर्थ हैं। वास्तव में, केन्ज़ की नीति सम्बन्धी विधियों को इस प्रकार की अर्थव्यवस्थाओं पर लागू करने से और अधिक समस्याएं उत्पन्न हो गई हैं।

(*vi*) **अन्तिम,** केन्ज़ीय अर्थशास्त्र कई ऐसी सामाजिक-आर्थिक समस्याओं का हल देने में भी असमर्थ है जिनका सामना विकसित देशों को करना पड़ रहा है। इस समस्याओं में उचित रोजगार, आय वितरण तथा साधन-वितरण शामिल हैं। केन्ज़ीय नीति-उपायों में यह एक गंभीर दोष है।

निष्कर्ष (Conclusion)

केन्ज़ीय अर्थशास्त्र के आलोचनात्मक मूल्यांकन से स्पष्ट है कि जहां ऐसे केन्ज़वादी हैं, जो केन्ज़ का गुणगान करते हैं; वहां हैजलिट जैसे केन्ज़ विरोधी भी हैं जिन्हें "**कोई एक सिद्धान्त भी ऐसा नहीं मिला जो सत्य भी हो और मौलिक भी।**" दूसरी ओर, केन्ज़ का सबसे बड़ा अनुयायी **डिल्लर्ड** लिखता है, "केन्ज़ इस दृष्टि से मौलिक विचारक था कि वह अपने ही ढंग से अपने विचारों तक पहुंचा। जो विचार केन्ज़ ने प्रस्तुत किए, वे उसके अपने थे, भले ही किसी और ने उन्हीं विचारों को या उनसे मिलते-जुलते विचारों को कभी उससे पहले प्रस्तुत कर दिया हो।" यद्यपि आज की समस्याएं उनसे कुछ-कुछ भिन्न हैं, जो उस समय थीं, जब केन्ज़ ने अपनी *General Theory* लिखी थी, फिर भी अधिकांश अर्थशास्त्री केन्ज़ीय विश्लेषण के ढांचे के भीतर ही आज की समस्याओं को सुलझाते हैं। बावजूद इस बात के कि **सैम्युल्सन** ने *General Theory* की इन शब्दों में कड़ी निन्दा की है कि यह "एक ऐसी पुस्तक है, जो बड़े खराब ढंग से लिखी गई है, इसका संगठन घटिया है.... कक्षा में प्रयोग के उपयुक्त नहीं है....उद्धत, चिड़चिड़ी, विवादीय है, अपनी आभार-स्वीकृतियों में बहुत उदार नहीं है और मस्तियों तथा गड़बड़ों से भरपूर है"। फिर भी, यह अर्थशास्त्र की अत्यधिक लोकप्रिय पुस्तक बनी और इसका तकनीकी तंत्र अर्थशास्त्र के सामान्य शरीर में रम चुका है। समष्टि अर्थशास्त्र, मौद्रिक अर्थशास्त्र तथा सार्वजनिक अर्थशास्त्र पर शायद ही कोई किताब ऐसी हो जिस पर केन्ज़ की विचारधारा तथा नीति की छाप न हो। प्रो. **हेरी जॉनसन** (Harry Johnson) ने 1961 में लिखा था, "आज के दिन इस सम्बन्ध में परिश्रम करने की जरूरत नहीं है कि *General Theory* को बहुत कुछ श्रेय इस तथ्य के कारण मिलना चाहिए कि अब यह मान लिया गया है कि उच्च तथा स्थिर रोजगार बनाए रखना सरकार की जिम्मेदारी है, अथवा केन्ज़ का मांग सिद्धांत आर्थिक नीति के आधुनिक सिद्धांत का मूल है।" और डिल्लर्ड के अनुसार, "घाटे के वित्त प्रबंधन को सार्वजनिक नीति का महत्त्वशाली ढंग स्वीकार किया जाना सार्वजनिक चिन्तन पद्धति में एक सराहनीय परिवर्तन है, जिसके लिए केन्ज़ीय अर्थशास्त्र प्रमुख रूप से उत्तरदायी है।" इसलिए हम केन्ज़ के कट्टर विरोधी हैज़लिट के इस कथन से सहमत नहीं हैं कि *General Theory* 'हमारे युग का एक महान् बौद्धिक अपमान है'। वास्तव में, माल्थस के संबंध में जो मूल्यांकन शूम्पीटर ने किया है, वह बहुत हद तक केन्ज़ पर भी लागू होता है। केन्ज़ "खुशकिस्मत था—क्योंकि यह खुशकिस्मती ही है— कि वह समान रूप से बेतुके, परस्पर-विरोधी मूल्यांकनों का विषय बना। वह मानव-जाति का हितकारी था। वह शैतान था। वह गंभीर विचारक था। वह मूढ़मति था। जिस आदमी ने लोगों के दिमाग को इतना हिलाकर रख दिया कि अपने सम्बन्ध में इतने आवेशपूर्ण मूल्यांकन प्रकट करा सका, **इसी तथ्य से** वह कोई औसत दर्जे की चीज नहीं था।" बल्कि, वह तो प्रतिभा सम्पन्न था।

प्रश्न

1. केन्ज़ के रोजगार तथा आय सिद्धान्त का मूल्यांकन कीजिए।
2. क्लासिकी और केन्ज़ीय रोजगार सिद्धांतों की तुलना कीजिए।
3. क्लासिकी और केन्ज़ीय आय निर्धारण के मॉडलों की तुलना कीजिए और उनके दो मूलभूत भेद बताइए।
4. केन्ज़ीय रोजगार सिद्धान्त के सैद्धांतिक और व्यावहारिक महत्त्व की विवेचना कीजिए।
5. 'केन्ज़ीय अर्थशास्त्र क्रांतिकारी है।' इसकी विवेचना कीजिए।

भाग चार

मुद्रा एवं बैंकिंग
(Money and Banking)

अध्याय 26

मुद्रा के कार्य और प्रकार
(Functions and Types of Money)

1. मुद्रा की प्रकृति और परिभाषा
(NATURE AND DEFINITION OF MONEY)

मुद्रा के अर्थ और प्रकृति के सम्बन्ध में बहुत मतभेद और भ्रान्ति चली आ रही है। जैसा कि **स्कितोव्स्की** ने लक्ष्य किया है, ''मुद्रा की धारणा को परिभाषित करना कठिन है, आंशिक रूप से तो इसलिए कि यह एक नहीं तीन कार्य करती है, जिनमें से प्रत्येक कार्य मुद्रात्व की कसौटी प्रदान करता है। ये कार्य हैं: (i) लेखा की इकाई, (ii) विनिमय का माध्यम, और (iii) मूल्य का संचय।''[1] यद्यपि स्कितोव्स्की ने मुद्रात्व (moneyness)[2] के कारण मुद्रा को परिभाषित करने की कठिनाई की ओर संकेत किया है तथापि उसने मुद्रा की व्यापक परिभाषा दी है। प्रो. **कोलबोर्न** (Coulborn) की परिभाषा के अनुसार मुद्रा मूल्यांकन तथा भुगतान का माध्यम है; लेखा की इकाई के रूप में भी तथा विनिमय के सामान्यत: स्वीकार्य माध्यम के रूप में भी।'' (Money is the means of valuation and of payment; as both the unit of account and the generally acceptable medium of exchange). कोलबोर्न की परिभाषा बहुत व्यापक है। उसने इस परिभाषा में 'मूर्त' मुद्रा (concrete money) जैसे— सोना, चैक, सिक्के, करेन्सी, नोट, बैंक ड्राफ्ट आदि को तो शामिल किया ही है, साथ ही अमूर्त मुद्रा (abstract money) को भी ले लिया है जो हमारे मूल्य, कीमत तथा योग्यता के विचारों की वाहिका है। इस तरह की व्यापक परिभाषाएं देखकर सर जॉन हिक्स ने कहा था, ''मुद्रा अपने कार्यों से परिभाषित होती है, जिस किसी वस्तु को मुद्रा की भांति प्रयोग किया जाए वही मुद्रा बन जाती है। मुद्रा वही है जो मुद्रा का काम करे।'' (Money is defined by its functions: anything is money which is used as money; 'money is what money does')[3] ये मुद्रा की कार्यात्मक परिभाषाएं हैं क्योंकि ये मुद्रा को उसके कार्यों की दृष्टि से परिभाषित करती हैं।

कुछ अर्थशास्त्री मुद्रा को कानून की शब्दावली में परिभाषित करते हैं और कहते हैं, ''जिस किसी चीज को सरकार मुद्रा घोषित कर दे, वही मुद्रा है।'' इस तरह की मुद्रा को सामान्यरूप से सभी स्वीकार करते हैं और इसमें ऋण चुकाने की कानूनी शक्ति होती है। परन्तु हो सकता है कि लोग वैध मुद्रा स्वीकार न करें और उसके बदले में वस्तुएं तथा सेवाएं बेचने को तैयार न हों। दूसरी ओर संभव है कि लोग ऐसी चीजों को मुद्रा के रूप में स्वीकार कर लें जिन्हें ऋण चुकाने के लिए कानूनी तौर पर मुद्रा नहीं कहा गया, परन्तु जो खूब प्रचलित हों। इस तरह की चीजें, कमर्शियल बैकों द्वारा जारी किए गए चैक और नोट हैं। इस प्रकार, वैधता के अतिरिक्त भी कुछ ऐसी बातें हैं जो कुछ चीजों को मुद्रा बनाती हैं।

1. T. Scitovsky, *Money and the Balance of Payments*, 1969.
2. मुद्रात्व का अर्थ है तरलता। जिन वस्तुओं में तरलता होती है उन सबमें मुद्रात्व होती है।
3. John Hicks, *Critical Essays in Monetary Theory*, 1967.

2. मुद्रा की सैद्धांतिक और अनुभवसिद्ध परिभाषाएं (THEORETICAL AND EMPIRICAL DEFINITIONS OF MONEY)

मुद्रा की परिभाषा के बारे में अर्थशास्त्री एकमत नहीं हैं, इसलिए प्रो. जॉनसन[4] इस संबंध में चार मुख्य विचारधाराओं का उल्लेख करता है जिनकी पेसक और सेविंग के विचार के साथ नीचे विवेचना की गई है।

1. परंपरागत परिभाषा (Traditional Definition of Money)—परंपरागत विचारधारा, जिसे करेंसी संप्रदाय भी कहते हैं, के अनुसार, मुद्रा को करेंसी और मांग जमा कहा गया है। इसका सबसे महत्वपूर्ण कार्य विनिमय के माध्यम के रूप में है। केन्ज़ ने परंपरागत विचारधारा का पालन करते हुए अपनी पुस्तक General Theory में नकदी और बैंकों की मांग जमा को मुद्रा परिभाषित किया। हिंक्स ने अपने Critical Essays in Monetary Theory में मुद्रा की प्रकृति के परंपरागत तिहरे वर्गीकरण को बताया है: ''लेखा की इकाई, भुगतान करने का साधन और मूल्य के संचय के रूप में।'' बैंकिंग संप्रदाय ने मुद्रा की परंपरागत परिभाषा को मनमानी कहकर इसकी आलोचना की। इसमें मुद्रा का अर्थ बहुत संकुचित है क्योंकि अन्य परिसंपत्तियां भी हैं जो समानरूप से विनिमय का माध्यम स्वीकार की जाती हैं। इनमें कमर्शियल बैंकों के समय जमा-पत्र, विनिमय बिल, आदि शामिल हैं। इन परिसंपत्तियों की उपेक्षा करके परंपरागत विचारधारा उनके प्रभाव से उनके वेग (velocity) का विश्लेषण करने में समर्थ नहीं है। फिर, इनको मुद्रा की परिभाषा से निकालकर, केन्ज़वादी मुद्रा के ब्याज-लोच मांग फलन पर अधिक बल देते हैं। अनुभवसिद्ध तौर से उन्होंने ब्याज़ दर द्वारा उत्पादन और मुद्रा के स्टॉक के बीच संबंध स्थापित किया।

2. फ्रीडमैन की परिभाषा (Friedman's Definition of Money)—मुद्रा से फ्रीडमैन का अभिप्राय है, ''अक्षरश: वे सभी डालर जो लोग अपनी जेनों में लिए घूमते हैं, और वे सभी डालर जो मांग जमा और वाणिज्यिक बैंक के पास समय जमा के रूप में उनके बैंक खातों में हैं।'' अत: उसकी परिभाषा के अनुसार, मुद्रा ''करेंसी और कमर्शियल बैंकों की कुल समायोजित जमाओं का जोड़ है।'' (the sum of currency plus all adjusted deposits in commercial banks).[1] यह मुद्रा की व्यावहारिक परिभाषा है, जिसका फ्रीडमैन और शर्वाटज़ चुने हुए 1929, 1935, 1950, 1955 और 1960 वर्षों के लिए अमरीका की मौद्रिक प्रवृत्तियों के अनुभवसिद्ध अध्ययन के लिए प्रयोग करते हैं। यह मुद्रा की संकुचित परिभाषा थी और कमर्शियल बैंकों के दोनों मांग और समय-जमाओं में समायोजन (adjustment) तथा समाज और कमर्शियल बैंकों की बढ़ रही वित्तीय कृत्रिमता को ध्यान में रख कर रची गई थी। परन्तु फ्रीडमैन इस कृत्रिमता का एक सूचक भी स्थापित नहीं कर सका। इस समायोजन के साथ भी, नकद और जमा मुद्राओं की दीर्घकाल तक पूरी तरह से तुलना (comparison) नहीं की जा सकी थी। फिर भी, 1950, 1955 और 1960 के लिए सहसंबंध प्रमाण (correlation evidence) ने मुद्रा की इस विस्तृत परिभाषा का सुझाव दिया: ''कोई परिसंपत्ति जो क्रय शक्ति के अस्थाई निवास के रूप में क्षमता रखती हो।'' (Any asset capable of serving as a temporary abode of purchasing power).[5]

इस प्रकार फ्रीडमैन मुद्रा की दो प्रकार की परिभाषाएं देता है। एक सैद्धांतिक आधार पर और दूसरी अनुभवसिद्ध आधार पर। इससे बहुत वाद-विवाद उत्पन्न हुआ जिसे फ्रीडमैन ने कार्यपद्धति-विषयक (methodological) विवादों के आधार पर सुलझाने का प्रयत्न किया। फ्रीडमैन के अनुसार, ''मुद्रा की परिभाषा की खोज नियम के आधार पर नहीं करनी चाहिए बल्कि आर्थिक संबंधों के हमारे ज्ञान को सुव्यवस्थित करने में लाभदायकता के आधार पर।''[6] अत: अनुभवसिद्ध उद्देश्यों के लिए प्रयोग की गई परिभाषा अमहत्वपूर्ण है क्योंकि भिन्न परिभाषाएं भिन्न परिणाम देंगी। अनुभवसिद्ध परिणाम अन्तत: परिसंपत्तियों की प्रकृति पर निर्भर करेंगे जो मुद्रा की क्रयशक्ति के अस्थाई निवास के रूप में परिभाषा में सम्मिलित है। इस प्रकार फ्रीडमैन मुद्रा की अपनी परिभाषा में दृढ़ (rigid) नहीं है और विस्तृत दृष्टिकोण रखता है जिसमें बैंक जमा, गैर-बैंक जमा और कई अन्य प्रकार की परिसंपत्तियां शामिल होती हैं, जिनके द्वारा मौद्रिक अधिकारी रोजगार, कीमतों और आय के भावी-स्तर या किसी अन्य महत्वपूर्ण समष्टि चर को प्रभावित करता है।

3. रेडक्लिफ की परिभाषा (Radcliffe Definition)—रेडक्लिफ समिति[7] ने मुद्रा को ''नोट योग बैंक जमा'' (note plus bank deposits) के रूप में परिभाषित किया। इसमें केवल वे परिसंपत्तियां शामिल हैं, जो सामान्यतौर से विनिमय के माध्यम के रूप में प्रयोग की जाती हैं। परिसंपत्तियों से अभिप्राय तरल परिसंपत्तियों से है जिनका अर्थ है वस्तुओं और सेवाओं के लिए कुल प्रभावी मांग को

---

4. H.G. Johnson, *"Monetary Theory and Policy," A.E.R.*, June, 1962.
5. M. Friedman : *Employment, Growth and Price Level*, 1959.
6. M. Friedman and A.J. Schwartz : *Monetary, Statistics of the United States*, 1970.

प्रभावित कर रही मौद्रिक मात्रा। इसमें व्यापक रूप से साख (credit) को शामिल समझा जाता है। इस प्रकार, समस्त तरलता स्थिति व्यय करने के निर्णयों से संबद्ध होती है। व्यय करना बैंक में नकदी या मुद्रा तक सीमित नहीं है, बल्कि मुद्रा की वह मात्रा है जिसे लोग एक परिसंपत्ति बेचकर या उधार लेकर या जैसे बिक्री से प्राप्त आय समझकर धारण कर सकते हैं। समिति ने मुद्रा के प्रचलन वेग (velocity of circulation) की धारणा का प्रयोग नहीं किया क्योंकि संख्यात्मक स्थिरांक के रूप में इसमें कोई भी व्यावहारिक मात्रा नहीं पाई जाती है।

अशोधित अनुभवसिद्ध प्रयोगों के आधार पर कमेटी ने ब्याज दर द्वारा मुद्रा और आर्थिक क्रिया के बीच प्रत्यक्ष या परोक्ष संबंध नहीं पाया। परन्तु उसने सरलता के आधार पर इनमें नया संक्रमण तंत्र (transmission mechanism) प्रदान किया। उसने व्याख्या की कि ब्याज दरों में गति का अर्थ है वित्तीय संस्थाओं द्वारा धारित बहुत-सी परिसंपत्तियों के पूंजी मूल्य में महत्वपूर्ण परिवर्तन। ब्याज दरों में वृद्धि होने से कुछ उधारदाता कम उधार देते हैं, क्योंकि पूंजी मूल्य गिर जाते हैं और अन्य इसलिए कि उनका ब्याज-दर ढा़चा दृढ़ (sticky) होता है। दूसरी ओर, ब्याज दर में गिरावट उनके तुलन-पत्रों में वृद्धि करती है और उधारदाताओं को नया व्यवसाय खोजने के लिए प्रोत्साहित करती है।

4. गुर्ले-शा परिभाषा (Gurley-Shaw Definition)—गुर्ले तथा शा[8] वित्तीय मध्यस्थों द्वारा रखी गई काफी मात्रा में तरल परिसंपत्तियां और गैर-बैंक मध्यस्थों की देयताओं को मुद्रा के निकट स्थानापन्न समझते हैं। मध्यस्थ संचय के रूप में मुद्रा के लिए स्थानापन्न प्रदान करते हैं। यथार्थ मुद्रा जिसे करेंसी योग मांग जमा परिभाषित किया गया है, केवल एक तरल परिसंपत्ति है। इस प्रकार, उन्होंने तरलता पर आधारित मुद्रा की एक विस्तृत परिभाषा निर्मित की है जिसमें बांड, इंशयोरेंस रिज़र्व, पेंशन फंड, बचत और ऋण शेयर शामिल हैं। वे मुद्रा स्टॉक के वेग (velocity) में विश्वास रखते हैं जो गैर-बैंक मध्यस्थों द्वारा प्रभावित होता है। उनके मुद्रा की परिभाषा पर विचार अपने और गोल्डस्मिथ की अनुभवसिद्ध जांचों पर आधारित हैं।

5. पेसक-सेविंग परिभाषा (Pesek-Saving Definition)—पेसक और सेविंग[9] के अनुसार, मुद्रा में बैंकों के मांग जमा और सरकार द्वारा जारी मुद्रा शामिल होने चाहिएं। वे बैंक मुद्रा में समय और बचत खाते शामिल नहीं करते हैं। वे कुल मुद्रा को, जिसमें मांग-जमा शामिल है, समाज की शुद्ध संपत्ति मानते हैं। वे मुद्रा की ऋण के साथ तुलना करते हैं। मुद्रा ब्याज नहीं देती लेकिन ऋण ब्याज देता है। ऋण स्वयं संपत्ति नहीं है, क्योंकि जो बैंक मुद्रा को धारण करते हैं, उसे एक परिसंपत्ति मानते हैं, जबकि बैंक उसे प्रभावी देयता मानते हैं।

इस प्रकार, पेसक और सेविंग मुद्रा की एक व्यवहार्य परिभाषा का अनुसरण करते हैं जिसमें तीन शर्तें शामिल हैं: *प्रथम,* वे वस्तु, मुद्रा और आदेश (fiat) मुद्रा को उनके धारकों की परिसंपत्ति के रूप में मानते हैं और किसी की भी देयताएं नहीं मानते। *दूसरे,* सरकार कमर्शियल बैंकों को मुद्रा निर्माण के लिए एकाधिकार अधिकार प्रदान करती है,[10] जो आगे व्यक्तियों के निजी ऋणों के लिए बैंक मुद्रा बेचकर इसका प्रयोग करते हैं। जिन व्यक्तियों के पास बैंक मुद्रा होती है वे इसे पूर्णरूप से एक परिसंपत्ति मानते हैं। दूसरी ओर, बैंक इसे एक प्रभावी देयता मानते हैं। अतः पेसक और सेविंग बैंक मुद्रा *घटा* रिज़र्व (जो बैंक अपने जमाकर्त्ताओं की मांग को पूरा करने के लिए रखते हैं) को अर्थव्यवस्था की शुद्ध परिसंपत्ति मानते हैं। तुलन-पत्र में, बैंक मुद्रा को एक परिसंपत्ति और निजी ऋणों को एक देयता दिखाया जाता है। *तीसरे,* यदि बैंक मुद्रा निर्मित करना लागतरहित हो और जमा पर कोई ब्याज भुगतान नहीं दिए जाते, तो बैंक को शुद्ध संपत्ति (net worth) अपरिवर्तित रहती है क्योंकि परिसंपत्तियां और देयताएं दोनों समान मात्रा में बढ़ते हैं। यह दर्शाता है कि बैंक की शुद्ध संपत्ति शून्य है।

पेसक और सेविंग बैंक मुद्रा में समय और बचत जमाओं को शामिल नहीं करते हैं। परन्तु जब ब्याज भुगतान हों तो वे बैंक मुद्रा में सम्मिलित होते हैं। उनका तर्क है कि एक बार जब ये जमाएं ब्याज देना प्रारंभ करती हैं, तो वे मुद्रा का कार्य करती रहेंगी।

आलोचनाएं (Criticisms:)—पेसक एवं सेविंग की परिभाषा की निम्न आलोचनाएं की गई हैं—

---

7. *Report of the Committee on the Working of the Monetary System*, 1959.
8. J.G. Gurley and E.S. Shaw, *Money in a Theory of Finance*, 1960.
9. B.P. Pesek and T.R. Saving, *Money, Wealth and Economic Theory*, 1967.
10. अमरीका में पांच बड़े बैंकों को नोट छापने का अधिकार प्राप्त है।

1. फ्रीडमैन और शवार्टज के अनुसार, पेसक एवं सेविंग की स्थिति का तर्क यह है कि मुद्रा शुद्ध–संपत्ति के रूप में उच्च शक्तियुक्त मुद्रा (high-powered money) होनी चाहिए जिसे पेसक एवं सेविंग ने बहुत संकुचित कहकर अस्वीकार कर दिया। इस प्रकार, उच्च–शक्तियुक्त मुद्रा पेसक एवं सेविंग की प्रथम कसौटी को पूरा करता है।

2. पेसिक एवं सेविंग विश्लेषण में पेटिनकिन कुछ भ्रांति पाता है, जब वे बैंक–मुद्रा में समय और बचत जमा शामिल नहीं करते हैं। पेसिक एवं सेविंग बैंकों द्वारा प्रयोग किए गए परंपरागत लेखांकन तरीकों की भी आलोचना करते हैं। परन्तु पेटिनकिन उनके मुद्रा निर्माण के विश्लेषण की परंपरागत लेखांकन द्वारा व्याख्या करता है और उसे अधिक लाभदायक पाता है।

3. पेसिक एवं सेविंग की आलोचना सामाजिक संपत्ति को परिभाषित करने में बैंक–मुद्रा की दोहरी गणना करने के लिए भी की गई है। *प्रथम,* वे इसमें मुद्रा पूर्ति का भाग शामिल करते हैं, और फिर वे बैंकिंग प्रणाली को शुद्ध संपत्ति को अन्य तत्व में सम्मिलित करते हैं। वास्तव में, एक या दूसरे की गणना करनी चाहिए, न कि दोनों की।

इन आलोचनाओं के बावजूद, पेसक और सेविंग का मुद्रा पर विचार महत्वपूर्ण है, क्योंकि वे शुद्ध संपत्ति का अध्ययन करते हैं जो कमर्शियल बैंकों को प्राप्त होती है।

3. मुद्रा का वर्गीकरण अथवा प्रकार
(CLASSIFICATION OR TYPES OF MONEY)

मुद्रा का वर्गीकरण विभिन्न आधारों पर किया जाता है—(1) जिन वस्तुओं से मुद्रा बनाई गई है उनकी भौतिक विशिष्टताएं या मौद्रिक प्रणाली कसौटी; (2) मुद्रा को जारी करने वाले की प्रकृति जैसे सरकार, केन्द्रीय बैंक, कमर्शियल बैंक, अथवा अन्य कोई या स्वीकार्यता कसौटी; और (3) मुद्रा के रूप में मुद्रा के मूल्य तथा वस्तु के रूप में मुद्रा के मूल्य के बीच सम्बन्ध जिसे केन्ज़ लेखा मुद्रा तथा यथार्थ मुद्रा कहता है। मुद्रा के विभिन्न प्रकारों की व्याख्या करने में हम मोटे तौर पर इसी वर्गीकरण का अनुसरण करेंगे।

1. मुद्रा-प्रणाली कसौटी (Monetary System Criterion)

मुद्रा–प्रणाली कसौटी मुद्रा का तीन प्रकार से वर्गीकरण करती है: 1. धातु मुद्रा; 2. कागज मुद्रा; और 3. साख मुद्रा। जिनकी व्याख्या यहां की जा रही है—

(1) **धातु–मुद्रा** (Metallic Money) सोना, चांदी, निकल, तांबा आदि जैसी किसी भी धातु से बनी मुद्रा को धातु–मुद्रा कहते हैं। धातु–मुद्रा का आगे मानक मुद्रा, प्रतीक मुद्रा तथा सहायक मुद्रा के रूप में वर्गीकरण किया गया है।

(i) मानक मुद्रा (Standard Money)—मानक मुद्रा ''वह मुद्रा है जिसका मूल्य वस्तु के रूप में गैर–अमौद्रिक उद्देश्यों के लिए भी उतना ही है जितना की मुद्रा के रूप में उसका मूल्य है।'' इस तरह की मुद्रा सिक्कों के रूप में होती है जिसका अंकित मूल्य उसके यथार्थ मूल्य अथवा धातु–मूल्य के बराबर होता है। इस तरह के सिक्कों का धारक चाहे तो उन्हें पिघलाकर धातु के रूप में अथवा मुद्रा के रूप में प्रयोग कर सकता है, क्योंकि सिक्कों में धातु का मूल्य उतना ही होता है जितना उनका मौद्रिक मूल्य है। इसलिए मानक मुद्रा को **पूर्ण मूल्य मुद्रा** भी कहते हैं। 1835 से 1893 के बीच भारत का एक रुपये का सिक्का पूर्ण–मूल्य सिक्का होता था। फिर, मानक मुद्रा ऐसी असीमित वैध मुद्रा (legal tender) है जिसमें कितनी भी राशि का भुगतान किया जा सकता है।

(ii) प्रतीक मुद्रा (Token Money)—प्रतीक मुद्रा वह प्रतिनिधि मुद्रा है जिसका यथार्थ मूल्य उसके अंकित मूल्य से कम होता है। भारत में जो एक रुपये का सिक्का चल रहा है, वह प्रतीक सिक्का है। यदि उसे पिघलाया जाए, तो इसकी धातु एक रुपये में नहीं बिकेगी।

(iii) सहायक मुद्रा (Subsidiary Money)—सहायक मुद्रा का काम प्रतीक मुद्रा की सहायता करना है। पांच पैसे से 25 पैसे तक के जो सिक्के भारत में चलते हैं, वे सभी सहायक मुद्रा हैं। इस तरह के सिक्के वैध मुद्रा हैं जिनसे भारत में केवल 25 रुपये तक का भुगतान किया जा सकता है।

2. कागज मुद्रा (Paper Money)

कागज–मुद्रा से तात्पर्य कागज के बने विभिन्न अंकित मूल्य के नोटों से है जिसे देश का केन्द्रीय बैंक तथा/अथवा सरकार जारी करती है। कागज–मुद्रा को प्रतिनिधि कागज–मुद्रा, परिवर्तनीय कागज–मुद्रा, अपरिवर्तन कागज–मुद्रा और आदेश कागज–मुद्रा के रूप

में वर्गीकृत किया जा सकता है।

(i) प्रतिनिधि कागज-मुद्रा (Representative Paper Money)—प्रतिनिधि कागज-मुद्रा ''वास्तव में पूर्ण-मूल्य सिक्कों अथवा उनके बराबर के स्वर्ण-बुलियन की मालगोदाम रसीद है जो प्रचलन में होती है।'' इसे प्रतिनिधि पूर्ण-मूल्य मुद्रा भी कहते हैं क्योंकि यह सरकारी खजाने में रखे स्वर्ण सिक्कों अथवा बुलियन से पूर्णतया समर्थित होती है। जो स्वर्ण-प्रमाणपत्र संयुक्त राज्य अमरीका में 1933 से पहले चलते थे, वे प्रतिनिधि कागज मुद्रा थे।

(ii) परिवर्तनीय कागज मुद्रा (Convertible Paper Money)—परिवर्तनीय कागज-मुद्रा वह मुद्रा होती है जिसे मानक सिक्कों अथवा बुलियन के रूप में शत-प्रतिशत समर्थन प्राप्त नहीं होता। परन्तु कागज मुद्रा का धारक (holder) उसे मांग पर बुलियन अथवा सिक्कों में बदलवा सकता है। प्रतिनिधि और परिवर्तनीय कागज मुद्रा दोनों में इतना ही अन्तर होता है कि प्रतिनिधि कागज-मुद्रा को तो मानक सिक्कों अथवा बुलियन का पूर्ण समर्थन प्राप्त होता है जबकि परिवर्तनीय कागज-मुद्रा को उनका पूर्ण समर्थन प्राप्त नहीं होता। परन्तु दोनों ही प्रकार की कागज मुद्रा परिवर्तनीय होती है।

(iii) अपरिवर्तनीय कागज मुद्रा (Inconvertible Paper Money)—जिस कागज मुद्रा को मानक सिक्कों अथवा बुलियन का कोई समर्थन प्राप्त नहीं होता और जिसे उनमें बदलवाया भी नहीं जा सकता उसे अपरिवर्तनीय कागज मुद्रा कहते हैं। सब देशों के केन्द्रीय बैंकों द्वारा जारी किए गए नोट अपरिवर्तनीय कागज मुद्रा होती है। इसे प्रत्ययी (fiduciary) मुद्रा भी कहते हैं।

(iv) *आदेश या अधिदिष्ट-मुद्रा (Fiat Money)*—जो कागज-मुद्रा सरकार के आदेश पर प्रचलित होती है उसे आदेश मुद्रा कहते हैं। आदेश मुद्रा प्रतिनिधि अथवा प्रतीक मुद्रा है जो राज्य द्वारा निर्मित अथवा जारी की जाती है, परन्तु जिसे कानून द्वारा अपने अतिरिक्त किसी अन्य वस्तु से नहीं बदला जा सकता। यह वैध नुद्रा होती है। भारत सरकार द्वारा जारी प्रतीक सिक्के आदेश मुद्रा हैं। वित्त मंत्रालय द्वारा जारी एक रुपये के नोट, जिनका छापना अब बंद हो गया है पर प्रचलन में हैं, भी आदेश मुद्रा हैं। आज कल व्यवहार में आदेश मुद्रा और अपरिवर्तनीय कागज मुद्रा में कोई भेद नहीं है।

3. स्वीकार्यता कसौटी (Acceptability Criterion)

स्वीकार्यता कसौटी के आधार पर मुद्रा को वैध मुद्रा और अवैध मुद्रा में वर्गीकृत किया जा सकता है।

(1) वैध मुद्रा (Legal Tender Money)—वैध मुद्रा वह मुद्रा है जिसे सरकार तथा जनता दोनों ही भुगतान और ऋण चुकाने के साधन के रूप में स्वीकार करते हैं। क्योंकि इसे सरकार की मंजूरी प्राप्त है, इसलिए लोगों को इस तरह की मुद्रा अनिवार्यत: स्वीकार करनी पड़ती है। किसी देश की सरकार और केन्द्रीय बैंक द्वारा जारी किए गए नोट और सिक्के उस देश में अनिवार्य वैध मुद्रा होती है। वैध मुद्रा को आगे सीमित तथा असीमित वैध मुद्रा में विभक्त किया गया है।

(i) सीमित वैध मुद्रा (Limited Legal Tender Money)—यह वह मुद्रा है जिसमें कानूनी तौर से एक निश्चित सीमा तक भुगतान किया जा सकता है। भारत में 1 पैसे के सिक्के से लेकर 25 पैसे तक के सिक्के सीमित वैध मुद्रा हैं। इन सिक्कों में 25 रु. तक का भुगतान ही किया जा सकता है।

(ii) असीमित वैध मुद्रा (Unlimited Legal Tender Money)—वह मुद्रा असीमित वैध तब होती है। जब असीमित मात्रा में कानूनी तौर पर इसमें भुगतान किया जा सकता हो। भारत में, सभी कागज के नोट और पचास पैसे, एक, दो और पांच रुपये के सिक्के असीमित वैध मुद्रा हैं। लोगों को नोटों और इन सिक्कों में असीमित राशि का भुगतान स्वीकार करना पड़ता है।

(2) अवैध मुद्रा (Non-legal Tender Money)—जिस मुद्रा को सरकार अथवा केन्द्रीय बैंक की कानूनी मंजूरी प्राप्त नहीं होती उसे अवैध मुद्रा कहते हैं। राबर्टसन ने इसे ''ऐच्छिक (Optional) मुद्रा'' की संज्ञा दी है। चैकों, हुंडियों और प्रोनोटों आदि के रूप में प्रचलित मुद्रा अवैध मुद्रा है। लोगों को इस तरह की मुद्रा स्वीकार करने पर बाध्य नहीं किया जा सकता, क्योंकि इनके निर्गम को कानूनी मान्यता प्राप्त नहीं है। चैक और ड्राफ्ट के अलावा, ऐच्छिक मुद्रा के अन्य रूप भी हैं, जैसे सावधि जमा, बांड, प्रतिभूतियां, डिबेंचर, विनिमय पत्र, खजाना पत्र, पोस्ट ऑफिस सर्टिफिकेट, इंश्योरेंस, पालिसी, आदि। वे 'निकट मुद्रा' या 'मुद्रा स्थानापन्न' कहलाते हैं। वे मूल्य के संचय के रूप में लगभग पूर्ण स्थानापन्न हैं। उनमें तरलता पाई जाती है और उनसे आय प्राप्त होती है। वे करेंसी के प्रयोग में बचत लाते हैं। परन्तु वे वैध नहीं होते हैं।

3. लेखा मुद्रा तथा यथार्थ मुद्रा (Money of Account and Money Proper)

केन्ज़ ने लेखा मुद्रा तथा यथार्थ मुद्रा में भेद किया है। उसके मतानुसार ''लेखा मुद्रा वह मुद्रा है जिसमें ऋण और कीमतें और सामान्य क्रयशक्ति को व्यक्त किया जाता है।'' दूसरी ओर यथार्थ मुद्रा वह वास्तविक मुद्र है जिसमें ठेकों तथा ऋणों का हिसाब चुकाया जाता है जैसे भारतीय रुपया, इंग्लैण्ड का पौंड, अमरीकी डालर, फ्रांस का फ्रैंक, इटली का लीरा इत्यादि। आमतौर पर, जब देश के भीतर यथार्थ मुद्रा में हिसाब-किताब रखा जाता है, तो यथार्थ मुद्रा और लेखा मुद्रा में कोई अन्तर नहीं होता। पर, यदि किसी अन्य करेन्सी में हिसाब रखे जाएं, तो यथार्थ मुद्रा से लेखा मुद्रा में अन्तर होता है। प्रथमे विश्वयुद्ध के बाद जर्मनी में ऐसा ही हुआ था जब लेखा मुद्रा तो अमरीकी डालर थी और यथार्थ मुद्रा मार्क थी। परन्तु दोनों में अन्तर भी हो सकता है— जब मुद्रा के रूप में मुद्रा का मूल्य और वस्तु के रूप में मुद्रा का मूल्य भिन्न हों। उदाहरणार्थ, लेखा मुद्रा के रूप में भारतीय रुपये का मूल्य स्थिर रहा है। परन्तु वस्तु के रूप में भारतीय रुपये का मूल्य या यथार्थ मुद्रा समयोपरि परिवर्तित हो रहा है, अर्थात् यह असीमित वैध मुद्रा है। यह प्रतीक सिक्का या मुद्रा है जिसका वर्तमान वास्तविक मूल्य उसके 1939 के अंकित मूल्य की तुलना में नगण्य है।

4. मुद्रा तथा निकट मुद्रा (MONEY AND NEAR MONEY)*

मुद्रा, करेन्सी और बैंक जमा से बनती है। किसी देश के केन्द्रीय बैंक द्वारा जारी किए हुए सिक्के और करेन्सी नोट, और देश के कमर्शियल बैंकों के चैक तरल परिसम्पत्ति होती है। चैक और बैंक ड्राफ्ट दरअसल मुद्रा के लगभग पूर्ण स्थानापन्न होते हैं। ऐसा इसलिए कि वे मुद्रा के विनिमय माध्यम का कार्य करते हैं। परन्तु थोड़े नोटिस पर चैक और बैंक ड्राफ्ट केवल मांग जमा (demand deposit) के संबध में ही जारी किए जा सकते हैं। सावधि जमा (time deposit) के संबंध में यह बात नहीं होती। सावधि जमा या तो नियत अवधि के बाद या बैंक को पहले नोटिस देकर और हरजाना उठाकर निकलवाई जा सकती है। इस प्रकार सावधि जमा वास्तविक मुद्रा नहीं होती, और उसे वास्तविक मुद्रा बनाने के लिए उसे नकदी अथवा मांग जमा में परिवर्तित करना जरूरी है। पर सावधि जमा निकट मुद्रा तो होती है क्योंकि बिना हानि उठाए उसे थोड़ी अवधि में वास्तविक मुद्रा में बदला जा सकता है। उदाहरणार्थ, 10,000 रु. की तीन वर्ष के लिए सावधि जमा को तीन वर्ष से पहले भी मांग जमा अथवा 10,000 रु. नकदी में परिवर्तित किया जा सकता है। उन पर निश्चित दर से ब्याज भी मिलता है। यदि सावधि जमा को नियत समय से पहले नकदी या मांग जमा में बदलवाया जाए, तो सावधि जमा पर मिलने वाले ब्याज की दर कुछ कम हो जाती है। इस प्रकार, निकट मुद्रा परिसम्पत्तियां आरजी तौर पर मुद्रा के मूल्य संचय का काम करती हैं और उन्हें थोड़े नोटिस पर अंकित मूल्य में हानि के बिना, विनिमय के माध्यम में परिवर्तित किया जा सकता है।

सावधि जमा के अतिरिक्त, अन्य निकट मुद्रा सम्पत्तियां ये हैं: बांड, प्रतिभूतियां, डिबेंचर, हुंडियां, ट्रेजरी बिल, बीमा पालिसियां आदि। इन सभी प्रकार की परिसंपत्तियों के लिए बाजार है और ये बेचनीय हैं, इसलिए इन्हें थोड़े से समय में ही वास्तविक मुद्रा में परिवर्तित किया जा सकता है। आगे इस बात पर विचार किया जा रहा है कि ये सभी बेचनीय प्रपत्र (negotiable instruments) क्योंकर निकट मुद्रा हैं।

बांड प्रतिभूतियां तथा डिबेंचर एक ही श्रेणी में आते हैं। बांड तथा प्रतिभूतियों को सरकार जारी करती है जबकि डिबेंचर कंपनियां जारी करती हैं। ये अल्पकालीन, मध्यकालीन तथा दीर्घकालीन अवधि के लिए निधियां (funds) उधार लेने के साधन हैं और इन पर एक निश्चित दर से ब्याज मिलता रहता है। ये इसलिए निकट मुद्रा सम्पत्तियां हैं कि इन्हें मुद्रा-बाजार में थोड़े नोटिस पर ही नकदी में परिवर्तित किया जा सकता है।

मुद्रा का एक अन्य रूप है हुंडी। इसे *IOU* (I owe you अर्थात् मैं आपका देनकार हूं) भी कहते हैं। इसे लिखने वाला किसी फर्म का कोई व्यक्ति होता है जिसमें वह कहता है कि मैं अमुक (किसी निश्चित) को इतनी (उल्लिखित) मुद्रा-राशि का भुगतान कर दूंगा। इसमें दी गई भुगतान की तिथि, लिखने की तिथि के 90 दिन बाद की कभी नहीं होती। हुंडी अपने आपमें तो मुद्रा नहीं होती परन्तु देय तिथि को निश्चय से मुद्रा होती है। परन्तु यदि हुंडी का मालिक उसे नकदी में बदलना चाहे तो वह अवश्य निकट मुद्रा होती है। उसे

* Inside Money और Outside Money के लिए आगे अध्याय देखिए।

बट्टे पर या उसके अंकित मूल्य से कम मुद्रा लेकर भुनाया जा सकता है।

सरकार द्वारा जारी किए गए ट्रेजरी बिल भी निकट मुद्रा की श्रेणी में आते हैं। ट्रेजरी बिल ऐसा पत्र होता है जिसमें सरकार की ओर से निकट भविष्य में, आमतौर पर 30, 60 या 90 दिन में उल्लिखित राशि का भुगतान करने का वादा होता है। ट्रेजरी बिल भी एक तरह की हुंडी है, और उसे भी थोड़ी-सी अवधि में बट्टे पर भुनाया जा सकता है।

जीवन बीमा पालिसी भी निकट मुद्रा का एक उदाहरण है। जीवन बीमा पालिसी का धारक थोड़े नोटिस पर ऋण के रूप में नकदी प्राप्त कर सकता है। इस प्रकार जीवन-बीमा पालिसी भी तरल परिसम्पत्ति का एक रूप है जिसे निकट मुद्रा माना जा सकता है।

निकट मुद्रा के इन मान्यता प्राप्त साधनों के अतिरिक्त कुछ बिचौलिए भी पैदा हो गए हैं जो कुछ परिसम्पत्तियों के लिए मार्केट प्रदान करते हैं। इस तरह के बिचौलिए वे कम्पनियां हैं जो कुछ परिसम्पत्तियों की जमानत पर निधि प्रदान करती हैं और वे दलाल हैं जो सम्पत्ति, बांड, डिबेंचर, शेयर आदि खरीदते और बेचते हैं। वे इस तरह की परिसम्पत्तियों की तरलता बढ़ाते हैं और परिणामतः उन्हें निकट मुद्रा बना देते हैं।

अब मुद्रा और निकट मुद्रा का अन्तर स्पष्ट किया जा सकता है। मुद्रा वैध होती है जो धारक को तत्काल तरलता प्रदान करती है। यह विनिमय के माध्यम का कार्य करती है। दूसरी ओर निकट मुद्रा परिसम्पत्तियों का कोई कानूनी दरजा नहीं होता। उनमें मुद्रात्व अथवा तरलता तो होती है परन्तु मुद्रा जैसी तत्काल तरलता नहीं होती। मूल्य के संचय के रूप में वे मुद्रा के लगभग पूर्ण स्थानापन्न होते हैं। वे मुद्रा से श्रेष्ठ होते हैं, क्योंकि वे आय देते हैं। वे असली मुद्रा के प्रयोग में मितव्ययता भी लाते हैं और लोगों द्वारा विनिमय के माध्यम के रूप में प्रयोग की जाने वाली मुद्रा की मात्रा को कम करते हैं—स्थगित भुगतानों के माध्यम के रूप में और मूल्य के संचय के रूप में।

बावजूद इस बात के कि निकट मुद्रा परिसम्पत्तियों में तत्काल तरलता नहीं होती, लोग उन्हें ही अधिमान देते हैं। प्रो. ए॰जी॰ हार्ट के मतानुसार, ''लोग नकदी की अपेक्षा निकट मुद्रा को अधिमान इसलिए देते हैं कि इसमें रक्षा उद्देश्य की गुंजाइश रहती है।'' प्रो. डीन ने लक्ष्य किया है कि संयुक्त राज्य अमरीका में द्रव्यवत् (निकट) मुद्रा परिसम्पत्तियों की जो बेहद वृद्धि हुई है उसका एक कारण तो यह है कि मांग जमा की अपेक्षा उनसे अधिक आय प्राप्त होती है और दूसरा यह है कि वे नकदी की अपेक्षा अधिक सुरक्षित होती हैं। फिर, मुद्रा परिसम्पत्तियों के रूप में की जाने वाली बचतों को कुछ इस प्रकार की विशेष तकनीकों से प्रोत्साहन दिया जाता है जैसे वेतन-बचत स्कीम और कमर्शियल बैंकों की ऐसी योजनाएं जिनमें ग्राहकों के आदेश पर एक निश्चित राशि नियमित रूप से उन मांग जमा खाते से सावधि जमा खाते में स्थानान्तरित कर दी जाती है।

5. मुद्रा के कार्य
(FUNCTIONS OF MONEY)

मुद्रा अनेक प्राथमिक, द्वितीयक, आकस्मिक तथा अन्य कार्य करती है जो केवल वस्तु विनिमय प्रणाली की कठिनाइयों को ही दूर नहीं करते अपितु आज की दुनिया में व्यापार तथा उद्योग को प्रगति के पथ पर अग्रसर करती है।[11] हम इन कार्यों पर क्रमशः विचार कर रहे हैं।

1. प्राथमिक कार्य (Primary Functions)

मुद्रा के दो प्राथमिक कार्य हैं, (1) विनिमय के माध्यम के रूप में और (2) मूल्य की इकाई के रूप में, कार्य करना।

(अ) विनिमय का माध्यम (Medium of Exchange)—यह मुद्रा का मूल्य कार्य है क्योंकि इसीसे मुद्रा के अन्य कार्यों का विकास हुआ है। विनिमय के माध्यम का काम करके मुद्रा आवश्यकताओं के दोहरे संयोग की जरूरत तथा वस्तु-विनिमय प्रणाली की असुविधाओं एवं कठिनाइयों को समाप्त कर देती है। विनिमय के माध्यम के रूप में मुद्रा के प्रचलन से वस्तु-विनिमय प्रणाली का एक सौदा क्रय और विक्रय के अलग-अलग सौदों में बंट जाता है।[12] मुद्रा का कार्य सौदों के समय और स्थान को भी अलग कर देता है, क्योंकि किसी वस्तु के विक्रेताओं और क्रेताओं के लिए यह जरूरी नहीं रह जाता कि वे एक ही समय और स्थान पर सौदा करें। इसका कारण यह है कि वस्तु का विक्रेता कुछ मुद्रा खरीदता है और फिर मुद्रा समय और स्थान के अन्तराल से वस्तु को खरीदती है।

---

11. मुद्रा के स्थैतिक और गत्यात्मक कार्यों के लिए अगला अध्याय देखिए।
12. W.T. Newlyn, *The Theory of Money*, p.1.

जब मुद्रा विनिमय के माध्यम का कार्य करती है, तो इसका मतलब है कि लोग उसे सामान्यत: स्वीकार करने को तैयार हैं। इसलिए यह चुनाव की स्वतन्त्रता प्रदान करती है। मुद्रा से हम वस्तुओं तथा सेवाओं का मिश्रित बंडल खरीद सकते हैं। साथ ही हम बाजार में उत्तम चीज ले सकते हैं और सौदेबाजी कर सकते हैं। इस प्रकार मुद्रा काफी हद तक आर्थिक स्वतंत्रता प्रदान करती है और प्रतियोगिता बढ़ाकर तथा मार्केट का विस्तार करके मार्केट की याविधि को पूर्ण बनाती है।

विनिमय के माध्यम के रूप में मुद्रा बिचौलिये का काम करती है। यह विनिमय को सुविधापूर्ण बना देती है। विशेषीकरण तथा श्रम के विभाजन के माध्यम से मुद्रा अप्रत्यक्षत: उत्पादन में सहायक होती है और विशेषीकरण तथा श्रम का विभाजन, आगे कार्यकुशलता और उत्पादन को बढ़ाते हैं। इसलिए, जैसाकि प्रोफेसर वाल्टर्ज का मत है, मुद्रा 'उत्पादन के साधन' के रूप में कार्य करती है जिससे उत्पादन बढ़ता है और बहुविध बनता है।

अन्तिम विश्लेषण में मुद्रा व्यापार को आसान बनाती है। जब मुद्रा बिचौलिये का काम करती है तो यह एक वस्तु अथवा सेवा के अन्य वस्तुओं से व्यापार में अप्रत्यक्ष तौर से सहायक होती है।

(ब) मूल्य की इकाई (Unit of Value)[13]—मुद्रा का दूसरा प्राथमिक कार्य है मूल्य की इकाई के रूप में कार्य करना। वस्तु-विनिमय प्रणाली के अन्तर्गत हमें कोई नियत माप रखना पड़ता है जैसे किसी तार या लकड़ी के टुकड़े की लम्बाई। क्योंकि किसी वस्तु की लम्बाई या ऊंचाई मापने के लिए हमें हर समय एक मानक माप के प्रयोग की जरूरत पड़ती है। इसलिए अच्छा यही है कि किसी विशिष्ट माप को मानक माप के रूप में स्वीकार कर लिया जाए। मूल्य को मापने के लिए मुद्रा उसी तरह मानक है जैसे लम्बाई को मापने के लिए गज या मीटर एक मानक माप है।[14] मुद्रा इकाई सभी वस्तुओं तथा सेवाओं के मूल्य को मापती तथा व्यक्त करती है। वास्तव में मुद्रा इकाई वस्तुओं तथा सेवाओं के मूल्य को कीमत में व्यक्त करती है। मुद्रा वह सामान्य अपवर्त्य (common denominator) है जो उन वस्तुओं तथा सेवाओं की विनिमय दर को निर्धारित करती है जिनकी कीमतें मुद्रा इकाई में हैं। मूल्य के माप के अभाव में कीमत निर्धारण की कोई प्रक्रिया हो ही नहीं सकती।

जब मूल्य के मानक के रूप में मुद्रा का प्रयोग होता है तो सेबों की कीमत, संतरों में और संतरों की कीमत अखरोटों में बताने की जरूरत नहीं रह जाती। इस तरह की चीजों की कीमत, इतने डालर, इतने रुपये, इतने फ्रैंक, इतने पाउंड आदि के रूप में व्यक्त की जाती है, जो इस बात पर निर्भर करती है कि किस देश में मुद्रा की कौन-सी इकाई चलती है। वस्तुत: वस्तुओं तथा सेवाओं के मूल्यों में मापने से बाजार में वस्तुओं का विनिमय मूल्य मापने की समस्या आसान हो जाती है। जब मुद्रा के रूप में मूल्य व्यक्त किए जाते हैं तो कीमतों की संख्या, जो वस्तु-विनिमय प्रणाली में $n(n+1)$ होता है, घट कर मुद्रा अर्थव्यवस्था में $(n+1)$ रह जाता है।

मूल्य की इकाई के रूप में मुद्रा, लेखांकन को भी आसान बना देती है। 'सभी प्रकार की परिसम्पत्तियां, सभी प्रकार की देयताएं, सभी प्रकार की आय तथा सभी प्रकार के व्यय प्रचलित सामान्य मुद्रा इकाइयों में जोड़ और घटाए जा सकते हैं।'[15]

फिर, लेखा इकाई के रूप में मुद्रा आर्थिक महत्व की गणनाओं, जैसे लागतों का आगणन, व्यावसायिक फर्मों की आय, योजनाबद्ध अर्थव्यवस्था के अन्तर्गत विविध सार्वजनिक उद्यमों की सापेक्ष लागत और लाभप्रदता और सकल राष्ट्रीय आय की गणना में, सहायक होती है। जैसाकि **कल्बर्टसन** ने लक्ष्य किया है, ''मुद्रा के रूप में बताई गई कीमतें लोगों के व्यवहार का केन्द्र बन जाती हैं। उनकी गणना, योजनाएं. प्रत्याशाएं और संविदाएं मुद्रा कीमतों पर संकेन्द्रित रहती हैं।''[16]

2. गौण कार्य (Secondary Functions)

मुद्रा तीन गौण कार्य करती है—स्थगित भुगतानों के मानक का, मूल्य के संचय का और मूल्य के हस्तांतरण का। इन पर आगे विचार किया जा रहा है।

(अ) स्थगित भुगतानों का मानक (Standard of Deferred Payments)—मुद्रा का एक गौण कार्य है स्थगित भुगतानों के

---

13. इस कार्य के कई और नाम हैं—जैसे लेखा की इकाई, मूल्य का मानक, मुल्य का सामान्य माप।
14. A.W. Stonier and D.C. Hague, *A Text-book of Economic Theory,* 4th ed. 1972.
15. Lester V. Chandler and S.M. Goldfield, *The Economics of Money and Banking,* 7th, ed. 1977.
16. J.M. Culbertion, *Money and Banking,* 1972.

मानक का काम करना। सभी ऋण, मुद्रा में लिये जाते हैं। वस्तु-विनिमय प्रणाली के अन्तर्गत भेड़ों अथवा अनाज के रूप में कर्जे लेना तो आसान था परन्तु इस तरह की भविष्य में खराब हो जाने वाली वस्तुओं के माध्यम से कर्जों का पुनर्भुगतान करना कठिन था। मुद्रा ने कर्जे लेना और कर्जे का पुनर्भुगतान करना दोनों को आसान बना दिया है क्योंकि लेखा इकाई टिकाऊ है। मुद्रा वर्तमान मूल्यों को भावी मूल्यों से जोड़ती है। वह उधार लेने-देने को सरल बनाती है। यह मुद्रा के स्वीकृत भुगतान पर भविष्य में वस्तुओं की पूर्ति की संविदाओं को संभव बनाती है। यह आसान किश्तों पर भवन-निर्माण एवं सहकारी सोसाइटियों से उपभोक्ताओं द्वारा उधार-ग्रहण को सरल बना देती है। मुद्रा के कारण फर्मों तथा व्यापारियों को बैंकों तथा बैंकेतर वित्तीय संस्थाओं से उधार लेना आसान हो जाता है। मुद्रा के कारण शेयर, डिबेंचर और प्रतिभूतियां खरीदना और बेचना संभव हो गया है। स्थगित भुगतानों के मानक का कार्य करके, मुद्रा सरकारी तथा व्यापारी उद्यमों, दोनों के द्वारा पूंजी निर्माण में सहायक होती है। अन्ततः कहा जा सकता है कि मुद्रा का यह कार्य वित्तीय एवं पूंजी बाजार का विकास करता है और अर्थ-व्यवस्था की वद्धि में सहायक होता है।

परन्तु कालान्तर में मुद्रा के मूल्य में परिवर्तन हो जाने का भय रहता है जिससे ऋणदाताओं और उधार लेने वालों को हानि या लाभ होता है। यदि कालान्तर में मुद्रा का मूल्य बढ़ जाता है तो ऋणदाताओं को लाभ और ऋण लेने वालों को हानि होती है। दूसरी ओर यदि कालान्तर में मुद्रा का मूल्य गिर जाता है तो ऋणदाताओं को हानि होती है और ऋण लेने वालों को लाभ हो जाता है। इस कठिनाई को हल करने के लिए, कुछ देशों ने कीमत सूचकांकों के रूप में ऋण संविदाएं निर्धारित कर दी हैं। ये कीमत सूचकांक मुद्रा के मूल्य में होने वाले परिवर्तनों को मापते हैं। इस तरह की संविदा कालान्तर में ऋण के भावी भुगतान की गारंटी होती है कि जब संविदा तय हुई थी उसके हिसाब से हानि उठाने वाले की उतनी ही क्षतिपूर्ति कर दी जाएगी जितना कि क्रय शक्ति में परिवर्तन हुआ हो।

(2) *मूल्य का संचय (Store of Value)*—मुद्रा का एक अन्य महत्त्वपूर्ण कार्य यह है कि यह मुद्रा के संचय का काम करती है। "जिस वस्तु को मुद्रा के रूप में चुना जाता है, वह ऐसी होती है जो लम्बी अवधि तक रखी रहने पर भी खराब या नष्ट नहीं होती। उसका रूप ऐसा होता है जिसमें सम्पत्ति को एक वर्ष से अगले वर्ष तक ठीक रखा जा सकता है। मुद्रा वर्तमान से भविष्य तक का सेतु है। इसलिए जरूरी है कि मुद्रावस्तु हमेशा ऐसी हो जिसे आसानी से और हिफाजत के साथ संचय किया जा सके।"[17] मूल्य के संचय के रूप में मुद्रा का उद्देश्य अदृष्टपूर्व आकस्मिक जरूरतों को पूरा करना और ऋणों का भुगतान करना है। **प्रो. न्यूलिन** ने इसे मुद्रा की परि-सम्पत्ति कार्य कहा है। "इसमें कोई शक नहीं कि मुद्रा केवल मूल्य का संचय नहीं है। यह कार्य तो कोई भी कीमती परिसम्पत्ति कर सकती है। अल्पकालीन प्रोनोट, बॉंड, बंधक, अधिमानित स्टॉक, घरेलू फर्नीचर, मकान, जमीन या अन्य किस्म की कीमती वस्तुएं रखकर भी मनुष्य मूल्य का संचय कर सकता है। मुद्रा के मूल्य के रूप में इन अन्य परिसम्पत्तियों के प्रमुख लाभ ये हैं कि ये आमतौर पर ब्याज, लाभ, किराया अथवा उपयोगिता के रूप में आय प्रदान करते हैं जो मुद्रा नहीं करती.... और कभी-कभी मुद्रा के रूप में इनका मूल्य बढ़ भी जाता है। दूसरी ओर मूल्य के संचय के रूप में इनकी कुछ हानियाँ भी हैं जिनमें से कुछ निम्न हैं—(i) कभी-कभी इनमें संचय लागतें पायी जाती है, (ii) मुद्रा के रूप में इनका मूल्य घट सकता है; (iii) ये विभिन्न कोटियों में अतरल (non-liquid) होती हैं क्योंकि एक तो ये मुद्रा के रूप में सामान्यः स्वीकार्य नहीं हैं और दूसरे मूल्य की हानि उठाकर ही इन्हें मुद्रा में बदलना संभव है।"[18]

केन्ज ने मुद्रा के इस कार्य पर बहुत बल दिया है। उसका मत है कि मुद्रा को धारण करने का मतलब है उसे ऐसी तरल परिसम्पत्तियों के रिजर्व के रूप में रखना जिन्हें वास्तविक वस्तुओं में बदला जा सके। इस बात से कोई खास फरक नहीं पड़ता कि सम्पत्ति किस रूप में—मुद्रा में, मुद्रा दावों (claims) में अथवा वस्तुओं के रूप में, विद्यमान हैं। दरअसल, वास्तविक वस्तुओं के मुकाबले मुद्रा और मुद्रा दावों के सुरक्षा , सुविधा और लोच की दृष्टि से कुछ फायदे हैं। परन्तु मूल्य के संचय के रूप में मुद्रा का कार्य मुद्रा के मूल्य में होने वाले परिवर्तनों के दोष से भी ग्रस्त रहता है। इससे मुद्रा अथवा परिसम्पत्तियों को मूल्य के संचय के रूप में प्रयोग करने से काफी मुसीबत खड़ी हो जाती है।

---

17. A.W. Stoner and D.C. Hague, *op. ct.* p. 406.
18. *Loc ct.*

(3) मूल्य का हस्तान्तरण (Transfer of Value)---क्योंकि मुद्रा भुगतान का सामान्य रूप से स्वीकार्य साधन है और मूल्य संचय का कार्य करती है, इसलिए यह मूल्यों को एक व्यक्ति से दूसरे व्यक्ति तक हस्तांतरित और एक स्थान से दूसरे स्थान तक स्थानांतरित करती रहती है। जिस व्यक्ति के पास नकदी अथवा परिसम्पत्तियों के रूप में मुद्रा है, वह उसे किसी भी अन्य व्यक्ति को हस्तांतरित कर सकता है। फिर वह चाहे तो अपनी दिल्ली की परिसम्पत्तियाँ बेच सकता है और जयपुर में नई परिसम्पत्तियाँ खरीद सकता है। इस प्रकार मुद्रा व्यक्तियों तथा स्थानों के बीच मूल्य के हस्तान्तरण को आसान बनाती है।

3. आकस्मिक कार्य (Contingent Functions)

प्रो. डेविड किनले के मतानुसार मुद्रा कुछ आकस्मिक अथवा प्रासंगिक कार्य भी करती है—

(i) तरल परिसम्पत्तियों में सर्वाधिक तरल (Most Liquid of all Liquid Assets)—जिन तरल परिसम्पत्तियों के रूप में सम्पत्ति रखी जाती है, उनमें से मुद्रा सबसे अधिक तरल है। व्यक्ति तथा फर्में सम्पत्ति को अनन्त रूपों में रख सकते हैं। उदाहरणार्थ, वे चाहें तो सम्पत्ति को करेंसी के रूप में रखें, चाहे माँग जमा, सावधि जमा, बचत बांडों, ट्रेजरी बिलों, अल्पकालीन सरकारी प्रतिभूतियों, दीर्घकालीन सरकारी प्रतिभूतियों, डिबेंचरों, अधिमान शेयरों, साधारण शेयरों, उपभोक्ता वस्तुओं के स्टाकों तथा उत्पादक उपकरणों में से किसी भी रूप में रखे। ये सभी सम्पत्ति के तरल रूप हैं। जिन्हें मुद्रा में और मुद्रा को जिनमें बदला जा सकता है।

(ii) साख, प्रणाली का आधार (Basis of the Credit System)— मुद्रा साख, प्रणाली का आधाप्र है। व्यापार के लेन-देन या तो नकद होते हैं या साख पर साख से मुद्रा के प्रयोग में मितव्ययता होती है। परन्तु मुद्रा सम्पूर्ण साख का समर्थन करती है। कोई कमर्शियल बैंक पर्याप्त मुद्रा को रिजर्व में रखे बिना साख का निर्माण नहीं कर सकता। व्यापारी लोग साख के जितने साधन अपनाते हैं उन सब के पीछे नकदी की गारण्टी होती है जिसे व्यापारियों के बैंकरों का समर्थन प्राप्त होता है।

(iii) सीमान्त उपयोगिताओं तथा उत्पादकताओं की समकार (Equalizer of Marginal Utilities and Productivities)—मुद्रा, उपभोक्ता के लिए सीमान्त उपयोगिताओं के समकार का कार्य करती है। उपभोक्ता का प्रमुख उद्देश्य यह होता है कि वह जिन वस्तुओं को खरीदना चाहता है, उन पर दी हुई मुद्रा खर्च करके अपनी संतुष्टि को अधिकतम बनाए। क्योंकि वस्तुओं की कीमत उनकी सीमान्त उपयोगिता को प्रगट करती है और कीमतें मुद्रा में व्यक्त की जाती हैं। इसलिए मुद्रा विविध वस्तुओं की सीमान्त उपयोगिताओं को समान बनाने में सहायक होती है। यह समानता तब स्थापित होती है जब विविध वस्तुओं की सीमान्त उपयोगिता तथा कीमत के अनुपात समान होते हैं। इसी प्रकार मुद्रा विविध साधनों की सीमान्त उत्पादकताओं को समान बनाने में सहायक होती है। उत्पादक का प्रमुख उद्देश्य अधिकतम लाभ प्राप्त करना होता है। इसके लिए वह प्रत्येक साधन की सीमान्त उत्पादकता को उसकी कीमत के बराबर लाता है। प्रत्येक साधन की कीमत उस मुद्रा के अतिरिक्त कुछ नहीं है जो उस साधन को अपने काम के बदले मिलती है।

(iv) राष्ट्रीय आय को मापना (Measurement of National Income)—वस्तु-विनिमय प्रणाली के अन्तर्गत राष्ट्रीय आय को मापना संभव नहीं था। मुद्रा ने यह काम संभव बना दिया है। यह तब होता है जब देश में उत्पादित विविध वस्तुओं तथा सेवाओं को मुद्रा के रूप में आंका जाता है।

(v) राष्ट्रीय आय का वितरण (Distribution of National Income)—मुद्रा राष्ट्रीय आय के वितरण में भी सहायक होती है। मजदूरी, ब्याज, लाभ और किराये के रूप में मुद्रा साधनों का भुगतान करती है। मुद्रा इन कार्यों के आधार पर भुगतान करने वाले की ऋण-शोधन क्षमता (solvency) की गारण्टी प्रदान करती है और अपने धारक को यह छूट देती है कि वह जैसे चाहे मुद्रा का प्रयोग करे।

अन्य कार्य (Other Functions)

मुद्रा कुछ ऐसे कार्य भी करती है जो उपभोक्ता और सरकार के निर्णय को प्रभावित करते हैं—

(i) मुद्रा निर्णयों में सहायक (Helpful in Money Decision)—मुद्रा एक संचय का साधन है और उपभोक्ता अपनी दैनिक आवश्यकताओं को मुद्रा के अनुसार पूरा करता है। यदि उपभोक्ता के पास साईकिल है परन्तु निकट भविष्य में उसे स्कूटर की आवश्यकता है, तो ऐसी स्थिति में उपभोक्ता संचय की गई मुद्रा और साईकिल बेचकर स्कूटर खरीद सकता है। इस प्रकार मुद्रा निर्णय करने में सहायक होती है।

(ii) समन्वय का आधार (Basis of Adjustment)—व्यापार को सुचारू रूप से चलाने के लिए मुद्रा बाजार एवं पूंजी बाजार में समन्वय मुद्रा द्वारा ही होता है। विभिन्न प्रकार की विदेशी सहायता का पुनर्भुगतान का मुल्य मुद्रा द्वारा मापा जाता है और विदेशी विनिमय में समन्वय भी मुद्रा द्वारा स्थापित होता है।

6. आंतरिक और बाह्य मुद्रा (INSIDE AND OUTSIDE MONEY)

गुर्ले और शॉ (Gurley and Shaw)[19] (जी-एस) ने अर्थव्यवस्था में मुद्रा की कुल मात्रा को दो भागों में विभाजित किया है— आंतरिक मुद्रा और बाहरी मुद्रा। वे आंतरिक मुद्रा को "अंतर्जात आर्थिक इकाईयों के ऋण पर आधारित"[20] मुद्रा के रूप में परिभाषित करते हैं। यह निजी क्षेत्र में किसी निजी ऋण के विरुद्ध बनाई गई मुद्रा होती है। इसमें अर्थव्यवस्था में एक वर्ग के व्यक्तियों और फर्मों द्वारा अन्यों पर वित्तीय दावे शामिल होते हैं। जब बैंक, ऋण और अग्रिम के जरिए जमा का निर्माण करते हैं तो ये उन्हें द्वितीयक जमा के रूप में लौटाए जाते हैं। जमा और ऋण निजी क्षेत्र की परिसम्पत्तियों और देयताओं के प्रतीक होते हैं। दूसरी ओर, बाहरी मुद्रा निजी क्षेत्र के बाहर से आती है। इस मुद्रा को "व्यवस्था के बहिर्जात (सरकारी) इकाई के ऋण पर आधारित"[21] मुद्रा के रूप में परिभाषित किया जाता है। इस प्रकार, यह सरकार द्वारा जारी मुद्रा, स्वर्ण, विदेशी मुद्रा और सरकारी प्रतिभूतियां होती हैं। यह एक देनदार के रूप में सरकार की देयताएं और लेनदार के रूप में निजी क्षेत्र के दावे होते हैं।

आंतरिक मुद्रा और बाह्य मुद्रा में अंतर अनेक दृष्टिकोणों से महत्त्वपूर्ण हैं। *पहला,* हम कीमतों के बढ़ने या घटने की अवधि में दोनों के बीच के अन्तर के महत्त्व का अध्ययन करते हैं। जब स्फीति अथवा अवस्फीति होती है तो *आंतरिक* मुद्रा के मामले में मुद्रा की क्रय शक्ति में परिवर्तन से निजी क्षेत्र की परिसम्पत्तियों और देयताओं के वास्तविक मूल्यों में समान परिवर्तन होता है। इस प्रकार कीमत, स्तर में होने वाले परिवर्तन से आंतरिक मुद्रा रखने वाले जमाकर्त्ताओं और ऋणकर्त्ताओं के व्यवहार पर कोई प्रभाव नहीं होता। अपने ऋणों की वास्तविक राशि में ऐसे परिवर्तनों से मौद्रिक व्यवस्था को वास्तविक अर्थ में भी लाभ अथवा हानि नहीं होती, क्योंकि फर्मों के विरुद्ध इसके दावों के वास्तविक मूल्य में समान परिवर्तन होता है। आंतरिक मुद्रा की नाममात्र राशि दी होने पर, इसका वास्तविक मूल्य कीमत स्तर से विपरीत बदलता है। दूसरे शब्दों में, कीमत-स्तर में परिवर्तन से निजी क्षेत्र और सरकार के बीच धन का हस्तांतरण नहीं होता। इसकी बजाय, कीमत-स्तर में परिवर्तन से उपभोक्ता और फर्मों के बीच केवल धन का हस्तांतरण होता है। परिणामस्वरूप, कीमत-स्तर के गिरने से उपभोक्ता को लाभ और फर्मों को हानि होती है। इसके विपरीत कीमतों के बढ़ने से फर्मों को लाभ और उपभोक्ता को हानि होती है। यह हस्तांतरण कीमत-स्तर में अस्थिरता का एक *वितरण--प्रभाव* (distribution effect) होता है। परन्तु कीमत-स्तर में होने वाला ऐसा परिवर्तन जब मुद्रा आंतरिक प्रकार की हो तो सरकारी व्यवहार को प्रभावित नहीं करता और निजी क्षेत्र में कुल धन पर कोई निवल प्रभाव नहीं डालता।

जी-एस ने इस व्यवस्था में दर्शाया है कि कीमत-स्तर निशिचत होता है। प्रारम्भिक कीमत-स्तर से विचलन उन शक्तियों को गति प्रदान करता है, जो कीमत-स्तर के प्रारम्भिक स्तर अथवा नये संतुलन का पुनर्स्थापना करता है। उदाहरणार्थ, जब कीमत-स्तर बढ़ता है तो यह इसकी बांड-धारण (holdings) की तुलना में वास्तविक मुद्रा धारण को कम करके निजी क्षेत्र के निवेश सूची (port- folio) संतुलन में बाधा डालता है। नये कीमत स्तर पर मुद्रा की अतिरिक्त वास्तविक माँग और बांड और वस्तुओं की अतिरिक्त आपूर्ति होगी जिससे व्यवस्था प्रारम्भिक कीमत-स्तर और बांडों के प्रारम्भिक स्टॉक पर लौट आती है। यह ब्याज दर बढ़ाने के लिए बांड बाजार में बिक्री को और कीमत स्तर बढ़ाने के लिए वस्तु बाजार में व्यय को प्रोत्साहित करेगा। ब्याज दर में वृद्धि वस्तु बाजार के जरिए मंदी वाला प्रभाव डालेगी जिससे प्रारम्भिक कीमत-स्तर पुन: अपनी मूल स्थिति में लौट जाएगा और अवस्फीति के मामलों में विपरीत स्थिति होगी।

बाहरी मुद्रा के मामले में जब कीमतें बढ़ती हैं तो बहिर्जात (exogenous) आर्थिक इकाईयों द्वारा धारित नकदी के वास्तविक मूल्य में गिरावट आती है। इसके विपरित कीमतों के गिरने पर आर्थिक इकाईयों द्वारा धारित नकदी का वास्तविक मूल्य बढ़ता है। इस

19. G. S. Gurley and E. S. Shaw, *Money in a Theory of Finance,* 1960
20. *"Money based on the debt of endogenous economic units."* G. S. Gurley and E. S. Shah.
21. "Money based on the debt of a unit (the government) exogenous to the system."

प्रकार कीमत स्तर में परिवर्तन से बाहरी मुद्रा रखने वाली आर्थिक इकाईयों के व्यवहार पर प्रभाव पड़ता है। इस प्रकार, बाहरी मुद्रा की नाममात्र राशि दी होने पर इसका वास्तविक मूल्य कीमत--स्तर से विपरीत परिवर्तित होता है और इसके वास्तविक मूल्य का हर परिवर्तन निजी क्षेत्र और सरकार के बीच धन हस्तांतरण की ओर ले जाता है। यह धन हस्तांतरण मुद्रा, वस्तुओं और श्रम के लिए निजी मांग को प्रभावित करता है, परन्तु सरकारी मांग को नहीं।

जब मुद्रा बाहरी प्रकार की होती है तो अर्थव्यवस्था के वास्तविक चरों (variables) पर इसका तटस्थ प्रभाव होता है। मौद्रिक परिवर्तन से कीमतों में समानुपाती परिवर्तन होता है। परिणामस्वरूप, सापेक्ष कीमतें और ब्याज दर में कोई परिवर्तन नहीं होगा। बाहरी मुद्रा के मुद्रा स्टॉक में विस्तार होने से मुद्रा बाजार में अतिरिक्त आपूर्ति और वस्तु बाजार में अतिरिक्त मांग होती है। इससे कीमत स्तर अपने प्रारम्भिक स्तर से बढ़ जाता है। कीमत बढ़ने से निजी क्षेत्र का सकल वास्तविक धन कम हो जाता है और सरकारी ऋण के वास्तविक मूल्य में कमी होती है। इससे सभी बाजारों की वास्तविक मांग गिर जाती है और प्रारम्भिक कीमत–स्तर पुन: स्थापित हो जाता है। इस प्रक्रिया में निजी क्षेत्र और सरकार के बीच धन हस्तांतरण होता है जिसका मुद्रा, वस्तुओं तथा श्रम की सकल मांग पर निवल प्रभाव होता है।

प्रश्न

1. मुद्रा की प्रकृति और कार्यों का विवेचन कीजिए।
2. मुद्रा की परिभाषा दीजिए और उसके कार्यों की विवेचना कीजिए।
3. ''मुद्रा जो कार्य करती है वहीं मुद्रा है।'' इस कथन को स्पष्ट कीजिए और मुद्रा की परिभाषा दीजिए।
4. निम्न में अन्तर स्पष्ट कीजिए :

   (क) मानक मुद्रा तथा प्रतीक मुद्रा; (ख) परिवर्तनीय तथा अपरिवर्तनीय मुद्रा;
   (ग) यथार्थ मुद्रा तथा लेखा-मुद्रा; (घ) प्रतिनिधि मुद्रा तथा अधिदिष्ट (आदेश) मुद्रा;
   (ङ) मुद्रा और निकट मुद्रा; (च) आंतरिक और बाह्य मुद्रा।

अध्याय 27

मुद्रा की तटस्थता
(Neutrality of Money)

1. अर्थ
(MEANING)

मुद्रा की तटस्थता से अभिप्राय: है कि मुद्रा अर्थव्यवस्था पर अपने प्रभाव में तटस्थ है। मुद्रा स्टॉक में परिवर्तन से वास्तविक उत्पादन, रोजगार, ब्याज-दर और अंतिम उत्पादन की संरचना के स्तर पर कोई दीर्घकालीन प्रभाव नहीं होता है। मुद्रा स्टॉक में होने वाले परिवर्तन का एकमात्र स्थायी प्रभाव यह है कि इससे सामान्य कीमत स्तर में परिवर्तन हो जाता है। *पेटिनकिन*[1] मुद्रा की तटस्थता को ऐसी स्थिति बताता है जब ''मुद्रा की मात्रा में एक समान रूप से की गई वृद्धि से वस्तुओं की संतुलन कीमत में उसी अनुपात में वृद्धि होती है और ब्याज दर संतुलन पर इसका कोई प्रभाव नहीं होता।'' गुर्ले और शॉ के अनुसार ''मुद्रा तटस्थ होती है यदि मुद्रा या तो पूर्णतया बाहरी किस्म की अथवा पूर्णतया आंतरिक किस्म की है। वे मुद्रा की तटस्थता को 'ब्याज की दर, उत्पादन तथा धन और अन्य चरों को प्रभावित करने के लिए मुद्रा के मौद्रिक स्टॉक में परिवर्तनों की असमर्थता'' (The inability of changes in the nominal stock of money to affect the rate of interest, output and wealth, and other variables.")[2] के रूप में परिभाषित करते हैं।

दूसरे शब्दों में, मुद्रा तटस्थ है यदि यह सापेक्ष कीमतों को प्रभावित नहीं करती और ब्याज दर कोई में परिवर्तन नहीं लाती। सभी कीमतों में समानानुपातिक रूप से परिवर्तन होता है। यदि ऐसा बिना समय-पश्चता (time lag) के होता है तो मुद्रा की तटस्थता उसी समय होती है। यदि समय-पश्चता होती है तो दीर्घकालीन तटस्थता होती है। निरपेक्ष (मुद्रा) कीमतों में परिवर्तन होता है परन्तु निजी आर्थिक इकाईयों पर इनका कोई प्रभाव नहीं होता। मुद्रा की मात्रा केवल निरपेक्ष कीमतों का निर्धारण करती है और उनके स्तर का आय, ब्याज, पूंजी निर्माण दर और रोजगार के स्तर पर कोई प्रभाव नहीं होता। इसका अभिप्राय यह है कि अर्थव्यवस्था की कार्यशीलता पर मुद्रा का प्रभाव तटस्थ होता है।

2. क्लासिकी व्यवस्था में मुद्रा की तटस्थता
(NEUTRALITY OF MONEY IN THE CLASSICAL SYSTEM)

क्लासिकी व्यवस्था में अर्थव्यवस्था पर मुद्रा का प्रभाव तटस्थ होता है। रोजगार, आय और उत्पादन के निर्धारण में मुद्रा की कोई भूमिका नहीं होती। इसकी अपेक्षा रोजगार, आय और उत्पादन का निर्धारण श्रम, पूंजी, स्टॉक, प्रौद्योगिकी की स्थिति, प्राकृतिक संसाधनों की उपलब्धता, लोगों की बचत आदतों आदि द्वारा किया जाता है। क्लासिकी व्यवस्था में मुद्रा का मुख्य कार्य विनिमय माध्यम के रूप में कार्य करना है। मुद्रा कीमतों के उस सामान्य-स्तर को निर्धारित करती है जिस पर वस्तुओं और सेवाओं का विनियम किया जाएगा। मुद्रा का मात्रा सिद्धांत यह बताता है कि कीमत स्तर मुद्रा की आपूर्ति का एक कार्य है। बीजगणितीय रूप से $MV=PT$, इसमें M, V, P और T क्रमश: मुद्रा की आपूर्ति, मुद्रा का संचलन वेग, कीमत स्तर और सौदे की मात्रा (अथवा कुल उत्पादन) हैं। समीकरण से पता चलता

1. D. Patinkin, *Money, Interest and Price,* Rev. Ed. 1965
2. J. G. Gurley and E. S. Shaw, *Money in a Theory of Finance,* Rev. Ed. 1965.

है कि अर्थव्यवस्था में कुल मुद्रा पूर्ति MV उत्पादन के कुल मूल्य के बराबर है। V और T को स्थिर मान लें तो M में परिवर्तन होने से P में समानुपातिक परिवर्तन होता है। इस प्रकार मुद्रा तटस्थ होती है और इसका मुख्य कार्य उस सामान्य कीमत–स्तर को निर्धारित करना होता है जिस पर वस्तुओं और सेवाओं का विनिमय होता है।

क्लासिकी अर्थव्यवस्था में मुद्रा की तटस्थता की धारणा को चित्र 1 के रूप में स्पष्ट किया गया है।

इसमें हम N_0, Q_0, W/P_0, M_0, और W_0 वाली प्रारम्भिक पूर्ण–रोजगार संतुलन स्थिति से शुरू करते हैं जैसाकि उपरोक्त चित्र के भाग (A), (B),(C) और (D) में चित्रित किया गया है। जब मुद्रा की मात्रा M_0 से M_1 तक बढ़ जाती है तो इससे प्रारम्भिक संतुलन गड़बड़ा जाता है। इससे प्रभावी मांग में MV_0 से MV_1 तक वृद्धि हो जाती है, जैसाकि भाग (C) में दर्शाया गया है। इससे M में होने वाली वृद्धि के समानुपात में वस्तुओं की कीमतों में भी बढ़ोतरी होती है, क्योंकि वास्तविक उत्पादन Q_0 स्थिर है। दूसरे शब्दों में, P में होने वाली वृद्धि $P_0P_1=M_0M_1$ की M में वृद्धि। कीमत स्तर में होने वाली वृद्धि से मुद्रा मजदूरी दर उतनी तजी से बढ़ेगी जितनी तेजी से कीमतें W_1-W_2 (भाग D) बढ़ती हैं ताकि वास्तविक मजदूरी-दर W/P_0 में कोई परिवर्तन (भाग B) न हो। परन्तु कीमत–स्तर मे होने वाली वृद्धि से वास्तविक मजदूरी दर W/P_0 से W/P_1 तक कम हो जाती है, जैसा कि उपरोक्त चित्र के भाग (B) में दर्शाया गया है। इससे श्रम की पूर्ति की अपेक्षा श्रम की मांग में वृद्धि हो जाती है जिसे भाग (B) मे sd दूरी द्वारा दर्शाया गया है। श्रम की प्रतियोगात्मक बोली से अंततः वास्तविक मजदूरी दर में W/P_0 तक वृद्धि होती है, जिससे श्रम बाजार संतुलन बिन्दु E पर पुनः स्थापित हो जाता है। इस प्रकार, मुद्रा में वृद्धि के परिणामस्वरूप नकद मजदूरी और कीमतों में समानुपात में वृद्धि होती है तथा उत्पादन, रोजगार और वास्तविक मजदूरी दर पर कोई प्रभाव नहीं होता है। अतः इसका तात्पर्य यह है कि क्लासिकी व्यवस्था में दीर्घकाल में मुद्रा तटस्थ होती है।

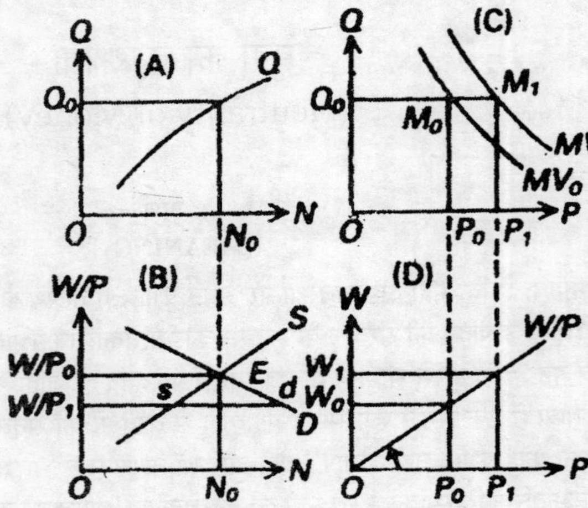

चित्र 1 मुद्रा की तटस्थता की धारणा

मुद्रा की तटस्थता की शर्तें या मान्यताएं
(Conditions or Assumptions for Neutrality of Money)

पेटिनकिन तथा गुर्ले एवं शॉ ने कुछ ऐसी शर्तों अथवा मान्यताओं का उल्लेख किया है जिनका पूर्ण होना मुद्रा की तटस्थता के लिए अनिवार्य है। वे इस प्रकार हैं—

1. मजदूरी और कीमत लचीलापन (Wage and Price Flexibility)—मजदूरी और कीमत का लचीला होना आवश्यक है। यदि कीमतें और मजदूरी लचीली नहीं हैं तो यह संभव है कि वास्तविक मजदूरी दर और वास्तविक उत्पादन के स्तर में परिवर्तन हो सकता है। जैसा कि गुर्ले और शॉ ने उल्लेख किया है, ''कीमत लचीलापन अदृश्य हाथ है जो मुद्रा के दिए हुए मुद्रा स्टॉक के साथ मौद्रिक संतुलन बनाए रख सकता है। कीमत दृढ़ता अदृश्य हाथ को जकड़ लेती है।''

2. मुद्रा भ्रांति का न होना (Absence of Money Illusion)—लोगों को मुद्रा भ्रांति का भय नहीं होना चाहिए। इसका अर्थ यह है कि आर्थिक व्यवस्था में लोगों का व्यवहार उत्पादन मजदूरी इत्यादि जैसे चरों के मौद्रिक मूल्य पर निर्भर न होकर वास्तविक मूल्य पर निर्भर होना चाहिए।

3. वितरण प्रभावों की अनुपस्थिति (Absence of Distribution Effects)—अर्थव्यवस्था में मुद्रा पूर्ति में होने वाले परिवर्तन से आय वितरण में कोई परिवर्तन नहीं होना चाहिए। चूंकि समाज में ऐसे लोग होते हैं जिनकी रुचियां भिन्न होती हैं और जिनके लिए बचत बनाम उपभोग की सापेक्ष आकर्षणता भिन्न होती है, आय पुनर्वितरण बचत अनुसूची में परिवर्तन ला सकता है और वास्तविक उत्पादन की संरचना को बदल सकता है अर्थात सापेक्ष कीमतों में परिवर्तन।

4. लोचहीन प्रत्याशाएं (Inelastic Expectations)—यह मान लिया जाता है कि कोई संतुलन कीमत-स्तर स्थायी कीमत स्तर होता है ताकि व्यय इकाईयों की कीमत प्रत्याशाएं लोचहीन हों। पेटिनकिन के अनुसार, मुद्रा की तटस्थता के लिए स्थैतिक प्रत्याशाएं एक अनिवार्य मान्यता है।

5. सरकारी ऋण अथवा खुले बाजार परिचालनों की अनुपस्थिति (Absence of Government Debt or Open Market Operations)—मेटज़लर (Metzler) के अनुसार, मुद्रा की तटस्थता के लिए यह आवश्यक है कि इसमें सरकारी ऋणों अथवा मुद्रा बाजार में खुला बाजार परिचालनों की मौजूदगी न हो।

6. आंतरिक और बाहरी मुद्रा के संयोग का न होना (Absence of a Combination of Inside and Outside Money)—मुद्रा की तटस्थता की स्थापना के लिए यह आवश्यक है कि अर्थव्यवस्था में या तो केवल 'बाहरी' अथवा 'आंतरिक' मुद्रा हो। गुर्ले और शॉ के अनुसार, ''यहां तक किकड़े नव-क्लासिकी ढांचे के भीतर भी जब मौद्रिक नीति में आंतरिक और बाहरी मुद्रा का संयोग होता है तो वास्तविक चरों में यह तटस्थ नहीं हो सकती है।

7. पूर्ण जानकारी (Perfect Information)—लोगों को विभिन्न बाजारों में मांग और पूर्ति की शर्तों के बारे में पूरी जानकारी होनी चाहिए। यदि यह जानकारी अपूर्ण है तो मुद्रा पूर्ति में होने वाले परिवर्तन जोकि कीमत स्तर को प्रभावित करते हैं, ये परिवर्तन बचत, निवेश, श्रम की पूर्ति और मांग इत्यादि जैसे वास्तविक तत्त्वों को भी प्रभावित कर सकते हैं। इससे मुद्रा की अतटस्थता होगी।

3. केन्ज़ीय अर्थव्यवस्था में मुद्रा की तटस्थता
(NEUTRALITY OF MONEY IN THE KEYNESIAN SYSTEM)

सम्पूर्ण केन्ज़ीय व्यवस्था में दो स्थितियां होती हैं जिनमें मुद्रा तटस्थ होती है। पहली स्थिति पूर्ण रोजगार है जब मुद्रा की मात्रा में होने वाली किसी भी वृद्धि से कीमत-स्तर में समानुपात वृद्धि हो जाती है। परन्तु उस स्तर पर उत्पादन में कोई वृद्धि नहीं होती है। दूसरी विशेष स्थिति तरलता पाश (liquidity trap) होती है। जब अर्थव्यवस्था तरलता पाश में होती है तो मौद्रिक प्राधिकरण द्वारा वृद्धि की गई मुद्रा की पूर्ति के बावजूद ब्याज की दर में और गिरावट नहीं आ सकती। इसका अभिप्राय यह है कि निवेश और आय जैसे वास्तविक चर पर कोई प्रभाव नहीं होता और मुद्रा पूर्ति में होने वाले सभी परिवर्तन निष्क्रिय शेषों में शामिल हो जाते हैं। इस परिस्थिति में मुद्रा तटस्थ होती है। तथापि, केन्ज़ीय व्यवस्था में इन दो स्थितियों के बीच की स्थिति में मुद्रा गैर-तटस्थ होती है।

केन्ज़ीय अर्थव्यवस्था में जब तक बेरोजगारी है, मुद्रा पूर्ति में होने वाले परिवर्तन—ब्याज की दर, रोजगार के स्तर, आय और उत्पादन, पूंजी-निर्माण की दर इत्यादि पर स्थायी गैर-तटस्थ प्रभाव उत्पन्न करते हैं। इस प्रकार केन्ज़ ने गैर-तटस्थ मुद्रा पर बल दिया और इसके लिए उसने ब्याज के मुद्रा सिद्धांत का समर्थन किया। उसने लिखा, ''जब हम इस समस्या पर विचार करते हैं कि उत्पादन और रोजगार को सम्पूर्णतया कैसे निर्धारित किया जाता है तो हमें मौद्रिक अर्थव्यवस्था के पूर्ण सिद्धांत की आवश्यकता होती है।''

3. मुद्रावादी विचार
(MONETARIST VIEW)

उत्तर-केन्ज़वादी, विशेषकर फ्रीडमैन, बर्नर और मेटजलर ने दर्शाया है कि अल्पकाल में मुद्रा गैर-तटस्थ होती है। फ्रीडमैन के अनुसार, ब्याज दरों को मौद्रिक नीति के निर्देशक के रूप में प्रयोग नहीं किया जा सकता और यदि घटनाओं के सम्पूर्ण चक्र पर विचार किया जाए तो मुद्रा पूर्ति की वृद्धि दर में होने वाली बढ़ौतरी न्यूनतर ब्याज दर की बजाय उच्चतर ब्याज दर लाने वाली होती है। इस प्रकार मौद्रिक नीति सीमित अवधियों को छोड़कर ब्याज दरों को स्थिर नहीं कर सकती। ऐसा करने के किसी प्रयास से केवल दीर्घकालिक स्फीति उत्पन्न होगी।

इसके अलावा, फ्रीडमैन ने यह विश्वास भी व्यक्त किया है कि दीर्घकाल में मुद्रा गैर–तटस्थ हो सकती है। यदि मुद्रा पूर्ति की वृद्धि दर में स्थायी बढ़ोतरी होती है, मानलें कि 3 प्रतिशत से 8 प्रतिशत तक, तो यह वास्तविक आय के स्तर को स्थायी रूप से परिवर्तित कर देगा। इसका अर्थ है कि मुद्रा गैर–तटस्थ होती है। इस मत में यह पूर्व–कल्पना की गई है कि (i) वास्तविक मुद्रा शेष व्यवसाय के लिए उत्पादक कारक हैं और धनी धारकों को तुष्टिगुण प्रदान करने वाले हैं और (ii) स्फीति, व्यवसाय और धनी लोगों के वास्तविक शेषों को कम कर देती है।

मेटजलर ने खुले बाजार परिचालनों के अंतर्गत गैर–तटस्थ मुद्रा मॉडल को विकसित किया है। उसके अनुसार जब केन्द्रीय बैंक के खुला बाजार परिचालन मुद्रा की मात्रा में परिवर्तन लाते हैं, तो यह परिसम्पत्तियों पर लोगों के धारणों (holdings) को प्रभावित करते हैं। इस प्रकार, ब्याज की संतुलन दर मौद्रिक शक्तियों द्वारा निर्धारित की जाएगी और मुद्रा गैर–तटस्थ होगी। इसे चित्र 2 में चित्रित किया गया है। इसमें प्रारम्भिक पूर्ण रोजगार संतुलन E_0 पर है और जहां IS_0 और LM_0 वक्र एक दूसरे को काटते हैं जिससे पूर्ण रोजगार वास्तविक आय Y_0 है और इसके अनुरूप संतुलन ब्याज दर Or_0 है। मानलें कि केन्द्रीय बैंक खुले बाजार परिचालनों द्वारा निजी रूप से धारित बांडों की खरीद से मुद्रा पूर्ति को बढ़ा देता है। यह LM_0 वक्र को दाएं LM_1 की ओर शिफ्ट तक देता है जो IS_0 वक्र को E_1 पर काटता है ताकि ब्याज दर Or_1 तक कम हो जाती है और आय में OY_1 तक वृद्धि हो जाती है। इससे Y_0Y_1 के बराबर पूर्ण रोजगार आय स्तर पर एक स्फीति अंतराल (inflationary gap) हो जाता है। यह स्फीतिकारी प्रक्रिया वास्तविक शेष प्रभाव की ओर ले जाती है जो वास्तविक शेषों में गिरावट के परिणामस्वरूप LM_1 वक्र को उसकी मूल स्थिति की ओर वापिस शिफ्ट करती है। इसी समय वास्तविक शेषों में गिरावट के परिणामस्वरुप उपभोग में हुई कमी के कारण IS वक्र भी बाएँ ओर खिसकना शुरू कर देता है। इस प्रकार हमें चित्र से ज्ञात होता है कि वास्तविक शेष प्रभाव LM_1 वक्र से LM_2 वक्र की ओर तथा IS_0 वक्र IS_1 वक्र की ओर शिफ्ट करते हैं। अत: पूर्ण रोजगार संतुलन आय OY_0 बिन्दु E_2 पर पुन: स्थापित हो जाता है, जहां IS_1 वक्र LM_2 को काटता हैं। परन्तु अब ब्याज की दर Or_0 से Or_2 पर आ गई है। इसका अर्थ यह है कि मुद्रा अपने प्रभावों में गैर--तटस्थ है क्योंकि खुले बाजार परिचालनों के द्वारा ब्याज दर का संतुलन स्थायी तौर पर कम हो गया है।

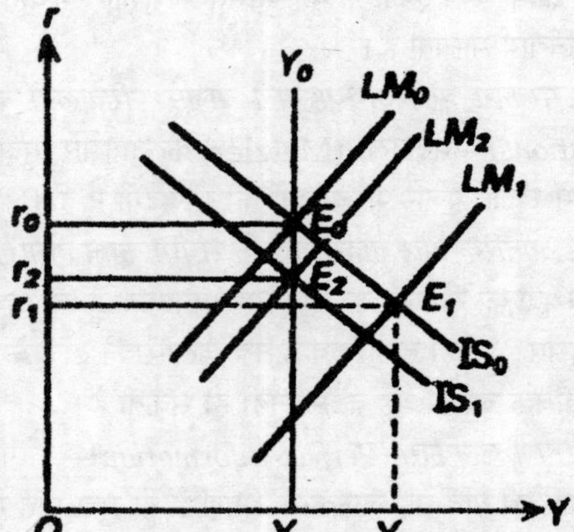

चित्र 2

प्रश्न

1. मुद्रा की तटस्थता से क्या अभिप्राय है ? क्लासिकी अर्थशास्त्रि ने मुद्रा की तटस्थता को कैसे स्थापित किया है ?
2. मुद्रा की तटस्थता की धारणा को स्पष्ट करें। किन कारणों से मुद्रा तटस्थ होती है ?
3. मुद्रा की तटस्थता का क्या अर्थ है ? व्याख्या कीजिए कि केन्ज़ीय और मुद्रावादी व्यवस्था में मुद्रा तटस्थ है अथवा नहीं।

अध्याय 28

मुद्रा का परिमाण सिद्धान्त और उसके रूपान्तर
(The Quantity Theory of Money and Its Variants)

1. मुद्रा के मूल्य का अर्थ *
(MEANING OF VALUE OF MONEY)

मुद्रा के मूल्य से अभिप्राय एक देश में वस्तुओं और सेवाओं को खरीदने की मुद्रा की शक्ति से है। *क्राउथर* के अनुसार, ''मुद्रा का मूल्य वह है जो वह खरीद सकती है।'' (The value of money is what it will buy.) कुरीहारा की परिभाषा अधिक स्पष्ट है। उसके शब्दों में, ''मुद्रा के मूल्य से अभिप्राय वस्तुओं और सेवाओं के रूप में मुद्रा की एक इकाई की खरीदने की शक्ति है।'' (The value of money refers to the purchasing power of a unit of money in terms of goods and services.'') उदाहरणार्थ, भारत में एक रुपये से जो क्रय किया जा सकता है, वह रुपये का मुद्रा मूल्य है। अत: 'मुद्रा का मूल्य' वाक्यांश एक सापेक्ष धारणा है जो मुद्रा की एक इकाई और वस्तुओं और सेवाओं, जिन्हें वह क्रय कर सकती है, के बीच संबंध व्यक्त करता है। यह दर्शाता है कि मुद्रा के मूल्य का संबंध कीमत स्तर से है क्योंकि वस्तुओं और सेवाओं को, दी हुई कीमतों पर, मुद्रा की एक इकाई से खरीदा जाता है। परन्तु मुद्रा के मूल्य और कीमत-स्तर में विपरीत संबंध होता है। यदि V मद्रा का मूल्य हो और P कीमत स्तर, तो V=1/P। जब कीमत स्तर बढ़ता है तो मुद्रा का मूल्य गिरता है, और इसके विपरीत। इसलिए मुद्रा के मूल्य को मापने के लिए हमें कीमत स्तर को मालूम करना होता है।

2. फिशर का नकदी लेन-देन सिद्धान्त
(FISHER'S CASH TRANSACTIONS THEORY)

मुद्रा का परिमाण-सिद्धान्त बताता है कि मुद्रा का परिमाण ही कीमत-स्तर अथवा मुद्रा के मूल्य का मुख्य निर्धारक है। यदि मुद्रा के परिमाण में परिवर्तन होगा तो वह ठीक उसी अनुपात में कीमत स्तर में परिवर्तन ला देगा। *फिशर* के शब्दों में, ''यदि अन्य चीजें अपरिवर्तित रहें तो, ज्यों-ज्यों मुद्रा चलन की मात्रा बढ़ती है, त्यों-त्यों कीमत-स्तर भी प्रत्यक्ष अनुपात में बढ़ता है और मुद्रा का मूल्य घटता जाता है और विलोमश: भी।''[1] (Other things remaining unchanged, as the quantity of money in circulation increases, the price level also increases in direct proportion and the value of money decreases and vice versa). यदि मुद्रा की मात्रा दुगुनी कर दी जाए तो कीमत-स्तर भी दुगुना हो जाएगा और मुद्रा का मूल्य आधा रह जाएगा। दूसरी ओर, मुद्रा की मात्रा घटाकर आधी कर दी जाए, तो कीमत स्तर भी गिर कर आधा रह जाएगा और मुद्रा का मूल्य दुगुना हो जाएगा।

फिशर ने ''विनिमय के समीकरण'' की शब्दावली में अपना सिद्धान्त इस तरह स्पष्ट किया है:

$T = MV + M'V'$

जहां $P =$ कीमत स्तर अथवा $1/P =$ मुद्रा का मूल्य

$M =$ वैध मुद्रा की कुल मात्रा

$V =$ मुद्रा का चलन वेग (*Velocity of Circulation*)

1. Irving Fisher, *The Purchasing Power of Money*, Revised Ed., 1926.

* मुद्रा-मूल्य परिवर्तनों के प्रभाव, स्फीति तथा अवस्फीति अध्याय में देखें।

M' = साख मुद्रा की कुल मात्रा

V' = M' का चलन वेग

T = मुद्रा के विनिमय में प्राप्त वस्तुओं तथा सेवाओं की कुल राशि अथवा मुद्रा द्वारा किया गया लेन-देन।

यह समीकरण मुद्रा की मांग (PT) को मुद्रा की पूर्ति के बराबर करता है। लेन देनों का कुल परिमाण गुणा कीमत स्तर अर्थात PT मुद्रा की कुल मांग को व्यक्त करता है। फिशर के अनुसार $PT = \sum PQ$ दूसरे शब्दों में, समाज ($\sum$) द्वारा खरीदी गई कुल मात्रा (Q) को कीमत स्तर (P) से गुणा करने पर मुद्रा की कुल मांग प्राप्त होती है। यह समाज में मुद्रा की कुल पूर्ति के बराबर होती है जो (पूर्ति) वास्तविक मुद्रा की मात्रा Mऔर उसके चलन वेग (V), जमा साख मुद्रा की कुल मात्रा (M) और उसके चलन वेग (V′) के बराबर होती है। इस प्रकार एक वर्ष में क्रयों के कुल मूल्य (PT) को MV+M′V′ से आंका जाता है। इस प्रकार विनिमय का समीकरण है: PT=MV+M′V′। कीमत स्तर पर मुद्रा की मात्रा का प्रभाव अथवा मुद्रा का मूल्य निकालने के लिए हम उक्त समीकरण को इस प्रकार लिख सकते हैं—

$$P = \frac{MV + M'V'}{T}$$

फिशर ने लक्ष्य किया है कि कीमत स्तर (P), मुद्रा की मात्रा (M+M′) के अनुपात से घटता-बढ़ता है, बशर्ते कि व्यापार का परिमाण (T) तथा चलन वेग (V, V′) अपरिवर्तित रहें। प्रस्तुत प्रस्थापना की सत्यता इसी तथ्य से स्पष्ट हो जाता है कि यदि M तथा M′ को दुगुना कर दिया जाए जबकि V, V′ तथा T स्थिर रहें तो P दुगुना हो जाता है परन्तु मुद्रा का मूल्य (1/P) आधा रह जाता है।

फिशर के मुद्रा परिमाण के सिद्धान्त को चित्र 1 (A) तथा (B) की सहायता से स्पष्ट किया जा रहा है। चित्र का भाग A मुद्रा की मात्रा में परिवर्तनों के कीमत-स्तर पर प्रभाव को स्पष्ट करता है। शुरू से देखें, जब मुद्रा की मात्रा M है तो कीमत स्तर P है। जब मुद्रा की मात्रा बढ़ाकर दोगुनी अर्थात M_2 कर दी जाती है, तो कीमत स्तर भी दुगुना अर्थात P_2 हो जाता है। फिर जब मुद्रा की मात्रा बढ़ाकर चार गुना अर्थात M_4 कर दी जाती है, तो कीमत स्तर भी बढ़कर चार गुना अर्थात P_4 हो जाता है। इस सम्बन्ध को मूल बिन्दु से 45 के कोण वक्र *P=f(M)* द्वारा व्यक्त किया जाता है।

चित्र 1 के भाग B में मुद्रा की मात्रा तथा मुद्रा के मूल्य का सम्बन्ध दर्शाया गया है, जहां मुद्रा के मूल्य को अनुलम्ब अक्ष पर लिया गया है। जब मुद्रा की मात्रा M है तो मुद्रा का मूल्य 1/P है। जब मुद्रा की मात्रा बढ़ाकर दोगुनी अर्थात M_2 कर दी जाती है तो मुद्रा का मूल्य पहले से आधा अर्थात $1/P_2$ रह जाता है और मुद्रा की मात्रा बढ़ाकर चार गुना अर्थात M_4 हो जाने पर, मुद्रा का मूल्य घटकर चौथाई अर्थात $1/P_4$ हो जाता है। मुद्रा की मात्रा तथा मुद्रा के बीच इस प्रतीप सम्बन्ध को नीचे की ओर ढालू वक्र 1/P=f (M) द्वारा दिखाया गया है।

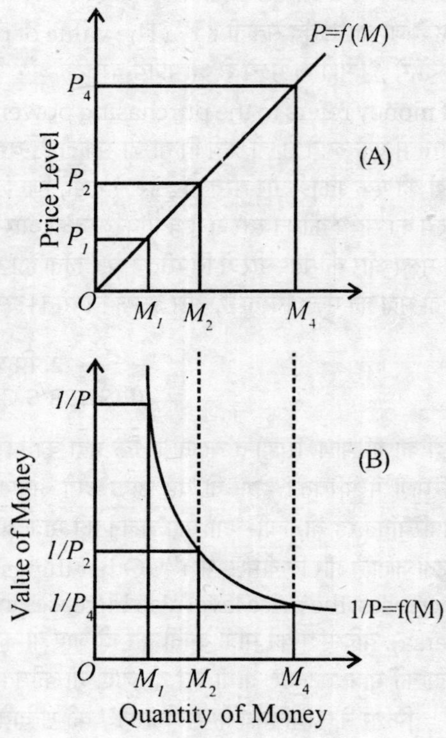

चित्र 1

सिद्धान्त की मान्यताएं (Assumptions of the Theory)

फिशर का सिद्धान्त निम्न मान्यताओं पर आधारित है—

1. विनिमय के समीकरण में P एक निष्क्रिय साधन है जो अन्य साधनों से प्रभावित होता है।

2. M से M′ का अनुपात स्थिर रहता है।
3. यह मान लिया गया है कि V तथा V′ स्थिर हैं और M तथा M′ में होने वाले परिवर्तनों से स्वतंत्र रहते हैं।
4. T भी स्थिर है और अन्य साधनों जैसे M, M′, V तथा V′ से स्वतंत्र रहता है।
5. यह मान लिया गया है कि मुद्रा की मांग लेन-देन के मूल्यों के समानुपाती है।
6. मुद्रा की पूर्ति को बहिर्जात रूप से निर्धारित स्थिरांक मान लिया गया है।
7. यह सिद्धान्त दीर्घकालीन अवधि में ही लागू होता है।
8. यह सिद्धान्त इस मान्यता पर आधारित है कि अर्थव्यवस्था में पूर्ण रोजगार विद्यमान है।

सिद्धान्त की आलोचनाएं (Criticisms of the Theory)

अर्थशास्त्रियों ने फिशर के मुद्रा के परिमाण सिद्धान्त की कड़ी आलोचनाएं की हैं—

1. स्वयंसिद्ध (Truism)—केन्ज के अनुसार, ''मुद्रा का परिमाण सिद्धान्त एक स्वयं-सिद्ध सिद्धांत है।'' यह स्वंय-सिद्ध ही है, क्योंकि यह बताता है कि वस्तुओं तथा सेवाओं के लिए भुगतान की गई मुद्रा की कुल मात्रा (MV+M′V′) निश्चय से उनके मूल्य PT के बराबर होती है। परन्तु यह बात स्वीकार नहीं की जा सकती कि मुद्रा की मात्रा में कुछ प्रतिशत परिवर्तन के परिणामस्वरूप कीमत स्तर में उतने ही प्रतिशत परिवर्तन होग।

2. अन्य बातें समान नहीं (Other Things nct Equal)—फिशर के समीकरण में मुद्रा की मात्रा तथा कीमत स्तर के बीच प्रत्यक्ष एवं समानुपाती सम्बन्ध इस मान्यता पर आधारित है कि ' अन्य वस्तुएं अपरिवर्तित रहती हैं।'' परन्तु वास्तविक जीवन में *V*, *V′* तथा *T* स्थिर नहीं रहते और फिर ये *M*, *M′* और *P* से भी स्वतंत्र नहीं रहते। बल्कि, फिशर के समीकरण के सभी तत्त्व परस्पर सम्बद्ध तथा परस्पर निर्भर हैं। उदाहरण के लिए *M* में परिवर्तन होने से *P* में परिवर्तन हो सकता है। परिणामत: हो सकता है कि मुद्रा की मात्रा में परिवर्तन की अपेक्षा कीमत स्तर अधिक अनुपात में परिवर्तित हो जाए। इसी प्रकार *P* में परिवर्तन होने से *M* में परिवर्तन हो सकता है। संभव है कि कीमत स्तर बढ़ने से अधिक मुद्रा जारी करना जरूरी हो जाए। फिर *P* में परिवर्तन होने से व्यापार की मात्रा भी प्रभावित होती है। जब कीमतें बढ़ती या घटती हैं तो व्यावसायिक सौदों की मात्रा बढ़ती या घटती है। फिर, इस मान्यता का भी तथ्यों से समर्थन नहीं होता कि *M* से *M′* का अनुपात स्थिर रहता है। इतना ही नहीं, अपितु *M* और *M′* भी T से स्वतंत्र नहीं हैं। व्यावसायिक सौदों की मात्रा में वृद्धि, मुद्रा की पूर्ति में वृद्धि की अपेक्षा रखती है.

3. स्थिरांक विभिन्नकाल से सम्बद्ध (Constants Relate to Different Time)—हॉम ने फिशर के M और V को गुणा करने की भी इसलिए आलोचना की है कि M का सम्बन्ध निश्चित समय (point of time) से है और V का सम्बन्ध समयावधि (period of time) से है। इनमें पहली स्थैतिक धारणा है और दूसरी गत्यात्मक धारणा है। इसलिए दो अतुलनीय घटकों को गुणा करना तकनीकी दृष्टि से असंगत है।[2]

4. मुद्रा का मूल्य मापने में असमर्थ (Fails to Measure Value of Money)—फिशर का समीकरण मुद्रा की क्रय शक्ति को नहीं मापता, अपितु केवल नकद सौदों को अर्थात सभी प्रकार के व्यावसायिक सौदों की मात्रा मापता है। परन्तु मुद्रा की क्रय शक्ति या मूल्य का सम्बन्ध उन सौदों से है जो उपयोग की वस्तुओं तथा सेवाओं के क्रय के लिए हो।इसलिए मुद्रा का परिमाण सिद्धान्त मुद्रा का मूल्य मापने में असमर्थ है।

5. कीमत स्तर में उतार-चढ़ाव क्यों ? (Why Fluctuations in Price Level)—क्राउथर के अनुसार, परिमाण सिद्धांत इस बात की व्याख्या करने में असमर्थ है कि अल्पकाल में कीमत स्तर में उतार-चढ़ाव क्यों आते हैं।

6. कीमत स्तर को अनुचित महत्त्व (Undue Importance to Price Level)—क्राउथर का मत है कि यह सिद्धांत कीमत स्तर को अनुचित महत्त्व देता है जैसे किसी आर्थिक प्रणाली में कीमतों में परिवर्तन ही सर्वाधिक क्रान्ति तथा महत्त्वपूर्ण तत्त्व हों।

7. व्यापार चक्रों की व्याख्या में विफल (Failure to Explain Trade Cycle)—क्राउथर का यह कहना है कि मुद्रा के परिमाण को व्यापार चक्र में कीमत-स्तर के परिवर्तन का प्रमुख कारण बताकर यह सिद्धांत मुद्रा की मात्रा पर भ्रान्तिजनक बल देता है। हो सकता

2. G. N. Halm, *Monetary Theory* , 2/ed, p. 22

है कि मन्दी के दौरान मुद्रा की मात्रा में वृद्धि के बावजूद कीमतें न बढ़ें ; और तेजी के दौरान मुद्रा की मात्रा घटने पर भी कीमतें न गिरें। फिर, मंदी के दौरान नीची कीमतों का कारण मुद्रा की मात्रा की कमी नहीं होती और समृद्धि के दौरान ऊंची कीमतों का कारण मुद्रा की प्रचुरता नहीं होती। इसी प्रकार क्राउथर के अनुसार, 'मुद्रा का परिमाण सिद्धान्त अधिक से अधिक अल्पकाल में व्यापार चक्र के कारण का अपूर्ण मार्गदर्शक है।'

8. ब्याज दर की उपेक्षा (Neglects Interest Rate)—फिशर के मुद्रा के परिमाण सिद्धांत की प्रमुख दुर्बलताओं में से एकयह है कि यह मुद्रा और कीमतों में कारण-प्रभाव कारकों के रूप में ब्याज की दर की भूमिका की उपेक्षा करता है। फिशर का विनिमय का समीकरण संतुलन स्थिति से सम्बन्ध रखता है जिसमें ब्याज की दर मुद्रा की मात्रा से स्वतंत्र रहती है।

9. अल्पावधि घटकों की उपेक्षा (Neglects Short Period Factors)—केन्ज़ के अनुसार, मुद्रा का परिमाण सिद्धान्त इसलिए अवास्तविक है कि यह दीर्घकाल में M और P के सम्बन्ध का विश्लेषण करता है। इस प्रकार यह उन अल्पावधि घटकों की उपेक्षा करता है जो इस सम्बन्ध को प्रभावित करते हैं।

10. पूर्ण रोजगार मान्यता पर आधारित (Based on Full Employment Assumption)—केन्ज़ के अनुसार, फिशर का समीकरण पूर्ण रोजगार को एक विशिष्ट स्थिति ही मानता है। सामान्य स्थिति तो अल्प-रोजगार संतुलन की ही होती है।

11. मुद्रा और कीमतों के बीच सीधा संबंध नहीं (No Direct Relation between Money and Price)—केन्ज यह नहीं मानता कि मुद्रा की मात्रा और कीमत-स्तर के बीच प्रत्यक्ष तथा समानुपाती सम्बन्ध होता है। बल्कि यह तो ब्याज की दर तथा उत्पादन के स्तर के माध्यम में अप्रत्यक्ष संबंध होता है। *केन्ज़* के अनुसार, ''जब तक बेरोजगारी रहेगी, तब तक उत्पादन और रोजगार उसी अनुपात में परिवर्तित होंगे जिसमें मुद्रा की मात्रा बदलेगी।'' इस प्रकार केन्ज ने उत्पादन के सिद्धांत को मूल्य सिद्धांत के साथ समन्वित कर दिया और फिशर की इस बात के लिए आलोचना की कि उसने अर्थशास्त्र को ''ऐसे दो कमरों में विभक्त कर दिया जिसमें मूल्य के सिद्धान्त और मुद्रा एवं कीमतों के सिद्धान्त में कोई खिड़कियां और दरवाजे नहीं हैं।''

12. V स्थिर नहीं (V not Constant)—फिर, केन्ज ने लक्ष्य किया है कि जब अल्प-रोजगार संतुलन होता है तो मुद्रा का चलन वेग (V) बहुत ही अस्थिर होता है जो मुद्रा के स्टॉक अथवा मुद्रा आय में परिवर्तन के साथ बदल जाता है। इसलिए फिशर की यह मान्यता अयथार्थिक है कि V स्थिर है और M स्वतन्त्र है।

13. मुद्रा के संचय कार्य की उपेक्षा (Neglects Store of Value Function of Money)—मुद्रा के परिमाण सिद्धान्त की एक और कमजोरी यह है कि यह मुद्रा की पूर्ति पर ध्यान केन्द्रित करता है और मुद्रा की मांग को स्थिर मानकर चलता है। दूसरे शब्दों में यह मुद्रा के संचय मूल्य कार्य की उपेक्षा करता है और केवल मुद्रा के विनिमय माध्यम फलन पर ध्यान देता है। इस प्रकार यह सिद्धान्त एक-तरफा है।

14. वास्तविक शेष प्रभाव की उपेक्षा (Neglects Real Balance Effect)—डान पेटिनकिन[3] ने फिशर की इसलिए आलोचना की है कि वह वास्तविक शेष प्रभाव का अर्थात नकदी शेषों का वास्तविक मूल्य का प्रयोग करने में असफल रहा है। कीमत-स्तर गिरने से नकदी शेषों का वास्तविक मूल्य बढ़ जाता है जिससे व्यय बढ़ता है और परिणामतः अर्थव्यवस्था में आय, उत्पादन और रोजगार में वृद्धि होती है। पेटिनकिन का कहना है कि फिशर ने मुद्रा की मात्रा को आवश्यकता से अधिक अनुचित महत्त्व दिया है और वास्तविक मुद्रा शेषों के कार्य की उपेक्षा की है।

15. स्थैतिक (Static)—फिशर का सिद्धांत स्थैतिक है, क्योंकि इसकी मान्यताएं अवास्तविक हैं, जैसे दीर्घकाल, पूर्ण रोजगार आदि। इसलिए यह एक आधुनिक गत्यात्मक अर्थव्यवस्था पर लागू नहीं होता।

3. नकदी शेष केम्ब्रिज सिद्धान्त या समीकरण
(THE CAMBRIDGE CASH BALANCE THEORY OR EQUATIONS)

फिशर के मुद्रा के परिमाण सिद्धान्त के विकल्प के रूप में मार्शल, पीगू, राबर्ट्सन तथा केन्ज नामक केम्ब्रिज के अर्थशास्त्रियों ने नकदी शेष सिद्धांत बनाया। मूल्य सिद्धान्त की भांति उन्होंने मुद्रा के मूल्य निर्धारण को पूर्ति तथा मांग की शब्दावली में वर्णन किया। इस सम्बन्ध

---

3. Don Patinkin, *Money, Interest and Prices*, 2/e, 1965.

में राबर्ट्सन ने लिखा है, ''मुद्रा तो अनेक आर्थिक वस्तुओं में से केवल एक है। इसलिए, प्रमुख रूप से इनके मूल्य का निर्धारण ठीक वही दो साधन करते हैं जो अन्य वस्तुओं का मूल्य निर्धारित करते हैं। नामतः, इसकी मांग की स्थितियां और इसकी उपलब्ध मात्रा।[4]

मुद्रा की पूर्ति को किसी निश्चित समय पर बैंकिंग प्रणाली बहिर्जात रूप से निर्धारित करती है। इसलिए नकदी शेष सिद्धान्त में चलन वेग की धारणा रद्द कर दी गई है क्योंकि इससे ''इसके पीछे लोगों के निहित उद्देश्य तथा निर्णय'' अस्पष्ट हो जाते हैं। दूसरी ओर, मुद्रा की मांग विषयक धारणा मुद्रा का मूल्य निर्धारित करने में प्रमुख कार्य करती है। मुद्रा की मांग का मतलब है सौदों के लिए तथा एहतियाती उद्देश्यों से नकदी शेष रखने की मांग।

इस प्रकार नकदी शेष सिद्धान्त, मुद्रा मांग को विनिमय का माध्यम नहीं मानता, अपितु मूल्य का संचय मानता है। राबर्ट्सन ने इस अन्तर को 'गतिशील मुद्रा' (money on wings) तथा अगतिशील मुद्रा (money sitting) कहकर व्यक्त किया है। केम्ब्रिज समीकरण में अगतिशील मुद्रा की मांग को प्रकट करती है। केम्ब्रिज समीकरण बताते हैं कि किसी निश्चित समय पर मुद्रा की पूर्ति दी हुई होने पर, मुद्रा के मूल्य को नकदी शेष की मांग निर्धारित करती है। जब मुद्रा की मांग बढ़ेगी, तो लोग वस्तुओं तथा सेवाओं पर अपने खर्च घटा देंगे ताकि उनके पास अधिक मात्रा में तैयार नकदी रहे। वस्तुओं तथा सेवाओं की मांग घटने से कीमत-स्तर गिर जाएगा जिससे मुद्रा का मूल्य बढ़ जाएगा। दूसरी ओर मुद्रा की मांग गिरने से कीमत स्तर बढ़ेगा और मुद्रा का मूल्य कम हो जायेगा।

मार्शल, पीगू, राबर्ट्सन तथा केन्ज के केम्ब्रिजीय समीकरणों पर आगे विचार किया जा रहा है।

मार्शलीय समीकरण (Marshall's Equation)

मार्शल ने अपना सिद्धान्त समीकरण के रूप में प्रस्तुत नहीं किया था। उसके अनुयायियों ने इस सिद्धांत की बीजगणितीय व्याख्या की है। फ्रेडमैन ने मार्शल के मत का स्पष्टीकरण इस प्रकार किया है: ''प्रथम सन्निकटीकरण (approximation) के रूप में, हम यह मान लें कि कोई व्यक्ति जो राशि अपने पास रखना चाहता है उस राशि का उस व्यक्ति की आय से कुछ सम्बन्ध है क्योंकि वही उस व्यक्ति के क्रयों तथा विक्रयों की मात्रा को निर्धारित करती है। फिर हम समाज के सभी मुद्रा-धारकों के नकदी शेषों का जोड़ करते हैं और उस कुल योग को उनकी कुल आय के भिन्न (fraction) के रूप में व्यक्त करते हैं। इस प्रकार हम लिख सकते हैं

$$M=kPY$$

जहां M बहिर्जात रूप से निर्धारित मुद्रा की पूर्ति को व्यक्त करता है, k वास्तविक मौद्रिक आय का (PY) का वह भिन्न है जिसे लोग नकदी तथा मांग जमा के रूप में रखना चाहते हैं, P कीमत स्तर है और Y समाज की कुल वास्तविक आय है। इस प्रकार कीमत स्तर

$P=\frac{M}{kY}$ अथवा मुद्रा का मूल्य (अर्थात् कीमत-स्तर का $\frac{1}{P}=\frac{kY}{M}$

पीगू का समीकरण (Pigou's Equation)

पीगू पहला केम्ब्रिज अर्थशास्त्री था जिसने नकदी शेष सिद्धांत को समीकरण के रूप में प्रस्तुत किया

$$P=\frac{kR}{M}$$

जहां P मुद्रा की क्रय-शक्ति अथवा मुद्रा का मूल्य (अर्थात् कीमत-स्तर का व्युत्क्रम) है, k कुल वास्तविक संसाधनों अथवा आय (R) का अनुपात है जिसे लोग वैध मुद्रा के दावों के रूप में रखना चाहते हैं, R कुल संसाधन या वास्तविक आय है। और Mवैध मुद्रा की वास्तविक इकाईयों की संख्या को व्यक्त करता है।

पीगू के अनुसार मुद्रा की मांग के अन्तर्गत केवल वैध मुद्रा अथवा नकदी ही नहीं आती अपितु बैंक शेष भी आते हैं। बैंक नोटों तथा बैंक शेषों को मुद्रा की मांग में सम्मिलित करने के लिए पीगू ने अपने समीकरण का संशोधित रूप इस प्रकार प्रस्तुत किया—

$$P=\frac{kR}{M}\{c+h(1-c)\}$$

4. D.H. Robertson, *Money*, 1959.

जहां c लोगों द्वारा वैध मुद्रा एवं प्रतीक सिक्कों के रूप में वास्तव में रखी गई कुल वास्तविक आय का अनुपात है, (1—c) बैंक नोटों तथा बैंक शेषों का अनुपात है, और h वास्तविक वैध मुद्रा का वह अनुपात है जिसे बैंकर अपने ग्राहकों द्वारा धारित नोटों तथा शेषों के मुकाबले रखते हैं।

पीगू ने लक्ष्य किया कि जब समीकरण P=kR/M में k, R, c एवं h को स्थिरांक मान लिया जाता है तो दोनों समीकरण आयताकार अतिपरवलय (rectangular hyperbola) के रूप में एकिक लोच (unitary) रखता है। इसे चित्र 2 में दिखाया गया है जिसमें DD_1 मुद्रा मांग वक्र है और Q_1M_1, Q_2M_2 और Q_3M_3 मुद्रा के पूर्ति वक्र हैं जो इस मान्यता पर खींचे गये हैं कि किसी निश्चित समय पर मुद्रा की पूर्ति स्थिर होती है। मुद्रा के मूल्य अथवा पीगू की मुद्रा की क्रय-शक्ति P को अनुलम्ब अक्ष पर लिया गया है। चित्र बताता है कि जब मुद्रा की पूर्ति OM_1 से बढ़कर OM_2 हो जाती है तो मुद्रा का मूल्य OP_1 से घटकर OP_2 रह जाता है। मुद्रा के मूल्य में होने वाला P_1P_2 पतन मुद्रा की पूर्ति में होने वाली M_1M_2 वृद्धि के ठीक बराबर है। यदि मुद्रा की पूर्ति तीन गुना बढ़कर OM_1 से OM_3 हो जाए तो मुद्रा का मूल्य OP ठीक एक-तिहाई घटकर OP_3 रह जाएगा। इस प्रकार मुद्रा का मांग वक्र DD_1 एक आयताकार अतिपरवलय है क्योंकि यह मुद्रा के मूल्यों में परिवर्तन को मुद्रा की पूर्ति के ठीक प्रतीप अनुपात में प्रदर्शित करता है।

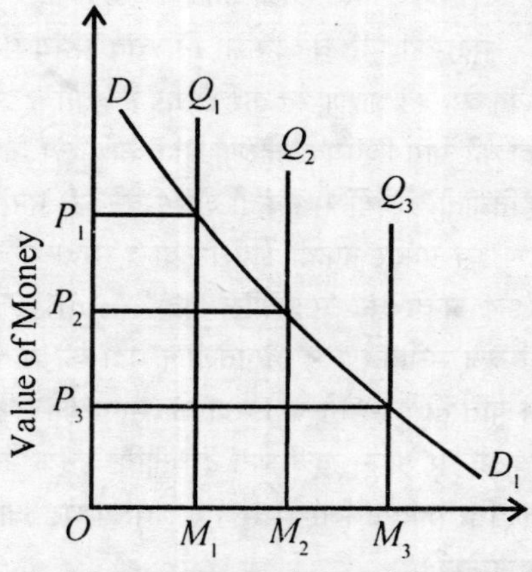

चित्र 2

राबर्ट्सन का समीकरण (Robertson's Equation)

मुद्रा के मूल्य अथवा उसके व्युत्क्रम कीमत-स्तर को निर्धारित करने के लिए राबर्ट्सन ने पीगू के समीकरण से मिलता-जुलता समीकरण बनाया। दोनों के समीकरणों में केवल इतना अन्तर है कि पीगू ने कुल वास्तविक संसाधन R के स्थान पर राबर्ट्सन ने कुल सौदों का परिमाण T रखा। राबर्ट्सन का समीकरण यह है।

$$M = PkT$$

अथवा $P = \dfrac{M}{kT}$

जहां P कीमत स्तर है, M मुद्रा की कुल मात्रा, k वस्तुओं तथा सेवाओं की मात्रा (T) का अनुपात है जिसे लोग नकदी शेष के रूप में अपने पास रखना चाहते हैं और T समाज द्वारा एक वर्ष में खरीदी गई वस्तुओं तथा सेवाओं की कुल मात्रा है।

यदि हम P को कीमत-स्तर की बजाय मुद्रा का मूल्य मान लें जैसा कि पीगू के समीकरण में है, तो राबर्ट्सन का समीकरण ठीक पीगू के समीकरण P=kT/M का रूप धारण कर लेता है।

केन्ज़ का समीकरण (Keynes's Equation)

केन्ज़ ने अपनी पुस्तक *A Tract on Monetary Reform* (1923) में अपना वास्तविक शेष मात्रा समीकरण (Real Balance Quantity Equation) दिया जो अन्य केम्ब्रिज समीकरणों का संशोधित रूप है। उसका कहा है कि अपने दैनिक लेन-देन का खर्च चलाने के लिए लोग हमेशा कुछ क्रय-शक्ति रखना चाहते हैं। क्रय-शक्ति की मात्रा (अथवा मुद्रा की मांग) आंशिक रूप से उनकी रुचियों तथा आदतों पर और अंशत: उनके धन पर निर्भर करती है। लोगों की रुचियों, आदतों और धन के दिए हुए होने पर, उनकी मुद्रा धारण करने की इच्छा भी दी हुई है। मुद्रा की इस मांग को उपभोग इकाइयों में मापा जाता है। उपभोग इकाई को उपभोग की मानक वस्तुओं अथवा व्यय की अन्य वस्तुओं के समूह के रूप में व्यक्त किया जाता है।

यदि नकदी के रूप में उपभोग इकाइयों की संख्या k हो, प्रचलन में कुल करेंसी n हो और उपभोग इकाई की कीमत p हो, तो समीकरण होगा,

$$n=pk.$$

यदि k स्थिरांक हो, n (मुद्रा की मात्रा) में अनुपाती वृद्धि होने से p (कीमत-स्तर) में अनुपाती वृद्धि होगी। बैंक जमाओं को ध्यान में रखकर इस समीकरण का विस्तार किया जा सकता है। मान लीजिए कि बैंक जमाओं के रूप में उपभोग इकाईयों की संख्या k′ है और बैंकों का नक़दी रिजर्व अनुपात r, तो विस्तारित सनीकरण होगा:

$$n=(p+rk')$$

फिर, यदि k, k′तथा r स्थिरांक हों, तो p में ठीक उसी अनुपात में परिवर्तन होगा जिस अनुपात में n में परिवर्तन होगा।

केन्ज अपने इस समीकरण को अन्य नकदी शेष समीकरणों से उत्कृष्ट मानता था। अन्य समीकरण यह बताने में असफल रहते हैं कि कीमत-स्तर p को कैसे नियमित किया जाए क्योंकि लोगों द्वारा धारित नकदी शेष (k) मुद्रा प्राधिकरण के नियन्त्रण से बाहर होते हैं, इसलिए n तथा r को नियंत्रित करके p का नियमन किया जा सकता है। यदि बैंक दर में समुचित परिवर्तन कर दिएं जाएं तो बैंक जमाओं k′ का नियमन करना भी संभव है। इसलिए n, r और k′ में समुचित परिवर्तन करके p को नियन्त्रित किया जा सकता है जिससे k में होने वाले परिवर्तन समाप्त किया जा सकें।

नकदी शेष सिद्धान्त की आलोचनाएं (Criticisms of the Cash Balance Theory)

मुद्रा के परिमाण सिद्धान्त के नकदी शेष सिद्धान्त की निम्न आधार पर आलोचना की गई है—

1. स्वयं-सिद्ध (Truisms)—सभी नकदी शेत्र समीकरण भी स्वयं-सिद्ध उक्तियां हैं। कोई भी केम्ब्रिज समीकरण ले लीजिए: मार्शल का P=Mk/Y अथवा पीगू का P=kR/M अथवा राबर्ट्सन का P=M/kT अथवा केन्ज का p=n/k, प्रत्येक मुद्रा की मात्रा तथा कीमत-स्तर के बीच समानुपाती सम्बन्ध स्थापित करता है।[5]

2. कीमत-स्तर मुद्रा की क्रय-शक्ति को नहीं मापता (Price Level does not measure the Purchasing Power)—केन्ज ने अपनी पुस्तक *A Treatise on Money* (1930) में पीगू के नकदी शेष समीकरण की तथा अपने ही वास्तविक शेष समीकरण की आलोचना की है। उसने लक्ष्य किया कि जैसे पीगू ने गेहूं का कीमत-स्तर मापा है अथवा जैसे उसने स्वयं उपभोग इकाईयों में मापा है, उसमे गम्भीर दोष है। दोनों ही समीकरणों में कीमत-स्तर, मुद्रा की क्रय-शक्ति को नहीं मापता। उपभोग इकाइयों में कीमत-स्तर को मापने का मतलब है नकदी जमा का उपयोग केवल चालू उपभोग के खर्च के लिए ही किया जाता है। परन्तु वास्तव में, ''वे विशाल विविधतापूर्ण व्यवसायिक तथा वैयक्तिक उद्देश्यों के लिए रखे जाते हैं।'' परन्तु इन पक्षों की उपेक्षा करके केम्ब्रिज अर्थशास्त्रियों ने भारी गलती की है।

3. कुल जमा को अधिक महत्त्व (More Importance to Total Deposits)—''केम्ब्रिज समीकरण की एक और त्रुटि यह है कि यह उन कुल जमा विचारणाओं पर लागू होता है जो मूलत: केवल आय-जमा से सम्बन्ध रखती हैं'', और k को जो महत्त्व दिया गया है ''वह उस स्थिति में भ्रामक बन जाता है जब उसे आय-जमा से परे ले जाया जाता है।''

4. अन्य कारकों की उपेक्षा (Neglect of Other Factors)—फिर नकदी शेष समीकरण इस बारे में कुछ नहीं बताता कि आय, व्यवसाय तथा बचत के उद्देश्यों से धारित जमाओं के अनुपातों में परिवर्तन के कारण कीमत-स्तर में क्या परिवर्तन होगें।

5. बचत-निवेश के प्रभाव की उपेक्षा (Neglect of Saving-Investment Effect)—फिर, यह समीकरण अर्थव्यवस्था में बचत-निवेश असमानता के कारण कीमत स्तर में होने वाले परिवर्तनों का विश्लेषण करने में असमर्थ है।

6. k और y स्थिर नहीं (k and y not Constant)—केम्ब्रिज समीकरण यह मानकर चलता है कि k और y (अथवा R या T) स्थिरांक हैं। यह मान्यता अयथार्थिक है, क्योंकि यह जरूरी नहीं कि नकदी शेष k और लोगों की आय y अल्पावधि के दौरान भी स्थिर रहें।

7. कीमतो के गत्यात्मक व्यवहार को स्पष्ट करने में असफल (Fails to Explain Dynamic Behaviour of Prices)—सिद्धान्त यह तर्क प्रस्तुत करता है कि मुद्रा की कुल मात्रा समानुपातिक रूप से सामान्य कीमत-स्तर को प्रभावित करती है। परन्तु वास्तविकता यह है कि मुद्रा की मात्रा कीमत-स्तर को ''निश्चय ही एक अव्यवस्थित तथा अप्रत्याशित ढंग'' से प्रभावित करती है। फिर,

---

5. यहां सभी समीकरण कीमत-स्तर की शब्दावली में बदल दिए गए हैं।

यह समीकरण यह बताने में भी असमर्थ है कि अल्पकालीन समय में मुद्रा की मात्रा में दिये हुए परिवर्तन के परिणामस्वरूप कीमत-स्तर में किस हद तक परिवर्तन होगा। इस प्रकार यह कीमतों के गत्यात्मक व्यवहार को स्पष्ट करने में असफल है।

8. मुद्रा मात्रा और कीमत स्तर में सीधा सम्बन्ध नहीं (No Direct Relation between Money Quantity and Price Level)—नकदी शेष सिद्धान्त की एक कमजोरी यह भी है कि वह अन्य ऐसे प्रभावों की उपेक्षा करता है जैसे ब्याज की दर जो कीमत-स्तर पर निर्णायक एवं महत्त्वपूर्ण प्रभाव डालती है। जैसा कि केन्ज ने अपने सामान्य सिद्धान्त में लक्ष्य किया है, मुद्रा की मात्रा और कीमत-स्तर में प्रत्यक्ष संबंध नहीं है बल्कि ब्याज की दर, निवेश, उत्पादन, रोजगार और आय के मार्ग से अप्रत्यक्ष सम्बन्ध है। इसी बात की उपेक्षा केम्ब्रिज समीकरण करता है और इसीलिए मुद्रा सिद्धान्त को मूल्य एवं उत्पादन के सिद्धान्त से समन्वित करने में असमर्थ रहता है।

9. मुद्रा की मांग ब्याज निरपेक्ष नहीं (Demand for Money not Interest Inelastic)—मुद्रा की मात्रा और कीमत-स्तर में कारणवाचक घटक के रूप में ब्याज की दर की उपेक्षा का परिणाम यह हुआ कि मुद्रा की मांग को ब्याज निरपेक्ष मान लिया गया। इसका अर्थ है कि मुद्रा केवल विनिमय के माध्यम का काम करती है और इसमें अपने आप में मूल्य के भंडार जैसी कोई उपयोगिता नहीं है।

10. वस्तु बाजार की उपेक्षा (Neglect of Goods Market)—फिर, नकदी शेष दृष्टिकोण में ब्याज की दर के प्रभाव को छोड़ देने का परिणाम यह हुआ कि नव-क्लासिकी अर्थशास्त्री वस्तुओं और मुद्रा बाजारों की परस्पर निर्भरता को पहचान नहीं पाए। पेटिनकिन के अनुसार उन्होंने मुद्रा बाजारों पर अनावश्यक संकेन्द्रण किया और वस्तु बाजारों की उतनी ही उपेक्षा की जिसके परिणाम स्वरूप मुद्रा परिवर्तनों के प्रभावों का विश्लेषण हीन बन कर रह गया।

11. वास्तविक नकदी प्रभाव की उपेक्षा (Neglect Real Balance Effect)—पेटिनकिन ने केम्ब्रिजीय अर्थशास्त्रियों की इस बात के लिए भी आलोचना की है कि वे वस्तु बाजार तथा मुद्रा बाजार में समन्वय स्थापित करने में असफल रहे हैं। इसका प्रमाण वह द्विभाजन (dichotomy) है जिसे वे दोनों बाजारों के बीच बनाए रखते हैं। द्विभाजन का मतलब है अर्थव्यवस्था में निरपेक्ष कीमत-स्तर को मुद्रा की मांग तथा पूर्ति निर्धारित करती है और सापेक्ष कीमत-स्तर को वस्तुओं की मांग तथा पूर्ति निर्धारित करती हैं। नकदी शेष सिद्धान्त दोनों बाजारों को कड़ाई से अलग-अलग रखता है। उदाहरण के लिए यह सिद्धान्त बताता है कि यदि मुद्रा की मात्रा में वृद्धि होती है तो उससे निरपेक्ष कीमत-स्तर बढ़ जाता है परन्तु मुद्रा की मात्रा में वृद्धि का वस्तु बाजार पर कोई प्रभाव नहीं पड़ता। इसका कारण यह है कि केम्ब्रिज अर्थशास्त्री 'वास्तविक शेष प्रभाव' को पहचान ही नहीं पाये हैं। वास्तविक शेष प्रभाव बताता है कि निरपेक्ष कीमत-स्तर में होने वाला परिवर्तन वस्तुओं की मांग तथा पूर्ति को निश्चित रूप से ही प्रभावित करता है। नकदी शेष सिद्धान्त की कमजोरी यह है कि वह इसकी उपेक्षा करता है।

12. मुद्रा की मांग-लोच इकाई नहीं (Elasticity of Demand for Money not Unity)—नकदी शेष सिद्धांत यह स्थापित करता है कि मुद्रा की मांग की लोच इकाई होती है सिका मतलब है कि मुद्रा की मांग में वृद्धि होने से कीमत-स्तर में अनुपाती कमी हो जाती है। पेटिनकिन का मत है कि ''केम्ब्रिज फलन का तात्पर्य एकरूप लोच नहीं है।'' उसके अनुसार इसका कारण यह है कि केम्ब्रिज अर्थशास्त्री ''वास्तविक शेष प्रभाव'' का पूर्ण आशय नहीं समझ सके हैं। पेटिनकिन का तर्क है कि कीमत-स्तर में होने वाला परिवर्तन वास्तविक शेष प्रभाव करेगा। उदाहरणार्थ, यदि कीमत-स्तर गिरेगा तो लोगों के नकद शेषों का वास्तविक मूल्य बढ़ जायेगा। इसलिए जब मुदा की अति मांग होती है, तो वस्तुओं तथा सेवाओं की मांग घट जाती है। इस स्थिति में वास्तविक शेष प्रभाव मुद्रा की मांग में समानुपातिक नहीं अपितु गैर-समानुपातिक परिवर्तन उत्पन्न करेगा। इस प्रकार मुद्रा की मांग की लोच इकाई नहीं होगी।

13. मुद्रा की सट्टा मांग की उपेक्षा (Neglects Speculative Demand for Money)—नकदी शेष सिद्धांत की एक और बड़ी कमजोरी यह है कि यह मुद्रा की सट्टा मांग पर ध्यान नहीं देता। नकदी शेष की सट्टा मांग की उपेक्षा का परिणाम यह होता है कि मुद्रा की मांग पूर्णरूप से मुद्रा आय पर निर्भर हो जाती है, और परिणामत: पुन: ब्याज की दर की भूमिका और मुद्रा के मूल्य संचय कार्य की उपेक्षा हो जाती है।

4. लेन-देन सिद्धांत बनाम नकदी शेष सिद्धांत
(TRANSACTION THEORY *VS.* CASH BALANCE THEORY)

फिशर के लेन-देन सिद्धांत और केम्ब्रिज के नकदी शेष सिद्धांत में कुछ समानताएं एवं असमानताएं पाई जाती हैं। इनका विवेचन इस प्रकार किया गया है—

1. समानताएं (Similarities)

दोनों सिद्धातों में निम्न समानताएं हैं :

1. *समान निष्कर्ष (Same Conclusion)*—फिशर और केम्ब्रिज विवरण समान निष्कर्षों पर पहुंचते हैं कि कीमत स्तर और मुद्रा की मात्रा में सीधा और समानुपात संबंध होता है तथा मुद्रा के मूल्य और मुद्रा की मात्रा के बीच विपरीत अनुपाती संबंध पाया जाता है।

2. *समान समीकरण (Similar Equations)*—दोनों दृष्टिकोण समान समीकरणों का प्रयोग करते हैं। फिशर का समीकरण $P=MV/T$, राबर्ट्सन के समीकरण $P=M/kT$ के समान है। फिर भी, दोनों में केवल अंतर दो चिह्नों, V और k, में है जो एक दूसरे के व्युत्क्रम (reciprocal) हैं। जबकि $V=1/k$ और $k=1/V$। यहां V, व्यय करने की दर को व्यक्त करता है और k मुद्रा की मात्रा को जो लोग नकदी शेषों के रूप में रखना चाहते हैं या खर्च करना नहीं चाहते हैं। क्योंकि ये दोनों चिह्न एक दूसरे के व्युत्क्रम हैं, इसलिए दोनों समीकरणों के अंतरों का इस प्रकार सामंजस्य किया जा सकता है: k के स्थान पर $1/V$ का राबर्ट्सन के समीकरण में स्थानापन्न करके और V के स्थान पर फिशर के समीकरण में $1/k$ का स्थानापन्न करके।

3. *मुद्रा समान तत्त्व के रूप में (Money as the Same Phenomenon)*—दोनों दृष्टिकोणों में मुद्रा की कुल मात्रा को दिए गए निम्न चिह्न एक ही तत्त्व को व्यक्त करते हैं। फिशर के समीकरण में $MV+M'V'$ पीगू और राबर्ट्सन के समीकरणों में M और केन्ज के समीकरण में n मुद्रा की कुल मात्रा को व्यक्त करते हैं।

2. असमानताएं (Dissimilarities)

उपरोक्त समानताओं के बावजूद दोनों दृष्टिकोणों में बहुत-सी असमानताएं पाई जाती हैं—

1. *मुद्रा के कार्य (Functions of Money)*—दोनों विवरण मुद्रा के विभिन्न कार्यों पर बल देते हैं। फिशर का दृष्टिकोण विनिमय के माध्यम कार्य पर बल देता है, जबकि केम्ब्रिज दृष्टिकोण मुद्रा के मूल्य-संचय कार्य पर बल देता है।

2. *प्रवाह और स्टॉक (Flow and Stock)*—फिशर के सिद्धांत में मुद्रा प्रवाह धारणा है, जबकि केम्ब्रिज सिद्धांत में यह स्टॉक धारणा है। पहला समयावधि से संबद्ध है और दूसरा निश्चित समय से।

3. *V और k भिन्न (V and k Different)*—दोनों विवरणों में V और k चिह्नों के अर्थ भिन्न हैं। फिशर के समीकरण में V व्यय की दर को व्यक्त करता है और राबर्ट्सन के समीकरण में k नकदी शेषों को व्यक्त करता है जिसे लोग अपने पास रखना चाहते हैं। पहला चलन की लेन-देन गति पर बल देता है और दूसरा आय गति पर।

4. *कीमत-स्तर की प्रकृति (Nature of Price Level)*—फिशर के समीकरण में P सभी वस्तुओं और सेवाओं के औसत कीमत स्तर को व्यक्त करता है। परन्तु केम्ब्रिज समीकरण में P अन्तिम या उपभोक्ता वस्तुओं की कीमतों को व्यक्त करता है।

5. *T की प्रकृति (Nature of T)*—फिशर के समीकरण में T मुद्रा से विनिमय की गई वस्तुओं और सेवाओं की कुल मात्रा को व्यक्त करती है, जबकि केम्ब्रिज विवरण में यह मुद्रा से विनिमय की गई अन्तिम या उपभोक्ता वस्तुओं को व्यक्त करती है।

6. *मुद्रा के लिए मांग और पूर्ति पर बल (Emphasis on Demand and Supply for Money)*—फिशर का दृष्टिकोण मुद्रा की पूर्ति पर बल देता है, जबकि केम्ब्रिज दृष्टिकोण मुद्रा की मांग और पूर्ति दोनों पर बल देता है।

7. *प्रकृति में भिन्न (Different in Nature)*—दोनों विवरण प्रकृति में भिन्न हैं। फिशर का विवरण यांत्रिक है क्योंकि यह इस बात की व्याख्या नहीं करता कि V में परिवर्तन कैसे P में परिवर्तन लाते हैं। दूसरी ओर, केम्ब्रिज विवरण वास्तविक है क्योंकि यह मनोवैज्ञानिक घटकों का अध्ययन करता है जो k को प्रभावित करते हैं।

निष्कर्ष (Conclusion)

इन भिन्नताओं के कारण ही *हेन्सन* ने लिखा, ''यह सत्य नहीं है, जैसा कि अक्सर कहा जाता है कि नकदी शेष समीकरण केवल मुद्रा सिद्धांत के नए बीजगणितीय वेश में है।''

5. नकदी शेष सिद्धांत की लेन-देन सिद्धांत पर श्रेष्ठता (SUPERIORITY OF CASH BALANCE THEORY OVER TRANSACTIONS THEORY)

मुद्रा के परिमाण सिद्धांत के विषय में फिशर के लेन-देन दृष्टिकोण की अपेक्षा केम्ब्रिज नकदी शेष दृष्टिकोण कई दृष्टियों से श्रेष्ठ है। उन पर नीचे विचार किया जा रहा है—

1. तरलता अधिमान सिद्धांत का आधार (Basis of Liquidity Preference Theory)—नकदी शेष सिद्धांत मुद्रा की पूर्ति, जो किसी निश्चित समय पर दी हुई होती है, पर बल देने की बजाय नकदी शेष धारण करने के महत्त्व पर बल देता है। इस प्रकार इसका परिणाम यह हुआ कि केन्ज़ ने अपने तरलता अधिमान सिद्धान्त तथा ब्याज की दर के सिद्धांत का प्रतिपादन किया और मुद्रा सिद्धांत का मूल्य एवं उत्पादन सिद्धांत के साथ समन्वय किया।

2. पूर्ण सिद्धांत (Complete Theory)—मुद्रा के परिमाण सिद्धांत के लेन-देन सिद्धांत विवरण की अपेक्षा नकदी शेष सिद्धांत विवरण इसलिए श्रेष्ठ है कि नकदी शेष सिद्धांत मुद्रा की मांग तथा पूर्ति द्वारा मुद्रा का मूल्य निर्धारित करता है। अतः यह पूर्ण सिद्धांत है। परन्तु लेन-देन सिद्धांत में मुद्रा के मूल्य का निर्धारण कृत्रिम रूप से मूल्य के सिद्धांत से अलग कर दिया गया है।

3. चलन वेग का त्याग (Discards Velocity of Circulation)—लेन-देन के सिद्धांत की अपेक्षा नकदी शेष सिद्धांत इसलिए श्रेष्ठ है कि इसमें मुद्रा के चलन वेग की धारणा को एकदम रद्द कर दिया गया है जिससे 'इसके पीछे लोगों के निहित उद्देश्य तथा निर्णय अस्पष्ट हो जाते हैं।'

4. अल्पकाल से संबद्ध (Related to Short Period)—परिमाण सिद्धांत के लेन-देन रूपान्तर की अपेक्षा नकदी शेष रूपांतर अधिक वास्तविक है क्योंकि यह अल्पावधि से सम्बन्ध रखता है जबकि लेन-देन रूपान्तर दीर्घावधि से सम्बन्ध रखता है। जैसा कि केन्ज़ ने लक्ष्य किया, ''हो सकता है कि दीर्घकालीन में तो हम सब मर ही चुके हों।'' इसलिए दीर्घकाल में मुद्रा की मात्रा तथा कीमत-स्तर के सम्बन्ध का अध्ययन अवास्तविक है।

5. सरल समीकरण (Simple Equation)—नकदी शेष समीकरण में अन्तिम वस्तुओं में सम्बन्धित लेन-देन ही शामिल हैं जहां P अन्तिम वस्तुओं के स्तर को व्यक्त करता है। दूसरी ओर लेन-देन समीकरण में P के अन्तर्गत सभी प्रकार के लेन-देन शामिल हैं। इससे वास्तविक कीमत स्तर निर्धारित करने में कठिनाइयां उत्पन्न होती हैं। इसलिए लेन-देन समीकरण की अपेक्षा नकदी शेष समीकरण अधिक सरल तथा यथार्थिक है।

6. नये समीकरण (New Formulations)—केम्ब्रिज समीकरण लोगों के द्वारा धारित नकदी शेषों को आय-स्तर का फलन मानता है। लेन-देन समीकरण के V (मुद्रा के चलन वेग) के मुकाबले नकदी शेष समीकरण में आय (Y अथवा R अथवा T अथवा O) रखने से नकदी शेष समीकरण यथार्थिक बन गया है जिससे मुद्रा के सिद्धांत में नए निरूपण संभव हो सके हैं। ''यह लक्ष्य करता है कि कीमत-स्तर में परिवर्तनों के माध्यम से, अथवा वास्तविक उत्पादन में परिवर्तनों के माध्यम से अथवा एक साथ दोनों से माध्यम से मुद्रा की आय के स्तर में परिवर्तन हो सकते हैं।''

7. व्यापार-चक्र की व्याख्या (Explains Trade Cycles)—हेन्सन मानता है कि चक्रीय उतार-चढ़ाव को समझने के लिए फिशर के समीकरण में V की अपेक्षा केम्ब्रिज समीकरण में k बेहतर है। उसके मतानुसार, ''यदि मुद्रा रखने की इच्छा प्रबल तथा आकस्मिक परिवर्तन हो जाते हैं, जो कि k में होने वाले परिवर्तनों में व्यक्त होते हैं, परिणामतः आय तथा कीमतों के स्तर में विशाल तथा तीव्रगामी परिवर्तन हो सकते हैं। केम्ब्रिज समीकरण के R में होने वाला विचलन (shift) ऊपर या नीचे की ओर गति प्रारम्भ कर सकता है।'' उदाहरण के लिए जब कम व्यावसायिक प्रत्याशाओं के कारण k (कुल वास्तविक आय का वह अंश जिसे लोग नकदी शेष के रूप में अपने पास रखना चाहते हैं) बढ़ता है, तो कीमत-स्तर गिर जाता है और k गिरता है तो कीमत-स्तर बढ़ जाता है।

8. मुद्रा-मांग की विस्तृत धारणा (Broader Concept of Money-Demand)—केम्ब्रिज विवरण में मुद्रा की मांग की धारणा

फिशर के विवरण से अधिक विस्तृत है, जिसमें मुद्रा की मांग विनिमय माध्यम और मूल्य संचय दोनों रूपों में ली गई है।

9. व्यक्तिपरक घटकों का अध्ययन (Study of Subjective Factors)—उपर्युक्त तथ्यों से यह कहा जा सकता है कि फिशर के समीकरण में V यान्त्रिक है जबकि केम्ब्रिज समीकरण में k यथार्थिक है। k में होने वाले परिवर्तनों के पीछे विद्यमान आधुनिक व्यक्तिपरक कारणों के परिणामस्वरूप मुद्रा सिद्धांत में इस तरह के घटकों का अध्ययन हुआ है जैसे कि प्रत्याशाएं, अनिश्चितता, तरलता के लिए उद्देश्य और ब्याज की दर। इस दृष्टि से यह कहना तर्कसंगत है कि ''केम्ब्रिज समीकरण हमें विनिमय के समीकरण द्वारा व्यक्त पुन:रुक्ति (tautology) से आर्थिक व्यवहार की ओर ले जाता है।''

10. सभी परिस्थितियों में लागू (Applicable under all Circumstances)—फिशर का सिद्धांत केवल पूर्ण रोजगार में ही लागू होता है। परन्तु नकदी शेष सिद्धांत सभी परिस्थितियों में लागू होता है चाहे पूर्ण रोजगार हो अथवा अपूर्ण रोजगार।

प्रश्न

1. 'फिशर का नकदी लेन-देन समीकरण स्वयं-सिद्ध है। यह अपने आप में आर्थिक परिवर्तन के कारण-प्रभाव कारकों पर कोई प्रभाव नहीं डालता।' इस कथन की विवेचना करिए।
2. फिशर के विनिमय समीकरण की आलोचनात्मक व्याख्या करिए।
3. मुद्रा के परिमाण सिद्धांत के केम्ब्रिज विवरण का विवेचन कीजिए। यह कहां तक नकदी लेन-देन विवरण से श्रेष्ठ है?
4. मुद्रा के परिमाण सिद्धांत और केम्ब्रिज नकदी शेष सिद्धांत की समानताओं और असमानताओं की व्याख्या कीजिए।
5. आप मुद्रा के मूल्य से क्या समझते हैं? फिशर के अनुसार मुद्रा का मूल्य कैसे निर्धारित होता है?

अध्याय 29

मुद्रा तथा कीमतों का केन्ज़ीय सिद्धांत

(The Keynesian Theory of Money and Prices)

भूमिका
(INTRODUCTION)

General Theory के अध्याय 21 में केन्ज ने क्लासिकी मुद्रा सिद्धांतवादियों की इस बात के लिए आलोचना की है कि उन्होंने मुद्रा सिद्धांत तथा मूल्य सिद्धांत को अलग-अलग रखा है। इसके बाद उसने मुद्रा का परिमाण सिद्धांत एक नए रूप में प्रस्तुत किया। इस नए सिद्धांत के परिणामस्वरूप कीमतों का मुद्रा सिद्धांत बदलकर उत्पादन का मुद्रा सिद्धांत बन गया। ऐसा करने के लिए केन्ज़ ने मुद्रा सिद्धांत को मूल्य सिद्धांत से एकीकृत करने का प्रयत्न किया और मुद्रा सिद्धांत में ब्याज का सिद्धांत भी मिला दिया ''परन्तु उत्पादन के सिद्धांत के माध्यम से ही मूल्य सिद्धांत तथा मुद्रा सिद्धांत परस्पर समुचित रूप से स्थित हुए हैं।''[1]

केन्ज़ पुराने मुद्रा सिद्धांतवादियों से इस बात पर सहमत नहीं है कि मुद्रा के परिमाण तथा कीमतों में प्रत्यक्ष एवं समानुपाती (proportional) सम्बन्ध है। उसका कहना है कि कीमतों पर मुद्रा के परिमाण में परिवर्तन का प्रभाव अप्रत्यक्ष एवं असमानुपाती (non-proportional) होता है।

केन्ज़ को शिकायत है कि ''अर्थशास्त्र को दो कक्षों में विभक्त कर दिया गया है और मूल्य सिद्धांत एवं मुद्रा सिद्धांत तथा कीमतों के बीच कोई दरवाजा या खिड़की नहीं रखी गई।''[2] **वस्तुओं** की मांग तथा पूर्ति द्वारा निर्धारित **सापेक्ष** (relative) कीमत स्तर तथा मुद्रा की मांग एवं पूर्ति द्वारा निर्धारित **निरपेक्ष** (absolute) कीमत स्तर के बीच इस द्वि-विभाजन का कारण यह है कि क्लासिकी- मौद्रिक अर्थशास्त्री मूल्य सिद्धांत तथा मुद्रा सिद्धांत को एकीकृत करने में असफल रहे हैं। परिणामत: मुद्रा पूर्ति में होने वाले परिवर्तन केवल निरपेक्ष कीमत स्तर को प्रभावित करते हैं, परन्तु सापेक्ष कीमत स्तर पर कोई प्रभाव नहीं डालते।

फिर, केन्ज ने स्थैतिक संतुलन के उस क्लासिकी सिद्धांत की भी आलोचना की है जिसमें यह माना गया है कि मुद्रा तटस्थ होती है और सापेक्ष कीमतों से संबंधित अर्थव्यवस्था के वास्तविक संतुलन को प्रभावित नहीं करती। उसका कहना है कि वास्तविक जगत् की समस्याएं शिफ्ट कर रहे संतुलन के सिद्धांत से सम्बन्ध रखती हैं जबकि मुद्रा ''वर्तमान तथा भविष्य के बीच एक कड़ी के रूप में प्रवेश करती है।''

2. केन्ज़ द्वारा पुनःव्यवस्थापित मुद्रा का परिमाण सिद्धांत
(KEYNES' REFORMULATED QUANTITY THEORY OF MONEY)

केन्ज़ द्वारा पुनःव्यवस्थापित मुद्रा का परिमाण सिद्धांत निम्न मान्यताओं पर आधारित हैं:

(1) जब तक थोड़ी-बहुत बेरोजगारी भी रहती है तब तक उत्पादन के सभी साधनों की पूर्ति पूर्ण लोचदार होती है।

1. D. Dillard, *op. cit.*, pp. 224-25.
2. A. H. Hansen, *op. cit.*, p. 184.

(2) सभी बेकार साधन समरूप, पूर्णतया विभाज्य एवं परस्पर परिवर्तनशील होते हैं।

(3) पैमाने के प्रतिफल स्थिर होते हैं जिसके परिणामस्वरूप उत्पादन बढ़ने पर कीमतें नहीं बढ़तीं या घटतीं।

(4) जब तक कोई भी बेकार संसाधन रहते हैं, तब तक प्रभावी मांग तथा मुद्रा का परिमाण उसी अनुपात में बढ़ता है।

इन मान्यताओं के दिए हुए होने पर मुद्रा के परिमाण तथा कीमतों में होने वाले परिवर्तनों के बीच कार्य–कारण की केन्जीय श्रृंखला ब्याज की दर के माध्यम से अप्रत्यक्ष होती है। इसलिए जब मुद्रा का परिमाण बढ़ता है तो उसका पहला असर ब्याज की दर पर पड़ता है जो गिरने लगती है। पूंजी की सीमान्त उत्पादकता दी हुई होने पर, ब्याज की दर गिरने से निवेश की मात्रा बढ़ेगी। बढ़े हुए निवेश के कारण गुणक प्रभाव के माध्यम से प्रभावी मांग बढ़ेगी जिसके परिणामस्वरूप आय, उत्पादकता और रोजगार बढ़ेंगे, क्योंकि बेरोजगारी की स्थिति में उत्पादन के साधनों की पूर्ति का वक्र लोचदार होता है, इसलिए मजदूरी तथा गैर–मजदूरी साधन स्थिर पारिश्रमिक दर पर उपलब्ध होते हैं। क्योंकि पैमाने के प्रतिफल स्थिर होते हैं, इसलिए जब तक थोड़ी–सी बेरोजगारी भी रहती है तब तक उत्पादन में वृद्धि होने पर कीमतें नहीं बढ़ेंगी। इन परिस्थितियों में उत्पादन और रोजगार उसी अनुपात में बढ़ेंगे जिसमें प्रभावी मांग बढ़ेगी, और जिस अनुपात में मुद्रा का परिमाण बढ़ेगा उसी अनुपात में प्रभावी मांग बढ़ेगी। "परन्तु जब एक बार पूर्ण रोजगार की स्थिति आ जाती है तो मुद्रा की पूर्ति में परिवर्तन होने पर उत्पादन में बिल्कुल कोई परिवर्तन नहीं होता और यही बात प्रभावी मांग के संबंध में होती है। पूर्ति में परिवर्तनों के होने से उत्पादन की पूर्ति की लोच, जो बेरोजगारी की स्थिति में अनन्त थी, गिर कर शून्य हो जाती है। मुद्रा की पूर्ति में होने वाले परिवर्तनों का सम्पूर्ण प्रभाव कीमतों पर पड़ता है जो प्रभावी मांग में वृद्धि के साथ ठीक उसी अनुपात में बढ़ती है।" इस प्रकार जब तक बेरोजगारी रहेगी तब तक जिस अनुपात में मुद्रा का परिमाण बढ़ेगा उसी अनुपात में उत्पादन बढ़ेगा और कीमतों में कोई परिवर्तन नहीं होगा। जब पूर्ण रोजगार होगा तो जिस अनुपात में मुद्रा के परिमाण में परिवर्तन होगा, उसी अनुपात में कीमतों में परिवर्तन होगा। इसलिए पुन: व्यवस्थापित मुद्रा का परिमाण सिद्धांत इस बात पर बल देता है कि मुद्रा के परिमाण में वृद्धि होने पर कीमतें तभी बढ़ती हैं जब पूर्ण रोजगार की स्थिति आ जाती है, उससे पहले नहीं। इस प्रकार, केन्ज ने सिद्ध किया कि मुद्रा की मात्रा का कीमत स्तर पर प्रभाव प्रत्यक्ष न होकर परोक्ष होता है। केन्ज ने इसे *कारणता का विपरीत सिद्धांत* (Contra-Quantity Theory of Money) कहा। इसे इस प्रकार व्यक्त किया जा सकता है,

$$\Delta M \downarrow R \uparrow \Delta I \uparrow \Delta Y \uparrow \Delta O \uparrow \Delta N \uparrow \Delta C \uparrow \Delta P$$

जहां Δ परिवर्तन है, M मुद्रा, R ब्याज दर, I निवेश, Y आय, O उत्पादन, N रोजगार, C लागत और P कीमत–स्तर है।

इस पुन: व्यवस्थापित मुद्रा के परिमाण सिद्धांत को चित्र 1 (A) तथा (B) में दिखाया गया है।[1] जहां OTC तो मुद्रा के परिमाण से संबंधित उत्पादन वक्र है और PRC मुद्रा के परिमाण से संबंधित कीमत वक्र है। चित्र का भाग (A) बताता है कि जब मुद्रा का परिमाण O से बढ़कर M पर चला जाता है, तो OTC वक्र के OT भाग पर उत्पादन का स्तर भी बढ़ जाता है। जब मुद्रा का परिमाण OM स्तर पर पहुंच जाता है तो पूर्ण रोजगार उत्पादन OQ_F किया जाता है। परन्तु T बिन्दु के बाद उत्पादन वक्र अनुलम्ब हो जाता है, क्योंकि मुद्रा के परिमाण में होने वाली और वृद्धि, उत्पादन को पूर्ण रोजगार स्तर OQ_F से आगे नहीं बढ़ा सकती।

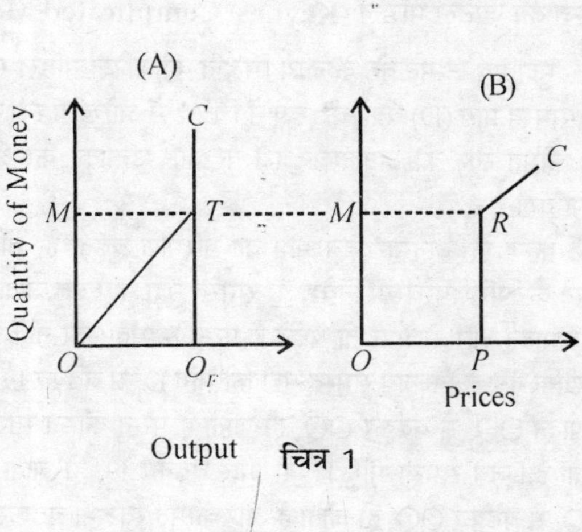

चित्र 1

चित्र 1 का भाग (B) मुद्रा के परिमाण और कीमतों के बीच संबंध को व्यक्त करता है। जब तक बेरोजगारी रहेगी, कीमतें स्थिर रहेंगी, चाहे मुद्रा के परिमाण में कितनी ही वृद्धि क्यों न हो। कीमतें तभी बढ़ने लगती हैं जब पूर्ण

1. यह चित्र A.W. Stonier तथा D.C. Hague की *A Textbook of Economic Theory*, 4/e, 1972, p. 561 से लिया गया है।

रोजगार का स्तर आ जाता है। चित्र में, उत्पादन के पूर्ण रोजगार स्तर OQ_F के अनुरूप मुद्रा के OM परिमाण पर कीमत स्तर OP स्थिर रहता है। परन्तु मुद्रा के परिमाण में OM से आगे होने वाली वृद्धि से कीमतें उसी अनुपात में बढ़ती हैं जिस अनुपात में मुद्रा का परिमाण बढ़ता है। इसे कीमत वक्र PRC के RC भाग द्वारा दिखाया गया है।

इसकी जटिलताएं (Its Complications)

केन्ज ने स्वयं लक्ष्य किया है कि वास्तविक जगत इतना जटिल है कि जिन मान्यताओं पर पुन: व्यवस्थापित मुद्रा का परिमाण सिद्धांत आधारित है, उनका सरलीकरण ठीक नहीं सिद्ध होगा। उसका कहना है कि निम्न जटिलताएं इस कथन को सीमित करेंगी कि जब तक बेरोजगारी है, तब तक जिस अनुपात में मुद्रा का परिमाण परिवर्तित होगा उसी अनुपात में रोजगार परिवर्तित होगा और जब पूर्ण रोजगार होगा, तो जिस अनुपात में मुद्रा का परिमाण परिवर्तित होगा उसी अनुपात में कीमतें परिवर्तित होगीं। —

(1) जिस अनुपात में मुद्रा का परिमाण परिवर्तित होगा ठीक उसी अनुपात में प्रभावी मांग परिवर्तित होगी।

(2) क्योंकि संसाधन समरूप हैं, इसलिए ज्यों-ज्यों धीरे-धीरे रोजगार बढ़ेगा त्यों-त्यों घटते प्रतिफल होंगे, स्थिर प्रतिफल नहीं होंगे।

(3) क्योंकि संसाधन अन्त:परिवर्तनीय नहीं हैं, इसलिए कुछ वस्तुएं बेलोच पूर्ति की स्थिति में पहुंच जाएंगी जबकि अन्य वस्तुओं के उत्पादन के लिए उपलब्ध संसाधन अभी भी बेरोजगार होंगे।

(4) पूर्ण रोजगार की स्थिति आने से पूर्व मजदूरी बढ़ने लगेगी।

(5) सीमान्त लागत में प्रवेश होने वाले साधनों का पारिश्रमिक उसी अनुपात में नहीं बढ़ेगा।[1]

इन जटिलताओं को ध्यान में रखा जाए तो स्पष्ट है कि मुद्रा के परिमाण का पुन:व्यवस्थापित सिद्धांत सही नहीं ठहरता। प्रभावी मांग में वृद्धि ठीक उसी अनुपात में नहीं बदलेगी जिस अनुपात में मुद्रा का परिमाण, क्योंकि इसका कुछ भाग उत्पादन बढ़ाने में और कुछ भाग कीमत-स्तर बढ़ाने में खर्च होगा। जब तक बेरोजगार-संसाधन रहेंगे तब तक सामान्य कीमत स्तर बहुत नहीं बढ़ेगा क्योंकि उत्पादन बढ़ेगा। परन्तु यदि समस्त मांग में बहुत अधिक आकस्मिक वृद्धि हो जाए, तो संसाधनों के बेरोजगार रहने पर भी अड़चनें आएंगी। हो सकता है कि कुछ संसाधनों की पूर्ति बेलोच हो जाए या अन्य संसाधनों की कमी हो जाए और वे अन्त:परिवर्तनीय (inter-changeable) न हों। परिणामत: हो सकता है कि सीमान्त लागत तथा कीमतें बढ़ जाएं। तदनुसार औसत इकाई लागत से कीमत बढ़ जाएगी और लाभ तेजी से बढ़ेंगे जो ट्रेड यूनियन के दबावों के कारण आगे मुद्रा-मजदूरी को बढ़ाएंगे। हो सकता है कि प्रतिफल भी घटने लगें। जब पूर्ण रोजगार की स्थिति आती है, तो उत्पादन की पूर्ति की लोच गिरकर शून्य रह जाती है और मुद्रा के परिमाण में वृद्धि के अनुपात में कीमतें बढ़ती हैं।

केन्ज़ का जटिल मॉडल (Keynes' Complicated Model)

मुद्रा एवं कीमत के केन्जीय सिद्धांत का जटिल मॉडल समस्त पूर्ति (S) एवं समस्त मांग (D) वक्रों के रूप में चित्र 2 में आरेखीय रूप से दिखाया गया है। कीमत स्तर को अनुलम्ब-अक्ष पर और उत्पादन को क्षैतिज-अक्ष पर मापा गया है।

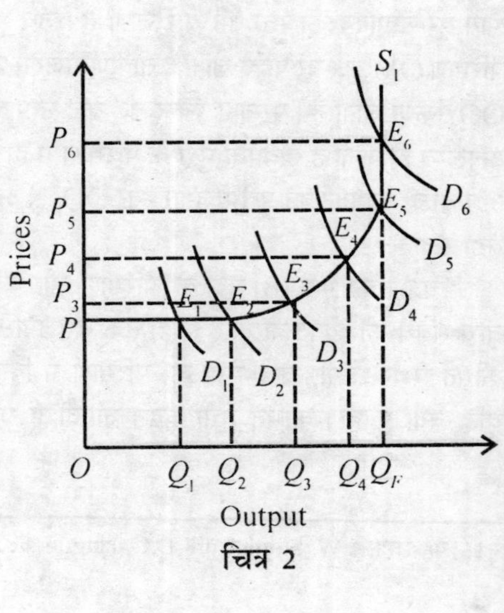

चित्र 2

केन्ज के अनुसार जब मुद्रा का परिमाण बढ़ता है, तो ब्याज की दर गिरने के परिणामस्वरूप निवेश पर समस्त मुद्रा मांग बढ़ जाती है। इससे शुरू में उत्पादन और रोजगार तो बढ़ते हैं परन्तु कीमत-स्तर नहीं बढ़ता। चित्र में दिखाया गया है कि जब समस्त मुद्रा की मांग D_1 से बढ़कर D_2 हो जाती है तो उत्पादन OQ_1 से बढ़कर OQ_2 हो जाता है परन्तु कीमत स्तर OP पर स्थिर रहता है। जब समस्त मांग D_2 से और बढ़कर D_3 हो जाती है तो उत्पादन OQ_2 से बढ़कर OQ_3 हो जाता है और कीमत स्तर भी बढ़कर OP_3 पर चला

---

1. J. M. Keynes, *op. cit.*, pp. 296-97.

जाता है। इसका कारण यह है कि जब संसाधनों की अगतिशीलता के माध्यम से अड़चनें उत्पन्न होती हैं तो लागतें बढ़ जाती हैं। घटते प्रतिफल होने लगते हैं और कम कुशल श्रम एवं पूंजी लगाई जाती है। समस्त मुद्रा मांग में दी हुई वृद्धि के मुकाबले उत्पादन अपेक्षाकृत धीमी दर पर बढ़ता है और इससे कीमतें बढ़ जाती हैं। जब पूर्ण रोजगार की स्थिति आने लगती है तो अड़चनें बढ़ जाती हैं और फिर बढ़ती कीमतों के परिणामस्वरूप मांग, विशेष रूप से स्टॉकों के लिए मांग, बढ़ जाती है। इसलिए कीमतें बढ़ती हुई दर से बढ़ती हैं। इसे चित्र में E_3—E_5 क्षेत्र में दिखाया गया है। परन्तु जब अर्थव्यवस्था उत्पादन के पूर्ण रोजगार स्तर पर पहुंच जाती है, तो समस्त मुद्रा मांग में होने वाली और वृद्धि से, कीमत-स्तर में समानुपाती वृद्धि होती है, परन्तु उस स्तर पर उत्पादन अपरिवर्तित रहता है। इसे चित्र में यों दिखाया गया है कि जब मांग वक्र D_5 ऊपर की ओर सरककर D_6 पर जाता है तो कीमत स्तर OP_5 से बढ़कर OP_6 हो जाता है जबकि उत्पादन स्तर OQ_F पर स्थिर रहता है।

3. परम्परागत मुद्रा के परिमाण सिद्धांत पर केन्जीय सिद्धांत की श्रेष्ठता (SUPERIORITY OF THE KEYNESIAN THEORY OVER TRADITIONAL QUANTITY THEORY OF MONEY)

परम्परागत मद्रा के परिमाण सिद्धांत की तुलना में केन्ज का मुद्रा एवं कीमत सिद्धांत अधिक श्रेष्ठ हैं। इसके निम्न कारण हैं—

1. मुद्रा और कीमतों में परोक्ष और असमानुपातिक संबंध (Indirect and Non-proportional Relation between Money and Price)—परम्परागत दृष्टिकोण के मुकाबले केन्ज का मुद्रा के परिमाण का पुनःव्यवस्थापित सिद्धांत इसलिए श्रेष्ठ है क्योंकि वह इस पुराने मत का खण्डन करता है कि मुद्रा की मात्रा तथा कीमतों के बीच प्रत्यक्ष एवं समानुपाती संबंध होता है। इसकी बजाय वह मुद्रा की मात्रा तथा कीमतों के बीच अप्रत्यक्ष एवं असमानुपाती संबंध स्थापित करता है।

2. मुद्रा सिद्धांत का मूल्य सिद्धांत के साथ एकीकरण (Integration of Monetary Theory with Value Theory)—इस तरह का संबंध स्थापित करने के लिए केन्ज ने कीमतों के विशुद्ध मुद्रा सिद्धान्त की बजाय उत्पादन एवं रोजगार का मुद्रा सिद्धांत प्रस्तुत किया। इसके निमित्त उसने मुद्रा सिद्धांत को मूल्य सिद्धांत में एकीकृत किया। उसने मुद्रा सिद्धांत को मूल्य सिद्धांत में और साथ ही मुद्रा सिद्धांत को ब्याज की दर के माध्यम से उत्पादन एवं रोजगार सिद्धांत में भी एकीकृत किया है। वस्तुतः मुद्रा सिद्धांत तथा मूल्य सिद्धांत का एकीकरण उत्पादन के सिद्धांत के माध्यम से किया है और उत्पादन सिद्धांत में ब्याज की दर बहुत महत्त्वपूर्ण कार्य करती है। जब मुद्रा का परिमाण बढ़ता है तो ब्याज की दर गिर जाती है जो निवेश की मात्रा और समस्त मांग को बढ़ा देती है जिसके परिणामस्वरूप उत्पादन तथा रोजगार बढ़ते हैं। इस तरीके से मुद्रा सिद्धांत को उत्पादन एवं रोजगार के सिद्धांत में एकीकृत किया गया है। जब उत्पादन और रोजगार बढ़ते हैं, तो उत्पादन के साधनों की मांग को और बढ़ा देते हैं। परिणामतः कुछ अड़चनें पैदा हो जाती हैं, तो सीमान्त लागत के साथ मुद्रा-मजदूरी दरों को बढ़ा देती हैं। इस प्रकार कीमतें बढ़ने लगती हैं। इस तरीके से मुद्रा सिद्धांत को मूल्य सिद्धांत में एकीकृत किया गया। अतः परम्परागत मुद्रा के परिमाण सिद्धांत की अपेक्षा केन्जीय सिद्धांत श्रेष्ठ है क्योंकि यह अर्थव्यवस्था के वास्तविक तथा मौद्रिक क्षेत्रों को ऐसे दो अलग कक्षों में बन्द नहीं करता जिनके बीच ''मूल्य के सिद्धांत और मुद्रा एवं कीमतों के सिद्धांत में कोई दरवाजे या खिड़कियां नहीं हैं।''

3. कारणात्मक संबंधों की उचित व्याख्या (Proper Explanation of Causal Relations)—केन्ज मुद्रा के परिमाण सिद्धांत की अपेक्षा कारणात्मक संबंधों की उचित व्याख्या करता है। मुद्रा का परिमाण सिद्धांत ब्याज दर, निवेश, उत्पादन एवं रोजगार पर पड़ने वाले मुद्रा परिवर्तन के प्रभावों की अवहेलना करता है। परन्तु केन्ज, मुद्रा की मात्रा में परिवर्तन से इन घटकों पर जो प्रभाव पड़ते हैं उनके द्वारा कीमत स्तर पर पड़ने वाले प्रभाव की उचित व्याख्या करता है।

4. अपूर्ण रोजगार में भी लागू (Also Applicable under Underemployment)—फिर परम्परागत परिमाण सिद्धांत संसाधनों के पूर्ण रोजगार की अयाथार्थिक मान्यता पर आधारित है। इस मान्यता के अन्तर्गत, मुद्रा के परिमाण में दी हुई वृद्धि के परिणामस्वरूप कीमत स्तर में हमेशा समानुपाती वृद्धि होती है। दूसरी ओर, केन्ज मानता है कि पूर्ण रोजगार की स्थिति केवल अपवाद होती है। इसलिए, जब तक बेरोजगारी रहेगी, तब तक जिस अनुपात में मुद्रा का परिमाण परिवर्तित होगा उसी अनुपात में उत्पादन एवं रोजगार परिवर्तित होगें, परन्तु कीमतों में कोई परिवर्तन नहीं होगा और जब पूर्ण रोजगार होगा तो जिस अनुपात में मुद्रा का परिमाण बदलेगा उसी अनुपात में कीमतें बदलेंगी। इस प्रकार परम्परागत विश्लेषण के मुकाबले केन्जीय विश्लेषण अधिक उत्कृष्ट है क्योंकि यह बेरोजगारी तथा पूर्ण

रोजगार दोनों स्थितियों में मुद्रा के परिमाण और कीमतों के संबंध का अध्ययन करता है।

5. महत्त्वपूर्ण नीति निहितार्थ (Important Policy Implications)—फिर, परम्परागत मुद्रा के परिमाण सिद्धांत की अपेक्षा केन्जीय सिद्धांत इसलिए श्रेष्ठ है कि यह महत्त्वपूर्ण नीति संकेतों पर बल देता है। परम्परागत सिद्धांत मानता है कि मुद्रा के परिमाण में होने वाली प्रत्येक वृद्धि से स्फीति आती है। दूसरी ओर, केन्ज यह स्थापित करता है कि जब तक बेरोजगारी रहती है तब तक कीमतों में बहुत धीरे-धीरे वृद्धि होती है और स्फीति का कोई खतरा नहीं होता। मुद्रा के परिमाण में होने वाली प्रत्येक वृद्धि के साथ कीमतों में होने वाली वृद्धि केवल तभी स्फीतिकारी होती है जब अर्थव्यवस्था पूर्ण रोजगार का स्तर उपलब्ध कर लेती है। इस प्रकार, ''केन्ज के दृष्टिकोण की खूबी इस बात पर बल देना है कि हो सकता है पूर्ण रोजगार तथा कीमत स्थिरता के उद्देश्यों में स्वाभाविक समाधान न किया जा सके।''

4. केन्ज़ के मुद्रा और कीमत सिद्धांत की आलोचनाएं
(CRITICISMS OF KEYNES' THEORY OF MONEY AND PRICE)

मुद्रावादियों ने केन्ज के मुद्रा और कीमतों के सिद्धांत की निम्न बातों के लिए आलोचना की है—

1. सीधा संबंध (Direct Relation)—केन्ज ने गलती से कीमतों को स्थिर मान लिया जिससे उसके विश्लेषण में मुद्रा का प्रभाव व्यापारिक वस्तुओं की मात्रा के रूप में प्रकट होता है, न कि उनकी औसत कीमतों में। इसीलिए केन्ज़ ने अप्रत्यक्ष प्रक्रिया को अपनाया जिसके अनुसार आर्थिक क्रिया पर बांड कीमतों, ब्याज दरों और निवेश द्वारा मौद्रिक परिवर्तनों के प्रभाव दिखाए गये हैं। परन्तु मौद्रिक परिवर्तनों के वास्तविक प्रभाव अप्रत्यक्ष न होकर प्रत्यक्ष होते हैं।

2. मुद्रा के लिए स्थिर मांग (Stable Demand for Money)—केन्ज़ की यह मान्यता थी कि मुद्रा में परिवर्तन अधिकतर मुद्रा की मांग में परिवर्तनों द्वारा विलीन कर लिए जाते थे। फ्रीडमैन ने अपने अनुभवसिद्ध अध्ययनों के आधार पर दर्शाया है कि मुद्रा के लिए मांग अत्यधिक स्थिर है।

3. मुद्रा की प्रकृति (Nature of Money)—केन्ज़ मुद्रा की असली प्रकृति को समझने में विफल रहा। उसका विश्वास था कि मुद्रा केवल बांडों में ही विनिमय की जा सकती है। वास्तव में, मुद्रा अनेक भिन्न प्रकार की परिसंपत्तियों जैसे बांडों, सिक्योरिटियों, मौलिक परिसंपत्तियों, मानव सम्पत्ति, आदि के साथ भी विनिमय की जा सकती है।

4. मुद्रा का प्रभाव (Effect of Money)—क्योंकि केन्ज़ ने मंदी की अवधि के लिए लिखा, इससे उसे यह निष्कर्ष निकालना पड़ा कि मुद्रा का आय पर नगण्य प्रभाव होता है। फ्रीडमैन के अनुसार, मुद्रा में संकुचन से मंदी जल्दी आई। इसलिए केन्ज़ का यह तर्क गलत था कि मुद्रा का आय पर नगण्य प्रभाव होता है। वास्तव में राष्ट्रीय आय पर मुद्रा का प्रभाव अवश्य होता है।

प्रश्न

1. यह दर्शाएं कि मूल्य सिद्धांत का मुद्रा के सिद्धांत के साथ एकीकरण केन्ज़ ने किस प्रकार किया?
2. केन्ज ने किस प्रकार एक ओर मुद्रा और ब्याज दर का तथा दूसरी ओर ब्याज दर, रोजगार और कीमतों का सहसंबंध स्थापित किया?

अध्याय 30

फ्रीडमैन का मुद्रा के परिमाण सिद्धान्त का पुन: प्रतिपादन
(Friedman's Re-formulation of the Quantity Theory of Money)

1. भूमिका
(INTRODUCTION)

केन्ज़ की पुस्तक *General Theory of Employment, Interest and Money*, 1936 में प्रकाशित होने के बाद, अर्थशास्त्रियों ने मुद्रा के परम्परागत परिमाण सिद्धांत को रद्द कर दिया। परन्तु शिकागो विश्वविद्यालय में "1930 और 1940 के दशकों में मुद्रा का परिमाण सिद्धांत मौखिक परम्परा का केन्द्रीय तथा शक्तिशाली अंग बना रहा।" शिकागो में फ्रीडमैन, साइमन्ज़, लॉयड मिंट्स, फ्रैंक नाइट तथा जैकब वाइनर पढ़ाते थे और उन्होंने मुद्रा के परिमाण सिद्धांत का उसके सैद्धांतिक रूप में ऐसा सूक्ष्म एवं सुसंगत रूपान्तर विकसित किया "जिसमें मुद्रा के परिमाण सिद्धांत को सामान्य कीमत सिद्धांत से सम्बद्ध तथा समन्वित कर दिया गया।" मुद्रा के परिमाण सिद्धांत के शिकागो रूपान्तर का सर्वप्रथम व्याख्याता प्रो. फ्रीडमैन है जिसने तथाकथित मुद्रावादी क्रांति प्रस्तुत की। उसने 1956 में प्रकाशित *The Quantity Theory of Money : A Restatement* शीर्षक अपने निबंध में मुद्रा के आधुनिक परिमाण सिद्धांत का विशेष मॉडल बनाया। उस पर नीचे विचार किया जा रहा है।

2. फ्रीडमैन का सिद्धांत
(FRIEDMAN'S THEORY)

मुद्रा के परिमाण सिद्धांत के पुन: प्रतिपादन में फ्रीडमैन ने बल देकर कहा है कि "परिमाण सिद्धांत पहले मुद्रा की मांग का एक सिद्धांत है। यह उत्पादन अथवा मुद्रा आय या कीमत स्तर का सिद्धांत नहीं है।" (The quantity theory is in the first instance a theory of the demand for money. It is not a theory of output, or of money income, or of the price level.)[1] अंतिम संपत्तिधारकों की ओर से मुद्रा की मांग एक उपभोग सेवा की मांग के साथ औपचारिक रूप से समान है। वह वास्तविक नकदी शेषों की राशि *M/P* को एक वस्तु मानता है जिसकी मांग की जाती है, क्योंकि यह उस व्यक्ति को सेवाएं प्रदान करती है जो इसे धारण करता है। इस प्रकार, मुद्रा एक परिसंपत्ति अथवा पूंजी वस्तु है। अत: मुद्रा की मांग पूंजी अथवा संपत्ति सिद्धांत का अंग है।

अंतिम संपत्ति धारकों के लिए वास्तविक रूप में मुद्रा की मांग मुख्यतया निम्न चरों का फलन होने की संभावना हो सकती है:

1. कुल संपत्ति (Total Wealth)—कुल संपत्ति बजट अवरोध (constraint) का समरूप है। कुल संपत्ति विभिन्न प्रकार की परिसंपत्तियों में बांटी जानी चाहिए। व्यवहार में, कुल संपत्ति के अनुमान कभी-कभार उपलब्ध होते हैं। इसके बजाय, आय सम्पत्ति के सूचक का कार्य कर सकती है। अत: फ्रीडमैन के अनुसार आय संपत्ति की एक प्रतिनिधि है।

2. सपंत्ति का मानव और गैर-मानव रूपों में विभाजन (Division of Wealth between Human and Non-Human Forms)—संपत्ति का मुख्य स्रोत मानवों की उत्पादकीय क्षमता है जो मानव संपत्ति है। परन्तु मानव संपत्ति का गैर-मानव संपत्ति में

1. M. Friedman, (ed.) *Studies in the Quantity Theory of Money*, 1956.

परिवर्तन या इसका विपरीत, संस्थानिक प्रतिबंधों के अधीन है। ऐसा गैर–मानव संपत्ति को वर्तमान अर्जनों द्वारा खरीद कर अथवा गैर–मानव संपत्ति के प्रयोग से वित्त प्रबंधन द्वारा दक्षताएं प्राप्त करने के लिए किया जा सकता है। अत: गैर–मानव संपत्ति के रूप में कुल संपत्ति का अंश एक अतिरिक्त महत्त्वपूर्ण चर है। फ्रीडमैन गैर–मानव से मानव संपत्ति के अनुपात को अथवा संपत्ति से आय के अनुपात को ω (ओमेगा) कहता है।

3. मुद्रा और अन्य परिसंपत्तियों पर प्रतिफल की प्रत्याशित दरें (Expected Rates of Return on Money and Other Assets)—ये प्रतिफल की दरें उपभोक्ता मांग सिद्धांत में एक वस्तु की कीमत की, उसके स्थानापन्नों की, और पूरकों की दूसरा रूप हैं। प्रतिफल की अंकित दर शून्य हो सकती है जैसे सामान्यत: करेंसी पर होती है, अथवा ऋणात्मक जैसे यह अक्सर मांग खातों पर जिन पर शुद्ध सेवा चार्ज देने होते हैं, अथवा धनात्मक जैसे उन मांग खातों पर जिन पर ब्याज देय होता है और सामान्यत: समय खातों पर। अन्य परिसंपत्तियों पर अंकित प्रतिफल की दर में दो भाग शामिल होते हैं: *प्रथम,* कोई वर्तमान में भुगतान की गई प्राप्ति या लागत जैसे कि बांडों पर ब्याज, शेयरों पर लाभांश और भौतिक परिसंपत्तियों को स्टोर करने की लागत ; तथा *द्वितीय,* इन परिसंपत्तियों की कीमतों में परिवर्तन जो अवस्फीति अथवा स्फीति की स्थितियों में विशेषतौर से महत्त्वपूर्ण बन जाते हैं।

4. अन्य चर (Other Variables)—आय के अलावा अन्य चर मुद्रा की सेवाओं से संबद्ध उपयोगिता को प्रभावित कर सकते हैं, जो वास्तविक तरलता को निर्धारित करते हैं। तरलता के अतिरिक्त संपत्ति धारकों की रुचियां और अधिमान चर होते हैं। एक अन्य चर अंतिम संपत्ति धारकों द्वारा वर्तमान पूंजी वस्तुओं में व्यापार है। ये चर संपत्तियों के अन्य प्रकारों के साथ मुद्रा के मांग फलन को भी निर्धारित करते हैं। ऐसे चरों को फ्रीडमैन μ (म्यू) का नाम देता है।

संपत्ति के प्रकार (Forms of Wealth)

फ्रीडमैन के अनुसार, मोटे तौर पर संपत्ति में आय के सभी स्रोत अथवा उपभोग करने योग्य सेवाएं शामिल होती हैं। यह पूंजीकृत (capitalised) आय है। आय से फ्रीडमैन का मतलब ''स्थायी आय'' है जो संपत्ति के जीवनकाल की औसत प्रत्याशित प्राप्ति है। संपत्ति पांच भिन्न प्रकारों से धारण की जा सकती है: मुद्रा, बांड, ईक्विटियां, भौतिक वस्तुएं और मानव पूंजी। प्रत्येक प्रकार की संपत्ति की अपनी अद्वितीय विशेषता हैं और यह विभिन्न प्रतिफल देती है, जिसका निम्न वर्णन है:

1. मुद्रा (Money)—मुद्रा के विस्तृत अर्थ में लिया गया है जिसमें करेंसी, मांग खांते और समय खाते शामिल हैं जिनमें जमाओं पर ब्याज प्राप्त होता हैं। इस प्रकार मुद्रा एक विलासिता वस्तु है। यह धारक को सुविधा, सुरक्षा, आदि के रूप में वास्तविक प्रतिफल देती है जिसे सामान्य कीमत स्तर *(P)* में मापा जाता है।

2. बांड (Bonds)—बांडों को भुगतानों की समय धारा के दावों के रूप में परिभाषित किया गया है, जो मुद्रारुप (nominal) इकाईयों में स्थिर हैं।

3. ईक्विटियां (Equities)—ईक्विटियों को भुगतानों की समयधारा के दावों के रूप में परिभाषित किया गया है, जो वास्तविक इकाईयों में स्थिर हैं।

4. भौतिक वस्तुएं अथवा गैर–मानव वस्तुएं (Physical Goods or Non-human Goods)—ये उपभोक्ता और उत्पादक टिकाऊ वस्तुओं की मालसूचियां (inventories) हैं।

5. मानव–पूंजी (Human Capital)—मानव–पूंजी मानवों की उत्पादकीय क्षमता है।[1]

इस प्रकार संपत्ति की प्रत्येक किस्म की अपनी अद्वितीय विशेषता और भिन्न प्रतिफल या तो स्पष्टतया ब्याज, लाभांश, श्रम, आय आदि के रूप में अथवा अस्पष्टतया कीमत स्तर *(P)* में मापी गई मुद्रा की सेवाओं और मालसूचियों के रूप में होती है। इन पांच प्रकार की संपत्ति से इन प्रत्याशित आय प्रवाहों का वर्तमान बट्टागत मूल्य संपत्ति का चालू मूल्य बनता है, जिसे निम्न प्रकार व्यक्त किया जा सकता है:

$$W = Y/r$$

जहां W कुल संपत्ति का चालू मूल्य है, Y संपत्ति की पांच किस्मों से प्रत्याशित आय का कुल प्रवाह है, और r ब्याज दर। यह समीकरण दर्शाता है कि संपत्ति पूंजीकृत आय है।

मुद्रा का मांग फलन (Demand Function of Money)

फ्रीडमैन अपने नवीनतम अनुभवसिद्ध अध्ययन *Monetary Trends in the United States and the United Kingdom* (1982) में एक व्यक्तिगत संपत्ति धारक के मुद्रा के मांग फलन को सरल ढंग से अपने 1956 के मूल अध्ययन से कुछ भिन्न निम्न संकेत-चिह्नों से व्यक्त करता है:

$$M/P=f(Y, W, R_m, R_b, R_e, g_p, \mu)$$

जहां M मांगी गई मुद्रा का कुल स्टॉक; P कीमत स्तर है; Y वास्तविक आय है; W गैर-मानव रूप में संपत्ति का अंश है; R_m मुद्रा पर प्रत्याशित मुद्रारूप की दर है; R_b बांडों पर प्रत्याशित प्रतिफल की दर है जिसमें उनकी कीमतों में प्रत्याशित परिवर्तन शामिल है; R_e ईक्विटियों पर प्रत्याशित मुद्रारूप प्रतिफल की दर है जिसमें उनकी कीमतों में प्रत्याशित परिवर्तन शामिल है; $g_p=(1/P)(dP/dt)$ वस्तुओं की कीमतों में होने वाले पविर्तन की प्रत्याशित दर है और इसलिए भौतिक परिसंपत्तियों पर प्रत्याशित मद्रारूप प्रतिफल की दर है; और μ (म्यू) आय के अलावा अन्य चरों के लिए है जो मद्रा की सेवाओं से संबद्ध उपयोगिता को प्रभावित कर सकते हैं जैसे रुचियां, अधिमान आदि।

व्यवसाय का मांग फलन लगभग समान ही है। यद्यपि कुल संपत्ति और मानव संपत्ति में विभाजन बहुत लाभदायक नहीं होता है, क्योंकि एक फर्म मार्किट में बेच और खरीद सकती है और अपनी इच्छानुसार अपनी मानव संपत्ति को किराए पर दे सकती है। परन्तु अन्य घटक महत्त्वपूर्ण होते हैं। मुद्रा का ***समस्त*** मांग फलन व्यक्तिगत मांग फलनों का योग है जिसमें M और Y क्रमशः प्रति व्यक्ति मुद्रा धारणों और प्रतिव्यक्ति आय को व्यक्त करते हैं। और W गैर--मानव रूप में समस्त संपत्ति को व्यक्त करता है।

मुद्रा का मांग फलन इस निष्कर्ष पर पहुंचता है कि विभिन्न परिसंत्तियों की प्रत्याशित प्राप्तियों (प्रतिफलों) में वृद्धि होने से एक संपत्तिधारक की मुद्रा की मांग कम हो जाती है, और संपत्ति में वृद्धि से मुद्रा की मांग बढ़ जाती है। आय जिन नकदी शेषों *(M/P)* के साथ समायोजित की जाती है, वह आय का प्रत्याशित दीर्घकालीन स्तर है, न कि प्राप्त हो रही चालू आय। अनुभवसिद्ध प्रमाण बताता है कि मुद्रा-मांग की आय लोच इकाई से अधिक होती है, जिसका अर्थ है कि दीर्घकाल में आय वेग (velocity) गिर रही होती है। इसका अभिप्राय है कि मुद्रा का दीर्घकालीन मांग फलन स्थिर है। दूसरे शब्दों में, मुद्रा के दीर्घकालीन मांग फलन की ब्याज लोच नगण्य (negligible) है।

फ्रीडमैन के मुद्रा के परिमाण सिद्धांत के पुनः प्रस्तुतिकरण में मुद्रा की पूर्ति मुद्रा की मांग से स्वतंत्र है। मुद्रा अधिकारियों के कार्यों के कारण मुद्रा की पूर्ति अस्थिर होती है। दूसरी ओर, मुद्रा की मांग स्थिर रहती है। इसका मतलब है कि वह मुद्रा जिसे लोग नकदी अथवा बैंक जमा के रूप में रखना चाहते हैं, स्थिर रूप में उनकी स्थायी आय से संबंधित रहती है। यदि केन्द्रीय बैंक प्रतिभूतियां खरीदकर मुद्रा की पूर्ति बढ़ा देगा, तो जो लोग प्रतिभूतियां बेचेंगे वे देखेंगे कि उनकी आय के अनुपात में उनके मुद्रा के धारण बढ़ गये हैं। इसलिए, वे अपने मुद्रा के आधिक्य (excess) धारणों को आंशिक रूप से परिसंपत्तियों पर और आंशिक रूप मे उपभोक्ता वस्तुओं तथा सेवाओं पर खर्च करेंगे। इस खर्च से उनके मुद्रा शेष घट जाएंगे और साथ ही मुद्रारूप (nominal) आय बढ़ जाएगी। दूसरी ओर, जब केन्द्रीय बैंक प्रतिभूतियां बेचकर मुद्रा की पूर्ति घटा देगा, तो प्रतिभूतियां खरीदने वालों के मुद्रा के धारण उनकी स्थायी आय के अनुपात में कम हो जाएंगे। इसलिए, वे आंशिक रूप से परिसंपत्तियों को बेचकर और आंशिक रूप से वस्तुओं तथा सेवाओं पर अपना उपभोग व्यय कम करके अपने मुद्रा-धारणों को बढ़ाएंगे। इससे मुद्रारूप आय घटने लगेगी। इस प्रकार दोनों तरह से मुद्रा की मांग स्थिर रहती है। फ्रीडमैन के अनुसार, यदि मुद्रा के स्टॉक में परिवर्तन होता है, तो उससे कीमत स्तर में अथवा आय में अथवा कीमत स्तर एवं आय दोनों में समानुपाती परिवर्तन होता है। मुद्रा की मांग दी होने पर, कुल व्यय और आय पर मुद्रा की पूर्ति में परिवर्तनों के प्रभावों का पूर्वानुमान करना संभव है। यदि अर्थव्यवस्था पूर्ण रोजगार से कम स्तर पर हो तो मुद्रा-पूर्ति में वृद्धि कुल व्यय बढ़ने पर उत्पादन और रोजगार में वृद्धि कर देगी। परन्तु यह केवल अल्पकाल में ही संभव है। फ्रीडमैन का मुद्रा परिमाण सिद्धांत चित्र 1 के द्वारा समझाया गया है जहां आय *(Y)* अनुलम्ब अक्ष पर मापी गयी है और मुद्रा की मांग तथा पूर्ति क्षैतिज अक्ष पर। M_D मुद्रा का मांग वक्र है जो आय के

---

1. ऊपर वर्णित मुद्रा की मांग के विभिन्न चरों और संपत्ति के पांच प्रकारों का वर्णन विद्यार्थी संक्षेप में दे सकते हैं। परन्तु आगे दिए गए विवरण को देना आवश्यक है।

साथ परिवर्तित होता है। *Ms* मुद्रा पूर्ति वक्र है जो आय के परिवर्तनों के साथ पूर्णतया बेलोच है। दोनों वक्र एक-दूसरे को *E* पर काटते हैं और *OY* संतुलन आय निर्धारित करते हैं। यदि मुद्रा पूर्ति बढ़ती है तो *MS* वक्र दाईं ओर शिफ्ट होकर M_1S_1 हो जाता है। परिणामस्वरूप, मुद्रा-पूर्ति मुद्रा की मांग से अधिक हो जाता है जो कुल आय को तब तक बढ़ाती है जब तक M_D और M_1S_1 वक्रों में नया संतुलन E_1 बिन्दु पर स्थापित नहीं हो जाता है। इस प्रकार, आय भी बढ़कर OY_1 हो जाती है।

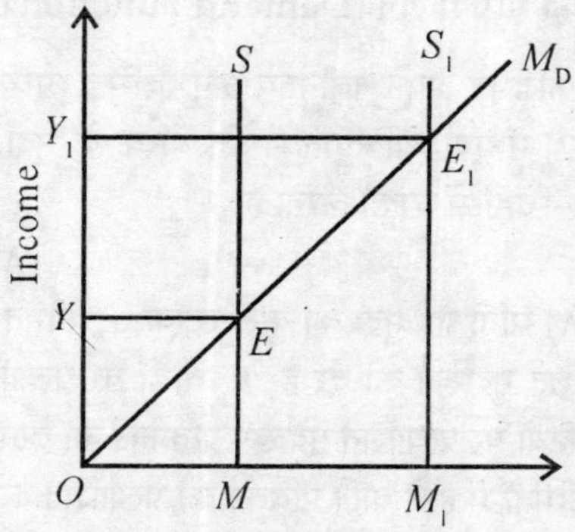

चित्र 1

निष्कर्ष (Conclusion)—निष्कर्ष में, फ्रीडमैन परिमाण सिद्धांत को मुद्रा की मांग सिद्धांत के रूप में प्रस्तुत करता है तथा मुद्रा की मांग को परिसंपत्ति कीमतों या सापेक्ष प्रतिफल और संपत्ति अथवा आय पर निर्भर मानता है। वह दर्शाता है कि मुद्रा की स्थिव मांग कैसे कीमतों और उत्पादन का सिद्धांत बनती है। मांगी गई मुद्रा की मुद्रारूप मात्रा और आपूरित (supplied) मुद्रा की मुद्रारूप मात्रा में अंतर मुख्यतया प्रयत्न किए गए व्यय में प्रकट होगा। जब मुद्रा की मांग अपने निर्धारकों में परिवर्तनों की प्रतिक्रिया में परिवर्तित होती है, तो इसके परिणामस्वरूप कीमतों अथवा मुद्रारूप आय में पर्याप्त परिवर्तन लगभग सदैव मुद्रा की पूर्ति में परिवर्तनों के कारण होते हैं।

आलोचना (Criticism)

मुद्रा के परिमाण सिद्धांत का फ्रीडमैन के पुन:प्रतिपादन ने बहुत वाद-विवाद उत्पन्न किया है और केन्ज्रवादियों तथा मुद्रावादियों की ओर से अनुभवसिद्ध जांच हुई है। फ्रीडमैन के सिद्धांत के विरुद्ध लगाए गए आरोपों की चर्चा निम्न है—

1. मुद्रा की परिभाषा बहुत व्यापक (Very Broad Definition of Money)—फ्रीडमैन पर लगाया गया एक आरोप यह है कि उसने मुद्रा की ऐसी व्यापक परिभाषा का प्रयोग किया है जिसमें न केवल करेन्सी तथा मांग जमा (M_1) अपितु कमर्शियल बैंकों के समय जमा (M_2) भी शामिल हैं। इस व्यापक पभिाषा से स्पष्ट निष्कर्ष यह निकला कि मुद्रा की मांग की ब्याज लोच नगण्य होती है। यदि समय जमा पर ब्याज की दर बढ़ती है तो उनकी (M_2) की मांग बढ़ जाती है। परन्तु करेंसी तथा मांग जमाओं (M_1) की मांग गिर जाती है। इसलिए मुद्रा की मांग पर कुल मिलाकर जो प्रभाव पड़ेगा, वह नहीं के बराबर होगा। परन्तु फ्रीडमैन के विश्लेषण की कमजोरी यह है कि वह दीर्घकालीन तथा अल्पकालीन ब्याज-दरों में अन्तर नहीं करता। वास्तव में यदि मांग जमाओं (M_1) को काम में लाया जाए तो अल्पकालीन दर को प्राथमिकता देनी चाहिए, जबकि समय जमाओं (M_2) के लिए दीर्घकालीन दर बेहतर है। यह जरूरी है कि इस तरह का ब्याज-दर का ढांचा मुद्रा की मांग को प्रभावित करेगा।

2. मुद्रा विलास की वस्तु नहीं (Money not a Luxury Good)—क्योंकि फ्रीडमैन ने मुद्रा में समय जमाएं शामिल कर ली हैं, इसलिए वह मुद्रा को एक विलास की वस्तु मानता है। इस आधार पर उसका यह निष्कर्ष है कि अमेरिका में आय की अपेक्षा मुद्रा की पूर्ति की प्रवृत्ति दर अधिक ऊंची होती है। परन्तु इंग्लैण्ड के बारे में इस प्रकार का कोई 'विलास प्रभाव' (luxury effect) उपलब्ध नहीं हुआ।

3. संपत्ति चरों को अधिक महत्त्व (Much Importance to Wealth Variables)—फ्रीडमैन के मुद्रा की मांग के फलन में, आय की अपेक्षा संपत्ति चरों को अधिक अधिमान के योग्य मानना और संपत्ति तथा आय के चरों का एक साथ परिचालित होना, तर्कसंगत प्रतीत नहीं होता। जैसा कि जोहन्सन ने लक्ष्य किया है, संपत्ति पर जो प्रतिफल मिलता है, वही आय है और आय का वर्तमान मूल्य ही संपत्ति है। मुद्रा के मांग फलन में ब्याज की दर तथा इन चरों में से एक का विद्यमान रहना दूसरे को निरर्थक बनाना प्रतीत होगा।

4. मुद्रा-पूर्ति बहिर्जात नहीं (Money Supply not Exogenous)—फ्रीडमैन ने मुद्रा को अस्थिर माना है। फ्रीडमैन की व्यवस्था में मुद्रा को मुद्रा प्राधिकारी बहिर्जात ढंग से परिवर्तित करते हैं। परन्तु अमेरिका में मुद्रा पूर्ति उन बैंक जमाओं से बनती है जिन्हें बैंक-उधारदान में परिवर्तनों द्वारा निर्मित किया जाता है। बैक उधार दान, आगे उन आरक्षित निधियों पर आधारित होता है जो तब बढ़ती या घटती हैं जब (क) वित्तीय बिचौलिए करेन्सी जमा करते हैं और निकालते हैं; (ख) संघीय रिजर्व व्यवस्था से कमर्शियल बैंक उधार लेते

हैं; (ग) विदेशों से मुद्रा का अन्तर्वाह और विदेशों को मुद्रा का प्रवाह होता है; और (घ) संघीय रिजर्व व्यवस्था प्रतिभूतियों का क्रय और विक्रय करती है। पहली तीन मदें मुद्रा की पूर्ति को निश्चित रूप से अन्तर्जात तत्त्व प्रदान करती हैं। इस प्रकार, मुद्रा की पूर्ति पूर्ण रूप से बहिर्जात नहीं है, जबकि फ्रीडमैन की मान्यता उसे बहिर्जात मानती है। मुद्रा की पूर्ति अधिकांशतः अन्तर्जात होती है।

5. मुद्रा पूर्ति पर अन्य चरों के प्रभाव की उपेक्षा (Ignores the Effect of Other Variables on Money Supply)—फ्रीडमैन मुद्रा पूर्ति पर अन्य चरों जैसे कीमतों, उत्पादन अथवा ब्याज दर के प्रभाव की उपेक्षा करता है। परन्तु पर्याप्त अनुभवसिद्ध प्रमाण है कि मुद्रा पूर्ति ऊपर वर्णित चरों के फलन के रूप में व्यक्त नहीं की जा सकती।

6. समय घटक पर विचार नहीं (Does not Consider Time Factor)—फ्रीडमैन समायोजन की गति और समय निर्धारण के बारे में अथवा समय की अवधि जिसमें यह सिद्धांत लागू नहीं होता के बारे में कुछ नहीं बताता है।

7. मुद्रा पूर्ति और मुद्रा GNP में धनात्मक सम्बन्ध नहीं (No Positive Relation between Money Supply and Money GNP)—फ्रीडमैन के निष्कर्षों में पाया गया है कि मुद्रा पूर्ति और मुद्रा *GNP* धनात्मक रूप से सहसंबंधित रहते हैं। परन्तु काल्डर (Kaldor) का मत है कि ब्रिटेन में सर्वोकृष्ट सहस्बंध पब्लिक द्वारा नोटों और सिक्कों में धारित नकद राशि में होने वाले तिमाही परिवर्तनों तथा बाजार कीमतों पर वैयक्तिक उपभोग के अनुरूप परिवर्तनों के बीच होता है, न कि मुद्रा पूर्ति और मुद्रा *GNP* के बीच।

निष्कर्ष (Conclusion)—परन्तु इन आलोचनाओं के बावजूद ''फ्रीडमैन द्वारा पूंजी सिद्धांत के आधारभूत नियम को मुद्रा सिद्धांत पर लागू किया जाना अर्थात पूंजी पर प्रतिफल और आय का वर्तमान मूल्य पूंजी, संभवतः मुद्रा सिद्धांत में केन्ज़ के सामान्य सिद्धांत के बाद सर्वाधिक महत्त्वपूर्ण विकास है। इसका सैद्धान्तिक महत्त्व इस बात में निहित है कि यह व्यवहार पर प्रभावों के रूप में संपत्ति तथा आय का धारणात्मक एकीकरण करता है।''

3. फ्रीडमैन के मुद्रा सिद्धांत का अनुभवसिद्ध प्रमाण
(EMPIRICAL EVIDENCE OF FRIEDMAN'S THEORY)

फ्रीडमैन के मुद्रा सिद्धांत से सम्बद्ध अनेक अनुभवसिद्ध अध्ययन शिकागो और अन्य विश्वविद्यालयों में हुए हैं, जिनमें से कुछेक पर निम्न प्रकाश डाला गया है—

मुद्रा का आधुनिक सिद्धांत मुद्रा की मांग पर बल देता है। मुद्रा की मांग परिसम्पत्ति है जो अनेक चरों पर निर्भर करती है और यह सामान्यतः स्थिर होती है। स्वयं फ्रीडमैन तथा शिकागो के अन्य अर्थशास्त्रियों विशेषकर सैलडन ने इस सम्बन्ध में अनुभवसिद्ध अध्ययन किए हैं। इनके अनुसार मुद्रा की मांग जिन चरों पर निर्भर करती है उनके प्रभावों के प्रमाण इस प्रकार हैं—

1. आय के सम्बंध में फ्रीडमैन मे पाया कि प्रतिव्यक्ति मुद्रा-स्टॉक तथा प्रतिव्यक्ति वास्तविक आय के दीर्घकालीन परिवर्तनों में उच्चकोटि का सहसंबंध है। परन्तु प्रतिव्यक्ति आय में परिवर्तनों के प्रति मुद्रा की मांग की लोच एक से अधिक है। अमेरिका के बारे में फ्रीडमैन ने पाया कि यह लोच 1.8 है जिससे वह इस निष्कर्ष पर पहुंचा कि वास्तविक शेषों की मांग का यह व्यवहार विलासिता वस्तुओं की मांग के व्यवहार की तरह ही रहा है।

2. आय के चक्रीय व्यवहार के बारे में फ्रीडमैन का अध्ययन बताता है कि अर्थव्यवस्था के विस्तार में मुद्रा का वास्तविक स्टॉक तथा वास्तविक आय दोनों बढ़ते हैं, और संकुचन में कम होते हैं, परन्तु वास्तविक आय की अपेक्षा मुद्रा के वास्तविक स्टॉक में परिवर्तन की कोटि कम होती है। इसका अभिप्राय यह है कि मुद्रा का आय वेग (income velocity of money) का आय के मुद्रा स्टॉक के साथ अनुपात, विस्तार की स्टेज में बढ़ता है और संकुचन की स्टेज में कम होता है।

3. मुद्रा धारण करने की लागत, अर्थात् ब्याज दर के सम्बन्ध में फ्रीडमैन अनुभवसिद्ध प्रमाणों के आधार पर इस निष्कर्ष पर पहुंचा कि ब्याज दरें मुद्रा की मांग पर सुनिश्चित प्रभाव डालती हैं परन्तु यह प्रभाव आकार में बड़ा नहीं है। *दूसरे,* इस पर कोई सहमती नहीं कि क्या अल्पकालीन या दीर्घकालीन ब्याज दरें मुद्रा की मांग के साथ घनिष्ठता से सम्बन्धित हैं। परन्तु यह प्रमाण स्पष्ट है कि निरपेक्ष मूल्य के रूप में दीर्घकाल की अपेक्षा अल्पकाल में लोच कम हैं। *तीसरे,* लगभग सभी अनुमान, चाहे वे दीर्घकालीन या अल्पकालीन दरों से सम्बद्ध हों, निरपेक्ष मूल्य में इकाई से कम लोच दिखाते हैं। *अन्तिम,* ब्याज दरों में परिवर्तनों की अपेक्षा वास्तविक आय में परिवर्तन, मुद्रा की मांग में परिवर्तनों के अधिक महत्त्वपूर्ण कारण पाए गए हैं।

4. फ्रीडमैन बनाम केन्ज़
(FRIEDMAN Vs KEYNES)

फ्रीडमैन का मुद्रा मांग फलन अनेक प्रकार से केन्ज़ से भिन्न है जिनकी नीचे चर्चा की जा रही है—

1. केन्ज़ की तुलना में फ्रीडमैन अपने मुद्रा के मांग फलन की व्याख्या करने के लिए मुद्रा की एक विस्तृत परिभाषा का प्रयोग करता है। वह मुद्रा को एक परिसंपत्ति या पूंजीगत वस्तु मानता है जो क्रयशक्ति के एक अस्थायी निवास का कार्य करने की क्षमता रखती है। यह आय के प्रवाह अथवा उपभोग करने योग्य सेवाएं प्रदान करने के लिए धारण की जाती है। दूसरी ओर, केन्ज़ की मुद्रा की परिभाषा में मांग जमा और सरकारी ब्याज-रहित ऋण शामिल हैं।

2. फ्रीडमैन एक ऐसा मुद्रा का मांग फलन निर्मित करता है जो केन्ज़ से सवर्था भिन्न है। उसके अनुसार, संपत्तिधारकों की ओर मुद्रा की मांग अनेक चरों का फलन है। ये हैं: R_m—मुद्रा पर प्राप्ति; R_b—बांडों पर प्राप्ति; R_e—प्रतिभूतियों पर प्राप्ति (yield); g_p—भौतिक परिसंपत्तियों पर प्राप्ति; और μ (म्यु) अन्य चरों को व्यक्त करता हुआ। केन्ज़ीय सिद्धांत में, परिसंपत्ति के रूप में मुद्रा की मांग बांडों तक ही सीमित है, जहां ब्याज दरें मुद्रा धारण करने की संबद्ध लागत है।

3. केन्ज और फ्रीडमैन के मुद्रा यंत्रवाद में भी अंतर है कि मुद्रा की मात्रा में परिवर्तन आर्थिक क्रिया को किस प्रकार प्रभावित करते हैं? केन्ज के अनुसार, मौद्रिक परिवर्तन बांड कीमतों और ब्याज दरों द्वारा परोक्ष रूप में आर्थिक क्रिया को प्रभावित करते हैं। मौद्रिक अधिकारी बांड खरीदकर मुद्रा पूर्ति बढ़ाते हैं जो उनकी कीमतों में वृद्धि करती है और उनपर प्राप्ति कम करती है। दूसरी ओर, फ्रीडमैन के सिद्धांत में मौद्रिक परिवर्तन सभी प्रकार की वस्तुओं की कीमतों और उत्पादन को प्रत्यक्ष और सीधे प्रभावित करते हैं। क्योंकि लोग अपने पास रखी हुई किसी भी परिसंपत्ति को खरीदेगें और बेचेंगे। फ्रीडमैन इस बात पर बल देता है कि मार्किट ब्याज की दरें उन दरों के कुल स्पेक्ट्रम का एक छोटा-सा भाग ही हैं जिनसे ये संबद्ध हैं।

4. दोनों दृष्टिकोणों में मुद्रा शेषों के धारण करने के उद्देश्यों के बारे में भी अंतर है। केन्ज़ मुद्रा शेषों को 'सक्रिय' और 'निष्क्रिय' श्रेणियों में विभाजित करता है। पहले में लेन-देन और सतर्कता उद्देश्य शामिल हैं और दूसरे में, मुद्रा धारण का सट्टा उद्देश्य। दूसरी ओर, फ्रीडमैन मुद्रा शेषों में ऐसा कोई विभाजन नहीं करता है। उसके अनुसार मुद्रा अनेक प्रकार के विभिन्न उद्देश्यों के लिए धारण की जाती है जो मुद्रा भौतिक परिसंपत्तियां, कुल संपत्ति मानव संपत्ति, और सामान्य अधिमान, रुचियां और प्रत्याशाओं जैसी परिसंपत्तियों के कुल परिमाण निर्धारित करती है।

5. फ्रीडमैन अपने विश्लेषण में स्थायी आय और मुद्रारूप (nominal) आय द्वारा अपने सिद्धांत की व्याख्या करता है। स्थायी आय वह है जिसकी मात्रा का एक संपत्ति धारक उपभोग कर सकता है। कुछ देर के लिए अपनी संपत्ति को संपूर्ण रखते हुए। मुद्रारूप आय को करेंसी की चालू इकाइयों में मापा जाता है। यह व्यापारित वस्तुओं की मात्रा और कीमत दोनों पर निर्भर करती है। दूसरी ओर, केन्ज़ ऐसा कोई विभेद नहीं करता है।

प्रश्न

1. मिल्टन फ्रीडमैन द्वारा मुद्रा के परिमाण सिद्धांत पर किए गए योगदान की व्याख्या करिए।
2. इस कथन की आलोचनात्मक व्याख्या करिए कि मुद्रा परिमाण सिद्धांत का संशोधित विवरण यह है कि वास्तविक मुद्रा धारणों का स्थिर मांग फलन है।
3. निम्न कथनों पर अपना मत व्यक्त कीजिए—
   (क) मुद्रा का परिमाण सिद्धांत, मुद्रा का मांग सिद्धांत है।
   (ख) मुद्रा का मांग सिद्धांत मुद्रा-आय निर्धारण का सिद्धांत है।
   (ग) फ्रीडमैन का मुद्रा परिमाण सिद्धांत बनाम केन्ज़ का मुद्रा परिमाण सिद्धांत।
4. मुद्रा के आधुनिक परिमाण सिद्धांत की संक्षेप में व्याख्या कीजिए। इसके आनुभविक प्रमाण क्या सिद्ध करते हैं?

अध्याय 31

पेटिनकन का मौद्रिक सिद्धांत और पीगू प्रभाव
(The Patinkin Monetary Theory and Pigou Effect)

1. पेटिनकिन द्वारा किया गया मुद्रा तथा मूल्य सिद्धांत का एकीकरण: वास्तविक शेष प्रभाव
(PATINKIN'S INTEGRATION OF MONETARY AND VALUE THEORY : THE REAL BALANCE EFFECT)

डॉन पेटिनकिन ने अपने महत्त्वपूर्ण ग्रन्थ *Money, Interest and Prices* में केम्ब्रिज अर्थशास्त्रियों की एक तो उनके समरूपता सिद्धांत के कारण आलोचना की है और दूसरे इस बात के लिए कि उन्होंने वस्तु बाजार और मुद्रा बाजार का द्वि-विभाजन कर दिया है। इसके बाद उसने वास्तविक शेष प्रभाव के माध्यम से दोनों बाजारों का समाधान किया है।

समरूपता सिद्धांत (homogeniety postulate) कहता है कि वस्तुओं की मांग और पूर्ति केवल सापेक्ष कीमतों से प्रभावित होती है। इसका अर्थ है कि यदि मुद्रा की कीमतें दुगुनी कर दी जाएं तो वस्तुओं की मांग और पूर्ति पर कोई प्रभाव नहीं पड़ेगा। गणितीय रूप से वस्तुओं के मांग तथा पूर्ति फलन केवल कीमतों में शून्य कोटि के समरूप होते हैं। इस प्रकार यह समरूपता सिद्धांत कहता है कि कीमत स्तर न तो वस्तु बाजार को प्रभावित करता है और न ही मुद्रा बाजार को। पेटिनकिन इस सिद्धांत की आलोचना करते हुए कहता है कि यह मुद्रा एवं कीमतों का कोई निश्चित सिद्धांत प्रस्तुत करने में असमर्थ है।

इससे बहुत अधिक सम्बद्ध एक और मान्यता है जिसकी पेटिनकिन आलोचना करता है। वह यह कि नवक्लासिकी विश्लेषण में वस्तु एवं मुद्रा बाजारों का द्वि-विभाजन (dichotomy) मान लिया गया है। द्वि-विभाजन का अर्थ है कि सापेक्ष (relative) कीमत स्तर को वस्तुओं की मांग तथा पूर्ति निर्धारित करती है और निरपेक्ष (absolute) कीमत स्तर को मुद्रा की मांग तथा पूर्ति निर्धारित करती है। समरूपता सिद्धांत की भांति इस मान्यता का भी यह अर्थ निकलता है कि **अर्थव्यवस्था के मौद्रिक क्षेत्र पर कीमत स्तर का बिलकुल कोई प्रभाव नहीं पड़ता** और आगे **मौद्रिक कीमतों के स्तर का अर्थव्यवस्था के वास्तविक क्षेत्र पर कोई प्रभाव नहीं पड़ता।**

उपर्युक्त नवक्लासिकी मान्यताओं का खण्डन करने के बाद, पेटिनकिन अर्थव्यवस्था के मुद्रा बाजार तथा वस्तु बाजार का एकीकरण करता है जो कि न केवल सापेक्ष कीमतों पर बल्कि वास्तविक शेषों पर भी निर्भर करते हैं। वास्तविक शेषों का अर्थ है—लोगों के नकदी धारणों के स्टॉक की वास्तविक क्रय-शक्ति।

जब कीमत स्तर बदलता है, तो वह लोगों के नकदी धारणों की क्रय-शक्ति को प्रभावित करता है जो आगे वस्तुओं का मांग एवं पूर्ति को प्रभावित करती है। यही *वास्तविक शेष प्रभाव* है। पेटिनकिन इस प्रभाव के माध्यम से समरूपता सिद्धांत के अस्तित्व तथा द्विविभाजन को नकारता है। इसके लिए, पेटिनकिन किसी समुदाय द्वारा धारित वास्तविक शेषों के स्टॉक (M/P) को उसकी वस्तुओं के लिए मांग पर प्रभाव के रूप में प्रस्तुत करता है। इस प्रकार किसी वस्तु के लिए मांग, वास्तविक शेष तथा सापेक्ष कीमतों पर निर्भर करती है। अब यदि कीमत स्तर बढ़ेगा तो इससे लोगों का वास्तत्रिक शेष (क्रय शक्ति) कम हो जाएगा और वे पहले से कम खर्च करेंगे। इसका मतलब है कि वस्तुओं की मांग कम हो जाएगी और परिणामत: कीमत स्तर गिर जाएगा। इसके विपरीत कीमत स्तर गिरने से वास्तविक शेष बढ़ जाएंगे जिसके परिणामस्वरूप वस्तुओं की कीमतें एवं कीमत स्तर बढ़ेंगे। पेटिनकिन के शब्दों में ''यही महत्त्वपूर्ण बात है जो निरपेक्ष कीमत स्तर का अपने संतुलन मूल्य की ओर गत्यात्मक समूहन-वास्तविक शेष प्रभाव के माध्यम से वस्तु बाजारों को और अन्त: सापेक्ष कीमतों को प्रभावित करेगा।'' इस प्रकार निपेक्ष कीमतें न केवल मुद्रा बाजार में बल्कि अर्थव्यवस्था के वास्तविक क्षेत्र में भी महत्त्वपूर्ण कार्य करती हैं। पेटिनकिन ने आगे लक्ष्य किया है ''जब एक बार अर्थव्यवस्था के वास्तविक तथा मौद्रिक आंकड़े बाहरी मुद्रा

समेत निश्चित कर दिए जाते हैं, तो अर्थव्यवस्था के सभी बाजार तभी सापेक्ष कीमतों के संतुलन मूल्यों, ब्याज की दर तथा निरपेक्ष कीमत स्तर को एक ही साथ निर्धारित कर देते हैं।" इस तरीके से, पेटिनकिन भी वास्तविक शेष प्रभाव को सामान्य संतुलन विश्लेषण में शामिल कर देता है।

क्लासिकी द्विविभाजन और समरूपता सिद्धांत का खण्डन करे और वास्तविक शेष प्रभाव के माध्यम से मुद्रा सिद्धांत तथा मूल्य सिद्धांत का एकीकरण करने के अतिरिक्त, पेटिनकिन ने मुद्रा परिमाण सिद्धांत के निष्कर्षों को भी सही ठहराया है। पेटिनकिन के कथनानुसार वास्तविक शेष का मतलब है कि लोगों में 'मुद्रा के सम्बन्ध में भ्रान्ति' नहीं होती। वे केवल अपने नकदी कारणों के वास्तविक मूल्य में ही दिलचस्पी रखते हैं। दूसरे शब्दों में, वे अपने पास मुद्रा यह सोचकर रखते हैं कि "उससे क्या कुछ खरीदा जा सकता है।" इसका मतलब है कि यदि मुद्रा का परिमाण दुगुना कर दिया जाए, तो कीमत-स्तर भी दुगुना हो जाएगा परन्तु सापेक्ष कीमतें तथा वास्तविक शेष स्थिर रहेंगे और अर्थव्यवस्था का संतुलन स्तर नहीं बदलेगा।

वास्तविक शेष प्रभाव को आरेखीय रूप से चित्र 1 में दिखाया गया है जिसमें *IS* तथा *LM* तकनीक का प्रयोग किया गया है क्योंकि *IS* वक्र वस्तु बाजार को *LM* वक्र मुद्रा बाजार को व्यक्त करता है। शुरू में हम एक ऐसी स्थिति लेते हैं जब अर्थव्यवस्था आय के OY_1 स्तर पर संतुलन में है जब *IS* तथा *LM* वक्र एक दूसरे को *A* बिन्दु पर काटते हैं और जहां ब्याज दर Or_1 है। OY_F को पूर्ण रोजगार स्तर मानते हुए बेरोजगारी का दबाव Y_1—Y_F द्वारा मापा गया है जिसके कारण मजदूरी और कीमतें एक साथ गिरती हैं। इसके परिणामस्वरूप लोगों के मुद्रा धारण वास्तविक मूल्य में वृद्धि होती है जो *LM* वक्र को दाईं ओर LM_1 पर स्थानान्तरित करती है। यह वक्र OY_2 आय-स्तर के *B* बिन्दु पर *IS* वक्र को काटता है जिसके फलस्वरूप ब्याज दर Or_0 पर गिरती हैं जो निवेश को प्रोत्साहित करती है, बचत को हतोत्साहित करती है तथा उपभोग बढ़ाती है। जब भी ब्याज दर अपने न्यूनतम स्तर Or_0 पर गिरती है तो वस्तु बाजार में मांग का स्तर, जो *IS* वक्र द्वारा व्यक्त किया गया है, इतना अधिक नहीं होता कि वह अर्थव्यवस्था को पूर्ण रोजगार स्तर OY_F तक पहुंचा सके। बल्कि Y_2—Y_F द्वारा व्यक्त बेरोजगारी अर्थव्यवस्था में मौजूद रहती है। इतनी अधिक बेरोजगारी मजदूरी और कीमतों में और अधिक गिरावट लाती है और उपभोग वस्तुओं की मांग में वृद्धि करती है जो *IS* वक्र को दाईं ओर IS_1 पर स्थानान्तरित करती है जिससे यह पूर्ण रोजगार स्तर OY_F पर *C* बिन्दु पर LM_1 वक्र को काटती है।

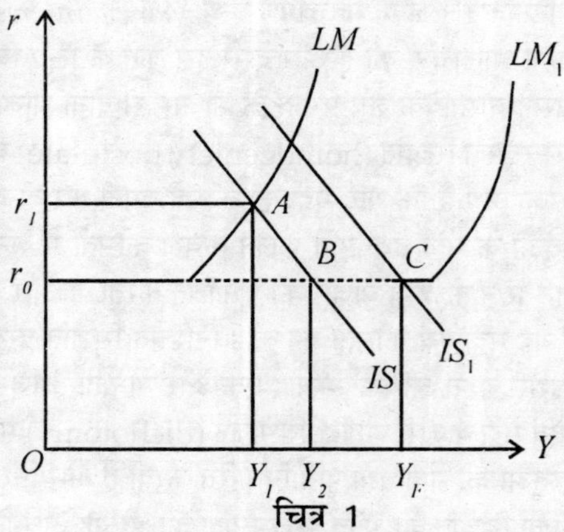

चित्र 1

इस प्रकार, मजदूरी और कीमत लोचशीलता की शर्तों के अन्तर्गत जब *IS* और *LM* वक्र दाईं ओर शिफ्ट करते हैं तो वास्तविक शेष प्रभाव अन्ततः अर्थव्यवस्था को पूर्ण रोजगार स्तर पर ले आता है, यहां तक कि तरलता जाल (trap) की स्थिति *BC* में भी जैसा कि ऊपर दिखाया गया है जब निवेश ब्याज बेलोच होती है।

निष्कर्ष (Conclusion)

इस प्रकार वास्तविक शेष प्रभाव तीन सैद्धान्तिक पक्षों की व्याख्या करता है: *प्रथम,* यह मूल्य और मौद्रिक सिद्धान्त के बीच क्लासिकी द्विभाजन को हटाता है; *द्वितीय,* यह संतुलन की स्थिति में परिमाण सिद्धांत के निष्कर्ष की पुष्टि करता है, साथ ही मुद्रा तटस्थ होती है तथा ब्याज दर वास्तविक शेष प्रभाव द्वारा मुद्रा की मात्रा से स्वतंत्र होती है; तथा *तृतीय,* मजदूरी-कीमत लोचशीलता दीर्घकाल में पूर्ण रोजगार लाती है और केन्ज़ीय अल्परोजगार संतुलन असंतुलन स्थिति होती है।

आलोचनाएं (Criticisms)

जॉनसन, आर्चीबाल्ड तथा लिप्सी, लायड तथा अन्य अर्थशास्त्रियों ने पेटिनकिन के वास्तविक शेष प्रभाव विश्लेषण की कटु आलोचना की है—

1. संतुलन स्थितियों में लागू नहीं (Not Applicable in Equilibruim Situations)—जॉनसन[1] ने लक्ष्य किया है कि जब तक वास्तविक विश्लेषण सन्तुलन स्थितियों तक सीमित रहता है तब तक वास्तवित शेष प्रभाव की कोई जरूरत नहीं। केवल कीमत स्तर की स्थिरता सुनिश्चित करने के लिए ही वास्तविक शेष की जरूरत है, अर्थव्यवस्था के वास्तविक संतुलन को निर्धारित करने के लिए

नहीं।

2. धारणात्मक अपर्याप्तता (Conceptually Inadequacy)—आर्चीबाल्ड तथा लिप्सी[2] का विचार है कि पेटिनकिन के वास्तविक शेष प्रभाव के विश्लेषण में धारणात्मक कमी है। उनका कहना है कि पेटिनकिन वास्तविक शेष विश्लेषण को अल्पकालीन स्थिति तक ही सीमित रखता है और दीर्घकालीन के माध्यम से उसे प्रस्तुत नहीं करता।

3. वास्तविक शेष प्रभाव के बिना कीमत स्थिरता (Price Stability without Real Balance Effect)—क्लिफ लायड[3] ने इस बात पर पेटिनकिन की आलोचना की है कि वह क्लासिकी अर्थशास्त्रियों के एक तो इस मत को मानता है कि लोगों में 'मुद्रा भ्रान्ति' (money illusion) नहीं होती और दूसरे, वास्तविक शेष प्रभाव उनके व्यवहार को प्रभावित करता है। उसने दिखाया है कि वास्तविक शेष प्रभाव के बिना भी कीमत-स्तर स्थिर रह सकता है। उसका कहना है कि यह मान लेने पर कि मुद्रा निश्चित मात्रा में उपलब्ध है और लोग उसे अपने पास रखना चाहते हैं, कीमत में स्थिरता आ जाएगी। परन्तु 'मुद्रा भ्रान्ति' भी विद्यामान रहेगी।

4. मौद्रिक धन में वृद्धि के विश्लेषण में असमर्थ (Failure to Explain increase in Monetary Wealth)—शॉ[4] ने पेटिनकिन की आलोचना करते हुए कहा है कि जिस ढंग से मौद्रिक धन में वृद्धि होती है, पेटिनकिन उस ढंग का विश्लेशण करने में असमर्थ रहा है। उसका कहना है कि पेटिनकिन केवल यह मान लेता है कि मुद्रा शेष दुगुने हो जाते हैं और फिर केवल उसके परिणामी प्रभावों का विश्लेषण करता है। व्यवहार में मुद्रा-स्टाकी में इस ढंग से परिवर्तन नहीं होते।

निष्कर्ष (Conclusion)

इन आलोचनाओं के बावजूद ''वास्तविक शेष प्रभाव के समावेश से क्लासिकी द्वि-विभाजन ठिकाने लग गया, अर्थात इससे यह असम्भव हो गया है कि मुद्रा को शामिल किए बिना सापेक्ष कीमतों की बात की जाए; पर यह साथ ही इस क्लासिकी प्रस्ताव को भी सुरक्षित रखता है कि मुद्रा की मात्रा से अर्थव्यवस्था के वास्तविक संतुलन पर प्रभाव नहीं पड़ेगा, उससे केवल कीमतों का स्तर ही प्रभावित होगा।''

2. पीगू प्रभाव
(PIGOU EFFECT)

पीगू[5] प्रभाव को धन प्रभाव भी कहते हैं। पीगू प्रभाव की प्रस्थापना ए. सी. पीगू ने 1943 में केन्ज़ के इस तर्क का खण्डन करने के लिए की थी कि मजदूरी कीमत अवस्फीति (price deflation) अपने-आप पूर्ण रोजगार की स्थिति नहीं ला सकती।

पीगू[6] ने केन्ज़ के इस ब्याज दर प्रभाव को तो पूरी तरह माना कि मजदूरी-कीमत अवस्फीति ब्याज दर में कटौती के माध्यम से निवेश तथा आय को बढ़ाती है। परन्तु वह केन्ज़ की इस बात से सहमत नहीं था कि तरलता-जाल के कारण वास्तविक आय को बढ़ाकर पूर्ण रोजगार के स्तर तक नहीं पहुंचाया जा सकता। पीगू का मत है कि मजदूरी-कीमत अवस्फीति उपभोग का स्तर बढ़ाकर अपने-आप पूर्ण रोजगार को लाएगी। उसका कहना है कि जब मुद्रा मजदूरी घटती है, तो कीमतें गिरती हैं और मुद्रा का मूल्य बढ़ जाता है। मुद्रा का मूल्य बढ़ने का मतलब है इस तरह ही परिसंपत्तियों के वास्तविक मूल्य में वृद्धि जैसे स्टॉक, शेयर, बैंक जमा, सरकारी प्रतिभूतियां, बांड इत्यादि। उदाहरणार्थ, यदि कीमतें 50 प्रतिशत गिर जाएं तो प्रत्येक रुपये का वास्तविक मूल्य दो गुणा हो जाएगा, क्योंकि

1. Harry G. Johnson, *Essays in Monetary Theory*, 2/e, 1969.
2. G. C. Archibald and R. G. Lipsey, *Monetary and Value Theory: A Critique of Lang and Patinkin, R.S.E.* XXXI (I) No. 69, October, 1958.
3. The Real Balance Effect : *Sine que* What ? *O.E.P.*, XIV, No. 3, October, 1962.
4. G. R. Shaw, *An Introduction to the Theory of Macro-Economic Policy*, 1971.
5. डॉन पेटिनकिन ने अपने ''Price Flexibility and Full Employment" शीर्षक लेख में 'पीगू प्रभाव' शब्द गढ़ा था, दे. *A. E. R.*, Sept. 1948. यह लेख *Readings in Monetary Theory* में 1951 में पुन: प्रकाशित हुआ। उसने अपनी पुस्तक *Money, Interest and Prices* (1956) में पीगू प्रभाव की बजाय वास्तविक शेष प्रभाव को अधिमान दिया और उसमें संशोधन किया।
6. G. Harbeler पहला व्यक्ति था जिसने अपनी पुस्तक *Prosperity and Depressions*, 3/e, 1941, p.389. तथा p. 499 में 'वास्तविक शेष प्रभाव' के सम्बन्ध में तर्क प्रस्तुत किये। परन्तु पीगू ने अपने लेखों में इसका विस्तारपूर्वक समर्थन किया। "The Classical Stationary State." *E. J.*,Dec. 1943, and "Economic Progress in a Stable Environment", *Economica* (N. S.), August 1947, reprinted in *Readings in Monetary Theory*, 1951.

उससे पहले की अपेक्षा दो गुणा क्रय किया जा सकता है। इस प्रकार, स्थिर परिसंपत्तियों के मूल्य में वृद्धि होने से उनके मालिक अपने को पहले से अधिक धनी महसूस करेंगे। इसलिए, वे अपनी चालू आय में से कम बचत करेंगे और उपभोग पर अधिक खर्च करेंगे। इससे समस्त मांग और उत्पादन बढ़ेंगे और अर्थव्यवस्था में अपने-आप पूर्ण रोजगार होगा। पीगू प्रभाव के परिमाणस्वरूप उपभोग फलन ऊपर की ओर सरकेगा (अथवा बचत फलन नीचे को सरकेगा)। *IS* फलन की शब्दावली में इसका मतलब है कि *IS* वक्र दाईं ओर सरक जाता है।

पीगू प्रभाव में महत्त्वपूर्ण बात यह है यह दो मान्यताओं पर आधारित है। एक लचीला मजदूरी तथा कीमत स्तर और दूसरा, मुद्रा का स्थिर स्टॉक। इसलिए, जब स्थिर परिसंपत्तियों का वास्तविक मूल्य बढ़ता है, तो उपभोग बढ़ने या बचत घटने से केवल *IS* वक्र ही दाएं को सरकता है। मुद्रा के स्थिर स्टॉक की मान्यता के कारण *LM* वक्र दिया हुआ मान लिया गया है। इसका कारण यह है कि पीगू का विश्लेषण पूर्णरूप से स्थैतिक है।

एक और महत्त्वपूर्ण बात यह है कि यह विश्लेषण निरपेक्ष (absolute) कीमतों के लचीलेपन पर आधारित है। पेटिनकिन ने पीगू प्रभाव का सारांश निम्न प्रमेय के रूप में प्रस्तुत किया है। ''एक ऐसा पर्याप्त निम्न कीमत स्तर हमेशा विद्यमान रहता है जो पूर्ण रोजगार उत्पन्न करेगा, बशर्ते कि उसके अनिश्चित रूप से बने रहने की आशा हो।'' बीजगणितीय भाषा में, यदि मुद्रा की पूर्ति, जिसे स्थिर मान लिया गया है, M_0 हो और कीमत स्तर P_1 हो तो बचत फलन (अथवा उपभोग फलन) होगा: $S=f\,[RY(M_0/P)]$। इस प्रकार ब्याज दर (R), आय (Y) तथा निरपेक्ष कीमतों से दी हुई मुद्रा पूर्ति के अनुपात (M_0/P) पर बचत निर्भर करती है। जब कीमतें गिरती हैं तो मुद्रा के दिए हुए स्टॉक का वास्तविक मूल्य बढ़ जाता है और लोग अपनी बचतें घटा देते हैं अथवा उपभोग बढ़ा देते हैं जिससे समस्त मांग बढ़ जाती है। यह प्रक्रिया अपने आप अर्थव्यवस्था को पूर्ण रोजगार के स्तर पर पहुंचा देगी, और तब मजदूरी तथा कीमतों का गिरना बन्द हो जाता है। पीगू प्रभाव में, ब्याज लोचें और बचत एवं निवेश फलनों की स्थितियां असंगत हैं।

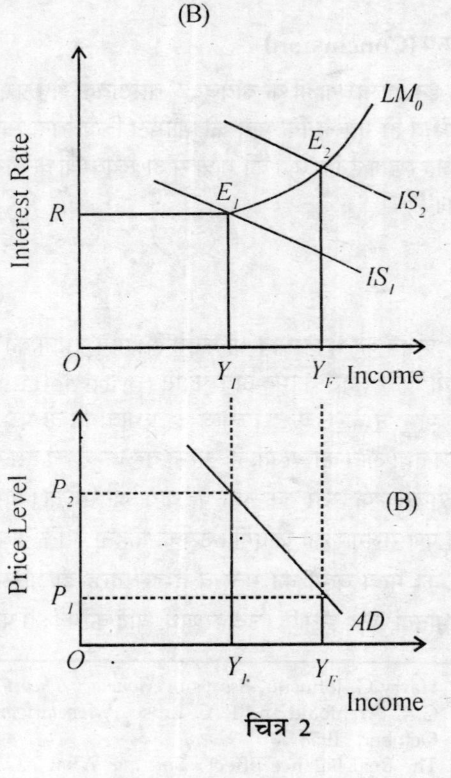

चित्र 2

पीगू प्रभाव चित्र 2 *(A)* तथा *(B)* में प्रदर्शित किया गया है। शुरु में चित्र के भाग *(A)* में, मान लीजिए कि अर्थव्यवस्था आय के OY_1 स्तर पर है जिसे IS_1 तथा LM_0 फलन E_1 बिन्दु पर निर्धारित करते हैं। अब मजदूरी-कीमत अवस्फीति शुरू होती है जो उपभोग फलन को बढ़ाती है जिससे IS_1 फलन दाई ओर को सरक कर IS_3 पर चला जाता है। LM_0 फलन दिया हुआ होने पर, IS_3 फलन E_3 बिन्दु पर LM_0 फलन को काटता है और परिणामस्वरूप आय स्तर OY_1 को बढ़ाकर पूर्ण रोजगार स्तर OY_F पर पहुंचा देता है। चित्र का भाग *(B)* भाग बताता है कि जब मुद्रा-मजदूरी गिरने से कीमत स्तर OP_3 से गिरकर OP_1 पर आता है तो पीगू प्रभाव के मार्ग से तो समस्त मांग में वृद्धि से आय OY_1 से बढ़कर पूर्ण रोजगार स्तर OY_F पर पहुंच जाती है। इसे नीचे की ओर ढालू समस्त मांग वक्र *AD* द्वारा दिखाया गया है।

आलोचनाएं (Criticisms)

पीगू प्रभाव ने नव-क्लासिकी और नव-केन्ज़वादियों में एक तरह की लड़ाई छेड़ दी। नव-क्लासिकी ने यह सैद्धान्तिक स्थापना की कि यदि मजदूरी-कीमत अवस्फीति को केन्ज़ीय मॉडल में शामिल कर दिया जाए तो इससे अर्थव्यवस्था में अपने-आप पूर्ण रोजगार आ जाएगा जिसे देखकर लगता था कि नव-क्लासिकीयों ने नव-केन्ज़वादियों पर विजय पा ली है। परन्तु नव-केन्ज़वादी पीगू प्रभाव का इतना प्रबल विरोध करते रहे हैं कि अर्थशास्त्रियों ने पीगू के मजदूरी कीमत अवस्फीति, जिसे उसने अपने-आप पूर्ण रोजगार का साधन बताया है, के विश्लेषण में अनेक दोष लक्ष्य किए हैं। पीगू के विश्लेषण के विरुद्ध निम्न तर्क दिये जाते हैं।

1. वितरणात्मक प्रभावों की उपेक्षा (Ignores Distributional Effects)—पीगू प्रभाव यह मानकर चलता है कि कीमत स्तर में कमी होने के प्रभाव को कर्जदारों पर इसका प्रोत्साहक प्रभाव समाप्त कर देता है। अत: क्योंकि निजी क्षेत्र सरकार को कर्ज देने वाला है, इसलिए वह कीमत स्तर में कमी होने से प्रोत्साहित होता है। परन्तु सरकार के अतिरिक्त भी कर्जदार होते हैं। इसलिए यदि कीमत स्तर गिरेगा तो कर्ज लेने वालों और कर्ज देने वालों की अलग-अलग प्रतिक्रियाएं होंगी। कर्ज देने वालों को अपना खर्च बढ़ाने का प्रोत्साहन मिलेगा, जबकि कर्ज लेने वाले हतोत्साहित होंगे। परन्तु यदि कर्ज देने वाले जितने प्रोत्साहित होते हैं, कर्ज लेने वाले उसकी अपेक्षा अधिक हतोत्साहित होते हैं, तो कीमत गिरने से व्यय पर प्रोत्साहनकारी प्रभाव नहीं पड़ेगा। इस प्रकार पीगू ने 'व्यष्टि अर्थशास्त्र' के ''वितरणात्मक प्रभावों'' की संभावना की उपेक्षा कर दी।

2. फर्मों पर मजदूरी-कीमत अवस्फीति के प्रभाव की उपेक्षा (Neglects the Effect of Wage-Price Deflation on Firms)—पीगू प्रभाव केवल पारिवारिक (घरेलू) क्षेत्रों के उपभोग अथवा बचत पर वास्तविक शेषों के प्रभावों का विचार करता है। यह फर्मों पर पड़ने वाले वास्तविक शेषों के प्रभावों को छोड़ जाता है। पीगू विश्लेषण में यह एक गम्भीर दोष है कि परिवारों तथा फर्मों की प्रेरणाएं भिन्न-भिन्न होती हैं। जब फर्मों के वास्तविक शेष बढ़ते हैं, तो उनके निवेश निर्णयों पर अनुकूल प्रभाव पड़ता है। परन्तु यदि फर्में कर्जदार हैं और कीमत में गिरावट बनी रहती है तो फर्मों का दिवाला निकल सकता है। जब कर्जदार दिवालिया हो जाते हैं तो कर्ज देने वालों को भी हानि होती है। इससे अर्थव्यवस्था पर मंदी वाला प्रभाव पड़ेगा। इस प्रकार कीमतों के गिरने से समस्त मांग नहीं बढ़ेगी और अर्थव्यवस्था में अपने-आप पूर्ण रोजगार की अवस्था नहीं आएगी।

3. बचतों पर प्रभाव अनिश्चित (Effects on Savings Uncertain)—पीगू विश्लेषण का एक और दोष उसकी यह मान्यता है कि उसे बचत (अथवा उपभोग) पर वास्तविक शेषों में वृद्धि के प्रभाव का निश्चित ज्ञान है जबकि वास्तविकता यह है कि इस प्रभाव के बारे में उसे कुछ भी ज्ञान नहीं है। फिर, किसी देश में जनसंख्या का अधिकांश निम्न आय वर्गों का होता है और उनमें से बहुत कम के पास परिसंपत्तियों की पर्याप्त राशि होती है। इसलिए बहुत कम लोग बचत करते हैं और जो बचत करते भी हैं वे कीमतों के गिरने के परिणामस्वरूप अपनी परिसंपत्तियों का वास्तविक मूल्य बढ़ जाने पर भी वे उपभोग व्यय नहीं बढ़ाते, बल्कि जब उनकी परिसंपत्तियां बढ़ती हैं, तो वे और अधिक बचत करना पसन्द करते हैं।

4. मजदूरी-कीमत अवस्फीति एक बारगी ही नहीं (Wage-Price Deflation not Once-for-all)—पीगू विश्लेषण इस मान्यता पर आधारित है कि मजदूरी-कीमत स्तर में कभी एक बार ही होती है। इसलिए, यह कीमत में कमी को एक अस्थायी घटना मानता है जिसे उस समय पलटाया जा सकता है, जब पुनरुत्थान (recovery) शुरू हो। व्यवहार में सदा के लिए कीमत में कमी उपलब्ध नहीं होती और यदि होती भी हो तो यह मान लेना तर्कसंगत नहीं है कि एकल कीमत पर ही लोग अपने को अधिक धनी समझने लगेंगे और अपने उपभोग व्यय को बढ़ा देंगे।

5. मात्रात्मक रूप से मापना कठिन (Difficult to Measure Quantitatively)—पीगू प्रभाव को मात्रात्मक रूप से मापना कठिन है अर्थात कीमत स्तर में किसी दी हुई कमी के मकाबले उपभोग व्यय कितना बढ़ेगा। ''जब बेरोजगारी की किसी निश्चित मात्रा का सामना करना पड़ रहा हो, तो यह एक अलग बात है कि कीमत स्तर में 10 प्रतिशत पतन और परिणामत: करेन्सी के स्टॉक और सरकारी प्रतिभूतियों के वास्तविक मूल्य में होने वाली वृद्धि उपभोग व्यय को इतना बढ़ा दे जो पूर्ण रोजगार को पुन: स्थापित करने के लिए जरूरी हो और यह बिल्कुल दूसरी बात है कि पीगू प्रभाव इतना कमजोर हो कि यही परिणाम कीमत स्तर में 80 प्रतिशत पतन करके उपलब्ध किया जा सके। यदि एक प्रमुख अवस्फीति की इच्छा है तो इससे अर्थव्यवस्था में पूर्ण रोजगार पुन: स्थापित करने के व्यावहारिक साधन के रूप में पीगू प्रभाव पर निर्भरता अपने आप समाप्त हो जाती है।'' शपीरो का मत है कि ''हो सकता है कि अति-अवस्फीति पीगू प्रभाव की विशुद्ध सैद्धान्तिक आवश्यकताओं को पूरा कर दे, परन्तु व्यवहार में यह ऐसी आर्थिक मुसीबत खड़ी कर सकती है जिससे दंगे-फसाद और यहां तक की क्रांति भी हो जाए।''[7]

6. कीमत प्रत्याशाओं की उपेक्षा (Neglects Price Expectations)—पीगू प्रभाव की एक और कमी यह है कि यह कीमत प्रत्याशाओं के कार्यभाग की उपेक्षा करता है। व्यवहार में यह नहीं होता कि कीमत-स्तर एक ही बार गिरे। बल्कि, जब एक बार मजदूरी-कीमत अवस्फीति आती है, तो वह कीमतों को और आगे गिरने की प्रत्याशाएं उत्पन्न कर देती है। इसका कारण यह है कि अवस्फीति से व्यापारियों तथा उपभोक्ताओं में निराशावादिता उत्पन्न हो जाती है जिसकी प्रवृत्ति यह होती है कि कीमतों में और पतन की प्रत्याशा

---

7. Edward Shapiro, *op. cit.*, p. 419.

में वे अपने उपभोग व्यय घटाए। ऐसी परिस्थितियों में पीगू विश्लेषण से अपने-आप पूर्ण रोजगार आने की संभावना नहीं है।

7. व्यापार-चक्र के निचले मोड़ बिन्दु पर पीगू प्रभाव समाप्त (Pigou Effect disappears in the Lower Turning Point of a Trade Cycle)—यदि व्यापार-चक्र के संबंध में पीगू विश्लेषण को लिया जाए, तो एकबारगी मजदूरी-कीमत पतन से पूर्ण पुनरुत्थान और पूर्ण रोजगार नहीं आएगा। मानलीजिए कि मजदूरी-कीमत अवस्फीति पूर्ण हो गयी है और परिणामस्वरूप वास्तविक शेषों में और उपभोग फलन में होने वाली वृद्धि अर्थव्यवस्था को पुनरुत्थान स्तर तक पहुंचा देती है। परन्तु जब पुनरुत्थान होता चलेगा, तो कीमतें बढ़ने लगेंगी और जनसाधारण के वास्तविक शेष घटने लगेंगे। इसलिए जब व्यापार-चक्र निचले मोड़ पर पहुंचेगा, तो पीगू प्रभाव अदृश्य हो जाएगा। हैन्सन के अनुसार, ''यह ऐसी स्थिति पर लागू होता है जैसी संयुक्त राज्य अमेरिका में 1936-40 तक थी जब कीमतें गिरी थीं और निचले स्तर पर स्थापित हो गई थीं।''

8. स्थैतिक प्रकृत्ति (Static Nature)—पीगू प्रभाव स्थैतिक विश्लेषण है जो मुद्रा के स्टाक को स्थिर मानकर चलता है। परन्तु वास्तविक जगत गत्यात्मक है जहां मुद्रा के स्थिर स्टाक के रहते मजदूरी-कीमत अवस्फीति एक लम्बी अवधि के बाद ही पूर्ण रोजगार के स्तर तक पहुंचाएगी अथवा यह भी हो सकता है कि वह निरन्तर बेरोजगारी के साथ अवस्फीतिकारी उत्चक्र (spiral) तक पहुंचा दे।

इस प्रकार अपने-आप पूर्ण रोजगार तक पहुंचाने का दावा करने वाला पीगू विश्लेषण अयाथार्थिक तथा अव्यावहारिक है। जैसा कि उसने स्वयं लिखा है, ''जो पहेलियां हम बुझाते रहें है...वे केवल बौद्धिक व्यायाम हैं जो शायद चिन्तन को स्पष्ट करने भर के लिए थोड़ी-बहुत उपयोगी हो सकती हैं परन्तु वास्तविक जीवन के शतरंज बोर्ड पर उनके स्थापित किए जाने की संभावना बहुत ही कम है।''[8]

पीगू प्रभाव तथा वास्तविक शेष प्रभाव में अन्तर
(Difference between the Pigou Effect and the Real Balance Effect)

'पीगू प्रभाव' तथा 'वास्तविक शेष प्रभाव' ये दोनों ही शब्द पेटिनकिन के गढ़े हुए हैं। परन्तु ये समरूप नहीं हैं। बल्कि, दोनों बिल्कुल अलग-अलग हैं। पीगू प्रभाव स्थैतिक विश्लेषण है जो उपभोग पर मजदूरी-कीमत अवस्फीति के प्रभाव से संबंध रखता है जबकि मुद्रा का स्थिर स्टॉक दिया हुआ हो। मुद्रा के स्टॉक को गुर्ले (Gurley) तथा शॉ (Shaw) ने बाहरी मुद्रा (outside money) कहा है जिसमें स्वर्ण, सरकारी प्रतिभूतियां तथा अधिदिष्ट (flat) कागज मुद्रा सम्मिलित है। यह प्रभाव बताता है कि जब मजदूरी-कीमत अवस्फीति के परिणामस्वरूप उपभोग बढ़ता है तो *IS* वक्र दाईं ओर सरक कर दिए हुए *LM* फलन को काटता है और अर्थव्यवस्था में अपने-आप पूर्ण रोजगार की अवस्था आ जाती है।

'वास्तविक शेष प्रभाव' पीगू प्रभाव का ही संशोधित रूप है जो पेटिनकिन ने उसे प्रदान किया है। यह गत्यात्मक विश्लेषण है जिसमें पीगू प्रभाव तथा केन्ज़ीय प्रभाव दोनों शामिल हैं। केन्ज़ीय प्रभाव बताता है कि मजदूरी-कीमत अवस्फीति के परिणामस्वरूप जब मुद्रा का वास्तविक मूल्य बढ़ता है, तो अपेक्षाकृत थोड़े लेन-देन शेषों की जरूरत रह जाती है जो प्रतिभूतियों के लिए अधिक मांग उत्पन्न कर देते हैं। परिणामस्वरूप प्रतिभूतियों की कीमतें बढ़ जाती हैं और आय के प्रत्येक स्तर पर ब्याज की दर गिर जाती है जिससे *LM* वक्र दाईं ओर सरक जाता है।

इस प्रकार केन्ज़ीय प्रभाव का प्रचालन *LM* फलन को दाईं ओर सरका देती है, और पीगू प्रभाव का प्रचालन केवल *IS* वक्र को दाईं ओर सरकाता है। परन्तु वास्तविक शेष प्रभाव में *LM* तथा *IS* फलन दोनों ही तब तक दाईं ओर को सरकते जाते हैं जब तक कि वे पूर्ण बेरोजगार के स्तर पर एक दूसरे को नहीं काटते। वास्तविक शेष प्रभाव में *IS* तथा *LM* फलनों की लोचें असंगत हैं। हो सकता है कि *LM* वक्र पूर्णरूप से बेलोच हो पर पूर्ण रोजगार का स्तर अपने आप उपलब्ध हो जाएगा।

प्रश्न

1. मुद्रा पूर्ति, ब्याज-दर एवं कीमत स्तर में सम्बन्ध के विश्लेषण में पेटिनकिन का योगदान स्पष्ट कीजिए।
2. स्पष्ट कीजिए कि परिमाण सिद्धान्त के क्लासिकी रूप के मुकाबले डॉन पेटिनकिन का वास्तविक शेष प्रभाव सिद्धान्त क्यों श्रेष्ठ है?
3. वास्तविक शेष प्रभाव की व्याख्या कीजिए और बताइए केन्ज़ के प्रभाव से यह कैसे भिन्न है?
4. पीगू प्रभाव क्या है? पेटिनकिन ने किस तरह से इसमें अपने वास्तविक शेष प्रभाव द्वारा सुधार किया है?
5. ''कीमत-मजदूरी लोचशीलता अर्थव्यवस्था में पूर्ण रोजगार लाती है।'' इस सम्बन्ध में पीगू के मत की व्याख्या कीजिए।

8. "Economic Progress in a Stable Environment," *Economica*, Vol. XIV, 1947.

अध्याय 32

मुद्रा की मांग

(The Demand for Money)

1. भूमिका
(INTRODUCTION)

मुद्रा की मांग, मुद्रा के दो महत्त्वपूर्ण कार्यों से उत्पन्न होती है। प्रथम यह कि मुद्रा विनिमय के माध्यम का कार्य करती है और दूसरा कि मुद्रा मूल्य का संचय है। अत: व्यक्ति और व्यापारी मुद्रा को आंशिक रूप से नकदी में और आंशिक रूप से परिसम्पत्तियों में रखना चाहते हैं।

मुद्रा की मांग में परिवर्तनों की कैसे व्याख्या की जाती है ? इस प्रश्न पर दो दृष्टिकोण हैं। प्रथम 'माप' (scale) दृष्टिकोण है जिसका संबंध आय या सम्पत्ति स्तर का मुद्रा की मांग पर प्रभाव से है ? मुद्रा की मांग प्रत्यक्ष तौर से आय स्तर से संबद्ध होती है। आय-स्तर ऊंचा होने पर, मुद्रा की मांग भी अधिक होगी। दूसरा 'स्थानापत्ति' (substitution) दृष्टिकोण है जो परिसम्पत्तियों की सापेक्ष आकर्षणशीलता से संबंधित है जिनको मुद्रा से स्थानापन्न किया जा सकता है। इस दृष्टिकोण के अनुसार, जब ब्याज दरों के गिरने से बांडों जैसी वैकल्पिक परिसम्पत्तियां आकर्षक नहीं रहतीं, तो लोग अपनी परिसम्पत्तियों को नकदी में रखने पर अधिमान देते हैं, तथा मुद्रा की मांग बढ़ जाती है और विलोमश:। 'माप' और 'स्थानापत्ति' दृष्टिकोणों को मिलाकर मुद्रा की मांग की प्रकृति की व्याख्या की गई है जिसे लेन-देन मांग, सतर्कता मांग और सट्टा मांग में बांटा गया है। मुद्रा की मांग के तीन मत हैं— क्लासिकी, केन्ज़ीय तथा केन्ज़ीपरान्त। इन तीनों मतों की निम्न विवेचना की गई है।[1]

2. क्लासिकी मत*
(THE CLASSICAL APPROACH)

क्लासिकी अर्थशास्त्रियों ने मुद्रा के मांग सिद्धांत को स्पष्टतौर से निर्माण नहीं किया बल्कि उनके विचार मुद्रा के परिमाण सिद्धांत में पाये जाते हैं। उन्होंने मुद्रा के प्रचलन वेग (velocity of circulation) के रूप में मुद्रा की लेन-देन मांग पर बल दिया। ऐसा इसलिए कि मुद्रा विनिमय के माध्यम का कार्य करती है और वस्तुओं तथा सेवाओं के विनिमय को सुगम बनाती है। फिशर के 'विनिमय के समीकरण' में

$$MV = PT$$

जहां M मुद्रा की कुल मात्रा है, V इसका चलन वेग, P कीमत स्तर तथा T मुद्रा में विनिमय की गई कुल वस्तुओं और सेवाओं की मात्रा।

इस समीकरण में PT मुद्रा की मांग को व्यक्त करता है जो अर्थव्यवस्था में किये गए लेन-देन के मूल्य पर निर्भर करता है। MV मुद्रा पूर्ति को व्यक्त करता हैं जो दी हुई है, और संतुलन में मुद्रा की मांग के बराबर होती है। इस प्रकार समीकरण बन जाता है:

$$Md = PT$$

---

1. फ्रीडमैन के मुद्रा मांग सिद्धांत के लिए फ्रीडमैन का मुद्रा परिमाण सिद्धांत पढ़िए।

* इसके विस्तृत अध्ययन के लिए अध्याय 28 देखिए।

आगे, मुद्रा की यह लेन-देन मांग पूर्ण रोजगार आय-स्तर द्वारा निर्धारित होती है। ऐसा इसलिए कि क्लासिकी अर्थशास्त्री से के नियम में विश्वास रखते थे, जिसके अनुसार पूर्ति अपनी मांग स्वयं उत्पन्न करती है, यह मानते हुए कि अर्थव्यवस्था में पूर्ण रोजगार आय-स्तर पाया जाता है। इस प्रकार, फिशर के मत में मुद्रा की मांग लेन-देन के स्तर का एक स्थिर अनुपात है जिसका आगे राष्ट्रीय आय के स्तर के साथ एक स्थिर संबंध पाया जाता है। फिर, मुद्रा की मांग को किसी समय अर्थव्यवस्था में चल रहे व्यापार की मात्रा से साथ जोड़ा गया है।

मुद्रा के लिए केम्ब्रिज मांग समीकरण है:

$$Md = kPY$$

जहां Md मुद्रा की मांग है जो अर्थव्यवस्था में संतुलन की स्थिति में मुद्रा की पूर्ति (Ms) के अवश्य बराबर होनी चाहिए $(Md = Ms)$। k वास्तविक मौद्रिक आय (PY) का भाग है जिसे लोग नकदी तथा मांग जमा में रखना चाहते हैं, और सफल वास्तविक आय है। यह समीकरण बताता है कि अन्य बातें समान रहने पर, सामान्य रूप में मुद्रा की मांग प्रत्येक व्यक्ति के नकदी आय-स्तर के समानुपातिक होगी, और इसलिए सफल अर्थव्यवस्था के लिए भी।

आलोचनाएं (Criticisms)

मुद्रा की मांग के क्लासिकी मत की मुख्य आलोचना इस बात से उत्पन्न होती है कि यह मुद्रा के मूल्य संचय (store of value) कार्य की उपेक्षा करता है। क्लासिकी अर्थशास्त्रियों ने केवल मुद्रा के विनिमय के माध्यम कार्य के ऊपर ही बल दिया जिसने क्रय और विक्रय की सुगमता के माध्यम का कार्य किया। उनके लिए अर्थव्यवस्था में मुद्रा तटस्थ (neutral) भूमिका निभाती थी। यदि सम्पत्ति के रूप में संचित कर ली जाए तो यह (मुद्रा) बढ़ती नहीं थी और व्यर्थ होती थी। यह एक गलत धारणा थी क्योंकि मुद्रा परिसम्पत्ति कार्य भी करती है जब यह बिलों, बांडों, प्रतिभूतियों, ऋण पत्रों, वास्तविक परिसम्पत्तियों जैसे घर, कार, टी.वी. आदि अन्य प्रकार की परिसम्पत्तियों में परिवर्तित कर दी जाती है। अतः मुद्रा की मांग के क्लासिकी मत की मुख्य कमी मुद्रा के परिसम्पत्ति कार्य की उपेक्षा थी, जिसे केन्ज ने दूर किया।

3. केन्ज़ीय मत : तरलता अधिमान
(THE KEYNESIAN APPROACH : LIQUIDITY PREFERENCE)

केन्ज़ ने अपनी पुस्तक General Theory में मुद्रा की मांग के लिए एक नया शब्द ''तरलता अधिमान'' प्रयोग किया। उसने तीन उद्देश्य सुझाए जो अर्थव्यवस्था में मुद्रा की मांग लाते हैं : (1) लेन-देन मांग, (2) सतर्कता मांग, और (3) सट्टा मांग।

(1) मुद्रा की लेन-देन मांग (Transactions Demand for Money)—मुद्रा की लेन-देन मांग वस्तुओं और सेवाओं के लगातार भुगतान करने के लिए मुद्रा के विनिमय-माध्यम कार्य से उत्पन्न होती है। केन्ज के अनुसार, इसका सम्बन्ध ''निजी और व्यापार विनिमय के चालू लेन-देनों की नकदी के लिए आवश्यकता है।'' इसको आय और व्यापार उद्देश्यों में विभाजित किया जाता है। अन्य उद्देश्य का मतलब होता है : ''आय की प्राप्ति और उसके भुगतान के बीच के समय को पूरा करना।'' इसी प्रकार व्यापार उद्देश्य का प्रयोजन यह होता है कि ''व्यवसाय लागतों के खर्च करने तथा विक्रय से प्राप्त आय के बीच के समय को पूरा करना।'' यदि खर्च करने और आय प्राप्ति के बीच का समय कम होगा, तो लोग चालू लेन-देन के लिए कम नकदी रखेंगे, और विलोमशः। फिर भी, मुद्रा की लेन-देन की मांग में परिवर्तन होते रहेंगे जो आय प्राप्त करने वालों और व्यापारियों की प्रत्याशाएं पर निर्भर करेंगे। ये प्रत्याशाएं आय के स्तर, ब्याज दर, व्यापार आर्वत (business turnover), आय की प्राप्ति और उसके भुगतान के बीच सामान्य समय, आदि पर निर्भर करती हैं।

ये तत्त्व दिये होने पर, मुद्रा की लेन-देन मांग आय-स्तर का प्रत्यक्ष समानुपातिक और धनात्मक फलन है, और इसे इस प्रकार व्यक्त किया जाता है :

$$L_T = kY$$

जहां L_T मुद्रा की लेन-देन मांग है, k आय का भाग है जो लेन-देन उद्देश्य के लिए रखा जाता है, और Y आय है।

इस समीकरण को चित्र 1 में चित्रित किया गया है। जहां kY रेखा लेन-देन मांग और आय स्तर में रेखीय (linear) और समानुपातिक संबंध व्यक्त करती है। मानलीजिए कि $k = 1/4$ और रु. 1000 करोड़ तो लेन-देन शेषों की मांग बिंदु A पर रु. 250 करोड़

रु. होगी। आय के बढ़कर रु. 1200 करोड़ होने पर, लेन-देन मांग kY वक्र के बिन्दु B पर रु. 300 करोड़ होगी। यदि अर्थव्यवस्था की संस्थानिक और संरचनात्मक स्थितियों में परिवर्तन के कारण लेन-देन मांग गिर जाती है और मान लीजिए कि k का मूल्य कम होकर 1/5 हो जाता है, तथा नया लेन-देन मांग वक्र $k'Y$ हो जाता है। ऐसी स्थिति में, रु. 1000 और रु. 1200 करोड़ आय स्तर पर, लेन-देन शेष क्रमश: वक्र $k'Y$ के बिन्दुओं C और D पर रु. 200 और रु. 240 करोड़ होंगे। इससे यह निष्कर्ष निकलता है कि धारण किये गए लेन-देन शेषों की वास्तविक राशि में परिवर्तनों का मुख्य निर्धारक आय में परिवर्तन होता है। लेन-देन शेषों में परिवर्तन Y में परिवर्तनों के कारण होते हैं न कि k में परिवर्तनों के कारण।

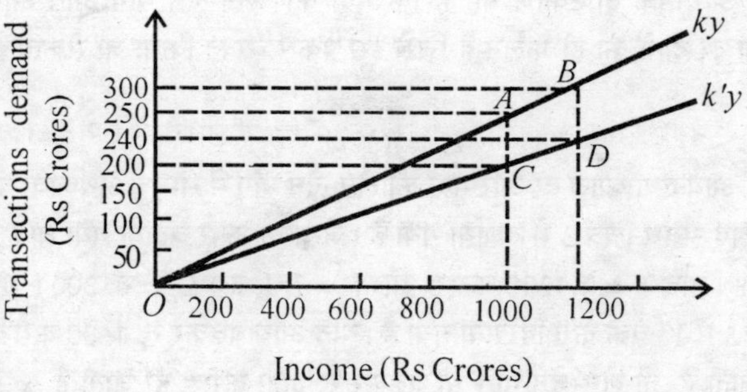

चित्र 1

ब्याज दर और लेन-देन मांग (*Interest Rate and Transactions Demand*)—ब्याज की दर को मुद्रा की लेन-देन मांग का निर्धारक लेते हुए, केन्ज ने L_T फलन को ब्याज बेलोच माना। परन्तु उसने यह संकेत किया कि ''सक्रिय चलन में मुद्रा की मांग कुछ सीमा तक ब्याज की दर का भी फलन होती है, क्योंकि ऊंची ब्याज दर सक्रिय शेषों के अधिक किफायती प्रयोग को ले जा सकती है।'' फिर भी उसने अपने विश्लेषण के इस भाग में ब्याज की दर की भूमिका पर बल नहीं दिया, और उसके बहुत से समर्थकों ने इसकी बिल्कुल उपेक्षा की। अभी के वर्षों में दो केन्जोपरान्त अर्थशास्त्रियों बोमल और टोबिन ने यह दर्शाया है कि ब्याज की दर मुद्रा की लेन-देन मांग का एक महत्त्वपूर्ण निर्धारक है। उन्होंने यह भी बताया है कि मुद्रा की लेन-देन मांग तथा आय में सम्बंध रेखीय और समानुपातिक नहीं है। बल्कि, आय में परिवर्तन लेन-देन मांग में समानुपातिक छोटे परिवर्तन लाते हैं।

लेन-देन शेष इसलिए धारण किये जाते हैं कि एक मास में एक बार प्राप्त आय को उसी दिन व्यय नहीं कर दिया जाता है। वास्तव में, एक व्यक्ति अपने व्यय को समान रूप से महीने भर में फैला देता है। इसलिए, लेन-देन उद्देश्य के लिए मुद्रा का एक भाग अल्पकालीन ब्याज धारक (interest bearing) प्रतिभूतियों पर व्यय किया जा सकता है। कुछ दिनों, हफ्तों या महीनों के लिए ब्याज धारक प्रतिभूतियों में निधियां लगाना संभव होता है। यहां समस्या यह है कि क्रय और विक्रय में लागत शामिल होती है। बावजूद इसके प्रति क्रय और विक्रय लागत दी होने पर, स्पष्टतया कुछ ब्याज की दर होती है जिस पर लेन-देन शेषों को ब्याज-धारक प्रतिभूतियों में परिवर्तित करना लाभदायक बन जाता है, चाहे लेन-देन आवश्यकताओं से हटाई गई निधियां केवल कुछ सप्ताह के लिए हों। जितनी ब्याज दर ऊंची होगी, उतना ही अधिक लेन-देन शेषों की एक निश्चित राशि का अंश लाभदायक तौर से प्रतिभूतियों में लगाया जा सकता है।

नकदी और अल्पकालीन बांड धारणों (holdings) का ढांचा चित्र 2 (*A*), (*B*) और (*C*) में दर्शाया गया है। मानलीजिए एक व्यक्ति प्रत्येक मास की पहली तारीख को रु. 1200 आय प्राप्त करता है और इसे समान रूप से महीने भर व्यय करता है। मास में चार सप्ताह हैं। उसकी बचत शून्य है। इस प्रकार, उसकी मुद्रा के लिए लेन-देन मांग रु. 300 प्रति सप्ताह है। अत:, प्रथम सप्ताह में उसके पास रु. 900 निष्क्रिय (idle) मुद्रा है, दूसरे सप्ताह में रु. 600, और तीसरे सप्ताह में रु. 300, जैसा कि चित्र 1 के भाग (*A*) में दिखाया गया है। इसलिए वह इस निष्क्रिय मुद्रा को ब्याज धारक बांडों में परिवर्तित कर देगा, जैसा कि चित्र 2 के भाग (*B*) और (*C*) दर्शाया गया है। वह प्रथम सप्ताह में रु. 300 अपने पास रखकर व्यय करता है, (देखें चित्र 2 का भाग *B*) , और रु. 900 ब्याज-धारक प्रतिभूतियों में निवेश करना है। (चित्र 2 के भाग *C*) में देखिए) दूसरे सप्ताह के पहले दिन, वह दूसरे सप्ताह के नकदी लेन-देन को पूरा करने के लिए रु. 300 के बांड बेच देता है। उसके बांड धारण कम होकर रु. 600 हो जाते हैं। इसी प्रकार, वह तीसरे सप्ताह के प्रथम दिन रु. 300 के बांड बेच देगा और रु. 300 के बांड अपने पास रखेगा जिन्हें वह चौथे सप्ताह के पहले दिन बेच देगा ताकि वह अन्तिम सप्ताह में अपने खर्चे पूरे कर सके। प्रत्येक सप्ताह में लेन-देन उद्देश्यों के लिए रखी गई राशि चित्र के भाग (*B*) में आरी के दांतेदार ढांचे में दिखायी गई है, तथा प्रत्येक सप्ताह में बांड धारणों को चित्र के भाग (*C*) में ब्लाकों में दिखाया गया है।

आधुनिक दृष्टिकोण यह है कि मुद्रा की लेन-देन मांग आय और ब्याज दर दोनों का ही फलन है जिसे इस प्रकार व्यक्त किया जा सकता है :

$$L_T = f(Y, r)$$

आय तथा ब्याज दर और मुद्रा की लेन-देन मांग में सम्पूर्ण अर्थव्यवस्था के लिए संबंध चित्र 3 में दर्शाया गया है। जैसाकि ऊपर बताया गया था $L_T = kY$। यदि Y = रु.1200 करोड़ और $k = 1/4$, तब L_T = रु. 300। यह चित्र 3 में Y_1 वक्र द्वारा दिखाया गया है। यदि आय बढ़कर रु. 1600 करोड़ हो जाती है, तो लेन-देन मांग भी बढ़कर रु. 400 करोड़ हो जाती है; $k = 1/4$ दिए होने पर। परिणामस्वरूप, लेन-देन वक्र Y_1 से Y_2 पर सरक जाता है। जब तक ब्याज दर r_8 से ऊपर नहीं बढ़ती है, लेनदेन वक्र Y_1 और Y_2 ब्याज बेलोच है। जब ब्याज दर r_8 से ऊपर बढ़ना प्रारम्भ करती है, तो मुद्रा की लेन-देन मांग ब्याज-लोच हो जाती है। इसका मतलब यह है कि प्रतिभूतियों की क्रय और विक्रय लागत दी होने पर, 8% से ऊपर ब्याज दर लेन-देन शेषों की कुछ राशि को प्रतिभूतियों में आकर्षित करने के लिए पर्याप्त ऊंची है। Y_1 वक्र का पीछे की ओर झुकाव (backward slope) दर्शाता है कि और ऊंची ब्याज दरों पर, मुद्रा की लेन-देन मांग गिरती है। जब ब्याज दर r_{12} बढ़ जाती है, तो लेन-देन मांग रु. 1200 करोड़ आय स्तर पर रु. 300 करोड़ से कम होकर रु. 250 करोड़ हो जाती है। इसी प्रकार राष्ट्रीय आय रु. 1600 होने पर , ब्याज दर r_{12} पर रु. 400 करोड़ से गिरकर रु. 350 हो जाएगी। अतः मुद्रा की लेन-देन मांग आय-स्तर के साथ सीधे और ब्याज दर के साथ विपरीत परिवर्तन करती है।

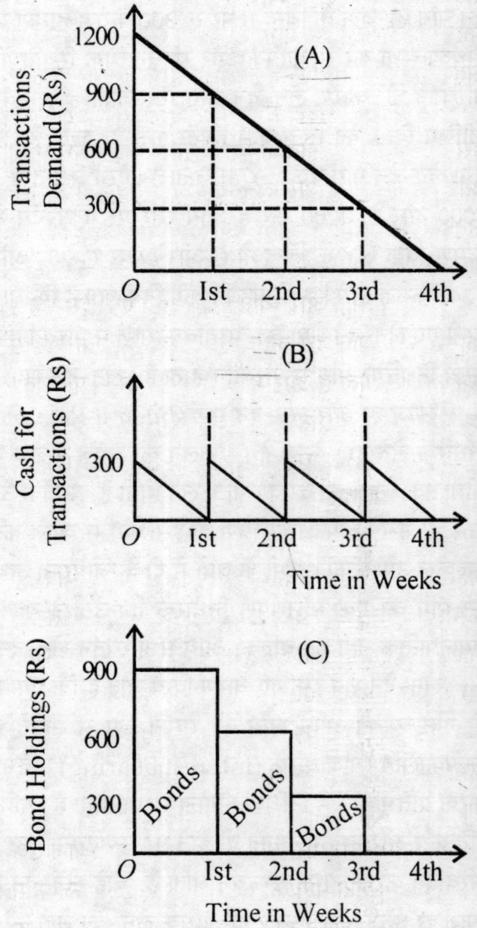

चित्र 2

2. *मुद्रा की सतर्कता मांग (The Precautionary Demand for Money)*—मुद्रा की सतर्कता मांग का संबंध ''आड़े समय के उन आकस्मिक खर्चें और लाभप्रद क्रयों के अपूर्वदृष्ट अवसरों के लिए प्रबंध करने की इच्छा से होता है।'' अप्रत्याशित आवश्यकताओं को पूरा करने के लिए व्यक्ति और व्यापारी दोनों ही कुछ नकदी, रिजर्व में रखते हैं। व्यक्ति तो बीमारी, दुर्घटना, बेरोजगारी और अदूरदर्शी संभाव्यताओं (unforeseen contingencies) की व्यवस्था करने के लिए कुछ नकदी रखते हैं। इसी प्रकार, व्यापारी प्रतिकूल स्थितियों को पार करने के लिए या अप्रत्याशित सौदों से लाभ उठाने के लिए कुछ नकदी रिजर्व में रखते हैं। अत: ''सतर्कता उद्देश्य के अन्तर्गत रखी गई मुद्रा कुछ-कुछ उस पानी के समान है जो तालाब में रिजर्व में रखा जाता है।'' मुद्रा की सतर्कता मांग आय के स्तर, व्यापार क्रिया, अप्रत्याशित लाभप्रद सौदों के अवसरों, नकदी की प्राप्यता, तरल परिसम्पत्तियों को बैंक रिजर्व में रखने की लागत आदि पर निर्भर करती है।

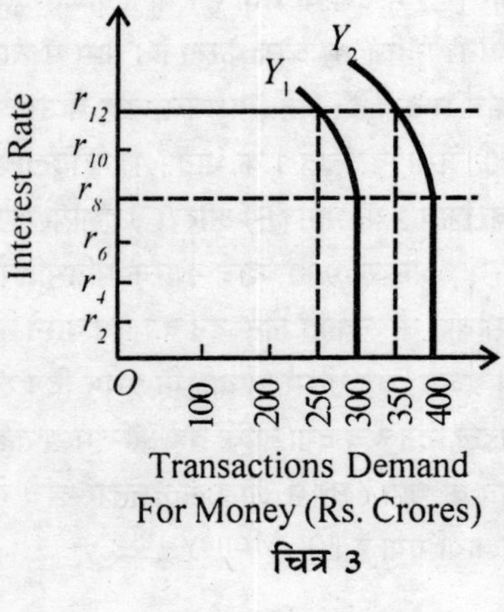

चित्र 3

केन्ज का मत है कि मुद्रा की लेन-देन मांग की तरह, सतर्कता मांग आय के स्तर का फलन होती है। परन्तु केन्जोपरान्त अर्थशास्त्रियों के अनुसार, लेन-देन मांग की तरह

सतर्कता मांग का ऊंजी ब्याज दरों के साथ विपरीत संबंध होता है। क्योंकि लेन–देन मांग और सतर्कता मांग दोनों ही आय और ब्याज दर का फलन हैं, इसलिए इन दोनों उद्देश्यों के लिए मुद्रा की मांग को एक समीकरण में व्यक्त किया जाता है, $L_T = f(Y, r)$। इस प्रकार, मुद्रा की सतर्कता मांग को भी चित्र 2 तथा 3 द्वारा समझाया जा सकता है।

3. मुद्रा की सट्टा मांग (The Speculative Demand for Money)—मुद्रा की सट्टा (या परिसम्पत्ति या तरलता अधिमान) मांग इस उद्देश्य के लिए होती है कि "भविष्य के संबंध में मार्किट की तुलना में अधिक जानकारी द्वारा लाभ कमाए जा सकें।" जिन व्यक्तियों और व्यापारियों के पास लेन–देन और सतर्कता उद्देश्यों के लिए मुद्रा रखने के बाद नकदी बच जाती है, उसे वे बांडों में निवेश करके सट्टाप्रद लाभ प्राप्त करना चाहते हैं। सट्टा उद्देश्य के लिए रखी गई मुद्रा मूल्य का एक तरल संचय है जो उपयुक्त अवसर पर ब्याज-धारक बांडों या प्रतिभूतियों में निवेश की जा सकती है।

बांड कीमतों और ब्याज की दर का एक दूसरे के साथ विपरीत संबंध होता है। कम बांड कीमतें ऊंची ब्याज दरों को और ऊंची बांड कीमतें कम ब्याज दरों को व्यक्त करती हैं। एक बांड पर निश्चित ब्याज प्राप्त होता है। उदाहरणार्थ, यदि रु. 100 के बांड पर 4 प्रतिशत ब्याज दिया जाता है और मार्किट ब्याज दर 8 प्रतिशत हो, तो इस बांड का बाजार मूल्य गिरकर रु. 50 हो जाता है। यदि बाजार ब्याज दर कम होकर 2 प्रतिशत हो जाती है, तो बाजार में बांड का मूल्य बढ़कर रु. 200 हो जाएगा।

इसे निम्न समीकरण द्वारा हल किया जा सकता है :

$$V = \frac{R}{r}$$

जहां V एक बांड की कीमत है, R बांड पर वार्षिक प्रतिप्ल (या आय) है, और r बाजार ब्याज दर है। इस प्रकार एक बांड जिसकी कीमत रु. 100 (V) और उस पर ब्याज दर 4 प्रतिशत (r) है, उसे वार्षिक प्रतिफल (R) रु. 4 प्राप्त होता है। अर्थात, $V = 4/0.04 = 100$। जब बाजार ब्याज दर बढ़कर 8 प्रतिशत हो जाती है तो, $V =$ रु. 4/0.08 = रु. 50। जब यह गिरकर 2 प्रतिशत होती है तो $V =$ रु0 4/0.02 = रु0 200।

इस प्रकार व्यक्ति और व्यापारी ब्याज दर ऊंची (8 प्रतिशत) होने पर रु. 100 के बांडों को बाजार कीमत रु. 50 पर खरीदकर लाभ कमा सकते हैं, और ब्याज दर गिरने पर (2 प्रतिशत) जब वे मंहगे हो जाते हैं (रू. 200 का एक) तो उन्हें पुन: बेचकर लाभ कमा सकते हैं।

केन्ज के अनुसार, बांड कीमतों या चालू बाजार ब्याज की दर में परिवर्तन संबंधी प्रत्याशाएं मुद्रा की सट्टा मांग को निर्धारित करते हैं। मुद्रा की सट्टा मांग की व्याख्या करते हुए केन्ज के मन में एक सामान्य या क्रांतिक (critical) ब्याज की दर (r_c) थी। यदि चालू ब्याज दर (r) क्रांतिक ब्याज दर (r_c) से ऊंची होती है, तो व्यापारी इसके गिरने की आशा रखते हैं और बांड कीमतों के बढ़ने की। इसलिए वे भविष्य में बेचने के लिए अब बांड खरीदेंगे जब उनकी कीमतें बढ़ेंगी ताकि वे इस तरह लाभ कमा सकें। ऐसे समय में, मुद्रा की सट्टा मांग गिर जाएगी, और विलोमश: जब चालू ब्याज दर (r) क्रांतिक ब्याज दर (r_c) से नीचे होती है। इस प्रकार, जब $r > r_c$, एक निवेशक अपनी सभी तरल परिसम्पत्तियां बांडों में रखता है, तथा $r < r_c$ तो उसके समस्त धारण मद्रा में चले जाते हैं। परन्तु जब $r = r_c$, तो वह बांड या मुद्रा रखने के बारे में उदासीन हो जाता है।

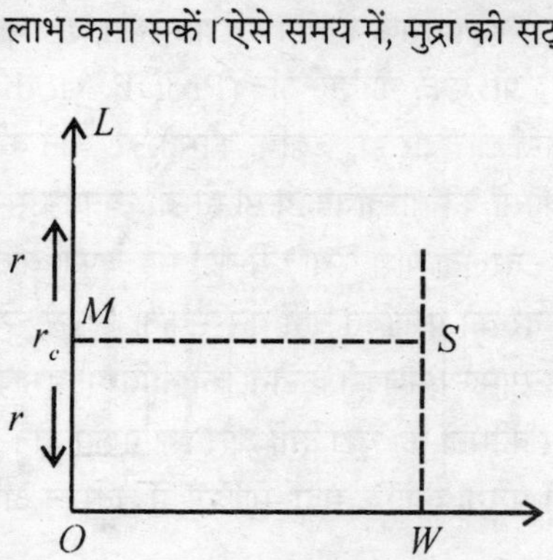

Speculative Demand for Money

चित्र 4

एक व्यक्ति की मुद्रा की मांग और ब्याज दर में संबंध चित्र 4 में दर्शाया गया है जहां क्षैतिज अक्ष पर एक व्यक्ति सट्टा उद्देश्य के लिए मुद्रा की मांग व्यक्त करता है और अनुलम्ब अक्ष चालू और क्रांतिक ब्याज दरें। चित्र यह दर्शाता है कि जब r_c से r अधिक है तो परिसम्पत्ति धारक अपने समस्त नकदी शेषों को बांडों में लगाता है और उसकी मुद्रा की मांग शून्य है। यह अनुलम्ब अक्ष पर LM भाग द्वारा दिखाया गया है। जब r_c से r कम हो जाता है, तो व्यक्ति ब्याज प्राप्तियों की अपेक्षा बांडों पर अधिक पूंजी हानियों की आशा रखता है। इसलिए, वह अपने समस्त धारणों को मुद्रा में परिवर्तित कर देता है, जैसा कि चित्र में CW द्वारा दिखाया गया है। एक व्यक्तिगत परिसम्पत्ति धारक की मुद्रा की मांग और चालू ब्याज दर में यह

संबंध एक अनिरंतर सीढ़ियों वाला मुद्रा का मांग वक्र *LMSW* प्रदान करता है।

समस्त अर्थव्यवस्था के लिए व्यक्तिगत मांग वक्रों को इस मान्यता पर जोड़ा जा सकता है कि व्यक्तिगत प्रतिभूति-धारक अपनी क्रांतिक दरों (r_c) में भिन्न होते हैं। इस प्रकार एक समतल वक्र जो दाईं से बाईं ओर नीचे ढ़ालू होता है, जिसे चित्र 5 में *Ls* वक्र दिखाया गया है। इससे यह स्पष्ट होता है कि मुद्रा की सट्टा मांग ब्याज दर का घटता हुआ फलन है। ब्याज की दर जितनी ऊंची होगी, मुद्रा की सट्टा मांग उतनी ही कम होगी, तथा ब्याज दर पर जितनी कम होगी मुद्रा की सट्टा मांग उतनी ही ऊंची होगी। बीजगणितीय रूप में इसको इस प्रकार व्यक्त किया जा सकता है—$Ls = f(r)$। जहां *Ls* मुद्रा की सट्टा मांग है और *r* ब्याज की दर। रेखागणितीय रूप में इसे चित्र 5 में दिखाया गया है। चित्र दर्शाता है कि ब्याज की बहुत ऊंची दर r_{12} पर, मद्रा की सट्टा मांग शून्य है तथा व्यापारी अपने नकदी धारणों को बांडों में निवेश करते हैं क्योंकि वे विश्वास रखते हैं कि ब्याज दर में और वृद्धि नहीं हो सकती है। जब ब्याज दर, मानलीजिए, गिर कर r_8 हो जाती है, तो मुद्रा की सट्टा मांग *OS* होती है। ब्याज दर में और कमी r_6 हो जाने पर, यह बढ़कर *OS′* हो जाती है। अत: *Ls* वक्र (या *LP* तरलता अधिमान वक्र) का आकार यह दिखाता है कि जब ब्याज दर बढ़ती है, तो मुद्रा की सट्टा मांग गिरती है; तथा ब्याज दर में कमी से यह बढ़ती है।

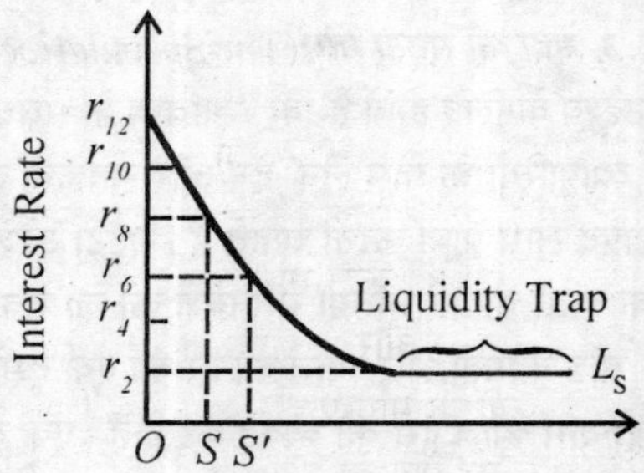

Speculative Demand for Money

चित्र 5

तरलता पाश (या जाल) (Liquidity Trap)—बहुत नीची ब्याज दर, जैसे r_2 पर *Ls* वक्र **पूर्णतया लोचदार** बन जाता है, और मुद्रा की सट्टा मांग अनन्त लोच होती है। *Ls* वक्र का यह भाग 'तरलता पाश' कहलाता है। इतनी नीची दर पर लोग बांडों में निवेश करने की बजाय मुद्रा को नकदी में रखने को अधिमान देते हैं, क्योंकि बांडों को खरीदने का मतलब होगा निश्चित हानि। लोग उतनी देर तक बांड नहीं खरीदेंगे जब तक ब्याज दर इस निम्न स्तर पर रहती है और वे ब्याज दर के 'सामान्य' स्तर पर वापिस आने तथा बांड कीमतों के गिरने की प्रतीक्षा करेंगे।

केन्ज के अनुसार, जब ब्याज दर शून्य के निकट आती है, तो बांड रखने में हानि का जोखिम बढ़ जाता है। '' जब बांड़ों की कीमत की बोली इतनी ऊंची लगाई जाती है कि ब्याज दर, मानलीजिए केवल 2 प्रतिशत या कम होती है, तो बांडों की कीमत में बहुत थोड़ी गिरावट समस्त प्रतिफल (yield) को समाप्त कर देगी, तथा थोड़ी-सी और गिरावट मूल राशि (principal) के भाग में भी हानि ला देगी।'' अत: जितनी ब्याज दर कम होगी, उतनी ही बांडों से आमदनी थोड़ी होगी। इसलिए, नकदी रखने की मांग उतनी ही अधिक होगी। परिणास्वरूप, *Ls* वक्र पूर्णतया लोचदार बन जाएगा।

प्रो. एफ. मोदिग्ल्यानि (Prof. F. Modigliani) के अनुसार, '' अत्यन्त अनिश्चितता की अवधि में ही यह संभव है कि *Ls* वक्र अनन्त लोचदार हो, जबकि कीमतें घट जाने की आशा हो और बांडों में निवेश की प्रवृत्ति कम हो जाती है, या फिर यदि निवेश के ऐसे निकासों की वास्तविक कमी हो जो न्यूनतम संस्थानिक (institutional-minimum) या उससे ऊंची दरों पर लाभदायक हों।''[2]

तरलता पाश स्थिति में कई महत्त्वपूर्ण बातें निहित रहती हैं। *प्रथम,* सस्ती मुद्रा नीति का अनुसरण करके भी मुद्रा प्राधिकारी ब्याज की दर को प्रभावित नहीं कर सकता। *दूसरे,* ब्याज की दर गिरकर शून्य पर नहीं आ सकती। *अन्तिम,* पूर्ण लोचदार *Ls* वक्र के सामने एक सामान्य मजदूरी कटौती की नीति भी प्रभावकारी नहीं हो सकती। इसमें संदेह नहीं कि सामान्य मजदूरी में कटौती की नीति मजदूरी और कीमतों को घटा देगी और इस प्रकार लेन-देन से मुद्रा को सट्टा उद्देश्य के लिए मुक्त कर देगी, पर ब्याज की दर पर कोई प्रभाव नहीं पड़ेगा क्योंकि मुद्रा-मार्किट में वर्तमान अनिश्चितता के कारण लोग नकद मुद्रा रखेंगे।

मुद्रा की कुल मांग (The Total Demand for Money)

केन्ज के अनुसार, लेन-देन और सतर्कता उद्देश्यों के लिए रखी गई मुद्रा मुख्यतया आय के स्तर का फलन है, अर्थात, L_T =

2. F. Modigiliani, "Liquidity Preference and the Theory of Interest and Money," *Economica,* January, 1944.

$f(Y)$, और मुद्रा की सट्टा मांग, ब्याज की दर का फलन है, $L_S = f(r)$, इस प्रकार मुद्रा की कुल मांग आय और ब्याज दर दोनों का फलन है:

$$L_T + L_S = f(Y) + f(r)$$
$$\text{या,} \quad L = f(Y) + f(r)$$
$$\text{या,} \quad L = f(Y, r)$$

जहां L मुद्रा की कुल मांग को व्यक्त करता है।

मुद्रा की कुल मांग वक्र लेन-देन और सतर्कता उद्देश्यों के मांग फलन तथा सट्टा उद्देश्य के लिए मांग फलन के पार्श्वयोग (lateral summation) द्वारा खींचा जा सकता है, जैसा कि चित्र 6 (A), (B) और (C) में दर्शाया गया है। चित्र 6 का भाग (A) आय के स्तर Y तथा विभिन्न ब्याज दरों पर मुद्रा की लेन-देन और सतर्कता मांग OT को व्यक्त करता है। भाग (B) विभिन्न ब्याज दरों पर मुद्रा की सट्टा मांग दर्शाता है। यह ब्याज दर का प्रतीप (inverse) फलन है। उदाहरणार्थ, r_6 ब्याज दर पर मुद्रा की सट्टा मांग OS है और जब ब्याज दर गिरकर r_2 हो जाती है तो L_S वक्र पूर्णतया लोचदार हो जाता है। भाग (C) मुद्रा का कुल मांग वक्र L दर्शाता है जो L_T और L_S वक्रों का पार्श्वयोग है: $L = L_T + L_S$। उदाहरणार्थ r_6 ब्याज दर पर, मुद्रा की कुल मांग OD है जो लेन-देन और सतर्कता मांग OT जमा सट्टा मांग TD का जोड़ है : $OD = OT + TD$। ब्याज की दर r_2 पर, मुद्रा का कुल मांग वक्र पूर्णतया लोचदार हो जाता है जो तरलता पाश की स्थिति दर्शाता है।

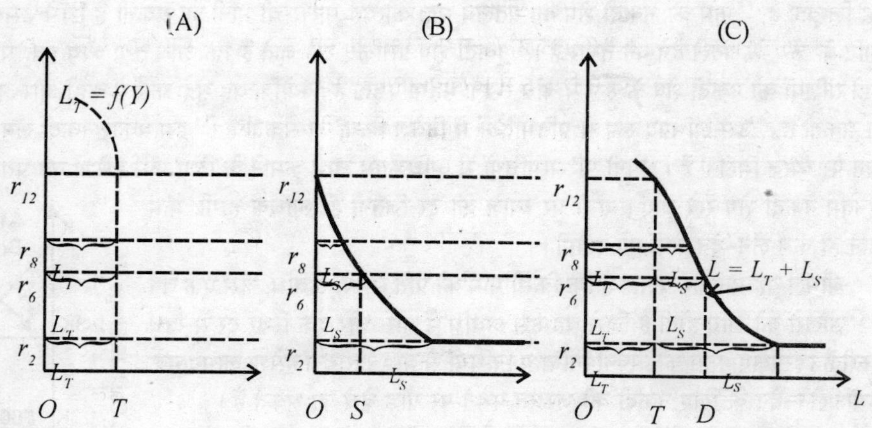

चित्र 6

4. केन्ज़ोपरान्त मत
(THE POST-KEYNESIAN APPROACH)

केन्ज मानता था कि मुद्रा की लेन-देन मांग प्रमुखत: ब्याज बेलोच होती है। प्रो. बोमल (Boumol) ने अपने 'स्टॉक सैद्धांतिक दृष्टिकोण' के आधार पर मुद्रा की लेन-देन मांग की ब्याज लोचात्मकता का विश्लेषण किया है। फिर केन्जीय विश्लेषण में, मुद्रा की सट्टा मांग का बाजार की अनिश्चितताओं के सम्बन्ध में विश्लेषण किया गया है। प्रो. टोबिन (Tobin) ने दूसरा सिद्धांत प्रस्तुत किया है जो तरलता अधिमान को जोखिम के प्रति व्यवहार मानता है। तीसरा महत्वपूर्ण केन्जोपरान्त सिद्धांत फ्रीडमैन (Friedman) द्वारा किया गया निरूपण है। उसका कहना है कि मुद्रा की मांग केवल आय तथा ब्याज की दर का ही नहीं, अपितु कुल सम्पत्ति का भी फलन है। फ्रीडमैन द्वारा ''मुद्रा के परिमाण सिद्धांत का पुन: प्रतिपादन'' शीर्षक के अन्तर्गत इस सिद्धांत पर पहले ही विचार किया जा चुका है।[3] तरलता अधिमान विषयक अन्य दो मतों की चर्चा नीचे की जा रही है।

3. इसके लिए देखिए अध्याय 30।

1. बोमल का मालसूची सैद्धान्तिक मत[4] (Boumol's Inventory Theoretic Approach)

केन्ज़ द्वारा प्रस्तुत मुद्रा की लेन-देन मांग में विलियम बोमल ने महत्त्वपूर्ण योगदान दिया है। केन्ज़ मुद्रा की लेन-देन मांग को आय के स्तर का फलन मानता है और लेन-देन मांग तथा आय के बीच रेखीय एवं समानुपातिक संबंध मानता है। बोमल कहता है कि लेन-देन मांग तथा आय में संबंध न तो रेखीय है और न ही समानुपातिक, बल्कि होता यह है कि जब आय में परिवर्तन होते हैं, तो मुद्रा की लेन-देन मांग में आनुपातिक से कम परिवर्तन होते हैं। फिर केन्ज मानता था कि लेन-देन मांग प्रमुखत: ब्याज बेलोच होती है। परन्तु बोमल ने मुद्रा की लेन-देन मांग की ब्याज लोचात्मकता का विश्लेषण किया है।

बोमल के विश्लेषण का आधार यह है कि कोई फर्म या व्यक्ति लेन-देन के लिए मुद्रा की इष्टतम मालसूची अपने पास रखता है। वह लिखता है, ''फर्म के नकदी शेष का मतलब मुद्रा की वह मालसूची मानी जा सकती है जिसे उसका रखने वाला श्रम, कच्चे माल आदि के क्रय के बदले देने को तैयार है।'' नकदी शेष इसलिए रखे जाते हैं कि आय तथा व्यय एक साथ नहीं होते। ''परन्तु पूंजी की बड़ी राशियों को नकदी शेष के रूप में बांध रखना महंगा पड़ता है। क्योंकि वह मुद्रा फर्म में कहीं और अधिक लाभप्रद ढंग से प्रयोग की जा सकती है... उसे लाभप्रद रूप से प्रतिभूतियों में निवेश किया जा सकता है।'' इस प्रकार नकदी शेष रखने का दूसरा तरीका बांड हैं जिन पर ब्याज मिलता है। अपनी परिसम्पत्तियों से अधिकतम लाभ कमाने के लिए फर्म हमेशा यह प्रयत्न करेगी कि लेन-देन के लिए न्यूनतम नकदी शेष रखे जाएं। बांडों पर ब्याज की दर जितनी ही अधिक होगी, फर्म उतने ही कम लेन-देन शेषों को रखेगी।

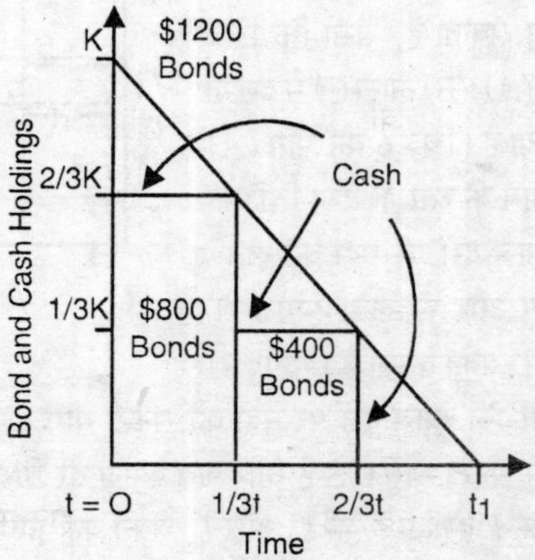

चित्र 7

बोमल यह मानकर चलता है कि किसी फर्म को प्रति समय-अवधि, जैसे एक वर्ष में *Y* डालरों की आय होती है जिसे वह उस अवधि में धीरे-धीरे एक स्थिर दर से खर्च करती है। इसलिए, फ़र्म को अपनी निष्क्रिय निधियों से बांड खरीदना हमेशा लाभदायक रहेगा। लेन-देन के लिए नकदी की जरूरत पड़ने पर बांड बेचे जा सकते हैं।

फर्म के नकद धारणों और बांड धारणों का ढांचा चित्र 7 में दिखाया गया है। मान लें कि फर्म के पास $1,200 हैं जो उसे वर्ष के दौरान प्रति चार मास स्थिर दर से व्यय करने हैं। इस राशि में से वह लेनदेन के लिए $400 नकदी में रख बाकी $800 से बांड खरीद लेती है। खरीदे गए आधे बांडों की परिपक्वता *1/3t* (चार मास) और शेष आधे बांडों की परिपक्वता *2/3t* (आठ मास) होती है, मान लीजिए कि *k* बांडों को बेचने से निकाली गई राशि का आकार है और फर्म के औसत नकदी धारण बांडों के बेचने से प्राप्त राशि के आधे के बराबर (*1/2k*) है। ये मान्यताएं दी होने पर, फर्म शुरु में समय $t = 0$ पर अपनी 2/3 आय के बांड ($800) खरीदती है और बाकी 1/3 ($400) नकदी में रखती है, जैसाकि चित्र में दर्शाया गया है। समय 1/3*t* पर खरीदे गए पहले आधे बांड ($400) परिपक्व हो जाते हैं जो वह समय 2/3*t* तक नकदी के लिए बेचती है। समय 2/3*t* पर शेष बांड परिपक्व हो जाते हैं जिन्हें फर्म बेच देती है ताकि t_1 समय तक लेन-देन कर सके। समय t_1 पर नकदी शेष शून्य है और फर्म नए वर्ष में नकद प्राप्तियों के लिए तैयार हो जाती है।

इस समस्या को हल करने के लिए आवश्यक है कि वर्ष भर नकदी-शेषों को रखने की लागत न्यूनतम रखी जाए। नकदी-शेषों को रखने में ब्याज-लागतें और गैर-ब्याज (non-interest) लागतें सम्मिलित रहती हैं। जैसा कि हम पहले ही देख चुके हैं ब्याज-लागतें अवसर लागत के रूप में होती हैं। क्योंकि जब कोई फर्म लेन-देन के लिए नकदी रखती है, तो उसे ब्याज-आय छोड़नी पड़ती है। दूसरी ओर, गैर-ब्याज लागतों में नकदी को बांडो अथवा बांडों को नकदी में बदलने के लिए दलाली, डाक-व्यय, बहीखाता व्यय आदि मदें शामिल रहती हैं।

---

4. W. J. Baumol, "Transactions Demand for Cash. An Inventory Theoretic Approach," *Quarterly Journal of Economics,* Nov., 1952; and James Tobin, "The Interest Elasticity of the Transactions Demand for Cash," *Review of Economics and Statistics,* August, 1956.

इस प्रकार, जब कभी कोई फर्म लेन-देन के लिए मुद्रा रखती है, तो उसे ब्याज-लागतें और दलाली (गैर-ब्याज लागतें) उठानी पड़ती हैं। मानलीजिए ब्याज की दर r है जो वर्ष भर के लिए स्थिर मान ली गई है और दलाली b है जिसे भी स्थिर मान लिया गया है। मानलीजिए कि वर्ष के प्रारम्भ में फर्म की आय Y है जो इसके द्वारा किए गये लेन-देनों के वास्तविक मूल्य के बराबर है और K अन्तरालों पर प्रत्येक बार निकाली गई राशि का आकार है जो बांड बेचने के समय निकाली गई है। इस प्रकार, वर्ष भर में Y/K बार राशि निकाली गई है। वर्ष के दौरान दलाली पर $b(Y/K)$ लागत आएगी। क्योंकि औसत नकदी निकास (withdrawals) $K/2$ हैं, इसलिए नकदी शेष रखने की ब्याज-लागत $rK/2$ है। इस प्रकार लेन-देन करने की कुल लागत अर्थात् C को समीकरण के रूप में इस प्रकार लिखा जा सकता है :

$$C = r\frac{K}{2} + b\frac{Y}{K} \qquad \ldots (1)$$

K का इष्टतम मूल्य वह होगा जिससे कुल मालसूची की लागत न्यूनतम हो जाए। K के सम्बन्ध में C का विभेदीकरण करने से व्युत्पन्न dC/dK शून्य के बराबर रखने से और C को हल करने पर हमें उपलब्ध होता है,

$$\frac{dC}{dK} = \frac{r}{2} + \frac{-by}{K^2} = 0$$

अथवा, $$\frac{r}{2} = \frac{bY}{K^2}$$

अथवा दोनों पक्षों को $2K^2/r$ से गुणा करने पर हमें प्राप्त होता है :

$$K^2 = \frac{2bY}{r}$$

अथवा, $$K = \sqrt{\frac{2bY}{r}} \qquad \ldots (2)$$

समीकरण (2) से स्पष्ट है कि यदि दलाली बढ़ जाएगी, तो निकासों की संख्या कम हो जाएगी। दूसरे शब्दों में इष्टतम नकदी शेष बढ़ जाएगा, क्योंकि फर्म बांडों में कम निवेश करेगी। दूसरी ओर, यदि बांडों पर ब्याज की दर बढ़ जाएगी, तो फर्म के लिए बांडों में निवेश करना अधिक लाभदायक होगा और इष्टतम नकदी शेष अपेक्षाकृत कम हो जाएंगे और विलोमशः भी।

बोमल का विश्लेषण लेन-देन शेषों की मांग के व्यवहार के प्रति एक और महत्त्वपूर्ण तथ्य को लक्ष्य करता है। जब कोई फर्म या व्यक्ति बड़ी संख्या में बांड खरीदता है, तो उसके पास लेन-देन शेष थोड़े रह जाते हैं और विलोमशः भी। परन्तु प्रत्येक क्रय में दलाली, डाक-व्यय इत्यादि के रूप में गैर-ब्याज लागतें पाई जाती हैं जो खरीदने वाले को देनी पड़ती हैं। इसलिए उसे बड़ी संख्या में बांड खरीदने पर होने वाले व्यय के मुकाबले कम बांड खरीदने से होने वाली आय की कमी को संतुलित करना पड़ता है। यह निर्णय बांडों पर मिलने वाली ब्याज दर पर निर्भर करता है।

ब्याज की दर जितनी ही अधिक होगी, फर्म बांड खरीदने में उतना ही अधिक खर्च खपा सकेगी। इस निर्णय को निर्धारित करने वाला एक और भी महत्त्वपूर्ण कारण मुद्रा की वह राशि है जो लेन-देन के लिए रखी जाती है क्योंकि बांड खरीदने और बेचने की दलाली अपेक्षाकृत स्थिर रहती है और लेन-देन की राशि की अपेक्षा अधिक नहीं बदलती। जब लेन-देन के लिए मुद्रा अधिक होगी, तो दलाली लागतें अपेक्षाकृत कम होंगी। ''एक हजार डालर के बांड खरीदने पर न्यूनतम दलाली महंगी पड़ेगी। दस लाख डालर के बांड खरीदने पर दलाली नगण्य (negligible) होगी। इसलिए कुल लेन-देन की राशियां जितनी ही अधिक होंगी, दलाली की लागतें उतनी ही कम होंगी, और उतने ही बार-बार इष्टतम निकास किये जाएंगे।'' ऐसा नकदी प्रबन्ध अथवा मुद्रा के प्रयोग में पैमाने की बचतों के कारण होता है।

इसका मतलब है कि आय के अधिक ऊंचे स्तरों पर लेन-देन की औसत लागत अर्थात् दलाली अपेक्षाकृत कम होती है। ज्यों-ज्यों आय बढ़ती है, त्यों-त्यों मुद्रा की लेन-देन मांग भी बढ़ती जाती है पर यह वृद्धि आय में वृद्धि की अपेक्षा कम मात्रा में होती है। यदि आय चार गुणा बढ़ती है, तो इष्टतम लेनदेन शेष केवल दुगुने होते हैं। क्योंकि बोमल मुद्रा मांग की आय-लोच 1/2 (आधी) मानता है,

इसलिए जिस अनुपात में आय बढ़ेगी, मुद्रा की मांग उसी अनुपात में नहीं बढ़ेगी। ऐसा पैमाने की बचतों के कारण होता है। आय में वृद्धि होने के कारण जब लेन-देन में लगाई गई मुद्रा की राशि अपेक्षाकृत अधिक होती है तब पैमाने की बचतें बांडों में अधिक निवेश को प्रोत्साहन देती हैं। मुद्रा की मांग के इस स्टॉक सिद्धांत में बोमल इस बात पर भी बल देता है कि मुद्रा की मांग वास्तविक शेषों के लिए मांग होती है। क्योंकि वर्ष-भर औसत नकदी धारणों का मूल्य $K/2$ है, इसलिए लेन-देन के लिए वास्तविक शेषों की मांग यह होगी :

$$\frac{M_D}{P} = \frac{K}{2} = \frac{1}{2}\sqrt{\frac{2bY}{r}}$$

$$M_D = \frac{1}{2}\sqrt{\frac{2bY}{r}}\,P \qquad \ldots (3)$$

जहां M_D मुद्रा की मांग है और P कीमत स्तर है। समीकरण (3)से पता चलता है कि लेन-देन शेषों की मांग ''लेनदेनों की मात्रा के वर्गमूल के समानुपाती और ब्याज की दर के वर्गमूल के प्रतीपानुपाती (inverse) होती है।'' इसका मतलब है कि कीमत स्तर में परिवर्तनों और मुद्रा की लेन-देन मांग के बीच प्रत्यक्ष एवं समानुपातिक संबंध होता है। यदि फर्म के क्रय का ढांचा अपरिवर्तित रहता है, तो इष्टतम नकदी शेष *(Y)* ठीक उसी अनुपात में बढ़ेंगे जिस अनुपात में कीमत स्तर *(P)* बढ़ेगा। यदि कीमत स्तर दो गुणा हो जाएगा, तो फर्म के लेन-देन का मुद्रा मूल्य भी दो गुणा हो जाएगा। जब सब कीमतें दो गुणी हो जाएंगी, तो दलाली *(b)* भी दोगुनी हो जाएगी ''परिणामत: निवशों और निकासों तथा उनकी दलाली लागतों से बचने के लिए अधिक नकदी शेष रखना वांछनीय होगा।'' इस प्रकार के लेन-देन का मुद्रा मूल्य और दलाली बढ़ जाने से मुद्रा की इष्टतम मांग ठीक उसी अनुपात में बढ़ जाती है जिस अनुपात में कीमत स्तर बढ़ता है। इस प्रकार बोमल द्वारा प्रस्तुत वास्तविक शेषों की मांग के विश्लेषण का मतलब है कि लेन-देन के लिए मुद्रा की मांग में मुद्रा-भ्रान्ति नहीं है।

क्लासिकी एवं केन्जीय मतों की तुलना में बोमल सिद्धांत की श्रेष्ठता
(Its Superiority over the Classical and Keynesian Approaches)

बोमल का मुद्रा की लेन-देन मांग संबंधी स्टॉक सैद्धान्तिक मत क्लासिकी तथा केन्जीय मतों से निम्न बातों में श्रेष्ठ है—

1. मुद्रा का नकदी शेष परिमाण सिद्धांत यह मान्यता लेकर चलता है कि लेन-देन मांग और आय स्तर में रेखीय एवं समानुपातिक सम्बन्ध होता है। बोमल ने स्पष्ट किया है कि यह सम्बन्ध मानना सही नहीं है। निस्सन्देह यह सच है कि जब आय बढ़ती है, तो लेन-देन मांग भी बढ़ती है परन्तु नकदी प्रबन्ध में पैमाने की बचतों के कारण यह मांग आय की अपेक्षा कम अनुपात में बढ़ती है।

2. बोमल के सिद्धांत की एक श्रेष्ठता यह है कि जहां केन्ज का मत यह था कि मुद्रा की लेन-देन मांग ब्याज बेलोच होती है वहां बोमल ने सिद्ध किया कि मुद्रा की लेन-देन मांग ब्याज लोचात्मक होती है।

3. बोमल का सिद्धांत वास्तविक शेषों के लिए लेन-देन मांग का विश्लेषण करता है, और परिणामत: मुद्रा भ्रांति (money illusion) के अभाव पर बल देता है।

4. बोमल का मालसूची विषयक सैद्धांतिक दृष्टिकोण क्लासिकी एवं केन्जीय दोनों ही दृष्टिकोणों से इसलिए भी श्रेष्ठ है कि यह परिसम्पत्तियों और उनकी ब्याज एवं गैर-ब्याज लागतों को ध्यान में रखकर मुद्रा की लेन-देन मांग को पूंजी-सिद्धांत में एकीकृत कर देता है।

2. टोबिन का निवेशसूची चयन माडल : जोखिम निवारण तरलता अधिमान सिद्धांत
(Tobin's Portfolio Selection Model : The Risk Aversion Theory of Liquidity Preference)

जेम्ज टोबिन ने अपने "Liquidity Preference as Behaviour Towards Risk"[5] शीर्षक प्रसिद्ध लेख में निवेशसूची चयन पर आधारित जोखिम निवारण तरलता अधिमान सिद्धांत प्रस्तुत किया। इस सिद्धांत ने तरलता अधिमान के केन्जीय सिद्धांत के दो प्रमुख दोषों को दूर किया है। एक, केन्जीय तरलता अधिमान भावी ब्याज-दरों की प्रत्याशाओं की बेलोच पर निर्भर करता है; और दूसरे,

5. M.G. Mueller (ed.) *Reading in Macro-economics*, 2/e, 1971, Ch. 13.

व्यक्ति या तो मुद्रा रखते हैं या फिर बांड ही। टोबिन ने इन दोषों को दूर कर दिया है। उसका सिद्धांत भावी ब्याज-दरों की प्रत्याशाओं की लोच पर निर्भर नहीं करता, अपितु यह मान्यता लेकर चलता है कि ब्याज धारक परिसम्पत्तियां रखने से पूंजी लाभ अथवा हानि का प्रत्याशित मूल्य सदैव शून्य होता है। फिर, यह इस बात को भी स्पष्ट करता है कि किसी व्यक्ति की निवेश सूची में मुद्रा तथा बांड दोनों ही रहते हैं, यह नहीं कि एक समय में कोई एक ही रहे।

टोबिन तरलता अधिमान का अपना निवेश सूची चयन मॉडल प्रस्तुत करते हुए शुरू में ही यह मानकर चलता है कि परिसम्पत्ति धारक व्यक्ति की निवेश सूची में मुद्रा तथा बांड दोनों हैं। मुद्रा से उसे न तो कोई आय होती है और न ही उसे कोई जोखिम उठानी पड़ती है। परन्तु बांडों से ब्याज मिलता है और आय भी होती है। परन्तु बांडों से प्राप्त होने वाली आय अनिश्चित है क्योंकि उसमें पूंजी हानि अथवा लाभ की जोखिम सम्मिलित रहती है। बाडों में जितना अधिक निवेश होगा, उनसे पूंजी हानि की जोखिम भी उतनी ही बड़ी होगी। निवेशक यह जोखिम तभी उठा सकता है जब बांडों से पर्याप्त आय उसकी क्षतिपूर्ति करे।

यदि प्रत्याशित पूंजी लाभ या हानि g है, तो मान्यता यह है कि निवेशक इस (g) के संभाव्यता वितरण (probabililty distribution) के अपने अनुमान के आधार पर कार्य करेगा और यह भी मान्यता है कि इस संभाव्यता वितरण का प्रत्याशित मूल्य शून्य है तथा बांडों पर चालू ब्याज दर r के स्तर से स्वतन्त्र है।[6]

उसकी निवेश सूची में मुद्रा का M अनुपात और बांडों का B अनुपात रहता है, जहाँ M तथा B दोनों का योग एक है। इनका कोई मूल्य ऋणात्मक नहीं है। निवेश सूची R पर प्रतिफल है:

$$R = B\,(r + g) \text{ जहां } 0 \leq B \leq 1$$

क्योंकि g यदृच्छिक चर (random variable) है जिसका प्रत्याशित मूल्य शून्य है इसलिए निवेश सूची पर प्रतिफल है :

$$RE = \mu R = Br$$

निवेश सूची से सम्बद्ध जोखिम R के मानक विचलन (standard deviation) द्वारा मापी जाती है अर्थात σR. टोबिन ने तीन प्रकार के निवेशकों का उल्लेख किया है। एक प्रकार के निवेशक तो वे हैं जिन्हें जोखिम उठाने में मजा आता है और वे अधिकतम जोखिम उठाने में अपना सारा धन बांडों में लगा देते हैं। बांडों से प्रत्याशित आय के बदले जोखिम उठाते हैं। वे जुआरियों जैसे होते हैं। दूसरा वर्ग गोताखोरों (plungers) का है। वे या तो अपना सारा धन बांडों में लगा देते हैं या उसे नकदी के रूप में रखते हैं। ये गोताखोर प्रवृत्ति के लोग या तो सब कुछ दांव पर लगा देते हैं, या बिल्कुल जोखिम नहीं उठाते।

परन्तु अधिकांश निवेशक तीसरे वर्ग के ही होते हैं। वे जोखिम निवारक (risk averters) अथवा विविधक (diversifiers) होते हैं। जोखिम निवारक हानि की उस जोखिम से बचना चाहते हैं जो मुद्रा की बजाय बांड रखने से सम्बन्धित रहती है। वे केवल उस अवस्था में अतिरिक्त जोखिम उठाने को तैयार होते हैं जब उन्हें यह आशा हो कि बांडों पर कुछ अतिरिक्त प्रतिफल (आय) प्राप्त होगी, बशर्ते कि जो प्रत्येक अधिक जोखिम वे उठाते हैं वह अपने साथ प्रतिफल आय में अधिक वृद्धियां लाता हो। इसलिए वे अपनी निवेश सूची को विविध बनाएंगे और मुद्रा तथा नकदी दोनों रखेंगे। यद्यपि मुद्रा रखने से न तो कोई प्रतिफल प्राप्त होता है और न ही कोई जोखिम, फिर भी यह परिसम्पत्तियों का सर्वाधिक तरल रूप है जिसे कभी भी बांड खरीदने के लिए प्रयोग किया जा सकता है। जोखिम निवारक के जोखिम तथा प्रत्याशित प्रतिफल में अधिमान का पता लगाने के लिए, टोबिन धनात्मक ढलान वाले उदासीनता वक्रों का प्रयोग करता है, जो प्रकट करते हैं कि जोखिम निवारक अधिक जोखिम उठाने के लिए और अधिक प्रत्याशित प्रतिफलों की मांग करता है। इसे चित्र 8 में दिखाया गया है जिसमें क्षैतिज अक्ष जोखिम (σR) को तथा अनुलम्ब अक्ष प्रत्याशित प्रतिफलों ($\sigma \mu R$) को मापता है। Or रेखा जोखिम निवारक की बजट रेखा है। यह जोखिम और प्रत्याशित प्रतिफल के उन संयोगों को व्यक्त करती है जिनके आधार पर वह अपने धन की निवेशसूची को मुद्रा और बांडों में लगाता है। I_1 तथा I_2 उदासीनता वक्र हैं। उदासीनता वक्र बताता है कि

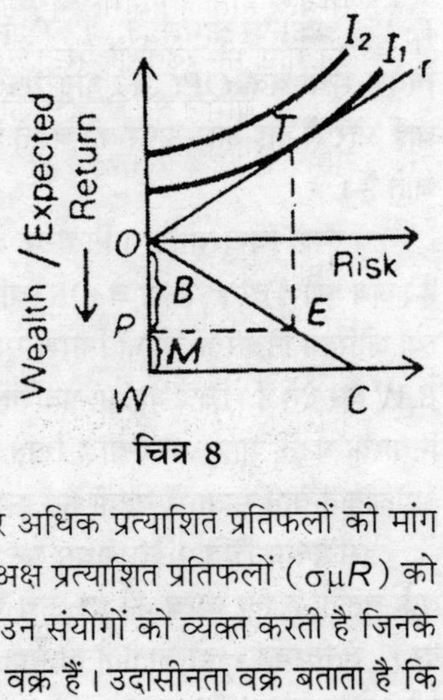

चित्र 8

6. जो विद्यार्थी सांख्यिकीय पारिभाषिक शब्दावली से परिचित नहीं हैं वे इस पैराग्राफ तथा अगले पैराग्राफ को छोड़ सकते हैं। अधिक विस्तृत अध्ययन के लिए टोबिन का लेख देखिए।

वह प्रत्याशित फल और जोखिम के उन सभी संयोगों के प्रति उदासीन है जो I_1 वक्र पर स्थित हैं। I_1 वक्र पर स्थित बिंदुओं की अपेक्षा वह I_2 पर स्थित बिन्दुओं को अधिमान देता है। परन्तु जोखिम निवारक को प्रत्याशित प्रतिफल तथा जोखिम के बीच संतुलन की स्थिति वहां उपलब्ध होगी जहां उसकी बजट रेखा उदासीनता वक्र को स्पर्श करेगी। बजट रेखा और I_1 वक्र पर ऐसा बिन्दु T है।

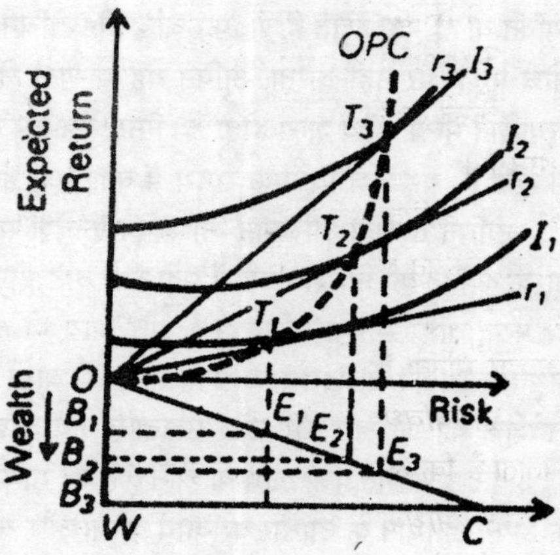

चित्र 9

चित्र के निचले भाग में अनुलम्ब वक्र की लम्बाई उस सम्पत्ति को प्रकट करती है जिसे जोखिम निवारक अपनी निवेशसूची को मुद्रा एवं बांडों में रखता है। OC रेखा जोखिम को बांडों में रखी कुल निवेशसूची के भाग के अनुपात के रूप में व्यक्त करती है। इस प्रकार बिन्दु T से लम्ब के रूप में खींची गई इस रेखा पर बिन्दु E मुद्रा तथा बांडों का निवेशसूची मिश्रित निर्धारित करता है। इसमें OP बांड तथा PW मुद्रा है।

इस प्रकार जोखिम निवारक अपने कुल धन OW को कुछ- कुछ बांडों में और कुछ-कुछ नकदी के रूप में रखकर अपने कुल धन को विविध (diversify) करता है। यही कारण है कि उसे विविधक कहा जाता है। वह तब तक अधिक जोखिम उठाने को तैयार नहीं होता जब तक उसे अधिक प्रत्याशित प्रतिफल की आशा न हो। पर, जोखिम निवारक मन-ही-मन तरलता को अधिमान देता है जिसे केवल अधिक ऊंची ब्याज दरों से दूर किया जा सकता है। ब्याज की दर जितनी ऊंची होगी, मुद्रा की मांग उतनी ही कम होगी, परिणामत: बांड रखने की प्रेरणा उतनी ही अधिक होगी। इसके विपरीत, ब्याज की दर जितनी कम होगी, मुद्रा की मांग उतनी ही अधिक होगी, और परिणामत: बांड रखने की इच्छा उतनी ही कम होगी। इसे चित्र 9 में दिखाया गया है।

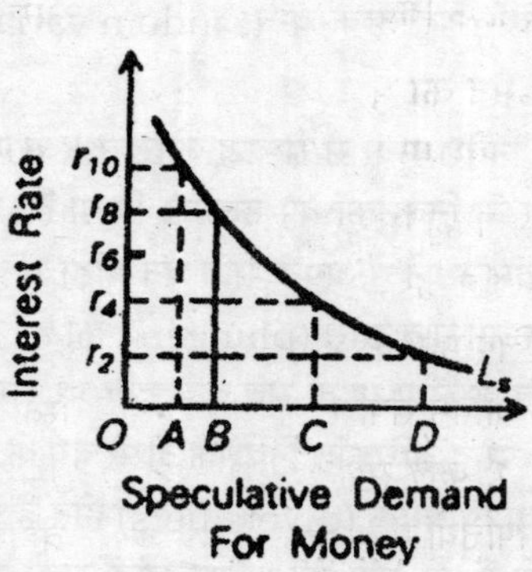

चित्र 10

जब ब्याज की दर बढ़ती है तो बजट रेखा की ढलान बढ़ती है। इसे बजट रेखा r_1 द्वारा दिखाया गया है जो घूमती हुई ऊपर की ओर r_2 तथा r_3 पर पहुंचती है। परिणामत: ब्याज दर में वद्धि के साथ जोखिम के अनुपात में प्रतिफल बढ़ते जाते हैं और बजट रेखा अधिक ऊंचे उदासीनता वक्रों को स्पर्श करती चलती है। चित्र 9 में r_1, r_2 और r_3 रेखाएं I_1, I_2, I_3 वक्रों पर क्रमश: $T_1, T_2, T_3,$ बिन्दुओं पर स्पर्श करती हैं। ये बिन्दु चित्र में इष्टतम निवेश सूची वक्र OPC को अनुरेखित करती है, जो बताता है कि ज्यों-ज्यों स्पर्श बिन्दु बाईं ओर से दाई ओर ऊपर को बढ़ते हैं, त्यों-त्यों प्रत्याशित प्रतिफल और जोखिम बढ़ते जाते हैं।

ये स्पर्श बिन्दु जोखिम निवारक के निवेश-सूची चलन को भी निर्धारित करते हैं, जैसाकि चित्र 9 के निचले भाग में दिखाया गया है। जब ब्याज दर r_1 है तो वे OB_1 बांड तथा B_1W मुद्रा रखते हैं। ज्यों-ज्यों ब्याज की दर r_1 से बढ़कर r_2 और r_3 होती जाती है त्यों-त्यों जोखिम निवारक अपनी निवेश सूची में क्रमश: अधिक बांड OB_2 और OB_3 मुद्रा रखते चलते हैं और मुद्रा को घटाकर B_2W तथा B_3W कर देते हैं। चित्र यह भी प्रदर्शित करता है कि जब ब्याज की दर में समान मात्राओं में r_1 से r_2 से r_3 तक वृद्धि होती है तो जोखिम निवारक घटती मात्राओं में बांड रखते हैं। $B_2B_3 < B_2B_1 < OB_1$। इसका यह अर्थ भी है जब ब्याज की दर बढ़ती है तो मुद्रा की मांग अपेक्षाकृत कम मात्रा में घटती है। इसका कारण यह है कि निवेश सूची में कुल सम्पत्ति के अन्तर्गत बांड तथा मुद्रा होती है।

इस प्रकार चित्र 9 के आधार पर मुद्रा का मांग वक्र खींचा जा सकता है। इसे चित्र 10 में Ls वक्र के रूप में व्यक्त किया गया है। वक्र बताता है कि ब्याज की दर ऊंचे स्तर से गिरती है, तो मुद्रा की मांग में अपेक्षाकृत कम वृद्धि होती है। उदाहरणार्थ, जब ब्याज की दर r_{10} से गिरकर r_8 हो जाती है तो मुद्रा की मांग में AB वृद्धि होती है जो OA से कम है। इसका कारण यह है कि जोखिम निवारक, मुद्रा की अपेक्षा बांड अधिक रखना चाहता है। परन्तु जब नीचे के स्तर पर ब्याज की दर गिरती है जैसे r_4 से गिर कर r_2 हो जाती है, तो मुद्रा की मांग में बहुत अधिक वृद्धि होती है। चित्र 9 में यह वृद्धि CD है। मुद्रा का यह मांग वक्र मुद्रा की समस्त मांग से नहीं अपितु मुद्रा की सट्टा मांग से सम्बन्ध रखता है।

केन्जीय सिद्धांत की तुलना में टोबिन के सिद्धांत की श्रेष्ठता
(Its Superiority of over Keynesian Theory)

केन्ज के मुद्रा की सट्टा मांग के तरलता अधिमान सिद्धांत की तुलना में टोबिन का निवेश सूची चयन जोखिम निवारक सिद्धांत श्रेष्ठ है।

1. *अधिक संतोषजनक (More Satisfactory)*—टोबिन का सिद्धांत भावी ब्याज दरों की प्रत्याशाओं की बेलोच पर निर्भर नहीं करता, अपितु यह मान्यता लेकर चलता है कि ब्याज धारक परिसम्पत्तियों से पूंजी–लाभ अथवा हानि का प्रत्याशित मूल्य हमेशा शून्य होता है। इस सम्बन्ध में टोबिन, केन्ज के सिद्धांत की अपेक्षा तार्किक रूप से अपने सिद्धांत को तरलता अधिमान का अधिक संतोषजनक आधार मानता है।

2. *विविध निवेशसूची (Diversified Portfolio)*—केन्ज के सिद्धांत की अपेक्षा यह सिद्धांत इस बात में भी श्रेष्ठ है क्योंकि यह बताता है कि लोग केवल बांड या मुद्रा की बजाय बांडों तथा मुद्रा के रूप में विविध निवेश सूची रखते हैं।

3. *अधिक यथार्थवादी (More Realistic)*—केन्ज की भांति टोबिन भी मानता है कि मुद्रा की मांग ब्याज दरों पर गहन रूप से निर्भर है और ब्याज दरों से उलट तौर से सम्बन्धित है। परन्तु वह बहुत नीची दरों पर मुद्रा की मांग की पूर्ण लोचदार तरलता पाश की चर्चा नहीं करता, और इस दृष्टि से वह केन्ज की तुलना में अधिक यथार्थवादी है।

4. *रोचक दृष्टिकोण (Interesting Approach)*—निवेश सूची सिद्धांत का वास्तविक महत्त्व ''इस बात में नहीं है कि यह प्रत्यक्ष रूप से समस्त अर्थव्यवस्था के बारे में बताता है बल्कि इस बात में है कि यह अनिश्चितता की स्थिति रहते मुद्रा की मांग से सम्बन्धित समस्या के विषय में रोचक दृष्टिकोण प्रस्तुत करता है और संभवत: भविष्य में इस दृष्टिकोण के विकास की पर्याप्त गुंजाइश है।''

फ्रीडमैन का मुद्रा का मांग सिद्धान्त
(Friedman's Theory of Demand for Money)

फ्रीडमैन का मुद्रा का मांग सिद्धान्त पूंजी अथवा संपत्ति सिद्धान्त है (It is a capital or wealth theory), क्योंकि वह मुद्रा को एक परिसंपत्ति (asset) अथवा पूंजी वस्तु मानता है। अंतिम संपत्तिधारकों (wealth holders) की ओर से मुद्रा की मांग एक टिकाऊ वस्तु के लिए मांग की तरह है।

अंतिम संपत्ति धारकों के लिए वास्तविक रूप में मुद्रा की मांग मुख्यतया निम्न चरों का फलन होने की संभावना हो सकती है :

1. *कुल संपत्ति (Total Wealth)*—कुल संपत्ति बजट अवरोध (constraint) का समरूप है। कुल संपत्ति विभिन्न प्रकार की परिसंपत्तियों में बांटी जानी चाहिए। व्यवहार में, कुल संपत्ति के अनुमान कभी–कभार उपलब्ध होते हैं। इसके बजाय, सम्पत्ति के सूचक का कार्य आय कर सकती है। अत: फ्रीडमैन के अनुसार आय संपत्ति की एक प्रतिनिधि है।

2. *संपत्ति का मानव और गैर–मानव रूप में विभाजन (Division of Wealth between Human and Non-Human Forms)*—संपत्ति का मुख्य स्रोत मानवों की उत्पादकीय क्षमता है जो मानव संपत्ति है। परन्तु मानव संपत्ति का गैर–मानव संपत्ति में परिवर्तन या इसका विपरीत, संस्थानिक प्रतिबंधों के अधीन है। ऐसा गैर–मानव संपत्ति को वर्तमान अर्जनों द्वारा खरीद कर अथवा गैर–मानव संपत्ति के प्रयोग से वित्त प्रबंधन द्वारा दक्षताएं प्राप्त करने के लिए किया जा सकता है। अत: गैर–मानव संपत्ति के रूप में कुल संपत्ति का अंश एक अतिरिक्त महत्वपूर्ण चर है। फ्रीडमैन गैर–मानव से मानव संपत्ति के अनुपात को अथवा संपत्ति से आय के अनुपात को W कहता है।

3. *मुद्रा और अन्य परिसंपत्तियों पर प्रतिफल की प्रत्याशित* दरें *(Expected Rates of Return on Money and Other Assets)*—ये प्रतिफल की दरें उपभोक्ता मांग सिद्धांत में एक वस्तु की कीमत की, उसके स्थानापन्नों की, और पूरकों की दूसरा रूप हैं। प्रतिफल की मुद्रारूप (nominal) दर शून्य हो सकती है जैसे सामान्यत: करेंसी पर होती है, अथवा ऋणात्मक जैसे यह अक्सर मांग खातों पर जिन पर शुद्ध सेवा चार्ज देने होते हैं, अथवा धनात्मक जैसे उन मांग खातों पर जिन पर ब्याज देय होता है और सामान्यत: समय खातों पर। अन्य परिसंपत्तियों पर अंकित प्रतिफल की दर में दो भाग शामिल होते हैं : **प्रथम,** कोई वर्तमान में भुगतान की गई प्राप्ति या लागत जैसे बांडों पर ब्याज, शेयरों पर लाभांश और भौतिक परिसंपत्तियों को स्टोर करने की लागत; तथा **द्वितीय,** इन परिसंपत्तियों की कीमतों में परिवर्तन जो अवस्फीति अथवा स्फीति की स्थितियों में विशेषतौर से महत्त्वपूर्ण बन जाते हैं।

4. अन्य चर (Other Variables)—आय के अलावा अन्य चर, मुद्रा की सेवाओं से संबद्ध उपयोगिता को प्रभावित कर सकते हैं, जो वास्तविक तरलता को निर्धारित करते हैं। तरलता के अतिरिक्त संपत्ति धारकों की रुचियां और अधिमान चर होते हैं। एक अन्य चर अंतिम संपत्ति धारकों द्वारा वर्तमान पूंजी वस्तुओं में व्यापार है। ये चर संपत्तियों के अन्य प्रकारों के साथ मुद्रा के मांग फलन को भी निर्धारित करते हैं। ऐसे चरों को फ्रीडमैन μ (म्यू) का नाम देता है।

संपत्ति के प्रकार (Forms of Wealth)

फ्रीडमैन के अनुसार, मोटे तौर पर संपत्ति में आय के सभी स्रोत अथवा उपभोग करने योग्य सेवाएं शामिल होती हैं। यह पूंजीकृत (capitalised) आय है। आय से फ्रीडमैन का मतलब 'स्थायी आय' से है जो संपत्ति के जीवनकाल की औसत प्रत्याशित प्राप्ति है। संपत्ति पांच भिन्न प्रकारों से धारण की जा सकती है : मुद्रा, बांड, ईक्विटियां, भौतिक वस्तुएं और मानव पूंजी। प्रत्येक प्रकार की संपत्ति की अपनी अद्वितीय विशेषता है और यह विभिन्न प्रतिफल देती है, जिसका निम्न वर्णन है :

1. मुद्रा (Money)—मुद्रा के विस्तृत अर्थ में लिया गया है जिसमें करेंसी, मांग खाते और समय खाते शामिल हैं जिनमें जमा पर ब्याज प्राप्त होता है। इस प्रकार मुद्रा एक विलासिता वस्तु है। यह धारक को सुविधा, सुरक्षा, आदि के रूप में वास्तविक प्रतिफल देती है जिसे सामान्य कीमत स्तर (P) से मापा जाता है। मुद्रा पर प्रत्याशित दर Rm है।

2. बांड (Bonds)—बांडों को भुगतानों की समयधारा के दावों के रूप में परिभापित किया गया है, जो मुद्रारूप (nominal) इकाइयों में स्थिर हैं। बांडों पर प्राप्ति, R_b में कूपन (coupan) ब्याज दर अथवा मार्किट ब्याज दर में प्रत्याशित कमी या वृद्धि के कारण पूंजी लाभ अथवा हानि की आशा होती है।

3. ईक्विटियां (Equities)—ईक्विटियों को भुगतानों की समयधारा के दावों के रूप में परिभाषित किया गया है, जो वास्तविक इकाइयों में स्थिर हैं। ईक्विटियों पर प्राप्ति, R_e, में प्रतिफल लाभांश दर, ब्याज दर में परिवर्तनों के कारण प्रत्याशित लाभ अथवा हानि, और सामान्य कीमत-स्तर में प्रत्याशित परिवर्तन शामिल होते हैं।

4. भौतिक वस्तुएं अथवा गैर-मानव वस्तुएं (Physical Goods or Non-human Goods)—ये उपभोक्ता और उत्पादक टिकाऊ वस्तुओं की मालसूचियां (inventories) हैं। इनके प्रतिफल (g_p) कीमतों में प्रत्याशित परिवर्तनों द्वारा प्रभावित होते हैं।

5. मानव-पूंजी (Human Capital)—मानव-पूंजी मानवों की उत्पादकीय क्षमता है।[7]

इस प्रकार, संपत्ति की प्रत्येक किस्म की अपनी अद्वितीय विशेषता और भिन्न प्रतिफल या तो स्पष्टतया ब्याज, लाभांश, श्रम, आय आदि के रूप में अथवा अस्पष्टतया कीमत स्तर (P) में मापी गई मुद्रा की सेवाओं और मालसूचियों के रूप में होती हैं। इन पांच प्रकार की संपत्ति से इन प्रत्याशित आय प्रवाहों का वर्तमान बट्टागत मूल्य संपत्ति का चालू बनता है, जिसे निम्न प्रकार व्यक्त किया जा सकता है :

$$W = Y/r$$

जहां W कुल संपत्ति का चालू मूल्य है, Y संपत्ति की पांच किस्मों से प्रत्याशित आय का कुल प्रवाह है, और r ब्याज दर। यह समीकरण दर्शाता है कि संपत्ति पूंजीकृत आय है। (Wealth is capitalised income).

मुद्रा का मांग फलन (Demand Function of Money)

फ्रीडमैन अपने नवीनतम अनुभवसिद्ध अध्ययन *Monetary Trends in the United States and the United Kingdom* (1982) में एक व्यक्तिगत संपत्ति धारक के मुद्रा के मांग फलन को सरल ढंग से अपने 1956 के मूल अध्ययन से कुछ भिन्न निम्न संकेत-चिह्नों से व्यक्त करता है:

$$M/P = f(Y, W, R_m, R_b, R_e, g_p, \mu)$$

जहां M मांगी गई मुद्रा का कुल स्टॉक; P कीमत स्तर है; Y वास्तविक आय है; W गैर-मानव रूप में संपत्ति का अंश है; R_m मुद्रा पर

7. ऊपर वर्णित मुद्रा की मांग के विभिन्न चरों और संपत्ति के पांच प्रकारों का वर्णन विद्यार्थी संक्षेप में दे सकते हैं। परन्तु आगे दिए गए विवरण को देना आवश्यक है।

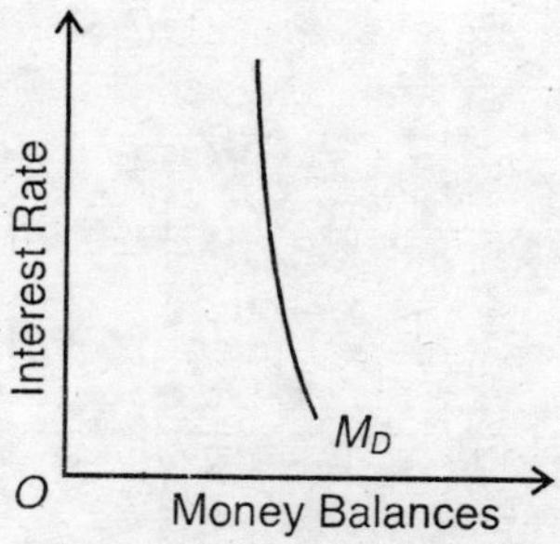

चित्र 11

प्रत्याशित मुद्रारूप की दर है; R_b बांडों पर प्रत्याशित प्रतिफल की दर है जिसमें उनकी कीमतों में प्रत्याशित परिवर्तन शामिल है; R_e ईक्विटियों पर प्रत्याशित मुद्रारूप प्रतिफल की दर है जिसमें उनकी कीमतों में प्रत्याशित परिवतन शामिल है; $g_p = (1/P)\ (dP/dt)$ वस्तुओं की कीमतों में होने वाले परिवर्तन की प्रत्याशित दर है, इसलिए भौतिक परिसंपत्तियों पर प्रत्याशित मुद्रारूप प्रतिफल की दर है; और μ (म्यू) आय के अलावा अन्य चरों के लिए है जो मुद्रा की सेवाओं से संबद्ध उपयोगिता को प्रभावित कर सकते हैं जैसे रुचियां, अधिमान आदि।

व्यवसाय का मांग फलन लगभग समान ही है। यद्यपि कुल संपत्ति और मानव संपत्ति में विभाजन बहुत लाभदायक नहीं होता है, क्योंकि एक फर्म मार्किट में बेच और खरीद सकती है और अपनी इच्छानुसार अपनी मानव संपत्ति को किराए पर दे सकती है। परन्तु अन्य घटक महत्त्वपूर्ण होते हैं। मुद्रा का *समस्त* मांग फलन व्यक्तिगत मांग फलनों का योग है जिसमें M और Y क्रमश: प्रति व्यक्ति मुद्रा धारणों और प्रति व्यक्ति आय को व्यक्त करते हैं। और W गैर–मानव रूप में समस्त संपत्ति को व्यक्त करता है।

मुद्रा का मांग फलन इस निष्कर्ष पर पहुंचता है कि अन्य बातें समान होने पर, विभिन्न परिसंपत्तियों की प्रत्याशित प्राप्तियों (R_b, R_e और g_p) (प्रतिफलों) में वृद्धि होने से एक संपत्तिधारक की मुद्रा की मांग कम हो जाती है, और संपत्ति में वृद्धि से मुद्रा की मांग बढ़ जाती है। परन्तु सम्पत्ति के साथ मुद्रा की मांग का धनात्मक (positive) संबंध पाया जाता है। जब सम्पत्ति बढ़ती है तो इससे मुद्रा की मांग में वृद्धि होती है क्योंकि लोग मुद्रा को अधिक धारण करते हैं। अनुभवसिद्ध प्रमाण बताता है कि मुद्रा–मांग की आय लोच इकाई से अधिक होती है, जिसका अर्थ है कि दीर्घकाल में आय वेग (velocity) गिर रही होती है। इसका अभिप्राय है कि मुद्रा का दीर्घकालीन मांग फलन स्थिर और सापेक्षतया ब्याज बेलोच है जैसाकि चित्र 11 में दर्शाया गया है जहां M_D मुद्रा का मांग वक्र है। यदि ब्याज दर में परिवर्तन होता है तो परिसम्पत्तियों में नगण्य (negligible) परिवर्तन होगा।[8]

प्रश्न

1. केन्ज के अनुसार नकदी शेषों को धारण करने के क्या उद्देश्य हैं? आधुनिक अर्थशास्त्रियों द्वारा किए गए संशोधन दीजिए।
2. नकदी शेषों के धारण के लिए केन्जीय उद्देश्यों की विवेचना कीजिए। टोबिन–बोमल मॉडल कहां तक केन्जीय विश्लेषण से भिन्न है?
3. मुद्रा की सट्टा मांग के निवेशसूची चयन दृष्टिकोण की विवेचना कीजिए। यह कहां तक केन्ज के तरलता अधिमान दृष्टिकोण से श्रेष्ठ है?
4. मुद्रा की लेन–देन मांग के स्टॉक सिद्धांत दृष्टिकोण की विवेचना कीजिए। इसका ब्याज की दर के साथ क्या सम्बन्ध है?
5. मुद्रा मांग और ब्याज में सम्बन्ध की व्याख्या करिए।
6. फ्रीडमैन के मुद्रा मांग सिद्धांत की व्याख्या करिए। यह केन्ज के सिद्धांत से कहां तक श्रेष्ठ है?

अध्याय 33

मुद्रा की पूर्ति
(The Supply of Money)

1. मुद्रा पूर्ति की परिभाषा
(DEFINITION OF MONEY SUPPLY)

मुद्रा की पूर्ति वह स्टॉक है जो किसी एक विशिष्ट समय पर विद्यमान हो, भले ही इससे अभास यह मिलता है कि यह काल-पर्यन्त प्रवाह है। 'मुद्रा की पूर्ति' शब्द—'मुद्रा स्टॉक', 'मुद्रा का स्टॉक', 'मुद्रा की पूर्ति' तथा 'मुद्रा का परिमाण' आदि शब्दों का पर्याय है। किसी भी समय पर मुद्रा की पूर्ति का अर्थ है अर्थव्यवस्था में विद्यमान मुद्रा का कुल परिमाण। मुद्रा की पूर्ति की परिभाषा के संबंध में तीन अलग-अलग मत हैं। सबसे अधिक प्रचलित मत परम्परागत एवं केन्ज़ीय विचारधारा से संबंध मे रखता है जो इस बात पर बल देता है कि मुद्रा विनिमय के माध्यम का कार्य करती है। इस मत के अनुसार मुद्रा पूर्ति वह करेन्सी है, जो जनता के पास तथा कमर्शियल बैंकों में मांग जमा के रूप में विद्यमान है। मांग जमाओं से तात्पर्य कमर्शियल बैंकों में जमाकर्ताओं के चालू खातों से है। वे मुद्रा का तरल रूप हैं क्योंकि जमाकर्ता अपने खातों में जमा राशि में से चैकों द्वारा चाहे जितनी राशि कभी भी निकाल सकते हैं और बैंको को मांग पर तुरन्त भुगतान करना पड़ता है। कमर्शियल बैंकों की मांग जमाओं तथा जनता के पास विद्यमान करेन्सी दोनों को मिलाकर M_1 से व्यक्त किया गया है, जो मुद्रा की पूर्ति है। यह मुद्रा-पूर्ति की अपेक्षाकृत संकुचित परिभाषा मानी जाती है।

दूसरी परिभाषा अधिक व्यापक है और आधुनिक परिमाण सिद्धांतवादियों से संबंध रखती है जिनमें फ्रीडमैन प्रमुख है। फ्रीडमैन की परिभाषा के अनुसार किसी विशेष समय पर मुद्रा की पूर्ति का अर्थ है, "शब्दश: वे डालर जिन्हें लोग अपनी जेबों में लिए घूमते हैं अथवा जो उनके खातों में बैंकों में मांग जमा के रूप में और कमर्शियल बैंकों के सावधि जमाओं (time deposits) के रूप में भी विद्यमान है।" सावधि जमा वे हैं जो कमर्शियल बैंकों में ग्राहकों की मियादी जमा (fixed deposits) हैं। इन जमाओं पर एक निश्चित दर पर ब्याज मिलता है। जितनी अवधि के लिए यह जमा कराई जाती है, उसके हिसाब से इन जमाओं पर मिलने वाले ब्याज की दर अलग-अलग होती है। उस निश्चित अवधि के पूरा होने से पहले भी मुद्रा निकलवाई जा सकती है, परन्तु इसके लिए बैंक, ग्राहक से दंड दर पर ब्याज वसूल करता है। इस प्रकार सावधि जमाएं भी तरल होती हैं और फ्रीडमैन ने उन्हें मुद्रा पूर्ति में सम्मिलित कर लिया है। इस प्रकार इस परिभाषा के अनुसार मुद्रा की पूर्ति में M_1 जमा व्यापारिक बैंकों की सावधि जमा शामिल है। इसकी अधिक व्यापक परिभाषा को अमेरिका में M_2 और इंग्लैण्ड तथा भारत में M_3 नाम दिया गया है। यह मुद्रा के मूल्य संचय कार्य पर बल देती है या जिसे फ्रीडमैन "क्रय शक्ति का अस्थायी निवास" (a temporary abode of purchasing power) कहता है।

तीसरी परिभाषा सर्वाधिक व्यापक है जिसे प्रस्तुत करने का श्रेय गुर्ले तथा शॉ[1] को है। उन्होंने मुद्रा की पूर्ति में M_2 के अतिरिक्त बचत खातों, भवन-निर्माण सोसाइटियों, कर्जा एसोसिएशनों की जमाओं तथा अन्य साख एवं वित्तीय सस्थाओं की जमाओं को भी शामिल कर लिया है।

मुद्रा पूर्ति की इन विभिन्न परिभाषाओं में से चुनाव दो तथ्यों पर निर्भर करता है: *एक,* "परिभाषा का विशिष्ट चुनाव नकदी धारण के विविध उद्देश्यों के विश्लेषण को सुविधापूर्ण अथवा धूमिल बना सकता है।"[2] और दूसरे कि मौद्रिक नीति के दृष्टिकोण से समुचित

---

1. J. G. Gurley and E. S. Shaw, *Money in a Theory of Finance*, 2/e, 1965.
2. R. J. Ball, *Inflation and the Theory of Money*, 1964.

परिभाषा के अन्तर्गत वह क्षेत्र सम्मिलित है जिस पर मौद्रिक अधिकारियों का प्रत्यक्ष प्रभाव हो। यदि इन दो कसौटियों पर आंका जाए, तो तीनों में से कोई भी परिभाषा इन पर पूरी तरह खड़ी नहीं उतरती।

मुद्रा पूर्ति की प्रथम परिभाषा विश्लेषणात्मक दृष्टि से बेहतर हो सकती है क्योंकि M_1 निश्चय ही विनिमय का माध्यम है। परन्तु M_1 मूल्य का घटिया भंडार है क्योंकि इस पर कोई ब्याज नहीं मिलता जैसा कि सावधि जमाओं पर मिलता है। फिर, यदि मुद्रा पूर्ति में केवल मांग जमाएं सम्मिलित की जाएं तो केन्द्रीय बैंक के नियंत्रण का क्षेत्र अपेक्षाकृत संकुचित हो जाएगा।

मुद्रा-पूर्ति की *दूसरी* परिभाषा, जो मुद्रा पूर्ति में सावधि जमा M_2 को शामिल करती है—वह विश्लेषणात्मक दृष्टि से कम संतोषजनक है क्योंकि "अत्यन्त विकसित वित्तीय ढांचे में यह आवश्यक है कि भुगतान के साधनों तथा सावधि जमा के धारणों के उद्देश्यों पर अलग-अलग विचार किया जाए।" मांग जमाओं की भांति सावधि जमाएं पूर्णरूप से तरल मुद्रा नहीं हैं। इसका कारण यह है कि सावधि जमाओं के रूप में रखी गई राशि तुरन्त चैकों द्वारा नहीं निकलवाई जा सकती है। सामान्यत: उसे जमा की अवधि पूरी होने की तिथि से पहले नहीं निकलवाया जा सकता। यदि किसी जमाकर्ता को अपनी राशि पहले निकलवाने की जरूरत पड़ जाए, तो उसे बैंक को नोटिस देना पड़ता है और बैंक जमाकर्ता से दंड-दर ब्याज लेकर उसे राशि निकालने की अनुमति दे देता है। इस प्रकार सावधि जमा पूर्णत: तरल नहीं होती और उन्हें मुद्रा की पूर्ति में शामिल नहीं किया जा सकता। परन्तु मौद्रिक नीति के दृष्टिकोण से यह परिभाषा अधिक उपयुक्त है क्योंकि केन्द्रीय बैंक का नियंत्रण क्षेत्र अधिक विस्तृत हो जाता है जिसके अन्तर्गत कमर्शियल बैंकों द्वारा मांग जमा तथा सावधि जमा दोनों आ जाती हैं।

मुद्रा-पूर्ति की तीसरी परिभाषा, जिसमें M_2 तथा गैर बैंक वित्तीय संस्थाओं की जमा शामिल की गई हैं दोनों ही कसौटियों पर खड़ी नहीं उतरती। *एक*, तो वे मुद्रा के विनिमय के माध्यम का काम नहीं करतीं। *दूसरे*, वे केन्द्रीय बैंक के नियंत्रण क्षेत्र से लगभग बाहर रहती हैं। उनका एक ही लाभ है कि उनके पास मूल्य का बहुत तरल संचय होता है। इस खूबी के बावजूद, गैर-बैंक वित्तीय संस्थाओं की जमा मुद्रा पूर्ति की परिभाषा में शामिल नहीं की जाती।

2. मुद्रा पूर्ति के निर्धारक (DETERMINANTS OF MONEY SUPPLY)

मुद्रा-पूर्ति के निर्धारण के संबंध में दो सिद्धांत हैं। *प्रथम* मत के अनुसार, मुद्रा पूर्ति को केन्द्रीय बैंक बहिर्जात रूप (exogenously) से निर्धारित करता है। *दूसरा* मत यह है कि आर्थिक क्रिया में होने वाले परिवर्तन अन्तर्जात रूप से मुद्रा पूर्ति को निर्धारित करते हैं जो (आर्थिक क्रिया) लोगों की जमा की सापेक्षता में करेंसी धारण करने की इच्छा, ब्याज की दर, इत्यादि को प्रभावित करती है।

इस प्रकार मुद्रा-पूर्ति के निर्धारक बहिर्जात भी हैं और अन्तर्जात भी, जिन्हें मोटे तौर पर यों बताया जा सकता है: न्यूनतम नकदी रिजर्व अनुपात,बैंक आरक्षितियों का स्तर और जमाओं की सापेक्षता में करेंसी धारण की लोगों की इच्छा। अन्तिम दो निर्धारकों को मिलाकर मौद्रिक आधार अथवा 'उच्च स्तरीय मुद्रा' नाम दिया गया है।

1. आवश्यक रिजर्व अनुपात (Required Reserve Ratio)

आवश्यक रिजर्व अनुपात (अथवा न्यूनतम नकदी रिजर्व अनुपात अथवा रिजर्व जमा अनुपात) मुद्रा-पूर्ति का एक महत्त्वपूर्ण निर्धारक है। जब आवश्यक रिजर्व अनुपात बढ़ता है तो कमर्शियल बैंकों के पास मुद्रा की पूर्ति घट जाती है और जब आवश्यक रिजर्व घट जाता है तो मुद्रा की पूर्ति बढ़ जाती है। चालू तथा सावधि जमा देयताओं (liabilities) से नकदी का अनुपात *RR* है, जिसे कानून निर्धारित करता है। प्रत्येक बैंक को इन देयताओं का कुछ प्रतिशत देश के केन्द्रीय बैंक के पास जमा के रूप में रखना पड़ता है परन्तु जिस करेंसी नोट अथवा नकदी को कमर्शियल बैंक अपनी तिजोरियों में रखते हैं। उसे न्यूनतम आवश्यक रिजर्व अनुपात में सम्मिलित नहीं किया जाता।

परन्तु नकदी के साथ-साथ अल्पकालीन परिसम्पत्तियां भी कमर्शियल बैंक की तरल परिसम्पत्तियां मानी जाती हैं। भारत में मुद्रा पूर्ति निर्धारित करने के लिए कानून द्वारा एक अतिरिक्त कदम के रूप में कानूनी रिजर्व अनुपात (statutory liquidity ratio-*SLR*) निश्चित किया गया है। अन्य देशों में *SLR* को द्वितीयक (secondary) रिजर्व अनुपात की संज्ञा दी गई है जबकि आवश्यक रिजर्व अनुपात *RRr* को प्राथमिक (primary) अनुपात कहा जाता है। यदि *SLR* बढ़ा दिया जाए तो इससे कमर्शियल बैंकों की उधार देने के

लिए मुद्रा–पूर्ति कम हो जाती है और यदि *SLR* कम कर दिया जाए तो बैंकों की उधार देने के लिए मुद्रा पूर्ति बढ़ जाती है।

2. बैंक आरक्षितियों का स्तर (Level of Bank Reserves)

बैंक आरक्षितियों का स्तर भी मुद्रा पूर्ति का एक निर्धारक है। कमर्शियल बैंकों की आरक्षितियों में उनकी केन्द्रीय बैंक के पास जमाएं तथा उनकी तिजोरियों या तहखानों में विद्यमान करेन्सी शामिल होती है। किसी देश का केन्द्रीय बैंक ही मुद्रा–पूर्ति निर्धारित करने के लिए कमर्शियल बैंकों की आरक्षितियों को प्रभावित करता है। केन्द्रीय बैंक सभी कमर्शियल बैंकों के लिए यह आवश्यक कर देता है कि वे अपनी सावधि एवं मांग जमाओं, दोनों का एक निश्चित प्रतिशत भाग आरक्षित (reserve) के रूप में रखें। यही कानूनी, न्यूनतम अथवा आवश्यक रिजर्व हैं। आवश्यक रिजर्वों *(RR)* को कमर्शियल बैंक आवश्यक रिजर्व अनुपात *(RRr)* तथा जमाओं के स्तर *(D)* निर्धारित करते हैं: $RR = RRr \times D$। यदि जमाओं की राशि रु. 80 लाख और आवश्यक रिजर्व अनुपात 20 प्रतिशत हो, तो आवश्यक रिजर्व $20\% \times 80 =$ रु० 16 लाख होंगे। यदि रिजर्व अनुपात घटाकर 10 प्रतिशत कर दिया जाए तो आवश्यक रिजर्व भी घटकर रु० 8 लाख रह जाएंगे। इस प्रकार रिजर्व अनुपात जितना अधिक होगा, बैंक को उतने ही अधिक आवश्यक रिजर्व रखने होंगे। परन्तु मुद्रा–पूर्ति निर्धारित करने के लिए अतिरिक्त रिजर्व (Excess Reserves-*ER*) ही अधिक महत्त्वपूर्ण हैं। कुल रिजर्व (Total Reserves-*TR*) तथा आवश्यक रिजर्व *(RR)* का अन्तर अतिरिक्त रिजर्व *(ER)* होते हैं। यदि कुल रिजर्व 80 लाख हों और आवश्यक रिजर्व 16 लाख हों, तो अतिरिक्त रिजर्व 64 लाख (रु. 80—रु. 16) लाख होंगे। जब आवश्यक रिजर्व घटाकर 8 लाख कर दिए जाते हैं तो अतिरिक्त रिजर्व बढ़कर 72 लाख हो जाते हैं। कमर्शियल बैंक के अतिरिक्त रिजर्व ही उसकी जमा देयताओं के आकार को प्रभावित करते हैं। कमर्शियल बैंक अपने अतिरिक्त रिजर्व के बराबर कर्जे देते हैं और अतिरिक्त रिजर्व मुद्रा पूर्ति का आवश्यक अंग हैं। किसी कमर्शियल बैंक की मुद्रा–पूर्ति निर्धारित करने के लिए केन्द्रीय बैंक खुले बाजार परिचालन (open market operations) और बट्टा दर नीति (discount rate policy) अपनाकर उसके रिजर्वों को प्रभावित करता है।

खुले बाजार परिचालन का संबंध सरकारी प्रतिभूतियों तथा अन्य प्रकार की सरकारी तथा निजी परिसम्पत्तियों जैसे हुंडी, प्रतिभूतियां, बांड इत्यादि के खुले बाजार में क्रय–विक्रय से संबंध रखता है। जब केन्द्रीय बैंक खुले बाजार में प्रतिभूतियां बेचता या खरीदता है, तो बैंक रिजर्व का स्तर बढ़ या घट जाता है। केन्द्रीय बैंक द्वारा खरीदी जाने वाली प्रतिभूतियों का भुगतान प्रतिभूतियों के धारकों को चैकों द्वारा किया जाता है और वे आगे उन चैकों को कमर्शियल बैंकों में जमा करा देते हैं जिससे बैंक आरक्षितियों का स्तर बढ़ जाता है। जब केन्द्रीय बैंक जनता और बैंकों को प्रतिभूतियां बेचता है तो स्थिति पलट जाती है क्योंकि जनता और बैंक नकदी तथा चैकों के माध्यम से केन्द्रीय बैंक को भुगतान करते हैं और परिणामत: बैंक आरक्षितियों का स्तर गिर जाता है।

बट्टा दर नीति कमर्शियल बैंकों की बैंक साख की लागत एवं पूर्ति को प्रभावित करके मुद्रा पूर्ति पर असर डालती है। बट्ट्ा दर जिसे भारत में बैंक दर कहा जाता है, वह ब्याज दर है जिस पर केन्द्रीय बैंक से कमर्शियल बैंक उधार लेते है। ऊंची बट्टा दर का मतलब है कि यदि कमर्शियल बैंक केन्द्रीय बैंक को प्रतिभूतियां बेचते है, तो उन्हें कम राशि प्राप्ति होती है। कमर्शियल बैंक, आगे जनता को उधार देने की दर बढ़ा देते हैं जिसके परिणामस्वरूप उनके ऋण महंगे हो जाते हैं। इस प्रकार साख तथा कमर्शियल बैंक आरक्षितियां संकुचित हो जाएंगी। यदि बैंक दर घटा दी जाए, तो स्थिति पलट जाएगी। इससे साख और परिणामी बैंक आरक्षितियों का विस्तार होगा।

कमर्शियल बैंकों की आरक्षितियों पर महत्त्वपूर्ण प्रभात्र केवल तभी पड़ता है जब खुले बाजार परिचालन तथा बट्टा दर नीति एक–दूसरे के पूरक हों। अन्यथा बैंक आरक्षितियों तथा परिणामी मुद्रा पूर्ति को प्रभावित करने की उनकी क्षमता सीमित होती है।

3. जनता की करेन्सी तथा जमाएं रखने की इच्छा (Public Desire to Hold Currency and Deposits)

कमर्शियल बैंकों में जमाओं की सापेक्षता में लोगों की करेन्सी (नकदी) रखने की इच्छा भी मुद्रा पूर्ति को निर्धारित करती है। यदि लोगों की यह आदत बनी हुई है कि वे नकदी कम रखते हैं और कमर्शियल बैंकों में जमा रखते हैं, तो मुद्रा पूर्ति अधिक होगी। इसका कारण यह है कि अधिक जमाओं से बैंक अधिक मुद्रा का निर्माण कर सकते हैं। इसके विपरीत, यदि लोगों में बैंकिंग की आदत नहीं है और त्रे अपने मुद्रा–धारणों को नकदी रूप में रखना बेहतर समझते हैं, तो बैंकों द्वारा साख–निर्माण अपेक्षाकृत कम होगा और मुद्रा पूर्ति का स्तर नीचा होगा।

4. उच्च स्तरीयमुद्रा (High-Powered Money)

मुद्रा पूर्ति के निर्धारकों की व्याख्या करने का वर्तमान तरीका उसे मौद्रिक आधार (monetary base) या उच्चस्तरीय मुद्रा के रूप में व्यक्त करना है। उच्चस्तरीय मुद्रा कमर्शियल बैंकों के रिजर्वों और जनता द्वारा नोटों और सिक्कों के रूप में धारित करेन्सी का जोड़ है। यह बैंक जमा के विस्तार और मुद्रा पूर्ति के निर्माण का आधार है। मुद्रा पूर्ति मौद्रिक आधार में परिवर्तन के साथ प्रत्यक्ष तौर से और करेन्सी और रिजर्व अनुपातों के साथ विपरीत परिवर्तित होती है।

5. अन्य कारक (Other Factors)

मुद्रा पूर्ति मौद्रिक अधिकारियों द्वारा निर्धारित केवल उच्चस्तरीय मुद्रा का ही फलन नहीं है, बल्कि ब्याज दरों, आय और अन्य कारकों का भी फलन है। पिछले कारक मुद्रा शेषों के अनुपात को परिवर्तित करते हैं जिसे जनता नकदी के रूप में धारण करती है। व्यावसायिक क्रिया में परिवर्तन जनता और बैंकों के व्यवहार को परिवर्तित कर सकते हैं। अत: मुद्रा पूर्ति केवल बहिर्जात नियंत्रणीय (exogenous controllable) मद ही नहीं बल्कि अंतर्जात निर्धारित मद भी है।

निष्कर्ष (Conclusion)

हमने ऊपर उन कारकों का विवेचन किया है जो बैंक साख निर्माण के द्वारा मुद्रा पूर्ति को निर्धारित करते हैं। परन्तु मुद्रा पूर्ति और बैंक साख एक-दूसरे के साथ परोक्ष रूप से संबंधित हैं। जब मुद्रा पूर्ति बढ़ती है तो उसका एक भाग जमाकर्ता की बचत प्रवृत्ति पर निर्भर करते हुए बैंकों में जमा कर दिया जाता है। ये बचतें बैंकों की जमाएं बन जाती हैं, जो आगे कानूनी रिजर्व आवश्यकताओं को पूरा करने के बाद उधार दे देते हैं। इस प्रकार, मुद्रा पूर्ति में प्रत्येक वृद्धि के साथ, बैंक साख बढ़ती है। परन्तु ऐसा पूर्णतया उसी अनुपात में निम्न कारकों के कारण नहीं हो सकता:

(क) सीमांत बचत प्रवृत्ति स्थिर नहीं रहती है। यह आय स्तरों, कीमतों और व्यक्तिपरक कारको में परिवर्तनों पर निर्भर करते हुए समय-समय पर परिवर्तित होती है।

(ख) बैंक भी साख निर्माण प्रक्रिया में रिसावों के कारण कम या अधिक साख निर्माण कर सकते हैं।

(ग) मुद्रा का परिचालन वेग भी मुद्रा पूर्ति को प्रभावित करता है। यदि मुद्रा का परिचालन वेग बढ़ता है, तो मुद्रा पूर्ति में कमी होने पर भी बैंक साख में गिरावट नहीं आती है।

3. उच्चस्तरीय या उच्च शक्ति वाली मुद्रा एवं मद्रा गुणक (HIGH POWERED MONEY AND THE MONEY MULTIPLIER)

मुद्रा-पूर्ति के निर्धारकों को स्पष्ट करने का यह तरीका प्रचलित है कि मौद्रिक आधार अथवा उच्चस्तरीय मुद्रा के रूप में उनकी व्याख्या की जाती है। उच्चस्तरीय मुद्रा वह राशि है जो कमर्शियल बैंकों के पास आरक्षितियें और जनता के पास करेन्सी (नोटों तथा सिक्कों) के रूप में विद्यमान है। उच्चस्तरीय मुद्रा बैंक जमाओं के विस्तार और मुद्रा-पूर्ति के निर्माण का आधार है। मुद्रा की पूर्ति मौद्रिक आधार में परिवर्तनों के साथ प्रत्यक्ष तौर से और करेन्सी तथा रिजर्व अनुपातों में परिवर्तनों के साथ उलटे तौर से परिवर्तित होती है।

उच्चस्तरीय मुद्रा के प्रयोग के अन्तर्गत कानूनी सीमा के लिए कमर्शियल बैंकों की मांग अथवा केन्द्रीय बैंक के पास आवश्यक रिजर्व तथा अतिरिक्त रिजर्व और करेन्सी के लिए जनता की मांग शामिल है। उच्चस्तरीय मुद्रा $H=C+RR+ER$, जहां C करेन्सी को, RR आवश्यक रिजर्व को और ER अतिरिक्त रिजर्व को व्यक्त करते हैं।

किसी कमर्शियल बैंक के आवश्यक रिजर्व उसकी जमाओं पर निर्भर करते हैं। परन्तु प्राय: किसी भी बैंक के रिजर्व उसके आवश्यक रिजर्वों से अधिक होते हैं। वस्तुत: बैंक कानूनी सीमाओं तक कर्जे नहीं देते, बल्कि उससे कुछ कम कर्जे ही देते हैं। अप्रत्याशित नकदी निकासों (withdrawal) अथवा प्रतिकूल समाशोधन (clearing balances) के लिए ही बैंक कानूनी सीमाओं से कम कर्जे देते हैं। अत: बैंकों के लिए जरूरी हो जाता है कि वे अतिरिक्त रिजर्व बनाए रखें। इस प्रकार मुद्रा पूर्ति को कमर्शियल बैंकों के आवश्यक रिजर्व अनुपात तथा अतिरिक्त रिजर्व अनुपात निर्धारित करते हैं। आवश्यक रिजर्व अनुपात (RRr), आवश्यक रिजर्वों का जमाओं से अनुपात (RR/D) होता है और अतिरिक्त रिजर्व अनुपात (ERr) अतिरिक्त आरक्षितियों का जमाओं से अनुपात (ER/D)

होता है।

जनता द्वारा धारित करेन्सी भी उच्चस्तरीय मुद्रा का अंग है। जनता करेन्सी की मांग को बैंक जमाओं के अनुपात के रूप में व्यक्त किया जाता है। इस प्रकार करेन्सी अनुपात $Cr=C/D$, जहां C करेन्सी है और D जमाएं। लोगों के आय स्तर में होने वाले परिवर्तन, जनता द्वारा साख-पत्रों का प्रयोग और आर्थिक क्रियाओं की अनिश्चितताएं आदि कुछ ऐसे कारण हैं जो करेंसी अनुपात को प्रभावित करते हैं।

मुद्रा पूर्ति तथा उच्चस्तरीय मुद्रा के बीच औपचारिक संबंध को निम्न समीकरणों के रूप में व्यक्त किया जा सकता है:

मुद्रा पूर्ति (M) के अन्तर्गत कमर्शियल बैंकों की जमा (D) और जनता द्वारा धारित करेन्सी (C) सम्मिलित है। इस प्रकार मुद्रा की पूर्ति

$$M=D+C \qquad \ldots(1)$$

उच्चस्तरीय मुद्रा H (अथवा मौद्रिक आधार) के अन्तर्गत जनता द्वारा धारित करेन्सी (C) जमा कमर्शियल बैंकों के आवश्यक रिजर्व (RR) तथा अतिरिक्त रिजर्व (ER) सम्मिलित रहते हैं। इस प्रकार उच्चस्तरीय मुद्रा

$$H=C+RR+ER \qquad \ldots(2)$$

M तथा H के बीच अनुपात को H से M के अनुपात में व्यक्त किया जा सकता है। इसलिए समीकरण (1) को समीकरण (2) से विभक्त करने पर

$$\frac{M}{H}=\frac{D+C}{C+RR+ER} \qquad \ldots(3)$$

समीकरण (3) के दाईं ओर के गणक (numerator) तथा हर (denominator) को D से विभाजित करने पर

$$\frac{M}{H}=\frac{\frac{D}{D}+\frac{C}{D}}{\frac{C}{D}+\frac{RR}{D}+\frac{ER}{D}}$$

अथवा,
$$\frac{M}{H}=\frac{1+\frac{C}{D}}{\frac{C}{D}+\frac{RR}{D}+\frac{ER}{D}} \qquad \ldots(4)$$

C/D के स्थान पर Cr, RR/D के स्थान पर RRr को और ER/D के स्थान पर ERr को स्थानापन्न करने से समीकरण (4) का रूप यह हो जाएगा।

$$\frac{M}{H}=\frac{1+Cr}{Cr+RRr+ER} \qquad \ldots(5)$$

इस प्रकार उच्चस्तरीय मुद्रा

$$H=\frac{Cr+RRr+ERr}{1+Cr}\times M \qquad \ldots(6)$$

और मुद्रा पूर्ति,

$$M=\frac{1+Cr}{Cr+RRr+ERr}\times H \qquad \ldots(7)$$

समीकरण (7) मुद्रा पूर्ति को उच्चस्तरीय मुद्रा के रूप में परिभाषित करता है। यह मुद्रा पूर्ति को चार निर्धारकों अर्थात् H, Cr, RRr तथा ERr के रूप में व्यक्त करता है। इस समीकरण से पता चलता है कि उच्चस्तरीय मुद्रा की पूर्ति जितनी ही अधिक होगी, मुद्रा की पूर्ति भी उतनी ही अधिक होगी। फिर करेंसी अनुपात (Cr), रिजर्व अनुपात (RRr) तथा अतिरिक्त रिजर्व अनुपात (ERr) जितने कम होंगे, मुद्रा पूर्ति भी उतनी ही अधिक होगी और विलोमशः भी।

मुद्रा पूर्ति तथा उच्चस्तरीय मुद्रा के बीच इस संबंध को चित्र 1 में स्पष्ट किया गया है। क्षैतिज वक्र *Hs* दी हुई उच्चस्तरीय मुद्रा की पूर्ति को व्यक्त करता है। वक्र *Hd* मुद्रा पूर्ति के प्रत्येक स्तर से सम्बद्ध उच्चस्तरीय मुद्रा की मांग को बताता है और समीकरण (6) को व्यक्त करता है। *Hd* का ढलान = $(Cr + RRr + ERr)/(1+Cr)$। *Cr, RRr, ERr* और उच्चस्तरीय मुद्रा *Hs* के दिया हुआ होने पर, संतुलन मुद्रा पूर्ति *OM* है। यदि मुद्रा पूर्ति इससे अधिक हो, मान लीजिए OM_1 हो, तो उच्चस्तरीय मुद्रा की मांग का आधिक्य होगा। इसके विपरीत, यदि मुद्रा पूर्ति *OM* से कम होगी, तो उच्चस्तर्र य मुद्रा की मांग कम होगी।

यदि *Cr* अथवा *RRr* अथवा *ERr* अनुपातों में से कोई भी एक अनुपात बढ़ जाए तो उच्चस्तरीय मुद्रा की मांग बढ़ जाएगी। इसे चित्र 1 में *Hd'* वक्र द्वारा दिखाया गया है जहां उच्चस्तरीय मुद्रा की मांग बढ़ने पर मुद्रा पूर्ति गिरकर *OM'* रह जाती है। समीकरण (7) का भजनफल मुद्रा गुणक *m* है। इस प्रकार

$$m = \frac{1 + Cr}{Cr + RRr + ERr} \qquad \ldots(8)$$

समीकरण (7) में व्यक्त मुद्रा की पूर्ति तथा उच्चस्तरीय मुद्रा के बीच सम्बंध यह बन जाता है।

$$M = mH \qquad \ldots(9)$$

समीकरण (9) मुद्रा पूर्ति को *m* तथा *H* के फलन के रूप में व्यक्त करता है। दूसरे शब्दों में, मुद्रा पूर्ति को उच्चस्तरीय मुद्रा *(H)* तथा मुद्रा गुणक *(m)* निर्धारित करते हैं। मुद्रा गुणक के परिमाण को जनता का करेन्सी अनुपात *(Cr)* तथा कमर्शियल बैंक के केन्द्रीय बैंक में आवश्यक रिजर्व अनुपात *(RRr)* एवं अतिरिक्त रिजर्व अनुपात *(ERr)* निर्धारित करते हैं। ये अनुपात जितने कम होंगे, मुद्रा का गुणक उतना ही अधिक होगा। यदि *m* पर्याप्त रूप से स्थिर रहे तो केन्द्रीय बैंक *H* में जोड़-तोड़ करके मुद्रा पूर्ति *M* का जोड़-तोड़ बैठा सकता है। खुले बाजार प्रचालनों के द्वारा केन्द्रीय बैंक ऐसा कर सकता है। परन्तु *m* की स्थिरता चालू अनुपात और रिजर्व अनुपातों *(RRr* एवं *ERr)* की स्थिरता पर निर्भर करती है। या यों कहा जा सकता है कि *m* की स्थिरता *RRr* तथा *ERr* अनुपातों में होने वाले परिवर्तनों की क्षतिपूर्ति पर निर्भर करती है। क्योंकि ये अनुपात और जनता के पास विद्यमान करेन्सी में परिवर्तन होते रहते हैं, इसलिए मुद्रा गुणक अल्पकालीन में ही अदृश्य हो जाता है।

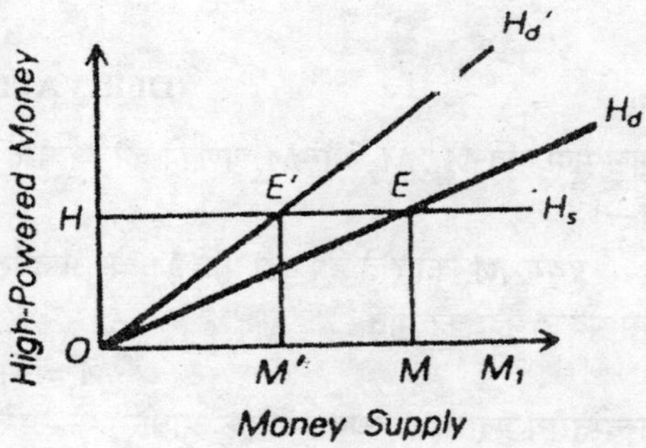

चित्र 1

जनता द्वारा धारित करेन्सी, कमर्शियल बैंकों के केन्द्रीय बैंक में आवश्यक रिजर्व तथा अतिरिक्त रिजर्वों के बीच उच्चस्तरीय मुद्रा का विभाजन दिया हुआ होने पर, मुद्रा की पूर्ति *Cr, RRr, ERr* से उल्टे अनुपात में परिवर्तित होती है। परन्तु मुद्रा की पूर्ति उच्चस्तरीय मुद्रा के परिवर्तन से प्रत्यक्ष अनुपात में परिवर्तित होती है। इसे चित्र 2 में दिखाया गया है। यदि उच्चस्तरीय मुद्रा की पूर्ति में ΔH की वृद्धि होती है, तो *Hs* वक्र ऊपर को सरक कर *Hs'* पर चला जाता है। *E* बिंदु पर, उच्चस्तरीय मुद्रा की मांग तथा पूर्ति संतुलन में है और मुद्रा पूर्ति *OM* है। जब उच्चस्तरीय मुद्रा की पूर्ति बढ़कर *Hs* हो जाती है तो नये संतुलन बिंदु E_1 पर मुद्रा की पूर्ति भी बढ़कर OM_1 हो जाती है। फिर चित्र 2 से मुद्रा गुणक के कार्यकरण का भी पता चलता है। जब उच्चस्तरीय मुद्रा में ΔH की वृद्धि होती है तो मुद्रा-पूर्ति में ΔM वृद्धि होती है। उच्चस्तरीय मुद्रा में रु. 1 की वृद्धि होने पर मुद्रा पूर्ति में 1 रु. का गुणा वृद्धि होती है।

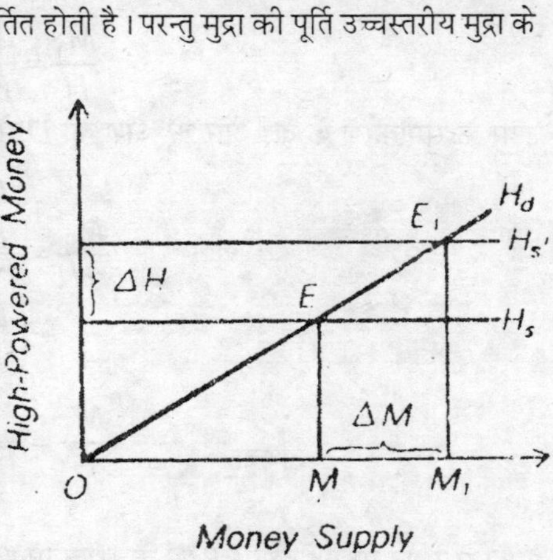

चित्र 2

उच्चस्तरीय मुद्रा और परिणामतः मुद्रा पूर्ति के निर्धारण में कुछ अर्थशास्त्री अतिरिक्त रिजर्व पर ध्यान नहीं देते। परन्तु मुद्रावादी अतिरिक्त रिजर्वों को अधिक महत्व देते हैं। उनका मत है कि व्यापार की भांति बैंकिंग प्रचालनों (operations) में भी अनिश्चितताओं के विद्यमान रहने के कारण बैंक हमेशा अतिरिक्त रिजर्व रखते हैं। अतिरक्ति रिजर्वों की मात्रा दो प्रकार की लागतों की अन्त:क्रिया पर निर्भर

करती है—(1) अतिरिक्त रिजर्व रखने की लागत, और (2) अतिरिक्त रिजर्वों में कमी द्वारा पैदा हुई लागत। प्रथम लागत तो बाजार की वह ब्याज दर है जिस पर अतिरिक्त रिजर्व रखे जाते हैं। दूसरी लागत वह बैंक दर है जो कमर्शियल बैंक द्वारा आवश्यक रिजर्व न रखने के कारण केन्द्रीय बैंक जुर्माने के रूप में वसूल करता है। आवश्यक रिजर्व अनुपात में ब्याज की बाजार दर से उल्टा और बैंक दर से प्रत्यक्ष तौर से परिवर्तन होता है। क्योंकि मुद्रा पूर्ति का अतिरिक्त रिजर्व अनुपात से उल्टा संबंध है, इसलिए बैंकों का अतिरिक्त रिजर्व अनुपात घटने से मुद्रा की पूर्ति बढ़ती है। और अतिरिक्त रिजर्व अनुपात बढ़ने से मुद्रा पूर्ति घटती है। इस प्रकार मुद्रा पूर्ति को उच्चस्तरीय मुद्रा, करेन्सी अनुपात, आवश्यक रिजर्व अनुपात तथा ब्याज की बाजार दर और बैंक दर प्रभावित करती हैं।

मौद्रिक आधार या उच्चस्तरीय मुद्रा केन्द्रीय बैंक द्वारा सीधे तौर से नियंत्रित की जा सकती है। यह देश की मुद्रा पूर्ति का अन्तिम आधार है। मुद्रा-गुणक गुणा उच्चस्तरीय मुद्रा सदैव मुद्रा पूर्ति के बराबर होता है, अर्थात् $M=mH$. यह निरूपण हमें बताता है कि उच्चस्तरीय मुद्रा में दी हुई वृद्धि के लिए बैंकिंग सिस्टम द्वारा कितनी नई मुद्रा निर्मित की जाएगी। केन्द्रीय बैंक की मौद्रिक नीति अतिरिक्त रिज़र्व और उच्चस्तरीय मुद्रा को समान रूप से प्रभावित करती है। मानलीजिए कि केन्द्रीय बैंक खुले बाजार में क्रय करता है। यह बैंकों के अतिरिक्त रिज़र्वों के रूप में उच्चस्तरीय मुद्रा को बढ़ा देता है। मुद्रा पूर्ति में वृद्धि जो इस कारण होती है कि वह बैंकिंग सिस्टम से आती है जो अपने नए प्राप्त अतिरिक्त रिज़र्वों के आधार पर नई मुद्रा निर्मित करता है। इस प्रकार, यह धारणा हमें बताती है कि मौद्रिक अधिकारी मुद्रा गुणक अथवा उच्चस्तरीय मुद्रा को परिवर्तित करके मुद्रा पूर्ति को नियंत्रित कर सकते हैं।

4. मुद्रा गुणकों की व्युत्पत्ति
(DERIVATION OF MONEY MULTIPLIERS)

कुल मुद्रा पूर्ति M_1, M_2 और M_3 गुणको की व्युत्पत्ति तथा उनका उच्चस्तरीय मुद्रा के साथ संबंध को समीकरणों द्वारा व्यक्त किया गया है—

प्रथम, M_1 को लेते हैं। मुद्रा पूर्ति M_1 के अन्तर्गत कमर्शियल बैंकों की जमा D और जनता द्वारा धारित करेन्सी (C) सम्मिलित हैं। इस प्रकार मुद्रा की पूर्ति

$$M_1=D+C \qquad \ldots(1)$$

उच्चस्तरीय मुद्रा H (अथवा मौद्रिक आधार) के अन्तर्गत कमर्शियल बैंकों के आवश्यक रिजर्व (RR) जमा जनता द्वारा धारित करेन्सी (C) शामिल होते हैं। अतः उच्चस्तरीय मुद्रा

$$H=RR+C \qquad \ldots(2)$$

समीकरण (1) को समीकरण (2) से विभाजित करने से M_1 और H के अनुपात को इस प्रकार व्यक्त किया जा सकता है:

$$\frac{M_1}{H}=\frac{D+C}{RR+C}$$

ऊपर के समीकरण के दाईं ओर के अंश को D से विभाजित करने से,

$$\frac{M_1}{H}=\frac{\frac{D}{D}+\frac{C}{D}}{\frac{RR}{D}+\frac{C}{D}}$$

अथवा,
$$\frac{M_1}{H}=\frac{1+\frac{C}{D}}{\frac{RR}{D}+\frac{C}{D}}$$

C/D से स्थान पर Cr तथा RR/D के स्थान पर Rr को रखने से समीकरण बनता है,

$$\frac{M_1}{H}=\frac{1+Cr}{Rr+Cr}$$

अथवा, $$m_1 = \frac{1+Cr}{Rr+Cr} \times H$$

जितना ज्यादा गुणक का मूल्य होगा उतना ही कम रिजर्व अनुपात *(Rr)* एवं नकद करेन्सी अनुपात *Cr* होगा।

M_2 को M_1 जमा सावधि जमा *(TD)* पारिभाषित किया जाता है। अत:

$$M_2 = D+C+TD \quad \ldots(3)$$

अब उच्चस्तरीय मुद्रा *(H)* के अन्तर्गत आवश्यक रिजर्व *(RR)*, कमर्शियल बैंकों के अतिरिक्त रिजर्व *(ER)* जमा जनता द्वारा धारित करेन्सी *(C)* शामिल किए जाते हैं,

$$H = RR+ER+C \quad \ldots(4)$$

M_2 और *H* का अनुपात ज्ञात करने के लिए समीकरण (3) को (4) से विभाजित करने पर,

$$\frac{M_2}{H} = \frac{D+C+TD}{RR+ER+C}$$

ऊपर के समीकरण के दाईं ओर को *D* से विभाजित करने से,

$$\frac{M_2}{H} = \frac{\frac{D}{D}+\frac{C}{D}+\frac{TD}{D}}{\frac{RR}{D}+\frac{ER}{D}+\frac{C}{D}}$$

C/D के स्थान पर *Cr*, *TD/D* के स्थान पर *Td*, *RR/D* के स्थान पर *Rr* और *ER/D* के स्थान पर *Er* रखने पर समीकरण :

$$\frac{M_2}{H} = \frac{1+Cr+Td}{Rr+Er+Cr}$$

अथवा $$m_2 = \frac{1+Cr+Td}{Rr+Er+Cr} \times H$$

m_1 गुणक की अपेक्षा m_2 गुणक का मूल्य अधिक रहता है, क्योंकि इससे मौद्रिक आधार *(H)* में अधिक वृद्धि होती है। जितना अधिक गुणक m_2 का मूल्य होगा उतनी ही कम *Cr*, *Rr* और *Er* की दर होगी।

m_3 के अन्तर्गत m_2 और गैर बैंक वित्तीय संस्थाओं की जमा *(Dn)* और इन संस्थाओं का एक अंश *Rp* जो बैंकों के पास रहता है, शामिल होते हैं।

अत: इन संस्थाओं की जमा को प्रतीक के रूप में *(Rp Dn)* मान लिया जाता है जिनका सम्बन्ध कमर्शियल बैंकों की रिज़र्व जमा अनुपात *(Rr)* से है। इस प्रकार,

$$M_3 = D+RpDn+Dn+Cr\,(D+Dn) \quad \ldots(5)$$

और मौद्रिक आधार का निर्धारण इस प्रकार होगा,

$$H = Rr\,(D+RpDn)+Cr\,(D+Dn) \quad \ldots(6)$$

क्योंकि $Rr = RR/D$ अथवा $R = Rr\,(D)$

इसी प्रकार $Cr = C/D$ अथवा $C = Cr\,(D)$

M_3 और *H* का अनुपात ज्ञात करने के लिए समीकरण (5) को (6) से विभाजित करने से,

$$\frac{M_3}{H} = \frac{D+RpDn+Dn+Cr(D+Dn)}{Rr(D+RpDn)+Cr(D+Dn)}$$

अथवा $$\frac{M_3}{H} = \frac{D+Dn(Rp+1)+Cr(D+Dn)}{Rr(D+RpDn)+Cr(D+Dn)}$$

ऊपर के समीकरण के दाईं ओर के भाग को *D* से विभाजित करने से,

$$\frac{M_3}{H}=\frac{1+\frac{Dn}{D}(Rp+1)+Cr\left(1+\frac{Dn}{D}\right)}{Rr\left(1+Rp.\frac{Dn}{D}\right)+Cr\left(1+\frac{Dn}{D}\right)}$$

$$=\frac{1+\frac{Dn}{D}\times Rp+\frac{Dn}{D}+Cr+Cr\times\frac{Dn}{D}}{Rr+Rr\times Rp\times\frac{Dn}{D}+Cr+Cr\times\frac{Dn}{D}}$$

$$=\frac{1+Cr+\frac{Dn}{D}\times Rp+\frac{Dn}{D}+Cr\times\frac{Dn}{D}}{Rr+Cr+Rr\times Rp+\frac{Dn}{D}+Cr\times\frac{Dn}{D}}$$

$$=\frac{1+Cr+\frac{Dn}{D}(Rp+1+Cr)}{Rr+Cr+\frac{Dn}{D}(Rr\times Rp+Cr)}$$

Dn/D के स्थान पर d रखने से समीकरण को इस प्रकार लिखा जा सकता है :

$$\frac{M_3}{H}=\frac{1+Cr+(1+Rp+Cr)d}{Rr+Cr+(Rr.Rp+Cr)d}$$

अथवा
$$m_3=\frac{1+Cr+(1+Rp+Cr)d}{Rr+Cr+(Rr.Rp+Cr)d}\times H$$

5. भारत में मुद्रा पूर्ति के माप (MEASURES OF MONEY SUPPLY IN INDIA)

भारत में मुद्रा पूर्ति के चार माप हैं जिन्हें M_1, M_2, M_3 और M_4 द्वारा व्यक्त किया जाता है। यह वर्गीकरण भारनीय रिजर्व बैंक द्वारा अप्रैल, 1977 में चालू किया गया था। इससे पूर्व मार्च, 1968 तक रिजर्व बैंक मुद्रा पूर्ति का केवल एक माप M या M_1 प्रकाशित करता था, जिसे जनता के पास करेंसी और मांग जमा द्वारा परिभाषित किया जाता था। यह परंपरागत और केंजीय दृष्टिकोणों के अनुरूप मुद्रा पूर्ति के माप का संकुचित दृष्टिकोण था। अप्रैल 1968 से, रिजर्व बैंक ने मुद्रा पूर्ति का एक अन्य माप प्रकाशित करना प्रारम्भ किया जिसे उसने कुल मौद्रिक संसाधन (aggregate monetary resources) कहा। इसमें M_1 **जमा** जनता द्वारा रखे बैंकों के समय खाते शामिल थे। यह मुद्रा पूर्ति का विस्तृत माप था जो फ्रीडमैन के दृष्टिकोण के अनुसार था। परन्तु अप्रैल, 1977 से रिजर्व बैंक मुद्रा पूर्ति के चार मापों पर आंकड़े प्रकाशित कर रहा है, जिनकी नीचे विवेचना की गई है।

M_1—मुद्रा पूर्ति के पहले माप M_1 में शामिल है:

(i) जनता के पास करेन्सी जिसमें बैंकों के पास नकदी को छोड़कर परिचालन में सभी मूल्य वर्ग के सिक्के और नोट शामिल हैं।

(ii) अत्त:बैंक जमा को छोड़कर कमर्शियल बैंक और सहकारी बैंकों के मांग जमा;

(iii) रिजर्व बैंक के पास "अन्य जमा" जिनमें विश्व बैंक, अंतर्राष्ट्रीय मुद्रा कोष और बैंकों का छोड़कर *IDBI, IFCI* आदि अर्द्धवित्तीय संस्थाओं, वित्तीय संस्थाओं और विदेशी केन्द्रीय बैंकों के चालू खाते शामिल हैं।

M_2—मुद्रा पूर्ति का दूसरा माप M_2 है जिसमें M_1 जमा डाकघर बचत जमा बैंक खाते शामिल हैं। क्योंकि कमर्शियल और सहकारी बैंकों के बचत बैंक जमा मुद्रा पूर्ति में शामिल हैं, इसलिए डाकघर बचत बैंक जमा शामिल करना आवश्यक है। भारत में

अधिकतर ग्रामीण और शहरी लोग बैंक जमा की तुलना में सुरक्षा के दृष्टिकोण से डाकघर जमाओं को अधिमान देते हैं।

M_3—भारत में मुद्रा पूर्ति का तीसरा माप M_3 है, जिसमें M_1 जमा अन्त: बैंक (*interbank*) समय जमा छोड़कर कमर्शियल और सहकारी बैंकों के समय जमा शामिल हैं। रिजर्व बैंक M_3 को विस्तृत मुद्रा कहता है।

M_4—मुद्रा पूर्ति के चौथे माप में M_3 जमा डाकघर के कुल जमा, जिसमें समय जमा और मांग जमा शामिल हैं। यह मुद्रा पूर्ति का सबसे विस्तृत माप है।

मुद्रा पूर्ति के इन परस्पर संबंधित चार मापों में से जिनके रिजर्व बैंक आंकड़े प्रकाशित करता है, इनमें से M_3 विशेष महत्त्व का है। यह M_3 ही है जिसे प्रत्येक वर्ष अर्थव्यवस्था के समष्टि आर्थिक उद्देश्यों का निर्माण करने के लिए प्रयोग किया जाता है। क्योंकि M_1 संकुचित मुद्रा है और इसमें केवल जनता के पास करेंसी के साथ बैंकों की मांग जमा भी शामिल होती है, इसलिए यह माप नीति निर्माण में समय जमाओं के महत्त्व की उपेक्षा करती है। यही कारण है कि रिजर्व बैंक M_3 को अधिमान देता है, क्योंकि इसमें उसकी साख नीति के लिए साख बजट निर्मित करने हेतु जनता के पास करेन्सी और बैंकों की कुल जमाएं शामिल होती हैं। M_3 में वृद्धि के अनुमानों के आधार पर मुद्रा पूर्ति के कीमतों और राष्ट्रीय आय की वृद्धि पर प्रभावों का अनुमान लगाया जा सकता है। वास्तव में M_3 भारत में मुद्रा पूर्ति का अनुभवसिद्ध माप है, जैसे कि विकसित देशों में होता है। चक्रवर्ती कमेटी ने भी मुद्रा लक्ष्यों को निर्धारित करने के लिए बिना कोई कारण बताए M_3 के प्रयोग की सिफारिश की थी।

प्रश्न

1. मुद्रा पूर्ति के विभिन्न अवयवों की व्याख्या कीजिए।
2. मुद्रा पूर्ति के निर्धारकों की विवेचना करिए। क्या सावधि जमा मुद्रा पूर्ति में सम्मिलित किए जाने चाहिएं।
3. उच्चस्तरीय मुद्रा के निर्धारकों की विवेचना करिए
4. मुद्रा गुणकों पर एक टिप्पणी लिखिए।
5. भारत में मुद्रा पूर्ति के विभिन्न मापों की व्याख्या कीजिए।

अध्याय 34

मुद्रा का तरलता सिद्धांत
(The Liquidity Theory of Money)

1. प्रस्तावना
(INTRODUCTION)

तरलता सिद्धांत मौद्रिक नीति की नई धारणा है, जिसे गुर्ले एवं शॉ तथा रेडक्लिफ (Radcliffe) रिपोर्ट द्वारा प्रस्तुत किया गया है। यह सिद्धांत आर्थिक क्रिया और समस्त मांग को प्रभावित करने में तरलता परिसम्पतियों की भूमिका को उजागर करता है। इस सिद्धांत के अनुसार गैर-बैंक वित्तीय मध्यस्थ (NBFIs) तरलता और मौद्रिक नीति के बीच सम्बन्ध स्थापित करते हैं।

व्यापक अर्थ में, तरलता का अर्थ मुद्रावाद (moneyness) है। तरलता में परिसम्पत्ति को मुद्रा में कम लागत पर आसानी से बदलने का गुण होता है। तरल परिसम्पत्ति वह है जो सरलता से व्यय योग्य, हस्तान्तरणीय हो और जिसमें पूंजी निश्चितता हो।

इन विशेषताओं पर आधारित विविध परिसम्पत्तियां तरलता की श्रेणी (degree) में भिन्न होती हैं। मुद्रा सबसे अधिक महत्त्वपूर्ण तरल परिसम्पत्ति है जिसमें सिक्के, करेन्सी और बैंक जमा शामिल होते हैं। इसका कारण यह है कि वे मुद्रा के विनिमय के माध्यम का कार्य करते हैं। बैंक जमाओं के बारे में केवल **मांग जमा** मुद्रा है क्योंकि चैक उनके आधार पर ही जारी किये जा सकते हैं। इस प्रकार चैक, मुद्रा का पूर्ण स्थानापन्न होते हैं। परन्तु सावधि जमा **वास्तविक मुद्रा** नहीं होती बल्कि यह **निकट मुद्रा** होती है, क्योंकि वे निश्चित अवधि की समाप्ति से पहले निकाली नहीं जा सकती।

सावधि जमा के अतिरिक्त अन्य निकट मुद्रा परिसम्पत्तियां हैं: बांड, प्रतिभूतियां, ऋण-पत्र, विनिमय बिल, ट्रेंजरी बिल, बीमा-पालिसी आदि। ऐसी सभी प्रकार की परिसम्पत्तियां **कम** तरल होती हैं, क्योंकि वास्तविक मुद्रा में बदलने के लिए लागत आती है।

केन्द्रीय बैंक द्वारा सिक्के और नोट जारी कर तथा कमर्शियल बैंकों द्वारा मांग जमाओं का निर्माण कर तरलता उत्पन्न की जाती है। केन्द्रीय बैंक द्वारा मुद्रा पूर्ति में परिवर्तन लोगों की पोर्टफोलिओ परिसम्पत्तियों में पुनः समायोजन या परिवर्तन लाकर तरलता प्रभावित करती है। यह समस्त व्यय पर मुद्रा पूर्ति के प्रभाव पर निर्भर करता है। उदाहरण के लिए, यदि लोग शेयर तथा डिबेंचर जैसी परिसम्पत्तियों को खरीदने में बढ़ी हुई मुद्रा पूर्ति को खर्च करने का निर्णय लेते हैं, तो लोगों के पास तरल रूप में कम मुद्रा उपलब्ध होगी। यदि स्टॉक मार्किट में तेजी होती है तो लोग शेयर खरीद सकते हैं और तरलता कम हो जाती है। दूसरी ओर, यदि स्टॉक मार्किट में अनिश्चितता होती है तो लोग बढ़ी हुई मुद्रा पूर्ति को बैंक जमाओं में रख सकते हैं या यदि वे सम्पत्ति की कीमतों में वृद्धि की आशा करते हैं तो सम्पत्ति में निवेश कर सकते हैं। परन्तु अर्थव्यवस्था में केन्द्रीय बैंक ही 'सस्ती' या 'महँगी' मौद्रिक नीति का पालन कर मुद्रा पूर्ति को प्रभावित करता है। यह समस्त व्यय को नियंत्रित कर ऐसा करता है, जिससे व्यवसाय क्रिया, उत्पादन और रोजगार प्रभावित होते हैं। परन्तु केन्द्रीय बैंक मुद्रा पूर्ति और इससे तरलता, घटाकर या बढ़ाकर, व्यय को नियंत्रित करने में सदैव सफल नहीं होता है। इसका कारण यह है कि केन्द्रीय बैंक मुद्रा के संचलन वेग (velocity of circulation) , गैर-बैंक वित्तीय मध्यस्थों, व्यवसाय प्रत्याशाओं, मौद्रिक नीति में समय-पश्चताओं, आदि पर बहुत कम नियंत्रण होता है। इसलिए तरलता पर मुद्रा पूर्ति में परिवर्तनों के प्रभावों की भविष्यवाणी करना कठिन है।

रेडक्लिफ रिपोर्ट और गुर्ले तथा शॉ ने अलग-अलग दर्शाया है कि NBFIs ने अर्थव्यवस्था में मुद्रा पूर्ति को बढ़ाने में मौद्रिक नीति

प्रभाव को कम किया है क्योंकि वे अर्थव्यवस्था में तरलता के एक बहुत बड़े भाग को नियंत्रित करते हैं। इसलिए तरलता बढ़ाने में NBFIs की भूमिका समान रूप से महत्त्वपूर्ण होती है। हम उनके विचारों की व्याख्या नीचे करते हैं।

2. रेडक्लिफ समिति का मतः रेडक्लिफ–सेयरस् थीसिस (THE RADCLIFFE COMMITTEE VIEW : RADCLIFFE- SAYERS THESIS)

रेडक्लिफ समिति ने अपनी रिपोर्ट में इस मुद्रावादी ध रणा को स्वीकार नहीं किया कि मुद्रा पूर्ति और राष्ट्रीय आय में कोई प्रत्यक्ष सम्बन्ध होता है। इसका कारण यह है कि मुद्रा अन्य वित्तीय परिसम्पत्तियों का, विशेषकर गैर–बैंक वित्तीय संस्थाओं द्वारा जारी परिसम्पत्तियों का, निकट स्थानापन्न होती है। यदि केन्द्रीय बैंक खुले बाजार में प्रतिभूतियों को बेचकर संकुचित मौद्रिक नीति का पालन करना चाहता है तो गैर–बैंक वित्तीय मध्यस्थ करेन्सी और निष्क्रिय (idle) मांग जमाओं को मार्किट में निकाल सकते हैं। इस प्रकार, वे मुद्रा पूर्ति की कमी की पूर्ति करेंगे, और समस्त मांग को अपरिवर्तित रहने देंगे। इस प्रकार, इसका मत है, ''केवल बहुत असाधारण रूप में ब्याज दरों में परिवर्तनों के मांग के स्तर पर प्रत्यक्ष प्रभाव होते हैं।'' इसने मुद्रा पूर्ति और राष्ट्रीय आय में भी कोई अप्रत्यक्ष सम्बन्ध नहीं पाया।

रेडक्लिफ समिति के अनुसार, **तरलता** ही वस्तुओं और सेवाओं की कुल प्रभावी मांग को प्रभावित करती है,न कि मुद्रा पूर्ति। समिति ने निष्कर्ष निकाला कि ''वस्तुओं और सेवाओं पर व्यय करने के निर्णय––वे निर्णय जो कुल मांग के स्तर को निर्धारित करते हैं—व्यय करने वालों की तरलता द्वारा प्रभावित होते हैं। व्यय मुद्रा की मौजूदा राशि द्वारा सीमित नहीं होता है; परन्तु यह मुद्रा की उस राशि से सम्बन्धित होता है जो, लोग सोचते हैं कि वे या ते आय की प्राप्ति द्वारा (उदाहरण के लिए, बिक्री से), पूंजी परिसम्पत्तियों को बेच कर या उधार लेकर, रख सकते हैं।'' इस प्रकार, तरलता के अन्तर्गत मुद्रा की वह राशि शामिल होती है जो लोग उधार लेकर या पूंजी परिसम्पत्तियों को बेचकर, बिक्री या आय से रख सकते हैं। मानलीजिए कि यदि तरलता कम हो जाती है तो व्यय उस सीमा तक कम होंगे जहां वे वर्तमान आय से अधिक होते हैं और विलोमशः भी।

दूसरा तत्त्व, जिसके द्वारा मौद्रिक अधिकारी सम्पूर्ण तरलता के स्तर को और फलस्वरूप समस्त व्यय के स्तर को प्रभावित कर सकता है, ब्याज दर होती है। वह ब्याज दरों के ढांचे को दक्षता के साथ चलाकर सम्पूर्ण तरलता ढांचा को प्रभावित करता है। ब्याज दर में किसी परिवर्तन का अर्थ व्यक्तियों और वित्तीय संस्थाओं द्वारा रखी गई अनेक परिसम्पत्तियों के पूंजी मूल्यों में महत्त्वपूर्ण परिवर्तनों से होता है। जब ब्याज दरें बढ़ती हैं तो वे तरलता बढ़ाती हैं। क्योंकि वे व्यक्तियों और वित्तीय संस्थाओं द्वारा रखी गई परिसम्पत्तियों का पूंजी मूल्य घटाती हैं। आगे, वित्तीय संस्थाएं ऋण योग्य कोषों की पूर्ति घटाती है। चूंकि व्यक्ति और व्यवसाय कोषों को प्राप्त नहीं कर सकते हैं इसलिए वे अपने व्यय को घटाते हैं। दूसरी ओर, ब्याज दर में कमी ''तुलन–पत्रों (balance sheets)'' को मजबूत बनाती है और उधारदाताओं को नया व्यवसाय खोजने के लिए प्रोत्साहित करती है।'' समिति के अनुसार इस मौद्रिक तन्त्र में कमर्शियल बैंक एक विशेष स्थान रखते हैं क्योंकि वे अल्पकालीन उद्देश्यों के लिए अधिकतर उधार लेने वालों के लिए कोषों का सर्वाधिक सरल संस्थागत स्रोत होते हैं।

इस संक्रमण तंत्र (transmission mechanism) के आधार पर समिति ने निष्कर्ष निकाला कि मौद्रिक नीति 'पृष्ठभूमि कार्य' का पालन करती है। इसने सोचा कि व्यवसाय निवेश अल्पकालीन ब्याज दरों में परिवर्तनों का असंवेदनशील (insensitive) है। परन्तु यह दीर्घकालीन ब्याज दरों से प्रभावित होता है। इसलिए दीर्घकालीन ब्याज दरों का तीव्र उतार–चढ़ाव करना वांछनीय (desirable) होता है क्योंकि तीव्र उतार–चढ़ाव वित्तीय संस्थाओं की मजबूती और स्थिरता को कमजोर करेंगे। वास्तव में, वित्तीय संस्थाओं को स्थिर ब्याज दरों की आदत होती है और वे इसके अनुसार अपनी उधार देने की नीतियों की योजना बनाती हैं। इसलिए मौद्रिक अधिकारी को उस स्तर पर दीर्घकालीन ब्याज दरों को रखने की कोशिश करनी चाहिए जो अर्थव्यवस्था में बचत और निवेश के बीच निकट संतुलन कायम रख सके।

समिति ने तीव्र अवस्फीतिकारी या तीव्र स्फीतिकारी स्थितियों में केवल मौद्रिक नीति पर भरोसे का समर्थन नहीं किया। मंदी के दौरान गृह–निर्माण कार्य पर कम दीर्घकालीन ब्याज दरों का संभावित प्रभाव और साख–नियंत्रण को हटाने के अतिरिक्त, मौद्रिक नीति अधिक सहायक नहीं मानी गई। किन्तु मंदी से अर्थव्यवस्था को उठाने के लिए मौद्रिक उपायों का उपयोग वित्तीय प्रणाली को तरलता से भर देने का खतरा लाया। बाद में, इसे नियंत्रित करना कठिन हो गया जब व्यवसायिक क्रिया विकास के दौरान बढ़ी। इस प्रकार, समिति के मत में ''सामान्यतः तीव्र मंदी के सामने केवल मौद्रिक नीति की संभाविताएं इस कहावत द्वारा अच्छी तरह व्यक्त की जाती हैं कि

''आप घोड़े को पानी तक ले जा सकते हो परन्तु उसे पीने के लिए बाध्य नहीं कर सकते।'' इसी तरह, समिति तीव्र स्फीति के दौरान मुद्रा पूर्ति पर किसी प्रतिबन्ध के विरुद्ध थी। इसने बैंक अग्रिम (advances), उपभोक्ता साख और पूंजीगत निर्गमों (capital issues) के नियंत्रण द्वारा व्यय करने वालों की तरलता पर प्रत्यक्षत: तथा तीव्रता से प्रहार करने के उपायों की सिफारिश की। परन्तु इसने गैर–बैंक वित्तीय मध्यस्थों की उधार देने की शक्ति पर नियंत्रण का समर्थन नहीं किया, क्योंकि यह अतिरिक्त प्रशासनिक भार डालता है। ऐसा इसलिए भी कि नई वित्तीय संस्थाएं आएंगी जो मौद्रिक अधिकारी के लिए स्थिति का नियंत्रण कठिन बना देंगी। इस प्रकार, रेडक्लिफ समिति ने दीर्घकालीन ब्याज दरों में परिवर्तनों के माध्यम से 'तरलता नियंत्रणों' का सुझाव दिया। इसके अनुसार, ''भीतर और बाहर के तीव्र दबावों द्वारा प्रभावित एक अर्थव्यवस्था को केवल मौद्रिक उपायों पर अच्छे संतुलन में रखने का भरोसा नहीं किया जा सकता। मौद्रिक उपाय सहायक हो सकते हैं परन्तु वही सबकुछ नहीं हैं।'' इसलिए इसने सामान्य दिनों में राजकोषीय नीति पर भरोसा करने की सिफारश की जिसे तीव्र स्फीति के दौरान मौद्रिक नीति का पूरक होना चाहिए।

आलोचनाएं (Criticisms)

रेडक्लिफ समिति के विचारों को आगे लिखे आधारों पर कटु आलोचना की गई है—

1. अर्थशास्त्रियों ने मुद्रा पूर्ति की अपेक्षा अर्थव्यवस्था की सम्पूर्ण तरलता के नियंत्रण का समर्थन करने के कारण इसकी आलोचना की है।

2. इसने तरलता या तरल परिसम्पत्तियों को ठीक-ठीक परिभाषित नहीं किया, जो तरलता की सम्पूर्ण धारणा को अव्यवस्थित बनाता है।

3. प्रो. गुर्ले ने रेडक्लिफ रिपोर्ट के अपने पुनरावलोकन में ''लोगों की मुद्रा में तरलता की इच्छा को संतुष्ट करने के लिए, तरलता की धारणा में और मुद्रा पूर्ति की भूमिका को लेकर सर्वत्र उलझन पाई।''

4. अन्य अर्थशास्त्रियों ने इस रिपोर्ट को ''पूर्णरूपेण गड़बड़, पूंजी-प्रवाह दर्शाती गड़बड़, तरलता गड़बड़ और ब्याज दर गड़बड़'' के रूप में वर्णित किया।

3. गुर्ले-शॉ का मत
(GURLEY-SHAW VIEW)

गुर्ले और शॉ के अनुसार, NBFIs वित्तीय परिसम्पत्तियों को तरलता और सुरक्षा प्रदान करती हैं तथा उत्पादक उद्देश्यों के लिए अंतिम उधारदाताओं से अंतिम उधार लेने वालों को कोषों के हस्तांतरण में सहायता करती हैं। वे पूंजी–निर्माण में वृद्धि करती हैं और परिणामस्वरूप आर्थिक वृद्धि लाती हैं।

मध्यस्थ अंतिम उधार लेने वालों से प्राथमिक प्रतिभूतियों को खरीदकर तथा अंतिम उधारदाताओं को अप्रत्यक्ष प्रतिभूतियां बेचकर, साख की उपलब्धता और ब्याज दरों के स्तर और ढांचे को प्रभावित करते हैं। वे कमर्शियल बैंकों से भिन्न साख का निर्माण करते हैं। परन्तु वे नई परिसम्पत्तियों और देनदारियों का निर्माण करते हैं जो मुद्रा पूर्ति को प्रभावित करती हैं और इस प्रकार प्रभावी मौद्रिक नीति के कार्यकरण में बाधा पहुंचाते हैं।

उनके अनुसार, NBFIs की बचत जमाएं कमर्शियल बैंकों की मांग जमाओं के समरूप होती हैं, क्योंकि NBFIs के लिए अपनी बचत जमाओं को नकदी में परिवर्तित करना कठिन नहीं होता है। कमर्शियल बैंकों या NBFIs की ये बचत जमाएं, सभी व्यावहारिक उद्देश्यों के लिए उतनी ही तरल होती हैं जितनी कि मांग जमाएं होती हैं। NBFIs द्वारा रखी जाने वाली ऐसी बचत जमाएं निकट–मुद्रा के नाम से जानी जाती हैं। क्योंकि मांग जमाएं केन्द्रीय बैंक द्वारा नियंत्रित नहीं की जाती है, इसलिए NBFIs द्वारा रखी गई बचत जमाएं सफल मौद्रिक नीति के सकल कार्यकरण में बाधा पहुंचाएंगी।

यदि केन्द्रीय बैंक केवल मुद्रा पूर्ति में कटौती द्वारा अर्थव्यवस्था में अतिरिक्त तरलता को नियंत्रित करना चाहता है, तो वह सफल नहीं होगा, क्योंकि NBFIs की बचत जमाएं नकदी में परिवर्तित की जा सकती है। इसी तरह, यदि केन्द्रीय बैंक कमर्शियल बैंकों द्वारा उधार को नियंत्रित करने का प्रयास करता है तो वह सफल नहीं होगा। यदि अन्य सभी NBFIs के उधार उसके नियंत्रण में नहीं हों, जैसे कि होता है। गुर्ले और शॉ के अनुसार यह समस्या विशेषकर तब उठती है जब केन्द्रीय बैंक प्रति–स्फीतिकारी मौद्रिक नीति का पालन

करता है। मानलीजिए केन्द्रीय बैंक स्फीति को नियंत्रित करने के लिए मुद्रा पूर्ति घटाता है तो अन्य प्रभावों के बीच, बाजार प्रतिभूतियों पर ब्याज दरें बढ़ती हैं। ऊंचे प्रतिफल और लाभों के पूर्वानुमान के कारण NBFIs अधिक प्रतिफल वाली प्रतिभूतियों में निवेश करने के लिए अधिक कोषों को आकर्षित करने हेतु अपनी बचत जमाओं पर ब्याज दरें बढ़ाएंगे।

जिन लोगों के पास पहले से ही प्रतिभूतियां रखी हुई हैं, वे पाते हैं कि उनकी कीमतें वर्तमान प्रतिभूतियों पर ब्याज दरों में वृद्धि के कारण गिर गई हैं। इसलिए, उन्हें बेच देंगे और अपने कोषों को मध्यस्थों के पास जमा करेंगे ताकि अपनी बचत जमाओं पर अधिक ब्याज दर कमा सकें। इस बीच, अधिक ब्याज दरों से आकर्षित होकर अन्य लोग जो निष्क्रिय नकदी शेष रखे होते हैं, वे भी उनको मध्यस्थों के पास जमा करेंगे। इसलिए जब NBFIs अपनी बचत जमाओं पर ब्याज दरें बढ़ाते हैं तो लोग अपनी मुद्रा की मांग घटाते हैं, जो आगे ब्याज की बाजार दर घटाती है। इस प्रकार, NBFIs मंहगी मौद्रिक नीति को कम सफल या प्रभावी बनाते हैं। इसी तरह NBFIs तरलता कम करके विस्तारक मौद्रिक नीति को अप्रभावी बना सकते हैं।

परन्तु रेडक्लिफ रिपोर्ट के विपरीत, गुर्ले तथा शॉ तर्क देते हैं कि प्रभावी मौद्रिक नीति के लिए NBFIs पर केन्द्रीय बैंक का नियंत्रण बढ़ाया जाना चाहिए। इसका कारण यह है कि NBFIs अधिक निकट-मुद्रा परिसम्पत्तियों का निर्माण करते हैं और जिससे सम्पूर्ण तरलता प्रभावित होती है, जो आगे समस्त मांग और आर्थिक क्रिया को प्रभावित करती है।

आलोचनाएं (Criticisms)

गुर्ले तथा शॉ के मत की निम्न आधारों पर आलोचना की गई है—

1. *प्रो० जॉनसन* (Prof. Johnson) गुर्ले तथा शॉ के मत से सहमत नहीं है। उसके अनुसार, ''केन्द्रीय बैंक को कमर्शियल बैंकों पर नियंत्रण की तरह वित्तीय मध्यस्थों पर नियंत्रण बढ़ाने का अधिकार देने का कोई प्रमाणित दावा नहीं है। यह विश्वास करने का थोड़ा-सा भी कारण नहीं है कि केन्द्रीय बैंक का नियंत्रण वित्तीय मध्यस्थों की उपस्थिति के कारण कमजोर हुआ है। इसके अतिरिक्त जब तक लोग बैंक जमा को मध्यस्थों की अप्रत्यक्ष प्रतिभूतियों में सरलता से स्थानांतरित नहीं करते हैं, तो मध्यस्थों की मौजूदगी आर्थिक क्रिया पर केन्द्रीय बैंक के प्रभाव को बढ़ा सकती है। इसका अर्थ है कि गैर-बैंक वित्तीय मध्यस्थों का कार्यकरण होने पर भी ब्याज दरों का अपने पुराने स्तरों पर स्थापित होना संभव नहीं है। बल्कि ब्याज दरों के और बढ़ने की प्रवृत्ति होगी। मुद्रा पूर्ति रहेगी और इसका व्यय पर प्रभाव प्रतिबन्धक होगा।

2. NBFIs की तीव्र वृद्धि से मौद्रिक नीति की प्रभावशीलता को शक्ति मिली है न कि वह कमजोर हुई है, जहां NBFIs को नियंत्रित किया गया है।

निष्कर्ष (Conclusion)

रेडक्लिफ और गुर्ले एवं शॉ दोनों के मतों की कमियों के बावजूद, वे तरलता निर्माण में NBFIs की भूमिका को उजागर करते हैं तथा तरलता समस्त मांग और आर्थिक क्रिया को प्रभावित करती है। वे इस पर बल देते हैं कि मौद्रिक नीति की सफलता मुद्रा पूर्ति को नहीं, बल्कि सामान्य तरलता को नियंत्रित करने पर निर्भर करती है। इस प्रकार, मुद्रा का तरलता सिद्धांत मौद्रिक नीति को एक नया और यथार्थ आयाम प्रदान करता है।

प्रश्न

1. मुद्रा के तरलता सिद्धांत की व्याख्या कीजिए ?
2. आप तरलता से क्या समझते हैं ? मुद्रा के तरलता सिद्धांत के बारे में रेडक्लिफ-सेयरस् मत की व्याख्या करिए।
3. मुद्रा के तरलता सिद्धांत के बारे में गुर्ले-शॉ मत की व्याख्या कीजिए।
4. मौद्रिक नीति के बारे में तरलता दृष्टिकोण की व्याख्या करिए।

अध्याय 35

वाणिज्यिक बैंकों द्वारा साख निर्माण
(Credit Creation by Commercial Banks)

1. क्या बैंक साख निर्माण करते हैं ?
(DO BANKS CREATE CREDIT?)

वाणिज्यिक अथवा कमर्शियल बैंकों का एक महत्त्वपूर्ण कार्य साख अथवा जमाओं का निर्माण करना है। अन्य निगमों की भांति बैंकों का लक्ष्य भी लाभ अर्जित करना है। इस उद्देश्य के लिए वे मांग जमाओं (demand deposits) के रूप में नकदी स्वीकार करते हैं और अपने ग्राहकों को साख पर कर्ज देते हैं। जब कोई बैंक कर्जा देता है, तो वह राशि का नकद भुगतान नहीं करता। परन्तु बैंक उसके नाम से एक चालू खाता खोल देता है और उसे चैकों द्वारा जरूरत की राशि निकालने की अनुमति प्रदान कर देता है। इस तरीके से बैंक साख या जमा का निर्माण करता है।

मांग जमा दो प्रकार से उत्पन्न होती है : *एक,* जब ग्राहक कमर्शियल बैंकों में करेन्सी जमा करते हैं और *दूसरे,* जब बैंक कर्ज देते हैं, हुंडियां भुनाते हैं, ओवरड्राफ्ट सुविधाए प्रदान करते हैं, और बांडों तथा प्रतिभूतियों के माध्यम से निवेश करते हैं। पहली किस्म की मांग जमा को प्राथमिक जमाएं (primary deposits) कहते हैं। उन्हें खोलने में बैंक का कार्य निष्क्रिय (passive) होता है। दूसरी प्रकार की मांग जमाएं व्यत्पन्न जमाएं (derivative deposits) कहलाती हैं। बैंक इस तरह की जमाएं का सक्रिय रूप से निर्माण करते हैं।

क्या बैंक वास्तव में साख अथवा जमा का निर्माण करते हैं ?

इस विषय में दो मत हैं : एक तो हार्टले विद्ज़ (Hartley Withers) जैसे कुछ अर्थशास्त्रियों का मत है और दूसरा वाल्टर लीफ (Walter Leaf) जैसे व्यावहारिक बैंकरों का मत है।

विद्ज़ का कहना है कि बैंक हर बार कर्जा देते समय जमा खाता खोलकर साख का निर्माण कर सकते हैं। इसका कारण यह है कि हर बार जब कर्जा मंजूर किया जाता है, तो ग्राहक चैक के माध्यम से भुगतान करते हैं। इस प्रकार के सब भुगतानों का समायोजन (adjustment) समाशोधन-गृह (clearing house) करता है। जब तक कर्जा देय रहता है, तब तक शेष राशि बैंकों की किताबों में बकाया रहती है। इस प्रकार, प्रत्येक कर्जे से जमा का निर्माण होता है। परन्तु यह एक अतिशयोक्तिपूर्ण एवं अतिवादी दृष्टिकोण है।

वाल्टर लीफ[1] तथा व्यावहारिक बैंकर इस मत से सहमत नहीं हैं। उनका मत इसके बिल्कुल विपरीत है। उनका कहना है कि बैंक शून्य में से मुद्रा का निर्माण नहीं कर सकते। वे तभी उधार दे सकेंगे जब उनके पास नकदी होगी। इसलिए बैंक मुद्रा का न तो निर्माण कर सकते हैं और न ही निर्माण करते हैं।

यह मत भी गलत है क्योंकि यह किसी एक बैंक से संबंधित तर्कों पर आधारित है, जैसा कि प्रो. सैम्युलसन ने लक्ष्य किया है, "जो काम हर छोटा बैंक नहीं कर सकता, वह काम सम्पूर्ण बैंकिंग व्यवस्था कर सकती है। वह अपने लिए निर्मित नकदी को नई आरक्षितियों से कई

---

1. Water Leaf, *Banking,* 1928. pp. 101-4 ◻

गुणा कर्जों एवं निवेशों का विस्तार कर सकती है, भले ही हर छोटा बैंक अपनी जमा का थोड़ा–सा भाग ही उधार देता हो।''[1]

वास्तव में, बैंक का कोई ऐसा समान–घर नहीं है जहां कोई अपने करेंसी नोट जमा कर दे और जब चाहे वही नोट वापिस मांगे। बैंक अपने अनुभव के आधार पर जानता है कि सभी जमाकर्त्ता अपनी–अपनी मुद्रा को एक साथ अपने खातों से नहीं निकालते। कुछ निकालते हैं और कुछ उसी दिन जमा करवाते हैं। इसलिए दैनिक लेन–देन के लिए कुछ थोड़ी–सी नकदी रिज़र्व में रखकर, बैंक अतिरिक्त आरक्षितियों (reserves) के आधार पर कर्ज दे सकते है। जब बैंक कर्जा देता तो वह ग्राहक के नाम खाता खोल देता है। अपने अनुभव के आधार पर बैंक जानता है कि ग्राहक चैकों द्वारा पैसा निकालेगा जिन्हें उसके ऋण–दाता उसी बैंक में अथवा किसी अन्य बैंक में, जहां उसका खाता होगा, जमा करा देंगे। इस तरह सभी चैकों का निपटारा समाशोधन गृह करता है। अन्य बैंक भी यही तरीका अपनाते हैं। इस प्रकार थोड़ी–सी नकदी रिज़र्व में रखकर तथा शेष राशि उधार देकर बैंक साख या जमाओं का निर्माण कर सकते हैं।

जब कोई बैंक कर्जा मंजूर कर देता है तो वह सक्रिय रूप से अपने विरुद्ध तथा उधार देने वाले के हक में दावे (claim) का निर्माण करता है। ''अपनी पुस्तकों में दर्ज जमा के बदले बैंक अपने ग्राहकों से जो दावे प्राप्त करता है, वे उसकी परिसम्पत्तियां हैं। ओवरड्राफ्ट और कर्जे, भुनाई गई हुंडियां, निवेश तथा नकदी किसी बैंक की मानक परिसम्पत्तियां होती हैं।''

बैंक किसी जमानत के आधार पर अपने ग्राहकों को ओवरड्राफ्ट की सुविधा प्रदान करता है। वह ओवरड्राफ्ट की राशि ग्राहक के वर्तमान खाते में जमा कर देता है और स्वीकृत ओवरड्राफ्ट की राशि की सीमा तक ग्राहक को चैक द्वारा पैसा निकालने की अनुमति दे देता है। इस प्रकार, बैंक जमा का निर्माण करता है।

जब बैंक किसी विनिमय–पत्र (bill of exchange) का भुगतान करता है, तो वह वास्तव में 90 दिन या उससे कम अल्पावधि के लिए ग्राहक से बिल खरीद लेता है। बिल की राशि ग्राहक के खाते में जमा हो जाती है जो उसे चैक द्वारा निकालता है या फिर बैंक अपना ही चैक काट कर बिल का भुगतान कर देता है। दोनों ही स्थितियों में बैंक, कटौती (discount) की राशि (ब्याज) छोड़ कर बिल की राशि के बराबर जमा का निर्माण करता है।

कमर्शियल बैंक, सरकारी बांडों और प्रतिभूतियों को खरीदकर भी जमा का निर्माण करता है। बैंक बांड का भुगतान करने के लिए केन्द्रीय बैंक के नाम अपना चैक काट देता है। यदि बैंक बांड को स्टॉक एक्सचेन्ज से खरीदता है, तो विक्रेता के खाते में बांड की राशि जमा कर देता है, बशर्ते कि विक्रेता उस बैंक का ग्राहक हो। अन्यथा बैंक अपना चेक काट देता है जो किसी अन्य बैंक में जमा करा दिया जाता है। जो भी हो, या तो इसी बैंक में या किसी अन्य बैंक में जमा का निर्माण हो जाता है। इस प्रकार की सब स्थितियों में सम्पूर्ण बैंकिंग प्रणाली में देयताएं तथा परिसम्पत्तियां बढ़ जाती हैं। इस प्रकार बैंकों द्वारा दिये जाने वाले कर्जे, जमा का निर्माण करते हैं। इसी अर्थ में कहा जाता है कि कमर्शियल बैंक साख का निर्माण करते हैं।

2. साख निर्माण की प्रक्रिया
(PROCESS OF CREDIT CREATION)

अब साख निर्माण की वास्तविक प्रक्रिया की व्याख्या की जाती है। जैसाकि ऊपर बताया गया है बैंकों की साख–निर्माण की शक्ति इस तत्त्व पर निर्भर करती है कि बैंकों को नकदी से जमा के अनुपात की केवल थोड़ी प्रतिशतता चाहिए। यदि बैंक नकदी–जमा अनुपात (cash-deposit ratio) शत–प्रतिशत रखते हैं, तो कोई साख निर्माण नहीं होगा। आधुनिक बैंक शत–प्रतिशत नकदी रिज़र्व नहीं रखते। उन्हें कानूनी तौर से अपनी जमा की स्थिर प्रतिशतता नकदी में रखनी पड़ती है, जैसे 10, 15 या 20 प्रतिशत। बाकी की राशि वे उधार देते हैं या निवेश करते हैं, जिसे अतिरिक्त रिज़र्व (excess reserves) कहते हैं। एक बैंक अपने अतिरिक्त रिज़र्व के बराबर उधार दे सकता है। परन्तु समस्त बैंकिंग प्रणाली अपने मूल अतिरिक्त रिज़र्व के गुणज (multiple) तक ही साख (या जमा) का निर्माण कर सकती है अथवा उधार दे सकती है। इसे **जमा गुणक** (deposit multiplier) कहते हैं। यह आवश्यक रिज़र्व अनुपात (required reserve ratio) पर निर्भर करता है जो साख निर्माण का आधार है।

प्रतिकात्मक रूप में, आवश्यक रिज़र्व अनुपात,

1. Paul A. Samuelson, *Economics*, 10/e, 1976.

$$RRr = \frac{RR}{D}$$

या,
$$RR = RRr \times D$$

जहां RR बैंक के पास आवश्यक नकदी रिज़र्व है, RRr आवश्यक रिज़र्व अनुपात और D बैंक की मांग जमाएं हैं। यह दर्शाने के लिए कि RR और RRr पर D निर्भर करते हैं, ऊपर के समीकरण के दोनों हिस्सों को RRr से विभक्त करिए

$$\frac{RR}{RRr} = \frac{RRr \times D}{RRr}$$

या,
$$\frac{RR}{RRr} = D$$

या,
$$\frac{1}{RRr} = \frac{D}{RR}$$

या,
$$D = \frac{1}{RRr} \times RR$$

जहां $1/RRr$ आवश्यक रिज़र्व अनुपात का व्युत्क्रम (reciprocal) है, जिसे **जमा या साख प्रसार गुणक** (deposit or credit expansion multiplier) कहते हैं। यह एक बैंक की जमा प्रसार की सीमा निर्धारित करता है। मांग जमा की अधिकतम राशि जिसे RR की दी हुई मात्रा से बैंकिंग प्रणाली फैल सकती है वह RR पर गुणक लागू करके की जा सकती है। जमा की मात्रा में प्रारंभिक परिवर्तन (ΔD) तथा नकदी रिज़र्व में परिवर्तन (ΔRR) को लेकर, RRr की किसी दी हुई प्रतिशत से समीकरण होता है,

$$\Delta D = \Delta RR = \frac{1}{RRr}$$

इसे समझने के लिए, मानलीजिए कि बैंकों की RRr को 10 प्रतिशत निर्धारित किया जाता है तथा नकदी अनुपात में प्रारंभिक परिवर्तन 1000 रु. है। ऊपर का समीकरण लागू करने पर, मांग जमा में अधिकतम वृद्धि होगी,

$$\Delta D = 1000 \times \frac{1}{0.10} = 1000 \text{ रु.}$$

यह सीमा है जिस तक बैंकिंग प्रणाली साख का निर्माण कर सकती है। ऊपर के समीकरण को निम्न प्रकार से भी व्यक्त किया जा सकता है :

$$\Delta D = \Delta RR[1 + (1 - RRr) + (1 - RRr)^2 + ... + (1 - RRr)^n]$$

कोष्ठकों में ज्यामितिक गुणोत्तर (geometric progression) का जोड़ देता है :

$$\frac{1}{1-(1-RRr)} = \frac{1}{RRr}$$

$$\Delta D = \Delta RR \times \frac{1}{RRr}$$

जमा प्रसार गुणक इन मान्यताओं पर आधारित है कि बैंक अपने समस्त रिज़र्व उधार दे देते हैं और RRr स्थिर रहता है।

मान्यताएं (Assumptions)—साख निर्माण की प्रक्रिया को समझने के लिए निम्न मान्यताएं ली जाती हैं :

1. बैंकिंग प्रणाली में A, B, C आदि अनेक बैंक हैं।

2. प्रत्येक बैंक को अपनी जमा का 10 प्रतिशत रिज़र्व में रखना पड़ता है। दूसरे शब्दों में, कानूनी आवश्यक रिज़र्व अनुपात 10 प्रतिशत है। रिजर्व बैंक इसे घटा-बढ़ा सकता है।

3. प्रथम बैंक A की जमाएं 1000 रु. हैं।

4. एक बैंक के ग्राहक द्वारा लिया गया कर्ज पूर्णरूप से दूसरे बैंक में जमा करा दिया जाता हैं, और दूसरे बैंक का तीसरे बैंक में, इसी तरह आगे अन्य बैंक में।

5. प्रत्येक बैंक दूसरे बैंक के ऋणी द्वारा जमा कराई गई राशि से प्रारम्भ करता है जो उसकी प्रारंभिक जमा होती है।

ये मान्यताएं दी होने पर मान लीजिए कि प्रारम्भ में A बैंक 1000 रु. नकदी जमा प्राप्त करता है। यह बैंक के पास नकदी है जो इसकी परिसंपत्ति (asset) है और यही राशि जमा धारण के रूप में बैंक की देयता (liability) भी है। रिज़र्व अनुपात 10 प्रतिशत दिया होने पर, बैंक 100 रु. रिज़र्व में रखता है और 900 रु. अपने किसी एक ग्राहक को उधार दे देता है। जो आगे, इतनी ही राशि का चैक किसी अन्य व्यक्ति को दे देता है जिससे वह कुछ वस्तु खरीदता है या उसको रुपया उधार देता है। बैंक A के चिट्ठे या तुलन–पत्र (balance sheet) में निवल (net) परिवर्तन ये होते हैं : + रु. 100 रिजर्व में + रु. 900 परिसंपत्तियों की तरफ कर्जे और देयताओं की तरफ रु. 900 मांग जमाएं, जैसा कि तालिका 1 में दर्शाया गया है। इन परिवर्तनों से पूर्व बैंक A के शून्य अतिरिक्त रिज़र्व थे।

तालिका 1 : बैंक A का चिट्ठा

परिसम्पत्तियां			*देयताएं*
रिज़र्व	रु. 1000	जमाएं	रु. 1000
निवल परिवर्तन		*निवल परिवर्तन*	
रिज़र्व	रु. 100		
कर्जे	रु. 900	जमाएं	रु. 100

रु. 900 का यह कर्जा ग्राहक द्वारा बैंक B में जमा करा दिया जाता है जिसका चिट्ठा तालिका 2 में दिखाया गया है। बैंक B रु. 900 की जमा के साथ प्रारंभ करता है और इसका 10 प्रतिशत अथवा रु. 90 नकदी रिज़र्व में रखता है। बैंक B के पास रु. 810 अतिरिक्त रिज़र्व के रूप में हैं जो वह कर्ज देता है जिससे नई जमाएं निर्मित होती हैं।

तालिका 2 : बैंक B का चिठ्ठा

परिसम्पत्तियां			*देयताएं*
रिज़र्व	रु. 900	जमाएं	रु. 900
निवल परिवर्तन		*निवल परिवर्तन*	
रिज़र्व	रु. 90	जमाएं	रु. 900
कर्जे	रु. 810		

रु. 810 का यह कर्जा बैंक B का ग्राहक बैंक C में जना करा देता है। बैंक C का चिठ्ठा तालिका 3 में दिखाया गया है। बैंक C रु. 81 याा रु. 810 का 10 प्रतिशत अपने पास रिज़र्व में रखता है और रु. 729 कर्ज दे देता है।

तालिका 3 : बैंक C का चिठ्ठा

परिसम्पत्तियां			*देयताएं*
रिज़र्व	रु. 810	जमाएं	रु. 810
निवल परिवर्तन		*निवल परिवर्तन*	
रिज़र्व	रु. 81	जमाएं	रु. 810
कर्जे	रु. 729		

यह प्रक्रिया अन्य बैंकों तक चलती रहती है। इस क्रम में प्रत्येक बैंक अतिरिक्त रिज़र्व प्राप्त करता है, उधार देता है और नई मांग जमाएं निर्मित करता है जो उससे पहले बैंक के 90 प्रतिशत के बराबर होती है। इस प्रकार, 10 प्रतिशत आवश्यक रिज़र्व होने पर बैंकिंग प्रणाली रु. 10000 तक नई जमाएं निर्मित करती है, जैसा कि तालिका 4 में दर्शाया गया है।

तालिका IV : गुणज साख निर्माण

बैंक	आवश्यक रिज़र्व		नये कर्ज		नई जमाए	
A	रु.	100	रु.	900	रु.	1000
B	रु.	90	रु.	810	रु.	900
C	रु.	81	रु.	729	रु.	810
अन्य सभी बैंक	रु.	729	रु.	6,561	रु.	7,290
कुल बैंकिंग प्रणाली का जोड़	रु.	1,000	रु.	9,000	रु.	10,000

ऊपर की तालिका के अन्तिम स्तंभ में गुणज (multiple) साख निर्माण को बीजगणितीय रूप में निम्न प्रकार से हल किया जा सकता है:

रु. $1000\,[(1 + (9/10) + (9/10)^2 + (9/10)^3 + \ldots\ldots + (9/10)^n]$

$=$ रु. $1000\,(1/1—9/10) =$ रु. $1,000\ (1/1/10) =$ रु. $1000 \times 10 =$ रु. $10,000$.

3. बैंकों की साख निर्माण की सीमाएं (LIMITATIONS OF CREDIT CREATION BY BANK)

हमने ऊपर देखा कि सम्पूर्ण बैंकिंग प्रणाली किस प्रकार साख का निर्माण कर सकती है। परन्तु इसका यह अर्थ नहीं कि बैंको की साख-निर्माण करने की शक्ति असीमित है। वास्तव में, उन्हें कुछ नियंत्रणों में रहकर ही कार्य करना पड़ता है। कमर्शियल बैंकों की साख-निर्माण की शक्ति पर निम्न सीमाएँ हैं :

1. नकदी की मात्रा (Amount of Cash)—बैंक की साख निर्माण की शक्ति उस नकद राशि पर निर्भर करती है जो बैंक से पास विद्यमान होती है। बैंक के पास जितनी अधिक नकदी होगी, वह उतनी ही अधिक मात्रा में साख का निर्माण कर सकेगे। बैंक के तहखानों में विद्यमान नकदी से बैंक की नकदी निर्धारित नहीं की जा सकती हैं। वह तो बैंक में रखी गई प्राथमिक जमा पर निर्भर करती है। इस प्रकार, बैंक की साख-निर्माण की शक्ति को उसके पास विद्यमान नकदी सीमित कर देती हैं।

2. उचित जमानतें (Proper Securities)—एक महत्त्वपूर्ण कारण, जो बैंक की साख-निर्माण की शक्ति को सीमित करता है, पर्याप्त जमानतों की उपलब्धता है। कोई बैंक अपने ग्राहक को किसी जमानत, हुंडी, शेयर या स्टॉक या बिल्डिंग या अन्य प्रकार की परिसम्पत्ति के आधार पर कर्जा देता है। बैंक अतरल संपत्ति को तरल संपत्ति में बदलता है और इस प्रकार साख का निर्माण करता है। यदि जनता के पास उचित जमानत न हो तो बैंक साख का निर्माण नहीं कर सकता। क्राउथर ने लक्ष्य किया है, ''बैंक शून्य में से साख का निर्माण नहीं करता, वह तो अन्य प्रकार की संपत्ति को मुद्रा में रूपान्तरित करता है।''[1]

3. लोगों की बैंकिंग की आदतें (Banking Habits of the People)—लोगों की बैंकिंग की आदतें भी बैंक की साख-निर्माण की शक्ति को प्रभावित करती हैं। लोगों में चैक का प्रयोग करने की आदत नहीं है, तो कर्ज देने का परिणाम यह होगा कि बैंकिंग प्रणाली की साख-निर्माण करने की शक्ति क्षीण पड़ जाएगी।

4. न्यूनतम कानूनी रिज़र्व अनुपात (Minimum Legal Reserve Ratio)—केन्द्रीय बैंक द्वारा नियत किया गया जमा से नकदी का न्यूनतम कानूनी रिज़र्व अनुपात भी एक महत्त्वपूर्ण कारण है जो बैंक की साख-निर्माण की शक्ति को निर्धारित करता है। यह अनुपात (RRr) जितना अधिक होगा, बैंक की साख-निर्माण करने की शक्ति उतनी ही कम होगी; और यह अनुपात जितना कम होगा, बैंक की

---

1. Geoffrey Crowther, *An Outline of Money*, r/e, 1948, p. 30.

साख-निर्माण करने की शक्ति उतनी ही अधिक होगी।

5. अतिरिक्त रिज़र्व (Excess Reserves)—साख-निर्माण की प्रक्रिया इस मान्यता पर आधारित है कि बैंक, केन्द्रीय बैंक द्वारा नियत आवश्यक रिज़र्व-अनुपात का पालन करते हैं। यदि बैंक कानूनी रिज़र्व आवश्यकताओं से अधिक नकदी के रूप में रिज़र्व रखते हैं तो उनकी साख-निर्माण की शक्ति उस हद तक सीमित हो जाती है। यदि हमारे उदाहरण में A बैंक 1000 रु. का 10% की बजाय 15% रिजर्व रखता है, तो वह बैंक 900 रु. की बजाय रु. 850 ही उधार देगा। परिणामत:, साख-निर्माण की राशि कम हो जाएगी, भले ही अन्य बैंक 10 % कानूनी रिजर्व अनुपात का पालन करते रहें।

6. रिसाव (Leakages)—यदि बैंकिंग प्रणाली की साख-निर्माण धारा से रिसाव होते रहते हैं तो कानूनी रिज़र्व अनुपात दिया हुआ होने पर, अपेक्षित स्तर तक साख का विस्तार नहीं हो पाएगा। यह संभव है कि कुछ लोग, जिन्हें चैक प्राप्त होते हैं, उन्हें अपने बैंक खातों में जमा न कराएं, बल्कि खर्चने के लिए अथवा घर पर जमा करने के लिए मुद्रा को नकदी में निकलवा लें। साख विस्तार की श्रृखंला में से जिस सीमा तक नकद राशि निकलवाई जाती है उस सीमा तक बैंकिंग प्रणाली की साख-निर्माण की शक्ति सीमित हो जाती है।

7. चैक समाशोधन (Cheque Clearance)—साख विस्तार की प्रक्रिया इस मान्यता पर आधारित है कि कमर्शियल बैंकों के चैकों का समाशोधन तुरन्त हो जाता है और कमर्शियल बैंकों के रिज़र्व चैक के लेन-देन के अनुरूप समान तौर से बढ़ते या घटते हैं। परन्तु बैंकों के लिए ऐसा करना सम्भव नहीं है कि उन्हें जितनी राशि चैक प्राप्त हो, ठीक उतनी ही राशि के चैक काट दें। प्राय: चैक समाशोधन के माध्यम से कुछ बैंकों के रिज़र्व बढ़ जाते हैं और कुछ के घट जाते हैं। इससे बैंकों की ओर से साख-निर्माण बढ़ता और घटता है। तदनुसार, साख-निर्माण धारा विचलित हो जाती है।

8. अन्य बैंकों का व्यवहार (Behaviour of other Banks)—अन्य बैंकों का व्यवहार भी साख-निर्माण की शक्ति को सीमित कर देता है। यदि कोई बैंक उस सीमा तक कर्ज नहीं देता जिस सीमा तक बैंकिंग प्रणाली से अपेक्षा की जाती है, तो साख विस्तार की श्रृंखला टूट जाएगी। परिणामत: बैंकिंग प्रणाली पूर्णरूप से साख का निर्माण नहीं कर पाएगी।

9. आर्थिक वातावरण (Economic Climate)—बैंक साख का निर्माण असीमित रूप से नहीं करते रह सकते। उनकी साख-निर्माण करने की शक्ति देश के आर्थिक वातावरण पर निर्भर करती है। यदि तेजी का समय है, तो आशावादिता होगी। निवेश के अवसर बढ़ते हैं तो व्यापारी बैंकों से अधिक कर्ज लेते हैं। इसलिए साख का विस्तार होता है। परन्तु जब मन्दी के दिन होते हैं तो व्यापारिक-क्रिया निम्नस्तर पर होती है। ऐसी स्थिति में बैंक व्यापारियों को कर्जे लेने पर मजबूर नहीं कर सकते। इस प्रकार, देश का आर्थिक वातावरण बैंक की साख-निर्माण की शक्ति को निर्धारित करता है।

10. केन्द्रीय बैंक की साख-नियंत्रण नीति (Credit Control Policy of the Central Bank)—केन्द्रीय बैंक की साख-नियंत्रण नीति भी कमर्शियल बैंकों की साख-निर्माण की शक्ति को सीमित करती है। केन्द्रीय बैंक खुले बाजार प्रचालनों, कटौती दर नीति तथा बदलती सीमा आवश्यकताओं द्वारा बैंकों की नकदी रिज़र्व राशि को प्रभावित करता है। तदनुसार, वह कमर्शियल बैंकों के साख-विस्तार या संकुचन को प्रभावित करता है।

11. छूत प्रभाव (Contagion Effect)—यदि कोई बैंक कर्जे की अत्यधिक हानियों के कारण अपनी देयताएं चुकाने में असफल होता है तो अन्य बैंकों में साख भगदड़ मच जाती है। किसी बैंक के दिवालिया होने के भय से ग्राहक उस पर 'हल्ला' बोल देते हैं और अपनी जमा निकलवा लेना चाहेंगे। यह स्थिति अन्य बैंकों में भी फैल सकती है। इसे **छूत प्रभाव** कहते हैं जिससे साख निर्माण बिल्कुल बन्द हो जाता है।

प्रश्न

1. व्यावसायिक बैंक द्वारा साख-निर्माण की प्रक्रिया का वर्णन करिए।
2. बैंक साख-निर्माण कैसे करते हैं ? बैंक की साख-निर्माण को शक्ति पर क्या सीमाएं हैं ?
3. 'कर्जे जमा बनाते हैं'—इस कथन की व्याख्या करिए। बैंक द्वारा ऐसी साख -नर्माण पर क्या सीमाएं हैं ?

अध्याय 36

केन्द्रीय बैंकिंग : कार्य एवं साख-नियंत्रण
(Central Banking : Functions and Credit Control)

1. भूमिका
(INTRODUCTION)

किसी देश का केन्द्रीय बैंक उसका शिखर बैंक होता है। विभिन्न देशों में इसके अलग-अलग नाम हैं। भारत में इसे रिजर्व बैंक आफ इण्डिया, इंग्लैंड में बैंक आफ इंग्लैंड, अमरीका में फेडरल रिजर्व सिस्टम, फ्रांस में बैंक आफ फ्रांस, स्वीडन में रिक्स बैंक, इत्यादि नामों से जाना जाता है।

2. केन्द्रीय बैंक की परिभाषा
(DEFINITION OF A CENTRAL BANK)

केन्द्रीय बैंक को उसके कार्यों के अनुसार परिभाषित किया गया है। वैरा स्मिथ (Vera Smith) के अनुसार ''केन्द्रीय बैंकिंग की प्राथमिक परिभाषा है—ऐसी बैंकिंग प्रणाली जिसमें कोई एकल बैंक करेन्सी नोट जारी करने का पूर्ण अथवा अवशिष्ट एकाधिकार रखता है।''

डब्ल्यू ए. शॉ (W.A. Shaw) की परिभाषा के अनुसार केन्द्रीय बैंक वह है जो साख को नियंत्रित करता है। हाट्रे (Hawtray) की दृष्टि में केन्द्रीय बैंक ऋण देने वाला अन्तिम आश्रय है। ए. सी. एल. डे (A. C. L. Day) का कहना है, ''केन्द्रीय बैंक वह है जो मौद्रिक एवं बैंकिंग प्रणाली को नियंत्रित एवं स्थिर करने में सहायक होता है।'' सेयर्स (Sayers) के मतानुसार, केन्द्रीय बैंक ''सरकार का वह अंग है जो सरकार के प्रमुख वित्तीय कार्यों का उत्तरदायित्व ग्रहण करता है और इन कार्यों के व्यवहार तथा अन्य साधन के द्वारा वित्तीय संस्थाओं के व्यवहार को ऐसे ढंग से प्रभावित करता है जिससे सरकार की आर्थिक नीति का समर्थन हो।'' सेयर्स सरकारी बैंक के रूप में केन्द्रीय बैंक की प्रकृति को ही व्यक्त करता है। ये सभी परिभाषाएं संकुचित हैं क्योंकि ये बैंक के केवल किसी एक कार्य-विशेष को ही बताती हैं।

दूसरी ओर, सैम्युल्सन ने जो परिभाषा दी है वह व्यापक है। उसका कहना है, ''केन्द्रीय बैंक बैंकरों का बैंक है। इसका कर्त्तव्य मौद्रिक आधार को नियंत्रित करना है... और इस 'उच्चस्तरीय मुद्रा' के नियंत्रण के माध्यम से समुदाय की मुद्रा पूर्ति को नियंत्रित करना है।'' परन्तु केन्द्रीय बैंक की व्यापकतम परिभाषा डी कॉक (De Kock) ने प्रस्तुत की है। उसके शब्दों में, ''केन्द्रीय बैंक वह बैंक है जो अपने देश के मौद्रिक एवं बैंकिंग ढांचे का शिखर होता है जो जहां तक हो सके सर्वोत्तम ढंग से राष्ट्रीय आर्थिक हित में निम्न कार्य करता है: (i) व्यापार एवं सामान्य जनता की आवश्यकताओं के अनुसार करेन्सी का नियमन करना, जिसके लिए उसे करेन्सी नोट जारी करने का पूर्ण या कम से कम आंशिक एकाधिकार प्रदान किया जाता है; (ii) राज्य के लिए सामान्य बैंकिंग एवं एजेन्सी कार्य करना; (iii) कमर्शियल बैंकों की नकदी-आरक्षितियों की रखवाली; (iv) राष्ट्र की अन्तराष्ट्रीय करेन्सी आरक्षितियों की रखवाली एवं व्यवस्था; (v) कमर्शियल बैंकों, हुंडी दलालों एवं व्यापारियों अथवा अन्य वित्तीय संस्थाओं को पुनर्वट्टे तथा संपार्श्विक (Collateral) कर्जों के रूप में सुविधाएं प्रदान करना और अन्तिम आश्रय के रूप में ऋणदाता का उत्तरदायित्व सामान्यत: स्वीकार करना; (vi) बैंकों के समाशोधन शेषों का निर्णय करना; (vii) व्यापार की आवश्यकताओं तथा राज्य द्वारा अपनाई गई व्यापक मौद्रिक नीति को कार्यान्वित करने के लिए

साख का नियंत्रण करना।'' डी. कॉक की परिभाषा इतनी लम्बी है कि उसे परिभाषा नहीं कहा जा सकता, क्योंकि परिभाषा तो संक्षिप्त ही होनी चाहिए।

3. केन्द्रीय बैंक के कार्य (FUNCTIONS OF CENTRAL BANK)

जैसाकि डी. कॉक ने बताया है और अधिकांश अर्थशास्त्रियों ने भी स्वीकार किया है, केन्द्रीय बैंक निम्न कार्य करता है—

1. करेन्सी का नियामक (Regulator of Currency)

केन्द्रीय बैंक निर्गम का बैंक होता है। इसे नोट जारी करने का एकाधिकार होता है। इसके द्वारा जारी किए गए नोट वैध मुद्रा के रूप में प्रचलित रहते हैं। इसका एक निर्गम विभाग होता है जो कमर्शियल बैंकों को नोट तथा सिक्के जारी करता है। सिक्के सरकारी टकसाल में ढाले जाते हैं परन्तु उनका प्रचलन केन्द्रीय बैंक के माध्यम से होता है।

विभिन्न देशों के केन्द्रीय बैंक करेन्सी नोट जारी करने के लिए विभिन्न तरीके अपनाते रहे हैं। कानून के अन्तर्गत यह आवश्यक है कि केन्द्रीय बैंक करेन्सी नोटों के निर्गम के मुकाबले स्वर्ण तथा विदेशी प्रतिभूतियों की कुछ नियत मात्रा रखें। कुछ देशों में स्वर्ण तथा विदेशी प्रतिभूतियों का एक निश्चित अनुपात नियत है जो जारी किये गए नोटों के 25 से 40 प्रतिशत के बीच है। कुछ देशों में नोट जारी करने के लिए केन्द्रीय बैंक को उनके मुकाबले एक निश्चित राशि का स्वर्ण तथा विदेशी करेन्सी रखनी पड़ती है। यह प्रणाली भारत में प्रचलित है। भारतीय रिजर्व बैंक को 115 करोड़ रु. का सोना और 85 करोड़ रु. की विदेशी प्रतिभूतियां रखनी जरूरी हैं। स्वर्ण तथा विदेशी प्रतिभूतियों के रूप में 200 करोड़ रु. की यह न्यूनतम राशि रखने के बाद नोट जारी करने पर कोई सीमा नहीं है, केन्द्रीय बैंक चाहे जितने नोट जारी कर सकता है।

केन्द्रीय बैंक को नोट जारी करने का एकाधिकार प्राप्त होने से जारी किए गए नोटों में एकरूपता रहती है जिससे देश के भीतर विनिमय एवं व्यापार में सुविधा रहती है। इससे मौद्रिक प्रणाली में स्थिरता आती है और जनसाधारण में विश्वास पैदा होता है। केन्द्रीय बैंक अर्थव्यवस्था की आवश्यकताओं के अनुसार नकदी को सीमित अथवा उसका विस्तार कर सकता है। इस प्रकार केन्द्रीय बैंक मौद्रिक प्रणाली को लोच प्रदान करता है। क्योंकि इसे नोट जारी करने का एकाधिकार प्राप्त है, इसलिए नकदी का अन्तिम स्रोत होने से केन्द्रीय बैंक बैंकिंग प्रणाली पर नियंत्रण रखता है। अन्तिम बात, जो कम महत्त्वपूर्ण नहीं, यह है कि केन्द्रीय बैंक को नोट जारी करने का एकाधिकार देकर सरकार नोटों के मुद्रण से लाभ अर्जित कर सकती है क्योंकि नोटों के वास्तविक मूल्य के मुकाबले नोट छापने की लागत बहुत कम होती है।

2. सरकार के बैंकर, फिस्कल एजेन्ट तथा परामर्शदाता के रूप में (Banker, Fiscal Agent and Adviser to the Government)

सभी जगह केन्द्रीय बैंक अपनी सरकारों के बैंकर, फिस्कल एजेन्ट तथा परामर्शदाता के रूप में कार्य करते हैं। **सरकार के बैंकर** के रूप में केन्द्रीय बैंक केन्द्र एवं राज्य सरकारों की जमा रखते हैं और सरकारों की ओर से भुगतान करते हैं। परन्तु केन्द्रीय बैंक सरकार की जमाओं पर ब्याज नहीं देता। वह सरकार की ओर से विदेशी प्रतिभूतियां और करेन्सियां खरीदता और बेचता है। वह सरकार का स्वर्ण-भण्डार रखता है। वह सरकारी मुद्रा एवं धन का संरक्षक है। **फिस्कल एजेण्ट** के रूप में, केन्द्रीय बैंक सरकार को अल्पावधि ऋण देता है जो 90 दिन से अधिक समय के लिए नहीं होते। वह सरकार की ओर से कर्जे जारी करता है, उन पर ब्याज देता है और अन्तिम रूप से उन कर्जों का भुगतान करता है। सरकारी प्रतिभूतियां खरीदता और बेचता है तथा उन पर ब्याज देता है। इस प्रकार वह समस्त सार्वजनिक ऋण का प्रबन्ध करता है। **परामर्शदाता** के रूप में केन्द्रीय बैंक सरकार को कुछ ऐसे आर्थिक एवं मौद्रिक मामलों पर परामर्श भी देता है जैसे कि स्फीति अथवा अवस्फीति को नियंत्रित करना, करेन्सी का अवमूल्यन अथवा पुनर्मूल्यन करना, घाटे की वित्त-व्यवस्था, भुगतान शेष इत्यादि। जैसा कि डी. कॉक ने लक्ष्य किया है, ''केन्द्रीय बैंक सभी जगह केवल इसलिए ही राज्य के बैंकर के रूप में कार्य नहीं करते कि यह राज्य के लिए अधिक सुविधाजनक एवं मितव्ययी है बल्कि इसलिए भी बैंकर का कार्य करते हैं कि सार्वजनिक वित्त तथा मौद्रिक मामलों में परस्पर गहरा संबंध होता है।''

3. कमर्शियल बैंकों के नकदी रिज़र्व का रखवाला
(Custodian of Cash Reservers of Commercial Banks)

कानून के अन्तर्गत कमर्शियल बैंकों के लिए आवश्यक है कि वे अपनी सावधि एवं मांग जमा देयताओं का कुछ प्रतिशत भाग केन्द्रीय बैंक के पास रखें। इन्हीं रिज़र्व के आधार पर केन्द्रीय बैंक चैकों के समाशोधन को सुगम बनाने के लिए एक बैंक से दूसरे बैंक में निधियों को हस्तान्तरित करता है और उनके लेन-देन सुगम बनाता है। डी. कॉक का मत है कि कमर्शियल बैंकों के नकदी रिज़र्व केन्द्रीय बैंक के पास रखने के अनेक लाभ हैं। **पहला** लाभ तो यह है कि नकदी रिज़र्वों का केन्द्रीय बैंक में केन्द्रीकरण देश की बैंकिंग प्रणाली के लिए शक्ति का स्रोत है। **दूसरे**, केन्द्रीकृत नकदी रिज़र्व विशाल तथा अधिक लोचदार ढांचे के आधार के रूप में कार्य कर सकते हैं अपेक्षाकृत उस स्थिति के जब वही राशि अलग-अलग बैंकों में बिखरी हो। **तीसरे**, मौसमी तनावों और वित्तीय संकटों अथवा आपात की अवधि के दौरान केन्द्रीकृत नकदी रिज़र्व पूरी तरह और बहुत प्रभावशाली ढंग से उपयोग में लाए जा सकते हैं। **चौथे**, इन नकदी रिज़र्वों में परिवर्तन करके केन्द्रीय बैंक, कमर्शियल बैंकों की साख निर्माण को नियंत्रित कर सकता है। **अन्तिम**, केन्द्रीय बैंक अस्थायी एवं अल्पकालीन आधार पर कमर्शियल बैंकों को अतिरिक्त निधियां प्रदान कर सकता है जिससे वे अपनी वित्तीय कठिनाईयां पार कर सकते हैं।

4. विदेशी विनिमय रिज़र्व की रखवाली तथा प्रबन्ध
(Custody and Management of Foreign Exchange Reserves)

केन्द्रीय बैंक देश का विदेशी विनिमय रिजर्व रखता और उसका प्रबंध करता है। यह सोने तथा विदेशी करेन्सियों का सरकारी भण्डार है। यह अन्य देशों के मौद्रिक प्राधिकरणों को नियत कीमतों पर सोना बेचता है। यह अन्तर्राष्ट्रीय कीमतों पर विदेशी करेन्सियां भी खरीदता और बेचता है। यह विदेशी करेन्सियों के रूप में घरेलू करेन्सी की विनिमय दरें भी नियत करता है। यह इन दरों को अल्प-सीमाओं के भीतर रखता है जो IMF के सदस्य के रूप में इसके उत्तरदायित्वों के अनरूप होती है और यह विदेशी विनिमय दरों में स्थिरता लाने का प्रयत्न करता है। फिर, यह सरकार द्वारा निर्धारित नियमों के अनुसार आयात करने वालों और व्यापार, अध्ययन इत्यादि के लिए विदेश जाने वालों को विदेशी करेन्सी की पूर्ति द्वारा विनिमय नियंत्रण का प्रबन्ध करता है।

5. अन्तिम ऋणदाता (Lender of the Last Resort)

डी. कॉक इस कार्य को केन्द्रीय बैंकिंग का अनिवार्य कार्य मानता है। केन्द्रीय बैंक कमर्शियल बैंकों, हुंडी दलालों तथा व्यापारियों अथवा अन्य वित्तीय संस्थाओं को पुनर्बट्टे तथा जमानती कर्जों के रूप में सुविधाएं प्रदान कर अन्तिम आश्रय के रूप में ऋणदाता का कार्य करता है। केन्द्रीय बैंक इस तरह की संस्थाओं की दबाव की स्थितियों में सहायता करने के लिए ऋण देता है ताकि देश के वित्तीय ढांचे को टूटने से बचाया जा सके। यह सीधे अगले दरवाजे से (at the front door) सरकारी हुंण्डियों एवं प्रतिभूतियों, बांडों के आधार पर बट्टाघर के माध्यम से अन्तिम आश्रय के रूप में ऋणदाता का कार्य करता है। दूसरा तरीका है कि यह कमर्शियल बैंकों अथवा बट्टाघरों के पिछले दरवाजे से (through the back door) अप्रत्यक्ष रूप से अस्थायी ऋण सुविधाएं प्रदान करता है। दोनों तरीकों में अन्तर यह है कि सीधा दिया जाने वाला ऋण बैंक दरों पर और दूसरी स्थिति में बाजार दरों पर दिया जाता है। इसलिए अन्तिम ऋणदाता के रूप में केन्द्रीय बैंक नकदी का बड़ा स्रोत है और कीमतों तथा बाजार दरों को भी प्रभावित करता है।

6. हस्तान्तरण एवं निपटारा के लिए समाशोधन गृह
(Clearing House for Transfer and Settlement)

बैंकरों का बैंक होने के नाते, केन्द्रीय बैंक हस्तान्तरण तथा कमर्शियल बैंकों के आपसी दावों का निपटारा करने के लिए समाशोधन गृह का कार्य करता है क्योंकि केन्द्रीय बैंक के पास कमर्शियल बैंकों के रिजर्व होते हैं, इसलिए यह चैकों के समाशोधन को सुगम बनाने के लिए एक बैंक से दूसरे बैंकों में निधियों को हस्तान्तरित कर देता है। इसके लिए केन्द्रीय बैंक बही खाते के सिद्धांत के आधार पर उन बैंकों के खातों में अन्तरण प्रविष्टियां (transfer entries) कर देता है। हस्तान्तरण तथा एक बैंक के अन्य बैंकों पर दावों का निपटारा करने के लिए केन्द्रीय बैंक शहरों और व्यापार केन्द्रों में एक अलग विभाग रखता है। इस विभाग को 'समाशोधन गृह' (clearing house) कहते हैं। यह विभाग कमर्शियल बैंकों को नि:शुल्क सेवा प्रदान करता है।

जब केन्द्रीय बैंक समाशोधन एजेन्सी के रूप में कार्य करता है, तो इससे कमर्शियल बैंकों के समय की बचत होती है और उन्हें यह

सुविधा रहती है कि वे एक स्थान पर अपने दावों का निपटारा कर सकें। इससे मुद्रा का प्रयोग भी कम हो जाता है। ''यह नकदी और पूंजी की मितव्ययिता का साधन मात्र ही नहीं है बल्कि किसी समय पर उस तरलता की कोटि के परीक्षण का भी साधन है जिसे समाज बनाए हुए हैं।''[1]

7. साख का नियंत्रक (Controller of Credit)

केन्द्रीय बैंक का सबसे महत्त्वपूर्ण कार्य कमर्शियल बैंकों की साखनिर्माण शक्ति को नियंत्रित करना है ताकि अर्थव्यवस्था के भीतर स्फीतिकारी तथा अवस्फीतिकारी दबावों को नियंत्रण में रखा जा सके। इस उद्देश्य को पूरा करने के लिए केन्द्रीय बैंक मात्रात्मक तरीके और गुणात्मक तरीके अपनाता है। मात्रात्मक तरीकों का उद्देश्य होता है कि बैंक दर नीति, खुले बाजार प्रचलन अपनाकर और कमर्शियल बैंकों के रिजर्व अनुपातों में परिवर्तन करके साख की लागत एवं मात्रा को नियंत्रित किया जाए। गुणात्मक तरीके साख के प्रयोग एवं दिशा को नियंत्रित करते हैं। इसमें चयनात्मक साख नियंत्रण तथा प्रत्यक्ष कार्यवाही पाये जाते हैं। इस तरह के तरीके अपनाकर केन्द्रीय बैंक कमर्शियल बैंकों के साख निर्माण को प्रभावित तथा नियंत्रित करने का प्रयत्न करता है ताकि देश में आर्थिक क्रिया को बनाए रखा जा सके।

उपर्युक्त कार्यों के अतिरिक्त केन्द्रीय बैंक को अनेक विकासशील देशों में यह उत्तरदायित्व भी सौंपा गया है कि कृषि, उद्योग, व्यापार तथा वाणिज्यि की बढ़ती हुई जरूरतों को पूरा करने के लिए वह मजबूत बैंकिंग प्रणाली का विकास करे। तदनुरूप, केन्द्रीय बैंक को कमर्शियल बैंकों की देख-रेख और उन पर नियंत्रण के अतिरिक्त अधिकार प्राप्त हैं। वे अधिकार ये हैं—लाइसेन्स जारी करना; शाखा विस्तार का नियमन; यह देखना कि प्रत्येक बैंक, कानून द्वारा निर्धारित न्यूनतम प्रदत्त (paid-up) पूंजी तथा रिजर्व रखता है; बैंकों के हिसाब-किताब की जांच-पड़ताल अथवा ऑडिट करना। इस तरह के बैंकों के अध्यक्ष तथा डायरेक्टरों की नियुक्ति का नियमों तथा शैक्षणिक योग्यताओं के अनुसार अनुमोदन करना; बैंकों को फेल होने से रोकना और जमाकर्त्ताओं के हितों की रक्षा के लिए कमजोर बैंकों का नियंत्रण और उनके विलय की सिफाशि करना; सार्वजनिक हित में सरकार को कुछ विशेष बैंकों के राष्ट्रीयकरण की सिफारिश करना; बैंकों तथा जनता के हित के लिए समय-समय पर मौद्रिक तथा आर्थिक नीतियों के विभिन्न पक्षों से सम्बधित रिपोर्टें प्रकाशित करना; और अनुसंधान तथा बैंकिंग कर्मचारियों को प्रशिक्षित करना इत्यादि।

4. साख नियंत्रण
(CREDIT CONTROL)

साख-नियंत्रण का अर्थ है केन्द्रीय बैंक द्वारा कमर्शियल बैंकों की उधार देने की नीति को नियंत्रित करना।

साख-नियंत्रण के उद्देश्य (Objectives of Credit Control)

केन्द्रीय बैंक निम्न उद्देश्यों की पूर्ति के लिए साख का नियंत्रण करता है।

(1) देश में कीमत स्तर को स्थिर बनाना (To Stabilise the Internal Price Level)—साख-नियंत्रण का एक उद्देश्य तो देश में कीमत स्तर को स्थिर बनाना है। कीमतों में बार-बार होने वाले परिवर्तन अर्थव्यवस्था पर प्रतिकूल प्रभाव डालते हैं। स्फीतिकारी अथवा अवस्फीतिकारी प्रवृत्तियों को रोकना जरूरी है। साख नियंत्रण की न्याय-संगत नीति अपनाकर यह लक्ष्य पूरा किया जा सकता है।

(2) विदेशी विनिमय दर को स्थिर बनाना (To Stabilise Foreign Exchange Level)—यदि देश में कीमतों के स्तर में परिवर्तन होगा, तो उससे देश के निर्यात तथा आयात पर प्रभाव पड़ेगा। जब कीमतें गिरती हैं तो निर्यात बढ़ते हैं और आयात कम हो जाते हैं। परिणामत:, विदेशी बाजार में घरेलू करेन्सी की मांग बढ़ती है और इसकी विनिमय दर बढ़ जाती है। इसके विपरीत, जब घरेलू कीमतें बढ़ती है, तो निर्यात कम हो जाते हैं और आयात बढ़ जाते हैं। परिणामत: विदेशी करेन्सी की मांग बढ़ जाती है और घरेलू करेन्सी की मांग गिर जाती है जिसके परिणामस्वरूप घरेलू करेन्सी की विनिमय दर कम हो जाती है। क्योंकि साख-मुद्रा की मात्रा ही कीमतों को प्रभावित करती है, इसलिए बैंक साख को नियंत्रित करके केन्द्रीय बैंक विदेशी विनिमय की दर को स्थिर बना सकता है।

1. H. P. Wills, *Theory and Practice of Central Banking*, p. 31.

(3) सोने के बाह्य प्रवाह को रोकना (To Protect the Outflow of Gold)—देश की स्वर्ण आरक्षितियों को केन्द्रीय बैंक अपनी तिजोरियों में रखता है। बैंक-साख का विस्तार होने से कीमतें बढ़ती हैं जिससे निर्यात कम हो जाते हैं और आयात बढ़ते हैं। इसका परिणाम यह होता है कि भुगतान शेष की प्रतिकूल स्थिति उत्पन्न हो जाती है। इससे यह आवश्यक हो जाता है कि अन्य देशों को सोने का निर्यात किया जाए। अन्य देशों को इस तरह होने वाले सोने के बाह्य प्रवाहों को रोकने के लिए केन्द्रीय बैंक को साख पर नियंत्रण करना पड़ता है।

(4) व्यापार-चक्रों को नियंत्रित करना (To Control Business Cycles)—पूंजीवादी देशों में व्यापार-चक्र एक सामान्य घटना है। इनसे समय-समय पर उत्पादन, रोजगार तथा कीमतों में उतार-चढ़ाव आते रहते हैं। इनकी विशिष्टता बारी-बारी से आने वाली समृद्धि तथा मन्दी की अवधियों में दृष्टिगत होती है। समृद्धि के दौरान, साख की मात्रा में बहुत अधिक विस्तार हो जाता है और उत्पादन, रोजगार तथा कीमतें बढ़ जाती हैं। मन्दी के दौरान साख की मात्रा घट जाती है और उत्पादन, रोजगार तथा कीमतें गिर जाती हैं। तेजी की अवधियों में बैंक-साख की मात्रा घटाकर और मन्दी की अवधियों में बैंक-साख का विस्तार करके केन्द्रीय बैंक इस तरह के चक्रीय उतार-चढ़ावों की रोकथाम कर सकता है।

(5) व्यापार की जरूरतें पूरी करना (To Meet Business Needs)—बर्गेस (Burgess) के मतानुसार साख नियंत्रण के महत्त्वपूर्ण उद्देश्यों में से एक यह है कि 'साख की मात्रा का व्यापार के परिमाण से समायोजन किया जाए।' व्यापार तथा उद्योग की आवश्यकताओं को पूरा करने के लिए साख की जरूरत होती है। ज्यों-ज्यों व्यापार बढ़ता है त्यों-त्यों अधिक मात्रा में साख की जरूरत पड़ती है और जब व्यापार घटता है तो साख की जरूरत भी घट जाती है। इसलिए साख को नियंत्रित करके केन्द्रीय बैंक ही व्यापार की जरूरतें पूरी कर सकता है।

(6) स्थिरतापूर्वक वृद्धि करना (To have Growth with Stability)—आजकल साख-नियंत्रण का प्रमुख ध्येय 'स्थिरतापूर्वक वृद्धि करना' माना जाने लगा है। कीमत स्थिरता, विदेशी विनिमय दर स्थिरता इत्यादि अन्य उद्देश्य तो अब गौण समझे जाते हैं। साख नियंत्रण का लक्ष्य है, पूर्ण रोजगार उपलब्ध करना और अर्थव्यवस्था में, स्फीतिकारी दबावों एवं भुगतान शेष घाटों से रहित, स्थिरतापूर्वक तीव्र वृद्धि लाना।

5. साख-नियंत्रण के तरीके (METHODS OF CREDIT CONTROL)

साख-नियंत्रण के लिए केन्द्रीय बैंक दो तरीके अपनाता है। ये तरीके मात्रात्मक तथा गुणात्मक हैं। मात्रात्मक तरीकों का लक्ष्य है बैंक दर में परिवर्तन, खुले बाजार प्रचालन और कमर्शियल बैंकों के रिजर्व अनुपातों में परिवर्तन करने की तकनीकें अपनाकर साख की लागत तथा मात्रा को नियंत्रित किया जाए। दूसरी ओर गुणात्मक तरीके साख के प्रयोग और दिशा को नियंत्रित करते हैं। इनमें चयनात्मक साथ नियंत्रण तथा प्रत्यक्ष कार्यवाही शामिल रहते हैं।

1. बैंक दर नीति (Bank Rate Policy)

बैंक दर अथवा बट्टा दर वह दर है जिसे केन्द्रीय बैंक निर्धारित करता है जिस पर कमर्शियल बैंकों द्वारा धारित प्रथम श्रेणी की हुण्डियां एवं सरकारी प्रतिभूतियां भुनाई जाती हैं। केन्द्रीय बैंक इस बैंक दर में परिवर्तन करके साख को नियंत्रित करता है। यदि अर्थव्यवस्था के लिए साख बढ़ाने की जरूरत हो, तो केन्द्रीय बैंक बैंक, दर को घटा देता है। केन्द्रीय बैंक से उधार लेना सस्ता तथा आसान हो जाता है। इसलिए कमर्शियल बैंक अधिक उधार लेंगे। फिर, आगे वे बैंक उपभोक्ताओं को अपेक्षाकृत कम दर पर कर्जे देंगे। ब्याज की बाजार दर कम हो जाएगी। इससे व्यापार क्रिया को प्रोत्साहन मिलता है और साख का विस्तार और कीमतें बढ़ने लगती हैं। जब अर्थव्यवस्था में साख की मात्रा घटाने की जरूरत हो, तो इसका उलट होता है। केन्द्रीय बैंक, बैंक दर को बढ़ा देता है जिसके परिणामस्वरूप केन्द्रीय बैंक से उधार लेना महंगा हो जाता है। इसलिए बैंक कम उधार लेते हैं। वे आगे, उपभोक्ताओं को उधार देने की दरें बढ़ा देते हैं। महंगे मुद्रा बाजार के कारण (बाजार में मुद्रा दुर्लभ हो जाने के कारण) बाजार में ब्याज की दर भी बढ़ जाती है। इससे नए कर्जों के लिए उत्साह भंग हो जाता है। उधार लेने वालों पर पुराने कर्जे चुकाने का बोझ पड़ जाता है। इससे व्यापार क्रिया हतोत्साहित होती है। साख की मात्रा घट जाती है और कीमतों की वृद्धि रुक जाती है और बैंक दर बढ़ने से स्फीति रुक जाती है।

परन्तु प्रश्न यह है कि बैंक दर में होने वाले परिवर्तन कीमतों तथा उत्पादन को किस प्रकार प्रभावित करते हैं ? दो दृष्टिकोण हैं जो इस प्रक्रिया को स्पष्ट करते हैं। एक दृष्टिकोण आर. जी. होट्रे (R. G. Howtrey) का है और दूसरा केन्ज का।

होट्रे का दृष्टिकोण (Howtrey's View)—होट्रे का मत है कि बैंक दर में होने वाला परिवर्तन ब्याज की अल्पावधि दरों के परिवर्तनों को प्रभावित करता है जो आगे व्यापारियों और उत्पादकों के तैयार और अधबनी वस्तुओं के स्टॉक रखने के व्यवहार को प्रभावित करता है। मान लीजिए बैंक दर बढ़ जाती है। इससे अल्पावधि ब्याज दरें बढ़ जाएंगी। परिणामतः उधार लेने की और वस्तुओं के स्टॉक रखने की लागत बढ़ेगी। इसलिए, व्यापारी अपनी वस्तुओं के स्टॉक को कम करने का प्रयत्न करेंगे और वस्तुओं के उत्पादकों को कम आर्डर देंगे। उत्पादकों के विक्रय घटने लगेंगे। इसलिए वे अपने डीलरों को अधिक वस्तुएं खरीदने को प्रेरित करने के लिए अपनी वस्तुओं की कीमतें घटा देंगे या वे अपना उत्पादन कम कर देंगे। जब वे उत्पादन घटाएंगे, तो उत्पादन के कुछ साधन बेरोजगार हो जाएंगे। बेरोजगारी के कारण मौद्रिक आय गिर जाती है। इससे वस्तुओं का विक्रय और कम हो जाता है और वे उत्पादकों के नाम अपने ऑर्डर और कम कर देते हैं और उत्पादक, आगे, अपना उत्पादन घटा देते हैं। इसलिए अर्थव्यवस्था में आखिरकार कीमतें, उत्पादन और रोजगार घट जाएंगे। जब बैंक दर गिरेगी, तो स्थिति इसके विपरीत होगी। बैंक दर कम होने से अल्पावधि ब्याज दरें घट जाएंगी और व्यापारियों तथा उत्पादकों के व्यवहार के माध्यम से कीमतों, उत्पादन तथा रोजगार को प्रोत्साहित करेंगी।

केन्ज का मत (Keynes's View)—केन्ज ने अपनी *Treatise on Money* नामक पुस्तक में दूसरा ही मत दिया है, जो ब्याज की दीर्घावधि दर में परिवर्तन होने से स्थायी पूंजी के परिमाण में होने वाले परिवर्तनों पर आधारित है। उसका कहना है कि जब बैंक दर परिवर्तित होती है तो दीघावधि ब्याज दरें भी उसी दिशा में परिवर्तित होती हैं और निवेश, कीमतें तथा रोजगार को निम्न ढंग से प्रभावित करती हैं।

मानलीजिए ब्याज की दर बढ़ जाती है। इससे मुद्रा-बाजार में अल्पावधि ब्याज दरें तो बढ़ जाएंगी, परन्तु दीर्घावधि ब्याज दरों में कोई परिवर्तन नहीं होगा। परिणामतः अल्पावधि प्रतिभूतियां अधिक आकर्षक हो जाएंगी, क्योंकि उन पर अधिक ब्याज मिलता है। परन्तु दीर्घावधि प्रतिभूतियों का मूल्य कम हो जाता है क्योंकि अब उन पर उसकी अपेक्षा कम ब्याज दर है जो उस समय थी जब वे खरीदी गई थीं। इसलिए दीर्घावधि प्रतिभूतियों को रखने वाले अपनी प्रतिभूतियां बेंच देंगे और अल्पावधि प्रतिभूतियों में निवेश करेंगे। इससे अर्थव्यवस्था में दीर्घावधि निवेशों पर प्रतिकूल प्रभाव पड़ेगा। परिणामतः दीर्घावधि ब्याज दरें भी बढ़ जाएंगी। जब दीर्घावधि ब्याज दरें बढ़ेंगी,तो व्यापारी और उत्पादक स्थायी पूंजी परिसंपत्तियों पर निवेश कम कर देंगे। अतः पूंजी वस्तु उद्योगों में रोजगार घट जाएगा। मौद्रिक आय कम हो जाएगी। परिणामतः उनकी कीमतें और उत्पादन घट जाएंगे। इसके विपरीत, यदि बैंक दर कम हो जाती है, तो दीर्घावधि ब्याज दरें, निवेश, रोजगार, आय, कीमतें और उत्पादन कम हो जाएगें।

अनुभव के आधार पर इन दोनों मतों की सत्यता की परीक्षा नहीं की जा सकती। दोनों मत यह मानकर चलते हैं कि व्यापारी और उत्पादक ब्याज दर में होने वाले परिवर्तनों से प्रभावित होते हैं और ब्याज में परिवर्तन वस्तुओं के रखने एवं उत्पादन की लागत का महत्त्वपूर्ण भाग होते हैं। ये दोनों ही मान्यताएं अवास्तविक हैं। *प्रथम,*कीमतों और उत्पादन पर ब्याज दरों में होने वाले परिवर्तनों का इतना प्रभाव नहीं पड़ता। दूसरे, ब्याज दरें वस्तुएं रखने एवं उत्पादन की कुल लागत का एक मामूली भाग होती हैं। ब्याज की दर उन साधनों में से केवल एक साधन है जो वस्तुओं के स्टॉकों और स्थायी पूंजी वस्तुओं में निवेश को निर्धारित करता है। फिर, ये दोनों मत न तो एक-दूसरे के विरोधी हैं और न ही एक-दूसरे का बहिष्कार करते हैं। हाट्रे अल्पावधि ब्याज दरों में परिवर्तन पर बल देता है और केन्ज बैंक दर में परिवर्तन के परिणामस्वरूप दीर्घावधि ब्याज दरों में होने वाले परिवर्तन पर बल देता है। यद्यपि दोनों मतों के अनुसार प्रत्येक स्थिति में कार्यकरण प्रक्रिया भिन्न-भिन्न है तथापि दोनों अन्त में एक ही निष्कर्ष पर पहुंचते हैं। उदाहरणार्थ, यदि बैंक दर परिवर्तित होती है, तो वस्तुओं के स्टॉकों के कारण (holdings) भी प्रभावित हो सकते हैं और स्थायी पूंजी वस्तुओं की मात्रा भी, चाहे अल्पावधि अथवा दीर्घावधि ब्याज दरों में से किन्हीं में परिवर्तन हो।

रैडक्लिफ समिति का मत (Views of the Radcliffe Committee)—1959 में इंग्लैंड की सरकार ने रेडक्लिफ समिति नियुक्त की थी। इस समिति ने व्यापार क्रिया पर बैंक दर नीति के दो प्रभावों का विश्लेषण किया था। पहला ब्याज-प्रोत्साहन प्रभाव से संबंध रखता है। जब ब्याज की दर में परिवर्तन होता है, तो इससे ब्याज की बाजार दरों में परिवर्तन होता है जिसके परिणामस्वरूप फर्मों के निवेश व्यय में परिवर्तन को प्रोत्साहन मिलता है। पूंजी वस्तुओं के रखने की लागत बढ़ जाती है जिससे निवेशक और निधियां उधार

लेने के मामले में हत्सोत्साहित होती हैं। इस प्रकार जब निधियां उधार लेने की लागत बढ़ती है तो निवेशक और फर्में कमर्शियल बैंकों से उधार लेने में हतोत्साहित होती हैं। यदि बैंक दर गिरेगी तो स्थिति इसके विपरीत होगी। बैंक दर गिरने से ब्याज की बाजार दरें गिरेंगी जिसके परिणामस्वरूप बैंकों से उधार लेने का प्रोत्साहन मिलता है। परन्तु रेडक्लिफ समिति ने ब्याज-प्रोत्साहन प्रभाव को इसलिए असंगत ठहराया क्योंकि व्यापार संबंधी निर्णय प्रमुख तौर से ब्याज दरों में होने वाले परिवर्तनों से स्वतंत्र होते हैं। फिर, ब्याज भुगतान तो फर्मों की कुल लागत का मामूली भाग होते हैं।

इस समिति ने बैंक दर परिवर्तनों के एक महत्त्वपूर्ण प्रभाव का विश्लेषण किया था जिसे 'सामान्य तरलता प्रभाव' (general liquidity effect) कहते हैं। इस समिति का मत है कि बैंक दर में परिवर्तन का ब्याज-प्रोत्साहन प्रभाव बहुत कम होता है, इसलिए 'मूल्यन प्रभाव' (valuation effect) अथवा तरलता प्रभाव पड़ सकता है। बैंक दर में होने वाले परिवर्तन फर्मों की परिसम्पत्तियों के पूंजी मूल्यों को प्रभावित करते हैं। इसके परिणामस्वरूप उनके चिट्ठों (बैलेंसशीट) और उधार देने की योग्यता को भी प्रभावित करते हैं। बैंक दर में वृद्धि होने से बाजार दरें बढ़ जाती हैं, जिससे वित्तीय संस्थाओं की पूंजी परिसम्पत्तियों का मूल्य कम हो जाता है। इसलिए वे कम उधार देना चाहती हैं। दूसरी ओर, बैंक दर गिरने से बाजार दरें गिर जाती हैं और पूंजी परिसम्पत्तियों का मूल्य बढ़ जाता है। इससे उधार देने वालों को प्रोत्साहन मिलता है कि वे नया व्यवसाय खोजें। बैंक दर में परिवर्तन की वास्तविक शक्ति उसके उन प्रभावों में निहित है जो वह बाजार ब्याज दरों के माध्यम से वित्तीय संस्थाओं के विभिन्न वर्गों की तरलता पर डालती है और जो तरलता आगे दूसरों की तरलता को प्रभावित करती है। यह बैंक-दर में परिवर्तन का **सामान्य तरलता प्रभाव** है। इस प्रभाव का विश्लेषण करते समय समिति ने अल्प, मध्य तथा दीर्घावधि ब्याज दरों के परस्पर सम्बन्ध को ध्यान में रखा है।

बैंक दर नीति की सीमाएं (Limitations of Bank Rate Policy)

साख को नियंत्रित करने के साधन के रूप में बैंक दर नीति की प्रभावकारिता को निम्न कारण सीमित करते हैं :

1. मार्किट दरें बैंक दर के साथ परिवर्तित नहीं होती (Market Rates do not change with Bank Rate)—बैंक दर नीति की सफलता इस बात पर निर्भर करती है कि बैंक दर के साथ-साथ ब्याज की अन्य बाजार दरों में किस सीमा तक परिवर्तन होता है। बैंक दर नीति का सिद्धांत पहले से यह मान लेता है कि मुद्रा बाजार में चालू ब्याज की अन्य दरों में उसी दिशा में परिवर्तन होता है जिस दिशा में बैंक दर में परिवर्तन होता है। यदि यह शर्त पूरी नहीं होती, तो साख-नियंत्रण के साधन के रूप में बैंक दर नीति एकदम प्रभावहीन रहेगी।

2. मजदूरी, लागतें और कीमतें लोचदार नहीं (Wages, Costs and Prices not Elastic)—बैंक दर नीति की सफलता के लिए यह आवश्यक है कि न केवल ब्याज की दरों में बल्कि मजदूरी, लागतों और कीमतों में भी लोच हो। इसका मतलब है कि जब, मानलीजिए, बैंक दर बढ़ाई जाती है, तो मजदूरी, लागतें और कीमतें अपने आप अपेक्षाकृत निम्नस्तर से समायोजन कर लें। परन्तु ऐसा केवल स्वर्णमान के अन्तर्गत ही संभव था। आजकल मजबूत ट्रेड यूनियनें बन गई हैं जिन्होंने अवस्फीतिकारी प्रवृत्तियों तक में मजदूरी को दृढ़ बना दिया है और वे स्फीतिकारी प्रवृत्तियों में भी पीछे रह जाती हैं क्योंकि यूनियनों को मालिकों से मजदूरी बढ़वाने में समय लगता है। इसलिए ऐसे समाज में बैंक दर नीति सफल नहीं हो सकती।

3. केन्द्रीय बैंक से बैंक वित्तीय सहायता नहीं लेते (Banks do not take financial help from Central Bank)—साख नियंत्रण के औजार के रूप में बैंक दर नीति की प्रभाविता को कमर्शियल बैंकों का व्यवहार भी सीमित कर देता है। केवल उसी अवस्था में बैंक दर नीति सफल हो सकती है जब कमर्शियल बैंक केन्द्रीय बैंक से पुनर्बट्टा सुविधाएं मांगें। परन्तु बैंक तो बड़ी मात्रा में तरल परिसम्पत्तियां रखते हैं और केन्द्रीय बैंक से वित्तीय सहायता मांगना जरूरी नहीं समझते।

4. विनिमय-पत्र प्रयोग नहीं किए जाते (Bills of Exchange not Used)—बैंक दर नीति की प्रभाविता वांछनीय विनिमय-पत्रों की विद्यमानता पर निर्भर करती है। हाल के वर्षों में, वाणिज्य एवं व्यापार की वित्त व्यवस्था करने के साधन के रूप में विनिमय-पत्रों का प्रयोग बन्द-सा हो गया है। व्यापारी और बैंक नकदी साख तथा ओवरड्राफ्टों को प्राथमिकता देते हैं इससे देश में साख नियंत्रण के लिए बैंक दर नीति कम प्रभावी बन जाती है।

5. आशावादिता अथवा निराशावादिता (Optimism or Pessimism)—बैंक दर नीति की प्रभाविता व्यापारियों की आशावादिता अथवा निराशावादिता की लहरों पर भी निर्भर करती है। यदि बैंक दर बढ़ा दी जाए, तो व्यापारी ब्याज की ऊंची दरों पर भी उधार लेते

रहेंगे बशर्ते कि अर्थव्यवस्था में तेजी हो और कीमतों के और बढ़ाने की आशा हो। दूसरी ओर यदि ऐसा समय चल रहा है जब कीमतें गिरती जा रही हैं, तो बैंक दर गिरने पर भी वे उधार लेने को प्रोत्साहित नहीं होंगे। इस प्रकार व्यापारी ब्याज दरों में होने वाले परिवर्तनों को महत्त्व नहीं देते और व्यापार प्रत्याशाओं से ही अधिक प्रभावित होते हैं।

6. अवस्फीति नियंत्रण की शक्ति सीमित (Power to Control Deflation Limited)—बैंक दर नीति की एक सीमा यह है कि केन्द्रीय बैंक की ब्याज की बाजार दरों को घटाने की शक्ति सीमित है। उदाहरणार्थ, यदि बैंक दर 3 प्रतिशत घटा दी जाए, तो इससे ब्याज की बाजार दरें 3 प्रतिशत कम नहीं घटेंगी। इसलिए बैंक दर अवस्फीति नीति को रोकने में सफल नहीं है। हां, ब्याज की बाजार दरों में वृद्धि लाकर बैंक दर नीति स्फीतिकारी प्रवृत्तियों को रोक सकती है।

7. मार्किट दर से सम्बद्ध बैंक दर का स्तर (Level of Bank Rate in relation to Market Rate)—साख नियंत्रण के साधन के रूप में बट्टा-दर नीति की प्रभाविता बाजार दर से सम्बद्ध बट्टा-दर स्तर पर निर्भर करती है। यदि तेजी की अवधि में बैंक दर इतनी सीमा तक नहीं बढ़ाई जाती कि केन्द्रीय बैंक से उधार लेना महंगा न हो जाए, और मन्दी के दौरान इतनी नहीं घटाई जाती कि केन्द्रीय बैंक से उधार लेना सस्ता न हो जाए, तो इससे आर्थिक क्रिया पर अस्थिरता का प्रभाव पड़ेगा। इसे चित्र 1 में दिखाया गया है, जहां क्षैतिज अक्ष समय को और अनुलम्ब अक्ष बैंक दर तथा बाजार की ब्याज दरों को प्रदर्शित करता हैं। बाजार दरों को चक्रीय वक्र MR_1 द्वारा दिखाया गया है जो बताता है कि जब तेजी के दौरान मुद्रा की मांग बढ़ती है तो ब्याज की बाजार दरें बढ़ जाती हैं। इसके विपरीत मन्दी के दौरान जब मुद्रा की मांग गिरती है, तो ब्याज की बाजार दरें भी घट जाती हैं। मानलीजिए कि जब चढ़ाव शुरू होता है तो ब्याज की दर b है। चढ़ाव से शुरू में बैंक दर b समय t_1 तक बाजार दरों से ऊपर रहती है। इस समय के आने से पहले बैंक दर b बाजार दरों से अधिक है, जिसके परिणामस्वरूप केन्द्रीय बैंक से उधार लेना महंगा रहता है। इससे कमर्शियल बैंक केन्द्रीय बैंक से उधार लेने में हतोत्साहित होते हैं। परन्तु t_1 समय के बाद बाजार दरें बैंक दर b से बढ़ जाती हैं जिसका परिणाम यह होता है कि केन्द्रीय बैंक से उधार लेना सस्ता रहता है और इससे साख का विस्तार होता है। अब मानलीजिए कि साख विस्तार को रोकने के उद्देश्य से केन्द्रीय बैंक, बैंक दर को b से बढ़ाकर b' कर देता है। परन्तु समय t_2 पर बैंक दर B' अभी भी H पर बाजार दरों से कम है। इसलिए केन्द्रीय बैंक से अभी भी उधार लेना सस्ता है जिसका परिणाम यह होगा कि साख घटने की बजाय बढ़ेगी। परन्तु समय t_3 पर जब अर्थव्यवस्था में मंदी चल रही है तो साख का विस्तार करने के लिये बैंक दर घटा कर b'' कर दी जाती है। वास्तविक स्थिति यह नहीं हैं क्योंकि b'' बैंक दर L पर बाजार दरों से अधिक है। इसलिए इससे साख बढ़ने की बजाय घटती है। इसलिए जब तक बैंक दर तेजी के दौरान इतनी नहीं बढ़ा दी जाती कि वह बाजार दरों से अधिक हो जाए और मन्दी के दौरान इतनी नहीं घटा दी जती कि वह बाजार दरों से कम हो जाए, तब तक बैंक दर नीति साख को नियंत्रित करने में सफल नहीं हो सकती। साख-नियंत्रण के साधन के रूप में बैंक दर नीति केवल तभी सफल होगी जब तेजी के दौरान बैंक दर का स्तर बढ़ाकर b_1b_1 और मंदी के दौरान बैंक दर का स्तर घटाकर b_2b_2 कर दिया जाएगा। परन्तु बैंक दर का स्तर एवं समय का चुनाव कभी सही तौर से लाए नहीं जा सकते।

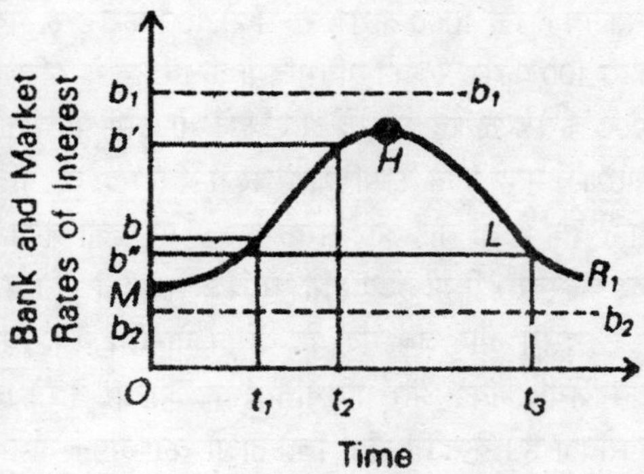

चित्र 1

8. गैर-विभेदकारी (Non—Discriminatory)—बैंक दर नीति गैर-विभेदकारी है क्योंकि यह देश की उत्पादकीय और अनुत्पादकीय क्रियाओं में भेद नहीं करती है।

9. भुगतान शेष असंतुलन के नियंत्रण में असफल (Not Successful in controlling BOP Disequilibrium)—बैंक-दर नीति एक देश में भुगतान शेष के असंतुलन को नियंत्रित करने में प्रभावी नहीं होती है, क्योंकि इस नीति के अनुसार विदेशी विनिमय पर सभी रुकावटें और पूंजी की अंतर्राष्ट्रीय गतियों को दूर करना होता है।

निष्कर्ष (Conclusion)

ऊपर चर्चित आलोचनाओं के आधार पर अधिकतर अर्थशास्त्री इस निष्कर्ष पर पहुंचे हैं कि बैंक दर को परिवर्तित करने की केन्द्रीय

बैंक की शक्ति मुद्रा–प्रबन्ध का एक बहुत कमजोर औज़ार है। फ्रीडमैन ने यहां तक सुझाव दिया है कि बट्टा खिड़की *(discount window)* को ही समाप्त कर देना चाहिए।

2. खुले बाजार प्रचालन (Open Market Operations)

मात्रात्मक साख नियंत्रण का एक अन्य तरीका है खुले बाजार प्रचालन, जिसे केन्द्रीय बैंक प्रयोग में लाता है। इस तरीके का सम्बन्ध केन्द्रीय बैंक द्वारा सरकार तथा निजी वित्तीय संस्थाओं की प्रतिभूतियों, हुंडियों और बांडों के क्रय–विक्रय से है। परन्तु अपने सीमित अर्थ में इसका मतलब है केवल सरकारी प्रतिभूतियों तथा बांडों का क्रय–विक्रय।

खुले बाजार प्रचालनों के दो प्रमुख उद्देश्य हैं। **एक,** कमर्शियल बैंकों की आरक्षितियों को प्रभावित करना ताकि उनकी साख–निर्माण की शक्ति पर नियंत्रण रखा जा सके। **दूसरे**, ब्याज की बाजार दरों को प्रभावित करना ताकि कमर्शियल बैंक साख पर नियंत्रण रखा जा सके।

यह तरीका निम्न ढंग से चलाया जाता है। मानलीजिए अर्थव्यवस्था के भीतर स्फीतिकारी दबावों को नियंत्रित करने के उद्देश्य से देश का केन्द्रीय बैंक कमर्शियल बैंकों द्वारा किया जाने वाला साख–विस्तार रोकना चाहता है। मान लीजिए, यह मुद्रा बाजार में, 10 करोड़ रु. की सरकारी प्रतिभूतियां बेचता है। मुद्रा–बाजार केन्द्रीय बैंक को उन कमर्शियल बैंकों के नाम इस राशि के चैक देता है जिनमें जनता के खाते होते हैं। केन्द्रीय बैंक अपने पास उनके हिसाब में से यह राशि घटा देता है। यदि कमर्शियल बैंकों ने भी केन्द्रीय बैंक से प्रतिभूतियां खरीदी हैं तो यही बात उन पर भी लागू होती है। इस खुले बाजार में प्रतिभूतियों के विक्रय से केन्द्रीय बैंक के पास उन (कमर्शियल बैंकों) के नकदी धारण कम हो जाते हैं। इससे कमर्शियल बैंकों का वास्तविक नकदी अनुपात 10 करोड़ रु. तक कम हो जाता है। इसलिए बैंकों को विवश होकर उधार दी गई राशि घटानी पड़ती है।

मानलीजिए शुरू में कमर्शियल बैंकों की कुल परिसम्पत्तियां 1000 करोड़ रु. की हैं और उनका नकदी जमा अनुपात 10 है। इसका मतलब है कि 1000 करोड़ रु. में से 100 करोड़ रु. नकदी के रूप में हैं और 900 करोड़ रु. जमा या कर्जे के रूप में हैं। केन्द्रीय बैंक द्वारा 100 करोड़ रु. की प्रतिभूतियों के विक्रय के परिणामस्वरूप नकदी 100 करोड़ रु. घट जाएगी। इसलिए बैंकों के पास कुल नकदी 900 करोड़ रु. रह जाएगी और कर्जे भी उसी प्रतिशतता में घट जाएंगे अर्थात 810 करोड़ रु. रह जाएंगे। कमर्शियल बैंकों के नकदी धारण कम हो जाने के परिणामस्वरूप बैंक मुद्रा की पूर्ति घट जाती है, जैसा कि चित्र 19.2 में दिखाया गया है। चित्र में S, बैंक मुद्रा का पूर्ति वक्र है जो बाईं ओर सरक कर S_1 पर चला जाता है जो यह प्रदर्शित करता है कि ब्याज दर का स्तर r दिया हुआ होने पर बैंक मुद्रा की पूर्ति B से घटकर A रह जाती है।

दूसरी ओर जब मंदी के दौरान केन्द्रीय बैंक विस्तारात्मक नीति अपनाता है, तो वह कमर्शियल बैंकों और प्रतिभूतियों का व्यापार करने वाली वित्तीय संस्थाओं से प्रतिभूतियां खरीदता है। केन्द्रीय बैंक विक्रेताओं को अपने नाम चैक देता है। विक्रेता इन चैकों को कमर्शियल बैंकों में अपने हिसाब में जमा करा देते हैं। इससे केन्द्रीय बैंक के पास कमर्शियल बैंकों के रिजर्व बढ़ जाते हैं। ये रिजर्व एक तरह से नकदी ही होते हैं। परिणामतः बैंक मुद्रा का पूर्ति वक्र S दाईं ओर सरक कर S_2 पर पहुंच जाता है जिसका मतलब है कि बैंक मुद्रा की पूर्ति B से बढ़कर C हो गई है, जैसा चित्र 2 में दिखाया गया है। अब दी हुई ब्याज–दर r पर बैंक पहले से अधिक उधार देंगे।

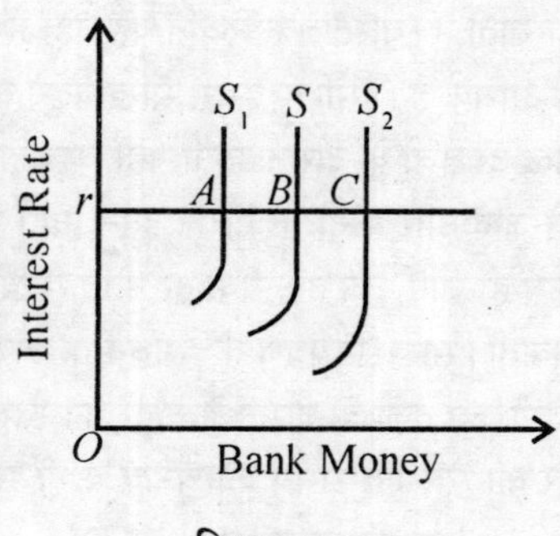

चित्र 2

खुले बाजार प्रचालनों का एक अन्य पक्ष यह है कि जब खुले बाजार प्रचालनों के परिणामस्वरूप मुद्रा की पूर्ति में परिवर्तन होता है, तो ब्याज की बाजार दरें भी परिवर्तित होती हैं। जब प्रतिभूतियों के विक्रय से बैंक मुद्रा पूर्ति घटेगी, तो उसका परिणाम यह होगा कि ब्याज की बाजार दरें बढ़ जाएंगी दूसरी ओर, यदि प्रतिभूतियों के क्रय के माध्यम से बैंक मुद्रा की पूर्ति बढ़ेगी तो परिणामतः ब्याज की दरें घट जाएंगी। इस प्रकार खुले बाजार प्रचालनों का ब्याज की बाजार दरों पर भी सीधा प्रभाव पड़ता है।

खुले बाजार प्रचालनों की सीमाएं
(Limitations of Open Market Operations)

साख नियंत्रण के उपाय के रूप में खुले बाजार प्रचालनों की प्रभाविता अनेक स्थितियों पर निर्भर करती है, जिनके अभाव में इस नीति की पूर्ण कार्यकारिता सीमित हो जाती है।

1. *प्रतिभूति बाजार का अभाव (Lack of Security Market)*—इसके लिए पहली शर्त है कि एक विशाल एवं संगठित प्रतिभूति बाजार विद्यमान हो। खुले बाजार प्रचालनों के लिए यह शर्त बहुत जरूरी है क्योंकि एक विकसित प्रतिभूति बाजार के अभाव में केन्द्रीय बैंक बड़े पैमाने पर प्रतिभूतियों का क्रय—विक्रय नहीं कर सकेगा और परिणामत: कमर्शियल बैंकों के रिज़र्वों को भी प्रभावित नहीं कर पाएगा। फिर, केन्द्रीय बैंक के पास विक्रय योग्य प्रतिभूतियां भी पर्याप्त संख्या में होनी चाहिएं। जैसा कि ए.सी.एल. डे (A. C. L. Day) ने ठीक ही कहा है, ''पूर्व इसके कि केन्द्रीय बैंक बाजार में प्रचालन कर सके, उसके पास कुछ हो तो सही जिससे वह प्रचालन करे और ऐसा बाजार भी होना चाहिए जिसमें वह प्रचालन करे।''

2. *नकदी रिज़र्व अनुपात स्थिर नहीं (Cash Reserve Ratio not Stable)*—इस औज़ार की सफलता कमर्शियल बैंकों द्वारा एक स्थिर नकदी रिज़र्व अनुपात कायम रखने पर निर्भर करती है। इसका अर्थ है कि जब केन्द्रीय बैंक प्रतिभूतियों का क्रय या विक्रय करता है,तो कमर्शियल बैंकों को स्थिर अनुपात कायम रखने के लिए उनके रिज़र्व उसी अनुपात में बढ़ते या कम हो जाते हैं। परन्तु प्राय: बैंक न्यूनतम रिज़र्व अनुपात पर टिके नहीं रहते हैं और अपने पास अधिक अनुपात रखते हैं। इससे खुले बाजार प्रचालन साख की मात्रा को नियंत्रित करने में कम प्रभावी होते हैं।

3. *दंड बैंक दर (Penal Bank Rate)*—प्रो. एसचीम (Prof. Aschheim) का मत है कि खुले बाजार में प्रचालनों की सफलता के लिए एक आवश्यक शर्त यह है कि बैंक की दंड दर (penal rate) हो। यदि केन्द्रीय बैंक ने बट्टे की कोई दंड दर नियत नहीं की है, तो उस समय जब कमर्शियल बैंकों पर साख की मांग जोर पकड़ती है, वे केन्द्रीय बैंक से अपने कर्जे बढ़ा सकते हैं। ऐसी स्थिति में, मौद्रिक विस्तार रोकने के लिए केन्द्रीय बैंकों द्वारा प्रतिभूतियों का विक्रय असफल रहेगा। परन्तु यदि बट्टे की ऐसी दंड दर होगी जो ब्याज की बाजार दरों से ऊंची हो, तो बैंक अतिरिक्त वित्तीय सहायता के लिए केन्द्रीय बैंक के पास जाने को आसानी से तैयार नहीं होंगे।

4. *बैंक अन्य प्रकार से कार्य करते हैं (Banks act Differently)*—खुले बाजार प्रचालन तभी सफल हो सकते हैं जब लोग भी उसी तरह व्यवहार करें, जैसा केन्द्रीय बैंक उनसे आशा रखता है। जब केन्द्रीय बैंक प्रतिभूतियां बेचता है तो वह व्यापारियों और वित्तीय संस्थाओं से आशा रखता है कि वे साख के प्रयोग को नियंत्रित रखेंगे। यदि वे साथ-साथ मुद्रा का विसंग्रह (dishoarding) शुरु कर देंगे तो केन्द्रीय बैंक को प्रतिभूतियों के विक्रय से साख सीमित करने में सफलता नहीं मिलेगी। इसी प्रकार, यदि लोग मुद्रा का संग्रह शुरू कर दें, तो केन्द्रीय बैंक द्वारा प्रतिभूतियों के क्रय से कोई फर्क नहीं पड़ेगा।

5. *निराशावादी या आशावादी प्रवृत्ति (Pessimistic or Optimistic Attitude)*—व्यापारियों की निराशावादी अथवा आशावादी प्रवृत्ति भी खुले बाजार की नीति के प्रचालन को सीमित करती है। जब केन्द्रीय बैंक प्रतिभूतियां खरीदता और बैंक मुद्रा की पूर्ति बढ़ाता है तो हो सकता कि मंदी के दौरान निराशावादिता के कारण व्यापारी कर्जे न लेना चाहें। **क्राउथर** ने ठीक ही कहा है, ''बैंक तो जनता रूपी घोड़े के सामने काफी पानी रख सकता है, परन्तु यदि घोड़े को पानी पीने से हानि होने का भय है, तो घोड़े को पानी पीने के लिए विवश नहीं किया जा सकता। दूसरी ओर, यदि तेजी की अवधि में व्यापारी आशावादी हैं, तो बैंक मुद्रा की पूर्ति को घटाने के लिए केन्द्रीय बैंक द्वारा प्रतिभूतियों का विक्रय तथा बाजार-दरों में वृद्धि तक भी व्यापारियों को बैंकों से कर्ज लेने से नहीं रोक सकती।'' कुल मिलाकर कहा जा सकता है कि यह नीति मन्दी को अपेक्षा तेजी को नियंत्रित करने में अधिक सफल है।

6. *साख मुद्रा का प्रचलन वेग स्थिर नहीं (Velocity of Credit Money not Constant)*—खुले बाजार प्रचालनों की सफलता बैंक मुद्रा के प्रचलन के स्थिर वेग पर निर्भर करती है। परन्तु साख मुद्रा का वेग स्थिर नहीं होता। तेज व्यापार क्रिया की अवधि में साख मुद्रा का वेग बढ़ जाता है और गिरती कीमतों की अवधि में घट जाता है। इस प्रकार बैंक साख के प्रचालन के बढ़ रहे वेग से हो सकता है केन्द्रीय बैंक की प्रतिभूतियों के विक्रय से साख घटाने की नीति सफल न हो सके।

इन सीमाओं के बावजूद खुले बाजार प्रचालन उन अन्य साधनों की अपेक्षा अधिक प्रभावशाली हैं जो केन्द्रीय बैंक को उपलब्ध हैं। साख-नियंत्रण के इस तरीके को विकसित देशों में जहां प्रतिभूतियों का बाजार बहुत विकसित है, सफलतापूर्वक काम में लाया जा रहा है।

खुले बाजार प्रचालन बनाम बैंक दर नीति
(Open Market Operations vs. Bank Rate Policy)

प्रश्न यह उत्पन्न होता है कि साख नियंत्रण के साधन के रूप में बैंक दर अधिक प्रभावशाली है अथवा खुले बाजार प्रचालन। बैंक दर नीति कमर्शियल बैंक साख की लागत एवं पूर्ति को प्रभावित करती है, जबकि खुले बाजार प्रचालन कमर्शियल बैंक साख की लागत एवं पूर्ति को प्रभावित करते हैं। कमर्शियल बैंकों की साख-निर्माण शक्ति को बैंक दर तभी प्रभावित करती है जब वे अपने बिलों को पुनर्बट्टे के लिए केन्द्रीय बैंक के पास भेजें। यदि वे केन्द्रीय बैंक की पुनर्बट्टा सुविधाओं का लाभ उठाने की आवश्यकता नहीं अनुभव नहीं करते तो बैंक दर बढ़ने का कमर्शियल बैंकों पर कोई प्रभाव नहीं पड़ेगा। दूसरी ओर, कमर्शियल बैंकों की उधार देने की शक्ति उनके नकदी रिजर्वों से प्रत्यक्षतौर से सम्बद्ध हैं और खुले बाजार प्रचालन उनके नकदी रिजर्वों को प्रत्यक्षत: एवं तुरन्त प्रभावित करते हैं। जिसके परिणामस्वरूप उनकी साख निर्माण की शक्ति प्रभावित होती है।

इसके अतिरिक्त, ''केन्द्रीय बैंक के लिए, अपने कूटनीतिक मूल्य की दृष्टि से खुले बाजार प्रचालन पुनर्बट्टा नीति की अपेक्षा कुछ श्रेष्ठ ही हैं जिसका कारण यह है कि खुले बाजार प्रचालनों के मामले में पहला कदम मौद्रिक प्राधिकरण के हाथों में होता है जबकि बैंक दर नीति इस अर्थ में निष्क्रिय है कि इसकी प्रभाविता बैंक-दर में परिवर्तनों के प्रति कमर्शियल बैंकों और उनके ग्राहकों की प्रतिक्रिया पर निर्भर करती हैं।''[1]

फिर, बैंक दर नीति के मुकाबले खुले बाजार प्रचालन समय एवं परिमाण से संबंध में लचीले होते हैं। वे निरन्तर चलते रहते हैं और उनका अर्थव्यवस्था पर कोई अस्थिरकारी प्रभाव नहीं पड़ता जो बैंक दर में परिवर्तन पर होता है।

फिर यह तर्क दिया जाता है कि क्योंकि बैंक दर में होने वाले परिवर्तनों का अर्थव्यवस्था पर अस्थिरकारी प्रभाव पड़ता है, इसलिए इस नीति का प्रयोग अस्थायी कुसमायोजनों (maladjustments) की बजाय मुद्रा बाजार के स्थायी कुसमायोजनों को ठीक करने के लिए करने की जरूरत है। दूसरी ओर, खुले बाजार की नीति का प्रयोग अस्थायी तथा स्थायी दोनों प्रकार के कुसमायोजन सुधारने के लिए किया जा सकता है।

परन्तु संयुक्त राज्य अमरीका तथा इंग्लैंड जैसे विकसित देशों के अनुभव से हमें पता चलता है कि ये दोनों नीतियां प्रतियोगी नहीं अपितु एक दूसरे की पूरक हैं। यदि इन्हें एक दूसरे की सम्पूरक बनाकर प्रयोग किया जाए तो अकेली-अकेली की बजाय ये दोनों नीतियां मिलकर साख को अधिक प्रभावशाली ढंग से नियंत्रित कर सकती हैं। उदाहरणार्थ, यदि केन्द्रीय बैंक साख की मात्रा कम करने के उद्देश्य से बट्टा दर बढ़ाएगा, तो यह उस स्थिति में प्रभावशाली नहीं होगी जब कमर्शियल बैंकों के पास विशाल अतिरिक्त रिजर्व हों। ये बैंक दर में हुई वृद्धि की परवाह किए बिना साख का विस्तार करते रहेंगे। परन्तु यदि केन्द्रीय बैंक पहले प्रतिभूतियों का विक्रय करके कमर्शियल बैंकों के अतिरिक्त रिजर्वों को खींच ले और फिर बैंक दर बढ़ाए, तो परिणामत: साख की मात्रा कम हो जाएगी। इसी प्रकार, यदि बैंक दर नहीं बढ़ाई जाएगी, तो केवल प्रतिभूतियों का विक्रय साख की मात्रा कम करने में इतना प्रभावशाली नहीं होगा। केन्द्रीय बैंक द्वारा प्रतिभूतियों के विक्रय से कमर्शियल बैंकों की नकदी आरक्षितियां तो कम हो जाएंगी, परन्तु यदि बट्टा दर कम होगा तो कमर्शियल बैंक केन्द्रीय बैंक की बट्टा खिड़की (discount window) से निधियां प्राप्त कर लेंगे। इसलिए साख नियंत्रण की सफल नीति यह होगी कि बैंक दर नीति तथा खुले बाजार प्रचालनों को न्याय-संगत रूप से परस्पर पूरक बनाया जाए।

3. परिवर्ती रिज़र्व अनुपात (Variable Reserve Ratio)

साख नियंत्रण के उपाय के रूप में परिवर्ती रिजर्व अनुपात (अथवा आवश्यक रिजर्व अनुपात अथवा न्यूनतम कानूनी आवश्यकताओं) को अपनाने के सुझाव सबसे पहले केन्ज ने अपनी "Treatise on Money" (1930) पुस्तक में दिया था और इसे 1935 में अमरीका के Federal Reserve System ने अपनाया था।

प्रत्येक कमर्शियल बैंक के लिए कानूनन यह आवश्यक है कि वह केन्द्रीय बैंक के पास अपनी जमाओं का एक न्यूनतम प्रतिशत हमेशा रखे। केन्द्रीय बैंक के पास रिजर्व की न्यूनतम राशि या तो सावधि एवं मांग जमाओं का, या कुल जमाओं का कुछ प्रतिशत होनी चाहिए। इन न्यूनतम रिजर्वों के ऊपर जो भी मुद्रा की राशि कमर्शियल बैंकों के पास रहती है, वह अतिरिक्त रिजर्व कहलाती है। इन अतिरिक्त रिजर्वों की

1. G. N. Halm, *Monetary Theory,* p. 59.

मात्रा जितनी अधिक होगी, बैंक की साख निर्माण करने की शक्ति उतनी ही अधिक होगी और विलोमशः भी। एक दूसरे शब्दों में यह भी कहा जा सकता है कि आवश्यक रिजर्व अनुपात जितना अधिक होगा, बैंक की साख निर्माण की शक्ति उतनी ही कम होगी और विलोमशः भी।

जब केन्द्रीय बैंक कमर्शियल बैंकों का रिजर्व अनुपात बढ़ाता है, इसका मतलब होता है कि कमर्शियल बैंक केन्द्रीय बैंक के पास अधिक मुद्रा रखें। परिणामतः कमर्शियल बैंकों के अतिरिक्त रिजर्व कम हो जाते हैं और वे अपेक्षाकृत कम उधार दे सकते हैं।

इसे जमा गुणक (deposit multiplier) फार्मूले की सहायता से स्पष्ट किया जा सकता है। यदि किसी कमर्शियल बैंक के पास कुल जमा 100 करोड़ रु. है और आवश्यक रिजर्व अनुपात 10 प्रतिशत है, तो उसे केन्द्रीय बैंक के पास 10 करोड़ रु. रखने होंगे। इसके अतिरिक्त रिजर्व 90 करोड़ रुपये होंगे। इस प्रकार वह 900 करोड़ रु. की सीमा तक इस तरीके से साख का निर्माण कर सकता है—ER/RR_R जहां ER अतिरिक्त रिजर्व हैं और RR_R आवश्यक रिजर्व अनुपात है। इस प्रकार, $90 \times 1/10\,\% = 90 \times 100/10 = 900$ करोड़ रु.। जब केन्द्रीय बैंक आवश्यक रिजर्व अनुपात को बढ़ाकर 20 प्रतिशत कर देगा, तो बैंक की साख निर्माण करने की शक्ति घटकर 400 करोड़ रु. रह जाएगी अर्थात् $500 \times 100/20 = 400$

इसके विपरीत, यदि केन्द्रीय बैंक साख का विस्तार करना चाहता है, तो वह रिजर्व अनुपात को घटा देता है ताकि कमर्शियल बैंकों की साख निर्माण की शक्ति बढ़ जाए। इस प्रकार केन्द्रीय बैंक रिजर्व अनुपात को घटा-बढ़ा कर कमर्शियल बैंकों की साख निर्माण की शक्ति को प्रभावित करता है और परिणामतः अर्थव्यवस्था में साख को नियंत्रित करता है।

परवर्ती रिजर्व की सीमाएं (Limitations of Variable Reserve Ratio)

साख नियंत्रण के तरीके के रूप में परिवर्ती रिजर्व अनुपात की अनेक सीमाए हैं।

1. अतिरिक्त रिजर्व (Excess Reserves)—आमतौर पर कमर्शियल बैंकों के पास भारी मात्रा में अतिरिक्त रिजर्व होते हैं जो परिवर्ती रिजर्व अनुपात को अप्रभावी बना देते हैं। जब बैंक अपने पास अतिरिक्त रिजर्व रखेंगे, तो रिजर्व अनुपात बढ़ जाने पर भी उनके उधार देने पर कोई प्रभाव नहीं पड़ेगा। वे नकदी से जमा के अनुपात की कानूनी न्यूनतम आवश्यकताओं को भी पूरा कर देंगे और साथ ही अतिरिक्त रिजर्वों के बल पर साख का निर्माण भी करते रहेंगे।

2. भद्दा तरीका (Clumsy Method)—खुले बाजार प्रचालनों के मुकाबले परिवर्ती रिजर्व अनुपात साख नियंत्रण का एक भद्दा उपाय है। इसका कारण यह है कि इसमें एक प्रकार से निश्चितता का अभाव रहता है, क्योंकि यह न केवल रिजर्वों की मात्रा में होने वाले परिवर्तनों के सम्बन्ध में बल्कि उन स्थानों के सम्बन्ध में भी आयथार्थ एवं अनिश्चित होते हैं, जहां पर ये परिवर्तन प्रभावशाली होते हैं। खुले बाजार प्रचालनों की अपेक्षा रिजर्वों के परिवर्तनों में बहुत अधिक अन्तर्ग्रस्त रहती हैं।[1]

3. भेद मूलक (Discriminatory)—परिवर्ती रिजर्व अनुपात भेदमूलक है और विभिन्न बैंकों को विभिन्न रूप से प्रभावित करता है। आवश्यक रिजर्व अनुपात बढ़ जाने से वे बैंक प्रभावित नहीं होंगे जिनके पास विशाल अतिरिक्त रिजर्व हैं। दूसरी ओर, इस वृद्धि से उन बैंकों को कठिनाई का सामना करना पड़ेगा जिनके पास अतिरिक्त रिजर्व बहुत कम हैं या बिल्कुल नहीं हैं। परिवर्ती रिजर्व अनुपात इस दृष्टि से भी भेदमूलक है कि रिजर्व आवश्यकताओं में परिवर्तन से इस तरह की गैर-बैंकिंग वित्तीय मध्यस्थ संस्थाएं प्रभावित नहीं होतीं जैसेकि सहकारी समितियां, बीमा कम्पनियां, भवन-निर्माण समितियां, विकास बैंक आदि, जबकि वे उधार देने के मामलों में कमर्शियल बैंकों से प्रतियोगिता करते हैं।

4. अलचीली (Inflexible)—यह नीति अलचीली है क्योंकि केन्द्रीय बैंक द्वारा नियत किया गया न्यूनतम रिजर्व अनुपात देश के सभी प्रदेशों में स्थित बैंकों पर लागू होता है। देश के किसी एक प्रदेश में जहां मुद्रा की तंगी है, अधिक साख की जरूरत हो सकती है और दूसरे क्षेत्र में संभव है यह व्यर्थ हो। इसलिए पहले प्रदेश में सब बैंकों के लिए रिजर्व अनुपात बढ़ाना न्याय संगत नहीं होगा, जबकि दूसरे प्रदेश में रिजर्व अनुपात बढ़ाना उचित नहीं होगा।

5. व्यावसायिक वातावरण (Business Climate)—साख-नियंत्रण के उस उपाय की सफलता अर्थव्यवस्था के व्यावसायिक वातावरण पर भी निर्भर करती है। यदि भविष्य के संबंध में व्यापारी निराशावादी हैं, जैसा मंदी के दौरान होता है, तो रिजर्व अनुपात को बहुत घटा देने पर भी वे कर्जा लेने को तैयार नहीं होंगे। इसी प्रकार यदि वे लाभ प्रत्याशाओं के बारे में आशावादी हैं, तो परिवर्ती अनुपात

---

1. S.K. Basu, *A Review of Current Banking Theory and Practice*, 1971.

के बहुत बढ़ा दिये जाने पर भी वे बैंकों से अधिक कर्जों की मांग करने से नहीं रुकेंगे।

6. रिजर्व अनुपात की स्थिरता (Stability of Reserve Ratio)—इस तकनीक की सफलता रिजर्व अनुपात की स्थिरता की कोटि पर निर्भर करती है। यदि कमर्शियल बैंकों को व्यापक रूप से परिवर्ती अनुपात, जैसे 10 प्रतिशत से 1 प्रतिशत के बीच रखने का अधिकार दे दिया जाए, तो ऊपरी अथवा निचली सीमा पर किसी भी हद तक परिवर्तन करने से बैंकों की साख निर्माण की शक्ति पर कोई प्रभाव नहीं पड़ेगा।

7. अन्य घटक (Other Factors)—कमर्शियल बैंकों द्वारा धारित रिजर्व अनुपात को केवल कानूनी आवश्यकताएं ही निर्धारित नहीं करतीं अपितु यह बात भी निर्धारित करती है कि ऐसी आवश्यकताओं के अतिरिक्त वे अपनी जमाओं से सम्बद्ध कितना अनुपात रखना चाहते हैं। यह बात आगे, उनके भावी विकास से सम्बन्धित प्रत्याशाओं, अन्य बैंकों के साथ प्रतियोगिता आदि पर निर्भर करेगी।[1]

8. मंदकारी प्रभाव (Depressive Effect)—परिवर्ती रिजर्व अनुपात के आलोचकों का कहना है कि इससे प्रतिभूतियों के बाजार पर मंदकारी प्रभाव पड़ता है। जब केन्द्रीय बैंक अचानक कमर्शियल बैंकों को यह आदेश देता है कि वे रिजर्व अनुपात बढ़ाएं, तो हो सकता है कि उन्हें वह अनुपात रखने के लिए विवश होकर अपनी प्रतिभूतियां बेचनी पड़ें। प्रतिभूतियों के इस व्यापक विक्रय से प्रतिभूतियों की कीमतें गिर जाएंगी और हो सकता है कि बांड बाजार का पतन ही हो जाए।[2]

9. दृढ़ (Rigid)—यह विधि अपनी क्रिया में दृढ़ है क्योंकि यह वांछित और अवांछित साख प्रवाहों में भेद नहीं करती है तथा उन्हें समान रूप से प्रभावित कर सकती है।

10. लघु परिवर्तनों के लिए नहीं (Not for Small changes)—यह उपाय चाकू जैसा नहीं बल्कि कुल्हाड़े जैसा अधिक है। इसे दैनिक या साप्ताहिक समायोजनों के लिए काम में नहीं लाया जा सकता। इसे तो कमर्शियल बैंकों की रिजर्व स्थितियों में विशाल परिवर्तन लाने के लिए ही प्रयोग किया जा सकता है।

निष्कर्ष (Conclusion)—साख-नियंत्रण के उपाय के रूप में परवर्ती रिजर्व अनुपात बहुत ही नाजुक तथा संवेदनशील (sensitive) औजार है जो बैंकों में न केवल अनिश्चितता की स्थिति उत्पन्न करता है बल्कि उनकी तरलता एवं लाभदायकता पर भी प्रतिकूल प्रभाव डालता है। अतः,. जैसाकि डी. कॉक का मत है, ''इसे संयम और विवेक से तथा केवल नितान्त असामान्य परिस्थितियों में ही प्रयोग करना चाहिए।''[3]

परवर्ती रिजर्व अनुपात बनाम खुले बाजार प्रचालन (Variable Reserve Ratio vs Open Market Operations)—खुले बाजार प्रचालनों की तुलना में परिवर्ती रिजर्व अनुपात की श्रेष्ठता के सम्बन्ध में अर्थशास्त्रियों के अलग-अलग मत हैं। जो लोग परिवर्ती रिजर्व अनुपात को साख नियंत्रण श्रेष्ठ का साधन मानते हैं, उनके मतानुसार, ''यह बढ़िया किस्म की सर्वश्रेष्ठ बैटरी है जिसे केन्द्रीय बैंक अपने शस्त्रागार में रख सकता है।''[4] उनके तर्क इस प्रकार हैं:

खुले बाजार प्रचालनों की अपेक्षा परिवर्ती रिजर्व अनुपात कमर्शियल बैंकों की साख-निर्माण शक्ति को अधिक प्रत्यक्ष ढंग से, तुरन्त एवं एक ही समय प्रभावित करते हैं। केन्द्रीय बैंक को बैकों की रिजर्व आवश्यकताओं के परिवर्तन की घोषणा भर करनी होती हैं और बैंकों को उन्हें तुरन्त लागू करना पड़ता है। परन्तु खुले बाजार प्रचालनों में प्रतिभूतियों को खरीदना या बेचना होता है जो ऐसी प्रक्रिया है जिसमें समय लगता है।

जब स्फीति को रोकने के लिये केन्द्रीय बैंक कमर्शियल बैंकों को प्रतिभूतियां बेचता है, तो उन्हें विवश होकर वे खरीदनी पड़ती हैं। इसलिए, वे निजी साख बाजार को अधिक कर्जे नहीं दे सकते। दूसरी ओर, यदि रिजर्व अनुपात बढ़ा दिया जाएगा, तो बैंकों को केन्द्रीय बैंकों के पास पहले से अधिक शेष रखने होंगे। उनकी कमाई भी घट जाएगी। इसलिए उन्हें सरकारी प्रतिभूतियों को बेचने और निजी साख बाजार को और अधिक कर्जे देने की प्रेरणा मिलेगी। इस प्रकार रिजर्व अनुपात में परिवर्तन की अपेक्षा खुले बाजार प्रचालन साख को नियंत्रित करने में अधिक प्रभावशाली सिद्ध होंगे। दूसरे शब्दों में कहा जा सकता है कि साख नियंत्रण के साधन के रूप में रिजर्व

---

1. H. G. Johnson, 'Recent Developments in Monetary Theory,' *I.E.R.* Feb., 1963.
2. S. K. Basu, *op, cit.*, p.122.
3. De Kock, *op. cit.*, p. 251.
4. S. K. Basu, *op.cit.*, p. 120.

अनुपात में परिवर्तनों की अपेक्षा खुले बाजार प्रचालन अधिक प्रभावी हैं। प्रत्येक देश में ऐसी गैर-बैंकिंग वित्तीय संस्थाएं होती हैं जो प्रतिभूतियों, बांडों आदि का क्रय-विक्रय करती हैं और लोगों को कर्जे देती और उनसे जमाएं स्वीकार करती हैं। परन्तु वे केन्द्रीय बैंक के कानूनी नियंत्रण के बाहर होती हैं। क्योंकि वे भी सरकारी प्रतिभूतियों का व्यापार करती हैं, इसलिए केन्द्रीय बैंक द्वारा इस तरह की प्रतिभूतियों का क्रय-विक्रय उनकी तरलता स्थिति को प्रभावित करता है। परन्तु उन्हें केन्द्रीय बैंक के पास कोई रिजर्व नहीं रखना पड़ता, जबकि कमर्शियल बैंकों को रखना पड़ता है।

फिर, रिजर्व अनुपात में परिवर्तनों का उद्देश्य कमर्शियल बैंकों की तरलता स्थिति में प्रमुख एवं दीर्घकालीन समायोजन करना होता है। इसलिए उपलब्ध बैंक रिजर्वों के परिमाण में वे वैसे अल्पकालीन समायोजनों के लिए उपयुक्त नहीं हैं जैसे खुले बाजार प्रचालनों के अन्तर्गत किये जाते हैं।

खुले बाजार प्रचालनों की सफलता इस बात पर निर्भर करती है कि प्रतिभूतियों के लिए एक व्यापक एवं संगठित बाजार विद्यमान हो। इसलिए जिन देशों में इस तरह का बाजार नहीं है, उनमें साख नियन्त्रण का यह साधन प्रभावशाली नहीं हो सकता। दूसरी ओर, परिवर्ती रिजर्व अनुपात के उपाय को प्रभावशाली होने के लिए इस तरह के बाजार की जरूरत नहीं और वह विकसित तथा अल्प-विकसित देशों में समान रूप से लागू हो सकता है और इस प्रकार खुले बाजार प्रचालनों की अपेक्षा श्रेष्ठ है।

फिर, क्योंकि खुले बाजार प्रचालनों में दैनिक और साप्ताहिक आधार पर प्रतिभूतियों का क्रय-विक्रय होता रहता है, इसलिए जो कमर्शियल बैंक और केन्द्रीय बैंक उनका क्रय-विक्रय करेंगे, उन्हें हानि उठानी पड़ सकती है। परन्तु रिजर्व अनुपात परिवर्तनों में कोई हानि नहीं होती।

बावजूद इस बाते के कि खुले बाजार प्रचालनों की तुलना में परिवर्ती रिजर्व अनुपात श्रेष्ठ है, प्रो. ऐसचीम (Aschheim)[1] जैसे अर्थशास्त्री का कहना है कि साख नियंत्रण के औजार के रूप में परिवर्ती रिजर्व अनुपात की अपेक्षा खुले बाजार प्रचालन अधिक प्रभावशाली हैं। गैर-बैंकिंग वित्तीय संस्थाएं सरकारी प्रतिभूतियों में बड़ी मात्रा में निवेश करती हैं तथा खुले बाजार प्रचालनों को अधिक प्रभावशाली बनाती हैं। परन्तु ये संस्थाएं केन्द्रीय बैंक के कानूनी क्षेत्र के बाहर होने कारण केन्द्रीय बैंक के पास कोई रिजर्व नहीं रखती हैं। इसलिए रिजर्व अनुपात में परिवर्तन का उनकी उधार देने की शक्ति पर कोई प्रभाव नहीं पड़ता। इसलिए परिवर्ती अनुपात की अपेक्षा खुले बाजार प्रचालन श्रेष्ठ हैं क्योंकि वे गैर—बैंकिंग वित्तीय संस्थाओं को भी प्रभावित करते हैं।

फिर, तकनीक के रूप में, रिजर्व अनुपात केवल कमर्शियल बैंकों के रिजर्वों के परिमाण को प्रभावित कर सकता है। दूसरी ओर, खुले बाजार प्रचालन, कमर्शियल बैंकों के रिजर्वों को ही नहीं बल्कि ब्याज दर के ढांचे को भी प्रभावित कर सकते हैं। इस प्रकार, बैंकों के रिजर्वों और साख निर्माण शक्ति को प्रभावित करने में रिजर्व अनुपात में परिवर्तन की अपेक्षा खुले बाजार प्रचालन अधिक प्रभावशाली हैं।

अन्तिम बात, जो कम महत्त्वपूर्ण नहीं, वह यह है कि रिजर्व अनुपात में परिवर्तन की तकनीक बेढ़ंगी, कठोर और भेदमूलक है जबकि प्रभावों की दृष्टि से खुले बाजार प्रचालनों की तकनीक सरल, लचीली तथा अभेदमूलक है।

ऊपर दोनों तकनीकों के सापेक्ष गुण-दोषों की चर्चा की गई है। इससे यह निष्कर्ष निकलता है कि दोनों तकनीकों से अधिकतम लाभ उठाने के लिए उन्हें अलग-अलग नहीं बल्कि संयुक्तरूप से प्रयोग करना चाहिए। यदि केन्द्रीय बैंक रिजर्व अनुपात बढ़ाता है, तो उसे चाहिए कि उसके साथ-साथ जिन क्षेत्रों में मुद्रा की तंगी है उन क्षेत्रों में प्रतिभूतियां बेचना नहीं, खरीदना शुरू कर दे। इसके विपरीत जब केन्द्रीय बैंक कमर्शियल बैंकों की रिजर्व आवश्यकताएं घटाए तो उसे चाहिए कि उन बैंकों को प्रतिभूतियां भी बेचे, जिन बैंकों के पास पहले से अतिरिक्त रिजर्व हैं और जो बहुत अधिक उधार देते रहे हैं।

यदि दोनों नीतियां संयुक्त रूप से लागू की जाएंगी तो उनमें विरोध नहीं होगा बल्कि वे एक-दूसरी की पूरक होंगी।

4. चयनात्मक साख-नियंत्रण (Selective Credit Controls)

साख नियंत्रण के चयनात्मक या गुणात्मक तरीकों का प्रयोजन साख के प्रयोक्ताओं (users) और प्रयोगों में साख पूर्ति को नियमित एवं नियंत्रित करना है। ये मात्रात्मक अथवा सामान्य तरीकों से भिन्न होते हैं जिनका उद्देश्य साख की लागत एवं मात्रा को

1. Aschheim, *Theory of Monetary Control*, Ch. 2.

नियंत्रित करना होता है। दूसरी ओर, चयनात्मक साधन साख की कुल राशि को नहीं बल्कि उतनी ही राशि को प्रभावित करते हैं जो अर्थव्यवस्था के किसी विशेष क्षेत्र में प्रयुक्त की जा रही है। चयनात्मक साख नियंत्रणों का उद्देश्य बैंक साख के प्रवाह को सट्टात्मक तथा अन्य अवांछनीय (undesirable) उद्‌देश्यों से हटाकर सामाजिक दृष्टि से वांछनीय तथा आर्थिक दृष्टि से उपयोगी प्रयोगों की ओर मोड़ना है। वे उधार लेने वालों पर कुछ शर्तें लगाकर मुद्रा की मांग को भी नियंत्रित करते हैं। इसलिए, उनमें यह मत शामिल रहता है कि साख का एकाधिकार वस्तुतः विभेदकारी एकांधिकार बन जाना चाहिए।[1] प्रो. चैण्डलर के चयनात्मक साख नियन्त्रणों को परिभाषित करते हुए कहा है कि ये वे उपाय होते हैं, ''जो साख के आवंटन ((allocation) को कम से कम उस सीमा तक प्रभावित करते हैं कि चुने हुए उद्देश्यों के लिए प्रयोग होने वाली साख तो कम हो जाए और सब उद्‌देश्यों के लिए साख की पूर्ति घटाने और साख की लागत बढ़ाने की जरूरत न पड़े।[2] हम आगे प्रमुख प्रकार के उन चयनात्मक साख नियन्त्रणों की चर्चा कर रहे हैं जिन्हें विभिन्न देशों में केन्द्रीय बैंक सामान्य तौर से व्यवहार में लाते हैं।

(क) सीमा-आवश्यकताओं का नियमन
(Regulation of Margin Requirements)

इस उपाय को इस बात के लिए काम में लाया जाता है कि सटोरिये प्रतिभूतियां खरीदने या रखने के लिए साख का अत्यधिक प्रयोग न कर सकें। केन्द्रीय बैंक प्रतिभूतियां खरीदने या रखने के लिए कर्जों पर न्यूनतम सीमा आवश्यकताएं नियत कर देता है। ये मात्रात्मक अथवा सामान्य उपायों से भिन्न होते हैं जिनका उद्‌देश्य साख की लागत या मात्रा को नियंत्रित करना है। सामान्य साधनों से भिन्नता रखते हुए, ये चयनात्मक साधन की साख की कुल राशि को प्रभावित नहीं करते,बल्कि उस राशि को प्रभावित करते हैं जो अर्थव्यवस्था के किसी विशेष क्षेत्र में प्रयोग में लाई जा रही है। यह वास्तव में, प्रतिभूतियों के मूल्य का वह प्रतिशत है जो कि उधार लिया या दिया जा सकता है। दूसरे शब्दों में, यह कर्जे की वह अधिकतम राशि है जो उधार लेने वाला प्रतिभूतियों के आधार पर बैंकों से ले सकता है। उदाहरणार्थ, यदि केन्द्रीय बैंक 1000 रु. की प्रतिभूति के मूल्य की 10 प्रतिशत सीमा नियत करता है, तो कमर्शियल बैंक उस प्रतिभूति के धारणकर्त्ता को केवल 900 रु. उधार दे सकता है और 100 रु. अपने पास रख सकता है। यदि केन्द्रीय बैंक इस सीमा को बढ़ाकर 25 प्रतिशत कर दे, तो कमर्शियल बैंक 1000 रु. की प्रतिभूति पर केवल 750 रुपये उधार दे सकेगा। यदि केन्द्रीय बैंक सट्टे को रोकना चाहता है, तो वह सीमा बढ़ा देगा। दूसरी ओर यदि केन्द्रीय बैंक साख का विस्तार करना चाहेगा, तो सीमा आवश्यकताएं घटा देगा।

लाभ (Merits)

इस प्रकार चयनात्मक साख नियंत्रण के कुछ विशष गुण हैं—

1. यह भेदमूलक नहीं है क्योंकि यह उधार लेने वालों और उधार देने वालों पर समान रूप से लागू होता है। इस प्रकार यह साख की पूर्ति मांग को एक साथ सीमित करता है।
2. यह कमर्शियल बैंकों तथा गैर–बैंकिंग वित्तीय मध्यस्थ संस्थाओं पर समान रूप से लागू होती है।
3. यह अधिक उत्पादक प्रयोगों के लिए साख की पूर्ति को बढ़ाती है।
4. यह बहुत प्रभावशाली प्रतिस्फीति (anti-inflationary) तरीका है क्योंकि यह अर्थव्यवस्था के उन क्षेत्रों में साख के विस्तार को नियंत्रित करता है जो स्फीति का पोषण करते हैं।
5. इसे अमल में लाना बहुत सरल एवं सुगम है क्योंकि इसका प्रयोजन विशिष्ट उद्‌देश्यों के लिए साख के प्रयोग का नियमन करना है।

परन्तु इस तकनीक की सफलता के लिए आवश्यक है कि सटोरियों को बेमतलब दिये जाने वाले कर्जों के रूप में बैंक साख का रिसाव न हो।

कमियां (Weaknesses)

फिर भी पिछले कई वर्षों से इसमें कुछ रिसाव पाये जाते हैं—

---

1. S. K. Basu, *op. cit.*, pp.144-45.
2. L. V. Chandler, *op. cit,*. p. 247

1. एक उधारकर्त्ता उधार ली गई निधियों से स्टॉक को क्रय करने की इच्छा व्यक्त न करे और कर्जे के लिए किसी अन्य परिसम्पत्ति को जमानत के रूप में गिरवी रखे। परन्तु वह किसो अन्य स्रोत से स्टॉक का क्रय करे।

2. एक उधारकर्त्ता स्टॉक को नकदी से क्रय करके और फिर पहले से क्रय हुई सामग्री और आपूर्तियों का वित्तप्रंबध मुद्रा उधार लेकर कर सकता है उसके पास जो स्टॉक पहले से ही है उनको कर्जे की जमानत पर रखकर।

3. कमर्शियल बैंकों और दलालों को छोड़कर वे उधारदाता जो सीमा आवश्यकताओं के अंतर्गत नहीं आते अपने जमानती कर्जों में वृद्धि कर सकते हैं जब कमर्शियल बैंक और दलाल उंची सीमा आवश्यकताओं द्वारा नियंत्रित हो रहे हों।

व्यवहार में इन कमियों के बावजूद, सीमा अवश्यकताएं साख नियंत्रण का एक लाभदायक तरीका है।

(ख) उपभोक्ता साख का नियमन (Regulation of Consumer Credit)

चयनात्मक साख नियंत्रण का एक और उपाय है जिसका उद्देश्य उपभोक्ता किश्त साख अथवा किराया खरीद (hire-purchase) वित्त का नियमन है। इस साधन का प्रमुख उद्देश्य यह है कि आर्थिक स्थिरता के निमित्त टिकाऊ उपभोक्ता वस्तुओं की मांग को नियमित किया जाए। केन्द्रीय बैंक उपभोक्ताओं द्वारा बैंक साख के प्रयोग को नियमित करता है ताकि वे किश्तों अथवा किराया खरीद पर टिकाऊ उपभोक्ता वस्तुएं खरीद सकें। इसके लिए वह दो युक्तियां काम में लाता है : न्यूनतम नकद भुगतान (minimum down payments) और पुनर्भुगतान की अधिकतम अवधियां। मानलीजिए एक साइकिल 1500 रु. की मिलती है। इसे खरीदने के लिए कमर्शियल बैंक से साख उपलब्ध है। केन्द्रीय बैंक नियत कर सकता है कि 50 प्रतिशत कीमत नकद चुकाई जाए और शेष राशि का भुगतान अधिकतम 30 महीनों में किया जाए। इसलिए उपभोक्ता को साइकिल खरीदते समय न्यूनतम 750 रु. बैंक में देने होंगे और शेष राशि 25-25 रु. की तीस मासिक किश्तों में चुकानी होगी। इस सुविधा से साइकिलों की मांग बढ़ जाएगी। साइकिल उद्योग का, और उसके साथ-साथ सम्बद्ध उद्योगों जैसे टायर, ट्यूब, स्पेयर पार्ट आदि का विस्तार होगा। परिणामस्वरूप, अर्थव्यवस्था के इस क्षेत्र में तथा अन्य क्षेत्रों में स्फीतिकारी स्थिति उत्पन्न हो जाएगी। इस पर काबू पाने के लिए केन्द्रीय बैंक न्यूनतम नकद भुगतान की राशि बढ़ाकर 70 प्रतिशत और शेष राशि के भुगतान की अवधि तीन किश्तें कर देता है। इसलिए साइकिल खरीदने वाले को 1050 रु. तो शुरू में ही देने होंगे और शेष राशि 150 रु. की तीन मासिक किश्तों में चुकानी होगी। इसी प्रकार यदि केन्द्रीय बैंक देखता है कि अर्थव्यवस्था के किसी विशेष उद्योग में गिरावट आ गई है तो नकद भुगतान की राशि घटा देता है और पुनर्भुगतान की अधिकतम अवधि घटा देता है। नकद भुगतान की राशि घटाने का परिणाम यह होता है कि जिन विशेष टिकाऊ उपभोक्ता वस्तुओं पर केन्द्रीय बैंक का नियम लागू होता है, उनके लिए साख की मांग बढ़ जाती है। पुनर्भुगतान की अधिकतम अवधि बढ़ने से मासिक भुगतानों की राशि घट जाती है और कर्जों की मांग बढ़ने लगती है। इससे उपभोक्ता साख को प्रोत्साहन मिलता है। दूसरी ओर, जब तेजी की स्थिति होती है तो केन्द्रीय बैंक नकद भुगतानों की राशि बढ़ा देता है और पुनर्भुगतान की अधिकतम अवधि घटा देता है।

तेजी और मंदी दोनों ही अवधियों के दौरान टिकाऊ उपभोक्ता वस्तुओं के मामले में साख नियंत्रित करने में उपभोक्ता साख का नियमन अधिक प्रभावशाली है जबकि इस क्षेत्र में सामान्य साख नियंत्रण असफल रहते हैं। इसका कारण यह है कि सामान्य साख नियंत्रण के प्रचालन में समय-पश्चता् (time lag) रहता है। फिर, टिकाऊ उपभोक्ता वस्तुओं के मामले में उपभोक्ता साख की मांग ब्याज बेलोच होती है। उपभोक्ता, प्रदर्शन प्रभाव के असर में इस प्रकार की वस्तुएं खरीदने को प्रेरित होते हैं और ब्याज दर की विशेष परवाह नहीं करते।

परन्तु इस उपाय की अपनी **कमियां** हैं। यह उपाय बेढ़ंगा और तकनीकी दृष्टि से दोषपूर्ण है और इसे अमल में लाना भी कठिन है क्योंकि इसका आधार संकुचित है। दूसरे शब्दों में, यह एक विशेष वर्ग के उधार लेने वालों पर लागू होता है, और उनकी साख के लिए मांग, कुल मांग आवश्यकताओं की मामूली भाग होती है। इसलिए,यह विभिन्न प्रकार के उधार लेने वालों में भेदभाव करती है। यह उपाय केवल सीमित आय के लोगों को प्रभावित करता है और उच्चतर आय के वर्गो को छोड़ देता है। अन्तिम बात यह है कि उपाय संसाधनों का कुविभाजन करता है क्योंकि यह साख नियमों के अन्तर्गत आने वाले उद्योगों से संसाधनों को हटाता है और दूसरे ऐसे उद्योगों का विस्तार करता है जिन पर साख के कोई प्रतिबन्ध नहीं होते।

(ग) साख का राशनिंग (Rationing of credit)

जिस उद्देश्य के लिए कमर्शियल बैंक उधार देते हैं, उस उद्देश्य को नियंत्रित एवं नियमित करने के लिए साख का राशनिंग भी

साख नियंत्रण का एक चयनात्मक उपाय है। यह राशनिंग सामान्यत: दो प्रकार का होता है। **पहला,** प्रकार परिवर्ती निवेश सूची सीमा (variable portfolio ceilling) का है। इस उपाय के अनुसार, केन्द्रीय बैंक कमर्शियल बैंकों की सकल निवेश सूचियों की अधिकतम सीमा नियत कर देता है, और वे उस सीमा से अधिक कर्ज नहीं दे सकते। **दूसरे,** उपाय को परिवर्ती पूंजी परिसम्पत्ति अनुपात (variable capital assets ratio) का नाम दिया गया है। यह वह अनुपात है जिसे केन्द्रीय बैंक किसी कमर्शियल बैंक की कुल परिसम्पत्तियों से उसकी पूंजी के संबंध में नियत करता है। केन्द्रीय बैंक आर्थिक आवश्यकताओं के अनुरूप अधितकम निवेश-सूची सीमा को बढ़ा या घटा सकता है और पूंजी-परिसम्पत्ति अनुपात में भी परिवर्तन कर सकता है।

साख का राशनिंग उपाय रूस तथा मेक्सिको में बहुत सफलतापूर्वक प्रयोग में लाया गया है। इसलिए यह ''योजनाबद्ध अर्थव्यवस्थाओं में पाए गए गहन एवं व्यापक आयोजन का तार्किक सहवर्ती है।'' इस तकनीक में बड़े बैंकों के विरुद्ध भेद-भाव भी अन्तर्ग्रस्त है क्योंकि यह छोटे बैंकों की अपेक्षा बड़े बैंकों की उधार देने की शक्ति को अधिक सीमित करती है। **अन्तिम,** बात यह है कि चयनात्मक उद्देश्यों के लिए साख का राशनिंग करके केन्द्रीय बैंक उधार देने का अन्तिम आश्रयदाता नहीं रह जाता है। इसलिए अत्यधिक स्फीतिकारी स्थितियों और आपातकाल को छोड़कर केन्द्रीय बैंक इस तकनीक को मिश्रित अर्थव्यवस्थाओं में प्रयोग नहीं करते।

(घ) प्रत्यक्ष कार्यवाही (Direct Action)

सभी देशों में केन्द्रीय बैंक प्राय: कमर्शियल बैंकों के विरुद्ध प्रत्यक्ष कार्यवाही लेते रहते हैं। प्रत्यक्ष कार्यवाही का रूप यह होता है कि केन्द्रीय बैंक जिस विशेष नीति को केन्द्रीय बैंक तुरन्त लागू करना चाहता है, वह समय-समय पर कमर्शियल बैंकों को उस नीति का अनुसरण करने के 'आदेश' (directives) जारी करता रहता है। यह नीति भले ही सब बैंकों के विरुद्ध न अपनाई जाए परंन्तु उन बैंकों के विरुद्ध काम में लाई जाती है जो गलतियां करते हैं। उदाहरणार्थ, केन्द्रीय बैंक कुछ ऐसे बैंकों को पुनर्बट्टा सुविधाएं देने से इन्कार कर देता है जो सट्टामूलक उद्देश्यों के लिए बहुत अधिक साख प्रदान करते हों, या अपनी पूंजी और रिजर्वों से अधिक उधार देते हों या जिन्हें वह कुछ वस्तुओं की जमानत पर कर्जे देने से रोकना चाहता हो, इत्यादि। केन्द्रीय बैंक उन बैंकों से दण्ड दर भी वसूल करता है जो अपनी निर्धारित सीमा से अधिक उधार लेते हैं। केन्द्रीय बैंक किसी कमर्शियल बैंक को यह धमकी भी दे सकता है कि यदि वह उसकी नीतियों और आदेशों का पालन नहीं करेगा, तो केन्द्रीय बैंक उसे अपने नियन्त्रण में ले लेगा।

परन्तु साख-नियंत्रण के इस उपाय की अनेक सीमाएं हैं जिन्हें डी. कॉक ने इस प्रकार गिनवाया है—'' *पहली* कठिनाई तो यह है कि केन्द्रीय बैंक तथा कमर्शियल बैंक, दोनों ही, आवश्यक तथा अनावश्यक उद्योगों में, उत्पादक तथा अनुत्पादक क्रियाओं में , निवेश तथा सट्टे में,अथवा न्यायसंगत अत्यधिक और सट्टे या उपभोग में, सब समय और सब स्थितियों में स्पष्ट अन्तर नहीं कर पाते। *दूसरी* कठिनाई यह नियंत्रित करने की है कि साख लेने वाले की बजाय कोई दूसरा, तीसरा या चौथा व्यक्ति उस साख का उपयोग न करे। *तीसरी* कठिनाई उन खतरों की है जो कमर्शियल बैंक के उधार देने के कार्यों के लिए केन्द्रीय बैंक तथा कमर्शियल बैंक में उत्तरदायित्व के विभाजन में पाई जाती है; और अन्तिम कठिनाई यह है कि कहीं केन्द्रीय बैंक अनुचित नियंत्रण एवं हस्तक्षेप के परिणामस्वरूप कमर्शियल बैंकों के पूर्ण एवं सक्रिय सहयोगों को न खो बैठे।[1]

(च) नैतिक प्रबोधन (Moral Suasion)

नैतिक प्रबोधन (या समझाना-बुझाना) वह उपाय है जिसे केन्द्रीय बैंक प्राय: कमर्शियल बैंकों को समझाने-बुझाने, निवेदन करने, अनौपचारिक सुझाव और परामर्श देने के लिए अपनाता है। केन्द्रीय बैंक का कार्यपालक अध्यक्ष कमर्शियल बैंकों के अध्यक्षों की मीटिंग बुलाता है जिसमें वह पहले तो यह बताता है कि चालू आर्थिक स्थिति के संदर्भ में किसी विशिष्ट मौद्रिक नीति को अपनाने की क्यों जरूरत है और फिर उनसे अपील करता है कि वे उस नीति का पालन करें। 'जबड़े की हड्डी का नियंत्रण' (jawbone control) अथवा 'कलाई पर थपक' (slaps on the wrist) उपाय साख के चयनात्मक उपाय के रूप में भारत, न्यूजीलैंड, कनाडा, और आस्ट्रेलिया में बहुत सफल रहा है, यह अलग बात है कि यह संयुक्त राज्य अमेरिका में नाकाम रहा।

नैतिक प्रबोधन ऐसा उपाय है जिसमें दण्ड का प्रावधान नहीं है और इसलिए इसकी प्रभाविता सीमित है। इस उपाय की सफलता

---

1. De Kock, *op. cit.,*pp.228-29.

इस बात पर निर्भर करती है कि कमर्शियल बैंक किस सीमा तक केन्द्रीय बैंक को अपना नेता मानते हैं और उन्हें उससे कितनी सुविधा की जरूरत है। यदि किसी कमर्शियल बैंक के पास अतिरिक्त रिजर्व है तो हो सकता है कि वह केन्द्रीय बैंक की सलाह न माने, जैसा संयुक्त राज्य अमेरिका में होता है। फिर भी, यह हो सकता है कि जब तेजी और मंदी की अवधियों में अर्थव्यवस्था क्रमश: आशावाद एवं निराशावाद की लहरों में से गुजर रही हो,तो नैतिक प्रबोधन सफल न हो। ऐसी स्थिति में कमर्शियल बैंक केन्द्रीय बैंक की सलाह नहीं मानते। पर, यह उपाय वहां सफल हो सकता है जहां देश की सरकार द्वारा व्यापक संवैधानिक अधिकारों के बल पर केन्द्रीय बैंक की प्रतिष्ठा हो।

(छ) प्रचार (Publicity)

केन्द्रीय बैंक प्रचार को भी साख नियंत्रण के साधन के रूप में प्रयोग करता है। वह जनता की सूचना के लिए कमर्शियल बैंकों की परिसम्पत्तियों और देयताओं के साप्ताहिक अथवा मासिक विवरण प्रकाशित करता है। वह मुद्रा पूर्ति, कीमतों, उत्पादन और रोजगार, और पूंजी तथा मुद्रा बाजार आदि से सम्बन्धित सांख्यिकीय आंकड़े भी प्रकाशित करता है। यह भी कमर्शियल बैंकों पर नैतिक दबाव डालने का एक तरीका है। इसका उद्देश्य यह होता है कि देश में चालू आर्थिक स्थितियों के प्रकाश में केन्द्रीय बैंक की तुलना में कमर्शियल बैंक द्वारा अपनाई जाने वाली नीतियों से जनता को अवगत कराया जाए।

इस उपाय की सफलता के बारे में निश्चय से कुछ नहीं जा सकता। यह पहले से मानकर चलता है कि जनता शिक्षित है और मौद्रिक तत्त्वों को समझती है। परन्तु उन्नत देशों में भी इस तरह के लोगों की प्रतिशतता नहीं के बराबर है। इसलिए इस बात में बहुत संदेह है कि यह उपाय कमर्शियल बैंक पर यह दबाव डाल सकेंगे कि वे केन्द्रीय बैंक की नीतियों का अनुसरण करें। इसलिए,चयनात्मक साख नियंत्रण के साधन के रूप में प्रचार केवल साहित्यिक महत्त्व रखता है।

चयनात्मक साख नियंत्रण की सीमाएं (Limitations of Selective Credit Controls)

यद्यपि मात्रात्मक साख नियंत्रणों की अपेक्षा चयनात्मक साख नियंत्रण श्रेष्ठ समझे जाते हैं, फिर भी इनकी कुछ परिसीमाएं हैं—

1. सीमित क्षेत्र (Limited Coverage)—सामान्य साख नियंत्रणों की भांति चयनात्मक साख नियंत्रणों का भी सीमाक्षेत्र सीमित है। वे केवल कमर्शियल बैंकों पर लागू होते हैं, गैर-बैंकिंग वित्तीय संस्थाओं पर लागू नहीं होते। परन्तु उपभोक्ता साख के नियमन में, जो बैंकिंग तथा गैर-बैंकिंग दोनों प्रकार की वित्तीय संस्थाओं पर लागू होती है, इस तकनीक को अमल में लाना जटिल है।

2. विशिष्टता नहीं (No Specificity)—चयनात्मक साख नियंत्रण विशिष्ट कार्य पूरा करने में असफल रहते हैं। इस बात की कोई गारंटी नहीं कि बैंकों से प्राप्त कर्जे उसी विशिष्ट उद्देश्य के लिए प्रयोग होंगे जिनके लिए वे मंजूर किये गए हैं।

3. आवश्यक और अनावश्यक घटकों में भेद कठिन (Difficult to distinguish between Essential and Non-essential Factors)—चयनात्मक साख नियंत्रणों को लागू करने के लिए केन्द्रीय बैंक के लिए आवश्यक तथा अनावश्यक क्षेत्रों में और सट्टामूलक तथा उत्पादक निवेशो में अन्तर करना कठिन हो जाता है। यही तर्क कमर्शियल बैंकों द्वारा दिए जाने वाले कर्जों के उद्देश्य पर भी लागू होता है बशर्ते कि उन्हें केन्द्रीय बैंक ने विशिष्ट रूप से निर्धारित न कर दिया हो।

4. अधिक कर्मचारी वर्ग की आवश्यकता (Requirement of more Staff)—अधिक लाभ कमाने के लिए कमर्शियल बैंक केन्द्रीय बैंक द्वारा निर्धारित उद्देश्य से भिन्न उद्देश्यों के लिए भी कर्जे देते हैं। ऐसा विशेष रूप से तब होता है जब कमर्शियल बैंकों के खातों की बारीकी से पड़ताल करने के लिए केन्द्रीय बैंक के पास अधिक कर्मचारी वर्ग न हो। वास्तव में, कोई भी केन्द्रीय बैंक उनके खातों की पड़ताल नहीं कर पाता। इसलिए, बेईमान बैकों के मामले में चयनात्मक साख नियंत्रण असफल ही रहेंगे।

5. विभेदात्मक (Discriminatory)—चयनात्मक नियंत्रण उधार लेने और देने वालों की स्वतंत्रता को अनावश्यक रूप से रोक देते हैं। वे विभिन्न प्रकार के उधार लेने वालों और बैंकों में भी भेद-भाव करते हैं। प्राय: चयनात्मक नियंत्रण से बड़े उधार लेने वालों और विशाल बैंकों की अपेक्षा छोटे उधार लेने वालों और छोटे बैंकों को अधिक आघात पहुंचता है।

6. संसाधनों का आवंटन (Malallocation of Resources)—जब चयनात्मक साख नियंत्रण कुछ विशिष्ट क्षेत्रों, भागों और उद्योगों पर लागू किए जाते हैं और अन्य क्षेत्रों, भागों तथा उद्योगों को स्वतंत्रता से कार्य करने दिया जाता है, तो परिणामस्वरूप, संसाधनों का कुआवंटन हो जाता है, क्योंकि वे उनकी स्वतंत्रता पर अनुचित प्रतिबंध लगा देते हैं और उनके उत्पादन को प्रभावित करते हैं।

7. इकाई बैंकिंग में सफल नहीं (Not Successful in Unit Banking)—इकाई बैंक अमेरिका में स्वतंत्र एक-आफिस बैंक होते हैं जो छोटे पैमाने पर छोटे शहरों में कार्य करते हैं और स्थानीय लोगों की वित्तीय आवश्यकताओं को पूरा करते हैं। ऐसे बैंक अमेरिका के फैडरल रिजर्व सिस्टम (केन्द्रीय बैंक) के चयनात्मक साख नियंत्रणों द्वारा प्रभावित नहीं होते। क्योंकि वे बड़े बैंकों से उधार लेकर अपनी क्रियाओं का वित्तप्रबंध कर लेते हैं। इसलिए यह नीति इकाई बैंकों पर प्रभावी नहीं होती।

निष्कर्ष (Conclusion)

उपर्युक्त विवेचन के आधार पर यह नहीं समझना चाहिए कि सामान्य साख नियंत्रणों का पूर्ण बहिष्कार करके चयनात्मक साख नियंत्रणों को प्रयोग में लाया जाता है। इसी विचार के परिणामस्वरूप चयनात्मक साख नियंत्रण दोषपूर्ण प्रतीत होते हैं। वस्तुतः उनका उद्देश्य सामान्य साख नियंत्रणों का पूरक होना है और वे केवल 'गौण साधन' समझे जाते हैं। ''महत्त्वपूर्ण बात सामान्य बनाम चयनात्मक साख नियंत्रण का प्रश्न, दोनों उपायों के पक्षों तथा विपक्षों के मूल्यांकन का नहीं, बल्कि दोनों को एकीकृत करने का है। वास्तव में ऐसा प्रतीत होता है कि दोनों में से किसी एक को अकेले प्रयोग करने की बजाय चयनात्मक एवं सामान्य साख नियंत्रणों का समायोजन अधिक प्रभावशाली रहा है।''[1]

6. कमर्शियल बैंकों तथा केन्द्रीय बैंक में संबंध (RELATION BETWEEN THE CENTRAL BANK AND COMMERCIAL BANKS)

कमर्शियल बैंक एक ऐसी संस्था है जो मुद्रा को अपने पास रखती है, उधार देती है,और उसका विनिमय करती है। सेयर्स के अनुसार, ''साधारण बैंकिंग व्यवसाय में नकदी को बैंक जमा में और जमा को नकदी में परिवर्तित करना सम्मिलित हैं; बैंक जमाओं को एक व्यक्ति से या निगम (एक जमाकर्ता) से दूसरे को हस्तांतरित करना; विनिमय-पत्रों, सरकारी बांडों, आदि के बदले में बैंक जमाएं देना।''13 इस प्रकार, बैंक एक ऐसी संस्था है जो लोगों से जमाएं स्वीकार करती है और बदले में साख निर्माण करके कर्जे देती है।

वास्तव में, कमर्शियल बैंक विभिन्न प्रकार के कार्य करते हैं। वे ग्राहकों की बचत, चालू एवं सावधि (time) खातों में जमा स्वीकार करते हैं जो क्रमशः अल्पावधि और दीर्घावधि के लिए होती हैं। इस प्रकार, बैंक समाज की बचतों को इकट्ठा करते हैं। आगे वे इन्हीं बचतों को अल्पावधि के लिए विशिष्ट जमानतों के आधार पर, ओवरड्राफ्ट द्वारा तथा विनिमय-पत्रों का भुगतान करके साधारण जनता तथा व्यापारियों को उधार देते हैं। इस प्रकार, एक कमर्शियल बैंक साख का निर्माण करता है जिससे देश में उत्पादन बढ़ता है और आर्थिक विकास की गति तीव्र होती है। इसके अतिरिक्त, एक कमर्शियल बैंक विदेशी विनिमय-पत्रों का भुगतान करके विदेशी व्यापार में सहायक होता है। यह विदेशी करेन्सी को भी खरीदता और बेचता है। अपने ग्राहकों के लिए यह अनेक एजेन्सी और उपयोगिता सेवाएं भी प्रदान करता है।

दूसरी ओर, केन्द्रीय बैंक सरकारी बैंक है जो देश के बैंकिंग ढांचे का शीर्ष होता है। यह बैंकरों का बैंक तथा उनका अन्तिम उधारदाता होता है। प्रत्येक कमर्शियल बैंक को केन्द्रीय बैंक के निरीक्षण और नियंत्रण के अन्तर्गत की कार्य करना होता है। केन्द्रीय बैंक के निम्न कार्य कमर्शियल बैंकों से संबद्ध होते हैं—

1. कमर्शियल बैंकों के नकदी रिजर्व का रखवाला (Custodian of Cash Reserves of Commercial Banks)—केन्द्रीय बैंक का कमर्शियल बैकों के साथ वही संबंध होता है जो बैंकों का जनता के साथ। प्रत्येक बैंक को कानूनन अपनी सावधि और मांग जमा का कुछ प्रतिशत भाग केन्द्रीय बैंक के पास रखना पड़ता है। इन रिजर्वों के आधार पर केन्द्रीय बैंक चैक के समाशोधन को सुगम बनाने के लिए एक बैंक से दूसरे बैंक में निधियां हस्तांतरित करता है। ये नकदी रिजर्व केन्द्रीय बैंक द्वारा कमर्शियल बैंकों को पुनर्बट्टा सुविधाएं प्रदान करने में भी सहायक होते हैं। इस प्रकार केन्द्रीय बैंक कमर्शियल बैंकों के नकदी रिजर्व के रखवाले का कार्य करता है और उनके लेन-देन सुगम बनाता है। डी. कॉक के अनुसार, कमर्शियल बैंकों के नकदी रिंजर्व केन्द्रीय बैंक के पास रखने के अनेक लाभ हैं। *पहला,* नकदी रिजर्व का केन्द्रीय्र बैंक में केन्द्रीयकरण देश की बैंकिंग प्रणाली के लिए बहुत शक्ति का स्रोत है। *दूसरा,* केन्द्रीयकृत नकदी रिजर्व कम से कम विशाल तथा अधिक लोचदार ढांचे के आधार के रूप में कार्य कर सकते हैं, बजाय उस स्थिति के कि यदि वही राशि

1. S.K. Basu, op. cit., p. 155.

व्यक्तिगत बैंकों में बिखरी हो। *तीसरा,* मौसमी तनावों और वित्तीय संकटों अथवा सामान्य आपातों की अवधियों के दौरान नकदी रिजर्व पूरी तरह और बहुत प्रभावशाली ढंग से केन्द्रीय बैंक द्वारा प्रयोग किये जा सकते हैं। *चौथा,* इन नकदी रिजर्वों में परिवर्तन करके केन्द्रीय बैंक कमर्शियल बैंकों की साख निर्माण को नियंत्रित कर सकता हैं। *अन्तिम,* केन्द्रीय बैंक अस्थायी एवं अल्पकालीन आधार पर कमर्शियल बैंकों को अतिरिक्त निधियां प्रदान कर सकता है, जिससे वे अपनी वित्तीय कठिनाइयों को दूर कर सकते हैं।

2. अन्तिम ऋणदाता के रूप में (Lender of the Last Resort)—केन्द्रीय बैंक, कमर्शियल बैंकों के लिए अन्तिम ऋणदाता का भी कार्य करता है। इसका अभिप्राय यह है कि जब किसी कमर्शियल बैंक को मुद्रा की आवश्यकता होती है और वह कहीं से भी प्राप्त नहीं होती, तो वह उचित प्रतिभूतियों, विनिमय-पत्रों आदि के आधार पर केन्द्रीय बैंक से उधार लेता है। डी. कॉक केन्द्रीय बैंक के इस कार्य को अनिवार्य कार्य मानता है। कमर्शियल बैंक जब दबाव की स्थितियों मे होते हैं तो केन्द्रीय बैंक उधार देकर उनकी सहायता करता है ताकि देश के वित्तीय ढांचे को टूटने से बचाया जा सके। इसके लिए यह दो तरीके अपनाता है। *प्रथम,* "सीधे अगले दरवाजे से" (at the front door) सरकारी हुंडियों, सरकारी प्रतिभूतियों एवं बांडों के आधार पर बट्टाघर (discount house) के माध्यम से अन्तिम ऋणदाता को कार्य करता है। *दूसरा,* कमशियल बैकों को बट्टाघरों के माध्यम से "पिछले दरवाजे से" (through the back door) अप्रत्यक्ष तौर से अस्थायी ऋण सुविधाएं प्रदान करता है। दोनों तरीकों में अन्तर यह है कि सीधा दिया जाने वाला ऋण बैंक दरों पर और अप्रत्यक्ष तौर से दिया जाना वाला ऋण बाजार दरों पर दिया जाता है। इससे केन्द्रीय बैंक बाजार दर और कीमतों को प्रभावित करता है। इस प्रकार *अन्तिम,* ऋणदाता के रूप में केन्द्रीय बैंक कमर्शियल बैंकों की संकट के समय में सहायता करता है और उन पर नियत्रंण भी कर सकता है।

3. पुनर्बट्टा सुविधा (Rediscounting Facility)—साधारणतौर पर केन्द्रीय बैंक कमर्शियल बैंकों को पुनर्बट्टा सुविधा भी प्रदान करता है। यह सुविधा केन्द्रीय बैंक द्वारा अन्तिम ऋणदाता की सुविधा से भिन्न होती है। अन्तिम ऋणदाता के रूप में दी जाने वाली सुविधा आपात या संकट की स्थितियों में होती है जबकि केन्द्रीय बैंक का पुनर्बट्टा का कार्य प्रतिदिन का साधारण कार्य है। पुनर्बट्टा से यह अभिप्राय है कि केन्द्रीय बैंक उन विनिमय-पत्रों का पुनर्भुगतान करता है जो पहले से ही कमर्शियल बैंकों द्वारा बट्टा किए गए हैं। कमर्शियल बैंक व्यापारियों के विनिमय-पत्रों का 90 दिन के लिए बट्टा करते हैं। यदि इस अवधि के दौरान बैंकों को स्वयं निधियों की आवश्यकता होती है तो वे उन्हीं विनिमय-पत्रों का केन्द्रीय बैंक से पुनर्भुगतान करवा कर उधार ले लेते हैं। केन्द्रीय बैंक जिस ब्याज दर से बिलों का पुनर्भुगतान करता है वह बट्टा दर कहलाती है जो बैंक दर ही होती है। इस प्रकार कमर्शियल बैंकों को पुनर्बट्टा सुविधा द्वारा केन्द्रीय बैंक साख मुद्रा को तरलता प्रदान करता है तथा साख के ढांचे को अधिक लोचदार बनाता है। इससे कमर्शियल बैंक थोड़े नकदी रिजर्वों के आधार पर अपना काम चला सकते हैं जिससे बैंक नकदी के प्रयोग में मितव्ययिता आती है।

4. हस्तान्तरण एवं निपटारा के लिए समाशोधन गृह (Clearing House for Transfer and Settlement)—केन्द्रीय बैंक बैंकरों का बैंक होने के नाते समाशोधन गृह का कार्य करता है। समाशोधन से अभिप्राय, विभिन्न बैंकों की परस्पर देनदारियों और लेनदारियों का केन्द्रीय बैंक द्वारा निपटारा होता है। केन्द्रीय बैंक के पास कमर्शियल बैंकों के खाते होते हैं जिनमें उनके द्वारा रखे गए नकद रिजर्व पाए जाते हैं। जब बैंक एक-दूसरे पर चैक जारी करते हैं तो उन चैकों का हस्तांतरण एवं निपटारा समाशोधन गृह में किया जाता है। इसके लिए केन्द्रीय बैंक बहीखाते के सिद्धांत के आधार पर विभिन्न बैंकों की परस्पर देनदारियों एवं लेनदारियों को बैंकों के खातों में अन्तरण प्रविष्टियां (transfer entries) करके निपटारा करता है। केन्द्रीय बैंक बड़े शहरों और व्यापार केन्द्रों में एक अलग विभाग खोलता है जिसे 'समाशोधन गृह' कहते हैं जो कमर्शियल बैंकों को नि:शुल्क सेवा प्रदान करता है।

जब केद्रीय बैंक समाशोधन का कार्य करता है तो इससे कमर्शियल बैंकों के समय तथा मुद्रा के प्रयोग की बचत होती है। उन्हें यह सुविधा भी प्राप्त होती है कि वे एक स्थान पर अपने दावों का निपटारा एवं हस्तांतरण कर सकें।

5. साख नियंत्रण (Control of Credit)—केन्द्रीय बैंक का कमर्शियल बैंकों के साथ सबसे महत्वपूर्ण संबंध इन बैंकों की साख निर्माण करने की शक्ति को नियंत्रित करना है ताकि अर्थव्यवस्था के भीतर स्फीतिकारी एवं अवस्फीतिकारी दबावों को नियंत्रण से रखा जा सके। इसके लिए केन्द्रीय बैंक मात्रात्मक तथा गुणात्मक तरीके अपनाता है। मात्रात्मक करीकों में बैंक दर नीति, खुले बाजार प्रचालन तथा बैंकों के रिजर्व अनुपातों में परिवर्तन सम्मिलित होते हैं। इनके प्रयोग से कन्द्रीय बैंक कमर्शियल बैंकों के साख की लागत

---

1. R.S. Sayers, *Modern Banking,* 7/e, p. 155.

तथा मात्रा को नियंत्रित करते हैं। दूसरी ओर, गुणात्मक तरीकों द्वारा केन्द्रीय बैंक साख के प्रयोग एवं दिशा को नियंत्रित करता है, इसमें चयनात्मक साख नियंत्रण, उपभोक्ता साख का नियमन, साख का राशनिंग, नैतिक प्रबोधन (moral suasion) प्रत्यक्ष कार्यवाही और प्रचार शामिल होते हैं। इन तरीकों के अपनाने के बावजूद यह आवशयक नहीं कि केन्द्रीय बैंक कमर्शियल बैकों की साख निर्माण करने की शक्ति को प्रभावित एवं नियंत्रित कर सके।

6. केन्द्रीय बैंक द्वारा कमर्शियल बैंकों की सामान्य देख-रेख और नियंत्रण (General Supervision and Control of Commercial Banks by the Central Bank)—केन्द्रीय बैंक कमर्शियल बैंकों की सामान्य देख-रेख और नियंत्रण का कार्य भी करता है। केन्द्रीय बैंक को कुछ कानूनी अधिकार प्राप्त होते हैं जिनके अन्तर्गत कमर्शियल बैंकों को उसके द्वारा समय पर जारी किये गए नियमों का पालन करना अनिवार्य होता है।

(i) बैंकों को लाइसेंस जारी करना (Issue of Licenses to Banks)—कोई भी कंपनी जो कमर्शियल बैंकिंग व्यवसाय चालू करना चाहती हो उसे केन्द्रीय बैंक से इस कार्य के लिए लाइसेंस लेना पड़ता है। इतना ही नहीं, जो पुराने बैंक हैं उन्हें भी प्रतिवर्ष अपना लाइसेंस नया करवाना पड़ता है। लाइसेंस जारी करने से पहले केन्द्रीय बैंक कमर्शियल बैंक की लेखा-पुस्तकों का निरीक्षण करता है ताकि वह दो बातों के बारे में संतुष्ट हो सके; *प्रथम,* कि बैंक अपने जमाकर्ताओं के वर्तमान और भविष्य के दावों को पूरा करने में समर्थ है; और *दूसरे,* बैंक का कार्य ऐसे ढंग से किया जा रहा है कि इसके जमाकर्ताओं के हितों को हानि होने की कोई आशंका नहीं है। केन्द्रीय बैंक को यह भी अधिकार होता है कि यदि कोई बैंक सही ढंग से अपना कार्य नहीं करे तो वह उसका लाइसेंस किसी भी समय रद्द कर सकता है।

(ii) न्यूनतम प्रदत्त पूंजी एवं रिजर्व (Minimum Paid-up Capital and Reserves)—यह सुनिश्चित करने के लिए कि कमर्शियल बैंकों का संगठन और कार्यकरण सही वित्तीय ढंग से हो रहा है, केन्द्रीय बैंक उनके भौगोलिक कार्यक्षेत्र के अनुसार न्यूनतम प्रदत्त पूंजी और रिजर्व, नकदी रिजर्व और तरल परिसम्पत्तियां नियत कर देता है। न्यूनतम पूंजी और रिजर्व तो प्रत्येक बैंक के आकार के अनुसार निश्चित किए जाते हैं। जबकि नकदी रिजर्व प्रत्येक बैंक को अपनी कुल मांग और सावधि देयताओं के प्रतिशत के रूप में केन्द्रीय बैंक में जमा करवाना पड़ता है। इसी प्रकार, बैंकों को अपने कुल निवेशों का स्थिर प्रतिशत तरल परिसम्पत्तियों में लगाना आवश्यक होता है।

(iii) बैंकों का निरीक्षण (Inspection of Banks)—केन्द्रीय बैंक को यह अधिकार होता है कि वह किसी भी बैंक के खातों की जांच या उनका अंकेक्षण (audit) कर सके। ऐसा यह अपने आपको इस बात से संतुष्ट करने के लिए करता है कि बैंक के पास पर्याप्त पूंजी तथा नकदी रिजर्व कानून के अनुसार है कि नहीं; और यह जानने के लिए कि बैंक की निवेश एवं उधार देने की नीति सही है या नहीं। यदि इन बातों के बारे में कोई कमियां पाई जाती हैं तो वे बैंक को एक रिपोर्ट के रूप में दी जाती हैं, ताकि बैंक उनको एक निश्चित अवधि में दूर कर सके। यदि कोई बैंक ऐसा करने में असमर्थ पाया जाता है तो केन्द्रीय बैंक उसका लाइसेंस रद्द कर सकता है।

(iv) निवेश नीति पर नियंत्रण (Control on Investment Policy)—केन्द्रीय बैंक कमर्शियल बैंकों की निवेश नीति पर सख्त नियंत्रण रखता है, ताकि ये बैंक अनुचित ढंग से निवेश न कर सकें। इसके लिए केन्द्रीय बैंक ऐसे नियम बनाता है जिनके अनुसार बैंक के प्रबंधकों को कर्ज़े देना तथा ऐसी कंपनियां जिनमें प्रबंधकों का किसी भी प्रकार का कोई हिस्सा या संबंध हो, रोक लगाई जाती है। इसके अतिरिक्त, बैंकों के व्यापारिक क्रियाओं में कार्य करने पर भी रोक होती है, सिवाय जमानत, विनिमय पत्र, सरकारी प्रतिभूतियों आदि के आधार पर।

(v) शाखा सम्बन्धी नीति (Policy Regarding Branches)—केन्द्रीय बैंक देश में विभिन्न क्षेत्रों की साख आवश्यकताओं के अनुसार बैंकों की शाखाएं खोलने सम्बन्धी नीति का अनुसरण करता है। प्रत्येक बैंक को किसी स्थान पर अपनी शाखा खोलने या स्थान परिवर्तन करते समय केन्द्रीय बैंक से स्वीकृति लेनी होती है। स्वीकृति देते समय केन्द्रीय बैंक यह सुनिश्चित करता है कि बैंक की वित्तीय स्थिति सही है, वह उस स्थान पर लाभ कमा सकेगा और शाखा खोलना जनहित में होगा।

(vi) विलय संबंधी नीति (Policy Regarding Mergers)—केन्द्रीय बैंक जब यह देखता है कि कोई कमर्शियल बैंक लाभ कमाने में असमर्थ है और उसकी ऋण नीति ऐसी है जिससे जमाकर्ताओं के हित को हानि होने की आशंका है, तो वह ऐसे बैंक का प्रबंध किसी दूसरे बड़े और मजबूत बैंक को सौंप देता है। इस प्रकार, पहले बैंक का दूसरे बैंक के साथ विलय होने से उसकी सभी शाखाओं और कार्यालयों का नाम परिवर्तित होकर दूसरे बैंक वाला हो जाता है।

(vii) प्रबंधन पर नियंत्रण (Control on Management)—केन्द्रीय बैंक कमर्शियल बैंकों के प्रबन्धन पर भी नियंत्रण रखता है ताकि बैंक के प्रबंधक योग्य और ईमानदार व्यक्ति हों जो बैंक का कार्य ठीक प्रकार से चला सकें। किसी बैंक के कितने प्रबन्धक होने चाहिएं, उनकी योग्यताएं क्या हों, उनका वेतन और भत्ते कितने हैं तथा कौन-से व्यक्ति प्रबंधक बनने योग्य हैं। इन सभी बातों के बारे में केन्द्रीय बैंक नियम बनाता है। बैंक के प्रबंधक बोर्ड और अध्यक्ष की नियुक्ति केन्द्रीय बैंक की स्वीकृति के बिना नहीं की जा सकती। केन्द्रीय बैंक का यह अधिकार क्षेत्र है कि वह बैंक के किसी प्रबन्धक या अध्यक्ष को हटाने का आदेश दे सकता है।

(viii) आंकड़े एकत्र करना और छापना (To Collect and Publish Statistics)—सभी कमर्शियल बैंकों के लिए यह अनिवार्य है कि प्रत्येक मास के अन्त में अपनी कुल देयताओं और परिसम्पत्तियों का चिट्ठा केन्द्रीय बैंक को भेजें। केन्द्रीय बैंक में एक अलग विभाग होता है जिसमें सभी बैंकों से प्राप्त सूचना को एकत्र करके मासिक, त्रैमासिक या वार्षिक रिपोर्ट या पत्रिका में प्रकाशित किया जाता है। इससे देश की बैंकिंग व्यवस्था, उसकी स्थिति तथा मौद्रिक नीति एवं उसकी सफलता का ज्ञान होता है।

7. विकासशील अर्थव्यवस्था में केन्द्रीय बैंक की भूमिका (ROLE OF CENTRAL BANK IN A DEVELOPING ECONOMY)

विकासशील अर्थव्यवस्था में केन्द्रीय बैंक परम्परागत तथा अपरम्परागत दोनों प्रकार के कार्य करता है। जो प्रमुख परम्परागत कार्य करता है, वे हैं: करेन्सी नोट जारी करने का एकाधिकार, सरकार का बैंकर, बैंकरों का बैंकर, उधारदाता के रूप में अन्तिम आश्रय, साख का नियंत्रक और विनिमय दर को स्थिर रखना। ये सब कार्य किसी देश के आर्थिक विकास में सहायता के प्रमुखतम कार्य से संबंध रखते हैं। केन्द्रीय बैंक का उद्देश्य देश में उत्पादन, रोजगार और वास्तविक आय के बढ़ते स्तर को बढ़ावा देना और बनाए रखना है। अधिकांश अल्पविकसित देशों में इस तरह की अर्थव्यवस्थाओं की वृद्धि को बढ़ावा देने के लिए केन्द्रीय बैंक को व्यापक अधिकार दिए गए हैं। इसलिए, इस उद्देश्य की पूर्ति के लिए वे निम्न कार्य करते हैं—

1. वित्तीय संस्थाएं बनाना और उनका विस्तार करना (Creation and Expansion of Financial Institutions)—अल्पविकसित देशों में केन्द्रीय बैंक का एक उद्देश्य देश की करेंसी और साख प्रणाली को सुधारना है। अधिक व्यापक साख-सुविधाएं प्रदान करने और ऐच्छिक बचतों को उत्पादक दिशाओं में मोड़ने के लिए अधिक बैंक और वित्तीय संस्थाएं स्थापित करने की जरूरत होती है। अल्पविकसित देशों में वित्तीय संस्थाओं का बड़े नगरों में स्थानीयकरण होता है जो भूसम्पत्तियों, बागान, बड़े उद्योग एवं वाणिज्य घरानों को साख सुविधाएं प्रदान करती हैं। इस दोष को दूर करने के लिए केन्द्रीय बैंक को चाहिए कि वह ग्रामीण क्षेत्रों तक बैंकों की शाखाओं का विस्तार करें ताकि कृषकों, छोटे व्यवसायियों तथा व्यापारियों को साख-सुविधाएं उपलब्ध हो सके। अल्पविकसित देशों में कमर्शियल बैंक केवल अल्पावधि कर्जे देते हैं। ग्रामीण क्षेत्रों में तो साख-सुविधाएं अधिकतर हैं ही नहीं। गांव में एकमात्र स्रोत वहां का साहूकार होता है जो बहुत अधिक ब्याज दर वसूल करता है। यदि केन्द्रीय बैंक ग्रामीण क्षेत्रों में कम ब्याज दर पर अल्पावधि, मध्यावधि तथा दीर्घावधि साख प्रदान करने के नए संस्थानिक प्रबंध कर दे, तो कृषकों को गांव के साहूकार के चंगुल से छुड़ाया जा सकता है। यदि केन्द्रीय बैंक वित्त प्रदान करके शिखर (apex) बैंकों वाली सहकारी सांख समितियों का जाल बिछा दे, तो यह समस्या हल हो सकती है। इसी प्रकार इससे अग्रणी (lead) और उनके माध्यम से प्रादेशिक बैंक स्थापित करने में सहायता मिल सकती है और सीमान्त कृषकों, भूमिहीन कृषि मजदूरों तथा अन्य कमजोर वर्गों को साख सुविधाएं प्रदान की जा सकती हैं। केन्द्रीय बैंक के पास विशाल संसाधन होते हैं, इसलिए वह बड़े और छोटे उद्योगों को वित्त प्रदान करने के लिए औद्योगिक बैंक तथा वित्तीय निगम स्थापित करने में सहायक हो सकता है।

2. मुद्रा की मांग और पूर्ति में उचित समायोजन (Proper Adjustment between Demand and Supply of Money)—मुद्रा की मांग और पूर्ति में उचित समायोजन करने में केन्द्रीय बैंक महत्त्वपूर्ण भूमिका अदा करता है। दोनों के बीच असंतुलन कीमत-स्तर में प्रकट होता है। मुद्रा पूर्ति की कमी विकास को रोकेगी जबकि मुद्रा पूर्ति अधिकता से स्फीति आएगी। जब अर्थव्यवस्था विकास करेगी तो अमुद्रीकृत क्षेत्रों के धीरे-धीरे मुद्रीकरण से और कृषि एवं औद्योगिक उत्पादन तथा कीमतों के बढ़ने से मुद्रा की मांग बढ़ेगी। लेन-देन तथा सट्टा उद्देश्यों के लिए भी मुद्रा की मांग बढ़ेगी। इसलिए स्फीति को रोकने के लिए जरूरी होगा कि मुद्रा की मांग में वृद्धि से अधिक अनुपात में मुद्रा की पूर्ति बढ़े। पर, संभावना यह है बढ़ी हुई मुद्रा की पूर्ति को सट्टा उद्देश्यों के लिए प्रयोग किया जाए। परिणामस्वरूप, वृद्धि रुक जाएगी और स्फीति बढ़ेगी। केन्द्रीय बैंक उचित मौद्रिक नीति अपनाकर मुद्रा और साख के प्रयोगों को नियंत्रित करता है। इस प्रकार, अल्पविकसित अर्थव्यवस्था में केन्द्रीय बैंक को मुद्रा पूर्ति ऐसे ढंग से नियंत्रित करनी चाहिए कि निवेश और उत्पादन

पर प्रतिकूल प्रभाव भी न पड़े तथा कीमत स्तर को बढ़ने से रोका जा सके।

3. उपयुक्त ब्याज दर नीति (A Suitable Interest Rate Policy)—अल्पविकसित देश में ब्याज दर ढांचा बहुत उच्चस्तर पर स्थित रहता है। दीर्घावधि और अल्पावधि ब्याज दरों तथा अर्थव्यवस्था के विभिन्न क्षेत्रों में ब्याज दरों में भी बहुत अन्तर होते हैं। अल्पविकसित अर्थव्यवस्था में ऊंची दरों का होना निजी और सार्वजनिक दोनों प्रकार के निवेश की वृद्धि में बाधक है। इसलिए कृषि एवं उद्योग में निजी निवेश को प्रोत्साहन देने के लिए आवश्यक है कि ब्याज की दर कम हो। क्योंकि अल्पविकसित देशों में अवितरित लाभों में से व्यापारियों की बचतें बहुत कम होती हैं, इसलिए उन्हें निवेश करने के लिए बैंकों से अथवा पूंजी बाजार से उधार लेना पड़ता है और वे उधार तभी लेंगे जब ब्याज की दर नीची होगी। सार्वजनिक निवेश को प्रोत्साहित करने के लिए भी निम्न ब्याज दर नीति आवश्यक है। निम्न ब्याज दर सस्ती मुद्रा नीति होती है। इससे सार्वजनिक उधार लेना सस्ता हो जाता है औ सार्वजनिक ऋण के प्रभार (service) की लागत भी कम रहती है, तथा इस प्रकार यह नीति आर्थिक विकास के लिए वित्त व्यवस्था करने में सहायक होती है।

संसाधनों के सट्टे के लिए उधार लेने एवं निवेश में प्रवाह को रोकने के लिए, केन्द्रीय बैंक को चाहिए कि भेदमूलक ब्याज दर की नीति अपनाए जिसके अन्तर्गत अनावश्यक तथा अनुत्पादक कर्जों पर ऊंजी ब्याज दरें वसूल करे और उत्पादक कर्जों पर नीची दरें रखे। परन्तु इसका मतलब यह नहीं है कि अल्पविकसित अर्थव्यवस्था में बचतें ब्याज लोच होती हैं। क्योंकि इस तरह की अर्थव्यवस्थाओं में आय का स्तर नीचा होता है इसलिए ऊंची ब्याज दर से बचत करने की प्रवृत्ति को बढ़ावा मिलने की संभावना नहीं है। आर्थिक वृद्धि के संदर्भ में, जब अर्थव्यवस्था का विकास होता है, तो कीमत स्तर में क्रमिक वृद्धि का होना अनिवार्य हो जाता है। मुद्रा का मूल्य गिर जाता है और बचत प्रवृत्ति और घट जाती है। मुद्रा महंगी हो जाती है। और ब्याज की दर अपने आप बढ़ने लगती है। इससे स्फीति आएगी। ऐसी स्थिति में ब्याज की दर बढ़ाकर स्फीति को रोकने का कोई भी प्रयत्न घातक सिद्ध होगा। इसलिए नीची ब्याज दर नीति की सफलता के लिए आवश्यक है कि कीमत स्तर स्थिर रहे। केन्द्रीय बैंक न्यायसंगत मौद्रिक नीति अपनाकर कीमत स्तर को स्थिर रख सकता है।

4. ऋण-प्रबंध (Debt Management)—अल्पविकसित देशों में केन्द्रीय बैंक का एक महत्त्वपूर्ण कार्य ऋण का प्रबंध करना है। इसका लक्ष्य सरकारी बांडों के लिए उचित समय निर्धारित करना और उन्हें जारी करना, कीमतों को स्थिर बनाना और सार्वजनिक ऋण की सेवा लागत को न्यूनतम करना होता है। केन्द्रीय बैंक ही सरकारी बांडों के क्रय-विक्रय तथा सार्वजनिक ऋण के ढांचे एवं संरचना में यथा-समय परिवर्तन करने का काम करता है। सरकारी बांडों का बाजार मजबूत और स्थिर बनाने के लिए आवश्यक है कि नीची ब्याज दर की नीति अपनाई जाए। क्योंकि नीची ब्याज दर नीति से बांडों की कीमत बढ़ जाती है जिसके परिणामस्वरूप वे जनता के लिए अधिक आकर्षक बन जाते हैं और सरकार के सार्वजनिक ऋण कार्यक्रमों को प्रोत्साहन मिलता है। राष्ट्रीय ऋण की सेवा की लागत को न्यूनतम बनाने के लिए भी नीची ब्याज दरों का ढांचा बनाए रखना जरूरी है। फिर, इससे निजी फर्मों के ऋण के लिए भी निधियां जुटाने में प्रोत्साहन मिलती है। परन्तु ऋण-प्रबन्ध की सफलता ऐसे विकसित मुद्रा एवं बाजारों पर निर्भर करेगी जिनमें अल्पावधि तथा दीर्घावधि दोनों के लिए व्यापक विभिन्न प्रकार की प्रतिभूतियां विद्यमान हों। इन बाजारों के विकास में केन्द्रीय बैंक ही सहायक हो सकता है।

5. साख नियंत्रण (Credit Control)—साख को नियंत्रित/करना भी केन्द्रीय बैंक का उद्देश्य होना चाहिए ताकि विकासशील अर्थव्यवस्था में निवेश तथा उत्पादन के ढांचे को प्रभावित किए जा सकें। इसका मुख्य ध्येय विकास की प्रक्रिया में उत्पन्न होने वाले स्फीतिकारी दबावों पर काबू पाना है। इसके लिए साख नियंत्रण के मात्रात्मक तथा गुणात्मक दोनों प्रकार के उपाय काम में लाने की जरूरत है।

अल्पविकसित देशों में स्फीति रोकने के लिए **खुले बाजार प्रचालन** सफल नहीं हैं क्योंकि बिल बाजार छोटा और अविकसित होता है। कमर्शियल बैंक लोच नकदी अनुपात रखते हैं क्योंकि उन पर केन्द्रीय बैंक का पूर्ण नियंत्रण नहीं होता। अपनी अपेक्षाकृत कम ब्याज दरों के कारण वे सरकारी प्रतिभूतियों में भी निवेश नहीं करना चाहते। फिर, वे सरकारी प्रतिभूतियों में निवेश की बजाय अपने रिजर्वों को तरल रूप में अर्थात् स्वर्ण, विदेशी विनिमय तथा नकदी के रूप में रखने को प्राथमिकता देते हैं। केवल अन्तिम शर्त ही लागू होती है क्योंकि कमर्शियल बैंकों में पुनर्बट्टे अथवा केन्द्रीय बैंक से उधार लेने की आदत नहीं होती।

बट्टा बिलों के अभाव और कमर्शियल बैंकों के विशाल नकदी रिजर्व रखने के स्वभाव के कारण, अल्पविकसित देशों में **बैंक दर** नीति भी बहुत सफल नहीं है। जहां केन्द्रीय बैंक अधिक शक्तिशाली है, वहां वह बैंक दर में उचित परिवर्तन करके बाजार दरों को प्रभावित कर सकता है।

खुले बाजार प्रचालनों और बैंक दर नीति की अपेक्षा साख नियंत्रण के उपाय के रूप में **परिवर्ती रिजर्व अनुपात** का प्रयोग अधिक

सफल है। क्योंकि अल्पविकसित देशों में कमर्शियल बैंक विशाल नकदी रिजर्व रखते हैं, इसलिए वहां वे अधिक साख का निर्माण कर सकते हैं। केन्द्रीय बैंक अनिवार्य रिजर्व अनुपात बढ़ाकर इस विस्तार को रोक सकता है। पर, साख के आवंटन और परिणामत: निवेश के ढांचे को प्रभावित करने में साख नियंत्रण के गुणात्मक उपाय की अपेक्षा मात्रात्मक उपाय अधिक सफल है। अल्पविकसित देशों में यह प्रवृत्ति प्रबल होती है कि कृषि, खनन, बागान और उद्योग में उपलब्ध वैकल्पिक उत्पादक दिशाओं की बजाय स्वर्ण, आभूषणों, मालसूचियों, भूसम्पत्ति आदि में निवेश किया जाए। इस तरह के अनुत्पादक उद्देश्यों के लिए साख-सुविधाओं को नियंत्रित एवं सीमित करने के लिए चयनात्मक साख नियंत्रण अधिक उचित हैं। वे खाद्यान्न और कच्चे माल में सट्टामूलक क्रियाओं को रोकने में अधिक लाभदायक हैं। आयात करने वालों पर यह शर्त लगाकर कि वे विदेशी करेन्सी के मूल्य के बराबर राशि अग्रिम जमा करें, वे आयात के लिए मांग घटा देते हैं। इस प्रक्रिया में जिस सीमा तक बैंकों की जमाएं केन्द्रीय बैंक को हस्तांतरित होती हैं, उस सीमा तक ये उपाय बैंकों के रिजर्व भी घटा देते हैं। चयनात्मक साख नियंत्रण उपाय यह रूप भी धारण कर सकते हैं, जैसे उपभोक्ता साख नियंत्रण, साख का राशनिंग और सीमा आवश्यकताओं को बदल देना।

6. भुगतान शेष की समस्या हल करना (Solving the Balance of Payments Problem)—विकासशील अर्थव्यवस्था में केन्द्रीय बैंक का उद्देष्य यह भी होना चाहिए कि भुगतान शेष की समस्या को रोके और हल करे। इस तरह की अर्थव्यवस्थाओं को विकास योजनाओं के लक्ष्य पूरे करने के लिए गंभीर भुगतान शेष की कठिनाइयों का सामना करना पड़ता है। केन्द्रीय बैंक देश के विदेशी विनिमय का प्रबंध और नियंत्रण करता है और विदेशी विनिमय नीति पर सरकार को तकनीकी सलाह भी देता है। केन्द्रीय बैंक का काम विदेशी विनिमय दरों में उतार-चढ़ाव रोकना और स्थिरता बनाए रखना है। यह काम वह विनिमय नियंत्रण और बैंक दर में परिवर्तन के माध्यम से करता है। उदाहरणार्थ, यदि राष्ट्रीय करेन्सी का मूल्य बराबर गिरता जा रहा है, तो वह बैंक दर बढ़ा देता है और इस प्रकार विदेशी करेन्सियों को अन्त:प्रवाह को प्रोत्साहित करता है। इस प्रकार, पहले दिए गए विविध उपायों के माध्यम से केन्द्रीय बैंक विकासशील देश की आर्थिक वृद्धि में महत्त्वपूर्ण भूमिका अदा करता है।

प्रश्न

1. केन्द्रीय बैंक के आवश्यक कार्यों की विवेचना कीजिए।
2. साख नियंत्रण की मात्रात्मक एवं गुणात्मक विधियों में भेद कीजिए। एक स्फीतिकारी अवस्था में कौन-से उपाय अधिक प्रभावकारी होते हैं?
3. परम्परावादी मात्रात्मक नियंत्रणों से गुणात्मक नियंत्रणों में परिवर्तन के कारण बताइए।
4. बैंक दर एवं खुले बाजार प्रचालनों की साख नियंत्रण की विधियों में से कौन-सी अधिक प्रभावकारी है? कारण दीजिए।
5. चयनात्मक साख नियंत्रण के महत्त्व का वर्णन कीजिए। वे किस प्रकार कार्य करते हैं और कहां तक सफल होते हैं?
6. केन्द्रीय बैंक के व्यावसायिक बैंकों से साथ जो सम्बन्ध हैं उनकी विस्तार से व्याख्या कीजिए।
7. एक विकासशील अर्थव्यवस्था में केन्द्रीय बैंक की आर्थिक वृद्धि प्रोत्साहित करने की भूमिका की व्याख्या कीजिए।

अध्याय 37

वित्तीय मध्यस्थ

(Financial Intermediaries)

1. अर्थ
(MEANING)

वित्तीय मध्यस्थ वित्तीय संस्थाएं होती हैं जो अंतिम ऋणदाताओं (lenders) और अंतिम उधारकर्ताओं (borrowers) में मध्यस्थता करती हैं। निधियों का प्रवाह वित्तीय संस्थाओं के जरिए अंतिम ऋणदाताओं से अंतिम उधारकर्ताओं तक प्रत्यक्ष अथवा परोक्ष रूप से पहुंचते हैं। वित्तीय संस्थाओं में वाणिज्यिक बैंक, सहकारी ऋण समितियां और बैंक, पारस्परिक बचत बैंक, पारस्परिक निधियां, बचत और ऋण संघ, भवन-निर्माण समितियां और आवासीय ऋण संघ, बीमा कम्पनियां, मर्चेंट बैंक, यूनिट ट्रस्ट तथा अन्य वित्तीय संस्थाएं होती हैं। इस प्रकार वित्तीय संस्थाएं (क) वाणिज्यिक बैंकों, और (ख) गैर-बैंक वित्तीय मध्यस्थों (NBFIs) में विभाजित होती हैं।

वित्तीय संस्थाओं का आवश्यक कार्य दो प्रकार के व्यक्तियों अथवा फर्मों के निवेशसूची अधिमानों (portfolio preferences) को एक साथ संतुष्ट करना होता है। एक ओर उधारकर्ता होते हैं जो गैरवित्तीय (घाटे की) व्यय इकाईयां (spending units) होती हैं। गुर्ले और शॉ के अनुसार इन वित्तीय संस्थाओं का मुख्य कार्य मौजूदा उत्पादन को उत्पादित और क्रय करना है, न कि अन्य प्रतिभूति जारी करके दूसरे प्रकार की प्रतिभूति क्रय करना है। ये संस्थाएं मालसूचियों (inventories), वास्तविक संपदा, प्लांट और उपस्कर आदि जैसी वास्तविक परिसम्पत्तियों पर अपने नियंत्रण का विस्तार करना चाहती हैं। गुर्ले और शॉ के कथनानुसार ये संस्थाएं उपरोक्त मदों को धन उपलब्ध कराने के लिए प्राथमिक प्रतिभूतियों का निर्गम करती हैं। वे इन्हें 'गैर-वित्तीय व्यय इकाईयों की सम्पूर्ण देयताओं और बकाया इक्विटी' (all liabilities and outstanding equities of non-financial spending units") के रूप में परिभाषित करते हैं। वे बांड, निगमित इक्विटी, व्यवसाय और व्यक्तियों के ऋण, बंधकों (mortgages), बिल आदि हैं। ये सब इन संस्थाओं की देयताएं हैं। दूसरी ओर, ऋणदाता (बेशी आय इकाईयां (surplus income units)) या बचतकर्त्ता हैं, जिनकी परिसम्पत्तियां बैंक जमा, बीमा पालिसियों, पेंशन आदि के रूप में होती हैं।

वित्तीय संस्थाएं अंतिम ऋणदाताओं से अंतिम उधारकर्ताओं को निधियों का हस्तांतरण करती हैं। वे बेशी आय इकाईयों की बचतों का अर्जन करती हैं और इसके बदले स्वयं पर दावा प्रस्तुत करती हैं। वे अप्रत्यक्ष अथवा द्वितीयक प्रतिभूतियों के जरिए स्वयं पर दावों का निर्माण करके गैर-वित्तीय व्यय इकाईयों से प्राथमिक प्रतिभूतियां खरीदती हैं। इस प्रकार, वित्तीय संस्थाएं द्वितीयक प्रतिभूतियां जारी करती हैं। इनमें केन्द्रीय बैंक द्वारा जारी नकदी वाणिज्यिक बैंकों की मांग और समय जमाएं, और बचत जमाएं, और गैर-मौद्रिक मध्यस्थों की बीमा और पेंशन निधियां शामिल हैं। इसलिए, वित्तीय संस्थाएं प्रतिभूतियों की व्यापारी हैं। वे प्राथमिक (primary) प्रतिभूतियां खरीदकर अपनी द्वितीयक (secondary) प्रतिभूतियां बेचते हैं। इस प्रकार, वित्तीय संस्थाएं अपनी द्वितीयक प्रतिभूतियों के विनिमय में अंतिम ऋणदाता से निधियां खरीद कर और वित्तीय व्यय इकाईयों की प्राथमिक प्रतिभूतियों के विनिमय में अंतिम उधारकर्त्ता को निधियों की बिक्री करके व्यापारी का कार्य करती हैं। बेशी आय इकाईयों द्वारा प्राथमिक प्रतिभूतियों की खरीद को **प्रत्यक्ष वित्त** और वित्तीय मध्यस्थों द्वारा प्राथमिक प्रतिभूतियों की खरीद को **अप्रत्यक्ष वित्त** कहा जाता है। प्राथमिक और द्वितीयक प्रतिभूतियों—दोनों का वित्तीय परिसंपत्तियों के रूप में उल्लेख किया जाता है।

2. मध्यस्थता की प्रक्रिया (PROCESS OF INTERMEDIATION)

जब व्यय इकाईयों में आय का वितरण बिल्कुल एक समान होता है तो सभी इकाईयां आय और उत्पाद (product) लेखों में संतुलित बजट रखती हैं। जब आय और व्यय वितरण में भिन्नता होती है तो कुछ व्यय इकाईयां बेशी निधियां रखती हैं जबकि अन्यों के पास बराबर राशि का घाटा होता है। बेशी इकाईयां (अंतिम ऋणदाता) अपनी बेशी निधियों के बराबर मौजूदा उत्पादन पर विकल्पों की आपूर्ति करती हैं और बदले में निवल (net) वित्तीय परिसम्पत्ति की समान राशि अर्जित करती हैं। घाटे की इकाईयां (अंतिम उधारकर्त्ता) इन विकल्पों को लेकर प्रयोग में लाती हैं और अपने निवल ऋण और इक्विटी को बढ़ाकर उनका भुगतान करती हैं। ये बजट असंतुलन सामान्यतौर से प्राथमिक प्रतिभूतियों के निवल निर्गम (issues) और वित्तीय परिसम्पत्तियों के निवल ऋण की ओर ले जाती हैं।

पहले हम वाणिज्यिक बैंकों अथवा मौद्रिक व्यवस्था द्वारा मध्यस्थता पर चर्चा करते हैं। जब वाणिज्यिक बैंक मध्यस्थता करते हैं तो अंतिम उधारकर्त्ता उन्हें अपनी प्राथमिक प्रतिभूतियां बेचते हैं और बैंकों की मांग जमा में धन प्राप्त करते हैं। तब ये मांग जमाएं उधारकर्ताओं द्वारा वर्तमान उत्पादन के लिए खर्च की जाती हैं, तो अंतिम ऋणदाता वित्तीय परिसम्पत्तियां प्राप्त करते हैं जो बैंक-जमाओं के जरिए उधारकर्त्ताओं से प्राप्त वर्तमान उत्पादन के विकल्पों का प्रतिनिधित्व करती हैं। मध्यस्थता प्रक्रिया में, अंतिम उधारकर्त्ताओं ने प्राथमिक प्रतिभूतियां निर्मित की हैं, बैंकों ने उन्हें खरीदकर मुद्रा का निर्माण किया है और अंतिम ऋणदाताओं ने व्यय न करने के पारितोषिक रूप में वित्तीय परिसम्पत्तियां प्राप्त की हैं। बैंक मध्यस्थता के जरिए खर्च न की गई आय को बेशी इकाईयों से घाटे की इकाईयों को हस्तांतरित किया गया है।

अब हम गैर-बैंक वित्तीय संस्थाओं (NBFIs) पर विचार करते हैं। जब बैंक में मांग जमा रखने वाले अंतिम ऋणदाता चैक लिखकर गैर-बैंक वित्तीय संस्थाओं के समक्ष प्रस्तुत करते हैं तो उसके बदले, अंतिम ऋणदाताओं को दावे (claims) प्राप्त होते हैं। NBFIs चैकों को पृष्ठांकित करके इन मांग जमाओं वाले बैंकों को भेज देते हैं। ये बैंक अंतिम उधारकर्त्ताओं से प्राथमिक प्रतिभूतियां खरीदने के लिए इन जमाओं का इस्तेमाल करते हैं। अब अंतिम उधारकर्त्ता के पास मांग जमा होती है जिसे वे वर्तमान उत्पादन पर खर्च करते हैं और परिणामस्वरूप ये मांग जमाएं अंतिम ऋणदाताओं को प्राप्त हो जाती हैं। अंतिम ऋणदाता मांग जमाओं की उसी राशि से यह प्रक्रिया समाप्त करते हैं जिसके साथ उन्होंने इसे शुरू किया था परन्तु अब उनके पास अधिक वित्तीय परिसम्पत्तियां हैं जो खर्च न की गई उसी आय का प्रतीक हैं जिसे उन्होंने अंतिम उधारकर्त्ता को स्थानांतरित किया है।

इस मध्यस्थता प्रक्रिया में उधारकर्त्ताओं ने पुनः प्राथमिक प्रतिभूतियां निर्मित की हैं, गैर-बैंक वित्तीय संस्थाओं ने द्वितीयक प्रतिभूतियां निर्मित की हैं और ऋणदाताओं ने वित्तीय परिसम्पत्तियां प्राप्त की हैं। परिसम्पत्तियों अथवा देयताओं द्वारा मापी गई मौद्रिक व्यवस्था के मुद्रारुप आकार में (nominal size) परिवर्तन नहीं हुआ है। बैंक जमाएं अंतिम ऋणदाताओं से NBFs को, फिर अंतिम उधारकर्त्ताओं को और अंत में अंतिम ऋणदाताओं को हस्तांतरित हो गई हैं। बैंकिंग व्यवस्था द्वारा कोई मध्यस्थता नहीं हुई है। इसकी भूमिका मांग जमाओं को इसके बहीखाता पर हस्तांतरित करने के भुगतान तंत्र की रही है।

इस प्रकार, वाणिज्यिक बैंक और NBFIs दोनों खर्च न की गई आय को बेशी से घाटे की इकाईयों को हस्तांतरित करने में मध्यस्थ का काम करते हैं।

3. वित्तीय मध्यस्थों की भूमिका* (ROLE OF FINANCIAL INTERMEDIARIES)

वित्तीय मध्यस्थ (FIs) आधुनिक वित्तीय व्यवस्था में एक महत्त्वपूर्ण भूमिका अदा करते हैं और सम्पूर्ण रूप से अर्थव्यवस्था को लाभ पहुचाते हैं। इनके निम्न आर्थिक प्रभाव हैं—

1. संग्रह में कमी (Reduce Hoarding)—अंतिम ऋणदाताओं (अथवा बचतकर्त्ताओं) और अंतिम उधारकर्त्ताओं को एक साथ लाकर (FIs) लोगों द्वारा घरों में इधर-उधर छिपाकर नकदी संग्रह को कम करते हैं।

2. घरेलू क्षेत्र को सहायता (Help to Household Sector)—घरेलू क्षेत्र अपनी बेशी निधियों का लाभदायक प्रयोग करने के लिए

---

* यह खण्ड वित्तीय संस्थाओं के कार्यों से भी संबद्ध है।

और उपभोक्ता साख ऋण, तथा बंधक ऋण प्रदान करने के लिए वित्तीय संस्थाओं (FIs) पर निर्भर करता है। इस प्रकार, वे जनसाधारण में बचत और निवेश की आदतों में वृद्धि करती हैं।

3. व्यवसाय क्षेत्र की सहायता (Help to Business Sector)—वित्तीय संस्थाएं ऋणों, बंधकों, बांड की खरीदों, शेयरों आदि के जरिए वित्त सहायता प्रदान करके गैर-वित्तीय व्यवसाय क्षेत्र की भी सहायता करती हैं।

4. *राज्य और स्थानीय सरकार की सहायता (Help to State and Local Governments)*—वित्तीय संस्थाएं राज्य सरकारों और स्थानीय निकायों के बांड खरीदकर उनकी वित्तीय सहायता करती हैं।

5. केन्द्रीय सरकार की सहायता (Help to Central Government)—इसी प्रकार, वित्तीय संस्थाएं, केन्द्रीय सरकार की प्रतिभूतियों का क्रय-विक्रय करते उसकी मदद करती हैं।

6. ऋणदाता और वित्तीय संस्थाएं दोनों कमाते हैं (Lenders and FIs both Earn)—जब बचतकर्ता अपनी निधियां वित्तीय संस्थाओं में जमा करवाते हैं तो उन्हें ब्याज की आय होती है। जब वित्तीय संस्थाएं अंतिम उधारकर्ता को उधार देती हैं तो वे लाभ कमाती हैं। वस्तुतः मध्यस्थता का इनाम वित्तीय संस्थाओं द्वारा धारित प्राथमिक प्रतिभूतियों पर प्रतिफल की दर और अपने अप्रत्यक्ष ऋणों पर भुगतान किए जाने वाले ब्याज अथवा लाभांश के बीच होने वाले अंतर से उत्पन्न होता है।

7. जोखिमों का फैलाव (Spread of Risks)—वित्तीय संस्थाओं के पास विभिन्न उधारकर्त्ताओं में जोखिम सहन करने और फैलाने में व्यक्तियों की अपेक्षा अधिक संसाधन होते हैं। इसका कारण उनके आकार का बड़ा होना, निवेशसूचियों का विविधिकरण, और निवेशसूची प्रबंधन में बड़े पैमाने की बचतें होना है। ये वित्तीय संस्थाएं कुशल निवेशसूची प्रबंधकों और अन्य वित्तीय विशेषज्ञों को रोजगार दे सकती हैं। वे ऋण के लेन-देन में बड़े पैमाने की बचतों का लाभ उठाते हैं। उधार देने की स्थिति में, वे अधिकांश ऋणदाताओं के अनुभव से काफी कम प्रति इकाई लागतों पर प्राथमिक प्रतिभूतियों में निवेश और निवेशों का प्रबंध कर सकते हैं। उनकी निवेशसूची का विशाल आकार विविधिकरण के जरिए जोखिमों में महत्त्वपूर्ण कमी लाता है। प्राथमिक प्रतिभूतियों की परिपक्वता को इस ढंग से पूरा किया जा सकता है कि तरलता संकटों को न्यूनतम किया जा सके। इसी प्रकार, उधार पक्ष में, चूंकि जमाकर्ताओं की संख्या बहुत होती है, इसलिए वित्तीय संस्थाएं प्रतिभूतियों के पुनर्भुगतान को अधिक लम्बी समयावधि तक फैला सकती हैं और अपने निवेशों की अतरलता को कम कर सकती हैं। वित्तीय संस्थाओं से **बाहरी बचतें** भी जुड़ी हैं। बाहरी बचतें विशेषतया मौद्रिक व्यवस्था के मामले में दृष्टिगोचर होती हैं। अर्थव्यवस्था में वास्तविक वृद्धि के लिए कुशल मौद्रिक व्यवस्था एक आवश्यक शर्त है। सामाजिक और निजी बीमा तथा बंधक और उपभोक्ता वित्त के मामले में बाहरी बचतें महत्त्वपूर्ण हैं।

8. नयी परिसम्पत्तियों और देयताओं का निर्माण (Creation of New Assets and Liabilities)—सभी वित्तीय संस्थाएं वित्तीय परिसम्पत्तियों का निर्माण करती हैं। बैंक प्राथमिक प्रतिभूतियां खरीदने पर मुद्रा का निर्माण करते हैं। अन्य मध्यस्थ मुद्रा जमा करने के समय गैर-मौद्रिक अप्रत्यक्ष परिसम्पत्तियों का विभिन्न रूपों में निर्माण करते हैं। गैर-वित्तीय व्यय इकाईयां प्राथमिक प्रतिभूतियों का निर्माण करती हैं। प्रत्येक मामले में वित्तीय परिसम्पत्ति का निर्माण अन्य वित्तीय पसिम्पत्तियों को खरीदकर अथवा वास्तविक परिसम्पत्तियां खरीद कर किया जाता है। बैंक विभिन्न प्रकार की प्राथमिक प्रतिभूतियां खरीदते हैं। वे मुद्रा की उतनी मात्रा खरीदते हैं जो उनके द्वारा धारित प्राथमिक प्रतिभूतियों का गुणक होती हैं। NBFIs प्रारम्भ में अप्रत्यक्ष प्रतिभूतियों के निर्माण के समय नकदी खरीदते और जमाओं की मांग करते हैं। उसी तरह, ये मध्यस्थ अपनी नकदी अथवा जमा-शेष के कुछ गुणकों से देयताओं का निर्माण करते हैं। चूंकि वे प्राथमिक प्रतिभूतियों के लिए मुद्रा का विक्रय कर सकते हैं, इसको वे अपने पास रखी किसी भी प्रकार की परिसम्पत्ति के कुछ गुणक से देयताएं निर्मित कर सकते हैं

प्रो० गार्डनर एकले ने दर्शाया है कि अंतिम बचतकर्त्ताओं और प्रत्यक्ष निवेशकों में होने वाली मध्यस्था में वित्तीय संस्थाएं बचतकर्ताओं को उपलब्ध वित्तीय परिसम्पत्तियों के स्टॉक में काफी वृद्धि करती हैं। प्रत्येक अतिरिक्त परिसम्पत्ति के लिए वे एक समान नयी वित्तीय देयता निर्मित करती हैं। चूंकि वित्तीय संस्थाएं एक-दूसरे की देयताओं को अपनाती हैं, इसलिए वे परिसम्पत्तियों और देयताओं की वृद्धि का सृजन करती हैं। इसके बावजूद, मध्यस्थता कुल निवल मूल्य (net worth) को प्रभावित नहीं करती। प्रो. गार्डनर के निष्कर्ष के अनुसार, यद्यपि परिसम्पत्तियों और देयताओं की वृद्धि से कुल धन अथवा आय में वृद्धि नहीं होती, तथापि हम यह मान सकते हैं कि इससे कल्याण में वृद्धि होती है।

9. तरलता प्रदान करना (Provide Liquidity)—जब वित्तीय संस्थाएं एक परिसम्पत्ति को मुद्रा के रूप में उसके मूल्य को कम किए बिना सरलता और शीघ्रता से नकदी में परिवर्तित करती हैं तो वित्तीय संस्थाएं तरलता प्रदान करती हैं। जब वित्तीय संस्थाएं अपने पर दावों को जारी करती हैं और निधियों की आपूर्ति करती हैं तो वे संस्थाएं और विशेष रूप से बैंक सदैव अपनी तरलता बनाए रखने का प्रयास करते हैं। बैंक ऐसा दो नियमों के अनुसार करते हैं: **पहला,** वे अल्पावधि ऋण बनाते हैं और अपने पर अधिक लम्बी अवधि के दावे जारी करके वित्त-सहायता उपलब्ध कराते हैं और **दूसरा,** वे विभिन्न प्रकार के उधारकर्ताओं में ऋणों का विविधिकरण करते हैं।

10. ब्याज-दर कम करने में सहायता (Help in Lowering Interest Rates)—वित्तीय संस्थाओं में प्रतिस्पर्द्धा से ब्याज दर कम हो जाती है। वित्तीय संस्थाएं अपनी बचतों को नकदी की अपेक्षा वित्तीय संस्थाओं के पास रखना पसन्द करती हैं। वित्तीय संस्थाएं इसके बदले में इन्हें प्राथमिक प्रतिभूतियों में निवेश करती हैं। इसके परिणामस्वरूप, प्रतिभूतियों की कीमतें ऊपर चढ़ती हैं और ब्याज दर गिरती है। इसके अलावा, जब लोग अपने नकद धारणों को वित्तीय संस्थाओं में रखते हैं, जो सुरक्षित और तरल होती हैं, तो मुद्रा की मांग गिर जाती है जिससे ब्याज दर कम हो जाती है। इसे आरेखीय रूप में चित्र 1 में दर्शाया गया है।

जैसाकि अनुलंब वक्र *MS* द्वारा दर्शाया गया है, मुद्रा की पूर्ति दी हुई है जिसे *MS* अनुलंब वक्र द्वारा दिखाया गया है। मुद्रा की मांग को *MD* वक्र द्वारा दर्शाया गया है। जब वित्तीय संस्थाएं मुद्रा की मांग को कम कर देती हैं तो *MD* वक्र M_1D_1 पर स्थानांतरित हो जाता है और इसके परिणामस्वरूप ब्याज दर गिरकर *r* से r_1 पर आ जाती है।

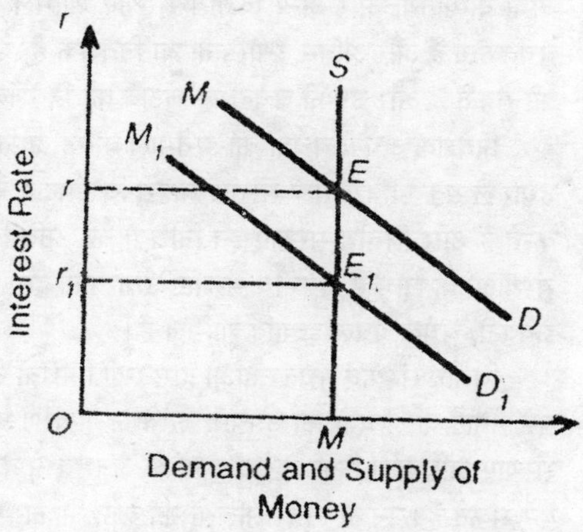

चित्र 1

पेटिनकिन ने अपनी पुस्तक *Money, Interest and Prices* (1965) में दर्शाया है कि जब ब्याज दर वित्तीय संस्थाओं द्वारा प्रभावित होती है तो परिणामस्वरूप यह अर्थव्यवस्था के कीमत स्तर को प्रभावित करती है। यह प्रभाव जितना अधिक होगा, वित्तीय संस्थाओं का ब्याज की दर पर प्रभाव उतना ही कम होगा।

11. कम ब्याज-दर, बचतकर्ता और निवेशक दोनों के लिए लाभप्रद (Low Interest Rate benefits both Savers and Investors)—जब ब्याज दर कम होती है तो बचतकर्ता और निवेशक दोनों को लाभ होता है। *पहला,* उधारकर्त्ता को ऋण देने में वास्तविक लागत कम हो जाती है। परिणामस्वरूप, वस्तुओं और सेवाओं की लागतें कम हो जाती हैं। ब्याज दर कम होने से सावधि जमा पर प्रतिफल भी कम हो जाता है जिससे बचतकर्ता को अपनी निधियां वित्तीय संस्थाओं में जमा करने की प्रेरणा मिलती है यद्यपि वित्तीय संस्थाएं कम ब्याज दर देती हैं। इसके बावजूद, बचतकर्ताओं को लाभ होता है। क्योंकि वित्तीय संस्थाएं बचतकर्ता को अधिक सुरक्षा, सुविधा और संबंधित सेवाएं प्रदान करती हैं इससे बचतकर्ता का वास्तविक प्रतिफल और आय बढ़ जाती है।

12. पूंजी बाजार में स्थिरता लाना (Bring Stability in the Capital Market)—वित्तीय संस्थाएं ऐसी विभिन्न परिसम्पत्तियों और देयताओं में लेन-देन करती हैं जिनका पूंजी-बाजार में अधिकतर व्यापार किया जाता है। यदि वित्तीय संस्थाएं नहीं होंगी तो वित्तीय परिसम्पत्तियों की मांग और पूर्ति और उनके आनुपतिक प्रतिफल में बारंबार परिवर्तन होगा जिससे पूंजी-बाजार में अस्थिरता आएगी। चूंकि वित्तीय संस्थाएं एक कानूनी ढांचे और निर्धारित नियमों में कार्य करती हैं, इसलिए वे पूंजी बाजार को स्थिरता प्रदान करती हैं और विविधीकृत वित्तीय सेवाओं के जरिए बचतकर्ता और फर्मों को लाभ पहुंचाती हैं। वास्तव में, विस्तृत विनिमय ने संयुक्त राज्य अमेरिका जैसे उन्नत राष्ट्रों में कार्य करने वाली वित्तीय संस्थाओं में प्रतिभूति घोटाले (stock scam) के उस भय को कम कर दिया है, जैसाकि भारत में घटित हुआ।

13. अर्थव्यवस्था को लाभ (Benefit to the Economy)—वित्तीय संस्थाएं, वित्तीय बाजारों की कार्यशीलता में, केन्द्रीय बैंक की मौद्रिक और साख नीति के कार्यकरण में और इस प्रकार अर्थव्यवस्था की वृद्धि को बढ़ाने में बहुत सहायता करती हैं। बेशी से घाटे की इकाईयों में निधियों का हस्तांतरण करके वित्तीय संस्थाएं विशाल वित्तीय परिसम्पतियों और देयताओं का निर्माण करती हैं। वे अर्थव्यवस्था

को मुद्रा पूर्ति और निकट मुद्रा परिसम्पत्तियां प्रदान करती हैं। इस प्रकार, वित्तीय संस्थाएं वित्तीय बाजारों की कार्यशीलता में सहायता करती हैं। चूंकि वित्तीय बाजार अर्थव्यवस्था की कार्यशीलता को चलाते हैं, इसलिए केन्द्रीय बैंक की मौद्रिक और साख नीतियों को समय-समय पर इस तरीके से परिवर्तित किया जाता है कि राष्ट्र में वित्तीय बाजारों का कार्य ठीक ढंग से चले। वास्तव में, अर्थव्यवस्था में वृद्धि वित्तीय व्यवस्था की सही कार्य-प्रणाली पर निर्भर करती है और यह वित्तीय व्यवस्था काफी हद तक वित्तीय संस्थाओं पर निर्भर करती है।

4. आर्थिक वृद्धि में वित्तीय मध्यस्थों की भूमिका (ROLE OF FINANCIAL INTERMEDIARIES IN ECONOMIC GROWTH)

वित्तीय मध्यस्थ जिनमें वाणिज्यिक बैंक, सहकारी ऋण समितियां, पारस्परिक बचत निधियां, पारस्परिक निधियां, बचत और ऋण संघ, बीमा कम्पनियां और अन्य वित्तीय संस्थाएं शामिल हैं, अर्थव्यवस्था की वृद्धि प्रक्रिया में मदद करती हैं। वे अंतिम ऋणदाता, जो बचतकर्त्ता हैं और अंतिम उधारकर्ता जो निवेशक हैं, के बीच मध्यस्थता करते हैं। इस कार्य के द्वारा वे लोगों द्वारा किये जाने वाले संग्रह को रोकते हैं और उनकी बचतों के जुटाव को निवेशकों को उधार देते हैं।

निवेशक अपनी बचतों का इस्तेमाल करके आन्तरिक रूप से अथवा दूसरों की बचतों का इस्तेमाल करके बाहरी रूप से, निधियां उधार ले सकते हैं। वित्तीय संस्थाएं बाहरी वित्त प्रदान करती हैं। बचतकर्ता जो अंतिम ऋणदाता हैं, अपनी बचतें वित्तीय संस्थाओं में ज़मा करते हैं और वित्तीय संस्थाएं इन निधियों को अंतिम उधारकर्ताओं को दे देती हैं। उधार लेने-देने में होने वाले अंतर की दर वित्तीय संस्थाओं के लाभ हैं। वित्तीय संस्थाएं उधारकर्ता द्वारा जारी प्राथमिक प्रतिभूतियां खरीदकर उन्हें उधार देती हैं। इन प्रतिभूतियों में बांड, इक्विटी, बंधक, बिल इत्यादि शामिल हैं।

वित्तीय संस्थाएं बचतकर्ताओं द्वारा रखी निधियों से इन प्रतिभूतियों को खरीद लेते हैं। इसलिए वित्तीय संस्थाएं ऋण लेने और देने में बड़े पैमाने की बचतों का उपयोग करके रूपान्तरण प्रक्रिया द्वारा लाभ प्राप्त करती हैं। उधार देने की ओर से मध्यस्थ अर्थात वित्तीय संस्थाएं अधिकांश निजी ऋणदाताओं के अनुभव से काफी कम इकाई लागत पर प्राथमिक प्रतिभूतियों में निवेश और निवेशों का प्रबन्ध कर सकते हैं। उनकी निवेशसूचियों का बड़ा आकार जोखिमों में विविधिकरण के जरिए महत्त्वपूर्ण कमी प्रदान करता है। वे प्राथमिक प्रतिभूतियों की परिपक्वता की अनुसूची इस तरीके से बनाते हैं कि तरलता संकटों की संभावनाएं न्यूनतम हो जाएं। वित्तीय संस्थाओं रूपी इन मध्यस्थों को टैक्स लाभ भी प्राप्त होते हैं जो निजी बचतकर्ताओं को उपलब्ध नहीं होते। उधार लेने की ओर से, वित्तीय संस्थाएं अपने जमाकर्ताओं की अधिक संख्या होने से सामान्यतौर से दावों के पुनर्भुगतान की पूर्वसूचनीय अनुसची (schedule) पर निर्भर हो सकते हैं। इस प्रकार, वित्तीय संस्थाएं बचत और निवेश को प्रोत्साहन देती हैं जो आर्थिक वृद्धि को उन्नत करने के लिए आवश्यक है।

पूंजी निर्माण के लिए बचतें आवश्यक हैं जिनके बिना आर्थिक वृद्धि सभव नहीं है। पूंजी निर्माण के लिए केवल बचतें ही काफी नहीं हैं। उनका संग्रह भी आवश्यक है और यह कार्य वित्तीय संस्थाओं द्वारा किया जाता है। यद्यपि बचतों के संग्रह से ही पूंजी निर्माण नहीं हो जाता। इन बचतों को उत्पादक निवेशों में भी जाना चाहिए। अंतिम उधारकर्ताओं को ऋण देकर वित्तीय संस्थाएं निवेश को बढ़ाती हैं। इस प्रकार, वृद्धि प्रक्रिया में वित्तीय संस्थाओं की भूमिका आंशिक रूप में उधारकर्ता से एक प्रकार की प्रतिभूतियां खरीदने और ऋणदाताओं को दूसरी प्रकार की प्रतिभूतियां बेचने का है। इस प्रकार, वे बचत करने की भावना को और निवेश की प्रेरणा को बढ़ाने में योगदान करती हैं। इससे अधिक महत्त्वपूर्ण यह है कि वित्तीय संस्थाएं बेहतर निवेश अवसर खोजने के प्रयास करती हैं और उद्योग की सहायता करती हैं।

अन्य कारकों में, निवेश ब्याज की दर पर निर्भर करता है। ब्याज की दर जितनी कम होगी, निवेश उतना ही अधिक होगा। वित्तीय संस्थाओं में प्राथमिक प्रतिभूतियों के लिए प्रतिस्पर्द्धा से इनकी कीमत बढ़ जाती है और ब्याज-दर कम हो जाती है। इसके अलावा, जब बचतकर्ता अपनी नकदी को वित्तीय संस्थाओं में रखते हैं तो इसमें जोखिम कम होता है और धनराशि सुरक्षित तथा तरल होती है और जब मुद्रा की मांग में कमी होती है तो ब्याज-दर और कम हो जाती है। ब्याज-दर में कमी से निवेश को प्रोत्साहन मिलता है, जिसके परिणामस्वरूप पूंजी-निर्माण की दर में वृद्धि हो जाती है, इस प्रकार आर्थिक वृद्धि बढ़ती है। गोल्डस्मिथ[1] के अध्ययन ने दर्शाया है कि

1. R. W. Goldsmith, *Financial Intermediaries in The American Economy, Since 1900*, 1958.

विकसित राष्ट्रों की आर्थिक वृद्धि के लिए वित्तीय संस्थाएं महत्त्वपूर्ण रूप से उत्तरदायी हैं।

5. वित्तीय मध्यस्थ और अल्पविकसित देश (FINANCIAL INTERMEDIARIES AND UNERDEVELOPED COUNTRIES)

वित्तीय मध्यस्थ अल्पविकसित देशों में एक विशेष भूमिका निभातें हैं। ऐसे देशों में पूंजी बाजार गैर-विकसित और गैर-संगठित होता है। अधिकांश लोग निर्धन होते हैं और वे बचत नहीं कर सकते। जो लोग बचाते हैं, वे अपनी बचतें स्वर्ण, आभूषण, वास्तविक सम्पदा, सट्टा, विदेशी विनिमय और दिखावटी उपभोग में निवेश करते हैं। इन परिस्थितियों में वित्तीय संस्थाएं निजी बचतों के प्रवाह को गैर-उत्पादक से उत्पादक कार्यों में लगाने के लिए प्रोत्साहित करती हैं। वे घरेलू परिवारों को भौतिक परिसम्पत्तियों की बजाय वित्तीय परिसम्पत्तियां रखने के लिए प्रोत्साहित करती हैं। घरेलू परिवार जितनी भौतिक परिसम्पत्तियों की खरीद से वित्तीय परिसम्पत्तियों में धन लगाकर बचत करते हैं उतने ही विकास कार्यों के लिए संसाधन जारी होते हैं।

इसके अलावा, जब अर्थव्यवस्था का विकास होता है तो गैर-मौद्रिक क्षेत्र धीरे-धीरे मौद्रिक क्षेत्र में रूपान्तरित हो जाता है। अर्थव्यवस्था के मुद्रीकरण की दर में वृद्धि होने से लोगों में बैंकिंग आदतें भी पैदा होती हैं। इन परिस्थितियों में बचतों का संग्रह करके और उन्हें उत्पादक कार्यों में लगाने के लिए अकेले वाणिज्यिक बैंक ही पर्याप्त नहीं हैं। इसलिए बचतों का संग्रह करके और उन्हें पूंजी-निर्माण और आर्थिक विकास के लिए निवेश करने में वित्तीय संस्थाओं की भूमिका बहुत महत्त्वपूर्ण हो जाती है। अल्पविकसित देशों में प्रभावी ऋण देने वाली संस्थाओं की कमी के कारण उद्यमशीलता के वातावरण का अभाव होता है। वित्तीय संस्थाएं बड़ी फर्मों की अपेक्षा छोटी फर्मों की काफी हद तक सहायता करती हैं। इन वित्तीय संस्थाओं को निवेश अवसर प्राप्त होते हैं और अल्पविकसित देशों में वे छोटे और नये उद्यमियों की सहायता करके इन अवसरों का लाभ उठाती हैं। ऐसे देशों में विकास की गति के साथ वित्तीय संस्थाओं की वृद्धि मुद्रा के इस्तेमाल में किफायत लाने में सहायक होती है। जब इन वित्तीय संस्थाओं की स्थापना होती है तो ये बचतकर्त्ताओं को अप्रत्यक्ष प्रतिभूतियां बेचती हैं। ये प्रतिभूतियां मुद्रा की निकट स्थानापन्न होती हैं। इसलिए बचतकर्ता मुद्रा को नकदी रूप में रखने की बजाय प्रतिभूतियां खरीद लेते हैं। यही वह तरीका है जिसके द्वारा ये वित्तीय मध्यस्थ मुद्रा के इस्तेमाल की किफायती करने में सहायता करती हैं और फिर मुद्रा पूर्ति तथा वस्तुओं और सेवाओं की मांग को बढ़ाने से नियंत्रित करते हैं। इस प्रकार, वित्तीय संस्थाएं अल्पविकसित देशों में अप्रत्यक्ष स्फीति को नियंत्रित करने में सहायता करती हैं।

6. बचत-निवेश प्रक्रिया में वित्तीय मध्यस्थ (FINANCIAL INTERMEDIARIES IN THE SAVING-INVESTMENT PROCESS)

वित्तीय संस्थाएं उधार देने वाले बचतकर्त्ताओं और उधार लेने वाले निवेशकों में निधियों का रूपांतरण करती हैं। वे बचतों का संग्रह करती हैं और इन्हें उन निवेशकों को प्रदान करती हैं जिन्हें अपने पास उपलब्ध निधियों से अधिक निधियों की आवश्यकता होती है। दूसरे शब्दों में, वे ऐसी वाहक नलियां हैं जिनके जरिये बचतकर्ता अपनी अतिरिक्त निधियां निवेशकों को उधार दे सकते हैं।

वित्तीय संस्थाओं में वाणिज्यिक बैंक, सहकारी समितियां और बैंक, पारस्परिक बचत बैंक, पारस्परिक निधियां, बचत और ऋण संघ, बीमा कम्पनियां, मर्चेन्ट बैंक, यूनिट ट्रस्ट तथा दूसरे प्रकार की वित्तीय सस्थाएं शामिल हैं। वे बचतकर्ताओं से निवेशकों को निधियों का हस्तांतरण करके मध्यस्थ के रूप में कार्य करती हैं। बचतकर्ता अपनी निधियां उधार देकर लाभ की स्थिति में रहते हैं, क्योंकि वे अपनी निधियों पर ब्याज अथवा लाभांश कमाते हैं। दूसरी ओर, निवेशक भी अपनी निवेश योजनाओं को पूरा करने के लिए उधार लेकर लाभ कमाते हैं। वित्तीय मध्यस्थों के बिना बचतकर्ता अपनी बेशी निधियों का संग्रह कर लेंगे और निवेशक (उधारकर्ता) केवल आंतरिक रूप से वित्तपोषित योजनाओं के अलावा अपनी अब निवेश योजनाओं को कार्यान्वित नहीं कर पायेंगे।

वित्तीय संस्थाओं का आवश्यक कार्य बचतकर्ताओं और निवेशकों, दोनों के निवेशसूची अधिमान (portfolio preference) को एक साथ संतुष्ट करना होता है। बचतकर्ता अंतिम ऋणदाता होते हैं जिनकी परिसम्पत्तियों में बैंक जमा, बीमा पालिसियां, पेंशन आदि शामिल हैं। निवेशक अंतिम उधारकर्ता अथवा गैर-वित्तीय इकाईयों के रूप में होते हैं जो वस्तुसूची , वास्तविक संपदा, संयंत्र और उपस्करों इत्यादि जैसी वास्तविक परिसम्पत्तियों क रूप में अपनी संपत्ति का विस्तार करना चाहते हैं। वे इन्हें बांड, कारपोरेट इक्विटीज, निजी और व्यवसायों के ऋण बंधक, बिलों आदि के रूप में प्राथमिक प्रतिभूतियां जारी करके धन प्रदान करते हैं। ये इनकी देयताएं होती हैं।

वित्तीय संस्थाएं अप्रत्यक्ष अथवा द्वितीयक प्रतिभूतियां जारी करती हैं। इनमें मुद्रा, वाणिज्यिक बैंकों की मांग और समय जमा तथा गैर-वित्तीय मध्यस्थों की बचत जमा, बीमा तथा पेंशन निधियां होती हैं। वित्तीय संस्थाएं वास्तविक बचतकर्ता और अंतिम उधारकर्ताओं अथवा निवेशकों के बीच मध्यस्थता करती हैं। बचतकर्ता बांड, बंधक अथवा इक्विटी प्रत्यक्ष रूप से खरीदने की बजाय वित्तीय संस्थाओं में अपनी निधियां जमा करते हैं और वित्तीय संस्थाएं ये निधियां अंतिम उधारकर्ताओं को बतौर ऋण देती हैं। वित्तीय संस्थाएं अंतिम उधारकर्ताओं द्वारा जारी प्राथमिक प्रतिभूतियों को प्राप्त करती हैं। और इनके बदल अंतिम ऋणदाताओं (बचतकर्ताओं) को निवेश-सूची के लिए अपनी द्वितीयक प्रतिभूतियां जारी करती हैं। अन्य शब्दों में, निवेशक बैंकों को अतिभूतियां बेचते हैं और इसके बदले बैंकों से नव-निर्मित मांग जमाए प्राप्त करते हैं। फिर ये जमाएं वर्तमान उत्पादन पर खर्च की जाती हैं और अन्ततः वित्तीय परिसम्पत्तियों के रूप में समुदाय में होने वाले बचतकर्त्ताओं को प्राप्त होती हैं। निवेशक भी गैर-बैंक वित्तीय मध्यस्थों को प्रभूतियां बेचते हैं और फिर गैर-बैंक वित्तीय मध्यस्थ बचतकर्ताओं को अपने दावे बेचते हैं। इस प्रकार गैर-बैंक वित्तीय मध्यस्थ, ऋण साधनों (instruments) की पूर्ति करने में समर्थ होते हैं और ये ऋण साधन विशेषकर उधारकर्ताओं के अनुकूल तथा ऋणदाताओं द्वारा वांछित परिसम्पत्ति के रूप से अलग होते हैं। इसी प्रकार, वे ऋणदाताओं को ऐसी वित्तीय परिसम्पत्तियां प्रदान करते हैं जो उधारकर्ताओं द्वारा जारी करने हेतु तैयार ऋण साधनों के रूप से पृथक होती हैं।

बचतकर्ताओं और ऋणदाताओं को एक-साथ लाने के अलावा वित्तीय संस्थाएं धन-धारकों (बचतकर्ताओं) को आकर्षित करने के लिए गैर-वित्तीय इकाईयों (उधारकर्ताओं) द्वारा जारी प्राथमिक प्रतिभूतियों को अधिक तरलता, सुविधा, कम जोखिम वाली द्वितीयक प्रतिभूतियों (वित्तीय संस्थाओं द्वारा स्वयं जारी) में रूपांतरित करती हैं। इस प्रकार, वित्तीय संस्थाएं अंतिम ऋणदाताओं की निवेश-सूची के लिए प्राथमिक प्रतिभूतियों को द्वितीयक प्रतिभूतियों में परिवर्तित करती हैं। वे ऋणदाताओं को वित्तीय परिसम्पत्तियों की, विशेषतया उनकी आवश्यकताओं के अनुकूल, विस्तृत विविधता प्रदान करती हैं। वे उधारकर्ताओं के लिए उनके अपने कारोबार में न अपनाने योग्य प्रतिभूतियों को जारी करने की आवश्यकता को भी कम कर देते हैं। इस प्रकार वित्तीय संस्थाएं ऋणदाताओं द्वारा जारी प्रतिभूतियों को तरल और विविध करके बचत को प्रोत्साहित अथवा निर्बचत को हतोत्साहित करती हैं।

इसके अलावा, मध्यस्थता की तकनीकों से प्राथमिक प्रतिभूतियां कुशलतापूर्वक व्यापारियों और प्रतिभूति विनिमयों के जरिए अंतिम उधारकर्त्ताओं से अंतिम ऋणदाताओं को और एक ऋणदाता से दूसरे ऋणदाता को वितरित की जाती हैं। वे ऋणदाता के लिए अंतिम व्यापारी की वित्तीय परिसम्पति के मूल्य के सीमांत तुष्टिगुण को बढ़ाकर और उधारकर्त्ता के लिए अंतिम व्यापारी के ऋण के मूल्य की सीमांत अनुपयोगिता को कम करके, बचत और निवेश के स्तर को बढ़ाती हैं। वित्तीय संस्थाएं ऋणदाताओं को जांच-परख के लिए एक के बाद एक से अधिक निवेश परियोजनाएं प्रस्तुत करके संसाधन आवंटनों की कार्यकुशलता बढ़ाती हैं। इस प्रकार वित्तीय संस्थाओं की मध्यस्थता की वितरक तकनीकों की कार्यकुशलता में विभिन्न रूपों में सुधार करने में समर्थ हैं। बचत-निवेश प्रक्रिया में उनकी भूमिका बिल्कुल वैसी है जैसी वितरक तकनीकों, लाटरियों अथवा भूमि बिक्री की होती हैं। वित्तीय संस्थाएं निवेशकों को अधिक कुशलता से खर्च करने के योग्य बनाती हैं।

प्रश्न

1. वित्तीय मध्यस्थ क्या हैं ? देश में उनकी भूमिका का वर्णन करें।
2. वित्तीय मध्यस्थों द्वारा निष्पादित कार्यों का वर्णन करें।
3. बचत-निवेश प्रक्रिया में वित्तीय मध्यस्थों की भूमिका और महत्त्व पर चर्चा करें।
4. वृद्धि-प्रक्रिया में वित्तीय मध्यस्थों की भूमिका स्पष्ट करें। अल्पविकसित देशों के विकास में वे किस प्रकार सहायता करते हैं ?

अध्याय 38

गैर-बैंक वित्तीय मध्यस्थ

(Non-Bank Financial Intermediaries)

1. अर्थ
(MEANING)

गैर-बैंक वित्तीय मध्यस्थ *(NBFIs)* इस तरह की संस्थाएं होती हैं जैसे बचत एवं ऋण एसोसिएशन, जीवन बीमा कम्पनियां, परस्पर बचत बैंक, सामान्य ट्रस्ट कोष, पेंशन कोष और सरकारी उधार-देने वाली एजेन्सियां। ये मध्यस्थ निवल बचतकर्ताओं से कोष लेकर एक जगह इकट्ठा करते हैं और उन्हें व्यापारिक संस्थाओं तथा स्थानीय निकायों के व्ययों की वित्त-व्यवस्था करने के लिए उधार देते हैं। निवल बचतकर्ताओं से कोष इकट्ठे करने के लिए ये मध्यस्थ ऐसी अप्रत्यक्ष प्रतिभूतियां जारी करते और बेचते हैं जैसे सावधि जमा, सामान्य कोष स्टॉक, बचत एवं ऋण के हिस्से, और बीमा पालिसियां। अन्तत: उधार लेने वालों को कोष उधार देने के लिए वे प्राथमिक प्रतिभूतियां खरीदते हैं। प्राथमिक प्रतिभूतियों के अन्तर्गत सरकारी प्रतिभूतियां, बंधक (mortgages), सामान्य तथा अधिमानी स्टॉक, उपभोक्ता ऋण तथा अन्य अल्पकालिक ऋण आते हैं। इस प्रकार, *NBFIs* ऐसी वित्तीय फर्में हैं जो एक प्रकार की वित्तीय-परिसम्पत्तियां खरीदती हैं और दूसरी प्रकार की वित्तीय परिसम्पत्तियां बेचती हैं। उदाहरणार्थ, बचत एवं ऋण ऐसोसियेशनें और परस्पर बचत बैंक प्रमुख रूप से 'बंधक' खरीदते हैं और बचत जमाएं बेचते हैं; बीमा कम्पनियां प्रमुख रूप से बांड खरीदती हैं और बीमा पालिसियां बेचती हैं, और वित्तीय कम्पनियां किश्त ऋण खरीदती हैं तथा बचत कमर्शियल पत्र बेचती हैं। इस प्रकार, *NBFIs* अन्तिम उधारदाताओं और अन्तिम उधार देने वालों के बीच अप्रत्यक्ष साधन का काम करती हैं।

2. गैर-बैंक वित्तीय मध्यस्थों का कार्य भाग*
(ROLE OF NON-BANK FINANCIAL INTERMEDIARIES)

गैर-बैंक वित्तीय मध्यस्थ निम्न दिशाओं में महत्त्वपूर्ण कार्य कर रहे हैं—

1. संचय घटाना (Reduce Hoarding)—अंतिम कर्जदाताओं (या बचतकर्ताओं) और अंतिम ऋणियों को एक साथ लाकर *NBFIs* लोगों द्वारा नकदी का संचय घटाते हैं।

2. घरेलू क्षेत्र की सहायता (Help Household Sector)—घरेलू क्षेत्र *NBFIs* पर उनके बचत कोषों का लाभदायक उपयोग करने के लिए तथा उपभोक्ता साख ऋण, बंधन ऋण आदि उपलब्ध कराने के लिए भी निर्भर करता है। इस प्रकार, *NBFIs* साधारण लोगों में बचत और निवेश की आदतों को प्रोत्साहित करते हैं।

3. व्यवसाय क्षेत्र को सहायता (Help Business Sector)—*NBFIs* गैर-वित्तीय व्यवसाय क्षेत्र को भी ऋणों, बंधकों, बांडों को खरीदकर, शेयरों आदि के माध्यम से वित्त प्रदान कर सहायता पहुंचाते हैं। इस प्रकार ये प्लांट, उपकरण और माल सूचियों में निवेश की सुविधा प्रदान करते हैं।

---

1. यह खण्ड इनके कार्यों से भी संबद्ध है।

4. राज्य और स्थानीय सरकार को सहायता (Help State and Local Governments)—*NBFIs* राज्य और स्थानीय निकायों को उनके बांड खरीदकर मदद पहुँचाते हैं।

5. केन्द्रीय सरकार को सहायता (Help Central Government)—ये केन्द्रीय सरकार की प्रतिभूतियों को खरीदते और बेचते हैं और इस तरह केन्द्रीय सरकार की मदद करते हैं।

6. कर्जदाता और NBFIs दोनों कमाते हैं (Lenders and NBFIs both Earn)—जब बचतकर्ता *NBFIs* में अपनी निधियां जमा करते हैं तो वे ब्याज कमाते हैं। जब *NBFIs* अंतिम ऋणियों को कर्ज देते हैं तो वे लाभ कमाते हैं। वस्तुतः मध्यस्थता का पुरस्कार *NBFIs* द्वारा रखी गई प्राथमिक प्रतिभूतियों पर प्रतिफल की दर और ब्याज या लाभांश दर के बीच के अन्तर से प्राप्त होता है जिसे वे अपने अप्रत्यक्ष ऋण पर चुकाते हैं।

7. तरलता प्रदान करना (Provide Liquidity)—जब *NBFIs* मुद्रा के रूप में उसके मूल्य की गिरावट के बिना आसानी से और तेजी से किसी परिसम्पत्ति को नकदी में परिवर्तित करते हैं तो वे तरलता उपलब्ध कराते हैं। जब *NBFIs* अपने विरुद्ध दावा पेश करते हैं और निधियों की पूर्ति करते हैं तो वे, विशेषकर बैंक, सदैव अपनी तरलता कायम रखने की कोशिश करते हैं। ऐसा वे निम्न दो नियमों द्वारा करते हैं : **प्रथम**, वे अल्पकालीन ऋण देते हैं और दीर्घावधियों के लिए अपने विरुद्ध दावा पेश कर उन्हें वित्त उपलब्ध कराते हैं; और **द्वितीय**, वे विभिन्न प्रकार के ऋणियों के बीच ऋणों में विविधता उत्पन्न करते हैं।

8. ब्याज दर कम करने में सहायता (Help in Lowering Interest Rate)—*NBFIs* के बीच प्रतियोगिता, ब्याज दर को कम करती है। *NBFIs* अपनी बचत को नकदी में रखने की अपेक्षा दूसरे *NBFIs* के पास रखना ही पसंद करते हैं। आगे *NBFIs* उन्हें प्राथमिक प्रतिभूतियों में निवेश करते हैं। परिणामस्वरूप, प्रतिभूतियों की कीमतें बढ़ जाती हैं और ब्याज दरें कम हो जाती हैं। इसके अतिरिक्त, जब लोग *NBFIs* के पास अपनी नकदी धारणों को रखते हैं, जो सुरक्षित और तरल होते हैं, तो मुद्रा की मांग गिरती है जिससे ब्याज दर कम हो जाती है।

9. कम ब्याज दरें बचतकर्ता और निवेशकर्ता दोनों के लिए लाभदायक (Low Interest Rates Benefit both Savers and Investors)—जब ब्याज दरें गिरती हैं तो बचतकर्ता और निवेशकर्ता दोनों को लाभ होता है। ऋणियों को ऋण देने की वास्तविक लागत घटती है। ये आगे वस्तुओं और सेवाओं की लागतें और कीमतें घटाती हैं। ब्याज दरों में गिरावट के साथ सावधि जमाओं पर प्रतिफल भी घटता है जो बाद के कम ब्याज दर भुगतान के बावजूद भी बचतकर्ताओं को *NBFIs* में अपनी निधियां जमा करने के लिए प्रेरित करता है। बचतकर्ता फिर भी लाभ प्राप्त करते हैं क्योंकि *NBFIs* उन्हें अधिक सुरक्षा, सुविधा और अन्य संबंधित सेवाएँ देते हैं और इस तरह से बचतकर्ताओं के वास्तविक प्रतिफल और आय बढ़ते हैं।

10. उधारार्थ कोषों के दलाल (Brokers of Loanable Funds)—*NBFIs* उधारार्थ कोषों के दलालों के रूप में महत्त्वपूर्ण कार्य करते हैं। वे अन्तिम बचतकर्ता तथा अन्तिम निवेशक के बीच मध्यस्थ का कार्य करते हैं। वे बचतकर्ताओं को अप्रत्यक्ष प्रतिभूतियां बेचते हैं और निवेशकों से प्राथमिक प्रतिभूतियां खरीदते हैं। अप्रत्यक्ष प्रतिभूतियां वित्तीय मध्यस्थों की अल्पावधि देयताएं होती हैं। दूसरी ओर, प्राथमिक प्रतिभूतियां उनकी अर्जक (earning) परिसम्पत्तियां होती हैं, परन्तु उधार लेने वालों के लिए ऋण होते हैं। इस प्रकार, ऋण को साख में बदलकर *NBFIs* उधारार्थ कोषों के दलालों का कार्य करते हैं।

11. जोखिम घटाते हैं (Reduce Risks)—जब गैर–बैंक वित्तीय मध्यस्थ ऋण को साख में बदलते हैं तो वे अन्तिम ऋणदाता का जोखिम घटा देते हैं। वे उधारकर्ताओं को अप्रत्यक्ष प्रतिभूतियां बेचकर अपनी देयताओं को निर्मित कर लेते हैं। फिर वे निधियां उधार लेने वालों से प्राथमिक प्रतिभूतियां खरीदते हैं। इस प्रकार निधियों के उधारदाताओं और उधार लेने वालों के बीच मध्यस्थ का कार्य करके *NBFIs* स्वयं जोखिम उठाते हैं और अन्तिम उधारदाताओं की जोखिम कम कर देते हैं। और फिर, विविध प्रकार की परिसम्पत्तियां धारण करके वे अपनी जोखिम भी घटा लेते हैं। कुछ परिसम्पत्तियों पर प्राप्त कम प्रतिफल के घाटे को अन्य परिसम्पत्तियों पर प्राप्त अधिक प्रतिफल पूरा कर देता है।

12. बचतें जुटाना (Mobilising Savings)—*NBFIs* पूंजी बाजार में निधियां इकट्ठा करते हैं और निवेशकों को उधार देते हैं। वे ऐसी विशिष्ट वित्तीय सेवाएं प्रदान करते हैं जिनसे इन्हें सार्वजनिक बचतों का अधिक भाग प्राप्त होता है। इनके द्वारा प्रदान की गई सेवाओं में आसान तरलता, मूलधन की सुरक्षा और बचतों की तुरन्त विभिन्न मूल्यों की अप्रत्यक्ष प्रतिभूतियों में विभाज्यता शामिल हैं। वे दो प्रकार के गैर–बैंक वित्तीय मध्यस्थों का विकास करने के कारण अधिक निधियां जुटाने में सफल हुए हैं। **प्रथम,** अमानतदार

मध्यस्थ (depositary intermediaries) हैं जिनमें बचत और ऋण एसोसियेशनें, साख यूनियनें, और परस्पर बचत बैंक शामिल हैं। इस तरह की संस्थाओं में बचतों की तरलता अधिक होती है जो छोटे बचतकर्ताओं को आकर्षित करती हैं और फिर, वे नियत कीमत वाली परिसम्पत्तियां जारी करते हैं जिनका मूल्य अन्य परिसम्पत्तियों की बाजार कीमतों की भांति नहीं बदलता। **दूसरे** प्रकार के मध्यस्थ संविदात्मक (contractual) मध्यस्थ हैं जो बचतकर्ताओं से ठेका कर लेते हैं और उन्हें दीर्घकाल तक अनेक प्रकार के लाभ प्रदान करते हैं। इस तरह की संस्थाएं पेंशन कोष, जीवन बीमा कम्पनियां तथा सार्वजनिक भविष्यनिधि कोष हैं। ये दोनों प्रकार के वित्तीय मध्यस्थ सार्वजनिक बचतें जुटाने में विशेष रूप से सहायक होते हैं।

13. कोषों का निवेश (Investment of Funas)—NBFIs का अस्तित्व ही इसलिए बना हुआ है कि वे जुटाई गई बचतों का निवेश करके लाभ कमाना चाहते हैं। विभिन्न वित्तीय मध्यस्थ विभिन्न निवेश नीतियां अपनाते हैं। उदाहरणार्थ, बचत तथा ऋण ऐसोसियेशनें और परस्पर बचत बैंक 'बंधकों' में निवेश करते हैं, और बीमा कम्पनियां बांडों तथा प्रतिभूतियों में निवेश करती हैं। इस प्रकार, ये मध्यस्थ सार्वजनिक बचतें जुटाते हैं, उन्हें निवेश करते हैं और परिणामस्वरूप पूंजी निर्माण तथा आर्थिक वृद्धि में सहायक होते हैं।

14. नई परिसम्पत्तियां और देयताएं उत्पन्न करना (Create New Assets and Liabilities)—गार्डनर एक्ले ने बताया है कि अन्तिम उधारदाताओं और प्रत्यक्ष निवेशकों के बीच मध्यस्थता करने में *NBFIs* बचतकर्ताओं को उपलब्ध वित्तीय परिसम्पत्तियों के स्टॉक में बहुत बढ़ोत्तरी करते हैं और प्रत्येक अतिरिक्त परिसम्पत्ति के मुकाबले के बराबर की नई वित्तीय देयता भी उत्पन्न करते हैं। परन्तु मध्यस्थता कुल निवल मूल्य को प्रभावित नहीं करती। उसने यह निष्कर्ष प्रस्तुत किया है कि यद्यपि मध्यस्थता कुल धन अथवा आय को नहीं बढ़ाती, तथापि यह माना जा सकता है कि वह कल्याण में वृद्धि करती है।

15. पैमाने की मितव्ययिताएं (Economics of Scale)—*NBFIs* बचतें जुटाने और निवेश करने में विशिष्टीकरण तथा पैमाने की अनेक मितव्ययिताएं प्राप्त करते हैं। व्यक्तिगत बचतकर्त्ताओं के लिए अपनी निधियां व्यक्तिगत उधार लेने वालों को उधार देना बहुत मंहगा और कष्टकर होगा। *NBFIs* अन्तिम उधारदाताओं और उधार लेने वालों के साथ बड़े लेन-देन करते हैं। वे विशाल वित्तीय परिसम्पत्तियों का व्यापार करने में विशेषज्ञता प्राप्त करते हैं और इस प्रकार प्रतिभूतियां खरीदने और बेचने में उन्हें कम लागतें आती हैं। वे विशेषज्ञ स्टाफ और दक्ष मशीनरी एवं उपकरण रखते हैं, और परिणामस्वरूप निधियों के हस्तान्तरण में उत्पादकता बढ़ाते हैं।

16. पूंजी बाजार में स्थिरता लाना (Bring Stability in Capital Market)—*NBFIs* विभिन्न प्रकार की परिसम्पत्तियों और देयताओं में व्यापार करते हैं जिसका अधिकांशत: व्यापार पूंजी बाजार में होता है। यदि *NBFIs* नहीं होते तो वित्तीय परिसम्पत्तियों और उनकी सापेक्ष प्राप्तियों की मांग और पूर्ति में लगातार परिवर्तन होते, इस तरह पूंजी बाजार में अस्थिरता आती। *NBFIs* वैधानिक ढांचे के अन्तर्गत काम करते हैं और नियमों को बनाते हैं। इस प्रकार, वे पूंजी बाजार में स्थिरता लाते हैं और बचतकर्ताओं तथा फर्मों को विविध वित्तीय सेवाओं द्वारा लाभ पहुँचाते हैं।

17. अर्थव्यवस्था को लाभ (Benefit to the Economy)—*NBFIs* वित्तीय बाजारों के काम-काज में, केन्द्रीय बैंक की मौद्रिक और साख नीतियों को कार्यान्वित करने में और इस प्रकार अर्थव्यवस्था के विकास को प्रोत्साहित करने में बहुत ही सहायक होते हैं। निधियों को बचत से घाटेवाली इकाईयों में स्थानान्तरित कर, *NBFIs* विशाल वित्तीय परिसम्पत्तियां और देयताएँ उत्पन्न करते हैं। वे अर्थव्यवस्था को मुद्रा पूर्ति और निकट मुद्रा परिसम्पत्तियां उपलब्ध कराते हैं। इस प्रकार, वे वित्तीय बाजारों के काम-काज में मदद करते हैं। चूंकि वित्तीय बाजार अर्थव्यवस्था के काम-काज को नियंत्रित करता है, अत: केन्द्रीय बैंक की मौद्रिक और साख नीतियां समय-समय पर इस तरह परिवर्तित होती हैं कि देश में वित्तीय बाजार बिना रुकावट के काम कर सके। वस्तुत: अर्थव्यवस्था का विकास वित्तीय तंत्र के सही काम-काज पर निर्भर करता है जो आगे काफी हद तक *NBFIs* पर निर्भर करता है।

18. आर्थिक विकास में (In Economic Growth)—*NBFIs* अर्थव्यवस्था की विकास प्रक्रिया में मदद पहुंचाते हैं। वे अंतिम कर्जदाता, जो बचतकर्ता होता है, और अंतिम ऋणी, जो निवेशकर्ता होता है, के बीच मध्यस्थता करते हैं। इस कार्य को करते हुए वे लोगों द्वारा जमाखोरी को हतोत्साहित करते हैं, उनकी बचतों को एकत्रित करते हैं और उन्हें निवेशकों को कर्ज देते हैं। इस प्रकार, *NBFIs* बचत और निवेश को प्रोत्साहित करते हैं जो आर्थिक विकास को प्रेरित करने के लिए आवश्यक है। गोल्डस्मिथ (Goldsmith) के अध्ययन ने साबित किया है कि *NBFIs* का विकास महत्त्वपूर्ण तरीके से विकसित देशों के आर्थिक विकास के लिए उत्तरदायी हैं।

निष्कर्ष (Conclusion)—निष्कर्ष में कहा जा सकता है कि *NBFIs* वित्तीय परिसम्पत्तियों को तरलता और सुरक्षा प्रदान करते हैं और

अन्तिम उधारदाताओं से अन्तिम उधार देने वालों को उत्पादक उद्देश्यों के लिए निधियां हस्तान्तरित करने में सहायक होते हैं। वे पूंजी निर्माण बढ़ाते हैं और परिणामस्वरूप आर्थिक वृद्धि लाते हैं।

3. गैर-बैंक वित्तीय मध्यस्थ तथा मौद्रिक नीति : गुर्ले-शॉ थीसिस (NON-BANK FINANCIAL INTERMEDIARIES AND MONETARY POLICY : GURLEY-SHAW THESIS)

1950 के दशक के मध्य से इस प्रश्न पर बहुत वाद-विवाद हुआ है कि मौद्रिक नीति को प्रभावित करने में गैर-बैंक वित्तीय मध्यस्थ कहां तक कार्य करते हैं। इंग्लैंड में रेडक्लिफ समिति (Radcliffe Committee) ने दूसरे विश्वयुद्ध के बाद से गैर-बैंक वित्तीय मध्यस्थों के विकास का अध्ययन किया और इस निष्कर्ष पर पहुंची कि उन्होंने 'बैंक आफ इंग्लैंड' की साख-नियंत्रण की शक्ति पर प्रतिकूल प्रभाव डाला। गुर्ले तथा शॉ भी इसी निष्कर्ष पर पहुंचे।

गुर्ले और शॉ के अनुसार, *NBFIs* ऐसी प्राथमिक प्रतिभूतियां खरीदने का मध्यवर्ती कार्य करते हैं जैसे सरकारी प्रतिभूतियां, बंधक, सामान्य एवं अधिमानी स्टॉक, उपभोक्ता ऋण तथा अन्य अल्पावधि ऋण। दूसरी ओर, वे ऐसी अप्रत्यक्ष प्रतिभूतियां जारी करते हैं और अन्तिम उधारदाताओं को बेचते हैं जैसे सावधि जमाएं, सामान्य कोष स्टॉक, बचत तथा ऋण के हिस्से और बीमा पालिसियां। अन्तिम उधार लेने वालों से प्राथमिक प्रतिभूतियां खरीदकर और अन्तिम उधारदाताओं को अप्रत्यक्ष प्रतिभूतियां बेचकर ये बिचौलिए साख की उपलब्धता और ढांचे को तथा ब्याज की दरों के स्तर को प्रभावित करते हैं। कमर्शियल बैंकों की भांति ये साख का निर्माण तो नहीं करते, परन्तु ये नई परिसम्पत्तियों और देयताओं का निर्माण अवश्य करते हैं जो मुद्रा की पूर्ति प्रभावित करती हैं और इस प्रकार मौद्रिक नीति के सफल प्रचालन में बाधा डालती हैं।

उनका मत है कि *NBFIs* की बचत जमाएं कमर्शियल बैंकों की मांग जमाओं से मिलती-जुलती हैं क्योंकि *NBFIs* के लिए अपनी बचत जमाओं को नकदी अथवा मांग जमाओं में बदलना कठिन नहीं है। *NBFIs* द्वारा रखी गई इस तरह की बचत जमाएं तरल होती हैं और निकट-मुद्राएं कहलाती हैं। क्योंकि मांग जमाओं को केन्द्रीय बैंक नियंत्रित नहीं करता, इसलिए निष्कर्ष यह निकलता है कि *NBFIs* द्वारा रखी गई बचत जमाएं मौद्रिक नीति के सफल कार्यकरण में बाधक होंगी।

यदि केन्द्रीय बैंक स्फीति को रोकने के लिए मुद्रा की पूर्ति घटाना चाहता है, तो उसे सफलता नहीं मिलेगी, क्योंकि *NBFIs* की बचत जमाएं नकदी में बदली जा सकती हैं। इसी तरह, यदि केन्द्रीय बैंक कमर्शियल बैंकों द्वारा उधार को नियंत्रित करने का प्रयास करता है तो उसे सफलता नहीं मिलेगी, यदि अन्य सभी *NBFIs* का उधार देना इसके नियंत्रण में नहीं है। गुर्ले तथा शॉ के अनुसार, यह समस्या विशेषकर तब खड़ी होती है जब केन्द्रीय बैंक स्फीति-विरुद्ध (anti-inflationary) मौद्रिक नीति अपनाता है। मानलीजिए केन्द्रीय बैंक स्फीति नियंत्रित करने के लिए मुद्रा पूर्ति घटाता है। अन्य प्रभावों में, बाजार प्रतिभूतियों पर ब्याज दरें बढ़ती हैं। अधिक आय और लाभ की आशा में *NBFIs* अपने पास अधिक आय देने वाली प्रतिभूतियों में निवेश करने के लिए अधिक निधियों को आकर्षित करने हेतु अपनी बचत जमाओं पर ब्याज दरें बढ़ायेंगे।

जो लोग पहले से ही प्रतिभूतियां रखे हुए हैं वे पाते हैं कि उनकी कीमतें वर्तमान प्रतिभूतियों पर ब्याज दरों में वृद्धि के कारण गिर गई हैं। इसलिए, वे उन्हें बेच देंगे और अपनी बचत जमाओं पर ऊँची ब्याज दरें कमाने के लिए मध्यस्थों के पास अपनी निधियों को जमा करेंगे। इस बीच, ऊँची ब्याज दरों से आकर्षित होकर निष्क्रिय मुद्रा शेषों को रखने वाले लोग भी उन्हें मध्यस्थों के पास जमा करेंगे। इसलिए, जब *NBFIs* अपनी बचत जमाओं पर ब्याज दरें बढ़ाते हैं तो लोग मुद्रा की अपनी मांग घटाते हैं जो आगे ब्याज की बाजार-दर घटाती है। इस प्रकार, *NBFIs* महंगी (tight) मौद्रिक नीति को कम सफल और प्रभावी बनाते हैं। इसे चित्र 1 में स्पष्ट किया गया है जहां मुद्रा की मांग और पूर्ति क्षैतिज अक्ष पर ली गई है और ब्याज की दर अनुलम्ब अक्ष पर दिखाई गई है। *MS* मुद्रा

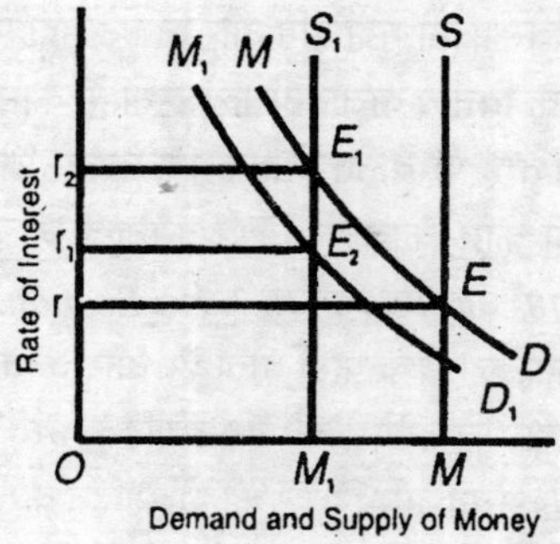

चित्र 1

का पूर्ति वक्र है और *MD* मुद्रा का मांग वक्र है। दोनों एक-दूसरे को *E* बिन्दु पर काटते हैं, जहां ब्याज की दर *r* निर्धारित होती है। मानलीजिए कि स्फीतिकारी स्थिति उत्पन्न हो जाती है और केन्द्रीय बैंक उस पर काबू पाने के लिए मुद्रा पूर्ति की कुछ मात्रा कम करता है। मुद्रापूर्ति में की गई कटौती *MS* वक्र को बाईं ओर सरका कर M_1S_1 द्वारा दिखाया गया है जिससे नया संतुलन बिन्दु E_1 पर स्थापित होता है और ब्याज की दर बढ़कर r_2 हो जाती है। *NBFIs* भी अपनी जमाओं की ब्याज दर बढ़ा देते हैं जिससे लोगों की मुद्रा की मांग घट जाती है। *MD* वक्र बाएं सरक कर M_1D_1 पर चल जाता है और M_1S_1 वक्र को E_2 पर काटता है। ब्याज की दर अब r_1 पर आ जाती है। इस प्रकार *NBFIs* महंगी मुद्रा की नीति को विफल बना देते हैं।

साख निर्माण (Credit Creation)—*NBFIs* मौद्रिक नीति को तब भी अप्रभावी बना देते हैं जब केन्द्रीय बैंक खुले बाजार में प्रतिभूतियां बेचकर और कमर्शियल बैंकों की सीमा आवश्यकताएं बढ़ाकर प्रतिबंधक (restrictive) मौद्रिक नीति अपनाता है। परिणामतः, बैंकों के पास मुद्रा की पूर्ति घट जाती है और ब्याज दरें बढ़ने लगती हैं। गैर-बैंक वित्तीय मध्यस्थ भी देखते हैं कि उनकी प्राथमिक प्रतिभूतियों की ब्याज दरें बढ़ गई हैं। इसलिए वे अप्रत्यक्ष प्रतिभूतियों पर ब्याज दरें बढ़ा देते हैं ताकि व्यक्तिगत बचतकर्ताओं से अधिक निधियां प्राप्त कर सकें। ब्याज दरों में हुई यह वृद्धि बचतकर्ताओं को प्रोत्साहन देती है कि वे अपनी बचतों को कमर्शियल बैंक मांग जमाओं से हटाकर गैर-बैंक वित्तीय मध्यस्थों की सावधि जमाओं, बचत एवं ऋण हिस्सों, तथा अन्य अप्रत्यक्ष प्रतिभूतियों में लगाएं। इससे उधार देने के लिए मध्यस्थों के पास कोष बढ़ने लगते हैं और वे अधिक प्राथमिक प्रतिभूतियां खरीद सकते हैं। इस प्रकार, अर्थव्यवस्था में उपलब्ध साख की पूर्ति बढ़ जाती है, भले ही मुद्रा की पूर्ति अपरिवर्तित रहे। ''जब ऐसा होता है, तो, बिचौलिया वास्तव में ऐसे एजेण्ट का काम करता है जो नकदी शेषों के विनिवेश (disinvestment) की प्रक्रिया को सुगम बनाता है।'' अन्ततः जब मध्यस्थ प्राथमिक प्रतिभूतियां खरीदते हैं, तो मुद्रा वापिस कमर्शियल बैंकों में आ जाती है और अन्त में बैंकों में जमा की राशि उतनी ही हो जाती है जितनी मध्यस्थों के कार्यकरण से पहले थी। इस प्रकार, जब प्रतिबंधक मौद्रिक नीति से मुद्रा पूर्ति घटती है तो अन्तिम उधारदाताओं की निवेशसूचियों के लिए प्राथमिक प्रतिभूतियों को अप्रत्यक्ष प्रतिभूतियों में बदलकर गैर-बैंक वित्तीय मध्यस्थ मुद्रा का वेग बढ़ा देते हैं। इसी प्रकार, गैर-बैंक वित्तीय मध्यस्थ मुद्रा का वेग घटाकर विस्तारशील (expansionary) मौद्रिक नीति को भी अप्रभावी बना सकते हैं।

प्रश्न यह उत्पन्न होता है कि मौद्रिक नीति को व्यर्थ बनाने में गैर-बैंक वित्तीय मध्यस्थ किस सीमा तक उत्तरदायी रहे हैं ? यदि वे बड़े पैमाने पर ऐसा करने में सफल रहे हैं तो उचित यह होगा कि *NBFIs* पर भी केन्द्रीय बैंक के नियंत्रण लागू कर दिए जाएं।

इस विषय पर तीव्र मतभेद रहा है। परन्तु सर्वसम्मति यह है कि मौद्रिक नीति की जड़ खोदने में मध्यस्थों की भूमिका न्यूनतम रही है। जैसाकि मुद्रा एवं साख पर संयुक्त राज्य अमेरिका आयोग ने लक्ष्य किया है, ''चक्रीय अथवा दीर्घकालिक अवधियों के संबंध में जो प्रमाण मिलते हैं, उनसे इस बात का समर्थन नहीं होता कि गैर-बैंक वित्तीय मध्यस्थों पर प्रत्यक्ष मौद्रिक नियंत्रण लगा दिए जाएं। वेग (velocity) में चक्रीय परिवर्तन लाने का उनका जो योगदान रहा है, वह इतना कम प्रतीत होता है कि इस तरह के नियंत्रण लगाना वांछित एवं आवश्यक नहीं हो सकता।''

इंग्लैंड की *रेडक्लिफ समिति* ने मध्यस्थों पर नियंत्रण लगाने का विचार रद्द कर दिया क्योंकि राजनीतिक दृष्टि से इंग्लैंड में ऐसा कर सकना संभव नहीं है। इस समिति ने आगे यह भी कहा, 'विवश होकर अन्तिम हथियार के रूप में अपनाना पड़े तो और बात है, अन्यथा इस तरह की संभावना का स्वागत नहीं होगा, प्रमुख रूप से इसलिए नहीं कि इससे प्रशासनिक बोझ पड़ेगा, बल्कि इसलिए कि यदि नई वित्तीय संस्थाओं की और वृद्धि हुई तो स्थिति लगातार अधिकारियों की पकड़ से बाहर होती जाएगी।''

परन्तु गुर्ले तथा शॉ का मत रेडक्लिफ समिति के मत से भिन्न है। उनका कहना है कि गैर-बैंक वित्तीय मध्यस्थों पर केन्द्रीय बैंक के नियंत्रण लागू कर देने चाहिएं। *NBFIs* पर नियंत्रण के अभाव में केन्द्रीय बैंक कमर्शियल बैंकों के विरुद्ध विभेदकारी ढंग से काम करेगा। यदि *NBFIs* केन्द्रीय बैंक के नियंत्रण से बाहर रहते हैं तो उनमें बहुत तेजी से विस्तार होगा और इस तरह से मौद्रिक नीति कम प्रभावी होगी। गुर्ले एवं शॉ के मतानुसार, 'परिणामस्वरूप मुद्रा अधिकारी बुरे बालकों *(NBFIs)* द्वारा शरारत करने पर अच्छे बालकों (कमर्शियल बैंकों) पर कठोर प्रहार करता है।' वे लिखते हैं, ''यदि हम यह बात समझ लें कि 'मौद्रिक नियंत्रण' का स्थान 'वित्तीय नियंत्रण' को ले लेना चाहिए तो मध्यस्थों के संस्थानिक विकास के पीछे विद्यमान नियमानुसार तकनीकों की पश्ता (lag) पर काबू पाया जा सकता है। मौद्रिक नियंत्रण एक वित्तीय परिसंपत्ति 'मुद्रा' की पूर्ति को सीमित करता है..... मौद्रिक नियंत्रण के उत्तराधिकारी के रूप में वित्तीय नियंत्रण उन सभी प्रकार की वित्तीय परिसम्पत्तियों के निर्माण को नियंत्रित करेगा जो व्ययकारी इकाइयों की निवेशसूचियों में

प्रत्यक्ष प्रतिभूतियों से प्रतियोगिता रखती हैं। 'महंगा वित्त' तथा 'सस्ता वित्त' वस्तुत: 'महंगी मुद्रा' और 'सस्ती मुद्रा' के अन्तिम रूप हैं।''

परन्तु गुर्ले तथा शॉ से जॉनसन सहमत नहीं है। उसका कहना है कि अनुभव के आधार पर इस बात की पुष्टि नहीं होती कि केन्द्रीय बैंक को यह अधिकार दे दिया जाए कि वह जिस प्रकार का नियंत्रण कमर्शियल बैंकों पर रखता है, उसी प्रकार का नियंत्रण इन वित्तीय मध्यस्थों पर भी लागू कर दे। उसका मत है कि यह मानने के पीछे कोई तर्क नहीं है कि वित्तीय मध्यस्थों की उपस्थिति से केन्द्रीय बैंक का नियंत्रण कमजोर पड़ जाता है और फिर, जब तक जनसाधारण आसानी से अपनी बैंक जमाओं को मध्यस्थों की अप्रत्यक्ष प्रतिभूतियों में नहीं लगाते, तब तक मध्यस्थों की उपस्थिति से आर्थिक क्रिया पर केन्द्रीय बैंक की यांत्रिक क्षमता बढ़ भी सकती है। इसका मतलब है कि यह संभव नहीं है कि गैर–बैंक वित्तीय मध्यस्थों के कार्यकरण से भी ब्याज की दरें वापिस अपने पुराने स्तर पर नहीं आएंगी। बल्कि, ब्याज दरें तो और भी बढ़ेंगी। मुद्रा पूर्ति दुर्लभ रहेगी और उसका व्यय पर प्रतिबंधक प्रभाव ही पड़ेगा।

4. बैंक तथा गैर-बैंक वित्तीय मध्यस्थों में अन्तर (DISTINCTION BETWEEN BANKS AND NBFIs)

इससे पहले कि हम कमर्शियल बैंक और *NBFIs* में अन्तर की चर्चा करें, हम इनकी समानताओं पर बिचार करेगें।

बैंकों और NBFIs में समानताएँ (Similarities between Banks and NBFIs)

कार्यात्मक दृष्टि से, कमर्शियल बैंकों के कार्य *NBFIs* के कार्यों से निम्न आधारों पर मिलते- जुलते हैं :

1. *NBFIs* की भांति, कमर्शियल बैंक उधार लेने वालों की प्राथमिक प्रतिभूतियां, ऋण और जमाएं लेते हैं और आगे उधारदाताओं को अपनी ही अप्रत्यक्ष प्रतिभूतियां और मांग जमाएं प्रदान करते हैं। कमर्शियल बैंक और *NBFIs* इस बात में मिलते–जुलते हैं कि उधार लेने वालों के रूप में दोनों ही द्वितीयक प्रतिभूतियों का निर्माण करते हैं।

2. जब कमर्शियल बैंक केन्द्रीय बैंक से उधार लेते हैं तो वे मांग जमाओं का निर्माण करते हैं और जब *NBFIs* कमर्शियल बैंकों से उधार लेते हैं तो वे विविध प्रकार के अप्रत्यक्ष ऋणों का निर्माण करते हैं।

3. कमर्शियल बैंक और *NBFIs* दोनों ही उधार लेने और देने वालों को मिलाने में बिचौलियों का काम करते हैं और अधिक लाभ कमाने के लिए अवित्तीय उधारदाताओं से अवित्तीय शेषों का हस्तांतरण सुगम बनाते हैं।

4. कमर्शियल बैंक और *NBFIs* दोनों तरल कोष प्रदान करते हैं। बैंक जमाएं और कमर्शियल बैंकों की अन्य परिसम्पत्तियां तथा *NBFIs* द्वारा प्रदान की गई परिसम्पत्तियां तरल परिसम्पत्तियां होती हैं। हां, तरलता की मात्रा संबंधित वित्तीय मध्यस्थों की प्रकृति और क्रिया के अनुसार परिवर्तित होती है।

5. बैंक और *NBFIs* दोनों ऋण योग्य कोषों के महत्वपूर्ण निर्माता होते हैं। मुद्रा के शुद्ध निर्माण द्वारा कमर्शियल बैंक और *NBFIs* अपनी वर्तमान में जारी की गई वित्तीय देयताओं के लिए विनिमय में विद्यमान मुद्रा शेष एकत्रित कर ऋण योग्य कोषों का निर्माण करते हैं।

कमर्शियल बैंक NBFIs से कैसे अलग हैं ? (How are Commercial Banks Different from NBFIs?)

कमर्शियल बैंक *NBFIs* से निम्न बातों में भिन्न हैं:

1. साख का निर्माण (Credit Creation)

प्रो. जे. टोबिन[1] बताते हैं कि *NBFIs* की उपस्थिति मुद्रा निर्माता के रूप में कमर्शियल बैंकों के परम्परागत दृष्टिकोण को महत्वपूर्ण रूप से संशोधित करती है, क्योंकि वे अन्य परिसम्पत्तियां प्राप्त करने के लिए अपनी नई देयताओं को प्रत्यक्ष रूप से जारी कर सकते हैं। दूसरी ओर, *NBFIs* मुद्रा का निर्माण नहीं करते हैं।

1. J. Tobin, Commercial Banks as Creators of "Money," in D. Carson (ed.) *Banking and Monetary Studies*, 1963.

अन्य सभी वित्तीय मध्यस्थों (FIs) की तरह कमर्शियल बैंक उधार लेने वालों को उनके पास जमा की गई केवल करेन्सी उधार देते हैं और जितनी दर पर वे कर्जदाताओं को चुकाते हैं उससे अधिक दर उधार लेने वालों से लेकर वे लाभ कमाते हैं। परन्तु जहां तक द्वितीयक प्रतिभूतियों का सम्बन्ध है, दोनों अपने-अपने कार्यों और कारण में अन्तर रखते हैं। दो मुख्य वित्तीय परिसम्पत्तियां, जो मुद्रा के रूप में उपयोग होती हैं, वे करेन्सी, जो उच्चस्तरीय मुद्रा के रूप में जानी जाती है, और कमर्शियल बैंकों की मांग जमाएं हैं। मांग जमाएं कमर्शियल बैंकों द्वारा जारी द्वितीयक प्रतिभूतियां होती हैं जो करेन्सी का स्थानापन्न होती हैं। वे मांगे जाने पर करेन्सी भुगतान के वायदे को व्यक्त करती हैं और ऋण के निपटारे में बिना नकद देकर चैक द्वारा सीधी हस्तान्तरित होती हैं। बैंक, जमाकर्ताओं को सुलभ सुरक्षा, बुक-कीपिंग और कई प्रकार की अन्य सेवाएं प्रदान करते हैं जो मुद्रा धारण द्वारा उपलब्ध नहीं होती हैं। परिणामस्वरूप, जमाकर्ता, जो अपनी करेन्सी कमर्शियल बैकों को उधार देते हैं, बदले में द्वितीयक प्रतिभूति प्राप्त करते हैं जो स्वयं भुगतान के माध्यम के रूप में काम आती है। किसी बैंक द्वारा चैक जारी कर ऋण देना या जमाओं का निर्माण करना, उधार लेने वालों या अन्य व्यक्तियों द्वारा, जिसको वे कमर्शियल बैंकिंग प्रणाली में चैक द्वारा भुगतान करते हैं, अंतिम रूप से जमा किया जाएगा। इस प्रकार चैक, बैंक साख गुणक द्वारा साख निर्माण में मदद करते हैं। उधार लेने वाले जो थोड़ी-बहुत मुद्रा प्रयोग करते हैं, इस छोटे रिसाव को छोड़कर, व्यक्तिगत बैंक द्वारा उधार दी जाने वाली बाकी सब मुद्रा को बैंकिंग प्रणाली नकदी रिजर्वों के रूप में रखती है। बैंक साख गुणक का अर्थ यह है कि यदि बैंक अनियंत्रित हों तो उनकी जमाओं का प्रसार करने की असीमित शक्ति होगी। क्योंकि जमा केवल उन प्राथमिक प्रतिभूतियों की राशि द्वारा निर्धारित होती है जो बैंकिंग-प्रणाली खरीदती है। "बैंक मुद्रा जो एक बार बैंकों के उधार देने की प्रक्रिया में निर्माण की जाती है, वस्तुतः मुद्रा पूर्ति के स्थायी अंश के रूप में होती है। इस प्रकार, बैंक मुद्रा का विनिर्माण (manufacture) करते हैं; और यदि एक बार विनिर्माण हो गया तो यह सापेक्षिक रूप से अमर हो जाती है। यह इस अर्थ में है कि कमर्शियल बैंक मुद्रा निर्माण की अपनी क्षमता में सभी *NBFIs* में अनूठे हैं। परन्तु *NBFIs* के मामले में, प्राथमिक प्रतिभूतियां जो वे खरीद सकते हैं, वे अप्रत्यक्ष प्रतिभूतियों की मात्रा द्वारा सीमित होती हैं जो वे कर्जदाताओं को बेच सकते हैं। चूंकि *NBFIs* कमर्शियल बैंकों की तरह बैंक साख गुणक शक्ति नहीं रखते हैं, इसलिए वे केवल कर्जदाताओं द्वारा उन्हें सौपें गये कोष उधार लेने वालों को स्थानान्तरित कर दलाली कार्य करते हैं। इसके अतिरिक्त, सरकारी अधिनियम *NBFIs* को अपनी देयताओं पर चैक सुविधाएं देने और मांगे जाने पर करेन्सी में परिवर्तनीयता को रोकते हैं। परन्तु कई द्वितीयक प्रतिभूतियां, जैसे कमर्शियल बैंक की सावधि एवं मांग जमाएं तथा कुछ बचत संस्थानों में जमाएं, जो चैक द्वारा प्रत्यक्ष रूप से हस्तान्तरणीय नहीं हैं, वे शीघ्रता, आसानी एवं सुविधा से और बिना लागत के नकदी में बदली जा सकती हैं। इसलिए, वे दूसरी परिसम्पत्तियों की अपेक्षा मुद्रा की निकट स्थानापन्न होती हैं और वे निकट मुद्रा परिसम्पत्तियां कहलाती हैं। इस प्रकार, *NBFIs* तरलता निर्माण कर सकती हैं, परन्तु मुद्रा निर्माण नहीं कर सकते। अधिकांश *NBFIs* छोटे होने के कारण उनके मामले में बैंकिंग प्रणाली गुणक पूर्णरूप से काम नहीं करता, क्योंकि उधार दी गई मुद्रा रिसकर बैंकों में चली जाती है। मानलीजिए एक छोटा गैर-बैंक वित्तीय मध्यस्थ उधार देता है और भुगतान के रूप में किसी बैंक के नाम चैक काटता है। इससे उसके संसाधनों पर बोझ पड़ेगा बशर्ते कि कोई और उधार लेनेवाला उतनी ही राशि पुनः उस *NBFIs* के खाते में जमा न करा दे। छोटे *NBFIs* का जहां तक सम्बन्ध है, पुनः जमा कराने का अनुपात कम होता है। अतः यदि उनके पास पर्याप्त परिसम्पत्तियां नहीं हैं, तो उनके लिए व्यापार में टिके रहना कठिन होता है। परन्तु कमर्शियल बैंक को इस प्रकार की समस्या का सामना नहीं करना पड़ता और वह अपनी उधार देने की आवश्यकताओं को पूरा करने के लिए मुद्रा और तरलता का भी निर्माण कर सकता है।

2. नकद रिज़र्व आवश्यकताएं (Cash Reserve Requirements)

कमर्शियल बैंक, अन्य वित्तीय संस्थाओं की तरह जिस दर से अपनी कुल देयताओं पर भुगतान करते हैं, उससे अधिक दर से उन्हें अपनी कुल परिसम्पत्तियों पर कमाना पड़ता है। उन्हें नकद रिजर्व रखने पड़ते है। परन्तु नकद रिजर्व से उन्हें कोई आय प्राप्त नहीं होती है। इसलिए बैंक अपने नकद रिजर्व कम-से-कम रखना चाहते हैं। परन्तु *NBFIs* के विपरीत, उन्हें वैधानिक रूप से न्यूनतम नकद रिजर्व अनुपात रखना पड़ता है। यह अनुपात सदैव उससे अधिक होता है जितना बैंक रखना चाहते हैं। परिणामस्वरूप, बैंक जितना वैधानिक रूप से आवश्यक होता है साधारणतया उससे अधिक नकद रिजर्व नहीं रखते और सभी अतिरिक्त नकद को आय प्रदान करने वाली परिसम्पत्तियों में निवेश करते हैं। आवश्यक नकद रिजर्व अनुपात में कटौती के साथ, बैंक मध्यस्थता का आकार फैलता जाएगा और विलोमशः भी।

क्योंकि जमाओं को करेन्सी पर अधिमान दिया जाता है इसलिए उच्चस्तरीय मुद्रा के कोष में वृद्धि के फलस्वरूप बैंक जमाओं के लिए लोगों की मांग में वृद्धि होती है। इससे बैंकिंग प्रणाली में जमाओं में वृद्धि होती है। जब तक मांग जमाएं उपलब्ध कराने और सेवा प्रदान करने की औसत लागत प्राथमिक प्रतिभूतियों पर अर्जित की गई ब्याज दर के सापेक्ष में कम होती है, तब तक बैंकों को प्रतिभूतियां खरीदकर और ऋण देकर सभी अतिरिक्त नकद को उधार देने की लाभ प्रेरणा होती है। फलस्वरूप, बैंक मध्यस्थता का आकार बढ़ता है। यह प्रक्रिया तब तक जारी रहेगी जब तक बैंकों की परिसम्पत्तियां और जमाएं उस स्तर तक बढ़ती हैं, जहां आवश्यक नकद रिजर्व और वास्तविक रिजर्व समान होते हैं।

परन्तु यह ध्यान दिया जाना चाहिए कि कमर्शियल बैंकों की विदेशी विनिमय देयताएं नकद रिजर्व आवश्यकताओं को पूरा करने के लिए आवश्यक नहीं होती हैं। इसलिए बैंक व्यवसाय का यह भाग *NBFIs* की तरह माना जा सकता है।

दूसरी ओर, *NBFIs* पर ऐसे कोई प्रतिबंध नहीं होते। इस प्रकार, वे बैंकों के मुकाबले लाभदायक स्थिति में हैं। परन्तु बैंकों और *NBFIs* के बीच यह वैधानिक अंतर अब विश्व के लगभग सभी विकसित और विकासशील देशों में लागू नहीं होता है। क्योंकि रिजर्व आवश्यकताएं बीमा कम्पनियों, पेन्शन कोषों और निवेश तथा यूनिट ट्रस्ट को छोड़कर अन्य *NBFIs* पर एक रूप या दूसरे रूप में बलपूर्वक लागू की गई हैं।

3. निवेशसूची ढांचा (Portfolio Structure)

अपने निवेशसूची ढांचे के कारण कमर्शियल बैंक, *NBFIs* से भिन्न होते हैं। बैंक देयताएं बहुत तरल होती हैं। बैंक की परिसम्पत्तियों के अनुपात में बैंक की देयताएं बड़ी होती हैं, क्योंकि यह अपनी परिसम्पत्तियों का थोड़ा भाग ही नकदी के रूप में रखता है। परन्तु इसकी देयताएं ऐसी होती हैं जिनका थोड़े समय के नोटिस में मांगने पर भुगतान करना होता है। बैंक को विभिन्न श्रेणी की तरलता वाली अनेक प्रकार की परिसम्पत्तियां उपलब्ध होती हैं। नकदी अधिकतम तरल होती है। इसके बाद दूसरे नम्बर पर इसकी अधिकतम तरल परिसम्पत्तियां होती हैं: जैसे केन्द्रीय बैंक के पास जमाएं, खजाना हुंडियां तथा केन्द्रीय एवं राज्य सरकारों और बड़ी फर्मों द्वारा जारी की गई अन्य अल्पावधि हुंडियां और अन्य बैंकों, फर्मों, सरकारी प्रतिभूतियों के व्यापारियों और दलालों को दिये गए मांग कर्जे (call loans)। कम तरल परिसम्पत्तियां हैं, ग्राहकों को दिए गए विविध प्रकार के कर्जे और दीर्घावधि बांडों तथा बंधकों में किए गए निवेश। इस प्रकार, बैंकों की निवेशसूची बड़ी और विविध प्रकार की होती है जिसके आधार पर वे तरलता का निर्माण करते हैं।

NBFIs बचत और सावधि जमा के रूप में तरलता का निर्माण भी करते हैं जो भुगतान के माध्यम के रूप में प्रयोग नहीं की जाती हैं। वे अपनी परिसम्पत्तियों के चुनाव में सीमित होते हैं और उन पर विशेष परिसम्पत्तियों को धारण करने पर रोक होती है। इसलिए, बैंकों की तुलना में उनकी निवेशसूची का आकार छोटा होता है। वे अक्सर अपने विरुद्ध दावे जारी करते हैं जो मुद्रा रूप में स्थिर होते हैं, और जो प्रत्यक्ष प्रतिभूतियां वे रखते हैं उनकी तुलना में उन दावों की परिपक्वताएं कम अवधि की होती हैं। वे अल्प समय के लिए उधार लेते हैं और दीर्घ अवधि के लिए उधार देते हैं। ऐसा उनकी निवेशसूची के छोटे आकार के कारण होता है और वे बैंकों की अपेक्षा कम तरल परिसम्पत्तियां रखते हैं।

4. जोखिम (Risk)

बैंकों को ऋण उपलब्ध कराते समय कुछ निश्चित नियमों का पालन करना पड़ता है। प्रोजेक्टों का विस्तार से मूल्यांकन होता है, इसलिए ऋणों की मंजूरी में विलम्ब होता है। दूसरी ओर, *NBFIs* प्रोजेक्टों का विस्तार से मूल्यांकन नहीं करते हैं। उन्हें ऋण देने के लिए कम सख्त नियमों का पालन करना पड़ता है। ऋण देने में कोई विलम्ब नहीं होता है। इस प्रकार, *NBFIs* बैंकों की अपेक्षा अधिक जोखिम और कम निरीक्षण कर पाते हैं।

5. जमानत (Security)

NBFIs उधार देने से पहले बैंकों की अपेक्षा अधिक जमानत पर बल देते हैं। साधारणतया, यह शेयरों और उत्तर-दिनांकित (post dated) चैकों के रूप में होती है। ऐसा यह सुनिश्चित करने के लिए होता है कि यदि एक प्रोजैक्ट खराब हो जाती है तो वे अन्य प्रोजैक्टों से रुपया वसूल कर सकें।

6. वसूली (Recovery)

NBFIs ब्याज दरों की गणना और वसूली के नवे-नये तरीके अपनाते हैं। वे अच्छी जमानत को अन्य साधनों जैसे अपफ्रन्ट और उधार देने की उच्च दरों के साथ जोड़ते हैं। फलस्वरूप, उनकी वसूली दरें अच्छी होती हैं और उनकी परिसम्पत्तियों के खराब ऋणों का प्रतिशत बहुत कम होता है। दूसरी ओर, बैंकों को ऋण देने के लिए विशिष्ट नियमों का पालन करना पड़ता है। उनकी उधार देने की मुख्य दरें *NBFIs* की अपेक्षा बहुत कम होती हैं। चूंकि बैंक, निगमों को बहुत अधिक ऋण देते हैं, इसलिए उस स्थिति में भुगतान न करने की दर बहुत ऊंची होती है।

निष्कर्ष (Conclusion)

कमर्शियल बैंकों और *NBFIs* के बीच ऊपर वर्णित भिन्नताओं के बावजूद कमर्शियल बैंक वित्तीय मध्यस्थों में अद्वितीय है।

प्रश्न

1. गैर-बैंक वित्तीय मध्यस्थ क्या होते हैं? वे बैंकों से कैसे भिन्न होते हैं?
2. गैर-बैंक वित्तीय मध्यस्थों के कार्यों का उल्लेख कीजिए। वे कैसे साख निर्माण करते हैं?
3. विकासशील देशों में गैर-बैंक वित्तीय मध्यस्थों के कार्यभाग और महत्व का विस्तृत विवेचन कीजिए।
4. ''कहते हैं कि गैर-बैंक वित्तीय मध्यस्थ मौद्रिक नीति की प्रभाविता को कम कर देते हैं।'' इस कथन का निरीक्षण कीजिए।
5. स्पष्ट कीजिए कि गैर-बैंक वित्तीय मध्यस्थों का अस्तित्व मौद्रिक नीति की क्षमता को किस-किस प्रकार कम करता है।

अध्याय 39

ब्याज दर के सिद्धांत
(Theories of Interest Rate)

1. प्रस्तावना
(INTRODUCTION)

इस अध्याय में ब्याज दर के केन्ज़ीय और आधुनिक सिद्धांतों की विवेचना की गई है।

2. केन्ज़ का ब्याज का तरलता अधिमान सिद्धांत
(KEYNES' LIQUIDITY PREFERENCE THEORY OF INTEREST)

केन्ज़ की परिभाषा के अनुसार ब्याज की दर संग्रह का पुरस्कार नहीं होती बल्कि एक निश्चित अवधि के लिए मुद्रा की तरलता को छोड़ने का पुरस्कार होती है। ''यह वह 'कीमत' है जो नकदी की प्राप्य मात्रा के साथ नकदी के रूप में सम्पत्ति रखने की इच्छा का संतुलन स्थापित करती है।''[1] दूसरे शब्दों में, केन्ज़ के अर्थ में मुद्रा की पूर्ति और मुद्रा की मांग ब्याज की दर को निर्धारित करती हैं। इस प्रकार क्लासिकी अर्थशास्त्रियों के वास्तविक सिद्धांत से बिल्कुल अलग, यह सिद्धांत ब्याज का **मुद्रा सिद्धांत** कहलाता है।

मुद्रा की पूर्ति (Supply of Money)—ब्याज की दर के दोनों निर्धारकों में से, मुद्रा की पूर्ति का संबंध किसी एक समय सब उद्देश्यों के लिए देश की मुद्रा की कुल मात्रा से होता है। यद्यपि मुद्रा की पूर्ति एक सीमा तक ब्याज की दर का फलन होती है। फिर भी, मौद्रिक प्राधिकारी उसे स्थिर मान लेता है अर्थात मुद्रा का पूर्ति वक्र पूर्ण **बेलोच** मान लिया जाता है।

मुद्रा की मांग (Demand for Money)—ब्याज की दर के दूसरे निर्धारक, मुद्रा के लिए मांग, के स्थान पर केन्ज ने एक नया शब्द **तरलता अधिमान** दिया। उसका ब्याज-सिद्धांत इसी नाम से प्रसिद्ध है। 'तरलता अधिमान' मुद्रा को नकदी के रूप में रखने की इच्छा है ! नकद मुद्रा हमारी **''व्याकुलता को शान्त करती है''** और इसके बदले में ब्याज की जो दर मांगी जाती है वह **'हमारी व्याकुलता की कोटि का माप है'**। ''ब्याज-दर वह पुरस्कार है जो संग्रहीत मुद्रा की बजाय किसी रूप में सम्पत्ति रखने को प्रेरित करने के लिए लोगों को दी जाती है।''[1] तरलता अधिमान जितना अधिक होगा, नकदी धारकों (holders) को अपनी तरल सम्पत्ति छोड़ने को प्रेरित करने के लिए, उतनी ही कम ब्याज की दर देनी पड़ेगी। तरलता अधिमान जितना कम होगा, नकदी के धारकों को उतनी ही कम ब्याज की दर दी जाती है।

केन्ज के अनुसार लोगों के तरल नकदी रखने की इच्छा के तीन उद्देश्य होते हैं—(1) लेन-देन उद्देश्य; (2) सतर्कता उद्देश्य, और (3) सट्टा उद्देश्य।

(1) लेन-देन उद्देश्य (Transactions Motive)—लेन-देन उद्देश्य का सम्बन्ध निजी और व्यापार सम्बन्धी लेन-देन के चालू सौदों के लिए नकदी की जरूरत से है। इसे पुन: आय तथा व्यापार उद्देश्यों में विभक्त किया जाता है। **आय उद्देश्य** का प्रयोजन यह होता

1. "It is the 'price' which equilibrates the desire to hold wealth in the form of cash with the available quantity of cash."—J. M. Keynes, *The General Theory of Employment, Interest and Money,* p. 167.

है कि "आय की प्राप्ति और उसके भुगतान के बीच के समय को पूरा किया जा सके।" इसी प्रकार व्यापार उद्देश्य का प्रयोजन "व्यवसाय लागतों के खर्च करने और विक्रय से प्राप्त आय के बीच के समय को पूरा करना है।" यदि खर्च उठाने और आय की प्राप्ति के बीच का समय कम होगा, तो लोग चालू लेन-देन के लिए कम नकदी रखेंगे और विलोमशः भी। हां, मुद्रा के लिए लेन-देन मांग में परिवर्तन होते रहेंगे जो आय प्राप्त करने वालों और व्यापारियों की प्रत्याशाओं पर निर्भर करेंगे। वे आय के स्तर, रोजगार और कीमतों, व्यापारावर्त (business turnover), आय की प्राप्ति और उसके भुगतान के बीच की सामान्य अवधि, वेतन या आय की मात्रा और ऋण मिलने की संभावना पर निर्भर करते हैं।

(2) सतर्कता उद्देश्य (Precautionary Motive)—सतर्कता उद्देश्य का सम्बन्ध "कठिन समय के उन आकस्मिक खर्चों और लाभप्रद क्रयों (purchases) के अपूर्वदृष्टि अवसरों के लिए प्रबन्ध करने की इच्छा से होता है।" अप्रत्याशित जरूरतों को पूरा करने के लिए व्यक्ति और व्यापारी कुछ नकदी रिजर्व में रखते हैं। **व्यक्ति** तो बीमारी, दुर्घटना, बेरोजगारी तथा अन्य अपूर्वदृष्टि (unforeseen) संभाव्यताओं की व्यवस्था करने के लिए कुछ नकदी रखते हैं। इसी प्रकार, **व्यापारी** प्रतिकूल स्थितियों को पार करने के लिए या अप्रत्याशित सौदों से लाभ उठाने के लिए कुछ नकदी रिजर्व में रखते हैं। "सतर्कता उद्देश्यों से रखी गई नकद मुद्रा कुछ-कुछ उस पानी के समान है जो तालाब में रिजर्व में रखा जाता है।" मुद्रा के लिए सतर्कता मांग आय के स्तर, व्यापार क्रिया, अप्रत्याशित लाभप्रद सौदों के अवसरों, नकदी की प्राप्यता और तरल सम्पत्ति को बैंक रिजर्व में रखने की लागत आदि पर निर्भर करती है।

केन्ज के अनुसार, लेन-देन और सतर्कता उद्देश्य सापेक्षतया ब्याज बेलोच होते हैं, परन्तु ये बहुत अधिक आय-लोच हैं। इन दोनों उद्देश्यों के लिए रखी गई मुद्रा की राशि (M_1) आय के स्तर (Y) का फलन (L_1) है, और इसे ऐसे व्यक्त किया जाता है : $M_1 = L_1 (Y)$

(3) सट्टा उद्देश्य (Speculative Motive)—सट्टा उद्देश्य के लिए मुद्रा इसलिए रखी जाती है कि "भविष्य के संबंध में मार्किट की तुलना में अधिक जानकारी द्वारा लाभ कमाये जा सकें।" जिन व्यक्तियों और व्यापारियों के पास लेन-देन और सतर्कता उद्देश्यों को लिए मुद्रा रखने के बाद नकदी बच जाती है, उसे वे बांडों में निवेश करके सट्टाप्रद लाभ प्राप्त करना चाहते हैं। सट्टा उद्देश्य के लिए रखी गई मुद्रा मूल्य का एक संचय है जो उपयुक्त अवसर पर ब्याज-धारक बांडों या प्रतिभूतियों में निवेश की जा सकती है।

बांड कीमतों और ब्याज की दर का एक दूसरे के साथ विपरीत सम्बन्ध होता है। कम बांड कीमतें ऊंची ब्याज दरों को और ऊंची बांड कीमतें कम ब्याज दरों को व्यक्त करती हैं। एक बांड पर निश्चित ब्याज प्राप्त होता है। उदाहरणार्थ, यदि रु. 100 के बांड पर 4 प्रतिशत ब्याज दिया जाता है और मार्किट ब्याज दर 8 प्रतिशत हो जाती है तो इस बांड का बाजार मूल्य गिरकर रु. 50 हो जाता है। यदि मार्किट ब्याज-दर कम होकर 2 प्रतिशत हो जाती है तो बाजार में बांड का मूल्य बढ़कर रु. 200 हो जाएगा।

केन्ज के अनुसार, बांड कीमतों या चालू मार्किट ब्याज-दर में परिवर्तन संबंधी प्रत्याशाएं मुद्रा की सट्टा मांग को निर्धारित करती हैं। मुद्रा की सट्टा मांग ब्याज दर का घटता हुआ फलन है। जितनी अधिक ब्याज-दर होगी, उतनी कम मुद्रा की सट्टा मांग होगी और विलोमशः भी। बीजगणितीय रूप में, केन्ज ने मुद्रा की सट्टा मांग को इस प्रकार व्यक्त किया है $M_2 = L_2 (r)$। जहां M_2 मुद्रा की सट्टा मांग है और (r) ब्याज दर। रेखागणितीय रूप में, यह एक समतल वक्र है जो बाईं ओर से दाईं ओर ढालू होता है।

परन्तु ब्याज की बहुत नीची दर पर, जैसे 2 प्रतिशत, मुद्रा की सट्टा मांग **पूर्णतया लोचदार** बन जाती है। इसे तरलता पाश या जाल (liquidity trap) कहते हैं जिसमें वक्र का अन्तिम भाग उस ब्याज दर पर क्षैतिज अक्ष के समानान्तर हो जाता है। ऐसा इसलिए कि ब्याज की बहुत नीची दर पर लोग मुद्रा को बांडों में निवेश करने की अपेक्षा नकदी में रखने को अधिमान देते हैं क्योंकि बांडों को क्रय करने का मतलब है, निश्चित हानि उठाना।

मुद्रा की कुल मांग (Total Demand for Money)—मुद्रा की कुल मांग ऊपर वर्णित तीन उद्देश्यों से मिलकर बनती है। यदि कुल तरल मुद्रा को M से प्रकट किया जाए, लेन-देन तथा सतर्कता उद्देश्यों को मिलाकर M_1 से और सट्टा उद्देश्य के लिए रखी गई मुद्रा को

---

1. "The rate of interest is the premium which has to be offered to induce people to hold the wealth in some form other than hoarded money." J.M. Keynes in S.E. Harris (ed.), *The New Economics*, p.187.

M_2 से तो, $M = M_1 + M_2$, क्योंकि $M_1 = L_1(Y)$ और $M_2 = L_2(r)$, इसलिए मुद्रा का कुल मांग फलन $M = L(Y, r)$ होता है।

ब्याज की दर का निर्धारण (Determination of Rate of Interest)—ऊपर मुद्रा की मांग और पूर्ति को प्रभावित करने वालों तत्त्वों का अध्ययन किया गया है। किसी वस्तु या सेवा की कीमत की भांति ब्याज की दर उस स्तर पर निर्धारित होती है, जहां मुद्रा की मांग मुद्रा की प्राप्य पूर्ति के बराबर होती है। चित्र 1 में, अनुलम्ब रेखा Q_1M मुद्रा की पूर्ति को व्यक्त करती है और L मुद्रा का कुल मांग वक्र या तरलता अधिमान वक्र (liquidity preference curve) है। दोनों E बिन्दु पर एक-दूसरे को काटते हैं जहां ब्याज की संतुलन दर OR स्थापित होती है। यदि संतुलन की इस स्थिति में कोई विचलन होता है तो ब्याज दर के माध्यम से संतुलन स्तर E पर पुन: स्थापित हो जाएगा।

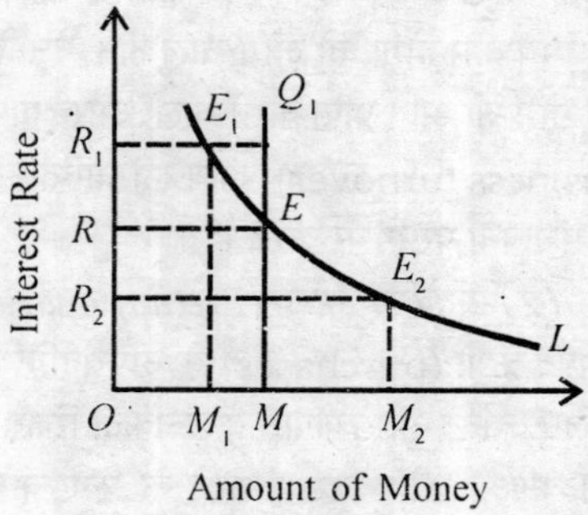

चित्र 1

E_1 अस्थिर संतुलन की स्थिति है जहां मुद्रा की पूर्ति OM मुद्रा की मांग OM_1 से अधिक है। परिणामस्वरूप, ब्याज दर OR_1 से कम होना प्रारम्भ कर देगी जब तक कि संतुलन ब्याज दर OR पहुंच नहीं जाती है। इसी प्रकार OR_2 ब्याज दर के स्तर पर, मुद्रा की मांग OM_2, मुद्रा पूर्ति OM से अधिक है। इस कारण, OR_2 ब्याज दर बढ़ना प्रारम्भ कर देगी जब तक कि यह संतुलन दर OR पर नहीं आ जाती है।

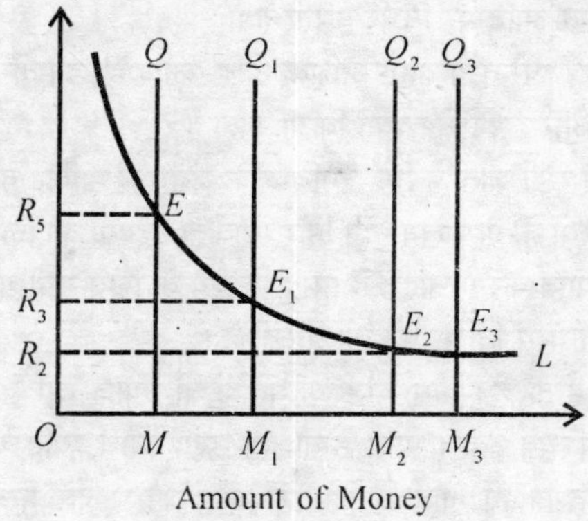

चित्र 2

यदि मौद्रिक प्राधिकारी द्वारा मुद्रा की पूर्ति में वृद्धि कर दी जाती है लेकिन तरलता अधिमान वक्र L वही रहता है, तो ब्याज दर कम हो जाएगी। इसे चित्र 2 में दिखाया गया है। वक्र L दिया होने और मुद्रा की पूर्ति QM होने पर, ब्याज की दर OR_5 निर्धारित होती है। मुद्रा की पूर्ति में QM से Q_1M_1 तथा Q_2M_2 पर वृद्धि होने से, ब्याज दर OR_5 से OR_3 से OR_2 पर गिर जाती है। परन्तु मुद्रा की पूर्ति में और वृद्धि होने से ब्याज दर पर कोई प्रभाव नहीं पड़ेगा क्योंकि OR_2 ब्याज दर पर तरलता अधिमान वक्र L पूर्णतया लोचदार है। इस प्रकार जब मुद्रा की पूर्ति बढ़कर Q_3M_3 हो जाती है तो E_3 संतुलन बिन्दु के अनुरूप ब्याज दर OR_2 पर स्थिर रहती है। इसे केन्ज **तरलता जाल** (liquidity trap) कहते हैं।

यदि मुद्रा की पूर्ति दी हुई होने पर, मुद्रा की मांग बढ़ती है और तरलता अधिमान वक्र ऊपर को सरक जाता है, तो ब्याज दर बढ़ती है। इसे चित्र 3 में दर्शाया गया है। मुद्रा का पूर्ति वक्र QM दिया होने पर, जब वक्र L ऊपर सरक जाता है तो नया संतुलन बिन्दु E_1 होता है जो OR_6 ब्याज दर निर्धारित करता है। यह ब्याज दर इससे पहली OR_4 ब्याज दर से अधिक है जिसका संतुलन बिन्दु E है। यदि तरलता अधिमान में वृद्धि से मुद्रा की पूर्ति भी उसी अनुपात में बढ़कर Q_1M_1 हो जाती है तो ब्याज दर में कोई परिवर्तन नहीं होता और वह OR_4 ही रहती है, सिवाय इसके कि नया संतुलन बिन्दु E_2 पर होता है। अत: केन्ज का सिद्धांत यह बताता है कि ब्याज की दर उस बिन्दु पर निर्धारित होती है जहां तरलता अधिमान वक्र मुद्रा के पूर्ति वक्र के बराबर होता है।

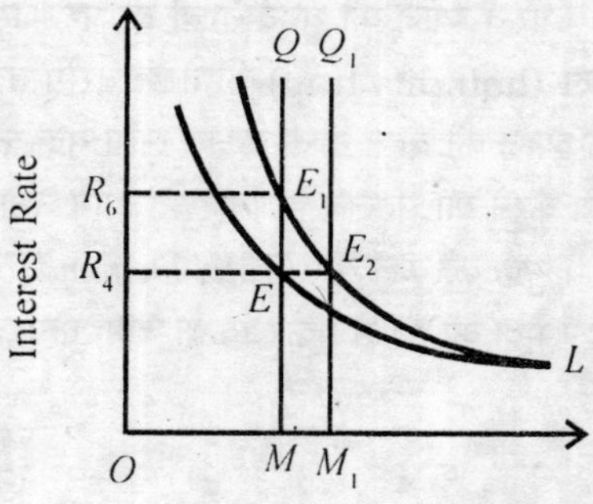

चित्र 3

आलोचनाएं (Criticisms)

हैन्सन, राबर्टसन, नाइट, हैज़लिट, हट्ट तथा अन्य अर्थशास्त्रियों ने केन्ज के ब्याज सिद्धांत की कड़ी आलोचना की है। इसे विभिन्न नाम दिए हैं, जैसे, ''**एक कॉलिज के**

खजांची का सिद्धांत'' (a college bursar's theory), ''**बहुत कहें तो एक अपर्याप्त सिद्धांत और कम से कम कहना चाहें तो एक भ्रांतिजनक विवरण**'' (at best an inadequate and at worst a misleading account) तथा ''**पूर्वक्लासिकी, वाणिज्यवादी और सामान्य मनुष्य का अर्थशास्त्र**'' (pre-classical, mercantilist, and man-in-the-street economics)।

(1) कॉलिज खजांची का सिद्धांत (College Bursar's Theory)—केन्ज के विश्लेषण की एक भ्रांति तो यह है कि मुद्रा के लिए मांग को प्रमुख रूप से सट्टा उद्देश्य के लिए तरलता अधिमान के साथ जोड़ा गया है, जिससे ब्याज की दर का सीधा सम्पर्क स्थापित किया गया है। सिद्धांत यह मानकर चलता है कि बहुत से धनी और चालाक व्यक्ति होते हैं जो ब्याज की दर गिरने पर बांड बेचकर अधिक नकद मुद्रा रखेंगे और ब्याज की दर बढ़ जाने की स्थिति में कम नकदी तथा अधिक बांड रखेंगे। परन्तु प्रो. राबर्टसन यह नहीं मानते कि व्यक्ति तथा उद्यमी दोनों द्वारा स्रोतों के प्रयोग के रूप में बांड ही मुद्रा का एकमात्र विकल्प है और मुद्रा का वह सिद्धांत जो इस बात पर बल देता है कि हर बात का कार्यकरण बांड मार्किट के माध्यम से किया जाए, **एक कॉलिज के खंजाची** का सिद्धांत है और वास्तविकता या सम्पूर्णता से रहित प्रतीत होता है।

(2) अपर्याप्त तथा भ्रांतिजनक सिद्धांत (Inadequate and Misleading Theory)—यह सिद्धांत हमें इस बारे में कुछ नहीं बताता कि वह क्या है जो सामान्य दर और ब्याज की वास्तविक दर को निर्धारित करता है। मुद्रा की बजाय बांड रखने में निहित जोखिम या लागत की अनिश्चितता मापने के रूप में ब्याज की वास्तविक दर की संगतिपूर्वक व्याख्या नहीं की जा सकती। यदि कोई अनिश्चितता न होती, तो वास्तविक दर सामान्य स्तर से नीचे किसी निश्चित स्तर पर स्थित रहती। इन्हीं कारणों से **राबर्टसन** समझता है कि तरलता अधिमान सिद्धांत ''बहुत कहें तो एक अपर्याप्त सिद्धांत और कम से कम कहना चाहें तो भ्रांतिजनक विवरण'' है।

(3) कार्यपद्धति-विषयक भ्रांति में पड़ता है (Falls into Methodological Fallacy)—जैसे तरलता छोड़ने की कीमत के रूप में ब्याज-दर की व्याख्या की जाती है, ठीक वैसे ही अण्डों या किसी भी अन्य वस्तु की कीमत की व्याख्या उनके लिए सापेक्ष अधिमान के द्वारा की जा सकती है। परन्तु एक महत्त्वपूर्ण अन्तर है: मुद्रा की मात्रा में परिवर्तन से वस्तु की कीमत में उसी अनुपात में परिवर्तन हो जाएगा, परन्तु बांडों की कीमत में परिवर्तन होने पर थोड़ी अस्थायी हलचल से अधिक परिवर्तन नहीं होगा। वास्तव में, जब हम ऋण की ब्याज-दर पर सट्टे के प्रभाव की चर्चा करते हैं, तो कीमत-स्तर और ब्याज की किसी भी दर में कोई फलनात्मक सम्बन्ध नहीं होता। परिणामस्वरूप, ब्याज की दर पर किसी भी मुद्रा परिवर्तन का कोई सीधा या स्थायी प्रभाव नहीं पड़ता। इस प्रकार, मुद्रा की मात्रा और ब्याज की दर में एक निश्चित फलनात्मक सम्बन्ध मानकर, केन्ज का सिद्धांत ''**कार्यपद्धति—विषयक भ्रांति**'' में पड़ जाता है।

(4) सम्पत्ति-संचय के रूप में मुद्रा व्यर्थ (Money as a Store of Wealth is Barren)—केन्ज मानता है कि सट्टा-उद्देश्यों के लिए रखी गई नकद मुद्रा ही फलदायक होती है, जबकि सम्पत्ति-संचय के रूप में मुद्रा व्यर्थ रहती है। यह एक भ्रमपूर्ण विचार है। जैसाकि **प्रो. डब्ल्यू. एच. हट्ट** ने बताया है, ''मुद्रा उतनी ही उत्पादक होती है जितनी दूसरी सब परिसम्पत्तियाँ और उत्पादक भी ठीक उसी अर्थ में। मुद्रा परिसम्पत्तियों के लिए मांग उत्पादक संसाधनों के लिए मांग होती है।''

(5) असंगत सिद्धांत (Inconsistent Theory)—प्रो. **नाइट** ने उन तथ्यों को ध्यान में रखते हुए केन्ज के सिद्धांत की आलोचना की है जो इस सिद्धांत द्वारा अपेक्षित तथ्यों के एकदम असंगत हैं। प्रो. **हैजलिट** ने भी इस बात की चर्चा की है, पर नाइट को उसका श्रेय नहीं दिया। केन्ज के सिद्धांत के अनुसार, मन्दी के निम्न तल पर ब्याज की दर अधिकतम होनी चाहिए, क्योंकि गिरती हुई कीमतों के कारण उस समय तरलता अधिमान प्रबलतम होता है, इसलिए सम्पत्ति-धारकों को नकदी छोड़ने की प्रेरणा देने के लिए अपेक्षाकृत अधिक पुरस्कार देना होगा। परन्तु तथ्य इसके एकदम उलट होते हैं। मंदी में अल्पकालीन ब्याज दरें निम्नतम होती हैं क्योंकि निवेश के अवसर अस्थायी रूप से बन्द होते हैं और ऋणदाताओं के पास अपनी नकदी के लिए कोई निकास नहीं होते। इसके विपरीत केन्ज की अल्पकालीन ब्याज दरें तेजी (boom) के शिखर पर निम्नतम होनी चाहिएं, क्योंकि तरलता अधिमान निम्नतम होता है, इसलिए उसे लेने के लिए बहुत ही थोड़ा पुरस्कार देना होगा। परन्तु वास्तव में, तेजी के शिखर पर ब्याज की दर अधिकतम होती है।

(6) तरलता के लिए बचत आवश्यक (Saving Essential for Liquidity)—केन्ज मानता है कि ब्याज की दर केवल बचत या प्रतीक्षा का अपने आप में प्रतिफल नहीं है बल्कि तरलता छोड़ने का पुरस्कार है। निवेश करने हेतु ब्याज पर निधियों को प्राप्त करने के लिए बचत जरूरी है। प्रो. **वाइनर** के शब्दों में, ''बचत के बिना कोई तरलता छोड़ने के लिए नहीं हो सकती। ब्याज की दर तरलता के बिना बचत का प्रतिफल होती है।''

(7) ब्याज-दर के लिए तरलता आवश्यक नहीं (Liquidity not Essential for Interest Rate)—ब्याज की प्रकृति की व्याख्या करने में 'तरलता अधिमान' शब्द न तो सहायक ही है और न आवश्यक ही। यह शब्द स्पष्टीकरण करने की बजाय गड़बड़ पैदा करता है। यह केवल अस्पष्ट ही नहीं बल्कि परस्पर विरोधी भी है। क्योंकि, जैसाकि प्रो. **हैजलिट** ने बताया है, ''यदि एक व्यक्ति अपने पैसे को जमा खाते के अथवा अल्पकालीन खज़ाना बिलों के रूप में रखता है, तो उसे उन पर ब्याज का भुगतान होता है; इसलिए उसे ब्याज भी मिलता है और तरलता भी। फिर केन्ज के इस सिद्धांत की क्या स्थिति है कि ब्याज तरलता को छोड़ने का 'पुरस्कार' होता है।''

(8) तरलता जाल का गलत विचार (Wrong Notion of Liquidity Trap)—केन्ज का तरलता जाल का विचार भी गलत है। वास्तव में यह हो सकता है कि ब्याज की नीची दर पर तरलता अधिमान वक्र लोचदार होने की बजाय पूर्ण बेलोच हो। हम जानते हैं कि मंदी में सब प्रत्याशाएं अत्यन्त निराशाजनक होती हैं। इसलिए यह तर्क ठीक नहीं है कि ब्याज की दर के सम्बन्ध में यह प्रत्याशाएं होंगी कि ब्याज दर बढ़ जाएगी।

(9) वास्तविक तत्त्वों की उपेक्षा (Ignores Real Factors)—केन्ज के विश्लेषण में सबसे बड़ी भ्रान्ति यह है कि वह ब्याज की दर के निर्धारण में वास्तविक तत्त्वों को छोड़ देता है। वह ब्याज की दर को विशुद्ध मुद्रा तत्त्व के रूप में लेता है और इस प्रकार केवल ''व्यापारियों की पूर्व-क्लासिकी मान्यता या उस धारणा पर जो एक साधारण आदमी की धारणा रही है'', ही लौट आता है। **नेट विकसैल** पहला अर्थशास्त्री था जिसने ब्याज का वास्तविक तथा मुद्रा सिद्धांत प्रस्तुत किया और केन्ज के लिखने से पहले उस सिद्धांत का **इर्विंग फिशर, लुडविग वान मिसिस** तथा अन्य अर्थशास्त्रियों ने इसका परिष्करण तथा परिवर्तन किया। प्रो. **हैज़लिट** ठीक ही कहता है कि ''केन्ज ने कोई नई बात नहीं दी। उसने छिछले पानी में केवल गड़बड़ी की और जिस प्रकार का ब्याज सिद्धांत उसने प्रस्तुत किया वह पूर्व-क्लासिकी, वाणिज्यवादी और साधारण मनुष्य का अर्थशास्त्र है।''

(10) अपूर्ण सिद्धांत (Incomplete Theory)—**हिक्स, सॉमर्ज, लर्नर, हैन्सन** तथा अन्य अर्थशास्त्रियों का मत है कि चार कारण हैं जो आय के स्तर के साथ ब्याज की दर को निर्धारित करते हैं : (i) **पूंजी का सीमान्त उत्पादकता *(MEC),* फलन** (ii) **बचत फलन (या उपभोग फलन),** (iii) **तरलता अधिमान फलन,** और (iv) **मुद्रा की मात्रा का फ़लन**। यद्यपि केन्ज के विश्लेषण में ये चारों तत्त्व पाए जाते हैं, फिर भी, केन्ज उन्हें ब्याज के सिद्धांत में नहीं लाता। वह केवल अन्तिम दो तत्त्वों को लेता है और पहले दो को छोड़ देता है। इस प्रकार केन्ज ब्याज का सुगठित और निश्चित सिद्धांत देने में असफल रहता है।

(11) ब्याज-दर तथा मुद्रा की मात्रा के सम्बन्ध में गड़बड़ी (Confusion Regarding Relation Between Interest Rate and Quantity of Money)—केन्ज के विश्लेषण में, ब्याज की दर और मुद्रा की मात्रा में गड़बड़ है। एक ओर तो वह कहता है कि मुद्रा के लिए मांग उलट अनुपात में ब्याज की दर पर निर्भर करती है और दूसरी ओर कहता है कि ब्याज की संतुलन दर उलट अनुपात में मुद्रा की मात्रा पर निर्भर करती है। अपने समस्त विश्लेषण में केन्ज इन दोनों प्रस्थापनाओं (propositions) में कोई अन्तर नहीं करता और उन्हें प्राय: समान रूप से प्रयोग करता है। केन्ज के विश्लेषण में यह एक आधारभूत गलती है क्योंकि वह पहला (former) संबंध व्यक्ति के लिए और बाद (later) का संबंध मार्किट के लिए सही ठहराता है।

(12) अनिर्धारित सिद्धांत (Indeterminate Theory)—क्लासिकी सिद्धांत की भांति केन्ज का सिद्धांत भी अनिर्धारित है। केन्ज निश्चयपूर्वक कहता है कि तरलता अधिमान तथा मुद्रा की मात्रा ब्याज की दर को निर्धारित करते हैं। परन्तु यह बात ठीक नहीं है क्योंकि आय के प्रत्येक स्तर पर एक नया तरलता अधिमान वक्र खींचना पड़ेगा। इसलिए, जब तक आय स्तर पहले से ज्ञात न हो, तब तक मुद्रा का मांग और पूर्ति वक्र हमें यह नहीं बता सकते कि ब्याज की दर क्या होगी इस प्रकार प्रो. हैन्सन के अनुसार, ''क्लासिकी सिद्धांत की वह आलोचना, जो केन्ज ने की है, उसके अपने सिद्धांत पर भी समान रूप से लागू होती है।''

निष्कर्ष (Conclusion)—निष्कर्ष यह है कि केन्ज का सिद्धांत केवल अनिर्धारित ही नहीं बल्कि ब्याज की दर के निधारण की अपर्याप्त व्याख्या भी है। यह सिद्धांत ब्याज की दर को एक विशुद्ध मुद्रा तत्त्व के रूप में लेता है और वास्तविक तत्त्वों को छोड़कर सिद्धांत को और भी संकुचित तथा अवास्तविक बना देता है।

3. ब्याज का आधुनिक सिद्धांत
(MODERN THEORY OF INTEREST)

ऊपर के विश्लेषण से यह स्पष्ट है कि ब्याज का कोई एकल सिद्धांत पर्याप्त तथा निर्धारित नहीं है। एक पर्याप्त सिद्धांत के निर्धारण के लिए यह आवश्यक है कि वह ब्याज दर को प्रभावित करने वाले सभी वास्तविक तथा मुद्रा तत्त्वों का अध्ययन करके उनका समावेश करे। केन्ज के सब औजारों का उपयोग करते हुए **हिक्स** ने ब्याज के सिद्धांत का ऐसे ढंग से प्रस्तुतीकरण किया है जिसमें एक सम्पूर्ण तथा निर्धारित ब्याज सिद्धांत में **उत्पादकता**, **मितव्ययिता** (thrift), **तरलात अधिमान** और **मुद्रा की पूर्ति** सभी तत्त्वों को आवश्यक माना गया है। **हैन्सन** के अनुसार, ''एक संतुलन की अवस्था तब प्राप्त होती है जब नकदी शेषों की इच्छित मात्रा मुद्रा की मात्रा के बराबर होती है, जब पूंजी की सीमान्त उत्पादकता ब्याज की दर के बराबर होती है और अन्तिम, जब निवेश की मात्रा बचत की सामान्य या इच्छित मात्रा के बराबर होती है। और ये तत्त्व परस्पर सम्बन्धित हैं।'' अत: ब्याज के आधुनिक सिद्धांत में ऋण-योग्य निधियों के सिद्धांत का तरलता अधिमान सिद्धांत के साथ समन्वय करने के लिए बचत, निवेश तरलता एवं मुद्रा की मात्रा का आय के विभिन्न स्तरों पर एकीकरण किया गया है। दोनों संविन्यासों के चारो चरों को इकट्ठा करके दो नए वक्र बनाए गए हैं। एक *IS* वक्र है जो ऋण-योग्य निधियों के **प्रवाह** चरों (या क्लासिकी सिद्धांत के वास्तविक तत्त्वों) को व्यक्त करता है तथा दूसरा *LM* वक्र है जो तरलता अधिमान संविन्यासों के **स्टॉक चरों** को प्रकट करता है। *IS* तथा *LM* वक्र में संतुलन **निश्चित हल** प्रदान करता है।

IS वक्र (IS Curve)—*IS* वक्र ऋण-योग्य निधियों के संविन्यास से व्युत्पन्न (derive) किया गया है। यह वक्र बचत अनुसूचियों (schedules) तथा निवेश अनुसूचियों के परस्पर सम्बन्ध की व्याख्या करता है। दूसरे शब्दों में, यह वक्र आय- स्तरों तथा ब्याज दरों के विभिन्न संयोगों पर बचत तथा निवेश की समानता दर्शाता है। चित्र 4 में, बचत पर ब्याज का प्रभाव तुच्छ मान लेने के कारण, आय के सम्बन्ध में बचत वक्र *S* स्थिर अवस्था में खींचा गया है। बचत वक्र यह प्रकट करता है कि आय के बढ़ने के साथ बचत बढ़ती है, अर्थात बचत आय का बढ़ता हुआ फलन है। दूसरी ओर, निवेश, ब्याज दर तथा आय स्तर पर निर्भर करता है। ब्याज दर का स्तर दिया होने पर, निवेश का स्तर आय के स्तर के साथ बढ़ता है। 5% ब्याज दर पर, निवेश, वक्र I_2 है। यदि ब्याज की दर कम करके 4% कर दी जाती है तो निवेश वक्र ऊपर को सरककर I_3 हो जाएगा। निवेश दर को बढ़ाना पड़ेगा ताकि पूंजी की सीमान्त उत्पादकता को कम करके नीची ब्याज दर के साथ बराबर किया जा सके। अत: निवेश वक्र I_3 आय के प्रत्येक स्तर पर अधिक निवेश को दर्शाता है। इसी प्रकार जब ब्याज दर बढ़ाकर 6% कर दी जाती है तो निवेश वक्र **नीचे** सरक कर I_1 हो जाएगा। निवेश दर में कमी करना आवश्यक है ताकि पूंजी की सीमान्त उत्पादकता को बढ़ाकर ऊंची ब्याज दर के बराबर किया जा सके।

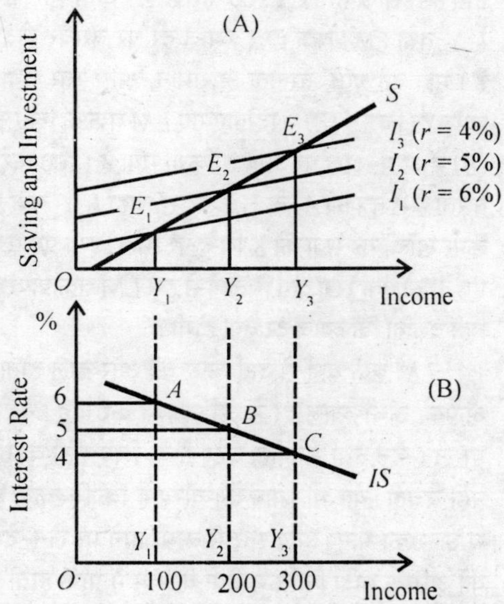

चित्र 4

चित्र 4 (A) के बिल्कुल नीचे चित्र *(B)* में आय के प्रत्येक स्तर को विभिन्न ब्याज दरों से चिह्नित करके *IS* वक्र खींचा गया है। इस *IS* वक्र का प्रत्येक बिन्दु आय के स्तर को व्यक्त करता है, जहां ब्याज की विभिन्न दरों पर बचत निवेश के बराबर होती है। ब्याज दर को अनुलम्ब अक्ष पर तथा आय के स्तर को समानान्तर अक्ष पर लिया गया है। यदि ब्याज 6% हो तो *S* वक्र I_1 वक्र को E_1 पर काटता है जिससे OY_1 आय स्तर निर्धारित होता है। इस आय स्तर से, जो 100 करोड़ रु. है, हम एक खण्डित (dashed) रेखा नीचे की ओर खींचते हैं जो 6% से बढ़ाई गई रेखा को *A* बिन्दु पर काटती है। 5% ब्याज दर पर *S* वक्र I_2 वक्र को E_2 पर काटता है जिससे OY_2 (200 करोड़ रु.) आय निर्धारित होती है। नीचे के चित्र 38.4 *(B)* में, बिन्दु *B* आय स्तर 200 करोड़ रु. तथा 5% ब्याज दर के बराबर है। इसी प्रकार, बिन्दु *C* ब्याज की 4% दर पर *S* तथा I_3 वक्रों के संतुलन के बराबर है। इन बिन्दुओं *A*,

B तथा C को एक रेखा द्वारा मिलाने से हमें IS वक्र प्राप्त होता है। यह IS वक्र बाएं से दाएं **नीचे** की ओर ढालू होता है क्योंकि ब्याज दर के गिरने के साथ-साथ निवेश में वृद्धि होती है और आय में भी।

LM वक्र (LM Curve)—LM वक्र ब्याज दरों और आय स्तरों के सभी संयोग बताता है जिन पर मुद्रा की मांग और पूर्ति बराबर होते हैं। LM वक्र केन्जीय संविन्यास की तरलता अधिमान अनुसूची तथा मुद्रा की पूर्ति अनुसूची से चित्र 5 (A) एवं (B) में व्युत्पन्न किया गया है। आय के 100 करोड़ रु., 200 करोड़ रु. तथा 300 करोड़ रु. स्तरों पर क्रमशः L_1Y_1, L_2Y_2 और L_3Y_3 तरलता अधिमान वक्रों का एक समूह खींचा गया है। मुद्रा पूर्ति के पूर्णतया बेलोच वक्र MQ के साथ मिलकर ये वक्र हमें LM वक्र प्रदान करते हैं। LM वक्र में बिन्दुओं की एक श्रृंखला मिली होती है, जिस पर प्रत्येक बिन्दु **ब्याज-आय** स्तर को व्यक्त करता है, जहां मुद्रा की मांग (L) मुद्रा की पूर्ति (M) के बराबर होती है। यदि आय स्तर Y_1 (100 करोड़ रु.) हो तो OR_1 ब्याज दर पर मुद्रा की मांग L_1Y_1 मुद्रा की पूर्ति QM के बराबर होती है। Y_2 (200 करोड़ रु.) आय स्तर पर L_2Y_2 तथा QM वक्र OR_2 ब्याज दर पर बराबर होते हैं। इसी प्रकार Y_3 (300 करोड़ रु.) आय स्तर पर L_3Y_3 तथा QM वक्र OR_3 ब्याज दर पर बराबर होते हैं। मुद्रा की पूर्ति, तरलता अधिमान, आय स्तर तथा ब्याज दर चित्र 5 (B) में दिखाए गए LM वक्र के लिए सामग्री प्रदान करते हैं। मान लीजिए कि Y_1 (100 करोड़ रुपए) आय स्तर है, जो चित्र (B) में आय-अक्ष पर अंकित किया गया है। 100 करोड़ रुपए की आय तरलता अधिमान वक्र L_1Y_1 द्वारा व्यक्त मुद्रा की मांग को उत्पन्न करती है। चित्र 5 (A) के E_1 बिन्दु से, जहां L_1Y_1 वक्र MQ वक्र को काटता है, दाईं ओर एक खण्डित रेखा बढ़ाइए जो चित्र 5 (B) में Y_1 से ऊपर खींची गई रेखा को K बिन्दु पर मिले। इसी प्रकार चित्र 5 (B) में बिन्दु S एवं T भी निश्चित किए जा सकते हैं। इन सभी बिन्दुओं $K, S,$ एवं T को एक रेखा द्वारा मिलाने से हमें LM वक्र प्राप्त होता है। यह वक्र विभिन्न आय स्तरों को ब्याज दरों के साथ संबद्ध करता है परन्तु यह नहीं दर्शाता कि ब्याज दर क्या होगी।

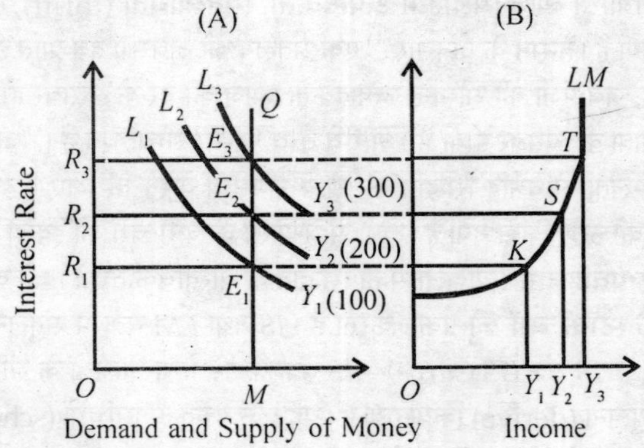

चित्र 5

LM वक्र बाएँ से दाएँ ऊपर की ओर ढालू होता है क्योंकि मुद्रा की मात्रा दी हुई होने पर तरलता के लिए बढ़ रहा अधिमान अपने आपको ऊंची ब्याज दर में अभिव्यक्त करता है। यह LM वक्र धीरे-धीरे **पूर्णतया बेलोच** हो जाता है क्योंकि जब आय के ऊंचे स्तरों पर लेन-देन तथा सतर्कता उद्देश्यों के लिए मांग बढ़ती है तो दी हुई मुद्रा की पूर्ति में से सट्टा उद्देश्य की मांग पूरी करने के लिए कुछ भी नहीं बचता। यह भी ध्यान देने योग्य है कि बिल्कुल बाईं ओर LM वक्र ब्याज दर के साथ **पूर्णतया लोचदार** है, जैसे चित्र 5 (B) में T से ऊपर का भाग। आय स्तर में **कमी** होने पर लेन-देन तथा सतर्कता उद्देश्यों के लिए मुद्रा की मांग भी कम हो जाती है। इस प्रकार, मुद्रा की अधिक मात्रा निष्क्रिय शेषों के रूप में प्राप्त होती है परन्तु इससे ब्याज दर कम नहीं होती क्योंकि हम ऐसी सीमा पर पहुंच चुके हैं जिसके बाद ब्याज दर और **नहीं** गिर सकती। जिस निम्न सीमा तक ब्याज दर गिरेगी, वह केन्जीय **तरलता जाल** है जिसका ऊपर केन्ज के ब्याज सिद्धांत में विस्तृत वर्णन किया गया है।

ब्याज दर का निर्धारण (Determination of the Rate of Interest)—IS तथा LM वक्र आय स्तरों तथा ब्याज दरों से सम्बन्ध होते हैं। अपने आप में वे न तो आय स्तर और न ही ब्याज दर के बारे बता सकते हैं। केवल उनका काटना ही ब्याज दर को निर्धारित करता है। इसे चित्र 6 में व्यक्त किया गया है, जहां LM तथा IS वक्र E बिन्दु पर काटते हैं और OY आय स्तर के अनुरूप OR ब्याज दर निर्धारित होती है। ये आय स्तर तथा ब्याज दर **वास्तविक** (बचत-निवेश) बाजार

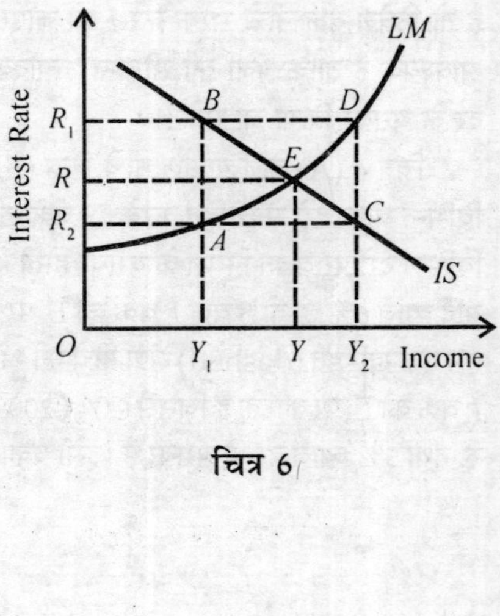

चित्र 6

तथा मुद्रा (की मांग एवं पूर्ति) बाजार में साथ-साथ संतुलन स्थापित करते हैं। यह सामान्य संतुलन की स्थिति एक निश्चित समय में पाई जाती है। यदि किसी संतुलन अवस्था में कोई विचलन हो तो कुछ शक्तियां इस प्रकार कार्य करेंगी कि संतुलन अवस्था पुन: स्थापित हो जाएगी। OY_1 आय स्तर पर, वास्तविक बाजार में ब्याज दर Y_1B है तथा मुद्रा बाजार में Y_1A । जब वास्तविक बाजार की ब्याज दर मुद्रा बाजार की ब्याज दर से अधिक हो ($Y_1B > Y_1A$) तो व्यापारी मुद्रा बाजार में से कम ब्याज दर पर उधार लेंगे तथा उधार ली गई निधियों को पूंजी बाजार में ऊंची दर पर निवेश कर देंगे। इससे निवेश गुणक द्वारा आय का स्तर बढ़कर OY हो जाएगा तथा ब्याज दर का **संतुलन** स्तर OR प्राप्त हो जाएगा। दूसरी ओर, OY_2 आय स्तर पर वास्तविक बाजार में ब्याज दर मुद्रा बाजार में ब्याज दर से कम होने पर ($\ddot{O}Y_2C < Y_2D$), व्यापारी पूंजी बाजार में निवेश करने की अपेक्षा मुद्रा बाजार में ऋणमुक्त होने का यत्न करेंगे। इसके परिणामस्वरूप, निवेश कम होगा और इसके गुणक प्रभाव द्वारा आय कम होकर OY हो जाने पर पुन: ब्याज की संतुलन दर OR पर स्थापित हो जाएगी।

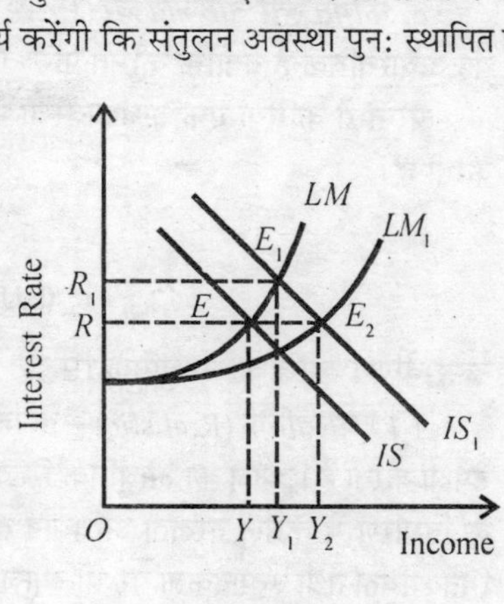

चित्र 7

IS तथा LM वक्रों में परिवर्तन (Changes in IS and LM Curves)—IS वक्र या LM वक्र या दोनों में परिवर्तन होने पर संतुलन स्थिति बदल जाती है और उसी के अनुसार ब्याज दर निर्धारित होती है। इन दोनों वक्रों में परिवर्तन के प्रभावों को चित्र 7 में दिखाया गया है। मानलीजिए कि IS और LM मूल वक्र हैं। ये E बिन्दु पर काटते हैं, जहां OY आय स्तर पर OR ब्याज दर निर्धारित होती है। यदि निवेश मांग वक्र **ऊपर** की ओर सरक जाता है या बचत वक्र **नीचे** की ओर, तो IS वक्र दाईं ओर सरक कर IS_1 हो जाएगा। LM वक्र दिया हुआ होने पर, नए संतुलन बिन्दु E_1 पर ब्याज दर OR_1 तथा आय स्तर OY_1 होंगे। यदि मुद्रा की मात्रा बढ़ा दी जाती है या तरलता अधिमान वक्र **नीचे** सरक जाता है, तो LM वक्र दाईं ओर सरक कर LM_1 वक्र हो जाएगा। यह IS_1 वक्र को E_2 बिन्दु पर काटता है। जिससे नई संतुलन ब्याज दर OR तथा आय स्तर OY_2 होते हैं। **इस प्रकार, LM वक्र दिया हुआ होने पर, जब IS वक्र दाईं ओर सरक जाता है तो आय बढ़ती है और इसके साथ ब्याज दर बढ़ती है। दूसरी ओर IS वक्र दिया हुआ होने पर, जब LM वक्र दाईं ओर सरकता है तो आय बढ़ती है परन्तु ब्याज दर गिरती है।**

अत: हिक्स-हैन्सन विश्लेषण ब्याज का एक **सम्पूर्ण** तथा निर्धारित सिद्धांत है जिसमें उत्पादकता, मितव्ययिता, तरलता अधिमान तथा मुद्रा की पूर्ति पर आधारित दो निर्धारक IS और LM वक्र, ब्याज के निर्धारण में कार्य करते हैं।

आलोचनाएं (Criticisms)

हिक्स-हैन्सन के आधुनिक ब्याज सिद्धांत की निम्न कमियां हैं :

1. स्थैतिक सिद्धांत (Static Theory)—यह स्थैतिक सिद्धांत है, जो अर्थव्यवस्था के अल्पकालीन व्यवहार की व्याख्या करता है। इस प्रकार, यह इस बात की व्याख्या करने में असफल है कि अर्थव्यवस्था दीर्घकाल में कैसे कार्य करती है।

2. ब्याज दर लोचशील नहीं (Interest Rate not Flexible)—यह सिद्धांत इस मान्यता पर आधारित है कि ब्याज दर लोचशील है और LM एवं IS वक्रों में परिवर्तनों के साथ परिवर्तित होती है। परन्तु यदि ब्याज दर दृढ़ (rigid) हो तो ऐसा सदैव नहीं हो सकता, क्योंकि समायोजन तन्त्र (adjustment mechanism) नहीं होगा।

3. निवेश ब्याज-लोच नहीं (Investment not Interest Elastic)—यह सिद्धांत मानता है कि निवेश ब्याज-लोच है। परन्तु यदि निवेश ब्याज-लोचरहित हो, जैसा कि सामान्यतया व्यवहार में होता है, तो हिक्स-हैन्सन सिद्धांत सही नहीं ठहरता।

4. अत्यन्त बनावटी (Highly Artificial)—पेटिनकिन के अनुसार, हैक्स-हैन्सन सिद्धांत अत्यंत बनावटी और अधिक सरल है क्योंकि यह अर्थव्यवस्था को वास्तविक और मौद्रिक क्षेत्रों में बांटता है। वास्तव में, अर्थव्यवस्था के वास्तविक और मौद्रिक क्षेत्र एक दूसरे के साथ इस प्रकार परस्पर संबंधित और परस्पर निर्भर होते हैं कि वे एक दूसरे के साथ क्रिया और प्रतिक्रिया करते हैं।

5. बंद मॉडल (Closed Model)—प्रो. रोवन (Rowan) के अनुसार, हिक्स-हैन्सन मॉडल एक बंद मॉडल है जो अंतर्राष्ट्रीय व्यापार के प्रभाव पर विचार नहीं करता है। यह नीति समस्याओं के अध्ययन के लिए इसकी उपयोगिता को सीमित करता है।

6. कीमत स्तर बर्हिजात चर (Price Level Exogenous Variable)—इस मॉडल में कीमत स्तर को बर्हिजात चर माना गया है यह अवास्तविक है क्योंकि कीमत परिवर्तन एक अर्थव्यवस्था में ब्याज दरों और आय के निर्धारण में एक महत्त्वपूर्ण भूमिका निभाते हैं

परन्तु ये कमियां एक अर्थव्यवस्था में ब्याज दर के निर्धारण की व्याख्या करने में *IS-LM* तकनीक की उपयोगिता को कम नहीं करती हैं।

4. केन्ज़ीय सिद्धांत से श्रेष्ठता (SUPERIORITY OVER KEYNESIAN THEORY)

ऊपर वर्णित ब्याज का आधुनिक सिद्धांत केन्ज के तरलता अधिमान सिद्धांत से निम्न बातों में श्रेष्ठ है:

(1) वास्तविक (Realistic)—केन्ज का ब्याज का सिद्धांत केवल मुद्रा सिद्धांत है जो ब्याज दर के निर्धारण में वास्तविक तत्त्वों की उपेक्षा करता है। ब्याज का आधुनिक सिद्धांत केन्ज के सिद्धांत से केवल श्रेष्ठ ही नहीं बल्कि अधिक वास्तविक भी है क्योंकि यह ब्याज के निर्धारण में केवल तरलता अधिमान तथा मुद्रा की पूर्ति पर विचार करता है, वहाँ आधुनिक सिद्धांत इन दोनों तत्त्वों के साथ-साथ मितव्ययिता तथा उत्पादकता पर भी ब्याज निर्धारण में विचार करता है। इस प्रकार, ब्याज का आधुनिक सिद्धांत केन्ज़ीय सिद्धांत से श्रेष्ठ है।

(2) निश्चित (Certain)—केन्ज का तरलता अधिमान सिद्धांत एक अनिश्चित सिद्धांत है, जबकि आधुनिक सिद्धांत ब्याज का निश्चित सिद्धांत है। केन्ज़ीय सिद्धांत में तरलता अधिमान अनुसूची आय-स्तर से संबद्ध नहीं है। यह आय-स्तर को जाने बिना ब्याज दर को निर्धारित करता है। परन्तु जब तक आय-स्तर पहले से ही ज्ञात न हो, मुद्रा के माँग एवं पूर्ति वक्र ब्याज दर के स्तर के बारे में बता नहीं सकते। ''वास्तव में, ब्याज दर आय के स्तर के साथ प्रणाली का निर्धारक नहीं है बल्कि निर्धारित है...... ब्याज दर तथा आय के स्तर परस्पर निर्धारित होते हैं।[1] यही ब्याज का आधुनिक सिद्धांत प्रदर्शित करता है और केन्ज के सिद्धांत से अपनी श्रेष्ठता सिद्ध करता है।

(3) नीति निहितार्थ (Policy Implications)—आधुनिक सिद्धांत केन्ज़ीय ब्याज सिद्धांत से श्रेष्ठ है क्योंकि यह बहुत से नीति संबंधी तत्त्वों की व्याख्या करता है, जो केन्ज का सिद्धांत न कर सका।

मानलीजिए कि चित्र 8 में मुद्रा पूर्ति में वृद्धि होती है, जिससे *LM* वक्र दाईं ओर सरक कर LM_1 हो जाता है। इसका IS_2 वक्र पर यह प्रभाव पड़ता है कि ब्याज दर R_2Y_2 से कम होकर R_3Y_3 हो जाती है और आय का स्तर निवेश में वृद्धि द्वारा OY_2 से बढ़कर OY_3 हो जाता है। इससे यह निष्कर्ष निकलता है कि **मुद्रा नीति** आय के स्तर को बढ़ाने में सफल रही क्योंकि IS_2 वक्र सापेक्षतया **ब्याज-लोच** है। यदि *LM* वक्र उस क्षेत्र से ऊपर **पूर्णतया बेलोच** हो, जहाँ IS_2 वक्र इसे R_2 बिन्दु पर काटता है, तो इसकी कुल माँग को बढ़ाने के लिए राजकोषीय साधनों का क्या प्रभाव होगा। मान लीजिए कि सरकार करों को कम करती है, अपने व्यय को बढ़ाती है, या दोनों ही ढंग अपनाती है। इस स्थिति में, IS_2 वक्र दाईं ओर IS_3 वक्र के रूप में सरक जाएगा, तथा ब्याज दर बढ़कर R_5 हो जाती है क्योंकि मुद्रा की लेन-देन की माँग आय स्तर को बिना प्रभावित किए बढ़ती है। OY_2 पर आय का स्तर **स्थिर** रहता है। यह **पूर्ण रोजगार** की स्थिति है।

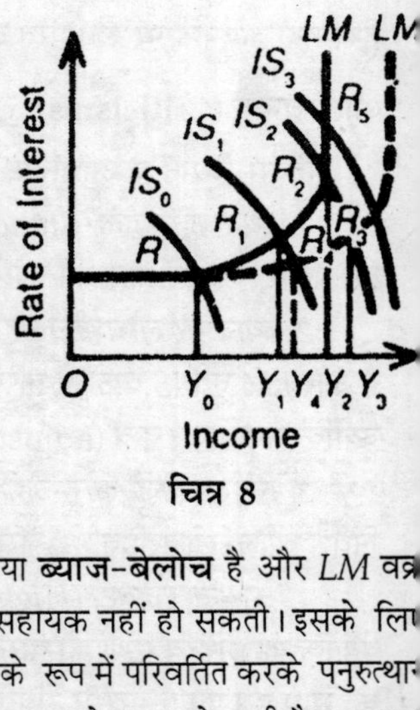

चित्र 8

अब हम संतुलन बिन्दु *R* लेते हैं, जहाँ IS_0 वक्र *LM* वक्र को काटता है। मुद्रा पूर्ति में वृद्धि का ब्याज दर, निवेश तथा आय पर कोई प्रभाव नहीं पड़ता। निर्मित मुद्रा केवल निष्क्रिय शेषों में ही वृद्धि करती है। आय स्तर OY_0 तथा ब्याज दर RY_0 स्थिर रहते हैं क्योंकि IS_0 वक्र सापेक्षतया **ब्याज-बेलोच** है और *LM* वक्र **पूर्णतया लोचदार** है। यह घोर मंदी में **तरलता जाल** की अवस्था है। ऐसे हालात में, मुद्रा नीति सहायक नहीं हो सकती। इसके लिए **राजकोषीय** साधन जैसे करों में कमी, सरकारी व्यय में वृद्धि आदि, IS_0 वक्र को दाईं ओर IS_1 वक्र के रूप में परिवर्तित करके पनुरुत्थान (revival) करने में सहायक हो सकते हैं। संतुलन स्थिति से R_1 पर चले जाने से ब्याज दर बढ़कर RY_0 से R_1Y_1 हो जाती है तथा आय

1. The rate of interest is, in fact, alongwith the level of income a determinate and not a determinant of the system. The rate of interest and the level of income are mutually determined.

के स्तर में OY_0 से OY_1 वृद्धि हो जाती है। यदि हम IS_1 वक्र को LM_1 वक्र से संबद्ध करें तो ब्याज दर में RY_0 की अपेक्षा मामूली-सी वृद्धि होगी (R_4Y_4), परन्तु आय के स्तर में वृद्धि (OY_4) बहुत अधिक होगी। इस प्रकार, ब्याज का आधुनिक सिद्धांत मुद्रा तथा राजकोषीय नीतियों को समझाने में लाभदायक सिद्ध हुआ है, जिसे केन्ज का सिद्धांत न कर सका।

प्रश्न

1. केन्ज के तरलता अधिमान सिद्धान्त की आलोचनात्मक व्याख्या कीजिए।
2. ब्याज के निर्धारण से 'स्टॉक' तथा 'प्रवाह' धारणाओं मे भेद कीजिए। ब्याज का एक पूर्ण तथा संतोषजनक सिद्धांत प्रतिपादित करने के लिए कौन-से विभिन्न तत्त्वों की हमें आवश्यकता पड़ती है?
   [**संकेत:** दोनों भागों का उत्तर ब्याज के आधुनिक सिद्धांत के विश्लेषण में दिया गया है।]
3. ब्याज के आधुनिक सिद्धांत की विवेचना कीजिए। केन्ज सिद्धांत से यह किस प्रकार उत्तम है? पूर्णतः समझाइए।

अध्याय 40

IS और LM फलन : वस्तु और मुद्रा बाजारों का सामान्य संतुलन
(IS and LM Functions: General Equilibrium of Product and Money Markets)

1. प्रस्तावना
(INTRODUCTION)

यह सिद्धान्त मुद्रा, ब्याज और आय को वस्तु तथा मुद्रा बाजारों के हिक्स–हैनसन[1] के सामान्य संतुलन मॉडल के ढांचे में एकीकृत करता है। इसे *IS–LM* मॉडल कहते हैं। *IS* शब्द निवेश और बचत की समानता का संक्षिप्त रूप है, जो वस्तु बाजार के संतुलन को व्यक्त करता है। दूसरी ओर, *LM* शब्द मुद्रा की मांग *(L)* और मुद्रा की पूर्ति *(M)* की समानता का संक्षिप्त रूप है, जो मुद्रा बाजार संतुलन को व्यक्त करता है।

वस्तु और मुद्रा बाजारों के सामान्य संतुलन के विश्लेषण के अन्तर्गत मौद्रिक और राजकोषीय नीतियों की प्रभाविता को समझने के लिए *IS* और *LM* वक्रों को व्युत्पन्न करना तथा उनकी ढलानों का अध्ययन करना आवश्यक है।

2. वस्तु बाजार संतुलन
(THE PRODUCT MARKET EQUILIBRIUM)

वस्तु बाजार उस समय संतुलन में होता है जब बचत और निवेश बराबर होते हैं। बचत आय का प्रत्यक्ष फलन है:

$$S=f(Y) \qquad \ldots(1)$$

निवेश ब्याज दर का घटता हुआ फलन है:

$$I=f(r) \qquad \ldots(2)$$

(1) और (2) समीकरणों से, $S=I$

IS वक्र (या फलन या अनुसूची) वस्तु बाजार के संतुलन को व्यक्त करता है। यह ब्याज दरों और आय स्तरों के संयोगों को दर्शाता है यहाँ बचत और निवेश की समानता होती है, जो अर्थव्यवस्था का वस्तु बाजार संतुलन कहलाता है। इसे वास्तविक क्षेत्र संतुलन भी कहते हैं।

IS वक्र को व्युत्पन्न करना (Deriving the IS Curve)

IS वक्र की व्युत्पन्नता चित्र 1 में प्रदर्शित की गई है। इस चित्र के भाग *(A)* में, बचत पर ब्याज का प्रभाव तुच्छ मान लेने के कारण, आय के सम्बन्ध में बचत वक्र *S* स्थिर अवस्था में खींचा गया है। बचत वक्र यह प्रकट करता है कि आय के बढ़ने के साथ बचत बढ़ती है, अर्थात् बचत आय का बढ़ता हुआ फलन है। दूसरी ओर, निवेश ब्याज दर तथा आय स्तर पर निर्भर करता है।

1. J.R. Hicks, "Mr. Keynes and the Classicals: A Suggested Interpretation," *Econometrica*, April 1937 and A.H. Hansen, *Monetary Theory and Fiscal Policy*, Ch. 5.

ब्याज दर का स्तर दिया होने पर, निवेश का स्तर अय के स्तर के साथ बढ़ता है। 5 प्रतिशत ब्याज दर पर, निवेश वक्र I_2 है। यदि ब्याज दर कम करके 4 प्रतिशत कर दी जाती है तो निवेश वक्र ऊपर को सरककर I_3 हो जाएगा। निवेश दर को बढ़ाना पड़ेगा ताकि पूंजी की सीमान्त उत्पादकता को कम करके नीची ब्याज दर के साथ बराबर किया जा सके। अतः निवेश वक्र I_3 आय के प्रत्येक स्तर पर अधिक निवेश को दर्शाता है। इसी प्रकार, जब ब्याज दर बढ़ाकर 6 प्रतिशत कर दी जाती है तो निवेश वक्र नीचे सरक कर I_1 हो जाएगा। निवेश दर में कमी करना आवश्यक है ताकि पूंजी की सीमान्त उत्पादकता को बढ़ाकर ऊंची ब्याज दर के बराबर किया जा सके। चित्र *(B)* में आय के प्रत्येक स्तर को विभिन्न ब्याज दरों से चिह्नित करके *IS* वक्र खींचा गया है। इस *IS* वक्र का प्रत्येक बिन्दु आय के स्तर को व्यक्त करता है, जहां ब्याज की विभिन्न दर पर बचत निवेश के बराबर होती है। ब्याज दर को अनुलम्ब अक्ष पर तथा आय के स्तर को समानान्तर अक्ष पर लिया गया है। यदि ब्याज दर 6 प्रतिशत हो तो *S* वक्र I_1 वक्र को E_1 पर काटता है जिससे OY_1 आय स्तर निर्धारित होता है। इस आय स्तर से, जो 100 करोड़ रु. हैं, हम एक खण्डित (dashed) रेखा नीचे की ओर खींचते हैं जो 6 प्रतिशत से बढ़ाई गई रेखा को *A* बिन्दु पर काटती है। 5 प्रतिशत ब्याज दर पर *S* वक्र I_2 वक्र को E_2 पर काटता है जिससे OY_2 (200 करोड़ रु.) आय निर्धारित होती है। नीचे के चित्र *(B)* में, बिन्दु *B* आय स्तर 200 करोड़ रु. तथा 5 प्रतिशत ब्याज दर के बराबर है। इसी प्रकार, बिन्दु *C* ब्याज की 4 प्रतिशत दर पर *S* तथा I_1 वक्रों के संतुलन के बराबर है। इन बिन्दुओं *A, B* एवं *C* को एक रेखा द्वारा मिलाने से हमें *IS* वक्र प्राप्त होता है। यह *IS* वक्र बाएं से दाएं नीचे की ओर ढालू होता है क्योंकि ब्याज दर के गिरने के साथ-साथ निवेश में वृद्धि होती है और आय में भी। दूसरे शब्दों में, अर्थव्यवस्था के वास्तविक क्षेत्र में आय और ब्याज दर के बीच ऋणात्मक सम्बन्ध होता है।

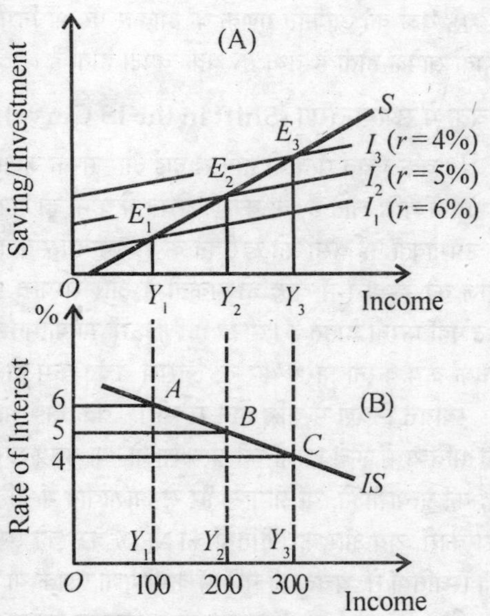

चित्र 1

IS वक्र की ढलान (Slope of the *IS* Curve)

चित्र 2 यह दर्शाता है कि *IS* वक्र बाईं से दाईं ओर नीचे को ढालू होता है। इसकी त्रणात्मक ढलान ब्याज दर के गिरने से निवेश और आय में वृद्धि को व्यक्त करती है। *IS* वक्र चपटा (flat) या तिरछा (steep) हो सकता है, यह निवेश की ब्याज दर में परिवर्तनों की सापेक्षता तथा गुणक के आकार पर निर्भर करता है।

यदि निवेश ब्याज की दर के अधिक सापेक्ष हो तो *IS* वक्र बहुत चपटा होता है। इसे चित्र 2 में *IS* वक्र के *A B* भाग द्वारा दिखाया गया है जहाँ ब्याज की दर में OR_1 से OR_2 में थोड़ी-सी भी कमी होने पर आय में OY_1 से OY_2 वृद्धि अनुपात में अधिक होती है। अतः *IS* वक्र का *AB* भाग ब्याज लोच है।

दूसरी ओर, यदि निवेश ब्याज की दर के अधिक सापेक्ष नहीं है, तो *IS* वक्र सापेक्षतया तिरछा होगा। चित्र 2 में जब ब्याज दर OR_2 से गिरकर OR_3 होती है तो आय अनुपात में कम मात्रा Y_2Y_3 में बढ़ती है। इस प्रकार *IS* वक्र का *BC* भाग कम ब्याज लोच है। ब्याज दर में OR_3 से और नीचे कमी होने पर आय में कोई परिवर्तन नहीं होगा क्योंकि इस भाग में *IS* वक्र अनुलम्ब (vertical) है। यह ब्याज बेलोच है।

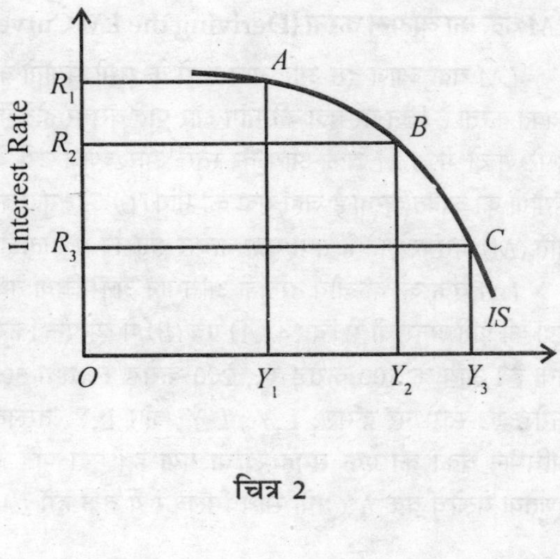

चित्र 2

IS वक्र की आकृति गुणक के आकार पर भी निर्भर करती है। यदि गुणक का आकार बड़ा है, तो आय ब्याज दर में परिवर्तन के अधिक सापेक्ष होती है तथा *IS* वक्र चपटा होता है।

IS वक्र में स्थानान्तरण (Shift in the IS Curve)

IS वक्र बचत में कमी होने से दाईं ओर सरक जाता है। एक या अधिक तत्व जो उपभोग में वृद्धि लाते हैं, के कारण बचत में कमी हो सकती है। बचत को कम करके भी, उपभोक्ता नई वस्तु को खरीदने के इच्छुक हो सकते हैं। सरकारी नीति के कारण समाज की सम्पत्ति में वृद्धि हो सकती है और सम्पत्ति धारक पहले जितनी राशि ही बचत नहीं करना चाहते हैं। संभव है कि कमी या कीमत वृद्धि की प्रत्याशा में उपभोक्ता अधिक क्रय करना प्रारंभ कर दें, जिससे बचत कम हो जाए।

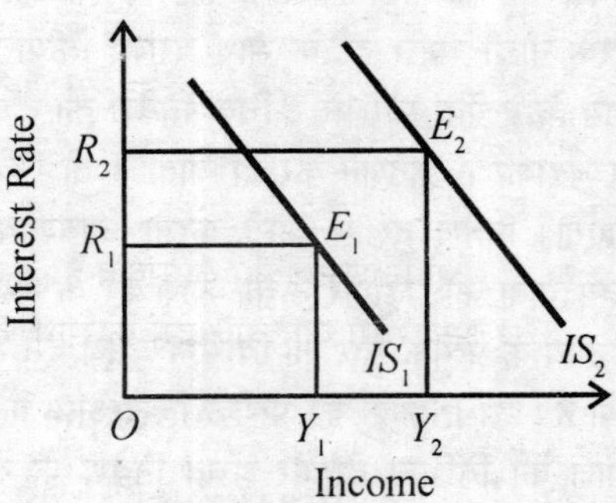

चित्र 3

स्वायत्त निवेश में वृद्धि होने से भी *IS* वक्र दाईं ओर सरक सकता है। निवेश में वृद्धि भविष्य में ऊंचे लाभों की प्रत्याशाओं, या नवप्रवर्तन, या वस्तु की भावी मांग में वृद्धि की प्रत्याशाओं, या सामान्यतौर से आशावाद में वृद्धि के कारण हो सकती है। फिर, सरकारी व्यय और कर नीतियों का भी *IS* वक्र को सरकाने पर प्रभाव पड़ता है। इन सभी स्थितियों में, बचत की पूर्ति में कमी गुणा गुणक या निवेश में वृद्धि गुणा गुणक के बराबर *IS* वक्र दाईं ओर सरक जाएगा। स्वायत्त निवेश में वृद्धि (या बचत में कमी) होने पर, *IS* वक्र IS_1 से IS_2 पर सरकता है और E_2 बिन्दु पर नया संतुलन स्थापित होता है जो ऊँची ब्याज दर पर ऊँचे आय स्तर OY_2 को व्यक्त करता है जैसा कि चित्र 3 में दिखाया गया है।

इसके विपरीत, जब निवेश कम होता है, या बचत बढ़ती है तो *IS* वक्र बाईं ओर सरक जायेगा और सन्तुलन आय और ब्याज दर के नीचे स्तर पर स्थापित हो जायेगा। इस स्थिति का IS_2 को मूल वक्र मानकर विश्लेषण किया जा सकता है।

3. मुद्रा बाजार संतुलन (THE MONEY MARKET EQUILIBRIUM)

मुद्रा बाजार संतुलन में तब होता है जब मुद्रा की मांग और पूर्ति बराबर होते हैं। मुद्रा की मांग को *L* द्वारा और मुद्रा की पूर्ति को *M* द्वारा व्यक्त करके, संतुलन में $L=M$. मुद्रा की मांग, $L=L_T+L_S$ जहां L_T मुद्रा की लेन-देन और सतर्कता मांग है जो आय के स्तर का सीधा फलन है, $L_T = f(Y)$. L_s मुद्रा की सट्टा मांग है जो ब्याज दर का घटता हुआ फलन है, $L_S=f(r)$। इस प्रकार, मुद्रा बाजार में संतुलन, $M=L_T(Y)+L_s(r)$.

LM वक्र का व्युत्पन्न करना (Deriving the *LM* Curve)

LM वक्र ब्याज दरों और आय स्तरों के सभी संयोगों को व्यक्त करता है जिन पर मुद्रा की मांग और पूर्ति बराबर होते हैं। दूसरे शब्दों में, *LM* वक्र आय के स्तरों और ब्याज दरों के संयोगों को व्यक्त करता है जहाँ मुद्रा की मांग *(L)* और मुद्रा की पूर्ति *(M)* बराबर होते हैं तथा मुद्रा बाजार संतुलन में होता है।

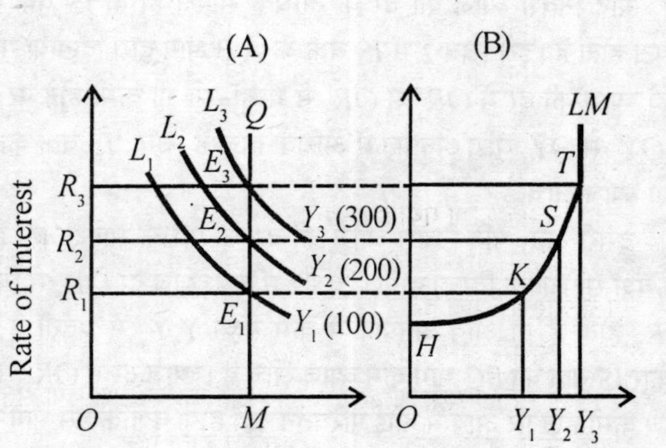

चित्र 4

LM वक्र को केन्ज़ीय तरलता अधिमान अनुसूचियों तथा मुद्रा की पूर्ति अनुसूची से चित्र 4 *(A)* एवं *(B)* में व्युत्पन्न किया गया है। आय के 100 करोड़ रु., 200 करोड़ रु. तथा 300 करोड़ रु. स्तरों पर क्रमशः L_1Y_1, L_2Y_2 और L_3Y_3 तरलता अधिमान वक्रों का एक समूह खींचा गया है। मुद्रा पूर्ति के पूर्णतया बेलोच वक्र *MQ* के साथ मिलकर ये वक्र हमें *LM*

वक्र प्रदान करते हैं। *LM* वक्र में बिन्दुओं की एक शृंखला मिली होती है, जिस पर प्रत्येक बिन्दु ब्याज-आय स्तर को व्यक्त करता है, जहां मुद्रा की मांग *(M)* मुद्रा की पूर्ति *(L)* के बराबर होती है। यदि आय स्तर Y_1 (100 करोड़ रु.) हो तो OR_1 ब्याज दर पर मुद्रा की मांग (L_1Y_1), मुद्रा की पूर्ति *(QM)* के बराबर होती है। Y_2 (200 करोड़ रु.) आय-स्तर पर L_2Y_2 तथा *QM* वक्र OR_2 ब्याज दर पर बराबर होते हैं। इसी प्रकार Y_3 (300 करोड़ रु.) आय स्तर पर L_3Y_3 तथा *QM* वक्र OR_3 ब्याज दर पर बराबर होते हैं। मुद्रा की पूर्ति, तरलता अधिमान आय स्तर तथा ब्याज दर चित्र 4 *(B)* में दिखाए गए *LM* वक्र के लिए आंकड़े प्रदान करते हैं। मान लीजिए कि Y_1 (100 करोड़ रु.) आय स्तर है, जो चित्र *(B)* में आय अक्ष पर अंकित किया गया है। 100 करोड़ रु. की आय तरलता अधिमान वक्र L_1Y_1 द्वारा व्यक्त मुद्रा की मांग को उत्पन्न करती है। चित्र 4 *(A)* के E_1 बिन्दु से, जहां L_1Y_1 वक्र *MQ* वक्र को काटता है, दाईं ओर एक खण्डित (dashed) रेखा बढ़ाइए जो चित्र के *(B)* भाग में Y_1 से ऊपर खींची गई रेखा को *K* बिन्दु पर मिले। इसी प्रकार चित्र में बिन्दु *S* एवं *T* भी निश्चित किए जा सकते हैं। इन सभी बिन्दुओं *K, S* एवं *T* को एक रेखा द्वारा मिलाने से हमें *LM* प्राप्त होता है। यह वक्र विभिन्न आय स्तरों को ब्याज दरों के साथ संबद्ध करता है।

LM वक्र की ढलान (The Slope of the *LM* Curve)

LM वक्र बाईं से दाईं ओर ऊपर को ढलान वाला होता है क्योंकि मुद्रा की पूर्ति दी होने पर आय के स्तर में वृद्धि मुद्रा की मांग में भी वृद्धि लाती है जिससे ब्याज दर बढ़ती है। यह आगे, मुद्रा की मांग को कम कर देती है और इस प्रकार मुद्रा की मांग को मुद्रा की पूर्ति के बराबर रखती है। मुद्रा की मांग की आय के साथ सापेक्षता जितनी कम होगी और मुद्रा की मांग की ब्याज दर के साथ सापेक्षता जितनी अधिक होगी, उतना ही *LM* वक्र चपटा होगा इसका मतलब यह है कि आय में परिवर्तन से ब्याज दर पर कम प्रभाव पड़ता है।

यदि आय में परिवर्तन से ब्याज की दर पर अधिक प्रभाव पड़ता है, तो *LM* वक्र तिरछा होता है। ऐसी स्थिति में, मुद्रा की मांग की आय के साथ सापेक्षता अधिक होती है और ब्याज दर के साथ कम। यदि मुद्रा की मांग ब्याज दर के साथ निरपेक्ष होती है, तो *LM* वक्र अनुलम्ब होगा, अर्थात् पूर्णतया बेलोच। यह चित्र 4 *(B)* में *LM* वक्र पर *T* से ऊपर का भाग है। इस स्थिति में, मुद्रा बाजार में संतुलन कायम रखने के लिए ब्याज दर में एक बड़े परिवर्तन के साथ आय के स्तर में लगभग कोई परिवर्तन नहीं होता है। यदि मुद्रा की मांग ब्याज की दर के साथ बहुत सापेक्ष है, तो *LM* वक्र क्षैतिज होता है। यह *LM* वक्र के उस भाग द्वारा दिखाया गया है जो चित्र 4 *(B)* के अनुलम्ब अक्ष से प्रारंभ होता है अर्थात् *LM* वक्र पूर्णतया लोचदार है। दूसरे शब्दों में, मुद्रा बाजार में संतुलन कायम रखने के लिए ब्याज दर में थोड़े से परिवर्तन के साथ आय के स्तर में बड़ा परिवर्तन होता है। *LM* वक्र का यह भाग जो दूर बाईं ओर है केन्ज़ीय तरलता जाल के समरूप है; जिसकी चर्चा ब्याज के केन्ज़ीय सिद्धान्त में पहले ही की गई है।

LM वक्र में स्थानान्तरण (Shift in the *LM* Curve)

मुद्रा की मांग दी हुई होने पर मुद्रा की पूर्ति में वृद्धि से या मुद्रा की पूर्ति दी हुई होने पर मुद्रा की मांग में कमी से *LM* वक्र दाईं ओर स्थानान्तरण करता है। यदि केन्द्रीय बैंक विस्तारात्मक मौद्रिक नीति अपनाता है, तो वह खुले बाजार में प्रतिभूतियाँ क्रय करेगा। परिणामस्वरूप, लेन-देन तथा सट्टा उद्देश्यों के लिए लोगों के पास मुद्रा पूर्ति बढ़ जाएगी। इससे *LM* वक्र दाईं ओर सरक जाता है।

मुद्रा की मांग में कमी का मतलब है प्रत्येक आय और ब्याज स्तर पर मांगी गई शेषों की मात्रा में कमी। मुद्रा शेषों की मांग में ऐसी कमी मुद्रा की पूर्ति को मुद्रा की मांग से अधिक कर देती है। यह अर्थव्यवस्था में मुद्रा पूर्ति में वृद्धि के समान है जिसका प्रभाव *LM* वक्र को दाईं ओर स्थानान्तरित करता है।

इसे चित्र 5 में दर्शाया गया है। मुद्रा पूर्ति में वृद्धि से LM_1 वक्र दाईं ओर LM_2 वक्र पर सरक जाता है जो अर्थव्यवस्था को नये संतुलन बिन्दु E_2 पर लाता है। मुद्रा पूर्ति में वृद्धि, मुद्रा बाजार में ब्याज दर को कम करके OR_2 पर ले आती है। ये आगे निवेश में वृद्धि करती है जिससे आय स्तर बढ़कर OY_2 पर आ जाता है। इस प्रकार, मुद्रा पूर्ति में वृद्धि का प्रभाव *LM* वक्र को दाईं ओर सरका देता है तथा नया संतुलन कम ब्याज दर OR_2 एवं ऊँचे आय स्तर OY_2 पर स्थापित होता है।

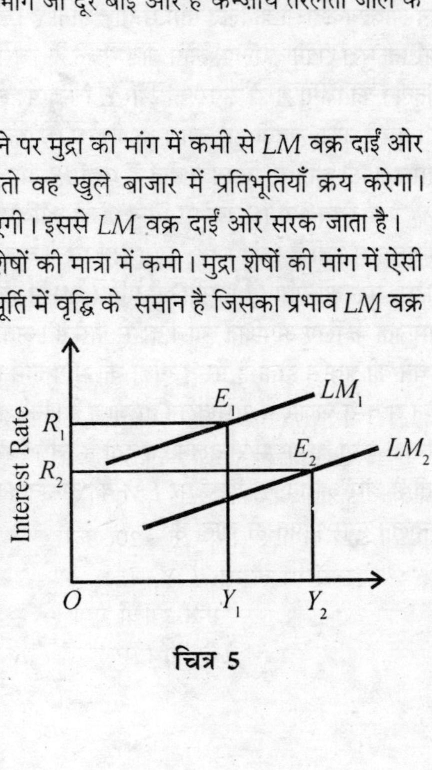

चित्र 5

इसके विपरीत, मुद्रा पूर्ति में कमी या मुद्रा की मांग में वृद्धि *LM* वक्र को बाईं

ओर सरका देगी जिससे ऊँची ब्याज दर और नीचे आय स्तर पर नया संतुलन स्थापित हो जायगा। LM_2 को मूल वक्र मानकर ऐसी स्थिति की व्याख्या की जा सकती है।

4. वस्तु और मुद्रा बाजार में सामान्य संतुलन
(GENERAL EQUILIBRIUM OF PRODUCT AND MONEY MARKET)

अभी तक उन शर्तों का विश्लेषण किया गया है जिन्हें IS तथा LM फलनों के रूप में वस्तु और मुद्रा बाजारों के सामान्य संतुलन के लिए सन्तुष्ट करना आवश्यक है। अब यह अध्ययन किया जा रहा है कि किस प्रकार ये बाजार एक साथ संतुलन में लाये जाते हैं। जब IS वक्र की ब्याज दर तथा आय की सन्तुलन जोड़ी LM वक्र की ब्याज-दर तथा आय की सन्तुलन जोड़ी के बराबर होती है तो सामान्य सन्तुलन स्थापित होता है। दूसरे शब्दों में, जब दोनों वस्तु और मुद्रा बाजारों में ब्याज-दर और आय-स्तर की एक ही जोड़ी हो, तो दोनों बाजार सामान्य सन्तुलन की स्थिति में होते हैं।

ऐसी संतुलन स्थिति चित्र 6 में दर्शायी गई है जहां IS वक्र तथा LM एक-दूसरे को E बिन्दु पर काटते हैं जो OY आय-स्तर तथा OR ब्याज-दर से संबद्ध है। आय-स्तर और ब्याज-दर की यह जोड़ी वास्तविक या वस्तु (बचत-निवेश) बाजार तथा मुद्रा (मुद्रा की मांग एवं पूर्ति) बाजार में एक ही समय में सन्तुलन लाती है। कीमत स्तर दिया होने पर, यह सामान्य संतुलन स्थिति एक निश्चित समय में विद्यमान रहती है। यदि इस संतुलन स्थिति से कोई विचलन होता है, तो कुछ शक्तियाँ इस ढंग से क्रिया और प्रतिक्रिया करती हैं कि संतुलन पुनर्स्थापित हो जाएगा।

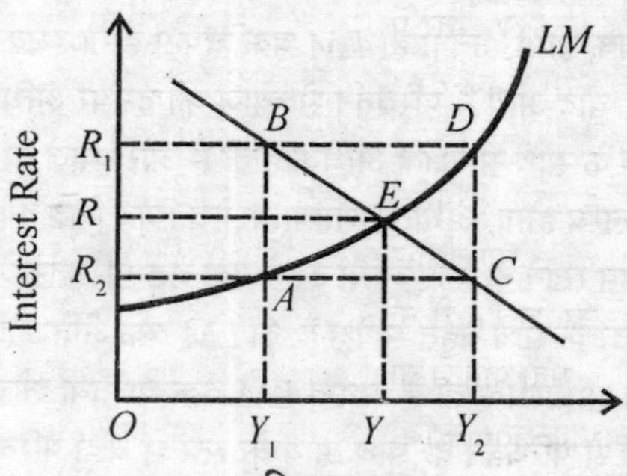

चित्र 6

LM वक्र के बिन्दु A को लीजिए, जहां मुद्रा बाजार OY_1 आय स्तर तथा OR_2 ब्याज दर पर सन्तुलन में है। परन्तु वस्तु बाजार संतुलन में नहीं है। वस्तु बाजार में ब्याज दर OR_2 नीची है। वस्तु बाजार OY_1 आय-स्तर पर केवल ऊंची ब्याज दर OR_1, जो IS वक्र के बिन्दु B के साथ मेल खाती है, पर संतुलन में हो सकता है। परिणामस्वरूप, बिन्दु A पर बचत से निवेश अधिक है क्योंकि A बिन्दु IS वक्र के बाईं ओर स्थित है। निवेश का बचत से अधिक होना वस्तुओं की अति मांग व्यक्त करता है, जो आय के स्तर को बढ़ाता है। जब आय स्तर बढ़ता है, तो मुद्रा की लेन-देन आवश्यकताओं के लिए मांग में वृद्धि होती है। लेन-देन आवश्यकताओं के लिए अधिक मुद्रा रखने के लिए, लोग बांड बेचते हैं, जिससे ब्याज दर बढ़ती है। यह LM संतुलन को बिन्दु A से ऊपर की ओर E बिन्दु पर ले जाती है जहां ऊंची ब्याज दर OR और ऊंचे आय स्तर OY का संयोग पाया जाता है। दूसरी ओर, बढ़ती हुई ब्याज दर निवेश को कम करती है और बढ़ती हुई आय बचत को बढ़ाती है। ये E बिन्दु पर I और S की समानता को लाने में सहायक होते हैं जहां IS और LM की समानता द्वारा सामान्य संतुलन पुनर्स्थापित होता है।

अब चित्र 6 में IS वक्र पर बिन्दु C को लीजिए जहां OR_2 ब्याज दर और OY_2 आय स्तर पर वस्तु बाजार संतुलन में है। मुद्रा बाजार सन्तुलन में नहीं है। यह OY_2 आय स्तर पर केवल LM वक्र के D बिन्दु पर ऊंची ब्याज दर OR_1 पर संतुलन में हो सकता है। बिन्दु C पर, मुद्रा की मांग (L), मुद्रा की पूर्ति (M) से अधिक है क्योंकि C बिन्दु नीची ब्याज दर OR_2 को व्यक्त करता है जो L और M की समानता के लिए अपेक्षित ब्याज दर से कम है। अतः OR_2 ब्याज दर पर मुद्रा की अतिमांग है। मुद्रा की अतिमांग होने पर लोगों में बांड बेचने की प्रवृत्ति होती है परन्तु बांडों की मांग कम होने से ब्याज दर बढ़ती है। जब ब्याज दर बढ़ना प्रारम्भ कर देती है, तो निवेश कम होने से वस्तु बाजार में असन्तुलन हो जाता है। निवेश के गिरने से आय में कमी आती है, जो आगे बचत को कम कर देती है। यह प्रक्रिया अन्ततः वस्तु बाजार में सन्तुलन ला देती है, जब बिन्दु E पर $I = S$। दूसरी ओर, कम हो रही आय मुद्रा की लेन-देन मांग को कम कर देती है और अन्ततः E बिन्दु पर LM की समानता लाती है जहां IS और LM वक्रों द्वारा OR ब्याज दर तथा OY आय स्तर के साथ सन्तुलन पुनर्स्थापित हो जाता है।

5. सामान्य संतुलन में परिवर्तन
(CHANGES IN GENERAL EQUILIBRIUM)

वस्तु और मुद्रा बाजारों का सामान्य संतुलन जिसकी ऊपर विवेचना की गई है, स्थैतिक संतुलन विश्लेषण पर आधारित है। यह असंतुलन के बिन्दु से प्रारम्भ किया गया था और फिर *IS* और *LM* वक्रों की समानता के संतुलन बिन्दु पर पहुंचा। परन्तु *OY* आय स्तर और *OR* ब्याज की दर का सामान्य संतुलन संयोग, *IS* वक्र या *LM* वक्र या दोनों में एक ही समय स्थानान्तरण होने से, परिवर्तित हो सकता है। *IS* वक्र बचत फलन या निवेश फलन में परिवर्तन से स्थानान्तरण हो सकता है तथा *LM* वक्र में स्थानान्तरण मुद्रा की पूर्ति या तरलता अधिमान (मुद्रा की मांग) में परिवर्तन के कारण हो सकता है।

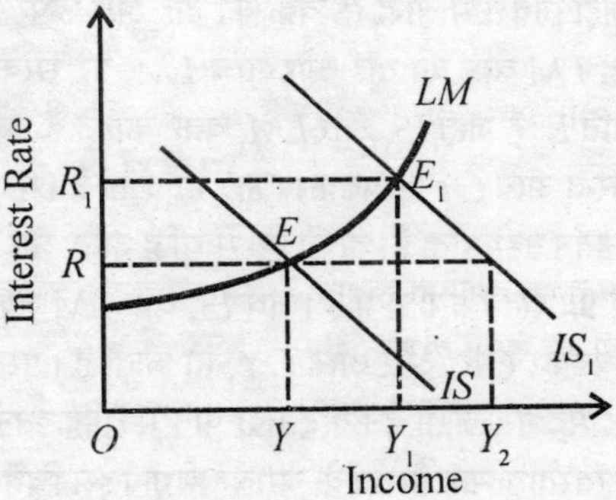

चित्र 7

IS वक्र का दाईं ओर सरकना और परिणामस्वरूप दिए हुए *LM* वक्र के साथ संतुलन चित्र 7 में दर्शाया गया है। स्वायत्त निवेश में वृद्धि या बचत में कमी होने पर, *IS* वक्र *IS* से IS_1 पर स्थानान्तरण करता है तथा E_1 बिन्दु पर संतुलन स्थापित होता है, जो ऊंचे आय स्तर OY_1 तथा ऊंची ब्याज दर OR_1 को व्यक्त करता है। यदि ब्याज दर बढ़ने की अपेक्षा *OR* स्तर पर स्थित रहती है, तो निवेश में वृद्धि द्वारा आय *OY* से बढ़कर OY_2 स्तर पर आ जाती है। परन्तु आय में इतनी वृद्धि नहीं होगी। ऐसा इसलिए कि आय में वृद्धि से लेनदेन उद्देश्यों के लिए मुद्रा की मांग ब्याज दर को OR_1 स्तर पर बढ़ा देगी जहां *IS* और *LM* वक्र एक दूसरे को बिन्दु E_1 पर काटते हैं। अतः निवेश में वृद्धि का विस्तारात्मक (expansionary) प्रभाव ब्याज में वृद्धि द्वारा मंद हो जाता है तथा आय पूर्ण गुणक से कम बढ़ती हैं।

इसके विपरीत, जब निवेश कम होता है, या बचत बढ़ती है तो *IS* वक्र बाईं ओर सरक जाएगा तथा सन्तुलन आय और ब्याज दर के नीचे स्तर पर स्थापित हो जाएगा। यह स्थिति चित्र 6 में नहीं दिखाई गई है।

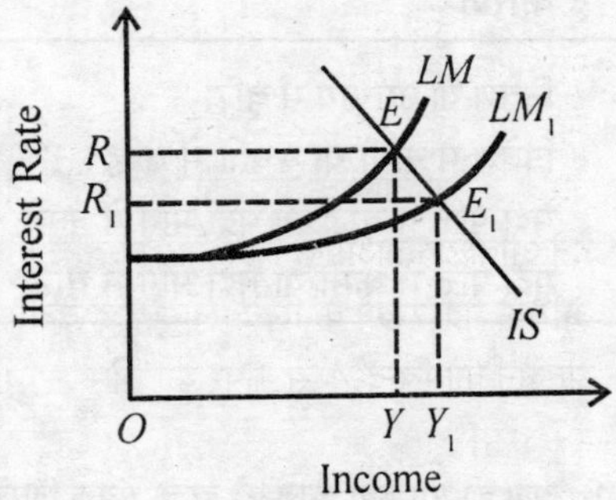

चित्र 8

मुद्रा पूर्ति में वृद्धि से *LM* वक्र दाईं ओर LM_1 वक्र पर सरक जाता है, जो अर्थव्यवस्था को नए संतुलन बिन्दु E_1 पर ले जाता है जहां *IS* वक्र LM_1 वक्र को काटता है, जैसे कि चित्र 8 में। मुद्रा पूर्ति में वृद्धि, मुद्रा बाजार में ब्याज दर को कम करके OR_1 पर लाती है। ये आगे निवेश में वृद्धि करती है जिससे आय-स्तर बढ़कर OY_1 पर आ जाता है। अतः मुद्रा पूर्ति में वृद्धि का प्रभाव *LM* वक्र को दाईं ओर स्थानान्तरण करता है तथा नया संतुलन कम ब्याज दर और ऊंचे आय स्तर पर स्थापित करता है। परन्तु मुद्रा की पूर्ति में वृद्धि से आय में कितनी वृद्धि होगी यह दो बातों पर निर्भर करता है : (1) ब्याज दर कितनी गिरती है जो आगे मुद्रा की सट्टा मांग की लोच पर निर्भर करती है, (2) ब्याज दर में दी हुई कमी के कारण निवेश में कितनी वृद्धि होती है जो आगे निवेश मांग फलन की ब्याज लोच पर निर्भर करती है।

इसके विपरीत, मुद्रा पूर्ति में कमी या मुद्रा की मांग में वृद्धि *LM* वक्र को बाईं ओर सरका देगी जिससे ऊंची ब्याज दर और नीचे आय स्तर पर नया संतुलन स्थापित हो जाएगा। यह स्थिति चित्र में नहीं दिखाई गई है।

IS और *LM* फलनों में एक ही समय स्थानान्तरण
(Simultaneous Shifts in IS and LM Functions)

ऊपर यह अध्ययन किया गया है कि निवेश में वृद्धि से, *LM* वक्र दिया होने पर, जब *IS* वक्र दाईं ओर सरक जाता है, तो ब्याज दर और आय स्तर दोनों में ही वृद्धि की प्रवृत्ति पाई जाती है। दूसरी ओर, जब मुद्रा पूर्ति में वृद्धि *LM* वक्र को दाईं ओर सरका देती है, *IS* वक्र दिया होने पर, तो यह ब्याज दर में कमी और आय स्तर में वृद्धि लाता है।

1. *IS* वक्र राजकोषीय नीति में और *LM* वक्र मौद्रिक नीति से संबद्ध हैं।

अब मान लीजिए कि क्रमश: निवेश तथा मुद्रा पूर्ति में वृद्धि के कारण *IS* और *LM* वक्र दोनों एक ही समय में दाईं ओर सरक जाते हैं। ये विस्तारक राजकोषीय एवं मौद्रिक नीतियां[1] आय के स्तर तथा ब्याज दर को कैसे प्रभावित करेंगे, इसे चित्र 9 में दर्शाया गया है जहां निवेश में वृद्धि *IS* वक्र को दाईं ओर ऊपर IS_1 पर सरका देती है, तथा मुद्रा पूर्ति में वृद्धि *LM* वक्र को दाईं ओर नीचे LM_1 पर सरका देती है। परिणामस्वरूप, नई संतुलन स्थिति E_1 है जहां IS_1 और LM_1 वक्र काटते हैं। ब्याज दर पुराने स्तर OR_1 पर स्थिर रहती है परन्तु आय *OY* से बढ़कर OY_2 हो जाती है। मुद्रा पूर्ति दी होने पर जब *LM* वक्र में कोई परिवर्तन नहीं होता है, तो निवेश में वृद्धि आय और ब्याज दर दोनों को बढ़ा देगी। यह चित्र 9 में प्रदर्शित किया गया है। जब IS_1 वक्र *LM* वक्र को E_2 बिन्दु पर काटता है तथा ब्याज दर बढ़कर OR_2 और आय OY_1 हो जाती है। परन्तु ब्याज दर में वृद्धि के कारण आय में वृद्धि मंद पड़ जाती है। यदि मुद्रा पूर्ति में वृद्धि इतनी होती है कि ब्याज दर में वृद्धि को रोक देती है, तो आय में वृद्धि निवेश में वृद्धि के पूर्ण विस्तारात्मक प्रभाव के बराबर होगी। इस चित्र 9 में, *LM* वक्र के दाईं ओर LM_1 पर स्थानान्तरण द्वारा दिखाया गया है, जो IS_1 वक्र को E_1 बिन्दु पर काटता है। आय बढ़कर OY_2 हो जाती है परन्तु ब्याज दर उसी स्तर OR_1 पर रहती है।[1]

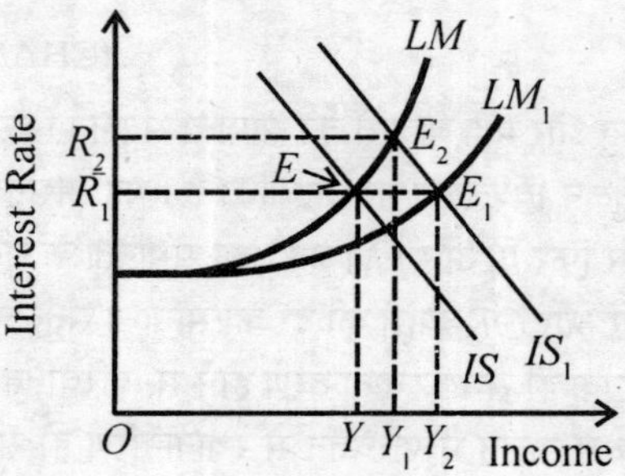

चित्र 9

इसलिए ब्याज दर में वृद्धि रोकने के लिए बिल्कुल आवश्यक राशि द्वारा मुद्रा पूर्ति में साथ-साथ वृद्धि के परिणामस्वरूप निवेश में वृद्धि का पूर्ण आय विस्तारक प्रभाव हुआ है।

तालिका 1 *IS* तथा *LM* वक्रों में परिवर्तन के कारणों और निर्देशों को संक्षेप में प्रस्तुत करता है।

तालिका 1 : *IS* तथा *LM* वक्रों में परिवर्त्तन के कारण और निर्देश

कारण	वक्र	निर्देश
निवेश या उपभोग में वृद्धि	*IS*	दाईं
निवेश में कमी या बचतों में वृद्धि	*IS*	बाईं
मुद्रा पूर्ति में वृद्धि या मुद्रा मांग में कमी	*LM*	बाईं
मुद्रा पूर्ति में कमी या मुद्रा मांग में वृद्धि	*LM*	दाईं

प्रश्न

1. आय का स्तर तथा ब्याज की दर के संयुक्त निर्धारण की व्याख्या करने के लिए *IS-LM* ढांचे का प्रयोग करिए।
2. निवेश में स्वायत्त वृद्धि के प्रभावों का विश्लेषण करने के लिए *IS-LM* ढांचे का प्रयोग कीजिए।
3. *IS* तथा LM वक्र की व्युत्पत्ति कीजिए। उनकी विशेषताएं दीजिए।
4. मुद्रा पूर्ति तथा स्वायत निवेश में एकबारगी वृद्धि के प्रभावों का विश्लेषण *IS-LM* तकनीक के प्रयोग द्वारा कीजिए।

1. *IS* और *LM* वक्रों के शिफ्ट और ढलान के अधिक विस्तृत अध्ययन के लिए 'राजकोषीय और मौद्रिक नीतियों की प्रभाविता' अध्याय देखिए।

अध्याय 41

IS-LM मॉडल के विस्तार
(Extensions of IS-LM Model)

प्रस्तावना
(Introduction)

हमने पिछले अध्याय में *IS-LM* वक्रों की सहायता से राष्ट्रीय आय तथा ब्याज दर के संतुलन स्तरों के निर्धारण का अध्ययन किया। यह अध्याय सरकार द्वारा *IS-LM* वक्र मॉडल द्वारा मौद्रिक और राजकोषीय नीतियों में परिवर्तनों के प्रभावों का विश्लेषण करता है। अब हम *IS-LM* मॉडल पर राष्ट्रीय आय तथा ब्याज दर के संतुलन स्तरों पर लचीली कीमतों तथा श्रम बाजार के प्रभावों का अध्ययन करते है।

सरकार द्वारा मौद्रिक और राजकोषीय नीतियों में परिवर्तनों के प्रभाव
(Effects of Changes in Monetary and Fiscal Policies by the Government)

IS-LM वक्रों के काटने से राष्ट्रीय आय तथा ब्याज दर के संतुलन स्तरों को चित्रों में दर्शाया गया है। जब सरकार अपनी मौद्रिक अथवा राजकोषीय नीति में परिवर्तन करती है तो LM वक्र अथवा IS वक्र परिवर्तित होता है तथा संतुलन स्तर भी परिवर्तित होते हैं। IS-LM मॉडल में मौद्रिक नीति को LM वक्र द्वारा तथा राजकोषीय नीति को IS वक्र द्वारा चित्रित किया जाता है।

मौद्रिक नीति में परिवर्तनों के प्रभाव
(Effects of Changes in Monetary Policy)

IS-LM मॉडल में मौद्रिक नीति LM वक्र द्वारा दिखाई जाती है। मान लो कि सरकार एक विस्तारक (expansionary) मौद्रिक नीति को अर्थव्यवस्था में अवस्फीति (deflation) को नियंत्रित करने के लिए अपनाती है। इसके लिए वह अपने केन्द्रीय बैंक द्वारा मुद्रा में वृद्धि लाती है। मुद्रा आपूर्ति की वृद्धि से LM वक्र दाईं ओर सरक कर LM_1 वक्र हो जाता है जिसे चित्र 1 में दर्शाया गया है। जब मुद्रा आपूर्ति बढ़ती है तो एक दिए गए कीमत स्तर पर ब्याज दर में कमी होती है। ब्याज दर में कमी से निवेश की मांग बढ़ती है जिससे आय में वृद्धि होती है, जो आगे उपभोग मांग बढ़ाती है। ब्याज दर में कमी तथा आय में वृद्धि संयुक्त रूप से कुल मांग और राष्ट्रीय आय में वृद्धि लाती है। इसके परिणामस्वरुप IS-LM मॉडल में घटी ब्याज दर तथा ऊंचे आय स्तरों के साथ एक नया संतुलन स्थापित हो जाता है।

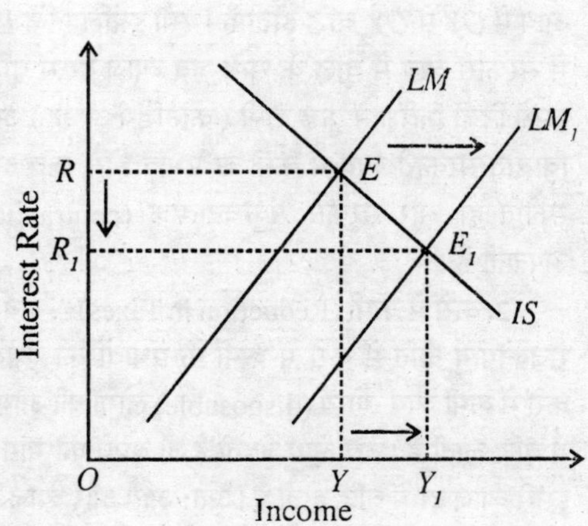

चित्र 1

इसे चित्र 1 में प्रदर्शित किया गया है जहां प्रारंभिक संतुलन बिन्दु *E* ब्याज दर *OR* और आय स्तर *OY* है। मुद्रा पूर्ति की वृद्धि *LM* वक्र को दाईं

ओर LM_1 पर शिफ्ट करती है। यह दिए हुए IS वक्र को बिन्दु E_1 पर काटता है जो ब्याज दर में OR से OR_1 की कमी तथा राष्ट्रीय आय में OY से OY_1 की वृद्धि के साथ नए संतुलन को प्रदर्शित करता है। दूसरी ओर, यदि सरकार स्फीति को नियंत्रित करना चाहती है तो मुद्रा पूर्ति में कमी लाती है जिससे LM वक्र बाईं ओर शिफ्ट हो जाएगा तथा एक ऊंची ब्याज दर तथा कम राष्ट्रीय स्तरों पर नया संतुलन बिन्दु स्थापित होगा। ऐसा मुद्रा पूर्ति की कमी के प्रभावों के कारण होगा जब ब्याज दर बढ़ती है और कुल मांग तथा राष्ट्रीय आय कम होती है।

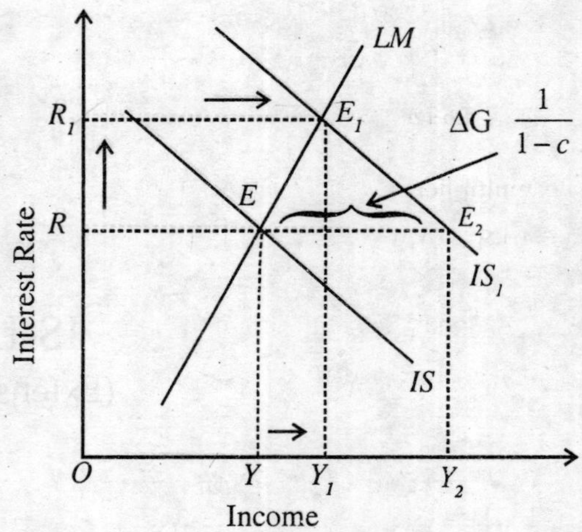

चित्र 2

राजकोषीय नीति में परिवर्तनों का प्रभाव (Effects of Changes in Fiscal Policy)

राजकोषीय नीति में परिवर्तनों के प्रभाव सरकारी व्ययों और करों से संबंधित हैं जिन्हें IS वक्रों के शिफ्ट करने से दर्शाया गया है। इनकी व्याख्या विस्तारक राजकोषीय नीति से की गई है।

1. सरकारी व्यय में वृद्धि (Increase in Government Expanditure)—मान लो कि अर्थव्यवस्था में मंदी (depression) की स्थिति है तथा सरकार रोजगार एवं आय स्तरों में वृद्धि लाना चाहती है। इसके लिए वह अपना व्यय बढ़ाती है जिससे कुल मांग में प्रत्यक्ष तौर से वृद्धि द्वारा तथा परोक्ष तौर से लोगों को रोजगार और उनकी आय में वृद्धि द्वारा उपभोग व्यय में वृद्धि लाती है। जैसे-जैसे आय बढ़ती है, मुद्रा के लिए लेन देन मांग भी बढ़ती है। क्योंकि मुद्रा आपूर्ति स्थिर है, लेनदेन मांग में वृद्धि से मुद्रा की सट्टा (बांड) मांग में कमी हो जाती है। इससे ब्याज दर में वृद्धि होती है। इस प्रकार, सरकारी व्यय में वृद्धि से आय तथा ब्याज दर के संतुलन स्तरों में वृद्धि आती है।

इसे चित्र 2 में दर्शाया गया जहां OR ब्याज दर और OY आय स्तर पर प्रारंभिक संतुलन E बिन्दु है। सरकारी व्यय में वृद्धि IS वक्र को दाईं ओर IS_1 पर शिफ्ट करती है जो दिए गए LM वक्र को E_1 बिन्दु पर काटता है। परिणामस्वरूप, ब्याज दर OR से बढ़ कर OR_1 हो जाती है तथा राष्ट्रीय आय में OY से OY_1 वृद्धि होती है। चित्र यह दर्शाता है कि सरकारी व्यय में वृद्धि, जिसके कारण IS वक्र शिफ्ट करता है, वह $\Delta G \frac{1}{1-c}$ के बराबर होती है, जहां ΔG सरकारी व्यय की वृद्धि तथा $\left[\frac{1}{1-c}\right]$ केन्ज़ीय मॉडल में गुणक है। इससे आय में OY से OY_2 वृद्धि होती है। ऐसा इसलिए कि IS-LM मॉडल में सरकारी व्यय में वृद्धि के साथ जब ब्याज दर में वृद्धि होती है तो इससे निजी निवेश में कुछ कमी (क्राउडिंग आउट) आती है। इसके विपरीत सरकारी व्यय में कमी के प्रभाव होंगे, जब अर्थव्यवस्था में स्फीति हो और सरकार संकुचनात्मक (contractionary) नीति अपनाती है।

2. करों में कमी (Reduction in Taxes)—अब हम विस्तारक राजकोषीय नीति में करों में कमी के प्रभावों की व्याख्या करते हैं। करों में कमी व्यय-योग्य (disposable) लोगों की आय और उपभोग में वृद्धि लाती है। जब आय बढ़ती है तो बांडों की मांग घट जाती है। इससे ब्याज दर में वृद्धि होती है। अत: आय और ब्याज दर के संतुलन स्तरों में वृद्धि आती है।

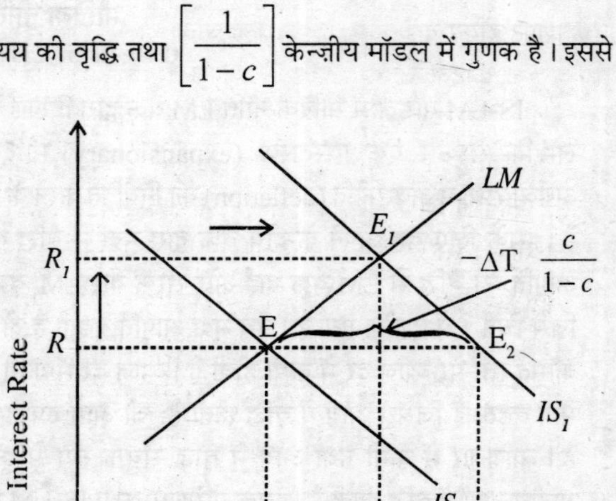

चित्र 3

चित्र 3 में करों में कमी $(-\Delta T)$, IS वक्र को दाईं ओर IS_1 पर

शिफ्ट कर देती है, जिससे आय OY से OY_1 तथा ब्याज दर OR से OR_1 पर बढ़ जाती है। चित्र यह भी दर्शाता है कि करों में वृद्धि से जितना IS वक्र शिफ्ट करता है उसकी क्षैतिज (horizontal) दूरी $-\Delta T\left[\frac{c}{1-c}\right]$ के बराबर होती है। यह केन्ज़ीय मॉडल में कर गुणक (tax multiplier) है। इससे OR प्रारंभिक ब्याज दर पर आय में EE_2 $(= YY_2)$ वृद्धि होती है। लेकिन IS-LM मॉडल में करों में कटौती से ब्याज दर OR_1 तक बढ़ती है जो निवेश में कमी लाती है। परिणामस्वरूप आय में YY_1 वृद्धि YY_2 से कम होती है। ऐसा इसलिए कि केन्ज़ीय मॉडल में यह माना जाता है कि निवेश की मात्रा निश्चित होती है। करों में वृद्धि के विपरीत स्थिति में संकुचनात्मक (contractionary) राजकोषीय नीति में आय और ब्याज दर दोनों में कमी आएगी।

मौद्रिक-राजकोषीय मिश्रित नीति
(Monetary-Fiscal Mixed Policy)

ऊपर हमने देखा कि मौद्रिक तथा राजकोषीय दोनों नीतियां आय को प्रभावित करती हैं, लेकिन ब्याज दर और निवेश पर उनके प्रभाव भिन्न होते हैं। जब **विस्तारक मौद्रिक नीति** को अपनाया जाता है, तो ब्याज दर गिरती है और निवेश में वृद्धि होती है। लेकिन जब व्यय में वृद्धि तथा करों में कमी लाई जाती है तो **विस्तारक राजकोषीय नीति** में ब्याज दर में वृद्धि तथा निवेश में कमी आती है। ब्याज दर को कम रखने तथा निवेश को प्रोंत्साहित करने के लिए सरकार **मौद्रिक-राजकोषीय मिश्रण** वाली **उदार नीति** के साथ-साथ **एक विस्तारक राजकोषीय नीति** अपनाती है जिसमें मुद्रा आपूर्ति ब्याज दर में वृद्धि को रोकेगी तथा निजी निवेश के निकास (crowding out) को व्यर्थ बना देगी। इसे चित्र 4 में दर्शाया गया है जिसमें प्रारंभिक संतुलन बिन्दु E पर है जहां IS-LM वक्र एक दूसरे को काटते हैं तथा OR ब्याज दर और OY आय स्तर का निर्धारण करते हैं। सरकारी व्यय की वृद्धि अथवा करों की कटौती के साथ IS वक्र शिफ्ट होकर दाईं ओर IS_1 पर चला जाता है। जो LM वक्र को E_1 बिन्दु पर काटता है तथा नई संतुलन ब्याज दर OR और आय स्तर OY_1 है। लेकिन ब्याज दर की यह वृद्धि कुछ सीमा तक निजी निवेश में कमी लाती है। इसको रोकने के लिए सरकार एक उदार मौद्रिक नीति अपनाती है जिसमें मुद्रा आपूर्ति में पर्याप्त वृद्धि की जाती है जिससे LM वक्र दाईं ओर LM_1 पर शिफ्ट होकर IS_1 वक्र को E_2 बिन्दु पर काटता है। इस प्रकार ब्याज दर के अपने मूल स्तर OR पर रहते हुए आय OY_2 बढ़ जाती है। अत: इस मौद्रिक-राजकोषीय मिश्रण की नीति से ब्याज दर के अपने पुराने स्तर OR पर रहते हुए आय स्तर में OY_2 वृद्धि होती है।

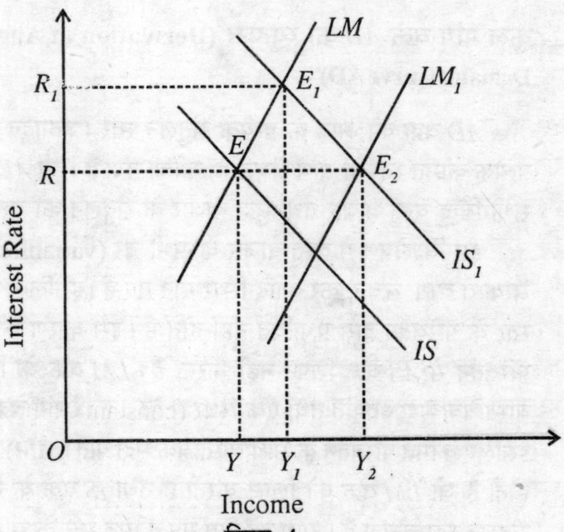

चित्र 4

श्रम बाजार तथा लचीली कीमतों के साथ IS-LM मॉडल
(IS-LM Model with Labour Market and Flexible Prices)

श्रम बाजार तथा लचीली कीमतों के साथ IS-LM मॉडल ब्याज दर, कीमत स्तर, रोजगार, उत्पादन और आय के निर्धारण की व्याख्या करता है। यह तीन-क्षेत्रीय मॉडल है जिसमें वस्तुएं, मुद्रा तथा श्रम बाजार संतुलन में हैं। पूरा विश्लेषण कुल मांग और कुल पूर्ति के वक्रों के काटने से जो IS-LM वक्रो से व्युत्पन्न किए गए हैं, केन्ज़ीय तथा क्लासिकी प्रणालियों के संश्लेषण (synthesis) को प्रस्तुत करता है।

केन्ज़ीय प्रणाली मांग-निर्धारित उत्पादन पर आधारित है जिसमें कीमतें तथा मजदूरियां स्थिर हैं तथा एक सामान्य दाईं ओर ऊपर

को ढालू पूर्ति वक्र दिया गया है। दूसरी ओर, नव क्लासिकी प्रणाली, पूर्ति– आधारित उत्पादन पर आधारित है जिसमें कीमतें और मजदूरियां लचीली हैं तथा पूर्ति वक्र अनुलंब (vertical) है।

नीचे दिए गए विश्लेषण में कुल मांग *AD* को *IS* और *LM* वक्रों से प्राप्त किया गया है। मॉडल की नव क्लासिकी तथा केन्ज़ीय प्रणालियों में *AD* वक्र एक सा ही है। मुख्य अंतर मॉडल में नव क्लासिकी तथा केन्ज़ीय कुल पूर्ति वक्र *AS* के आकार का है। *IS* और *LM* वक्रों से नवक्लासिकी तथा केन्ज़ीय वक्रों का व्युत्पन्न करना संभव नहीं है। इसलिए *AD* वक्र के साथ-साथ दोनों प्रणालियों की व्याख्या के लिए उनके *AS* वक्रों की अपनी-अपनी आकृतियां ली गई हैं। अन्ततः, दाईं ओर ऊपर को ढालू *AS* वक्र को *IS* और *LM* मॉडल में दोनों प्रणालियों के संश्लेषण को विश्लेषण के लिए लिया गया है।

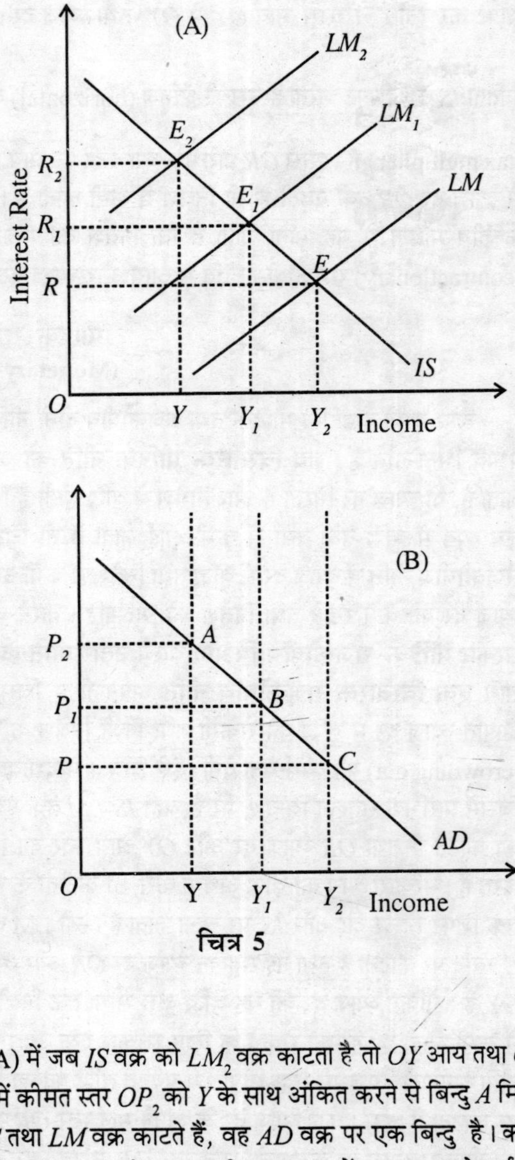

चित्र 5

कुल मांग वक्र *AD* का व्युत्पन्न (Derivation of Aggregate Demand Curve AD)

AD वक्र को आय के प्रत्येक संतुलन स्तर (उत्पादन) को जो प्रत्येक कीमत स्तर के साथ संबद्ध है, खींचा गया है। इस *AD* वक्र पर सभी बिन्दु वस्तु बाजार तथा मुद्रा बाजार के संतुलन को दर्शाते हैं।

इस विश्लेषण में वस्तु बाजार के सभी चर (variables) निवेश, सरकारी व्यय, बचत, कर आदि स्थिर माने गए हैं। इसलिए ये कीमत स्तर के परिवर्तन द्वारा प्रभावित नहीं होते हैं। इस कारण कीमत स्तर परिवर्तन से *AS* वक्र शिफ्ट नहीं करता है। *LM* वक्र के विषय में, वास्तविक मुद्रा आपूर्ति तथा एक स्थिर (constant) मांग वक्र चर हैं। इसलिए कीमत परिवर्तन के साथ वास्तविक मुद्रा पूर्ति (M/P) परिवर्तित होती है जो *LM* वक्र को शिफ्ट करती है तथा *IS* वक्र के साथ नया संतुलन स्तर बनाती है। आय को दिए गए कीमत स्तर के साथ अंकित (plot) करके *AD* वक्र पर एक बिन्दु प्राप्त होता है।

AD वक्र की व्युत्पत्ति को चित्र 5 में दिखाया गया है, जहां भाग (A) में जब *IS* वक्र को LM_2 वक्र काटता है तो *OY* आय तथा OR_2 ब्याज दर के साथ प्रारंभिक संतुलन E_2 बिन्दु पर है। चित्र के भाग (B) में कीमत स्तर OP_2 को *Y* के साथ अंकित करने से बिन्दु *A* मिलता है। अतः वह आय स्तर जिस पर एक दिए गए कीमत स्तर के लिए *IS* तथा *LM* वक्र काटते हैं, वह *AD* वक्र पर एक बिन्दु है। कीमत स्तर के लिए *IS* तथा *LM* वक्र काटते हैं, वह *AD* वक्र पर एक बिन्दु है। कीमत स्तर में OP_1 कमी, भाग (A) में LM_2 वक्र को दाईं ओर LM_1 पर शिफ्ट करती है तथा OY_1 आय और OR_1 ब्याज दर के साथ नया संतुलन E_1 बिन्दु पर है। भाग (B) में Y_1 को P_1 के साथ अंकित करके *B* बिन्दु प्राप्त होता है। कीमत में *OP* पर और कमी, LM_1 वक्र को दाईं ओर *LM* पर शिफ्ट करती है जिससे संतुलन आय बढ़कर OY_2 हो जाती है। भाग (B) में Y_2 को *P* के साथ अंकित करने से *C* बिन्दु प्राप्त होता है। *A, B* तथा *C* बिन्दुओं को मिलाने से *AD* वक्र प्राप्त होता है। *AD* वक्र ऋणात्मक ढाल का है क्योंकि कीमत स्तर में आई कमी वास्तविक मुद्रा पूर्ति में वृद्धि लाती है जिससे वास्तविक मुद्रा शेषों में अधिकता होती है। अधिक मुद्रा से लोग बांड खरीदते हैं जिससे बांड कीमतें बढ़ती हैं और ब्याज दर कम होती है। ब्याज दर की इस कमी के परिणामस्वरूप निवेश बढ़ता है जो आगे उत्पादन तथा आय में वृद्धि करता है।

लचीली मजदूरों तथा कीमतों के साथ *IS-LM* मॉडल : नव क्लासिकी विश्लेषण
(IS-LM Model with Flexible Wages and Prices : the Neo-Classical Analysis)

अब हम रोजगार के नव क्लासिकी सिद्धांत पर आधारित लचीली मजदूरियों और कीमतों के साथ *IS-LM* मॉडल की व्याख्या करते हैं। इस विश्लेषण में नव क्लासिकी कुल आपूर्ति वक्र के साथ केन्ज़ीय कुल मांग वक्र को मिलाया जाता है।

कुल आपूर्ति वक्र AS (Aggregate Supply Curve—AS)

चित्र 6 के भाग *(C)* में नव क्लासिकी *AS* अनुलंब दिखाया गया है। ऐसा निम्न मान्यताओं के कारण हैं :

1. मजदूरियां और कीमतें पूर्णतया लोचशील हैं।
2. मार्किट में भाग लेने वालों की ओर से मार्किट कीमतों से संबंधित पूर्ण सूचना होती है।
3. अर्थव्यवस्था सदा पूर्ण रोजगार, आय तथा उत्पादन स्तर पर होती है।
4. श्रम बाजार में मार्किट शोधन (clearing) पाई जाती है जिसका अर्थ यह है कि वास्तविक मजदूरी का संतुलन पूर्ण रोजगार स्तर पर स्थापित होता है।
5. मौद्रिक एवं राजकोषीय नीतियां कीमतों को तो प्रभावित करती हैं लेकिन उत्पादन तथा रोजगार के कुल स्तर को नहीं।

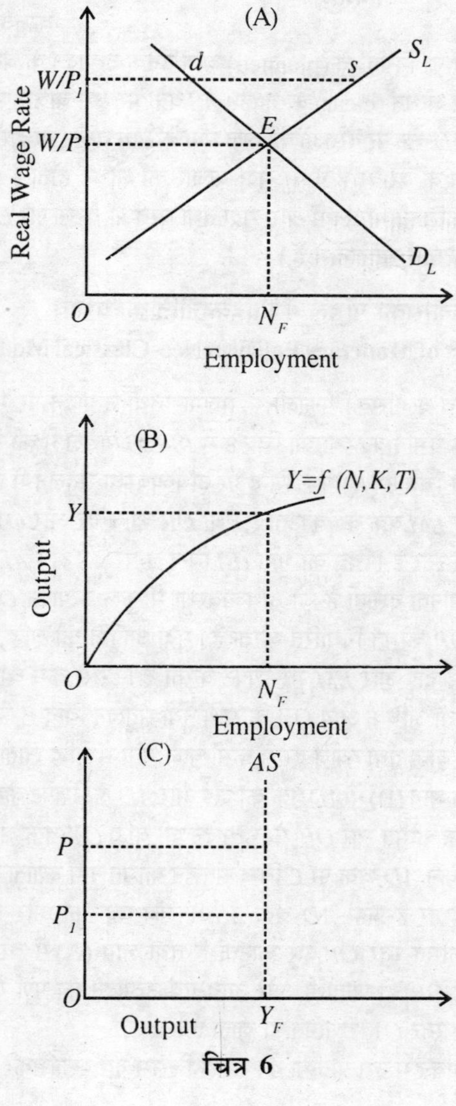

चित्र 6

व्याख्या (Explanation)

ये मान्याताएं दी होने पर, मांग वक्र तथा श्रम आपूर्ति वक्र के साथ कुल मांग फलन से *AS* वक्र व्युत्पन्न किया जाता है जैसा कि चित्र 6 में दिखाया गया है। चित्र का भाग (A), बिन्दु *E* पर श्रम बाजार का संतुलन दर्शाता है जहां श्रम पूर्ति वक्र S_L, श्रम मांग वक्र D_L के बराबर होता है जो वास्तविक मजदूरी दर *W/P* स्थापित करता है। इससे पूर्ण रोजगार संतुलन स्तर ON_F प्राप्त होता है। क्योंकि कीमतें और मजदूरियां लचीली हैं, इसलिए वास्तविक मजदूरी दर भी पूर्णतया लचीली है। इसका अर्थ यह है कि श्रम बाजार सदा संतुलन में है। श्रम की पूर्ति अथवा श्रम की मांग में कोई अधिकता वास्तविक मजदूरी दर को तत्काल संतुलन स्तर पर वापिस ला देगी। भाग (B) में कुल उत्पादन फलन $Y = f(N, K, T)$, पूर्ण रोजगार स्तर ON_F पर *OY* उत्पादन स्तर को दर्शाता है। क्योंकि पूर्ण रोजगार स्तर कीमतों में परिवर्तन से अप्रभावित है इसलिए उत्पादन का स्तर भी कीमतों में परिवर्तन से स्वतंत्र है। परिणामस्वरूप, चित्र के भाग (C) में पूर्ण रोजगार उत्पादन स्तर OY_F पर *AS* वक्र अनुलंब (vertical) होता है। भाग (A) में श्रम बाजार संतुलन से प्रारंभ होती समायोजन प्रक्रिया को प्रदर्शित करने के लिए दी गई मजदूरी दर के साथ कीमत स्तर में *OP* से OP_1 की कमी, वास्तविक मजदूरी दर में *W/P* से W/P_1 की वृद्धि लाएगी।

यह श्रम के लिए मांग में कमी लाएगी जिससे श्रम की आपूर्ति में *ds* अधिकता होगी। बेरोजगार श्रमिक मुद्रा मजदूरी दर को कम करने का प्रयत्न करेंगे जब तक वास्तविक मजदूरी दर अपने संतुलन स्तर *w/p* पर पुन: स्थापित नहीं होती तथा श्रम की अतिरिक्त आपूर्ति दर नहीं हो जाती। अत: कीमत स्तर में कोई भी परिवर्तन मुद्रा मजदूरी दर में तुरंत

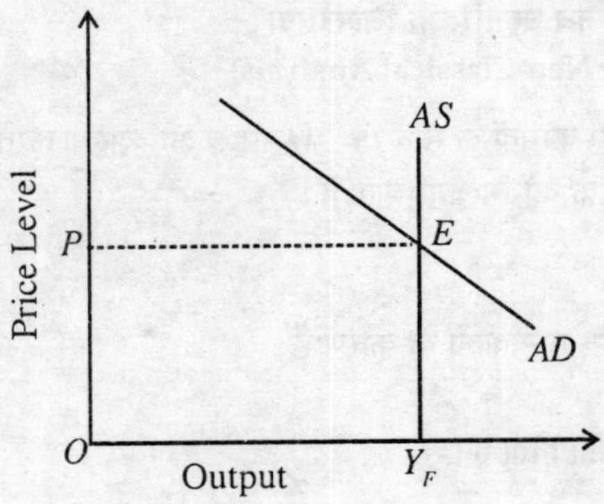

चित्र 7

प्रदर्शित होता है ताकि वास्तविक मजदूरी दर, पूर्ण रोजगार और उत्पादन संतुलन कायम रहें।

पूर्ण नव-क्लासिकी मॉडल (Complete Neo-Classical Model)

चित्र 7 नव क्लासिकी मॉडल में पूर्ण रोजगार संतुलन दर्शाता है जहां *AD* वक्र को *AS* वक्र *E* बिन्दु पर काटता है। इस बिन्दु पर उत्पादन अपने पूर्ण रोजगार स्तर OY_F पर है तथा कीमत का संतुलन स्तर *OP* है। लचीली मुद्रा मजदूरियां तथा कीमतों के साथ वास्तविक मजदूरी दर, श्रम बाजार में पूर्ण रोजगार कायम रखने के लिए सदैव समायोजित (adjust) होती रहती है। श्रम दिया होने पर, ऐसा फर्में पूर्ण रोजगार उत्पादन OY_F करती हैं। कुल मांग वक्र *AD* उन बिन्दुओं को दर्शाता है जहां कि मुद्रा की मांग उसकी पूर्ति के बराबर है तथा वस्तुओं को दर्शाता है जहां कि मुद्रा की मांग उसकी पूर्ति के बराबर है तथा वस्तुओं पर नियोजित (planned) व्यय उनके उत्पादन के बराबर होता है। संतुलन कीमत स्तर *OP*, श्रम के लिए बाजारों, वस्तुओं तथा मुद्रा का शोधन (clear) करता है। *AS* वक्र पर श्रम बाजार संतुलन में है। *AD* वक्र पर वस्तुओं की कुल मांग के साथ वस्तुएं के वास्तविक उत्पादन के बराबर होने पर मुद्रा बाजार का शोधन होता है। अतः नव क्लासिकी मॉडल में श्रम, मुद्रा तथा वस्तुओं के बाजार *E* बिन्दु पर एक साथ संतुलन में हैं।

नव-क्लासिकी मॉडल में मौद्रिक नीति का प्रभाव (Effect of Monetary Policy in Neo-Classical Model)

नव क्लासिकी प्रणाली में रोजगार तथा उत्पादन पर मौद्रिक नीति के प्रभाव की व्याख्या चित्र 8 में *IS-LM* मॉडल में की गई है। मान लो चित्र 8 (A) में *E* बिन्दु पर अर्थव्यवस्था संतुलन में है जहां *IS* वक्र *LM* वक्र को काटता है तथा *OR* ब्याज दर और OY_F पूर्ण रोजगार स्तर हैं। चित्र का भाग *(B)* बिन्दु *A* पर *AS* और *AD* वक्रों की समानता दर्शाता है जो अर्थव्यवस्था में कुल उत्पादन OY_F के साथ OP_1 कीमत निर्धारित करता है। मुद्रा आपूर्ति की वृद्धि, LM_1 वक्र को दाईं ओर LM_2 पर शिफ्ट करती है। इससे कम ब्याज दर OR_2 तथा अधिक आय OY_1 के साथ नया संतुलन बिन्दु E_1 है। मुद्रा पूर्ति में वृद्धि तथा ब्याज दर में कमी कुल मांग में वृद्धि लाती है जो चित्र के भाग (B) में *AD* वक्र को दाईं ओर AD_1 पर शिफ्ट करती है। प्रारंभिक कीमत स्तर OP_1 पर उत्पादन की वृद्धि OY_1 तक आ जाती है। लेकिन AD_1 वक्र पर *C* बिन्दु संतुलन कीमत नहीं दर्शाता जो कि *B* बिन्दु पर है जहां AD_1 वक्र *AS* अनुलंब वक्र को और अधिक ऊंचे कीमत स्तर OP_2 पर काटता है तथा भाग (A) में ब्याज दर बढ़कर OR_1 हो जाती है ओर आय एवं उत्पादन का पूर्ण रोजगार संतुलन स्तर OY_F स्थापित हो जाता है।

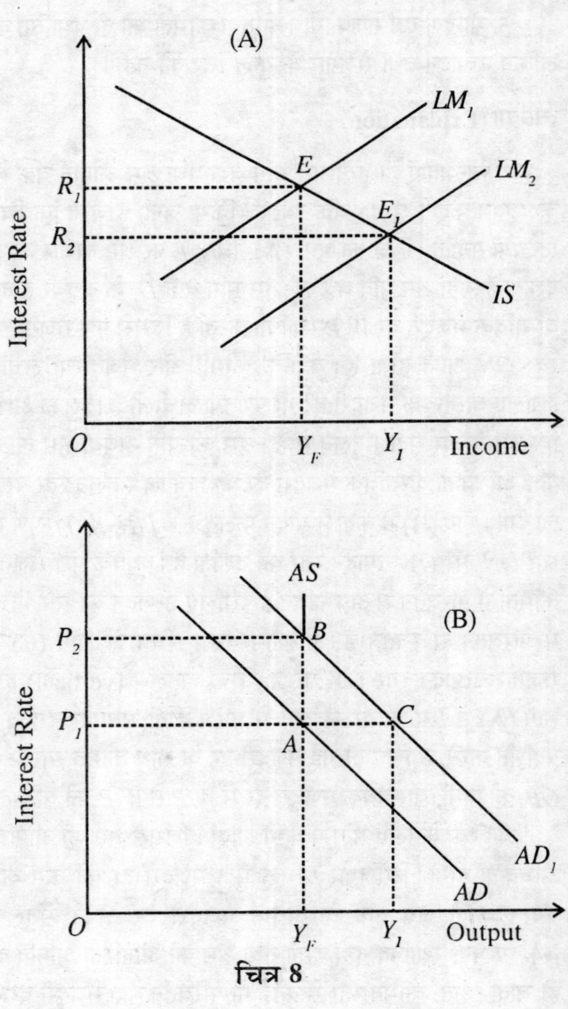

चित्र 8

अब हम उस प्रक्रिया को समझें जिससे नव क्लासिकी मॉडल

में चित्र 8 के भाग (A) में अर्थव्यवस्था E बिन्दु से E_1 विन्दु पर तुरन्त व्यवस्थित होती है जब मुद्रा आपूर्ति में वृद्धि होती है, और भाग (B) में कीमत स्तर OP_1 होता है। मुद्रा आपूर्ति की यह वृद्धि LM_1 वक्र को LM_2 वक्र पर शिफ्ट करती है तथा ब्याज दर कम करके OR_1 से OR_2 पर ला देती है। यह कुल मांग में वृद्धि करती है जो AD वक्र को AD_1 पर शिफ्ट करती है। लेकिन कुल मांग पूर्ण रोजगार उत्पादन से $(Y_F$-$Y_1)$ अधिक होती है, जिसे फर्में प्रारंभिक कीमत OP_1 पर सप्लाई कर सकती हैं। वस्तुओं के लिए यह अधिक मांग, कीमत स्तर को OP_2 पर लाती है। ऊंचा कीमत स्तर वास्तविक मुद्रा पूर्ति में कमी लाता है। परिणामस्वरूप, LM वक्र तथा ब्याज दर क्रमशः अपने मूल स्तरों LM_1 तथा OR_1 पर वापिस आ जाते हैं तथा अर्थव्यवस्था दोबारा पूर्ण रोजगार आय और उत्पादन स्तर OY_F पर आ जाती है।

श्रम बाजार में ऊंची मजदूरी दर, कीमत स्तर में वृद्धि से मेल खा जाती है जिससे मजदूरी दर मूल स्तर पर कायम रहती है। अतः नव क्लासिकी मॉडल में मजदूरी–कीमत लचीलेपन के साथ मुद्रा आपूर्ति में कोई परिवर्तन मुद्रा मजदूरी दर तथा कीमत स्तर में समान आनुपातिक परिवर्तन लाता है। परन्तु बिना आय तथा उत्पादन में परिवर्तन के, जो पूर्ण रोजगार स्तर पर रहते हैं।

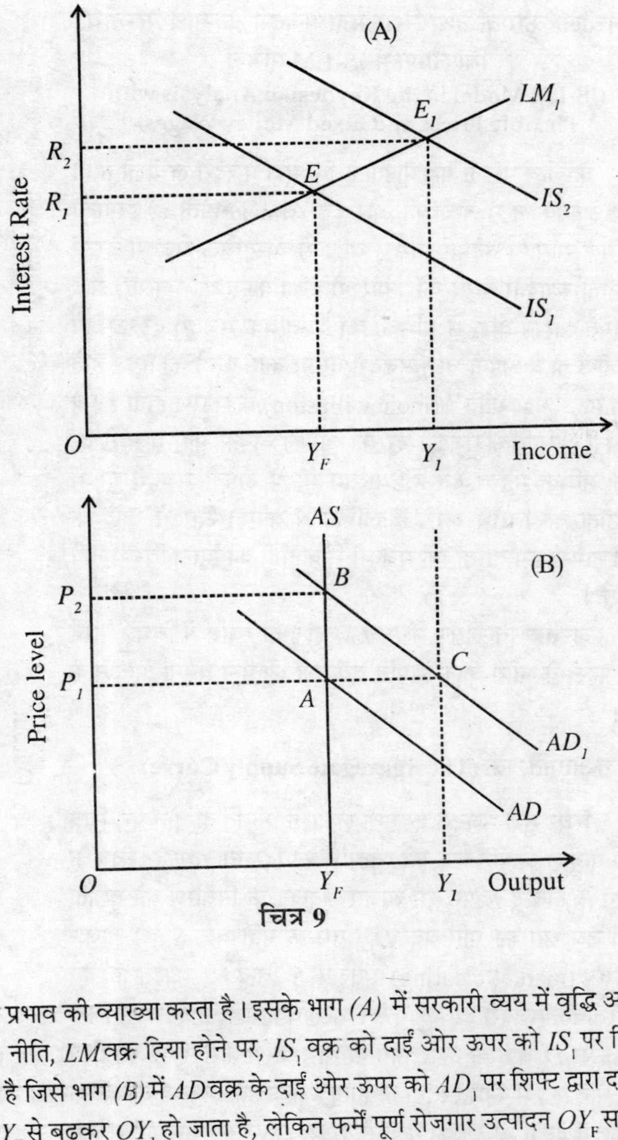

चित्र 9

नव–क्लासिकी मॉडल में राजकोषीय नीति का प्रभाव
(Effect of Fiscal Policy in the Neo-Classical Model)

चित्र 9 नव क्लासिकी मॉडल में राजकोषीय नीति के प्रभाव की व्याख्या करता है। इसके भाग *(A)* में सरकारी व्यय में वृद्धि अथवा करों में कमी के रूप में एक विस्तारक (expansionary) नीति, LM वक्र दिया होने पर, IS_1 वक्र को दाईं ओर ऊपर को IS_1 पर शिफ्ट करती हैं। राजकोषीय विस्तार का प्रभाव कुल मांग में वृद्धि है जिसे भाग *(B)* में AD वक्र के दाईं ओर ऊपर को AD_1 पर शिफ्ट द्वारा दर्शाया गया है। मूल कीमत स्तर OP, पर पूर्ण रोजगार उत्पादन OY_F से बढ़कर OY_1 हो जाता है, लेकिन फर्में पूर्ण रोजगार उत्पादन OY_F सप्लाई करना चाहती हैं। अतः वस्तुओं के लिए AC $(Y_F$-$Y_1)$ अतिरिक्त मांग होती है। यह कीमत स्तर को बढ़ाती है जब तक कि यह अतिरिक्त मांग B बिन्दु पर अनुलंब वक्र AS पर एक ऊंचे कीमत स्तर OP_2 पर समाप्त नहीं हो जाती। मुद्रा पूर्ति दी होने पर, कीमत स्तर में वृद्धि, वास्तविक मुद्रा आपूर्ति को कम करती है, ब्याज दर को OR_2 पर बढ़ाती है तथा उपभोग और निवेश पर निजी व्यय को कम करती है।

अतः जब सरकारी व्यय में वृद्धि, निजी व्यय में उतनी ही मात्रा की कमी *(crowdout)* कर देती है तो IS_2 वक्र बाईं ओर IS_1 पर शिफ्ट हो जाता है तथा मूल संतुलन स्तर E पुनः स्थापित हो जाता है जिससे ऊंचे कीमत स्तर OP_2 पर कुल मांग पूर्ण रोजगार स्तर OY_F पर रहती है।

लचीली कीमतों तथा स्थिर मुद्रा मजदूरी के साथ केन्ज़ीय विश्लेषण में IS-LM मॉडल
(IS-LM Model in the Keynesian Analysis with Flexible Prices and Fixed Money Wages)

केन्ज़ीय मॉडल यह मानता है कि मुद्रा मजदूरी लचीली न हो कर अल्पकाल में नीचे की ओर दृढ़ *(sticky)* होती है, इसलिए श्रमिक सामान्य कीमत स्तर में वृद्धि से वास्तविक मजदूरी दर में कटौती स्वीकार करने को तैयार होते हैं। केन्ज़ के अनुसार, यदि कीमत स्तर में वृद्धि से श्रमिकों की वास्तविक मजदूरी दर कम हो जाती है तो वे अपनी चालू मजदूरी दर पर काम करने को तैयार होते हैं। यह ''मुद्रा भ्रांति'' (money illusion) के कारण होता है। वे अपनी वास्तविक मजदूरी दर की अपेक्षा अपनी मुद्रा मजदूरी दर को अधिक महत्त्व देते हैं। वास्तव में, वे अपनी मजदूरी दर में कटौती का विरोध करते हैं लेकिन वे कीमत स्तर में वृद्धि के परिणामस्वरूप वास्तविक मजदूरी में कटौती का उतना विरोध नहीं करते।

केन्ज़ीय विश्लेषण में *IS-LM* ढांचे के संबंध में विचार करने से पहले केन्ज़ीय कुल आपूर्ति वक्र को व्युत्पन्न करना आवश्यक है।

कुल आपूर्ति वक्र (The Aggregate Supply Curve)

स्थिर मुद्रा मजदूरी दर तथा लचीली कीमतें दी होने पर, चित्र 10 में कुल आपूर्ति वक्र की व्युत्पत्ति को दिखाया गया है। चित्र के भाग *(A)* बिन्दु *E* पर श्रम बाजार संतुलन के निर्धारण को दर्शाता है। जब श्रम का मांग वक्र D_L, श्रम के पूर्ति वक्र S_L को बाजार शोधन (market clearing) संतुलन *E* बिन्दु पर काटता है तब वास्तविक मजदूरी दर W/P_2 है। वास्तविक मजदूरी दर के *E* बिन्दु से ऊपर D_L वक्र के ऊपर भाग के साथ प्रारंभ करते हुए, जब चित्र के भाग *(C)* में कीमत स्तर *OP* होता है तो उसके अनुरूप वास्तविक मजदूरी दर *W/P* है। इस मजदूरी दर पर *ON* वर्कर रोजगार पर लगे हैं तथा उत्पादन फलन *f(N,K, T)* के द्वारा भाग *(B)* में उत्पादन *OY* है। जब कीमत स्तर बढ़कर OP_1 होता है तो वास्तविक मजदूरी दर W/P_1 पर कम हो जाता है जिससे मुद्रा भ्रांति के कारण रोजगार बढ़कर ON_1 हो जाता है तथा उत्पादन बढ़ कर OY_1 हो जाता है। कीमत स्तर में और वृद्धि OP_2, रोजगार को बाजार शोधन स्तर ON_F तक तथा उत्पादन को पूर्ण रोजगार स्तर OY_F तक बढ़ा देती है। चित्र के भाग *(C)* में जो वक्र कीमत स्तरों के साथ उत्पादन के *A, B* एवं *C* स्तरों को अंकित करता है, कुल आपूर्ति वक्र *AS* है।

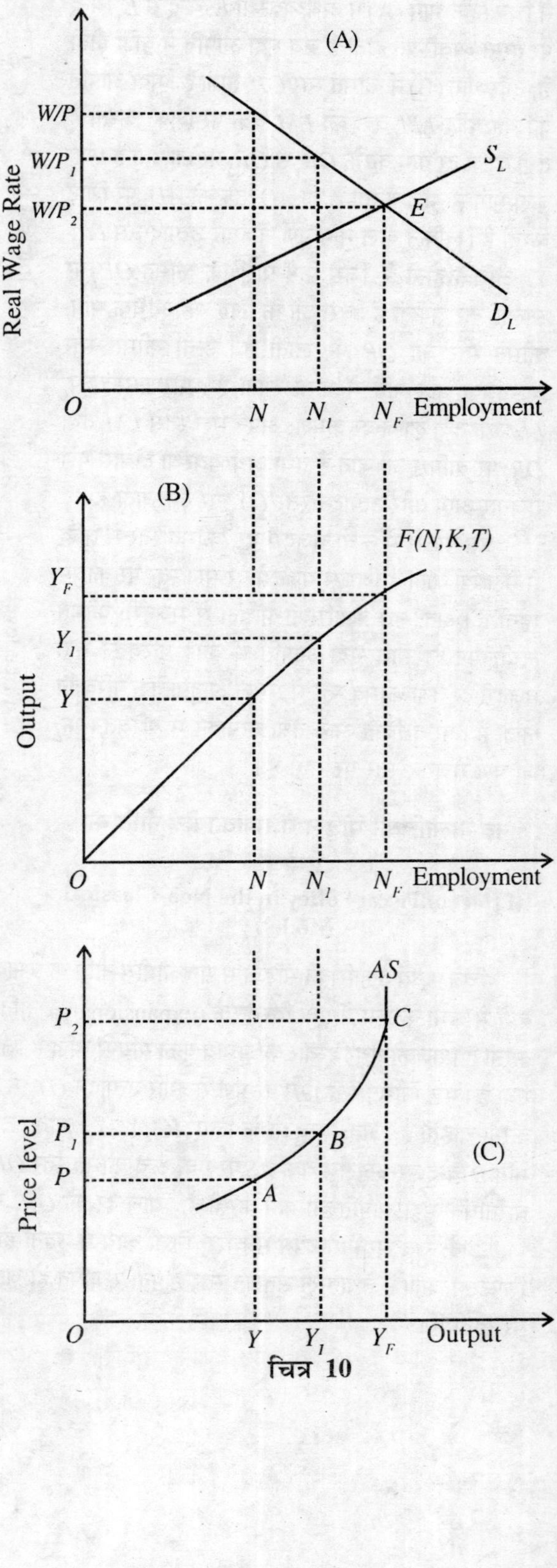

चित्र 10

केन्ज़ीय वक्र *AS* जो ऊपर बाए से दाएं ढालू है, वह नव क्लासिकी वक्र की तरह *C* बिन्दु के बाद अनुलंब *(vertical)* दिखाया गया है। ऐसा इसलिए कि कीमत स्तर में वृद्धि के साथ उत्पादन पूर्ण रोजगार स्तर तक बढ़ता चला जाता है जो श्रम बाजार शोधन के साथ संगत होता है। लेकिन इस स्तर के बाद कीमत स्तर में कोई अतिरिक्त वृद्धि रोजगार तथा उत्पादन पर कोई प्रभाव नहीं डालेगी। अत: केन्ज़ीय *AS* वक्र नव क्लासिकी पूर्ति वक्र तथा केन्ज़ीय कुल पूर्ति वक्र के संश्लेषण (synthesis) को चित्रित करता है। अल्पकाल में, केन्ज़ीय *AS* वक्र एक सामान्य पूर्ति वक्र की तरह ऊपर को ढालू होता है, क्योंकि अर्थव्यवस्था में सदा अल्परोजगार होता है। लेकिन दीर्घकाल में *AS* वक्र *C* बिन्दु से अनुलंब हो जाता है। जैसा चित्र के *C* भाग में दर्शाया गया है, जब अर्थव्यवस्था में पूर्ण रोजगार होता है।

पूर्ण केन्ज़ीय मॉडल (The Complete Keynesian Model)

केन्ज़ीय प्रणाली चित्र 11 में दर्शायी गई है, जहां *AD* वक्र तथा *AS* वक्र सामान्य कीमत स्तर तथा कुल रोजगार, उत्पादन एवं आय को निर्धारित करते हैं, जब अर्थव्यवस्था सामान्य संतुलन में होती है। क्योंकि केन्ज़ीय प्रणाली में मुद्रा मजदूरियां स्थिर होती है, इसमें अनैच्छिक बेरोजगारी पाई जाती है। इसलिए नवक्लासिकी *AS* वक्र जो अनुलंब होता है, उसके विपरीत केन्ज़ीय *AS* वक्र अनुलंभ नहीं होता जब तक कि पूर्ण रोजगार स्तर नहीं पहुंच जाता है। रोजगार में वृद्धि के लिए केन्ज़वादी कुल मांग में वृद्धि का सुझाव देते हैं जो कीमत स्तर तथा कुल आय एवं उत्पादन को प्रभावित करती है। चित्र 11 में *A* संतुलन बिन्दु है जहां *AD* और *AS* वक्र एक दूसरे को काटते हैं तथा *OP* कीमत स्तर और *OY* उत्पादन स्तर निर्धारित होते हैं। जब *AD* वक्र ऊपर की ओर AD_1 पर शिफ्ट होता है तो OP_1 कीमत स्तर तथा OY_1 उत्पादन स्तर होते हैं। इस स्तर पर वास्तविक उत्पादन, पूर्ण रोजगार उत्पादन से Y_1–Y_F कम होता है। यदि कुल मांग में पर्याप्त वृद्धि की जाती है जिससे AD_1 वक्र शिफ्ट करके AD_2 पर चला जाता है और *AS* वक्र को *C* बिन्दु पर काटता है तो कीमत स्तर OP_1 से बढ़कर OP_2 हो जाएगा और कुल उत्पादन OY_1 से बढ़कर पूर्ण रोजगार स्तर OY_F पर हो जाएगा। कुल मांग में और वृद्धि का कुल उत्पादन, रोजगार तथा आय पर कोई प्रभाव नहीं पड़ेगा, सिवाय कीमत स्तर बढ़ाने के। ऐसा इसलिए कि उत्पादकीय संसाधनों के लिए मांग, उनकी पूर्ण रोजगार पर उपलब्ध पूर्ति से बढ़ जाएगी।

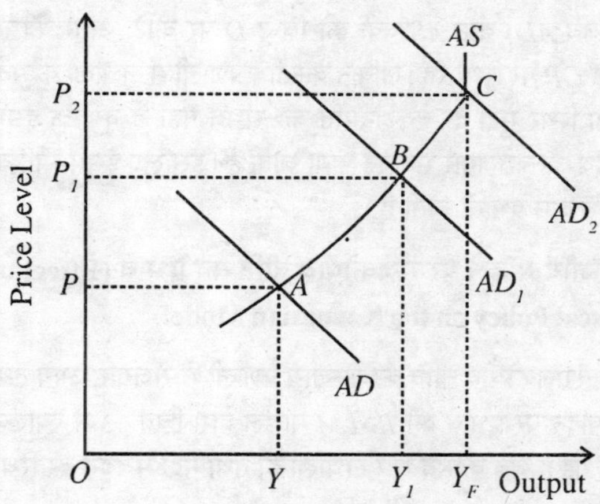

चित्र 11

इसकी तुलना में, नव क्लासिकी प्रणाली में *AS* वक्र एक अनुलंब सरल रेखा है (देखें चित्र 7) जो केन्ज़ीय कुल मांग वक्र *AD* के साथ केवल संतुलन कीमत स्तर *OP* तथा पूर्ण रोजगार उत्पादन OY_F निर्धारित करता है। कुल मांग में कोई भी वृद्धि *AD* वक्र को दाएं ऊपर की ओर शिफ्ट करेगी, जिससे उत्पादन के उसी पूर्ण रोजगार स्तर OY_F पर केवल कीमत के स्तर में वृद्धि लाएगी।

केन्ज़ीय प्रणाली में मौद्रिक नीति का प्रभाव (Effect of Monetary Policy in Keynesian System)

केन्ज़ीय प्रणाली में मौद्रिक नीति के रोजगार, उत्पादन और आय पर प्रभाव की चित्र 12 में *IS-LM* मॉडल के संबंध में व्याख्या की गई है। मान लो कि चित्र 12 (A) में अर्थव्यवस्था *E* बिन्दु पर है, जहां *IS* वक्र को *LM* वक्र काटता है जिसमें *OR* ब्याज दर तथा *OY* रोजगार और आय स्तर निर्धारित होते हैं। *AD* वक्र तथा *AS* वक्र की समानता चित्र के भाग *(B)* में *A* बिन्दु पर दर्शायी गई है जो *OP* कीमत के साथ कुल उत्पादन *OY* का निर्धारण करती है। पूर्ण रोजगार प्राप्त करने के लिए मुद्रा पूर्ति में वृद्धि *LM* वक्र को दाईं ओर LM_2 पर शिफ्ट करती है जो *IS* वक्र को E_2 बिन्दु पर काटता है जिससे OY_F आय का पूर्ण रोजगार स्तर प्राप्त होता है। इससे *AD* वक्र दाईं ओर AD_2 पर शिफ्ट करता है तथा कीमत स्तर *OP* से बढ़कर OP_2 होता है। कीमत स्तर में वृद्धि वास्तविक मुद्रा पूर्ति *(M/P)* को कम

करती है जो मुद्रा पूर्ति के प्रभावों को कुछ व्यर्थ कर देती है जिससे LM_2 वक्र बाईं ओर LM_1 पर शिफ्ट हो जाता है तथा IS वक्र को E_1 बिन्दु पर काटता है। अब ब्याज दर OR_2 से बढ़कर OR_1 हो जाती है तथा रोजगार और आय का स्तर OY_1 होता है जो पूर्ण रोजगार स्तर OY_F से कम है। ब्याज दर में वृद्धि से निवेश में कमी आती है तथा कीमत स्तर में OP_2 से OP_1 कमी तथा उत्पादन में OY_F से OY_1 की कमी के होने से मांग वक्र AD_2 से बाईं ओर AD_1 पर शिफ्ट करता है।

फिर भी, उत्पादन रोजगार स्तर OY_F प्राप्त किया जा सकता है जब AD_1 बक्र AS वक्र को बिन्दु D पर काटे, अगर कीमत स्तर OP पर स्थिर रहे। लेकिन केन्ज़ीय प्रणाली में लचीली कीमतों तथा स्थिर मुद्रा दर के अन्तर्गत यह संभव नहीं है क्योंकि इसमें सदैव अल्परोजगार संतुलन पाया जाता है। इसलिए इसमें मौद्रिक नीति कम प्रभावी होती है।

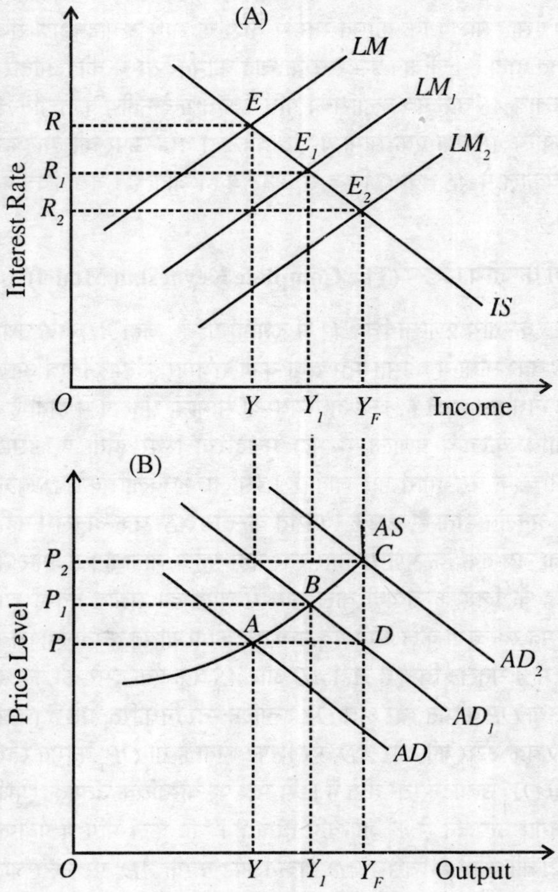

चित्र 12

केन्ज़ीय मॉडल पर राजकोषीय नीति का प्रभाव (Effect of Fiscal Policy on the Keynesian Model)

राजकोषीय नीति का केन्ज़ीय प्रणाली में रोजगार, आय तथा उत्पादन पर प्रभाव की *IS-LM* मॉडल द्वारा चित्र 13 में व्याख्या की गई है जब कीमत स्तर लचीला हो तथा मुद्रा मजदूरी दर स्थिर है।

मान लो सरकार अर्थव्यवस्था में पूर्ण रोजगार प्राप्त करने के लिए एक विस्तारक राजकोषीय नीति का निवेश में वृद्धि अथवा करों में कमी द्वारा अनुसरण करती है। प्रारंभ में अर्थव्यवस्था E बिन्दु पर है जहां LM वक्र को IS वक्र काटता है जिससे OR ब्याज दर, OY आय स्तर तथा भाग *(B)* में OP कीमत स्तर होता है। निवेश में वृद्धि में IS वक्र दाईं ओर ऊपर को IS_1 पर शिफ्ट करता है जो LM वक्र को E_2 बिन्दु पर काटता है। इससे ब्याज दर OR से OR_2 तथा आय OY से पूर्ण रोजगार स्तर OY_F पर बढ़ जाती है। निवेश में वृद्धि भाग *(B)* में कुल मांग वक्र AD को AD_2 पर शिफ्ट होने को व्यक्त करती है जहां वह AS वक्र को C बिन्दु पर काटता है तथा कीमत स्तर OP से OP_2 और उत्पादन OY से OY_F बढ़ता है। कीमत स्तर में वृद्धि वास्तविक मुद्रा पूर्ति में कमी लाती है जो LM वक्र को बाएं ऊपर की ओर LM_1 वक्र पर शिफ्ट कर देती है जो IS_1 वक्र को E_1 बिन्दु पर काटता है। इससे ब्याज दर में OR_2 से OR_1 पर वृद्धि तथा आय स्तर में OY_F से OY_1 की कमी होती है। ब्याज दर में वृद्धि से कुल मांग में कमी आती है जो AD_2 वक्र को नीचे की ओर AD_1 पर शिफ्ट करती है और AD_1 वक्र AS वक्र को B बिन्दु पर काटता है। अब कीमत स्तर गिरकर OP_2 से OP_1 तथा उत्पादन गिरकर OY_F से OY_1 हो जाता है।

फिर भी, अर्थव्यवस्था में पूर्ण रोजगार स्तर को प्राप्त किया जा सकता है, यदि कीमत स्तर OP स्थिर रहे तथा AD_1 वक्र AS वक्र को D बिन्दु पर काटे जैसा चित्र के भाग (B) में दर्शाया गया है। परन्तु केन्ज़ीय प्रणाली में लचीली कीमतों और स्थिर मुद्रा मजदूरी दर के साथ ऐसा संभव नहीं है क्योंकि केन्ज़ीय प्रणाली में सदैव अल्परोजगार संतुलन पाया जाता है। इसलिए इसमें मौद्रिक नीति की तरह राजकोषीय नीति भी कम प्रभावी होती है।

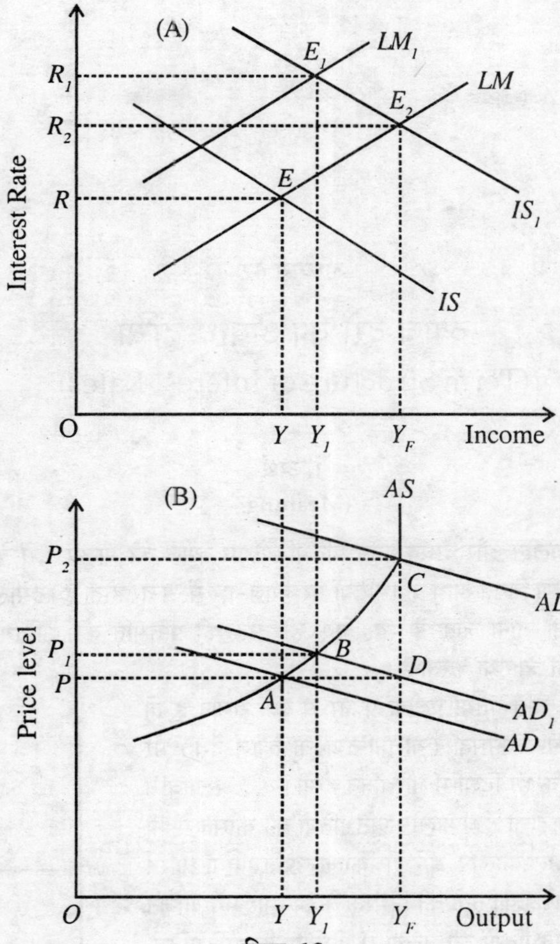

चित्र 13

प्रश्न

1. *IS-LM* वक्र मॉडल के अन्तर्गत सरकारी मौद्रिक तथा राजकोषीय नीतियों के प्रभावों की व्याख्या कीजिए।
2. *IS-LM* मॉडल के अन्तर्गत मौद्रिक एवं राजकोषीय नीतियों की व्याख्या करिए जब मजदूरियां तथा कीमते लचीली हैं।
3. *IS-LM* मॉडल के अन्तर्गत मौद्रिक तथा राजकोषीय नीतियों की व्याख्या कीजिए जब कीमतें लचीली हों और मजदूरियां स्थिर हों।
4. व्याख्या कीजिए कि *IS-LM* वक्र मॉडल में *AD* वक्र नीचे की ओर ढालू क्यों होता है ?
5. व्याख्या कीजिए कि *IS-LM* वक्र मॉडल में *IS* वक्र ऊपर की ओर ढालू क्यों होता है।

अध्याय 42

ब्याज दरों का अवधि ढांचा
(Term Structure of Interest Rates)

1. अर्थ
(Meaning)

ब्याज दरों का अवधि ढांचा अल्पकालीन और दीर्घकालीन प्रतिभूतियों पर ब्याज की बाजार-दरों के बीच सम्बन्ध को बतलाता है। परिपक्वता के समय में अन्तर के कारण नियत आय प्रतिभूतियों पर ब्याज--दर में अन्तर होता है। इसलिए इसे ब्याज-दर के समय-ढांचे और परिपक्वता-ढांचे के रूप में भी जाना जाता है। यह एक ही तरह की प्रतिभूति की प्राप्तियों (yields) और परिपक्वताओं (imaturities) के बीच सम्बन्ध की व्याख्या करता है।

यदि परिपक्वता के अलावा दो प्रतिभूतियाँ प्रत्येक प्रकार से एक समान हैं तो यह संभव है कि वे बाजार में विभिन्न कीमतों (या प्राप्तियों या ब्याज दरों) पर बिकेंगी। सामान्यत: उनकी कीमतें एक ही दिशा में परिवर्तित होंगी। यदि अल्पावधि प्रतिभूतियों की कीमतों में वृद्धि होती है तो दीर्घकालीन प्रतिभूतियों की कीमत में भी वृद्धि हो जाती है। लोग साधारणत: अल्पकालीन और दीर्घकालीन प्रतिभूतियाँ धारित करते हैं और धारित प्रतिभूतियों को सापेक्ष प्राप्तियों की निर्भरता के अनुसार समायोजित करते हैं। सामान्यत: अल्पकालीन प्रतिभूतियों की तुलना में दीर्घकालीन प्रतिभूतियों की कीमत में अधिक उतार-चढ़ाव होता है, हालाँकि उनसे होने वाली आय में अधिक उतार-चढ़ाव नहीं आते हैं।

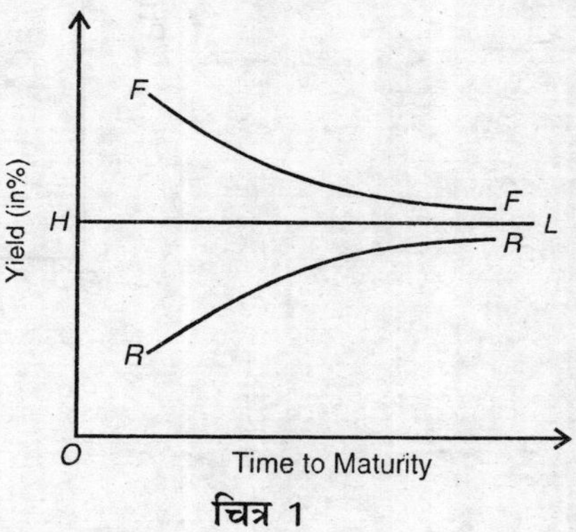

चित्र 1

परिपक्वता की अवधियों तथा प्राप्तियों के बीच के सम्बन्ध को एक प्राप्ति वक्र द्वारा दर्शाया गया है। चित्र 1 में तीन प्राप्ति वक्रों को दिखाता है। जब अल्पकालीन ब्याज दरें दीर्घकालीन ब्याज दरों, से ऊपर होती हैं, तो प्राप्ति वक्र नीचे दाईं ओर झुकता है, जैसा कि FF वक्र है। जब अल्पकालीन ब्याज दरें, दीर्घकालीन ब्याज दरों से नीची होती है, तो प्राप्ति वक्र का झुकाव दाईं ओर ऊपर की ओर होता है, जैसा कि RR वक्र है। जब अल्पकालीन प्राप्तियाँ दीर्घकालीन प्राप्तियों के बराबर होती हैं तब प्राप्ति वक्र चपटा (flat) होता है, जैसा कि HL वक्र है।

2. ब्याज दर के अवधि ढांचा के निर्धारक कारक
(Factors Determining The Term Structure of Interest Rates)

प्राप्ति वक्र का आकार कौन निश्चित करता है ? ब्याज-दर का अवधि ढांचा निर्धारित करने वाले तीन कारक हैं। ये हैं—जोखिम अधिमान, प्रतिभूतियों की पूर्ति एवं मांग तथा प्रत्याशाएं और अनिश्चितता। ये कारक यह निर्धारित करते हैं कि अल्पकालीन ब्याज दरें दीर्घकालीन ब्याज दरों से ऊपर हैं या नीचे। हम इन निर्धारकों का वर्णन नीचे करेंगे।

1. जोखिम अधिमान (Risk Preference)--दीर्घकालीन प्रतिभूतियों की कीमतें ब्याज-दरों में परिवर्तनों से संवेदनशील (sensitive)

होती हैं। क्योंकि अल्पकालीन प्रतिभूतियों की तुलना में दीर्घकालीन प्रतिभूतियों पर भुगतान न करने की संभावनाएं अधिक होती हैं। इसलिए, ऋणदाता अल्पकाल के लिए ऋण देना पसंद करते हैं। बशर्ते कि अल्पकालीन एवं दीर्घकालीन प्रतिभूतियों की प्राप्तियाँ समान हों। यह प्रतिभूतियों की अल्पकालीन कीमतों को बढ़ा देंगी और उनकी प्राप्तियों को नीचे लायेंगी। अत: प्राप्ति–वक्र का झुकाव ऊपर की ओर होगा। दूसरी ओर, ऋणी दीर्घकाल के लिए ऋण लेना पसंद करते हैं। इसका कारण यह है कि उन्हें ब्याज दरों की वृद्धि की या बार–बार ऋणों के नवीनीकरण (renewal) की चिन्ता नहीं होगी। इसीलिए वे लोग अल्पकालीन प्रतिभूतियों के लिए ज्यादा रकम देने को तैयार होते हैं। प्राप्ति वक्र का झुकाव ऊपर की ओर होने का यह भी कारण है। इस प्रकार, ऋणदाता और ऋणी दोनों का अधिमान अल्पकालीन प्रतिभूतियों पर कम दरें और दीर्घकालीन प्रतिभूतियों पर उच्च दरों की ओर होता है, जिससे एक ऊपर दाईं ओर झुकता प्राप्ति वक्र आता है।

2. पूर्ति–मांग की दशाएँ (Supply-Demand Condition)—जब अल्पकालीन प्रतिभूतियों की पूर्ति गिरती है और दीर्घकालीन प्रतिभूतियों की पूर्ति बढ़ती है तो, अल्पकालीन ब्याज दर नीचे आती है और दीर्घकालीन ब्याज दर ऊपर उठती है। प्राप्ति वक्र दाएं ऊपर की ओर झुकता हुआ होता है तथा इसके विपरीत भी। यदि अल्पकालीन मार्केट में प्रतिभूतियों की मांग अधिक हो तथा इनकी पूर्ति दीर्घकालीन मार्केट में अधिक हो तो इससे अल्पकालीन ब्याज–दरें ऊंची और दीर्घकालीन ब्याज–दरें नीचीं होंगी तथा प्राप्ति वक्र दाईं ओर नीचे को झुकता होगा। इसके विपरीत पूर्ति मांग की दशाएँ एक दाईं ओर उठता प्राप्ति वक्र लाएंगी।

3. प्रत्याशाएं एवं अनिश्चितता (Expectations and Uncertainty)—प्राप्ति वक्र को प्रभावित करने वाले अन्य कारक–प्रत्याशाएं एवं अनिश्चितता हैं। दीर्घकालीन ब्याज दर में वृद्धि की प्रत्याशा यह व्याख्या करती है कि अल्पकालीन ब्याज दर किसी समयावधि के लिए दीर्घकालीन ब्याज दर से काफी नीचे रहती है। यह एक ऊपर दाईं ओर उठते प्राप्ति वक्र की उत्पत्ति करता है। आगे, कुछ जोखिमें एवं अनिश्चितताएँ इन्हीं परिणामों की ओर ले जाती हैं। उदाहरणार्थ, यदि लोग, युद्ध, सामाजिक गड़बड़ियों, राजनीतिक उथल–पुथल, अनिश्चितताओं, स्फीतिकारी दबावों आदि को आशा करते हैं तो वे कम कीमत पर या निम्न वर्तमान प्राप्ति के सिवाय दीर्घकालीन प्रतिभूतियों को नहीं खरीदेंगे।

3. ब्याज–दर का अवधि ढांचा सिद्धांत
(THEORIES OF TERM STRUCTURE OF INTEREST RATES)

अल्पकालीन और दीर्घकालीन प्रतिभूतियों की ब्याज दरों के ढांचे में अंतर स्पष्ट करने के लिए अर्थशास्त्रियों ने उनके सिद्धांत प्रतिपादित किए है। यहां हम इन सिद्धांतों की चर्चा करेंगे।

प्रत्याशा सिद्धांत
(The Expectations Theory)

प्रत्याशा सिद्धांत भविष्य ब्याज दर को वर्तमान ब्याज दरों के ढांचे का मुख्य निर्धारक मानता है। इस सिद्धांत की उत्पत्ति इर्विंग फिशर द्वारा की गई है तथा हिक्स ने अपनी *Value and Capital* में इसको पूरा किया। यह सिद्धांत लुट्ज के सिद्धांत से काफी मिलता–जुलता है।

इसकी मान्यताएं (Its Assumptions)

प्रत्याशा सिद्धांत निम्नलिखित मान्यताओं पर आधारित है—

1. सभी निवेशक भविष्य की अल्पावधि ब्याज की दरों के बारे में समान प्रत्याशाएं रखते हैं और उन्हें इन प्रत्याशाओं के बारे में पूर्ण विश्वास होता है।

2. निवेशकों का उद्देश्य प्रत्याशित लाभों को अधिकतम करना होता है और इन उद्देश्यों को प्राप्त करने के लिए वे अपनी निधियों को खुले तौर पर दीर्घकालीन और अल्पकालीन प्रतिभूतियों में ले जाने के लिए तैयार हो जाते हैं।

3. प्रतिभूतियों में निवेश और विनिवेश (disinvestment) से संबद्ध किसी प्रकार की लागत नहीं होती है अर्थात लेन–देन लागतें शून्य होती हैं।

4. जोखिम और तरलता के कारण होने वाले किसी भी अन्तर के लिए अल्पकालीन और दीर्घकालीन ब्याज दरों को समायोजित किया जाता है।

5. निवेशकों की निवेश–सूची (portfolio) में अल्पकालीन और दीर्घकालीन प्रतिभूतियाँ पूर्ण स्थानापन्न होती हैं।

6. निवेशक अपने लाभ को अधिकतम करने वाले होते हैं। वे अपनी निवेश–सूची में ऐसी वित्तीय परिसम्पत्तियाँ रखते हैं जिनका प्रतिफल उनको धारण करने की अवधि में अधिकतम होता है।

7. सभी निवेशक निशिचततापूर्वक भविष्य दरों के व्यवहार के बारे में एक समान प्रत्याशाएं रखते हैं।

सिद्धांत (Theory)

इन मान्यताओं के होने पर यह सिद्धांत बताता है कि समय के किसी बिन्दु पर दीर्घकालीन ब्याज दर प्रत्याशित अल्पावधि ब्याज दर की औसत को व्यक्त करती है। मानलो तीन वर्ष के पश्चात परिपक्व होने वाली दीर्घकालीन प्रतिभूति पहले वर्ष में 2% की अल्पावधि ब्याज दर पर बेची जाती है और दूसरे तथा तीसरे वर्ष में प्रत्याशित अल्पावधि ब्याज दरें क्रमश: 3% प्रतिशत और 4% हैं। इस प्रतिभूति पर दीर्घकालीन ब्याज दर 3 वर्ष की अल्पकालीन ब्याज दर का औसत अर्थात 3% (= 2% + 3% + 4% = 9%/3) होगा। यदि अल्पक ालीन प्रतिभूति पर पहले वर्ष की ब्याज दर 1% गिरने की आशा है तो तीन वर्ष की प्रतिभूति पर दीर्घकालीन प्राप्ति 2.67% (= 1% + 3% + 4% = 8%/3) होगी। दूसरी ओर, यदि तीन वर्ष की प्रतिभूति पर 1% ब्याज दर बढ़ने की आशा है तो दीर्घकालीन प्राप्ति 3.33% (= 2% + 3% + 5% =10%/3) होगी। इस प्रकार, दीर्घकालीन ब्याज दर प्रत्याशाशित अल्पकालीन दर द्वारा निर्धारित होगी।

प्रत्याशा सिद्धांत की धारणा यह है कि विभिन्न परिपक्वताओं की प्रतिभूतियों पर होने वाली प्राप्तियों में अन्तर इस तथ्य के कारण है कि बाजार में विभिन्न प्रतिभूतियों पर ब्याज दरें समान अवधि में एक समान होती हैं। यदि ऐसी बात नहीं है तो निवेशक परिपक्वता की एक प्रतिभूति को बेचकर दूसरी ऐसी प्रतिभूति खरीद लेंगे जिसपर उन्हें अधिकतम प्राप्ति की आशा है। यही अन्तरपणन प्रक्रिया (arbitrage procedure) (एक परिपक्व प्रतिभूति को खरीदना और दूसरी परिपक्व प्रतिभूति को बेचना) है जो विभिन्न परिपक्वताओं की प्रत्याशित प्राप्तियों को समान करती है।

वारेन एल. स्मिथ (W.L Smith) के अनुसार, ''निवेशक सामान्यत: विपरीत जाने वाली (repressive) ब्याज दर की प्रत्याशाएं रखते हैं।'' कहने का अभिप्राय: यह है कि किसी समय विशेष में वे सामान्य समझी जाने वाली ब्याज दरों के स्तर के बारे में अपना मत रखते हैं और जब अल्पकालीन ब्याज दरें इस स्तर से ऊपर या नीचे जाती हैं तो वे इसे सामान्य स्तर पर वापिस आने की आशा करते हैं। इस प्रकार जब दरें सामान्य से ऊपर बढ़ती हैं तो निवेशकों को उनके नीचे आने की आशा होती है और जब कीमतें सामान्य से नीचे जाती हैं तो निवेशकों को उनके ऊपर आने की आशा होती है।'' इस सम्बन्ध का अभिप्राय: यह है कि ''(क) जब अल्पकालीन दरों के गिरने की आशा है तो मौजूदा अल्पकालीन दरें दीर्घकालीन दरों से ऊपर होंगी और प्राप्ति वक्र ऋणात्मक रूप से ढालू होगा, और (ख) जब दरों के बढ़ने की आशा हो तो मौजूदा अल्पावधि दरें दीर्घकालीन दरों से कम होंगी तो प्राप्ति वक्र धनात्मक रूप से ढालू होगा। इसी तर्क के आधार पर जब अल्पावधि दर सामान्य माने जाने वाले स्तर पर है और इसके न तो बढ़ने और न ही गिरने की आशा है तो सभी परिपक्वताओं की दरें लगभग क्षैतिज (horizontal) रेखा में होंगी।

अल्पावधि और दीर्घावधि ब्याज दरों के बीच इन सम्बन्धों को चित्र 1 में दर्शाया गया है जहां परिपक्वता समय, अल्पावधि या दीर्घावधि क्षैतिज अक्ष पर और प्राप्ति या ब्याज दर को अनुलंब अक्ष पर दिखाया गया है। पहले मामले में, जब मौजूदा अल्पकालीन दरें दीर्घकालीन दरों से ऊपर हैं और इनके गिरने की आशा हो तो प्राप्ति वक्र *FF* ऋणात्मक रूप से दाईं ओर नीचे ढालू होता है। दूसरे मामले में जब मौजूदा अल्पकालीन दरें दीर्घकालीन अवधि से नीचे हैं तथा इनके बढ़ने की आशा है तो ण्पप्ति वक्र *RR* धनात्मक रूप से दाईं ओर ऊपर ढालू होता है। तीसरे मामले में, जब चालू अल्पकालीन दरें दीर्घकालीन दरों के बराबर होती हैं और अल्पकालीन दरों के बढ़ने–घटने की आशा नहीं होती है तो प्राप्ति वक्र *HL* एक क्षैतिज रेखा होता हैं।

प्रो. लुट्ज इन आय वक्रों को प्रत्याशा वक्र मानते हैं, जो 'व्यक्तिपरक' दीर्घकालीन दरों की पंक्ति का प्रतिनिधित्व करते हैं जो दीर्घकालीन दरों में परिवर्तन होने के उपरान्त लोगों की प्रत्याशाओं के अनुरूप होते हैं।

अपेक्षा सिद्धांत का मूल–भाव यह है कि निवेशकों के पोर्टफोलियो में अल्पकालीन और दीर्घकालीन प्रतिभूतियाँ दोनों एक दूसरे के

पूर्ण स्थानापन्न हैं। यदि दीर्घकालीन प्रतिभूतियों की पूर्ति बढ़ती है और अल्पकालीन प्रतिभूतियों की पूर्ति घटती है तो जहां तक प्राप्तियों का सम्बन्ध है इनमें कोई अन्तर नहीं होता है। जितने समय तक प्रत्याशित भविष्य की अल्पकालीन दरें बदलती नहीं, प्राप्तियों में परिवर्तन न होने पर दीर्घकालीन प्रतिभूतियां को अल्पकालीन प्रतिभूतियों के साथ बदला जाएगा।

इसके निहितार्थ (Its Policy Implications)

इस सिद्धांत के नीति अर्थ में है कि यदि सरकार अल्पकालीन ऋण की समान रकम के साथ दीर्घकालीन ऋण की दी हुई राशि को बदलना चाहती है तो ऐसी नीति का ब्याज दरों के ढांचा पर कोई प्रभाव नहीं होगा। इसका कारण यह है कि दीर्घकालीन और अल्पकालीन दोनों ऋण निवेशकों के पोर्टफोलियो में पूर्ण स्थानापन्न माने जाते हैं। यह चित्र 2 *(A)* और *(B)* में दिखाया गया है। भाग *A* अल्पकालीन ऋण की माँग एवं पूर्ति का वर्णन करता है और भाग *B* दीर्घकालीन ऋण की माँग एवं पूर्ति की व्याख्या करता है। प्रत्येक प्रकार का ऋण क्षैतिज अक्ष पर तथा प्राप्ति अनुलम्ब अक्ष पर मापे जाते हैं। मांग वक्र D_S तथा D_L अनन्त लोच (infinite elasticity) के साथ खींचे गए हैं क्योंकि दोनों ऋण पूर्ण स्थानापन्न हैं। पूर्ति वक्र S_S तथा S_L पूर्ण बेलोच हैं क्योंकि अल्पकालीन और दीर्घकालीन ऋणों की मात्राएं निश्चित हैं। मान लें कि दीर्घकालीन ब्याज दर (प्राप्ति) अल्पकालीन ब्याज दर के ऊपर होती है, अर्थात $OR_L > OR_S$ । इसका कारण यह है कि भविष्य की अल्पकालीन ब्याज दर वर्तमान अल्पकालीन दर से ऊँची होने की संभावना है। यदि सरकार दीर्घकालीन ऋण की $S_L - S_{L1}$ मात्रा को चुकाना (redeem) चाहती है तथा इसे अल्पकालीन ऋण की $S_S - S_{S1}$ मात्रा के साथ बदलना चाहती है तो यह ऋण के दोनों प्रकारों की सापेक्ष प्राप्तियों में बिना कोई परिवर्तन के संभव है। ये ऋण क्रमशः OR_L तथा OR_S पर समान रहते हैं।

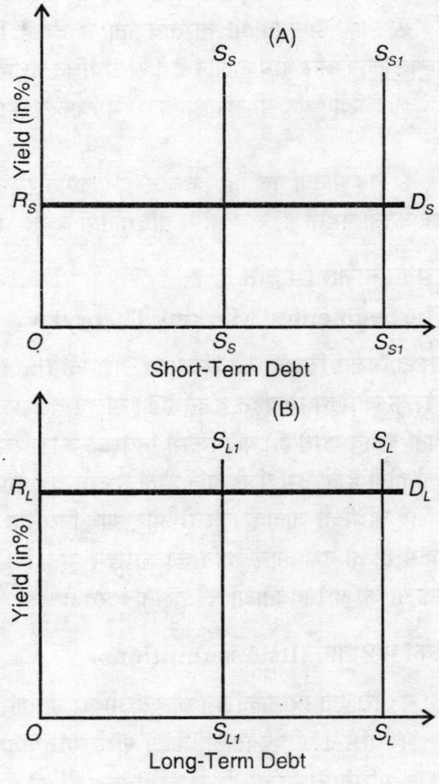

चित्र 2

फिर, क्योंकि सभी प्रकार के दीर्घकालीन और अल्पकालीन बांड (प्रतिभूतियां) पूर्ण स्थानापन्न होते हैं, इसलिए केन्द्रीय बैंक ब्याज दरों के अवधि ढांचे को तब तक प्रभावित नहीं कर सकता है जब तक वह ऋणदाताओं और उधारकर्त्ताओं की प्रत्याशाओं को प्रभावित न करे।

इसकी आलोचनाएँ (Its Criticisms)

प्रत्याशा सिद्धांत की निम्न कारणों से आलोचनाएं हुई है—

1. ऋणदाताओं को दीर्घकालीन ब्याज दरों के बारे में भी प्रत्याशाएं हो सकती हैं जो अल्पकालीन ब्याज दरों के बारे में उनकी प्रत्याशाओं से स्वतन्त्र हो सकती हैं।

2. इस सिद्धांत में यह कल्पना की गई कि निवेशक अल्पकालीन ब्याज दरों के बारे में दीर्घकालीन प्रत्याशाएं कर सकते हैं। परन्तु इस बात में संदेह है कि ऐसी भविष्यवाणियाँ सही की जा सकती हैं।

3.आलोचक दीर्घकालीन ब्याज दरों को प्रभावित करने के लिए केन्द्रीय बैंक दर में परिवर्तन की क्षमता पर संदेह करते हैं। उदाहरण के लिए, बैंक बट्टा दर में कमी से दीर्घकालीन दर में केवल तभी कमी आ सकती यदि यह प्रत्याशा उत्पन्न की जाती है कि अल्पकालीन ब्याज दरें कम रहेंगी। इससे केन्द्रीय बैंक द्वारा बट्टा दर में बारंबार किए जाने वाले परिवर्तन पर रोक लगेगी।

4. यदि खुला बाजार परिचालन, जो प्राप्ति वक्र की ढलान को प्रभावित करते हैं, सफल नहीं होते हैं तो प्रत्याशा सिद्धांत असफल हो जाता है। मान लो केन्द्रीय बैंक अल्पकालीन बाजार को बड़ी निधियाँ उपलब्ध कराके दीर्घकालीन दरों को अल्पकालीन दरों की

अपेक्षा अधिक रखने का प्रयास करता है। इस स्थिति में, निवेशक दीर्घकाल में लाभ प्राप्त करने का आशा से अल्पकालीन से दीर्घकालीन प्रतिभूतियों की ओर चले जाएंगे। इससे अल्पकालीन और दीर्घकालीन दरें बराबर हो जाएगी और चित्र 1 मे प्राप्ति वक्र RR की तरह न होकर HL की तरह क्षैतिज होगा।

5. सिद्धांत की यह मान्यता है कि निवेशक भविष्य की अल्पकालीन ब्याज दरों की प्रत्याशाएं निश्चितता के साथ रखते हैं, सही नहीं है। ऐसा इस कारण कि अल्पकालीन दरों के बारे में व्यक्तियों की प्रत्याशाएं कभी कभार ही निश्चित होती हैं।

6. यह मान्यता भी वास्तविकता से दूर है कि उधारदाताओं और उधारकर्ताओं की प्रत्याशाएं समान होती हैं। वास्तव में, अल्पकालीन और दीर्घकालीन दरों से संबंधित उधारदाताओं और उधारकर्त्ताओं की प्रत्याशाएं एक दूसरे से काफी भिन्न होती हैं।

7. सिद्धांत यह भी व्याख्या करने में विफल रहा है कि भविष्य की अल्पकालीन ब्याज दरों से संबंधित प्रत्याशाएं कैसे बनाई जाती हैं।

8. यह मानना गलत है कि लेन-देन लागतें शून्य होती हैं। वास्तव में, उधारकर्ताओं और उधारदाताओं को लेन-देन लागतें हर बार व्यय करनी पड़ती हैं, जब भी वे प्रतिभूतियां बेचते और खरीदते हैं।

विभक्त बाजार सिद्धांत
(The Segmented Markets Theory)

विभक्त बाजार सिद्धांत को संस्थागत, पेशबंदी (hedging) या विखंडन जैसे अनेक नामों से जाना जाता है। इस सिद्धांत के अनुसार, निवेशक जोखिम से बहुत बचतें है। इसलिए वे अपनी देयताओं से अपनी परिसम्पत्तियों की परिपक्वता की तुलना करके जोखिमों से अपना बचाव करते हैं। यदि किसी निवेशक की परिसम्पत्तियों की परिपक्वता उसकी देयताओं की परिपक्वता से अधिक लम्बी अवधि वाली होती है तो उसे पूंजी हानि होती है और वह अपनी परिसम्पत्तियों के विमोचन (redemption) के लिए देय तिथि से पूर्व बेचने के लिए बाध्य हो जाता है। दूसरी ओर, यदि निवेशक की परिसम्पत्तियों की परिपक्वता की अवधि, देयताओं की परिपक्वता की अवधि से कम है, तो उसे आय-हानि का जोखिम होता है। इन दो प्रकार के जोखिमों से बचने के लिए निवेशक अपनी परिसम्पत्तियों और देयताओं की परिपक्वताओं की तुलना करते हैं।

इसकी मान्यताएं (Its Assumptions)

यह सिद्धांत निम्नलिखित मान्यताओं पर आधारित है—

1. विभिन्न परिपक्वताओं वाली परिसम्पत्तियां एक-दूसरे के साथ अपूर्ण स्थानापन्न होती हैं।
2. परिसंपत्ति बाजार, भिन्न परिपक्वताओं की परिसंपत्तियों के लिए अलग-अलग बाजारों में विभक्त होते हैं।
3. प्रत्येक बाजार में एक प्रकार की परिसंपत्ति के लिए ब्याज दरें उसकी मांग और पूर्ति द्वारा निर्धारित होती हैं, जो आगे प्राप्ति की

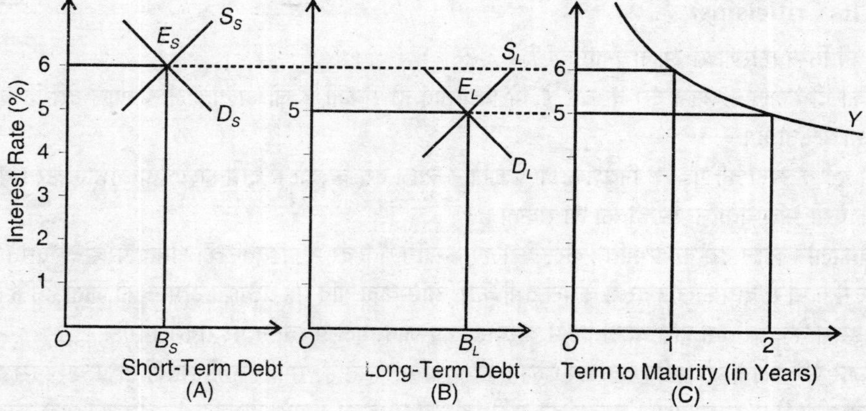

चित्र 3

परिपक्वता को प्रभावित करती हैं।

4. इस बात में अनिश्चितता पाई जाती है कि भविष्य में ब्याज दरें कैसे व्यवहार करेंगी।

विभक्त बाजार सिद्धांत की धारणा है कि अल्पकालीन और दीर्घकालीन ब्याज दरें अनेक पृथक और विभक्त बाजारों में निर्धारित की जाती हैं। कुछ निवेशक अल्पकालीन प्रतिभूतियों को पसन्द करते हैं जबकि बीमा कम्पनियों जैसे अन्य निवेशक दीर्घकालीन प्रतिभूतियों को प्राथमिकता देते हैं। इस प्रकार बाजार में प्रतिभूतियों के क्रेताओं–विक्रेताओं के लिए विभिन्न परिपक्वताओं की प्रतिभूतियां अपूर्व स्थानापन्न होती हैं। इसके परिणामस्वरूप, प्राप्ति वक्र विभिन्न परिपक्वताओं की प्रतिभूतियों के लिए अनेक मांग और पूर्ति वक्रों का परिणाम होता है। प्रतिभूतियों की मांग दी होने पर, यदि अल्पकालीन प्रतिभूतियों की पूर्ति दीर्घकालीन प्रतिभूतियों से कम होती है, तो अल्पकालीन ब्याज दर दीर्घकालीन ब्याज दर से अधिक होगी। ऐसी स्थिति में, प्राप्ति वक्र नीचे की ओर दाएं ढ़लू होगा, जैसा कि चित्र 3 (*C*) में दर्शाया गया है। चित्र के पेनल *A* में D_S और S_S क्रमश: अल्पकालीन ऋणों के मांग और पूर्ति वक्र हैं जो *Es* बिन्दु पर संतुलन में हैं। इस प्रकार वे अल्पकालीन प्रतिभूतियों पर 6% संतुलन ब्याज दर निर्धारित करते हैं। पेनल *B* में D_L और S_L वक्र क्रमश: दीर्घकालीन ऋणों के मांग और पूर्ति वक्र हैं जो दीर्घकालीन प्रतिभूतियों पर 5% संतुलन ब्याज दर E_L बिन्दु पर निर्धारित करते हैं। ये ब्याज दरें पेनल *C* में नीचे दाईं ओर ढालू प्राप्ति वक्र *Y* प्रदान करती हैं। इसके विपरीत प्रतिभूतियों की मांग दी होने पर, अल्पकालीन प्रतिभूतियों की पूर्ति दीर्घकालीन प्रतिभूतियों की अपेक्षा अधिक होती है, तो दीर्घकालीन ब्याज दरों से अल्पकालीन ब्याज दरें कम होंगी। ऐसी स्थिति में, प्राप्ति वक्र दाएं ऊपर की ओर ढालू होगा जैसा कि चित्र 4 (*C*) में दर्शाया गया है। चित्र के पेनल *A* में D_S और S_S वक्रअल्पकालीन प्रतिभूतियों पर 4% संतुलन ब्याज दर E_S निर्धारित करते हैं और पेनल *B* में D_L और S_L वक्र दीर्घकालीन प्रतिभूतियों पर 5% संतुलन ब्याज दर E_L निर्धारित करते हैं। ये ब्याज दरें पेनल *C* में ऊपर दाईं ओर ढालू प्राप्ति वक्र *Y* प्रदान करती हैं।

इस प्रकार, विभक्त बाजार सिद्धांत के अनुसार, विभिन्न परिपक्वताओं वाली प्रतिभूतियों पर बाजार दरें प्रत्येक परिपक्वता में मांग एवं पूर्ति की अलग–अलग दशाओं द्वारा निर्धारित होती हैं। विभिन्न परिपक्वता वाली प्रतिभूतियों की भिन्न–भिन्न मार्केटें होती हैं।

इसके नीति निहितार्थ (Its Policy Implications)

इस सिद्धांत की नीतियों का तात्पर्य है कि यदि सरकार दीर्घकालीन ऋण की दी हुई रकम को अल्पकालीन ऋण से स्थानान्तरित करना चाहती है तो यह ब्याज दर के ढांचे को घुमाने (twisting) में सफल होगी। इस सिद्धांत में, D_S और D_L मांग वक्र क्रमश: अल्पकालीन एवं दीर्घकालीन ऋणों को व्यक्त करते हैं जो प्राप्ति दरों से संबंधित कम लोचदार होते हैं।

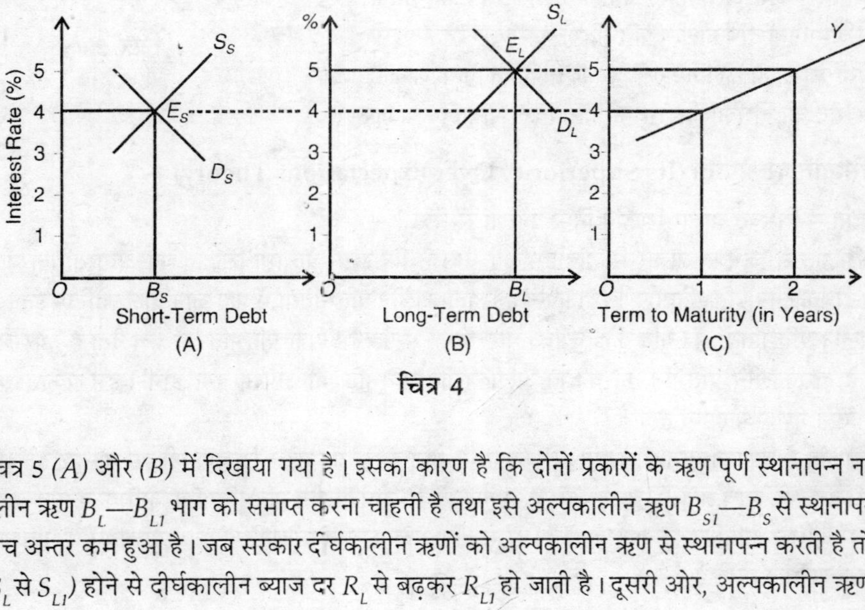

चित्र 4

जैसाकि चित्र 5 (*A*) और (*B*) में दिखाया गया है। इसका कारण है कि दोनों प्रकारों के ऋण पूर्ण स्थानापन्न नहीं हैं। मान लें कि सरकार दीर्घकालीन ऋण B_L—B_{L1} भाग को समाप्त करना चाहती है तथा इसे अल्पकालीन ऋण B_{S1}—B_S से स्थानापन्न करती है। ध्यान दें कि दरों के बीच अन्तर कम हुआ है। जब सरकार दीर्घकालीन ऋणों को अल्पकालीन ऋण से स्थानापन्न करती है तो दीर्घकालीन ऋण की पूर्ति कम (S_L से S_{L1}) होने से दीर्घकालीन ब्याज दर R_L से बढ़कर R_{L1} हो जाती है। दूसरी ओर, अल्पकालीन ऋण की पूर्ति बढ़ (S_S

से S_{S1}) जाती है जिससे अल्पकालीन ब्याज दर R_s से कम होकर R_{S1} हो जाती है। दीर्घकालीन ब्याज दर में वृद्धि से अल्पकालीन ब्याज दर में कमी अधिक होती है: $R_S—R_{S1} < R_L—R_{L1}$ ।

इस सिद्धांत का एक अन्य निहितार्थ है कि केन्द्रीय बैंक प्रतिभूतियों की परिपक्वता पर प्राप्तियां अथवा ब्याज दरों के अवधि ढांचे को दीर्घकालीन और अल्पकालीन प्रतिभूतियों की सापेक्ष पूर्तियों को अनुमति देकर प्रभावित कर सकता है।

फिर, केन्द्रीय बैंक केवल अल्पकालीन प्रतिभूतियों की पूर्ति को परिवर्तित करके दीर्घकालीन ब्याज दर को प्रभावित नहीं कर सकता है।

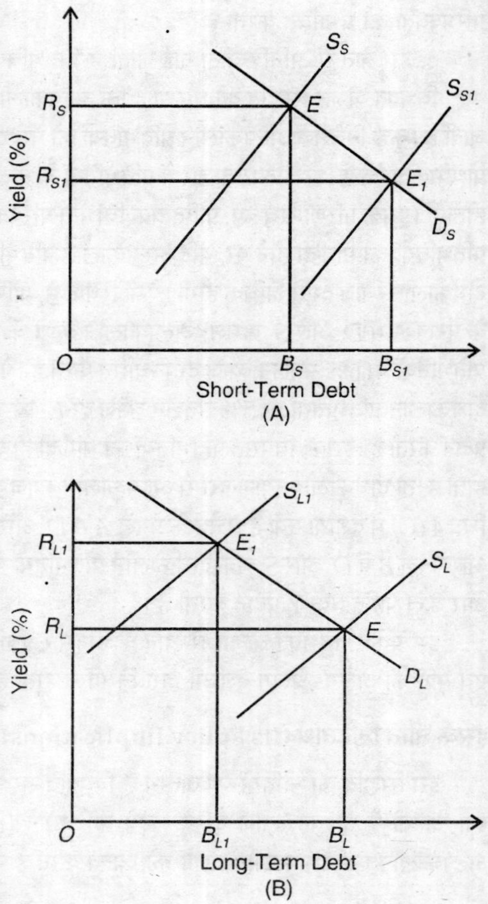

चित्र 5

आलोचनाएं (Its Criticisms)

विभक्त बाजार सिद्धांत की निम्न कारणों से आलोचना की गई है—

1. यह केवल इस बात की व्याख्या करता है कि भिन्न परिपक्वताओं वाली प्रतिभूतियों के लिए अधिमानों में परिवर्तन प्राप्ति वक्र के रूप को परिवर्तित करेंगे। परन्तु यह प्राप्तियों के ढांचे में परिवर्तनों की व्याख्या नहीं करता है।

2. यह सिद्धांत इस मान्यता पर आधारित है कि अल्पकालीन और दीर्घकालीन ब्याज दरें एक दूसरे के साथ संबंधित नहीं हैं। परन्तु आनुभविक प्रमाण इसको साबित नहीं करता। यह प्रकट करता है कि अल्पकालीन और दीर्घकालीन ब्याज दरें एक–दूसरे के साथ गति करती हैं। जब अल्पकालीन ब्याज दरें बढ़ती या गिरती हैं तो दीर्घकालीन ब्याज दरें उसी दिशा में गति करती हैं।

विभक्त बाजार सिद्धांत को संस्थागत प्रथाओं का समर्थन प्राप्त है। वाणिज्यिक बैंक जो तरलता पर अधिक बल देते हैं, अल्पकालीन प्रतिभूतियों के सौदे और बीमा कम्पनियाँ दीर्घकालीन प्रतिभूतियों के सौदे करते हैं। इसी प्रकार, माल–सूचियों को अल्पकालीन ऋणों द्वारा वित्त पोषित किया जाता है और मकानों की खरीद को दीर्घकालीन बंधकों द्वारा वित्त पोषित किया जाता है।

इसकी प्रत्याशा सिद्धांत पर श्रेष्ठता (Its Superiority Over Expectations Theory)

प्रत्याशा सिद्धांत से विभक्त बाजार सिद्धांत निम्न कारणों से श्रेष्ठ है—

1. प्रत्याशा सिद्धांत से विभक्त बाजार सिद्धांत इसलिए श्रेष्ठ है कि इसमें प्रत्याशा सिद्धांत की अवास्तविक मान्यता नहीं है कि अल्पकालीन और दीर्घकालीन प्रतिभूतियां पूर्ण स्थानापन्न हैं। अल्पकालीन प्रतिभूतियों में पाए जाने वाले जोखिम इतने अधिक नहीं होते जितने कि दीर्घकालीन प्रतूिभूतियों में। यदि कोई व्यक्ति परिपक्वता से पहले अपनी प्रतिभूति को बेच देता है और ब्याज दर आशा से अधिक होती है तो दीर्घकालीन प्रतिभूति की कीमत अल्पकालीन प्रतिभूति की अपेक्षा कम होगी। इस प्रकार, अल्पकालीन और दीर्घकालीन प्रतिभूतियां पूर्ण स्थानापन्न नहीं हैं।

2. प्रत्याशा सिद्धांत से विभक्त बाजार सिद्धांत इस कारण भी श्रेष्ठ है कि यह पहले सिद्धांत की इस मान्यता को व्यक्त करता है कि भविष्य की दरें निश्चितता के साथ ज्ञात हैं। वास्तव में, वे अनिश्चित हैं। दीर्घकालीन प्रतिभूतियों के अधिक कीमत–परिवर्तनों के कारण उनके धारण करने में अधिक अनिश्चितता पाई जाती है। दूसरी ओर अल्पकालीन प्रतिभूतियों के धारण करने में भविष्य की प्राप्तियों की अधिक अनिश्चितता शामिल होती है।

3. प्रत्याशा सिद्धांत से विभक्त बाजार सिद्धांत को श्रेष्ठता का एक और कारण यह है कि यह प्रत्याशित अल्पकालीन ब्याज दरों की औसत के आधार पर ब्याज दरों के ढांचे की व्याख्या नहीं करता, बल्कि, विभक्त बाजार सिद्धांत अल्पकालीन और दीर्घकालीन दोनों ब्याज दरों को एक विशेष प्रतिभूति की मांग और पूर्ति के रूप में निर्धारित करता है, जैसाकि वित्तीय मार्केट में वास्तविकता से होता है।

4. प्रत्याशा सिद्धांत से भिन्न, विभक्त बाजार सिद्धांत अल्पकालीन और दीर्घकालीन ब्याज दरों के बीच एक अद्वितीय संबंध पर विचार नहीं करता है। वास्तव में, अल्पकालीन और दीर्घकालीन ब्याज दरों का व्यवहार मुद्रा बाजार और बांड बाजार के बीच संबंध पर निर्भर करता है। दोनों बाजारों में, अल्पकालीन और दीर्घकालीन ब्याज दरें, प्रत्येक प्रकार की प्रतिभूति की मांग और पूर्ति द्वारा निर्धारित होती हैं।

5. प्रत्याशा सिद्धांत से विभक्त बाजार सिद्धांत इस कारण भी श्रेष्ठ है क्योंकि यह संस्थागत अनुभवों द्वारा समर्थित है। इस प्रकार, कमर्शियल बैंक जो तरलता पर बल देते हैं, अल्पकालीन प्रतिभूतियों में व्यापार करते हैं तथा बीमा कंपनियां दीर्घकालीन प्रतिभूतियों में। इसी प्रकार, मालसूचियों (inventories) को अल्पकालीन ऋणों से वित्त प्रदान किया जाता है और घरों के खरीदने को दीर्घकालीन बंधकों (mortgages) द्वारा वित्त प्रदान किया जाता है। प्रत्याशा सिद्धांत ब्याज दरों के ढांचे में संस्थाओं के कार्यभाग की व्याख्या नहीं करता है, जिनकी व्याख्या विभक्त बाजार सिद्धांत करता है।

केन्जवादी सिद्धांत
(The Keynesian Theory)

केन्ज के साथ दो सिद्धांत जुड़े हैं। पहला सिद्धांत 'तरलता सिद्धांत (fluidity theory) 'के रूप में जाना जाता है जिसे केन्ज ने अपने *Treatise on Money* में प्रतिपादित किया। दूसरे सिद्धांत को 'मनोवैज्ञानिक सिद्धांत' कहा जाता है। इस सिद्धांत को उन्होंने अपनी *General Theory* में स्थापित किया है। तरलता सिद्धांत में यह माना गया है कि ब्याज दरों की गति की दिशा और समय में समानता होती है जिसमें अल्पकालीन ब्याज दरें आनुपातिक रूप से दीर्घकालीन ब्याज दरों से अधिक होती हैं। इसके अलावा, कन्द्रीय बैंक की ओर से अल्पकालीन ब्याज दरों को प्रभावित करने के लिए किया गया कोई कार्य तत्काल दीर्घकालीन ब्याज दरों को पहुंच जाता है। परन्तु केन्ज ने स्वयं स्वीकार किया कि प्रतिभूति कीमतों में मंदी के दौरान, खुले बाजार कार्यों के जरिए अल्पकालीन प्रतिभूतियों को प्रभावित करने के लिए केन्द्रीय बैंक की कार्रवाई दीर्घकालीन प्रतिभूतियों की आय को कम करने में सहायक नहीं हो सकती है।

मनोवैज्ञानिक सिद्धांत की धारणा यह है कि दीर्घकालीन ब्याज दर एक अत्यन्त मनोवैज्ञानिक तथ्य है जिसमें मुख्यत: इसके भविष्य के स्तर के बारे में अल्पकालीन प्रत्याशाएं होती हैं। दीर्घकालीन ब्याज दरें नीचे की दिशा में निश्चल होती हैं जबकि अल्पकालीन ब्याज-दरें पर्याप्त रूप से गिरती हैं। यह निवेशकों के मनोविज्ञान के कारण होता है। यदि उन्हें यह विश्वास होता है कि दीर्घकालीन ब्याज-दरें "कम न होने वाले पारम्परिक न्यूनतम" पर पहुँच चुकी हैं और अगला परिवर्तन ऊपर की दिशा में होगा तो वे पूंजी-हानि के भय से दीर्घकालीन प्रतिभूतियों का सौदा नहीं करेंगे। ऐसा मंदी के दौरान होता है जब तरलता अधिमान पूर्णतया ब्याज-सापेक्ष होता है। दीर्घकालीन प्रतिभूतियां खरीदने के लिए निवेशकों को मनाने के लिए किए गए केन्द्रीय बैंक की ओर से खुले बाजार में अल्पकालीन प्रतिभूतियाँ खरीदने के सभी प्रयास विफल हो जायेंगे।

ब्याज-दरों के अवधि ढांचे संबंधी सभी केन्जवादी सिद्धांतों की उपेक्षा की गई है और अपेक्षात्मक एवं विभक्त सिद्धाँतों पर ध्यान केन्द्रित किया गया है और इनका प्रायोगिक परीक्षण भी किया गया है।

तरलता या जोखिम प्रीमियम सिद्धांत
(The Liquidity or Risk Premium Theory)

यह सिद्धांत इस बात को अस्वीकार करता है कि अल्पकालीन एवं दीर्घकालीन प्रतिभूतियों की परिपक्वता के अलावा तुलना की जाती हैं। लेकिन यह स्वीकार करता है कि विभिन्न परिपक्वताओं वाली प्राप्तियां दीर्घकालीन और अल्पकालीन दरों की प्रत्याशा द्वारा एक दूसरे से सम्बन्धित हैं। इस प्रकार, यह प्रत्याशा सिद्धांत में यह जोड़ता है कि ऋणदाता एवं ऋणी अल्पकालीन एवं दीर्घकालीन प्रतिभूतियों के प्रति अपनी प्रवृत्तियों में भिन्न होते हैं। ऋणदाता अल्पकालीन ऋण देना पसंद करते हैं और ऋण प्राप्तकर्त्ता दीर्घकालीन ऋण लेना चाहते हैं। इसका कारण यह है कि अल्पकालीन प्रतिभूतियों पर प्रतिफल निश्चित है लेकिन दीर्घकालीन प्रतिभूतियों पर भविष्य की ब्याज

दर की अनिश्चितताओं के कारण प्रतिफल अनिश्चित है। प्रतिभूतियों की परिपक्वता जितनी लम्बी होती है, अनिश्चितता उतनी ही अधिक होती है। इस प्रकार दीर्घकालीन प्रतिभूतियों के साथ जोखिम अधिक होता है। ऐसी स्थिति में ऋणदाता अल्पकालीन सुरक्षित प्रतिभूतियों को प्राथमिकता देते हैं। दीर्घकालीन कर्जदारों द्वारा सप्लाई की गई दीर्घकालीन प्रतिभूतियां बाजार द्वारा धारण करने की प्रेरणा देने के लिए उन पर प्रतिफल प्रीमियम अल्पकालीन प्रतिभूतियों से अवश्य अधिक होना चाहिए, जो प्रत्याशित जोखिम या तरलता प्रीमियम के नाम से जाना जाता है। इस प्रकार दीर्घकालीन प्रतिभूतियां अधिक जोखिम भरी होने के कारण वे अधिक तरलता प्रीमियमों की मांग करेंगी।

चूंकि दीर्घकालीन प्रतिभूतियों में अधिक जोखिम प्रीमियम होता है, इससे निष्कर्ष निकलता है कि जब कोई अल्पकालीन से दीर्घकालीन प्रतिभूतियों की ओर जाता है तो ब्याज दरें बढ़ती हैं। अधिक दीर्घकालीन प्रतिभूतियों पर उच्च ब्याज दरें दो घटकों द्वारा निर्धारित होती हैं : (क) प्रत्याशा घटक, एवं (ख) तरलता प्रीमियम घटक। तरलता प्रीमियम घटक अल्पकालीन प्रतिभूतियों की अपेक्षा दीर्घकालीन प्रतिभूतियों पर उच्च ब्याज दर की ओर हमेशा ले जाएगा। इस प्रवृत्ति को हिक्स ने ''संवैधानिक कमजोरी'' (constitutional weakness) कहा है अथवा इस सिद्धांत के कई अन्य समर्थकों द्वारा इसे ''जन्मजात बाजार कमजोरी'' (congenital market weakness) कहा गया है। उच्च ब्याज-दरों की यह प्रवृत्ति प्रत्याशा घटक द्वारा आंशिक या पूर्णरूप से प्रभावहीन की जा सकती है जिसे दिया हुआ माना गया है।

प्रो. न्यूलिन (Newlyn) ने अपनी पुस्तक *Theory of Money* में प्रत्याशा घटक को हटाकर भुनाना (encashment) एवं आवश्यकता (requirement) अवधियों की धारणा को प्रस्तुत करके, सिद्धांत का संशोधन किया है। भुनाना अवधि की धारणा कर्जदाता से सम्बन्धित है। कर्जदाता उस अवधि की गणना करता है जिसके लिए वह अपने कोषों को कर्ज पर देने के लिए तैयार है तथा जिसके अन्त में वह उसे भुनायेगा। यह भुनाने की अवधि है। यदि वह भुनाने की अवधि से कम अवधि के लिए अपने कोषों को कर्ज पर देता है तो वह अपनी ब्याज आय के बारे में निश्चित नहीं है, जो वह शेष अवधि के लिए प्राप्त कर सकता है। ब्याज-आय का एकभाग ब्याज-दरों के भविष्य के व्यवहार पर निर्भर करेगा। प्रो. न्यूलिन के अनुसार, इस प्रकार कर्जदाता एक ''आय जोखिम उठाता है जो कर्जदाता टाल सकता है यदि ऋण की अवधि भुनाने की अवधि के बराबर हो। दूसरी ओर, यदि ऋण की अवधि भुनाने की अवधि से लम्बी हो तो वह ''पूँजी जोखिम'' उठाता है। यह ऋण के अंकित मूल्य (face value) से इसके बाजार मूल्य में अन्तर के कारण हो सकता है। इस स्थिति में कर्जदाता दोनों जोखिमें टाल सकता है यदि वह बिल्कुल भुनाने की अवधि के लिए अपने कोषों को कर्ज पर देता है। जब तक ऋण की अवधि भुनाने की अवधि से अधिक नहीं होती है, तब तक कर्जदाता को उसके कोषों को त्यागने के लिए प्रेरित करने हेतु कोई तरलता प्रीमियम नहीं दिया जाता हैं।

आवश्यकता अवधि की धारणा कर्जदार से सम्बन्धित है जो उस अवधि के गणना करता है जिसके लिए वह ऋण की माँग करता है तथा जिसके अन्त में वह इसे लौटाएगा। यदि कर्जदार अपनी आवश्यकता अवधि के बराबर की अवधि के लिए कर्ज लेता है तो ऋण की ब्याज लागत पूर्वनिश्चित होती है तथा इसके बारे में कोई अनिश्चितता नहीं होती है। जब कर्जदार आवश्यकता अवधि के लिए कर्ज लेता है तो वह आय जोखिम को टालता है जो ब्याज जोखिम लागत है। यदि वह आवश्यकता अवधि से कम अवधि के लिए ऋण लेता है और बाद में शेष अवधि के लिए ऋण लेने की सोचता है तो वह एक अलग ब्याज लागत उठाने के जोखिम पर चलता है और इस तरह से एक आय जोखिम उठाता है। यदि वह आवश्यकता अवधि से अधिक लम्बी अवधि के लिए कर्ज लेता है तो वह उस अधिक अवधि के लिए कर्ज के अंकित मूल्य से अलग मूल्य दे सकता है। इसमें वह पूँजी जोखिम उठाता है। कर्जदार दोनों जोखिमों को टाल सकता है यदि वह आवश्यकता अवधि के बिल्कुल बराबर कर्ज लेता है।

हम पाते हैं कि कर्जदाता और कर्जदार दोनों आय और पूँजी जोखिमों को टाल सकते हैं यदि ऋण की परिपक्वता क्रमशः भुनाने और आवश्यकता अवधि के बराबर होती है। न्यूलिन का विश्लेषण इस मान्यता पर आधारित है कि कर्जदारों की औसत आवश्यकता अवधि कर्जदाताओं की औसत भुनाने की अवधि से अधिक होती है। यह कर्जदाताओं को भुनाने की अवधि से अधिक लम्बी अवधि के लिए कर्ज देने का प्रलोभन देती है और इस तरह से पूँजी जोखिम होता है। परिणामस्वरूप, लम्बी अवधि की परिपक्वता वाले ऋण पूंजी जोखिम के विरुद्ध प्रीमियम प्राप्त करेंगे। जैसे-जैसे हम अल्पकालीन से दीर्घकालीन परिपक्वताओं की ओर बढ़ेंगे, प्रीमियम अधिक होता जाएगा जो ब्याज दरों को ऊपर की ओर ले जाएगा। इस प्रकार, दीर्घकालीन ब्याज दरें अल्पकालीन ब्याज दरों से अधिक होती हैं तथा

बाजार दीर्घकालीन प्रतिभूतियां रखने के लिए एक प्रीमियम की माँग करता है जिसे *तरलता प्रीमियम* कहते हैं। चित्र 6 में इसका विश्लेषण किया गया है। भुनाने की रेखा *E* कुल संचित कोषों को दिखाती है जिन्हें क्षैतिज अक्ष पर मापा गया है जो बढ़ते हुए *F* बिन्दु तक गए हैं। इनका भुनाना समय *T* तक बढ़ने की आशा है। इसी प्रकार, परिपक्वता वक्र *M* संचित कुल परिसम्पत्तियों को दिखाता है जो *F* तक बढ़ता गया है तथा जिनकी उस अवधि के भीतर परिपक्वता *T* समय तक बढ़ती है। *M* वक्र, *M* के धनात्मक मूल्य से परिपक्वता की शून्यता पर बढ़ता है जो मुद्रा और अर्द्ध–मुद्रा (*M*) की उपस्थिति की ओर संकेत करता है। दोनों वक्र *M* और *E* कोषों की समान कुल राशि (*F*) का प्रतिनिधित्व करते हैं। यह दर्शाते हैं कि कुल कोषों को परिसंपत्तियों के विद्यमान स्टॉक के बीच वितरित करना चाहिए। लेकिन वह कुल कोषों की दो विशेषताओं के विभिन्न वितरणों की व्याख्या करते हैं— (क) कोषों की भुनाने की अवधि एवं परिसम्पत्तियों की परिपक्वता अवधि जिसमें कोष अवश्य रखे जाने चाहिएं; और (ख) समय अवधि *T* को सभी बांडों को और अधिकतम भुनाने की अवधि को शामिल करने के लिए काफी लम्बी मान लिया जाता है।

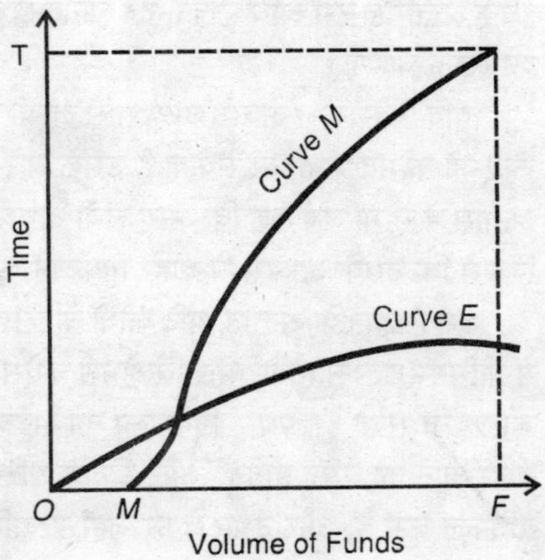

चित्र 6

परिपक्वता वक्र *M* के नीचे क्षेत्र परिसम्पत्तियों की वर्तमान स्टॉक की परिपक्वता की श्रेणी में परिवर्तनों के साथ विपरीत रूप से बदलेगा। दूसरी ओर, भुनाने के वक्र *E* के नीचे क्षेत्र निवेशक के लिए शून्य पूँजी जोखिम के अनुरूप परिपक्वता की कोटि में परिवर्तनों के साथ विपरीत बदलेगा। इसलिए, ब्याज दरों का सामान्य स्तर दोनों क्षेत्रों के बीच अंतर का फलन होगा। ऐसा इस कारण कि यह अंतर उस सीमा तक मापता है जहां तक निवेशकों को पूंजी हानि का जोखिम स्वीकार करने को प्रेरित कर सकते हैं, यदि परिपक्वता की मांग को कोषों की दी हुई पूर्ति के साथ बराबर किया जाता है।

निष्कर्ष (Conclusion)

यह सिद्धांत अपेक्षा सिद्धांत से अधिक वास्तविक है क्योंकि यह विभिन्न परिपक्वताओं की प्रतिभूतियों का निवेशकों द्वारा उठाये जाने वाले जोखिम पर विचार करता है। बेशक, यह अन्य अवधि ढांचा सिद्धांतों में एक सुधार है और यह अधिकतर अर्थशास्त्रियों द्वारा सबसे अधिक स्वीकृत है।

अधिमानित आवास सिद्धांत
(The Preferred Habitate Theory)

मोदिग्लयानी और सुच[1] ने ब्याज दरों के अवधि ढांचा का अधिमानित आवास सिद्धांत प्रस्तुत किया है। यह दोनों का प्रत्याशा और विभक्त बाजार दोनों सिद्धांतों की मुख्य विशेषताओं को इकट्ठा करता है। इसके अनुसार, निवेशकों को एक दी हुई अवधि की प्रतिभूतियों के लिए अधिमान होता है। और वे प्रतिभूतियों को उनके प्रत्याशित प्रतिफल के अनुसार भी चुनना चाहते हैं। परन्तु वे अधिमानित अवधि की प्रतिभूतियों को त्यागकर अन्य अवधि की प्रतिभूतियों को खरीदने को तैयार हो जाएंगे यदि उन्हें अवधि प्रीमियम (term premium) द्वारा क्षतिपूरित किया जाता है। अवधि प्रीमियम एक मुआवजा या अतिरिक्त प्राप्ति है जो निवेशकों को अपनी अधिमानित अवधि की प्रतिभूतियों को छोड़कर अन्य अवधि की प्रतिभूतियां खरीदने के लिए प्रेरित करता है।

इस सिद्धांत के अनुसार, विभिन्न निवेशकों के पास विभिन्न आवासें[2] होती हैं। मान लें कि एक निवेशक के पास *n* अवधि आवास है जिसका तात्पर्य है कि उसके पास कोषें हैं जिसकी उसे *n* अवधियों के लिए कोई आवश्यकता नहीं है और वह उन्हें *n* अवधियों के लिए प्रतिभूतियों में निवेशित रखता है। वह निवेशों का परिणम बिल्कुल जानता है जिसे उसके धन के अंतिम मूल्य द्वारा मापा जाता है। यदि वह अल्प अवधि के लिए निवेश करता है तो उसका परिणाम अनिश्चित है क्योंकि यह अल्पकालीन दरों के भविष्य की दिशा पर निर्भर करेगा।

---

1. F. Modigliani and R. Such, "Innovations in Interest Rate Policy," *A.E.R.*, May 1966.
2. इस सिद्धान्त में आवास से अभिप्राय अल्पकालीन प्रतिभूति (आवास) अथवा दीर्घकालीन प्रतिभूति (आवास) से है।

इसके अतिरिक्त उसे अधिक लेन-देन लागतें खर्च करनी होंगी। इस प्रकार, यदि वह जोखिम से बचना चाहता है तो वह दीर्घावधि प्रतिभूतियों को रखना चाहेगा।

यदि निवेशक <u>n</u> अवधि आवास से लम्बी परिपक्वताओं की प्रतिभूतियों में निवेश करता है तो वह अपनी अपरिपक्व प्रतिभूतियों के लिए जो कीमत प्राप्त कर सकता है उसके बारे में अनिश्चितता का सामना करेगा। अत: जोखिम से बचने के लिए वह उसी परिपक्वता आवास में रहेगा जब तक कि अन्य लंबी अथवा छोटी परिपक्वताओं की प्रतिभूतियां उसे पर्याप्त संभावित प्रीमियम प्रदान नहीं करती हैं जिससे कि उसके आवास से बाहर निकलने की लागत और जोखिम की क्षतिपूर्ति नहीं हो जाती है।

इस सिद्धांत के अंतर्गत, यदि कोषों के लिए <u>n</u> अवधि मांग <u>n</u> अवधि आवास वाले कोषों से अधिक होती है, तो <u>n</u> अवधि परिपक्वता में प्रीमियम उत्पन्न होगा, और विलोमशः। ऐसे प्रीमियम दो प्रकार से विभिन्न परिपक्वता वाली मार्केटों के बीच कोषों में परिवर्तन लाने की प्रवृत्ति रखते हैं: *प्रथम,* निवेशकों की सट्टेबाजी द्वारा जो ऊँचे प्रत्याशित प्रतिफलों से आकर्षित होकर अपने स्वाभाविक आवास से बाहर आने को प्रेरित होते हैं, और *द्वितीय,* परिपक्वता रेंज में उधार लेकर बिटचौलियों द्वारा अंतरपणन (arbitrage) से जहां प्रत्याशित प्रतिफल कम है, और उधार देकर जहां प्रत्याशित प्रतिफल अधिक है।

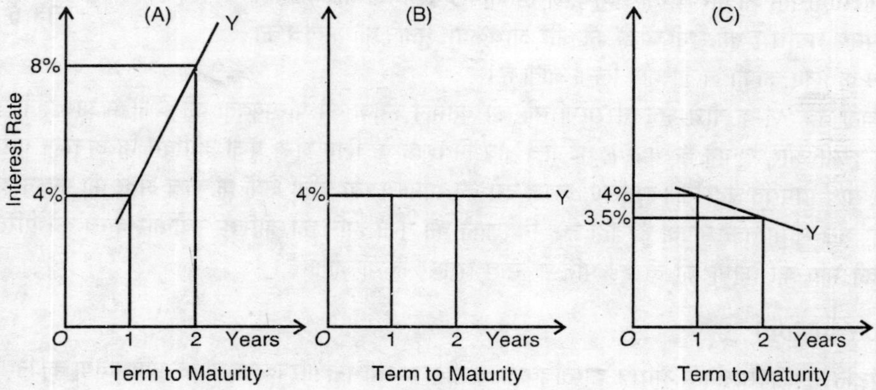

चित्र 7

अधिमानित आवास सिद्धांत प्राप्ति वक्रों के आकार की व्याख्या प्रत्याशा और विभक्त बाजार सिद्धांतों की अपेक्षा श्रेष्ठ एवं अधिक विस्तार से करता है। यह सिद्धांत केवल ऊपर की ओर ढालू प्राप्ति वक्रों की व्याख्या ही नहीं करता बल्कि चपटे और नीचे की ओर ढालू प्राप्ति वक्रों की व्याख्या भी करता है। यह सिद्धांत इस बात की भी व्याख्या करता है कि प्राप्ति वक्र अक्सर अधिकतर नीचे की ओर ढालू की अपेक्षा ऊपर की ओर ढालू क्यों होते हैं। जब अवधि प्रीमियम धनात्मक हो और अल्पकालीन ब्याज दरें बढ़ने की संभावना हो तो प्राप्ति वक्र ऊपर की ओर ढालू होगा, जैसाकि चित्र 7 *(A)* में दर्शाया गया है। जब अवधि प्रीमियम धनात्मक हो और अल्पकालीन ब्याज दरें नाममात्र गिरने की संभावना हो तो प्राप्ति वक्र सापेक्षतया चपटा होगा जैसाकि पेनल *(B)* में है। जब अवधि प्रीमियम धनात्मक हो और अल्पकालीन ब्याज दरें काफी मात्रा में गिरने की संभावना हो तो प्राप्ति वक्र नीचे की ओर ढालू होगा। जैसा कि पेनल *(C)* में दर्शाया गया है। इनके अतिरिक्त यदि अल्पकालीन ब्याज दरों के स्थिर रहने अथवा थोड़ा-सा गिरने की संभावना हो, तो दीर्घकालीन प्रतिभूतियों पर अवधि प्रीमियम होने के कारण प्राप्ति वक्र ऊपर की ओर ढालू होगा।

निष्कर्ष (Conclusion)

अधिमानित आवास सिद्धांत यह बताता है कि प्रत्याशाएं, जोखिम प्रीमियम और विभक्त बाजार सभी ब्याज दरों के अवधि ढांचा को निर्धारित करने में भूमिका निभाते हैं। यदि पूंजी बाजार में उधार देने वाले और उधार लेने वाले विभक्त बाजार में दृढ़ता से बंधे न हों, परन्तु उनके केवल अधिमानित आवास हों, तो ब्याज दरों को निर्धारित करने में प्रत्याशाएं अपना कार्य करती हैं, जो पूरी तरह से स्वतंत्र नहीं होती हैं। अन्य बातें समान रहने पर, उधारदाताओं का तरलता के लिए अधिमान की प्रवृत्ति दीर्घकालीन दरों की अल्पकालीन दरों से

ऊपर होने की होती है।

वास्तव में, प्रत्याशा और विभक्त बाजार सिद्धांत अधिमानित आवास सिद्धांत के छोर के विवरण हैं। विभक्त बाजार सिद्धांत के अंतर्गत, अवधि प्रीमियम प्रभावी तौर से अनन्त है। इसमें कोई सावधि (सीमित) ब्याज दर नहीं है जिसे एक निवेशक को एक प्रतिभूति खरीदने की प्रेरणा देने के लिए प्रस्तुत किया जा सके और जिसकी परिपक्वता उसके अधिमानों के साथ पूरी तरह से मेल नहीं खाती है। प्रत्याशा सिद्धांत के अंतर्गत अवधि प्रीमियम शून्य है। प्रतिभूति पर प्राप्ति दीर्घकालीन प्रतिभूति की अवधि के दौरान केवल प्रत्याशित अल्पकालीन दरों की औसत है। इस स्थिति में विभिन्न परिपक्वताओं की प्रतिभूतियां रखने के लिए निवेशकों को किसी प्रीमियम की आवश्यकता नहीं होती है।

अधिमानित आवास सिद्धांत पर अनुभवसिद्ध प्रमाण सुझाव देता है कि प्रत्याशित अल्पकालीन और दीर्घकालीन दरों के बीच संबंध काफी शक्तिशाली होता है जो प्रत्याशा सिद्धांत का समर्थन करता है। फिर, दीर्घकालीन प्रतिभूतियों से संभावित प्रतिफल एक धनात्मक प्रीमियम द्वारा अल्पकालीन दर से अधिक होने की प्रवृत्ति रखते हैं। ऐसा धनात्मक प्रीमियम का पाया जाना अल्पकालीन मार्केट में कोषों की प्राथमिक पूर्ति के प्राथमिक मांग से अधिक होने और दीर्घकालीन मार्केट में प्राथमिक मांग से कम होने की व्यवस्थित प्रवृत्ति को बताता है। ऐसी स्थितियों में, दीर्घकालीन प्रतिभूतियों पर प्रीमियम का आकार प्रभावी अंतरपणन (arbitrage) कार्यों के लिए सुविधाओं पर निर्भर करेगा।

प्रश्न

1. आप ब्याज दरों के अवधि ढांचा से क्या समझते हैं ? उन घटकों की व्याख्या कीजिए जो अल्पकालीन और दीर्घकालीन ब्याज दरों को निर्धारित करते हैं।
2. ब्याज दरों का ढाँचे से आपका क्या अभिप्राय है ? अल्पकालीन और दीर्घकालीन ब्याज दरों के बीच संबंध की विवेचना कीजिए और चित्र द्वारा भी समझाइए।
3. अवधि ढांचा के प्रत्याशा सिद्धांत की व्याख्या करिए। इसकी क्या कमियां हैं ?
4. अवधि ढांचा के विभक्त बाजार सिद्धांत की विवेचना कीजिए। यह प्रत्याशा सिद्धांत से कैसे श्रेष्ठ है ?
5. अधिमानित सिद्धांत की व्याख्या कीजिए। यह प्रत्याशा और विभक्त बाजार सिद्धांतों को कैसे जोड़ता है ?
6. निम्न पर टिप्पणी लिखिए:
   जोखिम प्रीमियम सिद्धांत, अधिमानित आवास सिद्धांत।

अध्याय 43

वित्तीय बाजार : मुद्रा एवं पूंजी बाजार
(Financial Markets : Money and Capital Markets)

1. वित्तीय बाजार
(FINANCIAL MARKET)

अर्थ (Meaning)

वित्तीय बाजार एक संस्था या व्यवस्था है जो वित्तीय परिसम्पत्तियों जैसे जमा और ऋण, स्टॉक और बांड, सरकारी प्रतिभूतियाँ, चैक, बिल आदि के लेन-देन को सुविधाजनक बनाती है। वित्तीय बाजारों को दलाल, बैंक, गैर-बैंक वित्तीय संस्थाएं, मर्चेन्ट बैंक, म्यूचुअल फंड, बट्टागृह, केन्द्रीय बैंक आदि अनेक संस्थाएं चलाती हैं।

वर्गीकरण (Classification)

वित्तीय-बाजारों का वर्गीकरण अनेक ढंगों से किया जाता है—

1. मुद्रा एवं पूंजी बाजार (Money and Capital Markets)— एक तरीका परिसम्पत्तियों की सौदेबाजी के प्रकार से है, अर्थात् अल्पकालीन या दीर्घकालीन परिसम्पत्तियां। जिस बाजार में अल्पकालीन वित्तीय उपकरणों की सौदेबाजी होती है उसे मुद्रा बाजार कहते हैं और दीर्घकालीन वित्तीय उपकरणों की सौदेबाजी के बाजार को पूंजी बाजार कहते हैं। यह वित्तीय बाजारों का कार्यात्मक (functional) वर्गीकरण भी कहलाता है।[1]

2. प्राथमिक और द्वितीयक बाजार (Primary and Secondary Markets)—वित्तीय बाजारों को प्राथमिक और द्वितीय बाजारों में भी वर्गीकृत किया जाता है। इसे इक्विटी बाजार भी कहते हैं। प्राथमिक (primary) बाजार में वित्तीय परिसम्पत्तियों के नये निर्गमों का क्रय और विक्रय भी किया जाता है, जबकि द्वितीयक (secondary) बाजार में मौजूदा वित्तीय परिसम्पत्तियां बेची और खरीदी जाती हैं। कोई नई कंपनी अपने शेयरों को जब इशू करती है या कोई वर्तमान कंपनी अपने नए शेयर, जो पहले किसी ने न खरीदे हों, बेचती है, तो वे प्राथमिक बाजार में बेचे और खरीदे जाते हैं। दूसरी ओर, जब कोई व्यक्ति किसी कंपनी के पहले से खरीदे शेयर बेचता है तो उनको द्वितीयक बाजार में खरीदा जाएगा।

वित्तीय बाजारों का वर्गीकरण सौदेबाजी किए गए उपकरणों के आधार पर भी किया जाता है। इस वर्गीकरण में ऋण, इक्विटी और वित्तीय सेवा बाजार सम्मिलित होते हैं।

3. ऋण बाजार (Debt Markets)— ऋण बाजारों में उधारदाता एक निश्चित समय के लिए उधार लेने वालों को निधियां देते हैं। निधियों के बदले, उधार लेने वाला उधारदाता को ऋण का मूलधन और ब्याज की एक निश्चित दर देना स्वीकार करता है। लोग ऋण बाजारों से नई कार, घर, आदि उधार पर लेते हैं। कंपनियाँ कार्यकारी-पूंजी और नये उपकरणों के लिए बांड इशू करके निवेशकों से ऋण

---

1. मुद्रा और पूंजी बाजारों के उपकरणों (instruments) और संस्थाओं का विस्तृत अध्ययन इसी अध्याय में आगे किया गया है।

लेती हैं। केन्द्रीय, राज्य और स्थानीय सरकारें विभिन्न सार्वजनिक परियोजनाओं के वित्त-प्रबन्धन हेतु ऋण बाजारों में निधियाँ प्राप्त करती हैं। कंपनियों और सरकारों द्वारा नए बांड इशू का क्रय प्राथमिक ऋण बाजार में होता है और मौजूदा बांडों का क्रय एवं विक्रय द्वितीय ऋण बाजार में होता है। आगे, ऋण बाजारों को बांडों की अवधि के अनुसार अल्पकालीन, मध्यकालीन और दीर्घकालीन मार्किटों में बांटा जाता है, जैसे एक वर्ष और उससे कम अल्पकालीन, एक वर्ष से 10 वष तक मध्यकालीन तथा 10 वर्ष के अधिक समय के लिए दीर्घकालीन। जैसा ऊपर वर्णन किया गया है ईक्विटी बाजार को प्राथमिक और द्वितीयक बाजारों में विभाजित किया जाता है जिनमें शेयरों का क्रय और विक्रय दलालों और स्टॉक केन्द्रों द्वारा होता है।

4. वित्तीय सेवा बाजार (Financial Service Markets)— व्यक्ति और फर्में वित्तीय सेवा बाजारों का प्रयोग बैंकों और दलालों द्वारा करते हैं जो ऋण और ईक्विटी बाजारों के कार्यों को आगे बढ़ाते हैं। बैंक जमा और आहरण (withdrawal) की सुविधाएं प्रदान करने के अतिरिक्त कुछ वित्तीय सेवाएं भी देते हैं। वे कर्जे देकर ऋण बाजार में भाग लेते हैं और अपने ग्राहकों की ओर से बांड और शेयर भी खरीदते हैं। इन सेवाओं के लिए बैंक कुछ शुल्क चार्ज करते हैं। परन्तु बैंक केवल प्राथमिक मार्किट में ही भाग लेते हैं। इसलिए वित्तीय सेवा बाजारों में कोई द्वितीयक मार्किट नहीं होता है।

दूसरी वित्तीय सेवा दलालों द्वारा दी जाती है जो व्यक्ति की शेयर, बांड और डिबेंचर आदि बेचने और खरीदने में सहायता करते हैं। वे इन सेवाओं के लिए कमीशन लेते हैं।

वित्तीय बाजार की संस्थाएं (Institutions of Financial Markets)

वित्तीय बाजार में दो प्रकार की संस्थाएं होती हैं : प्रथम, निक्षेपी अर्थात् जमा रखने वाली, और द्वितीय, गैर-निक्षेपी।

निक्षेपी संस्थाएं (Depositary Institutions)

निक्षेपी संस्थाएं वे होती हैं जो व्यक्तियों और फर्मों से जमा स्वीकार करती हैं और इन कोषों का ऋण बाजार में कर्जे देने या सरकारी बिल जैसे अन्य ऋण उपकरणों में प्रयोग करती हैं। प्रमुख निक्षेपी संस्थाएं निम्न हैं—

(1) कमर्शियल बैंक (Commercial Banks)—ये सबसे बड़ी और महत्त्वपूर्ण निक्षेपी संस्थाएं हैं जो व्यक्तियों और फर्मों की जमाएं—नकदी और परिसम्पत्तियों में विभिन्न प्रकार के खातों में रखती हैं तथा उनका उधार देने में प्रयोग करती हैं।

(2) बचत और ऋण एसोसिएशन (Saving and Loan Association)—ये व्यक्तियों द्वारा अपनी जमा को इकट्ठा करके म्यूचुअल एसोसिएशन बनाकर चलाई जाती हैं। ये जमा को बंधक (mortgage) ऋण के रूप में देती हैं।

(3) म्यूचुअल सेविंग बैंक (Mutual Saving Banks)—इनके कार्य बचत और कर्ज एसोसिएशन की तरह ही होते हैं। अन्तर केवल यह है कि म्यूचुअल सेविंग बैंक सहकारिता के आधार पर किसी कंपनी, ट्रेड यूनियन या अन्य संस्थाओं द्वारा स्थापित किए जाते हैं।

(4) सहकारी क्रेडिट संघ (Co-operative Credit Unions)—सहकारी क्रेडिट संघों में सदस्य सहकारी संघ के शेयर खरीदते हैं, जमा कराते हैं और कर्ज लेते हैं।

गैर-निक्षेपी संस्थाएं (Non-depositary Institutions)

गैर-निक्षेपी संस्थाएं वित्तीय मध्यस्थों और जोखिमों के विरुद्ध बीमा द्वारा वित्तीय बाजार में कार्य करती हैं। प्रमुख गैर-निक्षेपी संस्थाएं निम्न हैं—

(1) म्यूचुअल फंड (Mututal Funds)—म्यूचुअल फंड व्यक्तियों और फर्मों को अपने शेयर बेचते हैं और इस प्रकार प्राप्त राशि का विभिन्न प्रकार की परिसम्पत्तियों में निवेश करते हैं। कुछ म्यूचुअल फंड अल्पकालीन परिसम्पत्तियों जैसे खजाना बिलों, बैंकों के जमा-प्रमाण पत्रों (CDs) आदि में निवेश करते हैं। इन्हें मुद्रा बाजार म्यूचुअल फंड (money market mututal fund) कहते हैं।

(2) बीमा कंपनियां (Insurance Companies)—बीमा कंपनियां व्यक्तियों के जीवन का बीमा करके जो राशि वसूल करती हैं उसे दीर्घकालीन परिसम्पत्तियों, बंधकों, गृह निर्माण आदि के लिए कर्जे के रूप में देती हैं। दूसरी ओर ट्रक, लारी, मकान आदि में आग, चोरी, दुर्घटना आदि के लिए ली गई राशि के कम लम्बी अवधियों की परिसम्पत्तियों में निवेश किया जाता है।

(3) पेन्शन फंड (Pension Funds)—निजी और सरकारी निगम तथा केन्द्रीय, राज्य और स्थानीय सरकारें अपने कर्मचारियों के वेतनों में से कुछ राशि की कटौती करके पेन्शन फंडों में जमा करती हैं जिन्हें पेन्शन फंड संस्थाएं या निगम दीर्घकालीन परिसम्पत्तियों में निवेश करती हैं।

(4) दलाली फर्में (Brokerage Firms)—दलाली फर्में वित्तीय परिसंपत्तियों के विक्रेताओं और क्रेताओं को जोड़ती हैं। इस तरह यह मध्यवर्तियों की तरह कार्य करती हैं और प्रत्येक सौदे के लिए एक शुल्क (fee) लेती हैं जिसे दलाली कहते हैं। ये केवल द्वितीयक ऋण बाजार और इक्विटी बाजार में प्रचालन करते हैं।

वित्तीय बाजारों की कुशलता (Efficiency of Financial Markets)

एक कुशल वित्तीय बाजार वह होता है (1) जिसमें बांडों की कीमतें उनकी प्राप्तियों (yields) को बराबर करने के लिए बहुत शीघ्रता से समायोजित हो जाएंगी। दूसरे शब्दों में, एक कुशल वित्तीय बाजार में सभी निवेशों पर जोखिम–समायोजित प्रत्याशित प्रतिफल (risk-adjusted expected returns) बराबर होंगे, अर्थात् एक बांड पर जो कमाने की आशा की जाती है वह समान जोखिम वाली किसी अन्य परिसम्पत्ति पर कमाई के बिल्कुल बराबर होती है। यदि कोई बांड किसी अन्य बांड की अपेक्षा प्रतिफल की ऊंची जोखिम–समायोजित प्रत्याशित दर कमाता है तो निवेशक जल्दी ही उस बांड को खरीदने का यत्न करेंगे, जिससे उसकी कीमत बढ़ जाएगी और उसका प्रत्याशित प्रतिफल कम हो जाएगा। इस प्रकार समान जोखिम वाले बांडों के प्रतिफल बराबर होंगे। (2) यह न्यूनतम लागत ढंग से कार्य करता है। (3) इसके संसाधन गैर–फजूलखर्ची से प्रयोग किए जाते हैं। (4) इसके संसाधन सामाजिक रूप से अति उत्पादक उपभोगों में आवंटित किए जाते हैं।

कुशल वित्तीय बाजार की धारणा विवेकशील प्रत्याशाओं की उपकल्पना (rational expectations hypothesis) पर आधारित है जिसके अनुसार एक कुशल बाजार के लिए प्रत्याशाएं संबद्ध सूचना पर आधारित होती हैं। एक कुशल बाजार में बांड पोर्टफोलियो की वर्तमान कीमत संबद्ध सूचना को बताएगी। जिन लोगों ने सूचना के आधार पर बांड/स्टॉक की भविष्य की कीमत के बारे में विवेकशील प्रत्याशा बनाई है, वे बांड–स्टॉक कम कीमत होने पर उसे खरीदेंगे और अधिक होने पर उसे बेचेंगे। उपलब्ध सूचना दी होने पर, संतुलन में बांड–स्टॉक की सापेक्ष मांग और पूर्ति को व्यक्त करने के लिए बांड–स्टॉक की कीमत बढ़ेगी या कम होगी। इस प्रकार, विभिन्न बांडों पर जोखिम–समायोजित प्रत्याशित प्रतिफल संतुलन में बराबर हो जाएंगे। यदि कोई अस्थायी असंतुलन होता है तो मार्किट दबाव उसे ठीक कर देंगे। उदाहरणार्थ, जब लोग इस प्रत्याशा में पूर्वानुमान लगाते हैं कि स्फीति बढ़ेगी तो वे अपने बांड–स्टॉक शीघ्रता से बेचने का प्रयत्न करेंगे। इससे ब्याज दर बहुत शीघ्र बढ़ेगी और इस सूचना से बांड कीमतें शीघ्रता से कम हो जाएंगी।

वित्तीय बाजार की कुशलता की जांच निम्न प्रकार से की जा सकती है —

1. उचित मूल्यांकन (Proper Valuation)—एक कुशल बाजार में वित्तीय परिसंपत्तियों का उचित मूल्यांकन होना चाहिए। इसके लिए आवश्यक है कि वित्तीय परिसंपत्ति की बाजार कीमत उसके यथार्थ मूल्य (intrinsic value) के बराबर अवश्य हो। इसका यथार्थ मूल्य इसमें किए गए निवेश से इसके भविष्यकालीन नकद प्रवाहों के स्रोत का वर्तमान मूल्य होता है। इसके वर्तमान मूल्य की गणना उपयुक्त बट्टा दर पर इसके भविष्यकालीन नकद प्रवाहों को बट्टा करके की जाती है।* किसी परिसंपत्ति की बाजार कीमत और यथार्थ मूल्य के बीच समानता पूर्ण प्रतियोगी वित्तीय बाजार में ही संभव है।

2. कार्यात्मक रूप से कुशल (Operationally Efficient)—एक कुशल बाजार कार्यात्मक रूप से कुशल होना चाहिए। इसके लिए आवश्यक है : (i) प्रशासनिक और लेन–देन लागतों को कम–से–कम करना; (ii) संसाधनों को हस्तांतरित करते समय ऋणदाताओं और उधारकर्त्ताओं को अधिकतम सुविधा प्रदान करना; और (iii) वित्तीय मध्यस्थों को उनकी सेवाओं के लिए उचित प्रतिफल प्रदान करना।

---

* यदि किसी परिसंपत्ति पर कुल ब्याज के रूप में निवेश की गई वर्तमान राशि PV है तो इसका t वर्षों में भविष्यकालीन मूल्य (FV) है :

$$FV = Pv \times (1 + r)^t$$

या,
$$PV = \frac{FV}{(1+r)^t}$$

यह समीकरण प्रतिवर्ष $r\%$ ब्याज दर पर भविष्य में t वर्षों के लिए प्राप्त की गई किसी परिसंपत्ति की राशि (FV) के वर्तमान मूल्य (PV) को दर्शाता है।

3. आवंटनीय रूप से कुशल (Allocationally Efficient)—एक कुशल बाजार आवंटनीय रूप से कुशल होना चाहिए। इसके लिए, इसे अपने वित्तीय संसाधनों को ऐसी निवेश परियोजनाओं में ले जाना और प्रयोग करना चाहिए जहां पूंजी की सीमान्त उत्पादकता जोखिम अन्तरों के समायोजन के बाद अधिकतम होती है।

4. जोखिम के विरुद्ध सुरक्षा (Insurance Against Risk)—एक कुशल बाजार को संभावित भविष्यकालीन आकस्मिकताओं (contingencies) के विरुद्ध जोखिमों को कम करना और रोकना चाहिए।

5. सूचना अन्तरपणन (Information Arbitrage)—बाजार कुशलता सूचना अन्तरपणन पर निर्भर करती है। यदि कोई व्यक्ति साधारण रूप से उपलब्ध सूचना के आधार पर अधिक लाभ प्राप्त करता है तो वित्तीय बाजार कुशल नहीं होगा। एक बाजार केवल पूर्ण प्रतियोगिता के अन्तर्गत ही कुशल है जहां वित्तीय परिसंपत्तियों की कीमतें सभी संबंधित और उपलब्ध सूचना को पूर्णत: दर्शाती हैं और ऐसे लाभ की संभावनाएं अति दुर्लभ होती हैं।

कुशल बाजारों के प्रकार (Types of Efficient Markets)

कुशल बाजारों के तीन प्रकार होते हैं : अशक्त, अर्द्ध-सशक्त और सशक्त बाजार।

1. कुशल बाजार का अशक्त प्रकार (Weak Form of Efficient Market)—कुशल बाजार के अशक्त प्रकार में अगली अवधि की बांड कीमत का श्रेष्ठ पूर्वानुमान इसी अवधि की कीमत होती है। बांड कीमत पर कोई भी पिछली सूचना इस पूर्वानुमान को सुधार नहीं सकती है। बांड कीमतों के पिछले आकड़ों के आधार पर उनके प्रतिफल का पूर्वानुमान लगाना बहुत ही कठिन होता है।

2. कुशल बाजार का अर्द्ध-सशक्त प्रकार (Semi-strong Form of Efficient Market)—कुशल मार्किट के इस विवरण के अनुसार, बांड की वर्तमान कीमत उसकी भविष्य की कीमतों का श्रेष्ठ पूर्वानुमान करने वाली होती है। परन्तु कोई भी उपलब्ध सूचना बांडों अथवा परिसम्पत्तियों की भविष्य में कीमतों या प्रतिफलों का पूर्वानुमान करने में सहायक नहीं होगी। ऐसी सूचना में परिसम्पत्तियों की पिछली कीमतें, ब्याज दरें, लाभ, आदि शामिल होते हैं। परन्तु कोई स्टॉक का दलाल, कंपनी की आंतरिक सूचना के आधार पर, बांडों को बेच या खरीद कर भविष्य में लाभ कमा सकता है।

3. कुशल बाजार का सशक्त प्रकार (Strong Form of Efficient Market)—कुशल बाजार के सशक्त प्रकार में कोई भी उपलब्ध वर्तमान सूचना एक परिसम्पत्ति कीमत के हाल में ज्ञात मूल्य का प्रयोग करके उस परिसम्पत्ति के भविष्य में मूल्य का पूर्वानुमान करने के लिए सुधार नहीं कर सकती। दूसरे शब्दों में, आंतरिक सूचना भी स्टॉक कीमत की गतियों का पूर्वानुमान लगाने में सहायक हो सकती है। वास्तव में, कुशल बाजार का सशक्त प्रकार संभव नहीं क्योंकि कोई भी आंतरिक सूचना के अनुसार भविष्य की स्टॉक कीमतों का पूर्वानुमान नहीं लगा सकता है। इस कारण, अशक्त और अर्द्धसशक्त कुशल मार्किट के प्रकार अधिकतर वित्तीय बाजारों में देखे जाते हैं।.

वित्तीय बाजारों के कार्य (Functions of Financial Markets)

वित्तीय बाजार अंतिम ऋणदाताओं और अंतिम उधारकर्त्ताओं के बीच संचारण तंत्र (transmission mechanism) होते हैं। अंतिम ऋणदाताओं से अंतिम उधारकर्ताओं को वित्तीय बाजार संस्थाओं के माध्यम से निधियां प्रवाहित होती हैं। दूसरे शब्दों में, वित्तीय बाजार ऐसी नालियां हैं जिनके जरिए अंतिम ऋणदाता अपनी बेशी (surplus) निधियों को अंतिम उधारकर्त्ताओं को उधार देते हैं। वित्तीय बाजार बेशी इकाइयों (surplus units) (अंतिम ऋणदाताओं) की बचतों को जुटाकर उन्हें घाटे की इकाइयों (अंतिम उधारकर्त्ताओं) को विस्तृत और विभिन्न प्रकार की तकनीकों, उपकरणों और संस्थाओं द्वारा देते हैं।

बेशी इकाइयां घाटे की इकाइयों को अपनी निधियां उधार देने से उन पर लाभांश या ब्याज कमा कर लाभान्वित होती हैं। दूसरी ओर, घाटे की इकाइयां अपनी निवेश योजनाओं के लिए बेशी इकाइयों से उधार लेकर, जो अन्यथा उन्हें उपलब्ध न होगा, लाभान्वित होती हैं। वित्तीय बाजारों के बिना, बेशी इकाइयां अपनी अतिरिक्त निधियों को केवल अपने पास जमा रखेंगी और घाटे की इकाइयां आंतरिक स्रोतों, जैसे रिश्तेदारों से, उधार लेंगी। परन्तु वित्तीय बाजार अंतिम ऋणदाताओं और उधारकर्त्ताओं दोनों को अतिरिक्त विकल्प प्रदान करते हैं। अंतिम ऋणदाता वित्तीय परिसंपत्तियां प्राप्त कर सकते हैं अर्थात् प्रतिभूतियां ख़रीदना या वित्तीय बाजार के जरिए उन्हें बेचकर ऋणों का भुगतान करना। इसी प्रकार, अंतिम उधारकर्ता अपनी वित्तीय परिसंपत्तियों जैसे प्रतिभूतियों को वित्तीय बाजार में बेचकर अपनी

निवेश योजनाओं के लिए वित्त प्राप्त कर सकते हैं।

परिवार, व्यावसायिक फर्में, केन्द्रीय, राज्य और स्थानीय सरकार संस्थाएं और वित्तीय संस्थाएं[2] अंतिम ऋणदाता होते हैं ओर ये ही अंतिम उधारदाता भी होते हैं। वित्तीय बाजार में व्यापार करने वाली बेशी इकाइयां और घाटे की इकाइयां केन्द्रीय, राज्य और स्थानीय सरकारी संस्थाओं द्वारा जारी बांड, कंपनी बांड और इक्विटी, बंधकपत्र (mortgages), बिल आदि में सौदे करते हैं। परन्तु वित्तीय संस्थाएं अंतिम ऋणदाताओं और अंतिम उधारकर्त्ताओं के बीच वित्तीय बाजार में वित्तीय मध्यस्थों के रूप में कार्य करती हैं। वे निधियों को अंतिम ऋणदाताओं से अंतिम उधारकर्त्ताओं को स्थानांतरित करती हैं और अंतिम उधारकर्त्ताओं द्वारा **जारी की गई प्राथमिक प्रतिभूतियों** को खरीद कर अंतिम ऋणदाताओं को स्थानान्तरित करती हैं। वे बेशी इकाइयों की बचतों को प्राप्त करती हैं और उनके बदले अपने ऊपर दावे (claims) पेश करती हैं। वे परोक्ष या द्वितीयक प्रतिभूतियों (secondary securities) के जरिए अपने ऊपर दावे निर्मित करके गैर–वित्तीय व्यय (spending) इकाइयों से प्राथमिक प्रतिभूतियां भी खरीदती हैं। इस प्रकार, वित्तीय संस्थाएं द्वितीयक प्रतिभूतियां जारी करती हैं। अत: वित्तीय संस्थाएं वित्तीय बाजार में प्रतिभूतियों को बेचती और खरदती हैं। वे प्राथमिक प्रतिभूतियां क्रय करती हैं और अपनी द्वितीयक प्रतिभूतियां वित्तीय बाजार में विक्रय करती हैं। अत: वित्तीय संस्थाएं वित्तीय बाजार में व्यापारियों का कार्य करती हैं—वे अपनी द्वितीयक प्रतिभूतियों के बदले में अंतिम उधारकर्त्ताओं से निधियां खरीदती हैं और अंतिम उधारकर्त्ताओं की प्राथमिक प्रतिभूतियों के बदले में उन्हें अपनी निधियां बेचती हैं। बेशी इकाइयों द्वारा प्राथमिक प्रतिभूतियों का क्रय प्रत्यक्ष वित्त (direct finance) और वित्तीय मध्यस्थों द्वारा क्रय परोक्ष वित्त (indirect finance) कहलाता है। चित्र 1 वित्तीय बाजारों द्वारा अंतिम ऋणदाताओं से अंतिम उधारकर्त्ताओं की ओर निधियों के प्रवाह का वर्णन करता है। अंतिम ऋणदाताओं को चित्र के बाईं ओर और अंतिम उधारकर्त्ताओं को दाईं ओर दर्शाया गया है। निधियां बाईं ओर अंतिम ऋणदाताओं से दाईं ओर अंतिम उधारकर्त्ताओं की ओर वित्तीय संस्थाओं अथवा मध्यस्थों के माध्यम से प्रत्यक्ष या परोक्ष रूप से प्रवाहित होती हैं। दूसरी ओर, अंतिम उधारकर्त्ताओं द्वारा निर्गम (issue) की गई और अंतिम ऋणदाताओं और वित्तीय संस्थाओं द्वारा क्रय की गई प्राथमिक प्रतिभूतियां विपरीत दिशा में प्रवाहित होते दिखाया गया है। वे दाईं ओर अंतिम उधारकर्त्ताओं से बाईं ओर अंतिम ऋणदाता की ओर वित्तीय बाजार में वित्तीय संस्थाओं के माध्यम से प्रत्यक्ष या परोक्ष रूप से प्रवाहित होती हैं।

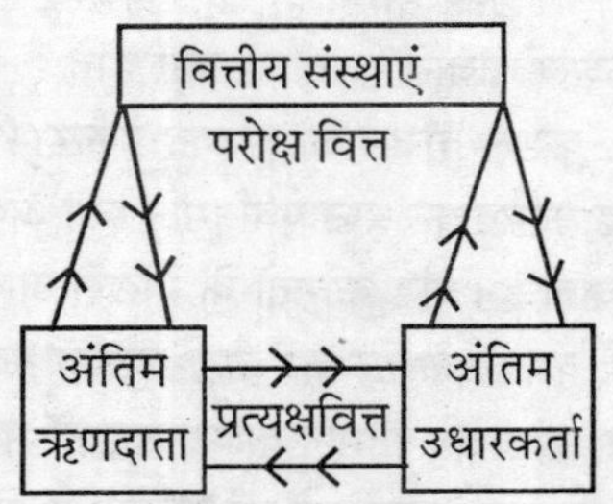

वित्तीय बाजारों में निधियों का प्रवाह

चित्र 1

अंतिम ऋणदाताओं से अंतिम उधारकर्त्ताओं की ओर और विलोमश: निधियों के निर्विघ्न प्रवाह के लिए वित्तीय बाजार अवश्य पूर्णत: विकसित और सभी भागीदारों के लिए पूर्ण और सरलता से प्रवेश करने योग्य होना चाहिए, जैसा कि विकसित देशों में होता है। परन्तु अल्प विकसित देशों में वित्तीय बाजार अविकसित, अपूर्ण और अंतिम ऋणदाताओं और अंतिम उधारकर्त्ताओं दोनों की पहुंच के बाहर है। बाजार के दोनों भागीदार ऋण देने और ऋण लेने के स्रोतों, अवसरों, साधनों और संस्थाओं के संबंध में पर्याप्त जानकारी नहीं रखते हैं। परिणामस्वरूप, निधियों का प्रवाह समुचित, निर्विघ्न और पर्याप्त रूप से नहीं हो पाता है। आवश्यकता इस बात की है कि वित्तीय बाजारों के निर्विघ्न और स्वस्थ कार्यकरण के लिए मुद्रा और पूंजी बाजार उपकरणों और संस्थाओं का विकास किया जाए जिससे निधियों का प्रवाह विकासशील अर्थव्यवस्था की वित्तीय आवश्यकताओं को पूरा करने के लिए हो सके।

वित्तीय बाजार का कार्यकरण (Working of Financial Market)

वित्तीय बाजारों का काम–काज वित्तीय परिसंपत्तियों में होता है जिनकी कीमतें ब्याज दर के रूप में व्यक्त होती हैं। ब्याज दर ऋण

2. वित्तीय संस्थाओं में व्यापारिक बैंक, सहकारी ऋण समितियां और बैंक, म्यूचुअल फंड, बचत और ऋण एसोसिएशन, बिल्डिंग और गृह ऋण समितियां, इंश्योरेंस कंपनियां, मर्चेण्ट बैंक, यूनिट ट्रस्ट और अन्य वित्तीय संस्थाएं शामिल होती हैं। इन्हें व्यावसायिक बैंक और गैर–बैंक वित्तीय संस्थाओं में विभाजित किया जाता है।

या उधारयोग्य निधियों की कीमत है। ब्याज दर में कमी अथवा वृद्धि वित्तीय बाजार में उधारयोग्य निधियों की मांग और पूर्ति पर निर्भर करती है।

उधारयोग्य निधियों की मांग बंधकों (mortgages), निगम बाँडों, केन्द्रीय सरकार की प्रतिभूतियों, राज्य सरकारों और स्थानीय निकायों के बाँडों, चल पूंजी और पूंजी उपकरण के लिए व्यावसायिक ऋणों, सेवाओं के लिए सरकारी ऋणों, बुनियादी ढांचा आदि में निवेश, उपभोक्ता ऋण इत्यादि के रूप में होती है। ये समूह उधारयोग्य निधियों की प्राथमिक मांग करने वाले होते हैं। उधारयोग्य निधियों की मांग निधियों के वैकल्पिक स्रोतों पर ब्याज दरों, व्यावसायिक प्रत्याशाओं, स्फीति दर की प्रत्याशा, व्यावसायिक लाभप्रदता; उपभोक्ता की रुचियों में परिवर्तन; ब्याज भुगतानों की कर कटौती (यदि ब्याज भुगतान कर योग्य नहीं है तो निधियों की मांग अधिक होगी); लागत और निधियों की उपलब्धता, वास्तविक और इच्छित पूंजी स्टॉक आदि पर निर्भर करती है।

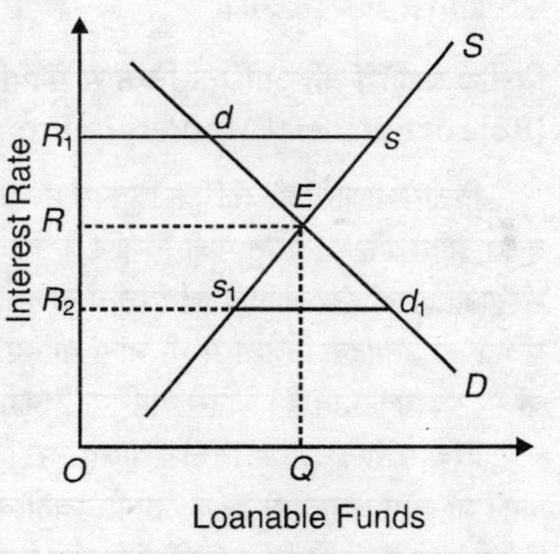

चित्र 2

उधारयोग्य निधियों की पूर्ति व्यावसायिक बैंकों, बचत और ऋण संगठनों, म्यूचुअल फण्डों, बचत बैंकों, बीमा कंपनियों, पेंशन निधियों, ऋण संगठनों, गैर-बैंक वित्तीय कंपनियों, व्यक्तियों आदि से होती है। उधारयोग्य निधियों की पूर्ति निधियों के वैकल्पिक प्रयोगों पर ब्याज दर; प्रत्याशित स्फीति दर, ब्याज आय पर कर की दर; ऋणदाताओं की संपत्ति; निवेश की तरलता और जोखिम; व्यक्तिगत आय का स्तर; आय का वितरण; निगम और व्यक्तिगत कर की दर, आदि पर निर्भर करती है।

इन घटकों के दिए होने पर, कुशल वित्तीय बाजार संतुलन में तब होता है, जब उधारयोग्य निधियों की मांग और पूर्ति बराबर होती है। चित्र 2 में D उधारयोग्य निधियों का मांग वक्र है और S उधारयोग्य निधियों का पूर्ति वक्र। वे E बिन्दु पर एक-दूसरे को काटते हैं जो संतुलन बिन्दु है जहां OR ब्याज दर पर निधियों की OQ मात्रा की मांग और पूर्ति की जाती है। यदि संतुलन ब्याज दर OR से अधिक OR_1 होती है तो निधियों के ऋणदाता अधिक ऋण देने के लिए उत्सुक होते हैं परन्तु निधियों के उधारकर्त्ता उधार लेना नहीं चाहते हैं। उधारयोग्य निधियों की मांग R_1d से उनकी पूर्ति R_1s अधिक होने के कारण ($R_1s > R_1d$) ब्याज दर गिर कर OR हो जाएगी। इसके विपरीत, यदि ब्याज दर OR से कम OR_2 होती है तो उधारकर्त्ता ऋणदाताओं के ऋण देने की इच्छा की अपेक्षा अधिक उधार लेने के उत्सुक होंगे। उधार योग्य निधियों की पूर्ति R_2s_1 से उनकी मांग R_2d_1 अधिक होने से $R_2d_1 > R_2s_1$ ब्याज दर बढ़ कर OR हो जाएगी। इस प्रकार, कुशल वित्तीय बाजार में निधियों की मांग और पूर्ति बराबर होती है।

चूं कि निधियों की मांग और पूर्ति वित्तीय बाजार की दशाओं पर निर्भर करती है जिन्हें प्रतियोगितात्मक माना जाता है, इसलिए निधियों और ब्याज दरों की मांग और पूर्तियों में निरन्तर परिवर्तन ही दोनों को बराबर रखते हैं। इनसे वर्तमान ब्याज दरों पर निधियों की संभावित मांग और पूर्ति का पूर्वानुमान होता है। यह मांग और पूर्ति की ब्याज-लोच पर निर्भर करती है। मान लें कि चित्र 3 (A) में ब्याज दर OR_1 है। यदि मांग और पूर्ति दोनों ब्याज-लोच होती हैं तो ब्याज दर में थोड़ी-सी OR पर वृद्धि उधारयोग्य निधियों की मांग (R_1d) में कमी और निधियों की पूर्ति (R_1s) में वृद्धि कर देगी जिससे दोनों में E

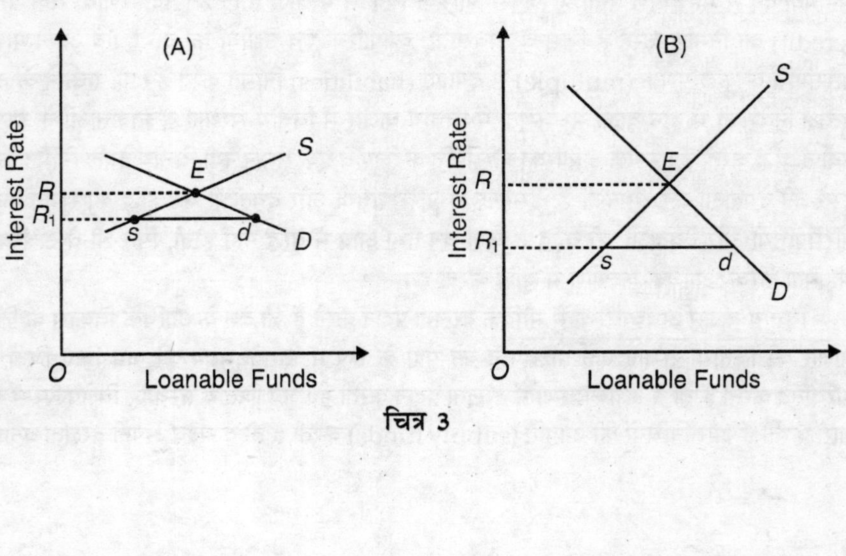

चित्र 3

बिन्दु पर समानता आ जाती है। परन्तु यदि वे दोनों ब्याज-बेलोच हैं जैसा चित्र 3 (B) में तो ब्याज दर में एक बड़ी-सी OR_1 से OR पर वृद्धि दोनों में E बिन्दु पर समानता लाने के लिए उधारयोग्य निधियों की मांग (R_1d) कम कर देगी और निधियों की पूर्ति (R_1s) बढ़ा देगी।

वित्तीय बाजारों की आर्थिक विकास में भूमिका (Role of Financial Markets in Economic Development)

वित्तीय बाजारों की आर्थिक विकास में एक विशेष भूमिका होती है। आर्थिक विकास पूंजी निर्माण पर निर्भर करता है। जिसके लिए बचत आवश्यक है। परन्तु पूंजी निर्माण के लिए केवल बचत ही पर्याप्त नहीं है, उनका संग्रह भी आवश्यक है और यह कार्य वित्तीय संस्थाओं द्वारा किया जाता है जो वित्तीय बाजारों में कार्यशील होती हैं। केवल बचतों के संग्रह से ही पूंजी-निर्माण नहीं हो जाता है। इन बचतों को उत्पादक निवेशों में भी जाना चाहिए। पूंजी निर्माण की इन तीन प्रक्रियाओंङ्कबचत करना, उनका संग्रह और निवेश में वित्तीय बाजार सहायक होते हैं। जिनसे आर्थिक विकास में निम्न तरीकों से वृद्धि होती है।

विकासशील देशों में वित्तीय बाजार गैर-विकसित और गैर-संगठित होते हैं। अधिकांश लोग निर्धन होते हैं और वे बचत नहीं कर पाते। जो लोग बचाते भी हैं; वे अपनी बचतों को स्वर्ण आभूषण, वास्तविक सम्पदा, सट्टा, विदेशी विनिमय और दिखावटी उपभोग में निवेश करते हैं। इन परिस्थितियों में वित्तीय बाजार निजी बचत के प्रवाह को गैर-उत्पादक से उत्पादक कार्यों में लगाते हैं। वे परिवारों को भौतिक परिसंपत्तियों की बजाय वित्तीय परिसंपत्तियां रखने को प्रोत्साहित करते हैं। परिवार जितनी भौतिक परिसंपत्तियों को खरीदकर वित्तीय परिसंपत्तियों में धन लगाकर बचत करते हैं उतने की विकास कार्यों के लिए संसाधन जारी होते हैं। इस प्रकार, वित्तीय बाजार लोगों द्वारा घरों में इधर-उधर छिपाकर नकदी के संग्रह को कम करते हैं तथा उनमें बचत और निवेश की आदतों में वृद्धि करते हैं, जो पूंजी निर्माण तथा आर्थिक विकास के लिए बहुत सहायक होते हैं।

वित्तीय बाजार, शेयरों, ऋणों, बंधकों, बांडों आदि के द्वारा गैर-वित्तीय व्यवसाय क्षेत्र की सहायता करते हैं। वित्तीय बाजार में यह कार्य वित्तीय संस्थाएं करती हैं जो बचतकर्त्ताओं से व्यवसायियों को निधियों का हस्तांतरण करती हैं। बचतकर्ता अपनी निधियां उधार देकर उन पर ब्याज अथवा लाभांश कमाते हैं जिसे वे पुन: शेयरों, बांडों आदि में निवेश करते हैं। दूसरी ओर, व्यवसायी भी अपनी निवेश योजनाओं को पूरा करने के लिए वित्तीय संस्थाओं से उधार लेते हैं। इस प्रकार, ये भी पूंजी निर्माण तथा आर्थिक विकास में सहायक होते हैं।

वित्तीय बाजार, राज्य सरकारों, स्थानीय निकायों और केन्द्रीय सरकार के बांडों और प्रतिभूतियों का क्रय-विक्रय करके उनकी वित्तीय सहायता करते हैं जिसके द्वारा वे अपनी विभिन्न स्थानीय, राज्यस्तरीय और केन्द्रीय परियोजनाओं द्वारा आर्थिक विकास को बढ़ाते हैं।

वित्तीय बाजार वित्तीय संस्थाओं द्वारा नई परिसंपत्तियों और देयताओं का निर्माण करते हैं जो व्यवसाय, व्यापार एवं उद्योगों को वित्तीय सहायता देने में महत्त्वपूर्ण होती हैं जिनसे आर्थिक विकास में वृद्धि होती है। उदाहरणार्थ, बैंक प्राथमिक प्रतिभूतियां खरीद कर ऋण (credit) का निर्माण करते हैं जिसे वे व्यवसायों, व्यापारियों एवं उद्योगों को देते हैं। वे अपने पास रखी इनकी किसी भी प्रकार की परिसंपत्ति के कुछ गुणक (multiple) से देयताएं (liabilities) निर्मित करते हैं। प्रो. **एकले** के अनुसार, अन्तिम बचतकर्त्ताओं और प्रत्यक्ष निवेशकों में होने वाली मध्यस्थता में वित्तीय बाजार में वित्तीय संस्थाएं बचतकर्त्ताओं के पास वित्तीय परिसंपत्तियों के स्टॉक में पर्याप्त वृद्धि करती हैं। प्रत्येक अतिरिक्त परिसंपत्ति के लिए वे एक समान नयी वित्तीय देयता निर्मित करती हैं। चूंकि वित्तीय संस्थाएं एक-दूसरे की देयताओं को अपनाती हैं, इसलिए वे परिसंपत्तियों और देयताओं की वृद्धि का सृजन करती हैं। **एकले** के अनुसार, यद्यपि परिसंपत्तियों और देयताओं की वृद्धि से कुल धन तथा आय में वृद्धि नहीं होती, फिर भी वे अर्थव्यवस्था के विभिन्न वर्गों की वित्तीय सहायता करके आर्थिक कल्याण में वृद्धि करती हैं।

वित्तीय बाजार अर्थव्यवस्था में मौद्रिक तरलता प्रदान करते हैं जो देश के आर्थिक विकास के लिए बहुत आवश्यक है। जब वित्तीय बाजार की वित्तीय संस्थाएं एक परिसंपत्ति को मुद्रा के रूप में, उसके मूल्य को कम किए बिना, सरलता और शीघ्रता से नकदी में परिवर्तित करती हैं तो वे अर्थव्यवस्था में तरलता प्रदान करती हैं। जब वित्तीय संस्थाएं, विशेषरूप से बैंक, अपने पर दावों (claims) को जारी करती हैं और निधियों की आपूर्ति (supply funds) करती हैं तो वे सदैव अपनी तरलता बनाए रखने का यत्न करते हैं। बैंक ऐसा

दो नियमों के अनुसार करते हैं : **प्रथम,** वे अल्पावधि ऋण बनाते हैं और अपने पर अधिक लंबी अवधि के दावे जारी करके व्यवसायों, व्यापारियों, उद्योगों आदि को वित्तीय सहायता प्रदान करते हैं। **द्वितीय,** वे विभिन्न प्रकार के उधारकर्त्ताओं को ऋण उनकी प्राथमिकता और राशि के अनुसार देते हैं।

आर्थिक विकास पूंजी निर्माण पर निर्भर करता है जिसमें निवेश एक महत्वपूर्ण साधन है और निवेश ब्याज दर निर्भर करता है। ब्याज की दर जितनी कम होगी, निवेश उतना ही अधिक होगा। जब वित्तीय बाजार में प्रतिभूतियों, बांडों आदि के लिए प्रतिस्पर्द्धा होती है तो इनकी कीमतें बढ़ जाती हैं और ब्याज दर कम हो जाती है। ब्याज दर में कमी से निवेश को प्रोत्साहन मिलता है जिसके परिणामस्वरूप पूंजी निर्माण की दर में वृद्धि होती है और आर्थिक विकास बढ़ता है।

वित्तीय बाजार अपने सही कार्यकरण से केन्द्रीय बैंक की मौद्रिक और ऋण नीतियों के सही संचालन में, अर्थव्यवस्था की विकास दर बढ़ाने में सहायता करते हैं। चूंकि वित्तीय बाजार अर्थव्यवस्था की कार्यशीलता को चलाते हैं; इसलिए केन्द्रीय बैंक की मौद्रिक और ऋण नीतियों को समय-समय पर इस तरह से परिवर्तित किया जाता है कि अर्थव्यवस्था में वित्तीय बाजारों का कार्यकरण ठीक ढंग से हो। वास्तव में, अर्थव्यवस्था का विकास वित्तीय बाजार की सही कार्यप्रणाली पर निर्भर करता है जिससे तीव्र पूंजी निर्माण होता है और आर्थिक विकास की गति बढ़ती है।

2. मुद्रा बाजार
(THE MONEY MARKET)

मुद्रा बाजार अल्कालीन प्रपत्रों का वह बाजार है जो मुद्रा के निकट स्थानापन्न है। अल्पकालीन प्रपत्र अत्यन्त तरल, सरलता से बिक्री योग्य है और इनमें हानि का भी कम डर है। मुद्रा बाजार एक वर्ष या इससे कम समय में परिपक्व होने वाले अल्पकालीन ऋण-प्रपत्रों के शीघ्र और विश्वसनीय प्रपत्रों के स्थानान्तरण की सुविधा प्रदान करता है और इन प्रपत्रों का उपयोग उपभोक्ताओं, व्यवसाय, कृषि और सरकार की आवश्यकताओं को वित्त उपलब्ध कराने के लिए किया जाता है। मुद्रा बाजार एक बाजार नहीं अपितु, ''उन विभिन्न रूपों और संस्थाओं को दिया गया एक सामूहिक नाम है जो निकट मुद्रा की विभिन्न श्रेणियों से लेन-देन करते हैं।'' (A collective name given to the various forms and institutions that deal with the various grades of near-money).[3]

अन्य शब्दों में, ''यह एक साथ समूहित बाजारों का एक जालतन्त्र है क्योंकि वे उन वित्तीय प्रपत्रों में लेन-देन करते हैं जो अर्थव्यवस्था में एक समान कार्य करते हैं और धारकों के दृष्टिकोण से कुछ हद तक स्थानापन्न करते हैं।'' (It is a network of markets that are grouped together because they deal in financial instruments that have a similar function in the economy and are to some degree substitutes from the point of holders).[4]

इस प्रकार, मुद्रा बाजार में मांग और सूचना बाजार, वाणिज्यिक बिल बाजार, वाणिज्यिक कागज बाजार, राजकोषीय बिल बाजार, अन्तर-बैंक बाजार और जमा-प्रमाण पत्र बाजार शामिल होते हैं। ये सभी बाजार परस्पर निकटता से जुड़े हैं ताकि मुद्रा बाजार बन सके। यह एक थोक बाजार है जहां वित्तीय परिसम्पत्तियों अथवा प्रपत्रों का बड़ी संख्या में लेन-देन किया जाता है।

मुद्रा बाजार प्रत्यक्ष, विनिमेय (negotiated) अथवा ग्राहकों के मुद्रा बाजार और खुले अथवा अवैयक्तिक (impersonal) मुद्रा बाजार में विभाजित है। प्रत्यक्ष विनिमेय अथवा ग्राहकों के मुद्रा बाजार में बैंक और वित्तीय फर्में स्थानीय ग्राहकों और लंदन जैसे बड़े केन्द्रों में सीधे ऋण के लिए निधियों की आपूर्ति करते हैं। खुले मुद्रा बाजार में समूचे राष्ट्र से प्राप्त निष्क्रिय निधियां मध्यस्थों के जरिए न्यूयार्क शहर के बाजार अथवा लंदन बाजार को स्थानान्तरित की जाती हैं। इन मध्यस्थों में संयुक्त राज्य अमेरिका में संघीय रिजर्व बैंक, इंगलैण्ड में बैंक ऑफ इंगलैंड, वाणिज्यिक बैंक, बीमा कम्पनियाँ, व्यवसाय निगम, दलाली गृह, वित्त कम्पनियां, राज्य और स्थानीय सरकारी प्रतिभूतियों के व्यापारी शामिल हैं।[5] मुद्रा बाजार एक गतिशील बाजार है जिसमें नए मुद्रा बाजार प्रपत्र शामिल हैं और इनका लेन-देन किया जाता है तथा इसके अलावा मुद्रा बाजार में अधिक भागीदारों को लेन-देन करने की अनुमति नहीं दी जाती है।

---

3. Dr. G. Crowther, *op cit.*, p.66
4. J. M. Culbertson, *Money and Banking*, 1972.
5. अल्पविकसीत देशो में मुद्रा बाजार को संगठित और असंगठित श्रेणियों में बांटा जाता है। इनकी विवेचना 'भारतीय मुद्रा बाजार' के अंतर्गत अध्याय में की गई है।

मुद्रा बाजार की संस्थाएं (Institutions of the Money Market)

विविध वित्तीय संस्थाएं जो मुद्रा बाजार में अल्पकालीन ऋणों में सौदे करती हैं, वे मुद्रा बाजार की सदस्य होती हैं। इनमें निम्न प्रकार की संस्थाएं शामिल हैं—

1. केन्द्रीय बैंक (Central Bank)—देश का केन्द्रीय बैंक वह धुरी होता है जिसके चारों ओर सम्पूर्ण मुद्रा बाजार चक्कर काटता है। यह मुद्रा बाजार के संरक्षक के रूप में कार्य करता है और अर्थव्यवस्था में स्थिरता बनाये रखने के लिए साख और मुद्रा पूर्ति को घटाता या बढ़ाता रहता है। यह प्रत्यक्ष लेन-देन में स्वयं शामिल नहीं होता। परन्तु, बैंक दर में परिवर्तनों एवं खुले बाजार प्रचालनों द्वारा मुद्रा बाजार को नियंत्रित करता है।

2. कमर्शियल बैंक (Commercial Bank)—कमर्शियल बैंक भी अल्पकालीन ऋणों का निपटारा करते हैं जो वे व्यवसाय और व्यापार को उधार देते हैं। वे विनिमय बिलों और खजाना बिलों का बट्टा करते हैं तथा वचन-पत्र (promissory note) के आधार पर एवं अग्रिमों और ओवरड्राफ्टों द्वारा उधार देते हैं।

3. गैर-बैंक वित्तीय मध्यस्थ (Non-bank financial Intermediaries)—कमर्शियल बैंकों के अतिरिक्त, गैर-बैंक वित्तीय मध्यस्थ भी मुद्रा बाजार में उधार लेने वालों को अल्पकालीन कोषों का उधार देते हैं। ऐसे वित्तीय मध्यस्थ बचत बैंक, निवेश घर, बीमा कम्पनियाँ, प्राविडेन्ट फण्ड् और अन्य वित्तीय निगम होते हैं।

4. बट्टा गृह और बिलों के दलाल (Discount Houses and Bill Brokers)—विकसित मुद्रा बाजार में निजी कम्पनियाँ बट्टा घर चलाती हैं। बट्टा गृहों का प्रमुख कार्य दूसरों की तरफ से बिलों का बट्टा करना होता है। आगे, वे कमर्शियल बैंकों और स्वीकृति गृहों का निर्माण करती हैं। मुद्रा बाजार में बट्टा गृहों के साथ-साथ बिलों के दलाल होते हैं जो साधारण कमीशन पर विनिमय बिलों का बट्टा करके उधार लेने वालों और उधारदाताओं के बीच मध्यस्थ के रूप में कार्य करते हैं। अर्द्धविकसित मुद्रा बाजारों में केवल बिलों के दलाल कार्य करते हैं।

5. स्वीकृति गृह (Acceptance Houses)—व्यापारी बैंकरों से स्वीकृति गृहों की संस्था का विकास हुआ जिसने अपने मुख्यालयों को 19वीं और 20वीं शताब्दी के प्रारम्भ में लंदन मुद्रा बाजार में स्थानान्तरित किया। वे निर्यातकों और आयातकों के बीच और उधारदाताओं एवं उधार लेने वाले व्यापारियों के बीच एजेंट के रूप में कार्य करते हैं। वे व्यापारियों पर लिखे गये बिलों को स्वीकार करते हैं जिनकी वित्तीय स्थिति लंदन मुद्रा बाजार में बिलों के विनिमय करने के लिए ज्ञात नहीं होती है। व्यापार बिल को स्वीकार करके वे परिपक्वता पर बिलों के भुगतान की गारंटी देते हैं। परन्तु, इनका महत्त्व कम हुआ है क्योंकि कमर्शियल बैंकों ने स्वीकृति व्यवसाय का काम संभाल लिया है।

ये सभी संस्थाएं जो मुद्रा बाजार में सम्मिलित हैं, अकेले काम नहीं करतीं बल्कि वे परस्पर निर्भर और एक-दूसरे से परस्पर संबंधित होती हैं।

मुद्रा बाजार के उपकरण (Instruments of the Money Market)

मुद्रा बाजार कई तरह के उपकरणों द्वारा कार्य करते हैं—

1. वचन-पत्र (Promissory Note)—वचन-पत्र सबसे पुराने प्रकार का बिल होता है। यह किसी व्यवसायी की ओर से स्वीकृत, भविष्य की तारीख पर मुद्रा की निश्चित रकम दूसरे व्यवसायी को चुकाने का लिखित वचन होता है। प्राय: वचन-पत्र का भुगतान तीन दिन की छूट के साथ 90 दिन के बाद होता है। वचन पत्र, ऋणी द्वारा दिया जाता है और जिस बैंक में ऋणी का खाता होता है उस बैंक द्वारा स्वीकृत वचन-पत्र ही मान्य होता है। उधारदाता, वसूली की तारीख तक, अपने बैंक से इसे बट्टा करवा सकता है। यू. एस. ए. के सिवाय, वचन-पत्र आजकल व्यवसाय में कभी-कभी ही उपयोग में लाए जाते हैं।

2. विनिमय बिल या कमर्शियल बिल (Bill of Exchange or Commercial Bills)—मुद्रा बाजार का दूसरा उपकरण विनिमय बिल होता है जो वचन-पत्र के समान ही होता है, सिवाय इसके कि यह उधारदाता द्वारा दिया जाता है और ऋणी के बैंक द्वारा स्वीकृत होता है। उधारदाता या तो बैंक या दलालों से विनिमय बिलों का बट्टा करवा सकता है जो स्वीकृति की तारीख से भुगतान के लिए मान्य होता है। बाकी प्रक्रिया आन्तरिक विनिमय बिल के समान ही होती है। बचन-पत्र और विनिमय बिल व्यापार बिलों के नाम से जाने जाते हैं।

3. खजाना बिल (Treasury Bills)—परन्तु मुद्रा बाजार का प्रमुख उपकरण खजाना बिल होता है जो एक वर्ष से कम की परिवर्तनशील अवधियों के लिए जारी किया जाता है। वे इंग्लैंड में सचिव द्वारा खजाना को जारी किये जाते हैं और बैंक ऑफ इंग्लैंड में भुगतान-योग्य होते हैं। यू. एस. ए. में अल्पकालीन सरकारी प्रतिभूतियां भी होती हैं जिनका कमर्शियल बैंक और प्रतिभूतियों के व्यापारियों द्वारा व्यापार किया जाता है। भारत में खजाना बिल प्राय: 91-दिन और 364-दिन के बीच बट्टा पर भारत सरकार द्वारा जारी किये जाते हैं। भारत में इस समय तीन तरह के खजाना बिल होते हैं: 14-दिन, 91-दिन और 364-दिन।

4. मांग और सूचना मुद्रा (Call and Notice Money)—मांग मुद्रा बाजार में निधियों को एक दिन के लिए उधार लिया या दिया जाता हैं। सूचना बाजार में बिना किसी ऋणाधार जमानत के 14-दिन तक निधियों के उधार लिये या दिये जाते हैं। परन्तु जमा की रसीद उधार लेनेवाले द्वारा उधारदाता को जारी की जाती है जो मांगे जाने पर ब्याज के साथ उधार ली गई राशि को लौटाता है। भारत में कमर्शियल बैंक और सहकारिता बैंक इस बाजार में निधियों को उधार लेते और देते हैं परन्तु म्यूचुअल निधियां और अखिल भारतीय वित्तीय संस्थाएं केवल निधियों के उधारदाताओं के रूप में सहभागी होती हैं।

5. अन्तर-बैंक अवधि बाजार (Inter-bank Term Market)—Öभरत में यह बाजार सिर्फ कमर्शियल और सहकारिता बैंकों के लिए होता है जो बाजार-निर्धारित दरों पर बिना किसी ऋण आधार जमानत के 14 दिन से ऊपर और 90 दिन तक की अवधि के लिए निधियों को उधार लेते या देते हैं।

6. जमा के प्रमाण-पत्र (Certificates of Deposits—CD)—जमा के प्रमाण-पत्र कमर्शियल बैंकों द्वारा अंकित मूल्य पर बट्टा के आधार पर जारी किये जाते हैं। बट्टा दर बाजार द्वारा निर्धारित होती है। इनकी परिपक्वता अवधि 3 महीने और 12 महीने के बीच होती है।

7. व्यावसायिक पत्र (Commercial Paper—CP)—व्यावसायिक-पत्र बैंकों से उधार लेने के बजाय सीधे बाजार से अल्पकालीन चल पूंजी आवश्यकताओं को बढ़ाने के लिए ऊंचे मूल्यांकन वाली कम्पनियों द्वारा जारी किये जाते हैं। CP उधार लेने वाली कम्पनी द्वारा किसी निश्चित तारीख को ऋण चुकाने का वचन होता है जो सामान्यत: 3 महीने से 6 महीने की अवधि के लिए होता है। यह उपकरण यू. एस. ए., यू. के., जापान, आस्ट्रेलिया और कई अन्य देशों में काफी लोकप्रिय है। भारत में इसकी शुरूआत जनवरी, 1990 से हुई है।

मुद्रा बाजार के कार्य करण (Working of the Money Market)

मुद्रा बाजार जिसमें कमर्शियल बैंक, बट्टा गृह, बिलों के दलाल, स्वीकृति गृह, गैर-बैंक वित्तीय गृह और केन्द्रीय बैंक शामिल हैं—बिल, प्रतिभूतियां, खजाना बिल, सरकारी प्रतिभूतियां एवं विभिन्न प्रकार के मांग-ऋण द्वारा अपना कार्य करता है। चूंकि मुद्रा बाजार में विभिन्न प्रकार के उपकरणों का लेन-देन करने वाली विविध प्रकार की संस्थाएं होती हैं, इसलिए यह कई उप-बाजारों के माध्यम से कार्य करता है।

प्रथम, मुद्रा बाजार मांग ऋण बाजार के माध्यम से कार्य करता है। इसे 'अनियोजन के योग्य निधियों या अस्थायी अनियोजित निधियों के लिए, या सीमान्त निधियों के लिए बाजार' (a market for marginal funds, for temporarily unemployed or unemployable funds) के रूप में परिभाषित किया जाता है। इस बाजार में कमर्शियल बैंक, स्टॉक एक्सचेंज में व्यापारियों और बिलों के दलालों को अति अल्प-अवधि के लिए अपनी अप्रयुक्त निधियों को उधार देते हैं। विकसित देशों में बड़े-बड़े निगम भी अति अल्प-अवधि के लिए ब्याज अर्जित करने के लिए आवंटन से पहले अपने लाभांशों को उधार पर देते हैं। केन्द्रीय बैंक भी कमर्शियल बैंकों को अति अल्प-अवधि के लिए उधार देता है। ऐसे ऋण प्राय: एक सप्ताह के लिए यहाँ तक कि एक दिन या एक रात के लिए भी होते हैं और इन्हें अति अल्प नोटिस के आधार पर वापस मांगा भी जा सकता है। इसलिए अल्पकालीन ऋण को मांग ऋण या मांग मुद्रा बाजार के नाम से जाना जाता है। बिलों के दलाल और स्टाक के दलाल जो ऐसी निधियां उधार लेते हैं इनका उपयोग बिलों या स्टॉक का बट्टा अथवा क्रय करने के लिए करते हैं। ऐसी निधियों को 'मांग दर' (call rate) पर उधार ली जाती है जो प्राय: बैंक दर से 1% नीचे होती है। परन्तु यह दर बैंकों द्वारा उधार दी गई निधियों की मात्रा के साथ परिवर्तित होती है। यदि दलालों को शीघ्र ऋण

* इसका संबंध मुद्रा बाजार के महत्त्व से भी है।

चुकाने के लिए कहा जाता है तो वे बड़े निगमों से निधियां लेने के लिए मजबूर होते हैं। यहां तक कि वे कन्द्रीय बैंक से भी उच्च ब्याज दरों पर ऋण लेते हैं।

द्वितीय, मुद्रा बाजार, बिल बाजार के द्वारा भी कार्य करता है। बिल बाजार अल्पावधि ऋण बाजार होता है। इस बाजार में, व्यवसायी और सरकार को कमर्शियल बैंक, बट्टागृहों और दलालों द्वारा ऋण उपलब्ध कराये जाते हैं। साख के उपकरण वचन–पत्र, विनिमय का आन्तरिक बिल और खजाना बिल होते हैं। कमर्शियल बैंक विनिमय बिलों का बट्टा करते हैं। व्यवसायी समुदाय को ओवरड्राफ्ट या अग्रिम द्वारा या वचन–पत्र के आधार पर ऋण देते हैं। इसी तरह, बट्टा गृहों और बिलों के दलाल, व्यवसायियों को 90 दिन के भीतर विनिमय बिलों के परिपक्व होने से पहले उन्हें बट्टा करके उधार देते हैं। दूसरी ओर, सरकार कमर्शियल बैंकों और गैर–बैंक वित्तीय संस्थाओं से खजाना बिलों के माध्यम से उधार लेती है।

तृतीय, मुद्रा बाजार अल्प अवधि के लिए जमानत या सहवर्ती (collateral) ऋण बाजार के माध्यम से कार्य करता है। कमर्शियल बैंक, दलालों और बट्टा ग्रहों को सहवर्ती बांडों स्टाकों, प्रतिभूतियों आदि के आधार पर ऋण देते हैं। आवश्यकता की दशा में कमर्शियल बैंक स्वयं भी जमानतों के आधार पर केन्द्रीय बैंक और बड़े बैंकों से उधार लेते हैं।

अन्त में, अन्य प्रमुख उप–बाजार जिसके माध्यम से मुद्रा बाजार कार्य करता है, वह स्वीकृति मार्किट है। मर्चेन्ट बैंकर घरेलू या विदेशी व्यापारियों के नाम लिखे गए बिलों को स्वीकार करते हैं जिनकी वित्तीय स्थिति मालूम नहीं होती है। जब वे घरेलू या विदेशी व्यापार बिल स्वीकार करते हैं तो वे परिपक्वता पर इसके भुगतान की गारंटी देते हैं। हाल के वर्षों में, कमर्शियल बैंकों ने भी स्वीकृति व्यवसाय का कार्य प्रारम्भ किया है।

मुद्रा बाजार के कार्य (Functions of a Money Market)*

मुद्रा बाजार अर्थव्यवस्था में कई कार्य करता है—

1. निधियां उपलब्ध कराना (Provides Funds)—मुद्रा बाजार, व्यवसायियों और निजी संस्थाओं को, जिन्हें अपनी कार्यशील पूंजी की आवश्यकताओं के लिए ऐसे वित्त की आवश्यकता है, अल्पकालीन निधियां उपलब्ध कराता है। कमर्शियल बैंकों, बट्टा गृहों, दलालों और स्वीकृति गृहों के माध्यम से व्यापार बिलों को बट्टा कर ऐसा किया जाता है। इस प्रकार, मुद्रा बाजार देश के भीतर और बाहर वाणिज्य, उद्योग व्यापार के विकास में मदद पहुँचाती है।

2. बेशी निधियों का उपयोग (Use of Surplus Funds)—यह बैंकों और अन्य संस्थाओं को अल्प अवधि के लिए अपनी बेशी निधियों के लाभकारी उपयोग का अवसर उपलब्ध कराता है। इन संस्थाओं में न केवल कमर्शियल बैंक और अन्य वित्तीय संस्थाएँ बल्कि बड़े गैर–वित्तीय व्यवसाय निगम, राज्य और स्थानीय सरकारें भी शामिल होते हैं।

3. बैंकों से उधार लेने की आवश्यकता नहीं (No Need to Borrow from Banks)—विकसित मुद्रा बाजार के होने से केन्द्रीय बैंक से कमर्शियल बैंकों द्वारा उधार की आवश्यकता नहीं होती है। यदि कमर्शियल बैंक अपने कोषों को नकद आवश्यकताओं से कम पाता है तो वह मुद्रा बाजार से अपने दिए ऋणों का कुछ भाग मांग सकता है। कमर्शियल बैंक, उच्च ब्याज दर पर केन्द्रीय बैंक से उधार लेने की अपेक्षा अपने ऋणों को वापस लेना पसन्द करते हैं।

4. सरकार को सहायता (Helps Government)—मुद्रा बाजार, सरकार को खजाना बिलों के आधार पर कम ब्याज दर पर अल्पावधि निधियां उधार लेने में मदद करता है। दूसरी ओर, यदि सरकार कागजी मुद्रा इश्यू करेगी या केन्द्रीय बैंक से उधार लेगी तो यह अर्थव्यवस्था में स्फीतिकारी दबावों को लायेगा।

5. मौद्रिक नीति में सहायता (Helps in Monetary Policy)—एक अतिविकसित मुद्रा बाजार केन्द्रीय बैंक की मौद्रिक नीतियों को सफलतापूर्वक लागू करने में सहायता करता है। मुद्रा बाजार के माध्यम से ही केन्द्रीय बैंक, बैंकिग प्रणाली को नियंत्रित करने की स्थिति में होता है, जिससे वाणिज्य और उद्योग प्रभावित होते हैं।

6. वित्तीय गतिशीलता में सहायता (Helps in Financial Mobility)—एक क्षेत्र से दूसरे क्षेत्र में निधियों के स्थानान्तरण को सहज बनाकर मुद्रा बाजार वित्तीय गतिशीलता में मदद पहुंचाता है। निधियों के प्रवाह में गतिशीलता किसी अर्थव्यवस्था में वाणिज्य और उद्योग के विकास के लिए आवश्यक होती है।

7. तरलता और सुरक्षा को प्रोत्साहन (Promotes Liquidity and Safety)—मुद्रा बाजार का एक महत्त्वपूर्ण कार्य वित्तीय परिसम्पत्तियों की तरलता और सुरक्षा को बढ़ाना होता है। इस प्रकार, यह बचत और निवेश को प्रोत्साहित करता है।

8. निधियों की मांग और पूर्ति के बीच संतुलन (Equilibrium between Demand and Supply)—मुद्रा बाजार ऋण योग्य निधियों की मांग और पूर्ति के बीच संतुलन लाता है। ऐसा यह निवेश स्रोतों में बचतों के आवंटन द्वारा करता है। इस प्रकार, यह संसाधनों के विवेकपूर्ण आवंटन में भी सहायक होता है।

9. नकदी के उपयोग में मितव्ययी (Economy in the use of cash)—चूंकि मुद्रा बाजार असली मुद्रा में नहीं बल्कि निकट-मुद्रा परिसम्पत्तियों में लेन-देन करता है, इसलिए यह नकदी का मितव्ययितापूर्वक उपयोग करने में मदद करता है। इस प्रकार, यह एक स्थान से दूसरे स्थान तक निधियों के स्थानान्तरण को एक सुगम और सुरक्षित मार्ग प्रदान करता है, जिससे वाणिज्य और उद्योग को अत्यधिक मदद मिलती है।

अविकसित मुद्रा बाजार की विशेषताएँ
(Characteristics of an Undeveloped Money Market)

अधिकांश अल्पविकसित देशों में मुद्रा बाजार प्रायः अविकसित या असंगठित होते हैं। वास्तव में वे दोहरे प्रकार के होते हैं—विकसित और अविकसित मुद्रा बाजार जो अगल-बगल होते हैं। विकसित मुद्रा बाजार में केन्द्रीय बैंक, कमर्शियल बैंक, बिल के दलाल, बट्टा गृह, स्वीकृति गृह आदि शामिल होते हैं। दूसरी ओर, अविकसित मुद्रा बाजार में मुद्रा उधारदाता, देशी (indigenous) बैंकर, व्यापारी, मर्चेंट, भू-स्वामी, बंधक-दलाल आदि सम्मिलित होते हैं। चूंकि अल्पविकसित देशों में अधिकतर लोग ग्रामीण क्षेत्रों में रहते हैं और गरीब होते हैं। इसलिए अविकसित बाजार-मुद्रा बाजार, के अधिकांश भाग को नियंत्रित करता है। ऐसे बाजार की मुख्य विशेषताएं निम्न होती हैं :

1. व्यक्तिगत संबंध (Personal Touch)—उधारदाताओं का उधार लेने वालों से व्यक्तिगत संबंध होता है। गाँव में उधारदाता प्रत्येक उधार लेनेवाले को व्यक्तिगत रूप से जानता है, क्योंकि वे वहां रहते हैं।

2. ऋणों में लोचशीलता (Flexibility in Loans)—ऋण लेन-देन में कठोरता नहीं होती है। उधार लेने वाला अपनी आवश्यकताओं केअनुसार ऋण की अधिक या कम रकम ले सकता है जो जमानत की प्रकृति और उधारदाता की साख पर निर्भर करती है।

3. उधार देने की क्रियाओं की विविधता (Multiplicity of Lending Activities)—अधिकांश लोग सिर्फ मुद्रा उधार देने में विशिष्टता नहीं रखते। वे मुद्रा उधार देने की क्रिया को अन्य आर्थिक क्रियाओं के साथ जोड़ते हैं। व्यापारी नकदी में मुद्रा के बजाय वस्तुओं की पूर्ति द्वारा उधार देते हैं।

4. विविध ब्याज दरें (Varied Interest Rates)—ब्याज दरों में विविधता होती है। मुद्रा बाजार के विकसित क्षेत्र में ब्याज दरों की अपेक्षा अविकसित मुद्रा बाजार में बहुत ऊंची ब्याज दरें होती हैं। ब्याज दरें समरूप भी नहीं होती हैं। ब्याज दर, उधार लेने वालों की जरूरतों, ऋण की राशि, जितने समय के लिए ऋण लिया जाता है और जमानत की प्रकृति पर निर्भर करती है। जितनी अधिक आवश्यकता होगी, ब्याज दर उतनी ही ऊंची होगी।

5. लेखा की दोषपूर्ण प्रणाली (Defective System of Accounting)—मुद्रा बाजार के असंगठित क्षेत्र में लेखाविधि की प्रणाली अति दोषपूर्ण होती है। सही लेखा कभी नहीं किया जाता। उधार लेनेवालों द्वारा लौटाया गया मूलधन और ब्याज के लिए विधिवत् रसीद जारी नहीं किये जाते। इसके अतिरिक्त अविकसित मुद्रा बाजार में उधार देने की प्रक्रियाओं और लेखा करने में अति गोपनीयता होती है। उधारदाताओं के लेखे किसी उच्च अधिकारी द्वारा जाँच नहीं की जाती है।

6. विकसित मुद्रा बाजार से सम्पर्क का अभाव (Absence of Link with Developed Money Market)—ऐसे देशों में अविकसित क्षेत्र, मुद्रा बाजार के विकसित क्षेत्र से जुड़ा नहीं होता है। अविकसित क्षेत्र, विकसित क्षेत्र से स्वतंत्र रूप से कार्य करता हैं और यह विकसित बाजार के नियंत्रण में भी नहीं होता। इससे बचतों और मौद्रिक लेन-देनों का परिमाण घटता है और यह उनके उत्पादक निवेशों में उपयोग को रोकता है।

विकसित मुद्रा बाजार की विशेषताएँ (Characteristics of a Developed Money Market)

विकसित मुद्रा बाजार अतिसंगठित बाजार होता है जिसकी निम्न मुख्य विशेषताएं होती हैं:

1. केन्द्रीय बैंक (A Central Bank)—विकसित मुद्रा बाजार में सबसे ऊपर एक केन्द्रीय बैंक होता है जो मौद्रिक और बैंकिंग मामलों में सर्वाधिक शक्तिशाली अधिकारी होता है। यह समूचे मुद्रा बाजार को नियंत्रित, नियमित और दिशा-निर्देशित करता है। चूंकि यह मुद्रा बाजार के विभिन्न अंगों का अंतिम उधारदाता होता है, इसलिए यह मुद्रा बाजार को तरलता प्रदान करता है।

2. संगठित बैंकिंग प्रणाली (Organised Banking System)—एक संगठित और एकीकृत बैंकिंग प्रणाली विकसित मुद्रा बाजार की दूसरी विशेषता होती है। वास्तव में, यह वह धुरी है जिसके चारों ओर सम्पूर्ण मुद्रा बाजार चक्कर काटता है। कमर्शियल बैंक ही अल्पकालीन ऋणों की पूर्ति करते हैं और विनिमय बिलों का बट्टा करते हैं। ये मुद्रा बाज़ार में उधार लेने वाले दलालों, बट्टा गृहों और स्वीकृति गृहों एवं केन्द्रीय बैंक के बीच सम्पर्क जोड़ने का महत्त्वपूर्ण कार्य करता है।

3. विशिष्ट उप-बाजार (Specialised Sub-Markets)—विकसित मुद्रा बाजार में कई विशिष्ट उप बाजार होते हैं जो विभिन्न प्रकार के साख उपकरणों में लेन-देन करते हैं। इसमें मांग ऋण बाजार, बिल बाजार, खजाना बिल बाजार, जमानत ऋण बाजार और स्वीकृति बाजार एवं विदेशी विनिमय बाजार होते हैं। जहां जितने अधिक उप-बाजार होते हैं, वहां उतना ही अधिक विकसित मुद्रा बाजार होता है। परन्तु सिर्फ उप-बाजारों की संख्या ही काफी नहीं होती है। आवश्यकता इस बात की है कि विभिन्न उप-बाजारों के प्रत्येक बाजार में कई व्यापारी होने चाहिएं और उप-बाजार एक-दूसरे के साथ ठीक ढंग से एकीकृत हों।

4. विशाल निकट-मुद्रा परिसम्पत्तियों का रहना (Existence of Large Near-Money Assets)—विकसित मुद्रा बाजार में विभिन्न प्रकार की बहुत अधिक निकट मुद्रा परिसम्पत्तियां होती हैं, जैसे विनिमय बिल, वचन-पत्र, खजाना बिल, प्रतिभूतियां, बांड आदि। जितनी अधिक संख्या में निकट-मुद्रा परिसम्पत्तियां होंगीं, मुद्रा बाजार उतना ही अधिक विकसित माना जाएगा।

5. एकीकृत ब्याज दर ढांचा (Integrated Interest Rate Structure)—विकसित मुद्रा बाजार की एक अन्य महत्त्वपूर्ण विशेषता यह होती है कि इसमें एकीकृत ब्याज दर ढांचा होता है। विभिन्न उप-बाजारों में चालू ब्याज दरें एक दूसरे से जुड़ी होती हैं। बैंक दर में परिवर्तन उप-बाजारों में चालू ब्याज दर में आनुपातिक परिवर्तन लाता है।

6. पर्याप्त वित्तीय संसाधन (Adequate Financial Resources)—विकसित मुद्रा बाजार में देश के भीतर और बाहर दोनों से वित्तीय स्रोतों पर आसान पहुंच होता है। वास्तव में, ऐसा बाजार लन्दन मुद्रा बाजार की तरह दोनों स्रोतों से पर्याप्त निधियों को आकर्षित करता है।

7. प्रेषण सुविधाएं (Remittance Facilities)—विकसित मुद्रा-बाजार एक बाजार से दूसरे बाजार को निधियों का स्थानान्तरण करने के लिए सहज और सस्ती प्रेषण सुविधाएं उपलब्ध कराता है। लंदन मुद्रा बाजार समूचे विश्व में ऐसी प्रेषण सुविधाएं उपलब्ध कराता है।

8. विविध घटक (Miscellaneous Factors)—उपर्युक्त महत्त्वपूर्ण विशेषताओं के अतिरिक्त विकसित मुद्रा बाजार ऐसे घटकों से बहुत अधिक प्रभावित होता है, जैसे अंतर्राष्ट्रीय लेन-देनों पर प्रतिबंध, मुद्रा संकट, तेजी, मंदी, युद्ध, राजनीतिक अस्थिरता, आदि।

3. पूंजी-बाजार (THE CAPITAL MARKET)

अर्थ और विशेषताएँ (Meaning and Features)

पूंजी बाजार वह बाजार है जो दीर्घकालीन ऋणों में लेन-देन करता है। यह उद्योग को निर्धारित और कार्यशील पूंजी उपलब्ध कराता है तथा केन्द्रीय, राज्य और स्थानीय सरकारों को मध्यम अवधि और दीर्घकालीन अवधि के ऋणों के रूप में वित्तीय सहायता प्रदान करता है। पूंजी बाजार निगमों के साधारण स्टॉकों, शेयरों और ऋण-पत्रों और सरकारों के बांड एवं प्रतिभूतियों का लेन-देन भी करता है। पूंजी बाजार में प्रवाहित होने वाली निधियां निवेश हेतु बचत करने वाले व्यक्तियों, मर्चेंट बैंकों, वाणिज्यिक बैंकों और बीमा कम्पनियों, वित्त गृहों, यूनिट ट्रस्टों, निवेश ट्रस्टों, जोखिम पूंजी, लीजिंग वित्त, पारस्परिक निधियों, भवन-सोसाइटियों आदि जैसे गैर-बैंक वित्तीय माध्यमों

से प्राप्त होती हैं। इसके अलावा ऐसे निर्गम गृह (issue houses) हैं जो पूंजी प्रदान नहीं करते अपितु कम्पनियों के शेयरों और ऋण-पत्रों की हामीदारी (underwrite) भी देते हैं और शेयरों एवं ऋण-पत्रों के लिए नए निर्गमों की बिक्री में सहायता करते हैं। निधियों की मांग कार्यशील और स्थायी पूंजी परिसम्पत्तियों के लिए संयुक्त पूंजी कंपनियों से और विभिन्न व्ययों और परिसम्पत्तियों को वित्त सहायता उपलब्ध कराने के लिए स्थानीय, राज्य और केन्द्रीय सरकारों, सुधार-ट्रस्टों (improvement Trusts) पोर्ट ट्रस्ट द्वारा की जाती हैं।

पूंजी बाजार स्टॉक केन्द्रों (stock exchanges) के जरिए कार्य करता है। स्टाक केन्द्र एक ऐसा बाजार है जो शेयरों, स्टाकों, बांडों, प्रतिभूतियों और ऋण-पत्रों के क्रय-विक्रय को सुविधा प्रदान करता है। यह न केवल पुरानी प्रतिभूतियों और शेयरों का अपितु नए शेयरों और प्रतिभूतियों का बाजार है। वास्तव में, पूंजी बाजार नई पूंजी की पूर्ति और मांग से संबंधित है तथा स्टॉक एक्सचेंज ऐसे लेन-देन को सुविधा देता है। इस प्रकार, पूंजी बाजार संस्थाओं और तंत्रों का समूह होता है जिसके जरिए मध्यम अवधि निधियां और दीर्घकालीन निधियां पूल की जाती हैं और व्यक्तियों, व्यवसायों और सरकारों को उपलब्ध कराई जाती हैं। इसमें वह प्रक्रिया भी शामिल है जिसके द्वारा पहले से बकाया प्रतिभूतियां स्थानान्तरित की जाती हैं।

पूंजी बाजार के उपकरण (Instruments of Capital Market)

पूंजी बाजार में निम्न उपकरणों के माध्यम से लेन-देन होता है—

1. निगम स्टॉक (Corporate Stock)—निगम स्टॉक में कंपनियों द्वारा जारी की गई अनेक प्रकार की प्रतिभूतियां होती हैं जिनमें उनके अधिमान (preference), बोनस एवं राइट इश्यू शेयर, स्टॉक, बांड, परिवर्तनीय और गैर-परिवर्तनीय डिबेंचर आदि शामिल होते हैं।

2. बंधक (Mortgages)—बंधक एक ऋण उपकरण होता है जो किसी घर, व्यवसाय, फार्म आदि को खरीदने के लिए जमानत के रूप में रख कर ऋण लिया जाता है। गृह एसोसिएशन, बीमा कंपनियां, कमर्शियल बैंक, गृह विकास निगम आदि बंधकों के आधार पर ऋण देते हैं।

3. सरकारी प्रतिभूतियां (Government Securities)—केन्द्रीय और राज्य सरकारें तथा स्थानीय निकाय प्रतिभूतियां एवं बांड जारी करते हैं। इन्हें सर्वोत्तम प्रतिभूतियां (gilt-edged securities) कहा जाता है। ये दीर्घकालीन होती हैं जिन्हें जनसाधारण, बैंक और वित्तीय संस्थाएं खरीदते हैं।

4. उपभोक्ता और कमर्शियल कर्जे (Consumer and Commercial Loans)—उपभोक्ता कर्जे —व्यक्तियों द्वारा कार, घरेलू वस्तुएं आदि खरीदने के लिए बैंकों और अन्य वित्तीय संस्थाओं से मध्यम अवधि के लिए होते हैं। जबकि कमर्शियल कर्जे व्यवसायियों द्वारा मध्यम अवधि के लिए होते हैं।

5. विदेशी बांड (Foreign Bonds)—कई कंपनियां विश्व पूंजी-बाजार में अपने बांड जारी करती हैं जो जिस देश में कंपनी स्थापित हो उसी की करेंसी में होते हैं। लेकिन विकासशील देशों की कंपनियों द्वारा जारी बांड प्राय: डॉलर में होते हैं।

पूंजी-बाजार के कार्य अथवा महत्त्व (Importance or Functions of Capital Market)

पूंजी-बाजार, बचतों को जुटाने और इन्हें वाणिज्य तथा उद्योग के विकास के लिए उत्पादक निवेशों में प्रवाहित करने में महत्त्वपूर्ण भूमिका निभाता है। इस प्रकार, पूंजी बाजार राष्ट्र के पूंजी- निर्माण और विकास में सहायता करता है। हम आगे पूंजी बाजार के महत्त्व की चर्चा करेंगे।

पूंजी-बाजार बचतकर्ता और निवेशकों के बीच एक महत्त्वपूर्ण कड़ी का काम करता है। बचतकर्ता निधियों के ऋणदाता हैं और निवेशक निधियों के ऋणी हैं। अपनी समूची आय खर्च न करने वाले बचतकर्त्ताओं को ''बेशी इकाइयां'' (surplus units) और ऋणियों को 'घाटे की इकाईयों' (deficit units) के रूप में जाना जाता है। पूंजी बाजार बेशी इकाईयों और घाटे की इकाईयों में संचारण (Transmission) तन्त्र होता है। यह एक ऐसी नाली है जिसके जरिए बेशी इकाईयां अपनी बेशी निधियां, घाटे की इकाईयों को उधार देती हैं। व्यक्तियों और वित्तीय मध्यस्थों से निधियां पूंजी बाजार में प्रवाह होती हैं और इन्हें वाणिज्य, उद्योग और सरकार द्वारा खपाया जाता है। अत: ये निधियां राष्ट्रीय आय को बढ़ाने और अधिक उत्पादक तथा लाभदायक रूप से उपयोग में लाने के लिए पूंजी प्रवाह के चलन

को सुविधा देती है। बेशी इकाईयां अपनी बेशी निधियों से प्रतिभूतियां खरीदती हैं और घाटे की इकाईयां अपनी आवश्यकता के अनुसार निधियां जुटाने के लिए प्रतिभूतियां बेचती हैं। ये निधियां बैंकों, यूनिट ट्रस्टों, पारस्परिक निधियों के जरिए प्रत्यक्ष अथवा अप्रत्यक्ष रूप से ऋणदाताओं से ऋणियों तक प्रवाहित होती हैं। ऋणी प्राथमिक प्रतिभूतियों को निर्गम (issue) करते हैं जिन्हें ऋणदाता वित्तीय संस्थाओं के जरिए प्रत्यक्ष अथवा अप्रत्यक्ष रूप से खरीद लेते हैं।

पूंजी-बाजार बचतकर्त्ताओं को ब्याज अथवा लाभांश के रूप में प्रोत्साहन देते हैं और निवेशकों को निधियां हस्तांतरित करते हैं। इस प्रकार, पूंजी निर्माण होता है। वास्तव में, पूंजी बाजार बचत करने वालों और उत्पादक निवेशों हेतु निधि की आवश्यकता वालों को बाजार-तंत्र प्रदान करता है। यह संसाधनों को स्वर्ण, आभूषण, वास्तविक संपदा, प्रदर्शन उपभोग आदि जैसे खर्चीली और गैर-उत्पादक प्रणालियों से उत्पादक निवेशों की ओर ले जाता है।

विशेषज्ञ बैंकिंग और गैर-बैंकिंग मध्यस्थों वाला सुविकसित पूंजी बाजार स्टॉक और प्रतिभूतियों के मूल्य में स्थिरता लाता है। यह जरूरतमंदों को उचित ब्याज दर पर पूंजी प्रदान करके ऐसा करता है और सट्टा गतिविधियों को कम करने में सहायता देता है।

पूंजी-बाजार आर्थिक वृद्धि को प्रोत्साहित करता है। पूंजी-बाजार में कार्य करने वाली विभिन्न संस्थाएं निधियों के प्रवाह को मात्रात्मक और गुणात्मक दिशा प्रदान करती हैं और संसाधनों का युक्ति- संगत आवंटन करती हैं। उक्त संस्थाएं वित्तीय परिसम्पत्तियों को उत्पादक वास्तविक परिसम्पत्तियों में परिवर्तित करके ऐसा करती हैं। निजी और सार्वजनिक उपक्रमों के जरिए वाणिज्य और उद्योग का विकास होता है और इससे आर्थिक वृद्धि को प्रोत्साहन मिलता है।

पूंजी की दुर्लभता वाले अल्पविकसित राष्ट्र में विकसित पूंजी बाजार के न होने से पूंजी निर्माण और आर्थिक वृद्धि में बड़ी बाधा होती है। यद्यपि लोग गरीब होते हैं, तथापि उन्हें बचत की कोई प्रेरणा नहीं होती। बचत करने वाले अन्य लोग स्वर्ण, आभूषण, वास्तविक सम्पदा, प्रदर्शन उपभोग आदि जैसी खर्चीली और गैर-उत्पादक बचतों में निवेश करते हैं। ऐसे राष्ट्र विकसित पूंजी-बाजार के अस्तित्व के लिए बैंकिंग और गैर-बैंकिंग वित्तीय संस्थाओं की स्थापना द्वारा लोगों को अधिक बचत करने के लिए प्रेरित करते हैं। बचतकर्त्ताओं और निवेशकों के बीच एक कड़ी प्रदान करने में ऐसा बाजार काफी आगे तक जा सकता है जिसके परिणामस्वरूप पूंजी-निर्माण और आर्थिक वृद्धि होती है।

4. मुद्रा और पूंजी-बाजार में अंतर
(DISTINCTION BETWEEN MONEY AND CAPITAL MARKET)

मुद्रा बाजार पूंजी बाजार से अनेक आधारों पर भिन्न है—

1. मुद्रा बाजार उन अल्पकालीन निधियों में लेन-देन करता है जो मौजूदा व्यवसाय परिचालनों और सरकार की अल्पकालीन आवश्यकताओं को वित्तीय सहायता प्रदान करने के लिए प्रयोग की जाती हैं। दूसरी ओर, पूंजी-बाजार उद्योग और सरकार द्वारा अपेक्षित दीर्घकालीन निधियों का लेन-देन करता है।

2. मुद्रा बाजार में अल्पकालीन निधियों से अभिप्राय: एक वर्ष से कम अवधि का होता है, जबकि पूंजी बाजार में दीर्घकालीन निधियां 25 वर्ष की अवधि तक की होती हैं।

3. मुद्रा बाजार वचन-पत्र, विनिमय बिल, राजकोषीय बिल, जमा प्रमाण-पत्र, वाणिज्यिक कागज पत्र आदि जैसे प्रपत्रों का प्रयोग करता है। दूसरी ओर, पूंजी-बाजार औद्योगिक इकाईयों के शेयर, ऋण-पत्र और बांड तथा सरकार के बांड्स एवं प्रतिभूतियां जैसी दीर्घकालीन प्रतिभूतियों को काम में लाता है।

4. मुद्रा बाजार और पूंजी-बाजार में कार्यरत संस्थाएं एक-दूसरे से भिन्न होती हैं। केन्द्रीय बैंक, वाणिज्यिक बैंक, गैर-बैंक वित्तीय मध्यस्थ तथा बिल दलाल—मुद्रा बाजार में लेन-देन करते हैं। दूसरी ओर स्टाक एक्सचेंज, पारस्परिक निधियां, लीजिंग कम्पनियां, निवेशक बैंक, निवेश ट्रस्ट, बीमा कम्पनियां आदि पूंजी-बाजार प्रपत्रों में व्यवहार करते हैं।

5. मुद्रा और पूंजी-बाजार में परस्पर संबंध
(INTER-RELATION BETWEEN MONEY AND CAPITAL MARKET)

मुद्रा-बाजार और पूंजी-बाजार में निकटता का परस्पर संबंध है क्योंकि अधिकांश निगम और वित्तीय संस्थाएं दोनों में सक्रिय होती हैं

फर्में तथा मुद्रा बाजार से अल्पावधि और पूंजी बाजार से दीर्घकालीन अवधि के लिए ऋण ले सकती हैं। अनेक कारक ऋणियों और ऋणदाताओं को मुद्रा बाजार अथवा पूंजी–बाजार का सहारा लेने के लिए प्रेरित कर सकते हैं। यह दोनों बाजारों की परस्पर निर्भरता को व्यक्त करता है। इन कारकों की आगे चर्चा की गई है—

1. ऋणदाता—निधियों की उपलब्धता, प्रतिफल दर और इन बाजारों की निवेश–नीतियों को ध्यान में रखते हुए किसी एक अथवा दोनों बाजारों में अपनी निधियों को लगाना—चुन सकता है।

2. उधारकर्ता अपनी आवश्यकताओं के अनुसार किसी एक अथवा दोनों बाजारों से निधियां प्राप्त कर सकता है। एक फर्म वाणिज्यिक कागज पत्रों की बिक्री द्वारा अल्पकालीन निधियां प्राप्त कर सकती है अथवा अतिरिक्त शेयर या बांड जारी कर सकती है।

3. कुछ निगम और वित्तीय संस्थाएं अल्पकालीन और दीर्घकालीन प्रतिभूतियों का क्रय–विक्रय करके दोनों बाजारों में कार्य करती हैं।

4. सभी दीर्घकालीन प्रतिभूतियां परिपक्वता के समय दीर्घकालीन प्रपत्र बन जाते हैं। इसलिए, कुछ पूंजी बाजार प्रपत्र मुद्रा बाजार के प्रपत्र बन जाते हैं।

5. जब खजाना राजकोषीय प्रतिभूतियों वाले परिपक्वता बिलों को वित्तीय सहायता प्रदान करता है अथवा जब कोई बैंक परिपक्व ऋण की प्राप्ति को किसी फर्म को अल्पकालीन आधार पर देता है तो निधियां दोनों बाजारों के बीच इधर–उधर प्रवाहित होती हैं।

6. मुद्रा बाजार में प्रतिफलों का संबंध पूंजी बाजार के प्रतिफलों से होता है। मुद्रा बाजार में अल्पकालीन ब्याज दरों में गिरावट सस्ती साख की दशा को दर्शाती है जो पूंजी बाजार में दीर्घकालीन ब्याज दरों में बहुत मामूली गिरावट के साथ होती है। पर मुद्रा बाजार में ब्याज दरें पूंजी बाजार में दीर्घकालीन ब्याज दरों की अपेक्षा अधिक संवेदनशील होती हैं।

प्रश्न

1. वित्तीय बाजार के कार्यकरण का संक्षेप में वर्णन कीजिए। वित्तीय बाजार की कुशलता से आप क्या समझते हैं?
2. मुद्रा बाजार क्या है? मुद्रा बाजार के कार्यों की विवेचना कीजिए।
3. मुद्रा बाजार के कार्यों की विवेचना कीजिए। मुद्रा बाजार क्यों महत्त्वपूर्ण है?
4. मुद्रा बाजार को परिभाषित कीजिए। इसके कार्यों की व्याख्या कीजिए।
5. पूंजी बाजार से आप क्या समझते हैं? इसके महत्त्व की विवेचना कीजिए।
6. मुद्रा और पूंजी बाजार में अन्तर स्पष्ट कीजिए। वे परस्पर कैसे सम्बन्धित हैं?

अध्याय 44

स्फीति तथा अवस्फीति
(Inflation and Deflation)

1. प्रस्तावना
(INTRODUCTION)

'स्फीति' बहुत ही विवादास्पद शब्द है। जब नव-क्लासिकी अर्थशास्त्रियों ने इसे पहले-पहल परिभाषित किया था, तब से अब तक इसमें संशोधन होते रहे हैं। इससे उनका तात्पर्य था— *मुद्रा की मात्रा में अत्यधिक वृद्धि के परिणामस्वरूप कीमतों में द्रुत (galloping) वृद्धि।* वे समझते थे कि स्फीति ''ऐसा विनाशकारी रोग है जो मौद्रिक नियंत्रण के अभाव से जन्म लेता है और जिसके परिणाम व्यापार के नियमों को खोखला बना देते हैं, बाजारों में तबाही मचा देते हैं और समझदार तक का वित्तीय विनाश कर देते हैं।''[1]

परन्तु केन्ज ने अपनी पुस्तक *General Theory* में इस तरह के सब भय समाप्त कर दिए। वह नव-क्लासिकियों की भांति यह नहीं मानता था कि अर्थव्यवस्था में सदैव पूर्ण रोजगार रहता है जिसके परिणामस्वरूप मुद्रा की मात्रा में वृद्धि होने पर अति-स्फीति (hyper-inflation) आती है। उसका मत है कि क्योंकि अर्थव्यवस्था में अल्प-रोजगार रहता है, इसलिए मुद्रा पूर्ति में वृद्धि होने से समस्त मांग, उत्पादन और रोजगार बढ़ता है। यदि मंदी से शुरू करें, तो ज्यों-ज्यों मुद्रा की पूर्ति बढ़ती है, त्यों-त्यों शुरू में उत्पादन भी समान अनुपात से बढ़ता है। परन्तु जब समस्त मांग, उत्पादन तथा रोजगार और अधिक बढ़ते हैं, तो घटते प्रतिफल शुरू हो जाते हैं और कुछ अड़चनें पैदा हो जाती हैं और कीमतें बढ़ने लगती हैं। यह प्रक्रिया तब तक चलती रहती है जब तक पूर्ण रोजगार का स्तर नहीं आ जाता है। इस अवधि के दौरान कीमत-स्तर में वृद्धि को अवरोध स्फीति (bottleneck inflation) अथवा 'अर्द्ध-स्फीति' (semi-inflation) कहते हैं। यदि मुद्रा की पूर्ति पूर्ण रोजगार स्तर से आगे बढ़ जाती है, तो उत्पादन बढ़ना बन्द हो जाता है और मुद्रा-पूर्ति के साथ कीमतें समानुपात में बढ़ती हैं। केन्ज के अनुसार यही असली स्फीति है।

केन्ज के विश्लेषण में दो प्रमुख कमियां हैं। *प्रथम,* यह इस बात पर बल देता है कि स्फीति का कारण मांग है, और स्फीति के लागत पक्ष की उपेक्षा करता है। *दूसरे,* यह इस संभावना को नजर- अन्दाज करता है कि कीमत वृद्धि से समस्त मांग और बढ़ सकती है जो कीमतों को और बढ़ा सकती है।

पर, द्वितीय विश्व-युद्ध के दौरान, युद्ध के तुरन्त बाद की अवधि में, 1950 के दशक के मध्य तक स्फीति के प्रकार केन्जीय मॉडल पर थे जो उसके अति मांग सिद्धान्त पर आधारित था। ''संयुक्त राज्य अमरीका में युद्ध के तुरन्त बाद की अवधि में जितनी बेरोजगारी थी, उसकी अपेक्षा 1950 के दशक के उत्तरार्द्ध में अधिक थी, और फिर भी ऐसा लगता था कि कीमतें बढ़ रही हैं और साथ ही युद्ध के बाद सुस्ती (recession) के भय का स्फीति की समस्या से संबधित गम्भीर आशंकाओं ने स्थान ले लिया था। परिणाम यह हुआ कि एक लम्बी बहस छिड़ गई। विवाद के एक पक्ष में लागतजन्य स्फीति (cost-push inflation) विषयक विचारधारा थी जिसका कहना था कि अति मांग होती ही नहीं। दूसरे पक्ष में 'मांग-जन्य स्फीति' (demand-pull inflation) विषयक विचारधारा थी। बाद में संयुक्त

1. R.J. Ball and Peter Doyle (ed.) *Inflation,* 1967, p. 7

राज्य अमरीका में एक तीसरी विचारधारा विकसित हुई। यह विचारधारा चार्ल्स शूल्ज के नाम से संबद्ध है। इसने स्फीति का क्षेत्रीय 'मांग स्थानांतरण (demand-shift) सिद्धान्त' प्रस्तुत किया। जब संयुक्त राज्य अमरीका में लागताधिक्य और मांगाधिक्य विचारधाराओं के बीच विवाद पूरे जोरों पर था, तब ए. डब्ल्यू. फिलिप्स ने स्फीति की समस्या तथा स्फीति निवारक नीति के संबंध में एक बहुत ही रोचक दृष्टिकोण विकसित किया।''[2] इसे फिलिप्स वक्र कहते हैं।

हम इस अध्याय में केन्ज के स्फीति अन्तराल सिद्धांत के अतिरिक्त उपर्युक्त सभी सिद्धांतों का अध्ययन करेंगे। परन्तु उक्त सिद्धांतों का विश्लेषण करने से पहले, स्फीति का अर्थ जान लेना उपयोगी होगा।

2. स्फीति का अर्थ एवं प्रकार
(MEANING AND TYPES OF INFLATION)

नव-क्लासिकियों और शिकागो विश्वविद्यालय में उसके अनुयायियों की दृष्टि में स्फीति मूलरूप से एक मौद्रिक घटना है। फ्रीडमैन के शब्दों में, ''स्फीति सदैव एवं सर्वत्र एक मौद्रिक घटना होती है, और उसे उत्पादन की अपेक्षा केवल मुद्रा का परिमाण तेजी से बढ़ाकर लाया जा सकता हैं। (Inflation is always and everywhere a monetary phenomenon....and can be produced only by a more rapid increase in the quantity of money than output.'')[3] परन्तु अर्थशास्त्री इस बात पर सहमत नहीं हैं कि केवल मुद्रा पूर्ति ही स्फीति का कारण होती है। जैसा कि हिक्स ने लक्ष्य किया है, ''हमारी वर्तमान कठिनाइयां केवल मौद्रिक प्रकृति की नहीं हैं।'' इसलिए अर्थशास्त्री स्फीति को कीमतों में होने वाली निरन्तर वृद्धि के रूप में परिभाषित करते हैं। जानसन के अनुसार कीमतों में निरन्तर वृद्धि स्फीति है। (Inflation is a sustained rise in prices)।[4] ब्रूमैन इसे ''सामान्य कीमत स्तर में निरन्तर होने वाली वृद्धि के रूप में (a continuing increase in the general price level.[5] परिभाषित करता है। शपीरो की परिभाषा इससे मिलती-जुलती है। उसके अनुसार स्फीति ''कीमतों के सामान्य-स्तर में होने वाली निरन्तर तथा अत्यधिक वृद्धि है।'' ("is a persistent and appreciable rise in the general level of prices.")[6] डर्नबर्ग तथा मैक्डूगल की परिभाषा अपेक्षाकृत अधिक स्पष्ट है। वे लिखते हैं, ''यह शब्द प्राय: कीमतों में निरन्तर होती रहने वाली वृद्धि को निर्दिष्ट करता है जिसे किसी सूचक द्वारा मापा जाता है जैसे उपभोक्ता कीमत सूचकांक'' (The term usually refers to a continuing rise in prices as measured by an index such as the consumer price index. (CPI.))[1]

पर, यह समझ लेना जरूरी है कि कीमतों में निरन्तर वृद्धि के विविध आकार हो सकते हैं। इसीलिए स्फीति को विभिन्न नाम दिए गए हैं जो कीमतों में वृद्धि की दर पर निर्भर करते हैं।

1. मंद अथवा रेंगती स्फीति (Creeping Inflation) : जब कीमतों में वृद्धि बहुत धीरे-धीरे होती है, तो इसे मंद स्फीति कहते हैं। गति के शब्दों में यदि कीमतों में निरन्तर वृद्धि 3 प्रतिशत प्रतिवर्ष से कम दर से होती है तो उसे मंद स्फीति कहा जाता है। कीमतों में ऐसी वृद्धि आर्थिक वृद्धि के लिए सुरक्षित एवं आवश्यक मानी गई है।

2. चलती हुई स्फीति (Walking or Trotting Inflation) : जब कीमतें साधारण रूप से बढ़ती हैं और वार्षिक स्फीति दर एक अंक की होती है। दूसरे शब्दों में जब कीमतों में वृद्धि की दर 3 से 6 प्रतिशत प्रतिवर्ष के बीच अथवा 10 प्रतिशत से कम तो वह चलती हुई स्फीति कहलाती है। इस दर पर स्फीति सरकार के लिए खतरे की घंटी होती है ताकि इस दौड़ती हुई स्फीति में प्रवेश करने से पहले नियन्त्रित कर लिया जाय।

3. *दौड़ती हुई स्फीति (Running Inflation)* : जब कीमतें तीव्रता से 10 से 20 प्रतिशत प्रतिवर्ष की दर से बढ़ती हैं तो उसे दौड़ती हुई स्फीति कहते हैं। ऐसी स्फीति गरीब और मध्य वर्गों पर बुरा प्रभाव डालती है। इसके नियंत्रण के लिए शक्तिशाली मौद्रिक और

---

2. Harry G. Johnson, "A Survey of Theories of Inflation," *Indian Economic Review*, August 1963, reprinted in *Essays in Monetary Economics*, 1970.
3. *The Counter Revolution in Monetary Theory*, 1970.
4. Harry W. Johnson *op. cit*, p. 104.
5. F. S. Brooman, *op. cit.*, p. 285.
6. Edward Shapiro, *op. cit.*, p. 502.
7. *Op. cit.*, p. 288.

फिस्कल उपाय अपनाने की आवश्यकता होती है, नहीं तो यह अतिस्फीति की ओर ले जाती है।

4. *अतिस्फीति (Hyperinflation)* : जब कीमतें दो या तीन अंक की दरों पर बहुत तेज़ी से बढ़ती हैं अर्थात 20 से 100 प्रतिवर्ष के बीच या उससे भी अधिक हो तो इसे सामान्यतः भागती हुई या द्रुत स्फीति (runaway or galloping inflation) कहा जाता है। इसे कई अर्थशास्त्रियों द्वारा अतिस्फीति भी कहा जाता है। वास्तव में, अतिस्फीति वह स्थिति है जब स्फीति की दर मापी नहीं जा सकती और पूर्णरूप से अनयिन्त्रित होती है। कीमतें प्रत्येक दिन कई बार बढ़ती हैं। ऐसी स्थिति मौद्रिक प्रणाली की पूर्ण विफलता लाती है, क्योंकि मुद्रा की क्रय शक्ति में निरन्तर गिरावट होती है।

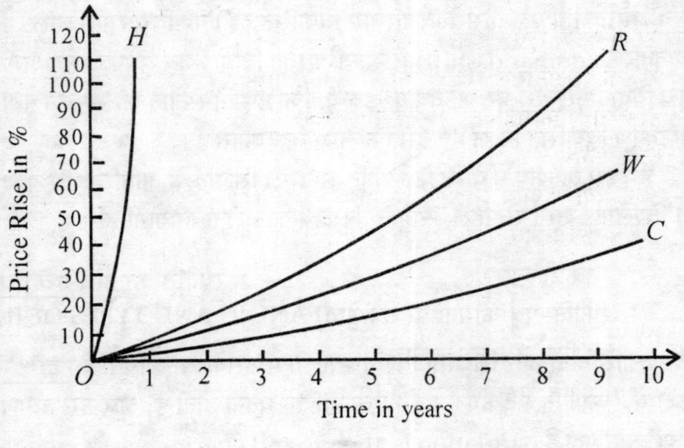

चित्र 1

जिस गति से कीमतें बढ़ती हैं उसे चित्र 1 में दिखाया गया है। वक्र *C* मंद स्फीति को प्रदर्शित करता है जब दस वर्ष की अवधि के भीतर कीमत-स्तर में लगभग 30 प्रतिशत वृद्धि हुई है। वक्र *W* चलती हुई (walking) स्फीति को व्यक्त करता है जब दस वर्ष की अवधि के दौरान कीमतों में 50 प्रतिशत से अधिक वृद्धि हुई। वक्र *R* तीव्र (running) स्फीति को प्रदर्शित करता है जब 10 वर्षों में कीमतों में लगभग 100 प्रतिशत वृद्धि हुई। ऊपर की ओर ढाल वाला वक्र *H* अतिस्फीति के मार्ग को प्रदर्शित करता है जब एक वर्ष से कम अवधि में ही कीमतें 120 प्रतिशत बढ़ गईं।

3. स्फीति अन्तराल
(THE INFLATIONARY GAP)

1940 में प्रकाशित अपने How to Pay for the War पैम्फ्लेट में केन्ज ने स्फीति अन्तराल की धारणा स्पष्ट की है। यह धारणा उसके उन विचारों से भिन्न है जो उसने अपनी पुस्तक *General Theory* में स्फीति के संबंध में प्रस्तुत किए हैं। General Theory में वह शुरू में अल्प रोजगार संतुलन से चलता है, परन्तु How to Pay for the War में अर्थव्यवस्था में पूर्ण रोजगार की स्थिति से शुरू करता है। उसकी परिभाषा के अनुसार स्फीति अन्तराल योजनाबद्ध व्यय का वह आधिक्य है जो स्फीति-पूर्व अथवा आधार कीमतों पर उपलब्ध उत्पादन से बढ़ जाता है। लिप्सी (Lipsey) के मतानुसार, "आय के पूर्ण रोजगार स्तर पर समस्त उत्पादन से जितनी मात्रा में समस्त व्यय बढ़ जाएगा, वही मात्रा स्फीति अन्तराल होगी।" (The inflationary gap is the amount by which aggregate expenditure would exceed aggregate output at the full employment level of output.) क्लासिकी अर्थशास्त्रियों ने स्फीति का मुख्य कारण यह बताया है कि पूर्ण रोजगार स्तर दिया हुआ होने पर मुद्रा का परिमाण बढ़ जाता है। दूसरी ओर केन्ज ने पूर्ण रोजगार का स्तर पर व्यय के आय से बढ़ जाने को स्फीति का कारण माना है। समस्त व्यय जितना अधिक होगा, अन्तराल भी उतना ही अधिक होगा और स्फीति की गति भी उतनी ही अधिक तेज होगी। स्थिर औसत बचत प्रवृत्ति दी हुई होने पर, पूर्ण रोजगार स्तर पर मुद्रा-आय में वृद्धि से जब पूर्ति से मांग बढ़ जाएगी, तो परिणामस्वरूप स्फीति अन्तराल उत्पन्न हो जाएगा। इस प्रकार केन्ज ने स्फीति अन्तराल धारणा को उन प्रमुख निर्धारकों को दिखाने के लिए प्रयोग किया जो कीमतों में स्फीतिकारी वृद्धि लाते हैं।

एक उदाहरण की सहायता से स्फीति अन्तराल की व्याख्या की जा रही है। मान लीजिए कि स्फीति-पूर्व कीमतों पर सकल राष्ट्रीय उत्पाद 200 करोड़ रु. है। इसमें से 80 करोड़ रु. सरकार खर्च करती है। इस प्रकार स्फीति-पूर्व कीमतों पर जनता को उपभोग के लिए 120 (= 200 – 80) करोड़ रु. का उत्पादन उपलब्ध है। परन्तु पूर्ण रोजगार स्तर पर चालू कीमतों पर सकल राष्ट्रीय आय 250 करोड़ रु. है। मान लीजिए कि सरकार कर लगाकर 60 करोड़ रु. ले लेती है और प्रयोज्य (disposable) आय के रूप में 190 करोड़ रु. छोड़

देती है। इस प्रकार, 120 करोड़ रु. के उपलब्ध उत्पादन पर खर्च करने के लिए 190 करोड़ रु. की राशि विद्यमान है जिससे 70 करोड़ रु. का स्फीति अन्तराल उत्पन्न हो जाता है।

इस स्फीति अन्तराल मॉडल को नीचे स्पष्ट किया जा रहा है—

1. चालू कीमतों पर सकल राष्ट्रीय आय	= रु. 250 करोड़
2. कर	= रु. 60 करोड़
3. प्रयोज्य आय	= रु. 190 करोड़
4. स्फीति-पूर्व कीमतों पर *GNP*	= रु. 200 करोड़
5. सरकारी व्यय	= रु. 80 करोड़
6. स्फीति-पूर्व कीमतों पर उपभोग के लिए उपलब्ध उत्पादन	= रु. 120 करोड़
स्फीति अन्तराल (मद 3-6)	= रु. 70 करोड़

वास्तव में, 190 करोड़ रु. की सारी प्रयोज्य आय खर्च नहीं की जाती, इसका कुछ भाग बचा लिया जाता है। मानलीजिए, यदि इसका 20 प्रतिशत (38 करोड़ रु.) बचाया जाता है, तो 120 करोड़ रु. की वस्तुओं के लिए मांग उत्पन्न करने को 152 करोड़ (190-38) करोड़ रु. बचेंगे। इस प्रकार वास्तविक स्फीति अन्तराल 70 करोड़ रु. की बजाय 32 करोड़ (152-120) करोड़ रु. होगा।

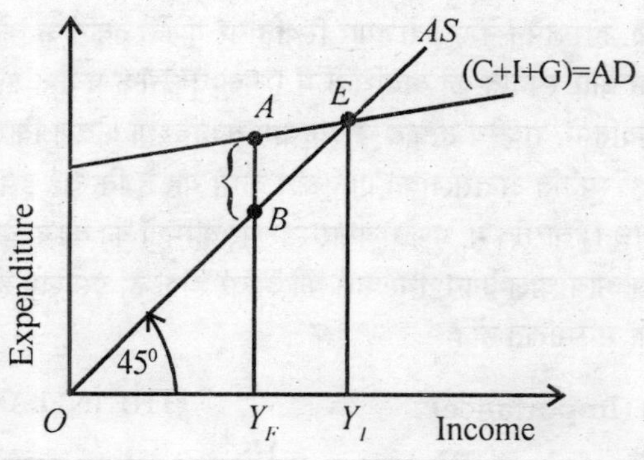

चित्र 2

स्फीति अन्तराल चित्र 2 में दिखाया गया है। यहां Y_F आय का पूर्ण रोजगार स्तर है, 45 डिग्री की रेखा समस्त पूर्ति का एवं $C + I + G$ रेखा उपभोग, निवेश एवं सरकारी व्यय (या समस्त मांग वक्र) के इच्छित स्तर का दर्शाती है। अर्थव्यवस्था का समस्त मांग वक्र $C+I+G = AD$ बिन्दु E पर 45 डिग्री रेखा (AS) को आय स्तर OY_1 प्रतिशत पर काटती है जो पूर्ण रोजगार आय स्तर OY_F से अधिक है। वह राशि, जिसके द्वारा समस्त मांग (Y_FA) पूर्ण रोजगार आय स्तर पर समस्त पूर्ति (Y_FB) से अधिक होती है, स्फीति अन्तराल है। यह चित्र में 2 AB है। जब संसाधन पूर्ण रोजगार पर होते हैं तो कुल व्यय की अधिक मात्रा स्फीतिकारी दबाव उत्पन्न करती है। इस प्रकार, स्फीति अन्तराल अर्थव्यवस्था में स्फीतिकारी दबाब लाता है जो अधिक समस्त मांग के कारण होते हैं।

स्फीति अंतराल कैसे समाप्त किया जा सकता है ?

(How can the inflationary gap be wiped out?)

स्फीति अंतराल को निम्न उपायों से समाप्त किया जा सकता है। बचतों को इस तरह बढ़ाकर कि समस्त मांग घट जाय, स्फीति अन्तराल समाप्त किया जा सकता है। लेकिन यह अवस्फीतिकारी प्रवृत्तियां ला सकती है।

दूसरा हल यह है कि उपलब्ध उत्पादन का मूल्य बढ़ाकर उसे प्रयोज्य (disposable) आय के बराबर कर दिया जाय। जब समस्त मांग बढ़ती है तो व्यवसायी उत्पादन बढ़ाने के लिए ज्यादा श्रमिक लगाता है। लेकिन वहां वर्तमान मुद्रा मजदूरी पर पूर्ण रोजगार होने के कारण, वे अपने साथ काम करने के लिए अधिक श्रमिकों को प्रेरित करने के लिए अधिक मुद्रा मजदूरी देते हैं। चूंकि वहां पहले से ही पूर्ण रोजगार होता है, इसलिए मुद्रा मजदूरियों में वृद्धि कीमतों में आनुपातिक वृद्धि लाती है। इसके अलावा, अल्पकाल में उत्पादन तो बढ़ाया नहीं जा सकता, क्योंकि साधन पहले से ही पूर्ण रोजगार के स्तर पर होते हैं। इसलिए स्फीति अन्तराल कराधान बढ़ाकर एवं व्यय को कम करके समाप्त किया जा सकता है। मौद्रिक नीति का भी प्रयोग मुद्रा कोष को घटाने के लिए किया जा सकता है। लेकिन केन्ज अर्थव्यवस्था के भीतर स्फीतिकारी दबावों को नियंत्रित करने के लिए मौद्रिक उपाय के पक्ष में नहीं थे।

आलोचनाएं (Criticisms)

फ्रीडमैन[1] कूपमैन्ज,[2] सलाण्ट[3] तथा अन्य अर्थशास्त्रियों ने स्फीति अन्तराल धारणा की आलोचना की है।

1. स्फीति अन्तराल विषयक विश्लेषण इस मान्यता पर आधारित है कि पूर्ण रोजगार कीमतें ऊपर की ओर लचीली होती हैं। दूसरे शब्दों में, वे बाजार में वस्तुओं की अति मांग के प्रति संवेदनशील होती हैं। इसकी यह मान्यता भी है कि जब कीमतें बढ़ रही हों तो मुद्रा-मजदूरी निश्चल (sticky) होती है परन्तु *GNP* में लाभों का भाग बढ़ जाता है। इसलिए यह धारणा अति मांग स्फीति से सम्बद्ध है जिसमें लाभ-स्फीति विद्यमान रहती है। इसके परिणामस्वरूप, मांग तथा लागत स्फीतियां मिश्रित हो गई हैं।

2. बैण्ट हैन्सन ने केन्ज़ की इस बात के लिए आलोचना की है कि उसने स्फीति अन्तराल को केवल वस्तु बाजार तक सीमित कर दिया है और साधन बाजार के कार्य भाग की उपेक्षा की है। हैन्सन के मतानुसार, स्फीति अन्तराल वस्तु बाजार में और साधन बाजार में अति मांग का परिणाम होता है।[4]

3. स्फीति अन्तराल विश्लेषण स्थैतिक है परन्तु स्फीतिकारी घटनाएं गत्यात्मक होती हैं। केन्ज़ ने उन्हें गत्यात्मक बनाने के लिए स्वयं सुझाव दिया था कि आय की प्राप्तियों और व्ययों से संबंधित समय अंतर या पश्चताएं शामिल किए जाएं। कूपमैन्ज ने पश्चतायों (lags) तथा समय की प्रति इकाई कीमत वृद्धि की दर के बीच संबंधों का विकास किया है। उसने व्यय पश्चतायों एवं मजदूरी-समायोजन पश्चतायों की सहायता से दिखाया है कि स्फीति की गति थोड़ी हो जाती है अर्थात् स्फीति अन्तराल कम हो जाता है।

4. होल्जमैन ने पूर्ण रोजगार स्थिति पर गुणक तकनीक को लागू करने के लिए केन्ज़ की आलोचना की है। उसके अनुसार, पूर्ण रोजगार और स्फीति की अवधियों में गुणक तकनीक पर्याप्त नहीं है। यह आय वितरण में परिवर्तनों को पृथक करता है। पूर्ण रोजगार की स्थिति में, राष्ट्रीय उत्पाद में एक वर्ग का हिस्सा केवल किसी दूसरे की कीमत पर ही बढ़ाया जा सकता है।[5]

5. स्फीति अन्तराल की एक और कमी यह है कि वह इस तरह की प्रवाह धारणाओं से सम्बद्ध है जैस चालू आय, व्यय, उपभोग और बचत। वास्तव में, पूर्ण रोजगार स्तर पर कीमतों का बढ़ना केवल चालू वस्तुओं की कीमतों तक ही सीमित नहीं होता। फिर, क्योंकि प्रयोज्य आय चालू आय तथा करों का अन्तर होती है, इसलिए हो सकता है कि प्रयोज्य आय में पिछली अवधियों की आय से निष्क्रिय शेष भी सम्मिलित हों।[6]

महत्व (Importance)

इन आलोचनाओं के बावजूद, पूर्ण रोजगार स्तर पर बढ़ती कीमतों और स्फीति नियंत्रण के नीति उपायों की व्याख्या करने में स्फ ीति अन्तराल की धारणा बहुत महत्त्वपूर्ण सिद्ध हुई है।

1. स्फीति अंतराल की धारणा वस्तु मार्के से संबद्ध है। यह बताती है कि मुद्रा का स्फीति के साथ कोई विशेष संबंध नहीं है अर्थात् यह सुझाव नहीं देती कि मुद्रा पूर्ति में वृद्धि स्फीति अंतराल का कारण है, बल्कि व्यय के बढ़ने को स्फीति अंतराल का कारण बताती है।

2. यह धारणा बताती है कि जब एक बार पूर्ण रोजगार का स्तर आ जाता है तो बढ़े हुए व्यय द्वारा उत्पन्न अति मांग के कारण कीमतें बढ़ती हैं। परन्तु उत्पादन नहीं बढ़ाया जा सकता क्योंकि अर्थ- व्यवस्था में सब संसाधन पूर्णरूप से रोजगार पर लगे हैं। इससे स्फ ीति आती है। व्यय जितना ही अधिक होगा, अन्तराल भी उतना ही बड़ा होगा और स्फीति की गति भी उतनी ही अधिक तेज होगी।

3. नीति उपाय के रूप में यह धारणा सुझाव देती है कि स्फीति को नियंत्रित करने के लिए समस्त मांग घटानी चाहिए। इसके लिए सबसे अच्छा तरीका यह है कि कर बढ़ाकर बचत का बजट तैयार किया जाए। यह इस बात के भी पक्ष में है कि उपभोग व्यय घटाने के लिए बचतों को प्रोत्साहन दिया जाए। 'राष्ट्रीय आय, निवेश व्ययों तथा उपभोग व्ययों जैसे समूहों की शब्दावली में स्फीति अन्तराल का दिश्लेषण स्पष्ट रूप से यह बताता है कि करों, सार्वजनिक व्ययों, बचत आन्दोलनों, साख नियंत्रण, मजदूरी समायोजन से संबंधित सार्वजनिक नीति को कौन निर्धारित करता है ? संक्षेप में यह वे सब विचारणीय प्रति-स्फीति (anti-inflationary) उपाय बताता है जो

---

1. M. Friedman, "Discussion of the Inflation of the Gap", *A.E.R.*, Vol. 32, 1942.
2. T. Koopmans, "The Dynamics of Inflation", *R.E.S.*, Vol. 24, 1942.
3. W. Salant, "The Inflationary Gap, Meaning and Significance for Policy Making", *A.E.R.* Vol. 32, 1942.
4. Bent Hansen, *A Study in the Theory of Inflation*, 1951.
5. F. D. Holzman, "Income Determination in Open Inflation", *R.E.S.*, Vol. 32, 1950.
6. R.N. Mitra and H. Roy, *A Tract on Money*, 1958, p. 56.

उपभोग प्रवृत्ति, बचत प्रवृत्ति तथा निवेश प्रवृत्ति को प्रभावित करते हैं जो (प्रवृत्तियां) इकट्ठी मिलकर सामान्य कीमत-स्तर को निर्धारित करती हैं।[1]

4. मांगजन्य अथवा स्फीति का मौद्रिक सिद्धान्त (DEMAND-PULL OR MONETARY THEORY OF INFLATION)

मांगजन्य (मांगाधिक्य) स्फीति या अधिक मांग स्फोति एक परम्परागत एवं अति सामान्य प्रकार की है। जब समस्त मांग बढ़ रही होती है और वस्तुओं की उपलब्ध पूर्ति कम हो रही होती है तो मांगजन्य स्फीति आती है। वस्तुएँ या तो कम पूर्त्ति में हो सकती हैं क्योंकि संसाधनों का पूर्ण उपयोग किया जाता है या बढ़ती हुई मांग के बराबर उत्पादन तेजी से नहीं बढ़ाया जा सकता। परिणामस्वरूप, ऐसी स्थिति के प्रत्युत्तर में कीमतें बढ़नी प्रारम्भ हो जातो हैं जिसे प्राय: ''बहुत अधिक मुद्रा बहुत कम वस्तुओं के पीछे दौड़ रही'' (too much money chasing too few goods) कहा जाता है।

मांगजन्य स्फीति के दो मुख्य सिद्धान्त हैं: मुद्रावादी और केन्ज़ीय। डैनिश अर्थशास्त्री, बैंट हेन्सन द्वारा प्रतिपादित एक तीसरे सिद्धान्त का भी हम विश्लेषण करेंगे।

1. मुद्रावादी विचार या स्फीति का मौद्रिक सिद्धान्त (Monetarist View or Monetary Theory of Inflation)

मुद्रावादियों ने मांगजन्य स्फीति के मुख्य कारण के रूप में मुद्रा की भूमिका पर अधिक जोर दिया। वे दावा करते हैं कि स्फीति सदैव एक मौद्रिक घटना है। इसकी सबसे आरंभिक व्याख्या मुद्रा के सामान्य परिमाण सिद्धान्त में पाई गयी है। मुद्रावादी फिशर के विनिमय समीकरण का प्रयोग करते हैं:

$$MV = PQ$$

जहाँ M मुद्रा की पूर्ति (Supply) है, V मुद्रा का वेग (Velocity) है, P कीमत स्तर है तथा Q वास्तविक उत्पादन का स्तर है।

यदि मान लें कि V और Q स्थिर हैं तो कीमत स्तर (P) मुद्रा पूर्ति (M) के साथ आनुपातिक रूप से परिवर्तित होता है। लचीली मजदूरियां होने पर, यह विश्वास किया जाता था कि अर्थव्यवस्था पूर्ण रोजगार स्तर पर कार्य कर रही है। श्रम शक्ति, पूंजी स्टॉक एवं तकनीक भी कालान्तर में धीरे-धीरे बदलते हैं। तत्पश्चात् व्यय की गई मुद्रा की राशि वास्तविक उत्पादन के स्तर को नहीं प्रभावित करती, और मुद्रा की दुगुनी मात्रा का परिणाम सामान्यत: आय-स्तर को दुगुना कर देता है। जब तक कीमतें इस अनुपात से बढ़ेंगी तो व्यक्तियों और फर्मों के पास अधिक नकदी होगी जिसे वे व्यय करेंगे और इससे कीमतों में वृद्धि होगी। अत: स्फीति उसी दर से बढ़ती है जिस दर पर मुद्रा पूर्त्ति बढ़ती है। इस विश्लेषण में समस्त पूर्त्ति स्थिर और अर्थव्यवस्था में निरन्तर पूर्ण रोजगार मान लिए गये हैं। प्राय: जब मुद्रा की पूर्ति बढ़ती है तो यह वस्तुओं की अधिक मांग पैदा करती है, लेकिन वस्तुओं की पूर्त्ति संसाधनों का पूर्ण रोजगार होने के कारण नहीं बढ़ाई जा सकती। यह कीमतों में बढ़ोतरी लाती है। लेकिन मुद्रा पूर्त्ति में लगातार और लम्बी वृद्धि, वास्तविक स्फीति लाती है।

फ्रीडमैन का विचार (Friedman's View)

आधुनिक मौद्रिक सिद्धान्तवादियों, जिनके नेता फ्रीडमैन हैं, का मत है, ''स्फीति सदैव और सर्वत्र एक मौद्रिक घटना है जो कुल उत्पादन की अपेक्षा मुद्रा की मात्रा में अधिक तीव्र विस्तार के साथ उत्पन्न होती है।'' (Inflation is always and everywhere a monetary phenomenon that arises from a more rapid expansion in the quantity of money than in total output) उसका यह मत है कि मुद्रा की मात्रा में परिवर्तनों से नकद आय में परिवर्तन होंगे। स्फीति सर्वत्र वस्तुओं और सेवाओं की बढ़ी हुई मांग पर आधारित है जब लोग अपने नकद शेषों को खर्च करते हैं। चूंकि मुद्रा की मांग काफी स्थिर है इसलिए यह अधिक व्यय अर्थव्यवस्था में सप्लाई की गई मुद्रा की नकद मात्रा में वृद्धि का नतीजा है। अत: स्फीति सदैव एक मौद्रिक घटना है।

---

1. K.K. Kurihara, *Monetary Theory and Public Policy*, p. 45.

आगे फ्रीडमैन विवेचन करता है कि क्या मुद्रा पूर्त्ति में वृद्धि पहले उत्पादन में जाएगी अथवा कीमतों में। प्रारम्भ में, जब मौद्रिक विस्तार होता है, तो लोगों की नकद आय बढ़ती है। इसका तात्कालिक प्रभाव वस्तुओं की मांग बढ़ाना होगा। यह श्रम की मांग बढ़ायेगी। वर्कर ऊँची मजदूरी पर लगेंगे। साधन लागतें और कीमतें बढ़ेंगी। लाभ की मात्रा घट जायेगी और वस्तुओं की कीमतें बढ़ेंगी। शुरू में, लोग कीमतों में निरन्तर वृद्धि की आशा नहीं करते हैं। वे कीमतों में वृद्धि को अस्थायी मानते हैं और आशा करते हैं कि कीमतें बाद में घट जायेंगी। परिणामस्वरूप, वे अपनी मुद्रा धारणाओं (holdings) को बढ़ाने लगते हैं और कीमतों में वृद्धि नकद मुद्रा की पूर्त्ति में वृद्धि से कम होती है। धीरे-धीरे लोग अपनी मुद्रा-धारणों को पुन: व्यवस्थित करते हैं। तब कीमतें मुद्रा पूर्त्ति के अनुपात से अधिक बढ़ती हैं। वह उचित दर, जिस पर कीमतें मुद्रा पूर्त्ति में वृद्धि की दी हुई दर पर बढ़ती हैं, इन साधनों पर निर्भर करती हैं, जैसे भूत में कीमत प्रवृत्ति, श्रम के ढांचे में वर्त्तमान परिवर्तन, वस्तु मार्केट और राजकोषीय नीति। इस प्रकार, फ्रीडमैन के अनुसार, स्फीति प्रारंभ होने से पहले मुद्रा-प्रसार उत्पादन द्वारा कार्य करता है।

मांगजन्य स्फीति के परिमाण सिद्धान्त का विवरण चित्र 3 (A) तथा (B) में प्रस्तुत किया गया है। मानलीजिए दी गई कीमत OP पर, जिसे चित्र के भाग (B) में D तथा S वक्र E बिन्दु पर निर्धारित करते हैं, मुद्रा की पूर्ति बढ़ाई जाती है। इस कीमत-स्तर पर प्रारम्भिक पूर्ण रोजगार की स्थिति को चित्र के भाग (A) में IS तथा LM वक्रों के परस्पर काटने के बिन्दु E द्वारा दिखाया गया है जहां ब्याज की दर OR है और आय का पूर्ण रोजगार स्तर Y_F है। अब मुद्रा का परिमाण बढ़ने पर LM वक्र दाईं ओर सरक कर LM_1 हो जाता है तथा IS वक्र को बिन्दु E_1 पर इस तरह काटता है कि आय का संतुलन स्तर बढ़कर Y_1 पर पहुंच जाता है और ब्याज की दर गिरकर R_1 हो जाती है। क्योंकि समस्त पूर्ति स्थिर मान ली गई है, इसलिए IS वक्र की स्थिति में कोई परिवर्तन नहीं होता। परिणामस्वरूप, समस्त मांग बढ़ जाती है जो चित्र के पेनल (B) में D वक्र को दाईं ओर सरका कर D_1 पर ले जाती है और EE_1 ($= Y_F Y_1$) के बराबर की अधिक मांग पैदा हो जाती है। इससे कीमत-स्तर बढ़कर OP हो जाता है क्योंकि समस्त पूर्ति स्थिर है जैसा कि पूर्ति वक्र के अनुलम्ब भाग ES द्वारा दिखाया गया है। कीमत-स्तर के बढ़ने से मुद्रा पूर्ति का वास्तविक मूल्य घट जाता है जिसके परिणामस्वरूप LM_1 वक्र बाईं ओर सरक कर LM पर पहुंच जाता है। अधिक मांग तब तक समाप्त नहीं होगी जब तक कि समस्त मांग वक्र D_1, समस्त पूर्ति वक्र S को E' पर नहीं काटता। इसका मतलब है कि भाग (B) में अपेक्षाकृत ऊंचा कीमत-स्तर OP_1 आ जाता है और चित्र के ऊपरी भाग में पुन: E पर मूल संतुलन स्थिति आ जाती है जहां LM वक्र को IS वक्र काटता है। इसका परिणाम स्वयं रोक लगाना होता है और कीमत-स्तर ठीक उसी अनुपात में बढ़ता है जिसमें मुद्रा पूर्ति के मूल मूल्य से उसका वास्तविक मूल्य बढ़ता है।

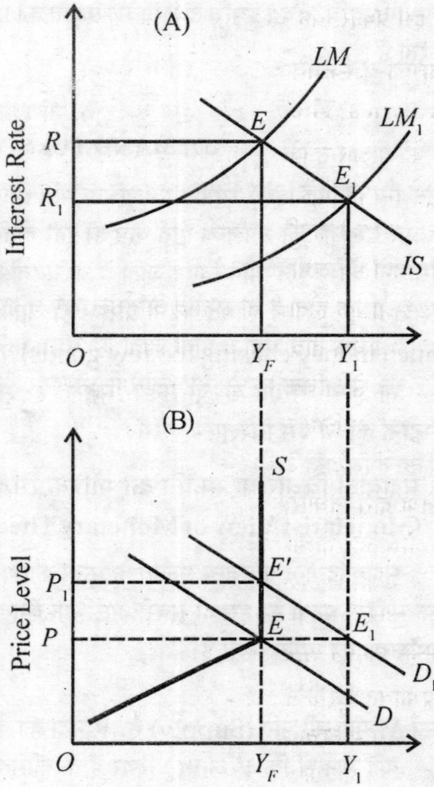

चित्र 3

आलोचनाएं (Criticisms)

स्फीति के इस मौद्रिक सिद्धांत कि स्फीति सदैव और सर्वत्र एक मौद्रिक घटना है, की निम्न कारणों से आलोचना की गई है—

1. यह सिद्धांत सामाजिक, आर्थिक और राजनीतिक कारणों को नहीं बताता जो मुद्रा पूर्ति की वृद्धि के पीछे पाए जाते हैं।

2. मुद्रावादियों की यह धारणा मान्य नहीं है कि मुद्रा पूर्ति बहिर्जात तत्व है जो मौद्रिक अधिकारी द्वारा निर्धारित होता है। वास्तव में, कमर्शियल बैंक और गैर-बैंक वित्तीय मध्यस्थ जैसी संस्थाएं मुद्रा पूर्ति को महत्वपूर्ण रूप से प्रभावित करती हैं।

3. यह सिद्धांत संरचनात्मक और संस्थानिक परिवर्तनों की उपेक्षा करता है जो स्फीति को प्रभावित करते हैं जैसे—श्रम संगठन, अल्पाधिकार मार्किटें, सार्वजनिक क्षेत्र, पैट्रोल निर्यातक संगठन आदि।

इस प्रकार, यह सिद्धांत स्फीति की व्याख्या करने में एक अपूर्ण सिद्धांत है।

2. मांगजन्य स्फीति का केन्ज़ीय सिद्धान्त (Keynes' Theory of Demand-Pull Inflation)

केन्ज़ और उनके अनुयायियों ने मांगजन्य स्फीति के स्रोत के रूप में समस्त मांग में वृद्धि पर जोर दिया है। मांग का एक से अधिक स्रोत भी हो सकता है। उपभोक्ता उपभोग के लिए अधिक वस्तुएं एवं सेवाएं चाहते हैं। व्यवसायी निवेश के लिए अधिक साधन चाहते हैं। सरकार देश की नागरिक एवं सैनिक आवश्यकताओं को पूरा करने के लिए अधिक वस्तुओं एवं सेवाओं की मांग करती है। इस प्रकार, समस्त मांग में उपभोग, निवेश एवं सरकारी खर्चे शामिल होते हैं। जब पूर्ण रोजगार के स्तर पर समस्त मांग का मूल्य, समस्त पूर्ति के मूल्य से अधिक होता है तो स्फीति अन्तराल उत्पन्न होता है। समस्त मांग एवं समस्त पूर्ति के बीच जितना अधिक अन्तराल होता जाता है उतनी अधिक तीव्र स्फीति होती जाती है। बचत की एक स्थिर औसत प्रवृत्ति दी होने पर, पूर्ण रोजगार स्तर पर बढ़ती हुई मुद्रा आय समस्त पूर्ति से अधिक समस्त मांग लायेगी और परिणामस्वरूप स्फीति अन्तराल आयेगा। इस प्रकार, केन्ज़ ने कीमतों में स्फीतिक वृद्धि को दिखाने के लिए स्फीति अन्तराल के विचार का उपयोग किया।

केन्ज़ सिद्धान्त अल्पकालीन विश्लेषण पर आधारित है जिसमें कीमतों को स्थिर मान लिया गया है। वास्तव में, कीमतें गैर-मौद्रिक शक्तियों द्वारा निर्धारित होती हैं। दूसरी ओर, उत्पादन को अधिक परिवर्तनशील मान लिया गया है जो निवेश खर्च करने में परिवर्तनों द्वारा अधिकतर निर्धारित होता है। नकद मुद्रा आय में और कीमतों में परिवर्तनों के बीच कारण-कार्य सम्बन्ध का केन्ज़ीय क्रम ब्याज दर के माध्यम से अप्रत्यक्ष है। जब मुद्रा की मात्रा बढ़ती है तो इसका पहला प्रभाव ब्याज दर पर होता है और वह गिरती जाती है। ब्याज दर में गिरावट आगे निवेश बढ़ायेगी जिससे समस्त मांग बढ़ेगी। समस्त मांग में वृद्धि पहले केवल उत्पादन को प्रभावित करेगी न कि कीमतों को, जब तक संसाधन बेरोजगार हैं। परन्तु यदि समस्त मांग में अचानक बहुत अधिक वृद्धि हो जाए तो संसाधनों के बेरोजगार होने पर रुकावटें आएंगी। कुछ साधनों की पूर्ति बेलोच हो सकती है या अन्य संसाधनों की पूर्ति कम हो सकती है और वे प्रतिस्थापित न किए जा सकते हों। इससे सीमान्त लागत में वृद्धि होगी और कीमतें बढ़ेंगी। कीमतों में औसत इकाई लागत से अधिक वृद्धि होगी और लाभ तेजी से बढ़ेंगें जो आगे ट्रेड यूनियनों के दबावों से मजदूरियों को बढ़ा देंगे। कुछ उद्योगों में घटते प्रतिफल भी चालू हो सकते हैं। जब पूर्ण रोजगार की स्थिति आती है तो उत्पादन की पूर्त्ति की लोच शून्य पर गिरती है और उत्पादन में किसी वृद्धि के बिना कीमतें बढ़ती हैं। व्यय में आगे की कोई वृद्धि अधिक मांग और कीमतों में अनुपात से अधिक वृद्धि लायेगी। इस प्रकार, केन्ज़ीय विचारों में जब तक बेरोजगारी है, आय में सभी परिवर्तन उत्पादन में होते हैं और जब एक बार पूर्ण रोजगार होता है, तो सभी परिवर्तन कीमतों में होते हैं। ''सारांश यह है कि स्फीति अधिक मांग की उपज है और जब तक पूर्ण रोजगार स्तर नहीं आ जाता, तब तक कीमत-स्तर में कोई गंभीर विकार नहीं आता।''[1]

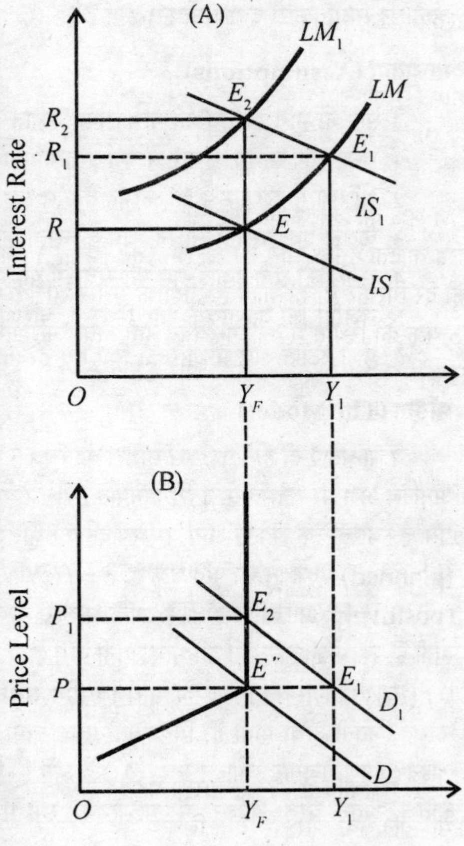

चित्र 4

मांगजन्य स्फीति का केन्ज़ीय सिद्धान्त चित्र 4 (*A*) तथा (*B*) में समझाया गया है। मानलीजिए कि अर्थव्यवस्था *E* बिन्दु पर संतुलन में है, जहां *IS* तथा *LM* वक्र परस्पर काटते हैं जब पूर्ण रोजगार स्तर OY_F और ब्याज की दर *OR* है, जैसा कि चित्र के भाग (*A*) में दिखाया गया है। इस स्थिति के अनुरूप नीचे के भाग (*B*) में कीमत स्तर *OP* है। अब सरकार अपना व्यय बढ़ा देती है। इससे *IS* वक्र दाईं ओर सरक कर IS_1 पर चला जाता है और *LM* वक्र को E_1 पर काटता है जहां आय का स्तर बढ़कर OY_1 और ब्याज की दर बढ़कर OR_1 पर पहुंच जाती है। सरकारी

व्यय में वृद्धि का मतलब है समस्त मांग का बढ़ना, जिसे चित्र के नीचे के भाग (B) में D वक्र के ऊपर को सरक कर D_1 पर पहुंचने के द्वारा दिखाया गया है। इससे प्रारम्भिक कीमत स्तर OP पर, EE_1 $(= Y_F Y_1)$ तक अधिक मांग हो जाती है। अधिक मांग से कीमत-स्तर बढ़ने लगता है क्योंकि पूर्ण रोजगार स्तर के बाद उत्पादन की समस्त पूर्ति नहीं बढ़ाई जा सकती। जब कीमत-स्तर बढ़ता है, तो मुद्रा पूर्ति का वास्तविक मूल्य गिर जाता है। इससे LM वक्र बाईं ओर सरक कर LM_1 पर चला जाता है और यह IS_1 वक्र को E_2 पर काटता है जहां OY_F आय के पूर्ण रोजगार स्तर पर संतुलन स्थापित हो जाता है, परन्तु यह संतुलन (भाग A में) ब्याज की अधिक ऊंची दर OR_2 पर और (भाग B में) अधिक ऊंचे कीमत-स्तर OP_1 पर स्थापित होता है। इस प्रकार, सरकारी व्यय बढ़ने से उत्पन्न हुई अधिक मांग मुद्रा के वास्तविक मूल्य में परिवर्तनों से स्वयं समाप्त हो जाती है।

बैंट हेन्सन का मांगजन्य स्फीति मॉडल
(Bent Hansen's Excess Demand Inflation Model)

डेनिश अर्थशास्त्री बैंट हेन्सन[2] का स्फीति का गत्यात्मक मांगजन्य मॉडल कीमत-स्तर के दो अलग-अलग स्तरों के समावेश का स्पष्ट वर्णन करता है: प्रथम, वस्तु बाजार और द्वितीय, साधन बाजार का। हेन्सन के मॉडल में दो भिन्न बाजार--साधन और वस्तु बाजार सम्मिलित हैं, जिसमें प्रत्येक बाजार में कीमत परिवर्तन की दर उस बाजार में अधिक मांग की मात्रा पर निर्भर करती है। वह मांग को नियोजित उत्पादन और नियोजित मांग के रूप में लेता है जिसमें नियोजित उत्पादन (वस्तुओं की पूर्ति) से अभिप्राय श्रम की मांग है। जब नियोजित उत्पादन और नियोजित मांग में असंतुलन होता है तो वस्तु-अंतराल (goods gap) और साधन-अंतराल (factor gap) आने पर स्फीतिकारी दबाव उत्पन्न होते हैं।

मान्यताएं (Assumptions)

हेन्सन का मांग स्फीति का गत्यात्मक सिद्धांत निम्नलिखित मान्यताओं पर आधारित है—

1. वस्तु और साधन बाजार में पूर्ण प्रतियोगिता होती है।
2. भविष्य में इस समय की कीमत कायम रहेगी।
3. केवल एक परवर्ती साधन, श्रम की सेवाओं, की सहायता से एक ही वस्तु का उत्पादन किया जाता है।
4. समय की प्रति इकाई श्रम की सेवाओं की मात्रा दी हुई है।
5. रोजगार का वास्तविक स्तर स्थिर है, परिणामस्वरूप उत्पादन का स्तर भी स्थिर होता है जो पूर्ण रोजगार का है।
6. पूंजी स्टॉक और प्रौद्योगिकी दिए हुए हैं और वास्तविक उत्पादन पूर्ण रोजगार के स्तर का फलन है।

मॉडल (The Model)

ये मान्यताएं दी होने पर, इस मॉडल का चित्र 5 की सहायता से व्याख्या की जाती है। अनुलंब अक्ष पर कीमत-मजदूरी अनुपात P/W (वास्तविक मजदूरी का विपरीत) मापा गया है। वास्तविक सकल आय या उत्पादन को क्षैतिज अक्ष पर मापा गया है। S नियोजित (planned) उत्पादन का पूर्ति वक्र है, $S = f(P/W)$। यह P/W के साथ धनात्मकता से (positively) परिवर्तित होता है ताकि मजदूरी दर के सापेक्ष में कीमत जितनी अधिक होती है, उपभोक्ता वस्तुओं की मांग उतनी कम होती है। D नियोजित मांग का वक्र है, $D = f(P/W)$। जिसका P/W के साथ विपरीत संबंध है ताकि मजदूरी दर के सापेक्ष में कीमत जितनी ऊँची होती है, नियोजित उत्पादन भी उतना ही अधिक होता है। अनुलंब लाइन Q पूर्ण रोजगार उत्पादन स्तर (Q_F) है और Q स्थिरांक है। D और Q वक्रों के बीच क्षैतिज अंतर वस्तु बाजार में मात्रात्मक स्फ ीतिकारी अंतराल (quantitative

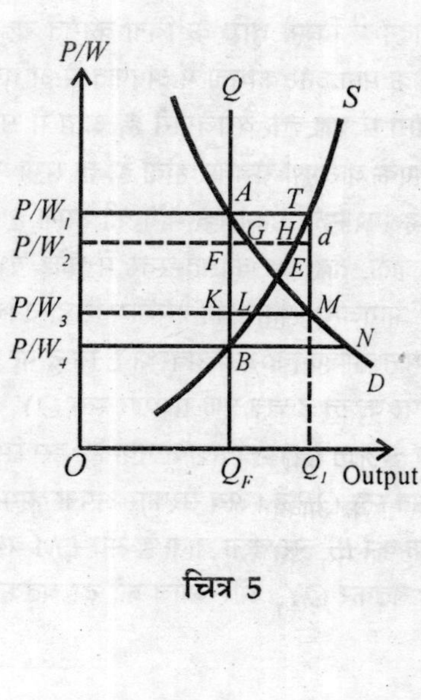

चित्र 5

1. S. Wientraub, "The Keynesian Theory of Inflation: The Two Faces of Janus", *I.E.R.*, Vol. I, 1960.
2. Bent Hansen, *A Study in the Theory of Inflation*, 1951.

inflationary gap) है। ऐसा अंतराल सभी कीमत-मजदूरी अनुपातों (P/W) के नीचे, चित्र में पाया जाता है। इस प्रकार, S और Q वक्रों के बीच क्षैतिज अंतर साधन-अंतराल का सूचक है। इस प्रकार, ($D–Q$) वस्तु-अंतराल और ($S–Q$) साधन-अंतराल है।

मान लीजिए कि वक्र D और S उत्पादन के पूर्ग रोजगार के स्तर के दाईं ओर बिंदु E पर एक दूसरे को काटते हैं। यदि स्फीति का मौद्रिक दबाव हो तो ऐसा होता है, क्योंकि अन्यथा P/W (कीमत-मजदूरी अनुपात) दिया होने पर वस्तु बाजार में धनात्मक स्फ ीतिकारी अंतराल और धनात्मक साधन-अंतराल एक साथ होना संभव नहीं हो सकेगा। स्फीति का मौद्रिक दबाव केवल तब पाया जाता है जब कीमत-मजदूरी अनुपात P/W_1 और P/W_4 के बीच होता है। जब कीमत-मजदूरी अनुपात P/W_1 से ऊपर होता है ($P/W > P/W_1$), तो वस्तु-बाजार में स्फीतिकारी अंतराल शून्य से अधिक होता है, और जब कीमत-मजदूरी अनुपात P/W_4 से कम होता है ($P/W < P/W_4$), तो साधन-अंतराल का सूचक और साधन अंतराल दोनों ही ऋणात्मक होते हैं।

आगे हेन्सन दो गत्यात्मक समीकरण प्रस्तुत करता है:

$$dp/dt = f(D–Q) \qquad \ldots(1)$$

$$dw/dt = f(S–Q) \qquad \ldots(2)$$

जहां dp/dt कीमत स्तर में वृद्धि की गति है और dw/dt मजदूरी दर में वृद्धि की गति है।

जब ($D–Q$) शून्य हो तो $dp/dt = 0$; और जब ($S–Q$) शून्य हो तो $dw/dt = 0$.। यह स्थैतिक संतुलन व्यवस्था है। जब दोनों अंतराल धनात्मक होते हैं तो कीमत और मजदूरी में परिवर्तन की दरें भी धनात्मक होती हैं। इससे यह निष्कर्ष निकलता है कि जब वस्तुओं के लिए अधिक मांग ($D–Q$) और साधनों के लिए अधिक मांग ($S–Q$) दोनों धनात्मक होती हैं, तो कीमत और मजदूरी-दर दोनों में वृद्धि होगी। प्रत्येक की अर्द्ध-संतुलन (semi-equilibrium) की स्थिति होगी, जो इस अर्थ में स्थिर होती है कि जो कोई भी कीमत-मजदूरी संबंध प्रारंभ किया जाता है, ऐसी शक्तियां कार्यरत रहेंगी जो व्यवस्था को अर्द्ध-संतुलन स्थिति पर वापिस लाती हैं।

चित्र में ऐसी स्थिति लीजिए जहां वक्र S और D एक दूसरे को E बिंदु पर काटते हैं जो उत्पादन के पूर्ण रोजगार स्तर Q_FQ के दाईं ओर है। क्योंकि E बिंदु प्राप्त नहीं किया जा सकता, इसलिए एक प्रारंभिक अस्थिर असंतुलन बिंदु A पर प्राप्त होता है जहां कीमत-मजदूरी अनुपात (P/W_1) है। इस स्थिति में कोई वस्तु-अंतराल नहीं होता है और वस्तुओं की कीमतों में वृद्धि नहीं होती, क्योंकि नियोजित मांग (D) बिन्दु A पर पूर्ण रोजगार उत्पादन (Q_F) के बराबर है। परन्तु बिंदु T पर बहुत बड़ा साधन-अंतराल है, जिससे मजदूरी में वृद्धि शीघ्र होती है। ऐसा इसलिए कि (P/W_1) पर पूर्ण रोजगार उत्पादन Q_F से नियोजित उत्पादन Q_1 से अधिक (AT) है। परन्तु ऐसा संभव नहीं है, क्योंकि Q_1 उत्पादन पूर्ण रोजगार उत्पादन Q_F से अधिक है। परिणामस्वरूप, श्रम की अधिक मांग है जिससे श्रम की कमी हो जाती है और मजदूरी की दर में वृद्धि, जिससे P/W गिर जाता है। जब कीमत-मजदूरी अनुपात (P/W) में गिरावट आती है, तो वस्तुओं की अधिक मांग (साधन-अंतराल) आ जाती है। मानलीजिए P/W_1 गिर कर P/W_2 हो जाता है। P/W_2 पर वस्तु-अंतराल FG साधन-अंतराल FH से छोटा है। इसका अभिप्राय यह है कि छोटे वस्तु-अंतराल से मजदूरी दर में अधिक वृद्धि होती है। इससे कीमत-मजदूरी अनुपात में और गिरावट P/W_3 पर आ जाती है। P/W_3 पर साधन-अंतराल कम हो कर KL पर आ जाता है और वस्तु-अंतराल बढ़कर KM पर। इससे मजदूरी दर में बहुत धीमी गति से वृद्धि होती है और कीमतों में वृद्धि बहुत तीव्र गति से होती है। ये कीमत-मजदूरी अनुपात की कमी में रुकावट लाते हैं। इस प्रकार, कीमत-मजदूरी अनुपात गिरता जाएगा और उस स्तर पर पहुँच जाएगा जहां वस्तु-अंतराल और कीमत-अंतराल मिल जाते हैं। यही तर्क लागू होगा यदि हम P/W_4 से प्रारंभ करें, जहां BN बहुत बड़ा वस्तु-अंतराल है और साधन-अंतराल शून्य है, जिससे कीमतों में वृद्धि और अन्ततः कीमत-मजदूरी अनुपात में वृद्धि होगी। कीमत-मजदूरी अनुपात के स्तर की वृद्धि का एक मुख्य निर्धारक मजदूरी-दर और कीमतों का एक-दूसरे के साथ अपेक्षतया लचीलापन है। मजदूरी की सापेक्षता में कीमतें जितनी अधिक लचीली होती हैं, कीमत-मजदूरी अनुपात का मूल्य उतना ही P/W_1 के निकट होता है।

P/W_1 और P/W_4 के बीच कोई अर्द्ध-संतुलन होता है जिससे कीमतें और मजदूरी-दरें एक साथ गति करती हैं। अर्द्ध-संतुलन स्थैतिक संतुलन नहीं है बल्कि गत्यात्मक संतुलन है, क्योंकि कीमतें और मजदूरी-दरें दोनों बिना रुकावट के बढ़ती हैं और संबंधित अंतराल शून्य नहीं होते। अर्द्ध-संतुलन में स्फीति की वास्तविक गति, कीमत और मजदूरी परिवर्तनों की निरपेक्ष संवेदनशीलता संबंधित अंतरालों के आकार पर निर्भर करेगी। यदि दोनों संबंध सापेक्षतया अस्थिर होते हैं तो स्फीति तेजी से होगी और यदि दोनों संबंध सापेक्षतया मंद होते हैं तो स्फीति धीमी गति से होगी। मजदूरी के सापेक्ष में कीमतें जितनी स्थिर होंगी उतना ही कीमत-मजदूरी अनुपात

का मूल्य P/W_4 के निकट होगा।

आलोचनाएं (Criticisms)

बैंट हेन्सन के स्फीति के मांगजन्य सिद्धांत की अर्थशास्त्रियों ने निम्न आलोचनाएं की हैं :

1. हेन्सन के सिद्धांत की यह मान्यता है कि वस्तु–बाजार और साधन–बाजार में स्फीतिकारी दबाव उत्पादन के पूर्ण रोजगार स्तर के बाद पाए जाते हैं। परन्तु यह अवास्तविक है, क्योंकि स्फीति और बेरोजगारी अनेक देशों में इकठ्ठे पाए जाते हैं।

2. हेन्स की यह मान्यता है कि वर्तमान में स्फीतिकारी दबाव भविष्य में भी बने रहेंगे। इसका यह अभिप्राय है कि कीमत–मजदूरी समायोजन पिछले परिवर्तनों पर ही निर्भर करते हैं और भावी प्रत्याशाओं का उन पर कोई प्रभाव नहीं होता है। इस कारण सिद्धांत अवास्तविक है।

3. यह सिद्धांत वस्तु–बाजार और साधन–बाजार में पूर्ण प्रतियोगिता की मान्यता पर आधारित है। जिससे यह श्रम–संगठनों और सरकार की रोजगार तथा निर्देशित (administered) कीमतों से संबंधित नीतियों की उपेक्षा करता है जो मजदूरी दरों और कीमतों को प्रभावित करते हैं।

4. यह सिद्धांत इसलिए भी अवास्तविक है क्योंकि यह मौद्रिक नीति और मुद्रा पूर्ति में परिवर्तनों के स्फीति पर प्रभावों की उपेक्षा करता है।

निष्कर्ष (Conclusion)

हेन्सन का स्फीति का अधिक मांग मॉडल स्फीतिकारी दबावों के स्रोतों की ओर संकेत करता है और अर्थव्यवस्था में स्फीति की वास्तविक प्रक्रिया को बतलाता है। परन्तु ऐक्ले के अनुसार, यह स्पष्ट करने में विफल होता है कि किस दर पर स्फीति होगी और दोनों स्फीतिकारी अंतरालों का आकार क्या होगा। यह सुरुचिपूर्ण परन्तु मांग स्फीति का संभवतया खोखला विश्लेषण है।

केन्ज़ के सिद्धांत से तुलना (Comparison with Keynes' Theory)

हेन्सन का मांगजन्य स्फीति सिद्धांत केन्ज़ के मांग–स्फीति सिद्धांत से श्रेष्ठ है क्योंकि केन्ज़ केवल वस्तुओं की मांग पर बल देता है और श्रम–बाजार के कारण कीमत–वृद्धि की व्याख्या करता है और दबावों के उत्पन्न होने की प्रक्रिया का रोचक वर्णन करता है।

केन्ज़ के विश्लेषणों में पूर्ण रोजगार के बाद जब स्फीतिकारी दबाव उत्पन्न होते हैं तो वस्तुओं और सेवाओं की मांग बढ़ने से मजदूरी दरें भी बढ़ती हैं। परन्तु हेन्सन के सिद्धांत में साधन–बाजार में मांग अधिक होने से मजदूरी–दरें बढ़ती हैं न कि कीमतें बढ़ने से। इस प्रकार हेन्सन का स्फीति का मांग सिद्धांत केन्ज़ के सिद्धांत से श्रेष्ठ समझा जाता है।

परन्तु केन्ज़वादी ऐसा नहीं मानते क्योंकि उनके अनुसार हेन्सन का सिद्धांत स्फीति को प्रभावित करने वाले अनेक मौद्रिक और गैर–मौद्रिक तत्वों, जैसे मुद्रा पूर्ति, ब्याज दर, निवेश आदि की उपेक्षा करता है। इसलिए वे इसे मांगाधिक्य स्फीति का खोखला विश्लेषण मानते हैं।

5. लागतजन्य स्फीति (COST-PUSH INFLATION)

जब यूनियनें मजदूरी बढ़वाती हैं और मालिकों के लाभ बढ़ते हैं, तो लागतजन्य स्फीति आती है। इस प्रकार की स्फीति कोई नई घटना नहीं है, बल्कि मध्ययुग में भी पाई जाती थी।[1] परन्तु 1950 के दशक और दोबारा 1970 के दशक में स्फीति के प्रमुख कारण के रूप में यह पुन: प्रवर्तित हुई। इसे 'नई स्फीति'[2] का नाम भी दिया गया। मजदूरी आधिजन्य (wage-push) और लाभजन्य (profit-push) के कारण जो कीमतों में वृद्धि होती है उससे लागतजन्य स्फीति आती है।

---

1. युद्धोत्तरकाल में स्फीति सिद्धांतो के विकास के संक्षिप्त सर्वेक्षण के लिए देखिए– M. Bron Fenrenner and F.D. Holzman, "Survey of Inflation Theoery", *A.E.R.*, Sept. 1963.
2. यह W.L. Thorp तथा R.E. Quandt (1959) की पुस्तक का नाम है।

लागतजन्य स्फीति का मूल कारण यह है कि श्रम की उत्पादकता की अपेक्षा मुद्रा मजदूरी अधिक तेजी से बढ़ने लगती है। उन्नत देशों में ट्रेड यूनियनें बहुत शक्तिशाली होती हैं। वे मालिकों पर दबाव डालती हैं कि श्रम की उत्पादकता में वृद्धि की अपेक्षा मजदूरी में कहीं अधिक वृद्धि करें, जिसके परिणामस्वरूप वस्तुओं के उत्पादन की लागत बढ़ जाती है। कीमतें बढ़ जाने के बावजूद, अधिक मजदूरी के कारण, वर्कर पहले जितना ही क्रय कर सकते हैं। दूसरी ओर, कीमतें बढ़ने से यूनियनों को और अधिक मजदूरी मांगने की प्रेरणा मिलती है। इस तरह मजदूरी–लागत चक्र चलता रहता है जिसके परिणामस्वरूप लागतजन्य अथवा मजदूरी–जन्य स्फीति आती है।

जब निर्वाह व्यय सूचकांक में हुई वृद्धि की क्षतिपूर्ति करने के लिए मजदूरी बढ़ाई जाती है, तो लागतजन्य स्फीति और बढ़ जाती है। इसके लिए प्रायः दो में से कोई एक तरीका अपनाया जाता है। प्रथम, मालिकों के साथ यूनियनों के अनुबन्ध–पत्रों में एक यह 'शर्त' रहती है कि जब निर्वाह व्यय सूचकांक में कुछ निर्धारित प्रतिशत अंकों की वृद्धि हो जाएगी, तो मुद्रा मजदूरी भी हर बार तदनुसार बढ़ाकर समायोजित कर दी जाएगी। दूसरे, जहां यूनियन के अनुबंध–पत्रों में इस तरह की शर्त नहीं होती, वहां नए अनुबंधों का निर्णय करते समय निर्वाह व्यय सूचकांक को आधार बनाकर बातचीत की जाती है।

फिर, जब मुद्रा मजदूरी बढ़ती है तो अर्थव्यवस्था के कुछ क्षेत्रों पर प्रभाव पड़ता है और उन क्षेत्रों के उत्पादनों की कीमतें बढ़ जाती हैं। बहुत बार ऐसा होता है कि एक क्षेत्र के उत्पादन दूसरे क्षेत्रों में वस्तुओं के उत्पादन की आगतों (inputs) के रूप में प्रयोग होते हैं। परिणामतः अन्य क्षेत्रों की उत्पादन लागत बढ़ जाएगी और इस प्रकार उनकी वस्तुओं की कीमतें बढ़ेंगी। इस प्रकार हो सकता है कि अर्थव्यवस्था के कुछ क्षेत्रों में मजदूरी–जन्य स्फीति समस्त अर्थव्यवस्था में कीमतों में स्फीतिकारी वृद्धि कर दे।

फिर, घरेलू उत्पादित अथवा आयातित कच्चे माल की कीमतें बढ़ने से लागतजन्य स्फीति आ सकती है। क्योंकि विनिर्माता कच्चे माल को तैयार वस्तुओं के लिए आगतों के रूप में प्रयोग करते हैं, इसलिए वे तैयार वस्तुओं की लागत में शामिल हो जाते हैं। इस प्रकार यदि कच्चे माल की कीमतें निरन्तर बढ़ती जाती हैं तो लागत–कीमत–मजदूरी चक्र चल पड़ता है।

लागतजन्य स्फीति का एक और कारण लाभजन्य स्फीति है। अल्पाधिकारी तथा एकाधिकारी फर्में अधिक लाभ कमाने के उद्देश्य से, श्रम तथा उत्पादन लागतों में हुई वृद्धि को समाप्त करने के लिए अपनी वस्तुओं की कीमत बढ़ा देती हैं। क्योंकि इस तरह की फर्मों के लिए अपूर्ण प्रतियोगिता होती है इसलिए ये फर्में स्वयं अपनी वस्तुओं की कीमतें नियत कर सकती हैं। "जिस अर्थव्यवस्था में ऐसी नियत कीमतें बहुतायत में होती हैं, उसमें कम–से–कम यह संभावना तो रहती ही है। अधिक लाभ कमाने के प्रयत्न में लागत की अपेक्षा नियत कीमतें अधिक बढ़ाई जाएंगी। यह प्रक्रिया जिस सीमा तक फैली होगी, उसी सीमा तक लाभजन्य स्फीति आएगी।[1] इसलिए लाभजन्य स्फीति का नियत–कीमत सिद्धान्त अथवा कीमतजन्य स्फीति, अथवा विक्रेताओं की स्फीति, अथवा बाजार–शक्ति स्फीति भी कहते हैं।

परन्तु फर्मों की अपने लाभ बढ़ाने की शक्ति की भी कुछ सीमाएं हैं। यदि फर्मों की वस्तुओं की मांग स्थिर है, तो वे अपनी लाभ–सीमाएं (profit-margins) बढ़ाने के लिए अपनी वस्तुओं की विक्रय कीमतें नहीं बढ़ा सकते। फिर, हर बार जब यूनियन मजदूरी बढ़वाने में सफल होती हैं, तो फर्में अपने लाभ नहीं बढ़ाना चाहतीं। इसका कारण यह है कि फर्म के लाभ केवल कीमतों पर ही नहीं निर्भर करते बल्कि विक्रय एवं इकाई लागत पर भी निर्भर करते हैं जो अंशतः वसूल की जाने वाली कीमतों पर निर्भर करते हैं।" इसलिए फर्में अपने लाभ नहीं बढ़ा सकतीं क्योंकि उनके उद्देश्य यूनियनों के उद्देश्यों से भिन्न होते हैं। अन्तिम बात यह है कि लाभ तो वस्तु की कीमत का एक थोड़ा–सा अंश होते है और लाभों में सदा के लिए की गई एकबारगी वृद्धि से कीमतों पर बहुत प्रभाव नहीं पड़ेगा। इसलिए, अर्थशास्त्री लागतजन्य स्फीति की व्याख्या के रूप में लाभजन्य स्फीति को बहुत महत्त्व नहीं देते।

लागतजन्य स्फीति को चित्र 6 (*A*) तथा (*B*) में दिखाया गया है। पहले चित्र के भाग (*B*) को लीजिए जहां आय के पूर्ण रोजगार स्तर OY_F तक S_0S तथा S_1S वक्र कीमत–स्तर के बढ़ते फलनों (functions) के रूप में दिखाए गए हैं। मांग वक्र *D* द्वारा व्यक्त मांग स्थितियों के दिए हुए होने पर, यह दिखाया गया है कि मुद्रा–मजदूरी बढ़ने के परिणामस्वरूप अल्पाधिकारियों, यूनियनों आदि की लागतें बढ़ाने वाले दबावों के कारण पूर्ति वक्र S_O से सरक कर S_1 पर चला जाता है। परिणामतः संतुलन स्तर *E* से सरक कर

1. Edward Shapiro, *op. cit.*, p. 252.

E_1 पर चला जाता है जो यह बताता है कि कीमत-स्तर OP से बढ़कर OP_1 हो जाता है और उत्पादन, रोजगार तथा आय स्तर OY_F से गिर OY_1 पर आ जाता है।

जब चित्र के भाग (*A*) को लीजिए। जब कीमत-स्तर बढ़ता है, तो *LM* वक्र बाएं को सरक कर LM_1 पर पहुंच जाता है, क्योंकि जब कीमत-स्तर बढ़कर OP_1 हो जाता है तो मुद्रा पूर्ति का वास्तविक मूल्य गिर जाता है। इसी प्रकार, *IS* वक्र बाईं ओर सरक कर IS_1 पर आ जाता है क्योंकि जब कीमत-स्तर बढ़ता है, तो पीगू प्रभाव के कारण उपभोक्ता वस्तुओं की मांग गिर जाती है। तदनुसार, अर्थव्यवस्था की संतुलन स्थिति *E* से सरक कर E_1 पर आ जाती है जहां ब्याज की दर *OR* से बढ़कर OR_1 पर चली जाती है और उत्पादन, रोजगार तथा आयस्तर पूर्ण रोजगार स्तर OY_F से गिरकर OY_1 पर आ जाते हैं।

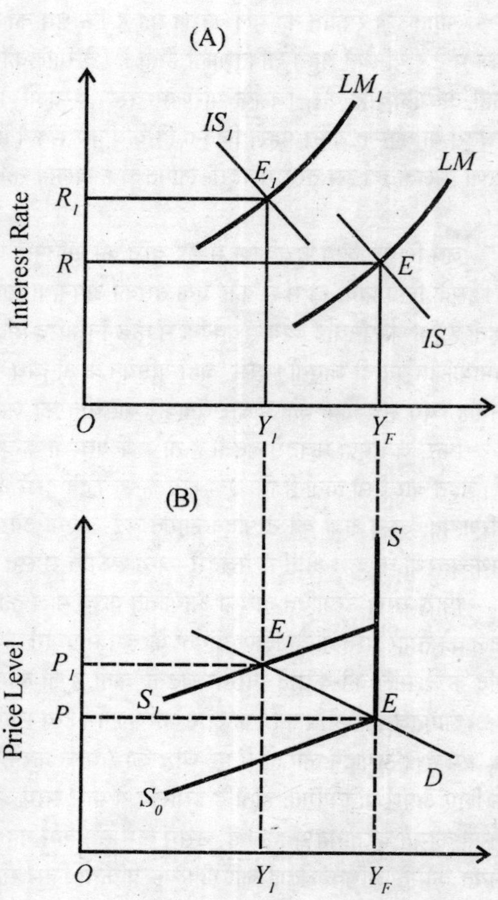

चित्र 6

आलोचनाएं (Criticisms)

लागताधिक्य सिद्धान्त की तीन आधारों पर आलोचना की गई है। *प्रथम,* लागताधिक्य सिद्धान्त बेरोजगारी से सम्बद्ध है। इसलिए मौद्रिक प्राधिकारी दुविधा में होता है क्योंकि स्फीति को रोकने के लिए उसे बेरोजगारी सहन करनी पड़ेगी। *दूसरे,* यदि सरकार पूर्ण रोजगार की नीति के प्रति वचनबद्ध है, तो उसे यूनियनों द्वारा बढ़वाई जाने वाली मजदूरी सहन करनी होगी और इसलिए स्फीति भी सहनी पड़ेगी। *तीसरे,* यदि बेरोजगारी की अवधि में सरकार समस्त मांग को बढ़ाने का प्रयत्न करती है, तो हो सकता है कि इससे उत्पादन और रोजगार बढ़ने की बजाय ट्रेड यूनियनों के कार्य से मजदूरी में वृद्धि हो जाए।

6. मांगजन्य स्फीति बनाम लागतजन्य स्फीति (DEMAND-PULL VERSUS COST-PUSH INFLATION)

अर्थशास्त्रियों में इस विषय पर बहुत विवाद रहा है कि क्या स्फीति मांगजन्य का परिणाम है अथवा लागतजन्य का। एफ. मैक्लप का मत है : "लागतजन्य तथा मांगजन्य में अन्तर करना असाध्य, अप्रासंगिक अथवा निरर्थक भी है।"[1]

पर, मांगजन्य तथा लागतजन्य में विवाद उत्पन्न होने का प्रमुख कारण इन दोनों मतों से संबंधित नीति सिफारिशों का अन्तर है। मांगजन्य स्फीति विषयक सिफारिशें मौद्रिक एवं राजकोषीय उपायों से संबंध रखती है, जिनसे रोजगार का स्तर बढ़ता है। दूसरी ओर, लागतजन्य विषयक सिफारिशों का लक्ष्य यह होता है कि कीमत वृद्धियों पर प्रशासनिक नियंत्रणों तथा आय नीति के माध्यम से बेरोजगारी के बिना स्फीति को रोका जाए।

मैक्लप का कहना है कि विवादास्पद विषय कुछ-कुछ तो यह है कि स्फीति के लिए कौन दोषी है और कुछ-कुछ यह है कि कीमतों को निरन्तर बढ़ने से रोकने के लिए क्या नीतियां अपनाई जाएं ? यदि स्फीति का कारण मांगजन्य है तो इसके लिए एक तो सरकार दोषी है क्योंकि वह अधिक व्यय करती है तथा बहुत कम कर लगाती है और दूसरे केन्द्रीय बैंक दोषी है क्योंकि वह ब्याज की दर बहुत

1. F. Machlup, "Another View of Cost-Push and Deman-Pull Inflation", *R.E.S.* Vol. 42, May, 1960.

कम रखता है और साख का बहुत अधिक विस्तार करता है। दूसरी ओर, यदि स्फीति का कारण लागतजन्य है, तो ट्रेड-यूनियनों को अत्यधिक मजदूरी वृद्धि के लिए दोषी ठहराया जाता है। उद्योग को इतनी अधिक मजदूरी वृद्धि देने, और बड़ी फर्मों को अधिक लाभ कमाने के लिए सामग्री तथा वस्तुओं की नियत कीमतें बढ़ाने के लिए दोषी ठहाराया जाता है। साथ ही सरकार को इस बात के लिए दोषी बताया जाता है कि वह यूनियनों को मजदूरी बढ़वाने और उद्योग को लाभ बढ़ाने से नहीं रोकती। परन्तु ट्रेड यूनियनें मजदूरीजन्य स्फीति के सिद्धान्त को अस्वीकार कर देती हैं क्योंकि वे स्फीति के लिए दोषी बनना नहीं चाहतीं। वे मांगजन्य दृष्टिकोण को भी नहीं मानतीं क्योंकि इससे रोजगार बढ़ाने में मौद्रिक तथा राजकोर्षाय उपायों को प्रयोग करने में बाधा आएगी। इसलिए वे बड़ी फर्मों को ही नियत कीमतों के माध्यम से कीमतों में स्फीतिकारी वृद्धि लाने के लिए उत्तरदायी ठहराती हैं। परन्तु इस बात का कोई निश्चित प्रमाण नहीं मिलता कि बड़ी फर्मों की लाभ-सीमाएं और लाभ-दरें हर वर्ष बढ़ती रही हैं।

मैक्लप ने आगे यह भी लक्ष्य किया है कि अर्थशास्त्रियों का एक ऐसा वर्ग भी है जो लागतजन्य को बिल्कुल भी स्फीति का कारण नहीं मानता, ''क्योंकि यदि क्रयशक्ति और मांग में वृद्धि हुए बिना लागत बढ़ेगी, तो रोजगारी आएगी।'' दूसरी ओर, अर्थशास्त्रियों का एक अन्य वर्ग ऐसा है जो मानता है कि स्फीति का कारण मागंजन्य नहीं है अपितु यह तो लागतजन्य ही है जो स्फीति लाता है।

इस प्रकार, व्यवहार, में मांगजन्य स्फीति तथा लागतजन्य स्फीति में अन्तर करना कठिन है और यह कहना आसान है कि लागतजन्य के कारण स्फीति आई है जबकि वास्तव में हो सकता है कि स्फीति का कारण मांगजन्य रहा हो। जैसाकि **सैम्युल्सन** तथा **सोलो** ने लक्ष्य किया है, ''मुसीबत तो यह है कि हमारे पास ऐसा कोई सामान्य प्रारम्भिक मान नहीं है जिससे मापा जा सके और न ही कोई ऐसा कीमत स्तर है जो सदैव विद्यमान रहा हो और जिससे हर व्यक्ति समायोजन कर चुका हो।[1] यह भी सुझाया गया है कि समय के संदर्भ में मांगजन्य अथवा लागतजन्य स्फीति की पहचान की जा सकती है। यदि कीमतें पहले-बढ़ें तो मांगजन्य स्फीति होगी और यदि इसके पश्चात मजदूरी बढ़े तो लागतजन्य स्फीति होगी।

मैक्लप की भांति जॉनसन भी मांगजन्य बनाम लागतजन्य स्फीति के प्रश्न को 'बहुत भ्रामक' मानता है। वह इसके तीन कारण बताता है। *प्रथम,* दोनों सिद्धांतों के समर्थक उन मौद्रिक मान्यताओं की परख नहीं करते जिन पर ये सिद्धान्त आधारित हैं। यदि बदलती परिस्थितियों में मुद्रा अधिकारी द्वारा अपनाई गई मौद्रिक नीति पर ध्यान न दिया जाए, तो मांगजन्य अथवा लागतजन्य सिद्धान्तों में से कोई भी निरन्तर स्फीति को पैदा करने में समर्थ नहीं है। ''इसलिए ये दोनों ही सिद्धान्त न तो स्वतंत्र हैं और न ही आत्मनिर्भर, बल्कि ऐसे सिद्धान्त हैं जो उस क्षणिक वातावरण में स्फीति की प्रक्रिया से संबंध रखते हैं जो स्फीति को आने देती हैं।'' *दूसरा* कारण उन भेदों पर आधारित है जो दोनों सिद्धान्तों की पूर्ण रोजगार की परिभाषाओं में विद्यमान हैं। यदि पूर्ण रोजगार की परिभाषा ऐसी स्थिति है जिसमें वस्तुओं की मांग ठीक उतनी है जो कीमतों का बढ़ना या गिरना रोकने के लिए पर्याप्त है, तो यह मांगजन्य स्फीति की स्थिति है जो वस्तुओं तथा श्रम की अधिक मांग से सम्बद्ध है। यहां पूर्ण रोजगार का अर्थ अतिपूर्ण रोजगार है। दूसरी ओर, यदि पूर्ण रोजगार की परिभाषा बेरोजगारी का वह स्तर है जिस पर बेरोजगारी की प्रतिशतता ऐसे लोगों की संख्या के ठीक बराबर है जो नौकरियां चाहते हैं, तब अधिक मांग से भिन्न शक्तियां स्फीति का कारण होती हैं। इस तरह की शक्तियां लागतजन्य स्फीति लाती हैं। *तीसरी* बात, ऐसी कसौटी खोज निकालना बहुत ही कठिन है जो यह निर्धारित कर सके कि कोई विशेष स्फीति मांगजन्य किस्म की है अथवा लागतजन्य किस्म की।[2]

निष्कर्ष में लिप्सी के शब्दों में कहा जा सकता है, ''समकालीन स्फीतिकारी वातावरण में स्फीति लाने वाली शक्तियों के रूप में मांग तथा लागत के संतुलन पर विवाद जारी है। यह विवाद इसलिए महत्वपूर्ण है कि स्फीति के विभिन्न कारणों की नीति-जटिलताएं विभिन्न होती हैं और कारणों के अनुसार विभिन्न लक्ष्य चरों (target variables) को नियंत्रित करने की जरूरत होती है। जब तक स्फीति के कारण पूरी तरह नहीं समझे जायेंगे तब तक नीतियों के संबंध में विवाद चलता रहेगा।''

---

1. P. Samuelson and R. M. Solow, "Analytical Aspects of Anti-Inflationary Policy", *A.E.R.* Vol. 50, 1980.
2. H.G. Johnson, *Op, cit,* pp. 128-30.

7. मिश्रित मांगजन्य-लागतजन्य स्फीति (MIXED DEMAND-PULL COST-PUSH INFLATION)

कुछ अर्थशास्त्री इस दोहरी बात को स्वीकार नहीं करते हैं कि स्फीति का कारण या तो मांगजन्य होता है या फिर लागतजन्य ही। उनका मत है कि वास्तविक स्फीतिकारी प्रक्रिया में दोनों के ही कुछ तत्व निहित रहते हैं। वस्तुत: किसी स्फीतिकारी प्रक्रिया में अधिक मांग तथा अधिक लागत दोनों ही प्रकार की शक्तियां एक साथ और परस्पर निर्भरता रूप में कार्यशील रहती हैं। इस प्रकार स्फीति मिश्रित मांगजन्य एवं लागतजन्य स्फीति होती है जिसमें कीमत-स्तर में परिवर्तन समस्त मांग तथा पूर्ति दोनों वक्रों के ऊपर की ओर स्थानान्तरण में व्यक्त होते हैं।

परन्तु इसका यह अर्थ नहीं कि मांगजन्य तथा लागतजन्य दोनों स्फीतियां एक साथ शुरू हो सकती हैं। वास्तव में स्फीतिकारी प्रक्रिया या तो अधिक मांग से शुरू हो सकती है या फिर मजदूरी जन्य हो सकती है। प्रत्येक स्थिति में समय अलग-अलग हो सकता है। मांगजन्य स्फीति में मजदूरी बढ़ने से पहले कीमतें बढ़ सकती है जबकि लागतजन्य स्फीति में स्थिति इसके उलट अर्थात् कीमतें बढ़ने से पहले मजदूरी बढ़ सकती हैं। इसलिए दोनों में से किसी एक शक्ति के साथ कीमतें बढ़ना शुरू हो सकती हैं, परन्तु अन्य शक्तियों के अभाव में स्फीतिकारी प्रक्रिया कायम नहीं रह सकती।

मान लीजिए कि जब लागतजन्य शक्तियां कार्यशील नहीं हैं तब अधिकमांग के साथ स्फीतिकारी प्रक्रिया शुरू होती है। अधिकमांग से कीमतें बढ़ेंगी जो यथासमय मुद्रा मजदूरी को बढ़ा देंगी। परन्तु मुद्रा मजदूरी में होने वाली वृद्धि लागतजन्य शक्तियों का परिणाम नहीं है। इस तरह की मिश्रित स्फीति से कीमतों में निरन्तर वृद्धि होगी। इसे चित्र 7 में दिखाया गया है। प्रारम्भिक संतुलन पूर्ण रोजगार आय के OY_F स्तर पर है जिसे समस्त मांग वक्र D_o तथा समस्त पूर्ति वक्र S_oS बिन्दु A पर निर्धारित करते हैं। पूर्ति वक्र S_oS के अनुलम्ब भाग के दिए हुए होने पर, जब समस्त मांग D_o से बढ़कर D_1 और D_2 होती है तो कीमत-स्तर OP_o है, और क्योंकि स्फीतिकारी पथ A, B तथा C में से गुजरता है इससे कीमतें OP_o से OP_1 और OP_5 हो जाती हैं। कीमतों में होने वाली यह निरन्तर वृद्धि रोजगार स्तर पर समस्त मांग बढ़ने के कारण मुद्रा मजदूरी दरे बढ़ने का भी परिणाम है। जब कीमतें बढ़ती हैं तो उत्पादकों को उत्पादन बढ़ाने का प्रोत्साहन मिलता है क्योंकि समस्त मांग बढ़ाने पर उनके लाभ बढ़ते हैं। इसलिए वे श्रम की मांग बढ़ा देते हैं जिससे मुद्रा मजदूरी बढ़ जाती है जो वस्तुओं तथा सेवाओं की मांग को और भी बढ़ा देती है। जब तक उत्पादन की मांग मुद्रा आय को बढ़ाती चलती है तब तक स्फीतिकारी दबाब जारी रहते हैं।

उस स्फीतिकारी प्रक्रिया पर विचार कीजिए जो मुद्रा मजदूरी दरों में वृद्धि के कारण पूर्ति पक्ष से शुरू होती है। इससे हर बार मजदूरी बढ़ने पर कीमतें बढ़ेंगी। परन्तु यदि मांग नहीं बढ़ेगी, तो कीमतों में निरन्तर वृद्धि नहीं होती चलेगी। इसे चित्र 7 में दिखाया गया है, जहां समस्त मांग वक्र D_o के दिए हुए होने पर, मजदूरी बढ़ने से पूर्ति वक्र S_o सरक कर S_1 पर चला जाता है। E बिन्दु पर नया संतुलन स्थापित होता है। इससे कीमत-स्तर OP_o से बढ़ाकर OP_1 हो जाता है और उत्पादन तथा रोजगार का स्तर गिरकर पूर्ण रोजगार स्तर OY_F के नीचे OY_2 पर चला जाता है। जब फिर मजदूरी और बढ़ेगी, तो मांग वक्र D_o के दिए हुए होने पर, पूर्ति वक्र सरक कर S_2 पर चला जाएगा जिसके परिणामस्वरूप कीमत-स्तर और बढ़कर OP_2 हो जाएगा तथा उत्पादन एवं रोजगार स्तर गिरकर OY_1 रह जाएगा। यदि समस्त मांग नहीं बढ़ेगी, तो यह लागतजन्य स्फीतिकारी प्रक्रिया निरन्तर नहीं चलती रहेगी और कभी न कभी समाप्त हो जाएगी।

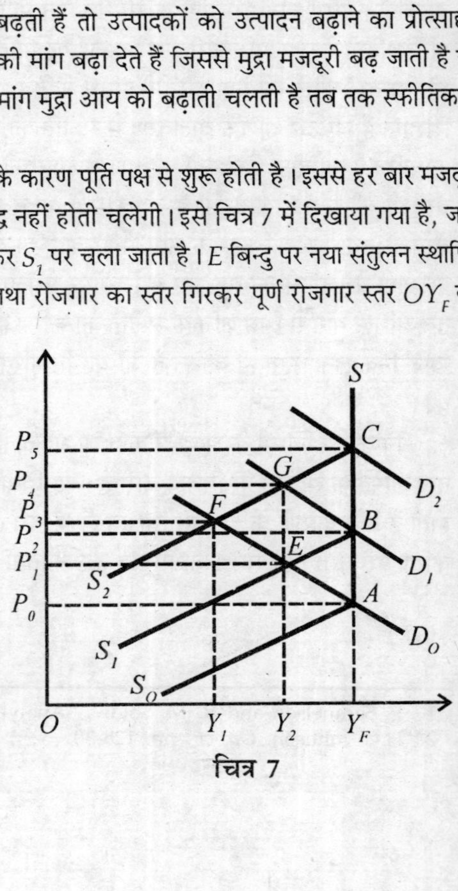

चित्र 7

लागतजन्य स्फीतिकारी प्रक्रिया केवल तभी अपने-आप कायम रहेगी जब प्रत्येक बार मजदूरी बढ़ने के साथ-साथ समस्त मांग में बराबर की वृद्धि होगी। क्योंकि हर बार मजदूरी बढ़ने पर कीमत बढ़ने के साथ-साथ उत्पादन तथा रोजगार गिरता है, इसलिए संभवाना यह है कि उत्पादन तथा रोजगार को गिरने से रोकने के लिए सरकार विस्तारक मौद्रिक एवं राजकोषीय नीतियां अपनाएगी। इस तरह से लागतजन्य से स्फीतिकारी प्रक्रिया निरन्तर चलती रहेगी

क्योंकि सरकार समस्त मांग बढ़ाकर पूर्ण रोजगार उपलब्ध करने का प्रयत्न करेगी जो आगे, मजदूरी को बढ़ाएगा और यह क्रम चलता रहेगा। इस तरह की स्थिति को पुन: चित्र 28.7 की सहायता से स्पष्ट किया गया है। मान लीजिए कि E बिन्दु पर मजदूरी-वृद्धि होती है जो पूर्ति वक्र को S_1 से सरका कर S_2 पर पहुंचा देती हैं। इससे जब मांग वक्र D_0 है, तो बिन्दु F पर संतुलन स्थापित हो जाता है। कीमत-स्तर बढ़ाकर OP_3 हो जाता है और रोजगार का स्तर गिर OY_1 रह जाता है। जब विस्तारक मौद्रिक एवं राजकोषीय-नीति के परिणामस्वरूप समस्त मांग बढ़कर D_1 हो जाती है, तो नई संतुलन स्थिति G पर आती है जहां कीमत-स्तर बढ़कर OP_4 और रोजगार का स्तर बढ़कर OY_2 हो जाता है। जब मांग और बढ़ती है तो समस्त मांग ऊपर को सरक D_2 पर चली जाती है जिससे C बिन्दु पर संतुलन आता है जहां कीमत-स्तर बढ़कर OP_5 पर पहुंचता है और अर्थव्यवस्था पूर्ण रोजगार का स्तर OY_F उपलब्ध कर लेती है। इस प्रकार मजदूरी बढ़ने के साथ जब विस्तारक मौद्रिक तथा रोजकोषीय नीतियों के माध्यम से समस्त मांग बढ़ जाती है तो A से E से F से G से C तक दांतेदार पहिए के समान पथ बन जाता है।

8. क्षेत्रीय अथवा मांग स्थानान्तरण स्फीति (SECTORAL OR DEMAND-SHIFT INFLATION)

क्षेत्रीय स्फीति अथवा मांग-स्थानान्तरण स्फीति चार्ल्स शुल्ज (Charles Shultz)[1] के नाम से सम्बद्ध है। उसने "Recent Inflation in the United States" शीर्षक शोध-पत्र में लक्ष्य किया था कि 1955-57 तक कीमतों में जो वृद्धियां हुई थीं, उनका कारण न तो मांगाधिक्य था और न ही लागताधिक्य, बल्कि मांग में क्षेत्रीय स्थानान्तरणों के कारण वे वृद्धियां हुई थीं। शुल्ज ने अमरीकी अर्थव्यवस्था के संदर्भ में अपनी थीसिस प्रस्तुत की थी, परन्तु अब उसे आधुनिक औद्योगिक अर्थव्यवस्थाओं के लिए सामान्य सिद्धान्त बना दिया गया है।

शुल्ज ने अपना सिद्धान्त प्रस्तुत करते हुए शुरू में ही लक्ष्य किया है कि कीमतें तथा मजदूरी अति मांग के प्रत्युत्तर में ऊपर की ओर लोचदार होती हैं परन्तु नीचे की ओर अनम्य होती हैं। जब मांग बढ़ती है तो मजदूरी तथा कीमतें भी बढ़ती हैं परन्तु मांग गिरने पर वे गिरती नहीं। भले ही समस्त मांग अत्यधिक न हो, परन्तु यदि अर्थव्यवस्था के कुछ क्षेत्रों में अति मांग हो और अन्य क्षेत्रों में न्यून मांग हो, तो इससे भी सामान्य कीमत-स्तर बढ़ेगा। इसका कारण यह है कि न्यून मांग क्षेत्रों में भी कीमतें नहीं गिरतीं क्योंकि कीमतें नीचे की ओर असनम्य होती हैं। परन्तु अति मांग क्षेत्रों में कीमतें बढ़ती हैं और अन्य क्षेत्रों में स्थिर रहती हैं। निवल प्रभाव यह होता है कि कीमतों का कुल स्तर बढ़ जाता है।

फिर, यह भी हो सकता ह कि अति मांग उद्योगों (अथवा क्षेत्रों) में होने वाली कीमत वृद्धि फैलकर सामग्री की कीमतों और श्रम की मजदूरी के माध्यम से न्यून मांग उद्योगों में भी पहुंच जाए। विशिष्ट उद्योगों में मांग बढ़ने से मध्यवर्ती सामग्री पूर्तियों और पुर्जों की कीमत में सामान्य वृद्धि हो जाएगी। सामग्री की ये बढ़ती कीमतें फैलकर उन न्यून मांग उद्योगों तक पहुंच जायेंगी जो उसे आगतों के रूप में प्रयोग करते हैं। इसलिए वे उद्योग अपनी लाभ-सीमाओं के संरक्षण के लिए (अपनी वस्तुओं) की कीमतें बढ़ा देंगे।

इतनी ही नहीं, बल्कि अति मांग उद्योगों में मजदूरी भी बढ़ जाएगी और न्यून मांग उद्योगों में भी मजदूरी इस बढ़ती प्रवृत्ति का अनुसरण करेगी। क्योंकि यदि मांग न्यून उद्योगों में मजदूरी नहीं बढ़ाई जाएगी, तो वर्करों में असन्तोष फैलेगा जिससे अकुशलता आएगी और उत्पादकता गिरेगी। इस प्रकार, बढ़ती मजदूरी दरें अति मांग उद्योगों से शुरू होकर समस्त अर्थव्यवस्था में फैल जाती हैं।

मजदूरी वृद्धियों के अति मांग उद्योगों से अर्थव्यवस्था के अन्य भागों तक फैल जाने से अर्द्ध- विनिर्मित सामग्री तथा पुर्जों की कीमतें बढ़ जाती हैं। अन्य बातों के समान रहने पर, उत्पादन की अन्तिम अवस्थाओं में बढ़ती लागतों का प्रभाव अधिक होगा। इस प्रकार, तैयार वस्तुओं के उत्पादकों को लागतों के स्तर में सामान्य वृद्धि का सामना करना पड़ेगा जिससे कीमतें बढ़ेंगी। ऐसा उन उद्योगों में भी हो सकता है जिनकी वस्तुओं की अति मांग नहीं है।

आधुनिक औद्योगिक अर्थव्यवस्थाओं में मांग स्थानान्तरण स्फीति का एक और कारण है क्योंकि उपरिव्यय लागतों का सापेक्ष महत्व बढ़ गया है। इस वृद्धि के दो कारण हैं— *प्रथम,* उत्पादन वर्करों की कीमत पर उपरि स्टाक में वृद्धि होती है। शुल्ज का मत है कि उत्पादन

1. C.L. Shultz, "Recent Inflation in the United States", in *Employment, Growth and Price Level,* Study Paper 1, Joint Economic Committee, U.S. Congress, 1959

विधियों का स्वचलन, नियंत्रण, फलनों का साधनत्व, कार्यालय एवं लेखाकरण विधियों का यंत्रीकरण, आत्मनियामक सामग्री, संचालक उपकरण इत्यादि से निरीक्षण, प्रचालन तथा रखरखाव करने वाले व्यावसायिक तथा अर्द्धव्यावसायिक कर्मचारियों की वृद्धि होती है। इसी प्रकार, एक अलग कार्य के रूप में औपचारिक अनुसंधान एवं विकास (*R* तथा *D*) की प्रगति न केवल उत्पादन प्रक्रियाओं को अपितु उन्हें चलाने के लिए आवश्यक श्रम-शक्ति की संरचना को भी बदल देती है। इन स्थितियों से, उद्योगों में तकनीकी तथा निरीक्षक स्टाफ की तुलना में उत्पादन वर्करों का अनुपात गिर जाता है।

उपरि लागतों के बढ़ने का *दूसरा* कारण यह है कि दीर्घ-जीवी प्लाण्ट की तुलना में उपेक्षाकृत अल्पजीवी उपस्कर का अनुपात बहुत बढ़ जाता है। परिणाम यह होता है कि कुल लागतों के रूप में मूल्य ह्रास बढ़ जाता है। कुल लागत में उपरि लागतों का अनुपात बढ़ने का अन्ततः यह प्रभाव पड़ता है कि औसत लागतें उत्पादन-परिवर्तनों के प्रति अधिक संवेदनशील हो जाती हैं। मांग-स्थानान्तरण स्फीति की प्रमुख विशेषता यह है कि समस्त उत्पादन के स्थिर रहते भी निवेश-तेजी निरन्तर चलती रहती है। सभी उद्योग अपनी क्षमता और उपरि कर्मचारी बढ़ाते रहते हैं, परन्तु सहवर्ती विक्रय बहुत कम उद्योगों के ही बढ़ पाते हैं। अतः जिन फर्मों की लाभ सीमाएं घटने लगती हैं, वे कीमतें बढ़ाकर अपनी बढ़ती लागतों का कुछ भाग पूरा करने का प्रयत्न करते हैं।

यह मांग-स्थानान्तरण स्फीतिकारी प्रक्रिया ''शुरू तो तब होती है जब विशिष्ट उद्योगों में मांग बहुत बढ़ जाती है परन्तु इसका अंतिम परिणाम यह होता है कि केवल सामान्य कीमत-स्तर बढ़ जाता है क्योंकि कीमतें तथा मजदूरी घटती नहीं और उनकी प्रकृति-लागत अनुस्थापित होती है। इसमें न तो लागत में स्वायत्त वृद्धि पाई जाती है और न ही समस्त अति मांग। वास्तव में, इसकी मूल प्रकृति ही ऐसी है जिसे केवल समूहों की शब्दावली में नहीं समझा जा सकता। अर्थव्यवस्था में कीमतों तथा मजदूरी का ढांचा दिया हुआ होने पर, इस तरह की स्फीति मांग की संरचना के होने वाले तीव्र परिवर्तनों का आवश्यक परिणाम होती है।''

इस सिद्धान्त को शुल्ज ने उस क्रमिक स्फीति की प्रकृति का निरीक्षण करने के लिए विकसित किया था जिसका अमरीकी अर्थव्यवस्था 1955-57 की अवधि में शिकार रही। उसके बाद इसे आधुनिक औद्योगिक अर्थव्यवस्थाओं के लिए सामान्य सिद्धान्त बना दिया गया।

आलोचनाएं (Criticisms)

परन्तु जॉनसन ने दो आधारों पर इस सिद्धान्त की आलोचनाएं की हैं। *प्रथम,* अनुभवों से शुल्ज की उस स्थापना की पुष्टि नहीं होती कि मांग में होने वाली वृद्धि क्षेत्रीय कीमत वृद्धि की व्याख्या करती है। *दूसरे,* इसमें भी वही दोष विद्यमान हैं जो इसके प्रतिद्वन्दी उन दो मांगाधिक्य तथा लागताधिक्य स्फीति के सिद्धान्तों में हैं जिन्हें यह चुनौती देता है। अर्थात् ''एक तो यह स्फीति की मौद्रिक पूर्व-स्थितियों की पड़ताल नहीं कर पाता और दूसरे इसकी पूर्ण रोजगार तथा सामान्य अति मांग की परिभाषाएं अस्पष्ट हैं।''

9. संरचनात्मक स्फीति (STRUCTURAL INFLATION)

स्फीति का संरचनावादी सिद्धान्त दक्षिण अमरीका में विकसित हुआ था। यह सिद्धान्त इस बात पर बल देता है कि अर्जेण्टीना, ब्राजील तथा चिली जैसे विकासशील देशों में स्फीति का प्रमुख कारण संरचनात्मक कठोरताएं होती हैं।

संरचनावादियों का मत है कि वृद्धि के साथ स्फीति का आना भी आवश्यक है। इस मत के अनुसार ज्यों-ज्यों अर्थव्यवस्था का विकास होता है त्यों-त्यों कठोरताएं उत्पन्न ही जाती हैं जिनसे संरचनात्मक स्फीति आती है। आर्थिक विकास की प्रारम्भिक अवस्था में गैर-कृषि, आय बढ़ती हैं और उनके साथ-साथ जनसंख्या की वृद्धि दर भी अधिक होती है जो वस्तुओं की मांग को बढ़ाती है। वास्तव में, जनसंख्या वृद्धि का दबाव और बढ़ती हुई शहरी आय एक प्रतिक्रिया क्रम तंत्र (a chain reaction mechanism) द्वारा बढ़ती जायेंगी—प्रथम, कृषिगत वस्तुओं की कीमतें, द्वितीय सामान्य कीमत-स्तर, और तृतीय मजदूरी। अब इनका विश्लेषण करेंगे।

जब कृषि जन्य वस्तुओं की मांग बढ़ती है तो उनकी घरेलू पूर्ति बेलोच होने के कारण, कृषि वस्तुओं की कीमतें बढ़ती हैं। जब कीमतें बढ़ती हैं तो खाद्य पदार्थों का उत्पादन नहीं बढ़ता क्योंकि उनका उत्पादन बेलोच होता है जिसका एक कारण तो यह है कि भूमि

पट्टे की प्रणाली दोषपूर्ण है और दूसरा कारण यह है कि अनेक अन्य कठोरताएं विद्यमान रहती हैं, जैसे सिंचाई, वित्त, विपणन आदि का अभाव और खराब फसलें। परन्तु विदेशी विनिमय प्रतिबंधों के कारण खाद्य पदार्थ भारी मात्रा में आयात भी नहीं किए जा सकते। फिर घरेलू खाद्य पदार्थों की कीमतों की अपेक्षा आयातित खाद्य पदार्थों की कीमतें अधिक ऊंची होती हैं। इससे अर्थव्यवस्था के भीतर कीमत-स्तर और बढ़ जाता है।

जब खाद्य पदार्थों की कीमतें बढ़ती हैं तो मजदूरी करने वाले अपनी वास्तविक आय में गिरावट की क्षतिपूर्ति के लिए मजदूरी की दरों में वृद्धि के लिए दबाव डालतें हैं। लेकिन मजदूरी और/या महंगाई भत्ता निर्वाह व्यय सूचकांक से जुड़े हुए हैं। इसलिए जब कभी निर्वाह व्यय सूचकांक स्वीकृत बिन्दु से ऊपर बढ़ता है तो मजदूरी और महगाईं भत्ता बढ़ाए जाते हैं। जो आगे वस्तुओं की मांग बढ़ाते हैं और फिर आगे उनकी कीमतों में वृद्धि होती है।

कीमतों पर मजदूरी दरों में वृद्धि के प्रभाव को चित्र 8 में दर्शाया गया है। जब मजदूरी दरें बढ़ती हैं तो वस्तुओं की समस्त मांग D_1 से D_2 को बढ़ती है। लेकिन श्रम लागतों में वृद्धि के कारण समस्त पूर्ति गिरती है। इस कारण समस्त पूर्ति वक्र S_1S से S_2S पर सरक जाता है। चूंकि वस्तुओं का उत्पादन एक बिन्दु के बाद संरचनात्मक कठोरताओं के कारण बेलोच होता है इसलिए पूर्ति वक्र को बिन्दु E_1 से ऊपर की ओर अनुलम्ब दिखाया गया है। प्रारम्भिक संतुलन E_1 बिन्दु पर है, जहां D_1 और S_1 वक्र OY_1 उत्पादन स्तर पर एक दूसरे को काटते हैं और कीमत स्तर OP_1 है। जब श्रम लागतों में वृद्धि के कारण पूर्ति गिरती है तो पूर्ति वक्र सरककर S_1 से S_2 हो जाता है और यह मांग वक्र D_2 को E_2 बिन्दु पर काटती है और उत्पादन OY_1 से OY_2 पर गिरता है तथा कीमत स्तर OP_1 से OP_2 तक बढ़ जाता है।

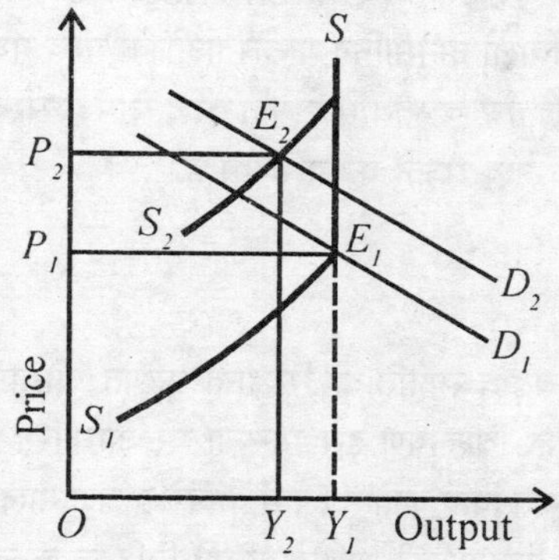

चित्र 8

संरचनात्मक स्फीति का एक अन्य कारण यह है कि विकासशील अर्थव्यवस्था में निर्यात-वृद्धि की दर धीमी तथा अस्थिर होती है जो अर्थव्यवस्था की अपेक्षित दर का समर्थन करने में अपर्याप्त होती है। निर्यात की मन्द वृद्धि दर और विदेशी विनिमय रुकावटों के कारण यह आवश्यक हो जाता है कि आयात-स्थानापन्नता पर आधरित औद्योगीकरण की नीति अपनाई जाए। ऐसी नीति संरक्षणात्मक उपायों की आवश्यकता पर बल देती है जो, आगे, औद्योगिक वस्तुओं की कीमतें और गैर-कृषि क्षेत्रों की आमदनियों को बढ़ाते हैं जिनसे कीमतों में और वृद्धि होती है। फिर उसे नीति से कीमतों में लागत जन्य वृद्धि होती है क्योंकि आयातित सामग्री और उपकरण की कीमतें अधिक होती हैं और इस तरह के उद्योगों के लिए संरक्षण की नीति अपनानी पड़ती है। आयात स्थानापन्नता की नीति स्फीतिकारी भी होती है क्योंकि सीखने की अवधि में नये उद्योग सापेक्षतया अकुशल होते हैं। विकासशील देशों के प्राथमिक उत्पादन की व्यापार की शर्तों में दीर्घकालीन गतिहीनता के परिणामस्वरूप निर्यात से होने वाली आय की वृद्धि को ओर सीमित कर देती है जिससे प्राय: विनिमय दर का अवमूल्यन होता है।

ऐसी अर्थव्यवस्थाओं में कर-प्रणालियों की प्रकृति और बजट की प्रक्रियाएं स्फीतिकारी प्रवृत्तियों को बढ़ाने में सहायक होती हैं। कर-प्रणाली की कम स्फीति लोचें होती हैं। इसका अर्थ है कि जब कीमतें बढ़ती हैं तो करों का वास्तविक मूल्य घटता है। प्राय: कर मुद्रा के रूप में निश्चित होते हैं या बढ़ती हुई कीमतों को व्यवस्थित करने के लिए उन्हें धीरे-धीरे बढ़ाया जाता है। इसके अतिरिक्त प्राय: करों को एकत्रित करने में लम्बा समय लगता है। परिणामस्वरूप, कालान्तर में जब तक वे करदाताओं द्वारा दिए जाते हैं तो राजकोष के लिए उनका वास्तविक मूल्य कम होता है। दूसरी ओर, प्रोजेक्टों पर नियोजित व्यय कई पूर्ति रुकावटों के कारण समय पर व्यय नहीं किया जाता हैं। इस कारण जब कीमतें बढ़ती हैं तो व्यय का मुद्रा मूल्य अनुपातिक से बढ़ता हैं। वसूल किए गए करों की राशि के वास्तविक मूल्य में गिरावट और व्यय के मुद्रा-मूल्य में वृद्धि के परिणामस्वरूप सरकार को अधिक राजकोषीय घाटा उठाना पड़ता है जो आगे स्फीतिकारी दबावों को बढ़ाता है।

जहां तक मुद्रा पूर्ति का संबंध है जब विकासशील देश में कीमतें बढ़ती हैं तो इसका अपने आप विस्तार होता चलता है। ज्यों-ज्यों कीमतें बढ़ती हैं त्यों-त्यों फर्मों को बैंकों से अधिक निधियों की जरूरत पड़ती है और सरकार को भी अपने बड़े घाटों की वित्तव्यवस्था करने के लिए

अधिक मुद्रा की जरूरत पड़ती है ताकि वह अपने बढ़ते व्यय और अपने कर्मचारियों की मजदूरी को पूरा कर सके। इसके लिए, वह केन्द्रीय बैंक से उधार लेती है जिससे मुद्रा का विस्तार होता है और स्फीति की दर और बढ़ जाती है।

इस प्रकार, पूर्त्ति की लोचनीयता जो कृषि-गत कीमतों में वृद्धि लाती है, आयात स्थानापन्नों की लागतें, व्यापर की शर्तों में ह्रास एवं विनिमय दर अवमूल्यन के परिणामस्वरूप संरचनात्मक स्फीति आ सकती है।

आलोचनाएं (Criticisms)

संरचनात्मक विश्लेषण में मूलभूत कमजोरियां निम्न हैं

प्रथम, स्वायत्त (autonomous) संरचनात्मक कठोरताओं एवं कीमत और विनिमय नियंत्रणों या सरकारी हस्तक्षेप के कुप्रबन्ध से होनेवाली अनुमानित कठोरताओं के बीच पृथक्करण नहीं किया गया है।

द्वितीय, वास्तव में निर्यात वृद्धि में मंदी संरचनात्मक नहीं है लेकिन अधिक मूल्य वाली विनिमय दरों के कारण निर्यात अवसरों का लाभ न उठा सकने का परिणाम है।

10. मूल्य-बढ़ाव स्फीति
(MARK-UP INFLATION)

मूल्य-बढ़ाव स्फीति का सिद्धान्त मुख्यत: प्रो. एक्ले (Prof. Ackley) से सम्बन्धित है। हम इसकी चर्चा यहां करते हैं—

यह विश्लेषण इस मान्यता पर आधारित है कि मजदूरी और कीमतें दोनों वर्करों और व्यावसायिक फर्मों द्वारा निश्चित और व्यवस्थित किए जाते हैं। फर्में, अपने प्रत्यक्ष माल और श्रम लागतों में कुछ स्टैंडर्ड मूल्य बढ़ाव, जिसमें लाभ शामिल होते हैं, को जोड़कर अपनी वस्तुओं की शासित कीमतें निश्चित करती है। श्रम भी अपने निर्वाह लागत के ऊपर निश्चित मूल्य बढ़ाव के आधार पर मजदूरी चाहता है।

स्फीति का यह मॉडल या तो स्थिर, बढ़ते या गिरते कीमत स्तर ला सकता जो उन मूल्य बढ़ावों पर निर्भर करता है जिनका क्रमश: फर्में और वर्कर उपयोग करते हैं। यदि कोई एक या दोनों प्रतिशत मूल्य बढ़ाव का उपयोग करते हैं तो स्फीति अधिक तेजी से बढ़ेगी, अपेक्षाकृत यदि या तो कोई एक या दोनों मुद्रा के रूप में मूल्य बढ़ावों को निश्चित करते हैं। यदि प्रत्येक भागीदार उन कीमतों के आधार पर कीमतें निश्चित करता है जो वह चुकाता है तो स्फीति ऊंची और दीर्घकाल के लिए होगी। यदि कोई फर्म अपना इच्छित मूल्य बढ़ाव कायम रखने के लिए अपनी कीमतें बढ़ाती है तो अन्य फर्मों की लागतें बढ़ जाती हैं जो आगे अपनी कीमतें बढ़ाती हैं और लागत तथा कीमत बढ़ाने की यह प्रक्रिया अन्तहीन श्रृंखला में दूसरी फर्मों में फैलती जाती है। जब उपभोक्ता ऐसी वस्तुओं को खरीदते हैं जिनकी कीमतें बढ़ रही होती हैं तो उनकी निर्वाह लागत बढ़ती है। इसके कारण मजदूरी लागतें बढ़ती हैं, जिससे स्फीतिकारी चक्र बढ़ता जाता है। किन्तु स्फीतिकारी चक्र ठहराव की स्थिति में आ सकता है यदि श्रम की उत्पादकता और कुशलता में धीरे-धीरे सुधार हो। कुशलता और उत्पादकता में वृद्धि का अर्थ है मजदूरी की दरों या माल की कीमतों में वृद्धि, जो माल की लागत और श्रम में थोड़ी वृद्धि लाती है। परन्तु कीमतों में स्थिरता नहीं आ सकती, यदि फर्में और वर्कर अपने मूल्य बढ़ावों को बढ़ाकर बढ़ती उत्पादकता का लाभ हड़प लेते हैं। यदि प्रत्येक भागीदार उत्पादकता वृद्धि के लाभों का 100% अपने मूल्य बढ़ाव को बढ़ाता है तो स्फीतिकारी चक्र अनिश्चितकाल तक जारी रह सकता है।

एक्ले के अनुसार, मूल्य बढ़ाव ऐतिहासिक अनुभव या भविष्य की लागतों और कीमतों की प्रत्याशाओं पर आधारित हो सकता है। इसके अतिरिक्त फर्मों और वर्करों द्वारा प्रयोग किए गए मूल्य बढ़ाव का आकार अर्थव्यवस्था में अनुभव की गई मांग के दबाव का फलन होता है। जब मांग सीमित हो तो मूल्य बढ़ाव ऐतिहासिक अनुभवजन्य लागतों और कीमतों में प्रयोग किये जा सकते हैं तथा कीमत वृद्धि धीमी हो सकती है। किन्तु जब मांग अधिक होती है तो मूल्य-बढ़ाव भविष्य की लागतों के पूर्वानुमानों पर आधारित होते हैं और कीमतें तेजी से बढ़ती हैं। इस प्रकार, मूल्य बढ़ाव के आकार में कुछ परिवर्त्तनों के बिना स्फीति नहीं आ सकती है।

यह सिद्धान्त स्फीति के लागतजन्य और मांगजन्य मॉडलों पर भी लागू किया जा सकता है। यदि फर्में और वर्कर यह विश्वास करते हैं कि उनके मूल्य-बढ़ाव समस्त मांग की स्थिति के बावजूद आवश्यक लागतों और कीमतों से कम हैं तो वे अपने मूल्य बढ़ावों का आकार बढ़ा देंगे। ऐसी स्थिति में लागतें और कीमतें स्फीतिकारी चक्र में बढ़ती हैं। यह लागतजन्य स्फीति के समान होता है। दूसरी ओर,

यदि फर्में और वर्कर मांग में वृद्धि के कारण मूल्य बढ़ावों को बढ़ाते हैं, तो मूल्य-बढ़ाव कीमत निर्धारण मांगजन्य स्फीति से सम्बन्धित होता है।

एक्ले के निष्कर्ष के अनुसार, ''स्फीति या तो व्यवसाय में और श्रम मूल्य बढ़ावों में प्रारम्भिक स्वायत्त वृद्धि से प्रारम्भ हो सकती है या यह समस्त मांग में वृद्धि और जिसने पहले और सर्वाधिक प्रत्यक्ष रूप से कुछ लोचशील बाजार-निर्धारित कीमतों को प्रभावित किया, से प्रारम्भ हो सकती है। परन्तु जैसे भी यह प्रारम्भ हो, इस प्रक्रिया में बाजार तत्वों और मांग के पारस्परिक प्रभावों की प्रक्रिया शामिल होती है।''

आलोचनाएं (Criticisms)

एक्ले के सिद्धान्त में हो कमियां पाई जाती हैं।

प्रथम, यह सिद्धान्त स्फीति के कारण की बहुत सीमित व्याख्या प्रस्तुत करता है, विशेषकर उन उद्देश्यों का जो मांग दशाओं की अनुपस्थिति में अधिक मूल्य बढ़ावों को निश्चित करने के लिए वर्करों और फर्मों को विवश करते हैं।

द्वितीय, इसमें यह त्रुटि पाई जाती है कि जब स्फीति प्रारम्भ होती है तो लागतों और कीमतों के चक्र में बढ़ने से स्फीति के अनिश्चितकाल तक जारी रहने की संभावना होती है।

इसका नियंत्रण (Its Control)

मूल्य बढ़ाव स्फीति को सामान्य मौद्रिक और राजकोषीय औजारों द्वारा नियंत्रित किया जा सकता है ताकि वस्तुओ की मांग को कम किया और उत्पादकता को बढ़ाया जा सके। एक्ले आगे मजदूरी और कीमत मार्ग-दर्शकों या राष्ट्रीय मजदूरी और कीमत आयोग द्वारा शासित होने वाली आय नीति का भी सुझाव देते हैं।

11. खुली तथा निरुद्ध या दमित स्फीति (OPEN AND SUPPRESSED INFLATION)

स्फीति प्राय: खुली और दमित होती है।

खुली स्फीति (Open Inflation)

''जब अधिकारी वर्ग की ओर से सामान्य हस्तक्षेप के बिना वस्तुओं तथा साधनों की कीमतें निश्चित की जाएं और वस्तुओं तथा साधनों के बाजारों को स्वतंत्र रूप से कार्य करने दिया जाए'' तब खुली स्फीति होती है। इस प्रकार खुली स्फीति बाजार प्रक्रिया के बिना रुकावट के कार्य का परिणाम होती है। वस्तुओं के वितरण पर सरकार की ओर से कोई प्रतिबंध या नियंत्रण नहीं होता। मांग बढ़ती रहती है और पूर्तियों की कमी बनी रहती है और परिणाम यह होता है कि खुली स्फीति आती है। बिना रोक के खुली स्फीति से अन्तत: अति-स्फीति (hyper-inflation) आती है।

निरुद्ध स्फीति (Suppressed Inflation)

इसके विपरीत जब खुली स्फीति को रोकने के लिए सरकार भौतिक तथा मौद्रिक नियंत्रण लगाती है, तो वह दमित (repressed) या निरुद्ध स्फीति कहलाती है। बाजार तंत्र को सामान्यत: नहीं चलने दिया जाता, बल्कि लाइसेंस जारी किए जाते हैं, कीमतों पर नियंत्रण लगाए जाते हैं और राशनिंग की जाती है ताकि कीमतों को बहुत बढ़ने से रोका जा सके। फ्रीडमैन के अनुसार सरकारें प्राय: स्वयं विभिन्न प्रकार की वस्तुओं की उत्पादक और विक्रेता होती हैं तथा कीमत अवरोधों एवं नियंत्रणों द्वारा वे अपनी कीमतें कम रखना चाहती हैं इससे स्वतंत्र कीमत प्रणाली का अंत होता है।

फिर, जब घरेलू उत्पादन को बढ़ाने का और करों, आयात रुकावटो, विदेशी ऋणों की सीमाएं तथा स्वैच्छिक आयात समझौतों आदि के द्वारा आयात मांग को घटाने का प्रयास किया जाता है तो दमित स्फीति आती है। जब तक इस तरह के नियंत्रण रहते हैं, लोग अपनी वर्तमान मांग को स्थगित कर देते हैं और मांग नियंत्रित वस्तुओं से हटकर अनियंत्रित वस्तुओं पर चली जाती है। परन्तु ज्योंही ये

नियंत्रण हटाये जाते हैं तभी खुली स्फीति आ जाती है।

इसके प्रभाव (Its Effects)

दमित स्फीति, अर्थव्यवस्था पर निम्न विपरीत प्रभाव डालती है—

(1) जब वस्तुओं का वितरण नियंत्रित होता है तो अनियंत्रित वस्तुओं की कीमतें बहुत बढ़ जाती हैं।

(2) दमित स्फीति लोगों में काम करने का उत्साह घटाती है क्योंकि लोग वे वस्तुएं नहीं ले पाते जो वे लेना चाहते हैं।

(3) वस्तुओं के नियंत्रित वितरण से संसाधनों का गलत बंटवारा होता है। इसका परिणाम यह होता है कि उत्पादकीय संसाधन आवश्यक उद्योगों की बजाय अनावश्यक उद्योगों में चले जाते हैं।

(4) जब ऊंची स्फीति के साथ-साथ अत्यधिक बेरोजगारी होती है तो श्रम बाजार में संघर्ष बढ़ते हैं।

(5) दमित स्फीति से चोर बाजारी, भ्रष्टाचार, जमाखोरी और मुनाफाखोरी बढ़ती है। यह नियंत्रण की अतिरिक्त कानूनी शक्तियों को लाती है।

(6) यह अस्फीतिकारी नीति के किसी भी प्रयास की संभावना को कम कर देती है।

12. फिलिप्स वक्र : बेरोजगार और स्फीति में सम्बन्ध[1] (THE PHILLIPS CURVE : RELATION BETWEEN UNEMPLOYMENT AND INFLATION)

फिलिप्स वक्र बेरोजगारी की दर तथा मुद्रा मजदूरी परिवर्तनों की दर में संबंध का निरीक्षण करता है। इंग्लैण्ड के अर्थशास्त्री ए. डब्ल्यू. फिलिप्स ने सर्वप्रथम इसे पहचाना था, इसीलिए इसे फिलिप्स वक्र कहते हैं। यह वक्र बताता है कि बेरोजगारी की दर और मुद्रा मजदूरी बढ़ने की दर के बीच विपरीत सम्बन्ध होता है। अपने विश्लेषण को इंग्लैण्ड के आंकड़ों पर आधारित करके उसने यह अनुभवजन्य निष्कर्ष प्रस्तुत किया कि जब बेरोजगारी बहुत होती है, तो मुद्रा मजदूरी दरों के बढ़ने की दर नीची होती है। ऐसा इस कारण कि ''जब श्रम के लिए मांग कम होती है और बेरोजगारी अधिक तो श्रमिक चालू दरों से कम पर अपनी सेवाएं देने के तैयार नहीं होते हैं।'' इसके विपरीत जब बेरोजगारी कम होती है तो मुद्रा मजदूरी दरों में वृद्धि की दर ऊंची होती है। इसका कारण यह है कि ''जब श्रम के लिए अधिक मांग होती है और बेरोजगार बहुत कम होते हैं, तो हमें आशा रखनी चाहिए कि मालिक बहुत जल्दी-जल्दी मजदूरी दरें बढ़ाएंगे।''

मुद्रा मजदूरी दर और बेरोजगारी के बीच इस विपरीत सम्बन्ध को प्रभावित करने वाला दूसरा कारण है व्यापार क्रिया की प्रकृति। बढ़ती व्यापार क्रिया की अवधि में जब श्रम की बढ़ती मांग के साथ बेरोजगारी गिर रही होगी तो मालिक मजदूरी बढ़ा देंगे। इसके विपरीत घटती व्यापार क्रिया की अवधि में जब श्रम के लिए मांग गिर रही होगी और बेरोजगारी बढ़ रही होगी तो मालिक मजदूरी बढ़ाने को तैयार नहीं होते। बल्कि, वे मजदूरी घटायेंगे। लेकिन मजदूर एवं संघ इन अवधियों में मजदूरी की कटौती को मानने के

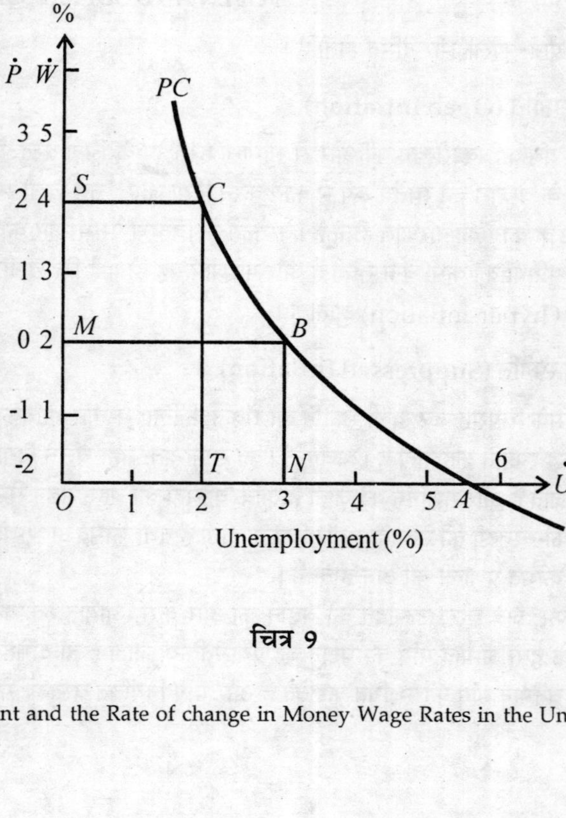

चित्र 9

1. A. W. Phillips, "The Relation between Unemployment and the Rate of change in Money Wage Rates in the United Kingdom, 1862-1956", *Economics,* November, 1958.

लिए तैयार नहीं होंगे। परिगामस्वरूप, मालिक मजदूरों को हटाने के लिए बाध्य होंगे। इस प्रकार, जब श्रम बाजार मंद होती है तो मजदूरियों में थोड़ी कटौती, बेरोजगारी में अधिक वृद्धि लायेगी।

फिलिप्स ने उपर्युक्त तर्कों के आधार पर निष्कर्ष निकाला कि बेरोजगारी की दरों और मुद्रा मजदूरियों में परिवर्तन के बीच सम्बन्ध चित्र में दिखाने पर अति अरेखीय (non-linear) होगा। ऐसा वक्र फिलिप्स वक्र के नाम से जाना जाता है।

चित्र 9 में *PC* वक्र फिलिप्स वक्र है। यह अनुलम्ब अक्ष पर मुद्रा-मजदूरी दर में प्रतिशत परिवर्तनों (*W*) और क्षैतिज अक्ष पर बेरोजगारी की दर (*V*) का सम्बन्ध बतलाता है। यह वक्र मूल बिन्दु के उन्नतोदर है जो दर्शाता है कि जब बेरोजगारी की दर गिरती है तो मुद्रा मजदूरी में होनेवाला प्रतिशत परिवर्तन बढ़ जाता है। चित्र में, जब मुद्रा मजदूरी दर 2% है तो बेरोजगारी दर 3% है। लेकिन जब मजदूरी दर बढ़कर 4% होती है तो बेरोजागारी दर कम होकर 2% हो जाती है। इस प्रकार मुद्रा मजदूरी में परिवर्तन की दर और बेरोजगारी की दर के बीच विनिमय होता है। इसका अर्थ है कि जब मजदूरी दर ऊंची होती है तो बेरोजगारी दर कम होती है और विलोमशः भी।

मूल फिलिप्स वक्र एक निरीक्षित सांख्यिकीय सम्बन्ध था जिसे अधिक मांग द्वारा असंतुलन में श्रम बाजार के व्यवहार के परिणाम के रूप में लिप्सी (Lipsey) ने सैद्धान्तिक रूप से वर्णित किया था।

कई अर्थशास्त्रियों ने बेरोजगारी की दर और कीमतों के स्तर में परिवर्त्तन की दर अथवा स्फीति दर के बीच विनिमय की स्थिति तक फिलिप्स विश्लेषण को बढ़ाया है। वे इस मान्यता को लेते हैं कि जब श्रम उत्पादकता से अधिक तेजी से मजदूरी बढ़ेगी तो कीमतों में परिवर्तन होगा। यदि मुद्रा मजदूरी की वृद्धि दर श्रम उत्पादकता की वृद्धि दर से अधिक हो तो कीमतें बढ़ेंगी और विलोमशः भी। लेकिन यदि श्रम उत्पादकता दर मुद्रा मजदूरी दरों के समान बढ़ती है तो कीमतों नहीं बढ़ेंगी।

स्फीति दर और बेरोजगारी दर के बीच का यह विनिमय (trade-off) चित्र 9 में वर्णित किया गया है। यहां स्फीति दर (p) को मुद्रा मजदूरियों में परिवर्तन की दर (w) के साथ लिया गया है। मान लें कि श्रम उत्पादकता 2% प्रतिवर्ष की दर से बढ़ती है और यदि मुद्रा मजदूरी भी 2% प्रतिवर्ष की दर से बढ़ती है तो कीमत-स्तर स्थिर रहेगा। इस प्रकार, *PC* वक्र पर *B* बिन्दु मुद्रा मजदूरियों में प्रतिशत परिवर्त्तन *(M)* और 3 प्रतिशत की बेरोजगारी दर *(N)* अनुलंब अक्ष पर शून्य (0) प्रतिशत स्फीति दर *(p)* पर बराबर होते हैं। अब मानलीजिए कि अर्थव्यवस्था *B* बिन्दु पर कार्य कर रहो है। यदि अब समस्त मांग बढ़ाई जाती है तो यह बेरोजगारी दर को *OT* (2%) पर कम करती है और मजदूरी दर की प्रतिवर्ष *OS* (4%) तक बढ़ाती है। यदि श्रम उत्पादकता 2% प्रतिवर्ष पर बढ़ती रहती है तो कीमत-स्तर भी चित्र में *OS* पर 2% की दर से बढ़ेगा। अब अर्थव्यवस्था *C* बिन्दु पर कार्य करती है। *B* बिन्दु से *C* बिन्दु को अर्थव्यवस्था के परिवर्त्तन से बेरोजगारी *T* (2%) बिन्दु तक कम हो जाती है। यदि *B* और *C* बिन्दुओं को मिलाया जाता है तो *PC* फिलिप्स वक्र का निर्माण होता है। इस प्रकार, मुद्रा मजदूरी दर में वृद्धि जब श्रम उत्पादकता से अधिक होगी तो वह स्फीति लाएगी। स्फीति को रोकने के लिए, मजदूरी वृद्धि को श्रम उत्पादकता के स्तर *(OM)* पर रखने के लिए बेरोजगारी की *ON* दर सहन करनी ही पड़ेगी।

PC वक्र की आकृति आगे यह सुझाव भी देती है कि जब बेरोजगारी की दर $5\frac{1}{2}\%$ से कम (अर्थात् *A* बिन्दु के बाईं ओर) है तो श्रम की मांग श्रम की पूर्ति से अधिक है और इससे मुद्रा मजदूरी दरें बढ़ती हैं। दूसरी ओर, जब बेरोजगारी दर $5\frac{1}{2}\%$ से अधिक है (*A* बिन्दु के दाई ओर) तो श्रम की पूर्ति श्रम की मांग से अधिक है जो मजदूरी दरों को कम करती है। तात्पर्य यह कि बेरोजगारी की *OA* दर पर जो $5\frac{1}{2}\%$ प्रतिवर्ष है, मजदूरी दरें स्थिर रहेंगी।

यह ध्यान रखा जाना चाहिए कि *PC* 'परंपरागत' (conventional) या मूल नीचे को ढाल फिलिप्स वक्र है जो बेरोजगारी की दर और मजदूरियों में परिवर्त्तन की दर के बीच एक स्थिर और विपरीत सम्बन्ध को प्रकट करता है।

फ्रीडमैन का विचार : दीर्घकालीन फिलिप्स वक्र
(Friedman's View : The long-run Phillips Curve)

अर्थशास्त्रियों ने फिलिप्स वक्र की आलोचना की है और कई जगह पर संशोधन भी किया है। उनका मत है कि फिलिप्स वक्र अल्पकाल से सम्बन्ध रखता है और स्थिर नहीं रहता। यह स्फीति की प्रत्याशाओं में परिवर्तनों के साथ सरक जाता है। दीर्घकाल में स्फीति और रोजगार के बीच विनिमय (trade-off) नहीं होता है। इन मतों की स्थापना फ्रीडमैन तथा फैल्प्स (Friedman and Phelps) ने की

है और उनका सिद्धान्त ''त्वरणवादी'' (accelerationist) या ''अनुकूलित प्रत्याशाएं'' (adaptive expectations) परिकल्पना के नाम से प्रसिद्ध है।

फ्रीडमैन के अनुसार स्फीति और बेरोजगारी के बीच विनिमय का वर्णन करने के लिए एक स्थिर नीचे दाईं ओर ढालू फिलिप्स वक्र मानने की कोई आवश्यकता नहीं है। वास्तव में, यह सम्बन्ध एक अल्पकालीन घटना है। परन्तु कई चर होते हैं जिनके कारण फिलिप्स वक्र दीर्घकाल में सरकता है। इसमें सर्वाधिक महत्त्वपूर्ण चर (variable) स्फीति की प्रत्याशित दर है। जब तक स्फीति की वास्तविक दर और प्रत्याशित दर के बीच अंतर है तब तक नीचे दाईं ओर ढालू फिलिप्स वक्र होगा। परन्तु जब यह अंतर दीर्घकाल में समाप्त हो जाता है तो फिलिप्स वक्र अनुलम्ब (vertical) हो जाता है।

इसकी व्याख्या करने के लिए फ्रीडमैन '*बेरोजगारी की प्राकृतिक* दर' (Natural rate of unemployment) की धारणा को प्रस्तुत करता है। यह बेरोजगारी की वह दर है जिस पर अर्थव्यवस्था प्रायः अपनी संरचनात्मक त्रुटियों के कारण टिकती है। यह वह बेरोजगारी दर है जिसके नीचे स्फीति दर बढ़ती है और जिसके ऊपर स्फीति दर घटती है। इस दर पर, स्फीति दर की प्रवृत्ति न तो बढ़ने की और न ही घटने की होती है। इस प्रकार, बेरोजगारी की प्राकृतिक दर को बेरोजगारी की ऐसी दर के रूप में परिभाषित किया जाता है। जिस पर स्फीति की वास्तविक दर और स्फीति की प्रत्याशित दर बराबर होती है। अतः यह बेरोजगारी की एक *संतुलन* दर है जिस ओर अर्थव्यवस्था दीर्घकाल में जाती है। दीर्घकाल में, बेरोजगारी की प्राकृतिक दर पर फिलिप्स वक्र एक अनुलम्ब रेखा होती है।

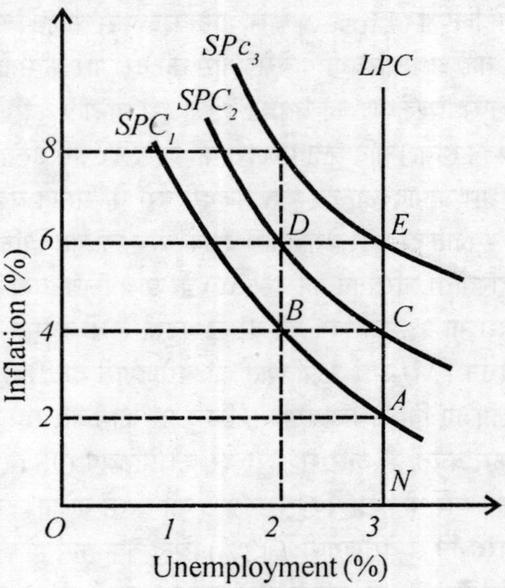

चित्र 10

यह प्राकृतिक या संतुलित बेरोजगारी दर हर समय के लिए निश्चित नहीं होती है। बल्कि यह अर्थव्यवस्था के भीतर वस्तु बाजारों और श्रम की अनेक संरचनात्मक विशेषताओं द्वारा निर्धारित होती है। ये न्यूनतम मजदूरी नियम, अपर्याप्त रोजगार सूचना, मानव-शक्ति प्रशिक्षण में कमियां, श्रम गतिशीलता की लागतें एवं अन्य बाजार अपूर्णताएं हो सकती हैं। लेकिन जिस कारण से फिलिप्स वक्र दीर्घकाल में शिफ्ट करता है वह स्फीति की प्रत्याशित दर है। इसका संबंध इस बात से है कि श्रम किस सीमा तक ठीक-ठीक स्फीति पूर्वानुमान लगाता है और वह मजदूरियों को पूर्वानुमान के अनुसार अनुकूल कर सकता है।

मानलें कि अर्थव्यवस्था स्फीति की 2 प्रतिशत की मंद दर पर चल रही है और बेरोजगारी की प्राकृतिक दर (*N*) 3% की है। चित्र 10 में अल्पकालीन फिलिप्स वक्र SPC_1 के *A* बिन्दु पर, लोग भविष्य में स्फीति की यही दर रहने की आशा करते हैं। अब मान लें कि सरकार बेरोजगारी की दर को 3 प्रतिशत से 2 प्रतिशत कम करने के लिए समस्त मांग बढ़ाने हेतु मौद्रिक-राजकोषीय प्रोग्राम अपनाती है। समस्त मांग में वृद्धि 2 प्रतिशत की बेरोजगारी दर के अनुरूप स्फीति दर को 4 प्रतिशत बढ़ायेगी। जब वास्तविक स्फीति दर (4%) प्रत्याशित स्फीति दर (2%) से अधिक होती है तो अर्थव्यवस्था SPC_1 वक्र पर *A* बिन्दु से *B* बिन्दु पर जाती है और बेरोजगारी दर अस्थायी रूप से 2 प्रतिशत तक गिरती है। यह इसलिए होता है कि श्रमिक ठगा गया है। वह 2 प्रतिशत की स्फीति दर की आशा रखता था जिस पर उसकी मजदूरी मांग आधारित थी। लेकिन अंत में श्रमिक यह समझने लगते हैं कि स्फीति की वास्तविक दर 4 प्रतिशत है जो अब स्फीति की उनकी प्रत्याशित दर बन जाती है। जब एक बार ऐसा होता है तो अल्पकालीन फिलिप्स वक्र SPC_1, दाईं ओर SPC_2 पर शिफ्ट कर जाता है। अब श्रमिक स्फीति की 4 प्रतिशत की ऊंची प्रत्याशित दर के कारण मुद्रा मजदूरियों में वृद्धि की मांग करते हैं। वे ऊंची मजदूरियों की मांग करते हैं क्योंकि वे सोचते हैं कि वर्त्तमान मुद्रा मजदूरी वास्तविक अर्थों में अपर्याप्त है। दूसरे शब्दों में, वे ऊंची कीमतों के साथ रहना चाहते हैं। और वास्तविक मजदूरियों में गिरावट को दूर करना चाहते हैं। परिणामस्वरूप, वास्तविक श्रम लागतें बढ़ेंगी, फर्में मजदूरों को हटायेंगी और SPC_1 वक्र के SPC_2 वक्र में बदलने के साथ बेरोजगारी

1. जब सरकार बेरोजगारी दर को कम करने का निर्णय लेती है तो अर्थव्यवस्था *C* बिन्दु पर होती है जहां 4 प्रतिशत स्फीति दर है जिसे श्रमिक अपनी प्रत्याशित दर मानते थे।

B बिन्दु (2%) से *C* बिन्दु (3%) को बढ़ेगी। *C* बिन्दु पर बेरोजगारी की प्राकृतिक दर पुनः स्थापित हो जाती है जो दोनों वास्तविक और प्रत्याशित स्फीति की ऊंची दर (4%) है।

यदि सरकार का 2 प्रतिशत का बेरोजगारी-स्तर कायम रखने के निश्चय है तो वह केवल स्फीति की ऊंची दरों की लागत पर ऐसा कर सकती है। SPC_2 वक्र पर *C* बिन्दु से समस्त मांग में वृद्धि द्वारा बेरोजगारी को एक बार पुनः 2 प्रतिशत तक घटाया जा सकता है, जब तक हम *D* बिन्दु पर नहीं पहुंचते हैं। *D* बिन्दु पर 6 प्रतिशत स्फीति और 2 प्रतिशत बेरोजगारी के साथ मजदूरों के लिए स्फीति की प्रत्याशित दर 4 प्रतिशत है।[1] ज्योंही वे 6 प्रतिशत स्फीति दर की नई परिस्थितियों में अपनी प्रत्याशाओं को व्यवस्थित करते हैं तो अल्पकालीन फिलिप्स वक्र पुनः ऊपर SPC_3 पर शिफ्ट कर जाता है और बेरोजगारी *E* बिन्दु पर 3 प्रतिशत की अपनी प्राकृतिक दर पर पुनः बढ़ जाएगी। यदि *A*, *C* और *E* बिन्दुओं को मिलाया जाता है तो बेरोजगारी की प्राकृतिक दर पर एक अनुलम्ब दीर्घकालीन फिलिप्स वक्र *LPC* खींचा जाता है। वक्र पर बेरोजगारी और स्फीति के बीच विनिमय (trade-off) नहीं होता है। बल्कि *A*, *C* और *E* बिन्दुओं पर स्फीति की कई दरों में से कोई एक दर 3 प्रतिशत की प्राकृतिक बेरोजगारी दर के साथ मेल खाती है। बेरोजगारी दर में इसकी प्राकृतिक दर के नीचे कोई भी कटौती तेजी से बढ़ रही और अन्त में एक विस्फोटक स्फीति लायेगी। लेकिन यह केवल अस्थायी तौर से संभव है जब तक कि श्रमिक स्फीति दर का कम या अधिक अनुमान लगाते हैं। दीर्घकाल में, अर्थव्यवस्था प्राकृतिक बेरोजगारी दर पर स्थापित होने के लिए बाध्य होगी।

इसलिए, अल्पकाल के सिवाय बेरोजगारी और स्फीति के बीच विनिमय नहीं होता है। इसका कारण यह है कि स्फीतिकारी प्रत्याशाएं, भूतकाल में स्फीति में क्या हुआ है, इसके अनुसार संशोधित की जाती हैं। इसलिए जब स्फीति की वास्तविक दर चित्र 28.10 में 4 प्रतिशत तक बढ़ती है तो श्रमिक कुछ समय तक 2 प्रतिशत स्फीति की आशा लगाये रखते हैं और केवल दीर्घकाल में वे 2 प्रतिशत से ऊपर 4 प्रतिशत तक अपनी प्रत्याशाएं संशोधित करते है। क्योंकि वे अपने को प्रत्याशाओं के अनुकूल करते हैं इसलिए इसे अनुकूलित प्रत्याशा परिकल्पना'' (adaptive expectations hypothesis) भी कहा जाता है। इस परिकल्पना के अनुसार स्फीति की प्रत्याशित दर सदैव वास्तविक दर के पीछे रह जाती है। परन्तु यदि वास्तविक दर स्थिर रहती है तो प्रत्याशित दर अंत में इसके बराबर होगी। इससे यह निष्कर्ष निकलता है कि स्फीति और बेरोजगारी के बीच अल्पकालीन विनिमय होता है परन्तु दोनों के बीच दीर्घकालीन विनिमय नहीं होता है जब तक कि एक निरन्तर बढ़ती स्फीति दर सहन नहीं की जाती है।

आलोचनाएं (Criticisms)

निम्न आधारों पर फ्रीडमैन की त्वरणवादी परिकल्पना की आलोचनाएं की गई हैं।

1. अनुलम्ब दीर्घकालीन फिलिप्स वक्र स्फीति की सतत (steady) दर से संबंधित दर है। परन्तु यह सही विचार नहीं है क्योंकि बिना सतत अवस्था को पहुंचने की प्रवृत्ति के, अर्थव्यवस्था सदैव असंतुलित स्थितियों की श्रेणियों से होकर गुजरती है। ऐसी स्थिति में, प्रत्याशाएं वर्ष-प्रतिवर्ष विफल हो सकती हैं।

2. फ्रीडमैन कोई नया सिद्धान्त नहीं देता है कि प्रत्याशाएं कैसे बनाई जाती हैं जो सैद्धान्तिक और सांख्यिकीय पक्षपातों से स्वंतत्र होंगी। इससे उसकी स्थिति अस्पष्ट रहती है।

3. अनुलम्ब दीर्घकालीन फिलिप्स वक्र से अभिप्राय है कि सभी प्रत्याशाएं संतुष्ट हैं और लोग भविष्य की स्फीति दरों का सही-सही अनुमान करते हैं। आलोचकों का कहना है कि लोग स्फीति दरों का सही-सही अनुमान नहीं कर पाते हैं, विशेष रूप से, जब कुछ कीमतों का दूसरों से अधिक तेजी से बढ़ना लगभग निश्चित होता है। भविष्य की अनिश्चितताओं के कारण पूर्ति और मांग के बीच असंतुलन होना और बेरोजगारी की दर में वृद्धि होना निश्चित होता है। बेरोजगारी को खत्म करना तो दूर की बात है थोड़ी-सी इसे बेहद खराब स्थिति में पहुंचा सकता है।

4. अपने एक लेख में फ्रीडमैन स्वयं इस संभावना को स्वीकार करता है कि दीर्घकालीन फिलिप्स वक्र बिल्कुल अनुलम्ब नहीं हो सकता, बल्कि स्फीति की बढ़ती मात्राओं के साथ नीचे दाईं ओर झुकता हो सकता है जो बढ़ती हुई बेरोजगारी लायेगा।

5. कुछ अर्थशास्त्रियों का कहना है कि बेरोजगारी की ऊंची दर पर मजदूरी दरें नहीं बढ़ी हैं।

6. यह विश्वास किया जाता है कि मजदूरों में मुद्रा-भ्रान्ति (money illusion) होती है। वे अपनी वास्तविक मजदूरी दरों की उपेक्षा अपनी मुद्रा मजदूरी दरों में वृद्धि पर अधिक चिंतित रहते हैं।

7. कुछ अर्थशास्त्री समझते हैं कि बेरोजगारी की प्राकृतिक दर एक छलावा मात्र है क्योंकि फ्रीडमैन ने उसकी कोई स्पष्ट परिभाषा देने का प्रयत्न नहीं किया है।

8. सॉल हाइमान (Saul Hyman) ने अनुमान लगाया है कि दीर्घकालीन फिलिप्स वक्र अनुलम्ब नहीं होता बल्कि ऋणात्मक रूप से ढालू होता है। हाइमन का मत है कि यदि हम स्फीति दर में वृद्धि स्वीकार करने को तैयार हैं तो बेरोजगारी की दर स्थायी रूप से घटाई जा सकती है।

विवेकपूर्ण प्रत्याशाएं और फिलिप्स वक्र
(Rational Expectations and the Phillips curve)

फ्रीडमैन द्वारा प्रतिपादित फिलिप्स वक्र की त्वरित परिकल्पना (accelerationist hypothesis) में बेरोजगारी और स्फीति के बीच अल्पकालीन विनिमय (trade-off) तो है परन्तु दीर्घकालीन विनिमय नहीं है। इसका कारण यह है कि स्फीतिकारी प्रत्याशाएं स्फीति की पिछली प्रवृत्ति पर आधारित होती हैं जिनकी भविष्यवाणी एकदम सही नहीं की जा सकती है। क्योंकि स्फीति की संभावित दर उसकी वास्तविक दर से हमेशा पीछे रहती है, इसलिए हमेशा एक अवलोकित (observed) त्रुटि पाई जाती है। स्फीति की संभावित दर को वास्तविक दर से समायोजित करने के लिए प्रथम अवधि में अवलोकित त्रुटि के कुछ अनुपात को जोड़कर पहली अवधि में होने वाली स्फीति के अनुभव अनुसार इसकी संभावित दर का पुनरीक्षण किया जाता है।

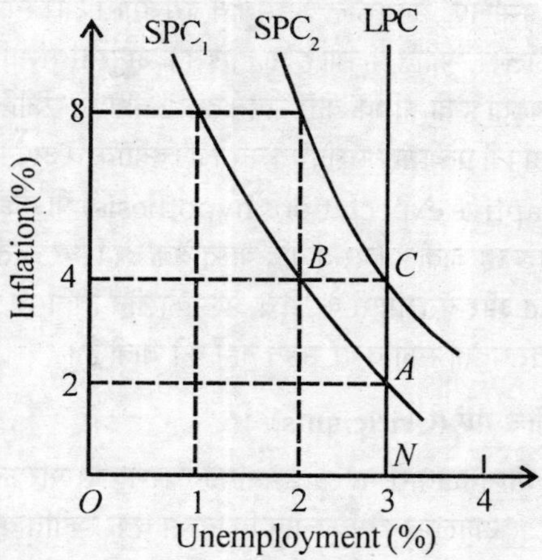

चित्र 11

विवेकपूर्ण प्रत्याशाओं से संबद्ध अर्थशास्त्रियों ने दीर्घावधि के दौरान भी स्फीति और बेरोजगारी के बीच विनिमय रहने की संभावना से इन्कार किया है। उनके अनुसार, फ्रीडमैन के इस कथन में अंतर्निहित यह धारणा अवास्तविक है कि कीमत प्रत्याशाएं मुख्यरूप से पिछली स्फीति के अनुभव के आधार पर ही बनाई जाती हैं। जब लोग अपनी कीमत प्रत्याशाओं को इस मान्यता के आधार पर रखते हैं तो वे अविवेकी होते हैं। यदि वे बढ़ती हुई कीमतों के दौरान ऐसा सोचते हैं तो यह पायेंगे कि वे गलत थे। परन्तु विवेकपूर्ण लोग ऐसी गलती नहीं करेंगे। बल्कि वे भावी स्फीति की अपेक्षाकृत अधिक सही भविष्यवाणी करने में समस्त उपलब्ध सूचना का प्रयोग करेंगे।

फिलिप्स वक्र के संबंध में विवेकपूर्ण प्रत्याशाओं का विचार चित्र 11 में प्रस्तुत किया गया है। मानलीजिए कि बेरोजगारी की दर 3 प्रतिशत और स्फीति की दर 2 प्रतिशत है। हम SPC_1 वक्र पर बिन्दु A से प्रारंभ करते हैं। बेरोजगारी कम करने के लिए सरकार मुद्रा पूर्ति की दर बढ़ा देती है, जिससे कीमतें बढ़नी शुरू हो जाती हैं। रेटक्स परिकल्पना के अनुसार, फर्मों को कीमतों के सामान्य स्तर की बजाय अपने उद्योग की कीमतों के बारे में अपेक्षाकृत अधिक सूचना उपलब्ध है। उनका यह सोचना मात्र एक भूल है कि कीमतों में वृद्धि उनकी वस्तुओं की मांग में वृद्धि के कारण हुई है। इसके परिणामस्वरूप, उत्पादन बढ़ाने के लिए वह अधिक वर्करों को रोजगार पर लगाते हैं। जिससे बेरोजगारी कम हो जाती है। वर्कर भी कीमतों में वृद्धि को अपने उद्योग से संबंधित मानने की भूल करते हैं। परन्तु जब श्रमिकों की मांग बढ़ती है तो मजदूरी बढ़ती है और वर्कर मौद्रिक मजदूरी की वृद्धि को वास्तविक मजदूरी की वृद्धि मान लेते हैं। इस तरह अर्थव्यवस्था अल्पकालीन फिलिप्स वक्र SPC_1 पर A बिन्दु से B बिंदु पर ऊपर की ओर चलती है। परन्तु जल्दी ही वर्कर और फर्में यह पाते हैं कि सभी उद्योगों में कीमतों और मजदूरियों की वृद्धि हो गई है। फर्में यह भी पाती हैं कि उनकी लागतें बढ़ गई हैं। स्फीति दर में 4 प्रतिशत वृद्धि के साथ ही वर्कर यह महसूस करते हैं कि उनकी वास्तविक मजदूरियां कम हो गई हैं और वे मजदूरी बढ़ाने के लिए दबाव डालते हैं। इस प्रकार, सरकार की मुद्रा नीति के कारण अर्थव्यवस्था में स्फीति की दर बढ़ जाती है। परिणामस्वरूप, SPC_2 वक्र पर यह बिन्दु B से C की ओर चला जाता है जहां बेरोजगारी दर 3 प्रतिशत है जो सरकार द्वारा विस्तारक मौद्रिक नीति अपनाने से पहले के बराबर है।

जब सरकार दोबारा मुद्रा–स्फीति बढ़ाकर बेरोजगारी कम करने का फिर प्रयास करती है तो वह उन कर्मचारियों तथा फर्मों को मूर्ख

नहीं बना सकती जो अब अर्थव्यवस्था में लागतों व कीमतों की गतिविधियों पर नजर रखेंगे। यदि फर्में अपनी वस्तुओं की लागतों के साथ–साथ कीमतों में वृद्धि की आशा करती हैं तो वे अपना उत्पादन बढ़ाने की चेष्टा नहीं करेंगी जैसाकि SPC_1 वक्र के मामले में हुआ। जहां तक वर्करों का प्रश्न है, श्रम संगठन अर्थव्यवस्था में बढ़ती हुई कीमतों के अनुसार मजदूरी बढ़ाने की मांग करेंगे। जब सरकार मौद्रिक प्रसारण (अथवा राजकोषीय) नीति को चालू रखती है तो वर्करों और फर्मों को इसकी आदत हो जाती है। उनका अनुभव ही उनकी प्रत्याशाएं बन जाता है। अत: सरकार जब दोबारा इस तरह की नीति अपनाती है तो फर्में अपनी वस्तुओं की कीमतें, प्रत्याशित स्फीति को बे-असर करने के लिए, बढ़ा देती हैं ताकि उत्पादन तथा रोजगार पर इसका प्रभाव न पड़े। इसी प्रकार, स्फीति की प्रत्याशा में वर्कर अधिक वेतन की मांग करते हैं और फर्में अधिक नौकरियां नहीं देती हैं। दूसरे शब्दों में, फर्में तथा वर्कर मजदूरी समझौतों तथा कीमत–नीतियों में अनपी प्रत्याशाएं बना लेते हैं ताकि बेरोजगारी की वास्तविक दर तथा प्राकृतिक दर में, यहां तक कि अल्पकाल में भी, कोई अन्तर न रह जाए।

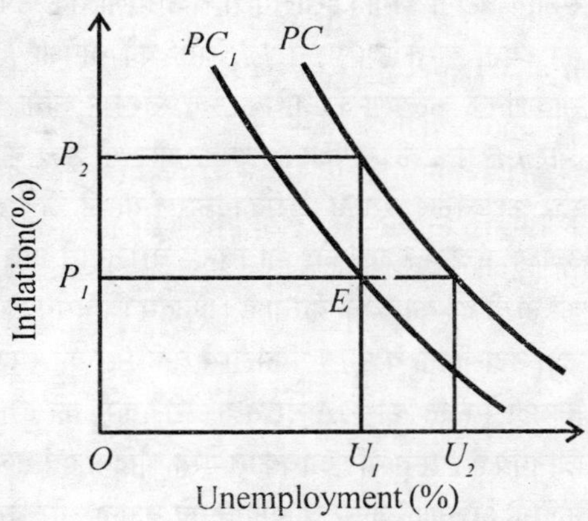

चित्र 12

फिलिप्स वक्र नीति विषयक निहित तत्त्व
(Policy Implications of the Phillips Curve)

फिलिप्स वक्र के नीति संबंधी निहित तत्त्व महत्त्वपूर्ण हैं। यह सुझाव देता है कि बेरोजगारी के ऊंचे स्तरों के बिना, स्फीति को रोकने के लिए मौद्रिक तथा राजकोषीय नीतियां किस सीमा तक प्रयोग में लाई जा सकती हैं। दूसरे शब्दों में यह अधिकारी वर्ग का इस संबंध में मार्गदर्शन करता है कि जब बेरोजगारी का स्तर दिया हुआ हो, तो स्फीति की कितनी दर सहन की जा सकती है। इस मतलब के लिए, फिलिप्स वक्र की सही स्थिति जानना आवश्यक है। जैसा कि चित्र 12 में दिखाया गया है, यदि वक्र PC_1 है जहां बिन्दु E पर श्रम की उत्पादकता तथा मजदूरी दर बराबर है, तो पूर्णरोजगार तथा कीमत स्थिरता संभव होगी। फिर बिन्दु के बाईं ओर एक वक्र (चित्र में नहीं दिखाया गया है) यह बताता है कि पूर्ण रोजगार और कीमत स्थिरता संगत नीति उद्देश्य हैं। इसका मतलब है कि स्फीति के नीचे स्तर को बेरोजगारी के नीचे स्तर से विनिमय (trade-off) किया जा सकता है। दूसरी ओर, यदि वक्र PC है जैसा चित्र में दिखाया गया है जो यह बताता है कि अधिकारियों को कीमत स्थिरता और अधिक बेरोजगारी में से किसी एक को चुनना होगा। इस प्रकार, फिलिप्स वक्र की स्थिति को देखकर अधिकारी यह निर्णय कर सकते हैं कि किस प्रकार की मौद्रिक तथा राजकोषीय नीतियां अपनाई जाएं। उदाहरणार्थ, यदि अधिकारी यह देखें कि चित्र 12 की स्फीति दर P_2 बेरोजगारी की U_1 दर से मेल नहीं खाती, तो वे ऐसी मौद्रिक तथा राजकोषीय नीतियां अपनाएंगे जो फिलिप्स वक्र PC को बाईं ओर सरकाकर PC_1 वक्र की स्थिति पर ला दें। इससे बेरोजगारी के उसी U_1 स्तर और अपेक्षाकृत नीची स्फीति दर P_1 के बीच श्रेष्ठ विनिमय उपलब्ध होगा।

बेरोजगारी की प्राकृतिक दर की व्याख्या करते हुए फ्रीडमैन ने लक्ष्य किया था कि सार्वजनिक नीति के बेरोजगारी के स्तर को प्रभावित करने की गुंजाइश फिलिप्स वक्र के अनुरूप रहते हुए केवल अल्पकालीन में है। उसने अनुलम्ब फिलिप्स वक्र के कारण इस संभावना को अस्वीकार कर दिया कि बेरोजगारी की दीर्घकालीन दर प्रभावित हो सकती है। परन्तु अर्थशास्त्री फ्रीडमैन से सहमत नहीं हैं। उनका मत है कि श्रम बाजार नीतियों के माध्यम से बेरोजगारी की प्राकृतिक दर घटाई जा सकती है जिसके परिणामस्वरूप श्रम बाजार अधिक दक्ष बनाया जा सकता है। अत: दीर्घकालीन अनुलम्ब फिलिप्स वक्र को बाईं ओर सरकाकर बेरोजगारी की प्राकृतिक दर घटाई जा सकती है।

परन्तु फिलिप्स वक्र के नीति विषयक निहित तत्त्व उतने सरल नहीं हैं जितने वे प्रतीत होते हैं। जब अधिकारी ऐसी स्फीति की दर के सम्बन्ध में निर्णय करने लगते हैं जो बेरोजगारी की विशिष्ट दर से मेल खाती हो, तो उन्हें अनेक प्रतिबन्धों का सामना करना पड़ता है। इस प्रकार स्फीति और बेरोजगारी में विनिमय की समस्या प्रतिबन्धों के अन्तर्गत चुनाव करने की समस्या है। इसे चित्र 13 में दिखाया गया है। प्रतिबन्ध है दिया हुआ फिलिप्स वक्र PC तथा उदासीनता वक्र $I_1, I_1, I_2, I_2, I_3, I_3, I', I'$ जो अधिकारियों के बेरोजगारी और

स्फीति के बीच चुनाव को प्रकट करते हैं। उदासीनता वक्र मूल बिन्दु के नतोदर (concave) होते हैं क्योंकि यदि अधिकारी बेरोजगारी को घटाना चाहते हैं तो उन्हें स्फीति बढ़ानी होगी और यदि बेरोजगारी को बढ़ाना चाहते हैं तो स्फीति घटानी होगी। इसलिए ये वक्र ऋणात्मक उपयोगिता को व्यक्त करते हैं। परन्तु I_1I_1 वक्र की अपेक्षा I_2I_2 वक्र सार्वजनिक कल्याण के अधिक ऊंचे स्तर को व्यक्त करता है और I_2I_2 वक्र की अपेक्षा I_3I_3 वक्र और भी ऊंचे कल्याण-स्तर को व्यक्त करता है। इसका कारण यह है ऊंचे वक्र की अपेक्षा नीचे वक्र पर कोई भी बिन्दु बेरोजगारी और स्फीति की नीची दर को व्यक्त करता है। इष्टतम विनिमय बिन्दु E है जहां उदासीनता वक्र I_2I_2 फिलिप्स वक्र PC को स्पर्श करता है जहां स्फीति की OA दर तथा बेरोजगारी की OB दर में विनिमय है। परन्तु यदि अधिकारी ऐसी मौद्रिक एवं राजकोषीय नीतियां अपनाएं जिनसे वे स्फीति को घटाना और बेरोजगारी को बढ़ाना चाहें, तो उदासीनता वक्र $I'I'$ हो जाएगा। यह $I'I'$ वक्र फिलिप्स वक्र PC को F बिन्दु पर स्पर्श करता है और OC स्फीति तथा OD बेरोजगारी विनिमय हो जाता है।

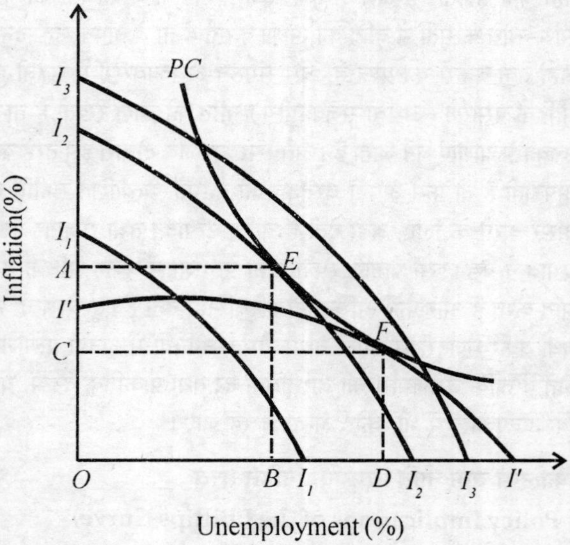

चित्र 13

कुछ अर्थशास्त्रियों ने यह सुझाया है कि स्फीति तथा बेरोजगारी के निरीक्षण मूल्यों पर आधारित फिलिप्स वक्र के गिर्द एक फंदा (लूप) या परिक्रमापथ (चक्कर) होता है। इसे चित्र 14 में दिखाया गया है। व्यापार चक्र में विस्तार के प्रारम्भिक चरण में बेरोजगारी-स्फीति लूप में घटती स्फीति और बढ़ता उत्पादन पाए जाते हैं। इसका कारण यह है कि विस्तारशील मुद्रा अथवा राजकोषीय नीति के परिणामस्वरूप मांगाधिक्य स्फीति आ जाती है। चक्र के इस चरण में, स्फीति तथा बेरोजगारी के बीच फिलिप्स वक्र द्वारा सुझाया गया सामान्य सम्बन्ध बना रहता है। इसे PC वक्र के नीचे से तीरों की गति द्वारा दिखाया गया है, जब बेरोजगारी की दर गिरती है और स्फीति की दर बढ़ती है। यदि समस्त मांग का बढ़ना जारी रहता है और स्फीतिकारी दबाव तेजी पकड़ जाते हैं तो बिन्दुकित लूप फिलिप्स वक्र को A बिन्दु पर पार कर जाता है। महंगी मुद्रा अथवा राजकोषीय नीति अपनाने से समस्त मांग गिर जाएगी। परन्तु कीमतों में वृद्धि की प्रत्याशाएं मजदूरी में वृद्धि ला देंगी और स्फीति की पिछली दर ही बनी रहेगी। इसलिए बेरोजगारी बढ़ेगी और कीमतें नहीं घटेंगी। यह बात फिलिप्स वक्र के दाएं स्थित लूप के ऊपरी भाग से प्रकट होती है। परन्तु जब अधिक मांग नियंत्रित हो जाती है और उत्पादन बढ़ता है तो बेरोजगारी की दर गिरने के साथ-साथ बिन्दु B से स्फीति की दर गिरने लगती है। इस प्रकार हम देखते हैं कि विस्तारशील मुद्रा अथवा राजकोषीय नीति के कारण व्यापार चक्र के प्रारम्भिक चक्र में फिलिप्स वक्र के निष्कर्ष ठीक बैठते हैं। परन्तु निम्नवर्ती चरण में स्फीति तथा बेरोजगारी के बीच विनिमय फिलिप्स वक्र के प्रतिकूल जाता है।

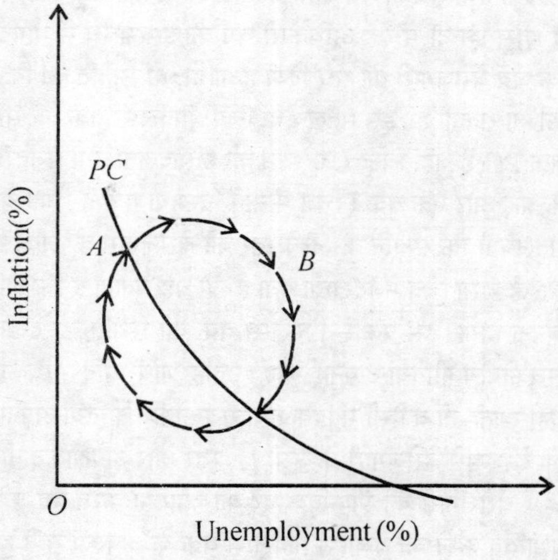

चित्र 14

जॉनसन नहीं मानता कि आर्थिक नीति बनाने में फिलिप्स वक्र का व्यवहार हो सकता है। इसके दो कारण हैं–'एक ओर तो फिलिप्स वक्र–श्रम बाजार में समायोजन की क्रियाविधि का केवल सांख्यिकीय विवरण प्रस्तुत करता है और आर्थिक गत्यात्मकता के सरल माडल पर टिका है जिसके पीछे कोई सामान्य तथा सुपरीक्षित मौद्रिक सिद्धांत नहीं है। दूसरी ओर, यह वक्र आर्थिक उतार–चढ़ाव और बदलती स्फीति दरों की अवधियों के संयोग में श्रम–बाजार के व्यवहार का वर्णन करता है जबकि ये ऐसी स्थितियां हैं जिन्होंने संभवत: श्रम--बाजार को ही प्रभावित किया। इसलिए यह संदेह ठीक ही है कि यदि आर्थिक नीति द्वारा अर्थव्यवस्था को इस वक्र के किसी बिन्दु पर कीलने का प्रयत्न किया जाए तो क्या यह वक्र अपनी आकृति बनाए रखेगा या नहीं।''[1]

13. स्फीति का खोज सिद्धान्त
(SEARCH THEORY OF INFLATION)

प्रो. फैल्प्स[2] ने 1970 में फिलिप्स वक्र के बेरोजगारी और स्फीति के संबंध पर बेरोजगार वर्करों के खोज–व्यवहार पर प्रकाश डाला जो स्फीति का खोज सिद्धान्त जाना जाता है। इस सिद्धान्त में उसने फिलिप्स के बेरोजगारी और स्फीति के समष्टिगत संबंध को व्यष्टिगत विश्लेषण के आधार पर व्युत्पन्न किया। इसमें इस बात पर बल दिया गया कि श्रम मार्किट सूचनाएं अपूर्ण होती हैं और वर्करों एवं मालिकों को मार्किट सूचनाएं प्राप्त करने के लिए खोज क्रियाएं करनी पड़ती हैं। बेरोजगार वर्कर नौकरियों की खोज के लिए मालिकों से सूचनाएं प्राप्त करते रहते हैं और मालिक विज्ञापनों द्वारा वर्करों की उपलब्धता और मजदूरियों के बारे में सूचनाएं प्राप्त करते हैं। प्राय: वे वर्कर जो काम पर लगे हुए हैं अधिक मजदूरियाँ प्राप्त करने के लिए उचित नौकरी की खोज करते हैं। जब अर्थव्यवस्था में समस्त मांग बढ़ती है तो मजदूरी दरें बढ़ती हैं जिनसे कीमत स्फीति दर बढ़ती है और साथ ही बेरोजगारी में कमी होती है। इस प्रकार, बेरोजगारी और स्फीति में फिलिप्स वक्र का विपरीत संबंध पाया जाता है।

मान्यताएं (Assumptions)

यह सिद्धान्त निम्न मान्यताओं पर आधारित हैं:

1. वर्कर अपनी गुणवत्ताओं के अनुसार, एक दूसरे से भिन्न होते हैं।

2. विभिन्न नौकरियों के लिए भिन्न–भिन्न कुशलताओं वाले वर्करों की आवश्यकता होती है।

3. एक विशेष गुणवत्ता वाले सभी वर्करों के लिए मजदूरी दर पूरी तरह समान नहीं होती। अर्थात् प्रत्येक कार्य के लिए मजदूरी दर भिन्न होती है।

4. मालिकों में वर्करों के लिए प्रतियोगिता होती है जो प्रत्येक प्रकार के वर्कर को काम में लगा सकते हैं।

5. वर्करों के पास उपलब्ध नौकरियों और उनसे सम्बद्ध मजदूरी दरों के बारे में अपूर्ण सूचनाएं होती हैं तथा मालिकों को उपलब्ध श्रम पूर्तियों और दूसरे मालिकों द्वारा विभिन्न नौकरियों के लिए दी जा रही मजदूरी दरों के बारे में पूर्ण सूचनाएं नहीं हैं।

सिद्धान्त (Theory)

ये मान्यताएं दी होने पर, बेरोजगार वर्कर जो यह समझते हैं कि श्रम बाजार में उनकी योग्यताओं के अनुसार उन्हें मजदूरियां प्राप्त नहीं होती हैं, काम स्वीकार नहीं करते। कुछ तो अपनी वर्तमान नौकरियां छोड़कर अच्छी नौकरियों की खोज में लग जाते हैं, जहां वे उपलब्ध मजदूरियों से अधिक की आशा रखते हैं। इस प्रकार, अर्थव्यवस्था में कुछ बेरोजगारी सदैव रहेगी जिसे फैल्प्स *खोज बेरोजगारी* कहता है। दूसरी ओर, मालिक अपनी फर्मों में सभी नौकरियां भरने में असमर्थ होते हैं। क्योंकि जो वर्कर नौकरी की खोज में उनके पास आते हैं वे ऐसे नहीं होते जो दी जाने वाली मजदूरी दरों पर काम करने को इच्छुक हैं। इसलिए कुछ नौकरियां खाली रह जाती हैं जिनको भरने के लिए विज्ञापनों और भर्ती पर व्यय करना पड़ता है।

स्थैतिक स्थितियों में वर्करों और मालिकों की ओर से कोई खोज प्रक्रिया नहीं होगी क्योंकि प्रत्येक वर्कर को नौकरी और प्रत्येक मालिक को वर्कर मिल जाएंगे। दूसरे शब्दों में श्रम बाजार में श्रम की मांग और पूर्ति में विभिन्न मजदूरी दरों पर संतुलन होंगे। कोई

---

1. *Op. cit.*, pp. 132-33.
2. Phelps, E.S. (ed.), *Micro-economic Founaations of Employment and Inflation Theory*, 1970.

बेरोजगारी नहीं होगी और प्रत्येक प्रकार के श्रम के लिए उसकी गुणवत्ता के अनुसार मजदूरी दरें समान होंगी। परन्तु गत्यात्मक स्थितियों में, जो वास्तविक हैं, उपभोक्ता रुचियों, प्रौद्योगिकियों आदि में निरंतर परिवर्तन होते रहते हैं जिनके कारण वस्तुओं की मांग और उनको उत्पादित करने के लिए श्रम आवश्यकताओं में परिवर्तन होते हैं। इन परिवर्तनों के कारण मजदूरी दरों में असमानताएं और बेरोजगारी पाई जाती है जिससे वर्करों और मालिकों की ओर से खोज क्रियाएं प्रारंभ हो जाती हैं।

मान लीजिए कि अर्थव्यवस्था में समस्त मांग में वृद्धि होती है जिससे कुछ या सभी फर्मों की वस्तुओं की मांग बढ़ती है। इस मांग को पूरा करने के लिए मालिक वर्तमान मजदूरी दरों पर अधिक वर्कर काम पर लगाने का प्रयत्न करते हैं। परन्तु विशेष योग्यता वाले वर्कर न मिलने से वे विज्ञापन और भर्ती द्वारा अपनी खोज क्रिया को बढ़ाते हैं। इससे कुछ बेरोजगारों को काम मिल जाता है। दूसरी ओर, ऐसे वर्कर जो काम पर तो लगे हैं लेकिन अधिक मजदूरी पर किसी और फर्म में जाने के इच्छुक हैं अपनी खोज क्रिया द्वारा दूसरी नौकरी प्राप्त करने में सफल हो जाते हैं। इस प्रकार, मालिकों और वर्करों की खोज क्रियाओं द्वारा बेरोजगारी कम होती है और कुल उत्पादन में वृद्धि।

अपूर्ण सूचना होने के कारण जब श्रम बाजार में मालिकों द्वारा खोज क्रिया पर विज्ञापन और भर्ती करने के लिए व्यय किया जाता है तो उससे फर्म की प्रति इकाई लागत बढ़ती है। इसके साथ-साथ प्रतियोगिता के कारण कुछ फर्में अच्छे और कुशल वर्करों को आकर्षित करने हेतु नई मजदूरी दरें निश्चित करती हैं। इससे अन्य फर्में भी अपनी मजदूरी दरें बढ़ाएंगी ताकि वे रिक्त नौकरियाँ कुशल वर्करों द्वारा भर सकें। बेरोजगार वर्कर भी उसी फर्म में जाएंगे जो उन्हें दूसरी फर्मों की अपेक्षा अधिक मजदूरी देंगी। मजदूरी दरों के बढ़ने से कीमतों में भी वृद्धि होती रहेगी। इस प्रकार, खोज और भर्ती की इस प्रक्रिया से अर्थव्यवस्था एक नए संतुलन पर पहुंच जाएगी जहां बेरोजगारी कम होगी और कीमत स्तर अधिक होगा।

इस नई संतुलन स्थिति को कायम रखने के लिए यह आवश्यक है कि नियमित रूप से मजदूरी दरों में वृद्धि हो, जिसके लिए कीमतों में भी नियमित वृद्धि होनी चाहिए। इस प्रकार, समस्त मांग में वृद्धि होने पर मालिक मांग को पूरा करने हेतु अतिरिक्त वर्करों को लगाने के लिए खोज और भर्ती पर व्यय करते हैं तथा उनकी प्रति इकाई लागत बढ़ती है। साथ ही वे वर्करों को अपनी फर्मों में आकर्षित करने के लिए मजदूरी दरें बढ़ाते जाते हैं। जिस कारण वे अपनी वस्तुओं की कीमतों में वृद्धि भी करते जाते हैं। अतः मजदूरी दर और कीमत-स्फीति दर में वृद्धि के साथ-साथ बेरोजगारी दर में कमी होती जाती है, जो बेरोजगारी और स्फीति में फिलिप्स वक्र के विपरीत संबंध को व्यक्त करते हैं।

आलोचनाएं (Criticisms)

स्फीति के खोज सिद्धांत में निम्न कमियाँ पाई जाती हैं—

1. यह मान्यता कि मजदूरी दरें लोचशील हैं, अवास्तविक है। यथार्थ में, मजदूरी दरें लोचशील नहीं होतीं। वे कुछ वर्षों के अंतराल पर ही परिवर्तित होती हैं।

2. यह मान्यता भी अवास्तविक है कि मजदूरी दरें समान कुशलता वाले वर्करों के लिए समान नहीं होतीं। अनुभव यह बताता है कि शक्तिशाली ट्रेड यूनियनों के कारण एक प्रकार के कार्य के लिए मजदूरी दर समान होती है।

3. खोज सिद्धांत में यह कमी पाई जाती है कि यह श्रम बाजार पर ही आधारित है और वस्तु बाजार को दिया हुआ मानता है जबकि एक अच्छे स्फीति सिद्धांत में दोनों श्रम और वस्तु बाजारों द्वारा व्याख्या की जानी चाहिए।

4. फैल्प्स का इस सिद्धांत में खोज बेरोजगारी से अभिप्राय ऐच्छिक (Voluntary) बेरोजगारी से है। परन्तु अपने विश्लेषण में वह ऐसे बेरोजगारों का वर्णन करता है जो काम करना चाहते हैं; काम की खोज में लगे होते हैं और उनमें से अनेक को काम मिल भी जाता है। यह घर्षण (frictional) बेरोजगारी है न कि ऐच्छिक बेरोजगारी क्योंकि ऐच्छिक बेरोजगारी में लोग काम करना ही नहीं चाहते।

निष्कर्ष (Conclusion)

बावजूद इन कमियों के स्फीति का खोज सिद्धांत फिलिप्स वक्र के संबंध के कारणों का विश्लेषण करने में एक महत्वपूर्ण प्रयास है जो समस्त मांग, उत्पादन, मजदूरी दर और बेरोजगारी के परस्पर संबंधों द्वारा स्फीति प्रक्रिया की व्याख्या करता है।

14. गतिहीन स्फीति (STAGFLATION)

अर्थशास्त्र में 1970 के दशक में एक नया पारिभाषिक शब्द प्रचलित हुआ। इसे अंग्रेजी में Stagflation कहते हैं। यह शब्द Stag तथा flation के योग से बना है। इसमें Stag पदांश Stagnation से और flation पदांश Inflation से लिया गया है। हिन्दी में इसे गतिहीन-स्फीति की संज्ञा दी जा सकती है। Stagflation अथवा गतिहीन-स्फीति ऐसी विरोधाभास स्थिति है जिसमें अर्थव्यवस्था में गतिहीनता अथवा बेरोजगारी भी रहती है और साथ-साथ स्फीति की दर भी ऊंची होती है। इसे स्फीतिकारी सुस्ती (inflationary recession) भी कहते हैं। संयुक्त राज्य अमरीका में गतिहीन-स्फीति का स्तर 'असुविधा सूचकांक' (discomfort index) द्वारा मापा जाता है। यह सूचकांक बेरोजगारी की दर तथा GNP के कीमत अपस्फायक (deflator) द्वारा मापी गई स्फीति दर का सम्मिश्रण होता है।

गतिहीन-स्फीति के प्रमुख कारणों में से एक कारण समस्त पूर्ति में प्रतिबन्ध का होना रहा है। जब समस्त पूर्ति घटती है तो उत्पादन और रोजगार गिर जाते हैं और कीमत स्तर बढ़ता है। समस्त पूर्ति घटने का कारण श्रमपूर्ति में प्रतिबन्ध हो सकता है। आगे श्रमपूर्ति में प्रतिबन्ध इसलिए भी हो सकता है कि मजबूत यूनियनों के कारण मुद्रा-मजदूरी बढ़ जाए अथवा कानून के अन्तर्गत न्यूनतम मजदूरी बढ़ जाए अथवा कर-दरें बढ़ जाएं जिससे वर्करों में काम करने का प्रयत्न घट जाए।

जब मजदूरी बढ़ती है तो फर्मों को विवश होकर उत्पादन और रोजगार घटाना पड़ता है। परिणामस्वरूप वास्तविक आय तथा उपभोग व्यय घट जाते हैं। क्योंकि वास्तविक आय में होने वाली कमी के मुकाबले उपभोग कम घटेगा, इसलिए वस्तु बाजार में मांग बढ़ जाएगी जो कीमत-स्तर को बढ़ा देगी।

फिर कीमत-स्तर में होने वाली वृद्धि आगे, उत्पादन तथा रोजगार को निम्नलिखित तीन तरीकों से कम कर देगी:

(क) यह मुद्रा के वास्तविक परिणाम को कम करती है, ब्याज दरें बढ़ाती है और निवेश व्यय में कमी करती है।

(ख) कीमत स्तर बढ़ने से सरकार तथा निजी क्षेत्र के पास विद्यमान नकदी शेषों का वास्तविक मूल्य पीगू-प्रभाव के मार्ग से कम हो जाता है क्योंकि पीगू-प्रभाव उनका उपभोग व्यय कम कर देता है।

(ग) जब घरेलू वस्तुओं की कीमतें बढ़ती हैं, तो विदेशियों के लिए निर्यात महंगे हो जाते हैं और घरेलू उपभोक्ताओं के लिए विदेशी वस्तुएं अधिक आकर्षक बन जाती हैं, इसलिए कीमत स्तर बढ़ने से घरेलू उत्पादन तथा रोजगार पर प्रतिकूल प्रभाव पड़ता है।

समस्त पूर्ति में कमी का एक और कारण केन्द्रीय, राज्य तथा स्थानीय सरकारों द्वारा अप्रत्यक्ष करों का बढ़ाया जाना है। जब अप्रत्यक्ष कर बढ़ते हैं, तो वे लागतों तथा कीमतों को बढ़ा देते हैं और उत्पादन तथा रोजगार को कम कर देते हैं। फिर जब सरकार कर बढ़ाती है तो वास्तविक क्रय शक्ति लोगों में हस्तान्तरित होकर सरकार के हाथों में चली जाती है। परिणामस्वरूप समस्त मांग गिर जाती है और उत्पादन एवं रोजगार पर प्रतिकूल प्रभाव पड़ता है। पर, यदि सरकार अपने व्यय को उतना ही बढ़ा दे जितना कि कर राजस्व बढ़ा है तो इससे अतिरिक्त मांग बढ़ेगी और कीमत स्तर और बढ़ जाएगा।

प्रायः अर्थव्यवस्थाएं स्फीति को रोकने के लिए प्रयत्क्ष नियंत्रण लगा देती हैं। परन्तु जब ये नियंत्रण हटाए जाते हैं तो विनियंत्रित क्षेत्र अपने उत्पादनों की कीमतें बढ़ा देते हैं जिसका परिणाम यह होता है कि मजदूरी बढ़ती है और मजदूरी-कीमत उत्वक्र समस्त अर्थव्यवस्था में फैल जाता है। इससे आगे उत्पादन और रोजगार पर प्रतिकूल प्रभाव पड़ता है क्योंकि मुद्रा का वास्तविक परिमाण कम हो जाता है, ब्याज दरें बढ़ जाती हैं, निवेश कम हो जाता है, पीगू-प्रभाव का प्रचालन होता है और निर्यात महंगे हो जाते हैं तथा आयात आकर्षक बन जाते हैं। ये सब गतिहीन-स्फीति लाते हैं।

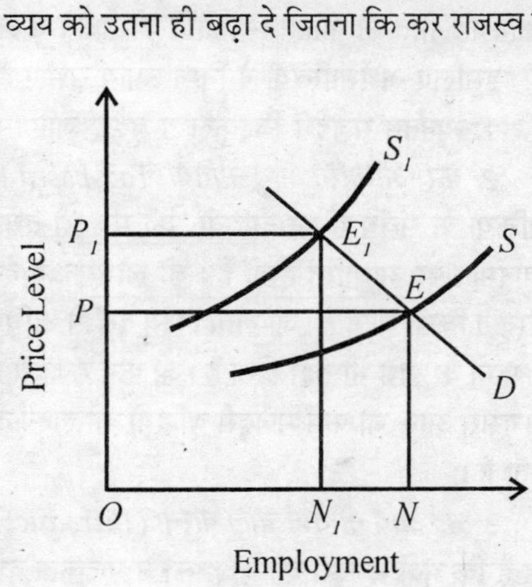

चित्र 15

समस्त पूर्ति पर प्रतिबंध का कारण बाह्य साधन भी हो सकते हैं जैसे सारी दुनिया में खाद्यान्न तथा कच्चे तेल की कीमतों का बढ़ना। इन सब स्थितियों में घरेलू कीमत स्तर को बाहरी शक्तियां बढ़ाती हैं। जब खाद्यान्न तथा कच्चे तेल की अन्तर्राष्ट्रीय कीमतें बढ़ती हैं तो घरेलू उपभोक्ताओं से उनकी क्रय शक्ति का विदेशों में निकास

होता है। वे स्फीति लाते हैं, मजदूरी तथा कीमतें बढ़ाते हैं। परिणाम यह होता है कि मुद्रा का वास्तविक परिमाण घट जाता है, ब्याज दरें बढ़ती हैं और निवेश गिरता है, और पीगू–प्रभाव के मार्ग से तथा निर्यातों को महंगा और आयातों को आकर्षक बनाकर घरेलू उत्पादन एवं रोजगार घट जाते हैं। इनसे गतिहीन–स्फीति आती है।

गतिहीन–स्फीति का घटना–वृत्त चित्र 15 में दिखाया गया है। इस चित्र में रोजगार को क्षैतिज अक्ष पर मापा गया है और कीमत–स्तर को अनुलम्ब अक्ष पर मापा गया है। प्रारम्भिक संतुलन E पर है, जहां पर मांग वक्र D, पूर्ति वक्र S को काटता है और कीमत स्तर OP तथा रोजगार स्तर ON है। जब उपर्युक्त कारकों में से किसी के कारण समस्त पूर्ति गिनती है, तो पूर्ति वक्र S बाएं को सरककर S_1 पर चला जाता है। नया संतुलन E_1 पर स्थापित होता है जहां S_1 वक्र D वक्र को काटता है। अब कीमत–स्तर OP से बढ़कर OP_1 हो जाता है और रोजगार का स्तर ON से गिर कर ON_1 पर आ जाता है। यह गतिहीन–स्फीति की स्थिति है।

गतिहीन–स्फीति रोकने के उपाय (Measures to Control Stagflation)

हम यह देख चुके हैं कि स्फीति से ही गतिहीन–स्फीति आती है। संयुक्त राज्य अमरीका के अनुभव से पता चलता है कि यदि गतिहीन–स्फीति को प्रतिबंधात्मक अथवा विस्तारशील उपायों से नियंत्रित किया जाएगा, तो वह बढ़ेगी। मानलीजिए कि प्रतिबंधात्मक मांग द्वारा प्रबंधित मौद्रिक एवं राजकोषीय उपाय अपनाए जाते हैं। वे समस्त मांग को घटा देंगे, और नया मांग वक्र D, पूर्ति वक्र S_1 को पुराने कीमत–स्तर OP पर काटेगा, जैसा कि चित्र 16 में दिखाया गया है। इस नीति से रोजगार का स्तर और गिरकर ON' पर आ जाता है और इसके साथ ही कीमत स्तर भी OP_1 से गिरकर OP रह जाता है। इस प्रकार इस तरह की नीति से N_1N' मात्रा में बेरोजगारी बढ़ती है और P_1P मात्रा में स्फीति घट जाती है। इस प्रकार, यह नीति गतिहीन–स्फीति को रोकने में असमर्थ है। दूसरी ओर, यदि विस्तारशील मांग प्रबंधित मौद्रिक एवं राजकोषीय नीतियां अपनाई जाएंगी, तो वे समस्त मांग को बढ़ा देंगी जिससे नया मांग वक्र D_2 पूर्ति वक्र S_1 को E_2 पर पुराने रोजगार स्तर ON पर काटेगा। इसका परिणाम यह होता है कि रोजगार ON_1 से बढ़कर ON पर चला जाता है परन्तु कीमत स्तर भी बढ़कर OP_2 पर पहुंच जाता है। इस प्रकार यह नीति भी गतिहीन–स्फीति को रोकने में असमर्थ है क्योंकि यह अधिक रोजगार के साथ अधिक स्फीति को प्रजनित करती है।

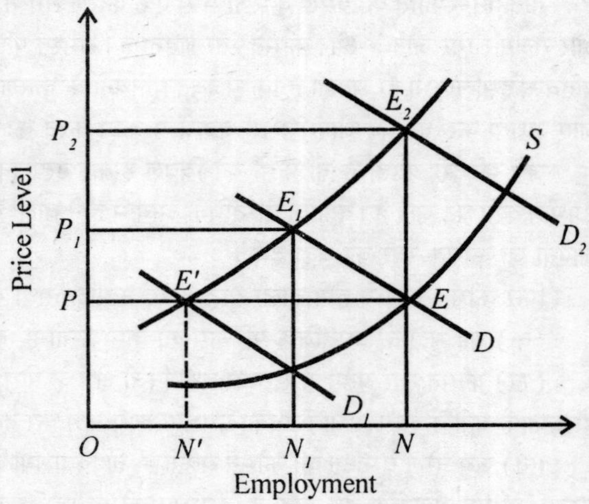

चित्र 16

इसलिए अर्थशास्त्रियों ने निम्न उपाय सुझाए हैं जो स्फीति को धीमा करते हैं और अपेक्षाकृत अधिक रोजगार बनाए रखते हैं—

1. न्यूनतम मजदूरी बिल्कुल न बढ़ाई जाए।

2. *कर–आधारित आय नीतियां (Tax-based Policies)*—व्यक्तियों और व्यापार–फर्मों के लिए ये नीतियां अलग–अलग होती हैं। व्यक्तियों के संबंध में इन नीतियों की मजदूरी तथा कीमत–स्फीति की लक्ष्य दरें (target rates) स्फीति के किसी उचित आर्थिक पूर्वानुमान पर आधारित होती हैं। जो लोग लक्ष्य दरों से कम मजदूरी वृद्धियां स्वीकार करते हैं उन्हें कर जमा (credits) के रूप में पुरस्कृत किया जाता है। जो लोग लक्ष्य दरों से अधिक मजदरी वृद्धियों पर जोर देते हैं, उन पर दण्ड कर (penalty tax) लगाया जाता है। फर्मों के साथ भी यही होता है। जो फर्में मजदूरी को लक्ष्य दरों तक रखती हैं, उन्हें व्यापार–आयकर में छूट देकर पुरस्कृत किया जाता है। दूसरी ओर, जो फर्में मजदूरी वृद्धियों को लक्ष्य दरों से बढ़ने देती हैं, उनसे व्यापार–आयकर के अतिरिक्त दण्ड कर भी वसूल किया जाता है।

3. *नई आय नीतियां चालू करना (Introduction of new income policies)*—आय नीतियों तक एक महत्वपूर्ण आधार–स्तम्भ यह है कि मुद्रा मजदूरी की वृद्धि को उत्पादकता वृद्धि से सम्बद्ध किया जाए। इस प्रकार मुद्रा मजदूरी की वृद्धि की दर को उत्पादकता वृद्धि से सम्बद्ध किया जाए। इस प्रकार मुद्रा मजदूरी की वृद्धि की दर को उत्पादकता वृद्धि की समग्र दर तक सीमित कर दिया जाए। फिर,

जिन उद्योगों की उत्पादकता वृद्धि औसत से अधिक है, उनमें कीमत घटा दी जाए। दूसरी ओर, जिन उद्योगों में उत्पादकता राष्ट्रीय औसत दर की अपेक्षा कम बढ़ रही है, उन उद्योगों में कीमतें बढ़ा दी जाएं। जिन उद्योगों में उत्पादकता राष्ट्रीय औसत दर तक बढ़ रही है, उनमें कीमतें स्थिर रखी जाएं। परन्तु किसी खुले देश में इस तरह की नीतियां लागू करना कठिन है। यदि खाद्य पदार्थों तथा अन्य उपभोक्ता वस्तुओं की कीमतें बढ़ेंगी तो वे घरेलू कीमत स्तर बढ़ा देगीं। इससे यूनियनों के लिए मजदूरी समझौतों पर टिक पाना कठिन हो जाता है।

कर घटाना (Tax Reduction)

सबसे, अच्छा नीति उपाय यह है कि व्यक्तिगत तथा व्यापार कर घटा दिए जाएं क्योंकि वे श्रम लागतें घटाते हैं और श्रम के लिए मांग बढ़ा देते हैं। इसी प्रकार, बिक्री–कर और उत्पादन शुल्क घटा दिए जाएं ताकि कीमत–स्तर को बढ़ने से रोका जा सके। केन्द्रीय सरकार को चाहिए कि राज्य तथा स्थानीय बिक्री–कर और उत्पादन–शुल्क घटाने का प्रोत्साहन देने के लिए केन्द्रीय सरकार, राज्य सरकारों तथा स्थानीय सरकारों को अतिरिक्त सहायता–अनुदान प्रदान करे।

इस प्रकार गतिहीन–स्फीति का मुकाबला करने के लिए बहुत व्यापक नीति उपायों की जरूरत है।

15. स्फीति के कारण (CAUSE OF INFLATION)

स्फीति तब आती है जब वस्तुओं तथा सेवाओं की समस्त पूर्ति से उनकी समस्त मांग बढ़ जाती है। हम उन कारणों का विश्लेषण करते हैं जिनसे मांग बढ़ती है और पूर्ति कम रह जाती है।

मांग को प्रभावित करने वाले कारक (Factors affecting demand)

केन्जवाद, तथा मुद्रावादी दोनों ही मानते हैं कि समस्त मांग बढ़ जाने के कारण स्फीति आती है। उनके अनुसार मांग बढ़ने के कारण निम्नलिखित हैं :

1. मुद्रा–पूर्ति में वृद्धि (Increase in Money Supply) –स्फीति बढ़ने का पहला कारण तो यह है कि मुद्रा की पूर्ति बढ़ जाती है जिससे समस्त मांग भी बढ़ जाती है। नकद मुद्रा–पूर्ति की वृद्धि दर जितनी अधिक होगी, स्फीति की दर भी उतनी ही अधिक होगी। आधुनिक मुद्रा परिमाण सिद्धान्तवादी यह नहीं मानते कि पूर्ण रोजगार स्तर आने के बाद असली स्फीति शुरू होती है। यह दृष्टिकोण याथार्थिक है, क्योंकि सभी उन्नत देशों को बेरोजगारी के ऊंचे स्तरों और स्फीति की ऊंची दरों का सामना करना पड़ रहा है।

2. सार्वजनिक व्यय में वृद्धि (Increase in Public expenditure)–दूसरा कारण है सार्वजिनक व्यय का बढ़ जाना। सरकार की क्रियाएं बहुत बढ़ती रही हैं जिसके परिणामस्वरूप सरकारी व्यय भी बहुत तेजी से बढ़ता रहा है। इससे वस्तुओं तथा सेवाओं की समस्त मांग बढ़ गई है। विकसित तथा विकासशील दोनों ही प्रकार के देशों की सरकारें सार्वजनिक उपयोगिताओं तथा सामाजिक सेवाओं के अन्तर्गत अधिक सुविधाएं प्रदान कर रही हैं, उद्योगों का राष्ट्रीयकरण कर रहीं है और सार्वजनिक उद्यम शुरू कर रही हैं जिनके परिणामस्वरूप समस्त मांग बढ़ती है।

3. घाटे कि वित्त व्यवस्था (Deficit financing)–उपर्युक्त बात का स्वाभाविक निष्कर्ष यह है कि अपने बढ़ते खर्च को पूरा करने के लिए सरकार जनता से उधार लेकर तथा अधिक करेन्सी नोट छाप कर घाटे की वित्त–व्यवस्था का तरीका अपनाती है। इससे समस्त मांग और बढ़ जाती है।

4. निजी क्षेत्र का विस्तार (Expansion of the Private Sector)–निजी क्षेत्र का विस्तार होने से भी समस्त मांग बढ़ती है। क्योंकि भारी निवेशों से रोजगार और आय बढ़ती है, जिसके परिणामस्वरूप वस्तुओं तथा सेवाओं की मांग और बढ़ जाती है। परन्तु उत्पादन को बाजार आने में समय लगता है।

5. काला धन (Black Money)–भ्रष्टाचार, कर–चोरी इत्यादि के कारण सभी देशों में विद्यमान काला धन भी समस्त मांग को बढ़ाता है। इस तरह के अनर्जित धन को लोग दिल खोल कर खर्च करते हैं जिससे वस्तुओं के लिए अनावश्यक मांग पैदा हो जाती है। इससे कीमत स्तर और बढ़ जाता है।

6. ऋण का भुगतान (Repayment of Public Debt)–जब कभी सरकार जनता को अपने पिछले आन्तरिक ऋण का पुर्वाभुगतान करती है, तो जनता के पास मुद्रा पूर्ति बढ़ जाती है। इससे वस्तुओं तथा सेवाओं की मांग बढ़ने लगती है।

7. व्यय योग्य आय में वृद्धि (Increase in Disposable Income)–जब लोगों की व्यय योग्य आमदनी बढ़ती है तो यह वस्तुओं और सेवाओं की मांग बढ़ाती है। व्यय योग्य आय राष्ट्रीय आय में वृद्धि या करों में कटौती या लोगों की बचत में कटौती के साथ बढ़ सकती है।

8. उपभोक्ता व्यय में वृद्धि (Increase in Consumer Spending)–जब उपभोक्ता का व्यय बढ़ता है तो वस्तुओं और सेवाओं की मांग भी बढ़ती है। उपभोक्ता विशिष्ट उपभोग या प्रदर्शनकारी प्रभाव के कारण अधिक खर्च कर सकता है। जब उधार-खरीद और किस्तों के आधार पर वस्तुओं की खरीद के लिए साख सुविधाएं दी जाती हैं तो वे और अधिक खर्च कर सकते हैं।

9. सस्ती मौद्रिक नीति (Cheap Monetary Policy)—सस्ती मौद्रिक नीति या साख-विस्तार की नीति भी मुद्रा पूर्ति में वृद्धि लाती है, जो अर्थव्यवस्था में वस्तुओं और सेवाओं की मांग बढ़ाती है। जब साख विस्तार होता है तो यह कर्जदारों की मुद्रा आय बढ़ाती है जो आगे, पूर्ति की सापेक्षता में समस्त मांग बढ़ाती है। इस तरह से स्फीति आती है। इसे साख-प्रेरित (credit-induced) स्फीति के नाम से भी जाना जाता है।

10. निर्यात में वृद्धि (Increase in Export)—जब विदेशों में उत्पादित वस्तुओं की मांग बढ़ती है तो वह निर्यात वस्तुओं का उत्पादन करने वाले उद्योगों की आमदनी बढ़ाती है। ये आगे अर्थव्यवस्था के भीतर वस्तुओं और सेवाओं की अधिक मांग उत्पन्न करती है जिससे कीमतें बढ़ती हैं।

पूर्ति को प्रभावित करने वाले कारक (Factors Affecting Supply)

कुछ ऐसे कारण भी हैं जो विपरीत दिशा में कार्यशील रहते हैं और समस्त पूर्ति को घटाते हैं। उनमें से कुछ कारण निम्नलिखित हैं—

1. साधनों की कमी (Shortage of Factors)—वस्तुओं की पूर्ति को प्रभावित करने वाला एक प्रमुख कारण यह है कि श्रम, कच्चा माल, पूंजी इत्यादि साधनों की कमी हो जाती है। इससे अतिरिक्त क्षमता उत्पन्न होती है और औद्योगिक उत्पादन गिर जाता है।

2. औद्योगिक झगड़े (Industrial Disputes)—जिन देशों में ट्रेड यूनियनें शक्तिशाली हैं, उनमें वे भी उत्पादन घटाने के लिए उत्तरदायी रहती हैं। ट्रेड यूनियनें हड़तालें करती हैं और यदि मालिकों की दृष्टि में उनकी मांगें अनुचित हैं, और हड़तालें देर तक चलती रहती हैं, तो मालिक विवश होकर तालाबन्दी की घोषणा कर देते हैं। दोनों ही स्थितियों में औद्योगिक उत्पादन गिरता है जिससे वस्तुओं की पूर्ति घट जाती है। यदि यूनियने अपने सदस्यों की मुद्रा मजदूरी को श्रम की उत्पादकता की अपेक्षा बहुत अधिक बढ़वाने में सफल हो जाती हैं, तो इससे भी उत्पादन और वस्तुओं की पूर्तियां घटती हैं।

3. प्राकृतिक संकट (National Calamities)—सूखा पड़ना या बाढ़ का आना भी एक कारण है जो कृषि उत्पादनों की पूर्तियों पर प्रतिकूल प्रभाव डालता है। कृषि उत्पादनों की पूर्तियाँ घटने से, आगे, खाद्य पदार्थों तथा कच्चे माल की कमी हो जाती है, और स्फीतिकारी दबाव बढ़ जाते हैं।

4. कृत्रिम दुर्लभताएँ (Artificial Scarcities)—अन्तिम, जमाखोर तथा सटोरिये कृत्रिम दुर्लभताएँ पैदा कर देते हैं और चोर-बाजारी करते हैं। इस प्रकार वे वस्तुओं की पूर्ति घटाने और उनकी कीमतें बढ़ाने के लिए उत्तरदायी बनते हैं।

5. निर्यात में वृद्धि (Increase in Exports)—जब देश घरेलू उपभोग की अपेक्षा निर्यात के लिए अधिक वस्तुओं का उत्पादन करता है तो यह घरेलू बाजार में वस्तुओं की कमियाँ करती है। यह अर्थव्यवस्था में स्फीति लाती है।

6. एकतरफा उत्पादन (Lop-sided Production)—यदि देश में आवश्यक उपभोक्ता वस्तुओं की उपेक्षा करके सुविधा, विलासिता या मूल उत्पादों के उत्पादन पर जोर दिया जाता है तो यह उपभोक्ता वस्तुओं की कमियाँ पैदा करती है। इसके कारण पुनः स्फीति आती है।

7. ह्रास प्रतिफल नियम (Law of Diminishing Returns)—यदि देश में उद्योग पुरानी मशीनों और उत्पादन के पुराने ढंगों से काम करते हैं तो ह्रास प्रतिफल नियम कार्य करता है। यह उत्पादन की प्रति इकाई लागत बढ़ाता है, उस तरह से वस्तुओं की कीमत बढ़ती हैं।

8. अंतर्राष्ट्रीय घटक (International Factors)—आधुनिक समय में स्फीति एक विश्वव्यापी घटना है। जब मुख्य औद्योगिक देशों में कीमतें बढ़ती हैं तो उनका प्रभाव लगभग सभी देशों में फैलता है जिनके साथ उनका व्यापार सम्बन्ध होता है। अंतर्राष्ट्रीय बाजार में पैट्रोल जैसे मूलभूत: कच्चे पदार्थ की कीमत में वृद्धि प्राय: देश में सभी सम्बन्धित वस्तुओं की कीमतों में वृद्धि लाती है।

16. विकसित देशों में स्फीति रोकने के उपाय (MEASURES TO CONTROL INFLATION IN DEVELOPED ECONOMIES)

हम ऊपर पढ़ चुके हैं कि स्फीति तब आती है जब समस्त पूर्ति उतनी नहीं बढ़ पाती जितनी समस्त मांग बढ़ती है। इसलिए पूर्ति बढ़ाकर और समस्त मांग को नियंत्रित करने के लिए मुद्रा आय घटाकर स्फीति रोकी जा सकती है। इसके विविध उपाय तीन शीर्षकों के अन्तर्गत वर्गीकृत किए जाते हैं—

1. मौद्रिक उपाय (Monetary Measures)

मौद्रिक उपायों का लक्ष्य मुद्रा आय घटाना होता है।

(क) साख नियंत्रण (Credit Control)—एक महत्वपूर्ण मौद्रिक उपाय 'मौद्रिक नीति'[1] है। साख की मात्रा तथा गुणवत्ता को नियंत्रित करने के लिए देश का केन्द्रीय बैंक अनेक तरीके अपनाता है। इस लक्ष्य की पूर्ति के लिए वह बैंक-दर बढ़ाता है, खुले बाजार में प्रतिभूतियाँ बेचता है, रिजर्व अनुपात बढ़ाता है और अनेक चयनात्मक साख-नियंत्रण उपाय अपनाता है, जैसे सीमा आवश्यकताएं बढ़ाना और उपभोक्ता साख का नियमन करना।

यदि लागताधिक्य कारणों से स्फीति आई है तो मौद्रिक नीति उसे रोकने में सफल नहीं हो सकेगी। मौद्रिक नीति केवल मांगाधिक्य साधनों के कारण उत्पन्न स्फीति को ही रोकने में सहायक हो सकती है।

(ख) करेन्सी का विमुद्रीकरण (Demonetisation of Currency)—मौद्रिक उपायों में से एक उपाय यह है कि ऊंची राशि की करेन्सी का विमुद्रीकरण कर दिया जाए। इस तरह का उपाय प्राय: तब अपनाया जाता है तब देश में काले धन की बहुतायत होती है।

(ग) नई करेन्सी का जारी करना (Issue of New Currency)—कठोर मौद्रिक उपाय यह है कि पुरानी करेन्सी की जगह नई करेन्सी जारी कर दी जाए। इस प्रणाली के अन्तर्गत कई पुराने करेन्सी नोटों के बदले एक नया करेन्सी नोट दिया जाता है। बैंक जमाओं का मूल्य भी तदनुरूप नियत किया जाता है। यह तरीका तब अपनाया जाता है जब बहुत अधिक करेन्सी नोट जारी किए जा चुके हों और देश में अतिस्फीति हो। यह उपाय बहुत सफल तो है परन्तु है अन्यायपूर्ण, क्योंकि इससे छोटे जमाकर्त्ताओं को सबसे अधिक चोट पहुंचती है।

2. राजकोषीय उपाय (Fiscal Measures)

केवल मौद्रिक नीति से स्फीति नहीं रोकी जा सकती। इसलिए, उसे राजकोषीय उपायों से अनुपूरित करना चाहिए। सरकारी व्यय, व्यक्तिगत उपभोग व्यय और निजी तथा सार्वजनिक निवेश को नियंत्रित करने में राजकोषीय उपाय बहुत अधिक प्रभावी होते हैं। प्रमुख राजकोषीय उपाय निम्नलिखित हैं:

(क) अनावश्यक व्यय में कटौती (Reduction in Unnecessary Expenditure)—स्फीति को रोकने के लिए आवश्यक है कि सरकार गैर-विकासात्मक क्रियाओं पर अनावश्यक व्यय घटाए। इससे निजी व्यय पर भी नियंत्रण लगेगा जो वस्तुओं तथा सेवाओं की सरकारी मांग पर निर्भर करता है। परन्तु सरकारी व्यय में कटौती करना आसान नहीं है। यद्यपि मितव्ययिता के उपायों का सदा स्वागत किया जाता है, फिर भी आवश्यक तथा अनावश्यक व्यय में अन्तर करना कठिन हो जाता है इसलिए इस उपाय को कराधान से अनुपूरित करना चाहिए।

(ख) करों में वृद्धि (Increase in Taxes)—व्यक्तिगत उपभोग व्यय घटाने के लिए वैयक्तिक तथा वस्तु करों की दरें बढ़ाई जाएं, यहां तक कि नए कर भी लगाए जाएं। परन्तु करों की दरें इतनी ऊंची भी न हों कि बचत निवेश और उत्पादन हतोत्साहित हो जाएं। बल्कि कर-प्रणाली तो ऐसी होनी चाहिए जो अधिक बचत, अधिक निवेश और अधिक उत्पादन करने वालों को अधिक प्रेरणाएं प्रदान करे।

---

1. विस्तृत विवरण के लिये देखिये 'मौद्रिक नीति' शीर्षक अध्याय।

फिर करों के माध्यम से राजस्व बढ़ाने के लिए सरकार को चाहिए कि वह करों की चोरी करने वालों पर भारी जुर्माने करके उन्हें दंडित करे। इस तरह के उपाय स्फीति को रोकने में निश्चित रूप से प्रभावी होंगे। देश के भीतर वस्तुओं की पूर्ति बढ़ाने के लिए सरकार को चाहिए कि आयात शुल्क घटाए और निर्यात शुल्क बढ़ाए।

(ग) बचतों में वृद्धि (Increase in Savings)—एक और उपाय यह है कि लोग अपनी बचतें बढ़ाएं। इससे लोगों की प्रयोज्य आय घटेगी, इसलिए उनका व्यक्तिगत उपभोग व्यय घटेगा। परन्तु बढ़ते निर्वाह व्यय के कारण लोग स्वेच्छा से बचत करने की स्थिति में नहीं होते। इसलिए केन्ज़ ने अनिवार्य बचतों का समर्थन किया है। इसे उसने स्थगित भुगतान कहा है। इसमें बचतकर्त्ता को कुछ वर्षों बाद अपनी मुद्रा वापिस मिल जाती है। इस लक्ष्य की पूर्ति के लिए सरकार को चाहिए कि ऊंची ब्याज दर वाले सार्वजनिक ऋण जारी करे, इनामी या लाटरी वाली दीर्घावधि बचत स्कीमें चलाए, इत्यादि। सरकार को अनिवार्य भविष्यनिधि तथा भविष्यनिधि एवं पेन्शन स्कीमें इत्यादि चलानी चाहिएं। बचतें बढ़ाने के ऐसे सब उपाय स्फीति रोकने में सफल सिद्ध होंगे।

(घ) अतिरेक बजट (Surplus Budget)—एक और उपाय है है कि प्रतिस्फीतिकारी (anti-inflationary) बजट नीति अपनाई जाए। इसके लिए सरकार को चाहिए कि घाटे की वित्तव्यवस्था के बजट छोड़ दे और बचत का बजट बनाए। इसका मतलब है कि राजस्व बढ़ाया जाय और खर्च घटाया जाए।

(ङ) सार्वजनिक ऋण (Public Debt)—इसके साथ ही सरकार को चाहिए कि सार्वजनिक ऋणों का पुनर्भुगतान रोक दे और उसे ऐसे समय तक के लिए स्थगित कर दे जब तक अर्थव्यवस्था के भीतर स्फीतिकारी दबाव काबू में न आ जाएं। इसके अलावा, लोगों के पास मुद्रा की पूर्ति कम करने के लिए सरकार को अधिक उधार लेना चाहिए।

मौद्रिक उपायों की भांति, अकेले राजकोषीय उपाय भी स्फीति रोकने में सहायक नहीं हो सकते। इसके साथ-साथ, मौद्रिक, गैर-मौद्रिक तथा गैर-राजकोषीय उपाय भी अपनाने चाहिएं।

3. अन्य उपाय (Other Measures)

अन्य प्रकार के उपाय वे हैं जिनका लक्ष्य प्रत्यक्ष तौर से समस्त पूर्ति बढ़ाना और समस्त मांग घटाना है।

(क) उत्पादन में वृद्धि (Increase in Production)—स्फीति रोकने के लिए निम्न उपाय अपनाने चाहिएं : (i) सबसे पहला उपाय यह है कि आवश्यक उपभोक्ता वस्तुओं का जैसे खाद्य-सामग्री, वस्त्र, मिट्टी का तेल, चीनी वनस्पति तेलों इत्यादि का, उत्पादन बढ़ाया जाए, (ii) यदि जरूरत हो, तो आवश्यक वस्तुओं का उत्पादन बढ़ाने के लिए इन उत्पादनों के लिए कच्चा माल प्राथमिक आधार पर आयात किया जाए, (iii) उत्पादकता बढ़ाने के प्रयत्न भी किए जाएं। इसके लिए ट्रेड यूनियनों से समझौते करके और उनसे कुछ समय तक हड़तालें न करने की शर्तें रखकर औद्योगिक शान्ति बनाए रखनी चाहिए, (iv) दीर्घावधि उपाय के रूप में उद्योगों के युक्तीकरण (rationalisation) की नीति अपनानी चाहिए। युक्तीकरण से तन-मन-धन के प्रयोग द्वारा उद्योगों की उत्पादकता तथा उत्पादन बढ़ता है, (v) उत्पादन बढ़ाने के लिए विभिन्न उपभोक्ता वस्तु क्षेत्रों को आधुनिकतम तकनीक, कच्चे माल, वित्तीय सहायता, सब्सिडी, आदि के रूप में सभी संभव सहायता प्रदान करनी चाहिए।

(ख) विवेकी मजदूरी नीति (Rational Wage Policy)—एक और महत्वपूर्ण उपाय यह है कि तर्कसंगत मजदूरी एवं आय नीति अपनाई जाए। अतिस्फीति के अन्तर्गत मजदूरी-कीमत उत्चक्र (spiral) विद्यमान रहता है। इसे रोकने के लिए सरकार को चाहिए कि मजदूरी, आय लाभों, लाभांशों, बोनस इत्यादि को कीलन (freeze) कर दिया जाए, परन्तु ऐसा सख्त कदम अल्पावधि के लिए, वह भी वर्करों तथा उद्योगपतियों दोनों को नाराज करके ही उठाया जा सकता है। इसलिए सबसे अच्छा तरीका यह है कि मजदूरी-वृद्धि को उत्पादकता में वृद्धि से जोड़ दिया जाए। इसका दोहरा प्रभाव पड़ेगा। एक तो मजदूरी नियंत्रित होगी और दूसरे साथ-ही-साथ उत्पादकता बढ़ेगी तथा परिणामस्वरूप अर्थव्यवस्था में वस्तुओं का उत्पादन भी बढ़ेगा।

(ग) कीमत नियंत्रण (Price Control)—स्फीति रोकने के अन्य दो प्रत्यक्ष नियंत्रण उपाय हैं, कीमत नियंत्रण तथा राशनिंग। कीमत नियंत्रण का अर्थ है आवश्यक उपभोक्ता वस्तुओं की कीमतों की ऊपरी सीमा नियत करना। ये कानून द्वारा नियत की गई अधिकतम कीमतें होती हैं और यदि कोई उनसे अधिक कीमतें वसूल करता है तो कानून उसे सजा देता है। परन्तु कीमत-नियंत्रण को अमल में लाना बहुत कठिन है।

(घ) राशनिंग (Rationing)—राशनिंग का लक्ष्य दुर्लभ वस्तुओं के उपभोग को ऐसे ढंग से वितरित करना है जिससे वे बहुत अधिक उपभोक्ताओं को उपलब्ध कराई जा सकें। यह आवश्यक उपभोक्ता वस्तुओं पर, जैसे गेहूं, चावल, चीनी, मिट्टी का तेल इत्यादि पर लागू होता है। इसका उद्देश्य आवश्यक वस्तुओं की कीमतें स्थिर करना और वितरणात्मक न्याय उपलब्ध करना है। परन्तु यह उपभोक्ताओं के लिए बहुत असुविधाजनक है क्योंकि इसका परिणाम होता है लम्बी कतारें, कृत्रिम अभाव, भ्रष्टाचार और चोर बाजारी। केन्ज़ राशनिंग के पक्ष में नहीं था क्योंकि इससे ''संसाधनों और रोजगार'' दोनों का बहुत क्षय होता है।

निष्कर्ष (Conclusion)

जिन मौद्रिक, राजकोषीय तथा अन्य उपायों की ऊपर चर्चा की गई है, उनसे स्पष्ट है कि स्फीति को रोकने के लिए सरकार को ये सभी उपाय एक साथ अपनाने चाहिएं। स्फीति एक ऐसा अनेक सिरों वाला दैत्य है जिससे युद्ध करने के लिए सरकार को अपने समस्त हथियार काम में लाने चाहिएं।

17. विकासशील देशों में स्फीति रोकने के उपाय (MEASURES TO CONTROL INFLATION IN DEVELOPING ECONOMIES)

विकासशील देशों में स्फीति मांग-जन्य, लागत-जन्य तथा संरचनात्मक कारणों से होती है, जो मांग और पूर्ति की शक्तियों को प्रभावित करते हैं। स्फीति को नियन्त्रित करने के लिए ऐसे देशों में सरकारें अनेक मौद्रिक, राजकोषीय तथा भौतिक उपाय अपनाती हैं ताकि वस्तुओं की मांग को रोका जा सके और उनकी पूर्ति बढ़ाई जाए।

1. मौद्रिक उपाय (Monetary Measures)—एक विकासशील देश में केन्द्रीय बैंक नियन्त्रित मुद्रा-विस्तार की नीति अपनाता है जिसके अनुसार, *प्रथम,* जब अर्थव्यवस्था में स्फीतिकारी दबाव प्रकट होते हैं, तो तरलता को अत्यधिक बढ़ने से रोकना, और *दूसरा,* उत्पादन को प्रेरणा और प्रोत्साहन देने के लिए साख का प्रवाह नियमित करना।

स्फीतिकारी दबावों को रोकने के लिए केन्द्रीय बैंक अनेक चरणों में नकदी रिजर्व अनुपात (cash reserve ratio) बढ़ाता है। साथ ही इस बात का भी ध्यान रखता है कि उत्पादक क्रिया का विस्तार करने में साख की पूर्ति बाधा न बने, और चुने हुए क्षेत्रों को अधिक साख उपलब्ध कराकर प्रेरित किया जा सके। इसके अतिरिक्त बैंक दर को समुचित बढ़ाना तथा खुले बाजार प्रचालनों द्वारा प्रतिभूतियों को बेचना भी केन्द्रीय बैंक स्फीति रोकने के लिए अपनाता है। लेकिन एक विकासशील अर्थव्यवस्था में ये दोनों उपाय स्फीति को रोकने में विशेष सफल नहीं होते हैं। इसके दो कारण हैं— *प्रथम,* बैंकों के पास तरलता का काफी पाया जाना और व्यापारी वर्ग का अधिक ब्याज दर पर कर्जे लेने की अधिक इच्छा का होना क्योंकि बैंकों द्वारा ली गई ब्याज दर मार्किट ब्याज दर से कम होती है। *दूसरे,* प्रतिभूतियों के अभाव में खुले बाजार प्रचालनों का बैंकिंग प्रणाली पर कोई विशेष प्रभाव नहीं पड़ता।

इसलिए ऐसे देश में चयनात्मक साख नियंत्रण नीति ही स्फीति रोकने में अधिक सफल होती है। उदाहरणार्थ, विशेष वर्गों के लिए अग्रिम राशियों पर ब्याज की दर को कम रखना, जैसे परचून व्यापार के लिए, दालों तथा तेल बीजों की वसूली के लिए, अनुसूचित जातियों/कबीलों के उद्यमियों, छोटे और भूमिहीन किसानों, अपना रोजगार करने वालों, कामकाजी तथा अपना रोजगार करने वाली औरतों आदि को ऋण देना।

2. राजकोषीय उपाय (Fiscal Measures)—एक विकासशील देश में स्फीति रोकने के लिए सरकार अनेक राजकोषीय उपाय अपनाती है। एक ओर तो वह विविध वस्तुओं के उत्पादन को प्रेरित करती है और दूसरी ओर मांग को कम करने के लिए व्यय घटाती है। टिकाऊ उपभोक्ता वस्तुओं के उत्पादन को राजकोषीय समर्थन प्रदान करने के लिए सरकार अपने वार्षिक बजटों में समय-समय पर केन्द्रीय उत्पादन शुल्क में राहत प्रदान करती है। कुछ आवश्यक उपकरणों, उपस्करों और मशीनरी पर आयात करों में छूट भी दी जाती है। आयात करों में इसी प्रकार की छूट कच्चे माल, उपकरणों तथा मशीनरी पर भी दी जाती है जिन्हें आयात स्थानापन्न वस्तुओं के निर्माण के लिए प्रयोग किया जाता है।

राजकोषीय नीति के अन्तर्गत स्फीति रोकने के लिए एक अन्य महत्त्वपूर्ण उपाय आयकर, कम्पनी कर, सम्पदा कर, आदि का युक्तीकरण है, जिसके द्वारा सरकार अनावश्यक व्यय को नियन्त्रित करती है तथा बचत और निवेश को प्रोत्साहित करती है। छोटी बचतों

को प्रोत्साहित करने के लिए बचत योजनाओं को चालू करना तथा दीर्घकालीन बचतों पर अधिक ब्याज देना, बचतों पर आय करों में राहत देना आदि, शामिल होते हैं।

स्फीति रोकने के लिए तीसरा राजकोषीय उपाय ऋण प्रबन्धन है। जिन लोगों के पास अधिक धन है, उसका अपव्यय रोकने के लिए सरकार और सरकारी उपक्रम एवं उद्योग दीर्घकालीन ऋण या ऋण-पत्र जारी करते हैं जिन पर ब्याज या तो करमुक्त होता है या कुछ सीमा तक कर-छूट युक्त।

अन्तिम, सरकार स्वयं भी अपने व्यय को नियंत्रित करके स्फीति रोकने में सहायक हो सकती है क्योंकि सरकार की वस्तुओं और सेवाओं के लिए मांग अत्यधिक होती है।

3. भौतिक उपाय (Physical Measures)—भौतिक उपायों का उद्देश्य यह सुनिश्चित करना है कि कीमतों के नियंत्रण के लिए दुर्लभ साधनों की उचित व्यवस्था की जाए। विकासशील अर्थव्यवस्था में भौतिक उपायों के अन्तर्गत कुछ आवश्यक वस्तुओं की कीमतें नियन्त्रित करना, कृषि उत्पादों की कीमतें निश्चित करना और सार्वजनिक वितरण प्रणाली के माध्यम से आवश्यक वस्तुओं का वितरण शामिल होते हैं।

(क) कीमतों पर नियन्त्रण (Control over Prices)—अनेक विकासशील देशों में खाद्यान्न, चीनी, खाद्य तेल, कपड़ा, सीमेंट, मिट्टी का तेल आदि जैसी आवश्यक वस्तुओं की कीमतें सरकार द्वारा नियन्त्रित की जाती हैं। जब इनकी पूर्ति की स्थिति कुछ सुधरती है तो ऐसी वस्तुओं पर से कन्ट्रोल उठा लिया जाता है या आंशिक कंट्रोल रखा जाता है। कई देशों में आवश्यक वस्तुओं की कीमतों में वृद्धि को रोकने के लिए दोहरी कीमत नीति अपनाई जाती है जिसके अनुसार कमजोर वर्गों को आवश्यक वस्तुएं निश्चित कीमतों पर और निश्चित मात्राओं में वितरित की जाती हैं और दूसरे लोग उन्हें अधिक दाम पर खुले बाजार में जितनी मात्रा में चाहें खरीद सकते हैं।

(ख) कृषि वस्तुओं की कीमतें निश्चित करना (Fixation of Prices of Agricultural Products)—कृषि पदार्थों के सम्बन्ध में कीमत नीति का उद्देश्य एक तो यह है कि उत्पादकों को लाभकारी कीमतें दी जाएं ताकि वसूली सुगम हो और दूसरा यह कि जमाखोरी और सट्टे को समाप्त किया जाए ताकि कीमतें न बढ़ें। इसके अन्तर्गत सरकार प्रमुख कृषि वस्तुओं जैसे गेहूं, धान, दालों, तेल बीजों, रुई, गन्ना, मोटा अनाज आदि की समर्थन एवं वसूली कीमतें बढ़ाती रहती है।

(ग) सार्वजनिक वितरण प्रणाली (Public Distribution System)—सार्वजनिक वितरण-प्रणाली द्वारा भी सरकार स्फीति को रोकती है। इस प्रणाली का उद्देश्य यह है कि समाज के निम्न आय वर्गों को निश्चित कीमतों पर और निश्चित मात्राओं में कुछ चुनी हुई आवश्यक वस्तुएं, जैसे खाद्यान्न, चीनी, खाद्य तेल, मिट्टी का तेल, कपड़ा, आलू, प्याज, नमक, साबुन आदि वितरित की जाएं। सार्वजनिक वितरण प्रणाली के अन्तर्गत अधिकृत परचून दुकानें, उपभोक्ता सहकारी स्टोर तथा सुपर बाजार शामिल होते हैं।

4. पूर्ति में वृद्धि (Increase in Supply)—स्फीति रोकने की नीति के अन्तर्गत एक महत्त्वपूर्ण उपाय यह भी है कि उत्पादन बढ़ाकर, सुरक्षित भण्डार संग्रह करके तथा आवश्यक वस्तुओं का आयात करके कृषि एवं औद्योगिक पदार्थों की पूर्ति बढ़ाना। विकासशील देश में सरकार खाद्यान्न, नकदी एवं बागवानी फसलों का उत्पादन बढ़ाने के लिए निम्नलिखित कदम उठाती है: (i) बढ़िया बीच, उर्वरक आदि जैसे अधिक उपज देने वाले उपकरणों की किस्मों का प्रसार करना, (ii) सिंचाई एवं जल प्रबंध कार्यक्रमों का विस्तार करना, (iii) कृषि अनुसंधान, शिक्षा एवं विस्तार को बढ़ावा देना; (iv) छोटे एवं सीमांत कृषकों की सहायता के लिए संस्थागत एवं संगठनात्मक व्यवस्थाएं करना; और (v) पशुपालन, डेरी उद्योग, मछली पालन आदि कृषि सम्बन्धित क्रियाओं का विविधीकरण करना।

औद्योगिक क्षेत्र में निवेश को प्रोत्साहन देने तथा आवश्यक उपभोक्ता वस्तुओं की उत्पादन-वृद्धि सुगम बनाने के लिए भी सरकार अनेक कदम उठाती है। इनमें से कुछ महत्वपूर्ण उपाय निम्न हैं: मशीनरी पर आयात कर कम करना, आधुनिकीकरण के लिए आर्थिक सहायता देना, उत्पादन शुल्क कम करना, उपकरणों और औद्योगिक कच्चे माल का उदारता से आयात करना, विदेशी सहयोग से आयात स्थानापन्न उद्योगों को प्रोत्साहन देना आदि।

इसके अतिरिक्त ऐसे देशों में सरकारें आवश्यक वस्तुएं जैसे खाद्यान्न, चीनी, मिट्टी का तेल, कपड़ा, खाद्य तेल आदि की पूर्ति बढ़ाने के लिए भारी मात्रा में आयात करती है ताकि इनकी घरेलू मांग पूरी की जा सके जिससे कीमतें न बढ़ पाएं।

18. स्फीति के प्रभाव
(EFFECTS OF INFLATION)

स्फीति का अलग–अलग लोगों पर अलग–अलग प्रभाव पड़ता है। इसका कारण है मुद्रा के मूल्य का गिरना। जब कीमतें बढ़ती हैं अथवा मुद्रा का मूल्य गिरता है तो समाज के कुछ वर्गों को लाभ होता है, कुछ वर्गों को हानि और कुछ बीच में स्थित रहते हैं। मोटे तौर पर कहा जा सकता है कि प्रत्येक समाज में दो आर्थिक वर्ग होते हैं—एक स्थिर आय वर्ग और दूसरा लचीला आय वर्ग। प्रथम वर्ग से सम्बद्ध व्यक्तियों को स्फीति से हानि होती है और दूसरे वर्ग के लोगों को लाभ। इसका कारण यह है कि विभिन्न वस्तुओं, सेवाओं तथा परिसम्पत्तियों इत्यादि की कीमतों में होने वाले परिवर्तन एकरूप नहीं होते। जब स्फीति आती है, तो अधिकतर कीमतें बढ़ती हैं, परन्तु व्यक्तिगत कीमतों की वृद्धि–दरों में बहुत अन्तर होता है। कुछ वस्तुओं तथा सेवाओं की कीमतें बहुत तेजी से बढ़ती हैं, कुछ की धीरे–धीरे और अन्य कुछ की अपरिवर्तित रहती हैं। हम नीचे समाज के विभिन्न वर्गों पर और साथ–साथ उत्पादन, वितरण तथा समस्त समाज पर स्फीति के प्रभावों की चर्चा करेंगे।

1. धन और आय के पुनर्वितरण पर प्रभाव
(Effects on Redistribution of Income and Wealth)

समाज में धन और आय के पुनर्वितरण पर स्फीति के प्रभावों को मापने के दो तरीके हैं। *प्रथम,* मजदूरी, वेतन, लगान, ब्याज, लाभांश और लाभ जैसे साधन–आमदनियों के वास्तविक मूल्य में परिवर्तन के आधार पर। *द्वितीय,* स्फीति के परिणामस्वरूप, दीर्घकालीन आय के आकार वितरण के आधार पर अर्थात् क्या स्फीति से धनी वर्गों की आय बढ़ी है और मध्यम और गरीब वर्गों की आय घटी है। स्फीति वास्तविक आय के वितरण में परिवर्तन लाती है—उनसे जिनकी मुद्रा आय अपेक्षाकृत बेलोच है और उन तक जिनकी मुद्रा आय अपेक्षाकृत लोचशील है।

गरीबों और मध्य वर्गों को हानि उठानी पड़ती है क्योंकि उनकी मजदूरी तथा वेतन लगभग स्थिर होते हैं परन्तु वस्तुओं की कीमतें बढ़ती रहती हैं। उनकी गरीबी बढ़ जाती है। दूसरी ओर, बढ़ती कीमतों की अवधि के दौरान व्यापारियों, उद्योगपतियों, दूकानदारों, वास्तविक सम्पदा धारकों, सट्टेरियों तथा परिवर्तनशील आयवर्ग के लोगों को लाभ होता है। इस वर्ग के लोग गरीबों और मध्य वर्ग के लोगों की लागत पर धनी बनते जाते हैं। आय तथा धन अनुचित रूप से गरीबों से अमीरों के हाथों में चले जाते हैं। परिणामस्वरूप, अमीरों की पांचों अंगुलियाँ घी में होती हैं और वे प्रदर्शन उपभोग में लगे होते हैं, जबकि गरीब और मध्यम वर्गीय लोग अत्यधिक विपत्ति एवं दरिद्रता का जीवन व्यतीत करते हैं।

परन्तु समाज के जिस आय वर्ग के लोग स्फीति से लाभ या हानि उठाते हैं वह इस बात पर निर्भर करता है कि कौन स्फीति का अनुमान करता है और कौन नहीं करता है ? जो स्फीति का सही–सही अनुमान करता है वह स्फीति के कारण धन और आय की हानि के विरुद्ध अपनी वर्तमान आय, खरीदारी, कर्ज लेने और देने सम्बन्धी क्रियाओं को व्यवस्थित कर सकता है। इसलिए, वे स्फीति से चोट नहीं खाते हैं। स्फीति के सही अनुमान की असफलता, धन और आय का पुनर्वितरण लाती है। व्यवहार में, सभी लोग सही–सही स्फीति दर का अनुमान एवं पूर्वानुमान नहीं कर पाते हैं। इसलिए वे अपने आर्थिक व्यवहार को, उसके अनुसार बदल नहीं सकते। परिणामस्वरूप, कुछ लोग लाभ उठाते हैं जबकि अन्य लोग हानि में रहते हैं। शुद्ध परिणाम धन और आय का पुनर्वितरण होता है। समाज के विभिन्न वर्गों पर स्फीति–प्रभावों की चर्चा हम नीचे करेंगे।

(1) ऋणी तथा ऋण–दाता (Debtors and Creditors)—जब कीमतें बढ़ती हैं तो कर्जदारों को लाभ होता है और ऋणदाताओं को हानि तथा मुद्रा का मूल्य गिर जाता है। यद्यपि ऋण लेने वाले उतनी ही राशि लौटाते हैं, फिर भी वस्तुओं तथा सेवाओं के रूप में कम भुगतान करते हैं। इसका कारण यह है कि जब उन्होंने उधार लिया था उसकी तुलना में मुद्रा का मूल्य अब कम है। इस प्रकार ऋण का बोझ कम हो जाता है और ऋण लेने वालों को लाभ होना है। दूसरी ओर, ऋणदाताओं को हानि होती है। यद्यपि उन्हें मुद्रा की उतनी ही राशि वापिस मिलती है जितनी उन्होंने उधार दी थी, पर उन्हें वास्तविक राशि कम मिलती है क्योंकि मुद्रा का मूल्य गिर जाता है। इस प्रकार स्फीति ऋणदाताओं की लागत पर ऋणियों के पक्ष में वास्तविक धन का पुनर्वितरण लाती है।

(2) वेतन भोगी (Salaried Persons)—जब स्फीति आती है, तो वेतन लेनेवाले वर्करों को जैसे—क्लर्कों, अध्यापकों तथा अन्य

सफेदपोशों को हानि होती है। इसका कारण यह है कि जब कीमतें बढ़ती हैं तो वेतन-भोगी अपने वेतनों का बढ़ती कीमतों के साथ समायोजन धीरे-धीरे कर पाते हैं।

(3) मजदूर-वर्ग (Wage earners)—मजदूरी पाने वालों को लाभ भी हो सकता है और हानि भी परन्तु उनका लाभ या हानि इस बात पर निर्भर करेगी कि बढ़ती कीमतों से उनकी मजदूरी किस गति से समायोजन करती है। यदि उनकी यूनियनें मजबूत हैं, तो वे उनकी मजदूरी को निर्वाह-व्यय सूचकांक से सम्बद्ध करा सकती हैं। इस तरह से, वे अपने को स्फीति के बुरे प्रभावों से बचा सकते हैं। परन्तु समस्या यह है कि मालिकों द्वारा मजदूरी बढ़ाने और कीमतों के बढ़ने में समय पश्चता (time lag) रहता है। इसलिए वर्करों को हानि ही होती है क्योंकि हो सकता है कि जब तक मजदूरी बढ़ाई जाए तब तक निर्वाह-व्यय सूचकांक और बढ़ चुका हो। परन्तु जहां यूनियने एक निश्चित अवधि के लिए नियम मजदूरी का ठेका कर लेती हैं, वहाँ तो वर्करों को हानि ही होती है, जब ठेके की अवधि के दौरान कीमतें बढ़ती रहें। कुल मिलाकर कहा जा सकता है कि मजदूरी पाने वालों की स्थिति भी सफेदपोशों जैसी ही होती है।

(4) स्थिर आय वर्ग (Fixed Income Group)—स्थानांतरण भुगतानों जैसे पेन्शन, बेरोजगारी बीमा, सामाजिक सुरक्षा पाने वाले लोग और ब्याज एवं किराया प्राप्तकर्त्ता स्थिर आय वर्ग में आते हैं। पेन्शनभोगियों को स्थिर पेन्शन मिलती हैं। इसी प्रकार, ब्याज और किराया प्राप्त करने वाले वर्ग को भी नियत भुगतान मिलते हैं। स्थिर ब्याज वाली प्रतिभूतियों, डिबेंचरों और जमाओं के धारकों की भी वही स्थिति है। इस तरह के सब लोगों को हानि होती है, क्योंकि उन्हें नियत भुगतान प्राप्त होते हैं, जबकि कीमतों के बढ़ने के साथ-साथ मुद्रा का मूल्य गिरता जाता है। इन आय-वर्गों में, स्थानांतरण भुगतान पाने वाले लोग निम्न आय वर्ग के होते हैं और किरायाभोगी (rentier) वर्ग उच्च आय वर्ग के। स्फीति इन दो वर्गों से लेकर व्यापारियों और व्यवसायियों सहित मध्यम आय वर्ग के लोगों तक आय का पुनर्वितरण करती है।

(5) इक्विटी धारक या निवेशक (Equity Holders or Investors)—जिन लोगों के पास कम्पनियों के ऐसे हिस्से या स्टॉक होते हैं जिनपर स्थिर दर से ब्याज नहीं मिलता उन्हें स्फीति के दौरान लाभ होता है। क्योंकि कीमतें बढ़ रही होती हैं तब व्यापार क्रियाओं का विस्तार होता है और परिणामस्वरूप कम्पनियों के लाभ बढ़ जाते हैं। जब लाभ बढ़ते हैं तो कीमतों की अपेक्षा इक्विटियों पर लाभांश अधिक तेजी से बढ़ते हैं, परन्तु वे जो ऋण-पत्रों, प्रतिभूतियों, बाण्डों आदि में निवेश करते हैं जिनकी एक स्थिर ब्याज दर होती है, स्फ ीति में घाटा सहते हैं क्योंकि वे एक निश्चित रकम पाते हैं जबकि उनकी क्रय-शक्ति घटती जाती है।

(6) व्यापारी वर्ग (Businessmen)—सभी प्रकार के व्यवसायियों को, जैसे उत्पादकों, व्यापारियों और वास्तविक सम्पदा के धारकों को बढ़ती कीमतों की अवधियों के दौरान लाभ होता है। पहले उत्पादकों को लीजिए। जब कीमतें बढ़ती हैं, तो उनकी निवेश-सूचियों (स्टॉक में मौजूद वस्तुओं) का मूल्य उसी अनुपात में बढ़ता है। इसलिए जब वे अपनी स्टॉक की वस्तुओं को बेचते हैं, तो उन्हें अधिक लाभ होता है। अल्पकाल में व्यापारियों के साथ भी यही होता है। परन्तु उत्पादकों को एक और तरह भी अधिक लाभ होता है। उनकी वस्तुओं की कीमतें जितनी बढ़ती हैं उतनी उनकी लागतें नहीं बढ़तीं। स्फीति के दौरान वास्तविक सम्पदा के धारकों को भी लाभ होता है क्योंकि सामान्य कीमत-स्तर की अपेक्षा उनकी भौतिक सम्पत्ति की कीमतें बहुत अधिक तेजी से बढ़ती हैं।

(7) कृषक (Agriculturists)—कृषक तीन प्रकार के होते हैं—जमींदार, भूमिधर और भूमिहीन कृषि मजदूर। जब कीमतें बढ़ती हैं तो जमींदारों की हानि होती है क्योंकि उन्हें स्थिर लगान ही प्राप्त होते हैं। परन्तु जो किसान फार्मों के मालिक हैं और उन पर स्वयं खेती करते हैं, उन्हें स्फीति के दौरान लाभ होता है। क्योंकि भूमि राजस्व और आगतों की कीमत उतनी नहीं बढ़ती जितनी कि फ ार्म उत्पादनों की कीमतें बढ़ती हैं। दूसरी ओर कीमतों के बढ़ने से भूमिहीन कृषि मजदूरों को बहुत हानि होती है। परन्तु उपभोक्ता वस्तुओं की कीमतें तेजी से बढ़ती हैं। इसलिए भूमिहीन कृषि मजदूर हानि में रहते हैं।

(8) सरकार (Government)—ऋणी के रूप में सरकार पारिवारिक व्यय पर लाभ उठाती है जो इसके मुख्य ऋणदाता हैं। इसका कारण यह है कि सरकारी बाण्डों पर ब्याज दरें निश्चित होती हैं और इसे कीमतों में संभावित वृद्धि की क्षतिपूर्ति के लिए नहीं बढ़ाया जाता है। आगे, सरकार ऋण सेवा और भार समाप्त करने के लिए कम करों को लगाती है। स्फीति से करों का वास्तविक मूल्य भी घट जाता है। इस प्रकार, सरकार के पक्ष में धन का पुनर्वितरण करदाताओं को लाभ के रूप में प्राप्त होता है। चूँकि सरकार को कर देनेवाले लोग उच्च आय वर्ग के होते हैं अत: वे सरकार के ऋणदाता भी होते हैं क्योंकि वे ही सरकारी बांडों को रखते हैं। ऋणदाता के रूप में, उनकी सम्पत्ति का वास्तविक मूल्य घटता है और करदाता के रूप में, स्फीति में उनकी देनदारियों का भी वास्तविक मूल्य घटता है। कुल

मिलाकर वह सीमा, जिस पर वे लाभ प्राप्तकर्त्ता होंगे या हानिप्राप्तकर्त्ता, एक बहुत-ही जटिल गणना है।

निष्कर्ष (Conclusion)

इस प्रकार स्फीति मजदूर वर्गों और निश्चित आय वर्गों से लाभ प्राप्तकर्त्ताओं की तरफ एवं ऋणदाताओं से ऋणियों की ओर आय का पुनर्वितरण करती है। जहां तक घन के पुनर्वितरण का संबंध है, मध्यम आय वर्ग की अपेक्षा बहुत गरीबों और बहुत अमीरों को अधिक घाटा उठाना पड़ सकता है। इसका कारण यह है कि गरीबों के पास जो थोड़ा धन होता है वह मौद्रिक रूप में होता है और थोड़ा ऋण होता है जबकि बहुत अमीर लोग अपने धन का पर्याप्त भाग बांडों के रूप में रखते हैं और उनके पास अपेक्षाकृत कम ऋण होता है। दूसरी ओर, मध्यम आय वर्ग के लोग प्रायः भारी ऋण में होते हैं और वास्तविक सम्पत्तियों के साथ-साथ सामान्य स्टॉक में कम धन रखते हैं।

2. उत्पादन पर प्रभाव (Effects on Production)

जब कीमतें बढ़ने लगती हैं, तो उत्पादन को प्रोत्साहन मिलता है। उत्पादक भविष्य में अप्रत्याशित लाभ कमाते हैं। वे भविष्य में अधिक लाभ उठाने की आशा में अधिक निवेश करते हैं। इससे रोजगार, उत्पादन और आय बढ़ते हैं। परन्तु यह तभी संभव है जब तक पूर्ण रोजगार स्तर नहीं आता। यदि पूर्ण रोजगार स्तर से आगे निवेश बढ़ेगा, तो अर्थव्यवस्था के भीतर गम्भीर स्फीतिकारी दबाव उत्पन्न हो जाएंगे, कारण कि उत्पादन की अपेक्षा कीमतें अधिक बढ़ेंगी क्योंकि संसाधन पूर्ण रोजगारयुक्त हैं। इसलिए पूर्ण रोजगार-स्तर के बाद स्फीति उत्पादन पर प्रतिकूल प्रभाव डालती है। उत्पादन पर स्फीति के प्रतिकूल प्रभावों की चर्चा हम आगे करेंगे—

(1) संसाधनों का कुआवंटन (Misallocation of Resources)—जब उत्पादक आवश्यक वस्तुओं से हटाकर अनावश्यक वस्तुओं के उत्पादन की तरफ संसाधनों को लगाते हैं जिससे वे अधिक लाभ की आशा करते हैं, तो स्फीति संसाधनों के कुआवंटन का कारण बनती है।

(2) विनिमय पद्धति में परिवर्तन (Changes in the System of Transactions)—स्फीति उत्पादकों के विनिमय ढांचे में परिवर्तन लाती है। वे पहले की अपेक्षा अप्रत्याशित घटनाओं की बजाय वास्तविक मुद्रा धारणों को एक छोटी स्टॉक में रखते हैं। वे मुद्रा को माल-सूचियों या अन्य वित्तीय या वास्तविक सम्पत्तियों में बदलने के लिए अधिक समय और ध्यान देते हैं। इसका अर्थ है कि समय और शक्ति को वस्तुओं और सेवाओं के उत्पादन से हटा दिया गया है और कुछ संसाधनों का दुरुपयोग होता है।

(3) उत्पादन में कमी (Reduction in Production)—स्फीति उत्पादन की मात्रा पर विपरीत प्रभाव डालती है क्योंकि साधनों की बढ़ती लागतों के साथ-साथ बढ़ती कीमतों की संभावना अनिश्चितता लाती है। इससे उत्पादन कम होता है।

(4) गुणवत्ता में कमी (Fall in Quality)—कीमतों में निरन्तर वृद्धि विक्रेताओं का बाजार उत्पन्न करती है। ऐसी स्थिति में, उत्पादक अधिक लाभ कमाने के लिए निम्नस्तरीय वस्तुओं का उत्पादन एवं बिक्री करते हैं। वे वस्तुओं की मिलावट में भी लगे रहते हैं।

(5) जमाखोरी और कालाबाजारी (Hoarding and Blackmarketing)—बढ़ती कीमतों से अधिक लाभ कमाने के लिए उत्पादक अपनी वस्तुओं का स्टॉक जमा करते हैं। तत्पश्चात् बाजार में वस्तुओं की एक कृत्रिम दुर्लभता उत्पन्न की जाती है। तब उत्पादक काला बाजार में अपनी वस्तुओं को बेचते हैं जो स्फीतिकारी दबावों को बढ़ाती है।

(6) बचत में कमी (Reduction in Savings)—जब कीमतें तेजी से बढ़ती हैं तो बचत की प्रवृत्ति घटती है क्योंकि वस्तुओं और सेवाओं को खरीदने में पहले से अधिक मुद्रा की जरूरत पड़ती है। घटती हुई बचत, निवेश और पूंजी-निर्माण पर विपरीत प्रभाव डालती है। परिणामस्वरूप, उत्पादन में बाधा आती है।

(7) विदेशी पूंजी में रुकावट (Hinders Foreign Capital)—स्फीति विदेशी पूँजी के अंतर्वाह में बाधा डालती है, क्योंकि पदार्थों और अन्य आगतों की बढ़ती लागतें विदेशी निवेश को कम लाभ योग्य बनाती हैं।

(8) सट्टेबाजी को बढ़ावा (Encourages Speculation)—तेजी से बढ़ती कीमतें उत्पादकों में अनिश्चितता पैदा करती हैं जो जल्दी लाभ कमाने के लिए सट्टेबाजी-क्रियाओं में लग जाते हैं। अपने को उत्पादक क्रियाओं में लगाने की बजाय, वे उत्पादन में आवश्यक विभिन्न प्रकार के कच्चे माल की सट्टेबाजी करते हैं।

3. अन्य प्रभाव (Other Effects)

स्फीति कई अन्य प्रभाव डालती है जिनका वर्णन हम नीचे करेंगे—

(1) सरकार (Government)—स्फीति सरकार को कई तरीकों से प्रभावित करती है। यह स्फीतिकारी वित्त के माध्यम से सरकार को अपनी क्रियाओं के लिए वित्तव्यवस्था करने में सहायक होती है। जब लोगों की मुद्रा आय बढ़ती है, तो आय तथा वस्तुओं पर कर लगाकर सरकार उस मुद्रा को प्राप्त करती है। इसलिए जब कीमतें बढ़ती हैं तब सरकार का राजस्व बढ़ता है। फिर, जब कीमतें बढ़ती हैं तो सार्वजनिक ऋण का वास्तविक बोझ कम हो जाता है। परन्तु जब कीमतें और मजदूरी बढ़ती हैं तो सार्वजनिक परियोजनाओं एवं उद्यमों की उत्पादन लागतें और प्रशासनिक व्यय भी बढ़ जाते हैं और परिणामस्वरूप सरकारी व्यय बढ़ जाते हैं। कुल मिलाकर कहा जा सकता है कि स्फीति के अन्तर्गत सरकार का लाभ ही होता है, क्योंकि बढ़ती कीमतें और लाभ देश के भीतर समृद्धि की भ्रान्ति फैला देते हैं।

(2) भुगतान-शेष (Balance of Payments)—स्फीति से अंतर्राष्ट्रीय श्रम विभाजन और विशिष्टीकरण के लाभों का त्याग होता है। यह देश के भुगतान-शेष पर विपरीत प्रभाव डालता है। जब विदेशों की अपेक्षा स्वदेश में कीमतें अधिक तेजी से बढ़ती हैं तो विदेशी उत्पाद की तुलना में हमारे उत्पाद अधिक महंगे हो जाते हैं। इससे आयात बढ़ता है और निर्यात कम हो जाता है जिसके परिणामस्वरूप भुगतान-शेष हमारे अपने देश के प्रतिकूल हो जाता है। यह तभी होता है जब देश निश्चित विनिमय दर नीति का पालन करता है। परन्तु यदि देश लोचशील विनिमय-दर प्रणाली पर चल रहा है तो भुगतान-शेष पर विपरीत प्रभाव नहीं पड़ेगा।

(3) विनिमय दर (Exchange Rate)—जब विदेशों की तुलना में स्वदेश में कीमतें अधिक तेजी से बढ़ती हैं तो यह विदेशी करेन्सियों की अपेक्षा विनिमय दर कम कर देती हैं।

(4) मौद्रिक प्रणाली की विफलता (Collapse of the Monetary System)—यदि अतिस्फीति विद्यमान रहती है और मुद्रा का मूल्य दिन में कई बार गिरता है तो यह अन्तिम रूप से मौद्रिक प्रणाली की विफलता लाती है जैसा प्रथम विश्वयुद्ध के बाद जर्मनी में हुआ था।

(5) सामाजिक (Social)—स्फीति समाज के लिए हानिकारक है। गरीबों और अमीरों के बीच की खाई बढ़ाकर, बढ़ती कीमतें जनसाधारण में असन्तोष उत्पन्न करती हैं। जीवन की बढ़ती लागत के बोझ से दबे वर्कर हड़ताल करते हैं जिससे उत्पादन को हानि पहुंचती है। लाभ के प्रलोभन से लोग, जमाखोरी, चोरबाजारी, मिलावट, घटिया वस्तुओं के विनिर्माण, सट्टे इत्यादि में लगे रहते हैं। जीवन के हर क्षेत्र में भ्रष्टाचार फैल जाता है। इस सबसे अर्थव्यवस्था की दक्षता घट जाती है।

(6) राजनीतिक (Political)—बढ़ती कीमतों से सरकार के विरोधी राजनीतिक दलों को प्रोत्साहन मिलता है कि वे आन्दोलन तथा विरोध करें। यदि वे जोर पकड़ जाएं और बेकाबू हो जाएं, तो वे सरकार को गिरा भी सकते हैं। स्फीति की वेदी पर कई सरकारों की बलि दी जा चुकी है।

4. कर के रूप में स्फीति (Inflation as a Tax)

जब वस्तुओं और सेवाओं का पुनर्वितरण लोगों से सरकार को स्थानान्तरित हो जाता है तो स्फीति कर की तरह कार्य करती है। जो न्यूनतम कर चुकाने के योग्य हैं उन पर यह अधिक मात्रा में पड़ता है। जब सरकार बजट घाटा पूरा करने, पुराने ऋण चुकाने तथा स्फीति में वस्तुओं और सेवाओं की बढ़ती मांग को पूरा करने के लिए अधिक मुद्रा जारी करती है तो यह लोगों पर कर के समान होती है, और यह क्रय-शक्ति को सरकार की ओर स्थानान्तरित कर देती है। ऊंची स्फीति दरें लोगों के पास मुद्रा की क्रय-शक्ति घटाती हैं और उन्हें मुद्रा रखने से हतोत्साहित करती हैं। स्फीति दर, स्फीति कर की दर होती है। स्फीति कर को स्फीति के कारण मुद्रा की क्रय-शक्ति में गिरावट के रूप में परिभाषित किया जाता है। इसकी गणना इस तरह की जाती है।

$$M \times \frac{i}{(1+i)}$$

जहां M वर्ष के अंत और वर्ष के प्रारम्भ में औसत मुद्रा है और i उपभोक्ता कीमत सूचक *(CPI)* में परिवर्तन द्वारा मापी गई दशमलव

स्फीति दर है। यह सूत्र बताता है कि जिस अवधि में कीमतें i की दर से बढ़ती हैं तो प्रत्येक मुद्रा इकाई अपनी क्रय-शक्ति का $i(1+i)$ खो देती है।

धारण की गई वास्तविक मुद्रा शेष पर कर के रूप में स्फीति को चित्र 28.17 के द्वारा वर्णित किया गया है, जहाँ वास्तविक मुद्रा शेषों का स्तर क्षैतिज अक्ष पर और ब्याज दर अनुलम्ब अक्ष पर दर्शाए गए हैं। मान लें सरकार अपने बजट घाटे को पूरा करने के लिए मुद्रा जारी करती है तो यह कीमत-स्तर बढ़ायेगी और वास्तविक मुद्रा स्टॉक को कम करेगी। मान लेते हैं कि प्रारम्भिक कीमत-स्तर स्थिर है, और वास्तविक आय का स्तर भी स्थिर है, तो मुद्रा ब्याज दर (i) वास्तविक ब्याज दर (r) के बराबर है। आगे स्फीति की प्रत्याशित दर शून्य मानकर, जो मुद्रा ब्याज दर (i) के बराबर है, हम विश्लेषण प्रारम्भ करते हैं। ऐसी अर्थव्यवस्था में, मुद्रा ब्याज दर के फलन के रूप में वास्तविक मुद्रा शेषों की मांग को LL_1 वक्र द्वारा दर्शाया गया है। यदि मुद्रा ब्याज दर स्थिर कीमत स्तर के समान i है तो वास्तविक मुद्रा शेषों की राशि जो, लोग अपने पास रखना चाहते हैं, (M/P) है। यदि स्फीति की प्रत्याशित दर $E\%$ है तो ब्याज दर r_1 तक बढ़ती है और वास्तविक नकद शेषों का स्तर (M/P) से $(M/P)_1$ पर गिरता है। इसका अर्थ है कि ज्योंही सरकार $E\%(i-r)$ स्फीति की प्रत्याशित दर की घोषणा करती है तो प्रत्येक व्यक्ति अपने वास्तविक नकद शेषों को कम करने की इच्छा से भौतिक परिसंपत्तियों और उपभोक्ता तथा अन्य वस्तुओं के स्टॉक को खरीदेगा तथा कीमत-स्तर $(M/P)/(M/P)_1$ अनुपात में बढ़ेगा। वास्तविक रूप में कर की प्राप्ति ir_1PQ आयत के बराबर है जो सरकार की स्फीति-कर राजस्व होती है। कर-आधार जनता द्वारा रखी जानेवाली वास्तविक मुद्रा की राशि है, जो $(M/P)_1(=iQ)$ है और कर की दर स्फीति दर $(i-r_1)$ है।

उच्च स्फीति दरों के फलस्वरूप, परिसंपत्ति धारक अपने मुद्रा धारणों की घटती क्रय-शक्ति के द्वारा स्फीति कर चुकाते हैं। सरकार मुद्रा जारी करने के नाते अपनी देनदारियों के वास्तविक मूल्य में कमी के रूप में कर संग्रह करती है। जब सरकार इन देनदारियों पर ब्याज चुकाती है तो यह मुद्रा धारकों को कर का कुछ भाग लौटाती है। व्यवहार में, केन्द्रीय बैंक इतना ब्याज नहीं चुकाता है कि उसके द्वारा जारी की गई मुद्रा पर कर की क्षतिपूर्ति की जा सके। वह करेन्सी पर ब्याज नहीं चुकाता है और प्राय: बाजार दर के नीचे रिजर्वों पर ब्याज दर चुकाता है।

स्फीति की लागतें (Costs of Inflation)

स्फीति की लागतें स्फीति के प्रभावों से उत्पन्न आर्थिक और सामाजिक हानि हो सकती हैं। मानलें कि लोग सरकार द्वारा जारी करेन्सी के रूप में केवल बिना-ब्याज के धारण मुद्रा और बैंकों की मांग-जमाएं रखते हैं, तो स्फीति की लागतें व्यक्तियों और व्यवसायों द्वारा रखी गई वास्तविक मुद्रा शेषों में हानि लाती है। चूंकि मुद्रा पर कोई ब्याज दर नहीं होती इसलिए धारण मुद्रा की अवसर लागत स्फीति दर के साथ बढ़ती है जो, आगे वास्तविक मुद्रा शेषों की मांग घटाती है।

व्यक्तियों और व्यावसायिक उद्यम नकद शेषों को रखते हैं क्योंकि वह उनको उपयोगिता देते हैं। स्फीति की उच्चतम दर पर वे पाते हैं कि मुद्रा शेषों की क्रय शक्ति घट रही है। दूसरें शब्दों में, वे पाते है कि जब स्फीति होती है तो उन्हें पहले की अपेक्षा अधिक वास्तविक मुद्रा शेषों की आवश्यकता होती है। जब वे वास्तविक नकद धारणों के थोड़े स्टॉक को व्यवस्थित करने के लिए लेन-देन या भुगतानों की अपनी वर्तमान प्रणाली में परिवर्तन करने का प्रयास करते हैं तो स्फीति की लागतें उत्पन्न होती हैं। व्यक्ति अथवा परिवार वस्तुओं को खरीदने के लिए बार-बार बाजार जाते हैं। व्यावसायिक उद्यम प्राय: बैंकों में अधिक जाते हैं, अपनी मालसूचियों के आर्डर बार-बार बढ़ाते हैं, मुद्रा को मालसूचियों या वित्तीय एवं वास्तविक परिसंपत्तियों में बदलने पर अधिक समय और ध्यान देते हैं। इस प्रकार, व्यक्तियों और व्यावसायिक उद्यमों के लेन-देनों या भुगतानों के ढांचों में परिवर्तनों को पहले से अधिक समय और शक्ति की जरूरत होती है। जब उन्हें बार-बार बाजारों और बैंकों में जाने की, उपभोक्ता और उत्पादक वस्तुओं आदि की, अत्यधिक माल-सूचियों को कायम रखने की जरूरत पड़ती है तो यह उत्पादक से अनुत्पादक उपयोगों में ससाधनों को ले जाती है। जब स्फीति की उच्च प्रत्याशित दर के कारण लोगों के पास वास्तविक मुद्रा शेषों की कमी हो जाती है तो उनके मन की शांति भी भंग होती है। इस प्रकार अनुमानित स्फीति की अंतिम सामाजिक लागत करेन्सी के धारणों और अन्य बिना ब्याज वाले भुगतान के साधनों की बचत करने के लिए संसाधनों का फजूल प्रयोग है।

स्फीति की दूसरी सामाजिक लागत फिलिप्स वक्र विश्लेषण के रूप में है। जब स्फीति प्रारम्भ होती है और इसके जारी रहने की आशा की जाती है तो इसकी बढ़ती दर को घटाने का कोई भी प्रयास अधिक बेरोजगारी लायेगा। बेरोजगारी में वृद्धि वस्तुओं और सेवाओं

के रूप में अर्थव्यवस्था के लिए एक हानि है जिन्हें उत्पादित नहीं किया जा सकता, क्योंकि रोजगार के लिए उपलब्ध लोग उपयोग में नहीं लाए जाते हैं। बहुत-से अर्थशास्त्री स्फीति के पुनर्वितरण प्रभावों को स्फीति की लागत भी समझते हैं।

स्फीति की सामाजिक लागत को चित्र 17 द्वारा मापा जा सकता है। LL_1 वक्र वास्तविक नकद शेषों का मांग वक्र है जिसे वास्तविक नकद शेषों के MP (उपयोगिता) वक्र के रूप में समझा जा सकता है। जब स्फीति की दर शून्य होती है तो वास्तविक ब्याज दर i पर मुद्रा ब्याज दर के बराबर है। वास्तविक नकद शेषों की मांग (M/P) है। क्षैतिज अक्ष के दिए गए खण्ड पर मांग-वक्र LL_1 के नीचे का क्षेत्र वास्तविक मुद्रा शेषों की दिखाई गई मात्रा से उत्पादकता (उपयोगिता) के प्रवाह को मापता है। जब स्फीति $E\%$ $(i - r_1)$ की प्रत्याशित दर से बढ़ती है तो ब्याज दर i से r_1 को बढ़ती है और वास्तविक नकद शेषों की मांग $(M/P)_1$ पर गिरती है। (M/P)—$(M/P)_1$ जितनी वास्तविक नकद शेषों में यह कमी स्फीति की सामाजिक लागत है जिसे $(M/P)_1 PSC(M/P)$ क्षेत्र द्वारा मापा गया है। यह क्षेत्र ''वास्तविक नकद शेषों के विनाश के कारण उत्पादकता (उपयोगिता) की समस्त हानि को दिखाता है जो तब होता है जब कीमतें शुरू से ही इस घोषणा के साथ बढ़ती हैं कि स्फीति होने वाली है। कीमतों में और वृद्धि स्वयं स्फीति को व्यक्त करती है जो अपने नए निम्न स्तर पर वास्तविक शेषों को रखने के लिए पर्याप्त संतोषजनक है और इतनी गारंटी देती है कि उत्पादकता (उपयोगिता) की यह हानि जारी रहेगी जब तक स्फीती रहती है।

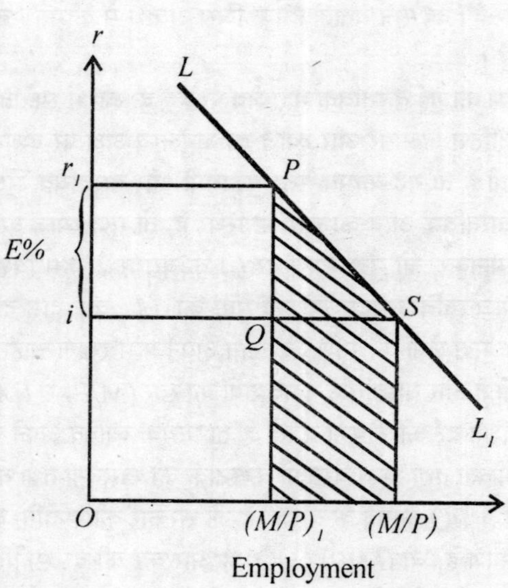

चित्र 17

19. अवस्फीति
(DEFLATION)

स्फीति की विपरीत है अवस्फीति। यह 'वह स्थिति है जिसमें मुद्रा का मूल्य बढ़ रहा होता है अर्थात् कीमतें गिर रही होती हैं।' यह प्राय: गिरती क्रियाओं एवं कम हो रहे रोजगार से सम्बद्ध होती है। जैसाकि कोलबर्न ने लक्ष्य किया है, 'अनैच्छिक बेरोजगारी अवस्फीति का प्रमाण चिह्न है।'[1] अवस्फीति तब आती है जब मुद्रा पूर्ति घटने के परिणामस्वरूप अर्थव्यवस्था में वस्तुओं तथा सेवाओं के उत्पादन की अपेक्षा कीमतें अधिक अनुपात में गिर रही हों।

कभी-कभी अवस्फीति को धोखे से विस्फीति (disinflation) समझ लिया जाता है। अवस्फीति वह स्थिति है जब उत्पादन तथा रोजगार घटने के साथ-साथ कीमतें गिरती हैं। दूसरी ओर, विस्फीति वह स्थिति है जब जान-बूझकर कीमतें घटाई जाती हैं, परन्तु उत्पादन तथा रोजगार पर कोई प्रभाव नहीं पड़ता। कोलबर्न का मत है कि 'जब कीमतों, आय तथा व्यय का घटाना लाभदायक हो, तब विस्फीति होगी।'

अवस्फीति की चित्र 18 में व्याख्या की गई है जहां AS समस्त पूर्ति वक्र और AD समस्त मांग वक्र है। दोनों E बिन्दु पर काटते हैं तथा OY_F पूर्ण रोजगार आय स्तर और OP_F पूर्ण रोजगार कीमत स्तर निर्धारित होते हैं। मान लें समस्त मांग कम होती है जिससे मांग वक्र AD बाईं और AD_1 पर सरक जाता है और नया संतुलन E_1 पर होता है। अब आय पूर्ण रोजगार स्तर OY_F से गिर कर OY_1 हो जाती है जिससे उत्पादन घटता है और कीमत स्तर भी OP_F से गिर कर OP_1 हो जाता है जो अवस्फीति की स्थिति दर्शाता है।

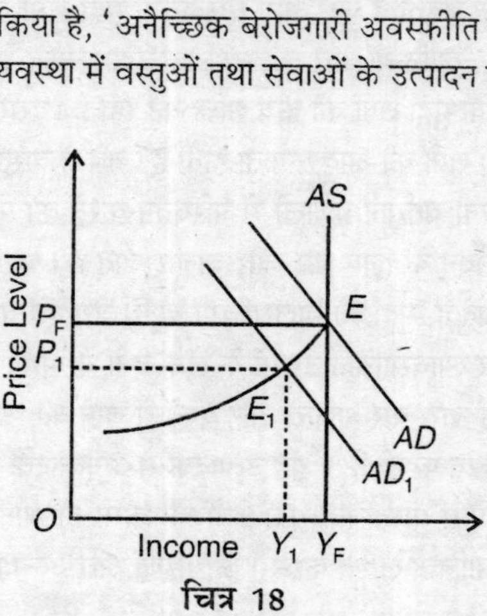

चित्र 18

अवस्फीति अन्तराल (Deflationary Gap)

अवस्फीति अन्तराल ऐसी स्थिति है जिसमें समस्त मांग या व्यय पूर्ण रोजगार स्तर पर राष्ट्रीय आय (समस्त पूर्ति) से कम होती है। इस प्रकार, यह पूर्ण रोजगार स्तर पर समस्त पूर्ति और समस्त मांग के अन्तर को व्यक्त करता है। दूसरे शब्दों में यदि आय का संतुलन स्तर पूर्ण रोजगार स्तर से कम हो तो मांग की कमी के कारण बेरोजगारी होगी जिसे अवस्फीति अन्तराल व्यक्त करता है। इसे चित्र 19 में दर्शाया गया है जहां आय का संतुलन स्तर OY_1 बिन्दु E पर निर्धारित होता है जहां समस्त मांग AD और समस्त पूर्ति वक्र AS काटते हैं। परन्तु आय का पूर्ण रोजगार स्तर OY_F है जिस पर समस्त पूर्ति $Y_FA > Y_FB$ समस्त मांग के। इस प्रकार AB अवस्फीति अन्तराल है।

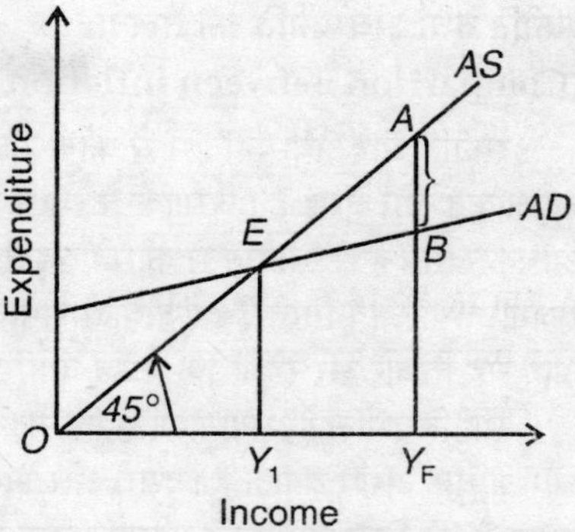

चित्र 19

अवस्फीति अन्तराल को कैसे समाप्त किया जा सकता है (How Can the Deflationary Gap be Wiped Out?)— अवस्फीति अन्तराल को सर्वप्रथम केन्ज़ ने स्पष्ट किया और इसको दूर करने के उपाय भी सुझाए जो अर्थव्यवस्था को मंदी से ऊपर उठाने के लिए हैं। जैसे,

1. सरकारी व्यय में वृद्धि करके समस्त मांग को बढ़ाना। इसके लिए केन्ज़ ने राज्य द्वारा लोक निर्माण के कार्य जैसे पुल, सड़क, भवन आदि निर्माण करने पर बल दिया।

2. वैयक्तिक करों और कंपनी करों से कटौतियां करके सरकार व्यक्तियों की प्रयोज्य आय और कंपनियों के लाभ बढ़ाकर वस्तुओं और सेवाओं की मांग बढ़ा सकती है।

3. सरकारी व्यय में वृद्धि और करों में कटौतियों द्वारा सरकारी व्यय में वृद्धि और आय में कमी को घाटे के बजट की नीति का केन्ज़ ने समर्थन किया।

4. मौद्रिक नीति में मौद्रिक अधिकारी ब्याज दर घटा कर निजी निवेश को अधिक ऋण उपलब्ध कराकर प्रोत्साहित कर सकता है। इससे उत्पादन, रोजगार और आय में वृद्धि होती है।

इस प्रकार, विस्तारक राजकोषीय और मौद्रिक नीतियों द्वारा आय स्तर के $Y_1 - Y_F$ बढ़ने से चित्र में AB अवस्फीति अन्तराल समाप्त हो जाएगा।

अवस्फीति के प्रभाव (Effects of Deflation)

अवस्फीति के प्रभाव स्फीति के प्रभावों के उलट होते हैं। अवस्फीति विभिन्न वर्गों को विभिन्न रूप से प्रभावित करती है। स्थिर आय वाले व्यक्तियों जैसे श्रमिकों, सफेदपोश वेतन भोगी वर्करों, पेन्शन भोगियों, किराया-जीवी आदि को अवस्फीति से लाभ होता है, क्योंकि जब कीमतें गिरती हैं तो मुद्रा का मूल्य बढ़ जाता है। दूसरी ओर, कीमतें गिरने से सब प्रकार के उत्पादकों को, जैसे उद्योगपतियों तथा कृषकों को, हानि होती है। व्यापारियों तथा इक्विटी धारकों को भी हानि होती है। जब कीमतें गिरने लगती हैं तो उत्पादन गिरता है, क्योंकि आय तथा रोजगार भी गिर रहे होते हैं और समस्त मांग भी गिरने लगती है। अवस्फीति से आय तथा धन के वितरण पर प्रतिकूल प्रभाव पड़ता है। जब कीमतें गिर रही हों, तो क्रय-शक्ति बढ़ती है। इसलिए निम्न, मध्य तथा कम आय वाले अन्य वर्गों को लाभ होता है। दूसरी ओर, अवस्फीति से व्यापारियों, उद्योगपतियों, दुकानदारों, भूसम्पदा धारकों तथा अन्य परिवर्तनशील आय के लोगों को कठिनाई का सामना करना पड़ता है और उनके लाभ घट जाते हैं। परन्तु इसका यह मतलब नहीं कि आय के वितरण में सुधार होता है। बल्कि, होता यह है कि रोजगार तथा आय में पतन के कारण कम आय वाले वर्गों को अधिक मुसीबत झेलनी पड़ती है। इस प्रकार अवस्फीति के अन्तर्गत अमीर तथा गरीब दोनों ही असन्तुष्ट रहते हैं। अवस्फीति उत्पादन पर भी विपरीत प्रभाव डालती है। कीमतों के गिरने के साध उत्पादन भी गिर रहा होता है और समस्त मांग भी गिरावट पर होती है। वस्तुएँ एकत्रित होनी शुरू हो जाती हैं। लाभ कम हो जाते हैं। छोटी-छोटी फर्में बन्द हो जाती हैं। बेरोजगारी फैलती है। मांग, उत्पादन, रोजगार, आय और समस्त मांग में गिरावट का यह दुश्चक्र मंदी लाता है।

सरकार भी अवस्फीति से प्रभावित होती है। प्रत्यक्ष और परोक्ष करों से आय गिरती है। सार्वजनिक ऋण का वास्तविक बोझ बढ़ता

है। अर्थव्यवस्था का विकास प्रभावित होता है क्योंकि सरकार सार्वजनिक व्यय बढ़ाने की स्थिति में नहीं होती।

स्फीति तथा अवस्फीति की तुलना
(Comparison Between Inflation and Deflation)

स्फीति और अवस्फीति में से कौन-सी बेहतर है ? निस्सन्देह, दोनों के समाज पर एक जैसे बुरे प्रभाव पड़ते हैं। फिर भी, स्फीति अपेक्षाकृत कम बुराई है। जैसाकि केन्ज़ ने लक्ष्य किया है, ''स्फीति अन्यायपूर्ण है, तो अवस्फीति अनुचित। दोनों में से अवस्फीति अधिक खराब है।'' स्फीति से कीमतें बढ़ती हैं और धनी वर्गों के पक्ष में आय का वितरण होता है। दूसरी ओर, अवस्फीति से उत्पादन, रोजगार तथा आय गिरते हैं। पूंजीवादी समाज में जितनी बुराईयाँ हैं, उनमें सबसे बड़ी बुराई बेरोजगारी है जो गरीबी को लाती है। हम आगे यह विचार कर रहे हैं कि केन्ज़ क्यों स्फीति को अन्यायपूर्ण और अवस्फीति को अनुचित मानता था।

स्फीति इसलिए अन्यायपूर्ण है कि यह अमीरों और गरीबों के बीच की खाई को बढ़ाती है। यह गरीबों की लागत पर अमीरों को और अधिक अमीर बनाती है। दूसरी ओर, गरीब और अधिक गरीब हो जाते हैं। गरीबों और निम्न आय वर्गों को इसलिए मुसीबत झेलनी पड़ती है कि जिस सीमा तक कीमतें बढ़ती हैं उस सीमा तक उनकी मजदूरी और वेतन नहीं बढ़ते। जब उपभोक्ता वस्तुओं की कीमतें बढ़ती हैं तो उन्हें गुजारा करना मुश्किल हो जाता है। दूसरी ओर, व्यापारियों, दुकानदारों, उद्योगपतियों, भूसम्पदा धारकों, सट्टोरियों आदि को लाभ होता है क्योंकि कीमतों में वृद्धि की अपेक्षा उनके लाभ और आय कहीं अधिक बढ़ते हैं। इसलिए जब कीमतें बढ़ने से क्रयशक्ति घटती है तो उन पर कोई प्रभाव नहीं पड़ता। इस प्रकार यह आय और धन की असमानताएँ लाती है।

जब स्फीतिकारी दबावों के दौरान अपने बढ़ते व्यय को पूरा करने के लिए सरकार घाटे की वित्तव्यवस्था का सहारा लेती है, तो वस्तुओं तथा सेवाओं की मांग बढ़ जाती है। इससे लोग आवश्यक वस्तुओं के उपयोग से वंचित रह जाते हैं जिससे साधारण लोगों के लिए अभाव और कठिनाइयाँ उत्पन्न हो जाती हैं।

फिर, स्फीति इसलिए भी अन्यायपूर्ण है कि जो लोग बचत करते हैं, वे दीर्घकालीन अवधि में घाटे में रहे हैं। जब कीमतें बढ़ती जाती हैं, तो मुद्रा का मूल्य गिरता जाता है। क्योंकि बचत करने वाले अधिकतर निम्न तथा मध्य आय वर्गों के लोग होते हैं (जो अनेक कारणों से बचत करते हैं) इसलिए वे घाटे में रहते हैं। ज्यों-ज्यों स्फीतिकारी दबाव बढ़ते हैं, त्यों-त्यों जमा के रूप में पड़ी उनकी बचतों का वास्तविक मूल्य अपने आप घटता जाता है। स्फीति अन्यायपूर्ण है क्योंकि यह सामाजिक दृष्टिकोण से हानिकारक है। लोग अनैतिक साधनों से धन-संग्रह करना चाहते हैं। इसलिए वे जमाखोरी, चोरबाजारी, मिलावट, घटिया वस्तुओं का विनिमय, सट्टेबाजी आदि का सहारा लेते हैं। भ्रष्टाचार जीवन के प्रत्येक क्षेत्र में फैल जाता है। ये सभी अर्थव्यवस्था की क्षमता को कम करते हैं।

दूसरी ओर, अवस्फीति इसलिए अनुचित है कि यह राष्ट्रीय आय, उत्पादन और रोजगार को कम करती है। स्फीति तो गरीबों की आधी रोटी ही छीनती है पर अवस्फीति तो उसे सब कुछ से वंचित कर भूखा मार देती है। अवस्फीति व्यापक बेरोजगारी लाती है क्योंकि उत्पादन, कीमतों, और लाभों में गिरावट उत्पादकों और व्यावसायियों को अपने उद्यम बंद करने को मजबूर करती है।

अवस्फीति इसलिए भी अनुचित है कि कीमतों के गिरने से मंदी आती है। सभी आर्थिक क्रियाएँ रुक जाती हैं। फैक्टरियों को ताले लग जाते हैं। व्यापार और काम-धंधे ठप्प हो जाते हैं। वस्तुओं तथा सेवाओं के सब प्रकार के बाजारों में वस्तुओं की बाढ़ आ जाती है। अधिक कृषि फसल भी किसानों के लिए गरीबी ही लाती है। यह तो बहुतायत में गरीबी की स्थिति होती है।

फिर जब एक बार कीमतें गिरना शुरू हो जाती हैं, तो अर्थव्यवस्था मंदी में डूब जाती है। परन्तु व्यापार-चक्र में, अर्थव्यवस्था के उत्थान की गति की तुलना में पतन की गति बहुत तेज होती है। इससे मंदी की अवधि बहुत लम्बी हो जाती है। परिणामस्वरूप लोगों को बहुत मुसीबत झेलनी पड़ती है और अर्थव्यवस्था भी एक लम्बी अवधि तक गतिहीन बनी रहती है।

इन कारणों से स्फीति अन्यायपूर्ण है और अवस्फीति अनुचित है। केन्ज़ ने लक्ष्य किया था, ''यह आवश्यक नहीं कि हम एक बुराई को दूसरी के मुकाबले में रखकर तोलें। हां, यह बात आसानी से मानी जा सकती है कि ये दोनों बुराइयाँ ऐसी हैं जिन्हें छोड़ देना चाहिए।'' फिर भी उसने स्फीति को दोनों में से कम बुरा समझा और उसे अधिमान दिया। इसका कारण यह है कि स्फीति राष्ट्रीय उत्पादन, रोजगार तथा आय को बढ़ाती है। जबकि अवस्फीति राष्ट्रीय आय, को घटाती है और अर्थव्यवस्था को पीछे की ओर मंदी के क्षेत्र में ले जाती है। फिर भी, स्फीति, अवस्फीति से अच्छी है क्योंकि जब यह आती है तो अर्थव्यवस्था पहले से ही पूर्ण रोजगार की स्थिति में होती है। दूसरे शब्दों में, अवस्फीति के अन्तर्गत सदैव बेरोजगारी होती है। अतः बेरोजगारी, जो गरीबी लाती है, दोनों मानवता के लिए दोनों महाविपत्तियाँ हैं। फिर, स्फीति में अवस्फीति की अपेक्षा कम बुराइयाँ होती हैं। यह अमीरों के पक्ष में आय और धन का पुनर्वितरण करती है। लेकिन अवस्फीति अधिक अनिष्टकर है। यद्यपि यह निम्न आय वर्गों के पक्ष के

आय का पुनर्वितरण करती है फिर भी यह उन्हें इसका लाभ नहीं दे पाती क्योंकि वे बेरोजगार होते हैं और अवस्फीति में उनके पास कम आय होती है। वास्तव में, वे लोग कंगाल बने होते हैं। उचित मौद्रिक, राजकोषीय अवस्फीति की अपेक्षा स्फीति को नियंत्रित करना अधिक आसान भी है। लेकिन उत्पादकों और व्यवसायियों को नियंत्रित करना बहुत ही कठिन बात है। जहां तक स्फीति के अन्तर्गत आय तथा धन की असमानताओं में वृद्धि का संबंध है, सरकार सामाजिक सेवाओं पर अधिक खर्च करके उन्हें घटा सकती है। अवस्फीति की अपेक्षा स्फीति के अन्तर्गत सरकार जन-सारधारण की दशा सुधारने की बेहतर स्थिति में होती है क्योंकि सरकार की व्यय करने की क्षमता बढ़ जाती है। फिर, जब तक स्फीति धीमी रहती है, वह अर्थव्यवस्था की वृद्धि में सहायक होती है। स्फ ीति तभी खतरनाक बनती है जब वह अतिस्फीति का रूप धारण कर लेती है। फिर भी, अर्थव्यवस्था पर उसके उतने हानिकारक प्रभाव नहीं पड़ते जितने अवस्फीति के पड़ते हैं।

अवस्फीति का नियंत्रण
(Control of Deflation)

स्फीति नियंत्रण के बिल्कुल विपरीत ढंग से मौद्रिक और राजकोषीय उपायों को अपनाकर अवस्फीति को नियंत्रित किया जा सकता है। परन्तु, हम इन उपायों की चर्चा संक्षेप में करेंगे।

मौद्रिक नीति (Monetary Policy)

अवस्फीति को नियंत्रित करने के लिए, केन्द्रीय बैंक एक सस्ती मुद्रा नीति द्वारा व्यावसायिक बैंकों के रिज़र्व बढ़ा सका है। वे प्रतिभूतियों को खरीदकर और ब्याज दर घटाकर ऐसा कर सकते हैं। परिणामस्वरूप, कर्ज प्राप्तकर्त्ताओं को साख-सुविधाएँ बढ़ाने की उनकी क्षमता बढ़ती है। लेकिन महामंदी का अनुभव हमें बताता है कि भयानक मंदी में, जब व्यवसायियों में निराशावाद होता है, व्यवहार में ऐसी नीति की सफलता शून्य होती है। ऐसी स्थिति में, बैंक पुनरुत्थान (revival) लाने में असहाय होते हैं। चूँकि व्यावसायिक क्रियाएँ प्रायः स्थिर होती हैं इसलिए ब्याज दर बहुत कम होने पर भी व्यवसायियों को माल सूचियाँ बनाने के लिए कर्ज लेने की कोई प्रवृत्ति नहीं होती है। बल्कि, वे पहले ही बैंकों से लिए गए ऋणों को चुकाकर, अपनी माल-सूचियों को घटाना चाहते हैं। इसके अतिरिक्त, दीर्घकालीन पूँजी जरूरतों के लिए कर्ज का प्रश्न अवस्फीति के दौरान नहीं उठता है, जब व्यावसायिक क्रियाएँ पहले ही बहुत निम्न-स्तर पर होती हैं। उपभोक्ताओं के साथ भी यही बात होती है, जो बेरोजगारी और घटी हुई आय से जूझ रहे होते हैं। अतः वे बैंक ऋणों के द्वारा किन्हीं टिकाऊ वस्तुओं को खरीदना नहीं चाहते हैं। इस प्रकार, इसी तरह बैंक साख उपलब्ध करा सकते हैं, लेकिन वह व्यवसायियों और उपभोक्ताओं को इसे वें स्वीकार करने के लिए मजबूर नहीं कर सकते। 1930 के दशक में, बहुत कम ब्याज दरें और बैंकों के अप्रयुक्त (unused) रिज़र्व का ढेर विश्व की मंदी वाली अर्थव्यवस्थाओं पर कोई महत्त्वपूर्ण प्रभाव नहीं डाल पाया। इस प्रकार, अवस्फीति नियंत्रण में मौद्रिक नीति की सफलता बहुत ही सीमित है।

राजकोषीय नीति (Fiscal Policy)

सार्वजनिक व्यय में वृद्धि और करों में कटौती के माध्यम से राजकोषीय नीति राष्ट्रीय आय, रोजगार, उत्पादन और कीमतें बढ़ाती है। अवस्फीति के दौरान सार्वजनिक व्यय में वृद्धि वस्तुओं और सेवाओं की समस्त मांग बढ़ाती है और गुणक प्रक्रिया द्वारा आय में बहुत वृद्धि लाती है जबकि करों में कटौती से व्यय योग्य आय बढ़ती है और इस तरह लोगों का उपभोग और निवेश व्यय बढ़ता है। सरकार को बजट घाटा और करों में कटौती द्वारा अपना व्यय बढ़ाना चाहिए। सार्वजनिक व्यय में इस तरह के सार्वजनिक कार्यों पर व्यय शामिल होते हैं जैसे—सड़कों, नहरों, बांधों, पार्कों, स्कूलों, अस्पतालों अन्य भवनों आदि पर व्यय तथा ऐसे राहत उपायों पर व्यय जैसे बेरोजगारी बीमा, पेन्शन आदि। सार्वजनिक कार्यों पर व्यय निजी विनिर्माण उद्योगों की वस्तुओं की मांग पैदा करता है और उनके पुनरुत्थान में सहायक होता है जबकि राहत उपायों पर व्यय उपभोक्ता वस्तु उद्योगों के लिए मांग को प्रोत्साहित करता है। निगम लाभ कर, आय कर और उत्पाद कर जैसे करों में कटौती निजी व्यय और निवेश के लिए अधिक आय छोड़ देते हैं। बजट घाटे को पूरा करने के लिए सरकार द्वारा लिया जानेवाला ऋण निवेश उद्देश्यों के लिए बैंकों और वित्तीय संस्थाओं में पड़ी निष्क्रिय (idle) मुद्रा के रूप में होता है। परन्तु मुख्य रूप से, सार्वजनिक व्यय के प्रभाव, सार्वजनिक कार्यों के प्रोग्राम, आर्थिक प्रणाली में इसके महत्त्व, सार्वजनिक कार्यों का आकार और प्रकृति तथा उनके आयोजन और समय निर्धारण पर निर्भर करते हैं।

20. स्फीति की आर्थिक विकास में भूमिका
(ROLE OF INFLATION IN ECONOMIC DEVELOPMENT)

स्फीति विकासशील देशों में आर्थिक विकास को बढ़ावा देने का अत्यन्त लाभदायक तरीका है। इसके लिए सरकार नोट छाप कर मुद्रा का निर्माण करती है।

1. निवेश की दर बढ़ाने के लिए (To Increase the Rate of Investment)—अल्पविकसित अर्थव्यवस्था की प्रकृति कुछ ऐसी होती है कि विविध सामाजिक, आर्थिक तथा संस्थात्मक साधनों में पर्याप्त निजी निवेश आगे नहीं आता। इसलिए अर्थव्यवस्था में शुद्ध निवेश की दर बढ़ाने की जिम्मेदारी सरकार पर आ पड़ती है। सार्वजनिक निवेश के वित्त की व्यवस्था करने के पर्याप्त साधनों के अभाव के कारण सरकार को घाटे के स्फीति वित्त-प्रबन्धन का सहारा लेना पड़ता है।

2. बुनियादी ढांचे के निर्माण के लिए (To Establish Infrastructure)—स्फीति द्वारा वित्त-प्रबन्धन का प्रयोग ऐसी आर्थिक तथा सामाजिक बुनियादी सुविधाओं के विकास के लिए होता है, जैसे कि सड़कों, रेल-मार्गों, विद्युत परियोजनाओं, स्कूलों, हस्पतालों आदि का निर्माण। सामाजिक दृष्टि से उपयोगी पूँजी प्रदान करके, घाटे का वित्त-प्रबन्धन अड़चनों तथा संरचनात्मक कठोरताओं को समाप्त करता है और इस प्रकार उत्पादकता बढ़ाता है। फिर, पूँजी-निर्माण के लिए अपेक्षित आवश्यक बचतें लागू करने के लिए अल्पविकसित देशों में राजकोषीय उपकरण न तो दक्ष होता है और न उसे आसानी से दक्ष ही बनाया जा सकता है। इसलिए भी स्फीति वित्त-प्रबंधन आवश्यक होता है।

3. बचतों में वृद्धि के लिए (To Augment Savings)—स्फीति द्वारा वित्त-प्रबन्धन मुद्रा आय में वृद्धि करके सामुदायिक बचतें बढ़ाता है। यह बलकृत बचतों का प्रभावशाली साधन है। जब सरकार घाटे का वित्त-प्रबन्धन का सहारा लेती है, तो लोगों से वास्तविक साधन छीन लेती है। जब सरकार वस्तुओं तथा सेवाओं को अपने इस्तेमाल के लिए खरीदती है तो गुप्त रूप से साधनों का हस्तान्तरण होता है। क्योंकि अल्पविकसित देश में वास्तविक साधनों की कमी होती है, इसलिए जब लोगों को बचत करने पर विवश किया जाता है तो उनके अपने उपयोग के लिए बहुत कम बचता है। फिर, विकास परियोजनाओं पर राज्य द्वारा स्फीति द्वारा व्यय के परिणामस्वरूप रोजगार, उत्पादन तथा आय बढ़ती है। बढ़ी हुई आय से उपभोक्ता वस्तुओं की मांग बढ़ती है, जो कम पूर्ति के कारण कीमतें बढ़ा देती है। ऐसी स्थिति में, सरकार कराधान के माध्यम से बढ़ी हुई आय का कुछ अंश ले सकती है। बलकृत बचतों का यह दूसरा तरीका है जिनका पूँजी-निर्माण के लिए उपयोग हो सकता है।

4. निजी निवेश के प्रोत्साहन के लिए (To Encourage Private Investment)—पर 'जो अर्थव्यवस्था अपनी वास्तविक पूँजी बढ़ाने तथा उत्पादन की तकनीक सुधारने का प्रयत्न करती है, उसमें कुछ कीमतें तो बढ़ती हैं, हैं। कीमतों में लगातार नहीं, पर साधारण वृद्धि के विकास की प्रक्रिया पर लाभकारी प्रभाव पड़ते हैं; उदाहरण के लिए, अपेक्षाकृत अधिक निजी निवेश के लिए अधिक प्रोत्साहन तथा अधिक वित्तीय साधन प्रदान कर सकती है। आवश्यक बात यह देखना है कि सामान्य तथा लगातार कीमत वृद्धि तो नहीं हो रही, जो मुद्रा के मूल्य में लक्ष्य तथा निरन्तर कमी लाती हो।"[1]

स्फीति द्वारा वित्त-प्रबंधन का मूल कारण यह है कि यह उद्यमी वर्ग की आय बढ़ाती है जिसकी बचत करने की प्रवृत्ति अधिक होती है। स्फीतिकारी अवधि में जितनी मात्रा में कीमतें बढ़ती हैं, मजदूरी तथा अन्य लागतें उतनी मात्रा में नहीं बढ़तीं। इससे लाभ बढ़ते हैं जिनका उपयोग अधिक निवेश तथा पूँजी-निर्माण के लिए होता है। साथ ही स्फीति स्थिर आय वालों की वास्तविक आय को और परिणामस्वरूप उनकी बचत की प्रवृत्ति को घटाती है। परन्तु स्थिर आय वालों की बचत की प्रवृत्ति में जो हानि होती है, उसकी आनुपातिकता से अधिक क्षतिपूर्ति परवर्ती आय वालों की बचत की वृद्धि से हो जाती है। इस प्रकार स्फीति द्वारा वित्त-प्रबन्धन अपने आप में राजकोषीय तथा मुद्रा दोनों ही नीतियों का मिश्रण करता है। जब स्फीति, कराधान के माध्यम से बलकृत बचतों के इंजन के रूप में कार्य-करण करती है, तब तो यह राजकोषीय विधि का काम करती है और जब यह स्फीति के माध्यम से नई मुद्रा का निर्माण करता है, तो यह मुद्रा विधि होती है।

5. अर्थव्यवस्था की मुद्रा माँग पूरी करने के लिए (To meet the Monetary Demand of the Economy)—स्फीति द्वारा वित्त-प्रबंधन का प्रभाव हमेशा विस्तारक होता है। जब विकास की क्षमता बढ़ती है तो अर्थव्यवस्था में निवेश की दर बढ़ जाती है, जिसे प्रत्येक

---

1. S.K. Ghosh, *Deficit Financing for Development and Inflationary Pressure*, p. 2.

अवस्था पर मुद्रा की अतिरिक्त मात्राओं की आवश्यकता होती है: (i) निवेश में निरंतर वृद्धि होने पर कुल भौतिक उत्पादन पहले की अपेक्षा अधिक हो जाता है, परिणामस्वरूप लेन-देन के लिए मुद्रा की पूर्ति में तदनुरूप वृद्धि आवश्यक हो जाती है; (ii) जब अर्थव्यवस्था का विकास होता है, तो अमौद्रीकृत क्षेत्र धीरे-धीरे मौद्रीकृत क्षेत्र में परिवर्तित हो जाता है, जिससे मुद्रा के लिए माँग बढ़ जाती है; (iii) सतत् आर्थिक विकास की प्रक्रिया से आय बढ़ती है, इस प्रकार लोगों की नकदी-शेष के लिए माँग बढ़ जाती है; (iv) बढ़ती हुई विदेशी सहायता के कारण आयात अतिरेक की स्थिति में मुद्रा के लिए माँग और भी बढ़ जाने की संभावना है।

इन सब स्थितियों में मुद्रा की बढ़ती हुई माँग को सरकार स्फीति द्वारा वित्त-प्रबन्धन के माध्यम से ही पूरा कर सकती है। इस प्रकार, अल्पविकसित देशों में स्फीति द्वारा वित्त-प्रबंधन की नीति पूँजी-निर्माण के लिए आवश्यक तथा अत्यन्त उपयोगी साधन है।

प्रतिकूल प्रभाव (Adverse Effects)

पर आर्थिक विकास के साधन के रूप में स्फीति वित्त-प्रबंधन अमिश्रित वरदान नहीं है। इसके भी अपने खतरे हैं, जो इस प्रकार बताए जाते हैं—

1. इससे विकास का संकट पड़ जाता है (It Endangers Development)—जब स्फीति द्वारा वित्त-प्रबन्धन स्फीतिकारी वित्त में प्रकट होता है तो अपने प्रयोजन को समाप्त कर देता है। कीमतों में निरन्तर वृद्धि होते जाना आर्थिक विकास को बढ़ावा देने का खतरनाक ढंग है। विकास के वित्त-प्रबन्धन की विधि के रूप में स्फीति न केवल आर्थिक दृष्टि से बल्कि सामाजिक दृष्टि से भी अवांछनीय है। यही कारण है कि यह आर्थिक वृद्धि की दर बढ़ाने का अत्यन्त खतरनाक तरीका है। जब सरकार नई-नई निर्मित मुद्रा को पूँजी-परियोजनाओं में लगाती है तो इन परियोजनाओं और संबद्ध सेवाओं में नियुक्त लोगों की आय बढ़ती है। इसके साथ उनकी उपभोग की उच्च प्रवृत्ति और भी बढ़ जाती है। विविध मार्केट अपूर्णताओं, प्लांट तथा उपकरणों की थोड़ी-सी अतिरिक्त क्षमता और खाद्य-पूर्ति की निम्न लोचों का पाया जाना मुद्रा पूर्ति के विस्तार के अनुपात में उपभोक्ता वस्तुओं की पूर्ति को बढ़ाने के मार्ग में स्थित रहता है। ये सब साधन उपभोक्ता वस्तुओं की कीमत बढ़ाते हैं और यदि उन्हें समय पर न रोका जाए तो वे समस्त अर्थव्यवस्था में फैल जाती हैं। डॉ॰ राव ने इसके चार कारण बताए हैं क्योंकि, ''सरकार द्वारा घाटे के वित्त-प्रबन्धन की स्थिति में कीमतों की प्रारम्भिक वृद्धि के स्फीतिकारी बन जाने का खतरा अधिक है: (i) करेंसी का विस्तार अपने साथ साख-विस्तार के माध्यम से मुद्रा-पूर्ति के अधिक विस्तार की संभावना लाता है; (ii) प्रत्यक्ष प्रतिफल का अभाव अर्थात् परिव्यय से उत्पन्न और सरकार द्वारा जनता को विक्रेय वस्तुओं तथा सेवाओं की पूर्तियों का अभाव अर्थात् परिव्यय से उत्पन्न अतिरिक्त आय के एकत्र करने की संभावना कम कर देता है; (iii) विक्रेय प्रतिभूतियों का अभाव, जिनके विरुद्ध सरकारी परिव्यय प्रारंभ किया जाता है, अतिरिक्त परिव्यय द्वारा उत्पन्न अतिरिक्त आय के एकत्र करने की संभावनाएँ कम कर देता है; (iv) लोक प्रशासन के विशिष्ट दक्ष तथा ईमानदार स्तरों के अभाव में सरकारी निवेश के संबद्ध अपव्यय की अधिक संभावना तथा अधिक उत्पादकता को बढ़ावा देने की असफलता उत्पादन को बढ़ाने में असफल रहती है और अतिरिक्त परिव्यय द्वारा उत्पन्न अतिरिक्त क्रय-शक्ति की क्षति-पूर्ति नहीं कर पाती। इन कारणों से सरकार स्फीति द्वारा वित्त-प्रबन्धन को हमेशा-जब यह विकास के लिए किया जाए-तो हानिकारक होता है।[1]

2. बाजार की अपूर्णताएं कीमतों की स्फीतिकारी वृद्धि में सहायक होती हैं (Market Imperfections lead to Shortages)—मार्केट अपूर्णताएँ अल्पविकसित देशों की विशेषताएँ हैं। साधनों की अगतिशीलता, पूर्ति की लोचों को कम करती है। ऐसी अर्थव्यवस्थाओं में नए साधनों की बड़ी मात्रा का अभाव होता है, जिनके लिए बढ़ा हुआ सरकारी व्यय माँग उत्पन्न करता है। फिर, क्योंकि साधन गतिशील होते हैं, इसलिए वे विशिष्ट उद्योगों, क्षेत्रों तथा प्रदेशों में कमियाँ उत्पन्न करते हैं। ये सब साधन स्फीति द्वारा वित्त-प्रबंधन से उत्पन्न ऊँची माँग के सम्बन्ध में पूर्तियों में न्यूनताएँ उत्पन्न करते हैं।

3. आयातित उपभोक्ता वस्तुओं का अभाव (Lack of Imported Consumer Goods)—जब स्फीति के वित्त-प्रबन्धन की बड़ी मात्राओं के परिणामस्वरूप अर्थव्यवस्था में आय बढ़ती है तो वे आंशिक रूप से आयात में व्यक्त की जाती हैं। क्योंकि ऐसी अर्थव्यवस्थाओं में आयात प्रवृत्ति अधिक होती है, इसलिए निर्यात की सीमित विस्तार क्षमता के कारण बढ़ रहे आयात की अपेक्षा निर्यात नहीं बढ़ाए जा सकते। इससे भुगतान-शेष की कठिनाइयाँ उत्पन्न होंगी।

4. दीर्घकालीन पूँजी परियोजनाएँ स्फीतिकारी होती हैं (Long-run Capital Projects are Inflationary)—यदि नई-नई निर्मित

---

1. V.K.R.V. Rao, *Essays in Economic Development*, p. 115.

मुद्रा को ऐसी शीघ्र फलदायी परियोजनाओं की वित्त–व्यवस्था करने के लिए प्रयोग किया जाए, जो थोड़ा अवधि में उत्पादन बढ़ाती हैं तो कीमतों में बहुत कम वृद्धि होगी। इसी प्रकार, यदि निर्मित मुद्रा को उपभोक्ता वस्तुओं के उत्पादन के लिए प्रयोग किया जाए, तो यह स्फीतिकारी नहीं होगी क्योंकि लोगों के हाथों में बढ़ी हुई क्रय-शक्ति का मुकाबला करने के लिए उपभोक्ता-वस्तुओं की पूर्ति बढ़ जाएगी। इसके विपरीत दीर्घकालीन परियोजनाओं और पूँजी-वस्तुओं के निर्माण का वित्त-प्रबन्धन करने के लिए निर्मित मुद्रा का प्रयोग निश्चय ही स्फीतिकारी होगा क्योंकि ऐसी परियोजनाओं को निवेश की अपेक्षाकृत अधिक मात्राओं और अधिक लम्बी गर्भावधि की आवश्यकता होती है, इसलिए उत्पादन बढ़ी हुई मुद्रा पूर्ति से पिछड़ जाता है। प्रो. लुइस का मत है "पूँजी-निर्माण के लिए स्फीति धीरे-धीरे आत्म-विनाशकारी बन जाती है। इसकी तीन अवस्थाएँ हैं। *प्रारंभिक* अवस्था में जब पूँजी का निर्माण होता है तो कीमतें तेजी से बढ़ती हैं। दूसरी अवस्था में स्फीति अपने आप समाप्त हो जाती है क्योंकि कीमतों में वृद्धि ऐसे ढंग से आय का पुनर्वितरण कर देती है कि ऐच्छिक बचतें तेजी से निवेश को दबोच लेती हैं। तब तीसरी अवस्था में कीमतें गिरती हैं क्योंकि पूँजी-निर्माण द्वारा संभव बनाया गया अतिरिक्त उत्पादन मार्केट में पहुँचना शुरू हो जाता है। केवल पहली अवस्था खतरनाक तथा दुख:दायी है।"[1] इस प्रकार स्फीति की अवधि थोड़ी होगी क्योंकि बढ़ा हुआ निवेश अतिरिक्त वस्तुओं तथा सेवाओं का उत्पादन करेगा और आय तथा बचतें बढ़ाएगा, जिन पर तब सरकार कर लगा सकती है। लुइस का यह मत कि स्फीति आत्म-विनाशकारी होती है, केन्ज़ के गुणक-सिद्धान्त तथा बचत एवं उपभोग स्थिर सीमान्त प्रवृत्ति की धारणा पर आधारित है। दूसरे शब्दों में, वह इस बात पर निर्भर है कि अल्पविकसित देशों में वे लोग जिन्हें अतिरिक्त आय प्राप्त होती है, कहाँ तक बचतें जारी रखेंगे और उपभोक्ता-वस्तुओं की बढ़ती कीमतों के होते हुए स्थिर अनुपात में आय को व्यय करते रहेंगे। प्रो. **मिंत** (Myint) के अनुसार, यह विश्वास करना बहुत कठिन है कि अल्पविकसित देशों में उपभोक्ता वस्तुओं की अत्यन्त कमी और उपभोग की सीमान्त प्रवृत्ति के इकाई के निकट रहने की प्रवृत्ति के होते हुए भी स्फीति आत्मविनाशकारी होगी।

5. बचतों में कमी (Reduction in Savings)—यह तर्क दिया गया है कि स्फीति ऐच्छिक बचतों की आदत पर प्रतिकूल प्रभाव डालती है और इसकी बचतों को बाध्य करने की योग्यता भी सीमित है। बढ़ती हुई कीमतों के रहते हुए यह संभव नहीं कि लोग बचतों की पिछली दर को कायम रख सकें। यही नहीं स्थिर आय वालों की वास्तविक आय घट जाएगी और वे अपेक्षाकृत कम बचतें करेंगे, और हो सकता है कि न भी बचाएँ। निर्मित मुद्रा द्वारा वित्त-प्रबन्धन के कारण कीमतों में स्फीतिकारी वृद्धि बचतों के निवेश के लाभदायक किन्तु अनुत्पादक रूपों में—यथा भू-संपदा, भण्डारों, स्वर्ण आभूषण, हीरे-जवाहरात और विदेशी मुद्रा में—व्यक्त हो सकती है। सट्टा उद्देश्यों के लिए भी उनका प्रयोग हो सकता है। अत: स्फीति ऐसे ढंग के निवेश को बढ़ावा देती है, जो आर्थिक वृद्धि का विरोधी है।

6. निजी निवेश पर प्रतिकूल प्रभाव (Adverse Effect on Private Investment)—स्फीति भावी प्रत्याशाओं में अनिश्चितता लाकर निवेश निर्णयों पर प्रतिकूल प्रभाव डालती है। स्फीति अपनी प्रारंभिक अवस्थाओं में उद्यमता को प्रोत्साहन देती है। जब कीमतें बढ़ती हैं तो लागतें उसी अनुपात में नहीं बढ़तीं, और इस प्रकार अधिक ऊँचे लाभ प्राप्त होते हैं। परन्तु जब निरंतर बढ़ती कीमतों के होने पर मजबूत ट्रेड यूनियनें मजदूरी बढ़ाने के लिए दबाव डालती हैं तो हड़तालें, धीरे-काम तथा श्रम-दक्षता में सामान्य गिरावट भावी व्यापार प्रत्याशाओं में अनिश्चितत उत्पन्न कर देती हैं और परिणामस्वरूप निवेश पर प्रतिकूल प्रभाव पड़ता है। पुन: कीमतों में निरन्तर वृद्धि के परिणामस्वरूप लागतें बढ़ती जाती हैं और देश में चक्रीय स्फीति चल पड़ती है। यदि इस अवस्था में कीमतों को बढ़ने से रोकने का प्रयत्न किया जाए, जबकि लागतें पूर्ववत रहें तो लाभ गिर जाएँगे और उनके साथ निवेश भी। इस प्रकार अन्ततः स्फीति आत्मविनाशकारी बन जाती हैं।

7. सामाजिक हानियाँ (Social Evils)—बलकृत बचतों के साधन के रूप में स्फीति पर्याप्त सामाजिक लागतों को उत्पन्न करती है। इसमें सन्देह नहीं कि स्फीति उपभोग घटाने में सहायक है और बचतें बढ़ाती है, फिर भी, बचतों को बाध्य करने के लिए यह एक खर्चीली विधि है। समाज को कुल बचतों में लाभ की अपेक्षा जनसाधारण के वास्तविक उपभोग में हानि अधिक होती है। फिर स्फीति के परिणामस्वरूप समाज के कुछ वर्गों की स्थिति दूसरों की अपेक्षा अधिक अच्छी हो जाती है। आय का पुनर्वितरण स्थिर आय वालों की लागत पर उद्यमी वर्ग के पक्ष में होता है। इससे आय तथा धन की असमानताएँ बढ़ती हैं, जिसके परिणामस्वरूप हो सकता है बचत तथा निवेश न बढ़ें। उद्यमी यदा-कदा ही उत्पादक दिशाओं में निवेश करते हैं। वे बढ़ी हुई आय को प्रदर्शनकारी प्रभाव के असर में आकर, अनावश्यक, विशिष्ट उपभोग पर नष्ट कर देते हैं, और इस प्रकार आर्थिक विकास के अहित में कुल निजी बचतें घटा देते हैं।

---

1. W.A. Lewis, *The Theory of Economic Growth*, p. 405.

8. विकास परियोजनाओं की लागत में वृद्धि (Increase in the Cost of Development Projects)—स्फीति एक और तरह भी आर्थिक विकास को रोक सकती है। कीमत-स्तर में मुद्रा निर्माण के कारण वृद्धि होने पर, सरकारी विकास परियोजनाओं की लागत भी बढ़ जाती है, जिसके परिणामस्वरूप सरकार को मुद्रा की बड़ी मात्राएँ निर्मित करनी पड़ती हैं। यदि इसे प्रारंभिक अवस्थाओं में न रोका जाए तो कीमतों में वृद्धि संचयी बन जाती है। अधिक मुद्रा की थोड़ी वस्तुओं के लिए होड़ का दुश्चक्र बन जाता है, जो अन्त में मुद्रा व्यवस्था को पूरी तरह से नष्ट कर देता है।

9. भुगतान-शेष की समस्या (Problem of Balance of Payments)—तीव्र स्फीति भुगतान-शेष की कठिनाइयाँ भी उत्पन्न करती है। क्योंकि अल्पविकसित देशों में आयात करने की सीमान्त प्रवृत्ति अधिक होती है, इसलिए घरेलू आय तथा कीमतों में वृद्धि लोगों को विदेश से अधिक वस्तुएँ आयात करने का प्रोत्साहन देती है। परन्तु बढ़ रहे आयात के मुकाबले निर्यात नहीं बढ़ाए जा सकते क्योंकि अर्थव्यवस्था में विविधता का अभाव होता है। आयात को नियंत्रित करने के प्रयत्न घरेलू पूर्ति पर अत्यधिक दबाव बढ़ाकर कीमतों में और अधिक वृद्धि कर सकते हैं। विदेशों की तुलना में ऊँचा कीमत-स्तर भी निर्यात को अधिक महँगा तथा कठिन बना देगा। विदेशी निवेशक, वास्तव में, ऐसी स्थिति से भयभीत हो उठते हैं जिसमें लागतें निर्बाध रूप से बढ़ती जाएँ। इस सबका मतलब, विकासीय वित्त के आवश्यक स्रोत विदेशी विनिमय आरक्षणों की समाप्ति है।

सारांश यह है कि "अल्पविकसित देशों के लिए स्फीति-विशिष्ट खतरों से युक्त है। ... स्फीति सट्टामूलक तथा अनावश्यक लेन-देन को प्रोत्साहित करती है, जो आर्थिक विकास के मार्ग में प्रमुख बाधाएँ हैं; घरेलू बचतों तथा विदेशी निवेश को हतोत्साहित करती हैं; विदेशी सम्बन्धों का विध्वंस करती है और उत्पादन की सामान्य दक्षता घटाती है।"[1] इस प्रकार स्फीति तथा आर्थिक विकास के बीच धनात्मक संबंध नाममात्र का है।

प्रश्न

1. स्फीति अंतराल किसे कहते हैं ? स्फीति की प्रक्रिया का विश्लेषण करने के लिए इस संधारणा की उपयोगिता का परीक्षण करिए।
2. मांगजन्य तथा लागतजन्य स्फीति में भेद करिए। स्फीति पर ये दोनों मतों का किस प्रकार सामंजस्य किया गया है ?
3. "लागतजन्य तथा मांगजन्य स्फीति से भेद व्यर्थ, अर्थहीन तथा अकार्यशील है।" क्या आप इस मत से सहमत हैं ? अपने उत्तर के पक्ष में कारण बताइए।
4. संरचनात्मक स्फीति के सिद्धान्त की विवेचना कीजिए।
5. फिलिप्स वक्र किस प्रकार बेरोजगारी और स्फीति में विनियम (trade-off) की व्याख्या करता है। इसके नीति- निहित तत्वों की विवेचना करिए।
6. क्या स्फीति पूर्ण मौद्रिक या पूर्ण गैर-मौद्रिक या संस्थागत तथ्य है ? विकसित देशों के सन्दर्भ में इसकी व्याख्या कीजिए।
7. गतिहीन-स्फीति के तथ्य की विवेचना कीजिए। इसके नियंत्रण के उपाय बताएं।
8. "स्फीति अन्यायपूर्ण है और अवस्फीति अनुचित।" व्याख्या करें।
9. स्फीति क्या है ? विभिन्न लोगों पर इसके आर्थिक प्रभावों की व्याख्या कीजिए।
10. स्फीति के कारणों की विवेचना कीजिए। यह कैसे नियंत्रित किया जा सकता है ?
11. बेंट हेंसन के अतिरिक्त मांग स्फीति सिद्धान्त की विवेचना कीजिए।
12. इन पर नोट लिखें :

    खुली और दमित स्फीति, गतिहीन-स्फीति, क्षेत्रीय स्फीति, मूल्य-बढ़ाव स्फीति, स्फीति का खोज सिद्धांत।
13. आर्थिक विकास में स्फीति की भूमिका की विवेचना कीजिए।

---

1. U.N., *Methods of Financing Economic Development in Underdeveloped Countries*, p. 20.

भाग पांच

व्यापार-चक्रों तथा आर्थिक वृद्धि के सिद्धान्त
(Theories of Trade Cycles and Economic Growth)

अध्याय 45

व्यापार-चक्रों की प्रकृति एवं सिद्धान्त
(Nature of Trade Cycles and Theories)

1. अर्थ
(MEANING)

व्यापार-चक्र पूँजीवादी अर्थव्यवस्था का अंग है। यह चक्रीय तेजियों तथा मंदियों के विषय से संबंधित है। व्यापार-चक्र में कुल रोजगार आय, उत्पादन तथा कीमत-स्तर में तरंग की तरह (wave-like) उतार-चढ़ाव आते रहते हैं। विभिन्न अर्थशात्रियों ने 'व्यापार-चक्र' क विविध रूपों में परिभाषित किया है। प्रो. हैवर्लर की दी हुई परिभाषा बहुत सरल है। उसके अनुसार "व्यापार-चक्र को सामान्य अर्थ यों परिभाषित किया जा सकता है कि यह अच्छे तथा बुरे व्यापार की समृद्धि तथा मंदी की अवधियों का अदल-बदल है।" अपनी पुस्त *Treatise of Money* में केन्ज द्वारा दी गई परिभाषा अधिक स्पष्ट है: "व्यापार-चक्र अच्छे व्यापार की उन अवधियों से निर्मित है जिनक विशिष्टता बढ़ती कीमतें तथा कम बेरोजगार प्रतिशतता है और जो अवधियाँ गिरती कीमतों तथा ऊँची बेरोजगार प्रतिशतता से युक्त बु व्यापार की अवधियों के साथ अदल-बदल करती हैं।" प्रो. एस्टे के अनुसार, "चक्रीय उतार-चढ़ाव की विशिष्टता विस्तार त संकुचन की तरंगों का अदल-बदल है। उनकी कोई नियत लय नहीं होती, परन्तु वे इस अर्थ में चक्रीय होते हैं कि संकुचन तथा विस्त की अवस्थाएँ अक्सर तथा पर्याप्त रूप से मिलते-जुलते ढंग पर बार-बार आती हैं।" व्यापार-चक्रों की स्थिति में लक्ष्य करने क महत्वपूर्ण बात यह है कि कोई भी चक्र एकरूप, बारम्बार तथा विस्तार से युक्त पूर्णरूप से नियमित नहीं होता अर्थात ऐसा नहीं होता कि उत्पादन के एक शिखर स्तर से दूसरे तक पहुँचने में हमेशा एक ही समय लगे और उत्पादन तथा रोजगार का स्तर ऊपर तथा नीचे मोड़ बिन्दुओं के बीच हमेशा एक ही अनुपात में विचरण करे। परन्तु इस तरह के चक्र कभी घटित नहीं हुए। इस प्रकार व्यापार-च कुल रोजगार, आय, उत्पादन तथा कीमत स्तरों में आवर्ती उतार-चढ़ाव होते हैं।

2. चक्रों के प्रकार
(TYPES OF CYCLES)

व्यापार-चक्रों को सामान्यत: निम्न प्रकार वर्गीकृत किया जाता है :

(1) अल्प किचिन चक्र (The short Kitchin Cycle)—इसे लघु-चक्र भी कहते हैं, जो लगभग 40 मास की अवधि का हो है। यह ब्रिटिश अर्थशात्री जोसेफ किचिन (Joseph Kitchin) के नाम पर प्रसिद्ध है जिसने 1923 में बड़े तथा छोटे चक्र के बीच भे प्रस्तुत किया। वह अपने शोध के आधार पर इस निष्कर्ष पर पहुँचा कि बड़ा चक्र 40 मास के दो या तीन चक्रों का होता है।

(2) दीर्घ जुग्लर चक्र (The long Juglar cycle)—इस चक्र को बड़ा चक्र भी कहते हैं। इसे इस प्रकार परिभाषित किया जा है : "यह अनुक्रमिक (successive) संकटों के बीच व्यापार क्रिया का उतार-चढ़ाव होता है।" 1862 में फ्रांसीसी अर्थशास्त्री क्लीमे जुग्लर (Clement Juglar) ने यह बताया कि समृद्धि, संकट तथा परिसमापन (Liquidation) की अवधियाँ हमेशा एक ही क्रम एक दूसरी के बाद आती है। पाश्चात्य अर्थशास्त्री इस निष्कर्ष पर पहुंचते हैं कि जुग्लर चक्र की अवधि औसतन साढ़े नौ वर्ष होती है

(3) अति दीर्घ कोन्द्रातीफ चक्र (The very long Kondratieff cycle)—1925 में रूसी अर्थशास्त्री कोन्द्रातीफ इस निष्कर्ष प

पहुँचा कि चक्रों की अति दीर्घ तरंगें होती हैं जिनकी अवधि 50 वर्ष से अधिक होती है और जो छ: जुग्लर चक्रों की बनी होती है। बहुत ही लम्बे चक्र को कोन्द्रातीफ तरंगें कहा जाने लग है।

(4) भवन संबंधी चक्र (Building cycles)—इस प्रकार के चक्र वे हैं जो भवनों के निर्माण से संबंध रखते हैं और जिनकी अवधि बहुत अधिक नियमित होती है। इनकी अवधि बड़े चक्रों की अवधि से दुगुनी और औसतन 18 वर्ष होती है। इस तरह के चक्र वारन (Warren) तथा पियर्सन (Pearson) नामक दो अमरीकी अर्थशास्त्रियों के नाम से सम्बद्ध हैं, जो *World Price and the Building Industry* (1937) नामक पुस्तक में प्रस्तुत निष्कर्ष पर पहुँचे थे।

(5) कुज़नेट्स चक्र (Kuznets cycle)—प्रसिद्ध अमरीकी अर्थशास्त्री प्रो. साइमन कुज़नेट्स ने 16–22 वर्ष के दीर्घकालीन उतार-चढ़ाव (secular swing) नामक एक प्रकार के चक्रों की प्रस्थापना की; जिसे ऐसे ढंग से प्रस्तुत किया गया है कि वह 7–11 वर्ष के चक्र को अपेक्षाकृत महत्वहीन बना देता हैं। इसे कुज़नेट्स चक्र कहा जाने लगा है।

3. व्यापार-चक्र की अवस्थाएँ (PHASES OF A TRADE CYCLE)

एक विशिष्ट चक्र सामान्यत: चार अवस्थाओं में विभक्त होता है:

(1) विस्तार अथवा समृद्धि अथवा उत्कर्ष (upswing);

(2) सुस्ती (recession) अथवा ऊपरी मोड़ बिन्दु;

(3) संकुचन अथवा मन्दी अथवा अपकर्ष (downswing); और

(4) पुनरुन्नयन (revival) अथवा पुनरुत्थान (recovery) अथवा निचला मोड़ बिन्दु।

विभिन्न चक्रों की स्थिति में ये अवस्थाएं आवर्ती (recurring) तथा एकरूप होती है परन्तु किसी भी अवस्था का निश्चित कालक्रम अथवा काल अन्तराल (time interval) नहीं होता। जैसा कि पीगू ने लक्ष्य किया है, चक्र भले ही जुड़वाँ न हो परन्तु वे एक ही परिवार के होते हैं। परिवारों की भाँति उनकी सामान्य विशिष्टताएँ होती हैं जिनका वर्णन किया जा सकता है। गर्त (trough) अथवा नीचे के बिन्दु से शुरू होकर, चक्र पुनरुत्थान एवं समृद्धि की अवस्था में से गुजरता है, शिखर पर चढ़ता है, सुस्ती एवं मंदी की अवस्था के माध्यम से गिरता है और गर्त तक पहुंचता है। इसे चित्र 1 में दिखाया गया है।

हम आगे व्यापार-चक्र की इन विशिष्टताओं का वर्णन करते हैं।

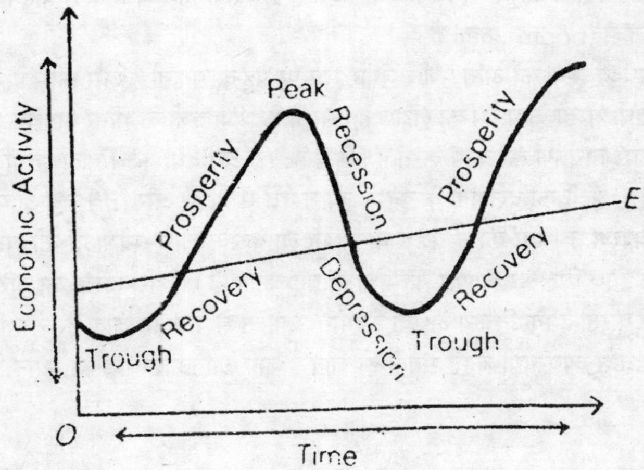

चित्र 1

पुनरुत्थान (Recovery)

हम पहले उस स्थिति को लेते हैं, जब कुछ दिन मंदी रह चुकी हो और पुनरुत्थान अवस्था अथवा निचला मोड़ बिन्दु शुरू होता है। 'आरम्भकारी शक्तियाँ' (originating forces) अथवा 'प्रारंभक' (starters), बाह्यजात (exogenous) अथवा अन्तर्जात (endogenous) शक्तियाँ होती हैं। मान लीजिए कि अर्ध-टिकाऊ वस्तुएँ घिस जाती हैं और परिणामत: यह आवश्यक हो जाता है कि अर्थव्यवस्था में उन्हें स्थानापन्न किया जाए। इससे माँग बढ़ती है। इस बढ़ी हुई मांग को पूरा करने के लिए निवेश तथा रोजगार बढ़ते हैं। उद्योग का पुनरुत्थान प्रारम्भ हो जाता है। संबंद्ध पूंजी वस्तु उद्योगों में भी पुनरुत्थान शुरू होता है। जब एक बार शुरू हो जाता है, तो पुनरुन्नयन की प्रक्रिया संचयी बन जाती है। परिणामत: अर्थव्यवस्था में रोजगार, आय तथा उत्पादन के स्तर धीरे-धीरे बढ़ते हैं। पुनरुत्थान-अवस्था की प्रारम्भिक अवस्थाओं में अर्थव्यवस्था में पर्याप्त अतिरिक्त अथवा अप्रयुक्त क्षमता होती है जिसे कुल लागत में आनुपातिक वृद्धि हुए बिना ही उत्पादन बढ़ता है। "परन्तु ज्यों-ज्यों समय बीतता है, त्यों-त्यों उत्पादन कम लोचदार होता जाता है; बढ़ती लागतों के साथ अड़चनें आने लगती हैं, वितरण में अधिक कठिनाई होती है और हो सकता है कि 'प्लांटों' का विस्तार करना पड़े—इन स्थितियों में कीमतें बढ़ती हैं।" लाभ में वृद्धि होती है। व्यापार-प्रत्याशाओं में सुधार होता है। इष्टतम स्थिति रहती है। निवेश को प्रोत्साहन मिलता है, जो बैंक ऋणों के लिए माँग को बढ़ाता है। इससे साख विस्तार होता है। इस प्रकार निवेश, रोजगार, उत्पादन, आय तथा कीमतों में वृद्धि की संचयी प्रक्रिया स्वयं अपना पोषण करती है और आत्म-समर्थक बन जाती है। अन्त में पुनरुत्थान समृद्धि अवस्था में कदम रखता है।

समृद्धि (Prosperity)

समृद्धि अवस्था में माँग, उत्पादन, रोजगार तथा आय ऊँचे स्तर पर होते हैं। वे कीमतें बढ़ाते हैं परन्तु मजदूरी, वेतन, ब्याज दरें, किराया तथा दर, कीमतों में वृद्धि के अनुपात में नहीं बढ़ते हैं। कीमतों तथा लागतों के अन्तर से लाभ की मात्रा बढ़ जाती है। लाभ की वृद्धि तथा उसके जारी रहने की संभावना सामान्य रूप से स्टॉक-बाजार मूल्यों में तेजी से वृद्धि करती है। "सुधरती प्रत्याशाओं के प्रभावो में सभी प्रतिभूतियाँ, जिनमें बाँड भी शामिल हैं, बढ़ते हैं। विशिष्ट परिवर्तन स्टॉकों में होता है। अपेक्षाकृत अधिक लाभ की प्रत्याशाएं निवेश को और बढ़ाती हैं। उदार बैंक-साख निवेश को सहायता देती है। इस तरह के निवेश अधिकांशत: बैंक स्थिर पूँजी, 'प्लांट', संभार तथा मशीनरी में होते हैं। वे उपभोक्ता वस्तुओं के लिए माँग बढ़ाकर तथा कीमत स्तर को और बढ़ाकर आर्थिक क्रिया में पर्याप्त विस्तार करते हैं। इससे परचून तथा थोक विक्रेताओं तथा निर्माणकर्ताओं को प्रोत्साहन मिलता है कि वे अपने भण्डारों में वृद्धि करें। इस तरह से विस्तार प्रक्रिया तब तक संचयी तथा आत्म-समर्थक बनी रहती है जब तक अर्थव्यवस्था उत्पादन के उस ऊँचे स्तर पर नहीं पहुंचती जिसे शिखर (peak) अथवा तेजी (boom) कहते हैं।

समृद्धि अथवा शिखर अर्थव्यवस्था को अति पूर्ण रोजगार स्तर पर पहुँचा सकता है और कीमतों में स्फीतिकारी वृद्धि ला सकता है। यह समृद्धि अवस्था के अन्त तथा सुस्ती के प्रारंभ का लक्षण है। सुस्ती के बीज तेजी के भीतर आर्थिक ढाँचे में तनावों के रूप में विद्यमान रहते हैं, जो विस्तारकारी पथ पर नियंत्रण का काम करते हैं। वे ये हैं: *(i)* श्रम तथा कच्चे माल इत्यादि की दुर्लभता जिससे कीमतों की सापेक्षता में लागतें बढ़ती हैं; *(ii)* पूँजी की दुलर्भता के कारण ब्याज दरों में वृद्धि; और *(iii)* जब आय बढ़ती है, तो बढ़ती कीमतों तथा उपभोग की स्थिर प्रवृति के कारण उपभोग का न बढ़ सकना। पहला कारक लाभ-सीमाओं को घटाता है। दूसरा कारक निवेशों को महँगा बनाता है और पहले के साथ मिलकर व्यापार-प्रत्याशाओं को घटाता है। तीसरे कारक का परिणाम यह होता है कि भण्डारों का अम्बार लग जाता है, जो प्रकट करता है कि विक्रय अथवा उपभोग उत्पादन से पीछे रह जाता है। ये शक्तियाँ संचयी तथा आत्म-समर्थक बन जाती हैं। उद्यमी, व्यापारी तथा व्यवसायी बहुत सतर्क हो जाते हैं और अतिआशावाद का स्थान निराशावाद ले लेता है। यह ऊपरी मोड़ बिन्दु का प्रारम्भ है।

सस्ती (Recession)

जब 'शिखर' से, जो थोड़ी अवधि का होता है, नीचे की ओर गति होती है तो सुस्ती शुरु हो जाती है। "यह मोड़ की उस अवधि को लक्ष्य करती है जिसमें संकुचन लाने वाली शक्तियाँ अन्तत: विस्तार की शक्तियों पर विजय प्राप्त कर लेती हैं। इसके बाह्य चिह्न ये हैं: स्टॉक बाजार में परिसमापन (liquidation) ,बैंकिंग प्रणाली में तनाव तथा ऋणों का कुछ परिसमापन, और कीमतों में पतन का

प्रारम्भ।'' परिणामत: लाभ-सीमाएँ और घट जाती हैं क्योंकि लागतें कीमतों से आगे बढ़ने लगती है। कुछ फर्में बन्द हो जाती हैं। अन्य फर्में उत्पादन घटा देती हैं और संचित स्टॉकों को बेचने का प्रयत्न करती है। निवेश, रोजगार आय तथा माँग गिर जाती हैं। यह प्रक्रिया संचयी बन जाती है।

सस्ती हल्की या तेज हो सकती है। तेज सस्ती से आकस्मिक स्फोटात्मक स्थिति आ सकती है, जो बैंक प्रणाली अथवा स्टॉक एक्सचेंज से उत्पन्न होती है और आतंक (panic) अथवा संकट (crisis) छा जाता है। ''जब संकट, और अधिक विशिष्ट रूप से आतंक, छा ही जाता है, तो यह विश्वास के अन्त तथा तरलता के लिए आकस्मिक मांगों से सम्बद्ध प्रतीत होता है। यह संकट अपने आपमें किसी कौतुकपूर्ण तथा आकस्मिक असफलता के कारण भी आ सकता है। कोई फर्म अथवा बैंक अथवा निगम घोषणा कर देता है कि वह अपना कर्जा चुकाने में असमर्थ है। यह घोषणा अन्य फर्मों तथा बैंकों को ऐसे समय में कमजोर बनाती है, जब आर्थिक ढांचे में धन की कमी के अशुभ लक्षण प्रकट होने लगते हैं; और फिर, इससे आतंक की ऐसी लहर छा जाती है कि वित्तीय संस्थाओं से पैसा निकलवाने की भागदौड़ पराकाष्ठा पर पहुँच जाती है . . . . । सन् 1873, 1893, 1907 में संयुक्त राज्य अमेरिका को इसी तरह का अनुभव प्राप्त हुआ था।'' एम. डब्ल्यू. ली के शब्दो में, ''जब एक बार सस्ती शुरू हो जाती है तो वह अपने आप जंगल की आग की तरह भड़कने लगती है, और जब एक बार चल पड़ती है तो स्वयं अपना सैन्यदल तैयार कर लेती है और अपनी विध्वंसकारी क्षमता को आन्तरिक प्रोत्साहन देती है।''

मन्दी (Depression)

जब आर्थिक क्रिया में व्यापक ह्रास होता है तो सुर्स्ती, मंदी में विलीन हो जाती है। वस्तुओं तथा सेवाओं के उत्पादन, रोजगार, आय, माँग तथा कीमतों में पर्याप्त कमी हो जाती है। आर्थिक क्रिया में व्यापक ह्रास के परिणामस्वरूप बैंक जमा गिर जाती है, साख विस्तार रुक जाता है क्योंकि व्यापारी लोग उधार लेने को तैयार नहीं होते। बैंक दर बहुत गिर जाती है। प्रो. एस्टे (Estey) के अनुसार, ''सक्रिय क्रय-शक्ति का यह गिरना कीमतों में कम होने की आधारभूत पृष्ठभूमि है, जो उत्पादन के सामान्य (व्यापक) ह्रास के बावजूद मन्दी को लक्ष्य करती है।'' इस प्रकार, मन्दी को विशिष्टता प्रदान करने वाले तत्त्व ये हैं: सामूहिक बेरोजगारी, कीमतों, लाभों, मजदूरी, ब्याज दर, उपभोग, व्यय, निवेश, बैंक जमा तथा ऋणों में सामान्य पतन; फैक्टरियाँ बन्द हो जाती हैं; और सब प्रकार का निर्माण—पूँजीगत वस्तुओं तथा भवन आदि का—एकदम रुक जाता है। ये शक्तियाँ संचयी तथा आत्मसमर्थक है और अर्थव्यवस्था गर्त में पहुंच जाती है।

हो सकती है मंदी या गर्त अल्पजीवी हो और यह भी हो सकता है कि वह पर्याप्त समय तल पर ही रहे। परन्तु कभी न कभी सीमाकारी (limiting) शक्तियाँ गति में आ जाती हैं, जो संकुचन अवस्था का अन्त करने लगती हैं और पुनरुत्थान का मार्ग प्रशस्त करती हैं। इस प्रकार चक्र पूर्ण हो जाता है।

4. व्यापार-चक्र सम्बन्धी सिद्धान्त (THEORIES OF BUSINESS CYCLES)

उन अनेक साधनों तथा परिस्थितियों के कारण, जो चक्रीय उतार-चढ़ाव के मूल में निहित रहते हैं, व्यापार-चक्र का व्यवहार निधारित करना कठिन है। उन्हें स्पष्ट करने के प्रयत्नों के परिणामस्वरूप अनेक सिद्धान्त सामने आए हैं। कुछ तो बाह्यजात कारणों को और दूसरे अन्तर्जात कारणों को चक्रों के लिए उत्तरदायी मानते हैं। कुछ अर्थशास्त्री तो व्यापार-चक्र सिद्धान्तों का मुद्रा तथा गैर-मुद्रा सिद्धान्तों में वर्गीकरण करते हैं, जबकि दूसरे उन्हें वास्तविक, मनोवैज्ञानिक, मौद्रिक और उन सिद्धान्तों में, जो व्यय, बचत तथा निवेश में संबंध रखते हैं, विभक्त करते हैं।[1] पर हम अगले दो अध्यायों में चक्रों के तीन आधुनिक महत्वपूर्ण मॉडलों—सैम्यूल्सन माडल, हिक्स माडल तथा काल्डर मॉडल की चर्चा करेंगे।

1. हाट्रे का व्यापार-चक्र का मुद्रा सिद्धान्त (Hawtrey's Monetary Theory of the Trade Cycle)

प्रो. आर. जी. हाट्रे (R. G. Hawtrey)[2] के अनुसार, ''व्यापार चक्र एक नितांत मौद्रिक समस्या है।'' यह व्यापारियों की ओर से

1. जो विद्यार्थी इनमें रुचि रखते हों, वे हैबर्लर की पुस्तक *Prosperity and Depression* तथा एस्टे की पुस्तक *Business Cycles* का अध्ययन करें।
2. Hawtrey, R.G., *Trade and Credit*, 1928. *The Art of Central Banking*, 1932.

मुद्रा की माँग प्रवाह में होने वाले परिवर्तन हैं जिनके परिणामस्वरूप अर्थव्यवस्था में समृद्धि तथा मंदी आती है। उसका मत है कि हड़ताल, बाढ़, भूकम्प, सूखा, युद्ध आदि गैर-मौद्रिक कारण, बहुत हुआ तो, आंशिक मंदी तो ला सकते हैं, चढ़ाव लाते हैं, जिनसे आगे, उत्पादकों तथा व्यापारियों की ओर से मुद्रा की माँग के प्रवाह में परिवर्तन होते हैं। आज के युग में बैंक साख ही भुगतान का प्रमुख साधन है। बैंकिंग-प्रणाली ही ब्याज की दर को घटा या बढ़ाकर अथवा प्रतिभूतियों को खरीदकर या सौदागरों के हाथ बेचकर साख को बढ़ाती या घटाती है। इससे अर्थव्यवस्था में मुद्रा का प्रवाह बढ़ या घट जाता है और इस प्रकार अर्थव्यवस्था में समृद्धि अथवा मंदी आ जाती है।

व्यापार चक्र की प्रसार अवस्था तब शुरू होती है जब बैंक उधार-सुविधाओं को बढ़ा देता है। ब्याज की उधार देने की दर घटाकर या प्रतिभूतियाँ खरीदकर ये उधार-सुविधाएं प्रदान की जाती हैं। इनसे सौदागरों तथा उत्पादकों को उधार लेने को प्रोत्साहन मिलता है। इसका कारण यह है कि वे ब्याज दर में परिवर्तनों के प्रति बहुत सचेत होते हैं। इसलिए ऋण सस्ती दर पर मिलने लगता है, तो वे अपना स्टॉक या माल बढ़ाने के लिए बैंकों से उधार लेते हैं। इसके लिए वे उत्पादकों को बड़े आर्डर देते हैं जो आगे उस बढ़ी हुई मांग को पूरा करने के लिए उत्पादन के अधिक साधन काम में लगाते हैं। परिणामतः, उत्पादन के साधनों के स्वामियों की मौद्रिक आय बढ़ जाती है जिससे वस्तुओं पर व्यय बढ़ जाता है। सौदागर देखते हैं कि उनका स्टॉक खत्म होता जा रहा है। वे उत्पादकों को अधिक आर्डर देते हैं। इससे उत्पादक सक्रियता, आय, परिव्यय, माँग में वृद्धि होती है और सौदागरों का स्टॉक और कम हो जाता है। हाट्रे के अनुसार, ''बढ़ रही सक्रियता का मतलब है बढ़ रही माँग और बढ़ रही मांग का मतलब है बढ़ रही सक्रियता। एक दुश्चक्र, उत्पादक सक्रियता का प्रसार शुरू हो जाता है।''

ज्यों-ज्यों प्रसार की संचयी प्रक्रिया चलती है, त्यों-त्यों उत्पादक कीमतें बढ़ाने लगते हैं। ऊँची कीमतों से व्यापारियों को अधिक उधार लेने की प्रेरणा मिलती है, ताकि वे और अधिक लाभ कमाने के लिए और भी अधिक स्टॉक रोक सकें। इस प्रकार, आशावादिता उधार लेने को प्रोत्साहन देती है, उधार लेने से विक्रय बढ़ते हैं और विक्रय से आशावादिता बढ़ती है।

हाट्रे का कहना है कि समृद्धि निरन्तर नहीं चलती रह सकती। जब बैंक ऋण का प्रसार रोक देते हैं तो समृद्धि समाप्त हो जाती है। बैंक और उधार देने से इसलिए इनकार कर देते हैं कि उनके नकदी कोष रिक्त हो जाते हैं और जो मुद्रा परिचलन में होती है उसे उपभोक्ता नकदी धारणों के रूप में खपा लेते हैं। दूसरा कारण यह है कि जब घरेलू वस्तुओं की कीमतें बहुत बढ़ जाती हैं जिनके परिणामस्वरूप निर्यात की तुलना में आयात बढ़ जाते हैं, तो विदेशों को सोना निर्यात करना पड़ता है। इन कारणों से विवश होकर बैंकों को ब्याज की दरें बढ़ानी पड़ती हैं और वे उधार देने से इनकार कर देते हैं। बल्कि वे व्यापारी समुदाय को कर्जा चुकाने के लिए कहते हैं। इससे व्यापारिक मंदी की आवश्यकता शुरू हो जाती है।

बैंकों का कर्जा चुकाने के लिए व्यापारी अपना माल बेचने लगते हैं। इससे कीमतों के गिरने की प्रक्रिया शुरू हो जाती है। व्यापारी लोग उत्पादकों को दिए गए अपने आर्डर भी कैंसल कर देते हैं। माँग गिर जाने के कारण, उत्पादक अपनी उत्पादन सक्रियता घटा देते हैं। इससे आगे, उत्पादन के साधनों की माँग गिर जाती है। बेरोजगारी फैलती है। आय गिर जाती है। गिरती हुई माँग, कीमतें एवं आय—ये सभी मंदी के सूचक हैं। बैंकों का कर्जा चुकाने में असमर्थ कुछ फर्में दिवालिया हो जाती हैं और इस प्रकार बैंकों को मजबूर कर देती हैं कि वे अपनी साख में और संकुचन करें। इस प्रकार समस्त प्रक्रिया संचयी बन जाती है और अर्थव्यवस्था को मंदी में धकेल देती है।

हाट्रे के अनुसार, पुनरुत्थान की प्रक्रिया बहुत धीमे तथा रुक-रुक कर चलती है। जब मंदी चलती रहती है तो जो भी कीमत मिले उसी पर व्यापारी अपना स्टॉक बेचकर बैंकों का कर्जा चुकाते हैं। परिणामतः बैंकों की रिजर्वों में मुद्रा आने लगती है और बैंकों के कोष बढ़ते हैं। यद्यपि बैंक-दर बहुत कम होती है, फिर भी साख गतिरोध (credit deadlock) बना रहता है जो आर्थिक सक्रियता में निराशावाद के कारण व्यापारियों को बैंकों से उधार लेने से रोके रखता है। केन्द्रीय बैंक इस गतिरोध को सस्ती मुद्रा नीति अपनाकर समाप्त कर सकता है, जो अन्ततः अर्थव्यवस्ता में पुनरुत्थान लाएगा।

आलोचनाएं (Criticisms)

फ्रीडमैन (Friedman) जैसे मुद्रा-सिद्धान्तियो ने हाट्रे के सिद्धान्त का समर्थन किया है। परन्तु अधिकाँश अर्थशास्त्रियों ने उसकी इस बात पर आलोचना की है कि उसने चक्रीय उतार-चढ़ावों की व्याख्या करने में मौद्रिक साधनों पर अतिबल दिया है और गैर-मौद्रिक साधनों की उपेक्षा की है। जिन बातों पर हाट्रे के सिद्धान्त की आलोचना की गई है, उनमें से कुछ की चर्चा नीचे की जा रही है:

1. *साख प्रसार या संकुचन तेजी अथवा मंदी नहीं ला सकता (Expansion or Contraction of Credit cannot bring Boom or Depression)*-इस बात से कोई भी इनकार नहीं कर सकता कि साख का प्रसार होने से व्यापार क्रिया का विस्तार होता है। परन्तु हाट्रे मानता है कि साख प्रसार से तेजी आती है। यह ठीक नहीं है क्योंकि तेजी का कारण साख प्रसार नहीं है। जैसा कि पीगू ने लक्ष्य किया है "बैंक मुद्रा पूर्ति में होने वाले परिवर्तन व्यापार चक्र का अंग है, कारण नहीं।" मंदी की अन्तिम स्थिति में ऋण सुगमता से उपलब्ध होता है, परन्तु फिर वह पुनरुत्थान लाने में असमर्थ रहता है। इसी प्रकार, साख-संकुचन मंदी नहीं ला सकता। बहुत हुआ, तो वह मंदी के लिए स्थितियाँ मात्र उत्पन्न कर सकता है। इस प्रकार साख का प्रसार या संकुचन अर्थव्यवस्था में न तो तेजी और न ही मंदी ला सकता है।

2. *समृद्धि अनन्तकाल के लिए चलाई नहीं जा सकती और मंदी रोकी नहीं जा सकती (Prosperity cannot be continued and Depression cannot be delayed indefinitely)*-हैबर्लर ने हाट्रे के इस तर्क की आलोचना की है कि "व्यापारिक तेजी के भंग के लिए सदा मौद्रिक कारण ही उत्तरदायी रहता है और कि यदि मुद्रा पूर्ति अनन्त हो, तो अनिश्चित काल के लिए समृद्धि चलती रह सकती है और मंदी को रोका जा सकता है।" परन्तु तथ्य यह है कि यदि देश में मुद्रा की पूर्ति अनन्त भी हो, तो भी न तो समृद्धि को अनन्तकाल के लिए चलाया जा सकता है और न ही मंदी को अनिश्चितकाल तक स्थगित किया जा सकता है।

3. *व्यापारी केवल बैंक साख पर निर्भर नहीं (Traders not dependent only on Bank Credit)*-हाट्रे ने अपने विश्लेषण में थोक-विक्रेताओं को जो कार्यभाग दिया है, उसकी आलोचना प्रो. हैम्बर्ग ने की है। हाट्रे के सिद्धान्त में प्रमुख व्यक्ति व्यापारी या थोक विक्रेता हैं जो बैंकों से उधार लेता है और उत्थान या पतन लाना शुरू करता है। वास्तव में व्यापारी केवल बैंक साख पर ही निर्भर नहीं करते बल्कि अपने संचित कोषों से और निजी स्रोतों से उधार--ग्रहण द्वारा अपने व्यापार के लिए वित्त का प्रबन्ध करते हैं।

4. *व्यापारी ब्याज दरों में परिवर्तनों से प्रभावित नहीं (Traders not affected by Interest Rate Changes)*-फिर हैम्बर्ग तो हाट्रे के इस विचार से भी सहमत नहीं हैं कि व्यापारी ब्याज की दरों में होने वाले परिवर्तनों से प्रभावित होते हैं। हैम्बर्ग के अनुसार, ब्याज की दर में कमी के प्रति व्यापारियों में अनुकूल प्रतिक्रिया तभी होगी जब वे यह समझेंगे कि वह कमी स्थायी रहेगी। परन्तु मंदी की अवस्था में उनमें अनुकूल प्रतिक्रिया नहीं होती क्योंकि व्यापारियों को यह भय रहता है कि हर बार जब ब्याज की दर घटेगी तो और कमी आयेगी। दूसरी ओर, यदि व्यापारी अपने ही कोषों से अपने स्टॉक के लिए वित्त का प्रबंध करेंगे, तो ब्याज-दर के परिवर्तनों का उनके क्रयों पर कोई प्रभाव नहीं पड़ेगा।

5. *व्यापारियों के निर्णय ब्याज दर परिवर्तनों से प्रभावित नहीं (Decisions of Traders not influenced by Interest Rate Changes)*-फिर यह कहना भी अतिशयोक्ति है कि स्टॉक के संचयन या क्षय के सम्बन्ध में व्यापारियों के निर्णयों को केवल ब्याज-दर में परिवर्तन ही शासित करते हैं। वास्तविकता यह है कि इस प्रकार के निर्णयों को प्रभावित करने में ब्याज दर के अतिरिक्त अन्य कारण अधिक महत्वपूर्ण हैं। उन कारणों के अन्तर्गत व्यापार प्रत्याशाएँ, कीमत परिवर्तन, भंडार लागत आदि हैं।

6. *मालसूचियों में उतार-चढ़ाव चक्र पैदा नहीं कर सकते (Fluctations in Inventories cannot produce Cycles)*-हैम्बर्ग आगे यह भी लक्ष्य करता है कि हाट्रे के सिद्धान्त के अनुसार, आर्थिक में जो संचयी गतियाँ होती हैं वे वस्तुओं के स्टॉक में होने वाले परिवर्त्तनों का परिणाम होती हैं। परन्तु मालसूचियों (inventories) के उतार-चढ़ाव, बहुत हुआ तो छोटे चक्र पैदा कर सकते हैं जिन्हें सही अर्थ में चक्र नहीं कहा जा सकता।

7. यह सिद्धान्त चक्र की आवर्तिता (periodicity) की व्याख्या करने में भी असमर्थ हैं।

अन्त में कहा जा सकता है कि हाट्रे का सिद्धान्त अपूर्ण हैं क्योंकि यह केवल मौद्रिक साधनों पर बल देता है और गैर-मौद्रिक साधनों की, जैसे नव-प्रवर्तन, पूँजी स्टॉक, गुणक-त्वरक अन्त:संबंध आदि की, पूर्णरुप से उपेक्षा करता है।

2. हेक का मौद्रिक अति-निवेश सिद्धांत
(Hayek's Monetary Over-Investment Theory)

फ्रैडरिक हेक ने व्यापार चक्र का मौद्रिक अति-निवेश सिद्धांत प्रतिपादित किया। उसने अपने सिद्धांत की व्याख्या करने के लिए विक्सैल (Wicksell) की संतुलक (natural) ब्याज दर और बाजार ब्याज दर में भेद को आधार बनाया। संतुलक ब्याज दर वह दर है जिस पर उधार-देय कोषों की मांग और ऐच्छिक बचतों की पूर्ति बराबर होते हैं। दूसरी ओर, बाजार ब्याज दर वह दर है जो मार्केट में

पाई जाती है और मुद्रा की मांग और पूर्ति द्वारा निर्धारित होती है। हेक के अनुसार, जब तक ब्याज की संतुलक दर और ब्याज की बाजार दर बराबर होती हैं, तब तक अर्थव्यवस्था संतुलन और पूर्ण रोजगार की स्थिति रहती है। अर्थव्यवस्था में व्यापार चक्रों का कारण संतुलक और बाज़ार दरों में असमानता होती है। यदि ब्याज की संतुलक दर से बाजार दर कम होती है तो अर्थव्यवस्था में समृद्धि होती है। इसके विपरीत, ब्याज की संतुलक दर से बाजार दर अधिक होने पर, अर्थव्यवस्था में मंदी पाई जाती है।

इस सिद्धांत के अनुसार, समृद्धि तब प्रारंभ होती है जब ब्याज की बाजार दर उसकी संतुलक दर से कम हो। ऐसी स्थिति में, निवेश कोषों की मांग उपलब्ध बचतों की पूर्ति से अधिक होती है। निवेश कोषों की मांग को मुद्रा की पूर्ति में वृद्धि द्वारा पूरा किया जाता है। इससे ब्याज दर कम हो जाती है। कम ब्याज दर उत्पादकों को बैंकों से अधिक ऋण लेने के लिए प्रेरित करती है। उत्पादक पूंजीगत वस्तुओं के अधिक उत्पादन के लिए निवेश करने हेतु अधिक ऋण लेते हैं। वे पूंजीगत वस्तुओं का अधिक उत्पादन करने के लिए पूंजी–गहन तरीके अपनाते हैं क्योंकि इनसे उत्पादन लागतें कम होती हैं और लाभ अधिक। पूंजी–गहन तरीके अपनाने से उत्पादन प्रक्रिया बहुत लंबी हो जाती है। इसका प्रभाव यह होता है कि उपभोक्ता वस्तुओं की तुलना में पूंजीगत वस्तुओं की कीमतों में वृद्धि होती है। अर्थव्यवस्था में पूर्ण रोजगार पाए जाने के कारण, ये उत्पादन के साधनों को उपभोक्ता वस्तु क्षेत्र से पूंजीगत वस्तु क्षेत्र में स्थानांतरित करती हैं। उपभोक्ता वस्तु क्षेत्र से साधनों का पूंजीगत क्षेत्र में स्थानांतरण होने से उपभोक्ता वस्तुओं का उत्पादन कम हो जाता है। इससे इनकी कीमतें बढ़ती हैं और इनका उपभोग कम हो जाता है। उपभोग में कमी होने से बलकृत (forced) बचतें बढ़ती हैं जो पूंजीगत वस्तुओं के उत्पादन के लिए निवेश की जाती हैं। इससे उनके उत्पादन में और वृद्धि होती है। दूसरी ओर, उपभोक्ता वस्तुओं की कीमतों में वृद्धि से उनके उत्पादकों को अधिक लाभ होता है। इससे प्रेरित होकर वे और अधिक उत्पादन करने का प्रयास करते हैं। इसके लिए वे उत्पादन के साधनों को अपनी ओर आकर्षित करने हेतु पूंजीगत वस्तुओं के उत्पादकों की तुलना में अधिक पारिश्रमिक देते हैं। दोनों क्षेत्रों के बीच साधनों के लिए प्रतियोगिता के कारण साधनों की कीमतें और अर्थव्यवस्था में कीमतें बढ़ती जाती हैं। इससे देश में समृद्धि का वातावरण फैलता है और साधनों पर मौद्रिक अति–निवेश से तेजी को बढ़ावा मिलता है।

हेक के अनुसार, जब साधनों की कीमतों में निरंतर वृद्धि होती जाती है तो उत्पादन लागतों में वृद्धि के परिणामस्वरूप उत्पादकों के लाभ कम होने प्रारंभ हो जाते हैं। पूंजीगत वस्तुओं के उत्पादक भविष्य में हानि होने की आशंका से निवेश कम करते हैं जिससे संतुलक ब्याज दर में कमी होती है। साथ ही, बैंक इनको ऋण देने पर रुकावटें लगाते हैं। कम लाभ और ऋणों में कमी से उत्पादक पूंजीगत वस्तुओं का उत्पादन कम कर देते हैं और श्रम गहन उत्पादन प्रक्रियाएं अपनाते हैं। पूंजीगत वस्तुओं में निवेश कम होता है। उत्पादन प्रक्रिया छोटी और श्रम गहन होने से मुद्रा की मांग कम हो जाती है जिससे बाजार की ब्याज दर बढ़ती है और संतुलक दर से अधिक होती है। उत्पादक पूंजीगत वस्तुओं के उत्पादन से उपभोक्ता वस्तुओं के उत्पादन की ओर साधनों को स्थानांतरित करते हैं। परन्तु उपभोक्ता वस्तु क्षेत्र में पूंजीगत क्षेत्र की अपेक्षा अधिक साधनों का प्रयोग नहीं किया जा सकता। इससे साधनों की कीमतों में कमी हो जाती है जिससे साधनों की बेरोजगारी होती है। इस प्रकार, अर्थव्यवस्था में वस्तुओं और साधनों की कीमतों में निरंतर कमी होने से बेरोजगारी और मंदी की लंबी अवधि प्रारंभ हो जाती है।

हेक के अनुसार, जब मंदी के दौरान कीमतों में गिरावट समाप्त हो जाती है तो बैंक मुद्रा की पूर्ति बढ़ाना प्रारंभ करते हैं जिससे संतुलक ब्याज दर से वर्तमान बाजार दर कम हो जाती है। इससे निवेश को प्रोत्साहन मिलता है और अर्थव्यवस्था में पुनरुत्थान की प्रक्रिया प्रारंभ हो जाती है।

आलोचनाएं (Criticisms)—हेक के मौद्रिक अति–निवेश सिद्धांत की निम्न आलोचनाएं की गई हैं।

1. पूर्ण रोजगार की संकीर्ण मान्यता (Narrow Assumption of Full Employment)— यह सिद्धांत पूर्ण रोजगार की मान्यता पर आधारित है जिसके अनुसार पूंजीगत वस्तुओं का उत्पादन उपभोक्ता वस्तुओं में कमी करके किया जाता है। वास्तव में, साधनों का पूर्ण रोजगार नहीं पाया जाता है। यदि साधन अप्रयुक्त हों तो पूंजीगत वस्तु क्षेत्र तथा उपभोक्ता वस्तु क्षेत्र दोनों का प्रसार साथ–साथ हो सकता है। ऐसी स्थिति में, साधनों के एक क्षेत्र से दूसरे क्षेत्र में स्थानांतरण की आवश्यकता नहीं होती है।

2. संतुलन की अवास्तविक मान्यता (Unrealistic Assumption of Equilibrium)—इस सिद्धांत की यह मान्यता कि प्रारंभ में अर्थव्यवस्था में बचत और निवेश संतुलन में होते हैं और बैंकिंग प्रणाली इस संतुलन को भंग कर देती है, वास्तविक नहीं है। कारण यह कि संतुलन आंतरिक और बाह्य दोनों प्रकार के कारणों से विचलित हो सकता है।

3. *केवल ब्याज दर निर्धारक नहीं (Interest Rate not the only Determinant)*—हेक ब्याज दर में परिवर्तनों को अर्थव्यवस्था में उतार-चढ़ावों का घटक मानता है। यह सही नहीं है क्योंकि ब्याज दर में परिवर्तनों के अलावा लाभ की प्रत्याशाएं, नवप्रर्वतन, आविष्कार आदि भी व्यापार चक्रों को प्रभावित करते हैं।

4. *बलकृत बचतों को अनावश्यक महत्त्व (Undue Importance to Forced Savings)*— हेक द्वारा बलकृत बचतों को अधिक महत्त्व देने पर प्रो. स्ट्रिग्ल (Strigl) ने आलोचना की है। उसके अनुसार, जब स्थिर आय वाले लोग कीमतें बढ़ने से अपने उपभोग कम करते हैं और ऊंची आय वाले भी अपने उपभोग को उतना ही कम करते हैं तो बचतें बलकृत न होकर ऐच्छिक होंगी।

5. *उपभोक्ता वस्तुओं की वृद्धि से निवेश कम नहीं (Investment does not fall with increase in Consumer Goods)*—हेक का यह तर्क कि उपभोक्ता वस्तुओं के उत्पादन और उनसे लाभ में वृद्धि से पूंजीगत वस्तुओं में निवेश कम होता है, सही नही है। केन्ज़ के अनुसार, उपभोक्ता वस्तुओं के लाभ बढ़ने से पूंजी की सीमांत उत्पादक बढ़ती है जिससे पूंजीगत वस्तुओं में निवेश भी बढ़ता है, न कि कम होता है।

6. अपूर्ण सिद्धांत (Incomplete Theory)—हेक का सिद्धांत अपूर्ण है क्योंकि यह व्यापार चक्र की विभिन्न अवस्थाओं का वर्णन नहीं करता है।

3. शूम्पीटर का नव-प्रवर्त्तन सिद्धान्त (Schumpeter's Theory of Innovations)

व्यापार चक्रों का नव-प्रवर्त्तन सिद्धान्त जोसेफ शूम्पीटर[1] के नाम से सम्बद्ध है। शूम्पीटर का कहना है कि अर्थव्यवस्था के ढाँचें में जो नव-प्रवर्त्तन होते हैं, वही आर्थिक उतार-चढ़ाव के स्रोत हैं। व्यापार-चक्र, किसी पूँजीवादी समाज में आर्थिक विकास का परिणाम होते हैं। शूम्पीटर ने जुग्लर (Juglar) के इस कथन को स्वीकार किया है कि 'मंदी का कारण समृद्धि है' और उसके बाद चक्र के उद्भव के कारण से संबंधित अपने विचार प्रस्तुत किए हैं।

जो दृष्टिकोण शूम्पीटर ने प्रस्तुत किया है उसके अनुसार शूम्पीटर के माडल के विकास की दो अवस्थाएँ रहती हैं। पहली अवस्था तो नव-प्रवर्त्तन के आरम्भिक प्रभाव से संबंध रखती है और दूसरी अवस्था, नव-प्रवर्त्तन के मूल प्रभाव के प्रति प्रतिक्रियाओं के माध्यम से आती है।

शूम्पीटर का पहला निकटीकरण (approximation) यह मानकर चलता है कि अर्थव्यवस्था संतुलन की स्थिति में है और प्रत्येक साधन पूर्ण रूप से नियुक्त है। प्रत्येक फर्म संतुलन में है और दक्षता से उत्पादन कर रही है तथा उसकी लागतें उसकी आय के बराबर हैं। वस्तु कीमतें उसकी औसत तथा सीमान्त दोनों लागतों के बराबर हैं। न तो कोई बचतें हैं न ही कोई निवेश। इस संतुलन को शूम्पीटर ने **वृत्तीय प्रवाह** (circular flow) कहा है जो हर वर्ष एक ही ढंग से अपनी पुनरावृत्ति (repeat) करता रहता है-वैसे ही जैसे प्राणियों में एक ही ढंग से रक्त का संचार होता है। वृत्तीय प्रवाह में हर वर्ष एक ही ढंग से एक ही प्रकार की वस्तुओं का उत्पादन होता है। शूम्पीटर का माडल इस बात से शुरू होता है कि लाभ कमाने के लिए उद्यमी नई वस्तु के रूप में नव-प्रवर्त्तन करके वृत्तीय प्रवाह को भंग करता है। नव-प्रवर्त्तन से शूम्पीटर का तात्पर्य है—"वस्तुओं के उत्पादन में होने वाले ऐसे ही परिवर्त्तन जो सीमान्त पर अत्यल्प प्रयत्नों अथवा परिवर्तनों से प्रभावित नहीं हो सकते।" नव-प्रवर्तन के अन्तर्गत ये आ सकते हैं—(1) नई वस्तु का प्रचलन; (2) उत्पादन की नई विधि का प्रचलन; (3) नया बाजार खोजना; (4) कच्चे माल या अर्द्धविर्निमित वस्तुओं का नया स्रोत खोज निकालना; और (5) किसी उद्योग के नए संगठन को अमल में लाना। नव-प्रवर्त्तन आविष्कार नहीं होते। शूम्पीटर के अनुसार, ऐसी कोई बात नहीं जिसके आधार पर यह कहा जा सके कि आविष्कार एक चक्रीय ढंग से होते हैं। नई वस्तु का प्रचलन और विद्यमान वस्तुओं में निरन्तर सुधार ही व्यापार चक्रों के प्रमुख कारण हैं।

शूम्पीटर के अनुसार नव-प्रवर्त्तन का कार्य पूँजीपति नहीं अपितु उद्यमी करता है। उद्यमी साधारण प्रतिभा का व्यक्ति नहीं हैं, बल्कि ऐसा व्यक्ति है जो किसी एकदम नई चीज की शुरूआत करता है। वह निधि तो प्रदान करता, परन्तु निधियों के प्रयोग को निर्दिष्ट करता है।

उद्यमी को अपना आर्थिक उत्तरदायित्व निभाने के लिए दो बातों की जरूरत रहती है—एक तो नई वस्तुओं का उत्पादन करने के

1. J.A. Schumpeter, *Business Cycles*, 1939

लिए तकनीकी ज्ञान का अस्तित्व हो और दूसरे, बैंक साख के रूप में, उत्पादन के साधनों पर निपटान करने का अधिकार। शूम्पीटर का कहना है कि पूँजीवादी समाज में ऐसे अप्रयुक्त तकनीकी ज्ञान का भण्डार विद्यमान है जिसका उद्यमी उपयोग कर सकता है। इसलिए वृत्तीय प्रवाह को भंग करने के लिए बैंक साख बहुत जरूरी है।

बैंक साख के प्रसार से नव-प्रवर्त्तक उद्यमी को वित्त प्राप्त होता है। क्योंकिं नव-प्रवर्त्तन में निवेश करने में जोखिम रहता है इसलिए उसे उस निवेश पर ब्याज देना ही पड़ेगा। अपनी नई प्राप्त निधियों से नव-प्रवर्त्तन अन्य उद्योगों से संसाधन खींचना शुरू करता है। मुद्रा आय बढ़ती है। कीमतें बढ़ने लगती हैं जिससे और अधिक निवेश को प्रोत्साहन मिलता है। नया नव-प्रवर्त्तक वस्तुओं का उत्पादन करने लगता है और अर्थव्यवस्था में वस्तुओं का प्रवाह बढ़ जाता है। परिणामत: माँग की तुलना में पूर्ति बढ़ जाती है। कीमतें तथा वस्तुओं के उत्पादन की लागत तब तक गिरती जाती है जब तक व्यापारिक मंदी शुरू नहीं हो जाती। क्योंकि वस्तुओं की कीमतें थोड़ी होती हैं इसलिए उत्पादक अपना उत्पादन बढ़ाने को तैयार नहीं होते। 'व्यापारिक मंदी की इस अवधि में साख, कीमतें, तथा ब्याज-दरें गिर जाती हैं। परन्तु कुल उत्पादन की औसत पिछली समृद्धि की अपेक्षा अधिक होगी।''

अत: शूम्पीटर के प्रथम निकटीकरण में दो अवस्था चक्र शामिल हैं। अर्थव्यवस्था संतुलन स्थिति से प्रारंभ होती है, शिखर तक पहुंचती है और तब नीचे सुस्ती की ओर चलती रहती है जब तक कि नया संतुलन पहुँच नहीं जाता। यह नया संतुलन प्रारंभिक संतुलन की तुलना में आय के ऊँचे स्तर पर होगा। ऐसा नव-प्रवर्त्तन के कारण होता है जिसने चक्र को प्रारंभ किया। इसे 'प्राथमिक लहर' (Primary Wave) द्वारा चित्र 2 में दिखाया गया है।

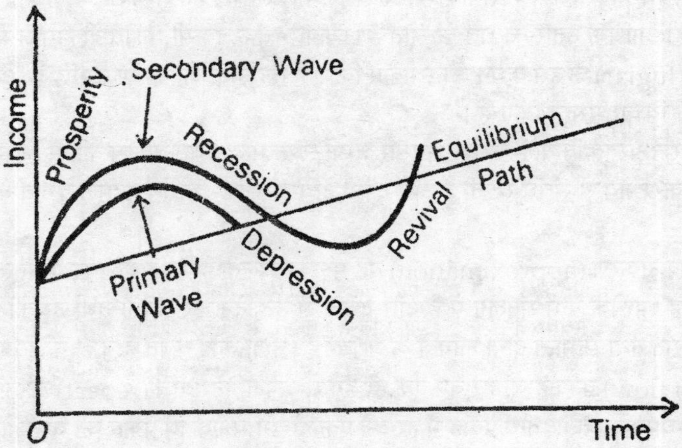

चित्र 2

शूम्पीटर का दूसरा निकटीकरण मूल नव-प्रवर्त्तन के प्रभाव की प्रतिक्रियाओं के माध्यम से प्राप्त होती है। जब एक बार नव-प्रवर्त्तन सफल तथा लाभदायक बन जाता है, तो अन्य उद्यमी उस 'टिड्डी-दल' की भाँति टूट पड़ते हैं। एक क्षेत्र में नव-प्रवर्त्तन अन्य सम्बद्ध क्षेत्रों में नव-प्रवर्त्तनों को प्रेरित करता है। परिणामत: मुद्रा, आय तथा कीमतें बढ़ती हैं और समस्त अर्थव्यवस्था में संचयी प्रसार उत्पन्न करने में सहायक होती हैं। जब उपभोक्ताओं की क्रय-शक्ति बढ़ जाती है, तो पुराने उद्योगों की वस्तुओं की पूर्ति की तुलना में उनकी माँग भी बढ़ जाती है। कीमतें और बढ़ती हैं। लाभ बढ़ जाते हैं और पुराने उद्योग बैंकों से उधार लेकर अपना विस्तार करते हैं। इससे साख स्फीति की द्वितीयक लहर प्रेरित होती है जो नव-प्रवर्त्तन की प्राथमिक लहर पर छा जाती है। अति आशावाद और सट्टा भी व्यापार (तेजी) को और बढ़ाते हैं। पक्वनावधि (gestation period) के बाद बाजार में नई वस्तुएँ आनी शुरू हो जाती हैं और पुरानी वस्तुओं को स्थानापन्न करने लगती हैं तथा दिवालिया, पुनर्समायोजन एवं खपाने की प्रक्रिया ला देती हैं।

पुरानी वस्तुओं की माँग घट जाती है। उनकी कीमतें गिर जाती हैं। पुरानी फर्में उत्पादन घटा देती हैं और कुछ फर्में तो बन्द हो जाती हैं। जब नव-प्रवर्त्तन अपने लाभों में से बैंक का कर्जा चुकाना शुरू करते हैं, तो मुद्रा की मात्रा घट जाती है और कीमतें गिरने लगती हैं।

लाभ कम हो जाते हैं। अनिश्चितता एवं जोखिम बढ़ जाती है। नव-प्रवर्त्तन का आवेग कम हो जाता है, और समाप्त हो जाता है। मंदी शुरू हो जाती और 'संतुलन के पिछले बिन्दु के आस पास' पुनर्समायोजन की दु:खद प्रक्रिया शुरू हो जाती है। अन्त में पुनरुत्थान की प्राकृतिक शक्तियाँ पुनरुद्धार कर देती हैं। शूम्पीटर की धारणा है कि पूँजीवाद के अन्तर्गत आर्थिक विकास की कीमत चक्रीय उतार-चढ़ाव के रूप में चुकानी पड़ती है जो इसके गतिशील कालपथ की स्थायी विशिष्टता है। शूम्पीटर आर्थिक सक्रियता में उतार-चढ़ाव पूर्ण कोन्द्रातीफ (Kondratieff) दीर्घ लहर के अस्तित्त्व में विश्वास रखता है। प्रत्येक दीर्घ लहर की उत्कर्ष (upswing) नव-प्रवर्त्तन लाता है जो जनसाधारण को बहुतायत में वस्तुएं प्रदान करती हैं। जब एक बार उत्कर्ष समाप्त होता है, तो अवनति शुरू हो जाती है।

इस प्रकार शूम्पीटर के व्यापार-चक्र के सिद्धान्त का विकास चार अवस्थाओं के चक्र में होता है। पहली अवस्था है सुस्ती जो पहली पहुँच में दूसरी अवस्था थी। दूसरी अवस्था में यह सुस्ती नीचे की ओर चलती रहती है और मन्दी ला देता है। तीसरी अवस्था में चक्र के इस प्रसार के बाद पुनरुत्थान की अवधि आती है जो चौथी अवस्था में तब तक चलती रहती है जब तक कि संतुलन स्तर नहीं आ जाता है। इसे चित्र 39.2 में द्वितीयक लहर (Secondary Wave) दिखाया गया है।

शूम्पीटर ने एक उपकल्पना भी प्रस्तुत की है जिसमें उसने किचिन (Kitchin) के 40 महीने की अवधि के लघु चक्र, जुग्लर (Juglar) के 8–9 वर्ष की अवधि के माध्यमिक चक्र और कोन्द्रातीफ के 50 से 60 वर्ष के दीर्घ चक्र को एकीकृत (integrate) समाकलित कर दिया है। उसने अपने सिद्धान्त में यह स्थापना की है कि प्रत्येक कोन्द्रातीफ में छ: माध्यमिक जुग्लर चक्र होते हैं और प्रत्येक जुग्लर चक्र में तीन किचिन चक्र रहते हैं। इस प्रकार शूम्पीटर ने अपने सिद्धान्त में चक्रों की त्रिसोपानीय (three-tier) स्कीम प्रस्तुत की है।

आलोचनाएं (Criticisms)

शूम्पीटर ने चक्र की विभिन्न अवस्थाओं तथा मोड़ों का जो विश्लेषण किया है वह और अन्य सभी अर्थशास्त्रियों द्वारा प्रस्तुत विश्लेषणों से भिन्न है। परन्तु वह आलोचनाओं से मुक्त नहीं है।

1. *नवप्रवर्त्तन के लिए नव-प्रवर्त्तक की आवश्यकता नहीं (Innovations do not require Innovators)*-शूम्पीटर के विश्लेषण का आधार है, नवप्रवर्त्तक। ऐसे व्यक्ति 18वीं तथा 19वीं शताब्दियों में मिल सकते थे जो नवप्रवर्त्तन करते थे। परन्तु आजकल सभी नवप्रवर्त्तक एक संयुक्त पूँजी कम्पनी के कार्यों के अंग हैं। नवप्रवर्त्तनों को उद्योग-संस्थाओं का नित्य का विषय समझा जाता है और उनके लिए अलग से नव-प्रवर्त्तक की आवश्यकता नहीं है।

2. *चक्रीय उतार-चढ़ाव नव-प्रवर्त्तनों के कारण नहीं (Cyclical Fluctuations not due to Innovations)*-शूम्पीटर का यह दावा ठीक नहीं है कि चक्रीय उतार-चढ़ाव नवप्रवर्त्तनों के कारण आते हैं। परन्तु वास्तविकता यह है कि मनोवैज्ञानिक, प्राकृतिक अथवा वित्तीय कारणों से भी व्यापार-चक्र आते हैं।

3. *बैंक साख को अधिक महत्त्व (Too much Importance to Bank Credit)*-शूम्पीटर ने अपने सिद्धान्त में बैंक साख को बहुत अधिक महत्त्व दिया है। बैंक साख अल्पकाल में तो महत्त्वपूर्ण हो सकती है जब कि औद्योगिक संस्थाएँ बैंकों से ऋण सुविधाएँ प्राप्त करती हैं। परन्तु दीर्घकाल में जब पूँजी की आवश्यकता बहुत बढ़ जाती है तो बैंक साख अपर्याप्त रहती है। इसके लिए व्यापार संगठनों को पूँजी बाजार में नए अंश तथा ऋण-पत्र जारी करने पड़ते हैं। शूम्पीटर का सिद्धान्त इस दृष्टि से दुर्बल है कि वह इन साधनों पर ध्यान नहीं देता।

4. *स्वैच्छिक बचतें चक्र उत्पन्न न कर सकें (Voluntary Savings may not produce a Cycle)*-आलोचक यह भी लक्ष्य करते हैं कि यदि स्वैच्छिक बचतों अथवा आन्तरिक निधियों से नव-प्रवर्त्तन के लिए वित्त की व्यवस्था की जाएगी, तो कीमतों में स्फीतिकारी वृद्धि नहीं होगी। परिणामत:, हो सकता है कि अल्परोजगारयुक्त अर्थव्यवस्था में ऐसा नवप्रवर्त्तन, जिसके लिए वित्त की व्यवस्था स्वैच्छिक बचतों के माध्यम से की जाती है, चक्र को उत्पन्न ही न कर पाए।

5. *पूर्ण रोजगार की अवास्तविक मान्यता (Unrealistic Assumption of Full Employment)*-शूम्पीटर का विश्लेषण इस अयथार्थिक पूर्वधारणा पर आधारित है कि शुरू में संसाधन पूर्ण रोजगार युक्त होते हैं। परन्तु तथ्य यह है कि पुनरुत्थान के समय संसाधन बेरोजगार होते हैं। इस प्रकार हो सकता है कि नवप्रवर्त्तन के द्वारा श्रम तथा अन्य संसाधनों को पुराने उद्योगों से न खींचा जा सके। इस प्रकार नवप्रवर्त्तन के प्रतियोगितामूलक प्रभाव से लागतें तथा कीमतें नहीं बढ़ेंगी। क्योंकि पूर्ण रोजगार एक नियम नहीं अपितु अपवाद मात्र है, इसलिए शूम्पीटर के सिद्धान्त को व्यापार-चक्रों की सही व्याख्या नहीं माना जा सकता।

4. केन्ज़ का व्यापार चक्र सिद्धान्त
(Keynes' Theory of the Trade Cycle)

केन्ज़ का व्यापार-चक्र सिद्धान्त[1] उसके आय, उत्पादन तथा रोजगार विषयक सिद्धान्त का अभिन्न अंग है। व्यापार-चक्र आय, उत्पादन तथा रोजगार के आवर्ती (periodic) उतार-चढ़ाव होते हैं। केन्ज मानता है कि व्यापार चक्र का प्रमुख कारण 'पूँजी की सीमान्त उत्पादकता में चक्रीय परिवर्तन है जोकि भले ही पेचीदा होता है और जिसे अर्थव्यवस्था के अन्य महत्वपूर्ण अल्पकालीन चरों में सम्बद्ध परिवर्तन प्रायः गम्भीर बना देते हैं।'

केन्ज़ के अनुसार मंदी तथा बेरोजगार का प्रमुख कारण है, समस्त मांग का अभाव। समस्त माँग बढ़ाकर पुनरुत्थान किया जा सकता है और उपभोग अथवा/तथा निवेश बढ़ाकर समस्त मांग बढ़ायी जा सकती है। क्योंकि अल्पकाल में उपभोग तो स्थिर रहता है, इसलिए निवेश बढ़ाकर पुनरुत्थान किया जा सकता है। इसी प्रकार अवनति का प्रमुख कारण है, निवेश होने वाली कमी। इस प्रकार, व्यापार-चक्र की केन्ज़ीय व्याख्या में हेन्सन के शब्दों में ''चक्र वस्तुतः निवेश की दर में उतार-चढ़ाव पर निर्भर करता है और निवेश की दर में उतार-चढ़ाव लाने का प्रमुख कारण पूँजी की सीमान्त उत्पादकता में होने वाले उतार-चढ़ाव रहते हैं।'[2] पूँजी की सीमान्त उत्पादकता, पूँजी परिसम्पत्तियों की पूर्ति कीमत तथा उनके प्रत्याशित प्रतिफल पर निर्भर करती है। क्योंकि अल्पकाल में पूँजी परिसम्पत्ति की पूर्ति कीमत स्थिर रहती है, इसलिए पूँजी की सीमान्त उत्पादकता को पूँजी परिसम्पत्ति के प्रत्याशित प्रतिफल निर्धारित करेंगे, जो आगे व्यापार प्रत्याशाओं पर निर्भर रहेंगे। ब्याज की दर में उतार-चढ़ाव भी निवेश की दर में उतार-चढ़ाव उत्पन्न करते हैं। परन्तु केन्ज़ ने चक्रीय उतार-चढ़ाव के प्रमुख कारण के रूप में पूँजी की सीमान्त उत्पादकता में उतार-चढ़ाव को अधिक महत्व दिया है।

केन्ज़ीय चक्र का क्रम स्पष्ट करने के लिए हम पहले प्रसार की अवस्था लेते हैं। प्रसार-अवस्था में पूँजी की सीमान्त उत्पादकता अधिक होती है। व्यापारी लोग आशावादी होते हैं। निवेश की दर तेजी से बढ़ती है। परिणामतः उत्पादन, रोजगार और आय में वृद्धि होती है। निवेश में प्रत्येक वृद्धि के परिणामस्वरूप आय में गुणक प्रभाव के माध्यम से, कई गुणा वृद्धि होती है। इस प्रकार, बढ़ते निवेश, आय तथा रोजगार की संचयी प्रक्रिया तब तक चलता रहती है जब तक व्यापारिक तेजी नहीं आ जाती।

ज्यों-ज्यों तेजी बढ़ती है त्यों-त्यों पूँजी की सीमान्त उत्पादकता, दो कारणों से गिरने लगती है। प्रथम, ज्यों-ज्यों पूँजीगत वस्तुओं का लगातार उत्पादन होता है, त्यों-त्यों उस पर चालू प्रतिफल घटता जाता है। दूसरे, साथ-साथ माल और श्रम की कमियों तथा अड़चनों के कारण नई पूँजी वस्तु की चालू लागतें बढ़ती जाती हैं। ''इस प्रकार पूँजी वस्तुओं के भावी प्रतिफलों के चालू आशावादी अनुमान का भ्रम टूटता जाता है। पूँजी की सीमान्त उत्पादकता का पतन तेजी से तरलता अधिमान में तीव्र वृद्धि ला देता है। इससे ब्याज की दर बढ़ जाती है, और इस प्रकार स्थिति गम्भीर हो जाती है। परन्तु व्यापारी जगत का अनियंत्रित एवं अवज्ञापूर्ण मनोविज्ञान पूँजी की सीमान्त उत्पादकता के चक्रीय उतार-चढ़ावों को अधिक प्रचण्ड बना देता है।''

अवनति में, पूँजी की सीमान्त उत्पादकता गिरने और ब्याज की दर बढ़ने के कारण निवेश गिर जाता है। इसके परिणामस्वरूप आय तथा रोजगार में, गुणक के उल्टे प्रचालन के माध्यम से, संचयी पतन प्रारंभ हो जाता है। फिर, हो सकता है कि पूँजी की सीमान्त उत्पादकता में पतन, उपभोग फलन को नीचे की ओर सरका दे और इस प्रकार जल्दी मंदी ले आए। चक्र की अवनति, जो संकट एवं मन्दी लाती है–-की व्याख्या के रूप में केन्ज ने ब्याज की दर में वृद्धि की अपेक्षा पूँजी की सीमान्त उत्पादकता के आकस्मिक पतन को अधिक महत्व दिया है।

आर्थिक प्रणाली का पतन तो सहसा हो जाता है परन्तु **पुनरुत्थान** में समय लगता है। यह उन साधनों पर निर्भर करता है जो पूँजी की सीमान्त उत्पादकता का पुनरुत्थान करते हैं। पुनरुत्थान शुरू होने से पहले कितना समय गुजरे, यह अंशतः अर्थव्यवस्था की संवृद्धि की सामान्य दर के आकार पर और अंशतः पूँजी वस्तुओं के जीवनकाल पर निर्भर करता है। टिकाऊ परिसम्पत्तियों का जीवन काल जितना कम होगा मंदी भी उतने ही कम समय तक रहेगी; और फिर संवृद्धि की दर जितनी तेज़ होगी, मंदी उतने ही कम समय तक रहेगी। एक और साधन, जो मंदी की अवधि को शासित करता है, ''बेशी भंडार की ढुलाई-लागतें (carrying costs of surplus stocks) हैं। केन्ज के अनुसार, 'मंदी के दौरान बेशी भंडार की ढुलाई लागत कदाचित ही 10 प्रतिशत वार्षिक से कम होती है। इसलिए,

---

1. J. M. Keynes, *op.cit.*, Ch. 22.
2. A. H. Hansen, *A Guide to Keynes*, p. 213.

कुछ वर्षों तक स्टॉक में निवेश तब तक बन्द रहेगा जब तक बेशी भंडार समाप्त नहीं हो जाते। निराशावाद का स्थान आशावाद ले लेता है। पूँजी की सीमान्त उत्पादकता बढ़ती है। नए निवेश होने लगते हैं। पुनरुत्थान शुरू हो जाता है।

आलोचनाएं (Criticisms)

व्यापार-चक्र के पूर्व सिद्धान्तों की तुलना में केन्ज का सिद्धान्त अधिक श्रेष्ठ है क्योंकि ''यह व्यापार चक्र के सिद्धान्त से इस दृष्टि से बढ़कर है कि यह रोजगार में परिवर्तनों की चक्रीय प्रकृति से एकदम स्वतन्त्र रहकर रोजगार के स्तर की सामान्य व्याख्या प्रस्तुत करता है।'' परन्तु ऐसे आलोचकों की कमी नहीं हैं जिन्होंने उसमें भी दोष निकाले हैं।

1. *प्रत्याशाओं पर अनावश्यक बल (Unnecessary Emphasis on Expectations)*-केन्ज की इस बात के लिए आलोचना हुई है कि उसने प्रत्याशाओं को व्यापार-चक्र के अपने विश्लेषण का आधार बनाया है। वास्तव में उसने पूँजी की सीमान्त उत्पादकता को प्रभावित करने में प्रत्याशाओं पर बहुत बल दिया है। प्रो. हार्ट (Hart) के अनुसार, केन्ज ने व्यापार प्रत्याशाओं के परिवर्तनों के संबंध में पूर्वानुमान के लिए 'रूढ़ि' (convention) पर भरोसा किया है और प्रत्याशित एवं वास्तविक तर्क का सामना करने में असमर्थ रहा है। रूढ़िगत उपकल्पना पर भरोसा करने के कारण केन्ज की प्रत्याशाओं की धारणा व्यर्थ एवं अयथार्थिक बन गई है। प्रो. ओज़गा (Ozga) के अनुसार, ''प्रत्याशाओं पर ध्यान देने की कोई जरूरत नहीं। व्यापारी लोगों से ऐसे आचरण की आशा की जाती है मानो वे अपनी स्थितियों का प्रत्याशाओं से नहीं अपितु अवलोकनीय (observable) आंकड़ों से समायोजन कर रहे हों।''

2. *पीगू के मनोवैज्ञानिक सिद्धांत से भिन्न नहीं (Not Different from Pigou's Psychological Theory)*-केन्ज मानता है कि व्यापार-चक्र का मुख्य कारण पूंजी की सीमान्त उत्पादकता में होने वाले उतार-चढ़ाव हैं। आगे पूँजी की सीमान्त उत्पादकता निवेश की दर को निर्धारित करती है और निवेश सम्बन्धी निर्णय व्यापारियों अथवा उत्पादकों के मनोविज्ञान पर निर्भर करते हैं। इस प्रकार केन्ज का सिद्धान्त भी पीगू के व्यापार-चक्र के मनोवैज्ञानिक सिद्धान्त से बहुत भिन्न नहीं है।

3. *पूंजी की सीमांत उत्पादकता में पतन संकट की सही व्याख्या नहीं (Fall in MEC is not a correct Explanation of Crisis)*-केन्ज ने पूँजी की सीमान्त उत्पादकता में आकस्मिक पतन को अवनति के लिए उत्तरदायी ठहराया है। प्रो. हैज़लिट के अनुसार, ''क्योंकि पूँजी की सीमान्त उत्पादकता शब्द अस्पष्ट एवं धूमिल है, इसलिए केन्ज द्वारा प्रस्तुत की गई पूँजी सीमान्त उत्पादकता के संकट की व्याख्या या तो बेकार स्वयंसिद्ध है, या फिर स्पष्टतः गलत है।''

4. *पूर्ण सिद्धांत नहीं (Not a complete Theory)*-केन्ज के व्यापार-चक्र के सिद्धान्त की एक और कमजोरी यह है कि इसके कुछ चर, जैसे प्रत्याशाएँ, पूँजी की सीमान्त उत्पादकता और निवेश, व्यापार चक्र की विभिन्न अवस्थाओं की व्याख्या नहीं कर पाते। प्रो. डिल्लर्ड के शब्दों में, ''यह व्यापार चक्र का पूर्ण सिद्धान्त नहीं है क्योंकि यह व्यापार चक्र कि विभिन्न अवस्थाओं का विभिन्न विवरण प्रस्तुत करने का कोई प्रयत्न नहीं करता।''

5. *तथ्यात्मक प्रमाण का अभाव (Lacking in Factual Proof)*-प्रो. सोलनियर (Saulnier) ने केन्ज के *Notes on the Trade Cycle* की आलोचना करते हुए कहा है कि उसमें तथ्यात्मक प्रमाण का अभाव है। उसका मत है कि केन्ज ने अपने अनुमानों को तथ्यों की कसौटी पर परखने का कोई प्रयत्न नहीं किया। प्रो. डिल्लर्ड ने इस दोष की ओर वहाँ भी संकेत किया है जहाँ उसने लिखा है कि केन्ज ने ''व्यापार-चक्र के आनुभविक आँकड़ों का बारीकी से विश्लेषण नहीं किया है।''

6. *एकांगी सिद्धांत (One-sided Theory)*-केन्ज के सिद्धान्त की एक बड़ी भूल यह है कि उसमें त्वरण-नियम को छोड़ दिया गया है। इससे उसका सिद्धान्त एकांगी बन गया है क्योंकि उसकी व्याख्या गुणक के नियम के इर्द-गिर्द ही केन्द्रित है। जैसाकि सर जॉन हिक्स ने लक्ष्य किया है, ''त्वरण का सिद्धान्त तथा गुणक का सिद्धान्त उसी प्रकार उतार-चढ़ाव के सिद्धान्त के पक्ष में है, जैसे माँग का सिद्धान्त तथा पूर्ति का सिद्धान्त, मूल्य के सिद्धान्त के दो पक्ष हैं।''

5. फ्रीडमैन का व्यापार-चक्र सिद्धान्त (Friedman's Theory of Business Cycles)

फ्रीडमैन और श्वार्टज[1] ने यू.एस.ए. ऐतिहासिक आंकड़ों के आधार पर यह तर्क दिया है कि व्यापार चक्र अधिकांशतः मूल रूप में

---

1 M. Friedman and A. W. Schwartz, *"Money and Business Cycles"*, R.E.S. (Supplement), 1963.

मौद्रिक होते हैं। यह मुद्रा भंडार ही होता है जो अनुकूल चक्रीय व्यवहार दर्शाता है और यह आर्थिक क्रिया में चक्रीय उतार-चढ़ावों से विस्तृत तौर पर तथा निकटता से संबंधित होता है। जहां तक मुद्रा-भंडार और आर्थिक क्रिया में कारण संबंध है, उनके बारे में वे निम्न सामान्यीकरण बताते हैं:

(i) आर्थिक क्रिया में परिवर्तन हमेशा मुद्रा-भंडार में होने वाले परिवर्तनों के साथ होते हैं; *(ii)* उन मुद्रा-भंडारों में भारी परिवर्तन नहीं होता है जिनके साथ आर्थिक क्रिया में परिवर्तन न हुआ हों; और *(iii)* मुद्रा-भंडारों में होने वाले परिवर्तन आर्थिक क्रिया में होने वाले परिवर्तनों की अपेक्षा बाहरी कारकों के विशिष्ट रूपों के कारण होते हैं। इस प्रकार, मुद्रा-भंडार में होने वाले परिवर्तन आर्थिक क्रिया में होने वाले परिवर्तनों के परिणाम और स्वतंत्र कारण दोनों है। परन्तु जब एक बार ऐसे परिवर्तन हो जाते हैं तो वे इस पर आर्थिक क्रिया पर और प्रभाव उत्पन्न करते हैं। इस बारे में काफी प्रमाण हैं कि व्यापार चक्रों के दौरान मुद्रा-भंडार लगभग पूरी तरह से स्वतंत्र भूमिका निभाता है।

अपने पहले एक लेख में फ्रीडमैन ने इस बात पर बल दिया है कि पश्चता (lags) की धारणा व्यवसाय चक्र से संबंधित है। ये चक्र अधिकांशतः मूल रूप में मौद्रिक होते हैं। एक मौद्रिक परिवर्तन विभिन्न आर्थिक व्यापकताओं को प्रभावित करता है। इसमें से कुछ अन्यों की अपेक्षा अधिक तेजी से समायोजित हो जाते हैं और इस कारण आर्थिक क्रिया-कलापों में अव्यवस्था उत्पन्न हो जाती है और परिणामस्वरूप व्यापार चक्रों में वृद्धि होती है। इस प्रकार फिशर के शब्दों में यह कहा जा सकता है कि "यह चक्र लगभग पूरी तरह "डालर का नृत्य" हैं।

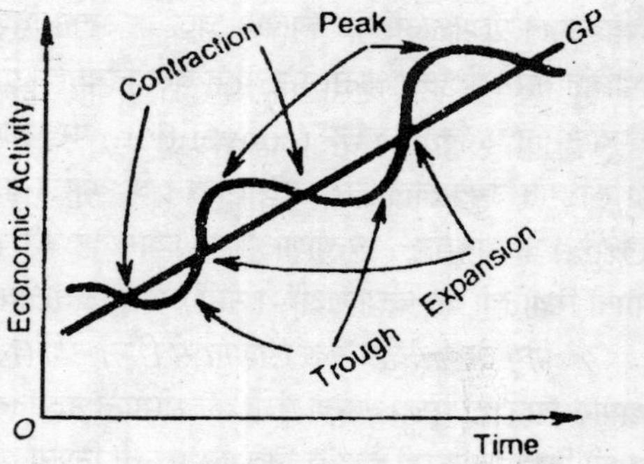

चित्र 3

विशाल यू. एस. ए. ऐतिहासिक आर्थिक उतार-चढ़ाव में मुद्रास्फीतिक और गहन मंदी चक्र शामिल है। फ्रीडमैन और श्वार्टज के अनुसार, "आनुभविक प्रमाण ऊपर बताए गए सामान्यीकरण के औचित्य को प्रतिपादित करते हैं। ये प्रमाण दर्शाते हैं कि मुद्रा-भंडार ने दशकों से एक व्यवस्थापूर्ण चक्रीय पद्धति प्रदर्शित की है। मुद्रा-भंडार सामान्यतया चक्रों के "निर्देशन" (reference) से पहले अपने शिखर (peak) पर पहुँच जाता है। इसी प्रकार, यह "निर्देशन" गर्त (trough) से पहले अपने अपकर्ष (downswing) पर पहुँच जाता है। मुद्रा भंडार की वृद्धि और आर्थिक क्रिया के स्तर में मोड़-बिन्दुओं के बीच पश्चता के एक अनुमान से यह पता चलता है कि1927 और 1970 के बीच के सात चक्रों के दौरान मुद्रा-भंडार में परिवर्तन के शिखर औसतन 20 माह से नीचे आने से पहले निर्देशन चक्र शिखरों (आर्थिक क्रिया श्रृंखलाओं में) से पहले होते हैं और मुद्रा-भंडार की परिवर्तन-दर में अपकर्ष ऊपर की ओर जाने से पूर्व लगभग औसतन 11 माह से निर्देशन अपकर्षों से पहले होते हैं। आर्थिक क्रिया की पश्चता अपकर्षों की अपेक्षा शिखरों के लिए कुछ अधिक होती है। इन दशकों में मुद्रा-भंडार में दृढ़ दीर्घकालिक परिवर्तन हुए हैं। दूसरी ओर, **गहन**-मंदी चक्रों में मुद्रा में काफी गिरावट आई है। परन्तु **हल्की**-मंदी में मुद्रा भंडार की वृद्धि दर में किसी वास्तविक गिरावट की अपेक्षा काफी मंदी हुई है।

सामान्य चक्र में एक संकुचन अवस्था होती है जिसमें आर्थिक क्रिया चक्र के अपकर्ष तक पहुंच जाती है और इसके बाद प्रसार होकर यह क्रिया चक्र के शिखर तक पहुंच जाती है। ये चक्र दीर्घकाल में दीर्घकालिक वृद्धि पथ पर GP पर अधिरोपित (super impose) कर दिए जाते हैं; जैसाकि सामने चित्र 3 में दर्शाया गया है।

उपरोक्त विश्लेषण के आधार पर फ्रीडमैन और श्वार्टज ने दो प्रस्थापनाओं की ओर इंगित किया है: *पहली,* आर्थिक क्रिया अथवा मुद्रा आय की वृद्धि दर में पर्याप्त परिवर्तन करने के लिए मुद्रा भंडार की वृद्धि में काफी परिवर्तन आवश्यक तथा सम्पूर्ण शर्त है। *दूसरी,* दीर्घकालीन परिवर्तनों और कालावधियों में व्यापार चक्रों की लंबाई में होने वाले परिवर्तनों के लिए सच है।

इसके अलावा फ्रीडमैन और श्वार्टज ने यह भी कहा है कि मुद्रा-आय में अधिक लम्बी अवधि के परिवर्तनों की ओर ले जाने वाले मुद्रा-भंडार की वृद्धि दर के दीर्घकालीन परिवर्तन उत्पादन की विभिन्न कीमत-गतिविधियों में परिलक्षित होते हैं। दूसरी ओर, मुद्रा-भंडार की वृद्धि दर में अल्पकालीन परिवर्तन उत्पादन की वृद्धि दर पर पर्याप्त प्रभाव डालते हैं। 'केन्जीय' निवेश गुणक के विरोधाभास में 'मुद्रा गुणक' की अपेक्षाकृत अधिक स्थिरता के कारण फ्रीडमैन और श्वार्टज उपरोक्त निष्कर्षों पर पहुँचे हैं। उनके अनुसार, अल्पकालीन कालावधियों में मुद्रा की मात्रा में पर्याप्त विस्तार के साथ मुद्रास्फीति का पाया जाना प्रमुख निकट स्रोत है। अल्पकालीन कालावधियों

में मुद्रा की मात्रा में हुआ पर्याप्त संकुचन भारी आर्थिक संकुचन लाने में प्रमुख कारक रहे हैं। मुद्रा की मात्रा में चक्रीय परिवर्तन साधारण धीमे व्यापार चक्र में भलीभांति एक महत्वपूर्ण तत्व हो सकता है।

आगे फ्रीडमैन और श्वार्टज ने उस तंत्र (mechanism) का वर्णन किया है जो व्यापार चक्र की ओर ले जाने वाले मौद्रिक-परिवर्तन लाता है। उन्होंने अपने संचरण (transmission) तंत्र को गतिमान संतुलन की स्थिति के वर्णन से शुरू किया है जिसमें वास्तविक प्रति व्यक्ति आय, मुद्रा भंडार और कीमत-स्तर नियत वार्षिक दरों पर परिवर्तित हो रहे हैं। मान लो कि केन्द्रीय बैंक प्रतिभूतियां खरीदकर खुले बाजार प्रचालनों द्वारा बाजार में मुद्रा भंडार में वृद्धि करता है। गैर-बैंक विक्रेता और वाणिज्यिक बैंक अपनी निवेश-सूचियों को पुनः समायोजित करने का प्रयास करेंगे। वाणिज्यिक बैंक अपने आरक्षणों को बढ़ाकर अधिक मुद्रा का निर्माण करेंगे जिससे उच्च क्षमतायुक्त मुद्रा भंडार की वृद्धि में प्रसारण होगा। दूसरी ओर, नकदी के गैर-बैंक धारक अधिक जोखिम वाले कूपन, इक्विटी, वास्तविक सम्पत्ति इत्यादि जैसी अन्य प्रतिभूतियों को खरीदना शुरू कर देंगे। इस कारण इन परिसम्पत्तियों की कीमतें बढ़ जायेंगी। चूंकि यह प्रक्रिया जारी रहती है, इसलिए प्रारम्भिक प्रभाव समूची अर्थव्यवस्था में फैल जाएंगे। परिसम्पत्तियों के लिए बढ़ी हुई मांग कभी न कभी फैल जाएगी जिससे इक्विटीज, मकानों, टिकाऊ उत्पादक वस्तुओं, टिकाऊ उपभोक्ता वस्तुओं इत्यादि की कीमतें प्रभावित होंगी। इन सबसे परिसम्पत्तियों, उत्पादक तथा उपभोक्ता वस्तुओं की कीमतें भी बढ़ जाएंगी। लोग मकानों को खरीदने की अपेक्षा किराये पर रहने जैसी प्रवृत्ति की ओर उन्मुख होंगे। इससे सेवाओं की कीमतें बढ़ जाएंगी। इन प्रभावों से परिसम्पत्तियों के सम्पूर्ण क्षेत्र पर ब्याज दर बढ़ जाएगी। अन्ततः ब्याज दर में बिना किसी परिवर्तन के सभी प्रकार के व्यय में वृद्धि हो जाएगी। "ब्याज दरें और परिसम्पत्ति कीमतें वास्तव में ऐसी वाहक नाली है जिसके जरिए मौद्रिक परिवर्तनों का व्यय में प्रसारण ज्यों-का-त्यों ठीक वैसे ही हो जाता है जैसाकि किसी जलाशय में अधिक जल का प्रवेश थोड़े अंतराल के बाद जल की निकासी को बढ़ा देता है जबकि जलाशय के जल-स्तर में कोई परिवर्तन नहीं होता है।" ये सभी शाक्तियां एक साथ कार्य करती हैं और ये चक्रीय उतार-चढ़ाव कहलाते हैं।

संचरण का यह स्पष्टीकरण व्यापार चक्र की आनुभविक टिप्पणियों के साथ सही सिद्ध होता है। प्रारम्भ में, मुद्रा भंडार की वृद्धि दर में वृद्धि संकुचन चरण में शीघ्र हो जाती है। इसका पहला प्रभाव वित्तीय बाजार पर होता है जहां सर्वप्रथम बांड्स, फिर इक्विटीज और केवल बाद में वास्तविक संसाधनों का भुगतान प्रभावित होगा। वित्तीय बाजार अपकर्ष के काफी पहले पुनः प्रवर्तित होता है। यही सब ऐतिहासिक रूप से हुआ है।

एक संतुलन-पथ से दूसरे संतुलन-पथ के संक्रमण (transition) की इस गतिशील प्रक्रिया में चक्रीय उतार समायोजन प्रक्रिया निहित है। मुद्रा भंडार के बहिर्जात उतार-चढ़ाव से वस्तुओं और सेवाओं की मांग में उतार-चढ़ाव आएंगे। इसके अलावा अंतर्जात चक्र भी हो सकता है। मांग में वृद्धि से कीमतें भी बढ़ जाती हैं। यदि वास्तविक मुद्रा संतुलनों को नए कीमत-स्तर तक के समायोजन में पश्चता है तो प्रारम्भिक निवेश सूची अत्यधिक बढ़ जाएगी। इस प्रकार, मांग में प्रारम्भिक वृद्धि के बाद मांग में गिरावट आयेगी। परिणामतः अवमंदित (damped) चक्र होगा।

फ्रीडमैन के अनुसार, पश्चताएं (lags) व्यापार में एक महत्वपूर्ण भूमिका निभाती हैं। आर्थिक उतार-चढ़ाव का विस्तार निर्भर करता है: *पहले,* आर्थिक व्यवस्था को प्रभावित करने वाले आयाम, समय ढांचा, संख्या और बाधाओं की स्वतंत्रता पर। *दूसरे,* बाधाओं के प्रति आर्थिक व्यवस्था के प्रतिक्रिया तंत्र पर। ये पश्चता लम्बे हो सकते हैं क्योंकि मौद्रिक बाधाओं के प्रभाव बढ़ी हुई कालावधियों में वितरित किए जाते हैं। अल्पपश्चता की अपेक्षा दीर्घ पश्चता से बाधाओं की अधिक लम्बी अवमंदिता हो सकती है। इस प्रकार, परिणामतः उतार-चढ़ाव अपेक्षाकृत छोटे विस्तार वाले होते हैं। मुद्रा-भंडार की परिवर्तन-दर में शिखरों और गर्तों के पीछे आर्थिक क्रिया में पश्चताएं एक समान नहीं हैं। फ्रीडमैन इस आनुभविक प्रमाण के आधार पर यह निष्कर्ष निकालता है कि आर्थिक क्रिया के स्तर को प्रभावित करने वाले मुद्रा-भंडार की दर में होने वाले परिवर्तनों से युक्त पश्चताएं दीर्घ और परिवर्तनशील दोनों होती हैं।

आलोचनाएं (Criticisms)

अर्थशास्त्रियों ने फ्रीडमैन के मुद्रा और व्यापार-चक्र के सिद्धान्त की निम्न आधार पर आलोचना की है।

1. आर्थिक क्रिया में परिवर्तन केवल मौद्रिक परिवर्तनों के कारण नहीं (Monetary Changes not the only cause of Changes in Economic Activity)—फ्रीडमैन ने यह तर्क दिया है कि यह मौद्रिक परिवर्तन ही है जो आर्थिक क्रिया में परिवर्तन करते हैं। परन्तु

आलोचकों का कहना है कि कारण–कार्य की दिशा इसके बिल्कुल विपरीत है। यह व्यापार क्रिया के स्तर में होने वाले परिवर्तन है जो मुद्रा भंडार की वृद्धि दर में परिवर्तन का कारण बनते हैं।

2. मौद्रिक परिवर्तन व्यापार चक्रों का मुख्य कारण नहीं (Monetary Changes not the main cause of Business Cycles)— इस सिद्धान्त के अनुसार, मौद्रिक परिवर्तन व्यापार चक्रों का मुख्य कारण होते हैं। परन्तु वास्तविकता यह है कि व्यापार चक्र अन्य बहिर्जात कारकों के कारण होते हैं। मौद्रिक परिवर्तन अन्य कारकों में एक कारक तो हो सकता है परन्तु यह नहीं कि केवल इसी कारक के कारण व्यापार चक्र होते हैं।

3. शिखरों और गर्तों की समय पश्चताएं दीर्घ और परिवर्ती नहीं (Time Lags of Peaks and Troughs not Long and Variable)—फ्रीडमैन के अनुसार, व्यापार–चक्रों में आर्थिक परिवर्तनों की तुलना में मुद्रा भंडार की परिवर्तन दर में शिखरों और गर्तों की समय पश्चताएं दीर्घ और परिवर्तनशील दोनों होती हैं। प्रो. कलबर्टसन दो कारणों से इस प्रमाण को दोषपूर्ण मानता है। *पहला,* "मुद्रा भंडार में एक श्रृंखला में मोड़ बिन्दुओं को आर्थिक क्रिया के अन्य मोड़ बिन्दुओं से संबंधित करता है। *दूसरा,* इसका तात्पर्य यह है कि मौद्रिक परिवर्तन एक बहिर्जात परिवर्तन होते हैं और यह कि कारण–कार्य संबंध केवल मौद्रिक परिवर्तन से आर्थिक परिवर्तन की ओर जाता है। वस्तुत: कारण–कार्य संबंध अन्य दिशाओं में भी जाता है।

इन आलोचनाओं के बावजूद इस बात से इन्कार नहीं किया जा सकता कि व्यापार–चक्रों का एक महत्वपूर्ण कारण 'डालर का नृत्य' है।

6. सैम्यूल्सन का व्यापार–चक्र मॉडल
(Samuelson's Trade Cycle Model)

प्रो. सैम्यूल्सन[1] ने एक अवधि समयपश्चता (one period lag) *MPC* (α) और त्वरक (β) के विभिन्न मूल्य मानकर, पांच विभिन्न प्रकार के व्यापार–चक्रों से संबंधित एक गुणक–त्वरक मॉडल निर्मित किया है। सैम्यूल्सन मॉडल यह है :

$$Y_t = G_t + C_t + I_t \qquad \ldots (i)$$

जहां Y_t राष्ट्रीय आय (Y) है, t समय पर, जो कि सरकारी व्यय G_t, उपयोग व्यय C_t तथा प्रेरित निवेश I_t का कुल जोड़ है

$$C_t = \alpha\ Y_{t-1} \qquad \ldots (ii)^*$$

$$I_t = \beta\,(C_t - C_{t-1}) \qquad \ldots (iii)$$

समीकरण (2) को समीकरण (3) में प्रतिस्थापित करने से हमें प्राप्त होता है:

$$I_t = \beta\,(\alpha Y_{t-1} - \alpha Y_{t-2})$$

$$I_t = \beta\,\alpha Y_{t-1} - \beta\,\alpha\,Y_{t-2} \qquad \ldots (iv)$$

$$G_t = 1 \qquad \ldots (v)$$

समीकरण (2), (4) और (5) को समीकरण (1) में प्रतिस्थापित करने से हमें प्राप्त होता है:

$$ÖÖÖÖÖY_t = 1 + \alpha Y_{t-1} + \beta\,\alpha\,Y_{t-1} - \beta\,\alpha\,Y_{t-2} \qquad \ldots (vi)$$

$$= 1 + \alpha (Y_{t-1} + \beta Y_{t-1}) - \beta\,\alpha\,Y_{t-2}$$

$$= 1 + \alpha\,(1+\beta)\,Y_{t-1} - \beta\,\alpha\,Y_{t-2} \qquad \ldots (vii)$$

सैम्यूल्सन के अनुसार, "यदि हमें दो अवधियों की राष्ट्रीय आय ज्ञात हो, तो अगली अवधि की राष्ट्रीय आय, भारित जोड़ (weighted sum) लेकर, आसानी से निकाली जा सकती है। भार, निस्सन्देह, सीमान्त उपभोग प्रवृत्ति के साथ सम्बन्ध के चुने गए

1. Paul A Samuelson, "Interactions between the Multiplier Analysis and Principle of Acceleration," *The Review of Economic Statistics,* May 1963, reprinted in *Readings in Macro-economics* (ed). M. G. Mueller.

* अवधि t में उपभोग की पिछली अवधि $(t-1)$ को आय का फलन माना गया है।

मूल्यों पर निर्भर करेंगे। यह मानकर कि सीमान्त उपभोग प्रवृत्ति का मूल्य शून्य से अधिक और एक से कम ($0<\alpha<1$) एवं त्वरक का मूल्य शून्य से अधिक ($\beta>0$) है, सैम्यूल्सन पांच प्रकार के चक्रीय उतार–चढ़ाव की व्याख्या करता है जिनका सारांश तालिका 1 में दिया गया है।

स्थिति 1 सैम्यूल्सन के चक्रहीन पथ (cycleless path) को व्यक्त करती है क्योंकि यह केवल गुणक प्रभाव पर आधारित है और त्वरक इसमें कोई कार्य नहीं करता। इसे चित्र 39.4 (A) में दिखाया गया है।

स्थिति 2 परिमन्दित चक्रीय पथ (damped cyclical path) को व्यक्त करती है, जो स्थैतिक गुणक स्तर के गिर्द उतरता चढ़ता है और धीरे–धीरे उस स्तर तक बैठ जाता है जैसा कि चित्र 39.4 (B) में दिखाया गया है।

तालिका 1 : सैम्यूल्सन का परस्पर क्रिया माडल

स्थिति	*मूल्य*	*चक्र का व्यापार*
1.	$\alpha = .5, \beta = 0$	चक्रहीन पथ
2.	$\alpha = .5, \beta = 1$	परिमन्दित उतार–चढ़ाव
3.	$\alpha = .5, \beta = 2$	स्थिर विस्तार के उतार--चढ़ाव
4.	$\alpha = .5, \beta = 3$	विस्फोटात्मक चक्र
5.	$\alpha = .5, \beta = 4$	चक्रहीन विस्फोटात्मक पथ

स्थिति 3 स्थिर विस्तार (constant amplitudes) वाले चक्रों को व्यक्त करती है, जो स्वयं के गुण--स्तर के गिर्द बार–बार घूमते हैं। यह स्थिति चित्र 39.4 (C) में दिखाई गयी है।

स्थिति 4 प्रति–परिमन्दित (anti-damped) अथवा विस्फोटात्मक चक्रों (explosive cycles) को प्रकट करती है। इसके लिए देखिए चित्र 39.4 (D)।

स्थिति 5 चक्रहीन विस्फोटात्मक ऊपर जाता पथ (cycleless explosive upward path) से सम्बन्ध रखती है, जो अन्ततः वृद्धि की चक्रवृद्धि ब्याज दर तक पहुंच जाता है, जैसा चित्र 4 (E) में दिखाया गया है।

जिन पांच स्थितियों की ऊपर व्याख्या की गई है, उनमें से केवल तीन स्थितियों, नं. 2, 3, और 4 की ही प्रकृति चक्रीय है। परन्तु उन्हें घटाकर केवल दो ही रख ली जा सकती हैं क्योंकि स्थिर विस्तार से सम्बंध रखने वाली स्थिति नं. 3 अनुभव में नहीं आई है। जहां तक परिमन्दित चक्रों की स्थिति नं. 2 का सम्बंध है, ये यद्यपि नियमित रूप से तो नहीं, पर पिछली आधी शताब्दी में धीमे रूप से घटित होती रही हैं। ''सामान्यतः युद्धकालीन अवधि के मुकाबले युद्धोत्तर अवधि में चक्र अपेक्षाकृत परिमन्दित रहे हैं।'' वे परिणाम हैं ''ऐसे झटकों के—जिन्हें अव्यवस्थित झटके (erratic shocks) कहा जा सकता है—जो ऐसे बहिर्जात साधनों से उत्पन्न होते हैं जैसे युद्ध, फसलों में परिवर्तन, आविष्कार, इत्यादि जिनके ''पर्याप्त स्थिरता से आने की आशा की जा सकती है।''[1] परन्तु उनके परिमाण को मापना संभव नहीं है।

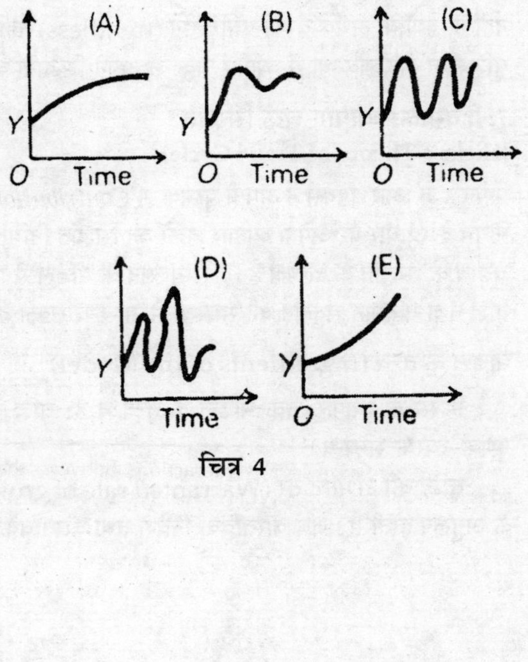

चित्र 4

1. J.A. Estey, *Business Cycles*, 1956.

विस्फोटात्मक चक्रों की स्थिति नं. 4 अतीत (past) में नहीं मिलती। उन चक्रों के अभाव का कारण उन बहिर्जात आर्थिक साधनों का परिणाम है, जो उतार-चढ़ाव को सीमित करते हैं। पर हिक्स ने मूल्यों की मान्यता लेकर व्यापार चक्र का मॉडल निर्मित किया है, जो शिखरों तथा तलों द्वारा नियंत्रित व्यापार चक्रों का प्रतिपादन करता है।

समीक्षात्मक मूल्यांकन (Critical Appraisal)

गुणक तथा त्वरक की परस्पर क्रिया का बहुत बड़ा गुण यह है कि यह अकेले गुणक अथवा त्वरक की तुलना में राष्ट्रीय आय को बहुत अधिक तेजी से बढ़ाती है। यह न केवल व्यापार-चक्रों की व्याख्या के लिए बल्कि स्थिरीकरण नीति (stabilisation policy) के मार्गदर्शक के रूप में भी एक उपयोगी औजार है। जैसा प्रो. कुरिहारा ने लक्ष्य किया है, ''सीमान्त उपभोग प्रवृत्ति (एक से कम होने) की धारणा पर आधारित गुणक विश्लेषण से मिलकर ही त्वरक नियम व्यापार चक्र विश्लेषण के उपयोगी औजार के रूप में तथा व्यापार चक्र नीति के लाभदायक मार्गदर्शक के रूप में काम करता है।'' गुणक तथा त्वरक इकट्ठे मिलकर चक्रीय उतार-चढ़ाव उत्पन्न करते हैं। त्वरक का मूल्य (β) जितना ही अधिक होगा, **विस्फोटात्मक चक्र** की संभावना भी उतनी ही अधिक होगी। गुणक का मूल्य (α) जितना ही अधिक होगा, **चक्रहीन पथ** की संभावना उतनी ही अधिक होगी। हम प्रो. एस्टे (Prof. Estey) के साथ सहमत होते हुए निष्कर्ष रूप में कह सकते हैं: ''गुणक तथा त्वरक का संयोग चक्रीय उतार-चढ़ाव उत्पन्न करने की क्षमता रखता प्रतीत होता है। अकेला गुणक किसी भी दिये हुए प्रोत्साहन से कोई चक्र नहीं उत्पन्न करता बल्कि आय के स्थिर स्तर तक, केवल धीमी वृद्धि प्रदान करता है, जिसे उपभोग की प्रवृत्ति निर्धारित करती है परन्तु यदि त्वरण के नियम को प्रवर्तित कर दिया जाए, तो परिणाम यह होता है कि उतार-चढ़ाव का क्रम प्रारम्भ हो जाता है, जिसे गुणक-स्तर कहा जा सकता है। त्वरक पहले कुल आय को इस स्तर से ऊपर ले जाता है, परन्तु जैसे आय की वृद्धि की दर घटती है, त्वरक निम्न-मोड़ प्रवर्तित कर देता है जो कुल आय को गुणक स्तर से नीचे ले जाता है, तब फिर ऊपर, और इसी प्रकार क्रम चलता रहता है।

सीमाएं (Limitations)

गुणक-त्वरक परस्पर क्रिया के इन प्रत्यक्ष उपयोगों के बावजूद प्रस्तुत विश्लेषण की अपनी सीमाएं हैं।

(1) सैम्यूल्सन ने जिन विभिन्न चक्रों की व्याख्या की है, उनकी अवधि की लम्बाई के सम्बन्ध में वह मौन है।

(2) प्रस्तुत विश्लेषण यह मान लेता है कि उपभोग की सीमान्त प्रवृत्ति (α) तथा त्वरक (β) स्थिर हैं, परन्तु वास्तव में वे आय के स्तर के साथ-साथ परिवर्तित होते हैं। अत: यह छोटे उतार-चढ़ावों के अध्ययन पर ही लागू हो सकता है।

(3) प्रस्तुत मॉडल में जिन चक्रों की व्याख्या की गई है, वे प्रवृत्तिहीन अर्थव्यवस्था में स्थिर स्तर के गिर्द ही घूमते हैं। यह वास्तविक नहीं है, क्योंकि अर्थव्यवस्था प्रवृत्तिहीन (trendless) नहीं होती बल्कि वृद्धि की प्रक्रिया में रहती है। इसी का परिणाम है कि हिक्स ने वृद्धिशील अर्थव्यवस्था में व्यापार चक्र के अपने सिद्धान्त का निर्माण किया।

7. हिक्स का व्यापार-चक्र सिद्धांत
(Hicks's Theory of Trade Cycle)

प्रोफेसर जे. आर. हिक्स ने अपनी पुस्तक *A Contribution to the Theory of the Trade Cycle* में गुणक-त्वरक परस्पर-क्रिया के नियम के आधार पर अपना व्यापार चक्रों का सिद्धांत निर्मित किया है। उसके लिए ''त्वरण का सिद्धांत तथा गुणक का सिद्धान्त उतार-चढ़ाव के सिद्धांत के दो पक्ष हैं।'' सैम्यूल्सन के मॉडल से भिन्न, जो लघु उतार-चढ़ाव के अध्ययन पर लागू होता है, हिक्स का मॉडल वृद्धि तथा गतिमान संतुलन की समस्या से सम्बन्ध रखता है।

मॉडल के तत्त्व (Ingredients of the Model)

हिक्स के व्यापार-चक्र माडल के तत्त्व ये हैं: वृद्धि की अभीष्ट दर, उपभोग फलन, स्वायत्त निवेश, प्रेरित-निवेश फलन तथा गुणक-त्वरक सम्बन्ध।

वृद्धि की अभीष्ट दर (Warranted rate of growth) वह दर है, जो अपने-आपको बनाए रखेगी। यह बचत-निवेश संतुलन के अनुरूप होती है। जब वास्तविक निवेश तथा वास्तविक बचत एक ही समान दर से हो रही हो तो कहा जाता है कि अर्थव्यवस्था

अभीष्ट दर से वृद्धि कर रही है। हिक्स के अनुसार गुणक-त्वरक परस्पर क्रिया ही है, जो अभीष्ट वृद्धि दर के गिर्द आर्थिक उतार-चढ़ाव का मार्ग प्रशस्त करती है।

उपभोग फलन $C_t = \alpha Y_{t-1}$ का रूप लेता है। अवधि t में उपभोग को पिछली अवधि $(t-1)$ की आय (Y) का फलन माना जाता है। इस प्रकार आय से उपभोग पीछे रह जाता है और गुणक को समयपश्चता सम्बन्ध (lagged relation) समझा जाता है।

स्वायत्त निवेश, उत्पादन के स्तर में परिवर्तनों से स्वतन्त्र होता है, अतः यह अर्थव्यवस्था की वृद्धि से नहीं सम्बद्ध होता।

दूसरी ओर, प्रेरित निवेश उत्पादन के स्तर में परिवर्तनों पर निर्भर रहता है, अतः यह अर्थव्यवस्था की वृद्धि दर का फलन होता है। हिक्स के मॉडल में त्वरक, प्रेरित निवेश पर आधारित है, जो गुणक के साथ मिलकर ऊपरी मोड़ (upturn) लाता है। हिक्स ने त्वरक को यों परिभाषित किया है कि यह प्रेरित निवेश का आय में वृद्धि से अनुपात है।

गुणक तथा त्वरक के स्थिर मूल्यों में दिये हुए होने पर 'लीवर प्रभाव' (leverage effect) ही आर्थिक उतार-चढ़ाव के लिए उत्तरदायी होता है।

मॉडल की मान्यताएं (Assumptions of the Model)

व्यापार-चक्र का हिक्सीय सिद्धान्त निम्न मान्यताओं पर आधारित है:

(1) हिक्स मान लेता है कि अर्थव्यवस्था प्रगतिशील है जिसमें स्वायत्त निवेश स्थिर दर से इस तरह बढ़ता है ताकि अर्थव्यवस्था गतिमान संतुलन में रहे।

(2) बचत तथा निवेश गुणांक (co-efficients) काल पर्यन्त (over time) ऐसे ढंग से बदलते हैं कि संतुलन पथ से ऊपर की ओर विस्थापन (displacement) संतुलन से दूर समयपश्चता गति (lagged movement) ला देता है।

(3) हिक्स मान लेता है कि गुणक तथा त्वरक के मूल्य स्थिर हैं।

(4) अर्थव्यवस्था उत्पादन के पूर्ण रोजगार स्तर से आगे नहीं विस्तार कर सकती। इस प्रकार 'पूर्ण रोजगार सीमा,' अर्थव्यवस्था के ऊपर की ओर गति पर प्रत्यक्ष नियंत्रण का काम करती है।

(5) अवनति (downswing) में त्वरक का कार्यकरण अर्थव्यवस्था की नीचे की ओर गति पर अप्रत्यक्ष नियंत्रण प्रदान करता है। त्वरक में कमी की दर को मूल्यह्रास की दर अवनति में सीमित करती है।

(6) क्योंकि यह मान लिया गया है कि उपभोग तथा प्रेरित निवेश समयपश्चता के साथ कार्यकरण करते हैं, इसलिए गुणक तथा त्वरक के बीच सम्बन्ध समयान्तर ढंग से किया जाता है।

(7) यह मान लिया गया है कि औसत पूंजी-उत्पादन अनुपात (v) इकाई से अधिक है और कि कुल निवेश शून्य से नीचे नहीं गिरता। इस प्रकार चक्र स्वाभाविक रूप से विस्फोटात्मक है, परन्तु वे अर्थव्यस्था के शिखरों और तलों (ceilings and floors) के भीतर रहते हैं।

हिक्स का मॉडल (The Hicksian Model)

हिक्स अपने व्यापार-चक्र सिद्धान्त को चित्र 5 से स्पष्ट करता है। रेखा AA स्थिर दर से बढ़ते हुए **स्वायत** निवेश के मार्ग को व्यक्त करती है। EE उत्पादन का संतुलन स्तर है, जो AA पर निर्भर है और इस पर गुणक-त्वरक परस्पर क्रिया लागू करके इसी से निकाला जाता है। रेखा FF संतुलन मार्ग EE के ऊपर पूर्ण रोजगार शिखर स्तर है और स्वायत्त निवेश की स्थिर दर से बढ़ रहा है। LL उत्पादन का निम्न संतुलन पथ है, जो तल (floor) अथवा मंदी (slump) संतुलन रेखा को व्यक्त करता है।

हिक्स संतुलन पथ EE पर चक्रहीन स्थिति P_0 से प्रारम्भ करता है, जब स्वायत्त निवेश की दर में वृद्धि से आय बढ़ने लगती है। परिणामतः गुणक तथा त्वरक के संयुक्त कार्यकरण द्वारा उत्पादन तथा आय की वृद्धि अर्थव्यवस्था को विस्तार पथ पर P_0 से ऊपर की ओर P_1 पर ले जाती है। हिक्स के अनुसार, प्रस्तुत उत्कर्ष अवस्था (upswing phase) स्टैण्डर्ड चक्र से सम्बद्ध रहती है, जो गुणक तथा त्वरक के दिए हुए मूल्यों के कारण विस्फोटात्मक स्थिति उत्पन्न करेगा। परन्तु पूर्ण रोजगार स्तर FF द्वारा नियत उपरि-सीमा (upper limit) अथवा शिखर (ceiling) के कारण ऐसा नहीं हो पाता है। इस सम्बन्ध में हिक्स लिखता है: ''मैं केन्ज का अनुसरण करते हुए यह मान लेता हूं कि कोई बिन्दु ऐसा रहता है जिस पर प्रभावी मांग में वृद्धि के प्रत्युत्तर में उत्पादन बेलोच बन जाता है।'' इस

प्रकार पूर्ति की कुछ अड़चनें प्रकट हो जाती हैं, जो उत्पादन को शिखर पर पहुंचने से रोकती हैं और उसकी बजाय P_1 पर उपरि सीमा से मिलती हैं।

जब अर्थव्यवस्था P_1 पर पूर्ण रोजगार शिखर का स्पर्श करती है तो वह समय की कुछ अवधि के लिए शिखर के साथ रेंगती चलेगी और अवनति (downswing) तुरन्त नहीं प्रारम्भ हो जाएगी। निवेश समयपश्चता (lag) की अवधि पर निर्भर करते हुए अर्थव्यवस्था शिखर के साथ-साथ चलेगी। निवेश समयपश्चता जितना अधिक होगा, अर्थव्यवस्था उतनी ही शिखर पथ के साथ-साथ चलेगी। क्योंकि चक्र की पिछली अवस्था की सापेक्षता में इस स्तर पर आय घट रही है, इसलिए निवेश की मात्रा घट जाती है। निवेश की इतनी मात्रा अर्थव्यवस्था को शिखर स्तर पर रखने के लिए अपर्याप्त है और नीचे की ओर झुकाव शुरू हो जाता है।

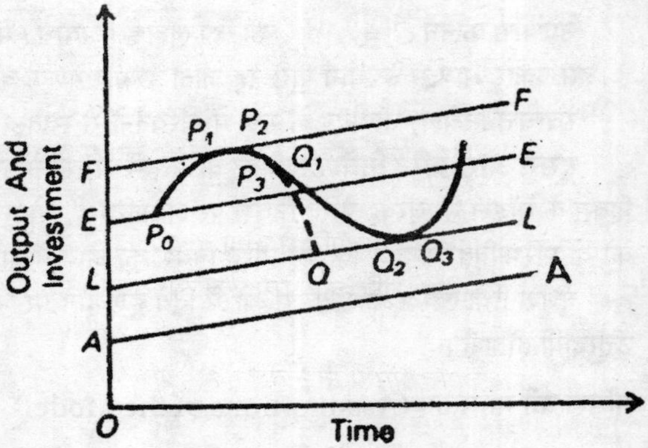

चित्र 5

अवनति (downswing) के दौरान गुणक-त्वरक यंत्र उलटा चलता है, घटता हुआ निवेश आय को घटाता है, घटी हुई आय निवेश को घटाती है और इसी प्रकार क्रम आगे बढ़ता चलता है। यदि त्वरक लगातार इसी प्रकार काम करता चले तो उत्पादन निश्चय ही संतुलन स्तर *EE* के नीचे की ओर गिर जाएगा और इसका कारण अपेक्षाकृत अधिक सीमा तक वही विस्फोटात्मक प्रवृत्तियां होंगी जिनसे यह उससे ऊपर बढ़ी थी। इस अवस्था में उत्पादन में पतन प्रपाती (*steep*) ढालू हो सकता है, जैसा कि P_1P_2Q द्वारा दिखाया गया है। परन्तु अवनति में त्वरक उतनी तेजी से नहीं काम करता जितना कि उत्कर्ष (upswing) में। यदि मंदी उग्र होगी, तो प्रेरित निवेश शीघ्रता से गिरकर शून्य हो जाएगा और त्वरक का मूल्य शून्य बन जाएगा। निवेश में कमी की दर को मूल्यह्रास की दर सीमित करती है। इस प्रकार अर्थव्यवस्था में निवेश की कुल मात्रा, स्वायत्त निवेश **घटा** मूल्यह्रास की स्थिर दर, के बराबर होती है। क्योंकि स्वायत्त निवेश हो रहा है, इसलिए उत्पादन में पतन बहुत धीमे होगा और तेजी (boom) की अपेक्षा मंदी बहुत लम्बी होगी जैसा कि Q_1Q_2 द्वारा प्रकट किया गया है। Q_2 पर, अवपात रेखा *LL* द्वारा प्रदान किए गए तल पर पहुंच जाती है। अर्थव्यवस्था Q_2 से तुरन्त ऊपर की ओर नहीं मुड़ पाती बल्कि अवपात संतुलन रेखा *LL* के साथ-साथ Q_3 तक चलेगी क्योंकि अर्थव्यवस्था में अतिरिक्त क्षमता है। अन्तत: जब सारी अतिरिक्त क्षमता समाप्त हो जाएगी, तो स्वायत्त निवेश आय को बढ़ाएगा, जिससे आगे प्रेरित निवेश बढ़ेगा ताकि त्वरक चालू हो जाए जो गुणक के साथ अर्थव्यवस्था को फिर शिखर की ओर ले जाएगा। इस तरीके से अर्थव्यवस्था में चक्रीय प्रक्रिया की आवृत्ति होती चलेगी।

आलोचनाएं (Criticisms)

ड्यूसनबरी (Duesenberry), स्मिथीज (Smithies) तथा अन्य अर्थशास्त्रियों ने व्यापार-चक्र के हिक्स के सिद्धान्त की निम्न आधारों पर कटु आलोचना की है।

(1) गुणक का मूल्य स्थिर नहीं (Value of Multiplier not Constant)—हिक्स का मॉडल मान लेता है कि व्यापार-चक्र की विभिन्न अवस्थाओं के दौरान गुणक मूल्य स्थिर रहता है। यह केन्ज के स्थिर उपभोग फलन पर आधारित है। परन्तु यह मान्यता वास्तविक नहीं है। **फ्रीडमैन** (Friedman) ने अनुभवजन्य प्रमाण के आधार पर सिद्ध किया है कि सीमान्त उपभोग प्रवृत्ति, आय में चक्रीय परिवर्तनों के अनुपात में, स्थिर नहीं रहती। इस प्रकार चक्र की विभिन्न अवस्थाओं में गुणक का मूल्य परिवर्तित होता रहता है।

(2) त्वरक का मूल्य स्थिर नहीं (Value of Accelerator not Constant)—हिक्स की आलोचना इसलिए भी की गई है कि उसने चक्र की विभिन्न अवस्थाओं के दौरान त्वरक का मूल्य स्थिर मान लिया है। त्वरक की स्थिरता पहले से स्थिर पूंजी-उत्पादन अनुपात मानकर चलती है। ये मान्यताएं अयथार्थिक हैं क्योंकि प्रौद्योगिकीय कारकों, निवेश की प्रकृति तथा संरचना, पूंजी वस्तुओं की पक्वनावधि इत्यादि के कारण पूंजी-उत्पादन अनुपात स्वयं परिवर्तनशील है। इसलिए प्रो. लुण्डबर्ग (Lundberg) ने सुझाव दिया है कि व्यापार-

चक्रों को समझने की यथार्थिक पद्धत्ति के लिए त्वरक में स्थिरता की मान्यता छोड़ दी जाए।[1]

(3) स्वायत्त निवेश निरन्तर नहीं (Autonomous Investment not Continuous)—हिक्स मान लेता है कि चक्र की विभिन्न अवस्थाओं में सतत गति से निरन्तर स्वायत्त निवेश होता रहता है। यह मान्यता अयथार्थिक है क्योंकि मंदी में वित्तीय संकट स्वायत्त निवेश को उसके सामान्य स्तर से नीचे गिरा सकता है। फिर, जैसा कि शूम्पीटर ने लक्ष्य किया है, यह भी संभव है कि प्रौद्योगिकीय नवप्रवर्त्तन के कारण स्वयं स्वायत्त निवेश में उतार-चढ़ाव होते रहें।

(4) वृद्धि केवल स्वायत्त निवेश परिवर्तनों पर निर्भर नहीं (Growth not dependent only on Changes in Autonomous Investment)—हिक्स से मॉडल का एक और दोष है कि वृद्धि को स्वायत्त निवेश में परिवर्तनों पर निर्भर बना दिया गया है। संतुलन पथ से स्वायत्त निवेश का तीव्रगति से होना वृद्धि लाता है। स्वायत्त निवेश का, प्रो. **स्मिथीज**[2] के अनुसार, वृद्धि का स्रोत व्यवस्था के भीतर स्थित होना चाहिए। वृद्धि को अस्पष्ट बाह्य साधन पर आरोपित करके हिक्स व्यापार चक्र की पूर्ण व्याख्या प्रदान करने में असफल रहा है।

(5) स्वायत्त और प्रेरित निवेश में भेद युक्तियुक्त नहीं (Distinction between Autonomous and Induced Investment not Feasible)—**डयूसनबरी**[3] तथा **लुण्डबर्ग** जैसे आलोचक लक्ष्य करते हैं कि स्वायत्त तथा प्रेरित निवेश के बीच हिक्स द्वारा किया गया भेद व्यवहार में युक्तियुक्त नहीं है। जैसा कि लुण्डबर्ग ने लक्ष्य किया है कि प्रत्येक निवेश अल्पकाल में स्वायत्त होता है और स्वायत्त निवेश की अधिकांश मात्रा दीर्घकाल में प्रेरित बन जाती है। यह भी संभव है कि किसी विशिष्ट निवेश का कुछ भाग स्वायत्त हो और कुछ भाग प्रेरित, जैसा कि मशीनरी की स्थिति में। अत: स्वायत्त तथा प्रेरित निवेश के इस भेद की सार्थकता व्यवहार में संदेहास्पद है।

(6) शिखर मंदी के प्रारम्भ की पर्याप्त व्याख्या करने में असफल (Ceiling fails to Explain Adequately the onset of Depression)—हिक्स ने व्यापार-चक्र के शिखर अथवा ऊपरी सीमा की जो व्याख्या की है, उसके लिए भी हिक्स की आलोचना की गई है। **डयूसनबरी** के अनुसार, शिखर मंदी के शुरू होने की समुचित व्याख्या करने में असमर्थ रहता है। बहुत हुआ तो यह वृद्धि को रोका जा सकता है परन्तु मन्दी नहीं ला सकता। साधनों की न्यूनता निवेश में आकस्मिक पतन और इस प्रकार मंदी नहीं ला सकती। अमरीका में 1953–54 की व्यापारिक मन्दी प्रस्तुत तथ्य को सिद्ध करती है। फिर, अमरीका में 1873–1921 के बीच की मंदी साधनों की कमी के कारण नहीं आई थी।[4] इससे भी आगे, जैसा कि स्वयं हिक्स ने स्वीकार किया है, मौद्रिक साधनों के कारण पूर्ण रोजगार शिखर आने से पहले ही मन्दी शुरू हो सकती है।

(7) तल एवं निम्न मोड़ बिन्दु की व्याख्या विश्वासप्रद नहीं (Explanation of Floor and Lower Turning Point not Convincing)—तल तथा निम्न मोड़ बिन्दु की हिक्सीय व्याख्या भी विश्वासप्रद नहीं है। हिक्स के अनुसार स्वायत्त निवेश ही है, जो धीरे-धीरे तल की ओर गति प्रदान करता है और फिर तल पर स्वायत्त निवेश में वृद्धि से ही निम्न मोड़ बिन्दु आता है। हैरड (Harrod) ने इस तर्क पर भी संदेह प्रकट किया है कि मन्दी के तल पर स्वायत्त निवेश बढ़ेगा। मन्दी तो स्वायत्त निवेश को प्रोत्साहित करने की बजाय कम कर सकती है। और फिर, हिक्स का यह तर्क भी अनुभवजन्य प्रमाण से नहीं सिद्ध हो सका है कि अतिरिक्त क्षमता के समाप्त हो जाने पर पुनरुत्थान (revival) शुरू हो जाएगा। रैण्डिंग फैल (Rending Fel) द्वारा किए गए 19वीं शताब्दी के अमरीकी व्यापार-चक्रों के अध्ययन से स्पष्ट हो गया है कि अतिरिक्त क्षमता के समाप्त होने का कारण पुनरुत्थान नहीं हुआ था बल्कि कुछ स्थितियों में तो पुनरुत्थान तभी शुरू हो गया था, जबकि अतिरिक्त क्षमता विद्यमान थी।[5]

(8) पूर्ण रोजगार स्तर उत्पादन-पथ से स्वतन्त्र नहीं (Full Employment Level not Independent of Output-path)—हिक्स के मॉडल के विरुद्ध एक और आपत्ति यह उठाई गई है कि हिक्स द्वारा परिभाषित पूर्ण रोजगार शिखर उत्पादन-पथ से स्वतंत्र है। **डर्नबर्ग** तथा **मैकडूगल** के अनुसार, पूर्ण रोजगार स्तर का उन साधनों के परिमाण पर निर्भर करता है, जो देश में उपलब्ध हैं। जब किसी अवधि में पूंजी स्टॉक बढ़ता है, तो शिखर ऊपर चला जाता है। ''क्योंकि वह दर जिस पर उत्पादन बढ़ता है उस दर को निर्धारित करती

1. E. Lundberg, "The Stability of Economic Growth," *J.E.P.*, No. 8, 1958.
2. A. Smithies, "Economic Fluctuations and Growth" *Econometrica*, January, 1957.
3. J.S. Duesenberry, *Business Cycles and Economic Growth*, 1958.
4. J.S. Duesenberry, *Business Cycles and Economic Growth*, 1958.
5. Quoted in E. Lundberg, *op. cit.*

है जिस पर पूंजी स्टाक परिवर्तित होता है, इसलिए उत्पादन शिखर स्तर बदलता रहेगा, जो उत्पादन के समय-पथ पर निर्भर करेगा। इसलिए हम दीर्घकालीन पूर्ण रोजगार प्रवृत्ति को उससे पृथक नहीं कर सकते, जो व्यापार-चक्र में घटित होता है।''[6]

(9) विस्फोटात्मक चक्र वास्तविक नहीं (Explosive Cycle not Realistic)—हिक्स ने अपने मॉडल में मान लिया है कि औसत पूंजी-उत्पादन अनुपात *(v)* एक वर्ष या इससे कम समयपश्चता के लिए इकाई से अधिक है। इस प्रकार उसके माडल में विस्फोटात्मक चक्र पाये जाते हैं। परन्तु अनुभवजन्य प्रमाण सिद्ध करता है कि उत्पादन में परिवर्तन से निवेश का प्रत्युत्तर (response) कई अवधियों पर फैला रहता है। परिणामत: विस्फोटात्मक चक्रों की बजाय परिमन्दित चक्र (damped cycle) रहे हैं।

(10) व्यापार-चक्र की यान्त्रिक व्याख्या (Mechanical Explanation of Trade Cycle)—हिक्स के सिद्धान्त की एक और गम्भीर परिसीमा यह है कि यह व्यापार-चक्र की यांत्रिक व्याख्या प्रस्तुत करता है। इसका कारण यह है कि यह सिद्धान्त गुणक-त्वरक परस्पर-क्रिया पर आधारित है जिसमें प्रत्येक विकास, जो अतित में होता रहा है, भविष्य में परिवर्तन लाता है और **क्रमबद्ध** रूप से ऐसा तब तक चलता रहता है, जब तक कि चक्र न पूरा हो जाए और नया चक्र शुरू न हो जाए। इस प्रकार यह यान्त्रिक ढंग की व्याख्या है जिसमें मानव के निर्णय, व्यापार प्रत्याशाएं एवं निर्णय कोई काम नहीं करते। निवेश एक महत्वपूर्ण कार्य करता है, जो निर्णय पर आधारित होने की बजाय एक फार्मूले पर आधारित है।

(11) संकुचन अवस्था विस्तार अवस्था से लम्बी नहीं (Contraction Phase not Longer than Expansion Phase)— हिक्स की आलोचना इस बात के लिए भी की गई है कि उसने कहा है कि व्यापार-चक्र की विस्तार-अवस्था की अपेक्षा संकुचन अवस्था अधिक लम्बी होती है। परन्तु युद्धोत्तरकालीन चक्रों के वास्तविक व्यवहार ने स्पष्ट कर दिया है कि व्यापार-चक्र की विस्तारशील अवस्था उसकी संकुचनशील अवस्था की अपेक्षा बहुत अधिक लम्बी होती है।

निष्कर्ष (Conclusion)

हिक्स के माडल की इन प्रत्यक्ष दुर्बलताओं के बावजूद यह कहा जा सकता है कि व्यापार-चक्रों के मोड़ बिन्दुओं की संतोषजनक व्याख्या करने के लिए प्रस्तुत माडल पिछले सभी सिद्धान्तों से श्रेष्ठ है। प्रो. डर्नबर्ग तथा मैकडूगल के शब्दों में निष्कर्ष दिया जा सकता है कि—''हिक्स का माडल, विश्लेषण के एक लाभदायक ढांचे का काम देता है जो, कुछ संशोधनों के साथ वृद्धि के ढांचे के भीतर चक्रीय उतार-चढ़ाव का पर्याप्त सुन्दर चित्र प्रदान करता है। यह विशिष्ट रूप से इस बात पर बल देने का काम करता है कि ऐसी पूंजीवादी अर्थव्यवस्था में, जिसकी विशिष्टता टिकाऊ पूंजी पदार्थों की पर्याप्त मात्रा है, विस्तार के बाद अनिवार्यत: संकुचन की अवधि आती है. . . . हिक्स का मॉडल इस तथ्य को भी लक्ष्य करता है कि तकनीकी प्रगति तथा अन्य सशक्त वृद्धि साधनों के अभाव में अर्थव्यवस्था मंदी में काल की दीर्घ अवधियों के लिए निष्क्रिय हो जाएगी।'' प्रस्तुत मॉडल अच्छी से अच्छी दशा में सुझाव देता है।

8. काल्डर का व्यापार-चक्र सिद्धांत
(Kaldor's Theory of Trade Cycle)

निकोलस काल्डर ने बचत और निवेश की केन्जीय शब्दावली के आधार पर व्यापार-चक्र के मॉडल का निर्माण किया। उसके अनुसार चक्र दबावों का प्रभाव है जो अर्थव्यवस्था की नियोजित बचत और निवेश को समानता की ओर ले जाता है। वास्तव में, नियोजित बचत और निवेश का अन्तर चक्र को लाता है। परन्तु चक्र केवल तभी संभव है जब बचत और निवेश अरेखीय (non-linear) हों।

चित्र 6 (A) और (B) लीजिए जहां I और S संतुलन के आय-स्तर Y_0 पर समान हैं। परन्तु प्रत्येक स्थिति एक एकल (single) संतुलन स्थिति होती है। चित्र के भाग A में Y_0 के आगे जहां $I > S$ हैं अस्थिर संतुलन की स्थिति है क्योंकि ऐसी स्थिति असीमित प्रसार, पूर्ण रोजगार और अति स्फीति को लाएगी। दूसरी ओर, यदि $S > I$ तो यह स्थिति Y_0 के बाईं ओर नीचे की गति होने पर शून्य उत्पादन और रोजगार तथा अर्थव्यवस्था के पतन को लाती है, जैसा कि चित्र के भाग (B) भाग में दर्शाया गया है। काल्डर रेखीय बचत और निवेश फलनों को छोड़ देता है क्योंकि ये चक्र को उत्पन्न करने में असमर्थ हैं। इनकी बजाय वह अरेखीय बचत और निवेश फलनों को अपनाता है।

---

6. T. F. Dernburg and D. M. McDougall, *Macroeconomics,* p. 323.

एक अरेखीय निवेश फलन I को चित्र 7 में दर्शाया गया है। जैसे–जैसे अर्थव्यवस्था प्रसार अवस्था की ओर अग्रसर होती है, जिसे I वक्र के साथ–साथ बाईं ओर की गति द्वारा दिखाया गया है, जहां I वक्र लगभग सपाट है। इसका अभिप्राय है कि आय के निम्न स्तर पर अप्रयुक्त क्षमता है तथा शुद्ध निवेश शून्य है। परन्तु जब प्रसार प्रारंभ हो जाता है तब संचित पूँजी का ऋणात्मक प्रभाव, उत्पादन एवं लाभ के ऊँचे स्वरों की अपेक्षा निवेश निर्णयों पर अधिक शक्तिशाली होता है। इसके विपरीत आय के ऊँचे स्तर पर जब अर्थव्यवस्था संकुचन अवस्था में प्रवेश करती है तो I वक्र फिर सपाट होता है और शुद्ध निवेश कम होता है क्योंकि लागत में बढ़ोतरी, बढ़ती हुई लागतें तथा उधार लेने की कठिनाइयों में वृद्धि उत्पादकों को और तेजी से प्रसार करने से रोकेगी। इससे उत्पादन में वृद्धि की दर धीमी पड़ जाती है। इसका तात्पर्य है कि वर्तमान पूँजी स्टॉक और क्षमता चालू उत्पादन से अधिक है। यह स्थिति निवेश को और कम करती है। अत: आय में गिरावट होती है तथा संचयी प्रभाव से अर्थव्यवस्था संकुचन की अवस्था में प्रवेश करती है।

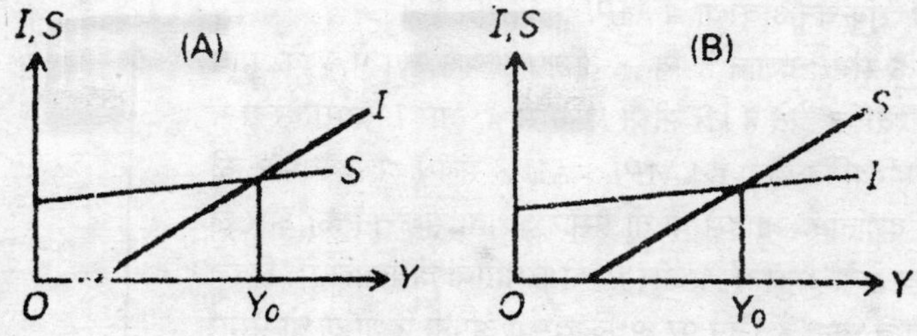

चित्र 6

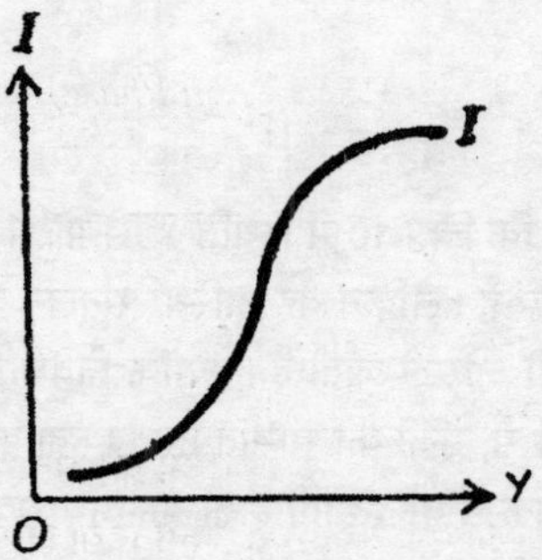

चित्र 7

इसी प्रकार अरेखीय बचत फलन चित्र 8 में दिखाया गया है। आय के बहुत नीचे स्तर पर बचत बहुत कम हो जाती है तथा यह ऋणात्मक भी हो सकती है। इस प्रकार, प्रसार की अवस्था के दौरान MPS अधिक होती है। आय के सामान्य स्तरों पर, बचत में वृद्धि कम दर से होगी। इसे S वक्र के मध्य भाग द्वारा दिखाया गया है। परन्तु आय के बहुत ऊँचे स्तर पर बचतें बहुत अधिक होंगी तथा लोग अपनी आय का एक बड़ा भाग बचाएंगे।

चक्र तभी दिखायी देता है जब अरेखीय बचत और निवेश वक्र इकट्ठे लाए जाते हैं, जैसाकि चित्र 9 में। चित्र A, B और C स्थितियों पर बहु–संतुलनों को दर्शाता है। इनमें से A और B स्थिर स्थितियां हैं तथा C अस्थिर स्थिति है। C और B स्थितियों के बीच तथा A स्थिति के नीचे, $I > S$ यह आय के स्तर को ऊँचा करेगा। A और C स्थितियों के बीच और B स्थिति के ऊपर $S > I$ है, यह आय के स्तर को नीचा करेगी।

परन्तु A और B स्थितियां केवल अल्पकाल में स्थिर हैं। दीर्घकाल में ये स्थितियां अस्थिर होती हैं और चक्र का पथ दृष्टिगोचर होता है। इसके लिए कालडर ने पूँजी स्टॉक को एक अन्य चर के रूप में प्रयोग किया है जो बचत और निवेश के संबंधों पर प्रभाव डालता है। उसने बचत और निवेश दोनों को आय और पूँजी स्टॉक के फलन के रूप में लिया ताकि

$$S = f(Y, K)$$
$$I = f(Y, K)$$

$$\frac{dS}{IY} > 0, \quad \frac{dS}{dK} > 0$$

$$\frac{dI}{dY} > 0, \quad \frac{dI}{dK} < 0$$

और $$\frac{dI}{dY} > \frac{dS}{dY}$$

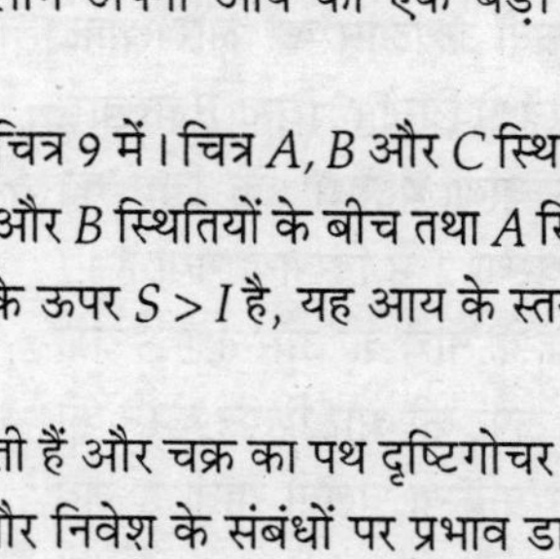

चित्र 8

अर्थात, संकुचन अवस्था में $MPI > MPS$.

ऊपर के संबंध दर्शाते हैं कि S और I प्रत्यक्ष रूप में Y के साथ धनात्मक परिवर्तित होते हैं। S सीधा K के साथ, और I विपरीत रूप में K के साथ परिवर्तित होता है। $MPI > MPS$ संबंध अर्थव्यवस्था की स्थिरता को दर्शाता है जो इसे या तो प्रसार अथवा संकुचन की ओर ले जाएगा। चित्र 4 के अनुसार A और B की स्थितियां दीर्घकाल में 'स्विच बिन्दु' हैं। ये वे बिन्दु हैं जिन पर अर्थव्यवस्था अपनी दिशा या तो प्रसार अथवा संकुचन की ओर परिवर्तित करती है। बिन्दु C दोनों दिशाओं की ओर अस्थिर होता है। जब बिन्दु C और B नजदीक आते हैं तो चक्र की प्रसार अवस्था प्रारंभ होती है। जब वे मिलते हैं तो प्रसार समाप्त होता है और संकुचन शुरू होता है। इसके विपरीत जब बिन्दु C और A नजदीक आते हैं तो संकुचन प्रारंभ होता है। जब वे मिलते हैं तो संकुचन समाप्त होता है और प्रसार शुरू होता है।

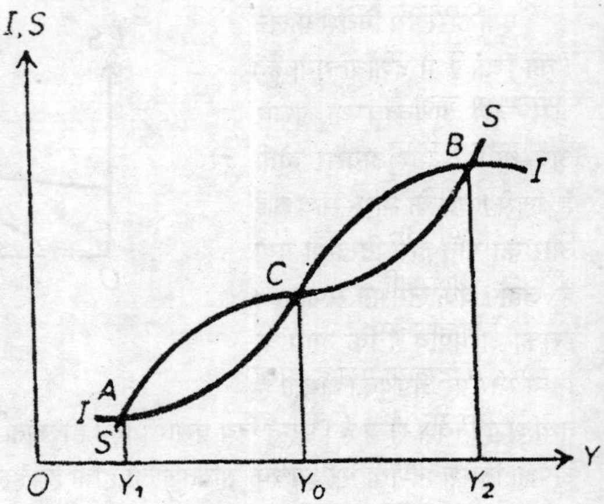

चित्र 9

प्रसार अवस्था (Expansion Phase)

काल्डर अपने व्यापार चक्र की प्रसार अवस्था को तीन अवस्थाओं में दर्शाता है। जैसा कि चित्र 10 में स्थिति Y_0 से प्रारंभ करने से अवस्था 1 जो कि चित्र 9 के समान है। मान लीजिए कि अर्थव्यवस्था बिन्दु C पर संतुलन में है। लेकिन यह अस्थिर संतुलन का बिन्दु है। C के ऊपर की ओर स्थानान्तरण दर्शाता है कि $I > S$ जो अर्थव्यवस्था को प्रसार पथ की ओर ले जाती है। क्योंकि निवेश दर ऊंची है, इसलिए अर्थव्यवस्था का पूंजी स्टॉक तीव्र दर से बढ़ता है। लेकिन पूँजी स्टॉक के बढ़ने से, पूंजी की सीमांत उत्पादकता कम होती है तथा निवेश वक्र नीचे की ओर शिफ्ट करता है। उसी समय जब अर्थव्यवस्था के पूंजी स्टाक में वृद्धि होती है तो यह अर्थव्यवस्था की आय में बढ़ोतरी करता है जिससे उसकी बचत बढ़ती है। अत: बचत वक्र ऊपर की शिफ्ट करता है। इस प्रकार, निवेश वक्र I के नीचे की ओर शिफ्ट करने तथा बचत वक्र S के ऊपर की ओर शिफ्ट करने से बिन्दु C बिन्दु B के पास आ जाता है जैसा कि चित्र की अवस्था 2 में दिखाया गया है। I वक्र के नीचे की ओर तथा S वक्र के ऊपर की ओर शिफ्ट करने की यह प्रक्रिया चलती रहती है जब तक कि दोनों वक्र एक दूसरे से स्पर्श नहीं करते तथा बिन्दु C और बिन्दु B मिलते नहीं हैं, जैसा चित्र की अवस्था 3 में दिखाया गया है। परन्तु इस स्थिति में दोनों दिशाओं में $S > I$, इसलिए नीचे की दिशा में यह एक अस्थिर असंतुलन की स्थिति है। यह अर्थव्यवस्था को नीचे की ओर ले जाती है जब तक कि अवस्था 3 में बिन्दु A नहीं पहुंचता।

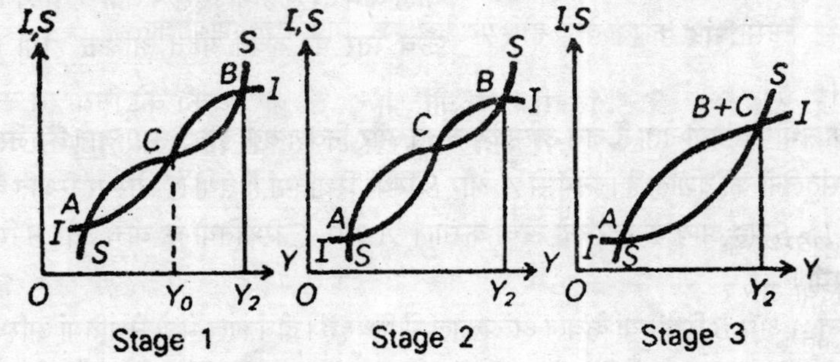

चित्र 10

संकुचन अवस्था (Contraction Phase)

व्यापार चक्र की संकुचन अवस्था को भी तीन अवस्थाओं में दिखाया गया है जैसा चित्र 11 में। हम स्थिति Y_1 से प्रारंभ करते हैं जो चित्र की अवस्था 4 में बिन्दु A के साथ मेल खाती है। यह अल्पकालीन स्थिर संतुलन का बिन्दु है लेकिन आय के बहुत निम्न स्तर का। परन्तु आय के इतने नीचे स्तर पर दीर्घकाल में अप्रयुक्त क्षमता के कारण पूँजी स्टॉक कम होता है तथा निवेश वक्र I ऊपर को शिफ्ट करता है। साथ ही बचत कम हो जाती है जो बचत वक्र को नीचे की ओर शिफ्ट कर देती है। इस प्रकार, I वक्र के ऊपर की ओर शिफ्ट

करने तथा S वक्र के नीचे की ओर शिफ्ट करने से A और C स्थितियां नजदीक आ जाती हैं जैसाकि चित्र की अवस्था 5 में दिखाया गया है। यह प्रक्रिया धीरे-धीरे चालू रहेगी जब तक कि I और S वक्र स्पर्श नहीं करते तथा स्थितियां A और C मिल नहीं जातीं जैसा कि चित्र में अवस्था 6 में दिखाया गया है। परन्तु Y_1 आय स्तर पर $A + C$ की यह स्थिति ऊपर की दिशा में अस्थिर है क्योंकि $I > S$ यह प्रसारात्मक प्रक्रिया की ओर ले जाएगी जब तक कि अर्थव्यवस्था बिन्दु B पर आय के ऊँचे स्तर Y_2 पर नहीं पहुंच जाती है। बिन्दु B से I तथा S वक्र धीरे-धीरे, चित्र 10 अवस्था 1 में दिखाई गई स्थितियों पर पहुँच जाएंगे, और चक्रीय प्रक्रिया पुन: प्रारम्भ हो जाती है। इस प्रकार, काल्डर की चक्रीय प्रक्रिया आत्मजनक (self-generating) है।

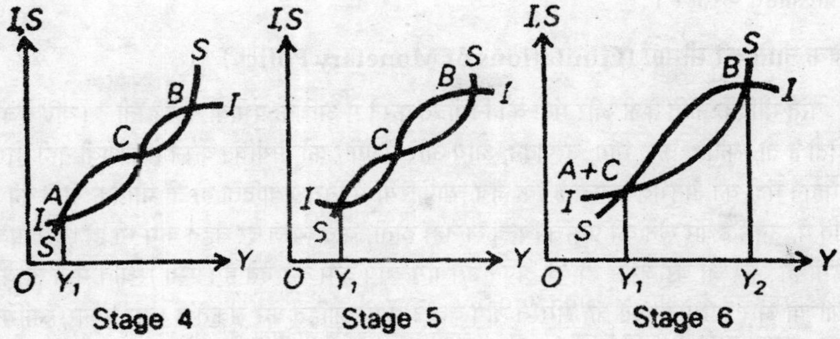

चित्र 11

काल्डर के अनुसार, वे शक्तियां जो नीचे की ओर मोड़ बिन्दु लाती हैं वे उच्चस्तर पर निश्चित नहीं होतीं। तेजी अपने-आप ही निश्चित रूप से समाप्त हो जाएगी। परन्तु मंदी स्थैतिक स्थिति में पड़ सकती है और वहीं रह सकती है जब तक कि बाह्य परिवर्तन (जैसे कि नये आविष्कारों की खोज या नई मार्किटों का खोलना) उसके बचाव पर नहीं आते।

फिर, काल्डर के माडल में चक्र समान लंबाई और अवधि के आवश्यक तौर से नहीं होते हैं और न ही प्रसार और संकुचन आवश्यक तौर से समरूपक होते हैं। वास्तव में, I और S वक्रों की ढलानों तथा चक्र की प्रत्येक अवस्था में वे किस दर से शिफ्ट करते हैं, इस पर निर्भर करते हैं।

काल्डर अपने व्यापार चक्र सिद्धान्त की व्याख्या करने में न तो त्वरण नियम और न ही मौद्रिक कारकों का प्रयोग करता है। साथ ही वह दर्शाता है कि किसी वृद्धि कारक के न होने पर कैसे एक व्यापार चक्र पाया जाता है।

5. स्थिरीकरण नीतियाँ या व्यापार-चक्रों को नियंत्रित करने के उपाय (STABILISATION POLICIES OR MEASURES TO CONTROL TRADE CYCLES)

एक अर्थव्यवस्था में उतार-चढ़ाव को नियंत्रित करने हेतु समय-समय पर अनेक उपाय सुझाए और कार्यान्वित किए जाते हैं। उनका उद्देश्य मंदियों और तेजियों के कुप्रभावों से बचने के लिए आर्थिक क्रिया का स्थिरीकरण करना होता है। इसके लिए निम्न तीन उपाय अपनाए जाते हैं:

1. मौद्रिक नीति (Monetary Policy)

व्यापारिक उतार-चढ़ाव को नियंत्रित करने के उपाय के रूप में मौद्रिक नीति एक देश के केन्द्रीय बैंक द्वारा परिचालित की जाती है। केंद्रीय बैंक साख की मात्रा और गुणवत्ता को नियंत्रित करने के लिए अनेक उपाय अपनाता है। तेजी में मुद्रा-पूर्ति के प्रसार को नियंत्रित करने हेतु वह बैंक दर को बढ़ाता है, खुले बाजार में प्रतिभूतियों को बेचता है, रिजर्व अनुपात में वृद्धि करता है और अनेक चयनात्मक साख नियंत्रण उपाय, जैसे सीमा आवश्यकताएँ बढ़ाना और उपभोक्ता साख को नियमन करना आदि, अपनाता है। अत: केंद्रीय बैंक महंगी मुद्रा नीति अपनाता है। व्यवसाय और व्यापार द्वारा उधार लेना महंगा, कठिन और चयनात्मक हो जाता है। इस प्रकार, अर्थव्यवस्था में मुद्रापूर्ति की अधिक मात्रा नियंत्रित करने के प्रयत्न किए जाते हैं।

मंदी अथवा सुस्ती को नियंत्रित करने के लिए, केन्द्रीय बैंक **सस्ती** या **सुगम** (cheap or easy) मौद्रिक नीति अपनाता है। व्यापारिक बैंकों के रिजर्व बढ़ाने के लिए वह बैंक दर तथा बैंक की ब्याज दरें कम करता है। वह खुले बाजार में प्रतिभूतियाँ खरीदता है। वह कर्जों पर सीमा आवश्यकताएँ कम करता है और उपभोक्ताओं, व्यवसायियों, व्यापारियों आदि को अधिक उधार देने हेतु बैंकों

को प्रोत्साहित करता है।

मौद्रिक नीति की सीमाएँ (Limitations of Monetary Policy)

परंतु मौद्रिक नीति तेजी और मंदी को नियंत्रित करने में अधिक प्रभावी नहीं होती है। यदि तेजी लागताधिक्य (cost-push) कारकों से होती है तो स्फीति, कुल मांग, उत्पादन, आय और रोजगार को नियंत्रित करने में प्रभावी नहीं होगी। जहाँ तक मंदी का संबंध है, 1930 की महान मंदी का अनुभव बताता है कि जब व्यापारियों में निराशावादिता हो तो मौद्रिक नीति की सफलता बिल्कुल नहीं होती है। ऐसी स्थिति में, उनमें उधार लेने की प्रवृत्ति बिल्कुल नहीं होती, यदि ब्याज दर बहुत कम भी हो। इसी प्रकार जिन उपभोक्ताओं की आमदनियों में कमी हो और जो बेरोजगार हों, वे अपने उपभोग व्यय कम कर देते हैं। ऐसी स्थिति में न तो केन्द्रीय बैंक और न ही व्यापारिक बैंक व्यापारियों और उपभोक्ताओं को समस्त मांग बढ़ाने में प्रोत्साहित कर सकते हैं। इस प्रकार, आर्थिक उतार–चढ़ाव को नियंत्रित करने में मौद्रिक नीति की सफलता बिल्कुल सीमित होती है।

2. राजकोषीय नीति (Fiscal Policy)

अकेली मौद्रिक नीति व्यापार–चक्रों को नियंत्रित करने की क्षमता नहीं रखती है। इसलिए, उसे क्षतिपूरक (compensatory) राजकोषीय नीति के साथ जोड़ा जाता है। तेजी में राजकोषीय उपाय जैसे अत्यधिक सरकारी व्यय, व्यक्तिगत उपभोग व्यय तथा निजी और सार्वजनिक निवेश नियंत्रित करने के लिए बहुत प्रभावी होते हैं। दूसरी ओर, वे मंदी में सरकारी व्यय, व्यक्तिगत उपभोग व्यय तथा निजी और सार्वजनिक निवेश बढ़ाने में सहायक होते हैं।

तेजी के दौरान नीति (Policy During Boom)

तेजी में निम्न उपाय अपनाए जाते हैं। वस्तुओं और सेवा की माँग कम करने के लिए, सरकार गैर–विकास क्रियाओं पर **अनावश्यक व्यय की कटौती** कर देती है। इससे निजी व्यय पर भी रोक लगती है, जो वस्तुओं और सेवाओं के लिए सरकारी मांग पर निर्भर करती है। लेकिन सरकारी व्यय में कटौती करना कठिन है। फिर, आवश्यक और अनावश्यक सरकारी व्यय में भेद करना संभव नहीं है। इसलिए, इस उपाय को कराधान द्वारा संपूरित किया जाता है। व्यक्तिगत व्यय को कम करने के लिए, सरकार व्यक्तिगत कंपनी और वस्तु **करों** की **दरों को बढ़ाती** है। जब सरकारी व्यय से आय अधिक होती है तो सरकार **आधिक्य बजट** (surplus budget) की नीति अपनाती है। ऐसा या तो कर दरें बढ़ाकर या सरकारी व्यय कम करके या दोनों द्वारा किया जाता है। ये गुणक की विपरीत प्रक्रिया द्वारा आय और समस्त मांग को कम कर देते हैं।

एक अन्य राजकोषीय नीति जो प्राय: अपनायी जाती है वह जनता से अधिक उधार लेना है, जिसका प्रभाव जनता के पास मुद्रा की मात्रा कम करना है। फिर, सार्वजनिक ऋण का पुनर्भुगतान बंद कर देना चाहिए और जब अर्थव्यवस्था स्थिर हो जाए, तो किसी भविष्य की तिथि तक भुगतान स्थगित कर देना चाहिए।

मंदी के दौरान नीति (Policy During Depression)

मंदी के दौरान, सरकार सार्वजनिक व्यय में वृद्धि और करों में कटौती करती है तथा घाटे के बजट की नीति अपनाती है। ये उपाय समस्त मांग, उत्पादन, आय, रोजगार और कीमतों को बढ़ाते हैं। सार्वजनिक व्यय में वृद्धि वस्तुओं और सेवाओं के लिए समस्त मांग बढ़ाती है और गुणक द्वारा आय में वृद्धि लाती है। सार्वजनिक व्यय सड़कों, नहरों, बांध, पार्क, स्कूल, अस्पताल और अन्य निर्माण कार्यों पर किए जाते हैं। वे श्रम और निजी निर्माण उद्योगों के लिए मांग उत्पन्न करते हैं और उनका पुनरुत्थान करने में सहायक होते हैं। सरकार भी उपभोक्ता वस्तु उद्योगों के लिए मांग को प्रोत्साहित करने के लिए बेरोजगारी बीमा और सामाजिक सुरक्षा जैसे उपायों पर अपना व्यय बढ़ाती है। बजट घाटों का वित्त प्रबंध करने के लिए सरकार द्वारा उधार लेना, बैंकों और वित्तीय संस्थाओं के पास निष्क्रिय (idle) पड़ी हुई मुद्रा, निवेश योजनाओ में प्रयोग हो जाती है।

निष्कर्ष (Conclusion)

प्रतिचक्रीय राजकोषीय नीति की प्रभावशीलता नीति कार्य के सही समय पर लागू करने और सार्वजनिक निर्माण कार्यों की प्रकृति, मात्रा और आयोजन पर निर्भर करती है।

3. प्रत्यक्ष नियंत्रण (Direct Controls)

प्रत्यक्ष नियंत्रणों का उद्देश्य कीमत स्थिरता के लिए संसाधनों का सही आवंटन करना है। वे अर्थव्यवस्था के महत्वपूर्ण बिन्दुओं को प्रभावित करने के लिए होते हैं। वे विशेष उपभोक्ताओं और उत्पादकों को प्रभावित करते हैं। वे राशनिंग, लाइसेंसिंग, कीमत और मजदूरी नियंत्रण, निर्यात कर, विनिमय नियंत्रण, अभ्यंश (कोटा), एकाधिकार नियंत्रण आदि के रूप में होते हैं। वे स्फीतिकारी दबावों से उत्पन्न होने वाली रुकावटों और कमियों को दूर करने के लिए अधिक प्रभावी होते हैं। परन्तु उनकी सफलता एक कुशल और ईमानदार प्रशासन पर निर्भर करती है। अन्यथा, उनसे काला बाजारी, भ्रष्टाचार, लंबी कतारें, सट्टाबाजी आदि उत्पन्न होते हैं। इसलिए उनका प्रयोग केवल युद्ध, खराब फसलों और अत्यधिक स्फीति जैसे संकटों में ही करना चाहिए।

निष्कर्ष (Conclusion)

स्थिरीकरण नीति के अनेक उपायों में से कोई अकेला तरीका चक्रीय उतार-चढ़ाव को नियंत्रित करने के लिये पर्याप्त नहीं है। इसलिए सभी तरीकों का एक-साथ प्रयोग करना चाहिए। मौद्रिक नीति लागू करना आसान है परन्तु वह कम प्रभावी है, क्योंकि पूँजीवादी व्यवस्था में चक्रीय नीति और प्रत्यक्ष नियंत्रणों का प्रचालन करना कठिन है परंतु वे अधिक प्रभावी हैं। क्योंकि पूँजीवादी व्यवस्था में चक्रीय उतार-चढ़ाव विद्यमान रहते हैं, इसलिए उनका पूर्णरूप से समाप्त करना संभव नहीं है। कुछ उतार-चढ़ाव आर्थिक वृद्धि के लिए लाभदायक हो सकते हैं और अन्य अवांछनीय। स्थिरीकरण नीति को अवांछनीय उतार-चढ़ाव को नियंत्रित करना चाहिए।

प्रश्न

1. व्यापार-चक्र का अर्थ, प्रकार एवं विभिन्न अवस्थाओं की व्याख्या कीजिए।
2. ''व्यापार-चक्र एक नितान्त मौद्रिक समस्या है।'' इस कथन की आलोचनात्मक व्याख्या कीजिए।
3. शूम्पीटर का व्यापार-चक्र का नवप्रवर्त्तन सिद्धान्त क्या है ? क्या यह वर्तमान परिस्थितियों में लागू होता है ?
4. व्यापार -चक्र की विभिन्न अवस्थाओं की व्याख्या करिए। व्यापार चक्रों को नियंत्रित करने के उपाय बताइए।

अध्याय 46

गुडविन का व्यापार चक्र मॉडल
(Goodwin's Trade Cycle Model)

गुडविन का व्यापार चक्र मॉडल एक अरेखीय (nonlinear) मॉडल है। इसकी विशेषता रेखीय उपभोग फलन $C = \alpha Y + C_o$ है, जहां $\alpha =$ उपभोग-आय अनुपात एवं शुद्ध निवेश, पूंजी स्टॉक में परिवर्तन की दर के बराबर है तथा $C_o =$ स्वायत्त उपभोग है। यह शुद्ध (net) निवेश (I), वास्तविक पूंजी K और इच्छित पूंजी $\overline{K}$ के बीच समायोजन का परिणाम है जहां इच्छित पूंजी $\overline{K} = \beta Y + a$, जहां β त्वरक है। $\overline{K}$ उत्पादन के समानुपाती होता है। त्वरक का प्रयोग शुद्ध निवेश की व्याख्या के लिए किया जाता है। शुद्ध निवेश में परिवर्तन उत्पादन में परिवर्तन से उत्पन्न होता है जो पूंजी के इच्छित स्तर को परिवर्तित करता है। जिससे त्वरक, जो अरेखीय (nonlinear) है, उत्पादन में परिवर्तन पर निवेश की अप्रत्यक्ष निर्भरता उत्पन्न करता है।

गुडविन शुद्ध निवेश के लिए तीन संभावनाओं को दर्शाता है :

(1) जब $\overline{K} > K$, शुद्ध निवेश में परिवर्तन की दर बढ़ेगी जिससे पूंजी वस्तु उद्योगों के लिए प्रणाली (अर्थव्यवस्था) पूर्ण क्षमता उत्पादन पर शिफ्ट हो जाएगी।

(2) जब $\overline{K} = K$ तो यह स्थिति प्रतिस्थापन मांग को पूरा करके कायम की जाती है तथा शुद्ध निवेश को शुन्य रखकर, अर्थात $I = O$, जहां $\overline{K} = K$ ।

(3) जब $K > \overline{K}$, समायोजन एक विशेष बेकार पूंजी दर (scrappage rate–K_2) के होने पर होता है।

चक्रीय पथ (Cyclical Path)

चक्रीय गति के पथ की व्याख्या के लिए $K_1 = (\overline{K} > K)$ पूंजी वस्तु क्षमता उत्पादन दर और $K_2\ (= K > \overline{K})$ **बेकार पूंजी** (scrappage) की दर मान लेते हैं।

प्रणाली का चक्रीय पथ निम्न प्रकार से वर्णित किया जा सकता है :

$K = \overline{K}$ की स्थिति से प्रारंभ करने पर, जहां उत्पादन का संतुलन स्तर $Y = \dfrac{1}{1-\alpha}(C_o + I)$ है। और स्वायत्त निवेश $I = a$ तकनीकी वृद्धि कारक (technological growth factor) है जिससे यह प्रणाली एक संतुलन पथ पर आगे बढ़ जाती है। यह पथ हिक्स मॉडल की EE रेखा के अनुरूप है। परन्तु हिक्स स्वायत्त निवेश में धीमी वृद्धि पर विचार करता है, जबकि गुडविन का मॉडल इच्छित पूंजी में वृद्धि पर आधारित है जो निरन्तर होने वाले तकनीकी परिवर्तन का परिणाम होता है। जब कभी संतुलन से विचलन होता है तो यह प्रणाली पुनः संतुलन की ओर नहीं जाएगी और संतुलन पथ के आस-पास निरन्तर उतार-चढ़ाव होगा।

मान लो कि $\overline{K} > K$, तो इच्छित पूंजी स्टॉक अधिक होने से निवेश में वृद्धि होती है और गुणक एवं त्वरक की प्रेरक शक्तियां आर्थिक प्रणाली को आगे की ओर धकेलेंगी। **विस्तार** (expansion) की इस अवस्था के दौरान, मूल्यह्रास की स्थिर दर दी होने पर, शुद्ध निवेश उत्पादन में परिवर्तन के अनुपात में बढ़ रहा है। चूंकि गुडविन मॉडल का त्वरक अरेखीय है इसलिए निवेश का बढ़ाना,

उत्पादन में वृद्धि से नहीं बल्कि पूंजी के वास्तविक स्टॉक *(K)* और इच्छित स्टॉक $(\overline{K})$ के बीच अन्तर से संबंधित होता है, जो अन्तर उत्पादन में परिवर्तन की दर द्वारा निर्धारित होता है। निवेश संबंध के निरंतर होने के कारण, इस अवस्था के प्रारंभ होने से निवेश तत्काल चरम (extreme) स्थिति में धकेल दिया जाता है। इस प्रकार विस्तार एक ऐसी स्थिति है जहां $I = \frac{dk}{dt} = K_1$ है, जो उत्पादन में अधिक वृद्धि को कम कर देता है। यह कमी त्वरक को असतत् (discontinuous) कर देती है। विस्तार (expansion) में $\overline{K} > K$ होता है परंतु चोटी (peak) पर $K = \overline{K}$ जो $\overline{K}$ वृद्धि की दर में कमी के कारण होता है।

जब एक बार इच्छित पूंजी $\overline{K}$, वास्तविक पूंजी *K* से आगे हो जाती है तो पूंजी का इच्छित स्टॉक $\overline{K}$ बेकार पूंजी (scrappage) या प्रतिस्थापन (replacement) दर के बराबर होग। इस प्रकार, $\overline{K}$ में कमी होने से इसी दर से पूंजी स्टॉक में भी कमी होती है। परिणामस्वरूप, आर्थिक प्रणाली **संकुचन पथ** (contraction path) पर नीचे की ओर गिरती है।

संकुचन अवस्था में, $K > \overline{K}$ होता है तथा *K* एवं $\overline{K}$ के बीच के अन्तर को K_2 की दर द्वारा समाप्त करना होता है। परन्तु उसी समय इच्छित पूंजी, $\overline{K}$, तकनीकी वृद्धि कारक, *a* द्वारा बढ़ती रहती है। गुडविन के अनुसार, *K* और $\overline{K}$ के बीच का अन्तर अतिरिक्त क्षमता के प्रतिस्थापन (replace) करने की असफलता और पूंजी-प्रयोगकारी नवप्रवर्तनों (capital using innovations) के स्थिर गति में होने से समाप्त किया जा रहा है। इस प्रकार संकुचन पथ अर्थव्यवस्था को $I = -K_1$ के निम्नतर चरम बिन्दु पर धकेल देता है।

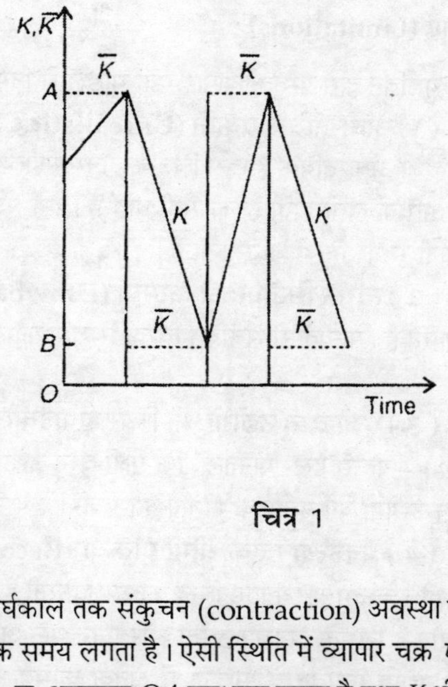

चित्र 1

जब अर्थव्यवस्था **निम्न मोड़ बिन्दु** (lower turning point) पर $K = \overline{K}$ पहुंच जाती है तो इच्छित पूंजी, $\overline{K}$, के स्तर को बढ़ाना होता है। ऐसा स्थिर तकनीकी वृद्धि कारक *a*, के प्रोत्साहन द्वारा संभव होता है। इस प्रकार $\overline{K} > K$ होने पर, विस्तार फिर प्रारंभ हो जाता है। जबतक तकनीकी प्रगति होती रहती है, अर्थव्यवस्था निम्न मोड़ बिन्दु पर अटकी नहीं रह सकती है। वास्तव में, तीव्र तकनीकी प्रगति इस बिन्दु को शीघ्र ला देगी और अर्थव्यवस्था जल्दी विस्तार करेगी। हिक्स मॉडल के विपरीत गुडविन का चक्र (cycle), शिखर (ceiling) या तल (floor) स्तरों के साथ नहीं रेंगता है बल्कि यह उन स्तरों से उच्छलता है। तेजी और मंदी दोनों अपने संकुचन और पुनरुत्थान (recovery) शीघ्र स्वयं ही लाते हैं। यदि वृद्धि कारक *(a)* तकनीकी परिवर्तन में नहीं पाया जाता तो पूंजी स्टॉक में कोई शुद्ध निवेश नहीं होगा और अर्थव्यवस्था विस्तार की अपेक्षा, दीर्घकाल तक संकुचन (contraction) अवस्था में रहेगी, क्योंकि पूंजी की दी हुई मात्रा का ह्रास होने में पूंजी निर्माण की अपेक्षा, अधिक समय लगता है। ऐसी स्थिति में व्यापार चक्र *एकतरफा नियमित* होंगे जैसा कि चित्र 1 में दर्शाया गया है। विस्तार अवस्था के प्रारंभ में $\overline{K}$ अचानक *OA* स्तर तक बढ़ता है तथा *K* भी बढ़कर उसके बराबर हो जाता है। जब $K = \overline{K}$ होता है तो अपकर्ष (downswing) या संकुचन प्रारंभ होता है और $\overline{K}$ कम होकर *OB* के स्तर तक पहुंच जाता है तथा *K* भी कम होकर इस स्तर पर $\overline{K}$ से मिल जाता है। तकनीकी परिवर्तन में वृद्धि कारक न होने से *K* को $\overline{K}$ के बराबर होने में अधिक समय लगता है।

गुडविन चक्र में दो विशेषताएं पाई जाती हैं : (1) विस्तार अवस्था में $\overline{K} > K$ तथा संकुचन अवस्था में $K > \overline{K}$; (2) प्रत्येक चक्र (cycle) का शिखर पर $\overline{K}$ का समान स्तर *OA* होता है जो $\overline{K}$ के गर्त (trough) में समान स्तर *OB* से छोटा है तथा *K* का $\overline{K}$ के बराबर होने पर अधिक समय को व्यक्त करता है। देखिए *OA* स्तर पर ऊपर की बिन्दुकित (dotted) रेखाएं और *OB* स्तर पर नीचे की बिन्दुकित रेखाएं।

दूसरी ओर, यदि वृद्धि कारक को शामिल कर लिया जाता है तो $\overline{K}$ प्रत्येक चक्र (cycle) के साथ बढ़ता चला जाता है। और

विस्तार अवस्था में K को $\overline{K}$ से अधिक होने में दीर्घ समय लगता है। जब अर्थव्यवस्था नीचे की ओर गति करती है तो वृद्धि कारक होने से संकुचन अवस्था छोटी होती जाती है। इस प्रकार, जब वृद्धि कारक व्यापार चक्र को प्रभावित करते हैं तो बाद के शिखर (peaks) तता गर्त (troughs) पहले के शिखर और गर्त की अपेक्षा अधिक ऊंचे होंगे। इसे चित्र 2 में दर्शाया गया है जो ऊपर और नीचे की बिन्दुकित (dotted) रेखाओं से स्पष्ट होता है।

चित्र में aa रेखा तकनीकी वृद्धि कारक को व्यक्त करती है और यह हिक्स के EE पथ के अनुरूप है, जहां $K = \overline{K} = a$ है। $\overline{K}$ की ऊपरी ओर निचली सीमा को बिन्दुकित (dotted) पथ द्वारा दर्शाया गया है। P शिखर को और T गर्त को व्यक्त करते हैं, जहां $K = \overline{K} = a$ है। चित्र में विस्तार (TP) की अपेक्षा संकुचन (PT) कम होते जाते हैं।

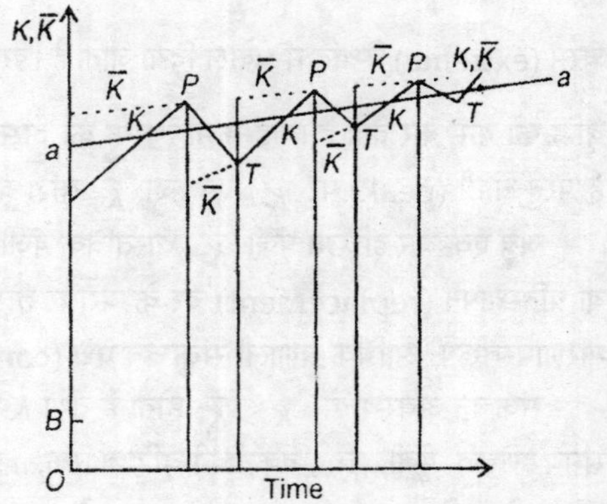

चित्र 2

सीमाएं (Limitations)

गुडविन द्वारा प्रस्तुत व्यापार चक्र मॉडल में निम्न कमियां हैं :

(1) **अवास्तविक प्रकृति (Unrealistic Character)**—चित्र 2 में पूंजी के इच्छित स्टॉक को आयातकार खण्डों द्वारा दर्शाया गया है जो अवास्तविक है। इस चित्र के अनुसार इच्छित पूंजी स्टॉक का स्तर कुछ समय के बाद स्थिर हो जाता है और विस्तार की अपेक्षा मंदी अधिक लंबी होती है जो सही नहीं है। इन्हें पश्चताओं (lags) को लाकर तथा तकनीकी प्रगति में वृद्धि कारक को शामिल कर आसानी से दूर किया जा सकता है।

(2) **त्वरक सिद्धांत की कमियां (Drawbacks of Acceleration Principle)**—गुडविन का मॉडल त्वरक सिद्धांत पर आधारित है। मान्यता से संबंधित त्वरक सिद्धांत की यह कमी कि उत्पादन का वर्तमान स्तर भविष्य में भी कायम रखा जाएगा, सही नही है।

(3) **पूंजी वस्तु उद्योगों की स्थिर उत्पादकीय क्षमता (Fixed Productive Capacity of Capital Goods Industries)**—यह मॉडल मानता है कि पूंजी वस्तु उद्योगों की उत्पादकीय क्षमता का एक विशिष्ट स्तर होता है परन्तु वास्तव में दीर्घकाल में इन उद्योगों की उत्पादक क्षमता को पर्याप्त रूप से घटाया जा बढ़ाया जा सकता है।

(4) **पुनरुत्थान एक धीमी प्रक्रिया (Recovery a Slow Process)**—गुडविन का मॉडल दर्शाता है कि आर्थिक प्रणाली जैसे ही उच्चतम या न्यूनतम बिन्दु को स्पर्श करती है वैसे ही वह शिखर या गर्त से वापस पीछे मुड़ती है। परन्तु आनुभविक प्रमाण इसके विपरीत है जिसके अनुसार सुस्ती और पुनरुत्थान अत्यधिक धीमी गति से हो सकते हैं, जैसा प्रो. हिक्स ने भी कहा है।

यद्यपि गुडविन के मॉडल में अनेक कमियां हैं, फिर भी यह व्यापार चक्र के अन्तर्जात (endogenous) विश्लेषण में एक महत्वपूर्ण स्थान रखता है।

गुडविन तथा हिक्स के मॉडलों में अन्तर (Differences between Goodwin and Hicks Models)

गुडविन का मॉडल हिक्स के मॉडल से निम्न प्रकार से भिन्न है :

1. हिक्स का मॉडल केवल यह दर्शाता है कि अर्थव्यवस्था में चक्र कैसे होते हैं परन्तु गुडविन का मॉडल एक वास्तविक चक्र के समय पथ की रूपरेखा प्रदर्शित करता है।

2. हिक्स का रेखीय (linear) मॉडल है जिसमें चक्र (cycle) के शिखर (ceiling) और तल (floor) पर मिलने से यह अरेखीय (nn-linear) हो जाता है। जबकि गुडविन का मॉडल प्रारंभ से अन्त तक अरेखीय है।

3. अपने मॉडल में हिक्स, वृद्धि और चक्रों का संयोग करता है परन्तु वृद्धि कोस्वायत्त निवेश पर निर्भर रखता है। परन्तु गुडविन के अनुसार, वृद्धि तकनीकी परिवर्तनों पर निर्भर करती हैं जिनसे अर्थव्यवस्था की उत्पादकीय क्षमता में निरंतर वृद्धि होती है।

4. हिक्स का संतुलन पथ *EE* स्वायत्त निवेश में निरंतर वृद्धि पर आधारित है, परन्तु गुडविन का वृद्धि पथ *aa* इच्छित पूंजी ?? में वृद्धि पर आधारित है जो निरंतर तकनीकी परिवर्तन होने के कारण होती है।

प्रश्न

1. गुडविन के व्यापार चक्र मॉडल की व्याख्या करिए। यह हिक्स के व्यापार चक्र मॉडल से कैसे भिन्न है?
2. गुडविन के व्यापार चक्र मॉडल की आलोचनात्नक व्याख्या कीजिए।

अध्याय 47

समष्टि वितरण सिद्धान्त
(Macro Distribution Theories)

1. प्रस्तावना
(INTRODUCTION)

प्रो. कालडर[1] ने वितरण के समष्टि सिद्धान्तों को तीन भागों में बांटा है। **प्रथम,** क्लासिकी सिद्धान्त जिसके अन्तर्गत रिकार्डो एवं मार्क्स के सिद्धान्त (हम केवल रिकार्डो के सिद्धान्त का अध्ययन करेंगे); **द्वितीय,** नव-क्लासिकी सिद्धान्त जिसके अन्तर्गत क्लैस्की का एकाधिकार कोटि का सिद्धान्त। **तृतीय,** आधुनिक सिद्धान्त जिसके अन्तर्गत कालडर का केन्द्रीय सिद्धान्त। इनकी नीचे विवेचना की गई है।

2. रिकार्डो का वितरण सिद्धान्त*
(RICARDIAN THEORY OF DISTRIBUTION)

रिकार्डो का वितरण सिद्धान्त, जो समस्त अर्थव्यवस्था पर लागू होता है, भिन्नक लगान (differential rent) के नियम पर आधारित है। प्रो. कॉलडर ने सीमान्त नियम (marginal principle) और आधिक्य नियम (surplus principle) की भाषा में रिकार्डो के सिद्धान्त की व्याख्या की है। 'सीमान्त नियम' राष्ट्रीय उत्पादन में उत्पादन में लगान के भाग की व्याख्या करता है और 'आधिक्य नियम' बाकी भाग के मजदूरी और लगान में विभाजन की।

इसकी मान्यताएँ (Its Assumptions)—इस सिद्धान्त की मुख्य मान्यताएं ये हैं:

(*i*) अनाज के उत्पादन में समस्त भूमि का प्रयोग होता है और कृषि में कार्यशील शक्तियां उद्योग में वितरण निर्धारित करने का काम करती हैं; (*ii*) भूमि पर घटते प्रतिफल का नियम लागू होता है; (*iii*) भूमि की पूर्ति की मात्रा स्थिर होती है; (*iv*) अनाज की मांग पूर्ण अलोचशील है; (*v*) पूंजी और श्रम एक परिवर्तनशील आगतें (inputs) हैं; (*vi*) समस्त पूंजी समरूप है; (*vii*) पूंजी में केवल चल पूंजी ही शामिल है; (*viii*) तकनीकी ज्ञान की स्थिति दी हुई है; (*ix*) सभी श्रमिकों को निर्वाह-मजदूरी दी जाती है; (*x*) श्रम की पूर्ति कीमत स्थिर तथा दी हुई है; (*xi*) श्रम की मांग, पूंजी के संचय पर निर्भर करती है। श्रम की मांग तथा श्रम की पूर्ति-कीमत दोनों ही श्रम की सीमान्त उत्पादकता से स्वतन्त्र होती हैं; (*xii*) पूर्ण प्रतियोगिता होती है तथा (*xiii*) पूंजी संचय लाभ से उत्पन्न होता है।

तीन वर्ग (Three Groups)— इन मान्यताओं के आधार पर रिकार्डो का सिद्धान्त अर्थव्यवस्था में तीन वर्गों के परस्पर सम्बन्धों पर आधारित है। वे हैं : (*i*) भूमिपति, (*ii*) पूंजीपति, तथा (*iii*) श्रमिक-जिनमें भूमि की समस्त उपज बांटी जाती है। जैसाकि रिकार्डो ने स्वयं अपनी पुस्तक के प्राक्कथन में लिखा, ''भूमि की जो कुछ भी उपज श्रम, मशीन एवं पूंजी के संयुक्त रूप से लागू करने पर इसके तल से प्राप्त की जाती है—समाज के तीन वर्गों में बांट दी जाती है: जिनके नाम हैं—भूमिपति, इसकी खेती के लिए आवश्यक भण्डार या पूंजी

1. N. Kaldor, *Alternative Theories of Distribution, R.E.S.*, Vol. XXIII, No. 2, 1955-56.

* यह रिकार्डो का वृद्धि सिद्धांत भी है।

का मालिक, तथा श्रमिक जिनके परिश्रम से इस पर खेती की जाती है।'' इन तीन वर्गों में कुल राष्ट्रीय उत्पादन क्रमशः लगान, लाभ और मजदूरी के रूप में बांट दिया जाता है।

लगान, लाभ एवं मजदूरी का बंटवारा (Division of Rent, Profit and Wages)— अनाज का कुल उत्पादन दिया होने पर, प्रत्येक साधन का भाग निर्धारित हो सकता है। श्रम का प्रति इकाई लगान श्रम के औसत और सीमान्त उत्पादन का अन्तर होता है। या, कुल लगान श्रम के औसत उत्पादन तथा श्रम के सीमान्त उत्पादन का अन्तर × (गुणा) भूमि पर लगाई गई श्रम और पूंजी की मात्रा। श्रम के सीमान्त उत्पादन और मजदूरी की दर का अन्तर 'लाभ' होता है। मजदूरी कोष (wage fund) ÷ निर्वाह (subsistence) स्तर पर काम में लगाए गए मजदूरों की संख्या के आधार पर मजदूरी की दर निर्धारित की जाती है। इस प्रकार उत्पादन और विक्रय किए गए कुल अनाज में से, पहला हक है लगान का और शेष [उत्पादन **घटा** लगान (produce **minus** rent)] मजदूरी और लाभ में विभाजित कर दिया जाता है जबकि ब्याज लाभ में ही शामिल होता है। इसे चित्र 1 में दिखाया गया है, जहां अनाज की मात्रा को अक्ष क्षैतिज मापता है और कृषि में लगाई गई श्रम और पूंजी की मात्रा को अनुलंब अक्ष मापता है। श्रम के औसत उत्पादन को *AP* वक्र प्रकट करता है और श्रम के सीमान्त उत्पादन को *MP* वक्र। पूंजी और श्रम की *OM* मात्रा से अनाज की कुल *OQRM* मात्रा का उत्पादन होता है। जब *OM* श्रम की मात्रा काम पर लगाई जाती है तो इसका औसत उत्पादन *RM* और सीमान्त उत्पादन *TM* होता है। लगान श्रम की प्रति इकाई औसत उत्पादन (*AP*) तथा सीमान्त उत्पादन (*MP*) का अन्तर होने से $RT (= RM - TM)$ है। कुल लगान आयत *PQRT* द्वारा दिखाया गया है, जो प्रति इकाई लगान (*RT*) गुणा काम पर लगाए गए श्रमिकों की संख्या $PT (= OM)$ के बराबर है। अतः अनाज का कुल उत्पादन *OQRM* में से *PQRT* उत्पादन भूमि के मालिक को लगान के रूप में जाता है और बाकी उत्पादन *OPTM* श्रम तथा पूंजी में बांटा जाएगा।

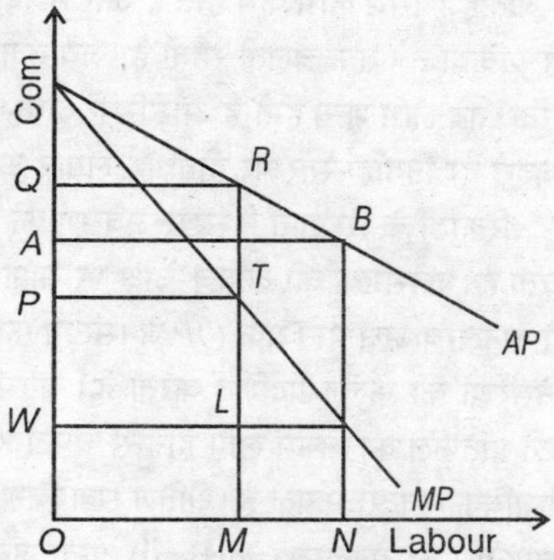

चित्र 1

रिकार्डो के अनुसार श्रम का भाग निर्वाह–मजदूरी द्वारा निर्धारित होता है। चित्र में *OW* प्रति श्रमिक निर्वाह मजदूरी है क्योंकि उसे निर्वाह के लिए अनाज की *OW* मात्रा चाहिए। *WL* श्रम का पूर्ति वक्र है जो *OW* निर्वाह मजदूरी दर पर अनन्त लोचदार (infinitely elastic) है। इस प्रकार कुल उत्पादन में *OWLM* श्रम का हिस्सा है (काम पर लगाए गए श्रमिक (*OM*) × मजदूरी दर (*OW*), बाकी का उत्पादन *WPTL* लाभ है। अतः लाभ कुल उत्पादन में से लगान तथा मजदूरी घटाने पर अतिरेक के बराबर है: $WPTL = OQRM - (PQRT + OWLM)$.

यदि श्रम के भाग *OWLM* में वृद्धि होती है, तो वह एक ही शर्त पर हो सकती है कि लाभ की दर कम हो जाए। जब *OWLM* में वृद्धि के परिणामस्वरूप लाभ की दर गिरने लगती है, तो परिणाम यह होता है कि पूंजी का निर्माण रुक जाता है और स्थिर अवस्था पैदा हो जाती है। जब मजदूरी बढ़ती है तो जरूरी है कि लाभ कम हो जाएगा। हो सकता है कि उस समय ऐसा न हो, जब कृषि को संरक्षण प्रदान कर दिया जाए या निर्माणकारी उद्योग पर कर लगा या बढ़ा दिए जाएं। तकनीकी प्रगति होने पर भी *OWLM* बढ़ सकता है। तकनीकी प्रगति *MP* और *AP* वक्रों को ऊपर की ओर दाएं को सरकाने का प्रयत्न करती है। परिणाम यह होता है कि लाभ और मजदूरी दोनों की दर बढ़ जाती है। मजदूरी की दर में वृद्धि, आबादी और अनाज की मांग को बढ़ाने की प्रेरणा देती है जो बदले में अनाज की कीमत बढ़ा देती है। अनाज की बढ़ी हुई मांग को पूरा करने के लिए अधिक श्रम काम पर लगाया जाता है; परन्तु अपेक्षाकृत ऊंची मजदूरी पर। रिकार्डो के अनुसार, ''मजदूरी में वृद्धि का एकमात्र समुचित और स्थायी कारण वह बढ़ती हुई कठिनाई जो आदमियों की बढ़ती हुई संख्या के लिए अन्न तथा जरूरतें जुटाने में होती है। इसका परिणाम यह होता है कि श्रम की लागतें बढ़ जाती हैं, श्रम के *MP* और *AP* कम हो जाते हैं तथा घटते प्रतिफल का नियम क्रियाशील हो जाता है। इन साधनों से अनाज की कीमत और बढ़ने लगती है जिससे लगान बढ़ जाता है। लगान और मजदूरी की वृद्धि के लाभ कम होते जाते हैं जब तक कि वे समाप्त नहीं हो जाते। इसे चित्र 44.1 में दर्शाया गया है जब श्रम की मात्रा *OM* से बढ़कर *ON* हो जाती है तथा कुल उत्पादन *OABN* हो जाता है। इसमें से *OWSN* कुल मजदूरी है तथा *WABS* लगान। लाभ बिल्कुल नहीं है।

स्थिर अवस्था (Stationary State)— रिकार्डो के अनुसार अर्थव्यवस्था में लाभ की दर में निरन्तर कमी की प्रवृत्ति पाई जाती है जिससे अन्ततः देश स्थिर अवस्था में पहुंच जाता है। जब लाभ की वृद्धि से पूंजी-संचय अधिक होता है तो कुल उत्पादन बढ़ता है जिसमें मजदूरी कोष बढ़ता है। मजदूरी कोष बढ़ने से जनसंख्या बढ़ती है जिससे अनाज की मांग बढ़ती है और अनाज की कीमत भी। जब जनसंख्या बढ़ती है तो अनाज के लिए बढ़ रही मांग को पूरा करने के लिए घटिया किस्म की भूमि पर खेती की जाती है। बढ़िया किस्म की भूमि पर लगान बढ़ते हैं और इस पर उत्पादित उपज का बहुत बड़ा भाग खपा लेते हैं। इससे पूंजीपतियों और श्रमिकों के भाग कम हो जाते हैं जिससे लाभ कम होते हैं और मजदूरी की निर्वाह-स्तर तक गिरने की प्रवृत्ति होती है। बढ़ रहे लगान और घट रहे लाभ की यह प्रक्रिया तब तक चलती रहती है, जब तक सीमान्त भूमि से उत्पादन काम पर लगाए गए श्रमिक की निर्वाह मजदूरी को पूरा नहीं करता। तब लाभ शून्य होते हैं और स्थिर अवस्था आ जाती है। ऐसी अवस्था में पूंजी-संचय रुक जाता है, जनसंख्या में वृद्धि नहीं होती, मजदूरी दर निर्वाह-स्तर पर होती है, लगान ऊंचा होता है तथा आर्थिक प्रगति रुक जाती है।

रिकार्डो के सिद्धान्त में स्थिर अवस्था की ओर गति को चित्र 2 में दर्शाया गया है, जो उसकी वितरण की धारणा को और भी स्पष्ट करता है। जनसंख्या को क्षैतिज-अक्ष पर मापा गया है और कुल उत्पादन **घटा** लगान को अनुलम्ब अक्ष पर। वक्र *OP* जनसंख्या फलन है जो कुल उत्पादन **घटा** लगान को जनसंख्या का फलन प्रदर्शित करता है। जनसंख्या के बढ़ने के साथ-साथ *OP* वक्र घटते प्रतिफल का नियम लागू होने से चपटा होता जाता है। मूल से किरण *OW* स्थिर वास्तविक मजदूरी मापती है। क्षैतिज रेखा जिस पर जनसंख्या ली गई है और मजदूरी दर रेखा *OW* का अनुलम्ब (vertical) अन्तर जनसंख्या के निभिन्न स्तरों पर कुल मजदूरी बिल मापता है। इस प्रकार, ON_1, ON_2 और ON_3 जनसंख्या स्तरों पर W_1N_1, W_2N_2 और W_3N_3 क्रमशः कुल मजदूरी बिल हैं। जब मजदूरी बिल W_1N_1 है, तो लाभ P_1W_1 हैं, अर्थात् कुल उत्पादन **घटा** लगान $\div$ कुल मजदूरी बिल $= P_1N_1 \div W_1N_1 = P_1W_1$। जब लाभ P_1W_1 है तो निवेश प्रोत्साहित होता है। श्रम की मांग बढ़ कर ON_2 हो जाती है जो मजदूरी बिल को W_2N_2 पर बढ़ा देता है परन्तु लाभ कम होकर P_2W_2 हो जाता है। इस प्रकार श्रम की मांग ON_3 पर बढ़ने से मजदूरी बिल और बढ़ता है और W_3N_3 हो जाता है, परन्तु लाभ कम होकर P_3W_3 हो जाते हैं। यह प्रक्रिया तब तक चलती रहेगी जब तक अर्थव्यवस्था *S* बिन्दु पर नहीं पहुंच जाती और स्थिर अवस्था प्रारंभ हो जाती है। ऐसी स्थिति में लाभ बिल्कुल समाप्त हो जाते हैं और समस्त उत्पादन, लगान और मजदूरी में वितरित हो जाता है।

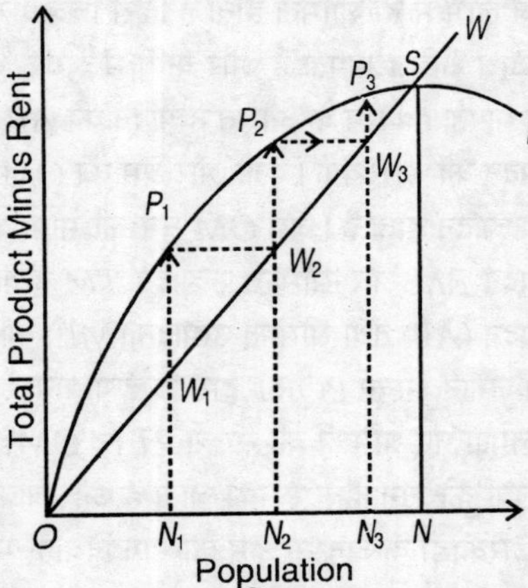

चित्र 2

इसकी आलोचनाएं (Its Criticisms)— रिकार्डो के सिद्धान्त में कई त्रुटियां पाई जाती हैं:

1. फलनात्मक सिद्धान्त नहीं (Not a Functional Theory)—रिकार्डो का वितरण सिद्धान्त तीन साधनों से सम्बन्धित सिद्धान्त है, जो काफी स्पष्ट रूप से अलग तीन वर्गों, मजदूरों, भूमिपतियों और पूंजीपतियों के भाग निर्धारित करता है। प्रत्येक का भाग निश्चित करने में, रिकार्डों की धारणा यह है कि भूमि का हिस्सा प्रमुख होता है और शेष भाग को वह श्रम और पूंजी का हिस्सा समझता है। यह दृष्टिकोण गलत था क्योंकि यह **वितरण के फलनात्मक सिद्धान्त** को प्रस्तुत करने में अर्थात् प्रत्येक साधन का उसकी सेवा के आधार पर अलग-अलग पुरस्कार निर्धारित करने में असफल रहा।

2. भूमि केवल अनाज ही उत्पन्न नहीं करती (Land does not Produce Corn Only)— यह मान लिया जाता है कि भूमि केवल वस्तु अर्थात् अनाज के उत्पादन के लिए ही प्राप्त हो सकती है। परन्तु यह एक प्राचीन विचार है। यह विचार उस समय और भी पिछड़ा हुआ प्रतीत होता है, जब हम यह कहते हैं कि उत्पादन के अन्य साधनों को केवल भूमि का उत्पादन ही सहारा देता है।

3. श्रम और पूंजी स्वतंत्र साधन (Labour and Capital Independent Factors)— यह धारणा भी नहीं अपनाई जा सकती कि पूंजी और श्रम स्थिर गुणक होते हैं। इस धारणा का खण्डन इसी तथ्य से हो जाता है कि पूंजी और श्रम स्वतन्त्र चर (variables) साधन हैं।

4. लाभ से ब्याज भिन्न (Interest Separate from Profits)—रिकार्डो के वितरण सिद्धान्त का एक गंभीर दोष यह है कि वह ब्याज को स्वतन्त्र पुरस्कार के रूप में नहीं लेता। ब्याज को लाभ में ही शामिल मान लिया गया है। यह गलतफहमी इस विचार से पैदा

होती है कि पूंजीपति और उद्यमी अलग-अलग व्यक्ति नहीं होते। वास्तव में, उद्यमी वह चालक शक्ति है, जो पूंजी और श्रम दोनों का नियोजन और निर्देश करती है।

5. घटते प्रतिफल नियम को अनावश्यक महत्त्व ('Undue Importance to Law of Diminishing Returns)— रिकार्डो का सिद्धान्त मुख्यत: घटते प्रतिफल के नियम पर आधारित है। उन्नत राष्ट्रों में कृषि-उत्पादन की तीव्र वृद्धि ने यह सिद्ध कर दिया है कि रिकार्डो ने भूमि के सम्बन्ध में घटते प्रतिफलों के निवारण में प्रौद्योगिकीय प्रगति की क्षमताओं का कम मूल्यांकन किया। इस प्रकार उसने घटते प्रतिफल के नियम को अनावश्यक महत्त्व दिया।

6. जनसंख्या वृद्धि के साथ मजदूरी बढ़ती है (Wages rise with Population Increase)— रिकार्डो की यह धारणा कि जनसंख्या बढ़ने के कारण मजदूरी दर में कोई वृद्धि नहीं होती, निर्मूल है। **प्रथम,** पश्चिमी संसार में प्रवर्तमान जनसंख्या की प्रवृत्तियों ने माल्थस के जनसंख्या सिद्धान्त को गलत साबित कर दिया है। **दूसरा,** मजदूरी का जनसंख्या के साथ ऐसा सम्बन्ध नहीं पाया जाता जैसा कि रिकार्डो ने बताया। इसके विपरीत विकसित देशों में मजदूरी दर बढ़ी है तथा उसके बढ़ने के साथ जनसंख्या में कमी हुई है।

7. भूमि के प्रतियोगात्मक कीमत निर्धारण की उपेक्षा (Neglect of Competitive Pricing of Land)— इस सिद्धान्त का कोई महत्त्व नहीं है क्योंकि यह सिद्धान्त प्रतियोगी कीमत निर्धारण के माध्यम से पूर्ति और मांग तथा आर्थिक संगठन के रूप में उत्पादन के साधनों का पुरस्कार देने की समस्या पर विचार नहीं करता।

निष्कर्ष (Conclusion)— इन दुर्बलताओं के बावजूद, प्रो. कॉलडर के अनुसार, रिकार्डो की रुचि केवल वितरणात्मक भागों की समस्या में ही नहीं थी बल्कि इस विश्वास में भी थी कि आर्थिक व्यवस्था के कार्यकरण को समझने की कुंजी वितरण सिद्धान्त के हाथ में है अर्थात् उन शक्तियों की कुंजी, जो प्रगति की दर, संरक्षण के प्रभावों, और कराधान के अन्तिम भार (incidence) आदि को निर्धारित करती है। 'वितरणात्मक भागों का नियमन करने वाले नियमों' के माध्यम से रिकार्डो उसको बनाने का प्रयत्न कर रहा था जिसे हम आजकल ''एक सरल समष्टि-आर्थिक मॉडल'' कहते हैं। इस दृष्टि से रिकार्डो और केन्ज़ के वितरण सिद्धान्तों में समरूपता है।

2. कलैस्की का एकाधिकार कोटि-सिद्धान्त (KALECKI'S DEGREE OF MONOPOLY THEORY)

प्रो. क्लैस्की ने वितरण के एक सिद्धान्त का विकास किया है जो लर्नर के 'एकाधिकार कोटि' के सिद्धान्त पर आधारित है। सिद्धान्त यह बताता है कि ''समस्त आवर्त (turnover) में सकल पूंजीपति आय और वेतनों का सापेक्ष भाग अत्यन्त सन्निकटन (approximation) से 'एकाधिकार की औसत कोटि' के बराबर होता है।''

लर्नर की एकाधिकार माप की व्यष्टि कोटि को लेते हुए, क्लैस्की उसको अपने समष्टि मॉडल पर लागू करता है। लर्नर की एक एकल (single) फर्म की एकाधिकार की कोटि को इस प्रकार मापा जाता है:

$$\mu = p - m/p \qquad .....(1)$$

जहां μ एकाधिकार की कोटि, p कीमत और m सीमांत लागत है।

कलैस्की सीमांत लागत (m) और औसत लागत (a) में समानता मानता है। अत: ऊपर के समीकरण में a को m के स्थान पर स्थानापन्न करने से,

$$\mu = p - a/p \text{ or } p\mu = (p - a) \qquad ......(2)$$

जहां (p–a) ब्याज, लाभों, मूल्यह्रास और वेतनों का जोड़ है। दूसरे शब्दों में, यह सकल पूंजीपति आय जमा मालिक के **उत्पादन की प्रति** इकाई वेतन।

मालिक की **कुल सकल** पूंजीपति आय को निकालने के लिए, फर्म के कुल उत्पादन x को समीकरण (2) के दोनों भागों से गुणा किया जाता है। इस प्रकार

$$x\,p\mu = x\,(p - a) \qquad ....(3)$$

जहां x (p–a) एक फर्म के मालिक की कुल सकल पूंजीपति आय है।

अर्थव्यवस्था में **सभी फर्मों** की कुल सकल पूंजीपति आय को जानने के लिए, समीकरण (3) के दोनों भागों को Σ (सिगमा जो

समूहन या योग को व्यक्त करता है) से गुणा कर देते हैं। इस प्रकार समीकरण (3) बन जाता है—

$$\sum xp\mu = \sum x\ (p-a) \quad .....(4)$$

जहां अभिव्यक्ति $\sum x\ (p-a)$ अर्थव्यवस्था में सभी फर्मों की कुल सकल पूंजीपति आय है, $\sum xp$ अर्थव्यवस्था में सभी उत्पादित एवं बेची गई वस्तुओं के उत्पादन का कुल मूल्य है। दूसरे शब्दों में, $\sum xp$ अर्थव्यवस्था का समस्त आवर्त (turover) है जिसे कलैस्की T द्वारा व्यक्त करता है। T में सकल राष्ट्रीय आय **जमा** बिक्री योग्य कच्चे मालों की समस्त लागत सम्मिलित होती है। समीकरण (4) के दोनों भागों को T द्वारा भाग देने से,

$$\frac{\sum xp\mu}{T} = \frac{\sum x(p-a)}{T}$$

या
$$\frac{\sum xp\mu}{\sum xp} = \frac{\sum x(p-a)}{T} \quad (\because \sum xp = T) \quad .....(5)$$

ऊपर के समीकरण के बाएं भाग की अभिव्यक्ति $\sum xp\mu / \sum xp$ जो एकाधिकार की कोटि μ का भारित (weighted) औसत है, जिसे इस प्रकार $\overline{\mu}$ लिखा जा सकता है।

अत: समीकरण (5) ऐसे लिखा जा सकता है:

$$\overline{\mu} = \sum x\ (p-a)/T \quad ......(6)$$

जो यह दर्शाता है कि एकाधिकार की समष्टि-कोटि ($\overline{\mu}$) बराबर है, अर्थव्यवस्था की कुल सकल पूंजीपति आय $[\sum x\ (p-a)]$ तथा अर्थव्यवस्था के समस्त आवर्त (T) के अनुपात के।

एकाधिकार कोटि μ, जिस पर यह समीकरण आधारित है, की परिभाषा यों दी गई है कि यह मूल लागतों की कीमत का अनुपात होती है जो वास्तव में मजदूरी से कुल लाभों का अनुपात है। ऊपर दिया गया समीकरण एकाधिकार **औसत** कोटि को प्रकट करता है और स्वतन्त्र प्रतियोगिता की स्थिति में, जहां μ शून्य के बराबर होता है, सही नहीं ठहर सकता। एकाधिकार की स्थिति में यह तभी सही हो सकता है, जब यह मान लिया जाए कि (1) उद्योग पूर्ण क्षमता के बिन्दु से नीचे काम करते हैं, और (2) कि उत्पादन के संबंधित रेंज में उत्पादन की मूल लागतें प्रति इकाई स्थिर रहती हैं। इस प्रकार यह फार्मूला वास्तविक है, इसलिए कि कोई भी उद्योग अपनी पूर्ण क्षमता तक उत्पादन नहीं करता क्योंकि अपूर्ण-प्रतियोगिता या एकाधिकार के अन्तर्गत मांग वक्र (AR) औसत लागत वक्र को उसके न्यूनतम बिन्दु से बाएं को स्पर्श करता है। यह अल्पकाल और दीर्घकाल दोनों में लागू होता है। आविष्कारों तथा पूंजी और श्रम में स्थानापन्नता की लोच का आय के वितरण पर कोई प्रभाव नहीं पड़ता क्योंकि सीमांत लागत वक्र का औसत लागत वक्र के साथ एक मेल होता है। हां, यदि तकनीकी प्रगति उद्यमों के आकार में परिवर्तन करके एक उद्योग के एकाधिकार की कोटि को प्रभावित करती है तो एकाधिकार की कोटि के माध्यम से आय के वितरण पर प्रभाव पड़ता है।

इसके पश्चात् कलैस्की सकल राष्ट्रीय आय में मजदूरी के सापेक्ष भाग के लिए समीकरण व्युत्पन्न करता है। वास्तव में अभिव्यक्ति $\sum x\ (p-a)$, मजदूरी बिल देने के बाद सकल राष्ट्रीय आय का भाग है। यदि राष्ट्रीय आय को Y द्वारा और मजदूरी बिल को W द्वारा व्यक्त किया जाता है, तब $Y - W$ भी सकल राष्ट्रीय आय दर्शाता है। समीकरण (6) को ऐसे लिखा जा सकता है:

$$\overline{\mu} = Y - W/T \quad ......(7) \qquad [\because \sum x\ (p-a) = Y - W].$$

समीकरण (7) में दोनों भागों को T/W से गुणा करने से,

$$\overline{\mu} = T/W = (Y - W/T)\ .\ T/W$$

या $\quad \overline{\mu} = T/W = (Y - W)/W$

या $\quad \overline{\mu} = T/W = Y/W - 1$

या $\quad 1 + \overline{\mu}\ .\ T/W = Y/W$

राष्ट्रीय आय में मजदूरी का भाग W/Y जानने के लिए, हम ऊपर के समीकरण का उलटा लिखते हैं :

$$\frac{W}{Y} = \frac{1}{1+\bar{\mu}.T/W} \quad ....(8)$$

समीकरण (8) बताता है कि राष्ट्रीय आय में मजदूरी का भाग एकाधिकार की कोटि के साथ विपरित परिवर्तित करता है। फिर, मजदूरी का भाग भी T/W पर निर्भर करता है। इस प्रकार, कलैस्की के अनुसार, सकल राष्ट्रीय आय में मजदूरी का सापेक्ष भाग दीर्घकाल में एकाधिकार की कोटि, मजदूरी इकाई लागत के अनुपात में, कच्चे मालों की कीमतों तथा औद्योगिक संरचना द्वारा निर्धारित होता है। एकाधिकार की कोटि में वृद्धि राष्ट्रीय आय में मजदूरी के सापेक्ष भाग को कम करती है। मजदूरी के अनुपात में आधारभूत कच्चे मालों की कीमतों में वृद्धि राष्ट्रीय आय में मजदूरी के सापेक्ष भाग को कम करती है लेकिन बहुत कम अनुपात में। अत: एकाधिकार की कोटि और कच्चे मालों की कीमतें विपरीत दिशा में चलती हैं। तेजी में कच्चे मालों की कीमतों में वृद्धि को एकाधिकारी को कोटि में कमी क्षतिपूर्ति करती हैं, जबकि सुस्ती में कच्चे मालों की कीमतों में गिरावट को एकाधिकार की कोटि में वृद्धि क्षतिपूर्ति करती है।

औद्योगिक संरचना और कच्चे माल की कीमतें के इकाई मजदूरी लागतों के संबंध के बारे में निश्चित तौर से कहना कठिन है। परन्तु व्यापार चक्र में कुछ निश्चित तौर पर कहा जा सकता है। मंदी के दौरान मजदूरी के अनुपात में कच्चे माल की कीमतें गिरती हैं और वे राष्ट्रीय आय में मजदूरी के सापेक्ष भाग को बढ़ाती हैं, जबकि औद्योगिक संरचना में परिवर्तन मजदूरी के सापेक्ष भाग पर उल्टा प्रभाव डालता है, और विलोमश:। अत: कच्चे माल की कीमतें, एकाधिकार की कोटि, और औद्योगिक संरचना की परस्पर क्रिया और प्रतिक्रिया अल्पकाल और दीर्घकाल दोनों में होती रहती है जिससे राष्ट्रीय आय में मजदूरी का भाग स्थिर रहता है।

इसकी आलोचनाएं (Its Criticisms)

कलैस्की के सिद्धान्त की कटु आलोचना की गई है।

1. एकाधिकार की कोटि सही ढंग से परिभाषित नहीं (Degree of Monopoly not Properly Defined)—**कालडर** ने कलैस्की की इस बात पर आलोचना की है कि उसने एकाधिकार की कोटि को जिस प्रकार परिभाषित किया है, अर्थात् कीमत का मूल लागतों के साथ अनुपात, उसके अनुसार इस प्रकार की अस्पष्ट परिभाषाओं पर आधारित प्रतिस्थापनाएं वास्तविकता से दूर होती है तथा उनका कोई व्याख्यात्मक मूल्य नहीं होता है।

2. मूल लागतें जमा कुछ कीमत बढ़ाकर कीमतों को निर्धारित करते हैं (Prime Costs plus Mark-up determine Prices)—सकल लाभ का (कीमत बढ़ाकर) एकाधिकार की क़ोटि के साथ एकीकरण करने से वह सभी फर्मों को, जो पूँजी से श्रम के बड़े अनुपात का प्रयोग करती हैं, एकाधिकारी बना देता है। परन्तु यह सही दृष्टिकोण नहीं है क्योंकि हाल और हिच ने अनुभव से यह ज्ञान किया है कि कई अल्प-अधिकार फर्में मूल लागत जमा कुछ कीमत बढ़ाकर (mark-up) (लाभ) द्वारा कीमतें निर्धारित करती हैं।

3. मूल लागतें स्थिर नहीं (Prime Costs not Constant)— सिद्धान्त यह मानता है कि सभी फर्मों की मूल लागतें स्थिर होती हैं। परन्तु सभी फर्मों की मूल लागतें बराबर नहीं होती हैं। परिणामस्वरूप, उद्योग के पूर्ति वक्र की ढाल धनात्मक होगी बावजूद इस बात के कि सभी फर्मों की मूल लागतें स्थिर हैं।

4. श्रम संघों के प्रभाव की उपेक्षा (Neglects influence of Trade Unions)— **फेल्प्स ब्राउन** तथा **हार्ट**[2] के अनुसार यह सिद्धान्त आय वितरण पर श्रम संघों के प्रभाव की अवहेलना करता है। श्रम मार्किटें 'नर्म' एवं 'सख्त' होती हैं। 'सख्त मार्किटों' में श्रम संघ मालिकों को सोख कर मजदूरी बढ़ा सकते हैं, परन्तु 'नर्म मार्किटों' में वे ऐसा नहीं कर सकते क्योंकि मालिक वस्तुओं की कीमतें बढ़ा सकते हैं। इसलिए कलैस्की द्वारा राष्ट्रीय आय में श्रम के हिस्से के कारण वास्तविक नहीं हैं।

5. सिद्धान्त नहीं बल्कि व्याख्या (Not a Theory but an Explanation)— प्रो. रैडर का मत यह है कि यह एक सिद्धान्त न होकर केवल राष्ट्रीय आय में श्रम के हिस्से की व्याख्या है। यह सिद्धान्त एकाधिकार शक्ति की कोटि को प्रभावित करने वाले कुछ तत्त्वों का विवेचन करता है।

---

2. E.H.P. Brown and P.E. Hart, "The Share of Wages in National Income", *A.E.J.*, 62, 1952.

6. तकनीकी उन्नति के कार्य की उपेक्षा (Neglect of Role of Technical Progress)— कलैस्की का सिद्धान्त आय वितरण में तकनीकी उन्नति के प्रभाव को नहीं लेता है। परन्तु वास्तविकता यह है कि तकनीकी उन्नति आय वितरण में सदैव एक महत्त्वपूर्ण घटक रहा है। 1929–57 में संयुक्त राज्य अमरीका की वृद्धि दर में इसका 1.8 प्रतिशत प्रति वर्ष का योगदान था।

7. अनेक तत्त्वों की अवहेलना (Ignores many Factors)— जे. पैन (J. Pen) ने कलैस्की की एकाधिकार-कोटि की प्रकृति के लिए आलोचना की है। उसके अनुसार, कलैस्की एकाधिकार-कोटि को प्रतियोगिता की कोटि द्वारा निर्धारित संरचनात्मक विशिष्टता मानता है। परन्तु लाभों, ब्याज तथा मजदूरी को प्रभावित करने वाली अन्य शक्तियां भी होती हैं। वे हैं : फर्मों में लागत भिन्नक पाए जाने, पूंजी की कमी तथा श्रम संघों के प्रभाव। कलैस्की अपने सिद्धान्त में इन सभी तत्त्वों की अवहेलना करता है।

8. छोटी फर्मों को भी उच्च लाभ सीमाओं की आवश्यकता (Small Firms also require Higher Profit Margins)— जे. पैन इस बात के लिए भी कलैस्की की आलोचना करता है कि ऊंची लाभ सीमा केवल बड़े निगमों को ही प्राप्त होती है। **पैन** के अनुसार, ''सामान्य तौर से यह सिद्ध नहीं हो सका है कि यह (लाभ सीमा) छोटी फर्मों की अपेक्षा बड़ी फर्मों के लिए ऊंची होती है। प्राय: व्यापार में रहने के लिए छोटी फर्मों को ऊंची लाभ सीमा की आवश्यकता होती है।''

9. कम व्याख्या (Little Explanation)— **जान पैन** एकाधिकारी की कोटि को पुनरुक्ति (Tautology) मानता है जहां सभी घटक जो लाभ, ब्याज, लगान और मजदूरों के वेतन को प्रभावित करते हैं इसी चर में मिलते हैं। उसके अनुसार, ''एकाधिकार की कोटि आकस्मिक घटकों का एक प्रकार का कूड़े-कर्कट का कनस्तर है और इसलिए कम व्याख्या करता है।''

10. व्यष्टि कोटियों का समष्टि कोटि में इकट्ठा करना कठिन (Difficult to aggregate Micro Degrees into Macro Degree)— कलैस्की बहुत सरलता से एकाधिकार की व्यष्टि कोटियों को एकाधिकार की समष्टि कोटि में समूहन करने की कठिनाइयों को समाप्त कर देता है।

निष्कर्ष (Conclusion)—इन आलोचनाओं के बावजूद, कलैस्की का सिद्धान्त वास्तविक है क्योंकि यह बताता है कि संसार में पूर्ण-प्रतियोगिता न होकर एकाधिकार पाया जाता है और एकाधिकार शक्ति किस प्रकार आय के वितरण को प्रभावित करती है।

3. कालडर का वितरण सिद्धान्त*
(KALDOR'S THEORY OF DISTRIBUTION)

प्रो. कालडर ने 'वितरण के केन्ज़-सिद्धान्त' का विकास किया है जिसके अनुसार कीमतों और मजदूरी के बीच सम्बन्ध निर्धारण के लिए गुणक के नियम का प्रयोग हो सकता है, जबकि उत्पादन और रोजगार के स्तर दिए हुए हों।

इसकी मान्यताएं (Its Assumptions) — कालडर अपने सिद्धान्त का निर्माण निम्नलिखित मान्यताओं पर करता है:

(i) पूर्ण रोजगार की स्थिति है जिसमें कुल उत्पादन या आय (Y) दी हुई है।

(ii) राष्ट्रीय आय या उत्पाद में केवल मजदूरी (W) और लाभ (P) शामिल होते हैं। W में शारीरिक श्रम और वेतन दोनों आते हैं, जबकि P में सम्पत्ति-स्वामियों और उद्यमियों की आय सम्मिलित है।

(iii) पूंजीपतियों की अपेक्षा मजदूरों की सीमान्त उपभोग प्रवृत्ति अधिक होती है जिसके परिणामस्वरूप पूंजीपतियों की अपेक्षा मजदूरों की सीमान्त बचत प्रवृत्ति थोड़ी होती है।

(iv) निवेश-उत्पादन अनुपात (I/Y) एक स्वतंत्र चर है।

(v) अपूर्ण-प्रतियोगिता अथवा एकाधिकार शक्ति के तत्त्व पाए जाते हैं।

इन मान्यताओं के आधार पर कालडर राष्ट्रीय आय का वितरण केवल श्रमिकों और पूंजीपतियों में करता है।

Sw को मजदूरी में समस्त बचतें और Sp को लाभों में से समस्त बचतें लेते हुए,

$$Y \equiv W + P$$

परन्तु $$I \equiv S$$

और $$S \equiv Sw + Sp$$

* यह कालडर का वितरण का मॉडल भी है।

निवेश दिया होने पर और साधारण आनुपातिक बचत फलन मानते हुए, $Sw = swW$ और $Sp = spP$, हमें यह समीकरण प्राप्त होता है :

$$\begin{aligned} I &= spP + swW \\ &= spP + sw(Y-P) \qquad \text{क्योंकि } W = Y - P \\ &= spP + swY - swP \\ &= (sp - sw)P + swY \end{aligned}$$

जिससे निवेश का राष्ट्रीय आय से अनुपात

$$\frac{I}{Y} = \frac{(sp-sw)\ P + swY}{Y}.$$

or $$\frac{I}{Y} = (sp - sw) - \frac{P}{Y} + sw \qquad .....(1)$$

और (1) से लाभ का राष्ट्रीय आय से अनुपात P/Y इस प्रकार निकाला जा सकता है:

$$(sp - sw)\ P/Y = I/Y - sw$$

या $$\frac{P}{Y} = \frac{I}{sp-sw} \times \frac{I}{Y} - \frac{sw}{sp-sw} \qquad .....(2)$$

इस प्रकार मजदूरों और पूंजीपतियों की सीमान्त बचत प्रवृत्तियां दी हुई होने पर, राष्ट्रीय आय में लाभ का भाग कुल उत्पादन से निवेश के अनुपात पर निर्भर करता है। जब तक $sp > sw$ है तो I/Y में वृद्धि होने से राष्ट्रीय आय में लाभों के भाग में वृद्धि होगी। इसकी चित्र 3 द्वारा व्याख्या की गई है।

आय का पूर्ण रोजगार स्तर Y_0 दिया होने पर, बचत-आय अनुपात तथा निवेश-आय अनुपात क्रमश: S/Y_0 और I/Y_0 हैं। स्थिर लाभ-आय अनुपात रेखा PP है जिस पर अर्थव्यवस्था संतुलन में है। यदि आय में वृद्धि होती है तो S/Y_0 तथा I/Y_0 वक्र ऊपर को सरककर S/Y_1 तथा I/Y_1 हो जाते हैं। परन्तु राष्ट्रीय आय में लाभ का भाग स्थिर ही रहता है जैसा कि PP रेखा द्वारा दिखाया गया है। यदि केवल I/Y वक्र ही सरकता है तथा बचत-आय अनुपात S/Y_0 स्तर पर ही रहता है तो कीमतों में स्फीतिकारी वृद्धि होगी। इससे लाभ आय अनुपात बढ़ जाएगा और बचत-आय वक्र ऊपर सरककर S/Y_1 हो जाएगा। यदि निवेश-आय अनुपात तथा बचत-आय अनुपात वक्रों में ऐसा सम्बन्ध चलता रहता है तो अर्थव्यवस्था अपने आपको पूर्ण रोजगार के स्तर पर कायम रखेगी तथा आय में लाभ का भाग स्थिर रहेगा।

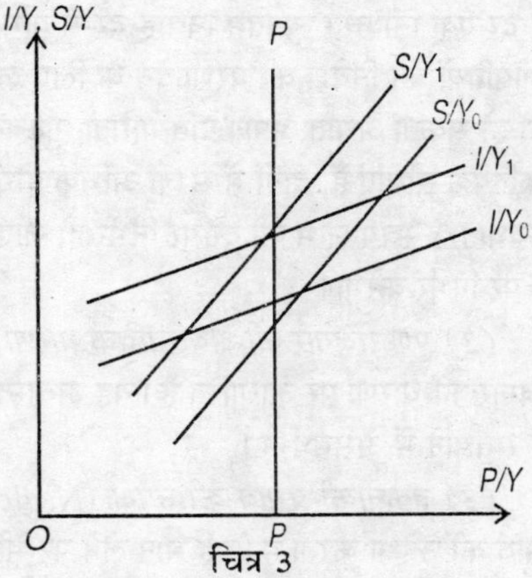

चित्र 3

प्रो. कालडर के अनुसार इस मॉडल का व्याख्यात्मक मूल्य इस बात पर निर्भर करता है कि निवेश को या बल्कि निवेश का उत्पादन से अनुपात I/Y को, sp और sw के संबंध में निश्चल, एक स्वतंत्र चर (variable) के रूप में समझा जाए। पूर्ण रोजगार की धारणा के साथ-साथ यह इस बात को प्रकट करता है कि नकद मजदूरी के स्तर के संबंध में कीमतों के स्तर को मांग निर्धारित करती है। निवेश के स्तर में वृद्धि, मांग और कीमतों के स्तर को बढ़ा देगी, मुद्रा मजदूरी स्थिर रहने पर। परिणामस्वरूप, राष्ट्रीय आय में लाभ का भाग बढ़ेगा परन्तु मजदूरी का भाग कम होगा। इसके विपरीत, निवेश में कमी कुल मांग को कम कर देगी, कीमतों और लाभ सीमाओं में गिरावट लाएगी, परन्तु मजदूरी का भाग बढ़ा देगी। अत: "नम्य (flexible) कीमतें [या बल्कि नम्य लाभ सीमाएं (profit margins)] मानते हुए व्यवस्था पूर्ण रोजगार पर स्थिर होती है।"

यह मॉडल उस समय क्रियाशील होता है, जब दोनों बचत प्रवृत्तियां विभिन्न ($sp \neq sw$) हों, और मजदूरी में से सीमान्त बचत प्रवृत्ति sw की अपेक्षा लाभों में से सीमान्त बचत प्रवृत्ति sp बड़ी हो, $sp > sw$ स्थिरता की अवस्था है। यदि sw से sp कम हो, कीमतों से कम होने से मांग में कमी होगी और कीमतों में संचयी गिरावट आएगी। इसी प्रकार कीमतों में वृद्धि भी संचयी होगी।

फिर, व्यवस्था की 'स्थिरता की कोटि' (degree of stability) सीमान्त बचत प्रवृत्तियों के अन्तर पर निर्भर करती है अर्थात् $1/(sp-sw)$ पर जो कालडर की परिभाषा के अनुसार 'आय वितरण की संवेदनशीलता का गुणांक' (coefficient of sensitivity of income distribution) है। यदि दोनों सीमान्त प्रवृत्तियों (sp और sw) में थोड़ा अन्तर हो, तो गुणांक ($1/sp-sw$) बड़ा होगा और निवेश-उत्पादन अनुपात (I/Y) में थोड़े परिवर्तनों से आय वितरण (P/Y) में अपेक्षाकृत बड़े परिवर्तन होंगे, और विलोमशः। यदि मजदूरी में से सीमान्त बचत प्रवृत्ति शून्य ($sw = 0$) हो, तो लाभों की मात्रा निवेश की राशि तथा पूंजीपति उपभोग के बराबर होगी, अर्थात् $P = \frac{1}{sp} I.$ । यह 'अक्षय भण्डार' (widow's cruse) है जहां उद्यमियों के उपभोग में वृद्धि उनके कुल लाभ को बिल्कुल उपभोग के बराबर बढ़ा देती है।

प्रो. कालडर के सिद्धान्त में $Sw = 0$ एक 'विशिष्ट स्थिति' है जिसमें 'मजदूरी अवशिष्ट' (residue) है तथा लाभ निवेश की प्रवृत्ति और पूंजीपति के उपभोग की प्रवृत्ति से शासित होने के कारण राष्ट्रीय आय पर एक प्रकार के 'पूर्व प्रभार' (prior charge) को प्रकट करते हैं। यदि किसी दीर्घकालिक समय में I/Y और Sp को स्थिर मान लिया जाए तो मजदूरी का भाग भी स्थिर होगा। दूसरे शब्दों में, जब उत्पादन प्रति व्यक्ति बढ़ता है, तो वास्तविक मजदूरी अपने-आप बढ़ जाएगी। यदि मजदूरी में से बचत की प्रवृत्ति, Sw धनात्मक हो तो कुल लाभों की मात्रा में Sw की कमी हो जाएगी (जो मजदूरों की बचतों की राशि है)। जब मजदूरों की बचतें घट जाती हैं, तो कुल लाभ निवेश में परिवर्तन की अपेक्षा, अधिक मात्रा में बढ़ जाता है, और आय में मजदूरी का भाग कम हो जाएगा। दूसरी ओर जब श्रमिकों की बचतें बढ़ती हैं तो निवेश में परिवर्तन की अपेक्षा कुल लाभ अधिक मात्रा में कम होते हैं और आय में मजदूरी का भाग बढ़ जाता है।

इसकी आलोचनाएं (Its Criticisms)

कालडर के आय-वितरण के सिद्धान्त की निम्नलिखित कारणों से आलोचना की गई है:

(1) P/Y पर I/Y निर्भर (I/Y dependent on P/Y)—कालडर यह मानता है कि लाभ और मजदूरी के भाग निवेश-आय अनुपात I/Y निर्भर करते हैं। परन्तु कालडर के अनुसार यह धारणा कुछ विशेष स्थितियों में ही सही रहती है: **प्रथम,** वास्तविक मजदूरी की दर एक निश्चित न्यूनतम निर्वाह दर से कम नहीं हो सकती। **दूसरे,** लाभों का भाग 'जोखिम बीमा दर' से कम नहीं हो सकता जो पूंजीपतियों को निवेश की प्रेरणा देने के लिए लाभ की न्यूनतम दर होती है। **तीसरे,** लाभ का भाग 'एकाधिकार कोटि की दर' से कम नहीं हो सकता अर्थात् अपूर्ण प्रतियोगिता, गुटबन्दी समझौता आदि के कारण उत्पादन पर लाभ की न्यूनतम दर। दूसरी और तीसरी बातें वैकल्पिक सीमाएं हैं, दोनों में से जो अधिक होगी वही लागू होगी। **अन्तिम,** पूंजी-उत्पादन अनुपात लाभ की दर से स्वतन्त्र होना चाहिए अन्यथा I/Y स्वयं लाभ की दर पर निर्भर हो जाएगा। यदि ये शर्तें पूरी नहीं होती हैं तो निवेश-आय अनुपात (I/Y) स्वयं लाभ की दर (P/Y) पर निर्भर करेगा।

(2) पूर्ण रोजगार की अवास्तविक धारणा (Unreaslistic Assumption of Full Employment)—कालडर का सिद्धान्त पूर्ण रोजगार की धारणा पर आधारित है। यह अवास्तविक है क्योंकि यह सिद्धान्त पूर्ण रोजगार के स्तर से नीचे आय के फलनात्मक वितरण को समझाने में असमर्थ है।

(3) तकनीकी प्रभाव की उपेक्षा (Neglects Technical Progress)—कालडर का सिद्धान्त वितरण पर तकनीकी उन्नति के प्रभाव की उपेक्षा करता है। यह मान लेने पर भी कि मजदूर अपनी मजूदरी में से बचत नहीं करते ($Sw = 0$), उद्यमियों के कुल लाभों को 'अक्षय भण्डार' द्वारा बिल्कुल समान राशि से बढ़ाना सम्भव नहीं। वास्तव में तकनीकी प्रगति लाभों को बढ़ाने में सहायक होती है।

(4) वर्करों की बचतें पूंजीपतियों के लिए नहीं (Workers' Savings not for Capitalists)—कालडर मॉडल की अन्य कमजोरी यह है कि वह सभी लाभों को पूंजीपतियों के कारण ही बताता है। इस तरह इसका अभिप्राय यह कि मजदूरों की बचतें पूर्णरूप से पूंजीपतियों को उपहार के रूप में हस्तांतरित की जाती हैं। यह स्पष्टतया अंसगत है क्योंकि ऐसी हालत में कोई भी व्यक्ति बिल्कुल बचत नहीं करेगा।

(5) लगान और ब्याज की उपेक्षा (Neglects Rents and Interest)—कालडर का सिद्धान्त इस बात में भी कमजोर है कि यह लगान और ब्याज के रूप में भूमि और पूंजी के सापेक्ष भागों की उपेक्षा करता है।

(6) मांग सापेक्ष हिस्सों को निर्धारित करती है (Demand Determines Relative Shares)— कालडर अपने सिद्धान्त में

कीमतों को इस प्रकार लेता है कि वे लागतों को पूरा करती हैं और लाभ की एक समान दर प्रदान करती हैं। परन्तु लाभ का एक हिस्सा निर्धारित किए बिना लाभ की दर नहीं जानी जा सकती है। इसलिए, सापेक्ष हिस्से श्रम द्वारा मांग निर्धारित करती है। यदि मजदूरी दी हुई हो तो कीमतें एक समान लाभ की दर द्वारा निर्धारित होती हैं। इसलिए मांग की शक्तियां सापेक्ष हिस्सों को निर्धारित करती हैं न कि कीमतें।

(7) मानव पूंजी की उपेक्षा (Neglects Human Capital)—कालडर का आय-वितरण का सिद्धान्त इसलिए भी अवास्तविक है क्योंकि यह मानव पूंजी को नहीं लेता जो राष्ट्रीय आय में वितरणात्मक हिस्से निर्धारित करने में महत्त्वपूर्ण योगदान देती है। यह सिद्धान्त बताता है कि I/Y में वृद्धि होने से राष्ट्रीय आय में लाभ का भाग बढ़ता है परन्तु मजदूरी का भाग कम होता है। श्रम का भाग मजदूरी कम होने से, श्रमिकों की अवस्था शोचनीय हो जाएगी। इससे अर्थव्यवस्था की वास्तविक आय तथा उत्पादन कम हो जाएगा। **मैक्कोरमिक** (McCormik) के शब्दों में, ''सिद्धान्त की मानव पूंजी न समावेश कर सकने की कमी सिद्धान्त को अत्यधिक साधारण बना देती है, जो वास्तविक जगत की जटिलताओं को समझना कठिन कर देती है।''

(8) कमजोर सिद्धांत (Weak Theory) —**जान पैन** यह तर्क देता है कि जब I/Y में वृद्धि होती है तो उद्यमी आशावादी हो जाते हैं क्योंकि लाभों का हिस्सा बढ़ जाता है। sw और sp दिए होने पर, उद्यमी अपने लाभों का पुर्ननिवेश करते हैं। परिणामस्वरूप, I/Y में और वृद्धि होती है और लाभों में भी। इस प्रकार अर्थव्यवस्था का अनन्त प्रसार हो सकता है। परन्तु ऐसा वास्तव में संभव नहीं है। बल्कि I/Y में निरंतर बढ़ौतरी से अति-व्यय, मजदूरी स्फीति और कीमत-मजदूरी उत्वक्र (special) होने की संभावना हो सकती है जो वास्तव में आय वितरण को निर्धारण करते हैं। कालडर का सिद्धांत इस बात के लिए कमजोर है कि यह I/Y में वृद्धि के कारणों की व्याख्या नहीं करता है।

(9) भ्रान्तिजनक सिद्धांत (Misleading Theory)—जे. **पैन** के शब्दों में यह निष्कर्ष देते हैं कि कालडर का आय-वितरण का सिद्धान्त बहुत भ्रान्तिजनक है। इसका बीजगणित सही है परन्तु तर्क की बनावट झूठी है।

प्रश्न

1. रिकार्डो के समष्टि वितरण सिद्धान्त की आलोचनात्मक व्याख्या कीजिए।
2. क्लैस्की के आय-वितरण सिद्धान्त का आलोचनात्मक विवेचन कीजिए।
3. कालडर के आय वितरण सिद्धान्त की विवेचना कीजिए।

अध्याय 48

हैरॅड तथा डोमर के वृद्धि मॉडल
(The Harrod-Domar Models of Growth)

हैरॅड तथा डोमर के आर्थिक वृद्धि के मॉडल उन्नत देशों के अनुभवों पर आधारित हैं। वे प्रमुख रूप से उन्नत पूंजीवादी अर्थव्यवस्था के लिए हैं और ऐसी अर्थव्यवस्था में सतत एकरूप वृद्धि की आवश्यकताओं का विश्लेषण करने का प्रयत्न करते हैं।

1. सतत वृद्धि की आवश्यकताएं
(REQUIREMENTS OF STEADY GROWTH)

हैरॅड तथा डोमर दोनों ही अर्थव्यवस्था के सपाट तथा निर्बाधित कार्यकरण के लिए आवश्यक आय वृद्धि की दर खोजने में दिलचस्पी रखते हैं यद्यपि उनके मॉडल सूक्ष्म विवरणों में विभिन्नता लिए हैं, फिर भी, वे एक ही प्रकार के निष्कर्षों पर पहुंचते हैं।

हैरॅड तथा डोमर आर्थिक वृद्धि की प्रक्रिया में निवेश को प्रमुख कार्य सौंपते हैं। परन्तु वे निवेश की दोहरी (dual) प्रकृति पर बल देते हैं। **प्रथम,** निवेश आय का निर्माण करता है, और **दूसरे,** यह अर्थव्यवस्था के पूंजी-स्टॉक को बढ़ाकर उसकी उत्पादन क्षमता में वृद्धि करता है। पहले को निवेश का **माँग प्रभाव** और दूसरे को **पूर्ति प्रभाव** कहा जा सकता है। इसलिए जब तक शुद्ध निवेश रहेगा, वास्तविक आय तथा उत्पादन का विस्तार होता चलेगा। पर वर्ष-प्रति वर्ष आय का पूर्ण रोजगार संतुलन स्तर बनाए रखने के लिए यह आवश्यक है कि वास्तविक आय तथा उत्पादन का उसी दर से विस्तार हो, जिस दर से पूंजी-स्टॉक की उत्पादन क्षमता का विस्तार हो रहा है। अन्य दोनों में किसी भी प्रकार के विचलन (divergence) से अतिरिक्त या अप्रयुक्त (idle) क्षमता उत्पन्न हो जाएगी और इस प्रकार उद्यमी निवेश खर्चों को घटाने पर मजबूर हो जाएंगे। अन्त में बाद की अवधियों में आय तथा रोजगार को घटाकर और अर्थव्यवस्था को सतत तथा एकरूप वृद्धि के संतुलन मार्ग से हटाकर यह अर्थव्यवस्था पर प्रतिकूल प्रभाव डालेगा। इसलिए यदि दीर्घकाल में पूर्ण रोजगार को बनाए रखना है तो शुद्ध निवेश निरन्तर बढ़ता रहना चाहिए। इसके लिए यह भी आवश्यक है कि वास्तविक आय में निरन्तर उस दर से वृद्धि होती रहे, जो बढ़ते पूंजी-स्टॉक की क्षमता के पूर्ण उपयोग को सुनिश्चित करने के लिए पर्याप्त हो। आय वृद्धि की इस आवश्यक दर को 'अभीष्ट वृद्धि दर' या 'पूर्ण क्षमता वृद्धि दर' कहा जा सकता है।

मान्यताएं (Assumptions)— हैरॅड तथा डोमर निर्मित मॉडल निम्नलिखित धारणाओं पर आधारित हैं:

1. आय का एक प्रारंभिक पूर्ण रोजगार संतुलन स्तर होता है।
2. सरकारी हस्तक्षेप का अभाव होता है।
3. ये मॉडल बन्द अर्थव्यवस्था में कार्य करते हैं जिनमें विदेशी व्यापार नहीं होता।
4. निवेश तथा उत्पादक-क्षमता निर्माण के बीच समायोजन होने में देर नहीं लगती।
5. औसत बचत-प्रवृत्ति सीमान्त बचत-प्रवृत्ति के बराबर होती है।
6. सीमान्त बचत-प्रवृत्ति स्थिर रहती है।
7. पूंजी गुणांक अर्थात् पूंजी-स्टॉक का आय से अनुपात स्थिर मान लिया जाता है।
8. पूंजीगत वस्तुओं का मूल्यह्रास नहीं होता क्योंकि उन्हें अनन्तजीवी मान लिया जाता है।
9. बचत तथा निवेश उसी वर्ष की आय से संबंध रखते हैं।

10. सामान्य कीमत–स्तर स्थिर रहता है अर्थात् मौद्रिक आय तथा वास्तविक आय समान होती है।

11. ब्याज की दरों में परिवर्तन नहीं होते।

12. उत्पादक प्रक्रिया में पूंजी तथा श्रम का अनुपात स्थिर होता है।

13. पूंजी में स्थिर तथा प्रचल दोनों प्रकार की पूंजी सम्मिलित है।

अन्तिम, वस्तु एक ही प्रकार की है।

समस्या के अन्तिम हल के लिए ये सभी मान्यताएं आवश्यक नहीं हैं, फिर भी, वे विश्लेषण को सरल बना देती हैं।

2. डोमर का मॉडल
(THE DOMAR MODEL)

डोमर ने इस प्रश्न को लेकर अपने मॉडल का निर्माण किया है क्योंकि निवेश एक ओर तो आय को उत्पन्न करता है और दूसरी ओर उत्पादक–क्षमता बढ़ाता है, इसलिए उत्पादक–क्षमता में वृद्धि को आय में वृद्धि के बराबर करने के लिए, निवेश किस दर से बढ़े, ताकि पूर्ण रोजगार बना रहे ? वह निवेश के माध्यम से कुल पूर्ति तथा कुल मांग के बीच संबंध स्थापित करके इस प्रश्न का उत्तर देता है।

पूर्ति पक्ष (Supply side)— डोमर पूर्ति पक्ष को इस प्रकार स्पष्ट करता है—मान लीजिए कि निवेश की वार्षिक दर I है और नयी पूंजी (मशीनों) की उत्पादन क्षमता s के बराबर है। तब I डालर उत्पादन क्षमता Is डालर वार्षिक होगी। लेकिन यह भी संभव है कि नयी पूंजी का उपयोग पुरानी मशीनों के स्थान पर किया जाए। ऐसी स्थिति में वार्षिक उत्पादन क्षमता Is से कम होगी। डोमर इसे $I\sigma$ से प्रदर्शित करता है। दूसरे शब्दों में

$$\Delta Y = I\sigma \qquad ...(1)$$

जबकि निवेश की औसत उत्पादकता $\sigma = \Delta Y/I$ और $I\sigma$ अर्थव्यवस्था के उत्पादन में कुल शुद्ध संभाव्य वृद्धि है जिसे सिग्मा प्रभाव भी कहते हैं।

मांग पक्ष (Demand side)— डोमर मांग पक्ष की व्याख्या केन्ज़ की गुणक प्रक्रिया से करता है। मान लीजिए राष्ट्रीय आय में वार्षिक वृद्धि ΔY होगी, वह निवेश में वृद्धि ΔI की $1/\propto$ गुणा होगी।

$$I = \propto Y \text{ अथवा } 1\frac{1}{\propto} = Y$$

$$\therefore Y = 1\frac{1}{\propto}$$

दूसरे शब्दों में $\Delta Y = \Delta\, 1\frac{1}{\propto}$ ....(2)

संतुलन (Equilibrium)—आय का पूर्ण रोजगार संतुलन बनाए रखने के लिए कुल मांग एवं कुल पूर्ति को बराबर रहना चाहिए। समीकरण (1) और (2) को बराबर रखने से,

$$\frac{\Delta I}{\propto} = 1\sigma \text{ अर्थात् } \frac{\Delta I}{I} = \propto \sigma \qquad ......(3)$$

समीकरण (3) से स्पष्ट है कि यदि हम पूर्ण रोजगार बनाए रखना चाहते हैं तब $\Delta I/I$ शुद्ध स्वायत्त निवेश की वृद्धि दर $\propto \sigma$ के बराबर होनी चाहिए। डोमर ने अपनी बात को और स्पष्ट करने के लिए संख्यात्मक उदाहरण दिया है। मानलीजिए कि σ = 25% प्रतिवर्ष, $\propto$ = 12% और $Y = 150$ बिलियन डॉलर प्रतिवर्ष है। यदि पूर्ण रोजगार को बनाए रखना है तो $150 \times 12/100 = 18$ बिलियन डॉलर निवेश चाहिए। इससे उत्पादन क्षमता में निवेशित मात्रा की σ गुणा वृद्धि होगी अर्थात् $150 \times 12/100 \times 25/100 =$

4.5 बिलियन डॉलर की; और राष्ट्रीय आय को भी इतनी ही मात्रा में बढ़ना पड़ेगा। परन्तु आय में सापेक्ष वृद्धि आय द्वारा विभक्त निरपेक्ष वृद्धि के बराबर होगी $\Delta Y/Y$ अर्थात्

(i) $\Delta Y = \frac{I}{\propto}.\Delta I$ अर्थात् $\Delta I = \Delta Y \propto = \frac{150 \times 12}{100} = 18$ बिलियन डॉलर

(ii) $\Delta I \,.\, \sigma = \frac{18 \times 25}{100} = 4.5$ बिलियन डॉलर

(iii) $\frac{\Delta Y}{Y} = \frac{45}{150} = \frac{3}{100} = 3\% = \propto \sigma = \frac{12}{100} \times \frac{25}{100} = 3\%$

इसलिए पूर्ण रोजगार बनाए रखने के लिए यह आवश्यक है कि आय में 3% प्रतिशत की दर से वृद्धि हो। इस 'सुनहरी मार्ग' से विचलन के परिणामस्वरूप चक्रीय परिवर्तन होंगे। जब $\propto\sigma$ से $\frac{\Delta I}{I}$ अधिक होगा, तो अर्थव्यवस्था तेजी की स्थिति में होगी; और जब $\propto\sigma$ से $\frac{\Delta I}{I}$ कम होगा, तो अर्थव्यवस्था में मंदी की स्थिति होगी।

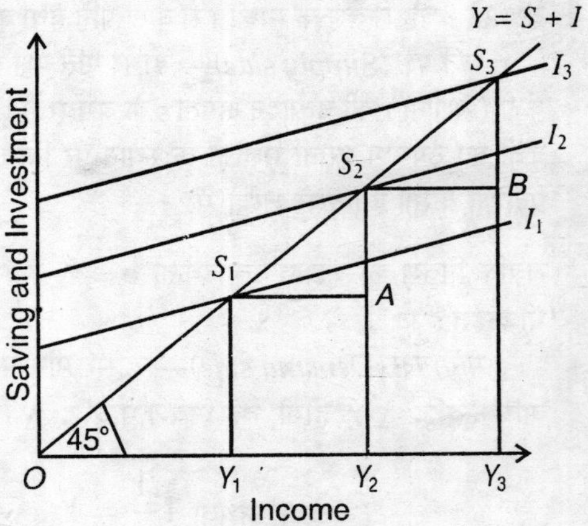

चित्र 1

रेखाचित्र 1 में राष्ट्रीय आय का निर्धारण समस्त मांग तथा समस्त पूर्ति रेखाओं द्वारा दिखाया गया है। क्षैतिज अक्ष पर आय के स्तर को जबकि अनुलंब अक्ष पर बचत एवं निवेश को लिया गया है। 45° के कोण पर $Y = S + I$ का संतुलन दिखाया गया है। प्रारंभ में, अर्थव्यवस्था का संतुलन बिन्दु S_1 है, जहां बचत एवं निवेश दोनों का स्तर बराबर है और आय का स्तर OY_1 है। दूसरे शब्दों में, अर्थव्यवस्था पूर्ण दक्षता से कार्य कर रही है। जब वार्षिक निवेश की दर I_1 है जबकि नयी पूंजी का उपभोग पुरानी मशीनों के स्थान पर किया जाता है और 'गुणक प्रभाव' के कारण आय का स्तर बढ़कर $S_1 A. (=Y_1 Y_2)$ हो जाता है। लेकिन वार्षिक उत्पादन क्षमता $I\sigma$ से कम रहती है। रेखाचित्र 1 से स्पष्ट है कि $OY_2 > OY_1$ यदि निवेश की मात्रा को बढ़ाकर I_2 कर दिया जाए और आय में वृद्धि $S_2 B (= Y_2 Y_3)$ होगी। यह प्रक्रिया निवेश गुणक के अनुसार चलती रहेगी जब तक आय में वृद्धि निवेश में की गई वृद्धि की गुणक वृद्धि के बराबर नहीं हो जाती।

3. हैरॅड का मॉडल
(THE HARROD MODEL)

प्रो. हैरॅड अपने मॉडल में यह दिखाने का यत्न करता है कि किस प्रकार अर्थव्यवस्था में सतत (अर्थात संतुलन) वृद्धि पाई जा सकती है। जब एक बार सतत वृद्धि में बाधा पड़ जाती है और अर्थव्यवस्था असंतुलन में हो जाती है तो संचयी शक्तियां इस विचलन को बनाए रखने में लगी रहती हैं, जिससे दीर्घकालीन अवस्फीति या स्फीति हो सकती है।

हैरॅड का मॉडल वृद्धि की तीन भिन्न दरों पर आधारित है। **प्रथम,** G द्वारा व्यक्त वास्तविक वृद्धि दर है, जिसे बचत अनुपात तथा पूंजी-उत्पादन अनुपात निर्धारित करते हैं। यह वृद्धि की दर अल्पकालीन चक्रीय परिवर्तनों को प्रकट करती है। **दूसरे,** GW द्वारा व्यक्त अभीष्ट वृद्धि दर है, जो किसी अर्थव्यवस्था की आय की पूर्ण क्षमता वृद्धि दर होती है। **तीसरे,** GN द्वारा व्यक्त सहज या प्राकृतिक दर है जिसे हैरॅड 'कल्याण-इष्टतम' मानता है। इसे वृद्धि की संभाव्य अथवा पूर्ण रोजगार-दर भी कहा जा सकता है।

वास्तविक वृद्धि दर (Actual Growth Rate)— हैरॅड के मॉडल में पहला समीकरण है:

$$GC = s \quad .....(1)$$

जहां G समय की दी हुई अवधि में उत्पादन की वृद्धि की दर है और $\Delta Y/Y$ द्वारा व्यक्त की जा सकती है; C पूंजी में किया गया शुद्ध योग है और निवेश का आय में वृद्धि से अनुपात के रूप में परिभाषित किया गया है, अर्थात् $I/\Delta Y$. और s औसत बचत-प्रवृत्ति है, अर्थात् S/Y.

ऊपर के समीकरण में इन अनुपातों को स्थानापन्न करने से हमें प्राप्त होता है:

$$\frac{\Delta Y}{Y} \times \frac{I}{\Delta Y} = \frac{S}{Y} \text{ अथवा } \frac{I}{Y} = \frac{S}{Y} \text{ अथवा } I = S$$

यही समीकरण इस सत्य का पुनर्कथन मात्र है कि वास्तविक बचतें वास्तविक निवेश के बराबर होती हैं।

ऊपर दिए गए सम्बन्ध को आय का व्यवहार स्पष्ट करता है, जबकि Y पर S निर्भर करता है, I आय में वृद्धि (ΔY) पर निर्भर करती है जो त्वरण सिद्धान्त के अतिरिक्त कुछ नहीं है।

अभीष्ट वृद्धि-दर (Warranted Rate of Growth)— हैरॅड का दूसरा आधारभूत समीकरण सतत उन्नति के लिए संतुलन स्थितियों को व्यक्त करता है। हैरॅड के अनुसार अभीष्ट वृद्धि-दर वह दर है, जिस पर जो कुछ भी उत्पादक कर रहे हैं, संतुष्ट होंगे। यह उद्यमीय संतुलन है; यह उन्नति की रेखा है, जो यदि प्राप्त हो जाए तो लाभ प्राप्तकर्त्ताओं को संतुष्ट करेगी कि उन्होंने ठीक बात की है। अत: यह वृद्धि दर मुख्यत: व्यापारी वर्ग के व्यवहार से संबंधित है। अभीष्ट वृद्धि-दर पर माँग इतनी ऊंची होती है कि व्यापारी लोगों ने जितना उत्पादन किया होता है, बेच सकते हैं और वे उसी वृद्धि की प्रतिशत दर से लगातार उत्पादन करते रहेंगे। इस प्रकार सतत वृद्धि दर का समीकरण है :

$$Gw.Cr = s \quad .....(2)$$

जहां Gw, अभीष्ट वृद्धि-दर अथवा आय वृद्धि की पूर्ण क्षमता दर है (जो पूंजी के बढ़ते स्टॉक का पूरा उपयोग करेगी), जो वास्तव में की गई निवेश की मात्रा से उद्यमियों को संतुष्ट करेगी। यह $\Delta Y/Y$ का मूल्य होती है। Cr 'पूंजी आवश्यकताएं' हैं जो वृद्धि की अभीष्ट दर को बनाए रखने के लिए आवश्यक पूंजी की मात्रा को, अर्थात् आवश्यक पूंजी-उत्पादन अनुपात को प्रकट करती है।* यह $I/\Delta Y$ का मूल्य है। वही है, जो पहले समीकरण में था, अर्थात् S/Y.

इसलिए यह समीकरण व्यक्त करता है कि यदि अर्थव्यवस्था Gw की सतत दर पर उन्नति करना चाहती है, जिससे उसकी क्षमता का पूरा उपयोग हो सकेगा, तो आय को s/Cr प्रतिवर्ष की दर से बढ़ना चाहिए अर्थात् $Gw = s/Cr$.

पूर्ण रोजगार संतुलन वृद्धि के लिए, G (वास्तविक वृद्धि-दर) अभीष्ट वृद्धि-दर अथवा पूर्ण क्षमता वृद्धि-दर Gw के बराबर होनी चाहिए, जो अर्थव्यवस्था को सतत उन्नति दे सकेगी और C (वास्तविक पूंजीगत वस्तुएँ) Cr (सतत वृद्धि के लिए आवश्यक पूंजीगत वस्तुएँ) बराबर होनी चाहिए। इस प्रकार Gw वृद्धि की आत्मधारित (self-sustained) वृद्धि की दर है तथा यदि अर्थव्यवस्था इस दर पर बढ़ती जाती है तो यह संतुलन पथ पर चलेगी।

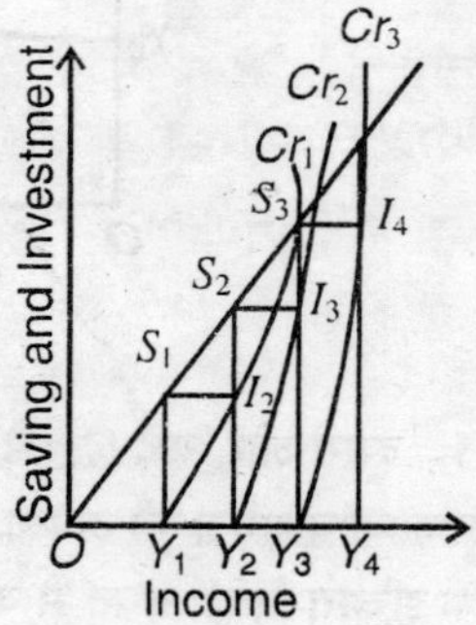

चित्र 2

हैरॅड वृद्धि मार्ग (Harrod's Growth Path)— हैरॅड वृद्धि मार्ग को रेखाचित्र 2 से दिखाया गया है। क्षैतिज अक्ष आय को प्रकट करता है और अनुलंब अक्ष बचत एवं निवेश को। कितना निवेश किया जाए यह त्वरण के मूल्य पर निर्भर करता है और इसे रेखाचित्र में Cr रेखा द्वारा व्यक्त किया गया है। समांतर रेखाएं Y_1Cr_1, Y_2Cr_2 व Y_3Cr_3 स्थिर पूंजी उत्पादन अनुपात को बता रही हैं। आय में Y_1 से Y_2 परिवर्तन होने से प्रेरित निवेश I_2Y_2 जो S_1Y_1 बचत के समान हैं, इस स्तर पर उत्पादन में वृद्धि दर $\frac{Y_2 - Y_1}{Y_1}$ के समान है। फिर I_2 निवेश आय को बढ़ाकर Y_3 पर ले जाता है और उत्पादन में वृद्धि दर $\frac{Y_3 - Y_2}{Y_2}$ के समान है। इसी प्रकार I_3 निवेश की दर आय को बढ़ाकर Y_4 के स्तर पर लाती है। अत: अर्थव्यवस्था एक समान वृद्धि दर से बढ़ती है, अर्थात्

* "*Cr.* की परिभाषा हैरॅड ने दी है: ''उत्पादन की एक इकाई वृद्धि का उत्पादन करने के लिए आवश्यक पूंजी का मूल्य''। *Towards a Dynamic Economics*, p. 81.

$$\frac{Y_2 - Y_1}{Y_1} = \frac{Y_3 - Y_2}{Y_2} = \frac{Y_4 - Y_3}{Y_3}$$

दीर्घकालीन असन्तुलनों की उत्पत्ति (Genesis of Long run Disequilibrium)—पूर्ण रोजगार सन्तुलन के लिए वास्तविक वृद्धि दर (*G*) और अभीष्ट वृद्धि-दर (*Gw*) अवश्य बराबर होनी चाहिए और वास्तविक पूंजी पदार्थ (*C*) इच्छित पूंजी पदार्थ (*Cr*) के बराबर अवश्य होने चाहिएं तभी सतत वृद्धि सम्भव है।

यदि *G* और *Gw* बराबर नहीं है तो अर्थव्यवस्था असन्तुलन में रहेगी। उदाहरण के लिए, यदि *Gw* से *G* बढ़ जाएगा, *Cr* से *C* कम होगा। $G > Gw$ हो तो अपर्याप्त वस्तुओं या उपकरणों के कारण कमियां उत्पन्न होती हैं। ऐसी स्थिति दीर्घकालीन स्फीति लाती है क्योंकि आय में वृद्धि उससे अधिक दर से होती है जितनी उत्पादकीय क्षमता में वृद्धि होती है। आगे इससे पूंजी वस्तुओं की भी कमी हो जाएगी क्योंकि पूंजीगत वस्तुओं की वास्तविक मात्रा आवश्यक पूंजी वस्तुओं से कम है ($C < Cr$)। इन परिस्थितियों में इच्छित निवेश बचत की अपेक्षा अधिक होगा और कुल उत्पादन कुल मांग से कम रह जाएगा। इस प्रकार दीघकालिक स्फीति होगी।[1] इसे चित्र 3 (A) में दर्शाया गया है। जहां आय की वृद्धि दरें अनुलम्ब अक्ष पर तथा समय क्षैतिज अक्ष पर लिए गए हैं। आय के प्रारंभिक पूर्ण रोजगार स्तर Y_0 से शुरू करते हुए, वास्तविक वृद्धि दर *G* बिन्दु *E* तक अभीष्ट वृद्धि पथ *Gw* के साथ t_2 समय पर्यन्त चलती है। परन्तु t_2 के पश्चात्, *Gw* से *G* विचलन कर लेती है तथा *Gw* से अधिक होती है। आगे की अवधियों में दोनों में विचलन बढ़ता ही जाता है।

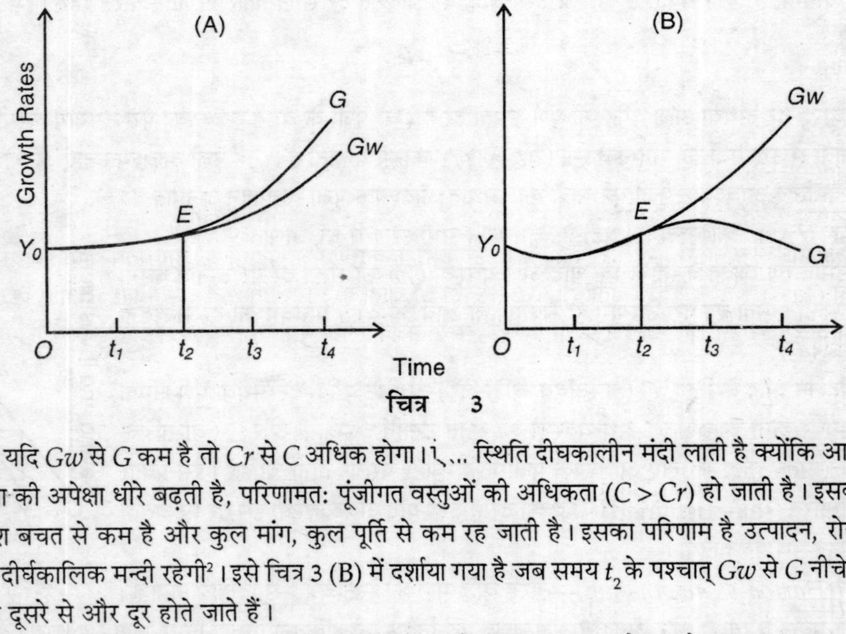

चित्र 3

दूसरी ओर, यदि *Gw* से *G* कम है तो *Cr* से *C* अधिक होगा। ï... स्थिति दीघकालीन मंदी लाती है क्योंकि आय अर्थव्यवस्था की उत्पादकीय क्षमता की अपेक्षा धीरे बढ़ती है, परिणामतः पूंजीगत वस्तुओं की अधिकता ($C > Cr$) हो जाती है। इसका अभिप्राय यह है कि इच्छित निवेश बचत से कम है और कुल मांग, कुल पूर्ति से कम रह जाती है। इसका परिणाम है उत्पादन, रोजगार और आय में कमी। इस प्रकार दीर्घकालिक मन्दी रहेगी[2]। इसे चित्र 3 (B) में दर्शाया गया है जब समय t_2 के पश्चात् *Gw* से *G* नीचे गिरना प्रारंभ करता है तथा दोनों एक दूसरे से और दूर होते जाते हैं।

हैरॅड का कहना है कि जब एक बार *Gw* से *G* अलग हो जाता है तो यह सन्तुलन से दूर होता चला जाएगा। वह लिखता है कि 'उन्नति रेखा पर डटे रहने से ही, वह अकेली संतुष्टि दे सकती है, परन्तु उसके गिर्द केन्द्र से दूर ले जाने वाली शक्तियां कार्यशील रहती हैं, जो व्यवस्था को आवश्यक उन्नति रेखा से दूर-दूर ले जाती हैं।'' अतः *G* और *Gw* में संतुलन **छुरी-धार संतुलन** (knife-edge equilibrium) है क्योंकि जब यह एक बार भंग हो जाता है तो स्वयं सन्तुलन में नहीं आ जाता। निष्कर्ष यह निकलता है कि सार्वजनिक नीति का एक बड़ा काम यह है कि दीर्घकालीन स्थिरता बनाए रखने के लिए *G* तथा *Gw* को इकट्ठे रखा जाए। इस उद्देश्य के लिए हैरॅड

1. डोमर ने भी इस संभावना पर विचार किया है, जब ∝ σ की अपेक्षा *I* अधिक तेजी से बढ़ता है।

ने अपना तीसरा समीकरण प्रस्तुत किया है।

सहज या प्राकृतिक वृद्धि-दर (Natural Growth Rate)—वृद्धि की प्राकृतिक दर समष्टि चरों पर निर्भर करती है, जैसे कि जनसंख्या, प्रौद्योगिकी, प्राकृतिक साधन तथा पूंजीगत उपकरण। इसे 'वृद्धि की पूर्ण रोजगार-दर' अथवा 'वृद्धि की सामान्य दर' कहा जा सकता है। यह बढ़ती हुई जनसंख्या तथा प्रौद्योगिकीय प्रगति द्वारा निर्धारित पूर्ण रोजगार उत्पादन में वृद्धि की दर है। इसके लिए समीकरण है:

$$Gn \,.\, Cr = or \neq S \qquad \text{......(3)}$$

जहां Gn प्राकृतिक अथवा वृद्धि की पूर्ण रोजगार दर है।

G, Gw एवं Gn का विचलन (Divergence of G, Gw and Gn)— अब पूर्ण रोजगार संतुलन वृद्धि के लिए $Gn = Gw = G$, जो **छुरी-धार** संतुलन है। परन्तु यदि वृद्धि की **प्राकृतिक, वास्तविक** तथा **अभीष्ट** दरों में कोई विचलन होगा तो अर्थव्यवस्था में दीर्घकालीन स्थिरता अथवा स्फीति की परिस्थितियाँ उत्पन्न हो जाएँगी। यदी $G > Gw$ हो तो निवेश बचत की अपेक्षा तीव्रता से बढ़ता है और आय में Gw की अपेक्षा तीव्रता से वृद्धि होती है। यदि $G < Gw$ हो तो बचत निवेश की अपेक्षा तीव्रता से बढ़ती है और आय में वृद्धि Gw की अपेक्षा कम होती है। हैरॅड के अनुसार यदि $Gw > Gn$ हो तो दीर्घकालीन गतिहीनता पैदा हो जाएगी। ऐसी स्थिति में G से Gw अधिक होती है क्योंकि वास्तविक दर (G) पर उच्चसीमा प्राकृतिक दर (Gn) द्वारा लगाई जाती है, जैसाकि चित्र 4 (A) में दिखाया गया है। जब Gn से Gw अधिक होती है तो $C > Cr$ और श्रम की कमी के कारण पूंजी पदार्थों का आधिक्य होता है। श्रम की कमी उत्पादन में वृद्धि की दर को Gw के स्तर से नीचे रखती है। मशीनें बेकार हो जाती हैं और अतिरिक्त क्षमता पाई जाती है। इससे निवेश, उत्पाद, रोजगार एवं आय और कम हो जाते हैं। इस प्रकार अर्थव्यवस्था दीर्घकालिक मंदी के शिकंजे में जकड़ जाएगी। ऐसे हालात में बचत एक बुराई है।

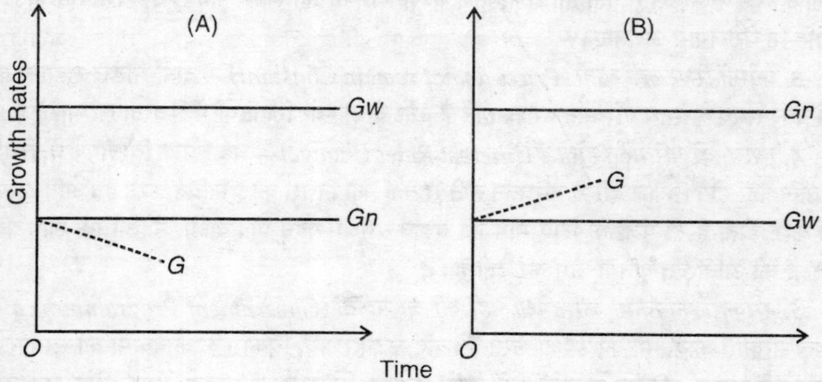

चित्र 4

यदि $Gw < Gn$ हो तो G से Gw नीचे होगा, जैसाकि चित्र 4 (B) में दिखाया गया है। ऐसी स्थिति में अर्थव्यवस्था में दीर्घकालिक स्फीति उत्पन्न होने की प्रवृत्ति पाई जाती है। जब Gn से Gw कम हो तो $C < Cr$ श्रम की अधिकता और पूंजी पदार्थों की कमी पाई जाती है। लाभ अधिक होते हैं क्योंकि वास्तविक निवेश से अनुमानित निवेश अधिक होता है और व्यापारी वर्ग में अपने पूंजी भण्डार को बढ़ाने की प्रवृत्ति पाई जाती है। इससे दीर्घकालिक स्फीति उत्पन्न हो जाएगी। ऐसी स्थिति में बचत एक गुण होता है क्योंकि यह अभीष्ट दर (Gw) को बढ़ाने में सहायक होती है।

इसके कारण (Its Causes)—हैरॅड के मॉडल में यह अस्थिरता इसकी आधारभूत मान्यताओं की दृढ़ता के कारण है। वे हैं: *(i)* एक स्थिर उत्पाद फलन, *(ii)* एक स्थिर बचत अनुपात तथा *(iii)* श्रम शक्ति की एक स्थिर वृद्धि दर। अर्थशास्त्रियों ने इस दृढ़ता को उत्पादन फलन में पूंजी और श्रम को स्थानापन्नता प्रदान करके, बचत अनुपात को लाभ दर का फलन बनाकर, तथा वृद्धि प्रक्रिया में श्रम शक्ति की वृद्धि दर को परिवर्तनशील बनाकर मुक्त करने का प्रयत्न किया है।

इसके नीति निहितार्थ (Policy Implications)—हैरॅड के वृद्धि मॉडल के नीति निहितार्थ हैं कि बचत स्फीति अन्तराल अर्थव्यवस्था में गुण है और अवस्फीति अन्तराल में दोष। इस प्रकार उन्नत अर्थव्यवस्था में स्थिति की मांग के अनुसार बचत को घटाना या बढाना पड़ता है।

---

2. डोमर ने मॉडल में यह स्थिति तब आती है, जब $\propto \sigma$ की अपेक्षा कम दर पर I में वृद्धि होती है।

इन मॉडलों की सीमाएं (Limitations of these Models)

1. $\propto$ या s तथा σ स्थिर नहीं होते ($\propto$ or s and σ not Constant)— $\propto$ या s तथा σ को स्थिर मान लिया गया है। वास्तविकता में संभावना यह है कि वे दीघकाल में परिवर्तित हो जायेंगे और सतत वृद्धि की आवश्यकताओं को बदल देंगे। पर इन मान्यताओं के बिना भी वृद्धि की सतत दर कायम रखी जा सकती है। जैसाकि स्वयं डोमर ने लिखा है, ''तर्क के लिए यह मान्यता आवश्यक नहीं, और समस्त समस्या को, चर $\propto$ तथा σ से नए सिरे से बड़ी आसानी से हल किया जा सकता है।''

2. श्रम तथा पूंजी स्थिर अनुपातों में प्रयोग नहीं किए जा सकते (Labour and Capital cannot be used in Fixed Proportions)— यह मान्यता अमान्य है कि श्रम तथा पूंजी का स्थिर अनुपातों में प्रयोग किया जाता है। सामान्य रूप से पूंजी के लिए श्रम को स्थानापन्न किया जा सकता है और अर्थव्यवस्था अपेक्षाकृत निर्विघ्न रूप से सतत वृद्धि के मार्ग पर अग्रसर हो सकती है। वास्तव में, जैसाकि हैरॅड के मॉडल में नहीं होता, यह मार्ग इतना अस्थिर नहीं है कि यदि G तथा Gw बराबर न हों, तो अर्थव्यवस्था में दीर्घकालिक स्फीति या बेरोजगारी आ जाए।

3. कीमतें स्थिर नहीं रहतीं (Prices do not remain Constant)— दोनों मॉडल सामान्य कीमत-स्तर में परिवर्तन पर भी ध्यान नहीं देते। समय के साथ परिवर्तन हमेशा होते हैं और वे अस्थिर स्थितियों में स्थिरता ला सकते हैं।

4. ब्याज-दरें परिवर्तित होती हैं (Interest Rates Change)— यह धारणा विश्लेषण के लिए अप्रासंगिक है कि ब्याज की दरों में परिवर्तन नहीं होते। ब्याज दरों में परिवर्तन होते रहते हैं, जो निवेश को प्रभावित करते हैं। अति-उत्पादन की अवधि में ब्याज की दरों में जब कमी होती है तो पूंजी के लिए माँग को बढ़ाकर पूंजी-गहन प्रक्रियाओं को अधिक लाभदायक बना सकती हैं और परिणामतः वस्तुओं की अतिरिक्त पूर्तियां कम कर देती है।

5. सरकारी कार्यक्रमों की उपेक्षा नहीं की जा सकती (Government Programmes cannot be Ignored)— हैरॅड-डोमर मॉडल सरकारी कार्यक्रमों की उपेक्षा करते हैं। यदि, उदाहरणार्थ, विकास के कार्यक्रमों को सरकार अपने हाथ में ले ले, तो हैरॅड-डोमर मॉडल हमें कारण-परिणाम सम्बन्ध नहीं प्रदान करता। इस कारण ये मॉडल अवास्तविक बन जाते हैं क्योंकि सरकारी कार्यक्रमों के बिना आर्थिक वृद्धि सम्भव नहीं।

6. उद्यमीय व्यवहार की उपेक्षा नहीं की जा सकती (Entrepreneurial Behaviour cannot be Ignored)— हैरॅड उद्यमीय व्यवहार की भी उपेक्षा करता है जो वास्तव में अर्थव्यवस्था में वृद्धि की अभीष्ट दर (Gw) निर्धारित करता है। इससे अभीष्ट वृद्धि दर का सिद्धान्त अवास्तविक बन जाता है।

7. वस्तुएं एक प्रकार की नहीं (Goods of not one Type)— हैरॅड-डोमर मॉडल अपने विश्लेषण में केवल एक प्रकार की ही वस्तु लेते हैं। उनकी इस बात के लिए आलोचना की गई है कि वे उपभोक्ता वस्तुओं तथा पूंजीगत वस्तुओं में भेद करने में असफल रहे हैं।

8. मांग या पूर्ति प्रभाव के कारण (Instability due to demand or Supply Effect)—प्रो. **रोस** के अनुसार, हैरॅड की व्यवस्था में अस्थिरता का मुख्य स्रोत उत्पादन निर्णयों पर अतिरिक्त माँग अथवा पूर्ति के प्रभाव में पाया जाता है, न कि निवेश निर्णयों पर वृद्धिशील पूंजी दुर्लभताओं अथवा प्रचुरताओं के प्रभावों में।

निष्कर्ष (Conclusion)— प्रो. **कुरिहारा** लिखते हैं, ''इन सीमाओं के बावजूद, हैरॅड-डोमर वृद्धि-मॉडल पूर्णरूप से स्वतन्त्र हैं, जो राजकोषीय तटस्थता पर आधारित हैं और उन्नत अर्थव्यवस्था के लिए आरोही-संतुलन की स्थितियों को प्रकट करने के लिए निर्मित हुए हैं।'' वे इसलिए महत्वपूर्ण हैं, ''क्योंकि वे केन्ज़ के स्थैतिक अल्पकालीन बचत तथा निवेश सिद्धान्त को गत्यात्मक तथा दीर्घकालीन बनाने के प्रेरणात्मक प्रयत्न करने को प्रकट करते हैं।''[3]

---

3. Kurihara, *op.cit.*, p. 153

4. हैरॅड-डोमर मॉडलों की अल्पविकसित देशों पर व्यवहार्यता (APPLICATION OF HARROD-DOMAR MODELS ON UNDERDEVELOPED COUNTRIES)

उन्नत अर्थव्यवस्थाओं में वृद्धि सिद्धान्त तीन प्रमुख धारणाओं से सम्बद्ध रहा है—बचत फलन, स्वायत्त बनाम प्रेरित निवेश और पूंजी की उत्पादकता। दीर्घकालीन गतिहीनता को प्रकट करने के लिए हैरॅड-डोमर मॉडलों का मूलत: विकास हुआ था जो युद्ध के बाद की अवधि में उन्नत अर्थव्यवस्थाओं के लिए खतरा बन रहा था। अब अल्पविकसित देशों की विकास समस्याओं के सम्बन्ध में भी इन मॉडलों का व्यवहार होने लगा है। जैसा **हर्षमैन** लिखते हैं, ''खासतौर पर, डोमर का मॉडल आश्चर्यजनक रूप से बहुमुखी सिद्ध हुआ है: यह हमें केवल इतना ही प्रकट करने की अनुमति नहीं देता कि यदि नए निवेश द्वारा उत्पन्न क्षमता का पूरा लाभ उठाना है, तो अर्थव्यवस्था किस दर से वृद्धि करे बल्कि प्रतीप क्रम से यह प्रकट करने की अनुमति भी देता है कि यदि निश्चित लक्ष्य वृद्धि-दर प्राप्त करनी है तो आवश्यक बचत तथा पूंजी-उत्पादन अनुपात क्या हों? ऐसे प्रश्नों में, पूंजी-उत्पादन अनुपात का मूल्य आमतौर पर 2.5 तथा 5 के बीच कुछ भी मान लिया जाता है; कभी-कभी अनेक विकल्पात्मक स्थितियां हाथ में ले ली जाती हैं; समस्त या प्रति व्यक्ति वृद्धि-दर के दिए हुए होने पर और उपरोक्त स्थिति में जनसंख्या प्रक्षेपों (projections) के दिए हुए होने पर, पचंवर्षीय अथवा दसवर्षीय योजनाओं के लिए कुल पूंजी आवश्यकताएँ आसानी से निकाली जा सकती हैं।''[4] अब यह देखें कि अल्पविकसित देशों में योजना के लिए इन मॉडलों का कैसे उपयोग हो सकता है

कल्पना कीजिए कि पूंजी-उत्पादन अनुपात 4 : 1 मान लिया जाता है और अर्थव्यवस्था के लिए पूर्ण क्षमता वृद्धि-दर अथवा अभीष्ट वृद्धि-दर (*Gw*) 3% प्रतिवर्ष है। हैरॅड या डोमर किसी का भी सूत्र लगाकर, योजना बनाने वाले, 3 प्रतिशत प्रतिवर्ष की वृद्धि-दर बनाए रखने के लिए आवश्यक बचत-आय अनुपात निकाल सकते हैं।

हैरॅड के मॉडल में :

$$Gw\,Cr = s$$

और मान ली गई दरों को रखने से हमें $3/100 \times 4/1 = 12/100$ अथवा 12% प्राप्त होता है जोकि बचत-आय अनुपात है।

इसी प्रकार डोमर के मॉडल में:

$$\Delta Y/Y = \propto \sigma$$

$= 3/100 \times 4/1 = 12/100$ अथवा 12% (क्योंकि σ हैरॅड के Cr का व्युत्क्रम है।)

इस प्रकार, यदि किसी अर्थव्यवस्था में पूंजी-उत्पादन अनुपात 4:1 मान लिया जाए, तो उसकी उत्पादन की वार्षिक वृद्धि-दर 3% रखने के लिए राष्ट्र को अपनी वार्षिक आय के 12% की बचत करनी होगी। अब इसे व्यवहार में हल करके देखना चाहिए। बचत-आय अनुपात तथा पूंजी-उत्पादन अनुपात के दिए हुए होने पर, वृद्धि-दर निकालने के लिए हैरॅड सूत्र यह है:

$Gw = s/Cr$ यदि s 12% हो और Cr का मूल्य 4 हो, तो $Gw = 12/4 = 3$ प्रतिशत

हैरॅड ने *"Second Essay on Dynamic Theory"* में अपने मॉडल को अल्पविकसित देशों के सम्बन्ध में अधिक व्यवहार्य बनाने का प्रयत्न किया है उसने बचत की पूर्ति तथा बचत के लिए माँग के निर्धारण में ब्याज दर का कार्य भाग शामिल करके अपने आधारभूत समीकरण के पूर्ति पक्ष को स्पष्ट किया है। आय की घटती उपयोगिता की लोच (elasticity of diminishing utility of income) *e* से प्रति व्यक्ति उत्पादन की प्राकृतिक दर (natural growth rate of per capita output) *Pc* तथा आय की प्राकृतिक वृद्धि-दर (*Gn*) के अनुपात के रूप में ब्याज की प्राकृतिक या सहज दर (*rn*) परिभाषित की गई है। इस प्रकार

$$rn = \frac{Pc\,.\,Gn}{e}$$

Pc और *Gn* के मूल्य दिए हुए मान लेने पर, ब्याज की प्राकृतिक दर (*rn*), *e* के मूल्य पर निर्भर नहीं करती है जिसे इकाई से कम मान लिया जाता है। *rn* तथा *e* एक-दूसरे से उलट क्रम से सम्बन्ध रखते हैं। जब *e* कम होगी तो *rn* अधिक, और विलोमश: भी।

---

4. A. Hirschman, *op. cit.*, pp. 31-32.

पूंजी-आवश्यकताएं (Cr) ब्याज की दर पर निर्भर रहती हैं, $Cr = f(rn)$. बल्कि Cr तो rn का घटता फलन होता है। ब्याज की दर जितनी अधिक होगी, पूंजी-आवश्यकताएँ उतनी ही कम होंगी, और विलोमशः भी।

Cr की भांति, बचत-आवश्यकताएँ Sr भी अल्पविकसित देशों में बहुत महत्व रखती हैं। परन्तु यह आवश्यक नहीं कि बचत-प्रवृत्ति s बचत की सामाजिक आवश्यकता Sr के बराबर हो। वास्तविक बचतें (S) Sr से कम या आधिक हो सकती हैं अर्थात् $S \neq Sr$. यदि $S > Sr$, तो $Gw > Gn$ होगा जिसका अर्थ है कि समाज में वास्तविक बचतें अधिक होने के कारण उद्यमी अधिक निवेश करना चाहेंगे। पर दीर्घकाल में Gn की अपेक्षा Gw निरंतर अधिक नहीं रह सकता क्योंकि Gn अधिकतम वृद्धि-दर है, जो प्राप्त की जा सकती है। ऐसी स्थिति में वास्तविक वृद्धि-दर पूर्ण रोजगार तक पहुंच जाएगी और Gw से कम होगी अर्थात् $G < Gw$. इससे अर्थव्यवस्था में मंदी आएगी। इसके उलट, यदि $S < Sr$ तो $Gw < Gn$. इसका अभिप्राय है कि वास्तविक बचतें आवश्यक बचतों से कम होने के कारण, निवेश में कमी होगी। दीर्घावधि में अभीष्ट वृद्धि-दर (Gw) वास्तविक वृद्धि-दर (G) से कम हो जाएगी और निवेश का स्तर बढ़ जाएगा। अन्ततः दीर्घकालिक स्फीति आ जाएगी।

क्योंकि कम बचतें, निवेश का उच्चस्तर तथा दीर्घकालिक स्फीति, अल्पविकसित देशों की कुछ विशिष्टताएं हैं, इसलिए हैरॅड ने बैंक-ऋण के विस्तार तथा स्फीतिकारी लाभों के पूंजी मार्केटों में स्वयं प्रेरित निवेश के माध्यम से बड़े निवेशों के वित्त-प्रबन्धन का सुझाव दिया है। परन्तु ऐसी अर्थव्यवस्थाओं में संगठित पूंजी मार्केट नहीं होते, इसलिए निवेशों के वित्त-प्रबन्धन का और आर्थिक वृद्धि करने का एकमात्र मार्ग बैंक-ऋण का विस्तार है। अल्पविकसित देश में कम बचतें, उसकी वृद्धि की नीची दर तथा जनता की बेरोजगारी एवं अल्प-बेरोजगारी के लिए उत्तरदायी हैं। इसलिए बचतों के वास्तविक स्तर को अनिवार्य उगाही अथवा अतिरेक बजट के द्वारा बचतों की आवश्यक दर के स्तर तक बढ़ाना चाहिए ताकि $S = Sr$. इसके अतिरिक्त हैरॅड ऐसी अर्थव्यवस्थाओं में सामाजिक तथा संस्थानिक साधनों में परिवर्तनों की आवश्यकता पर भी बल देता है, क्योंकि हो सकता है कि अल्पविकसित देशों में बचतों के अभाव की बजाय निम्न वृद्धि-दर ही सामाजिक तथा संस्थापक बाधाओं का कारण हो। ऐसी परिस्थितियों में Sr भी कम होगा और S उसके निकट पहुंच सकता है।

5. अल्पविकसित देशों की दृष्टि से इन वृद्धि मॉडलों की सीमाएं
(LIMITATIONS OF THESE GROWTH MODELS FROM THE STANDPOINT OF UNDERDEVELOPED COUNTRIES)

हैरॅड-डोमर मॉडल निम्नलिखित कारणों से अल्पविकसित देशों पर लागू नहीं होते:

1. विभिन्न परिस्थितियाँ (Different Conditions)—हैरॅड-डोमर विश्लेषण का विकास विभिन्न परिस्थितियों के अन्तर्गत हुआ था। इसका उद्देश्य था कि उन्नत अर्थव्यवस्था को दीर्घकालिक गतिहीनता के संभव प्रभावों से बचाया जाए। इसका यह विचार नहीं था कि अल्पविकसित अर्थव्यवस्थाओं में औद्योगीकरण के कार्यक्रमों का मार्ग प्रदर्शन किया जाए। इसलिए ऐसी अर्थव्यवस्था के सम्बन्ध में इसी तथ्य से इन वृद्धि मॉडलों की सीमाएं उत्पन्न होती हैं।

2. नीचा बचत-अनुपात (Low saving ratio)—ऊंचा बचत-अनुपात तथा ऊंचा पूंजी-उत्पादन अनुपात इन वृद्धि मॉडलों को विशिष्टता प्रदान करते हैं। परन्तु, अल्पविकसित अर्थव्यवस्थाओं में बचत करने तथा निवेश करने का निर्णय प्रायः लोगों का एक ही वर्ग करता है। अधिकांश लोग निर्वाह-सीमा पर रहते हैं, इस कारण बहुत कम लोग बचत करने की स्थिति में होते हैं।

3. नीचा पूंजी-उत्पादन अनुपात (Low Capital-output Ratio)—अल्पविकसित देशों में दुर्लभताओं तथा अड़चनों से सामान्य उत्पादकता प्रायः रुक जाती है, जिससे पूंजी-उत्पादन अनुपात का सही अनुपात लगाना कठिन होता है। इस कारण पूंजी-उत्पादन अनुपात नीचा होता है। इसलिए ऐसी अर्थव्यवस्था को, अपनी उत्पादन-विधियों में सुधार करके तथा निवेश की विविध बाधाओं को हटाकर, या तो अपना बचत-अनुपात बढ़ाना पड़ेगा, या फिर पूंजी-उत्पादन अनुपात। प्रो० हर्षमैन का यह मत है कि बचत-प्रवृत्ति तथा पूंजी-उत्पादन अनुपात पर आधारित मॉडल का 'पूर्वसूचक तथा व्यवहार-योग्य मूल्य' नीचा होता है और उन्नत अर्थव्यवस्थाओं की तुलना में अल्पविकसित अर्थव्यवस्थाओं में कम उपयोगी।

4. संरचनात्मक बेरोजगारी (Structural Unemployment)—प्रो. कुरिहारा के अनुसार हैरॅड-डोमर की निवेश की वृद्धि-दर अल्पविकसित देशों में पाई जाने वाली बेरोजगारी की समस्या हल करने में असमर्थ है। वास्तविक माँग की कमी के कारण अथवा

संरचनात्मक पूंजी के अल्प–उपयोग के कारण उत्पन्न होने वाली 'केन्ज़ीय बेरोजगारी' की समस्या तो सुलझा लेती है परन्तु अल्पविकसित देशों में पूंजी-संचय की अपेक्षा जनसंख्या अधिक तेजी से बढ़ती है, तो पूंजी–उपकरण की कमी के कारण संरचनात्मक बेरोजगारी बढ़ जाएगी।

5. अदृश्य बेरोजगारी (Disguised Unemployment)—ये मॉडल पूर्ण रोजगार आय स्तर से प्रारम्भ होते हैं परन्तु अल्पविकसित देशों में पूर्ण रोजगार स्तर नहीं पाया जाता। ऐसी अर्थव्यवस्थाओं में अदृश्य बेरोजगारी पाई जाती है। जो हैरॅड-डोमर द्वारा बताए गए तरीकों से दूर नहीं की जा सकती है। इस प्रकार हैरॅड–डोमर मॉडलों की मुख्य मान्यता अल्पविकसित देशों में न पाई जाने के कारण यह इन पर लागू नहीं होते।

6. सरकारी हस्तक्षेप (Government Intervention)—हैरॅड-डोमर मॉडल इस मान्यता पर आधारित है कि सरकार आर्थिक गतिविधियों में किसी प्रकार का हस्तक्षेप नहीं करती। यह धारणा अल्पविकसित देशों में नहीं पाई जाती है। अल्पविकसित देशों का तो सरकारी हस्ताक्षेप के बिना विकसित होना बिल्कुल अवास्तविक है। ऐसे देशों में उद्यम की कमी के कारण सरकार ही सबसे बड़ी उद्यमी होती है, जो विकास के लिए बड़े-बड़े उद्यम चालू करती है और आयोजन को ठीक मार्ग पर चलाने के लिए नियन्त्रित भी करती है।

7. विदेशी व्यापार एवं सहायता (Foreign Trade and Aid)— हैरॅड-डोमर मॉडल बन्द अर्थव्यवस्था की मान्यता पर आधारित हैं परन्तु अल्पविकसित देश बन्द नहीं बल्कि खुली अर्थव्यवस्थाएं हैं जिनमें आर्थिक विकास की वृद्धि के लिए विदेशी व्यापार एवं विदेशी सहायता का बहुत महत्त्व होता है। ये दोनों तत्त्व ऐसे देशों की आर्थिक प्रगति के आधार हैं।

8. कीमत-परिवर्तन (Price Changes)— ये मॉडल कीमतों में अपरिवर्तनशीलता की मान्यता पर आधारित हैं परन्तु अल्पविकसित देशों में विकास के साथ कीमत–परिवर्तन होने अनिवार्य हैं।

9. संस्थानिक परिवर्तन (Institutional Changes)— इन मॉडलों में संस्थानिक तत्त्व स्थिर मान लिए गए हैं परन्तु वास्तविकता यह है कि संस्थानिक परिवर्तनों के बिना अल्पविकसित देशों में आर्थिक विकास सम्भव नहीं। इस कारण ये मॉडल ऐसे देशों पर लागू नहीं होते।

निष्कर्ष (Conclusion)—इस प्रकार, ऊपर की चर्चा से स्पष्ट है कि अल्पविकसित देशों में हैरॅड–डोमर मॉडलों की व्यवहार्यता नहीं के बराबर है क्योंकि वे अवास्तविक मान्यताओं पर आधारित हैं। इसलिए प्रो० क्रुका सुझाव है कि ''अल्पविकसित देशों की भांति विकास के अर्थशास्त्र को भी अपने ही पैरों पर चलना सीखना पड़ेगा अर्थात् यह अपने ही मनोयोगों को स्वयं कार्यान्वित करे।''

परन्तु प्रो. कुरिहारा का मत है कि ''यद्यपि उनके नीति संकेत उनसे बहुत उलट हैं जिनकी हम अल्पविकसित अर्थव्यवस्था में आशा कर सकते हैं,'' फिर भी ''अल्पविकसित देशों के लिए इन मॉडलों का यह स्पष्ट संदेश है कि यदि इन अर्थव्यवस्थाओं को उसकी अपेक्षा अधिक वास्तविकता तथा शीघ्रता से औद्योगीकरण करना है जिससे अब औद्योगीकृत अर्थव्यवस्थाओं ने स्वतन्त्रता की परिस्थितियों में किया था, तो राज्य को केवल स्थिरीकरण का ही नहीं बल्कि विकास सम्बन्धी कार्य भी करने देना चाहिए।'' वह आगे राय देता है कि प्रमाप्य महत्त्वपूर्ण चरों के रूप में बचत–आय अनुपात तथा पूंजी–उत्पादन अनुपात (या इसके व्युत्क्रम) की व्यापक प्रकृति के कारण, हैरॅड तथा डोमर द्वारा चर्चित तंत्र उचित परिवर्तनों के साथ, सब आर्थिक व्यवस्थाओं पर लागू होता है। यही कारण है कि ये विकास मॉडल उन अल्पविकसित देशों पर लागू होते हैं जिनमें 'संतुलन वृद्धि' के साथ योजनाबद्धता की तकनीक अपनाई जाती है क्योंकि इस तकनीक के अन्तर्गत योजनाकाल के दौरान बचत–आय अनुपात तथा पूंजी–उत्पादन अनुपात स्थिर रहते हैं।

प्रो. एस. चक्रवर्ती ने अपनी पुस्तक The Logic of Investment Planning में इन मॉडलों को, 'बड़े खुरदरे औजार' माना है और कहा है कि 'इनसे बहुत आशा नहीं करनी चाहिए।' ये मॉडल बड़ी सेवा यह करते हैं कि अल्पविकसित देशों में प्रति व्यक्ति आय–स्तर बढ़ाने से संबंध रखने वाले आयामों को मोटे–तौर पर व्यक्त करते हैं। पर, उनकी अत्यधिक समष्टि प्रकृति उन्हें विस्तृत मात्रात्मक नीति निर्माण में साधन के रूप में प्रयुक्त होने से रोकती है और सतत वृद्धि दर की समस्या के कई संरचनात्मक पक्षों को छुपा लेती है।

प्रश्न

1. हैरॅड-डोमर के वृद्धि मॉडल की व्याख्या कीजिए और मॉडल में निहित वृद्धि अस्थिरता के तत्वों का आलोचनात्मक परीक्षण कीजिए।
2. यह दिखाइए कि संतुलन में $G = Gw = Gn$. इनमें विचलन के कारणों का विवेचन कीजिए।
3. हैरॅड-डोमर के आर्थिक वृद्धि के विश्लेषण के प्रमुख अंश स्पष्ट कीजिए। इसके व्यावहारिक प्रयोग की विवेचना कीजिए।
4. अल्पविकसित देशों की आर्थिक विकास की समस्या के लिए हैरॅड-डोमर विश्लेषण के महत्त्व का विवेचन कीजिए।

अध्याय 49

आर्थिक वृद्धि का नव-क्लासिकी मॉडल

(The Neo-Classical Model of Economic Growth)

आर्थिक वृद्धि का नव-क्लासिकी मॉडल संतुलन वृद्धि (equilibrium growth) की धारणा से संबंधित है जिसमें उत्पादन, जनसंख्या, पूंजी स्टॉक, बचत, निवेश और तकनीकी उन्नति जैसे सभी चर या तो स्थिर घातांकीय दर (exponential rate) से बढ़ते हैं या स्थिर रहते हैं। यह मॉडल सतत-अवस्था वृद्धि (steady state growth) के विश्लेषण से संबंधित है जो हैरॅड-डोमर मॉडल की मूल मान्यताओं पर आधारित है, जो निम्न हैं :

1. केवल एक ही संमिश्र (composite) वस्तु है जिसको उत्पादन में आगत (input) के रूप में प्रयोग किया जा सकता है या उसका उपयोग किया जा सकता है या पूंजी स्टॉक के रूप में उसका संचय किया जा सकता है।
2. श्रम शक्ति एक स्थिर आनुपातिक (proportional) दर n पर बढ़ती है।
3. सभी समयों पर पूर्ण रोजगार पाया जाता है।
4. बचत-आय अनुपात (s) स्थिर है।
5. पूंजी-उत्पादन अनुपात (v) भी दिया हुआ है।
6. उत्पादन के स्थिर गुणांक (coefficients) हैं, अर्थात् पूंजी तथा श्रम की स्थानापत्ति की कोई सम्भावना नहीं है।
7. तकनीकी परिवर्तन (m) नहीं है।

नव-क्लासिकी वृद्धि मॉडल ऊपर वर्णित मान्यताओं को क्रमशः छोड़कर सतत वृद्धि की विशेषताओं का विश्लेषण करता है। ऐसा करने के लिए सबसे पहले हैरॅड-डोमर मॉडल को लेते हैं।

हैरॅड-डोमर मॉडल एक सतत-अवस्था वृद्धि मॉडल नहीं है। यह संचयी स्फीति तथा संचयी अवस्फीति के बीच एक छुरी-धार (knife-edge) संतुलन है, जहां $Gw(=s/v) = Gn\ (= n + m)$. सतत-अवस्था वृद्धि तब होती है जब इच्छित वृद्धि-दर s/v वास्तविक वृद्धि-दर $n + m$ के बराबर है। किन्तु s, v, n तथा m स्वतंत्र स्थिरांक (constants) होने पर अर्थव्यवस्था की पूर्ण रोजगार की अवस्था में सतत-वृद्धि का कोई उचित कारण नहीं है। अतः नव-क्लासिकी वृद्धि सिद्धान्त में हम इनकी दी गई भूमिकाओं की एक-एक करके व्याख्या करते हैं।

1. 'n' का लचीलापन (Flexibility of n)

जॉन रॉबिन्सन तथा **काहन** जैसे अर्थशास्त्रियों ने यह दर्शाया है कि सतत-वृद्धि के साथ-साथ बेरोजगारी का पाया जाना अनुरूप है। इसलिए पूर्ण रोजगार पर श्रम-शक्ति की वृद्धि दर की मान्यता को हटा दिया गया है। इसे इस शर्त द्वारा बदल दिया गया है कि रोजगार की वृद्धि-दर 'n' से अधिक नहीं होगी। सतत-वृद्धि के लिए $s/v = n$ का होना आवश्यक नहीं है। बल्कि, संतुलन-वृद्धि $s/v < n$ के अनुरूप है। **जॉन रॉबिन्सन** के स्वर्ण युग, जिसमें $s/v = n$ है, को **काहन** विजात स्वर्ण युग (Bastard Golden Age) कहता है। विजात स्वर्ण युग में पूंजी संचय की दर (s/v) जनसंख्या की वृद्धि-दर (n) से कम है, अतः बेरोजगारी बढ़ती है। इस युग में, स्फीति-दबावों के कारण पूंजी-स्टॉक तेजी से नहीं बढ़ता है। बढ़ती हुई कीमतों का अर्थ है नीची वास्तविक मजदूरी दर। जब वास्तविक मजदूरी दर सहनीय निम्नतम स्तर पर हो, तो यह पूंजी-संचय दर पर एक सीमा लगा देती है।

2. लचीला पूंजी-उत्पादन अनुपात (v) (Flexible Capital-Output Ratio (v)

अब हम हैरॅड-डोमर मॉडल की दूसरी मान्यता पर विचार करते हैं जो स्थिर पूंजी-उत्पादन अनुपात (v) है। सोलो तथा स्वैन ने सतत-अवस्था वृद्धि के पूंजी-उत्पादन अनुपात के आधार पर मॉडल तैयार किये हैं।

सिद्धांत रूप में, हैरॅड-डोमर की अपरिवर्तित पूंजी-उत्पादन अनुपात की मान्यता यह प्रकट करती है कि पूंजी-उत्पादन की एक इकाई उत्पादित करने के लिए पूंजी तथा श्रम की वांछित राशि स्थिर है। सोलो एवं स्वैन दोनों ने अपने वृद्धि के मॉडलों को **परिवर्ती** पूंजी-उत्पादन अनुपात के साथ निर्मित किया है। वे एक निरन्तर उत्पादन फलन की परिकल्पना करते हैं जो उत्पादन को पूंजी तथा श्रम की आगतों से संबद्ध करता है। पैमाने के स्थिर प्रतिफल, तकनीकी उन्नति का न होना तथा स्थिर बचत अनुपात की मान्यताओं को रखा गया है।

सोलो तथा स्वैन प्रदर्शित करते हैं कि पूंजी तथा श्रम की स्थानापत्ति तथा पूंजी-श्रम अनुपात की वृद्धि करने से, पूंजी-उत्पादन अनुपात को बढ़ाया जा सकता है तथा इच्छित दर (s/v) को वास्तविक दर ($n + m$) के बराबर किया जा सकता है। यदि इच्छित वृद्धि-दर वास्तविक वृद्धि-दर से बढ़ जाती है ($s/v > n + m$) तो अर्थव्यवस्था पूर्ण रोजगार सीमा से निकलने का प्रयत्न करती है, जिससे पूंजी की अपेक्षा श्रम अधिक मंहगा हो जाता है तथा इससे श्रम-बचत तकनीक की ओर प्रोत्साहन बढ़ता है। इससे पूंजी-उत्पादन अनुपात बढ़ता है तथा s/v का मूल्य कम हो जाता है जब तक कि यह $n + m$ के अनुरूप नहीं हो जाता। दूसरी ओर, यदि इच्छित वृद्धि-दर वास्तविक वृद्धि-दर से कम होती है ($s/v < n + m$) तो श्रम अतिरेक (surplus) होगा जो वास्तविक मजदूरी दर को वास्तविक ब्याज-दर की अपेक्षा कम कर देगा। फलस्वरूप, अधिक मजदूर-प्रोत्साहन तकनीकों को चुना जाता है जो पूंजी-उत्पादन अनुपात (v) को घटाएंगी और s/v को बढ़ाएंगी। यह प्रक्रिया तब तक चालू रहेगी जब तक इच्छित वृद्धि-दर वास्तविक वृद्धि-दर के बराबर नहीं हो जाती ($s/v = n + m$)। इस प्रकार, यह पूंजी-उत्पादन अनुपात ही है जो सतत-अवस्था वृद्धि को अकेला ही बनाए रखता है जबकि s, n तथा m स्थिर रहते हैं।

यह स्थिति चित्र 1 में दर्शाई गई है, जहां पूंजी-श्रम अनुपात (अथवा प्रति व्यक्ति पूंजी) k को क्षैतिज अक्ष पर तथा प्रति व्यक्ति उत्पादन y को अनुलम्ब अक्ष पर दर्शाया गया है। 45° रेखा OR पूंजी-उत्पादन अनुपात को दर्शाती है जहां इच्छित वृद्धि-दर वास्तविक वृद्धि-दर के बराबर है। OR रेखा पर प्रत्येक बिन्दु स्थिर पूंजी-श्रम अनुपात को भी प्रकट करता है। रेखा OP उत्पादन फलन है जो पूंजी की सीमांत उत्पादकता को मापती है। यह प्रति व्यक्ति उत्पादन (y) तथा प्रति व्यक्ति पूंजी (k) के संबंध को भी प्रकट करती है। स्पर्श रेखा WT जो उत्पादन फलन OP पर बिन्दु A पर पूंजी की सीमांत उत्पादकता के अनुरूप लाभ की दर को प्रकट करती है। इस बिन्दु A पर स्थिति यह है कि इच्छित वृद्धि-दर वास्तविक वृद्धि-दर के बराबर हो जाती है अर्थात् $s/v = n + m$। यहां राष्ट्रीय आय OY में लाभ का हिस्सा WY है तथा OW प्रति व्यक्ति मजदूरी है। यदि हम एक स्थिति K_2 मानें जहां पूंजी का स्टॉक संतुलन स्टॉक के ऊपर है तो यह प्रकट करता है कि A_2 पर पूंजी-श्रम अनुपात पूर्ण रोजगार संतुलन स्तर से ऊपर है। इस प्रकार कुछ बेकार पूंजी होती है जिसका उपयोग नहीं किया जा सकता तथा लाभ की दर घटती जाती है (इसे A_2 पर रेखा T″ को Y अक्ष पर जोड़ने से दिखाया जा सकता है जहां यह OW के ऊपर होगी) जब तक यह बिन्दु A पर नहीं पहुंचती जो कि सतत-अवस्था वृद्धि है। इसके ठीक विपरीत स्थिति K_1 पर है जहां पूंजी स्टॉक की वृद्धि-दर श्रम शक्ति से ऊंची है। A_1 पर लाभ की दर बढ़ती जाती है (जिसे स्पर्श रखा T' को Y अक्ष पर मिलता हुआ दिखाया जा सकता है, जहां यह OW के नीचे होगी) जब तक सतत-अवस्था वृद्धि बिन्दु A तक पहुंच जाती है। हैरॅड-डोमर मॉडल में

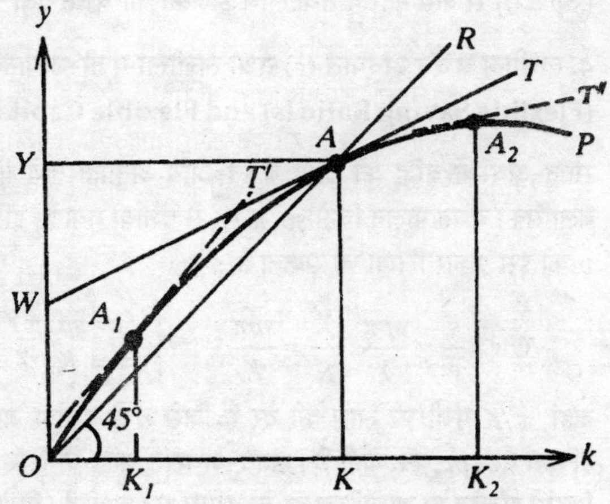

चित्र 1

उत्पादन फलन *OP* पर *A* संतुलन का एकमात्र बिन्दु है क्योंकि पूंजी-उत्पादन अनुपात (k) स्थिर है। परन्तु नव-क्लासिकी मॉडल में एक निरन्तर उत्पादन फलन है जिसके साथ पूंजी-उत्पादन अनुपात परिवर्तनशील है और यदि अर्थव्यवस्था सतत-अवस्था वृद्धि स्तर बिन्दु *A* पर से हटा दी जाती है, तो यह अपने आप पूंजी-श्रम अनुपात में परिवर्तनों से इस पर लौट जाएगी। इस प्रकार k का संतुलन मूल्य स्थिर है।

3. बचत अनुपात (s) का लचीलापन (Flexibility of the Saving Ratio (s))

हैरॅड-डोमर मॉडल स्थिर बचत-आय अनुपात (s) मान्यता पर भी आधारित है। कॉलडर तथा पेसिनेटी ने एक परिकल्पना विकसित की है जो बचत-आय अनुपात को वृद्धि प्रक्रिया में परिवर्तित मानती है। यह क्लासिकी बचत फलन पर आधारित है जिसका अभिप्राय है कि बचतें बराबर हैं, लाभ के राष्ट्रीय आय से अनुपात के (savings are equal to the ratio of profits to national income)।

परिकल्पना यह है कि अर्थव्यवस्था में दो प्रकार के वर्ग हैं—मजदूरी-अर्जक तथा लाभ-अर्जक (earners)। उनकी बचतें उनकी आय का फलन हैं किन्तु लाभ-अर्जकों की बचत प्रवृत्ति (sp) मजदूरी-अर्जकों की बचत प्रवृत्ति (sw) से अधिक है। फलस्वरूप, समाज का सम्पूर्ण बचत अनुपात आय के वितरण पर निर्भर करता है।

इस परिकल्पना में एक विशेष स्थिति तब होती है जब मजदूरी में से बचत की प्रवृत्ति शून्य ($sw = 0$) होती है तथा लाभ में से बचत की प्रवृत्ति स्थिर तथा घनात्मक होती है। इस प्रकार, सम्पूर्ण बचत प्रवृत्ति (S), लाभ कमाने वालों की बचत प्रवृत्ति (sp) $\times$ राष्ट्रीय आय (Y) का लाभ (π) के साथ अनुपात के बराबर है, अर्थात् $S = sp. \pi /Y$. यह क्लासिकी बचत फलन है। एक 'अत्यन्त' क्लासिकी बचत फलन भी होता है जहां सारी मजदूरी उपयोग कर ली जाती है ($sw = 0$) तथा सभी लाभ को बचा लिया जाता है ($sp = 1$). अतः बचत-आय अनुपात $s = \pi /Y$ होता है।

स्थिर पूंजी-उत्पादन अनुपात (v) तथा परिवर्तित बचत-आय अनुपात (s) के साथ आय-वितरण के माध्यम से सतत-अवस्था वृद्धि कायम की जा सकती है। जब तक $s/v = n + m$ शर्त को संतुष्ट करने हेतु बचत-आय अनुपात (s) मजदूरी अर्जकों की बचत प्रवृत्ति ($sw = 0$) से कम नहीं है तथा लाभ अर्जकों की बचत प्रवृत्ति ($sp = 1$) से अधिक नहीं है तब तक सतत-अवस्था वृद्धि बनी रहेगी।

4. लचीला बचत अनुपात (s) तथा लचीला पूंजी-उत्पादन अनुपात (v) (Flexible Saving Ratio (s) and Flexible Capital-Output Ratio (v))

सतत-अवस्था वृद्धि को दोनों बचत-आय अनुपात तथा पूंजी-उत्पादन अनुपात को परिवर्तित मानकर भी दर्शाया जा सकता है। क्लासिकी बचत फलन जिसे $sp. \pi /Y$ से दर्शाया गया है, इच्छित वृद्धि दर s/v को इस प्रकार लिखा जा सकता है :

$$Gw = \frac{s}{v} = \frac{sp\pi}{Y} \cdot \frac{Y}{K} = \frac{sp\pi}{K} \qquad \left[\because \begin{array}{l} s = sp.\ \pi Y \\ v = K/Y \end{array}\right]$$

जहां π /K पूंजी पर लाभ की दर है जिसे r से दर्शाया जा सकता है। तब इच्छित दर spr बन जाती है। सतत-अवस्था वृद्धि के लिए $spr = n + m$, जिससे इच्छित दर वास्तविक दर के बराबर बन जाती है। विशेष स्थिति में जहां $sp = 1$ है, दोनों के बीच संतुलन कम होकर $r = n + m$ हो जाता है।

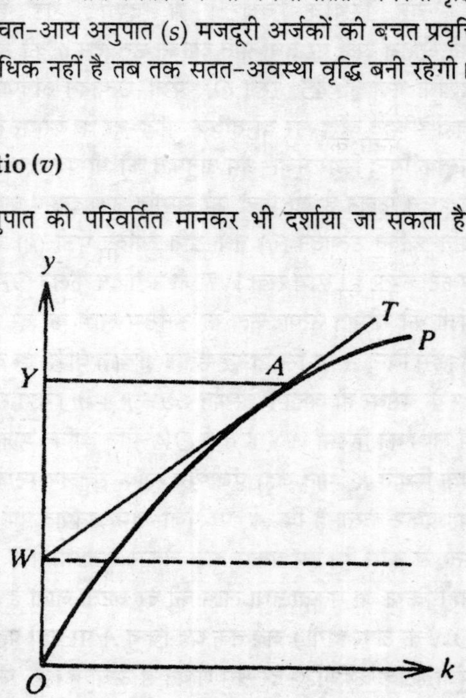

चित्र 2

चित्र 2 में परिवर्तित बचत अनुपात तथा परिवर्तित पूंजी-उत्पादन अनुपात को प्रस्तुत किया गया है। *OP* उत्पादन फलन है जिसकी ढलान *OP* के एक बिन्दु पर पूंजी की सीमान्त उत्पादकता (r) को किसी पूंजी-उत्पादन अनुपात पर मापती है। जहां *WT* स्पर्श रेखा बिन्दु *A* पर *OP* वक्र को छूती है जहां संतुलन होता है। स्पर्श रेखा *WT* बिन्दु *W* से निकलती है तथा *O* से नहीं

निकलती क्योंकि गैर-मजदूरी आय *WY* से बचतें होती हैं। बिन्दु *A* पूंजी की उत्पादकता के अनुरूप लाभ की दर को प्रकट करता है। दूसरे शब्दों में, बिन्दु *A* पर श्रम तथा पूंजी अपनी-अपनी सीमांत उत्पादकता के बराबर पुरस्कार प्राप्त करते हैं। *OW* मजदूरी दर है (श्रम की सीमांत उत्पादकता)। तथा *WY* लाभ है (पूंजी की सीमांत उत्पादकता) इस प्रकार बिन्दु *A* पर सतत-अवस्था वृद्धि संतुलन रहता है।

4. तकनीकी उन्नति (Technical Progress)

अभी तक हमने सतत-अवस्था वृद्धि की बिना तकनीकी उन्नति के व्याख्या की है। अब इस मॉडल में तकनीकी उन्नति का प्रवेश करते हैं। इसके लिए श्रम वृद्धिकारक (labour augmenting) तकनीकी उन्नति को लेते हैं जो प्रभावी श्रम शक्ति L^* को श्रम उत्पादकता में वृद्धि की दर के रूप में लेते हैं, जो इसे बढ़ाती है।

मान लें कि श्रम शक्ति L वर्ष t में n की स्थिर दर से वृद्धि कर रही है, जिससे

$$L_t = L_o e^{nt} \qquad .....(1)$$

श्रम वृद्धिकारक तकनीकी उन्नति के साथ, **प्रभावी** (effective) श्रम शक्ति L^* वर्ष t में λ की स्थिर दर से वृद्धि कर रही है, जिससे

$$L_t^* = L^*_o e^{(n+\lambda)t} \qquad ......(2)$$

जहां L_t^* आधार अवधि (base period) (t = o) में कुल *प्रभावी* श्रम शक्ति को व्यक्त करता है जिसमें कुल समय अवधि में समस्त तकनीकी प्रगति समाविष्ट (embodied) है; n आधार अवधि में *प्रभावी* श्रम की प्राकृतिक दर है; और λ आधार अवधि में समाविष्ट *प्रभावी* श्रम की स्थिर प्रतिशत वृद्धि दर है।

अब प्रति वर्कर उत्पादन के लिए उत्पादन फलन है

$$q = \frac{Q}{L^*} = \frac{Q}{Le^{\lambda t}} = f\left(\frac{K}{Le^{\lambda t}}\right) = f(k) \qquad .....(3)$$

जहां $k = K/L^*$, और k की वृद्धि दर (पूंजी-*प्रभावी* श्रम अनुपात) बराबर है : पूंजी स्टॉक की वृद्धि दर और *प्रभावी* श्रम की वृद्धि दर के बीच अन्तर के, अर्थात्

$$\dot{k} = \dot{K} - \dot{L} \qquad .....(4)$$

क्योंकि $L^* = L_o e^{(n+\lambda)t}$, इसलिए प्रभावी श्रम L^* की वृद्धि दर बहिर्जातीय (exogeneously) $(n+\lambda)$ दी हुई है, इस प्रकार समीकरण (4) को ऐसे लिखा जा सकता है—

$$\dot{k} = \frac{Q}{K} - (n-\lambda)$$

$$= \frac{q}{k} - (n-\lambda) \qquad \left[\frac{q}{k} = \frac{Q/L}{K/L} = \frac{Q}{K}\right]$$

$$= f(k) - (n+\lambda) \qquad [\because q = f(k) \text{ समीकरण (3) में}]$$

$\dot{k} = 0$ रखते हुए, प्राप्त होता है

$$f(k) = (n+\lambda)\,k$$

जो तकनीकी उन्नति के साथ सतत-अवस्था वृद्धि के लिए संतुलन शर्त है। इसे चित्र 3 में दर्शाया गया है जहां पूंजी-*प्रभावी* श्रम अनुपात k को क्षैतिज अक्ष पर और प्रति *प्रभावी* वर्कर उत्पादन को अनुलम्ब अक्ष पर लिया गया है। मूल बिन्दु 0 से किरण $(n+\lambda)\,k$ की ढलान

उत्पादन फलन $f(k)$ के बिन्दु E पर स्थिर संतुलन k' और q' निर्धारित करती है तथा प्रति इकाई *प्रभावी* श्रम के लिए प्रयोग की गई पूंजी तकनीकी उन्नति के साथ λ दर से बढ़ती है।

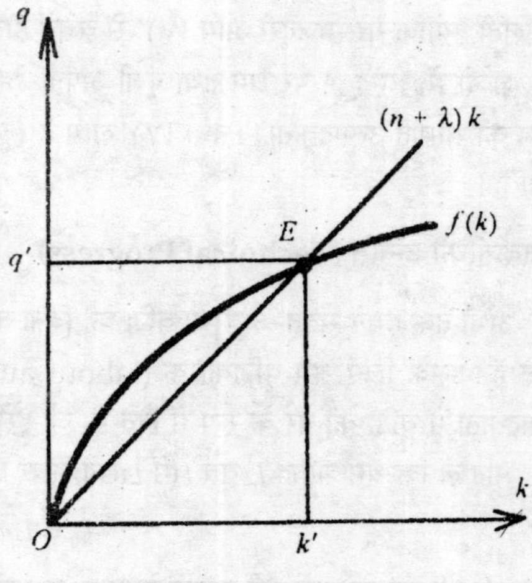

चित्र 3

प्रश्न

1. वृद्धि के मूल नव-क्लासिकी मॉडल की तकनीकी उन्नति सहित व्याख्या कीजिए।
2. वृद्धि के नव-क्लासिकी मॉडल की तकनीकी उन्नति सहित व्याख्या कीजिए। [**संकेत : समस्त मॉडल की व्याख्या करिए**]
3. वृद्धि के नव-क्लासिकी मॉडल की व्याख्या करते हुए बताइए कि यह डैरॅड-डोमर मॉडल से किन बातों में भिन्न है।

अध्याय 50

संचय का स्वर्णिम नियम
(The Golden Rule of Accumulation)

1. अर्थ
(MEANING)

एडमंड फेल्पस[1] ने स्वर्णयुग में वृद्धि की व्याख्या करते समय संचय के स्वर्णिम नियम का प्रतिपादन किया है। इस नियम के अनुसार स्वर्ण युग में जब बचत दर, लाभ दर के बराबर होती है, तो प्रति व्यक्ति उपभोग अधिकतम हो जाता है। यदि बचत दर लाभ दर से कम होती है , तो प्रति व्यक्ति उपभोग, प्राप्य अधिकतम उपभोग से कम रहता है। दूसरी ओर, यदि बचत दर लाभ दर से अधिक होती है तो प्रति व्यक्ति उपभोग घट जाता है। अत: बचत की एक विशिष्ट लक्ष्य दर ही स्वर्णयुग में प्रति व्यक्ति उपभोग को अधिकतम करती है। इसे **स्वर्णिम नियम बचत दर** (golden rule saving rate) या **इष्टतम बचत दर** (optimal saving rate) कहा जाता है। यदि वर्तमान तथा भविष्य की पीढ़ी को उसी मात्रा में उपभोग करने दिया जाए तो प्रति व्यक्ति उपभोग की अधिकतम मात्रा **स्वर्णयुग पथ** (golden age path) कहलाती है। यह उपभोग अधिकतमकरण युग पथ **स्वर्णिम नियम पथ** (golden rule path) कहलाता है।

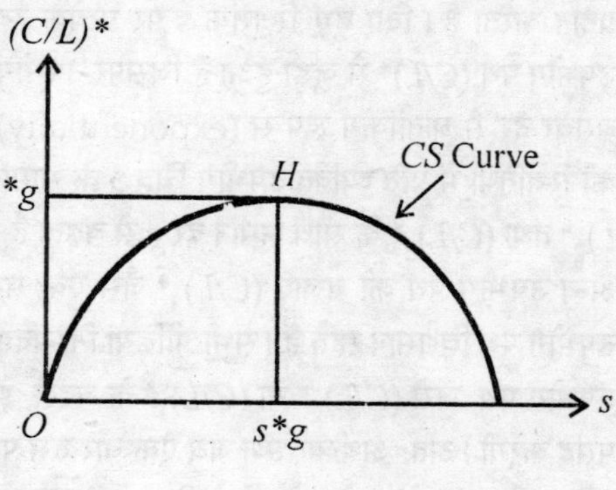

चित्र 1

स्वर्णिम नियम की व्याख्या चित्र 1 में की गयी है जहां प्रति व्यक्ति उपभोग $(C/L)^*$ को अनुलंब अक्ष पर तथा बचत दर s को क्षैतिज अक्ष पर लिया गया है। CS वक्र जैसे-जैसे आगे बढ़ता है बचत के निम्न स्तर पर प्रति व्यक्ति उपभोग बढ़ता है और बचत के उच्चस्तर पर घटता है। स्वर्णिम दर s^*g पर प्रति व्यक्ति उपभोग c^*g होता है जो प्रति व्यक्ति उपभोग का अधिकतम स्तर है। यह CS वक्र पर उच्चतम बिन्दु H है।

2. स्वर्णिम नियम पथ
(GOLDEN RULE PATH)

स्वर्णयुग पथ एक ऐसा वृद्धि पथ है जिसमें प्रत्येक चर जैसे उपभोग, उत्पादन, पूंजी, स्टॉक स्थिर समानुपातिक दर से परिवर्तित करते हैं और अन्य सभी तत्व समान दर से बढ़ते हैं। यह वृद्धि दर g है जो प्राकृतिक (या संतुलन) वृद्धि दर कहलाती है। यह पूंजी संचय-उत्पादन अनुपात (capital accumulation-output ratio) (निवेश अनुपात) से स्वतंत्र होती है। इस निवेश अनुपात के अनुरूप कम से

1. E.S. Phelps, "The Golden Rule of Accumulation : A Fable for growthman", *A.E.R.*, Sept. 1961

कम एक पूंजी–उत्पादन अनुपात होता है जिसे बनाए रखा जाता है। प्राकृतिक वृद्धि दर के पाए जाने का अर्थ है पूंजी तथा श्रम इस प्रकार से प्रतिस्थापन योग्य हैं कि पूंजी–उत्पादन अनुपात का समायोजन s के किसी भी मूल्य पर किया जा सकता है।

संतुलन वृद्धि की स्थिति में पूंजी–उत्पादन अनुपात इस प्रकार होता है,

$$\frac{K^*}{Q^*} = \frac{s}{g}$$

या $$g = s\,(Q^*/K^*)$$

जहां * (तारांकन) K (पूंजी) तथा Q (उत्पादन) के संतुलन मूल्य को व्यक्त करता है और s बचत दर तथा g स्वर्णयुग वृद्धि दर है।

g वृद्धि दर, s का फलन नहीं है, बल्कि s ही K^*/Q^* को निर्धारित करता है। यदि समान वृद्धि दरों वाले दो स्वर्ण पथ हों तो एक जिसकी बचत दर उच्चतर होगी उसका पूंजी–उत्पादन अनुपात उच्चतर होगा तथा धनात्मक (positive) सीमांत उत्पाद के साथ उत्पादन का उच्चस्तर होगा। अत: बचत दर, अर्थव्यवस्था के वृद्धि **स्तर** को प्रभावित करती है। परन्तु इसकी वृद्धि दर को प्रभावित **नहीं** करती। इस स्थिति को चित्र 2में दर्शाया गया है जिसमें लघुगणकीय रूप से दो सामानांतर स्वर्ण युग पथ $\dot{Q}_A$ तथा $\dot{Q}_B$ एक दिए हुए मिलान बिन्दु, मान लीजिए शून्य समय है, से गुजरते हैं। ये सभी दृष्टि से समरूप हैं। परन्तु पथ $\dot{Q}_B$ पर बचत दर अधिक होती है। इससे लक्ष्य होता है कि $\dot{Q}_A$ स्तर से $\dot{Q}_B$ पथ पर पूंजी–उत्पादन अनुपात तथा उत्पादन का स्तर अधिक होता है।

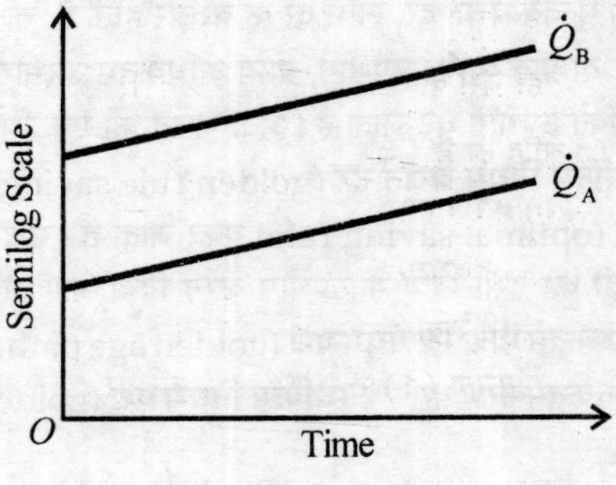

चित्र 2

यह निश्चय करने के लिए कि कौन–सा वृद्धि पथ सर्वश्रेष्ठ है। एक पीढ़ी (generation) केवल यह देखेगी कि प्रत्येक पथ उपभोग की कितनी मात्रा प्रदान करता है। दिए हुए स्थिरांक s पर प्रत्येक स्वर्ण युग पथ प्रति व्यक्ति उपभोग पथ $(C/L)^*$ से जुड़ा हुआ है जिसपर उपभोग उत्पादन की वृद्धि दर के बराबर दर से घातांकिय रूप से (exponentially) बढ़ता है। संतुलन वृद्धि की स्थितियों में प्रति व्यक्ति उपभोग चित्र 3 के सामानांतर पथों $(C/L)_1{}^*$, $(C/L)_2{}^*$ तथा $(C/L)_3{}^*$ के साथ समान दर g से बढ़ता है। इसलिए, वहां पर किसी अन्य उपभोग पथ की बजाए $(C/L)_3{}^*$ जैसे एक समान उच्चतम प्रति व्यक्ति उपभोग पथ विद्यमान रहते हैं। सभी पीढ़ियां निस्संदेह किसी निम्न प्रति व्यक्ति उपभोग पथ, जैसे $(C/L)_2{}^*$ या $(C/L)_1{}^*$ के बदले, इस पथ तथा बचत दर को पसंद करेंगी। अत: अर्थव्यवस्था जब एक बार उस पथ तक पहुंच जाती है तो स्वर्णिम नियम संतुलन वह वृद्धि दर निर्धारित करता है जो प्रति व्यक्ति उपभोग को **हमेशा** के लिए अधिकतम कर देता है।

बचत दर (या निवेश दर) जितनी ही अधिक होगी, उत्पादन का स्तर भी उतना अधिक होगा। पर प्रश्न उठता है कि कितना अधिक होगा? यह पूंजी के सीमांत उत्पाद r पर निर्भर करता है। इस समय थोड़ी अधिक पूंजी ΔK होने पर, यह उत्पादन में $r\,\Delta K$ की वृद्धि करेगी। वास्तव में, $r\,\Delta K$ पूंजी का अतिरिक्त उत्पादन है। परन्तु यह उपभोग के लिए उपलब्ध नहीं। पूंजी की थोड़ी अधिक मात्रा वर्तमान तथा भविष्य में अर्थव्यवस्था को अतिरिक्त निवेश करने के लिए प्रतिबद्ध करती है जिससे थोड़ी कम परन्तु बड़े पूंजी–स्टॉक में एक निश्चित दर g से वृद्धि हो सके। विशेष रूप से, थोड़ी अतिरिक्त पूंजी ΔK का अर्थ है कि इस अतिरिक्त पूंजी को g दर से बढ़ने के लिए पूंजीगत वस्तुओं का $g\,\Delta K$ उत्पादन आवश्यक है।

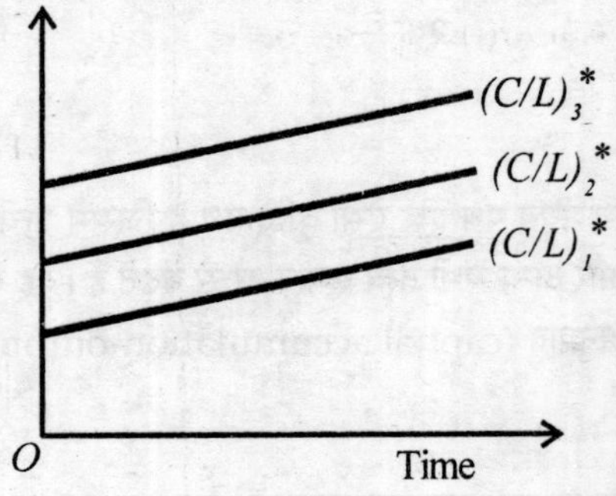

चित्र 3

यदि $r\ \Delta K > g\ \Delta K$ या $r > g$ हो, और यदि पूंजी की मात्रा थोड़ी बढ़ाई जाए तो इससे हमेशा के लिए कुछ अतिरिक्त उपभोग की प्राप्ति होगी। दूसरी ओर, यदि $r < g$ हो तो पूंर्जा में थोड़ी वृद्धि उत्पादक क्षमता को वास्तव में निवेश क्षेत्र में प्रवाहित कर देगी ताकि उपभोग में कमी की जा सके। उपभोग तब अधिकतम होगा जब $r = g$ (जब पूंजी का सीमांत उत्पादन (r) वृद्धि दर (g) के बराबर हो जाता है)। लाभ की दर पूंजी के सीमांत उत्पादन के मूल्य में शामिल है। अत: स्वर्णिम नियम के अन्तर्गत पूंजी की अनुकूलतम मात्रा वह होती है जो लाभ दर को वृद्धि दर के बराबर कर दे।

स्वर्णिम नियम का आरेखीय निरूपण
(DIAGRAMMATIC REPRESENTATION OF THE GOLDEN RULE)

संचय के स्वर्णिम नियम की व्याख्या चित्र 47.4 में की गयी है। चूंकि स्वर्णिम नियम प्रति व्यक्ति उपभोग को अधिकतम करने से संबंधित है, इसलिए हम उत्पादन (Q), बचत (s), निवेश (I) तथा पूंजी स्टॉक (K) को श्रम की मात्रा (L) के अनुपात के रूप में लिखते हैं। जैसे

$$\frac{\dot{I}}{L} = \left(\frac{\dot{Q}}{L}\right)[\because I = K] \qquad \text{...(1)}$$

या

$$\frac{\dot{I}}{L} = g\left(\frac{\dot{K}}{L}\right) \qquad \text{...(2)}$$

जहां चरों के ऊपर बिन्दु स्वर्ण युग के परिमाण को दर्शाते हैं तथा $\left(\dot{I}/L\right)$ प्रति व्यक्ति निवेश और $\left(\dot{K}/L\right)$ प्रति व्यक्ति पूंजी स्टॉक है। g वृद्धि दर है

समीकरण (2) से स्पष्ट है कि स्वर्ण युग में प्रति व्यक्ति निवेश (या बचत) संतुलन वृद्धि दर तथा प्रति व्यक्ति पूंजी स्टॉक के गुणनफल के बराबर होना आवश्यक है। अत: प्रति व्यक्ति निवेश पूंजी–श्रम अनुपात का समानुपाती होता है। परिणामस्वरूप, $\dot{I}/L$ वक्र मूल से सीधी रेखा के रूप में खींचा गया है।

समीकरण (1) तथा (2) को बराबर करने पर,

$$\frac{\dot{I}}{L} = \frac{s}{g} \quad \text{या,} \quad g = s\left(\frac{\dot{Q}}{\dot{K}}\right) \qquad \text{......(3)}$$

समीकरण (3) स्वर्ण युग की वृद्धि दर को दर्शाता है, जो $\dot{I}/L$ वक्र की ढलान है।

अब हम उत्पादन फलन पर विचार करते हैं

$$Q = A\,(t)\left(K^{a}, L^{1-a}\right)$$

जहां $A\,(t)$ एक स्थिरांक है। $t = 0$ मानकर और दोनों ओर L से भाग देने पर,

$$\frac{Q}{L} = A\left(\frac{K}{L}\right)^{a}$$

उक्त समीकरण में चरों को स्वर्ण युग के अनुसार परिवर्तित करने पर,

$$\frac{\dot{Q}}{L} = A\left(\frac{\dot{K}}{L}\right)^{a}$$

जिसे चित्र 4 में Q/L वक्र के रूप में दिखाया गया है। आंशिक अवकलन (differen-tiation) करने पर हम $\dot{Q}/L$ वक्र की ढलान को इस प्रकार से पाते हैं,

$$\frac{d(\dot{Q}/L)}{d(\dot{K}/L)} = a\left(\frac{\dot{Q}}{\dot{K}}\right)$$

अतः $\dot{Q}/L$ वक्र की ढलान $\left(\dot{Q}/\dot{K}\right)$ है, जो पूंजी के उत्पादन के बराबर है।

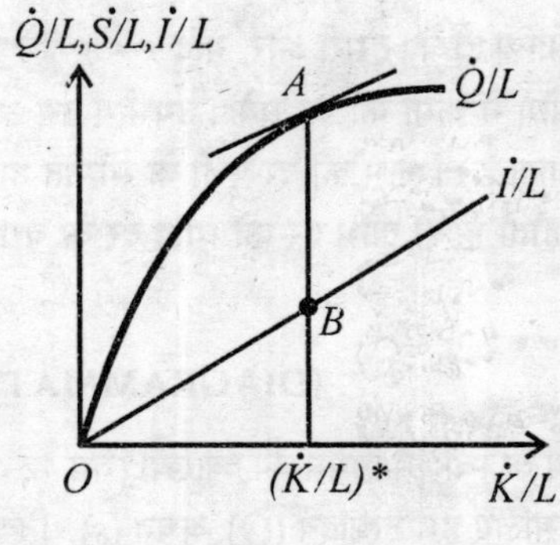

चित्र 4

$\dot{I}/L$ वक्र की ढलान स्वर्ण युग वृद्धि दर g के बराबर है तथा $\dot{Q}/L$ वक्र की ढलान पूंजी के सीमांत उत्पादन r (ब्याज दर) के बराबर है। संचयन के स्वर्णिम नियम के अनुसार आदर्श स्वर्ण युग में वृद्धि दर अवश्य ही ब्याज दर के बराबर ($g = r$) होनी चाहिए। इसकी व्याख्या चित्र 4 में की गयी है जहां $\dot{Q}/L$, S/L तथा $\dot{I}/L$ को अनुलंब अक्ष पर तथा $\dot{K}/L$ को क्षैतिज अक्ष पर रखा गया है। संचय के स्वर्णिम नियम के अनुसार अनुकूलतम स्वर्णयुग पूंजी–श्रम अनुपात $\left(\dot{K}/L\right)^*$ के संतुलन पर होता है जहाँ वक्र $\dot{Q}/L$ तथा $\dot{I}/L$ के बीच की दूरी अधिकतम होती है। चित्र में यह दूरी AB है। अतः जब $\dot{Q}/L$ तथा $\dot{I}/L$ वक्रों के बीच की अनुलंब दूरी अधिकतम होती है वहीं पर संचयन का स्वर्णिम नियम पूरा होता है। यहीं पर प्रति व्यक्ति उपभोग भी अधिकतम होता है।

4. नव–क्लासिकी विश्लेषण
(THE NEO-CLASSICAL ANALYSIS)

फैल्पस ने संचय के स्वर्णिम नियम को नव–क्लासिकी वृद्धि मॉडल पर बढ़ाया है। नव–क्लासिकी उत्पादन फलन को इस प्रकार व्यक्त किया जा सकता है

$$Q = f(K, L) \qquad \text{....(1)}$$

जहां Q = उत्पादन, K = पूंजी स्टॉक और L = श्रम शक्ति है।

नव–क्लासिकी वृद्धि मॉडल पैमाने के स्थिर प्रतिफल की मान्यता पर आधारित है। इसका अभिप्राय है कि उत्पादन फलन प्रथम कोटि का समरूप (homogeneous of degree one) है। समीकरण (1) को L से विभाजित करने से

$$\frac{Q}{L} = f\left[\frac{K}{L}, \frac{L}{L}\right] = f\left[\frac{L}{L}, 1\right]$$

$$\frac{Q}{L} = f(k) \qquad [\because k = K/L]$$

या

$$q = f(k) \qquad [\because q = Q/L]$$

जहां q प्रति इकाई श्रम वृद्धिकृत उत्पादन (output per unit augmented labour) है और k प्रति इकाई श्रम वृद्धिकृत पूंजी को व्यक्त करता है।

आगे, मॉडल इस मान्यता पर चलता है कि श्रम शक्ति एक घातांकीय (exponential) दर n से वृद्धि करती है। अतः

$$\frac{\text{ल}}{\text{ल}} = n \qquad \text{जहां } n > o \qquad \text{.....(2)}$$

और पूंजी स्टॉक अवश्य बराबर होना चाहिए श्रम–शक्ति की उपलब्ध पूर्ति के। इसलिए,

$$\frac{dK}{dt} = I = n\,K \qquad .....(3)$$

अन्तिम, प्रति इकाई उत्पादन (q) और प्रति इकाई सकल निवेश (nk) का अन्तर प्रति व्यक्ति उपभोग (c) है,

$$c = q - nk$$

$$c = f(k) - nk \qquad [\because q = f(k)] \qquad .....(4)$$

समीकरण (4) का $k = 0$ के साथ अवकलन (differentiate) करने से उपभोग अधिकतम होता है

$$c' = f'(k) - (nk)'$$

$$f'(k) - n = 0$$

$$f'(k) = n$$

इसका अभिप्राय यह है कि स्वर्ण युग में उपभोग अधिकतम होता है जब पूंजी का सीमांत उत्पाद बराबर होता है श्रम-शक्ति की वृद्धि दर के।

प्रश्न

1. संचयन के स्वर्णिम नियम से आप क्या समझते हैं ? कोई अर्थव्यवस्था किस प्रकार संचयन के स्वर्ण युग में पहुंचती है ?
2. संचयन के स्वर्ण युग सिद्धान्त की व्याख्या करें। फेल्पस के इस कथन की व्याख्या करें कि ''अनुकूलतम प्राकृतिक वृद्धि पथ पर निवेश अनुपात तथा लाभ अनुपात स्थिर तथा बराबर होते हैं।''

भाग छ:

समष्टि अर्थनीति
(Macroeconomic Policy)

अध्याय 51

समष्टि अर्थनीति के उद्देश्य
(Objectives of Macroeconomic Policy)

1. प्रस्तावना
(INTRODUCTION)

समष्टि अर्थनीति उन साधनों से सम्बन्ध रखती है जिनसे सरकार कुछ निश्चित उद्देश्यों के अनुरूप देश के आर्थिक मामलों का नियमन अथवा संशोधन करती है। दूसरे शब्दों में, ''यह समस्त अर्थव्यवस्था के व्यवहार का मूल्यांकन करती है और उन तरीकों को खोजती है जिनसे उसके समस्त कार्यकरण में सुधार किया जा सके।''[1] (It attempts to assess the behaviour of the economy as a whole and to seek ways in which its aggregate performance might be improved.) ये समष्टि अर्थनीति के कुछ उपकरणों और उद्देश्यों द्वारा प्राप्त किये जाते हैं।

इसके दो प्रमुख साधन हैं : मौद्रिक तथा राजकोषीय नीति। इसके चार प्रमुख उद्देश्य हैं : पूर्ण रोजगार, कीमत स्थिरता, आर्थिक वृद्धि, और भुगतान शेष संतुलन।[2] प्रस्तुत अध्याय में हम समष्टि अर्थनीति के उद्देश्यों और उन समस्याओं का अध्ययन करेंगें जो इन उद्देश्यों के आपस में टकराने पर उत्पन्न होती हैं। इनकी विवेचना करने से पहले, इनसे संबंधित नीति लक्ष्यों और उपकरणों का अध्ययन करते हैं।

2. नीति लक्ष्य और उपकरण
(POLICY TARGETS AND INSTRUMENTS)

नीति लक्ष्य विशिष्ट मूल्य होता है जो सरकार अपनी समष्टि अर्थनीतियों के विभिन्न उद्देश्यों को लगाती है। उदाहरणार्थ, सरकार के निम्न नीति उद्देश्य हो सकते हैं :

(1) 3 प्रतिशत बेरोजगारी दर पर पूर्ण रोजगार प्राप्त करना;

(2) 5 प्रतिशत प्रतिवर्ष की स्फीति दर पर कीमत स्थिरता प्राप्त करना; और

(3) अर्थव्यवस्था के लिए 5 प्रतिशत प्रतिवर्ष की वृद्धि दर प्राप्त करना।

इस प्रकार, सरकार के नीति लक्ष्य हैं : 3 प्रतिशत बेरोजगारी दर, 5 प्रतिशत स्फीति दर और 5 प्रतिशत वृद्धि दर प्रतिवर्ष।

दूसरी ओर, नीति उपकरण वे बहिर्जात चर (exogenous variables) होते हैं जो सरकार द्वारा प्रत्यक्ष रूप में प्रभावित किए जा सकते हैं। सरकार समष्टि अर्थनीतियों को मौद्रिक नीति के ऐसे उपकरणों जैसे बैंक दर, आरक्षित अनुपातों में परिवर्तनों, खुला बाजार

---

1. G.K. Shaw, *An Introduction to the Theory of Macro Economic Policy,* p. 1.
2. इन उद्देश्यों के संबंध में लगभग सभी अर्थशास्त्री सहमत हैं, यद्यपि कुछ संतुलित क्षेत्रीय विकास तथा आय के उचित वितरण को भी अर्थनीति के लक्ष्यों में शामिल करते हैं।

प्रचालनों, चयनात्मक साख नियंत्रणों आदि द्वारा प्रभात्रित कर सकती है। इसी प्रकार, वह कर दरों, बजटरी नीति, क्षतिपूर्ति राजकोषीय नीति आदि जैसे राजकोषीय नीति उपकरणों का प्रयोग कर सकती है।

3. समष्टि अर्थनीति के उद्देश्य (OBJECTIVES OF MACRO ECONOMIC POLICY)

समष्टि अर्थनीति के निम्न उद्देश्य हैं :

1. पूर्ण रोजगार (Full Employment)

पूर्ण रोजगार को समष्टि अर्थनीति के प्रमुख उद्देश्य में रखा गया है। यह एक महत्वपूर्ण उद्देश्य है क्योंकि बेरोजगारी से न केवल संभावित उत्पादन की हानि होती है बल्कि इससे सामाजिक प्रतिष्ठा और आत्मसम्मान की भी हानि होती है। इसके अतिरिक्त यह गरीबी की जननी है। इसलिए प्रत्येक अर्थव्यवस्था के लिए पूर्ण रोजगार प्राप्त करना परम आवश्यक है।

क्लासिकी अर्थशास्त्री मानते थे कि अर्थव्यवस्था में सदैव पूर्ण रोजगार रहता है। उनकी धारणा थी कि पूर्ण रोजगार की स्थिति सामान्य स्थिति है, और इससे विचलन को वे एक असामान्य स्थिति समझते थे। परन्तु उनके विचार में पूर्ण रोजगार घर्षनात्मक (frictional) ऐच्छिक, मौसमी और संरचनात्मक बेरोजगारी से मेल खाता है।

केन्ज़ के मतानुसार, पूर्ण रोजगार का अर्थ है अनैच्छिक (involuntary) बेरोजगारी का अभाव। दूसरे शब्दों में, पूर्ण रोजगार का मतलब ऐसी स्थिति है जिसमें हर उस व्यक्ति को काम मिलता है, जो काम करना चाहता है। पूर्ण रोजगार की यह परिभाषा घर्षनात्मक (frictional) तथा ऐच्छिक बेरोजगारी के अनुरूप है। पूर्ण रोजगार उपलब्ध करने के लिए, केन्ज़ ने वास्तविक मजदूरी घटाने के लिए प्रभावी मांग बढ़ाने का समर्थन किया। इस प्रकार, पूर्ण रोजगार की समस्या वास्तव में पर्याप्त प्रभावी मांग बनाए रखने की समस्या है। केन्ज़ ने अपनी *General Theory* में एक और स्थान पर पूर्ण रोजगार की दूसरी परिभाषा इस प्रकार दी है, ''यह ऐसी स्थिति है जिसमें समस्त रोजगार अपने उत्पादन की मांग में वृद्धि के प्रति बेलोच रहता है।'' इसका अर्थ है कि पूर्ण रोजगार की कसौटी यह है कि जब प्रभावी मांग कुछ और बढ़े तो उसके साथ उत्पादन बिल्कुल न बढ़े। क्योंकि पूर्ण रोजागर स्तर पर उत्पादन की पूर्ति बेलोच हो जाती है, इसलिए यदि प्रभावी मांग और बढ़ेगी तो अर्थव्यवस्था में स्फीति आएगी। इस प्रकार, पूर्ण रोजगार विषयक केन्ज़ीय दृष्टिकोण में तीन शर्तें पाई जाती हैं : (*i*) वास्तविक मजदूरी दर गिरना; (*ii*) प्रभावी मांग में वृद्धि; और (*iii*) पूर्ण रोजगार के स्तर पर उत्पादन की बेरोज पूर्ति।

प्रो **डब्ल्यू० डब्ल्यू० हार्ट** का कहना है कि पूर्ण रोजगार को परिभाषित करने के प्रयत्न में बहुत लोगों का रक्तचाप बढ़ जाता है। बात भी ठीक है क्योंकि शायद ही कोई ऐसा अर्थशास्त्री हो जिसने पूर्ण रोजगार को अपने ढंग से परिभाषित न किया हो। लार्ड **बेवरिज** ने अपनी *Full Employment in a Free Society* नामक पुस्तक में पूर्ण रोजगार को ऐसी स्थिति कहा है जिसमें बेरोजगारी की अपेक्षा रिक्त स्थान अधिक होते हैं, इसलिए एक नौकरी छूटने और दूसरी नौकरी मिलने में बहुत कम समय का अन्तराल रहेगा। पूर्ण रोजागर से उसका तात्पर्य शून्य बेरोजगारी नहीं है जिसका अर्थ है कि पूर्ण रोजगार हमेशा पूर्ण नहीं होता। अर्थव्यवस्था में जब पूर्ण रोजगार होता है तब भी कुछ मात्रा में स्थायी बेरोजगारी हमेशा रहती ही है। उसने इंग्लैण्ड के बारे मे हिसाब लगाया था कि वहां पूर्ण रोजगार की स्थिति में 3 प्रतिशत अस्थायी बेरोजगारी रहती है। परन्तु उसका यह तर्क स्वीकार नहीं किया जा सकता कि पूर्ण रोजगार स्तर वह है जिस पर बेरोजगारी की अपेक्षा रिक्त स्थान अधिक होते हैं।

American Economic Association Committee के अनुसार, ''पूर्ण रोजगार का अर्थ है कि जो योग्यता प्राप्त व्यक्ति चालू दरों पर नौकरी चाहते हैं, उन्हें 'फुल टाइम' नौकरी मिल जाती है। इसका यह मतलब नहीं कि बेरोजगारी कभी शून्य भी होती है।'' यहां भी, बेवरीज की भांति, कमेटी समझती है कि पूर्ण रोजगार में थोड़ी बहुत बेरोजगारी भी रहती है।

यद्यपि पूर्ण रोजगार की परिभाषा के सम्बन्ध में व्यक्तिगत अर्थशास्त्रियों में मतभेद बना हुआ है, फिर भी अधिकांश उस मत को स्वीकार करने लगे हैं जो संयुक्त राष्ट्र के विशेषज्ञों ने National and International Measures for Full Employment के सम्बन्ध में व्यक्त किए हैं : ''पूर्ण रोजगार को ऐसी स्थिति माना जा सकता है जिसमें प्रभावी मांग बढ़ाकर रोजगार नहीं बढ़ाया जा सकता और बेरोजगारी उन न्यूनतम गुंजाइशों से नहीं बढ़ती जो घर्षनात्मक तथा मौसमी कारणों के प्रभावों के लिए निकालनी पड़ती है।'' यह परिभाषा केन्ज़ तथा बेवरिज के पूर्ण रोजगार विषयक विचारों से मेल खाती है। अब यह बात स्वीकार कर ली गई है कि पूर्ण रोजगार का

मतलब है 96 से 97 प्रतिशत रोजगार, जबकि अस्थायी कारणों से अर्थव्यवस्था में 3 से 4 प्रतिशत बेरोजगारी विद्यमान रहती है। एक अर्थव्यवस्था में पूर्ण रोजगार विस्तारक मौद्रिक और राजकोषीय नीतियों द्वारा प्राप्त किया जा सकता है।

2. कीमत स्थिरता (Price Stability)

मौद्रिक एवं राजकोषीय नीति का एक प्रमुख उद्देश्य है। अर्थशास्त्री तथा साधारण व्यक्ति इस नीति के पक्ष में हैं क्योंकि यदि कीमतों में उतार–चढ़ाव आते रहते हैं तो वे अर्थव्यवस्था में अनिश्चितता एवं अस्थिरता उत्पन्न करते हैं। कीमतों का बढ़ना भी बुरा है और गिरना भी, क्योंकि वे कुछ को अनावश्यक हानि और कुछ को अनुचित लाभ पहुंचाते हैं। वे व्यापार चक्रों से भी सम्बद्ध रहते हैं। इसलिए कीमत स्थिरता की नीति मुद्रा के मूल्य को स्थिर रखती है, चक्रीय उतार–चढ़ावों को समाप्त करती है, आर्थिक स्थिरता लाती है, आय तथा धन की असमानताएं दूर करने में सहायक होती है, सामाजिक न्याय उपलब्ध कराती है और आर्थिक कल्याण को बढ़ावा देती है।

परन्तु स्थिर कीमत स्तर की नीति का अनुसरण करने में कुछ कठिनाइयों का सामना करना पड़ता है। पहली समस्या तो यह है कि किस प्रकार का कीमत स्तर स्थिर बनाया जाए। क्या सापेक्ष कीमत–स्तर को स्थिर बनाया जाए, या सामान्य कीमत–स्तर को, अथवा थोक या परचून कीमत–स्तर को, या उपभोक्ता वस्तुओं अथवा उत्पादक वस्तुओं के कीमत–स्तर को स्थिर बनाया जाए? कीमत–स्तर के चुनाव के सम्बन्ध में कोई विशिष्ट कसौटी नहीं है। हॉम (Halm) का कहना है, ''समझौता इस समाधान पर हो सकता है कि ऐसे कीमत स्तर को स्थिर बनाने का प्रयत्न किया जाए जिसमें उपभोक्ता वस्तुओं की कीमतें भी शामिल हों और मजदूरी भी।'' परन्तु इसके लिए मुद्रा का परिमाण बढ़ाना जरूरी हो जाएगा, पर उतना नहीं जितना उपभोक्ता वस्तु कीमतों को स्थिर करने में चाहिए। दूसरे, जब नवप्रवर्त्तन (innovations) होते हैं, तो उत्पादन की लागत कम हो जाती है, इसलिए कीमत स्थिरता की नीति से उत्पादकों को उपभोक्ताओं और मजदूरी पाने वालों की लागत पर अधिक लाभ प्राप्त होंगे। फिर, खुली अर्थव्यवस्था में, जो ऊंची कीमतों पर कच्चा माल और मध्यवर्ती वस्तुएं आयात करती हैं, घरेलू वस्तुओं के उत्पादन की लागत बढ़ जाएगी। परन्तु कीमत स्थिरता की नीति से लाभ कम हो जाएंगे और आगे निवेश धीमा पड़ जाएगा। ऐसी परिस्थितियों में स्थिर कीमतों की नीति केवल अनुचित ही नहीं, अपितु आर्थिक प्रगति से भी विरोध रखती है।

इन कमियों के बावजूद, अधिकांश अर्थशास्त्री स्थिर कीमतों की नीति के पक्ष में हैं। परन्तु समस्या यह है कि कीमत स्थिरता की परिभाषा क्या है? कीमत स्थिरता का यह मतलब नहीं कि कीमतें अनिश्चितकाल तक परिवर्तित ही न हों। जब ''घटते–बढ़ते परीक्षण मांग की संरचना को परिवर्तित करेंगे, जब नई वस्तुओं का विकास होगा और जब लागत घटाने वाली प्रौद्योगिकियों का प्रचलन होगा, तब तुलनात्मक कीमतें परिवर्तित होंगी। बाजार अर्थव्यवस्था में संसाधनों का बंटवारा करने के लिए विभेदक कीमत परिवर्तन आवश्यक हैं। क्योंकि आधुनिक अर्थव्यवस्थाओं में यह प्रबल प्रवृत्ति देखने में आती है कि उनमें कीमतें घटती नहीं, इसलिए दीर्घकाल में समस्त कीमत स्तर को धीरे–धीरे बढ़ाकर ही विभेदक कीमत परिवर्तन लाए जा सकते हैं। फिर, यदि आयातित वस्तुओं की लागतें बढ़ जाएं या कराधान नीति के परिणामस्वरूप उत्पादन की घरेलू लागत बढ़ जाए, तो कीमतों में परिवर्तन करना पड़ सकता है।'' कीमत स्थिरता को प्रतिचक्रीय (counter-cyclical) मौद्रिक और राजकोषीय नीतियां अपना कर कायम रखा जा सकता है अर्थात् सुस्ती में सस्ती मुद्रा नीति, घाटा बजट, कर छूटें, सार्वजनिक व्यय बढ़ाना आदि। दूसरी ओर, तेजी में महंगी मुद्रा नीति, अतिरेक बजट, कर बढ़ाना, सार्वजनिक व्यय कम करना आदि।

3. आर्थिक वृद्धि (Economic Growth)

हाल के वर्षों में 'समष्टि अर्थनीति' के अत्यन्त महत्वपूर्ण उद्देश्यों में एक उद्देश्य यह रहा है कि अर्थव्यवस्था की तेजी से आर्थिक वृद्धि हो। आर्थिक वृद्धि की परिभाषा है : ''वह प्रक्रिया है जिससे एक लम्बी अवधि में किसी देश की प्रतिव्यक्ति वास्तविक आय बढ़ती है।''[3] किसी देश में उत्पादित वस्तुओं तथा सेवाओं की मात्रा में होने वाली वृद्धि द्वारा आर्थिक वृद्धि को मापा जाता है। वृद्धिशील अर्थव्यवस्था प्रत्येक क्रमिक कालावधि में अधिक वस्तुओं तथा सेवाओं का उत्पादन करती है। इस प्रकार वृद्धि तब

---

3. G.M. Meier, *Leading Issues in development Economics*, p. 20

होती है जब अर्थव्यवस्था की उत्पादक क्षमता बढ़ती है और जो, आगे अधिक वस्तुओं तथा सेवाओं के उत्पादन के लिए काम में लाई जाती है। व्यापक अर्थ में आर्थिक वृद्धि का अर्थ है लोगों का जीवन स्तर उठाना और आय वितरण की असमानताएं दूर करना। सभी इस बात पर सहमत हैं कि आर्थिक वृद्धि किसी देश का वांछित लक्ष्य है। परन्तु 'जादुई संख्या' के बारे में कोई सहमति नहीं है अर्थात् इस बारे में कोई एक मत नहीं है कि अर्थव्यवस्था कितनी वार्षिक वृद्धि-दर उपलब्ध करे।

सामान्यत: अर्थशास्त्री मानते हैं कि वृद्धि लागातर होती रह सकती है। इस विश्वास का आधार यह मान्यता है कि नवप्रवर्त्तनों से काल पर्यन्त, श्रम तथा पूंजी की उत्पादक प्रौद्योगिकियां बढ़ती हैं। परन्तु इस बात की पूरी संभावना हैं कि प्रौद्योगिक नवप्रवर्त्तनों के बावजूद अर्थव्यवस्था वृद्धि न कर सके। मांग की कमी के कारण उत्पादन और न बढ़े, जो अर्थव्यवस्था की उत्पादक क्षमता की वृद्धि को रोक दे। यदि नई प्रौद्योगिकियों के अनुरूप श्रम की गुणवत्ता में कोई सुधार नहीं होता, तो हो सकता है कि अर्थव्यवस्था की और वृद्धि न हो।

पर, नीति बनाने वाले वृद्धि की लागतों पर ध्यान नहीं देते। वृद्धि असीम नहीं होती, क्योंकि प्रत्येक अर्थव्यवस्था में संसाधन दुर्लभ होते हैं। सब साधनों की अवसर-लागत होती है। किसी एक विशिष्ट वस्तु का अधिक उत्पादन करने का मतलब होगा किसी अन्य वस्तु का उत्पादन घटाना। नई प्रौद्योगिकियों के परिणामस्वरूप पुरानी मशीनें बदल दी जाती हैं जो बेकार हो जाती हैं। वर्कर भी हटा दिये जाते हैं, क्योंकि वे तुरन्त नए प्रौद्योगिक ढांचे में 'फिट' नहीं हो सकते हैं। फिर, जब तेजी से वृद्धि होती है तो नगरीकरण और औद्योगीकरण होता है जिनका जीवन के ढांचे और वातावरण पर प्रतिकूल प्रभाव पड़ता है। लोगों को झुग्गी झोंपड़ियों में रहना पड़ता है। वातावरण दूषित हो जाता है। सामाजिक तनाव पैदा हो जाते हैं। "परन्तु हमारे वातावरण पर वृद्धि के अन्य अधिक आधारभूत प्रभाव पड़ते हैं और आज लोग निश्चय से यह नहीं कह सकते कि बेरोकटोक वृद्धि के लिए इतनी मुसीबत उठानी चाहिए या नहीं, क्योंकि अभी तक यह भी ज्ञात नहीं है कि वातावरण को बदलने, बिगाड़ने या तबाह करने की कितनी कीमत चुकानी होगी। पर, एक बात, जो बहुत स्पष्ट दिखाई देती है, यह है कि वातावरण विषयक समस्याओं के कारण वृद्धि रुकने वाली नहीं है और कि मानवजाति को या तो यह सीखना होगा कि समस्याओं का सामना कैसे करें, या फिर परिणाम भुगतने होंगे।"

मौद्रिक और राजकोषीय नीतियां वृद्धि लाने में योगदान कीमतों में स्थिरता द्वारा देती है। आर्थिक उतार-चढ़ावों का नियंत्रण करके और सुस्तियों से बचाव द्वारा ये नीतियां वृद्धि का उद्देश्य प्राप्त करने में सहायक होती हैं। चूंकि स्फीति की तीव्र और परिवर्ती दरों से निवेश हतोत्साहित होता है और वृद्धि पर इनका बुरा विपरीत प्रभाव पड़ता है। ये नीतियां अतिस्फीति को नियंत्रित करने में सहायक होती हैं। वृद्धि को एक सूझबूझ वाले राजकोषीय नीति मिश्रण (mix) द्वारा बढ़ाया जा सकता है। इस प्रकार, मौद्रिक और राजकोषीय नीतियां ऐसी होनी चाहिएं जिनसे निवेश प्रोत्साहित हो और आर्थिक उतार-चढ़ाव नियंत्रित हो ताकि आर्थिक वृद्धि बढ़े।

4. भुगतान शेष (Balance of Payments)

1950 के दशक से समष्टि अर्थनीति का एक अन्य उद्देश्य यह रहा है कि भुगतान शेष में संतुलन बनाए रखा जाए। अन्तर्राष्ट्रीय तरलता की वृद्धि के मुकाबले विश्व व्यापार में जो आश्चर्यजनक वृद्धि हुई है, उसने इस उद्देश्य की पूर्ति को आवश्यक बना दिया है। यह भी मान लिया गया है कि भुगतान शेष में घाटे से अन्य उद्देश्यों के पूरा होने में बाधा आएगी। इसका कारण यह है कि भुगतान शेष में घाटे से काफी सोना बाहर के देशों को चला जाता है। परन्तु "यह स्पष्ट नहीं है कि संतोषजनक भुगतान शेष स्थिति किसे समझा जाए। इतना तो स्पष्ट है कि जो देश निवल कर्जे में है उसे समय की समुचित अल्पावधि में अतिरेक (surplus) की स्थिति में पहुंचना होगा ताकि वह कर्जा चुका सके। यदि एक बार किसी कर्जे का पुनर्भुगतान कर दिया जाए और पर्याप्त रिजर्व जमा कर लिए जाएं, तो कालपर्यन्त शून्य शेष बनाए रखने से नीति का उद्देश्य पूरा हो जाएगा। परन्तु व्यापार लेखा में अथवा पूंजी लेखा में सन्तोषजनक शेष कैसे उपलब्ध किया जाए ? पूंजी लेखा को तो इतना ही समझना चाहिए कि वह तो संकट की स्थिति में अल्पावधि आपातकालीन कार्य ही पूरा करता है।"[4]

फिर, दूसरी समस्या इस प्रश्न से संबंध रखती है—किसी देश का भुगतान शेष लक्ष्य क्या है ? वह लक्ष्य है, जहां आयात-निर्यातों

---

4. G.K. Shaw, *op.cit.*, p. 9.

के बराबर हो जाएं। परन्तु व्यवहार में होगा यह कि जिस देश के विदेशी विनिमय के चालू रिजर्व अपर्याप्त होंगे उसका भुगतान-शेष लक्ष्य थोड़ा-सा निर्यात अधिशेष होगा। परन्तु जब उसका भुगतान शेष सन्तोषजनक हो जाएगा, तो उसका लक्ष्य होगा कि आयात को निर्यात के बराबर लाया जाए। इसका कारण यह है कि निर्यात अधिशेष का मतलब होता है कि वह देश विदेशी विनिमय का संचय कर रहा है और कि वह जितना उपभोग कर रहा है, उससे अधिक उत्पादन कर रहा है। इससे लोगों का जीवन-स्तर गिरेगा। परन्तु ऐसा बहुत समय तक नहीं चल सकता क्योंकि किसी अन्य देश में आयात अधिशेष हो जाएंगे और वह देश निर्यात-अधिशेष देश पर व्यापार प्रतिबंध लगा देगा। इसलिए भुगतान-शेष संतुलन उपलब्ध करना किसी देश की आर्थिक नीति का अनिवार्य लक्ष्य बन जाता है।

किसी देश के भुगतान शेष घाटे को प्रतिबंधात्मक (restrictive) मौद्रिक और राजकोषीय नीतियों द्वारा समाप्त किया जा सकता है। ऐसा आयात को कम करके, निर्यात को बढ़ाकर तथा करेंसी का अवमूल्यन करके किया जाता है।

4. नीति उद्देश्यों में विरोध या विनिमय
(CONFLICTS OR TRADE-OFF IN POLICY OBJECTIVES)

जिन चार नीति उद्देश्यों की ऊपर चर्चा की गई है, वे एक दूसरे के पूरक नहीं हैं बल्कि वे एक-दूसरे के विरोधी ही हैं। यदि सरकार एक उद्देश्य को पूरा करने का प्रयत्न करती है तो कोई और उद्देश्य दूर हट जाता है। सरकार को किसी एक उद्देश्य को पूरा करने के लिए किसी अन्य उद्देश्य की बलि देनी पड़ती है। इसलिए सभी उद्देश्यों को एक साथ पूरा कर पाना संभव नहीं है। हम आगे विभिन्न नीति-उद्देश्यों में विरोधों की चर्चा कर रहे हैं।

पूर्ण रोजगार तथा आर्थिक वृद्धि (Full Employment and Economic Growth)

अधिकतर अर्थशास्त्रियों का मत यह है कि पूर्ण रोजगार तथा आर्थिक वृद्धि में कोई अन्तर्जात विरोध नहीं है। पूर्ण रोजगार अर्थव्यवस्था में 4 प्रतिशत बेरोजगारी से मेल खाता है। इसलिए पूर्ण रोजगार और आर्थिक वृद्धि का संबंध इस बात पर आकर ठहरता है कि बेरोजगारी और वृद्धि में विनिमय (trade-off) होता है। अधिक वृद्धि की अवधियों में बेरोजगारी का स्तर नीचा होता है और जब वृद्धि का स्तर कम होता है तो बेरोजगारी बढ़ती है।

1961 में, **आर्थर ओकन** (Arthur Okun) ने वास्तविक GNP तथा बेरोजगारी दर में परिवर्तनों के बीच संबंध स्थापित किया था। यह संबंध 'ओकन का नियम' (Okun's Law) नाम से प्रसिद्ध हो गया है। यह नियम कहता है कि **वास्तविक GNP में 3 प्रतिशत अंकों की प्रत्येक वृद्धि के मुकाबले बेरोजगारी की दर एक प्रतिशत अंक प्रतिवर्ष गिर जाती है।** इसे चित्र 1 में दिखाया गया है जहां वक्र *U* बेरोजगारी को और वक्र *G* अर्थव्यवस्था की कुछ वर्षों की आर्थिक वृद्धि को व्यक्त करता है। शुरु में अर्थव्यवस्था 3 प्रतिशत की दर से वृद्धि कर रही है और बेरोजगारी की दर 4 प्रतिशत है। वर्ष 1970 के दौरान, जब वास्तविक GNP में 4.5 प्रतिशत की वृद्धि (3 प्रतिशत से 7.5 प्रतिशत) होती है तो बेरोजगारी की दर 1.5 प्रतिशत गिर जाती है (4 प्रतिशत से गिरकर 2.5 प्रतिशत रह जाती है)। अगले वर्ष 1971 में, अर्थव्यवस्था की वृद्धि दर गिरकर शून्य पर आ जाती है और बेरोजगारी की दर बढ़कर 5 प्रतिशत पर पहुंच जाती है। उससे अगले वर्ष अर्थात् 1972 में वास्तविक वृद्धि दर बढ़कर 3 प्रतिशत हो जाती है और बेरोजगारी की दर गिरकर 4 प्रतिशत पर आ जाती है।

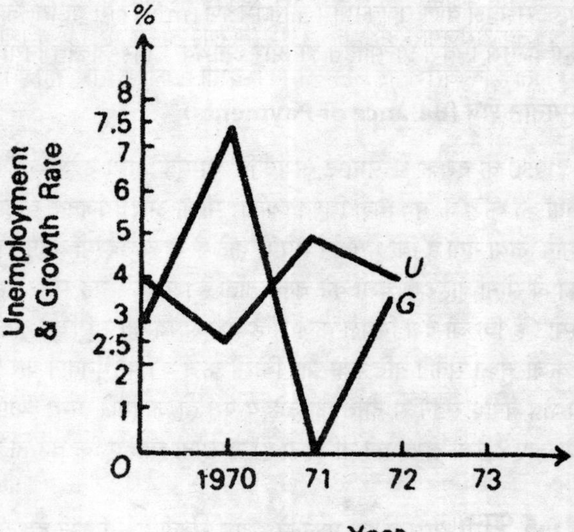

चित्र 1

पर, कुछ अर्थशास्त्रियों का कहना है कि जब वृद्धि की दर बढ़ती है, तो बेरोजगारी की दर भी बढ़ जाती है। आर्थिक वृद्धि से अर्थव्यवस्था में संसाधनों का पुन: आवंटन होता है जिससे श्रम की किस्म एवं मात्रा की मांग बदल जाती है। श्रम के लिए मांग अर्थव्यवस्था के एक क्षेत्र से सरकार दूसरे क्षेत्र में पहुंच जाती है। क्योंकि वर्कर तो विशिष्ट कार्यों के लिए होते हैं, इसलिए जब विशिष्ट उद्योगों की वस्तुओं की मांग गिर जाती है तो वे हटा दिए जाते हैं। इससे बेरोजगारी आती है। यह बात उस समय विशेष रूप से लागू होती है जब ऐसे प्रौद्योगिकीय नवप्रवर्तनों के परिणामस्वरूप वृद्धि हो जो श्रम की बचत करने वाले हों और अधिक योग्यता प्राप्त तथा कुशल वर्करों की अपेक्षा रखते हों। इस प्रकार, अकुशल वर्करों को सबसे अधिक मुसीबत झेलनी पड़ती है क्योंकि जब स्वचालित यंत्र लगते हैं, तो उन्हें नौकरी से निकाल दिया जाता है। हां, यदि श्रम की उत्पादकता के मुकाबले मांग अधिक तेजी से बढ़े, तो वृद्धि के साथ रोजगार बढ़ सकता है। यदि मांग 3 प्रतिशत प्रतिवर्ष की दर से बढ़ रही है और उत्पादन 4 प्रतिशत प्रतिवर्ष की दर से बढ़ रहा है, तो उत्पादन बढ़ेगा और रोजगार गिरेगा। ऐसी परिस्थितियों में सरकार को चाहिए कि ऐसी मौद्रिक एवं राजकोषीय नीति अपनाए जिससे अर्थव्यवस्था में समस्त मांग बढ़े।

आर्थिक वृद्धि और कीमत स्थिरता (Economic Growth and Price Stability)

आर्थिक वृद्धि और कीमत स्थिरता में विरोध है। वृद्धि की प्रक्रिया में कीमतों का बढ़ना स्वाभाविक है। जब बड़े पैमाने पर निवेश बढ़ते हैं और परिणामस्वरूप लोगों की आय बढ़ती है, तो वस्तुओं तथा सेवाओं की मांग बढ़ जाती है। इससे कीमतों में स्फीतिकारी वृद्धि होती, विशेष रूप से तब जब पूर्ण रोजगार का स्तर आ जाए। दीर्घकाल में, जब नए संसाधनों का विकास होगा और वृद्धि होने से अधिक वस्तुएं उत्पादित होंगी, तो कीमतों में स्फीतिकारी वृद्धि होनी बन्द हो जाएगी। परन्तु अर्थव्यवस्था की वृद्धि के साथ कीमतें भी बढ़ेंगी और कीमतों की यह वृद्धि थोड़ी तथा धीरे-धीरे होगी।

पूर्ण रोजगार और कीमत स्थिरता (Full Employment and Price Stability)

1950 के दशक में, समष्टि अर्थनीति का एक उद्देश्य यह भी था कि कीमतों को स्थिर रखते हुए पूर्ण रोजगार उपलब्ध कराया जाए। परन्तु 1960 के दशक में फिलिप्स, सैम्यूल्सन, सोलो तथा अन्य अर्थशास्त्रियों ने जो अध्ययन किए उनसे स्थापित हुआ कि इन दोनों उद्देश्यों में विरोध रहता है। उनके निष्कर्ष फिलिप्स वक्र के रूप में स्पष्ट किए जा सकते हैं। वे बताते हैं कि स्फीति बढ़ाकर पूर्ण रोजगार उपलब्ध किया जा सकता है। और 5 या 6 प्रतिशत तक बेरोजगारी और कीमत स्थिरता लाई जा सकती है।[5] अर्थशास्त्रियों को लगता है कि बेरोजगारी और कीमत स्थिरता में कोई विरोध नहीं है। उनकी धारणा है कि जब तक संसाधन बेरोजगार रहेंगे, तब तक कीमतें स्थिर रहेंगी। कीमतें केवल तभी बढ़ने लगेंगी जब संसाधन पूर्ण रोजगार मुक्त होंगे। इसे चित्र 2 में दिखाया गया है जहां बेरोजगारी संसाधनों की प्रतिशतता क्षैतिज-अक्ष पर ली गई है और कीमत स्तर में परिवर्तन की प्रतिशतता अनुलम्ब अक्ष पर ली गई है। इस प्रकार प्रत्येक बिन्दु कीमत स्तर के साथ-साथ बेरोजगार संसाधनों की प्रतिशतता को दर्शाता है। इस सिद्धान्त के अनुसार जब तक संसाधन U_1, U_2 तथा U_3 बेरोजगार रहते हैं तब तक कीमत स्तर P_0 पर स्थिर रहता है। मांग में क्रमिक वृद्धि के साथ-साथ कीमत स्तर P_0 से P_1 से P_2 से P_3 तक केवल तभी बढ़ता है जब अर्थव्यवस्था पूर्ण रोजगार स्तर F पर पहुंच जाती है। इस प्रकार बेरोजगारी और स्थिर कीमतों में कोई विरोध नहीं है, जैसाकि कि चित्र में छायाकृत क्षेत्र द्वारा दिखाया गया है। परन्तु इस तरह के संबंध की समष्टि अर्थनीति के निहित तत्त्व ये हैं कि जब तक अर्थव्यवस्था छायित क्षेत्र में रहेगी तब तक पूर्ण रोजगार और कीमत स्थिरता में कोई विरोध नहीं हो सकता। इसका कारण यह है कि जब

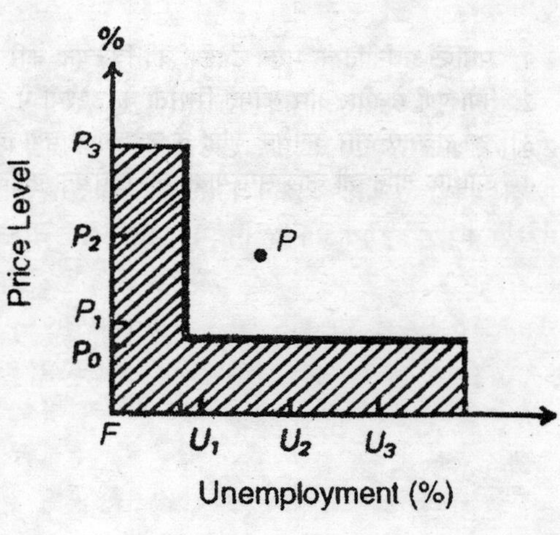

चित्र 2

5. P.A. Samuelson and R.M. Solow, *"Analytical Aspects of Anti-Inflation Policy"*, *A.E.R.*, May, 1960.

पूर्ण रोजगार है तो संसाधनों की अतिरिक्त पूर्ति नहीं है, और यदि सरकार समुचित मौद्रिक एवं राजकोषीय नीति के माध्यम से अतिरिक्त मांग पर नियंत्रण पा ले तो कीमत स्तर स्थिर बना रहेगा। परन्तु यदि अर्थव्यवस्था P बिन्दु पर है, जिसे फिलिप्स वक्र पर स्थित बिन्दु मान लिया जाए, तो नीति के पूर्ण रोजगार और कीमत स्थिरता के उद्देश्यों में विरोध रहेगा।

पूर्ण रोजगार और भुगतान शेष (Full Employment and Balance of Payments)

पूर्ण रोजगार और भुगतान शेष में घोर नीति विरोध है। पूर्ण रोजगार हमारे भुगतान शेष घाटे से संबंध रखता है। वस्तुतः समस्या यह होती है आन्तरिक संतुलन बनाए रखा जाए या बाह्य संतुलन। यदि भुगतान शेष में घाटा है, तो व्यय घटाने की नीति अपनाने से आयात तो कम हो जाएंगे, पर इससे देश में बेरोजगारी बढ़ेगी। यदि सरकार रोजगार बढ़ाने के लिए समस्त व्यय बढ़ाएगी, तो आयात की मांग बढ़ जाएगी जिसके परिणामस्वरूप भुगतान शेष में असंतुलन पैदा हो जाएगा। इस विरोध से केवल तभी बचा जा सकता है, और वह भी अस्थायी तौर पर, जब सरकार अवमूल्यन जैसी व्यय-सापेक्ष नीतियां अपनाए।

कीमत स्थिरता और भुगतान शेष (Price Stability and Balance of Payments)

ऐसा प्रतीत होता है कि किसी देश के नीति उद्देश्यों में से कीमत स्थिरता और भुगतान शेष विषयक उद्देश्यों में कोई विरोध नहीं है। राजकोषीय तथा मौद्रिक नीतियों का लक्ष्य स्फीति को रोकना, आयात को घटाना और निर्यात को प्रोत्साहन देना है और इस प्रकार वे भुगतान-शेष संतुलन स्थापित करने में सहायक होती हैं। परन्तु यदि सरकार बेरोजगारी दूर करने का प्रयत्न करती है और अर्थव्यवस्था के भीतर कुछ स्फीति आने देती है, तो इन दो उद्देश्यों में विरोध प्रकट हो जाता है। क्योंकि यदि कीमत स्तर बढ़ेगा, तो निर्यात घटेंगे और आयात को प्रोत्साहन मिलेगा जिससे भुगतान शेष असंतुलित हो जाएंगे। परन्तु यदि संसार के अन्य देशों में कीमतें भी उसी दर से बढ़ जाएंगी, तो भुगतान-शेष में असंतुलन नहीं पैदा होगा।

प्रश्न

1. समष्टि अर्थनीति के मुख्य उद्देश्यों की विवेचना करिए।
2. क्या पूर्ण रोजगार और कीमत स्थिरता के उद्देश्यों में कोई विरोध है? यदि है तो उसे आप कैसे सुलझाएंगे?
3. पूर्ण रोजगार और आर्थिक वृद्धि के उद्देश्यों में क्या विरोध है? इसको किस प्रकार दूर किया जा सकता है?
4. आर्थिक नीति की कुछ समस्याओं की विवेचना कीजिए। विशेषकर नीति उद्देश्यों के विनिमय (trade-off) की व्याख्या कीजिए।

अध्याय 52

मौद्रिक नीति
(Monetary Policy)

1. मौद्रिक नीति का अर्थ
(MEANING OF MONETARY POLICY)

मौद्रिक नीति[1] का अर्थ एक देश के केन्द्रीय बैंक द्वारा अपनाए गए साख नियंत्रण उपायों से है। **जोनसन** मौद्रिक नीति को इस प्रकार परिभाषित करता है: ''सामान्य आर्थिक नीति के उद्देश्यों को प्राप्त करने के लिए केन्द्रीय बैंक द्वारा मुद्रा की पूर्ति को नियंत्रित करने के औजार के रूप में यह नीति है।''[1] **जी. के. शा** इसे ''मुद्रा की मात्रा, प्राप्यता या लागत को परिवर्तित करने के लिए मौद्रिक प्राधिकारी द्वारा कोई सचेत कार्य किया गया,''[2] परिभाषित करता है।

2. मौद्रिक नीति के उद्देश्य
(OBJECTIVES OR GOALS OF MONETARY POLICY)

मौद्रिक नीति के मुख्य उद्देश्य इस प्रकार हैं।

1. पूर्ण रोजगार (Full Employment)—पूर्ण रोजगार को मौद्रिक नीति के प्रमुख उद्देश्यों में रखा गया है। यह एक महत्त्वपूर्ण उद्देश्य है क्योंकि बेरोजगारी से न केवल संभावित उत्पादन की हानि होती है बल्कि इससे सामाजिक प्रतिष्ठा और आत्मसम्मान की भी हानि होती है। इनके अतिरिक्त यह गरीबी को उत्पन्न करती है। इसलिए, पूर्ण रोजगार प्राप्त करना परम आवश्यक होता है।

2. कीमत स्थिरता (Price Stability)—कीमत स्तर में स्थिरता लाना मौद्रिक नीति का एक प्रमुख उद्देश्य हैं।

3. आर्थिक वृद्धि (Economic Growth)—हाल के वर्षों में मौद्रिक नीति के अत्यन्त महत्वपूर्ण उद्देश्यों मे से एक उद्देश्य यह रहा है कि अर्थव्यवस्था की तेजी से आर्थिक वृद्धि हो।

4. भुगतान शेष (Balance of Payments)—1950 के दशक से मौद्रिक-नीति का एक अन्य उद्देश्य यह रहा है कि भुगतान शेष संतुलन बनाए रखा जाए।

3. मौद्रिक नीति के उपकरण
(INSTRUMENTS OF MONETARY POLICY)

मौद्रिक नीति केन्द्रीय बैंक द्वारा अपनाए गए साख-नियंत्रण उपायों से सम्बन्ध रखती है। ये दो प्रकार के होते हैं : *(i)* मात्रात्मक (quantitative)— सामान्य अथवा अप्रत्यक्ष नियंत्रण; *(ii)* गुणात्मक (qualitative)—चयनात्मक अथवा प्रत्यक्ष नियंत्रण। प्रथम श्रेणी के अन्तर्गत बैंक दर में परिवर्तन खुले बाजार के प्रचालन तथा परिवर्तनशील आरक्षण आवश्यकताएं सम्मिलित रहती हैं। उनका उद्देश्य कमर्शियल बैंकों के माध्यम से अर्थव्यवस्था में साख के सम्पूर्ण स्तर का नियमन (regulate) करना है। इनमें

---

1. H. G. Johnson, *op. cit.*, p. 53.
2. G. K. Shaw, *An Introduction to the Theory of Macro-economic Policy*, p. 65 (1971).

परिवर्तनशील सीमा आवश्यकताएं तथा उपभोक्ता साख का नियमन शामिलरहते हैं।

(1) बैंक दर नीति (Bank Rate Policy)—बैंक दर, केन्द्रीय बैंक द्वारा उधार देने की वह न्यूनतम दर है जिस पर वह विनिमय की प्रथम श्रेणी हुण्डियों तथा कमर्शियल बैंक द्वारा धारित सरकारी प्रतिभूतियों को पुनः बट्टा (rediscount) करता है। जब केन्द्रीय बैंक देखता है कि अर्थव्यवस्था के भीतर स्फीतिकारी दबाव प्रकट होने शुरू हो गए हैं, तो वह बैंक-दर बढ़ा देता है। केन्द्रीय बैंक से उधार लेना महंगा हो जाता है और कमर्शियल बैंक उससे अपेक्षाकृत कम उधार लेंगे। कमर्शियल बैंक आगे व्यापारियों को उधार देने की अपनी दरें बढ़ा देते हैं। इस कारण उधार लेने वाले कमर्शियल बैंकों से कम उधार लेंगे। साख का संकुचन होता है और कीमतें और आगे बढ़ने से रुक जाती हैं। इसके विपरीत, जब कीमतें गिर जाती हैं, तो केन्द्रीय बैंक अपनी बैंक दर घटा देता है। कमर्शियल बैंकों को केन्द्रीय बैंक से उधार लेना सस्ता रहता है, तब कमर्शियल बैंक भी अपनी उधार देने की दरें घटा देते हैं। इससे व्यापारियों को अधिक उधार लेने को प्रोत्साहन मिलता है। निवेश को प्रोत्साहन मिलता है। उत्पादन, रोजगार, आय तथा मांग बढ़ना शुरू करती हैं और कीमतों का गिरना रुक जाता है।

(2) खुले बाजार के प्रचालन (Open Market Operations)—खुले बाजार के प्रचालन मुद्रा बाजार में केन्द्रीय बैंक द्वारा प्रतिभूतियों के क्रय-विक्रय से संबंध रखते हैं। जब कीमतें बढ़ने लगती हैं और उन्हें रोकने की जरूरत होती है तो केन्द्रीय बैंक प्रतिभूतियां बेचता है। कमर्शियल बैंकों के आरक्षण (reserve) घट जाते हैं और वे व्यापारी वर्ग को और उधार देने की स्थिति में नहीं रह जाते। आगे निवेश हतोत्साहित होता है और कीमतों में वृद्धि रुक जाती है। इसके विपरीत, जब अर्थव्यवस्था में सुस्ती (recession) की शक्तियां शुरू होती हैं, तो केन्द्रीय बैंक प्रतिभूतियां खरीदता है। कमर्शियल बैंकों के आरक्षण बढ़ जाते हैं। वे अधिक उधार देते हैं, निवेश, उत्पादन, रोजगार तथा मांग बढ़ जाती हैं और कीमतों का गिरना रुक जाता है।

(3) रिज़र्व अनुपातों में परिवर्तन (Changes in Reserve Ratios)—इस औजार का सुझाव केन्ज ने अपनी पुस्तक *Treatise of Money* में दिया था और संयुक्त राज्य अमरीका पहला देश था जिसने इसे मौद्रिक तरीके के रूप में अपनाया। कानून के अनुसार प्रत्येक बैंक को अपनी कुल जमा का कुछ प्रतिशत अपने तहखानों में रिजर्व कोष में और कुछ प्रतिशत केन्द्रीय बैंक के पास रखना पड़ता है। जब कीमतें बढ़ने लगती हैं तो केन्द्रीय बैंक रिजर्व अनुपात बढ़ा देता है। बैंकों को केन्द्रीय बैंक के पास अधिक राशि रखनी पड़ती है। उनके आरक्षण घट जाते हैं और वे कम उधार देते हैं। निवेश, उत्पादन तथा रोजगार की मात्रा पर प्रतिकूल प्रभाव पड़ता है। इसके विपरीत स्थिति में जब रिजर्व अनुपात घटाया जाता है, तो कमर्शियल बैंकों के आरक्षण बढ़ जाते हैं। वे अधिक उधार देते हैं और आर्थिक क्रिया पर अनुकूल प्रभाव पड़ता है।

(4) चयनात्मक साख नियन्त्रण (Selective Credit Control)—विशिष्ट उद्देश्यों से विशेष प्रकार की साख को प्रभावित करने के लिए चयनात्मक साख नियन्त्रण काम में लाये जाते हैं। अर्थव्यवस्था के भीतर सट्टा क्रियाओं को नियंत्रित करने के लिए वे सामान्यतः परिवर्तनशील सोमा आवश्यकताओं (changing margin requirements) का रूप ले लेते हैं। जब अर्थव्यवस्था में अथवा विशिष्ट क्षेत्रों में कुछ वस्तुओं में तेज सट्टा क्रिया होती है और कीमतें बढ़ना शुरू हो जाती हैं, तो केन्द्रीय बैंक उन पर सीमा आवश्यकता बढ़ा देता है। परिणाम यह होता है कि उधार लेने वालों को विशिष्ट प्रतिभूतियों पर ऋण के रूप में कम मुद्रा दी जाती है। उदाहरणार्थ, सीमा आवश्यकता को बढ़ा कर 60 प्रतिशत कर देने का अर्थ है कि 10,000 रु. मूल्य की प्रतिभूतियों के प्राधिदाता (pledger) को उनके मूल्य का 40 प्रतिशत (4,000 रु.) ऋण के रूप में दिया जाएगा। विशिष्ट क्षेत्रों में सुस्ती की स्थिति में, केन्द्रीय बैंक सीमा आवश्यकताएं घटाकर उधारग्रहण को प्रोत्साहन देता है।

निष्कर्ष (Conclusion)

प्रभावशाली विश्लेषणात्मक मौद्रिक नीति के लिए आवश्यक है कि बैंक दर, खुले बाजार के प्रचालन, रिजर्व अनुपात तथा विशिष्ट नियन्त्रण उपायों को एक ही साथ अपनाया जाए। परन्तु सभी मुद्रा सिद्धांतकारों ने स्वीकार किया है कि: *(i)* मन्दी में जब व्यापार विश्वास अपनी क्षीणतम दशा में होता है, तब मौद्रिक नीति की सफलता शून्य होती है; और *(ii)* स्फीति के विरुद्ध वह सफल रहती है। मुद्रावादियों

का कहना है कि राजकोषीय नीति के मुकाबले मौद्रिक नीति में अपेक्षाकृत अधिक लचीलापन होता है। उसे शीघ्र कार्यान्वित किया जा सकता है।

4. विस्तारक मौद्रिक नीति (EXPANSIONARY MONETARY POLICY)

विस्तारक (या **सस्ती**) मौद्रक नीति का उपयोग अवस्फीतिक अन्तराल (deflationary gap) या मंदी या सुस्ती (recession) से निकलने के लिए होता है। जब वस्तुओं और सेवाओं की उपभोक्ता मांग और निवेश वस्तुओं की व्यवसाय मांग में गिरावट आती है तो अवस्फीतिक अन्तराल प्रकट होता है। केन्द्रीय बैंक विस्तारक मौद्रिक नीति प्रारम्भ करता है जो साख बाजार की दशाओं को आसान बनाती है और समस्त मांग में ऊपर की ओर परिवर्तन लाती है। इस उद्देश्य के लिए, केन्द्रीय बैंक खुले बाजार में सरकारी प्रतिभूतियां खरीदता है, सदस्य बैंकों की रिज़र्व आवश्यकताएं कम करता है, बट्टा दर कम करता है तथा चयनात्मक साख उपायों द्वारा उपभोक्ता और व्यवसाय साख को प्रोत्साहित करता है। इस उपायों द्वारा यह मुद्रा बाजार में साख की उपलब्धता और लागत को कम करता है और अर्थव्यवस्था में सुधार लाता है।

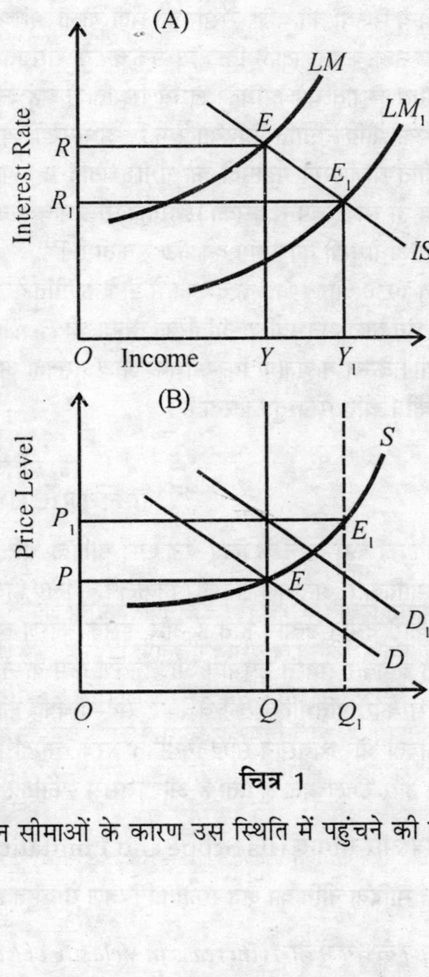

चित्र 1

विस्तारक मुद्रा नीति को चित्र 1 *(A)* और *(B)* द्वारा वर्णित किया गया है। जहां प्रारम्भिक सुस्ती संतुलन *R, Y, P* और *Q* पर है। चित्र के भाग *(A)* में ब्याज दर *OR* पर अर्थव्यवस्था में पहले से ही अतिरिक्त मुद्रा पूर्ति होती है। मान लीजिए केन्द्रीय बैंक की साख नीति के कारण अर्थव्यवस्था में मुद्रा पूर्ति मे वृद्धि होती है। यह *LM* वक्र को दाईं ओर LM_1 पर सरका देगी। यह आय को *OY* से OY_1 पर बढ़ाती है और समस्त मांग बढ़ती है तथा भाग *(B)* में मांग वक्र *D* ऊपर की ओर D_1 पर सरक जाता है। वस्तुओं और सेवाओं की मांग में वृद्धि के साथ, उत्पादन ऊँची कीमत स्तर OP_1 पर *OQ* से OQ_1 तक बढ़ता है। यदि विस्तारक मुद्रा नीति अच्छी तरह से काम करती है तो E_1 बिन्दु पर संतुलन पूर्ण रोजगार स्तर पर हो सकता है। किन्तु निम्न सीमाओं के कारण उस स्थिति में पहुंचने की संभावना नहीं होती है।

इसका क्षेत्र और सीमाएं (Its Scope and Limitations)

1930 और 1940 के दशकों के दौरान यह विश्वास किया जाता था कि तेजी और स्फीति को नियंत्रित करने की अपेक्षा मंदी में समुत्थान (recovery) को प्रोत्साहित करने में मौद्रिक नीति की सफलता बहुत ही सीमित होती थी। यह धारणा महामंदी के अनुभवों और **केन्ज** के *General Theory* के प्रकाशन से प्रकट हुई।

मुद्रावादियों का मत है कि केन्द्रीय बैंक मंदी के दौरान सस्ती मुद्रा नीति द्वारा कमर्शियल बैंकों के रिज़र्व बढ़ा सकता है। वह प्रतिभूतियों को खरीदकर और ब्याज दर घटाकर ऐसा कर सकता है। परिणामस्वरूप, उधार लेने वालों को साख सुविधाएं बढ़ाने से बैंकों की क्षमता बढ़ती है। किन्तु महामंदी का अनुभव हमें बताता है कि तीव्र मंदी में जब व्यवसायियों में निराशावादिता होती है तो व्यवहार में ऐसी नीति की सफलता शून्य होती है। ऐसी स्थिति में, बैंक पुनरुत्थान (revival) लाने में असहाय होते हैं। चूंकि व्यवसाय क्रिया

लगभग ठहराव की स्थिति में होती हैं इसलिए व्यवसायियों को मालसूचियां (inventories) बनाने के लिए उधार लेने की कोई प्रवृत्ति नहीं होती है, जबकि ब्याज दर बहुत कम होती है। बल्कि वे बैंकों से पहले की ली हुई अपनी मालसूचियों को ऋण लौटाकर घटाना चाहते हैं। इसके अतिरिक्त, दीर्घकालीन पूंजी जरूरतों के लिए उधार लेने का सवाल मंदी में नहीं उठता है, जब व्यवसाय क्रिया पहले ही बहुत निम्न स्तर पर होती है। उपभोक्ताओं के साथ भी वही स्थिति होती है जो घटी हुई आय और बेरोजगारी से जूझ रहे होते हैं। अतः वे बैंक ऋणों द्वारा कोई टिकाऊ वस्तु खरीदना पसन्द नहीं करते। इस प्रकार, सभी बैंक साख उपलब्ध करा सकते हैं लेकिन वे व्यवसायियों और उपभोक्ताओं को इसे स्वीकार करने के लिए बाध्य नहीं कर सकते। 1930 के दशक में, बहुत कम ब्याज दर और बैंकों के पास बिना उपयोग किये रिजर्वों की राशि, संसार की मंदी वाली अर्थव्यवस्थाओं पर कोई महत्त्वपूर्ण प्रभाव नहीं डाल पाये।

''यह नहीं कहा जाता है कि तीव्र संकुचन के समय में सस्ती मुद्रा नीति बिना लाभकारी प्रभाव के होगी, बल्कि इसका अधिकतर प्रभाव खराब स्थिति को अधिक खराब स्थिति में पहुंचने से रोकने में होगा। परन्तु अधोमुखी (downturn) व्यवसाय से जुड़ी प्रतिबंधात्मक मौद्रिक नीति निश्चित रूप से अधोमुखी व्यवसाय को और खराब बना देगी—इसका परम्परावादी उदाहरण 1931 का मौद्रिक नीति थी जिसने महामंदी को गंभीर बनाने में अपना योगदान दिया...। दूसरी ओर, यदि साख अनुकूल शर्तों पर आसानी से उपलब्ध है तो स्पष्ट रूप से इसका स्थिरताकारी प्रभाव होगा। व्यवसाय की तरलता आवश्यकताएं पूरी होने पर यह धीमी हो सकता है तथा शायद अधोमुखी की सीमा को घटा सकती है।''[1]

परन्तु 1930 और 1940 के दशकों में मौद्रिक नीति के पतन का क्या कारण था ? महामंदी के दौरान और उसके बाद की कष्टकारक एवं मोह-भंग वाले अनुभवों के अतिरिक्त **केन्ज** की *General Theory* आर्थिक स्थिरता के औज़ार के रूप में मौद्रिक नीति में पतन का कारण बनी। **केन्ज** ने बताया कि अधिक लोच तरलता अधिमान अनुसूची (तरलता जाल) तीव्र मंदी के समय में मौद्रिक नीति को असहाय की स्थिति में प्रस्तुत करता है।

5. प्रतिबंधात्मक मौद्रिक नीति (RESTRICTIVE MONETARY POLICY)

समस्त मांग को कम करने के लिए बनाई गई मौद्रिक नीति प्रतिबंधात्मक (या **महंगी**) मौद्रिक नीति के नाम से जानी जाती है। इसका उपयोग स्फीतिकारी अन्तराल से बाहर निकलने के लिए होता है। वस्तुओं और सेवाओं की उपभोक्ता मांग बढ़ने के कारण अर्थव्यवस्था में स्फीतिकारी दबाव उत्पन्न होते हैं और, इसके कारण व्यवसाय निवेश में तेजी (boom) भी आती है। बैंक साख की लागत और उपलब्धता बढ़ाकर समस्त उपभोग और निवेश कम करने के लिए केन्द्रीय बैंक प्रतिबंधात्मक मौद्रिक नीति प्रारम्भ करता है। खुला बाजार में सरकारी प्रतिभूतियों को बेचकर, सदस्य बैंकों की रिजर्व आवश्यकताएं बढ़ाकर, बट्टा दर बढ़ाकर, और चयनात्मक उपायों द्वारा उपभोक्ता और व्यवसाय साख नियंत्रित करके, केन्द्रीय बैंक ऐसा कर सकता है। इन उपायों द्वारा केन्द्रीय बैंक खुले बाजार में साख की लागत और उपलब्धता बढ़ाता है और जिससे स्फीतिकारी दबावों को नियंत्रित करता है।[2]

इसका क्षेत्र और सीमाएं (Its Scope and Limitations)

परन्तु मौद्रिक नीति का क्षेत्र स्फीति नियंत्रण में बहुत ही सीमित होता है। इसकी सीमाएं निम्न हैं:

1. मुद्रा के वेग में वृद्धि (Increase in Velocity of Money)—स्फीति को रोकने में मौद्रिक नीति की प्रभाविता की एक महत्त्वपूर्ण सीमा है—जनता द्वारा रखो मुद्रा के वेग में वृद्धि। केन्द्रीय बैंक महंगी मुद्रा की नीति द्वारा मुद्रा पूर्ति और मुद्रा की लागत को तो नियंत्रित कर सकता है परन्तु उसके पास ऐसी कोई ताकत नहीं जिससे वह मुद्रा के वेग को रोक सके। जनता अपने पास विद्यमान मुद्रा पूर्ति को प्रभावशाली ढंग से प्रयोग में ला सकती है जिसके परिणामस्वरूप प्रतिबंधात्मक मौद्रिक नीति असफल हो जाती है। अनेक तरीकों से ऐसा किया जा सकता है।

---

1. Edward Shapiro, *op, cit.*, p. 541.
2. प्रतिबंधात्मक मौद्रिक नीति को चित्र 49.1 में प्रारंभिक संतुलन R_1, Y_1, Q_1, और P_1 से शुरु करके विपरीत तर्कों द्वारा व्याख्या कीजिए।

(क) कमर्शियल बैंकों के निवेशसूची समायोजन (Commercial Bank Portfolio Adjustments)—जब प्रतिबंधात्मक मौद्रिक नीति चल रही होती है, तो कमर्शियल बैंक केन्द्रीय बैंक को सरकारी प्रतिभूतियां बेचकर उधार लेने वालों की कर्जे की मांग पूरी करते हैं। इस तरह की नीति बैंकों द्वारा प्रतिभूतियों के रूप में रखी जमाओं को सक्रिय जमाओं में केवल बदल देती है। बैंक की निवेशसूचियों में पड़ी सरकारी प्रतिभूतियों को कर्जों के स्थान पर स्थानापन्न कर दिया जाता है। परन्तु बैंकों की कुल जमाओं अथवा मुद्रा पूर्ति में कोई परिवर्तन नहीं होता। पर, इससे कुल व्यय बढ़ जात है, क्योंकि बैंक उधार लेने वालों को मुद्रा उधार देते हैं। इस प्रकार, केन्द्रीय बैंक की प्रतिबंधात्मक मुद्रा की नीति अप्रभावी बन जाती है।

फिर, जब बैंक केन्द्रीय बैंक को सरकारी प्रतिभूतियां बेचते हैं, तो बाजार में उनकी कीमतें गिर जाती हैं और उन पर ब्याज की दरें बढ़ जाती हैं। इससे बाजार में सामान्य ब्याज दर ढांचा बढ़ जाएगा। परन्तु प्रतिभूतियों की कीमतें गिरने से बैंकों को पूंजी हानियां होंगी और वे उन्हें उठाना नहीं चाहेंगे। यह इस बात पर निर्भर करता है कि क्या बैंक यह आशा रखते हैं कि प्रतिभूति कीमतों में हुई गिरावट (या ब्याज दर में वद्धि) अल्पकालिक है अथवा देर तक चलने वाली है। यदि बैंकों को यह आशा है कि प्रतिभूति कीमतों में हुई गिरावट थोड़े समय तक रहेगी तो वे उन्हें (प्रतिभूतियों को) पूंजी हानि पर बेचने की बजाय अपने पास रखना चाहेंगे। दूसरी ओर, यदि वे यह आशा रखते हैं कि प्रतिभूतियों की कीमतों में हुई गिरावट कुछ समय तक चलेगी तो वे ऊंची ब्याज दरों पर ग्राहकों को ऋण देने के लिए प्रतिभूतियां बेच देंगे और ऊंची ब्याज दरों पर ऋण देकर प्रतिभूतियों के विक्रय से हुई पूंजी–हानि को पूरा कर लेंगे। परन्तु जब एक बार कर्जों के लिए मांग दब जाएगी,तो बैंक सरकारी प्रतिभूतियों को उससे कम कीमत पर वापिस खरीद सकेंगे जिस पर उन्होंने वे प्रतिभूतियां बेची थीं, और पुनः इस सौदे में लाभ में रहेंगे। इस प्रकार, कमर्शियल बैंकों की निवेशसूची समायोजन की नीति, मंहगी मुद्रा की नीति के रहते भी, कुल मुद्रा पूर्ति का वेग बढ़ा देती है और परिणामस्वरूप महंगी मुद्रा की नीति अप्रभावी बनकर रह जाती है।

(ख) गैर–बैंक वित्तीय मध्यस्थों की भूमिका (Role of Non-Bank Financial Intermediaries)—NBFIs मौद्रिक नीति को मुद्रा पूर्ति नियंत्रित करने की क्षमता को दो तरह से रोकते हैं। *प्रथम,* वे कर्जे देने के लिए प्रतिभूतियां बेचते हैं और कमर्शियल बैंकों की भांति उसी तरह मुद्रा का वेग बढ़ाते हैं जिसकी ऊपर व्याख्या की जा चुकी है। *दूसरे,* महंगी मुद्रा की नीति के अन्तर्गत प्रतिभूतियों पर ज्यों–ज्यों ब्याज दरें बढ़ती हैं, त्यों–त्यों बचतकर्त्ताओं से अधिक कोष प्राप्त करने के लिए वित्तीय मध्यस्थ अपने पास जमाओं पर ब्याज दरें बढ़ाते जाते हैं। इससे बचतकर्त्ताओं को प्रोत्साहन मिलता है कि वे अपनी निष्क्रिय मुद्रा इन मध्यस्थों को दे देते हैं जिससे उनकी उधार देने की क्षमता शक्ति और बढ़ जाती है। इस प्रकार ये मध्यस्थ मुद्रा का वेग बढ़ाने में सफल होते हैं जिसके परिणामस्वरूप महंगी प्रतिबंधात्मक मौद्रिक नीति अक्षम बनकर रह जाती है।

(ग) उपलब्ध मुद्रा पूर्ति का बेहतर ढंग से प्रयोग करने के उपाय (Methods to Make Better Use of Available Money Supply)—निजी क्षेत्र ने उपलब्ध मुद्रा पूर्ति का बेहतर ढंग से प्रयोग करने के अनेक उपाय निकाल लिये हैं जो प्रतिबंधात्मक मौद्रिक नीति को अप्रभावी बना देते हैं। ऐसे कुछ तरीके हैं जैसे विक्रय वित्त कम्पनियों का निधियां संग्रह के बेहतर उपायों का विकास, कमर्शियल बैंकों की तुलना में *NBFIs* द्वारा जनता से अधिक ऊंची ब्याज–दरों पर कोष उधार लेना, आदि। कमर्शियल बैंकों के भिन्न स्रोतों से कोष प्राप्त करके, इस तरह की संस्थाएं प्रतिबंधात्मक मौद्रिक नीति के अन्तर्गत भी, मुद्रा की उपलब्ध पूर्ति का वेग बढ़ाने में सफल हो जाती हैं।

2. विभेदक (Discriminatory)—महंगी मौद्रिक नीति के अर्थव्यवस्था के विभिन्न क्षेत्रों पर विभेदक प्रभाव पड़ते हैं। यह कहा जाता है कि जो फर्में वित्त–व्यवस्था के आन्तरिक स्रोतों पर निर्भर करती हैं, उन पर प्रतिबन्धात्मक मौद्रिक नीति का कोई प्रभाव नहीं पड़ता। दूसरी ओर, केवल उन्हीं फर्मों पर प्रभाव पड़ता है जो निधियों के लिए बैंकिंग प्रणाली पर निर्भर करती हैं। विशेष रूप से, महंगी मौद्रिक नीति के संबंध में यह समझा जाता है कि वह व्यापारियों के विरुद्ध कार्य करती है, क्योंकि वे साख लागतों में परिवर्तनों के प्रति अत्यधिक संवेदनशील होते हैं जिसका कारण यह है कि वे साख जोखिम नहीं उठा सकते और आवासीय निर्माण तथा कुछ प्रकार के राज्य एवं स्थानीय सरकारी व्यय के विरुद्ध होते हैं। यह उनके व्यय को धीमा ही नहीं कर सकती बल्कि रोक भी सकती है।

3. साख बाजार पर खतरा (Threat to Credit Market)—यदि केन्द्रीय बैंक, साख बाजार को सख्ती से नियंत्रित करता है और निवेशक ब्याज दरों में निरन्तर वृद्धि की अपेक्षा रखते हैं तो यह साख बाजार के ऋण–योग्य कोषों को समाप्त कर सकता है। फलस्वरूप, प्रतिभूतियां बेची नहीं जा सकतीं और साख बाजार कार्यों को बन्द कर सकता है।

4. NBFIs की शोधन–क्षमता को खतरा (Threat to Solvency of NBFIs)—प्रबल प्रतिबंधात्मक मौद्रिक नीति तेजी से बढ़ती

ब्याज दरों के द्वारा बचत बैंकों और बचतों तथा ऋण संगठनों जैसे *NBFIs* की शोधन-क्षमता (solvency) पर खतरा पैदा कर सकती है। ऐसा इसलिए कि कमर्शियल बैंकों से भिन्न, वे अपने को तेजी से बढ़ती ब्याज दरों में संतुलित रखने की स्थिति में नहीं होते।

5. उधार लेने वालों और उधारदाताओं की प्रत्याशाओं का परिवर्तन (Changes of Expectations of Borrowers and Lenders)—बहुत मंहगी मौद्रिक नीति उधार लेने वालों और उधारदाताओं की प्रत्याशाओं को परिवर्तित कर सकती है। इसलिए वे साख बाजार स्थितियों में अपरिवर्तनीय परिवर्तन लाते हैं। ब्याज दरों में तीव्र वृद्धि प्रत्याशाओं को इतना परिवर्तित कर सकती है कि जब इस नीति को छोड़ भी दिया जाता है और एक विस्तारक मुद्रा नीति प्रारम्भ की जाती है तब भी उधारदाता ब्याज दरों में पुन: वृद्धि होने के पूर्वानुमान के कारण दीर्घकालीन ऋण देने के लिए अनिच्छुक हो सकते हैं। दूसरी ओर, उधार लेने वाले भविष्य में ब्याज दरों में वृद्धि होने के पूर्वानुमान के कारण दीर्घकालीन कोषों को उधार ले सकते हैं यद्यपि उन्हें इसकी तात्कालिक जरूरत नहीं होती।

6. समय पश्चताएं (Time Lags)—महंगी मौद्रिक नीति की प्रभाविता पर एक और महत्त्वपूर्ण सीमा यह है कि कार्यवाही की जरूरत और कार्यवाहियों का अभिज्ञान, निर्णय और प्रचालन में समय पश्चताएं रहती हैं। चूंकि मौद्रिक अधिकारी इन समय पश्चताओं के कारण समय पर प्रतिबंधात्मक मौद्रिक उपायों का पालन नहीं कर पाते इसलिए मौद्रिक नीति बहुत धीरे काम करती है। अत: स्फीति को नियंत्रित करने में यह अधिक प्रभावकारी नहीं होती।

6. विकासशील अर्थव्यवस्था में मौद्रिक नीति की भूमिका (ROLE OF MONETARY POLICY IN A DEVELOPING ECONOMY)

एक विकासशील अर्थव्यवस्था में मौद्रिक नीति साख की लागत तथा प्राप्यता को प्रभावित करके, स्फीति पर नियंत्रण करके तथा भुगतान शेष संतुलन को कायम रखकर आर्थिक वृद्धि की दर को बढ़ाने में महत्त्वपूर्ण काम करती है। अत:ऐसे देश में मौद्रिक नीति के मुख्य उद्देश्य स्फीति को नियंत्रित करने तथा कीमतों को स्थिर करने के लिए साख नियंत्रण करना, विनिमय दर को स्थिर करना, भुगतान शेष में संतुलन प्राप्त करना तथा आर्थिक विकास बढ़ाना है।

1. स्फीतिकारी दबावों को नियंत्रित करना (To Control Inflationary Pressures)—विकास की प्रक्रिया में उत्पन्न होने वाले स्फीतिकारी दबावों पर काबू पाने के लिए, मौद्रिक नीति को साख नियंत्रण के मात्रात्मक तथा गुणात्मक दोनों प्रकार के उपायों की आवश्यकता होती है। मौद्रिक नीति के उपकरणों में *खुले बाजार प्रचालन* (open market operations), अविकसित देशों में स्फीति को नियंत्रित करने में सफल नहीं हैं क्योंकि बिल मार्किट छोटा और अविकसित होता है। कमर्शियल बैंक लोचशील नकद-जमा (cash-deposit) अनुपात रखते हैं क्योंकि उन पर केन्द्रीय बैंक का पूर्ण नियंत्रण नहीं होता। वे अपनी सापेक्षतया कम ब्याज दरों के कारण सरकारी प्रतिभूतियों में भी निवेश करने के अनिच्छुक होते हैं। इसके अतिरिक्त, सरकारी प्रतिभूतियों में निवेश करने की बजाय वे अपने रिजर्वों को तरल रूप जैसे स्वर्ण, विदेशी मुद्रा और नकदी में रखना पसन्द करते हैं। कमर्शियल बैंक भी केन्द्रीय बैंक से उधार लेने या पुनर्बट्टा करते रहना नहीं चाहते।

बैंक दर नीति भी निम्न कारणों से ऐसे देशों में उतनी प्रभावकारी नहीं होती है : *(i)* बट्टे के बिलों की कमी; *(ii)* बिल मार्किट का संकुचित आकार; *(iii)* विशाल गैर-मौद्रीकृत क्षेत्र जहां वस्तु विनिमय होता है; *(iv)* देशी बैंकों का अस्तित्व जो केन्द्रीय बैंक के साथ बिलों का बट्टा नहीं करते हैं; *(v)* विशाल नकद रिजर्व रखने की कमर्शियल बैंकों की प्रवृत्ति; और *(vi)* विशाल असंगठित मुद्रा बाजार का होना।

मौद्रिक नीति के उपकरण के रूप में *परिवर्तनशील रिजर्व अनुपात* (variable reserve ratio) का उपयोग *LDCs* में बैंक दर नीति और खुले बाजार प्रचालनों की अपेक्षा अधिक प्रभावकारी होता है। चूंकि प्रतिभूतियों का बाजार बहुत छोटा है इसलिए खुले बाजार प्रचालन सफल नहीं हैं। परन्तु केन्द्रीय बैंक द्वारा परिवर्तनशील रिजर्व अनुपात में वृद्धि या कमी प्रतिभूतियों की कीमतों पर बिना विपरीत प्रभाव डाले कमर्शियल बैंकों के पास उपलब्ध नकदी को बढ़ाते या घटा देते हैं। पुन:, कमर्शियल बैंक विशाल नकद रिजर्व रखते हैं जो केन्द्रीय बैंक द्वारा घटाये नहीं जा सकते। परन्तु नकद रिजर्व अनुपात को बढ़ाने से बैंकों की तरलता घटती है। *LDCs* में परिवर्तनशील रिजर्व अनुपात के उपयोग की कुछ *सीमाएं* हैं : *प्रथम,* चूंकि गैर-बैंकिंग वित्तीय मध्यस्थ केन्द्रीय बैंक के पास जमाओं को नहीं रखते हैं इसलिए वे इससे प्रभावित नहीं होते। *द्वितीय,* वे बैंक जो अतिरिक्त तरलता नहीं रखते हैं, उनकी अपेक्षा जो इसे रखते हैं, अधिक प्रभावित होते हैं।

किन्तु साख के आवंटन को प्रभावित करने और फलस्वरूप निवेश की पद्धति को प्रभावित करने में मात्रात्मक उपायों की अपेक्षा *गुणात्मक साख नियंत्रण* (qualitative control measures) उपाय अधिक प्रभावकारी होते हैं। *LDCs* में कृषि, खादान, प्लांटेशन और उद्योग में उपलब्ध वैकल्पिक उत्पादकीय स्रोतों की अपेक्षा स्वर्ण, आभूषण, मालसूचियों, वास्तविक सम्पदा आदि में निवेश करने की प्रबल प्रवृत्ति पाई जाती है। ऐसे अनुत्पादकीय उद्देश्यों के लिए साख सुविधाओं को नियंत्रित तथा सीमित करने के लिए चयनात्मक साख नियंत्रण अधिक उपयुक्त होते हैं। वे खाद्यान्नों तथा कच्चे माल के विषय में सट्टा क्रियाओं को नियंत्रित करने में लाभदायक होते हैं। वे अर्थव्यवस्था में अनुभागीय स्फीतियों (sectional inflations) को रोकने में अधिक उपयोगी सिद्ध होते हैं। वे आयातकर्त्ताओं के लिए विदेशी मुद्रा के बराबर अग्रिम राशि में जमा करना अनिवार्य बनाकर आयात के लिए मांग में कटौती करते हैं। इसका यह प्रभाव भी पड़ता है कि बैंकों के आरक्षण घट जाते हैं यहां तक कि इस प्रक्रिया में उनके जमा केन्द्रीय बैंक को हस्तान्तरित हो जाते हैं। चयनात्मक साख नियंत्रण उपाय निश्चित प्रकार के जमानत, उपभोक्ता साख नियमन और साख की राशनिंग की बजाय सीमा आवश्यकताओं के परिवर्तन के रूप में हो सकते हैं।

2. कीमत स्थिरता प्राप्त करना (To achieve Price Stability)—कीमत स्थिरता प्राप्त करने के लिए मौद्रिक नीति एक महत्त्वपूर्ण औजार है। यह मुद्रा मांग तथा पूर्ति में समुचित समायोजन (adjustment) लाती है। इन दोनों में असंतुलन, कीमत स्तर में प्रतिबिम्बित हो जाएगा। मुद्रा पूर्ति में कमी वृद्धि को रोक देगी, जबकि इसकी अधिकता स्फीति लाएगी। जब अर्थव्यवस्था विकास की ओर अग्रसर होती है तो कृषि एवं औद्योगिक उत्पादन में वृद्धि से तथा गैर-मौद्रिक क्षेत्र के मौद्रिक क्षेत्र में धीरे-धीरे परिवर्तित होने से मुद्रा की मांग बढ़ती है। इससे लेन-देन तथा सट्टा उद्देश्य के लिए मुद्रा की मांग भी बढ़ेगी। इसलिए मौद्रिक अधिकारी को स्फीति रोकने के लिए तथा कीमतों में स्थिरता लाने के लिए मुद्रा की पूर्ति को मुद्रा की मांग के अनुपात से अधिक बढ़ाना पड़ेगा।

3. भुगतान-शेष घाटा कम करना (To Bridge BOP Deficit)—ब्याज दर नीति के रूप में मौद्रिक नीति *भुगतान शेष* के घाटे को पूरा करने के लिए बहुत महत्त्वपूर्ण कार्य करती है। विकास के नियोजित लक्ष्यों को पूरा करने के लिए विकासशील अर्थव्यवस्थाओं को गम्भीर भुगतान शेष की कठिनाईयों का सामना करना पड़ता है। विद्युत, सिंचाई, परिवहन आदि जैसा बुनियादी ढांचा स्थापित करने, तथा लोहा और इस्पात, उर्वरक, रसायन आदि प्रत्यक्षत: उत्पादकीय क्रियाओं के लिए ऐसे देशों को पूंजी उपकरण, मशीनरी, कच्चामाल, पुर्जे और उपस्कर आयात करने पड़ते हैं जिससे उनके निर्यात में वृद्धि होती है। परन्तु उनके निर्यात गतिहीन होते हैं और स्फीति के कारण निर्यात की कीमतें भी ऊंची होती हैं। परिणामस्वरूप, आयात और निर्यात में अन्तर उत्पन्न हो जाता है, जिससे भुगतान शेष असंतुलित हो जाता है। मौद्रिक नीति ऊंची ब्याज दर द्वारा भुगतान शेष के घाटे को कम करने में सहायक हो सकती है। ऊंची ब्याज दर निवेशों के अन्तर-प्रवाह को प्रोत्साहन देकर भुगतान शेष के अन्तर को कम करने में सहायक होती है।

4. ब्याज दर नीति (Interest Rate Policy)—एक विकासशील अर्थव्यवस्था के लिए ऊंची ब्याज दर नीति अधिक बचत को प्रोत्साहित करती है, बैंकिंग आदतें विकसित करती है तथा अर्थव्यवस्था के मुद्रीकरण को तीव्रता प्रदान करती है, जो पूंजी निर्माण और आर्थिक वृद्धि के लिए आवश्यक है। ऊंची ब्याज दर नीति स्फीति को दूर करने वाली भी है क्योंकि यह सट्टे तथा करेन्सियों के लिए उधार लेने और निवेश करने को हतोत्साहित करती है। फिर, यह नीति दुर्लभ पूंजी संसाधनों के आवंटन को अधिक उत्पादकीय स्रोतों में बढ़ावा देती है। कुछ अर्थशास्त्री ऐसे देशों में नीची ब्याज दर नीति के समर्थक हैं क्योंकि ऊंची ब्याज दरें निवेश में बाधक होती हैं परन्तु आनुभविक प्रमाण यह बताते हैं कि विकासशील देशों में व्यवसाय तथा उद्योग में निवेश ब्याज-बेलोच होते हैं क्योंकि निवेश की कुल लागत में ब्याज का बहुत कम अनुपात होता है। इन विपरीत मतों के बावजूद, मौद्रिक अधिकारी के लिए विभेदक (discriminatory) ब्याज दरों की नीति का अनुसरण करना उचित है। इस नीति के अनुसार, अनावश्यक तथा अनुत्पादकीय प्रयोगों के लिए ऊंची ब्याज दरें और उत्पादकीय प्रयोगों के लिए नीची ब्याज दरें होनी चाहिएं।

5. बैंकिंग और वित्तीय संस्थाएं स्थापित करना (To Create Banking and Financial Institutions)—*LDCs* में मौद्रिक नीति का एक उद्देश्य पूंजी निर्माण के लिए बचतों को जुटाने, प्रवाहित करने और प्रोत्साहित करने के लिए बैंकिंग और वित्तीय संस्थाओं की स्थापना तथा विकास करना होता है। मौद्रिक अधिकारी को ग्रामीण और शहरी क्षेत्रों में शाखा बैंकिंग की स्थापना को प्रोत्साहन देना चाहिए। ऐसी नीति गैर-मौद्रीकृति क्षेत्र के मुद्रीकरण में सहायक होगी और पूंजी निर्माण के लिए बचत और निवेश को प्रोत्साहित करेगी। यह मुद्रा और पूंजी बाजार को भी संगठित और विकसित करेगी। विकासोन्मुखी मौद्रिक नीति की सफलता के लिए ये आवश्यक हैं, जिसमें ऋण प्रबन्धन भी शामिल है।

ऋण प्रबन्धन (Debt-Management)—एक विकासशील देश में सार्वजनिक ऋण का प्रबन्धन करना मौद्रिक नीति के महत्त्वपूर्ण कार्यों में से एक है। इसका लक्ष्य है सरकारी बांडों का उचित समय पर जारी करना, उनकी कीमतों को स्थिर करना और सार्वजनिक ऋण की सेवा लागत को न्यूनतम बनाना। ऋण-प्रबन्धन का प्रधान लक्ष्य ऐसी स्थितियों को उत्पन्न करना है जिनमें सार्वजनिक ऋण वर्ष-प्रतिवर्ष बढ़ता जाय। ऐसे देशों में सार्वजनिक ऋण मुद्रा पूर्ति को नियंत्रित करने और विकास प्रोग्रामों को वित्त प्रदान करने के लिए आवश्यक होता है। किन्तु सार्वजनिक ऋण अवश्य ही सस्ती दरों पर होना चाहिए। निम्न ब्याज दर सरकारी बांडों की कीमतें बढ़ाती है और उन्हें लोगों के लिए अधिक आकर्षक बनाती है। वे ऋण का भार भी कम महसूस करते हैं।

निष्कर्ष (Conclusion)—इस प्रकार समुचित मौद्रिक नीति, जैसी कि ऊपर बताई गई है, स्फीति को नियंत्रित करने, भुगतान शेष अन्तराल कम करने, पूंजी-निर्माण को प्रोत्साहित करने तथा आर्थिक वृद्धि को बढ़ाने में सहायक होती है।

LDCs में मौद्रिक नीति की सीमाएं (Limitations of Monetary Policy in LDCs)

विकासशील देशों का अनुभव यह बतलाता है कि मौद्रिक नीति की ऐसे देशों में सीमित भूमिका होती है। इसके निम्नलिखित कारण हैं:

1. विशाल गैर-मुद्रीकृत क्षेत्र (Large Non-monetized Sector)—ऐसे देशों में एक विशाल गैर-मुद्रीकृत क्षेत्र होता है जो मौद्रिक नीति की सफलता में बाधक होता है। अधिकतर लोग ग्रामीण क्षेत्रों में निवास करते हैं जहां वस्तु-विनिमय प्रणाली का प्रचलन होता है। परिणामस्वरूप, मौद्रिक नीति अर्थव्यवस्था के विस्तृत भाग को प्रभावित करने में असफल होती है।

2. अविकसित मुद्रा और पूंजी बाजार (Undeveloped Money and Capital Markets)—मुद्रा और पूंजी बाजार अविकसित होते हैं। इन बाजारों में बिलों, स्टॉकों एवं शेयरों का अभाव होता है जो मौद्रिक नीति की सफलता को सीमित करते हैं।

3. बहुसंख्यक *NBFIs (Large Number of NBFIs)*—ऐसे देशों में देशीय बैंकरों जैसे गैर-बैंक वित्तीय मध्यस्थ बड़े पैमाने पर कार्य करते हैं, परन्तु ये मौद्रिक अधिकारी के नियंत्रण के अन्तर्गत नहीं आते हैं। इस कारण भी ऐसे देशों में मौद्रिक नीति की प्रभाविता सीमित हो जाती है।

4. अधिक तरलता (High Liquidity)—कमर्शियल बैंकों के पास अधिक तरलता पाई जाती है जिससे वे केन्द्रीय बैंक की साख नीति द्वारा प्रभावित नहीं होते। यह भी मौद्रिक नीति को कम प्रभावशील बनाता है।

5. विदेशी बैंक (Foreign Banks)—लगभग सभी विकासशील देशों में विदेशी कमर्शियल बैंक विद्यमान होते हैं। वे भी विदेशी परिसम्पत्तियां बेचकर तथा अपने मुख्य कार्यालयों से मुद्रा निकालकर मौद्रिक नीति को कम प्रभावशील बना देते हैं, जबकि देश का केन्द्रीय बैंक महंगी मुद्रा नीति का अनुसरण कर रहा होता है।

6. कम बैंक मुद्रा (Less Bank Money)—ऐसे देशों में मौद्रिक नीति इसलिए भी सफल नहीं होती क्योंकि बैंक-मुद्रा देश में कुल मुद्रा पूर्ति का एक छोटा-सा अनुपात होती है। जिसके परिणामस्वरूप, केन्द्रीय बैंक प्रभावशाली रूप से साख नियंत्रण करने में असमर्थ होता है।

7. बैकों में मुद्रा जमा नहीं (Money not Deposited with Banks)—समृद्ध लोग बैंकों में मुद्रा जमा नहीं करवाते परन्तु उसे आभूषण, स्वर्ण, वास्तविक सम्पदा, सट्टे, प्रदर्शनकारी उपभोग आदि पर प्रयोग करते हैं। ऐसी क्रियाएं स्फीतिकारी दबावों को प्रोत्साहित करती हैं, क्योंकि ये मौद्रिक अधिकारी के नियंत्रण में नहीं आती हैं।

एक विकासशील देश में मौद्रिक नीति की इन सीमाओं के कारण, अर्थशास्त्री इसके साथ-साथ राजकोषीय नीति के प्रयोग का भी समर्थन करते हैं।

प्रश्न

1. मौद्रिक नीति के मुख्य उद्देश्यों की व्याख्या कीजिए।
2. मौद्रिक नीति के प्रमुख उपकरणों की व्याख्या कीजिए। उनकी क्या सीमाएं हैं ?
3. स्फीति को नियंत्रित करने में मौद्रिक नीति की प्रभाविता की आलोचनात्मक विवेचना कीजिए।
4. विकासशील अर्थव्यवस्था में मौद्रिक नीति की भूमिका की विवेचना कीजिए।
5. सस्ती और महंगी मौद्रिक नीति में भेद कीजिए। उनकी सापेक्षिक प्रभाविता की व्याख्या कीजिए।

अध्याय 53

राजकोषीय नीति

(Fiscal Policy)

1. अर्थ
(MEANING)

राजकोषीय नीति से अभिप्राय स्थिरीकरण या वृद्धि के लिए सरकार द्वारा कराधान और सार्वजनिक व्यय का प्रयोग है। ''राजकोषीय नीति से हम सरकार के उन कार्यों का उल्लेख करते हैं जो सरकार की प्राप्तियों तथा व्ययों को प्रभावित करते हैं जिन्हें हम सामान्य रूप से सरकार की शुद्ध प्राप्तियां, उसके आधिक्य अथवा घाटे द्वारा मापित मान लेते हैं।'' (By fiscal policy we refer to government actions affecting its receipts and expenditures which we ordinarily take as measured by the government's net receipts, its surplus or deficit)[1] निजी उपभोग तथा निवेश में अवांछनीय (undesirable) परिवर्तनों को सरकार सार्वजनिक व्ययों तथा करों के प्रति-चक्रीय (anti-cyclical) परिवर्तनों द्वारा संतुलित कर सकती है। *आर्थर स्मिथीज* ने राजकोषीय नीति को इस प्रकार परिभाषित किया है, ''यह ऐसी नीति है जिसके अन्तर्गत सरकार अपने व्यय तथा राजस्व कार्यक्रमों को राष्ट्रीय आय, उत्पादन तथा रोजगार पर अपेक्षित प्रभाव उत्पन्न करने और अनपेक्षित प्रभाव रोकने के लिए प्रयोग करती है।'' (A policy under which the government uses its expenditure and revenue programmes to produce desirable effects and avoid undesirable effects on the national income, production and employment.) यद्यपि राजकोषीय नीति का अन्तिम लक्ष्य अर्थव्यवस्था का दीर्घकालीन स्थिरीकरण है, फिर भी यह लक्ष्य केवल अल्पकालीन आर्थिक उतार-चढ़ावों को संभालने से ही पूरा हो सकता है। इस प्रसंग में *ओट्टो एक्स्टीन* ने राजकोषीय नीति को यों परिभाषित किया है कि यह ''करों तथा व्ययों में परिवर्तन है जिनका लक्ष्य पूर्ण रोजगार तथा कीमत-स्तर स्थिरता के अल्पकालीन उद्देश्यों को पूरा करना है।'' (This refers to "changes in taxes and expenditures which aim at short-run goals of full employment and price-level stability.")[2]

2. राजकोषीय नीति के उद्देश्य[3]
(OBJECTIVES OF FISCAL POLICY)

राजकोषीय नीति के निम्न उद्देश्य हैं :

1. पूर्ण रोजगार प्राप्त और कायम करना।
2. कीमत स्तर को स्थिर करना।
3. अर्थव्यवस्था की वृद्धि दर को स्थिर करना।

---

1. J.M. Culberston, *Macro-economic Theory and Stabilization Policy*, 1968.
2. O. Eckstein, *Public Finance*, (2nd ed.), 1967.
3. विस्तार के लिए मौद्रिक नीति के उद्देश्यों का अध्ययन करिए और राजकोषीय नीति के संदर्भ में व्याख्या कीजिए।

4. भुगतान शेष में संतुलन कायम करना।

5. अल्पविकसित देशों के आर्थिक विकास को बढ़ाना।

3. राजकोषीय नीति के औजार (INSTRUMENTS OF FISCAL POLICY)

सरकारी व्यय तथा कराधान में परिवर्तन के माध्यम से राजकोषीय नीति प्रबलरूप से राष्ट्रीय आय, रोजगार, उत्पादन तथा कीमतों को प्रभावित करती है। मंदी के दौरान सार्वजनिक व्यय में वृद्धि वस्तुओं तथा सेवाओं के लिए कुल मांग को बढ़ाती है और गुणक प्रक्रिया के मार्ग से आय में बड़ी वृद्धि करती है, जबकि करों में कमी का प्रभाव यह होता है कि प्रयोज्य आय बढ़ती है जिसके परिणामस्वरूप लोगों के उपभोग तथा निवेश व्यय बढ़ जाते हैं। दूसरी ओर, स्फीति के दौरान सार्वजनिक व्यय में होने वाली कमी कुल मांग, राष्ट्रीय आय, रोजगार, उत्पादन तथा कीमतों को घटा देती है, जबकि करों में वृद्धि प्रयोज्य (disposable) आय को घटाती है और परिणामस्वरूप उपभोग तथा निवेश व्ययों को कम कर देती है। इस प्रकार व्यय तथा कराधान कार्यक्रमों के युक्तियुक्त संयोग द्वारा सरकार अर्थव्यवस्था में अवस्फीतिकारी तथा स्फीतिकारी दबावों को नियंत्रित कर सकती है। अब हम राजकोषीय नीति के विविध साधनों की चर्चा करेंगे।

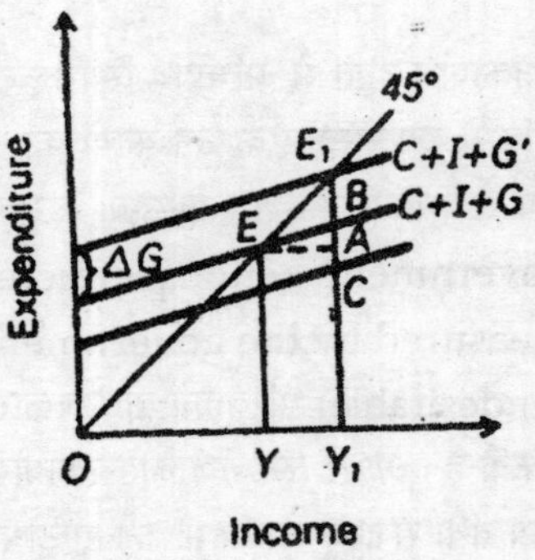

चित्र 1

1. बजट नीति (Budgetary Policy)—प्रति-चक्रीय राजकोषीय नीति (Contra-cyclical Fiscal Policy)

बजट राजकोषीय नीति का एक प्रमुख साधन है। बजट नीति सरकार की प्राप्तियों तथा व्ययों के परिमाण तथा संबंध पर नियंत्रण करती है। हम आगे उन सामान्य बजट नीतियों की चर्चा करते हैं, जो अर्थव्यवस्था को स्थिर बनाने के लिए अपनाई जा सकती है—

(i) बजट घाटा (Budget deficit)—मंदी में राजकोषीय नीति (Fiscal Policy under Depression)—घाटे का बजट मंदी पर काबू पाने का महत्वपूर्ण उपाय है। जब सरकारी व्यय उसकी प्राप्तियों से बढ़ जाता है तो राष्ट्रीय आय की धारा में उनसे अधिक मात्राएं डाली जाती हैं जितनी कि उससे निकाली जाती हैं। घाटा सरकार के शुद्ध (net) व्यय को व्यक्त करता है, जो राष्ट्रीय आय को शुद्ध व्यय का गुणक गुणा (multiplier times) बढ़ाती है। यदि MPC 2/3 है तो गुणक 3 होगा, और यदि सरकारी व्यय में 100 करोड़ रु. की शुद्ध वृद्धि होती है, तो वह राष्ट्रीय आय को बढ़ाकर 300 करोड़ रु. (100 × 3) पर पहुंचा देगी। इस प्रकार बजट-घाटा कुल मांग पर विस्तारक प्रभाव (expansionary effect) डालता है, भले ही राजकोषीय प्रक्रिया से सीमान्त प्रवृत्तियाँ अपरिवर्तित रहें अथवा प्रयोज्य प्राप्तियों का पुनर्वितरण हो।[1] बजट घाटे का विस्तारक प्रभाव चित्र 1 में आरेखीय रूप से दिखाया गया है। C उपभोग फलन है। $C+I+G$, बजट प्रस्तुत करने से पहले उपभोग, निवेश तथा सरकारी व्यय (कुल व्यय फलन) को व्यक्त करता है। मानलीजिए कि अर्थव्यवस्था में सरकारी व्यय G बढ़ाया जाता है। परिणामस्वरूप कुल व्यय फलन ऊपर की ओर सरक कर $C+I+G'$ पर पहुंच जाता है। आय OY से बढ़कर OY_1 हो जाती है, जबकि संतुलन स्थिति E से E_1 पर चली जाती है। सरकारी व्यय में वृद्धि E_1B $(= \Delta G)$ की अपेक्षा आय में वृद्धि $YY_1 + EA = E_1A$ अधिक है। BA

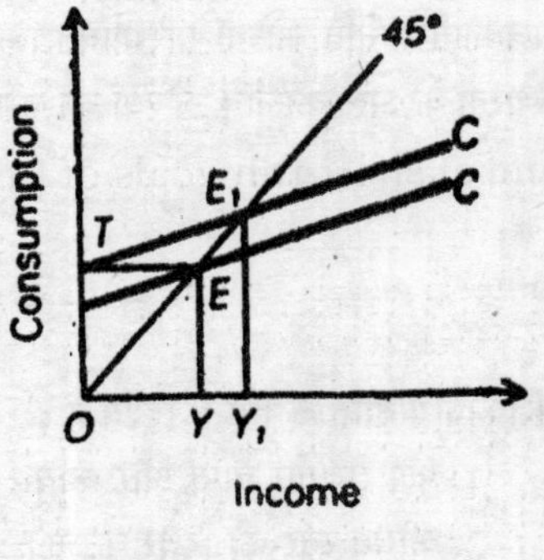

चित्र 2

1. P.E. Taylor, *The Economics of Public Finance* (3rd ed.), 1961.

$(E_1A - E_1B)$ उपभोग में वृद्धि को व्यक्त करता है। इस प्रकार बजट घाटा हमेशा विस्तारक होता है क्योंकि वास्तविक सरकारी व्यय को मात्रा की अपेक्षा राष्ट्रीय आय में अधिक वृद्धि होती है। बजट घाटे के इस तरीके में करों को ज्यों-का-त्यों रखा जाता है।

बजट घाटा करों में कमी करके और बिना सरकारी व्यय में कमी किए भी प्राप्त किया जा सकता है। करों में कमी लोगों के हाथों में अपेक्षाकृत अधिक प्रयोज्य आय छोड़ देती है और इस प्रकार बढ़े हुए उपभोग व्यय को प्रेरित करती है। इसके परिणामस्वरूप आगे कुल मांग, उत्पादन आय तथा रोजगार में वृद्धि करती है। इसे चित्र 2 में स्पष्ट किया गया है, जहाँ C मूल उपभोग फलन है। मानलीजिए कि कर में ET मात्रा घटा दी जाती है। इससे उपभोग फलन ऊपर की ओर सरक C' पर पहुंच जाएगा और OY से बढ़कर आय OY_1 हो जाएगी।

पर, करों में कमी बढ़े हुए उपभोग व्यय के मार्ग से बहुत विस्तारक नहीं होती, क्योंकि हो सकता है कि कर-राहत को उपभोग पर न व्यय किया जाए और उसे बचा लिया जाए। यदि व्यापार प्रत्याशाएं नीची हों, तो हो सकता है कि व्यापारी भी अधिक निवेश न करें। इस तरह के खतरों से बचने के लिए सरकार को चाहिए कि वह करों में कमी के साथ बढ़े हुए सरकारी व्यय की नीति का अनुसरण करे। इसका गुणक प्रभाव उस अवस्था में कहीं अधिक होगा, जब हम यह भी मान लें कि कर-राहत के कारण कुछ उपभोग तथा निवेश व्यय भी बढ़ते हैं।

(ii) बचत का बजट (Surplus budget)—तेजी में राजकोषीय नीति (Fiscal policy under boom)—बजट में बचत तब होती है, जब सरकारी व्यय राजस्व से बढ़ जाते हैं। अर्थव्यवस्था के भीतर स्फीतिकारी दबावों पर नियंत्रण करने के लिए बचत के बजट की नीति का अनुसरण किया जाता है। यह कराधान में वृद्धि अथवा सरकारी व्यय में कमी करने अथवा दोनों के माध्यम से हो सकता है। इससे आय तथा कुल मांग में कमी होगी, जो (कमी) कि बढ़े हुए करों के परिणामस्वरूप सरकारी अथवा/तथा निजी उपभोग व्यय में कमी का गुणक गुणा (multiplier times) के बराबर होगी। इसे चित्र 1 की सहायता से स्पष्ट किया जा सकता है, जहां अर्थव्यवस्था E_1 पर प्रारम्भिक संतुलन स्थिति में है। मानलीजिए कि सरकारी व्यय में ΔG मात्रा में कमी हो जाती है जिससे कुल व्यय फलन नीचे की ओर सरक कर $C+I+G$ पर आ जाता है। जब E नई संतुलन स्थिति है जो बताती है कि सरकारी व्यय में E_1B की कमी हो जाने के परिणामस्वरूप आय OY_1 से गिरकर OY हो गई है। आय में होने वाली कमी $Y_1Y = AE > E_1B$ जो व्यय में कमी हुई है, क्योंकि उपभोग में भी BA की कमी हो गई है।

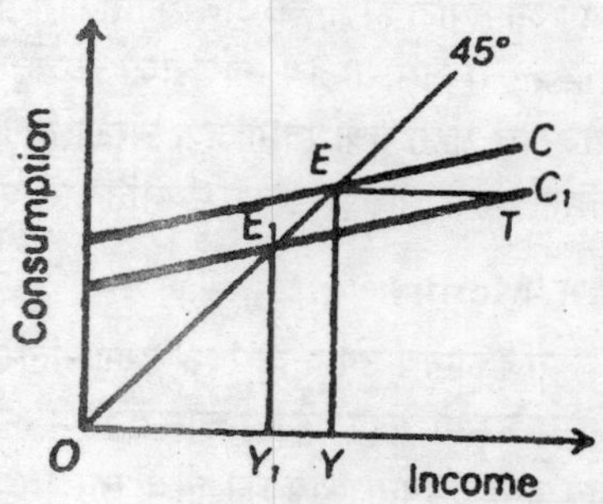

चित्र 3

जब करों में वृद्धि की जाती है तो सरकारी व्यय के रहते हुए भी बचत का बजट हो सकता है। बढ़े हुए कर लोगों की प्रायोज्य आय को घटाते हैं और उपभोग व्यय में कमी को प्रोत्साहन देते हैं। परिणाम यह होता है कि कुल मांग, उत्पादन, आय तथा रोजगार में कमी होती है। इसे चित्र 3 में स्पष्ट किया गया है। कर लगाने से पहले C उपभोग फलन है। मान लीजिए कि ET के बराबर कर लगाया गया है तो उपभोग फलन नीचे की ओर सरक कर C_1 पर आ जाता है। नई संतुलन स्थिति E_1 है। परिणामत: आय OY से गिरकर OY_1 हो जाती है।

(iii) संतुलित बजट गुणक (Balanced Budget Multiplier)—एक अन्य विस्तारवादी राजकोषीय नीति है—संतुलित बजट। इस नीति में करों में वृद्धि तथा सरकारी व्यय में वृद्धि की मात्रा समान होती है। इसका परिणाम यह होता है कि शुद्ध राष्ट्रीय आय बढ़ती है। इसका कारण यह है कि कर लगाने के कारण उपभोग में कमी सरकारी व्यय के बराबर नहीं होती है।[1]

2. क्षतिपूरक राजकोषीय नीति (Compensatory Fiscal Policy)

क्षतिपूरक राजकोषीय नीति का लक्ष्य, सार्वजनिक व्ययों तथा करों का जोड़-तोड़ करके, स्फीति तथा अवस्फीति के प्रति चिरकालिक प्रवृत्तियों के विरुद्ध अर्थव्यवस्था की क्षतिपूर्ति करना है। इसलिए, इसके लिए आवश्यक हो जाता है, कि किसी निश्चित समय पर सदा के लिए उपायों की बजाय दीर्घकाल पर्यन्त राजकोषीय उपाय अपनाएं जाएं। जब अर्थव्यवस्था में अवस्फीतिकारी प्रवृत्तियाँ

1. संतुलित बजट गुणक के लिए लेखक की पुस्तक समष्टि अर्थशास्त्र देखिए।

हों तो सरकार को चाहिए कि घाटे के बजट तथा करों में कमी के माध्यम से अपने व्यय घटाए। निजी निवेश में कमी की क्षतिपूर्ति के लिए तथा अर्थव्यवस्था के भीतर प्रभावी मांग, रोजगार, उत्पादन और आय बढ़ाने के लिए ऐसा करना आवश्यक है। दूसरी ओर, जब स्फीतिकारी प्रवृत्तियाँ हों तो सरकार को चाहिए कि बचत का बजट बनाकर और करों को बढ़ाकर अपने व्यय घटाए ताकि पूर्ण रोजगार स्तर पर अर्थव्यवस्था स्थिर बनाई जा सके। क्षतिपूरक राजकोषीय नीति के दो मार्ग हैं: (i) आभ्यंतरिक स्थिरीकारक (Built-in Stabilisers); और (ii) स्वनिर्णयात्मक कार्य (discretionary action)।

(1) आभ्यंतरिक स्थिरीकारक (Built-in Stabilisers)—आभ्यंतरिक या स्थिरीकारक का अर्थ होता है सरकार की ओर से किसी योजना के बिना अर्थव्यवस्था के भीतर चक्रीय उतार-चढ़ावों की प्रतिक्रिया में व्ययों तथा करों का अपने आप समायोजन होना। इस व्यवस्था के अन्तर्गत बजट में अपने-आप परिवर्तन होते हैं, इसीलिए इसे स्वचालित स्थिरीकरण की तकनीक भी कहा जाता है। विविध स्वचालित (automatic) स्थिरीकारक ये हैं—निगमित लाभ कर, आय कर, उत्पादन कर, वृद्धावस्था, उत्तरजीवी (survivors) तथा बेरोजगारी, बीमा और बेरोजगारी राहत भुगतान। स्वचालित स्थिरीकरण के साधनों के रूप में कर तथा व्यय राष्ट्रीय आय से संबद्ध हैं। कर-दरों का अपरिवर्तित ढांचा दिया होने पर, कर प्राप्तियाँ, राष्ट्रीय आय में गतियों के साथ, सीधे तौर से परिवर्तित करती हैं, जबकि सरकारी व्यय राष्ट्रीय आय में परिवर्तनों के साथ *उलट* तौर से बदलते हैं। व्यापार-चक्र की अधोगामी अवस्था (downward phase) में जब राष्ट्रीय आय गिरती है तो कर, जो राष्ट्रीय आय की प्रतिशतता पर आधारित हैं, अपने आप घट जाते हैं और परिणामस्वरूप कर-आय कम हो जाती है। इसके साथ, बेरोजगारी राहत तथा सामाजिक सुरक्षा हितों पर सरकारी व्यय अपने आप बढ़ जाते हैं। बजट में अपने आप घाटा होगा, जो अवस्फीतिकारी प्रवृत्तियों की रोकथाम करेगा। दूसरी ओर, व्यापार-चक्र की ऊर्ध्वगामी अवस्था (upward phase) में जब राष्ट्रीय आय तेजी से बढ़ती है, तो कर-दरों में वृद्धि होने पर कर-प्राप्ति अपने आप बढ़ जाएगी। साथ-ही-साथ, बेरोजगारी राहत तथा सामाजिक सुरक्षा हितों पर सरकारी व्यय अपने आप घट जाएंगे। ये दोनों शक्तियाँ अपने आप बचत का बजट निर्मित करेंगी और इस प्रकार स्फीतिकारी प्रवृत्तियाँ अपने आप नियन्त्रित हो जाएंगी।

लाभ (Merits)

राजकोषीय उपाय के रूप में आभ्यंतरिक स्थिरीकारकों के कई लाभ हैं। *प्रथम,* जब निजी क्रय- शक्ति गिरती है तो आभ्यंतरिक स्थिरक उसके लिए गद्दे का काम करते हैं और अवस्फीतिकारी अवधि के दौरान लोगों की कठिनाईयों को कम करते हैं। *दूसरे,* वे राष्ट्रीय आय तथा उपभोग व्यय को नीचे स्तर पर गिरने से रोकते हैं। *तीसरे,* इस उपाय में बजटीय परिवर्तन स्वचालित होते रहते हैं और प्रशासनिक निर्णय लेने में देर नहीं होती। *चौथे,* राजकोषीय उपायों के गलत पूर्वानुमान तथा समय की गलतियों को स्वचालित स्थिरक न्यूनतम बना देते हैं। *अन्तिम,* वे अल्पकालीन तथा दीर्घकालीन राजकोषीय नीतियों का एकीकरण करते हैं।

सीमाएँ (Limitations)

पर स्वचालित क्षतिपूरक उपाय के रूप में आभ्यंतरिक स्थिरीकारक की प्रभावशीलता कर-प्राप्तियों की लोच, करों के स्तर तथा सार्वजनिक व्ययों के लचीलेपन पर निर्भर करती है। कर-प्राप्तियों की लोच जितनी अधिक होगी, स्फीतिकारी तथा अवस्फीतिकारी प्रवृत्तियों को नियन्त्रित करने में स्वचालित स्थिरक उतने ही अधिक प्रभावशाली होंगे। परन्तु कर-प्राप्तियों की लोच इतनी अधिक नहीं होती कि अमरीका जैसे उन्नत देशों में भी यह स्वचालित स्थिरक का काम कर सके। *दूसरे,* जब करों का स्तर नीचा हो तो अधोगति (downswing) के दौरान स्वचालित स्थिरक के रूप में कर-प्राप्तियों की ऊंची लोच भी बहुत महत्व नहीं रखती। *तीसरे,* आभ्यंतरिक स्थिरीकारक कर देने के बाद, व्यापार-आय पर स्थिरकों के और व्यापार-प्रत्याशाओं पर उपभोग व्यय के द्वितीयक प्रभावों पर नहीं विचार करते। *चौथे,* यह उपाय स्थानीय निकायों, राज्य सरकारों तथा अर्थव्यवस्था के निजी क्षेत्र के स्थिरीकारी प्रभाव के संबंध में मौन रहती है। *पांचवे,* वे व्यापार-चक्रों को समाप्त नहीं कर सकते हैं। वे केवल उनकी उग्रता को कम कर सकते हैं। *छठे,* उनके सुस्ती से पुनरुत्थान (recovery) के दौरान प्रभाव अनुकूल नहीं होते हैं। इसलिए अर्थशास्त्रियों ने सुझाव दिया है कि राजकोषीय नीति की स्वनिर्णयात्मक राजकोषीय नीति से आभ्यंतरिक स्थिरकों को अनुपूर्ति की जाए।

3. स्वनिर्णयात्मक राजकोषीय नीति (Discretionary Fiscal Policy)

स्वनिर्णयात्मक राजकोषीय नीति के लिए बजट में ऐसे कार्यों द्वारा ऐसे सोच-समझकर परिवर्तन लाने की आवश्यकता होती है जैसे कर-दरों अथवा सरकारी-व्यय अथवा दोनों में परिवर्तन करना। यह सामान्य तौर से तीन रूप लेता है: (i) करों में परिवर्तन, जबकि व्यय

स्थिर रहता है; (ii) व्यय में परिवर्तन, जबकि कर स्थिर रहते हैं; (iii) व्यय तथा कर दोनों में एक साथ परिवर्तन।

प्रथम, जब करों में कटौती की जाती है जबकि सरकारी व्यय में कोई परिवर्तन नहीं किया जाता, तो इससे व्यापारिक और घरेलू क्षेत्र की प्रयोज्य आय में वृद्धि होती है। इससे निजी व्यय बढ़ता है। परन्तु आय में वृद्धि इस बात पर निर्भर करती है कि किसके करों में और कहां तक कटौती होती है और क्या करदाता कटौती को स्थायी या अस्थायी समझते हैं। यदि करों में कटौती से लाभ प्राप्त करने वाले उच्च मध्यम आय वर्ग के हैं तो समस्त मांग में अधिक वृद्धि होगी। यदि इसका सम्बन्ध निम्न आय वर्ग से है तो उनकी समस्त मांग में अधिक वृद्धि नहीं होगी। यदि व्यापारियों के पास निवेश करने की कोई प्रेरणा नहीं है तो करों में कटौती उन्हें निवेश करने के लिए प्रेरित नहीं करेगी। अन्त में, यदि करदाता करों में कटौती को अस्थायी मानते हैं तो यह नीति कम प्रभावशाली होगी। इसलिए यह नीति करों में वृद्धि करके स्फीति को रोकने में अधिक प्रभावशाली है क्योंकि करों की उच्च दरों से व्यक्तियों और व्यवसायियों की प्रयोज्य आय में कमी होगी, जिससे समस्त मांग में कमी होगी। *दूसरा,* अवस्फीतिकारी प्रवृत्तियों को रोकने के लिए दूसरा तरीका अधिक उपयोगी है। कर दरों के अपरिवर्तित रहते हुए यदि सरकार वस्तुओं और सेवाओं पर अपना व्यय बढ़ा देती है तो समस्त मांग सरकारी व्यय में वृद्धि की पूर्ण राशि के बराबर बढ़ती है। दूसरी ओर, यदि सरकारी व्यय को स्फीति के दौरान कम कर दिया जाए तो यह अधिक प्रभावशाली नहीं होता, क्योंकि अर्थव्यवस्था की व्यवसायिक प्रत्याशाएँ उच्च-व्यापार की होती हैं जिनकी प्रभावशाली मांग को कम करने की संभावना नहीं होती है। *तीसरा* तरीका स्फीतिकारी और अवस्फीतिकारी प्रवृत्तियों को रोकने के लिए अन्य दोनों तरीकों की अपेक्षा कहीं अधिक प्रभावी और श्रेष्ठ है। स्फीति को रोकने के लिए कर बढ़ा दिये जाएं और सरकारी व्यय घटा दिया जाये। दूसरी ओर, मन्दी का मुकाबला करने के लिए कर घटाए और सरकारी व्यय बढ़ाए जा सकते हैं।

सीमाएं (Limitations)

स्वनिर्णयात्मक राजकोषीय नीति उचित समय तथा सही पूर्वानुमान पर निर्भर करती है। *प्रथम,* चक्र की उस अवस्था को जानने के लिए सही पूर्वानुमान आवश्यक है जिसमें से अर्थव्यवस्था गुजर रही है। तभी यह संभव है कि समुचित राजकोषीय कार्रवाई की जा सके। गलत पूर्वानुमान चक्रीय उतार-चढ़ावों को मन्द करने की बजाय बढ़ा सकता है। वस्तुतः सही पूर्वानुमान करने के लिए अर्थशास्त्र एक पूर्ण विज्ञान नहीं है। परिणामस्वरूप राजकोषीय कार्रवाई हमेशा उसके बाद होती है, जब व्यापार चक्र में मोड़ बिन्दु आ चुकते हैं। *दूसरे,* सार्वजनिक राजकोषीय नीति की दो समय पश्चताएँ (time lags) हैं। *प्रथम,* ''निर्णय पश्चता'' होती है जो समस्या के अध्ययन और निर्णय लेने में जो समय लगता है उससे संबद्ध है। इस प्रक्रिया में पाई जाने वाली पश्चता बहुत लम्बी हो सकती है। दूसरे, जब एक बार निर्णय ले लिया जाता है तो ''कार्यान्वयन पश्चता'' होती है। इसमें वह व्यय पाया जाता है जो प्रोग्राम के कार्यान्वयन के लिए आवंटित किया जाता है। यू.एस.ए. जैसे देश में यह दो से भी अधिक वर्ष ले सकती है और यू.के. जैसे देश में एक वर्ष से कम। तीसरे, कुछ सार्वजनिक परियोजनाएँ इतनी जटिल होती हैं कि उन पर सार्वजनिक व्यय बढ़ाने या कम करने के उद्देश्य से उनको धीमा या तेज करना संभव नहीं होता है।

निष्कर्ष (Conclusion)

बावजूद कर दरों में परिवर्तनों की अपेक्षा सरकारी व्यय का ऊंचा गुणक प्रभाव होने पर सरकारी व्यय की अपेक्षा कर परिवर्तन अधिक शीघ्रता से कार्यान्वित किए जा सकता है। इसलिए चक्रीय उतार-चढ़ावों को नियंत्रित करने के लिए श्रेष्ठतम राजकोषीय उपाय के रूप में कराधान पर अधिक बल दिया जाने लगा है। इस प्रकार, जब व्यापार-चक्र का मोड़ बिन्दु पहले ही चालू हो तो स्वनिर्णयात्मक राजकोषीय नीति आभ्यंतरिक स्थिरकों को शक्ति प्रदान करती है, जैसा कि अमरीका जैसे उन्नत देशों का अनुभव है।

प्रश्न

1. आप राजकोषीय नीति से क्या समझते हैं ? स्वनिर्णयात्मक (discretionary) राजकोषीय नीति के तीन मुख्य प्रकारोंमें भेद कीजिए।
2. क्षतिपूरक राजकोषीय नीति की विवेचना करिए।
3. स्वचालित स्थिरीकरण की आलोचनात्मक व्याख्या करिए।

अध्याय 54

मौद्रिक और राजकोषीय नीतियों में समन्वय
(Co-ordination between Monetary and Fiscal Policies)

1. प्रस्तावना
(INTRODUCTION)

मौद्रिक-राजकोषीय नीतियों के निश्चित उद्देश्य होते हैं जो नीति उपकरणों के उपयोग द्वारा प्राप्त किये जा सकते हैं। ये हैं: पूर्ण रोजगार, आर्थिक वृद्धि, कीमत स्थिरता और भुगतान शेष का संतुलन। ये उद्देश्य प्राय: परस्पर-विरोधी होते हैं। मौद्रिक और राजकोषीय नीतियां इन विरोधों की प्रकृति एवं इसके समाधान के उपयुक्त साधनों या उनके बीच सह-सम्बन्ध स्थापित करने का अध्ययन करती हैं। इन समस्याओं का विश्लेषण मुख्यत: आन्तरिक और बाह्य दो उद्देश्यों के इर्द-गिर्द केन्द्रित हुआ है। आन्तरिक सन्तुलन आय और पूर्ण रोजगार से सम्बन्धित है और बाह्य संतुलन का सम्बन्ध भुगतान-शेष के सन्तुलन से होता है।

आर्थिक (मौद्रिक एवं राजकोषीय) नीति का सिद्धान्त दो अलग-अलग समस्याओं के इर्द-गिर्द केन्द्रित हो गया है। *प्रथम,* नीति उद्देश्यों की संख्या और नीति उपकरणों की संख्या के बीच सम्बन्ध; और *द्वितीय,* लक्ष्यों की प्राप्ति के लिए नीति उपकरणों का आवंटन।

जॉन टिनबर्गन[1] पहला अर्थशास्त्री था जिसने यह कहा कि नीति-उपकरणों की संख्या उद्देश्यों की संख्या के बराबर होनी चाहिए। यदि नीति-उपकरणों की अपेक्षा उद्देश्यों की संख्या अधिक है, तो इसका मतलब है कि नीति उद्देश्यों की पूर्ति के लिए पर्याप्त औजार नहीं हैं। दूसरी ओर, यदि उद्देश्यों की संख्या की अपेक्षा नीति उपकरणों की संख्या अधिक है तो इसका मतलब यह है कि उद्देश्यों और औजारों का एक ही संयोग नहीं है जिससे समस्या हल होगी, बल्कि न जाने कितने संयोग हैं। इस प्रकार, आर्थिक नीति की सफलता के लिए आवश्यक है कि नीति औजारों की संख्या नीति लक्ष्यों की संख्या के बराबर हो। यह *टिनबर्गन नियम* या *निश्चित लक्ष्य धारणा* (fixed target approach) के नाम से जाना जाने लगा है।

दूसरी समस्या यह पैदा होती है कि जब नीति उद्देश्यों और नीति उपकरणों की संख्या समान हो, तो दिये हुए उद्देश्य पूरा करने के लिए उपकरणों का लक्ष्यों में आवंटन कैसे किया जाय। उनके बीच समन्वय के अभाव के बावजूद, आवंटन समस्या के प्रतिपादन से अन्तत: उद्देश्यों के संतुलन मूल्य प्राप्त होंगे।

2. आन्तरिक और बाह्य संतुलन के लिए नीतियां: व्यय-परिवर्तन और व्यय-घटाना
(POLICIES FOR INTERNAL AND EXTERNAL BALANCE: EXPENDITURE-SWITCHING AND EXPENDITURE-REDUCING)

आन्तरिक और बाह्य दोनों संतुलन लाने के लिए *जॉनसन*[2] ने ही नीति उपकरणों के रेंज की ओर इशारा किया। उन्होंने इसको व्यय घटानेवाली (expenditure reducing) या आन्तरिक नीतियां, और व्यय-परिवर्तन (expenditure switching) या बाह्य

1. Jan Tinbergen, *On the Theory of Economic Policy,* 1952.
2. H.G. Johnson, "Long-run Equilibrium of Balance of Payments", in R.E. Caves and H.G. Johnson.

नीतियां, का नाम दिया।

भुगतान संतुलन में घाटे का अर्थ आय के ऊपर व्यय का आधिक्य होता है। इसे ठीक करने के लिए, व्यय और आय में समानता लानी चाहिए। व्यय घटानेवाली नीतियों का उद्देश्य अधिक करों और ब्याज दरों के माध्यम से समस्त मांग को घटाना होता है जिससे व्यय और उत्पादन घटते हैं। आगे, व्यय और उत्पादन में गिरावट घरेलू कीमत-स्तर को घटाती है। इससे विदेशी वस्तुओं से घरेलू वस्तुओं पर व्यय में परिवर्तन होता है। परिणामस्वरूप, देश के आयात घटते हैं। व्यय-परिवर्त्तन नीतियों का उद्देश्य घरेलू वस्तुओं की मांग बढ़ाना और आयातित वस्तुओं से घरेलू वस्तुओं पर व्यय में परिवर्तन करना होता है। ऐसा व्यय-परिवर्तन घरेलू उत्पादन बढ़ाता है। जब तक व्यय करने की सीमान्त प्रवृत्ति इकाई से कम होती है तो यह देश का भुगतान-संतुलन सुधारेगा।

आन्तरिक और बाह्य संतुलन के दोनों उद्देश्यों को साथ-साथ प्राप्त करने के लिए, व्यय-घटानेवाले और व्यय-परिवर्तन करने वाले उपकरणों का विवेकपूर्ण संयोग आवश्यक होता है। उदाहरण के लिए, यदि अर्थव्यवस्था पहले से ही पूर्ण रोजगार स्तर पर होती है तो अवमूल्यन की नीति के कारण अर्थव्यवस्था में स्फीति हो सकती है। इसलिए, अवमूल्यन की व्यय-परिवर्त्तन करनेवाली नीति के साथ-साथ भुगतान-शेष संतुलन और पूर्ण रोजगार कायम रखने के लिए अधिक कठोर वित्तीय और मौद्रिक नियंत्रण की व्यय-घटानेवाली नीतियाँ होनी चाहिएं।

आन्तरिक और बाह्य संतुलन के दोनों लक्ष्यों को साथ-साथ प्राप्त करने के लिए नीति उपकरणों के बीच सम्बन्ध को चित्र 36.1 में वर्णित ट्रेवर- स्वान (Trevor-Swan) के मॉडल के रूप में विश्लेषण किया गया है।

स्वान मॉडल (The Swan Model)

स्वान आन्तरिक और बाह्य संतुलन प्राप्त करने के लिए व्यय-परिवर्त्तन करनेवाली और व्यय-घटानेवाली नीतियों के उचित संयोगों की विव्रेचना करता है।

मान्यताएं (Assumptions)

यह मॉडल इन मान्यताओं पर आधारित है कि (1) व्यापार प्रतिबन्ध नहीं होते हैं; (2) पूंजी गतियाँ नहीं होती हैं; और (3) उत्पादकता, व्यापार की शर्तें और अन्य वित्तीय स्थानान्तरण दिए हुए हैं।

चित्र 1 में क्षैतिज अक्ष वास्तविक घरेलू व्यय को मापता है, और अनुलम्ब अक्ष लागत अनुपात को व्यक्त करता है जो सापेक्ष लगतों का सूचक होता है तथा अर्थव्यवस्था की प्रतियोगितात्मकता को दर्शाता है।

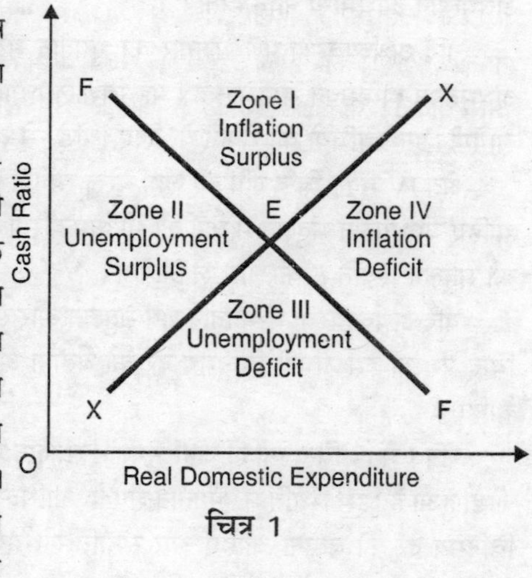

चित्र 1

क्षैतिज-अक्ष पर बाईं ओर की किसी गति (O की ओर) का अर्थ व्यय-घटानेवाली नीति का उपयोग होता है और अनुलम्ब अक्ष पर ऊपर की ओर किसी गति का अर्थ होता है, व्यय-परिवर्त्तन करनेवाली नीनि का उपयोग FF आन्तरिक संतुलन वक्र है जो पूर्ण रोजगार की स्थिति को व्यक्त करता है। यह लागत अनुपात और वास्तविक घरेलू व्यय के विभिन्न संयोगों को दर्शाता है। रोजगार का एक दिया हुआ स्तर या तो अति अनुकूल लागत अनुपात और घरेलू व्यय के सापेक्षिक रूप से निम्न-स्तर द्वारा या कम अनुकूल लागत अनुपात और व्यय का सापेक्षिक रूप से उच्च स्तर द्वारा प्राप्त किया जा सकता है। इस प्रकार FF वक्र से दाईं ओर झुकता है। स्पष्ट रूप से, FF वक्र से दाईं ओर (ऊपर) का भाग स्फीति या पूर्ण रोजगार से अधिक की स्थिति से सम्बन्धित है, और वक्र के बाईं ओर (नीचे) का भाग सुस्ती या बेरोजगारी को व्यक्त करता है।

XX वक्र बाह्य संतुलन को दर्शाता है जहां पूंजी गतियों के अभाव में, निर्यात, आयात के बराबर होता है। इसलिए, बाह्य संतुलन तब होता है जब शुद्ध (net) निर्यात शून्य होते हैं। यह वक्र बाई से ऊपर दाई ओर बढ़ता है जो यह दर्शाता है कि अर्थव्यवस्था को बाह्य संतुलन में रहने के लिए अवमूल्यन को घरेलू व्यय में वृद्धि द्वारा अवश्य संतुलित होना चाहिए। (अवमूल्यन निर्यात को प्रोत्साहित कर और आयात को हतोत्साहित कर, देश के व्यापार संतुलन को सुधारेगा, और वास्तविक घरेलू व्यय में वृद्धि पर्याप्त मात्रा में देश के आयात को

बढ़ायेगी।) स्पष्टतः, XX वक्र के ऊपर का भाग बचत से सम्बन्धित है और वक्र के नीचे का भाग भुगतान संतुलन में घाटे को दर्शाता है।

वह बिन्दु जहाँ FF वक्र XX वक्र को काटता है, आनंद (bliss) बिन्दु को व्यक्त करता है, जहां अर्थव्यवस्था आन्तरिक और बाह्य संतुलन में साथ-साथ होती है। चित्र 36.1 में E ऐसा ही बिन्दु है, जहां विनिमय दर और वास्तविक घरेलू व्यय संतुलन में होते हैं । यदि अर्थव्यवस्था E बिन्दु पर नहीं होती है तो वह असंतुलन में होती है। स्वान के अनुसार, ''आन्तरिक संतुलन और बाह्य संतुलन के दोनों वक्र स्थिति को आर्थिक दुर्भाग्य के चार क्षेत्रों में विभाजित करते हैं।'' असंतुलन के चार क्षेत्र हैं:

क्षेत्र I : स्फीति और भुगतान संतुलन आधिक्य

क्षेत्र II : बेरोजगारी और भुगतान संतुलन आधिक्य

क्षेत्र III : बेरोजगारी और भुगतान संतुलन घाटा

क्षेत्र IV : स्फीति और भुगतान संतुलन घाटा

नीति उपाय (Policy Measures)

नीति उपायों के प्रकार की व्याख्या के लिए, जो आन्तरिक और बाह्य संतुलन साथ-साथ प्राप्त करने के लिए जो आवश्यक हैं, उसे हम चित्र 36.2 में असंतुलन की आठ संभावित स्थितियों को लेते हैं। इन स्थितियों के लिए नीति उपायों के विभिन्न संयोग आवश्यक होते हैं।

कोई देश भुगतान संतुलन और बेरोजगारी (या सुस्ती) में वक्र XX के बिन्दु A पर संतुलन में होता है। ऐसी स्थिति के लिए घरेलू व्यय में वृद्धि द्वारा घरेलू अर्थव्यवस्था के विस्तार की आवश्यकता होती है। यह शुद्ध निर्यातों को घटायेगा। इस प्रवृत्ति को प्रभावहीन करने के लिए अवमूल्यन को घरेलू व्यय में वृद्धि के साथ जोड़ा जाना चाहिए।

यदि बेरोजगारी और भुगतान संतुलन में घाटा साथ-साथ चलता है, जैसा कि क्षेत्र III में K बिन्दु पर होता है, तो घरेलू व्यय में वृद्धि होनी चाहिए। विस्तारक उपायों के माध्यम से आन्तरिक मांग बढ़ानेवाली नीति, घरेलू रोजगार भी बढ़ाती है। परन्तु यह नीति भुगतान शेष में घाटे को बढ़ाती है। इसे ''दुविधा क्षेत्र'' (dilemma zone) के रूप में वर्णित किया गया है क्योंकि विस्तारक नीति की बजाय अवमूल्यन अधिमान्य नीति होता है।

यदि अर्थव्यवस्था पूर्ण रोजगार को भुगतान संतुलन में घाटे के साथ जोड़ती है, जैसा कि FF वक्र के D बिन्दु पर होता है, तो अवमूल्यन ही इसका समाधान है। यह विशाल निर्यात आधिक्य पैदा करेगा और अतिरिक्त विदेशी मांग घरेलू अर्थव्यवस्था में स्फीति लायेगी। इन प्रवृत्तियों को रोकने के लिए, थोड़े-से अवमूल्यन को घरेलू व्यय में कटौती के साथ जोड़ना होगा।

क्षेत्र IV में H बिन्दु लीजिए जहां घरेलू स्फीति भुगतान संतुलन में घाटे से जुड़ी हुई है। स्फीति को घरेलू व्यय में कटौती द्वारा रोकना चाहिए जो भुगतान संतुलन में घाटे को भी कम करेगा और अन्ततः अर्थव्यवस्था को संतुलन स्थिति E की ओर ले जायेगा।

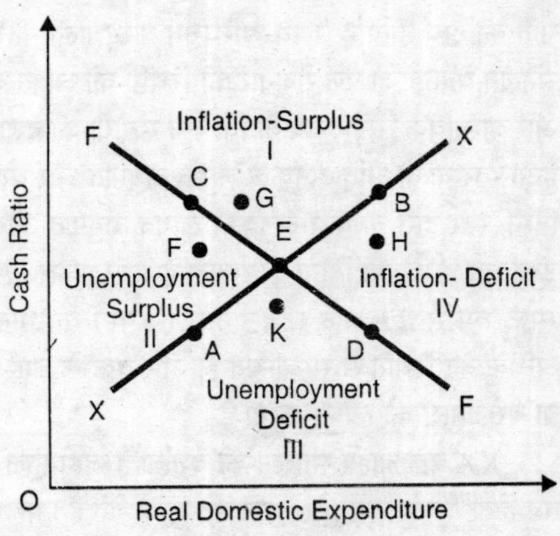

चित्र 2

यदि अर्थव्यवस्था में भुगतान शेष संतुलन और स्फीति होती है जैसा कि B बिन्दु पर, तो इसे अपनी विनिमय दर को बढ़ाना और घरेलू व्यय को घटाना चाहिए।

क्षेत्र I में G बिन्दु को लें जहां भुगतान संतुलन में आधिक्य को स्फीति से जोड़ा हुआ है। इस स्थिति में, भुगतान शेष के आधिक्य को ठीक करने के लिए विनिमय दर को बढ़ाना चाहिए और स्फीति को रोकने के लिए व्यय घटाना चाहिए। परन्तु व्यय में कटौती आधिक्य बढ़ायेगा। यह पुनः 'दुविधा क्षेत्र' को व्यक्त करता है।

यदि देश FF वक्र के C बिन्दु पर पूर्ण रोजगार और भुगतान संतुलन में आधिक्य की स्थिति में होता है तो इसे अपनी विनिमय दर को बढ़ाना चाहिए। परन्तु विनिमय दर में वृद्धि बेरोजगारी उत्पन्न करेगी। इससे बचने के लिए घरेलू

व्यय बढ़ाना चाहिए।

अन्त में, क्षेत्र II में *F* बिन्दु पर चलें जहां भुगतान संतुलन में आधिक्य बेरोजगारी से जुड़ा हुआ है। यहाँ घरेलू व्यय में वृद्धि आन्तरिक और बाह्य दोनों संतुलनों के लिए उचित होगी। ऐसी नीति रोजगार बढ़ायेगी और आधिक्य के आकार को घटाने के लिए आयात में वृद्धि को भी प्रेरित करेगी।

उपर्युक्त विश्लेषण यह प्रकट करता है कि यदि अर्थव्यवस्था न तो *FF* (आन्तरिक संतुलन) वक्र और न ही *XX* (बाह्य संतुलन) वक्र पर होती है तो यह चार क्षेत्रों में से किसी एक में होती है।

जब अर्थव्यवस्था एक लक्ष्य (कहें, आन्तरिक संतुलन) को प्राप्त करने के लिए केवल एक नीति या दोनों व्यय-परिवर्त्तन करनेवाली और घरेलू व्यय-घटानेवाली नीतियों का साथ-साथ पालन करती है तो यह दूसरे लक्ष्य (कहें, बाह्य संतुलन) से हट जाती है। यह समस्या केवल ''दुविधा क्षेत्रों'' I और III में ही नहीं बल्कि 'सरल क्षेत्रों' II और IV में भी खड़ी होती है। उदाहरण के लिए, यदि हम क्षेत्र II में *F* बिन्दु को लेते हैं जहां भुगतान संतुलन में आधिक्य को बेरोजगारी से जुड़ा गया है, तो विस्तारक नीति बेरोजगारी घटायेगी और आधिक्य भी घटायेगा। परन्तु अर्थव्यवस्था को पूर्ण संतुलन बिन्दु *E* तक ले जाने के लिए विनिमय दर की मूल्य-वृद्धि या मूल्य-ह्रास को अपनाना होगा जो अर्थव्यवस्था को एक लक्ष्य या दूसरे लक्ष्य से हटायेगी।

आन्तरिक और बाह्य संतुलन के लिए राजकोषीय-मौद्रिक नीति: मण्डल का मॉडल (Fiscat-Monetary Policy for Internal and External Balance: The Mundellian Model)[1]

मण्डल ने दो औजारों और दो उद्देश्यों के बीच संबंध की स्थिति की चर्चा की है। दो उपकरण हैं, ब्याज की दर द्वारा व्यक्त मौद्रिक नीति और सरकारी व्यय द्वारा व्यक्त राजकोषीय नीति। दो उद्देश्य हैं, पूर्ण रोजगार (आन्तरिक संतुलन) और भुगतान-शेष संतुलन (बाह्य संतुलन)। आवंटन नियम मौद्रिक नीति को बाह्य संतुलन के उद्देश्य के लिए और आन्तरिक संतुलन के लिए राजकोषीय नीति का करना है। इन उपकरणों के उद्देश्यों में आवंटन को चित्र 3 में दिखाया गया है।

चित्र में, क्षैतिज अक्ष ब्याज की दर (मौद्रिक नीति) और अनुलम्ब अक्ष बचत बजट (राजकोषीय नीति) को मापता है। *FF* आन्तरिक संतुलन रेखा है और *XX* बाह्य संतुलन रेखा है। *FF* रेखा पूर्ण रोजगार को व्यक्त करती है। इसकी ढलान ऋणात्मक है, क्योंकि पूर्ण रोजगार बनाए रखने के लिए बचत बजट में कटौती[2] को ब्याज दर में वृद्धि[3] द्वारा अवश्य संतुलित करना होगा। इस *FF* रेखा के नीचे (क्षेत्र *III* तथा *IV* में) स्फीति है और इसके ऊपर (क्षेत्र *I* और *II*) में सुस्ती है। दूसरी ओर, *XX* रेखा भुगतान-शेष में संतुलन के सभी बिन्दु देती है। इसका ढलान भी ऋणात्मक है क्योंकि बचत बजट में कटौती करने से आयात बढ़ जाते हैं जिन्हें रोकने के लिए ब्याज दर बढ़ाकर पूंजी लेखा में सुधार करना आवश्यक है। इस रेखा के नीचे (क्षेत्र *I* तथा *IV* में) भुगतान शेष में घाटा है और इस रेखा के ऊपर (क्षेत्र *II* तथा *III* में) अधिक्य (surplus) है। *FF* रेखा की अपेक्षा *XX* रेखा की अधिक सीधी ढलान है क्योंकि जब विस्तारशील राजकोषीय नीति (बजट घाटे में वृद्धि या बचत बजट में कटौती) को संतुलित बनाने के लिए ब्याज की दर बढ़ती है, तो वह बाह्य संतुलन के लिए अल्पावधि पूंजी अंतर्प्रवाह को प्रेरित करती है। ब्याज दर परिवर्तनों के प्रति पूंजी गतियां जितनी अधिक सापेक्ष होंगी, *FF* रेखा की अपेक्षा *XX* रेखा उतनी ही अधिक सीधी ढलान वाली होगी। इससे बाह्य संतुलन बनाए रखने में मौद्रिक नीति अपेक्षाकृत अधिक प्रभावी बन जाती है।

चित्र 3 बाह्य तथा आन्तरिक संतुलन को दर्शाता है और बताता है कि इन दोनों में संतुलन बनाए रखने में मौद्रिक तथा राजकोषीय नीतियां क्या कार्य करती हैं। मानलीजिए कि अर्थव्यवस्था क्षेत्र *I* में *A* बिन्दु पर है जहां अर्थव्यवस्था के भीतर पूर्ण रोजगार है और भुगतान शेष में घाटा है। भुगतान शेष का घाटा समाप्त करने के लिए मौद्रिक अधिकारी पहले तो ब्याज की दर में *AB* की वृद्धि करता है ताकि मुद्रा की पूर्ति घटाई जा सके। मुद्रा पूर्ति घटने से वस्तुओं की मांग घट जाएगी और इससे, आगे आयात घटेंगे और बिन्दु *B* पर भुगतान शेष में संतुलन स्थापित हो जाएगा। पर इस बिन्दु पर अर्थव्यवस्था में सुस्ती और बेरोजगारी है। इन्हें ठीक करने और आन्तरिक संतुलन लाने के लिए, बचत बजट में *BC* मात्रा की कटौती करनी पड़ेगी। परन्तु *C* बिन्दु पर, पुन: भुगतान-शेष में घाटा है, इसलिए जरूरी है

1. R.A. Mundell, "The Appropriate use of Fiscal and Monetary Policy for Internal and External Stability", *I.M.F. Staff Papers*, 1962.
2. बचत बजट में कटौती का अर्थ है सरकारी व्यय में वृद्धि।
3. ब्याज दर में वृद्धि का अर्थ है मुद्रा पूर्ति में कटौती।

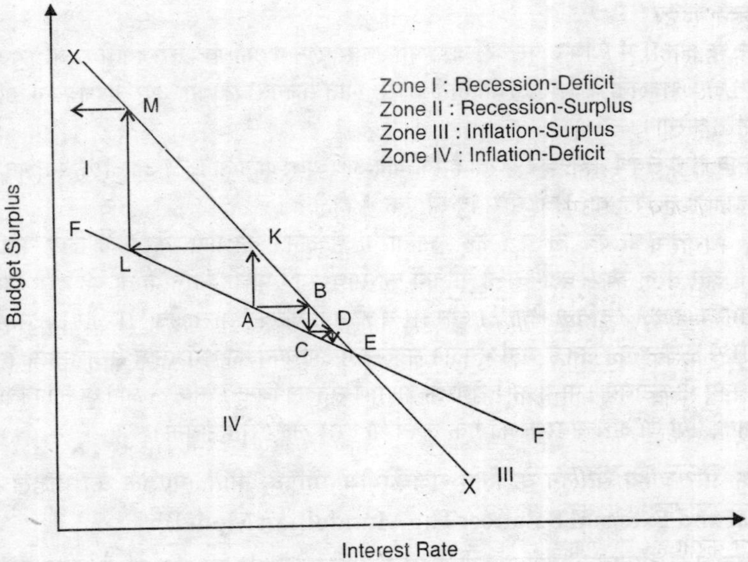

चित्र 3

कि मुद्रा पूर्ति घटाने के लिए ब्याज की दर में CD की और वृद्धि की जाए। बिन्दु *D* पर आन्तरिक संतुलन फिर गड़बड़ा जाता है जिससे बचत बजट में और कटौती होती है। मुद्रा पूर्ति घटने के बाद बचत बजट घटने की इस प्रक्रिया से अन्त में अर्थव्यवस्था संतुलन बिन्दु *E* पर पहुंच जाती है जहां एक साथ आन्तरिक तथा बाह्य संतुलन है।

दूसरी ओर, यदि भुगतान–शेष में घाटा दूर करने के लिए बचत बजट काम में लाया जाएगा और सुस्ती तथा बेरोजगारी को समाप्त करने के लिए मौद्रिक नीति अपनाई जाएगी, तो न तो आन्तरिक संतुलन रहेगा और न ही बाह्य संतुलन रहेगा। यदि *A* बिन्दु से चलें, तो बचत बजट में वृद्धि होने से अर्थव्यवस्था *K* पर चली जाएगी जहां बाह्य संतुलन तो उपलब्ध हो जाता है, पर अर्थव्यवस्था में सुस्ती तथा बेरोजगारी होती है। इसे दूर करने के लिए, मुद्रा पूर्ति बढ़ाने के लिए ब्याज की दर में *KL* कमी की जाती है। परन्तु *L* बिन्दु पर, भुगतान शेष में, घाटा अपने पिछले स्तर से बढ़ जाता है। इसके लिए अभी भी *LM* और अधिक बचत बजट आवश्यक होगा। इससे, जरूरी हो जाएगा कि ब्याज दर में और अधिक कटौती की जाए ताकि सुस्ती और बेरोजगारी दूर हों। इस तरह से, अर्थव्यवस्था *E* बिन्दु से और दूर हटती चली जाएगी और आन्तरिक तथा बाह्य संतुलन एक साथ कभी नहीं आएंगे। इस स्थिति में, आवंटन नियम विस्फोटक अस्थिरता लाता है क्योंकि दोनों नीतियां बुरी तरह से समन्वित हुई हैं।

इस प्रकार, बाह्य संतुलन के उद्देश्य में मौद्रिक नीति का और आन्तरिक संतुलन के उद्देश्य में राजकोषीय नीति का आवंटन करना चाहिए। किन्तु, आवंटन नियम केवल तब कार्य कर सकता है यदि मौद्रिक और राजकोषीय नीति बिना दीर्घ पश्चता के निरन्तर और अच्छी तरह से समायोजित की जा सके, इसके पहले कि उसका प्रभाव दृष्टिगोचर हो। आन्तरिक और बाह्य स्थिरता के लिए मौद्रिक तथा राजकोषीय नीति के सफल प्रयोग का यह 'मण्डल नियम' है, जिसके अनुसार, एक औजार का उस लक्ष्य के साथ ही मेल बैठाना चाहिए जिस पर उसका अधिकतम सापेक्ष प्रभाव पड़ता है। इसे वह प्रभावी बाजार वर्गीकरण का नियम (Principle of Effective Market Classification) कहता है।

वास्तव में, मण्डल एक विवेकपूर्ण मौद्रिक और वित्तीय नीति मिश्रण के लिए तर्क देता है। क्षेत्र II और IV में, मौद्रिक और राजकोषीय दोनों नीतियों के संयुक्त उपयोग में असंगति नहीं है। क्षेत्र II में दोनों नीतियाँ प्रतिबंधात्मक होनी चाहिएं, और क्षेत्र *IV* में, दोनों नीतियाँ विस्तारक होनी चाहिएं। बाकी दोनों क्षेत्रों में मौद्रिक और राजकोषीय नीतियाँ दोनों उद्देश्यों को साथ–साथ प्राप्त करने के लिए अवश्य मिश्रित करनी चाहिएं। मण्डल के अनुसार, जब मौद्रिक नीति बाह्य संतुलन के उद्देश्यों के साथ और राजकोषीय नीति आन्तरिक सन्तुलन के उद्देश्य के साथ जोड़ी जाती है, तो दोनों उद्देश्य प्राप्त हो जाएंगे।

मण्डल के मॉडल की आलोचनाएँ (Criticisms of Mundal's Model)

परन्तु इस विश्लेषण की कई कमियाँ हैं—

1. अवास्तविक मान्यताएँ (Unrealistic Assumptions)—यह मॉडल मानता है कि अधिकारी उस सीमा को जानते हैं जिस पर अर्थव्यवस्था आन्तरिक और बाह्य दोनों संतुलनों से दूर होती है ताकि उचित मौद्रिक और राजकोषीय नीति प्रयोग की जा सके। यह भी पहले से ही मान लिया जाता है कि कि वे मात्रात्मक परिणाम जानते हैं जो प्रत्येक नीति के प्रयोग से संभावित होते हैं। ये दोनों मान्यताएँ

वास्तविकता से दूर हैं, क्योंकि असंतुलन की श्रेणी का ठीक-ठीक अनुमान लगाना संभव नहीं है। अत: नीति परिवर्त्तन इस प्रकार के असंतुलन के लिए उचित नहीं हो सकते हैं।

2. बेरोजगारी और स्फीति की अनदेखी (Overlook of Unemployment and Inflation)—यह विश्लेषण बेरोजगारी और स्फीति की स्थिति की अनदेखी करता है। यह अवास्तविक है क्योंकि यह धारणा जो स्टैगफ्लेशन के नाम से जानी जाती है, प्राय: सभी विकसित देशों में पायी जाती है।

3. अन्य घटकों की उपेक्षा (Neglect of other Factors)—यह विश्लेषण पूंजी गतियों के कारण के रूप में केवल ब्याज दरों में अन्तर पर विचार करता है और अन्य घटकों जैसे विनिमय दर परिवर्तनों की उपेक्षा करता है। इसके अतिरिक्त यह संभव नहीं है कि निरंतर घाटे को पूंजी गतियों के द्वारा वित्त उपलब्ध कराया जा सके।

4. मौद्रिक और राजकोषीय नीतियों का व्यावहारिक अवरोध (Practical Constraints of Monetary and Fiscal Policies)—मौद्रिक और राजकोषीय नीतियाँ निश्चित व्यावहारिक अवरोधों के अन्तर्गत कार्य करती हैं। राजनीतिक कारणों से कुछ सरकारें प्रतिबंधात्मक राजकोषीय नीति और उच्च ब्याज दरों वाली मौद्रिक नीति का पालन नहीं कर पातीं। यद्यपि ऐसी नीतियां प्रारम्भ की जा सकती हैं, वे सफल नहीं हो सकती हैं, क्योंकि पूंजी-प्रवाह ब्याज संवेदनशील नहीं हो सकते हैं।

5. असफल नियत नीति मिश्रण (Unsuccessful Prescribed Policy Mix)—नियत नीति मिश्रण चालू लेखा घाटे को ठीक करने में सफल नहीं हो सकता क्योंकि नीति मिश्रण पूंजी प्रवाहों और आयातों— दोनों को प्रभावित करता है, इसलिए यह सिर्फ इतना सुनिश्चित करता है कि ऋणात्मक व्यापार संतुलन धनात्मक पूंजी प्रवाह द्वारा क्षतिपूर्तित होता है और विलोमश: भी।

6. यथार्थ समायोजन तंत्र नहीं (Not True Adjustment Mechanism)—मौद्रिक-राजकोषीय मिश्रण यथार्थ समायोजन तंत्र नहीं है। यह भुगतान संतुलन का समायोजन नहीं करता बल्कि सिर्फ इसे स्थिर करता है। पूँजी प्रवाह कीमतों और आय को अपरिवर्त्तित छोड़कर केवल विदेशी विनिमय की स्वायत्त मांग और पूर्ति के बीच अन्तराल को पूरा करता है।

7. ऋण-सेवा आवश्यकताओं पर विचार नहीं (No Consideration on the Debt-Servicing Requirements)—यह विश्लेषण ऋण-सेवा आवश्यकताओं पर विचार नहीं करता क्योंकि जब घरेलू ब्याज दर बढ़ायी जाती है तो निरन्तर पूंजी प्रवाह भुगतान संतुलन के चालू लेखा पर होगा।

8. घरेलू निवेश में कमी (Decrease in Investment at Home)—जब मौद्रिक नीति के माध्यम से ब्याज दर बढ़ायी जाती है तो यह घरेलू निवेश में कमी लायेगी। यह या तो सरकारी व्यय में वृद्धि ह्रास द्वारा या कर-कटौतियों द्वारा या दोनों के किसी संयोग द्वारा अवश्य साथ होनी चाहिए। ऐसा मौद्रिक-राजकोषीय नीति मिश्रण अर्थव्यवस्था की बचतों को ऋण-वित्त प्रबंधित सरकारी व्यय की ओर मोड़कर दुरुपयोग करती है, जो पूंजी निर्माण को रोकता है। जॉनसन के अनुसार, ''यह घरेलू बचत संभावना के उपयोग में 'अकुशलता बनाम कुशलता' की समस्या को उत्पन्न करता है।

9. नियम नीति मिश्रणों के बीच अन्तर्विरोध (Conflicts Between the Prescribed Policy Mixes)—विभिन्न देशों की सरकारों में नियत नीति मिश्रणों के बीच अन्तर्विरोधों की संभावना होती है। जॉनसन ने बताया, ''सभी देशों में साथ-साथ राजकोषीय और मौद्रिक नीतियों के सही संयोग पर पहुंचकर, विशेषकर यदि नीतियों के समायोजन क्रम-सम्बन्धी जाँच और दोष द्वारा होते हैं, तो यह जटिल प्रक्रिया होगी और कुछ परिस्थितियों में संतुलन की ओर लाने की अपेक्षा उससे दूर ले जा सकती है।''

प्रश्न

1. स्पष्ट कीजिए कि आन्तरिक और बाह्य संतुलन स्थापित करने के लिए मौद्रिक तथा राजकोषीय औजारों का किस प्रकार और किस सीमा तक प्रयोग किया जा सकता है ?
2. आन्तरिक और बाह्य दोनों प्रकार का संतुलन कायम करने के लिए आपके मत में किन नीति-उपकरणों का प्रयोग किया जाना चाहिए ?
3. 'आन्तरिक संतुलन स्थापित करने के लिए सदैव राजकोषीय नीति प्रयोग में लानी चाहिए। यह कथन उस स्थिति में नितान्त सत्य है जब नीति 'विरोध' उत्पन्न होता है। इस कथन पर विचार कीजिए।
4. स्वान मॉडल के रूप में आन्तरिक और बाह्य संतुलन के बीच अन्तर्विरोध की विवेचना कीजिए।
5. आन्तरिक और बाह्य संतुलन के लिए मौद्रिक-राजकोषीय मिश्रण की विवेचना कीजिए।

अध्याय 55

मुद्रावाद बनाम केन्ज़वाद
(Monetarism Versus Keynesianism)

1. प्रस्तावना
(INTRODUCTION)

मुद्रावाद फ्रीडमैन के अनुयायियों से संबंधित है। उनका मत है: ''केवल मुद्रा ही महत्व रखती है।'' (only money matters) । इसलिए वे मानते हैं कि आर्थिक स्थिरता लाने में राजकोषीय नीति की अपेक्षा मौद्रिक नीति अधिक प्रभावकारी साधन है। दूसरी ओर, केन्ज़वाद, केन्ज़ के अनुयायियों से संबद्ध रखता है। वे मानते हैं कि 'मुद्रा का कोई महत्व नहीं' और आर्थिक स्थिरता के लिए मौद्रिक नीति की अपेक्षा राजकोषीय नीति अधिक सशक्त औजार है। मुद्रावाद के सर्मर्थक मुद्रावादी और केन्ज़वाद के समर्थक फिस्कलवादी कहलाते हैं। हम आगे राष्ट्रीय आय में परिवर्तन के कारणों और आर्थिक स्थिरता लाने में मौद्रिक तथा राजकोषीय नीति के कार्य भाग पर मुद्रावादियों और फिस्कलवादियों के विचारों का विवेचन कर रहे हैं।

2. सैद्धान्तिक भेद
(THEORETICAL DIFFERENCES)

मुद्रावादी राष्ट्रीय आय में अल्पकालीन परिवर्तनों की व्याख्या करने में मुद्रा के कार्यभाग पर बल देते हैं। उनका कहना है कि यदि स्वयं केन्ज़ ने नहीं, तो केन्ज़वादियों ने अवश्य मुद्रा के कार्य भाग की उपेक्षा की है। फ्रीडमैन तथा श्वार्ट्ज[1] ने बताया है कि मुद्रा पूर्ति में परिवर्तन के कारण राष्ट्रीय आय में परिवर्तन होते हैं। इस प्रकार मुद्रावादी मानते हैं कि मुद्रा और साख के गम्भीर संकुचन से ही सब सुस्तियाँ और मंदियाँ आती हैं, और मुद्रा पूर्ति के बहुत बढ़ जाने के कारण तेजियां तथा स्फीतियाँ आती हैं। केन्ज़वादी मुद्रावादियों के इस मत को अस्वीकार करते हैं कि मुद्रा पूर्ति में होने वाले परिवर्तन ही राष्ट्रीय आय में परिवर्तन लाते हैं। बल्कि, उनका तो यह मत है कि राष्ट्रीय आय में होने वाले परिवर्तन ही मुद्रा पूर्ति में परिवर्तन लाते हैं। दूसरी ओर, अति-केन्ज़वादियों का कहना है कि गैर-अमौद्रिक साधन जैसे निवेश ही मंदियों और तेजियों का कारण होते हैं।

मुद्रावादी मत (The Monetarist View)

मुद्रावादियों के अनुसार मुद्रा पूर्ति ''अर्थव्यवस्था में प्रमुख होती है यद्यपि एकमात्र नहीं।'' यह अल्पकाल में कीमतों एवं उत्पादन के दोनों स्तरों का तथा दीर्घकाल में कीमतों के स्तर का निर्धारक होती है। उत्पादन का दीर्घकालीन स्तर मुद्रा पूर्ति द्वारा प्रभावित नहीं होता है। यह तकनीकी और उत्पादक संसाधनों की मात्रा और गुणवत्ता जैसे वास्तविक साधनों पर निर्भर होता है। यद्यपि मुद्रा पूर्ति को छोड़कर अन्य साधन अल्प-काल में कीमतों, रोजगार तथा उत्पादन के स्तर को प्रभावित करते हैं, तथापि उनका प्रभाव मुद्रा पूर्ति से गौण होता

1. M. Friedman and Anna Schwartz, *A. Monetary History of the United States*, 1867-1960, 1963.

है। मुद्रा पूर्ति में परिवर्तन अल्पकाल में कीमत-स्तर और उत्पादन को अवश्य प्रभावित करेगा। परन्तु दीर्घकाल में मुद्रा पूर्ति में परिवर्तन का प्रभाव पूर्णरूप से कीमत स्तर पर पड़ेगा। क्योंकि दीर्घकाल में अर्थव्यवस्था पूर्ण रोजगार के निकट होती है और राष्ट्रीय आय में वृद्धि मुख्यत: ऊंची कीमतों में होगी। इस प्रकार, मुद्रा पूर्ति में परिवर्तन राष्ट्रीय आय को प्रत्यक्ष रूप से प्रभावित करते हैं। यह इस मान्यता के कारण होता है कि मुद्रा प्रचलन का वेग (velocity of circulation) स्थिर होता है।

दूसरी ओर, केन्ज़वादियों का कहना है कि मुद्रा पूर्ति में परिवर्त्तन ब्याज दरों में परिवर्तन द्वारा समस्त व्यय तथा आय के स्तर को अप्रत्यक्ष रूप से प्रभावित करता है। मुद्रावादियों तथा केन्ज़वादियों के बीच प्रमुख अन्तर का आधार है मुद्रा की मांग एवं पूर्ति तथा समस्त व्यय पर ब्याज दरों का प्रभाव।

मुद्रावादियों का मत है कि मुद्रा की मांग को निर्धारित करने में ब्याज की दर कोई कार्य नहीं करती है। मुद्रा की मांग वस्तुत: मुद्रा की लेन-देन मांग होती है जो आय के स्तर द्वारा निर्धारित होती है। मुद्रावादी मानते हैं कि मुद्रा पूर्ति ब्याज की दरों से भी प्रभावित नहीं होती। मुद्रा की मांग और पूर्ति दोनों की ब्याज दर के प्रति यह असंवेदनशीलता (insensitiveness) मुद्रा के परिमाण सिद्धान्त पर आधारित है। सरलतम परिमाण समीकरण है:

$$MV=PQ$$

जहाँ M मुद्रा की मात्रा है, V मुद्रा का वेग है, Q भौतिक लेन-देनों की संख्या है और P कीमत स्तर है। $PQ=Y$ लेने पर, जहाँ Y राष्ट्रीय आय है, परिमाण समीकरण $MV=Y$ हो जाता है। चूँकि V स्थिर रहता है, इसलिए M में होनेवाले परिवर्त्तनों के कारण Y में परिवर्त्तन होते हैं।

चित्र 1 आरेखीय रूप से मुद्रावादी धारणा को व्यक्त करता है। मुद्रा की मांग और पूर्ति क्षैतिज अक्ष पर और आय को अनुलम्ब अक्ष पर लिया गया है। मांग वक्र M_D मल बिन्दु से खींचा गया है जो मुद्रा की उस राशि को दर्शाता है जो लोग आय के विभिन्न स्तरों पर लेन-देन उद्देश्यों के लिए रखना चाहते हैं। M_S मुद्रा पूर्ति वक्र है जो मुद्रा की दी हुई पूर्ति दर्शाने के लिए अनुलम्ब खींचा गया है। OY आय का संतुलन स्तर है जहां E बिन्दु पर मांगी गई मुद्रा और पूर्ति की गई मुद्रा बराबर हैं। यदि लोगों के पास OY_1 आय स्तर पर AB के बराबर आवश्यकता से अधिक मुद्रा है तो वे इसे तब तक खर्च करते जायेंगे जब तक की आय संतुलन स्तर OY तक न बढ़ जाय। किन्तु यदि उनके पास OY_2 आय स्तर पर CD के बराबर आवश्यकता से कम मुद्रा है तो वे अपने खर्चे को तब तक घटाते जायेंगे जब तक आय संतुलन स्तर OY तक न पहुंच जाय।

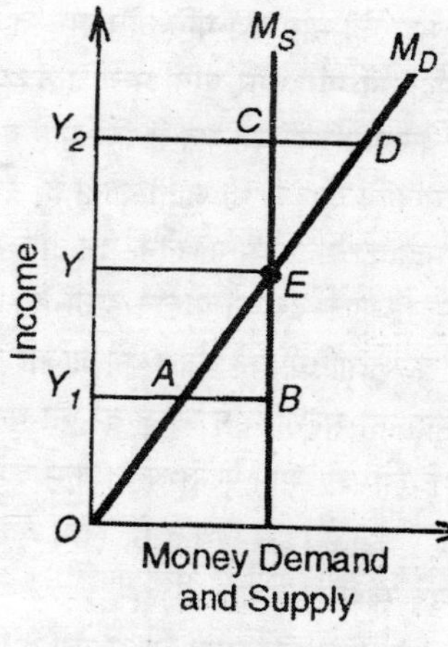

चित्र 1

मुद्रा पूर्ति में परिवर्तन, केन्ज़वादियों के मॉडल 'केवल बांड' की अपेक्षा परिसम्पत्तियों के विस्तृत क्षेत्र पर प्रभावों के माध्यम से समस्त मांग और आय को प्रभावित करते हैं। मुद्रावादियों की यह धारणा इस विश्वास पर आधारित है कि सब प्रकार की परिसम्पत्तियों जैसे—प्रतिभूतियों, मकानों, टिकाऊ उपभोक्ता वस्तुओं आदि के लिए मुद्रा एक अच्छा स्थानापन्न है। फ्रीडमैन का ऐतिहासिक जांच 'स्थिर मुद्रा मांग फलन' बताती है जिसका मतलब है कि मुद्रा की मांग लोगों की आय का स्थिर फलन है। दूसरे शब्दों में, लोग मुद्रा की जो राशि रखना चाहते हैं, वह उनकी आय के साथ एक निश्चित ढ़ंग से संबंध रखती है। यदि केन्द्रीय बैंक मुद्रा की पूर्ति बढ़ा देता है तो वह ब्याज दरों को तीन विभिन्न प्रकारों से प्रभावित करेगी। *प्रथम, तरलता प्रभाव (liquidity effect)* है जिसके कारण ब्याज दरों में बहुत ही अल्पकालीन कमी होती है। परिणामस्वरूप लोग प्रतिभूतियाँ बेच देंगे और उनके मुद्रा धारण बढ़ जायेंगे। इसलिए वे अपने बढ़े हुए मुद्रा शेषों को वित्तीय परिसम्पत्तियों और टिकाऊ उपभोक्ता वस्तुओं, मकानों आदि पर खर्च करेंगे। परिसम्पत्तियों तथा वस्तुओं पर समस्त व्यय के बढ़ने से उत्पादन, रोजगार और आय बढ़ेगी। यह *उत्पादन प्रभाव (output effect)* होता है। यह ब्याज दरों में वृद्धि लायेगा क्योंकि मुद्रा की मांग और उत्पादन में वृद्धि तरलता प्रभाव के कारण होती है। अन्ततः *कीमत प्रत्याशा प्रभाव (price expectations effect)* होता है जो कर्जदाताओं के इन प्रत्याशाओं के कारण होता है कि स्फीति जारी रहेगी। प्रत्याशित स्फीति दर से निबटने के लिए वे ऊँची ब्याज दरों की मांग करेंगे। इस प्रकार, अल्पकालीन तरलता प्रभाव ब्याज दरों पर

नीचे की ओर दबाव डालता है और उत्पादन तथा कीमत प्रत्याशाएँ दोनों उन पर ऊपर की ओर दबाव डालते हैं तथा इनका संयुक्त प्रभाव (combined effect) प्रभाव ब्याज दरों में वृद्धि होगा। आगे, ये निवेश को हतोत्साहित करेंगे और उत्पादन तथा रोजगार में कमी लाएंगे। यह चित्र 2 में दर्शाया गया है।

क्षैतिज-अक्ष पर मुद्रा की मांग और पूर्ति को और अनुलम्ब-अक्ष पर ब्याज दर को लिया गया है। M_D मुद्रा का मांग वक्र है और M_S मुद्रा का पूर्ति वक्र। दोनों एक-दूसरे को E बिन्दु पर काटते हैं और OR ब्याज दर निर्धारित करते हैं। मुद्रा पूर्ति में वृद्धि के साथ-साथ M_S वक्र M_{S1} पर सरक जाता है। यदि मुद्रा की मांग स्थिर रहती है तो ब्याज दर OR से OR_1 तक नीचे गिरेगी। वित्तीय परिसम्पत्तियों और टिकाऊ उपभोक्ता वस्तुओं की बढ़ी हुई मांग उत्पादन और कीमतों में वृद्धि लायेगी जिससे प्रत्येक ब्याज दर पर मुद्रा की मांग बढ़ती है। फलस्वरूप, M_D वक्र ऊपर की ओर M_{D1} पर सरक जाता है और ब्याज दर OR_2 तक बढ़ती है। M_D वक्र बहुत ढालू खींचा गया है जो उस मुद्रावादी धारणा को व्यक्त करता है कि मुद्रा की मांग ब्याज लोच होती है।

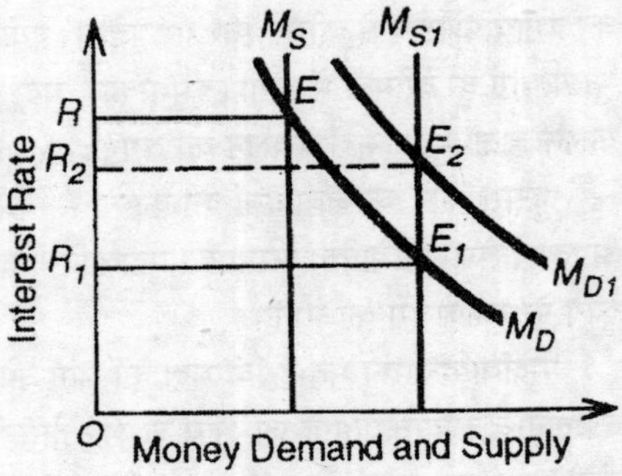

चित्र 2

केन्ज़वादी मत (The Keynesian View)

मुद्रा की मांग एवं पूर्ति और समस्त व्यय के सम्बन्ध में केन्ज़वादियों का मत मुद्रवादियों के मत से ठीक उल्टा है। उनका कहना है कि मुद्रा की मांग और पूर्ति अत्यधिक ब्याज-लोच होती है जबकि समस्त व्यय ब्याज लोच नहीं होता।

केन्ज़वादियों का मत है कि मुद्रा की पूर्ति मौद्रिक अधिकारियों द्वारा अल्पकाल में स्थिर की जाती है। मुद्रा की मांग, जो तरलता अधिमान के नाम से भी जानी जाती है, नकदी रखने की इच्छा होती है। लोगों को नकदी रखने के तीन उद्देश्य होते हैं: लेन-देन, सतर्कता तथा मुद्रा की सट्टा मांग। लेन-देन और सतर्कता उद्देश्यों से रखी गयी मुद्रा आय-स्तर का फलन होती है और सट्टा उद्देश्यों के लिए रखी गई मुद्रा ब्याज-दर का फलन होती है।

केन्ज़वादियों को ब्याज की बाजार दर में या बांड की कीमतों में परिवर्तन की प्रत्याशा होती है जो मुद्रा की मांग को निर्धारित करती है। मुद्रा की सट्टा मांग ब्याज दर का घटता हुआ फलन होती है। जब ब्याज की दर ऊँची होती है तो मुद्रा की सट्टा मांग कम होती है और विलोमश: भी। परन्तु बहुत कम ब्याज दर पर मुद्रा की सट्टा मांग पूर्णत: लोचशील होती है। यह मुद्रा की मांग वक्र का ''*तरलता जाल*'' अंश है। इस स्थिति में, लोग बांडों में निवेश करने की अपेक्षा मुद्रा को नकदी के रूप में रखना पसंद करते हैं क्योंकि बांडों को खरीदने से घाटा होगा।

कुल मिलाकर कहा जा सकता है कि राष्ट्रीय आय का स्तर दिया हुआ होने पर, मुद्रा की मांग ब्याज दर का घटता हुआ फलन है। केन्ज़वादी मानते हैं कि मुद्रा और वित्तीय परिसम्पत्तियाँ एक-दूसरे के अच्छी स्थानापन्न हैं। वे बहुत तरल हैं और ब्याज देती हैं। इसलिए यदि ब्याज-दरों में थोड़ा-सा भी परिवर्तन होता है तो मुद्रा और वित्तीय परिसम्पत्तियों में स्थानापन्नता होने लगती है। यदि ब्याज दर थोड़ी-सी भी गिरेगी तो प्रतिभूतियों की कीमतें बढ़ेंगी और इससे लोगों को प्रोत्साहन मिलेगा कि वे प्रतिभूतियां बेचें और अधिक मुद्रा रखें। यदि ब्याज की दर में थोड़ी-सी भी वृद्धि होगी तो स्थिति इसके विपरीत होगी। इस प्रकार केन्ज़वाद के अन्तर्गत मुद्रा की मांग अत्यधिक ब्याज लोच होती है।

केन्ज़वादी बेरोजगार संतुलन की उपस्थिति में विश्वास रखते हैं। इसका अर्थ होता है कि मुद्रा पूर्ति में कोई वृद्धि उत्पादन के स्तर में लगभग स्थायी वृद्धि ला सकती है। कीमत-स्तर पर मुद्रा पूर्ति का अन्तिम प्रभाव समस्त मांग पर इसके प्रभाव और समस्त उत्पादन की पूर्ति लोच पर निर्भर करता है।

कीमतों में और मुद्रा की मात्रा में परिवर्तनों के बीच कार्य-कारण सम्बन्ध का केन्ज़वादी सिलसिला ब्याज-दर के माध्यम से अप्रत्यक्ष होता है। इसलिए, जब मुद्रा की मात्रा बढ़ायी जाती है तो इसका पहला प्रभाव ब्याज-दर पर होता है जो गिरती है। पूंजी की सीमान्त उत्पादकता दी होने पर ब्याज-दर में कोई गिरावट निवेश की मात्रा बढ़ायेगी। बढ़ा हुआ निवेश गुणक प्रभाव द्वारा प्रभावी मांग बढ़ायेगा और इस तरह से आय, उत्पादन और रोजगार बढ़ेंगे। चूंकि उत्पादन के साधनों का पूर्ति वक्र बेरोजगारी की स्थिति में पूर्णत:

लोचशील होता है इसलिए मजदूरी और गैर-मजदूरी साधन पारिश्रमिक की स्थिर दर पर उपलब्ध होते हैं। पैमाने का प्रतिफल स्थिर होने पर, जब तब कोई बेरोजगारी होती है उत्पादन में वृद्धि के साथ कीमतें नहीं बढ़ती हैं। इन परिस्थितियों के अन्तर्गत, उत्पादन और रोजगार प्रभावी मांग के बराबर अनुपात में बढ़ेंगे और प्रभावी मांग मुद्रा की मात्रा के समान अनुपात में बढ़ेगी। परन्तु 'जब एक बार पूर्ण रोजगार हो जाता है तो मुद्रा की पूर्ति में परिवर्तनों के प्रति उत्पादन में कोई परिवर्तन नहीं होता है और ऐसे ही प्रभावी मांग में कोई परिवर्तन नहीं होता। मुद्रा पूर्ति में परिवर्तन का सम्पूर्ण प्रभाव कीमतों पर पड़ता है जो प्रभावी मांग में वृद्धि के साथ उसी अनुपात में बढ़ती है। इस प्रकार जब तक बेरोजगारी रहती है, उत्पादन उसी अनुपात में बदलेगा जिस अनुपात में मुद्रा की मात्रा और कीमतों में कोई परिवर्तन नहीं होगा; और जब पूर्ण रोजगार होता है तो कीमतें मुद्रा की मात्रा के समान अनुपात में परिवर्तित होंगी।

केन्ज़ीय संचारण तंत्र (transmission mechanism) में मुद्रा पूर्ति में होने वाले परिवर्तन, ब्याज दरों में परिवर्तनों से समस्त व्यय तथा राष्ट्रीय आय को अप्रत्यक्ष रूप से प्रभावित करते हैं। मान लीजिए कि मुद्रा की पूर्ति बढ़ जाती है। इससे ब्याज की दर गिरेगी, जो आगे, निवेश तथा व्यय को बढ़ाएगी और परिणामस्वरूप राष्ट्रीय आय बढ़ेगी। जिस प्रक्रिया द्वारा मुद्रा पूर्ति में हुए परिवर्तन आय के स्तर में पहुंचाए जाते हैं, वह *परिसम्पत्ति प्रभाव (asset effect)* है। उदाहरणार्थ, जब मुद्रा की पूर्ति बढ़ती है तो लोग अपने अतिरिक्त मुद्रा धारणों को वित्तीय परिसम्पत्तियों पर खर्च करते हैं। इसका मतलब है कि इस तरह की परिसम्पत्तियों की मांग बढ़ जाती है और उनकी कीमतें चढ़ जाती हैं। जब परिसम्पत्तियों (प्रतिभूतियों) की कीमतें बढ़ती हैं, तो वे ब्याज की दरों को घटा देती हैं जो आगे समस्त व्यय को बढ़ा देती हैं जिससे आय बढ़ जाती है। इस प्रकार, केन्ज़वादी धारणा के अनुसार मुद्रा पूर्ति में परिवर्तन ब्याज दरों में परिवर्तन द्वारा पहले केवल समस्त व्यय और राष्ट्रीय आय को प्रभावित कर सकते हैं और फिर तब यदि समस्त व्यय ब्याज दरों में परिवर्तनों के प्रति संवेदनशील (sensitive) होता है।

3. नीति विषयक अन्तर (POLICY DIFFERENCES)

मुद्रावादियों और केन्ज़वादियों में नीति उपायों के ऊपर भी मतभेद है। मुद्रावादियों का मत है कि आर्थिक क्रिया पर राजकोषीय नीति की अपेक्षा मौद्रिक नीति का अधिक प्रभाव पड़ता है और कि राजकोषीय नीति तो केवल मुद्रा पूर्ति में परिवर्तन लाने में ही महत्वपूर्ण है। दूसरी ओर, केन्ज़वादी इस बात पर बल देते हैं कि अर्थव्यवस्था को प्रभावित करने में राजकोषीय तथा मौद्रिक, दोनों ही, नीतियाँ महत्त्व रखती हैं परन्तु वे मौद्रिक नीति की अपेक्षा राजकोषीय नीति को अधिक महत्त्व देते हैं। मौद्रिक तथा राजकोषीय नीति के संबंध में, हम पहले मुद्रावादी दृष्टिकोण का, और बाद में केन्ज़वादी दृष्टिकोण का अध्ययन करेंगे।

मुद्रावादी दृष्टिकोण (The Monetarist View)

जैसाकि ऊपर पहले ही विश्लेषण किया जा चुका है, मुद्रावादी मानते हैं कि मुद्रा-पूर्ति में होने वाले परिवर्तनों का समस्त व्यय पर और इसलिए आय पर प्रत्यक्ष प्रभाव पड़ता है। आइए हम मुद्रावादियों द्वारा अपनाई गई विस्तारक मौद्रिक नीति का विश्लेषण करें। शुरू में मानलीजिए कि केन्द्रीय बैंक खुले बाजार में प्रतिभूतियाँ खरीदता है। इससे प्रतिभूतियों की कीमत बढ़ जाती है और ब्याज की दर गिर जाती है। इसलिए लोग प्रतिभूतियाँ बेचने लगेंगे और अधिक मुद्रा धारण करेंगे। लोग अपने बढ़े हुए मुद्रा-शेषों को वित्तीय परिसम्पत्तियों

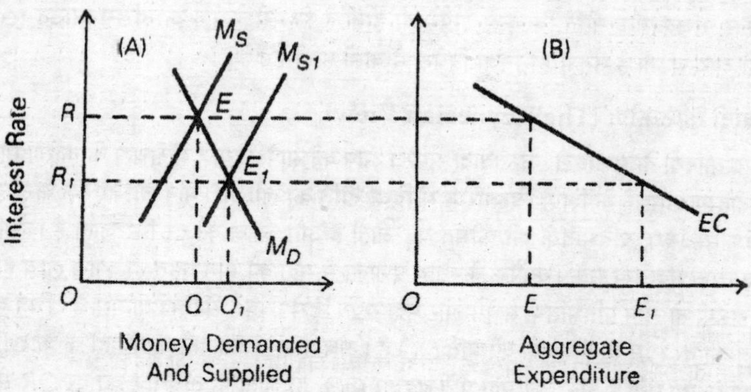

चित्र 3

और टिकाऊ उपभोक्ता वस्तुओं पर खर्च करते हैं। दूसरे लोग भी नीची ब्याज दरों से आकर्षित होकर, मकानों, टिकाऊ उपभोक्ता वस्तुओं, प्लाण्टों और उपकरणों आदि पर खर्च करने के लिए बैंकों से उधार लेते हैं। ये शक्तियाँ समस्त व्यय तथा आय को बढ़ा देती हैं। इसे चित्र 3 में दिखाया गया है। M_D मुद्रा का मांग वक्र है और M_S मुद्रा का पूर्ति वक्र है। दोनों ही वक्र ब्याज कम लोचशील हैं। शुरू में OR ब्याज दर पर दोनों ही वक्र संतुलन में हैं। जब मुद्रा पूर्ति बढ़कर M_{S1} हो जाती है, तो ब्याज की दर OR से गिर कर OR_1 पर आ जाती है। क्योंकि मुद्रा की मांग ब्याज दरों के प्रति अपेक्षाकृत बेलोचदार होती है इसलिए वह OQ से बढ़कर OQ_1 पर चली जाती है परन्तु क्योंकि समस्त व्यय ब्याज–दर के इस पतन के प्रति बहुत लोचदार है, इसलिए चित्र के भाग *(B)* में वह OE से बढ़कर OE_1 पर चला जाता है जहां EC व्यय वक्र को व्यक्त करता है। इस प्रकार, समस्त व्यय और आय बढ़ाने में विस्तारक मौद्रिक नीति बहुत ही सफल है। अब चित्र 4 *(A)* तथा *(B)* में राजकोषीय नीति पर ध्यान दीजिए। समस्त व्यय बढ़ने से अर्थव्यवस्था में विस्तार होता है जो व्यय वक्र को चित्र के भाग *(B)* में EC से ऊपर की ओर सरकाकर EC_1 पर पहुंचा देता है। जब समस्त मांग OE से बढ़कर OE_1 पर पहुंचती है, तो राष्ट्रीय आय भी बढ़ जाती है। इससे लेन–देन उद्देश्यों के लिए मुद्रा की मांग बढ़ती है। मुद्रा की इस बढ़ी हुई मांग को पूरा करने के लिए, परिवार और फर्में उन प्रतिभूतियों को बेचती हैं जो उनके पास हैं, और बैंकों तथा अन्य वित्तीय संस्थाओं से भी उधार लेती हैं। इन प्रवृत्तियों का प्रभाव यह पड़ता है कि ब्याज की दर बढ़ जाती है। क्योंकि मुद्रा की मांग ब्याज दरों में परिवर्तनों के प्रति अपेक्षाकृत बेलोचदार होती है, इसलिए मुद्रा की पूर्ति को मुद्रा की मांग के बराबर लाने के लिए बहुत ही ऊंची ब्याज दर की जरूरत है। इसे चित्र 4 के भाग *(A)* में दिखाया गया है जहां मुद्रा की बढ़ी हुई मांग को M_{D1} वक्र के द्वारा दिखाया गया है और ब्याज की बढ़ी हुई दर को RR_1 द्वारा दिखाया गया है।

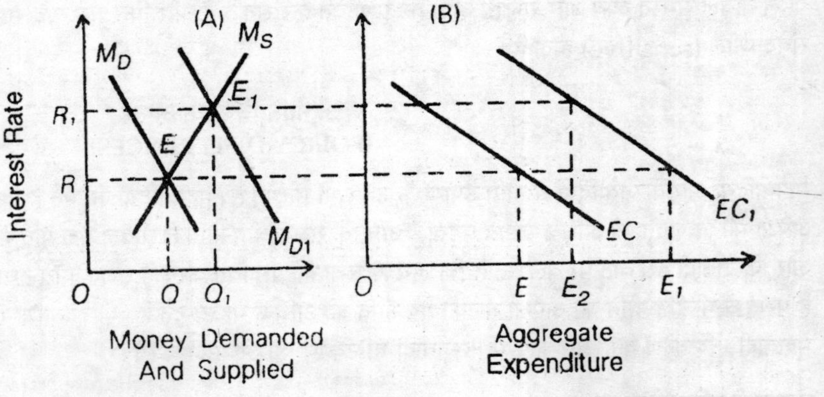

चित्र 4

परन्तु ब्याज की दर के इतना अधिक बढ़ जाने से निजी व्यय OE_1 से घटकर OE_2 पर आ जाता है जैसाकि भाग *(B)* में, जिसके परिणामस्वरूप, समस्त व्यय पर विस्तारक राजकोषीय नीति का निबल प्रभाव केवल EE_2 ही है। इस प्रकार, मुद्रावादियों के मतानुसार, जब विस्तारक राजकोषीय नीति अपनाई जाती है तो सरकारी व्यय बढ़ जाता है। इससे आय में वृद्धि होती है जो ब्याज दर को बहुत अधिक बढ़ा देती है। ब्याज की दर बढ़ने से निजी व्यय लगभग उतना ही घट जाता है जितना कि सरकारी व्यय बढ़ता है। इस प्रकार, राजकोषीय नीति बिल्कुल अप्रभावी होती है जिससे केवल **क्राउडिंग आउट** (corwding out) होता है अर्थात् जितना सरकारी व्यय बढ़ता है उतनी ही निजी निवेश में कमी होती हैं।

केन्ज़वादी दृष्टिकोण (The Keynesian View)

मुद्रावादियों के मुकाबले, केन्ज़वादी समस्त आय की सापेक्ष ब्याज बेलोचता के कारण मौद्रिक नीति को कम प्रभावशाली मानते हैं। इसे सोदाहरण समझने के लिए, **विस्तारक मौद्रिक नीति** को लीजिए। मान लीजिए कि केन्द्रीय बैंक खुले बाजार में प्रतिभूतियाँ खरीदता है। परिणामस्वरूप, प्रतिभूतियों की कीमत बढ़ जाती है और ब्याज की दर गिर जाती है। इसलिए लोग प्रतिभूतियाँ बेचना शुरु कर देंगे ताकि अधिक मुद्रा रख सकें। क्योंकि केन्ज़ीय प्रणाली में मुद्रा की मांग बहुत ही ब्याज लोच होती है, इसलिए यदि ब्याज की दर थोड़ी–सी भी बढ़ेगी तो लोग प्रतिभूतियाँ बेचेंगे और मुद्रा रखेंगे। इसे चित्र 5 में दिखाया गया है। चित्र का भाग *(A)* बताता है कि प्रारंभिक स्थिति में ब्याज की दर OR है और मुद्रा की पूर्ति OQ है। अब केन्द्रीय बैंक की कार्यवाही के कारण मुद्रा की पूर्ति बढ़ जाती है। इसे M_{S1} वक्र के द्वारा दिखाया गया है और जब मुद्रा पूर्ति बढ़कर OQ_1 हो जाती है, तो ब्याज की दर OR से गिरकर OR_1 रह जाती है। ब्याज की दर में यह RR_1 के बराबर थोड़ी–सी कमी समस्त व्यय में केवल EE_1 के बराबर वृद्धि करती है, जैसाकि चित्र के भाग *(B)* में दिखाया गया है। इस प्रकार विस्तारक मौद्रिक नीति समस्त मांग तथा आय को बहुत बढ़ाने में सफल नहीं होती।

केन्ज़ीय प्रणाली के अन्तर्गत मौद्रिक नीति अपेक्षाकृत कम प्रभावी है, परन्तु राजकोषीय नीति अपेक्षाकृत अधिक प्रभावी है। चित्र 6 पर ध्यान दीजिए जब राष्ट्रीय आय बढ़ाने के लिए समस्त व्यय बढ़ाया जाता है तो अर्थव्यवस्था में विस्तार होता है। इससे चित्र के भाग *(B)* में व्यय वक्र *EC* ऊपर को सरक कर EC_1 पर चला जाता है। जब समस्त व्यय *OE* से बढ़कर OE_1 हो जाता है, तो राष्ट्रीय आय बढ़ती है। इससे लेन–देन उद्देश्यों के लिए लोग मुद्रा की अधिक मांग करते हैं। मुद्रा की इस बढ़ी हुई मांग को पूरा करने के लिए, परिवार तथा फर्में अपनी प्रतिभूतियाँ बेच देती हैं और बैंकों तथा अन्य वित्तीय संस्थाओं से भी उधार लेती हैं। परिणामस्वरूप, ब्याज की दर बढ़ जाती है। ऊंची ब्याज दरें और अधिक कर्जों की मांग कमर्शियल बैंकों के अतिरिक्त रिज़र्व घटाने की प्रेरणा देती हैं जिससे मुद्रा की पूर्ति चित्र के भाग *(A)* में *OQ* से बढ़कर OQ_1 हो जाती है। और फिर ऊंची ब्याज दरें बांड धारकों को प्रेरित करती हैं कि वे सट्टा उद्देश्यों के लिए रखी अपनी मुद्रा की राशि घटाएं क्योंकि ऊंची ब्याज दरों का मतलब है बांडों की कीमत गिरना। क्योंकि मुद्रा की मांग अति ब्याज लोच होती है, इसलिए चित्र के भाग *(A)* में मुद्रा पूर्ति M_S को E_1 पर नए मुद्रा मांग वक्र M_{D1} के बराबर लाने के लिए ब्याज की दर को केवल थोड़ा–सा *OR* से OR_1 तक बढ़ाने की ही जरूरत है। परन्तु ब्याज की दर में RR_1 की इस थोड़ी–सी वृद्धि का निजी व्यय घटाने में बहुत कम प्रभाव पड़ता है जैसाकि चित्र के भाग *(B)* में OE_1 से OE_2 तक की कमी द्वारा दिखाया गया है। इसका कारण यह है कि केन्ज़ीय प्रणाली में समस्त व्यय अपेक्षाकृत ब्याज बेलोच है। इस प्रकार विस्तारक राजकोषीय नीति का प्रभाव यह पड़ता है कि जब ब्याज की दर में RR_1 की वृद्धि होती है तो परिणामस्वरूप समस्त व्यय में EE_2 के बराबर निवल वृद्धि होती है और निजी व्यय केवल थोड़ा–सा E_1E_2 के बराबर ही घटता है। इस प्रकार केन्ज़वादी मौद्रिक नीति की अपेक्षा राजकोषीय नीति को अधिक प्रभावी मानते हैं।

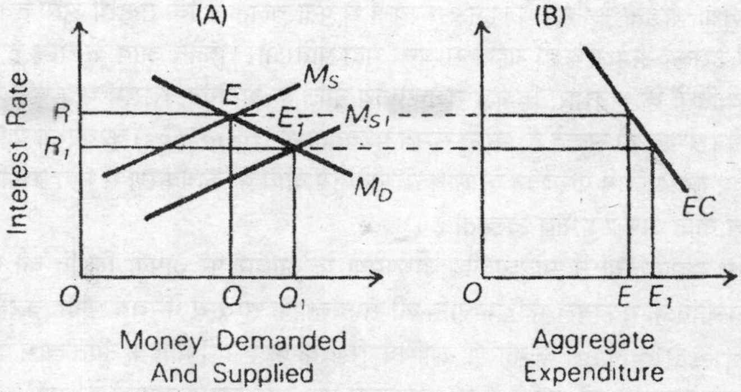

चित्र 5

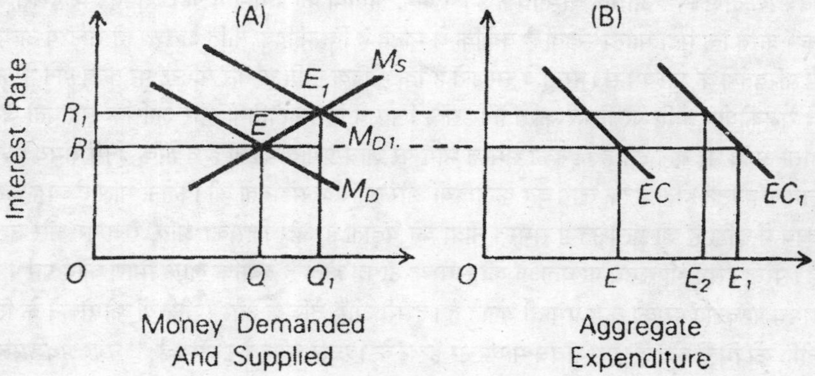

चित्र 6

निष्कर्ष (Conclusion)

मुद्रावाद तथा केन्ज़वाद के सम्बन्ध में ऊपर दिए गए विश्लेषण से पता चलता है कि दोनों के मत लगभग एक–दूसरे के विपरीत हैं। मुद्रावादियों का कहना है कि केवल मुद्रा महत्त्व रखती है और मुद्रा पूर्ति के घटने और बढ़ने के कारण ही आर्थिक सुस्तियाँ तथा तेजियाँ आती हैं। वे इस बात पर बल देते हैं कि मुद्रा की वृद्धि दर ही राष्ट्र के व्यवहार की प्रमुख निर्धारक है। यह मत अनेक ऐतिहासिक अध्ययनों पर आधारित है जो फ्रीडमैन और श्वार्ट्ज, फ्रीडमैन और मीजलमैन[1], और ''फैडरल रिजर्व बैंक ऑफ सेण्ट लुई'' के

1. M. Friedman and David Meislman, "The Relative Stability of Monetary Velocity and the Investment Multiplier in the United States, 1897-1958", *Stabilization Politics*, 1963.

एण्डरसन तथा जोर्डन[2] ने किए थे। इन अध्ययनों से पता चलता है कि राष्ट्रीय आय तथा केन्ज़ के किसी भी चर जैसे समस्त व्यय में जो सम्बन्ध है उसकी अपेक्षा कहीं गहरा सम्बन्ध मुद्रा पूर्ति और राष्ट्रीय आय के बीच है।

मुद्रावादियों के अनुसार, विशुद्ध राजकोषीय नीति के अन्तर्गत, जिसमें मुद्रा पूर्ति में कोई परिवर्तन नहीं होता, उसके कुल मांग पर अल्पकालीन प्रभाव हो सकते हैं, परन्तु समय पश्चतताओं (time lags) के कारण यह निश्चितता से मांग को नियंत्रित नहीं कर सकती है। इसलिए, मुद्रा पूर्ति में परिवर्तन के साथ राजकोषीय नीति के कार्यकरण से मांग प्रभावित होगी। परन्तु यहां मुद्रा पूर्ति से परिवर्तन न कि राजकोषीय नीति अपना प्रभाव दिखाती है।

यद्यपि मुद्रावादियों ने सांख्यिकीय अध्ययनों के आधार पर अपनी स्थिति को मजबूत बनाने का प्रयत्न किया है। फिर भी वे राजकोषीय नीति के मुकाबले मौद्रिक नीति की सफलता के सम्बन्ध में स्वयं सन्देह करते हैं। वे इस बात को स्वीकार करते हैं कि प्रचालन पश्चता (operation lag) के कारण, आर्थिक स्थिरक के रूप में मौद्रिक नीति लाभ की बजाय हानि अधिक पहुंचा सकती है। प्रचालन पश्चता उस कालावधि को बताती है जो कार्यवाही लेने और उस कार्यवाही के आर्थिक स्थिति पर सफल प्रभाव पड़ने के बीच गुजरता है। औसतन, मुद्रा पूर्ति में हुआ परिवर्तन राष्ट्रीय आय को प्रभावित करने में बहुत समय लेता है, इसलिए प्रचालन पश्चता लम्बी होती है। फ्रीडमैन स्वयं यह स्वीकार करता है कि काल पश्चता इतनी लम्बी होती है कि प्रति-चक्रीय मौद्रिक नीति का वास्तव में अर्थव्यवस्था पर विस्थिरीकारी प्रभाव पड़ सकता है। इसलिए, मुद्रावादियों का मत है कि अर्थव्यवस्था मूलतः स्थिर होती है और जब मूल स्थितियों में कुछ परिवर्तनों से इसमें बाधा होती है तो यह तेजी से अपने दीर्घकालीन विकास पथ-पर लौटती है। इस कारण वे मुद्रा पूर्ति में निश्चित प्रतिशत वार्षिक वृद्धि का समर्थन करते हैं और मौद्रिक नीति में स्वनिर्णय की समाप्ति चाहते हैं। इसलिए फ्रीडमैन मानता है कि सिवाय इसके कि राजकोषीय नीति मुद्रा के व्यवहार को प्रभावित करती है, उसका अर्थव्यवस्था पर कोई सक्षम प्रभाव नहीं पड़ता।

दूसरी ओर, मुद्रावादियों की भांति केन्ज़वादी कट्टर नहीं हैं। मुद्रावादियों की अपेक्षा केन्ज़वादियों का मौद्रिक एवं राजकोषीय नीति विषयक दृष्टिकोण अधिक वास्तविक है। वे दोनों नीतियों को प्रतियोगी नहीं अपितु एक दूसरी की पूरक मानते हैं। वे इस बात से इन्कार नहीं करते कि मुद्रा महत्व रखती है क्योंकि वे मानते हैं कि मौद्रिक नीति अवश्य ही राष्ट्रीय आय को प्रभावित तो करती है, पर ब्याज दर में परिवर्तनों के माध्यम से। परन्तु वे समझते हैं कि मौद्रिक नीति गम्भीर मंदियों पर काबू पाने में असमर्थ है, इसलिए इस उद्देश्य के निमित्त वे राजकोषीय नीति पर निर्भर करते हैं। इसके लिए वे कर कटौतियां और आर्थिक सहायता जैसे पेन्शन, सामाजिक सुरक्षा, बेरोजगारी भत्ता आदि पर बल देते हैं। इनका समस्त मांग पर शीघ्र प्रभाव पड़ता है क्योंकि इनमें समय पश्चताएं कम होती हैं। परन्तु यह अनुमान लगाना कठिन होता है कि लोग कर कटौतियों और आर्थिक सहायता की कितनी मात्राएं व्यय करते हैं। दूसरा, राजकोषीय उपाय सरकारी व्यय में वृद्धि है जो प्रत्यक्षतया समस्त मात्रा को बढ़ाता है और जिसका आय, रोजगार और उत्पादन बढ़ाने में बड़ा गुणक प्रभाव होता है। परन्तु इसमें भी समय पश्चताओं की समस्या उत्पन्न होती है क्योंकि लोक मिर्माण कार्य प्रारंभ करने के निर्णय लेने और कार्यान्वयन में समय पश्चताएं इसको कम प्रभावी बनाते हैं। दूसरी ओर, तेजियों और स्फीतियों को रोकने के लिए वे राजकोषीय नीति के साथ मौद्रिक नीति को मिला लेते हैं। इस संबंध में वाल्टर हैलर के विचार ध्यान देने योग्य हैं, ''*नया अर्थशास्त्र*...राजकोषीय तथा मौद्रिक दोनों नीतियों को महत्त्वपूर्ण कार्यभाग सौंपता है। दरअसल, दोनों नीतियों का उचित मिश्रण ही तर्क का अनिवार्य आधार है। जिस किसी के मन में यह आशंका हो कि ''नया अर्थशास्त्र तो केवल राजकोषीय नीति है, उसके लिए प्रमाण उपलब्ध है और नए अर्थशास्त्र का यह आश्वासन है कि मुद्रा का भी महत्त्व है।''[3]

प्रश्न

1. मौद्रिक नीति पर केन्ज़वादी और मुद्रावादी मतों की विवेचना कीजिए।
2. मौद्रिक और राजकोषीय नीति के संबंध में मुद्रावादियों और केन्ज़वादियों के मतभेद का निरीक्षण कीजिए।

---

2. C.L. Anderson and J.L. Jordan, "Monetary and Fiscal Actions: A Test of their Relative importance in Economic Stabilization," *Federal Reserve Bank of St. Louis Review*, November, 1968.
3. Walter, W. Heller, *New Dimensions of Political Economy*, 1966.

अध्याय 56

क्राउडिंग आउट तथा नीति में पश्चताएं
(Crowding Out and Lags in Policy)

1. क्राउडिंग आउट तथा राजकोषीय नीति (CROWDING OUT AND FISCAL POLICY)

क्राउडिंग आउट, घाटे के बजट द्वारा सरकारी व्यय में वृद्धि के कारण निजी व्यय या निवेश में होने वाली कमी के संदर्भ में प्रयुक्त होता है। सरकारी व्यय में यह वृद्धि, करों में कटौती या मुद्रा की पूर्ति बढ़ाकर या बाण्ड जारी कर की जा सकती है। सरकारी व्यय में वृद्धि कुल मांग, राष्ट्रीय आय तथा ब्याज दर को बढ़ा देती है जिससे निजी निवेश कम हो जाता है। इसे राजकोषीय नीति का **क्राउडिंग आउट प्रभाव** कहा जाता है।

क्राउडिंग आउट पर बजट घाटे के प्रभाव के बारे में केन्जवादी तथा मुद्रावादी अर्थशास्त्री एकमत नहीं हैं। इन दोनों के मध्य मुख्य मतभेद इस बात को लेकर है कि केन्जवादी *प्रथम* चक्र (round) (अल्पकालिक) के प्रभावों पर बल देते हैं जिसके अन्तर्गत IS वक्र स्थायी रूप से खिसक जाता है जबकि मुद्रावादी *अन्तिम* चक्र (दीर्घकालिक) के प्रभावों पर बल देते हैं।

केन्ज के क्राउडिंग आउट सिद्धांत के अनुसार, सरकार जब नए बाण्ड जारी कर घाटे के वित्त का सहारा लेती है तो इसका व्यय बढ़ जाता है। राष्ट्रीय आय भी बढ़ जाती है। यदि मुद्रा की पूर्ति को स्थिर रखा जाता है तो लोगों को व्यवसाय के लिए अधिक मुद्रा की आवश्यकता होगी जिससे ब्याज दर बढ़ जाएगी। ब्याज की बढ़ी हुई दर निजी निवेश व्यय को कम (crowd out) कर देगी। यह प्रथम चरण का प्रभाव है जिसकी व्याख्या चित्र 1 में की गयी है। चित्र में E_1 प्रारंभिक संतुलन स्थिति है। बॉण्ड जारी करने से सरकारी व्यय में वृद्धि IS_1 वक्र को स्थायी रूप से दाईं ओर खिसकाकर IS_2 पर ले आती है और यह LM वक्र को E_2 बिन्दु पर काटता है। चूंकि मुद्रा पूर्ति स्थिर है इसलिए E_2 अर्थव्यवस्था का नया संतुलन स्तर है। गुणक प्रक्रिया आय के स्तर को Y_1 से बढ़ाकर Y_2 पर ले आती है और ब्याज दर R_1 से बढ़कर R_2 हो जाती है। उच्च ब्याज दर निजी निवेश की एक निश्चित मात्रा में कमी ला देती है।

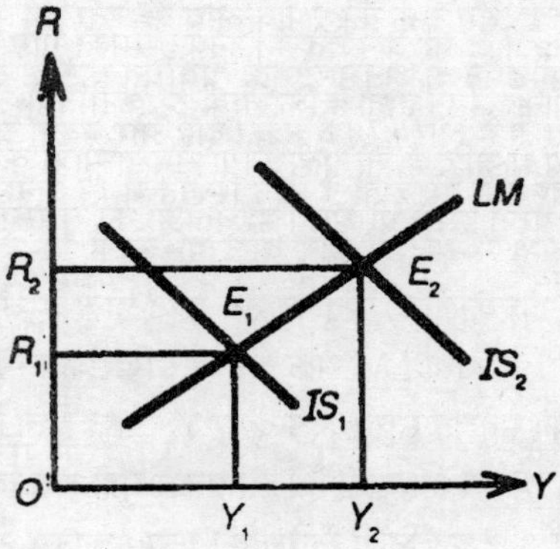

चित्र 1

केन्जवादियों की धारणा है की नए नोटों के मुद्रण (मुद्रा सृजन) द्वारा उत्पन्न घाटे का वित्तप्रबंधन बांड द्वारा वित्तप्रबंधन से अधिक विस्तारक (expansionary) होता है। परन्तु वे यह नहीं मानते कि उच्च ब्याज दर के कारण निजी व्यय में जो कमी आती है वह बढ़े हुए सरकारी व्यय को पूर्णतया निष्प्रभावी कर देती है। दूसरे शब्दों में निजी निवेश में आई कमी (crowding out) पूर्ण नहीं होती है। इसका कारण यह है कि उच्च ब्याज दर का दोहरा प्रभाव होता है। पहला, यह निजी खर्च में कमी लाती है। दूसरा, उच्च ब्याज दर लोगों को नकदी शेषों में कमी लाने के लिए प्रेरित करती है। इसलिए लोग निष्क्रिय नकदी सम्पत्तियों का उपयोग अन्य लेन-देन प्रयोजनों के लिए करने लगते हैं। यही कारण है कि निजी निवेश में कमी आंशिक होती है। दूसरी ओर फ्रीडमैन *धन प्रभाव* को आधार बनाकर बजट घाटे (बॉण्ड के द्वारा या मुद्रा द्वारा उत्पन्न) के अंतिम प्रभावों पर बल देते हैं। जब

सरकार बाजार में बांडों को बेचकर अपना व्यय बढ़ाती है तो उनके क्रेता अपने आपको पहले से अधिक धनी महसूस करते हैं क्योंकि वे विश्वास करते हैं कि भविष्य में उपभोग तथा अन्य प्रयोजनों के लिए अधिक संसाधन उपलब्ध होंगे। परिणामस्वरूप, वे मुद्रा की अधिक मांग करते हैं जिससे LM वक्र बाईं ओर खिसक जाता है। यह विश्लेषण इस मान्यता पर आधारित है कि सरकार द्वारा जारी किए गए बांड धन माने जाते हैं और मुद्रा की मांग तथा उपभोग व्यय दोनों का धन के साथ धनात्मक संबंध है।

यदि सरकार बाण्ड द्वारा वित्त प्रबंधित (financed) बजट घाटे के द्वारा अपने व्यय में वृद्धि लाती है तो इसके परिणामस्वरूप इन बांडों को खरीदने पर लोगों द्वारा किया जाने वाला व्यय भी बढ़ जाएगा। चित्र 2 में लोक-व्यय में वृद्धि IS_1 वक्र को स्थायी रूप से दाईं ओर खिसकाकर IS_2 पर ले आती है। प्रथम चक्र का यह प्रभाव LM वक्र दिया होने पर राष्ट्रीय आय के स्तर को Y_1 से बढ़ाकर Y_2 पर E_1 से E_2 बिन्दु पर ले आती है। राष्ट्रीय आय में यह वृद्धि आगे मुद्रा की मांग को बढ़ा देती है तथा लोगों द्वारा सरकारी बांडों की खरीदारी धन प्रभाव के कारण मुद्रा की मांग को और अधिक बढ़ा देती है। चूंकि LM_1 वक्र बाईं ओर खिसककर LM_2 पर तथा IS_2 वक्र दाईं ओर खिसककर IS_3 पर आ जाता है, इसलिए अंतिम संतुलन E_3 बिन्दु पर आय के प्रारंभिक स्तर Y_1 पर प्राप्त होता है। फ्रीडमैन के अनुसार, ब्याज दर में R_3 तक की वृद्धि निजी निवेश में कमी लाती है, जिससे बांडों द्वारा वित्त-प्रबंधित सरकारी व्यय निजी निवेश में कमी ला देता है। परन्तु कुल व्यय अपरिवर्तित रहता है और राष्ट्रीय आय पर राजकोषीय नीति का कोई विस्तारक प्रभाव नहीं पड़ता है।

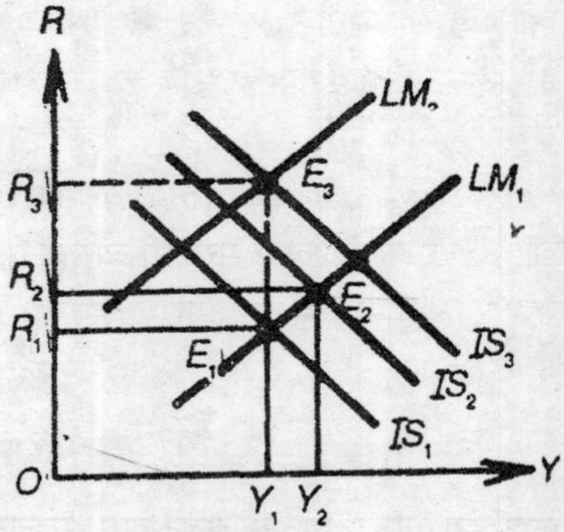

चित्र 2

यदि बजट घाटा मुद्रा द्वारा वित्त-प्रबंधित (money financed) होता है तो इसका विस्तारक प्रभाव पड़ता है, क्योंकि मुद्रा-पूर्ति में वृद्धि मुद्रा की मांग पर धन प्रभाव के कारण वृद्धि से अधिक होती है। इस मामले में, जैसा कि चित्र 3 में दिखाया गया है, LM_1 वक्र दाईं ओर खिसककर LM_2 पर आ जाता है। सरकारी व्यय में वृद्धि IS_1 वक्र को दाईं ओर खिसकाकर IS_2 पर ले आती है जहां संतुलन E_1 से E_2 बिन्दु पर होता है। प्रथम चक्र का प्रभाव आय के स्तर को Y_1 से बढ़ाकर Y_2 पर ले आता है। फ्रीडमैन के अनुसार, मुद्रा-प्रबंधित घाटे के दौरान मुद्रा का स्टॉक बढ़ना जारी रहता है और LM वक्र का दाईं ओर बढ़ना जारी रहता है जिसके कारण ब्याज दर कम हो जाती है। इन स्थिति में IS अनुसूची की तुलना में LM अनुसूची आय में बाद में होने वाले परिवर्तनों पर ज्यादा प्रभाव डालती है। अन्तिम (दीर्घकालीन) संतुलन तब प्राप्त होता है जब IS_2 वक्र दाईं ओर खिसककर IS_4 पर तथा LM_2 वक्र दाईं ओर खिसककर LM_4 पर चला जाता है और आय का संतुलन स्तर E_4 बिन्दु पर Y_4 प्राप्त होता है। ब्याज की दर Y_2E_2 से गिरकर Y_4E_4 पर आ जाती है। इस प्रकार मुद्रा द्वारा वित्त प्रबंधित घाटा विस्तारक होता है और यह निजी निवेश को कम (क्राउड आउट) नहीं करता।

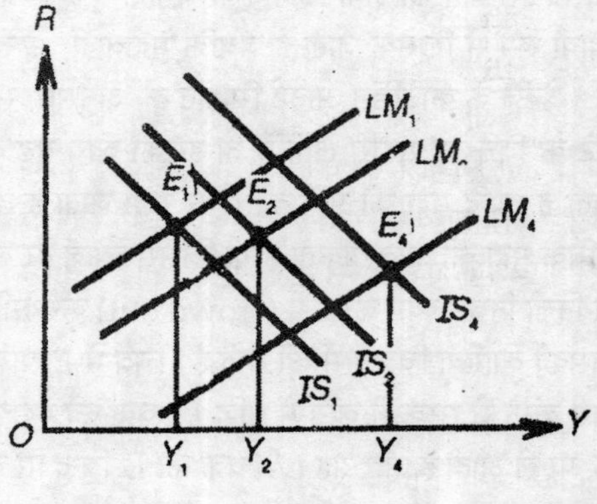

चित्र 3

ब्लिंडर (Blinder) तथा सोलो (Solow) ने फ्रीडमैन के ऋण-प्रतिबंधित घाटे के क्राउडिंग आउट मॉडल के बकाया ऋण पर ब्याज भुगतानों की उपेक्षा करने के लिए आलोचना की है। उनके अनुसार, "सरकार को न केवल बजट घाटे के लिए बल्कि बकाया ऋणों पर ब्याज के भुगतान के लिए भी वित्त-प्रबंधन करना पड़ता है। उन्होंने दिखाया है कि यदि निजी निवेश तथा मुद्रा की मांग पर धन प्रभाव का असर पड़ता है, तो IS तथा LM वक्र अवधि से अवधि के साथ खिसकते रहते हैं और अल्पकालिक संतुलन दीर्घकालिक संतुलन से भिन्न हो जाता है। यह भिन्नता इस बात पर निर्भर करती है कि बजट बांड वित्त प्रबंधन बांड द्वारा किया गया है या मुद्रा वित्त प्रबंधन द्वारा।

बांडों द्वारा वित्त प्रबंधित बजट घाटे में अल्पकालिक तथा दीर्घकालिक संतुलन स्थितियों को चित्र 4 *(A)* में दिखाया गया है। बांड

द्वारा वित्त प्रबंधित घाटे के कारण सरकारी व्यय में वृद्धि IS_1 वक्र को दाईं ओर खिसकाकर IS_2 पर ले आती है। ऐसा बांडों के धन–प्रभाव के कारण सरकारी व्यय तथा निजी निवेश में वृद्धि के कारण होता है। धन प्रभाव के कारण LM_1 वक्र बाईं ओर खिसककर LM_2 पर आ जाता है जिससे मुद्रा की मांग बढ़ जाती है। इसके परिणामस्वरूप, संतुलन E_1 से E_2 बिन्दु पर होता है और आय का अल्पकालिक संतुलन स्तर Y_1 से बढ़कर Y_2 पर आ जाता है।

यदि *बजट घाटे का वित्त प्रबंधन* मुद्रा निर्माण (creation) द्वारा किया जाता है तो अल्पकाल में सरकारी व्यय में वृद्धि स्थायी होती है जिससे IS_1' वक्र उतनी ही दूरी में दाईं ओर खिसककर IS_2' पर आ जाता है जिसे चित्र के भाग *(B)* में दिखाया गया है। किन्तु मुद्रा की पूर्ति में वृद्धि की मात्रा धन प्रेरित मुद्रा की मांग में वृद्धि से अधिक होने के कारण चित्र के भाग *(B)* में LM_1' वक्र दायीं ओर खिसककर LM_2' पर आ जाता है। इससे संतुलन E_1' से E_2' बिन्दु पर होता है और यह आय के अल्पकालीन संतुलन स्तर को Y_1' से बढ़कर Y_2' पर ले आता है। बांड द्वारा वित्त प्रबंधन तथा मुद्रा द्वारा वित्त प्रबंधन की स्थितियों में तुलना करने से स्पष्ट है कि मुद्रा द्वारा वित्त प्रबंधित आय–स्तर Y_2', बांड द्वारा वित्त प्रबंधित आय स्तर Y_2 से अधिक होता है। ऐसा इस कारण होता है कि चित्र के भाग *(B)* में मुद्रा की पूर्ति में वृद्धि ब्याज दर को $Y_1'E_1'$ से घटाकर $Y_2'E_2'$ पर ले अती है। अत: मुद्रा द्वारा वित्त–प्रबंधित घाटा अधिक विस्तारक होता है और यह निजी निवेश में कमी नहीं लाता है। दूसरी ओर, चित्र के भाग *(A)* में बांड द्वारा वित्त–प्रबंधित घाटा ब्याज दर को Y_1E_1 से बढ़ाकर Y_2E_2 पर ले आता है जब राष्ट्रीय आय बढ़कर Y_2 हो जाती है। यह भी विस्तारक होता है परन्तु यह निजी निवेश के एक हिस्से में कमी ला देता है (को क्राउड आउट कर देता है)।

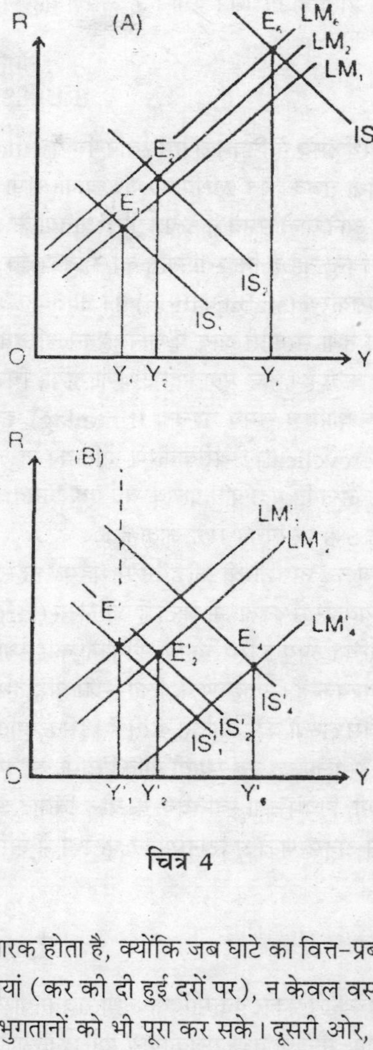

चित्र 4

दीर्घकाल में, बांड द्वारा वित्त–प्रबंधन मुद्रा द्वारा वित्त–प्रबंधन से अधिक विस्तारक होता है, क्योंकि जब घाटे का वित्त–प्रबंधन बांड द्वारा किया जाता है तो आय में उस स्तर तक वृद्धि आवश्यक है कि करों की प्राप्तियां (कर की दी हुई दरों पर), न केवल वस्तुओं तथा सेवाओं पर बढ़े हुए सरकारी व्यय को बल्कि बढ़े हुए सरकारी ऋण के ब्याज के भुगतानों को भी पूरा कर सके। दूसरी ओर, यदि घाटे का वित्त–प्रबंधन मुद्रा सृजन द्वारा किए जाने की स्थिति में दीर्घकालीन संतुलन स्थापित होता है जिसमें आय में उतनी ही वृद्धि होती है जिससे प्राप्त कर राजस्व, वस्तुओं तथा सेवाओं पर बढ़े हुए व्यय को पूरा कर सके।'' चित्र के भाग *(A)* में, बांड द्वारा वित्त–प्रबंधन की स्थिति को दर्शाया गया है। दीर्घकाल में, जब IS_2 वक्र खिसककर IS_6 पर तथा LM_2 वक्र खिसककर LM_6 पर आ जाता है तो संतुलन E_2 से E_6 बिन्दु पर होता है और नया संतुलन स्तर Y_6 पर प्राप्त होता है। चित्र के भाग *(B)* में मुद्रा द्वारा वित्त प्रबंधन की स्थिति को दर्शाया गया है जिसमें दीर्घकाल में IS_2' वक्र खिसककर IS_6' पर तथा LM_2' वक्र खिसककर LM_6' पर आ जाता है जिससे संतुलन E_2' से E_6' बिन्दु पर होता है और Y_6' पर आय का नया संतुलन स्तर स्थापित होता है। जैसा कि इन दोनों चित्रों से स्पष्ट है कि Y_6 आय–स्तर Y_6' आय–स्तर से अधिक है।

उपर्युक्त विश्लेषण से स्पष्ट है कि बांड द्वारा वित्त प्रबंधित सरकारी घाटे में वृद्धि का दीर्घकालीन प्रभाव अधिक विस्तारक होता है

1. A. P. Arestis, "The Crowding Out of Private Investment Expenditure by Fiscal Actions : An Empirical Investigation," *Public Finance,* Vol. 34, 1979.

परन्तु यह निजी निवेश में कमी ला देता है क्योंकि ब्याज की दर ऊंची होती है। परन्तु मुद्रा द्वारा घाटे का वित्त प्रबंधन अपेक्षाकृत कम विस्तारक होता है और धन प्रभाव के कारण यह निजी निवेश में कमी नहीं लाता है।

2. नीति निर्माण में नियम बनाम स्वनिर्णय (RULES VS. DISCRETION IN POLICY)

समष्टि अर्थशास्त्र में नियम बनाम स्वनिर्णय (Rules Vs. Discretion) को लेकर विवाद है। विवाद इस बात को लेकर हैं कि क्या मौद्रिक तथा राजकोषिय प्राधिकारी भविष्य की सभी आर्थिक स्थितियों में नीति चरों का निर्धारण पूर्व-निर्धारित नियम के अनुसार करें या फिर उन्हें आने वाले समय में उत्पन्न परिस्थितियों के अनुरूप नीति निर्धारित के लिए अपने स्वविवेक से निर्णय लेने दिया जाए। इस विवाद का केन्द्र बिन्दु यह है कि स्वनिर्णय की नीति या क्रियात्मक (activist) नीति वांछित है या नहीं।

स्थिरीकरण (stabilisation) की नीति का अर्थ हैं : ''प्रबल आर्थिक हवाओं के विरुद्ध टिके रहने की नीति''। इसके अन्तर्गत ब्याज दरों तथा सरकारी व्यय में जानबूझकर परिवर्तन किए जाते है तथा तेजी और मंदी के दौरान क्रमशः दृढ़ तथा सरल मौद्रिक नीति अपनायी जाती है। कुछ मुद्रावादी अर्थशास्त्रियों, विशेषकर फ्रीडमैन, ने आर्थिख भविष्यवाणियों की अस्थिर प्रवृत्ति तथा इस प्रकार की नीतियों में शामिल समय पश्चता (time lag) की लम्बी समयावधि, परिवर्तनशीलता तथा अनिश्चितताओं के कारण प्रतिचक्रीय (countercyclical) स्थिरीककरण नीति का परित्याग कर दिया है। यह इसलिए एक स्थायी दीर्घकालीन नीति अपनाने पर बल देता है जिसके अन्तर्गत मुद्रा पूर्ति प्रत्येक वर्ष एक नियत दर, जैसे 3 प्रतिशत की दर से बढ़ती है और सरकार का राजकोषीय घाटा कुल घरेलू उत्पाद के 3% पर नियत रखा जाता है।

परन्तु कई अर्थशास्त्री फ्रीडमैन से सहमत नहीं है। उनके अनुसार, नियमों के कारण समष्टि अर्थशास्त्र के साधन (instrument) चरों के व्यवहार में दृढ़ता आ जाती है जो लक्ष्य (target) चरों को अस्थिर कर देते हैं। इसलिए, अर्थव्यवस्था में पूर्ण रोजगार बनाए रखने के लिए रचित उपयुक्त स्थिरीकरण नीति का कोई स्थानापन्न नियम नहीं है। वास्तव में, लक्ष्यों को स्थिर रखने के लिए साधनों का लोचपूर्ण होना आवश्यक है। उदाहरण के लिए, मुद्रा पूर्ति तथा सरकारी-व्यय स्थिरीकरण की नीति के साधन हैं जो कीमत, उत्पादन, आय तथा रोजगार जैसे लक्ष्यों को प्रभावित करते हैं। इसके अतिरिक्त, कोई भी अर्थव्यवस्था तथा इसके सिद्धांत एवं प्रक्रियाएं समय के साथ बदलती रहती हैं। इसलिए दृढ़ एवं स्थायी नीति नियमों के निर्माण की आवश्यकता नहीं है, जो मौद्रिक तथा राजकोषीय अधिकारियों के हाथ बांध दे। फिर भी, नियम तथा स्वविवेक के बीच विवाद का व्यवहारिक निष्कर्ष यह है कि नीति निर्माता उन नीतियों की घोषणा पहले ही कर दें जिनका अनुसरण वे पूर्वअनुमानित भविष्य में करेंगे।

3. नीति के प्रभावों में पश्चताएं (LAGS IN EFFECTS OF POLICY)

प्रतिचक्रीय प्रकार की मौद्रिक तथा राजकोषीय नीतियों की सीमाओं में से एक समय-पश्चताओं (time lags) की उपस्थिति है। ये पश्चताएं, मौद्रिक तथा राजकोषीय प्राधिकारियों द्वारा, कार्रवाई की आवश्यकता और कार्रवाई का अभिज्ञान (recognition) तथा कार्रवाई किए जाने और आर्थिक क्रियाओं पर कार्रवाई के प्रभाव के बीच विलम्ब का कारण बन जाती हैं। फ्रीडमैन के अनुसार मौद्रिक तथा राजकोषीय क्रियाओं का आर्थिक स्थितियों पर प्रभाव एक अन्तराल (पश्चता) के बाद ही पड़ता है जो लम्बी अवधि का होने के साथ-साथ परिवर्तनशील भी होता है। फ्रीडमैन ने पश्चताओं को तीन मूल भागों में बांटा है—अभिज्ञान पश्चता, प्रशासनिक पश्चता तथा प्रचालन पश्चता। इनकी व्याख्या इस प्रकार से की गयी है :

1. अभिज्ञान पश्चता (Recognition Lag)—यह कार्रवाई की आवश्यकता तथा मौद्रिक एवं राजकोषीय प्राधिकारियों द्वारा इस आवश्यकता की पहचान होने के बीच की अवधि है। किसी व्यापार चक्र में किसी मोड़ बिन्दु की उपस्थिति की जानकारी तथा प्राधिकारियों द्वारा उस पर ध्यान देना मुश्किल होता है। संयुक्त राज्य अमेरिका में यह अनुभव किया गया है कि फेडरल रिज़र्व बैंक, व्यापार चक्र से मंदी के बाद आवश्यक मौद्रिक कार्रवाई की आवश्यकता तीन महीने के बाद महसूस कर पाया, जबकि तेजी के बाद यह अवधि लगभग छः महीने की थी। अतः तेजी की अपेक्षा मंदी के दौरान अभिज्ञान पश्चता की अवधि अधिक होती है।

2. प्रशासनिक पश्चता (Administrative Lag)—यह पश्चता मौद्रिक तथा राजकोषीय प्राधिकारियों द्वारा कार्रवाई को आवश्यकता की पहचान होने और उन आंकड़ों के उपलब्ध होने तक, की अवधि से संबंधित है, जिन पर वास्तवक कार्रवाई होनी है। प्रशासनिक पश्चता (या निर्णय पश्चता या कार्रवाई पश्चता) विचाराधीन नीतियों के प्रकार तथा प्राधिकारियों द्वारा निर्णय लेने की प्रक्रिया के अनुसार बदलती रहती है। सामान्यत: इस पश्चतता की अवधि काफी कम होती है। प्रशासनिक पश्चता तथा अभिज्ञान पश्चता के एक साथ होने को आन्तरिक पश्चता (inside lag) कहा जाता है क्योंकि ये प्राधिकारियों के क्षेत्राधिकार के अन्तर्गत आते हैं। कभी-कभी इन दोनों के बीच विभेद करना मुश्किल होता है, क्योंकि कार्रवाई की आवश्यकता की पहचान तथा कार्रवाई किए जाने के बीच की अवधि इतनी कम होती है कि प्रशासनिक पश्चता अभिज्ञान पश्चता का रूप ले लेती है।

3. प्रचालन पश्चता (Operation Lag)—प्रचालन (या प्रभाव) पश्चता, नीति के अपनाने से लेकर आर्थिक क्रियाओं पर नीति के अन्तिम प्रभाव पड़ने तक की अवधि को कहते हैं। विश्लेषणात्मक सुविधा के लिए इस पश्चता को मध्य तथा बाह्य पश्चता में बांटा गया है।

(क) **मध्य पश्चता (Intermediate Lag)**—यह प्राधिकारियों द्वारा कार्रवाई किए जाने से लेकर अर्थव्यवस्था में मौद्रिक तथा राजकोषीय कार्रवाइयों के कारण ब्याज दरों, मुद्रा पूर्ति, करों तथा लोक व्यय में होने वाले परिवर्तनों के बीच की अवधि है।

(ख) **बाह्य पश्चता (Outside Lag)**—यह ब्याज दर, कुल रिज़र्व, साख राशनिंग, ब्याज दरों तथा लोक व्यय में परिवर्तन से लेकर अर्थव्यवस्था के कुल व्यय, आय तथा उत्पादन पर इनके प्रभाव पड़ने तक की अवधि है।

चित्र 5 में इन तीनों समय-पश्चताओं की व्याख्या की गयी है। समय-पश्चता को क्षैतिज अक्ष पर तथा कुल आय एवं उत्पादन को अनुलंब अक्ष पर दर्शाया गया है। व्यापार चक्र के ऊपरी मोड़ बिन्दु पर समय T से प्रारंभ करते हुए अवधि R अभिज्ञान पश्चता को, A प्रशासनिक पश्चता को तथा E प्रचालन पश्चता को दर्शाते हैं। प्रचालन पश्चता में मौद्रिक तथा राजकोषीय नीति में परिवर्तन के फलस्वरूप राष्ट्रीय आय में परिवर्तन के समय दो वैकल्पिक प्रभाव पथ EP तथा EP_1 को दर्शाया गया है। वक्र Y नीति परिवर्तन से पहले राष्ट्रीय आय की गतियों को दर्शाता है। जब व्यापार-चक्र में मंदी की प्रवृत्ति को नियंत्रित करने के लिए प्रचालन पश्चता EP विस्तारक नीति के साथ प्रचालित की जाती है, तो वक्र Y_1 आय तथा उत्पादन की परिणामी प्रवृत्ति को दर्शाता है। यदि तेजी की प्रवृत्ति को नियंत्रित करने के लिए प्रचालन पश्चता EP_1 के साथ प्रतिबंधात्मक (restrictive) नीति को अपनाया जाता है तो आय का परिणामी पथ चक्र Y_2 होता है।

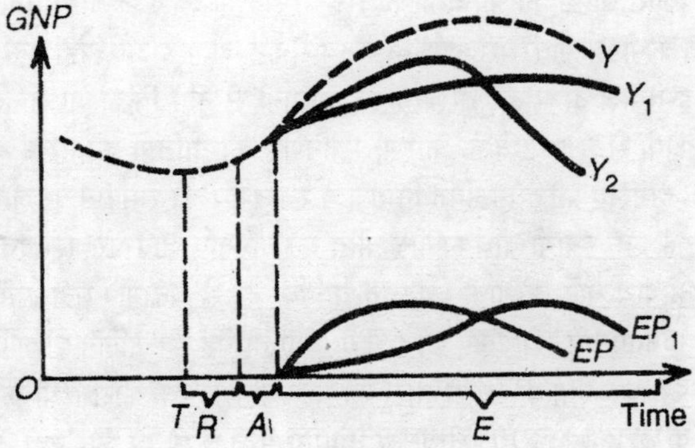

चित्र 5

फ्रीडमैन के अनुसार, पश्चता लम्बी अवधि की ओर परिवर्तनशील होती है तथा परिवर्तन के प्रभावों में लम्बे तथा परिवर्ती पश्चताओं की उपस्थिति के कारण स्वनिर्णायक (discretionary) प्रतिचक्रीय नीति जिसका लक्ष्य आर्थिक स्थिरीकरण होता है, उसके प्रभाव अस्थिरकारी हो सकते है। ये पश्चताएं चक्रीय उतार-चढ़ावों को नियंत्रित करने की बजाय उन्हें और तीव्र कर सकती हैं। आओ फ्रीडमैन के दृष्टिकोण पर विस्तार से विचार करते हैं।

प्रतिचक्रीय नीति का अर्थ है—''प्रबल आर्थिक हवाओं के विरुद्ध टिके रहने की प्रवृत्ति।'' उसके अन्तर्गत प्राधिकारियों द्वारा मंदी के दौरान एक सरल (easy) नीति तथा तेजी के दौरान दृढ़ (rigid) नीति अपनाना है। पश्चताओं की लम्बी अवधि तथा उनकी परिवर्तनशीलता दी होने पर, मंदी को नियंत्रित करने के लिए अपनायी गयी एक सरल मौद्रिक तथा राजकोषीय नीत स्फीतिकारी दबावों को ला सकती है। ठीक इसी प्रकार, तेजी को नियंत्रित करने के लिए अपनायी गयी दृढ़ नीति, समय पश्चताओं तथा उनके विलंबित प्रभावों के कारण मंदी की स्थितियों को उत्पन्न कर सकती है। फ्रीडमैन के अनुसार ''वास्तव में हम कभी-कभार ही जाने पाते हैं कि आर्थिक हवा किस दिशा में बह रही है, जब तक कि इस घटना को घटित हुए महीनों नहीं बीत जाते।'' तेजी तथा मंदी की भविष्यवाणियों की अनिश्चितताओं तथा समय पश्चताओं की समयावधि, परिवर्तनशीलता तथा अनिश्चितता के कारण प्रतिचक्रीय

नीति, स्थिरकारी कीबजाय अस्थिरकारी सिद्ध होती है। चूंकि प्रतिचक्रीय नीतियों का कार्यान्वयन समय पर नहीं हो पाता तथा उनका प्रभाव भी उचित समय पर नहीं पड़ता है, इसलिए ये नीतियां व्यापार चक्र के विस्तार को और बढ़ा देती हैं तथा अर्थव्यवस्था को अस्थिर कर देती हैं। इसलिए फ्रीडमैन, मौद्रिक तथा राजकोषीय नीतियों के 'स्वचालित ढांचे' का समर्थन करता है जिनमें मुद्रा पूर्ति तथा राजकोषीय घाटा एक समान दर से लगातार बढ़ते है। वह स्वनिर्णय की नीति के विरुद्ध स्वचालित ढांचे के समर्थन के दो कारण बताता है। **पहला,** जब मौद्रिक तथा राजकोषीय अधिकारी बॉण्ड की प्राप्तियों को स्थिर रखने या स्वर्ण के बहिर्गमन को रोकने आदि जैसे तरीके अपनाते हैं तो स्वनिर्णय की प्रतिचक्रीय नीति कभी-कभी स्थिरीकरण के लक्ष्य से हट जाती है और यहां तक कि यह इस लक्ष्य के विपरीत भी हो जाती है। परन्तु स्वचालित ढांचे का इस्तेमाल अन्य उद्देश्यों के लिए आसानी से नहीं किया जा सकता। **दूसरा,** स्वचालित ढांचा अक्रियता (inertia) तथा राजनीतिक हस्तक्षेपों से मुक्त रहने के कारण, स्वनिर्णय की नीतियों को उलट को रोकता है जब वे गलत दिशा में चल पड़ती हैं।

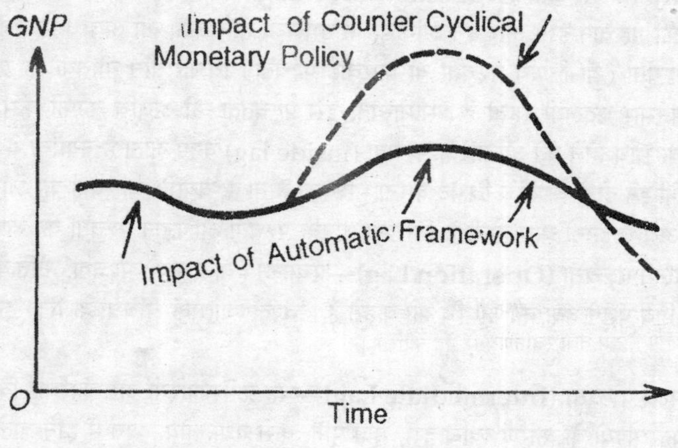

चित्र 6

इसलिए फ्रीडमैन नीति निर्माण में स्वनिर्णय की समाप्ति पर जोर देता है। मौद्रिक तथा राजकोषीय प्राधिकारियों के विवेक के स्थान पर यह एक स्थायी दीर्घकालीन नीति को अपनाए जाने पर बल देता है। वर्तमान आर्थिक स्थितियों पर ध्यान दिए बिना मुद्रा पूर्ति तथा राजकोषीय घाटे को एक निश्चित वार्षिक दर से बढ़ाना। मुद्रा-पूर्ति तथा राजकोषीय घाटे की दर को स्थिर रखकर इन्हें उस दर पर अपने-आप बढ़ने के लिए छोड़ दिया जाए तो यह स्वचालित ढांचा आर्थिक उतार-चढ़ावों को दूर नहीं कर पाएगा। परन्तु यह कम-से-कम अर्थव्यवस्था को दर से चालू की गई स्वनिर्णात्मक कार्रवाइयों के बुरे प्रभावों से अवश्य दूर रखेगा। उदाहरण के लिए, फ्रीडमैन मुद्रा-पूर्ति में वृद्धि की किसी स्थायी दर को निर्धारित करने पर जोर नहीं देता है। इस दर को 3% से 4% के आस-पास रखने का सुझाव देता है जोकि अर्थव्यवस्था के वास्तविक उत्पादन की पिछली औसत वार्षिक वृद्धि दर के निकटस्थ हो। मुद्रा-पूर्ति की इस प्रकार की स्थिर वृद्धि दर कीमतों को भी स्थिर रखती है तथा अर्थव्यवस्था की उत्पादन क्षमता में वृद्धि के साथ-साथ कुल मांग को बढ़ाने में भी सहायता होती है। इस प्रकार, आय तथा रोजगार में भी वृद्धि होती है। क्योंकि यह मुद्रा-पूर्ति में वृद्धि से कोई प्रोत्साहन प्राप्त नहीं करती है, इसलिए कोई भी स्फीतिकारी स्थिति अस्थायी ही होगी। इसी प्रकार, मंदी की कोई प्रवृत्ति भी अल्पकालीन ही होगी, क्योंकि स्थिर मुद्रा-पूर्ति द्वारा उत्पन्न तरलता कुल मांग को बढ़ा देगी।

इस प्रकार फ्रीडमैन द्वारा सुझाया गया 'स्वचालित ढांचा' आर्थिक उतार-चढ़ावों की भविष्यवाणी की अनिश्चितताओं तथा स्वनिर्णात्मक प्रतिचक्रीय मौद्रिक नीति से सम्बद्ध समय पश्चताओं की समस्या को दूर करेगा। चित्र 6 में, इन दोनों नीतियों के अन्तर्गत व्यापार चक्र को प्रदर्शित किया गया है। बिन्दुकित रेखा वक्र A प्रतिचक्रीय मौद्रिक नीति को अपनाए जाने की स्थिति में आर्थिक क्रियाओं के उतार-चढ़ावों को दर्शाता है। आबध रेखा वक्र B स्वचालित ढांचे के अन्तर्गत किंचित् उतार-चढ़ावों को दर्शाता है।

नीति निहितार्थों की आलोचनाएं (Criticisms of Policy Implications)

कलबर्ट्सन इस बात से सहमत नहीं है कि स्वनिर्णय की नीति की अनिश्चितता तथा पश्चता की समस्याओं को दूर करने के लिए, फ्रीडमैन की स्वचालित ढांचे की नीति आवश्यक है। उसके विचार में यह अनुभव सिद्ध है कि प्रतिचक्रीय मौद्रिक, ऋण प्रबन्धन तथा राजकोषीय समायोजनों का मुख्य सीधा प्रबाव तीन से छः महीनों के भीतर ही दृष्टिगोचर हो जाती है और यदि किसी चक्रीय अवस्था में

इन उपायों का सहारा उचित समय पर और समयपूर्वक लिया जाता है तो इनका अस्थिरकारी प्रभाव नहीं पड़ता है।

केन्ज़वादी अर्थशास्त्री भी पश्चता की समस्या से बचने के लिए फ्रीडमैन के नीति उपायों की उपयोगिता से सहमत नहीं हैं। वे तेजी के नियंत्रण के लिए मौद्रिक नीति अपनाए जाने तथा मंदी के नियंत्रण के लिए राजकोषीय नीति के साथ पूरक मौद्रिक नीति अपनाए जाने का समर्थन करते हैं।

कोई भी नीति क्यों न अपनायी जाए, पश्चता की समस्या तथा आर्थिक उतार-चढ़ावों को पूरी तरह दूर नहीं किया जा सकता है।

प्रश्न

1. आप क्राउडिंग आउट से क्या समझते हैं ? राजकोषीय नीति का क्राउडिंग आउट पर क्या प्रभाव पड़ता है ? इसकी व्याख्या करिए।
2. आर्थिक नीति में पश्चताओं के प्रभावों की व्याख्या कीजिए।
3. नीति निर्माण में नियम तथा स्वनिर्णय में भेद कीजिए।

अध्याय 57

मौद्रिक और राजकोषीय नीतियों की प्रभाविता
(Effectiveness of Monetary and Fiscal Policies)

1. प्रस्तावना
(INTRODUCTION)

मौद्रिक और राजकोषीय नीतियों की सापेक्ष प्रभाविता अर्थशास्त्रियों में वाद-विवाद का विषय रही है। आर्थिक स्थिरीकरण के लिए मुद्रावादी मौद्रिक नीति को राजकोषीय नीति की अपेक्षा अधिक प्रभावशाली मानते हैं। दूसरी ओर, केन्जवादी इसके विपरीत मत रखते हैं। इन दोनों के बीच, समन्वयवादी मध्य मार्ग का समर्थन करते हैं। आधुनिक अर्थशास्त्री इन तीनों मतों को *IS-LM* वक्र की लोचों द्वारा समझाते हैं। *IS* वक्र राजकोषीय नीति तथा *LM* वक्र मौद्रिक नीति को व्यक्त करते हैं। इस प्रकार *IS-LM* तकनीक, मौद्रिक और राजकोषीय नीतियों की प्रभाविता को केन्जीय, मुद्रावादी और समन्वयवादी मतों से संबद्ध व्याख्या करती है। सर्वप्रथम, हम मौद्रिक और राजकोषीय नीति की प्रभाविता को *IS* वक्र और *LM* वक्र की आकृति के अनुसार व्याख्या करते हैं।

2. मौद्रिक नीति
(MONETARY POLICY)

सरकार निवेश, रोजगार, उत्पादन और आय को मौद्रिक नीति द्वारा प्रभावित करती है। ऐसा मौद्रिक अधिकारी द्वारा मुद्रा पूर्ति में वृद्धि या कमी करके किया जाता है। जब मुद्रा की पूर्ति बढ़ाई जाती है, तो यह प्रसारात्मक (expansionary) मौद्रिक नीति होती है। इसे *LM* वक्र के दाईं ओर सरकने द्वारा दिखाया जाता है। जब मुद्रा की पूर्ति को कम किया जाता है तो यह प्रतिबंधात्मक (contractionary) मौद्रिक नीति होती है। इसे *LM* वक्र के बाईं ओर सरकने द्वारा दर्शाया जाता है।

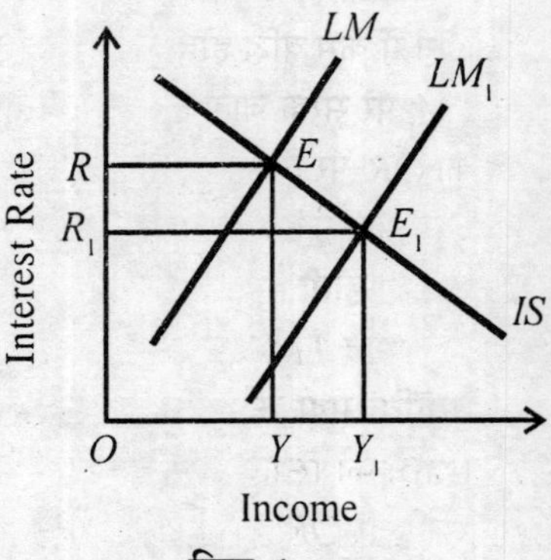

चित्र 1

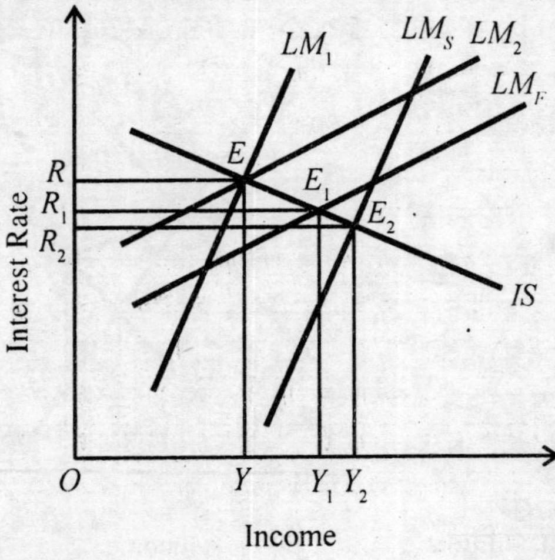

चित्र 2

चित्र 1 प्रसारात्मक मौद्रिक नीति की व्याख्या करता है, *LM* और *IS* वक्र दिए होने पर। मान लीजिए अर्थव्यवस्था *OY* आय और *OR* ब्याज दर के साथ *E* बिन्दु पर संतुलन में है। मौद्रिक अधिकारी द्वारा मुद्रा पूर्ति में वृद्धि से *LM* वक्र दाईं ओर LM_1, पर सरक जाता है, *IS* वक्र दिया होने पर। इससे ब्याज दर *OR* से कम होकर OR_1 रह जाती है जिससे निवेश और आय दोनों में वृद्धि होती है। इस प्रकार, राष्ट्रीय आय *OY* से बढ़ कर OY_1 हो जाती है।

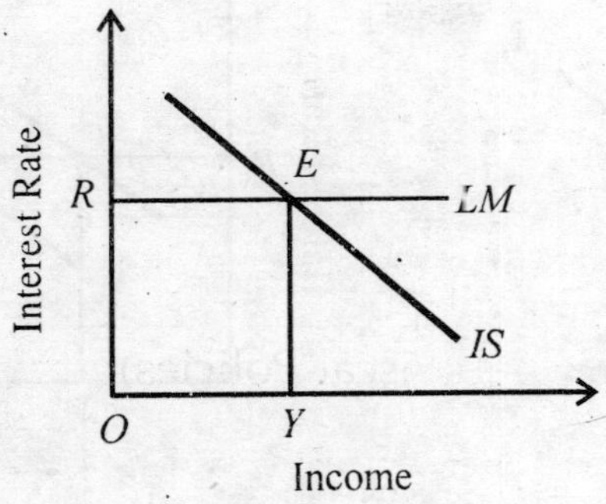

चित्र 3

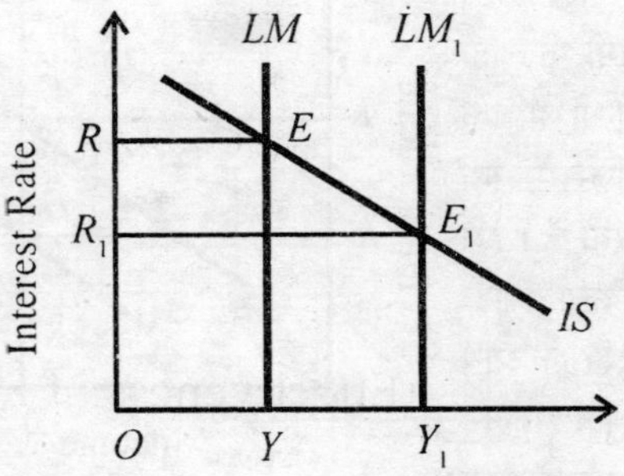

चित्र 4

परन्तु मौद्रिक नीति की सापेक्ष प्रभाविता *LM* वक्र और *IS* वक्र की आकृति (shape) या ढलान (slope) पर निर्भर करती हैं। **मौद्रिक नीति अधिक प्रभावी होती है यदि *LM* वक्र अधिक ढालू (steep) हो।** एक अधिक ढालू *LM* वक्र का अर्थ है कि मुद्रा की मांग **कम** ब्याज लोच है। मुद्रा की मांग जितनी कम लोचदार होगी उतनी ही अधिक ब्याज दर में कमी आएगी जब मुद्रा की मात्रा में वृद्धि की जाती है। ऐसा इस कारण कि जब ब्याज दर में परिवर्तन के प्रति मुद्रा की मांग कम लोचदार होती है तो मुद्रा पूर्ति में वृद्धि ब्याज दर में बड़ी कमी लाने में अधिक प्रभावी होती है। ब्याज दर में अधिक कमी से निवेश और राष्ट्रीय आय में अधिक वृद्धि होती है। इसे चित्र 2 में दर्शाया गया है जहां *OR* ब्याज दर और *OY* आय के साथ *E* बिन्दु पर मूल संतुलन होता है। जब ढालू LM_1 वक्र दाईं ओर LM_s पर सरक जाता है तो नया संतुलन E_2 पर होता है, *IS* वक्र दिया होने पर। परिणामस्वरूप, ब्याज दर *OR* से गिरकर OR_2 हो जाती है और *OY* से बढ़कर OY_2 हो जाती है। दूसरी ओर, ***LM* वक्र जितना अधिक चपटा** (flatter) **होगा मौद्रिक नीति उतनी ही कम प्रभावी होगी।** एक चपटे *LM* वक्र का मत्तलब है कि मुद्रा की मांग **अधिक** ब्याज लोच है। मुद्रा की मांग जितनी अधिक ब्याज लोच होती है, उतनी ही कम ब्याज दर में कमी आती है, जब मुद्रा पूर्ति में वृद्धि की जाती है। ब्याज दर में थोड़ी गिरावट से निवेश और आय में कम वृद्धि होती है। चित्र 2 में, *OR* ब्याज दर और *OY* आय के साथ *E* मूल बिन्दु है। जब अधिक चपटा LM_2 वक्र दाईं ओर LM_F पर सरक जाता है तो नया संतुलन बिन्दु E_1 होता है जो OR_1 ब्जाय दर और OY_1 आय उत्पन्न करता है। इस स्थिति में ब्याज दर का OR_1 पर गिरना अधिक ढालू वक्र LM_s पर OR_2 ब्याज दर से कम है और OY_1 पर आय की वृद्धि भी अधिक ढालू वक्र पर OY_2 आय से कम है। यह दर्शाता है कि **अधिक चपटे *LM* वक्र पर मौद्रिक नीति कम प्रभावी और अधिक ढालू *LM* वक्र पर अधिक प्रभावी होती है।**

यदि *LM* वक्र समानांतर है तो मौद्रिक नीति पूर्णरूप से प्रभावी होती है क्योंकि मुद्रा की मांग पूर्णतया ब्याज लोच है। यह तरलता जाल (liquidity trap) की स्थिति होती है जिसे चित्र 3 में दर्शाया गया है जहां मुद्रा पूर्ति में वृद्धि का ब्याज दर *OR* और आय *OY* पर कोई प्रभाव नहीं पड़ता है। दूसरी ओर, **यदि *LM* वक्र अनुलंब** (vertical) **है तो मौद्रिक नीति अत्यधिक प्रभावी होती है** क्योंकि **मुद्रा की मांग पूर्णतया ब्याज बेलोच है।** चित्र 4 दर्शाता है कि जब मुद्रा पूर्ति में वृद्धि से अनुलंब वक्र, *LM* दाईं ओर LM_1 पर सरक जाता है और ब्याज दर *OR* से गिर कर OR_1 हो जाती है तो मुद्रा की मांग पर कोई प्रभाव नहीं पड़ता है और मुद्रा पूर्ति में समस्त वृद्धि का प्रभाव आय स्तर को OY_1 से OY_2 पर बढ़ाना है।

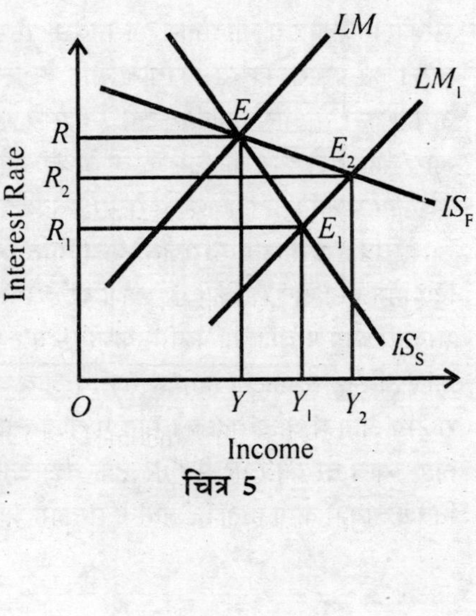

चित्र 5

अब *IS* की आकृति को लीजिए। **जितना *IS* वक्र अधिक चपटा होगा, मौद्रिक नीति उतनी ही अधिक प्रभावी होती है।** अधिक चपटे *IS* वक्र का अर्थ है कि निवेश

व्यय अत्यधिक ब्याज लोच है। जब मुद्रा पूर्ति में वृद्धि ब्याज दर में थोड़ी सी कमी भी लाती है तो निजी निवेश भी अधिक मात्रा में बढ़ता है जिससे आय अधिक वृद्धि करती है। इसे चित्र 5 में व्यक्त किया गया है जहां *OR* ब्याज दर *OY* आय स्तर के साथ *E* मूल संतुलन बिन्दु है। जब मुद्रा पूर्ति में वृद्धि से *LM* वक्र दाईं ओर सरक

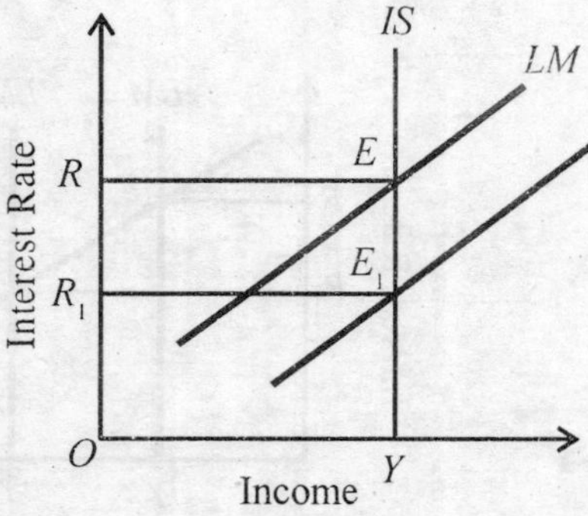

चित्र 6

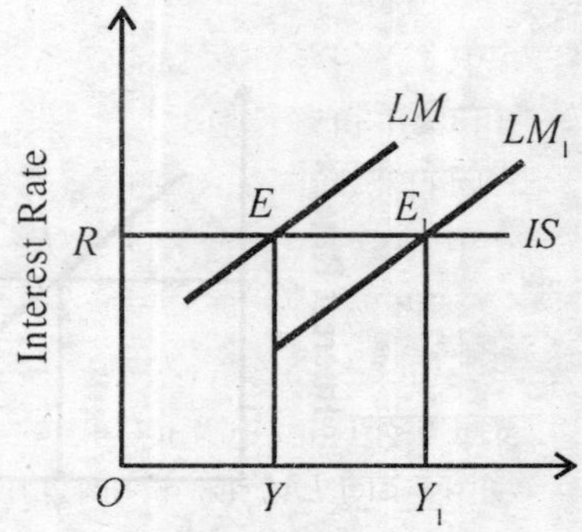

चित्र 7

कर LM_1 पर आ जाता है तो यह चपटे IS_F वक्र को E_2 बिन्दु पर काटता है जिससे OR_2 ब्याज दर और OY_2 आय स्तर होता है यदि हम इस E_2 संतुलन स्थिति की E_1 स्थिति के साथ तुलना करते हैं जहां IS_s वक्र अधिक ढालू है तो IS_F अधिक चपटे वक्र की तुलना में ब्याज दर OR_2 से OR_1 ब्याज दर और आय OY_2 से OY_1 आय कम है। इससे मालूम होता है कि जब मुद्रा पूर्ति में वृद्धि (*LM* से LM_1) की जाती है तो ब्याज दर में थोड़ी सी कमी (RR_2) से निजी निवेश में बड़ी वृद्धि होती है जो अधिक चपटे *IS* वक्र (IS_F) के साथ आय में अधिक वृद्धि (YY_2) करती है। दूसरी ओर, अधिक ढालू *IS* वक्र (IS_s) पर मुद्रा पूर्ति में वृद्धि से ब्याज दर में अधिक कमी (RR_1) से निवेश में थोड़ी वृद्धि होने पर आय में कम वृद्धि (YY_1) होती है। इस प्रकार, अधिक ढालू *IS* वक्र की तुलना में अधिक चपटे *IS* वक्र पर मौद्रिक नीति अधिक प्रभावी होती है।

यदि *IS* वक्र अनुलंब है तो मौद्रिक नीति पूर्णरूप से अप्रभावी होती है क्योंकि निवेश व्यय पूर्णतया ब्याज बेलोच होता है। चित्र 6 में मुद्रा पूर्ति में वृद्धि से *LM* वक्र दाईं ओर LM_1 पर सरक जाता है, ब्याज दर *OR* से कम हो कर OR_1 हो जाती है परन्तु निवेश पूर्णतया ब्याज बेलोच होने पर, आय *OY* पर अपरिवर्तित रहती है। दूसरी ओर, **यदि *IS* वक्र समानांतर हो तो मौद्रिक नीति अत्यधिक प्रभावी होती है क्योंकि निवेश व्यय पूर्णतया ब्याज लोच होता है।** चित्र 7 दर्शाता है कि मुद्रा मूर्ति में वृद्धि से *LM* वक्र LM_1 पर सरक जाता है। परन्तु ब्याज दर *OR* में कोई परिवर्तन न होने पर भी, आय में *OY* से OY_1 तक बड़ा परिवर्तन होता है। यह मौद्रिक नीति को अत्यधिक प्रभावी बनाता है।

3. राजकोषीय नीति (FISCAL POLICY)

सरकार राजकोषीय नीति द्वारा भी निवेश, रोजगार, उत्पादन और आय को प्रभावित करती है। प्रसारात्मक राजकोषीय नीति के लिए, सरकार अपने व्यय को बढ़ाती है अथवा करों में और कटौती करती है। इससे *IS* वक्र बाईं ओर सरक जाता है। दसूरी ओर, यह अपने व्यय को कम करके अथवा और करों में बढ़ोतरी करके प्रतिबंधात्मक राजकोषीय नीति अपनाती है। इससे *IS* वक्र दाईं ओर सरकता है।

चित्र 8 **प्रसारात्मक राजकोषीय नीति** को चित्रित करता है, *IS* और *LM* वक्र दिए होने पर। मान लें कि *OR* ब्याज दर *OY* आय के साथ *E* बिन्दु पर संतुलन में है। सरकारी व्यय में वृद्धि या करों में कमी *IS* वक्र को IS_1 पर सरका देती है जो *LM* वक्र को E_1 बिन्दु पर काटता है। यह राष्ट्रीय आय को *OY* से बढ़ा कर OY_1 कर देता है। राष्ट्रीय आय में वृद्धि मुद्रा की मांग में वृद्धि लाती है, स्थिर मुद्रा पूर्ति दी होने पर। यह आगे ब्याज दर को *OR* से OR_1 तक बढ़ा देती है। ब्याज दर में वृद्धि के साथ निजी निवेश व्यय में कमी होती है, जबकि सरकारी व्यय में वृद्धि की जा रही है। यदि सरकारी

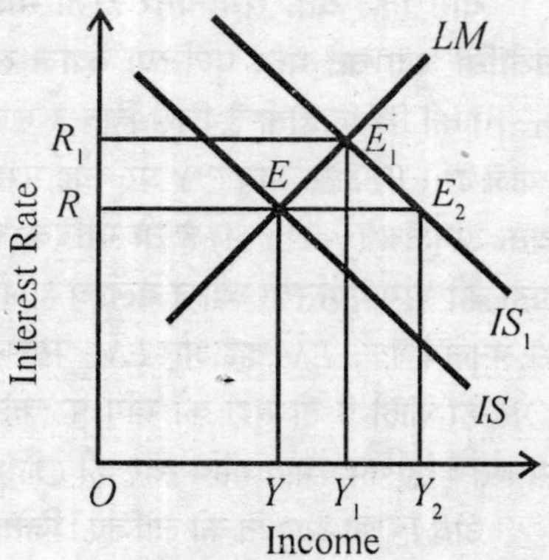

चित्र 8

व्यय में वृद्धि से ब्याज दर में कोई परिवर्तन नहीं होत अर्थात् OR ही रहता, तो आय OY_2 स्तर तक बढ़ गई होती। परन्तु ब्याज दर के OR_1 तक बढ़ने से वास्तविक आय स्तर Y_2Y_1 के बराबर **कम** रहता है जो निजी निवेश व्यय को कम कर देता है। इसे **क्राउडिंग आउट प्रभाव** कहते हैं।

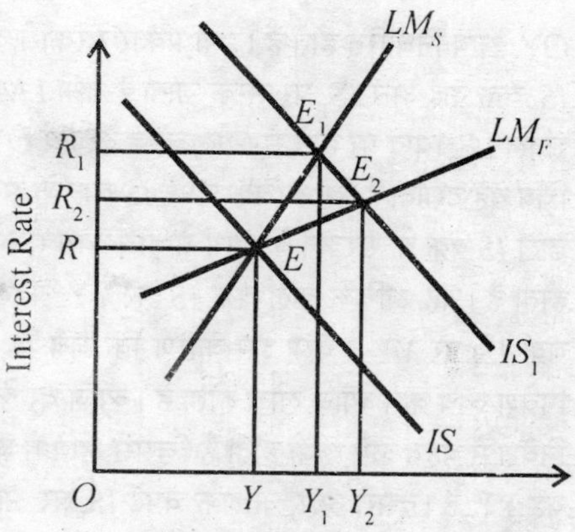

चित्र 9

राजकोषीय नीति की सापेक्ष प्रभाविता LM वक्र और IS वक्र की आकृति या ढलान पर निर्भर करती है। **LM वक्र के अधिक चपटा होने पर राजकोषीय नीति अधिक प्रभावी होती है और LM वक्र के अधिक ढालू होने पर यह कम प्रभावी होती है।** जब सरकारी व्यय में वृद्धि के साथ IS वक्र दाईं ओर सरकता है तो इसका राष्ट्रीय आय पर प्रभाव अधिक चपटे LM वक्र के साथ अधिक होता है और अधिक ढालू LM वक्र के साथ कम होता है इसे चित्र 9 में दर्शाया गया है जहां IS_1 वक्र अधिक चपटे LM_F वक्र को E_2 बिन्दु पर काटता है जिससे OR_2 ब्याज दर और OY_2 आय प्राप्त होते हैं। दूसरी ओर, यह अधिक ढालू LM_s वक्र को E_1 बिन्दु पर काटता है जो OR_1 ब्याज दर और OY_1 आय निर्धारित करता है। अधिक ढालू LM_s वक्र के कारण आय में OY_1 की वृद्धि से मुद्रा की मांग में बड़ी वृद्धि होती है जो ब्याज दर को बहुत ऊंचे स्तर OR_1 पर ले जाती है। ब्याज दर में बड़ी वृद्धि सरकारी व्यय में वृद्धि के बावजूद निजी निवेश व्यय को कम करती है जो अन्ततः आय में थोड़ी वृद्धि OY_1 लाती है। परन्तु अधिक चपटे LM_F के कारण, ब्याज दर में वृद्धि OR_1 सापेक्षतया थोड़ी होती है। परिणामस्वरूप यह निजी निवेश व्यय में अपेक्षाकृत कम कटौती करती है और इसका राष्ट्रीय आय पर शुद्ध प्रभाव सापेक्षतया अधिक होता है। इस प्रकार, अधिक ढालू LM_s वक्र की तुलना में अधिक चपटे LM_F वक्र के साथ राष्ट्रीय आय में वृद्धि अधिक होती है, अर्थात् $YY_2 > YY_1$

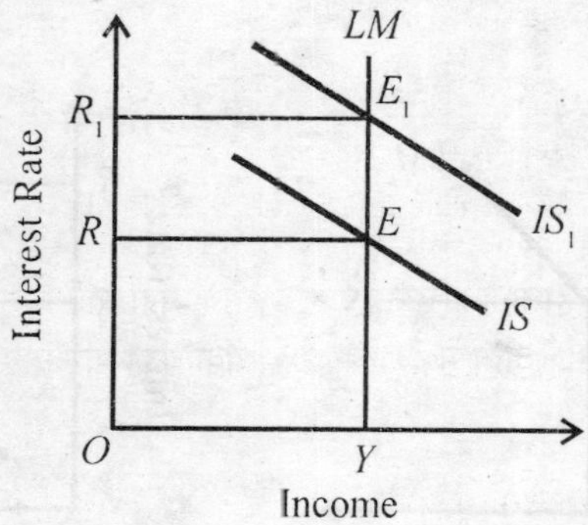

चित्र 10

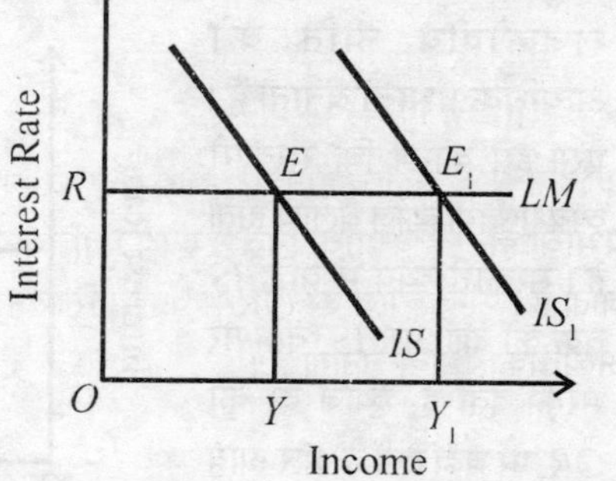

चित्र 11

राजकोषीय नीति पूर्णतया अप्रभावी होती है। यदि LM वक्र अनुलंब हो। इसका अर्थ है कि मुद्रा की मांग पूर्णतया ब्याज बेलोच है। इसे चित्र 10 में दर्शाया गया है जहां आय स्तर OY अपरिवर्तित रहता है। जब IS वक्र दाईं ओर सरककर IS_1 हो जाता है तो केवल ब्याज दर OR से बढ़कर OR_1 होती है और सरकारी व्यय में वृद्धि राष्ट्रीय आय को बिल्कुल प्रभावित नहीं करती है जो OY पर स्थिर रहती है। दूसरे छोर पर, **पूर्णतया समानांतर LM वक्र है जहां राजकोषीय नीति पूर्णतया प्रभावी है।** इस स्थिति का अर्थ है कि मुद्रा की मांग पूर्णतया ब्याज लोच है। इसे चित्र 11 में दर्शाया गया है जहां समानांतर LM वक्र को IS वक्र E बिन्दु पर काटता है जिससे OR ब्याज दर और OY आय स्तर निर्धारित होते हैं। जब IS वक्र दाईं ओर IS_1 पर सरकता है तो आय सरकारी व्यय के पूर्ण गुणक द्वारा OY_1 पर बढ़ती है परन्तु ब्याज दर पर कोई प्रभाव नहीं पड़ता है।

अब IS वक्र की ढलान को लीजिए। **IS वक्र जितना अधिक ढालू होगा, राजकोषीय नीति उतनी ही अधिक प्रभावी होगी। IS वक्र के अधिक चपटा होने पर, राजकोषीय नीति कम प्रभावी होती है।** इन दोनों स्थितियों को चित्र 12 द्वारा व्याख्या की जाती है, जहां OR ब्याज दर और OY आय स्तर के साथ मूल संतुलन बिन्दु E है। LM वक्र दिया होने पर, सरकारी व्यय में वृद्धि से अधिक चपटा IS_1 वक्र दाईं ओर IS_F पर सरक जाता है जिससे LM वक्र के साथ नया संतुलन E_1 बिन्दु पर होता है जिससे OR_1 ब्याज दर और

OY_1 आय निर्धारित होते हैं। इसी प्रकार सरकारी व्यय बढ़ने से अधिक ढालू IS_2 वक्र दाईं ओर IS_F पर सरक जाता है तथा LM वक्र के साथ इसका नया संतुलन E_2 बिन्दु पर होने से OR_2 ब्याज दर एवं OY_2 आय स्तर प्राप्त होते हैं। चित्र यह दर्शाता है कि अधिक चपटे IS वक्र के सरकने की तुलना में अधिक ढालू IS वक्र के सरकने के साथ राष्ट्रीय व्यय में अधिक वृद्धि ($YY_2 > YY_1$) होती है। यह अधिक ढालू वक्र IS_s पर YY_2 बढ़ती है जबकि अधिक चपटे वक्र IS_F पर YY_1। ऐसा इस कारण कि जब IS_s वक्र अधिक ढालू हो तो निवेश व्यय कम ब्याज लोच होता है। ब्याज दर के OR_2 तक बढ़ने से निजी निवेश में बहुत कम कमी होती है जिससे आय में बहुत अधिक वृद्धि होती है। यह YY_2 है। दूसरी ओर, अधिक चपटे IS_F पर आय में वृद्धि थोड़ी होती है। यह YY_1 है। ऐसा इस कारण कि निवेश व्यय अधिक ब्याज लोच है। ब्याज दर में OR_1 की वृद्धि से निजी निवेश में अधिक कमी होती है जिससे आय में थोड़ी वृद्धि होती है। इस प्रकार, राजकोषीय नीति अधिक ढालू IS वक्र होने पर **अधिक** प्रभावी तथा अधिक चपटा IS वक्र होने पर कम प्रभावी होती है।

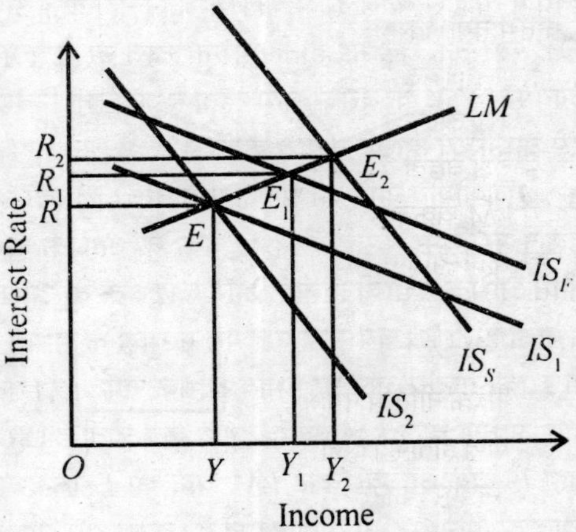

चित्र 12

राजकोषीय नीति पूर्णतया अप्रभावी होती है, यदि IS वक्र समानांतर हो। एक समानांतर IS वक्र का अर्थ है कि निवेश व्यय पूर्णतया ब्याज लोच होता है। इसे चित्र 13 में दर्शाया गया है जहां LM वक्र को IS वक्र E बिन्दु पर काटता है। सरकारी व्यय में वृद्धि से OR ब्याज दर पर कोई प्रभाव नहीं होता है अत: OY आय स्तर पर भी नहीं। व्यवहार में ऐसी स्थिति नहीं हो सकती है। दूसरे छोर पर **अनुलंब IS वक्र है जो राजकोषीय नीति को अत्यधिक प्रभावी बनाता है।** ऐसा इस कारण कि सरकारी व्यय पूर्णतया ब्याज बेलोच होता है। सरकारी व्यय में वृद्धि IS वक्र को दाईं ओर IS_1 वक्र पर सरका देती है, ब्याज दर को OR_1 पर बढ़ा देती है और आय को सरकारी व्यय में वृद्धि के पूर्ण गुणक OY_1 स्तर पर, जैसा कि चित्र 14 में दर्शाया गया है। यह राजकोषीय नीति को अत्यधिक प्रभावी बनाता है।

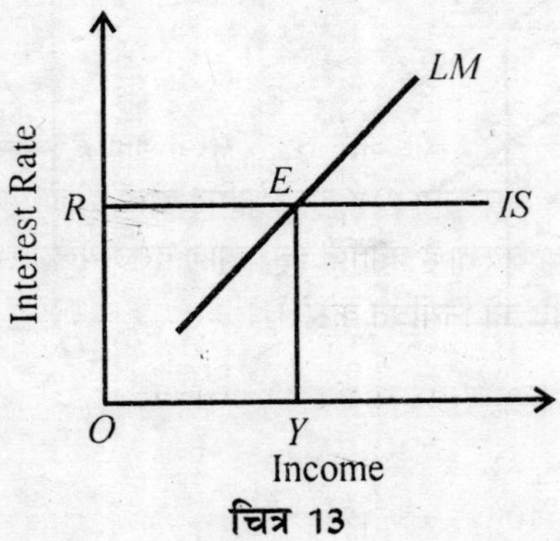

चित्र 13

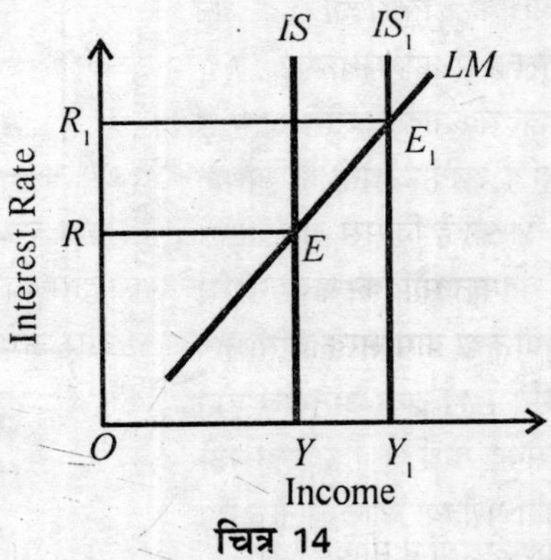

चित्र 14

4. मौद्रिक-राजकोषीय मिश्रण (MONETARY-FISCAL MIX)

अब हम मौद्रिक और राजकोषीय नीतियों को इकट्ठा लेते हैं। मान लीजिए कि एक ऐसी अवस्था है जहां अर्थव्यवस्था में पूर्ण रोजगार प्राप्त करने के लिए विस्तारात्मक मौद्रिक-राजकोषीय नीतियों का मिश्रण अपनाया जाता है। इसे चित्र 15 में दर्शाया गया है जहां अर्थव्यवस्था प्रारंभिक स्थिति A पर होती है जो IS_1 और LM_1 वक्रों के काटने से प्राप्त होती है। यह OR_2 ब्याज दर और OY_1 आय स्तर दर्शाती है। अब विस्तारात्मक राजकोषीय नीति सरकारी व्यय में वृद्धि या करों में कमी के रूप में अपनाई जाती है। यह IS_1 वक्र को IS_2 की स्थिति में स्थानान्तरित कर देती है। यदि मौद्रिक नीति उसी समय नहीं अपनाई जाती है तो इसका प्रभाव ब्याज दर को OR_3 पर बढ़ाने का होता है जब IS_2 वक्र LM_1 वक्र को E बिन्दु पर काटता है। परन्तु पूर्ण रोजगार प्राप्त करने के लिए, मौद्रिक अधिकारी खुला बाजार प्रचालनों

द्वारा प्रतिभूतियां खरीद कर मुद्रा की पूर्ति बढ़ाता है, जिससे ब्याज दर कम होती है और निवेश बढ़ता है। इस प्रक्रिया से LM_1 वक्र बाईं ओर LM_2 वक्र की स्थिति में सरक जाता है। इस प्रकार, राजकोषीय नीति से नया IS_2 वक्र और मौद्रिक नीति से नया LM_2 वक्र प्राप्त होता है। दोनों वक्र B बिन्दु पर काटते हैं जिससे ब्याज दर कम होकर OR_1 हो जाती है और आय का स्तर बढ़कर पूर्ण रोजगार स्तर OY_F पर पहुंच जाता है।

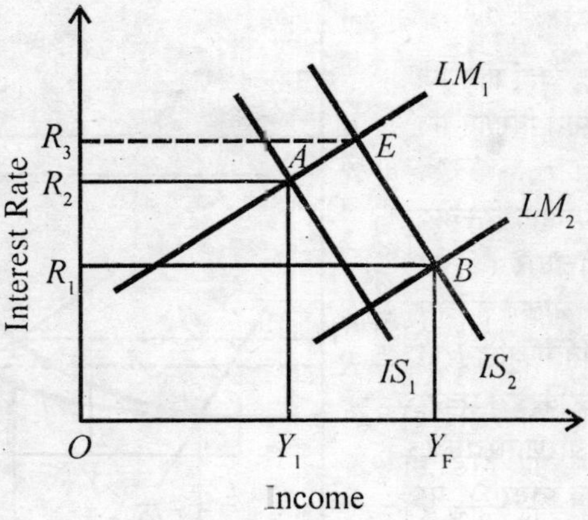

चित्र 15

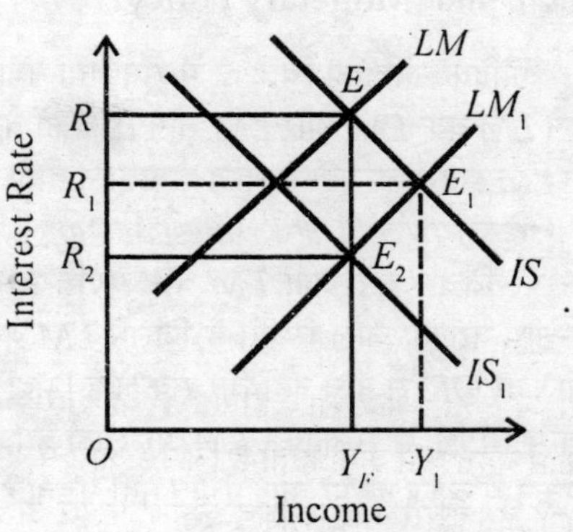

चित्र 16

अब हम एक अन्य अवस्था चित्र 16 में लेते हैं जब अर्थव्यवस्था पूर्ण रोजगार आय स्तर OY_F पर है जहां LM वक्र को IS वक्र E बिन्दु पर काटता है। परन्तु कुछ कारणों से अर्थव्यवस्था की वृद्धि दर धीमी हो गई है। इसे दूर करने के लिए, अर्थव्यवस्था में अधिक निवेश की आवश्यकता होती है। इसके लिए, मौद्रिक अधिकारी मुद्रा की पूर्ति बढ़ाता है जिससे LM वक्र दाईं ओर सरक कर LM_1 की स्थिति पर आ जाता है। LM_1 वक्र अब IS वक्र को E_1 बिन्दु पर काटता है जिससे ब्याज दर कम होकर OR_1 हो जाती है और आय स्तर बढ़कर OY_1 हो जाता है। परन्तु राष्ट्रीय आय में वृद्धि पूर्ण रोजगार आय स्तर से अधिक होने के कारण यह नीति स्फीतिकारी है। इसलिए अर्थव्यवस्था में मौद्रिक–राजकोषीय मिश्रण में परिवर्तन चाहिए।

इसके लिए, प्रसारात्मक मौद्रिक नीति को प्रतिबंधात्मक राजकोषीय नीति के साथ जोड़ना चाहिए। तदनुसार, सरकार अपना निवेश व्यय घटाती है अथवा/और करों में बढ़ोतरी करती है जिससे IS वक्र दाईं ओर IS_1 पर सरक जाता है। अब LM_1 वक्र को IS_1 वक्र E_2 बिन्दु पर काटता है जिससे अब नया संतुलन कम ब्याज दर OR_2 और आय OY_F पर स्थापित होता है जो पूर्ण रोजगार आय स्तर है। इस स्तर को वर्तमान मौद्रिक–राजकोषीय मिश्रण द्वारा कायम रखा जा सकता है क्योंकि कम ब्याज दर अर्थव्यवस्था में बड़े निवेश व्यय को कायम रखेगी तथा कम सरकारी व्यय अथवा/और ऊंचे कर स्फीति को नियंत्रित करेंगे।

5. समन्वयवादीमत तीन रेंज विश्लेषण (SYNTHESIS VIEW : THREE RANGE ANALYSIS)

अर्थशास्त्रियों ने मौद्रिक और राजकोषीय नीतियों की प्रभाविता का समन्वयन करने हेतु केन्जीय और मुद्रावादी (क्लासिकी) मतों की तीन रेंजों में व्याख्या की है जिसे समन्वयवादी मत कहते हैं।

LM वक्र दाईं ओर ऊपर को ढालू होता है और इसके तीन भाग होते हैं, जैसा कि चित्र 17 में दर्शाया गया है। बाईं ओर से प्रारंभ करने पर यह पूर्णतया लोचदार है। इस भाग को **केन्ज़ीय रेंज कहते हैं। जो तरलता जाल** (liquidity trap) को व्यक्त करता है। दाईं ओर वक्र के अन्तिम भाग में LM वक्र पूर्णतया बेलोच है। वक्र का यह भाग **क्लासिकी रेंज** कहलाता है। क्योंकि क्लासिकी अर्थशास्त्रियों का मत था कि मुद्रा केवल लेन-देन उद्देश्य के लिए धारण की जाती है और सट्टा उद्देश्य के लिए बिल्कुल नहीं। वक्र के इन दो भागों के बीच में **मध्यमवर्ती रेंज** है। केन्ज़ीय रेंज राजकोषीय मत व्यक्त करता है और क्लासिकी रेंज मुद्रावादी मत तथा मध्यवर्ती रेंज समन्वयवादी मत।

मौद्रिक तथा राजकोषीय नीतियों की प्रभाविता समझाने के लिए हम इनकी विस्तारात्मक नीतियां लेते हैं जो इस बात पर निर्भर करती हैं कि वे कहां तक तीनों रेंजों में आय के स्तर और ब्याज की दर को प्रभावित करती हैं। वे फिर, मुद्रा की मांग की ब्याज दर में परिवर्तनों के साथ प्रतिक्रियाशीलता (responsiveness) द्वारा निर्धारित होते हैं।

मौद्रिक नीति (Monetary Policy)

मौद्रिक नीति का चित्र 17 में समझाया गया है, जहां तीन रेंज वाले LM वक्र LM_1 और LM_2 तीन IS वक्रों के साथ दिखाए गए हैं। LM_2 वक्र मुद्रा पूर्ति में वृद्धि से उत्पन्न होता है।

केन्ज़ीय रेंज (The Keynesian Range)—पहले केन्ज़ीय रेंज पर विचार करें जहां LM वक्र **पूर्णतया लोचदार** है। यह केन्ज़ीय तरलता जाल स्थिति है जिसमें LM वक्र क्षैतिज है और ब्याज दर OR_1 से नीचे नहीं गिर सकती है। मुद्रा पूर्ति में वृद्धि LM वक्र को LM_1 से सरकाकर LM_2 पर लाती है। वक्र के इस प्रकार सरकने से ब्याज दर पर कोई प्रभाव नहीं पड़ता है। परिणामस्वरूप, निवेश बिल्कुल प्रभावित नहीं होता जिससे आय का स्तर OY_1 पर अपरिवर्तित रहता है। ऐसा इसलिए कि OR_1 जैसी बहुत नीची ब्याज दर पर, लोग मुद्रा को बांडो (या प्रतिभूतियों) की अपेक्षा नकदी में रखने को अधिमान देते हैं। ऐसा इस आशा से कि ब्याज दर बढ़ने पर वे नकदी को बांडों में परिवर्तित कर सकें। अतः तरलता जाल की केन्ज़ीय मान्यता के अन्तर्गत LM वक्र का क्षैतिज भाग मुद्रा की पूर्ति में वृद्धि द्वारा नहीं प्रभावित होता है। LM वक्र को IS वक्र A बिन्दु पर उसके चपटे भाग में काटता है, जिसका ब्याज दर पर कोई प्रभाव नहीं होता और परिणामस्वरूप न ही निवेश तथा आय पर भी। इस प्रकार, केन्ज़ीय रेंज में मौद्रिक नीति बिल्कुल निष्प्रभावी होती है।

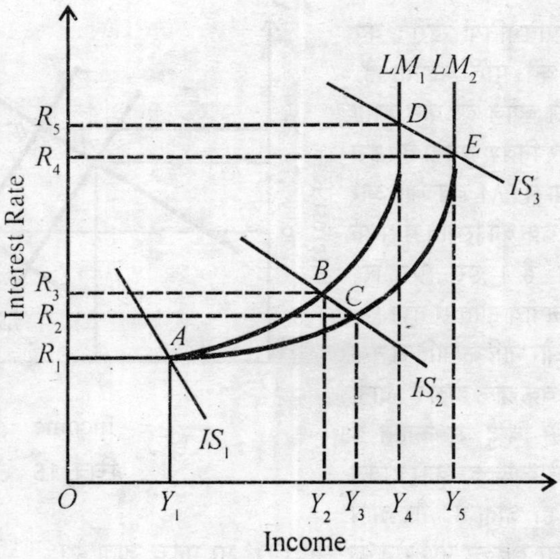

चित्र 17

क्लासिकी अथवा मुद्रावादी रेंज (The Classical or Monetarist Range)—क्लासिकी रेंज में, अर्थव्यवस्था D बिन्दु पर संतुलन में है जहां IS_2 वक्र LM_1 वक्र को काटता है तथा ब्याज दर OR_5 और आय स्तर OY_4 होता है। मान लीजिए कि केन्द्रीय बैंक विस्तारात्मक मौद्रिक नीति अपनाता है जिससे यह खुला बाजार प्रचालनों द्वारा मुद्रा की पूर्ति में वृद्धि करता है। मुद्रा पूर्ति में वृद्धि LM_1 वक्र की दाईं ओर LM_2 की स्थिति में सरका देती है। परिणामस्वरूप, जब IS_3 वक्र LM_2 वक्र को E बिन्दु पर काटता है तो आय स्तर OY_4 से बढ़कर OY_5 हो जाता है तथा ब्याज दर गिरकर OR_5 से OR_4 हो जाती है।

मुद्रा पूर्ति में वृद्धि के परिणामस्वरूप आय स्तर में वृद्धि तथा ब्याज दर में कमी इस क्लासिकी मान्यता पर आधारित है कि मुद्रा मुख्यतौर से विनिमय का माध्यम है। जब केन्द्रीय बैंक बाजार में प्रतिभूतियां खरीदता है तो उनकी कीमतें बढ़ जाती हैं तथा ब्याज दर गिर जाती है। तब सम्पत्ति धारक प्रतिभूतियों की अपेक्षा अन्य परिसम्पत्तियां अधिक आकर्षक पाते हैं। इसलिए, वे अपने बढ़े हुए नकदी धारणों को नए या वर्तमान पूंजी निवेशों में लगाते हैं, जो आगे आय के स्तर में वृद्धि लाते हैं। परन्तु जब तक सम्पत्ति धारकों के पास अधिक मुद्रा शेष होते हैं, अपेक्षाकृत जितने उनको लेन-देन उद्देश्यों के लिए चाहिएं, तो वे अर्जक परिसम्पत्तियों के साथ प्रतियोगिता करते जाएंगे। परिणामस्वरूप, ब्जाय दर गिरती जाएगी और निवेश बढ़ता जाएगा, जब तक कि अतिरिक्त मुद्रा शेष ऐसे सौदों में खप नहीं जाते हैं। अन्ततः, आय के स्तर में वृद्धि मुद्रा पूर्ति में पूर्ण वृद्धि के बराबर हो जाती है। अतः क्लासिकी रेंज में मौद्रिक नीति अत्यधिक प्रभावी होती है। ऐसी स्थिति में अर्थव्यवस्था आय तथा ब्याज दर के ऊंचे स्तरों पर होती है और मुद्रा पूर्ति की समस्त वृद्धि को लेन-देन उद्देश्यों के लिए उपयोग करती है जिससे राष्ट्रीय आय में वृद्धि मुद्रा पूर्ति में पूर्ण वृद्धि के बराबर होती है।

मध्यवर्ती रेंज (Intermediate Range)—अब मध्यवर्ती रेंज पर विचार करिए। जब प्रारंभिक संतुलन B बिन्दु पर होता है जहां IS_2 वक्र LM_1 वक्र को काटता है, और आय स्तर OY_2 तथा ब्याज पर OR_2 है। मुद्रा पूर्ति में वृद्धि LM_1 वक्र को LM_2 वक्र की स्थिति में ला देती है। परिणामस्वरूप, नया संतुलन C बिन्दु पर स्थापित होता है जहां IS_2 वक्र LM_2 वक्र को काटता है। यह दर्शाता है कि मुद्रा पूर्ति में वृद्धि से ब्याज दर OR_3 से गिरकर OR_2 होती है और आय स्तर OY_2 से बढ़कर OY_3 हो जाता है। मध्यवर्ती रेंज में आय में वृद्धि Y_2Y_3, क्लासिकी रेंज में आय में वृद्धि Y_4Y_5 से अपेक्षाकृत कम होती है। ऐसा इसलिए कि क्लासिकी मत में मुद्रा पूर्ति में समस्त वृद्धि लेन-देन उद्देश्यों के लिए खप जाती है। परन्तु मध्यवर्ती मत में बढ़ी हुई मुद्रा पूर्ति कुछ सट्टा उद्देश्य और कुछ लेन-देन उद्देश्यों में खप जाती है। जो सट्टा उद्देश्य के लिए रख ली जाती है सम्पत्ति धारकों द्वारा

निवेश नहीं की जाती और उनके पास निष्क्रिय शेषों (idle balances) के रूप में रहती है। इस कारण आय स्तर में वृद्धि मुद्रा पूर्ति में वृद्धि से कम होती है। इसलिए मध्यवर्ती रेंज से मौद्रिक नीति क्लासिकी रेंज की अपेक्षा कम प्रभावी होती है।

राजकोषीय नीति (Fiscal Policy)—राजकोषीय नीति को चित्र 18 में स्पष्ट किया गया है। इसमें त्रि–रेंज *LM* वक्र और उसके साथ–साथ छः *IS* वक्र लिए गए हैं जो केन्ज़ीय, मध्यवर्ती तथा कलाकिसी रेंजों में सरकारी व्यय बढ़ने पर उभरते हैं।

केन्ज़ीय रेंज (The Keynesian Range)—पहले केन्जीय रेंज को लीजिए। इसमें प्रारंभिक संतुलन *A* बिन्दु पर है जहां *LM* वक्र को IS_1 वक्र काटता है। मान लीजिए कि सरकारी व्यय बढ़ जाता है। इससे नया संतुलन *B* पर आ जाता है जहां *LM* वक्र को IS_2 वक्र काटता है। परणिामस्वरूप, आय स्तर OY_1 से बढ़कर OY_2 हो जाता है परन्तु ब्याज दर *OR* पर अपरिवर्तित रहती है। केन्ज़ीय स्थिति में आय में वृद्धि, सरकारी व्यय में बढ़ोतरी का पूर्ण गुणक गुणा के बराबर है। इसका कारण यह है कि जब ब्याज दर तथा आय के नीचे स्तरों पर मुद्रापूर्ति स्थिर होती हैं तो सम्पत्ति धारकों के पास बहुत सारी निष्क्रिय मुद्रा होती है। इसे ब्याज की दर बढ़ाए बिना ऊंचे लेन–देन का वित्त–प्रबंधन करने के लिए प्रयोग में लाया जा सकता है। जब ब्याज की दर नहीं बढ़ती, तो निवेश का स्तर पहले जितना ही रहता है और आय में जो वृद्धि होती है वह सरकारी व्यय में बढ़ोतरी का पूर्ण गुणक गुणा के बराबर होती है। इस प्रकार, केन्ज़ीय रेंज में राजकोषीय नीति बहुत प्रभावी होती है।

क्लासिकी या मुद्रावादी रेंज (The Classical or Monetarist Range)—क्लासिकी रेंज में *LM* पूर्णतया बेलोच होता है और इसे IS_5 वक्र *E* बिन्दु पर इस तरह काटता है कि ब्याज की दर OR_3 है और आय स्तर OY_5 है। जब विस्तारात्मक राजकोषीय नीति के लिए सरकारी व्यय बढ़ता है, तो IS_5 वक्र ऊपर की ओर सरक कर IS_6 पर चला जाता है। परिणामस्वरूप, *LM* वक्र को IS_6 वक्र *F* बिन्दु पर काटता है और ब्याज की दर बढ़कर OR_4 हो जाती है तथा आय OY_5 पर अपरिवर्तित रहती है। इसका कारण यह है कि क्लासिकी स्थिति पूर्ण रोजगार अर्थव्यवस्था से संबंध रखती है जहां सरकारी व्यय में बढ़ोतरी के परिणामस्वरूप ब्याज की दर बढ़ जाती है जो निजी निवेश को घटा देती है। क्योंकि सरकारी व्यय में होने वाली वृद्धि, निजी निवेश में होने वाली कमी के एकदम बराबर होती है, इसलिए आय के स्तर पर कोई प्रभाव नहीं पड़ता जो OY_5 स्तर पर स्थिर रहता है। इस प्रकार, क्लासिकी रेंज में राजकोषीय नीति बिल्कुल प्रभावी नही है।

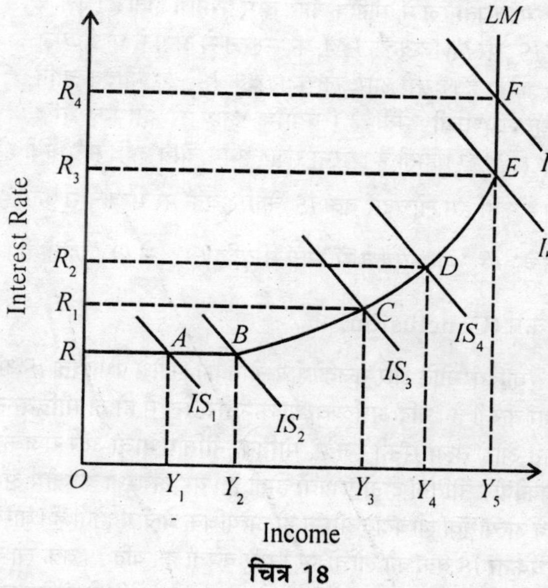

चित्र 18

मध्यवर्ती रेंज (Intermediate Range)—मध्यवर्ती रेंज प्रारंभिक संतुलन *C* पर है जहां IS_3 वक्र *LM* वक्र को काटता है। यहां ब्याज की दर OR_1 और आय का स्तर OY_3 है। जब सरकारी व्यय बढ़ता है, तो IS_3 वक्र ऊपर की ओर दाएं को सरक कर IS_3 से IS_4 पर चला जाता है। और IS_4 तथा *LM* वक्रों केबीच नया संतुलन *D* बिन्दु पर स्थापित होता है। परिणामस्वरूप, सरकारी व्यय में हुई वृद्धि आय स्तर को OY_3 से बढ़ाकर OY_4 पर ले जाती है और ब्याज की दर को OR_1 से बढ़ाकर OR_2 पर पहुंचा देती है। मध्यवर्ती रेंज में आय स्तर तथा ब्याज की दर, दोनों के बढ़ने के दो कारण हैं: **प्रथम,** सरकारी व्यय में वृद्धि होने के परिणामस्वरूप आय इसलिए बढ़ती है कि लेन–देन के लिए अतिरिक्त मुद्रा शेष उपलब्ध हो जाते हैं। **दूसरे,** स्थिर मुद्रा पूर्ति के दिए हुए होने पर, सम्पत्तिधारक लेन–देनों के लिए उपलब्ध मुद्रा शेषों का कुछ भाग निष्क्रिय शेषों के रूप में रख लेते हैं जिससे ब्याज की दर बढ़ जाती है। ब्याज की दर बढ़ने का परिणाम यह होता है कि निवेश घट जाता है और राजकोषीय नीति उतनी प्रभावी नहीं हो पाती जितनी केन्ज़ीय रेंज में होती है।

IS वक्र की लोचों का मौद्रिक और राजकोषीय नीतिचों पर प्रभाव (Effects of Elasticity of IS Curve on Monetary and Fiscal Policies)

IS वक्र की लोचें मौद्रिक और राजकोषीय नीतियों को थोड़े भिन्न ढंग से प्रभावित करती हैं। इसकी चित्र 19 में व्याख्या की गई है।

केन्ज़ीय रेंज में मौद्रिक नीति **अप्रभावी** होती है चाहे IS curve लोचदार हो जैसा कि IS_F वक्र अथवा बेलोच हो जैसाकि IS_s वक्र। दूसरी ओर, राजकोषीय नीति तभी प्रभावी होती है यदि *IS* वक्र लोचदार या बेलोच हो चित्र 18 में जब लोचदार IS_1 वक्र सरक कर IS_2 पर चला जाता है तो आय OY_1 से बढ़ कर OY_2 हो जाती है। यही परिणाम बेलोच *IS* वक्र के सरकने से होता है जिसे चित्र में नहीं दिखाया गया है।

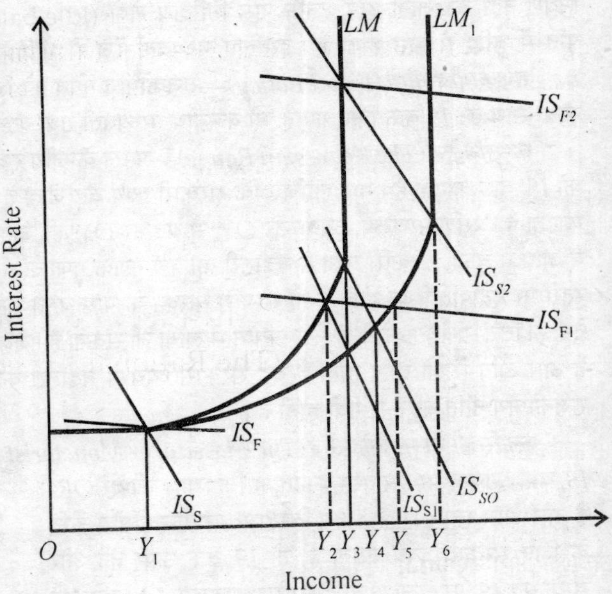

चित्र 19

क्लासिकी रेंज में, राजकोषीय नीति **अप्रभावी** होती है चाहे *IS* वक्र लोचदार हो जैसा कि IS_{F_2} या बेलोच हो जैसा कि IS_{S_2}, क्योंकि OY_3 आय अपरिवर्तित रहती है। परन्तु मौद्रिक नीति **प्रभावी** होती है चाहे *IS* वक्र लोचदार या बेलोच हो, क्योंकि दोनों अवस्थाओं में आय OY_3 से बढ़कर OY_6 हो जाती है जैसा चित्र 19 में दर्शाया गया है।

मध्यवर्ती रेंज में, मौद्रिक नीति **कम प्रभावी** होती है। बेलोच वक्र IS_{s1} पर *LM* वक्र के LM_1 पर सरकने से आय में थोड़ी वृद्धि Y_2Y_3 होती है। दूसरी ओर, लोचदार वक्र IS_{F1} पर मौद्रिक नीति **अधिक प्रभावी** होती है। क्योंकि आय में अधिक वृद्धि $Y_2Y_5(>Y_2Y_3)$ होती है। परन्तु राजकोषीय नीति अधिक प्रभावी होती है चाहे *IS* वक्र लोचदार या बेलोच हो। इसे चित्र 18 में दर्शाया गया है जहां हम लोचदार वक्र IS_3 के IS_4 वक्र पर सरकने से आय OY_3 से बढ़कर OY_4 होती है। इसी प्रकार, चित्र 19 में बेलोच IS_{S_1} वक्र के IS_{S_0} पर सरकने से आय में वृद्धि OY_3 से OY_4 होती है।

निष्कर्ष (Conclusion)

मौद्रिक नीति और राजकोषीय नीति की सापेक्ष प्रभाविता *IS* और *LM* वक्रों की आकृति तथा अर्थव्यवस्था की प्रारंभिक अवस्था पर निर्भर करती है। यदि अर्थव्यवस्था **केन्ज़ीय** रेंज में हो तो **मौद्रिक नीति अप्रभावी** होती है तथा **राजकोषीय नीति अत्यधिक प्रभावी।** दूसरी ओर, **क्लासिकी रेंज** में, **मौद्रिक नीति प्रभावी** और **राजकोषीय नीति अप्रभावी** होती है। परन्तु **मध्यवर्ती रेंज** में, मौद्रिक और राजकोषीय नीतियां दोनों प्रभावों होती हैं। यह अवस्था केन्ज़ीय और क्लासिकी मतों में भेद को बांधती है। इस रेंज में *IS* वक्र की लोचें न तो अत्यधिक लोचदार और न ही अत्यधिक बेलोच होती हैं। वास्तव में मध्यवर्ती रेंज में, मौद्रिक और राजकोषीय नीतियों की प्रभाविता अधिकतर *IS* वक्र की लोचों पर निर्भर करती है। यदि *IS* वक्र लोचदार है तो राजकोषीय नीति मौद्रिक नीति से अधिक प्रभावी होती है। दूसरी ओर, यदि *IS* वक्र बेलोच है तो राजकोषीय नीति से मौद्रिक नीति अधिक प्रभावी होती है। इसलिए मौद्रिक और राजकोषीय नीतियों की पूर्ण प्रभाविता के लिए सबसे अच्छा रास्ता मौद्रिक–राजकोषीय मिश्रण अपनाना चाहिए जैसाकि ऊपर वर्णन किया गया है।

प्रश्न

1. *IS* और *LM* वक्रों के रूप में मौद्रिक और राजकोषीय नीतियों की समीक्षा करिए।
2. सुस्ती (recession) की शक्तियों को दूर करने के लिए मौद्रिक और राजकोषीय नीतियां किस सीमा तक प्रभावी होती हैं। विवेचना कीजिए।
3. आप केन्ज़ीय और क्लासिकी मतों की मौद्रिक एवं राजकोषीय प्रभाविता की चरम सीमाओं का कैसे सामंजस्य करेंगे?
4. मौद्रिक और राजकोषीय मिश्रण नीति को क्यों अपनाना चाहिए? पूर्ण रोजगार को प्राप्त करने और कायम रखने के संदर्भ में इसकी व्याख्या करिए।

अध्याय 58

विवेकपूर्ण प्रत्याशाओं की परिकल्पना

(The Rational Expectations Hypothesis)

1. प्रस्तावना
(INTRODUCTION)

1930 के दशक में जब केन्ज़ ने अपना 'सामान्य सिद्धांत' लिखा तब विश्व की मुख्य समस्या बेरोजगारी थी। द्वितीय विश्वयुद्ध के दौरान स्फीति मुख्य आर्थिक समस्या के रूप में उभर कर सामने आई। विश्वयुद्ध के उपरांत 1960 के दशक तक बेरोजगारी एक बार फिर आर्थिक समस्या बन गई। अगली एक दशाब्दी तक बेरोजगारी तथा स्फीति दोनों ने मिलकर एक नया रूप धारण कर लिया, जिसे गतिहीन स्फीति (stagflation) कहा गया। गतिहीन स्फीति की यह नई समस्या नीति-निर्धारकों तथा अर्थशास्त्रियों के लिए एक गंभीर चुनौती बन गई, क्योंकि केन्ज का सिद्धांत इस विषय में मौन था। अत: इस संकटपूर्ण स्थिति से एक नये समष्टि आर्थिक सिद्धांत का जन्म हुआ, जिसे विवेकपूर्ण प्रत्याशाओं की परिकल्पना अर्थात रेटेक्स (Ratex) का नाम दिया गया।

2. अनुकूली प्रत्याशाएं
(ADAPTIVE EXPECTATIONS)

रेटेक्स परिकल्पना की चर्चा करने से पहले समष्टि अर्थशास्त्र में प्रयोग की गई अनुकूली प्रत्याशाओं के अर्थ को समझना आवश्यक है जिसका विकास रेटेक्स सिद्धांत से पहले हुआ था।

प्रत्याशाएं उन अनिश्चित आर्थिक चरों के संदर्भ में किसी आर्थिक एजेंट द्वारा किए गए पूर्वानुमान या भविष्यवाणियां होती हैं जो उसके निर्णय से संबद्ध होती हैं। पूर्वानुमान भूत (past) की प्रवृत्तियों के साथ-साथ वर्तान सूचना एवं अनुभव पर आधारित होते हैं। आर्थिक सिद्धांत का मुख्य भाग आर्थिक एजेंटों (अर्थात् उपभोक्ता, उत्पादक आदि) द्वारा प्रत्याशाओं के निर्माण में उनके विवेकशील व्यवहार की मान्यता पर आधारित है। परन्तु अभी तक अर्थशास्त्री मानवीय व्यवहार के माप में प्रत्याशाओं को भूमिका को शामिल नहीं कर पाए हैं। केन्ज़ ने प्रत्याशाओं के महत्त्व की चर्चा की परन्तु वे इस बात पर चुप थे कि उनका निर्माण किस प्रकार होता है।

हाल के वर्षों में, अर्थशास्त्रियों ने मॉडल निर्माण में अनुकूली प्रत्याशाओं की परिकल्पना का व्यापक प्रयोग किया है। इस संदर्भ में 1956 में **कैगन** (Cagen) और 1957 में **नेरलोव** (Nerlove) द्वारा किया गया कार्य सर्वाधिक महत्वपूर्ण था। अनुकूली प्रत्याशा परिकल्पना के अनुसार होगा। वे कीमत, आय जैसे आर्थिक चरों के भविष्य मूल्यों को उनके भूत मूल्यों के **औसत** के रूप में होने तथा बहुत ही धीमी गति से उनके परिवर्तित होने की प्रत्याशा करते हैं। आर्थिक एजेंट इन चरों के प्रत्याशित मूल्य को उनके वर्तमान एवं भूत मूल्यों के **भारित** (weighted) औसत के समान कर देते हैं। वे अपनी प्रत्याशाओं को पिछली पूर्वानुमान त्रुटि के अनुसार संशोधित करते हैं। पिछले व्यवहारों के परिणामस्वरूप हुई त्रुटियां प्रत्याशाओं के निर्माण के लिएसूचना के एक महत्वपूर्ण स्रोत का संकेत करती हैं। परन्तु ऐसी प्रत्याशाएं इस मान्यता पर आधारित होती हैं कि आर्थिक एजेंट उन भूलों में बहुत कम परिवर्तन होने की प्रत्याशा करते हैं। अत: जबआर्थिक नीति में परिवर्तन होता है तो इससे प्राय: निरर्थक पूर्वानुमान होते हैं।

उदाहरण के लिए, अनुकूली प्रत्याशा परिकल्पना के अनुसार आर्थिक एजेंट, भविष्य की स्फीति दरों की प्रत्याशाओं का निर्माण, पहले अनुभव हुई औसत स्फीति दरों के भारित औसत से करते हैं और यदि वास्तविक स्फीति प्रत्याशित स्फीति से भिन्न होने वाली होती

है तो वे समय-समय पर उन प्रत्याशाओं को संशोधित करते हैं। यह आर्थिक एजेंटों के अविवेकी (irrational) व्यवहार को प्रकट करता है। दीर्घकालीन फिलिप्स वक्र का *फ्रीडमैन का विश्लेषण* अनुकूली प्रत्याशा परिकल्पना पर आधारित है। फ्रीडमैन की *त्वरण* (acceleration) परिकल्पना में निहित मान्यता कि कीमत प्रत्याशाएं मुख्य रूप से पहले की स्फीति के अनुभव पर आधारित होती हैं, अवास्तविक है। जब आर्थिक एजेंटों की कीमत प्रत्याशाएं इस मान्यता पर आधारित होती हैं तो वे अविवेकी होते हैं। यदि वे बढ़ती कीमतों की स्थिति में ऐसा सोचते हैं तो अपने को गलत पाएंगे। इसका कारण है कि प्रत्याशाओं का निर्माण केवल पहले के प्रक्षेपणों (projections) से ही नहीं, बल्कि भविष्य के प्रत्यक्ष पूर्वानुमानों से भी होता है। लोगों की प्रत्याशाओं का आधार पिछले कीमत परिवर्तनों के साथ-साथ कई घटकों के संबंध में वर्तमान सूचनाएं भी होती हैं। इस प्रकार, विवेकशील लोग भविष्य की स्फीति का अधिक यथार्थता से पूर्वानुमान करने के लिए सभी उपलब्ध सूचनाओं का प्रयोग करते हैं।

3. विवेकपूर्ण प्रत्याशाएं
(RATIONAL EXPECTATIONS)

विवेकपूर्ण प्रत्याशाओं का विचार सर्वप्रथम जॉन मूथ द्वारा 1961 में प्रस्तुत किया गया, जिसने यह विचार इंजीनियरी साहित्य से लिया था। उसका मॉडल मुख्य बाजार की मॉडलिंग कीमत गतिविधियों के बारे में है। यदि हम यह मानकर चलें कि आर्थिक एजेन्ट प्रत्याशाओं का निर्माण करते समय सूचनाओं (informations) का कुशल व आदर्शतम उपयोग करते हैं तो वे प्रत्याशाओं के एक ऐसे सिद्धांत की रचना करते हैं जिससे उपभोक्ता तथा उत्पादक के *प्रत्याशित* कीमत परिवर्तन पर आधारित प्रतिक्रिया उनके *वास्तविक* कीमत परिवर्तन पर आधारित प्रतिक्रिया पर निर्भर करती है। मूथ का कहना है कि कुछ प्रत्याशाएं इन अर्थों में विवेकपूर्ण हैं कि प्रत्याशाएं तथा घटनाएं एक अविचारित (random) त्रुटि के कारण ही भिन्न होती हैं।

मूथ की विवेकपूर्ण प्रत्याशाओं की कल्पना व्यष्टि अर्थशास्त्र से संबंधित है। इससे बहुत से अर्थशास्त्री संतुष्ट नहीं थे। अत: यह दस वर्षों तक निष्क्रिय रही। 1970 के दशक के आरंभ में रॉबर्ट लूकस, थॉमस सारजेंट तथा नील वैलस ने इस पर विचार का उपयोग समष्टि अर्थशास्त्र नीति की समस्याओं के लिए किया।

4. विवेकपूर्ण प्रत्याशाओं की परिकल्पना की मूल प्रस्थापनाएं
(BASIC PROPOSITIONS OF RATIONAL EXPECTATIONS HYPOTHESIS)

रेटेक्स परिकल्पना मानती है कि आर्थिक एजेन्ट अपने पास उपलब्ध समस्त आर्थिक सूचना का उपयोग करके कीमतों, आय आदि जैसे आर्थिक चरों (variables) के भावी मूल्यों की प्रत्याशाओं का निर्माण करते हैं। यह सूचना विशेषकर सरकार की मौद्रिक और राजकोषीय नीतियों जैसे आर्थिक चरों से जुड़े हुए सम्बन्धों को अपने में सम्मिलित करती है। इस तरह प्रत्याशाएं बनाने वाले यह मानते हैं कि आर्थिक एजेन्टों को भविष्य की घटनाओं के बारे में पूरी और सही सूचना होती है। मूथ के अनुसार, सूचना को किसी अन्य दुर्लभ संसाधन की तरह समझना चाहिए। इसके अलावा विवेकपूर्ण आर्थिक एजेन्टों को अपनी प्रत्याशाएं बनाते समय आर्थिक प्रणाली के संबंध में अपने ज्ञान का प्रयोग करना चाहिए। अत: रेटेक्स की परिकल्पना यह मानती है कि व्यक्तिगत आर्थिक एजेन्ट प्रत्याशाओं का निर्माण करने में संपूर्ण उपलब्ध और सुसंगत सूचना का उपयोग करते हैं और वे इस सूचना को अपने विवेक से तैयार करते हैं। यह मानना महत्त्वपूर्ण है कि रेटेक्स, उपभोक्ता अथवा फर्मों के पूर्णत: दूरदर्शी होने या उनकी प्रत्याशाएं हमेशा सही होने को प्रकट नहीं करता है। यह संकेत करता है कि एजेन्ट पिछली त्रुटियों पर विचार करते हैं और यदि आवश्यक हो तो ऐसी त्रुटियों की पुनरावृत्ति को रोकने के लिए अपने प्रत्याशित व्यवहार का पुनरीक्षण करते हैं। वस्तुत: ऐसे अनुमान यह संकेत देते हैं कि एजेन्ट नियमित प्रत्याशित त्रुटियों को दूर करने में सफल होते हैं ताकि उपलब्ध सूचना से ऐसी त्रुटियां औसतन असंबद्ध हों।

रेटेक्स परिकल्पना आर्थिक (मौद्रिक, राजकोषीय और आय) नीतियों पर लागू की जाती है। विवेकपूर्ण प्रत्याशाएं लगाने वालों ने स्थिरीकरण नीतियों की *अल्पकालिक अप्रभावशीलता* को प्रकट किया है। उनके अनुसार, आर्थिक (मौद्रिक, राजकोषीय और आय) नीतियों में परिवर्तन होने से अर्थव्यवस्था पर इसके पड़ने वाले प्रभावों की अधिक सूचना किसी को भी नहीं होती। विशेषरूप से, इसका अर्थ मंदी को नियंत्रित करने हेतु समष्टि आर्थिक नीतियों जैसे कर कटौती करना, सरकारी खर्च बढ़ाना, मुद्रा आपूर्ति बढ़ाना या घाटे का

---

1. John M. Muth, "Rational Expectations and the Theory of Price," *Econometrica. July, 1951.*

बजट बनाना आदि पर रोक लगाना है। उनका तर्क है कि जनता ने पिछले अनुभव से यह सीखा है कि सरकार ऐसी नीतियों का अनुसरण करेगी। इसलिए सरकार इनके प्रभावों को अपनाकर जनता को बेवकूफ नहीं बना सकती और ऐसी नीति का संकेत मात्र भी जनता की ओर से व्यापक प्रतिचक्रीय प्रतिक्रिया की प्रत्याशाएं उत्पन्न करता है। इस तरह रेटेक्स परिकल्पना के अनुसार, सरकार की मौद्रिक और राजकोषीय नीतियों के बारे में लोग अनुमान लगाते है और आर्थिक फैसले करते समय उनकी ओर ध्यान देते हैं। इसके परिणामस्वरूप, जब तक सरकारी नीतियों के संकेत मिलते हैं, जनता उन पर पहले से ही कार्य कर चुकी होती है और उनके प्रभाव समाप्त हो जाते हैं। दूसरे शब्दों में, रेटेक्स परिकल्पना यह बताती है कि लोगों के आर्थिक व्यवहार में वही नीति–चालें परिवर्तन लाती हैं जिनकी उम्मीद नहीं की जाती है और वे सरकार द्वारा अप्रत्याशित चालें होती हैं। जब एक बार लोगों को नीति के बारे में सूचना प्राप्त हो जाती है और उसके चालू होने की प्रत्याशा होती है तो यह लोगों के आर्थिक व्यवहार में परिवर्तन ला सकतीं है।[1]

विवेकपूर्ण प्रत्याशाएं और फिलिप्स वक्र
(Rational Expectations and the Phillips Curve)

फ्रीडमैन द्वारा प्रतिपादित फिलिप्स वक्र की त्वरित परिकल्पना (accelerationist hypothesis) में बेरोजगारी और स्फीति के बीच अल्पकाली विनिमय (trade-off) तो है परन्तु दीर्घकालीन विनिमय नहीं है। इसका कारण यह है कि स्फीतिकारी प्रत्याशाएं स्फीति की पिछली प्रवृत्ति पर आधारित होती हैं जिनकी भविष्यवाणी एकदम सही नहीं की जा सकती है। क्योंकि स्फीति की संभावित दर उसकी वास्तविक दर से हमेशा पीछे रहती है, इसलिए हमेशा एक अवलोकित (observed) त्रुटि पाई जाती है। स्फीति की संभावित दर को वास्तविक दर से समायोजित करने के लिए प्रथम अवधि में अवलोकित त्रुटि के कुछ अनुपात को जोड़कर पहली अवधि में होने वाली स्फीति के अनुभव अनुसार उसकी संभावित दर का पुनरीक्षण किया जाता है।

विवेकपूर्ण प्रत्याशाओं से संबद्ध अर्थशास्त्रियों ने दीर्घावधि के दौरान भी स्फीति और बेरोजगारी के बीच विनिमय रहने की संभावना से इन्कार किया है। उनके अनुसार, फ्रीडमैन के इस कथन में अंतर्निहित यह धारणा अवास्तविक है कि कीमत प्रत्याशाएं मुख्यरूप से पिछली स्फीति के अनुभव के आधार पर ही बनाई जाती हैं। जब लोग अपनी कीमत प्रत्याशाओं को इस मान्यता के आधार पर रखते हैं तो वे अविवेकी होते हैं। यदि वे बढ़ती हुई कीमतों के दौरान ऐसा सोचते हैं तो यह पायेंगे कि वे गलत थे। परन्तु विवेकपूर्ण लोग ऐसी गलती नहीं करेंगे, बल्कि वे भावी स्फीति की अपेक्षाकृत अधिक सही भविष्यवाणी करने में समस्त उपलब्ध सूचना का प्रयोग करेंगे।

फिलिप्स वक्र के संबंध में विवेकपूर्ण प्रत्याशाओं का विचार चित्र 1 में प्रस्तुत किया गया है। मान लीजिए कि बेरोजगारी की दर 3 प्रतिशत और स्फीति की दर 2 प्रतिशत है। हम SPC_1 वक्र पर बिन्दु A से प्रारंभ करते हैं। बेरोजगारी कम करने के लिए सरकार मुद्रा पूर्ति की दर बढ़ा देती है, जिससे कीमतें बढ़नी शुरू हो जाती हैं। रेटेक्स परिकल्पना के अनुसार, फर्मों की कीमतों के सामान्य स्तर की बजाय अपने उद्योग की कीमतों के बारे में अपेक्षाकृत अधिक सूचना उपलब्ध हैं। उनका यहसोचना मात्र एक भूल है कि कीमतों में वृद्धि उनकी वस्तुओं की मांग में वृद्धि के कारण हुई है। इसके परिणामस्वरूप, उत्पादन बढ़ाने के लिए वह अधिक वर्करों कोरोजगार पर लगाते हैं, जिससे बेरोजगारी कम हो जाती है। वर्कर भी कीमतों में वृद्धि को अपने उद्योग से संबंधित मानने की भूल करते हैं। परन्तु जब श्रमिकों की मांग बढ़ती है तो मजदूरी बढ़ती है और वर्कर मौद्रिक मजदूरी की वृद्धि को वास्तविक मजदूरी की वृद्धि मान लेते हैं। इस तरह अर्थव्यवस्था अल्पकालीन फिलिप्स वक्र SPC_1 पर A बिन्दु से B बिंदु पर ऊपर की ओर चलती है। परन्तु जल्दी ही वर्कर और फर्में यह पाते हैं कि सभी उद्योगों में कीमतों और मजदूरियों की वृद्धि हो गई है। फर्में यह भी पाती हैं कि उनकी लागतें बढ़ गई हैं। स्फीति दर में 4 प्रतिशत वृद्धि के साथ ही वर्कर यह महसूस करते हैं कि उनकी वास्तविक

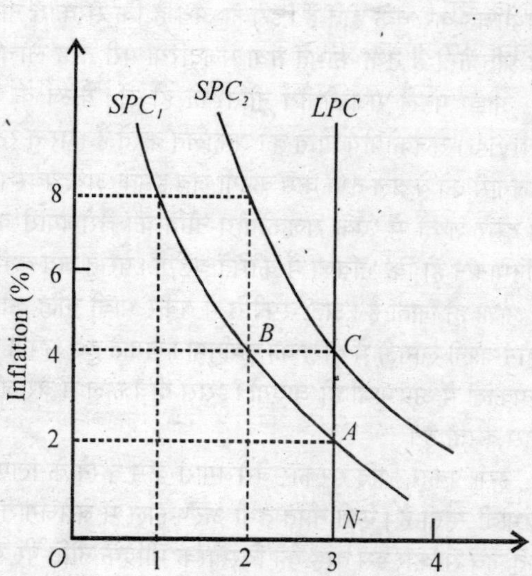

चित्र 1

मजदूरियां कम हो गई हैं और वे मजदूरी बढ़ाने के लिए दबाव डालते हैं। इस प्रकार, सरकार की मुद्रा नीति के कारण अर्थव्यवस्था में स्फीति की दर बढ़ जाती है। परिणामस्वरूप, SPC_2 वक्र पर यह बिन्दु B से C की ओर चला जाता है जहां बेरोजगारी दर 3 प्रतिशत है जो सरकार द्वारा विस्तारक मौद्रिक नीति अपनाने से पहले के बराबर है।

जब सरकार दोबारा मुद्रा–स्फीति बढ़ाकर रोजगार कम करने का फिर प्रयास करती है तो वह उन कर्मचारियों तथा फर्मों को मूर्ख नहीं बना सकती जो अब अर्थव्यवस्था में लागतों व कीमतों की गतिविधियों पर नजर रखेंगे। यदि फर्में अपनी वस्तुओं की लागतों के साथ–साथ कीमतों में वृद्धि की आशा करती हैं तो वे अपना उत्पादन बढ़ाने की चेष्टा नहीं करेंगी जैसाकि SPC_1 वक्र के मामले में हुआ। जहां तक वर्करों का प्रश्न है, श्रम संगठन अर्थव्यवस्था में बढ़ती हुई कीमतों के अनुसार मजदूरी बढ़ाने की मांग करेंगे। जब सरकार मौद्रिक प्रसारण (अथवा राजकोषीय) नीति को चालू रखती है तो वर्करों और फर्मों को इसकी आदत हो जाती है। उनका अनुभव ही उनकी प्रत्याशाएं बन जाता है। अत: सरकार जब दोबारा इस तरह की नीति अपनाती है तो फर्में अपनी वस्तुओं की कीमतें, प्रत्याशित स्फीति को बे–असर करने के लिए बढ़ा देती हैं ताकि उत्पादन तथा रोजगार पर इसका प्रभाव न पड़े। इसी प्रकार, स्फीति की प्रत्याशा में वर्कर अधिक वेतन की मांग करते हैं और फर्में अधिक नौकरियां नहीं देती हैं। दूसरे शब्दों में, फर्में तथा वर्कर मजदूरी समझौतों तथा कीमत–नीतियों में अपनी प्रत्याशाएं बना लेते हैं ताकि बेरोजगारी की वास्तविक दर तथा प्राकृतिक दर में, यहां तक कि अल्पकाल में भी, कोई अन्तर न रह जाए।

5. स्थिरीकरण नीति तथा रेटेक्स परिकल्पना (STABILISATION POLICY AND RATEX HYPOTHESIS)

रेटेक्स परिकल्पना के अनुसार, *मौद्रिक और राजकोषीय (स्थिरीकरण) नीतियां अल्पकाल में अप्रभावी* (ineffective) हैं, क्योंकि अल्पकाल के दौरान प्रत्याशाओं का सही अनुमान लगाना संभव नहीं है। इसे *नीति नपुंसकता* (असमर्थता) (policy impotence) कहा जाता है। रेटेक्स परिकल्पना इस मान्यता पर आधारित है कि उपभोक्ता तथा फर्में आगामी आर्थिक गतिविधियों के बारे में सही जानकारी रखती हैं। इसीलिए उनकी प्रत्याशाएं विवेकपूर्ण होती हैं क्योंकि वे सभी उपलब्ध सूचनाओं, विशेषकर संभावित सरकारी कार्रवाईयों पर आधारित होती हैं। यदि सरकार किसी अनुकूल मौद्रिक अथवा राजकोषीय नीति का अनुसरण करती है तो लोग इसके बारे में जान जाते हैं और उसी के अनुसार अपनी योजनाओं का समायोजन (adjustment) कर लेते हैं। अत: जब भी सरकार कोई संभावित नीति अपनाती है तो वह प्रभावी नहीं होती, क्योंकि लोग इसका पूर्वानुमान लगाकर अपनी योजनाओं को इसी के अनुसार पहले ही समायोजित कर चुके होते हैं। इसका अर्थ है कि सरकारी नीति *अप्रभावी* है। एक अन्य महत्त्वपूर्ण मान्यता यह है कि सभी बाजार पूरी तरह प्रतियोगी हैं तथा कीमतें तथा मजदूरियां पूरी तरह लोचपूर्ण हैं।

आइए पहले राजकोषीय नीति को ही लें। केन्ज के सिद्धांत को मानने वाले बेरोजगारी को कम करने के लिए एक सक्रिय (activist) राजकोषीय नीति की वकालत करते हैं। परन्तु रेटेक्स परिकल्पना के अनुसार कर में कटौती तथा / या सरकारी खर्च में वृद्धि बेरोजगारी को केवल तभी कम करेगी जब इसके अर्थव्यवस्था पर अल्पकालिक प्रभाव लोगों के लिए अप्रत्याशित (या अपूर्वानुमानित) हों। दूसरे शब्दों में, एक राजकोषीय नीति का बेरोजगारी को कम करने का अल्पकालिक प्रभाव हो सकता है, यदि लोगों को यह पूर्वानुमान न हो कि भविष्य में कीमतें बढ़ेंगी। परन्तु जब कभी सरकार किसी ऐसी नीति पर डटी रहती है तो लोगों को स्फीति दर बढ़ने की आशा हो जाती है। अत: स्फीति में वर्कर भावी वृद्धि की सम्भावना को देखते हुए अधिक मजदूरी की मांग करेंगे तथा फर्में भविष्य में होने वाली लागतों में वृद्धि का पूर्वानुमान लगाते हुए अपनी वस्तुओं की कीमतों में वृद्धि करेंगी। इसके परिणामस्वरूप राजकोषीय नीति अल्पकाल में अप्रभावी हो जाएगी। इससे दीर्घकाल में बेरोजगारी और स्फीति बढ़ सकती है जब सरकार स्फीति को नियन्त्रित करने का प्रयास करती है।

इसी प्रकार, यदि सरकार बेरोजगारी कम करने के लिए विस्तारक *मौद्रिक नीति* द्वारा मुद्रा पूर्ति बढ़ाती है तो यह भी अल्पकाल में अप्रभावी रहती है। ऐसी नीति तभी अल्पकाल में बेरोजगारी कम कर सकती है जब अर्थव्यवस्था पर इसके प्रभाव पूर्वानुमानित न हों। परन्तु जब सरकार इस तरह की विस्तारक मौद्रिक नीति पर डटी रहती है तो लोगों को स्फीति दर में वृद्धि की प्रत्याशा हो जाती है। फर्में अपनी वस्तुओं की कीमतें बढ़ा देती हैं जिससे सम्भावित स्फीति को निष्क्रिय बनाया जा सके ताकि उत्पादन पर उसका कोई प्रभाव न हो। इसी प्रकार, स्फीति में वृद्धि का पूर्वानुमान लगाते हुए वर्कर अधिक वेतन की मांग करते हैं तथा फर्में और अधिक वर्करों को रोजगार नहीं देती हैं। अत: इससे बेरोजगारी पर कोई प्रभाव नहीं पड़ता।

इस प्रकार देखा जाय तो रेटेक्स परिकल्पना यह सुझाती है कि विस्तारक राजकोषीय और मौद्रिक नीतियां बेरोजगारी पर अस्थायी प्रभाव डालेंगी और यदि चलती रहें तो स्फीति तथा बेरोजगारी में और वृद्धि कर सकती हैं। ऐसी नीतियों की सफलता तभी है जब लोग इनका पूर्वानुमान न लगा सकें। एक बार जब लोग उनका पूर्वानुमान लगा लेते हैं तो स्वयं को उसके अनुसार ढाल लेते हैं तो अर्थव्यवस्था अपनी पुरानी बेरोजगारो की प्राकृतिक दर पर लौट आती है। अत: विस्तारक राजकोषीय तथा मौद्रिक नीतियों के बेरोजगारी पर अल्पकालिक प्रभाव के लिए सरकार को लोगों को मूर्ख बनाना होगा। परन्तु हमेशा ऐसा नहीं होता। यदि सरकार इन नीतियों को लागू रखती है तो वे अप्रभावी हो जाती हैं क्योंकि लोगों को अधिक समय तक मूर्ख बनाना कठिन है और वे उत्पादन तथा बेरोजगारी पर इसके प्रभाव का पूर्वानुमान लगा देते हैं। इस प्रकार, राजकोषीय मौद्रिक नीतियां अल्पकाल में अप्रभावी हो जाती हैं। रेटेक्स परिकल्पनाओं का समर्थन करने वालों के अनुसार व्यापक बेरोजगारी किए बिना स्फीति को नियन्त्रित किया जा सकता है, यदि सरकार राजकोषीय तथा मौद्रिक उपायों की घोषणा करे तथा लोगों को आश्चर्यचकित करने की बजाय उन्हें इसके बारे में समझाए।

आलोचनाएं (Criticisms)

रेटेक्स परिकल्पना की अर्थशास्त्रियों ने निम्न आधार पर आलोचना की है—

1. अवास्तविक मान्यता (Unrealistic Assumption)—विवेकपूर्ण प्रत्याशाओं की मान्यता अवास्तविक है। आलोचकों का तर्क है कि बड़ी फर्में तो सही-सही अनुमान लगा पाएंगी परन्तु छोटी फर्में अथवा एक सामान्य कर्मचारी ऐसा नहीं कर पाएगा।

2. महँगी सूचना (Costly Information)—सूचना एकत्र करना, उसका विश्लेषण तथा प्रसार बहुत महँगा है। अत: सूचना के लिए उचित बाजार नहीं है। इसलिए अधिकांश आर्थिक एजेन्ट विवेकपूर्ण प्रत्याशाओं के आधार पर काम नहीं कर सकते।

3. भिन्न सूचना (Different Information)—आलोचकों का यह भी मानना है कि सरकार को उपलब्ध सूचना, फर्मों तथा वर्करों को मिली सूचना से भिन्न होती है। तदनुसार फर्मों तथा वर्करों की स्फीति की संभावित दर के बारे में प्रत्याशाएं जरूरी नहीं कि केवल अविचारित (random) त्रुटि के कारण ही वास्तविक दर से भिन्न हों। परन्तु सरकार उपलब्ध सूचना के आधार पर स्फीति की संभावित तथा वास्तविक दर से बीच के अन्तर के बारे में सही-सही पूर्वानुमान लगा सकती है।

4. कीमतें और मजदूरियां लचीली नहीं (Prices and Wages not Flexible)—यद्यपि सरकार तथा व्यक्तियों दोनों की सूचनाओं तक पहुंच बराबर है तथापि इस बात की गारंटी नहीं है कि उनकी प्रत्याशाएं विवेकपूर्ण होंगी। आलोचकों का कहना है कि कीमतें तथा मजदूरियां लचीली नहीं हैं। फिलिप्स, टेलर तथा फिशर जैसे अर्थशास्त्रियों ने यह दर्शाया है कि यदि मजदूरियां तथा कीमतें स्थिर हैं तो मौद्रिक अथवा राजकोषीय नीतियां अल्पकाल में भी प्रभावी हो जाती हैं। मजदूरी दरों क्री स्थिरता का अर्थ है कि वे बाजारी शक्तियों के साथ अपेक्षाकृत धीमे रूप से समायोजन करती हैं क्योंकि मजदूरी अनुबन्ध एक बार में दो-तीन वर्षों के लिए लागू होते हैं। इसी प्रकार, अवधि के आरंभ से संभावित कीमतों की दर की अवधि के अन्त तक बने रहने की अपेक्षा की जाती है। अत: यदि प्रत्याशाएं विवेकपूर्ण भी हों तो मौद्रिक अथवा राजकोषीय नीतियां उत्पादन तथा बेरोगेरी को अल्पकाल में प्रभावित कर सकती हैं।

5. प्रत्याशाएं अनुकूली (Expectations Adaptive)—गोर्डन ने रेटेक्स परिकल्पना के तर्क को पूरी तरह अस्वीकार कर दिया है। उसने दो कारण बताए हैं: पहला, कोई व्यक्ति विशेष बाजार समाशोधन कीमतों के स्तर का अनुमान लगाने के लिए अर्थव्यवस्था के ढांचे के बारे में पर्याप्त जानकारी नहीं रखता तथा अनुकूली प्रत्याशाओं से चिपका रहता है। दूसरा, यदि वह किसी तरह अर्थव्यवस्था के ढांचे के बारे में धीरे-धीरे सीख भी जाता है तो विवेकपूर्ण प्रत्याशाएं अनुकूली प्रत्याशाओं के बहुत समीप होंगी।

6. सरकार असमर्थ नहीं (Government not Impotent)—प्राय: यह कहा जाता है कि रेटेक्स परिकल्पना के अनुसार सरकार आर्थिक क्षेत्र में असमर्थ है। परन्तु रेटेक्स अर्थशास्त्री ऐसा नहीं मानते। बल्कि उनका विश्वास है कि सरकार आर्थिक नीतियों पर गहरा प्रभाव डालती है।

प्रश्न

1. विवेकपूर्ण प्रत्याशाओं की परिकल्पना की मूल प्रस्थापनाओं की व्याख्या कीजिए।
2. ''विवेकपूर्ण प्रत्याशाओं के अन्तर्गत स्थिरीकरण की नीति अल्पकाल में अप्रभावी होती हैं।'' इस कथन की विवेचना कीजिए।
3. अनुकूली प्रत्याशाओं पर टिप्पणी लिखिए।

अध्याय 59

नव क्लासिकी समष्टि अर्थशास्त्र
(The New Classical Macro-economics)

1. प्रस्तावना
(INTRODUCTION)

नव क्लासिकी समष्टि अर्थशास्त्र क्लासिकी विचारधारा के दृष्टिकोण से, समष्टि आर्थिक स्थिरीकरण नीति की भूमिका के विषय में केन्ज़वादी और मुद्रावादी विचारों को अस्वीकार करने तथा उनमें सुधार करने का एक प्रयास है। **केन्ज़ीय अर्थशास्त्री** अर्थव्यवस्था की स्थिरता के लिए **मांग प्रबंधन** की राजकोषीय और मौद्रिक दोनों नीतियों के समर्थक हैं। वे सक्रिय हस्तक्षेपवादी (active interventionist) राजकोषीय और मौद्रिक नीतियों के पक्ष में हैं। वे इन दोनों नीतियों को एक-दूसरे का प्रतियोगी नहीं बल्कि पूरक मानत हैं। परन्तु वे सुस्तियां (recessions) की नियंत्रित करने के लिए विस्तारवादी राजकोषीय नीति पर अधिक निर्भर रहते हैं जिससे अर्थव्यवस्था में थोड़ी या नहीं के बराबर वृद्धि होती है और बढ़ती बेरोजगारी का खतरा बना रहता है। किन्तु वे तेजी और स्फीति की नियंत्रित करने के लिए मौद्रिक नीति के साथ अवस्फीतिकारी राजकोषीय नीति को जोड़ देते हैं।

इसके विपरीत, **मुद्रावादी** मानते हैं कि अर्थव्यवस्ता मूल रूप से स्थिर होती है और जब मूल दशाओं में कुछ परिवर्तन के कारण यह अव्यवस्थित होती है, तो फिर अपने दीर्घकालीन वृद्धि पथ पर तेजी से लौटती है। वे विवेकाधीन (discretionary) राजकोषीय एवं मौद्रिक नीतियों के प्रबव आलोचक हैं। चूंकि ऐसी नीतियों में दीर्घ परिवर्तनशील समय पश्चताएं (time lags) शामिल होती हैं जो उन्हें अप्रभावी तथा अस्थिरकारी बना सकती हैं। परन्तु वे मौद्रिक नीति में विवेक के बदले मुद्रा पूर्ति में वार्षिक निश्चित प्रतिशत वृद्धि के पक्ष में हैं। *फ्रीडमैन* मानता है कि राजकोषीय नीति का अर्थव्यवस्था पर कोई प्रबल प्रभाव नहीं होता है, सिवाय इसके कि यह मुद्रा के व्यवहार को प्रभावित करता है। इसलिए सरकार हस्तक्षेप किए बिना नियमों (rules) की व्यवस्थी और उनका पालन करके एक अच्छी मौद्रिक नीति अपना सकती है, जिसमें व्यक्तिगत प्रयास और उद्यम के लिए अत्यधिक स्वतंत्रता होती है। नियम स्फीति के लिए लोगों की प्रत्याशाओं को कम करने में सहायक होते हैं तथा इस प्रकार निवेश और वृद्धि के लिए एक स्थिर वातावरण बनाते हैं।

2. नव क्लासिकी समष्टि अर्थशास्त्र
(THE NEW CLASSICAL MACRO-ECONOMIC)

1970 के दशक के उत्तरार्द्ध में जब केन्ज़वादियों के बीच विवाद में गतिरोध उत्पन्न हुआ तो क्लासिकी व्यष्टि अर्थशास्त्र पर आधारित नव क्लासिकी समष्टि अर्थशास्त्र का उद्भव हुआ। इसका विकास अमेरिका में **रॉबर्ट लुकस,** (robert Lucas), **थॉमस सार्जेंट** (thomas Sargent), **रॉबर्ट बैरो** (Robert Barro) **तथा नील वैलेस** (Neil Wallace) तथा इंग्लैंड में **पैट्रिक मिनफोर्ड** (Patrick Minford) द्वारा किया गया।

नव क्लासिकी समष्टि अर्थशास्त्र निम्न सिद्धांतों या परिकल्पनाओं पर आधारित है :

(1) बाजार निरंतर समाशोधित (Markets Continuously Clear) होते हैं।

(2) विवेकपूर्ण प्रत्याशाएं (Rational expectations) होती हैं।

(3) कुल पूर्ति परिकल्पना (Aggregate Supply) है।

(1) और (3) परिकल्पनाएं क्लासिकी हैं, परन्तु इनका विश्लेषण नया है। विवेकशील प्रत्याशाओं पर परिकल्पना पूर्णतया नई है। इसलिए ये सिद्धांत नव क्लासिकी समष्टि अर्थशास्त्र का निर्माण करते हैं जिनकी चर्चा नीचे की गई है।

1. बाजार निरंतर समाशोधित Markets Continously Clear)

नव क्लासिकी अर्थशास्त्री मानते हैं कि अर्थव्यवस्था में सभ बाजार निरंतर समाशोधित होते हैं। बाजारों को समाशोधित करने के लिए कीमतें और मजदूरी तत्काल ही समायोजित (adjust) होते हैं। अर्थव्यवस्था अल्पकाल और दीर्घकाल दोनों में निरंतर संतुलन की स्तिति में होती है, जहां सभी बाजार समाशोधित होते हैं।

बाजार समाशोधन के मुद्दे पर नव क्लासिकी अर्थशास्त्रियों का विचार केन्ज़वादियों एवं मुद्रावादियों से भिन्न है। केन्ज़वादी अर्थशास्त्रियों के अनुसार, बाजार धीमे कीमत समायोजनों के कारण समाशोधित नहीं हो सकते हैं, इसलिए अर्थव्यवस्था असंतुलन की स्थिति में रह सकती है। मुद्रावादी मानते हैं कि बाजारों में समाशोधित होने की प्रवृत्ति होती है। कीमत और मजदूरी पूर्णतया लोचशील होते है। इसलिए अर्थव्यवस्था अल्पकाल में अस्थायी रूप से असंतुलन में हो सकती है परन्तु दीर्घकाल में वह संतुलन प्राप्त कर लेती है।

नव क्लासिकी मानते हैं कि बाजार तत्काल ही समाशोधित होते हैं और अल्पकाल में भी असंतुलन नहीं होता है। चूंकि कीमत और मजदूरी समायोजन प्राय: तत्काल ही होते हैं, इसलिए सभी प्रकार की बेरोजगारी संतुलन-बेरोजगारी होती है। अर्थव्यवस्ता में चाहे किसी भी स्तर की बेरोजगारी हो, यह **ऐच्छिक बेरोजगारी** या **बेरोजगारी की प्राकृतिक** (natural) दर होती है, जैसा कि इसे नव क्लासिकी अर्थशास्त्री कहते हैं। कालान्तर (over time) में बेरोजगारी के प्राकृतिक स्तर में वृद्धि प्रोत्साहनों (incentives) के अभावं के कारण नौकरी प्राप्त करने के प्रति लोगों की अनिच्छा का परिणाम होती है।

चित्र 1 नव क्लासिकी श्रम बाजार संतुलन की व्याख्या करता है। SS_L श्रम पूर्ति वक्र है जो ON_T श्रम मात्रा पर अनुलंभ (या बेलोच) है, जब मजदूरी दरें प्रतियोगी स्तर से ऊपर होती हैं। DD_L श्रम का मांग वक्र है। ON_T अर्थव्यवस्था में कुल श्रम मात्रा है। दोनों वक्र E बिन्दु पर एक-दूसरे को काटते हैं जो बाजार समाशोधन संतुलन बिन्दु है जहां ON श्रमिक, बाजार मजदूरी दर OW पर काम करने को तैयार हैं। यह पूर्ण रोजगार संतुलन है। परन्तु श्रम मात्रा ON_T में से $NN_T (= EV)$ श्रमिक बाजार मजदूरी दर OW पर काम करने को तैयार नहीं है। वे **ऐच्छिक** रूप से बेरोजगार होते हैं। वे काम करने के लिए संतुलन दर की अपेक्षा अधिक मजदूरी चाहते हैं अन्यथा आराम या अन्य कार्य करेंगे।

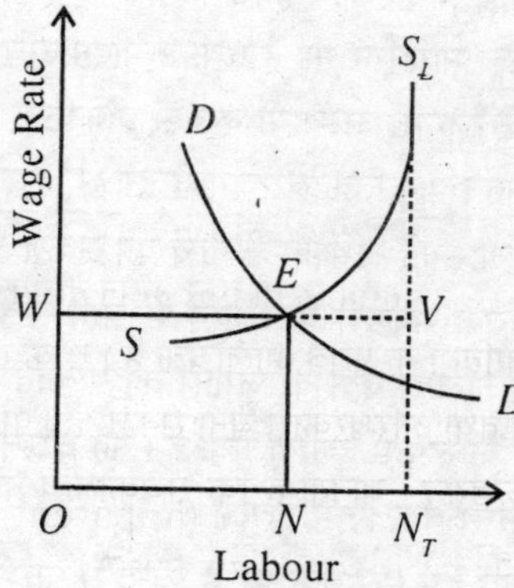

चित्र 1

2. विवेकशील प्रत्याशाएं (Rational Expectations)

नव क्लासिकी समष्टि अर्थशास्त्र का एक सर्वाधिक महत्वपूर्ण सिद्धांत विवेकशील प्रत्याशा परिकल्पना है। इसे **रेटेक्स परिकल्पना** (Ratex Hypothesis) भी कहा जाता है जो यह मानता है कि आर्थिक एजेंट (व्यक्ति, फर्म, आदि) अपने पास उपलब्ध सभी आर्थिक सूचनाओं का प्रयोग करके कीमत, आय जैसे आर्थिक चरों के भविष्य मूल्यों की प्रत्याशाओं का निर्माण करते हैं।

नव क्लासिकी अर्थशास्त्री स्फीति सिद्धांत में फिलिप्स वक्र की व्याख्या करने के लिए रेटेक्स परिकल्पना काप्रयोग करते हैं। उनके अनुसार, विवेकशील प्रत्याशाएं स्फीति की पिछली दरों (past rates) पर नहीं बल्कि अर्थव्यवस्था की वर्तमान स्थिति और सरकार द्वारा अपनाई जा रही नीतियों पर आधारित होती हैं। श्रमिकों और फर्मों की सूचना का आधार सरकारी घोषणाएं एवं रिपोर्ट तथा विशेषज्ञों और एजेंसियों के विभिन्न पूर्वानुमान होते हैं। ऐसी वर्तमान सूचना के आधार पर वे स्फीति की दर की भविष्यवाणी करते हैं।

सामान्यत: ऐसे पूर्वानुमान गलत होते हैं और जो सरकार घोषणा करती है, वह भी सही नहीं होती हैं। इसलिए श्रमिकों और फर्मों की प्रत्याशां अपूर्ण सूचना पर आधारित होती हैं। इस प्रकार, वर्करों एवं फर्मों द्वास की गई अपूर्ण सूचना पर आधारित भविष्यवाणियां प्राय: गलत होंगी। परन्तु भविष्यवाणियों में ऐसी गलतियां आकस्मिक होती हैं जो स्फीति से संबंधित भविष्यवाणियों को या तो बहुत नीची

या बहुत ऊंची बना देती हैं। स्फीति की वास्तविक और प्रत्याशित दर के बीच का कोई अंतर केवल आकस्मिक त्रुटि की प्रकृति का होता है।

इस प्रकार, बेरोजगारी की वास्तविक दर और प्राकृतिक दर के बीच अस्थायी रूप से भी किसी अंतर की कोई संभावना नहीं होती है। जब लोग विवेकशीलता से काम करते हैं तो वे जानते हैं कि कीमतों में पिछली वृद्धि एवं कीमतों में परिवर्तन की दर के साथ निरंतर मुद्रा की मात्रा में समानुपाती परिवर्तन पाए जाते हैं। जब लोग इस जानकारी एक आधार पर काम करते हैं तो इससे यह निष्कर्ष निकलता है कि स्फीति और बेरोजगारी के बीच न तो अल्पकाल में और न ही दीर्घकाल में कोई विनिमय (trade-off) होता है और नव क्लासिकी फिलिप्स वक्र बेरोजगारी की प्राकृतिक दर या संतुलन पर अनुलंभ होता है।

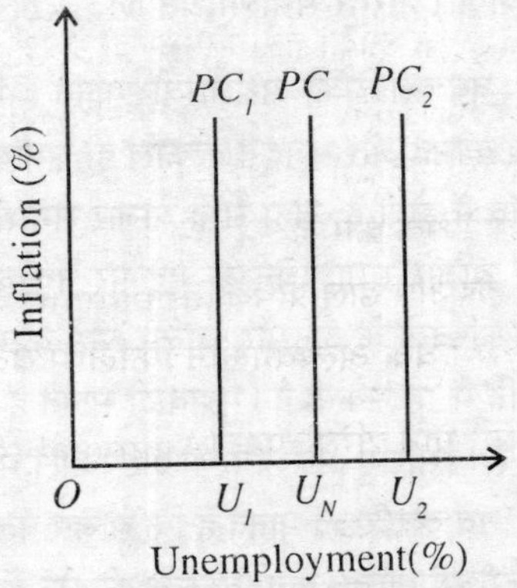

चित्र 2

चित्र 2 में नव क्लासिकी अल्पकालीन अनुलंब फिलिप्स वक्र प्राकृतिक बेरोजगारी दर U_N पर PC के रूप में दर्शाया गया है। यदि लोग स्फीति दर की कम भविष्यवाणी करते हैं (प्रत्याशित स्फीति दर, वास्तविक दर से कम होती है) तो वे विश्वास करेंगे कि कुल मांग बढ़ गई है। परिणामस्वरूप, उत्पादन तथा रोजगार बढ़ता है। यह अल्पकालीन फिलिप्स है।

वक्र PC को बाईं और PC_1 के रूप में सरका देता है क्योंकि बेरोजगारी अस्थायी रूप से प्राकृतिक दर U_N से नीचे U_1 पर गिर जाती है। दूसरी ओर, यदि लोग स्फीति की दर की ऊंची भविष्यवाणी करते हैं (प्रत्याशित स्फीति दर वास्तविक दर, से अधिक है), वे विश्वास करेंगे की कुल मांग गिर गई है तथा उत्पादन और रोजगार कम हो गए हैं। यह अल्पकालीन PC वक्र को दाईं ओर PC_2 पर सरका देते हैं क्योंकि बेरोजगारी अस्थायी रूप से प्राकृतिक दर U_N से बढ़कर U_2 हो जाती है। परन्तु अल्पकालीन फिलिप्स वक्र की वास्तविक स्थिति औसतन प्राकृतिक बेरोजगारी दर U_N पर PC होगी।

नव क्लासिकी अर्थशास्त्री नीचे को झुकते अल्पकालीन फिलिप्स वक्र की भी व्याख्या करते हैं। ऐसा वक्र तब उत्पन्न होता है जब लोग वास्तविक मजदूरी के विषय में सही-सही भविष्यवाणी नहीं कर पाते हैं। नव क्लासिकी फिलिप्स वक्र बेरोजगारी की प्राकृतिक दर पर अनुलंब होता है जैसा चित्र 3 में PC वक्र के रूप में दर्शाया गया है। यह **वास्तविक** फिलिप्स वक्र है। नीचे दाईं ओर ढालू फिलिप्स वक्र जिसे प्रत्यक्ष (apparent) **फिलिप्स वक्र** कहते हैं, की व्याख्या करने के लिए हम PC वक्र पर A बिन्दु से प्रारंभ करते हैं जहां बेरोजगारी दर 3% और स्फीति दर 4% होती है। बेरोजगारी घटाने के लिए मौद्रिक अधिकारी अर्थव्यवस्था को प्रेरित करने हेतु मुद्रा पूर्ति में अप्रत्याशित वृद्धि करता है। रेटेक्स परिकल्पना के अनुसार, फर्मों को कीमतों के सामान्य स्तर की अपेक्षा अपने उद्योग की कीमतों के विषय में बेहतर जानकारी होती है। वे भूल से ऐसा सोचती हैं कि कीमतों में वृद्धि उनकी वस्तुओं की मांग में वृद्धि के कारण होती है। परिणामस्वरूप, वे उत्पादन बढ़ाने के लिए अधिक शरमिकों को काम में लगाते हैं। बेरोजगारी 2% तक नीचे गिरती है। श्रमिक भी गलती से कीमतों में वृद्धि को अपने उद्योग से संबंधिक समझते हैं। परन्तु जैसे-जैसे श्रम की मांग बढ़ती है, मजदूरी भी बढ़ती है और श्रमिक सोच्ते हैं कि मुद्रा मजदूरी में वृद्धि वास्तविक मजदूरी में वृद्धि है, जब स्फीति दर 6% तक बढ़ जाती है। इस प्रकार, अर्थव्यवस्था बिन्दु A से ऊपर बिन्दु B को ओर गति करती है। परन्तु शीघ्र ही श्रमिक और फर्में पाते हैं कि अधिकांश उद्योगों में कीमतों और मजदूरी में वृद्धि पाई जाती है। फर्में पाती हैं कि उनकी लागतें बढ़ गई हैं। श्रमिक अनुभव करते हैं कि उनकी वास्तविक मजदूरी 6% स्फीति दर में वृद्धि के कारण कम हो गई है। अत: वे मजदूरी बढ़ाने के लिए दबाव डालते हैं। परन्तु फर्में

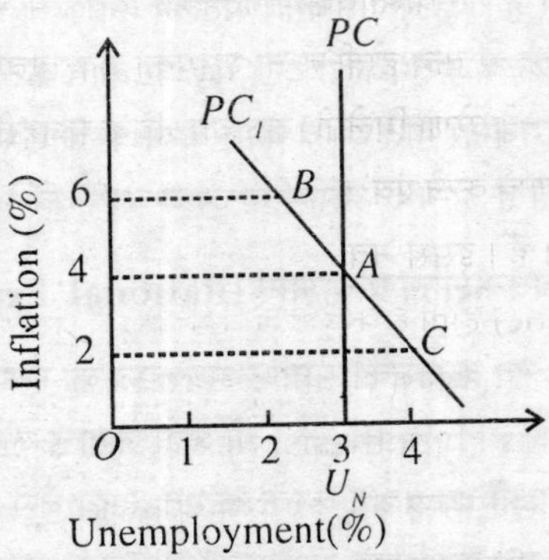

चित्र 3

अधिक श्रमिकों को काम पर नहीं लगाती हैं। इसलिए अर्थव्यवस्था बिन्दु *B* से *A* की ओर गति करती है जो अल्पकालीन फिलिप्स वक्र की वास्तविक स्थिति है।

ऐसी स्थिति में, श्रमिक स्फीति की 4% दर की अति भविष्यवाणी (overpredict) करते हैं। रोजगार का स्तर गिरेगा क्योंकि श्रमिक मानते हैं कि उनकी वास्तविक मजदूरी उससे कम है जितनी वे वास्तव में है। इसलिए वे कम काम करते हैं। उत्पादन गिरता है क्योंकि फर्में मानती हैं कि उनकी वस्तुओं की सापेक्षिक कीमतें गिरी हैं। रोजगार एवं उत्पादन में कमी होने से अर्थव्यवस्था मजदूरी और कीमतों में अप्रत्याशित (unanticipated) कमी के कारण बिन्दु *A* से *C* की ओर गति करती है। इस प्रकार, 14 जब लोग वास्तविक मजदूरी एवं सापेक्षिक कीमतों की कम भविष्यवाणी (underpredict) करते हैं तो बिन्दु *B,A, C* नव क्लासिकी समाष्टि अर्थशास्त्र का एक नीचे दाईं ओर ढालू प्रत्यक्ष (apparent) अल्पकालीन फिलिप्स वक्र PC_1 (चित्र 3 में) बनाते हैं। परन्तु नव क्लासिकी अर्थशास्त्रियों का **वास्तविक अल्पकालीन फिलिप्स वक्र** *PC* वक्र की तरह सदैव अनुलंब होता है।

3. कुल पूर्ति परिकल्पना (Aggregate Supply Hypothesis)

नव क्लासिकी समष्टि अर्थशास्त्र के अन्तर्गत प्रो. **लुकस**[1] की कुल पूर्ति परिकल्पना है जो इन दो मान्यताओं पर आधारित है :

(1) श्रमिकों एवं फर्मो द्वारा लिए गए विवेकशेल निर्णय उनके इष्टतमीकरण (optimising) व्यवहार को प्रकट करते हैं; और (2) श्रमिकों द्वारा श्रम एवं फर्मों द्वारा उत्पादन की पूर्ति, सापेक्षिक कीमतों पर निर्भर करती है। इसप्रकार कुल पूर्ति परिकल्पना, श्रम एवं वस्तुओं की पूर्ति से संबंधित श्रमिकों तथा फर्मों के इष्टतमीकरण व्यवहार से ली गई है जो केवल सापेक्षिक कीमतों पर निर्भर करती है। कुल पूर्ति परिकल्पना की व्याख्या के लिए हम पहले श्रम बाजार का और फिर वस्तु बाजार का अध्ययन करते हैं।

श्रम बाजार (The Labour Market)

श्रमिक काम और अवकाश के विषय में निर्णय भविष्य को ध्यान में रखते हुए वर्तमान में करते हैं। यदि वर्तमान वास्तविक मजदूरी सामान्य वास्तविक मजदूरी से अधिक होती है तो श्रमिकों को भविष्य में अधिक अवकाश (कम काम) प्राप्त करने हेतु वर्तमान में अधिक काम (कम अवकाश) करने की प्रेरणा मिलेगा, जब वास्तविक मजदूरी के कम होने की संभावना होती है। दूसरी ओर, सामान्य या प्रत्याशित वास्तविक मजदूरी के विषय में भी उनके कुछ अपने विचार होते हैं। यदि वर्तमान वास्तविक मजदूरी, सामान्य वास्तविक मजदूरी से कम होती है तो श्रमिकों को भविष्य में अदिक काम करने की प्रत्याशा में वर्तमान मेंअधिक अवकाश (कम काम) प्राप्त करने की प्रेरणा मिलेगी, जब वास्तविक मजदूरी के अदिक होने की संभावना होती है। वर्तमान अवकाश को भविष्य के अवकाश के साथ स्थानापन्न करने एवं इसके विलोमश: करने के श्रमिकों के इस व्यवहार को अन्त:कालिक स्थानापन्नता (intertemporal substitution) कहते हैं। इससे नव क्लासिकी अर्थशास्त्री मानते हैं कि श्रम का अल्पकालीन पूर्ति वक्र **सापेक्षिक रूप से** लोचदार (relatively elastic) होता है क्योंकि वास्तविक मजदूरी में प्रत्याशित परिवर्तन अस्थायी होते हैं। परन्तु श्रम का दीर्घकालीन पूर्ति वक्र **अनुलंब** होता है, क्योंकि वास्तविक मजदूरी स्थायी होती है और वास्तविक एवं प्रत्याशित कीमत स्तर समान होते हैं।

नव क्लासिकी विश्लेषण में श्रमिकों को कीमत परिवर्तन के संबंध में **अपूर्ण सूचना** होती है जिससे वे कीमतों में सापेक्ष परिवर्तन के लिए सामान्य कीमत स्तर में परिवर्तन की गलती करते हैं और इस प्रकार श्रम की पूर्ति में परिवर्तन करते हैं। यह मौद्रिक गड़बड़ों जैसे अप्रत्याशित आघातों (unanticipated shocks) क परिणाम होता हैं जो कुल मांग को परिवर्तित कर देती हैं।

कुल मांग और पूर्ति विश्लेषण का प्रयोग, वास्तविक मजदूरी स्तर और रोजगार पर कुल मांग में अप्रत्याशित परिवर्तनों के प्रभावों की व्याख्या के लिए किया जाता है। चित्र 4 में $LRAS_L$ श्रम का दीर्घकालीन कुल पूर्ति वक्र एवं $SRAS_L$ श्रम का अल्पकालीन पूर्ति वक्र है। *AD* कुल मांग वक्र है। श्रम बाजार प्रारंभ में *A* बिन्दु पर संतुलन में होता है, जहां, $LRAS_L$, $SRAS_L$ एवं *AD* वक्र एक-दूसरे को काटते हैं। यहां वास्तविक मजदूरी दर *W/P* पूर्णत: प्रत्याशित है और श्रमिकों की *OL* संख्या काम में लगाई गई है। मान लें कि मौद्रिक

1. चिकागो विश्वविद्यालय के प्रो० रॉबर्ट लुकस (Robert Lucas) ने 1995 में अर्थशास्त्र के लिए नोबेल पुरस्कार जीता था।

अधिकारी मुद्रा पर्ति बढ़ाने की अपनी इच्छा प्रकट करते हैं। इसका प्रभाव कुल मांग में वृद्धि होगी। यह AD वक्र को दाईं ओर AD_1 के रूपमें सरका देती है। यदि कुल मांग में परिवर्तन **प्रत्याशित** है तो विवेकशील एजेंट कीमत स्तर में वृद्धि की संभावना के आधार पर शीघ्र ही अधिक वास्तविक मजदूरी के लिए समझौता करेंगे। $SRAS_L$ वक्र ऊपर की ओर सरक कर $SRAS_{L1}$ हो जाएगा। वास्तविक मजदूरी दर अनुलंब वक्र $LRAS_L$ पर W/P से सीधी W/P_2 को गति करेगी और श्रम बाजार बिन्दु A से C को गति करेगा जहां काम में लगे OL श्रमिकों की संख्या पर कोई प्रभाव नहीं होने से वक्र AD_1, $SRAS_{L1}$ एवं $LRAS_L$ वक्र C बिन्दु पर एक–दूसरे को काटेंगे।

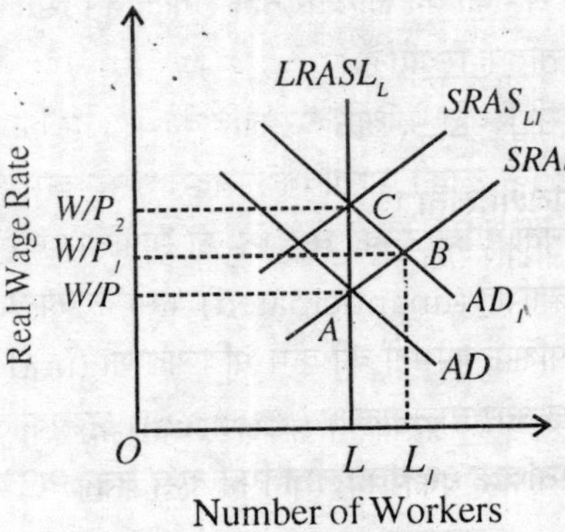

चित्र 4

यदि मुद्रा पूर्ति में वृद्धि के कारण कुल मांग में परिवर्तन **अप्रत्याशित** है तो फर्में सामान्य एवं सापेक्षिक कीमतों में वृद्धि को ठीक से महसूस नहीं कर पाएंगी। वे अधिक उत्पादन एवं श्रमिकों की मांग में वृद्धि करना चाहेंगी जिससे वास्तविक मजदूरी दर बढ़ेगी। चित्र में AD वक्र ऊपर की ओर, AD_1 वक्र की ओर सरक जाएगा और बिन्दु B पर $SRAS_L$ वक्र को काटेगा। काम में लगे श्रमिकों की संख्या वास्तविक मजदूरी में W/P_1 की वृद्धि के साथ OL से OL_1 को बढ़ेगी। अल्पकाल में रोजगार में यह वृद्धि केवल अस्थायी होती है। परन्तु जब फर्में **दीर्घकाल** में अपनी कीमत प्रत्याशाओं को पूर्ण रूप से समायोजित करती हैं तो $SRAS_L$ वक्र सरक कर $SRAS_{L1}$ हो जाएगा जो C बिन्दु पर AD_1 वक्र काटता है। जबकि यहां वास्तविक मजदूरी अपेक्षाकृत अधिक W/P_2 होती है, परन्तु रोजगार में लगे OL वर्करों में कोई परिवर्तन नहीं होता है।

वस्तु बाजार (The Goods Market)

चित्र 5 में वस्तु बाजार पर विचार करते हैं जहां अर्थव्यवस्था प्रारंभ में A बिन्दु पर संतुलन में होती है तथा वक्र $LRAS$, AD एवं $SRAS$ एक–दूसरे को काटते हैं। कीमत स्तर OP पूर्णत: **प्रत्याशित** है और OY उत्पादन का दीर्घकालीन संतुलन स्तर है। मान लो मुद्रा पूर्ति में प्रत्याशित वृद्धि के कारण कुल मांग में वृद्धि होती है। इससे AD वक्र दाएं ऊपर की ओर AD_1 को सरक जाएगा। परिणामस्वरूप, कीमत प्रत्याशाएं ऊपर की ओर संशोधिक होकर OP_2 हो जाती हैं। फर्में वस्तुओं की पूर्ति बढ़ाती हैं और $SRAS$ वक्र बाईं ओर ऊपर को सरक कर $SRAS_1$ हो जाता है। बिन्दु C पर एक नया संतुलन स्थापित होता है जहां वक्र AD_1, $SRAS_1$ तथा $LRAS$ एक–दूसरे को काटते हैं। कीमत स्तर OP से सीधा ऊपर OP_2 को गति करता है और उत्पादन स्तर OY में वृद्धि नहीं होने से अर्थव्यवस्था बिन्दु A से C की ओर गति करती है। परन्तु यदि कुल मांग में वृद्धि मुद्रा पूर्ति मेंवृद्धि के कारण **अप्रत्याशित** है तो अर्थव्यवस्थी के कीमत स्तर का OP से OP_1 बढ़ने तथा उत्पादन स्तर का OY से OY_1 बढ़ने के कारण प्रारंभिक संतुलन बिन्दु A से B को गति करता है जहां AD_1 और $SRAS$ वक्र काटते हैं। किन्तु यह केवल अल्पकाल में होगा। जब अर्थव्यवस्था एक समायोजन प्रक्रिया से गुजरती है तो वह OP_2 कीमत और OY उत्पादन के अपने दीर्घकालीन संतुलन स्तर को वापस लौटेगी।

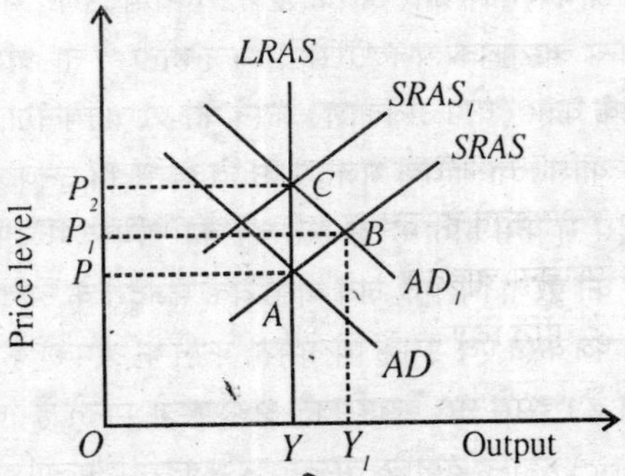

चित्र 5

3. नव क्लासिकी समष्टि अर्थशास्त्र के नीति निहितार्थ (POLICY IMPLICATIONS OF NEW CLASSICAL MACRO-ECONOMICS)

नव क्लासिकी अर्थशास्त्र के कई नीति निहितार्थ हैं जिनकी व्याख्या नीचे की जा रही हैं :

1. नीति अप्रभावशालिता प्रस्ताव (Policy ineffectiveness Proposition)—नव क्लासिकी समष्टि आर्थिक विश्लेषण मानता है कि विवेकशील प्रत्याशाएं एवं लोचशील कीमतें तथा मजदूरियां होने से मौद्रिक नीति का अल्पकाल में उत्पादन तथारोजगार पर कोई प्रभाव नहीं होगा, यदि मौद्रिक नीति पहलेसे ही प्रत्याशित की गईं हो। इसे ही **नीति अप्रभावशालिता प्रस्ताव** कहते हैं। यह मुद्रा पूर्ति में केवल एक अप्रत्याशित वृद्धि है जो उत्पादन और रोजगार को प्रभावित करेगी। नीति अप्रभावशालिता प्रस्ताव की व्याख्या चित्र 6 में फर्मों के पूर्ति वक्र के रूप में की गई है। सापेक्ष कीमत, जिस पर फर्में वस्तु बेचती हैं, को अनुलंग अक्ष पर एवं पूर्ति की गई मात्रा को क्षैतिज अक्ष पर लिया गया है। SS पूर्ति वक्र है। OP_A वस्तु की प्रत्याशित सापेक्ष कीमत और OP_u अप्रत्याशित सापेक्ष कीमत है। मान लो कि मौद्रिक अधिकारी मुद्रा पूर्ति को बढ़ा देता है और यदि कीमतें लोचशील हैं तो अर्थव्यवस्था में सभी कीमतें बढ़ेंगी। यदि मुद्रा पूर्ति में वृद्धि **अप्रत्याशित** है तो फर्में सोचती हैं कि उनकी अपनी कीमतें बढ़ गई हैं। वे गलत सोचती हैं कि वस्तु की सापेक्ष कीमत OP_A से OP_u बढ़ गई है। इसलिए वे पूर्ति की मात्रा को OQ से OQ_1 बढ़ा देती हैं। दूसरी ओर, यदि मुद्रा पूर्ति में वृद्धि प्रत्याशित है तो फर्में मूर्खता से यह नहीं सोच सकती हैं कि सापेक्ष कीमत बढ़ गई है। वे जानती हैं कि सभी फर्मों की कीमतें बढ़ गई हैं। इसलिए वे अपनी पूर्ति की मात्रा को OQ पर रखती हैं और उत्पादन में कोई परिवर्तन नहीं होता है। इस प्रकार मुद्रा पूर्ति में **प्रत्याशित** वृद्धि का उत्पादन पर कोई प्रभाव नहीं होता है जो नीति अप्रभावशालिता प्रस्ताव को प्रमाणित करती है।

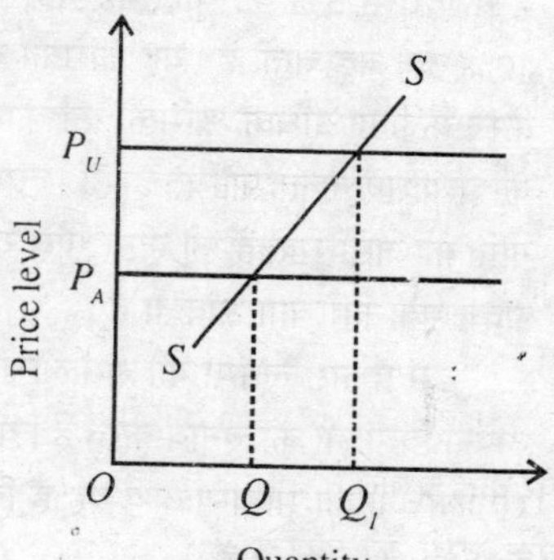

चित्र 6

2. व्यवस्थित मौद्रिक नीति का असमर्थता (Impotency of Systematic Monetary Policy)—नव क्लासिकी विश्लेषण के अनुसार एक व्यवस्थित मौद्रिक नीति अपनाने से कुल मांग में प्रत्याशित परिवर्तन का अल्पकाल में भी उत्पादन एवं रोजगार पर कोई प्रभाव नहीं पड़ेगा। एक व्यवस्थित मौद्रिक नीति वह है जो किसी परिचित 'नियम' पर विचार करती है। इससे पहले कि मौद्रिक अधिकारी ऐसी नीति पर वास्तव में कार्य करें, निजी क्षेत्र द्वारा इसकी पूर्ण भविष्यवाणी की जा सकती है। इसलिए निजी क्रेता एवं विक्रेता जो मुद्रा पूर्ति में वृद्धि की प्रत्याशा करते हैं, लोचशील मजदूरियां एवं कीमतों के माध्यम से अपनी खरीद और बिक्री को समायोजित कर सकते हैं। आगे, नव क्लासिकी मानते हैं कि गैर-व्यवस्थित (या विवेकाधीन या अप्रत्याशित) मौद्रिक नीति उत्पादन और रोजगार के वास्तविक स्तरों के आस-पास ही इनमें परिवर्तन ला सकती है। इसलिए कुल मांग एवं रोजगार में अप्रत्याशित परिवर्तन जो उनके वास्तविक स्तर से विचलन करते हैं, उनको रोकने के लिए नव क्लासिकी स्पष्ट मौद्रिक नियमों का समर्थन करते हैं तथा किसी भी विवेकाधीन मौद्रिक नीति सेबचना चाहते हैं।

3. नीति विश्वसनीयता (Policy Credibility)—नव क्लासिकी धारणा इस मान्यता पर आधारित है कि विवेकशील आर्थिक एजेंटों को इसकी प्रत्याशा होती है कि मौद्रिक अधिकारी कौन-सी घोषमा करने जा रहा है और यह कैसे उनके व्यवहार को प्रभावित करती है। परन्तु मौद्रिक अधिकारी की नीति-घोषणाओं की विश्वसनीयता के कारण ही आर्थिक एजेंट प्रत्याशाओं का निर्माण कर पाते हैं। इस प्रकार, नव क्लासिकी नीति से स्पष्ट होता है कि मौद्रि नीति में घोषित (या प्रत्याशित) परिवर्तन का अल्पकाल में भी उत्पादन और रोजगार पर कोई प्रभाव नहीं होगा, बशर्ते नीति विश्वसनीय हो। मान लो कि मुद्रा पूर्ति में एक घोषित एवं विश्वसनीय कमी होती है। इससे शीघ्र ही विवेकशील आर्थिक एजेंटों की स्फीति प्रत्याशाओं का नीचे की ओर संशोधन होगा, जो आगे, मौद्रिक अधिकारी को उत्पादन एवं रोजगार लागतों के बिना अवस्फीति (disinflation) लाने में समर्थ बनाएगा।

4. लुकस की समालोचना (The Lucas Critique)—राबर्ट **लुकस** ने नीति मूल्यांकन के लिए अर्थव्यवस्था के अर्थमितीय (econometric) समष्टि आर्थिक मॉडलों के निर्माण की आलोचना की है। लुकस के अनुसार ऐसे मॉडल विशिष्ट नीतियों के अन्तर्गत एकत्रित किए गए पिछले (past) आंकड़ों से निकाले गए प्राचलों (parameters) पर आधारित हैं। वैकल्पिक नीतियों के परिणामों की भविष्यवाणी के लिए ऐसे समष्टि आर्थिक मॉडलों के प्रयोग का कोई प्रयास गलत हो सकता है। इसका कारण यह है कि ऐसे मॉडलों के प्राचल परिवर्तित हो सकते हैं क्योंकि आर्थिक एजेंट अपने व्यवहार और प्रत्याशाओं को नई नीति के अनुसार समायोजित करते हैं।

लुकस मानता हैं कि यद्यपि आर्थिक एजेंट एक निश्चित तरीके से काम करते हैं, फिर भी यदि आर्थिक नीति परिवर्तित होती है तो यह मानना गलत होगा कि वे उसी ढंग से काम करते रहेंगे। मान लो कि श्रमिक अगले वर्ष में 5% स्फीति होने की प्रत्याशा करते हैं और

वे मजदूरी में 5% की वृद्धि की मांग करते हैं। इसका अनुमान करते हुए यदि मौद्रिक अधिकारी मुद्रा पूर्ति में वृद्धि करता है तो स्फीति 10% तक बढ़ जाती है। यह श्रमिकों की वास्तविक आय को घटा देती है और फर्में सस्ता श्रम प्राप्त करता हैं तथा अधिक वस्तुएं तैयार करने के लिए अधिक श्रमिकों को काम में लगाती हैं। इससे श्रमिकों की वास्तविक मजदूरी घटने से उत्पादन बढ़ेगा क्योंकि उनकी 5% की प्रत्याशाएं गलत साबित हुई हैं। लुकस के अनुसार, ऐसी नीति एक या दो बार सफल हो सकती है। परन्तु यदि मौद्रिक अधिकारी ऐसी नीति को जारी रखते हैं तो लोग भविष्य में अधिक स्फीति की प्रत्याशा करेंगे और नीति असफल हो जाएगो। मौद्रिक अधिकारी लोगों को सदैव मूर्क नहीं बना सकता है।

इस प्रकार, लुकस की समालोचना यह बताती है कि वर्करों एवं फर्मों से यह अपेक्षा की जाती है कि वे चालू नीतियों के संदर्भ में अपनी क्रियाओं का चुनाव करते हैं। यदि नीति में मुख्य परिवर्तन होता है तो यह लोगों के व्यवहार एवं प्रत्याशाओं को बदल देगा। लुकस समालोचना का सामान्य अर्थ यह है कि नीति परिवर्तनों के प्रभावों का ठीक-ठीक पूर्वानुमान करना कठिन होता है और वे इसे अनुभव द्वारा ही साख सकते हैं।

5. कुल पूर्ति बढ़ाने वाली नीतियां (Policies to Increase Aggregate Supply)—नव क्लासिकी समष्टि अर्थशास्त्र महत्वपूर्ण नीति निहितार्थों में से एक उत्पादन बढ़ाने तथा बेरोजगारी घटाने के लिए अधिकारियों द्वारा अपनाई जाने वाली नीतियों की प्रकृति से संबंधित होता है। नव क्लासिकी विश्लेषण में उत्पादन तथा रोजगार में परिवर्तन सापेक्ष कीमतों के संदर्भ में फर्मों और वर्करों के अनुभव दिए होने पर, उनके संतुलन पूर्ति निर्णयों पर आधारित होतेहैं। इसके अनुसार उत्पादन बढ़ाने तथा बेरोजगारी घटाने के लिए उपयुक्त नीति उपायों का उद्देश्य उत्पादन एवं श्रम की कुल पूर्ति को बढ़ाना है। नव क्लासिकी समष्टि अर्थशास्त्री उत्पादन बढ़ाने तथा बेरोजगारी घटाने के लिए कई उपायों की सिफारिश करते हैं जो अप्रत्यक्ष रूप से उत्पादन तथा श्रम की कुल पूर्ति को बढ़ाते हैं। ये श्रम-संघों की शक्ति में कमी, बेरोजगारी भत्तों में कमी, गरीबी दूर करने के लिए कर सुधार तथा गरीबों की आय बढ़ाने, श्रम की भौगोलीय एवं व्यावसायिक गतिशीलता आदि बढ़ाने के उपायों से संबंधित हैं।

4. नव क्लासिकी समष्टि अर्थशास्त्र की आलोचनाएं
(CRITICISMS OF NEW CLASSICAL MACRO-ECONMICS)

नव क्लासिकी समष्टि अर्थशास्त्र की आलोचना मुख्य रूप से इसकी परिकल्पनाओं तथा नीति निहितार्थों के आधार पर की गई हैं।

1. विवेकशील प्रत्याशा परिकल्पना अवास्तविक (Rational Expectations Hypothesis Unrealistic)—विवेकशील प्रत्याशा परिकल्पना जो नव क्लासिकी धारणा का आधार है, की मुख्य चार कमियां हैं। **प्रथम,** इसके अन्तर्गत खुलेआम उपलब्ध सूचना को प्राप्त करने, उसका परिष्करण (process) एवं प्रचार करने की लागत अधिक होती है। इसलिए अधिकांश आर्थिक एजेंट विवेकशील प्रत्याशाओं के आधार पर कार्य नहीं कर सकते हैं। **द्वितीय,** आलोचकों का कहना है कि सरकार के पास उपलब्ध सूचना फर्मों तथा श्रमिकों के पास उपलब्ध सूचना से भिन्न होती है। परिणामस्वरूप, स्फीति की प्रत्याशित दर के संबंध में फर्मों एवं वर्करों की प्रत्याशाएं आवश्यक नहीं कि किसी आकस्मिक भूल के कारण वास्तविक दर से भिन्न हों परन्तु सरकार अपने पास उपलब्ध सूचना के आधार पर स्फीति की प्रत्याशित दर तथा वास्तविक दर के बीच अन्तर के संबंध में ठीक-ठीक पूर्वानुमान कर सकती है। **तृतीय,** यद्यपि सामान्य जनता एवं सरकार दोनों को उपलब्ध सूचना के समान स्रोत हैं, फिर भी इसकी कोई गारंटी नहीं है कि प्रत्याशाएं विवेकशील होंगी। **चतुर्थ,** चूंकि खुलेआम उपलब्ध सूचना को प्राप्त, परिष्करण एवं प्रचार करने की लागत अत्यधिक होती है, इसलिए आर्थिक एजेंट जो प्रत्याशाएं बनाएंगी वे व्यवस्थित रूप से गलत होंगी। इस प्रकार, विवेकशील प्रत्याशा परिकल्पना अवास्तविक है तथानव क्लासिकी समष्टि अर्थशास्त्र जो इस पर आधारित है, कमजोर नींव पर खड़ा है।

2. बाजार निरंतर समाशोधित नहीं होते हैं (Markets do not Continuously Clear)—आलोचक इस परिकल्पना को स्वीकार नहीं करते हैं कि सभी बाजार निरंतर समाशोधित होते हैं। उनका कहना है कि कीमतें और मजदूरियां लोचशील नहीं होती हैं। श्रम बाजार में सामूहिक सौदेबाजी होती है जिससे मजदूरी संविदा (contracts) होते हैं जो मुद्रा मजदूरियों को अलोचशील बना देते हैं। मजदूरी दरों की दृढ़ता यह स्पष्ट करती है कि वे बाजार शक्तियों को अपेक्षाकृत धीमी गति से समायोजित करती हैं क्योंकि मजदूरी

1. "The market-clearing assumption is just an assumption and nothing more than that."—J. Tobin.

संविदाएं किसी एक समय में दो या तीन वर्षों के लिए लागू होती हैं। इसी तरह, उस अवधि के प्रारंभ में प्रत्याशित कीमत स्तर की अवधि के अन्त तक रहने की संभावना की जाती है। परिणामस्वरूप, श्रम बाजार तथा वस्तु बाजार निरंतर समाशोधित नहीं हो पाते हैं। जैसा कि **टॉबिन** (Tobin) ने कहा है, ''बाजार समाशोधन की मान्यता केवल एक मान्यता है और इससे अधिक कुछ नहीं।''

3. कुल पूर्ति परिकल्पना स्वीकार्य नहीं (Aggregate Supply Hypothesis Unacceptable)—अर्थशास्त्री कुल पूर्ति परिकल्पना को स्वीकार नहीं करते हैं कि उत्पादन और रोजगार में परिवर्तन सापेक्ष कीमतों में प्रत्यक्ष परिवर्तनों के लिए श्रमिकों एवं फर्मों की ऐच्छिक प्रतिक्रिया को प्रकट करते हैं। उनके अनुसार, मौद्रिक अधिकारी द्वारा घोषित, कुल मांग में परिवर्तन ही, अल्पकाल एवं दीर्घकाल दोनों में उत्पादन ओर रोजगार को प्रभावित करते हैं।

4. नीति निहितार्थ स्वीकार्य नहीं (Policy Implications Unacceptable)—आलोचक नव क्लासिकी समष्टि अर्थशास्त्र के नीति निहितार्थों को स्वीकार नहीं करते हैं क्योंकि ये अवास्तविक परिकल्पनाओं से लिए गए हैं। **फिलिप्स, टेलर एवं फिशर** जैसे अर्थशास्त्रियों ने बताया है कि यदि मजदूरियां और कीमतें पूर्णत: लोचशील नहीं होती हैं तो मौद्रिक नीति अल्पकाल में **प्रभावी** होती है। यदि प्रत्याशाएं विवेकशील हों तो भी यह अल्पकाल में उत्पादन एवं रोजगार को प्रभावित कर सकती हैं। आगे, चूंकि फर्में बाजार समाशोधन कीमत स्तर का अनुमान करने के लिए बाजार संरचना के विषय में पर्याप्त जानकारी नहीं रखती हैं तथा मजदूरी दृढ़ता (rigidity) के कारण गैर-समाशोधित श्रम बाजार होते हैं, इसलिए अर्थशास्त्री मौद्रिक नीति की असमर्थता को स्वीकार नहीं करते हैं।

5. आनुभविक प्रमाण
(EXPIRICAL EVIDENCE)

नव क्लासिकी समष्टि अर्थशास्त्र के पक्ष और विपक्ष में कई आनुभविक प्रमाण है। **सार्जेंट, मिनफोर्ड, बैरो, गॉर्डन, ब्लिन्डर** जैसे अर्थशास्त्रियों ने नव क्लासिकी समष्टि अर्थशास्त्र के नीति निहितार्थों एवं परिकल्पनाओं की जांच के लिए अर्थमिति (econometric) मॉडलों का निर्माण किया है। इनमें से मुख्य आनुभविक प्रमाणों के परिणाम निम्न हैं :

1. यूरोपीय मंदी पर आनुभविक प्रमाण यह दर्शाता है कि जब 1973 में बेरोजगारी बहुत कम थी तो पर्याप्त बेरोजगारी बीमा के रूप में श्रम बाजार में समष्टि आर्थिक हस्तक्षेप हुए थे।

2. आनुभविक शोध श्रम बाजार में व्यापक अन्त:कालिक (intertemporal) स्थानापन्न प्रभाव ज्ञात करने में असफल रहा है।

3. लुकस (Lucas) ने 1973 के अपने मॉडलों में नव क्लासिकी फिलिप्स वक्र केपक्ष में प्रमाण प्राप्त किया कि यह अल्पकाल में अनुलंब होता है। परन्तु 1987 में यूरोप के लिए **गोर्डन** (Gordon) के अर्थमितीय अध्ययन के अनुसार मूल आनुभविक फिलिप्स वक्र विद्यामान था।

4. कई आनुभविक अध्ययन, जिनमें से एक 1985 में, स्वयं मुथ (Muth) के द्वारा कियागया, विवेकशील प्रत्याशा परिकल्पना की प्रामाणिकता पर प्रश्न उठाया गया है। उसने विवेकशीलता की जांच के लिए प्रत्याशाओं पर प्रत्यक्ष रूप से अवलोकित (observed) आंकड़ों का प्रयोग किया। इन परीक्षणों ने विवेकशील प्रत्याशाओं को अस्वीकार किया।

5. **रोटमबर्ग** (Rotemberg) ने 1984 में नव क्लासिकी सिद्धांत की तीन परिकल्पनाओं, जैसे प्रत्याशाएं विवेकशील होती हैं, बाजार निरंतर समाशोधित होते हैं तथा कुल पूर्ति, के आधार पर कुछ विवेकशील प्रत्याशा समष्टि आर्थिक मॉडलों का सांख्यिकीय रूप से परीक्षण किया। जब इनका संयुक्त रूप से परीक्षण किया गया तो संयुक्त परिकल्पना को अस्वीकार कर दिया गया।

6. **बैरो** (Barro) ने उत्पादन और रोजगार पर मुद्रा वृद्धि में अप्रत्याशित परिवर्तनों के अपने सांख्यिकीय परीक्षण में यह निष्कर्ष पाया कि वास्तविक मुद्रा वृद्धि की अपेक्षा मुद्रा स्टॉक में अप्रत्याशित परिवर्तन दो से चार वर्षों की पर्याप्त लंबी पश्चताओं (lags) के होने से उत्पादन और रोजगार को प्रभावित करते हैं।

प्रश्न

1. नव क्लासिकी समष्टि अर्थशास्त्र के मुख्य विचारों की व्याख्या कीजिए। इसके नीति निहितार्थों की भी विवेचना कीजिए।
2. उन परिकल्पनाओं की विवेचना कीजिए जिन पर नव क्लासिकी समष्टि अर्थशास्त्र आधारित है। इस धारणा की आलोचना किन आधारों पर होती रही है?

अध्याय 60

पूर्ति–पक्ष अर्थशास्त्र
(Supply-Side Economics)

1. प्रस्तावना
(INTRODUCTION)

पूर्ति–पक्ष अर्थशास्त्र एक नई शब्दावली है जो 1970 के मध्य से अमरीकी अर्थव्यवस्था में केन्द्रीय मांग–पक्ष की विफलता से उत्पन्न गतिहीन स्फीति के कारण प्रयोग में आई। यह शब्दावली नई है परन्तु इसके मूल सिद्धान्त क्लासिकी अर्थशास्त्रियों की कृतियों में पाए जाते हैं। **जे.बी. से** के अनुसार, पूर्ति स्वयं अपनी मांग उत्पन्न करती है। वस्तुओं का उत्पादन ही उनके लिए मांग है। यदि मांग एवं पूर्ति में असंतुलन है तो वह कीमतों और मजदूरियों में परिवर्तन द्वारा अपने–आप ही ठीक हो जाता है और अर्थव्यवस्था पूर्ण रोजगार प्राप्त कर लेती है। क्लासिकी अर्थशास्त्रियों का मुख्य बल आर्थिक वृद्धि पर था जिसके लिए वे मार्किट तंत्र में अहस्तक्षेप की नीति के समर्थक थे। **'अदृश्य हाथ'** या अबंध नीति से राष्ट्रीय धन अधिकतम होता था। उनका विश्वास था कि उद्यमी, निवेशक और उत्पादक मुख्य चालक थे जिन पर अर्थव्यवस्था निर्भर करती थी। पूंजी एवं श्रम की पूर्तियों में वृद्धि तथा उनकी उत्पादकताओं में बढ़ोतरी से वृद्धि निर्धारित होती थी। फिर, अंतर्राष्ट्रीय तौर पर, मुक्त व्यापार और पूंजी गतियों से अर्थव्यवस्था में तीव्र दर से वृद्धि होती थी।

2. पूर्ति–पक्ष अर्थशास्त्र की मुख्य विशेषताएं
(MAIN FEATURES OF SUPPLY-SIDE ECONOMICS)

आधुनिक पूर्ति–पक्ष अर्थशास्त्र अर्थव्यवस्था में समस्त पूर्ति बढ़ाने के लिए सभी प्रकार के प्रोत्साहन प्रदान करने पर बल देता है। **बेथल** (Bethall) के अनुसार, ''कुछ बनाने के लिए, एक उत्पादक को मुद्रा देने की आवश्यकता नहीं है, बल्कि उसे कोई प्रोत्साहन देना होता है।'' उत्पादकों को निवेश, उत्पादन और रोजगार के लिए प्रोत्साहन आवश्यक है। इसी प्रकार, व्यक्तियों को अधिक कार्य और बचत करने के लिए प्रोत्साहन देने होते हैं। श्रम बाजार को मुक्त करने, कर कम करने और बाज़ारों का उदारीकरण करने में सरकार की भूमिका सीमित होती है। पूर्ति–पक्ष नीतियों का मुख्य उद्देश्य स्फीति को कम स्तर पर रखना, पूर्ण रोजगार को प्राप्त करना और कायम रखना तथा तीव्र आर्थिक वृद्धि को प्राप्त करना है। इन उद्देश्यों की प्राप्ति के लिए पूर्ति–पक्ष अर्थशास्त्री निम्न नीति उपाय सुझाते हैं।

कुल पूर्ति में कर-प्रेरित परिवर्तन (Tax-induced Change in Aggregate Supply)

पूर्ति–पक्ष वाले अर्थव्यवस्था की वृद्धि दर को बढ़ाने के लिए करों की कटौती को प्रभावी साधन मानते हैं। कर कटौतियों के संभावित प्रभावों का मूल्यांकन करने हेतु वे आय और स्थानापन्न प्रभावों में भेद करते हैं। आय प्रभाव **औसत कर दर** से संबद्ध है और स्थानापन्न प्रभाव **सीमांत कर दर** से। यदि एक कर कटौती का स्थानापन्न प्रभाव उसके आय प्रभाव से **अधिक** है तो अधिक काम करने का प्रोत्साहन होगा जिससे बेरोजगारी में कमी आएगी। इसलिए पूर्ति–पक्ष अर्थशास्त्र में कर दर में कटौती से मतलब सीमांत कर दर है।

व्यक्तिगत कर दरों में कटौती से लोगों को अधिक कार्य और बचत करने के प्रोत्साहन में वृद्धि होती है। अधिक बचतें अल्पकालीन ब्याज दरों को कम करती हैं तथा निवेश में बढ़ोतरी और इस प्रकार अर्थव्यवस्था के पूंजी स्टॉक में वृद्धि लाती हैं। सीमांत पूंजी दरों में

कटौती लोगों की कार्यक्षमता में सुधार द्वारा उनकी उत्पादक क्षमता तथा अर्थव्यवस्था में रोजगार के स्तर में वृद्धि करती है।

इस प्रकार, पूर्ति–पक्ष कर कटौतियां, कार्य प्रयास (work effort), बचत और निवेश बढ़ाकर श्रम एवं पूंजी की पूर्ति बढ़ाती हैं और कुल पूर्ति वक्र को दाईं ओर सरका देती हैं। पूर्ति–पक्ष कर कटौती का प्रभाव चित्र 1 में दर्शाया गया है जहां *AS* कुल पूर्ति वक्र एवं *AD* दिया हुआ मांग वक्र है। वास्तविक उत्पादन या *GDP* को क्षैतिज अक्ष पर और कीमत स्तर को अनुलंब अक्ष पर मापा गया है। *AS* तथा *AD* वक्र बिन्दु *T* पर एक–दूसरे को काटते हैं और कीमत *OP* तथा अर्थव्यवस्था का वास्तविक उत्पादन *OQ* निर्धारित होता है। मान लो व्यक्तियों और फर्मों दोनों पर कर कटौती होती है। इससे श्रमिकों द्वारा कार्य प्रयास में तथा उनकी बचतों और फर्मों द्वारा निवेश में वृद्धि होती है। परिणामस्वरूप, श्रम एवं पूंजी की पूर्ति बढ़ती है जो कुल पूर्ति वक्र *AS* को दाईं ओर AS_1 के रूप में सरका देती है। अब AS_1 वक्र *AD* वक्र को बिन्दु *C* पर काटता है। इससे, कीमत स्तर कम होकर OP_1 हो जाता है और कर–कटौती के फलस्वरूप वास्तविक उत्पादन बढ़कर OQ_1 हो जाता है।

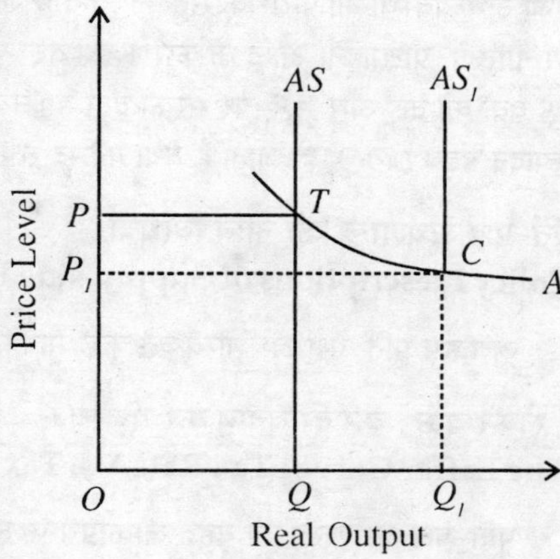

चित्र 1

इसी प्रकार, निगम कर दरों में कटौती, कंपनी क्षेत्र को अधिक निवेश–कर ऋण बढ़ाकर या ऊंची मूल्यह्रास छूट के रूप में प्रोत्स हन प्रदान करके प्रत्यक्ष निवेश प्रोत्साहित होता है। अधिक निवेश से प्रति इकाई श्रम और पूंजी से अधिक वस्तुओं एवं सेवाओं का उत्पादन होता है।

पूर्ति–पक्ष अर्थशास्त्री अनुसंधानकर्ता व्यक्तियों को नियुक्त करने वाली फर्मों को अतिरिक्त कर राहत देने का समर्थन भी करते हैं क्योंकि अनुसंधान और विकास (*R & D*) उत्पादकता बढ़ाने में सहायक होते हैं। वे छोटे किसानों के लिए कम भूमि करों के पक्ष में हैं जो उनको अधिक आगतों (inputs) पर व्यय करने के लिए प्रोत्साहित करेंगे ताकि वे उत्पादन को बढ़ा सकें।

कर कटौतियां उद्योगों द्वारा संरक्षित उद्योग बनने की प्रवृत्ति को कम करती हैं और लेखाकारों, निवेश परामर्शदाताओं और कर वकीलों की आवश्यकता को समाप्त या न्यूनतम करती हैं। फिर, कर कटौतियां काला बाजार क्रिया को कम करती हैं जहां लेन–देन लेखे किताबों में नहीं दर्ज किए जाते और कोई कर नहीं दिए जाते हैं।

बढ़ती वृद्धि दर (Increasing Growth Rate)

पूर्ति–पक्ष अर्थशास्त्रियों के अनुसार, कर कटौतियां लोगों की प्रयोज्य (disposable) आय को बढ़ाती हैं जो आगे वस्तुओं और सेवाओं की अतिरिक्त मांग में वृद्धि करती हैं। दूसरी ओर, उत्पादकता में तीव्र वृद्धि से अतिरिक्त वस्तुओं और सेवाओं के उत्पादन द्वारा अतिरिक्त मांग के अनुकूल किया जाता है। इससे अर्थव्यवस्था में बिना कमियों के संतुलित वृद्धि होती है। जब अर्थव्यवस्था संतुलित वृद्धि की ओर बढ़ रही होती है, स्फीति की दर कम होती है। इससे लोगों की वास्तविक प्रयोज्य आय में वृद्धि होती है जो उपभोग, उत्पादन और रोजगार को बढ़ाती है। कम स्फीति शुद्ध निर्यातों में वृद्धि लाती है जो विदेशी करेंसियों की सापेक्षता में राष्ट्रीय करेंसी के मूल्य को सुदृढ़ करती है। उत्पादकता में वृद्धि निर्यात के लिए अधिक वस्तुओं का उत्पादन करती है जिससे देश की करेंसी और सुदृढ़ होती है।

अत: पूर्ति–पक्ष अर्थशास्त्री कार्य, बचत और निवेश के प्रोत्साहनों को बढ़ाने तथा सरकार द्वारा अधिक कर राजस्व प्राप्त करने के लिए कर–दरों में कटौती का समर्थन करते हैं। निवेश में वृद्धि से अर्थव्यवस्था के पूंजी स्टॉक में वृद्धि, उत्पादकता में वृद्धि, अधिक उत्पादन, कम स्फीति, रोजगार का उच्च स्तर और अर्थव्यवस्था की ऊंची वृद्धि दर होती है।

ये नीति विधियां अर्थव्यवस्था के कुल पूर्ति वक्र को दाईं ओर सरका देती हैं।

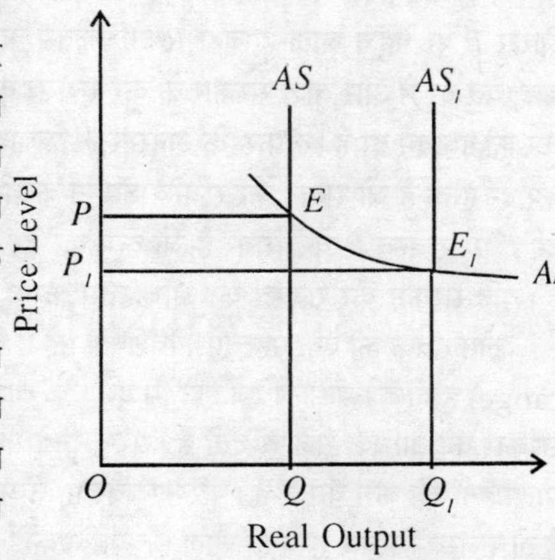

चित्र 2

इसकी व्याख्या चित्र 2 में की गई है। जहां AS कुल पूर्ति वक्र और AD दिया हुआ कुल मांग वक्र है। वे बिन्दु E पर एक-दूसरे को काटते हैं जो अर्थव्यवस्था का प्रारंभिक संतुलन बिन्दु है जहां कीमत-स्तर OP और वास्तविक उत्पादन OQ है। मान लें कि पूर्ति-पक्ष नीतियां कर नीतियों, प्रोत्साहनों आदि के कारण श्रम तथा पूंजी जैसे साधनों की कुल पूर्ति को बढ़ाती हैं। वे वास्तविक उत्पादन बढ़ाती हैं और AS वक्र को दाईं ओर AS_1 पर सरका देती हैं। नया संतुलन E_1 बिन्दु पर होता है जहां AS_1 वक्र AD को काटता है। अब वास्तविक उत्पादन बढ़कर OQ_1 हो जाता है तथा कीमत स्तर गिरकर OP_1 हो जाता है। जिससे अर्थव्यवस्था की वृद्धि दर बढ़ती है।

पूर्ति-पक्ष अर्थशास्त्र की नीति विधियां
(Policy Prescriptions of Supply-side Economics)

अब हम पूर्ति-पक्ष अर्थशास्त्र की कुछ मानक नीति विधियों की व्याख्या नीचे करते हैं :

1. लेफर वक्र : कर दर बनाम कर राजस्व
(The Laffer Curve : Tax Rate Vs. Tax Revenue)

पूर्ति-पक्ष अर्थशास्त्र का बहुत लोकप्रिय पहलू लेफर वक्र है जो इसके आविष्कारक केलिफोर्निया विश्वविद्यालय के प्रो. **आर्थर लेफर** के नाम पर रखा गया है। लेफर वक्र कर दर और कर राजस्व के बीच संबंध प्रकट करता है। यह इस मान्यता पर आधारित है कि कर की सीमांत दर में कटौती काम, बचत और निवेश के लिए प्रोत्साहन को बढ़ाएगी। यह कर कटौती, आगे कर राजस्व में वृद्धि करेगी। लेफर वक्र कर दरों की दो चरमसीमाओं (extremes) को दर्शाता है: एक, 0% कर दर और दूसरी 100% कर दर। दोनों ही कोई कर राजस्व उत्पन्न नहीं करती हैं। यदि कर दर 0% है तो कोई भी कर राजस्व उत्पन्न नहीं होगा। यदि कर दर 100% है तो लोगों के लिए काम, बचत और निवेश करने हेतु कोई प्रोत्साहन नहीं होगा क्योंकि उनकी समस्त आय सरकार को चली जाएगी। इस प्रकार, कर राजस्व फिर शून्य होगा। ज्यों-ज्यों कर दर 0% से 100% तक बढ़ती जाती है, उसके अनुसार कर राजस्व शून्य से एक अधिकतम स्तर तक बढ़ता है और फिर शून्य तक गिरना प्रारंभ कर देता है। अतः इष्टतम कर दर दोनों चरमसीमाओं के बीच कहीं होती है।

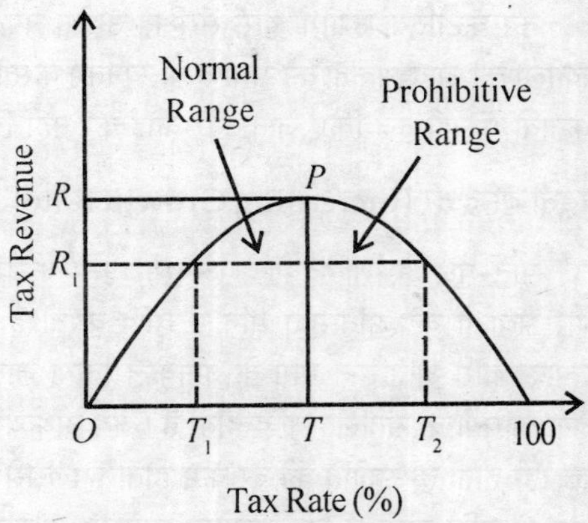

चित्र 3

चित्र 3 लेफर वक्र को दर्शाता है जहां कर दर (%) को समानांतर अक्ष पर लिया गया है और कर राजस्व अनुलंब अक्ष पर। ज्यों ही कर दर शून्य से ऊपर बढ़ाई जाती है, कर राजस्व बढ़ना प्रारंभ कर देता है। लेफर वक्र ऊपर की ओर ढालू होता है। सापेक्षतया निम्न कर दर T_1 पर कर राजस्व R_1 है। ज्यों ही कर दर बढ़कर T पर होती जाती है। कर राजस्व बढ़ता जाता है और वक्र शिखर P पर पहुंच जाता है जहां R अधिकतम कर राजस्व होता है। इसके बाद, कर दर में और वृद्धि सरकार के कर राजस्व को कम कर देगी। अतः T कर की इष्टतम दर है। **लेफर** के अनुसार, ''सिवाय इष्टतम दर के, सदैव दो कर दरें होती हैं जो समान कर राजस्व उत्पन्न करती हैं।'' चित्र में, ऊंची कर दर T_2 पर राजस्व R_1 के बराबर है जो कम कर दर T_1 पर इकट्ठा किया जाता है। यदि सरकार कर राजस्व को अधिकतम करना चाहती है तो वह इष्टतम कर दर T को ही चुनेगी।

लेफर वक्र की एक महत्वपूर्ण विशेषता यह है कि उसकी एक **सामान्य रेंज** (normal range) और **निषेधक रेंज** (prohibitive range) होती है। सामान्य रेंज इष्टतम दर T के बाईं ओर और निषेधक रेंज इसके दाईं ओर होती है। सामान्य रेंज में कर दर में बढ़ोतरी सरकार को अधिक राजस्व देती है। परन्तु निषेधक रेंज में, जब कर दर ऊंची हो जाती है तो वह काम, बचत और निवेश करने के प्रोत्साहनों को कम करती है। परिणामस्वरूप, उत्पादन में कमी कर दर में वृद्धि को व्यर्थ कर देती है। जब कर दर 100% पर पहुंचती है तो राजस्व गिरकर शून्य हो जाता है क्योंकि कोई भी काम करने का कष्ट क्यों करेगा। अतः ऊंची कर दरें आर्थिक वृद्धि को रोक देंगी और अधिक बेरोजगारी लाएंगी। इसलिए, कर दर में कटौती काम, बचत और निवेश के प्रोत्साहनों को बढ़ाकर वास्तव में राजस्व में वृद्धि

करेगी। लोग केवल अधिक उत्पादन करके अधिक कमाते ही नहीं, बल्कि वे कम-प्राप्ति देने वाले कर-सुरक्षाओं (tax-shelters) और न-कर लगाई गई काली अर्थव्यवस्था से अपनी मुद्रा को निकाल कर अधिक उत्पादक और सामाजिक तौर से वांछनीय निवेशों में लगाते हैं। इसका परिणाम उच्च रोजगार और आर्थिक वृद्धि होगी जो अधिक कर राजस्व लाएगी।[1]

2. सरकारी व्यय में कटौती (Reduction in Government Spending)

पूर्ण रोजगार, कम स्फीति और अर्थव्यवस्था की ऊंची वृद्धि दर प्राप्त करने के लिए पूर्ति-पक्ष अर्थशास्त्री कर कटौतियों के साथ-साथ सरकारी व्यय में कटौती पर बल देते हैं। वे बजट घाटे के मुद्रीकरण[2] के विरुद्ध हैं जिसका केन्ज़ीय समर्थन करते हैं। परन्तु सरकारी व्यय में कटौती कर कटौतियों से अधिक या बराबर होनी चाहिए ताकि अधिक निवेशों की वित्तव्यवस्था करने हेतु बचतें बढ़ें। इससे रोजगार, आय और अर्थव्यवस्था की वृद्धि दर बढ़ेंगे।

3. मौद्रिक नीति (Monetary Policy)

पूर्ति-पक्ष अर्थशास्त्र का एक अन्य पहलू प्रतिबंधित (restrained) मुद्रा प्रसार की नीति है जिसके अनुसार (*i*) जब स्फीतिकारी दबाव उत्पन्न हों तो मुद्रा पूर्ति को अत्यधिक बढ़ने से रोकना जिससे स्फीति दर कम रखी जाए; और (*ii*) उत्पादन को प्रोत्साहन देने के लिए साख का प्रवाह नियमित करना ताकि आर्थिक वृद्धि की गति को तीव्र रखने हेतु अर्थव्यवस्था के विभिन्न क्षेत्रों की निवेश आवश्यकताएं पूरी की जाएं।

4. अधिक मूल्यह्रास (Increased Depreciation)

अधिक निवेश को प्रोत्साहित करने के लिए, पूर्ति-पक्ष अर्थशास्त्री अधिक निवेश भत्ता और/अथवा बिल्डिगों, मशीनों, परिवहन और अन्य पूंजी पदार्थों पर ऊंचे मूल्यह्रास का सुझाव देते हैं।

5. कल्याण लाभों में कटौती (Reduction in Welfare Benefits)

बेरोजगारी को कम करने के लिए पूर्ति-पक्ष अर्थशास्त्री कल्याण लाभों में कटौती पर बल देते हैं, विशेषकर बेरोजगारी भत्ता। इससे वर्करों को कम मजदूरी दरों पर नौकरियां स्वीकार करने में प्रोत्साहन मिलेगा जिससे अर्थव्यवस्था में बेरोजगारी कम होगी।

6. ट्रेड यूनियन शक्ति कम करना (Reducing Trade Union Power)

पूर्ति-पक्ष वाले कानून द्वारा ट्रेड यूनियनों की शक्ति को कम करने का समर्थन करते हैं जो श्रम बाजार को अधिक प्रतियोगी बना देगा। ट्रेड यूनियनें प्रतियोगी स्तरों से ऊपर मज़दूरी दरों को बढ़ाती हैं जिन्हें मालिक देने की सामर्थ्य नहीं रखते हैं। इस प्रकार, ये नौकरियों को समाप्त करती हैं और बेरोजगारी बढ़ाती हैं। जब सरकार यूनियन शक्ति को कम करती है तो बेरोजगारी लागतजन्य स्फीति कम होती है।

7. विनियमन और निजीकरण (Deregulation and Privatisation)

विनियमन और निजीकरण महत्वपूर्ण पूर्ति-पक्ष नीतियां हैं। ये अर्थव्यवस्था में अधिक प्रतियोगिता बढ़ाने के लिए प्रयोग की जाती हैं। सार्वजनिक क्षेत्र एकाधिकारियों को हटाना और सार्वजनिक क्षेत्र उद्यमों का विक्रय तथा सार्वजनिक उपयोगिताओं का निजी हाथों में सौंपना उत्पादक कुशलता में वृद्धि करती हैं, उपभोक्ता चुनाव को विस्तृत करती हैं और कीमतों को कम।

---

1. लेफर वक्र की आलोचना के लिए अध्याय का अंतिम खण्ड और चित्र 2 देखें।
2. जब सरकार जितना करों से इकट्ठा करती है उससे अधिक व्यय कर देती है तो वह बांड बेच कर अपने व्यय की वित्तव्यवस्था करती है। इसे घाटा का मुद्रीकरण (monetising deficit) कहते हैं।

8. मुक्त व्यापार और पूंजी गतियां (Free Trade and Capital Movements)

देशों के बीच मुक्त व्यापार और मुक्त पूंजी गतियां पूर्ति–पक्ष नीति उपाय का एक और पहलू है। विनिमय नियंत्रणों के हटाने और अल्पकालीन एवं दीर्घकालीन पूंजी के मुक्त अंतर्वाह तथा बहिर्वाह से बाजार विस्तृत होते हैं और एकाधिकारों का नियंत्रण। परिणामस्वरूप, उत्पादन अधिकतम होता है और अर्थव्यवस्था की दर में वृद्धि होती है।

3. पूर्ति-पक्ष अर्थशास्त्र की आलोचनाएं (CRITICISMS OF SUPPLY SIDE ECONOMICS)

पूर्ति–पक्ष अर्थशास्त्र के ऊपर वर्णित मतों की अर्थशास्त्रियों ने निम्न आलोचनाएं की हैं :

1. विवादास्पद धारणा (Controversial Concept)—लेफर वक्र एक रोचक परन्तु विवादास्पद धारणा है। कोई भी निश्चितता के साथ न तो इष्टतम बिन्दु की स्थिति और न ही इस वक्र की सही आकृति के बारे में जानता है। वक्र 40% या 90% कर दर पर अथवा इन दोनों दरों के बीच शिखर पर पहुंच सकता है। उदाहरणार्थ, यदि हम उस वक्र को लें जो चित्र 4 में बिन्दु A पर शिखर पर होता है तो वर्तमान कर दर T को T_1 पर कम करके राजस्व को अधिकतम किया जाना चाहिए। दूसरी ओर, यदि कोई अन्य वक्र बिन्दु B पर शिखर पर पहुंचता है तो T कर दर को बढ़ाकर T_2 करना होगा। अत: वक्र के शिखर अथवा आकृति के ज्ञान के बिना कर दर की कटौती अथवा वृद्धि के प्रभाव को कर राजस्व और आर्थिक सक्रियता पर जानना संभव नहीं है। वास्तव में, कोई भी लेफर वक्र की सही आकृति या कर दर और कर राजस्व के बीच संबंध को नहीं जानता है।

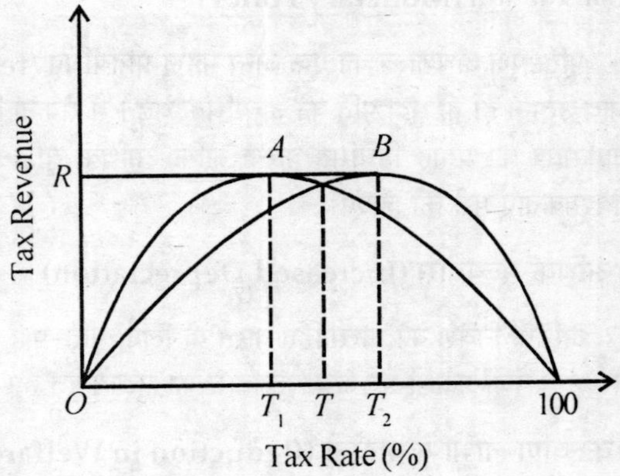

चित्र 4

2. कर कटौतियां ऊंची दर नहीं लातीं (Tax Cuts do not lead to High Growth Rates)—अर्थशास्त्री इस बात से सहमत नहीं हैं कि कर दरों में कटौतियों से ऊंची वृद्धि दर और अधिक कर राजस्व प्राप्त होंगे। वे बताते हैं कि ऊंची वृद्धि दर ऊंची आय का सृजन करती है जो आगे, अधिक कर राजस्व उत्पन्न करती है। इसलिए कर दरों में कटौतियां अर्थव्यवस्था की ऊंची वृद्धि दर को नहीं लाती हैं।

3. काम को मापना संभव नहीं (Not Possible to Measure Work)—कर कटौती के परिणामस्वरूप काम को विशेषतया मापना संभव नहीं है। इसमें कोई संशय नहीं है कि अधिक काम से अधिक आय और अधिक कर राजस्व प्राप्त होते हैं। परन्तु अधिक कर राजस्व नीची कर दर के कारण राजस्व में सरकार को होने वाली कमी की क्षतिपूर्ति के लिए पर्याप्त नहीं हो सकता है। फिर, यह संभव है कि जब नीची कर दर से लोगों की प्रयोज्य आय में वृद्धि होती है तो वह कम कार्य करें।

4. कम कार्य (Less Work)—आलोचकों का कहना है कि कुछ व्यक्तियों का 'लक्ष्य' वास्तविक आय होती है। जब कर में कटौती होती है तो उनकी प्रयोज्य आय बढ़ जाने से वे अपनी लक्ष्य आय को प्राप्त कर लेते हैं। इस कारण वे कम कार्य करते हैं और अपनी लक्ष्य आय को कायम रखने के लिए अधिक अवकाश करते हैं।

5. राज्य हस्तक्षेप आवश्यक (State Intervention Essential)—पूर्ति–पक्ष वालों की राज्य द्वारा अहस्तक्षेप की नीति के लिए आलोचना की गई है। परन्तु पूंजीवादी अर्थव्यवस्था के कार्यकरण में बहुत से विरोधाभास हैं जो अर्थव्यवस्था की संतुलित वृद्धि को कायम नहीं रख सकते हैं। जब अर्थव्यवस्था पूर्ण रोजगार पर पहुंच जाती है तो अनेक अड़चनें और असंतुलन उत्पन्न हो जाते हैं जो पूर्ण रोजगार को कायम रखने में विफल होते हैं। इसलिए, उन्हें दूर करने हेतु राज्य हस्तक्षेप आवश्यक है।

6. बजट घाटे (Budget Deficits)—पूर्ति–पक्ष अर्थशास्त्री सामाजिक व्यय, सब्सिडियों, अनुदानों और करों में कमी के साथ बजट घाटे में कटौतियों पर बल देते हैं। परन्तु इस नीति द्वारा अमरीका में रीगन शासन में बड़े बजट घाटे हुए।

7. बेरोजगारी में वृद्धि (Increase in Unemployment)—फिर सामाजिक व्यय, सब्सिडियों और अनुदानों में कमी से गरीबों पर बुरा प्रभाव पड़ा, बेरोजगारी बढ़ी तथा सामाजिक न्याय में कमी आई।

8. असमान आय वितरण (Unequal Income Distribution)—आलोचकों का यह कहना है कि करों में कटौतियों से पहले से ही अधिक आय वाले वर्गों की आय में वृद्धि होती है और वे अधिक धनी होते हैं जबकि निम्न आय वर्ग कर कटौतियों से विशेष प्रभावित नहीं होते हैं क्योंकि उनके पास पूंजी, संपदा, संपत्ति आदि का अभाव होता है। इसलिए कर कटौतियों की नीति द्वारा आय वितरण अधिक असमान होता है।

9. स्फीति दर में वृद्धि (Increase in Inflation Rate)—पूर्ति-पक्ष वालों का यह तर्क कि कर कटौतियां होने पर स्फीति-दर में कमी होती है, वास्तविक नहीं है। केन्ज़ीय अर्थशास्त्रियों के मतानुसार, जब कर कटौतियां की जाती हैं तो लोगों की प्रयोज्य आय में वृद्धि से समस्त मांग में वृद्धि होती है जिससे स्फीति-दर को बढ़ावा मिलता है। दूसरी ओर, पूर्ति-पक्ष अर्थशास्त्रियों के अनुसार कर कटौतियों से कार्य, बचत और निवेश प्रोत्साहित होने से उत्पादकता बढ़ती है जिससे वस्तुओं और सेवाओं की पूर्ति में वृद्धि होती है तथा स्फीति की दर में कमी आती है। आलोचकों का कहना है कि पूर्ति एकदम नहीं बढ़ती बल्कि धीरे-धीरे बढ़ती है और मांग में वृद्धि की अपेक्षा कम। ऐसा इस कारण कि आगतों और साधनों की पूर्तियां बढ़ने में समय लगता है। इसलिए **स्फीति-दर** में वृद्धि होती है न कि कमी।

निष्कर्ष (Conclusion)—इन आलोचनाओं और राष्ट्रपति रीगन के शासनकाल में अमरीका में पूर्ति-पक्ष नीतियों की विफलता के कारण इस सिद्धान्त को लगभग त्याग दिया गया है।

प्रश्न

1. पूर्ति-पक्ष अर्थशास्त्र की मुख्य विशेषताओं की व्याख्या कीजिए।
2. पूर्ति-पक्ष अर्थशास्त्र की आलोचनात्मक व्याख्या कीजिए।
3. लेफर वक्र पर टिप्पणी लिखिए।

अध्याय 61

वास्तविक व्यापार चक्र सिद्धांत
(The Real Business Cycle Theory)

प्रस्तावना
(Introduction)

वास्तविक व्यापार चक्र सिद्धांत 1980 के दशक की अमेरिकी नवक्लासिकी विचारधारा से विकसित हुआ है। यह मुख्यत: किडलैंड (Kydland) और प्रेसकोट (Prescott), बेरो (Barro) और किंग (King), लोंग (Long), और प्लोसर (Plosser) तथा प्रेसकोट (Prescott) के अनुसाधन का परिणाम है। बाद में प्लोसर (Plosser), समर्स (Summers), मैनकिव (Mankiw) तथा अन्य बहुत से अर्थशास्त्रियों ने वास्तविक व्यापार चक्रों के संबंध में अपने विचार दिए।

उन्होंने समष्टि आर्थिक चरों (Variables) का बहुत से आर्थिक एजेंटों द्वारा किए गए निर्णयों को निष्कर्षों के रूप में उत्पादन संभावनाओं और साधन नियंत्रणों के अधीन उनकी उपयोगिता को अधिकतम करने का सर्वेक्षण किया। उनके सर्वेक्षण मुख्यत: व्यापार चक्रों में तकनीकी आघात (technology shocks), श्रम बाजार, ब्याज दर, मुद्रा की भूमिका, राजकोषीय नीति, कीमतों और मजदूरियों से संबंधित हैं। इनकी व्याख्या नीचे की गई है।

तकनीकी आघातों की भूमिका
(Role of Technological Shocks)

वास्तविक व्यापार चक्रों का सिद्धांत अल्पकालीन आर्थिक उतार-चढ़ावों को क्लासिकी सिद्धांत की मान्यताओं पर आधारित व्याख्या करता है। इस सिद्धांत के अनुसार, व्यापार चक्र अर्थव्यवस्था के आर्थिक वातावरण की स्वाभाविक और दक्ष प्रतिक्रिया है। वे मुख्यत: वास्तविक अथवा पूर्ति पक्ष आघातों द्वारा उत्पन्न होते हैं, जिनमें तकनीक में बहिर्जात (exogenous), विस्तृत रैन्डम (random) यादृच्छिक परिवर्तन पाए जाते हैं। तकनीकी विकास के रूप में एक प्रारंभिक आघात उत्पादन फलन को ऊपर की ओर सरका (shift) देता है। यह उपलब्ध संसाधनों, निवेश, उपभोग और वास्तविक उत्पादन में वृद्धि लाता है। निवेश में वृद्धि के साथ पूंजी स्टॉक में वृद्धि आती है जो वास्तविक उत्पादन उपभोग और निवेश में और अधिक वृद्धि लाती है। अर्थव्यवस्था के विकास की यह प्रक्रिया समयान्तर (overtime) तकनीकों में परिवर्तन के साथ अनियमित तौर पर जाती रहती है। प्लोसर (Plosser) के अनुसार, ''यह तकनीकी गड़बड़ी द्वारा संचालित केवल एक विशुद्ध वास्तविक मॉडल है, अत: इसे एक वास्तविक व्यापार चक्र मॉडल वर्गीकृत किया गया है।''

इसकी मान्यताएं (Its Assumptions)

वास्तविक व्यापार चक्र सिद्धांत निम्नलिखित मान्यताओं पर आधारित है :

1. अर्थव्यवस्था में केवल एक ही वस्तु है।
2. कीमतें और मजदूरियां लचीली हैं।
3. मुद्रा पूर्ति और कीमत स्तर वास्तविक चरों जैसे उत्पादन एवं रोजगार को प्रभावित नहीं करते हैं।
4. रोजगार में उतार-चढ़ाव ऐच्छिक हैं।

5. जनसंख्या दी हुई है, इसलिए श्रम शक्ति स्थिर है।
6. अर्थव्यवस्था में विवेकशील समान आर्थिक एजेंट हैं।
7. ये एजेंट इष्टतम आर्थिक निर्णय करते हैं।
8. प्रत्येक एजेंट के एक समान अधिमान (preferences) हैं जो प्रत्येक वर्ष केवल उपभोग पर निर्भर करते हैं।
9. अधिक उपभोग को कम उपभोग पर अधिमान दिया जाता है जिससे उपभोग से सीमांत उपयोगिता कम होती जाती है।
10. अर्थव्यवस्था अनियमित (बेतरतीब) वास्तविक पूर्ति की ओर के आघातों के अधीन है।
11. यह अर्थव्यवस्था एक एकाकी (single) क्षेत्र है।
12. तकनीकी दर में परिवर्तन होते हैं जो एकाकी क्षेत्र के रूप में अर्थव्यवस्था को प्रभावित करते हैं।
13. अर्थव्यवस्था में उत्पादन तकनीक पैमाने के स्थिर प्रतिफल (constant returns to scale) की है।
14. अर्थव्यवस्था स्थिर स्थिति में है।

तकनीकी आघात (Technological Shock)

ये मान्यताएं दी होने पर अर्थव्यवस्था का उत्पादन फलन $Y = Zf(K, N)$ है जहां Y कुल उत्पादन, Z तकनीकी अवस्था, K पूर्व निश्चित पूंजी स्टॉक तथा N श्रम आगत (input) है। उत्पादित उत्पादन का उपभोग या निवेश किया जा सकता है। यह मानते हुए कि जनसंख्या दी हुई है और श्रम शक्ति स्थिर है, उत्पादन निर्भर करता है— तकनीक तथा पूंजी स्टॉक पर। इसलिए उत्पादन को $Y = Zf(K,N)$ उत्पादन फलन निर्धारित करता है। पूंजीं स्टॉक K का S की दर से अवमूल्यन होता है, ताकि अवमूल्यन न हुआ पूंजी स्टॉक $(1-\delta)K$ के रूप में प्रस्तुत किया जा सके। यह पूंजी स्टॉक उत्पादन के लिए आगत के रूप में अगली अवधि के लिए उपलब्ध है।

पूंजी स्टॉक K के साथ उत्पादन Y है तथा अर्थव्यवस्था में वर्तमान अवधि के लिए कुल उपलब्ध संसाधन $Y + (1+\delta)K$ हैं। क्योंकि $Y = Z(K)$ है, कुल संसाधनों को $Zf(K) + (1-\delta)K$ के रूप में व्यक्त किया जा सकता है। इन संसाधनों का या तो उपभोग किया जा सकता है अथवा इनका पूंजी के रूप में संचय किया जा सकता है ताकि इनका अगली अवधि में निवेश के तौर पर उपयोग किया जा सके।

एक वास्तविक व्यापार चक्र एक अर्थव्यवस्था की सतत अवस्था (steady state) में प्रजनित किया जाता है, जब एक धनात्मक बहिर्जात (positive exogenous), और स्थाई तकनीकी आघात हो। इससे उत्पादकता में वृद्धि होती है। परिणामस्वरूप, कुल उत्पादन फलन ऊपर को सरक (shift) जाता है। चित्र 1 में प्रारंभिक स्टॉक Z से Z_1 तकनीकी सुधार और परिणामस्वरूप उत्पादन $Zf(K)$ से $Z_1f(K)$ पर ऊपर की ओर सरकता दिखाया गया है। प्रारंभिक स्टॉक OK दिया होने पर, उत्पादन में वृद्धि OY से OY_1 होती है। परिणामस्वरूप, कुल संसाधनों में वृद्धि OR से OR_1 होती है तथा कुल संसाधन वक्र ऊपर की ओर $Zf(K) + (1-\delta)K$ से $Z_1f(K) + (1-\delta)K$ पर सरक जाता है। कुल संसाधन की वृद्धि से वर्तमान उपभोग और पूंजी संचय दोनों में वृद्धि होती है। पूंजी स्टॉक में OK से OK_1 पर वृद्धि होती है। तकनीक में किसी परिवर्तन के बिना, अगली अवधि में पूंजी स्टॉक के OK_1 हो जाने से उत्पादन में और वृद्धि OY_2 तक तथा कुल संसाधनों में OR_2 तक वृद्धि होती है। इस प्रकार, जब उपभोग, निवेश और उत्पादन धीरे-धीरे बढ़ते हैं तो अर्थव्यवस्था विस्तार करती है और नई सतत अवस्था (Steady State) को लाती है। लेकिन नई सतत अवस्था निर्विघन नहीं होगी। एक स्थाई तकनीकी प्रगति से अगली अवधि में उपभोग और निवेश में वृद्धि होती है, परन्तु कुल संसाधनों और उत्पादन में वृद्धि प्रारंभिक अवधि की तुलना में छोटी है। चित्र 1 में $R_1R_2 < RR_1$ और $Y_1Y_2 < YY_1$। दीर्घ अवधि में निवेश और उपभोग में धीरे-धीरे गिरावट आती जाती है जबकि उत्पादन घटती दर से बढ़ता जाता है जब तक अर्थव्यवस्था नई सतत अवस्था में नहीं पहुंच जाती।

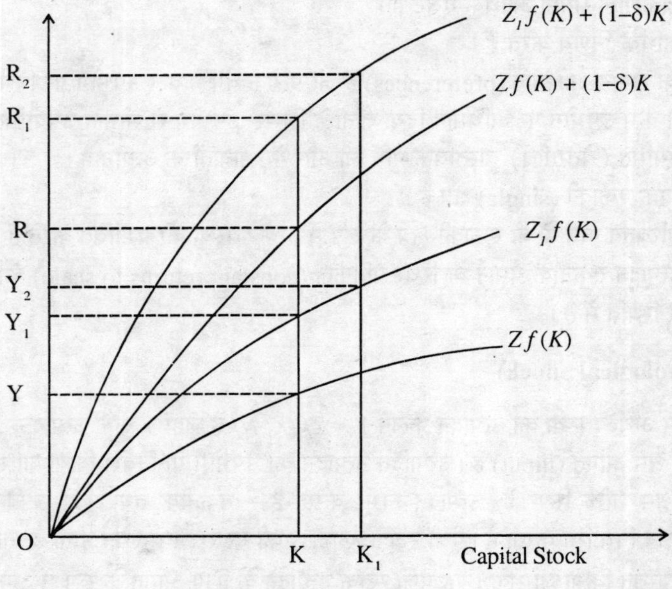

चित्र 1

वास्तविक व्यापार चक्र के पथ चित्र 2 में दशाएं गए हैं जहां अवधि 1 में एक स्थाई तकनीकी आघात है जो तकनीक Z को a से b पर आगे बढ़ाता है, निवेश I को c से d पर और उत्पादन Y को e से f पर बढ़ाता है। दी गई तकनीक Z का यही स्तर जिसे क्षैतिज वक्र दर्शाया गया है, निवेश वक्र I बाद की अवधियों में धीरे-धीरे कम होता जाता है। परन्तु उत्पादन वक्र Y एक घटती दर पर बढ़ता रहता है जब तक अर्थव्यवस्था अवधि 5 में सतत अवस्था पर पहुंचती है।

वास्तविक व्यापार सिद्धांत में एक सुस्ती (recession), विस्तार (expansion) का मात्र एक विपरीत है। तकनीक में अवनति का एक आघात Z को कम कर देता है और उत्पादन फलन को नीचे की ओर सरका (shift) देता है तथा उपलब्ध संसाधनों को कम कर देता है। यह निवेश उपभोग, उत्पादन और रोजगार में कमी की प्रक्रिया प्रारंभ कर देता है। लेकिन वास्तविक व्यापार चक्र के मॉडल सुस्ती की व्याख्या नहीं करते।

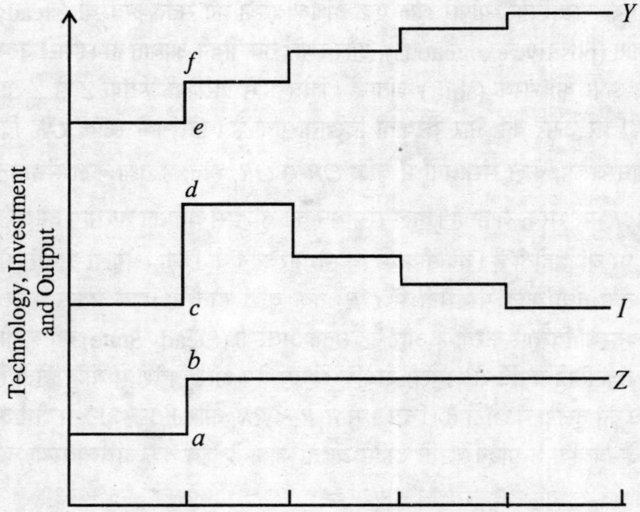

चित्र 2

श्रम बाजार (Labour Market)

वास्तविक व्यापार चक्र सिद्धांत इस पर जोर देता है कि श्रम बाजार में श्रम की अन्त:कालिक स्थानापन्नता (intertemporal substitution) है। जब एक तकनीकी विकास तेजी (boom) लाता है तो श्रम के सीमांत उत्पादन में वृद्धि होती है। रोजगार

और वास्तविक मजदूरी में भी वृद्धि आती है। एक ऊंची वास्तविक मजदूरी की प्रतिक्रिया में वर्कर अपने अवकाश को कम करते हैं। इसके विपरीत, जब तकनीक प्रतिकूल और अवनति पर होती है तो श्रम का सीमांत उत्पाद, रोजगार और वास्तविक मजदूरी दर कम होते हैं। कम वास्तविक मजदूरी की प्रतिक्रिया में वर्कर अवकाश को बढ़ाते हैं। अत: वास्तविक व्यापार सिद्धांत का एक महत्वपूर्ण निहितार्थ (implication) यह है कि वास्तविक मजदूरी प्र-चक्रिक (procyclical) है।

ब्याज दर (Interest Rate)

वास्तविक व्यापार चक्र सिद्धांत तकनीकी आघात की प्रतिक्रिया में वास्तविक ब्याज दर की भूमिका को भी ध्यान में रखता है। वास्तविक ब्याज, पूंजी के सीमांत उत्पाद के बराबर होता है। जब एक अनुकूल तकनीकी परिवर्तन से तेजी आती है तो पंजी के सीमांत उत्पाद और वास्तविक ब्याज दर में वृद्धि होती है। इसके विपरीत एक प्रतिकूल तकनीकी परिवर्तन से सुस्ती दर में कमी होती है। जब अर्थव्यवस्था नई सतत अवस्था में पहुंच जाती है तो वास्तविक ब्याज दर अंततः अपने प्रारंभिक स्तर पर वापिस आ जाती है।

मजदूरियों और कीमतों में लचीलापन (Flexibility of Wages and Prices)

वास्तविक व्यापार चक्र सिद्धांत यह मानता है कि मजदूरियां और कीमतें लचीली हैं। बाजार शोधन (market clearance) के लिए वे शीघ्र समायोजित (adjust) होती हैं। परन्तु बाजार अपूर्णताएं नहीं हैं। यह अदृश्य हाथ है जो बाजार शोधन करता है और अर्थव्यवस्था में संसाधनों का इष्टतम आवंटन करता है।

मुद्रा की तटस्थता (Neutrality of Money)

वास्तविक व्यापार चक्र सिद्धांत में मुद्रा की कोई भूमिका नहीं होती। मुद्रा तटस्थ है। यह एक आवरण (veil) है। मुद्रा ऐसे वास्तविक चर जैसे रोजगार और उत्पादन को प्रभावित नहीं करती। मुद्रा की भूमिका कीमत स्तर को निर्धारण की है। वास्तविक व्यापार चक्र सिद्धांत में मुद्रा पूर्ति अंतरजात (endogenous) होती है। उत्पादन में उतार-चढ़ाव से मुद्रा पूर्ति में उतार-चढ़ाव होते हैं। उदाहरण के लिए, जब एक अनुकूल परिवर्तन आता है तो उत्पादन में वृद्धि होती है और मांग की गई मुद्रा की मात्रा में वृद्धि होती है। इसकी प्रतिक्रिया में बैंकिंग प्रणाली अधिक ऋण देती है, तथा केन्द्रीय बैंक मुद्रा पूर्ति बढ़ाता है जिससे कीमतें बढ़ती हैं।

राजकोषीय नीति (Fiscal Policy)

वास्तविक व्यापार चक्र सिद्धांत में रोजकोषीय नीति की भूमिका नगण्य है। क्योंकि ''अदृश्य हाथ'' अर्थव्यवस्था का पथप्रदर्शक हैं। इसलिए सरकार की भूमिका भी सीमित है। वास्तव में व्यापार चक्र अर्थव्यवस्था की स्वभाविक और दक्ष अनुकूल एवं प्रतिकूल आघातों की प्रतिक्रिया है। राजकोषीय नीति का एक उपाय जैसे आय पर कर, उत्पादन और रोजगार पर प्रतिकूल प्रभाव करेगा। हो सकता कि एक व्यक्ति काम की अपेक्षा अधिक विकास का चुनाव करे जिससे उपभोग, निवेश और उत्पादन में कमी आए। कर विकृतियों से बचने के लिए और इसकी आवश्यकताओं को पूरा करने के लिए केन्द्रीय बैंक अर्थव्यवस्था में मुद्रा आपूर्ति को बढ़ाता है। अत: स्थिरीकरण नीति में सरकार की कोई भूमिका नहीं है।

वास्तविक व्यापार चक्र सिद्धांत की आलोचनाएं
(Criticisms of Real Business Cycle Theory)

वास्तविक व्यापार चक्र सिद्धांत बहुत विवादास्पद रहा है। इसके व्याख्याता दावा करते हैं कि यह एक यथार्थवादी सिद्धांत है जो अमेरिकी अर्थव्यवस्था द्वारा प्रदर्शित उत्पादन और रोजगार में बड़े उतार-चढ़ावों पर आधारित है। परन्तु इसके मुख्य समीक्षक *लारेंस समर्स* बताते हैं कि वास्तविक व्यापार चक्र मॉडल को अमेरिकी चक्र तथ्यों के साथ कोई लेना देना नहीं है। *मैनकिव* के अनुसार, वास्तविक व्यापार चक्र सिद्धांत आर्थिक उतार-चढ़ावों की एक अनुभवसिद्ध सत्याभासी व्याख्या नहीं जुटाता। समर्स, मैनकिव तथा बहुत से अन्य अर्थशास्त्रियों ने वास्तविक व्यापार चक्र सिद्धांत की निम्नलिखित आधारों पर आलोचना की है—

1. तकनीकी आघात (Technological Shocks)—वास्तविक व्यापार चक्र सिद्धांत में चक्रीय उतार-चढ़ावों के पीछे संचालन

शक्ति केवल तकनीकी आघात हैं। आलोचक इससे सहमत नहीं हैं। उनके अनुसार,तकनीकी आघातों से कुल साधन उत्पादकता में परिवर्तनों का पाया जाना बहुत कठिन है। इसका भी कोई प्रत्यक्ष प्रमाण नहीं है कि बड़े तकनीकी आघात पाए जाते हैं। इसलिए तकनीक में बड़े परिवर्तनों का पाया जाना वास्तविक व्यापार चक्र सिद्धांत की एक अनुचित मान्यता है।

2. अन्य कारक (Other Factors) —यह सिद्धांत केवल पूर्ति पक्ष कारकों को ध्यान में रखता है और अन्य कारकों जैसे मांग में परिवर्तन जो व्यापार चक्रों को लाता है कि उपेक्षा करता है।

3. अंतःकालिक स्थानापन्नता (Intertemporal Substitution)—वास्तविक व्यापार चक्र सिद्धांत में श्रम और काम की अंत:कालिक स्थानापन्नता होती है। व्यापार चक्र के दौरान श्रमिक वास्तविक मजदूरी में मामूली कटौतियों अथवा वास्तविक ब्याज दर में मामूली गिरावटों की प्रतिक्रिया में श्रम की पूर्ति को कम कर देता है। यदि व्यक्ति अपनी वास्तविक मजदूरी में वृद्धि की अपेक्षा रखते हैं तो वे आज अवकाश का आनन्द लेंगे और भविष्य में अधिक काम करेंगे। यदि वे वास्तविक मजदूरी में कमी होने की अपेक्षा रखते हैं तो वे आज अधिक काम करेंगे और भविष्य में अवकाश का आनन्द लेंगे। लेकिन यह असंभावित है कि व्यक्ति वास्तविक मजदूरी में अंतर परिवर्तनों पर इतने प्रतिक्रियाशील हैं। कालान्तर (overtime) में व्यक्तिगत श्रम आपूर्ति के प्रमाणिक अध्ययन बताते हैं कि मजदूरी में संभावित परिवर्तनों से काम किए गए घंटों में केवल थोड़े परिवर्तन होते हैं। अत: वास्तविक मजदूरी पाने वाले कुछ व्यक्ति संभावित परिवर्तनों को अपने अवकाश का पुनर्निधारण करके अधिक समय काम करने की प्रतिक्रिया नहीं दिखाते।

4. एच्छिक बेरोजगार (Voluntary Unemployment)—वास्तविक व्यापार चक्र सिद्धांत में रोजगार में उतार-चढ़ावों को एच्छिक माना जाता है। इसलिए यह बेरोजगारी पर विचार नहीं करता है। जब सुस्ती (recession) के दौरान बड़ी संख्या में लोग काम ढूंढने में लगे होते हैं तो वे इसे प्राप्त करने में असमर्थ रहते हैं। यह सिद्धांत व्याख्या करता है कि रोजगार में कमी क्यों आती है। लेकिन इसकी व्याख्या वास्तविक मजदूरी और वास्तविक ब्याज दर में कटौतियों पर आधारित है जो वर्करों को यह संकेत देता है कि श्रम बाजार में कोई काम उपलब्ध नहीं है। अत: बेरोजगार वर्करों के लिए काम पाने का कोई अवसर नहीं है और सुस्ती में श्रम बाजार पूरा नहीं होता है।

5. विनिमय प्रक्रिया (Exchange Mechanism)—समर्स के अनुसार, वास्तविक व्यापार चक्र सिद्धांत की एक मूल आपत्ति यह है कि यह चक्रीय उतार-चढ़ावों में मंदी (depression) के दौरान विनिमय प्रक्रिया भंग हो जाने की अवहेलना करता है।

6. मुद्रा की तटस्थता (Neutrality of Money)—वास्तविक व्यापार सिद्धांत मुद्रा की तटस्थता को मानता है। लेकिन आलोचकों के अनुसार, अनुभवसिद्ध प्रमाण अल्पकाल में मुद्रा की तटस्थता की पुष्टि नहीं करता। उनके अनुसार, ऐसे वास्तविक चरों जैसे उत्पादन और रोजगार को मुद्रा प्रभावित करती है। जब मुद्रा वृद्धि और स्फीति बढ़ते हैं तो तेजी में उत्पादन और रोजगार ऊंचे होते हैं, परन्तु सुस्ती में इसके विपरीत होते हैं।

7. मजदूरियां और कीमतें (Wages and Prices)—यह सिद्धांत मानता है कि मजदूरियां और कीमतें लचीली हैं। लेकिन आलोचक बताते हैं कि मजदूरियां और कीमतें अलचीली हैं। उनके अनुसार, मौद्रिक नीति में परिवर्तन अल्पकालीन कुल मांग बाधाएं लाते हैं जिनके उत्पादन और रोजगार पर महत्त्वपूर्ण प्रभाव हो सकते हैं। ऐसा मजदूरी और कीमत दृढ़ताओं के कारण होता है।

8. रोजकोषीय नीति (Fiscal Policy)—यह सिद्धांत मानता है कि स्थिरीकरण नीति में सरकार की कोई भूमिका नहीं है। यदि सरकार रोजगार के स्थिरीकरण के लिए नीतियां अपनाती है तो वे अप्रभावी होती हैं और ''अदृश्य हाथ'' में बाधा डालकर अर्थव्यवस्था को क्षति पहुंचा सकती है। लेकिन आलोचक इससे सहमत नहीं है कि स्थिरीकरण नीति की कोई भूमिका नहीं है।

9. ऋणात्मक तकनीकी आघात (Negative Technological Shocks)—यह सिद्धांत बड़े ऋणात्मक तकनीकी आघात, जो सुस्ती का संकेत करते हैं, की व्याख्या नहीं करता। ऐतिहासिक प्रमाण दर्शाते हैं कि अस्फीति की अवधियां कम उत्पादन और बेरोजगारी की होती हैं। ये प्रभाव वास्तविक व्यापार चक्र सिद्धांत में पूरी तरह नहीं पाए जाते हैं।

10. अपूर्ण सिद्धांत (Incomplete Theory)—वास्तविक व्यापार चक्र सिद्धांत त्रुटिपूर्ण और अपूर्ण है। यह व्यापार चक्र के मोड़ बिन्दुओं की व्याख्या नहीं करता। इसमें कोई संशय नहीं है कि वास्तविक पूर्ति आघातों के उत्पादन और रोजगार पर महत्त्वपूर्ण प्रभाव होते हैं जो व्यापार चक्र में शिखर (peaks) और गर्त (troughs) उत्पन्न नहीं करते जैसाकि वास्तव में देखा गया है।

निष्कर्ष (Conclusion)—इन आलोचनाओं के बावजूद जैसाकि **मैनकिव** ने व्यक्त किया है, ''वास्तविक व्यापार चक्र सिद्धांत ने

वैज्ञानिक वादविवाद को प्रोत्साहित करने और उत्तेजित करने का महत्त्वपूर्ण कार्य करने में सहायता की है। लेकिन अन्ततः इसे अवलोकित उतार-चढ़ावों की व्याख्या के रूप में त्याग दिया जाएगा।''

प्रश्न

1. वास्तविक व्यापार चक्र सिद्धांत की आलोचनात्मक व्याख्या करें।

2. ''यह केवल एक वास्तविक मॉडल है जो तकनीकी बाधाओं द्वारा संचालित है।'' प्लोसर (Plosser)। वास्तविक व्यापार चक्र सिद्धांत की इस विचार की दृष्टि से आलोचनात्मक व्याख्या करें।

अध्याय 62

नव केन्ज़ीय अर्थशास्त्र
(New Keynesian Economies)

1. प्रस्तावना
(Introduction)

नव केन्ज़ीय अर्थशास्त्र, आधुनिक समष्टि अर्थशास्त्र में एक विचारधारा है जो पारम्परिक केन्ज़ीय सिद्धातों से भिन्न है तथा क्लासिकी अर्थशास्त्रियों की आलोचनाओं की प्रतिक्रिया में उन्हें समायोजित एवं पुनर्व्यवस्थित करती है। नव केन्ज़ीय अर्थशास्त्रियों में से कुछ प्रमुख हैं : जार्ज मैनकिव (George Mankiw), रॉबर्ट गोर्डन (Robert Gordon), डेविड रोमर (David Romer), ओलिवर ब्लान्चर्ड (Oliver Blanchard), लारेंस समर्स (Lawrence Summers), जॉसफ स्टिगलिट्ज़ (Joseph Stiglitz) और ब्रूस ग्रीनवाल्ड (Bruce Greenwald)।

2. नव क्लासिकी और नव केन्ज़ीय समष्टि अर्थशास्त्र में अन्तर
(Difference between New Classical and New Keynesian Macroeconomies)

नव क्लासिकी तथा नव केन्ज़ीय समष्टि अर्थशस्त्रियों में निम्नलिखित विचारों के विषय में भिन्नता है :

1. नव क्लासिकी अर्थशास्त्रियों की आपत्ति थी कि केन्ज़ीय अर्थशास्त्र सिद्धांत रूप में अपर्याप्त था क्योंकि यह व्यष्टि अर्थशास्त्र की स्थाई धारणाओं पर आधारित नहीं है। उनके अनुसार, समष्टि आर्थिक मॉडल स्थाई *व्यष्टि आर्थिक धारणाओं* पर आधारित होने चाहिएं। नव केन्ज़ीय इससे सहमत तो होते हैं परन्तु उनके बाजार कैसे कार्य करते हैं इस पर मतभेद है। नव क्लासिकी अर्थशास्त्री अपने मॉडलों को पूर्णतया प्रतियोगी उपभोक्ता, उत्पादक तथा श्रम बाजारों पर आधारित करते हैं। दूसरी ओर, नव केन्ज़ीय अपने मॉडलों को वास्तविक संसार के अपूर्ण प्रतियोगी बाजारों, जहां उपभोक्ता, उत्पादक तथा श्रम बाजारों में भाग लेने वाले अपूर्ण सूचना के अनुसार कार्यरत होते हैं, पर आधारित करते हैं।

2. नव क्लासिकी इस मान्यता के अनुसार, मजदूरियां और कीमतें लोचशील होती हैं, अपने सिद्धांतों को *बाजार शोधन* (market clearing) मॉडलों पर आधारित करते हैं, जहां मांग और पूर्ति तत्काल समायोजित (adjust) होते हैं। नव केन्ज़ीय अर्थशास्त्रियों का विश्वास है कि बाजार शोधन मॉडल अल्पकालीन आर्थिक उतार-चढ़ावों की व्याख्या नहीं कर सकते। इसलिए वे अपने मॉडलों को दृढ़ (sticky) मजदूरी तथा कीमतों पर आधारित करते हैं जो यह स्पष्ट भी करते हैं कि अनैच्छिक (involuntary) बेरोजगारी क्यों होती है ?

3. नव केन्ज़ीय अर्थशास्त्र *व्यष्टि-आर्थिक आधारों* (microeconomic foundations) पर संपूर्ण उतार-चढ़ावों की व्याख्या करने में नव क्लासिकी अर्थशास्त्रियों से भिन्न है। नव क्लासिकी परिवारों एवं फर्मों द्वारा विवेकपूर्ण चुनावों से संबद्ध कार्यरत शक्तियों की व्याख्या करते हैं। लेकिन नव केन्ज़ीय विश्लेषण में परिवार तथा फर्में बिना लागतों के अपने चुनावों का समन्वय नहीं करते।

4. नव क्लासिकी तथा नव कन्ज़ीय संतुलन की धारणा पर भी भिन्न विचार रखते हैं। नव क्लासिकी मॉडलों में बाजार निरंतर होता रहता है तथा मजदूरियां और कीमतें तुरन्त संतुलित होती हैं ताकि श्रम की मांग एवं पूर्ति बराबर रहें तथा पूर्ण रोजगार संतुलन हो। परन्तु नव केन्ज़ीय मॉडलों में अल्पकाल में बाजार शोधन करने के लिए मजदूरियां तथा कीमतें शीघ्रता से समायोजित होने में विफल रहती हैं जिससे अल्पकाल में श्रम की मांग एवं पूर्ति बराबर नहीं होती। लेकिन यह बेरोज़गारी संतुलन होता है जिसे अर्थशास्त्री असंतुलन (disequilibrium) अथवा कम-रोजगार संतुलन कहते हैं। नव केन्ज़ीय अर्थशास्त्र में श्रम की वास्तविक मांग एवं पूर्ति की मात्राएं

संतुलित नहीं होतीं बल्कि श्रम की प्रत्याशित (या संभावित) मांग तथा पूर्ति की मात्राएं संतुलित होती हैं।

5. नव क्लासिकी तथा नव केन्ज़ीय अर्थशास्त्री *स्थिरीकरण* (stabilisation) नीति के उपयोग पर पर्याप्त मतभेद रखते हैं। नव क्लासिकी विश्लेषण के अनुसार, विवेकपूर्ण प्रत्याशाओं तथा लोचशील कीमतों और मजदूरियों तथा कुल मांग में पूर्वानुमानित परिवर्तनों के साथ व्यवस्थित मौद्रिक नीति को अनुसरण करते हुए अल्पकाल में उत्पादन तथा रोज़गार पर कोई प्रभाव नहीं पड़ेगा। यह *नीति अप्रभावी प्रस्ताव* (policy ineffective proposition) है। इसलिए नवक्लासिकी अर्थशास्त्री मौद्रिक नियमों की वकालत करते हैं और विवेकाधीन (या स्वनिर्णय) (discretionary) मौद्रिक नीति से बचाव चाहते हैं ताकि मांग में प्रत्याशित परिवर्तन रोके जाएं, जब बेरोजगारी स्वाभाविक स्तर से हट जाए। नव केन्ज़ीय अर्थशास्त्र में जब मजदूरियों और कीमतों की दृढ़ताओं और बाजार विफलताओं (market failures) के कारण कुल मांग में कमी आती है तो सक्रिय (active) मौद्रिक तथा राजकोषीय नीतियां उत्पादन और रोजगार में कमी को रोक सकती हैं।

3. नवकेन्ज़ीय अर्थशास्त्र के मुख्य लक्षण
(Main Features of New Keynesian Economics)

1970 के दशक के अंत में नव केन्ज़ीय अर्थशास्त्र की कल्पना की गई लेकिन 1980 के दशक के मध्य से नवकेन्ज़ीय समष्टि अर्थशास्त्र सिद्धांतों/ मॉडलों में बहुत से तत्त्व प्रस्तुत किए गए हैं। महत्वपूर्ण तत्त्वों में से चार मुख्य निम्न शीर्षकों के अन्तर्गत विवेचना की गई है :

1. दृढ़ मुद्रा (नाममात्र) मजदूरियां (Sticky Money (Nominal) Wages)
2. दृढ़ नाममात्र कीमतें (Sticky Nominal Prices)
3. दृढ़ वास्तविक मजदूरियां (Ticky Real Wages)
4. समन्वयन विफलताएं (Coordination Failures)

1. **दृढ़ मुद्रा (नाममात्र) मजदूरियां** (Sticky Money (Nominal) Wages) : श्रम बाजार के क्लासिकी सिद्धांत में सदैव अर्थव्यवस्था में पूर्ण रोजगार होता है तथा अनैच्छिक बेरोजगारी नहीं होती। बेरोजगारी होने पर, मुद्रा मजदूरी में कटौती द्वारा पूर्ण रोजगार प्राप्त किया जा सकता है। फर्में काम पर लगाए वर्करों की मात्राओं को मजदूरियों के लचीलेपन के कारण बिना किसी लागत के तत्काल समायोजित (adjust) कर सकती हैं। केन्ज़ीय सिद्धांत में अनैच्छिक बेरोजगारी होती है जिसे वास्तविक मजदूरियों में कटौती करके मांग, उत्पादन तथा रोजगार में वृद्धि द्वारा समाप्त किया जा सकता है। केन्ज़ के अनुसार, मुद्रा मजदूरियां दृढ़ हैं। केन्ज़ीय परंपरा के अन्तर्गत नवकेन्ज़ीय अर्थशास्त्रियों ने मुद्रा मजदूरियां दृढ़ता के आधार पर श्रम बाजार का नया केन्ज़ीय सिद्धांत विकसित किया है।

मान्यताएं (Assumptions)

यह सिद्धांत निम्न मान्यताओं पर आधारित है :

1. श्रम बाजार में मुद्रा मजदूरियां दृढ़ हैं।
2. उन्हें एक अवधि के लिए ठेकों के आधार पर निर्धारित किया जाता है।
3. उन्हें श्रम की प्रत्याशित (expected) मांग को श्रम की प्रत्याशित पूर्ति के बराबर करने के आधार पर निर्धारित किया जाता है।
4. श्रमिक संघ तथा फर्में, श्रम की भविष्य मांग तथा पूर्ति का विवेकपूर्ण प्रत्याशित ढांचा बनाते हैं।
5. वे उस मजदूरी पर सहमत होते हैं जो ठेके की पूरी अवधि के लिए श्रम की मांग की प्रत्याशित औसत मात्रा को श्रम की पूर्ति की प्रत्याशित औसत मात्रा को बराबर करती हो।
6. फर्में रोजगार स्तर का निर्धारण करती हैं।
7. वर्कर स्थिर मुद्रा मज़दूरी पर ठेके की सारी अवधि के लिए श्रम की मांग गई आवश्यक मात्रा की पूर्ति करने के लिए तैयार होते हैं।
8. रोजगार का स्तर श्रम के लिए वास्तविक मांग द्वारा निर्धारित किया जाता है।

व्याख्या (Explanation)

ये मान्यताएं दी होने पर, नव केन्ज़ीय श्रम बाजार के सिद्धांत में मुद्रा मजदूरियों को वर्करों के संघ और फर्मों के बीच ठेकों में निर्धारित किया जाता है, जो मुद्रा मजदूरियों को सहमति की अवधि के दौरान कायम रखते हैं। ऐसे ठेके इसलिए किए जाते हैं क्योंकि श्रम की मांग में पुनरुत्थानों (recoveries) के दौरान वृद्धि होती है और सुस्तियों (recessions) के दौरान कमी होती है, जिनकी मजदूरी दरों में परिवर्तनों की आवश्यकता होती है। इसलिए श्रमिक संघ और फर्में ऐसे मजदूरी ठेकों को लाभदायक पाते हैं क्योंकि श्रम के बारे में बारम्बार मजदूरी अनुबंधों के समझौते करने की लागतें ऊंची होती है। जब श्रमिक संघ और फर्में ठेकों की निश्चित अवधि के लिए सहमत की गई मजदूरी दरों के लिए बाचचीत प्रारंभ करते हैं तो वे औसत तौर पर प्रत्याशित मांग तथा पूर्ति का विचार करते हैं। वे जानते हैं कि बहुत उच्च मजदूरी दरें निश्चित करने से औसतन बहुत कम रोज़गार होगा तथा अधिक बेरोजगारी। दूसरी ओर, बहुत कम मजदूरी दरें रखने से श्रम की मांग कम होगी। अत: दोनों पक्ष विवेकशीलता से कार्य करते हैं तथा ऐसी मजदूरी दरों पर सहमत होते हैं जो श्रम की प्रत्याशित मांग मात्रा को श्रम की प्रत्याशित पूर्ति मात्रा के बराबर करते हों।

मान लें कि कीमत स्तर में वृद्धि अथवा श्रम के सीमांत उत्पाद में वृद्धि होती है। ये वृद्धियां चित्र 1 में श्रम के मांग वक्र को D_0 से D_2 पर दाईं ओर शिफ्ट करेंगी तथा उस रोजगार स्तर के लिए जिस मुद्रा मजदूरी दर पर फर्में भुगतान करने को तैयार हों, के बराबर शिफ्ट करेंगी। अत: रोजगार पर लगे श्रम की मात्रा OQ_0 से OQ_2 और मजदूरी दर OW_0 से OW_2 वृद्धि करती है। इसके विपरीत कीमत स्तर में कमी अथवा श्रम के सीमांत उत्पाद में कमी के साथ, श्रम का मांग वक्र D_0 से D_1 पर बाईं ओर शिफ्ट होगा तथा उसके बराबर ही मजदूरी दर भी कम होकर OW_0 से OW_1 हो जाएगी। फर्में रोजगार में लगे श्रम की मात्रा में OQ_0 से OQ_1 की कमी लाएंगी।

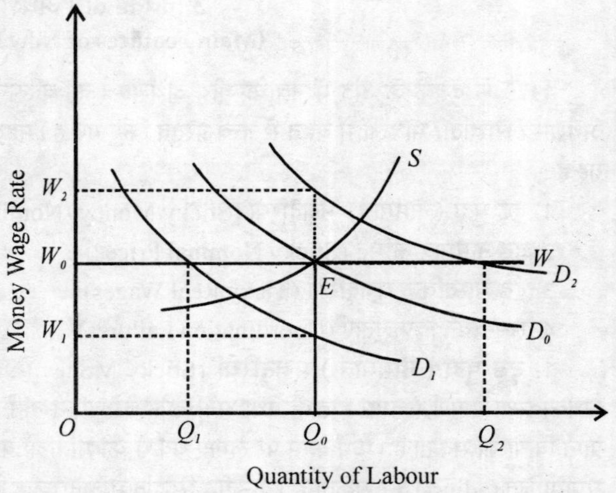

चित्र 1

उपरोक्त विश्लेषण में, जब कीमत स्तर में 50% की वृद्धि अथवा कमी होती है तो मजदूरी दर में भी 50% की कमी अथवा वृद्धि होती है, परन्तु सहमत (agreed) मजदूरी दर OW_0 ही बनी रहती है। ऐसा तभी होता है जब श्रम के लिए मांग प्रत्याशित स्तर D_0 पर ही बनी रहती हो और रोजगार स्तर भी इसके प्रत्याशित स्तर OQ_0 के बराबर रहे। फिर भी, धीरे-धीरे बढ़ती मजदूरी दरों के अन्तर्गत वे वर्कर जो उसी फर्म में लंबे समय तक अपनी नौकरियों में कायम रहते हैं उन्हें अपने सीमांत उत्पाद के मूल्य से कम प्राप्त होता है, जब वे अपनी सेवानिवृत्ति (retirement) के पास पहुंचते हैं। परन्तु लंबी अवधि के दौरान उन्हें औसतन उनके सीमांत उत्पाद के मूल्य के बराबर ही मजदूरियां प्राप्त होती हैं।

भिन्न-भिन्न समय मजदूरी ठेका सिद्धांत (Staggered Wage Contract Theory)

नव केन्ज़ीय विश्लेषण में दृढ़ मुद्रा मजदूरी सिद्धांतों में से एक भिन्न-भिन्न समय मजदूरी ठेका सिद्धांत है।

भिन्न-भिन्न समय ठेकों के सिद्धांत में सभी श्रमिक संघ एक ही समय पर ठेके हस्ताक्षरित नहीं करते। इसमें ठेके एक ही समय पर घटित नहीं होते। ठेके विभिन्न समयों पर नवीकृत (renewed) किए जाते हैं और जब नए ठेके प्रारंभ होते हैं तो वे भिन्न-भिन्न तिथियों पर होते हैं तथा वे परस्पर कुछ अंश तक एक-दूसरे को लपेट लेते हैं (overlap करते हैं)। इस प्रकार कुछ अंश तक एक ठेके के दूसरे ठेके के समय में ही रहने से दीर्घकालीन मजदूरी ठेकों में मुद्रा मजदूरी दृढ़ता आती है। ठेके की समयावधि के दौरान मजदूरी दर स्थिर होती है तथा सूचकांकीकरण (indexation) द्वारा स्फीति की अपेक्षित दर से सबंद्ध रहती है। यदि कीमतों का बहुत ऊंचा होना अपेक्षित हो तो वर्कर अधिक बड़ी मजदूरी वृद्धियों की मांग करेंगे तथा फर्में उन्हें देने की इच्छुक होंगी क्योंकि उनकी अपनी कीमतों में वृद्धि होने

की संभावना होती है। स्फीति की संभावनाओं के अतिरिक्त, मजदूरी निर्धारण दूसरे वर्करों को दी जाने वाली मजदूरियों की अपेक्षाओं तथा रोजगार के स्तर द्वारा भी प्रभावित होता है। अपने भिन्न-भिन्न समय ठेका सिद्धांत में टेलर (Taylor) कुल मुद्रा मांग के सूचकांकीकरण (indexation) को दृढ़ मुद्रा मजदूरी दर का आधार लेता है। उसकी मान्यता है कि एक स्तर पर निश्चित की गई मुद्रा मजदूरी अपेक्षित कीमत तथा अपेक्षित भविष्य की मांग एवं उत्पादन पर निर्भर करती है। एक मौद्रिक गड़बड़ ठेके की अवधि के दौरान मांग एवं उत्पादन को प्रभावित करती है जब तक एक नया ठेका समझौता नहीं किया जाता।

मान लें कि मौद्रिक अधिकारी अर्थव्यवस्था में मुद्रा पूर्ति को घटा देता है। जिससे कुल मांग और उत्पादन कम हो जाते हैं। इसके लिए मुद्रा मजदूरियों में आनुपातिक समायोजन (proportionate adjustments) करने होते हैं ताकि पूर्ण रोजगार कायम रखा जाए। क्योंकि मजदूरी ठेके भिन्न-भिन्न समय पर होते हैं इसलिए कुल मांग तथा उत्पादन में परिवर्तनों की प्रतिक्रिया के फलस्वरूप मजदूरी समायोजन बहुत धीमी गति से होते हैं। ये मुद्रा मजदूरियों को दृढ़ बना देते हैं।

2. मैनकिव दृढ़ कीमत सिद्धांत : मेन्यू परिकल्पना (Mankiw Sticky Prices Theory : Menu Hypothesis)

क्लासिकी तथा नवक्लासिकी व्यष्टि आर्थिक सिद्धांत लचीलेपन की मान्यता पर आधारित हैं, जहां कीमतें शीघ्रता से मांग एवं पूर्ति को समायोजित करके बाजारों का शोधन करती हैं। दूसरी ओर, नव केन्द्रीय अर्थशास्त्री अल्पकाल में कीमतों की दृढ़ता (stickiness) पर विश्वास करते हैं। बाजार शीघ्रता से शोधित नहीं होते क्योंकि कीमतों का शोधन करना महंगा होता है। अपनी वस्तुओं की कीमतें बारम्बार समायोजित करने के लिए फर्मों को लागतें लगती हैं। अर्थव्यवस्था का एक बड़ा भाग उन कीमत निर्माताओं (price-makers) का होता है जो वस्तुओं को एकाधिकारत्मक अथवा अपूर्णतया प्रतियोगी बाजारों में बेचते हैं। उनके लिए कीमतों का समायोजित करना महंगा होता है।

कीमतों को समायोजित करने की लागतें *मेन्यू लागतें* (Menu costs) कहलाती हैं। कीमतें *परिवर्तित* करने के लिए एक फर्म को संसाधनों (resources) की आवश्यकता होती है। उसे नई कीमत सूचियां, तालिकाएं तथा अन्य छपी हुई सामग्री छपवानी पड़ती है। एक सुपर बाजार को वस्तुओं, शेल्फों पर नई कीमतों के साथ दोबारा लेबल लगाने होते हैं। होटल तथा रेस्तरां को अपनी व्यंजन सूचियों को नई कीमतों के साथ छपवाना होता है। एक फर्म के प्रतिनिधि द्वारा वस्तुएं, कच्चा माल आदि सप्लाई करने वालों के साथ दोबारा समझौता करने के लिए की गई मीटिंग, फोन कॉल, तथा यात्राएं सभी मेन्यू लागतों में आती हैं।

दृढ़ कीमतों के लिए मेन्यू लागतों के सिद्धांत में अल्पकाल के दौरान कीमतों को स्थिर रखकर तथा उत्पादन में परिवर्तन और मांग में छोटे परिवर्तनों होने पर फर्मों के लिए प्रतिक्रिया लाभदायक होती है। मेन्यू लागतों के कारण फर्में मांग में परिवर्तनों की स्थितियों के साथ हर बार अपनी कीमतों को परिवतर्तित नहीं करतीं। परन्तु जब समय-समय पर कीमतों में परिवर्तन किए जाते हैं तो मेन्यू लागतें उठाई जाती हैं न कि कीमतों में लगातार परिवर्तन होने पर। इस प्रकार, मेन्यू लागतों की परिकल्पना अल्पकालीन दृढ़ कीमतों की व्याख्या करती है।

मेन्यू लागत सिद्धांत ने कीमतें धीरे-धीरे समायोज्ति होती हैं, क्योंकि कीमतों में परिवर्तनों में बहिर्भाव (externalities) होते हैं। जब एक फर्म एक वस्तु की कीमत कम करती है तो अर्थव्यवस्था में अन्य फर्मों को लाभ प्रदान करती है। जब यह ले रही कीमत को कम करती है तो यह औसत कीमत स्तर में थोड़ी कमी करती है, इस कारण वास्तविक आय में वृद्धि लाती है। वास्तविक आय में वृद्धि आगे सभी फर्मों की वस्तुओं के लिए मांग में वृद्धि लाती है। एक फर्म द्वारा कीमत-समायोजन (price adjustment) का प्रभाव सभी फर्मों की वस्तुओं की मांग पर यह समष्टि प्रभाव *कुल-मांग बहिर्भाव* (aggregate-demand externality) कहलाता है।

मान्यताएं (Assumptions)

मैनकिव का मेन्यू लागतों का दृढ़ कीमत विश्लेषण निम्न मान्यताओं पर आधारित है :

1. बाजार अपूर्णतया प्रतियोगी है, जिसमें बहुत-सी एकाधिकारात्मक प्रतियोगी फर्में हैं।
2. फर्में मानकीकृत (standardised) अथवा विभेदीकृत (differentiated) वस्तुएं उत्पादित करती हैं।
3. फर्में कीमत निर्माता (price makers) हैं जिनका अपनी वस्तुओं की कीमतों पर कुछ नियंत्रण है।

4. कीमतों का समायोजन करने के लिए फर्मों की लागतें आवश्यक हैं।

5. मांग वक्र रेखीय (linear) है।

6. सीमांत लागत वक्र क्षैतिज है।

व्याख्या (Explanation)

ये मान्यताएं दी होने पर, हम चित्र 2 में मेन्यू लागतें कैसे काम करती हैं तथा एक फर्म की वस्तु की मात्रा और कीमत के समायोजन को कैसे प्रभावित करती हैं, को दर्शाते हैं। मान लें कि फर्म की मांग में कमी हुई है, जिससे मूल मांग वक्र D_0 बाईं ओर D_1 पर शिफ्ट करता है और इसके अनुरूप मूल MR_0 वक्र से MR_1 पर शिफ्ट हो जाता है। इसी प्रकार इसकी सीमांत लागत में भी कमी आई है जिसे MC_1 वक्र के रूप में दिखाया गया है जो स्थिर हैं। मूल सीमांत लागत वक्र (MC_0) चित्र को सरल बनाने के लिए नहीं दिखाया गया है। जब MC_1 वक्र MR_0 वक्र को E बिन्दु पर काटता है तो मूल कीमत OP_0 है तथा मात्रा OQ_0 है। फर्म का लाभ $KEAP_0$ है। मांग में कमी होने से MC_1 वक्र और MR_1 वक्र एक दूसरे को F बिन्दु पर काटते हैं तथा कीमत गिर कर OP_1 और मात्रा OQ_1 हो जाती है। परिणामस्वरूप, लाभ कम होकर $KFCP_1$ हो जाता है। यदि मेन्यू लागतें ऊंची हों तो फर्म कीमत को OP_1 पर रखेगी, उत्पादन को कम करके OQ_2 करेगी और $KGBP_0$ लाभ कमाएगी। यदि अतिरिक्त लाभ ($KEDP_2$–$KGBP_0$) मेन्यू लागत से अधिक होता है तभी फर्म कीमत को OP_2 तक कम करेगी। इसलिए फर्म कीमत को कम नहीं करेगी तथा OP_0 पर कीमत दृढ़ रहेगी।

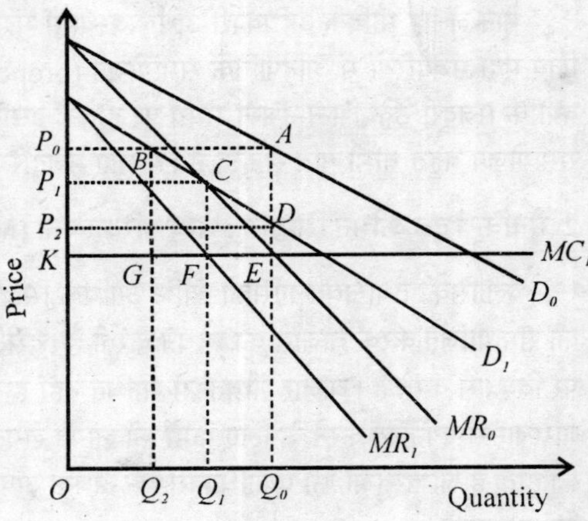

चित्र. 2.

आलोचनाएं (Criticisms)

मेन्यू लागत सिद्धांत की निम्नलिखित आधार पर आलोचना हुई है :

1. मेन्यू लागत सिद्धांत इस कारण दोषपूर्ण है कि यह केवल कीमत समायोजन पर विचार करता है, उत्पादन समायोजन पर विचार नहीं करता।

2. यह मानकर चलता है कि मांग के अनुपात में सीमांत लागत चलती हैं। जब मांग में वृद्धि अथवा कमी होती है तो सीमांत लागत में भी उसी अनुपात में वृद्धि या कमी होती है। वास्तव में कोई भी फर्म यह अनुमान नहीं कर सकती कि इसकी सीमांत लागत उसकी कुल मांग के साथ पूर्णतया सह–संबंधित होगी।

3. यह सिद्धांत कीमतों के स्तर के समायोजनों में मुद्रा--दृढ़ताओं की व्याख्या करने की कोशिश करता है। लेकिन यह कीमतों की दर में परिवर्तन समायोजनाओं में दृढ़ताओं की व्याख्या करने में असफल है।

4. आलोचक बताते हैं कि मेन्यू लागतें थोड़ी होती हैं और अभी अधिक थोड़ी हो गई हैं क्योंकि कम्प्यूटर से मेन्यू सूची की छपवाई में थोड़ी सीमांत लागत लगती हैं।

5. अर्थशास्त्री सहमत नहीं हैं कि मेन्यू लागत से अल्पकाल में कीमत दृढ़ता की व्याख्या कर सकते हैं क्योंकि ये नगव्य (negligible) होती हैं। मेन्यू लागतें अर्थव्यवस्था में सुस्ती (recession) की व्याख्या नहीं कर सकतीं।

6. फिर, थोड़ी मेन्यू लागतें एक एकाकी (single) फर्म के लिए महत्वपूर्ण हो सकती हैं लेकिन समस्त अर्थव्यवस्था को प्रभावित करने के लिए असंभावित हैं।

3. दृढ़ वास्तविक मजदूरियां
(Sticky Real Wages)

नवक्लासिकी श्रम सिद्धांत में श्रम बाजार वास्तविक मजदूरी दर पर लगातार शोधित (clear) होता रहता है, लेकिन अनैच्छिक बेरोजगारी की व्याख्या नहीं करता। दूसरी ओर, नव केन्जीय सिद्धांत वास्तविक मजदूरी दृढ़ता पर संकेन्द्रित करते हैं जहां वर्करों को बाजार शोधन मजदूरी भुगतान नहीं किए जाते तथा दीर्घकाल में भी अनैच्छिक बेरोजगारी बनी रहती है। वास्तविक मजदूरी दृढ़ता के चार मुख्य सिद्धांत हैं :

1. असममित सूचना मॉडल (Asymmetric Information Model)
2. अंतर्निहित ठेका सिद्धांत (Implicit Contract Theory)
3. आंतरिक तथा बाहरी सिद्धांत (Insider and Outsider Theory)
4. दक्षता मजदूरी सिद्धांत (Efficiency Wage Theories)

1. असममित सूचना मॉडल (Asymmetric Information Model)

असममित सूचना यह स्थिति है जिसमें व्यक्तियों को कुछ वस्तुओं की अन्य असममित सूचना की अपेक्षा अधिक सूचना उपलब्ध होती है। यह विचार कि प्रत्येक व्यक्ति के पास असममित सूचना दूसरों की अपेक्षा उपलब्ध है, इसे ग्रोसमैन और हार्ट (Grossman and Hart) द्वारा एक श्रम बाजार मॉडल विकसित करने के लिए उपयोग में लाया गया। उनके अनुसार प्रबंधक, फर्म के हितों के संबंध में वर्करों से अधिक जानकारी रखते हैं। अधिक जानकारी होने पर प्रबंधकों के लिए वर्करों को फर्म की वास्तविक स्थिति के संबंध में धोखा देना संभव और लाभकारी है। वे वर्करों के साथ मजदूरियों तथा रोजगार वादों के लिए ठेके करते हैं जिनसे फर्म उन्हें दृढ़ वास्तविक मजदूरियों का भुगतान करती है। फिर भी, इस मॉडल में एक रोजगार वादा होता है जो फर्म में रोजगार की मात्रा में वृद्धि लाता है।

2. अंतर्निहित ठेका सिद्धांत (Implicit Contract Theory)

दो अमेरिकी अर्थशास्त्रियों बेली (Bailey) तथा अज़रियाडेस (Azriades) ने अंतर्निहित ठेका सिद्धांत को विकसित किया। आमतौर पर वर्करों तथा फर्मों में जो रोजगार स्पष्ट ठेका समझौते होते हैं, परन्तु इनकी कुछ अन्य बातें वास्तविक ठेकों में नहीं लिखी होतीं। इनको अंतर्निहित ठेके कहा जाता है। वर्कर और फर्में नौकरी, बीमा तथा आय के लिए अंतर्निहित ठेके करते हैं। क्योंकि वर्कर अपनी आय के संबंध में जोखिम अनिच्छुक (risk averse) होते है। फर्मों की अपेक्षा वर्कर आय तथा रोजगार में उतार-चढ़ावों से उत्पन्न होने वाले जोखिम अधिक पसन्द नहीं करते। परिणामस्वरूप, वर्करों को फर्में एक अंतर्निहित ठेका का प्रस्ताव करती हैं जो कि अंशत: एक आय तथा नौकरी बीमा ठेका तथा अंशत: एक रोजगार ठेका होता है। बेली तथा अजरियाडेस के अनुसार, ऐसे ठेके वास्तविक मजदूरियों में दृढ़ता लाते हैं जो एक सुस्ती (recession) के दौरान व्यापार-स्थितियों तथा रोजगार-स्तरों में उतार-चढ़ावों से प्रभावित नहीं होते।

3. आंतरिक तथा बाहरी सिद्धांत (Insider and Outsider Theory)

श्रम बाजार के आंतरिक और बाहरी सिद्धांत को एं लिंडबैक (A. Linkback) एवं डी. स्नोवर (D. Snower) द्वारा विकसित किया गया। इस सिद्धांत की यह मान्यता है कि श्रम बाजार में संघर्ष और अपूर्णताएं है जो रोजगार के अवसरों में इसे बांटने का कार्य करते हैं।

आंतरिक वे वर्कर हैं जिनको नौकरियां मिली हुई हैं तथा बाहरी वे हैं जो श्रम बाजार में बेरोजगार हैं। आंतरिक का प्रतिनिधित्व श्रमिक संघ करते हैं जिनका मजदूरी सौदेबाजी करने में बाहरी व्यक्तियों से अधिक अधिकार है। श्रमिक संघ फर्मों के साथ वास्तविक मजदूरी की सौदेबाजी करते हैं तथा इसे बाजार शोधन (market clearing) स्तर से अधिक निर्धारित करवा लेते हैं ताकि बाहरी व्यक्ति नौकरियों से अलग कर दिए जाएं जिससे कुल मांग में कमी होने पर अनैच्छिक बेरोजगारी हो। श्रमिक संघ श्रम-परिवर्तन लागतों (turnover costs) के कारण अपनी सौदेबाजी शक्ति का उपयोग करते हुए मजदूरियों का समझौता करते हैं। श्रम-परिवर्तन लागतें नए वर्करों को निकालने, भाड़े पर लेने, और रोक रखने की लागतों से संबंधित होती हैं। वे लागतें फर्मों को बाहरी वर्करों को पहले से कार्यरत (आंतरिक) वर्करों के स्थान पर नौकरी पर रखने से रोकती है। श्रमिक संघ, हड़ताल और नियमानुसार काम करने की धमकी देकर,

नौकरियों के लिए बाहरी वर्करों को रखने से रोक सकते हैं। आंतरिक वर्कर बाहरी वर्करों के विरुद्ध इन लागतों का प्रयोग भी कर सकते हैं ताकि वे जिस मजदूरी पर बाहरी वर्कर काम करने पर तैयार हैं उससे ऊंची समझौता की गई मजदूरी प्राप्त कर सकें। फिर भी, श्रमिक संघ, वास्तविक मजदूरी को एक निश्चित स्तर तक ही बढ़वा सकते हैं, क्योंकि यदि वास्तविक मजदूरी फर्मों की देने की क्षमता से अधिक ऊंची है तो अर्थव्यवस्था में कुल मांग के कम होने पर कम आंतरिक वर्करों को रोजगार दिया जाएगा। यदि वास्तविक मजदूरी को बाजार शोधन-स्तर से बहुत ऊंचा रखा जाता है तो यह सिद्धांत अनैच्छिक बेरोजगारी के बने रहने की व्याख्या करता है। इसे *अपतंत्रक* (hystersis) कहा जाता है। इसके अनुसार, एक सुस्ती (recession) के दौरान, अधिक अनैच्छिक बेरोजगारी होने पर आंतरिक वर्कर, बाहरी वर्करों का श्रमशक्ति में प्रवेश रोकने के लिए अपनी सौदेबाजी शक्ति को उपयोग में ला सकते हैं। वे वर्कर जो नौकरी छोड़ जाते हैं वे अपने मजदूरी सौदेबाजी ठेकों पर प्रभाव खो देते हैं, क्योंकि वे अब श्रमिक संघ के सदस्य नहीं रहते। इसके अतिरिक्त , अनैच्छिक बेरोजगारी के बने रहते, लम्बे समय तक बेरोजगार वर्करों के लिए काम करना मुश्किल हो जाता है क्योंकि उनकी दक्षता में कमी आ जाती है। इन परिस्थितियों के अंतर्गत एक लंबी अवधि की अधिक अनैच्छिक बेरोजगारी बंध जाएगी। यह *अपतंत्रक प्रभाव* (hystersis effect) है। जब श्रम बाजार में बाहरी वर्करों का प्रवेश नहीं हो सकता तो अपतंत्रक प्रभाव से मजदूरी में दृढ़ता होती है।

4. दक्षता मजदूरी सिद्धांत (Efficiency Wage Theory)

नव केन्ज़ीय अर्थशास्त्र में दक्षता मजदूरियों के भुगतान से वास्तविक मजदूरी दृढ़ता होती है। ऊंची मजदूरियां वर्करों की दक्षता तथा उत्पादकता में वृद्धि लाती हैं। श्रम की अतिरिक्त पूर्ति के बावजूद फर्में मजदूरियों में कटौती नहीं करतीं चाहे ऐसा करने से उनके लाभ बढ़ते हों। फर्में मजदूरियों में भी कटौती नहीं करतीं क्योंकि इससे उत्पादकता में कमी और लागतों में वृद्धि आएगी। अत: यह फर्मों के हित में होता है कि वे वास्तविक मजदूरी को बाजार शोधन के स्तर से अधिक रखें। ऐसा मजदूरी दक्षता मजदूरी कहलाती है।

दक्षता मजदूरी के चार सिद्धांत हैं :

(1) श्रम-परिवर्तन लागत सिद्धांत (Turnover Costs Theory)

(2) चयन सिद्धांत (Selection Theory)

(3) कार्यरत-रहने दक्षता या उपहार विनिमय सिद्धांत (On-the-job Efficiency or Gift Exchange Theory)

(4) कामचोरी सिद्धांत (Shirking Theory)

(1) श्रम-परिवर्तन लागत सिद्धांत (Turnover Costs Theory)—इस सिद्धांत के अनुसार, वास्तविक मजदूरी फर्मों की श्रम-परिवर्तन लागतों को न्यूनतम रखने के लिए निर्धारित किया जाता है। श्रम-परिवर्तन लागतों में नए वर्करों को निकालने, भाड़े पर लेने, रोक कर रखने, तथा नए वर्करों को प्रशिक्षण देने की लागतें शामिल होती हैं। ऐसी लागतों में कमी लाना फर्मों के लिए लाभकारी होता है। बाजार शोधन के स्तर से अधिक ऊंची वास्तविक मजदूरियां देकर, फर्में अपने अनुभवी तथा दक्ष वर्करों द्वारा एक फर्म को छोड़कर दूसरी फर्मों में जाने से रोक सकती हैं। ये ऐसे वर्करों को प्रशिक्षित करने में आने वाली लागतों में भी कमी ला सकती हैं।

(2) चयन सिद्धांत (Selection Theory)—फर्में चयन के समय वर्करों की योग्यता की जानकारी नहीं रखतीं। फर्मों को वर्करों को लेते समय संभावित वर्करों से संबंधित अपूर्ण सूचना होती है। चयन प्रक्रियाएं महंगी होने के कारण फर्में सदैव अधिक उच्च योग्यता वाले वर्करों का चयन करने की कोशिश करती हैं। अच्छी योग्यता वाले वर्कर कम योग्यता वाले वर्करों से अधिक ऊंची सुरक्षित (न्यूनतम) मजदूरी पाते है। यदि फर्म अधिक सुरक्षित (reserve) मजदूरी से कम मजदूरी का भुगतान करती है तो वह अच्छी योग्यता के वर्करों को आकर्षित करने में असफल होगी। ऊंची मजदूरी का भुगतान करके फर्म प्रतिकूल चयन (adverse selection) से दूर रहती है, अर्थात वह कम योग्यता वाले वर्करों को अपने पास नहीं लगाती और फर्म की उत्पादकता को कम नहीं करती। अत: फर्म वर्करों को ऊंची सुरक्षित मजदूरी देकर उनकी औसत योग्यता में सुधार और उत्पादकता में वृद्धि लाएगी। अत: फर्मों के लिए बाजार शोधन मजदूरी से अधिक दक्षता मजदूरी देना लाभकारी है।

5. टालना सिद्धांत (Shirking Theory)

टालना सिद्धांत इस धारणा पर आधारित है कि फर्म वर्करों के कार्य प्रयासों को आसानी से मानीटर नहीं कर सकती तथा वर्कर स्वयं निर्णय करते हैं कि कितनी अधिक मेहनत की जाए। एक वर्कर के पास दो विकल्प होते हैं : (1) काम टालना, (2) काम न टालना।

काम टालने वाले वर्कर यदि प्रबंधकों द्वारा पकड़े जाते हैं तो उन पर प्रशासनिक कार्यवाही की जाती है या नौकरी से निकाल दिए जाते हैं। वर्करों को यह मालूम होता है कि यदि उन्हें निकाल दिया जाता है तो उन्हें वर्तमान मजदूरी पर तुरन्त रोजगार मिलने की संभावना नहीं है। वर्करों को ऊंची मजदूरी देकर फर्म काम न टालने को प्रेरित कर सकती है। अतः वह मजदूरी जिस पर काम न टालना हो, दक्षता मजदूरी होती है। ऐसी मजदूरी उन वर्करों के लिए, जिन्हें नौकरी से निकाला जा रहा हो, रोजगार लागत है। उनके लिए ऐसी मजदूरी पर नौकरी पर बने रहना बेरोजगार होने से लाभदायक है। अतः ऐसी मजदूरी वर्करों को काम न टालने की प्रेरणा है।

मान्यताएं (Assumptions)

इस सिद्धांत की मान्यताएं इस प्रकार हैं :

1. वर्कर या तो नौकरी पर हैं या बेरोजगार।
2. जो वर्कर काम टालते हैं, उन्हें नौकरी से निकाल दिया जाता है।
3. नौकरी से निकाले गए वर्करों को तुरन्त रोजगार नहीं मिलता, वे कुछ समय तक बेरोजगार रहते हैं।
4. वे वर्कर जिन्हें दक्षता मजदूरी प्राप्त होती है, वे काम नहीं टालते हैं।
5. श्रम बाजार में दक्षता मजदूरी पर सदैव बेरोजगारी पाई जाती है।

व्याख्या (Explanation)

ये मान्यताएं दी होने पर, दक्षता मजदूरी, सिद्धांत की व्याख्या चित्र 3 में दर्शायी गई है, जहां S श्रम पूर्ति वक्र है तथा D श्रम मांग वक्र। ये वक्र E बिन्दु पर मिलते हैं, जहां फर्म में OL वर्कर रोजगार पर लगे हैं तथा OW मजदूरी दर पर काम कर रहे हैं। श्रम का मांग वक्र इस मान्यता पर है कि वे वर्कर काम नहीं टालते हैं। लेकिन प्रबंधन को यह मालूम है कि कुछ वर्कर काम टालते हैं। अतः उन्हें निकाल दिया जाता है और वे बेरोजगार हैं। क्योंकि फर्म ने कुछ वर्करों को नौकरी पर लगाने तथा प्रशिक्षण देने की लागत उठाई है तो वह सुनिश्चित करेगी की वे काम न टालें। इसके लिए वह उन्हें ऊंची मजदूरी देती है जो कि काम-न-टालने की या दक्षता मजदूरी होती है। इस मजदूरी पर सदैव नौकरी से निकाले जाने तथा बेरोजगार होने का डर होता है। यह वर्करों को काम न टालने की प्रेरणा देता है। चित्र में N_S काम-न-टालना श्रम पूर्ति वक्र है जो श्रम के मांग वक्र को E_1 बिन्दु पर काटता है। OW_1 दक्षता मजदूरी है जिस पर OL_1 वर्कर रोजगार पर लगे हैं तथा LL_1 वर्कर बेरोजगार हैं, जो काम टालने के कारण निकाले गए हैं। दक्षता मजदूरी OW_1 बाजार शोधन मजदूरी OW से अधिक है।

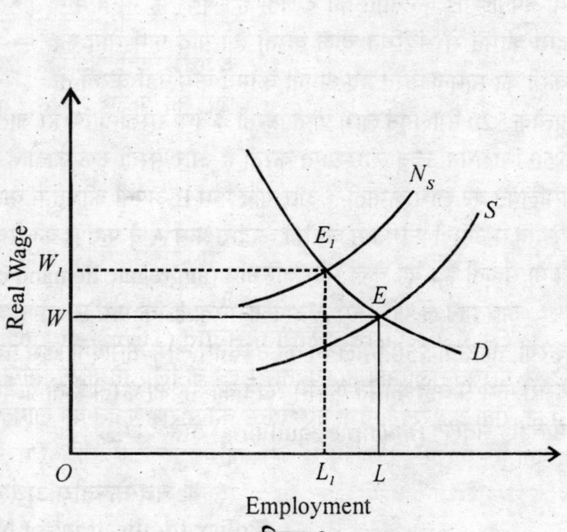

चित्र 3

4. समन्वय विफलता (Coordination Failure)—कीमतों तथा मजदूरी की दृढ़ता वाले नवकेन्ज़ीय सिद्धांत परस्पर विरोधी हैं क्योंकि वे आंशिक संतुलन ढांचे में प्रतिबंधों (constraints) तथा बिखरावों (spillovers) की उपेक्षा करते हैं तथा एक समय पर एक एकाकी बाजारों (single markets) पर सकेन्द्रित हैं। कूपर (Cooper) तथा जोन (John) दर्शाते हैं कि बिखराव और अनुकूल पूरकताएं (strategic complementaries) समन्वय विफलताएं लाते हैं जिसमें एक फर्म का इष्टतम निर्णय अवश्य ही दूसरी फर्म के निर्णय पर आधारित है। अनुकूल पूरकताएं कई प्रकार के बहुसंतुलनों के लिए आवश्यक स्थिति हैं जो समन्वय विफलताएं और कुल उतार-चढ़ाव लाते हैं।

जब फर्में और श्रमिक संघ कीमतें और मजदूरियों को निधारित करने के लिए अन्य कीमत तथा मजदूरी निर्धारकों की क्रियाओं का पूर्वानुमान करने का प्रयत्न करते हैं तो समन्वय विफलताएं उत्पन्न होती हैं। यदि मुद्रा मांग में परिवर्तन होता है तो किसी भी फर्म को

अपनी कीमतें पूर्णतया उसी अनुपात में परिवर्तित करने की प्रेरणा नहीं मिलेगी जब तक उसे विश्वास न हो कि दूसरी फर्में भी तुरन्त ऐसा करेंगी। इसी प्रकार मजदूरियों के लिए सौदेबाजी करते श्रमिक संघ दूसरे श्रमिक संघों द्वारा मजदूरियों के लिए की जाने वाली सौदेबाजी की चिन्ता करेंगे। लेकिन कीमतों और मजदूरियों का ऐसा निर्धारण संभव नहीं है तथा वे समन्वय विफलता लाती है।

मान लो कि दो फर्मों A तथा B संभावित संबंधित वस्तुएं, जिनकी मांग गिर जाती है, उत्पादित कर रही हैं। प्रत्येक फर्म को लाभ अधिकतम करने के लिए यह निर्णय करना है कि उसे कीमत में कितनी कटौती करनी चाहिए। अपनी कीमत को कम करना और लाभ को अधिकतम करना, दूसरी फर्म द्वारा किए गए निर्णय पर निर्भर करेगा। परन्तु एक फर्म द्वारा चुनी गई कीमत कूटनीति (strategy) दूसरी फर्म को ज्ञात नहीं होती। यह द्वयएकाधिकार (duopoly) खेल है, जहां प्रत्येक फर्म को जब मांग में कमी होती है और सुस्ती (recession) प्रारंभ होती है तो उसे अधिक या कम लाभ कमाने का विकल्प होता है। तालिका–1 प्रत्येक फर्म द्वारा प्रत्याशित लाभ के रूप में अपनाई गई कूटनीति को दर्शाती है, जब वह अन्य फर्म द्वारा कीमत से संबंधित चाल करती है। यदि फर्में मांग की कमी का सामना करते हुए अपनी कीमतें कम नहीं करतीं तो प्रत्येक $20 मिलियन लाभ प्राप्त करती है तथा सुस्ती प्रारंभ हो जाती है। यदि दोनों फर्में अपनी-अपनी कीमतें कम कर देती हैं तो प्रत्येक $50 मिलियन उच्च लाभ प्राप्त करती हैं और सुस्ती रुक जाती है। लेकिन यदि फर्म A अपनी कीमत में कटौती करती है तो वह $10 मिलियन का लाभ कमाती है और यदि फर्म B अपनी कीमत में कटौती नहीं करती तो वह $20 मिलियन का उच्च लाभ कमाती है। इस स्थिति में अपनी कीमत में कटौती के द्वारा फर्म A ने फर्म B की स्थिति में सुधार ला दिया है जो सुस्ती को टाल सकती है और उच्च लाभ कमा सकती है। यह कुल मांग बहिर्भाव (aggregate demand externality) के कारण है।

तालिका -1

		B की कूटनीति			
		कीमत में कटौती ↓		कीमत में कटौती नहीं ↓	
A की कूटनीति	कीमत में कटौती →	50	50	10	20
	कीमत में कटौती नहीं →	20	10	20	20

अब मान लें यदि फर्म A अपेक्षा करती है कि फर्म B अपनी कीमत में कटौती करेगी तो वह फर्म (A) भी अपनी कीमत में कटौती करेगी, तो दोनों $50 मिलियन का उच्चतम लाभ कमाएंगी। इस प्रकार दोनों सुस्ती को रोकने में समर्थ होती हैं। लेकिन यदि प्रत्येक फर्म दूसरी फर्म से वही कीमत कायम रखने की अपेक्षा करती है तो प्रत्येक $20 मिलियन कमाएंगी और सुस्ती जारी रहेगी। इन सभी स्थितियों में बहुल संतुलन (multiple equilibria) होते हैं।

4. नव केन्ज़ीय अर्थशास्त्र के नीति निहितार्थ
(Policy Implications of New Keynesian Economics)

नव केन्ज़ीय अर्थशास्त्र के निम्न निहितार्थ हैं :

1. मौद्रिक तथा राजकोषीय नीतियां (Monetary and Fiscal Policies)—नव केन्ज़ीय अर्थशास्त्र के समर्थक आर्थिक नीति का इसके विभिन्न तत्त्वों के कारण एक एकीकृत विचार नहीं रखते है। वे अपने मॉडलों/सिद्धांतों को असममित सूचना (asymmetric information) के साथ वास्तविक विश्व की अपूर्णतया प्रतियोगी बाजारों पर आधारित करते हैं, जहां मजदूरियां एवं कीमतें दृढ़ हैं। इससे मांग की कमी, अर्थव्यवस्था-व्यापक बाजार विफलताएं, सुस्तियां तथा अनैच्छिक बरोजगारी होती हैं।

नव केन्ज़ीय अर्थशास्त्र के मुख्य घटकों में मेन्यू लागतें (menu costs), भिन्न-भिन्न समय ठेके (straggered contracts), समन्वय विफलता (coordination failure), तथा दक्षता मजदूरी (efficiency wage) हैं जो नव क्लासिकी अर्थशास्त्र के बाजार शोधन पूर्वानुमानों से पर्याप्त हट कर हैं। अतः नव केन्ज़ीय अर्थशास्त्र सक्रिय (active) मौद्रिक तथा राजकोषीय नीतियों के रूप में सुस्तियों तथा उत्पादन एवं रोजगार में कमी को रोकने के लिए सरकारी हस्तक्षेप के लिए विवेकपूर्णता प्रदान करता है।

जब दृढ़ मजदूरियां तथा ठेकों के कारण कुल मांग में कमी आती है तो सुस्ती को रोकने के लिए स्थिरीकरण नीति का उपयोग कैसे

किया जाए इसे चित्र 4 में दर्शाया गया है।

यह माना गया है कि (i) अर्थव्यवस्था पूर्ण रोजगार स्तर पर है; (ii) श्रमिक संघों और फर्मों की विवेकपूर्ण प्रत्याशाएं हैं; और (iii) इन प्रत्याशाओं पर आधारित मजदूरी ठेके हस्ताक्षरित (signed) हो चुके हैं और उनके पुनः प्रांरभ होने से पहले कुल मांग में कमी होती हैं।

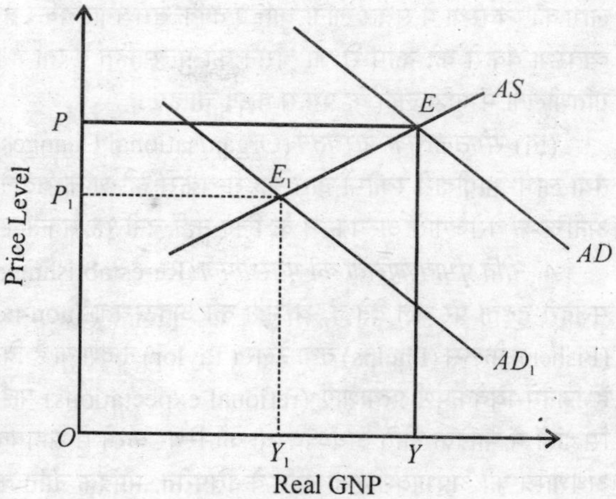

चित्र 4

चित्र 4 में AD कुल मांग वक्र है और AS कुल पूर्ति वक्र, जो एक दूसरे को E बिन्दु पर काटते हैं जो पूर्ण रोजगार स्तर है, जहां OY वास्तविक सकल राष्ट्रीय उत्पाद *(GNP)* है और OP कीमत स्तर। दृढ़ मजदूरियों और कीमतों के कारण कुल मांग में आई कमी के कारण कुल मांग वक्र बाईं ओर AD_1 पर शिफ्ट कर जाता है जो AS वक्र को E_1 बिन्दु पर काटता है। यह वास्तविक GNP में OY_1 पर कमी लाता है तथा कीमत में OP_1 पर जिससे सुस्ती आती है। जब सक्रिय मौद्रिक तथा राजकोषीय नीतियों का उपयोग किया जाता है तो कुल मांग बढ़कर AD हो जाती है तथा अर्थव्यवस्था पूर्ण रोजगार स्तर E पर वापिस आ जाती है।

स्टिगलिट्ज (Stiglitz) विवेकाधीन (discretionary) मौद्रिक एवं राजकोषीय नीतियों का समर्थन करता है क्योंकि बदलती आर्थिक परिस्थितियां आर्थिक नीति में बदलाव की अपेक्षा रखती हैं। उसके अनुसार, यदि रोजगार की दर ऊंची ही जाती है तो जो कुछ कहा गया है, उस पर ध्यान दिए बिना, सरकार के लिए कुछ करना आवश्यक है और वह कुछ करेगी ताकि पूर्ण रोजगार स्तर पर पहुंचा जा सके।

2. कीमतें तथा आय नीतियां (Prices and Income Policies)—नव केन्ज़ीय सिद्धांत फर्मों तथा श्रमिक संघों के बीच कीमतों तथा आयों के लिए समझौतों का भी प्रबंध करता है। नव केन्ज़ीय सिद्धांत में श्रम बाजार में असममितियां (asymmetrices) और अपूर्णतयाएं बाजार को रोजगार अवसरों के संबंध में विभाजित करती हैं। ऐसी अपूर्णताओं से अनैच्छिक बेरोजगारी होती है। इस समस्या से छुटकारा पाने के लिए कीमतों तथा आयों की नीतियां आंतरिक (internal) वर्करों के मुकाबले, बाजार के अभावों के प्रभाव में कमी लाकर और आंतरिकों की शक्ति के उपयोग को सीमित करके बाहरी वर्करों की शक्ति में वृद्धि ला सकती हैं, इस प्रकार बाहरी वर्करों की बेरोजगारी को कम कर सकती हैं।

3. सरकारी और निगम नीतियां (Government and Corporate Policies)—एक अन्य महत्वपूर्ण निहितार्थ निगम और सरकारी नीतियों से संबद्ध है, जब अनैच्छिक बेरोजगारी एक प्रतिकूल रोजगार आघात (shock) के उपरांत दीर्घकाल तक कायम रहता है। इसे अपतंत्रकता (hysteresis) या विलंबित (lagged) प्रभाव कहते हैं। उच्च बेरोजगारी के समयों में आंतरिक वर्कर बाहरी वर्करों को श्रम दल में आने से रोकने के लिए अपनी सौदेबाजी की शक्ति को उपयोग में ला सकते हैं। जो बाहरी व्यक्ति बन जाते हैं, वे मजदूरी ठेके पर अपने-अपने प्रभाव खो देते हैं क्योंकि वे श्रमिक संघ के सदस्य नहीं रहते। ऐसी स्थिति में दीर्घकालिक उच्च अनैच्छिक बेरोजगारी बने रहने की प्रवृत्ति होगी। जब बाहरी वर्कर श्रम बाजार में प्रवेश नहीं कर सकते तो उनमें चल रही बेरोजगारी, मजदूरियों पर दबाव नहीं डाल सकती जो की दृढ़ रहती हैं।

अनैच्छिक बेरोज़गारी के अपतंत्रक प्रभावों को कम करने के लिए नव केन्ज़ीय अर्थशास्त्रियों ने तीन उपायों के सुझाव दिए हैं :

(i) *संस्थागत सुझाव* (Institutional Effects)—लिंडबैक (Lindback) और स्नोवर (Snower) ने सौदेबाजी प्रक्रिया में आंतरिक वर्करों की शक्ति को कम करने और बाहरी वर्करों को आकर्षित करने के लिए मजदूरी सौदेबाजी के केन्द्रीकरण में सरकार की बड़ी भूमिका का सुझाव दिया है। इसके लिए सरकार को नौकरी सुरक्षा कानून को नरम करना चाहिए ताकि वर्करों को भाड़े पर लेने और हटाने की लागतों में कमी आए। इसे हड़तालों के बार-बार होने को कम करने के लिए औद्योगिक संबंधों में भी सुधार करना चाहिए।

(ii) *लाभ प्रणाली का सुधार* (Reform of Benefits System)—बाहरी वर्करों को रोजगार के अधिक अवसर प्रदान करने के लिए

लाभ की व्यवस्था में सुधार लाना चाहिए ताकि बेरोजगार वर्कर बेरोजगारी बीमा, सामाजिक बीमा या खैरात पर निर्भर न करें क्योंकि ऐसी व्यवस्था वर्करों को काम से जी चुराने को प्रोत्साहित करती है। इसके अतिरिक्त कुशल रोजगार दफ्तरों और रोजगार ब्यूरो द्वारा श्रम गतिशीलता में वृद्धि लाने के प्रयास करने चाहिएं।

(iii) *संगठनात्मक परिवर्तन* (Organisational Changes)—निगमों को वर्करों के लिए कार्यरत-रहते (on-the-job) प्रशिक्षण तथा लाभ-भागीदारी स्कीमों द्वारा बाहरी वर्करों की शक्ति बढ़ाने के लिए संगठनात्मक परिवर्तन करने चाहिएं। ऐसे उपायों द्वारा ऊंची अनैच्छिक बेरोजगारी अल्पकाल के लिए नहीं बनी रह सकती।

4. *नीति प्रभावशालिता की पुनर्स्थापना* (Re-establishment of Policy Effectiveness)—नव केन्ज़ीय सिद्धांत जो कीमत और मजदूरी दृढ़ता पर बल देते हैं, वे मुद्रा की अतटस्थता (non-neutrality) और नीति प्रभावशालिता की पुनर्स्थापना करते हैं। फिशर (Fisher), फेल्प्स (Phelps) तथा टेलर (Taylor) ने दर्शाया है कि मौद्रिक मांग गड़बड़ियां उन सिद्धांतों में वास्तविक प्रभाव उत्पन्न करती हैं जिनमें विवेकपूर्ण प्रत्याशाएं (rational expectations) पाई जाती हैं, जब बाजार-शोधन मान्यता का त्याग किया जाता है। ऐसे सिद्धांतों में मौद्रिक नीति अर्थव्यवस्था को स्थिर करने में सहायक हो सकती है। अत: नव केन्ज़ीय अर्थशास्त्र, नव क्लासिकी समष्टि अर्थशास्त्र की अप्रभावशीलता नीति के विपरीत, मौद्रिक नीति की प्रभावशीलता को पुनर्स्थापित करता है।

5. त्रुटिपूर्ण अथवा अपरिष्कृत तालमेल का समर्थन (Favour Rough or Coarse Tuning)—मौद्रिक तथा नव क्लासिकी अर्थशास्त्रियों ने GNP को पूर्ण रोजगार के स्तर पर या निकट रखने के लिए मौद्रिक और/अथवा राजकोषीय नीतियों में बार-बार परिवर्तन करके, अर्थव्यवस्था के बढ़िया तालमेल (fine tuning) की समस्या को दुर्बल कर दिया। परन्तु नव केन्ज़ीय अर्थशास्त्री त्रुटिपूर्ण अथवा अपरिष्कृत तालमेल का समर्थन करते हैं, जहां मौद्रिक ओर रोजकोषीय नीतियों को संभावित GNP के केवल बड़े विचलनों को ठीक करने अथवा बचाने के लिए उपयोग किया जाता है।

6. अनैच्छिक बेरोजगारी का पाया जाना (Existence of Involuntary Unemployment)—नव क्लासिकी विचार के विपरीत, नव केन्ज़ीय अर्थशास्त्रियों ने अनैच्छिक बेरोजगारी संतुलन के होने का दावा किया। उदाहरण के तौर पर, दक्षता मजदूरी माडलों में निरंतर बेरोजगारी के कारण जब श्रम की अधिक आपूर्ति होती है तो भी फर्में मजदूरी में कटौती नहीं करतीं क्योंकि ऐसी नीति से पहले से कम दक्षता तथा उत्पादकता होंगी।

नव केन्ज़ीय अर्थशास्त्र की आलोचनाएं
(Criticisms of New Keyneisan Economics)

नव केन्ज़ीय अर्थशास्त्र की आलोचनाएं निम्नलिखित आधार पर की गई है :

1. एकल सिद्धांत/मॉडल का अभाव (Lack of a Single Theory/Model)—वास्तव में, कोई एकल नव केन्ज़ीय सिद्धांत/मॉडल नहीं है बल्कि कीमत और मजदूरी दृढ़ता के विविध सिद्धांत/मॉडल हैं जैसे मेन्यू लागत सिद्धांत, असमितता (asymmetric) सूचना मॉडल, अंतर्निहित (implicit) ठेका सिद्धांत, आंतरिक-बाहरी वर्कर मॉडल, दक्षता मजदूरी सिद्धांत आदि। जैसा स्नोडन (Snowdon) तथा वेन (Vane) ने कहा है, नवकेन्ज़ीय अर्थशास्त्र के अर्थशास्त्रियों तथा विचारों का एक नितान्त विषम संग्रह है। (There is an extremely heterogeneous collection of New Keynesian economists and thought). ब्लैचर्ड (Blanchard) के अनुसार, नव केन्ज़ीय अर्थशास्त्र ने थोड़े से रुचिकर परिणामों के साथ बहुत से भीमकारों की रचना की है। (New Keynesian economics has led to the construction of too many monsters with few interesting results).

2. आनुभाविक अनुसंधान का अभाव (Lack of Empirical Research)—नव केन्ज़ीय अर्थशास्त्र की आनुभाविक अनुसंधान की ओर ध्यान न देने के लिए आलोचना हुई है। जैसा मैनकिव (Mankiw) ने बताया है, नव केन्ज़ीय अर्थशास्त्र सैद्धांतिक स्तर पर सफल हुआ है लेकिन इसका आनुभाविक साहित्य नगण्य है।

3. विवेकशील प्रत्याशाओं पर आधारित मॉडल (Model based on Rational Expectations)—नव क्लासिकी अर्थशास्त्र की बाजार के निरंतर शोधन तथा विवेकशील प्रत्याशाओं की मान्यताओं के विपरीत नव केन्ज़ीय अर्थशास्त्र विकसित किया गया। लेकिन मजदूरी और कीमत दृढ़ता के नव केन्ज़ीय मॉडल विवेकशील प्रत्याशाओं पर आधारित हैं। ग्रीनवाल्ड (Greenwald) और स्टिगलिट्ज

(Stiglitz) के अनुसार, बहुत से नव केन्ज़ीय, जब ऐसा करना सुविधाजनक हो तो विवेकशील प्रत्याशाओं की मान्यता का उपयोग करने के विरुद्ध नहीं होते।

4. IS-LM मॉडल का उपयोग (Use of IS-LM Model)—राबर्ट किंग (Robert King) ने मैनकिव (Mankiw) जैसे नव केन्ज़ीय अर्थशास्त्रियों की उनके पारंपरिक IS-LM मॉडल में विश्वास के लिए आलोचना की है। इनके प्रत्याशाओं के विवेचन के कारण IS-LM मॉडल एक खतरनाक आधार है, जिस पर व्यापार चक्र के सकारात्मक सिद्धांतों की रचना की जानी चाहिए तथा नीति विश्लेषण किया जाना है।

निष्कर्ष (Conclusion)

इन आलोचनाओं के बावजूद, नव केन्ज़ीय अर्थशास्त्र ने केन्ज़ीय अर्थशास्त्र की, इसके प्रमुख सिद्धांतों की, प्रतिक्रान्तियों (counter-revolutions) का सामना करने में असाधारण लचीलापन प्रदर्शित किया है। वास्तविक विश्व के अपूर्णतया प्रतियोगी श्रम और वस्तु बाजारों और समन्वयन विफलताओं (coordination failures) को महत्व देकर, नवकेन्ज़ीय अर्थशास्त्रियों ने स्थायी व्यष्टि आधारों पर समष्टि आर्थिक मॉडल विकसित किए हैं जो निरंतर बाजार शोधन को अस्वीकृत करते हैं। परन्तु वे अपने विश्लेषण में विवेकशील प्रत्याशाओं और प्राकृतिक दर परिकल्पना (hypothesis) को शामिल करते हैं।

प्रश्न

1. नव केन्ज़ीय अर्थशास्त्र नव क्लासिकी समष्टि अर्थशास्त्र से कैसी भिन्नता रखता है ?
2. नव केन्ज़ीय अर्थशास्त्री कीमत दृढ़ता की व्याख्या किस प्रकार करते हैं ?
3. नव केन्ज़ीय सिद्धांत की मुद्रा मजदूरी दृढ़ता की व्याख्या करें।
4. मेन्यू लागत परिकल्पना की आलोचनात्मक समीक्षा कीजिए।
5. मैनकिव के दृढ़ कीमत सिद्धांत की व्याख्या कीजिए।
6. दक्षता मजदूरी सिद्धांत संतुलन तथ्य के रूप में अनैच्छिक बेरोजगारी की व्याख्या कैसे करता हैं ?
7. समन्वयन विफलता क्या है ? व्याख्या करें कि समन्वयन विफलता कैसे उत्पन्न होती है ?
8. नव केन्ज़ीय अर्थशास्त्र क्या है ? इसके नीति निहितार्थ की विवेचना कीजिए।
9. निम्न पर टिप्पणी लिखें :
   (i) भिन्न-भिन्न समय मजदूरी ठेके सिद्धांत।
   (ii) आंतरिक और बाहरी वर्कर सिद्धांत।
   (iii) समन्वयन विफलताएं।
   (iv) अपतंत्रक (hysteresis)।
   (v) अंतर्निहित ठेका सिद्धांत।

भाग सात

ख़ुली अर्थव्यवस्था में समष्टि अर्थशास्त्र
(MACROECONOMICS IN OPEN ECONOMY)

अध्याय 63

भुगतान शेष :अर्थ और घटक
(BALANCE OF PAYMENTS : MEANING AND COMPONENTS)

1. अर्थ
(MEANING)

किसी देश का भुगतान शेष (या संतुलन) किसी दिए हुए वर्ष में बाहर के देशों से किए गए उसके आर्थिक लेन-देन का व्यवस्थित रिकार्ड है। यह देश के बाकी दुनिया के साथ आर्थिक सम्बन्धों की प्रकृति तथा विस्तार का सांख्यिकीय रिकार्ड होता है। **बो. सोडर्स्टन** के अनुसार, ''भुगतान शेष एक देश के अन्तर्राष्ट्रीय लेन-देनों में प्राप्तियों और भुगतानों को दर्ज करने का तरीका मात्र है।''[1] प्रो. **किंडलबर्गर** के अनुसार, ''एक देश का भुगतान शेष उसके निवासियों और अन्य देशों के निवासियों के बीच सभी आर्थिक लेन-देनों का एक सुव्यवस्थित लेखा है।''[2]

2. भुगतान शेष के घटक
(COMPONENTS OF BALANCE OF PAYMENTS)

किसी देश के भुगतान शेष के घटकों (या तत्त्वों) का अध्ययन करने से पहले, भुगतान शेष लेखा (या खाता) (Balance of Payments Accounts) को समझना आवश्यक है।

एक देश का भुगतान शेष लेखा दोहरी प्रविष्टि (Double entry) बहीखाता के सिद्धांत पर बनाया जाता है। प्रत्येक सौदा तुलन-पत्र (Balance Sheet) के क्रेडिट और डेबिट पक्ष में दर्ज किया जाता है। परन्तु भुगतान शेष लेखांकन एक बात में व्यापार-लेखांकन से भिन्न होता है। व्यापार लेखांकन डेबिट प्रविष्टियां (–) बैलेन्स शीट में बाईं और तथा क्रेडिट प्रविष्टियां (+) बैलेंस शीट में दाईं ओर दिखाई जाती हैं। परन्तु भुगतान शेष लेखांकन में क्रेडिट प्रविष्टियां बैलेन्स शीट के बाईं ओर तथा डेबिट प्रविष्टियां दाईं ओर दिखाने की प्रथा है। जब किसी बाहर के देश से भुगतान प्राप्त होता है तो यह क्रेडिट सौदा है और जब किसी बाहर के देश को भुगतान किया जाता है तो वह डेबिट सौदा होता है। इन क्रेडिट तथा डेबिट मदों को देश के भुगतान शेष लेखे में दोहरी प्रविष्टि बहीखाता के सिद्धांत के अनुसार, अनुलम्ब रूप (Vertically) में दिखाया जाता है।

भुगतान शेष के चार घटक होते हैं जिन्हें तुलन-पत्र में क्षैतिज रूप (Horizontally) से लिखा जाता है। वे हैं चालू लेखा, पूंजी लेखा, सरकारी भुगतान लेखा अथवा सरकारी रिजर्व परिसम्पत्ति लेखा और अशुद्धियां एवं भूलचूक।

1. चालू लेखा (Current Account)—देश के चालू लेखों में वे सब लेन-देन आते हैं जो वस्तुओं तथा सेवाओं के व्यापार तथा एकपक्षीय (या न लौटाये जाने वाले) हस्तान्तरणों से सम्बन्ध रखते हैं। इनमें भौतिक वस्तुओं के निर्यात और आयात दृश्य मदें (Visible

1. "The balance of payments is merely a way of listing receipts and payments in international transactions of a country." —**Bo Sodersten**
2. "The balance of payments of a country is a systematic record of all economic transactions between its residents and residents of foreign countries." —**C.P. Kindleberger**

Items) कहलाते हैं तथा सेवाओं और हस्तांतरण भुगतान और प्राप्तियां अदृश्य मदें (Invisible Items) कहलाती हैं। सेवाओं के लेन-देन में यात्रा तथा परिवहन, विदेशी निवेशों पर आय तथा भुगतान आदि शामिल रहते हैं। हस्तान्तरण भुगतानों का सम्बन्ध उपहारों, पेन्शनों, निजी प्रेषणों (Remittances), विदेशियों द्वारा विदेशों के व्यक्तियों तथा सरकारों से प्राप्त दान, उपहारों से है।

चालू लेखा की मदों की तालिका 1 में दिखाया गया है।

तालिका 1. भुगतान शेष का चालू लेखा
(Current Account of Balance of Payments)

क्रेडिट (+) (प्राप्तियां)	डेबिट (–) (भुगतान)
1. वस्तुओं का निर्यात।	1. वस्तुओं का आयात।
2. स्वदेशी कंपनियों द्वारा दी गई सेवाएं जैसे जहाजरानी, और भाड़ा, बीमा, बैंकिंग आदि सेवाएं।	2. विदेशी कंपनियों द्वारा दी गई सेवाएं जिनमें जहाजरानी एवं भाड़ा, बीमा, बैंकिंग आदि सेवाएं।
3. डाक्टर, इंजीनियर, वैज्ञानिक आदि विशेषज्ञों की सेवाएं।	3. डाक्टर, इंजीनियर, वैज्ञानिक आदि विशेषज्ञों की सेवाएं।
4. विदेशियों द्वारा यात्रा व्यय	4. स्वदेशियों द्वारा विदेशों में यात्रा।
5. स्वदेशियों द्वारा स्वामित्त्व (owned) की विदेशी प्रतिभूतियों (Securities) पर ब्याज और लाभांश (Dividend)।	5. विदेशियों द्वारा स्वामित्व वाली स्वदेशी प्रतिभूतियों पर ब्याज और लाभांश।
6. विदशी सरकारों द्वारा दूतावासों, और उनके स्टॉफ आदि पर व्यय।	6. स्वदेशी सरकार द्वारा विदेशों में अपने दूतावासों और उनके स्टॉफ आदि पर व्यय।
7. विदेशों में किए गये निवेशों से प्राप्त आय।	7. विदेशियों द्वारा स्वदेश में किए गए निवेशों का भुगतान।
8. विदेशों से मिश्रित प्राप्तियां जैसे रायल्टी, किराया, पेटेंट फीस, पत्रिकाओं के शुल्क आदि।	8. स्वदेश से मिश्रित भुगतान जैसे रायल्टी, किराया, पेटेंट फीस, पत्रिकाओं के शुल्क आदि।
9. हस्तांतरण प्राप्तियां जैसे दान, उपहार, पेन्शन, निजी प्रेषण (remittances) आदि।	9. विदेशों को हस्तांतरण भुगतान जैसे दान, उपहार, पेन्शन, प्रेषण आदि।

2. पूंजी लेखा (Capital Account)—देश के पूंजी लेखे के अन्तर्गत देश की वित्तीय परिसम्पत्तियों के लेन-देन आते हैं जो अल्पावधि एवं दीर्घावधि उधार-दान तथा उधार-ग्रहण और निजी तथा सरकारी निवेशों के रूप में पाये जाते हैं। दूसरे शब्दों में, पूंजी लेखा—ऋणों और निवेशों के अन्तर्राष्ट्रीय प्रवाह को दर्शाता है और देश की परिसम्पत्तियों और देयताओं में हुए परिवर्तनों को व्यक्त करता है। दीर्घावधि लेन-देन उन अन्तर्राष्ट्रीय पूंजीगतियों से सम्बन्ध रखते हैं जिनकी परिपक्वता अवधि एक वर्ष या एक वर्ष से अधिक होती है और उनमें प्रत्यक्ष निवेश जैसे विदेशी प्लांट लगाना, विदेशी बांडों और स्टॉकों का क्रय और अन्तर्राष्ट्रीय ऋण शामिल रहते हैं। पूंजी-लेखा की मदों को तालिका 2 में दिखाया गया है।

चालू-लेखे और पूंजी लेखे का जोड़ बुनियादी शेष (Basic Balance) कहलाता है।

तालिका 2. भुगतान शेष का पूंजी लेखा

क्रेडिट (+) (प्राप्तियां)	डेबिट (–) (भुगतान)
1. विदेशों से सरकारी ऋण प्राप्तियां।	1. विदेशों को सरकारी ऋण देन॥
2. विदेशों द्वारा किए गए स्वदेश में प्रत्यक्ष निजी निवेश और बांड, शेयर आदि खरीदना।	2. विदेशों में किए गए प्रत्यक्ष निजी निवेश तथा विदेशी बांड, शेयर आदि खरीदना।
3. अन्तर्राष्ट्रीय संस्थाओं जैसे IMF, World Bank, IFC, आदि से प्राप्त ऋण।	3. अन्तर्राष्ट्रीय संस्थाओं को ऋणों की वापसी।
4. बैंकिंग पूंजो का आंतरिक प्रवाह।	4. बैंकिंग पूंजी का बाह्य प्रवाह॥

3. सरकारी व्यवस्थापन लेखा (Official Settlements Account)—सरकारी व्यवस्थापन लेखा अथवा सरकारी रिजर्व परिसम्पत्ति लेखा आजकल इंग्लैड तथा संयुक्त राज्य अमरीका तथा अन्य विकसित देशों के भुगतान शेष लेखों में अलग दिखाते हैं। यह लेखा सामान्यत: वर्ष के दौरान देश की विदेशी सरकारी धारकों के पास तरल तथा अतरल देयताओं में परिवर्तन को और राष्ट्र की सरकारी रिजर्व परिसम्पत्तियों में परिवर्तन को मापता है। किसी देश की सरकारी रिजर्व परिसम्पत्तियों में उसका स्वर्ण का स्टॉक, उसकी परिवर्तनीय विदेशी करेंसियां तथा विशेष आहरण अधिकार (Special Drawing Rights—SDRs) के धारण और IMF में उसकी निवल स्थिति शामिल हैं। इसकी मदों को तालिका 3 में दर्शाया गया है।

तालिका 3. भुगतान शेष का सरकारी व्यवस्थापन लेखा

क्रेडिट (+) (प्राप्तियां)	डेबिट (–) (भुगतान)
1. स्वर्ण निर्यात।	1. स्वर्ण आयात।
2. परिवर्तनीय विदेशी करेंसियों की प्राप्तियां।	2. विदेशों को स्वदेशी करेंसी का भुगतान।
3. SDRs के धारण।	3. SDRमें से भुगतान।
4. IMF में कोटा (Quota)।	4. IMF कोटा में वृद्धि होने पर उसमें भुगतान।

4. अशुद्धियां और भूलचूक (Errors and Omissions)—यह मद प्रत्येक देश के भुगतान संतुलन लेखा में होती है। अशुद्धियां और भूल-चूक संतुलन मद (Balancing Item) है। ताकि दोहरी प्रविष्टि बहीखाता नियमों के अनुसार तीनों लेखों के कुल क्रेडिट और कुल डेबिट अवश्य एक दूसरे के बराबर हों क्योंकि लेखांकन की दृष्टि से किसी देश के भुगतान शेष हमेशा संतुलन में होते हैं।

3. क्या भुगतान शेष हमेशा संतुलन में होते हैं ?
(ARE BALANCE OF PAYMENTS ALWAYS IN EQUILIBRIUM?)

'भुगतान शेष हमेशा संतुलन में होता है' का अर्थ है कि चालू-लेखा, पूंजी लेखा और सरकारी व्यवस्थापन लेखा की निवल क्रेडिट और डेबिट शेषों का बीजगणितीय जोड़ अवश्य शून्य होना चाहिए। भुगतान शेष को निम्न प्रकार लिखा जाता है :

$$B = R_f - P_f$$

जहां B भुगतान शेष, R_f विदेशियों से प्राप्तियों, और Pf विदेशियों को किए गए भुगतानों को व्यक्त करते हैं।

जब $B = R_f - P_f = 0$, तो भुगतान शेष संतुलन में है। जब, $R_f - P_f > 0$, तो इसका मतलब है कि विदेशियों को किए गए भुगतानों की अपेक्षा विदेशियों से हुई प्राप्तियां अधिक हैं और भुगतान शेष में **अतिरेक** (Surplus) है। दूसरी ओर, जब $R_f - P_f < 0$, अथवा $R_f < P_f$ तो भुगतान शेष में **घाटा** है क्योंकि विदेशियों को जो भुगतान किए गए हैं, वे विदेशियों से हुई प्राप्तियों से अधिक हैं।

यदि **निवल** (Net) विदेशी उधार, दान तथा विदेशों में निवेश को लिया जाए, तो लोचदार विनिमयदर निर्यात को आयात से बढ़ा देती है। अन्य करेन्सियों के दामों में घरेलू करेन्सी का मूल्य घट जाता है। आयात की सापेक्षता में निर्यात अधिक सस्ते हो जाते हैं। इसे समीकरण के रूप में यों दिखाया जा सकता है :

$$X + B = M + I_f$$

जहां X निर्यात, M आयात, I_f विदेशी निवेश और B विदेश से उधार लेने को व्यक्त करते हैं

अथवा $$X - M = I_f - B$$

अथवा $$(X - M) - (I_f - B) = 0$$

यह समीकरण बताता है कि भुगतान शेष संतुलन में है। चालू लेखा के घनात्मक शेष का उसके पूंजी लेखा का ऋणात्मक शेष पूर्ण रूप से क्षतिपूर्ति कर देता है, और उलट भी। लेखांकन की दृष्टि से, भुगतान शेष हमेशा संतुलन में होता है। इसे निम्न समीकरण की सहायता से स्पष्ट किया जा सकता है:

$$C + S + T = C + I + G + (X - M)$$

अथवा $$Y = C + I + G + (X - M) \quad [\because Y = C + S + T]$$

जहां C उपभोग व्यय, S घरेलू बचत, T कर प्राप्तियों, I निवेश व्यय, G सरकारी व्यय, X वस्तुओं तथा सेवाओं के निर्यात को और M वस्तुओं तथा सेवाओं के आयात को व्यक्त करते हैं।

ऊपर दिए गए समीकरण में C + S + T सकल राष्ट्रीय आय (GNI) अथवा राष्ट्रीय आय (Y) है; और

$$C + I + G = A$$

जहां A को अवशोषण (absorption) कहा जाता है।

लेखांकन की दृष्टि से यह आवश्यक है कि कुल घरेलू व्यय (C + I + G) और चालू आय (C + S + T) बराबर हों अर्थात् A = Y; तो घरेलू बचतें (S_d) और घरेलू निवेश (I_d) भी बराबर होने चाहिएं। इसी तरह, आवश्यक है कि चालू खाते में निर्यात अतिरेक (X > M) को निवेश से बढ़ी हुई घरेलू बचत ($S_d > I_d$) क्षतिपूर्ति कर दें। इस प्रकार, **लेखांकन की दृष्टि से, भुगतान शेष हमेशा सन्तुलन में होता है।**

लेखांकन प्रणाली में, एक लेन-देन (Transaction) का अन्त:प्रवाह और बाह्य प्रवाह क्रमश: क्रेडिट और डेबिट पक्षों में लिखा जाता है। इसलिए क्रेडिट और डेबिट पक्ष सदैव संतुलन में होते हैं। यदि चालू लेखा में घाटा हो तो इसे पूंजी लेखा में उतने ही अतिरेक द्वारा पूरा करके संतुलन किया जा सकता है। इसके लिए विदेशों से उधार लेकर या/और विदेशी विनिमय रिजर्व से और स्वर्ण निर्यात द्वारा पूंजी लेखा में अतिरेक उत्पन्न किया जा सकता है। चालू लेखा में अतिरेक होने पर इसके विपरीत पूंजी लेखा में घाटे द्वारा संतुलन लाया जा सकता है। अत: **इस दृष्टिकोण से भी भुगतान शेष सदैव संतुलन में होता है।**

भुगतान शेष को मापना (Measuring BOP)

यदि भुगतान शेष हमेशा संतुलित रहता है, तो किसी देश के भुगतान शेष में घाटा या अतिरेक क्यों प्रकट होता है ? घाटे या अतिरेक की सम्भावना केवल उस स्थिति में नहीं होता, जब भुगतान शेष में सब मदें शामिल कर ली जाएं। यदि किसी देश के भुगतान-शेष में से कुछ मदें निकाल दी जाएं, और फिर शेष निकाला जाए तो इसमें घाटा या अतिरेक आ सकता है।

भुगतान-शेष में घाटे या अतिरेक को मापने के तीन तरीके हैं। प्रथम, **बुनियादी शेष** (basic balance) होता है जिसमें चालू लेखा शेष और दीर्घवधिक पूंजी लेखा खेष शामिल हैं। दूसरा, **निवल तरलता शेष** (net liquidity balance) है जिसमें बुनियादी शेष तथा अल्पावधिक निजी अतरल पूंजी शेष शामिल हैं। तीसरा, **सरकारी भूगतान शेष** (official settlements balance) है जिसमें कुल निवल तरल शेष तथा अल्पावधिक निजी तरल पूंजी शेष शामिल हैं।

इन शेषों के बीच सम्बंध को संक्षिप्त रूप में तालिका 2 में दिया गया है।

तालिका 2

व्यापार शेष.......	a
हस्तान्तरण भुगतान शेष.......	b
चालू लेखा शेष......	$c(=a+b)$
दीर्घावधिक पूंजी शेष.......	d
बुनियादी शेष.......	$e(=c+d)$
अल्पावधिक निजी अतरल पूंजी.......	f
SDRs आवंटन.......	g
अशुद्धियां और भूल-चूक	h
निवल तरलता शेष.......	$i(=e+f+g+h)$
अल्पावधिक निजी तरल पूंजी शेष.......	j
सरकारी भुगतान शेष.......	$k(=i+j)$

प्रत्येक शेष, घाटे का अलग अलग तचत्र प्रस्तुत करेगा। जो मदें एक विशिष्ट शेष में शालिम की जाती है, वे 'रेखा के ऊपर' रखी जाती हैं और जो मदें निकाल दी जाती है वे 'रेखा के नीचे' रखी जाती हैं। जो मदें रेखा के नीचे रखी जाती हैं वे निपटारा (settlement) अथवा समायोजक (accommodating) अथवा क्षतिपूरक (compensatory) मदें कहलाती हैं। दूसरी ओर, जो मदें रेखा के नीचे रखी जाती हैं, वे स्वायत्त (autonomous)मदें कहलाती हैं। सैद्धातिक विश्लेषण में, भुगतान शेष में असंतुलन का अर्थ है स्वायत्त मदासें का शेष। अल्पावधिक पूंजी लेन-देन के क्षतिपूरक है ओर कौन सी स्वायत्त है। उदाहरणार्थ,ऊपर दी गई तालिका कमें तीनों शेषों में प्रमुख अंतर इस बात का है कि वे अल्पावधि में पूंजी कातियों को किस प्रकार लेती हैं क्योंकि ये गतियां भुगतान शेष में घाटे के लिए उत्तरदायी होती हैं। बुनियादी शेष तो अल्पावधि में निजी अतरल पूंजी गतियों को रेखा के नीचे रखता हे जबकि निवल तरल शेष उन्हें रेखा के ऊपर रखता है। इसी प्रकार निवल तरल अल्पावधि में निजी तरल पूंजी गतियों को रेखा के नीचे रखता है और सरकारी भुगतान शेष उन्हें रेखा के ऊपर रखता है।

उपर्युक्त विश्लेषण स्थिर विनियम दरों की मान्यता पर आधारित है। इस प्रकार, स्थिर विनियम दरों की प्रणाली के अन्तर्गत विनियम शेष में घाटा (या अतिरेक) संभव है। परन्तु स्वतन्त्र रूप से कार्यशील विनियम दरों की प्रणाली के अन्तर्गत विनियम शेष में सिद्धांत में कोई घाटा (या अतिरेक) नहीं हो सकता। और फिर लेखांकन के आधारभूत नियम के अनुसान वास्तविक लेखांकन की दृष्टि से, भुगतान शेष हमेशा संतुलन में होता है। अन्तिम बात यह है कि इस तरह का भुगतान-शेष केवल तभी संतुलन में हो सकता है, जब क्षतिपूर्वक लेनदेन न हों।

4. व्यापार शेष और भुगतान शेष (BALANCE OF TRADE AND BALANCE OF PAYMENTS)

भुगतान शेष (Balance of Payments)—किसी देश के भुगतान शेष उसके **किसी एक वर्ष में किए गए अन्तर्राष्ट्रीय लेन-देन की प्राप्तियों और भुगतानों का व्यवस्थित रिकार्ड होता है।** प्रत्येक लेन-देन को बैलेन्स शीट के क्रेडिट पक्ष और डेबिट पक्ष में दर्ज किया जाता है। क्रेडिट पक्ष में दर्ज की जाने वाली प्रमुख मदें हैं : (1) प्रत्यक्ष निर्यात जो निर्यातित वस्तुओं से संबंध रखते हैं जिनके बदले देश को भुगतान प्राप्त होते हैं। (2) अप्रत्यक्ष निर्यात जो उन सेवाओं को व्यक्त करते हैं जो एक देश अन्य देशों को प्रदान करता है। इस तरह की सेवाओं के अन्तर्गत बैंकिंग, बीमा, जहाजरानी तथा तकनीकी ज्ञान इत्यादि के रूप में प्रदान की गई सेवाएं, देश में आने वाले पर्यटकों तथा विद्यार्थियों द्वारा यात्रा और शिक्षा पर खर्च की गई मुद्रा आती है। (3) विदेशियों से उपहारों के रूप में प्राप्त हस्तान्तरण प्राप्तियां। (4) विदेशों से लिये गए उधार और विदेशियों द्वारा देश में किए गए निवेश। (5) विदेशों तथा अन्तर्राष्ट्रीय संस्थाओं द्वारा किया गया रिजर्व परिसम्पत्तियों का सरकारी विक्रय।

डेबिट पक्ष में प्रमुख मदें निम्न होती हैं : (1) प्रत्यक्ष आयात जो आयातित वस्तुओं से संबंध रखते हैं जिनके बदले में कोई देश विदेशों को भुगतान करता है। (2) विदेशों द्वारा प्रदान की गई सेवाओं के बदले घरेलू देश द्वारा किए गए भुगतान के रूप में अप्रत्यक्ष आयात। इनके अन्तर्गत वे सभी मदें शामिल हैं जिनका ऊपर उल्लेख हुआ है। (3) उपहारों आदि के रूप में विदेशियों को किए गए हस्तान्तरण भुगतान। (4) विदेशों को दिए गए ऋण, विदेशों में आवासियों द्वारा किए गए निवेश, और विदेशों को ऋणों का पुनर्भुगतान। (5) विदेशों तथा अन्तर्राष्ट्रीय संस्थाओं से रिजर्व परिसम्पत्तियां अथवा स्वर्ण का सरकारी क्रय।

यदि क्रेडिट पक्ष में विदेशियों से हुई कुल प्राप्तियां, डेबिट पक्ष में विदेशियों को किए गए भुगतानों से बढ़ जाएं, तो भुगतान शेष अनुकूल होता है। दूसरी ओर, यदि विदेशियों को किए गए भुगतान विदेशियों से हुई प्राप्तियों से बढ़ जाएं तो भुगतान शेष प्रतिकूल होता है।

व्यापार शेष (Balance of Trade)—**व्यापार शेष निर्यातित और आयातित वस्तुओं तथा सेवाओं के मूल्य का अन्तर होता है।**[1] इसमें भुगतान शेष चालू लेखा के क्रेडिट और डेबिट पक्षों की पहली मदें आती हैं। इसे 'चालू लेखा का भुगतान शेष' कहते हैं। कुछ अर्थशास्त्रियों ने व्यापार शेष की परिभाषा यह दी है—**व्यापार शेष व्यापारिक माल के निर्यात तथा आयात के मूल्य का अन्तर होता है।**[2] प्रो. **मीड** (Meade) के अनुसार, ''देश की राष्ट्रीय आय के दृष्टिकोण से व्यापार-शेष को पारिभाषित करने का यह ढंग गलत है और कम आर्थिक महत्त्व रखता है।'' समीकरण रूप में भुगतान शेष है : $Y = C + I + G + (X - M)$ जिनमें वे सभी लेन-देन शामिल हैं जो राष्ट्रीय आय को उत्पन्न अथवा समाप्त करते हैं। इसी समीकरण में Y राष्ट्रीय आय को, C उपभोग व्यय को, I निवेश व्यय को, G सरकारी व्यय को, X वस्तुओं तथा सेवाओं के निर्यात को और M वस्तुओं तथा सेवाओं के आयात को व्यक्त करते हैं। व्यंजक $(X - M)$ **व्यापार शेष** को व्यक्त करता है। यदि **X और M का अन्तर शून्य है, तो व्यापार शेष संतुलित हो जाता है।** यदि M की अपेक्षा X बड़ा $(X > M)$ है, तो व्यापार शेष अनुकूल है अथवा यों कहिए कि **अतिरेक व्यापार शेष** है। दूसरी ओर, यदि M से X कम $(M > X)$ है, **तो व्यापार शेष में घाटा** है अथवा **व्यापार-शेष प्रतिकूल** है।

5. भुगतान शेष में असंतुलन
(DISEQUILIBRIUM IN BALANCE OF PAYMENTS)

एक देश के भुगतान शेष (BOP) में असंतुलन या तो घाटा या अतिरेक हो सकता है। एक देश के BOP में घाटा या अतिरेक तब होता है जब उसकी स्वायत्त प्राप्तियां (Autonomous Receipts) (क्रेडिट) उसके स्वायत्त भुगतान (डेबिट) से मेल नहीं खाते हैं। यदि स्वायत्त डेबिट भुगतानों से स्वायत्त, क्रेडिट प्राप्तियां अधिक हों तो BOP में अतिरेक होता है और असंतुलन **अनुकूल** (Favourable) कहा जाता है। दूसरी ओर, यदि स्वायत्त क्रेडिट प्राप्तियों से स्वायत्त डेबिट भुगतान अधिक हों तो BOP में घाटा होता है और असंतुलन **प्रतिकूल** (Unfavourable) या **विरुद्ध** (Adverse) कहलाता है।[3]

प्रतिकूल (या घाटे का) भुगतान शेष के कारण[4]
(CAUSES OF ADVERSE (OR DEFICIT) IN BALANCE OF PAYMENTS)

अनेक कारण हैं, जिनसे प्रतिकूल या घाटे का भुगतान शेष हो सकता है :

1. अस्थायी परिवर्तन या असंतुलन (Temporary Changes or Disequilibrium)—व्यापार में आकस्मिक परिवर्तन, मौसमी उतार-चढ़ाव, कृषि उत्पादों पर मौसम के प्रभाव आदि कुछ ऐसे कारण हैं जो अस्थायी रूप से असंतुलन उत्पन्न कर देते हैं। आशा यह की जाती है कि इस तरह के अस्थायी कारणों से उत्पन्न होने वाले घाटे या अतिरेक थोड़े समय में अपने आप ठीक हो जाएंगे।

2. मौलिक परिवर्तन या असंतुलन (Fundamental Changes or Disequilibrium)—मौलिक परिवर्तनों से अभिप्राय एक

1. The balance of trade is the difference between the value of goods and services exported and imported.
2. The balance of trade is the difference between the value of merchandise exports and imports.
3. BOP में घाटा और असंतुलन में भेद को स्पष्टतया समझ लेना चाहिए। BOP घाटा प्रतिकूल या विरुद्ध होता है जैसी कि ऊपर व्याख्या की गई है जबकि असंतुलन से अभिप्राय BOP में घाटा या अतिरेक है।
4. हम यहाँ BOP के असंतुलन में घाटे का अध्ययन कर रहे हैं।

देश के BOP असंतुलन में दीर्घकालीन और निरंतर परिवर्तन हैं। IMF के अनुसार, यह चिरकालिक (Chronic) BOP घाटा होता है। यह निम्न गत्यात्मक कारकों के कारण होता है :

(1) देश के भीतर या विदेश में उपभोक्ता **रुचियों में परिवर्तन** जो देश के निर्यात कम करते हैं और आयात बढ़ाते हैं।

(2) विदेशी वस्तुओं और सेवाओं के लिए बहुत अधिक मांग और निर्यातों की बेलोच पूर्ति के कारण देश के **विदेशी मुद्रा रिजर्व में निरंतर कमी**।

(3) पूंजी पदार्थों, कच्चे माल, आवश्यक उपभोक्ता वस्तुओं, टैक्नॉलोजी आदि के बड़े आयात तथा बाह्य ऋण-ग्रस्तता के कारण अत्यधिक **पूंजी बाह्य प्रवाह**।

(4) **विश्व मार्किट में नीची प्रतियोगिता** शक्ति जो निर्यातों को बुरा प्रभावित करतो है।

(5) अर्थव्यवस्था के भीतर **स्फीतिकारी दबाव** जो निर्यात को महंगा करते हैं।

3. संरचनात्मक परिवर्तन या असंतुलन (Structural Changes or Disequilibrium)—संरचनात्मक परिवर्तन दीर्घकाल में BOP में घाटा लाते हैं। वे निम्न कारणों से हो सकते हैं :

(1) घरेलू उद्योगों या विदेशों के उद्योगों में वस्तुओं के उत्पादन के तरीकों में तकनीकी परिवर्तन जो वस्तुओं की लागतों, कीमतों और गुणवत्ता में परिवर्तन लाते हैं।

(2) दूसरे देशों द्वारा सभी प्रकार के निर्यात प्रतिबंध।

(3) देश में संसाधनों की कमी जिन्हें उसे विदेशों से आयात करना पड़ता है।

(4) देश में विदेशी पूंजी के प्रवाह में अनियमितता और पूर्ति में कमी।

4. विनियम दर में परिवर्तन (Change in Exchange Rate)—घरेलू करेंसी के अधिमूल्यन (Overvaluation) से BOP में घाटा होता है, घरेलू करेंसी के अधिमूल्यन से विदेशी वस्तुएं सस्ती और विदेशों में निर्यात महंगे हो जाते हैं। परिणामस्वरूप, देश अधिक वस्तुएं आयात करता है और कम वस्तुएं निर्यात करता है। इससे पूंजी का बाह्य प्रवाह होता है और BOP में घाटा।

5. चक्रीय उतार-चढ़ाव या असंतुलन (Cyclical Fluctuations or Disequilibrium)—व्यवसाय में चक्रीय उतार-चढ़ावों से भी BOP असंतुलन होते हैं। जब देश में मंदी होती है तो दूसरे देशों के साथ निर्यातों और आयातों की मात्राओं में तीव्र गिरावट आती है। परन्तु घरेलू उत्पादन में कमी से आयातों की तुलना में निर्यातों में बहुत अधिक कमी हो जाती है। इससे BOP में घाटा होता है और वह प्रतिकूल हो जाता है।

6. राष्ट्रीय आय में परिवर्तन (Changes in National Income)—देश की राष्ट्रीय आय में परिवर्तन होना भी असंतुलन का एक कारण है। यदि देश की राष्ट्रीय आय बढ़ेगी, तो आयात बढ़ जाएंगे और परिणाम यह होगा कि यदि अन्य बातें समान रहें तो BOP में घाटा उत्पन्न हो जाएगा। यदि देश पहले ही पूर्ण रोजगार के स्तर पर है, तो आय बढ़ने से कीमतों में स्फीतिकारी वृद्धि होगी और देश के आयात बढ़ जाएंगे तो भी BOP घाटा होगा।

7. स्फीति (Inflation)—BOP में असंतुलन उत्पन्न होने का एक अन्य कारण स्फीति है। जब देश में स्फीति आती है तो निर्यात की कीमत बढ़ जाती है। परिणामस्वरूप, निर्यात कम हो जाते हैं। पर साथ ही आयात की मांग भी बढ़ जाती है। इस प्रकार, निर्यात कीमतों के बढ़ने से निर्यात के कम होने और आयात के बढ़ने का परिणाम यह होता है कि BOP घाटा हो जाता है।

8. आर्थिक विकास की अवस्था (Stage of Economic Development)—किसी देश का भुगतान शेष उसके आर्थिक विकास की अवस्था पर भी निर्भर करता है। यदि देश विकास की प्रक्रिया में से गुजर रहा है तो उसके BOP में घाटा होगा क्योंकि वह कच्चे माल, मशीनरी, पूंजी-उपकरण, और विकास प्रक्रिया से सम्बद्ध सेवाओं का आयात करता है और प्राथमिक उत्पादन निर्यात करता है। देश के मंहगे आयात के लिए भुगतान तो अधिक करना पड़ता है और सस्ते निर्यात के बदले प्राप्ति कम होती है। इससे उसके BOP में घाटा हो जाता है।

9. पूंजी गतियां (Capital Movements)—देशों के उधार लेन-देन और उधार से भी BOP असंतुलन पैदा हो जाता है। जो देश दूसरे देशों को बड़े पैमाने पर ऋण और अनुदान देता है, उसके पूंजी लेखे के BOP में घाटा होगा। यदि वह आयात भी अधिक कर रहा है, जैसे संयुक्त राज्य अमरीका, तो उसके BOP में चिरकालिक घाटा रहेगा। दूसरी ओर, जो विकासशील देश दूसरे देशों और

अन्तर्राष्ट्रीय संस्थाओं से बहुत अधिक कोष उधार लेता है, उसका भुगतान-शेष अनुकूल नहीं हो सकता है। क्योंकि वह प्राय: खाद्य सामग्री, कच्चा माल, पूंजी वस्तुएं आदि भारी मात्रा में आयात करता है और प्राथमिक उत्पादन ही निर्यात करता है। इस तरह से उधार लेना केवल BOP के घाटों को कम करने में ही सहायक होता है।

10. राजनीतिक स्थितियां (Political Conditions)—किसी देश में राजनीतिक अस्थिरता भी BOP घाटे का कारण हो सकती है क्योंकि इससे विदेशी निवेशकों में अनिश्चितता उत्पन्न हो जाती है जिससे पूंजी का बाह्य प्रवाह होता है और अंतर्प्रवाह रुक जाता है। युद्ध या युद्ध के भय और देश में उपद्रव और अशांति के कारण भी यही स्थिति उत्पन्न हो जाती है।

6. प्रतिकूल (या घाटे के) भुगतान शेष को ठीक करने के उपाय (MEASURES TO CORRECT DEFICIT OR ADVERSE BOP)

जब किसी देश का भुगतान शेष प्रतिकूल (या घाटा) होता है तो उसे निम्न उपायों द्वारा ठीक किया जा सकता है :

1. विनियम मूल्यह्रास (Exchange Depreciation)—लचीली विनिमय दरों के अन्तर्गत, विदेशी विनिमय की मांग और पूर्ति की शक्तियां अपने आप भुगतान शेष के घाटे को ठीक कर देती हैं। करेंसी के मूल्यह्रास से अभिप्राय है अन्य करेंसियों के सापेक्ष में उसका मूल्य घट जाना। मूल्यह्रास से देश के आयात की कीमतें बढ़ जाती हैं और निर्यात की कीमतें कम हो जाती हैं। इस प्रकार, भुगतान शेष घाटा समाप्त हो जाएगा।

2. अवमूल्यन या व्यय-परिवर्तन नीति (Devaluation or Expenditure Switching Policy)—अवमूल्यन को व्यय-परिवर्तन नीति भी कहा जाता है क्योंकि यह व्यय को आयातित वस्तुओं और सेवाओं से घरेलू वस्तुओं और सेवाओं की ओर मोड़ देता है। जब देश की सरकार अपनी करेंसी का अवमूल्यन करती है तो विदेशी करेंसी की कीमत बढ़ जाती है जो आयात को महंगा और निर्यात को सस्ता कर देती है। इसके कारण जब देश के निर्यात में वृद्धि होती है तो व्यय विदेशी वस्तुओं से घरेलू वस्तुओं की ओर मुड़ जाते हैं और आयातों में कटौती से देश घरेलू और विदेशी मांग को पूरा करने के लिए अधिक उत्पादन करता है। परिणामस्वरूप, भुगतान शेष घाटा समाप्त हो जाता है।*

3. प्रत्यक्ष नियंत्रण (Direct Controls)—भुगतान शेष का असन्तुलन ठीक करने के लिए सरकारें प्रत्यक्ष नियंत्रण उपाय अपनाती हैं जो आयात की मात्रा को सीमित करते हैं। सरकार भारी आयात शुल्क (Import Duties), आयात कोटा (Import Quotas) निश्चित कर, टैरिफ (Tariffs) आदि लगाकर अमहत्त्वपूर्ण अथवा अवांछनीय (undesirable) मदों के आयात को रोकती है। उदाहरणार्थ, सरकार पूंजीगत वस्तुओं को शुल्क फ्री करने की अनुमति दे सकती है परन्तु आयात विलासिताओं पर भारी आयात शुल्क लगा सकती है। सरकार आयात कोटा भी निश्चित करती है और आयातकर्त्ताओं को कुछ आवश्यक वस्तुओं को निश्चित मात्रा में आयात करने के लिए अधिकारियों से लाइसेंस लेने पड़ते हैं। इस प्रकार, विपरीत भुगतान शेष को ठीक करने के लिए आयात को कम किया जाता है।

4. पूंजी गतियां (Capital Movements)—पूंजी गतियां भी भुगतान शेष घाटे को दूर करती है। पूंजी गतियों को भुगतान शेष में घाटे की वित्त-व्यवस्था (Financing) के लिए प्रयोग किया जाता है। ये अन्तर्राष्ट्रीय संस्थाओं जैसे IMF विश्व बैंक आदि से **ऋण, सरकारों से ऋण,** प्रत्यक्ष और पोर्टफोलियो निवेश आदि के रूप में देश में आती है विशेषकर पोर्टफोलिया निवेश घरेलू ब्याज दर के विश्व ब्याज दर से अधिक होने से होते हैं जिससे पूंजी के बड़े अन्तर्प्रवाह होते हैं। इसी प्रकार विदेशी निवेश के आने पर नियंत्रण हटाने और उदारीकरण की नीति से भी पूंजी अन्तर्प्रवाह होता है। इन सभी तरीकों से भुगतान शेष घाटा कम हो जाता है।

5. आयात प्रतिस्थापन की नीति (Policy of Import Substitution)—आयात प्रतिस्थापन से देश में ही उन उद्योगों की स्थापना करना है जो वस्तुएं विदेशों से आयात की जाती हैं। इससे आयात कम हो जाते हैं और भुगतान शेष घाटा कम करने में सहायता मिलती है।

6. विदेशी पर्यटकों को प्रोत्साहन (Encouragement to Foreign Tourists)—आजकल विदेशी पर्यटकों के अधिक संख्या में आने से भुगतान शेष घाटा कम किया जाता है। वे विदेशी मुद्रा देश में व्यय करते हैं। इसलिए पर्यटकों को विशेष सुविधाएं देनी

* करेंसी मूल्यह्रास और अवमूल्यन में अन्तर समझिए। मूल्यह्रास अपने आप होता है जब एक देश की करेंसी की मांग उसकी पूर्ति की अपेक्षा कम हो जाती है। परन्तु अवमूल्यन सरकार द्वारा अपनी करेंसी के मूल्य को किसी अन्य करेंसी की सापेक्षता में घटाना है। इसमें घरेलू कीमत स्तर में कोई कमी नहीं होती है।

चाहिएं और पर्यटन स्थलों को सुन्दर बनाना चाहिए। इनके लिए विदेशों में बहुत प्रचार हो।

7. निर्यात को प्रोत्साहन (Stimulation of Exports)—निर्यात को प्रोत्साहन देकर भी भुगतान शेष का घाटा पूरा किया जा सकता है। बढ़िया वस्तुओं का उत्पादन करके, बढ़ते हुए उत्पादन और उत्पादकता के माध्यम से और बेहतर क्रय-विक्रय द्वारा निर्यातों को प्रोत्साहन दिया जा सकता है। निर्यात में वृद्धि विदेशी व्यापार गुणक के कार्यकरण के माध्यम से राष्ट्रीय आय को कई गुणा बढ़ा देती है। विदेशी व्यापार गुणक निर्यात में परिवर्तन द्वारा लाए गए आय-परिवर्तन को व्यक्त करता है। अन्ततः भुगतान शेष का घाटा तब समाप्त होता है जब आयात से निर्यात अधिक तेजी से बढ़ते हैं।

8. विनियम नियन्त्रण (Exchange Control)—विनिमय नियंत्रण द्वारा भी सरकार प्रतिकूल भुगतान शेष को ठीक करती है। इसके अनुसार सरकार विदेशी विनिमय बाजार को नियंत्रित करती है। सभी विदेशी करेंसियां केन्द्रीय बैंक के पास जमा करानी होती हैं जो उनकी आवश्यकताओं के अनुसार वितरण करता है। विनिमय नियंत्रण द्वारा अन्य देशों की करेंसियों के साथ देश की विनिमय दरें स्थिर की जाती हैं जिससे भुगतान शेष में होने वाले उतार-चढ़ाव कम होते हैं। इसके अतिरिक्त, इस नीति के अन्तर्गत विदेशों को पूंजी प्रवाह तथा आयातित वस्तुओं पर व्यय की जाने वाली विदेशी मुद्राओं पर भी नियंत्रण करके भुगतान शेष के घाटे को कम करने का प्रयत्न किया जाता है।

प्रश्न

1. भुगतान संतुलन से आप क्या समझते हैं ? इसके मुख्य तत्त्व क्या है ? व्याख्या करें।
2. व्याख्या कीजिए कि भुगतान शेष सदैव सन्तुलन में होते हैं। भुगतान शेष के घाटे को दूर करने के उपायों की विवेचना कीजिए।
3. भुगतान शेष और व्यापार शेष में अन्तर स्पष्ट कीजिए। भुगतान शेष में असन्तुलन के कारणों की व्याख्या कीजिए।
4. भुगतान शेष से क्या अभिप्राय है ? एक देश के भुगतान शेष में कौन-सी मदें शामिल होती हैं ? उनकी व्याख्या कीजिए।
5. प्रतिकूल भुगतान शेष के कारणों की व्याख्या कीजिए। प्रतिकूल भुगतान शेष को दूर करने के सुझाव दीजिए।

अध्याय 64

भुगतान शेष के समायोजन तंत्र
(ADJUSTMENT MECHANISMS OF BALANCE OF PAYMENTS)

1. प्रस्तावना
(INTRODUCTION)

जब एक देश का भुगतान शेष घाटे या अतिरेक में हो तो उसको निम्न तंत्रों द्वारा समायोजित किया जाता है :

1. कीमत और आय परिवर्तनों द्वारा स्वत: (automatic) समायोजन : *(i)* कीमत परिवर्तनों का स्वर्णमान और लचीली अथवा तिरती विनिमय दरों के अन्तर्गत अध्ययन किया जाता है। *(ii)* आय परिवर्तनों की विदेश व्यापार गुणक के रूप में अगले अध्ययन में व्याख्या की गई है।

2. समायोजन नीतियां एक दी देश की सरकार द्वारा भुगतान शेष असंतुलन को ठीक करने के प्रेरित (induced) परिवर्तन होते हैं। इनमें व्यय परिवर्तन और व्यय बदलावकारी नीतियां, बाह्य और आंतरिक शेष कायम करना, प्रत्यक्ष नियंत्रण आदि शामिल हैं। इनका पृथक अध्याय में विवेचन किया गया है

2. स्वर्णमान के अन्तर्गत स्वत: कीमत समायोजन
(AUTOMATIC PRICE ADJUSTMENT UNDER GOLD STANDARD)

अन्तर्राष्ट्रीय स्वर्णमान के अन्तर्गत जो 1880-1914 के बीच प्रचलित था, प्रयोग में लाई गई करेंसी सोने की बनी हुई थी या उसे एक निश्चित दर पर सोने में बदला जा सकता था। देश का केन्द्रीय बैंक हमेशा निर्धारित कीमत पर सोना खरीदने और बेचने को तैयार रहता था। जिस दर पर देश की मानक मुद्रा सोने में बदली जा सकती थी, वह दर स्वर्ण की टकसाल दर कीमत (mint price) कहलाती थी। इस दर को **टकसाल दर समता** (mint parity rate) अथवा **विनिमय की टकसाल दर** समता (mint par of exchange) कहा जाता था क्योंकि यह सोने की टकसाल कीमत पर आधारित थी। परन्तु विनिमय की वास्तविक दर टकसाल दर समता से उतनी अधिक कम हो सकती है जितनी दोनों देशों के बीच जहाज में सोना लाने और ले जाने की लागत (परिवहन लागत) पड़ती थी। इसे समझने के लिए, मानलीजिए कि ब्रिटेन के साथ अमेरिका के भुगतान शेष में घाटा है। अमेरिका के आयातकर्ताओं को आयातों तथा निर्यातों के मूल्यों के अन्तर का भुगतान सोना देकर करना होगा क्योंकि पाउण्डों की पूर्ति की अपेक्षा पाउण्डों की मांग बढ़ जाती है। पर सोन भेजने में परिवहन लागत, अन्य रख-रखाव प्रभार, बीमा इत्यादि का खर्च पड़ता है। मानलीजिए अमेरिका से ब्रिटेन सोना भेजने का खर्च 3 सेंट प्रति आउन्स पड़ता है। इसलिए अमेरिका के आयातकर्ताओं को £1 प्राप्त करने के लिए \$ 6.03 (\$6 + .03c) खर्च करने पड़ेंगे। यह विनियम दर हो सकती है जो अमेरिका का **स्वर्ण निर्यात बिन्दु** (gold export point) अथवा **ऊंचा स्वर्ण बिन्दु** (upper specie point) है। अमेरिका का कोई भी आयातकर्ता एक पाउण्ड प्राप्त करने के लिए \$ 6.03 से अधिक भुगतान नहीं करेगा क्योंकि वह \$ 6 का सोना अमेरिका के खजाने से खरीद सकता है और 3 सेंट प्रति आउन्स की लागत से उसे ब्रिटेन भेज सकता है। इसी प्रकार यदि अमेरिका के भुगतान-शेष में अतिरेक हो, तो पाउण्ड का आयात मूल्य \$ 5.97 से नीचे नहीं जा सकता। \$ 5.97 प्रति पाउण्ड की विनियम दर अमरीका में स्वर्ण आयात बिन्दु (gold import point) अथवा नीचा स्वर्ण बिन्दु (lower specie point) है। स्वर्ण मानक के अन्तर्गत विनियम दर को

स्वर्ण बिन्दओं के बीच मांग तथा पूर्ति की शक्तियां निर्धारित करती हैं। स्वर्ण के लदान विनियम दर को स्वर्ण बिन्दुओं के बाहर नहीं जाने देते।

मुख्य उद्देश्य भुगतान शेष को संतुलन में रखना था। स्वर्णमान के अन्तर्गत भुगतान शेष में घाटा या अतिरेक कीमत-स्वर्ण-प्रवाह (price-specie-flow) तंत्र द्वारा स्वत: समायोजित हो जाता था। उदाहरणार्थ, एक देश के भुगतान शेष घाटे का अर्थ था उसके विदेशी विनिमय रिजर्व में उसके सोने का एक अतिरेक देश को प्रवाह होने के कारण गिरावट। इससे उसकी मुद्रा पूर्ति कम हो जाती थी जिससे उसके सामान्य कीमत स्तर में गिरावट आ जाती थी। जो आगे, इसके निर्यातों में वृद्धि और आयातों में कमी आती थी। भुगतान शेष में यह समायोजन मुद्रा पूर्ति में कमी के कारण ब्याज दर में वृद्धि द्वारा भी हुआ। इससे भुगतान शेष अतिरेक देश से अल्पकालीन पूंजी का अंतर्प्रवाह होता है। इस प्रकार, घाटे वाले देश को अतिरेक वाले देश में अल्पकालीन पूंजी अंतर्प्रवाह से भुगतान शेष संतुलन स्थापित हो जाता है।[1]

3. लचीली विनिमय दरों के अन्तर्गत स्वत: कीमत समायोजन (कीमत प्रभाव) [AUTOMATIC PRICE ADJUSTMENT UNDER FLEXIBLE EXCHANGE RATES (PRICE EFFECT)]

लचीली विनिमय दरों के अंतर्गत, विदेशी विनिमय की मांग और पूर्ति की शक्तियां अपने आप भुगतान-शेष के असंतुलन को ठीक कर देती हैं। विनिमय दर करेन्सी की कीमत है जिसे अन्य वस्तुओं की कीमत की भांति मांग और पूर्ति निर्धारित करते हैं। ''बदलती हुई पूर्ति एवं मांग की स्थितियों के साथ-साथ विनिमय दर बदलती रहती है, परन्तु ऐसी विनिमय दर निकाल पाना सदैव सम्भव है जो विदेशी विनिमय बाजार का समाशोधन करे और बाह्य संतुलन स्थापित करे।''[2] यदि देश के भुगतान-शेष में घाटा हो तो देश की करेंसी का मूल्यह्रास (depreciation) और यदि देश के भुगतान-शेष में अतिरेक हो तो देश की करेंसी की मूल्यवृद्धि करने पर अपने आप संतुलन स्थापित हो जाता है। करेंसी के मूल्यह्रास का मतलब है उसका सापेक्ष मूल्य घट जाता हैं और मूल्य वृद्धि का अर्थ है कि उसका सापेक्ष मूल्य बढ़ जाता है। मूल्यह्रास से निर्यातों को प्रोत्साहन मिलता है और आयात हतोत्साहित होते हैं जबकि मूल्यवृद्धि की स्थिति इसके उलट होती है। जब विनिमय मूल्यह्रास हो तो विदेशी कीमतें घरेलू कीमतों में रूपान्तरित हो जाती हैं। मानलीजिए पाउण्ड के अनुपात में डालर का मूल्यह्रास होता है। इसका मतलब है कि विदेशी विनिमय बाजार में पाउण्ड के अनुपात में डालर की कीमत कम हो जाती है। इससे इंग्लैंड में अमेरिका के निर्यातों की कीमतें गिर जाती हैं और अमेरिका में इंग्लैंड के आयातों की कीमतें बढ़ जाती हैं। जब अमेरिका में आयात कीमतें बढ़ जाएंगी, तो अमेरिकी लोग अंग्रेजों से कम वस्तुएं खरीदेंगे। दूसरी ओर, जब अमेरिका के निर्यातों की कीमतें कम होगीं तो इंग्लैंड में उनका विक्रय बढ़ जाएगा। इस प्रकार अमेरिका के निर्यात बढेंगे और आयात कम हो जाएंगे। परिणामस्वरूप भुगतान-शेष में संतुलन आ जाएगा।

इसकी मान्यताएं (Its Assumptions)

यह विश्लेषण निम्न मान्यताओं पर आधारित है :

1. दो देश हैं इंग्लैंड और अमेरिका।
2. दोनों लचीली विनिमय दर प्रणाली पर हैं।
3. भुगतान शेष असंतुलन अपने-आप विनिमय दरों में परिवर्तनों द्वारा समायोजित हो जाता है।
4. दोनों देशों में कीमतें लचीली हैं।
5. दोनों देशों के बीच मुक्त व्यापार है।

1. इस सिद्धांत का चित्र, मान्यताओं और आलोचनाओं के लिए अध्याय 35 में टकसाल दर समता सिद्धांत (Mint Par Parity Theory) देखें।
2. Bo Soderston, *International Economics*, p. 215.

इसकी व्याख्या (Its Explanation)

ये मान्यताएं दी होने पर, समायोजन प्रक्रिया को चित्र 1 में स्पष्ट किया गया है जहां D अमेरिका के विदेशी विनिमय का मांग वक्र है जो इंग्लैण्ड के आयातों की मांग को व्यक्त करता हैं और S अमेरिका के विदेशी विनिमय का पूर्ति वक्र है जो इग्लैण्ड को उसके निर्यात व्यक्त करता हैं। अमेरिका के विदेशी विनिमय की मांग और पूर्ति बिन्दु P पर संतुलन में है जहां अमेरिकी डालर और अंग्रेजी पाउण्ड के बीच विनिमय दर OE है और विनिमय की मात्रा OQ है।

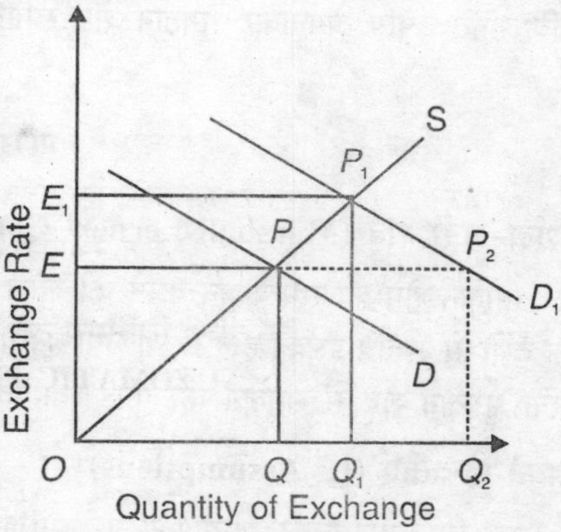

चित्र 1

मानलीजिए इंग्लैंण्ड के साथ अमेरिका के भुगतान-शेष में असंतुलन उत्पन्न हो जाता है। इसे मांग वक्र के D से D_1 पर सरकने द्वारा दिखाया गया है और घाटा PP_1 के बराबर है। इसका मतलब है कि अमेरिका में इंग्लैण्ड के आयातों की मांग बढ़ जाती है जिसके परिणामस्वरूप पाउण्ड की मांग बढ़ती है। इसका मतलब है कि अमेरीकी डालर का मूल्यह्रास हो गया है और अंग्रेजी पाउण्ड की मूल्यवृद्धि हो गई है। परिणामस्वरूप अमेरीका में अंग्रेजी वस्तुओं की आयात कीमतें बढ़ जाती हैं और अमेरीकी निर्यातों की कीमतों गिर जाती हैं। इसका परिणाम यह होता है कि नया संतुलन P_1 पर और नई विनियम दर E_1 पर स्थापित होती है जिससे भुगतान-शेष का घाटा समाप्त हो जाता है। विदेशी विनिमय की मांग OQ_1 पर विदेशी विनिमय की पूर्ति के बराबर हो जाती है और भुगतान-शेष में संतुलन आ जाता है।

जब विनिमय दर बढ़कर QE_1 हो जाती है तो अमेरिका की वस्तुएं इंग्लैण्ड में सस्ती हो जाती हैं और इंग्लैण्ड की वस्तुएं डालर में अमेरिका में मंहगी हो जाती हैं। **सापेक्ष कीनतों में**, परिवर्तनों के कारण, अमेरिकी वस्तुओं की कम कीमतें इंग्लैंड में इनकी मांग बढ़ा देती है जो नए मांग वक्र D_1 द्वारा दिखाई गई हैं। इससे इंग्लैण्ड में अमेरिकी निर्यातें बढ़ जाती हैं जिन्हें S पूर्ति वक्र के साथ P से P_1 बिन्दु पर गति द्वारा दिखाया गया है। साथ ही, डालर में इंग्लैण्ड की ऊंची कीमत, इंग्लैण्ड की वस्तुओं की मांग कम कर देती है जिसे D मांग वक्र के साथ P_2 से P_1 बिन्दु पर गति द्वारा दिखाया गया है। इस प्रकार, भुगतान शेष में PP_2 घाटा QQ_1 विदेशी करेंसी की पूर्ति में वृद्धि तथा मांगी गई विदेशी करेंसी में Q_2Q_1 कमी द्वारा दूर किया जाता है। इस प्रकार, भुगतान शेष संतुलन OE_1 विनिमय दर पर प्राप्त हो जाता है जिससे OQ_1 विदेशी विनिमय (करेंसी) की मांग और पूर्ति की जाती है।

उपर्युक्त विश्लेषण विनिमय दर की पूर्ति और मांग की सापेक्ष लोच (relative elasticities) की मान्यता पर आधारित है। परन्तु दोनों देशों में सापेक्ष कीमतों पर मूल्यह्रास का पूरा प्रभाव मापने के लिए, मांग और पूर्ति स्थितियों का सापेक्ष लोचदार होना ही पर्याप्त नहीं है। बल्कि विदेशी विनिमय की मांग तथा पूर्ति की **कम लोचें** महत्वपूर्ण हैं। इसे (2) में दिखाया गया हैं जहां विनियम दर के मूल कम लोचदार मांग और पूर्ति वक्र क्रमशः D और S हैं जो परस्पर P पर काटते हैं और सन्तुलन विनियम दर OE है। अब भुगतान-शेष में PP_1 के बराबर घाटा उत्पन्न हो जाता है। क्योंकि विदेशी मांग और पूर्ति की **लोचें** बहुत कम होती हैं (बेलोच होती हैं), इसलिए संतुलन को पुनःस्थापित करने के लिए डालर के बहुत अधिक मूल्यह्रास और पाउण्ड की बहुत अधिक मूल्य वृद्धि की जरूरत है। जब विदेशी विनिमय की दर बहुत अधिक बढ़कर OE_1 हो जाती है तब यह संतुलन P_1 पर स्थापित होता है। परन्तु इतने अधिक मूल्यह्रास का परिणाम यह होगा कि दोनों देशों में बहुत अधिक कीमत परिवर्तन होगा और **दोनों अर्थव्यवस्थाएं** छिन्न-भिन्न हो जाएंगी।

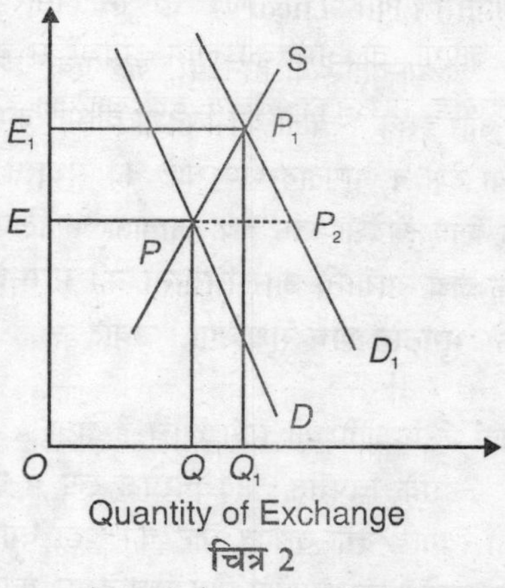

चित्र 2

इसकी आलोचना (Its Criticism)

लचीली विनियम-दरों का व्यावहारिक उपयोग बहुत कम है। जो देश **मूल्यह्रास** और **मूल्यवृद्धि** (appreciation) करते हैं

उनमें कीमतें गिरती और बढ़ती हैं। उनके परिणामस्वरूप क्रमशः गम्भीर मंदियां और स्फीतियां आती हैं। और फिर, वे असुरक्षा और अनिश्चितता उत्पन्न करती हैं। इसका अधिक कारण विदेशी विनिमय में सट्टा है जो लचीली विनियम दरें अपनाने वाले देशों की अर्थव्यवस्थाओं को अस्थिर बना देता है। इसलिए सरकारें विनिमय-दरों को स्थिर रखने के पक्ष में हैं जिसके लिए आवश्यक है कि नीति उपाय अपनाकर भुगतान-शेष समायोजन किया जाए।

4. लोच विधि
(THE ELASTICITY APPROACH)

मार्शल-लर्नर शर्त (Marshall-Lerner[1] Condition)

भुगतान शेष का समायोजन करने की लोच विधि मार्शल-लर्नर शर्त के साथ संबंधित है जिसका इन दोनों अर्थशास्त्रियों द्वारा एक दूसरे से स्वतंत्र इसका हल किया गया है। यह विधि उन शर्तों का अध्ययन करती है जिन्हें एक देश की करेंसी का अवमूल्यन करके भुगतान शेष में संतुलन को पुनः स्थापित किया जाता है। इसका संबंध अवमूल्यन के कीमत प्रभाव से है।

इसकी मान्यताएं (Its Assumptions)

यह विश्लेषण निम्न मान्यताओं पर आधारित है :

1. निर्यातों और आयातों की पूर्तियां पूर्ण लोचदार हैं।
2. वस्तु कीमतें घरेलू मुद्रा में निश्चित हैं।
3. अवमूल्यन करने वाले देश में आय स्तर स्थिर है।
4. पूर्ति लोचें अधिक हैं।
5. निर्यातों और आयातों के लिए मांग की कीमत लोचें, आड़ी लोचें (arc elasticities) हैं।
6. कीमत लोचों से अभिप्राय निरपेक्ष (absolute) मूल्यों से हैं।
7. देश का व्यापार संतुलन प्रारंभ में संतुलित है।
8. देश का चालू खाता शेष व्यापार शेष के बराबर है।

सिद्धांत (The Theory)

ये मान्यताएं दी होने पर, जब एक देश अपनी मुद्रा का अवमूल्यन करता है, तो इसके आयातों की घरेलू कीमतें बढ़ जाती हैं और इसके निर्यातों की विदेशी कीमतें कम हो जाती हैं। इस प्रकार, निर्यातों को बढ़ाकर और आयातों को कम करके अवमूल्यन एक देश के भुगतान शेष घाटे को सुधारने में सहायक होता है। परन्तु किस सीमा तक यह सफल होगा, यह देश के निर्यातों के लिए विदेशी मांग तथा आयातों के लिए घरेलू मांग की कीमत लोचों पर निर्भर करता है। **मार्शल-लर्नर शर्त** यह बताती है कि **जब आयातों और निर्यातों की मांग की लोचों का जोड़ निरपेक्ष रूप में इकाई से अधिक हो तो अवमूल्यन एक देश को भुगतान शेष सुधारेगा,** अर्थात्

$$e_x + e_m > 1$$

जहां e_x निर्यातों की मांग लोच है तथा e_m आयातों की मांग लोच है।

इसके विपरीत, यदि निरपेक्ष रूप में इन मांग लोचों का जोड़ इकाई से कम है, $e_x + e_m < 1$, तो अवमूल्यन भुगतान शेष को बिगाड़ देगा अर्थात् घाटे को बढ़ा देगा। यदि निरपेक्ष रूप में इन लोचों का जोड़ इकाई के बराबर है, $e_x + e_m = 1$, तो अवमूल्यन का भुगतान शेष स्थिति पर कोई प्रभाव नहीं पड़ेगा जो अपरिवर्तित रहेगा।[2]

अवमूल्यन विदेशी करेंसी में निर्यातों की घरेलू कीमतों को कम करता है। कीमतें कम होने से निर्यात बढ़ते हैं। वे कहां तक बढ़ते हैं यह निर्यातों की मांग की लोच पर निर्भर करता है। यह निर्यात की गई वस्तुओं की प्रकृति और बाजार की अवस्थाओं

1. A. Marshall, *The Pure Theory of Foreign Trade,* 1930. A.P. Lerner, *The Economics of Control,* 1944.
2. मार्शल-लर्नर शर्त को व्युत्पन्न करने के लिए विद्यार्थी देखें C.P. Kindleberger, *op.cit.,* Appendix II.

पर भी निर्भर करता है। यदि देश ही केवल निर्यात करने वाला है तथा कच्चे माल या नाशवान वस्तुएं निर्यात करता है, तो इसके निर्यातों के लिए मांग की लोच कम होगी। यदि यह अन्य देशों के साथ प्रतियोगिता में मशीनरी, औजार और औद्योगिक वस्तुएं निर्यात करता है, तो इसकी वस्तुओं के लिए मांग की लोच ऊंची होगी तथा अवमूल्यन भुगतान-शेष के घाटे को ठीक करने में सफल होगा।

अवमूल्यन का प्रभाव आयातों की घरेलू कीमतों को बढ़ाने पर भी पड़ता है जो वस्तुओं के आयात को कम करती है। आयातों की मात्रा कितनी कम होगी यह आयातों की मांग की लोच पर निर्भर करता हैं। आगे, आयातों का मांग की लोच अवमूल्यन करने वाले देश द्वारा आयातित वस्तुओं की प्रकृति पर निर्भर करती है। यदि यह उपभोक्ता वस्तुएं, कच्चा माल तथा उद्योगों के लिए आगतें (inputs) आयात करता है तो इसकी आयातों के लिए मांग की लोच कम होगी। केवल जब वस्तुओं के लिए मांग की आयात लोच ऊंची हो तो अवमूल्यन भुगतान-शेष के घाटे को ठीक करने में सहायक होगा।

अतः जब निर्यातों की मांग की लोच तथा आयातों की मांग की लोच का जोड़ एक से अधिक होता है तो अपनी करेंसी का अवमूल्यन करने वाले देश के भुगतान-शेष में सुधार होगा।

J वक्र प्रभाव (The J-Curve Effect)

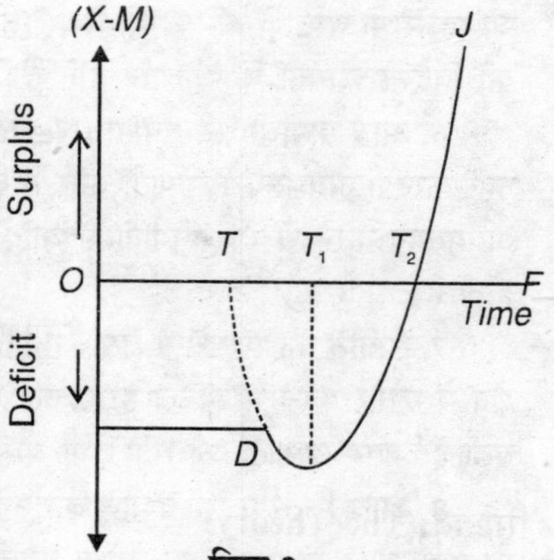

चित्र 3

अनुभवसिद्ध प्रमाण यह दर्शाते हैं कि **मार्शल-लर्नर** शर्त अधिकतर विकसित देशों में संतुष्ट होती है। परन्तु अर्थशास्त्रियों में आम सहमति है कि मांग-पूर्ति लोचें दोनों की अल्पकाल की अपेक्षा दीर्घकाल में अधिक होंगी। अवमूल्यन का घरेलू कीमतों तथा निर्यातों और आयातों की मांग पर प्रभाव उपभोक्ताओं और उत्पादकों को अपने-आपको नई स्थिति के साथ समायोजित होने में समय लगेगा। निर्यातों तथा आयातों के लिए मांग की अल्पकालीन कीमत लोचें कम होती हैं और वे मार्शल-लर्नर शर्त को संतुष्ट नहीं करती। इसलिए प्रारंभ में अवमूल्यन अल्पकाल में भुगतान शेष को अधिक बिगाड़ता है तथा दीर्घकाल में सुधारता है। यह कालपर्यन्त एक J-आकार वक्र को ट्रेस करता हैं। इसे अवमूल्यन का J-वक्र प्रभाव कहते हैं। इसे चित्र 3 में दर्शाया गया है जहां समय को क्षैतिज-अक्ष पर और घाटा-अतिरेक को अनुलंब-अक्ष पर लिया गया है। मानलें अवमूल्यन T समय पर होता है। प्रारम्भ में J वक्र का घेरा बड़ा है जो D के बाद भुगतान शेष घाटे में वृद्धि दर्शाता है। केवल T_1 समय के बाद यह ऊपर की ओर चलता है तथा घाटा कम होना शुरू हो जाता है। T_2 समय पर भुगतान शेष में संतुलन होता है और फिर T_2 से J तक अतिरेक होता जाता है। यदि मार्शल-लर्नर संतुष्ट नहीं होती है तो दीर्घकाल में J वक्र T_2 से F पर चपटा हो जाएगा।

फिर भी यदि देश लचीली विनियम दर पर हो, तो उसकी करेंसी का अवमूल्यन होने पर भुगतान-शेष बहुत खराब हो जाएगा। अवमूल्यन के कारण विदेशी मुद्रा (विनिमय) बाजार में करेंसी की पूर्ति अधिक हो जाती है, जो करेंसी का अधिमूल्यन (depreciation) कर सकती है। अतः विदेशी मुद्रा बाजार अस्थिर हो जाता हैं और विनियम दर का दीर्घकालीन मूल्य अत्यधिक बढ़ सकता है।

इसकी आलोचनाएं (Its Criticisms)

मार्शल-लर्नर शर्त पर आधारित लोच की धारणा की निम्न कमियां हैं—

1. भ्रामक (Misleading)—लोच की धारण जो भुगतान-शेष घाटे के समाधान के लिए लोच के संबंध में **मार्शल** की धारणा का प्रयोग करती है, भ्रामक है। इसका कारण हैं कि यह केवल मांग या पूर्ति वक्र पर वृद्धिशील (incremental) परिवर्तनों और इन वक्रों में परिवर्तन से संबंधित समस्याओं से संबंध रखती है। इसके अतिरिक्त, यह मुद्रा की स्थिर क्रय शक्ति मानती है जो देश की करेंसी के अवमूल्यन से संबंधित नहीं होती है।

2. विभिन्न आनुभविक परिणाम (Different Empirical Results)—अनेक अर्थशास्त्रियों ने अन्तर्राष्ट्रीय व्यापार में मांग

लोचों को मापने के प्रयत्न किए हैं। कुछ ने कम मांग लोचें पाई जबकि अन्य अर्थशास्त्रियों ने ऊंची मांग लोचें पाईं। परिणामस्वरूप, पहले वर्ग ने यह सुझाव दिया कि अवमूल्यन भुगतान-शेष को सुधारने की प्रभावी विधि नहीं है जबकि दूसरे वर्ग ने उसे प्रभावी विधि बताया। परन्तु विदेशी व्यापार के ढांचे और मात्रा में भिन्नताएं होने के कारण इन विपरीत आनुभविक परिणामों का सामान्यीकरण करना कठिन है।

3. पूर्ण प्रतियोगिता नहीं (No Perfect Competition)—लोच सिद्धान्त अन्तर्राष्ट्रीय व्यापार में पूर्ण प्रतियोगिता की मान्यता पर आधारित है। परन्तु अन्तर्राष्ट्रीय व्यापार में पूर्ण प्रतियोगिता नहीं पाई जाती बल्कि इसमें अनेक प्रकार के प्रतिबन्ध लगाये जाते हैं जैसे प्रशुल्क, अभ्यंश, विनियम नियंत्रण आदि।

4. पूंजी गतियों की अवहेलना (Neglect of Capital Movements)—लोच विधि भुगतान-शेष के चालू खाते को लेकर अवमूल्यन के प्रभावों का विश्लेषण करती है। इस प्रकार यह विनिमय दर में अवमूल्यन के प्रभावों का विश्लेषण करती है। इस प्रकार यह, विनिमय दर में अवमूल्यन द्वारा परिवर्तन से जो पूंजी-गतियों पर प्रभाव पड़ते हैं, उनकी अवहेलना करती हैं। भुगतान-शेष के संतुलन में इन पूंजी-गतियों का बहुत महत्व होता है।

5. कीमत स्तर स्थिर नहीं (Price Levels not Constant)—यह विश्लेषण इस मान्यता पर आधारित है कि व्यापार की जा रही सभी वस्तुओं की कीमतें स्थिर रहती हैं। परन्तु वास्तविकता यह है कि अवमूल्यन से निर्यातों की घरेलू कीमतें और आयातों की विदेशी कीमतों में परिवर्तन होते हैं।

6. आय प्रभावों की उपेक्षा (Neglect of Income Effects)—**मार्शल-लर्नर** शर्त अवमूल्यन के आय प्रभावों का अध्ययन नहीं करती। अवमूल्यन आयातों और निर्यातों की मात्राओं को परिवर्तित करके देश की आय को प्रभावित करता है। उदाहरणार्थ, अवमूल्यन करने से जब निर्यातों में वृद्धि होती है, तो इससे देश की आय बढ़ती है जो आगे आयातों में वृद्धि करने में सहायक होती है।

7. स्फीति की संभावना (Possibility of Inflation)—अवमूल्यन से देश में स्फीति हो सकती है। यद्यपि अवमूल्यन भुगतान-शेष में सुधार करने में सफल हो सकता है परन्तु इससे देश की आय में निर्यातों द्वारा वृद्धि से बढ़ने की सम्भावना होती हैं। यह बढ़ी हुई आय आयातों की मांग तथा समस्त मांग बढ़ाकर कीमतों में वृद्धि करेगी जिससे भुगतान-शेष पर प्रतिकूल प्रभाव पड़ेगा।

8. आय वितरण पर प्रभाव की उपेक्षा (Ignores the Effect on Income Distribution)—लोच विधि आय वितरण पर अवमूल्यन के प्रभाव की उपेक्षा करती है। अवमूल्यन से संसाधनों का पुनर्वितरण होता है। यह संसाधनों को विदेशी व्यापार में न आने वाली वस्तुओं के उत्पादन से हटाकर निर्यात और आयात-प्रतियोगी उद्योगों के क्षेत्र में लाता है। इससे पहले क्षेत्र में लगे उत्पादन के साधनों की आय कम हो जायेगी और दूसरे क्षेत्र में लगे उत्पादन के साधनों की आय में वृद्धि होगी।

9. आंशिक विश्लेषण (Partial Analysis)—**सिडनी एलैक्जैंडर** के अनुसार मार्शल-लर्नर शर्त एक आंशिक विश्लेषण है जिसमें सापेक्ष कीमतों और आयात-निर्यात की मात्राओं के आधार पर अध्ययन किया गया है। इस सिद्धान्त में अन्य बातें समान मानकर लोचों के भुगतान-शेष पर प्रभाव को दिखाया गया है जहां आंशिक लोचें ली गई हैं जो इसको आंशिक संतुलन का विश्लेषण बना देती हैं। परन्तु अवमूल्यन के प्रभावों का सम्पूर्ण अर्थव्यवस्था पर अध्ययन करने के लिए यह आवश्यक हैं कि कुल लोचों को लिया जाए।

अर्थव्यवस्था में पूर्ण रोजगार मानते हुए **किंडलबर्गर** ने आंशिक लोचों के स्थान पर कुल लोचें लेकर **मार्शल-लर्नर** सिद्धान्त का संशोधन किया है। परन्तु इस प्रकार के विश्लेषण की समस्या यह है कि पूर्ति लोचें स्वयं मांग स्थितियों पर निर्भर करती हैं। परन्तु **मार्शल** की लोच धारणा को, जिसका सम्बन्ध मांग या पूर्ति वक्रों पर केवल वृद्धिशील (incremental) परिवर्तनों से है, इन वक्रों के स्थानांतरण की समस्याओं से सम्बद्ध करना भ्रमपूर्ण है।

10. दीर्घकाल में व्यवहार्य (Applicable in the Long-run)—जैसीकि ऊपर अवमूल्यन के J-वक्र प्रभाव में चर्चा की गई है, मार्शल-लर्नर शर्त अल्पकाल में नहीं बल्कि दीर्घकाल में व्यवहार्य है। इसका कारण है कि जब घरेलू करेंसी का अवमूल्यन होता है तो उपभोक्ताओं और उत्पादकों के लिए अपने आपको इस शर्त के अनुसार समायोजित करने में समय लगता है।

निष्कर्ष (Conclusion)

भुगतान–शेष में सुधारों के लिए मार्शल–लर्नर शर्त पर काफी विवाद रहा है। अर्थशास्त्रियों ने अंतर्राष्ट्रीय व्यापार में मांग की लोच मापने का प्रयास किया है। कुछ अर्थशास्त्रियों ने इसमें निम्न नीची मांग लोच और कुछ ने ऊंची मांग लोच पाई है। तदनुसार, पहले वर्ग के अर्थशास्त्रियों ने सुझाव दिया कि अवमूल्यन एक प्रभावी विधि नहीं है, जबकि दूसरे वर्ग के अर्थशास्त्रियों के अनुसार यह भुगतान शेष समायोजन का एक संभावित तंत्र है। परन्तु अंतर्राष्ट्रीय व्यापार के परिमाण और ढांचे में भेद हेतु इन विभिन्न निष्कर्षों के कारण इसे लोकप्रिय बनाना कठिन है।

5. अवशोषण की धारणा
(THE ABSORPTION APPROACH)

अवमूल्यन का अवशोषण सिद्धान्त सामान्य संतुलन प्रकृति का है तथा **केन्ज** के राष्ट्रीय आय सम्बन्धों पर आधारित है, इसलिए इसे भुगतान–शेष का केन्जीय मार्ग भी कहते हैं। परन्तु यह केन्जीय मॉडल से कुछ भिन्न है। केन्ज का मॉडल अवमूल्यन से निर्यातों के बढ़ने तथा आयातों के कम होने से जो आय में परिवर्तन होते हैं उनका विश्लेषण करता है जबकि अवशोषण सिद्धान्त घरेलू व्यय में परिवर्तन द्वारा विश्लेषण करता है।

सिडनी एलेक्जैंडर (Sydney Alexander) ने केन्जीय शब्दावली और विचारधारा को लेकर अवमूल्यन के आय पर प्रभाव का विश्लेषण किया है।[1] उसके अनुसार, यदि किसी देश के भुगतान–शेष में घाटा हो तो इसका मतलब है कि लोग जितना उत्पादन करते हैं उससे अधिक अवशोषण (absorb) कर रहे हैं। दूसरे शब्दों में, राष्ट्रीय आय से उपभोग और निवेश पर घरेलू व्यय अधिक है। यदि भुगतान–शेष में अतिरेक है तो वे कम अवशोषण कर रहे हैं, अर्थात् राष्ट्रीय आय से उपभोग और निवेश पर घरेलू व्यय कम है। इस प्रकार, इस विधि में भुगतान संतुलन पर राष्ट्रीय आय तथा घरेलू व्यय का अन्तर परिभाषित किया गया है।

इस विश्लेषण को समीकरण रूप में निम्न प्रकार से समझाया जा सकता है :

$$Y = C + I_d + X - M \qquad ...(1)$$

जहां Y राष्ट्रीय आय है, C उपभोग व्यय, I_d कुल घरेलू निवेश, X निर्यात और M आयात हैं।

$C + I_d$ का जोड़ कुल अवशोषण है जिसे A कहा जाता है तथा भुगतान–शेष X – M को B कहा जाता है। इस प्रकार समीकरण (1) बन जाता है :

$$Y = A + B$$

अथवा

$$B = Y - A \qquad ...(2)$$

जिसका अभिप्राय है कि भुगतान–शेष राष्ट्रीय आय Y तथा कुल अवशोषण A का अन्तर है। भुगतान–शेष को घरेलू आय बढ़ाकर अथवा अवशोषण (उपभोग तथा निवेश व्यय) को कम करके सुधारा जा सकता है। एलेक्जैंडर इसके लिए अवमूल्यन करने का सुझाव देता है जो इस तरह से कार्य करता है। अवमूल्यन निर्यातों को बढ़ाता है तथा आयातों को कम करता है जिससे राष्ट्रीय आय बढ़ती है। इस प्रकार बढ़ी हुई अतिरिक्त आय गुणक प्रभाव द्वारा आय को और बढ़ाएगी। इससे घरेलू उपभोग से वृद्धि होगी। इस प्रकार, राष्ट्रीय आय में वृद्धि का भुगतान–शेष पर शुद्ध प्रभाव राष्ट्रीय आय में कुल वृद्धि तथा अवशोषण में प्रेरित वृद्धि का अन्तर है जिसे निम्न समीकरण द्वारा समझाया जा सकता है :

$$\Delta B = \Delta Y - \Delta A \qquad ...(3)$$

अवमूल्यन होने पर कुल अवशोषण (ΔA) अवशोषण की सीमान्त प्रवृत्ति पर निर्भर करता है।[2] इसे a के रूप में व्यक्त किया जाता है। अवमूल्यन भी आय में परिवर्तन के द्वारा अवशोषण को प्रत्यक्ष रूप से प्रभावित करता है, जिसे हम D लिखते हैं। इस प्रकार,

$$\Delta A = a\Delta Y + \Delta D \qquad ...(4)$$

समीकरण (3) में से (4) को घटाने पर, हम पाते हैं :

1. Sydney Alexander, *"Effects of Devaluation on a Trade Balance,"* IMF Staff Papers, April 1952.
2. अवशोषण की सीमान्त प्रवृत्ति (a) उपभोग की सीमांत प्रवृत्ति और निवेश की सीमान्त प्रवृत्ति का जोड़ है। इसमें G की कोई भूमिका नहीं होती, क्योंकि यह स्वायत्त सरकारी व्यय होता है।

$$\Delta B = \Delta Y - a\Delta Y + \Delta D$$

अथवा, $$\Delta B = (1 - a)\,\Delta Y + \Delta D \qquad ...(5)$$

यह समीकरण तीन घटकों की ओर संकेत करता हैं जो भुगतान शेष पर अवमूल्यन के प्रभावों की विवेचना करते हैं। ये हैं : (*i*) अवशोषण की सीमान्त प्रवृत्ति (a), (*ii*) आय में परिवर्तन (ΔY), और (*iii*) प्रत्यक्ष अवशोषण में परिवर्तन (ΔD)। यह उल्लेखनीय है कि चूंकि a अवशोषण की सीमान्त प्रवृत्ति (MP) है, $(1 - a)$ बचाने या संग्रह करने की प्रवृत्ति है। ये घटक क्रमश: अवमूल्यन वाले देश में पूर्ण नियोजित (employed) संसाधनों और अनियोजित या निष्क्रिय (idle) संसाधनों के बने रहने से प्रभावित होते हैं।

1. अवशोषण की सीमान्त प्रवृत्ति (MP to Absorb)—अवशोषण की सीमान्त प्रवृत्ति लेने पर, देश में निष्क्रिय संसाधनों के साथ यह इकाई से कम ($a < 1$) होता है तो अवमूल्यन निर्यात बढ़ाएगा और आयात घटाएगा। उत्पादन और आय बढ़ेगी और चालू खाते पर भुगतान शेष में सुधार होगा। दूसरी ओर, यदि $a > 1$ हो तो भुगतान-शेष पर अवमूल्यन का विपरीत प्रभाव पड़ेगा। इसका अर्थ है कि लोग अधिक अवशोषण कर रहे हैं या उपभोग पर अधिक व्यय कर रहें हैं और अधिक निवेश कर रहे हैं। दूसरे शब्दों में वे उत्पादन करने वाले देश की अपेक्षा अधिक व्यय कर रहे हैं। ऐसी स्थिति में, अवमूल्यन निर्यात को न ही बढ़ाएगा, और न ही आयात को कम करेगा और भुगतान शेष की स्थिति खराब होगी।

पूर्ण रोजगार की दशाओं के अन्तर्गत यदि $a > 1$ हो तो सरकार को अवमूल्यन के साथ-साथ व्यय घटाने वाले नीति उपायों को अपनाना होगा जिससे अर्थव्यवस्था के संसाधन इस तरह पुन: आवंटित हो जाए कि निर्यात बढ़े और आयात में कमी हो। अन्तत: भुगतान शेष की स्थिति में सुधार होगा।

2. आय प्रभाव (Income Effects)—अब अवमूल्यन के आय प्रभाव को लें। यदि अर्थव्यवस्था में निष्क्रिय संसाधन होते हैं तो अवमूल्यन, अवमूल्यन करने वाले देश के निर्यात को बढ़ाएगा और आयात को कम करेगा। निर्यात और आयात प्रतियोगी उद्योगों के विस्तार के साथ आय बढ़ती है। इस प्रकार अर्थव्यवस्था में उत्पन्न हुई अतिरिक्त आय, गुणक प्रभाव के माध्यम से आगे भी आय बढ़ाएगी। यह भुगतान-शेष की स्थिति में सुधार लाएगी। यदि अर्थव्यवस्था में संसाधन पूर्ण नियोजित (employed) हों तो अवमूल्यन प्रतिकूल भुगतान-शेष को ठीक नहीं कर सकता है क्योंकि राष्ट्रीय आय नहीं बढ़ पाएगी। बल्कि, इससे कीमतें बढ़ सकती हैं जिससे निर्यात घटेगा और आयात बढ़ेगा। परिणामस्वरूप, भुगतान शेष की स्थिति और खराब होगी।

3. व्यापार शर्त प्रभाव (Terms of Trade Effect)—अवमूल्यन से देश की व्यापार शर्तें प्रतिकूल होती हैं क्योंकि इससे विदेशी करेंसी में निर्यात कीमतें गिर जाती हैं। यह धारणा इस तथ्य पर आधारित है कि सामान्यतौर से एक देश के निर्यात, आयातों की अपेक्षा अधिक विशिष्टीकृत होते हैं। विशिष्टीकरण के परिणामस्वरूप आयात कीमतों की अपेक्षा निर्यात कीमतें अधिक प्रभावित होती हैं। इसलिए अवमूल्यन होने से व्यापार शर्तों के प्रतिकूल होने की अधिक संभावना होती है जिससे आय कम होती है। **एलेक्जैंडर** देश की व्यापार शर्तों के प्रतिकूल होने से संबंधित वास्तविक आय में कमी को t द्वारा मापता है। कम आय में कमी आयातों तथा घरेलू वस्तुओं के लिए मांग को कम कर देगी। इस प्रकार, t अवशोषण में ct राशि द्वारा कमी प्रेरित करेगी। विदेशी संतुलन पर अवमूल्यन का व्यापार-शर्त प्रभाव पहले कम हुई t वास्तविक आय द्वारा अनुभव किया जाता है और फिर ct पर सुधार को प्रोत्साहित करने वाले प्रभाव द्वारा ताकि आय पर प्रारम्भिक व्यापार-शर्त प्रभाव t के साथ संबंधित संतुलन में, $t - ct$ अथवा $(1 - c)$ परिवर्तित होता है। एलेक्जैंडर के अनुसार, जैसा कि माना गया है, यदि t ऋणात्मक है यदि c इकाई से कम है, तो व्यापार की शर्तों में प्रतिकूलता से मतबल है कि विदेशी संतुलन में भी प्रतिकूलता केवल यदि c इकाई से अधिक है तब प्रतिकूल व्यापार शर्त प्रभाव विदेशी संतुलन को सुधारेगा।

4. अवशोषण पर प्रत्यक्ष प्रभाव (Direct Effect on Absorption)—अवशोषण पर अवमूल्यन के प्रत्यक्ष पर प्रभाव को एलेक्जैंडर इस प्रकार परिभाषित करता है : ''अवमूल्यन के परिणामस्वरूप जब मुद्रा आय और मुद्रा कीमतें इकट्ठी बढ़ती हैं, तो कोई प्रभाव जो वास्तविक व्यय को कम करता है, वह अवशोषण पर प्रत्यक्ष प्रभाव है।'' इस प्रभाव का अध्ययन नकदी शेष प्रभाव, आय पुनर्वितरण प्रभाव, मुद्रा भ्रम प्रभाव तथा फुटकर प्रत्यक्ष अवशोषण प्रभावों के अन्तर्गत किया जा सकता है।

5. नकदी शेष प्रभाव (Cash Balance Effect)—जब एक देश करेंसी का अवमूल्यन करता है तो इसकी घरेलू कीमतों

में वृद्धि होती है। कीमतें बढ़ने से लोग अधिक नकदी को इकट्ठा करते हैं। वास्तविक आय स्थिर मान लेने पर, नकदी शेषों में वृद्धि होने से वास्तविक व्यय कम हो जाएंगे। यदि नकदी धारणों के बढ़ने से अन्य परिसम्पत्तियों की बिक्री प्रारम्भ हो जाती है, तो इससे ब्याज दर में परिवर्तन होते हैं। यह आगे वास्तविक आय की सापेक्षता में वास्तविक उपभोग या निवेश को प्रभावित कर सकता हैं। इस प्रकार, नकदी शेष प्रभाव नकदी बढ़ाने के लिए व्यय को त्याग कर आय–व्यय सम्बन्ध पर प्रत्यक्ष तौर से, अथवा अन्य परिसम्पत्तियों को नकदी में परिवर्तन करने के परिणामस्वरूप ब्याज दर द्वारा अप्रत्यक्ष तौर से कार्यकरण कर सकता है।

यह भी संभव है कि नकदी शेष प्रभाव के करण अवशोषण में कमी अथवा अन्य अवशोषण प्रभावों को ऐसी घरेलू वस्तुओं और सेवाओं की ओर किया जाए जिसके उत्पादन से आयात स्थानापन्न अथवा निर्यात वस्तुओं के उत्पादन की ओर संसाधनों को स्थानान्तरण करना आसान नहीं है। इससे कुछ बेरोजगारी हो सकती है जिसका कुप्रभाव समस्त अर्थव्यवस्था पर पड़ सकता है। एलेक्जैंडर के अनुसार, यदि c इकाई से कम होता है, तो इसके प्रतिकूल प्रभाव का प्रजनित आय पर शुद्ध परिणाम विदेशी संतुलन को खराब करना होगा जो प्रत्यक्ष अवशोषण प्रभावों से होने वाले सुधार को समाप्त कर देगा।''

6. आय पुनर्वितरण प्रभाव (Income Redistribution Effect)—अवशोषण अपने आप कम होता है यदि अवमूल्यन आय को ऊंची बचत प्रवृत्ति वाले लोगों के पक्ष में और ऊंची उपभोग की प्रवृत्ति वाले लोगों के विरुद्ध वितरित कर देता है। अर्थात् जिस सीमा तक आय को खपाने की ऊंची सीमांत प्रवृत्ति वाले लोगों से कम सीमांत प्रवृत्ति वालों की ओर स्थानान्तरण किया जाता है उसी सीमा तक विदेशी संतुलन अवमूल्यन द्वारा सुधरेगा। इस संबंध में यह जान लेना आवश्यक हैं कि पुनर्वितरण प्रभाव केवल उपभोग वस्तुओं तक ही नहीं फैलता बल्कि निवेश क्षेत्र में भी फैलता है तथा कर प्राप्तियों को सरकारी क्षेत्र की खपाने की सीमांत प्रवृत्ति के सम्बन्ध में विचार करना होगा। आय पुनर्वितरण का अन्तिम प्रभाव इन सभी कारकों का परिणाम होगा।

7. मुद्रा भ्रम प्रभाव (Money Illusion Effect)—लोग अपनी आय, व्यय और बचतों का मुद्रा के रूप में विचार करने की प्रवृत्ति रखते हैं। इस मनोवैज्ञानिक व्यवहार को लेते हुए **एलेक्जैंडर** का यह सुझाव है कि अवमूल्यन के कारण जब कीमतें बढ़ती हैं तो भुगतान–शेष पर अनुकूल प्रभाव पड़ सकता है, यदि लोग बढ़ी हुई कीमतों पर कम खरीदते और उपभोग करते हैं चाहे उनकी मौद्रिक आय अनुपात में नकदी शेष प्रभाव से बढ़ने वाली आय से अधिक बढ़ी हो।

8. फुटकर प्रत्यक्ष अवशोषण प्रभाव (Miscellaneous Direct Absorption Effect)— कीमत प्रत्याशाओं का फुटकर अवशोषण प्रभाव के सम्बन्ध में विचार किया जाता है। जब कीमत वृद्धि की प्रत्याशा निरन्तर विद्यमान रहती है तो इससे अवशोषण बढ़ता है तथा विदेशी संतुलन पर प्रतिकूल प्रभाव पड़ेगा। परन्तु यह अल्पकाल में ही होगा। फिर, जब अवमूल्यन से आयात कीमतें बढ़ती हैं और यदि निवेश वस्तुएं भी इसी श्रेणी में शामिल कर ली जाती हैं, तो आयातित निवेश वस्तुओं का सापेक्ष आकर्षण घरेलू तौर पर उपलब्ध ऐसी वस्तुओं की सापेक्षता में अथवा उनके निकट स्थानापन्नों की सापेक्षता में कम हो जाएगा। इससे अवशोषण बढ़ेगा। परन्तु यह भी संभावना होती है कि घरेलू तौर पर उत्पादित वस्तुओं की कीमतें इतनी ऊंची होंगी कि लोग इन वस्तुओं पर व्यय को कम या स्थगित कर देगें जिससे अधिक बचत अथवा संग्रह होंगे।

9. व्यय घटाने वाली नीतियां (Expenditure Reducing Policies)—यदि सरकार व्यय घटाने वाली मौद्रिक राजकोषीय नीतियों को अपनाती है को प्रत्यक्ष अवशोषण भी कम हो जाता है।

अवशोषण विधि की आलोचना (Criticism of the Absorption Approach)

अवशोषण विधि की अर्थशास्त्रियों ने कटु आलोचना की है :

1. विश्लेषणात्मक तौर से यह लोच विधि से श्रेष्ठ दिखाई देती हैं परन्तु लोच गुणांकों की तरह इस विधि में उपभोग और निवेश प्रवृत्तियों की सही गणना नहीं की जा सकती।

2. अवशोषण विधि इस बात में कमजोर है कि यह घरेलू अवशोषण को प्रभावित करने वाली घरेलू नीतियों पर बहुत अधिक निर्भर करती है। यह अन्य देशों के अवशोषण पर अवमूल्यन के प्रभावों का अध्ययन नहीं करती।

3. अवशोषण विधि की सबसे बड़ी त्रुटि यह है कि सापेक्ष कीमतों की अपेक्षा यह घरेलू उपभोग के स्तर पर अधिक बल देती है। अवशोषण कम करने के लिए केवल घरेलू उपभोग के स्तर को कम करने का यह अर्थ नहीं कि इस प्रकार छोड़े गए संसाधन भुगतान संतुलन को सुधारने में लगाए जाएंगे।

4. **जोनसन** के अनुसार, अवशोषण विधि वास्तविक आय तथा वास्तविक व्यय द्वारा भुगतान संतुलन पर प्रभावों का अध्ययन करती है जिस कारण यह कीमत स्तर में परिवर्तन की उपेक्षा करती है। उसका यह सुझाव है कि वास्तविक तत्वों को समझने के लिए Y तथा A को कीमत स्तर से भाग देना चाहिए। इस प्रकार यह विधि कीमत प्रभावों की उपेक्षा करती है।

5. **मैक्लप** के अनुसार, अवमूल्यन का प्रभाव बताने में व्यय प्रवृत्तियां कम विश्वसनीय हैं जबकि मौद्रिक एवं राजस्व नीतियों का अवमूल्यन पर प्रभाव अधिक व्यापक होता है जिनकी अवशोषण विधि उपेक्षा करती है।

6. **कीमत प्रभाव की उपेक्षा (Neglectes Price Effects)**—यह धारणा अवमूल्यन के कीमत प्रभाव की उपेक्षा करती है जो अति महत्वपूर्ण है।

7. **स्थिर विनियम दर प्रणाली में चालू नहीं (Not Operative in a Fixed Exchange Rate System)**—अवशोषण की धारणा, स्थिर विनियम दर प्रणाली के अन्तर्गत भुगतान शेष घाटे को ठीक करने के उपाय के रूप में बिल्कुल असफल है। जब अवमूल्यन के साथ कीमतें बढ़ती हैं तो लोग अपने उपभोग व्यय को घटाते हैं। मुद्रा पूर्ति स्थिर रहने पर ब्याज दर बढ़ती है जिससे अवशोषण के साथ-साथ उत्पादन में कमी होती है। इस प्रकार, अवमूल्यन का भुगतान शेष घाटे पर बहुत कम प्रभाव पड़ेगा।

6. मौद्रिक धारणा
(THE MONETARY APPROACH)

भुगतान शेष का मौद्रिक सिद्धान्त समग्र भुगतान शेष की व्याख्या है। यह मुद्रा की मांग और पूर्ति के रूप में भुगतान शेष के परिवर्तनों का विवेचन करता है। इसी सिद्धान्त के अनुसार, भुगतान शेष घाटा सदैव और सभी स्थानों पर एक मौद्रिक तत्व है। इसलिए यह केवल मौद्रिक उपायों से ही ठीक किया जा सकता है।

इनकी मान्यताएं (Its Assumptions)

भुगतान शेष का मौद्रिक सिद्धान्त चार मान्यताओं पर आधारित है :

1. परिवहन लागतों को लेने के पश्चात, विभिन्न देशों में बेची गई समान वस्तुओं के लिए 'एक कीमत का नियम' लागू होता है।

2. सभी देशों में पूर्ण रोजगार पाया जाता है, इसीलिए, एक देश में बढ़ी हुई मांग को घरेलू उत्पाद में वृद्धि से पूरा नहीं किया जा सकता।

3. यह माना जाता है कि स्थिर विनियम दरों के अन्तर्गत करेंसी प्रवाहों का निष्फल करना (steralisaiton) संभव नहीं है। यह प्रथम मान्यता पर आधारित है कि स्थिर विनियम दर प्रणाली के अन्तर्गत अन्तर्राष्ट्रीय मुद्रा मार्किटों में एक कीमत का नियम लागू होता है।

4. एक अर्थव्यवस्था में मुद्रा की मांग स्थिर फलन है—आय, धन और ब्याज दर जैसे थोड़े से समग्र आर्थिक चरों की। जब आय बढ़ती है तो मुद्रा की मांग (नकद शेष) बढ़ती है और ब्याज दरें बढ़ती हैं तो मुद्रा की मांग गिरती है।

5. वस्तु और पूंजी दोनों बाजारों में उपभोग में पूर्ण स्थानापन्नता होती है जो प्रत्येक वस्तु के लिए एक कीमत और संपूर्ण देश के लिए एक ब्याज दर सुनिश्चित करती है।

6. देश के उत्पादन का स्तर बहिर्जात (exogeneously) माना जाता है।

7. सभी देशों को पूर्ण नियोजित माना जाता है जहां मजदूरी-कीमत लोचशीलता पूर्ण रोजगार स्तर पर उत्पादन को निश्चित करती है।

8. मुद्रा की पूर्ति मौद्रिक आधार का गुणज (multiple) होती है जिसमें घरेलू साख और देश का विदेशी मुद्रा रिजर्व शामिल होते हैं।

9. मुद्रा-रूप मुद्रा शेषों (Nominal money balances) की मांग मुद्रा रूप आय का एक धनात्मक फलन है।

सिद्धान्त (The Theory)—ये मान्यताएं दी होने पर मौद्रिक धारणा को मुद्रा की मांग और मुद्रा की पूर्ति के बीच निम्न

संबंध के रूप में व्यक्त किया जा सकता है :

मुद्रा की मांग (M_D), स्थिर फलन है आय (Y), कीमत (P) और ब्याज की दर (*i*) का,

$$M_D = f(Y, P, i) \quad ...(1)$$

मुद्रा पूर्ति (M_S) मौद्रिक आधार (*m*) का गुणज है, जिसमें घरेलू मुद्रा (साख) (D) और देश का विदेशी मुद्रा रिजर्व (R) शामिल होता है।

सरलता के लिए *m*, जो एक स्थिरांक (constant) है, की उपेक्षा करने पर,

$$M_S = D + R \quad ...(2)$$

चूंकि संतुलन में मुद्रा की मांग के मुद्रा पूर्ति बराबर होती है,

$$M_D = M_S \quad ...(3)$$

अथवा $$M_D = D + R \quad [\because M_S = D + R] \quad ...(4)$$

भुगतान शेष घाटा या अतिरेक देश के विदेशी मुद्रा रिजर्व में परिवर्तनों द्वारा व्यक्त किया जा सकता है। इस प्रकार,

$$\Delta R = \Delta M_D - \Delta D \quad ...(5)$$

अथवा, $$\Delta R = B \quad ...(6)$$

जहां B भुगतान शेष को व्यक्त करता है जो मुद्रा की मांग में परिवर्तन (ΔM_D) और घरेलू साख में परिवर्तन (ΔD) के बीच अंतर के बराबर होता है।

भुगतान शेष घाटे का अर्थ है एक ऋणात्मक B जो R एवं मुद्रा पूर्ति को कम करता है। दूसरी ओर, एक अतिरेक का अर्थ है एक धनात्मक B जो R और मुद्रा पूर्ति को बढ़ाता है। जब B = 0 हो तो इसका अर्थ है, भुगतान शेष संतुलन या भुगतान शेष में असंतुलन नहीं

मौद्रिक धारणाओं में स्वत: समायोजन तंत्र की विवेचना स्थिर और लोचशील दोनों विनिमय दर प्रणालियों के अन्तर्गत की जाती है।

स्थिर विनिमय दर प्रणाली के अन्तर्गत मान लें कि $M_D = M_S$ जिससे भुगतान शेष (या B) शून्य होता है। अब मान लें कि मौद्रिक अधिकारी घरेलू मुद्रा पूर्ति बढ़ाता है जबकि मुद्रा की मांग में कोई परिवर्तन नहीं होता है। परिणामस्वरूप, $M_S > M_D$ और भुगतान शेष घाटा होता है। वे लोग जिनके पास अत्यधिक नकद शेष हैं वे अधिक विदेशी वस्तुओं और प्रतिभूतियों को खरीदकर अपनी खरीदारियां बढ़ाते हैं। ये उनकी कीमतें बढ़ाती हैं और वस्तुओं एवं विदेशी परिसंपत्तियों के आयात में वृद्धि करते हैं। इससे भुगतान शेष में चालू और पूंजी दोनों लेखों में व्यय में वृद्धि होती है जिससे भुगतान शेष में घाटा उत्पन्न होता है। स्थिर विनियम दर कायम रखने के लिए, मौद्रिक अधिकारी को विदेशी विनिमय रिजर्व को बेचना पड़ेगा एवं घरेलू करेंसी को खरीदना पड़ेगा। इस प्रकार, विदेशी मुद्रा रिजर्व के बाह्य प्रवाह का अर्थ है R और घरेली मुद्रा पूर्ति में कमी। यह प्रक्रिया तब तक चलती रहेगी जब तक $M_S = M_D$ नहीं हो जाता तथा भुगतान शेष में पुन:. संतुलन स्थापित हो जाएगा।

दूसरी ओर, यदि दी हुई विनियम दर पर $M_S < M_D$ हो तो भुगतान शेष अतिरेक होगा। परिणामस्वरूप, लोग विदेशियों को वस्तुएं और प्रतिभूतियां बेचकर घरेलू करेंसी प्राप्त करते हैं। वे अपनी आय की तुलना में व्यय को सीमित कर अतिरिक्त मुद्रा शेषों (money balances) को प्राप्त करने का प्रयास भी करेंगे। इस संदर्भ में मौद्रिक अधिकारी घरेलू करेंसी के बदले आधिक्य (excess) विदेशी मुद्रा खरीदेंगे। इससे विदेशी मुद्रा रिजर्व का अन्त:प्रवाह (inflow) होगा और घरेलू मुद्रा पूर्ति में वृद्धि होगी। यह प्रक्रिया तब तक जारी रहेगी जब तक $M_S = M_D$ और भुगतान शेष में संतुलन पुन: स्थापित नहीं हो जाता। इस प्रकार, भुगतान शेष घाटा या अतिरेक एक अस्थायी धारणा है जो दीर्घकाल में स्वत: ठीक हो जाता है।

इसकी विवेचना चित्र 4 (A) और (B) में की गई है। चित्र के पेनल (A) में, M_D स्थिर मुद्रा मांग वक्र है और M_S मुद्रा पूर्ति वक्र हैं। क्षैतिज रेखा *m*(D) मौद्रिक आधार व्यक्त करती है जो घरेलू साख D का गुणज है एवं यह भी स्थिरांक है। यह मुद्रा पूर्ति का घरेलू अवयव (component) है। यही कारण है कि M_S वक्र C बिन्दु से प्रारंभ होता है।

M_S और M_D वक्र E बिन्दु पर एक दूसरे को काटते हैं जहां देश का भुगतान शेष संतुलन में होता है और उसका विदेशी मुद्रा रिजर्व OR होता है। चित्र के पेनल (B) में PDC भुगतान असंतुलन वक्र है जो भाग (A) के M_S और M_D वक्रों के बीच

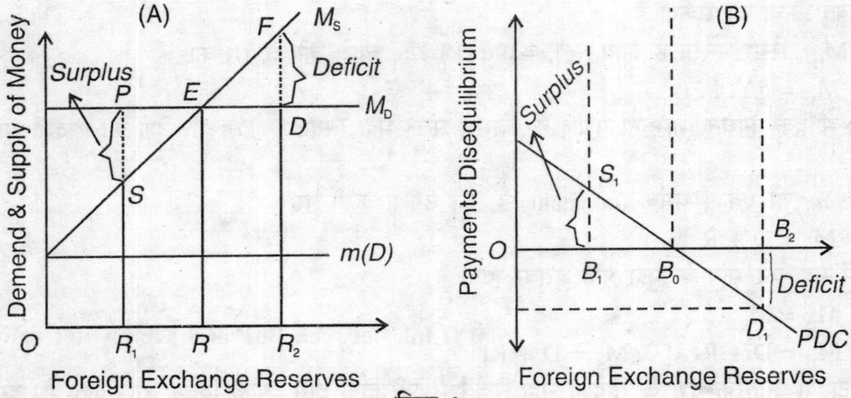

चित्र 4

अनुलंब अंतर के रूप में खींचा गया है। जैसा चित्र के पेनल (B) में (B_0), पेनल (A) में E बिन्दु के अनुकूलन है, जहां भुगतान शेष में कोई असंतुलन नहीं है।

यदि $M_S < M_D$ हो तो पेनल (A) में SP भुगतान शेष अतिरेक होता है। इससे विदेशी मुद्रा रिजर्वों का अंतर्वाह (inflow) होता है जो OR_1 से OR को बढ़ाते हैं और मुद्रा पूर्ति को इस प्रकार बढ़ाते हैं कि E बिन्दु पर भुगतान शेष संतुलन में होता है। दूसरी ओर, यदि $M_S > M_D$ हो तो ΔF के बराबर भुगतान शेष में घाटा होता है। विदेशी मुद्रा रिजर्व का बाह्य प्रवाह होता है जिसमें OR_2 से OR तक कमी होती है और मुद्रा पूर्ति में इस तरह कमी होती है कि E बिन्दु पर भुगतान शेष संतुलन पुनः स्थापित होता है। चित्र के पेनल (B) में इसी प्रक्रिया की विवेचना की गई है जहां भुगतान शेष असंतुलन स्वतः ठीक हो जाता है जब भुगतान शेष अतिरेक B_1S_1 घाटा B_2D_1 बराबर होते हैं।

लोचशील (या तिरती) विनियम दरों की प्रणाली के अन्तर्गत जब $B = 0$ हो तो विदेशी मुद्रा रिजर्व (R) में कोई परिवर्तन नहीं होता। परन्तु जब भुगतान शेष में घाटा या अतिरेक होता है तो मुद्रा की मांग में परिवर्तन और विनिमय दर विदेशी मुद्रा रिजर्व के किसी अन्तर्प्रवाह या बाह्यप्रवाह के बिना समायोजन प्रक्रिया में एक महत्वपूर्ण भूमिका निभाते हैं। मानलें कि मौद्रिक अधिकारी मुद्रा पूर्ति बढ़ाता हैं ($M_S > M_D$) और भुगतान शेष में घाटा होता है। वे लोग जिनके पास अतिरिक्त नकद शेष है, अधिक वस्तुएं खरीदते हैं जिससे घरेलू और आयातित वस्तुओं की कीमतें बढ़ती हैं। इससे घरेलू करेंसी मूल्यह्रास (depreciation) और विनियम दर में वृद्धि होती है। कीमतों में वृद्धि क्रमशः मुद्रा की मांग बढ़ाती है जिससे विदेशी मुद्रा रिजर्वों में किसी बाह्य प्रवाह (outflow) के बिना M_D और M_S में समानता होती है। इसके विपरीत स्थिति तब उत्पन्न होगी जब $M_D > M_S$ हो तो कीमतों में कमी और घरेलू करेंसी में मूल्यवृद्धि (appreciation) होता हैं जो स्वतः मुद्रा की आधिक्य मांग को समाप्त कर देता है। विनियम दर तब तक गिरती है जब तक $M_D = M_S$ एवं विदेशी मुद्रा रिजर्वों में किसी अन्तर्प्रवाह के बिना भुगतान शेष संतुलन में न हो जाए।

इसकी आलोचनाएं (Its Criticisms)

भुगतान शेष की मौद्रिक धारणा की कई कारणों से आलोचना की गई है :

1. मुद्रा की मांग स्थिर नहीं (Demand for Money not Stable)—आलोचक मुद्रा की स्थिर मांग की मान्यता से सहमत नहीं हैं। मुद्रा की मांग दीर्घकाल में स्थिर होती है परन्तु अल्पकाल में नहीं जब वह कम स्थिरता दर्शाती है।

2. पूर्ण रोजगार संभव नहीं (Full Employment not Possible)—इसी प्रकार, पूर्ण रोजगार की मान्यता स्वीकार्य नहीं, क्योंकि देशों में अनैच्छिक बेरोजगारी पाई जाती है।

3. एक कीमत नियम अमान्य (One Line Law Invalid)—**फ्रेंकल** और **जॉनसन** का यह विचार है कि ''बेची गई समान वस्तुओं के लिए एक कीमत नियम'' अमान्य है। ऐसा इस कारण कि जब उत्पादन के साधनों को गैर–व्यापारी वस्तुओं को उत्पादित करने वाले क्षेत्रों में लगाया जाता है तो गैर–व्यापारकृत वस्तुओं की अधिक मांग व्यापारकृत वस्तुओं की घटी हुई पूर्ति में बिखर

जाएगी। इससे आयात बढ़ेंगे और सभी व्यापारकृत वस्तुओं के लिए एक कीमत के नियम में बाधा पड़ेगी।

4. मार्किट अपूर्णताएं (Market Imperfections)—मार्किट अपूर्णताओं के कारण भी अनेक मार्किटों में एक कीमत के नियम को सही ढंग से कार्य करने में विघ्न पड़ता है। फिर, व्यापारियों द्वारा विदेशी कीमतों और व्यापार नियमों के बारे में सूचनाओं के अभाव के कारण कीमत विभेदक हो सकते हैं।

5. करेंसी प्रवाहों का निष्फलन संभव (Sterilisation of Currency Flows Possible)—आलोचकों को यह मान्यता स्वीकार्य नहीं कि स्थिर विनियम दरों के अंतर्गत करेंसी प्रवाहों को निष्फल करना संभव नहीं है। वे तर्क देते हैं कि करेंसी प्रवाहों का निष्फल करना पूरी तरह से संभव है यदि मुद्रा शेषों और बांडों के सापेक्ष महत्व के बारे में निजी क्षेत्र अपने सम्पत्ति पोर्टफोलियो की संरचना को समायोजित करने के लिए इच्छुक है, अथवा यदि सार्वजनिक क्षेत्र ऊंचा बजट घाटा करने को तैयार है, जब भी उसे भुगतान शेष घाटे का सामना करना पड़ता है।

6. भुगतान-शेष और मुद्रा पूर्ति के बीच वैध संबंध नहीं (Link between BoP and Money not valid)—मौद्रिक धारणा किसी देश के भुगतान शेष और उसकी कुल मुद्रा पूर्ति के बीच प्रत्यक्ष संबंध पर आधारित होती है। कई अर्थशास्त्रियों को इसमें संदेह है। इन दोनों के बीच संबंध भुगतान शेष में घाटा या अतिरेक होने पर मौद्रिक अधिकारी द्वारा विदेशी मुद्रा रिजर्वों के अन्तर्प्रवाहों एवं बाह्यप्रवाहों को निष्प्रभाव करने को क्षमता पर निर्भर करता है। इसके लिए बाहरी प्रवाहों के निष्फलन की कुछ आवश्यकता होती है। परन्तु यह वित्तीय बाजारों के वैश्वीकरण (globalisation) के कारण संभव नहीं होता है।

7. अल्पकाल की उपेक्षा (Neglects start-run)—मौद्रिक धारणा भुगतान शेष में स्वत: ठीक होने वाले दीर्घकालीन संतुलन से संबंधित होती है। यह धारणा अवास्तविक है क्योंकि यह अल्पकाल की व्याख्या करने में असफल है जिसके माध्यम से अर्थव्यवस्था नए संतुलन पर पहुंचने के लिए गुजरती है।

8. अन्य घटकों की उपेक्षा (Neglects other Factors)—यह धारणा सभो वास्तविक और ढांचागत घटकों की उपेक्षा करती है जिससे भुगतान शेष में असंतुलन उत्पन्न होता है और यह केवल घरेलू साख पर केन्द्रित करता है।

9. आर्थिक नीति की उपेक्षा (Neglects Economic Policy)—यह धारणा भुगतान शेष संतुलन लाने में घरेलू साख की भूमिका पर जोर देती है और आर्थिक नीति उपायों की उपेक्षा करती है। प्रो. **क्यूरी** (Currie) के अनुसार, भुगतान शेष संतुलन व्यय बदलावकारी (expenditure-switching) नीतियों द्वारा भी प्राप्त किया जा सकता है जो वास्तविक प्रवाहों और सरकारी बजट के माध्यम से कार्य करती है।

निष्कर्ष (Conclusion)

इन आलोचनाओं के बावजूद, भुगतान शेष क आधुनिक मौद्रिक सिद्धान्त **ह्यूम** के कीमत-स्वर्ण-प्रवाह सिद्धान्त से श्रेष्ठ है। ह्यूम के सिद्धान्त के अनुसार, मुद्रा केवल कीमती धातुओं में शामिल थी। घाटे वाले देश में, स्वर्ण बहिर्वाह से मुद्रा पूर्ति में संकुचन आता था और कीमतों में कमी। अतिरेक वाले देश में इसके विपरीत होता था। अत: भुगतान शेष में कीमत परिवर्तनों द्वारा संतुलन पुन: स्थापित होता था। आधुनिक सिद्धान्त में, घरेलू मुद्रा और विदेशी मुद्रा होती है। सापेक्ष कीमत परिवर्तनों पर बल न देकर, इस पर होता है कि किस सीमा तक साख निर्माण द्वारा आंतरिक स्रोतों से वास्तविक मुद्रा शेषों के लिए मांग संतुष्ट की जाएगी अथवा बाह्य स्रोतों के भुगतान शेष में घाटे या आतिरेक द्वारा। भुगतान शेष में घाटा अथवा आतिरेक मुद्रा पूर्ति में परिवर्तनों और उनके परिणामी आय और व्यय पर या वस्तुओं के उत्पादन और उपभोग पर प्रभावों द्वारा ठीक किया जा सकता है।

प्रश्न

1. भुगतान शेष की समस्या को हल करने हेतु मौद्रिक सिद्धान्त की विवेचना कीजिए।
2. भुगतान शेष के लोच सिद्धान्त की आलोचनात्मक व्याख्या कीजिए।
3. भुगतान शेष के अवशोषण सिद्धान्त का आलोचनात्मक परीक्षण करिए।
4. भुगतान शेष के वैकल्पिक स्वत: समायोजन तंत्रों की व्याख्या कीजिए। इनकी कौन-कौन सी मान्यताए हैं ?
5. किसी देश के भुगतान शेष में घाटे को कम करने में अवमूल्यन की भूमिका की चर्चा कीजिए। इसकी क्या सीमाएं हैं ?
6. प्रभावी अवमूल्यन की मार्शल-लर्नर शर्त की व्याख्या कीजिए।

अध्याय 65

भुगतान शेष नीतियां : आंतरिक तथा बाह्य संतुलन
(BALANCE OF PAYMENTS POLICIES : INTERNAL AND EXTERNAL BALANCE)

1. प्रस्तावना (INTRODUCTION)

इस अध्याय में सरकारों द्वारा भुगतान शेष के असंतुलन को संतुलित करने के तरीकों का विवेचन किया जा रहा है। वे हैं :

1. आंतरिक संतुलन जो कीमत स्थिरता तथा पूर्ण रोजगार का उल्लेख करता है, तथा
2. बाह्य संतुलन या भुगतान शेष संतुलन।

मीड (Meade) ने अपनी पुस्तक **Balance of Payments** में बताया कि आंतरिक तथा बाह्य संतुलन बनाए रखने के लिए हर देश को अपने कुल व्यय तथा विनिमय दर पर नियंत्रण रखना पड़ेगा। फिर **जोनसन** (Johnson) ने दोनों आंतरिक तथा बाह्य संतुलन लाने के लिए नीति उपकरणों के रेंज की ओर संकेत किया। उसने इन नीतियों को **व्यय परिवर्तनकारी** (Expenditure Changing) और **व्यय बदलावकारी**[1] (Expenditure Switching) नीतियां कहा। व्यय परिवर्तनकारी नीतियों की विवेचना आगे की जा रही है।

2. व्यय परिवर्तनकारी मौद्रिक तथा फिस्कल नीतियां (EXPENDITURE CHANGING MONETARY AND FISCAL POLICIES)

व्यय परिवर्तनकारी नीतियों से अभिप्राय भुगतान शेष असंतुलन को उपयुक्त मौद्रिक तथा फिस्कल नीतियों द्वारा प्रभावित करने के लिए अर्थव्यवस्था के कुल व्यय को परिवर्तित करना है।

इन दो नीतियों की व्याख्या करने के लिए IS-LM-BP तकनीक का प्रयोग किया जाता है, जहां LM वक्र मौद्रिक नीति, IS वक्र फिस्कल नीति तथा BP (भुगतान शेष) वक्र अथवा EB (बाह्य संतुलन) अथवा EF (विदेशी विनिमय) वक्र को व्यक्त करते हैं। **BP वक्र ब्याज दर तथा राष्ट्रीय आय के उन संयोगों को प्रस्तुत करता है जो भुगतान शेष (BOP) संतुलन पैदा करते हैं।** आय में वृद्धि आयात में वृद्धि लाएगी और चालू लेखा घाटे को बढ़ाकर भुगतान शेष (BOP) में घाटे को बढ़ाएगी। दूसरी ओर ब्याज दर में वृद्धि विदेशी निवेश आकर्षित करेगी तथा पूंजी का अंतर्वाह होगा जिससे पूंजी लेखा अतिरेक (Surplus) में वृद्धि होगी।

चित्र में BP वक्र के बाईं ओर ऊपर की ओर कोई भी बिन्दु भुगतान शेष में अतिरेक दर्शाता है तथा BP वक्र के दाईं ओर नीचे की तरफ कोई भी बिन्दु भुगतान शेष में घाटा दर्शाता है। भुगतान शेष (BOP) असंतुलन पर प्रभाव डालने वाली मौद्रिक तथा फिस्कल नीतियों द्वारा व्यय परिवर्तन लाने के तरीकों का विवेचन नीचे किया गया है।

व्यय परिवर्तनकारी मौद्रिक नीति (Expenditure Changing Monetary Policy)

व्यय परिवर्तनकारी मौद्रिक नीति मुद्रा पूर्ति तथा ब्याज दर में परिवर्तन द्वारा अर्थव्यवस्था को प्रभावित करती है। एक संकुचनकारी (Contractionary) मौद्रिक नीति भुगतान शेष (BOP) में अतिरेक लाती है तथा विस्तारक (Expansionary) मौद्रिक नीति भुगतान शेष में घाटा लाती है।

---

1. यह नीति अध्याय के अंतिम खण्ड में दी गई है।

इसकी मान्यताएं (Its Assumptions)

यह विश्लेषण निम्न मान्यताओं पर आधारित है :

(अ) विनिमय दर स्थिर है।

(ब) पूंजी में सापेक्ष गतिशीलता है।

(स) सरकारी व्यय में कोई परिवर्तनकारी नहीं होता, अर्थात IS वक्र (फिस्कल नीति) में कोई परिवर्तन नहीं होता है।

व्यय घटाने वाली मौद्रिक नीति (Expenditure Reducing Monetary Policy)

मानलीजिए देश में भुगतानशेष घाटा है। यह आय से अधिक व्यय की ओर संकेत करता है। इसे सुधारने के लिए मौद्रिक नीति मुद्रा पूर्ति में कमी लाती है जिससे ब्याज दरें बढ़ती हैं तथा निवेश और उत्पादन में कमी आती है। निवेश (व्यय) तथा उत्पादन की कमी आगे आय तथा आयातित वस्तुओं की कुल मांग में कमी लाता है। इसके आंतरिक कीमत स्तर में भी कमी आने से विदेशी वस्तुओं के स्थान पर देशी वस्तुओं की ओर बदलाव आता है। परिणामस्वरूप, देश के आयात कम हो जाते हैं तथा निर्यात बढ़ जाते हैं। इस प्रकार चालू व्यापार घाटा कम हो जाता है। साथ ही आयात में कमी से अल्पकालीन पूंजी का बहिर्वाह (Outflow) घट जाता है, जो भुगतान शेष घाटे को कम करता हे। दूसरी ओर आंतरिक ब्याज दरों में वृद्धि से पूंजी का अंतर्वाह बढ़ता है जिस कारण भुगतान शेष घाटा पूरी तरह समाप्त हो जाता है। जब मौद्रिक अधिकारी भुगतान शेष आतिरेक को ठीक करने के लिए विस्तारक मौद्रिक नीति अपनाते हैं तो समायोजन प्रक्रिया ऊपर हुए वर्णन के बिल्कुल प्रतिकूल होगी। व्यय घटाने वाली मौद्रिक नीति तथा भुगतान शेष पर इसके प्रभावों को चित्र 1 में दिखाया गया है।

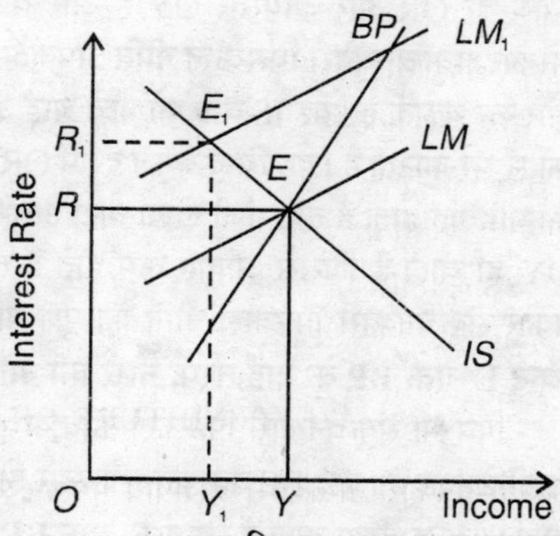

चित्र 1

ऊपर दी गई मान्यताओं के होने पर हम ऐसी स्थिति से प्रारंभ करते हैं जहां ब्याज दर OR तथा आयस्तर OY पर IS-LM-BP वक्रों के कटान बिन्दु E पर अर्थव्यवस्था पूर्ण संतुलन में है। मानलीजिए आंतरिक मुद्रा पूर्ति कम की जाती है। इससे LM वक्र **बाईं तरफ** ऊपर की ओर बदल कर LM_1 पर आ जाता है। नया संतुलन बिन्दु E_1 है क्योंकि बिन्दु E_1 वक्र BP के बाईं तरफ ऊपर की ओर है इसलिए भुगतान शेष आतिरेक है। ब्याज दर में OR से OR_1 की वृद्धि होती है जिससे पूंजी के अंतर्वाह के कारण पूंजी लेखा में आतिरेक होता है। दूसरी ओर आय में OY से OY_1 की कमी से आयात की कमी के कारण चालू लेखा आधिक्य उत्पन्न होगा। इस प्रकार **संकुचनकारी मौद्रिक नीति** से **भुगतान शेष में आतिरेक** होता है। फिर भी E_1 एक स्थायी संतुलन को प्रस्तुत नहीं करता। भुगतान शेष आतिरेक आंतरिक मुद्रा पूर्ति को बढ़ावा देगा तथा धीरे-धीरे LM_1 वक्र को सरका कर दाईं ओर LM वक्र पर ले जाएगा। ताकि E_1 बिन्दु IS वक्र के साथ-साथ चल कर नीचे की ओर E बिन्दु पर पहुंच जाए जब अर्थव्यवस्था दोबारा भुगतान शेष संतुलन पर आ जाए।

व्यय बढ़ाने वाली मौद्रिक नीति (Expenditure Increasing Monetary Policy)

दूसरी ओर एक विस्तारक मौद्रिक नीति, भुगतान शेष में घाटा लाती है, जैसा चित्र 2 में दिखाया गया है। चित्र में पूर्ण संतुलन बिन्दु E से प्रारंभ करते हुए मौद्रिक अधिकारी मुद्रा पूर्ति बढ़ा देता है। इससे LM वक्र नीचे **दाईं ओर** LM_2 पर आ जाता है। नया संतुलन बिन्दु E_2 पर है क्योंकि बिन्दु E_2 वक्र BP के **दाईं ओर नीचे** को है, इसलिए भुगतान शेष घाटा है। ब्याज दर कम होकर OR से OR_2 हो गई है जिससे पूंजी का बहिर्वाह होने से पूंजी लेखा घाटा पैदा होता है। दूसरी ओर आय में OY से OY_2 वृद्धि से आयात बढ़ने के साथ चालू लेखा घाटा पैदा होता है। इस प्रकार एक **विस्तारक मौद्रिक नीति से भुगतान शेष में घाटा पैदा होता है**। फिर भी E_2 स्थाई संतुलन नहीं है। भुगतान शेष घाटा घरेलू मुद्रा पूर्ति को कम करेगा तथा धीरे-धीरे वक्र LM_2 को बाईं ओर ऊपर वक्र LM पर ले जएगा ताकि E_2 बिन्दु IS वक्र के

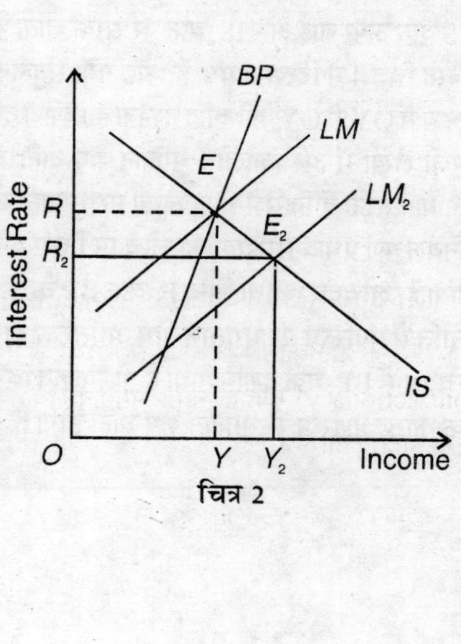

चित्र 2

साथ-साथ चलते हुए बिन्दु E पर ले जाएगा तथा अर्थव्यवस्था दोबारा भुगतान शेष संतुलन में आ जाती है।

व्यय परिवर्तनकारी फिस्कल नीति (Expenditure Changing Fiscal Policy)

फिस्कल नीति से अभिप्राय है सरकारी व्यय या/और कराधान में परिवर्तन करना। एक विस्तारक फिस्कल नीति सरकारी व्यय बढ़ाती है या/और करों में कमी लाती है। दूसरी ओर एक संकुचनकारी फिस्कल नीति सरकारी व्यय या/और करों में वृद्धि से संबंधित है।

व्यय घटाव लाने वाली फिस्कल नीति (Expenditure Reducing Fiscal Policy)

भुगतान शेष में घाटे को ठीक करने के लिए व्यय घटाने वाली फिस्कल नीति के प्रभावों को चित्र 3 में दिखाया गया है।

इसकी मान्यताएं (Its Assumption)

यह विश्लेषण निम्न मान्यताओं पर आधारित है :

1. विनिमय दर स्थिर है।
2. पूंजी में सापेक्ष गतिशीलता है।
3. आर्थिक नीति में कोई परिवर्तन नहीं है जिस कारण LM वक्र अपरिवर्तित रहता है।

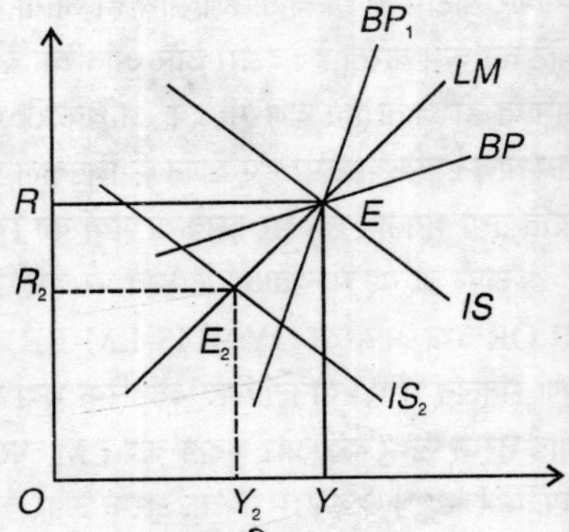

चित्र 3

ऊपर दी गई मान्यताओं के दिए होने पर हम संतुलन स्थिति E से प्रारंभ करते हैं जहां ब्याज दर OR और आयस्तर OY है और वक्र IS-LM-BP काटते हैं। मानलीजिए सरकार **संकुचनकारी फिस्कल नीति** अपनाती है जिससे यह अपना व्यय घटाती है या/और कर बढ़ाती है। यह IS वक्र को नीचे **बाईं ओर** IS_2 वक्र पर ला देती है जो LM वक्र को E_2 पर काटता है। यह बिन्दु ब्याज दर में OR से OR_2 की कमी दर्शाता है जिससे पूंजी का बहिर्वाह होता है तथा पूंजी लेखा घाटा उत्पन्न होता है। आय स्तर भी OY से गिरकर OY_2 हो जाता है जिससे आयात कम होते हैं तथा चालू लेखा घाटा पैदा होता है। इस प्रकार संकुचनकारी फिस्कल नीति का पूर्ण परिणाम भुगतान शेष में घाटा है **क्योंकि बिन्दु E_2 वक्र BP के दाईं तरफ नीचे की ओर है।**

फिर भी संकुचनकारी फिस्कल नीति के भुगतान शेष पर प्रभाव BP वक्र की लोच पर निर्भर करेंगे। ऊपर वर्णित उदाहरण में BP वक्र लोचदार है। यदि BP वक्र कम लोचदार हो जैसा ऊपर चित्र में BP_1 वक्र है तो संकुचनकारी फिस्कल नीति से भुगतान शेष अतिरेक होगा। ऐसा इसलिए क्योंकि **बिन्दु E_2 वक्र BP के ऊपर बाईं ओर है।**

व्यय बढ़ाने वाली फिस्कल नीति (Expenditure Increasing Fiscal Policy)

व्यय बढ़ाने वाली फिस्कल नीति वह मानी जाती है जब सरकार अपना व्यय बढ़ाती है या/और करों में कटौती करती है। परिणामस्वरूप IS वक्र ऊपर बाईं ओर IS_1 वक्र पर सरक जाता है जो LM वक्र को बिन्दु E_1 पर काटता है जैसा चित्र 4 में दिखाया गया है। यह नया संतुलन ब्याज दर में OR से OR_1 की वृद्धि तथा आय में OY से OY_1 की वृद्धि दर्शाता है। ब्याज दर में वृद्धि से पूंजी का अंतर्वाह होता है तथा पूंजी लेखा में अल्पकालीन भुगतान शेष अतिरेक होता है। दूसरी ओर आय में वृद्धि से आयात बढ़ते हैं जिससे चालू लेखा पर भुगतान शेष घाटा होता है। भुगतान शेष पर इसका निवल पूर्ण प्रभाव BP वक्र की लोच पर निर्भर करेगा। यदि BP वक्र जैसा चित्र 4 में दर्शाया गया है, लोचदार है तथा बिन्दु E_1 वक्र **BP के ऊपर बाईं ओर है तो विस्तारक फिस्कल नीति में पूर्णरूप से भुगतान शेष आतिरेक होगा।** यदि BP वक्र **कम लोचदार** है जैसा चित्र 4 में BP_1 वक्र दर्शाया गया है तो संतुलन बिन्दु E_1 वक्र BP_1 के दाईं ओर नीचे को होने के कारण पूर्णरूप से भुगतान शेष घाटा होगा।

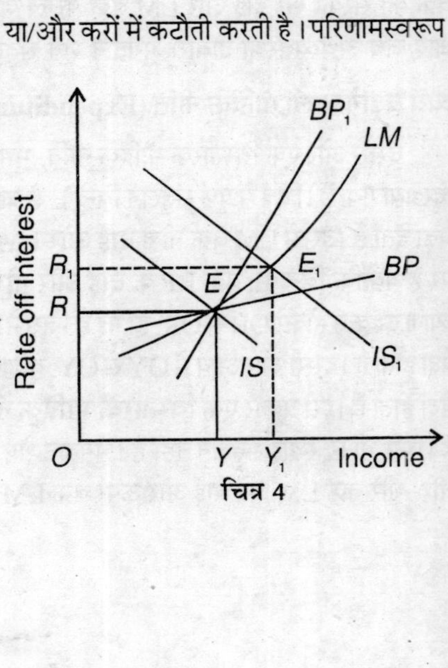

चित्र 4

निष्कर्ष (Conclusion)

ऊपर के विश्लेषण से स्पष्ट होता है कि संकुचनकारी (Contractionary) फिस्कल नीति भुगतान शेष घाटा ठीक करने में प्रभावी होती है। लेकिन विस्तारक फिस्कल नीति भुगतान शेष घाटे को सुधार भी सकती है अथवा बिगाड़ भी सकती है। इस प्रकार इसके भुगतान शेष पर परिणाम अस्पष्ट है। ब्याज दर में वृद्धि अल्पकाल में भुगतान शेष पूंजी आतिरेक उत्पन्न करती है तथा आय में वृद्धि से चालू लेखा घाटा होता है। यदि पहला प्रभाव प्रबल होता है तो विस्तारक फिस्कल नीति आंतरिक तथा बाह्य दोनों संतुलन लाएगी। लेकिन यदि बाद वाला प्रभाव प्रबल होता है तो वैसी ही सफलता नहीं मिल पाएगी। भुगतान शेष समस्या के समाधान के लिए तथा बाह्य तथा आंतरिक दोनों संतुलनों को लाने के लिए नीति निर्धारक मौद्रिक तथा फिस्कल दोनों नीतियों के मिश्रण का सुझाव देते हैं।

3. मंडल-फ्लेमिंग मॉडल
(THE MUNDELL-FLEMING MODEL)

मंडल-फ्लेमिंग[1] मॉडल का विकास 1960 के दशक के प्रारंभ में खुली अर्थव्यवस्था के संदर्भ में मौद्रिक एवं राजकोषीय नीतियों की भूमिका के विश्लेषण के उद्देश्य से फ्लेमिंग और मंडल और मंडल द्वारा किया गया था। इसे **केन्ज़ीय खुली अर्थव्यवस्था मॉडल** (Keynesian Open Economy Model) भी कहते हैं।

यह मंडल ने दो औजारों और दो उद्देश्यों के बीच संबंध का विश्लेषण करता है। **दो उपकरण** हैं, ब्याज की दर द्वारा व्यक्त मौद्रिक नीति और सरकारी व्यय द्वारा व्यक्त राजकोषीय नीति। दो उद्देश्य हैं, पूर्ण रोजगार (आंतरिक संतुलन) और भुगतान-शेष संतुलन (बाह्य संतुलन)। **आवंटन नियम मौद्रिक नीति को बाह्य संतुलन के उद्देश्य के लिए और आंतरिक संतुलन के लिए राजकोषीय नीति का करना है।**

इसकी मान्यताएं (Its Assumptions)

मंडल का मॉडल निम्न मान्यताओं पर आधारित है :

1. मौद्रिक नीति ब्याज दर में परिवर्तन के साथ संबद्ध है।
2. राजकोषीय नीति घाटा या आधिक्य बजट के साथ संबद्ध है।
3. निर्यात बाह्यजात तौर (exogenously) से दिए हुए हैं।
4. आयात आय का घनात्मक फलन हैं।
5. अंतर्राष्ट्रीय पूंजी गतियां घरेलू ब्याज दर परिवर्तनों से प्रभावित होती हैं।

मॉडल (The Model)

ये मान्यताएं दी होने पर, मंडल यह कहता है कि जिन देशों में रोजगार और भुगतान शेष नीतियां मौद्रिक और राजकोषीय उपकरणों तक सीमित होती हैं, भुगतान शेष के इच्छित स्तर को प्राप्त करने के लिए मौद्रिक नीति को आरक्षित रखना चाहिए, और आंतरिक स्थिरता को कायम रखने के लिए राजकोषीय नीति को। यदि मौद्रिक और राजकोषीय नीतियों को बिना दीर्घ समय-अंतराल के निर्बाध रूप निरंतर समायोजित किया जाता है, तो आवंटन नियम ठीक प्रकार से कार्य कर सकता है और अंततः लक्ष्यों को प्राप्त कर लेगा। आंतरिक और बाह्य संतुलन के लिए मौद्रिक और राजकोषीय नीति के प्रभावी प्रयोग का मंडल का नियम है जिसे वह **प्रभावी बाजार वर्गीकरण सिद्धांत** (Principle of Effective Market Classification) कहाता है।

नीचे हम आंतरिक तथा बाह्य संतुलन मौद्रिक तथा फिस्कल मिश्रित नीतियों में स्थिर तथा लोचदार विनिमय दरों पर पूर्ण तथा सापेक्ष गतिशीलता के साथ देश के भुगतान शेष पर उनके प्रभावों का अध्ययन करते हैं। उनकी नीचे व्याख्या की गई है।

पूर्ण पूंजी गतिशीलता के साथ स्थिर विनिमय दरें
(Fixed Exchange Rates with Perfect Capital Mobility)

पूंजी गतिशीलता होने पर घरेलू ब्याज दर में थोड़े से परिवर्तन से पूंजी के बड़े प्रवाह होते हैं। जब घरेलू ब्याज दर विश्व ब्याज दर

---

1. R.A. Mundell, *International Economics,* 1968. J.M. Fleming. ''Domestic Financial Policies Under Fixed and Floating Exchange Rates'' *Staff Papers.* 1962.

के बराबर होती है तो भुगतान शेष संतुलित कहा जाता है। यदि घरेलू ब्याज दर विश्व ब्याज दर से कम होती है जो विदेश में अच्छी ब्याज दरें प्राप्त करने हेतु पूंजी का अधिक बहिर्वाह होगा जो स्वयं समाप्त हो जाएगा। इसके विपरीत, घरेलू ब्याज दर विश्व ब्याज दर से अधिक हो तो पूंजी का अधिक अंतर्वाह घरेलू ब्याज दर को मूल स्तर पर ला देगा।

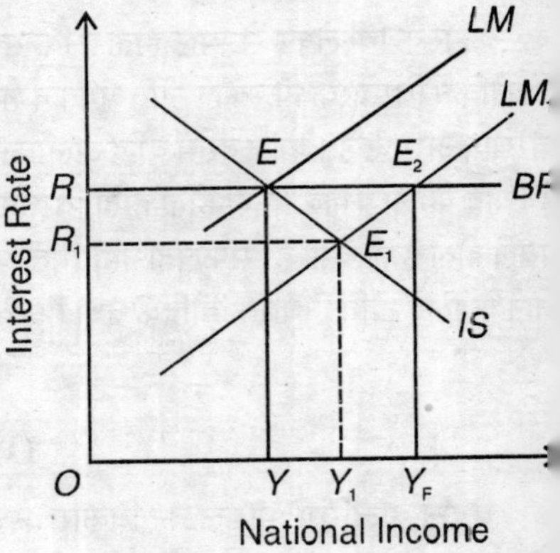

चित्र 5

पूर्ण पूंजी गतिशीलता के नीति निहितार्थ को चित्र 5 तथा 6 में दर्शाया गया है जहां BP वक्र समतल (Horizontal) खींचा गया है। बिन्दु E मूल संतुलन बिन्दु है जिसमें से IS-LM-BP वक्र गुजरते हैं। इस बिन्दु पर भुगतान शेष शून्य है लेकिन अर्थव्यवस्था पूर्ण रोजगार संतुलन पर नहीं है। यह बिन्दु राष्ट्रीय आय स्तर OY तथा ब्याज दर OR का निर्धारण करता है। क्योंकि ब्याज दर में थोड़े से परिवर्तन से बहुत अधिक पूंजी प्रवाह होता है इसलिए BP वक्र को समतल खींचा गया है। **यदि घरेलू ब्याज दर OR के ऊपर है तो पूंजी का देश में अंतर्वाह होगा तथा यदि यह OR के नीचे है तो पूंजी का बहिर्वाह होगा।**

मानलीजिए OY_F पूर्ण रोजगार आय स्तर है जिसे अर्थव्यवस्था पाना चाहती है। मौद्रिक अधिकारी मुद्रा पूर्ति बढ़ाकर विस्तारक मौद्रिक नीति प्रारंभ करता है। इससे LM वक्र LM_1 स्थान पर आ जाता है जो IS वक्र को E_1 बिन्दु पर काटता है जिससे ब्याज दर कम होकर OR_1 हो जाती है। इससे पूंजी का बर्हिर्वाह होता है। क्योंकि विदेशी विनिमय दर स्थिर है, इसलिए मौद्रिक अधिकारी विदेशी विनिमय को बेचकर पूंजी बहिर्वाह का वित्त प्रबंध करेगा। विदेशी विनिमय की बिक्री मुद्रा पूर्ति कम कर देगी परिणामस्वरूप LM_1 वक्र ऊपर बाईं ओर मूल स्थिति LM पर आ जाता है। इस प्रकार मौद्रिक नीति स्थिर विनिमय दरों तथा स्थिर अंतर्राष्ट्रीय पूंजी गतिशीलता होते हुए आंतरिक संतुलन कायम रखने में पूर्णतया अप्रभावी है। ऐसा इसलिए कि बिन्दु E_2 पर अर्थव्यवस्था पूर्ण रोजगार संतुलन नहीं पा सकती। संकुचनकारी मुद्रा नीति भी अप्रभावी होगी।

दूसरी ओर एक विस्तारक फिस्कल नीति से अंतर्राष्ट्रीय पूंजी गतिशीलता द्वारा आय स्तर बढ़ाने का प्रभाव होता है। यह चित्र 6 में दर्शाया गया है। मान लीजिए आय का पूर्ण रोजगार स्तर OY_F पाने के लिए सरकारी व्यय बढ़ा दिया जाता है। यह IS वक्र को दाईं ओर IS_1 पर ला देता है जो LM वक्र को बिन्दु E_1 पर काटता है इससे ब्याज दर बढ़कर OR हो जाती है तथा आय स्तर गिरकर OY_1 हो जाता है। ब्याज दर के बढ़ने से विदेश से पूंजी का बड़ा अंतर्वाह होता है। इससे विदेशी रिजर्व बढ़ने के साथ मुद्रा पूर्ति में वृद्धि होती है जिससे LM वक्र दाईं ओर LM_1 वक्र पर आ जाता है। अब यह LM_1 वक्र IS_1 वक्र को बिन्दु E_2 पर काटता है जहां स्थिर विनिमय दर पर पूर्ण रोजगार आय स्तर OY_F प्राप्त हो जाता है। इस प्रकार **फिस्कल नीति** मुद्रा पूर्ति बढ़ाकर कुल मांग, आय तथा रोजगार में वृद्धि लाती है। अत: **पूर्ण पूंजी गतिशीलता तथा स्थिर विनिमय दरों के अंतर्गत फिस्कल नीति आंतरिक संतुलन बनाए रखने में प्रभावी है तथा मौद्रिक नीति असमर्थ है।** जहां तक बाह्य संतुलन का संबंध है यह पूर्ण गतिशीलता के कारण अपने आप बना रहता है।

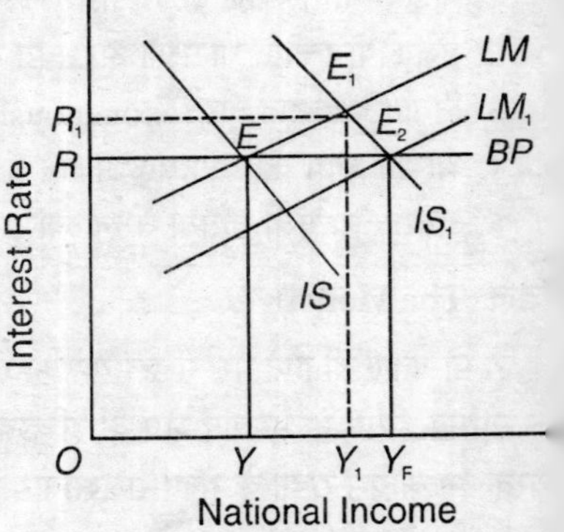

चित्र 6

2. पूर्ण पूंजी गतिशीलता के साथ लोचदार दरें (Flexible Exchange Rates with Perfect Capital Mobility)

जब विनिमय दरें लोचदार[1] हों तो पूर्ण पूंजी गतिशीलता के साथ निकाले जाने वाले निष्कर्ष परिवर्तित हो जाते हैं।

एक **विस्तारक मौद्रिक नीति** लीजिए जिसका प्रभाव ब्याज दरों में कमी करना, पूंजी का बहिर्वाह बढ़ाना और इस प्रकार भुगत

1. To understand the operation of flexible exchange rates two points are to be noted : (1) When capital outflows, th is depreciation of the currency and when capital inflows, there is appreciation of the currency (2) Under flexi exchange rate, the demand for foreign exchange equals its supply so that there is neither BOP deficit nor surpl It means that the economy always returns to the original equilibrium position on the BP curve when there changes in income-interest rate combination and shift in the BP curve.

शेष में घाटा लाना है। यह घाटा कैसे ठीक किया जाता है इसे चित्र 7 में दर्शाया गया है।

IS वक्र दिया होने पर, E से प्रारंभ करके एक विस्तारक मौद्रिक नीति वक्र LM को नीचे दाईं ओर सरका कर वक्र LM_1 पर ला देती है। LM_1 वक्र IS वक्र को बिन्दु E_1 पर काटता है जो ब्याज दर को कम करके OR_1 पर तथा आय को बढ़ाकर OY_1 पर लाता है। इस से पूंजी बहिर्वाह तथा परिणामस्वरूप भुगतान शेष में घाटा होता है तथा विनिमय दर में मूल्यह्रास (Depreciation) होता है। मूल्यह्रास के कारण विदेश में स्वदेशी वस्तुओं की मांग बढ़ती है जिससे उत्पादन तथा आय में वृद्धि होती है। यह अर्थव्यवस्था को LM वक्र के साथ ऊपर उठाती है जब तक वह बिन्दु E_2 तक नहीं पहुंच जाती जब आय बढ़कर OY_2 पर तथा ब्याज दर पुराने स्तर OR पर बढ़ जाती है तो भुगतान शेष में संतुलन E_2 पर पुन: स्थापित हो जाता है जहां आय में वृद्धि द्वारा बढ़े हुए आयात मूल्यह्रास के कारण व्यापार शेष में आतिरेक द्वारा क्षतिपूर्ति कर देते हैं।

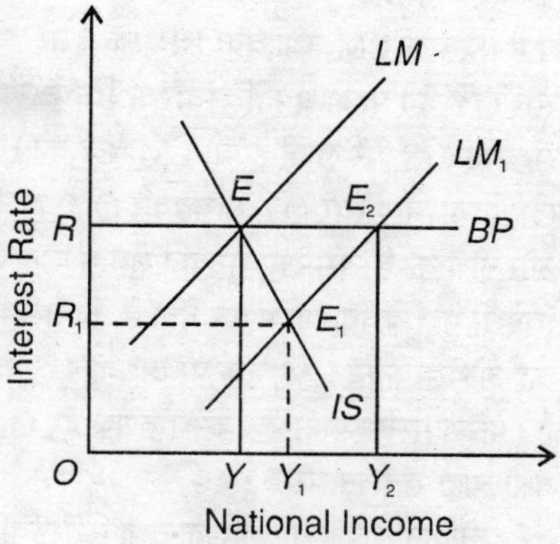

चित्र 7

एक **विस्तारक फिस्कल नीति** लीजिए जो IS वक्र को IS_1 पर सरका देती है। चित्र 8 में LM वक्र दिया होने पर यह अर्थव्यवस्था को E_1 पर संतुलन में लाती है जहां IS_1 वक्र LS वक्र को काटता है तथा OR_1 ब्याज दर और OY_1 आय स्तर होता है। क्योंकि बिन्दु E_1 रेखा BP से ऊपर की ओर स्थित है, इसलिए भुगतान शेष में आतिरेक है। इस आधिक्य के कारण विनिमय दर की मूल्यवृद्धि (Appreciation) होती है जो घरेलू उत्पादक की मांग में कमी लाती है। यह मूल्य वृद्धि की प्रक्रिया तब तक होती रहेगी जब तक कि घरेलू ब्याज दर विश्व ब्याज दर से अधिक है तथा पूंजी अन्तबहि चलता रहेगा। यह मूल्यवृद्धि वस्तुओं की मांग को कम करती रहेगी और फिस्कल नीति के प्रभावों की क्षतिपूर्ति करती रहेगी जब तक IS_1 वक्र सरक कर IS वक्र पर नहीं आ जाता तथा संतुलन दोबारा बिन्दु E पर स्थापित नहीं हो जाता, जहां ब्याज दर और आय वापिस अपने मूल स्तरों OR तथा OY पर वापिस आ जाएंगी। बिन्दु E पर भुगतान शेष तो संतुलन में है लेकिन विनिमय मूल्यत्रृद्धि के कारण व्यापार घाटा है जो विदेशियों के लिए घरेलू वस्तुओं की कीमतें बढ़ाता है तथा आयातित वस्तुओं की कीमतों को कम करता है। इसके परिणामस्वरूप निर्यात में कमी तथा आयात में वृद्धि आएगी। जिस कारण व्यापार घाटा उत्पन्न होगा। पूंजी अंतर्वाह द्वारा व्यापार घाटे का वित्त प्रबंधन करके विस्तारक फिस्कल नीति के अंतर्गत भुगतान शेष में E_1 बिन्दु पर संतुलन कायम रखा जा रहा है।

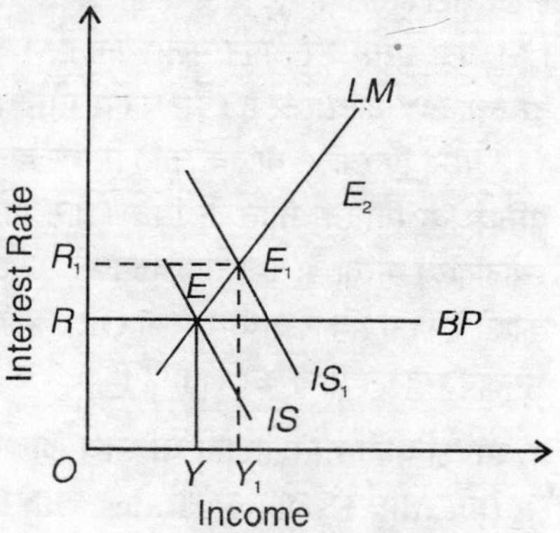

चित्र 8

इस प्रकार पूर्ण पूंजी गतिशीलता के अंतर्गत फिस्कल नीति का आय और रोजगार पर कोई प्रभाव नहीं है। अत: **पूर्ण पूंजी गतिशीलता के साथ लोचदार विनिमय दरों के अंतर्गत आंतरिक तथा बाह्य संतुलन बनाने में मौद्रिक नीति प्रभावी है और फिस्कल नीति अप्रभावी है।**

निष्कर्ष (Conclusion) : स्थिर तथा लोचदार विनिमय दरों के अंतर्गत उपरोक्त विश्लेषण में मौद्रिक तथा फिस्कल नीतियों पर अलग-अलग विचार किया गया है। फिर, एक छोटे देश के लिए मौद्रिक विस्तार तथा फिस्कल विस्तार में इस ढंग से मिश्रण करना संभव है कि ये स्थिर तथा लोचदार दरों पर प्रभावी हो जाएंगे। ऐसा इसलिए कि एक छोटे देश के लिए अपनी नीतियों द्वारा संतुलन ब्याज दर OR को परिवर्तित करना संभव नहीं होगा जब पूर्ण पूंजी गतिशीलता हो। परिणामस्वरूप, मौद्रिक तथा फिस्कल नीतियों में इस प्रकार साथ-साथ विस्तार किया जाता है कि LM वक्र सरक कर दाईं ओर LM_1 पर आ जाता है तथा IS वक्र भी सरक कर दाईं ओर IS_1 पर आ जाता है जिससे दोनों वक्र एक-दूसरे को बिन्दु E_2 पर काटते हैं जिस कारण जैसा चित्र 6 में दिखाया गया है, ब्याज दर OR पर स्थिर रहते हुए, आय बढ़कर OY_F हो जाती है।

3. सापेक्ष पूंजी गतिशीलता के साथ स्थिर विनिमय दरें (Fixed Exchange Rates with Relative Capital Mobility)

सापेक्ष गतिशीलता के साथ स्थिर विनिमय दरों के अंतर्गत मौद्रिक तथा फिस्कल नीतियों के प्रभावों पर विचार करें। इसे चित्र 9 में दर्शाया

गया है जहां BP वक्र LM वक्र से अधिक तिरछा है। मूल संतुलन बिन्दु E पर है जहां वक्र IS, वक्र LM तथा वक्र BP एक दूसरे को काटते हैं और ब्याज दर OR तथा आय स्तर OY है। पहले एक **विस्तारक फिस्कल नीति** लें जो IS वक्र को ऊपर दाईं ओर सरकाकर IS_1 पर लाती है जो LM वक्र को E_2 पर काटता है। ब्याज दर OR से बढ़कर OR_2 तथा आय स्तर OY से बढ़कर OY_2 हो जाता है। क्योंकि बिन्दु E_2 वक्र BP के दाईं ओर नीचे को है, इसलिए भुगतान शेष में घाटा आएगा। इस घाटे के कारण मुद्रा अधिकारी विदेशी मुद्रा बेचना प्रारंभ कर देता है, जिससे मुद्रा पूर्ति में कमी आएगी। इससे LM वक्र दाईं ओर सरककर LM_1 वक्र पर आ जाता है जहां यह IS_1 और BP वक्रों को E_1 पर काटता है। परिणामस्वरूप अर्थव्यवस्था ब्याज दर OR_1 तथा आय स्तर OY_1 के साथ आंतरिक तथा बाह्य संतुलन पर है।

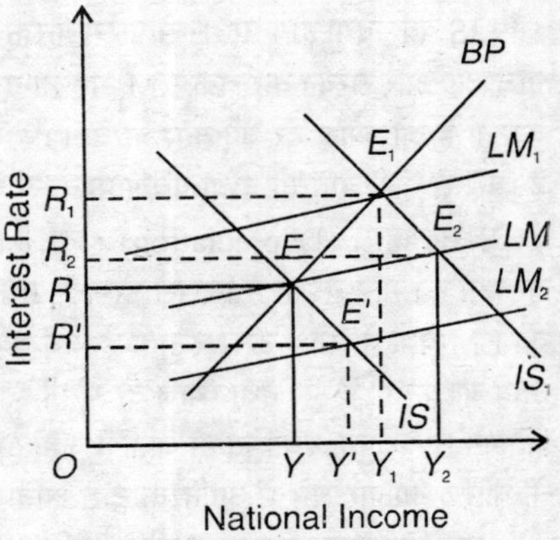

चित्र 9

लेकिन सापेक्ष गतिशीलता तथा स्थिर विनिमय दरों के साथ एक **विस्तारक मौद्रिक नीति** भुगतान शेष में हमेशा घाटा लाएगी। इस नीति द्वारा जब LM वक्र नीचे दाईं ओर सरककर LM_2 वक्र पर चला जाता है जो मुद्रा पूर्ति बढ़ने से ब्याज दर OR से गिरकर OR' हो जाएगी तथा आय स्तर OY से बढ़कर OY' हो जाएगा। ब्याज दर में कमी से पूंजी बहिर्वाह होगा जो पूंजी लेखा घाटा उत्पन्न करेगा और आय बढ़ेगी, आयात में वृद्धि होगी तथा चालू लेखा घाटा होगा। ये घाटे मौद्रिक अधिकारी को विदेशी मुद्रा बेचने के लिए विवश करेंगे जिससे मुद्रा पूर्ति में कमी आएगी तथा इस कारण LM_2 वक्र सरक कर अपने मूल स्थान LM वक्र पर आ जाएगा। परिणामस्वरूप, संतुलन स्थिति E बिन्दु पर रहती है जहां OR ब्याज दर तथा OY आय स्तर है। इस प्रकार **मौद्रिक नीति अप्रभावी** है।

परन्तु फिस्कल–मौद्रिक नीति मिश्रण दोनों आंतरिक तथा बाह्य संतुलन लाती है। यह एक **विस्तारक फिस्कल नीति के साथ एक प्रतिबंधक मौद्रिक नीति** के मिश्रण द्वारा पाया जा सकता है। जब एक विस्तारक फिस्कल नीति IS वक्र को दाईं ओर IS_1 वक्र पर स्थानांतरित करती है तथा संकुचनकारी मौद्रिक नीति LM वक्र को बाईं ओर LM_1 पर, तो चित्र 9 में दोनों BP वक्र को बिन्दु E_1 पर काटते हैं। इस प्रकार अर्थव्यवस्था OR_1 ब्याज दर तथा OY_1 आय स्तर पर, जो मूल स्तर बिन्दु E के मूल से ऊंचा है, पूर्ण रोजगार तथा भुगतान संतुलन प्राप्त कर लेती है।

4. सापेक्ष पूंजी गतिशीलता के साथ लोचदार विनिमय दरें (Flexible Exchange Rates with Relative Capital Mobility)

चित्र 10 में प्रदर्शित सापेक्ष पूंजी गतिशीलता के साथ लोचदार विनिमय दरों के प्रभावों पर अब हम विचार करेंगे। पहले मौद्रिक नीति के प्रभावों को मूल संतुलन बिन्दु E पर लें जहां तीनों वक्र BS, IS तथ LM एक दूसरे को काटते हैं और ब्याज दर OR तथा आय स्तर OY है। मानलीजिए मौद्रिक अधिकारी एक विस्तारक मौद्रिक नीति का अनुसरण करता है जो LM वक्र को दाईं ओर LM_1 पर सरकाती है जो चित्र 10 में IS वक्र को E_2 पर काटता है। क्योंकि बिन्दु E_2 वक्र **BP के नीचे दाईं ओर** है इसलिए अल्पकाल में भुगतान शेष में घाटा होता है। ब्याज दर के OR से गिरकर OR_2 पर आने से पूंजी का बहिर्वाह होता है जो विदेशी मुद्रा की मांग बढ़ाता है तथा देश की विनिमय दर का मूल्यह्रास (Depreciation) होता है। इससे निर्यात बढ़ते हैं तथा आयात में कमी आती है। इस कारण IS वक्र दाईं ओर IS_1 पर सरक जाता है। भुगतान शेष में सुधार होता है। इससे वक्र BP दाईं ओर BP_1 पर सरक जाता है। नया संतुलन बिन्दु E_1 पर स्थापित होता है जहां तीनों वक्र IS, LM तथा BP एक दूसरे को काटते हैं तथा OY से अधिक ऊंचे OY_1 स्तर पर दोनों बाह्य तथा आंतरिक संतुलन उपलब्ध हो जाते हैं। इस प्रकार **मौद्रिक नीति लोचदार विनिमय दरों के अंतर्गत प्रभावी होती है।**

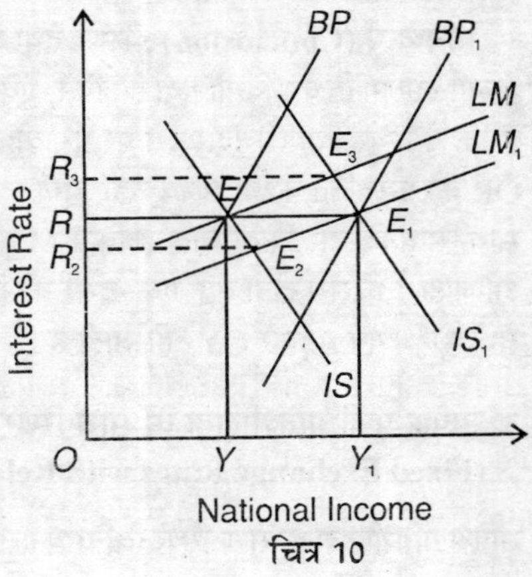

चित्र 10

यदि एक **विस्तारक फिस्कल नीति** लोचदार विनिमय दरों के साथ अपनाई जाती है तो भुगतान शेष का घाटा होगा। मूल संतुलन बिन्दु E से प्रारंभ करके जब सरकारी

व्यय को बढ़ाकर या और करों में कमी करके IS वक्र सरक कर दाईं ओर IS_1 पर चला जाता है जो LM वक्र को E_3 पर काटता है। इससे ब्याज दर OR से बढ़कर OR_3 हो जाती है। इससे पूंजी अंतर्वाह होता है जो करेंसी की मूल्य वृद्धि (appreciation) करता है। यह आगे आयात बढ़ाता है और निर्यात कम करता है तथा करेंसी का मूल्यह्रास लाता है। इससे IS_1 वक्र पुनः सरककर IS पर चला जाता है और मूल संतुलन बिन्दु E प्राप्त हो जाता है। इस प्रकार, फिस्कल नीति लोचदार विनिमय दरों और सापेक्ष पूंजी गतिशीलता के साथ अप्रभावी है। फिर भी एक विस्तारक मौद्रिक नीति तथा संकुचनकारी फिस्कल नीति का मिश्रण लोचदार विनिमय दरों तथा पूंजी गतिशीलता के अंतर्गत आंतरिक तथा बाह्य संतुलन पाने में प्रभावी है।

मंडल-फ्लेमिंग मॉडल की आलोचनाएं (Criticisms of Mundell Fleming Model)

इस विश्लेषण की कई कमियां हैं—

1. अवास्तविक मान्यताएं (Unrealistic Assumptions)—यह मॉडल मानता है कि अधिकारी *IS, LM* तथा *BP* वक्रों को जानते हैं, और उस सीमा को जानते हैं जिस पर अर्थव्यवस्था आंतरिक और बाह्य दोनों संतुलनों से दूर होती है ताकि उचित मौद्रिक और राजकोषीय नीति प्रयोग की जा सके। यह भी पहले से ही मान लिया जाता है कि वे मात्रात्मक परिणाम जानते हैं जो प्रत्येक नीति के प्रयोग से संभावित होते हैं। ये दोनों मान्यताएं वास्तविकता से दूर हैं, क्योंकि असंतुलन की श्रेणी का ठीक-ठीक अनुमान लगाना संभव नहीं है। अत: नीति परिवर्तन इस प्रकार के असंतुलन के लिए उचित नहीं हो सकते हैं।

2. गतिहीन स्फीति की उपेक्षा (Ignores Stagflation)—यह विश्लेषण बेरोगजारी और स्फीति की स्थिति की उपेक्षा करता है। यह अवास्तविक है क्योंकि यह धारा जो स्टैगफ्लेशन के नाम से जानी जाती है, प्राय: सभी विकसित देशों में पाई जाती है।

3. व्यावहारिक अवरोध (Practical Constraints)—मौद्रिक और राजकोषीय नीतियां निश्चित व्यावहारिक अवरोधों के अंतर्गत कार्य करती हैं। राजनीतिक कारणों से कुछ सरकारें प्रतिबंधात्मक राजकोषीय नीति और उच्च ब्याज दरों वाली मौद्रिक नीति का पालन नहीं कर पातीं। यद्यपि ऐसी नीतियां प्रारंभ की जा सकती हैं, परन्तु वे सफल नहीं हो सकती हैं, क्योंकि पूंजी-प्रवाह ब्याज संवेदनशील (sensitive) नहीं हो सकते हैं।

4. चालू खाता घाटा ठीक नहीं कर सकता (Cannot Correct Current Account Deficit)—नियत नीति मिश्रण चालू लेखा घाटे को ठीक करने में सफल नहीं हो सकता क्योंकि नीति मिश्रण पूंजी प्रवाह और आयात—दोनों को प्रभावित करता है, इसलिए यह सिर्फ इतना सुनिश्चित करता है कि ऋणात्मक व्यापार संतुलन, धनात्मक पूंजी प्रवाह द्वारा क्षतिपूर्तित होता है और विलोमशः भी।

5. यथार्थ समायोजन तंत्र नहीं (Not True Adjustment Mechanism)—मौद्रिक-राजकोषीय मिश्रण यथार्थ समायोजन तंत्र नहीं है। यह भुगतान संतुलन का समायोजन नहीं करता बल्कि सिर्फ इसे स्थिर करता है। पूंजी प्रवाह कीमतों और आय को अपरिवर्तित छोड़कर केवल विदेशी विनिमय की स्वायत्त मांग और पूर्ति के बीच अंतराल को पूरा करता है।

6. ऋण सेवा आवश्यकताओं पर विचार नहीं (No Consideration on the Debt-Servicing Requirements)—यह विश्लेषण ऋण सेवा आवश्यकताओं पर विचार नहीं करता क्योंकि जब घरेलू ब्याज दर बढ़ाई जाती है तो निरंतर पूंजी प्रवाह भुगतान संतुलन के चालू लेखा पर होगा।

7. पूंजी निर्माण में कमी (Retards Capital Formation)—जब मौद्रिक नीति के माध्यम से ब्याज दर बढ़ाई जाती है तो यह घरेलू निवेश में कमी लाएगी। यह या तो सरकारी व्यय में वृद्धि ह्रास द्वारा या कर कटौतियों द्वारा या दोनों के किसी संयोग द्वारा अवश्य साथ होनी चाहिए। ऐसी मौद्रिक राजकोषीय नीति मिश्रण अर्थव्यवस्था की बचतों को ऋण वित्त प्रबंधित सरकारी व्यय की ओर मोड़कर दुरुपयोग करती है, जो पूंजी-निर्माण को रोकता है। **जोनसन** के अनुसार, ''यह घरेलू बचत संभावना के उपयोग में 'अकुशलता बनाम कुशलता' की समस्या को उत्पन्न करता है।

8. विरोधी नीतियां (Conflicting Policies)—विभिन्न देशों की सरकारों में नियत नीति मिश्रणों के बीच अंतर्विरोधों की संभावना होती है। **जोनसन** ने बताया, ''सभी देशों के साथ-साथ राजकोषीय और मौद्रिक नीतियों के सही संयोग पर पहुंचकर, विशेषकर यदि नीतियों के समायोजन क्रम संबंधी जांच और दोष द्वारा होते हैं, तो यह जटिल प्रक्रिया होगी और कुछ परिस्थितियों में संतुलन की ओर लाने की अपेक्षा उससे दूर ले जा सकती है।''

9. दीर्घ समय अंतराल (Long Time Lags)—मॉडल यह मानता है कि मौद्रिक राजकोषीय नीतियों के कार्यकरण के लिए दीर्घ

समय अंतराल नहीं होते। परंतु मौद्रिक और राजकोषीय अंतराल पर्याप्त लंबे होते हैं तथा वे आंतरिक और बाह्य शेष की एक साथ संतुलन प्रक्रिया को रोकते हैं।

4. व्यय बदलावकारी नीतियां (EXPENDITURE SWITCHING POLICIES)

व्यय बदलावकारी नीतियां एक देश की करेंसी के अवमूल्यन (Devaluation) अथवा पुनर्मूल्यन (Revaluation) से संबंधित हैं ताकि वह अपने व्यय को विदेशी से घरेलू वस्तुओं की ओर अथवा इसके विपरीत मोड़ सकें। इसका उद्देश्य भुगतान शेष असंतुलन को ठीक करना है। लेकिन जोनसन (Johnson) दोनों प्रकार की व्यय बदलावकारी नीतियों में भेद करता है। **प्रथम** अवमूल्यन तथा **दूसरी** आयात को रोकने के लिए तथा भुगतान शेष घाटे को ठीक करने के लिए प्रत्यक्ष नियंत्रणों का प्रयोग है। हम व्यय बदलावकारी नीतियां की व्याख्या के लिए जॉनसान का अनुसरण करेंगे। इस प्रकार व्यय बदलावकारी नीतियों का उद्देश्य घरेलू वस्तुओं की मांग को बढ़ाकर व्यय को आयातित वस्तुओं से देशी वस्तुओं की ओर बदलना है। **व्यय बदलावकारी नीतियों का उद्देश्य बाह्य संतुलन को बनाए रखना है।**

1. अवमूल्यन (Devaluation)

अवमूल्यन व्यय बदलावकारी नीति से संबंधित है क्योंकि यह व्यय को आयातित से घरेलू वस्तुओं तथा सेवाओं की ओर बदलता है। अवमूल्यन का अर्थ घरेलू करेंसी के बाह्य मूल्य में विदेशी करेंसियों के संबंध में कमी लाना है। लेकिन देश की आंतरिक क्रय शक्ति में कोई परिवर्तन नहीं होता। जब कोई देश भुगतान शेष घाटे को ठीक करने के लिए अपनी करेंसी का अवमूल्यन करता है तो इसके द्वारा आयातित वस्तुओं की घरेलू कीमतें बढ़ जाती हैं तथा इसकी निर्यात की जाने वाली वस्तुओं की विदेशी कीमतें गिर जाती हैं। इससे इसके निर्यात पहले से अधिक सस्ते तथा आयात पहले से अधिक महंगे हो जाते हैं। अब दूसरे देश अवमूल्यन से पहले की अपेक्षा कम करेंसी से अधिक वस्तुएं खरीद सकते हैं। इससे निर्यात को प्रोत्साहन मिलता है। देश के निर्यात बढ़ने से और देश वस्तुओं की घरेलू तथा विदेशी मांग को पूरा करने के लिए अधिक उत्पादन करता है। इस कारण विदेशी वस्तुओं से घरेलू वस्तुओं की ओर व्यय में बदलाव आता है। इसलिए विदेशी के स्थान पर देशी वस्तुओं पर व्यय में अधिकता आती है दूसरी ओर, आयात पहले से महंगे होने से उनमें कमी आती है। इस प्रकार निर्यात बढ़ने तथा आयात कम होने पर भुगतान शेष घाटा ठीक हो जाता है।

मान्यताएं (Assumptions)—यह विश्लेषण निम्न मान्यताओं पर आधारित है :

1. निर्यात और आयात की मांग लोचशील है।
2. अवमूल्यन के बाद निर्यात की बढ़ी हुई मांग पूरा करने के लिए निर्यात की पूर्ति पर्याप्त है।
3. अवमूल्यन के बाद देशी आंतरिक कीमत स्तर स्थिर रहता है।
4. दूसरा देश अपनी करेंसी का अवमूल्यन उसी समय नहीं करता है।
5. दूसरे देश जवाबी अवमूल्यन के उपाय जैसे टैरिफ शुल्क आदि नहीं अपनाता है।

व्याख्या (Explanation)—ऊपर दी गई मान्यताएं होने पर एक देश के भुगतान शेष घाटे पर अवमूल्यन के प्रभावों की व्याख्या चित्र 11 में की गई है।

अवमूल्यन का भुगतान शेष घाटे पर वास्तविक प्रभाव जानने के लिए उसी देश में निर्यातों तथा आयातों की कीमत गतियों का अध्ययन करना उचित हो जाता है। चित्र 11A तथा 11B में निर्यातों तथा आयातों पर अवमूल्यन के प्रभावों को क्रमशः दिखाया गया है, जहां Dx तथा Sx निर्यातों के मांग तथा पूर्ति वक्र हैं और Dm तथा Sm आयातों के मांग तथा पूर्ति वक्र हैं। मानलीजिए ब्रिटिश पाउंड का अमेरिकी डालर के साथ अवमूल्यन होता है तथा कीमत गतियां अवमूल्यन से पहले तथा बाद में पाउंड में ली गई है। निर्यातों तथा आयातों के मांग तथा पूर्ति वक्र दोनों ही लोचदार हैं।

पहले चित्र A में निर्यात को लें। अवमूल्यन से पहले ब्रिटेन OX मात्रा का OPx कीमत पर अमेरिका को निर्यात करता है। पाउंड के अवमूल्यन का पाउंड में निर्यात की पूर्ति पर कोई प्रभाव नहीं पड़ता। इसलिए पूर्ति वक्र Sx में कोई बदलाव नहीं आता। लेकिन अमेरिका के उपभोक्ताओं के लिए पाउंड के अवमूल्यन का अर्थ है ब्रिटिश वस्तुओं का पहले से सस्ता हो जाना। परिणामस्वरूप निर्यात

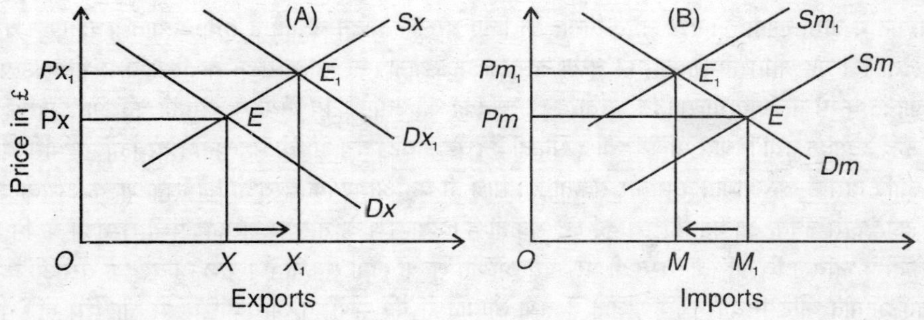

चित्र 11

की मांग बढ़ती है तथा निर्यात का मांग वक्र Dx दाईं ओर Dx_1 पर सरक जाता है। अवमूल्यन से पहले की OX निर्यात की कीमत OPx है। पाउंड के अवमूल्यन के बाद निर्यात कीमत बढ़कर OPx हो जाती है। तथा निर्यात की मात्रा बढ़कर OX_1 होती है।

अब अवमूल्यन के आयात पर प्रभाव को लें। अवमूल्यन से पहले ब्रिटेन अमेरिका से OM_1 मात्रा का OPm कीमत पर आयात करता था। अवमूल्यन के बाद पाउंड में आयात महंगे हो जाते हैं और अवमूल्यन से पहले वाली मात्रा में कमी आ जाती है। इस कारण आयात का पूर्ति वक्र Sm सरक कर Sm_1 पर चला जाता है जिसे चित्र (B) में दर्शाया गया है। लेकिन आयात का मांग वक्र Dm लोचदार होने के कारण आयात की कीमतों में OPm से OPm_1 की वृद्धि खरीदी गई मात्रा को OM से OM_1 कम कर देती है।

इस प्रकार, निर्यात में XX_1 की वृद्धि तथा आयात में M_1M की कमी होने से अवमूल्यन करने वाले देश की करेंसी में अवमूयन करने से भुगतान शेष में संतुलन हो जाता है।

इसकी सीमाएं (Its Limitations)—एक देश के भुगतान शेष घाटे को ठीक करने के उपाय के रूप में अवमूल्यन की निम्नलिखित सीमाएं हैं :

1. कम लोचदार मांग (Less Elastic Demand)—ऊपर का विश्लेषण यह मानता है कि आयात तथा निर्यात की मांग लोचदार है। वास्तव में निर्यात तथा आयात की मांग कभी भी लोचदार नहीं होती, बल्कि यह हमेशा कम लोचदार होती है। परिणामस्वरूप, भुगतान शेष पर अवमूल्यन का प्रभाव होगा।

2. पूर्ति में कमी (Shortage of Supply)—यह भी माना गया है कि अवमूल्यन के बाद निर्यात के लिए बढ़ी हुई मांग की पर्याप्त पूर्ति है। लेकिन एक अवमूल्यन करने वाले देश के लिए कच्चे माल की कमी निर्यात योग्य वस्तुओं के उत्पादकों तथा निर्यातों को प्रोत्साहन में कमी तथा निर्यात शुल्कों में कमी आने के कारण निर्यात की पूर्ति को बढ़ाना संभव नहीं होता है।

3. कीमत वृद्धि (Price Rise)—यह भी माना गया है कि अवमूल्यन करने वाले देश का आंतरिक कीमत स्तर स्थिर रहता है। लेकिन यह अवास्तविक है क्योंकि जब निर्यात की मांग बढ़ती है तो ऐसी वस्तुओं की घरेलू बाजार में कमी आ जाती है जिससे उनकी कीमतें बढ़ जाती हैं। इसी प्रकार अवमूल्यन के साथ, आयातित वस्तुओं की कीमतें बढ़ती हैं। अत: वस्तुओं की कीमतों में वृद्धि अवमूल्यन के अनुकूल प्रभावों को निष्प्रभावी कर देती है।

4. दूसरे देश अवमूल्यन करते हैं (Other Countries Devalue)—यह माना गया है कि दूसरा देश अपनी करेंसी का अवमूल्यन नहीं करता। लेकिन इसकी हमेशा संभावना होती है कि दूसरा देश जिसके निर्यात पर दुष्प्रभाव पड़ता हैं, प्रतिशोध लेने हेतु अपनी करेंसी का अवमूल्यन कर सकता है। परिणामस्वरूप अवमूल्यन के प्रोत्साहन प्रभाव निष्प्रभावी हो जाएंगे।

5. जवाबी अवमूल्यन उपाय (Counter Devaluation Measures) : यदि दूसरे देश टैरिफ शुल्क बढ़ा कर तथा दूसरे सीधे नियंत्रण के उपाय अपना लें तो भी अवमूल्यन भुगतान शेष घाटा ठीक करने में असफल होगा। इन सब सीमाओं के बावजूद, अवमूल्यन को देशों के द्वारा भुगतान शेष घाटा ठीक करने का प्रभावशाली उपाय माना जाता है।

2. सीधा नियंत्रण (Direct Control)

भुगतान शेष असंतुलन के घाटे को ठीक करने के लिए व्यय बदलावकारी नीति का दूसरा तरीका सीधे नियंत्रणों के प्रयोग द्वारा

वस्तुओं के आयात में कमी लाना है। ऐसी नीति निर्यात के लिए घरेलू उत्पादन बढ़ाती है तथा आयात-स्थानापन्न वस्तुओं के उत्पादन को प्रोत्साहन देती है। यह नीति उपभोक्ता को घरेलू वस्तुओं के स्थानापन्नों को खरीदने के लिए तथा घरेलू उत्पादकों को आयात स्थानापन्न उत्पादित करने के लिए प्रोत्साहित करती है। उत्पादकों को अपने व्यय निर्यात्य वस्तुओं की ओर बदलने की प्रेरणा देने के लिए, सरकार उन्हें उत्पादन तथा निर्यात सब्सिडियां दे सकती है। वह अवांछनीय अथवा महत्वहीन वस्तुओं पर भारी आयात शुल्क, कोटा नियत करके, आदि द्वारा उनके आयात कम कर सकती है। साथ ही वह आवश्यक वस्तुओं को बिना शुल्क अथवा कम शुल्कों अथवा उन पर उदार कोटे द्वारा उनके आयात की स्वीकृति दे सकती है। उदाहरण के तौर पर सरकार पूंजी वस्तुओं के नि:शुल्क आयात की अनुमति दे सकती है लेकिन विलासिता-वस्तुओं पर भारी आयात शुल्क लगा सकती है। कुछ आवश्यक वस्तुओं के निश्चित मात्रा में आयात के लिए आयात कोटे निर्धारित किए जाते हैं तथा आयातकों को संबंधित अधिकारियों से लाईसेंस लेने पड़ते हैं। **जोनसन** (Johnson) इन्हें **वाणिज्यिक नियंत्रण** (Commercial Controls) कहता है। इन तरीकों से भुगतान शेष असंतुलन ठीक करने के लिए आयात को कम किया जाता है।

सरकार भी भुगतान शेष घाटा कम करने के लिए **वित्तीय नियंत्रण** (Financial Controls) अपनाती है। वे मुद्रा के उपयोग पर नियंत्रण द्वारा कार्य करते हैं। इन्हें घरेलू मुद्रा के उपयोग की स्वतंत्रता को कुछ उपयोगों पर नियंत्रण लगाकर (जैसेकि बहु विनिमय दरें) अथवा मुद्रा के कुछ उपयोगों को दूसरों से अधिक महंगा बनाकर रोका जाता है। ये कठोर विनिमय नियंत्रण उपाय हैं! विनिमय दरों के दोहरे उद्देश्य हैं वे आयात को रोकते हैं तथा विदेशी मुद्रा का विनयमन (Regulate) करते हैं। इनमें मुद्रा अधिकारी द्वारा विदेशी मुद्रा के भुगतान तथा प्राप्तियों पर पूर्ण नियंत्रण शामिल हो सकता है। विदेशी मुद्राओं को विनिमय नियंत्रण अधिकारियों को समर्पित करना पड़ता है। विदेशी मुद्राओं तथा प्रतिभूतियों के क्रय पर विदेशों को अल्पअवधि के सट्टा पूंजी बहिर्वाहों पर; रायल्टियों पर; विदेशियों के ब्याज तथा ऋण भुगतानों पर, विदेशी यात्राओं तथा पर्यटकों के विदेशों में व्यय आदि पर प्रतिबंध लगाए जा सकते हैं। सरकार बहुल विनिमय दरें भी अपना सकती है। यह आवश्यक वस्तुओं जैसे कच्चे माल, मशीनों आदि पर कम विनिमय दरें तथा अनावश्यक वस्तुओं पर अधिक ऊंची विनिमय दरें प्रयोग कर सकती हैं।

इस प्रकार सीधे नियंत्रण दोनों वाणिज्यिक तथा वित्तीय आयातों में कमी करके तथा अर्थव्यवस्था की विदेशी मुद्रा की आवश्यकताओं को नियंत्रित करके, भुगतान शेष असंतुलन ठीक करने में सहायक होते हैं।

सीमाएं (Limitations) : लेकिन सीधे नियंत्रणों की बड़ी सामाजिक लागतें होती हैं। जब लोगों को विदेशी मुद्रा का उपयोग तथा वस्तुएं आयात करने से रोका जाता है तो कल्याण की हानि होती है। उन पर अत्यधिक प्रशासनिक व्यय होते हैं। विनिमय नियंत्रण नियमों की उपेक्षा करके विदेशी मुद्रा विनिमय लाइसेंसों के लिए प्रार्थना-पत्र देकर तथा बोली लगाकर लाईसेंस लेने की प्रक्रिया से भी साधनों की क्षति होती है। दूसरे देशों द्वारा प्रतिशोधात्मक (reetaliatory) उपाय भी अपनाए जा सकते हैं जो इसके लाभों को समाप्त कर सकते हैं। इसके अतिरिक्त सीधे नियंत्रण भुगतान शेष के घाटे को दबाकर उसके लक्षण का उपचार करते हैं न कि रोग का। जब घाटा पूंजी पलायन से है तो दबाव द्वारा उसके मूल कारण को ठीक नहीं किया जा सकता। सीधे नियंत्रण केवल घाटे को ठीक करने की कार्यवाही करते हैं तथा मूल कारण को ठीक करने में असफल रहते हैं। इस प्रकार सीधे नियंत्रण भुगतान शेष घाटे के स्थायी समाधान की बजाय अस्थाई समाधान ही प्रस्तुत करते हैं। यही कारण है कि अधिकतर देश उदार व्यापार व्यवस्था के पक्ष में हैं जहां मौद्रिक-फिस्कल उपायों को भुगतान शेष घाटा ठीक करने के लिए सीधे नियंत्रणों से बेहतर मानते हैं। इसकी सीमाओं के बावजूद अवमूल्यन को सीधे नियंत्रण से श्रेष्ठ माना जाता है।

प्रश्न

1. बाह्य और आंतरिक संतुलन लाने हेतु मौद्रिक और राजकोषीय विधियां किस ढंग से और कहां तक सफलता के साथ प्रयोग की जा सकती हैं?
2. बाह्य और आंतरिक संतुलनों को कायम करने के लिए आप कौन-सी नीति विषयक विधियां सुझाएंगे?
3. आंतरिक और बाह्य संतुलनों को IS-LM-BP विधि द्वारा समझाइए।
4. मंडल-फ्लेमिंग मॉडल द्वारा आंतरिक और बाह्य संतुलन को कैसे कायम रखा जाता है? इसकी क्या त्रुटियां हैं?
5. पूंजी गतियों के होने पर आंतरिक और बाह्य संतुलन कैसे प्राप्त किया जा सकता है। व्याख्या कीजिए।
6. एक देश के भुगतान शेष घाटे को कम करने के लिए अवमूल्यन की भूमिका की विवेचना कीजिए।
7. भुगतान शेष समायोजन के लिए व्यय बदलावकारी (switching) और व्यय परिवर्तनकारी नीतियों में भेद कीजिए।

अध्याय 66

विदेशी विनिमय दर
(Foreign Exchange Rate)

1. विनिमय दर का अर्थ
(MEANING OF EXCHANGE RATE)

विदेशी विनिमय दर अथवा विनिमय दर वह दर होती है जिस पर एक करेंसी का दूसरी करेंसी से विनिमय किया जाता है। यह दर एक करेंसी में दूसरी करेंसी की कीमत होती है। इसे व्यक्त करने का प्रचलित तरीका यह है कि घरेलू करेंसी के रूप में विदेशी करेंसी की एक इकाई की कीमत। डालर तथा पाउण्ड के बीच विनिमय दर बताती है कि एक पाउण्ड खरीदने के लिए कितने डालरों की आवश्यकता पड़ेगी। इस प्रकार डालर तथा पाउण्ड के बीच विनिमय दर संयुक्त राज्य अमेरिका के दृष्टिकोण से यों व्यक्त की जाती है—डालर 2.50 = 1 पाउण्ड ($2.50=£1)। ब्रिटेन के लोग इसे व्यक्त करने लिए कहेंगे कि एक डालर खरीदने के लिए कितने पाउण्ड चाहिएं और ऊपर दी गई विनिमय दर को इस रूप में व्यक्त करेंगे कि 0.40 पाउण्ड = 1 डालर (£0.40=$1)।

विश्व विदेशी विनिमय बाजार में हुंडी-व्यापार (अन्तरपणन) के द्वारा $ 2.50=£1 अथवा £0.40=$ 1 की विनिमय दर स्थिर रखी जाती है। हुंडी-व्यापार (arbitrage) **का मतलब है कि जिस बाजार में विदेशी करेंसी की कीमत कम हो वहां विदेशी करेंसी खरीदी जाए और जहां उसकी कीमत अधिक हो वहां उसे बेच दिया जाए।** हुंडी-व्यापार का परिणाम यह होता है कि करेंसियों की विदेशी विनिमय दर के अन्तर समाप्त हो जाते हैं और विश्व विदेशी विनिमय बाजार में एक ही विनिमय दर विद्यमान रहती है। यदि लन्दन के विनिमय बाजार में विनिमय दर $ 2.48 है और न्यूयार्क के विनिमय बाजार में $ 2.50 है तो विदेशी विनिमय सटोरिए, जिन्हें हुंडी-व्यापारी (arbitrageurs) कहते हैं, लन्दन में पाउण्ड खरीदेंगे और न्यूयार्क में उन्हें बेच देंगे। इस प्रकार प्रत्येक पाउण्ड पर 2 सैण्ट का लाभ प्राप्त करेंगे। इसका परिणाम यह होगा कि लन्दन के बाजार में पाउण्ड की कीमत डालरों के रूप में बढ़ जाएगी और न्यूयार्क के बाजार में गिर जाएगी। अन्त में यह कीमत दोनों बाजरों में बराबर हो जाएगी और हुंडी-व्यापार समाप्त हो जाएगा। यदि कुछ समय बाद डालर तथा पाउण्ड के बीच विनिमय दर बढ़कर $ 2.60=£1 हो जाए, तो कहेंगे कि पाउण्ड के मुकावले डालर का मूल्यह्रास (अवमूल्यन) हो गया है, (या कि पाउण्ड के मुकाबले डालर की कीमत गिर गई है) क्योंकि अब एक पाउण्ड खरीदने के लिए अधिक डालरों की जरूरत पड़ेगी। यदि डालरों तथा पाउण्ड के बीच विनिमय दर गिरकर $ 2.40=£1 रह जाए, तो कहेंगे कि डालर का भाव बढ़ गया (अधिमूल्यन-Appreciation) है क्योंकि अब एक पाउण्ड खरीदने के लिए कम डालरों की जरूरत पड़ेगी। यदि पहली करेंसी का मूल्य घटेगा, तो दूसरी करेंसी का मूल्य बढ़ेगा और यदि पहली करेंसी का मूल्य बढ़ेगा तो दूसरी करेंसी का मूल्य घटेगा। इस प्रकार यह कहना कि पाउण्ड के मुकाबले डालर का मूल्य गिर गया है और यह कहना कि डालर के मुकाबले पाउण्ड का भाव बढ़ गया है, एक ही बात है और इससे उलट भी वही बात है।

2. तत्काल और अग्रिम विनिमय दर
(SPOT AND FORWARD EXCHAGNGE RATE)

विदेशी विनिमय मार्केट में दो प्रकार की विनिमय दरें होती हैं : तत्काल विनिमय दर और अग्रिम विनिमय दर। इनका संक्षिप्त विवरण निम्न है:

तत्काल विनिमय दर (Spot Exchange Rate)—तत्काल विनिमय दर वह दर है जिस पर एक देश की करेंसी का दूसरे देश की करेंसी से वर्तमान अवधि में विनिमय किया जाता है। 'स्पाट' शब्द से अभिप्राय करेंसियों की तुरंत सुपुर्दगी अथवा विनिमय है। व्यवहार

में, सौदा दो दिन में हो जाता है। तत्काल लेन-देन के लिए प्रभावी विनिमय दर को तत्काल दर, और ऐसे सौदों के लिए मार्किट को तत्काल मार्किट कहते हैं।

अग्रिम विनिमय दर (Forward Exchange Rate)—अग्रिम विनिमय दर वह दर है जिस पर भविष्य में विदेशी करेंसी उपलब्ध की जाती है। अग्रिम सौदा दो ग्रुपों के बीच होता है, जिसके अनुसार भविष्य में एक निश्चित तिथि तक विदेशी करेंसी की एक निश्चित राशि को एक पार्टी दूसरी पार्टी के सुपुर्द करती है। यह भुगतान राशि घरेलू करेंसी के बदले अनुबंध में तय की गई कीमत पर दूसरी पार्टी द्वारा देय होती है। अग्रिम अनुबंध पर लागू विनिमय दर, अग्रिम विनिमय दर कहलाती है और अग्रिम सौदों के लिए मार्किट को अग्रिम मार्किट कहते हैं।

अग्रिम विनियम दर के कार्यकरण को समझने के लिए उसका तत्काल विनिमय दर के साथ संबंध जानना आवश्यक है। अनुबंध करते समय यदि अग्रिम विनिमय दर तत्काल दर के बिल्कुल बराबर है को वह अग्रिम विनिमय दर **सममूल्य पर** (at par) कहलाती है। जब अग्रिम मार्किट में एक करेंसी तत्काल मार्किट के मुकाबले दूसरी करेंसी की अधिक इकाइयां खरीदती है तो अग्रिम विनिमय दर को **अधिमूल्य पर** (at a premium) कहते हैं। उदाहरणार्थ, जब एक डॉलर अग्रिम मार्किट में तत्काल मार्किट की अपेक्षा अधिक रुपये में बदला जाता है तो यह डॉलर को अधिमूल्य पर खरीदना है। तत्काल दर से अग्रिम दर का जो अन्तर है वही अधिमूल्य अथवा प्रीमियम है जिसको प्रतिशतता में व्यक्त किया जाता है। इसके विपरीत, यदि अग्रिम मार्किट में तत्काल मार्केट की अपेक्षा एक डॉलर को कम रुपयों में बदला जाता हैं तो अग्रिम दर को **बट्टे पर** (at a discount) कहते हैं। इसे भी तत्काल दर से अग्रिम दर में प्रतिशतता अन्तर द्वारा व्यक्त किया जाता है।

इसके परिचालन (Its Operations)—अग्रिम विनिमय दर, अग्रिम विनिमय की मांग और पूर्ति द्वारा निर्धारित होती है। जब अग्रिम विनिमय की मांग उसकी पूर्ति के अधिक होती है तो अग्रिम दर का अधिमूल्य पर भाव बताया जाता है। इसके विपरीत, जब अग्रिम विनिमय की पूर्ति उसकी मांग से अधिक होती है तो अग्रिम दर का बट्टे पर भाव बताया जाता है। जब अग्रिम विनिमय की मांग उसकी पूर्ति के बराबर होती है, तो अग्रिम दर सममूल्य पर होती है।

अग्रिम विनिमय में व्यापारिक बैंक लेन-देन करते हैं। वे विदेशी विनिमय में अपने कोषों का समायोजन करने के लिए विनिमय परिचालन (swap operations) करते हैं। 'स्वैप' शब्द का अर्थ है तत्काल करेंसी के साथ अग्रिम करेंसी की एक ही समय में अदला-बदली करना। दूसरे शब्दों में, एक करेंसी को तत्काल बेचने अथवा खरीदने के साथ उसी करेंसी को अग्रिम सुपुर्दगी के लिए खरीदना अथवा बेचना। इनको दोतरफा सौदे भी कहते हैं।

अग्रिम विनिमय मार्केट के परिचालन निर्यातकों और आयातकर्ताओं को विदेशी विनिमय दरों में होने वाले उतार-चढ़ाव से उत्पन्न जोखिमों को कम करने में सहायक होते हैं। ऐसी जोखिमों को कैसे कम किया जा सकता है, इसे एक उदाहरण द्वारा समझाया जा सकता है। मानलीजिए एक आयातकर्ता कंपनी अमेरिका से कम्प्यूटर निश्चित विनियम दर 30 रु. = 1 डॉलर पर मंगवाती है। कम्प्यूटरों के भारत में आने की अवधि के बीच विनियम दर 35 रु. = 1 डॉलर हो जाती है। इससे भारत की कम्पनी को अमेरिकी निर्यातक कम्पनी को 5 रुपये प्रति डॉलर अधिक देना होगा। इस जोखिम से होने वाली हानि से बचने के लिए भारतीय कंपनी अपने बैंक द्वारा भविष्य में अग्रिम मार्केट से जितने डॉलर उसको चाहिएं वह पूर्व निश्चित दर 30 रु. = 1 डॉलर पर खरीद लेती है। इसके लिए कंपनी को थोड़ा-सा प्रीमियम बैंक को देना पड़ेगा चाहे विनियम दर में परिवर्तन हो चुका होगा। इस प्रकार अग्रिम विनिमय परिचालन विनिमय दरों में उतार-चढ़ाव से उत्पन्न होने वाले जोखिमों को कम करके व्यापारियों की सहायता करता है।

3. विनिमय दर के सिद्धान्त
(THEORIES OF EXCHANGE RATE)

विदेशी विनिमय दर निर्धारित करने के चार सिद्धान्त हैं: **पहला,** मुक्त बाजार सिद्धान्त; **दूसरा,** टकसाल दर समता सिद्धान्त; **तीसरा,** क्रय-शक्ति समता सिद्धान्त और **चौथा,** भुगतान-शेष सिद्धान्त। यहां क्रमश: प्रत्येक सिद्धान्त की चर्चा की जा रही है।

1. विनिमय दर का मुक्त बाजार सिद्धान्त या संतुलन विनिमय दर निर्धारण
(Free Market Theory of Exchange Rate or Equilibuium Exchange Rate)

खुले (मुक्त) बाजार में विदेशी विनिमय की मांग और पूर्ति विनिमय दर को निर्धारित करती है। संतुलन विनिमय दर वह दर है जिस

पर विदेशी विनिमय की मांग विदेशी विनिमय की पूर्ति के बराबर हो। दूसरे शब्दों में, यह वह दर है जो विदेशी विनिमय के लिए बाजार को समाशोधित करती है। **प्रो. नर्क्से** ने संतुलन विनिमय दर की यह परिभाषा दी है, **संतुलन विनिमय दर "वह दर है जो कुछ समय-पर्यन्त भुगतान शेष को संतुलन में रखती है।"**[1] संतुलन विनिमय दर निर्धारित करने के दो तरीके हैं। डालर और पाउण्ड के बीच विनिमय की दर को या तो डालर की मांग और पूर्ति निर्धारित करेगी जबकि पाउण्ड की कीमत डालर में होगी, या फिर पाउण्ड की मांग और पूर्ति निर्धारित करेगी जबकि पाउण्ड की कीमत डालर में होगी। इन दोनों में से कोई भी तरीका अपनाया जाए, विनिमय दर वही निकलेगी। जो विश्लेषण यहां प्रस्तुत किया जा रहा है वह दूसरे तरीके पर आधारित है ताकि उसे पाउण्ड के रूप में स्पष्ट किया जा सके।

विदेशी विनिमय की मांग (Demand for Foreign Exchange)

विदेशी विनिमय की मांग पाउण्ड से व्युत्पन्न (derived) मांग है। यह मांग तब पैदा होती है जब संयुक्त राज्य अमेरिका में ब्रिटेन की वस्तुएं तथा सेवाएं आयात होती हैं और अमेरिका से ब्रिटेन को पूंजी भेजी जाती है। वास्तव में, पाउण्ड की मांग का मतलब है, डालर की पूर्ति। जब अमेरिका के व्यापारी ब्रिटेन की वस्तुएं तथा सेवाएं खरीदते हैं और ब्रिटेन को पूंजी हस्तान्तरण भेजते हैं तो वे अमेरिकी डालर के बदले में ब्रिटेन के पाउण्ड की मांग उत्पन्न करते हैं, क्योंकि वे अपनी अमेरिकी (डालर) करेंसी में ब्रिटेन को भुगतान नहीं कर सकते।

चित्र 1 में पाउण्ड का मांग वक्र DD बाएं से दाएं को नीचे की ओर ढालू है। इसका मतलब है कि पाउण्ड पर विनिमय दर जितनी ही कम होगी, विदेशी विनिमय (अमेरिकी) बाजार में पाउण्ड की मांग की मात्रा उतनी ही अधिक होगी, और उलट भी। इसका कारण यह है कि जब पाउण्ड पर विनिमय दर कम होगी, तो ब्रिटेन की वस्तुओं तथा सेवाओं के दाम अमरीकी डालर में सस्ते हो जाएंगे। यदि पाउण्ड पर विनिमय दर अपेक्षाकृत ऊंची होगी तो स्थिति इसके विपरीत होगी। ब्रिटेन की वस्तुएं तथा सेवाएं अमेरिकी डालर में महंगी हो जाएंगी, और विदेशी विनिमय (अमेरिकी) बाजार में पाउण्ड की मांग गिर जाएगी।

परन्तु विदेशी विनिमय के मांग वक्र का रूप आयात की मांग की **लोच** पर निर्भर करेगा। यदि कोई देश **आवश्यक वस्तुएं** तथा **कच्चा माल आयात** करता है, तो हम आशा कर सकते हैं कि आयात की मांग की **लोच** कम होगी और आयातित मात्रा कीमत परिवर्तनों के प्रति बेलोच होगी। दूसरी ओर, यदि देश **विलास की वस्तुओं** तथा ऐसी वस्तुओं का आयात करे जिनके उचित स्थानापन्न विद्यमान हों, तो आयात की मांग-लोच **ऊंची** हो सकती है। अल्पकाल में सम्भव है, आयात की मांग की लोच बहुत ऊंची न हो, पर दीर्घकाल में यह अपेक्षाकृत अधिक लोचदार होगी।

विदेशी विनिमय की पूर्ति (Supply of Foreign Exchange)

हमारे उदाहरण में विदेशी विनिमय की पूर्ति का मतलब है, पाउण्ड की पूर्ति। यह तब पैदा होती है जब ब्रिटेन से वस्तुएं तथा सेवाएं निर्यात की जाती हैं और अमेरिका से ब्रिटेन को पूंजी भेजी जाती है। डालर के बदले पाउण्ड दिए जाते हैं क्योंकि ब्रिटेन के पाउण्ड-धारक डालर में भुगतान करना चाहते हैं। इस प्रकार विदेशी विनिमय पूर्ति का मतलब है पाउण्ड की विविध डालर कीमतों पर विदेशी विनिमय बाजार में कितने पाउण्ड दिए जाएंगे।

पाउण्ड का पूर्ति वक्र *SS* ऊपर की ओर ढालू है, जैसा चित्र 1 में दिखाया गया है। यह पाउण्ड की विनिमय दर का धनात्मक फलन है। ज्यों-ज्यों पाउण्ड पर विनिमय दर बढ़ती है त्यों-त्यों विदेशी विनिमय बाजार में पाउण्ड की पूर्ति की मात्रा बढ़ेगी। इसका कारण यह है कि जब पाउण्ड की डालर कीमत बढ़ती है (डालर की पाउण्ड में कीमत घटती है) तो पाउण्ड धारकों के लिए अमेरिकी वस्तुएं, सेवाएं तथा पूंजी कोष लाभदायक सिद्ध होते हैं। इसलिए जब विनिमय दर बढ़ेगी, तो पाउण्ड के धारक अपेक्षाकृत अधिक पाउण्ड देने को तैयार होंगे।

परन्तु विदेशी विनिमय के पूर्ति वक्र का रूप पूर्ति वक्र की **लोच** निर्धारित करेगी। जब देश की अपनी करेंसी का मूल्य बढ़ता है, तो आयात सापेक्ष रूप से सस्ते हो जाएंगे और आयात बढ़ेगा। जब आयात बढ़ेगा, तो विदेशी विनिमय बाजार में देश की अधिक करेंसी की पूर्ति होगी, बशर्ते कि **लोच इकाई से अधिक** हो। जब आयात अपेक्षाकृत सस्ते होंगे, तो नई वस्तुएं आयात होने लगेंगी और आयात धीरे-धीरे

1. " It is that rate which over a certain period of time, keeps the balance of payments in equilibuium." —**R. Nurkse**

आयात प्रतियोगी उद्योगों को समाप्त कर देंगे। इन दो महत्त्वपूर्ण कारणों से विदेशी विनिमय की पूर्ति लोचदार होगी और फिर समय जितना अधिक होगा, पूर्ति भी उतनी ही अधिक लोचदार होगी।'

संतुलन विनिमय दर (Equilibrium Exchange Rate)

विदेशी विनिमय की मांग तथा पूर्ति अनुसूचियां दी हुई होने पर संतुलन विनिमय दर उस बिन्दु पर निर्धारित होती है जहां मांग वक्र DD, पूर्ति वक्र SS को काटे। चित्र 1 में ये दोनों वक्र बिन्दु E पर एक दूसरे को काटते हैं। संतुलन विनिमय दर OR है और विदेशी विनिमय की मांग और पूर्ति की मात्रा OQ है। OR विनिमय दर पर पाउण्ड की अमेरिकी मांग पाउण्ड की ब्रिटिश पूर्ति के बराबर है और विदेशी विनिमय बाजार समाशोधित हो जाता है। चित्र 1 में यदि विनिमय दर संतुलन दर OR से बढ़कर OR_2 हो जाती हैं तो पाउण्ड की पूर्ति R_2B पाउण्ड की मांग R_2A से बढ़ जाती है $R_2B>R_2A$। इससे पाउण्ड की कीमत गिरती है, जिससे पाउण्ड की मांग बढ़ेगी और उसकी पूर्ति कम होगी और संतुलन विनिमय दर OR पर पुनः बिन्दु *E* पर स्थापित हो जाती है। इसके विपरीत, यदि विनिमय दर इस OR दर से नीचे OR_1 पर चली जाएगी, तो पाउण्ड की पूर्ति R_1G से पाउण्ड की मांग R_1H बढ़ जाएगी $R_1H>R_1G$ जिन्हें पाउण्ड की जरूरत है, उनमें से कुछ को पाउण्ड नहीं मिलेंगे। पाउण्ड की कीमत बढ़ेगी जिससे पाउण्ड की मांग गिरेगी और पाउण्ड की पूर्ति बढ़ेगी और परिणामस्वरूप संतुलन विनिमय दर OR पुनः बिन्दु E पर स्थापित हो जाएगी।

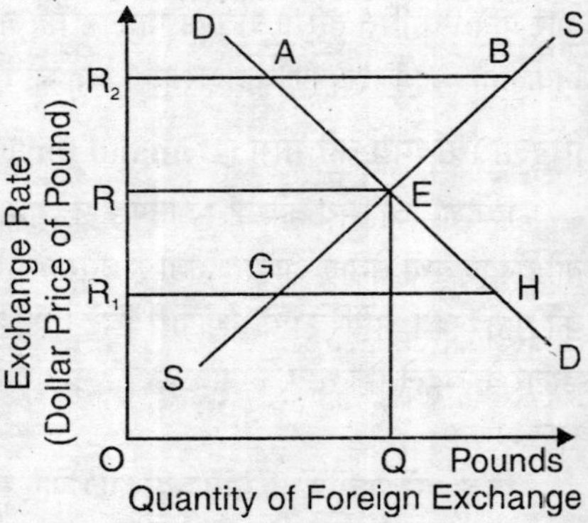

चित्र 1

मानलीजिए अमेरिका में **पाउण्ड की मांग बढ़** जाती है। इसे दिखाने के लिए चित्र 2 (A) में DD वक्र को ऊपर की ओर सरका कर D_1D_1 पर ले जाया गया है। इस मांग के बढ़ने का कारण यह हो सकता है कि ब्रिटेन की वस्तुओं के लिए अमेरिकी रुचि बढ़ गई हो, अमेरिका की राष्ट्रीय आय में बढ़ोतरी हो गई हो आदि, जिन्होंने अमेरिका में आयातित वस्तुओं की मांग बढ़ा दी हो। जब मांग वक्र बढ़कर D_1D_1 पर जाता है, तो अमेरिकी डालर का मूल्य गिर जाता है और पाउण्ड का भाव बढ़ जाता है। इसका परिणाम यह होता है कि नई संतुलन विनिमय दर OR_2, बिन्दु E_2 पर स्थापित होती हैं जहां विदेशी विनिमय की मांग तथा पूर्ति की मात्रा OQ_2 है।

दूसरी ओर, यदि **पाउण्ड की पूर्ति** बढ़ती है, और पूर्ति वक्र SS नीचे की ओर सरककर S_1S_1 पर आ जाता है, जैसा कि चित्र 2 (B) में दिखाया गया है, तो पाउण्ड का मूल्य गिर जाता है और डालर का भाव बढ़ जाता है। इसके परिणामस्वरूप, चित्र 2 (B) में नई संतुलन विनिमय दर OR_1 अपने आप E_1 पर स्थापित हो जाती है जहां S_1S_1 वक्र DD वक्र को काटता है। इस नई संतुलन विनिमय दर OR_1 पर विदेशी विनिमय की मांग तथा पूर्ति की मात्रा OQ_1 है। पाउण्ड की पूर्ति में वृद्धि का कारण यह हो सकता है कि अमेरिकी वस्तुओं के लिए ब्रिटेन के लोगों की रुचियां बढ़ी हों या ब्रिटेन की राष्ट्रीय आय बढ़ी हो, आदि।

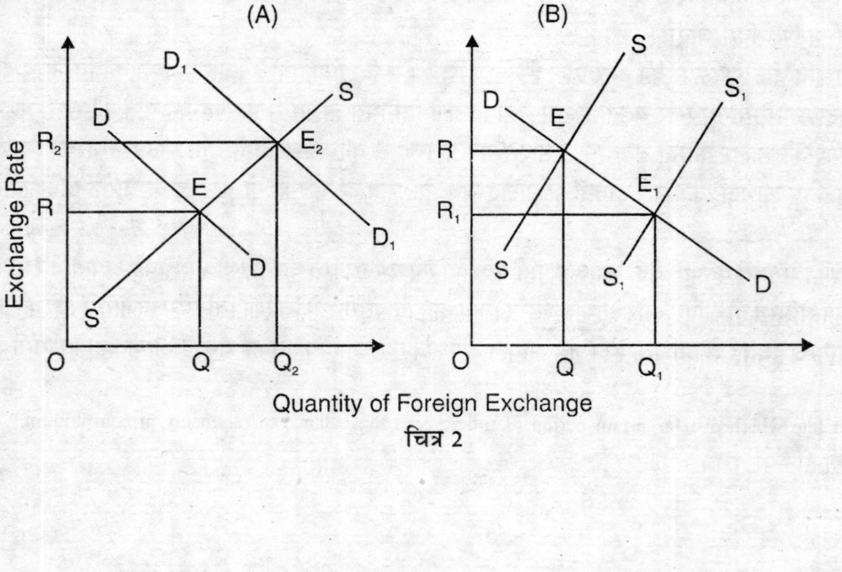

चित्र 2

इस प्रकार, **लोचदार विनिमय दरों के अन्तर्गत संतुलन विनिमय दर पाई जाएगी जो बाजार का समाशोधन करेगी और भुगतान शेष संतुलन को कायम रखेगी।**

2. टकसाल दर समता सिद्धान्त : स्वर्णमान के अन्तर्गत निर्धारण (The Mint Par Parity Theory : Determination under Gold Standard)

यह सिद्धान्त अन्तर्राष्ट्रीय स्वर्ण मानक के कार्यकरण से सम्बन्ध रखता है। इस प्रणाली के अन्तर्गत सोने के सिक्के चलते थे, या जो करेंसी चलती थी उसे एक निश्चित दर पर सोने में बदला जा सकता था। करेंसी की एक इकाई का मूल्य सोने के निश्चित भार में होता था अर्थात् एक रुपये, डालर या पाउण्ड आदि के बदले इतने ग्रेन सोना। देश का केन्द्रीय बैंक हमेशा निर्धारित कीमत पर सोना खरीदने और बेचने को तैयार रहता था। जिस दर पर देश की मानक मुद्रा सोने में बदली जा सकती थी, वह दर स्वर्ण की टकसाल दर कीमत कहलाती थी। यदि ब्रिटेन में सोने की सरकारी कीमत £6 प्रति आउन्स थी, तो यह इंग्लैण्ड में सोने की टकसाल दर कीमत थी। यदि अमेरिका में डालर की सरकारी कीमत $ 36 प्रति आउन्स थी, तो यह अमेरिका में सोने की टकसाल दर कीमत थी। डालर तथा पाउण्ड के बीच विनिमय दर $ 36/£6=$6 पर निश्चित होगी। इस दर को टकसाल दर समता अथवा विनिमय की टकसाल दर समता कहा जाता था क्योंकि यह सोने की टकसाल कीमत पर आधारित थी। इस प्रकार स्वर्ण मानक के अन्तर्गत विनिमय की सामान्य या मूल दर उनकी टकसाल दर समता मूल्यों के अनुपात के बराबर (R=$/£) होती थी।

परन्तु विनिमय की वास्तविक दर टकसाल दर समता से उतनी अधिक या कम हो सकती है जितनी दोनों देशों के बीच जहाज में **सोना लाने और ले जाने की लागत** पड़ती थी। इसे निम्न उदाहरण से समझ सकते हैं।

मानलीजिए ब्रिटेन के साथ अमेरिका के भुगतान शेष में घाटा है। अमेरिका के आयातकर्ताओं को आयात तथा निर्यात के मूल्यों के अन्तर का भुगतान सोना देकर करना होगा क्योंकि पाउण्ड की पूर्ति की अपेक्षा पाउण्ड की मांग बढ़ जाती है। पर, सोना भेजने में परिवहन लागत, अन्य रख-रखाव, प्रभार, बीमा इत्यादि का खर्च पड़ता है। मानलीजिए कि अमेरिका से ब्रिटेन सोना भेजने का खर्च 3 सेण्ट प्रति आउन्स पड़ता है। इसलिए अमेरिका के आयातकर्ताओं को £1 प्राप्त करने के लिए $6.03 ($6+.3c) खर्च करने पड़ेंगे। यह विनिमय दर हो सकती है जो अमेरिका का स्वर्ण निर्यात बिन्दु अथवा ऊंचा स्वर्ण बिन्दु है। अमेरिका का कोई भी आयातकर्ता एक पाउण्ड प्राप्त करने के लिए $ 6.03 से अधिक भुगतान नहीं करेग क्योंकि वह $ 6 का सोना अमेरिका के खजाने से खरीद सकता है और 3 सेण्ट प्रति आउन्स की लागत से उसे ब्रिटेन भेज सकता है। इसी प्रकार यदि अमेरिका के भुगतान-शेष में अतिरेक हो, तो पाउण्ड का आयात मूल्य $ 5.97 से नीचे नहीं जा सकता। $ 5.97 प्रति पाउण्ड की विनिमय दर अमेरिका में **स्वर्ण आयात बिन्दु** (Gold Import Point) अथवा *नीचा स्वर्ण बिन्दु* (Lower Specie Point) है। स्वर्ण मानक के अन्तर्गत विनिमय दर स्वर्ण बिन्दुओं के बीच मांग तथा पूर्ति की शक्तियां निर्धारित करती है। स्वर्ण के लदान विनिमय दर को स्वर्ण बिन्दुओं के बाहर नहीं जाने देते।

इसकी मान्यताएं (Its Assumptions)

यह सिद्धांत निम्नलिखित मान्यताओं पर आधारित है :

1. स्वर्ण की कीमत एक देश द्वारा अपनी करेंसी में निश्चित की गई है।
2. वह उस कीमत पर स्वर्ण की कितनी ही मात्रा बेच और खरीद सकता है।
3. इसकी मुद्रा की पूर्ति स्वर्ण अथवा पेपर करेंसी में होती है और स्वर्ण द्वारा समर्थित है।
4. इसका कीमत स्तर मुद्रा पूर्ति के साथ सीधे परिवर्तित होता है।
5. देशों के बीच स्वर्ण का ले जाना और लाना होता है।
6. देशों के भीतर पूंजी गतिशील है।
7. समायोजन तंत्र स्वत: होता है (adjustment mechanism is automatic)।

इसकी व्याख्या (Its Explanation)

ये मान्यताएं दी होने पर, चित्र 3 में दिखाया गया है कि स्वर्ण मानक के अन्तर्गत विनिमय दर किस प्रकार निर्धारित होती है। विनिमय

दर OR बिन्दु E पर निर्धारित होती है जहां मांग वक्र DD_1 पूर्ति वक्र SS_1 को काटता है। यह आवश्यक नहीं कि विनिमय दर, टकसाल दर समता के बराबर हो। विनिमय दर स्वर्ण बिन्दुओं के बीच कहीं भी हो सकती है जो मांग तथा पूर्ति वक्रों के रूप पर निर्भर करेगी। टकसाल दर समता का उद्देश्य तो इतना ही है कि अमेरिका के स्वर्ण निर्यात बिन्दु ($ 6.03) तथा अमेरिका के स्वर्ण आयात बिन्दु ($ 5.97) को परिभाषित कर दे। क्योंकि अमेरिका का खज़ाना $ 36 प्रति आउन्स कीमत पर चाहे जितना सोना बेचने को तैयार है, इसलिए कोई भी अमेरिकी प्रति पाउण्ड के बदले $ 6.03 से अधिक भुगतान करने को तैयार नहीं होगा, क्योंकि वह स्वर्ण का निर्यात करके इस कीमत पर चाहे जितने पाउण्ड प्राप्त कर सकता है। यही कारण है कि पाउण्ड का अमेरिकी पूर्ति वक्र अमेरिका के **स्वर्ण निर्यात बिन्दु पर पूर्ण लोचदार** या क्षैतिज हो जाता है। इसे SS_1 पूर्ति वक्र के क्षैतिज भाग S_1 द्वारा दिखाया गया है। इसी प्रकार, क्योंकि अमेरिका का खजाना $ 36 प्रति आउन्स की दर से चाहे जितना सोना खरीदने को तैयार है इसलिए कोई भी अमेरिकी $ 5.97 प्रति पाउण्ड से कम दर पर पाउण्ड को नहीं बेचेगा, क्योंकि स्वर्ण का आयात करके इस दर पर वह चाहे जितने पाउण्ड बेच सकता है। इस प्रकार अमेरिका के **स्वर्ण आयात** बिन्दु पर पाउण्ड का मांग वक्र पूर्ण लोचदार हो जाता है। इसे मांग वक्र DD_1 के क्षैतिज भाग D_1 द्वारा दिखाया गया है।

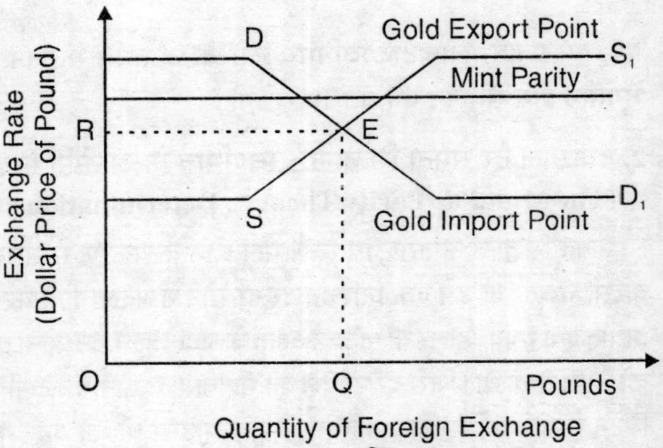

चित्र 3

इसकी आलोचनाएं (Its Criticisms)

टकसाल दर समता सिद्धांत की निम्न आलोचाएं की गई हैं :

1. अन्तर्राष्ट्रीय स्वर्णमान 1930 की मंदी के बाद समाप्त हो गया और यह अब नहीं पाया जाता है।

2. यह सिद्धांत स्वर्ण के मुक्त रूप से क्रय और विक्रय और देशों के बीच मुक्त रूप से आने-जाने की मान्यताओं पर आधारित है। परन्तु आजकल सरकारें ऐसे क्रय-विक्रय और गतियों की स्वीकृति नहीं देतीं।

3. वर्तमान में देश अपरिवर्ती कागज मानक (Inconvertible Paper Standard) पर होते हैं जिसके अन्तर्गत यह सिद्धांत विनिमय दरों का निर्धारण करने में असफल है।

4. यह सिद्धांत आन्तरिक कीमतों की लोचशीलता की मान्यता पर आधारित है। परन्तु आधुनिक सरकारें स्वतंत्र कीमत नीति का अनुसरण करती हैं जो विनिमय दर में उतार-चढ़ाव से असंबंधित होती है।

निष्कर्ष (Conclusion)

क्योंकि स्वर्ण मानक समाप्त हो गया है, इसलिए टकसाल दर समता सिद्धान्त बहुत पहले रद्द कर दिया गया था। आज किसी भी देश में स्वर्ण मानक नहीं है। अब न तो बेरोक-टोक सोना लाया तथा ले जाया जा सकता है और न ही स्वर्ण समता विद्यमान है। इसलिए अब यह सिद्धान्त केवल शैक्षिक महत्व रखता है।

3. क्रय-शक्ति समता सिद्धान्त (The Purchasing Power Parity Theory)

अपरिवर्ती कागज करेंसी वाले देशों के बीच विनिमय दर निर्धारित करने के लिए **जी.कैसल** (G. Cassel) ने 1920 में क्रय-शक्ति समता सिद्धान्त विकसित किया था। यह सिद्धान्त कहता है कि दो अपरिवर्ती कागज करेंसियों के बीच विनिमय दर, उनकी क्रय-शक्तियों की समता निर्धारित करती है। प्रो. **कुरिहारा** के अनुसार, ''स्वायत्त कागज मानों की प्रणाली के अन्तर्गत एक करेंसी का बाह्य मूल्य 'अन्ततः और आवश्यक तौर से' दूसरी करेंसी के सापेक्ष में उस करेंसी की घरेलू क्रय शक्ति पर निर्भर करता है।''[1] दूसरे शब्दों में, दो देशों

1. "Under a system of autonomous paper standards the external value of a currency is said to depend 'ultimately and essentially' on the domestic purchasing power of that currency relative to that of another currency."—**K.K. Kurihara**

के बीच विनिमय दर को उनके सापेक्ष कीमत स्तर निर्धारित करते हैं। इस सिद्धान्त को एक उदाहरण से स्पष्ट किया जा सकता है।

मानलीजिए भारत तथा इंग्लैण्ड अपरिवर्ती कागज मानक पर हैं और वस्तुओं का जो बण्डल इंग्लैण्ड में £1 से खरीदा जा सकता है, वही भारत में 18 रुपये में मिलता है। इस प्रकार क्रय शक्ति समता सिद्धान्त के अनुसार विनिमय की दर 18 रुपये =1 पाउण्ड होगी।

यदि दोनों देशों में कीमतों के स्तर वही रहें परन्तु विनिमय दर 16 रुपये = 1 पाउण्ड हो जाए, तो इसका मतलब है कि वस्तुओं के जिस बण्डल को इंग्लैण्ड में 1 पाउण्ड में खरीदा जा सकता है, वही भारत में 16 रुपये में मिलेगा। यह विनिमय दर के अधिमूल्यन का उदाहरण है। इससे भारत में आयात को प्रोत्साहन मिलेगा और भारत से निर्यात हतोत्साहित होंगे। इसके परिणामस्वरूप, पाउण्ड की मांग बढ़ेगी और रुपए की मांग गिरेगी। यह प्रक्रिया, अन्त में 18 रुपये =1 पाउण्ड की विनिमय दर को पुन: स्थापित कर देगी। इसके विपरीत यदि विनिमय दर 20 रुपये = 1 पाउण्ड हो जाए तो करेंसी का मूल्य गिर जाएगा। इसके परिणामस्वरूप भारत से निर्यातों को प्रोत्साहन मिलेगा और आयात घटेंगे। रुपये की मांग बढ़ेगी और पाउण्ड की मांग गिरेगी और अन्त में विनिमय की सामान्य दर 18 रु० = 1 पाउण्ड फिर से स्थापित हो जाएगी।

इस सिद्धान्त के अनुसार, दो देशों के बीच विनिमय की दर उस बिन्दु पर निर्धारित होती है जहां दोनों देशों की अपनी-अपनी क्रय-शक्तियां समान होती हैं। यह क्रय-शक्ति समता है जो परिवर्तनशील समता है यह वैसी निश्चित समता नहीं है जैसी स्वर्ण मानक के अन्तर्गत होती है। इसलिए, जब भी कीमत स्तर मे परिवर्तन होता है, तो हर परिवर्तन के साथ विनिमय दर भी बदल जाती है। नई संतुलन विनियम दर निकालने के लिए निम्न सूत्र (Formula) प्रयोग किया जाता है:

$$R = \frac{\text{विदेशी करेंसी की घरेलू कीमत} \times \text{घरेलू कीमत सूचक}}{\text{विदेशी कीमत सूचक}}$$

या $$R = R_o \times \frac{\frac{P_{A_1}}{P_{A_0}}}{\frac{P_{B_1}}{P_{B_0}}}$$

जहां O = आधार अवधि (base period), 1 = अवधि 1, A और B देश, P = कीमत सूचक (Price index), और R_O = आधार अवधि में विनिमय दर।

कैसल (Cassel) के मतानुसार, "क्रय शक्ति समता विभिन्न करेंसियों की क्रय-शक्तियों के भजनफलों (Quotients) द्वारा निर्धारित होती हैं।"[1] यह सूत्र यही बात स्पष्ट करता है। सूत्र को यदि हम अपने उदाहरण द्वारा स्पष्ट करें, तो यों समझा जा सकता है। कीमत स्तर में परिवर्तन से पहले विनिमय दर 60 रुपये =1 पाउण्ड थी। मानलीजिए घरेलू (भारत का) कीमत सूचक बढ़कर 300 हो जाता है और विदेशी (इंग्लैण्ड का) कीमत सूचक बढ़कर 200 हो जाता है। इस प्रकार नई संतुलन विनिमय दर यह होगी:

$$R = \frac{£1 \times 300}{200} = £1.5$$

अथवा 60 रुपये = 1.5 पाउण्ड

दोनों देशों के बीच यही क्रय-शक्ति समता होगी। वास्तव में होगा यह कि वस्तुओं की परिवहन लागत, जिसमें प्रशुल्क, बीमा, बैंकिंग तथा अन्य खर्च शामिल हैं, क्रय-शक्ति समता को संशोधित करेगी। एक देश से दूसरे देश में वस्तुओं के लाने तथा ले जाने की ये परिवहन लागतें, वास्तव में वे सीमाएं हैं जिनके भीतर विनिमय दर बढ़ सकती है जो देश की करेंसी की मांग तथा पूर्ति पर निर्भर करेगी। इसकी ऊपरी सीमा वस्तु निर्यात बिन्दु कहलाती है और नीचे को सीमा वस्तु आयात बिन्दु कहलाती है। ये सीमाएं उतनी सुनिश्चित नहीं होतीं जितनी टकसाल दर समता सिद्धान्त के अन्तर्गत स्वर्ण बिन्दु।

क्रय-शक्ति समता सिद्धान्त को चित्र 4 में स्पष्ट किया गया है जहां DD विदेशी करेंसी का (हमारे उदाहरण में पाउण्ड का) मांग

1. "The purchasing power parity is determined by the quotients of the purchasing powers of the different currencies." **—G. Cassel**

वक्र है और SS करेंसी का पूर्ति वक्र है। OR विनिमय दर है, जो दोनों वक्रों के परस्पर काटने से बिन्दु E पर निर्धारित होती है और विदेशी विनिमय की मांग तथा पूर्ति OQ मात्रा के बराबर है। मान लें भारत में कीमत स्तर बढ़ता है और इंग्लैण्ड में स्थिर रहता है। इससे भारतीय निर्यात इंग्लैण्ड में मंहगे और भारत में इंग्लैंड के आयात सापेक्षतया सस्ते हो जाते हैं। परिणामस्वरूप, पाउण्ड की मांग बढ़ती है और उसकी आपूर्ति कम हो जाती है। अब DD वक्र ऊपर दाईं ओर D_1D_1 पर सरक जाता है और पूर्ति वक्र SS बाईं और S_1S_1 पर ऊपर को सरक जाता है। नई संतुलन विनिमय दर प्रति पाउण्ड रुपये OR_1 पर निर्धारित होती है जो नई क्रयशक्ति समता दर्शाती है। क्रय-शक्ति समता वक्र बताता है कि जब कीमत-स्तर में सापेक्ष परिवर्तन होता है, तो विनिमय दर इस वक्र पर सामान्य दर के ऊपर या नीचे बढ़ती-घटती है।

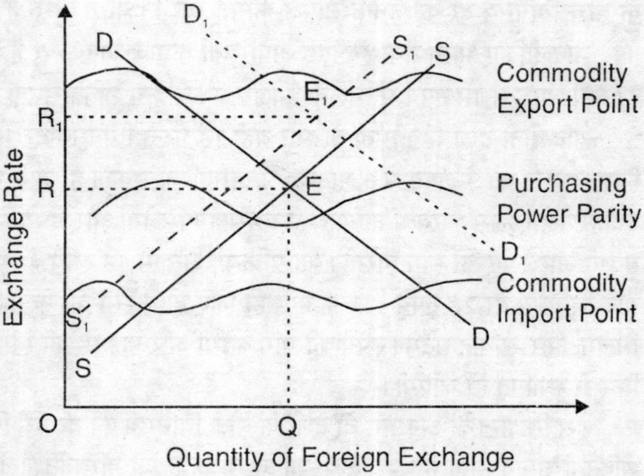

चित्र 4

परन्तु क्रय-शक्ति समता वक्र एक सीमा के भीतर ही ऊपर या नीचे जा-आ सकता है। इसकी ऊपरी और नीचे की सीमाओं को क्रमशः वस्तु निर्यात बिन्दु तथा वस्तु आयात बिन्दु निर्धारित करते हैं।

इसकी आलोचनाएं (Its Criticisms)

कैसल का क्रय-शक्ति समता सिद्धान्त 1914-24 की अवधि में अर्थशास्त्रियों में बहुत लोकप्रिय रहा। इसे अपरिवर्ती कागज करेंसियों के अन्तर्गत विदेशी विनिमय दर निर्धारण की वास्तविक व्याख्या के रूप में स्वीकार किया गया था। परन्तु बाद में इसकी यह कहकर कड़ी आलोचना की गई है कि इसका सैद्धान्तिक आधार बहुत कमजोर है। यहां कुछ आलोचनाओं की चर्चा की जा रही है :

1. कीमत-स्तर की गणना में त्रुटियां (Defects in Calculating Price Level)—इस सिद्धान्त की एक गम्भीर त्रुटि यह है कि इसका दो देशों में कीमत-स्तरों का हिसाब लगाने का तरीका ठीक नहीं है। कीमतों का हिसाब लगाने में सूचकांक का प्रयोग अनेक कठिनाइयां प्रस्तुत करता है जैसे आधार वर्ष, किन और कितनी वस्तुओं को शामिल करना तथा गणना के तरीके से सम्बन्धित कठिनाइयां।

2. सामान्य कीमत-स्तरों की तुलना कठिन समस्या (Comparison of General Price Levels a Difficult Problem)—इस सिद्धान्त के अनुसार दो देशों के सामान्य कीमत-स्तरों की तुलना करके उनकी क्रय-शक्ति समता निर्धारित की जाती है। परन्तु हो सकता है कि कीमत स्तर घरेलू रूप से व्यापारित एवं अन्तर्राष्ट्रीय रूप से व्यापारित वस्तुओं के आधार पर अथवा केवल अन्तर्राष्ट्रीय रूप से व्यापारित वस्तुओं के आधार पर बना हो। **केन्ज** के अनुसार, ''अन्तर्राष्ट्रीय रूप से व्यापारित वस्तुओं तक सीमित रहकर क्रय-शक्ति समता एक बेकार-सी बात हो जाती है।'' दूसरी ओर, यदि कीमत-स्तर में घरेलू रूप से तथा अन्तर्राष्ट्रीय रूप से व्यापारित वस्तुएं सम्मिलित रहें, तो वास्तविक विनिमय दर कीमत समानताओं के आधार पर नहीं चलेगी। फिर यदि कीमत-स्तर में दोनों प्रकार की वस्तुएं शामिल रहेंगी, तो दोनों देशों में लोगों के सामने अलग-अलग ढंग से खर्च करने में तकनीकी कठिनाई आएगी, इसलिए कीमत-स्तरों की पूरी और सही तुलनाओं का कोई आधार ही नहीं रहेगा।

3. पूंजी लेखा पर लागू नहीं (Not Applicable to Capital Account)—क्रय-शक्ति समता सिद्धान्त की एक त्रुटि यह भी है कि यह सिद्धान्त केवल उन देशों पर लागू होता है जिनके भुगतान-शेष को वस्तुओं का **व्यापार लेखा** निर्धारित करता है। यह सिद्धान्त उन देशों पर लागू नहीं होता, जिनकी विनिमय दर को पूंजी लेखा अधिक प्रभावित करता है।

4. आधार वर्ष जानना कठिन (Difficult to Find Base Year)—इस सिद्धान्त की मान्यता है कि नई सन्तुलन विनिमय दर निर्धारित करने की आधार-अवधि में भुगतान-शेष संतुलन में है। यह एक गम्भीर त्रुटि है, क्योंकि उस आधार वर्ष का पता लगा पाना कठिन है, जब विनिमय-दर शुरू में सन्तुलन में थी।

5. साधनों में संरचनात्मक परिवर्तन (Structural Changes in Factors)—यह सिद्धान्त इस मान्यता पर आधारित है कि

आधार वर्ष में सन्तुलन के मूल में निहित साधनों में कोई संरचनात्मक परिवर्तन नहीं हुए हैं। ये साधन तकनीक, संसाधनों, रुचियों आदि में परिवर्तनों से सम्बन्ध रखते हैं। यह मान्यता बहुत ही अवास्तविक है, क्योंकि इन साधनों में परिवर्तन अवश्य होंगे जो आगे विनिमय दर को प्रभावित करेंगे।

6. पूंजी गतिशील है (Capital is Mobile)—यह सिद्धान्त इस मान्यता पर आधारित है कि पूंजी बिल्कुल गतिशील नहीं है। भुगतान-शेष में कई मदें ऐसी होती हैं जिन पर सामान्य कीमत-स्तर में परिवर्तन का कोई प्रभाव नहीं पड़ता, उदाहरणार्थ, बीमा, लदान, बैंकिंग लेन-देन, पूंजी-गतियां आदि। परन्तु ये मदें विदेशी करेंसियों की मांग तथा पूर्ति को प्रभावित करके विनिमय दर को प्रभावित करती हैं। इसलिए यह सिद्धान्त दुर्बल है क्योंकि यह विनिमय-दर निर्धारित करने में इन साधनों के प्रभाव की उपेक्षा करता है।

7. विनिमय दरों में परिवर्तन कीमत-स्तर प्रभावित करते हैं (Changes in Exchange Rates affect Price Level)—यह सिद्धान्त यह मान्यता भी लेकर चलता है कि कीमत-स्तर में होने वाले परिवर्तन दरों को भी परिवर्तित करते हैं। परन्तु विनिमय दरों में होने वाले परिवर्तन भी कीमत-स्तर को प्रभावित करते हैं। उदाहरणार्थ, यदि रुपये का विदेश में मूल्य गिर जाएगा, तो आयात महंगे हो जाएंगे। परिणामस्वरूप, आयातित माल का प्रयोग करने वाली वस्तुओं की लागत तथा कीमत बढ़ेगी। इस प्रकार जब विनिमय-दर बदलती है, तो उसका प्रभाव कीमत-स्तर पर अवश्य पड़ता है।

8. वस्तु-विनिमय व्यापार की शर्तें बदलता है (Barter Terms of Trade Change)—इस सिद्धान्त की यह मान्यता भी है कि दो व्यापार करने वाले देशों के बीच वस्तु विनिमय व्यापार की शर्तें नहीं बदलतीं। यह मान्यता अवास्तविक है, क्योंकि वस्तु विनिमय व्यापार की शर्तें बराबर बदलती रहती हैं जिनका कारण है कि विदेशी वस्तुओं की मांग, विदेशी ऋणों की मात्रा, निर्यातित वस्तुओं की पूर्ति, परिवहन लागतों आदि में परिवर्तन होते रहते हैं।

9. मुक्त व्यापार नहीं (No Free Trade)—प्रस्तुत सिद्धान्त मुक्त व्यापार तथा अहस्तक्षेप नीति की मान्यता पर आधारित है। परन्तु आजकल सरकारें इस नीति का अनुसरण नहीं करतीं। बल्कि, वे तो देशों के बीच वस्तुओं के लाने और ले जाने पर अनेक प्रतिबन्ध लगा देती हैं। इनके परिणामस्वरूप, आगे वास्तविक विनिमय-दर तथा क्रय-शक्ति समता द्वारा निर्धारित विनिमय दर के बीच बहुत अन्तर पड़ जाता है।

10. केवल क्रय-शक्ति समता ही विनिमय दर को निर्धारित नहीं करती (Only Purchasing Power Parity does not determine Exchange Rate)—हो सकता है कि दो देशों के बीच क्रयशक्ति समता सन्तुलन विनिमय दर को निर्धारित न कर पाए। बल्कि, हो सकता है कि अचानक एक देश की वस्तुओं की मांग बढ़ जाए जो दूसरे देश की ओर से उसकी करेंसी की मांग को बढ़ा दे। इससे विनिमय दर बढ़ जाएगी।

11. पारस्परिक मांग की लोचों की उपेक्षा (Neglect of Elasticities of Reciprocal Demand)—**केन्ज़** के मतानुसार, इस सिद्धान्त का एक बड़ा दोष यह है कि यह सिद्धान्त पारस्परिक मांग की लोचों पर ध्यान नहीं दे पाता। वास्तव में विनिमय दर को केवल सापेक्ष कीमतों में होने वाले परिवर्तन ही नहीं बल्कि दो व्यापार कर रहे देशों के बीच पारस्परिक मांग की लोच भी निर्धारित करती है।

12. यह एकांगी है (It is One-sided)—**नर्क्से** के अनुसार, यह सिद्धान्त इस बात में एकांगी है कि यह एकमात्र सापेक्ष कीमतों में परिवर्तनों पर आधारित है और उन सभी साधनों की उपेक्षा करता है जो विदेशी विनिमय को प्रभावित करते हैं। यह सिद्धान्त मांग को कीमत का फलन समझता है और विदेशी व्यापार की मात्रा एवं मूल्य पर सकल आय तथा व्यय के प्रभाव की उपेक्षा कर देता है, जबकि ये महत्वपूर्ण घटक हैं जो किसी देश की विनिमय दर को प्रभावित करते हैं।

13. क्रय शक्ति और विनिमय दर में सीधा संबंध नहीं (No Direct Relation Between Exchange Rate and Purchasing Power)—यह सिद्धांत दो देशों की करेंसियों के बीच क्रय शक्तियों और विनिमय दर के सीधे संबंध की मान्यता पर आधारित है। वास्तव में, इनके बीच ऐसा कोई संबंध नहीं पाया जाता है।

14. स्थैतिक सिद्धांत (Static Theory)—यह स्थैतिक सिद्धांत है क्योंकि इसमें रुचियों, आय, तकनीक, टैरिफ आदि में कोई परिवर्तन नहीं होते हैं। इन मान्यताओं से सिद्धांत अवास्तविक बन जाता है।

15. दीर्घकालीन सिद्धांत (Long Run Theory)—यह सिद्धांत दीर्घकाल में लागू होता है तथा अल्पकालिक विनिमय दर निर्धारण में विफल रहता है।

16. द्विपक्षीय व्यापार के लिए (For Bilateral Trade)—यह सिद्धांत केवल द्विपक्षीय व्यापार में विनिमय दर निर्धारण के लिए है और वर्तमान में बहु-पक्षीय व्यापार संबंधों के निर्धारण में असफल है।

17. संतुलन विनिमय दर के लिए नहीं (Not for Equilibrium Exchange Rate)—प्रो. **हॉम** (Halm) के अनुसार, ''क्रय शक्ति समता सिद्धांत को संतुलन विनिमय दरों के आगणन (Compute) के लिए प्रयोग नहीं किया जा सकता।''

निष्कर्ष (Conclusion)—इन आलोचनाओं के बावजूद **हैबरलर** मानता है कि यह सिद्धान्त उपयोगी है।

4. भुगतान-शेष सिद्धान्त (The Balance of Payments Theory)

इस सिद्धान्त के अनुसार, मुक्त विनिमय-दरों के अन्तर्गत किसी देश की करेंसी की विनिमय दर उसके भुगतान-शेष पर निर्भर करती है। अनुकूल भुगतान-शेष विनिमय दर को बढ़ाता है जबकि प्रतिकूल भुगतान-शेष विनिमय दर को घटाता है। इस प्रकार, इस सिद्धान्त का मतलब है कि विदेशी विनिमय की मांग तथा पूर्ति, विनिमय दर को निर्धारित करती है।

विदेशी विनिमय की मांग भुगतान-शेष के उधार खाते (debit side) से उत्पन्न होती है। यह मांग बाहर के देश से खरीदी गई वस्तुओं तथा सेवाओं के बदले उसे किए भुगतानों + ऋण तथा विदेश में किए गए निवेशों के मूल्य के बराबर होती है। विदेशी विनिमय की पूर्ति जमा खाते (credit side) से उत्पन्न होती है। यह पूर्ति हमारे देश से खरीदी गई वस्तुओं तथा सेवाओं के बदले बाहर के देश द्वारा हमारे देश को किए गए भुगतानों + हमें लौटाए गए ऋणों तथा हमारे देश में किए गए निवेशों के मूल्य के बराबर होती है। यदि उधारखाता और जमाखाता बराबर हों तो भुगतान-शेष संतुलित होता है। यदि जमा राशि से उधार राशि बढ़ जाए तो भुगतान-शेष प्रतिकूल होता है। इसके विपरीत यदि उधार राशि से जमा राशि बढ़ जाए तो भुगतान-शेष अनुकूल होता है। जब भुगतान-शेष प्रतिकूल हो, तो उसका मतलब होता है कि विदेशी करेंसी की पूर्ति से उसकी मांग अधिक है। इसके परिणामस्वरूप विदेशी करेंसी की तुलना में घरेलू करेंसी का मूल्य विदेश में गिर जाता है, इससे विनिमय दर गिर जाती है। इसके विपरीत, यदि भुगतान-शेष अनुकूल हो तो उसका मतलब होता है कि दी हुई विनिमय दर पर विदेशी करेंसी की पूर्ति से विदेशी करेंसी की मांग अधिक है। इसके परिणामस्वरूप विदेशी करेंसी की तुलना में घरेलू करेंसी का मूल्य विदेश में बढ़ जाता है, इसलिए विनिमय दर बढ़ जाती है।

जब प्रतिकूल भुगतान-शेष की स्थिति में विनिमय-दर गिरकर सन्तुलन विनिमय-दर से नीचे चली जाती है तो निर्यात बढ़ते हैं और प्रतिकूल भुगतान-शेष समाप्त हो जाता है तथा सन्तुलन विनिमय दर पुनःस्थापित हो जाती है। दूसरी ओर, जब अनुकूल भुगतान-शेष स्थिति के अन्तर्गत विनिमय-दर बढ़कर सन्तुलन विनिमय दर से ऊपर चली जाती है तो निर्यात घट जाते हैं और अनुकूल भुगतान-शेष समाप्त हो जाता है तथा सन्तुलन विनिमय-दर पुनःस्थापित हो जाती है। इस प्रकार किसी भी समय विनिमय दर को विदेशी विनिमय की मांग तथा पूर्ति निर्धारित करती है जिन्हें भुगतान-शेष का उधारखाता तथा जमाखाता व्यक्त करते हैं। जब भी मांग अथवा आपूर्ति स्थितियों में कोई परिवर्तन होता है, तो वह अपने को विनिमय की दर में परिवर्तन के माध्यम से व्यक्त करता है और चालू विनिमय दर पर भुगतान-शेष दिन-प्रतिदिन अथवा क्षण-प्रतिक्षण सन्तुलित होता चलता है।

इसकी मान्यताएं (Its Assumptions)

यह सिद्धांत निम्नलिखित मान्यताओं पर आधारित है :

1. विश्व में मुक्त व्यापार (Free trade) होता है।
2. पूर्ण प्रतियोगिता पाई जाती है।
3. व्यापार पर कोई सरकारी नियंत्रण जैसे टैरिफ, सब्सिडी आदि नहीं पाए जाते हैं।
4. कीमत स्तर भुगतान शेष को प्रभावित नहीं करता है।
5. आयातित कच्चे माल की मांग बेलोच है।

इसकी व्याख्या (Its Explanation)

ये मान्यताएं दी होने पर भुगतान-शेष सिद्धान्त के अन्तर्गत विनिमय दर का निर्धारण चित्र 5 में दिखाया गया है। DD विदेशी करेंसी का मांग वक्र है। यह नीचे दाईं ओर को ढालू है। जब विनिमय दर बढ़ती है, तो विदेशी करेंसी की मांग गिर जाती है और जब विनिमय दर गिरती है तो विदेशी करेंसी की मांग बढ़ जाती है। SS विदेशी करेंसी का पूर्ति वक्र है। यह बाईं से दाईं को ऊपर की ओर ढालू है। इसका कारण यह

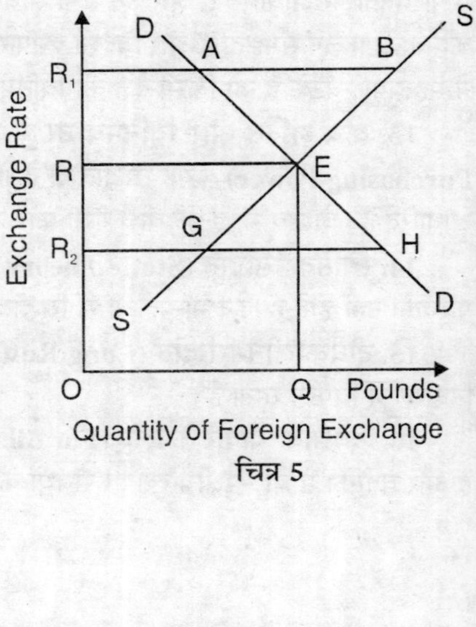

चित्र 5

है कि जब विनिमय दर गिरती है, तो विक्रय के लिए प्रस्तुत विदेशी करेंसी की मात्रा अपेक्षाकृत कम होगी और उलट भी। दोनों वक्र बिन्दु E पर कटते हैं जहां सन्तुलन विनिमय दर OR निर्धारित होती है। इस दर पर विदेशी विनिमय की मांग तथा पूर्ति की मात्रा OQ के बराबर है। साथ ही बिन्दु E ऐसा बिन्दु है जहां भुगतान-शेष सन्तुलन में है। यदि विनिमय दर OR से अधिक या कम, ऊपर या नीचे होगी, तो इसका मतलब होगा कि भुगतान-शेष में असन्तुलन है। मानलीजिए कि विनिमय दर बढ़कर OR_1 हो जाती है। विदेशी विनिमय की मांग R_1A विदेशी विनिमय की पूर्ति R_1B से कम है। इसका मतलब है कि भुगतान-शेष अनुकूल है। जब विनिमय दर सन्तुलन दर से अधिक होती है तो निर्यात बढ़ते हैं और आयात कम हो जाते हैं, परिणामस्वरूप, विदेशी विनिमय की मांग बढ़ेगी और पूर्ति घटेगी। अन्त में, सन्तुलन विनिमय दर OR पुन: स्थापित हो जाएगी, जहां विदेशी विनिमय की मांग तथा पूर्ति बिन्दु E पर बराबर हो जाती है। इसके विपरीत स्थिति में, जब विनिमय दर गिरकर सन्तुलन दर से नीचे OR_2 पर चली जाती है तो विदेशी विनिमय की मांग R_2H, विदेशी विनिमय की पूर्ति R_2G से अधिक है। इसका मतलब है कि भुगतान-शेष प्रतिकूल है। परन्तु विनिमय दर के गिर जाने से निर्यात बढ़ते हैं और आयात गिरते हैं। इसके परिणामस्वरूप विदेशी विनिमय की मांग गिरने लगती है और विदेशी विनिमय की पूर्ति बढ़नी शुरू हो जाती है। अन्त में सन्तुलन विनिमय दर OR पुन: स्थापित हो जाती है जहां विदेशी विनिमय की मांग तथा पूर्ति बिन्दु E पर बराबर हो जाते हैं। इस दर पर विदेशी विनिमय की मांग और पूर्ति दोनों OQ के बराबर हैं। बिन्दु E पर भुगतान शेष भी सन्तुलन में है। OR से ऊपर या नीचे भुगतान शेष में असन्तुलन को व्यक्त करता है। मान लें कि विनिमय दर OR से बढ़कर OR_1 हो जाती है। विदेशी विनिमय के लिए मांग R_1A उसकी पूर्ति R_1B से कम होती है। ($R_1A < R_1B$)। इसका मतलब यह है कि भुगतान शेष अनुकूल है। जब विनिमय दर सन्तुलन दर से अधिक हो तो, निर्यात कम होते हैं और आयात बढ़ते हैं। परिणामस्वरूप, विदेशी विनिमय के लिए मांग बढ़ेगी और उसकी पूर्ति कम होगी। अन्ततः, सन्तुलन विनिमय दर OR पुन: स्थापित हो जाएगी जहां विदेशी विनिमय की मांग और पूर्ति E बिन्दु पर बराबर होती है। इसके विपरीत, जब विनिमय दर OR से कम होकर OR_2 हो जाती है, तो विदेशी विनिमय के लिए मांग R_2H उसकी पूर्ति R_2G से अधिक होती है। ($R_2H > R_2G$)। इसका अभिप्राय यह है कि भुगतान शेष प्रतिकूल है। परन्तु विनिमय दर के कम होने से निर्यात बढ़ते हैं और आयात घटते हैं। परिणामस्वरूप, विदेशी करेंसी के लिए मांग कम होनी शुरू हो जाती है और उसकी पूर्ति बढ़नी प्रारंभ हो जाती है, जब तक सन्तुलन विनिमय दर OR पुन: स्थापित नहीं हो जाती है। इस प्रकार E बिन्दु पर विदेशी विनिमय की मांग और पूर्ति बराबर हो जाती हैं।

पर, विदेशी विनिमय की मांग तथा पूर्ति के वक्रों के रूप विनिमय-दर को निर्धारित करते हैं। इस उद्देश्य के लिए चार लोचें प्रासंगिक हैं: (i) निर्यात की मांग की विदेशी लोच; (ii) निर्यात की पूर्ति की घरेलू लोच; (iii) आयात की मांग की घरेलू लोच; (iv) आयात की पूर्ति की विदेशी लोच।

यदि मांग लोचें ऊंची हों और पूर्ति लोचें नीची, तो सन्तुलन विनिमय दर स्थिर रहती है।

इसकी आलोचनाएं (Its Criticisms)

अर्थशास्त्रियों ने निम्न कारणों से भुगतान-शेष सिद्धान्त की आलोचना की है:

1. भुगतान-शेष विनिमय दर से स्वतन्त्र है (Balance of Payments is Independent of Exchange Rate)—इस सिद्धान्त में प्रमुख दोष यह है कि भुगतान-शेष विनिमय दर पर निर्भर नहीं करता। दूसरे शब्दों में, यह सिद्धान्त कहता है कि भुगतान शेष विनिमय दर को निर्धारित करता है। परन्तु यह बात सही नहीं है क्योंकि विनिमय-दर में होने वाले परिवर्तन ही भुगतान-शेष में सन्तुलन स्थापित करते हैं।

2. कीमत-स्तर की भूमिका की उपेक्षा (Neglect of the Role of Price Level)—इस सिद्धान्त में दूसरा दोष यह है कि यह सिद्धान्त किसी देश के भुगतान शेष को और इसलिए देश की विनिमय-दर को प्रभावित करने में कीमत-स्तर के कार्य-भाग की उपेक्षा करता है। परन्तु वास्तविकता यह है कि कीमत परिवर्तन निश्चय ही भुगतान-शेष और देशों के बीच विनिमय दरों को प्रभावित करते हैं।

3. मुक्त व्यापार नहीं होता (There is no Free Trade)—यह सिद्धान्त मुक्त व्यापार की मान्यता पर आधारित है। यह मान्यता अयथार्थिक है, क्योंकि आजकल कहीं भी मुक्त व्यापार नहीं होता। सरकारें आयात घटाने के लिए अनेक प्रतिबंध लगाती हैं और निर्यात को प्रोत्साहन देने के लिए अनेक कदम उठाती हैं। इस तरीके से वे भुगतान-शेष असन्तुलन को ठीक करती हैं।

4. स्वयं सिद्ध (Truism)—यह सिद्धान्त यह मानकर चलता है कि जब भुगतान-शेष सन्तुलित होता है, तो सन्तुलन विनिमय दर

विद्यमान होती है। यह स्वयं-सिद्ध है। परन्तु हो सकता है कि सन्तुलन विनिमय दर भुगतान-शेष सन्तुलन की दर न हो। वास्तव में भुगतान-शेष में अतिरेक या घाटे की स्थितियों के अन्तर्गत दो देशों के बीच विनिमय की दरें चालू रहती हैं और दीर्घकालीन पर्यन्त भुगतान-शेष प्रायः सन्तुलन में नहीं रहते।

5. आयातित कच्चे माल की मांग बेलोच नहीं (Demand For Imported Raw Materials not Inelastic)—इस सिद्धांत की इस मान्यता पर आलोचना की जाती है कि आयातित कच्चे माल की मांग बेलोच होती है। परन्तु विश्व में ऐसा कोई भी कच्चा माल नहीं होता है जिसकी मांग पूर्णतया बेलोच है।

इसकी श्रेष्ठता (Its Superiority)

इन आलोचनाओं के बावजूद भुगतान-शेष सिद्धान्त ही विनिमय दर निर्धारण की सर्वाधिक सन्तोषजनक व्याख्या करता है। यह मांग तथा पूर्ति की दृष्टि से सामान्य सन्तुलन विश्लेषण के ढाँचे के अन्तर्गत विनिमय दर के निर्धारण की समस्या का अध्ययन करता है। यह उन वास्तविक शक्तियों का अध्ययन करता है जो विदेशी विनिमय की मांग तथा पूर्ति के मूल में निहित रहती हैं जैसे भुगतान-शेष का चालू लेखा तथा पूंजी लेखा। यही कारण है कि इस सिद्धान्त को विनिमय दर के टकसाल दर समता सिद्धान्त तथा क्रय शक्ति समता सिद्धान्त, दोनों से श्रेष्ठ समझा जाता है।

4. विनिमय दर में परिवर्तन के कारण[1]
(CAUSES OF CHANGES IN THE EXCHANGE RATE)

देशों के बीच विनिमय दर में परिवर्तन इसलिए होता है कि विदेशी विनिमय बाजार में मांग अथवा पूर्ति में परिवर्तन होने के कारण देशों के बीच विनिमय की दर में परिवर्तन होता है। जो कारण मांग तथा पूर्ति में परिवर्तन लाते हैं, उनकी चर्चा यहाँ की जा रही है—

1. कीमतों में परिवर्तन (Changes in Prices)—जब सापेक्ष कीमत-स्तरों में परिवर्तन होते हैं, तो विनिमय-दर बदल जाती है। मानलीजिए कि अमेरिका के कीमत-स्तर की सापेक्षता में ब्रिटेन का कीमत-स्तर बढ़ जाता है। इससे ब्रिटेन की वस्तुओं की कीमत पाउण्ड के रूप में बढ़ जाएगी। ब्रिटेन की वस्तुएं अमेरिका में महंगी हो जाएंगी। इसके परिणामस्वरूप अमेरिका को ब्रिटेन के निर्यात घट जाएंगे। इसलिए ब्रिटेन को प्राप्त होने वाले डालर की आपूर्ति घट जाएगी। दूसरी ओर, अमेरिका की वस्तुएं ब्रिटेन में सस्ती हो जाएंगी और ब्रिटेन में अमेरिकी वस्तुओं का आयात बढ़ जाएगा। इसलिए डालर की मांग बढ़ेगी। इससे डालर का पूर्ति वक्र दाएं को सरक जाएगा और अमेरिका के दृष्टिकोण से विनिमय की दर अपेक्षाकृत अधिक ऊंचे स्तर पर स्थापित हो जाएगी। इसका मतलब है कि डालर का भाव बढ़ गया है और पाउण्ड का भाव गिर गया है।

2. ब्याज दरों में परिवर्तन (Changes in Interest Rates)—ब्याज दरों में परिवर्तन से भी विनिमय दर में परिवर्तन होते हैं। यदि घरेलू देश में ब्याज दरें कम होती हैं तो विदेशों से पूंजी का अन्तर्वाह (Inflow) होता है। परिणामस्वरूप, घरेलू करेंसी की विनिमय दर का मूल्य विदेशी करेंसी की सापेक्षता में बढ़ेगा। यदि घरेलू देश में ब्याज दर कम होती है तो स्थिति इसके विपरीत होगी।

3. निर्यात तथा आयात में परिवर्तन (Changes in Exports and Imports)—निर्यात तथा आयात में होने वाले परिवर्तन भी विदेशी विनिमय की मांग तथा पूर्ति को प्रभावित करते हैं। यदि किसी देश के निर्यात उसके आयात से अधिक होंगे, तो उसकी करेंसी की मांग बढ़ जाएगी और परिणामस्वरूप विनिमय की दर उसके अनुकूल हो जाएगी। इसके विपरीत यदि निर्यात से आयात बढ़ जाते हैं, तो विदेशी करेंसी की मांग बढ़ जाएगी और विनिमय की दर उस देश के प्रतिकूल हो जाएगी।

4. पूंजी गतियाँ (Capital Movements)—अल्पकालीन तथा दीर्घकालीन पूंजी गतियाँ भी विनिमय की दर को प्रभावित करती हैं। पूंजी का प्रवाह पूंजी आयात करने वाले देश की करेंसी का मूल्य बढ़ा देता है और पूंजी निर्यातकर्ता देश की करेंसी का मूल्य घटा देता है। विनिमय की दर पूंजी आयातकर्त्ता देश के अनुकूल और पूंजी निर्यातकर्ता देश के प्रतिकूल हो जाएगी। पूंजी आयातकर्ता देश की करेंसी की मांग बढ़ेगी और इसका मांग वक्र दाएं को सरक जाएगा। विदेशी विनिमय का पूर्ति वक्र दिया हुआ होने पर, पूंजी आयातकर्ता देश की दृष्टि से विनिमय की दर अपेक्षाकृत अधिक ऊंचे स्तर पर निर्धारित होगी।

5. बैंकों का प्रभाव (Influence of Banks)—बैंक भी अपने प्रचलन के माध्यम से विनिमय दर को प्रभावित करते हैं। इनमें बैंक ड्राफ्ट, साख पत्रों, विदेशी विनिमय का क्रय-विक्रय और हुण्डियों का व्यापार आदि शामिल हैं। ये बैंक प्रचालन-विदेशी विनिमय

1. यह विनिमय दर को प्रभावित करने वाले तत्त्वों से भी संबंधित है।

की मांग और पूर्ति को प्रभावित करते हैं। यदि कमर्शियल बैंक, विदेशी बैंकों के नाम बहुत अधिक राशि के ड्राफ्ट तथा साख-पत्र जारी कर देते हैं, तो विदेशी करेंसी की मांग बढ़ जाती है। बैंक दर भी विनिमय दर को प्रभावित करती है। यदि अन्य देशों के मुकाबले बैंक दर बढ़ जाती है, तो अधिक ब्याज-दर कमाने के लिए विदेश से देश में अधिक कोष आएंगे। इससे घरेलू करेंसी की मांग बढ़ेगी और विनिमय दर देश के अनुकूल हो जाएगी। यदि बैंक दर गिरेगी, तो स्थिति इसके विपरीत होगी।

6. बैंक दर में परिवर्तन (Changes in Bank Rate)—बैंक दर भी विनिमय दर को प्रभावित करती है। यदि अन्य देशों की तुलना में बैंक दर बढ़ती है तो विदेशों से ऊंची ब्याज दर अर्जित करने के लिए अधिक निधियां (Funds) देश में प्रवाहित होंगी। इससे घरेलू करेंसी की मांग में वृद्धि होगी और विनिमय दर देश के पक्ष में हो जाएगी। जब बैंक दर गिरेगी तो इसके उलट होगा।

7. सट्टे का प्रभाव (Influence of Speculation)—सटोरिया क्रियाओं की वृद्धि भी विनिमय दर को प्रभावित करती है। सट्टा विनिमय दर में अल्पकालीन उतार-चढ़ाव ला देता है। अन्तर्राष्ट्रीय मुद्रा बजार में अनिश्चितता विदेशी विनिमय सम्बन्धी सट्टे को प्रोत्साहन देती है। यदि सटोरिये यह आशा करते हैं कि निकट भविष्य में करेंसी का मूल्य गिरेगा, तो वे अपनी करेंसी बेचना शुरू कर देंगे और दूसरी करेंसी खरीदने लगेंगे जिसका मूल्य बढ़ने की उन्हें आशा होगी। परिणामस्वरूप, पहले वाली करेंसी की पूर्ति बढ़ेगी और उसकी विनिमय दर गिर जाएगी, जबकि दूसरी करेंसी की मांग बढ़ेगी और उसकी विनिमय दर बढ़ जाएगी।

8. स्टॉक एक्सचेंज प्रभाव (Stock Exchange Influences)—विदेशी प्रतिभूतिय, डिबेंचर, स्टॉक तथा शेयर आदि के स्टॉक एक्सचेंज प्रचालन भी विनिमय दर पर महत्वपूर्ण प्रभाव डालते हैं। यदि स्टॉक एक्सचेंज इस बात में सहायता करते हैं कि विदेशियों को प्रतिभूतियां, डिबेंचर, शेयर आदि बेचे जाएं तो विदेशियों की ओर से घरेलू करेंसी की मांग बढ़ जाएगी और विनिमय दर भी बढ़ने लगेगी। यदि विदेश के लोग अपने घरेलू स्टॉक एक्सचेंज से प्रतिभूतियां, डिबेंचर तथा शेयर आदि खरीदेंगे, तो स्थिति विपरीत होगी।

9. संरचनात्मक प्रभाव (Structural Influences)—संरचनात्मक परिवर्तन भी देश की विनिमय दर को प्रभावित करते हैं। ये परिवर्तन वे होते हैं जो वस्तुओं की उपभोक्ता मांग में परिवर्तन लाते हैं। इनमें प्रौद्योगिकीय परिवर्तन, नवप्रवर्तन आदि शामिल हैं जो वस्तुओं की मांग के साथ-साथ लागत ढाँचे को भी प्रभात्रित करते हैं। इस प्रकार के संरचनात्मक परिवर्तन घरेलू वस्तुओं की विदेशी मांग बढ़ाते हैं। इसका मतलब है कि निर्यात बढ़ते हैं, घरेलू करेंसी की मांग बढ़ती है, उसका मूल्य बढ़ता है और विनिमय दर बढ़ जाती है।

10. राजनीतिक परिस्थितियां (Political Conditions)—देश की राजनीतिक परिस्थितियां भी विनिमय दर पर महत्वपूर्ण प्रभाव डालती हैं। यदि देश में राजनीतिक स्थिरता है और सरकार मजबूत तथा दक्ष है, तो विदेश के लोग देश में अपने कोषों का निवेश करेंगे। जब पूंजी देश में आएगी, तो घरेलू करेंसी की मांग बढ़ेगी और विनिमय दर देश के अनुकूल हो जाएगी। इसके विपरीत यदि सरकार कमजोर, अदक्ष और बेईमान है और जान तथा माल के लिए कोई सुरक्षा नहीं है तो पूंजी देश के बाहर जाएगी और विनिमय दर देश के प्रतिकूल हो जाएगी।

11. विनिमय नियंत्रण और संरक्षण की नीतियां (Policies of Exchange Control and Protection)—विनिमय नियंत्रण और संरक्षण की नीतियां आयात को हतोत्साहित करती हैं और विदेशी करेंसी की मांग गिर जाएगा। परिणामस्वरूप, विदेशी करेंसी की तुलना में घरेलू देश की विनिमय दर का मूल्य बढ़ जाता है।

12. अर्थव्यवस्था का प्रकार (Type of Economy)—यदि देश विकासशील है तो उसको विकास के लिए बड़ी मात्रा में कच्चे माल और पूंजी पदार्थ आयात करने की आवश्यकता होती है। परन्तु उसकी निर्यात करने की क्षमता कम होती है। इसलिए इसकी विदेशी करेंसी के लिए मांग अधिक होती है, जिससे विकसित देश के साथ उसकी विनिमय दर का मूल्य कम हो जाता है और विकसित देश का बढ़ जाता है।

प्रश्न

1. सन्तुलन विनिमय दर से क्या तात्पर्य है ? सन्तुलन विनिमय दर किस तरह निर्धारित होती है ?
2. स्वर्ण मानक के अन्तर्गत विनिमय की दर किस तरह निर्धारित होती है ?
3. स्पष्ट कीजिए कि अपरिवर्ती कागज करेंसियों के अन्तर्गत विदेशी विनिमय दर किस प्रकार निर्धारित होती है।
4. विनिमय दर के क्रय-शक्ति समता सिद्धान्त का आलोचनात्मक मूल्यांकन कीजिए।
5. विदेशी विनिमय दरों के भुगतान-शेष सिद्धान्त की विवेचना कीजिए।
6. विदेशी विनिमय दर को प्रभावित करने वाले कारकों का विवेचन कीजिए।

अध्याय 67

विदेशी विनिमय दर नीति
(FOREIGN EXCHANGE RATE POLICY)

1. प्रस्तावना
(INTRODUCTION)

पिछले अध्याय में हमने उन विविध सिद्धांतों का विवेचन किया था जो विभिन्न विनिमय दर प्रणालियों के अंतर्गत विनिमय की दर के निर्धारण से संबंध रखते हैं। प्रस्तुत अध्याय में हम उन विनिमय दर समायोजन नीतियों की चर्चा करेंगे जो अंतर्राष्ट्रीय मुद्रा कोष (IMF) की स्थापना के बाद समय-समय पर प्रचलित रही हैं। उनकी चर्चा करने से पहले, स्थिर तथा लोचदार विनिमय दरों के सैद्धांतिक पक्ष को समझ लेना लाभदाय होगा।

2. स्थिर विनिमय दरें
(FIXED EXCHANGE RATES)

स्थिर विनिमय दरों के अंतर्गत सभी विनिमय लेन-देन उस विनिमय दर पर होते हैं जिसे मौद्रिक अधिकारी निर्धारित करता है। ये अधिकारी कानून बनाकर अथवा करेंसी बाजारों में हस्तक्षेप करके विनिमय की दर निश्चित कर सकते हैं। ये देश की जरूरतों के अनुसार करेंसियां खरीद या बेच सकते हैं अथवा देश की करेंसी का मूल्य बढ़ाने (appreciate) या घटाने (depreciate) के लिए नीति निर्णय ले सकते हैं। मौद्रिक अधिकारी (केन्द्रीय बैंक) विदेशी करेंसी रिजर्व अपने पास रखता है ताकि विदेशी मुद्रा बाजार में हस्तक्षेप कर सके, जब स्थिर दर पर विदेशी मुद्रा (मान लो पाउंड) की मांग और पूर्ति बराबर न हो। इसे चित्र 1 में दर्शाया गया है जहां D और S क्रमश: पाउंड के मांग और पूर्ति वक्र हैं। ये OE विनिमय दर निर्धारित करते हैं जिसे मुद्रा अधिकारी कायम रखता है। मान लो पाउंड की मांग उसकी पूर्ति से अधिक है, जिसे पूर्ति (S पूर्ति वक्र) दी हुई होने पर चित्र में PP' द्वारा दिखाया गया है। जब नया मांग वक्र D_1 पूर्ति वक्र S को बिन्दु P_2 पर काटता है जिससे विनिमय दर बढ़कर OE_2 हो जाती है विनिमय दर को स्थिर स्तर OE पर कायम रखने के लिए मौद्रिक अधिकारी अपने रिजर्व से अतिरिक्त पाउंड तब तक मार्किट में सप्लाई करता रहेगा जब तक OE विनिमय दर पहुंच नहीं जाती। इसके विपरीत, यदि मांग (D वक्र) दी होने पर, PP^1 के बराबर पाउंड की अधिक पूर्ति मार्किट में होती है तो विनिमय दर गिरकर OE_1 हो जाती है जैसा कि पूर्ति वक्र S के दाईं ओर S_1 पर स्थानांतरण द्वारा दिखाया गया है और यह D वक्र को P_1 पर काटता है। मौद्रिक अधिकारी मार्किट से अधिक पाउंड खरीदना शुरू कर देगा जब तक वक्र विनिमय दर E पर नहीं पहुंच जाती है।

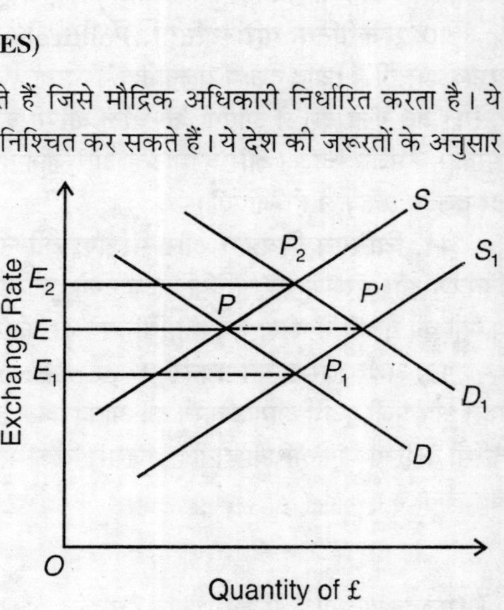

चित्र 1

स्थिर विनिमय दर प्रणाली के पक्ष और विपक्ष में निम्न तर्क दिए जाते हैं।

स्थिर विनिमय दरों के पक्ष में तर्क (Case for Fixed Exchange Rates)

स्थिर विनिमय दरों के निम्न लाभ हैं :

1. सांझी करेंसी पर आधारित (Based on Common Currency)—विभिन्न देशों के बीच स्थिर विनिमय दरों का पक्ष देश के भीतर सांझी करेंसी के प्रचलन पर आधारित है। जिस देश में स्थिर मूल्य वाली करेंसी प्रचलित होती है वह व्यापार को सुविधाजनक बनाती है, उस देश का उत्पादन बढ़ाती है और अर्थव्यवस्था की अधिक तेजी से वृद्धि होती है। इसी प्रकार, अन्य देशों की करेंसी की सापेक्षता में जिस देश की करेंसी का मूल्य स्थिर होगा, वह देश लाभ में रहेगा। इस प्रकार, विनिमय की स्थिर दरें अन्तर्राष्ट्रीय व्यापार को प्रोत्साहन देती हैं क्योंकि उनसे व्यापार में आने वाली वस्तुओं की कीमतों का सही अनुमान लगाया जा सकता है। वे आर्थिक एकीकरण को बढ़ावा देती हैं।

2. दीर्घकालीन पूंजी प्रवाहों को प्रोत्साहन (Encourages Long term Capital Flows)—स्थिर विनिमय दरों की प्रणाली के पक्ष में दूसरा तर्क यह दिया जाता है कि यह व्यवस्थित तथा अबाध रूप से दीर्घकालीन पूंजी प्रवाहों को प्रोत्साहन देती है। विनिमय की स्थिर दरों की प्रणाली में न तो कोई अनिश्चितता होती है और न ही कोई जोखिम।

3. करेंसी के उतार-चढ़ाव का भय नहीं (No Fear of Currency Fluctuations)—स्थिर विनिमय दरों की प्रणाली के अन्तर्गत करेंसी के भाव घटने या बढ़ने का भय नहीं होता। उदाहरणार्थ, इसके अन्तर्गत यह भय नहीं रहता कि यदि बहुत अधिक मात्रा में विदेशी करेंसी रख ली और करेंसी का भाव गिर गया तो हानि उठानी पड़ेगी। इस प्रकार, यह प्रणाली घरेलू करेंसी की मजबूती में विश्वास उत्पन्न करती है।

4. सट्टे का प्रतिकूल प्रभाव नहीं (No Adverse Effect of Speculation)—सट्टे के परिणामस्वरूप विनिमय दर पर किसी प्रतिकूल प्रभाव पड़ने का भय नहीं रहता, क्योंकि स्थिर विनिमय दरों की प्रणाली के अन्तर्गत मौद्रिक अधिकारी सट्टे सम्बन्धी क्रियाओं को नियंत्रित करता और रोकता है।

5. अनुशासक (Disciplinary)—स्थिर विनिमय दरों की प्रणाली का एक लाभ यह भी है कि यह प्रणाली एक प्रतिबन्ध का काम करती है और मौद्रिक अधिकारियों पर यह अनुशासन लगाती है कि वे देशों के भीतर उत्तरदायित्वपूर्ण वित्तीय नीतियों का अनुसरण करें। 'वे सरकारों को स्फीतिकारी नीतियों का अनुसरण करने से रोकें जो बाकी दुनिया से मेल न खाती हों'।

6. छोटे देशों के लिए सर्वोत्तम (Best for Small Countries)—प्रो. **जॉनसन** यूरोप के छोटे देशों में इसलिए स्थिर विनिमय दरों के पक्ष में है कि जब विनिमय दर गिरती है, तो लोचदार विनिमय दरों के परिणामस्वरूप स्फीति तथा मूल्यह्रास के बीच शाश्वत होड़ शुरू हो जाती है।

7. निश्चितता (Certainty)—स्थिर विनिमय दरें वस्तुओं के निर्यातकों और आयातकों के बीच विदेशी भुगतानों के विषय में निश्चितता उत्पन्न करती हैं क्योंकि वे जानते हैं कि विदेशी विनिमय में वे क्या प्राप्त करेंगे या क्या भुगतान करेंगे।

8. कम स्फीतिकारी (Less Inflationary)—इससे अधिक मौद्रिक अनुशासन होता है जिससे कम स्फीतिकारी दबाव होते हैं।

9. समान करेंसी क्षेत्र के लिए उपयुक्त (Suitable for Common Currency Area)—यह प्रणाली समान करेंसी क्षेत्र जैसे यूरो, डॉलर आदि के लिए उपयुक्त है जहां स्थिर विनिमय दरें विश्व व्यापार की वृद्धि को प्रोत्साहित करती हैं।

10. मुद्रा और पूंजी बाजार को प्रोत्साहन (Promotes Money and Capital Markets)—यह अन्तर्राष्ट्रीय मुद्रा और पूंजी बाजारों के विकास को प्रोत्साहित करती है और राष्ट्रों के बीच पूंजी के प्रवाह को सहायता पहुंचाती हैं।

11. बहुपक्षीय व्यापार (Multilateral Trade)—यह प्रणाली संसार में विभिन्न देशों के बीच बहुपक्षीय व्यापार को प्रोत्साहित करती है क्योंकि इन्हें विनिमय दरों में व्यापक उतार-चढ़ाव का कोई खतरा नहीं होता।

12. अंतर्राष्ट्रीय मौद्रिक सहयोग (International Monetary Co-operation)—स्थिर विनिमय दर की यह प्रणाली अंतर्राष्ट्रीय मौद्रिक सहयोग को प्रेरित करती है। इस प्रकार IMF, विश्व बैंक, यूरो मार्किट जैसी संस्थाओं के अन्तर्गत अंतर्राष्ट्रीय मौद्रिक प्रणाली के अच्छे कार्यकरण में सहायता देती है।

स्थिर विनिमय दरों के विपक्ष में तर्क (Case against Fixed Exchange Rates)

स्थिर विनिमय दरों की निम्न हानियां हैं:

1. उद्देश्यों की बलि (Sacrifice of Objectives)—स्थिर विनिमय दरों की प्रणाली के कार्यकरण में प्रमुख दोष यह है कि यह स्थिर विनिमय दरों की वेदी पर पूर्ण रोजगार तथा स्थिर कीमतों के उद्देश्यों की बलि दे देती है। उदाहरणार्थ, यदि किसी देश के भुगतान-शेष में अतिरेक है, तो कीमतें बढ़ाकर ही उस अतिरेक का समायोजन किया जा सकता है। इससे देश के भीतर अवश्य भारी सामाजिक लागतें बढ़ेगीं।

2. असंभावित हलचलें (Unexpected Disturbances)—फिर, स्थिर विनिमय दरों की प्रणाली के अन्तर्गत घरेलू अर्थव्यवस्था की असंभावित हलचलें विदेशों में पहुंच जाती हैं। ''जहां किसी देश को विनिमय दरों द्वारा घरेलू हलचलों के पूर्ण परिणामों और नीति सम्बन्धी गलतियों से बचाया जा सकता है, वहाँ उसे दूसरों की हलचलों और गलतियों का परिणाम भी भुगतना ही पड़ता है।

3. भारी जिम्मेदारी (Heavy Responsibility)—स्थिर विनिमय दरों की प्रणाली के अन्तर्गत विदेशी करेंसियों की भारी आरक्षितियां (Reserves) रखनी पड़ती हैं। जिन देशों के भुगतान-शेष में घाटे हैं, यदि वे अवमूल्यन से बचना चाहते हैं,तो उन्हें भारी मात्रा में विदेशी करेंसियों की आरक्षितियां रखनी होंगी। इसके परिणामस्वरूप मौद्रिक अधिकारियों पर विदेशी विनिमय रिजर्वों की व्यवस्था करने की भारी जिम्मेदारी आ जाती है।

4. संसाधनों का कुविभाजन (Malallocation of Resources)—निश्चित विनिमय दरों की प्रणाली के लिए जटिल विनिमय नियंत्रण उपायों की भी जरूरत पड़ती है। इन उपायों से अर्थव्यवस्था के संसाधनों का कुविभाजन होता है।

5. स्थिर विनिमय दरें सदैव संभव नहीं (Fixed Exchange Rates not always Possible)—विनिमय दर की स्थिरता से एक और समस्या संबद्ध रहती है। एक देश की विनिमय दर दूसरे देश की विनिमय दर के मुकाबले पर्याप्त लम्बी अवधि तक स्थिर नहीं रह सकती। भुगतान-शेष की समस्याएं तथा अन्तर्राष्ट्रीय वस्तु कीमतों में उतार-चढ़ाव प्रायः देशों को विनिमय दरों में परिवर्तन करने पर मजबूर कर देते हैं। इसलिए विनिमय दरों को कड़ाई से स्थिर बनाए रखना सम्भव नहीं है।

6. जटिल प्रणाली (Complex System)—यह प्रणाली अति जटिल है क्योंकि इसे चलाने के लिए कुशल प्रशासकों की आवश्यकता होती है। इस प्रणाली में समय की अधिक खपत होती है और अनिश्चित परिणाम प्राप्त होते हैं।

7. अस्पष्ट तुलनात्मक लाभ (Comparative Advantage Unclear)—इस प्रणाली के अन्तर्गत किसी देश का तुलनात्मक लाभ स्पष्ट नहीं होता। उदाहरण के लिए विनिमय दर इतनी कम हो सकती है कि कोई वस्तु किसी अन्य देश में बहुत सस्ती देखी जा सकती है। परिणामस्वरूप, वह देश उस वस्तु का निर्यात कर सकता है जिसमें उसे कोई तुलनात्मक लाभ नहीं प्राप्त होता है। इसके विपरीत, अत्यधिक विनिमय दर से कोई देश किसी वस्तु में तुलनात्मक लाभ प्राप्त कर सकता है।

8. भुगतान शेष असंतुलन बना रहता है (Balance of Payments Disequilibrium Persists)—यह प्रणाली भुगतान-शेष असंतुलन की समस्या सुलझाने में असफल रही है। इसका समाधान केवल अस्थायी रूप से किया जा सकता है क्योंकि इसका स्थायी समाधान मौद्रिक, राजकोषीय और अन्य उपायों द्वारा संभव है।

9. अंतर्राष्ट्रीय संस्थानों पर निर्भरता (Dependence On International Institutions)—इस प्रणाली के अन्तर्गत कोई देश विदेशी मुद्रा उधार लेने और देने के लिए अंतर्राष्ट्रीय संस्थानों पर निर्भर करता है।

10. अंतर्राष्ट्रीय तरलता की समस्या (Problem of International Liquidity)—अपना व्यापार बढ़ाने के लिए किसी देश के पास पर्याप्त अंतर्राष्ट्रीय तरलता अवश्य होनी चाहिए। स्थिर विनिमय दर कायम रखते हुए भुगतान शेष असंतुलन दूर करने के लिए किसी देश के पास पर्याप्त विदेशी मुद्रा रिजर्व अवश्य होने चाहिएं। दूसरी ओर, अत्यधिक अंतर्राष्ट्रीय तरलता भी देश के लिए अच्छी नहीं है क्योंकि इसके परिणामस्वरूप उत्पन्न होनेवाली अतिरिक्त मांग से अंतर्राष्ट्रीय स्फीति उत्पन्न हो सकती है।

3. लोचदार विनिमय दरें
(FLEXIBLE EXCHANGE RATES)

लोचदार, तैरती (floating) अथवा घटती-बढ़ती विनिमय दरों को बाजार की शक्तियां निर्धारित करती हैं। विनिमय दर को प्रभावित करने के उद्देश्य से मौद्रिक अधिकारी हस्तक्षेप नहीं करते। मुक्त रूप से घटती-बढ़ती विनिमय दरों की प्रणाली के अंतर्गत, यदि किसी करेंसी की अतिपूर्ति होगी, तो विदेशों के विनिमय बाजारों में उस करेंसी का मूल्य गिर जाएगा। इससे विनिमय दर गिर जाएगी। परिणामस्वरूप, विनिमय बाजार में संतुलन पुनः स्थापित हो जाएगा। दूसरी ओर, करेंसी की कमी होने से विनिमय दर बढ़ेगी और

विनिमय बाजार में संतुलन पुन: स्थापित हो जाएगा। ये बाजार शक्तियां अपने आप कार्यशील रहती हैं और मौद्रिक अधिकारी इसमें कुछ नहीं करते।

इसे चित्र 2 में दर्शाया गया है जहां D और S पाउंड के मांग और पूर्ति वक्र हैं जो P बिन्दु पर एक दूसरे को काटते हैं तथा OE संतुलन विनिमय दर निर्धारित होती है। मान लें कि विनिमय दर बढ़कर OE_2 हो जाती है। पाउंड की सप्लाई की गई मात्रा OQ_3 उसकी मांगी गई मात्रा OQ_2 से अधिक है। जब पाउंड की पूर्ति अधिक होती है तो विदेशी मुद्रा मार्किट में पाउंड की कीमत गिर जाएगी। डॉलर में पाउंड का मूल्य कम हो जाएगा। अंततः संतुलन विनिमय दर OE बिन्दु P पर पुन: स्थापित हो जाएगी। दूसरी ओर, यदि विनिमय दर गिरकर OE_1 हो जाती है तो पाउंड की मांगी गई मात्रा OQ_4 उसकी पूर्ति OQ_1 से अधिक है। जब विदेशी मुद्रा मार्किट में पाउंड की कमी होती है तो पाउंड की कीमत बढ़ेगी। डॉलर में पाउंड का मूल्य बढ़ जाएगा। पाउंड का डॉलर में मूल्य बढ़ेगा पाउण्ड की कामत में वृद्धि से उस की मांग कम हो जाएगी और पूर्ति बढ़ेगी। यह प्रक्रिया चलती रहेगी जब तक संतुलन विनिमय दर OE बिन्दु P पर पुन: स्थापित नहीं हो जाती है।

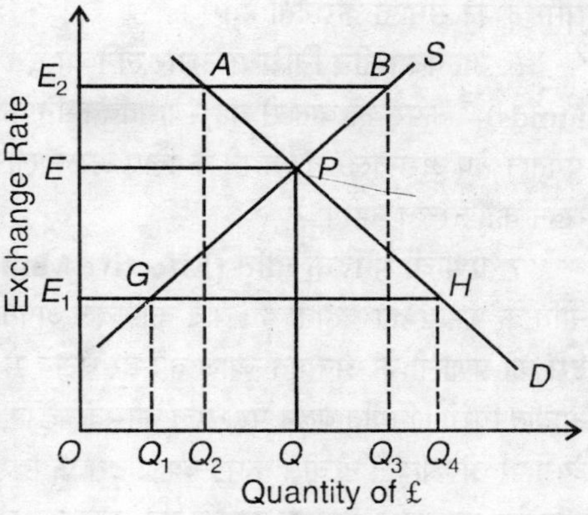

चित्र 2

अब हम लोचदार विनिमय दरों के पक्ष और विपक्ष में तर्क देते हैं।

लोचदार विनिमय दरों के पक्ष में तर्क (Case for Flexible Exchange Rates)

लोचदार विनिमय दरों की प्रणाली के निम्न लाभ बताये जाते हैं :

1. सरल कार्यकरण पद्धति (Simple Operative Mechanism)—लोचदार विनिमय दरों की प्रणाली की कार्यकरण पद्धति सरल है। विनिमय दर अपने आप और मुक्त रूप से बदलती रहती है तथा मांग और पूर्ति में समानता ला देती है, जिसके परिणामस्वरूप विदेशी विनिमय बाजार समाशोधित हो जाता है। यह घाटे या अतिरेक को बढ़ने नहीं देती और किसी एक करेंसी की दुर्लभता अथवा आधिक्य की समस्या को समाप्त कर देती है। यह इस जरूरत से भी छुटकारा दिलाती है कि भुगतान शेष में संतुलन बनाए रखने अथवा पुन:स्थापित करने के लिए कीमतों तथा आय में परिवर्तनों को प्रोत्साहित किया जाए।

2. सरल समायोजन (Smooth Adjustments)—लोचदार विनिमय दरों की प्रणाली के अन्तर्गत, समायोजन निरन्तर होता रहता है। स्थिर विनिमय दर समायोजनों की तुलना में लोचदार विनिमय दर प्रणाली के अन्तर्गत भुगतान-शेष पर दबाव नहीं बढ़ने देती और समय-समय पर उत्पन्न होने वाले उन संकटों को रोकती है जो स्थिर विनिमय दरों की प्रणाली के अन्तर्गत भुगतान-शेष में असंतुलन से उत्पन्न होते हैं। जब कभी विनिमय दरें घटती या बढ़ती हैं और सरकारें उन्हें ठीक करने के लिए जो उपाय करती हैं, उन उपायों से लोचदार विनिमय दर प्रणाली में छुटकारा मिल जाता है।

3. आर्थिक नीतियों की स्वायत्तता (Autonomy of Economic Policies)—लोचदार विनिमय दरों की प्रणाली के अन्तर्गत, घरेलू आर्थिक नीतियों की स्वायत्तता बनी रहती है। आधुनिक सरकारें इस बात के लिए प्रतिबद्ध हैं कि वे पूर्ण रोजगार बनाए रखेंगी और वृद्धि के साथ स्थिरता को बढ़ावा देंगी। लोचदार विनिमय दरों की प्रणाली के अन्तर्गत भुगतानङ्कशेष असंतुलन को समाप्त करने के लिए सरकारें पूर्ण रोजगार बनाए रखेंगी और वृद्धि के इन उद्देश्यों की बलि नहीं देनी पड़ती है।

4. भुगतान-शेष असंतुलन अपने आप ठीक (Disequilibrium in the Balance of Payments Automatically Corrected)—क्योंकि लोचदार विनिमय दरों की प्रणाली के अन्तर्गत भुगतान-शेष असंतुलन अपने आप ठीक हो जाते हैं, इसलिए स्वर्ण गतिविधियों तथा पूंजी प्रवाहों को देश में आने या देश से बाहर जाने के सम्बन्ध में कोई कदम उठाने की जरूरत नहीं होती।

5. विदेशी विनिमय रिजर्व की जरूरत नहीं (No Need of Foreign Exchange Reserves)—जहां विनिमय दरें मुक्त रूप से परिवर्तित होती रहती हों, वहां विदेशी विनिमय रिजर्व रखने की जरूरत नहीं। यदि किसी देश का भुगतान शेष घाटे में है, तो वह स्थिर विनिमय दर बनाए रखने के लिए दूसरे देश को विदेशी विनिमय रिजर्व देकर हस्तक्षेप नहीं करेगा, बल्कि विदेशी करेंसी की सापेक्षता में अपनी करेंसी का अवमूल्यन होने देगा। प्रो. **सोहमन** (Sohmen) के अनुसार लोचदार विनिमय दर प्रणाली अन्तर्राष्ट्रीय तरलता की

समस्या को समाप्त कर देती है।

6. अल्पकालीन निधियां उधार लेने या देने की जरूरत नहीं (No Need of Borrowing and Lending Short–term Funds)—ऊपर की बात से यह स्वाभाविक निष्कर्ष निकलता है कि जब विदेशी विनिमय दरों में बेरोक-टोक परिवर्तन होता हो, तो भुगतान शेष असन्तुलन दूर करने के लिए अल्कालीन निधियां उधार लेने अथवा उधार देने हेतु IMF जैसे अन्तर्राष्ट्रीय संस्थानिक प्रबंध रखने की जरूरत नहीं।

7. प्रभावी मौद्रिक नीति (Effective Monetary Policy)—सोहमन के मतानुसार, लोचदार विनिमय दरों की प्रणाली मुद्रा नीति के प्रभाव को बढ़ाती है। यदि कोई देश अपना उत्पादन बढ़ाना चाहता है, तो वह अपनी ब्याज दरें घटा देगा। लोचदार विनिमय दरों की प्रणाली के अन्तर्गत ब्याज की दर घटाने से पूंजी विदेश जाने लगेगी, करेंसी की तत्काल दर बढ़ेगी जिससे निर्यात बढ़ेंगे और आयात गिरेंगे। निर्यात बढ़ने पर घरेलू कीमतें बढ़ेंगी, अथवा आय बढ़ेगी अथवा दोनों ही बढ़ेंगी। इस प्रकार, अनुकूल व्यापार शेष घरेलू व्यय पर अपेक्षाकृत नीची (कम) ब्याज दरों के विस्तारक प्रभावों को मजबूत बनाएगा, इसलिए मुद्रा नीति अधिक प्रभावी बन जाएगी। यदि देश ब्याज दरें बढ़ाकर स्फीति का मुकाबला करना चाहता है, तो उक्त प्रक्रिया पलट जाएगी।

8. जटिल व्यापार प्रतिबंधों की जरूरत नहीं (No Need for Complicated Trade Restrictions)—लोचदार विनिमय दरों की प्रणाली के अन्तर्गत जटिल एवं महंगे व्यापार प्रतिबंध तथा विनिमय नियंत्रण लगाने की जरूरत नहीं पड़ती। लोचदार विनिमय दरों के समर्थकों का कहना है कि, ''विनिमय दरें स्थिर करने अथवा उनमें हेरा-फेरी करने के प्रयत्न आपत्तिजनक हैं क्योंकि विनिमय दरों के नियन्त्रण का कार्यभार प्राय: उन विशेषज्ञों को सौंपा जाता है जो किसी भी प्रकार के प्रजातन्त्रात्मक नियंत्रण की सफल पहुंच के बाहर होते हैं।''

9. कस्टम यूनियनें तथा करेंसी क्षेत्र बनाने की जरूरत नहीं (No Need of Forming Customs Unions and Currency Areas)—उक्त तर्क का स्वाभाविक निष्कर्ष यह है कि दुनिया के राष्ट्रों को प्रतियोगी विनिमय दर अवमूल्यन तथा प्रशुल्क विषयक झगड़ों से छुटकारा मिल जाएगा और कस्टम यूनियनें एवं करेंसी क्षेत्र बनाने की जरूरत नहीं रहेगी, क्योंकि कस्टम यूनियनें तथा करेंसी क्षेत्र विनिमय दरों की प्रणाली के ही परिणाम होते हैं।

10. अंतर्राष्ट्रीय तरलता की समस्या दूर करती है (Removes Problem of International Liquidity)—लोचदार विनिमय दरों की प्रणाली अंतर्राष्ट्रीय तरलता की समस्या को दूर करती है। अंतर्राष्ट्रीय तरलता की कमी कीलक विनिमय दर और संकुचित सीमाओं के पश्चात उतार-चढ़ाव को रोकने के लिए मौद्रिक अधिकारियों द्वारा हस्तक्षेप का परिणाम होती है। जब विनिमय दर लोचदार होती है तो सट्टेबाज निजी तरलता आवश्यकताओं को पूरा करने के लिए विदेशी मुद्रा की पूर्ति करेगा। व्यक्ति, व्यापारी, बैंक, सरकार और अन्य स्वर्ण या विदेशी मुद्रा के रूप में तरल परिसंपत्तियों को सदैव रखते हैं, परन्तु ये धारण (Holdings) देश की करेन्सी के स्थिर बाह्य मूल्य के अनुरक्षण (Maintenance) के अतिरिक्त उद्देश्यों के लिए कार्यकारी रिजर्व होंगे।

11. गलतियां दूर करता है (Mistakes Avoided)—इसके परिणामस्वरूप, भुगतान शेष के स्वत: समायोजन से मौद्रिक, राजकोषीय और प्रशासनिक नीति संबंधी गलतियां करने की कोई संभावना नहीं होती।

12. मितव्ययी (Economical)—यह प्रणाली अति मितव्ययी है क्योंकि इसके लिए विदेशी मुद्रा के निष्क्रिय धारणों (Idle Holdings) की आवश्यकता नहीं होती। परन्तु, कोई देश अपनी विदेशी आवश्यकताओं को पूरा करने के लिए विदेशी मुद्रा रिजर्वों का प्रयोग कर सकता है।

13. अंतर्राष्ट्रीय व्यापार को प्रोत्साहन (Promotes International Trade)—यह प्रणाली अंतर्राष्ट्रीय व्यापार को प्रोत्साहित करती है क्योंकि यह निरन्तर बाजार समायोजनों द्वारा अपने स्वाभाविक स्तर पर विनिमय दर कायम रखती है। इस प्रकार, देश की करेन्सी के अधिक मूल्यांकन या कम-मूल्यांकन का कोई खतरा नहीं होता।

14. अंतर्राष्ट्रीय आर्थिक घटनाओं से पृथक्करण (Insulation from International Economic Events)—इस प्रणाली के अन्तर्गत, कोई देश अपनी विनिमय दरों में समायोजन कर अन्तर्राष्ट्रीय आर्थिक उतार-चढ़ावों और झटकों (Shocks) से सुरक्षित होता है।

15. तुलनात्मक लाभ (Comparative Advantage)—इस प्रणाली के अन्तर्गत विनिमय दरें सदैव संतुलन में होती हैं। इसलिए, किसी विशेष वस्तु में देश के तुलनात्मक लाभ का मूल्यांकन करना संभव है।

लोचदार विनिमय दरों के विपक्ष में तर्क (Case against Flexible Exchange Rates)

स्थिर विनिमय दरों के समर्थक लोचदार विनिमय दरों की प्रणाली के विरुद्ध निम्नलिखित तर्क प्रस्तुत करते हैं :

1. संसाधनों का कुआवंटन (Malallocation of Resources)—लोचदार विनिमय दरों के आलोचक लक्ष्य करते हैं कि हो सकता है कि बाजार की गतिविधियां समुचित विनिनय दर स्थापित करने में असमर्थ रहें। हो सकता है कि किसी निश्चित समय पर विदेशी विनिमय बाजार की संतुलन विनिमय दर देश की संबंधित पार्टियों को सही संकेत न दे पाए। इसके परिणामस्वरूप देश के भीतर गलत निर्णय लिए जा सकते हैं और संसाधनों का गलत आवण्टन हो सकता है।

2. सरकारी हस्तक्षेप (Official Intervention)—मुक्त रूप से लोचदार विनिमय दर को परिभाषित करना कठिन है। ऐसी विनिमय दर रखना असम्भव है जिसमें सरकारी हस्तक्षेप बिल्कुल न हो। सरकार भले ही विदेशी विनिमय बाजार में प्रत्यक्ष रूप से हस्तक्षेप न करे, परन्तु घरेलू मौद्रिक तथा फिस्कल नीतियां निश्चय से विदेशी विनिमय दरों को प्रभावित करती हैं।

3. विनिमय संबंधी जोखिमें उत्पन्न होना (Creates Exchange Risks)—इस प्रणाली की एक हानि यह है कि जब विनिमय दरें अक्सर बदलती रहती हैं, तो विनिमय सम्बन्धी जोखिमें उत्पन्न हो जाती हैं, अनिश्चतता पनपती है और अन्तर्राष्ट्रीय व्यापार तथा पूंजी की गतियों में बाधाएं खड़ी हो जाती हैं।

4. सट्टे का प्रतिकूल प्रभाव (Adverse Effects of Speculation)—लोचदार विनिमयों दरों में एक प्रमुख दोष यह है कि विदेशी विनिमय की पूर्ति तथा मांग में उतार–चढ़ाव पर सट्टे का प्रतिकूल प्रभाव पड़ता है। आलोचकों ने आनुभाविक प्रमाण के आधार पर तर्क प्रस्तुत किया है कि सट्टा अस्थिरता उत्पन्न करता है जिसका मतलब है कि सट्टे के परिणामस्वरूप विनिमय दर में उतार–चढ़ाव बहुत अधिक होते हैं।

5. स्फीति को बढ़ावा (Encouragement to Inflation)—लोचदार विनिमय दर प्रणाली स्फीति को बढ़ाती है। आलोचकों का कहना है कि लोचदार विनिमय दरों की प्रणाली के अन्तर्गत जब विनिमय दर का मूल्यह्रास होता है, तो उसके परिणामस्वरूप स्फीति का दुश्चक्र प्रारम्भ हो जाता है। विनिमय दर का मूल्यह्रास होने से आयात कीमतें बढ़ जाती हैं। परिणाम यह होता है कि आयातित वस्तुएं महंगी हो जाती हैं। इससे लागत–वर्द्धक स्फीति आती है और परिणाम यह होता है कि आयातित वस्तुएं महंगी हो जाती हैं। इससे लागत–वर्द्धक स्फीति आती है। साथ ही, निर्यात कीमतें बढ़ती हैं। इसके परिणामस्वरूप जब जीवन की लागत बढ़ती है, तो मुद्रा मजदूरी बढ़ती है जो स्फीति को बढ़ा देती है। परन्तु करेंसी का मूल्य बढ़ने से जब आयात कीमतें गिरेंगी, तो मजदूरी तथा कीमतों के गिरने की सम्भावना नहीं होगी। इसका कारण यह है कि मजदूरी तथा कीमतों में घटने की प्रवृत्ति नहीं होती। इससे असमानता उत्पन्न हो जाती है। इसे प्रो. **ट्रिफिन** (Triffin) ने **रैच्ट प्रभाव** (Ratchet Effect) का नाम दिया है जो अर्थव्यवस्था में स्फीति को बढ़ावा देता है।

6. विश्व मार्किट को भंग (Breaks the World Market)—लोचदार विनिमय दर प्रणाली के विरुद्ध प्रमुख तर्क यह दिया जाता है कि यह प्रणाली विश्व बाजार को छिन्न–भिन्न कर देती है। कोई भी ऐसी एक मुद्रा नहीं है जो विनिमय के माध्यम का, लेखा की इकाई का, मूल्य के भण्डार का और स्थगित भुगतान के मानक का काम कर सके। इस प्रणाली के अन्तर्गत वस्तुओं तथा पूंजी का बाजार विभक्त हो जाएगा। संसाधनों का आवंटन इष्टतम से बहुत कम स्तर पर रहेगा। वास्तव में, जैसा प्रो. **किंडलबर्ग** का मत है, यह प्रणाली स्पष्ट रूप से बहुत दिन नहीं चल पाएगी।

7. न्यायसंगत नहीं (No Justification)—इस प्रणाली के परिणामस्वरूप जब सरकार द्वारा कीमत, लगान, मजदूरी, ब्याज दर आदि प्राय: नियंत्रित होते हैं तो अंतर्राष्ट्रीय बाजार शक्तियों के लिए विनिमय दरों के निर्धारण को छोड़ना किसी सरकार के लिए न्यायसंगत नहीं होता है।

8. अल्पविकसित देशों के भुगतान शेष घाटे के समाधान में असफल (Failure to Solve Balance of Payments Deficit Of LDCs)—अल्पविकसित देशों को भुगतान शेष घाटे की समस्या का निरन्तर सामना करना पड़ता है क्योंकि वे अपने विकास के लिए कच्चे माल, मशीनरी, पूंजी उपकरणों आदि का आयात करते हैं। परन्तु उनके निर्यात प्राथमिक और अन्य वस्तुओं तक सीमित होते हैं जिनसे विश्व बाजार में कम कीमतें प्राप्त होती हैं। यदि देश की करेंसी का निरन्तर मूल्य ह्रास होता है तो उनका भुगतान–शेष घाटा लोचदार विनिमय–दर की प्रणाली से दूर किया जा सकता है। परन्तु निरंतर मूल्यह्रास से उनके व्यापार और विकास प्रक्रिया पर बुरा प्रभाव पड़ता है।

यह चित्र 3 में दर्शाया गया है जहां देश का विदेशी विनिमय मांग वक्र D है तथा विदेशी विनिमय पूर्ति वक्र S है। P वह बिन्दु है जिस पर OE विनिमय दर निर्धारित की गई है। मानलीजिए अल्पविकसित देश के पाउंड करेंसी क्षेत्र में भुगतान शेष असंतुलन पैदा हो गया है। इसे चित्र में माग वक्र के D से D_1 पर सरकने द्वारा दर्शाया गया है तथा घाटा PP_1 के बराबर है। इसका अर्थ है कि पाउंड की मांग में वृद्धि हुई है तथा अल्पविकसित देश की करेंसी (मानलीजिए रुपया) का मूल्यह्रास (depreciation) हुआ है। अब रुपए से पाउंड की विनिमय दर OE से बढ़कर OE_1 हो गई है और घाटा P_1P_2 होता है। अल्पविकसित देश की करेंसी के मूल्यह्रास की यह प्रक्रिया चालू रहती है जिससे विनिमय दर OE_1 से बढ़कर OE_2 हो जाती है। निरंतर मूल्यह्रास की ऐसी नीति अल्पविकसित देशों की व्यापार तथा विकास प्रक्रिया पर बुरा प्रभाव डालती है।

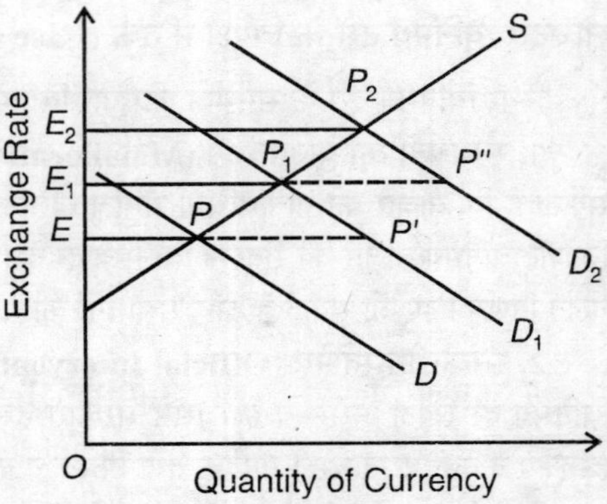

चित्र 3

निष्कर्ष (Conclusion)—लोचदार विनिमय दरों का व्यावहारिक प्रयोग बहुत सीमित है। जो देश इसको अपनाते हैं उनमें मूल्यह्रास और मूल्यवृद्धि कीमतें कम करते तथा बढ़ाते हैं। इनसे क्रमश: तीव्र मंदी और स्फीति आती है। आगे वे असुरक्षा तथा अनिश्चितता पैदा करती हैं। अधिकतर यह विदेशी विनिमय में सट्टेबाजी के कारण हैं जो लोचदार विनिमय दरों को अपनाने वाले देशों की अर्थव्यवस्थाओं में अस्थिरता लाती हैं। इसलिए सरकारें स्थिर विनिमय दरों के पक्ष में हैं जिनमें भुगतान शेष में समायोजन के लिए नीति उपाय अपनाने की आवश्यकता पड़ती है।

4. विविध विनिमय दर प्रणाली (MULTIPLE EXCHANGE RATES SYSTEM)

यह एक ऐसी प्रणाली है जिसमें देश विभिन्न वस्तुओं के आयात तथा निर्यात के लिए अलग-अलग विनिमय दरें अपनाता है। एक देश कुछ वस्तुओं के साथ नियंत्रित विनिमय दरें तथा अन्य देशों के साथ मुक्त विनिमय दरें अपना सकता है। विनिमय दरों में उतार-चढ़ाव नहीं होते हैं परंतु अनेक नियंत्रित विनिमय दरें तथा उनकी श्रेणियां हो सकती हैं। कुछ देशों के साथ पूर्णतया मुक्त तथा तिरती विनिमय दरें भी कुछ सौदों के लिए संभव हो सकती हैं। विविध विनिमय दरों के उद्देश्य, भुगतान शेष घाटे को ठीक करने के लिए निर्यात अधिक करके तथा आयात कम करके, अधिकतम विदेशी मुद्रा प्राप्त करना है।

गुण (Merits)

विविध विनिमय दर प्रणाली के निम्न गुण हैं :

1. निर्यातों में प्रोत्साहन (Promotion of Exports)—यद्यपि अवमूल्यन को भी निर्यात में प्रोत्साहन के लिए प्रयुक्त किया जा सकता है लेकिन यह आयात महंगे तथा निर्यात सस्ते करता है। परंतु विविध विनिमय दर प्रणाली के अंतर्गत निर्यातों और आयातों के लिए बढ़िया विनिमय दरें प्राप्त की जा सकती हैं। देश मांग तथा पूर्ति की लोचों का, जो उस के पक्ष में हो, पूर्ण लाभ उठा सकता है। इस प्रकार यह प्रणाली अवमूल्यन से अधिक प्रभावी है।

2. आयात लाभकारी (Imports Profitable)—एक विकासशील देश के निर्यात बहुत कम होते हैं परंतु इसे बड़े पैमाने पर पूंजी पदार्थ, कच्चे माल, तकनीकी ज्ञान तथा उपभोग वस्तुओं का आयात करना पड़ता है। इसकी आयातों की बेलोच मांग होती है। इसलिए यह ऊपर वर्णित आवश्यक वस्तुओं के आयात बढ़ाना चाहता है जबकि विलासिता और अन्य उपभोक्ता वस्तुओं के आयात रोकना चाहता है तथा अपना विकास संभावित बढ़ाना चाहता है।

3. भुगतान शेष घाटा ठीक करना (Correcting Balance of Payments Deficit)—ऊपर दिए गए विवेचन से स्पष्ट होता है कि विविध विनिमय दर प्रणालियों द्वारा निर्यात से अधिकतम विदेशी मुद्रा कमाई जा सकती है तथा आयात के लिए न्यूनतम संभव भुगतान किए जा सकते हैं। इस प्रकार भुगतान शेष घाटा ठीक किया जा सकता है।

4. विशेष देश के लिए (For Particular Country)—ऐसी परिस्थिति में जहां किसी देश में भुगतान शेष आधिक्य हो लेकिन एक विशेष देश के साथ घाटा हो, तो घाटे को ठीक करने के लिए उस देश को निर्यात की गई तथा वहां से आयात की गई वस्तुओं की विनिमय दरें नीचे लाई जा सकती हैं। इस प्रकार भुगतान शेष घाटे अथवा आधिक्य की समस्या को विविध विनिमय दर प्रणाली द्वारा

सुलझाया जा सकता है।

5. पूंजी निर्माण (Capital Formation)—विविध विनिमय दर प्रणाली द्वारा पूंजी वस्तुएं तथा आवश्यक आगतों का आयात सस्ती दरों पर किया जा सकता है। दूसरी ओर ऊंची निर्यात कमाई का भी पूंजी निर्माण के लिए उपयोग किया जा सकता है।

6. पूंजी प्रवाह (Capital Flows)—विविध विनिमय दर प्रणाली एक देश से अधिक ऊंचे अंतर्वाह तथा किसी दूसरे देश को पूंजी के बहिर्वाह को नियंत्रित करने में बहुत सहायक हो सकती है। ऐसी स्थिति में, पहले विवरण के लिए ऊंची विनिमय दर तथा बाद के विवरण के लिए नीची विनिमय दर उपयुक्त रहेगी। इसे विदेशी पूंजी को उत्पादन के अनुकूल दिशाओं में लाने के लिए प्रयोग किया जा सकता है।

7. कमजोर उद्योगों के लिए उपयोगी (Helpful for Weak Industries)—विविध विनिमय दर प्रणाली की सहायता से कमजोर या ह्रास हो रहे उद्योगों का उत्थान किया जा सकता है। उन्हें इस प्रणाली के अंतर्गत संरक्षण, निर्यात में सब्सिडी देकर तथा पूंजी वस्तुओं, कच्चे माल और तकनीकी ज्ञान को अधिमान्य तथा अनुकूल विनिमय दरों पर आयात किया जा सकता है।

8. अर्थव्यवस्था का विविधिकरण (Diversifying the Economy)—यह प्रणाली उद्योगों में अनुकूल विनिमय दरों द्वारा विविधिकरण लाती है। यह कमजोर उद्योगों को विदेशी प्रतिस्पर्धा से संरक्षण प्रदान करती है। यह नए निर्यात उद्योगों, तैयार करने वाले तथा रक्षा उद्योगों के विकास में सहायता दे सकती है। व्यापक उपभोग की वस्तुओं का भी उत्पादन किया जा सकता है। इस प्रकार यह अर्थव्यवस्था में विविधता लाती है—उत्पादन, रोजगार तथा आय बढ़ाती है।

9. राजस्व अधिकतमीकरण (Maximising Revenues)—विविध विनिमय दर प्रणाली सरकार को अधिक राजस्व कमाने में सहायता करती है। यह प्रणाली उद्योगों के विस्तार तथा विविधिकरण को प्रोत्साहित करती है तथा उत्पादन रोजगार तथा आय में वृद्धि लाती है। सरकार इन पर उत्पाद शुल्कों, बिक्री कर, निगम कर, व्यक्तिक करों आदि द्वारा अधिक राजस्व कमाती है।

10. अनुकूल व्यापार की शर्तें (Favourable Terms of Trade)—इस प्रणाली के अंतर्गत एक देश व्यापार की अधिक अनुकूल शर्तें प्राप्त कर सकता है। इसी कारण निर्यात की जाने वाली वस्तुओं की कीमतें ऊंचे स्तर पर तथा आयात की जाने वाली वस्तुओं की कीमतें नीचे स्तर पर रखने के लिए इसका उपयोग किया जा सकता है।

11. जीवन स्तर में सुधार (Inprovement in Standard of Living)—क्योंकि इस प्रणाली के अंतर्गत पूंजी वस्तुओं, कच्चे माल आदि को कम कीमतों पर आयात किया जा सकता है, इसलिए उनकी उत्पादन लागत भी कम होती है। इसी प्रकार व्यापक उपभोग की आवश्यक वस्तुएं सस्ती आयात की जाती हैं। वे निर्वाह लागत को कम करती हैं तथा लोगों के जीवन स्तर को उठाती हैं।

हानियां (Demerits)

विविध विनिमय दर प्रणाली में निम्नलिखित दोष हैं :

1. प्रशासनिक कठिनाईयां (Administrative Difficulties)—इस प्रणाली में विभिन्न वस्तुओं के लिए तथा विभिन्न देशों के लिए विविध विनिमय दरें हैं, जिनका संचालन करने के लिए बहुत बड़े प्रशासनिक संगठन की आवश्यकता है। इसके लिए जटिल विनिमय संचालन प्रणाली पाई जाती है जिससे प्रशासनिक योग्यता, लालफीताशाही और भ्रष्टाचार उत्पन्न होते हैं।

2. विभेदात्मक (Discriminatory)—यह प्रणाली विभेदात्मक है क्योंकि यह वस्तुओं, उद्योगों, प्रदेशों, क्षेत्रों तथा देशों के बीच भेद करती है। एक ही वस्तु एक देश को दूसरे देश से अलग दर पर निर्यात की जाती है। इससे दूसरे देश द्वारा प्रतिशोध की संभावना पैदा होती है और व्यापारिक तथा राजनीतिक संबंधों पर प्रनिकूल प्रभाव पड़ता है।

3. घरेलू उद्योगों के लिए हानिदायक (Harmful for Domestic Industries)—जब एक देश कम दरों पर बाहर से वस्तुएं आयात करता है तो घरेलू उद्योगों द्वारा बाह्य प्रतिस्पर्धा का सामना न कर पाने की स्थिति में उन्हें हानि हो सकती है।

4. निर्यात के लिए सहायक नहीं (Not Helpful for Exports)—यदि निर्यात की मांग लोचदार है अथवा यदि निर्यात की घरेलू बाजार में पूर्ति बेलोच है अथवा यदि विदेशी आयातक एक क्रयाधिकार अथवा अल्पाधिकार बना लेते हैं तो विविध विनिमय दरें देश का निर्यात बढ़ाने में सहायक नहीं हो पाएंगी।

5. काला बाजारी (Black Marketing)—इस प्रणाली से विदेशी मुद्रा का काला बाजार पैदा होता है। आवश्यक आयात की विनिमय दर कम होने के कारण आयातक विदेशी मुद्रा कम दर पर क्रय कर लेते हैं। लेकिन वे ऊंची दरों पर विदेशी मुद्रा बाजार में उस मुद्रा को बेच देते हैं।

6. विभिन्न विनिमय दरों की सीमाएं (Limits of Different Rates)—मौद्रिक अधिकारी के लिए बड़ी संख्या में निर्यात तथा

आयात वाली वस्तुओं की विभिन्न दरें निश्चित करना संभव नहीं है, इसलिए उन्हें छोटी श्रेणियों में या समूहों में वर्गीकृत किया जाता है। उनका वर्गीकरण मनगढ़न्त हो सकता है तथा उससे भ्रष्टाचार उत्पन्न हो सकता है जिससे प्रत्येक निर्यातक या आयातक अपनी वस्तु के पक्ष में विनियम दर को चाहेगा।

7. भुगतान शेष में कम प्रभावी (Less Effective in BOP)—निर्यात तथा आयात लाईसेंसों, विनिमय नियंत्रणों आदि मात्रात्मक प्रतिबंधों की तुलना में विविध विनिमय दर प्रणाली, भुगतान शेष घाटे को कम करने में, कम प्रभावी होती है।

8. माल सूचियों का संचय (Accumulation of Inventories)—इस प्रणाली से माल सूचियों का संचय होता है। जब मौद्रिक अधिकारी द्वारा निर्यातकों के पक्ष में घोषित की जाने वाली विनिमय दरों के पूर्वानुमान में वे अपनी वस्तुओं का निर्यात नहीं करते हैं तो इससे वस्तुओं का गोदामों में भंडार हो जाता है इससे उत्पादन पर बुरा प्रभाव पड़ता है और हानि होती है।

9. पर्याप्त प्रणाली नहीं (Not a Sufficient System)—विविध विनिमय दरों की प्रणाली अल्पविकसित देशों के विकास के लिए पर्याप्त नहीं है। ऐसे देशों में आवश्यक आयात की मांग बेलोच होती है, इसलिए उनके आयात की विनिमय दरें कम नहीं की जा सकतीं। दूसरी ओर उनकी निर्यात करने की क्षमता सीमित है इसलिए वे अपने निर्यातों की विनिमय दरें बढ़ा नहीं सकते। इस कारण ऐसे देश विदेशी मुद्रा की कमी से ग्रस्त होते हैं।

निष्कर्ष (Conclusion)—कुल मिलाकर विविध विनिमय दर प्रणाली अपनाने वाले देश के संसाधनों का कुआवंटन होता है, आर्थिक दक्षता तथा व्यापार से लाभ कम होते हैं। यही कारण है कि यह प्रणाली अब प्रयोग में नहीं लाई जाती।

5. व्यवहार में विनिमय दर प्रणालियां (EXCHANGE RATE REGIMES IN PRACTICE)

प्रथम विश्वयुद्ध से पहले की अवधि में लगभग सभी प्रमुख राष्ट्रों की करेंसियां अंतर्राष्ट्रीय स्वर्ण मानक के अंतर्गत स्थिर विनिमय दरों की प्रणाली पर चलती थीं। प्रथम विश्वयुद्ध के दौरान यह प्रणाली छोड़नी पड़ी परंतु 1920 के बाद के दशक में अधिकांश राष्ट्रों ने कीलक (Pegged) दरें फिर से अपना लीं।

समायोज्य कीलन (Adjustable Peg)

जब दूसरे विश्वयुद्ध के बाद **ब्रेटन वुड्ज** (Bretton Woods) समझौते के अंतर्गत IMF की स्थापना की गई तो देशों के बीच स्थिर विनिमय दरें स्थापित की गईं अर्थात् स्वर्ण के रूप में अथवा अमेरिकी $ 35 प्रति आउंस की दर पर कीली गईं। इसका संबंध स्थिर विनिमय दर प्रणाली से था जिसके अंतर्गत विनिमय में सममूल्य से एक प्रतिशत अधिक या एक प्रतिशत कम की पट्टी (Band) अथवा रेंज में परिवर्तन हो सकता था परंतु इसकी अनुमति तभी दी जाती थी जब कोई देश IMF अधिकारियों को यह विश्वास दिला देता था कि उसके भुगतान शेष में 'आधारभूत संतुलन' है। कुछ **संक्रमण** (transition) अवधि को छोड़कर, सदस्य देशों को भुगतान तथा व्यापार पर प्रतिबंध लगाने की मनाही थी। उन्हें इस बात की अनुमति थी कि वे अपने मौद्रिक रिजर्व आंशिक रूप से स्वर्ण में तथा आंशिक रूप से डालर एवं स्टर्लिंग में रख सकें। इस रिजर्व का उद्देश्य यह था कि सदस्य देश अपनी विनिमय दर को स्थिर रखते हुए अपने अस्थायी घाटे पूरे कर सकें।

समासोज्य कीलन की प्रणाली में अनेक दोष थे जिनका परिणाम यह हुआ कि जब 1971 में अमरीका के खजाने ने अल्पकालीन देयताओं को स्वर्ण में बदलने से इन्कार कर दिया और डालर को अपरिवर्तित बना दिया, तो ब्रेटन वुड्ज प्रणाली का पतन हो गया।

प्रबंधित तैरती प्रणाली (Managed Floating System)

समायोज्य कीलन प्रणाली 14 अगस्त, 1971 तक प्रचलन में रही। 15 अगस्त, 1971 तथा 18 दिसम्बर, 1971 के **स्मिथसोनियन समझौते** (Smithsonian Agreement) के बीच 48 देशों ने स्थिर विनिमय दरों की प्रणाली छोड़ दी। इन 48 देशों में संयुक्त राज्य अमरीका, जापान तथा बहुत से यूरोपीय देश शामिल थे। 18-19 दिसम्बर, 1971 को दस औद्योगिक देशों की बैठक वाशिंगटन में स्मिथसोनियम संस्थान में हुई। इन दस देशों का समूह इस बात पर सहमत हुआ कि एक नई स्थिर विनिमय दर प्रणाली अपनाई जाए जिसकी पट्टी अधिक व्यापक हो। प्रमुख करेंसियों को फिर से जोड़ने के लिए पहला कदम यह उठाया गया कि अमरीका ने अपने डालर का 8 प्रतिशत अवमूल्यन कर दिया, जापान ने अपने 'येन' का मूल्य 17 प्रतिशत बढ़ा दिया, और जर्मनी ने मार्क का पुनर्मूल्यन कर उसे 14 प्रतिशत बढ़ा दिया। स्मिथसोनियन समझौते के अंतर्गत विनिमय दरों के उतार-चढ़ावों की सीमा केन्द्रीय दरों की नई समानताओं से